龙泉市志

（1989—2010）上册

龙泉市地方志编纂委员会 编

方志出版社
Publishing House of Local Records

图书在版编目（CIP）数据

龙泉市志 ：1989—2010 / 龙泉市地方志编纂委员会编. -- 北京：方志出版社，2020.9
ISBN 978-7-5144-4399-8

Ⅰ. ①龙… Ⅱ. ①龙… Ⅲ. ①龙泉—地方志—1989—2010 Ⅳ. ①K295.54

中国版本图书馆 CIP 数据核字（2020）第 234024 号

龙泉市志（1989—2010）

编　　者：龙泉市地方志编纂委员会
责任编辑：刘方圆

出 版 者：方志出版社
地址　北京市朝阳区潘家园东里 9 号（国家方志馆 4 层）
邮编　100021
网址　http://www.fzph.org
发　　行：方志出版社图书营销中心
电话（010）67110500
经　　销：各地新华书店
印　　刷：丽水市旺盛印刷有限公司

开　　本：889 × 1194　　1/16
印　　张：102.25 印张
字　　数：2459 千字
版　　次：2020 年 9 月第 1 版　　2020 年 9 月第 1 次印刷
印　　数：0001~3000 套

ISBN 978-7-5144-4399-8　　**定价：**800.00 元（套）

《龙泉市志（1989—2010）》编纂委员会

《龙泉市志（1989—2010）》编辑部

曾任龙泉市地方志编纂委员会及办公室主任、副主任名录

（2008—2017）

主　　任（先后）：梁忆南　吴松平

副 主 任（先后）：洪起平　徐炳东　叶学明　罗诗兰

叶新亚　胡慧红　诸葛春杰　廖旭青

办公室主任（先后）：管君友　范建伟　戴积光

副主任：毛明库

《龙泉市志(1989—2010)》撰稿人名单

（以姓氏笔画为序）

王 潜	王广平	王少燕	王务明	王炜炜	王振春	王梦薇
毛利莹	毛俊娟	邓叶飞	卢书田	叶 俊	叶 萍	叶云飞
叶少青	叶永平	叶金军	叶建吕	叶春晓	叶静琳	白 蕾
兰玉珍	刘 莹	刘 悦	刘少丰	刘宏坪	刘胜龙	刘美玲
江长峰	巫素敏	李 莉	李 悠	李一夫	李小平	李元超
李长荣	李思思	李袁彤	李廖珍	杨欢婷	杨丽芬	吴 欢
吴马陆	吴文静	吴孔其	吴冰玲	吴学超	邱 哲	何昌勇
余 婷	余久红	余盛锋	邹新文	沙 璐	沈 晔	张 敏
张宇宇	张志伟	张炳权	张爱芬	陈叶盈	陈伟文	陈尚武
陈懋坤	范思红	林 丽	林 俊	林 琪	林世荣	林彤辉
卓敬东	季 鑫	季庆祯	季诗婷	季镇涛	周 鹏	周遇恩
周毅俊	郑 宠	郑 强	郑小荣	郑旭民	泮芳霞	练 丹
项 松	项 彪	赵 婕	柳 青	柳庆伟	柳雪珍	钟 琦
钟志勇	姜水生	洪声保	钱林强	翁琳慧	黄徐林	梅松巍
龚志平	董 红	蒋世荣	舒喜春	曾 莉	赖 东	雷 颖
雷 慧	雷火元	廖舟莹	潘雨辰			

龙泉市民政局、浙江省测绘大队联合编制　地图审核号：浙S（2010）124号　2010年7月

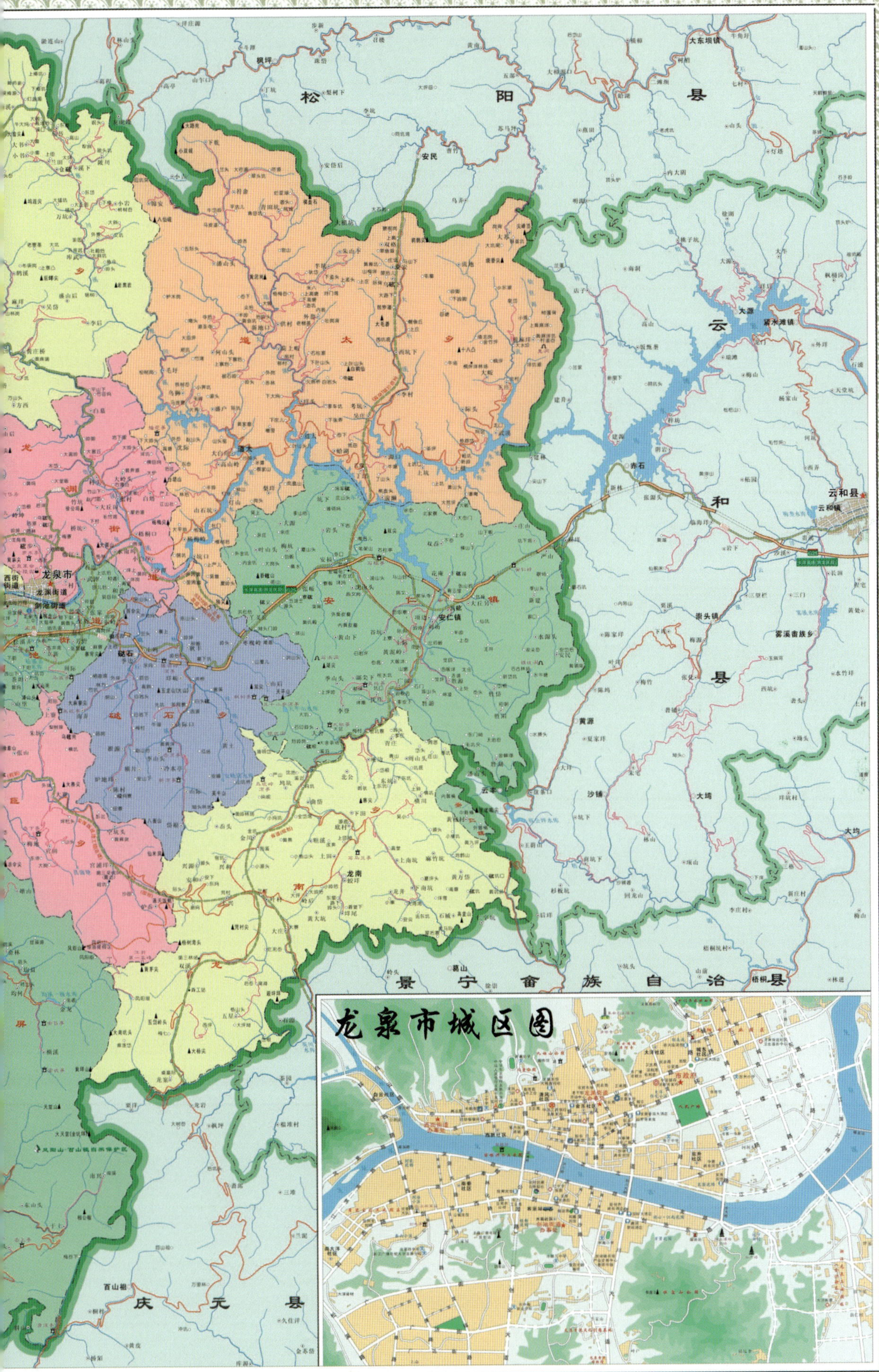
松阳县
云和县
云和镇
紧水滩镇
崇头镇
雾溪畲族乡
安仁镇
龙泉市
景宁畲族自治县
庆元县
龙泉市城区图

龙泉市城区图（2010年）

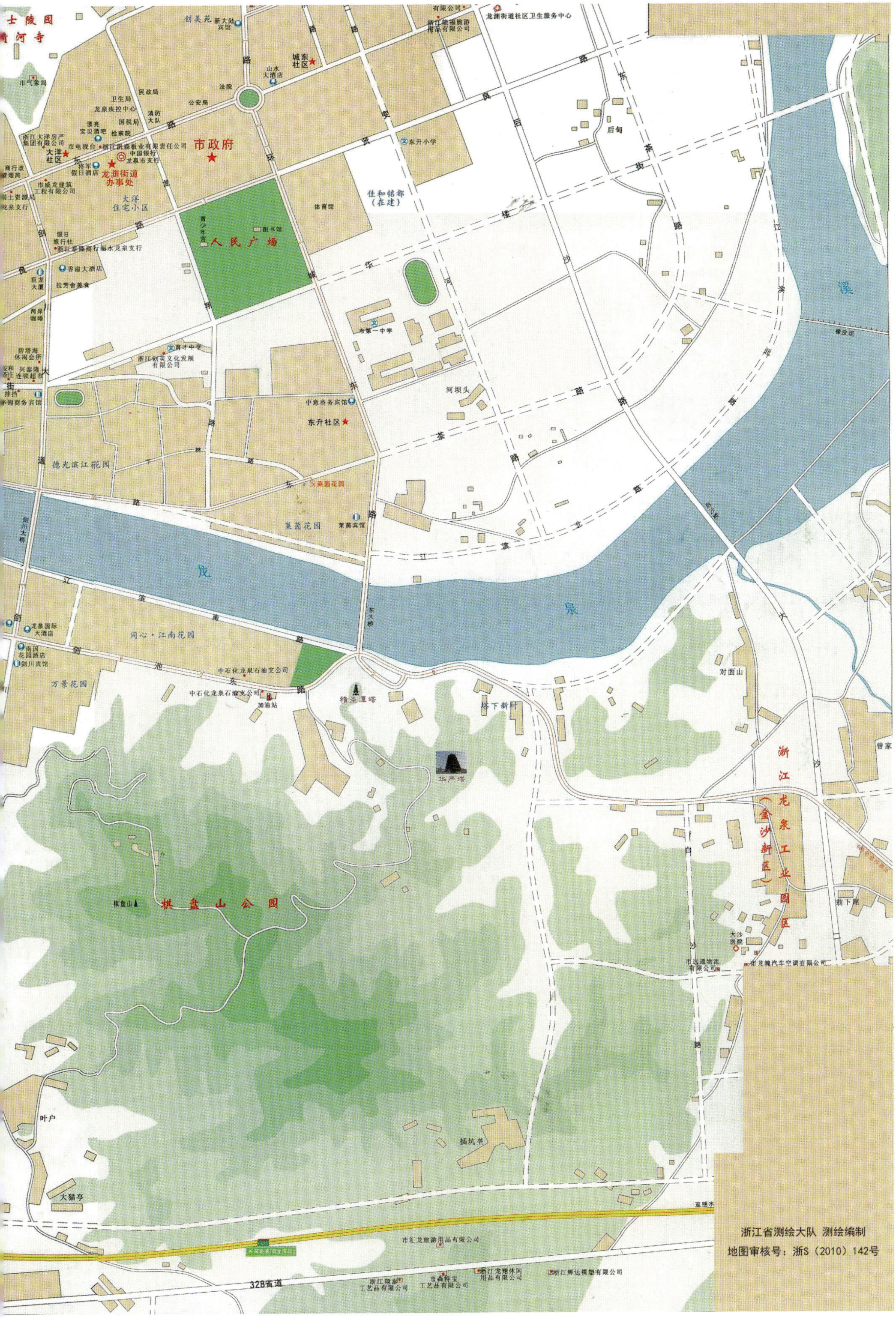

市政府
人民广场
龙渊街道办事处
大洋住宅小区
大洋社区
体育馆
图书馆
佳和铭都（在建）
东升小学
市第一中学
东升社区
德光滨江花园
莱茵花园
河坝头
龙
泉
溪
同心·江南花园
万景花园
中石化龙泉石油支公司
加油站
塔下新村
华严塔
对面山
棋盘山公园
棋盘山
浙江龙泉工业园区（金沙新区）
大沙
叶户
大猫亭
插坑垄
328省道
后甸
浙江省测绘大队 测绘编制
地图审核号：浙S（2010）142号

龙泉市国土资源局提供

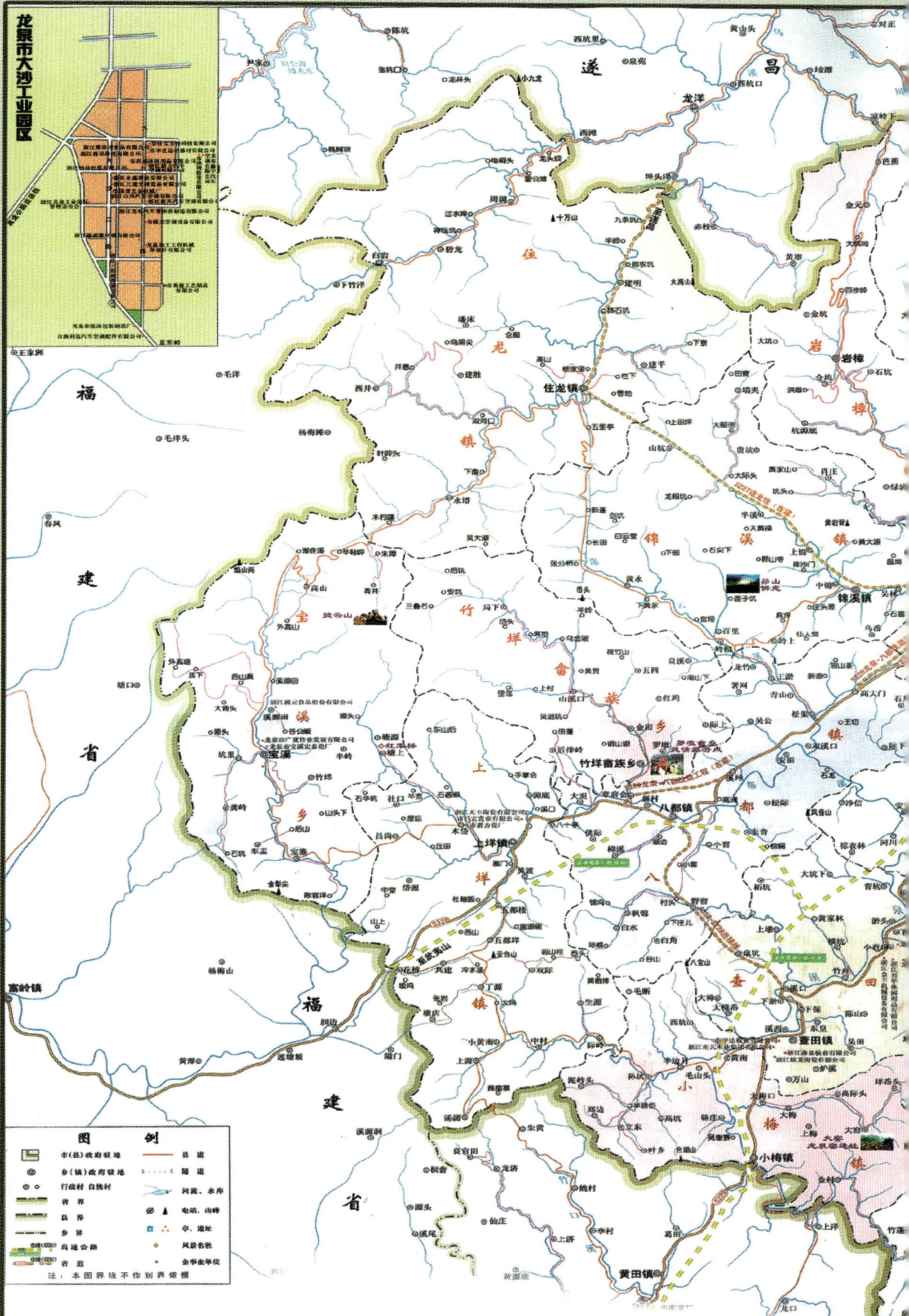

龙泉市旅游导游图（2010年）

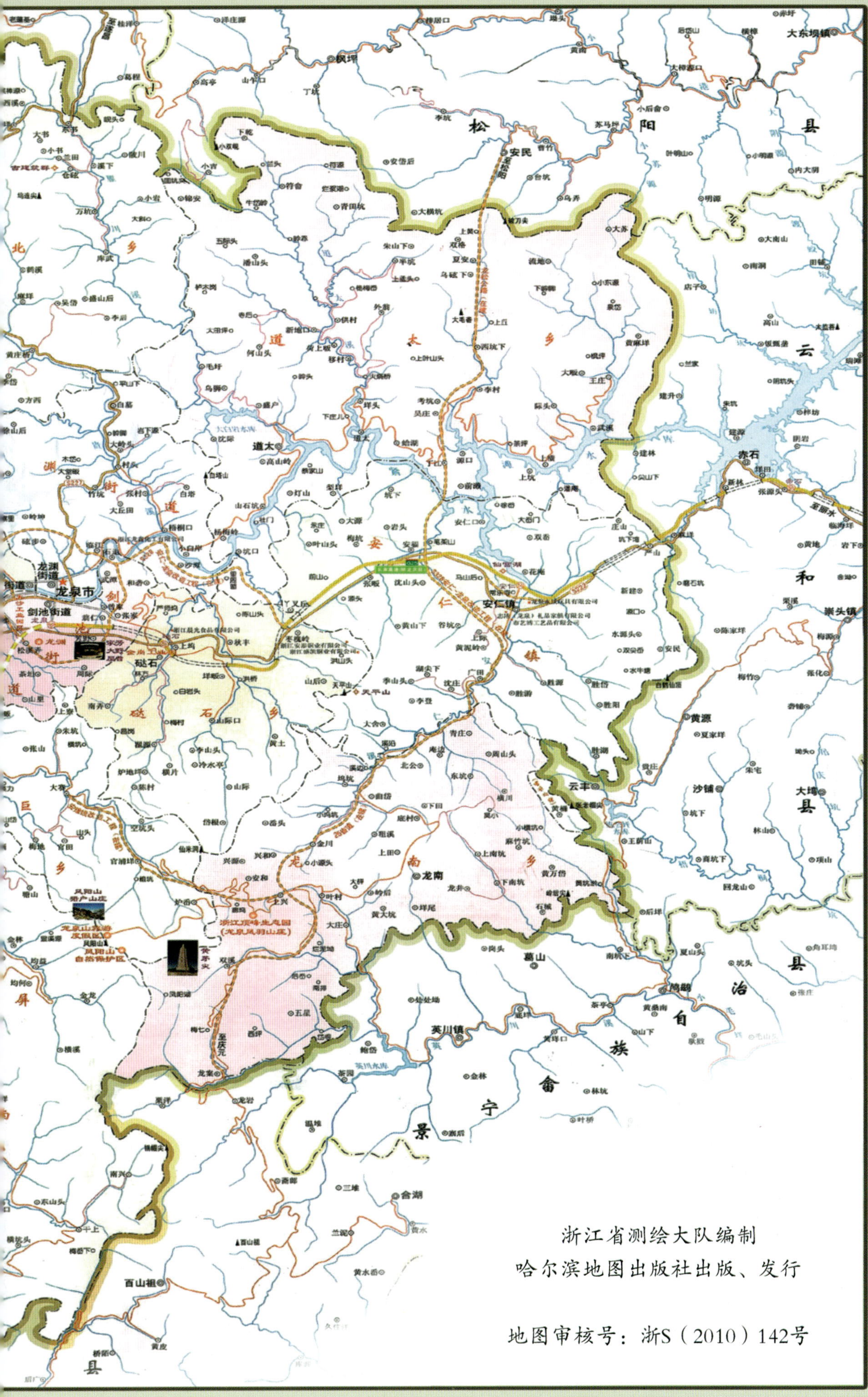

浙江省测绘大队编制
哈尔滨地图出版社出版、发行

地图审核号：浙S（2010）142号

市区全景图（2010年　张有钢/摄）

城区鸟瞰（1987年　郑本成/摄）

城区鸟瞰（2001年　郑本成/摄）

城区鸟瞰（2009年　郑本成/摄）

凤阳山云海雪凇（1998年　季金强/摄）

凤阳山峡谷密林（2005年　季金强/摄）

凤阳山秋景（2006年　潘世国/摄）

凤阳山瓯江源头（2008年　姚　卡/摄）

凤阳湖秋景（2009年　张有钢/摄）

凤阳湖柳杉群（2010年　张路明/摄）

披云山云海（2002年　季金强/摄）

披云山晨景（2010年　张路明/摄）

西街街道河村田园（2006年　潘世国/摄）

兰巨乡田园（2006年　潘世国/摄）

西街街道白云岩景区（2007年　毛明库/摄）

础石乡李山头村梯田花海（2007年　季金强/摄）

兰巨乡官埔垟村古树名木群（2008年　张路明/摄）

安仁镇天平山水库（2008年　姚卡/摄）

锦溪镇吴林村红豆树
（2008年　姚增祥/摄）

龙南乡五星村大柳杉（2008年　姚增祥/摄）

龙渊街道石马大峡谷（2010年　张路明/摄）

屏南镇均益村（2010年　张有钢/摄）

岩樟乡岱岭村猕猴（1996年 姚增祥/摄）

凤阳山黑麂（2009年 张路明/摄）

凤阳山竹鸡（2010年　张路明/摄）

龙泉溪白鹭（2010年　张有钢/摄）

龙泉车站（20世纪80年代　郑小荣/摄）

新华街（20世纪80年代　郑小荣/摄）

华楼街（20世纪80年代　郑小荣/摄）

西街头（20世纪80年代　郑小荣/摄）

县政府门楼（20世纪80年代　郑小荣/摄）

第一百货店（20世纪80年代　郑小荣/摄）

摄于1999年

摄于2007年

龙泉溪两岸变迁（郑本成/摄）

摄于1999年

摄于2007年

江滨路变迁（郑本成/摄）

摄于2000年

摄于2007年

留槎洲变迁（郑本成/摄）

龙泉城西一角（2006年　毛明库/摄）

龙泉新城一角（2007年　毛明库/摄）

西街街道河星村移民小区（2007年　张路明/摄）

龙渊街道村头村新貌
（2008年　潘世国/摄）

上垟镇小黄南村新貌
（2008年　潘世国/摄）

西街街道下山脱贫安置小区康宁家园（2008年　潘世国/摄）

兰巨乡大汪村下山脱贫安置小区（2008年　季金强/摄）

城区商品楼盘（2008年　潘世国/摄）

剑池街道异地搬迁安置小区南大洋公寓（2008年　潘世国/摄）

圣塔桥（2005年　潘世国/摄）

剑川大桥（2008年　潘世国/摄）

龙泉国际大酒店（2008年　潘世国/摄）

兰巨乡豫章村生态河道（2008年　郑本成/摄）

中山东路（2009年　谷为怀/摄）

建设中的人民广场（2009年　谷为怀/摄）

龙泉青瓷博物馆（2009年　季金强/摄）

53省道八都镇大坦村段
（2006年　季金强/摄）

丽龙高速安仁互通
（2007年　市交通局/提供）

53省道安仁镇张畈村段
（2008年　潘世国/摄）

宝溪乡高山村康庄公路（2009年　毛明库/摄）

51省道遂龙线龙泉段（2009年　张有钢/摄）

丽龙高速龙泉段建成典礼（2006年　张路明/摄）

龙庆高速公路龙泉段工程建设动员大会（2010年　郑本成/摄)

龙泉市"双十项目百日大会战"誓师大会（2008年 郑本成/摄）

龙泉市“回归工程”奠基仪式（2007年 季金强/摄）

龙泉市“回归工程”全景（2010年 张路明/摄）

龙泉白笋（2006年　潘世国/摄）

龙泉香菇（2006年　潘世国/摄）

食用菌加工车间（2006年　潘世国/摄）

水稻机械收割（2006年　潘世国/摄）

蔬菜基地（2007年　季金强/摄）

龙泉现代化茶叶基地（2007年　季金强/摄）

龙泉金观音茶园（2008年　季金强/摄）

高山四季豆收购（2008年　潘世国/摄）

笋竹两用林（2008年　姚增祥/摄）

肉猪养殖场（2008年　潘世国/摄）

黑木耳生产基地（2008年　潘世国/摄）

灵芝培育（2008年　潘世国/摄）

宝溪乡灵芝基地大灵芝（2010年　张有钢/摄）

浙闽赣食用菌交易中心（2009年　姚卡/摄）

白灵菇生产车间（2009年　潘世国/摄）

竹制品精深加工车间（2008年　潘世国/摄）

汽车空调配件厂生产车间（2010年　张有钢/摄）

屏南瑞垟水库（1988年　郑本成/摄）

龙泉八宝山金矿矿区（1991年　姚增祥/摄）

龙泉宏山220千伏变电站（2008年　潘世国/摄

龙泉撤县设市庆祝活动（1991年　郑小荣/摄）

龙泉撤县设市庆祝大会（1991年　郑小荣/摄）

龙泉市第十一届人民代表大会第一次会议（1993年　郑小荣/摄）

龙泉市第二次创业动员大会（1998年 陆金根/摄）

龙泉市委十届七次全体（扩大）会议暨“二次创业”两周年纪念大会（2001年　市委办/提供）

中国共产党龙泉市第十一次代表大会（2003年　市委办/提供）

龙泉市第十三届人民代表大会第三次会议（2005年 市委办/提供）

龙泉市第十三届人民代表大会第五次会议（2006年 罗永文/提供）

龙泉市第十四届人民代表大会第一次会议（2007年 季金强/摄）

中国人民政治协商会议第六届龙泉市委员会第一次会议（2003年　市政协/提供）

中国人民政治协商会议第六届龙泉市委员会第四次会议（2006年　罗永文/提供）

龙泉市行政中心启用仪式（2005年　罗永文/提供）

市乡村三级联动办实事——住村干部入户走访（2002年　罗永文/提供）

市乡村三级联动办实事——市委领导炉岙村访民情、谋产业（2007年　胡盛锋/提供）

书记市长热线开通（2000年　雷云飞/摄）

龙泉市委办、市政府办“业务型机关”学习会（2006年　罗永文/提供）

龙泉市委、市政府效能直通车走进社区（2007年　市纪委/提供）

农村党员户挂牌
（2010年　市委组织部/提供）

局长作风大家评（2010年　市纪委/提供）

村民利用远程教育学习花菇栽培技术（2010年　市委组织部/提供）

党员抗洪抢险（2010年　市委办/提供）

龙泉市保持党员先进典型教育活动“两集体 一个人”先进事迹报告会
（2010年　市委组织部/提供）

著名作家金庸龙泉论剑（2004年　季金强/摄）

著名作家莫言龙泉寻根（2010年　季金强/摄）

稽圣潭塔（2004年 郑本成/摄）

华严塔落成典礼（2009年 张有钢/摄）

城东双塔（2010年　吴仁杰/摄）

留槎阁（2006年　潘世国/摄）

大窑枫洞岩窑址考古现场（2005年　季金强/摄）

宝溪乡五股龙窑（2009年　张有钢/摄）

龙南乡下田村五显庙（2008年　潘世国/摄）

小梅镇黄南村植碧殿（2009年　姚增祥/摄）

清修寺（2009年　张有钢/摄）

安仁镇永和桥（2010年　张有钢/摄）

上垟瓷厂全景（2006年　张路明/摄）

上垟瓷厂车间旧址（2010年　张有钢/摄）

上垟镇木岱村瓷厂青瓷原料加工车间（2010年　张有钢/摄）

第一届浙江省青瓷创新设计评比（2008年 叶华青/摄）

龙泉青瓷宝剑苑（2010年 潘世国/摄）

龙泉市中等职业学校学生教学实践基地青瓷开窑（2009年　叶华青/摄）

上垟镇木岱口村曾芹记古窑坊（2010年　张有钢/摄）

青瓷产业化生产车间（2008年　潘世国/摄）

青瓷产品检验车间　（2010年 张有钢摄）

中国工艺美术大师张绍斌青瓷作品《问天》（2006年 季金强/摄）

中国工艺美术大师陈阿金宝剑作品《玄天剑》（2006年 季金强/摄）

中国工艺美术大师徐朝兴
青瓷作品《双环瓶》
（2008年　季金强/摄）

中国工艺美术大师夏侯文
青瓷作品《红鲤鱼》
（2008年　季金强/摄）

中国工艺美术大师毛正聪
青瓷作品《奇纹贯》
（2007年　季金强/摄）

安仁镇元宵板龙表演（2005年　季金强/摄）

城区除夕烟花（2009年　潘世国/摄）

端午龙舟比赛（2005年　季金强/摄）

城北乡木偶戏表演（2006年　潘世国/摄）

非遗项目“十三翻”表演（2008年 姚增祥/摄）

中国龙泉青瓷宝剑精品展·上海（2001年 市委办/提供）

中国龙泉青瓷宝剑精品展·北京（2002年 季惠兰/摄）

全国第七届陶瓷艺术设计创新评比大会暨中国龙泉青瓷节
（2002年　雷云飞/摄）

第三届龙泉青瓷宝剑节祭祀剑祖欧冶子
（2008年　市文广旅体局/提供）

龙泉黄粿
（2010年 张有钢/摄）

竹垟畲乡喜宴
（2010年 张有钢/摄）

石马村元宵抢灯（2010年 张有钢/摄）

龙泉市人民医院（2008年　市卫生局/提供）

龙泉市人民医院迁建工程奠基典礼（2010年　市卫生局/提供）

龙泉市中医院（2007年　龙泉市中医院/提供）

安仁镇中心卫生院
（2008年　潘世国/摄）

龙渊街道社区卫生服务中心成立
（2009年 市卫生局/提供）

浙江省龙泉师范学校（1998年　叶华青/摄）

龙泉市中等职业学校（2010年　叶华青/摄）

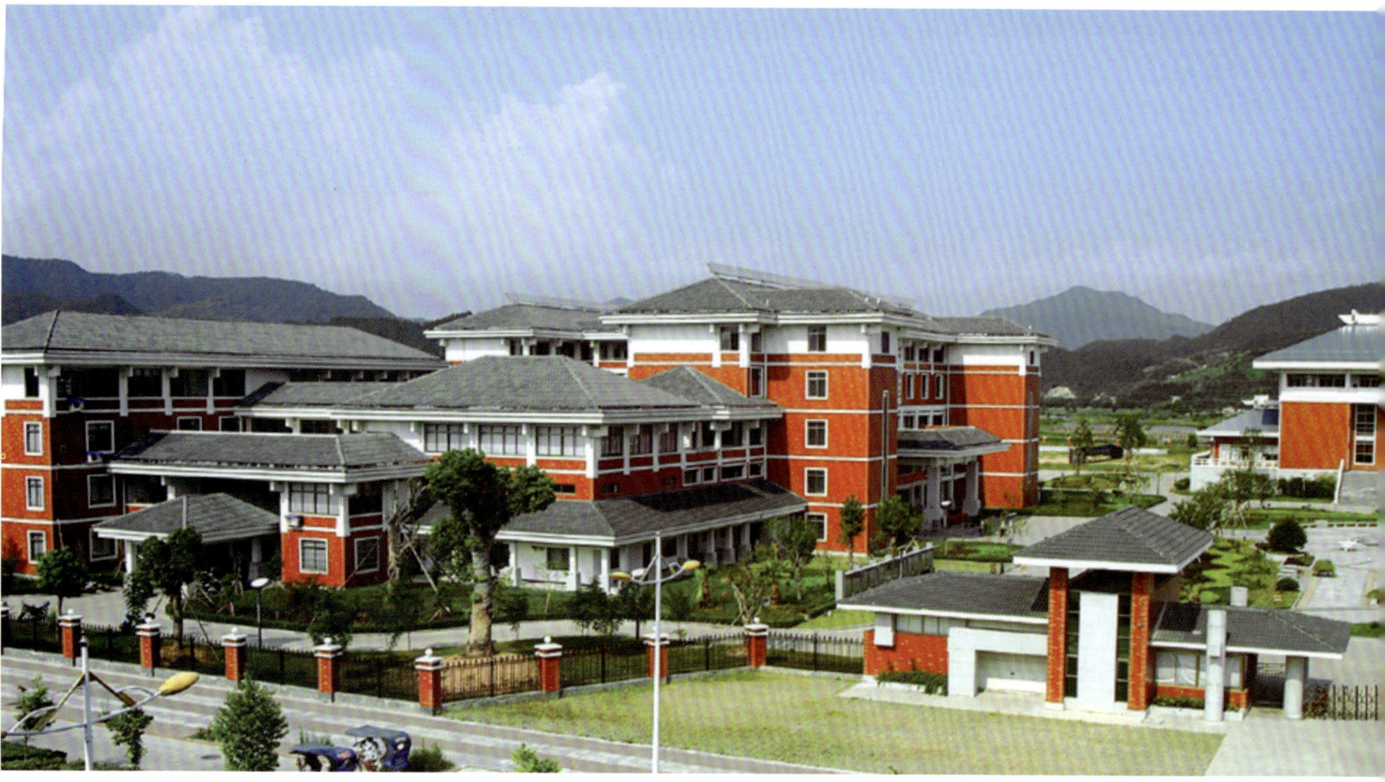

龙泉第一中学老校区（2003年　龙泉市第一中学/提供）

龙泉第一中学新校区（2007年　市教育局/提供）

龙泉市中等职业学校学生青瓷创作现场（2008年　潘世国/摄）

浙江大学与龙泉市校市合作项目签约仪式（2008年　潘世国/摄）

绿谷教育集团水南校区（2000年 市教育局/提供）

龙泉市实验小学（2007年 市教育局/提供）

全民健身活动——柔力球大赛（2004年　姚增祥/摄）

龙泉万人舞剑活动创世界吉尼斯纪录（2007年　市教育局/提供）

城区中心敬老院落成（2009年　市民政局/提供）

城区老年公寓（2010年　市民政局/提供）

龙泉市十万农民饮用水工程建设动员大会（2007年　郑本成/摄）

南大洋农民公寓开工典礼（2007年　市农办/提供）

安民至严山沿线贫困带康庄公路贯通（2008年　市交通局/提供）

大学生就业专场招聘会（2009年　市人力社保局/提供）

人力资源交流会（2009年　市人力社保局/提供）

城乡居民养老保险全覆盖（2010年　市人力社保局/提供）

序

县之有志，犹国之有史。《龙泉市志（1989—2010）》历时十数载，编者呕心沥血，各界鼎力相助，数易其稿，成书问世，可喜可贺！

龙泉市地处浙江省西南部浙闽赣边境，因剑得名，凭瓷生辉，山清水秀，人杰地灵，自古被誉为“处州十县好龙泉”。这座国家历史文化名城，历为“瓯婺八闽通衢”“驿马要道、商旅咽喉”，具有一千七百年历史的龙泉青瓷系全球首个入选“人类非遗”的陶瓷类项目，成为人类共享的文明成果；具有二千五百年历史的龙泉宝剑是首批“国家非遗”，以“坚韧锋利、刚柔并寓、寒光逼人、纹饰巧致”四大特色成为“中华第一剑”；千年香菇史发源于龙泉，在世界首创香菇栽培技术，荣膺中华灵芝第一乡、中国黑木耳之乡；一九二九米高度凤阳山黄茅尖冠绝长三角，境内森林覆盖率高达84.4%，是国家公园理念重要萌发地。“山川雄秀，必产英才。”龙泉自古人文昌盛，俊贤辈出，仅两宋一朝，就有进士 260 位。“春色满园关不住，一枝红杏出墙来”的千古名句，就出自宋代龙泉诗人叶绍翁。这里还是中国首位诺贝尔文学奖得主莫言的祖居地。正如清乾隆二十七年（1762），资政大夫、礼部右侍郎齐召南在《重修龙泉县志序》中赞曰：“绾章绶，著声绩者，更仆难数，岂不盛哉！儒者实学，处为端士，出为名臣，立德立功立言，并堪不朽。若冲和、二管、水心、西山俱毓斯土。元季如王刚叔，明初如章三益、胡仲渊、叶静斋，伟然挺出，迥非寻常标史策者所可伦比，地灵人杰，固如是耶！”

编修地方志，是中华民族历史文化的优良传统。自南宋嘉定二年（1209）修《龙泉县志》始，龙泉历史上曾十次修志，但历经兵燹战乱，天灾人祸，朝代更替，物换星移，旧志多已散失湮佚，所存无多。1994 年，龙泉出版了中华人民共和国成立后的首部县志，叙事下限为 1988 年底。2008 年，龙泉市启动《龙泉市志（1989—2008）》编撰工作，基于叙事下限调整，2018 年，《龙泉市志（1989—2010）》编撰工作再度启动。编撰期间，上级有关部门和专家学者给予了热情指导，各部门提供了大量资料，参与修志的同志艰苦努力，辑访耆旧，广闻贤达，征考文献，校正讹误，去芜存菁，取精用弘，聚各方之卓见，毕其心血，倾其心智，历十数载寒暑而裒然成集，终铸此志。《龙泉市志（1989—2010）》钩沉史料，广征博采，纵涉古今，横及百科，以辩证唯物主义和历史唯物主义的观点和略古详今的手法，忠实地记载了时限内龙泉市行政区域内自然、政治、经济、文化和社会的历史与现状，尤其是龙泉历经“撤县设市”“二次创业”“高速时代”，22年间经济社会发展取得的巨大成就和全面进步。篇章翔实，条目清晰，直书成败，诚为信史。它的问世，使“前有所稽，后有所鉴”，资治存史，教化民众，服务当代，惠及子孙，功莫大焉！在此，我们深表敬意与感谢。

以史为鉴以治天下，以志为鉴以治郡国。翻阅此志，粲然知先贤之伟绩；掩卷沉思，肃然感责任之重大。当前，龙泉正在迈向现代化建设、奔向共同富裕新征程，我辈当加倍努力，求是挺进，全面复兴剑瓷之都，奋力打造品质龙泉，为《龙泉市志》写出光辉灿烂的续篇，以无愧于前辈，无愧于时代，无愧于人民。

是为序。

中共龙泉市委书记 

龙泉市人民政府市长 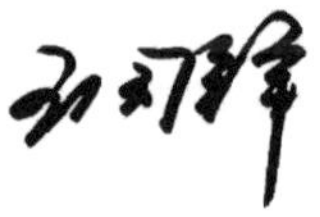

2023年3月16日

凡　例

一、本志以马克思列宁主义、毛泽东思想、邓小平理论、“三个代表”重要思想、科学发展观、习近平新时代中国特色社会主义思想为指导，坚持辩证唯物主义和历史唯物主义的立场、观点和方法，存真求实，根据国务院《地方志工作条例》规定，全面、客观、系统地记述龙泉市发展历程。

二、本志记事时限为1989—2010年。上限以1989年1月1日为开端，下限至2010年12月31日为终端。本志记述时限内龙泉市行政区域内自然、政治、经济、文化和社会的历史与现状。根据需要，自然地理及特殊节、目内容适当突破上限和下限。

三、本志主体志采用篇章结构，设置为篇、章、节、目4个层次。篇下设无题序，章下、节下均不设无题序。全书正文设40篇，另设图片、总述、大事记、专记、附录等。总字数265.3万字。

四、本志采用述、记、志、传、图(照)、表、录等体裁，以志体为主。采用语体文、记述体，用第三人称书写。对影响较大，有典型和特殊意义的事件内容，采用专记形式记述；与记述内容密切相关的重要文献、档案资料等，采用文献辑存形式收录于附录中。

五、卷前附图编配行政区划图、城区图、旅游图等；书前彩色插页编配具有历史价值的图片。

六、本志的体例规范、质量标准和术语使用遵循国家有关出版物的规定。

七、本志历史纪年，公元1912年以前，以年号纪年，一般标示朝代、年号、年份，括弧内注公元纪年，如清康熙二十二年(1683)，月、日用农历，以汉字数字表示。公元1912—1949年9月30日，以民国纪年，括弧内注公元纪年，如民国26年(1937)7月7日，月、日用公历，以阿拉伯数字表示(如需加注农历则在括弧内加五月二十九日)。1949年10月1日以后，以公元纪年，月、日用公历，以阿拉伯数字表示。

八、本志人物篇由人物传略和人物表录两部分组成。人物传略坚持“生不立传”原则，主要收录对政治经济社会发展有较大影响，在某一领域有一定知名度的龙泉籍和长期工作在龙泉对龙泉社会有一定贡献的客籍已故人物。人物表录收录地市级以上党代会、人代会、政协委员，省部级以上先进模范人物，正高级以上专业技术人员，寓外龙泉籍正高级以上专业技术人员，寓外副地师级以上干部，革命烈士，历代进士补录，但不作任何评价。为补前志遗漏，增加若干1989年以前历史人物传略，而前志已录人物，又无重要更正或补遗者，则不重录。

九、本志数字使用，以《出版物上数字用法》(GB/T 15835—2011)为依据。计量单位的使用，以国务院公布的《关于我国统一实行法定计量单位的命令》和国家标准《国际单位制及其应用》(GB/ 3100—93)为依据，历史时期的计量单位可根据需要沿用旧制。标点符号的用法，以《中华人民共和国国家标准标点符号用法》(GB/T 15834—2011)为依据。

十、本志使用的数据，一般以市统计局的数据为准。市统计局没有的，以部门统计数据为准，凡使用编者重新调查核实的数据，均加说明。

十一、本志称谓的书写，首次出现时用全称。凡全称过长，且存在语意准确而又流行的简称者，则在全称后面括号注简称，再次出现时即用简称。不使用概念模糊的机构或领导称谓，如“上级”等，写具体的机关单位名称。人名，除引文外，一律直书姓名，不加称呼，不冠褒抑之词，如需提及职务，一律用“职务+姓名”，以后出现则直书其名。古地名均括弧注今地名。外国的人名、地名之译名，以新华社发表的译名或社会上通用的为准。

十二、本志资料主要来源于全市机关部门、人民团体、乡镇（街道）提供的书面材料和对历史档案的查阅，少数来源于旧志、杂志、访谈的资料则在反复核实后谨慎入志。本志采用的一般资料不注明出处，但引文、辅文和需要注明的专用名词、特定事物，均加页末注。

总 目 录

目　　录

第三篇　人　　口

第四篇　水　　利

第五篇　交　通

第六篇　能　源

第七篇 邮政 电信

第八篇 城乡建设

第九篇 环境保护

第十篇　农　业

第十一篇 食用菌 茶叶

第十二篇 林 业

第十三篇　工　业

第十四篇　青瓷　宝剑

第十五篇　商 贸 业

第十六篇　旅 游 业

第十七篇　财　　税

第十八篇　金　　融

第十九篇 综合经济管理

总　述

一方水土养一方人。龙泉市是浙江省丽水市代管县级市，地处浙江省西南部浙闽赣边境，位于北纬27°42′~28°20′，东经118°42′~119°25′，历为“瓯婺八闽通衢”“驿马要道、商旅咽喉”，自古物华天宝，风光秀丽，人文璀璨，“人才伟然，冠于浙东”。龙泉市东邻云和、景宁县，南连庆元县，西界福建浦城县，北接遂昌、松阳县，境域南起小梅镇所在地，北至城北乡东畲村，长70.80千米；东起道太乡武溪村，西至上垟镇花桥村，宽70.25千米，总面积3059平方千米，为浙江省面积第二大县级市，耕地面积25.13万亩。辖8个镇8个乡3个街道办事处，13个社区444个行政村。2010年末，全市总人口28.85万人，其中汉族27万余人，畲族8222人，还有回族、苗族、彝族、壮族、满族、侗族、瑶族、白族、黎族、土家族等少数民族。千百年来，勤劳智慧的龙泉人民团结实干、开放包容、精益求精、勇于创新，与大山绿谷共相依，与民族命运共沉浮，与人类文明共进步，谱写了一部生生不息的创业奋斗史、发展巨变史、文明进步史！

一

龙泉，山是江浙之巅。武夷山系分洞宫山脉和仙霞岭山脉从西南部逶迤入境，似两条飞腾的巨龙穿越市域，境内山川雄秀，层峦叠嶂，海拔1000米以上山峰730座、1500米以上山峰110座，一条由浙江省80%的1800米以上山峰串连起来的驴行穿越线——“千八线”，铸就“浙江屋脊”。国家级自然保护区凤阳山横亘东南，众山起伏，绝壁高耸，奇松屹立，云海翻腾，主峰黄茅尖海拔1929米，雄踞万山之巅，为江浙第一高峰。披云山绵延西部，云雾缭绕，怪石林立，一峰之水注三江。昴山雄峙中部，奇峰如削，万木葱茏，千年古刹名三省。正如中国当代著名作家、茅盾文学奖获得者王旭烽所言：“因为有那么苍茫的山海环抱，有美的一切神奇就在这里孕育，金庸小说里的侠器寒剑，陆羽《茶经》里的窑盏青瓷——这绝配之美，就这样组合了这座叫龙泉的山城，由山泉滋润承载，通往全世界有人居住的地方。”

龙泉，水为三江之源。“千岩竞秀、万壑争流”，龙泉地处山区，却因水而生、而活，瓯江、闽江、钱塘江发源于此。境南部屏南镇锅帽尖是浙江省第二大河——八百里瓯江的源头，瓯江全长388千米，其中在龙泉境内127.68千米，流域面积2578.69平方千米，主流贯穿龙泉全域，支流遍布所有乡镇和街道，是龙泉的血液脉络，是龙泉人的母亲河；瓯江河岸峰峦叠翠，风光旖旎，沿线人文荟萃，遗迹漫布，这种自然形态和人文历史的合一景致，衍生了瓯江的扩散性魅力，孕育了丰富的瓯江文化，滋养龙泉人民的心智。西北部住溪是钱塘江水系乌溪江源流，北上富春化作滚滚钱江潮；西部宝溪是福建闽江水系支源流，西取福州融入茫茫闽江水。“舟楫北可至婺，东可至瓯，西可至八闽”，自古便是浙闽赣边区的水运枢纽，年平均降雨量1650毫米，人均水资源量13083立方米，是浙江省人均的6.2倍。

龙泉，生态全国领先。龙泉市属于中亚热带季风气候区，其特征是四季分明、雨量充沛、冬无严寒、夏无酷暑、春早夏长、温暖湿润。因地形复杂，海拔高低悬殊，气候基本呈垂直分布，光、温、水地域差异明显。海拔800米以下区域属凉亚热带湿润季风气候；海拔800米以上区域近于温带湿润季风气候。据2004年国家环境监测总站《全国生态环境质量评价研究报告》，龙泉生态环境质量在全国所有县（市、区）中排名第八位，在县级市中排名第一位，被誉为“中国生态环境第一市”。全市森林覆盖率高达84.2%，生态环境状况指数持续位列全国前茅，空气负氧离子平均浓度每立方厘米城区达到4860个、凤阳山最高达12万个，空气质量指数优良天数比例高达99.7%，PM2.5年均浓度每立方米仅23微克，饮用水水源水质达标率100%。

龙泉，资源异常丰富。龙泉为中国南方重点林业县，是浙江省最大的林区县（市）和第二大竹乡，被称为“浙南林海”，拥有林业用地26.53万公顷，林木蓄积量1456万立方米，植物种类1800余种，年产商品材26万立方米，四项指标均居浙江省第一；拥有毛竹3.73万公顷，仅次于浙江安吉。龙泉是新崛起的浙江省特色茶基地，龙泉红茶、金观音声名鹊起，笋干、厚朴、茯苓、毛棕等传统山货特产在国内外素负盛名。境内已探明铅、锌、萤石、叶蜡石、陶土、花岗岩等矿产资源20余种，其中铅锌矿储量居浙江省第二位，花岗岩岩体总量在1亿立方米以上，生产瓷器的原料瓷土储量量大质优。山高林壑，溪流纵横，巨大的落差使得全市水能蕴藏量达38万千瓦，其中可开发装机容量达25.4万千瓦。境内龙泉山景区峰峦叠翠，谷幽泉清，仙宫湖水光潋滟，烟波浩淼。以百米瀑布和千年古村为特色的生态沟、古村落星罗棋布。全市有五级旅游资源单体4个，四级旅游资源单体8个，三级旅游资源单体30个等。

二

龙泉，历史悠久，源远流长。它起源于新石器时代，发展于夏、商、周、春秋战国、秦、汉，兴起于三国两晋、隋、唐，鼎盛于两宋，延续于元、明、清、民国，再度崛起于当代。1958年牛门岗出土丰富的新石器时代遗物，经省文物部门考证为新石器时代晚期遗址，属良诸文化类型，距今约5250~4150年，是典型的原始农耕文化，为龙泉古文明的起源。夏、商、周龙泉是越国的属地，经三朝发展，龙泉先人已由原先山间部落，开始集聚成大群落。春秋战国，欧冶子在秦溪山麓“凿茨山，泄其溪，取山中铁英，作为铁剑三枚”，龙泉亦因剑得名龙渊，龙泉古城雏形形成。秦汉时期，龙泉的铸剑业专为皇室铸造宝剑，属会稽郡。三国两晋，龙泉先人开始从事青瓷生产，并已产茶。东晋太宁元年（323），“分临海郡置永嘉郡，分松阳县置括苍乡、龙渊乡”，为本县范围内设置基层政区之始，时属扬州永嘉郡松阳县，称龙渊乡，乡治地黄鹤镇。隋文帝开皇九年（589）灭陈，南北统一，废永嘉、临海二郡为县，升括苍乡为县，以括苍、松阳、永嘉、临海四县置处州，时为处州松阳县龙渊乡。唐天宝十四年（755），安史之乱爆发，中原百姓南迁定居于此，使龙泉乡人口大增，生产日益发展。唐乾元二年（759），安史之乱平定后，唐肃宗下诏析松阳县龙泉乡和遂昌县部分地置龙泉县，属括州（处州），开创龙泉历史新纪元。唐后期政治中心向南方迁移，龙泉人口剧增，设县不久便成为中县，手工制作业、青瓷制作、铸剑业兴旺发达，城区范围不断拓展扩充，到宋朝已形成现在可见的老城区范围，此范围呈东西长、南北窄状态，总面积约6平方千米。两宋时的龙泉城市繁华、百业兴旺、文化繁荣、名人辈出，有“为栝壮县”“南宋陪都”之称，达到鼎盛时期。宋徽宗宣和三年（1121），诏天下县镇凡有龙字者皆避，因改名为剑川县，宋绍兴元年（1131），复名龙泉县。宋庆元三年（1197），析龙泉之松源乡及延庆乡部分地置庆元县[此后，庆元县又曾于明洪武三年（1370）至十三年（1380）、1958 年至 1973 年两度并入龙泉县]。元明清之际，虽受南宋亡后龙泉季可余部张三八聚众抗元，明中晚期处州各地农民、矿工起义，清初“三藩之乱”等战乱影响，但元代龙泉青瓷产地进一步扩大，技艺上有新突破，且大量外销；明代龙泉青瓷成为中国青瓷发展的最后亮点。自明代中期以来，享有“处州十县好龙泉”之美誉，正如清《处州府志》记载：“龙泉当闽浙之交，居郡上游，层峦叠耸，双溪横贯，凤凰翱翔，石马腾踏，北山舒翼抱于左，桃源回首拱于右，前则修桥杰阁，后则九姑灵纵，地势夷旷，他邑莫及”。1937 年 7 月，抗日战争全面爆发后，龙泉成为浙江抗战大后方，大批省级机关、企事业单位迁至，战时经济文化一度繁荣。中华人民共和国成立之后，尤其是改革开放以来，在中国共产党领导下，龙泉山川增色，雄秀空前，政治清明，经济发展，社会和谐，步入历史上最好的发展时期。

龙泉，人文昌盛，俊贤辈出。旧为“浙水东文献之邦”，史称“龙泉代有英贤”“衣冠文物甲于诸邑”。两宋自天圣至咸淳 251 年间，龙泉籍举子中进士 260 名，其中熙宁六年（1073），全国进士及第 596 人，浙江 37 人，处州 19 人，龙泉就有何执中、管师仁、叶涛、叶膺、管师渐、吴璋、姚鼎臣、胡蕢、全旦、周革、吴嘉循、鲍康济、吴翊、吴畀等 14 人同登进士金榜，超过处州三分之二。从历史记述看，龙泉入传《宋史》人物北宋 6 人、南宋 6 人，《明史》人物 4 人；入典《中国人名大辞典》人物宋代 32 人，明代 9 人；《浙江通志•文苑》录处州文人 24 人，其中龙泉 10 人，几占一半。在宋朝，龙泉先后出了 2 位宰相、3 位副宰相和 2 位兵部尚书，分别是北宋宰相何执中、副相管师仁，南宋宰相汤思退，副相何澹、真德秀，南宋兵部尚书季可、陈存。明初章溢与刘基等辅助朱元璋开国建基，官至御史中丞。南宋思想家叶适为永嘉学派的主要代表和集大成者；南宋诗人叶绍翁有“春色满园关不住，一枝红杏出墙来”之千古绝唱；南宋著名历史学家鲍彪著《鲍氏战国策注》，至今仍为权威注本；南宋著名考古学家叶大庆著《考古质疑》被录入《永乐大典》《四库全书》；明代学者叶子奇著《草木子》，阐明精神与物质的关系，被称为“硕儒”。及至近、现代，龙泉亦不乏英贤俊杰，诸如辛亥革命先驱、同盟会骨干徐仰山，黄埔军校出身的革命军事家，曾任广东省委候补委员、广州市委书记的季步高等。

龙泉，重要革命老区，为浙西南革命根据地中心区域。1934 年开始，龙泉即有中共组织和红军活动。1935 年 3 月，粟裕、刘英率领中国工农红军挺进师入浙创建第一块革命根据地。中共浙西南特委、中共龙浦县委、中共龙遂县委和住溪苏维埃政府相继在龙泉成立。抗日战争时期，龙泉一度国共合作，组成广泛的民族统一战线，开展了卓有成效的抗日救亡运动。中共处属特委驻地龙泉，在住龙镇水塔村曾经建立中共浙江省委第一部电台，召开中共处属地区首次代表会议。在民主革命时期，龙泉这块热土上的人民抛头颅，洒热血，前赴后继，英勇无畏，用鲜血和生命谱写了感人肺腑的诗篇，前后有 400 多名革命先烈献出了宝贵的生命。1988 年，浙江省人民政府批准龙泉为革命老根据地县。

三

龙泉文化个性独特，剑瓷菇世界驰名。龙泉得天独厚的自然环境，孕育了丰富的区域特色文化，积淀驰誉世界的龙泉青瓷文化、家喻户晓的龙泉宝剑文化、影响深远的香菇文化，成为著名的青瓷之都、宝剑之邦和世界香菇栽培发源地，使龙泉文化的底蕴、个性和名气在中国 2800 多个县中极为少有，不同凡响。2000 年 2 月，浙江省人民政府批准龙泉市为省级历史文化名城。

龙泉因剑得名。龙泉制剑始于春秋，铸剑大师欧冶子奉楚王之命铸剑，寻访至龙泉秦溪山下剑池湖畔，采山中铁英铸成龙渊、泰阿、工布三把名剑，开创我国用铁制造刀剑兵器先河，在制剑史上具有划时代的意义。此后遂将欧冶子铸剑之地命名为“龙渊”，唐避李渊讳而改名“龙泉”，从此龙泉宝剑名扬天下。2500多年来，龙泉剑业代有名匠，龙泉宝剑以“坚韧锋利、刚柔并寓、寒光逼人、纹饰巧致”四大特色而成为“中华第一剑”。唐宋时期，龙泉宝剑无论是剑的制作技艺，还是剑的形制，都有很大的进步和创新，成为当时先进铁兵器的代表。清乾隆十三年(1748)，郑义生在龙泉东前街开设龙泉剑铺，创“灌钢”法为朝廷制剑，钢锋特佳，获得成功。此后，因乾隆皇帝独尊龙泉七星剑，龙泉剑业再盛，千字号、万字号、壬字号、金字号、永字号、周字号、禾字号等剑铺应运而生。中华人民共和国成立后，龙泉剑业更是发展迅速，技艺更上层楼，产品行销海内外，享誉五大洲。龙泉宝剑代表正义、力量的追求，和平、吉祥的期盼，体现精诚团结、宽容包容、正气诚信的意蕴。如果从更高的层次看，“剑道书香”已经上升为一种精神资源，它代表了积极向上、奋发有为的精神状态，象征着刚正不阿、铲除邪恶的豪气，体现百折不挠、勇往直前的人生追求，反映精益求精、千锤百炼的修养境界。而这，正是中国人的精神文化瑰宝。

龙泉凭瓷生辉。“中国陶瓷之父”陈万里曾说：“一部中国陶瓷史，半部在浙江；一部浙江陶瓷史，半部在龙泉。”龙泉青瓷始烧于三国两晋，唐中期至五代开始规模化生产，鼎盛于宋元，延续于明清，中兴于当代，其“哥窑”位列宋代五大名窑之一，其“弟窑”之“粉青”“梅子青”把青瓷烧制技艺推上巅峰，迄今全国发现属于龙泉窑系的窑址达600余处，龙泉境内有390处。龙泉青瓷传递了中国传统的审美意境，体现了中华民族的精神气韵，有着自己的技艺体系和造物哲学，以其烧制技艺精湛、民族风格独特而驰名世界。在1700余年的传承过程中，龙泉青瓷形成了青釉配置、多次施釉、厚釉烧成和开片控制等独特的传统烧制技艺，可视为中国历代青瓷工艺发展的总成，成为中国乃至世界陶瓷史上烧制年代最长、窑址分布最广、产品质量最高、生产规模和外销范围最大的历史名窑。宋元明之际，龙泉青瓷以内陆起始地的主角身份参与并开拓了漫长的“海上丝绸之路”，使瓷器成为中国文化重要标志和世界性商品，扩大了中华文明对世界的影响，使“清澈如秋空、宁静似深海”的哥、弟窑瓷器享誉海内外，开启中华文化传播的新篇章，使各文明古国的文化互相交流，大放异彩。2009年9月，龙泉青瓷传统烧制技艺被批准列入人类非物质文化遗产代表作名录，是全球首个入选的陶瓷类项目。龙泉青瓷自此成为一个世界公认的专用名词，其传统烧制技艺成为全人类共同推崇、保护和享有的非物质文化遗产。

龙泉以香菇著称于世。龙泉香菇历史长达1000年。根据民间传说和菇民习俗，香菇食用和栽培的发明人是五显灵官，后人为纪念他，尊为“菇神”，并在各村建造“五显庙”。另一说法，南宋时，生于建炎四年(1130)、时属龙泉县龙岩村(该村1973年划归庆元县管辖)人吴昱集历代香菇栽培技术，创造砍花法和惊蕈术，被后人尊奉为“菇神”吴三公。南宋嘉定二年(1209)，县人何澹在其组织修纂并作序的龙泉历史上第一部《龙泉县志》中，用185个字叙述香菇栽培从择时、选场到采菇、烘干的整个栽培加工过程。这是世界上首次以文字完整记叙香菇砍花法，既凸显龙泉香菇这个千年领先特色产业的文化底蕴，更使龙泉无可置疑地成为世界香菇栽培发源地。明初，刘基奏请皇帝以栽培香菇为龙庆景三县之专利。之后，龙泉菇民加速向闽、皖、赣、粤、桂、川、黔、湘、鄂、滇等省开拓，延续了数百年的菇业兴旺。

与此同时，由香菇衍生出来的灵芝、黑木耳，亦闻名遐迩。宋代已有龙泉灵芝确切文字记载，黑木耳栽培量居全国之先。

四

从 1989 年到 2010 年，短短的 22 年，在中共龙泉市(县)委的坚强领导下，龙泉人民以改革开放为主线，决战贫瘠，奔向小康；打开山门，拥抱文明；励精图治，走向繁荣；凤凰涅槃，迎接新生。具体发展过程，经历了“撤县设市”“二次创业”和“高速时代”三个阶段。

撤县设市赢得区域发展先机。龙泉地处浙江、福建、江西三省交界，当时，在这方圆数千平方千米的区域内尚无一个县级市。中华人民共和国成立之后，特别是改革开放以来，龙泉的经济建设和社会事业都有了长足的发展。如何进一步提升龙泉的传统知名度，扩大现实的影响力，推动新一轮的发展，是摆在龙泉人民面前的一个新课题。基于此，1987 年，龙泉审时度势，抓住有利时机，启动申请撤县设市。在反复酝酿，上下发动，多方认证，争取支持的基础上，1988 年初，县五套班子研究，抢占先机作出了申报撤县设市的决定。经过工作班子几年紧张、艰苦、有序的努力，在浙江省、丽水地区及有关职能部门的支持下，1990 年 12 月 26 日，经国务院批准，撤销龙泉县，设立龙泉市(县级)。1991 年 2 月 4 日，龙泉市举行撤县设市庆祝大会。撤县设市，不仅从县、市建制上实现了历史性改变，开启了龙泉城市化的新时代，还为龙泉赢得区域竞争先机，使其独特优势不断发挥，经济集聚发展，一座新型的浙闽赣边境中心城市日益崛起。

“二次创业”引领龙泉跨越。1998 年 12 月 30 日，龙泉市委提出坚定不移地实施“二次创业”发展战略，总体思路是：按照浙江省党代会提出的战略方针，紧密结合龙泉实际，以经济建设为中心，市场为目标，科教为先导，稳农业、兴商贸、促工业，开发旅游业，基础设施先行，种养加并举，全面推进经济、社会及各项事业的发展。围绕这一思路，确定工作重点是：加强农业和农村工作，加快个体私营经济发展，加快城市化的进程，加快旅游业的开发，加快基层设施建设。2000 年 1 月，又提出实施“12510”工程：“1”是指一个战略目标，即到 2003 年基本实现小康，到 2010 年基本实现新农村，到 2018 年基本实现农业和农村现代化。“2”是指两条战略主线，即 2003 年基本实现小康和加速推进城市化进程。“5”是指五个战略重点，即加强农业和农村工作，加快个体私营经济发展，加快基层设施建设，加快城市化的进程，加快旅游业的开发。“10”是指十件大事，即每年市里都要计划办好十件大事。2004 年，龙泉市委又提出“生态立市、工业强市、旅游兴市”发展战略深化“二次创业”，阐明生态立市是前提和基础，工业强市是支柱和重中之重，旅游兴市是趋势。将龙泉定位为浙江的“经济走廊、生态屏障”；明确“集聚发展、借力发展、跨越发展”三大发展理念；优化“一极三轴两翼”的空间布局，一极即市区，三轴即高速公路走廊地区，两翼即北部、南部高山、深山地区；打造“一区三基地”，一区即构建生态屏障、初步建成“人与自然和谐发展区”，三基地即特色制造业基地、长江三角洲地区重要的绿色农产品生产基地、长江三角洲地区著名的生态旅游休闲度假基地。

“高速时代”再创好龙泉。龙泉地处浙西南偏远山区，虽在民国 24 年(1935)就通了简易公路，解放后又历经修建，但交通依旧成为长期制约发展的瓶颈。2001 年 10 月 28 日，丽龙一级公路龙泉段开工；2003 年 11 月 19 日，省交通厅确定将一级公路改建为高速公路。经 6 年攻坚，2006 年 12 月 18 日，丽龙高速公路龙泉段正式通车，并成为国家高速公路网长春至深圳高速公路的组成部分。该高速公路路段全长 32.46 千米，总投资 16.17 亿元，起点是云和县的麻垟，经我市安仁镇、础石乡、剑池街道，终点为剑池街道周际村大猫亭。高速公路通车，从根本上历史性地改变了龙泉交通与区位条件，为龙泉接轨世界、加快小康奠定基础。2006 年 11 月，龙泉以丽龙高速公路即将开通为契机，全市开展了“接轨新高速、再创好龙泉”解放思想大讨论活动，吹响了“全面追赶、和谐发展”的号角。之后，龙泉市委提出“发展决定一切、民生高于一切、生态先于一切、作风保障一切”的基本思路，把龙泉建设成为“经济发展在浙闽赣边境名列前茅、生态环境在长三角保持一流、剑瓷文化在国内外有所影响”的美好新龙泉，成为浙闽赣边境最具活力区域中心的奋斗目标，从而为与全省同步提前基本实现现代化打下坚实的基础。围绕这一思路和奋斗目标，针对龙泉最大优势在生态、最大差距在工业、最大潜力在旅游的现实，深入实施“生态立市、工业强市、旅游兴市”发展战略，确立坚持“全面追赶、全面开放、生态领先、民生优先、干部率先”的原则，强力实施“以工强市、以林富农、以旅兴龙、以城带乡”四大举措，全力加快经济追赶，扎实推进民生改善，全面推进生态建设，加强干部队伍建设。

五

从 1989 年到 2010 年，短短的 22 年，龙泉人民迎着时代风云激荡，步伐铿锵，在前进中创造，在创造中前进，用自己的双手创造了辉煌的成就，用赤诚的情怀托起希望的土地。龙泉经济健康发展，社会和谐稳定，各项事业蒸蒸日上，人民安居乐业，生活水平不断提高，城乡面貌发生巨变，改革成果普惠共享。

荣膺十二个“国字号”荣誉。1989 年以来，龙泉先后获得 12 个“国字号”荣誉。1991 年 3 月，获得“全国绿化造林先进县”称号；1996 年 1 月，获得“中华灵芝第一乡”称号；2003 年 9 月，获得“中国龙泉青瓷之都”“中国龙泉宝剑之乡”称号；2004 年 6 月，获得“全国生态建设示范县”称号；2008 年 2 月，获得“全国农村饮用水安全工程示范县”称号；2008 年 5 月，获得“中国生态旅游最具魅力城市”称号；2009 年 3 月，获得“全国十大食用菌生产基地县（市）”称号；2009 年 10 月，获得“中国汽车（空调）零部件制造基地”称号；2009 年 12 月，获得“全国首个农村林业改革发展试验示范基地”称号；2010 年 9 月，获得“中国黑木耳之乡”称号；2010 年 10 月，获得“中国竹木户外休闲用品产业基地”称号。这些“国字号”荣誉的获得，不仅极大提高龙泉的知名度和美誉度，更为龙泉今后乃至更长一段时期的发展奠定了坚实基础。

经济发展高速增长。主要经济指标实现倍增，2010 年全市实现地区生产总值 61.48 亿元，人均地区生产总值 2.6 1 万元，分别是 1989 年的 18.73 倍和 20.54 倍；工业总产值 2010 年突破百亿大关，达到 108 亿元，是 1989 年的 54.07 倍；实现财政总收入 5.16 亿元，一般公共预算收入 3.21 亿元，分别是 1989 年的 12.64 倍和 7.9 倍。转型升级加快推进，经济结构进一步调优，产业竞争力有效提升。三次产业结构由 1989 年的 46.1:22.5:31.4 调整到 2010 年的 15.1:45.4:39.5；争取到覆盖一二三产的省级以上平台 6 个，龙泉生态产业集聚区作为丽水 3 个片区之一成功跻身省产业集聚大平台；“一心五点”工业集聚平台基本形成；生态农业培育优势凸显，成为浙江省农业特色优势产业综合强县（市），2010 年实现农业总产值 9.65 亿元，较 1989 年增长 10.72 倍；服务业发展基础进一步夯实，青瓷文化创意基地被列入全省首批现代服务业集聚区。

文化弘扬历史性突破。1999 年以来，龙泉先后在杭州、上海、北京、沈阳、法国巴黎等地举办龙泉青瓷、龙泉宝剑精品展，2002 年 10 月 28—31 日承办全国第七届陶瓷艺术设计创新评比大会，并成功举办 5 届龙泉青瓷·龙泉宝剑节，持续深化与国际、全国各地之间的文化交流，龙泉文化在国内外的影响力大幅提升。2006年6月，龙泉青瓷烧制技艺、龙泉宝剑锻制技艺双双列入国家级非物质文化遗产名录。2009年9月，龙泉青瓷传统烧制技艺被联合国教科文组织列入人类非物质文化遗产代表作名录，成为人类共享文明成果；2010年，以“一瓷一剑一茶一水一人家”为主要内容的参博项目精彩演绎上海世博会，让以剑瓷为核心的龙泉文化一跃成为浙江文化、中国元素。注重把文化化为产业、化为经济，加大力度推进文化产业发展，低小散乱现象有所突破，产业规模逐步壮大，社会贡献明显提高，成为了新的经济增长点、税收和百姓收入增收源。2010年，龙泉剑瓷企业524家，产品逾万种，实现产值12亿元，税收1791万元，并有一批艺术精品入选陈列于北京人民大会堂、中南海紫光阁及各地博物馆。重视文化人才队伍培养，为传承发展弘扬历史文化提供人才保障，中国工艺美术大师6位、中国陶艺大师5位、浙江省工艺美术大师21位。

城乡建设一体化巨变。2010年完成固定资产投资35.65亿元，是1989年的76.56倍，形成了以大建设大投入推动城乡环境大改善的基本格局。交通条件明显改善，加速融入全国高速公路网，高铁项目纳入国家铁路规划，省市乡村四级公路联点成网，为建设四通八达的综合交通网打下了坚实基础。城镇化建设步伐加快，2010年城镇化率50%，建成区面积从6平方千米扩大到12.06平方千米，城镇功能更趋完善、品位明显提升，承载力和辐射力显著增强。人民公园、青瓷博物馆为代表的文体场馆等一批重大项目相继建成，“五纵五横”城市道路网基本形成，“水利西进”等城防工程有效推进，城乡电网进一步完善，中心镇得到积极培育。新农村建设持续深化，美丽乡村创建全面推进，4万名农民实现异地脱贫，实现水、电、路、讯及广播电视村村通，农村面貌焕然一新。生态建设切实加强，生态环境保持领先。城乡环境综合整治、绿色百里长廊建设、水环境综合治理、节能减排等生态治理和保护取得明显成效，成功创建省级生态市、省级园林城市。

人民生活持续性改善。城乡居民生活更加殷实。2010年，城镇居民人均可支配收入2.20万元，比1989年增长12倍；农民人均纯收入6704元，比1989年增长9.5倍；低收入农户比重明显下降，人均纯收入2500元以下的低收入家庭基本实现脱贫。社会事业长足发展。“背靠浙大、联姻高校、发展龙泉”战略举措深入实施，市校合作成果显著，龙泉成为国家传统知识知识产权保护试点县（市）和国家科技富民项目实施典范；成功创建省级教育强市，中小学教育均等化、优质化水平不断提高，幼儿教育得到加强，职业教育加快发展；城乡医疗卫生条件不断改善，医疗卫生网络不断健全，医疗服务能力明显提升，市人民医院成功创建二甲医院并实施迁建，医药卫生体制改革成效初显，基本药物制度推广实施，计划生育工作切实加强，国家级计划生育优质服务先进市成功创建。社会保障体系更加完善。就业服务体系进一步健全，劳动力素质培训得到加强，城乡就业统筹推进。全面实施城乡居民社会养老保险，全市60周岁以上城乡老年居民每人每月领到基础养老金；企业职工养老、城镇职工基本医疗等“五大保险”实现扩面提标，民政福利、慈善、残疾人等事业和城乡危旧房改造、保障性住房建设不断推进，新型社会救助体系不断完善。

社会环境持续稳定和谐。先后组织开展“建设环境整治年”“矛盾纠纷调处年”“平安建设规范深化年”“基层基础建设年”等活动，建立健全了预防处置群体性事件、重大事件社会稳定风险评估等工作制度；深入开展“领导干部大接访”、重大不稳定因素领导包案化解等活动，依法稳妥处置一系列热点难点问题，依法打击各种暴力犯罪、侵财型犯罪和经济犯罪，经受住了各类自然灾害的考验，有效处置了各类安全生产责任事故，最大程度地保障了人民群众的生命财产安全，2005—2010年连续6年被浙江省委、省政府命名为“平安县（市）”。

六

从 1989 年到 2010 年，龙泉经济社会发展步履坚实、活力迸发，并取得了显著成绩和巨大进步，经济欠发达的状况有所改观。但是，龙泉发展的路上仍然存在一些突出问题，诸如经济总量偏小、城乡居民收入偏低；产业层次不高、要素约束趋紧，加快转变经济发展方式的任务繁重；影响社会和谐稳定的因素较多，保稳定促和谐的难度加大等。同时，也面临一系列的挑战，诸如加速推进城市化的要求与人口布局分散的矛盾；工业化加速发展与低碳经济潮流及节能减排的矛盾；内部加速发展与宏观经济调整的发展阶段不同步矛盾；不断扩大的发展需求与要素供给不足之间的矛盾；经济发展滞后与社会发展需求同步之间的矛盾；经济社会加快发展与政府管理、服务能力滞后的矛盾等。对此，需引起后来者高度重视，采取切实有效措施加以克服和破解。

抚今追昔，意在登高望远；知往鉴今，重在开创未来。冀望龙泉继续坚定不移地实施"生态立市、工业强市、旅游兴市"发展战略，围绕加快建设区域中心和实现全面小康两大战略目标，以发展绿色经济、提升幸福指数为主题，"北融长三角、南接海西区"，努力实现经济发展在三省边际力争一流，生态环境在全国保持领先，剑瓷文化在全球有所影响，把龙泉建设成为生态环保的"绿城"、剑瓷文化的"名城"、平安和谐的"福城"和三省边际枢纽的"新城"。有理由相信，龙泉这颗镶嵌在浙西南大地上的耀眼明珠，必将发出越来越璀璨的光芒！

大 事 记

1989年

2月末　龙泉县城乡储蓄10192万元，首次突破亿元大关。

3月10日　建兴乡叶村发生火灾，受灾18户，死2人，毁房128间。

3月20日　香菇液体菌种应用成果鉴定会召开。

4月27日　首批机关干部35人下村任职，为期两年。

5月11日　安仁镇严山、花庵等村遭风雹袭击，民房损坏50余户，早稻、马铃薯等农作物减产。

5月23日、27日、28日　住龙、岩樟、盛溪、上东、供村、小梅、青溪、查田等乡镇连降暴雨，受灾农户1.10万户，部分公路、水利设施、农作物受损，直接经济损失700万元。

是月　龙泉瓷厂参加美国夏威夷中国出口商品展览，参展青瓷品种10个、22件。

6月8日　龙泉县教育基金会成立。

6月15日始　龙泉县使用居民身份证。

6月19日　龙泉县普降暴雨，降水量136.80毫米，死4人，毁坏公路、桥梁301处。

6月30日　龙泉县邮电局开通八都、上垟、锦溪、小梅、安仁5个支局和县局营业处传真电报，安装电报传真机6台。

7月8日　龙泉县首批土地使用证书发放。

7月21—22日　受9号热带风暴影响，龙泉县普降暴雨，伴有冰雹，死4人，伤6人。

是月　龙泉瓷厂的6件青瓷作品获北京首届国际博览会银牌。

8月6日　龙渊镇北河街153号大院发生火灾，受灾14户52人，烧毁民房700余平方米。

是月末　龙泉县被浙江省人民政府评为全省绿化造林先进县。

9月20日　龙泉县举行“扫黄”斗争新闻发布会，在龙泉二中操场烧毁黄色、非法出版物。

9月25日　龙泉县博物馆开馆。

10月　浙江省民政厅批复住龙乡改设建制镇。

是月　龙泉宝剑厂、万字号宝剑厂的宝剑被第十一届亚运会指定为比赛产品。

12月3日始　龙泉县开展稳定完善林业生产责任制试点工作，工作组进驻盛溪乡，为期一个半月。

12月14日　紧水滩水库安仁码头启用。

12月29日　龙泉县冶炼厂产出第一批硅铬铁合金。

是日　龙泉金矿产出首块金块，重450克，成色99.90%。

是年　个体客车运输进入客运市场。

1990 年

1 月 18 日　龙泉县至上海市直达客车首次发车。

2 月 20 日　龙泉县机关干部 120 余人到 15 个乡镇开展党的基本路线宣传教育。

4 月 10—13 日　中国共产党龙泉县第八次代表大会召开。

4 月 18 日　联合国教科文组织一行 8 人到龙泉县调研九年义务教育情况。

5 月 15—21 日　中国人民政治协商会议第三届龙泉县委员会第一次会议召开。

5 月 16—21 日　龙泉县第十届人民代表大会第一次会议召开。

5 月 28 日　举行龙泉龙舟端午节下水剪彩仪式，此为恢复重建失传 30 余年的龙舟。

6 月 11—13 日　龙泉县连降暴雨，茶丰、剑湖、大赛等 26 个乡镇 241 个行政村受灾严重，死 3 人。

7 月 1 日零时始　龙泉县开展全国第四次人口普查工作，全县人口 266099 人。

8 月 4—6 日　省委书记李泽民到龙泉县安仁、小梅、城北、八都等地考察经济社会发展工作。

11 月 15 日　日本陶艺界一行 34 人到龙泉县参观考察。

12 月 26 日　国务院批准撤销龙泉县，设立龙泉市(县级)。

12 月 28 日　浙江省民政厅批复屏南乡改设建制镇。

是年　龙泉县被评为全国绿化造林先进单位。全县造林 3763 公顷，造林质量抽查合格率 97.60%，再次位列全省第一。

1991 年

1 月　龙泉市开展“我为建市添光彩”活动。

2 月 4 日　龙泉撤县设市庆祝大会召开。

是日　龙泉市地方产品展示会在市博物馆开幕，参展企业 60 余家，产品 100 余种类、600 余件。

3 月 5—11 日　世界卫生组织审评小组一行 10 人到龙泉市综合审评计划免疫工作，审评结果建卡率 100%，达到审评标准。

7 月　中共龙泉市委部署在全市企业中开展形势任务教育和基本国情、基本路线教育工作。

8 月 8 日　茶丰乡墩头村村民余某某报复杀人，致死 6 人，重伤 1 人。后余某某被依法判处死刑，剥夺政治权利终身。

8 月 9 日　龙泉市金沙林场被国家计委列为南方水果种质资源暨规模化开发基地。

9 月 1 日　龙泉市至福建省武夷山市客运班车开通。

是年　龙泉市开展“解放思想、更新观念大讨论”活动。

是年　龙泉市开展完善林业生产责任制工作，是继山林定权发证后继续完善林业责任制的新举措。

1992 年

3 月　龙泉市人武部被评为浙江省县(市、区)人武部建设达标单位。

4 月　龙泉市人民政府召开凤阳山保护区山林权属发证大会。

4 月 24 日　龙泉市实施撤区扩镇并乡方案，撤销区建制 9 个，扩大镇行政区划 9 个，16 个乡合并为 5 个乡，另有 3 个乡区划不变。撤扩并后全市为 9 镇 8 乡。

6 月　中共龙泉市委选派干部到发达地区挂职锻炼，首批 12 人。

10 月 27 日　国务院批准设立浙江凤阳山—百山祖国家级自然保护区。

是月　龙泉市灵芝生产领导小组成立。

是月　龙泉市食用菌开发公司“龙宝”牌香菇获首届中国农业博览会银质奖。

11 月　林业部批准设立龙泉市龙渊森林公园，为省级森林公园。

是年　龙泉市改革农副产品购销体制，放活农民生产经营自主权。

是年　全市食(药)用菌产值突破亿元。

是年　龙泉市获“全国城市计划生育先进集体”称号。

是年　龙泉市被林业部评为“全国绿化造林先进县”。

1993 年

1 月 1 日　龙泉市放开粮食购销和粮食价格，不再使用粮票。

是月　龙泉酒厂“88 龙啤”和“金牌老窖”获首届“香港·中国优质商品博览会”银奖。

是月　兰巨乡砝湖村村头自然村发生猪口蹄疫，大部分生猪被扑杀深埋。

4 月 2 日　龙泉市航运公司解体，安置公司人员，办公楼、大沙畜牧场等固定资产移交龙泉市交通局。

4 月 6 日　龙泉市宝剑行业协会成立。

4 月 7—9 日　中国共产党龙泉市第九次代表大会召开。

5 月 10—16 日　中国人民政治协商会议第四届龙泉市委员会第一次会议召开。

5 月 11—16 日　龙泉市第十一届人民代表大会第一次会议召开。

8 月 20 日　龙泉市人民政府批复新华街拓宽改造工程规划设计方案，道路拓宽至 25 米，预拆迁 23600 平方米，用地 10224 平方米。

8 月 25 日　《中共浙江省龙泉市组织史资料(首卷)》首发式举行。

8 月 30 日　剑池湖古遗迹之一的剑池亭复建竣工。

9 月 21 日　龙泉市百货公司推行“国有民营”租赁办法。

9 月 24 日　假冒伪劣商品展览在龙渊镇荷花塘边举办，销毁假酒 1 万余瓶，假烟 4000 余条，以及假冒伪劣的洗衣粉、荔枝精等。

9月28日　龙泉革命烈士陵园内“龙泉革命烈士纪念碑”揭碑。

9月29日　龙泉市第一中学“刘子鹏图书馆”奠基。

9月30日　龙渊镇龙舟协会成立。1995年更名为龙泉市龙舟协会。

是月　龙泉宝剑艺人陈阿金获联合国教科文组织颁发的“民间工艺美术家”称号。

10月4日　龙泉市被评为全省第一个绿化荒山造林达标市。

10月18日　龙泉市人民政府出台《龙泉市城镇住房制度改革试行方案》。

是月　小梅镇投资兴建6家鲜菇冷储厂和13个冷库室，鲜菇储量17万千克，每日运送至上海、福建，其中空运出口0.40万千克。

11月17日　龙泉市启动城镇住房制度改革工作。至1994年2月26日，全市基本完成房改工作，完成房改单位150个，出售公房370幢。

11月28日零时　龙泉市程控电话联网开通。

12月28日　龙泉市客运服务中心于水南新车站开业，由市长运公司、市运输公司联合经营。

是年　龙泉市签订招商引资合资项目6个，总投资539万美元，其中，外资216万美元；签订内联企业项目4个，总投资1670万元，引资730万元，到位资金277.20万元。

1994年

1月31日　龙泉市人民政府举办“中国龙泉剑瓷城”新闻发布会，宣布开展“中国龙泉剑瓷城”创建工程。

2月15日　中央电视台报道獭狸价格严重背离本身价值问题，龙泉市有100余养殖户蒙受经济损失。

6月14—17日　龙泉市遭暴雨袭击，龙泉溪超过警戒水位2.60米，受灾乡镇17个，行政村332个，倒塌房屋1537间，受灾面积9820公顷，死4人，重伤8人。是1954年以来的最大洪水。

6月17日　豫章桥水毁倒塌。11月28日，新建桥梁工程开工。1995年12月22日，竣工通车。

是日，梧桐口桥水毁。1995年7月1日，开工重建工。1996年6月29日，竣工通车。

是月　《龙泉县志》出版发行，是中华人民共和国成立后龙泉第一部县志。

8月23日　龙泉市遭17号台风袭击，受灾农田2086.67公顷，死3人，重伤3人。

10月5日　《龙泉报》试刊。1995年5月4日，恢复出刊。是1961年2月停刊后的再次复刊。

10月6日　龙泉市第十一届人大常委会第十次会议决定，命名兰花为龙泉市花。

是年　龙泉市灵芝产量突破5万千克。

1995年

2月20日　龙泉革命烈士陵园被浙江省人民政府批准命名为省级爱国主义教育基地。

4 月 17 日　龙渊镇、础石乡、锦溪镇、安仁镇、道太乡等地遭特大冰雹袭击，受损早稻秧苗 4.09 公顷，受灾油菜、马铃薯等春花作物 73.40 公顷，香菇 161 万袋。

5 月中旬　龙南乡遭冰雹和暴雨袭击，单季稻秧苗等受损严重。

6 月 26—30 日　龙泉市遭暴风雨袭击，死 2 人，经济损失 1.15 亿元。

10 月 17 日　龙渊镇有龙舟 9 艘、农民 400 余人应邀参加“95 中国杭州西湖国际游船节”表演。

10 月 20 日　老红军张文碧、程美兴、傅振军、王福英、邓福坦、郑加顺及老同志金怡、顾春林等到龙泉市参观龙泉革命烈士陵园。

12 月 18 日　邮电部发行第七套 IC（芯片）卡，全套四枚，以龙泉宝剑为主题，分别为《铸剑》《舞剑》《品剑》《颂剑》。

是月　省委副书记、省长万学远到龙泉市考察指导工作。

1996 年

1 月　龙泉市被国务院发展研究中心授予“中华灵芝第一乡”称号。

3 月　留槎洲大桥项目开工。1997 年 4 月竣工，1998 年 3 月通过竣工验收。桥长 262 米，宽 20.50 米，总投资 1080 万元。

4 月　龙泉市工业小区管理委员会成立。

5 月　龙泉市被授予“中国青瓷之都”和“中国宝剑之乡”称号。

8 月　龙泉市艺术瓷厂破产改制，是龙泉市首家改制国有企业。

是月　龙泉市遭 8 号台风袭击，受灾乡镇 6 个、人口 3.74 万人，毁房 710 间，受灾农作物 1166.67 公顷，绝收 360 公顷，倒塌菇棚 407 个。

9 月 18 日　省委书记李泽民到龙泉市考察农业综合开发基地和安仁溪小流域综合治理工程。

10 月 24—28 日　龙泉市 3 件龙泉青瓷作品和 2 件龙泉宝剑作品获“’96 浙江·中国民间艺术展览会”金奖。

12 月 23—29 日　宝溪乡半岭村大胡连山场发生特大森林火灾，过火面积 54.67 公顷。

是年　龙泉市林场被浙江省人民政府授予“先进农业龙头企业”称号。

1997 年

5 月　龙泉市人民政府下发《关于推进我市国有、城镇集体企业产权制度改革暂行规定的通知》。至 2005 年，全市完成国有、集体企业改制 122 家，占总数的 96%。

6 月 28 日　53 省道（丽浦线）龙泉础石岭隧道工程开工，隧道全长 1070 米。1999 年 6 月 24 日，隧道及接线工程通过验收，并交付使用。

8 月 19 日　中共龙泉市委出台《龙泉市开展“告别陋习，从我做起，共塑龙泉新形象”活动实施意见》，推进精神文明建设。

9月　龙泉青瓷研究所徐朝兴获“中国工艺美术大师”称号。

10月　龙泉市竹产业产销专业合作社成立，为龙泉第一个农民专业合作社。

11月7—10日　省委副书记、代省长柴松岳到龙泉市考察山区开发情况和安仁溪小流域治理工程。

11月25日　屏南镇周岱村遭百年未遇的冰雹袭击，民房损坏83幢，受损香菇大棚15个，蔬菜3.33余公顷，绿肥13.33公顷，经济损失14万元。

12月　沪金南穗（上海—金华—南平—广州）光缆通信干线工程龙泉段开工。1998年1月完工。

是年　龙泉市首次开展古树名木普查，调查登记古树名木1958株。

是年冬　市区中山路通往留槎洲大桥的公园路拆通。

1998年

1月　龙泉市消防大队扑救龙泉百货公司火灾时，营救群众15人，保护财产上千万元，被公安部记集体二等功。

3月9—13日　中国共产党龙泉市第十次代表大会召开。

3月28日至4月3日　中国人民政治协商会议第五届龙泉市委员会第一次会议召开。

3月29日至4月4日　龙泉市第十二届人民代表大会第一次会议召开。

6月11—14日　龙泉市连降特大暴雨，直接经济损失8593.63万元。

7月　龙泉市育才学校成立，为股份制民办学校。

8月14日　均溪小流域桐山段河道整治工程开工。

9月18日　龙泉上田战斗纪念馆被浙江省国防教育委员会命名为国防教育基地。

10月13日　《中国陶瓷——龙泉窑瓷器》特种邮票首发式在龙泉市体育场举行。

11月9日和11日　龙泉市乡镇换届选举工作在兰巨乡试点。

11月10—12日　日本三田市日中友好访问团一行17人到龙泉市参观访问。

是月，龙泉市实施第二轮农村农民承包土地，承包期延长至30年。

12月17日　中共龙泉市委举办纪念中国共产党十一届三中全会召开20周年活动。

12月30日　龙泉市“二次创业”动员大会召开。

是年　龙泉市水南小学迁建工程开工。2000年10月竣工，并投入使用。

1999年

2月　龙泉市开通中国联通“130”数字移动通信网。

6月16日　龙泉市青瓷行业协会参加北京'99中国国际轻工业博览会。18日，中共中央政治局常委、全国人大常委会委员长李鹏，副委员长吴阶平到青瓷展位参观、指导。

7月上旬　龙泉市水稻细菌性条斑病暴发，受灾农田477.53公顷。

7月28日　龙泉市第二水厂一期工程开工。2001年10月23日，开始试供水。工程投资3250万元。

8月27日　龙泉市城市防洪工程开工。

10月8—10日　中国报纸副刊研究会'99年会在龙泉市凤阳山召开，全国近百家报社文艺部、副刊部负责人参会。

10月16日　龙泉市举办"'99浙江龙泉凤阳山登山节"，国内外13支代表队共300余人参赛。

是月　龙泉青瓷宝剑工业园区开工兴建。

11月1日　龙泉市人民政府办事大厅挂牌。

11月9日　浙江大学龙泉分校旧址修复完工，向社会开放。

是日　韩国康津郡访问团一行9人到龙泉市参观考察。

12月28日　53省道丽浦线龙泉木岱口至花桥段改建工程开工典礼在上垟镇举行。

2000年

1月7—8日　全省山区综合开发示范县建设工作座谈会在龙泉市召开。

2月18日　浙江省人民政府批准龙泉市为"省级历史文化名城"。

3月11日　丽水地区国家级生态示范区建设暨龙泉市百万亩生态公益林工程启动仪式在龙泉市础石岭隧道口举行。

4月18日　宋城集团投资开发凤阳山签约仪式在杭州举行。

4月30日　龙泉市"三讲"(讲学习，讲政治，讲正气)教育动员大会召开。7月10日，召开总结大会。

5月21日　北京•华睿集团投资开发龙泉瑞垟二级电站签约仪式在龙泉大酒店举行。2001年10月25日，工程开工。2004年9月，通过竣工验收。该电站装机容量3万千瓦，库容2097万立方米，建设投资1.99亿余元。

6月9日　龙泉市连降特大暴雨，山洪暴发，死2人，经济作物受损严重。

6月9—14日　杭州•中国龙泉青瓷宝剑精品展示会在杭州浙江展览馆举办。

8月15日　龙泉师范管理体制划转交接仪式举行，成立"龙泉中等职业学校"，隶属龙泉市教育局管理。

8月16日　安豫公路(五梅垟至凤阳山路口段)路面改建工程开工。

8月26日　锦溪、住龙等5个乡镇遭受百年一遇的特大洪灾，山洪暴发，山体滑坡，死4人，交通瘫痪、电力通讯中断，农田被毁，民房倒塌，受灾人口6.60万人，直接经济损失1.49亿元。

是月　龙泉市农村电网改造工程铺开。

9月1日　龙泉市开通书记、市长热线电话。

9 月 20 日　中国共产党龙泉市代表会议召开，选举产生龙泉市出席丽水市第一次党代会代表。

9 月 26 日　举行庆祝龙泉建市十周年大会暨浙江省第二届龙泉山登山节开幕式。

10 月 19—23 日　龙泉青瓷获中国杭州“2000 年西博会首届中国工艺美术大师作品暨工艺美术品博览会”金奖 1 枚、银奖 4 枚、铜奖 4 枚、优秀奖 3 枚。

10 月 20 日　龙泉市太阳伞特色工业园区奠基。

是日　政府网站“中国龙泉信息网”开通，是丽水市第一家拥有独立域名的县市(区)级网站。

11 月 4—6 日　浙江凤阳山—百山祖国家级自然保护区功能区规划论证会在龙泉市召开。

11 月 16 日　省级瓯江彩鲤良种场建立。

11 月 22—24 日　龙泉市第十二届人民代表大会第四次会议召开，选举产生参加丽水市第一届人民代表大会代表 36 人。

12 月 25 日　省委书记张德江到龙泉市考察调研农村“三个代表”重要思想学习教育活动。

2001 年

2 月 6—7 日　市委十届七次全体(扩大)会议暨“二次创业”两周年纪念大会召开。全会通过《加快实施“二次创业”发展战略的决议》。

2 月 28 日　龙泉市农贸市场改建一期工程完工。该工程是 1999 年龙泉市重点工程，底层为农副产品市场，建筑面积 4400 平方米，摊位 525 个。

3 月 18 日　尊龙商贸中心开工，投资 1790 万元。

3 月 30 日　龙泉市经济技术开发区(大沙)开工典礼举行，总规划面积 6.91 平方千米，设立五金汽配科技园区、竹木制品综合加工区、绿色食品加工生产区三个特色工业园区。

4 月 24 日　龙泉市城防二期工程竣工，城市防洪能力提高到 20 年一遇。

4 月 27 日至 5 月 4 日　“上海·中国龙泉青瓷宝剑精品展”在上海图书馆举行，观众 12 万人次，销售额 120 万元。

5 月 15 日　市区开始实施“四禁”。即禁止机动车鸣喇叭，禁止车辆乱停乱放，禁止乱放烟花爆竹、乱扔垃圾、乱张贴，禁止放养家禽家畜。

7 月 15 日　市区电信小灵通(无线市话)开通。

8 月 9 日　中共龙泉市委十届八次全体(扩大)会议召开，通过《关于〈龙泉市建设文化名城纲要〉的决议》。

8 月 16 日　龙泉体育馆开工，总投资 2600 万元，建筑面积 9280 平方米。国家体育总局局长、中国奥委会主席袁伟民题写馆名。

8 月 22 日　龙泉市第一中学新校区开工，占地 12.13 公顷，总建筑面积 4.70 万余平方米，按省一级重点中学标准设计。2003 年 9 月 6 日，新校区投入使用。

8 月 30 日　中共龙泉市委、龙泉市人民政府研究重大事项工作会议决定搬迁政府办公场所，集中建设市行政中心。

10月23—25日 龙泉市举办浙江省第三届龙泉山登山旅游节，其间，举行龙泉旅游恳谈会、经贸洽谈会、特色商品展销会、龙泉青瓷宝剑工业园区开园仪式、“龙泉古代十大名人”邮政明信片首发式、登山比赛等活动。

10月29日 丽龙一级公路龙泉段一期工程征迁动员大会暨开工典礼在安仁镇张畈村举行。

是月 龙泉青瓷获首届国际民间手工艺品展览会“四金两银”。

11月9日 龙泉市被列入国务院批准的“十五”期间全国建设400个水电农村电气化县名单。

11月28日 均溪二级电站开工，总投资7600万元。

是月 “计算机控制烧制龙泉青瓷新技术”在龙泉市正聪青瓷研究所研制成功。

12月28日 秦溪桥改建和接线工程开工。2003年5月20日通车。

2002年

1月1日 《龙泉报》更名为《龙泉日报》，为周五报。

1月15日 龙泉市文化体育广播电视局成立。

3月20日 龙泉市药品监督管理局成立。

4月8日 撤销龙渊镇建制，设立龙渊、西街、剑池3个街道办事处，为市人民政府派出机构。

4月23—28日 “2002北京·中国龙泉青瓷宝剑精品展”在北京民族文化宫举办。展期6天，交易额212万元，有20件龙泉青瓷珍品被中南海紫光阁收藏。中共十五届中央政治局委员、全国人大常委会副委员长姜春云，全国人大常委会副委员长布赫，全国政协副主席经叔平参观展示现场。

5月21—22日 第三届浙闽赣边界区域经济研讨会在龙泉市召开。

6月1日 龙泉市完成农电网改造行政村370个，居民生活用电实行城乡同网同价。

6月15日 八都、上垟、宝溪、竹垟四乡镇遭受高强度暴雨袭击，房屋倒塌64间、受灾农作物722公顷，水利、交通、通信、电力设施损坏严重，直接经济损失1054万元。

6月17—18日 中国轻工联合会副会长、中国陶瓷工业协会理事长杨自鹏，中国工艺美术协会秘书长彭德骏到龙泉市检查指导全国第七届陶瓷艺术设计创新评比暨中国新世纪陶瓷艺术展筹备工作。

7月5日 省委副书记、省长柴松岳到龙泉市调研。

7月19日 中共龙泉市委决定开展向龙渊街道村头村党支部书记、村委会主任陈金学习的活动。

7月31日 龙泉市双益菇业有限公司利用工厂化设施栽培夏季花菇成功，改写盛夏不产菇的历史。

8月22—26日 第四届中国沈阳商品交易会龙泉青瓷宝剑展举行，5天交易额157万元。

是月 浙江林学院风景旅游研究所修订的《九姑山森林公园整体规划》开始实施。

9月25日 龙泉市近20家青瓷宝剑业主到天津市举办龙泉青瓷宝剑展示会。

10月28日 龙泉青瓷个性邮票、现代龙泉青瓷宝剑明信片首发式在龙泉市举行。

10月28—31日 全国第七届陶瓷艺术设计创新评比大会暨中国龙泉青瓷节在龙泉市举行。

是月 留槎洲水上公园的核心建筑工程留槎阁开工。2004年8月竣工。

11 月 21—22 日　国家地震局局长宋瑞祥到龙泉市调研防震减灾工作。

11 月 30 日　丽龙一级公路二期工程开工典礼在础石乡上坞村举行，丽龙一级公路龙泉段工程全线开工。

是月，剑川大桥工程开工。2004 年 5 月 13 日，主桥部分完工。大桥长 245.04 米，宽 27.50 米，左右两幅四车道，工程造价 2602.60 万元。

12 月 12 日　龙泉市实验小学迁建工程开工。2004 年 1 月 10 日竣工。

12 月 24 日　龙泉市大沙经济开发区五金汽配科技园开工。

12 月 26 日　龙泉市殡仪馆火化场投入使用。

2003 年

2 月 9—14 日　中共中央政治局原委员、中国社会科学院原院长李铁映到龙泉青瓷博物馆、朝兴青瓷苑、青瓷宝剑园区、浙江国镜药业园区等地调研，并与青瓷工艺大师一起合作创作青瓷作品。

2 月 14 日　龙泉青瓷通过国家质量监督检验检疫总局的审查，是龙泉第一种获得原产地域产品保护的非农产品（工艺品）。

4 月 12 日下午　龙泉市遭受暴雨、冰雹袭击，受灾人口 5.30 万人，成灾人口 3.60 万人，倒塌民房 306 间，损坏民房 8600 间，直接经济损失 9100 万元。

4 月 13—19 日　中国人民政治协商会议第六届龙泉市委员会第一次会议召开。

4 月 14—20 日　龙泉市第十三届人民代表大会第一次会议召开。

4 月 14 日　龙泉市首期经济适用房开始销售。

4 月 22 日　龙泉市非典型肺炎防治工作会议召开。

5 月 16 日　龙泉市举行行政中心迁建奠基仪式。2006 年 9 月 30 日启用。占地面积 39189.12 平方米，建筑面积 33726.51 平方米，总投资 1.38 亿元。

是月　安豫线大赛至豫章桥段公路改建工程开工，总投资 1319 万元。2008 年 4 月 25 日，通过竣工验收，并被评为优良工程。

是月　徐朝兴、毛正聪、夏侯文、张绍斌 4 人被中国陶瓷工业协会评定为“中国陶瓷工艺美术大师”。

7 月 5 日　丽龙一级公路二期重点工程——础石岭右线隧道贯通，隧道全长 1105 米。工程历时 143 天，比预期提前 100 余天。

7 月 22 日　龙泉市机械化生猪定点屠宰场开业，是丽水市首家机械化生猪屠宰场。占地 5132.54 平方米，总投资 457.60 万元。

7 月 28 日　龙泉市全面推行殡葬改革，实行遗体火化。

7 月 31 日　龙泉市最高气温 41.5℃，破历史纪录。

是月　龙泉青瓷哥窑“冰裂纹”被浙江省经贸委批准列为 2003 年省技术创新项目。

6 月 26 日至 8 月 4 日　龙泉市持续 40 天晴热高温，旱情严重，水田受旱面积 6450 公顷，枯死、颗粒无收 1930 公顷，经济作物受旱 1600 公顷，代料菇棒腐烂 4000 万袋，居民饮用水困难 1.25 万人，直接经济损失 6260 万元。

8 月 7—8 日　省委书记、省人大常委会主任习近平到龙泉市调研。

8 月 15 日　“中国•龙泉”政府门户网站开通。

8 月 22 日　城区清修寺内东侧龙泉最大的一株金桂古树（又称唐桂）因虫害蛀空，被大风刮倒。

9 月 25 日　中国工艺美术协会公布首批命名的 14 个“中国工艺美术行业特色区域”，龙泉市被授予“中国龙泉青瓷之都”和“中国龙泉宝剑之乡”称号。

9 月 27—29 日　2003 年浙江丽水（上海）投资环境推介暨名特优新产品展销会在上海国际体展中心举办。龙泉市签约 4 个项目，产品交易额 10 万余元。

6 月至 9 月　龙泉市林业局开展第二次全市古树名木普查建档工作，调查登记古树名木 5458 株。

10 月 15 日　龙泉市创建文明卫生城市动员大会召开。

10 月 23 日　龙泉市首个 220 千伏输变电工程竣工通电启运。工程总投资 1.20 亿元。

11 月 25 日　龙泉宝剑厂以拍卖形式改制，起拍价 150 万元，以 226 万元成交。资产重组后，2004 年 7 月 30 日，成立龙泉市宝剑厂有限公司。

11 月 26 日　岩樟溪水利枢纽工程开工。

12 月 8 日　浙江省交通厅决定将丽龙一级公路提升为高速公路。2004 年 3 月 18 日，浙江省发展和改革委员会正式批准丽龙一级公路建设项目提升为丽龙高速公路建设项目。

是月　龙泉市民政救灾物资储备中心投入使用，是丽水市内第一个综合性的救灾物资中心。

2004 年

1 月 1 日　《龙泉日报》停刊。自 1994 年 10 月试刊，1995 年 5 月复刊 10 年来，共出刊 1006 期。4 月 26 日，《今日龙泉》创刊。

1 月 3—8 日　全国人大常委会副委员长李铁映第二次到龙泉，开展龙泉青瓷研究与作品创作。7 日，龙泉青瓷行业协会接收李铁映为会员、顾问。

2 月 28 日　屏南镇发生一起里氏 2.4 级地震，震中心位于屏南上畲村与查田青坑村交界处（深山无人居住区）。周边 3 个乡镇 18 个行政村范围内有震感，无人员伤亡和财产损失。

3 月　龙泉市菇民郭利华等 15 人受邀到韩国指导香菇种植。

5 月 9—13 日　龙泉选手蔡旌豪与杭州选手吴伟民合作，获 2004 年全国残疾人乒乓球、羽毛球锦标赛男子上肢残疾羽毛球双打第一名，是龙泉市残疾人参加全国体育比赛夺冠第一人。

6 月 1 日　龙泉市首家民营股份制综合性医疗机构——协和门诊部在莱茵花园开业。

6 月 15 日　八都镇龙竹村发生一起特大杀人案，遇害 5 人，犯罪嫌疑人服毒自杀死亡。

6 月 24 日　53 省道龙泉大沙段连续发生重大交通事故两起，死 4 人。

6 月 29 日　龙泉市第一家食品安全检测中心在市工商局成立。

是月　龙泉市获“全国生态建设示范县”称号。

7 月 12 日　龙泉市首次破获一起特大贩卖毒品案。

8 月 12—13 日　14 号强台风“云娜”袭击龙泉市，龙南乡受灾严重。

8 月 31 日　《浙江凤阳山—百山祖国家级自然保护区（凤阳山部分）生态旅游规划》通过国家林业局的批复，同意凤阳山生态旅游规划，并作出行政许可决定。

9 月 15 日　临江橡胶坝工程竣工，蓄水运行。11 月 20 日，临江电站通过机组启动验收。橡胶坝和电站工程历时 3 年，总投资 2650 万元。

9 月 25 日下午 3 时许　竹垟畲族乡山溪口村采石场发生一起重大塌方事故，死 3 人，伤 4 人。

10 月 13 日　韩国康津郡使节团到龙泉市访问。

10 月 14—15 日　“龙泉论剑”暨浙江省第四届凤阳山登山旅游节举行，其间，举行大型歌舞演唱会、文艺踩街、铸剑表演、“龙泉风光”邮资明信片和电信 IP（网络协议）卡首发式、特色小商品展销会、全国作家“龙泉论剑”文学采风、登山比赛等活动。

10 月 22—26 日　武侠小说作家、浙江大学人文学院院长金庸偕夫人到龙泉市参加“金庸龙泉问剑”活动。龙泉市授予金庸“荣誉市民”称号，并赠送刀剑 24 把。

11 月 8 日始　龙泉市实施爱心营养餐工程。11 月 25 日始，全市农村义务教育阶段寄宿生 8324 人，享受每周“一荤一蔬一豆”的爱心营养餐。

11 月 9 日　岩樟乡宽带交换机调试完毕，全市实现电信宽带全覆盖。

11 月 15—30 日　龙泉市有 4 个农产品获浙江 2004 年农业博览会金获，另有 3 个产品获优质奖。

是月　龙泉市完成首次林业有害生物调查工作，历时 210 天。

12 月　龙泉宝剑被列入首批浙江省民族民间艺术保护名录。

是年　龙泉市林业局进行森林资源调查。全市总蓄积量为 1240.25 万立方米，改变 1984 年以来连续下降的趋势，首次出现恢复性增长。森林覆盖率 79.90%。

2005 年

1 月 1 日　龙泉市全面实施新型农村合作医疗制度。

1 月 9 日　龙泉市首批滩坑水电站移民建房工程分别在炉田、河村两个安置点开工。是年 11 月 28 日、30 日，分别举行西街街道河星村和剑池街道宏阳村授牌仪式，首批滩坑电站移民搬迁入住。

1 月 12 日夜　道太乡上横村茶园自然村因雪造成山体滑坡，一农户房屋被压倒塌，死 3 人。

1 月 17 日　龙泉市被命名为丽水市文明城市。

是月末　撤销相继建桥通车的武潭、梅垟、宜石、石坑口、炉田、灌头等村渡口 6 个。设立蛤湖、武溪渡口，使用钢质机动船舶。

2 月 1 日　道太乡毛圩村发生钢丝索道架倒塌事故，死 3 人。

4 月 5 日　龙渊街道桥坑村大坑山场发生森林火灾。过火面积 151.10 公顷，成灾面积 77.70 公顷，烧毁林木 9008 立方米。

4 月 21 日　“2006 年杭州休闲博览会”圣火采集仪式暨龙泉山开山大典在凤阳山举行。晚，在龙泉市区举行龙泉山开园暨千人环城长跑圣火巡游活动。

5月中旬　龙泉市举办纪念挺进师入浙建立浙西南革命根据地和中共龙泉地方组织建立70周年系列活动。

5月18日　龙泉市乡村文化艺术节在础石乡开幕，11月28日闭幕。其间，举办乡镇文艺巡演、首届乡村歌手大赛、首届农民书法摄影大赛、文艺演出月、交响音乐会等多项活动。

6月1—2日　浙江省、丽水市专家组到龙泉市验收水电农村电气化建设工作。经验收，龙泉市成为丽水首个水电农村电气化建设达标县。

6月8日　住溪苏维埃政府旧址修复工程开工。中央党史研究室原副主任陈威，粟裕大将原秘书、副军级少将朱楹等参加仪式。

6月18—20日　龙泉市连降大到暴雨，降雨量最大处221毫米，平均降水量140.90毫米，受灾人口11万余人，直接经济损失11618万元。

6月29日　“中国龙泉新闻网”开通。

7月13日　龙泉青瓷3件作品和龙泉宝剑2件作品获浙江省首届民族民间工艺美术博览会金奖。

8月10—11日　省委书记、省人大常委会主任习近平到龙泉市考察调研。

9月19日　龙泉中等职业学校、市职业高中、市教师进修学校“三校”合并，建立龙泉市中等职业学校。

9月29—30日　中国共产党龙泉市代表会议召开。选举龙泉市出席中国共产党丽水市第二次代表大会代表31人。

11月6日　全国政协副主席罗豪才到龙泉市考察。

11月28—30日　龙泉市第十三届人民代表大会第四次会议召开，选举产生龙泉市出席丽水市第二届人民代表大会代表33人。

12月20日　全省首次鼠疫防控应急演练在龙泉市小梅镇举行。

12月26日　龙泉人民广播电台建台50周年和龙泉电视台建台10周年庆祝大会举办。

2006年

1月4日　省委副书记、省长吕祖善到龙泉市调研紧水滩库区困难群众异地脱贫工作。

2月3日　龙泉市总商会温州分会成立。

2月9日　全省山区公路小流域防灾减灾治理工作现场会在龙泉市召开。

是日半夜　泰顺与文成交界处珊溪水库库区发生4级以上地震，龙泉市区有震感。

2月14日　上垟镇小黄南村获省级“全面小康建设示范村”称号，是龙泉市继村头村、水塔村之后第三个省级小康示范村。

3月14日　交通部专家组到龙泉市实地查勘龙庆高速公路路线方案。

是日　龙泉市被浙江省农业厅确定为2005年全省初制茶厂优化改造先进县(市)。

4月18日　龙泉首部综合性年鉴《龙泉年鉴(1998—2003)》发行。

4 月 22 日　龙泉市总商会义乌分会成立。

5 月 18 日　龙泉市总商会上海分会成立。

6 月 2 日　国务院批准文化部确定的第一批国家级非物质文化遗产名录(10 类 518 项)。龙泉青瓷烧制技艺、龙泉宝剑锻制技艺被列入国家级非物质文化遗产名录。

6 月 15 日　浙江龙鑫化工有限公司双氧水车间发生爆炸引燃事故,死 2 人、伤 1 人。省消防总队、丽水市消防支队、龙泉市消防大队等消防车 20 余辆、消防官兵 120 余人参与灭火。

是月　城北乡上田村成为第三批省级历史文化村。

7 月 1 日　《今日龙泉》改为日报,每周一至周五每日出版。

7 月 2 日　浙江大学与龙泉市合作座谈会在龙泉市政府会议室举行。

7 月 8 日　龙泉市总商会广州分会成立。

7 月 21—22 日　浙江大学校长潘云鹤到龙泉市考察浙大龙泉分校旧址和青瓷宝剑园区。

8 月 10 日　龙泉市受 8 号超强台风"桑美"影响,普降暴雨,山洪暴发,造成山体滑坡、泥石流灾害,死 2 人,受灾人口 8.55 万人,直接经济损失 5635 万元。

8 月 15 日　西独线西大桥至岱根公路改建工程开工,改建路程 12.40 千米,总投资 4895 万元。2007 年 12 月 5 日,全线贯通。

8 月 30 日　国家发展和改革委员会批复同意龙泉至庆元高速公路建设项目。

8 月 31 日　龙泉市第四中学成立,校址在剑池湖边的秦溪山上(原职高校区)。

9 月 5 日　龙泉市举行慈善募捐动员大会暨捐赠仪式。当日募集现金 23.10 万元,认捐 220.32 万元。

9 月 22 日　龙泉市实现户户通电。

10 月 10 日　农村部分计划生育家庭奖励扶助金首发仪式举行,龙泉市首批符合条件的奖励扶助对象 885 人每人每年获得奖励扶助金 600 元。

10 月 20 日　浙江天和食品有限公司的"天和泉牌香菇"在第四届中国国际农产品交易会上,被农业部中国名牌农产品推进委员会评为"2006 年中国名牌农产品"。

10 月 23 日　龙泉市 2 件青瓷作品分获第七届中国工艺美术大师作品暨工艺美术精品博览会特等奖和金奖。

10 月 30 日　龙泉市 4 件(套)青瓷作品获 2006 年全国第八届陶瓷艺术与设计创新评比大会金奖,其他青瓷作品获银奖 12 个,铜奖 19 个,优秀奖 22 个,评委特别奖 2 个。

是月　后沙大桥建设工程开工。设 4 桥墩 2 桥台,全长 285.40 米,左右两幅四车道,宽 26.40 米,总投资 1.08 亿元。

11 月 12—17 日　全国人大常委会副委员长李铁映第三次到龙泉市视察调研。

11 月 23 日　龙泉市 6 种产品获 2006 年浙江农业博览会金奖。

是月　龙泉市从事青瓷和宝剑工艺的 13 人获"浙江省工艺美术大师"称号。

是月　第五届中国工艺美术大师评选揭晓,龙泉宝剑行业的陈阿金和青瓷行业的毛正聪、夏侯文获 "中国工艺美术大师"称号。

12 月 15 日　西街街道下樟村郑玉奎烈士故居修复竣工。

12 月 18 日　龙泉市举行丽龙高速公路龙泉段建成典礼。12 月 31 日晚上 20 时,"两龙"(龙游至丽水、丽水至龙泉）高速公路龙游经北埠至龙泉段正式通车。2007 年 12 月 25 日，丽龙高速公路 102.46 千米全线贯通。

12 月 19—22 日　中国共产党龙泉市第十二次代表大会召开。

2007 年

1 月 9 日　龙泉市“接轨新高速，再创好龙泉”解放思想大讨论活动总结会议召开。

1 月 20 日　浙江省文物考古研究所、北京大学中国考古学研究中心和龙泉市人民政府联合召开龙泉窑考古发掘新闻发布会，确认龙泉窑系明代宫廷用瓷产地，推翻此前“龙泉窑至明代已衰落”的说法，还原“明代龙泉窑仍然辉煌”的历史。

1 月 22 日　龙泉市政府公布第一批市（县）级非物质文化遗产保护名录，共 5 类 10 项。

1 月 22—23 日　省委书记、省人大常委会主任习近平到龙泉市调研“欠发达乡镇奔小康工程”建设，考察竹垟畲族乡群众生产生活和脱贫致富等情况。

3 月 18—22 日　中国人民政治协商会议第七届龙泉市委员会第一次会议召开。

3 月 19—23 日　龙泉市第十四届人民代表大会第一次会议召开。

4 月 28 日　43 家“回归工程”入园企业集体开工奠基仪式举行。

5 月 14 日　龙泉青瓷证明商标注册成功。

5 月 23 日　浙江大学龙泉分校老校友随北美校友团访问分校旧址。

5 月 30 日　浙江龙泉工业园区党工委、管委会成立。

6 月 9 日　文化部公布第一批国家级非物质文化遗产项目代表性传承人名单。中国工艺美术大师徐朝兴为龙泉青瓷烧制技艺传承人，浙江省工艺美术大师沈新培为龙泉宝剑锻制技艺传承人。

6 月 25 日　龙泉市普降暴雨，局部地区山洪暴发，农林牧渔、电力交通、水利设施损失惨重。岩樟乡和城北乡受灾最为严重。

7 月 15 日　中共龙泉市委作出《开展向周生佑同志学习活动的决定》。8 月 20 日，中共丽水市委作出《关于开展向周生佑同志学习活动的决定》，并授予周生佑“优秀住村干部”荣誉称号。

9 月 20 日　市区中山西路一家金店遭持枪劫匪抢劫，损失价值 20 万元。11 月 5 日，案件告破。

10 月 8 日　第二届中国龙泉青瓷·龙泉宝剑节组委会办公室公布会徽和吉祥物。

10 月 12 日　龙泉市被浙江省人民政府确定为低丘缓坡综合开发利用试点市。金沙地块 360.52 公顷的区域成为低丘缓坡综合开发利用试点区域。

10 月 19 日　龙泉市重建华严塔（金沙塔）动员大会召开。2008 年 1 月 21 日，工程奠基。

10 月 21—23 日　全国政协常委、民进中央副主席、中国文联副主席冯骥才到龙泉市考察民间文化艺术。

11 月 1 日　南大洋农民公寓开工。

11 月 9 日　浙江省青瓷行业协会在龙泉市成立。

11 月 12 日　省委书记赵洪祝就龙泉市举办纪念周恩来总理指示恢复龙泉青瓷生产 50 周年系

列活动发来贺信。

11月13日　国际陶协代表团一行16人到龙泉市，参加第二届中国龙泉青瓷·龙泉宝剑节活动。

是日　龙泉青瓷宝剑苑打造AAA级旅游景区工程竣工。

11月14日　韩国康津郡访问团一行6人到龙泉市，参加第二届中国龙泉青瓷·龙泉宝剑节活动。

是日　龙泉十大名菜、十大特色菜评选产生。

11月15—18日　2007年第二届中国龙泉青瓷·龙泉宝剑节举行。

11月16日　中国田野考古先驱陈万里铜像揭幕仪式在小梅镇大窑村举行。

11月17日　在纪念周恩来总理指示恢复龙泉青瓷生产五十周年暨"龙泉青瓷走向中兴"高峰论坛上，五大名窑八大窑系共同发布《中兴中华历史名窑龙泉宣言》。

是日　经贸金融科技洽谈项目签约仪式举行，项目签约50个，其中，经贸类项目15个，合同金额23.09亿元；银企合作项目14个，协议授信金额3.98亿元；科技合作项目21个。

是日　全国政协副主席、农工民主党中央常务副主席李蒙到龙泉市视察。

是日　浙江省第五届"绿城杯"龙泉山登山节在凤阳山举行。1996年亚特兰大奥运会中长跑冠军王军霞为运动员发令。

11月18日　龙泉市举办"欧冶剑法"表演活动，参与表演中小学生23000人，被载入上海"大世界吉尼斯"纪录。

12月1日　龙泉市5个农产品获浙江省第九届农业博览会金奖。

12月15日　安仁110千伏变电所竣工投运，总投资4000余万元。

12月21日　小梅镇、宝溪乡被命名为第四批"浙江省级生态镇、乡"。

是月　小梅镇郑边村被授予"全国绿色小康村"称号。全市另有5户被授予"全国绿色小康户"称号。

2008年

1月7日　《龙泉市志（1989—2008）》编纂动员会召开。

1月30日　龙泉市卫生局暨疾控中心大楼建成并投入使用。大楼位于龙翔路北段，总建筑面积3500平方米，总投资884万元。

2月13日始　龙泉市遭受历史上罕见的严重冰冻灾害，直接经济损失21458万元。

2月22日　丽水出入境检验检疫局龙泉检测中心开工。工程位于市区剑川大道西侧，占地面积6903平方米，建筑面积4270平方米。

是月　龙泉市获"全国农村饮用水安全工程示范县（市）"称号。

4月17日　龙泉市食用菌协会成立。

4月24日　省委书记赵洪祝到龙泉市就改善民生和欠发达地区加快发展问题进行调研。

是日　第二届中国休闲经济发展论坛暨2008年中国休闲产业十佳系列品牌颁奖典礼在全国政协礼堂举行，龙泉市获"中国生态旅游最具魅力城市"称号。

4月25日　景宁畲族自治县渤海镇一棵古樟树移植龙泉市西街街道宫头村西独线2号桥桥头地块。

5月5—6日　中央政治局原委员、国务院原副总理曾培炎到龙泉市视察工作。

5月25日　小梅镇突遭特大暴雨袭击，受灾行政村13个，其中房屋倒塌18户。

6月6日　省政协主席周国富带领省政协“建设山上浙江”课题组到龙泉市调研。

6月26日　龙泉市第十四届人大常委会第九次会议召开，表决通过市人大常委会关于创建国家森林城市的决定。

7月3日　龙泉市将永庆桥、济川桥、遂龙桥、济恩桥、合兴桥、福善桥、白水桥、宝车桥、坤德桥、双溪桥等10座廊桥定为第四批龙泉市文物保护单位。

7月14日　浙江大学党委书记张曦到龙泉市调研市校合作项目。

7月25日　龙泉市蔬菜瓜果产业协会成立。

8月9日　龙泉市第一中学首批赴韩国学生访问团到韩国康津郡，进行为期七天的友好访问。

8月15日　龙泉市入选丽水市第二批非物质文化遗产名录项目8个，分别是龙泉窑传说、开天门、灵芝栽培技术、黄粿制作技艺、项边村中秋迎稻草龙习俗、昴山佛教文化、炼火、菇民防身术。

8月19日　龙泉市金福茶业公司、阳光农业公司分别选送的“必福牌”“安和牌”龙泉金观音茶，在第七届国际名茶评比中获金奖。

10月28日　龙泉市十四届人大常委会第十一次会议召开，决定红豆树（花梨木）为龙泉市市树。

11月3日　龙泉市与康津郡缔结友好城市关系协议书签字交换仪式在韩国康津郡举行。

11月5日　龙泉市人民公园建设工程动工，占地5.87公顷。其中一期工程为公共建筑和公园，总投资1.30亿元，总建筑面积2.84万平方米。

11月25日　53省道龙泉城区段改建工程开工。53省道龙泉至八都段改建工程路线总长16.90千米，总投资3.56亿元。

11月26日　龙泉青瓷文化创意基地大师园开工。

11月28—30日　第三届中国龙泉青瓷·龙泉宝剑节举行，其间，举办开幕式、欧冶子铜像揭幕、宝剑欧冶子圣祖公祭、中国龙泉宝剑城奠基、国宝青瓷回乡展暨龙泉青瓷精品展、经贸洽谈签约和市校合作签约等活动。

11月31日　龙泉市改革开放三十周年成就展在龙泉市档案馆开展。

2009年

2月2日　龙泉市岩樟溪饮用水引水工程开工。2010年12月30日，建成通水。该工程引水管道长4.67千米，工程总投资3000余万元。

是日　国家旅游局批准龙泉山旅游区为国家AAAA级旅游景区。

2月18日　龙泉市砩矿有限责任公司利用股权质押，从工商银行龙泉市支行贷得企业发展资金300万元，是龙泉市首笔股权抵押贷款。

2月24日　丽水出入境检验检疫局龙泉办事处开检启用。

3月21—22日　全国第八届食用菌新产品新技术展销会暨中国食用菌产业发展（龙泉）论坛在龙泉市举行。

是月　龙泉市被中国食用菌协会授予“全国十大食用菌生产基地县（市）”称号。

4月10日　丽水市毛竹（笋）王擂台赛暨生态文化活动在上垟镇小黄南村举行。龙泉市八都镇小窖村邱振宝的毛竹获“丽水市毛竹王”称号，其毛竹胸围59厘米。

4月28—29日　全国金融支持集体林权制度改革与林业发展现场会在龙泉市召开。

5月9日　国家工商行政管理总局局长周伯华到龙泉市考察。

5月16日　龙泉市实施首次人工增雨。

5月23日　龙泉市森林消防指挥中心落成。

6月28日　龙泉市首家引进的股份制商业银行——浙江泰隆商业银行丽水龙泉支行开业。

7月1—5日　龙泉青瓷、龙泉宝剑在首届中国·浙江工艺美术精品博览会上，获金奖39个。

7月21日　龙泉市首次发现外来有害生物悬铃木方翅网蝽。

7月29日　龙泉市首届社区老年人运动会开幕，9月18落幕。

8月10日　龙泉市遭台风“莫拉克”袭击，受灾人口3.50万人，紧急转移安置人员2560人，房屋倒塌45间，直接经济损失5113万元。

8月28日　省政协主席周国富到龙泉市竹垟畲族乡调研。

8月29日　“建设山上浙江、发展山区经济”高峰论坛在龙泉市举行，通过《建设“山上浙江”龙泉共识》。

9月3日　龙泉市东升小学举行乔迁新校园仪式。新校园占地面积4.67公顷，总投资6998万元，可容纳学生2400人。

9月9日　中国科学院资深院士、国务院科技顾问、中国硅酸盐学会会长干福熹一行8人考察龙泉青瓷行业。

9月17日　龙泉市举行华严塔地宫藏宝仪式。20套件青瓷精品、6件宝剑精品、3个版本《华严经》、1座水晶塔、尚存5个版本《龙泉县志》、5幅龙泉市区各时期全景图等封存地宫。

9月30日　在阿联酋首都阿布扎比召开的联合国教科文组织保护非物质文化遗产政府间委员会第四次会议上，龙泉青瓷传统烧制技艺被列入人类非物质文化遗产代表作名录，这是全球第一个入选的陶瓷类项目。

是月　龙泉市创建国家级卫生城市工作启动。

10月26日　龙泉市被中国汽车工业协会授予“中国汽车（空调）零部件制造基地”称号。

11月23日　新华社、中央电视台、中新社等20余家媒体记者到龙泉市采风，宣传龙泉剑瓷文化。

11月27日　龙泉市城区中心敬老院落成开业。

12月9日　龙泉市通过省森林城市检查验收组检查验收，成为丽水市首个浙江省森林城市。

12月18日　“祈福龙泉”华严塔重建落成典礼暨“回望千年”龙泉文化遗产展启动仪式举行。重建后的华严塔为七层，框架结构，建筑面积2470平方米，塔身高45.80米，塔刹高16.11米。

12月18—20日　龙泉置县1250周年庆典大会、龙泉青瓷传统烧制技艺入选“人类非遗”庆祝大会、第四届中国龙泉青瓷•龙泉宝剑节举行。其间，举行开幕式、龙泉国际民间艺术大巡游、龙泉青瓷传统烧制技艺国际论坛、龙泉宝剑锻制技艺传承与发展研讨会、“浙商龙泉巅峰论剑”、剑祖欧冶子公祭、风味美食节、经贸洽谈和市校合作项目签约等活动。

12月19日　龙泉青瓷博物馆开馆。博物馆总建筑面积10000余平方米，总投资1.03亿元，历时3年建成。

是月　龙泉市被评为“全国首个农村林业改革发展实验示范基地”。

2010年

1月18日　龙庆(龙泉—庆元)高速公路开工，主线长54.80千米，项目总投资45.60亿元。

1月22日　龙泉灵芝通过国家质检部门地理标志产品保护技术审查，成为继龙泉青瓷之后，龙泉市第二个“地理标志保护产品”。

3月2—4日　日本静冈县代表团到龙泉市考察。

3月15日　龙泉市人民医院迁建工程奠基。

3月19日　住龙镇、上垟镇被环境保护部授予“全国环境优美乡镇”称号。

4月12日　龙泉市被浙江省人民政府命名为第三批省级生态县(市)。

4月16日　畲族“三月三”暨竹垟畲乡风情游活动在竹垟畲族乡罗墩村开幕。

是月　国家工商总局商标局注册公告龙泉市蔬菜瓜果产业协会申报的蔬菜水果集体商标“龙泉绿”，是龙泉市首个集体商标。

5月初　龙泉青瓷、龙泉宝剑在第二届中国•浙江工艺美术精品博览会上，获特等奖5个、金奖61个、银奖58个、铜奖90个。

5月10日　中央纪委副书记李玉赋到龙泉市调研。

5月20日　51省道遂龙线龙泉段公路改建工程在锦溪镇中锦村举行开工典礼。路线全长37.87千米，工程总投资7.45亿元。

5月21—23日　龙泉市平均降雨量179.60毫米，受灾人口9.25万人，房屋倒塌464间，直接经济损失1.90亿元。

6月17—20日　龙泉市遭受暴雨洪灾，受灾19个乡镇(街道)12.90万人，紧急转移人口1.45万人次，死5人，伤1人，倒塌房屋315间，直接经济损失2.08亿元。

6月30日　浙江商讯科技有限公司更名为商讯控股集团有限公司，是龙泉市首家无区域名称企业集团。

7月10日　龙泉市崇仁寺重建工程奠基。

7月12日　稽圣潭塔倒塌。该塔坐落于剑池街道水南村东南隅李家山，建于明代，是市级文物保护单位。

7月21—22日　省委副书记、省长吕祖善到遭受“5•22”“6•18”特大暴雨重创的龙泉市，指导灾后恢复重建工作。

8月4日　龙(泉)庆(元)景(宁)毗邻乡村首届香菇文化节在龙泉市龙南乡下田村开幕。

8月5—9日　“民国司法档案研究”项目组到龙泉市档案馆、博物馆、上田、源底等村落，考察档案收藏及诉讼发生地的实地状况，收集族谱、科仪书、碑刻等大量地方文献。

8月18—19日　日本川根本町代表团一行7人到龙泉市考察。

8月27—29日　作家莫言(管谟业)到龙泉寻祖问宗。据《高密管氏宗谱》记载，莫言为龙泉管氏第36代后裔。

9月7日　龙泉市通过浙江省“十一五”水电农村电气化县建设验收组核查验收。

9月15—16日　丽水市首次大型航拍活动——“飞越丽水”摄制组到龙泉市拍摄。

9月14—19日　“中国意境——人类非遗龙泉青瓷巴黎展”在法国巴黎杰拉勒(Celal)艺术中心举行，展出龙泉代表性陶瓷艺术家的作品39件。

9月19日　龙泉市被中国食用菌协会授予“中国黑木耳之乡”称号。

10月12日　龙泉市汽车空调零部件产业集群名列全省块状经济向现代产业集群转型升级示范区第二批试点名单。

10月27日　龙泉市被中国林产工业协会授予“中国竹木户外休闲用品产业基地”称号。

11月3—4日　省政协主席周国富率驻浙全国政协委员视察团和省政协中共界别活动组到龙泉市考察推进生态文明建设情况。

11月7—8日　全国政协副主席、台盟中央主席林文漪到龙泉市视察龙泉青瓷和龙泉宝剑两大传统技艺的保护和发展情况。

11月12日　铁道部有关领导、专家到龙泉实地踏勘衢宁铁路线位及站址。

11月15—17日　龙泉撤县设市20周年庆祝大会暨第五届中国龙泉青瓷·龙泉宝剑节举行。其间，举办大型音乐舞蹈史诗——《剑风·瓷韵·龙泉人》演出、龙泉青瓷古今精品展、龙泉宝剑博物馆开馆、剑祖欧冶子公祭大典、浙闽赣边际城市特色商品展销会、龙泉城市发展论坛、经贸科技项目签约仪式等活动。

11月20—21日　全国人大常委会副委员长华建敏到龙泉市视察。

11月22日　龙泉市被国家人口和计划生育委员会授予“2010年全国计划生育优质服务先进单位”称号。

12月1日　宝溪乡党委被中共中央组织部授予“防汛抗洪救灾先进基层党组织”称号。

12月8日　李逸民故居修复竣工开放仪式在安仁镇李登村举行。

12月9日　中共龙泉市委作出关于开展向宝溪乡党委、市行政服务中心和市消防大队士官孙卫良学习活动的决定。

12月30日　中华香菇博物馆开工。

第一篇

政区自然

龙泉市是浙江省丽水市代管县级市，位于浙江省西南部的浙闽赣边境，地理坐标北纬27°42′~28°20′，东经118°42′~119°25′，是浙江省入江西、福建的主要通道，素有“**瓯婺八闽通衢**”“**驿马要道，商旅咽喉**”之称，历来为浙、闽、赣毗邻地区商贸重镇。

龙泉于唐乾元二年(759)置县。中华人民共和国成立后，政区历经数次调整，1989年，全县有9个区、1个区级镇，35个乡、8个乡级镇。1990年12月26日，经国务院批准，撤销龙泉县，设立龙泉市(县级)。2010年，全市辖8个镇8个乡3个街道,全市总面积3059平方千米。

龙泉市是省内海拔最高的山地地貌区域之一，凤阳山主峰黄茅尖海拔1929米，为江浙第一高峰，有“**九山半水半分田**”之说。境内溪谷纵横，河流分属瓯江、钱塘江、闽江三大水系，主河流瓯江上游龙泉溪发源于凤阳山锅帽尖西北麓，为瓯江正源，流域面积2488平方千米。 龙泉市属中亚热带季风气候区，温暖湿润，四季分明，雨量充沛，气候宜人。

龙泉市资源丰富。人均水资源量13083立方米，为丰水标准(3000立方米)的4.3倍，是浙江省人均水资源量的6.2倍。龙泉山地广布，动植物资源丰富，是浙江省的重点林区，素有“浙南林海”之称。全境土地类型丰富，面积大，已探明的有金、银、铜、铅、萤石、磁铁、叶蜡石、云母、黄铁、煤、明矾、石英石等矿点。

第一章　建置区划

东晋太宁元年(323)，置龙渊乡，属扬州永嘉郡松阳县。唐武德三年(620)，因避高祖李渊讳，改龙渊乡为龙泉乡。乾元二年(759)，析遂昌、松阳地，置龙泉县，属浙江东道括州。大历十四年(779)，改括州为处州，龙泉属之。北宋至道三年(997)，定天下为十五路，属两浙路处州。宣和三年(1121)，诏天下县镇凡有“龙”字皆避，因改龙泉县为剑川县，仍属两浙路处州。南宋绍兴元年(1131)，复名龙泉县，属两浙东路处州。南宋庆元三年(1197)，分龙泉县之松源乡及延庆乡部分地置庆元县。元至元十三年(1276)，改处州为处州路，属江淮行中书省处州路。至元二十一年(1284)，属江浙行中书省处州路。至正二十六年(1366)，属浙江行中书省处州府。明洪武三年(1370)，庆元县并入龙泉县。洪武十三年(1380)，复置庆元县。清属浙江省处州府。宣统三年(1911)十月废旧府制，属浙江军政府，处州军政分府。

民国元年(1912)，撤处州军政分府,直属浙江省都督府。民国 3 年(1914)，省下设道，属瓯海道。民国 16 年(1927)，道废，直属浙江省政府。民国 21 年(1932)，属浙江省第十二县政督察区，同年 10 月，改称第三特区。民国 25 年(1936)4 月，省县之间设行政督察区，属第九行政督察区。民国 37 年(1948)4 月，改属第六行政督察区,同年 7 月，改属第七行政督察区。

1949 年 5 月，属第七专区。同年 10 月，改属丽水专区。1952 年 1 月，丽水专区撤销，改属温州专区。1958 年 11 月，庆元县撤销，并入龙泉县。1963 年 5 月，复置丽水专区，龙泉属之。1973 年 7 月，复置庆元县。1975 年 8 月，龙、庆两县分署办公。1990 年 12 月 26 日，经国务院批准，撤销龙泉县，设立龙泉市(县级)。仍属丽水地区行政公署管辖。2000 年 5 月，撤销丽水地区，设立地级丽水市。龙泉市由浙江省人民政府直辖，其行政管理委托丽水市人民政府代管。

第一节　境　　域

市域境界

龙泉位于浙江省西南部，浙闽边界。东邻云和、景宁畲族自治县；南连庆元县；西靠福建省浦城县；北接遂昌、松阳县。地理坐标北纬 27 °42′~28°20′，东经 118°42′~119°25′。东西长 70.25 千米，南北宽 70.80 千米，总面积 3059 平方千米。

清顺治《龙泉县志》载：“县境四至界首：东至武溪 80 里则丽水，南至小梅村 70 里则庆元，西至牌头山 90 里则浦城，北至黄鹤岭 80 里则遂昌。”八到：“东到丽水 240 里，南到庆元 140 里，西到浦城 160 里，北到遂昌 150 里。东南到景宁 240 里，西南到庆元 140 里，西北到遂昌 230 里，东北到松阳250里。”此界延至民国时期无重大变化。

民国33年(1944)9月,龙门乡(飞地)划归云和县。云和县赤石乡第五、六保及四保一部分划归龙泉县。

1973年7月,庆元县四源乡划归龙泉县。

现四至界首为:东至武溪与云和县分界,南至小梅镇与庆元县分界,西至花桥村与福建省浦城县分界,北至东畲村与遂昌县分界。

县境线是:

东从石龙岗、小源岙、兰莲岙至武溪跨龙泉溪,沿龟岘背、白鹤仙顶、石古崖背到盘条岙与云和县分界。

东南沿岭后尖、高堂山、蒸天饭头、殿坪垟山至岱根村与景宁县分界。

南从明芳坑经大天堂山、锅帽尖、山菜垟、高斜尖、乌顶尖,沿梅溪至小梅镇,经台湖山到龙头山与庆元县分界。

西自白岩村沿大福罗山、焰山岗、歪头山、五雷蛇尖、隘门洞、金犁尖至花桥经青台山、茂云山、黄渡隘到龙头山与福建省浦城县分界。

西北从小九龙、大高山、大尖、黄畲岭、黄鹤岭、和尚坛、大坑岘、白鹤尖、头梳岘至东畲村,到龙虎岙与遂昌县分界。

东北自龙虎岙经小双岘、大路岗、棋盘石、大石岙、山头寮、破刀尖、鸦鹊尖至尖顶峰与松阳县分界。

市政府驻地

龙泉市城区位于市境中部,历史悠久。新石器时代,龙泉土地上就有人类活动。晋唐称黄鹤镇,因镇北之黄鹤岭得名。建县后,历为县(市)政府驻地。

古城东自章墩(今下林),西至披云桥(俗称西大桥),长八里;北靠九姑山,南连济川桥(俗称南大桥),直抵螺蛳山,宽五里。元末欲筑城墙未成,仅建观光、奉直、通越、丰盈四门。

明初分东南西北4隅,辖12图。

东隅辖3图:自常平巷(今官仓弄)至崇因寺前后直抵县学(龙一中)观光门,为东一图;自观光门至大洋白莲坊(东新小学),为东二图;自镇东社直至季姓宅(东后街),为东三图。

南隅辖2图,自垟头庙大南门至丽阳宫济川桥上,为南一图;自济川桥下至大力堂仓帝庙下,为南二图。

西隅辖4图:自披云桥下至集福寺,为西一图;自集福寺至城隍庙(今西新小学)直下清政坊(河厂弄),为西二图;自旧典铺巷(卢埠弄)至梅家祠(老弄)直下至大街(新华街)为西三图;自大方伯至槐坡后岩庙(神童弄口),为西四图。

北隅辖3图:自县治至金鳌书院节孝祠月泓庙(原剧院)直至荷园社,为北一图;自义泉社直至蔚文亭及大街叶家祠(三思桥东),为北二图;自华楼社至天后宫、五显庙直下金钟弄,为北三图。

民国3年(1914),设城区。民国27年(1938),设中正、东升、西平3个镇。民国29年(1940),改设东升、西平2个镇。民国35年(1946),并改为中正镇。

1949 年 7 月，更名升平镇。1951 年，分设东新、西新 2 个镇。1953 年，更名城关镇，属城郊区。划进后甸、马埠、黄灌等村。1956 年，划为县直属镇。1958 年，并入城郊人民公社，称城关管理区。1961 年，改为城关镇公社，县直属。1962 年，从凤鸣乡划入临江、武潭、石退等村。县城区划扩大为：东至石退，南至大溪西至麻地岭脚，北至徐山后，总面积 72.13 平方千米。辖一至九大队、菜大队和胜利（宫头）、下樟、岩后、周村、石马、岭坤、徐山后、临江、石退、武潭等 20 个生产大队。

1984 年 5 月，复名城关镇。10 月 3 日，更名龙渊镇。从城郊乡划入水南、南秦 2 个行政村；划出石退、武潭 2 行政村归大沙乡；划石马、岭坤、徐山后、下樟、岩后、周村 6 行政村另建白云乡。

龙渊镇东连凤鸣乡，南邻宏山乡，西接新民乡，北靠白云乡。辖区东至临江，南至林坞、南大垟，西至下面、石子垟，北至石门枕亭、新村、牛门水库，总面积 23 平方千米。镇区四面环山，龙泉溪自西向东穿流而过，赖东大桥、南大桥、秦溪桥、西大桥沟通南北。辖 16 个居民委员会，14 个行政村。有临江，后甸、石山后、茶寮、大墓园、马埠、黄灌、河坝头、麻寮、新村、普济庵、水南、鸭儿铺、林坞、金沙、秦溪漠、吕家屋、南大垟、朱垄、宫头、下面、石子垟、上凉亭 23 个自然村。共 10687 户，35074 人。

镇区面积约 6 平方千米。聚落呈不规范长方形，沿龙泉溪两岸分布，溪北为政治、商贸、文化集中区；溪南为新兴工业区。镇区北侧有中山路自东至西贯穿；新华街由北向南横穿市中心。中山路与新华街为镇区最繁华地段，高楼栉比，商店密集，人车如梭，日均人流量达万余。中共龙泉县委、龙泉县人民政府办公地址即在中山路与新华街交接之九姑山下。

1990 年，龙泉设市后，旧城改造，城市规划与城市建设才逐步引起重视。尤其是 1999 年，市委、市政府实施“二次创业”的发展战略，作出加快推进龙泉城市化进程的重大战略决策，把龙泉中心城市发展目标定位为“山水古城、精品城市、文化名城”，大刀阔斧进行旧城改造，把街道拓宽改造与建设临街商住房和水、电、通讯、电视、排污、绿化等统筹规划。继主干街——新华街拓宽改造示范街建成后，剑池路、中山西路、公园路、剑川大道、贤良路、凤起路、环城东路、龙翔路、华楼街等相继建成。并及时做出“东扩南进”的城市新区发展战略。金乐园住宅小区、大洋住宅小区、莱茵花园、银都花园、金穗花园、江滨花园、创美苑、锦相苑、同心江南花园、茂新华龙郦都、万景花园、时代广场等中高档住宅小区建成使用，大大改善了城区居民的居住条件。

2005 年 9 月 30 日，龙泉市人民政府办公地址从中山路与新华街交接之九姑山下的中山西路 1 号东迁到贤良路 333 号龙泉市行政中心新址办公。随着市行政中心的东移，广播电视大楼、国税大楼、检察院、公安局、法院、市体育馆、香溢大酒店、山水大酒店、人民广场、文化馆、青少年宫、大剧院、图书馆、龙泉一中、青瓷博物馆等建筑设施相继建成投入使用，使城市面貌“一年一小变，三年一大变”，提高了城市品位，加快了城市化建设进程。

“南进”就是城市新区向南发展。随着龙泉市低山缓坡的开发利用，丽龙高速公路建成通车，“回归工程”建设和浙江龙泉工业园区建设的逐年扩大，龙泉新汽车站，城市南面建成新兴工业城区。城区面积从原来只有 6 平方千米，扩展为东至龙渊街道武潭村到剑池街道大沙东岭村、础石隧道西出口；南到寨背山脚，规划中的衢宁铁路沿线；西至 54 省道公路与剑池西路到河村、宫头凤凰山脚；北至九姑山脚到安青山脚、苍松路新村、殡仪馆、牛门岗山脚下。2010 年，城区面积 14.8 平方千米。

第二节 行政区划

区划调整

龙泉有史以来的区划：

北宋太平兴国年间（976—984），设乡、都，龙泉共设5乡（龙泉乡、剑池乡、西宁乡、延庆乡、松源乡）34都。

南宋庆元三年（1197），析置庆元县后，行政区划缩小为4乡，23都，24里。

延庆乡一至六都，有革化、安集、悦政、众安、大安、祇通6里。

西宁乡七至十三都，有新丰、浆安、灵岩、升平、和丰、和宁、广德7里。

剑池乡十四至十八都，有剑池、威装、龙安、端义、政平5里。

龙泉乡（又名建德乡）十九至廿三都，有清平、楼凤、金溪、黄鹤、安仁、劝业6里。

明洪武年间（1368—1398）设图，共分23都167图。县治地分东南西北四隅辖12图，一都辖8图，二都辖5图，三都辖4图，四都辖4图，五都辖3图，六都辖5图，七都辖4图，八都辖4图，九都辖5图，十都辖5图，十一都辖6图，十二都辖4图，十三都辖5图，十四都辖4图，十五都辖4图，十六都辖5图，十七都辖4图，十八都辖7图，十九都辖9图，廿都辖10图，廿一都辖19图，廿二都辖21图，廿三都辖10图。

万历年间（1573—1620），辖4隅4乡23都166里。县治地4隅12坊12里；延庆乡一至六都计29里；西宁乡七至十三都计32里；剑池乡十四至十八都计24里；建德乡十九至廿三都计69里。

清沿明制。

民国初，设东、南、西、北四乡，县城设东、南、西、北四隅。

民国3年（1914）设：城区、东平、东安、南山、南溪、西近、西远、上北、下北、龙门十区。

民国17年（1928），改旧庄制为街村制。初为街里，旋改村里。街市为里，余为村；不足百户者，以若干村为联合村。

民国18年（1929），颁行乡镇自治施行法，原村里改为乡镇。民国19年（1930）夏城区改为第一区，东平、东安并为第二区，南山、南溪并为第三区，西近、西远并为第四区，上北、下北、龙门并为第五区。依法规定以5户为邻、5邻为闾，百户以上之村庄为乡，百户以上街市为镇，设有道太、武溪、安仁、查田、小梅、松渠、八都、木岱口、住溪、皂口10个镇。

民国22年（1933）1月编查，设5区，12镇，174乡（下列乡名有175），1412闾，7008邻。

城区　第一至第八镇，江川、剑南、宫权、义民、护庄5个乡。

安仁区　安仁镇，泓月庵、安仁口、安岱、大岩坑、严庄岙、安福、梅桥、张畈、梨俊、环溪、竹坪、芹香、八源、正色、镜湖、福泽、兴隆、坊下、震中、岱山、炉安、黄富岙、坑口、鸟尖下、季山头、大舍、梅李、金坞溪、黄阳岱、游林源、杨枝岱、金毛、周林庄、东北庵、下田、化龙、跃龙、上田、南川、南溪、龙井、磁竹、汉阳、龙案、穹安、兴溪、兴源47个乡。

小梅区　梅溪镇、查川镇，大官、琉田、横南头、瑞根、垟坞坑、竹林溪、坪岱砝垟、地库盘、大员坑、溪湾、南溪、双溪、月溪、竹柘、茶溪、石丰、青淤、砝湖、渎淤、信安、墩青、桐山、仙源，均溪垟、张溪头、百里塘、豫垟、碧炉、岱渠、梅田、兰赛、朱山、炉铺坑、宏富湾、茶际、灌田 36 个乡。

八都区　长安镇，住垟潘黄、龙岩调坝、渠溪、吴源碧周、水袱郑西、下锦、上锦、中锦、锦源、萧庄、新云、松达、高北、青风、溪埠、观瀑、安田、淡王、岭上、黄河、双岭百宫、良鸡、安西、安东、安北、大坦、高坪、安南、枫根、野窖、周窖、竹田、岱狮垟、吴山垟、排柘、山里、贵溪源、睦川、木岱口、岱源、锦垟、五都刘、黄郑、塘上、宝鉴、溪竹、溪山、龚岙 48 个乡。

道太区　金源、何石、仓郑、樟岩五集、村梧、白俞、石徐、季垟、溪河、大源、双黄、吴盛、鹤麻、雁翔、道管、民治、上仓、东上、溪黄、锦和、太和、协和、信民、荷香、新钟、朱鳌、宝新、升平、李考、棋岱、高厦、长安、汤侯门、渡蛟、田铺、桃子坑、治平、流苏、溪庄 39 个乡。

民国 27 年(1938)，调整乡镇编制，将原有 5 个区 12 个镇 174 个乡改划为 5 个区 8 个镇 39 个乡 357 保 3644 甲。各乡镇所辖村是：

城区

中正镇

西平镇

东升镇，辖 5 个村：临江、马埠、黄灌、河背头、后甸。

河南镇，辖 5 个村：水南、秦溪漠、秦溪衕、南大垟、赵圩。

民权乡，辖 19 个村：东权、尖地、里下畈、西山堂、河村、历头、塘田、上蓁蔀、下蓁蔀、西坞、大树底、兰野、黄百栏、石坑、小坑、岙头、麦山、际下、宫头。

安仁区

安仁镇，辖 23 个村：安仁、后田寮、上岙、昌文、庄头、高堈下、岭坤、芝麻畈、马山后、花庵、泓头、泓心、兰头、月山下、安仁口、大岭坤、处儿湾、周垟、日瑶湾、双尖下、大畈、金蛟、马岙。

安岩乡，辖 19 个村：岩山、上岙、黄山下、张岗、砝湖、庄山、安岱后、水源头、源口、歇场、季山头、陈加垟、大丘另、张山岩、荟坑、龙井、岩坑、安岱头、下岙。

安福乡，辖 33 个村：安福、昌文岗、黄皮畲、垟后、梅桥、李山后、岩头、下岩、将军砝、庄山头、安福口、张畈、夏山头、梅坑、庄山、包畈、砝铺、黄水、黄山头、砝义、寮砝、梨垟、独山、大源、半潭、永庄、吴上、李庄、南坑头、上严儿、溪儿门、金坑、坑口。

竹源乡，辖 11 个村：山后、桠叉丘、牛栏后、枣槐岭、吴山头、丘畈、垟畈、洪桥、黄土、沙潭、陈山头。

福泽乡，辖 11 个村：大沙、周际、坊下、础石、岱根、季山头、岙头、瞿源、炉底烊、安山下、南弄。

平山乡，辖 15 个村：季山头、鸟尖下、黄麻岗、谷坑、坑口、李皮下、小塘、桂树坑、广田、大畈垟、上寮、际头、黄泥岭、高书岙底、富竹坑。

大舍乡，辖 21 个村：大舍、后岭岗、大坑、大蓝、沿溪、天平山、李登、张边、梅村、黄燕、小杨山头、粗溪、宣岱、曲岱、金坑、细溪、源头、小坞坑、沈地、溪边、大坞坑。

金田乡，辖 26 个村：枝田、岱根、杨桥、太仓、新岱坑、石鼓、西畈垟、支坪、赤源、游山头、林凌、金蝉湖、毛坑头、黄桶、周山头、青山、林头、横坑、鸟小、坑底、庄山、东坑、北公、庵边、岱根、下田。

龙南乡，辖 36 个村：麻竹坑、黄万岱、黄坑、源头、砝坑、小梅坑、黄坑淤、黄九垟、兰头、下南坑、火筒湾、山枣栏、麻竹坑、高章、石械、南林、发洪坑、苦网际、屋后寮、垟雪、上南坑、买亭岭、夏坪头、大坪、龙井、小寮、蛟垟、垟尾、黄大坑、路下、东处、大岭后、小岭后、蛟垟源头、上田、企犇。

龙溪乡，辖 18 个村：穹坑、源头、安下、东坞、上兴、一溪、桌案际、龙岩、梅七、西垟、垟山头、后岱、垟赛、南排、烂泥岙、大赛、叶村、麻连岱。

小梅区

梅溪镇，辖 16 个村：昌岗、大坑、鸭子铺、骆庄、吴墩，陈山坑、小梅、大梅、大坑、大梅口、官桥、大窑、黄弄、高际头、金村、杨岙头。

瑞南乡，辖 13 个村：横南头、南溪口、东山头、南溪、干上、瑞竹垟、杉树根、垟顺、垟坞坑、竹蓬后、念翁坑、朝岱、坑头岙。

库垟乡，辖 7 个村：坪田、周岱、砝铺、南垟、地畲、库粗坑、车盘坑。

查川镇，辖 14 个村：查田、下堡、山根、乌田、陈山、溪西、大樟、员山、西坑、陈边、溪口、墩头、白马畈、炉溪。

三溪乡，辖 13 个村：黄南、半边月、毛山头、田坑、际里、孙坑、半岭岙、黄里下、牛岭头、朱坞畈、高坑、叶乡、井边。

茶丰乡，辖 14 个村：竹舟、横坑、柘坑、茶亭、蜚溪、隆丰、石门、惠坑、黄麻岱、留坪、淤头、淤头亭、青坑、大运。

剑湖乡，辖 9 个村：砝湖、渎田、上淤、安吉、坑口、净信、青坑儿、墩头、青坑底。

桐溪乡，辖 15 个村：桐山、仙仁、源头、塘山、里洒、百步、上畲、下畲、梧树垟、均山、何山头、显溪、益头、张砻、横溪。

碧渠乡，辖 12 个村：豫章、宜石、寮下，垟移、梅垟、五梅垟、大汪、碧坑、苦罔寮、英力、大巨、三岱。

兰山乡，辖 11 个村：梅地、官田、炉岙、粗坑、官埔垟、兰山头、大赛、张山、朱坑、空坑头、夏边。

富田乡，辖 9 个村：炉田、灌头、黄山头、古田、蜜蜂岭、山里、茶坦、际头畈、下面。

八都区

长安镇，辖 16 个村：八都、新村、章府会、角上、东阴、乌阴山寨、新下街、北山儿、古楼山、西下、供济、后排岭、大坦、高浦、柿树坪、高山儿。

住龙乡，辖 18 个村：住溪、老住溪、杨家里、潘床、黄皮、碧陇、白岩、周调、大坝、吴埠垟、碧岩、周源、大茅岭、小茅岭、水塔、地袱、锦位、西坑。

锦川乡，辖 8 个村：潘地、后路、新蓬、东门、坑心、中锦、溪源口、双桠口。

凤云乡，辖 11 个村：新岭、黄山头、乌岙寨、松渠、黄峰、达对头、高大门、源坑、山皮寮、住田儿、黄山。

瀑溪乡，辖 5 个村：埠头、吴公、济上、观田、溪口。

淡黄乡，辖 9 个村：淡竹、王淤、岭上、新蓬、火钹岗、岭根、百里、官局、双溪垟。

南窖乡，辖 12 个村：樟树后、长溪、茶子林、几根儿、麻垟、柏树坑、枫树根、野钟儿、葛山、野窖、周源、小窖。

竹垟乡，辖 12 个村：盖竹、金田、岱头、狮子源、垟尾、山溪口、垟赛、吴弄、柘坑、石排、山溪、里党。

贵岱乡，辖 10 个村：溪口、牛栏坞、源底、上垟、木岱口、隔溪、岱源、石层、凸头、木岱。

黄锦乡，辖 5 个村：五都垟、五都楼、黄渡、郑源、砝岩柏。

宝溪乡，辖 11 个村：塘上、半岭、宝鉴、墓下、溪头、独山、溪源田、高山、龚岭、岙头、车舆。

道太区

金石乡，辖35个村：大风岙、独坑、黄塔、姚店、垟坑、月婆山、石埠、柳山头、郑庄、仓坞、坑源底、高山、何坑、半岭、绿坑、岱头、徐畈、龙忽、岱根、麻淤、刘坑、西寮、麻地、榧树砻、下高际、香末碓、澄塘、石坑岭、下樟、岩后、周村、编篱、后斜、乌斜、姚坑。

梧垟乡，辖39个村：大丘田、麻寮、张际头、杨林、竹坑、大堂畈、南排、后邪儿、墓坞、寺墩沿、庙下、村头、张村、竹山下、赵门前、白塔、山查坑、运里、大岭头、大炉、大陇、白墓、木岱、大夫丘、桶簟后、俞山头、石马、徐山后、岭坤、西源、岱根、乌硋下、林八坑、垟坞、桥头寮、西垟、方山头、季岱、下坑。

黄鹤乡，辖29个村：三丘田、乌儿坑、里田坑、贵岱、皂口、新庄、河坑塘、麻山岭、黄岙、大贵溪、外埲、沙潭、源头、南溪、双溪、善坑、黄畲、下场桥头、张岱、盛山后、吴岱、李后、永钟桥、锯树、山后源、小高际、西集儿、坪垟、刘山头。

雁川乡，辖23个村：大白岸、际坑、山头窑、高山岭、东岙、连后、三石坑、管村、净坞、旱田岗、大堂下、乌狮、硋岭头、竹湾、黄泥窟、沈际、后庄、赵山头、小白岸、阴坑、杨梅岭、杨梅铺。

上东乡，辖27个村：上田、大畲、小畲、仓硋、东畲、溪口、新碓、高垟、后麻垟、高山、演头、大畈、牛大后、章坑、黄狮砻、西溪、上垟、吴棒头、大弄口、溪下、陂川、犁斜、黄硋、大丘田、猛坑、苦母口、乌高源。

民和乡，辖14个村：上张弄、岙下、渡船湾、英溪、雁鸿山、前赖、棋盘头、大棋、道太、曹上、五里排、叶山头、垟头、荷香畈。

宝钟乡，辖11个村：新地口、钟村、朱山下、鳌背、夏乾、平坑符书、符源、陈城、五际头、锦安。

安平乡、辖15个村：源口、考坑、大犇畈、李村、西坑下、厦安、黄麻坑、高山、大路下、乌硋下、际背、上庄、草鱼段、上坑、毛畲。

治平乡，辖11个村：武溪、三阳路、王庄、沈村、大犇、枫坪、驰龙岗、鱼罔坑、大苏、流地、殿堂。

龙门乡，辖16个村：张源头、瑟琶坑、插花殿、上坪、墘坞、汤后门、下田坑、古岭、砻空外岗、水碓坑、渡蛟、田铺、桃子坑、隐庄垟、莲花生、大南山。

民国29年(1940)，再次调整乡镇编制划为5个区6个镇28个乡。

城区辖东升镇、西平镇、剑池乡、民权乡。

安仁区辖安仁镇、福源乡、天平乡、龙南乡、龙溪乡、金田乡、福泽乡。

小梅区辖小梅镇、查川镇、屏南乡、三溪乡、茶丰乡、桐溪乡、剑湖乡、兰渠乡。

八都区辖八都镇、瀑云乡、岱垟乡、住龙乡、宝溪乡、锦溪乡、竹垟乡。

道太区辖道太乡、金石乡、梧垟乡、黄鹤乡、上东乡、双平乡、雁川乡、龙门乡。

民国35年(1946)，进行乡镇编并，县以下不设区，全县为1个镇，28个乡，313保，2787甲。乡镇名称：中正镇、安仁乡、福泽乡、福源乡、金田乡、天平乡、龙南乡、龙溪乡、小梅乡、兰渠乡、剑丰乡、查川乡、三溪乡、桐溪乡、屏南乡、八都乡、瀑云乡、住龙乡、锦溪乡、竹垟乡、岱垟乡、宝溪乡、道太乡、金石乡、梧垟乡、雁川乡、双平乡、上东乡、黄鹤乡。

1949年7月30日，废除保甲制，全县设5个行政区，29个乡(镇)，并建立行政村。5个区的辖乡是：

升平区辖升平镇、福泽乡、兰巨乡、金石乡。

八都区辖八都乡、瀑云乡、竹垟乡、岱垟乡、锦溪乡、宝溪乡、住龙乡。

查田区辖查川乡、桐溪乡、剑丰乡、三溪乡、小梅乡、屏南乡。

道太区辖道太乡、双平乡、雁川乡、梧垟乡、黄鹤乡、上东乡。

安仁区辖安仁乡、天平乡、金田乡、龙南乡、龙溪乡、福源乡。

1951年，土地改革划小乡，全县设6个区、2个镇、54个乡。升平分为东新、西新镇，福泽乡分为大沙、础石乡，兰巨乡分出南山乡，金石乡分出岩樟乡，八都乡分出南窖乡，竹垟乡分出山里乡，岱坪乡分出金垟乡，宝溪乡分出高塘乡，锦溪乡分出双岭乡，查川乡分出樟溪乡，剑丰乡分为剑湖、茶丰、青竹乡，三溪乡分出义和乡，小梅乡分出琉梅乡，道太乡分出宝供乡，雁川乡分出雁岭乡，双平乡分出升平乡，梧垟乡分出凤鸣乡，黄鹤乡分出盛溪乡，安仁乡分出建安乡，金田乡分出胜利、义和乡，龙南乡分出建龙乡，龙溪乡分出建兴乡，福源乡分出邻河乡，并增设城郊、新民乡。全县行政设置是：

城区辖东新镇、西新镇，兰巨、南山、城郊、新民、梧垟、凤鸣、础石、大沙乡。

八都区辖八都、南窖、竹垟、山里、瀑云、双岭、宝溪、高塘、岱垟、金垟乡。

金龙区辖锦溪、住龙、金石、岩樟乡。

查田区辖小梅、琉梅、三溪、义和、查川、樟溪、茶丰、青竹、剑湖、桐溪、屏南乡。

道太区辖黄鹤、盛溪、上东、雁川、雁岭、道太、宝供、双平、升平乡。

安仁区辖福源、邻河、天平、胜利、安仁、建安、金田、义和、建兴、龙溪、龙南、建龙乡。

1952年，辖区调整，成立城郊区。屏南乡分出瑞垟乡，桐溪乡分出均溪乡。

城区辖东新镇、西新镇和城郊乡。

城郊区辖大沙、兰巨、新民、南山、础石、梧垟、凤鸣、金石、岩樟乡。

八都区划出双岭、瀑云乡归金龙区。

金龙区辖瀑云、锦溪、住龙、双岭乡。

查田区增加均溪、瑞垟乡。

道太区、安仁区辖乡不变。

1953年，撤销城区，建立城北区。东新、西新两镇并为城关镇。金龙区瀑云乡划归八都区。住龙乡分出住溪乡。原城区金石乡划归金龙区。凤鸣、梧垟乡划归城北区。安仁区邻河乡，查田区剑湖、桐溪、均溪乡划归城郊区。查田区义和乡更名双溪乡。道太区黄鹤、盛溪、上东乡划归城北区。全县设1个镇7个区、57个乡、368个行政村，1565个自然村。

城关镇

城郊区城郊、兰巨、南山、剑湖、新民、桐溪、均溪、邻河、础石、大沙、岩樟乡。

金龙区辖锦溪、住龙、住溪、双岭、金石乡。

城北区辖凤鸣、梧垟、黄鹤、盛溪、上东乡。

八都区辖八都、南窖、竹垟、山里、瀑云、岱垟、金垟、宝溪、高塘乡。

查田区辖小梅、琉梅、三溪、双溪、查川、樟溪、茶丰、青竹、屏南、瑞垟乡。

安仁区辖福源、天平、胜利、安仁、建安、金田、义和、建兴、龙溪、龙南、建龙乡。

道太区辖雁川、雁岭、道太、宝供、双平、升平乡。

1956年3月4日，撤销金龙、城北、城郊区公所。全县58个乡(镇)合并为32个乡(镇)，将城关镇和兰巨、剑湖、础石、凤鸣、岩樟、锦溪、城郊7个乡划为县直属，其余4个区的辖乡是：

八都区辖八都、岱垟、竹垟、宝溪、瀑云、住龙乡。

查田区辖查川、茶丰、三溪、小梅、屏南、瑞垟、均溪乡。

道太区辖雁川、道太、双平、福源、联盟、上东乡。

安仁区辖建安、天平、义和、建兴、龙南乡。

1957年，恢复城北区。道太区上东、联盟(分为盛溪、黄鹤乡)划入城北区。县直属的凤鸣乡划归道太区。

1958年11月，庆元县并入龙泉县，实行政社合一。改区为人民公社，共13个；乡为管理区，共67个。各公社辖管理区：

城郊公社辖城关、城郊、兰巨、剑湖、础石、凤鸣、新民。

八都公社辖八都、岱垟、竹垟、瀑云、宝溪、新建、四源。

锦旗公社辖锦溪、住龙、岩樟。

城北公社辖上东、黄鹤、盛溪。

道太公社辖道太、雁川、双平。

安仁公社辖建安、福源、天平。

龙南公社辖建兴、义和、龙南。

屏南公社辖屏南、均溪、瑞垟。

梅岭公社辖小梅、查田、茶丰、三溪、黄真、三济、竹口、黄田。

庆元公社辖庆元、大济、四山、和山、星光。

荷地公社辖荷地、官塘、左溪、青竹、竹坪、江根、岭头、苏湖、举水、西溪。

新村公社辖石湖、后广、张村、蒙西、杨楼、斋郎、合湖。

菊隆公杜辖菊水、隆宫、淤上、五都、安南。

1959年，础石分出林垟管理区；兰巨分出大赛管理区；双平分出王庄管理区。

1961年，体制下放，人民公社改为区，管理区改为人民公社。城郊分出大沙公社；建安分出胜利公社；新建管理区改为南窖公社。全县13个区，72个人民公社。除城郊区划出城关镇公社外，其余区划未变。

1964年，撤销龙南区，所辖公社并入安仁区。

1973年7月，恢复庆元县。划出庆元、菊隆、新村、荷地四区及梅岭区的黄真、三济、黄田、竹口公社，共31个公社，266个生产大队，归庆元县管辖。龙泉辖区减少为8个区，41个公社，428个生产大队。

1977年，撤销屏南区，并入城南区。

1979年，恢复屏南区，并改称屏南林区。

1981年，恢复龙南区。

1982年，三溪公社更名青溪公社；道太公社更名供村公社。

1984年5月，政社分设。改人民公社为乡人民政府；改生产大队为行政村。全县为9个区1个镇40个乡，432个行政村。

1984年10月3日，锦溪乡分出双岭乡；城关镇更名龙渊镇，分出白云乡；城郊乡更名宏山乡；竹垟乡为畲族乡。全县设9个区1个镇42个乡。

1985年6月，撤销八都乡，建立八都镇；撤销小梅乡，建立小梅镇。

1985年7月，撤销建安乡，建立安仁镇；龙南乡分出建龙乡。

1987年2月，撤销锦溪乡，建立锦溪镇。

1988年12月，撤销查田乡，建立查田镇；撤销岱垟乡，建立上垟镇。

1989年10月，撤销住龙乡，建立住龙镇。

1990年12月，撤销屏南乡，建立屏南镇。全县有9个区、1个区级镇，35个乡、8个乡级镇，442个行政村。

1990年龙泉县政区一览表

表1-1-1　　　　单位：个

区	乡(镇)	政府驻地	行政村	自然村数
城郊区	宏山乡	水　南	宏山　河村　山里　茶坦　松溪弄　周际	20
	凤鸣乡	村　头	沙潭　小白岸　梧桐口　水南坞　和砻　桥坑　大丘田　竹坑　张村　村头　白墓　大岭头　白塔	52
	白云乡	白水桥	徐山后　石马　岩后　下樟　周村　岭坤　砭步	49
	大沙乡	马　弯	翁仁　石退　武潭　曾家　张家　吴处　东岭　芳野　立新	21
	新民乡	茶　寮	新茶　新岭　里下畈　牛头岭　东权　尖地　大千湾　栏下　蓁蔀	40
	础石乡	沈　边	季边　上坞　南弄　瞿源　横片　陈村　炉地垟	37
	林垟乡	洪　桥	垟畈　枣槐岭　秋丰　山后　山际口　黄土　李山头　冷水亭　山际　岱根	32
	兰巨乡	五梅垟	五梅垟　炉田　蜜蜂岭　梅垟　豫章　大汪　大巨　桐山	43
	大赛乡	大　赛	大赛　上寮　朱坑　张山　空坑头　梅地　官田　官埔垟　炉岙	22
	剑湖乡	杉树坪	砭湖店　石坑口　净信　安吉　独田　河川　下沙桥　砭湖　棕衣林　仙仁　上弯	48
城北区	盛溪乡	河　里	河里　内双溪　外双溪　鹤溪　皂口　盛山后　吴岱　麻垟　刘山头　李后　河坑塘　黄庄桥　季岱　方西	47
	上东乡	东　畲	东书　西溪　上垟　大书　小书　陂川　兰田　仓砭　溪下　小岩　万坑　库武	48
	黄鹤乡	大贵溪	大贵溪　黄畲　鹤场　金埠　南溪　外埄　源头　村头沈　垟坞	38
道太区	雁川乡	大白岸	大白岸　毛圩　乌狮　盛户　沈际　道太　犁垟　灯山　山石坑　杨梅岭　坑口　高山岭	65
	供村乡	供　村	供村　下乾　符畲　锦安　青田坑　朱山下　半坑　潘山头　外翁　新地口　何山头　荷上畈　垟头	70
	王庄乡	沈　村	王庄　大苏　流地　黄麻垟　大畈　际头　武溪　上横　上坑	58
	双平乡	李　村	李村　夏安　双格　乌砭下　西坑下　考坑　吴庄　源口　蛤湖　丁江　前濑	40
八都区	八都镇	南山路	八都一　八都二　八都三　八都四　溪坪　大坦　章府会　新村　供际　樟溪	48
	瀑云乡	王　坊	松渠　龙竹　署网　高大门　青山　石川　高升　双溪口　际下　安田　吴公　王淤	80
	竹垟畲族乡	盖　竹	盖竹　局下　良溪　五四　山溪口　红坞　际上　金田　罗墩　后排岭	80
	宝溪乡	溪　头	溪头　高山　溪源田　塘上　坑里　宝鉴　龚岭　车盂　半岭　竹垟　塘源	58
	上垟镇	上　垟	木岱口　源底　社口　木岱　昌岗　黄渡　岱源　五都垟　五都楼	78
	南窖乡	野　窖	野窖　松际　东音　小窖　白水　枫锦　白角	54
	四源乡	小黄南	小黄南　花桥　共建　双际　丁源　生源　横店　际岭　汤源　中村　上源	50

续表 1–1–1

区	乡（镇）	政府驻地	行政村	自然村数
锦旗区	锦溪镇	下　锦	下锦　墙夹　山坑　贵坑　肖庄　半溪　上锦　中锦　吴林　吴岙	91
	岩樟乡	郑　庄	郑庄　柳山头　芭蕉　金元　金坑　石坑　仓坞　何坑　坑源底　岱岭　绿坑	45
	住龙镇	住　溪	住溪　龙星　周调　碧龙　白岩　建明　建平　建胜　水塔　西井	88
	双岭乡	岭　根	岭根　岭上　百里　黄永	44
安仁区	安仁镇	项　边	项边　刘坊　安仁口　庄山　双岙　花庵　新建　黄砍　大丘另　谷坑　上际　水源头　安民　黄泥岭　严山	52
	福源乡	安　福	安福　坑下　大源　叶山头　梅坑　张畈　沈山头　椏叉丘　黄山下　岩头	47
	天平山	季山头	季山头　湖尖下　广田　沈庄　李登　大舍	21
	胜利乡	赤　源	胜源　胜岱　胜游　胜湖　胜阳　黄桶	21
龙南区	龙南乡	蛟　垟	蛟垟　上田　岭后　黄大坑　垟尾	12
	建龙乡	下南坑	下南坑　上南坑　麻竹坑　黄万岱　龙井　石械	26
	义和乡	下　田	下田　青庄　周山头　庵边　北公　东坑　坞坑　横川　粗溪　曲岱　底村	35
	建兴乡	荒　村	上兴　岙头　金川　兴和　兴源　安和　叶村　大庄　双溪　五星　龙案	25
屏南区	屏南镇	坪田李	坪田李　坪田叶　库粗坑　车盘坑　地畲　砍铺　周岱　南垟	9
	均溪乡	益　头	均益　里洒　塘山　上畲　金林　均山　梧树垟　均何　金龙　横溪　百步	17
	瑞垟乡	朱家地	横坑头　南兴　南溪口　东山头　干上　垟顺　瑞竹垟　杉树根　竹蓬后	12
城南区	小梅镇	梅南路	小梅一　小梅二　小梅三　小梅四　垟岙头　高际头　大梅　上梅　大梅口　骆庄　大窑　金村	13
	查田镇	查田三村	查田一　查田二　查田三　上墩　泉坑　溪口　大樟　下淤　大樟岙　下保　东皇　陈山　溪西　吴田　炉溪　万山	25
	茶丰乡	官路岙	下湾　大坑下　柘坑　青坑　青坑岙　墩头　黄家林　青坑底　淤头　住田　小查田　横坑　赵麻淤　竹舟　新丰　石隆	38
	青溪乡	半边月	半边月　毛断　西坑　黄南　孙坑　毛山头　泥岭头　郑边　高坑　立东　叶乡	23
龙渊镇		镇府路	1–16 居委会　1–9 村　蔬菜村　临江　宫头　水南　南秦	23

撤县设市

1988 年 1 月 28 日，龙泉市人民政府向丽水地区行政公署递交《关于要求撤销龙泉县设置龙泉市的报告》，1988 年 4 月 12 日，丽水地区行政公署向浙江省人民政府递交《关于要求设置龙泉市撤销龙泉县的请示》，1988 年 11 月 9 日，浙江省人民政府向国务院递交《关于要求撤销龙泉县设立龙泉市的请示》。

1990 年 12 月 26 日，经国务院批准，民政部以民行批〔1990〕120 文复省政府，同意浙江省龙泉县撤县设市。1991 年 1 月 7 日，浙江省人民政府发出《关于撤销龙泉县设立龙泉市的通知》，指出，撤销龙泉县，设立龙泉市（县级），以原来龙泉县的行政区域为龙泉市的行政区域。龙泉撤县设市后，不增加机构、编制。1991 年 2 月 4 日，在市人民剧院召开龙泉撤县设市庆祝大会。中央、省、地有关部门领导，兄弟单位和各界来宾，新闻记者 400 多人以及本市机关各部门、区、镇、乡的负责人共 1000 多人参加庆祝大会。从此，开启龙泉市城市建设的新纪元。

撤区扩镇并乡设街道

1992 年 4 月，根据省人民政府部署，龙泉市进行撤区扩镇并乡工作，撤销城郊、锦旗、八都、道太、城北、安仁、龙南、城南、屏南 9 个区公所。全市原辖 44 个乡镇（镇 9 个、乡 34 个、畲族乡 1 个），扩并后为 9 个镇 8 个乡。

龙渊镇，扩宏山、白云、新民、大沙、凤鸣乡，辖 58 个村，16 个居民区，镇政府驻龙渊镇环城南路 25 号；八都镇，扩瀑云、南窖乡，辖 29 个村，镇政府驻八都二村；上垟镇，扩四源乡，辖 20 个村，镇政府驻木岱口村；小梅镇，扩青溪乡，辖 23 个村，镇政府驻小梅三村；查田镇，扩茶丰乡，辖 32 个村，镇政府驻查田三村；屏南镇，扩均溪、瑞垟乡，辖 28 个村，镇政府驻坪田李村；安仁镇，扩福源、天平、胜利乡，辖 37 个村，镇政府驻项边村；锦溪镇，扩双岭乡，辖 14 个村，镇政府驻下锦村；住龙镇，原辖区不变，镇政府驻住溪村；兰巨、大赛、剑湖乡合并称兰巨乡，辖 28 个村，乡政府驻五梅垟村；硋石、林垟乡合并称硋石乡，辖 17 个村，乡政府暂驻洪桥村；宝溪乡，原辖区不变，乡政府驻溪头村；义和、建龙、龙南、建兴乡合并称龙南乡，辖 33 个村，乡政府驻蛟垟村；王庄、供村、双平、雁川乡合并称道太乡，辖 45 个村，乡政府驻大白岸；岩樟乡，原辖区不变，乡政府驻郑庄村；盛溪、黄鹤、上东乡合并称城北乡，辖 35 个村，乡政府驻河里村；竹垟畲族乡，原辖区不变，乡政府驻盖竹村。

2002 年 4 月 10 日，浙江省人民政府《关于龙泉市部分行政区划调整的批复》，撤销龙渊镇建制，原龙渊镇行政区域由龙泉市人民政府直辖，设立龙渊、西街、剑池 3 个街道办事处，为市人民政府的派出机构。

行政村与社区

1992 年，撤区扩镇并乡后，龙泉有行政村 442 个，居民委员会 16 个。

2002 年，开始社区建设工作，7 月，出台《中共龙泉市委、龙泉市人民政府关于加强社区建设的实施意见》，市民政局抽调人员会同龙渊、西街、剑池 3 个街道办事处对市城社区居委会进行调查摸底，重新调整为 11 个社区，并落实了办公地点。11 月，配备社区干部，建立社区规章制度，开始挂牌办公。

2006 年，新建立西街街道河星村和剑池街道宏阳村 2 个滩坑电站移民村。

2009 年，新建立剑池街道大沙社区和安仁镇安泰社区 2 个社区。

到 2010 年底，龙泉市辖 8 个镇 8 个乡 3 个街道，行政村 444 个，社区 13 个，村民小组 2796 个，总人口 28.8 万人。

各行政村和社区的名称：

龙渊街道辖：一村、二村、三村、四村、五村、菜村、临江、桥坑、水南坞、梧桐口、小白岸、沙潭、张村、白塔、大岭头、白墓、村头、大垭田、竹坑、徐山后、石马、岭坤、砇步 23 个行政村和城东、东升、大洋、金乐、贤良 5 个社区。

西街街道辖：七村、八村、九村、宫头、岩后、下樟、周村、里下畈、牛头岭、新岭、新茶、东权、尖地、大千湾、栏下、蓁部、河村 17 个行政村和清风、西新、白云 3 个社区。

剑池街道辖：六村、水南、南秦、宏山、松溪弄、茶坦、周际、山里、翁仁、石退、和垄、武潭、曾家、张家、吴处、东岭、芳野、立新 18 个行政村和水南、南秦、南大洋、大沙 4 个社区。

八都镇辖：八都一村、八都二村、八都三村、八都四村、溪坪、大坦、章府会、新村、供际、樟溪、松渠、龙竹、署网、青山、高大门、石川、高升、际下、双溪口、安田、吴公、王圩、野窖、松际、东音、小窖、白水、枫锦、白角 29 个行政村。

上垟镇辖：木岱口、源底、木岱、昌岗、社口、岱源、黄渡、五都垟、五都楼、小黄南、花桥、共建、横店、丁源、双际、生源、际岭、中村、上源、汤源 20 个行政村。

小梅镇辖：小梅一、小梅二、小梅三、小梅四、垟岙头、高际村、大梅、上梅、大梅口、骆庄、大窑、金村、半边月、毛断、西坑、黄南、孙坑、毛山头、泥岭头、郑边、高坑、立东、叶乡 23 个行政村。

查田镇辖：查田一、查田二、查田三、上墩、泉坑、溪口、大樟、大樟岙、下淤、下堡、东皇、陈山、溪西、吴田、炉溪、万山、下湾、大坑下、柘坑、青坑、青坑岙、墩头、黄家林、青坑底、淤头、住田、小查田、横坑、赵麻淤、竹舟、新丰、石隆 32 个行政村。

屏南镇辖：坪田李、坪田叶、库粗坑、地畲、车盘坑、南垟、砿铺、周岱、均益、均何、均山、梧树垟、金林、金龙、横溪、百步、里洒、塘山、上畲、南溪口、东山头、干上、南兴、横坑头、瑞竹垟、杉树根、垟顺、竹蓬后 28 个行政村。

安仁镇辖：项边、刘坊、安仁口、庄山、双岙、花庵、新建、黄砿、大丘另、谷坑、上际、水源头、安民、黄泥岭、严山、安福、坑下、大源、叶山头、梅坑、张畈、沈山头、椏叉丘、黄山下、岩头、季山头、湖尖下、广田、沈庄、李登、大舍、胜源、胜岱、胜游、胜湖、胜阳、黄桶 37 个行政村和 1 个安泰社区。

住龙镇辖：住溪、龙星、周调、碧龙、白岩、建明、建平、建胜、水塔、西井、潘床 11 个行政村。

锦溪镇辖：下锦、中锦、上锦、吴林、乌岙、肖庄、墙夹、山坑、贵坑、半溪、岭上、岭根、百里、黄永 14 个行政村。

兰巨乡辖：五梅垟、炉田、蜜蜂岭、梅垟、豫章、大汪、大巨、桐山、大赛、上寮、朱坑、张山、空坑头、梅地、官田、官埔垟、炉岙、砿湖店、石坑口、净信、安吉、独田、河川、下沙桥、砿湖、棕衣林、仙仁、上湾 28 个行政村。

础石乡辖：季边、上坞、南弄、瞿源、横片、陈村、炉地垟、垟畈、枣槐岭、秋丰、山后、山际口、黄土、李山头、冷水亭、山际、岱根 17 个行政村。

宝溪乡辖：溪头、高山、溪源田、塘上、坑里、宝鉴、龚岭、车盂、半岭、竹垟、塘源 11 个行政村。

龙南乡辖：蛟垟、上田、岭后、黄大坑、垟尾、下南坑、上南坑、麻竹坑、黄石岱、龙井、石槭、下田、青庄、周山头、庵边、北公、东坑、横川、粗溪、曲岱、底村、上兴、岙头、金川、兴和、兴源、安和、叶村、大庄、双溪、五星、龙案、坞坑 33 个行政村。

道太乡辖：大白岸、毛圩、乌狮、盛户、沈际、高山岭、坑口、杨梅岭、山石坑、灯山、梨垟、道太、供村、下乾、符畲、锦安、青田坑、朱山下、半坑、潘山头、外翁、新地口、何山头、荷上畈、垟头、李村、双格、夏安、乌砿下、西坑下、考坑、吴庄、源口、丁江、前赖、蛤湖、王庄、大苏、流地、黄麻垟、大畈、际头、武溪、上横、上坑 45 个行政村。

城北乡辖：河里、内双溪、外双溪、皂口、刘山头、河坑塘、鹤溪、麻垟、吴岱、盛山后、李后、黄庄桥、季岱、方西、东书、西溪、上垟、大书、小书、兰田、陂川、仓砿、溪下、小岩、万坑、库武、大贵溪、黄裔、鹤场、金埠、南溪、外埲、源头、村头沈、垟坞 35 个行政村。

竹垟畲族乡辖：盖竹、局下、良溪、五四、山溪口、红坞、际上、金田、罗墩、后排岭 10 个行政村。

岩樟乡辖：郑庄、柳山头、芭蕉、金源、金坑、石坑、仓坞、何坑、坑源底、绿坑、岱岭 11 个行政村。

第二章　自然地理

龙泉市全境地层，下伏前泥盆系基底，上覆侏罗系火山岩盖层，其中夹持大小不一的燕山期侵入体。由于受到地质构造和新构造运动的抬升影响，龙泉市是省内海拔最高的山地地貌区域之一，东南和西北部山脉绵亘，龙泉溪从西南向东北贯穿中部，群山平行于河谷对称分布，西北部为仙霞岭山脉，其主峰为龙泉与遂昌之间的九龙山，海拔 1724 米，东南部为洞宫山脉，其主峰为龙泉境内的凤阳山黄茅尖，海拔 1929 米，为江浙第一高峰。中部为龙泉溪大小不一的河谷小盆地，如安仁、龙渊、查田、小梅、八都等，最大的龙渊河谷盆地面积约 14 平方千米。此外，山地中仍残留着成片的缓坡地，境内地形中，低中山占总面积的 69.17%，丘陵盆地占 27.92%，河谷平原占 2.91%，故有“九山半水半分田”之说。龙泉市境内河流分属瓯江、钱塘江、闽江三江水系，西北部披云山为瓯江、钱塘江、闽江“三江之源”。主河流瓯江上游龙泉溪发源于凤阳山锅帽尖西北麓，境内长 127.68 千米，流域面积 2578.69 平方千米，属山溪性河流。龙泉市属中亚热带季风气候区，温暖湿润，四季分明，雨量充沛，气候宜人。春季回暖早，春末夏初多梅雨和暴雨，盛夏晴热干旱，秋季降温迟，冬季霜期短，全年作物生长期长。

第一节　地　　质

地层

全境地层，下伏前泥盆系基底，上覆侏罗系火山岩盖层，其中夹持大小不一的燕山期侵入体。出露的地层有前泥盆系陈蔡群，下侏罗统枫坪组，中侏罗统毛弄组，上侏罗统火山岩系。下白垩统朝川组以及第四纪松散沉积物，从老至新分叙如下：

前泥盆系陈蔡群：出露在县境西南部龙渊镇、五梅垟、隆丰、小梅一线与龙渊镇、下锦、里荡、溪头一线之间的三角形区域。岩性下部以黑云斜长片麻岩为主，常含石榴石，其次有黑云二长片麻岩、二长片麻岩夹少量变粒岩、斜长角闪岩、大理石、角闪黑云片岩，上部以石英云母片岩为主体，夹板岩、千板岩、绿泥石片岩、石英岩、绢云母片麻岩、石墨片岩等。

下侏罗统枫坪组：主要出露在龙渊镇至半边月一带。大岩山、上源、五梅垟、杨梅岭也有小范围出露。是一套以黄绿色石英砂岩或含砾石英砂岩为主夹几层无烟煤或炭质页岩的河流——湖沼相沉积。岩性上部为砂岩、石英砂石、砂砾岩，中部为粉砂岩、页岩、炭质页岩、夹煤线、煤透镜体，下部为石英砂岩、砂砾岩，近底部夹煤层和炭质页岩，底部常见多处砾岩。

中侏罗统毛弄组：在宝鉴附近有较大范围出露，属山间河流相到内陆湖沼相沉积。岩性上部为砂页岩夹流纹质玻屑凝灰岩，硅质页和煤线、含砾粗砂岩。中部为砂页岩，砂砾岩夹煤层。下部为英安质玻屑晶屑凝灰岩、夹砂岩和煤层。

上侏罗统 A 段：主要出露在溪头、里荡、下锦、黄庄桥、官山一线以北的广大地区，梧桐口附近，安仁溪两侧，蛟垟、岭脚、八宝山等地也有较大范围出露，是一套中等强度喷发的陆相火山岩建造。岩性为流纹质或英安质晶屑凝灰岩、玻屑凝灰岩、夹流纹岩、凝灰岩、凝灰质砂砾岩、砂砾岩、炭质页岩等。

上侏罗统 B 段：主要出露在安福、南弄、五梅垟、隆丰、小梅一线以南的广大地区和双眼寮、庵头、黄泥岗、供村、考坑、安仁口一带。为一套巨厚块状流纹质晶屑熔结凝灰岩、玻屑晶屑熔结凝灰岩，常含角砾，夹英安质晶屑熔结凝灰岩、玻屑凝灰岩。

上侏罗统 C 段：出露在石马尖、庙下、何山头一带。为一套强烈爆发沉积作用形成的火山碎屑岩夹沉积岩。岩性以成层清晰的黄绿色玻屑凝灰岩为主，夹玻屑熔结凝灰岩及砂页岩等。

上侏罗统 D 段：出露在黄茅尖、张家地等地。岩性为流纹岩、流纹斑岩夹球泡流纹岩、熔结凝灰岩。

下白垩统朝川组，仅安仁盆地有出露。岩性下部为安山岩、玄武岩等中基性火山岩，往上主要为紫红色钙质粉砂岩或泥岩、粉砂岩、夹砂岩、砂砾岩。

第四系全新统，仅分布在龙渊镇盆地、五梅垟谷盆及查田、小梅一带河谷里。二元结构明显，上部为黄褐色含砂砾亚粘土，下部为砂砾层。

岩石

龙泉岩石主要有火山岩、侵入岩、变质岩和沉积岩。

火山岩广泛分布在县境东部、东南部、北部，是龙泉主要地表岩类，代表性岩石为凝灰岩及流纹岩；凝灰岩中有流纹质晶屑凝灰岩、玻屑凝灰岩、流纹质晶屑熔结凝灰岩、玻晶熔结凝灰岩、含角砾玻屑凝灰岩等。流纹岩主要分布在凤阳山，其中夹有沉积岩，如：砂页岩夹流纹质玻屑凝灰岩，面积小，分布在宝鉴等地。砂岩及砂砾岩等分布在县境西南，镶嵌在变质岩中。

次火山岩仅有零星出露，如老安场的石英正长斑岩和周调的花岗斑岩等。

侵入岩呈零星分布，属燕山早期和燕山晚期。主要分布在宝溪、住龙、宏山、南窖、小梅、茶丰、竹垟等地。有花岗岩、二长花岗岩、花岗斑岩、混合花岗闪长岩等。燕山早期第二次侵入形成的黑云母花岗岩，分布在柘坑，溪头等地；第三次侵入形成的花岗岩，分布在住溪、碧龙、下柘坑、吴公等地，石英正长岩分布在仓坞等地燕山晚期侵入形成的有棋盘山的二长花岗岩、大贵溪的花岗闪长岩和乌鼻尖的花岗斑岩。

变质岩主要分布在县境西南部，宏山、兰巨、剑湖、茶丰、查田、青溪、小梅、四源、上垟、竹垟、八都、瀑云、锦溪、新民等乡（镇）。面积仅次于火山岩，岩石种类主要有变质岩的片岩类，片麻岩类，混合片麻岩类等。

沉积岩主要分布在龙渊镇至半边月一带及宝鉴、上源、五梅垟等地，有砂岩、石英砂岩、砂砾岩、粉砂岩、页砂、炭质页岩等。

混合岩主要有小查田的印支混合花岗闪长岩和石坑的混合二长花岗岩。

构造

龙泉属华南褶皱系，其核心部位于八都至花桥一带，呈北东走向，由陈蔡群变质岩组成。断裂是龙泉县主要的构造类型。境内各向断裂纵横交错，控制了地貌发育，以北北东向和北东向断裂为主。主要断裂有：

北北东向断裂带

安仁—荒村压性断裂，为大岭头—中村断裂带的一部分，经过竹子坑岙、沈村、安仁、荒村、梅七、梅岙、清凉亭。

龙虎岙—底村压性断裂，经龙虎岙、横源、南溪口、双坑岙至庆元底村。

库粗坑—坑头岙压性断裂，经库粗坑、廿五凸、桥岱、坑头岙。

大潘坑—山际口压性断裂，北段呈北北东向，南段呈北东向，经大潘坑、大石岙、西坑下、考坑、安福、岙头门岭、富溪、山际口。

横塘岭—大贵溪压性断裂，为遂昌—大贵溪断裂的南段，分为东西两条，西侧一条经横塘岭、横坑岙、双溪、大贵溪；东侧一条经横塘岭、上田、山后源、大贵溪。

蔡岙—火烧寮压性断裂，经蔡岙、大枫岙、郑庄、火烧寮。

潘竹岭—后排岭断裂，为湖山—花桥断裂的南段，住溪以北呈北北东向，以南为近南北向，经过潘竹岭、碧源、住溪、牌门岭、黄连坑、山溪口、后排岭。

北东向断裂带

隔溪—金村压性断裂，经隔溪、岭坤、大赛、百步、留坪、大窑、金村。

大白岸—小梅压性断裂，经大白岸、山石坑、大畈、兰头、朱坑、青坑底、赵麻淤、陈山、小梅。

黄家畲—小查田压性断裂，经黄家畲、小白岸、芳野、天堂山、桥头、砿湖、小查田。

河村—半边月压性断裂，经河村、安吉、黄家林、大樟、半边月。

上凉亭—上源断裂，北段为压性断裂，南段为压扭性断裂，经上凉亭、砿门、南窖、生源、上源。

茶园—白岩压扭性断裂，经茶园、周调、碧龙。

北西向断裂带

上垟—供村张性断裂，经上垟、猛坑、供村。猛坑以北呈北北西向，以南呈北西西向。

双溪—白墓压扭性断裂，呈弧状从北到南由南北向转为北西向，经双溪、河里、白墓。

蔡岙—梧桐口张性断裂，经蔡岙、鹤场、大贵溪、红岱林、梧桐口。

石犬坑—龙渊镇断裂，经石犬坑、乌斜岭、龙渊镇。

上田坪—龙渊镇断裂，经上田坪、双河口、上锦、龙渊镇。上田坪至上锦一段呈北西向，上锦至龙渊镇一段呈北西西向。

黄连坑—王坊断裂，经黄连坑、岭根、王坊。

除上述主要断裂外，尚有好多较短断裂，它们共同构成龙泉地貌发育框架。

地质构造演化

泥盆纪以前，龙泉位于华夏古陆边缘，为一浅海环境，沉积了巨厚的泥岩，砂岩为主的浅海—滨海相建造。在早古代末发生的加里东运动中，这套地层发生褶皱，龙泉脱离浅海环境，上升为陆地。

晚古生代末发生海西运动，使巨厚的前泥盆系砂泥岩建造发生区域变质作用，改变原来褶皱，产生一系列北东向断裂。印支运动使区域变质作用叠加深化，并发生混合岩化作用，断裂切割至深部，在隆起区有超基性岩浆侵入。燕山运动期间，龙泉地壳活动尤为强烈，基底的变质混合作用进一步叠加深化，极其强烈的火山喷发、岩浆侵入和断裂活动，堆积了厚层火山岩并形成一系列北东、北北东和北西向断裂。早第三纪，地壳一直处于比较稳定的状态，而且气候高温少雨，植被稀疏，均夷作用广泛进行，形成广大夷平面，目前，海拔 1700~1800 米以上山顶上还保存着夷平面残体。晚第三纪，中国东部季风建立，属于华中亚热带季风气候带的龙泉，降水增加剧烈，流水作用强烈，县中部岩性软弱，构造破碎，龙泉溪发育，两坡形成不少支流。龙泉溪及其支流切割使早第三纪夷平面瓦解。晚第三纪的上新世和第四纪，断块运动相当强烈。造成多层性山地状态。在此期间，地貌作用仍以流水作用为主。内外营力长期作用的结果，形成如今龙泉地貌。

第二节　地　　貌

地貌概况

山是龙泉的主要地貌，东南、西北部山脉绵亘，龙泉溪从西南向东北贯穿中部，群山平行于河谷对称分布，表现为成层性。低、中山带占总面积 69.17%，丘陵占 27.92%，河谷平原仅占 2.91%，故有“九山半水半分田”之谓。

地貌类型

丘陵　主要分布在县境中部，以龙泉溪为轴的左右地带，海拔 250~500 米，面积 854 平方千米，占总面积 27.92%。如宏山、小梅、八都等地，呈北东—南西向延伸的长带状，两边与低山带的界线明显，有明显的坡折，岩性均为陈蔡群变质岩，地势较和缓，红色风化壳深厚，土壤为红松泥为主，是粮、茶、果的重要产区，水土极易流失。

低山区　分布于中山内侧（面向县城），海拔 500~1000 米之间，面积 1453 平方千米，占总面积 47.5%。在东南部组成岩石仍以上侏罗统坚硬的火山碎屑岩为主，但西段已有陈蔡群变质岩出露，并夹有燕山晚期侵入岩体，受密集的北东向压性断裂控制，低山与中山之间界线明显。低山带平行于龙泉溪谷地，呈北东—南西向延伸，始于小梅麻寮岗头（海拔 744 米）向东北经仙砝尖（海拔 529.6 米）、董家山（海拔 535.7 米）、鹰山（海拔 777 米）、岩寺（海拔 683.4 米）、乌鼻尖（海拔 730 米）、仙仁大山（海拔 915.4 米）、乌头尖（海拔 794 米）、豫章山（海拔 727 米）、箬湖山（海拔 803 米）、得道仙尖（海拔 792 米），止于老鹰岩尖（海拔 581 米）。在岩寺、仙仁大山一带，因有燕山晚期花岗斑岩侵入体，山体较高，坡地较陡。在西北部以龙渊镇为界分为两段：东北段由上侏罗统火山碎屑岩组成，低山与中山之间的界线不明显，低山带内各山是北东向平行排列的中山支脉延伸部分。主要山峰有黄岩背（海拔 993 米）、石马尖（海拔 930 米）、蜂桶岩（海拔 917 米）、大毛砻（海拔 816 米）；西南段由陈蔡群变质岩组成。低山面积较大，坡地较和缓，主要山峰有老鹰岩（海拔 880.2 米）、凤音山（海拔 966.3 米）、仙砝岗（海拔 588.2 米）、九龙岗（海拔 755 米）、罗岗（海拔 700 米）。

中山区 山体挺拔陡峻，河谷深切多呈V形。海拔1000~1929米，河床中或巨砾遍布，或基岩裸露，面积663平方千米，占总面积21.67%。由西北、东南和西南三部分组成，西北部分呈梳状排列。披云山（海拔1675.1米）、牌门岭（海拔1286米）、猪母岭（海拔1135米）、大风砻（海拔1491米）、白山岘（海拔1386米）、和尚坛（海拔1392米）、龙虎岙（海拔1086米）一线呈北东向。成为钱塘江水系和瓯江水系的分水岭。各次一级支脉从这里向东南方向平行展开，并逐步过渡到河谷。

东南部分由北东走向支脉组成，以黄茅尖（海拔1929米）为中心，向东北延伸到云和、景宁畲族自治县境，向西南延伸到庆元县境。主脉附近分布着次一级支脉，有呈北东向和北西向。

西南部分范围较小，有八宝山（海拔1200米）、毛断尖和大岩山（海拔1218米）。构造上处于龙泉背斜核部，软弱的陈蔡群变质岩中残遗了坚硬的上侏罗统火山碎屑岩和下侏罗统枫杯组沉积岩盖层。差异侵蚀作用的结果，形成中山挺立于周围的低山、丘陵之中。

河谷平原 以小盆地的形式分布在龙泉溪干流及各支流中，可分为龙泉溪干流河谷平原、安仁溪河谷平原、均溪河谷平原、八都溪河谷平原和锦溪河谷平原。仅89平方千米，占总面积2.91%，面积虽小，却是山区精华之地。

龙泉溪河谷平原主要有龙泉盆地、砝湖谷盆、青坑谷盆、查田谷盆、黄南谷盆和小梅谷盆。龙泉盆地是全县最大的山间小盆地，状如弓，长约10千米，最宽处牛门—大沙一线约3千米，中部0.6千米，面积约12平方千米。地势平坦，海拔189~207米，有较厚的全新统冲积层；砝湖谷盆呈弓形，1.5平方千米，海拔230~240米；青坑谷盆1平方千米，海拔240米；查田谷盆1.5平方千米，海拔270~280米，堆积有全新统冲积层；黄南谷盆2平方千米，海拔280~300米。堆积有全新统冲积层；小梅谷盆1.5平方千米，海拔300~320米，堆积有全新统冲积层。

安仁溪河谷平原主要有安仁谷盆，呈梯形，西北边至东南边间距1.5千米，东北边至西南边相距1.5~3千米。面积3平方千米，海拔170~200米之间。盆地内沉积了下白垩统朝川组，山麓地带分布着一系列冲积层。

均溪河谷平原主要是五梅垟谷盆，长6千米。宽0.5~1千米，面积2.5平方千米，海拔219~247米之间，堆积有全新统冲积层。

八都溪河谷平原主要谷盆有高浦、八都、大坦、竹垟、瀑云、岭根。八都谷盆2.5平方千米，海拔270米左右；瀑云谷盆0.7平方千米，海拔240米左右；岭根谷盆1.5平方千米，海拔270~300米；高浦谷盆0.5平方千米，海拔250~260米；大坦谷盆1平方千米，海拔280~290米；竹垟谷盆0.5平方千米，海拔300~310米。

锦溪河谷平原主要有锦旦谷盆，面积2平方千米，海拔270~300米。

此外，还有外淤谷盆，1.5平方千米；安福谷盆，1平方千米；塘上谷盆，0.5平方千米；宝溪谷盆，0.3平方千米；金田谷盆，0.5平方千米；赵麻淤谷盆，1平方千米；大梅谷盆1平方千米；住溪谷盆，1平方千米；碧龙谷盆，0.5平方千米。

山脉分布

武夷山系分两支从西南部逶迤入境。西北支为浙江省中部主干山脉仙霞岭的分支，经闽、浙、赣交界的枫岭、龙遂交界的九龙山，直向县东北伸展。东南支为洞宫山脉分支，从福建省戴云山开始越过闽江经鹫峰山，直达闽、浙边境向东北延伸到县境东南部。

仙霞岭山脉　以披云山（天师山）和大畲尖一线为主轴抬升，有海拔千米以上山峰380余座。始于福建省大福罗山，分三支伸入境内，一支向南延伸有大焦山（海拔1473米）—小焦山（海拔1246.米）—歪头山（海拔1088米）—五雷蛇尖—垟坑岗背。另一支向北伸展至福清山（海拔1558米）—阴山尖（海拔1402.8米）—乌阴尖（海拔1335米）—马鞍后山（海拔1503米）—十万山（海拔1448米）入遂昌县境。再一支向东伸展至焰山岗（海拔1522米）—披云山（海拔1675米），以披云山为中心向东南延伸苏百岙（海拔1533米）—棋盘石（海拔1580米）—陈家山（海拔1395.8米）—高山（海拔1115米）—铜山。向南延伸玉华山（破刀山1392.1米）—老鹰岩（海拔880.米）—油头山（海拔657.7米）。油头山分东南二支，向南青台山（海拔789米）—打虎岗（海拔813米）—茂云山（海拔1107米）—龙头山（海拔1348.9米）入庆元县境。向东大岩山（海拔1217米）—毛断尖—八宝山（海拔1199.5米）。大岩山向东北延伸凤音山（海拔966.米）—仙砝岗（海拔588.2米）。

披云山向东北伸展大木砻岘背（海拔1526米），向南东阴山（海拔1227米）—菖莆塘（海拔966米）—车云山（海拔707米）—飞凤山（海拔771米），向北牌门岭（海拔1286米）—猪母岭（海拔1135米）—昴山（海拔1253.9米）—花莲岗—天光尖（海拔789米）—石川大垟（海拔675米）—九龙岗（海拔755米）。猪母岭向东北伸大风砻（海拔1491米）—石寮（海拔1302米）—季大坞（海拔1025米）。从大风砻向南伸大丘田（海拔1178米）—青云山（海拔906米）、黄岩背（海拔993米）—白马寨（海拔860米）—大寨（海拔812米）—老鹰岩（海拔702米）。从石寮向南伸大风岙（海拔1049米）—白山岘（海拔1386米）—真尾尖（海拔1379米）—小高尖（海拔1069米）—狮子地（海拔1359米）—大蛇尖（海拔1060米）—石马尖（海拔930米）。从大风砻向北伸大尖（海拔1352.8米）—黄畲岭（海拔1005米）—黄鹤岭（海拔1224米）—和尚砝（海拔1392米）—磨地坪（海拔1054米）—大畲尖（海拔920米）—坞连尖（海拔1114.7米）—后洋尖（海拔1036米）—白塔山（海拔823米）—杨梅尖（海拔735米）。黄畲岭向南延银柱砝（海拔1344米）。磨地坪向南伸大球山（海拔1110米）—天师尖（海拔1037米）。

西北一角有自福建营盘山（海拔1664米）伸向县境大广顶（海拔1538米）—小九龙（海拔1664米）支脉。

北部有松阳县伸进县境龙虎岙（海拔1086米）分二支展开。南支八仙岘（海拔1220.3米）—何山头（海拔841米）。东支小双岘（海拔1206米）—大路岗（海拔1091米）—棋盘石（海拔1190米）—大石岙（海拔984米）—山头寮（海拔1230米）—破刀尖（海拔1218米）—鸦鹊尖（海拔1190米）—尖峰顶（海拔1070米）—烧香尖（海拔1183米）—大东（海拔900米），大石岙向西南伸蜂桶岩（海拔916.5米）—白鹤仙（海拔829米）。

洞宫山脉　以主峰黄茅尖（海拔1929米）为中心分3支伸展，有千米以上山峰350余座。

黄茅尖向南伸展黄凤垟尖（海拔1851米）—五岱岭头（海拔1679.8米）—梅七寨（海拔1619米）。从五岱岭头向东伸新兰尖（海拔1825.2米）—石头山（海拔1669米）—大杨尖（海拔1434.5米）—殿坪垟（海拔1299.2米）。从黄凤垟尖向西，南坑头（海拔1757.2米）—张老岩（海拔1489米）—黄垟山（海拔1740米）—烧香岩（海拔1832米）—大天堂山（海拔1822米）—小天堂山（海拔1746米）—高岗（海拔1490.1米）。从大天堂山向东南转南延伸锅帽尖（海拔1770.5米）—梅岙（海拔1130米）—天堂湖山（海拔1473.7米）。往西—烧香尖（海拔1405.2米）—岙尖（海拔1105.7米）。从烧香岩向西延伸天堂山（海拔1811.4米）—龙虎岙（海拔1298米）—麻车后山(海拔1617米）—大黄莲山（海拔

1693 米)—留坪大尖(海拔 16341 米)转北—龙岩洞(海拔 1041 米)—乌鼻尖(海拔 1730 米)—仙仁大山(海拔 917.4 米)——对面山(海拔 415 米)。从麻车后山向南伸牛山(海拔 1598.4 米)—老牛垟(海拔 1409.9 米)—光边山(海拔 1239 米)。从留坪大尖向南伸乌面尖(海拔 1537 米)—太阳尖(海拔 1432.9 米)—琉华山(海拔 1542.7 米)。太阳尖向北伸鹰山(海拔 777 米)—岩寺(古来山海拔 683.4 米)。太阳尖向西伸董家山(海拔 535.7 米)。

黄茅尖向西北伸展凤阳山(海拔 1845.7 米)—仙岩背(海拔 1489 米)—香炉烤(海拔 903.5 米)—凉伞尖(海拔 726.2 米)—乌头尖(海拔 794 米)。

黄茅尖向北伸展梧树弯头(海拔 1729 米)分三支:(1)向东延伸荒村尖(海拔 1806 米);(2)向西北延伸通天饭甑(海拔 1248.3 米)—仙米洞(海拔 1500 米)—八面山(海拔 1618.5 米)—大赛尖(海拔 540 米)—朱坑尖(海拔 877 米)—箬湖尖(海拔 803 米)—潘山头(海拔 653 米)—大山岗(海拔 550 米)—蜜蜂寨(海拔 450 米)—香山(犁头尖海拔 727 米)—大麻寮尖(海拔 533 米)—得道仙尖(海拔 792 米),从八面山向北伸五龙山(海拔 770 米),从仙米洞向东北吴牛山(海拔 1547.2 米)—黄土尖(海拔 1235 米);(3)向北清明岱(海拔 1160 米)—五叶莲花(海拔 1054 米)—天平山(海拔 1267 米)—乌尖(海拔 1415 米)—菖蒲垟(海拔 1147 米)—双尖(海拔 525 米),从天平山伸向西北双尖(海拔 1151 米);伸向南,沙帽岩(1042 米);伸向北,香砬山(海拔 851 米)—青岩寨(海拔 619 米)—老鹰尖(海拔 581 米),从梧树弯头向东北,蛤蟆尖(海拔 1483.3 米)—鹿茸尖(海拔 1429.3 米)—黄奶尖(海拔 1480 米)——张老帽尖(海拔 1283.7 米)—天地岙(海拔 1501 米)—石古崖背(海拔 1576 米)—白鹤仙顶(海拔 1543 米)入云和县境,蛤蟆尖向东伸赤岩尖(海拔 1449.4 米)—蒸天饭头(海拔 1466.7 米)入景宁畲族自治县境,向北伸寨尖(海拔 1324 米),鹿茸尖向东南伸东垟尖(海拔 1335 米)—岭后尖(海拔 1190 米)入景宁畲族自治县境。

第三节　水域水文

河流

龙泉市境内水系交叉,峰峦起伏,沟壑纵横,溪流密布。境内河流分属瓯江、钱塘江、闽江三大水系。主要溪流有 32 条,流域面积 40 平方千米以上的溪流有 26 条,流域面积共 3059 平方千米。其中:属瓯江流域面积 2578.69 平方千米,占总面积 84.3%;属钱塘流域的面积 318.80 平方千米,占总面积 12.48%;属闽江流域面积 98.51 平方千米,占总面积 3.22%。

瓯江大溪水系　龙泉溪为龙泉市的主要溪流,发源于龙泉、庆元交界洞宫山脉的锅帽尖西北麓,源头段称南溪。上游分梅溪、青溪、南窖溪、八都溪。据清光绪《龙泉县志》和 1998 年版《浙江省水利志》记载,龙泉溪干流起点为龙泉市兰巨乡安吉村李家淤,梅溪纳八都溪"两水夹龙"后为龙泉溪。龙泉溪流经兰巨乡、剑池街道、西街街道、龙渊街道、础石乡、道太乡、安仁镇等 7 个乡镇(街道),至道太乡武溪村入云和县境内。溪流经临江橡胶坝后入紧水滩水库。

龙泉溪在龙泉市境内流长 61.5 千米,流域面积为 2215.5 平方千米,天然落差为 44 米。溪谷两岸雄山耸立,谷底水流激荡,弯多水急,洪水暴涨暴落。古人有诗句"昨夜春水深,半没山腰树" "奇滩五十九，顷刻下东瓯”，形象地描绘出典型山区性河流的特征。

龙泉溪在李家淤折东北流至豫章村西，豫章溪自右岸注入。纳豫章溪后，北流至城西，蒋溪自左岸注入。纳蒋溪后折东流，经龙泉市区折北转南后为紧水滩水库区，大贵溪自左岸注入。纳大贵溪后折东南流，铁杓溪自右岸注入。纳铁杓溪后，折向东北流至大白岸村，自白雁溪自左岸注入。纳白雁溪后，折东转北至下庄儿，道太溪自左岸注入。纳道太溪后，折东转南纳安福溪。南流纳安仁溪后折北至李村，大石溪(源口溪)自左岸注入。纳大石溪后，继续折东北流，至王庄村，纳武溪后进入云和县境。

龙泉溪在龙泉市境内的一级支流主要有 11 条，分别是八都溪、豫章溪、蒋溪、大贵溪、铁杓溪、白雁溪、道太溪、安福溪、安仁溪、大石溪、武溪。

二级支流主要有 8 条，分别是横溪、桑溪、均溪、大赛溪、岩樟溪、锦溪、林垟溪、础石溪。

梅溪，另名小梅溪，因源头梅岙山得名。系龙泉溪上游干流。源出屏南镇南溪村百山祖锅帽尖西北麓，向南流经南溪村至干上村汇梅岙水，折西南至南溪口村汇龙虎岙水，至龙砻溪纳屏南水，再西至竹蓬后村汇垟顺溪，向南折北至金村，再向南折北经小梅镇后纳大窑水，至黄南村纳青溪后流经查田镇折北纳南窖溪(旧称俞溪)，折北流至小查田纳石隆溪后继续北流，至兰巨乡安吉李家淤纳八都溪后称龙泉溪。

梅溪干流全长 52.48 千米，流域面积 539.55 平方千米，多年平均流量 19.56 米 ^{3}/秒，河口海拔 218 米，是全市水能资源最丰富的一条河流。

梅溪的主要支流有青溪、石隆溪、南窖溪。

青溪，旧称山溪、秦溪、因乡更名。源出上垟镇汤源村龙头山北麓，海拔 995.00 米。向东北流至小黄南村东汇上源水，折东经岭根村西纳入生源水，折东南至孙坑村汇入台湖山水，向东经半边月、毛山头、长桥头，至黄南村注入梅溪。主流长 20.78 千米，流域面积 85.17 平方千米，多年平均流量 2.95 米 ^{3}/秒，河口海拔 285 米。

石隆溪，旧称蜚溪。源出太阳尖北麓，海拔 1432.90 米，汇石门、留坪、惠坑诸水至隆丰村头，向北流经下村亭、赵麻淤至小查田注入梅溪。主流长 10.67 千米，流域面积 31.64 平方千米，多年平均流量 1.12 米 ^{3}/秒。

南窖溪，旧称俞溪。源出大岩山东麓，海拔 1217.9 米，汇诸水于白水社，北流经枫树根、麻坪，折东至野窖村汇白水，经墩头村折南至溪口村注入梅溪。主流长 18.9 千米，流域面积 41.84 平方千米，多年平均流量 1.61 米 ^{3}/秒。

八都溪，旧称浆溪。流经宝溪、上垟、八都、兰巨四个乡镇，源出宝溪乡披云山(天师山)东南麓，海拔 1609.00 米，向南流经源头、塘上，至木岱村纳岱源、石砻源二水，折东至木岱口村汇五都楼水，折北至溪口村纳贵溪源水，折东经大坦至横溪桥纳横溪(竹垟溪)水，流经八都折东北经高浦、东音、丁乃、白社、乌阴垄、安田、埠头纳桑溪，折南经麻地淤、石龙、炉斗、硋门，至安吉村李家淤与梅溪汇合后为龙泉溪。主流长 46.91 千米，流域面积 394.95 平方千米，曾为龙泉西部木材水运的要道，多年平均流量 14.3 米 ^{3}/秒，河口海拔 218 米。

八都溪主要支流有横溪(竹垟溪)、桑溪。

横溪，又名竹垟溪。源出安坑岭，海拔 1675 米，向东流经安坑局下，折东南流经麻地、狮坑、乌金坡、垟赛坑，折南经山溪口纳山溪水，折东南经金田、盖竹又折南经下武至章府会村注入八都溪。主流长 22.34 千米，流域面积 86.02 平方千米，多年平均流量 3.18 米 ^{3}/秒，河口海拔 250 米。

桑溪，又名松渠溪。源出牌门岭南麓，海拔1286.00米，向南流经新棚、长田、黄连坑，折东南经黄永、官局，至岭根村纳百里水，流经桑溪坪纳良溪水，经龙竹、王淤、住田、松渠，折南经溪口至桑圩儿注入八都溪。主流长23.96千米，流域面积105.76平方千米，多年平均流量3.34立方米/秒，河口海拔236米。

豫章溪，因豫章山得名。均溪、大赛溪在五梅垟村汇合后称豫章溪，流程5千米，在豫章村下游注入龙泉溪，为河口溪流，流域面积206.99平方千米，多年平均流量7.5立方米/秒。河口海拔213米。

流域内主要源流为均溪、大赛溪。

均溪，为豫章溪正源流。流经屏南镇、兰巨乡，源出屏南龙虎岙，海拔1757.2米，向北流经横溪，至双巷桥纳张砻水，经益头至溪下村纳显溪源、梧树垟二水，经百步、桐山村头、桐山至五梅垟村注入豫章溪。主流长28.2千米，流域面积104.95平方千米，多年平均流量3.83立方米/秒，河口海拔233米。

大赛溪旧名豫章川。源出凤阳山北麓，海拔1929.00米，流经官埔垟、大赛、外垟至五梅垟汇均溪水，始称豫章溪。主流长22.86千米，流域面积91.28平方千米；多年平均流量3.4立方米/秒，河口海拔233米。

蒋溪，岩樟溪与锦溪在宫头村汇合称蒋溪，流经700米注入龙泉溪，为河口溪流。流域面积228.36平方千米；多年平均流量8.28立方米/秒，河口海拔193米。

流域内主要源流为岩樟溪、锦溪。

岩樟溪旧名独源溪，流经岩樟、西街街道，为蒋溪正源流。源出大枫岙，海拔1498.00米，向南流经百步岭、田寮、王砬源、郑庄，折东南流流坑、岩樟一级水库、岱根、香木碓至岭脚村纳肖庄水，折东南流经枰寮、傀儡棚、新坝头、大新田、江家、仓廊、油车坪至白水桥纳下樟、石马二水，折东南至宫头村，注入蒋溪，主流长29.29千米，流域面积131.90平方千米。多年平均流量4.78立方米/秒，河口海拔198米。

锦溪别名锦川，流经锦溪镇、西街街道，源出狮子源岙，海拔1359.00米。向南溪经墙夹、大田畈、大际头，至双河口汇山坑水，折东南流经半溪、老叭墓、老鹰墓、锦旦，折东流经吴林、罗淤，季庄亭、黄山头、牛头岭、里下畈、石子垟至宫头村汇岩樟溪注入蒋溪，主流长21.2千米，流域面积96.42平方千米，多年平均流量3.5立方米/秒，河口海拔198米。

大贵溪，流经城北乡和龙渊街道。发源于大尖南麓，海拔1352.80米。分二支南流。西支至鹤场村，汇青石岙水，经后垟口、龙塘至南溪村纳大坑水，流经沙潭，至溪口村汇大贵溪；东支经双溪、三丘田、皂口、河里至溪口村汇合西支后折东南流经新庄，左岸纳麻垟坑水；过黄庄桥，经黄麻端入龙渊街道，经岭脚、大富丘、庙下、村头、石潭沿、外淤、张村至梧桐口注入龙泉溪（紧水滩水库）。主流长35.98千米，流域面积188平方千米，多年平均流量6.8立方米/秒，河口海拔183米。

铁杓溪，流经础石街道、龙渊街道。林垟溪与础石溪在溪下村汇合后称铁杓溪，流经6千米在沙潭村下游注入龙泉溪（紧水滩水库）。流域面积113.1平方千米，多年平均流量4.11立方米/秒，河口海拔182米。

流域内主要源流为林垟溪、础石溪。

林垟溪，旧志称铁杓溪，是铁杓溪的正源流，源出吴牛山南麓，海拔1547.2米，向北流经岱根、山际、山际口、西源、白头坛，至洪桥村纳富溪水，流经垟畈、秋畈、岭坤、铁头寮至溪下汇砩石溪。主流长 15.2 千米，流域面积 63 平方千米，多年平均流量 2.28 米 ^{3}/秒，河口海拔 195.0 米。

砩石溪，铁杓溪支流，源出八面山西北麓，海拔 1618.50 米，集诸水于瞿源村，向北流经梅村、白岩下，至项坊纳南弄水，经沈边，兰头至溪下注入铁杓溪。主流长 12 千米，流域面积 39.26 平方千米，多年平均流量 1.52 米 ^{3}/秒，河口海拔 195.0 米。

白雁溪，又名雁川溪。流经城北、道太二乡，源出上垟岙北麓，海拔 1516.30 米。向北流经上垟、西溪，折东南至溪口村汇东畲水，南流至溪下村汇上田水，经大丘田村沿途纳猛坑、大粗坑、文坑、大坑诸水，至锯树村折东南经雁溪水库，至毛圩村、大白岸水库至大白岸村注入龙泉溪（紧水滩水库）。主流长 40.43 千米，流域面积 161.58 平方千米，多年平均流量 5.86 米 ^{3}/秒，河口海拔 180 米。

道太溪，源出大路岗南麓，海拔 1005.7 米，向南流经下乾、符畲、岭赤、大畈、供村、荷上畈、陈村、移村、垟头，沿途纳符源、锦安、朱山下、黄金坑诸水至道太垟头村至龙泉溪（紧水滩水库）。主流长 25 千米，流域面积 124.18 平方千米，多年平均流量 4.5 米 ^{3}/秒，河口海拔 179 米。

安福溪，源出乌尖北麓，海拔 1415.00 米，汇黄山下，丫叉丘向水于张畈村下，向东北流经安福、寺口、笔架山，折东流至安福口注入龙泉溪（紧水滩水库）。主流长 12.16 千米，流域面积 39.31 平方千米，多年平均流量 1.42 米 ^{3}/秒，河口海拔 178 米。

安仁溪，源出龙南乡谷坑源头，海拔 1140.00 米。向东北流经西溪、溪边，纳下田、乌坑、东坑三水，再经里皮下、岭根店、广田，折北经大坂垟至安仁纳谷坑、新桥二水，向北经乌坑下、狮子岩、大坂、马岙、金陂到安仁口注入龙泉溪（紧水滩水库）。主流长 32.61 千米，流域面积 170.78 平方千米，多年平均流量 6.19 米 ^{3}/秒，河口海拔 177 米。

大石溪，又名源口溪，因发源于大石岙而得名，海拔 916.00 米。纵贯道太乡双平，水系自北向南流经乌山下、鲤鱼丘，至西坑下村纳西坑水，复经李村、吴庄，折东南至源口村注入龙泉溪（紧水滩水库）。主流长 16.6 千米，流域面积 38.78 平方千米，多年平均流量 1.38 米 ^{3}/秒，河口海拔 176 米。

武溪，源出于道太乡鸦鹊尖东南麓，海拔 1190.0 米。自流地村至大水坝汇仙师源水，南流经沈村，王庄至武溪村注入龙泉溪（紧水滩水库）。主流长 15.72 千米，流域面积 49.06 平方千米，多年平均流量 1.74 米 ^{3}/秒，河口海拔 174 米。

瓯江小溪水系　小溪支流同属瓯江水系，流经景宁畲族自治县、青田县注入瓯江。在龙泉境内的小溪支流有南坑溪、蛟垟溪、双溪、梅七溪、黄坑溪。

南坑溪，源出东坑岙南麓，海拔 1757.00 米。向东南流经高堂、上南坑、下南坑、苦马际、枫墩入景宁畲族自治县境内，注入小溪。本市境内主流长 8.5 千米，流域面积 25 平方千米，多年平均流量 1.03 米 ^{3}/秒。

蛟垟溪，源出蛤蟆尖西麓，海拔 1449.00 米。向南流经蛟垟、垟尾入景宁畲族自治县境注入小溪。本市境内主流长 4.2 千米，流域面积 12 平方千米，多年平均流量 0.44 米 ^{3}/秒。

双溪，又称高溪，源出凤阳山黄茅尖东麓，海拔 1929.00 米。汇诸小坑水于双溪，向东流经高溪桥、双溪口，汇荒村水入景宁畲族自治县境注入小溪。本市境内主流长 9.5 千米，流域面积 52 平方千米，多年平均流量 2.31 米 ^{3}/秒。

梅七溪，源出黄风垟尖南麓，海拔 1757.00 米。向南溪经麻连岱、明芳坑，折东流汇梅七水至岱根村入景宁畲族自治县境，注入小溪。本市境内主流长 12.5 千米，流域面积 36 平方千米，多年平均流量 1.60 米 ^{3}/秒。

黄坑溪，源出鹿茸天，海拔 1429.00 米，向东南流经源头，地鹤山、坑口、黄坑圩入景宁畲族自治县境注入小溪。本市境内主流长 7 千米，流域面积 20 平方千米，多年平均流量 0.79 立方米/秒。

钱塘江水系　钱塘江水系在龙泉境内由住溪和碧龙溪汇流而成，流域面积 381.9 平方千米，占全部水系流域总面积的 11.94%。住溪是乌溪江干流的上游河段，而乌溪江是钱塘江南源衢江段的支流。

住溪，位于住龙镇境内，源出披云山(天师山)，海拔 1675 米，系乌溪江干流上游河段。自青井村向东北流经木杓蓬、水塔、兰山、地伏、下畲、大坝，经双河口纳西坑水，折东流经弯潭、澄坑源口至住溪村。折北流至潘床口纳毛源、潘床二水，至长年坑入遂昌县境。本市境内主流长 25.3 千米，流域面积 268.18 平方千米，多年平均流量 9.73 米 ^{3}/秒，天然落差 930 米。

碧龙溪，为乌溪江的左支流，源出福建省浦城县境，最高峰海拔 1621.00 米。流经白岩、碧龙、周调等村，在遂昌县境的龙口与住溪汇合，龙泉市境内全长 12.9 千米，流域面积 113.72 平方千米，占全部水系流域总面积 3.72%，多年平均流量 4.12 米 ^{3}/秒，天然落差 385 米。

闽江水系　宝溪，位于宝溪乡境内，属闽江水系。源出披云山仙坛下，海拔 1236.00 米，源流梨树坑，纳湖住溪 3 小坑水向南流经溪源田，至坑口村纳石壁源，至溪头村纳坑里水，复经宝鉴村入福建浦城县境。在龙泉境内主流长 24.9 千米，流域面积 98.51 平方千米，多年平均流量 3.58 米 ^{3}/秒，天然落差 432 米。

水文特征

降水量　1989—2010 年，龙泉市多年平均降水量 1955.8 毫米，其中瓯江水系多年平均降水量 1904.7 毫米，钱塘江水系多年平均降水量 2194.2 毫米。1998 年为丰水年，区域内年降水量 2434.9 毫米，1991 年为枯水年，年降水量 1402.3 毫米。

降水空间分布以龙泉市域中部及东部的低丘区及河谷冲积平原为低值区，历年平均降水量 1714.5 毫米左右，市域的西部、南部的中高山区为高值区，历年平均降水量超过 2000 毫米。2010 年宝溪乡青井站实测降水量 4109.4 毫米，为 1989—2010 年中该站的年最大值；1991 年，龙泉站实测年降水量 999.0 毫米，为 1998—2010 年中该站的最小值。

区域内年降水量分配不均，相对集中于主汛期，根据龙泉市 16 个雨量站降水资料统计，4 月—8 月降水量占全年的 64.55 %。

年径流分配与降水量相一致，年际变化大。1989—1993 年龙泉水文站断面多年平均径流量 17.16 亿立方米；主汛期 4—8 月径流量占年径流量的 69.9%。1998 年为丰水年，年径流量为 27.184 亿立方米，1991 年为枯水年，年径流量 8.96 亿立方米，丰水年与枯水年之比 3.034 倍。

暴雨洪水　龙泉大范围的暴雨洪水类型主要是梅汛期的梅暴雨和台风雨，但局部地区的雷暴雨也时有发生。

1994 年 6 月 17 日，龙泉水文站测验断面实测最大流量 3060 米 ^{3}/秒，峰现时间，6 月 17 日 4 时 58 分相应最高水位 195.42 米。

1998 年 6 月 12 日至 6 月 24 日，龙泉市境内普降连续暴雨，平均总降水量 724.3 毫米，6 月 21 日最大 24 小时流域平均降水量 131.8 毫米。龙泉水文站测验断面先后出现较大洪峰，峰现时间分别为6月14日7时、6月21日21时、6月25日14时，以6月21日21时洪峰最高，实测最大洪峰流量2740米^3/秒。2000年8月26日，第10号台风登陆过境，龙泉市西北区域内普降大到暴雨，暴雨中心位于岩樟乡、住龙镇、锦溪镇一带。住溪、青井、碧龙三站实测三天平均降水量253.8毫米，山溪口、上锦、独源三雨量站实测三天平均降水量为137.9毫米，其中住溪站8月25日8时至26日8时，降水量192.5毫米，26日3至7时仅4小时降水量165.6毫米，由于该地区山高坡陡，洪水汇集迅速形成大洪水。这次强降雨引发泥石流，龙泉水文站测验断面实测最大平均含沙量9.8千克/立方米。

枯季流量　枯水期河流水位低，可见河床全貌，可涉水过溪。龙泉水文站测验断面实测最小流量仅0.60米^3/秒，出现日期1991年7月28日。

含沙量　1989—2003年龙泉站测验断面实测多年平均含沙量0.165千克/立方米，最大年输沙量83.3万吨，输沙模数578吨/平方千米，最小年输沙量（1998年）仅4.39万吨，输沙模数30.5吨/平方千米。多年平均输沙量32.4万吨，输沙模数224吨/平方千米。实测最大断面平均含沙量9.80千克/立方米（2000年8月26日），最小含沙量出现在枯水期，接近于“0”。

水温、蒸发　龙泉水文站测验断面水体表层多年平均温度16.8℃，最高月平均水温发生在7—8月，最低月平均水温发生在1月。

陆地水面蒸发站原位于龙泉市上垟镇木岱口村，1990年底迁至上垟镇源底溪口村。1989—2010年，多年平均蒸发量803.9毫米，最大年蒸发量937.5毫米（2003年），最小年蒸发量688.3毫米（1989年），最大日蒸发量7.1毫米（1991年7月26日），最小日蒸发量在0.0~0.4毫米之间。

第四节　气　　候

气象要素

龙泉属亚热带季风气候区，四季分明，春早夏长，雨量丰沛，温暖湿润，无霜期长。地形复杂，海拔高低悬殊，具有明显的山地立体气候，光、温、水地域差异明显。冬季温和，春季回暖早，温度日较差大；光、热、水的组合良好，表现为春季水、热同步，秋、冬季光温互补。春季天气变化快，温度起伏大，多阴雨、冰雹和大风天气。夏季初夏梅雨期雨量集中，暴雨次数多，常造成洪涝灾害，盛夏除有台风影响和局部雷阵雨外，以炎热天气为主，日照强，气温高，蒸发快，常有伏旱。秋季秋雨期短，多秋高气爽天气，常有秋旱。冬季西北季风盛行，寒冷干燥，北方寒潮南下，多霜冻和冰雪天气。

地理位置的差别和山脉、地势不同的影响，形成山地气候与地带性气候特征明显不同，主要表现为随海拔高度的变化，在光、温、水等方面的重新组合，造成全市气候具有较明显的水平地域性差异和垂直差异。温度和降水的水平分布为：较高气温以城区为中心呈带状分布，北部和东南高山地区较低；年降水以东南地区较多，北部和中部较少。

龙泉城区年平均气温17.8℃，最冷1月平均气温6.8℃，最热7月平均气温27.9℃，极端高温41.5℃（2003年7月31日、8月1日），极端低温-8.5℃（1973年12月26日）；年平均无霜期为257.4天，最长312天（2009年），最短121天（1991年），平均初霜日在11月15日，平均终霜日在3月3

日，初霜日最早为 1991 年 8 月 2 日，最迟 1986 年 12 月 12 日，终霜日最早是 1973 年 1 月 30 日，最迟是 1991 年 4 月 2 日。龙泉市雨量充沛，年际分布不均，年平均降水量 1653.1 毫米，最多2504.9 毫米（2010 年），最少 1028.7 毫米（1971 年）；季节分配不平衡，6 月雨量最多，平均雨量 328.2 毫米，12 月雨量最少，平均雨量 40.6 毫米；汛期 4—9 月，平均雨日 96.1 天，平均总雨量 1150.8 毫米，占年总雨量的 69.6%；5—6 月为主汛期，平均雨日 36.2 天，平均总雨量 558.4 毫米，占年总雨量的 33.8%。

龙泉市年平均日照 1711.3 小时，日照百分率 37.6%。年平均风速 1.3 米/秒，最多风向东北偏东。年平均蒸发量 1346.3 毫米，降水多于蒸发 306.8 毫米。年平均雷电日数 56.9 天，最多 88 天（1963 年）。城区年平均积雪深度 4.3 厘米，最大积雪深度 21.0 厘米（1983 年 12 月 29 日）。

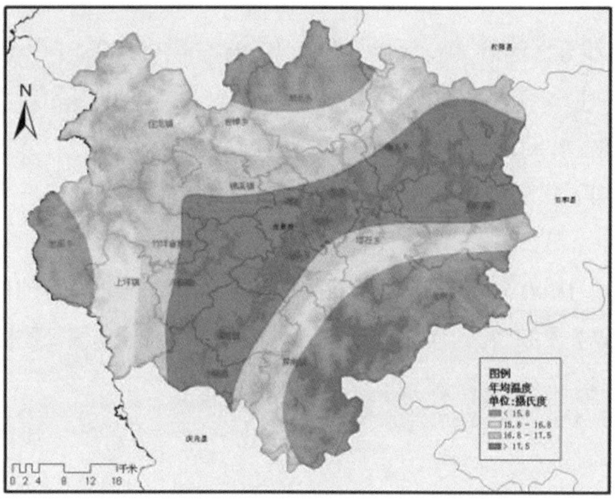

图 1-2-1　龙泉市(县)年平均气温空间分布图（1954—2010）

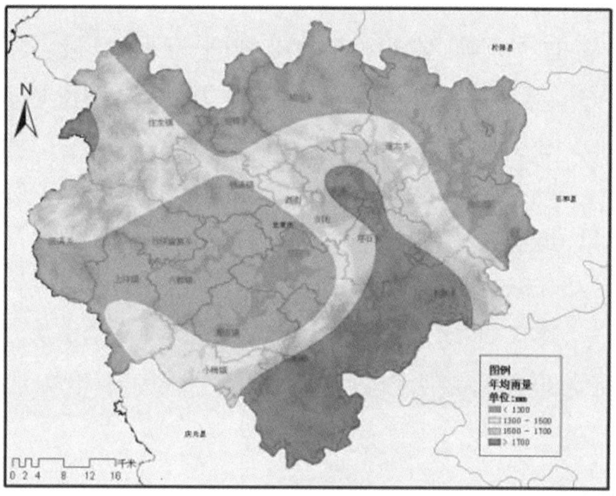

图 1-2-2　龙泉市(县)年降水量空间分布图（1954—2010）

气温：1954—2010 年，据龙泉气象局（站）观测，龙泉市年平均气温 17.8℃，最高为 18.9℃（1998 年、2007 年），最低 16.9℃（1976 年），变幅 2.0℃，年际变化大。最热月为 7 月，平均最高气温 37.5℃。极端高温 41.5℃（2003 年 7 月 31 日、8 月 1 日），且最高气温大于 35℃的日数 28.6 天。最冷月为 1 月，平均最低气温 3.2℃，极端低温-8.5℃（1973 年 12 月 26 日）。

1954—2010 年龙泉市(县)各月平均最高最低气温一览表

表 1-2-1

气温＼月份		1 月	2 月	3 月	4 月	5 月	6 月	7 月	8 月	9 月	10 月	11 月	12 月	年平均或极值
平均气温℃		6.8	8.7	12.5	18.0	21.9	24.8	27.9	27.4	24.2	19.1	13.7	8.5	17.8
平均最高℃		13.0	14.3	18.2	23.9	27.5	30.0	34.3	33.7	30.1	25.5	20.3	15.4	23.8
平均最低℃		2.9	4.9	8.7	13.8	17.9	21.2	23.4	23.3	20.3	14.6	9.3	4.2	13.7
极端最高	极端值℃	27.4	28.8	34.5	35.2	37.9	38.4	41.5	41.5	39.6	36.1	33.7	28.6	41.5
	年份	1972	1970	2007	2004	1963	1994	2003	2003	1995	1999	1996	1968	
	日期	24	25	30	20	22	28	31	1	8	1	1	2	

续表 1-2-1

气温＼月份		1月	2月	3月	4月	5月	6月	7月	8月	9月	10月	11月	12月	年平均或极值
极端最低	极端值℃	-8.4	-6.0	-4.7	1.7	6.9	11.0	18.6	15.6	8.2	0.0	33.7	-8.5	
	年份	1955	1969	1986	1969	1961	1987	1972	1968 1974	1966	1978	1996	1973	-8.5
	日期	11	6	2	5	5	10	27	31 30	26	30	1	26	

日照：据龙泉气象局（站）1961—2010 年观测，年平均日照 1711.3 小时，日照百分率 37.6%。最多年 2215.3 小时（1963 年），日照百分率为 50%；最少年仅 1277.9 小时（1997 年），日照百分率为 29%。各月日照时数最多的 7 月 226.1 小时；最少 2 月 90.1 小时。其变化趋势是：20 世纪 60 年代年平均为 1901.6 小时；20 世纪 70 年代减少为 1809.7 小时；1980 年代继续减少，年平均为 1727.1 小时；20 世纪 90 年代仍继续减少，年平均为 1541.2 小时；2000—2010 年，年平均相对 90 年代有所回升，年平均为 1576.9 小时。

蒸发：据龙泉气象局（站）1954—2010 年观测，年平均蒸发量为 1320.8 毫米，降水量 1652.8 毫米，降水多于蒸发 332.0 毫米。最大年蒸发量 1715.6（1971 年），同年降水量为 1028.7 毫米，蒸发量大于降水量 686.9 毫米，干旱严重。最小年蒸发量为 845.7 毫米（2002 年），小于平均值 500.6 毫米。50 年中以 7 月最大，月平均蒸发量 206.2 毫米，1 月最小，仅 50.6 毫米。

雷暴：年均雷暴日数 56.8 天；最多为 1963 年 88 天，最少为 2008 年 36 天；雷暴初日，最早 1989 年 1 月 7 日，最迟 2000 年 4 月 25 日。

降水：龙泉雨量充沛，分布不匀。1954—2010 年，年平均降水量 1652.8 毫米，最多年为 2504.9 毫米（2010 年）；最少年为 1028.7 毫米（1971 年），年际差为 1476.2 毫米。季节分配不平衡：6 月为全年雨量最多月份，平均雨量为 328.2 毫米，暴雨平均 1.7 次；12 月雨量最少，平均雨量 40.4 毫米。3—6 月为雨季，平均雨日 73.2 天，总雨量 960.8 毫米，占年总雨量的 58%；10—12 月为少雨期，平均总雨量仅为 149.1 毫米，占年总雨量的 9%。

年平均降雨日数 173.0 天，最多 204 天（1974 年）；最少 119 天（2003 年）。历年最长连续降雨日数为 25 天，总降雨量 440 毫米（1962 年 6 月 4 日至 28 日）。

1954—2010 年龙泉市（县）各月平均降水量及雨日一览表

表 1-2-2

类别＼月份	1月	2月	3月	4月	5月	6月	7月	8月	9月	10月	11月	12月	年合计
降水量（毫米）	67.5	98.7	170.1	209.8	242.6	331.8	144.6	120.6	93.5	54.3	58.2	45.7	1637.4
雨日（天）	14.5	15.7	18.9	18.8	17.8	18.3	14.8	14.0	12.3	9.1	9.0	9.9	173.1

1954—2010 年，年平均无霜期为 261.2 天，最长 304 天（1998 年），最短 121 天（1991 年），历年

平均霜日 28.1 天，最多 49 天（1955 年），最少年仅 9 天（1998、2001 年）。霜日以 1、12 月为多，每月 13.9 天。初霜期平均在 11 月 29 日，终霜期平均在 3 月 8 日。初霜日最早为 1991 年 8 月 2 日，最迟 1969 年 12 月 16 日。终霜日最早是 1973 年 1 月 30 日，最迟是 1991 年 4 月 2 日。

1954—2010 年，初雪日以 12 月为最多，初雪最早为 1957 年 11 月 24 日；终雪以 3 月为最多，终雪最早为 1991 年 1 月 5 日，最迟为 1987 年 4 月 13 日。历年平均降雪日数为 6 天，最多 24 天（1984 年），最少仅 1 天（1973 年 2 月 8 日、1999 年 1 月 12 日、2000 年 2 月 1 日、2002 年 12 月 27 日）。历年平均积雪 1.8 天，最多 9 天（1977 年）。积雪最深 21 厘米（1983 年 12 月 29 日）。

气象灾害

台风　影响龙泉的台风成灾方式主要有暴雨和大风及其次生的洪涝、小流域山洪，同时还会产生地质灾害等，由此形成台风灾害链。影响龙泉的台风按路径大致可分为三类：一是登陆福建晋江以北至浙江温州之间的台风，严重影响龙泉的台风大多为这一路径；二是登陆福建晋江以南且西行的台风，如遇冷空气结合，易给龙泉带来严重影响；三是登陆温州以北或者紧擦浙江沿海北上的台风，其影响相比前两类要小。

以龙泉市境内 1 个及以上气象观测站出现日降水量≥50 毫米或过程雨量≥100 毫米作为台风影响的标准。1950—2010 年，影响龙泉的台风共 91 个，年均 1.49 个。其中 17 年（1954 年、1955 年、1957 年、1967 年、1968 年、1976 年、1978—1981 年、1983 年、1986 年、1991 年、1993 年、1995 年、1997 年、1998 年）无台风影响，占 27.9%；年影响台风个数最多为 4 个；影响时间最早为 5 月 19 日（1961 年 3 号），最迟为 10 月 9 日（1973 年 15 号）。

影响龙泉的台风月分布呈单峰形：龙泉 5—10 月都可能受台风影响，影响最多的是 8 月，其次是 9 月，5、6、10 月明显偏少。从影响程度分析，8 月台风影响最为严重，9 月次之，5月最小。

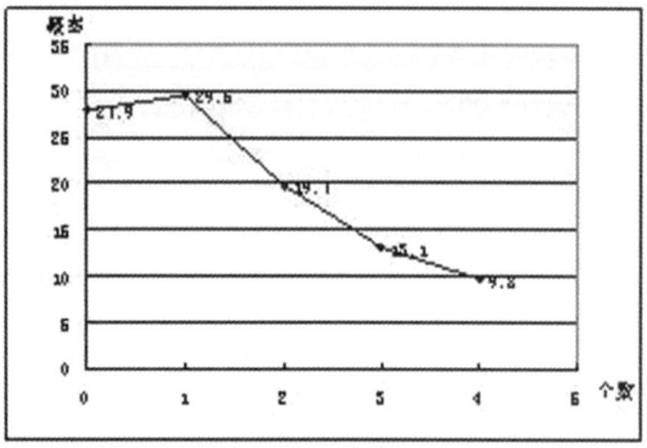

图 1-2-3　影响台风个数概率分布图（1950—2010）

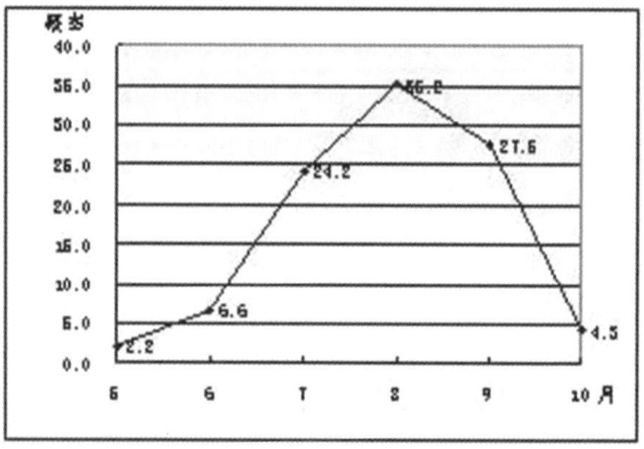

图 1-2-4　月影响台风概率分布图（1950—2010）

5、6 月受台风影响的雨量时空分布相对其他月份要均匀。7—10 月则自东向西逐渐减小，东西差异明显。过程雨量大于 150 毫米的站点大多位于龙南、屏南以及住龙一带。

1950—2010 年龙泉市(县)台风降水月分布一览表

表 1-2-3　　　　单位:毫米

项目 时间	最大日雨量平均值	过程雨量平均值	最大日雨量极大值	过程雨量极大值
5 月	49.5	88.8	66.2	114.5
6 月	39.2	54.9	111.3	191.0
7 月	42.5	61.6	124.3	198.9
8 月	58.7	79.1	223.2	266.9
9 月	55.5	77.3	223.2	231.1
10 月	39.3	60.6	155.5	249.0

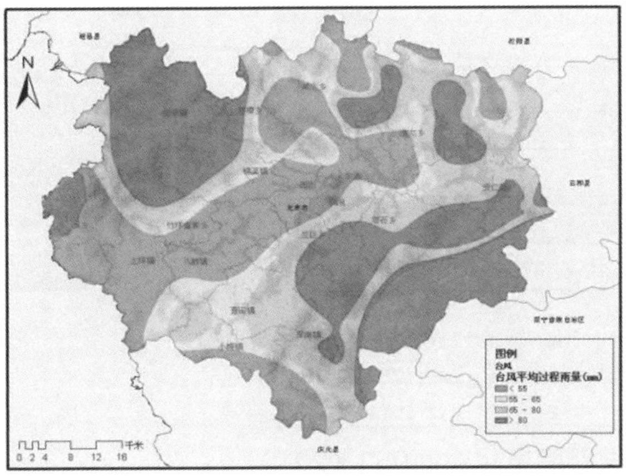

图 1-2-5　台风平均过程雨量空间分布图(1950—2010)

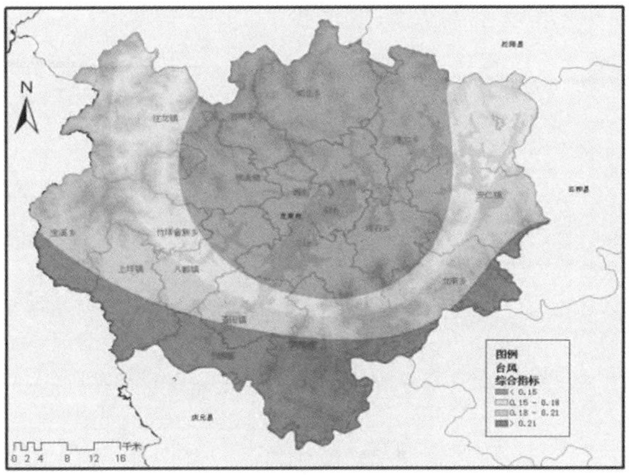

图 1-2-6　台风影响综合强度空间分布图(1950—2010)

暴雨　以日雨量≥50 毫米为暴雨标准。据 1953—2010 年龙泉市气象观测站的观测资料统计，龙泉市累计有 672 个暴雨日(全市 1 站或以上出现暴雨，计为 1 个暴雨日)，平均年暴雨日为 11.6。龙泉市暴雨最早出现在 1 月 13 日(城区，1964 年)；最迟是 12 月 10 日(八都，住龙，1994 年)；最大为 2010 年 5 月 22 日(宝溪，234 毫米，梅汛期降水集中期)。全市暴雨日最少的三年依次为 1972 年(1 次)、1971 年(3 次)、1970 年(4 次)，最多的三年分别是 2008 年(24 次)、2009 年(28 次)、2010 年(33 次)。

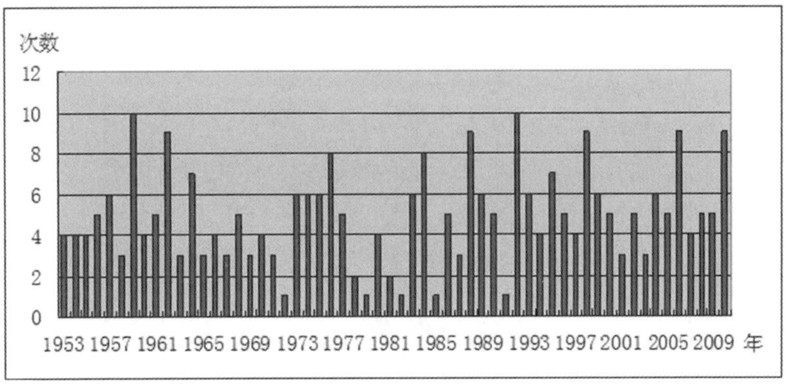

图 1-2-7　龙泉城区暴雨次数年际变化图(1953—2010)

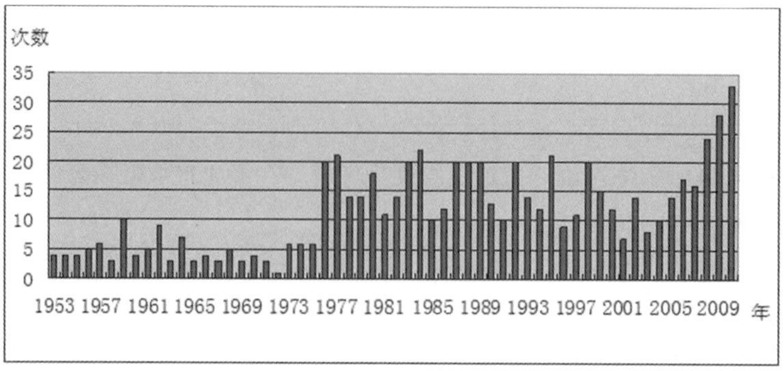

图 1-2-8　龙泉市(县)逐年暴雨次数图(1953—2010)

从暴雨次数的月分布看,虽然各月都有可能发生暴雨,但主要集中在 4—9 月,其中 6 月尤为突出,5 月次之,10 月开始,暴雨明显减少。11 月至次年 3 月暴雨较少,且暴雨的空间分布也相对均匀,100 毫米以上的大暴雨极少。

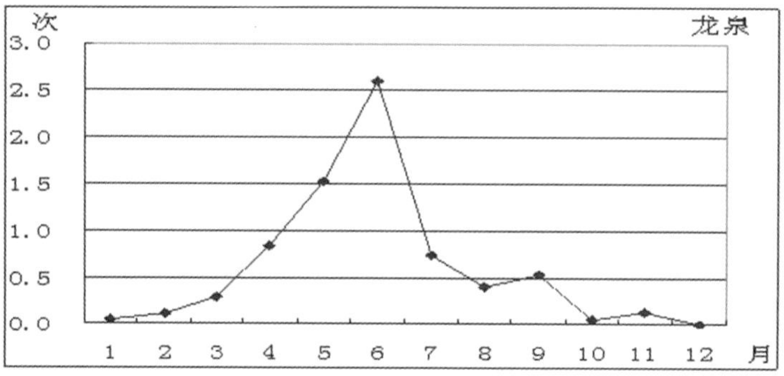

图 1-2-9　龙泉市(县)暴雨次数月际变化图(1953—2010)

造成严重灾害的暴雨绝大部分由连续性暴雨和台风暴雨引起,主要集中在梅汛期降水集中期(6 月至 7 月初)和台汛期(7 月至 9 月)。龙泉是浙江西南汛期暴雨中心,较典型的梅汛期连续暴雨如 1998 年 6 月 12—23 日,12 天累计雨量 684.0 毫米,超过年总雨量的三分之一。龙泉市暴雨空间分布总体呈自东南向北减小之势。

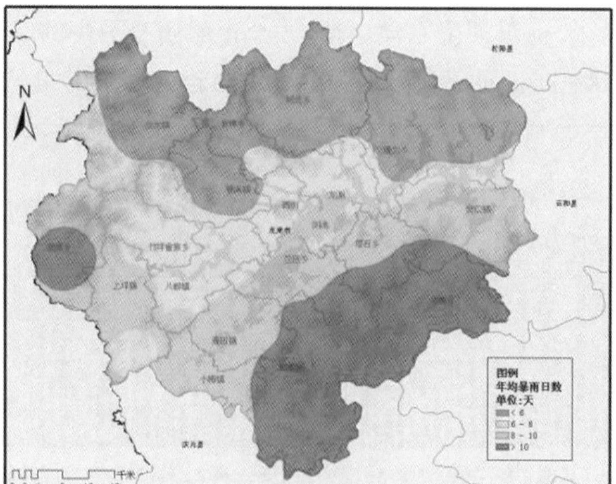

图 1-2-10　龙泉市累计暴雨日数空间分布图(2005—2010)

极端强降水往往是成灾及引发滑坡、塌方等地质灾害的重要诱因，龙泉市特殊的山地气候极容易引发局地的强降水，且空间分布极为不均。引发龙泉市短时极端强降水的因子大致有三类：一是地形促进对流作用发展，出现局地午后强降水，这类降水强度极强，持续时间一般不超 3 小时；二是台风短时强降水：在龙泉的南部和北部地带，受台风影响，容易出现短时强降水；三是梅汛期降水系统受地形的影响，在某些地方产生聚集和狭管效应，降水得到加强，出现局地强降水，是龙泉多暴雨的重要因素之一。

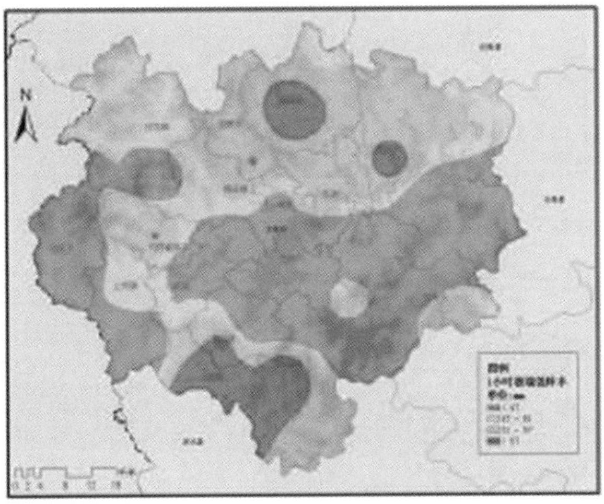

图 1–2–11　1 小时极端暴雨空间分布图

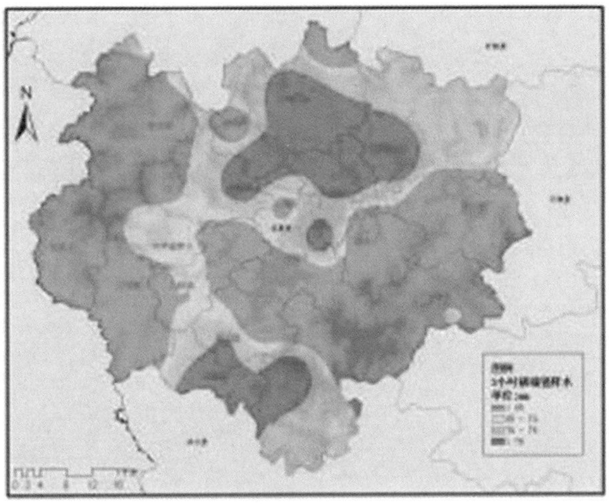

图 1–2–12　2 小时极端暴雨空间分布图

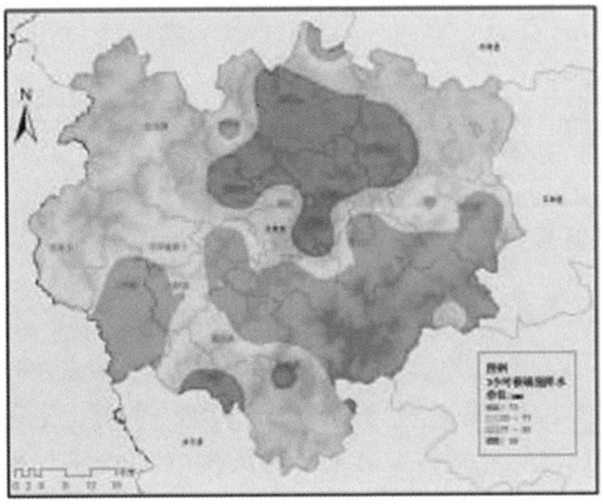

图 1–2–13　3 小时极端暴雨空间分布图

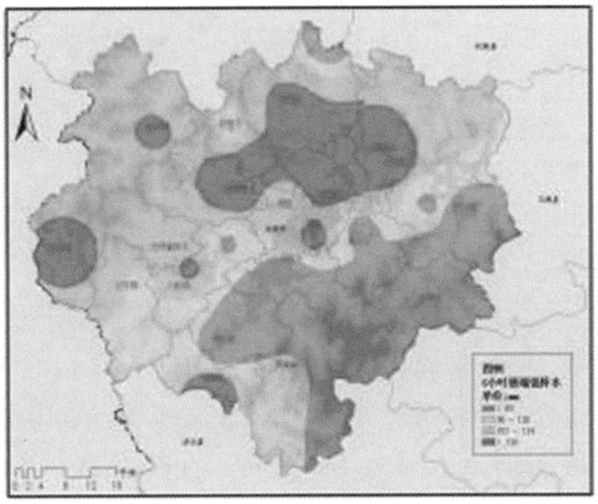

图 1–2–14　6 小时极端暴雨空间分布图

龙泉的持续强降水主要来自两类系统的影响：一是每年的 4—6 月全市的主汛期雨带逐步北抬的过程，尤其在 6 月中下旬至 7 月上旬，降水系统移动缓慢或停滞少动，降水持续，使得江河水位猛涨导致灾害，主要降水集中在西部；二是台风降水，台风影响时间一般可达 1~2 天，3~5天也属常见，因此过程降水量也非常之可观，此类降水主要集中在北部和南部。

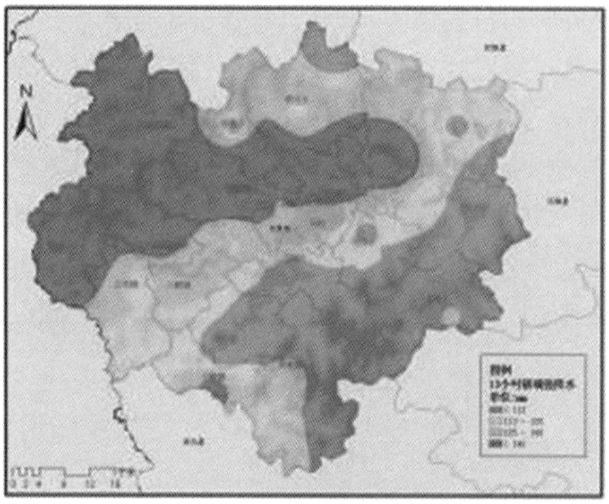

图 1-2-15　12 小时极端暴雨空间分布图

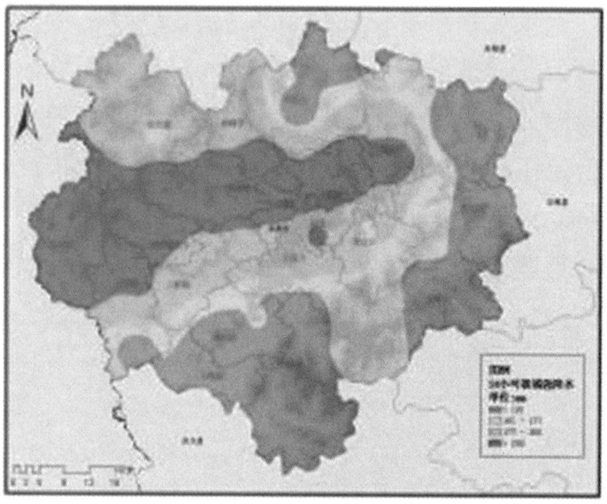

图 1-2-16　24 小时极端暴雨空间分布图

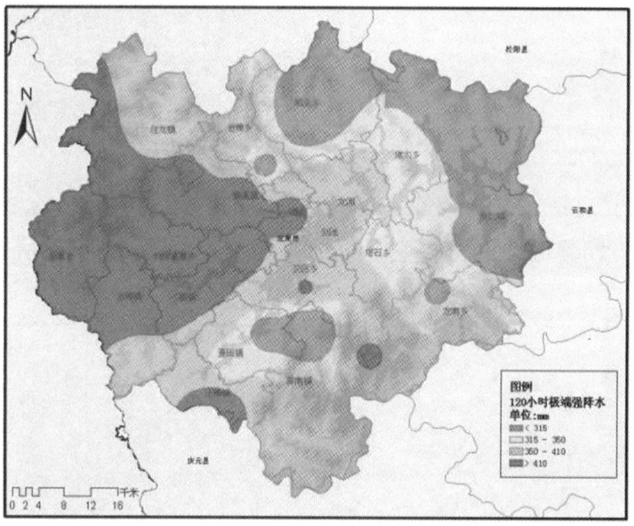

图 1-2-17　120 小时极端暴雨空间分布图

地质灾害是暴雨引发的第一次生灾害，龙泉多山多丘陵，大暴雨常会带来小流域山洪和泥石流、崩塌、滑坡等地质灾害。2010 年 6 月 17 日至 6 月 22 日，龙泉出现持续强降水，全市平均累计面雨量为 397 毫米，其中竹垟、宝溪等站点累计雨量超过 500 毫米，引发特大山洪及泥石流等次生灾害，造成 5 人死亡，1 人受伤，全市受灾人口 12.9 万人，紧急转移人口 1.65 万人次，直接经济损失 2.4602 亿元。

大风　以最大风速≥17.2 米/秒为大风的标准。影响龙泉的大风主要集中在 6—8 月，从天气形势分析，大致可以分为冷空气大风、台风大风及雷雨大风等局地大风。冷空气大风主要出现在冬春季节，并伴随强降温等天气；台风大风则以夏秋季节为主，冷空气和台风大风都具有范围较广、持续时间较长等特点；雷雨大风多出现于春夏季，具有范围小、时间短、强度大、破坏严重等特点。

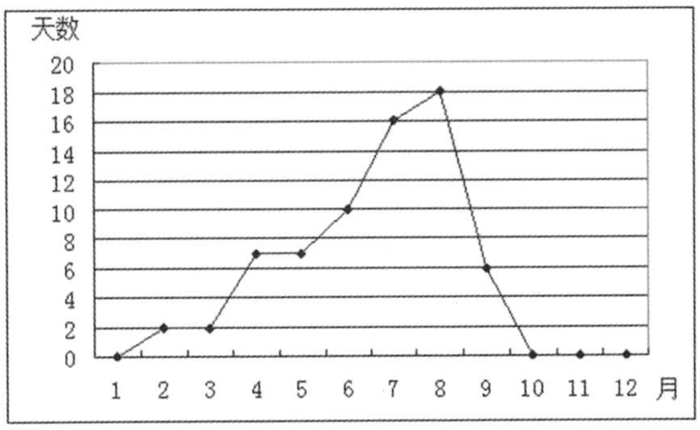

图 1-2-18　龙泉市(县)大风月际分布图(1954—2010)

从龙泉市 2005—2010 年大风日数空间分布来看，主要的大风影响来自台风，其次为冷空气大风和夏季局地强对流大风。东南部高山地区受大风的影响较为严重，北部地区大风影响相对较少。

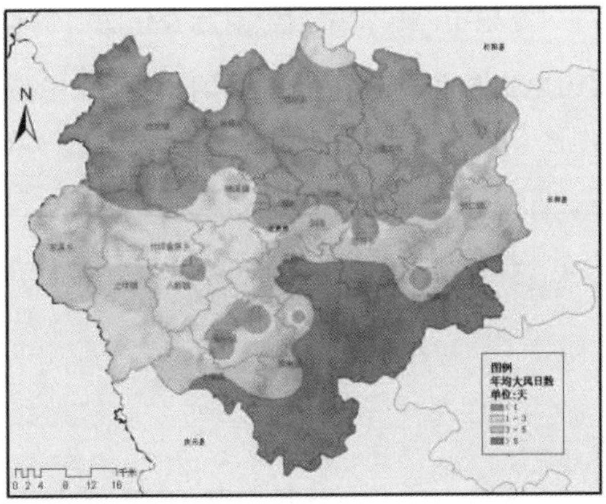

图 1-2-19　龙泉市年平均大风日数空间分布图(2005—2010)

雷电　2010 年，龙泉市因雷击引起的直接经济损失约 200 万元，间接损失超过 450 万元。其中，对人民生命财产安全造成重大影响的雷击灾害共有 7 起。

根据龙泉城区 1954—2010 年观测数据统计，龙泉市年平均雷电日数 56.9 天，最多的是 1963 年 88 天；从雷电的年代际分布来看，20 世纪 50—70 年代较常年偏多，20 世纪 80—90 年代较为均衡，21 世纪以来略有下降的趋势。

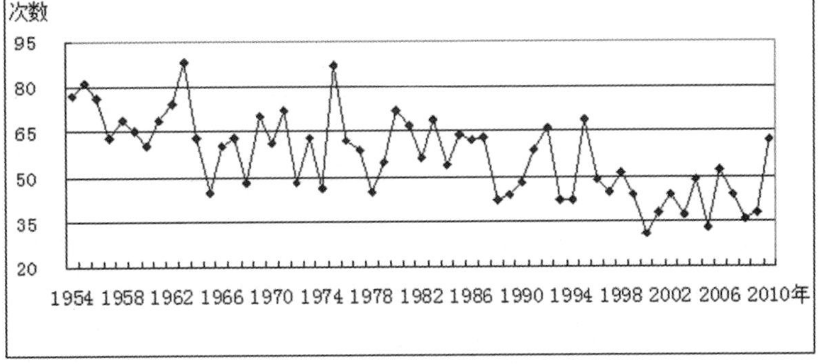

图 1-2-20　龙泉市(县)雷暴日数年际变化图(1954—2010)

雷电的月分布呈典型的单峰形。每年的春夏季是雷暴多发期，尤其 7、8 月是雷电高发期，冬季鲜有雷电发生。3 月，气温逐渐回升，春回大地，万物复苏，春雷萌动。7、8 月进入盛夏高温，持续的高温天气有利于不稳定能量积聚，一旦有弱冷空气渗透，极易促发雷暴积雨云的发生发展，9 月凉风渐起，雷暴骤减。

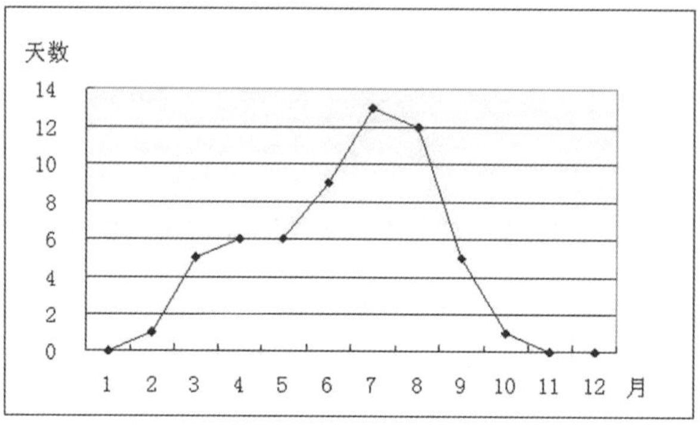

图 1-2-21　龙泉市(县)雷暴日数月际变化图(1954—2010)

根据浙江省雷电探测网闪电定位仪探测得到的地闪数据，龙泉市 2007—2009 年雷电频次空间分布，北部是雷电的多发地区。一天中雷暴的盛发期在午后到傍晚的 12—20 时，14—17 时是雷暴出现的峰值时段。

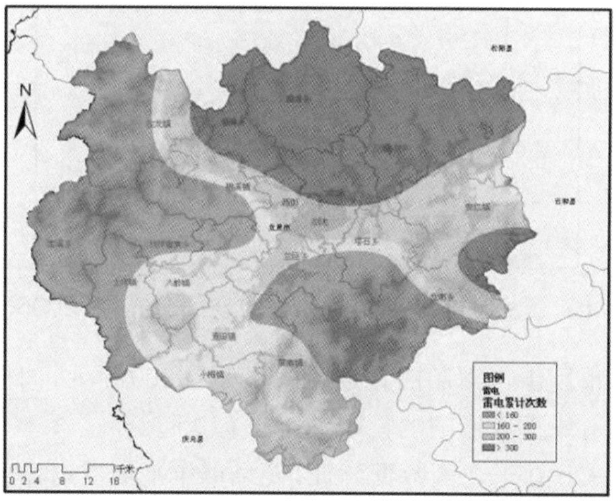

图 1-2-22　龙泉市雷电频次空间图(2007—2009)

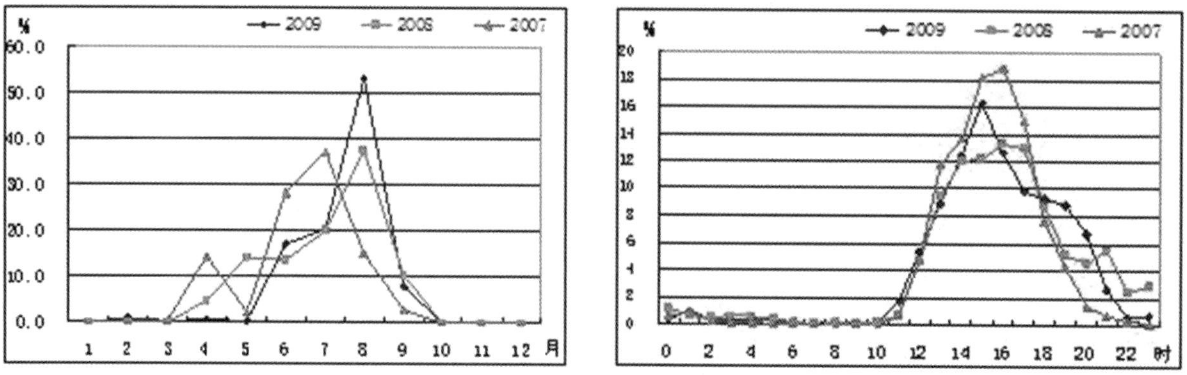

图 1-2-23　龙泉市雷电频次月、时分布特征图(2007—2009)

低温冰冻　龙泉市低温冰冻天气主要出现在冬季和初春(12 月至次年 3 月)。以日最低温度低于 0℃为低温冰冻标准,1953—2010 年,城区年平均低温冰冻天数为 22.1 天。从月分布来看,1 月是低温冰冻天气最易出现的月份,为 8.7 天,其次是 12 月 7.4 天,12 月至次年 1 月出现天数占总天数的 72.9%。

低温天数时空分布和海拔对应较好,三个主要的低温冰冻高发区域分别是凤阳山、龙南、屏南等高山地区,年冰冻天数均在 35 天以上,其中凤阳山年平均低温冰冻天数超过 60 天。空间上分布是北面和东南面最多,最少为东面、城区、小梅等地区。较为严重的低温冻害天气基本顺海拔和纬度的分布,其中凤阳山、屏南、龙南等地区,历年极端低温均在-10℃以下。

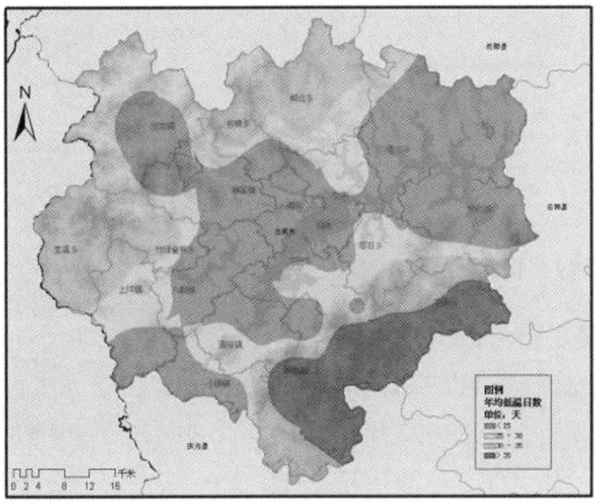

图 1-2-24　龙泉市低温日数空间分布图(2005—2010)

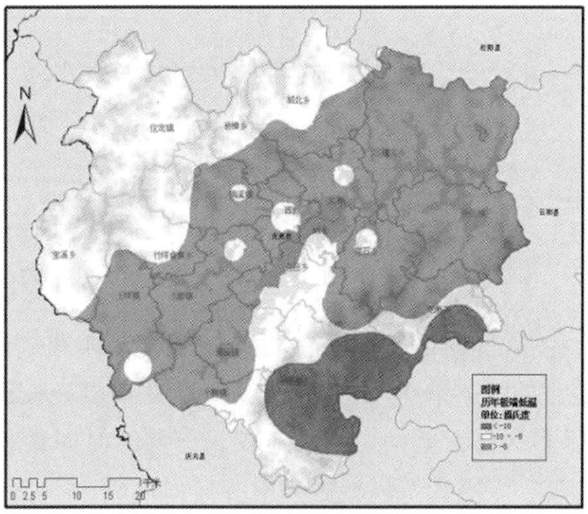

图 1-2-25　龙泉市极端最低气温空间分布图(2005—2010)

大雾　近年来,大雾逐渐成为颇受重视的灾害性天气。以能见度低于 1 千米为大雾的标准,根据龙泉市城区 1954—2010 年气象观测站数据,龙泉市城区年均雾日 47.4 天,雾日年际变化较大,最多的是 1954 年 74 天,最少的是 1968 年 14 天,年代际分布看,20 世纪 50—80 年代大雾较多,1990 年后,总体呈减少趋势。

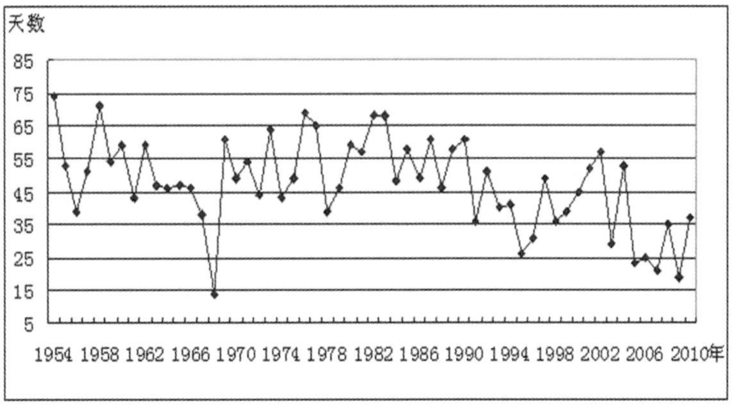

图 1-2-26　龙泉市(县)大雾日数年际变化图(1954—2010)

从雾日的季节变化来看，冬季最多，春秋季次之，最少的是夏季。从月份分布来看，11、12 月最多，7、8 月盛夏时节最少。月分布曲线，呈不规则的“V”形，一般每年 10 月开始，大雾逐渐增加，11 月或 12 月达到顶峰，12 月底或 1 月，进入严冬干冷时节，多霜冻，大雾相对初冬反而减少。至 4 月，天气由冷转暖，水汽难以凝华，大雾再次明显减少，至 7、8 月，均处于低值，9 月开始周而复始，大雾明显增多。

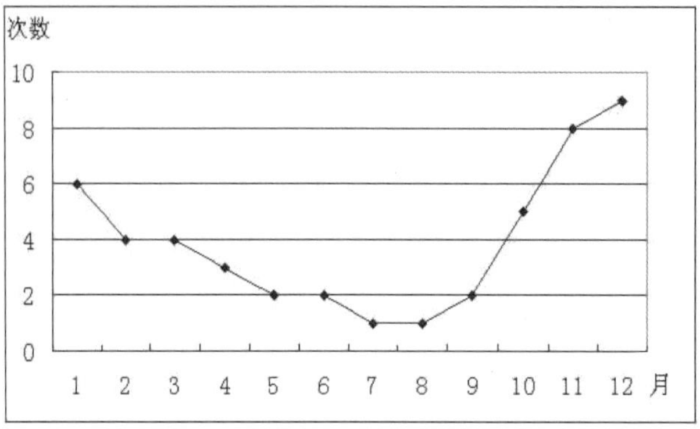

图 1-2-27　龙泉市(县)大雾日数月际变化图(1954—2010)

从日变化来看，雾的生成一般在下半夜到清晨日出前后，雾消时间都在日出升温后 2~3 小时之间，即上午 9—10 时前后消散。龙泉市最长连续雾日为 11 天(1989 年 12 月 2—12 日)。龙泉城区多大雾且持续时间相对较长，持续时间最长 12.3 小时（1992 年 12 月 28 日 20:11 至 29 日 8:27）。大雾天数以城区为中心向周边减少。

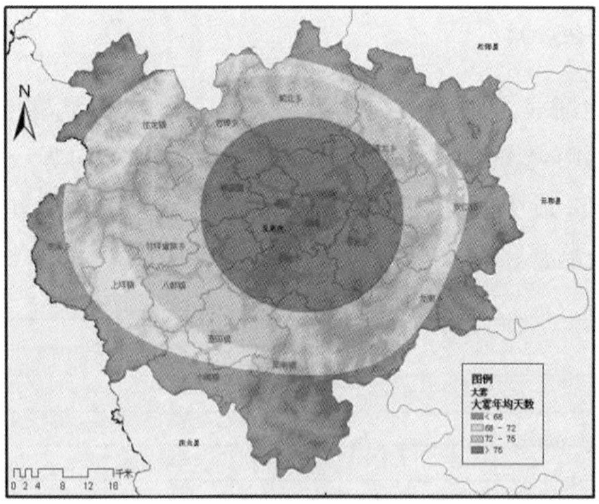

图 1-2-28　龙泉市(县)年均大雾天数空间分布图(1954—2010)

雪灾　从 1954—2010 年龙泉市气象观测站资料的积雪日数统计表明，龙泉市年均积雪日数 1.5 天，其中有 27 年没有出现积雪天气，最多的是 9 天(1977 年)。20 世纪 60 年代后期到 80 年代前期，积雪日数偏多，20 世纪 60 年代前期、20 世纪 80 年代后期到 2010 年相对偏少。

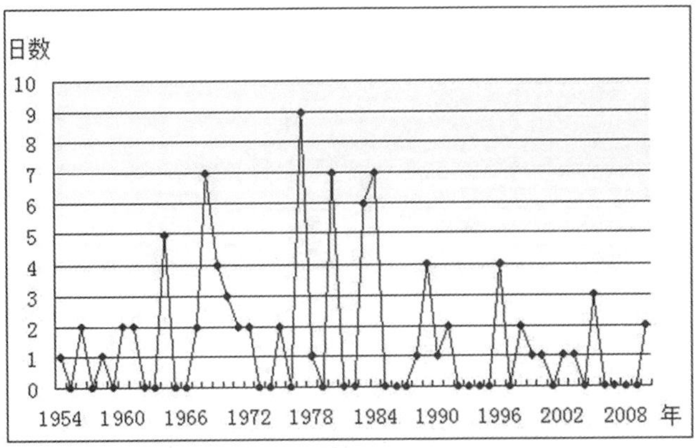

图 1-2-29　　龙泉市(县)积雪日数年际变化图(1954—2008)

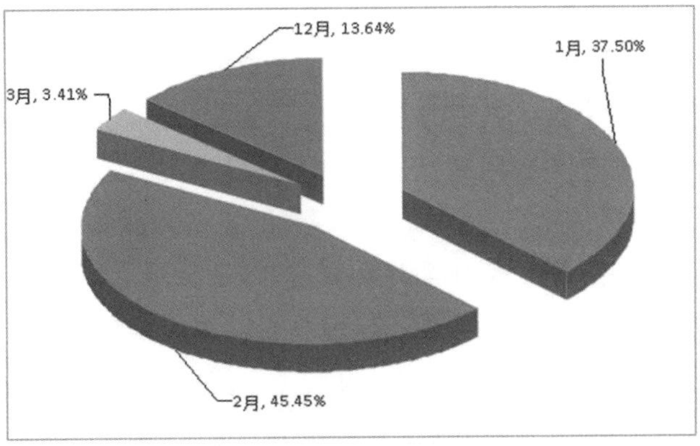

图 1-2-30　　龙泉市(县)积雪日数月际分布图(1954—2008)

龙泉市积雪的时段主要在 12 月到次年 3 月，集中发生在 1—2 月，占 82.95%，尤以 2 月为最。

龙泉城区积雪深度最大值出现在 1983 年 12 月 29 日，21.0 厘米，历年平均积雪深度 4.3 厘米。全市积雪分布北重南轻，并随海拔高度递增，海拔越高积雪越厚。

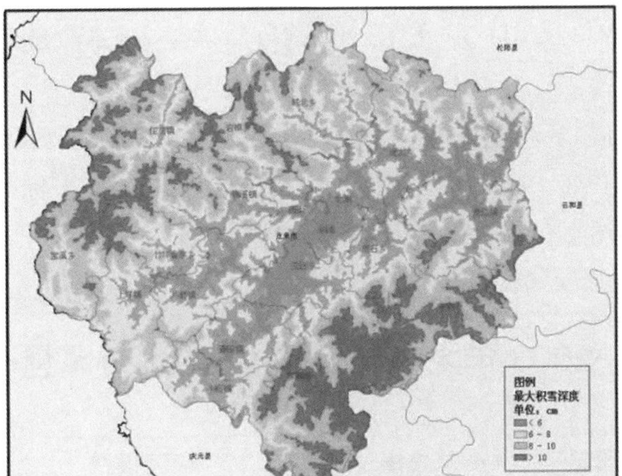

图 1-2-31　　龙泉市(县)积雪空间分布图(1954—2008)

第三章 自然资源

第一节 水 资 源

地表水资源

龙泉市地处浙江西南山区，是瓯江发源地，闽江、钱塘江支流发源地，境内主要有瓯江、钱塘江、闽江三大水系。龙泉市境内群山环抱，溪涧密布，水系发达，山溪性河流遍布全市，河床坡降大，水流急，境内降水量较大，并得益于良好的生态条件，水资源较为丰富，水力资源蕴藏量比较丰富。根据1978 年水力资源普查，全市水力理论蕴藏量为 38.5 万千瓦 ，经济可开发量为 25.4 万千瓦。通过优化设计规划、建造调节水库和增效扩容改造等技术措施，水力资源得到较好的开发和利用，调整后可开发量为 28.07 万千瓦。全市河道分为市级、县级和乡镇级河道，三大水系共有大小河道 1464 条，河道总长 3058.02 千米，其中全市流域面积 5 平方千米以上的河道有 144 条，河道总长 1395.35 千米。

龙泉市属中亚热带季风气候，其特征是四季分明，雨量充沛，冬不严寒，夏无酷暑，春早夏长，温暖湿润。龙泉市最大年降水量 2205.3 毫米，最小年降水量为 999 毫米，最大降水为最小降水量的 2.2 倍。多年平均降水量 1666 毫米。据龙泉水文站三十多年资料统计，每年 4—6 月为梅雨季节，降雨量占 20%左右，洪水灾害受梅雨暴雨控制。龙泉市共有主要河道 24 条，其中市级河道 1 条，全长 61.9 千米，县级河道 23 条，总长 611.37 千米。河道自然落差大，水位涨落幅度较大，为典型山溪型河道。

龙泉市水资源较为丰富，多年平均总量为 35.98 亿立方米，其中地表水 31.5 亿立方米，占 88%；地下水 4.48 亿立方米，占 12%。人均水资源量 13083 立方米，为丰水标准(3000 立方米)的 4.3 倍，是浙江省人均水资源量的 6.2 倍。亩均水资源量 1.28 万立方米，为全省亩均 3378 立方米的 3.79 倍，均高于国家和浙江省平均水平。

1998—2003 年龙泉市人均、亩均水资源量一览表

表 1-3-1

年份	计算面积（平方千米）	年降雨量（毫米）	水资源总量（亿立方米）	径流系数	径流模数（万立方米/平方千米）	人均水资源量（立方米/人）	亩均水资源量（立方米/亩）
1998	3059	2434.9	57.74	0.76	188.7	20996	18874
1999	3059	2050.7	40.21	0.64	131.5	14623	13145

续表 1-3-1

年份	计算面积（平方千米）	年降雨量（毫米）	水资源总量（亿立方米）	径流系数	径流模数（万立方米/平方千米）	人均水资源量（立方米/人）	亩均水资源量（立方米/亩）
2000	3059	2017.9	35.03	0.57	114.5	12738	11451
2001	3059	1778.8	32.76	0.60	107.1	11912	10708
2002	3059	2140.6	40.72	0.62	133.1	14808	13312
2003	3059	1387.7	24.51	0.58	80.12	9251	8011
平均	3059	1970.86	38.50	0.63	126.34	14054.66	12634

全市多年平均地表水资源为 31.5 亿立方米，占全市水资源总量 88%。

全市分区划多年平均年地表水径流量一览表

表 1-3-2

区划	面积（平方千米）	多年平均年降雨量（毫米）	多年平均年径流深度（毫米）	多年平均年径流量（亿立方米）	备注
Ⅰ	1087	1821.05	1137.67	10.95	Ⅰ区：北部山区
Ⅱ	1237	1867.68	1141.63	12.37	Ⅱ区：中部山区
Ⅲ	735	1983.55	1303.64	8.18	Ⅲ区：东南山区
全市	3059			31.50	

地下水资源

全市多年平均地下水资源 4.48 亿立方米，占水资源总量 12.0%。

地下水资源的量值受降雨、地质、地貌条件的控制，地下水以天然降雨为补给来源，形成地下径流。龙泉市地貌大部分为山区，根据地下水分类及含水岩组的分布情况，采用降水入渗补给法计算地下水资源。

依据降水量的分布情况按分区计算地下水资源量为 4.48 亿立方米/年。其中：Ⅰ—北部山区引水灌区 1.38 亿立方米/年；Ⅱ—中部山丘引提蓄灌区 1.72 亿立方米/年；Ⅲ—东南山区引水灌区 1.38 亿立方米/年。

全市由于降雨、地质、地貌等存在差异，形成的地下水资源分布不均，地区差异较大，根据出露的两大类岩组分述如下：

松散岩类孔隙水：含水岩组为全新统冲积，冲洪积沙砾石。主要分布在县城附近，五梅垟、剑湖等河谷，呈带状分布。出露面积为 15.05 平方千米，水量中等，结构松散。兰巨乡桐山村见泉水一处，流量 0.4 升/秒。

盆地中的冲积层富水条件好，分布面积 10 平方千米，水位埋深 0.89~2.9 米，含水层厚 2.9~6.34 米，单井出水量 110~160 吨/日。城南东风厂（国镜药业）一带，含水层结构松散，黏性土含量少，水量较丰富。水质以 HCO^3-CaNa 型为主，矿化度 0.03~0.4 克/升。

岩组层裂隙水：主要有构造裂隙水和风化带网状裂隙水。

构造裂隙水又分为块状岩组构造裂隙水和岩层构造裂隙水。块状岩组构造裂隙水含水岩组为上侏罗统(J3)火山岩,广泛分布在全市各山区,出露面积为2201.53平方千米,地下水贮存于裂隙、断裂带及脉岩与围岩接触处,泉流量一般小于0.1升/秒。龙泉背斜两翼富水条件相对较好,泉流量多数大于0.1升/秒。水质以HCO^3-CaNa型为主,矿化度0.01~0.2克/升。岩层构造裂隙水由下侏罗统坪组(J1)含煤地层组成,分布在高大门等地。据丽17号钻孔抽水结果,降深16.43米,涌水量18.8吨/日,水量贫乏。宫头村附近有两口泉水,流量分别有0.4升/秒和0.079升/秒,为当地居民生活用水的主要来源。水质为HCO^3-CaNa型,矿化度0.01~0.1克/升。

风化带网状裂隙水,前中生代变质岩(AnM^2)主要分布在查田、新岭、东书、供村等地,出露面积为127.69平方千米。燕山中一晚散侵入岩(r53)主要分布在上垟等地,出露面积为137.22平方千米。两地风化层较厚,含风化带网状裂隙水,泉流量0.1升/秒左右,水量贫乏,在地形低缓又有断裂作用处,断裂带经风化作用后,富水条件比较好。据丽31号钻孔,位于北西张扭性断裂带上,抽水降深10.05米,涌水量212.2吨/日,水质为HCO^3-CaNa型、HCO^3-Na型,矿化度0.08~0.16克/升。

全市水资源量有减少的趋势。由于森林过伐,生态环境发生变化,降雨量有减少的趋势。1953—1957年,年平均降雨量为1777.3毫米;1976—1980年的年平均降雨量为1547.4毫米,相隔20多年,年降雨量减少229.9毫米。2000—2005年,年平均降雨量1769.28毫米,比1953—1975年的年平均降雨量略有回降。

水质

地表水水质　东南方向的洞宫山凤阳山脉,与西北面的仙霞岭拔云山脉环抱全市。龙泉溪干流从市境中心区域穿越,支流布及全市东南西北。20世纪70年代以来,全市森林覆盖率保持在70%以上,生态环境好,山清水秀,河道洁净,绝大部分溪涧流水清澈见底,水质为Ⅰ类区域。因受铅锌矿、氟矿,以及市区一些污水排放的影响,在八都镇河段、锦溪镇吴连河段以及市区周边河段,河水受到一定污染,水质为Ⅱ类区域。市政府和水保主管单位从20世纪90年代起,把市铅锌矿、氟矿、林产化工总厂、药厂、林业车队修理厂、酿造厂等污染单位列为重点监管。1990年5月,经龙泉县政府批准,建立"龙泉县水资源管理监督站"。1998年7月,龙泉市政府成立"龙泉市水土保持委员会"。1999年12月,龙泉市政府批准并公布龙泉市市、乡(镇)"水土保持监督员",建立起一支水保执法队伍。2002年12月,《龙泉市水土保持总体规划》通过评审。1999年以来,浙江省人大、丽水市人大、龙泉市人大,先后多次组织水利、林业、环保等部门对《中华人民共和国水土保持法》执行情况进行检查,并针对检查出的问题提出整改意见。

龙泉市溪流均属山区性河流,坡陡流急,洪水暴涨暴落,同时由于局部森林植被的破坏和水利、交通建设等原因,暴雨后水土流失,短时间河水混浊。

地下水水质　浅层地下水(井、泉)是城乡人民生活饮用水的重要水源。市区有古井18口,乡村利用泉眼取饮用水十分普及,水质优良。20世纪70年代以来,随着工农业生产的迅速发展,农药、化肥的大量使用,人口增加,生活污水入渗,直接污染地下水。云水渠(官圳)已被污水污物堵塞多年,市区地下水遭严重污染,水井被废弃,已全部改用自来水。乡村自来水用户迅速扩大,至2008年,全市共建农村供水站(点)2730个,饮用人口157400人,供水覆盖率97%。

2003年龙泉市各主要河流水体水质评价一览表

表1-3-3

序号	河流名称	测站名称	全年水质类别	汛期水质类别	非汛期水质类别
1	龙泉溪	小梅桥上	Ⅰ	Ⅰ	Ⅰ
2	龙泉溪	竹舟	Ⅰ	Ⅰ	Ⅰ
3	龙泉溪	水厂取水点	Ⅱ	Ⅰ	Ⅱ
4	龙泉溪	南秦桥	Ⅱ	Ⅰ	Ⅱ
5	龙泉溪	临江	Ⅱ	Ⅱ	Ⅱ
6	八都溪	横溪桥下	Ⅰ	Ⅰ	Ⅰ
7	八都溪	八都镇下	Ⅱ	Ⅰ	Ⅱ
8	八都溪	安吉	Ⅰ	Ⅰ	Ⅰ
9	岩樟溪	周村溪	Ⅰ	Ⅰ	Ⅰ
10	岩樟溪	西大桥	Ⅱ	Ⅰ	Ⅱ
11	锦溪	吴林桥上	Ⅱ	Ⅰ	Ⅱ
12	锦溪	立新桥	Ⅰ	Ⅰ	Ⅰ
13	安仁溪	安仁镇上	Ⅰ	Ⅰ	Ⅰ
14	安仁溪	安仁镇上	Ⅰ	Ⅰ	Ⅰ

水资源管理

龙泉市水利部门以合理开发、利用、节约和保护水资源，防治水害，实现水资源的可持续利用为目标，进一步加强水资源管理，建立统一管理与分级、分部门管理相结合的管理制度，对水资源开发、利用和保护实行统一规划、统一调度、统一取水许可、统一征收水资源费、统一管理水量、水质。对水资源依法实行取水许可制度和有偿使用制度，在全省率先进行建设项目水资源论证工作，在丽水市率先取得水资源增收的优惠政策。1998年，龙泉市办理取水许可证50本，其中水力发电27本，工业取水许可证19本，取水量为2326万立方米，生活取水许可证4本，取水量435万立方米，地表水取水量（不包括水力发电）为2761万立方米，地下水取水量10.18万立方米。到2003年已办理取水许可证55本，其中水力发电35本，工业取水许可证17本，取水量为2256万立方米，生活取水许可证4本，取水量635万立方米，地表水取水量（不包括水力发电）为2891万吨，地下水取水量10.18万立方米。城乡人均用水量40吨，农灌亩均用水量515吨。工业万元产值均用水量58吨，水资源利用率2.2%。取水许可程序逐步规范化，企业、厂矿取水户要求安装国家标准的取水计量正在实施。建设涉水工程、涉河项目审批中都要提交水资源论证报告书。2008年，完成全市水域保护规划，全市水域步入全面保护和管理。2009年，开展紧水滩库区（龙泉段）水环境整治工作，对全市水功能区断面及饮用水水源的水质进行取样检测，实行严格的水资源管理和水源地保护。2010年，开展第一次全国水利普查工作，对全市的社会经济用水进行全面系统调查普查。

2004年，完成21处入河排污口和102处取水口调查。2005年，完成全市占用水域调查，责令5

处占用水域业主补办手续。2006年，对全市150平方千米的水域进行全面调查，埋设水功能界碑21处，划定和公布小梅溪、住溪、宝溪、豫章溪（大赛溪）、均溪、大贵溪、岩樟溪、龙泉溪等8条流域重要水域，总长178千米。2007年，依法足额征收水资源费，跨县市水资源收取工作取得重大突破；完成61.9千米市级河道1220个界桩的埋设工作，河道确权划界工作全面完成。规范办理取水许可120多件。2009年，编制完成《龙泉市重要水源地保护工程规划》。以水生态保护和修复为抓手，以保障水库饮用水源水质为目标，加大中小河流水源地建设，对岩樟溪、竹垟水库等水源地进行重点保护，启动龙泉溪、八都溪等4条生态清洁型小流域建设，并继续实施万里清水河道建设。2010年，完成《龙泉市岩樟水库饮用水水源地环境保护规划》。

水产资源

龙泉市境内多溪涧，大小溪流网布全市，全市溪涧水面面积1467公顷，可利用养鱼水面约1026公顷。这些大小溪流穿越峡谷盆地流入龙泉溪，沿岸两旁有田园、村庄、房舍，有丘陵山地和各种用材林、经济林、杂木林带，随着雨季，把大量有机物质输送到大溪小河，汇流在河湾，沉积演变，丰富了大量底栖生物，为溪河野生鱼类生长提供了丰富的铒料，给鱼类繁殖、生长带来了有利条件。龙泉气候温和，雨量充沛。年平均温度17.6℃，无霜期263天，适宜野生鱼类生长。

据清光绪《龙泉县志》记载，在龙泉溪涧和农田、水塘中生长的鱼类和水产主要有29种，分别是：鲤鱼、鲇鱼、鲫鱼、草鱼、白鱼、鳜鱼、鲭鱼、鲼鱼、青鱼、跳鱼、石斑鱼、石塔鱼、石鳞鱼、园眼鱼、桃花鱼、鳞鲤鱼、田螺、虾、蟹、蚌、鳗、鳅、鳝、龟、鳖（团鱼）、田鸡（蛙类）等。

1983年，龙泉县水利水电局组织力量对水产资源进行较全面的调查，查明龙泉境内鱼类共80多个品种，20科，其中，主要经济鱼类40多种。除历史记载的外，还有鲂、圆吻鲴、喀氏倒刺鲃、黄颡鱼、香鱼、花鳗、石蛙和引进的罗非鱼、中华线毛蟹、湖蟹、巴西鲷等。此外厚唇鱼、银鲴等数量都较多，还有印山麓鱼类，如丁氏台鳅、花尾台鳅、台湾爬岩鳅等。在住龙、屏南等地还有珍贵的鲵（娃娃鱼）等稀有水产动物。

水能资源

龙泉为瓯江发源地，闽江、钱塘江支流发源地，境内主要有瓯江、钱塘江、闽江三大水系。

瓯江发源于洞宫山脉锅帽尖西北麓，海拔1770.50米，源头段称南溪，纳瑞垟溪后至李家淤称梅溪，梅溪干流全长52.48千米，流域面积539.55平方千米，多年平均流量19.56米^3/秒，天然落差169.0米。梅溪与八都溪在李家淤汇合后称龙泉溪，从南向西北，转北再转东北，流径南部、中部和东北地区，于道太乡武溪村入云和境内。龙泉溪流域面积2215.50平方千米，是龙泉市境内流域面积最大的溪流，占境内三大水系总面积84.3%。

住溪、碧龙溪为钱塘江水系乌溪江的源头，发源于披云山西北麓，海拔1675米，北流遂昌县境；龙泉境内住溪全长25.3千米，碧龙溪全长12.9千米，住溪、碧龙溪流域面积381.8平方千米，占总面积12.48%，住溪多年平均流量9.73米^3/秒，天然落差930米。碧龙溪多年平均流量4.12米^3/秒，天然落差385米。

宝溪为闽江水系，发源于披云山仙坛下，海拔1236米，自北向南，流入福建省浦城县境，入南浦江。宝溪在龙泉市境内长 24.9 千米，流域面积 98.51 平方千米，占总面积 3.22%，多年平均流量 3.58 米 ^{3}/秒，天然落差 432 米。

龙泉市三大水系流域面积、占比一览表

表 1-3-4

水系名称	境内全长(千米)	流域总面积(平方千米)	占比(%)
瓯江	127.68	2578.69	84.30
钱塘江	25.3	381.8	12.48
闽江	24.9	98.51	3.22
合计	177.88	3059	100

全市河道可分为市级、县级和乡镇级河道，三大水系共有大小河道 1464 条，河道总长 3058.02 千米，其中全市流域面积 5 平方千米以上的河道有 144 条，河道总长 1395.35 千米。市级河道 1 条，为龙泉溪，由梅溪纳入八都溪后称龙泉溪；自龙泉溪的兰巨乡李家淤村起，终于道太乡武溪村与云和县交界处；沿途纳入八都溪、豫章溪、蒋溪、大贵溪、铁杓溪、雁川溪、道太溪、安福溪、安仁溪、大石溪、武溪等支流，流入紧水滩水库；龙泉溪在龙泉市境内流长 75.2 千米，河道平均宽度 100~170 米。县级及县级以下河道宽度 20~80 米。

龙泉市是三江源头，只有出境水没有入境水。多年平均年径流总量约 31.5 亿立方米(现龙泉城区以下河段被紧水滩水库淹没)。

龙泉市水资源较为丰富，多年平均水资源总量 35.98 亿立方米，人均 13083 立方米，为丰水标准(3000 立方米)的 4.3 倍，是浙江省人均水资源量的 6.2 倍。其中地表水 31.5 亿立方米，占 88%；地下水 4.48 亿立方米，占 12%。

龙泉市河流自然落差大，水位依季节涨落，变幅较大，汛期洪水呈现暴涨暴落的特点，属典型山溪性河流。各河流水系因受地质构造运动的变迁及河谷两岸地形陡峻，主干流呈脉状分布，溪流纵横，源短流急，暴涨暴落，纵向比降大，水位陡涨陡落，冲刷力强，洪峰持续时间短，有时瞬间即退，水量充沛丰枯期分明，属典型的山溪性河流。

龙泉市境内群山环抱，溪涧密布，水系发达，山溪性河流遍布全市，河床比降大，水流急，小的溪流河床平均坡降大部超过 20%，有的达到 30%~40%。境内降水量较大，并得益于良好的生态条件，水资源较为丰富，水能资源蕴藏量比较丰富。根据 1978 年水能资源普查，全市水力资源理论蕴藏量为 38.5 万千瓦，经济可开发量为 25.4 万千瓦。

龙泉市三大水系水能资源一览表

表 1-3-5

水系名称	流域总面积(平方千米)	理论蕴藏量(万千瓦)	占总量的百分比(%)	可开发量(万千瓦)	占可开发总量的百分比(%)
瓯江	2578.69	32.74	84.88	22.2	87.4
钱塘江	381.8	4.53	11.92	2.81	11
闽江	98.51	1.23	3.2	0.4	1.6
合计	3059	38.5	100	25.4	100

第二节　陆域资源

土质

成土母质　残积母质，分布在山地及丘陵顶部，面积较小，在较平缓地区土层较厚；在地势陡处，土层较薄；一般残积厚层约 30 厘米。

坡积母质，分布在山坡或山麓地段的沉积物，风化层厚，在风化物中混有石砾，无分选性，通透性良好，土层深厚，土壤肥力较高。属凝灰岩类，土层较薄，土体中夹有棱角明显的石砾。

洪积母质，广泛分布在山谷、小溪沿岸，形成土壤差异较大，土层有深达 1 米以上。薄者仅数厘米，土性含质砾重，无分选性，质地轻，土壤保肥保水性能差。

冲积母质，分布在龙泉溪两岸，由洪水泛滥沉积而成，堆积深厚，多为 1 米以上，有明显成层性，成带状分布，近河床沉积物加粗，远河床沉积物逐渐变细，冲积物分选性较好，土壤保水、保肥性好，因龙泉冲积物系急流冲积，土壤层理性不太好。

土壤种类及分布　有红壤、黄壤、潮土、水稻土 4 个土类，10 个亚类，30 个土属，67 个土种。土壤总面积 303364 公顷。

红壤，152006.27 公顷，占 50.1%，广泛分布在海拔 750~800 米以下低山丘陵区，是面积最大、分布最广的土壤类型，分红壤、黄壤、侵蚀型红壤 3 个亚类。

黄壤，119292.6 公顷，占 39.32%，分布在海拔 750~1929 米地区，分黄壤、侵蚀型黄壤、表潜黄壤 3 个亚类。

潮土，958.93 公顷，占 0.32%，分布在沿溪两岸滩地、阶地上，占山（旱）地 0.35%，仅潮土一个亚类。

水稻土，31106.2 公顷，占 10.26%，分布广泛，纵横全境，在海拔 150~1200 米之间立位分布，分渗育型水稻土、潴育型水稻土、潜育型水稻土 3 个亚类。

龙泉市土壤分类系统一览表

表 1-3-6

土类	亚类	土属	土种				主要分布地点
			名称	代号	面积（亩）	占比（%）	
红壤	红壤	红泥土	红泥土	114-1	20435	0.446	大赛、南窖、盛溪、龙渊镇、宏山等低丘山坡
			红泥砂土	114-2	20491	0.446	龙渊镇、瀑云、八都等低丘山坡
	黄泥土	黄泥土	黄泥土	122-2	688413	15.001	各乡镇海拔 750 米以下地区
			黄泥砂土	112-4	282035	6.146	查田、住龙、雁川、双平、王庄、青溪、竹垟、宝溪、上垟
			黄砾泥	122-6	3830	0.083	上东、青溪

续表 1-3-6

土类	亚类	土属	土种 名称	代号	面积（亩）	占比（%）	主要分布地点
红壤	黄红壤	砂粘质红土	砂粘质红土	124-1	14405	0.814	龙渊镇、大沙、安仁、宏山、小梅、青溪
		粉红泥土	粉红泥土	125-1	17742	0.387	安仁福源
			紫粉泥土	125-2	13609	0.297	王庄、双平、天平、福源
		红泥松土	红松泥土	127-1	509349	11.010	小梅、查田、茶丰、剑湖、兰巨
			砂质红松泥土	127-4	25424	0.554	八都、南窖、青溪、查田
	侵蚀型红壤	石砂土	石砂土	131-1	675654	14.724	各乡海拔750米以下地区
		白岩砂土	白岩砂土	132-1	8707	0.190	小梅、青溪、宝溪
黄壤	黄壤	山地黄泥土	山地黄泥土	211-2	901459	19.645	各乡海拔750米以上的地区
			山地香灰土	211-3	2009	0.044	屏南、瑞垟
			山地红泥土	211-4	2082	0.045	大赛
			山地红松泥土	211-6	36306	0.791	竹垟、上垟、南窖、四源、宝溪、青溪
			山地红泥砂土	211-5	2976	0.065	上垟、盛溪
		山地黄泥砂土	山地黄泥砂土	212-1	65220	1.422	岩樟、盛溪、上东、竹垟、宝溪
	侵蚀型黄壤	山地石砂土	山地石砂土	221-1	717724	15.641	各乡镇拔750米以上的地区
			山地石砂土	221-2	58125	1.267	小梅、青溪
	表潜黄壤	山地草甸黄泥土	山地草甸黄泥土	231-1	3488	0.076	瑞垟、屏南
潮土	潮土	棕粘土	棕粘土	313-1	1950	0.042	安仁
		洪积泥砂土	山谷泥砂土	511-1	2814	0.061	各溪流沿岸
			山谷砾土甲泥砂土	511-2	710	0.015	查田、林垟
			砾石滩	511-3	1830	0.040	各溪流两岸
		清水沙	清水沙	512-1	3022	0.066	龙渊镇、宏山溪边
			溪滩壳	512-3	403	0.066	雁川、小梅
			卵石滩	512-4	2730	0.059	龙泉溪、八都、小梅溪两岸
		培泥沙土	培沙土	513-2	2752	0.060	龙泉溪边的阶地上
			培泥沙土	513-3	68	0.001	龙渊镇大垟畈
水稻土	渗育型水稻土	山地黄泥田	山地黄泥田	711-1	50841	1.108	龙南、义和、建兴、屏南、瑞垟等山坡梯田
			山地石土甲黄泥田	711-2	8558	0.186	建兴、龙南、岩樟、林垟、宝溪
			山地沙性黄泥田	711-4	7263	0.153	建兴、义和、岩樟、盛溪、屏南
			山地红松泥田	711-10	753	0.016	青溪

续表 1-3-6

土类	亚类	土属	土种				主要分布地点
			名称	代号	面积（亩）	占比（%）	
水稻土	渗育型水稻土	黄泥田	黄泥田	712-1	70227	1.530	海拔 750 米以下各乡的山坡梯田广泛颁布
			石土甲黄泥田	712-2	11218	0.245	天平、岩樟、双岭、王庄、林垟、大赛
			砂性黄泥田	712-4	27504	0.599	安仁、岩樟、王庄、林垟、大赛
			粉红泥田	712-5	2485	0.054	安仁、王庄
		白砂田	白砂田	713-1	2653	0.015	安仁、住龙、大赛、宝溪、青溪
		红泥田	红泥田	714-2	706	0.015	盛溪、竹垟、新民、兰巨、大赛
			砂性红泥田	714-3	423	0.009	盛溪、瀑云
		棕泥田 红松泥田	棕泥田	791-1	457	0.010	安仁
			红松泥田	71⑽-1	36134	0.787	瀑云、竹垟、宝溪、上垟
			砂性红松田	71⑽-1	2515	0.055	南窖、新民
	潴育型水稻土	洪积泥砂田	山谷泥砂田	721-1	32842	0.716	安仁、福溪、锦溪、住龙、双岭、供村、双平、林垟、兰巨
			山谷砾土甲泥砂田	721-1	19729	0.430	安仁、住龙、双平、王庄、凤鸣、兰巨、瀑云、四源、茶丰
			谷口泥砂田	721-6	666	0.015	龙渊镇
		黄泥沙田	黄泥砂田	722-1	5665	1.235	各乡海拔 750 米以下的山垄田
			砾土甲黄泥沙田	722-3	2434	0.053	宝溪、福源、岩樟、锦溪、王庄、上东
			白土甲黄泥沙田	722-6	60	0.001	林垟
			青土甲黄泥沙田	722-8	1203	0.026	茶丰
			红松泥沙田	722-13	80646	1.757	锦溪、双岭、宏山、兰巨、剑湖、八都、竹垟、瀑云、上垟
			青土甲红松沙田	722-14	1327	0.028	茶丰、剑湖、锦溪
		泥沙田	泥沙田	723-1	15696	0.328	宏山、兰巨、剑湖、八都、茶丰、查田、青溪的溪边
			砾土甲泥砂田	723-2	1179	0.026	小梅、茶丰、八都、南窖
		培泥沙田	培泥沙田	723-1	15696	0.328	宏山、兰巨、剑湖、八都、茶丰、查田、青溪的溪边
			沙田	725-4	373	0.008	龙渊镇
		山地黄泥沙田	山地黄泥沙田	72⒁-1	10713	0.233	龙南、义和、建兴、锦溪、屏南的山垄田
			山地砾质黄泥沙田	71⒁-3	1059	0.023	龙南、建兴、均溪
		黄泥沙田	棕泥砂田	722-15	194	0.004	安仁
		烂灰田	烂灰田	741-1	155	0.003	盛溪、屏南
			烂灰 滃田	741-3	130	0.003	龙南

续表 1-3-6

土类	亚类	土属	土种				主要分布地点
			名称	代号	面积（亩）	占比（%）	
水稻田	潜育型水稻土	烂滃田	烂黄泥田	742-2	1009	0.022	龙渊镇、林垟、兰巨、剑湖、大赛等的洼地
			青黄泥沙田	742-3	5706	0.126	八都、瀑云、龙渊镇、青溪、剑湖、大沙
			烂滃田	742-4	8227	0.179	兰巨、剑湖、龙渊镇、瀑云、茶丰、均溪、宏山、凤鸣
		烂泥田	青泥沙田	743-3	1468	0.032	龙渊镇、八都、瀑云等洼地
			烂泥沙田	743-4	141	0.003	龙渊镇、兰巨

说明：以上数据来源于1984年第二次全国土壤普查资料

土地类型

耕地，面积 21988.15 公顷，耕地类型构成以望天田为主，面积 14784.33 公顷；灌溉水田次之 5460.1 公顷，旱地 1743.77 公顷，居第三。

园地，有果园、茶园、桑园和其他园地，面积 2103.57 公顷，其中果园为主，有面积 637.63 公顷，茶园面积 627.2 公顷，其他园地面积 172.08 公顷。

林地面积 258661.97 公顷，林地构成以有林地为主，面积 249599.57 公顷；其次为未成林造林地 5088.69 公顷；再次疏林地面积 1632.35 公顷，灌木林地 2032.31 公顷；迹地面积 289.14 公顷；苗圃 19.9 公顷。

其他农用地 4723.44 公顷，以田坎所占比例最大，有面积 3883.11 公顷；农村道路面积 707.92 公顷；坑塘水面面积 76.21 公顷；农田水利设施，养殖水面面积相对较少，分别是 40.61 公顷和 15.58 公顷。

建设用地面积 6306.1 公顷，占全市土地总面积的 2.07%。以居民点及工矿用地为主，有 3782.4 公顷，占建设用地面积的 59.98%；水利设施用地次之，有 1610.31 公顷，占 25.5%；交通运输用地 913.39 公顷，占 14.48%。

未利用地面积 10204.85 公顷，分项计算其中未利用地 6579.09 公顷，荒草地 6223.63 公顷，裸岩石砾地 295.14 公顷，其他未利用地 60.33 公顷；其他土地 3625.75 公顷，其中河流水面 3452.23 公顷，滩涂 173.53 公顷。

矿产资源

全境已探明的有金、银、铜、铅、萤石、磁铁、叶蜡石、云母、黄铁、煤、明矾、石英石等矿点。高岭土、紫金土等非金属矿产资源蕴藏量较大，是制瓷的优质原料。

全市以铅、锌、铜、银为主的小而富多金属矿床（点）近 30 处，含银品位在 30~1000 克/吨的银矿点有 13 处；含铁品位在 25%~50%的铁矿点有 11 处，含氟化钙品位在 70%以上的萤石矿点 7 处。

金银矿，矿点在八宝山，矿石总储量 C+D27.5822 万吨，C 级 11 万吨，金含量为 8 克/吨，银含量 50 克/吨。另外，银矿点还有道太关山、盛溪河坑塘。

铅锌矿，矿点位于锦溪镇乌岙村。矿石量为291.21万吨，铅金属量7.09万吨，锌金属量为9.22万吨，铅含量为5.5%，锌含量为6.5%。另外，铜铅锌矿点还有上东大猛坑、大赛炉岙、南窖白水坑、础石银场、道太关山。

云母矿，矿点在大汪、马桐坑、石柱、茶丰墩头村，储量36.9吨。

萤石矿，矿点在八都镇北山儿，储量为500万吨，含量70%~80%。另外，萤石矿点还有瀑云埠头、小梅昌岗。

大理石，矿点在'石乡仁场，储量129万吨，含量53%。

零星矿点各地均有分布。磁石矿点有上东小岩、岙后源、茶丰青坑；瓷土矿点数量较多。

植物

龙泉属于华东植物区系，与毗邻地区的华南、华中、西南以至日本北美植物区系成分也有相当密切的联系。以"中亚热带地区"成分最多，"南亚热带地区"成分次之，"热带、温带地区"成分也有一定数量分布。森林植被具有中亚热带常绿阔叶林特征，既垂直分布又错综复杂，植被垂直分布带为800米以下，主要是马尾松、杉木、毛竹林，800米以上主要是黄山松天然林，1400米以下为常绿阔叶林，1400~1600米是针阔叶混交林，1600~1800米为常绿落叶阔叶林，高山矮林，1700米以上是灌丛或草甸。共有种子植物1800余种，其中木本植物101科317属941种，苔藓植物28科46属61种，蕨类植物27科10属160种7个变种。有珍稀濒危保护植物28种，占全省50%。药用植物1385种。

木本植物主要有：杉、柳杉、马尾松、罗汉松、黄山松、槐、樟、桧柏、圆柏、扁柏、侧柏、柘树、榆、槫、棕榈、榉树、乌桕、黄杨、山茶、茶、鸡爪槭、檫树、冬青、四川冬青、尾叶冬青、显脉冬青、长梗冬青、映山红、短柄袍、岩柃、多脉青冈、贵州青冈、岩青冈、水丝梨、尖叶山茶、红花油茶、鹿角杜鹃、云锦杜鹃、浙闽新木姜子、交让木、木荷、江南花楸、青栲、粉叶椴、硬斗石栎、南方红豆杉、华东山柳、玉山竹、茶条果、扁枝越桔、细齿柃、长叶木樨、黄端木、绒楠、赤楠、红楠、润楠、乌药、檵木、大果卫矛、长叶冻绿、乌饭、小叶乌饭、野漆、山樱、马银花、掌状悬钩子、三桠乌药、苦槠、甜槠、米槠、细柄阿丁枫、密花树、丝栗栲、蚊母树、南岭栲、青冈栎、小叶黄杞、白栎、算盘子、尖齿栲、杜英、油桐、厚朴、枫香、山胡椒、山苍子、青灰叶下珠、树参、楤木、深山含笑、木莲、厚皮香、薯豆、茅栗、板栗、锥栗、波缘红果树、山绣球、圆叶绣球、小果南烛、五加、吴茱萸、百山祖八角、山矾、胡枝子、野柿、合欢、肥皂荚、无花果、南酸枣、杨梅、枇杷、梨、桃、杏、橙、文旦、梅、石榴、橄榄、柑、橘等。

草本植物主要有：野古草、芒、沼原草、龙须草、莎草、小苔草、东风菊、黎芦、肺形草、紫萼、细叶麦冬、瘤足蕨、斑叶兰、芒箕骨、里白、光里白、狗脊、鳞毛蕨、紫金牛、淡竹叶、一支香、千里光、百两金、蕨、紫箕、簇花龙胆、白茅、铺地锦、东风菜、鹿蹄草、朱砂根、珍珠菜、凤尾草、紫堇、蒲草、灯芯草、紫草、旱墨莲、节节草、益母草、萱草、垂盘草等。

藤本植物主要有：长叶菝葜、藤黄檀、流苏子、中华猕猴桃、南五味子、薜荔、爬山榕、铁线莲、飞龙掌、血绣球藤、金银花、大血藤、爬山虎、清风藤、鸡血藤、凌霄花、金线吊乌龟、南蛇藤、扶芳藤等。

竹类主要有：毛竹、笙竹、刚竹、箭竹、方竹、金竹、紫竹、江南竹、慈竹、佛肚竹、凤尾竹、黄竹、雷毛竹、笛竹、石竹、麻竹、淡竹、苦竹、甜竹等30余种。

花卉类主要有：牡丹、芙蓉、芍药、木槿、兰、瑞香、荷、山茶 桂花、茉莉、大丽、月季、腊梅、海棠、鸡冠、红梅、子午花、凤仙、千瓣李、山丹、绣球、蔷薇、鹤顶红、玫瑰、玉簪、百合、杜鹃、菊、牵牛、千日红、睡连、虞美人、紫罗兰、令箭荷花、蟹爪兰、昙花、含羞草、万年青、吊兰、君子兰、倒挂金钟、含笑、白玉兰、碧桃、寿星桃、仙人掌（球）等。

速生优良树种和经济树种主要有：江南油杉、光皮桦、华西枫杨、亮叶水青冈、青钱柳细柄蕈树、缺萼枫香、野香椿、毛红椿、南酸枣、兰果树，拟赤杨、红皮楠、榧树、绵槠、华南樟、浙江樟、黄檀、江南竹、四叶厚朴、杜仲、樟、猕猴桃、油桐、水售花等200余种。

野生动物

龙泉的地理区位处于动物自然分布的东洋界和古北界的交接部，因而兼有二界动物的种群，故野生动物资源比较丰富。后因人口增加、森林的过量采伐、乱捕滥猎、水质污染等原因，野生动物种类数量明显减少，如华南虎已绝迹30多年，穿山甲、棘胸蛙、五步蛇的数量也呈下降趋势。21世纪始，随着森林植被的恢复，保护野生动物管理工作的加强，群众爱护野生动物观念的提高，食草野生动物已趋增多，从食物链自然演替规律分析，食肉野生动物的数量会有所回升。

为保持基本的生态过程和生命维持系统，保存生物特种遗传的多样性，保证生态系统和生物物种的持续利用，1987年7月，国务院环境保护委员会公布国家重点保护野生动物名录，龙泉共分布有重点保护野生动物54种，其中一级保护6种，二级保护48种。

昆虫类　1980年、1984年、2004年，龙泉林业系统在丽水、省内外有关单位和专家的帮助和组织下，进行3次昆虫调查考察。据《龙泉市昆虫名录》记载，龙泉境内共有昆虫832种，分属12目105科，其中鳞翅目有507种。其区系特征以东洋种占优势，古北种数量较少。随着调查的深入和调查面的扩大，以前未发现的种类将逐步增加，龙泉境内昆虫种类应在千种以上。

两栖类　根据2004年调查，龙泉有两栖类动物33种，隶属2目8科19属，其中有尾目2科4种，无尾目6科29种，其种数占全省44种的75%。

其区系成分以东洋界华中区种类为主，有19种，东洋界华中华南区种类次之，有11种，古北界种类3种。

被列入国家重点保护的有2种。

爬行类　根据相关文献记录与2004年调查，龙泉有爬行类动物49种，隶3目9科32属，占全省82种的59.7%。凤阳山是浙江省爬行类动物最丰富的地区之一。

区系特点是以华中华南区成分为主，有28种；其次是东洋界华中区成份，有11种，广泛分布于古北界东洋界的有6种；华中西南区及华南区各有2种。蛇类中以王锦蛇、乌梢蛇数量最多，其次是眼镜蛇，五步蛇有一定数量。

鸟类　龙泉境内的鸟类资源未经全面调查，分布种类尚未完全掌握。

根据原杭州大学生物系、浙江自然博物馆、浙江林学院等单位在凤阳山的调查，共记录有鸟类121种，分别隶属于10目35科。在121种鸟类中以居留情况统计，计有留鸟80种，夏候鸟25种，冬候鸟12种，旅鸟4种。

从地理型分析得知，东洋种89种、古北种29种、广布种3种。

龙泉鸟类被列入国家重点保护计有35种，其中一级保护2种，二级保护33种。其他鸟类全部列入浙江省级重点和一般保护。龙泉是黄腹角雉、白颈长尾雉、白鹇在浙江的重点分布区。

兽类　龙泉是浙江省兽类分布最集中的市县之一，计有64种，隶属8目23科，占全省99种的64.6%，其中东洋界49种、古北界15种。浙江省陆生野生兽类，特别是灵长目、食肉目的种类，因对森林生态环境有着强烈的依赖性，故龙泉全部有分布。

兽类被列入国家重点保护的种类比较多，兽类的生存环境正在逐步改善，食草兽类数量已显增加，大型猫科动物的脚印在屏南、城区大沙等地多次发现。

真菌

龙泉市在已采集标本264号中，经鉴定200余种分属16目、75属、153种,其中木腐菌133种，地生大型真菌10种，寄生性真菌50种。食用大型真菌有银耳、黑木耳、茯苓、凤尾菇、香菇、金针菇、豹皮菇、灵芝、竹荪、牛舌菌、硫黄菌等20多种。

成灾害性病菌有松针锈病、柳杉赤枯病、杉木炭疽病等。

第二篇

土　　地

龙泉市位于浙江西南部，是典型的山区市，“**九山半水半分田**”是山多地少的特点。全市土地总面积 303988.08 公顷，其中农用地 287477.13 公顷，占土地总面积的 94.57%。农用地中耕地 21988.15 公顷，占农用地面积 7.65%；园地 2103.57 公顷，占农用地面积 0.73%；林地 258661.97 公顷，占农用地面积 89.98%；其他农用地 4723.44 公顷，占农用地面积 1.64%。1989—2010 年，龙泉市加强土地管理，维护土地的社会主义公有制，保护、开发土地资源，合理利用土地，切实保护耕地，促进经济社会的可持续发展，严格执行中央、省、市有关法规政策，开展土地利用总体规划修编，出台相关政策法规，培育有序正规的土地市场，严厉打击土地违法违规行为，为经济社会发展提供保障。

第一章 土地规划与保护

第一节 土地规划

土地利用总体规划

规划以1996年为基期年，2000年为近期规划年，2010年为规划目标年，2030年为展望期。

规划编制以中共中央、国务院《关于进一步加强土地管理切实保护耕地的通知》为指导思想，以龙泉市国民经济和社会发展“九五”计划及远景规划为基本依据，并吸取各部门的发展规划精神。编制中，严格按照国家土地管理局、浙江省土地管理局和丽水地区土管局有关文件执行。规划编制在龙泉市政府领导下，得到各部门的大力协助而完成。

指导思想和任务：土地利用总体规划必须遵循“十分珍惜和合理利用每寸土地，切实保护耕地”的基本国策。以《龙泉市国民经济和社会发展“九五”计划和2010年远景目标纲要》为依据，严格控制非农建设占用耕地，协调各用地部门合理用地；科学地开发土地资源，加大土地开发整理、复垦力度，努力实现耕地总量动态平衡，达到全市经济快速持续发展，确保发展战略目标顺利实现。

土地利用总体规划的主要任务：保护耕地，实行耕地管制使用，严格执行上级下达的用地指标；耕地要保证粮食生产和其他农产品生产，确保粮食生产自给略有余。统筹安排各部门对土地的合理需求，保障国家重点建设工程用地，确保经济建设和社会发展；保持耕地稳定，耕地的减少要通过开发、整理、复垦补充，实现耕地总量动态平衡，努力促进土地利用的经济效益、社会效益和生态效益的统一。土地的开发利用决不允许破坏生态平衡，禁止陡坡开发，已造成严重水土流失的土地，要退耕还林，要修堤筑坝，要营造防护林，荒山要加速绿化，促进生态环境的不断优化、美化。

目标：根据龙泉市经济社会发展远景目标，在20世纪最后4年和21世纪前10年对土地需求量必将较大。土地利用总体规划，必须对土地供给、土地保护与土地开发得到合理处置，优化用地结构，提高土地集约水平，逐步解决历史遗留的不合理利用问题。达到提高土地利用率和产出率，改善并优化生态环境。

——人口目标。龙泉市1996年总人口267653人，城镇人口65562人(农村人口202091)。预测2000年和2010年为7.96万人和29.51万人；2030年为33.93万人。全市城镇人口2000年为7.96万人，2010年为11.46万人，城镇化水平分别29%、39%，2030年城镇人口17.6万人，城镇化水平达52%。

——提高土地利用率。由1996年的96.25%，上升为2000年96.39%，2010年96.65%。

——耕地保持总量动态平衡。2000年耕地保持23252.54公顷，2010年耕地保持23135.54公顷以上，粮食总产量分别达到11.70万吨和12.65万吨以上，人均粮食410千克，确保粮食自给略有余，2030年耕地保持23035.54公顷以上，粮食14.82万吨以上，人均425千克。

——2000年耕地减少量控制在147公顷以内，净减量控制在53公顷以内，2010年减少量控制在450公顷以内，净减量控制在170公顷以内，2030年净减量控制在270公顷以内，2010年基本农田保护率80%以上，保护区面积18646公顷以上。

——保障重点工程建设用地。规划2000年非农建设占用耕地控制在78公顷以内（上级下达86公顷），2010年非农建设占用耕地控制在231公顷。

——加强开发、复垦和整理土地力度，积极补充耕地，规划2010年补充280公顷以上，其中2000年补充94公顷。

——努力开发未利用地，通过投入，采取封、营、造等措施，2000年绿化荒草地400公顷，2010年累计绿化1200公顷，2030年累计增至2224公顷。使土地利用率从1996年93.25%，分别提高到96.39%、96.65%、96.98%，森林覆盖率2010年达到80%。

调整：2003年3月9日，对城区土地利用总体规划进行调整，采用基本农田跨乡镇代保方法，将城区76.67公顷基本农田置换到查田、兰巨等5个乡镇，拓宽城区建设用地89.33公顷，将城区建设用地7.05平方千米拓展至7.94平方千米，保证大沙、临江等工业园区18个单位项目选址。2004—2005年修编城市总体规划，2005年，开展土地利用更新调查，2005—2020年主要布局规划个7个乡镇；2006—2020年城区近期建设规划、2006—2020年龙泉市总体规划都进行了调整。

新一轮土地利用总体规划

修编依据：上轮规划下达的规划建设占用耕地指标剩余117.1852公顷，而按照龙泉市的建设速度，剩余规划占用耕地指标只能满足今后一到两年的建设需要，全市建设用地供需矛盾十分突出。为适应经济社会快速发展的客观需要，保障全面建设小康社会和工业化对用地的需求，对龙泉市土地利用总体规划进行修编非常必要、也很迫切。

法律依据：浙江省国土资源厅办公室《关于印发〈浙江省新一轮县级土地利用总体规划大纲编制技术要求〉的通知》；浙江省人民政府办公厅转发省国土资源厅关于做好市县级土地利用总体规划编制工作意见的通知；浙江省国土资源厅关于《浙江省市、县级土地利用总体规划大纲审查办法》和《浙江省县级土地利用总体规划大纲编制内容要求》的通知。

目标与主要控制指标：到2010年，保证耕地保有量不少于23145.82公顷，建设用地中本地占用耕地控制在916.94公顷以内，生态退耕减少耕地299.18公顷，为外县市提供占补平衡1500公顷，通过土地开发整理复垦增加有效耕地面积达到2470.7公顷；2011—2020年建设用地中本地占用耕地控制在748.05公顷内，生态退耕减少耕地113.02公顷，为外县市提供占补平衡1000公顷，通过土地开发整理复垦增加有效耕地面积达到2223.88公顷；至2020年，保证耕地保有量不少于24145.82公顷，建设用地中占用耕地控制在1664.99公顷以内，通过土地开发整理复垦新增加有效耕地面积达到4694.58公顷以上，提高耕地产出率，提高全市粮食自给率。

1996—2030年龙泉市土地利用结构调整规划一览表

表2-1-1

地类		基期年		近期年（1997—2000年）		2000年比1996年增减（公顷）	规划年（1997—2010年）		2010年比1996年增减（公顷）	远期年（1997—2030年）		2030年比1996年增减（公顷）
		面积（公顷）	占比（%）	面积（公顷）	占比（%）		面积（公顷）	占比（%）		面积（公顷）	占比（%）	
土地总面积		303988.18	100	303988.08	100	0	303988.08	100	0	303988.08	100	0
耕地		23305.54	7.67	23252.54	7.64	-53	23135.54	7.61	-170.0	23035.54	7.58	-270
园地		5250.97	1.73	5570.97	1.84	+329	6230.97	2.05	+980	6750.97	2.22	+1500
林地		254485.15	83.72	254503.05	83.72	+18	254521.05	83.72	+36	254621.05	83.76	+136
城镇村及工矿	小计	3645.10	1.20	3594.10	1.18	-15	3536.10	1.16	-109	3716.10	1.22	-71
	城镇	446.49	0.15	592.49	0.19	+146	947.49	0.31	+501	1442.49	0.48	+996
	农村居民点	2905.06	0.96	2708.06	0.89	-197	2295.06	0.75	-610	1960.06	0.65	-945
	独立工矿	263.83	0.09	263.83	0.09	0	263.83	0.09	0	283.83	0.09	+20
	特殊用地	29.72	0.01	29.72	0.01	0	29.72	0.01	0	29.72	0.01	0
交通用地	小计	1190.68	0.39	1329.68	0.45	+139	1594.68	0.52	+404	1746.68	0.58	+556
	公路	450.81	0.15	519.81	0.18	+69	654.81	0.21	+204	756.81	0.25	+306
	农村道路	739.87	0.24	809.87	0.27	+70	939.87	0.31	+200	989.87	0.33	+250
水域	小计	4714.26	1.55	4757.26	1.54	+43	4833.26	1.59	+119	4945.26	1.62	+231
	水利设施	24.20	0.05	28.20	0.01	+4	32.20	0.01	+8	44.20	0.01	+20
	其它	4690.06	1.50	4729.06	1.55	+39	4801.06	1.58	+111	4901.06	1.61	+211
未利用土地		11396.48	3.75	10971.48	3.61	-425	10136.48	3.35	-1260	9172.48	3.02	-2224

2010年和2020年，建设用地规划面积分别为7290.9073公顷和8553.9472公顷。

2010年，目标开发新增耕地1063.8公顷，整理新增耕地1282.1公顷，复垦新增耕地124.81公顷，合计增加有效耕地面积2470.71公顷。2010—2020年，目标开发新增耕地1941公顷，整理新增耕地57.69公顷，复垦新增耕地225.19公顷，合计增加有效耕地面积2223.88公顷。2020年全市开发、整理、复垦新增耕地4694.58公顷。

继续做好为异地补充耕地工作。充分利用龙泉市低丘缓坡土地开发的优势，在确保本市建设项目耕地占补平衡的前提下，尽可能为外县市提供更多的耕地指标。1997—2005年，为外县（市）提供耕地折抵指标245公顷；2006—2010年，为外县市提供1500公顷耕地用于占补平衡，2011—2020年还将提供耕地1000公顷用于占补平衡。

第二节　土地保护

基本农田划区

划区基本原则：优先保护高产粮田，尽力保护粮食生产用地。根据山区特点，因地制宜，分类指导，在明确保护基本农田面积目标的前提下，合理划定保护区和协调安排好各类建设用地范围。坚持实事求是，注重落实各项措施。划区保护耕地是目的，因此，划区定界要求保护界线明确，设立必要的保护标志，并制定行之有效的保护和管理措施。

保护对象与规划年限：主要对象是用于粮食生产和蔬菜生产的耕地。规划期限：以1989年为基础年，规划保护期到2000年，同时展望到2020年。农保划区工作由乡镇人民政府协同土地、农业、城建等有关部门组织实施。

划定基本农田保护区，其宏观控制指标的确定，必须符合上级宏观调控的要求，采取上下结合、综合协调的方法。

农田保护率是农保区规划的核心指标，是指令性指标。按条例、宏观控制的要求，至2000年，地区下达的农田保护区面积16700公顷，建设留用地面积333.33公顷，农业结构调整40公顷，农田保护率97.8%。

指标分解下达：面积的分解。市级农田保护规划方案确定后，科学合理分解建设留用地指标，确定各乡镇农田保护率。

建设留用地指标分解，是重点保证国家建设用地，妥善安排集体用地，适当控制私人用地原则。向城镇经济建设区倾斜，向公路交通发达地区倾斜，适当留取机动数51.87公顷。

在确定规划指标的基础上，经比较分析，到2000年，全市总人口控制在296540人以内，粮食亩产507.37千克，人均用粮406.77千克，商品粮任务15839.006吨，全市需耕地16289.25公顷，建设用地控制在333.33公顷以内，农业结构调整不予考虑，基本农田保护面积达16776.01公顷，农田保护率98.35%，开发耕地400公顷，达到耕地供需平衡。

2000年龙泉市基本农田控制指标一览表

表2-1-2

乡镇＼项目	1989年年末耕地面积		2000年		
	耕地(公顷)	人口(人)	建设留用耕地(公顷)	耕地保护区(公顷)	保护率(%)
合计	17050.8	259085	333.33	16724.13	98.35
龙渊镇	463.35	35894	46.18	417.17	90
宏山乡	261.87	3592	4.62	257.25	98.2
大沙乡	307.07	3620	4.66	302.41	98.5
凤鸣乡	378.2	5668	7.29	370.91	98.1
白云	190.57	2644	3.4	187.17	98.2
新民	276.13	3830	4.93	271.20	98.2
剑湖	388	5704	7.33	380.67	98.1
兰巨	456.37	7237	9.31	453.72	98
大赛	281.17	3201	4.11	277.05	98.5
础石	386.97	4301	5.53	381.43	98.6
林垟	288.73	3943	5.07	283.66	98.2
八都	500.4	8636	11.11	489.29	97.8
上垟	607.2	10159	13.07	594.13	97.8
宝溪	755.6	7207	9.27	746.33	98.8
竹垟	696.03	7565	9.73	686.3	98.6
瀑云	785.4	10041	12.92	772.48	98.4
南窖	477.85	5325	6.85	470.99	98.6
泗源	399.38	6530	8.4	390.98	97.9
小梅	417.43	7203	9.27	408.17	97.8
查田	490.64	6860	8.83	481.81	98.2
茶丰	612.5	8673	11.16	601.34	98.2
青溪	40.83	4683	6.03	416.11	98.6
屏南	260.24	3891	5.01	255.23	98.1
均溪	263.09	3053	3.92	259.16	98.5
瑞垟	148.14	2956	3.8	144.34	97.4
龙南	324.33	4085	5.25	319.08	98.4
建龙	344.79	3580	4.61	340.18	98.7
义和	500.33	6097	7.85	492.49	98.4
建兴	511.48	6984	8.99	502.49	98.2
安仁	521.55	7543	9.71	511.84	98.1
福源	418.45	4265	5.49	412.96	98.7

续表 2-1-2

项目 乡镇	1989 年年末耕地面积		2000 年		
	耕地(公顷)	人口(人)	建设留用耕地(公顷)	耕地保护区(公顷)	保护率(%)
天平	271.67	3470	4.47	267.20	98.4
胜利	245.86	2620	3.37	242.49	98.6
雁川	251.75	4008	5.15	246.60	98
供村	312.74	4965	6.39	306.35	98
双平	215.84	3193	4.11	211.73	98.1
王庄	220.72	3003	3.87	216.85	98.2
上东	394.73	4212	5.42	389.31	98.6
盛溪	329.47	4621	5.95	323.52	98.2
黄鹤	274.53	3037	3.91	270.62	98.6
住龙	311.73	5786	7.45	304.28	97.6
岩樟	288.04	4007	5.15	282.89	98.2
双岭	278.67	3861	4.97	273.7	98.2
锦溪	440.67	7332	9.43	431.24	97.9
国营农林场	78.99	—	—	78.99	100

农田保护区划定后，将建设留用地以村为单位进行登记。登记内容有：坐落土名、编号、面积、四至等。

基本农田保护区管理措施

制定规章制度，确保规划实施划定基本农田保护区，是综合运用行政、法律、技术手段，以制定形式加强对基本农田保护，在管理上建立和完善相应的规章制度。首先，乡镇政府发布《关于加强基本农田保护管理的布告》，规定保护农田的奖罚制度，各村根据布告精神联系各村的实际情况制定出村规民约，经明确保护制度，建立起大众的约束机制。

为实施制度，各乡镇、村都建立“基本农田保护领导小组”，确定 1 名土地管理员负责监督、检查，实施保护管理工作。建立健全乡村土地管理网络，强化土地管理。

1994 年之后，每年由龙泉市人民政府和乡镇政府签订农田保护责任书。

调整基本农田控制指标：1995 年 4 月，根据丽水行署办公室《丽水地区基本农田控制指标调整方案》的通知精神，对原基本农田控制指标进行调整，基本农田保护数 16457.47 公顷，农保率为 96.48%，建设留用地比原来增加 333.33 公顷，增加 80%，计 600 公顷。

调整原则。山区乡镇的建设用地指标不作大的变动，重点调整九个镇的用地指标。向工业交通发展地区倾斜，增大国家、集体建设留用地。综合分析前几年建设用地情况，适当调整部分乡镇建设留用地。适当保留部分留用地机动数。

2000年龙泉市基本农田控制指标一览表

表 2-1-3

乡镇别	1989年年末耕地面积（公顷）	2000年年末耕地面积（公顷）				保护区面积（公顷）	建设留用地（公顷）			保护率（%）	耕地面积需开发
		总面积		净减数							
		原来数	调整后数	原来数	调整后数		原来数	调整后数	增加（%）		
龙渊	1877.19	1806.11	1687.10	71.08	190.09	1687.10	71.08	190.09	11.16	5.74	242.21
住龙	311.73	304.28	288.99	7.45	22.79	288.99	7.45	22.73	13.69	6.18	35.24
城北	998.73	983.43	983.43	15.31	15.31	983.43	15.31	15.31	—	6.57	0.91
安仁	1457.52	1434.49	1414.41	23.03	43.11	1414.41	23.03	43.11	5.81	6.47	85.27
兰巨	1132.20	1110.78	1110.78	21.42	21.42	1110.78	21.42	21.42	—	6.53	—
林垟	675.70	663.84	663.84	11.86	11.86	663.84	11.86	—	—	6.55	—
八都	1763.65	1732.76	1704.54	30.89	59.11	1704.54	30.89	59.11	0.00	6.10	46.16
上垟	1006.58	985.11	964.60	21.47	41.98	964.60	21.47	41.98	6.37	6.39	49.43
宝溪	755.60	744.55	744.55	11.05	11.05	744.55	11.05	11.05	—	6.63	—
竹垟	696.03	686.30	686.30	9.73	9.73	686.30	9.73	9.73	—	6.57	40.23
小梅	839.57	832.48	812.73	7.08	26.84	812.53	7.08	26.84	18.59	6.45	42.33
查田	1103.14	1094.23	1075.97	8.91	27.17	1075.97	8.91	27.17	13.66	6.50	18.33
屏南	671.47	667.81	658.36	3.65	13.11	658.36	3.65	13.11	17.25	6.53	—
龙南	1680.93	1663.53	1663.53	17.41	17.41	1663.53	17.41	17.41	—	6.60	—
道太	1001.05	994.35	994.35	6.70	6.70	994.35	6.70	6.70	—	6.62	—
锦溪	719.34	708.94	692.86	10.40	26.53	692.85	10.40	26.48	16.93	6.42	95.08
岩樟	288.04	283.98	283.98	4.06	4.06	283.98	4.06	4.06	—	6.37	4.06
国营	78.99	78.99	78.99	—	—	78.99	—	—	—	—	—
机动	—	—	—	51.84	51.84	—	51.84	51.84	—	—	—
合计	17057.47	16724.13	16457.47	333.33	600.00	16457.47	333.33	600.00	5.33	6.43	659.25

注：2000年年末耕地面积合计中已除去机动数51.84公顷。

用地指标分解：1987年第一年开始实施用地指标，当时根据建设需要，国家、集体建设用地这二块由县统一掌握使用，不作分解。农房建设用地分解到乡镇，县政府《关于下达一九八七年农房建设用地控制指标的通知》，分配全县农房用地指标16.6公顷，其中：耕地5.73公顷，非耕地10.87公顷，参照各乡镇1986年建房用地数、农业总户数、各乡耕地占有面积、集镇建设等情况，计算建房比例，将用地指标分解到乡镇，由乡镇政府统一安排掌握，并按规定程序办理用地审批手续，不准跨年度使用，不准年终突击分配，不作下年下达指数，各乡镇认真执行，严格把关，不准突破。

1998年之后，用地分配指标由计经委和土管局分配到乡镇。

用地指标执行：自用地指标实施之后，全市基本上没有突破。1988年因农田水利集体建设用地突破之外，国家建设、私人建房都有节余，节约大量土地。有的年份节约50%以上，如1992年指标用地42公顷，实际只有22.8公顷。集体建设用地指标8公顷，实际只用1.27公顷。

1987—1996年龙泉市(县)非农业建设用地计划执行情况一览表

表2-1-4　　单位：公顷

数量/项目/年份	指标与实际	三项非农业用地		国家建设用地		集体建设用地		个人建房用地	
		合计	其中耕地	合计	其中耕地	合计	其中耕地	合计	其中耕地
1987	计划	48.00	21.00	20.00	10.67	11.40	4.60	16.60	5.73
	实际	38.00	15.33	22.67	10.67	2.00	1.33	14.00	3.33
1988	计划	48.00	21.33	18.67	9.33	11.67	7.00	17.67	5.00
	实际	125.47	69.13	74.20	47.40	34.13	17.00	17.13	4.73
1989	计划	40.67	20.67	17.00	9.67	11.67	5.93	12.00	5.07
	实际	52.53	14.67	20.67	2.40	21.87	8.80	10.00	3.47
1990	计划	39.00	14.53	13.33	6.00	8.67	4.00	17.00	4.53
	实际	21.93	4.60	9.73	1.33	2.47	1.67	9.73	1.60
1991	计划	44.00	21.00	18.67	13.33	8.00	3.33	17.33	4.33
	实际	35.07	17.07	15.67	12.00	10.47	0.60	8.93	4.47
1992	计划	42.00	21.00	18.67	13.33	8.00	4.00	15.33	3.67
	实际	22.80	11.93	12.80	8.53	1.27	1.13	8.73	2.27
1993	计划	40.00	32.00	30.00	28.00	1.00	1.00	9.00	3.00
	实际	41.00	31.60	31.00	27.93	1.00	0.93	9.00	2.73
1994	计划	32.00	17.33	14.00	10.00	7.00	4.00	11.00	3.33
	实际	20.07	14.60	10.60	10.27	0.33	0.33	9.13	4.00
1995	计划	37.00	25.00	21.00	15.00	4.00	2.00	12.00	8.00
	实际	32.73	27.60	22.07	20.87	0.33	0.33	10.33	6.40
1996	计划	39.00	22.00	19.00	13.00	6.67	2.33	13.33	6.67
	实际	41.07	20.80	33.33	18.20	0.13	—	7.60	2.60

1997—2008年计划农用地转用执行实绩一览表

表2-1-5　　单位：公顷

年份	实际	年份	实际	年份	实际	年份	实际
1997	3.57	2000	34.09	2003	113.37	2006	75.56
1998	23.95	2001	149.59	2004	13.02	2007	73.50
1999	32.54	2002	39.38	2005	378.52	2008	—

1997年之后，建设用地指标分配资料不全，以用地实际面积统计，包括国家、集体、个人三项合计。

第二章 土地与矿产管理

第一节 土地登记

城镇、建制镇非农业用地申报登记

启动阶段：1988 年 8 月 26 日，县政府龙渊镇国有土地使用权、集体土地建设用地使用权申报登记工作动员大会召开，8 月 28 日，土地申报登记动员大会在龙泉人民戏院召开，参加人数 1000 余人，翌日，分东街、西街、水南、南秦四片召开申报登记群众大会，进行充分发动工作。

制作各种表册及制定相关文规：土地申报登记开始时，根据《土地登记规划》，制作《土地登记申请书》《土地登记审批表》《地籍调查表》《四至认定书》以及其他相应的表册。县政府出台《关于龙渊镇土地申报登记暂行办法》《龙渊镇土地申报登记公告》《关于确定宗地界址的处理决定》《关于确定土地权属的若干意见》《关于非农业建设用地申报登记若干问题处理意见（试行）》，县土管局、财税局、物价局制定《土地申报登记收费标准的规定》，土地管理局发布《关于农村土地申报登记历史遗留问题若干处理意见》。

申报登记：1988 年 9 月 9 日，龙渊镇土地申报登记全面开展，以居民区、村委会为申报单元，共设 12 个申报登记点，每个点 3~4 人，抽调土管员 10 余人，聘用临时工 30 余人，各村支部书记、村委会主任、会计、居民主任配合工作，国家行政企事业单位、厂矿直接到土地管理局申报。法人代表随带身份证、权源证件、委托书、四至认定书，按属地进行登记，其他个人在指定地点申报。

同时，八都、小梅、安仁、锦溪 4 个建制镇也开始启动。

1988 年 9—12 月，城镇及 4 个建制镇，共申报用地 9786 宗、346.60 公顷。

1988 年 10 月 11 日，丽水行署在龙泉召开城镇土地使用权申报登记工作会议，参观现场，查看申报材料。

农村集体土地非农业用地申报登记

1988 年，市区非农业用地申报登记至 12 月底止，基本完成。1989 年 9 月开始，进行农村集体土地建设用土地申报登记试点工作。1991 年 5 月 6 日全面铺开。同时，县土地管理局发出《关于在全市范围内开展土地使用权申报登记的通知》，各乡镇成立领导小组，统一部署，按规定时限，开展申报登记，依据县人民政府《关于龙泉县非农业建设用地申报登记若干问题的处理意见（试行）》处理土地申报中有关问题，突击 4 个月完成 47078 宗地申报登记，占农户总数和应申报数的 93.6%。收取土地申报登记费 669766 元，为农村提供权属调查发证奠定经济基础。

1988 年龙泉县城区土地申报登记统计一览表

表 2-2-1

地类	单位数	申报宗地	申报用地面积			权源证件			违法违章			共用地分摊			用地合法率		争议（宗）
			用地面积（平方米）	其中建筑占地（平方米）	占用地（%）	齐全（宗）	不全（宗）	无权源（宗）	未批先占（宗）	批少占多（宗）	违法转让（宗）	已分摊（宗）	部分分摊（宗）	未分摊（宗）	标准宗地达到三项（宗）	占数申报（%）	
国家、集体单位	205（个）	703	1736337	623729	35.9	233	414	56	56	75	—	—	—	—	103	14.65	565
城市居民	2750（户）	3121	231311	180609	78.1	2974	77	41	6	247	58	611	93	266	1345	43.1	72
农村居民	3018（户）	3149	318061	276992	87.1	240	2804	23	8	291	5	289	11	312	1845	58.6	82
合　计	5973	6973	2285709	1081330	47.3	3447	3295	120	70	613	63	900	101	578	3293	47.2	219

1988 年龙泉县城镇、集镇土地申报情况一览表

表 2-2-2

项目 镇别	国有土地						集体土地						合计	
	单位		个人		小计		单位		个人		小计			
	宗地（宗）	面积（平方米）	宗地（宗）	面积（平方米）	宗地（宗）	面积（平方米）	宗地（宗）	面积（平方米）	宗地（宗）	面积（平方米）	宗地（宗）	面积（平方米）	宗地（宗）	面积（平方米）
城　镇	650	1731827	3121	231311	3771	1963138	50	4500	3149	318061	3199	322561	6970	2285699
小　梅	45	36404	—	—	45	36404	—	—	594	80784	594	80784	639	117188
锦　溪	88	458733	8	914.14	96	459647.14	13	6114	379	66107	392	72221	488	531868.14
安　仁	53	100894	—	—	53	100894	10	3194	674	80874	684	84068	737	184962
八　都	109	103727	—	—	109	103727	30	141095	813	101645	843	242740	952	346467
合　计	945	2431585	3128	232225.14	4074	2663810.14	103	154903	5609	647471	5712	802374	9786	3466184.14

非农业用地登记发证

城区　自非农业用地申报结束后，根据《土地登记规则》，进行地籍测量，权属调查，登记发证。从龙渊镇申报国有、集体单位，城镇居民，农民集体土地 6973 宗中，符合界址清楚、权属合法、面积准确三项标准的有 3293 宗，占 47.2%；权源证件齐全的 3447 宗，只占 49.43%；违法违章的有 746 宗，占 10.6%，四至清楚邻居签名盖章确认的只有 1282 宗,占 18.3%；部分界址承认和四邻都不承认的有 81.6%。在这种情况下进行地籍调查，确权发证有许多困难。故此，根据县人民政府制定的《关于确定土地权属问题的若干规定》和《关于确认宗地权属界址的规定》，县土地管理局颁发《关于违法违章用地的若干处理办法》。从 1989 年 5 月开始，先进行发证试点工作，划分街坊，以街坊为单元，在申报材料的基础上进行地籍调查，1989 年 5 月开始，历时 2 个月，在龙渊镇宫头村、九行政村的大湾、四下寺岗 2 个街坊调查 97 宗，23075.2 平方米，其中有纠纷的 29 起，涉及 65 宗地，有违章的 55 宗，用地 4549.4 平方米。都分别进行调处。1989 年 7 月 8 日，首批颁发土地使用证 20 本，临时使用证 4 本。

在首批发证试点经验的基础上，开展经常性登记发证，聘用有文化知识、有农村工作经验、工作积极性高的离退休干部和部分懂测量业务的年轻人，组织一支 20 余人的专业权属调查组，依据申报登记材料，逐宗进行勘丈登记，权属调查，进行地籍编号，符合"三项"标准的，在街坊内张榜公布，征求广大群众意见，15 天之后无异议的，上报批准发证。

在权属调查中处理土地纠纷 870 起，至 1997 年 12 月，颁发国有土地使用证和集体土地建设用地使用证 8228 本。

农村　1991 年 9 月，龙泉市政府办公室批转土地管理局《关于在全国范围内开展非农业用地确权发证工作报告的通知》下达后，在申报的基础上开展"地毯式"权属调查。农村权属调查难度大、情况复杂，在调查中发现一批违法用地，未批先占，批少占多，违法转让，买卖土地，房产交易未办理使用权过户，有的乡镇政府越权批地，无权源证件比较普遍。生产性用房，如仓房、晒谷场子、牛栏、灰铺、尿池等非农业用地，辅助用房用地，如柴间、猪栏与主房不成整体的。确定长期使用权与否，界限不清。故此，市土地管理局颁发《关于农村土地登记、发证工作中历史遗留问题的若干处理意见》，对违法用地结合以往的政策规定提出分档次处理，凡是生产性用房以及辅助用房零星建造的不予长期确权发证，可批准临时性用地。政策确定之后，土地登记发证任务，交乡镇政府组织实施。地籍调查结果，报土地管理局和市人民政府审核审批。土地管理局负责业务技术培训，以乡镇为单位，培训地籍调查员 200 余人，组织一支专业队伍，深入农村，逐宗地进行勘丈、记录，按《土地登记规则》程序进行工作。调查之后，符合"界址清楚、权属合法、面积准确"三项标准的，张榜公布 15 日之后，无其他异议的，上报市土地管理局和市政府批准发证。

1991 年 9 月至 1993 年底，442 个行政村颁发农村集体土地建设用地使用证 56000 余本，基本完成发证任务，留下有纠纷宗地 3616 宗不能发证，乡镇政府以及乡镇企业 441 宗，无权源证件，发证较难，待后逐步解决。

1991 年龙泉市农村非农业用地申报情况统计一览表

表 2-2-3

乡镇	总户数(宗)	申报数(宗)	申报费(元)	申报率(%)	备　注
八　都	5109	5689	59957	91.70	
竹　垟	1705	1541	23380	90.38	
宝　溪	1605	1677	25572	104.48	有的一户二宗地
上　垟	3084	3552	33131	115.17	有的一户二宗地
兰　巨	3686	3226	43577	87.15	
龙　渊	4602	3950	60460	85.83	农村片
林　垟	1944	1860	57228	95.67	
查　田	3566	3598	48260	100.89	部分一户二宗
小　梅	2630	2040	30752	77.56	集镇已申报 594 宗
龙　南	4707	5005	73981	106.33	部分一户二宗
屏　南	2190	2496	37237	113.97	部分一户二宗
道　太	3646	2917	48294	80.00	
安　仁	4216	3505	53201	83.13	集镇已申报
城　北	2901	3168	51116	109.20	
岩　樟	923	755	11948	81.79	
住　龙	1367	1400	15560	102.40	部分一户二宗
锦　溪	2413	1699	26112	70.40	
合　计	20294	47078	669766	86.97	

土地变更登记与地籍调查

土地变更登记　1989 年至 1996 年 12 月，全市土地申报 85956 宗，已发证 75953 宗，龙渊镇申报登记 8599 宗，已发证 7665 宗，已完成土地初始登记。

完成初始登记之后，有土地使用权和他项权利发生转让分割、合并、终止及土地的用途发生变化的都要办理变更登记，经地籍变更调查审核符合规定的给予变更土地登记，之后统称变更调查。

1998—2008 年龙泉市土地变更登记发证情况一览表

表 2-2-4　　单位：元

年份	发证	年份	发证
1998	620	2003	811
1999	1152	2005	3500
2000	9944	2006	3700
2001	722	2007	4709
2002	1120	2008	—

城镇地籍测量　1992年，根据《城镇地籍调查规程》实施，遵循从整体到局部、从高级到低级，先碎部的原则进行。测区坐标精度以四级三角控制，一级导线、二、三级图根导线，以安清山为原点，自成坐标体系，方位角同国家坐标联网。地籍平面控制测量，按“规程”要求，布设四级三角网控制，在此基础上，布设红线测距导线图，一、二级图根导线图。碎部测量，首先进行街坊外图根导线加密测量，测定宗地界址点，然后在宗地权属调查基础上，勘丈宗地草图，以宗地套合地籍图。

测区面积8.15平方千米，31个居民区和行政村，36个街坊，宗地数8600宗，宗地面积4632123.6平方米。其中：国有土地4465宗，用地709352.07平方米，集体土地1435宗，用地303415.21平方米。

龙泉市用地分类面积统计一览表

表2–2–5

地类号	用 地 类 别	分类面积(平方米)	占调查面积(%)
10	商业金融用地	272684.07	3.35
20	工业仓储用地	459409.1	5.64
30	市政用地	98473.77	1.21
40	公开建筑用地	343353.1	4.21
50	住宅用地	655891.72	8.05
60	交通用地	534202.17	6.55
70	特殊用地	21502.7	0.26
80	水域	911054.77	11.18
90	农用地	2606824.7	31.99
100	其他用地	2246606.9	27.56
合　　计		8150003	100

地区地籍测量由土地管理局组织实施，四等网中最弱相邻点的相对点位中误差不超过5厘米，达到国家要求。自成体系，采用部分解释法，以宗地套合地籍为全省首例。不搞承包，花费6万余元，完成8.15平方千米测量任务，培养一支测量骨干队伍，自力更生搞测量，走出一条新路子。建立比较完善的地籍档案。绘制1:500地籍图是比例尺最大最准确的图件，为城区土管工作建立基础资料。

2003年9月至2004年12月进行。1992年市区第一次地籍调查之后，城市化水平不断提高，旧城改造步伐加快，城市规模不断扩大，市场交易活跃，城镇土地利用状况和土地权属变化较大，各项土地管理工作急需反映现状的地籍基础资料。根据省国土资源厅《关于开展新一轮城镇地籍测量工作的通知》精神，开展1:500全数字地籍测量。

调查范围，东至梧桐口、础石沈边村；南至炉田、芳野、础石乡沈边村；西至石子洋、红旗机械厂、张家埼自然村；北到大坞、岗田及东北的村头村，总面积19.53平方千米，包括龙渊、西街、剑池三个街道和础石部分村庄，测量利用GPS(全球定位系统)，内外业一体化测量，数据库等技术成图。符合1:500地籍测绘的精度要求，图件内容包括地形全要素和地籍要素。

主要成果

文字成果：城区数字地籍调查技术设计；城区地籍调查工作报告；城区 GPS 基础控制测量与 1:500 数字地籍测量、数字地形与航测项目技术总结。

地籍测量成果：1:500 数字地形图；1:500 数字地形图分幅结合图；1:500 数字地籍图；1:500 数字地籍图分幅结合图；以街坊为单位地籍分幅图；测区范围、行政区域、街道、街坊图；宗地部分资料，共调查 50 个街坊，11200 宗地（已发证 8684 宗，未发证 2516 宗），城郊 10 个街坊 1452 宗地（已发证 724 宗，未发证 728 宗）。

第二节　建设用地管理

概况

1988 年 3 月 21 日，县土地管理局成立后，用地管理逐步走向规范化，健全用地审批制度，开展“三到场四不批”新的管理办法。实行统一征地，遏制变相买卖土地行为。实行土地使用制度改革，使土地从无偿无限期使用走向有偿有限期使用，培育和规范土地市场，同时建设用地实行计划管理，实行制度化、正规化。

征用土地审批

审批管理　批前管理，单位建设项目由计经委立项或会审，向土地管理部门提出用地申请，主管单位现场踏查定点核定面积，填报各种呈报表、协议书及应报文书资料，向统一征地事务所申请统一征地。

审批中管理，用地审批呈报表交付村、乡、镇政府（土地管理所）签具意见，审查各应报文书资料，经办人初审意见，局长批示，报上级政府审批（超限额用地要上报省、地），批准用地后进行登记。

审批后的管理，建设用地批准使用后，土管部门经常定期到用地地点检查，竣工后，参与工程验收，发现问题随时解决，最后进行登记发证。

乡镇建设用地批准程序同国家建设用地批准程序相同。

审批权限　各类建设用地审批权限在不同阶段有所不同，随着国民经济发展情况，各个时期经济发展而变化。1987 年 1 月 1 日开始，按《中华人民共和国土地管理法》规定审批权限执行。2001 年《中华人民共和国土地管理法》修改后，凡是使用耕地的，不管国家、集体、个人都要报省人民政府审批。

征用土地涉及规划、交通、环保、文物保护、消防、电力、林地都要分别取得有关部门同意。

2002 年 3 月 15 日，龙泉市发布《关于职能调制和内部机构编制方案规定》，调整成立土地规划耕地保护科，建设用地管理科改为土地利用科，农用地转用由耕保科权限主审项目用地上报审批，农用地转用后再由土地利用科按权限主审以及项目用地情况上报审批供地，严密用地管理改为二次主审。

2005 年 10 月 31 日，龙泉市人民代表大会常务委员会发布《关于加强土地管理的若干意见》，并于 10 月 26 日龙泉市十三届人大常委会第十九次会议通过，规范土地管理，提七条具体意见。

1987—1998 年各类建设用地当年增加面积一览表

表 2-2-6　　　　单位：公顷

年份	合计	国家建设用地							集体建设					农村建设个人用地	备注
		小计	城市	建制镇	独工立矿	公路	水利工程	其他	小计	农村道路	农田水利	乡镇企业	其他		
1987	38.67	22.67	—	10.00	12.00	6.67	—	—	2.00	0.67	0.67	0.67	—	14.00	
1988	125.47	74.20	—	7.60	13.67	19.80	31.27	1.87	34.13	20.67	11.33	0.53	1.60	17.13	
1989	52.53	20.67	—	7.40	6.20	4.67	—	2.4	21.87	136.47	4.33	2.67	1.27	10.00	
1990	21.93	9.73	—	5.87	0.73	2.80	—	0.33	2.47	0.93	1.07	0.47	0.00	9.73	
1991	35.07	15.67	—	2.73	0.47	11.47	—	1	10.47	8.00	1.33	0.67	0.47	8.93	
1992	22.80	12.80	5.20	0.00	0.13	4.33	—	3.07	1.27	—	—	—	1.27	8.73	
1993	41.00	31.00	9.07	1.93	—	20.00	—	—	1.00	—	—	—	1.00	9.00	
1994	20.07	10.60	10.13	0.27	—	—	—	0.2	0.33	—	—	—	0.33	9.13	
1995	32.73	22.07	3.20	0.53	—	17.80	0.47	0.06	0.33	—	—	—	0.33	10.33	
1996	41.07	33.33	7.87	0.47	—	24.20	0.4	0.4	0.13	—	—	—	0.13	7.60	
1997	11.40	10.27	8.80	0.60	0.87	0.00	—	—	1.13	0.13	—	—	1.00	—	
1998	43.67	41.93	7.20	0.93	0.13	18.33	15.33	—	0.13	—	0.13	—	—	1.60	
合计	486.40	304.93	51.47	38.33	34.20	130.07	47.47	9.33	75.27	44.00	18.87	5.00	6.40	112.87	

1999—2007年各类建设用地增加面积一览表

表 2-2-7　　单位：公顷

年份	国家集体用地		农村个人建设用地	年份	国家集体用地		农村个人建设用地
	合计	其中：耕地			合计	其中：耕地	
1999	32.54	30.79	—	2004	113.01	7.24	19.03
2000	34.09	26.57	—	2005	378.50	116.06	—
2001	146.59	48.53	2.7	2006	76.56	22.91	2.58
2002	39.38	25.66	—	2007	73.51	73.51	5.61
2003	113.37	25.50	1.57	—	—	—	—

征地、出让工作　征地，长期以来，国家单位需要用地，是谁建设谁征地，各项标准很不一致，征地越来越难，甚至发展到变相买卖土地，谁卖地谁发财，有些人成为卖地的暴发户，违法用地很活跃。为解决国家企事业单位征地难问题，1988年县土地管理局成立后，内部成立统一征地事务股，1991年6月1日，成立市统一征地事务所，1991年3月23日，市人大常委会十届六次会议通过，《关于龙泉市城乡单位建设项目实行统一征地的决议》，1991年7月1日，市人民政府《关于对单位建设用地实行统一征地的通告》，市土地管理局统一征地事务所于1991年1月19日制定《统一征地实施细则》规定征费标准，粮食征购任务减免和有关劳动力安置等具体事项，1991年10月24日，市府发布《关于龙泉市国家建设实行统一征地的暂行规定》。今后凡是国家建设项目需要征用集体所有土地的，都要由统一征地事务所办理统一征地，任何建设单位不得擅自和土地所属的行政村或各农业集体经济组织商议征地条件及签订征地协议，对擅自与被征地单位商议征地条件及签订协议的，一律按买卖土地行为依法处理，并追究其主管人员的法律行政责任。

国家建设项目需要征用集体所有土地，必须按照下列程序办理统一征地手续。

建设单位持上级主管部门和市人民政府按照国家基本建设程序批准的建设项目批准或其他批准文件，向土地管理部门提出申请用地。在城市规划区内选址，应当到得城市规划管理部门的同意。涉及交通、环境保护、文物保护、消防安全，还应分别取得有关部门同意。首先耕保科实施农地转用，转交统一征地。

在选定建设地址建设项目初步设计经批准后，建设单位持有关批准文件和总平面布置图、地形图，向土地管理部门正式申报建设用地，在市统一征地事务所主持下，签订征地协议，按审批权限上报审批。

征用土地申请批准后，由市土地管理部门根据建设进度一次或分次划拨土地。

征地费用补偿：征地单位用地批准后要按照规定缴纳建设用地各项税费。如土地补偿费、安置补助费、青苗补偿费、地面附着物补偿费、菜地建设资金、造地费、土地管理费、不可预可费、耕地占用税，然后再划拨土地。

根据国家、集体、个人三者兼顾和土地有偿使用的原则，市统一征地事务所收取征地税费，分别如数划给有关单位。

1991—2007年统一征地统计一览表

表 2-2-8　　单位：公顷

年份	征用面积		年份	征用面积		年份	征用面积	
	合计	其中：耕地		合计	其中：耕地		合计	其中：耕地
1991	2.30	2.24	1997	3.57	3.57	2003	86.04	86.04
1992	10.78	—	1998	23.92	13.71	2004	13.02	13.02
1993	12.16	—	1999	29.69	27.94	2005	261.89	116.06
1994	3.37	—	2000	33.49	26.57	2006	44.39	18.08
1995	2.59	—	2001	129.01	48.53	2007	42.11	31.00
1996	15.10	—	2002	39.38	32.27	—	—	—

征地补偿　1991年，市政府规定土地补偿费用。

土地补偿费。征用耕地补偿标准（包括园地、养殖水塘和其他有收益的土地），市规划区范围内为该耕地被征用前三年平均产值5倍，其他地区为该耕地被征用前三年平均产值的4倍，征用非耕地的，一般不超过当地耕地的二分之一。

安置补助费。征用耕地需要付给安置补助费的人数，按征用面积占被征地单位原人均耕地之比计算。每亩安置补助总额最高不得超过征用前三年平均产值的十倍。征用非耕地的，其安置补助费一般不超过当地耕地补助费标准的二分之一，已支付安置补助费的，不再安排招工。按照上述规定的补偿和安置补偿标准，尚不能使需要安置的农民保持原地的生活水平的，经省土地管理部门批准，可以适当增加安置补助不得超过土地被征用前三年平均产值的20倍。

青苗补偿费。被征用耕地的青苗补偿费标准为当季作物的产值。

地面附着物补偿费。被征用土地上的树要和建筑物，构筑物等设施，予折价补偿或迁建。但开始协商征地方案后抢种的树林或抢建的设施不予补偿。

土地出让　1992年，龙泉市在丽水地区首开先河，以拍卖形式出让国有土地。自国土资源部《招标、拍卖、挂牌出让国有土地使用权规定》实施以来，龙泉市严格执行国家《划拨用地目录》，除法律明确规定需要以划拨供地外，其余用地全部纳入有偿使用范围，土地公开出让工作取得进展。继续深化土地使用权制度改革，不断加大国有土地使用权招标拍卖力度，公开出让的方式已从单一的拍卖向招标、拍卖等形式转变，公开出让的土地从经营性土地向金融用地、工作用地、商居用地、农村住宅用地等各类型用地发展。

1992—2008年有偿出让收入情况一览表

表 2-2-9

年份	项　目	面积（公顷）	收取出让金（万元）
1992	出让	2.76	—
1993	补交出让金	1.69	197.2

续表 2-2-9

年份	项　目	面积(公顷)	收取出让金(万元)
1994	出让	1.17	224.2
	补交出让金	0.35	7
1995	出让	0.31	969
1996	补交出让金	0.31	14.9
1998	出让	0.42	1943
	补交出让金	9.00	128
1999	出让	9.53	6677
2000	出让	20.63	15800
	补交出让金	2.50	533.7
2001	出让	13.50	7772.4
2002	出让	16.81	7335.91
2003	出让	0.11	1450
2004	出让	5.69	14274
2005	出让	11.00	17400
2006	出让	13.23	26842
2007	出让	11.22	29166

土地规费

中华人民共和国成立之后，国家、集体、个人建设用地征地过程中从不收取任何规费，政府及职能部门无偿服务。随着国民经济发展建设用地需求量增加，依法用经济手段控制非农业用地，贯彻执行“珍惜和合理利用每寸土地，切实保护耕地”这一基本国策。从 1982 年开始征收新菜地建设基金和造地费。1985 年开始，国家建设征用土地，需向土地管理部门交纳土地管理费，统一征地不可预见费、抛荒费。1988 年开始收取申报登记费、土地权属调查费、建设用地勘丈定界费、测绘费、界标埋设费、土地复垦费、土地损失补偿费、土地档案利用费、土地纠纷调处费、土地出让金。

由财政国税部门收取的税项有：耕地占用税、城镇土地使用税、教育事业附加费。2002 年 8 月开始转移土地权属开征契税。

耕地占用税　耕地占用税，是国家为了保护土地资源，加强土地管理，制止乱占滥用耕地而征收的税种。1987 年 4 月 1 日，国务院颁布的《耕地占用税暂行条例》规定：自发文之日起，凡经批准占用耕地的单位和个人，均应依照规定缴纳耕地占用税。省人民政府批转财政厅《关于开征耕地占用税的报告》规定，自 4 月 1 日起施行。龙泉县于 1987 年 10 月开始征收。

浙江省耕地占用税征收标准分为 4 类地区，龙泉县属 4 类地区。征收标准：龙渊镇(包括 1~9 村、宫头、水南、南秦等村)，安仁镇(包括项边、刘坊、黄砿等村)，锦旗镇(包括下锦、中锦、上锦等村)，八都镇(包括 1~4 村)，小梅镇(包括梅一、梅二、梅三、梅四等村)。以上属于镇范围各村，每亩征收 4000 元，其余地区每亩征收 3000 元。农业户口建设自用住房的土地减半征收。缴纳耕地占用税后，经核实确系占用农业税计税土地的，其计税产量应纳税额给予核减。

耕地占用税收入，50%上缴中央财政，10%交省财政，40%留县财政。1989 年调整为 30%上缴中央财政，10%交省财政，60%留县财政。应分级建立农业专项资金，列入国家财政预算，作为开垦宜耕地土地，围垦造田，改造整治低产田，改善农田水利和改良土壤等用，专款专用，不准移用。

城镇土地使用税　城镇土地使用税，以城市、县城、建制镇、工矿区范围的土地为征税对象，每平方米规定税额大城市 0.5~10 元，中城市 0.4~8 元，小城市 0.3~6 元，县城、建制镇工矿区 0.2~4 元。在上述幅度内由省人民政府根据市政建设情况，经济繁荣等条件，确定所辖地区的适用税额幅度，然后由县（市）人民政府在省核定的税额幅度内，根据实际情况划分为若干等级，报省人民政府批准后实施。

龙泉县核定的单位税额为：

龙渊镇：一级土地为中山路、即自环城路西侧，汽车站及对面车站旅馆起，至公园路，县体委及对面五金交电零售部；新华街，即县人民政府门口至济川桥北桥头；华楼街至水作业店。以上一级土地每平方米税额为 0.5 元，其余为二级土地，每平方米年税额为 0.4 元。

安仁、锦旗、小梅、查田、八都、上垟 6 个建制镇年税额每平方米为 0.3 元。

教育事业附加费　教育事业附加费按可耕地（可按包产田亩计算）每亩 0.5~1 元交纳，具体由乡镇人民政府确定，由乡镇财政负责收取。

此外，乡镇政府在征用土地时，还向用户加收土地使用费，每平方米 5~80 元，不同地区收费额各有区别。

2007 年龙泉市土地规费项目及标准一览表

表 2-2-10

收费项目	计费单位	收费标准	收费范围收费对象	批准收费的机关及文号
一、征地管理费	—	—		浙政发〔1988〕83 号 浙价房〔1995〕384 号 浙价房〔1996〕431 号
1.统一征地	征地费总额	3%~4%　耕地 3.60~2.70 元/平方米非耕地 3~2.25 元/平方米	土地征用者	—
2.非统一征地	征地费总额	1%~2%　耕地 1.80~0.9 元/平方米非耕地 1.50~0.75 元/平方米	土地征用者	—
二、土地登记费	—	—	—	—
1.土地权属调查、地籍测绘费（城市部分）		—	土地征用者	(1990)国土(籍)字 93 号 计价格费〔1997〕2257 号
(1)党政机关、团体用地(全额预算管理事业单位)	元/宗	200 元（2000 平方米以内）每超过 500 平方米以内加收 25 元，最高不超过 700 元	土地征用者	—
(2)企业用地（包括自收自支预算管理事业单位）	元/宗	100 元（1000 平方米以内）每超过 500 平方米以内加收 40 元，最高不超过 40000 元	土地征用者	—

续表 2-2-10

收费项目	计费单位	收费标准	收费范围收费对象	批准收费的机关及文号
⑶差额预算管理事业单位用地	元/宗	300 元(5000 平方米以内)每超过 500 平方米以内加收 25 元,最高不超过 10000 元	土地征用者	—
⑷城镇居民住房用地	元/宗	13 元(100 平方米以内)每超过 50 平方米以内加收 5 元,最高不超过 30 元	土地征用者	—
2. 土地登记证书工本费	—	可自愿选择普通证或特制证	—	计价格〔2001〕1734 号 财综〔2004〕5 号 〔1990〕国土(籍)字 93 号 计价格费〔1997〕2257 号
⑴普通证书	元/证	单位 10 元 个人 5 元	领证者	—
⑵国家特别证书	元/证	20 元	领证者	—
三、耕地开垦费	元/平方米	10 元 占用基本农田的再加收 15 元/平方米	占用耕地者	浙政发〔2000〕292 号
四、土地闲置费	—	—	—	浙政办发〔2000〕221 号 《中华人民共和国房地产管理法》
1.占用耕地进行非农建设造成的	元/平方米	10~18 元	土地闲置单位	—
2.城市规划区内以出让方式取得土地使用权进行房地产开发造成的	—	按土地使用权出让金 20%以下	土地闲置单位	—
五、重点建设项目统一征地不可预见费	征地包干费用总额	3%~4%	土地使用者	浙政发〔1998〕83 号 浙价房〔1995〕384 号
六、土地复垦费	—	三年平均产值	毁损土地者	浙政办发〔2000〕221 号 省政府〔1993〕33 号令《浙江省土地复垦办法》
七、土地复垦保证金	元/平方米	3 元以下	毁损土地者	省政府〔1993〕33 号令《浙江省土地复垦办法》
八、矿产资源补偿费	—	—	—	《矿产资源补偿费征收管理规定(1994 年国务院 150 号令)、《浙江省矿产资源补偿费征收管理实施办法》》(1995 年省政府第 59 号令)
矿泉水	销售额	4%扣除包装费后计费	采矿权人	—
金银	销售额	4%	采矿权人	—
萤石、石项岩	销售额	2%	采矿权人	—
其它	销售额	0.50%~4%	采矿权人	—

续表 2-2-10

收费项目	计费单位	收费标准	收费范围收费对象	批准收费的机关及文号
九、采矿登记费	元	1.新建、在建、生产矿山：大型500元，中型300元，小型200元；2.矿山企业变更开采范围、矿区范围、开采矿种、开采权方式、换取采矿许可证，均收费100元	单位、个人	价费字〔1992〕251号
十、矿产资源勘查登记费	元/证	1.国家地质勘查计划的一、二类勘查项目和我国领海及其他管辖海域勘查项目经核准登记，领取勘查许可证，收费100元；2.其他地质勘查项目经核准登记，领取勘查许可证，收费50元；3.变更勘查项目的工作范围、工作对象、工作阶段以及延续登记时间换取勘查许可证，均收费50元	单位、个人	价费字〔1992〕251号

第三节　矿产资源管理

概况

龙泉市境内已发现的矿产有铅锌、金银、钨、锡、萤石、叶腊石、伊利石、瓷土、钾长石、白云母、水晶（石英）锆石矿、花岗岩、大理岩、矿泉水及橄榄岩等22种。共计矿产地（点）176处（不含黄砂、砖瓦粘土）。其中多金属矿、银铅锌以及非金属矿产萤石、瓷土、叶蜡石、花岗岩等具有优势的矿产资源。

矿产资源赋存特点鲜明，铅锌多金属、萤石、瓷土、花岗岩及叶蜡石质优量丰，且资源潜力大，找矿前景看好，居矿产资源的主导地位。其中：铅锌、萤石、瓷土在省内占有重要地位。

龙泉市矿产资源管理机构成立于1988年，为县计划经济委员会矿管科，1993年，升格为龙泉市矿产资源管理办公室，1996年11月，成立地质矿产局，2001年11月，与土地局合并成立国土资源局。

开发利用

2007年，全市有11种矿产资源得到不同程度的开发利用（金银、铅锌、萤石、瓷土、叶蜡石、大理岩、建筑用凝灰岩、砖瓦用黏土、矿泉水），有各类矿山企业28家，其中国有矿山1家，有限责任公司7家，私营矿山20家。从业人员947人，年采矿石量29.42万吨，工业总产值7184.26万元，占全市工业总产值（34.6亿元）的2%。主要矿山有浙江佳和矿业有限公司，2006年开采矿石量10.07万吨，年工业总产值4482万元，年销售收入4482万元。龙泉市硃矿有限责任公司，2006年开采矿石量5.61万吨，年工业总值1682万元，年销售收入1702万元。其他矿山企业规模较小。

勘查与管理

2010年，勘查项目11个，屏南镇横坑头金矿区普查、础石乡南弄铅锌多金属矿区普查、础石乡兰头叶腊石矿普查等项目已经查明有一定的资源量，可以设置采矿，其他项目还在勘探中。清理出矿产地6处，准备以公开出让给地探单位开展矿产资源勘查，为查找后备资源打下基础。

做好整顿和规范矿产资源开发秩序工作，全市的矿业开发秩序得到根本好转。开展执法检查，取缔无证等违法行为；对探矿权人法定义务履行情况进行检查；完成第二轮矿产资源规划编制工作；进一步深化和完善矿业权市场建设，切实加强矿业权管理；采矿权、探矿权采取公开出让；稳步全面推进矿山储量动态监督管理；开展矿山企业的年检工作和安全生产的措施落实情况。

第三章　土地整理与利用

第一节　土地整理

待开发土地资源调查

1988年6月开始，历时2个月外业调查，于10月份完成待开发土地资源调查工作。全县查明各类利用土地总面积、结构和分布情况，按类型来分：荒地16952.27公顷，疏林地18288.27公顷，滩地388.27公顷，迹地272.4公顷，闲散地、废弃地147.8公顷，总计36049公顷。

资源调查统计　海拔250米以下的荒地90.07公顷，疏林地97.87公顷，滩地69.27公顷，闲散地、废弃地211.2公顷。海拔250~500米的荒地6475.73公顷，疏林地9369.07公顷，滩地5.27公顷，迹地22.4公顷，闲散地、废弃地1820.8公顷。海拔500~800米荒地3635.07公顷、疏林地4381.87公顷、滩地17.33公顷、迹地106.87公顷、闲散地、废散地、废弃地709公顷。海拔800米以上的荒地4570.33公顷、疏林地3463.53公顷、迹地36.07公顷、闲散地、废弃地940.53公顷。

坡度0~6°的宜农地48.53公顷；四旁闲散地、废弃地355.73公顷；滩地7.87公顷。坡度6~15度的宜农地荒地397.27公顷，疏林地476.33公顷，滩地4公顷，迹地17.33公顷，闲散地、废弃地375.07公顷，占70%以上。坡度15~25度的家农地4119.33公顷，疏林地4109.8公顷，闲散地、废弃地1105.93公顷。坡度大于25度的宜农荒地8872.73公顷，疏林地12726.2公顷，迹地148.67公顷，闲散地、废弃地1844.73公顷。

土地质量评价　通过调查，待开发土地资源的土壤类型有：红泥土397.27公顷；红泥沙土104公顷；黄泥土1437.87公顷；黄泥沙土1276.07公顷；砂性红松泥8843.6公顷；山地红松泥1216.4公顷；山地石砂土10143.33公顷；砂粘质红土90.67公顷；泥沙土440.07公顷。

由变质岩风化发育而成红松泥土壤面积40026.67公顷，占山地土壤总面积的14.9%。待开发土地资源中属于红松泥土壤有10060公顷，主要开发地区是我县西南部。

黄壤类土壤主要分布在海拔800米以上的中山区，待开发土地资源中有23654.8公顷，主要土

1988 年龙泉县待开发土地资源分类面积汇总一览表(一)

表 2-3-1　　　　单位：公顷

类别 行政单位	合计	0.02~1.53 公顷								1.6~3.33 公顷								备注
		小计	征而未用	四旁闲地	河滩地	荒地	迹地	疏林地	其它	小计	征而未用	四旁闲地	河滩地	荒地	迹地	疏林地	其他	
合计	36049	1636.2		147.80	290.00	996.60	29.93	171.87		2012.07			6.4	1191.13	77.13	737.40		
龙渊镇	239.87	16.07		0.93	3.73	9.07	—	2.33		21.27			—	6.13	—	15.13		
城郊区	7670.53	506.47		29.07	70.33	347.67	—	59.40		605.33			6.4	389.80	—	209.13		
锦旗区	2095.73	139.13		26.33	39.53	58.40	6.80	8.07		96.00			—	47.87	19.40	28.73		
八都区	4035.87	303.47		36.27	85.93	130.27	5.40	45.60		303.40			—	151.27	6.33	145.80		
道太区	7303.67	169.60	—	10.53	7.07	143.93	—	8.07	—	199.73	—	—	—	115.40	2.00	82.33	—	—
城北区	1400.93	97.80		10.40	11.47	41.47	14.27	20.20		190.07			—	89.93	37.00	63.13		
安仁区	4226.93	136.27		13.87	16.93	93.67	1.80	10.00		202.07			—	156.20	7.40	38.47		
龙南区	3239.13	76.60		3.00	—	68.60	1.67	3.33		226.07			—	138.33	5.00	82.73		
城南区	3631.00	94.47		13.80	55.00	15.73	—	9.93		83.73			—	28.47	—	55.27		
屏南区	2205.33	96.33		3.60	—	87.80	—	4.93		84.40			—	67.73	—	16.67		

1988年龙泉县待开发土地资源分类面积汇总一览表(二)

表 2-3-2　　　　单位：公顷

类别 / 行政单位	3.4~6.67 公顷					6.73~16.67 公顷					16.73~33.33 公顷					33.33 公顷					备注
	小计	荒地	疏林地	迹地	河滩地	小计	荒地	疏林地	迹地	河滩地	小计	荒地	疏林地	迹地	河滩地	小计	荒地	疏林地	迹地	河滩地	
全县合计	5217.20	2529.73	2634.07	37.53	15.87	14557.13	5923.07	8534.60	61.53	37.93	10352.13	5045.33	5202.47	66.27	38.07	2274.27	1266.40	1007.87	—	—	
龙渊镇	35.40	21.47	13.93	—	—	107.27	60.93	37.60	—	8.73	59.87	—	39.13	—	20.73	—	—	—			
城郊区	1401.20	783.07	607.53	—	10.60	2772.07	1303.00	1439.87	—	29.20	1993.87	1216.60	759.93	17.33	—	391.60	317.67	73.93			
锦旗区	207.60	114.73	84.67	8.20	—	784.33	167.27	590.40	26.67	—	774.67	266.93	476.87	30.87	—	94.00	46.40	47.60			
八都区	419.33	179.87	239.47	—	—	1442.67	550.47	892.20	—	—	1024.33	475.07	531.93	0.00	17.33	542.67	436.07	106.60			
道太区	681.87	341.33	340.53	—	—	2826.27	1064.40	1761.87	—	—	2743.47	1144.27	1599.20	0.00	—	682.73	348.47	334.27			
城北区	274.00	119.47	131.53	23.00	—	511.53	178.20	312.00	—	—	292.20	55.67	218.47	18.07	—	35.33	—	35.33			
安仁区	907.47	361.67	539.47	6.33	—	2026.67	743.80	1269.33	—	—	876.40	691.33	185.07	—	—	78.07	42.07	36.00			
龙南区	685.73	243.60	442.13	—	—	1545.67	742.27	803.40	—	—	556.73	379.07	177.67	—	—	148.33	37.80	110.53			
城南区	272.47	110.13	157.07	—	5.27	1633.60	515.60	1118.00	—	—	1322.53	299.67	1022.87	—	—	224.20	—	224.20			
屏南区	332.13	254.40	77.73	—	—	907.07	597.13	309.93	—	—	708.07	516.73	191.33	—	—	77.33	37.93	39.40			

种有黄泥土、山地黄泥土、黄砾泥等，土体厚度一般都在 30 厘米以上，有机质 3%以上，pH 值 5.4~5.3，氮、钾含量较高，含磷偏少。适宜于发展用材林、杉木等基地，也可以发展毛竹、厚朴等经济林和药用植物。

潮土类土壤集中在溪流两岸及河谷地带，主要土种有泥沙土、培泥土、清水沙、卵石滩，有面积 1276.07 公顷，可作围溪开田和发展多种经营。

四旁闲散地，全县统计有 147.8 公顷，大部分分布在乡镇居民点村庄内部，只要合理调剂，充分利用，搞好村镇规划，建设上能节约大量的耕地和山地。四旁闲散地、废弃地一般都是 6 度以下较平坦的土地，土地质量较高，肥力较好，可以发展成果园地，有较高的价值。

土地资源详查

1985 年，龙泉县进行土地资源概查。1991 年 3 月开始，龙泉市开展土地资源详查，从试点至结束历时 25 个月，完成外业调查任务。从 1993 年 4 月至 1994 年 1 月完成内业整理，报告编写，提交验收。

在土地资源详查工作中，查清全市各行政区域和村级以上单位的土地所有权、使用权的界线及各类土地面积、分布和利用状况，并制定、编写、调绘转绘大量的有关表册、图件、报告、总结等成果资料，为科学管理土地提供基础数据。在土地利用分类调查中，比较详尽地叙述土地利用结构现状和权属状况，并根据土地利用分区、利用特点及存在问题，提出合理开发、利用土地的建议。

本次地资源详查，采用比例尺的航片及 1:10000 正射影像图进行外业调绘，再转绘到 1:10000 地形图上，采用先进求积仪器和传统网络法计算统计面积，工作程序科学，成图和统计面积确切误差少，质量较高。

查清各类土地情况全市总面积 304410.11 公顷。按行政区域土地总面积和各类土地面积与概查比较对比，有的乡镇有增加，有的乡镇减少，主要是与边界权属界，插花地的划进划出有关。

通过土地资源详查，查清耕地分坡度、高程分布。耕地分布情况说明，耕地利用制约因素很多，从低海拔向高海拔，小坡度向大坡度呈垂直分布，坡度大于 25°的有耕地 6072.75 公顷，占 23.46%。耕地跑水、跑肥、跑泥的“三跑”田面积广，土地负荷力受地势、位置、温度、光照影响很大。

同时，比较详细的查清各乡镇按人口占有各类土地情况，如住龙镇人均占有土地 68.58 市亩，八都镇耕地占比 16.6%。

从详查中查清林地面积，人均占有率。林业用地占总面积 84.9%，全市域区内的林业用地占绝对优势。森林在不同高程坡度上有生长，其主要林业用地是海拔 800 米以上坡度 25°的区域，林木生长速度低海拔小坡度的区域比高山坡度大的地区块，材积多。

查清农村居民居住用地。山区从低山到高山都有人居住，村庄分散，全市面积居全省第三位，人口密度每平方千米仅 80 人，是全省最低，与全省最高的温岭市每平方千米 1159 人相差 14 倍，反映了龙泉市地广人稀。居民点用地大于 25°的有 597.41 公顷，占 16.83%，许多人居住在“地无三尺平”的深山老林中。

查清按土地权属利用现状各类土地面积。全市国有土地 9984.37 公顷，占土地总面积 3.28%。凤阳山自然保护区有土地 3303.71 公顷，紧水滩水库库区 424.61 公顷，这二个区域占比例较大，其他林业、水利、交通、工业等系统国有土地也占一定数量，集体所有土地，全市有 294425.74 公顷。还有权属未定的土地 298.75 公顷，共有 9 块。与外县境界争议的有 7 块，主要是福建浦城县，有面积 237.36 公顷，有详查中临时工作界线不肯确定，境内有争议土地 2 块，面积 60.37 公顷。

土地资源变更调查。1996年7月下旬，全市开展土地资源变更调查工作，经过准备阶段、外业调查阶段、内业整理阶段，共查变更315个行政村、图斑2296个，掌握1991—1996年的土地利用变化动态，同时编制各乡镇土地利用变更图件。

之后，每年都进行变更动态登记，保持资料的现实性，可利用性。

1993年龙泉市各乡镇土地总面积（详查）一览表

表2-3-3

乡镇名称	土地面积（公顷）	耕地面积（公顷）	人口（人）	人均占有耕地面积（亩）	人均占有土地面积（亩）	耕地占有率（%）
八都镇	14109.81	2343.06	23948	1.47	8.84	16.60
锦溪镇	16325.04	937.66	11190	1.26	26.53	5.74
竹垟乡	10408.40	970.60	7563	20.64	1.93	9.32
岩樟乡	9953.77	449.46	4038	1.67	36.97	4.51
上垟镇	15925.24	1831.82	16783	14.23	1.64	11.50
住龙镇	26924.23	516.63	5868	1.32	68.82	1.92
宝溪乡	15731.31	1068.95	7190	2.23	32.82	6.97
础石乡	10880.59	1041.43	6222	1.89	19.85	5.57
城北乡	22375.88	1563.95	11910	1.97	28.18	6.99
兰巨乡	15298.94	1776.23	16073	1.66	14.27	11.61
小梅镇	10254.08	1167.81	11804	1.48	13.03	11.39
屏南镇	26727.61	1072.31	9978	1.61	40.18	4.01
道太乡	34737.04	2053.42	15112	2.04	34.48	5.91
查田镇	12226.27	1528.41	15559	1.47	1.18	12.50
安仁镇	20628.99	2390.93	18040	1.98	17.15	11.59
龙南乡	20894.89	2505.27	20919	1.79	14.98	11.98
龙渊镇	21008.02	2660.46	56757	0.70	5.55	12.66
合　计	304410.11	25878.40	260954	1.49	17.50	8.49

1993年龙泉市各乡镇土地总面积详查与概查对比一览表

表2-3-4

土地面积 / 乡镇名称	详查数（公顷）	概查数（公顷）	详查比概查	
			增（+）减（-）（公顷）	增减率（%）
全市合计	304410.11	305922.8	-1512.69	-0.5
八都镇	14109.81	14100.8	+9.01	+0.1
锦溪镇	16325.04	16149.07	+175.97	+1.1
竹垟乡	10408.4	10280.33	+128.07	+1.2

续表 2-3-4

土地面积 / 乡镇名称	详查数（公顷）	概查数（公顷）	详查比概查	
			增(+)减(-)(公顷)	增减率(%)
岩樟乡	9953.77	10087.33	-133.56	-1.3
上垟镇	15925.24	15807.6	+117.64	+0.7
住龙镇	26924.23	26992.8	-68.57	-0.3
宝溪乡	15731.31	15546.47	+184.84	+1.2
础石乡	10880.59	11116.13	-235.54	-1.2
城北乡	22375.88	23171.53	-795.65	-3.4
兰巨乡	15298.94	15446.6	-147.66	-1.0
小梅镇	10254.08	9880.87	+373.21	+3.8
屏南镇	26727.61	28070.4	-1342.79	-4.9
道太乡	34737.04	35159.2	-422.16	-1.2
查田镇	12226.27	12350.93	-124.66	-1.0
安仁镇	20628.99	20235.8	+393.19	+1.9
龙南乡	20894.89	21115.73	-220.84	-1.0
龙渊镇	21008.02	20411.2	+596.82	+2.9

1993 年龙泉市各种土地面积数字比较一览表

表 2-3-5　　　　单位：公顷

历次数据 / 地类名称	详查数（公顷）	概查数（公顷）	详查比概查		统计数（公顷）	详查比统计	
			增减（公顷）	增减率（%）		增减（公顷）	增减率（%）
合　计	304410.11	305922.87	-1512.76	-0.495	305900	-1489.89	-0.487
耕　地	25878.4	21747.4	+4131	+19.0	17039.33	+8833.73	+51.87
园　地	4438.4	2641.4	+1797	+68.0	—	—	—
林　地	253503.19	268200.93	-14697.74	-5.48	其中 3950800	-148252.15	-3.75
居民点及工矿用地	3547.94	1497.87	+2050.07	+136.9	—	—	—
交通用地	1159.03	822.87	+336.16	+40.85	—	—	—
未利用地	11250.12	7254.13	+3995.99	+55.09	—	—	—
水　域	4633.03	3758.27	+874.76	+21.50	—	—	—

土地开发与土地整理

1978 年，经济体制改革率先在农村启程，家庭联产承包责任制让农民对土地的长期投入有了可能。1982 年，省政府出台 90 号文件，征用耕地要征收造地费，农民开发土地给予无偿支持。1988 年，成立土地管理局，开展以增加耕地面积，提高耕地质量，改善农村生活条件为主的土地工作。1988

年，《土地复垦规定》出台，开始了中国真正现代意义上的土地开发、整理、复垦。

1983—1996 年，龙泉市开发复垦耕地 858.47 公顷，其中水田 357.07 公顷，旱地 501.33 公顷。1992 年之后，经济发展，大量占用耕地，保护耕地形势严峻，经济开发区得到清理。

1983—1996 年龙泉市（县）开田造地复垦一览表

表 2-3-6　　单位：公顷

年份＼数量项目	小 计	水 田	旱 地	备 注
1983	13.75	1.51	12.25	—
1984	8.68	2.44	6.24	—
1985	21.50	16.92	4.58	—
1986	20.12	4.05	16.07	—
1987	30.59	24.66	5.93	—
1988	165.80	150.46	15.34	水田包括复垦 133.33 公顷
1989	53.24	48.25	4.99	—
1990	21.47	10.00	11.47	—
1991	24.19	20.86	3.33	—
1992	32.64	24.98	7.67	包括复垦 5.63 公顷
1993	213.53	13.33	200.20	—
1994	60.00	6.67	53.33	—
1995	112.00	12.00	100.00	—
1996	81.00	21.00	60.00	—
合计	858.52	357.12	501.39	—

1997 年，时任中共中央总书记江泽民提出“保护耕地就是保护我们的生命线”。1997 年 4 月，中共中央、国务院颁布《关于进一步加强切实保护耕地的通知》，冻结非农业建设用地一年，“明令各地人民政府严格贯彻 1994 年发布的《基本农田保护条例》”，并积极从事土地整理，搞好整理中心。2006 年 3 月 7 日，龙泉市国土局成立土地整理中心，从此土地整理进入社会经济市场。

2008 年 10 月，龙泉市成立“双十项目百日大会战土地开发复垦工作组”，指导监督、考核土地开发、整理工作。

同时，严格执行“占一补一”的政策，大力开展开田造地工作。1999—2008 年，共立项开发项目 50 个，开发复垦总面积 1166.7761 公顷，新增耕地面积 626.5044 公顷。

1999—2008 年龙泉市土地开发情况一览表

表 2-3-7　　单位：公顷

年 份	水 田	旱 地	备 注
1999	1	70.6667	15.4972
2000	17	12.8633	12.8633

续表 2-3-7

年 份	水 田	旱 地	备 注
2001	7	46.7492	46.7492
2002	8	55.7933	46.8362
2003	—	—	—
2004	5	354.1036	331.5585
2005	—	—	—
2006	5	260	133
2007	17	366.6	40
2008	—	—	—

1999 年，制定政策，筹措资金大力开展整理土地和标准农田力度，1999—2008 年，全市累计投入资金近 6000 万元，建成标准农田 6288.94 公顷，新增耕地 2438.505 公顷。

1999—2008 年龙泉市土地整理面积统计一览表

表 2-3-8

年 份	整理总面积(公顷)	新增耕地面积(公顷)	折抵指数	标准农田面积(公顷)
1999	111.78	45.78	33.52	87.73
2000	172.98	63.67	45.84	137.47
2001	302.613	60.766	44.03	266.8
2002	100.365	23.322	18.44	73.8
2003	770.024	121.137	94.115	466.8
2004	1193	241.94	185.74	602.94
2005	1467.85	284.35	211.54	857
2006	2097.57	415.64	42.07	536.4
2007	2769.37	1181.9	277.5	3260
2008	—	—	—	—
合计	8985.552	2438.505	952.795	6288.94

第二节　土地利用

土地基准地价评估

龙泉市区土地定级评估工作始于 1992 年 6 月 27 日，1993 年 7 月 17 日通过省级主管部门验收鉴定，其成果达到“国内山区小城镇同类研究中处于先进水平”，获得科技进步二等奖。

土地定级估价。范围是城市建成区、经济开发区及其他土地面积为 9.689 平方千米。完成龙渊镇土地级别图（1:5000）；龙渊镇土地分类估价结果，标定地价修正系数表；龙渊镇土地定级单元分值图、单元分值表；土地定级估价技术报告、总结报告。

划分土地级别。根据实际，从“基准地价”意义上的土地定级估价内涵出发、影响因素定义为六大类，分解成18个因子，以市中心向市区边缘辐射，土地分成4个级别，一级土地集中市区中心地区，老城区，二级土地紧靠一级土地，地类复杂、居住比重大，三级土地为近年来开发区，四级土地为待开发区。从许多因素综合分析评定出四个级别土地，基本上满足现阶段土地管理要求。当时采用特尔菲评估法比较先进。

龙泉市各级土地面积构成一览表

表2-3-9

土地级别	面　积(公顷)	所占比例(%)
一	81.2	9.59
二	169.3	20
三	253.6	30
四	342.6	40.41
合　计	846.7	100

确定基准地价。以土地定级为基础，根据不同的用地类型，采用多种方法采取有限领先地位租赁、交易、样点上的地价(土地纯收益)，通过建立已知样点地价与分类定级分值间数学模型，推算研究区域内其他未知地块地价。从而计算各土地级别的基准地价。基准地价分商业、居住、工业三类用地基准地价。

龙渊镇各类用地基准地价一览表

表2-3-10　　单位：元/平方米

用地类型 / 基准地价 / 土地级别	面　积(平方米)	所占比例(%)	所占比例(%)	所占比例(%)
商业用地平均基准地价	1689	817	451	299
商业用地变化幅度	1191	590	217	97
住宅用地平均基数地价	551	305	203	143
住宅用地变化幅度	370	165	61	40
工业用地基准地价	133	133	133	133

根据土地利用最有效原则，评估龙渊镇综合基准地价，更有利于政府部门采用地价杠杆调节土地的合理布局和利用。

龙渊镇综合基准地价一览表

表2-3-11　　单位：元/平方米

土地级别	一级	二级	三级	四级
地　价	1689	817	451	599

标定地价。具体地块，在正常的土地市场中评估价格，亦可以基准地价为基础，根据影响的标定地价的因素，通过系数修正方法，也可以直接采用市场比较法，级差还原法等方法评估。八都、锦溪、小梅、安仁、住龙、屏南、查田镇等集镇土地定级评估报告批准应用。

土地基准地价评估，从 1992 年至 1998 年总计评估 929 宗地，土地资产评估值为 18916.19 万元。1999 年之后转入经常的、必办工作。

1999—2007 年龙泉市基准地价评估统计一览表

表 2-3-12

年份	宗地	面积（公顷）	评估产值	备注
1999	492	—	—	更新基准地价调查
2000	115	26.5	8780 万元	
2001	145	51.7	26986 万元	
2002	132	80	3 亿元	
2003	132	86.7	3 亿元	
2005	454	61	2.85 亿元	
2006	694	7.86	4742.1 万元	
2007	726	172.69	11 亿元	更新调查

基准地价更新评估

龙泉市首次基准地价评估工作始于 1993 年，第二次城区基准地价更新成果公布于 2003 年 12 月 10 日，并于 2004 年 1 月 1 日开始实行。

2004 年以来，龙泉市城市化进程明显加快，房地产市场价格大幅上涨，土地市场规范化程度显著提高。随着丽龙高速公路等一批重大基础设施的建成以及大规模的城镇新构建设与旧城改造，特别是近年来龙泉市新市行政中心的建设以及江南花园、万景花园等住宅小区的开发建设，使得龙泉市城市地域结构发生了较大变化，导致地价区范围、地价区域颁布规律及相对价位等都发生较大变动，原基准地价与当前土地市场的实际情况已有相当程度的不一致，客观上需要原基准地价采用相应的方法加以更新。同时，更新龙泉市基准地价也是贯彻《国务院关于加强土地调控有关问题的通知》、浙江省人民政府有关加强地价管理的精神，提高龙泉市地价管理水平的重要基础工作。第三次更新评价于 2007 年 7 月 1 日起实施。

龙泉市城区级别基准地价（第三次）一览表

表 2-3-13　　单位：元/平方米

级别＼用途	商业用地	住宅用地		工业用地	
		级别价	住宅楼占地价	熟地	生地
一级	4300	1220	4000	规划控制	规划控制
二级	2600	1000	3350	310	144
三级	720	720	2080	182	138

续表 2-3-13

用途 / 级别	商业用地	住宅用地		工业用地	
		级别价	住宅楼占地价	熟地	生地
龙泉市工业园区	1000	760	2180	290	138

说明：宗地地价由土地估价师根据区域因素、个别因素、使用年限、行业系数、估价期日等因素条件综合评定

龙泉市基准地价“基准条件”状况（第三次）一览表

表 2-3-14

用地类型		容积率	建筑密度（%）	标准深度（米）	使用年限（年）	开发状态
商业用地	级别价	2.0	50%	40~50 米	40 年	熟地
	路线价	1.0	100%	9~11 米	40 年	熟地
住宅用地	级别价	1.5	35%	—	70 年	熟地
	住宅楼占地	4.0	100%	9~11 米	70 年	熟地
工业用地	级别价	0.8~1.5	30%~50%	—	50 年	熟地、生地

注：城区“熟地”指“五通一平”即通路、通上水、通下水、通电、通信和平整地面；乡镇“熟地”指“三通一平”即通路、通上水、通电和平整地面；“生地”为基本上没有或还没有达到“五通一平”或“三通一平”开发状态的土地。

龙泉市城区土地级别划分范围（第三次）一览表

表 2-3-15

级 别	范 围 说 明
Ⅰ级	东到后沙路及江滨南路与剑池东路交接口，西至西寺门、溪沿路、公园路。南到龙泉溪、剑池东路，北到中山路
Ⅱ级	东到龙泉溪、万景花园东侧山脚、剑川大道；西到城市规划范围线、凤凰山山脚；南至龙泉溪、中山路、棋盘山、秦溪山山脚；北至乌石山、安清山山脚（一级地除外）
Ⅲ级	二级地以外，城市规划区范围以内的土地（不包括龙泉市工业园区）
龙泉市工业园区	龙泉市工业园区范围

说明：具体级别界线见龙泉市城区基准地价级别图

土地储备

1999 年 9 月，龙泉市成立土地垦造储备有限公司，2003 年变更为龙泉市土地储备中心。2001 年 3 月 10 日，龙泉市人民政府发布“龙泉市土地储备实施办法”。2005 年 10 月 19 日，重新修改“龙泉市土地储备实施办法”，原有办法废止，该文件明确规定储备土地范围和方式，土地储备实行申报制度，土地使用权收购储备一般程序，储备土地补偿，储备土地整理及利用。储备中心资金运作管理等，该实施办法颁布之后一直延续使用，按此执行。

1999—2008 年，共收储土地 68 宗，其中工业用地 30 宗，住宅用地 4 宗，商业用地 3 宗，其他综合用地 31 宗，合计土地面积 488254 平方米，已出让 181091 平方米，库存面积 307163 平方米。

国有土地资产管理

2005年，成立国有土地资产管理所，负责对划拨土地使用权、出让土地使用权、集体土地使用权、矿业权转让和出租等交易活动进行审核管理和办理相关手续。

2005—2008年，办理交易国有土地1892宗、193652平方米，集体土地52宗、4832平方米。

第三节 地质灾害防治

现状与特征

地质灾害防治管理工作是1998年新明确的地矿管理的四项基本职责之一。龙泉市是全省地质灾害易发区、多发区之一。

2008年，经调查调整后，还没有得到有效治理需防范的灾害(隐患)监测点61个。其中，A类隐患点2个，B类隐患点7个，C类隐患点52个。地质灾害威胁对象及范围：灾害(隐患)点61个，涉及全市全部19个乡镇(街道)的54个行政村(59个自然村)，威胁到农户650户2651人。其中，A类隐患点威胁到54户183人，B类隐患点威胁到202户835人，C类隐患点威胁到394户1633人。

地质灾害类型主要是以浅表层风化残坡积土质和碎屑岩体滑坡、滑坡与泥石流复合、公路边坡和建筑劈坡崩塌为主，其他还有滚石、地裂缝、不均匀地面沉降等。分布面广、规模小、危害性大、突发性强。

防灾工作重点

逐级落实责任制。市政府成立地质灾害领导小组，并每年同乡镇(街道)签订地质灾害责任书。

深入持久开展农村地质灾害防治知识培训。为提高地质灾害易发区农村基层防御地质灾害的意识和群测群防水平，减少地质灾害特别是人为活动诱发地质灾害的发生，降低地质灾害给人民群众带来的生命和财产损失，实现人与自然地质环境的和谐，加强对地质灾害防治知识的宣传。

组织实施搬迁避险工程。为使受威胁群众彻底脱离地质灾害威胁，市政府下决心开展地质灾害隐患点群众搬迁避让工作，在调查研究的基础上出台《关于印发龙泉市A类地质灾害隐患点整体搬迁工作实施意见的通知》，2010年，西街街道牛头岭、上垟镇黄渡、安仁镇李山后、道太乡茶坪—枫树坪滑坡等受威胁的57户199人基本完成搬迁。2008年，对受2007年“6•25”灾害影响的184户745人实施搬迁；2008年，完成150户615人的搬迁任务。

开展地质灾害隐患调查。2003年开展全市地质灾害调查与区划工作的基础上，2005—2007年继续开展小流域地质灾害调查，基本摸清全市的地质灾害现况。

拟订各项防灾制度。制定《龙泉市地质灾害年度防灾方案编制》《龙泉市地质灾害巡查》《龙泉市地质灾害汛期值班》《龙泉市地质灾害速报》等4项制度。

完成《龙泉市地质灾害防治规划》修编工作。根据《地质灾害防治条例》规定，2001年完成《龙泉市地质灾害防治规划》的编制工作，2007年进行第二轮《龙泉市地质灾害防治规划》修编。

开展地质灾害气象预警预报工作。协同市气象局积极开展、完善地质灾害气象预警预报，对辖区内地质灾害发生的时间、地点、成灾范围和影响程度作出预报。

做好重要地灾隐患点的治理工作。利用省地质灾害防治专项资金开展隐患防治，对宫头滑坡、牛头岭滑坡和黄渡滑坡进行勘查，对这三个灾害点的情况得到基本掌握。另外对塘上滑坡和上湾滑坡进行应急排险治理，使隐患点的滑动得到缓解。

抓好建设用地地质灾害危险性评估工作。按照法律法规及有关文件的规定，加强在地质灾害易发区内进行的工程建设及其他有可能导致地质灾害发生的工程建设项目在可行性研究阶段就进行地质灾害危险性评估工作，有效地控制人为诱发的地质灾害的发生。

做好《龙泉市突发性地质灾害应急预案》的落实工作。出现地质灾害临灾险情或发生地质灾害时，市地质灾害防治领导小组必须立即派人赶赴现场，组织应急调查，并启动突发性地质灾害应急预案，组织实施各项抢险救灾工作。

加强隐患点监测。全市61个监测点都配备观察员，并制定地质灾害隐患点观察员的工作职责，使各隐患点的变化情况能得到及时发现，并落实各项应急措施。

第四章　土地行政管理

第一节　土地法规监察

国土观念教育与土地法规宣传

1987年之前，没有专职的土地监察机关，有关土地法规政策的实施、土地纠纷的调处，均由各级地方政府行政长官及民政、农业、司法机关施行。

1988年3月，龙泉县土地管理局成立。开展国土观念宣传教育活动，全县城乡除利用乡广播扩大站宣传教育、黑板报、幻灯片、电影科教片《珍惜土地》的放映之外，每个乡镇书写大幅土地管理方面的标语口号150余幅。

1989年8月28日，成立全民国土观念教育宣传领导小组。丽水地委办公室于1989年9月2日通知，每年9月为全区《中华人民共和国土地管理法》和全民国土观念教育宣传月，并形成制度。此后每年9月1日均有县人大、县政府分管领导在县电视台讲话。组织宣传车，巡回全县各乡镇宣讲《中华人民共和国土地管理法》内容，县电视台组织电视讲座。各乡镇利用广播放大站请乡镇长发表广播讲话，利用黑板报、幻灯片在农村电影队放映时宣传标语口号，市区内两个电影院在放映开始之前，播放土地管理宣传口号20多条，农村受教育面70%以上。

1991年9月，开展第二个土地宣传月活动，龙泉市结合实际，颁发第二批土地使用证与宣传土地月结合起来。共颁发644本土地使用证。1992年6月，根据省委、省府“关于今年起全省土地管理宣传月活动”由往年的9月改为6月，与全国“土地日”同步进行，由省土地管理局直接进行部署的决定，龙泉市土地管理宣传月改为6月进行，并建立龙泉市土地管理宣传月办公室。1993年6月是第五个土地管理宣传月活动，宣传活动重点是，宣传土地法律、法规常识、国情、国策、县情和乡情，加快土地使用制度改革，城乡土地统一管理。1994年6月25日，土地管理宣传月中，由分管副市长发表电视讲话。1995年6月25日“土地日宣传”活动，由市人大召开市机关部门土地管理工作座谈会。主题：“土地与发展—保护我们的生命线”。1996年6月24日，土地管理宣传月活动由市人大组织，土管局长带队，地政监察、公安、司法、城建、路政等部门一起，拆除公路沿线的违章建筑，主题：围绕“土地与法制”，突出《土地管理法》《城市房地产管理法》和《浙江省基本农田保护条例》的宣传。在宣传月期间，与龙泉报社举办“国土杯”征文大奖赛，收到作品30多篇，其中在《龙泉报》刊出19篇。有的作品还在《丽水日报》《处州晚报》上刊出。

1998年6月25日，全国第八个“土地日”，围绕“土地与未来—集约用地，造福后代”这个主题，宣传中央11号文件继续冻结土地，广播讲话20多次，宣传会议30多次，张贴标语、悬挂横幅宣传牌650多条，发放资料3250本，办宣传栏18期、报刊杂志发表文章15篇，电视讲座6次。

1999年1月1日新《中华人民共和国土地管理法》实施，在丽水日报上发表专版，电视讲座，发放宣传资料5200册。6月25日，举办全国第九个“土地日”宣传活动张贴标语、横幅、宣传牌1589条，发放资料970本，讲座9次，法律咨询3次，参加246人次，发表文章13篇，培训班18期737人次，宣传栏窗9期，宣传车4辆30次。

2000年，结合宣传全国第十个“土地日”发表电视讲座、标语横幅、广告牌110幅（块）。

2001年，综合宣传“4•22”世界地球日；6月举办第13次全省土地管理宣传月，“6•25”第十一个土地日，举行金土地文艺晚会，在城镇、锦溪、小梅、八都等乡镇进行巡回演出。

2002年，结合“4•22”世界地球日，6月全省土地管理宣传月，“6•25”土地日、“12•4”全国法制宣传日，开展一系列国土宣传教育，“土地日”在市府门口举行国土咨询，有500余人次参加咨询，发放宣传资料400余份，在《国土资源报》《龙泉日报》开辟专版宣传，悬挂标语横幅200余条，宣传车出动30余次，实现普法到农村。

2006年，开展法制宣传教育活动，举办大型“金土地”大型文艺晚会，编写“实用法律知识读本”。被国土资源部评为“四五”普法工作先进集体，被省国土厅、丽水市政府评为“四五”普法先进集体。

2007年，发放国土资源宣传资料，在“今日龙泉”刊登专版2000余份，张贴宣传画220份，悬挂标语横幅300余条，“效能直通车”走进社区、街头宣传。

创建先进活动

1992年，全市开展创“三无乡镇”活动（无违法批地、无违法管地、无违法用地）。1992年2月25日，市土管局转发省土地管理局总结推广“三无乡（镇）”活动通知。开展创“三无乡（镇）”活动，结合完善四公开三到场，一监督用地管理制度，减少土地违法案件。1992 年，违法用地案件只有 91 件，1993 年 131 件，比 1991 年 784 件分别下降 89%和 83%，地区土管局评定础石乡、茶丰乡为 1991 年度土地管理“三无”乡镇。1993 年，通过检查总结，宝溪、础石、小梅、岩樟等五个乡镇被丽水地区土管局评为创“三无”乡镇。1994 年 2 月 8 日，丽水地区土地管理局评定屏南、竹垟、宝溪为丽水地区创“三无”乡镇。1995 年，有安仁、住龙、锦溪、竹垟、宝溪、道太等乡镇被评为“三无”乡镇。1996 年，市府办印发《关于表彰 1996 年度创建土地管理“三无”乡镇活动先进集体和先进个人的通知》，对土地管理“三无”乡镇活动先进集体和先进个人进行表彰。2007 年，开展“土地执法模范乡镇”创建活动，确立全市 19 个乡镇、街道的 444 个行政村的村级土地管理监督信息员，并以文件形式下发，实施面 100%。土地执法达标率 90%以上。

土地信访

人民来信来访工作是土地管理部门密切联系群众，处理反映土地纠纷违法占地的重要途径。土地管理局未成立之前，群众直接向县政府上访，土地管理工作转移到农业局时，有的来信来访直接到农业局，也有的由县政府批转到职能部门处理，每年都有不少来信来访。土地管理局成立之后，建立信访接待室。1991 年 6 月 27 日，市土地管理局作出决定，规定每月的 25 日为土地信访接待日。

1983—1996 年，共来信来访 4992 件（人），转办或自办处理结案 2367 件，结案率 47.4%。

1995 年开始，各乡镇建立信访制度，聘请 17 名兼职信访员，从上到下形成信访网络。

执法监察

1989 年，清理党政机关干部建私房。根据省人民政府规定，1989 年 9 月 28 日，龙泉县人民政府成立党政干部违法违纪建私房领导小组，下设办公室（地点在县纪检委内）。清理时间和界限为 1986 年 11 月 12 日起至 1989 年 9 月，包括已经审批和现正在建造的及未动工的，凡在建房中有严重违法违纪问题都要查处。清理对象为主要是各级党政干部，包括工、青、妇、群众团体的干部，兼职行政管理职能的企事业单位干部，以及由党委、政府任命的企事业单位干部、离、退休和招聘干部，重点是副乡级以上任职领导。通过个人自报，组织审查，上报 100 余人，被清理对象 33 人，按政策没收之后，折价准予买回，收取罚款金额 10 余万元。

1990 年 5 月 12 日，由县委县政府驻龙渊镇工作组、土地管理局、城建局、龙渊镇政府等单位组成联合工作队，对龙渊镇范围内主要交通路线及主要街道的违法违章占地建筑物、单位房地产出租进行大规模清理，拆除 84 处，面积 1851.34 平方米，单位在管辖范围内的空地未经审批而建造出租的建筑物，罚款之后补办用地手续。

1989—1992 年，在城镇地籍调查确权发证工作中处理历史遗留土地纠纷 1908 件。1988—1997 年，日常地政监察工作中处理违法违章占地，共查处违法用地 8828 件，拆除建筑 86621 米，收回土地 15.11 公顷，其中复垦 11.09 公顷，收取罚款 842.9 万元。

1993 年，违法用地 131 件，占地 4.66 公顷，当年查处 128 件，处理率 97.2%，土地面积 4.08 公顷，拆除建筑物 245 平方米，罚款 1.4 万元。

1994 年，违法用地 239 件，占地面积 4.72 公顷，其中耕地 0.59 公顷，非耕地 4.13 公顷，当年处理236件，查处率98.7%，处理面积1.63公顷，拆除建筑面积2193平方米，收回土地、复耕0.59公顷，罚款9.3万元。

1995年，违法用地2393件，占地面积43.27公顷，其中耕地3.87公顷，非耕地39.44公顷，处理2393件，拆除面积5140平方米，收回土地复耕3.87公顷，罚款11.9万元。

1996年，违法用地843件，占地面积19.93公顷，其中耕地16.2公顷，处理324件，查处率37.43%，拆除22980平方米，收回土地复耕2.3公顷，罚款16.57万元。

1998年，在全市范围内开展非农建设用地大清查，查处历年隐漏案280件，其中包括222户非法转让户，面积13006平方米。对非法转让户依法予以补交出让金和罚款处理，拆除40座存在严重毁田的砖瓦窑，复耕还田5.33公顷，收回5宗临时用地，面积300平方米。

1999年，在全市范围内开展清理土地转让和炒卖土地工作，并结合土地证书年检来查处土地违法案件，做到"查、处、罚、补"一次到位。共查处非法占用土地57宗，面积0.34公顷，非法转让5宗，面积0.12公顷，罚款金额6.9万元，结案率100%。

2000年，全年共查处各类土地违法案件101宗，面积1.19公顷，收取罚没款61.4万元。

2001年，查处历年案件10宗，面积2640平方米；查处上年未结案件2宗，面积300平方米。

2002年，查处土地违法案件31宗，及时制止12宗，强制拆除违法抢建2宗，立案查处违法案件17宗，总面积1.7公顷，罚没款15万元。

2003年，共发现国土资源违法行为197宗，及时制止15宗，现场强制拆除违法抢建的5宗，立案已查处10宗，面积为0.12公顷，查封1宗，简易程序处理22宗，共收罚没款42万元。根据国土资源部部署，开展治理整顿土地市场秩序工作，通过7个多月的专项治理整顿，调查发现非法占用土地142宗(不包括工业园区)，面积44.9公顷。

2004年，共发现土地违法行为52宗，共计罚没款35.45万元。其中，及时制止16宗，挽回经济损失12.00万元；立案查处土地违法案件10宗，现场强制拆除5宗，查封现场施工机械设备1宗，简易程序处理21宗，移送司法机关查处2宗。

2005年，开展对重点工程项目建设用地、非法买卖农村集体土地违法案件专项执法检查。对三家房地产公司的违法用地行为依法进行查处。开展对龙渊街道一村土地征收地块范围内违章建筑物的调查和对各园区的企业用地情况排查摸底清查。全年共发现土地违法行为15宗。其中，立案查处5宗，及时制止4宗，查封1宗，违法抢建的给予现场强制拆除5宗。

2006年，在全市范围内开展违法违规查处工作，调查工业用地384宗，发现各类土地违法行为31宗。其中，及时制止20宗，面积16403.16平方米；对违法抢建的给予现场强制拆除10宗，涉案面积4060.00平方米；自行拆除1宗，面积138.17平方米；简易程序处理计44宗，罚没款18.16万元。

2007年，多部门联动，深入开展各项专项治理和执法行为。市监察局和土地管理局开展查处土地违法违规案件专项行动、土地执法百日行动、国有土地使用权出让情况专项清理、农村土地突出问题专项治理等行动。及时制止土地违法行为51宗，挽回经济损失32万元；现场强制拆除违法抢建37宗，立案查处2宗，涉案面积6107.45平方米；简易程序处理案件40宗，罚没款14.66万元。

2008年，严厉打击"两违"行为，分别对周际村、武潭村、河星村、芳野村、立新村、塔下新村、安

1988—1996 年龙泉市(县)违法占地情况及查处结果统计一览表

表 2-4-1

年份	违法用地				当年已查处				查处结果				备注
	数量（件）	面积（公顷）	其中		数量（件）	查处率（%）	面积（公顷）	占地违法面积占（%）	拆除建筑物面积（平方米）	收回土地		处以罚款（万元）	
			耕地（公顷）	非耕地（公顷）						面积（公顷）	其中复耕（公顷）		
1988	154	1.44	0.67	0.77	150	97	1.44	100	750	0.51	0.51	3.3	
1989	3015	39.02	30.19	8.83	2802	92.9	36.27	92.9	54188	7.42	3.40	29.52	行政处分 2 人
1990	1178	5.50	0.24	5.25	1085	88	5.03	93	386	0.21	0.21	4.25	
1991	784	4.18	1.45	2.06	663	85	2.84	81	729	0.21	0.21	8.05	
1992	91	0.53	—	—	72	95.8	—	—	—	—	—	—	
1993	131	4.66	—	—	128	97.2	4.08	—	245	—	—	1.4	
1994	239	4.72	0.59	4.13	236	98.7	1.63	34.41	2193	0.59	0.59	9.3	其他处理 30969 平方米
1995	2393	43.31	3.87	39.44	2393	100	43.31	100	5140	3.87	3.87	11.9	其他处理 2109 件 89217 平方米
1996	843	19.93	16.20	3.73	324	38.43	10.07	50.5	22980	2.30	2.30	16.57	
合计	8828	123.29	52.54	64.22	7853	88.9	104.66	84.9	86611	15.11	11.09	842.9	其他处理 120186 平方米

青山垄、松溪弄村、一村、剑池湖区域、青坑底、佳韵花园北首、芳野村插坑垄、水南李家山、临江村、临江湾桥坑村东坑底、江滨南路西段等地块开展集中拆违行动，共拆除涉案 306 户的违法建筑物和构筑物 46572.76 平方米。

1998—2007 年龙泉市违法占地情况及处理结果一览表

表 2-4-2

年份	违法用地（宗）	占地面积（公顷）			处理数（宗）	面积（公顷）	拆除	复垦	罚款（万元）
		合计	耕地	非耕地					
1998	280	1.30	—	—	57	—	—	—	—
1999	57	0.33	—	—	101	0.34	—	—	6.9
2000	101	1.10	—	—	12	1.10	—	—	61.4
2001	12	0.03	—	—	19	0.03	2 宗	—	—
2002	31	1.70	—	—	40	—	5 宗	—	15
2003	339	44.90	—	—	5	0.12	5 宗	—	42
2004	52	—	—	—	40	—	—	—	35.45
2005	15	—	—	—	15	—	—	—	16.18
2006	31	0.41	—	—	11	0.20	138.17m^2	—	18.16
2007	51	0.61	—	—	39	0.61	37 宗	—	64.66

第二节　管理机构

机关机构设置

1988 年 3 月 21 日，建立龙泉县土地管理局，行政编制 15 人。8 月 23 日，建立龙泉县地政监察中队，暂定人员 10~15 人。1990 年 5 月 11 日，成立龙渊镇土地管理所。1991 年 6 月 1 日，成立统一征地事务所。至 1991 年，土地管理局内部机构为：办公室、建设用地管理股、地籍、规划开发股、地政监察股、地政监察中队。同年成立土地治安科、统一征地事务所、档案室、财务室、地产开发公司、各乡镇土地管理所。

1995 年 5 月 30 日，成立土地评估事务所，所需人员由土管局内部调剂。

1996 年 12 月，地籍、规划开发股中规划开发业务划归建设用地管理股。

1997 年，全市成立 17 个乡镇土地管理所。

2000 年 12 月 20 日，成立龙泉市乡镇国土资源管理总站，撤销乡镇土地管理所。

2001 年 11 月，土地管理局和地矿局合并成立龙泉市国土资源局。

2002 年 3 月 15 日，龙泉市国土资源局内设机构：办公室、法规监察科、土地规划耕地保护科、地籍管理科、土地利用管理科、矿产资源管理科、地质环保科

2006 年 3 月 7 日，龙泉市机构编制委员会批复，行政不变，调整事业编制机构，事业编制机构：统一征地拆迁办公室、国土勘测规划所（市国土资源信息中心合署）、龙泉市土地储备中心（增挂龙泉市国土资源管理所）、国土资源执法监察大队、龙泉市土地整理开发中心。调整派出机构，按区域设置龙渊、西街、剑池、八都、小梅、安仁、金沙 7 个国土资源基层管理站（并挂国土资源执法监察中队牌子）。撤销龙泉市国土资源管理总站。

2007 年 5 月 30 日，成立金沙工业园区国土规划局。

计算机网络系统

2001 年，启动国土局网络系统，局域网配置服务器二台、交换机八台、硬件防火墙和网络版杀毒软件。全局 80 多台计算机都能通过局域网快速交换数据，通过龙泉市政府信息中心提供的出口，接入互联网，实现省市县三级联网。一台国土资源空间数据服务器与 10 台安装地籍信息系统的涉密计算机，以光纤的形式实现与市行政审批中心国土窗口的互联，并与互联网实行物理隔离。

软件应用。数据库建设的应用，突出业务系统的应用。逐步开展土地二次调查工作，对历年来的土地整理开发、建设用地复垦、建设用地报批项目进行全面的数据库检查，对未入库的项目及时更新入库，2008 年上半年，对 40 个项目开展入库工作；建立和完善建设用地网上报批系统，土地利用用地报批数据的录入、扫描、上报已建成并试运行，实现土地利用用地网上报批；协助耕保科与网新公司合作完成标准农田内业上图、数据统计、成果输出和数据上报工作，全市标准农田上图面积共计 7035.21 公顷；为相关科室提供各类专题地图，根据数据库进行相关项目的统计分析，2008 年上半年，为相关科室提供图纸共 182 份；进一步做好政务信息网上公开，及时更新龙泉市国土资源局网上政务信息；做好地籍档案扫描工作，共完成地籍档案扫描工作 1300 本。

土地档案

1992 年 8 月 21 日，市土管局档案通过县一级达标。1993 年 5 月，被国家土地管理局评为土地管理系统档案先进单位。2010 年，有工作室、阅览室、库房各一间，总面积 100 余平方米，配有铁质标准套箱 103 只，检索柜一套（5 只），库藏各类档案八大类，13197 卷，其中综合类 211 卷，计划财务类 656 卷，地籍管理类 9441 卷，建设用地类 2577 卷，土地利用类 143 卷，土地监察类 104 卷，土地宣传科技类 41 卷，音像档案 20 卷。

1988—1996 年龙泉市(县)库存土地档案统计一览表

表 2-4-3

类目	单项合计	1988 年			1989 年			1990 年			1991 年			1992 年			1993 年			1994 年			1995 年			1996 年			备注
		永久	长期	短期	永久	长期	短期	永久	长期	短期	永久	长期	短期	永久	长期	短期	永久	长期	短期	永久	长期	短期	永久	长期	短期	永久	长期	短期	
综合类	211	6	6	7	3	8	8	10	14	7	19	11	15	7	6	10	8	8	4	5	6	4	5	5	4	4	12	9	
计划财务类	656	1	2	1	1	2	1	1	1	1	1	1	1	1	1	1	1	1	1	0	1	1	—	1	1	—	—	1	631
地籍管理类	9447	2	4	3	2	2	4	2	4	3	2	2	4	5	13	9	4	1	1	1	1	3	2	1	-	2	7	2	9361
土地利用规范类	110	3	4	1	—	13	5	3	3	5	5	3	5	3	1	1	1	1	1	1	1	1	1	—	0	0	2	2	44
建设用地管理类	2578	2	1	2	2	2	—	1	6	4	5	4	2	9	3	1	3	1	1	3	1	1	3	1	1	1	2	3	2513
地政监察类	104	1	3	3	10	4	18	3	5	13	11	8	7	1	1	3	1	1	1	1	—	3	1	1	2	1	1	-	
宣传科技类	41	—	1		1	1	11	1	2	6	1	4	5	1	—	—	1	1	1	—	1	—	—	—	1	—	—	2	
土地声像类	20	—	—	1	—	—	—	—	—	—	—	—	19	—	—	—	—	—	—	—	—	—	—	—	—	—	—	—	
合计	13167	15	21	18	19	32	47	21	35	39	44	33	58	27	25	25	19	14	10	11	11	13	12	9	9	8	24	9	12549

2003—2008 年龙泉市库藏土地档案统计（文书类）一览表

表 2-4-4　　　　单位：件

类目	上年库藏单项合计	2003 年			2004 年			2005 年			2006 年			2007 年			2008 年			合计
		永久	长期	短期	永久	长期	短期	永久	长期	短期	永久	长期	短期	永久	长期	短期	永久	长期	短期	
综合类	—	70	28	4	77	51	19	47	65	8	54	60	63	98	52	65	—	—	—	758
计划财务类	—	4	3	8	3	—	28	4	—	27	—	8	30	10	—	54	—	—	—	179
地籍管理类	—	25	—	11	6	3	2	7	—	5	9	—	22	11	—	23	—	—	—	124
土地利用规范类	—	16	10	10	7	6	1	10	6	9	27	4	15	24	—	9	—	—	—	154
建设用地管理类	—	278	7	7	89	—	—	103	2	4	156	—	17	38	—	18	—	—	—	719
国土资源监察类	—	7	3	9	6	2	1	2	2	6	5	3	4	5	—	13	—	—	—	68
宣传科技类	—	—	—	2	—	—	—	—	—	—	—	—	—	—	—	—	—	—	—	2
土地声像类	—	—	—	—	—	—	—	—	—	—	—	—	—	—	—	—	—	—	—	0
矿产资源管理类	—	12	10	7	3	4	3	4	8	12	9	13	21	15	5	26	—	—	—	152
小计	0	412	61	58	191	66	54	177	83	71	260	88	172	201	57	205	0	0	0	2156
合计	—	—	—	—	603	127	112	780	210	183	1040	298	284	1241	355	489	—	—	—	—

说明：2003 年起，文书档案按《文档文件整理规划》归档，文件以件为单位。1997—2002 资料缺失

2003—2008 年龙泉市库藏土地档案统计(综合档案类)一览表

表 2-4-5

单位:件

类目	上年库藏单项合计	2003 年			2004 年			2005 年			2006 年			2007 年			2008 年			合计
		永久	长期	短期	永久	长期	短期	永久	长期	短期	永久	长期	短期	永久	长期	短期	永久	长期	短期	
综合类	270	—	—	—	—	—	—	—	—	—	—	—	—	—	—	—	—	—	—	270
计划财务类	834	—	1	15	—	1	20	—	16	22	—	—	—	—	—	—	—	—	—	909
地籍管理类	12925	717	—	—	3086	—	—	7379	—	—	4298	—	—	5317	—	—	—	—	—	33722
土地利用规范类	156	37	—	—	180	—	—	11	—	—	15	—	—	52	—	—	—	—	—	451
建设用地管理类	3245	186	—	—	77	—	—	58	—	—	61	—	—	67	—	—	—	—	—	3694
国土资源监察类	127	17	—	—	—	—	—	17	—	—	—	—	—	—	—	—	—	—	—	161
宣传科技类	45	—	—	—	—	—	—	-	—	—	—	—	—	—	—	—	—	—	—	45
土地声像类	20	—	—	—	9	—	—	18	—	—	—	—	—	—	—	—	—	—	—	47
矿产资源管理类	103	—	—	—	—	—	—	-	—	—	—	—	—	—	—	—	—	—	—	103
小计	17725	957	—	15	3352	1	20	7483	16	22	7374	—	—	5436	—	—	—	—	—	39402
合计	—	—	—	—	4309	2	35	11792	18	57	16166	—	—	21602	—	—	—	—	—	0

第三篇

人　　口

龙泉历史悠久，早在新石器时代，就有人类繁衍生息。自唐乾元二年(759)置县，到元代都没有明确的人口记载。明景泰三年(1452)，龙泉人口为52200人，此后，龙泉人口增长速度不一。1949年，龙泉人口124367人，1989年户籍人口为259085人，2010年户籍人口为288485人，境内有汉族、畲族等民族34个，以汉族为主，占96.01%，33个少数民族占3.99%，其中畲族最多，占3.50%。

第一章　人口总情

第一节　总　　量

历代人口

新石器时代，龙泉就有人类生活。1958 年，发现牛门岗遗址（位于市区东北隅，龙遂公路东侧），有石斧、石矛、石箭镞、石纺轮、石网坠等。

龙泉人口随行政区划变更而随之演变。西周、春秋属越，东晋太宁元年（323）设置龙渊乡，属永嘉郡松阳县。唐武德三年（620），因避讳唐高祖李渊改为龙泉乡。乾元二年（759），分松阳县龙泉乡和遂昌县部分地置龙泉县，属括州。《新唐书·地理五》记述：唐后期（759—907）处州缙云郡，42936 户，258248 人，县六。《宋史·地理四》载：宋崇宁年间（1102—1106）处州，108523 户，160536 人，县六。《元史·地理五》载：元至元十三年（1276），处州路总管府辖七县，132754 户，493692 人。

据清顺治《龙泉县志》载：明洪武二十四年（1391），26560 户，126443 人；嘉靖元年（1522），21320 户，44661 人；万历二十六年（1598）15600 户。

据清光绪《处州府志》载：康熙二十年（1681），实在人丁 15600 丁口；康熙六十年（1721），原报原额人丁 15951 丁口；雍正四年（1726），实在人丁 15999 丁口；雍正九年（1731），编审旧管人丁 15999 丁口，新收人丁 616 丁口，开除人丁 451 丁口，实在人丁 16164 丁口；乾隆二年（1737），实在人丁 15586 丁口；同治十三年（1874），户 7569，男女 88285 丁口；光绪二年（1876），7564 户，男女 88590 丁口。

据《龙泉县志》（1994）载：景泰三年（1452），人丁 23700 户，52200 人；天顺六年（1462），22350 户，43620 人；成化八年（1472），21244 户，44614 人；成化十八年（1482），21296 户，44651 人；万历七年（1579），21320 户，44661 人；崇祯八年（1635），21320 户，44661 人；清康熙六年（1667），15600 丁口。

龙泉明至清代人口状况一览表

表 3-1-1

朝代	公元年	户数(户)	人口(人)	数据来源
明洪武二十四年	1391	26560	126443	顺治《龙泉县志》
景泰三年	1452	23700	52200	《龙泉县志》(1994 年版)
天顺六年	1462	22350	43620	《龙泉县志》(1994 年版)
成化八年	1472	21244	44614	《龙泉县志》(1994 年版)
成化十八年	1482	21296	44651	《龙泉县志》(1994 年版)

续表 3-1-1

朝代	公元年	户数(户)	人口(人)	数据来源
嘉靖元年	1522	21320	44661	顺治《龙泉县志》
万历七年	1579	21320	44661	《龙泉县志》(1994年版)
万历二十六年	1598	—	15600	顺治《龙泉县志》
崇祯八年	1635	21320	44661	《龙泉县志》(1994年版)
清康熙六年	1667	—	15600	《龙泉县志》(1994年版)
康熙二十年	1681	—	15600	光绪《处州府志》
康熙六十年	1722	—	15951	光绪《处州府志》
雍正四年	1726	—	15999	光绪《处州府志》
雍正九年	1731	—	16164	光绪《处州府志》
乾隆二年	1737	—	15586	光绪《处州府志》
同治十三年	1870	7569	88285	光绪《处州府志》
光绪二年	1876	7564	88590	光绪《处州府志》

据《龙泉县志》(1994)载：民国元年(1912)，龙泉123372人。之后逐年增加，至民国24年(1935)，148153人。民国25年(1936)，遇宝溪乡等地农民六七千人外流去福建崇安垦荒，降为147535人。民国31年(1942)，为民国时期人口之最高，170283人。抗日战争和解放战争年间，人口急剧下降。至民国37年(1948)，125273人。

民国时期龙泉人口状况一览表

表 3-1-2　　单位：人

民国纪年	公元纪年	总人口	男	女	性别比(以女性为100)
民国元年	1912	123372	72334	51038	141.7
民国2年	1913	125258	73415	51843	141.6
民国3年	1914	124901	73001	51900	140.7
民国4年	1915	125009	73036	51973	140.5
民国5年	1916	125105	73096	52009	140.5
民国6年	1917	128969	75133	53836	139.6
民国7年	1918	129695	76247	53448	142.7
民国8年	1919	132762	78517	54245	144.7
民国15年	1926	147450	80624	66826	120.6
民国17年	1928	140034	81966	58068	141.2
民国18年	1929	143915	83452	60463	138.0
民国19年	1930	143969	85743	58226	147.3

续表 3-1-2

民国纪年	公元纪年	口	男	女	性别比(以女性为 100)
民国 20 年	1931	148151	86226	61925	139.2
民国 21 年	1932	147535	85665	61870	138.5
民国 22 年	1933	148151	86226	61925	139.2
民国 24 年	1935	148153	87118	61035	142.7
民国 25 年	1936	147535	85665	61870	138.5
民国 28 年	1939	161105	90833	70272	129.3
民国 29 年	1940	163685	92647	71038	130.4
民国 30 年	1941	166113	94170	71943	130.9
民国 31 年	1942	170283	98523	71760	137.3
民国 32 年	1943	152609	86432	66177	130.6
民国 33 年	1944	140057	77057	63000	122.3
民国 34 年	1945	159152	92039	67113	137.1
民国 35 年	1946	125578	69521	56057	124.0
民国 36 年	1947	124334	68313	56021	121.9
民国 37 年	1948	125273	68881	56392	122.1

数据来源:《龙泉县志》(1994 年版)

中华人民共和国成立后，龙泉归属丽水专区。县人民政府发文废保甲制，将全县行政区划为 5 个区 1 个镇 28 个乡，设区人民政府、乡、镇，是年全县 30167 户，124367 人。1952 年，丽水专区撤消，并入温州专区，龙泉属温州专区，全县 38064 户，136743 人。1956 年，全县 7 个区 1 个镇 57 个乡合并为 4 个区 1 个镇 31 个乡，全县 41202 户，145264 人。1958 年，恢复城郊、城北、锦溪区，成为 10 个区管辖，全县 44882 户，153528 人。1959 年，全县搬家并村 10877 户，全县 43511 户，161648 人。1961 年，缩小人民公社规模，恢复区级建置(大公社改为区)，管理区改为公社，全县设 13 区，72 人民公社，全县 39794 户，148343 人。1963 年，复设丽水专区，龙泉属丽水专区，全县 38472 户，146437 人。1964—1967 年，新安江电站库区淳安县移民 1412 户，5650 人，移居兰巨乡、八都镇、查田镇、竹垟乡、宝溪乡、小梅镇等 6 个乡镇 26 个行政村。1967 年，全县 38913 户，153504 人。1978 年，全面推行计划生育，控制人口增长。并开始改革开放，人口增速放缓，人口迁移和变动增多。1980 年，全县 48794 户，237054 人。其中，男 126961 人，女 110093 人。

1990 年，龙泉县撤县设市，全市 65165 户，259905 人，其中，男 136710，女 123195 人。2000 年,全市 81351 户，274213 人，其中，男 142925 人，女 131288 人。2004—2006 年，滩坑水库景宁县移民 2020 人，其中，非农业移民 20 人，安置于西街街道河星村 1109 人，剑池街道宏阳村 911 人，全市行政村从 442 个增加到 444 个。2006 年，全市 87166 户，281555 人。

2010 年，全市 91579 户，288485 人，其中，男 148978 人，女 139507 人。

1949—1988 年龙泉县户籍人口一览表

表 3-1-3

年 份	总户数（户）	总人口（人）	其 中			出生		死亡		自然增长	
			男（人）	女（人）	性别比（以女性为 100）	人数（人）	出生率（‰）	人数（人）	死亡率（‰）	人数（人）	自然增长率（‰）
1949	30167	124367	68937	55430	124.4	4622	37.19	2644	21.28	1978	15.91
1950	35400	131167	71866	59301	121.2	5470	42.85	2086	16.34	3384	26.51
1951	37848	134169	73458	60711	120.9	5595	42.20	2033	15.34	3562	26.85
1952	38064	136743	75564	61179	123.5	6070	44.84	2120	15.66	3950	29.18
1953	38806	139412	76370	63042	121.1	6011	43.56	1978	14.34	4033	29.22
1954	38806	141864	77699	64165	121.1	5916	42.09	2256	16.05	3660	26.04
1955	39077	142996	78473	64523	121.6	5963	41.90	2274	15.98	3689	25.92
1956	41202	145264	80551	64713	124.5	6058	42.06	2310	16.04	3748	26.02
1957	42276	148348	81814	66534	123.0	6270	42.74	2419	16.49	3851	26.25
1958	44882	153528	84915	68613	123.8	6888	45.66	2245	14.88	4643	30.78
1959	43511	161648	88632	73016	121.4	6888	43.05	2333	14.58	4555	28.47
1960	41703	166666	91373	75293	121.4	3663	22.33	2808	17.12	855	5.21
1961	39794	148343	83099	65244	127.4	1825	11.59	1847	11.73	–22	–0.14
1962	38883	146840	81932	64908	126.2	4484	30.40	1084	7.35	3400	23.05
1963	38472	146437	80757	65680	123.0	6042	41.23	1059	7.23	4983	34.00
1964	38913	153504	83962	69542	120.7	4325	42.20	1682	11.22	2643	30.98
1965	38812	161530	87982	73548	119.6	6614	42.02	1456	9.25	5158	32.77
1966	39202	167519	91396	76123	120.1	6009	36.55	1221	7.43	4788	29.12
1967	39822	172791	94213	78578	119.9	5765	33.90	1382	8.13	4383	25.77
1968	41259	179684	97350	82334	118.2	6115	34.72	1093	6.21	5022	28.51
1969	42696	188374	102284	86090	118.8	6843	37.20	1143	6.21	5700	30.99
1970	43487	194723	106278	88445	120.2	6329	33.06	1192	6.23	5137	26.83
1971	44687	200845	109248	91597	119.3	6478	32.77	1392	7.04	5086	25.73
1972	44342	206697	112028	94669	118.3	6440	31.62	1186	5.82	5254	25.80
1973	44825	213346	115853	97493	118.8	6418	30.57	1256	5.98	5162	24.59
1974	45315	217607	118012	99595	118.5	5660	26.28	1476	6.85	4184	19.43
1975	46117	222442	120569	101873	118.4	6376	28.99	1480	6.73	4896	22.26
1976	47023	226455	122714	103741	118.3	5686	25.34	1504	6.70	4182	18.64
1977	48000	229222	123337	105885	116.5	4971	21.83	1609	7.07	3362	14.76
1978	48601	232489	125125	107364	116.5	4546	19.69	1434	6.21	3112	13.48
1979	48344	235211	126239	108972	115.8	3784	16.18	1433	6.13	2351	10.50

续表 3-1-3

年　份	总户数（户）	总人口（人）	其　中			出生		死亡		自然增长	
			男（人）	女（人）	性别比（以女性为 100）	人数（人）	出生率（‰）	人数（人）	死亡率（‰）	人数（人）	自然增长率（‰）
1980	48794	237054	126961	110093	115.3	2681	11.35	1400	5.93	1281	5.42
1981	49113	239658	128196	111462	115.0	3087	12.95	1392	5.84	1695	7.11
1982	54810	242305	129471	112834	114.7	3603	14.95	1479	6.14	2124	8.81
1983	54367	244564	129712	114852	112.9	3451	14.18	1606	6.6	1845	7.58
1984	55768	246697	130753	115944	111.2	3799	15.47	1446	5.89	2353	9.58
1985	57952	250051	132460	117591	112.6	3606	14.52	1526	6.14	2080	8.38
1986	58802	251589	133032	118557	112.2	3925	15.65	1555	6.20	2370	9.45
1987	60109	254485	134528	119957	112.1	4108	16.23	1626	6.42	2482	9.81
1988	62331	257191	135445	121746	111.3	4137	16.17	1530	5.98	2607	10.19

数据来源：《龙泉县志》（1994 年版），数据未包含并入的庆元县

1989—2010 年龙泉市（县）户籍人口一览表

表 3-1-4

年份	总户数（户）	年末总人口（人）	平均人口（人）	按性别分			非农业人口（人）	比重（%）	出生		死亡		自然增长	
				男（人）	女（人）	性别比（以女性为100）			人数（人）	出生率（‰）	人数（人）	死亡率（‰）	人数（人）	自然增长率（‰）
1989	63710	259085	258138	136385	122700	111.2	32742	12.6	3296	12.80	1617	6.30	1679	6.50
1990	65165	259905	259495	136710	123195	111.0	33240	12.8	2350	9.04	1471	5.66	879	3.39
1991	67208	260954	260430	136901	124053	110.4	33604	12.9	2501	9.60	1543	5.92	958	3.68
1992	68151	261980	261467	137488	124492	110.4	34394	13.1	2655	10.15	1663	6.36	992	3.79
1993	68603	263362	262671	138176	125186	110.4	35077	13.3	2809	10.69	1434	5.46	1375	5.23
1994	70507	264192	263777	138209	125983	109.7	35234	13.3	3088	11.71	1474	5.59	1614	6.12
1995	72510	265417	264805	138989	126428	109.9	35789	13.5	3145	11.88	1620	6.12	1525	5.76
1996	74011	267653	266535	139892	127761	109.5	36346	13.6	3480	10.44	1874	5.62	1606	6.03
1997	74561	268699	268176	140659	128040	109.9	36771	13.7	3535	13.18	1770	6.60	1765	6.58
1998	75275	270020	269360	140911	129109	109.1	37653	13.9	3612	13.41	1692	6.28	1920	7.13
1999	78971	271375	270698	141275	130100	108.6	38332	14.1	3330	12.30	1529	5.65	1801	6.65
2000	81351	274213	272794	142925	131288	108.9	39797	14.5	3186	11.68	1609	5.90	1577	5.78
2001	82222	275013	274613	143259	131754	108.7	40701	14.8	3559	12.96	1675	6.10	1884	6.86
2002	83103	275341	275177	143402	131939	108.7	41506	15.1	2909	10.57	1473	5.35	1436	5.22
2003	83893	275467	275404	143611	131856	108.9	41694	15.1	3220	11.69	1932	7.01	1288	4.68
2004	84761	276741	276104	144134	131856	109.3	41694	15.1	3906	12.30	1507	6.09	2399	6.21

续表 3-1-4

年份	总户数（户）	年末总人口（人）	平均人口（人）	按性别分			非农业人口（人）	比重（%）	出生		死亡		自然增长	
				男（人）	女（人）	性别比（以女性为100）			人数（人）	出生率（‰）	人数（人）	死亡率（‰）	人数（人）	自然增长率（‰）
2005	85899	278423	277582	145227	133196	109.0	42114	15.1	3010	10.84	1026	3.69	1984	7.15
2006	87166	281555	279989	146634	134921	108.7	42457	15.1	3234	11.55	888	3.17	2346	8.38
2007	88179	283858	282707	147479	136379	108.1	42762	15.1	3142	11.11	1011	3.58	2131	7.54
2008	88777	284513	284186	147566	136947	107.8	43251	15.2	3287	11.57	3275	11.52	12	0.04
2009	89915	287138	285826	148714	138424	107.4	43650	15.2	3312	11.59	1177	4.12	2135	7.47
2010	91579	288485	287812	148978	139507	106.8	43857	15.2	3220	11.19	2182	7.58	1038	3.61

数据来源：历年《龙泉统计年鉴》

人口普查

1949 年后，人民安居乐业，卫生医疗事业不断发展，人口死亡率逐步下降，人口增长幅度较大。1950–1959 年，出现第一个生育高峰期。1953 年，第一次人口普查总户数 38806 户，常住人口 139412 人，其中，男 77147 人，女 62265 人，性别比 123.9。

1960—1962 年，国民经济处于困难时期，人口出生率从 20 世纪 50 年代的 40‰以上，下降到 1960 年的 22.31‰、1961 年的 11.59‰，1962 年人口自然增长率为–0.14‰，为解放后第一个负增长率。1964 年，第二次人口普查总户数 38619 户，常住人口 150197 人，其中，男 82687 人，女 67510 人，性别比 122.48。

1978 年以后，全面实行计划生育，人口增长率逐步得到控制。人口出生率降至 20‰以下，自然增长率连续 8 年控制在 10‰以内。1982 年第三次人口普查总户数 55146 户，常住人口 243960 人，其中，男 129789 人，女 114171 人，性别比 113.68。

改革开放后，人民生活从温饱型向小康型迈进，人口稳步增长。1990 年第四次人口普查总户数 68718 户，常住人口 266099 人，比户籍人口 259905 人增加 6194 人。其中，男 140575 人，女 125524 人，性别比 111.99。

经济不断发展，人民生活进一步提高，社会往来增多，流动人口开始增加，且呈流往外县趋势。2000 年，第五次人口普查，总户数 76399 户，250398 人，比户籍人口 274213 人减少 23815 人。全市外来人口 18824 人（含来自其他乡镇人口），外出人口 37276 人（含外出其他乡镇人口），净流出18452 人。全市人口中，男 131534 人，女 118864 人，性别比 110.66。龙泉人口位居丽水九县（市、区）第四位，占丽水市 11.58%。

进入 21 世纪后，经济发展迅速，人民生活向富裕阶段迈进，人口向发达地区和市中心集聚，人口流动越来越频繁。2010 年第六次人口普查，总户数 80654 户，常住人口 234626 人，比户籍人口 288485 人减少 53859 人。其中，外来人口 66799 人（含来自其他乡镇人口），外出人口 116224 人（含外出其他乡镇人口），净流出 49425 人。全市人口中，男 120252 人，女 114374 人，性别比 105.14，龙泉人口仍属丽水市第四位，占丽水市 11.08%。

第二节　密度与分布

全市密度

龙泉市南北长 70.8 千米，东西宽 70.25 千米，面积 3059 平方千米(按 2010 年统计公布数据，下同)，在浙江仅次于淳安、临安，属第三大县(市、区)。龙泉市行政区划屡经变易，至 1990 年，分 10 个区(镇)，43 个乡(镇)，442 个行政村。1992 年，根据浙江省人民政府部署，进行撤区扩镇并乡工作，市辖 9 镇 8 乡。2002 年，省政府《关于龙泉市部分行政区划调整的批复》，撤消龙渊镇建制，原龙渊镇行政区域由龙泉市人民政府直辖，设立龙渊、西街、剑池 3 街道办事处，为市人民政府的派出机构。至 2003 年底，龙泉市辖 8 个乡 8 个镇 3 个街道办事处。2006 年，新设立西街街道河星村和剑池街道宏阳村等 2 个滩坑电站移民村，全市行政村增加到 444 个。2009 年，新设立剑池街道大沙社区和安仁镇安泰社区 2 个社区，全市社区 12 个。

根据户籍资料计算，龙泉市 1989—2010 年人口密度逐年增加。2010 年全市户籍总人口 288485 人，土地面积 3059 平方千米，人口密度 94 人/平方千米，比 1989 年 9 人。

1989—2010 年龙泉市(县)户籍人口密度一览表

表 3-1-5

年　份	总户数(户)	总人口(人)	人口密度(人/平方千米)	年　份	总户数(户)	总人口(人)	人口密度(人/平方千米)
1989	63710	259085	85	2000	81351	274213	90
1990	65165	259905	85	2001	82222	275013	90
1991	67208	260954	85	2002	83103	275341	90
1992	68151	261980	86	2003	83893	275467	90
1993	68603	263362	86	2004	84761	276741	90
1994	70507	264192	86	2005	85899	278423	91
1995	72510	265417	87	2006	87166	281555	92
1996	74011	267653	87	2007	88179	283858	93
1997	74561	268699	88	2008	88777	284513	93
1998	75275	270020	88	2009	89915	287138	94
1999	78971	271375	89	2010	91579	288485	94

注：以土地面积 3059 平方千米计算。

根据人口普查资料的常住人口计算，1953 年、1964 年、1982 年、1990 年四次人口普查，人口增加，密度增大，全市人口密度分别为 46 人/平方千米、49 人/平方千米、80 人/平方千米、87 人/平方千米；2000 年、2010 年两次人口普查，人口流出，密度下降，全市人口密度分别为 82 人/平方千米、77 人/平方千米。

1953—2010年龙泉市(县)常住人口密度一览表

表 3-1-6

年份	总户数(户)	常住人口(人)	人口密度(人/平方千米)	年份	总户数(户)	常住人口(人)	人口密度(人/平方千米)
1953	38806	139412	46	1990	68718	266099	87
1964	38619	150197	49	2000	76399	250398	82
1982	55146	243960	80	2010	80654	234626	77

注:以土地面积3059平方千米计算。

分乡镇(街道)人口密度

撤区扩镇并乡前,龙泉县政府下设10个区公所,辖8镇,36乡。据1990年人口普查资料,按土地面积3059平方千米(原统计口径)计算,全县人口密度87人/平方千米。人口密度最高为龙渊镇,人口密度1776人/平方千米;人口密度达到200人/平方千米以上的有4个乡镇,分别为宏山乡、大沙乡、八都镇、龙南乡,人口密度分别为225人/平方千米、247人/平方千米、249人/平方千米、216人/平方千米;人口密度100—200人/平方千米的乡镇有凤鸣乡、剑湖乡、兰巨乡、上垟镇、南窖乡、瀑云乡、小梅镇、查田镇、茶丰乡、义和乡、天平乡等11个乡镇;低于100人/平方千米的有城郊区的白云乡、新民乡、大赛乡、础石乡、林垟乡,八都区的四源乡,宝溪乡、竹垟畲族乡、城南区的青溪乡,屏南区的屏南乡、均溪乡、瑞垟乡,龙南区的建龙乡、建兴乡,安仁区的安仁镇、福源乡、胜利乡,道太区的雁川乡、供村乡、双平乡、王庄乡,城北区的上东乡、盛溪乡、黄鹤乡,锦旗区的锦溪镇、住龙镇、岩樟乡、双岭乡等28个乡镇。

1990年分乡镇人口密度一览表

表 3-1-7

区别	乡镇	面积(平方千米)	户数(户)	总人口(人)	人口密度(人/平方千米)	区别	乡镇	面积(平方千米)	户数(户)	总人口(人)	人口密度(人/平方千米)
合计		3059	68718	266099	87	屏南区	小计	285	2404	10388	36
							屏南乡	82	887	3941	48
							均溪乡	89	791	3189	36
龙渊镇		23	12142	40854	1776		瑞垟乡	114	726	3258	29
城郊区	小计	441	11071	43974	100	龙南区	小计	206	5051	20921	102
	宏山乡	22	1346	4945	225		龙南乡	19	984	4112	216
	大沙乡	15	920	3712	247		建龙乡	38	844	3642	96
	凤鸣乡	28	1409	5536	198		义和乡	49	1463	6190	126
	白云乡	47	662	2589	55		建兴乡	100	1760	6977	70
	新民乡	71	893	3613	51	安仁区	小计	208	4814	18118	87
	剑湖乡	38	1324	5279	139		安仁镇	82	2215	7943	97
	兰巨乡	40	1736	6821	171		福源乡	57	1099	4235	74

续表 3-1-7

区别	乡镇	面积（平方千米）	户数（户）	总人口（人）	人口密度（人/平方千米）	区别	乡镇	面积（平方千米）	户数（户）	总人口（人）	人口密度（人/平方千米）
城郊区	大赛乡	69	784	3392	49	安仁区	天平乡	32	862	3388	106
	础石乡	57	1024	4033	71		胜利乡	37	638	2552	69
	林垟乡	54	973	4054	75	道太区	小计	351	3914	14984	43
八都区	小计	559	14015	56164	100		雁川乡	75	1019	3902	52
	八都镇	36	2272	8981	249		供村乡	123	1312	5106	42
	上垟镇	86	2763	10613	123		双平乡	65	810	2995	46
	宝溪乡	151	1922	7416	49		王庄乡	88	773	2981	34
	竹垟畲族乡	103	1762	7411	72	城北区	小计	233	3300	12095	52
	南窖乡	49	1317	5331	109		上东乡	69	1216	4262	62
	瀑云乡	58	2350	9585	165		盛溪乡	109	1294	4825	44
	四源乡	76	1629	6827	90		黄鹤乡	55	790	3008	55
城南区	小计	221	6693	27318	124	锦旗区	小计	532	5314	21283	40
	小梅镇	47	1772	7309	156		锦溪镇	95	1734	7081	75
	查田镇	49	1713	6969	142		住龙镇	269	1565	6183	23
	茶丰乡	74	2020	8379	113		岩樟乡	101	1047	4290	42
	青溪乡	51	1188	4661	91		双岭乡	67	968	3729	56

数据来源：《龙泉市1990年人口普查资料（电子计算机汇总）》。面积根据《龙泉县志》（1994年版）

撤区扩镇并乡后，由于人口流动，人口密度出现较大变化。2000年全市人口密度82人/平方千米。其中，龙渊镇最高，为368人/平方千米；人口密度100~200人/平方千米的有八都镇、小梅镇、查田镇等3个乡镇。人口密度分别为156人/平方千米、113人/平方千米、114人/平方千米；人口密度50–100人/平方千米的有上垟镇、安仁镇、锦溪镇、兰巨乡、础石乡、竹垟畲族乡、龙南乡等7个乡镇，人口密度分别为95人/平方千米、80人/平方千米、58人/平方千米、83人/平方千米、62人/平方千米、67人/平方千米、85人/平方千米；人口密度50人/平方千米以下的有住龙镇、屏南镇、宝溪乡、道太乡、城北乡、岩樟乡等5个乡镇，人口密度分别为23人/平方千米、32人/平方千米、37人/平方千米、33人/平方千米、45人/平方千米、33人/平方千米。

2000年龙泉市分乡镇人口密度一览表

表 3-1-8

乡镇、街道	面积（平方千米）	2000年		
		户数（户）	总人口（人）	人口密度（人/平方千米）
全市公布数	3059.00	—	—	—
合　计	3073.19	76399	250398	82
龙渊镇	191.86	22238	70582	368

续表 3-1-8

乡镇、街道	面积(平方千米)	2000 年		
		户数(户)	总人口(人)	人口密度(人/平方千米)
八都镇	142.06	6583	22123	156
上垟镇	160.88	4478	15359	95
小梅镇	97.22	3218	11018	113
查田镇	122.40	4220	13971	114
安仁镇	207.05	5089	16570	80
锦溪镇	162.00	2858	9429	58
住龙镇	269.70	1842	6126	23
屏南镇	274.86	2629	8683	32
兰巨乡	155.70	4038	12941	83
础石乡	109.06	2029	6745	62
宝溪乡	184.00	2025	6738	37
竹垟畲族乡	101.00	1901	6792	67
道太乡	351.00	3652	11530	33
城北乡	232.00	3296	10487	45
岩樟乡	100.00	937	3300	33
龙南乡	212.40	5366	18004	85

数据来源:土地面积根据 2000 年统计年鉴;人口数据根据龙泉市 2000 年人口普查资料

2010 年,龙泉人口分布主要划分为三个区域,即中心区域——龙渊、西街、剑池 3 个街道,两翼区域——八都、上垟、小梅、查田、安仁、兰巨、础石 7 乡镇,周边区域——屏南、锦溪、住龙、宝溪、龙南、城北、道太、岩樟、竹垟等 9 个乡镇。全市人口密度为 76 人/平方千米。其中:中心区域人口密度为 583 人/平方千米,两翼区域人口密度为 81 人/平方千米,周边区域人口密度为 24 人/平方千米。呈中心区域密、两翼区域疏、周边区域散的格局。人口密度与比重的差距明显扩大,中心区域和两翼区域因经济发达成为人口高密集地区,而周边区域成为人口稀疏地区。人口密度三个街道最高,其中,剑池街道 1219 人/平方千米,排第 1 位;龙渊街道 494 人/平方千米,排第 2 位;西街街道 336 人/平方千米,排第 3 位。乡镇中八都镇最高,人口密度为 140 人/平方千米;50~100 人/平方千米的有上垟镇、小梅镇、查田镇、安仁镇、兰巨乡、竹垟畲族乡 6 乡镇,人口密度分别为 73 人/平方千米、88 人/平方千米、88 人/平方千米、71 人/平方千米、60 人/平方千米、53 人/平方千米;20~50 人/平方千米的有锦溪镇、础石乡、宝溪乡、城北乡、龙南乡 4 乡镇,人口密度分别为 46 人/平方千米、48 人/平方千米、24 人/平方千米、23 人/平方千米、30 人/平方千米。人口密度最低的是住龙镇、屏南镇、道太乡、岩樟乡 4 个乡镇,人口密度分别为 17 人/平方千米、10 人/平方千米、18 人/平方千米、19 人/平方千米。

2010 年龙泉市分乡镇人口密度一览表

表 3-1-9

乡镇、街道	面积(平方千米)	2010 年		
		户数(户)	总人口(人)	人口密度(人/平方千米)
全市公布数据	3059.00	—	—	—
合计	3069.89	80654	234626	76
龙渊街道	84.9	14022	41919	494
西街街道	66.20	7829	22254	336
剑池街道	37.50	14939	45726	1219
八都镇	142.06	6095	19877	140
上垟镇	160.88	3935	11703	73
小梅镇	97.22	2863	8559	88
查田镇	122.36	3788	10790	88
安仁镇	207.05	5150	14669	71
锦溪镇	162.00	2529	7472	46
住龙镇	269.70	1539	4498	17
屏南镇	274.86	1354	2871	10
兰巨乡	155.70	3344	9396	60
竹石乡	109.06	1855	5221	48
宝溪乡	184.00	1595	4325	24
竹垟畲族乡	101.00	1657	5325	53
道太乡	351.00	2467	6260	18
城北乡	232.00	2205	5362	23
岩樟乡	100.00	761	1924	19
龙南乡	212.40	2727	6475	30

数据来源:1.土地面积根据 2010 年统计年鉴;2.人口数据根据龙泉市 2010 年人口普查资料

城乡人口分布

1990 年,全市总人口 266099 人,其中,镇人口 81543 人,占总人口 30.64%;乡村人口 184556 人,占总人口 69.36%。2000 年,全市总人口 250398 人,其中,市人口 70582 人,占 28.19%;镇人口 24606 人,占 9.83%,乡村人口 155210 人,占 61.99%。2010 年,全市常住人口 234626 人,城镇人口 117239 人,占 49.97%;乡村人口 117387 人,占 50.03%。2010 年,城市化率为 49.97%,比丽水市 48.4%高 1.57 个百分点,比全省 61.6%低 11.63 个百分点。

非农业人口与农业人口分布

龙泉是一个主要从事农业的县级市,非农人口少于农业人口。由于招生、招聘公务员、农转非政策、移民等原因，非农人口呈上升趋势。公安户籍资料显示，1989 年全县有非农业人口 32742 人，占总人口 12.6%；2000 年，非农业人口 39797 人，占总人口 14.5%，比 1989 年提高 1.9 个百分点；2010 年，非农业人口 43857 人，占总人口 15.2%，比 2000 年提高 0.7 个百分点。

第三节 流　动

政策性移民

20 世纪 90 年代，龙泉作为浙江省人口稀少的(县)市，人口自然增长稳定，人口迁移率不高，人口自由流动较为平衡。进入 21 世纪后，随着经济不断发展，龙泉人口总量呈流出趋势，一个主要原因就是龙泉仍然属于欠发达地区，经济相对滞后，居民收入低于其他发达地区。虽然一些欠发达地区如江西广丰、贵州、云南等地区的人口流入龙泉市，但龙泉市大量的农村剩余劳动力外出经商、学习、就业，更多地流向发达地区。同时，龙泉市是浙江省重点移民(县)市，也是丽水市安置移民最多的(县)市，共有 5 个大中型水库移民，其中龙泉市内的有紧水滩、瑞垟一级和大白岸电站水库，市外的有新安江、滩坑电站水库。2010 年，全市有移民 8156 户 27361 人，约占全市总人口的 10%，分布在 19 个乡镇(街道)332 个行政村。1984 年，紧水滩移民 11877 人，安置于安仁、八都、小梅、锦溪等乡镇；1989 年，大白岸水库移民 261 人，集中安置于道太乡盛户、毛圩、沈际、乌狮四个行政村；1989—1993 年，瑞垟一级水库迁移 5 个行政村，人口 208 户，657 人。随着"下山脱贫"的落实和城镇化建设的加快，更多的农民从农村迁移安置到市中心和集镇，形成新的人口流动。据市移办统计，2002—2010 年，陆续建成农民公寓、住宅小区、安置点 33 个，搬迁 3051 户，13342 人。其中，龙渊街道龙泰小区、外淤、岭坤安置点 285 户，1331 人；西街街道大千湾新村、西溪、西垅儿、新茶小区安置 197 户，698 人；剑池街道南大垟公寓、立新安置点 574 户，2498 人；础石乡上坞安置点 61 户，280 人；八都镇文昌、署网永门小区，白角、野窖安置点 190 户，874 人；上垟镇上源安置点 33 户，146 人；查田镇查兴园、住田小区 47 户，189 人；安仁镇安泰、安康小区 907 户，4147 人；锦溪镇岭根、中锦、垟头、下锦、沙岭头、十八石、岭上叶炉、半溪亭儿坝、乌岙新村安置点、小区 411 户，1497 人；住龙镇潘床安置点 33 户，120 人；兰巨乡张山、银三角、大汪安置小区 184 户，819 人；竹垟乡黄源、金田安置点 58 户，311 人；岩樟乡康宁小区 104 户，416 人。

自然变动

人口自然变动包含出生和死亡两个方面。

1949—1978 年，人口出生达到高峰期，由于医学水平较低、社会经济欠发达，放开或鼓励生育，出生率和人口死亡率都较高。30 年间出生人口 170340 人，平均年出生率 33.68‰，死亡人口 52002 人，平均年死亡率 10.28‰，平均年自然增长率 23.40‰。其中，出生率最高是 1958 年，达到 45.66‰，最低是 1961 年，出生率 11.59‰；死亡率最高是 1949 年，达到 21.28‰，最低是 1972 年为 5.98‰。

1979—1988 年，改革开放初期，社会经济大力发展，居民生活显著提高，医学水平不断提升，计划生育政策大力实施。10年间出生人口36181人，平均年出生率14.79‰；死亡人口14993人，平均年死亡率6.13‰。自然增长人口21188人，平均年自然增长率8.66‰。出生率最高是1987年，为16.23‰，最低是1980年，为11.35‰。

1989—2010年，社会经济进一步发展，居民生活进入小康和富裕阶段，出生和死亡处于稳定期。22年间，出生人口69786人，平均年出生率11.67‰，死亡人口35442人，平均年死亡率5.93‰，自然增长人口34344人，平均年自然增长率5.75‰。出生率最高是2001年，为12.96‰，最低是1991年，为9.6‰。死亡率最高是2008年，为11.82‰，最低是2006年，为3.17%。

1989—2010年龙泉市(县)出生、死亡人口状况一览表

表3-1-10

年份	平均人口(人)	出生		死亡		自然	
		人数(人)	出生率(‰)	人数(人)	死亡率(‰)	人数(人)	增长率(‰)
1989	258138	3296	12.8	1617	6.3	1679	6.5
1990	259495	2350	9.04	1471	5.66	879	3.39
1991	260430	2501	9.6	1543	5.92	958	3.68
1992	261467	2655	10.15	1663	6.36	992	3.79
1993	262671	2809	10.69	1434	5.46	1375	5.23
1994	263777	3088	11.71	1474	5.59	1614	6.12
1995	264805	3145	11.88	1620	6.12	1525	5.76
1996	266535	3480	10.44	1874	5.62	1606	6.03
1997	268176	3535	13.18	1770	6.6	1765	6.58
1998	269360	3612	13.41	1692	6.28	1920	7.13
1999	270698	3330	12.3	1529	5.65	1801	6.65
2000	272794	3186	11.68	1609	5.9	1577	5.78
2001	274613	3559	12.96	1675	6.1	1884	6.86
2002	275177	2909	10.57	1473	5.35	1436	5.22
2003	275404	3220	11.69	1932	7.01	1288	4.68
2004	276104	3906	12.3	1507	6.09	2399	6.21
2005	277582	3010	10.84	1026	3.69	1984	7.15
2006	279989	3234	11.55	888	3.17	2346	8.38
2007	282707	3142	11.11	1011	3.58	2131	7.54
2008	284186	3287	11.57	3275	11.52	12	0.04
2009	285826	3312	11.59	1177	4.12	2135	7.47
2010	287812	3220	11.19	2182	7.58	1038	3.61

数据来源：《统计年鉴》、1990-1995年部分由市公安局户籍科提供

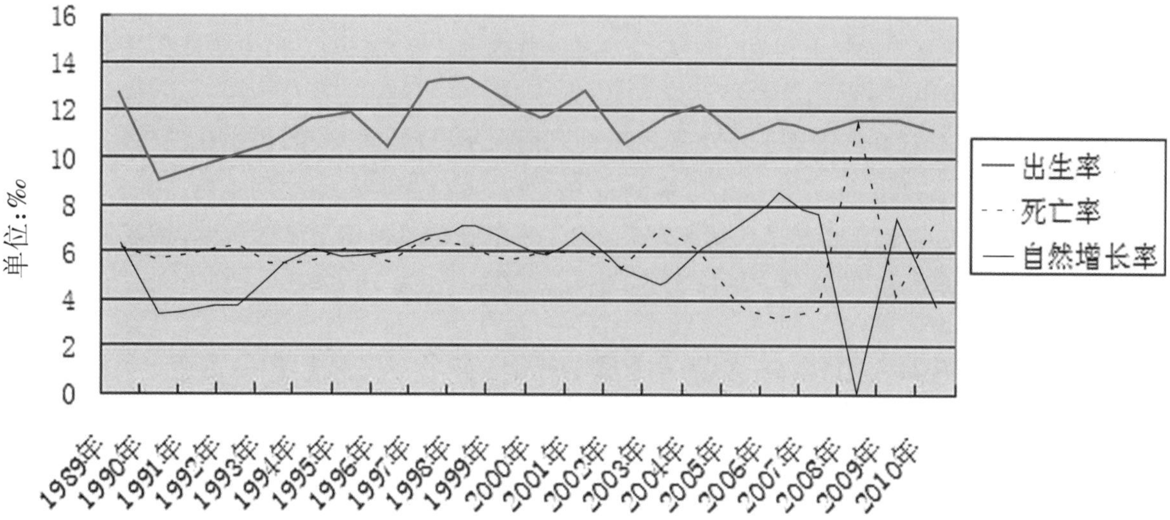

图 3-1-1　1989—2010 年人口出生、死亡、自然增长率

机械变动

人口机械变动即人口迁移变动。据公安部门户籍资料,自 1989 年以来,总人口净流出 3265 人。1990—1993 年,迁入略大于迁出,净迁移率在 0.08‰~0.35‰。1994—2005 年期间出现迁出人口大于迁入人口,迁移率为负增长,人口呈迁出增多趋势,净迁移率负增长最大是 2003 年,为-4.62‰。其原因主要是招生、聘用、投靠亲属、投资房产等;2006—2010 年,由于安置滩坑移民,迁入人口大于迁出人口,净迁移率出现正增长,迁移率最大的是 2006 年,净迁移率为 2.81‰。

2001—2005 年,迁入人口 13170 人,迁移率为 9.55‰。其中省内迁入 11767 人,占总迁入人口 89.3%,迁移率为 8.53‰;省外迁入 1403 人,占总迁入人口 10.7%,迁移率为 1.0‰;迁出人口 17402 人,迁移率 12.62‰,其中迁往省内 15660 人,占迁出总人口 89.99%,迁移率 11.36‰;迁往省外 1742 人,占总迁出人口 10.01%,迁移率 1.26‰。2007—2010 年,迁入人口 13839 人,迁移率为 12.13‰。其中省内迁入 11093 人,占总迁入人口 80.16%,迁移率为 9.73‰;省外迁入 2746 人,占总迁入人口 19.84%,迁移率为 2.41‰;迁出人口 12192 人,迁移率 10.69‰,其中迁往省内 11058 人,占迁出总人口 90.70%,迁移率 9.70‰;迁往省外 1134 人,占总迁出人口 9.30%,迁移率 0.99‰。

1989—2010 年龙泉市(县)人口迁入迁出一览表

表 3-1-11

年 份	迁入人口				迁出人口				净迁移率(‰)
	合计(人)	迁移率(‰)	省内迁入(人)	省外迁入(人)	合计(人)	迁移率(‰)	迁往省内(人)	迁往省外(人)	
1989	—	—	—	—	—	—	—	—	—
1990	3067	11.82	2913	154	3046	11.74	2879	167	0.08
1991	—	—	—	—	—	—	—	—	0.35

续表 3-1-11

年　份	迁入人口				迁出人口				净迁移率（‰）
	合计（人）	迁移率（‰）	省内迁入（人）	省外迁入（人）	合计（人）	迁移率（‰）	迁往省内（人）	迁往省外（人）	
1992	—	—	—	—	—	—	—	—	0.13
1993	—	—	—	—	—	—	—	—	0.03
1994	—	—	—	—	—	—	—	—	-2.97
1995	—	—	—	—	—	—	—	—	-1.13
1996	—	—	—	—	—	—	—	—	2.36
1997	—	—	—	—	—	—	—	—	-2.68
1998	—	—	—	—	—	—	—	—	-2.22
1999	—	—	—	—	—	—	—	—	-1.65
2000	—	—	—	—	—	—	—	—	4.62
2001	2295	8.36	2077	218	2965	10.80	2597	368	-2.44
2002	2739	9.95	2491	248	3645	13.25	3335	310	-3.30
2003	2196	7.97	1902	294	3468	12.59	3051	417	-4.62
2004	1991	7.21	1634	357	3074	11.13	2784	290	-3.92
2005	3949	14.23	3663	286	4250	15.31	3893	357	-1.08
2006	—	—	—	—	—	—	—	—	2.81
2007	4684	16.57	4089	595	4463	15.79	4130	333	0.78
2008	3764	13.24	3053	711	3141	11.05	2918	223	2.19
2009	2768	9.68	2055	713	2278	7.97	1995	283	1.71
2010	2623	9.11	1896	727	2310	8.03	2015	295	1.08

注:2001—2010 年数据来自龙泉市公安局户籍科;1989—2000 年因资料缺失，净迁移率根据总人口和自然增长率计算。

自由变动

人口自由变动是指临时或短期离开原居住地而不变更户籍的人口移动。以计划经济为主年代，流动人口较少。据人口普查数据显示，1990 年，流动人口 11893 人，占常住人口 266099 人的 4.47%。其中，外来人口（县外）9687 人，占 3.64%，外出人口（县外）2206 人，占 0.83%，净流入 7481 人，净流入率为 2.81%。

1990 年龙泉县流动人口一览表

表 3-1-12　　　　单位：人

区公署	乡　镇	流动人口	其　中		区公署	乡　镇	流动人口	其　中	
			外出人口	外来人口				外出人口	外来人口
全　县	合　计	11893	2206	9687	—	屏南乡	207	63	144

续表 3-1-12

区公署	乡 镇	流动人口	其 中	
			外出人口	外来人口
龙渊镇	—	2753	163	2590
城郊区	小 计	1934	351	1583
	宏山乡	792	70	722
	大沙乡	90	13	77
	凤鸣乡	199	42	157
	白云乡	69	9	60
	新民乡	63	16	47
	剑湖乡	87	38	49
	兰巨乡	155	67	88
	大赛乡	185	35	150
	础石乡	97	23	74
	林垟乡	197	38	159
八都区	小计	1876	318	1558
	八都镇	386	65	321
	上垟镇	294	47	247
	宝溪乡	434	54	380
	竹垟畲族乡	128	19	109
	南窖乡	145	17	128
	瀑云乡	158	51	107
	四源乡	331	65	266
城南区	小计	1170	465	705
	小梅镇	475	183	292
	查田镇	311	117	194
	茶丰乡	192	94	98
	青溪乡	192	71	121
屏南区	小计	726	171	555
	均溪乡	179	21	158
	瑞垟乡	340	87	253
龙南区	小计	792	265	527
	龙南乡	151	64	87
	建龙乡	145	45	100
	义和乡	201	64	137
	建兴乡	295	92	203
安仁区	小计	675	158	517
	安仁镇	353	56	297
	福源乡	128	25	103
	天平乡	108	39	69
	胜利乡	86	38	48
道太区	小计	653	141	512
	雁川乡	111	24	87
	供村乡	322	57	265
	双平乡	110	26	84
	王庄乡	110	34	76
城北区	小计	355	60	295
	上东乡	165	34	131
	盛溪乡	156	21	135
	黄鹤乡	34	5	29
锦旗区	小计	959	114	845
	锦溪镇	296	39	257
	住龙镇	360	30	330
	岩樟乡	239	21	218
	双岭乡	64	24	40

数据来源:《龙泉县1990年人口普查资料(电子计算机汇总)》

撤区扩镇并乡后,市场经济活跃,人口流动开始增加。据2000年人口普查数据显示,全市常住人口250398人,流动人口56100人,占22.4%。其中,外来人口18824人(含来自其他乡镇人口),占7.52%;外出人口37276人(含外出其他乡镇人口),占14.89%。净流出18452人,净流出率为7.37%。其中,流出其他乡镇3772人,流出本省其他县市区10501人,流出外省4179人。

2000 年龙泉市流动人口一览表

表 3-1-13　　　　单位：人

乡镇	流动人口	外出人口				外来人口			
		外出半年以上人口	其中			外来半年以上人口	其中		
			本县(市、区)其他乡镇街道	本省其他县(市、市区)	省外		本县(市、区)其他乡镇街道	本省其他县(市、市区)	省外
总计	56100	37276	16940	13738	6598	18824	13168	3237	2419
龙渊镇	14355	2238	293	1313	632	12117	9360	1723	1034
八都镇	4579	3507	1546	1340	621	1072	845	122	105
上垟镇	3135	2501	954	945	602	634	297	130	207
小梅镇	2243	1700	587	775	338	543	217	217	109
查田镇	2853	2448	1030	923	495	405	279	71	55
安仁镇	3328	2595	870	1243	482	733	447	152	134
锦溪镇	2215	1893	971	629	293	322	208	47	67
住龙镇	1032	536	222	181	133	496	204	187	105
屏南镇	2040	1665	626	690	349	375	183	87	105
兰巨乡	4550	4159	2146	1626	387	391	313	48	30
础石乡	1988	1806	1308	296	202	182	124	31	27
宝溪乡	1241	906	249	258	399	335	153	83	99
竹垟畲族乡	1254	1069	630	259	180	185	108	20	57
道太乡	3993	3687	2027	1294	366	306	178	74	54
岩樟乡	904	799	530	175	94	105	51	38	16
城北乡	2229	1927	945	638	344	302	124	111	67
龙南乡	4161	3840	2006	1153	681	321	77	96	148

数据来源：《龙泉市 2000 年、2010 年人口普查资料（电子计算机汇总）》

2000 年，居住本地来自省外的除北京、天津、辽宁和西藏外，来自全国各地 26 个省 2419 人，主要省份有江西、福建、贵州、湖北、云南、安徽等，分别有 647 人、567 人、313 人、188 人、184 人、126 人。

2000 年龙泉市本地户口在省外人口一览表

表 3-1-14　　　　单位：人

省份	人口	省份	人口	省份	人口
总计	2419	安徽	126	四川	108
北京	—	福建	567	贵州	313
天津	—	江西	647	云南	184
河北	6	山东	14	西藏	—

续表 3-1-14

省份	人口	省份	人口	省份	人口
山西	9	河南	68	陕西	52
内蒙古	2	湖北	188	甘肃	3
辽宁	—	湖南	41	青海	2
吉林	1	广东	17	宁夏	1
黑龙江	1	广西	3	新疆	1
上海	9	海南	3	—	—
江苏	35	重庆	18	—	—

数据来源:《龙泉市2000年人口普查资料(电子计算机汇总)》

进入21世纪后,中国经济进入快速发展时期,同时也存在经济发展不平衡状况,使得经济发达地区人口急剧增加,人口向市中心和主要乡镇集聚,而欠发达地区人口大量流出,并向经济发达的市、县和外省流出。2010年,全市流动人口183023人,其中外来人口66799人(含来自其他乡镇人口),占28.47%,外出人口116224人(含外出其他乡镇人口),占49.54%。净流出49425人,净流出率为21.07%。其中流出其他乡镇17533人,流出本省其他县市区39170人,流出外省9144人。中心区域(三个街道)净流入35780人,两翼区域(八都、上垟、小梅、查田、安仁、兰巨、碰石)等7个乡镇净流出35187人,周边区域(屏南、锦溪、住龙、宝溪、龙南、城北、道太、岩樟、竹垟)等9个乡镇净流出50018人。

2010年龙泉市流动人口一览表

表 3-1-15　　单位:人

乡镇街道	流动人口	外出人口						外来人口			
		外出半年以上人口	本县(市、区)其他乡镇街道	县外				外来半年以上人口	其中		
				小计	丽水市内	丽水市外省内	省外		户口在本县(市、区)其他乡镇(街道)	省内县(市、区)外	省外
总计	183023	116224	71085	45139	7471	21246	16422	66799	53552	5969	7278
龙渊街道	29462	8511	5781	2730	577	1334	819	20951	17733	1685	1533
西街街道	17842	9142	6656	2486	329	943	1214	8700	7278	761	661
剑池街道	31716	3967	2105	1862	214	882	766	27749	23088	2107	2554
八都镇	9220	7224	3582	3642	287	1966	1389	1996	1591	120	285
上垟镇	6394	5932	2950	2982	270	1464	1248	462	213	66	183
小梅镇	5031	4376	2043	2333	521	1043	769	655	180	308	167
查田镇	7708	6756	3345	3411	339	1289	1783	952	404	154	394
安仁镇	8309	6037	2549	3488	1158	1640	690	2272	1762	196	314

续表 3-1-15

乡镇街道	流动人口	外出人口							外来人口			
		外出半年以上人口	本县(市、区)其他乡镇街道	县外					外来半年以上人口	其中		
				小计	丽水市内	丽水市外省内	省外			户口在本县(市、区)其他乡镇(街道)	省内县(市、区)外	省外
锦溪镇	4114	3758	1702	2056	151	998	907		356	175	91	90
住龙镇	2287	1941	826	1115	225	526	364		346	128	96	122
屏南镇	7299	7211	4880	2331	508	1045	778		88	49	17	22
兰巨乡	9046	8463	5906	2557	234	1189	1134		583	324	122	137
础石乡	4813	4066	2980	1086	146	638	302		747	176	87	484
宝溪乡	3581	3411	1863	1548	148	634	766		170	76	25	69
竹垟畲族乡	2855	2635	1659	976	83	507	386		220	124	18	78
道太乡	8971	8785	5644	3141	889	1461	791		186	90	46	50
岩樟乡	2286	2194	1515	679	122	349	208		92	34	19	39
城北乡	6788	6673	3627	3046	306	1400	1340		115	43	30	42
龙南乡	15301	15142	11472	3670	964	1938	768		159	84	21	54

数据来源:《龙泉市2010年人口普查资料(电子计算机汇总)》

2010年居住本地户口在省外的人口,除西藏、台湾外,有来自29个省(自治区、直辖市)7278人,比2000年增加3倍。主要有江西1735人,贵州1047人,福建859人,四川555人,云南549人,安徽481人,湖南467人,湖北403人,等等。

2010年龙泉市居住本地户口在省外人口一览表

表 3-1-16 单位:人

省份	人口			省份	人口		
	合计	男	女		合计	男	女
总计	7278	3907	3371	湖北	403	210	193
北京	7	4	3	湖南	467	270	197
天津	2	1	1	广东	36	20	16
河北	24	13	11	广西	131	70	61
山西	10	8	2	海南	17	12	5
内蒙古	15	10	5	重庆	279	179	100
辽宁	15	9	6	四川	555	286	269
吉林	16	7	9	贵州	1047	487	560
黑龙江	35	19	16	云南	549	191	358

续表 3-1-16

省份	人口			省份	人口		
	合计	男	女		合计	男	女
上海	23	13	10	西藏	—	—	—
江苏	121	63	58	陕西	32	21	11
安徽	481	269	212	甘肃	18	7	11
福建	859	474	385	青海	3	3	—
江西	1735	1008	727	宁夏	3	2	1
山东	73	46	27	新疆	6	4	2
河南	316	201	115	台湾	—	—	—

数据来源:《龙泉市2010年人口普查资料(电子计算机汇总)》

第二章 人口构成

第一节 性别与年龄

性别

民国元年(1912)至24年(1935),龙泉市的人口性别比(以女性=100)都在140上下,其中民国19年(1930)达147.3%,性别比失调。民国34年(1945)锐降至124%。

中华人民共和国成立后,提倡男女平等,人口性别比下降迅速,性别比趋向合理。六次人口普查性别比分别为:1953年,第一次人口普查123.9,1964年,第二次人口普查122.48,比1953年下降1.42个百分点;1982年,第三次人口普查113.68,比1964你下降8.8个百分点;1990年,第四次人口普查110.97,比1982年下降2.71个百分点;2000年,第五次人口普查108.86,比1990年下降2.11个百分点;2010年,第六次人口普查106.79,比2000年下降2.07个百分点。

年龄

20世纪70年代,开始推行计划生育,各年龄组发生显著变化,男60岁、女55岁以下人口减少,而男60岁、女55岁以上组开始增多。1982年第三次人口普查,全县学龄前儿童(0~6岁)占总人口12.87%,比1953年、1964年分别减少5.59、5.37个百分点;学龄儿童(7~12岁)16.24%,比1953年、1964年分别减少7.63、1.17个百分点;劳动后备组(13~15岁)8.04%,比1953年、1964年分别减少2.78、2.20个百分点;劳动年龄组(男16~59岁,女16~54岁)52.85%,比1953年减少4.85个百分点，比 1964 年增加 0.71 个百分点；退休年龄组（男 60 岁以上，女 55 岁以上）10.00%，比 1953 年增加 0.04 个百分点，比 1964 年增加 1.29 个百分点。

龙泉市部分年份劳动年龄人口一览表

表 3-2-1

年龄段	1953 年			1964 年			1982 年		
	合计	男	女	合计	男	女	合计	男	女
合计	139412	77147	62265	150197	82709	67488	243960	129789	114171
0~6 岁	25735	13865	11870	27389	14300	13089	31407	16281	15126
7~12 岁	12010	7178	4832	22635	11903	10732	39607	20282	19325
13~15 岁	7339	4366	2973	8767	4783	3984	19616	10242	9374
男 16~59 岁，女 16~54 岁	80461	45967	34494	78319	46745	31574	128929	72523	56406
男 60 岁以上，女 55 岁以上	13867	5771	8096	13087	4978	8109	24401	10461	13940

进入 21 世纪，随着计划生育的继续实施，居民生活水平和生活质量的不断提高，人均寿命不断延长。35 岁以下人口继续减少，而 35 岁及以上人口逐步增加，老龄化问题开始显现。35 岁以下人口从 1990 年的 175016 人减少到 2000 年 137038 人，至 2010 年减少到 89569 人，35 岁以下人口占总人口比重从 1990 年的 65.8%，下降到 2000 年的 54.7%，2010 年下降到 38.4%。而 35 岁及以上人口则从 1990 年的 91083 人，增加到 2000 年的 113360 人，至 2010 年增加到 143414 人，35 岁及以上人口占总人口比重则从 1990 年的 34.2%，至 2000 年提高到 45.3%，至 2010 年提高到 61.6%。

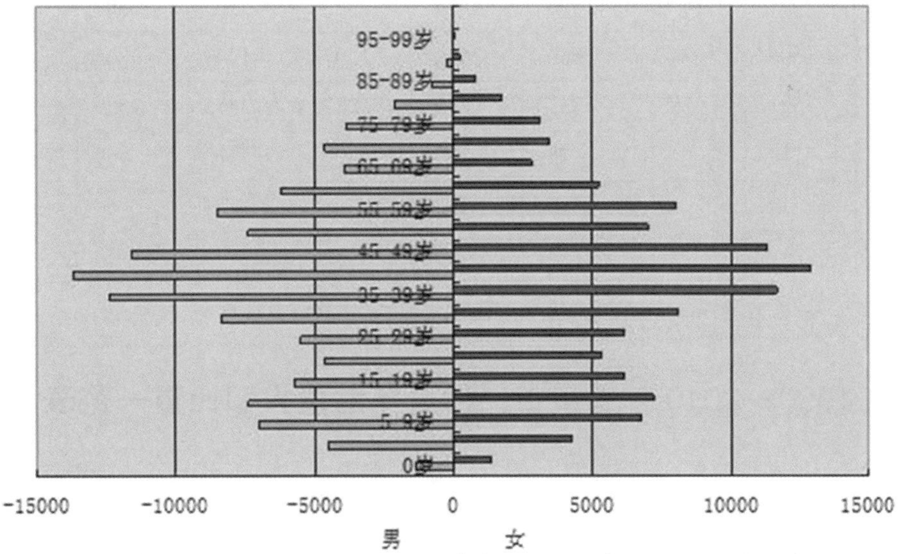

图 3-2-1　　龙泉市 2010 年人口年龄构成图

1990—2010年龙泉市(县)分年龄段人口一览表

表 3-2-2　　　　单位:人

年龄段	1990年			2000年			2010年		
	合计	男	女	合计	男	女	合计	男	女
总人口	266099	140575	125524	250398	131534	118864	232983	119450	113533
0岁	3001	1578	1423	3163	1649	1514	2726	1350	1376
1—4岁	17886	9075	8811	13236	6821	6415	8720	4523	4197
5—9岁	19245	9908	9337	14796	7495	7301	13714	7027	6687
10—14岁	24998	12938	12060	18877	9532	9345	14503	7356	7147
15—19岁	31852	16421	15431	14691	7865	6826	11868	5760	6108
20—24岁	33377	16964	16413	16583	8836	7747	9951	4604	5347
25—29岁	27308	14006	13302	26501	13640	12861	11648	5481	6167
30—34岁	17349	9053	8296	29191	15001	14190	16439	8331	8108
35—39岁	19518	10260	9258	24865	12701	12164	24089	12386	11703
40—44岁	13191	7290	5901	15467	7911	7556	26583	13665	12918
45—49岁	8861	5334	3527	18007	9297	8710	22879	11570	11309
50—54岁	11588	6820	4768	12602	6862	5740	14346	7359	6987
55—59岁	11420	6654	4766	7768	4612	3156	16540	8490	8050
60—64岁	9319	5455	3864	9882	5759	4123	11386	6149	5237
65—69岁	6884	3759	3125	9476	5389	4087	6677	3902	2775
70—74岁	4982	2512	2470	7186	4082	3104	8080	4618	3462
75—79岁	2995	1499	1496	4545	2380	2165	6887	3798	3089
80—84岁	1606	746	860	2456	1207	1249	3865	2083	1782
85—89岁	591	256	335	862	387	475	1559	753	806
90—94岁	119	44	75	209	97	112	459	221	238
95—99岁	9	3	6	32	8	24	60	22	38
100岁及以上	—	—	—	3	3	—	4	2	2

数据来源:《龙泉市1990年、2000年、2010年人口普查资料(电子计算机汇总)》

1990—2010年龙泉市(县)分年龄段人口比重一览表

表 3-2-3　　　　单位:%

年龄段	1990年			2000年			2010年		
	合计	男	女	合计	男	女	合计	男	女
总人口	100.00	100.00	100.00	100.00	100.00	100.00	100.00	100.00	100.00

续表 3-2-3

年龄段	1990 年			2000 年			2010 年		
	合计	男	女	合计	男	女	合计	男	女
0 岁	1.13	1.12	1.13	1.26	1.25	1.27	1.17	1.13	1.21
1—4 岁	6.72	6.46	7.02	5.29	5.19	5.40	3.74	3.79	3.70
5—9 岁	7.23	7.05	7.44	5.91	5.70	6.14	5.89	5.88	5.89
10—14 岁	9.39	9.20	9.61	7.54	7.25	7.86	6.22	6.16	6.30
15—19 岁	11.97	11.68	12.29	5.87	5.98	5.74	5.09	4.82	5.38
20—24 岁	12.54	12.07	13.08	6.62	6.72	6.52	4.27	3.85	4.71
25—29 岁	10.26	9.96	10.60	10.58	10.37	10.82	5.00	4.59	5.43
30—34 岁	6.52	6.44	6.61	11.66	11.40	11.94	7.06	6.97	7.14
35—39 岁	7.33	7.30	7.38	9.93	9.66	10.23	10.34	10.37	10.31
40—44 岁	4.96	5.19	4.70	6.18	6.01	6.36	11.41	11.44	11.38
45—49 岁	3.33	3.79	2.81	7.19	7.07	7.33	9.82	9.69	9.96
50—54 岁	4.35	4.85	3.80	5.03	5.22	4.83	6.16	6.16	6.15
55—59 岁	4.29	4.73	3.80	3.10	3.51	2.66	7.10	7.11	7.09
60—64 岁	3.50	3.88	3.08	3.95	4.38	3.47	4.89	5.15	4.61
65—69 岁	2.59	2.67	2.49	3.78	4.10	3.44	2.87	3.27	2.44
70—74 岁	1.87	1.79	1.97	2.87	3.10	2.61	3.47	3.87	3.05
75—79 岁	1.13	1.07	1.19	1.82	1.81	1.82	2.96	3.18	2.72
80—84 岁	0.60	0.53	0.69	0.98	0.92	1.05	1.66	1.74	1.57
85—89 岁	0.22	0.18	0.27	0.34	0.29	0.40	0.67	0.63	0.71
90—94 岁	0.04	0.03	0.06	0.08	0.07	0.09	0.20	0.19	0.21
95—99 岁	0.00	0.00	0.00	0.01	0.01	0.02	0.03	0.02	0.03
100 岁及以上	0.000	0.000	0.000	0.001	0.002	0.000	0.002	0.002	0.002

数据来源:《龙泉市 1990 年、2000 年、2010 年人口普查资料(电子计算机汇总)》

1953 年,90 岁及以上高龄 7 人,占总人口的 0.005%;人口年龄中位数(从不满周岁起累计人数达到总人口一半的年龄点,下同)为 24.36 岁;人口老化指数(指 65 岁及以上同 0~14 岁人口之比,下同)为 15.23%。

1964 年,90 岁及以上高龄 7 人,占总人口的 0.004%;人口年龄中位数为 25.34 岁;人口老化指数为 10.35%。

1982 年,90 岁及以上高龄 61 人,占总人口的 0.025%;人口年龄中位数为 21.62 岁;人口老化指数为 15.6%。

1990 年,90 岁及以上高龄 128 人,占总人口的 0.048%;人口年龄中位数为 25.02 岁;人口老化指数为 26.4%。

2000 年，100 岁及以上寿星 3 人，90 岁及以上高龄 244 人，占总人口的 0.097%；人口年龄中位数为 30.12 岁；人口老化指数为 49.5%。

2010 年，100 岁及以上寿星 4 人，90 岁及以上高龄 523 人，占总人口的 0.223%；人口年龄中位数为 40.02 岁；人口老化指数为 66.9%。

21 世纪，龙泉市人口进入老龄化阶段，而且速度越来越快。从中位数看，2000 年人口中位数即平均年龄为 30.12 岁，超过国际标准 30 岁的老龄型人口 0.12 岁，2010 年人口中位数即平均年龄为 40.02 岁，超过国际标准 30 岁的老龄型人口 10.02 岁。从年龄结构看，2000 年 65 岁及以上人口占总人口比重 9.89%，高于国际通行的标准 7%的 2.89 个百分点，2010 年 65 岁及以上人口占总人口比重 11.76%，高于国际通行的标准 7%的 4.76 个百分点；2000 年 0~14 岁人口占总人口比重 20.0%，低于国际通行的标准 30%的 10 个百分点，2010 年 0~14 岁人口占总人口比重 17.5%，低于国际通行的标准 30%的 12.5 个百分点。

1990—2010 年龙泉市(县)年龄构成一览表

表 3-2-4

年龄段	1990 年			2000 年			2010 年		
	合计	男	女	合计	男	女	合计	男	女
合计（人）	266099	140575	125524	250398	131534	118864	234626	120252	114374
0—14 岁（人）	65130	33499	31631	50072	25497	24575	41236	21044	20192
比重（%）	24.48	23.83	25.20	20.00	19.38	20.67	17.5	17.5	17.65
15—64 岁（人）	183783	98257	85526	175557	92484	83073	165796	83809	81987
比重（%）	69.07	69.90	68.14	70.11	70.30	69.88	70.66	69.69	71.68
65 岁及以上（人）	17186	8819	8367	24769	13553	11216	27594	15399	12195
比重（%）	6.46	6.27	6.67	9.89	10.30	9.43	11.76	12.81	10.66

数据来源：《龙泉市 1990 年、2000 年、2010 年人口普查资料（电子计算机汇总）》

年寿

民国时期，全县人均寿命仅 50 岁。

1982 年，根据分年龄和性别的死亡率编制《完全生命表》分析，全县人口平均期望寿命为 69.20 岁。比全省平均期望寿命 69.51 岁低 0.32 岁。其中：男性 68.23 岁，女性 70.12 岁。

1990 年，全市人口平均期望寿命为 71.10 岁。比全省平均期望寿命 71.78，低 0.68 岁。其中：男性 70.72 岁，女性 72.79 岁。

2000 年，全市人口平均期望寿命为 74.97 岁。比全省平均期望寿命 74.70，低 0.27 岁。其中：男性 73.24 岁，女性 77.11 岁。

2010 年，全市人口平均期望寿命为 77.53 岁。比全省平均期望寿命 77.73，低 0.20 岁。其中：男性 74.79 岁，女性 80.88 岁。

2010 年龙泉市人口完全生命一览表

表 3-2-5

年龄(岁)	死亡率(‰)	死亡概率	尚存人数(人)	死亡人数(人)	生存人年数(人年)	累计生存人年数(人年)	平均预期寿命(年)
0	6.39	0.00637	100000	637	99539	7753145	77.53
1	1.10	0.00110	99363	109	99309	7653606	77.03
2	0.00	0.00000	99254	0	99254	7554297	76.11
3	0.40	0.00040	99254	40	99234	7455043	75.11
4	0.00	0.00000	99214	0	99214	7355809	74.14
5	0.74	0.00074	99214	73	99178	7256595	73.14
6	0.00	0.00000	99141	0	99141	7157417	72.19
7	0.75	0.00075	99141	74	99104	7058276	71.19
8	0.38	0.00038	99067	38	99048	6959172	70.25
9	0.00	0.00000	99029	0	99029	6860124	69.27
10	0.69	0.00069	99029	69	98995	6761095	68.27
11	0.74	0.00074	98960	74	98923	6662100	67.32
12	0.00	0.00000	98886	0	98886	6563177	66.37
13	0.00	0.00000	98886	0	98886	6464291	65.37
14	0.00	0.00000	98886	0	98886	6365405	64.37
15	0.00	0.00000	98886	0	98886	6266519	63.37
16	0.68	0.00068	98886	67	98853	6167633	62.37
17	0.00	0.00000	98819	0	98819	6068780	61.41
18	0.00	0.00000	98819	0	98819	5969961	60.41
19	0.82	0.00082	98819	81	98779	5871142	59.41
20	0.00	0.00000	98738	0	98738	5772363	58.46
21	0.00	0.00000	98738	0	98738	5673625	57.46
22	0.92	0.00092	98738	91	98693	5574887	56.46
23	0.39	0.00039	98647	39	98628	5476194	55.51
24	1.32	0.00132	98608	130	98543	5377566	54.53
25	1.26	0.00126	98478	124	98416	5279023	53.61
26	0.83	0.00083	98354	81	98314	5180607	52.67
27	0.45	0.00045	98273	44	98251	5082293	51.72
28	2.03	0.00202	98229	199	98130	4984042	50.74
29	0.46	0.00046	98030	46	98007	4885912	49.84
30	1.55	0.00155	97984	152	97908	4787905	48.86
31	1.00	0.00100	97832	97	97784	4689997	47.94

续表 3-2-5

年龄(岁)	死亡率(‰)	死亡概率	尚存人数(人)	死亡人数(人)	生存人年数(人年)	累计生存人年数(人年)	平均预期寿命(年)
32	2.03	0.00203	97735	198	97636	4592213	46.99
33	0.55	0.00055	97537	54	97510	4494577	46.08
34	0.68	0.00068	97483	66	97450	4397067	45.11
35	0.91	0.00091	97417	89	97373	4299617	44.14
36	2.23	0.00223	97328	217	97220	4202244	43.18
37	1.40	0.00140	97111	136	97043	4105024	42.27
38	2.04	0.00204	96975	198	96876	4007981	41.33
39	1.88	0.00188	96777	182	96686	3911105	40.41
40	1.43	0.00143	96595	138	96526	3814419	39.49
41	2.57	0.00257	96457	248	96333	3717893	38.54
42	3.19	0.00318	96209	306	96056	3621560	37.64
43	2.37	0.00237	95903	227	95790	3525504	36.76
44	2.46	0.00246	95676	235	95559	3429714	35.85
45	1.13	0.00113	95441	108	95387	3334155	34.93
46	3.73	0.00373	95333	355	95156	3238768	33.97
47	2.36	0.00235	94978	223	94867	3143612	33.10
48	1.41	0.00140	94755	133	94689	3048745	32.18
49	2.66	0.00265	94622	251	94497	2954056	31.22
50	2.97	0.00296	94371	280	94231	2859559	30.30
51	5.96	0.00594	94091	559	93812	2765328	29.39
52	5.01	0.00500	93532	467	93299	2671516	28.56
53	5.70	0.00568	93065	529	92801	2578217	27.70
54	5.90	0.00588	92536	544	92264	2485416	26.86
55	6.61	0.00658	91992	606	91689	2393152	26.01
56	4.52	0.00451	91386	412	91180	2301463	25.18
57	5.13	0.00511	90974	465	90742	2210283	24.30
58	6.58	0.00656	90509	593	90213	2119541	23.42
59	7.96	0.00793	89916	713	89560	2029328	22.57
60	8.56	0.00852	89203	760	88823	1939768	21.75
61	5.52	0.00551	88443	487	88200	1850945	20.93
62	8.67	0.00863	87956	759	87577	1762745	20.04
63	12.84	0.01276	87197	1112	86641	1675168	19.21
64	11.57	0.01150	86085	990	85590	1588527	18.45
65	16.29	0.01616	85095	1375	84408	1502937	17.66

续表 3-2-5

年龄(岁)	死亡率(‰)	死亡概率	尚存人数(人)	死亡人数(人)	生存人年数(人年)	累计生存人年数(人年)	平均预期寿命(年)
66	5.75	0.00573	83720	480	83480	1418529	16.94
67	20.05	0.01986	83240	1653	82414	1335049	16.04
68	16.81	0.01667	81587	1360	80907	1252635	15.35
69	18.41	0.01824	80227	1463	79496	1171728	14.61
70	25.73	0.02540	78764	2001	77764	1092232	13.87
71	18.58	0.01841	76763	1413	76057	1014468	13.22
72	33.52	0.03297	75350	2484	74108	938411	12.45
73	24.52	0.02422	72866	1765	71984	864303	11.86
74	28.92	0.02851	71101	2027	70088	792319	11.14
75	36.13	0.03549	69074	2451	67849	722231	10.46
76	33.01	0.03247	66623	2163	65542	654382	9.82
77	38.46	0.03774	64460	2432	63244	588840	9.13
78	50.09	0.04886	62028	3031	60513	525596	8.47
79	75.73	0.07297	58997	4305	56845	465083	7.88
80	62.14	0.06026	54692	3296	53044	408238	7.46
81	82.51	0.07924	51396	4073	49360	355194	6.91
82	78.29	0.07534	47323	3565	45541	305834	6.46
83	97.45	0.09292	43758	4066	41725	260293	5.95
84	122.81	0.11570	39692	4592	37396	218568	5.51
85	122.06	0.11504	35100	4038	33081	181172	5.16
86	147.06	0.13699	31062	4255	28935	148091	4.77
87	159.74	0.14793	26807	3966	24824	119156	4.44
88	213.68	0.19305	22841	4409	20637	94332	4.13
89	204.68	0.18568	18432	3422	16721	73695	4.00
90	168.83	0.15569	15010	2337	13842	56974	3.80
91	172.66	0.15894	12673	2014	11666	43132	3.40
92	376.81	0.31707	10659	3380	8969	31466	2.95
93	203.39	0.18462	7279	1344	6607	22497	3.09
94	282.05	0.24719	5935	1467	5202	15890	2.68
95	190.48	0.17391	4468	777	4080	10688	2.39
96	266.67	0.23529	3691	868	3257	6608	1.79
97	1000.00	0.66667	2823	1882	1882	3351	1.19
98	500.00	0.40000	941	376	753	1469	1.56
99	333.33	0.28571	565	161	485	716	1.27

续表 3-2-5

年龄(岁)	死亡率(‰)	死亡概率	尚存人数(人)	死亡人数(人)	生存人年数(人年)	累计生存人年数(人年)	平均预期寿命(年)
100 及以上	1500.00	0.85714	404	346	231	231	0.57

数据来源:《龙泉市 2010 年人口普查资料(电子计算机汇总)》,死亡概率根据统计公式计算

寿星

好山好水好空气,纯净自然的生态,为龙泉人民的长寿提供得天独厚的环境保障。而且龙泉人具有乐观开朗的心态,心胸宽广,智慧豁达,家庭和睦,邻里友爱的特点。兰巨乡仙仁村是远近闻名的长寿村,总人口不到 800 人,100 岁以上的老人有 2 人,80 岁以上老人 21 人。80 岁以上老人占全村总人数比例是世界卫生组织标准(1.4%)的 2 倍,百岁老人占人口比例远远高于国际卫生组织标准(十万分之七)的 31 倍。

王学春,男,1909 年 1 月出生,住龙渊街道东街 186 号。温州永强王宅村人,一岁时随父母迁居龙泉,早年做“山货”生意,中华人民共和国成立后进入原县饮食服务公司,直至退休。

徐秀莲,女,1909 年 9 月出生,住龙泉市兰巨乡梅垟村。

季盛康,男,住兰巨乡仙仁村。出生于 1910 年 2 月,是仙仁村最年长的男性,曾与妻子柳先秀(1912 年 6 月生)被誉为“神仙眷侣”。

曾良凤,女,1910 年 3 月出生,住兰巨乡仙仁村公路沿 45 号。老人喜欢看电视,热情大方。每天早起早睡,生活有规律。

李周珠,女,1910 年 3 月出生,住龙南乡粗溪村。

章显芝,女,1910 年 6 月出生,住龙渊街道一村。

蒋松清,男,1910 年 11 出生,住西街街道宫头村。

第二节 职 业

行业构成

根据人口普查数据(按 10%抽样调查),龙泉市 1990 年三次产业人口就业比为 78:11:11,2000 年三次产业人口就业比为 70:12:18;2010 年三次产业人口就业比为 51:23:26。20 世纪 90 年代以来,尤其是 21 世纪后,就业人口逐步从第一产业向第二、三产业转移。就业机会增加,就业范围更加广阔。如信息传输、计算机服务和软件业、房地产业、金融业、居民服务和其他服务业、文化、体育与娱乐业等新兴产业如火如荼发展,其比重也相对提高,分别达到 0.25%、0.4%、0.7%、2.15%、0.46%。

2010 年,第一产业从业人口占就业人口 51.04%,比 2000 年的 69.66%下降 18.62 个百分点,比 1990 年的 67.67%下降 16.63 个百分点。其中,男性 2010 年占 57.07%,比 2000 年的 71.82%下降 14.75 百分点,比 1990 年的 78.21%下降 21.14 个百分点;女性 2010 年占就业人口比重为 49.68%,比 2000 年的 66.36%下降 16.68 个百分点,比 1990 年的 72.44%下降 22.76 个百分点。

2010年，第二产业从业人员占就业比重22.58%，比2000年的12.12%提高10.46个百分点，比1990年10.51%提高12.07个百分点。其中，男性2010年占27.28%，比2000年的12.29%提高14.99个百分点，比1990年的10.51%提高16.77个百分点；女性2010年占就业人口比重为19.64%，比2000年的11.86%提高7.78个百分点，比1990年的13.45%提高6.19个百分点。

2010年，第三产业从业人员占就业比重26.38%，比2000年的18.23%提高8.15个百分点，比1990年11.16%提高15.22个百分点。其中，男性2010年占25.19%，比2000年的15.90%提高9.29个百分点，比1990年的11.28%提高13.91个百分点；女性2010年占就业人口比重为30.68%，比2000年的21.78%提高8.9个百分点，比1990年的14.11%提高16.57个百分点。

1990年龙泉县人口分行业就业状况一览表

表3-2-6

行业类别	人数(人)			比重(%)		
	合计	男	女	合计	男	女
总计	167583	95950	71633	100.00	100.00	100.00
第一产业	126935	75044	51891	75.74	78.21	72.44
农林牧渔水利业	126935	75044	51891	75.74	78.21	72.44
第二产业	19715	10082	9633	11.76	10.51	13.45
工业	18122	8649	9473	10.81	9.01	13.22
建筑业	1593	1433	160	0.95	1.49	0.22
第三产业	20933	10824	10109	12.49	11.28	14.11
地质普查和勘探业	26	19	7	0.02	0.02	0.01
交通运输、邮电通信业	2551	1987	564	1.52	2.07	0.79
商业、公用饮食业、物资供销和仓储业	7633	3465	4168	4.55	3.61	5.82
房地产管理、公共事业服务和咨询服务业	2048	817	1231	1.22	0.85	1.72
卫生、体育和社会福利事业	1315	596	719	0.78	0.62	1.00
教育、文化艺术和广播电视业	3503	1222	2281	2.09	1.27	3.18
科学研究和综合技术服务业	135	82	53	0.08	0.09	0.07
金融、保险业	592	329	263	0.35	0.34	0.37
国家机关、党政机关和社会团体	3080	2260	820	1.84	2.36	1.14
其他行业	50	47	3	0.03	0.05	0.00

数据来源：《龙泉县1990年人口普查资料(电子计算机汇总)》

2000年龙泉市人口分行业就业状况一览表

表3-2-7

行业类别	人数(人)			比重(%)		
	合计	男	女	合计	男	女
总计	14913	9009	5904	100.00	100.00	100.00

续表 3-2-7

行业类别	人数(人)			比重(%)		
	合计	男	女	合计	男	女
第一产业	10388	6470	3918	69.66	71.82	66.36
农林牧渔业	10388	6470	3918	69.66	71.82	66.36
第二产业	1807	1107	700	12.12	12.29	11.86
采掘业	32	27	5	0.21	0.30	0.08
制造业	1452	804	648	9.74	8.92	10.98
电力、煤气及水的生产和供应业	100	72	28	0.67	0.80	0.47
建筑业	223	204	19	1.50	2.26	0.32
第三产业	2718	1432	1286	18.23	15.90	21.78
地质勘查业、水利管理业	24	16	8	0.16	0.18	0.14
交通运输、仓储和邮政业	398	344	54	2.67	3.82	0.91
批发与零售业	1072	461	611	7.19	5.12	10.35
金融、保险业	92	40	52	0.62	0.44	0.88
房地产业	12	8	4	0.08	0.09	0.07
社会服务业	327	174	153	2.19	1.93	2.59
卫生体育社会福利业	170	79	91	1.14	0.88	1.54
教育、文化艺术及广播电影电视业	364	135	229	2.44	1.50	3.88
科学研究和综合技术服务业	5	3	2	0.03	0.03	0.03
国家机关、党政机关和社会团体	245	165	80	1.64	1.83	1.36
其他行业	9	7	2	0.06	0.08	0.03

数据来源:《龙泉市2000年人口普查资料(电子计算机汇总)》

2010年龙泉市人口分行业就业状况一览表

表 3-2-8

行业类别	人数(人)			比重(%)		
	合计	男	女	合计	男	女
总计	13232	6753	5835	100.00	100.00	100.00
第一产业	6753	3854	2899	51.04	57.07	49.68
农林牧渔业	6753	3854	2899	51.04	57.07	49.68
第二产业	2988	1842	1146	22.58	27.28	19.64
采矿业	58	47	11	0.44	0.70	0.19
制造业	2240	1198	1042	16.93	17.74	17.86
电力、燃气及水的生产和供应业	96	72	24	0.73	1.07	0.41
建筑业	594	525	69	4.49	7.77	1.18
第三产业	3491	1701	1790	26.38	25.19	30.68

续表 3-2-8

行业类别	人数(人)			比重(%)		
	合计	男	女	合计	男	女
交通运输、仓储和邮政业	325	284	41	2.46	4.21	0.70
信息传输、计算服务和软件业	33	20	13	0.25	0.30	0.22
批发与零售业	1294	547	747	9.78	8.10	12.80
住宿和餐饮业	349	131	218	2.64	1.94	3.74
金融业	92	30	62	0.70	0.44	1.06
房地产业	53	17	36	0.40	0.25	0.62
租赁与商务服务业	32	21	11	0.24	0.31	0.19
科学研究、技术服务于地质勘查业	12	7	5	0.09	0.10	0.09
水利、环境和公共设施管理业	39	24	15	0.29	0.36	0.26
居民服务和其他服务业	284	129	155	2.15	1.91	2.66
教育业	308	85	223	2.33	1.26	3.82
卫生、社会保障和社会福利业	153	52	101	1.16	0.77	1.73
文化、体育与娱乐业	61	34	27	0.46	0.50	0.46
公共管理与社会组织	456	320	136	3.45	4.74	2.33

数据来源:《龙泉市 2010 年人口普查资料(电子计算机汇总)》

职业构成

随着经济的发展,工业、商业和旅游业的兴起,人口就业由第一产业向第二、三产业转移,人口职业构成随之变化。除农林牧渔水利业生产人员下降外,生产运输设备操作人员及有关人员和商业服务业人员等均有不同程度增加。2010 年,农林牧渔水利业生产人员占全部从业人员 50.88%,比 2000 年的 69.75%下降 18.87 个百分点,比 1990 年的 72.11%下降 21.23 个百分点;生产运输设备操作人员及有关人员占全部从业人员 21.01%,比 2000 年 12.79%增加 8.22 个百分点,比 1990 年的 14.33%增加 6.68 个百分点;商业服务业人员占全部从业人员 15.42%,比 2000 年的 9.54%增加 5.88 个百分点,比 1990 年的 6.41%增加 9.01 个百分点。专业技术人员占全部从业人员 5.31%,比 2000 年的 4.42%提高 0.89 个百分点,比 1990 年的 4.55%提高 0.76 个百分点;办事人员和有关人员占全部从业人员 4.03%,比 2000 年的 2.61%增加 1.42 个百分点,比 1990 年的 1.44%提高 2.59 个百分点;国家机关、党群组织、企业、事业单位负责人占全部从业人员 3.35%,比 2000 年的 0.85%增加 2.5 个百分点,比 1990 年的 1.16%增加 2.19 个百分点。

1990—2010 年龙泉市(县)职业人口构成一览表

表 3-2-9

职业类别	1990 年			2000 年			2010 年		
	合计	男	女	合计	男	女	合计	男	女
总计	100.00	100.00	100.00	100.00	100.00	100.00	100.00	100.00	100.00

续表 3-2-9

职业类别	1990 年			2000 年			2010 年		
	合计	男	女	合计	男	女	合计	男	女
国家机关、党群组织、企业、事业单位负责人	1.16	1.86	0.22	0.85	1.24	0.25	3.35	4.60	1.77
专业技术人员	4.55	3.57	5.87	4.42	2.73	7.00	5.31	3.19	8.00
办事人员和有关人员	1.44	1.90	0.83	2.61	2.84	2.25	4.03	4.23	3.77
商业服务业人员	6.41	4.04	9.59	9.54	6.96	13.47	15.42	11.25	20.70
农林牧渔水利业生产人员	72.11	74.67	68.68	69.75	71.68	66.80	50.88	51.86	49.65
生产运输设备操作人员及有关人员	14.33	13.96	14.82	12.79	14.49	10.21	21.01	24.87	16.11
不便分类付其他从业人员	0.00	0.00	0.00	0.04	0.06	0.02	0.00	0.00	0.00

就业状况

1990 年，15 岁及以上人口 200969 人，其中，就业人员 167583 人，占 83.4%。

2000 年，15 岁及以上人口 20287 人（以 10%抽样），其中，经济活动人口 15338 人，占 75.6%；就业人口 14913 人，就业率 97.2%；失业人员 425 人，失业率 2.8%；非经济活动人口 4949 人，占 24.4%。

2010 年，16 岁及以上人口 23657 人（以 10%抽样），其中，经济活动人口 18642 人，占 78.8%；就业人口 13224 人，就业率为 97.04%；失业人口 403 人，失业率为 2.96%；非经济活动人口 5015 人，占 21.2%。

第三节 民　族

民族构成

夏商周时，龙泉属越国，为闽越和瓯越之结合部。先民属瓯越支。闽越瓯越常相攻。秦统一中国后，对南方部落兼施同化与迫迁政策，先民逐渐迫迁或同化为汉族。民国时期仅有汉族、畲族两族。中华人民共和国成立初期渐有其他少数民族。改革开放后，经济繁荣，族群流动频繁，汉、少数民族联姻繁衍，少数民族和汉族融洽相处成为传统。少数民族从 1982 年的 6 个，增加到 2010 年的 33 个，其人口也从 1982 年的 6402 人，增加到 2010 年的 9364 人。

民国 36 年（1947），全县有汉、畲二族，共 124334 人，其中，汉族 121078 人，占 97.38%；畲族 3256 人，占 2.62%。

1953 年人口普查，全县总人口 139412 人，民族不详。

1964 年人口普查，全县总人口 150197 人，其中，汉族 146459 人，占 97.51%；畲族 3728 人，占 2.48%；回族 4 人、壮族 3 人、满族 1 人。

1982 年人口普查，全县总人口 243960 人，其中，汉族 237557 人，占 97.38%；少数民族 6 个，6402

人，占 2.62%。少数民族有畲族 6384 人，占 2.60%，回族 7 人，彝族 5 人，苗族 4 人，壮族、黎族各 1 人。

1990 年人口普查，全市总人口 266099 人，其中，汉族 258393 人，占 97.10%；少数民族 11 个，7705 人，占 2.90%，少数民族有畲族 7607 人，占 2.86%，满族 27 人，土家族 26 人，苗族 22 人，回族 8 人，侗族 5 人，白族 4 人，彝族、壮族各 2 人、瑶族、黎族各 1 人。

2000 年人口普查，全市 250398 人，其中，汉族 242538 人，占 96.86%，少数民族 22 个，7860 人，占 3.14%。少数民族有畲族 7486 人，占 2.99%；苗族 108 人，占 0.04%；土家族 79 人，占 0.03%；蒙古族、水族各 39 人，各占 0.02%；侗族 32 人，占 0.01%。其他少数民族有回族、藏族、维吾尔族、苗族、布依族、朝鲜族、满族、瑶族、白族、傣族、黎族、傈僳族、纳西族、仫佬族、锡伯族等，共 77 人，占 0.03%。

2010 年人口普查，全市 234626 人，其中，汉族 225262 人，占 96.01%，少数民族 33 个，9364 人，占 3.99%。少数民族有畲族 8222 人，占 3.50%；苗族 240 人，占 0.10%；水族 180 人，占 0.08%；土家族 133 人，占 0.06%；侗族 111 人，占 0.05%；佤族 38 人，占 0.02%；瑶族 37 人，占 0.02%。其他少数民族有朝鲜族、满族、瑶族、白族、哈尼族、哈萨克族、傣族、黎族、傈僳族、拉祜族、纳西族、景颇族、土族、仫佬族、阿昌族、怒族、京族、门巴族、基诺族等，共 643 人，占 0.25%。

畲族

畲族是市内主要少数民族，据《景宁县志》载，畲族于唐永泰二年（766）年从福建罗源迁居景宁。据《龙泉县志》（1994）载，龙泉畲族祖居广东潮州一带。清顺治、康熙年间，十几个支系先后从浙江的云和、遂昌，福建的上杭及湖平、半溪，江西的瑞金及筼筜下等地迁入。有雷、蓝、钟三姓。1929 年，畲族人口约 3000 人，1990 年增加到 7607 人，2010 年增加到 8222 人，占全市总人口 3.50%，仅次于景宁畲族自治县的 1.45 万人。分布于全市 174 个行政村 390 个自然村，形成“大分散、小聚居”的特点，少数民族人口占 30%以上的行政村 20 个，市内设立民族中学（位于八都镇）1 所。1984 年经省人民政府批准，建立竹垟畲族乡，是全省 18 个民族乡镇之一。竹垟畲族乡辖 10 个行政村，80 个自然村。2010 年，全乡总人口 7875 人，其中畲族近 3000 人，约占三分之一，主要分布在罗墩、际上、金田、红坞、良溪等 5 个民族村。

苗族

苗族的历史悠久，南越族原住居民与其有渊源，在中国古代典籍中，早就有关于五千多年前苗族先民的记载，苗族在历史上多次迁徙。2010 年，龙泉苗族人口 240 人，比 2000 年增加 138 人，主要分布于安仁镇的安民、湖尖下、黄桶、梅坑、金蝉湖、水源头等 21 个行政村；八都镇的石川、松渠等 7 个行政村；道太乡的半坑、荷上畈、坑口、洋头、朱山下等 23 个行政村；兰巨乡的官埔垟、石坑、豫章等 8 个行政村；龙南乡的庵边、粗溪、东坑、横川、麻竹坑、青庄、石械、垟尾等 24 个行政村；屏南镇的地畲、上畲、垟顺等 11 个行政村；上垟镇的昌岗、花桥、木岱、五都楼等 11 个行政村。此外，龙渊街道、西街街道、剑池街道、础石乡、查田镇、小梅镇、锦溪镇、住龙镇、宝溪乡、城北乡、竹垟乡、岩樟乡等均有分布。

水族

水族自称“睢(suǐ)”，因发祥于睢水流域而得名，故民间有“饮睢水，成睢人”之说。水族的族名以

“水”代“睢”，与唐代设置的抚水州有关。2010年，龙泉水族人口180人，比2000年增加141人。主要分布于安仁镇的大舍、谷坑、广田、黄泥岭、季山头、沈山头、胜岱、双岙等18个行政村，龙南乡的东坑、黄大坑、蛟垟、金川、青庄、曲岱、双溪、五星、坞坑、下田、垟尾、周山头等25个行政村；础石乡的冷水亭、李山头等13个行政村。此外，西街街道、八都镇、查田镇、上垟镇、锦溪镇、小梅镇、屏南镇、宝溪乡、道太乡、岩樟乡等均有分布。

土家族

土家族是中国历史悠久的一个民族，世居湘、鄂、渝、黔毗连的武陵山区。2010年，龙泉土家族133人，比2000年增加54人。主要分布安仁镇的湖尖下、庄山等2个行政村；八都镇的大坦、东音、小窖等9个行政村；宝溪乡的塘源、溪源田、竹垟等10个行政村；查田镇的大樟、万山、下保等9个行政村；锦溪镇的岭根、肖庄等7个行政村；兰巨乡的豫章、砼湖等5个行政村；龙南乡的岭后、金川等9个行政村；屏南镇的库粗坑、周岱等7个行政村；上垟镇的花桥、木岱、社口等7个行政村；西街街道的大千湾、新茶等4个行政村；小梅镇的大窑、金村、毛山头等11个行政村。此外住龙镇、竹垟乡、岩樟乡、道太乡、城北乡均有分布。

侗族

侗族是从古代百越的一支发展而来。2010年，龙泉侗族人口111人，比2000年增加79人。主要分布安仁镇的大舍、黄桶、胜湖等10个行政村；查田镇的石隆、大樟等6个行政村；剑池街道的周际等4个行政村；龙南乡的粗溪、庵边、东坑、下田等16个行政村；上垟镇的花桥、上源等10个行政村；小梅镇的大窑、西坑、垟岙头等8个行政村。此外，龙渊街道、西街街道、础石街道、八都镇、屏南镇、锦溪镇、道太乡、宝溪乡、城北乡、竹垟乡均有分布。

龙泉市(县)历次人口普查民族人口一览表

表3-2-10

族别＼时间	1947年	1953年	1964年	1982年	1990年	2000年	2010年
合计	124334	139412	150196	243959	266098	250398	234626
汉族	121078	136119	146459	237557	258393	242538	225262
蒙古族	—	—	—	—	—	39	7
回族	—	—	4	7	8	17	21
藏族	—	—	—	—	—	5	1
维吾尔族	—	—	—	—	—	1	—
苗族	—	—	—	4	22	108	240
彝族	—	—	—	5	2	—	72
壮族	—	—	3	1	2	9	51
布依族	—	—	—	—	—	11	82

续表 3-2-10

族别 \ 时间	1947 年	1953 年	1964 年	1982 年	1990 年	2000 年	2010 年
朝鲜族	—	—	—	—	—	6	1
满族	—	—	1	—	27	11	10
侗族	—	—	—	—	5	32	111
瑶族	—	—	—	—	1	1	37
白族	—	—	—	—	4	4	18
土家族	—	—	—	—	26	79	133
哈尼族	—	—	—	—	—	—	22
哈萨克族	—	—	—	—	—	—	7
傣族	—	—	—	—	—	1	19
黎族	—	—	—	1	1	3	16
傈僳族	—	—	—	—	—	1	21
佤族	—	—	—	—	—	—	38
畲族	3256	3293	3728	6384	7607	7486	8222
拉祜族	—	—	—	—	—	—	16
水族	—	—	—	—	—	39	180
纳西族	—	—	—	—	—	1	1
景颇族	—	—	—	—	—	—	8
土族	—	—	—	—	—	—	6
仫佬族	—	—	—	—	—	1	9
布朗族	—	—	—	—	—	—	1
仡佬族	—	—	—	—	—	3	5
阿昌族	—	—	—	—	—	—	4
怒族	—	—	—	—	—	—	2
京族	—	—	—	—	—	—	1
门巴族	—	—	—	—	—	—	1
基诺族	—	—	—	—	—	—	1
锡伯族	—	—	—	—	—	2	—
其他	—	—	1	—	—	—	—

数据来源：1953—1982 年数据来源《龙泉县志》(1994 年版)；1990—2010 年数据来源《龙泉市(县)1990—2010 年人口普查资料(电子计算机汇总)》

第四节 婚姻家庭

结婚

20 世纪 90 年代，实行晚婚晚育的奖励政策，结婚年龄推迟，未婚人口比重较大。进入 21 世纪后，结婚年龄开始提早，未婚人口明显下降。人口普查资料显示，2010 年，未婚人口比重占 16.51%，比 2000 年的 18.87%下降 2.36 个百分点，比 1990 年的 29.14%，下降 12.63 个百分点。未婚年龄出现比较大的降幅。其中，男性未婚比重占 16.51%，比 2000 年的 23.68%，下降 7.17 个百分点，比 1990 年的 33.06%，下降 16.55 个百分点；女性未婚比重占 11.02%，比 2000 年的 13.48%，下降 2.46 个百分点，比 1990 年的 24.66%，下降 13.64%，男性未婚比重高于女性未婚比重 5.49 个百分点。2010 年，有配偶人口比重 78.67%，比 2000 年的 74.60%，提高 4.07 个百分点，比 1990 年的 63.56%，提高 15.11 个百分点。其中，男性有配偶比重 77.19%，比 2000 年的 70.33%，提高 6.86 个百分点，比 1990 年的 60.10%，提高 17.09 个百分点。女性有配偶比重为 80.22%，比 2000 年 79.39%，提高 0.83 个百分点，比 1990 年的 67.51%，提高 12.71 个百分点。

离婚

随着时代的进步，思想观念的改变，离婚比重有上升的趋势，但幅度趋稳。2010 年，离婚比重 1.20%，比 2000 年的 0.96%，提高 0.24 个百分点，比 1990 年的 1.26%，下降 0.06 个百分点。其中，2010 年男性离婚比重 1.74%，比 2000 年的 1.46%，提高 0.28 个百分点，比 1990 年的 2.18%，下降 0.44 个百分点。2010 年，女性离婚比重 0.63%，比 2000 年 0.40%，提高 0.23 个百分点，比 1990 年的 0.21%，提高 0.42 个百分点。

丧偶

由于女性平均寿命高于男性的特点越来越突出，故女性丧偶比重高于男性的差距也越来越大，虽然男性的丧偶比重在缩小，但总的丧偶比例在增大。2010 年，丧偶人口比重占 6.30%，比 2000 年的 5.57%，提高 0.73 个百分点，比 1990 年的 6.04%，提高 0.26 个百分点。其中，2010 年男性丧偶比重 4.56%，比 2000 年 4.53%，提高 0.03 个百分点，比 1990 年的 4.65%，下降 0.09 个百分点。2010 年，女性丧偶比重占 8.12%，比 2000 年的 6.73%，提高 1.39 个百分点，比 1990 年的 7.62%，提高 0.5 个百分点。

1990—2010 年龙泉市(县)人口婚姻状况构成一览表

表 3-2-11

项目		1990 年			2000 年			2010 年		
		合计	男	女	合计	男	女	合计	男	女
15 岁及以上人口(人)	总人口(人)	200969	107076	93893	20287	10719	9568	19014	9716	9298

续表 3-2-11

项目		1990年			2000年			2010年		
		合计	男	女	合计	男	女	合计	男	女
未婚	人口(人)	58560	35404	23156	3828	2538	1290	2629	1604	1025
	比重(%)	29.14	33.06	24.66	18.87	23.68	13.48	13.83	16.51	11.02
有配偶	人口(人)	127737	64352	63385	15135	7539	7596	14959	7500	7459
	比重(%)	63.56	60.10	67.51	74.60	70.33	79.39	78.67	77.19	80.22
离婚	人口(人)	2536	2338	198	194	156	38	228	169	59
	比重(%)	1.26	2.18	0.21	0.96	1.46	0.40	1.20	1.74	0.63
丧偶	人口(人)	12136	4982	7154	1130	486	644	1198	443	755
	比重(%)	6.04	4.65	7.62	5.57	4.53	6.73	6.30	4.56	8.12

数据来源:《龙泉市(县)1990年、2000年、2010年人口普查资料(电子计算机汇总)》
注:2000年、2010年人口普查婚姻状况是抽样调查数据样本10%。

第五节　姓　氏

姓氏概况

据公安户籍部门不完全统计,2010年,全市260个姓氏,其中复姓4个,单姓256个。人口万人以上7个,千人以上52个,百人以上117个。

部分姓氏来源

李姓,唐肃宗上元二年(761),沛、溢、洮三兄弟避唐乱,自苏州常熟迁龙泉西乡。沛居八都下窖,溢居瀑云桑溪,洮居岱垟木岱。洮裔孙于元戊寅年(1338)迁龙泉城东为一支。明正统间,浦城人李善任龙泉知县,遂迁龙泉为一支;李金德从福建上杭迁龙泉驮寺门为一支。

管姓,唐末,管辐自池阳迁金陵,其子黄鹤镇将、秦溪公管伸因官江浙,始迁龙泉,今龙渊街道后甸、小梅镇大窑、道太乡管村等村管氏为本支后裔。

何姓,五代吴越国初,何谨爱龙泉山水之胜,从浦城毕岭迁居龙泉兰巨乡上河村。

张姓,唐末,张绰一支自福建南浦避地龙泉治平坊;张某一支从苏州迁丽水,再迁龙泉马埠;张常青一支于清初避耿精忠乱,从福建汀州古田迁龙泉住溪。

季姓,唐天宝年间,季锦避安禄山之乱自延陵迁居杭州武林门铜锣弄。传四世偿公迁居龙泉为龙泉季氏一世祖,又传五世綦公生七子,长子大居义乌松门,次子晋居蜚溪,三子大蕴居铜山,四子蒋居蜚溪,五子霸居蜚溪,六子鲁居浆安(八都),七子说居渎田。晋公有后裔重三、重五公于南宋时期避乱迁居安福,重五公之孙铭八公迁居龙泉县城东五支桥上首梅墩,其后支系繁多,主要有城区西街、东街,城郊武潭、蓁蔀,八都镇埜窖、炉斗、龙竹、乌垟,兰巨乡砇湖、大汪、安吉,查田镇柘坑,城北乡小岩等支系。

吴姓,唐末,吴祎一支由山阴和乐村迁居瑞安库村,再迁龙泉县松源乡上苍(今庆元县)肇基,本支吴氏支系众多，有分布在今龙泉市境内八都、小梅、查田、上垟、宝溪、安仁等地，在现有龙泉 84 支吴氏支系中，吴祎后裔有大约 60 支。其他吴氏一支吴在欣、吴明廷、吴明迁、吴明焰四兄弟于康熙五十年(1711)，自长汀县宣河里吴家坊徙居遂昌湖山，雍正六年(1728)转迁龙泉城北黄鹤源头开基。一支吴天凤于明崇祯二年(1629)自漳州宁洋徙居剑川十三都淡竹翠屏山，其子世荣公由淡竹翠屏山迁居瀑云踏碓头开基。

陈姓，陈倪一支于五代吴越国纳土归宋时，镇守处州，其三弟偁迁龙泉梓亭；一支陈二公自丽水浮云(今云和)迁居龙泉坊郭大寺后，元至大二年(1309)再迁干川(今屏南干上)，其后有一支于清初迁居小梅镇大梅村。另一支陈上元，清康熙年间从福建上杭县迁龙泉北乡十九都村头村。

胡姓，南唐李后主末年，丹阳胡栋一支迁龙泉竹川(南弄)。

刘姓，唐开元年间，刘原起一支自三衢迁龙泉八都横溪，再迁五都楼。刘保太一支于清末购销毛棕从江西迁龙泉城内。刘承聪一支于清雍正二年(1724)由云和县张家地迁龙泉东乡金蝉湖。

章姓，唐五代时，章重一支自福建浦城迁龙泉西宁乡。

叶姓，东汉末年，叶望自青州迁丹阳郡句容，四世传至锯，仕钱塘令。其次子叶俭宦居松阳，其后世世居松阳卯山，自唐宋以来分多支派陆续迁徙到龙泉，至今有统计的共有 100 支分支。主要支系有仁赞公后裔居八都镇双溪口、岩樟乡石坑岭头、锦溪镇百里、龙南乡黄燕村；仁训公后裔分居小梅镇黄南、兰巨乡安吉、城北乡上田村；梦得公后裔分居西街街道岩后、础石街道季边、城北乡文坑村；文显公后裔分居安仁镇叶山头、道太乡梨垟、龙南乡上田；文昱公后裔分居安仁镇李登、剑池街道茶坦村；文昚公后裔分居剑池街道武潭、兰巨乡剑湖，龙南乡叶村、梅七、卓安际、麻连岱、杨山头、蛟垟、黄皮、麻竹坑，查田镇赵麻於、安仁镇黄桶村；诚公后裔分居屏南镇瑞竹垟、南溪、横坑、垟顺、竹篷后，龙南乡黄树坪、小岭后、蛟垟、黄燕、大庄，础石乡瞿源、查田镇炉溪等村；弥后裔分居屏南镇库粗坑、叶村、梧树垟，小梅镇大窑、大坑、大梅口，上垟镇石层、源底、木岱，道太乡黄麻坑、夏安，竹垟乡山溪口、里党、后排岭，八都镇东音等村；巨仁公后裔分居城北乡林八坑、小岩，安仁镇石鼓、沈山头、夏山头，西街街道牛头岭，龙南乡庵边、金川、石械，宝溪乡坑里、源头、溪头，查田镇青坑岙、上垟镇泗源等村。

瞿姓，北宋末，福建兴化府太守瞿祯(原籍衢州)因世乱辞官退隐迁龙泉白茅垟(今瞿源)。

林姓，南宋理宗时，林昭一支从括苍城西官桥村迁龙泉城东下林。另一支于清初由福建莆田迁龙泉溪业渔，后散居于道太、凤鸣、宫头一带。

周姓，唐末，周象贤一支何地迁来无考。另一支于南宋间自杭州武林迁缙云，再迁龙泉城内石板弄。周星明一支于清康熙乙巳年(1665)由福建古田迁龙泉东乡。旌德人周希契一支于明崇祯间任龙泉主薄，子孙定居龙泉。宣城人周正春一支于明崇祯间任龙泉典史，亦定居城内。

连姓，北宋元丰间，连武遗孀李氏携漆、昭二子避盗，从福建建宁迁龙泉大舍。

金姓，南宋末，金谆(祖籍南阳)一支自丽水浮云迁龙泉安福。

朱姓，宋端宗丁丑年(1277)，朱百四一支从兰溪扫口到龙泉经商，居一都叶坛会底。

潘姓，北宋天圣年间，潘千七一支从松阳迁龙泉若瓯(今陈山头)。清初一支从江西丰城来龙泉经商定居。

洪姓，洪万五一支，祖籍建昌，原居景宁洪原，明永乐七年(1409)因山洪暴发受灾，迁龙泉东乡东坞。

王姓，宋末，王刚叔之祖一支迁龙泉西乡盖竹。明永乐年间，王伯康一支从景宁英川迁龙泉屏南砿铺村定居；其孙王胜显迁居南垟村。清顺治初，安徽歙县王孝立一支、王之路一支到龙泉贩盐定居。

蒋姓，明洪武三十一年(1398)，蒋氏宗浩公从景宁葛山粗砻迁居兰巨西山岱村，宗华公从景宁葛山粗砻迁居屏南均山村。

翁姓，明洪武年间，从松阳葛坪迁龙泉石坑，聚族而居。

郭姓，清中叶，郭辉明从江西乐安县到龙泉八都贩卖土布，定居。

罗姓，清雍正年间，罗友亮一支从长沙浏阳县东乡迁龙泉北乡坑源底。清季康熙之末，一支始祖绍弼公由闽汀连城亨子堡迁西乡盖竹村之石壁头月儿边。罗氏宗谱载，盖竹罗氏德星公迁居城内西街，德佳公居笃田耕稼，炳贵公居山溪村。另豫章罗氏亦为盖竹罗氏分支，系二世祖旻艺公派下。列排行二十八字：开亨佳绍旻祖炳，积德棉长永庆祥，继世春新传大有，启兆家朝盛必昌。

杨姓，清康熙年间，杨家琨自福建省连城县杨家坊迁居龙泉县延庆乡五都郑源(今上垟郑源)，其子学仁、学义、学礼、学伸、学信因火灾于乾隆年间迁居七都大坦，聚族而居。清雍正年间，杨昌义一支从福建汀州连城迁龙泉碧龙定居。

蓝姓，清康熙年间，蓝金鹤、金瑞兄弟从云和岩下迁龙泉南乡磁湖。

江姓，清乾隆年间从福建古田迁龙泉南乡孙坑。

巫姓，清雍正初，巫有光由长汀江背迁龙泉北乡龙稽。

曾姓，清康熙年间，福建汀州永定县南门湖阁村曾其昌一支迁龙泉大沙曾家村。

范姓，清乾隆年间，范元相从福建连城县迁龙泉孙坑。

项姓，项斯公因安禄山之乱迁居临海，安世公迁居括苍(丽水)，项四公从括苍分居松阳大竹溪而家。项四公后十一世项迳公字直道，偕甥刘端五徙居迁安仁，长子增公一支后分居溪边、陈家垟、黄磁、广田、坑口、武溪际头；次子律公一支分居项坞、东坑；三子绘公一支分居八坊源头、季庄、安福；四子颢公一支分居凌林、新岱坑。五世运公传后六世昊公迁龙坑沈地(项坊)，衍后四世千七公迁居八坊上管源头，再传十四世崇麟公于明朝嘉靖三年(1524)迁居官田肇基。官田项氏现常住官田、大沙、龙泉、大赛、英力、五梅垟、梅地一带。

黄姓，一支于乾隆年间自江西省南城县万坊乡枧塘村迁徙龙泉西乡八都；一支于康熙年间由闽汀青榴县林地村迁徙龙泉西乡石柱岭，后廷魁公迁居源底；一支于康熙三十二年(1693)自福建长汀县黄家乡黄沙亭宣河里四图三甲徙迁龙泉城北上垟；一支于顺治初年自福建汀州府上杭县迁徙龙泉西乡十一都锦旦庄头源，至五世祖，友龙公始祖迁移仙人岗；一支于乾隆年间自广东惠州府龙川县迁徙龙泉北乡梧桐口；一支于清康熙十八年(1679)自福建连城县芷溪村移居龙泉住龙乡碧龙；一支于乾隆二十年(1755)自江西建昌府南丰县世贤乡十九都寨里保徙居龙泉下北乡前赖；一支于乾隆年间自福建迁徙龙泉安仁夏山头、道太上坑；一支于嘉庆年间自福建上杭迁徙龙泉西乡源底处长庵，后迁宝溪田岭大垟坪。

商姓，1962年，新安江水库迁至龙泉兰巨桐山村等地。

傅姓，据大汪傅氏宗谱载，绍贤公朝议大夫，原居福建汀州府上杭县铁板桥头，后成右公生四子，长徙岩州，次徙温州，三徙金华，四传二公，生二子即崇飞公，徙龙泉五都楼，自崇飞公肇基以来，子孙或居剑川城内，迨后分散不一，聚族于异地，是与北乡吴庄、西乡五都楼，以及城内与宏山皆一脉通宗。

谢姓，乾隆初，谢氏一支由福建汀州府上杭县古田镇熊屋坑迁往衢州府江山县杨溪源，后迁居锦溪岭根下黄永；一支由湖南长沙府浏阳县东阳太浦坪迁居锦溪上锦中锦下锦、黄大源、吴林及城西山里一带；一支由福建永定迁居兰巨梅垟村；一支由福建嘉应州下半图迁居锦溪下畈、墙甲；另一支由福建泉州草村迁居查田横坑。

第六节 教育程度

文化教育

20世纪90年代后，龙泉居民受教育程度不断提升，文化水平继续提高。未上过学和小学程度人口不断下降，而初中以上文化程度不断上升，尤其是高中、大学等文化程度上升迅速。

人口普查资料显示，2010年，6岁及以上人口219138人，有研究生66人，占6岁及以上人口0.03%，其中男性45人，女性21人，分别占0.04%和0.02%。大学本科3637人，占1.66%，其中男性1880人，女性1757人，分别占1.67%和1.64%。大学专科7452人，占3.4%，其中男性4007人，女性3445人，分别占3.57%，3.22%。高中22783人，占10.40%，其中男性11871人，女性10912人，分别占10.57%和10.21%。初中74387人，占33.95%，其中男性40346人，女性34041人，分别占35.92%和31.87%。小学88154人，占40.23人，男性46084人，女性42070人，分别占41.03%和39.38%。未上过学22659人，占10.34%，其中男性8078人，女性14581人，分别占7.19%和13.65%。每十万人研究生28人，比2000年增加21人；大学生本科1550人，比2000年增加1273人，比1990年增加1426人；大学专科3176人，比2000年增加1840人，比1990年增加2664人；高中9710人，比2000年增加2171人，比1990年增加3917人，初中31704人，比2000年增加1355人，比1990年增加9860人。

文盲率

1990年，15岁及以上人口200969人，文盲人口40236人，成人文盲率为20.0%；2000年，15岁及以上人口200326人，文盲人口17462人，成人文盲率为8.72%；2010年，15岁及以上人口193390人，文盲人口20255人，成人文盲率为10.47%。

1990—2010年龙泉市(县)人口受教育程度情况一览表

表3-2-12　　单位：人

受教育程度	1990年			2000年			2010年		
	合计	男	女	合计	男	女	合计	男	女
6岁及6岁以上	240622	127598	113024	230426	230426	121237	219138	112311	106827
未上过学	44418	15407	29011	24835	8397	16384	22659	8078	14581
小学	120968	68213	52755	106713	56642	50071	88154	46084	42070
初中	58128	33770	24358	75995	434007	32588	74387	40346	34041
高中	15416	8920	6496	18879	10171	8708	22783	11871	10912
大学专科	1363	1014	349	3345	2109	1236	7452	4007	3445
大学本科	329	274	55	695	495	200	3637	1880	1757

续表 3-2-12

受教育程度	1990 年			2000 年			2010 年		
	合计	男	女	合计	男	女	合计	男	女
研究生	—	—	—	18	16	2	66	45	21

数据来源:《龙泉市(县)1990 年、2000 年、2010 年人口普查资料(电子计算机汇总)》
注:1990 年不识字或识字很少列入未上过学;2000 年扫盲班列入未上过学;1990—2000 年中专列入高中。

1990—2010 年龙泉市(县)人口受教育程度比重一览表

表 3-2-13　　　　单位:%

受教育程度	1990 年			2000 年			2010 年		
	合计	男	女	合计	男	女	合计	男	女
6 岁及 6 岁以上	100.00	100.00	100.00	100.00	100.00	100.00	100.00	100.00	100.00
未上过学	18.46	12.07	25.67	10.78	3.64	13.51	10.34	7.19	13.65
小学	50.27	53.46	46.68	46.31	24.58	41.30	40.23	41.03	39.38
初中	24.16	26.47	21.55	32.98	188.35	26.88	33.95	35.92	31.87
高中	6.41	6.99	5.75	8.19	4.41	7.18	10.40	10.57	10.21
大学专科	0.57	0.79	0.31	1.45	0.92	1.02	3.40	3.57	3.22
大学本科	0.14	0.21	0.05	0.30	0.21	0.16	1.66	1.67	1.64
研究生	0.00	0.00	0.00	0.01	0.01	0.00	0.03	0.04	0.02

注:1990 年不识字或识字很少列入未上过学,2000 年扫盲班列入未上过学。

第三章　人口控制

第一节　人口政策

鼓励晚婚晚育

按照 1990 年修改的《浙江省计划生育条例》规定,国家工作人员和职工男女双方晚婚的,增加婚假 12 天;晚育的,男方可以享受 5~7 天护理假。对晚婚晚育的,分配住房应当在同等条件下优先照顾,35 周岁以上未婚的应当视同已婚参加分房。

计划生育奖励扶助

2006年6月，开始实施《浙江省人民政府关于农村部分计划生育家庭奖励扶助制度》，对本省农业户口或界定为农村居民户口，1973—2001年期间没有违反计划生育法规、规章和政策生育的，现存一个子女或子女死亡现无子女，在1933年1月1日以后出生年满60周岁的农村计划生育夫妇，按每人每年不低于600元的标准发放奖励扶助金（每三年调整一次），直到亡故为止。已超过60周岁的，以实际年龄为起点发放。在确定农村“低保户”时，奖励扶助金不计入其家庭收入；取得奖励扶助金的“五保户”，不影响其原有待遇；已经享受城镇职工养老保险待遇的不再发放奖励扶助金。

流动人口管理

2004年，为探索创新外出流动人口计划生育管理与服务办法，提出外出流动人口重点对象实行“一联一”跟踪管理与服务的工作方法。龙泉市政府出台《龙泉市流动人口管理与服务实施办法》。实行外出已婚育龄妇女重点对象“一联一”跟踪管理与服务。

第二节　人口服务

宣传教育

20世纪70—80年代，计划生育宣传工作重点是宣传计划生育的“晚、稀、少”；20世纪90年代，重点落实《中央关于加强计划生育工作的决定》《中央关于稳定低生育水平的决定》。

1988年，县委县政府提出“破釜沉舟、背水一战”打好龙泉计划生育翻身战。自此，龙泉市计划生育工作开始走上轨道，基层基础不断夯实。一直以来坚持两手抓，即“一手抓创优，一手抓基础”，取得显著成效。先后被评为全国计划生育“行风建设”先进单位、全国婚育新风进万家先进单位、全国“计划生育流动服务车项目”先进集体，荣获“浙江省计划生育优质服务市”和“国家级计划生育优质服务先进市”称号。

1997年，开展新家庭计划活动；1999年，开展婚育新风进万家活动；2001年以后，人口计划生育工作贯彻执行“村（居）民自治、依法管理、优质服务、政策推动、综合治理”二十字方针；2001年10月，全市对流动人口进行大清理；2001年，开始“坚持村民自治、优质服务一起抓，大胆推行知情选择，把工作重心下移到村，让群众成为计划生育工作的主人”新路子的探索；2002年，开展计生系统行风建设活动；2003年，举办婚育新风进万家文艺汇演；2004年3月，推出“龙泉市计生跟踪随访服务卡”；2005年4月，开展“百名专干访千家”活动。2007年8月，举行“千场电影进农村”暨“生育关怀”捐款启动仪式；2008年，全面开展“加强源头管理、推进优质服务”活动；2009年，龙泉市作为全省6个试点县（市、区）之一开展“阳光计生行动”；2010年，启动创建“国家级计划生育优质服务先进市”活动。

管理措施

1992年，龙泉市被国家计划生育委员会授予“全国城市计划生育工作先进集体”称号。1993年，农村计划生育工作人员农转非，龙泉市22人。90年代，计划生育工作的重点是落实《中央关于加强计划生育工作的决定》《中央关于稳定低生育水平的决定》。在丽水地区率先开展计划生育合格村建设活动；坚持“三不变”，落实“三为主”，推广“三结合”，实现“两个转变”；1997年，开展新家庭计划活动；1999年，开展婚育新风进万家活动，在住龙镇试点的基础上全面推开。

2001年以后，人口和计划生育工作贯彻执行“村（居）民自治、依法管理、优质服务、政策推动、综合治理”二十字方针。2001年10月，龙泉重视计划生育工作，及时召开500多人参加的全市计划生育工作总动员大会，在城区组织300多人，分成16个大组、32个小组对流动人口进行大清理。在2001年底，在安仁镇张畈村试点，开始“坚持村民自治、优质服务一起抓，大胆推行知情选择，把工作重心下移到村，让群众成为计划生育工作的主人”新路子的探索。在2001年12月份全省村民自治经验交流会上，龙泉市作重点经验介绍，这在龙泉市乃至丽水市都是第一次。2002年，开展计生系统行风建设活动。2002年6月，龙泉市委办、龙泉市政府办联合下发《龙泉市推行村民自治优质服务实施意见》，从而进入计划生育综合改革新阶段。2003年3月推行“计卫合作”，到6月，16个乡镇全部实施“计卫合作”，成立“妇幼保健计划生育技术服务中心”。“计卫合作”实现资源整合、优势互补，达到政府、卫生院、群众“三赢”的效果，得到国家、省计生委的肯定。同时把行风建设引入综合改革贯穿全过程，以“优质服务、群众满意”为主题，有力地推动以计划生育综合改革为主的各项工作顺利开展。2003年9月龙泉市率先在丽水九县（市、区）中建立计划生育公益金。2003年，举办婚育新风进万家文艺会演，集中展示二次创业以来计划生育综合改革带来的变化和成果，其中《赞计卫合作》《讨指标》两个节目获全国计划生育宣传“五好作品”评选优秀奖。

2004年1月，增加3个街道11个社区居委会计生服务员52名，并给予适当经济补助，改变社区无计生服务员的历史。2004年3月，市计生局推出“龙泉市计生跟踪随访服务卡”，经查田镇试点，5月份在全市推行。2005年4月，龙泉市计生系统开展“百名专干访千家”活动。2006年6月，在龙南乡召开全市农村部分计划生育家庭奖励扶助对象资格确认初审会，全市农村部分计划生育家庭奖励扶助制度正式开始实施。2006年10月10日，在老市政府门前举行农村部分计划生育家庭奖励扶助首发仪式，至2010年，共有1061名对象符合奖扶条件，每年每人能领到由政府发放的720元奖励扶助金。2006年10月，龙泉市委办、龙泉市政府办发出《关于印发〈龙泉市人口和计划生育“一票否决制”的实施意见〉的通知》。2007年7月，市计生局组织编印《药具改革资料汇编》一书，并免费为全市444个行政村，11个社区制作避孕药具专用箱，印制5000本避孕药具“一卡通”发放给流动人口，流动人口凭“一卡通”免费领取避孕药具。2007年8月，在硋石乡举行“千场电影进农村”暨“生育关怀”捐款启动仪式，“生育关怀”行动在龙泉市全面展开。2007年，龙泉市被评为浙江省计划生育优质服务市。

2008年，按照丽水市统一部署，全面开展“加强源头管理、推进优质服务”活动。10月，完成市、乡、村三级计生协会换届工作，各乡镇街道计生分管领导兼任专职副会长，享受计生岗位津贴。2009年，龙泉市委办、龙泉市政府办印发《〈进一步加强人口和计划生育工作的意见〉的通知》和《〈加强社会抚养费征收管理工作的意见〉的通知》，明确各职能部门的工作责任。另外，建立“123”工作机制，从2009年4月，认真贯彻落实“两免”工作，免费婚检率和优生检测率均达到60%以上。2009年，新增11名社区计划生育工作者，专门负责流动人口计划生育管理服务工作。2009年，龙泉市作为全省6个试点县（市、区）之一，开展“阳光计生行动”。2009年5月20日，龙泉市计划生育系列保险试点工作在查田镇淤头村率先启动。2010年，龙泉市启动创建“国家级计划生育优质服务先进市”活动，实行层级动态管理，完成计生指导站标准化建设和全省“阳光计生”示范点建设，同时，积极完善计划生育利益导向机制，深入实施农村部分计划生育家庭奖励扶助、独生子女伤残死亡家庭特别扶助等政策，使计划生育政策深入人心，市人口计生局被国家人口计生委授予“全国计划生育优质服务先进单位”称号。

第三节　机构队伍

人口和计划生育局

1984年3月，改县计划生育委员会为政府职能部门，下设计划生育宣传技术指导站。1992年11月，中共浙江省委下发《关于龙泉市市级机构改革方案的批复》，设置市计划生育委员会，内设办公室、业务股、综合股。2001年12月，改设市计划生育局，是主管计划生育工作的市政府组成部门，内设办公室、政策统计科(流动人口管理科)、宣传技术科。2005年6月，市计划生育局更名为市人口和计划生育局，是主管人口与计划生育工作的市政府组成部门。

计划生育宣传技术指导站

1984年3月设立，是计划生育局直属全额事业单位，承担开展为育龄群众提供优生优育、生殖保健、避孕节育、遗传优生等方面的技术服务，并且承担基层业务技术培训指导任务。

流动人口计划生育管理办公室

2000年8月成立，为全额拨款事业单位，核定编制5名。主要职能为检查、督促、协调流动人口计划生育管理工作，联系协调公安、建设、工商、劳动保障、卫生等有关部门，落实流动人口计划生育管理的协调工作，促进流动人口计划生育的综合治理等管理和服务工作。

计划生育协会

简称市计生协会，1989年8月成立。1989年8月、1994年9月、1999年10月、2008年10月，市计生协会分别召开代表大会，选举产生新的理事会。市计生协会原为社团组织，2007年10月，市计生协被列入参照公务员管理范围。2010年12月，计划生育协会列入市机构编制部门直接管理的群众团体序列。

第四篇

水　　利

龙泉境内河流分属瓯江、钱塘江、闽江三江水系，以瓯江为主。西、南、北有20多条小溪流向中部，汇入龙泉溪，流向温州。市西北住溪、碧龙溪是乌溪江上游，流向杭州。市西宝溪流入福建省属闽江水系，流向福州，有水流“三州”称谓。龙泉降雨充沛，水资源丰富。1989—2010年，龙泉水利为发展农业生产，积极创造、提供水利条件，解决山区人民的吃饭问题；发挥山区水力资源优势，大办水力发电，解决工农业生产的动力问题；治山治水相结合，搞好水土保持，解决保护生态问题；利用已有水利条件，发展淡水养殖，解决人民吃鱼难的问题，为龙泉经济社会发展贡献力量。1989—2010年，建成中型水库（总库容1000~10000立方米）2座，小（一）型（总库容100~1000立方米）5座，小（二）型水库（总库容10~100立方米）11座。

第一章　蓄　水

第一节　中型水库

瑞垟二级电站水库

瑞垟二级电站水库位于屏南镇境内，大坝位于竹蓬后村上游 2 千米，建在梅溪干流上游南溪上，大坝以上集雨面积 86.22 平方千米。大坝坝型为面板堆石坝，最大坝高 89.35 米，坝顶长度 188.05 米，正常蓄水位为 535 米，总库容 1795 万立方米。大坝右岸布置侧开敞式侧槽溢洪道，侧堰长度为 50 米，堰顶高程为 535 米。工程自 2001 年 9 月开工，2003 年建成发电。

岩樟溪一级电站水库

岩樟溪一级电站水库位于岩樟乡境内，建在蒋溪干流岩樟溪上，坝址以上集雨面积 53.61 平方千米，坝址以上河道长 11.89 千米。水库正常蓄水位高程为 455 米，相应正常库容为 934.8 万立方米，死水位高程为 419.5 米，相应库容 80.5 万立方米。设计洪水位高程为 458.86 米，校核洪水位高程为 459.75 米。大坝为双曲拱坝，坝高 81.75 米，总库容 1143 万立方米。工程自 2003 年 6 月开工，2005 年 8 月建成。

第二节　小型水库

小(一)型水库

均溪一级电站水库　位于屏南镇境内，建在龙泉溪支流豫章溪的干流均溪上，距离市区约 35 千米。坝址以上主流长 7.87 千米，集雨面积 21.44 平方千米（不含横溪引水），引横溪集雨面积 13.32 平方千米。水库大坝为双曲拱坝，最大坝高 44.3 米，坝顶高程 616.3 米，坝底高程 572 米，总库容 180 万立方米，正常库容 151 万立方米，正常蓄水位 611.5 米。工程自 1997 年开工，于 2000 年建成。

均溪二级电站水库　位于屏南镇境内，建在龙泉溪支流豫章溪的干流均溪上，大坝坝址位于下溪口上游 500 米处。坝址以上流域面积 52.01 平方千米，引水面积 13.14 平方千米，最大坝高 69 米，坝顶高程 497 米，坝底高程 428 米，坝型为双曲拱坝，总库容为 589.7 万立方米，正常库容 573 万立方米。工程自 1999 年开工，于 2002 年 5 月建成。

双良电站水库　位于锦溪镇境内，建在瓯江上游龙泉溪支流桑溪（松巨溪）上，距离市区 21 千米。坝址以上集雨面积 42.3 平方千米，为双曲拱坝，最大坝高 38.4 米，坝顶高程 375.4 米，溢流坝顶弧长 35 米，坝顶高程 370 米。总蓄水库容 220 万立方米，调节库容 142.5 万立方米，通过 1008 米的发电输水隧洞和压力钢管至发电厂房发电。工程自 2003 年开工，于 2005 年建成。

孙坑电站水库 位于小梅镇孙坑村，建在梅溪支流青溪上，距离市区 30 千米。坝址在孙坑村上游 1.2 千米，坝址以上流域面积 52.43 平方千米。拦河坝采用双曲拱坝，最大坝高为 43.32 米，坝顶高程 363.32 米。溢流坝顶高程 358 米，弧长 20 米，安装 2 扇弧形泄洪钢闸门，尺寸 10 米×5 米(宽×高)，门顶高程 363 米。水库正常水位 362.5 米，相应库容 173 万立方米。设计洪水位 362.6 米，总库容 182.85 万立方米。

雁溪电站水库 位于道太乡境内，建在雁川溪上游，距市区 34 千米，坝址以上流域面积 116 平方千米。坝型为常态混凝土双曲拱坝，主坝最大坝高 57 米，坝顶高程 301 米，坝顶长 137.82 米，坝顶宽 3 米。总库容 907 万立方米，正常蓄水位 295 米，其枢纽工程由拦河坝、泄水建筑物、发电引水建筑物、发电厂房等组成。工程于 2008 年开工，于 2010 年竣工。

小(二)型水库

均溪三级电站水库 位于屏南镇境内，坝址建在百步村下游 1 千米处，厂址位于屏南镇下畲村下游 1.6 千米处的左岸，坝址以上流域面积 82.93 平方千米，引水面积 2.05 平方千米。坝型为水力自控式翻板坝，最大坝高 18.6 米，坝顶高程 307 米，为翻板坝，总库容 60.89 万立方米，正常蓄水位 324.5 米，正常库容 53.6 万立方米。工程自 2003 年开工，于 2005 年 9 月竣工。

梅村电站水库 位于安仁镇境内，建在龙泉溪紧水滩库区段安仁段支流中上游，距离市区 44 千米，坝址以上集雨面积 50.94 平方千米。坝型为混凝土砌石双曲拱坝，坝顶自由泄洪，最大坝高 25.6 米，坝顶高程 237.7 米。总库容 71.2 万立方米，装机 500 千瓦。水库以灌溉为主，结合发电等综合利用。自 1992 年冬开工，于 1994 年建成。

1998 年，在对水库进行安全检查时，发现坝体漏水严重，被定为病险水库。1999 年 11 月，市水利局对拦河坝进行除险加固，2000 年 5 月初完成加固工程任务。经过坝体灌浆处理后，坝下游渗漏现象已经消失，达到除险加固要求的标准，此后运行正常。

河村水库 位于西街街道境内，距市区约 7 千米。该水库是一座以灌溉为主并结合水产养殖的小型水利工程，自 1992 年冬开工，于 1994 年建成。总库容 19.4 万立方米，正常库容 17 万立方米。大坝为黏土心墙土坝，最大坝高 14.8 米，坝顶高程 231.4 米，坝顶长 50 米，坝顶宽 7.8 米。1998 年，在对水库进行安全检查时，发现坝体漏水严重，被定为病险水库。1999 年 11 月，市水利局对拦河坝进行除险加固，2000 年 5 月初完成加固工程任务。经过坝体灌浆处理后，坝下游渗漏现象已经消失，达到除险加固要求的标准，此后运行正常。

新村水库 位于龙渊街道境内，建在龙泉溪城区段小支流罗木溪上，坝址以上集雨面积 0.37 平方千米。水库总库容 10.1 万立方米，正常库容 8.2 万立方米，正常蓄水位 228.9 米，有效灌溉面积 47 公顷。是一座灌溉为主的水库。大坝为土坝，心墙为黏土夯实，最大坝高 17.07 米，坝顶高程 230.57 米，坝顶长 65 米，坝顶宽 5 米。工程自 1992 年开工，于 1993 年建成。

大赛一级电站水库 位于兰巨乡境内，距市区约 32 千米，坝址以上控制集水面积 7.9 平方千米。坝型为混凝土双曲拱坝，最大坝高 37 米，坝顶高程 853.1 米，水库总库容 48 万立方米，正常库

容39.4万立方米，电站装机2000千瓦。工程自2000年开工，于2002年建成投产。

大赛三级电站水库 位于兰巨乡境内，建在瓯江水系大赛溪上。坝址以上集雨面积60.2平方千米，河道主流长度12.5千米。坝型为混凝土双曲拱坝，最大坝高25米，水库总库容56万立方米。工程自2001年开工，于2003年建成。

三溪电站水库 位于竹垟畲族自治乡境内，建在龙泉溪支流横溪上游，距乡政府所在地约13千米。坝址以上集雨面积5.79平方千米，主河流长3.18千米，河道平均坡降14.86%，大坝为砌石重力坝，最大坝高25米，总库容9.8万立方米。2005年10月建成。

山溪口电站水库 位于竹垟畲族自治乡境内，建在八都溪支流横溪（竹垟溪）上，坝址以上集雨面积24.05平方千米。坝型为混凝土埋石重力坝，坝顶高程574米，最大坝高31米，溢流坝顶高程570米，长32米，按百年一遇洪水校核，校核洪水位573.42米，相应总库容19.1万立方米。工程自2003年开工，于2005年竣工。

岩樟溪二级电站水库 位于岩樟乡境内，建在龙泉溪支流岩樟溪上，坝址在垟寮村上游200米，坝址以上集雨面积87.26平方千米，引水面积42.92平方千米。坝型为混凝土重力坝，坝顶高程273.45米，最大坝高14.75米，溢流坝顶高程267.5米，长30米，安装3扇泄洪弧形钢闸门，尺寸10×5米（长×宽）。水库正常蓄水位272米，相应正常库容18.28万立方米，按百年一遇洪水标准校核，校核洪水位272.4米。相应总库容21.25万立方米。工程自2005年开工，于2008年竣工。

水塔电站水库 位于住龙镇境内，建在钱塘江水系住溪支流百步岭坑上，是龙泉市白步岭坑流域水电开发规划的首级电站，坝址以上流域面积18.33平方千米。坝型为混凝土砌石拱坝，最大坝高30米，坝顶自由泄洪，水库总库容54.5万立方米，正常蓄水位777.5米，正常库容49.8万立方米。工程自2005年开工，于2007年竣工。

天平山水库 位于安仁镇境内，建在瓯江水系龙泉溪支流安仁溪上，坝址以上流域面积0.312平方千米。坝型为均质土坝，最大坝高8.6米，坝顶高程1184.64米，正常水位1183.22米，坝顶长度40米，坝顶宽度3米，水库总库容20万立方米，正常库容13万立方米，灌溉农田44公顷，供水人口760余人。

第二章 治 水

第一节 防 洪

城市防洪工程

经规划审定，龙泉市区属三等防护对象。城防工程建设的基本内容是疏浚河道及清除人为行洪障碍，建市区防洪堤、蒋溪防洪堤，各小支流排洪渠，溪北片及水南片防山洪工程，建设八都溪安吉水库调洪工程，以及四座排水涵闸，留槎洲旅游风景区等项目。自1999年启动以来，经过8年多的实施，工程投资11480万元。

河道疏浚与清障　疏浚河道5.3千米，疏浚深度1~1.5米。开挖砂砾石156万立方米，总投资1133.86万元。通过清淤、疏浚、清障，使龙泉市区防洪能力提升至20年一遇洪水标准。同时把清理、清淤、疏浚的砂石回填低洼地，加以治理。

防洪堤建设　新建与加固市区防洪堤总长7750米，总投资（至2005年底）9014万元，使市区段防供能力提升至20年一遇洪水标准。

龙泉市城市防洪堤分段建筑情况一览表

表4-2-1

防洪堤（段）名称	全长（米）	总投资（万元）	开工日期（年·月）	竣工情况（年·月）
水南淤段	940	2279	1999.8	2004.4
三角地段	820	1210	2000.9	2001.3
校场淤段	1220	3140	2000.12	2001.10
井窟段	900	1000	2001.12	2003.9
留槎洲大桥—秦溪大桥段	1080	235	2002.12	2003.6
济川桥左岸—龙一中段	600	420	2002	2003.2
济川桥右岸—水文站段	510	—	2003.2	2003.9
留槎洲大桥~披云桥段	1180	492	2002.11	2004.10
留槎洲大桥~济川桥右岸段	500	238	2003.10	2004.8

水南淤堤防工程：位于剑池街道水文站至圣塔桥右岸之间，全长940米，为块石和混凝土结构挡墙，按20年一遇洪水标准修建，相应建筑物为三级，工程总投资2279万元。工程自1999年8月正式开工，于2004年4月完工。水南淤堤防完成后，形成可开发土地8万平方米。

三角地堤防工程：位于龙泉溪左岸江滨北路龙一中（旧址）至圣塔桥之间，全长820米，为块石砌筑结构，迎水面浆砌粗料石勾缝，按20年一遇洪水标准设计，总投资1210万元。工程自2000年9月正式开工，于2001年3月完工。整理土地2万平方米，开发成菜农住宅区。

校场淤堤防工程：位于市区龙泉溪左岸圣塔桥下游，全长1220米，为悬壁式和扶壁式钢筋混凝土结构，按20年一遇洪水标准修建，相应建筑物为三级，工程总投资3140万元。工程自2000年12月正式开工，于2001年10月完工。整理土地18万平方米。

井窟堤防工程：位于龙泉溪右岸圣塔桥下游，全长900米，为扶壁式钢筋混凝土结构，按20年一遇洪水标准修建，相应建筑物为三级，工程总投资1000万元。工程自2001年12月正式开工，于2003年9月完工，整理土地8.5万平方米。

江滨北路堤防加固工程：位于留槎洲大桥左岸至济川桥之间，全长500米，采用优质白色花岗岩贴面，工程投资238万余元，自2001年12月开工，于2002年9月完工。与江滨花园有机结合，集绿化、休闲、商业为一体，已成为市民必不可缺的休闲、娱乐、购物场所。

留槎洲大桥左岸至披云桥堤防加高加固及新建工程：位于留槎洲大桥左岸至披云桥之间，全长1080米，堤防主体为混凝土块石结构，按20年一遇洪水标准修建，相应防洪建筑物为三级建筑物，其中新建防洪堤长172米，加高加固防洪堤长908米，工程总投资235万元。工程于2002年12月正式开工，2004年8月完工。

留槎洲大桥右岸至披云桥堤防加高加固及新建工程：位于市区留槎洲大桥右岸至秦溪桥右岸至披云桥之间，全长1180米，为混凝土及块石结构，按20年一遇洪水标准修建，相应建筑物为三级，其中新建防洪堤长700米，加高加固防洪堤长408米，工程总投资492万元。工程2002年12月正式开工，于2004年8月完工。

济川桥左岸至龙泉一中及济川桥右岸至水文站堤防加高加固及新建工程：济川桥左岸至龙泉一中堤防加高加固工程，全长600米。自2002年12月正式开工，于2003年2月完工。济川桥右岸至水文站堤防为新建工程，全长510米。工程自2003年2月正式开工，于2004年9月完工，总投资420万元。

拦截疏导南、北片五条小溪洪水　拦截疏导南、北两片的罗木溪、牛门溪、金沙溪、大沙溪、松溪的洪水，截洪渠道总长6.65千米，总投资1655.2万元。五条小溪划块治理。

溪北片防山洪工程：溪北片范围西自蒋溪左岸，北至九姑山，东南两面止于龙泉溪左岸，面积3.7平方千米，片内地势相对平坦。由于区外山洪通过罗木溪、牛门溪等溪流直接汇入溪北片，南面又受到龙泉溪洪水的侵袭，加上本片地势较低，遇一般洪水时，常形成内涝灾害。为了避免片外山洪的侵袭，采用截洪渠将区外山洪高位排入龙泉溪，减轻对城市排水系统的压力。

截洪渠的排洪标准按10年一遇洪水标准，三日洪量排走95%为原则设计，设计排洪流量为溪流洪峰流量2/3左右。

截洪渠共分三段。龙渊公园至大弄段，长度2.1千米，排洪设计流量为6.6米^3/秒，洪水向蒋溪口排泄。龙渊公园至牛门溪与中山路交叉口段，长度1.5千米，洪水沿中山路北侧由西向东排泄，排洪设计流量为21.8米^3/秒。牛门溪与中山路交叉口至茶寮段，长度1.05千米，洪水由西向东排入龙泉溪，排洪设计59.8米^3/秒。另外要求溪北片低洼地地面垫高至5年一遇洪水位，以利于片内涝积水自排。

水南片防山洪工程：为避免山洪入侵水南片，在吕家山处筑截洪渠，设计流量6.5米^3/秒，渠长1500米，底宽2.8米，纵坡2%，高1.9米，渠底高程204.2~200米。

南大垟区块防山洪工程：南大垟区块的洪水主要通过松溪排入龙泉溪，集水面积3.6平方千米，区内地势由东南向西北倾斜，高程在210~199.40米之间，临溪一带地势较低，城市开发时，拓宽松溪并加固松溪两岸防洪堤，设计排洪流量16.3米^3/秒。

金沙片防山洪及吕家山截洪渠工程：金沙片地势由南向北倾斜，高差较大，地面高程在216~192.5米之间。块内洪水通过金沙溪汇入龙泉溪，集雨面积为6.2平方千米。城市建设时，留出该溪并拓宽，加高、加固两岸防洪堤，行洪流量37.7米^3/秒。

以“水”美化城市　分别建设留槎洲水上公园、橡胶坝工程和临江水电站，提高城市品位，改善市民生活环境，把市区建设成旅游区和集散区。

留槎洲水上公园：留槎洲位于市区中心区域内，为龙泉溪上的一个楔形小岛，总面积约0.2平方千米。小岛四面环水，沿江而开，具有很强的景观可塑性和旅游休闲价值。2002年，龙泉市委、市政府以建设“山水古城，精品城市”为目标，决定在留槎洲上兴建留槎洲水上公园。留槎洲水上公园可分为五大主要景观功能区域，即中心广场区、疏林景观区、老年休闲区、留槎洲阁景观区和儿童游乐区。公园主要由留槎阁、观景廊、中心广场、园林绿化等组成，总投资1000万元。留槎阁为留槎洲水上公园的核心建筑物，高度近30米，是公园的视觉制高点。该阁为仿古建筑，气魄宏伟，体现北宋时期的建筑风格，建筑面积1458平方米。阁楼正前侧的观景廊呈合围状对称布置，建筑面积215平方米。留槎阁自2002年10月正式开工，于2003年8月完工。留槎洲水上公园于2004年8月通过验收，交付使用，并被评为丽水市"九龙杯"优秀工程。

临江橡胶坝工程：位于龙泉溪主河道上，在东大桥下游约1500米处，坝长约200米，分三跨，坝高4.5米，正常蓄水位192米，上游集水面积1459.5平方千米，坝袋充胀挡水后，在上游形成人工湖，在枯水期，很大程度上改善河道状况，在汛期洪水来临时，放空橡胶坝，不改变原河道行洪能力，满足城市防洪要求，工程于2001年11月开工，2004年8月投入使用。总投资1442万元。

临江电站：位于龙泉溪主河道上，发电厂房位于春户岙山脚，距市区东大桥1500米。工程是为充分利用橡胶坝蓄水后形成的水位落差而建.主要任务是为了改善城市景观，带动旅游业发展，在不削弱龙泉市城区防洪安全的前提下，充分利用水资源进行水力发电。临江电站总库容180万立方米，装机3×630千瓦，由橡胶坝、发电厂房、升压站、柴油发电机房及送出工程组成，总投资1327.78万元。主体工程于2003年8月开工，2004年9月全面完成，并投入发电运行。

城市防洪一期工程完成后，经受了几次洪水考验，已证实取得很好的防洪效果。2000年6月9日至6月10日，龙泉市各地普降大暴雨，小梅、上垟、龙泉各雨量站实测24小时降雨量均接近二十年一遇，硋湖雨量站24小时降雨量207毫米，接近五十年一遇，水南圩新建堤防将面临一场严峻的考验。6月9日18时30分，洪峰顺利通过龙泉市水文站，洪峰流量2370米^3/秒，水位涨至194.24米，河道水面线与以前相比有明显下降。根据水文站资料分析，水南圩综合治理前，洪水位涨至194.24米，仅能通过2150米^3/秒流量。城市防洪工程建设后，河道过洪能力提高10%以上，防洪效果明显。

2001年，根据龙泉市水文站测得的资料与往年资料比较分析，相同的水位191.88米，1999年仅通过流量470米^3/秒的，2000年提高到620米^3/秒，2001年增加到960米^3/秒。经此比较可知，随着工程的逐年实施，防洪效果也逐年明显提高，确保行洪安全，保障人民生命财产安全。

城西防洪生态水利工程：工程项目于2009年2月4日正式开工，工期三年，总投资2.4亿元。

城西防洪生态水利工程打破过去传统的治水模式，确立"生态治水"的新理念，坚持"以人为本"的原则，做到"人水和谐""人水相亲""河流健康可持续发展"。项目从规划设计到全面实施，都凸显"以人为本""生态治水"这一主题，成为以城市防洪为主，同时具有生态、人文、旅游、休闲、运动等多功能现代水利工程。

城西生态水利工程始点为兰巨乡的炉田村，终点为市城中心的留槎洲公园，全长约6.8千米。建设内容有新建和加固两岸防洪堤，新建长度9422米，加固长度2702米；河道疏浚5500米；河村香樟园江心公园；城西水利枢纽；运动、休闲场所；文化墙；两岸绿化带等。

工程建设完成后，使城西河段的防洪能力提高到20年一遇洪水标准，直接保护城市居民35700余人，保护农田568公顷；新增土地66.6公顷，为城市西进拓展空间；同时还成为凤阳山旅游线上一道靓丽的风景线；是市民们休闲娱乐、运动的好场所；是传颂龙泉人文历史和"母亲河"水文化的文化长廊。

乡村防洪工程

小梅防洪堤工程：2004年建，投资90万元，梅一村村头水泵房至原小梅老桥头，长度500米，防洪保护面积1.65平方千米，保护人口4028人，保护耕地195.07公顷。

八都防洪堤工程：2005年建，青年桥至高浦桥，长度3.56千米，疏浚7.12千米，项目区受益范围5个行政村13000人，保护农田133.33公顷，总投资1466.71万元。

小梅镇防洪堤工程：2006年建，防洪堤砌筑360米，配套沿堤埠头1处，4处排水涵管，并结合河道疏浚，使工程建成后既能达到防洪能力，又能产生出较好的社会效益和生态效益，投资49.6197万元。

安仁镇安仁小区防洪堤工程：2006年建，位于安仁脱贫小区，长度2.616千米，保护人口0.38万人，造地约40公顷，投资927.2万元。

兰巨乡豫章堤防工程：2007建，位于兰巨乡豫章村外，修筑长度680米，保护人口1332人，保护农田80公顷，投资151.46万元。

岩樟乡独源溪堤防工程：2008年建，从金源村头至村尾，长度510米，投资48万元。

龙渊街道张村防洪堤工程：2009年建，长度270米，河道疏浚570米，护岸300米，保护人口2000人，农田80公顷，投资163.95万元。

金源堤防修复工程：2008年建，防洪堤砌筑432.4米，河道疏浚400米，投资50万元。

小梅溪查田镇竹舟段防洪堤工程：2008年建，工程长度1036.8米，总投资77.55万元。

住龙镇住溪村村头防洪堤工程：2009年建，该项目建设防洪堤一处，实施长度333.4米，工程投资61.87万元。

2010年，"5•22""6•18"水毁水利修复工程：投资1218.3万元，完成强塘固防工程项目黄南堤防、豫章村外堤防、八都三期堤防、宫头续建堤防、岩樟溪治理工程、大赛段、塘上段、住溪段、大贵溪段、供村段和李村堤防10个共计水毁修复堤防工程22千米，保护人口4万人，保护农田1400公顷。扶持帮助城北鹤场堤防、龙渊梧桐口堤防、宝溪乡堤防等农村堤防维修加固33处13千米。

岩樟溪治理工程（一期）：2010年建，实施水库河岸绿化及郑庄、茶寮、白水桥、金源等堤防的建设，堤防总长度2454米，总投资323.5万元。

岩樟溪治理工程（二期）：2010年建，实施十处防洪堤和二处拦渣坝工程，新建十处防洪堤共长3364.10米，总投资783.26万元。

八都莩野堤防工程：2010年建，实施长度683米，配套埠头、排水设施等附属建筑物，工程投资110.888万元。

龙南乡大庄村堤防工程：2010年新建防洪堤294米，修建小堰坝2座，工程投资38.48万元。

第二节 小流域治理

概况

全市流域面积在20平方千米以上的河流有32条。根据各区域地形特点、经济情况、建设条件等实际情况，水利部门对全市小流域综合治理进行全面调查，并编制“十五”近期规划和2015年远期规划。坚持小流域治理与水土保持、水能开发、河道整治、农业综合开发、农田水利、围滩造田、水产养殖、交通、村镇、供水等规划相结合实行全面统一规划，达到综合治理的目的。

1992年始，龙泉市开展小流域综合治理工作，选择安仁溪作为综合治理试点。先后完成安仁溪、均溪、桑溪、横溪、石隆溪等六条小流域的综合治理，投入资金16258万元。小流域综合治理备受全市人民瞩目，时任省委书记、省人大常委会主任李泽民，省长柴松岳等曾亲临现场视察。李泽民给予高度评价，说：“这是山区水利建设的一个创举。”1998年，龙泉被评为全省小流域综合治理先进县(市)。2000年12月20日，浙江省小流域综合治理现场会在龙泉市召开。至2008年底，八都溪、梅溪、锦溪、宝溪、住溪、青溪等第三批小流域综合治理工程基本完成，并取得显著效果。

治理试点

1993年初，对安仁溪小流域综合治理进行总体规划，编制规划设计说明书。根据浙江省政府《关于加快水利改革促进水利发展的通知》的精神，龙泉市委、市政府带领水利、林业、交通等有关部门的负责人和技术人员察看安仁溪流域，并听取当地群众的意见，从安仁的实际出发，认真贯彻“预防为主、全面规划、综合治理、因地制宜、加强管理注重效益”的水土保持方针，坚持治水与治山相结合，对山、水、田、林、路进行综合规划，水利工程措施与非工程措施相结合，经济措施与法制措施相结合的原则，增加蓄水、引水工程，建供水站、河道整治、植被绿化、防止水土流失等，形成一个安仁溪综合治理的系统工程网络。同时利用水能发电和围垦造地，凸显治理的经济效益。

根据总体规划，依靠地方的财力和群众的积极性，水利、林业、交通、财政等有关部门密切配合，1993—1996年间，完成以下主要工程。

建造梅村水库：在安仁镇上游11千米的梅村建造水库，总库容为71.5万立方米，为下游安仁镇区域的灌溉、人畜用水提供保障，总投资156万元。从水库左岸开凿发电引水隧洞，圆形断面，全长251米，直径2.2米，建造坝后式电站总投资175万元，装机2×250千瓦，年发电量156万千瓦时，提高综合治理的经济效益。

开凿项边灌溉渠道：在梅村水库下游4千米处修建项边引水坝，坝长49米，坝后改建6500米左干渠，灌溉农田110公顷，投资10万元。

建造兰狮畈引水坝：坝长60米，改造坝后右干渠，长4500米，灌溉农田135.8公顷，投资20万元。

建安仁自来水厂：在安仁镇上游3千米处兴建自来水厂一座，采用2×22千瓦的水泵抽水，水厂规模为1200吨/日，投资35万元。解决5个行政村5100多人口的饮水。

安仁溪两岸绿化：根据两岸的实际情况，对绿化进行统一规划，上游两岸进行全面的绿化造林，同时封山育林。造林566.6公顷，封山育林1333.3公顷，投入资金81万元。

安仁溪河道整治工程：该工程是流域治理的最后一个项目，1996年底完工。整治河道总长1335.4米，河道两岸筑防洪堤2670.8米，河床宽60米，设计过洪流量500立方米/秒，投资350.8万元。

全面治理

均溪　位于屏南镇和兰巨乡区域内，河流长度22千米，流域面积105平方千米。流域治理项目主要有：建造一、二、三、四级水电站，总装机19890千瓦，建设防洪堤6千米，河道疏浚3.5千米，围垦造田 38 公顷，改造中低产田 140 公顷，建设总面积为 12.3 公顷的国家级瓯江彩鲤良种场，完成 37 千米公路改线等，工程总投资 11300 万元。

桑溪　又名松渠溪，位于锦溪镇和八都镇境内，河流长度 23.96 千米，流域面积 105.76 平方千米，工程主要有河道治理、防洪堤建设、中低产田改造等项目。工程从 2001 年开始规划，同年开始实施，完成河道疏浚 15 千米，建筑防洪堤 2.0 千米，中低产田改造 146.6 公顷。工程投资 270 万元。

横溪　又名竹垟溪，位于竹垟乡境内，河流长度 22.34 千米，流域面积 86.02 平方千米，小流域综合治理为金田村—罗墩村河段。工程从 2002 年开始实施，完成河道疏浚 1.5 千米，建筑防洪堤 1.4 千米，中低产田改造 140 公顷，工程于 2003 年 6 月完工，投资 400 万元。

石隆溪　又名蜚溪，位于查田镇境内，河流长度 10.7 千米，流域面积 31.64 平方千米。小流域综合治理为新丰村至赵麻淤河段。工程从 2003 年开始实施，完成河道疏浚 1.6 千米，建筑防洪堤 2.6 千米，溪滩造田 3 公顷，中低产田改造 239.3 公顷等。工程于 2004 年 9 月全面完成，投资约 586 万元。

八都溪　位于上垟、八都、兰巨 3 个乡镇境内，河流全长 46.91 千米，流域面积 394.95 平方千米，为龙泉溪一级支流。八都溪小流域综合治理工程于 2008 年底完成，八都镇的防洪标准从不足 5 年一遇洪水提高到 20 年一遇，保护人口 1.3 万人，竹垟渠系配套工程，使 400 公顷农田灌溉得到改善，粮食产量增加 82 万千克。

八都段河道治理工程：治理河道长 3.56 千米，砌筑防洪堤 6.76 千米，开挖砂卵石 20.83 万立方米，回填土石方 19.18 万立方米，浆砌块石 1.62 万立方米，干砌块石 3.77 万立方米，投资 1299 万元。

竹垟渠系配套工程：竹垟灌区干渠长为 12.85 千米，设计灌溉面积 666.6 公顷。渠系配套工程开挖土石方 3.76 万立方米，干砌块石 0.8 万立方米，混凝土及钢筋混凝土 0.858 万立方米，投资 280 万元。

水土保持工程：规划在流域内种植用材林 1666.6 公顷，防护林 133.3 公顷，经济林 66.6 公顷，封山育林 2333.3 公顷，投资 611 万元。

梅溪　为龙泉溪干流上游河段，位于屏南、小梅、黄田（庆元）、查田、兰巨、八都 6 个乡镇境内。梅溪小流域综合治理于 2008 年底完成，小梅镇、查田镇的防洪能力，从不足 3 年一遇防洪标准提高到 20 年一遇，保护人口 2.24 万人，保护农田 246.6 公顷，围垦造田 23.3 公顷，解决小梅镇 0.85 万人饮用水问题，流域沿溪 1.5 千米内规划造林 2000 公顷，活立木蓄积量可增加 18.7 万立方米，封山育林 28000 公顷，美化小梅镇、查田镇生活环境。

综合开发项目：河道治理 5.6 千米；修建灌渠 5.6 千米；建防洪堤 11.2 千米；改溪及围垦造田 23.3 公顷；造林 1066.6 公顷；封山 28000 公顷；建小梅水厂（1200 吨/日）一座。开挖土石方 50.4 万立方米，砌石 11.2 万立方米，总投资 3754 万元。

锦溪　新建防洪堤 4.4 千米，河道疏浚 2.2 千米，土石开挖 6.6 万立方米，砌石 4.6 万立方米，浇筑混凝土 440 立方米，回填土石方 5.8 万立方米，围垦造田 2 公顷，工程投资 418 万元，于 2008 年底完成。

锦溪小流域综合治理实施后有三大效益。锦溪镇段的防洪标准从不足 5 年一遇洪水提高到 20 年一遇，保护人口 3100 人；新增和改善农田灌溉面积 166.6 公顷，每年可增加粮食 25 万千克；通过对流域内封山育林、植树造林，减少水土流失，改善生态环境。

宝溪　为闽江水系，位于宝溪乡境内，小流域综合治理主要工程有：新建防洪堤 3.5 千米，砌石方量 3.64 万立方米，疏浚河道 2 千米，土石方开挖 6 万立方米；围垦造田 2 公顷；新建修建灌溉渠道 2.1 千米；植树造林 886.6 公顷，封山育林 1466.6 公顷。工程总投资 692 万元，2008 年底完成。宝溪小流域综合治理工程，提高防洪能力，防洪标准从2~3年一遇洪水提高到10年一遇，保护人口2000余人，保护农田240公顷，新开农田2公顷，改善和增加农田灌溉用水，减少水土流失，改善生态和生活环境。

住溪　位于住龙镇境内，为钱塘江水系，兴建水电站13座总装机18963千瓦。治理河段长1.2千米，新建防洪堤长2.4千米，河道疏浚土石方11.2万立方米，浆砌块石0.9万立方米，浇筑混凝土0.15万立方米，投资462.5万元。对流域内主要灌溉渠道3.5千米实行混凝土“三面光”，开挖土石方0.3万立方米，干砌石0.25万立方米，投资57万元。在流域内实行封山育林2333.3公顷，河流两岸1千米以内实施造林900公顷，投资340万元。

住溪小流域综合治理工程于2008年底完成，提高住龙镇河段防洪能力，防洪标准为20年一遇洪水，保护人口0.15万人，保护农田66.6公顷；改善农田灌溉面积80公顷，可增加粮食10.8万千克；通过对流域内封山育林和植树造林，可减少流域内的水土流失，使住溪变得更加山清水秀。

青溪　位于小梅镇境内，为梅溪的支流。小流域综合治理工程主要有封山育林1000公顷，植树造林433.3公顷，建孙坑电站一座，装机800千瓦，河道疏浚2千米，筑防洪堤4.2千米，修建毛山头渠道3.6千米。完成土石方开挖7.02万立方米，浆砌块石0.7万立方米，干砌石4.3万立方米，浇混凝土0.15万立方米，总投资606.7万元(不包括水电开发)。工程于2008年底完成，防洪能力从无设防提高到10年一遇的洪水标准，保护人口0.13万人，保护农田66.6公顷，新增和改善灌溉面积66.6公顷。

源底溪　总投资368.04万元，新建拦河坝4座，衬砌渠道21千米，修建渠系建筑物61处，修建新建防洪堤10.5千米，改良土壤400公顷，修建新建机耕路19.75千米，购置农业机械18台；营造防护林6.6公顷，营造经济林100公顷，水土保持林16.6公顷，技术培训1500人次，示范推广7项。2003年完成。

竹垟溪　2004年度竹垟项目区落实于竹垟乡金田、盖竹、罗墩与际上，涉及到818户农户，2931个农业人口，劳动力1608人。竹垟小流域治理333.3公顷，总投资419.8万元，修建新建拦河坝5座，衬砌渠道14千米，修建渠系建筑物28处，修建新建防洪堤10千米；改良土壤200公顷，修建新建机耕路16千米，购置农业机械1台，营造防护林6.6公顷，营造经济林66.6公顷，水土保持6.6公顷，技术培训600人次，示范推广3项。本年完工。

锦溪　2005年度锦溪项目区落实于锦溪镇上锦、中锦、下锦、乌岙与吴林村，涉及1246户农户，4602个农业人口，劳动力3093人。锦溪小流域治理333.3公顷，总投资555.75万元，修建新建拦河坝3座，衬砌渠道14.5千米，修建渠系建筑物40处，修建新建防洪堤24千米，改良土壤266.6公顷，修建新建机耕路12千米，购置农业机械2台，营造防护林6.6公顷，营造经济林106.6公顷，水土保持6.6公顷，技术培训900人次，示范推广5项。本年完工。

大贵溪　2006年，大贵溪山区小流域农业生态工程项目区，涉及龙渊街道村头、张村、白墓村、白塔村、梧桐口村等9个行政村，项目区总面积77平方千米。总投资735.60万元，修建新建拦河坝6座，衬砌渠道13.3千米，修建新建防洪堤14.76千米，修建渠系建筑物60处，修建新建机耕路10千米，改良土壤266.6公顷。2007年6月20日竣工。

小梅溪查田段　2008年，小梅溪查田段山区小流域农业生态工程项目区具体落实在龙泉市查田镇查一、查二、查三、下淤、溪西、下堡6个行政村。总投资580.98万元，修建新建拦河坝1座，衬砌渠道6.69千米，修建新建防洪堤5.50千米，修建渠系建筑物30处，修建新建机耕路6.83千米，改良土壤 206.6 公顷。2008 年 12 月 28 竣工。

梅地源　2009 年，梅地源山区小流域农业生态工程项目区涉及具体落实在兰巨乡梅地、大巨、五梅垟等三个行政村，农户 557 户，农业人口 2120 人。距离市区约 18 千米。项目区东接大赛村，南连西山岱，西靠桐山村，北与张山村交界，范围包含 3 个村的农田、园地，治理面积 333.3 公顷。总投资 627.246 万元，修建新建拦河坝 8 座，衬砌渠道 7.23 千米，修建新建防洪堤 5.93 千米，修建新建机耕路 5.55 千米，改良土壤 233.3 公顷，埋设管道 1.8 千米，小型蓄排水工程 8 座，农田防护林 13.3 公顷，经济林 6.6 公顷。2010 年 11 月 9 日竣工。

第三节　节水灌溉

综合工程

2004 年，龙泉市实施兰巨乡桐山节水灌溉示范工程，距市区 12 千米，示范建设面积 163.2 公顷，其中喷灌面积 6 公顷，滴灌面积 19.33 公顷，渠道防渗灌溉面积 137.87 公顷；新建渠道 17200 米、排水渠 1000 米、机耕路 4700 米、拦水坝一座 185 米，新建泵站 2 座，铺设镀锌管 8180 米、PE 毛管 5000 米，总投资 300.40 万元。

2005 年，独田村一期低丘红壤改造治理项目，位于兰巨乡独田村，距市区 15 千米，实施面积 66.67 公顷，修建山塘 3 个，渠道衬砌 5 千米，建设机耕路 20 千米，管理房、仓库 10 幢，蓄水池 30 个，投资 750 万元。

2006 年，实施兰巨乡剑湖小型农田水利工程，包含下沙桥、砖湖、砖湖店、安吉、独田等 6 个行政村农田水利工程，灌渠衬砌改造 15.5 千米，排渠 2.33 千米，投资 229.18 万元。

高效生态农业园区农田水利设施建设项目，位于市区南部 11 千米高效生态农业园，规划实施总面积 62.33 公顷，实施滴灌 33.33 公顷，投资 150 万元。

兰巨乡独田二期低丘红壤改造治理项目，位于距市区 15 千米兰巨乡独田村，治理面积 46.73 公顷，新建"三面光"输水渠道 5.6 千米，机耕路 8.8 千米，作业通道 13.9 千米，管理房、仓库 10 幢，建筑面积 1000 平方米，蓄水池 42 个 340 立方米，低压线路 5 千米，投资 659.71 万元。

龙渊街道岭坤一期低丘红壤改造治理项目，位于龙渊街道岭坤村，距市区 5 千米，治理面积 23.4 公顷，新建输水管道 4.83 千米，机耕路 4.78 千米，作业通道 3.83 千米，管理房、仓库 4 幢 500 平方米，蓄水池 56 个 782 立方米，低压线路 5 千米，投资 329.02 万元。

2007 年，上垟镇源底村渠道改造项目，规划灌溉面积 120 公顷，渠道衬砌长度 4.82 千米，投资 50.48 万元。

2007 年，实施小梅、查田小型农田水利项目，涉及小梅黄南村、毛山头村、查田溪西、下淤村等 4 个行政村。灌溉面积 203.33 公顷，渠道清淤、衬砌改造 14.4 千米，投资 200.29 万元。

2007 年，实施住龙镇、宝溪乡小型农田水利项目，涉及住龙镇住溪、建平、水塔灌区和宝溪乡溪头、宝更、溪源田等 6 个行政村。灌溉面积 193.33 公顷，渠道清淤、衬砌改造 14.99 千米，投资 192.99 万元。

2007 年，实施兰巨下沙桥低丘红壤开发，位于市区南部 16 千米兰巨乡下沙桥，治理面积 41.33

公顷，新建机耕路 5.84 千米，排水沟 6.98 千米，管理房、仓库 6 幢，建筑面积 720 平方米，水池 102 个 420 立方米，架设低压线 2.5 千米，投资 251.59 万元。

2007 年，实施兰巨乡豫章低丘红壤开发项目，位于市区南部 13 千米兰巨乡豫章村，治理面积 30.47 公顷，新建机耕路 6.2 千米，排水沟 7.79 千米，管理房、仓库 8 幢，建筑面积 650 平方米，水池 102 个 410 立方米，架设低压线 2.0 千米，投资 243.2 万元。

2009 年，小梅镇青岭低丘红壤改造 20 公顷，竹垟畲族乡盖竹 18.7 公顷，竹垟畲族乡茶叶基地 33.3 公顷，剑池街道新塘低丘红壤改造 33.3 公顷，兰巨乡桐山茶业基地低丘红壤改造 25 公顷，竹垟乡际上 16.7 公顷，城北乡大贵溪、外埲、河坑塘茶竹基地低丘红壤开发治理项目 26.7 公顷，兰巨乡下门湾低丘红壤开发治理 19.1 公顷和兰巨乡桐山优质水果基地低丘红壤开发治理项目 53.3 公顷，总投资 1008 万元。

喷灌滴灌

2005 年，实施凤阳春茶园喷灌工程，位于兰巨乡大赛村和豫章村，距市区 16 千米，实施喷滴灌面积 13.33 公顷，架设低压线 0.4 千米，新建泵站 1 座、蓄水池 30 个、排水沟 1000 米、机耕路 800 米，投资 81.03 万元。

2007 年，实施住龙镇黄皮村喷滴灌项目，位于市区西北部住龙镇黄皮村，距市区 75 千米，实施面积 19.33 公顷。新建灌溉渠道 3.0 千米，增压泵站 1 座，建容量 100 立方米蓄水池 1 个，铺设 PE 毛管 12 千米，投资 50 万元。

2007 年，实施金福茶业基地滴灌工程，位于兰巨乡炉田村，距市区 7 千米，实施滴灌面积 46.67 公顷。一期新建提水泵站 1 座，装机 30 千米，扬程 85 米，蓄水池 100 立方米 1 个，铺设 PVC—U 管道 1.0 千米，PE 毛管 35 千米，投资 70 万元。

2007 年，实施山地果园节水滴灌工程，位于小梅镇境内，距市区 54 千米，实施面积 20 公顷，新建提水泵站一座，扬程 30 米，流量 10 立方米/小时，新建水池 5 个 183 立方米，铺设 PVC—U 管道 3.5 千米。PE 管道 18 千米，投资 51.6 万元。

2008 年，八都镇青山经济型喷滴灌推广示范项目 5 个，灌溉面积 135.7 公顷，项目建设总投资 161.94 万元。

2009 年，龙泉市生态乌龙茶基地节水灌溉工程 5 个，实施喷灌、滴灌面积 261.3 公顷。改善灌溉面积 60 公顷，总投资 518.97 万元。

2010 年，整治山塘 14 座，改造拦水堰坝 7 座，渠系改造工程 59.8 千米，新建高效节水喷微灌总面积 377.33 公顷，总投资 2018.3 万元。

第四节　水质水文监测

实施机构

龙泉市境内布设国家基本雨量站 16 处，水文站 1 处，陆地水面蒸发站 1 处，水文监测站 1 处，水文测验项目有降水、蒸发、水温、水位、流量、悬移质泥沙、水质监测等。

1986年始，龙泉水文站在河道测验断面每月定期采集水样一次，2004年改为每2个月采样一次，水样送丽水水文站集中后转送温州市水资源监测中心检测。

2005年2月，浙江省人民政府办公厅转发省水利厅、省环保局“关于浙江省水功能区水环境功能区划分方案”，龙泉市有小梅、查田、白水桥、龙泉水厂、南大洋、梧桐口、大白岸、李家淤、豫章、周村、宫头、安仁、中锦、市城区水南等14个监测断面，不定期在各水质监测断面取送水样监测水功能区水质。

监测

当江河发生突发性水污染事件时，龙泉水文站即赴事发地以下河段实施监测，2006年6月15日，浙江龙鑫化工厂双氧水制作车间发生爆炸，产生大量有毒有害气体，造成紧水滩水库部分地段水体发生污染。龙泉水文站于发生日至17日，连续在紧水滩水库梧桐口至大白岸区段取样。水样做到随取随送省水资源监测中心检测。监测数据传送省水行政主管部门。

2009年5月14日，省水文局水资源监测中心技术人员在丽水水文站和丽水市水利局龙泉水文站有关人员配合下开展对紧水滩水库功能区蓝藻监测，从云和赤石至大白岸沿库设5个监测采样点。监测结果平均pH值为10.2、表层水温25.5℃、浊度26.48度、蓝绿藻为34900个/毫克、DO12.2毫克/升。当日库区水位170.09米，通过监测和现场勘察并同水质监测技术人员讨论分析，研判如库区流域气象、水文要素没有较大改变，库区蓝藻问题将会有严重发展趋势。

第三章 供 水

第一节 城市供水

第一水厂

20世纪80年代，随着城市人口的增加和集聚，间断供水的方式已不能满足城区工农业生产发展和人民生活日益提高的需要。故对原有的自来水厂进行改造扩容，1983年4月1日，南秦桥头水厂试供水，1984年2月通过竣工验收后正式供水，供水规模提高到日供水能力3000吨，城区居民的用水普及率62%。

20世纪90年代，随着工农业生产的不断发展和人民生活水平的日益提高，城区居民生产生活的用水量急剧增加。1996年自来水公司投资70万元，对一级泵房取水口和三级泵房的四阀滤池等供水设施进行技术改造。日供水能力提高到1万吨，市区居民用水普及率92%，城区居民用水紧张局面有所缓解，但市区城乡接合部和高层建筑及边远地区仍存在水压不足现象。随着城市化建设的不断拓展和“二次创业”的顺利实施，城市供水供求矛盾日趋突出，开辟第二水源，提升水厂供水能力已成当务之急。

第二水厂

1998 年，本着“工艺合理、确保水质、技术先进、经济实用”的原则，采用平流、沉淀、净水工艺流程设计方案，开始建一座总规模为日供水能力 8 万吨的水厂。其中一期工程日供水能力 3 万吨，静态投资 3200 万元，占地 4 公顷。历经两年多建设，第二水厂于 2001 年 10 月投入试供水，断水现象不再出现，一些高层建筑和城乡结合部以及离市区较为偏远的居民用水有了保障。

第二水厂投入运用后，由于没有对水源进行有效地保护，致使水源污染日趋严重，水质不断下降。市人大代表和政协委员多次提案，要求开辟第二水源，保证市民饮用水的安全。2007 年 8 月，市自来水公司向有关部门上报《龙泉市城市供水第二水源及水厂扩建工程项目建议书》。2007 年 9 月 26 日，市发展和改革局以龙发改〔2007〕177 号文批复：第二水源引水工程建设规模为 10 万吨/日，水厂扩建规模为 3 万吨/日，水源地点视水质检测结果另定，项目总投资估算为 5364 万元。

2007 年 10 月，市自来水公司委托浙江大学环境污染控制技术研究所对岩樟溪水源的水质现状进行分析。2008 年 1 月，提交《龙泉岩樟溪水源水质现状分析报告》，同年 5 月 12 日，市建设局组织省、丽水市、龙泉市有关专家进行水质论证，与会人员还有市人大、市政府、市政协的有关领导及市人大代表、政协委员等共 36 人。2008 年 5 月，龙泉市水利水电勘测设计所完成《龙泉市城市供水第二水源引水工程可行性研究报告》。6 月，组织专家审查并通过，工程于 2008 年底正式开工。该工程引水线路总长 4626 米，其中隧洞长 3037.3 米，管道长 1588.7 米。主要建筑物由郑山头隧洞、锦溪跨河管道、凤凰山隧洞、龙泉溪跨河管道等组成。

郑山头隧洞全长 2092.5 米，开挖洞型为城门洞型，洞底开挖宽度为 2.4 米，顶高为 2.4 米，内铺设 Φ1000 钢筋输水管道。锦溪跨河管道，全长 598.9 米，为 Φ1000 钢管埋管，预留涵洞方法施工。凤凰山隧洞，全长 944.8 米，开挖洞型为城门洞型，洞底开挖宽度为 2.4 米，内铺设 Φ1000 钢筋输水管道。龙泉溪跨河管道及龙泉溪至第二水厂管路全长 989.8 米，为 Φ1000 钢筋埋管。

龙泉市的城市供水水质合格率 99.66%，其他各项水质指标均达到国家建设部、卫生部规定的生活饮用水卫生标准，用水覆盖面 98.5%。受益人口约 8 万人，用水高峰期 98%用户达到正常水压标准，供水面积约 5 平方千米。

1989—2010 年龙泉市(县)城区供水情况一览表

表 4-3-1

年份	供水量(万吨)			年递增率(%)	最高日供水量(吨)	平均日用水量万(吨)	生活用水量万(吨)	工业用水量万(吨)	年电耗(万千瓦时)	千吨水电耗(千瓦时)
	供水量	厂内自用水量	合计							
1989	138.90	7	145.90	8.47	5000	3805	97.23	41.67	49	335.8
1990	153.30	8	161.30	10.56	5345	4110	105.04	45.01	58.2	360.8
1991	177.00	9	186.00	15.31	7200	5178	132.3	56.7	77.11	414.5

续表 4-3-1

年份	供水量(万吨)			年递增率(%)	最高日供水量(吨)	平均日用水量万(吨)	生活用水量万(吨)	工业用水量万(吨)	年电耗(万千瓦时)	千吨水电耗(千瓦时)
	供水量	厂内自用水量	合计							
1992	189.49	10	199.49	7.25	7620	5192	135.8	53.67	81.44	408.2
1993	194.18	12	206.16	3.34	6969	5320	165.06	29.12	93.17	451.9
1994	299.80	19	318.8	54.64	—	8214	254.83	44.97	111.6	350.1
1995	302.30	20	322.3	1.10	14580	8282	256.95	45.35	103.39	320.8
1996	321	20	341.0	5.80	15200	8795	224.7	96.3	134.7	395
1997	325.60	20	345.6	1.35	—	9468	—	—	136.5	395
1998	327.50	20	347.5	0.55	—	9520	—	—	147.9	395
1999	329.40	20	349.4	0.55	—	9572	—	—	138.0	395
2000	330.30	22	352.3	0.83	—	9652	—	—	139.2	395
2001	341.70	22	363.7	3.24	—	9964	—	—	143.7	395
2002	343.30	22	365.3	0.44	—	10008	—	—	144.3	395
2003	350.70	22	372.7	2.03	—	10210	—	—	147.2	395
2004	410.00	22	432.0	15.91	—	11836	—	—	170.6	395
2005	500.00	22	522.0	20.80	—	14301	—	—	201.0	395
2006	596.0	17.88	613.9	17.6	—	16600	281	87.0	183	298
2007	600.0	18.0	618.0	0.66	—	16700	299	102.0	192	311
2008	592.0	17.76	609.0	-0.01	—	16400	324	96.3	230	378
2009	485.8	—	—	—	26980	23904	353	136.40	220	452
2010	432	—	—	—	27435	27749	310.98	142.26	225	520

第二节 农村饮用水

工程建设

1992年，市水利局成立乡镇供水总站，并分别与安仁镇政府、八都镇政府合资兴建两座供水站。

八都供水站建于1992年，由市水利局和八都镇政府共同投资兴建，水源为竹垟水库，厂址建在金田村。1998年进行改造，新建60立方米/小时双格重力式无阀滤池，300立方米清水池及附属部分。

安仁供水站建于1993年，地址选在安仁镇庄头村，投资56.5万元，建水泵房1座，200立方米清水池1座，4BA—8A水泵2台，22千瓦电动机2台，铺设管路2855米。2000年，投资14.3万元对安仁供水站进行扩建，新建60立方米/小时单格重力式无阀滤池，200立方米清水池加固。

2000年，市乡镇供水总站以35万元收购小梅水厂，并于2000年、2006年进行改造。

2002年，八都镇被列入“浙江省百镇供水示范乡镇”，签订《浙江省农民饮用水工程建设责任书》，并于2003年4月动工，总投资1250万元，其中省扶持资金100万元，市配套资金187万元，自筹963万元。工程实施后使八都镇80%以上行政村饮用水状况得到改观，自来水普及率93%，供水保证率96%。

2003年，“千万农民饮用水工程”全面启动，龙泉市委、市政府将农民饮用水列入百亿富民工程实施计划，出台《龙泉市加快建设十万农民饮用水工程建设意见》等政策措施。2003—2010年，共投入饮用水工程建设资金19010万元，完成八都、锦溪、查田、安仁、小梅、宝溪、上垟、小黄南、茶丰、岭根至松渠等9个乡镇集中式供水工程和377个行政村的分散式供水工程，解决和改善21.7万农村人口的饮水安全问题。

2003年，投资215.3万元建设锦溪镇自来水工程，供水规模600立方米/天，主要建设取水泵站、整套净化设备，150立方米清水池、1300米输水管、3万米配水管等，供水方式采用重力式供水至农户。

投资348.4万元建设查田镇自来水工程，取水水源为龙泉溪，主要建设取水泵站1座，160立方米/天水力循环澄清池1座，80立方米/天双格重力式无阀滤池1座，500立方米清水池1座，直径300毫米输水管1200余米，配水管42000米，惠及查田镇14个行政村。

2004年，投资266.44万元建设小梅镇自来水工程，供水规模600立方米/天，主要建设取水泵站、整套净化设备，150立方米清水池、11000余米输水管、45700米配水管等，供水方式采用重力式供水至农户。

2005年，投资345万元建设兰巨乡自来水工程，建设规模2000立方米/天，以均溪作为饮用水水源，主要建设拦水堰坝、直径200毫米输水管6000米、80立方米/小时水力循环澄清池、40立方米/小时双格重力式无阀滤池、300立方米清水池、主管路、支管路以及各种配件等。项目建成改善当地农村饮用水人口0.6万人，供水保证率98%，水质达到国家饮用水卫生标准，水量满足130升/人•天。厂址位于五梅垟至桐山路上山坡，工艺流程：澄清池→过滤→消毒→用户。

投资253万元建设屏南乡各行政村自来水工程，建设规模950立方米/天，主要建设拦水堰坝、清水池等设施，项目建成改善当地农村饮用水人口0.83万人，供水保证率98%，水质达到国家饮用水卫生标准，水量满足120升/人•天。

投资195.2万元建设宝溪乡自来水工程，项目位于离宝溪乡1千米处公路后的山坡上，占地200平方米，供水规模1200立方米/天，取水点设在溪头村村头公路后I类水质水源，在取水点处设一拦水坝，由直径90毫米输水管将原水送到水厂，经澄清、过滤、消毒等技术处理后，以重力式供水送往用户。宝溪水厂建设工程的供水特点是以集中联网供水为主，水厂建成后成为宝溪乡供水站，实行统一管理，解决、改善当地0.2万人生产生活用水条件。

2006年，建设龙泉市上垟、查田、安仁、小梅等四个乡镇23个行政村农村饮用水安全项目，主要建设内容为拦水堰、清水池、高效组合式净水设备、输配水管276490米。工程总体投资459万元（中央国债），提升供水规模2870立方米/天，解决和改善13000人口的生活用水条件。

投资335.64万元建设龙渊街道凤鸣片区及紧水滩库区困难群众异地脱贫自来水工程，设计规模1500立方米/天，惠及人口0.88万人，用水合格率98%，供水保证率98%。

投资231万元建设西街街道岩樟溪流域沿线村自来水工程，在岩后村、下樟村、周村、九村各村水源点设一小型拦水坝，由引水管引至净水厂经澄清、过滤、消毒到户，供水规模500立方米/天，解决、改善四村2339人口饮用水，水质符合国家饮用水卫生标准，水量满足130升/人•天。

2007年，龙泉市被列为全国100个农村饮水安全工程示范县之一。投资696万元建设龙渊街道石马村、小梅镇大梅口村等21个行政村1.35万人的饮水安全工程，供水规模1600立方米/天，供水水源采用地表水，建设内容包括：拦水堰坝21处、5~60立方米清水池21座、直径25~90毫米PE管299494米、净水设备、消毒设施，供水方式采用重力式供水至用户。

投资239万元建设岩樟乡行政村自来水厂，供水规模500立方米/天，包括：取水堰坝6处、5~20立方米清水池6座、一体化净水设备6套、缓释消毒设备6套、输、配水管网69.8千米，解决、改善岩樟乡郑庄村、仓坞村、柳山头村、坑源底村、岱岭村、金源村6个村2772人口的生活生产用水。

投资348万元建设竹垟乡饮用水工程，供水规模850立方米/天，惠及罗墩村、金田村、山溪口村、良溪村、盖竹村5个村4900人口，新建取水堰坝5处，5~20立方米清水池5座，一体化净水设备5套，缓释消毒设备5套，输、配水管网124.36千米。

投资320万元建设础石乡饮用水工程，供水规模2400立方米/天，惠及季边村、上坞村、秋丰村、垟畈村、下乡脱贫下区5个村0.46万人口，新建取水堰坝5处，5~20立方米清水池5座，一体化净水设备5套，缓释消毒设备5套，输、配水管网181.18千米。

2008年，龙泉市被列入全国农村饮水安全示范县和浙江省农村饮用水长效管理试点县。投资894万元建设城北乡各行政村饮用水工程，项目涉及内双溪村、库武村、万坑村等34个行政村，总供水规模1731立方米/天，受益人口1.3万人。主要工程：取水堰坝34处、5~20立方米清水池34座，净水设备5套，缓释消毒设备34套，铺设供水管112.36千米，村内支管298.21千米。

投资936万元建设竹垟乡、上垟镇等6乡镇20村饮用水工程，设计规模2635立方米/天，惠及20个行政村0.98万人，工程内容包括：取水堰坝20处，5~20立方米清水池20座，一体化净水设备20套，缓释消毒设备20套，输、配水管网446.48千米。

投资504万元建设龙南乡各行政村饮用水工程，设计规模1200立方米/天，惠及23个行政村0.96万人口，工程内容包括：取水堰坝23处，5~20立方米清水池23座，一体化净水设备10套，缓释消毒设备23套，输、配水管网173.16千米。

投资504万元建设道太乡29个行政村饮用水工程，设计规模1350立方米/天，惠及0.76万人口，工程内容包括：取水堰坝29处，5~20立方米清水池29座，一体化净水设备7套，缓释消毒设备26套，输、配水管网117.4千米。

投资393万元建设西街街道白云片区及市周边高山村饮用水工程，设计规模128立方米/天，受益人口0.48万人，工程内容包括：取水堰坝10处，5~20立方米清水池10座，一体化净水设备10套，缓释消毒设备10套，输、配水管网209.3千米。工程于2008年11月正式开工，2009年3月完成。

2009年，投资936万元建设库区群众（安仁道太区域）饮用水工程，设计规模2465立方米/天，惠及沈际村、李皮下村、金田村等21个行政村0.98万人口，工程内容包括：取水堰坝21处，5~20立方米清水池21座，一体化净水设备21套，缓释消毒设备21套，输、配水管网471千米。

投资953万元建设均益等38个行政村饮用水工程，设计规模2013立方米/天，惠及安民村、水源头村、均益村等38个行政村1.2万人口，工程内容包括：取水堰坝38处，5~20立方米清水池38座，净水设备5套，缓释消毒设备38套，输、配水管网467.1千米。

投资703万元建设剑池街道14个行政村饮用水工程，设计规模2009立方米/天，惠及0.74万人口，用水合格率100%，供水保证率94.5%，工程内容包括：取水堰坝14处，蓄水池及过滤池14

座，一体化净水设备13套，缓释消毒设备13套，输、配水管网37.71千米。

投资914万元建设梅溪流域沿线村饮用水工程，设计规模2670立方米/天，惠及龙泉市梅一村脱贫点、金村下会自然村、新茶村等24村和3个脱贫小区1.25万人口，用水合格率100%，供水保证率93%，工程内容包括：取水堰坝27处，蓄水池及过滤池27座，一体化净水设备27套，缓释消毒设备27套，输、配水管网50.79千米。

投资703万元建设城南片及瀑云等下山脱贫小区饮用水工程，设计规模2228立方米/天，惠及兰巨乡、查田镇等7个乡镇、街道境内的净信村、官田村、瀑云脱贫小区等20个村及4个脱贫下山小区0.95万人口，用水合格率100%，供水保证率91%，工程内容包括：取水堰坝24处，蓄水池及过滤池24座，一体化净水设备23套，缓释消毒设备23套，输、配水管网344.55千米。工程于2009年6月正式开工，2010年12月完工。

2010年，投资894万元建设下南坑等17村饮用水工程，设计规模1890立方米/天，惠及人口0.46万人，用水合格率100%，供水保证率92.5%，工程内容包括：取水堰坝13处，蓄水池及过滤池13座，一体化净水设备13套，缓释消毒设备13套，输、配水管网59.61千米。

投资建设农村中小学饮用水工程，即建兴小学、凤鸣小学、瀑云小学等14所学校，涉及生活用水人口11156人，取水水源分别取用山泉水，供水规模2812立方米/天，供水保证率95%。

管理

龙泉市乡镇供水站实行企业化管理，自主经营、自负盈亏。管理模式是市供水总站全面负责各集镇供水工作，下设分站，负责各站供水工作。乡镇供水总站对各分站采用统一水价，实行统一管理，即统一进行工程设备维修，统一核算、征收水费，统一管理、使用水费，统一支付电费及发放工资。由于供水成本的提高，经龙泉市物价局批准，居民用水水费由原来的0.75元/吨调到0.95元/吨，非居民用水由1.0元/吨调到1.2元/吨。至2010年底，全市共建农村供水点2885处，饮用人数22.4万余人，主要集镇（八都、小梅、安仁）供水问题已得到基本解决，用水覆盖率97%。

第四章　防汛抗旱

第一节　水旱灾害

洪涝台灾害

1989年5月23—28日，龙泉连降暴雨。受灾农户11000户，部分公路、水利设施、农作物遭受损失，经济损失700多万元。7月21—22日台风袭击，暴雨成灾，全县死4人，伤6人。

1990 年 6 月 11—13 日，龙泉连降暴雨，26 个乡镇，241 个行政村受灾，死亡 3 人。

1994 年 6 月 14—17 日，龙泉市内遭受特大暴雨袭击，6 月 17 日发生的洪水为龙泉市 1954 年以来最大的一次大雨，自凌晨 2 时持续到 21 时，降雨量超过 150 毫米，洪峰上游上垟、八都等部分地区降雨量 214.3 毫米，超过 20 年一遇，龙泉城区，八都镇、上垟镇处在一片汪洋之中。从 17 日上午 8 时开始，暴雨不断，龙泉溪水猛涨，中午 12 时，水位已超过警戒线 0.5 米，下午 2 时，城区开始进水，淹没面积很快达到五分之四，市政府门口一带水深近 1 米，整个水南片水深齐腰，到 4 时 30 分最高水位超过危急水位 2.6 米，工厂、商店居民损失惨重，为历史最高纪录，实属罕见。全市直接经济损失 24165 万元。8 月 23 日龙泉遭受 17 号台风袭击，暴雨成灾，全市受灾农田面积 2086.67 公顷，其中受淹面积 80 公顷。死亡 3 人，重伤 3 人，54 人无家可归。

1995 年 6 月 26—30 日，龙泉境内连遭特大暴雨袭击，26 日晚至 27 日上午 11 时，全市平均降雨量 163 毫米，龙泉水文站实测洪峰水位 194.19 米，超过警戒水位 19 厘米。6 月 30 日凌晨 4 时至中午 12 时，全市平均降雨量 120 毫米，其中住龙、锦溪、岩樟等乡（镇）凌晨 4 时至上午 8 时，4 个小时内降雨量高达 108 毫米。龙泉水文站实测洪峰水位 194.05 米，超过警戒水位 5 厘米。由于多次的暴雨洪水袭击，全市直接经济损失 10450 万元。

1998 年 6 月中下旬，龙泉市遭受持续 12 天的暴雨袭击，造成 6 次洪峰过程，其中 6 月 14 日、6 月 19 日、6 月 21 日三次洪峰水位分别超过警戒水位 0.64 米、0.03 米和 0.79 米。其中 6 月 21 洪峰水位超危急水位 0.10 米。暴雨致使龙泉至遂昌、浦城、庆元方向和市内至龙南、住龙、道太等乡镇的交通中断。全市 9 个乡镇、268 个行政村受灾，288 间民房倒塌，5066.67 公顷农作物受灾，经济损失 8000 多万元。

2000 年 6 月 8—11 日，龙泉遭特大暴雨袭击，日降雨 160 毫米以上，龙泉市区河段水位超警戒线。全市 15 个乡镇，286 个行政村受灾。房屋倒塌 689 间，农作物受灾面积 3280 公顷，死亡 3 人，重伤 1 人，经济损失 5400 多万元。8 月 25—26 日，龙泉遭台风袭击，暴雨成灾。住龙镇、锦溪镇、八都镇、岩樟乡、上垟镇及周边地区灾情严重。冲毁房屋 3292 间，死亡 3 人，冲毁农作物面积 356 公顷，直接经济损失 14900 万元。

2002 年 6 月 15 日，龙泉普降大暴雨，全市受灾人口 57000 人，房屋倒塌 64 间，公路中断 5 条，损坏电力线路 2150 米，损坏通讯线路 1500 米，冲毁水利设施 160 余处，农作物受灾面积 721.93 公顷。

2003 年 4 月 12 日，龙泉 11 个乡镇遭暴风雨和冰雹袭击，全市受灾人口 53000 人，房屋倒塌 306 间，农作物受灾面积 1500 公顷，水利设施和公路损失严重。

2005 年 6 月 18—22 日，龙泉连续普降大暴雨，降雨 200 毫米以上，19 个乡镇受灾，全市直接经济损失 14290 万元。

2006 年 6 月 17 日，龙泉各地普降暴雨，局部大暴雨，造成局部地区山洪暴发。8 月 10 日，受 8 号台风“桑美”影响，各地普降暴雨，局部特大暴雨，局部地区山洪暴发，江河水位迅速上涨，全市受灾人口 85550 人，直接经济损失 9580 万元。

2007 年 6 月 25 日，龙泉市从西北至东南陆续普降暴雨，局部特大暴雨，岩樟乡独源雨量站 16—19 时，3 小时降雨 107.1 毫米，最大 1 小时降雨 69 毫米，超过 20 年一遇。岩樟等乡镇损失巨大，死 1 人，伤 6 人，损坏房屋 36 幢，房屋倒塌 22 幢，全市直接经济损失 10345 万元。

2008 年 5 月 25 日，龙泉市小梅镇受大暴雨袭击，受灾人口 5500 人，倒塌房屋 45 间，大量房屋进水，直接经济损失 1079 万元。6 月 12 日，城北乡受大暴雨袭击，造成上东片山洪暴发，3120 人受灾,40余间房屋进水,直接经济损失809万元。7月28—30日,受台风“凤凰”影响,龙泉普降暴雨,龙南、屏南、安仁等6个乡镇受灾严重,全市受灾人口23200人,直接经济损失2062万元。

2009年8月7—11日,受8号台风“莫拉克”影响,龙泉市普降暴雨,龙南、屏南、安仁、兰巨等7个乡镇受灾较严重。受灾人口35260人,倒塌房屋103间,损坏房屋1596间,“莫拉克”造成直接经济损失6259万元。2009年8月31日,龙泉市小梅、查田等乡镇受局地暴雨袭击,小梅雨量站8月31日18—20时2时降雨量90毫米,其中18—19时1小时降雨79.5毫米,超过20年一遇。此次暴雨受灾人口6200人,损坏房屋225间,直接经济损失1173万元。

2010年5月21日起,龙泉市普降大暴雨,局部特大暴雨。5月21日18时至5月23日16时全市平均降雨量179.6毫米,其中宝溪青井站过程降雨314毫米。经分析计算,龙泉市西北部及中部地区24小时最大降雨量均30年一遇以上,其中重要区域超过50年一遇。全市19个乡镇(街道)受灾,受灾人口92500人,倒塌房屋464间,损坏房屋1800间,农作物受灾面积1640公顷,直接经济损失19100万元。6月17日起,龙泉进入梅雨期,全市普降大暴雨,局部特大暴雨。6月16日8时至6月22日8时,全市平均降雨量407毫米,过程降雨量超过400毫米的雨量站有16个,其中宝溪青井站过程降雨800毫米,过程降雨量为全省之最。此次降雨历时长、强度大、范围广,导致龙泉市河流、溪沟、山塘、水库的水位剧涨,小流域山洪暴发,龙泉市城区水位接近警戒水位,宝溪、住龙、城北、岩樟等小支流洪水频率接近50年一遇。全市19个乡镇受灾,城市部分区域进水,受灾人口12.9万人,暴雨洪灾造成5人死亡,1人受伤,倒塌房屋439间,损坏房屋2870间,农作物受灾面积2573.33公顷,直接经济损失24602万元。

干旱灾害

1990年6月13—8月19日,龙泉县基本无雨及少雨,旱情最严重时,受旱面积12213.06公顷,粮食减产3079.7万千克,全县有97个行政村及自然村3万人口、1100头家畜饮水困难。县人民政府发出《告全县人民书》,动员、组织全县民众投入抗旱。

1991年,龙泉市气候反常,入夏以来,连续高温少雨,出现历史上罕见的大旱天气,从6月初开始,旱情持续90余天,因旱少种面积1466.67公顷,作物受灾面积15156公顷,成灾8613.33公顷,绝收1600公顷。旱灾粮食减产2890.09万千克,直接经济损失3439.20万元。全市紧急动员,全力抗旱。

1993年7月29日至9月24日,连续57天无雨。旱情造成山塘干涸65座,受旱总面积6041.33公顷,水田4447.33公顷,其中晒白开裂3703.33公顷,枯苗744公顷,旱地1914公顷,其中枯苗502.67公顷,经济作物1091.33公顷,饮水困难2800人,旱情造成损失751.5万元。

2001年7月上中旬,连续20天无雨,城区和兰巨等乡镇旱灾严重。

2003年6月26日起,持续晴热高温天气,7月份平均降雨量30.7毫米,仅为多年同期的19.2%,全市发生较为严重的夏旱;9、10月份持续干旱少雨,境内平均降雨量分别为53.3和9.2毫米,为历年同期平均降雨量的49%和14.9%,部分地区出现秋旱,干旱造成水田受旱面积7573.33公顷,蔬菜、苗木等经济作物受旱1840公顷,旱情严重时段19500人饮水困难,直接经济总损失8300万元。

2004年1月至8月上旬,龙泉市持续干旱少雨,全市各地出现不同程度的旱情。9月中旬以后,大部分地区降水稀少,10月降雨量仅为4毫米,部分地区发生秋旱,全市受旱农田面积5060公顷,绝收713.33公顷,旱灾造成农业直接经济损失2410万元。

2006年9月下旬以来，干旱少雨，造成龙南、础石等乡镇部分高山区人畜饮用水困难，蔬菜等经济作物受旱646.67公顷。

2008年2月上旬至3月下旬，龙泉市发生春旱，造成3630公顷农作物不同程度受灾。

2009年7月份，龙泉市干旱少雨，造成920公顷农作物受旱，干旱造成农业直接经济损失500万元。

第二节　调度决策

调度机构

2010年，市防汛抗旱指挥部下设办公室，负责防汛防台抗旱日常工作，办公室设在市水利局。防汛办在1989—2004年间为事业单位编制；2004年为依照公务员制度管理事业单位，核定编制4名。

乡镇（街道）和城镇社区、行政村等基层组织，以及企事业单位根据需要设立防汛防旱办事机构，负责本行政区域或本单位的防汛防旱和水利工程险情处置工作。

市防汛指挥部指挥由市政府市长或分管副市长担任，副指挥由副市长或市政府办公室分管副主任、市水利局局长、市人武部部长或副部长担任。

汛情测报

龙泉市防汛防旱指挥部建立值班制度，汛期实行24小时值班，坚持快速、准确的原则，及时掌握汛情、雨情、灾情，及时做好汛情预警及重要信息报告工作。

2010年，龙泉市已建水文站1个、建成国家基本雨量站标准化观测站16处，对雨量、气温、流量、泥沙等进行观测，及时掌握天气变化，了解当地雨情、水情、旱情的发生与发展。雨量和水位测报按水利部规定，每日8时向上级水文系统发报一次，中雨以上实行四段制加报，即每隔六小时拍报一次。各雨量站、代办站均按规定向市水文站拍报，由市水文站汇总向市防汛防旱指挥部报告。气象部门的天气预报，通过广播、电视向社会预报，并作旬、月预报。遇台风、暴雨按市防汛防旱指挥部指示加密向社会预报，灾害性天气发展时，还有向上一级防汛防旱指挥部报告的任务。

2003年以来，龙泉市加强对水情、雨情信息系统的建设，加快基本报汛站、中型和小（一）型水库及重要小流域、小（二）型水库水雨情遥测站点的安装。截至2010年，全市已安装水雨情遥测站点47个，平均65平方千米1个遥测站。站点分布比较均匀，基本能实时控制全市各地降雨和水情，为市防汛防旱指挥部及时预报预警、及时了解汛情、作出指挥决策、投入抗洪抢险提供可靠依据。

防汛会商系统建设

防汛会商系统是一项重要的综合性非工程防洪减灾措施，是实现防汛指挥决策科学化和现代化的重要手段。根据省防汛防旱指挥部的统一部署，龙泉市于2006年6月建成防汛会商系统并投入运行，视频系统终端设在市防汛防旱指挥部，架构在电信IP（网际互连协议）网络上，同时支持SDH（同步数字）传输网络，主要功能是实现与省、丽水市防汛防旱指挥部直接视频对话。2008年12月，龙泉投入资金138万元对防汛视频进行改造，将防汛视频会商系统扩建到16个乡镇。防汛会商系统的建成使龙泉市防汛指挥调度系统基本实现“六化”，即防汛信息采集自动化、传输网络化、处理实时化、防汛决策智能化、指挥可视化和办公无纸化。

指挥调度

龙泉市委、市政府在每年进入汛期时，都要听取防汛防旱指挥部的防汛抗灾准备情况汇报，研究与部署水旱灾害防治，参加防汛抗旱检查，保证防汛防台抗旱工作高效、有序、科学进行。灾情突发和出现重大灾情时，市领导到防汛防旱指挥部了解灾情，作出抗灾决策，并亲临一线指导抢险救灾，帮助解决难题。

市防汛防旱指挥部部署防灾抗灾时，坚持“安全第一，以防为主，常备不懈，全力抢险”的方针。每年进入汛期前，指挥部都要召开会议。听取水利、气象、国土等单位汇报，分析研判新一年防汛防旱形势，特别是对突发性灾害的预防与抢险措施；排查水利设施，特别是对一些库（塘）龄长，带病运行存在较大隐患的水利工程进行认真检查，采取安全措施。通过排查和实地检查，制定预防措施。出现灾情时，把市直机关各部门和各单位纳入统一指挥和调度。气象、水文部门及时预报暴雨量及水位情况。发改、水利、农业、公安、财政、卫生、经贸、建设、国土、林业等部门，按市人民政府统一安排，分赴灾区，指导抗灾救灾，帮助恢复生产。交通、电力、通信等部门，负责恢复与架设线路，确保交通、电力、通讯畅通。民政、保险部门及时调查上报灾情，拨发救济物资，理赔款物，配合乡镇安排灾民生活。同时，对抗灾救灾中涌现的英雄模范事迹及时总结表彰，树立社会主义新风尚。

水利部门负责人一般都担任市防汛防旱指挥部常务副指挥。防汛防旱指挥部办公室是防灾抗灾的重要参谋部门，日常工作主要是做调查研究，提出切合实际的防汛防旱预案，充分发挥现有水利工程设施的防汛防旱效益。出现灾情时，坚守值班岗位，保持信息畅通，密切注视水情、雨情、旱情、风情的发展，及时、准确地做出洪水和气象预报，提出防洪调度、抗旱方案，为防汛防旱指挥部和市委、市政府领导当好参谋。并全力以赴投入抗灾抢险，解决难题，及时向上报告灾情情况，传达上级和主管部门的抗灾决策与指示，担当起桥梁与纽带作用。

第五章　水政管理

第一节　水法宣传

机构

1997年6月，龙泉市水利局设立水政股（增挂水资源管理站牌子），负责水行政法规和政策的组织实施和监督检查；统一管理市内水资源、河道与水土保持工作；查处水事案件，调解水事纠纷，管理水利经济。

宣教

2001年，龙泉市水利局举办水法规培训班和水土保持监督员培训班；以“3•22”第九届“世界水日”和3月22—28日第十四届“中国水周”为契机，在全市范围内开展形式多样的《水法》《水土保持法》《防洪法》及《河道管理条例》宣传活动；市人大常委会领导电视讲话、龙泉报开辟专版、两会期间召开座谈会，发放宣传品4万份，张贴宣传画200幅及横幅标语等。

2002年是1982《中华人民共和国宪法》颁布20周年，12月4日，龙泉市水利局组织开展水（渔）行政法律咨询宣传活动，对新《中华人民共和国水法》《中华人民共和国水土保持法》《中华人民共和国防洪法》《渔业法》等法律法规进行宣传，接受群众现场咨询。

2003年，龙泉市水利局以“3•22”世界水日为契机，通过多种形式广泛深入持久地开展水法规宣传教育工作，提高全市广大干部群众的水法制意识和水土保持国策意识。龙泉市水利局全局干部职工参加省水利厅组织的新《水法》考试。

2004年，龙泉市水利局以舆论为导向，大力宣传水法律法规，依法治水和管水，广泛开展《中华人民共和国水法》《中华人民共和国水土保持法》《中华人民共和国防洪法》《中华人民共和国渔业法》宣传活动，以3月22日“世界水日”、3月22—28日“中国水周”为契机，在全市范围内进行形式多样的《中华人民共和国水法》及相关的法律法规宣传活动。提高全民的法律意识，使大家都来关心、爱惜和保护水资源。悬挂横幅标语10幅，在龙泉境内主要交通和河道边竖立永久宣传大标牌20块，在各乡镇和主要村庄张贴、刷写标语20余条，张贴水法规宣传画200余幅，还在全市范围内发放一次性宣传纸杯10万余只。竖立大型宣传牌1块，宣传标语2幅。

2005年，龙泉市水利局加大水法规宣传和水利执法工作力度，水事环境进一步改善。3月22日，市水利局在《今日龙泉》专刊上刊登宣传标语，与中国移动龙泉分公司和中国联通龙泉分公司对手机用户发送宣传信息近8万人次，在水利大楼悬挂宣传标语，制作发放宣传纸杯5万余只，发放和张贴水利主题宣传画等，力求使宣传活动家喻户晓，深入人心，营造全社会共同关心水问题的良好氛围。禁渔期前张贴《通告》150张。为进一步规范河道采砂管理，组织制定《龙泉市河道采砂管理暂行办法》并由龙泉市人民政府审议通过，还完成龙泉市境内排污口、取水口的调查工作。做好取水水源的保护，根据取水水源方案，划定两项目取水水源保护区，为引水工程顺利实施打下基础。

2006年，龙泉市出台《龙泉市河道采砂管理暂行办法》和《龙泉市进一步规范水电资源开发管理意见》，在广泛征求社会和有关部门意见后，办法已正式颁布实施。大力开展水法律法规的宣传教育。为进一步增强全民水法制意识，以新《中华人民共和国水法》颁布和《中华人民共和国水土保持法》颁布实施15周年为契机，采取多渠道、多形式，在全市范围内广泛、深入、持久地开展《中华人民共和国防洪法》《中华人民共和国水法》《丽水市水利工程建设管理办法》《龙泉市水利建设项目安全生产监督管理办法》《龙泉市河道采砂管理暂行办法》等法律法规的宣传教育，大大增强广大干部群众的水法治意识。

2007年，龙泉市水利局以法制为保障，全面提高水行政执法能力。水利建设和管理逐步走向制度化、规范化，使水利建设和管理能够做到有法可依、有章可循，为龙泉水利事业的发展提供保障。

2008 年，龙泉市水利局采取多渠道、多形式在全市范围内广泛、深入、持久地开展《中华人民共和国防洪法》《中华人民共和国水法》《龙泉市河道采砂管理暂行办法》等法律法规的宣传教育，举行 10 多次水法规宣传活动，发放宣传资料 1000 余份、纸杯 10 万多只等水法宣传用品，投入资金 2 万多元，在主要河道醒目位置设置永久性宣传牌 8 块，大大增强广大干部群众的水法制意识。

第二节　水政执法

机构

1989 年，经浙江省公安厅上报省人民政府批准，在龙泉县水电局内建立水上派出所，保护紧水滩库区的水产、森林资源和水利工程、水利设施，维护水上治安秩序。

1996 年，成立龙泉市水利局水政监察大队，负责水政、渔政执法、监察、河道采砂管理、水事活动检查和监督、查处水事案件、参与水事纠纷调查处理，队伍成立后对涉渔涉水违法案件进行有力打击。

随着经济建设步伐的加快，龙泉市基础性设施项目的投入加大，砂石资源利用成为热点问题，河道采砂管理曾一度呈现“未批先采多，采中乱弃多，事后矛盾多”和“规范管理难，修整回填难”的“三多二难”问题。水利局敢于走进矛盾，破解河道采砂管理难题，在河道砂石料资源配置和组织措施上做大量有效的工作。

执法

2005 年，在全面调查研究的基础上，编制《龙泉市河道砂石利用规划》，为有序、科学地进行河道采砂提供依据。

2006 年 4 月，龙泉市政府出台《龙泉市采砂管理暂行办法》，将河道采砂纳入法制管理轨道，并正式成立龙泉市河道采砂管理领导小组，领导小组的成立，在组织上保证河道采砂管理工作有效地进行。

2007 年1 月，对紧水滩水库（龙泉段）部分河道采砂权进行公开挂牌出让（时限为期 5 年），8 月对岩樟溪百步岭至郑庄段 3 千米河道清障采砂权公开招标，从此，全市大型河道采砂场的采砂权均以公开挂牌出让的方式进行，做到公平、公正、公开，深受河道采砂承包商的欢迎。同年 10 月，龙泉市河道采砂管理领导小组办公室正式挂牌成立，办公室设在水利局，河道采砂管理的日常工作由水利局负责，随后出台《龙泉市河道采砂权价款评估管理办法》，将无序的河道采砂管理纳入有序河道日常管理体系中，将杂乱无章的局面转变为有序利用，合理开发。2007 年，全市办理采砂许可证 49 家，收取采砂管理费 266496 元，资源出让金 353455 元，清障保证金 396000 元，查处非法采砂、乱弃渣、乱占河道等案件 40 余件，罚款 77300 元，全市河道清障长度 50 余千米，总方量 20 余万立方米。

2008 年，办理采砂许可证 70 家，收取采砂管理费 189097 元，资源出让金 1114634 元，清障履约保证金和安全生产风险抵押金 312000 元，全年河道巡查 381 人次，查处非法采砂、非法占用水域等案件40件，收取罚款77000元。2007—2009年是河道采砂业的爆发期，通过河道采砂权的拍卖和河道采砂审批手续的办理，河道砂石料进入初始原料的交易期和储备期，2010年，采砂业主从初始生产模式进入作坊式初级生产加工模式，至此，龙泉出现制砂业。

1989年8月，紧水滩水库安仁码头建成，可停靠50吨级船只。随着渔政管理网络逐步建立与完善，渔业犯罪活动和案件得到及时查处，2002年，龙泉市在丽水市率先实施禁渔期，时间为每年的3月1日至6月30日，实施后全市的渔业资源和捕捞环境有很大提高。2004年，设立紧水滩库区管理中队，专门对紧水滩水库渔业资源进行保护管理。2005年，龙泉市水利局、公安局联合出台《关于严禁在紧水滩水库（龙泉段）垂钓花、白鲢的通告》，2007年，龙泉市水利局、公安局又联合出台《关于严厉打击炸、毒、电鱼及非法捕鱼的通告》，经过连续的"春季禁渔"工作，保护江河渔业资源，渔业资源增殖也取得明显的效果。2009年，执法中队开展紧水滩库区水环境综合治理工作，针对网民热议的水库非法捕捞行为进行严厉打击，查处毒鱼案件1件，拘留3人，没收渔具（网）41副、渔获物45千克，没收渔船1艘、电脉冲1只。紧水滩水库局部水面出现蓝藻，为了下游居民的生活饮水安全，对紧水滩水库投饲性网箱进行全部拆除，共拆除网箱1056只，面积3.99公顷。2010年，相继成立住龙、宝溪、竹垟等乡镇（街道）渔业资源保护管理工作护渔队，成功破获影响全市人民生活用水的毒鱼案件。

第五篇

交　　通

1989—2010年，龙泉交通运输事业发展迅速。全市交通建设总投入33.96亿元，新建各级公路1373.88千米，公路总里程2336.83千米，公路面积密度76.39千米/百平方千米。

县乡公路路面全面硬化430千米，实现了全市公路硬化率100%，通村率100%。

水上交通基础设施逐步完善。维修库区民间渡埠13处，改造扩建50吨级安仁码头，新建沈村码头待渡亭。实施撤渡建桥项目，民间渡口由27处减少到18处，渡船全部实现了钢质化，保持水上交通37年无事故的好成绩。

2010年，全市汽车拥有量14708辆，是1988年的23倍；年客运量592万人，客运周转量23884万人千米，分别是1988年的2.19倍和1.93倍；年货运量572万千千克，货运周转量42993万千千克千米，分别是1988年的22.7倍和11.5倍。

第一章　陆　路

第一节　高速公路

丽龙一级公路改为高速公路

2000年，浙江省政府发文批准建设丽龙一级公路。2003年12月8日，浙江省交通厅下发《关于龙丽、丽龙一级公路改建为高速公路的通知》。2004年10月13日，浙江省发改委批复同意龙丽、丽龙一级公路改建为高速公路。龙泉首条高速公路由一级公路改建。

丽龙高速公路龙泉段全长32.46千米，设计行车时速80千米，双向四车道，整体路基宽度23米，分离式路基宽度（单幅）11.75米，桥涵与路基同宽，隧道分幅设置，净宽8.20米，净高5.0米设计。批复概算16.17亿元，调整批复概算19.95亿元。主要工程量有隧道21座，长16545延米，最长严山岭隧道2285延米；大桥4座，共长703.68延米，最长安仁大桥246.04延米；中小桥梁42座，1120延米；通道27处；圆管涵洞109道；盖板涵洞41道；天桥7座。建设共征用土地266.18公顷，拆迁房屋445户，建筑面积96146平方米。迁改电杆1778根，铁塔4座，变压器13台，地下光缆39.055千米。迁改道路15处，桥梁3座，水井35处，水渠（坝）16处，电灌站2座，坟墓1045穴。征用经济作物64.1万株。

丽龙高速公路龙泉段建设分两期实施，一期工程于2001年10月29日开工，长9.72千米，二期工程于2002年11月30日开工，长22.74千米。2006年12月18日建成通车。2009年7月28日，丽龙高速公路全线提速。除有近22千米路段（云和段K2643+657~K2655+495，龙泉段K2696+149~K2705+669）所有车辆限速均为80千米/小时外，其余路段小客车限速由80千米/小时调整为100千米/小时，其他车辆调整为80千米/小时。

长深高速丽龙段——丽龙高速

长春至深圳高速公路，简称长深高速，国家高速公路网编号G25。该高速浙江丽水至龙泉段简称丽龙高速公路，起自丽水市莲都区富岭互通长深高速K2613+175，经云和县至龙泉市，全长101.275千米。龙泉过境段由云和县麻垟隧道K2682+675入境，途经安仁、础石，终点到龙泉市剑池街道周际村大猫亭长深高速桩号K2714+450，与53、54省道连接线相衔接。龙泉境内段全长31.775千米。

2010年8月，国家公路干线大检查，丽龙高速公路并列长深高速公路国家高速公路网。

丽龙高速公路是国家贷款，收费还贷的重点项目。由浙江龙丽、丽龙高速公路有限公司经营管理。在云和县设丽龙高速公路管理处，管理处下设4个科，6个所，1个服务区和1个停车区。其中龙泉境内设砞石岭隧道管理所，安仁收费管理所和安仁、砞石、龙泉（终点）3 个收费站。

龙庆高速公路

龙庆高速公路是国家“长深线”的重要组成部份，是连贯东北、京津冀、环勃海、长三角和珠三角经济区的快速通道。2006 年 8 月 30 日，国家发改委发文批复同意建设龙泉至庆元（浙闽界）高速公路。龙庆高速公路起点丽龙高速公路终点 K2714+450（剑池街道大猫亭），经兰巨、查田、小梅、竹口，终点庆元县新窑（浙闽交界），长 54.713 千米，预算总投资 45.58 亿元。龙泉境内长 33.5 千米，设互通立交三处，服务区 1 处，预枢杻 1 处，管理所 1 处，养护工区 1 处。主线设置隧道 5 座，长 6171 延米，桥梁 23 座，8300 延米，预算总投资 24 亿元。

龙庆高速公路建设由丽水市总指挥部组织实施。龙泉段政策处理涉及 4 个乡镇（街道）45 个行政村，直接涉及群众 7000 余户 27000 余人，征用土地 228 公顷，拆迁房屋 124 户 23374 平方米，征用青苗播种面积 124 公顷，征用果树、茶叶、林木等多年生经济作物 40 万株，迁移通信基站、电力铁塔 32 座，杆线 491 根，光缆 28 千米，预计需完成道路、水利、管线大三改 96 处，小三改 238 处。

2009 年 3 月 12 日，成立龙庆高速公路龙泉段工程建设指挥部。2010 年 1 月 18 日，在庆元县竹口镇举行龙庆高速公路开工典礼。

第二节　省道公路

51 省道（遂昌至龙泉）

路线编号 S227，起自遂昌县妙高镇上江村，经县城南行至坝头（K57+680）进入龙泉境内，经东书、上垟岙、双溪、河里、村头、竹坑、牛门，2001 年第二次全国公路普查，终点由牛门口移至龙泉东大桥塔下，2010 年全国干线公路大检查，终点调整延伸至剑池东路国际大酒店与 53 省道丽浦线 K123+400 相衔接。全线长 108.61 千米，龙泉境内长 50.92 千米。

1999 年 7 月至 2001 年 10 月，分三年对 51 省道实施砂石路面改油路工程。2006 年，51 省道实施文明公路创建活动。2007 年 1 月，省交通厅、省公路局对 51 省道文明公路授牌。

53 省道（丽水至福建省浦城县）

路线编号 S328，起自丽水市莲都区九里村（330 国道温州至寿昌叉口），经大港头、云和、麻垟，在 K86+737 进入龙泉境内，经严山、安仁、龙泉、八都、上垟、花桥与福建省浦城县花桥至崇安公路（路线编号 S205）相衔接。路线全长 168.86 千米，龙泉境内长 82.12 千米。2008 年通过省交通厅组织创建文明公路验收。

54 省道（龙泉至庆元后山桥）

路线编号 S229，起自龙泉市区 53 省道 125.107 千米，经龙泉豫章、查田、小梅进入庆元曹岭、竹口、菊水西行到后山桥，路线全长 88.23 千米，龙泉境内长 38.2 千米。

2004 年，浙江省交通厅文件批准对小梅过境段进行改建，按二级公路标准设计，计算行车速度 60 千米/小时，路基宽 12 米，路面宽 9 米。全长 5.43 千米，其中龙泉境内 3.90 千米，大桥 1 座长 105 延米，总投资 5089.11 万元（其中龙泉 3613.53 万元，庆元 1475.55 万元）。由龙泉市交通局组织指挥部承担建设，工程于 2004 年 12 月 29 日开工，2006 年 12 月 30 日竣工。

53 省道丽浦线龙泉至八都段公路改建工程

53 省道丽浦线是浙江进入福建、江西的主要通道，也是连接台湾海峡的重要国防战备公路。龙泉至八都段改建项目路线长 16.9 千米。按交通部颁《公路工程技术标准》（JTGB 01—2003），二级公路标准设计，设计时速 60 千米，路基宽 12 米，路面宽 9 米（其中龙泉市区过境段与丽龙高速公路预留松溪弄互通衔接段 1.1 千米，按一级公路技术标准加宽，四车道路基宽 22.5 米设计）。桥梁与路基同宽，桥梁设计荷载标准二级公路级，设计洪水频率 1/100。隧道设计宽 10 米，净高 5 米。概算总投资 3.56 亿元，分二期实施。

51 省道遂龙线龙泉段改建工程

51 省道遂龙线龙泉段公路改建工程设计标准按交通部颁《公路工程技术标准》（JTGB 01—2003）二级公路标准设计，设计时速 60 千米。路基宽度 10 米，路面宽 8 米，设计荷载标准二级公路。路线起点住龙镇老虎跳（遂昌交界处），经碧源、住溪、山坑、锦旦，终点牛头岭与 53 省道二期改建工程相衔接，路线长 37.87 千米（其中主线 33.98 千米，锦溪连接线 3.89 千米）。主要工程有长隧道 1 座 2945 延米，中隧道 2 座 1300 延米，短隧道 1 座 335 延米，大桥 9 座 1410 延米，中桥 8 座 496 延米，涵洞 111 道，开挖土石方 131 万立方米，填筑土石方 120 万立方米。总投资 7.45 亿元。

第三节　县道公路

后会线（龙泉后岭背至庆元会溪）

路线编号 X101，起自兰巨乡后岭背 54 省道龙后线 14.55 千米处，过仙仁、桐山村头、益头，越海拔 1181 米的关亭岙，经坪田、垟步岙、砬铺岙、南溪口、干上，越海拔 1200 米的岙上亭，下行过横坑头、杉树根、黄支兰进庆元县焦坑到会溪。建于 1972 年 8 月至 1983 年 12 月，历时 11 年，分七期完成，总投资 385.8 万元。龙泉境内长 75.68 千米。

2000 年，均溪二、三级电站建设，后会线 K12+740~K14+492 库区段，经丽水市交通局批准改线，改线里程 2.74 千米，比老路延长 988 米，按山岭重丘四级公路标准设计，计算行车速度 20 千米/小时，工程总投资 171 万元。

木焦线（龙泉木岱口到遂昌焦滩）

路线编号 X102，由木岱口到住龙双渡洋的木双线和从住龙到遂昌焦滩的住焦线组成，于二十世纪七八十年代分段建成。木焦线的龙泉段全长 83.69 公里。其中木双线的建成，与牛住线衔接，与丽浦公路的龙花段联网，构成长达 140 余公里的环形线，并沿住溪直下沟通遂昌县。该线是龙泉县的重点林区公路，环贯岱垟、宝溪、住溪三乡和地处瓯江、闽江及乌溪江的三条水系。宝溪、住溪等地是革命老区，该线的建成为老区建设创造了交通条件。

村沈线（村头至沈村）

路线编号 X103，起自龙渊街道村头村 51 省道 95.98 千米，经梧桐口、小白岸、大白岸、叶山头、垟头、大坪、李村、金坑源，终点到沈村，全线长 80.25 千米。全线分二期建设，第一期、村头至李村 52 千米，1986 年 10 月建成，第二期李村至沈村 28.25 千米，1990 年 1 月竣工，总投资 982 万元。

安豫线（安仁口至豫章）

路线编号 X104，安豫线是龙泉市凤阳山国家级自然保护区和旅游风景区的重要通景公路。起自安仁镇安仁口，经安仁、广田、坞坑、义和、蛟垟岙、叶村、荒村，跨海拔 1220 米西岙下行过夏边、大赛、五梅垟到豫章与 54 省道 K9+500 处相衔接。总投资 449.32 万元，路线全长 73.52 千米。

查供线（查田至供村岙）

路线编号 X105，起自查田镇街头桥 54 省道 30.60 千米，途径黄南、半边月、岭根、中村、小黄南、丁源，终点供村岙与县道五花线（五都垟至花桥）相衔接，长 26.48 千米，1972 年 5 月建成，总投资 107.91 万元。

际凤线（际头叉口至凤阳庙）

路线编号 X106，起自际头叉口安豫线 48.5 千米，途径炉岙村、石梁岙，终点至凤阳庙，长 12.07 千米，1979 年 10 月建成。总投资 76.096 万元。

2002 年，龙泉公路段对际凤线实施沙改油路。

龙梧线（龙泉至梧桐口）

路线编号 X107，起自城东市工业小区 51 省道 105.75 千米，经临江、杨连，终点至梧桐口与县道村沈线 4.46 千米处衔接，长 7.20 千米。该线原属 53 省道丽浦线进入龙泉城区路段，20 世纪 80 年代，紧水滩电站建设，一度作为淹没公路而废弃失养。电站蓄水后，部分路段洪水期间仍被淹没，但公路仍保持完好，社会车辆仍然通行，群众要求修复接养，1989 年经丽水地区交通局同意，上报浙江省公路局批准，被列入县乡公路养护计划，由龙泉县县乡公路管理所管养。

西独线（西大桥至独口）

路线编号 X109，起自市区宫头西大桥（披云桥），经白水桥、周村、大岙岭脚过流坑、郑庄、上行百步岭、越大枫岙、下行金源、芭蕉、进入遂昌凉里下，经安潭到独口。龙泉境内段长 49.87 千米。西独公路始建于 1977 年，分四期建设，第四期于 2004 年完工，至此西独线全线贯通，成为龙泉市对外交通的主要县道干线公路。2001 年，第二次全国公路普查被列入县道公路。

2002 年，岩樟溪电站建设，西独线 K16+300 至 K21 地段进行改线，由市交通设计所按山岭重丘四级公路标准设计，改线长 4.54 千米，由岩樟溪流域水电开发有限公司投资。工程于 2002 年 8 月开工，2005 年 5 月 30 日完工，总投资 1386 万元。2006 年，西独线西大桥至岱根段实施改线工程，按三级公路技术标准设计，路线起点改由岩樟溪西边宫头村头，2007 年 12 月建成通车，总投资 4658 万元。

横山线（横溪桥至山溪口）

路线编号 X110，起自八都镇章府会横溪桥 53 省道 152.4 千米，经盖竹、金田，终点山溪口村，长 10.67 千米。横山公路是横金线的延伸，2001 年，全国第二次公路普查被列入县道公路。

牛住线（牛头岭至住溪）

路线编号 X111，起自牛头岭 53 省道 129.54 千米，经里下畈、锦溪，越海拔 390 米火烧亭，下行过岭上，越海拔 400 米的黄派岙，过岭根、黄永、新蓬，跨海拔 840 米的牌门岭岙，下行经五里亭，到双渡垟岙与木蕉公路 70.53 千米处相衔接。长 42.36 千米。

环城线（东大桥至新车站）

路线编号 X112，起自东大桥（圣塔桥）北端 51 省道 106.9 千米，经莱茵花园、德光花园，过南大桥(济川桥)，终点龙泉汽车新站与 53 省道 123.92 千米相衔接，长 2.10 千米。该公路系龙泉市区道路，20 世纪 90 年代由市公路段管养，由市建设局管理。省公路管理局计划在编。

车宫线（牛门口大转盘至宫头）

路线编号 X113，起自牛门口大转盘 51 省道 105.75 千米，经荷花塘、医院，终点宫头与 53 省道 126.03 千米相衔接，长 2.75 千米。车宫线实际上是中山路，属龙泉市区道路。原长运公司老车站未拆建前，该道路是龙泉市内外交通的主要道路，一直由龙泉市公路段管养，现由市建设局管理。省公路管理局计划在编。

林岭线（林垟桥至大沙岭坤）

路线编号 X114，起自林垟桥 53 省道丽浦线 113.8 千米，经秋畈、溪下，终点至大沙岭坤，长 10.37 千米。

该公路原是 53 省道丽浦线的主道，1997 年，础石岭隧道接线工程改造后遗留路段，由省道降为县道编制，为山岭重丘三级公路。

瀑岭线（瀑云至岭根村尾）

路线编号 X115，起自瀑云松巨 53 省道丽浦线 141.25 千米，经黄淤，终点到岭根村村头与县道牛住线 17.6 千米相衔接。该公路是 53 省道丽浦线与县道牛住线的连接线。1996 年建成，长 6.732 千米，投资 134 万元（其中交通投入 100 万元，八都镇自筹 34 万元），由八都镇主管建设。2001 年全国公路普查被列入县道公路。

五花线（五都垟至花桥）

路线编号 X116，起自上垟镇五都垟村 53 省道丽浦线 161.95 千米，经五都楼、供村，终点至花桥与 53 省道丽浦线 168.07 千米处衔接，长 10.09 千米。该公路原系 53 省道丽浦线老路，2001 年木岱口至花桥段改线完成通车后，五都垟至花桥段由省道降为县道编制。2003 年实施砂改油，2005 年实施县道硬化工程，投入 270 万元。

兰荒线（庆元兰溪桥至龙泉荒村）

路线编号 X401，起自庆元县兰溪桥 55 省道，途径竹山、后广、百山祖、斋郎，于 69.42 千米进入龙泉境内麻良岱，经龙案、梅七、双溪，终点至荒村与县道安豫线 40.22 千米相衔接，长 91.36 千米，其中龙泉境内段长 21.94 千米。1971 年 11 月建成，投资 137.18 万元。

2005 年，根据浙江省交通厅县道硬化工程计划，实施县道硬化工程，投资 666.79 万元。

柏小线（庆元柏渡口至龙泉小黄南）

路线编号 X402，起自庆元县柏渡口 54 省道 56.5 千米，经柏渡口、姚村、双坞、朱黄，于 21.181 千米进入龙泉境内黄树寨，经汤源、上源到小黄南与县道查供线相衔接，长 30.10 千米，其中，龙泉境内段长 8.92 千米。2005 年，实施路面硬化工程。

柏小线是 54 省道龙后线与 53 省道丽浦线的连接线，是龙泉市重要国防战备公路。2006 年，浙江省发改委发改设计〔2006〕9 号文件批准柏小线工程改建计划，总投资 649.8 万元（中央专项国债补助 540 万元，地方自筹 109.8 万元），改建工程 2006 年 12 月开工，2007 年 12 月完工。

梅白线（遂昌梅树垟至龙泉白岩）

路线编号 X601，起自遂昌县龙洋乡梅树垟村，途经龙洋乡、西滩，于 8.18 千米进入龙泉境内茶园岭脚，沿碧龙溪上行，过周调、碧龙到白岩，长 21.72 千米，其中，龙泉境内段长 13.54 千米。于 1979 年乡村自筹资金 56.3 万元，建成农机路。1987 年，县林业局投资 70.5 万元，改建成林区乙类四级公路。2001 年，全国第二次公路普查列为县道公路。2005 年，实施省交通厅县道路面硬化计划，2005 年 5 月开工，12 月完成。总投资 252 万元。

鸬叶线（景宁鸬鹚至龙泉叶村）

路线编号 X803，起自景宁县鸬鹚村，于 32.140 千米进入龙泉境内垟尾，终点到龙南乡叶村，与县道安豫线 38.55 千米衔接，长 37.88 千米，其中龙泉境内 5.74 千米。总投资 181 万元，1998 年 12 月建成。

2005 年，根据县道路面硬化计划进行路面硬化，投资 224.76 万元，2005 年 5 月开工，12 月竣工。

白蜜线（白天鹅路口至蜜蜂岭）

路线编号 X117，起自龙后线 4K+400，经蜜蜂岭，终点与龙后线蜜蜂岭隧道口 6K+250 相接，长 1.78 千米。是 54 省道龙后线改造截弯取直后的路段，现降为县道编制。

溪下线（溪口至下堡）

路线编号 X118，起自龙后线 27K+040，经溪口、南天木业厂，终点至下堡村头与龙后线 28.85 千米处相衔接，长 3.78 千米。

小曹线(小梅路口至庆元曹岭)

路线编号X119,起自龙后线36K+140,穿越小梅镇街道,跨小梅二桥,至庆元县曹岭,龙泉境内长1.96千米。

龙(泉)松(阳)公路一期工程

龙泉市安仁至松阳县大东坝公路工程,根据浙江省发展和改革委员会浙发改发文批准建设,是浙江省重点工程建设项目。路线长21.5千米,按交通部颁(JTGB01—2003)二级公路技术标准设计,设计时速40千米,路基宽8.5米,行车道宽7米,隧道宽9米,净高5米,桥梁设计荷载二级公路。总投资3.5亿元。该工程开通缩短龙泉至松阳公路里程60千米,促进区域经济发展。工程分二期实施。

一期工程路线长12.652千米,投资1.65亿元,2008年3月1日正式开工。其重点工程有跨库大桥,长311.04延米;有安福口短隧道长300延米。至2010年9月,累计完成工程总投资15065万元,主体工程已基本完工。

第四节 乡道公路

大赤线(安仁镇大畈洋至赤源)

路线编号Y101,起自安仁镇大畈洋庄头县道安豫线5.3千米,过胜利大桥上行,经西畈洋至赤源,长3.10千米,总投资27.36万元。

广季线(安仁镇广田至季山头)

路线编号Y102,起自安仁镇广田县道安豫线7.95千米,向西延伸经桂水坑、坑口、前坪、乌尖下到季山头,长7.40千米。

下龙线(下田岙至龙井)

路线编号Y103,起自龙南乡下田岙县道安豫线29.02千米,跨下田岙,经上南坑、下南坑,终点龙井行政村,长9.02千米。1989年9月建成,总投资178.44万元。

溪九线(溪源田至九坞垄)

路线编号Y109,起自宝溪乡溪源田村尾县道木蕉线33.85千米,向南延伸左上行,终点九坞垄,长15.76千米。

梨黄线(梨树坪至黄皮)

路线编号Y110,起自住龙镇梨树坪县道木蕉线65.2千米,向西南延伸过梨树桥,经双河口、井惠口上行,终点黄皮行政村,长23.28千米。1986年建成,投资157.11万元。

金西线（金坑桥至西溪）

路线编号 Y116，起自龙南乡安豫线 K20+980，终点为西溪村，长 4.10 千米，2007 年康庄工程实施，由砂石路面改为水泥路面，投资 66.4 万元。

龙蛟线（龙南林业站至蛟垟）

路线编号 Y117，原为豫蛟公路的末段，起自龙南乡安豫线 K33+780 处龙南乡林业工作站路口，终点为龙南乡乡政府，长 1.44 千米，2004 年，乡道硬化工程改为沥青砼路面，路面宽 4 米，投资 31 万元。

南河线（南秦大桥北端至河村）

路线编号 Y119，起自市区西大桥北端，车宫线 K2+750，经河星新村，终点原红旗厂，长 5.66 千米。

独砝线（独田至砝湖店）

路线编号 Y120，起自兰巨乡独田行政村后岭背自然村县道后会线 1.05 千米处，向西延伸左下行砝湖店，与 54 省道龙后线相连接，长 0.64 千米。该公路系 54 省道截弯取直后遗留路段，在 2001 年全国第二次公路普查时，划为乡道管理。

五豫线（五梅垟至豫章）

路线编码 Y121，为 2005 年安豫线末段改造后降级公路，起自兰巨乡五梅垟安豫线 K71+700，经兰巨乡政府，终点龙后线 K8+900，长 1.54 千米。

第五节　通村公路与专用公路

乡村康庄工程

乡村康庄工程实施前，龙泉市 19 个乡镇(街道)只有 3 个街道和 7 个乡镇的公路有沥青路面，其余 9 个乡镇只通砂石路。444 个行政村只有 174 个通公路，99 个村通简易路，通村率和硬化率分别为 39.36%、22.4%。

2003 年，成立了省、市、县各级“乡村康庄工程”办公室。9 月 4 日，龙泉市成立“千里乡村康庄工程”建设领导小组，9 月 24 日，召开“乡村康庄工程”建设动员大会，正式启动乡村康庄工程工作。

至 2010 年末，共投入农村公路资金 10 亿元，建设通村公路 1380.08 千米。全市 444 个行政村全部通上等级公路，实现通村率、硬化率双百目标。乡村康庄工程实施 8 年，于 2010 年按浙江省准四级公路标准竣工验收。

2010年龙泉市康庄公路基本情况一览表

表 5-1-1

序号	线路名称（起地点）	里程数（千米）	路线起点	经过的行政村	路线终点	公路技术等级	业主单位	总投资（万元）	其中自筹（万元）	开工时间	验收时间
1	竹舟至柘坑	7.5	54省道 K26+400	横坑、竹舟	小砻坑	准四级	查田镇	450	285	2004年8月	2006年7月
2	青坑至大坑下	4.5	54省道 K19+799	青坑	大坑下	准四级	查田镇	270	171	2004年9月	2006年10月
3	54省道K230+100-石隆	6.5	54省道 K230+100	新丰、赵麻圩	石隆	准四级	查田镇	390	247	2005年8月	2007年5月
4	夫人庙至上墩	3.0	溪矿线 K1+200	—	上墩	准四级	查田镇	180	114	2005年6月	2006年9月
5	54省道 K34.8-万山	1.5	54省道 K34+800	—	万山	准四级	查田镇	90	57	2005年6月	2006年9月
6	54省道 K32.5-小查田	1.0	54省道 K32+500	—	小查田	准四级	查田镇	60	38	2006年3月	2007年2月
7	下淤至溪西	4.8	54省道 K23+500	下圩	溪西	准四级	查田镇	288	182.4	2006年3月	2007年2月
8	大梅口至大窑	6.1	54省道 K37+100	大梅口、上梅、高际头	大窑	准四级	小梅镇	364.62	230.926	2004年6月	2004年11月
9	半路岙至郑边	4.5	半路岙	—	郑边	准四级	小梅镇	270	171	2005年6月	2006年5月
10	孙坑至立东	4.2	查供线 K6+800	—	立东	准四级	小梅镇	252	159.6	2004年8月	2006年5月
11	立东至叶乡	3.3	立东	—	叶乡	准四级	小梅镇	198	125.4	2006年6月	2007年12月
12	54省道 K37.7—骆庄	5.2	54省道 K37+700	—	骆庄	准四级	小梅镇	312	197.6	2005年7月	2006年11月
13	半路岙至泥岭头	3.6	半路岙	—	泥岭头	准四级	小梅镇	216	136.8	2006年9月	2007年4月
14	查供线 K2.1—西坑	3.2	查供线 K2+100	—	西坑	准四级	小梅镇	192	121.6	2005年8月	2008年1月
15	后会线 K20.4—金龙	2.1	后会线 K20+400	—	金龙	准四级	屏南镇	126	79.8	2004年8月	2005年5月
16	后会线 K43—南垟	2.1	后会线 K43	—	南垟	准四级	屏南镇	126	79.8	2004年8月	2004年11月
17	后会线 K45.5—周岱	3.0	后会线 K45+500	—	周岱	准四级	屏南镇	180	114	2005年9月	2006年1月
18	后会线 K68.4—横坑头	1.0	后会线 K68+400	—	横坑头	准四级	屏南镇	60	38	2004年9月	2005年12月
19	后会线 K58.6—东山头	3.1	后会线 K58+600	—	东山头	准四级	屏南镇	186	117.8	2005年9月	2006年1月
20	后会线 k14.7—梧树垟	2.8	后会线 k14+700	—	梧树垟	准四级	屏南镇	168	106.4	2006年4月	2007年8月
21	后会线 k20.4—横溪	4.1	后会线 k20+400	—	横溪	准四级	屏南镇	246	155.8	2005年6月	2008年8月

续表 5-1-1

序号	线路名称（起地点）	里程数（千米）	路线起点	经过的行政村	路线终点	公路技术等级	业主单位	总投资（万元）	其中自筹(万元)	开工时间	验收时间
22	后会线 k10.5—上畲	5.2	后会线 k10+500	—	上畲	准四级	屏南镇	312	197.6	2005 年 8 月	2007 年 3 月
23	南大洋至松溪弄	1.7	南大洋	—	松溪弄	准四级	剑池街道	102	64.6	2004 年 10 月	2005 年 11 月
24	53 省道 K6.3—茶坦	3.4	53 省道 K6+300	—	茶坦	准四级	剑池街道	204	129.2	2005 年 8 月	2006 年 5 月
25	茶寮弯龙梧线 K1.5—武潭	1.2	茶寮弯龙梧线 k1+500	—	武潭	准四级	剑池街道	72	45.6	2006 年 6 月	2007 年 1 月
26	西独线 K4—下樟	4.1	西独线 K4	—	下樟	准四级	西街街道	246	155.8	2005 年 6 月	2006 年 11 月
27	周际至岩后	5.9	西独线 k5+500	—	岩后	准四级	西街街道	354	224.2	2006 年 1 月	2007 年 6 月
28	河村至栏下	8.1	西河线 K6+400	蓁部	栏下	准四级	西街街道	487.8	308.94	2004 年 6 月	2007 年 9 月
29	53 省道 K134.5—新岭	1.8	53 省道 K134+500	—	新岭	准四级	西街街道	105	66.5	2005 年 4 月	2006 年 1 月
30	河村至富岱	1.0	河栏线 K1+500	—	富岱	准四级	西街街道	60	38	2005 年 7 月	2006 年 11 月
31	54 省道 K17—石坑口	7.0	54 省道 K17	—	石坑口	准四级	兰巨乡	420	266	2005 年7 月	2006 年12 月
32	下沙桥至安吉至河川至净信	11.4	54 省道 K16+430	下沙桥,曾家,安吉,河川	净信	准四级	兰巨乡	684	433.2	2004 年 6月，2004 年5 月	2004 年 10 月，2004 年 12 月
33	大坑下至棕衣林	4.9	大坑下	—	棕衣连	准四级	兰巨乡	292.8	185.44	2005 年 5 月	2006 年 10 月
34	五梅垟至村头	3.5	安豫线 K72+200	—	桐山村头	准四级	兰巨乡	210	133	2004 年 9 月	2006 年 6 月
35	云沙线 K46.2—黄万岱	6.6	云沙线 K46+200	—	黄万岱	准四级	龙南乡	394.8	250.04	2005 年 6 月	2007 年 8 月
36	垟尾至黄大坑	2.1	垟尾	—	黄大坑	准四级	龙南乡	123.6	78.28	2004 年 7 月	2004 年 10 月
37	蛟垟至垟尾	2.0	蛟垟	—	垟尾	准四级	龙南乡	120	76	2003 年 5 月	2003 年 10 月
38	梅芳口至麻连岱	3.6	梅芳口	—	麻连岱	准四级	龙南乡	216	136.8	2004 年 7 月	2004 年 12 月
39	刘坊至安仁口	2.7	53 省道 K93+600	—	安仁口	准四级	安仁镇	162	102.6	2005 年 6 月	2005 年 12 月
40	张家地至胜湖	3.0	云和张家地重沙线 K33+200	—	胜湖	准四级	安仁镇	180.66	114.418	2005 年 10 月	2008 年 3 月
41	李登至大舍	7.7	广季线 K18+300	—	大舍(季山头 7K+300)	准四级	安仁镇	462	292.6	2004 年 10 月	2006 年 12 月
42	梅坑至叶山头	12.9	53 省道 k104+100	梅坑	叶山头	准四级	安仁镇	772.8	489.44	2005 年 1 月	2008 年 8 月
43	岩头至大源	10.7	53 省道 k102+300	岩头	大源	准四级	安仁镇	642	406.6	2005 年 10 月	2008 年 10 月
44	季边至南弄	3.7	季边	银场	南弄	准四级	础石乡	222	140.6	2006 年 5 月	2007 年 9 月

续表 5-1-1

序号	线路名称（起地点）	里程数（千米）	路线起点	经过的行政村	路线终点	公路技术等级	业主单位	总投资（万元）	其中自筹（万元）	开工时间	验收时间
45	山际口至冷水亭	6.6	县道高塘至山际口公路 15k+000）	—	李山头	准四级	础石乡	396	250.8	2005 年 8 月	2007 年 12 月
46	季边至陈村	10.0	季边	瞿源、炉地垟	陈村	准四级	础石乡	600	380	2004 年 2 月	2005 年 8 月
47	瞿源至横片	5.0	季陈线 K5+800	—	横片	准四级	础石乡	300	190	2006 年 8 月	2007 年 11 月
48	梨黄线 K12—西井	0.9	梨黄线 K12	—	西井	准四级	住龙镇	52.8	33.44	2004 年 7 月	2004 年 11 月
49	木蕉线 K74—建平	4.7	木蕉线 K74+000	—	建平	准四级	住龙镇	282	178.6	2005 年 7 月	2006 年 10 月
50	溪头至塘源	13.8	木蕉线 K23+900	半岭	塘源	准四级	宝溪乡	828	524.4	2004 年 8 月	2007 年 1 月
51	木蕉线 K28.9—竹垟	4.6	木蕉线 K28+900	—	竹垟	准四级	宝溪乡	277.8	175.94	2005 年 7 月	2007 年 7 月
52	木蕉线 K23.8—车盂	4.9	木蕉线 K23+800	—	车盂	准四级	宝溪乡	294	186.2	2005 年 8 月	2007 年 1 月
53	木蕉线 K22. 199—宝更	1.6	木蕉线 K22+199	—	宝更	准四级	宝溪乡	94.2	59.66	2005 年 6 月	2006 年 5 月
54	木蕉线 K44.9—高山	8.4	木蕉线 K44+900	—	高山	准四级	宝溪乡	504	319.2	2005 年 6 月	2007 年 1 月
55	溪头至莲塘畈	9.5	溪头	龚岭、石坑	福建浦城莲塘畈	准四级	宝溪乡	570	361	2003 年 5 月	2004 年 12 月
56	木蕉线 K3.1—溪源田	5.7	木蕉线 K3+100	—	溪源田	准四级	宝溪乡	339.6	215.08	2007 年 4 月	2008 年 1 月
57	坑里至源头	4.6	莲塘公路 K1+100	—	坑里	准四级	上垟镇	274.8	174.04	2007 年 4 月	2008 年 1 月
58	查供线 22K+100 至横店	9.0	查供线 K22+100	—	横店	准四级	上垟镇	540	342	2004 年 8 月	2005 年 4 月
59	查供线 K24.7—双际	7.6	查供线 K24+700	—	双际	准四级	上垟镇	456	288.8	2004 年 8 月	2004 年 12 月
60	53 省道 K160.3—黄渡	1.3	53 省道 K160+300	—	黄渡	准四级	上垟镇	78	49.4	2004 年 7 月	2006 年 1 月
61	53 省道 K156.2—源底	1.1	53 省道 K156+200	—	源底	准四级	上垟镇	68.4	43.32	2004 年 7 月	2006 年 1 月
62	查供线 K12—生源	4.5	查供线 K12	—	生源	准四级	上垟镇	270	171	2005 年 7 月	2006 年 12 月
63	木蕉线 K2.5—岱源	4.5	木蕉线 K2+500	—	岱源	准四级	上垟镇	270	171	2005 年 7 月	2006 年 1 月
64	木塘线 K2.1—社口	7.9	木塘线 K2+100	—	社口	准四级	上垟镇	474	300.2	2005 年 9 月	2007 年 11 月
65	横山线 K9.9—山溪口	3.0	横山线 K9+900	—	社口	准四级	竹垟乡	180	114	2004 年6 月	2004 年 11 月
66	金田至局下	13.6	金田	—	局下	准四级	竹垟乡	816	516.8	2004 年 6 月，2004 年 10 月	2004 年 11 月
67	横金线 K4.5—良溪	8.8	横金线 K4+500	—	良溪	准四级	竹垟乡	528	334.4	2004 年 4 月	2005 年 8 月

续表 5-1-1

序号	线路名称（起地点）	里程数（千米）	路线起点	经过的行政村	路线终点	公路技术等级	业主单位	总投资（万元）	其中自筹(万元)	开工时间	验收时间
68	罗墩至际上	9.0	横金线 K4+000	—	际上	准四级	竹垟乡	540	342	2005 年 4 月	2007 年 5 月
69	金山线 K2.4—五四	2.4	金山 K2+400	—	五四村	准四级	竹垟乡	144	91.2	2004 年 11 月	2006 年 8 月
70	下窑至白角	2.6	下窑	—	白角	准四级	竹垟乡	156	98.8	2004 年 9 月	2005 年 8 月
71	53 省道 K150.3—樟溪	3.4	53 省道 K150+300	—	樟溪	准四级	八都镇	204	129.2	2004 年 9 月	2005 年 8 月
72	53 省道 K148.8—四村	2.4	53 省道 K148+800	—	八都四村	准四级	八都镇	145.8	92.34	2006 年 5 月	2007 年 5 月
73	53 省道 154.8K—供际	1.9	53 省道 K154.8	—	供际	准四级	八都镇	115.2	72.96	2006 年 4 月	2007 年 5 月
74	53 省道 K144.6—吴公	2.0	53 省道 K144+600	—	吴公	准四级	八都镇	120	76	2005 年 3 月	2007 年 11 月
75	53 省道 K142.1—双溪口	3.8	53 省道 K142K+100	—	双溪口	准四级	八都镇	228	144.4	2005 年 7 月	2006 年 10 月
76	53 省道 K154.6—大坦	1.4	53 省道 K154+600	—	大坦	准四级	八都镇	84	53.2	2005 年 8 月	2006 年 10 月
77	53 省道 K148.9—东音	4.0	53 省道 K148+900	—	东音	准四级	八都镇	240	152	2005 年 8 月	2008 年 2 月
78	龙渊苍松园路至乌砝下	4.2	龙渊苍松园	—	砝步	准四级	龙渊街道	252	159.6	2004 年 5 月	2006 年 1 月
79	51 省道 K1.15—石马	10.0	51 省道 K1+150	—	石马	准四级	龙渊街道	600	380	2005 年 8 月	2007 年 4 月
80	石马公路 K2—岭坤	4.8	石马公路 K2+000	—	岭坤	准四级	龙渊街道	288	182.4	2005 年 8 月	2007 年 4 月
81	51 省道 K9.1—白墓	3.7	51 省道 K9+100	—	白墓	准四级	龙渊街道	219.6	139.08	2005 年 8 月	2007 年 4 月
82	村沈线 K1.7—大丘田	1.9	村沈线 K1+700	—	大丘田	准四级	龙渊街道	114	72.2	2006 年 12 月	2008 年 1 月
83	龙梧线 k5.35—桥坑	3.6	龙梧线 k5+350	—	桥坑	准四级	龙渊街道	216	136.8	2005 年 8 月	2008 年 1 月
84	麻垟桥—鹤溪	5.6	51 省道 K83+200	麻垟	鹤溪	准四级	城北乡	336	212.8	2004 年 8 月	2006 年 5 月
85	沙潭—鹤场	6.4	溪大线 K2+300	南溪	鹤场	准四级	城北乡	384	243.2	2004 年 4 月	2006 年 5 月
86	黄庄桥—季岱	7.6	51 省道 K83+700	—	季岱	准四级	城北乡	453	286.9	2005 年 5 月	2007 年 6 月
87	吴岱—盛山后	3.0	吴岱	—	盛山后	准四级	城北乡	180	114	2006 年 5 月	2007 年 8 月
88	吴岱—李后	5.2	吴岱	—	李后	准四级	城北乡	312	197.6	2006 年 5 月	2007 年 9 月
89	51 省道—西溪	2.0	51 省道 K63+800	—	西溪	准四级	城北乡	121.2	76.76	2005 年 8 月	2007 年 10 月
90	51 省道 K59.7—大书	4.6	51 省道 K59+700	—	大书	准四级	城北乡	276	174.8	2006 年 1 月	2007 年 8 月

续表 5-1-1

序号	线路名称（起地点）	里程数（千米）	路线起点	经过的行政村	路线终点	公路技术等级	业主单位	总投资（万元）	其中自筹(万元)	开工时间	验收时间
91	库武至文坑	2.2	库武	—	文坑	准四级	城北乡	132	83.6	2004 年 8 月	2006 年 4 月
92	溪下—库武	6.3	溪下	万坑	库武	准四级	城北乡	378	239.4	2004 年 5 月	2004 年 12 月
93	大白岸至高山岭	6.3	村沈线 K19+500	—	高山岭	准四级	道太乡	378	239.4	2004 年 12 月	2007 年 8 月
94	供村至锦安	8.6	垟松线 K5+900	—	锦安	准四级	道太乡	516	326.8	2004 年 6 月	2007 年 12 月
95	村沈线至大畈	6.8	村沈线 K77+400	—	大畈	准四级	道太乡	408	258.4	2005 年 7 月	2007 年 12 月
96	村沈线至际头	1.3	村沈线 K71+100	—	际头	准四级	道太乡	78	49.4	2005 年 8 月	2007 年 11 月
97	小苏坑至大苏	10.0	松阳县小苏坑	—	大苏	准四级	道太乡	600	380	2005 年 12 月	2007 年 12 月
98	大寨桥至半坑至朱山下	10.7	大寨桥	朱坑	朱山下	准四级	道太乡	639.6	405.08	2005 年 11 月	2008 年 1 月
99	村沈线 K49.23—源口	1.1	村沈线 K49+230	—	源口	准四级	道太乡	66	41.8	2006 年 8 月	2008 年 10 月
100	村沈线 K65.5—上横	1.6	村沈线 K65+500	—	上横	准四级	道太乡	97.8	61.94	2007 年 3 月	2008 年 8 月
101	西独线 K10—肖庄	10.0	西独线 K10+000	—	肖庄	准四级	锦溪镇	600	380	2004 年 8 月	2005 年 10 月
102	山坑林场至山坑	4.8	中又线 K9+000	—	山坑	准四级	锦溪镇	288	182.4	2006 年 6 月	2006 年 10 月
103	岭根至百里	1.4	牛住线 K19+100	—	百里	准四级	锦溪镇	84	53.2	2005 年 3 月	2008 年 9 月
104	龙竹至岭上	1.7	龙竹	—	岭上	准四级	锦溪镇	102	64.6	2006 年 3 月	2008 年 9 月
105	西独线 K19—坑源底	4.5	西独线 K19	—	坑源底	准四级	岩樟乡	270	171	2005 年 5 月	2006 年 1 月
106	金源—凉里下	4.5	金源	—	凉里下	准四级	岩樟乡	270	171	2004 年 6 月	2007 年 5 月
107	西独线 K23.2 至仓坞	1.5	西独线 K23+200	—	仓坞	准四级	岩樟乡	90	57	2004 年 8 月	2004 年 9 月
108	凤阳庙至凤阳湖	3.7	凤阳庙	—	凤阳庙	准四级	龙南乡	350	—	2005 年 4 月	2005 年 12 月
109	54 省道 K21.6—淤头	1.5	54 省道 K21+600	—	淤头	准四级	查田镇	90	57	2007 年 8 月	2008 年 1 月
110	54 省道 K31.5—东皇	1.2	54 省道 K31+500	—	东皇	准四级	查田镇	72	45.6	2007 年 8 月	2009 年 1 月
111	54 省道 K32.35—陈山	2.2	54 省道 K32+350	—	陈山	准四级	查田镇	132	83.6	2007 年 5 月	2009 年 1 月
112	54 省道 K21.6—青坑底	3.7	54 省道 K21+600	墩头	青坑底	准四级	查田镇	222	140.6	2006 年 4 月	2008 年 7 月
113	查供线 K1—大樟岙	4.0	查供线 K1+000	大樟	大樟岙	准四级	查田镇	240	152	2005 年 11 月	2008 年 10 月

续表 5-1-1

序号	线路名称（起地点）	里程数（千米）	路线起点	经过的行政村	路线终点	公路技术等级	业主单位	总投资（万元）	其中自筹(万元)	开工时间	验收时间
114	后会线 K11.2—塘 山	11.0	后会线 K11+200	—	塘山	准四级	屏南镇	660	418	2007 年 6 月	2008 年 9 月
115	塘山线 K3.6—里洒	2.0	塘山线 K3+600	—	里洒	准四级	屏南镇	120	76	2007 年 6 月	2008 年 9 月
116	后会线 K16.8—均山	2.0	后会线 K16+800	—	均山	准四级	屏南镇	120	76	2007 年 6 月	2008 年 11 月
117	53 省道林岭线 K8.15—和垄	5.5	53 省道林岭线 K8+150	—	和垄	准四级	剑池街道	330	209	2006 年 5 月	2008 年 9 月
118	53 省道林岭线 K120.91—东岭	0.6	53 省道林岭线 K120+910	—	东岭	准四级	剑池街道	33.6	21.28	2008 年 9 月	2008 年 12 月
119	武潭至石退	0.5	武潭	—	石退	准四级	剑池街道	31.2	19.76	2007 年 10 月	2008 年 11 月
120	53 省道 K110—周际	2.3	53 省道 K110	—	周际	准四级	剑池街道	135.6	85.88	2008 年 4 月	2009 年 1 月
121	54 省道 K10.3—梅垟	6.9	54 省道 K10+300	—	梅垟	准四级	兰巨乡	414	262.2	2006 年 8 月	2009 年 1 月
122	安和至兴和	3.4	安豫线 K40.3	—	兴和	准四级	龙南乡	204	129.2	2006 年 8 月	2009 年 1 月
123	安豫线 K47.1—兴源	1.7	安豫线 K47.1	—	兴源	准四级	龙南乡	102	64.6	2006 年 8 月	2009 年 1 月
124	安豫线 K6 至黄泥岭	6.9	安豫线 K6	—	黄泥岭	准四级	安仁镇	414	262.2	2006 年 8 月	2008 年 11 月
125	53 省道 K102.7—沈山头	3.3	53 省道 K102.7	—	沈山头	准四级	安仁镇	198	125.4	2006 年 10 月	2007 年 12 月
126	山际至岱根	8.1	山际口(县道高山 K15+520)	山际	岱根	准四级	础石乡	487.2	308.56	2005 年 4 月	2008 年 12 月
127	山际至黄土	8.0	山际	—	黄土	准四级	础石乡	480	304	2006 年 10 月	2008 年 12 月
128	木蕉线 K7.8—昌岗	1.5	木蕉线 K7+800	—	昌岗	准四级	上垟镇	88.2	55.86	2008 年 10 月	2008 年 12 月
129	53 省道丽浦线 K155—后排岭	5.8	53 省道丽浦线 K155	—	后排岭	准四级	竹垟乡	348	220.4	2005 年 8 月	2006 年 6 月
130	东音至松际	3.1	东音	—	松际	准四级	八都镇	187.2	118.56	2007 年 10 月	2009 年 1 月
131	53 省道 K136.3—石川	7.6	53 省道 K136+300	—	石川	准四级	八都镇	456	288.8	2005 年 12 月	2008 年 10 月
132	沿库线 K5.7—水南坞	1.1	沿库线 K5+700	—	水南坞	准四级	龙渊街道	66	41.8	2007 年 4 月	2009 年 1 月
133	南溪至源头	6.6	沙潭至鹤场公路 K2+100	—	源头	准四级	城北乡	396	250.8	2006 年 10 月	2009 年 1 月
134	村沈线 K73.4—武溪	3.0	村沈线 K73+400	—	武溪	准四级	道太乡	181.2	114.76	2006 年 10 月	2008 年 12 月
135	西独线 K14—岱 岭	9.4	西独线 K14	—	岱 岭	准四级	岩樟乡	564	357.2	2005 年 9 月	2008 年 12 月
136	西独线 K33.7—金坑	5.5	西独线 K33+700	—	金坑	准四级	岩樟乡	330	209	2005 年 5 月	2008 年 12 月

续表 5-1-1

序号	线路名称（起地点）	里程数（千米）	路线起点	经过的行政村	路线终点	公路技术等　级	业主单位	总投资（万元）	其中自筹(万元)	开工时间	验收时间
137	西独线 K18.5—何坑	6.5	西独线 K18+500	—	何坑	准四级	岩樟乡	390	247	2006 年 12 月	2009 年 1 月
138	54 省道—吴田	4.600	东皇	吴田	吴田	准四级	查田镇	276	161	2008 年 7 月	2010 年 5 月
139	54 省道—炉溪	3.200	54 省道	炉溪	炉溪	准四级	查田镇	192	112	2009 年 3 月	2010 年 10 月
140	54 省道至溪口	0.500	54 省道	溪口	溪口	准四级	查田镇	30	17.5	2009 年 10 月	2010 年 5 月
141	54 省道至住田	0.500	54 省道	住田	住田	准四级	查田镇	30	17.5	2010 年 8 月	2010 年 10 月
142	小梅大梅口到高际头(一标)	4.045	54 省道	大梅口、大梅、上梅	高际头	准四级	小梅镇	243	141.75	2008 年 8 月	2010 年 1 月
143	半边月—毛断	10.300	半边月	毛断	毛断	准四级	小梅镇	618	360.5	2009 年 3 月	2010 年 10 月
144	老 54 省道—梅一村	0.500	老 54 省道	梅一村	梅一	准四级	小梅镇	30	17.5	2009 年 11 月	2010 年 6 月
145	老 54 省道—梅四村	0.500	老 54 省道	梅四村	梅四	准四级	小梅镇	30	290.5	2009 年 11 月	2010 年 6 月
146	高际头—垟岙头	4.800	高际头	垟岙头	垟岙头	准四级	小梅镇	288	168	2008 年 8 月	2010 年 1 月
147	大窑—车盘坑	2.100	大窑	车盘坑	车盘坑路口	准四级	小梅镇	126	73.5	2008 年 7 月	2010 年 4 月
148	坪田叶	0.507	后会线	—	坪田叶	准四级	屏南镇	30.6	17.85	2009 年 9 月	2010 年 3 月
149	坪田李	0.507	后会线	—	坪田李	准四级	屏南镇	30	17.85	2009 年 9 月	2010 年 3 月
150	垟岙头—车盘坑	7.000	垟岙头	车盘坑	车盘坑	准四级	屏南镇	420	245	2008 年 7 月	2010 年 4 月
151	后会线—金林	4.800	后会线	金林	金林	准四级	屏南镇	288	168	2008 年 6 月	2009 年 7 月
152	后会线 56K—南溪口	0.500	后会线	南溪口	南溪口	准四级	屏南镇	30	17.5	2005 年 8 月	2007 年 2 月
153	53 省道—芳野	1.000	53 省道	芳野	芳野	准四级	剑池街道	60	35	2008 年	2009 年 7 月
154	54 省道—山里	3.500	54 省道	山里	山里	准四级	剑池街道	210	122.5	2007 年 7 月	2009 年 12 月
155	安豫线—朱坑	4.200	安豫线	朱坑	朱坑	准四级	兰巨乡	252	147	2006 年 9 月	2008 年 1 月
156	兰巨乡梅地	6.500	—	—	梅地	准四级	兰巨乡	390	227.5	2005 年 4 月	2009 年 2 月
157	兰巨乡官田	8.500	—	—	官田	准四级	兰巨乡	510	297.5	2005 年 8 月	2009 年 2 月
158	安豫线—大巨	5.500	安豫线	大巨	大巨	准四级	兰巨乡	330	192.5	2008 年 5 月	2010 年 1 月
159	大赛—垟栏头	3.500	大赛	垟栏头	垟栏头	准四级	兰巨乡	210	122.5	2009 年 11 月	2010 年 4 月

续表 5-1-1

序号	线路名称（起地点）	里程数（千米）	路线起点	经过的行政村	路线终点	公路技术等级	业主单位	总投资（万元）	其中自筹（万元）	开工时间	验收时间
160	53 省道—炉田	2.200	53 省道	炉田	炉田	准四级	兰巨乡	132	77	2004 年 8 月	2006 年 5 月
161	安豫线—粗溪	7.600	安豫线	粗溪	粗溪	准四级	龙南乡	456	266	2008 年 7 月	2010 年 8 月
162	安豫线 K13—庵边	4.500	安豫线 K13	庵边	庵边	准四级	龙南乡	270	157.5	2009 年 7 月	2010 年 8 月
163	宝溪—塘上	14.400	宝溪	塘上	塘上	准四级	宝溪乡	864	504	2004 年 7 月	2004 年 12 月
164	八都高升	8.300	—	高升	高升	准四级	八都镇	498	290.5	2005 年 10 月	2009 年 5 月
165	八都安田	5.540	—	安田	安田	准四级	八都镇	332.4	193.9	2007 年 12 月	2009 年 6 月
166	53 省道至际下	6.000	53 省道	际下	际下	准四级	八都镇	360	210	2007 年 12 月	2009 年 9 月
167	松岭公路至署网	2.200	松岭	署网	署网	准四级	八都镇	132	77	2008 年 8 月	2009 年 12 月
168	村沈线—小白岸	1.5	村沈线	小白岸	小白岸	准四级	龙渊街道	90	52.5	2008 年 7 月	2009 年 7 月
169	51 省道—徐山后	12.700	51 省道	徐山后	徐山后	准四级	龙渊街道	762	444.5	2007 年 7 月	2010 年 5 月
170	南溪—源头	6.600	南溪	源头	源头	准四级	城北乡	396	231	2006 年 10 月	2008 年 12 月
171	51 省道—吴岱	8.349	51 省道	吴岱	吴岱	准四级	城北乡	501	292.25	2005 年 6 月	2009 年 5 月
172	上田—小书	2.300	上田	小书	小书	准四级	城北乡	138	80.5	2007 年 9 月	2009 年 5 月
173	51 省道—内双溪	0.500	51 省道	内双溪	内双溪	准四级	城北乡	30	17.5	2009 年 10 月	2010 年 7 月
174	51 省道—外双溪	0.500	51 省道	外双溪	外双溪	准四级	城北乡	30	17.5	2009 年 10 月	2010 年 7 月
175	东皇线—仓砝	0.500	东皇线贸	仓砝	仓砝	准四级	城北乡	30	17.5	2008 年 10 月	2009 年 2 月
176	溪下—陂川	3.000	溪下	陂川	陂川	准四级	城北乡	180	105	2008 年 8 月	2009 年 12 月
177	溪下—小岩（二期）	6.100	溪下	小岩	小岩	准四级	城北乡	366	213.5	2009 年 4 月	2009 年 12 月
178	51 省道至皂口	0.500	51 省道	皂口	皂口	准四级	城北乡	30	17.5	2009 年 10 月	2010 年 7 月
179	供村—大坝	8.200	供村	大坝	大坝	准四级	道太乡	492	287	2004 年 8 月	2005 年 11 月
180	大白岸	0.500	—	—	—	准四级	道太乡	30	17.5	2007 年 11 月	2008 年 5 月
181	考坑	1.700	—	—	考坑	准四级	道太乡	102	59.5	2008 年 9 月	2009 年 4 月
182	王庄—流地	12.100	王庄	流地	流地	准四级	道太乡	726	423.5	2007 年 5 月	2010 年 8 月

续表 5-1-1

序号	线路名称（起地点）	里程数（千米）	路线起点	经过的行政村	路线终点	公路技术等级	业主单位	总投资（万元）	其中自筹（万元）	开工时间	验收时间
183	村沈线—杨梅岭	1.200	村沈线	杨梅岭	杨梅岭	准四级	道太乡	72	42	2009 年 7 月	2010 年 1 月
184	村沈线 K33—荷上畈	1.000	村沈线 K33	荷上畈	荷上畈	准四级	道太乡	60	35	2008 年 7 月	2010 年 10 月
185	双河口—贵坑—墙甲	8.300	双河口	贵坑、墙甲	墙甲	准四级	锦溪镇	498	290.5	2009 年 2 月	2010 年 1 月
186	肖庄—录坑	6.300	肖庄	录坑	录坑	准四级	岩樟乡	378	220.5	2008 年 8 月	2009 年 6 月
187	西独线—柳山头	5.400	西独线	柳山头	柳山头	准四级	岩樟乡	324	189	2008 年 6 月	2010 年 10 月
188	溪口—泉坑	3.700	溪口	泉坑	泉坑	准四级	查田镇	222	129.5	2004 年 3 月	2004 年 12 月
189	54 省道—东皇	1.100	54 省道	—	东皇	准四级	查田镇	66	38.5	2008 年 1 月	2008 年 12 月
190	54 省道—淤头	1.500	54 省道	—	淤头	准四级	查田镇	90	52.5	2006 年 5 月	2008 年 11 月
191	54 省道至查二	0.500	54 省道	—	查二	准四级	查田镇	30	17.5	2008 年 7 月	2009 年 3 月
192	东皇—陈山	3.700	东皇	—	陈山	准四级	查田镇	222	129.5	2008 年 6 月	2009 年 4 月
193	54 省道—梅三村	0.500	54 省道	—	—	准四级	小梅镇	30	17.5	2010 年 3 月	2010 年 6 月
194	后会线 3.4K—垟顺–竹蓬后—金村	28.000	后会线 73.4K	垟顺、竹蓬后	金村	准四级	屏南镇	1680	980	2004 年 8 月	2006 年 3 月
195	屏田—地畲	7.400	后会线	—	地畲	准四级	屏南镇	444	259	2004 年 6 月	2004 年 12 月
196	后会线—南溪	0.500	—	—	—	准四级	屏南镇	30	17.5	2010 年 8 月	2010 年 12 月
197	后会线 77K+387—杉树根	3.000	—	—	—	准四级	屏南镇	180	105	2010 年 4 月	2010 年 12 月
198	后会线—库粗坑	1.000	—	—	—	准四级	屏南镇	60	35	2009 年 5 月	2010 年 6 月
199	南大洋—松溪弄	2.700	南大洋	—	—	准四级	剑池街道	162	94.5	2004 年 3 月	2004 年 9 月
200	54 省道 2K+300–茶坦	3.400	54 省道	—	茶坦	准四级	剑池街道	204	119	2005 年 6 月	2005 年 12 月
201	龙梧线—武潭	0.800	龙梧线	—	武潭	准四级	剑池街道	48	28	2008 年 6 月	2008 年 12 月
202	53 省道 132k—牛头岭	2.500	—	—	—	准四级	西街街道	150	87.5	2008 年 5 月	2010 年 10 月
203	安豫线 72K+200—桐山	3.500	—	—	—	准四级	兰巨乡	210	122.5	2004 年 6 月	2005 年 12 月
204	54 省道—上寮	7.500	查坦	—	上寮	准四级	兰巨乡	450	262.5	2010 年 3 月	2011 年 10 月
205	下沙桥—砇湖	2.800	—	—	—	准四级	兰巨乡	168	98	2008 年 10 月	2010 年 3 月

续表 5-1-1

序号	线路名称（起地点）	里程数（千米）	路线起点	经过的行政村	路线终点	公路技术等级	业主单位	总投资（万元）	其中自筹（万元）	开工时间	验收时间
206	后屏线至隔溪至 54 省道	1.500	—	—	—	准四级	兰巨乡	90	52.5	2009 年 3 月	2009 年 10 月
207	下田—龙井	9.000	—	—	—	准四级	龙南乡	540	315	2004 年 3 月	2004 年 11 月
208	安豫线—金川	6.000	安豫线	—	金川	准四级	龙南乡	360	210	2005 年 6 月	2006 年 3 月
209	下龙线—横川	6.000	—	—	—	准四级	龙南乡	360	210	2009 年 5 月	2010 年 12 月
210	安豫线—庵边	4.000	安豫线	—	庵边	准四级	龙南乡	240	140	2009 年 5 月	2009 年 12 月
211	下田–曲岱–北公–东坑	15.000	下田	曲岱、北公、庵边	东坑	准四级	龙南乡	900	525	2007 年 3 月	2010 年 12 月
212	东坑–周山头–青庄	11.000	东坑	周山头	青庄	准四级	龙南乡	660	385	2007 年 4 月	2010 年 12 月
213	安豫线 K19+200–坞坑	3.400	—	—	—	准四级	龙南乡	204	119	2009 年 10 月	2010 年 10 月
214	黄万岱—石械	8.000	—	—	—	准四级	龙南乡	480	280	2009 年 8 月	2010 年 12 月
215	安豫线—岙头	8.000	—	—	—	准四级	龙南乡	480	280	2005 年 8 月	2010 年 12 月
216	横川岙—麻竹坑	7.800	—	—	—	准四级	龙南乡	468	273	2008 年 7 月	2010 年 12 月
217	兰荒线 85K+100–五星	15.000	—	—	—	准四级	龙南乡	900	525	2008 年 9 月	2010 年 12 月
218	安豫线—谷坑	5.000	—	—	—	准四级	安仁镇	300	175	2006 年 8 月	2008 年 12 月
219	安豫线—胜游	6.300	—	—	—	准四级	安仁镇	378	220.5	2008 年 5 月	2010 年 6 月
220	大赤线—胜岱	4.800	—	—	—	准四级	安仁镇	288	168	2008 年 5 月	2010 年 6 月
221	53 省道—丫叉丘	4.000	—	—	—	准四级	安仁镇	240	140	2006 年 10 月	2008 年 12 月
222	53 省道—安福	1.500	—	—	—	准四级	安仁镇	90	52.5	2009 年 3 月	2009 年 12 月
223	53 省道 101k+500–坑下	10.300	53 省道	—	—	准四级	安仁镇	618	360.5	2008 年 5 月	2010 年 10 月
224	严山–新建–水源头–安民	20.000	53 省道	严山、新建、水源头	安民	准四级	安仁镇	1200	700	2008 年 8 月	2010 年 12 月
225	安康小区—上际	6.300	安康小区	—	上际	准四级	安仁镇	378	220.5	2009 年 6 月	2010 年 12 月
226	云和张家地—黄桶	9.000	云和张家地	—	黄桶	准四级	安仁镇	540	315	2008 年 4 月	2010 年 12 月
227	53 省道—黄山下	11.500	53 省道	—	黄山下	准四级	安仁镇	690	402.5	2007 年 9 月	2010 年 12 月
228	广季线 7K+330–季山头	1.000	广季线 7K+330	—	季山头	准四级	安仁镇	60	35	2009 年 5 月	2010 年 12 月

续表 5-1-1

序号	线路名称（起地点）	里程数（千米）	路线起点	经过的行政村	路线终点	公路技术等级	业主单位	总投资（万元）	其中自筹(万元)	开工时间	验收时间
229	53 省道至大丘另	1.000	53 省道	—	大丘另	准四级	安仁镇	60	35	2010 年 5 月	2010 年 12 月
230	53 省道—双岙	6.000	53 省道	—	双岙	准四级	安仁镇	360	210	2008 年 4 月	2009 年 11 月
231	53 省道—山后	10.000	53 省道	—	山后	准四级	’石乡	600	350	2008 年 4 月	2010 年 12 月
232	溪头—坑里	5.000	溪头	—	坑里	准四级	宝溪乡	300	175	2007 年 3 月	2007 年 12 月
233	53 省道至源底	1.500	53 省道	—	源底	准四级	上垟镇	90	52.5	2009 年 3 月	2009 年 11 月
234	53省道-木岱口岙门至炉窑	1.000	53 省道	—	炉窑	准四级	上垟镇	60	35	2010 年 5 月	2010 年 10 月
235	后排岭至大坦	1.000	后排岭	—	大坦	准四级	竹垟乡	60	35	2010 年 6 月	2010 年 11 月
236	下窖—枫锦—白水	2.600	下窖	枫锦	白水	准四级	八都镇	156	91	2005 年 3 月	2005 年 12 月
237	53 省道 141K+700–岭根	5.700	53 省道	—	岭根	准四级	八都镇	342	199.5	2004 年 5 月	2004 年 12 月
238	53 省道至新村	1.800	53 省道	—	新村	准四级	八都镇	108	63	2005 年 6 月	2005 年 12 月
239	溪下—沙潭	6.500	溪下	—	沙潭	准四级	龙渊街道	390	227.5	2004 年 5 月	2004 年 12 月
240	村沈线 0k+700–大岭头	8.500	村沈线	—	大岭头	准四级	龙渊街道	510	297.5	2009 年 4 月	2010 年 12 月
241	51 省道 97K+800–竹坑	3.500	51 省道	—	竹坑	准四级	龙渊街道	210	122.5	2010 年 5 月	2010 年 12 月
242	51 省道—砝步（二期）	1.200	51 省道	—	砝步	准四级	龙渊街道	72	42	2010 年 8 月	2010 年 12 月
243	溪下—小岩（一期）	6.200	溪下	—	小岩	准四级	城北乡	372	217	2008 年 3 月	2009 年 12 月
244	鹤场—金埠	9.500	鹤场	—	金埠	准四级	城北乡	570	332.5	2009 年 6 月	2010 年 12 月
245	鹤场—黄裔	7.400	鹤场	—	黄裔	准四级	城北乡	444	259	2009 年 5 月	2010 年 12 月
246	溪大线 5K—村头沈	3.200	溪大线 5K	—	村头沈	准四级	城北乡	192	112	2009 年 3 月	2010 年 8 月
247	溪大线 5K—垟坞	15.000	溪大线 5K	—	垟坞	准四级	城北乡	900	525	2008 年 6 月	2010 年 12 月
248	51 省道 81.7K–刘山头	4.200	51 省道 81.7K	—	刘山头	准四级	城北乡	252	147	2009 年 5 月	2010 年 11 月
249	51 省道 79.8K–河坑塘	7.000	51 省道 79.8K	—	河坑塘	准四级	城北乡	420	245	2008 年 7 月	2010 年 10 月
250	白墓桥—方西	13.200	白墓桥	—	方西	准四级	城北乡	792	462	2006 年 3 月	2009 年 10 月
251	坑口—灯山	3.000	坑口	—	灯山	准四级	道太乡	180	105	2008 年 6 月	2010 年 12 月

续表 5-1-1

序号	线路名称（起地点）	里程数（千米）	路线起点	经过的行政村	路线终点	公路技术等级	业主单位	总投资（万元）	其中自筹(万元)	开工时间	验收时间
252	坑口—犁垟	11.000	坑口	—	犁垟	准四级	道太乡	660	385	2008 年 6 月	2010 年 12 月
253	新地口—何山头	10.500	新地口	—	何山头	准四级	道太乡	630	367.5	2008 年 6 月	2010 年 12 月
254	双水桥—青田坑	10.100	双水桥	—	青田坑	准四级	道太乡	606	353.5	2008 年 6 月	2010 年 12 月
255	安仁双岙村—上坑	10.600	安仁双岙村	—	上坑	准四级	道太乡	636	371	2008 年 6 月	2010 年 12 月
256	村沈线—沈际	10.200	村沈线	—	沈际	准四级	道太乡	612	357	2008 年 6 月	2010 年 12 月
257	村沈线 47.3K—丁江	4.000	村沈线	—	丁江	准四级	道太乡	240	140	2008 年 6 月	2010 年 12 月
258	李村—双格	6.000	夏安	—	双格	准四级	道太乡	360	210	2006 年 3 月	2010 年 12 月
259	西坑下—乌�下	2.300	西坑下	—	乌�下	准四级	道太乡	138	80.5	2006 年 3 月	2010 年 12 月
260	李村—夏安	6.000	李村	—	夏安	准四级	道太乡	360	210	2006 年 3 月	2010 年 12 月
261	村沈线 21K—毛圩	11.000	村沈线 21	—	毛圩	准四级	道太乡	660	385	2006 年 3 月	2010 年 12 月
262	村沈线 21K—盛户	1.000	村沈线 21	—	盛户	准四级	道太乡	60	35	2006 年 3 月	2010 年 12 月
263	村沈线 21K—乌狮	1.500	村沈线 21	—	乌狮	准四级	道太乡	90	52.5	2006 年 3 月	2010 年 12 月
264	供村—符书	6.000	供村大坝	—	符书	准四级	道太乡	360	210	2006 年 3 月	2010 年 12 月
265	供村—下乾	8.000	符书	—	下乾	准四级	道太乡	480	280	2006 年 3 月	2010 年 12 月
266	龙松线至吴庄	1.500	龙松线	—	吴庄	准四级	道太乡	90	52.5	2010 年 3 月	2010 年 12 月
267	双板桥—昂山	10.200	半溪	—	昂山	准四级	锦溪镇	612	357	2008 年 8 月	2010 年 12 月
268	季山头—李登—大舍	8.000	季山头	李登	大舍	准四级	岩樟乡	480	280	2005 年 5 月	2007 年 3 月
269	西独线—芭蕉	3.500	西独线	芭蕉	凉里下	准四级	岩樟乡	210	122.5	2004 年 5 月	2007 年 6 月

注：此表统计到 2010 年 9 月底已验收通村公路

专用公路

至2010年，龙泉市共有专用公路7条，36.008千米。

2010年龙泉市专用公路一览表

表5-1-2

序号	线名	编号	里程（千米）	起点	终点	使用单位	总投资（万元）	建成年份
1	吴矿线	Z101	2.72	县道牛住线K6+891	乌岙矿区	佳和矿业	9	1966
2	八砩线	Z102	1.399	53省道K150+886	砩矿区	八都砩矿	—	1978
3	瑞小线	Z103	24.113	瑞垟	54省道K43+259	瑞垟电站	155	—
4	溪矿线	Z104	6.86	县道溪下线K0+895	矿区	龙泉金矿	44	1988
5	临油线	Z105	0.172	县道龙梧线K2	油库	石油公司	0.8	—
6	南河线	Z106	0.157	乡道南河线K1+500	油库	石油公司	1	—
7	丁管线	Z107	0.587	县道村沈线K21	管村	大白岸电站	8.1	1968

龙泉市（县）历年公路到达里程情况一览表

表5-1-3

年份	总里程（千米）	公路网密度（千米/100平方千米）	按行政等级分类（千米）						待编公路（千米）
			国道（高速公路）	省道	县道	乡道	村道	专用公路	
1989	817.38	26.72	—	185.48	415.05	169.58	—	47.27	—
1990	836.5	27.35	—	185.42	415.05	188.76	—	47.27	—
1995	894.231	29.23	—	180.52	477.681	188.76	—	47.27	—
2000	963.955	31.55	—	172.591	571.047	116.301	59.6	43.416	—
2003	973.155	31.81	—	172.203	556.337	131.011	70.188	43.416	—
2004	1140.967	37.30	—	172.203	556.337	131.011	238	43.416	—
2005	1241.967	40.60	—	172.203	559.493	131.011	339	40.26	—
2006	1544.37	50.49	31.775	172.203	559.493	138.691	606.2	36.008	—
2007	1807.576	59.09	31.775	169.103	566.999	138.691	865	36.008	—
2008	1977.576	64.65	31.775	169.103	566.999	138.691	1035	36.008	—
2009	2142.576	70.04	31.775	169.103	566.999	138.691	1200	36.008	—
2010	2336.837	76.39	31.775	171.249	566.999	138.691	1380.08	36.008	12.035

龙泉市(县)历年公路等级及路面结构情况一览表

表 5-1-4

年份	公路总里程(千米)	按技术等级分类(千米)						公路网综合等级(级)	路面结构(千米)				高级次高级路面铺装率(%)
		高速公路	一级公路	二级公路	三级公路	四级公路	等外公路		水泥路	沥青路	砂石路	无路面	
1989	817.38	—	—	—	44.45	669.93	103	4.07	3	16.52	738.26	59.6	2
1990	836.5	—	—	—	80	653.5	103	4.03	15.2	42.30	719.4	59.6	7
1995	894.231	—	—	11.29	142.89	657.851	82.2	3.9	15.2	196.3	623.131	59.6	24
2000	962.955	—	2.135	31.547	117.885	751.788	59.6	3.86	20.14	371.47	511.745	59.6	41
2003	973.155	—	2.135	31.547	117.885	761.988	59.6	3.87	27.502	381.57	504.483	59.6	42
2004	1140.967	—	2.135	31.547	117.885	691.8	59.6	3.89	72.502	495.865	513	59.6	50
2005	1241.967	—	2.135	37.598	129.014	734.22	—	3.86	410.502	840.465	—	—	100
2006	1544.37	31.775	2.135	37.598	129.014	737.648	—	3.80	678.702	996.419	—	—	100
2007	1807.576	31.775	2.135	74.298	96.72	737.648	—	3.81	813.751	993.825	—	—	100
2008	1977.576	31.775	2.135	74.298	96.72	737.648	—	3.83	994.174	983.402	—	—	100
2009	2142.576	31.775	2.135	74.298	96.72	737.648	—	3.84	1159.174	983.402	—	—	100
2010	2336.837	31.775	4.258	97.65	79.673	743.401	—	3.84	1299.68	1037.157	—	—	100

第二章 水 路

第一节 航 道

瓯江航道

瓯江是浙江省第二大江，发源于龙泉市屏南镇南溪村锅帽尖西北麓，河流源头高程约 1365 米，全长 388 千米。龙泉境内 127.68 千米，流域面积 2578.69 平方千米。

龙泉溪的 20 条干支流，在丰水期大都可放运竹木，其中梅溪的小梅下游段和八都溪的八都下游段可通舴艋船，顺流至武溪直达温州可通木帆船。在公路交通不发达年代，水运对方便群众生活和发展山区生产经济起着重要作用。

20 世纪 80 年代中期，随着龙泉公路的发展和瓯江紧水滩电站的建成，电站拦江大坝截断了瓯江的长途水运，以瓯江为主的水路交通萎缩，长途水运停业，航运公司破产解体，龙泉的水路交通转为紧水滩电站水库的短途货运和客运。航道全长 66.3 千米，龙泉境内 44.6 千米，水域面积 14.65 平方千米。

乌溪江航道

乌溪江发源于福建省浦城县大福罗山东坡，河流源头高程约 1360 米，主流全长 155.9 千米，龙泉境内河段长 28.5 千米。

乌溪江航道在龙泉境内有住溪和碧龙溪 2 条：

住溪 系住龙镇主干流，钱塘江支流，乌溪江上游。源出披云山（天师山）北麓。境内流长 25.3 千米，流域面积 268.16 平方千米，年平均流量 11.1 米^3/秒，天然落差 330 米。

碧龙溪 系住龙镇西北隅主干流，乌溪江支流。龙泉境内流程 12.9 千米，流域面积 113.72 平方千米，年平均流量 4.67 米^3/秒，天然落差 385 米。

第二节 码头 渡口 埠头

码头

安仁码头 位于安仁镇东北安仁口的紧水滩水库边。1989 年，由市移民办公室出资 62 万元，按简易码头设计建造，主体工程由干砌块石坡道和水泥砼路面车道两部分组成。分上、下两级。长 270 米，宽 6.6 米。2003—2007 年，实施水上“康庄工程”，投入资金 262.62 万元，对码头进行扩建改造。原码头向西南扩建延伸接线道路 930 米，扩建长 80 米，宽 6 米，50 吨级泊位，年吞吐量 4.2 万人次。

沈村码头 位于道太乡王庄村。20 世纪 80 年代中期，由龙泉市移民办公室投资建造。码头长 80 米，宽 5 米，主体工程为干砌块石坡道和水泥砼路面车道组成。主要承担着辖区内三个行政村 400 多人口和毗邻的松阳县、云和县群众的水上出行和货物运输。年客运量 3 万人次，年货运吞吐量 18720 吨位。2006 年，实施水上“康庄工程”，投入资金 4 万元，新建造待渡亭一处。

大白岸码头 位于道太乡政府所在地大白岸村。20 世纪 80 年代中期，由龙泉市移民办公室投资建造。码头长 90 米，宽 8 米，主体工程为干砌块石坡道和水泥砼路面车道组成。主要承担着乡政府所在地 1000 多名群众的水上出行和货物运输，年客运量 1 万人次。

渡口

源口渡口 紧水滩库区农村渡口，位于道太乡双平片（原双平乡）源口村，2001 年，渡运延至吴庄村，设吴庄埠头。渡口是双平乡民 2000 余人水上出行通往安仁的渡口，距安仁 5.5 千米。1988 年，市移民办补助购置木质机动渡船 1 艘，配渡工 1 人渡运。1999 年，市移办、交通局共同投资购置更换机动钢质渡船，功率 13.24 马力，核定乘员 30 人，设渡工 1 人，年运量 1.6 万人次，日均渡客 44 人次。

道太渡口 紧水滩库区农村渡口，位于道太乡雁川片（原雁川乡）道太村，受益乡民 4000 人，其中道太村 300 人，是乡民水上出行通往安仁的主要渡口，渡运距离 5 千米。1988 年，市移办补助购置

木质机动船 1 艘，配渡工 1 人。1999 年，市移办、交通局投资更换机动钢质渡船，功率 4.85 马力，核定乘员 25 人，设渡工 1 人，年渡运量 1 万人次，日均渡客 27 人次。

坑口渡口　位于道太乡坑口村，原龙泉溪民间渡口，是坑口村通往老丽浦线杨梅岭的重要渡口。渡运距离只有 50 米。紧水滩库区形成后，渡运距离 0.5 千米，由移办出资购置木质机动船 1 艘，配渡工 1 人。1999 年，由市移办、交通局共同投资更换钢质非机动船 1 艘，核定乘员 30 人，设渡工 1 人。至 2010 年，年渡客运量 2.1 万人次，日均渡客 58 人。

2010 年龙泉市渡口一览表

表 5-2-1

序号	渡口名称	渡口类型	批准单位	所在乡镇	所在库区	结构类型	年渡运量（万人次）
1	黄金坑渡	普通客渡	龙泉市人民政府	道太乡上坑村	紧水滩库区	阶梯踏步	1.3
2	坞盛口渡	普通客渡	龙泉市人民政府	道太乡上坑村	紧水滩库区	自然岸坡	1
3	沈村渡	普通客渡	丽水市人民政府	道太乡王庄村	紧水滩库区	水泥砼码头	1
4	源口渡	普通客渡	龙泉市人民政府	道太乡吴庄村	紧水滩库区	阶梯踏步	1.6
5	道太渡	普通客渡	龙泉市人民政府	道太乡叶山头村	紧水滩库区	阶梯踏步	1.2
6	梨垟渡	普通客渡	龙泉市人民政府	道太乡梨垟村	紧水滩库区	斜坡道	2.1
7	半潭渡	普通客渡	龙泉市人民政府	道太乡丁山村	紧水滩库区	阶梯踏步	1
8	丁山渡	普通客渡	龙泉市人民政府	道太乡丁山村	紧水滩库区	斜坡道	1.2
9	社门渡	普通客渡	龙泉市人民政府	道太乡山石坑	紧水滩库区	阶梯踏步	1.3
10	陈家连渡	普通客渡	龙泉市人民政府	道太乡坑口村	紧水滩库区	阶梯踏步	1
11	坑口渡	普通客渡	龙泉市人民政府	道太乡坑口村	紧水滩库区	斜坡道	2
12	沙潭渡	普通客渡	龙泉市人民政府	龙渊街道沙潭村	紧水滩库区	阶梯踏步	2
13	蛤湖渡	普通客渡	龙泉市人民政府	道太乡蛤湖村	紧水滩库区	斜坡道	1.5
14	武溪渡	普通客渡	龙泉市人民政府	道太乡武溪村	紧水滩库区	阶梯踏步	目前停渡
15	前赖渡	普通客渡	龙泉市人民政府	道太乡前赖村	紧水滩库区	阶梯踏步	目前停渡
16	梧桐口渡	普通客渡	龙泉市人民政府	龙渊街道梧桐口村	—	阶梯踏步	目前停渡
17	石退渡	普通客渡	龙泉市人民政府	龙渊街道石退村	—	阶梯踏步	目前停渡
18	宏山渡	普通客渡	龙泉市人民政府	剑池街道宏山村	—	阶梯踏步	目前停渡

埠头

源口埠头　坐落道太乡源口村库区旁。采用人工砌筑块石阶梯踏步 150 级，长 50 米，在近水边浇铺水泥砼泊位小型码头，长 5 米，宽 2 米，分阶梯 5 级。1985 年由移办出资兴建，1989 年，港航所投资 2.5 万元加以维修。

吴庄埠头　坐落道太乡吴庄村库区旁。1985 年移办出资修建长 1000 米、宽 4 米的干砌块石斜坡，加铺水泥砼路面的单边渡埠。1989 年，港航所投资 3 万元维修。

道太埠头　位于道太乡道太村库区旁。采用人工干砌块石斜坡，加铺水泥砼路面，长 30 米，宽 2

米。1985 年，移办投资建造，1989 年港航所投资 2 万元加以维修。

坑口埠头 位于道太乡坑口村，原系龙泉民间自然埠头，紧水滩库区形成后，1986 年由移办出资建造人工干砌块石斜坡道，浇筑水泥砼路面，埠头长 100 米，宽 4 米。1989 年，港航所出资 3.5 万元进行维修。

2010 年龙泉市渡埠一览表

表 5-2-2

埠头	位置		长（米）	宽（米）	结构	投资金额（万元）	建设时间
	乡镇	所在地					
黄金坑渡	道太	黄金坑	80	5	混凝土	3	1989 年
沈村渡	道太	沈村	100	4	混凝土	2	1989 年
乌盛口渡	道太	乌盛口	100	3	混凝土	2.5	1989 年
吴庄渡	道太	吴庄	1000	4	混凝土	3	1989 年
梨垟渡	道太	梨垟	100	4	混凝土	1.5	1989 年
半潭渡	道太	半潭	100	4	混凝土	1.5	1989 年
灯山渡	道太	灯山	100	3	混凝土	1.5	1989 年
社门渡	道太	社门	200	4	混凝土	2.3	1989 年
陈家连渡	道太	陈家连	100	4	混凝土	1.5	1989 年
坑口渡	道太	坑口	100	4	混凝土	1.5	1989 年
蛤湖渡	道太	蛤湖	100	4	混凝土	1.5	1989 年
沙潭渡	龙渊街道	沙潭	100	5	混凝土	3	1989 年
梧桐口渡	龙渊街道	梧桐口	100	4	混凝土	1.5	1989 年
石退渡	龙渊街道	石退	100	4	混凝土	2	1989 年
前懒渡	道太	前懒	100	4	混凝土	2.5	1989 年
宏山渡	龙渊街道	宏山	100	4	混凝土	1.5	1989 年
道太渡	道太	道太	30	2	混凝土	2	1989 年
武溪渡	街道	武溪	100	4	混凝土	1.5	1989 年

第三节 水运工具

简易客船

船长 10 米，舱宽 2.0~2.4 米，机动功率 8.8 千瓦的木质简易小船，乘客不超过 12 人。

机动货运船

船长 10~17 米，舱宽 2~3.6 米，载重量 5~23 吨位，机动功率 8.8~36 千瓦的木质船。

钢质机动渡船

长 7.5~12.8 米，舱宽 2.2~2.8 米，机动功率 4.85~13.24 千瓦的钢质船，额定载客 25~30 人。从 2000—2004 年为满足库区经济发展，群众出行方便和渡口安全的需要，交通部门投入资金 70 万元，配置钢质机动渡船 9 艘，分配用于龙泉市库区的沈村、坞盛口、吴庄、道太、梨垟、半潭、丁山、蛤湖、武溪 9 个主要渡口渡运。

钢质非机动渡船

船长 7.5 米，舱宽 2.2 米，额定载客 20~30 人，由交通部门投资配量 4 艘，分配龙泉市库区社门、陈家连、坑口、沙潭四个渡口渡运。

2000—2010 年龙泉市水上交通客货运量一览表

表 5-2-3

年份	渡口客运		营业性客运		营业性货运	
	客运量（万人次）	周转量（万人千米）	客运量（万人次）	周转量（万人千米）	货运量（万千千克）	周转量（万千千克/千米）
2000	20.71	76.6	5.1	56.1	1.6	32
2001	20	74	4.95	54.45	1.5	30
2002	19.49	72.1	4.8	52.8	1.4	28
2003	17.22	63.7	4.24	47.74	2.4	48
3004	18.27	67.6	4.5	49.5	2.3	46
2005	18.93	70	4.67	51.72	2.2	44
2006	17.51	64.8	4.31	47.43	2.4	48
2007	18.81	69.6	4.63	50.9	2.2	44
2008	18.2	67.3	4.48	49.3	1.37	27.4
2009	17.75	65.7	4.37	48.07	1.02	20.4
2010	17.35	63.8	4.28	47.20	1.01	19.6

第四节　水路管理

水路运输管理

负责对辖区内水路运输经营者的开业、运力新增、客运航线的初审转报，参与水运市场的调研和发展计划制定，组织、协调、检查节假日客运，抢险救灾物资的水路运输，维护水运市场的平等竞争秩序等。督促查处违章行为 40 余起，结案率 100%，没有发生行政复议。

水路安全管理

龙泉境内主航道52千米，有9条水上运输航线及18个渡口，共有简易客船14艘168客位，货船15艘120吨位，全钢质渡船13艘。龙泉市港航管理所加强内河水上安全监督巡查，营运客货船都签订安全责任书，市交通局设立渡口安全办公室，每个渡口都设有渡口安全告示牌，核定载客人数。市政府每年都与当地政府签订渡口安全管理责任书。客运和渡运的船都配备了水上救生衣及设施。至2010年末，连续37年无事故。

水路客货运价

20世纪90年代以来，龙泉水上运输的运价基本受市场调节，由船主和客主共同协商确定：2010年的货运运价为10~15千米内一般1.5~2元/100斤和15元/立方米。客运运价为0.5~0.7元/千米。

船舶检验

龙泉市辖区内的船舶检验由丽水市船舶检验处统一安排下开展紧水滩库区内客渡船和货船的营运检验工作。2008年，全年检验客渡船22艘，360千瓦；货船9艘，106千瓦，158吨位。

水路规费征收

20世纪90年代以来，水路规费稽征有内河航道养护费、货物港物费、船舶港物费、水路运输管理费、船舶检验费、统缴费、水路交通建设费7项。2002年，省港航局撤销统缴费和水路交通建设费，稽收保留5项。2009年，水路规费征收有货物港物费、船舶港物费和船舶检验费3项。2001—2009年，共征收水路规费84190.03元。

2001—2009年龙泉市水上规费征收一览表

表5-2-4　　单位：元

年份	内河航道养护费	货物港物费	船舶港物费	水路运输管理费	船舶检验费	统缴费	水路交通建设费	合计
2001	2858	204	634	384.6	920	373.91	508	5882.51
2002	2193	518	731	502.9	1260.4	210	657	6072.3
2003	3060	1308	1173	714.5	1260.62	—	—	7516.12
2004	3504	1536	1168	819.1	2988	—	—	10015.10
2005	3751	1427	1260	874	3311	—	—	10623
2006	3279	2572	1093	761	2800	—	—	10505
2007	3833	2418	1271	906	3976	—	—	12404
2008	2944	2340	1719	741	5762	—	—	13506
2009	—	1872	1026	—	4768	—	—	7666

第三章 交通运输

第一节 概 况

运输单位

专业运输与行业车队 20世纪80年代末，龙泉公路运输有交通专业运输和社会行业车队运输两种形式。交通专业运输有丽水地区运输公司龙泉分公司(以下简称丽水运输龙泉分公司)、龙泉县运输公司两家。社会行业有林业、石油、粮食、供销、建筑、瓷厂和209矿等车队。90年代始，推行经济承包责任制，企业改制和优化组合等多种形式改革，社会行业车队逐步退出了运输市场。1992年，丽水运输龙泉分公司下放龙泉，更名为龙泉市长途汽车运输公司，1997年，兼并龙泉市运输公司。2000年始，化工、燃料爆破行业组织行业运输公司和车队，形成了专业运输、行业车队和运输个体户三种形式。2010年末，全市有客运经营户8个，货物运输经营户579个，运输从业人员2849人。其中，客运经营户龙泉市长运公司是较具规模的国有运输企业，其余7家个体经营户都挂靠市长运公司，纳入统一客运管理。货物经营户中，从事物流企业25家，个体运输业户554家。

龙泉市长途汽车运输公司 原是丽水地区汽车运输公司龙泉分公司，原址中山路9号，占地面积2万余平方米，建有停车场、油库、修理车间、职工宿舍。下设客运站、货运站、保养车间、轮胎车间和小梅车队。有客车58辆2610座位，货车70辆600吨位。1988年12月底，在册职工559人，其中固定工487人，集体工51人，合同工21人。按工种分有客车驾驶员68人，货车驾驶员112人，保养修理工172人，辅助工17人，站务87人，管理67人，服务25人，其它17人。1992年10月，机构改革后下放龙泉市管理，隶属于龙泉市交通局。1993年1月经龙泉市政府办公室市府办〔1993〕1号文件批准，改称为“龙泉市长途汽车运输公司”。1997年，经市交通局龙交〔1997〕23号文件批准兼并“龙泉市运输公司”。是龙泉市唯一国有交通运输服务企业。

1993年12月28日，市长运公司搬迁至水南剑池东路300号新建龙泉汽车站，占地面积15125平方米，建筑面积3197.83平方米，有候车室、售票房735.2平方米，修理车间604.6平方米，停车场和回车道11000平方米。在龙泉市区环城西路57号建有“龙泉市汽车技术学校”和“汽车综合性能检测站”。占地14576平方米，建筑面积7017.25平方米。2010年底拥有客运汽车216辆4219座位，出租轿车30辆，教练小车21辆，教练大货车2辆。企业固定资产净值4183.3万元，是国有道路旅客运输二级企业和AAA级道路客运信用企业。下设客运站、客车大队、客车二大队、快客分公司、旅游出租车公司、公交、出租车分公司、汽车综合性能检测站、汽车技术学校、汽车维修中心、实业分公司、货物快件托运分公司等12个生产经营单位。共有在册职工370人。公司主要承担龙泉市道路的客、货运输、汽车驾驶技术培训、汽车综合性能检测和汽车维修业务。

浙江龙鑫化工有限公司运输分公司 位于龙泉市城东杨莲原三线厂浙江木材厂驻地，距市区2.5千米，是浙江龙鑫化工有限公司下属行业运输公司。共有货物运输汽车26辆，263吨位，其中30千千克以上大型货车3辆，20千千克中型货车2辆，10千千克以上货车3辆，小型普通货车18辆。2010年在册职工94人，其中驾驶员38人，押运员48人，装卸员3人，业务管理人员5人。承担化工危险品、易燃液体类、氧化气体类、腐蚀物质类，化工公司全年8万多千千克化工产品的运输任务。

龙泉市顺达液化气运输有限公司 位于江滨南路132号。共有小型载货汽车5辆6.78吨位。2010年在册职工10人，其中驾驶员5人，押运员5人。主要专业从事龙泉市内液化气配送运输业务。

龙泉市安平民用爆破器材服务有限责任公司 位于中山东路与后沙路交叉口。共有小型载货汽车5辆7.09吨位。2010年在册职工15人，其中驾驶员5人，押运员9人，管理员1人。主要专业从事龙泉市内民用爆破器材的押送运输和协助民用爆破作业服务。

乡镇汽车站及停靠站

2003年始，浙江省政府提出实施乡村康庄工程，随着通车公路的迅速发展，龙泉市发展农村公路的“康庄小巴”，并建设港湾式停靠站。2008年始，在省、县道主要干线公路上新建乡镇准四级客货运一体站。2010年末，共建设有安仁、八都、小梅、住龙、锦溪、龙南和宝溪7个五级站，建有农村公路港湾式停靠站103个。

2010年龙泉市乡镇客货运输五级站情况一览表

表5-3-1

序号	站名	站务设施	投资(万元)	建设时间(年)
1	安仁站	占地面积760平方米，候车室、站务房288平方米，停车场610平方米	97	2008
2	住龙站	占地面积1050平方米，候车室、站务房539平方米，停车场900平方米	85.13	2009
3	八都站	占地面积1182平方米，候车室、站务房433平方米，停车场3000平方米	82.8	2009
4	龙南站	占地面积510平方米，候车室、站务房150平方米，停车场350平方米	80	2009
5	小梅站	占地面积1251平方米，候车室、站务房480平方米，停车场1200平方米	89.72	2009
6	锦溪站	占地面积505平方米，候车室、站务房284平方米，停车场350平方米	80	2009
7	宝溪站	占地面积2000平方米，候车室、站务房400平方米，停车场1500平方米	70.48	2010

2010年龙泉市农村公路港湾式停靠站一览表

表5-3-2

序号	站名	地址	所在乡镇	建设时间	停靠线路数(个)
1	村头站	51省道村头	龙渊街道	2005年	5

续表 5-3-2

序号	站名	地址	所在乡镇	建设时间	停靠线路数(个)
2	山溪口村	山溪口	竹垟乡	2005 年	2
3	溪口站	溪口	查田镇	2005 年	6
4	大窑站	大窑	小梅镇	2005 年	1
5	查一村站	54 省道查一村	查田镇	2006 年	6
6	陈村站	陈村	础石乡	2006 年	1
7	高大门站	53 省道高大门	八都镇	2006 年	7
8	高浦站	53 省道高浦	八都镇	2006 年	7
9	龚岭站	龚岭	宝溪乡	2006 年	3
10	季山头站	季山头	安仁镇	2006 年	1
11	金村站	金村	小梅镇	2006 年	1
12	立东站	立东村	小梅镇	2006 年	1
13	龙井站	龙井村	龙南乡	2006 年	1
14	小窖站	53 省道 K 148+800	八都镇	2006 年	7
15	郑边站	郑边村	小梅镇	2006 年	1
16	竹蓬后站	竹蓬后村	屏南镇	2006 年	1
17	东书站	东书村	城北乡	2007 年	3
18	道太站	道太村	道太乡	2007 年	3
19	建平站	建平村	住龙镇	2007 年	1
20	坑源底站	坑源底村	岩樟乡	2007 年	1
21	岭上站	岭上村	锦溪镇	2007 年	4
22	刘坊站	53 省道刘坊村	安仁镇	2007 年	5
23	青井站	青井	宝溪乡	2007 年	1
24	上坞站	上坞村	础石乡	2007 年	3
25	生源站	生源村	上垟镇	2007 年	1
26	桐山站	桐山村	兰巨乡	2007 年	1
27	下樟站	下樟村	西街街道	2007 年	2
28	叶村站	叶村村	龙南乡	2007 年	3
29	岭根站	龙泉市牛住线 K 16+800	锦溪镇	2008 年	4
30	梅垟站	兰巨乡梅垟村	兰巨乡	2008 年	1
31	秋丰站	53 省道 K 115+900	础石乡	2008 年	4
32	河里站	51 省道 K 79+200	城北乡	2008 年	1
34	东山头站	后会线 K 49+500	屏南镇	2008 年	1
35	下湾站	54 省道 K 23+200	查田镇	2008 年	1
36	下淤站	查田镇下圩村	查田镇	2008 年	1

续表 5-3-2

序号	站名	地址	所在乡镇	建设时间	停靠线路数(个)
37	万山站	54 省道 K 34+200	查田镇	2008 年	1
38	亚叉丘站	53 省道	安仁镇	2008 年	6
39	周调站	住龙镇周调村	住龙镇	2008 年	1
40	沈山头站	安仁镇沈山头村	安仁镇	2008 年	1
41	凤阳山站	龙泉市度假村	龙南乡	2008 年	2
42	新岭站	53 省道	西街街道	2008 年	7
43	局下站	竹垟乡局下村	竹垟乡	2009 年	1
44	黄南站	龙泉市查供线 K 4+100	小梅镇	2009 年	2
45	大梅口站	54 省道	小梅镇	2009 年	5
46	溪西站	查田镇溪西村	查田镇	2009 年	1
47	下保站	54 省道	查田镇	2009 年	7
48	泉坑站	查田镇泉坑村	查田镇	2009 年	1
49	横坑站	查田镇横坑村	查田镇	2009 年	1
50	新丰站	查田镇新丰村	查田镇	2009 年	1
51	青坑岙站	54 省道	查田镇	2009 年	6
52	下沙桥站	54 省道	兰巨乡	2009 年	6
53	大赛站	龙泉市安豫线	兰巨乡	2009 年	4
54	豫章站	54 省道	兰巨乡	2009 年	7
55	梅垟桥头站	兰巨乡梅垟桥头	兰巨乡	2009 年	1
56	蜜蜂岭站	兰巨乡蜜蜂岭村	兰巨乡	2009 年	1
57	良溪站	竹垟乡良溪村	竹垟乡	2009 年	1
58	周村站	龙泉市西独线	西街街道	2009 年	4
59	岩后站	西街街道岩后村	西街街道	2009 年	1
60	梅桥站	53 省道 K 101+900	安仁镇	2009 年	8
61	安福站	53 省道 K 102+500	安仁镇	2009 年	8
62	东岭站	剑池街道东岭村	剑池街道	2009 年	1
63	西井站	住龙镇西井村	住龙镇	2009 年	1
64	碧龙站	住龙镇碧龙村	住龙镇	2009 年	1
65	白岩站	住龙镇白岩村	住龙镇	2009 年	1
66	建胜站	住龙镇建胜村	住龙镇	2009 年	3
67	黄永站	锦溪镇黄永村	锦溪镇	2009 年	3
68	泗源站	上垟镇小黄南村	上垟镇	2009 年	4
69	上田站	龙南乡上田村	龙南乡	2009 年	2
70	垟顺站	屏南镇垟顺村	屏南镇	2009 年	2

续表 5-3-2

序号	站名	地址	所在乡镇	建设时间	停靠线路数(个)
71	南垟站	屏南镇南垟村	屏南镇	2009 年	2
72	胜岱站	安仁镇胜岱村	安仁镇	2010 年	1
73	谷坑站	安仁镇谷坑村	安仁镇	2010 年	1
74	黄庄桥站	城北乡黄庄桥	城北乡	2010 年	3
75	外双溪站	城北乡外双溪	城北乡	2010 年	3
76	盖竹站	竹垟乡盖竹	竹垟乡	2010 年	3
77	孙坑站	小梅镇孙坑	小梅镇	2010 年	3
78	高际头站	小梅镇高际头	小梅镇	2010 年	—
79	高坑站	小梅镇高坑	小梅镇	2010 年	1
80	墩头站	查田镇墩头村	查田镇	2010 年	1
81	墙甲站	锦溪镇墙甲村	锦溪镇	2010 年	1
82	溪源田站	宝溪乡溪源田村	宝溪乡	2010 年	3
83	宝鉴站	宝溪乡宝鉴村	宝溪乡	2010 年	3
84	梧树垟站	屏南镇梧树垟村	屏南镇	2010 年	1
85	库粗坑站	屏南镇库祖坑村	屏南镇	2010 年	2
86	横坑头站	屏南镇横坑头村	屏南镇	2010 年	2
87	上畲站	屏南镇上畲村	屏南镇	2010 年	1
88	木岱口站	上垟镇木岱口村	上垟镇	2010 年	5
89	源底站	上垟镇源底村	上垟镇	2010 年	2
90	岱源站	上垟镇岱源村	上垟镇	2010 年	1
91	五都楼站	上垟镇五都楼村	上垟镇	2010 年	3
92	五都垟站	上垟镇五都垟村	上垟镇	2010 年	3
93	五星站	龙南乡五星村	龙南乡	2010 年	1
94	金川站	龙南乡金川村	龙南乡	2010 年	1
95	兴和站	兴和村	龙南乡	2010 年	1
96	高大门源坑站	八都镇高大门源坑	八都镇	2010 年	6
97	竹舟站	查田镇竹舟	查田镇	2010 年	5
98	赵麻圩站	查田镇赵麻圩	查田镇	2010 年	2
99	金田站	竹垟乡金田	竹垟乡	2010 年	3
100	新大塘站	剑池街道新大塘(良种场)	剑池街道	2010 年	6
101	石坑站	岩樟乡石坑村	岩樟乡	2010 年	1
102	沈庄站	安仁镇沈庄村	安仁镇	2010 年	1
103	枣槐站	础石乡枣槐岭	础石乡	2010 年	4

第二节 客 运

沿革

20 世纪 90 年代初，龙泉市的公路客运由国家企业丽水地区汽车运输公司龙泉分公司和集体企业龙泉市运输公司两家经营。1992 年 10 月，丽水地区汽车运输公司龙泉分公司体制下放龙泉市管理，更名为龙泉市长途汽车运输公司。并确定长途客运由龙泉市长运公司经营，市内乡镇短途客运由龙泉市运输公司经营。90 年代中期，龙泉市长运公司兼并龙泉市运输公司。自此，龙泉市公路客运由长运公司独家经营。2002 年先后创建了龙泉至丽水、龙泉至庆元、龙泉至小梅、安仁、道太、龙南、泗沅 7 条道路客运品牌——“绿谷巴士”班线。2003—2008 年，先后在八都、南窖、竹垟、宝溪、小梅等线开通了康庄小巴，发展了农村客运事业。2006 年，市长运公司客运站被评定为一级客运站。

1996—2010 年龙泉市历年客运量及客运车辆数一览表

表 5-3-3

年 份	社会旅客运输量		社会客运车辆数		其中营业性客运量		其中营业性车辆数	
	客运量（万人）	周转量（万人千米）	数量（辆）	座位（个）	客运量（万人）	周转量（万人千米）	数量（辆）	座位（个）
1996	305	23080	450	5142	—	—	324	4391
1997	305	22456	964	8835	54.33	5488	567	7130
1998	438	24710	951	9280	59.76	6096	648	7549
1999	438	22710	838	7672	65.74	6508	523	5912
2000	305	22456	799	7222	72.32	7159	453	5367
2001	506	25930	618	6275	79.02	8019	254	4320
2002	530	25800	732	7318	102.72	10170	259	4749
2003	500	24000	1034	9357	126.74	9252	275	5138
2004	549	18512	1422	11576	143.82	11074	276	5208
2005	569	20225	1884	14018	163.59	13578	274	5318
2006	674	31650	2526	13509	180.11	15669	223	4099
2007	699	32027	3308	17708	181.74	16357	211	3860
2008	742	32251	4496	27393	182.48	16423	216	4219
2009	581	23415	7681	33863	193.74	17436	183	3871
2010	592	23884	9395	43453	182.47	16423	183	3605

长途客运

长途客运受市场调节，班线会发生变化。2010 年末，龙泉市长途客运跨省线路 7 条，12 班次；跨市线路 15 条，24 班次；跨县线路 6 条，34 班次。

1989—2010年龙泉市(县)长运公司历年客运班线一览表

表5-3-4　　单位:条

年份	跨省	跨市	跨县	县内	合计班线
1989	6	7	7	38	58
1990	6	7	7	38	58
1991	6	7	7	38	58
1992	6	7	7	26	46
1993	6	7	6	24	43
1994	6	7	6	24	43
1995	6	7	5	24	42
1996	6	16	5	24	51
1997	6	18	5	24	53
1998	8	18	5	24	55
1999	9	18	5	24	56
2000	9	19	5	24	57
2001	9	19	5	24	57
2002	9	19	6	18	52
2003	9	18	6	41	74
2004	9	18	6	47	80
2005	10	18	6	46	80
2006	10	18	6	46	80
2007	10	18	5	46	79
2008	9	15	6	44	74
2009	9	14	6	47	76
2010	7	15	6	63	91

2010年龙泉市汽车客运站班线班次一览表

表5-3-5

班线类别	到达地	里程(千米)	每天班次(班)	班线类别	到达地	里程(千米)	每天班次(班)
跨省	上海	625	1	丽水市内跨龙泉	景宁	117	2
	福建政和	119	2		遂昌	108	2
	福建松溪	95	1		云和	65	4
	福建厦门	795	1		庆元	85	4
	福建浦城	88	4		松阳	124	2
	广东广州	1425	1		丽水快客	110	20
	江西上饶	219	2				

续表 5-3-5

班线类别	到达地	里程（千米）	每天班次（班）	班线类别	到达地	里程（千米）	每天班次（班）
省内跨市	温州	252	4	龙泉市内	安仁	31	36
	瑞安	302	1		西溪	53	1
	大荆	331	1		建龙	65	3
	路桥	371	1		蛟垟	56	3
	临海	301	1		梅七	67	2
	杭州	417	3		梅坊坑	74	1
	金华	257	2		下田	51	1
	永康	216	1		八都	29	21
	绍兴	413	1		花桥	45	2
	慈溪	389	1		局下	60	1
	宁波	448	2		塘上	48	3
	泰顺	186	2		宝溪	66	6
	文成	217	1		昌岗	48	6
	衢州	269	2		金田	36	7
					白角	45	7
	义乌	275	1		桐山	25	2

2010 年龙泉市汽车客运站班线班次一览表

表 5-3-6

班线类别	到达地	里程（千米）	每天班次（班）	班线类别	到达地	里程（千米）	每天班次（班）
龙泉市内	双际	30	6	龙泉市内	上田	50	1
	良溪	47	2		鹤场	40	1
	上垟	37	—		住龙	51	5
	小梅	45	60		锦旦	16	35
	五梅垟	22	7		岭根	26	16
	泗源	54	5		双河口	26	1
	石隆	31	3		白岩	96	2
	小龙坑	35	1		黄皮	82	1
	大窑	45	3		供村	48	1
	安吉	20	2		大白岸	25	3
	瑞垟	76	1		林垟	13	6
	屏南	57	2		岩樟	25	1
	干上	79	2		王庄	80	1
	均溪	37	2		天平	34	1

续表 5-3-6

班线类别	到达地	里程(千米)	每天班次(班)	班线类别	到达地	里程(千米)	每天班次(班)
龙泉市内	大赛	22	5	龙泉市内	郑边	54	1
	河里	30	1		双平	57	暂停
	大贵溪	36	1		净信	23	暂停
	东书	50	1		横店	64	暂停
	仓砝	58	1		樟溪	35	暂停
	立东	50	1		八都至泗源	54	6
	陈村	20	2		八都至花桥	45	4
	库武	60	1		八都至南窖	35	7
	横溪	35	1		八都至竹垟	60	8
	高山	70	1				

2010年龙泉市长途客运行车时刻、票价一览表

表 5-3-7

车次	发车时间	到达站台	车型	起讫里程(千米)	票价(元)
5011	7:40	政和	中一级 A	119	34
5013	13:35	政和	中一级 A	119	34
5007	11:10	松溪	中一级 A	95	27
5023	16:30	厦门	大一卧	795	257
5006	10:00	广州	大一卧	1425	465
5015	6:55	浦城	中二级 A	88	28
5017	9:30	浦城	中二级 A	88	28
5019	12:00	浦城	中二级 A	88	28
5021	15:00	浦城	中二级 A	88	28
5003	7:20	上饶	中二级 A	219	64
5027	12:40	上饶	中二级 A	219	64
3019	8:40	温州	大高二	252	92
3021	9:40	温州	大高二	252	92
3022	13:20	温州	大高二	252	92
3023	15:30	温州	大高二	252	92
3025	10:45	瑞安	中高一 B	302	99
3017	13:50	大荆	大高一	331	107
3033	14:00	路桥	大高一	371	124
3035	9:30	临海	中二级 A	301	110
3001	8:30	杭州	大高二	417	165

续表 5-3-7

车次	发车时间	到达站台	车型	起讫里程(千米)	票价(元)
3002	15:20	杭州	大高二	417	165
3003	18:20	杭州	大高二	417	165
3041	8:50	金华	中二级 A	257	75
3011	14:10	金华	中二级 A	257	75
3052	14:40	永康	中二级 A	216	63
3015	9:10	绍兴	中高一 C	413	135
3013	17:30	义乌	中高一 B	275	94
5001	9:35	上海	大高二	625	235
1601	6:30	景宁	中一级 B	117	34
1603	12:30	景宁	中一级 B	117	34
3005	11:30	慈溪	大高一 B	389	143
3007	9:35	宁波	大高三	448	165
3045	15:10	宁波	中高一 A	448	145
3027	8:00	泰顺	中二级 A	186	54
3029	13:30	泰顺	中二级 A	186	54
3031	15:00	文成	中一级 C	217	63
1501	9:10	遂昌	中一级 B	108	46
1503	12:30	遂昌	中一级 B	108	46
3037	7:40	衢州	中一级 B	269	78
3039	13:00	衢州	中一级 A	269	78
1703	9:15	松阳	中高一	124	40
1701	12:50	松阳	中高一	124	40
—	—	丽水	快客	—	45
—	—	云和	快客	—	26
—	—	庆元	快客	—	25

龙泉快客发车时刻：

丽水：

06:40 07:20 07:50 08:30 09:00 09:30 10:10 10:40 11:20 12:00 12:40 13:10 13:50 14:30 15:10 15:50 16:30 17:10 17:50 18:40

云和：

09:00 10:10 13:50 15:40

庆元：

08:40 10:30 13:50 15:50

短途客运

2010年末，市内短途客运线路63条，其中42条是由乡镇通行政村班线，从龙泉客运站始发车的线路21条，日发班车314班次。

2010年龙泉客运站短途班车行车时刻、票价一览表

表5-3-8

到达站	首发时间	日发班数（班）	票价（元）	备注
安仁	06:50	36	8.00	—
西溪	12:00	1	10.00	—
建龙	08:20	3	16.50	—
蛟垟	07:00	3	13.00	—
梅七	07:45	2	15.00	—
梅坊坑	12:40	1	17.00	—
下田	13:00	1	12.00	—
八都	06:30	21	7.00	—
花桥	11:00	2	12.00	—
局下	07:00	1	7.00	八都发车
樟溪	—	—	—	暂停
塘上	06:35	3	11.50	—
宝溪	07:00	6	16.00	—
昌岗	07:00	6	11.00	—
金田	07:00	7	2.00	八都发车
白角	07:00	7	2.50	八都发车
双际	07:00	6	7.00	八都发车
良溪	07:00	2	4.00	八都发车
横店	—	—	—	暂停
上垟	07:00	—	10.00	途经上垟
小梅	06:30	60	9.50	—
五梅垟	06:30	7	3.50	—
泗源	07:00	5	13.00	—
石隆	06:40	3	7.00	—
小龙坑	06:50	1	13.00	—
大窑	06:30	3	9.50	—
安吉	07:50	2	6.00	—
净信	—	—	—	暂停
瑞垟	12:30	1	19.00	—

续表 5-3-8

到达站	首发时间	日发班数(班)	票价(元)	备　注
桐山	06:30	7	3.50	—
屏南	09:00	2	13.00	—
干上	09:00	2	18.5	—
均溪	13:00	2	9.00	—
大赛	07:20	5	6.50	—
河里	10:00	1	7.00	—
大贵溪	11:00	1	8.00	—
东书	12:00	1	12.00	—
仓砝	10:00	1	13.00	—
上田	13:00	1	13.00	—
鹤场	09:50	1	8.50	—
岩樟	07:20	4	8.00	—
住龙	09:00	5	12.00	—
井旦	07:00	35	4.00	—
岭根	07:00	16	6.00	—
双河口	08:00	1	6.00	—
白岩	09:00	2	22.00	—
黄皮	12:30	1	19.00	—
供村	13:00	1	11.00	—
大白岸	07:30	3	5.50	—
王庄	07:30	2	18.00	—
林垟	07:00	6	7.00	—
双平	—	—	—	暂停
八都至泗源	07:00	6	6.00	—
八都至花桥	07:30	4	5.00	—
八都至南窖	07:00	7	3.00	—
八都至竹垟	07:00	8	2.00	—

第三节　货　运

至 2010 年，龙泉市拥有各类货运机动车 4377 辆 5613 吨位。其中营业性货运机动车 800 辆 2070 吨位。全市有货运经营户 579 家，其中从事危险品货物运输业户 3 家。有危险品运输特种车辆 36 辆 277 吨位。全市年货运量 57.2 万万千克，年货运周转量 4299.3 万万千克/千米。

1996—2010年龙泉市货物运输量统计一览表

表 5-3-9

年份	货物运输量		货运机动车合计		其中营业性	
	货运量(万千千克)	周转(万千千克/千米)	数量(辆)	载重(吨位)	数量(辆)	载重(吨位)
1996	296	21320	3234	4820	3133	4332
1997	262	24803	2717	4697	2540	4871
1998	270	19724	2737	4726	2624	4654
1999	283	19613	2769	4197	2565	4013
2000	262	24803	1878	2489	1675	2344
2001	214	14483	2171	2694	1954	2558
2002	240	16820	2295	2653	1963	1931
2003	250	17800	2579	2841	2078	2543
2004	242	16781	2566	2652	1856	2160
2005	265	10222	3110	2838	1638	2090
2006	271	10411	2625	2986	1615	2373
2007	261	10259	2732	3007	1476	2277
2008	260	15296	2920	3081	1024	1701
2009	510	40800	4025	5162	1087	2951
2010	572	42993	4377	5613	800	2070

第四章　交通管理

第一节　路政与运政

路政管理

公路路政管理　20世纪90年代，公路路政管理大队建立，开展公路路政法律法规的宣传，实行经常性的路政巡查和每年二次路政大检查，保护路产路权，清理路障，控制建筑红线，清理超限超载。拆除违章建筑279平方米，清理路障7264平方米，行政处罚(处理)和行政许可正确率100%，上路巡查5610天，22440人次。2006年9月，市路政大队机构重组，内设路政管理股和村头、八都、豫章4个(股)中队。在八都、上垟、安仁、小梅和兰巨5个乡(镇)设立了路政办公室。实行三级路政管理模式,完善了路政协管网络。

超载超限车辆运输管理 2004年6月20日,龙泉市路政大队与市交警、市运管等部门联合在53省道丽浦线K121+500大沙地段设立联合检测点,对过往车辆进行检查,开展治理超限超载全国统一行动。至2010年末,共查处超限超载车辆2005辆,其中卸货1859辆1077.9万千千克,超限率从治超前的90%,下降到2.44%。

公路标志标线管理 原由公安交警部门管理,1998年7月1日始,全省公路交通标志标线的设置和管理工作统一划归交通部门负责。移交后,龙泉市路政管理大队,深入各级公路调查、摸底,对残缺和破损的公路交通标志标线进行更换和刷新,增加交叉道口指路牌、减速带、警示桩,投入建设资金1500余万元。规划路线共24条,更换增设交通标志公路180千米,2300多块。

路政处罚 2004年以来,龙泉市路政管理大队查处行政处罚案件1801起,结案1801起,路政案件查处率100%,结案率100%。没有发生行政复议、变更、撤销和行政败诉案件,行政处罚正确率100%,收缴罚款90.28万元。

运政管理

出租汽车管理 1996年,龙泉市推出出租汽车市场,由建德市友谊出租公司取得经营权,投放20辆微型(昌河)面包车。2002年10月,龙泉市长途汽车运输公司承接经营权,投放30辆奇瑞轿车进行了全新改造。龙泉市运输管理(稽征)所对出租汽车企业实行目标责任制管理,开展对出租汽车企业实行质量信誉考核。2010年,对出租车市场进行整顿和整治,终止出租车承包合同,办理车辆报废,新购出租车7辆,推行"公车公营"新办法。

道路危险货物运输管理 2002年,危险品运输纳入运管部门行业管理。2004年7月,《中华人民共和国道路运输条例》开始正式实施,危险货物运输企业开业条件中对车辆数的要求由10辆改为5辆。2006年7月前,所有危险货物运输车辆的经营范围笼统地规定为危险货物运输,之后,危险货物运输实行分类分项管理,由丽水市公路运输管理处进行核准。2006年始,危险品运输车辆必须安装GPS全球卫星定位系统车载终端设备;车辆技术状况检测达到一级;罐体车辆必须经相关部门检测合格;投保危险货物承运人责任险;安装符合要求的危险货物运输标志灯和标志牌;携带道路运输危险货物安全卡等;从业人员必须取得相应的资格证书;企业建立健全安全生产管理制度并严格执行等。2008年8月,龙泉市运管所与龙泉市公安局交警大队建立了驾驶员、车辆信息共享制度。

至2010年,全市有一级危险品运输企业2家,二级危险品运输企业1家,拥有营运车辆30辆,从业人员104人,其中驾驶员43名,押运员28人,装卸管理员4人,分别从事化学危险品运输、爆破物运输、民用液化气运输。

汽车维修行业管理 2010年,汽车(摩托)维修企业(修理点)132家,其中一类3家,二类13家,三类53家,摩托63家,从业人员468人,年维修车辆203620辆次,检测车辆8894辆次。

驾驶培训管理 机动车驾驶员培训行业,2004年7月纳入交通运管部门管理。

2004年,龙泉有汽车驾驶员培训学校1家,培训用小车20辆。2008年,发展为5家培训学校,其中汽车3家,摩托2家,教练车80辆,其中大型货车7辆,小型汽车58辆,摩托15辆;从业人员128人,其中教练员102人,管理人员26人,教室及训练场地26984平方米,年培训人数5320人次。

学生接送客运管理　2005 年，对学生接送安全进行多次调研，与交警、教育等有关部门进行了多次协调沟通。2006 年，建立了专门的《学生接送规定》。2008 年，开展学生接送车辆检查 960 辆次，排除车辆隐患 18 次，开展学生接送现场安全监督 86 天次。

航政处罚　龙泉市港航管理所每年参加水上交通安全执法 110 天，250 余人次。至 2010 年，共查处水上交通违法案件 150 余件，其中告诫批评 100 余件，罚款 50 件，收缴罚款 8000 余元，结案率 100%。

第二节　规费征收

养路费征收

1989 年，龙泉征收汽车养路费 205.2 万元。2008 年，征收汽车养路费 1756.20 万元。1990 年，征收手扶拖拉机养路费 14.3 万元。2008 年，征收手扶拖拉机养路费 69.39 万元。1991 年征收摩托车养路费 1.5 万元。2008 年，征收摩托车养路费 238.69 万元。2009 年，费改税后，公路养路费停征，补征欠缴养路费 2.15 万元。2010 年，补征欠缴养路费 5.67 万元。

车辆购置费征收

1994 年，征收车辆购置附加费 84.20 万元。2004 年，征收车辆购置附加费 319.90 万元。1999 年 12 月 31 日停征。2001 年 1 月 1 日始，车辆购置附加费改名为车辆购置附加税，仍由公路稽征部门代征。2003 年 1 月，车购税征收业务和工作人员正式划归国税部门。

公路建设专用资金征收

1999 年，征收公路建设专用资金 47.8 万元。2008 年，征收公路建设专用资金 254.96 万元。

公路运输管理费

1989 年，征收公路运输管理费 23.4 万元，2008 年，征收 159.11 万元。

2009 年 1 月 1 日起，公路运输管理费与其他公路规费一起停止征收。

1989—2008 年龙泉市(县)公路规费征收一览表

表 5-4-1　　单位：万元

项目 年份	合计	汽车养路费	公路建设基金	运输管理费	车购费	手拖养路费	摩托养路费
1989	205.20	205.20	—	—	—	—	—
1990	275.70	186.40	47.80	23.40	3.80	14.30	—
1991	346.40	242.70	42.40	25.20	9.70	24.90	1.50
1992	451.58	298.70	59.20	40.28	19.00	30.80	3.60
1993	773.65	448.50	229.00	31.95	25.60	35.60	3.00

续表 5-4-1

项目 年份	合计	汽车养路费	公路建设基金	运输管理费	车购费	手拖养路费	摩托养路费
1994	966.00	504.30	262.60	66.70	84.20	40.90	7.30
1995	914.53	489.10	233.33	80.27	54.18	50.04	7.61
1996	883.24	446.28	230.52	76.12	66.21	55.60	8.51
1997	969.88	438.97	283.24	76.61	103.39	51.00	16.67
1998	993.16	443.37	304.92	90.76	82.98	56.44	14.69
1999	1072.89	463.29	307.44	86.10	133.14	63.04	19.88
2000	992.59	446.98	288.02	89.18	84.84	66.59	16.98
2001	1178.36	451.96	329.17	106.43	188.83	70.58	31.39
2002	1263.02	477.23	337.97	111.99	215.50	64.74	55.59
2003	1408.15	549.86	270.52	124.69	297.73	72.69	92.66
2004	1694.74	722.35	313.74	130.30	319.90	72.82	135.63
2005	1380.66	776.56	257.72	141.60	—	69.73	135.05
2006	1757.29	1058.53	243.74	164.64	—	72.56	217.82
2007	2113.79	1403.88	265.86	149.19	—	67.30	227.56
2008	2478.35	1756.20	254.96	159.11	—	69.39	238.69
合计	22119.18	11810.36	4562.15	1774.52	1689.00	1049.02	1234.13

第五章　公路养护

第一节　养　护

养护机构

20 世纪 80—90 年代，龙泉公路分专业养护和农工养护二种组织形式。专业养护由丽水地区公路总段龙泉公路段负责，建制专业养护道班，由专业养护工人养护。农工养护由市交通局下辖的龙泉市县乡公路管理所负责，组织县乡公路沿线农工，成立养护道班，进行农工养护。

1999 年 11 月始，实行条块结合，以县（市）为主的管理体制，龙泉公路段下放龙泉市管理。2002 年 8 月，成立了龙泉市公路管理段，由该公路管理段负责全市公路养护和管理。2003 年 5 月，成立龙泉市新欣公路养护中心，负责全市省道和县道公路养护工作，龙泉市路政管理大队负责公路路政管理。2010 年 1 月始，市交通局主管农村公路养护与管理工作，市公路管理段负责具体实施。乡镇(街道)履行乡道、村道公路养护与管理职责。

丽龙高速公路有限公司云和管理处　负责丽龙高速公路龙泉段 31.775 千米的养护和管理。

龙泉市农村公路养护工作办公室　负责指导全市 1566.81 千米的农村公路养护工作。各乡镇(街道)政府设农村公路养护管理站，具体履行农村公路养护管理职责。

养护队伍

专业养护　1989 年，龙泉市公路段有专业养护道班 29 个，道工 284 人，道班房 28 座，专业养护公路 9 条，308.75 千米。

20 世纪 90 年代中期，龙泉开始发展沥青砼高级路面。2001 年 12 月，省道干线公路全部实现高级沥青路面。为适应公路养护管理和机制改革，推行并班建站，建立大公路站，实行集约化管理。54 省道将宏山、豫章、小查田、查田四个道班合并建立豫章公路站，53 省道将龙泉、新岭、王坊、八都四个道班合并建立八都公路站。2010 年末，有专业养护公路大站 2 个，公路养护站 12 个，有专业养护工人 52 人，管养 3 条省道公路和部分县道公路计 286.03 千米。

2010 年龙泉市专业养护站(道班)分布情况一览表

表 5-5-1

序号	公路站或道班名称	管养路线	管养里程(千米)	道工人数(人)	建房或道班房(平方米/座)	主要养护机具配备情况
1	豫章公路站	省道 龙后线 K0~K38+200 县道 安豫线 K66~K73+515 县道 白密线 K0~K1.776 县道 溪下线 K0~K3.775 县道 小曹线 K0~K1.955 乡道 兰于线 K0~K1+544 乡道 豫上线 K0~K3.636	58.401	8	1100/1	轻型养护车 1 辆 农用拖拉机 1 辆 及日常养护机具
2	八都公路站	53 省道 K141+000~K168+308 县道 五花线 K0~K10+082	37.39	8	1340/1	轻型养护车 1 辆 农用拖拉机 1 辆 压路机 1 台及日常养护机具
3	上垟站	51 省道遂龙线 K57+680~K69+000	11.32	2	366/1	配日常养护机具
4	双溪站	51 省道遂龙线 K69+680~K81+000	12	2	335/1	配日常养护机具
5	黄庄桥站	51 省道遂龙线 K81+000~K92+000	11	2	468/1	轻型养护车 1 辆 配日常养护机具
6	村头站	51 省道遂龙线 K92+000~K107+340	18.09	2	460/1	配日常养护机具
7	安仁站	53 省道丽浦线 K87+065~K101+000 安豫线 K0~K8+000	21.935	4	770/1	配日常养护机具

续表 5-5-1

序号	公路站或道班名称	管养路线	管养里程（千米）	道工人数(人)	建房或道班房（平方米/座）	主要养护机具配备情况
8	枣槐岭站	53 省道丽浦线 K101+000~K112+000	11	3	620/2	配日常养护机具
9	岭坤站	53 省道丽浦线 K112+000~K126+000 林岭线 K0~K10+481	24.481	5	790/2	轻型养护机 1 辆 配日常养护机具
10	龙泉站	53 省道丽浦线 K126+000~K141+000 乡道 西河线 K0+000~K5+658 县道 牛住线 K0+000~K6+000 东大桥~新车站 K0~K2.098	28.756	6	—	配轻型（跃进） 养护车 1 辆
11	叶村站	安豫线 K33+780~K46+000 乡道 龙蛟线 K0+000~K1+441	13.661	2	135/1	配农用拖拉机
12	官埔垟站	安豫线 K46+000~K56+000	10	2	151/1	配农用 拖拉机 1 辆
13	大赛站	安豫线 K56+000~K66+000	10	2	280/1	
14	岭根站	牛住线 K13+000~K31+000	18	4	261/1	配农用 拖拉机 1 辆

龙泉市新欣公路养护中心 龙泉市公路管理段下属公路养护生产企业，国有独资、自主经营、自负盈亏、独立法人单位。下设 13 个公路管理站和 59 个县乡公路养护道班，2009 年前，担负龙泉市 876.94 千米的省道和县乡道公路的养护任务。2010 年末，在册职工 195 人，其中一线道工 52 人，管养 3 条省道和部分县道公路计 286.04 千米。

农工养护 1988 年 4 月，县交通局撤销“公路养护股”，建立龙泉县县乡公路管理所，为股级全民所有制事业单位，定编人员 11 人，设有农工道班 54 个，农工 154 人，养护县乡公路 321 千米。1990 年 12 月，更名为龙泉市县乡公路管理所。1996 年，县乡公路发展到 569 千米，管理所增加编制人员到 18 人，有农工道班 61 个，养护农工 189 人。同年 5 月，乡道公路下放乡镇养护管理，农工养护也分为市专业养护部门组织的农工养护和乡镇（街道）组织的农工养护两种形式。市县乡公路管理所组织农工养护有 36 个道班 157 人，乡镇组织农工养护农工道班 18 个 32 人。2003 年，龙泉县乡公路管理所和龙泉公路段合并，由龙泉市新欣公路养护中心负责养护管理。有县道农工养护道班 43 个，养护农工 63 人；乡镇组织农工养护道班 16 个，养护农工 20 人。

2010 年，县道公路 452.214 千米、其他乡道 138.691 千米、专用公路 36.008 千米和通村公路 1380.08 千米等，由 19 个乡镇（街道）按辖区范围组建农村公路养护管理站组织沿线农工养护。

2010年龙泉市县乡公路养护道班分布情况一览表

表5-5-2

序号	公路站或道班名称	管养路线	管养里程（千米）	道工人数(人)	建房或道班房平方米/座
1	村头道班	县道：后会线 K0~K12 乡道：独砬线K0~K0.639	12.0639	2	136.5/1
2	均溪道班	县道：后会线 K12~K20	8	1	125.56/1
3	均头道班	县道：后会线 K20~K30	10	1	125.56/1
4	坪田道班	县道：后会线 K30~K42	12	1	124/1
5	山岙背道班	县道：后会线 K42~K50	8	1	132.46/1
6	南溪口道班	县道：后会线 K50~K64	14	2	136.9/1
7	横坑头道班	县道：后会线 K64~K71	7	1	136.16/1
8	瑞竹垟道班	县道：后会线 K71~K75+679	4.679	1	63/1
9	木岱道班	县道：木焦线 K0~K16	16	2	126.29/1
10	车盂道班	县道：木焦线 K16~K33	17	2	135/1
11	溪源田道班	县道：木焦线 K33~K41	8	1	203.82/1
12	高山道班	县道：木焦线 K41~K51	10	1	159.91/1
13	马脚篷道班	县道：木焦线 K51~K61	10	1	159.96/1
14	横潭道班	县道：木焦线 K61~K68	7	1	150/1
15	建明道班	县道：木焦线 K68~K83+693	15.693	2	135.05/1
16	小白岸道班	县道：村沈线 K0~K11	11	1	206.88/1
17	大白岸道班	县道：村沈线 K11~K21	10	1	187/1
18	叶山头道班	县道：村沈线 K21~K29	8	1	187/1
19	大坪道班	县道：村沈线 K29~K45	16	2	28/1
20	桐籽垟道班	县道：村沈线 K45~K51	6	1	190/1
21	李村道班	县道：村沈线 K51~K63	12	2	158/1
22	际头道班	县道：村沈线 K63~K80+250	17.25	3	203/1
23	青溪道班	县道：查供线 K0~K10	10	1	154.6/1
24	中村道班	县道：查供线 K18~K26+916	8	1	134.94/1
25	丁源道班	县道：查供线 K18~K26+484	8.484	3	151.8/1
26	汤源道班	县道：柏小线 K18~K26+916	8.916	2	163.5/1
27	临江道班	县道：龙梧线 K0~K7+203	7.203	1	—
28	梅七道班	县道：兰荒线 K68+420~K80+420	11	2	114/1
29	双溪道班	县道：兰荒线 K80+420~K80+420	10.936	2	114/1
30	大庄道班	县道：鸬叶线 K28+169~K33+943	5.744	1	178/1
31	凤阳山道班	县道：际风线 K0~K15+413	12.07	2	—

续表 5-5-2

序号	公路站或道班名称	管养路线	管养里程（千米）	道工人数（人）	建房或道班房平方米/座
32	林垟道班	县道：高际线 K0~K15+413	15.413	2	124.44/1
33	竹垟道班	县道：横山线 K0~K10+666	10.666	2	—
34	周村道班	县道：西独线 K10~K25	10	1	123.84/1
35	流坑道班	县道：西独线 K10~K25	15	1	105/1
36	百步岭道班	县道：西独线 K25~K49+874	24.874	2	125.28/1
37	义和道班	县道：安豫线 K20+980~K33+780	12.8	2	200.11/1
38	竹舟道班	县道：布岭线 K0~K6+732	6.732	1	—
39	碧龙道班	县道：梅白线 K7+737~K21+280	13.543	2	97.92/1
40	井旦道班	县道：牛住线 K6~K13	7.0	1	127/1
41	高桥坑道班	县道：牛住线 K31~K42+364	11.364	1	118/1
42	梅村道班	县道：安豫线 K8~K16	8.0	1	103/1
43	坞坑道班	县道：安豫线 K16~20+980 乡道：金西线 K0~K4+096	9.076	1	104/1
44	赤源道班	乡道：大赤线 K0~K3+103	3.103	1	—
45	天平道班	乡道：广季线 K0~K7+402	7.402	1	195/1
46	下南坑道班	乡道：下龙线 K0~K9+018	9.018	2	120/1
47	银场道班	乡道：’银线 K0~K3+369	3.696	1	—
48	南溪道班	乡道：干南线 K0~K4+997	4.997	1	—
49	地畲道班	乡道：库地区 K0~K7+366	7.366	1	—
50	生源道班	乡道：岭横线 K0~K2+280	2.28	1	—
51	塘上道班	乡道：木塘线 K0~K6+341	6.341	1	147/1
52	桥下道班	乡道：溪九线 K0~K15+757	15.757	2	144/1
53	郑惠道班	乡道：梨黄线 K0~K11	11	2	104/1
54	黄皮道班	乡道：梨黄线 K11~K23+284	12.284	2	104/1
55	野窖道班	乡道：高白线 K0~K9+772	9.772	1	137.97/1
56	半溪道班	乡道：中双线 K0~K9+728	9.728	1	120/1
57	沙潭道班	乡道：溪大线 K0~K6+445	6.445	1	102.2/1
58	溪下道班	乡道：东上线 K0~K5+224	5.224	1	108/1
59	陈村道班	乡道：洋松线 K0~K7+264	7.264	1	155/1

小修保养　20 世纪 90 年代，省道、部分县道公路开始逐年发展水泥、沥青路面。2000 年末，已建水泥路 27 千米，沥青路面 381 千米。2005 年，开始实施县乡公路路面硬化工程，全市省道、县乡道公路都铺装水泥路和沥青路，路面硬化率达到 100%。小修保养经费逐年提高，养护工人劳动强度降低，路况得到全面提升。根据小修保养经费统计，2000 年小修保养经费 288.44 万元，平均年千米经费 0.2995 万元；2010 年，小修保养经费 842.25 万元，平均年千米经费 0.3673 万元。

2000—2010 年小修保养经费投入一览表

表 5-5-3

年份	总里程（千米）	投入经费(万元)	平均年千米经费(万元)	备 注
2000	962.955	288.44	0.2995	—
2001	962.955	288.67	0.2998	—
2002	962.955	293.9	0.3052	—
2003	973.155	466.11	0.4790	—
2004	1140.967	466	0.4084	—
2005	1241.967	532.01	0.4284	—
2006	1544.37	616	0.3987	—
2007	1807.576	735.7	0.4070	—
2008	1977.576	904.94	0.4576	—
2009	2142.576	1134.66	0.5295	—
2010	2293.027	842.25	0.3673	高速公路 31.775 千米、待编公路 12.035 千米除外

大中修工程　2005 年，对安豫线 K9+177 李皮下过水路面、牛住线 K18+620 岭根过水路面二处实施改建桥梁，牛住线 K3+300 胡桥的危桥实施改造。全市省道公路增设防护板 70 千米，护防栏杆 21200 支，更换标志标线等。对省道和主要县道的路面进行定期中修。据统计，2000 年投入大中修经费 43.25 万元，2010 年投入大中修经费 4121.2 万元。

2000—2010 年龙泉市大中修投入一览表

表 5-5-4

年份	投入经费(万元)	备 注
2000	43.25	不含县乡
2001	123.4	不含县乡
2002	358.6	不含县乡
2003	241	—
2004	3071.2	—
2005	2278	—
2006	3823.22	—
2007	889.3	包含农村公路部分 221 万元
2008	2675.5	包含农村公路部分 554 万元
2009	4451.3	包含农村公路部分 556 万元
2010	4121.2	包含农村公路部分 1072 万元

公路水毁抢修　抢修水毁公路是交通公路部门一项主要任务和重点工作，交通局和公路管理部门针对山区公路现状，制订防洪抗台预案，组织防洪抗台突击队，落实防洪抗台的各种应急物资

和机械设备。在防汛期内，建立专人负责制，及时汇报灾情。

龙泉市历年公路水毁抢修情况一览表

表 5-5-5

年份	公路水毁日期或名称	损失金额（万元）	抢修、修复投入			
			人力（工）	挖掘机（台班）	铲车（台班）	汽车（辆）
1992	3 月至 7 月持续阴雨	239	1600	—	120	350
1994	6 月 15 日至 22 日梅汛降雨	385	2100	—	90	450
1998	6 月 20 日至于 21 日连续暴雨	1338	1200	220	100	280
2000	8 月 26 日局部暴雨	2357	2500	—	160	400
2004	台风“云娜”	358	125	10	5	3
2005	“6•18”洪水	3700	5900	163	744	926
2007	梅汛“6•25”水毁	5820	9108	908	1575	3076
2008	冰冻、台风	3600	4529	95	289	1858
2009	台风“莫拉克”	2735	1137	186	197	243
2010	“5•22”“6•18”水毁	8772	5308	905	667	952
合　　计		29304	33507	2487	3947	8538

第二节　公路绿化

丽龙高速公路龙泉段

由丽龙高速公路龙泉段工程建设指挥部组织，浙江天润园林有限公司承建实施。分为公路中间分隔带、上下边坡框格植草、互通区绿地、废方区绿化和楼堂管所办公区五大部分绿化，总投资 2115 万元。丽龙高速公路龙泉段建成后，移交浙江省龙丽、丽龙高速公路有限公司丽龙管理处负责养护和管理。

省道干线公路

龙泉市公路管理段负责绿化和养护。1989 年前，省道干线公路基本全部植树。2004 年始，53 省道、54 省道改造间伐和补缺，龙泉市公路段投入资金 150 万元，建设绿色通道 118 千米，种植行道树 55774 株。丽浦线边坡治理种植墙根草 3 万平方米，种植绿地 10.1 万平方米，保存率达到 96%，成活率 90%以上。

县乡公路绿化

2002 年前，由龙泉市县乡公路管理所负责。2002 年，县乡公路管理所和公路段合并，县乡公路绿化由龙泉市公路管理段负责。2004年始，投入资金50万元，绿化县乡公路12条127千米；栽种行道树55348株，存活率90%以上。

第六章 机　　构

第一节 管理机构

交通局

机构设置　1988年龙泉县交通局机关内设行政、建设、养护3股，干部、职工32人。1990年12月，龙泉撤县设市，更名为龙泉市交通局。

1997年，龙泉市交通局设办公室、工程管理股、运输管理股（安全生产办公室）、路政管理办公室（渡口安全办公室）4个股（室）。行政编制15人，其中局长1人，副局长2人。

1998年9月，龙泉市交通局搬入新建的交通综合办公大楼。大楼位于中山西路53号，建筑面积2333平方米。

2010年，龙泉市交通局机关设置有办公室、计划财务科、建设管理科、运输安全科、法制科和挂靠单位市交通战备办公室，行政编制16人。领导职数：局长1名（兼书记）、副书记1人（兼纪检组长）、副局长2人、总工程师1名、股级中层干部6人。

职能部门　局属管理机构有龙泉县公路运输管理所、龙泉县公路稽征所、龙泉县航运管理所、龙泉县县乡公路管理所。运输企业有浙江省龙泉市长途汽车运输公司。局属事业单位有龙泉市公路管理段、龙泉市公路运输管理稽征所、龙泉市港航管理所、龙泉市交通工程技术服务管理站、龙泉市交通设计所。

全系统干部、职工1345人，固定资产净值459万元。

公路管理机构

1989年，龙泉公路段是丽水地区公路总段下属的公路管理正科级事业单位。驻龙渊镇宫头村41号，占地面积3038.13平方米。设行政、机料、养护三个股和严山岭隧道收费站。下属29个道班，担负龙泉县境308.75千米的公路养护管理工作。

20世纪90年代初期，丽水地区公路总段更名为丽水地区公路管理处，龙泉公路段为丽水地区公路管理处下属的公路管理机构。1999年11月，龙泉市公路段下放龙泉市管理，为隶属龙泉市交通局的副科级事业单位。

2002年8月，龙泉市县乡公路管理所并入龙泉公路段，成立龙泉市公路管理段。

龙泉市公路管理段与龙泉市公路路政管理大队实行两块牌子一套班子，合署办公。公路路政管理大队前身是龙泉路政管理队，成立于 1990 年 10 月，1999 年 8 月更名为龙泉市公路路政管理大队，下设路政管理股、村头中队、八都中队、豫章中队 4 个中队（股）和驻八都镇、上垟镇、安仁镇、小梅镇、兰巨乡 5 个路政管理办公室。

2010 年 12 月，龙泉市公路管理段更名为龙泉市公路管理局，设办公室、计划财务、养护、工程、县乡道路、安全、路政 7 个股室和豫章、八都、村头 3 个路政中队，下属 1 个新欣公路养护中心，14 个专业养护道班和 59 个县乡公路养护道班，担负龙泉市境内 738.248 千米（省道 171.249 千米，县道 566.99 千米）公路养护管理和协助指导乡镇 1566.814 千米农村公路的养护和管理工作。有管理小汽车 16 辆，轮式装载机 5 台，履带式挖掘机 1 台，各类压路机 6 台，碎石机 11 台，小型沥青洒布机 4 台，装载汽车 12 辆，沥青拌和楼 1 台套，轮式沥青摊铺机 1 台，履带式沥青摊铺机 1 台，其它各类机械设备 121 台（套）。总计价值 1460 万元。全段在册干部、职工 380 人（其中退休 108 人，在职 272 人）。

运输管理机构

“龙泉县公路稽征所”与“县公路运输管理所”两块牌子一套班子，1988 年底在册职工 20 人。1990 年 12 月，龙泉撤县设市，更名为“龙泉市公路运输管理所”和“龙泉市公路稽征所”。

2010 年，设办公室、运输安全股、稽征股、稽查股、行政许可股、维修管理驾驶员培训股 6 个职能股室和花桥征费稽查站（八都运管站），全所定编 29 人，实际在册职工 28 人、协管员 14 人。

港航管理机构

1990 年 12 月，龙泉撤县设市，将“龙泉县航运管理所”更名为“龙泉市航运管理所”。2003 年，更名为龙泉市港航管理所，并增挂“龙泉市地方海事处”“龙泉市航道管理所”2 块牌子，机构更名挂牌后，机构规格、人员编制和经费来源均保持不变。3 个单位、三块牌子一套工作班子，合署办公。原办公地点龙渊镇东街 107 号，2006 年 6 月搬迁华楼街旺角 2 楼。至 2010 年，下设海事、船检、运管和办公室，在册干部、职工 5 人。

第二节　交通服务机构

龙泉市交通设计所

1989 年 3 月，龙泉县交通局建立“龙泉县交通建设管理所”，负责本县交通建设项目管理兼道路、桥梁测量设计。编制 11 人，设在陵园路 13 号县交通局办公楼内。20 世纪 90 年代初，搬迁龙渊镇东街航运大楼。龙泉撤县设市，更名为“龙泉市交通建设管理所”。

1993 年，经浙江省建设厅审查批准，核定为公路专业工程设计丁级资级。1997 年 10 月 16 日，更名为“龙泉市交通设计室”，专业从事交通工程项目的测量设计。1998 年，搬迁至市交通局新建办公大楼。2000 年，浙江省建设厅批准核发公路工程丙级临时资级证。2001 年 8 月 7 日，更名为“龙泉市交通设计所”。2003年8月，省建设厅审查批准，核定为公路行业(公路)丙级资质。2004年6月28日，经省建设厅核准为勘察专业类工程测量乙级资级。2005年，省测绘局核准为测绘工程测量丁级资级。2007年9月搬迁至中山西路佳韵花苑。

2010年，龙泉市交通设计所设总工程师室、综合部、勘察部、测量部、设计部和财务6个部室，总资产166万元，在册职工30人，其中工程技术人员22人，中、高级技术职称13人，大学本科以上学历15人。

龙泉市交通设计所完成龙泉市51省道砂改油、53省道础石岭隧道、木花线建设、县道安豫线五梅垟至大赛段公路、西独线公路、查供公路、县乡道砂石路面硬化、安豫线官浦垟至大赛段公路等工程的扩建、改造的勘察设计和施工监理任务。完成景宁县渤海至郑坑公路、浦城县东山湾至仙阳后村桥公路、莲都区王宫头桥、杭州世界休闲博览园苏黎世小镇山地道路和云和县县道砂石路面改造工程等设计项目。

龙泉市交通工程技术服务管理站

成立于2003年7月，是为加强龙泉交通规划编制、工程管理、质量监督、技术服务、培养和引进专业人才而设立的交通工程技术服务机构，隶属于交通局。2006年5月，在原3人编制基础上增加编制3人，为全额拨款事业单位。负责市内交通建设的工程技术、工程质量的管理和工程咨询服务工作。

龙泉市交通投资有限责任公司

成立于1999年6月9日，是龙泉市交通建设项目投资融资实行企业化运作的国有企业，公司注册资金5500万元。设办公室、工程科、综合科、财务科，2010年，在职职工19人。

龙泉市汽车综合性能检测站

位于龙泉市区环城西路57号，占地面积14576平方米，建筑面积1103.85平方米。设有营业厅、办公室、安全检测车间、综合性能检测车间。2004年8月、10月分别通过计量认证和ISO 9001:2000质量管理体系认证。2006年5月，接受丽水市机动车辆安全检测站委托，开始从事社会车辆安全技术项目检测服务。2008年9月通过龙泉检测线资格认证，取得丽水市道路运输管理处颁发道路运输车辆检测服务经营许可证，丽水市机动车辆安全检测站龙泉检测线正式设立。经营社会机动车辆年检，新车注册登记检测，车辆维修质量检测，车辆技术等级评定检测，车辆技术状况检测。2010年12月，取得机动车环保定期检验委托证书。

龙泉市汽车技术学校

由龙泉市长途汽车运输公司投资创办。2003年7月开始筹建，2004年7月正式开学。学校座落龙泉市环城西路57号，占地7000平方米，建有办公楼500平方，标准硬化训练场地6000平方米。2006年6月，驾培考试科目增加，在剑池街道南大洋租用场地3000平方米，设置9选6场内道路训练基地。有理论教员4人，汽驾教练员33人，管理人员9人。学校配置教室及电教设备，有桑塔纳手动教练车25辆，大货教练车2辆，自动档小车教练车3辆。至2010年8月，共培训50期，结业学员5081人。

第三节　交通运输企业

县乡公路管理所与公路段合并

县乡公路管理所建立于1988年4月。龙泉撤县设市，更名为龙泉市县乡公路管理所。

1988年，县乡公路管养里程456千米，核定人员编制11人。1996年，县乡公路发展到568千米，人员编制增加到18人。1999年12月，丽水地区公路总段龙泉市公路段下放龙泉市管理，隶属龙泉市交通局。2002年12月12日，龙泉市公路管理段与龙泉市县乡公路管理所合并，组成新的龙泉市公路管理段，并将其路政合并，组成龙泉市公路路政管理大队，与市公路管理段实行两块牌子一套班子，合署办公。

龙泉市汽车长途运输公司兼并龙泉市运输公司

1992年10月，丽水地区汽车运输公司龙泉分公司下放龙泉后，更名为龙泉市汽车长途运输公司。

龙泉市运输公司，主营市内汽车短途客运业务，为大集体企业。

1996年12月26日，市长运公司召开第三届七次职工代表大会，审议通过兼并市运输公司议案。市交通局牵头，于1997年5月4日，经龙泉市交通局龙交〔1997〕23号文件批准，龙泉市长运公司兼并龙泉市运输公司。

龙泉市航运公司解体

该公司原名“龙泉县航运站”，为集体所有制企业，住址龙泉市区东街，属龙泉交通局。

1982年改名“龙泉县航运公司”。1990年12月，撤县设市，更名为“龙泉市航运公司”。下辖临江造船厂、大沙综合场、温溪货运中转站等。1990年初，建立航运工程队，承包交通工程建设等多种经营。

1992年7月4日，丽水地区行署丽署办《印发关于龙泉、云和航运工人生活出路安排专题会议纪要的通知》文件批准同意企业解体。1993年4月5日，龙泉市政府下发《关于同意龙泉市航运公司解体的批复》，龙泉市航运公司宣布解体。

龙泉市路桥工程公司解体

1990年12月，龙泉撤县设市后，称为“龙泉市路桥工程公司”。以承建“小水电”、开山、筑路为主，后逐步扩大民间桥梁、矿山、隧道开挖、房屋建筑、管道安装、水利防洪、公路建设等工程。

20世纪90年代中期，工程建设市场竞争激烈，承建业务减少，退休职工增多，公司负担加重，步履维艰。1995年12月29日，龙泉市交通局、龙泉市劳动人事局联合发文《关于同意市路桥工程公司解体实施办法的批复》，龙泉市路桥工程公司宣布解体。

53省道础石岭隧道收费站

53省道础石岭收费站属龙泉市龙花公路投资有限公司下设的收费管理机构，核定编制人员44

人，建站时实际到位人员 32 人。2000 年 3 月筹建，5 月正式设立，7 月开始收费。

2002 年，丽龙高速公路龙泉段开始建设，由于丽龙高速公路龙泉段占用 53 省道础石岭隧道，53 省道础石岭隧道收费站收费业务被终止。2006 年 10 月，53 省道础石岭隧道收费站停止收费。11 月，收费站人员转调丽龙高速公路。

第六篇

能　　源

1989—2010年，龙泉市通过新建、技术更新改造，建设投产水电站104座，水轮发电机组231台套，总装机容量19.73万千瓦，年平均发电量5.17亿千瓦时。

至2010年，龙泉市有220千伏变电所1座，容量30万千伏安；110千伏变电所2座，主变3台，容量12.15万千伏安；35千伏变电所15座（包括用户变3座），容量18.11万千伏安。有35千伏输电线路33条421.91千米；10千伏配电线路96条1627.48千米。2010年，全年购电量3.59亿千瓦时，售电量3.24亿千瓦时。

2001年，龙泉市被列入“十五”期间水电农村电气化建设县。2006年，龙泉市被列入“十一五”全国460个水电农村电气化建设县。

至2010年，石油行业主导企业中石化龙泉市支公司有加油站11座。

第一章 电 力

第一节 水 电

发展概况

水电站建设 1989年始，龙泉市场的经济不断完善，促进龙泉水电建设的大发展。期间，开展“十五”规划全国400个水电农村电气化建设县和全国“十一五”全国460个水电农村电气化县建设，新建1万千瓦以上电站3座，改造增容1万千瓦以上电站1座。其中新建瑞垟二级电站装机3.2万千瓦，创下历史纪录；瑞垟一级电站新增水电装机0.32万千瓦一台（套），总装机达到1.52万千瓦。

1989—2010年，龙泉市新建、技术更新改造、增容共建水电站87座，总装机为19.41万千瓦，多年平均年发电量5.04亿千瓦时。安装水轮发电机组202台套，其中技术更新改造、增容水电站共28座，总装机3.67万千瓦；新建水电站共62座，总装机16.28万千瓦。

农村初级电气化试点县建设 1983年，龙泉县被国务院列入全国首批100个农村初级电气化试点县建设。1989年，紧水滩电量分成3643万千瓦时，共计电量9000万千瓦时。人年均电量339千瓦时，超过初级电气化县人均200千瓦时的要求。

1989年，全市通电行政村402个，占总村数的91.6%，18条10千伏线路用电保证率94.5%。

1989年7月16—18日，省水利厅受省政府委托，成立龙泉县农村电气化初级阶段验收委员会。经审议，认为龙泉县农村电气化规划中的各项建设工程全部完成，在体制机构、电源、电网、用电水平、经营管理和经济效益等方面均达到水利部颁发的《一百个农村电气化试点县初级阶段验收条例》和水利部水电《关于农村电气化试点县验收工作有关问题的通知》的规定。

“十五”水电农村电气化县建设 2001年，龙泉市被列入“十五”期间水电农村电气化建设县。“十五”期间，龙泉市加快水电资源的建设步伐，先后完成瑞垟二级、岩樟溪一级、均溪二级、大赛一级和三级、广安等18座主要骨干水电项目的建设，通过对瑞垟一级、高溪桥等6座水电站的技术改造。2002年，完成大赛二级水电站的自动化改造工程。小水电建设和改造总投资6.6亿元，总装机增加6.96万千瓦，新增电能1.71亿千瓦时。

新建和改建龙南、城北等35千伏变电所8座，投入电网建设资金2.55亿元，完成一、二期农网改造工程，新建和改造输变电线路1028千米。总投资1.2亿元的220千伏宏山变电所于2003年正式投入运行。

至2005年，龙泉市19个乡镇街道、444个行政村、8.55万户全部通电，通电率100%。电网供电可靠率99.55%，电网电压合格率达到98.83%；晚高峰时段农村用电保证率99.55%以上；丰水期小水电代燃料户 8.06 万户，占全市总户数的 89.7%；全市总用电量 2.83 亿千瓦时，人均用电量 1071千瓦时；生活总用电量 0.83 亿千瓦时，户均生活用电量 923 千瓦时。各项指标均达到或超过部颁标准。

2005 年 6 月，省水利厅组织成立“浙江省龙泉市水电农村电气化验收委员会”，通过对龙泉市水电农村电气化建设县的验收。

“十一五”全国 460 个水电农村电气化建设县　2006 年 10 月，龙泉市被列入“十一五”全国 460 个水电农村电气化建设县。

“十一五”期间，全市共投入电源和电网建设资金 6.64 亿元，其中电源建设投资 5.61 亿元，电网建设投资 1.04 亿元。新建水电站 25 座，装机容量 6.72 万千瓦；报废重建水电站 2 座，新增装机容量 5090 千瓦；改造小水电站 10 座，新增装机容量 3010 千瓦；新增水库库容 775 万立方米，新增年发电量 1.83 亿千瓦时。

2010 年 9 月 7 日，龙泉市通过由浙江省政府委托省水利厅主持的“十一五”水电农村电气化县建设验收。

水电管理

水能资源规划与计划管理　1992 年始，龙泉市对各流域的主要干支流进行水资源综合规划和专业规划，协调好生活、生产和生态用水；加大节水技术的改造力度，提高水的重复利用率；对水资源进行总量控制，确保用水需求和用水安全；加强监督检查，未通过规划的水资源点，不得无序开发，制定《龙泉市水电资源开发及建设运行管理实施细则》《龙泉市进一步规范水电资源开发管理意见》，建立统一管理体制。

规范水能开发项目建设与管理　2002 年始，龙泉市实行《丽水市水利工程建设管理办法》，由确定建设项目的开发权人，在各阶段组织报建审批工作。每个建设项目在实施过程中，全面推行项目业主负责制、招标投标制、建设监理制、合同管理制和质量监督制的五制管理，使建设项目程序化、规范化、制度化。

农村水电效益

经济效益　2010 年 12 月，全市已建电站 104 座，电站总装机容量 19.726 万千瓦，多年平均发电量 5.17 亿千瓦时，实现年均发电销售额 2.637 亿元，年均上缴国家税费约 3660 余万元，提供就业岗位 1500 余个。

社会效益　至 2010 年，龙泉市依靠开发小水电解决当地工农业生产和人民生活用电问题。通过历次的农村电气化县建设，所有行政村已全部通电，满足龙泉市工农业生产和人民生活用电。

调节控制性水库起到防洪的作用。全市建有中小型水库 30 处，城区上游已建小(2)型以上水库 24 座，总库容 6123 万立方米，为龙泉溪干流洪水起到错峰或削峰作用，效果十分明显。

调节控制性水库起到保供水、灌溉的作用。竹垟水库总库容 315 万立方米，为竹垟、八都两个乡镇的供水水源，供水规模 400 万千克/天，供水人口 1.5 万人，并且保证竹垟、八都两个乡镇 666.67 余公顷农田的灌溉。梅村水库总库容 71.5 万立方米，是安仁镇供水的备用水源，供水规模 4000 千千克/天，供水人口 1.5 万人，并且是安仁畈灌溉的主要拦蓄工程，灌溉农田 246.67 余公顷。瑞垟一级和岩樟溪一级水库的引水成为龙泉市城区主水源与备用水源，供水规模 10 万千千克/天，供水人口 10 万人以上。

部分电站承担了反哺和惠农的义务。电站的建设除了按政策给予赔偿外，部分电站还支持当地的公益事业，如出资支持当地修路、修桥等，给予村集体或困难村民固定的现金补助或民用电补贴等。

生态效益　电站厂区以下河段由于发电尾水均匀下泄，在枯水期河流流量有所增加，更好地满足下游生产和生活用水水量需求。

坝址以上水体增大，增加了水生物（鱼类）的生存空间和觅食范围，有利于生长和繁殖；也有利于一些水生植物生长，吸引水禽到此觅食生存，有利于生物的多样性。

电站水库形成人工湖泊，美化河岸景观。多地利用小水电开发形成的水面，营造人工湿地和亲水走廊，成为城镇景观和良好的旅游、休闲活动场所。

在减排温室气体、保护生态环境、促进生态文明建设等方面也发挥了重要作用。由于电气化及水电事业发展和清洁能源项目的实施，按全市水电年均发电量 5.19 亿万千瓦时折算，每年大约可节约标准煤 16.85 万千千克，可减少二氧化碳排放量 44.16 万千千克，有毒气体二氧化硫排放量 0.14 万千千克，氮氧化物排放量 0.12 万千千克；全市丰水期小水电代燃料户 8.06 万户，减少木柴砍伐量，保护了天然林和生态林，减少了水土流失面积，形成“以水发电，以电护林，以林涵水”的良性循环，营造了优美的生态旅游环境。

水电站简介

瑞垟一级水电站　1988 年 10 月 28 日投产，坝址位于梅溪左支流瑞垟溪上游段大溪上，水库集水面积 23.65 平方千米；1992 年 3 月开始实施二期外流域引水工程，引南溪小支流 18.46 平方千米和流域左侧小支流四山溪 12.18 平方千米进入水库；1998 年 7 月开始实施三期外流域引水工程，引南溪小支流 12.735 平方千米进入水库；水库实际总集水面积 67.025 平方千米。

水库正常蓄水位为 876.60 米，相应库容 863 万立方米，调节库容 808 万立方米，总库容 1088 万立方米为不完全年调节水库；1999 年，完成三期增容 3200 千瓦，电站总装机容量 2×6000 千瓦+1×3200 千瓦，多年平均发电量 5457 万千瓦时。

水库电站枢纽按混合式布置，主要枢纽建筑物有拦河坝、输水系统（包括外流域引水）、发电厂房及升压站等。

拦河坝位于瑞竹垟村下游 2.5 千米支流横坑头与大溪汇合口下游 60 米处，坝型为砼双曲拱坝，最大坝高 54.50 米，开敞式溢洪道，堰顶采用挑流消能。

输水系统位于右岸，由进水口、引水隧洞、压力管道等组成。进水口于布置大坝上游右岸约 1 千米处，引水隧洞全长 3034.43 米。隧洞出口接压力明钢管，主管长 579 米，内径 1.20 米。二期引水工程南溪隧洞长 6140 米；四山溪隧洞长 2786 米。三期引水工程的 4 个洞段总长 5654 米。

厂房位于垟顺村下游约 2.5 千米处的瑞垟溪右岸边，主厂房内装 3 台卧式冲击式水轮发电机组。尾水入瑞垟溪。

瑞垟二级水电站　位于梅溪正源南溪上，为龙泉溪干流的第二级电站，电站于 2003 年 12 月投产。坝址位于南溪与瑞垟溪汇合口上游3.5千米处的南溪主河道上，坝址以上集水面积86.22平方千米；另在瑞垟一级水电站尾水设引水坝，引水面积77.73平方千米，水库总集水面积163.95平方千米，多年平均流量7.68米^3/秒。

水库正常蓄水位535.00米，正常库容1445万立方米，调节库容992万立方米，水库总库容1795万立方米，为不完全年调节水库。电站总装机容量2×16000千瓦，多年平均发电量6797万千瓦时。

水电站枢纽按混合式布置，枢纽主要建筑物有拦河坝、输水系统（包括瑞垟溪引水）、发电厂房及升压站等。

拦河坝为砼面板堆石坝，最大坝高89.35米。右岸布置长35米的侧槽式溢洪道。

输水系统位于右岸，由进水口、引水隧洞、调压井、压力管道等组成。引水隧洞全长4705米。压力管道为埋藏式由钢筋砼衬砌和钢衬段组成，全长250.20米。

瑞垟溪引水系统由引水坝和引水隧洞组成。拦河坝位于瑞垟一级水电站厂房下游200米，坝型为砼砌石重力式，设计引水流量8.0米^3/秒。

厂房布置在金村上游约350米处的梅溪右岸边，主厂房内装2台立式水轮发电机组。尾水入梅溪干流。

均溪二级水电站 均溪干流的第二级电站，电站于2002年9月投产发电。坝址在显溪村南250米处，坝址以上流域面积52.01平方千米，另从支流梧树垟溪引水13.14平方千米，总利用集水面积65.15平方千米。

水库正常蓄水位495.00米，水库总库容589万立方米，具有年调节能力。电站装机容量2×5000千瓦，多年平均发电量2418万千瓦时。

电站枢纽按混合式布置，枢纽工程由拦河坝、输水系统（包括梧树垟溪引水）、发电厂房及升压站等组成。

大坝为砼双曲拱坝，最大坝高69米。坝顶溢洪道布置3孔10×5米弧形闸门，堰顶采用挑流消能。

输水系统布置在右岸，由进水口、隧洞、调压井和压力钢管组成。隧洞长2754.50米。压力管道为埋藏式，内衬钢管长225.15米，内径1.8米。

梧树垟溪引水系统由梧树垟引水堰和引水隧洞组成。隧洞全长592.8米，引水最大流量3.6米^3/秒。

厂房位于百步村上游200米处，厂内装2台立轴混流式水轮发电机组，尾水排入均溪三级电站水库。

岩樟溪一级水电站 2006年4月投产发电。坝址位于流坑村上游1千米处，坝址以上集水面积53.61平方千米，多年平均流量2.14米^3/秒。外流域引水49.31平方千米（其中包括锦溪上游干流引水13.3平方千米；锦溪支流双河口溪引水12.4平方千米；大贵溪支流松干溪引水11.19平方千米；岩樟溪支流肖庄溪引水12.42平方千米），多年平均流量1.96米^3/秒。电站总利用集水面积102.92平方千米，多年平均流量4.1米^3/秒。

水库正常蓄水位455.0米，正常库容934.8万立方米，总库容1143万立方米，具有不完全年调节能力。电站装机容量 2×10000 千瓦，多年平均发电量为 4107 万千瓦时。

该电站以发电为主，兼有供水、防洪等功能。电站枢纽按混合式布置，由拦河坝、溢洪道、发电输水系统、跨流域引水系统、发电厂及升压站等组成。

拦河大坝为双曲拱坝，坝顶高程 459.75 米，最大坝高 81.75 米。溢洪道布置在右坝肩，为开敞正槽式溢洪道，控制段为驼峰堰，净宽 36 米，堰顶高程 455.00 米。

发电输水系统布置在右岸，由进水口、引水隧洞、调压井、压力管道等组成，总长为 3999.7 米。发电输水隧洞长 3691.58 米；压力管道为埋藏式，钢管内衬直径 2.50 米。

发电厂房位于肖庄溪河口，主厂房内安装 2 台立轴混流式水轮发电机组。尾水入肖庄溪，下游为岩樟二级水库。

1989—2010 年龙泉市（县）新建、技改、增容水电站一览表

表 6-1-1

总序号	水系	所在河流	电站名称	所在干支流	集雨面积（平方千米）	装机容量（千瓦）	年均电量（万千瓦·时）	建成时间（年.月）	备注
1	瓯江	梅溪及龙泉溪干流	南溪口	南溪	26	2400	595	2008.12	—
2			瑞垟二级	梅溪干流	163.95	32000	6797	2003.12	—
3			小梅	梅溪干流	223	1260	351.90	2003.6	—
4			青坑岙	梅溪干流	480	250	107.00	1979	2000年6月技改增220千瓦，原装机30千瓦
5			临江	龙泉干流	1495.50	1890	634	2004.11	—
6		梅溪支流	瑞垟一级	瑞垟溪	67	15200	5600	1988.10	2001年1月技改增3200千瓦，原装机12千瓦
7			垟顺	瑞垟溪	15.87	1000	323	2004.7	
8			泗源	青溪干流	35	820	245.90	1979	2008年6月技改增670千瓦，原装机250千瓦
9			孙坑	青溪干流	52.43	1890	658	2010.5	
10			青溪	青溪右支流	14	320	51	1985	2001年1月技改增250千瓦，原装机70千瓦
11			南垟	砻溪干流	4.30	630	151	2005.6	—
12			坪溪	砻溪右支流	3	630	157	2005.6	—
13			石隆一级	石隆溪干流	8.80	200	54.8	1983.1	2009年4月技改增100千瓦，原装机100千瓦
14			石隆二级	石隆溪干流	24	350	160	1983.10	2008年5月技改增150千瓦，原装机200千瓦

续表 6-1-1

总序号	水系	所在河流	电站名称	所在干支流	集雨面积（平方千米）	装机容量（千瓦）	年均电量（万千瓦·时）	建成时间（年.月）	备注
15	瓯江	梅溪及龙泉溪干流	塘源	八都溪干流	7.80	1000	230	2005.9	—
16			木岱口	八都溪干流	43.30	320	98	1969.6	1995 年技改增 145 千瓦，原装机 175 千瓦
17			岱源	八都溪右支流	13.15	250	60	1980	2002 年3 月技改增 175 千瓦，原装机 75 千瓦
18			竹垟	横溪干流	75	890	289.30	1979.3	1994 年 1 月技改增 140 千瓦，原装 750 千瓦
19			黄畲	桑溪干流	26.10	480	144	1982.3	2004 年3 月技改增 400 千瓦，原装机 80 千瓦
20			三溪	横溪右支流	5.79	1000	245	2005.10	—
21			垟尾	横溪干流	13.45	1300	356.70	2005.3	—
22			临龙	横溪干流	14.70	640	218.64	1998.12	—
23			山溪口	横溪干流	24.05	2500	781.40	2007.11	—
24			双良	桑溪干流	42.30	1260	378.45	2007.1	—
25			大坑	桑溪左支流	1.80	800	184.20	2005.4	—
26		豫章溪	均溪一级	均溪干流	34.80	3000	850	2000.5	—
27			均溪二级	均溪干流	65.15	10000	2418	2002.9	—
28			均溪三级	均溪干流	84.98	5000	1097	2005.9	—
29			梧树垟	均溪左支流	9	1500	383	2006.1	—
30			大赛一级	大赛溪干流	14.15	2000	570.84	2002.12	—
31			官埔垟	大赛溪干流	31.17	640	193.70	2006.6	—
32			大赛二级	大赛溪干流	35	3350	1156	1981.6	1996 年5 月技改增 1250 千瓦，2001 年1 月技改增 600 千瓦，原机 1500 千瓦
33			大赛三级	大赛溪干流	60.20	1000	269.10	2004.12	—
34			梅地	大赛溪左支流	22	1000	270.50	2007.1	—
35			岩樟溪一级	岩樟溪干流	97.52	20000	4107	2006.4	—
36			岩樟溪二级	岩樟溪干流	124.57	7000	1479	2008.6	—
37			宫头	岩樟溪、锦溪	138	400	140	1966.11	1994 年技改增 200 千瓦，原装机 200 千瓦

· 续表 6-1-1

总序号	水系	所在河流	电站名称	所在干支流	集雨面积（平方千米）	装机容量（千瓦）	年均电量（万千瓦·时）	建成时间（年.月）	备注
38		岩樟溪	青石	锦溪干流	13	790	244.20	1981.9	2003年4月技改增470千瓦，原装机320千瓦
39		岩樟溪	山坑	锦溪	1	100	23	1984	2002年11月技改增70千瓦，原装机30千瓦。已暂停
40		大贵溪	游潭	大贵溪干流	27	125	30	1971.7	2001年4月技改增85千瓦，原装机40千瓦
41		大贵溪	盛溪	大贵溪干流	75.8	395	90	1979	2001年3月技改改增265千瓦，原装机130千瓦
42		大贵溪	南溪	大贵溪干流	46.93	1320	358.80	2003.5	—
43		大贵溪	北龙	大贵溪干流	101	1890	520	2003.12	—
44		大贵溪	白墓	大贵溪干流	138.87	1200	226.60	2005.5	—
45		大贵溪	河里	大贵溪左支流	13.50	950	253.70	2008.7	—
46		铁杓溪	山际	林垟溪干流	6.07	640	160.10	2009.8	—
47		铁杓溪	林垟	林垟溪干流	13.20	1260	293.60	2002.3	—
48		铁杓溪	山际口	林垟溪干流	24.10	800	217.10	2005.5	—
49		铁杓溪	沙潭	林垟溪干流	103.60	1890	260.90	2004.9	—
50		铁杓溪	岭坤	林垟溪右支流	25	3200	917.40	2008.4	—
51		白雁溪	上东溪下	白雁溪干流	63.10	520	160	1984	2000年1月技改增100千瓦，2003年1月技改增220千瓦，原装机200千瓦
52		白雁溪	锯树一级	白雁溪干流	63.10	1500	301	2005.5	—
53		白雁溪	锯树二级	白雁溪干流	86.67	1500	308	2005.5	—
54		白雁溪	大白岸	白雁溪干流	150	3200	880	1967.4	1986年11月技改增610千瓦，2002年3月技改增350千瓦，2004年12月技改增350千瓦，原装机1890千瓦
55		白雁溪	陂川	白雁溪左支流	5	160	44.70	1969	2002年11月技改增85千瓦，原装机75千瓦

续表 6-1-1

总序号	水系	所在河流	电站名称	所在干支流	集雨面积(平方千米)	装机容量(千瓦)	年均电量(万千瓦·时)	建成时间(年.月)	备注
56	瓯江		黄砝源一级	道太溪左支流	8.50	800	227.80	2007.2	—
57	瓯江		黄砝源二级	道太溪左支流	17.80	1500	415	2002.7	2007 年 4 月技改增 500 千瓦，原装机 1000 千瓦
58	瓯江	大石溪	双平	大石溪干流	14	200	55.60	1980	2000年4 月技改增 100 千瓦，原装机 100 千瓦(2016 年 5 月已拆除；衢宁铁路征用)
59	瓯江	安仁溪	坞坑	安仁溪干流	15.01	1260	473.40	2010.1	—
60	瓯江	安仁溪	溪沿	安仁溪干流	35.36	1890	507.82	2009.1	—
61	瓯江	安仁溪	梅村	安仁溪干流	50.90	640	182	1996.10	2009 年 3 月技改增 140 千瓦，原装机 500 千瓦
62	瓯江	安仁溪	广安	安仁溪干流	63.52	3200	930	2002.8	
63	瓯江	安仁溪	兰狮畈	安仁溪干流	88.96	1890	436.20	2008.4	
64	瓯江	安仁溪	建安	安仁溪干流	3.89	250	85.50	1975	2007 年 7 月6日技改增 195千瓦，原装机 55 千瓦
65	瓯江	安仁溪	粗溪	下田溪	4.90	500	135.40	2010.7	—
66	瓯江	安仁溪	下田	下田溪	4.93	640	140	2010.7	—
67	瓯江	安仁溪	下田砻	下田溪	12	960	367	1998.7	—
68	瓯江	安仁溪	东坑	东坑溪	6.27	1260	373.20	2007.11	—
69	瓯江	英川溪	岱根	岱根溪	3.55	1000	290	2009.12	—
70	瓯江	英川溪	高溪桥	黄谢淤溪	16.30	1500	492.80	1983.12	2003年6 月技改增 680 千瓦，2010 年 11 月技改增 500 千瓦，原装机 320 千瓦
71	瓯江	英川溪	大庄	黄谢淤溪左支流大赛砻	40.10	2060	600	2003.6	—
72	瓯江	英川溪	黄坑圩	黄坑砻溪	26.30	800	280	2000.9	—
73	钱塘江	住溪	青井	住溪干流	7.85	1000	241.60	2007.1	—
74	钱塘江	住溪	水塔	住溪干流	18.30	3200	825.76	2008.7	—
75	钱塘江	住溪	百步岭	住溪干流	47.90	2060	689.30	2002.7	—
76	钱塘江	住溪	住龙	住溪干流	151.40	3200	853.60	2009.12	—

续表 6-1-1

总序号	水系	所在河流	电站名称	所在干支流	集雨面积（平方千米）	装机容量（千瓦）	年均电量（万千瓦·时）	建成时间（年.月）	备注
77	钱塘江	住溪	井惠口	住溪左支流大溪	62.28	6400	1462	2006.4	—
78	钱塘江	住溪	梨树坪	住溪左支流大溪	79.80	3320	1037.80	2002.4	2007 年 7 月技改增 800 千瓦，原装机 2520 千瓦
79	钱塘江	住溪	黄皮	住溪左支流黄皮坑	2.04	800	165	2004.7	—
80	钱塘江	住溪	潘床口	住溪左支流潘床坑	15	1500	370.40	1999.1	—
81	钱塘江	住溪	谷坑	住溪左支流叶岭坑	2.70	1260	247	2005.9	—
82	钱塘江	住溪	建平	住溪右支流	13	1890	421.60	2008.7	—
83	钱塘江	碧龙溪	周调	碧龙溪左侧支流冷水坑	6.50	600	182	1987.11	2001 年 3 月技改增 400 千瓦，2004 年 9 月技改增 75 千瓦，原装机 125 千瓦
84	钱塘江	碧龙溪	龙头坝	碧龙溪左侧支流石壁坑	4.20	1000	273.60	2010.1	—
85	闽江	宝溪	宝溪	宝溪干流	66	375	120	1980.12	2000 年 7 月技改增 200 千瓦，原装机 175 千瓦
86	闽江	宝溪	宝鉴	宝溪干流	89	1320	320	2003.7	
87	闽江	宝溪	五里桥	宝溪左支流	4.70	200	60	1981.1	1999 年技改增 125 千瓦，原装机 75 千瓦
合　计					5536.73	194085	50355.9		

第二节　电　网

220 千伏输变电工程

宏山变电所位于龙泉市龙渊镇宏山村，距市区约 3 千米，西北侧距龙庆公路 250 米，总占地面积 1600 平方米。2000 年 12 月 9 日，国家电力公司发文《关于浙江 220 千伏新城等输变电工程设计任务书的批复》批准建设。工程由浙江省电力设计院设计，宁波华丰建设集团公司承包三通一平工程，浙江省建工集团土建施工，浙江省送变电工程公司电气安装。

2002 年 4 月 28 日，三通一平动工。10 月 15 日,土建工程开工，总建筑面积 1415 平方米，其中主控制楼高 2 层 700 平方米，35 千伏屋内配电装置室为单层结构 400 平方米，继电器室单层 180 平方米。2003 年 2 月 25 日，主控楼、35 千伏开关室、220 千伏继电器室、消防泵房、接地线圈室等项目通过中间验收。4 月 25 日电气安装施工正式开工，10 月 23 日变电所投运。安装 15 万千伏•安主变压器 1 台，型号 SFPSZg-150000/220，无功容量 2×10800（无功千伏安）。220 千伏紧宏线出线 1 回；110 千伏出线有岩宏线、宏泉线、瑞龙 1071 宏山 T 接线、宏庆线、瑞宏线 5 回；35 千伏 6 回出线至宏秦、宏镇、均宏、宏南、宏查、宏都。所用电系统由 2 台 DKSC-630/37 变压器供电，其中 1 台兼做接地变压器。直流系统采用哈尔滨光宇电源有限公司生产的微机控制高频开关直流电源成套设备及 CFM-200Z 电池。

该变电所 220 千伏出线为线路变压器组，采用 GPSL602-102L 和 PLP01-22Z 型微机线路保护，利用载波通讯构成速动保护。110 千伏主接线为单母线带旁路，龙泉线采用 PLP41A-04 微机线路保护，其余采用 PLP41A-03 微机线路保护，母线配置 BP-2B 型微机母线差动保护。选用两面 SH—2000 型微机故障录波仪，一面录取 220 千伏有关模拟、高频、开关；内含 GPS 1 台，用于 220 千伏各保护装置对时。另一面录取 110 千伏有关模拟、高频、开关；内含 GPS 1 台，用于 110 千伏各保护装置的对时。该变电所工程由浙江电力建设监理公司监理，概算总投资 8233 万元。

110 千伏输变电工程

根据《龙泉市"十一五"规划》和《安仁镇城镇总体规划》，在安仁镇选址建设 110 千伏安仁输变电工程。该工程总投资 4256 万元，工程所址位于安仁镇大丘另村，变电所总用电面积 3653 平方米，主变规模终期为 2×4 万千伏安，本期为 1×4 万千伏安，电压等级为 110/35/10 千伏。110 千伏出线终期为 2 回，本期为 2 回；35 千伏出线终期为 6 回，本期为 2 回；10 千伏出线终期为 16 回，本期为 8 回。工程于 2007 年 4 月开工建设，2007 年 12 月 13 日启动投运。工程的竣工投运，极大提高安仁、龙南、道太等乡镇的供电质量和可靠性。

35 千伏网络

输电线路　安南线，线路代码 3441，自 35 千伏安仁变电所至 35 千伏龙南变电所，全长 14.85 千米。工程由丽水电业局设计所设计，龙泉市普耀电力有限责任公司施工，2001 年 8 月动工，同年 10 月竣工，总投资 116.7 万元，每千米造价 7.86 万元。

该线路工程途径高山地段，沿线地质岩石山地貌约占 50%，全线杆塔共 55 基，其中转角塔 13 基、直线自站塔 23 基、拉线铁杆 ZSX 及 ZSL12 基，直线水泥双杆 7 基，最大档距跨度（20#~21# 塔）678 米。直线自立塔采用装配式基础，转角塔为现浇混凝土基础，转角及直线门型杆为预制底拉盘基础。架空导线选用 LGJ-120/20 型，地线采用 GJ-35 避雷线。

1999—2005 年龙泉电网投产 35 千伏线路一览表

表 6-1-2

序号	线路名称	线路代码	起 点	终 点	长度（千米）	导 线 型 号	杆塔（杆）		投 产 年 月	产权归属
1	龙南线	3406	龙泉变电所	南秦变电所	2.10	LGJ-185	铁塔	8	1999.6	电业

续表 6-1-2

序号	线路名称	线路代码	起 点	终 点	长度（千米）	导线型号	杆塔（杆）		投产年月	产权归属
2	安南线	3441	安仁变电所	龙南变电所	14.85	LGJ–120	混合	55	2001.10	电业
3	秦北线	3432	南秦变电所	城北变电所	24.32	LGJ–120	混合	90	2000.12	电业
4	宏秦线	3462	宏山变电所	南秦变电所	1.23	LGJ–120	铁塔	7	2003.1	电业
5	宏镇线	3463	宏山变电所	城镇变电所	7.02	LGJ–185	混合	41	2003.10	电业
6	均宏线	3464	均溪二级电站	宏山变电所	15.129	LGJ–185	混合	53	2003.10	电业
7	宏南线	3465	宏山变电所	龙南变电所	27.44	LGJ–120	铁塔	92	2003.10	电业
8	宏查线	3468	宏山变电所	查田变电所	24.23	LGJ–120	铁塔	87	2003.10	电业
9	宏都线	3467	宏山变电所	八都变电所	19.05	LGJ–120	混合	70	2003.10	电业
10	安炼线	3442	宏仁变电所	治炼厂	0.98	LGJ–120	混合	6	2003.7	电业
11	秦住线	3431	南秦变	住龙变	33.102	LGJ—120(70)	铁塔	130	2000.9	电业
2	宏住线	3461	宏山变	住龙变	26.704	LGJ–185	铁塔	82	2005.12	电业
13	宏沙线	3467	宏山变	大沙变	6.90	LGJ—185	铁塔	27	2005.12	电业
14	均龙线	3456	均溪一级电站	龙查线 T 接	11.60	LGJ–70	铁塔	48	2000.4	用户自备
15	住百线	3451	住龙变电所	百步岭电站	3.76	LGJ–95	铁塔	11	2002.6	用户自备
16	桐查线	3457	桐山电站	黄查线 T 接	1.73	LGJ–95	混合	8	2003.4	用户自备
17	宏南赛一 T 接线	—	大赛一级	T 接宏南线	0.745	LGJ—120	铁塔	2	2003.12	用户自备
18	秦住 3431 杨梅滩 T 接线	—	秦住 343 线	杨梅滩电站	11.05	LGJ—95(70)	铁塔	35	2005.12	用户自备

变电所

龙南变电所 位于龙南乡上田村蛟义公路东侧，距市区 52 千米，占地面积 2493.75 平方米。2000 年 9 月 26 日由丽水电业局批复建设，丽水电业局设计所设计，龙泉市建筑工程公司负责土建工程施工，龙泉市普耀电力有限责任公司承担设备安装。

一期工程安装 3150 千伏安主变 1 台，35 千伏线路由安仁变电所架至上田（村）龙南变电所，10 千伏出线 6 回为：义和 181 线、建龙 182 线、龙南 183 线、凤阳 184 线、大赛 185 线、建新 186 线。担负龙南乡凤阳山、大赛片供电及丰水期小水电送出。变电所于 2001 年 12 月建成投运，总投资 581 万元。

为适应龙南乡小水电发展及用电负荷增长的需要，2003 年 10 月，变电所增 2# 主变，容量 6300 千伏安。改善电能质量，促进当地经济发展。

1996—2005 年龙泉电网 35 千伏变电所投产（增容）一览表

表 6-1-3

序号	变电所名称	所 址	变压器编号	主变容量（千伏安）	电压比（千伏）		投产年月	产权归属
1	城镇变	龙泉市 龙渊镇	1# 2#	8000 8000	35 35	10 10	2001.10 增容	龙泉电力局

续表 6-1-3

序号	变电所名称	所 址	变压器编号	主变容量(千伏安)	电压比(千伏)		投产年月	产权归属
2	安仁变	龙泉市 安仁镇	1# 2#	8000 4000	35 35	10 10	2002.9 增容 2002.10 增容	龙泉电力局
3	南秦变	龙泉市 龙渊镇	1# 2#	6300 8000	35 35	10 10	1996.6 2001.8	龙泉电力局
4	查田变	龙泉市 查田镇	2#	6300	35	10	2004.5 增容	龙泉电力局
5	八都变	龙泉市 八都镇	1#	8000	35	10	2004.5 增容	龙泉电力局
6	住龙变	龙泉市 住龙镇	1#	3150	35	10	2000.9	龙泉电力局
7	龙南变	龙泉市 龙南乡	1# 2#	3150 6300	35 35	10 10	2001.12 2003.10 增容	龙泉电力局
8	城北变	龙泉市区 茶叶坪	1# 2#	3150 5000	35 35	10 10	2002.2 2003.10 增容	龙泉电力局
9	大沙变	龙泉市 大沙工业区	1#	10000	35	10	2005.12	龙泉电力局
10	大赛一级 升压站	龙泉市 兰巨乡	1#	2500	6.3	35	2004.7	用户自备
11	大赛二级 升压站	龙泉市 兰巨乡	2#	2000	6	35	1996.6	用户自备
12	均溪一级 升压站	龙泉市 屏南镇	1#	4000	6.3	35	2000.4	用户自备
13	均溪二级 升压站	龙泉市 屏南镇	1#	12500	6.3	35	2002.9	用户自备
14	百步岭 升压站	龙泉市 住龙镇	1#~2#	11300	10	35	2002.7	用户自备
15	均溪三级 升压站	龙泉市 屏南镇	1#	6300	6.3	35	2005.5	用户自备

城网改造工程

1989—1999 年，龙泉电力局相继完成大白岸一级电站、宫头电站、木岱口电站增容改造和查田变电所电器安装工程，八都变、城镇变增容技改，新建龙都、龙安、龙查、龙镇、龙铅、大龙、赛龙 35 千伏线路，紧水滩至龙泉、瑞垟至龙泉 110 千伏线，形成以水电为主，统一发供电管理的电力系统规模。1998 年，龙泉电力局筹集资金建设南秦输变电工程，于 1999 年 6 月竣工投运。该变电所的启动投运保证了纤维板厂、第二自来水厂等重要企业的用电。2000 年始，龙泉电力局投入城网改造资金，建造了 35 千伏城北、龙南、安仁、住龙变电所 4 座。2005 年，35 千伏大沙变电所竣工投运，进一步缓和由于 35 千伏变电所布点不足导致城北、住龙、龙南等乡镇因供电线路过长引发事故多、线损高、电能质量差的供电局面。1989 年以来，龙泉电力局投资完成工业小区配套改造，新建和改造了青瓷宝剑园区、城区主要街道的 22 条 10 千伏线路，对城区低压电网进行全面改造，全市供电区域内供电可靠性和供电质量稳步提高。2006年末城网改造结束，全市供电可靠率为99.4%，比“九五”期末提高了0.5个百分点，综合电压合格率95.7%，比“九五”期末提高了5个百分点。

农网建设与改造

1989年以来，龙泉电力局投入资金进行大规模农网建设与改造，龙泉县顺利通过省农村电气化验收小组农村电气化合格验收，实现全市农村电网建设历史性跨越。至2004年，农网建设与改造累计完成投资1.08亿元，完成了全市444个行政村的低压电网改造，仅农民生活用电价格下降，每年减轻农民电费负担约600万元，使广大农民得到了实惠。为认真实施“新农村、新电力、新服务”农电发展战略，2006年，龙泉电力局完成新农村电网建设资金1025.6万元，并自筹资金28.23万元全面完成龙泉市“户户通电”工程，实现了全市无电户通电。2007年，总投资3222.5万元，新建35千伏安仁至道太、查田变至八都变输电线路工程以及35千伏住龙变增容等工程。2008年，为加快八都工业园区基础设施建设，龙泉电力公司为园区安装路灯30盏。为龙泉工业园区铺设高压管线及10千伏低压进线，解决园区企业用电负荷问题。铺设高压同时为解决政府资金困难，主动向省电力公司争取“回归工程”Ⅰ期电力杆线迁移资金1400万元，完成3条110千伏线路、6条35千伏线路、4条10千伏线路的迁移，并自筹资金600万元建设园区供电网络，供电线路延伸到企业厂区，减少了50家入园企业电力设施投资500余万元，为企业供电提供了强有力的保障。随着农村电网的快速发展，农村电气化事业也进入新的发展阶段，同年完成13个新农村电气化村建设，使村庄改建、农副产品以及来料加工用电得到有效保障。

第三节 供 电

龙泉市供电公司

国网浙江省电力公司龙泉市供电公司原为龙泉市电力公司，其前身是1926年的普耀电灯公司。至2010年末，公司在职全民职工306人，担负着全市工农业生产和人民生活用电的供电任务。市境内有220千伏变电所1座，容量30万千伏安；110千伏变电所2座，主变3台，容量12.15万千伏安；35千伏变电所15座（包括用户变3座），变电容量18.105万千伏安；35千伏输电线路33条421.91千米；10千伏配电线路96条1627.482千米。龙泉电网共有并网小水电站105座，总装机容量21.22万千瓦。其中110千伏等级送出的瑞垟一级和二级电站、岩樟溪电站、岩樟溪二级电站共4座，总装机容量7.42万千瓦，属地调调度；35千伏等级送出的均溪一、二、三级、大白岸电站、杨梅滩、井惠口电站、大赛一、二级电站、桐山电站、岭坤电站和分布在10千伏线路上的其他小水电站共101座，总装机容量13.80万千瓦，均属县调调度。2010年，龙泉电力局实现全年累计购电量3.59亿千瓦时；售电量3.24亿千瓦时。

1999年12月，龙泉市电力公司在住龙、道太两地先行试点，进行农电体制改革。在体制上，撤销乡（镇）农电站，组建隶属本局的乡（镇）供电营业所；采取营配合一的管理模式，乡镇供电营业所的人、财、物统一由本局管理。在试点取得经验的基础上，按照“理顺管理、方便用户”的原则，结合行政区域和营业网点规划，在全市实施乡(镇)农电体制改革。将全市原龙泉电力局直属的4个供电所，23个乡镇电管站，2个自供区改制为7个供电营业所，下设电工组，并于2000年5月通过考试考核择优录用了农电工121人。对广大农村用户逐步实现了“五统一、四到户、三公开”的用电管理。2002年6月1日，龙泉市顺利实现城乡用电同网同价，农村平均电价从网改前的0.75元/千瓦时降至同价后的0. 53元/千瓦时，仅此一项年减轻农民电费负担195万元。

供电区划

1991年末，龙泉市拥有35千伏变电所7座，变电总容量20090千伏安，35千伏线路116.9千米；10千伏配电线路1084.67千米，配电变压器793台，计5.09万千伏安。市电网供电17个乡镇，440个行政村，分别占乡、村总数的100%和99、5%。市网年供电量7860.54万千瓦时，供电最高负荷1.78万千瓦，线损率6.82%。

20世纪90年代，龙泉经济不断增长，为适应经济发展的需要，龙泉加快了电力设施建设。1991年，住龙35千伏线路建成。1993年1月，龙浦35千伏线路建成，实现了龙泉电网向浦城县供电。同年5月，八都35千伏变电所增容改造，新增主变1台，装机容量3150千伏安。1997年6月龙泉电网自动化系统实用化投入使用。1999年，龙泉市第一座综合自动化运行变电所——35千伏南秦变电所建成，标志着龙泉局自动化水平上了一个新的台阶。2002年4月28日，龙泉境内宏山220千伏输变电工程开工建设，总投资1.2亿元，次年10月投运。

根据省电力公司浙电农〔2000〕212号、〔2001〕473号、〔2002〕309号文件批复，龙泉市1、11期农网改造总投资10614万元(含小水电自供区1200万元)，于2000年8月5日启动，2003年2月28日全面竣工。新建35千伏输变电工程3处(城北、龙南、住龙变电所)，变电所增容改造4座(安仁、龙南、城北、南秦变电所)，变电所增容改造1条；新建10千伏线路356.4千米，改造10千伏线路733.22千米，改造高耗变273台，容量13205千伏安，新增配变250台，容量12430千伏安，改造配变270台，完成低压改造村442个，改造计量装置66043户，并对自供区进行了接管，全市实现村村通电。网改结束后，全市均执行同网同价政策，以2004年农村供电量计算，全市减轻农民负担1481万元。

2004年，龙泉开始实施城区电网改造工程，总投资2680万元，于2005年12月全面竣工。新建35千伏输变电工程1处；新建与改造10千伏线路90.97千米；新建与改造配变台区68个，容量21090千伏安；新建与改造低压线路41.46千米；新装和更换户表3393只。

至2005年，龙泉市拥有35千伏变电所12座，变电总容量101030千伏安；35千伏输电线路25条，计342.35千米；10千伏配电线路65条，计1974千米；配电变压器979台，计7.35万千伏安；供电区内设10个乡镇供电所，共有电力用户91628户，容量148.284万千瓦。市网年供电量9256.56千瓦时，供电最高负荷3.88万千瓦，线损率7.72%。

电力调度

根据“统一调度、分级管理”的原则，龙泉县调对上接受丽水地调的统一调度，负责35千伏及以下电网管理和设备管理。1991年7月11日起，执行《丽水电网事故紧急拉闸表》。1993年成立宣传贯彻《电网调度管理条例》工作领导小组，利用座谈会、研讨会及新闻媒介播放等形式，在全县范围内广泛宣传。《电网调度管理条例》是电网调度史上第一个专业性法律文件。调度机构设置五级：国家调度机构，跨省调度机构，省、自治区、直辖市调度机构，市（设区的市或相当于设区的市一级）调度机构和县调度机构，该条例使电网调度在法律上找到定位，规定任何单位、个人，不能干预正常电力调度。至此，改变电网以规程形式进行管理模式，走入法制轨道。1997 年第二版《丽水地区电力系统调度规程》代替了延续用了十三年的旧版《丽水地区电力系统调度规程》，使调度规程更适应当时的电网发展。1998 年按照全省调度系统统一部署，调度运行人员必须持证上岗，当年县调调度员全部取得了调度运行上岗证。

进入 21 世纪后，龙泉市调运行管理进入发展时期。2000 年，开展县（市、区）调度运行管理整顿活动，通过活动，全面提高县调调度运行管理水平。2001 年，统一规范了全市电网调度机构（简称）名称，规范了地县两级调度。同年地调调度操作票管理系统投入运行，系统包括操作票管理、数据管理、系统维护、系统操作等多项功能，调度管理上了台阶。2005 年，开展调度机构“安全优质服务年”活动，做到“五个”不准，切实履行“三公”调度，与直调电厂（站）签订《并网调度协议》，平等对待不同发电主体，按比例限发电站机组出力。

电能质量

电压 电力系统的无功分层、分区和就地平衡，以及自动控制调压，是保证电压质量的基本条件。20 世纪 90 年代始，龙泉电力工业局生产技术科为无功电压管理部门，设置兼职人员，对电网的无功平衡、电压质量实行从规划到生产运行的日常管理。1991 年，10 千伏母线电压合格率为 68.8%。1993 年，成立龙泉市电力工业局谐波管理小组，负责谐波监督和测试工作。1994 年 12 月 1 日始，执行《丽水电网电压质量和无功电力管理规定》，电网供电电压质量控制标准为：220 千伏变电所的 110 千伏母线，正常运行方式时，电压允许偏差为额定电压的-3%~+7%；220 千伏、110 千伏变电所的 35 千伏母线，正常运行方式时，电压允许偏差为额定电压的-3%~+7%；变电所的 10 千伏母线，正常运行方式时，电压允许偏差为额定电压的 0%~+7%。

20 世纪 90 年代中期，大量非线性负荷如中频炉、电弧炉等设备投入电网运行，谐波污染已成为影响电网电能质量提高的主要问题之一。从 1998 年始，对电网的谐波超标情况进行测试、分析，进而实施治理，逐步摸索出适合电网的谐波治理模式，规模较大的谐波源用户要求用户就地治理；接有大量小型谐波源用户的母线实施集中治理；谐波超标不严重的母线处，无功补偿装置选用大电抗对谐波进行抑制。建立谐波管理网络，确定谐波管理工作流程，成立以生产局长为组长的电能质量领导小组，下设电能质量办公室，按照“谁污染，谁治理”和“谁用户、谁管理”的原则，建立谐波准入制度，对已经入网运行的谐波源用户，根据谐波测试超标情况要求限期完成治理，按照用户工程的验收管理规定对谐波治理工程进行验收。同年 12 月 1 日始，实施《丽水电网电压监测点设置办法及电压质量标准》，规定安全生产文明达标标准：供电综合电压合格率大于等于 92%；网局一流标准：供电综合电压合格率大于等于 97%。之后，使用电压无功综合控制器自动调压及投撤电容器、对各县市关口力率实施考核、按规定对水电厂下达电压、力率曲线等管理、技术措施，提高两率，至 2000 年，电压合格率为 96.63%。

2005 年，所有变电所均安装了无功电压综合控制器。通过农网改造，缩小了供电半径，同时加强了无功电压、电能质量管理力度，无功配置更趋合理，提高了自动化调压水平。龙泉供电局综合电压合格率从网改前的77.04%，提高到2005年的93.5%。

供电可靠性　20世纪90年代初期，由于地理环境、电网结构及人员观念等原因，供电可靠性指标一直徘徊在较低的水平。之后，成立输变电可靠性管理小组，陆续制订颁发《加强可靠性管理工作的若干意见》，实行量化管理，目标分解，经济考核。运行方式每年两次安排对无载调压主变及有载调压主变的无载分头进行切换，运行人员合理调整主变分头和投切电容器，变电所逐步采用自动控制手段调整电压和无功，至1996年，变压器故障率为8.37%，可用系数99.27；断路器故障率为2.25%，可用系数98.87；架空线故障率为0.61%，可用系数99.01，供电可靠率为98.13%。

1997年，成立可靠性管理领导小组，落实提高供电可靠率措施。制订详细的、可操作性强的软硬件保证措施和对策，用事先的计划指标来达到可靠性目标管理的要求。同时，开闭所、分接箱的建立，也减少了线路故障率和停电次数及停电范围。2002年，颁发《用户供电可靠性管理办法》，规定检修、施工（基建、业扩、改造等）停电时间的界定与事故抢修停电时间界定。至2010年，全网城市供电可靠率为99.96%，农村供电可靠率为99.81%。

安全生产

1989年，建立电力公司监察保卫股。1991年，成立龙泉电力公司安全生产委员会。1992年，原监察保卫股改称为安全监察股，配备专业技术人员。同年，调整组建全公司三级安全网，基层单位配备专职安全员，班组配备兼职安全员。1994年，成立安监科。2000年，设立安全生产保证体系和安全监察体系。

20世纪90年代始，坚持一年一度的安全知识、安规考试及春、冬季安全大检查，并逐步规范化、制度化。1993年始，凡在变电所有民工、临时工参加的所有工作，必须填写"民工、临时工现场安全教育记录表"。1994年，收集近年来典型事故案例，分设备、人身、交通三个部分，绘制事故图片，配备讲解员，在全县进行巡回展览。此后，在全县范围内贯彻电力部《电力生产安全规定》《电力安全监察规定》《电力系统多种经营安全管理工作规定》。

1991年，颁发《领导和有关部门安全生产职责》，对局长、生产副局长、总工程师、生技安监科、用电科、调度所、劳资科、基建科等安全职责作出具体规定。1992年12月，贯彻能源部、公安部颁发的《电力设施保护条例实施细则》，原水利电力部制定的《电力线路防护规程》同时废止。

1995年实施五天工作制后，建立党政领导、中层干部周休息日值班制度，确保电力生产安全。同年开始，全局电力职工每人提取100元作为安全生产基金，上交局财务科，年底进行考核评比，一次性兑现奖励先进集体、先进个人和安全生产承包责任人。1996年，执行丽水电业生产事故调查规定，规定事故报告、调查、分析程序，做到事故三不放过。

1997年，首次与局各属单位签订了安全生产承包责任书，将安全生产责任书进行逐级分解，直到班组。同年在基建施工单位实施"送、变电施工作业票"，推行"二次回路工作安全措施卡"，制订全局配电线路统一工作票实施标准。1998年，执行《丽水电网建设外包工程（检修）和临时用工安全管理办法》，规定不具备有关资质的施工队伍，不得进网；聘用的临时工、劳务协作工、民工实施动态安全考核，违者一律清退。1999年，启用二次回路现场工作安全措施卡，印发《龙泉市电力局安全管理暂行办法》，规范了安全管理工作。

2002年，出台《龙泉市电力局2002年安全目标及保证措施》。同年11月《中华人民共和国安全生产法》施行，安全生产实行法治。2005 年，建立突发事件处置应急机制，制订《龙泉市电力局系统突发事件应急预案》，应对台风等外部破坏事件，保证人身、电网和设备的安全。

实现每年安全事故"零递增"，2005 年通过丽水市"安全性评价"工作考核验收。

第四节　用　电

用电水平

供用电分析　2010 年，龙泉电网运行平稳有序，没有出现大面积停电和系统稳定破坏事件，供电秩序正常，没有发生电源性拉闸限电。龙泉市全社会用电量增长到 3.35 亿千瓦时，同比增长 18.51%，售电量 3.24 亿千瓦时，同比增长 21.08%。其中：第一产业用电 494.16 万千瓦时，同比增长 4.89%，占全行业用电量的 2.02%；第二产业用电 18833.16 万千瓦时，同比增长 24.82%，占全行业用电量的 76.87%；第三产业用电 5172.43 万千瓦时，同比增长 11.10%，占全行业用电量的 21.11%。网供电量 2.14 亿千瓦时，同比增长 22.3%。日最高用电量 146.26 万千瓦时。全市供电最高负荷 7.88 万千瓦。全市小水电发电量 35929.74 万千瓦时，同比增长 29.05%；上网电量 23779.94 万千瓦时，同比增长 39.72%。

2010 年，工业用电量同比有了较大的增长，增长幅度达 39.69%。从结构来看，重工业同比增长幅度达 53.85%，轻工业同比增长幅度达 35.1%。特别是础石工业园区刚刚上马的龙泉市骏隆钢业有限公限和巨泰特种钢有限公司的用电量分别达到 1062.23 万千瓦时和 978.39 万千瓦时。对龙泉电网全社会用电量增长起到一个积极的作用。

电量与负荷　龙泉从有电开始，用电量随着国民经济的发展而发展。进入九十年代，用电量稳步增长，增长点集中在工业用电和居民生活用电，1994 年，实现所有乡镇通电和村村通电。1994 年，龙泉用电量首次突破 1 亿千瓦时大关，达 11567.47 万千瓦时。之后，用电量增长速度减缓。

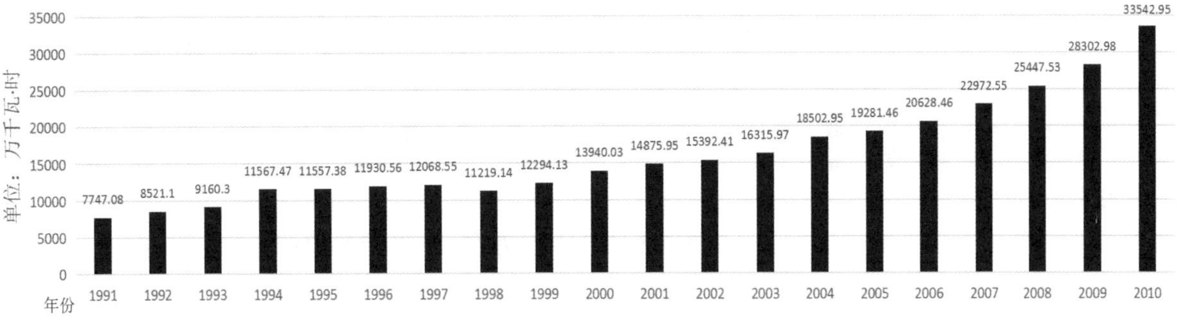

图 6-1-1　**1991—2010 年龙泉市用电量**

1989 年，发电量 1250.39 万千瓦时，购电量 5909.04 万千瓦时，供电量 6223.80 万千瓦时，售电量 5642.68 千瓦时，线损率 8.12%。

1990 年，自发电量 1039.38 万千瓦时，购电量 7339.35 万千瓦时，供电量 7332.59 万千瓦时，售电量 6724.32 万千瓦时，线损率 7.38%。

1991 年自发电量 870.65 万千瓦时，购电量 7600.53 万千瓦时，供电量 7743.82 万千瓦时，售电量 7204.403 万千瓦时，线损率 6.37%。

1992 年，自发电量 1343.56 万千瓦时，购电量 9472.56 万千瓦时，供电量 8521 万千瓦时，售电量 7920.16，线损率 5.5%。

1993 年，自发电量 1071.16 万千瓦时，购电量 10571.18 万千瓦时，供电量 9154.27 万千瓦时，售电量 8495.4 万千瓦时。线损率 5.66%。

1994 年，自发电量 946.70 万千瓦时，购电量 14169.32 万千瓦时，供电量 1500.6 万千瓦时，售电量 10372.74 万千瓦时。线损率 7.48%。

1995 年，自发电量 1318.16 万千瓦时，购电量 14360.43，供电量 11918.09 万千瓦时，售电量 11021.21 万千瓦时，线损率 6.13%。

1996 年，自发电量 745.72 万千瓦时，购电量 13723.87 万千瓦时。供电量 11912.47 万千瓦时，售电量 10960.70 万千瓦时。线损率 6.58%。

1997 年，自发电量 1228.85 万千瓦时，购电量 14558.5 万千瓦时，供电量 12068.55 万千瓦时，售电量 11245.78 万千瓦时，线损率 6.82%。

1998 年，自发电量 1575.77 万千瓦时，购电量 14381.48 万千瓦时，供电量 11219.14 万千瓦时，售电量 10129.9 万千瓦时，线损率 9.7%。

1999 年，自发电量 1375.42 万千瓦时，购电量 15459.07 万千瓦时，供电量 12294.13 万千瓦时，售电量 11302.55 万千瓦时，线损率 8.07%。

负荷："十五"期间，龙泉城乡居民生活用电剧增，同时市政府倡导合力兴工，提升工业用电量，电力出现供不应求局面，2005 年，龙泉最高负荷 38800 千瓦。龙泉市实行计划用电，合理平衡负荷，同时加大电力基本建设，增强电网供电能力。

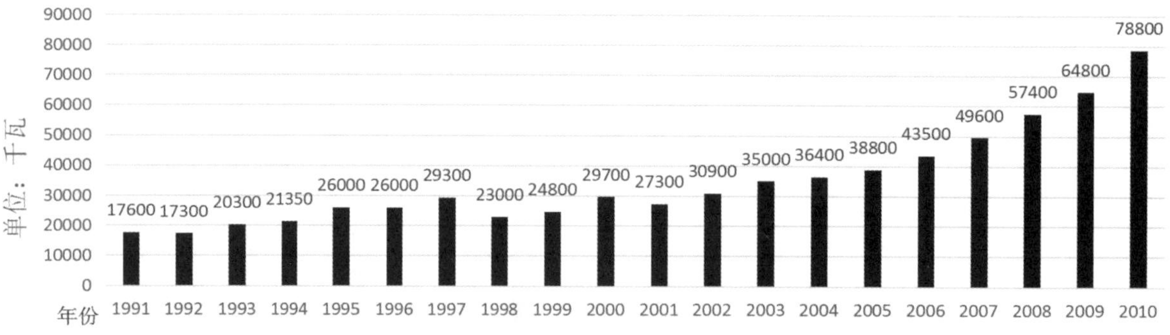

图 6-1-2　**1991—2010 年龙泉市用电负荷**

用电结构

工业用电　20 世纪 90 年代初，工业用电主要集中在化学、建材、黑色金属冶炼等行业。"八五"期间，工业用电量逐步上升。"九五"期间工业用电量年平均增长速度缓慢，1999 年后，开始回升。2001 年，工业用电量首次突破 1 亿千瓦时，达 10160.27 千瓦时。

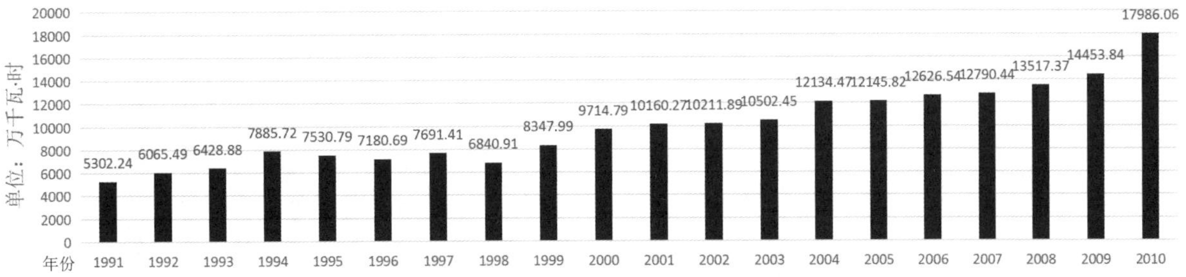

图 6–1–3　　**1991—2010 年龙泉市工业用电**

农、林、牧、渔业用电　实现乡乡通电后，1995 年上升至 946.39 万千瓦时。此后，农、林、牧、渔业用电呈现下降趋势，1998 年，农业用电量不足 100 万千瓦时，为 89.89 万千瓦时。

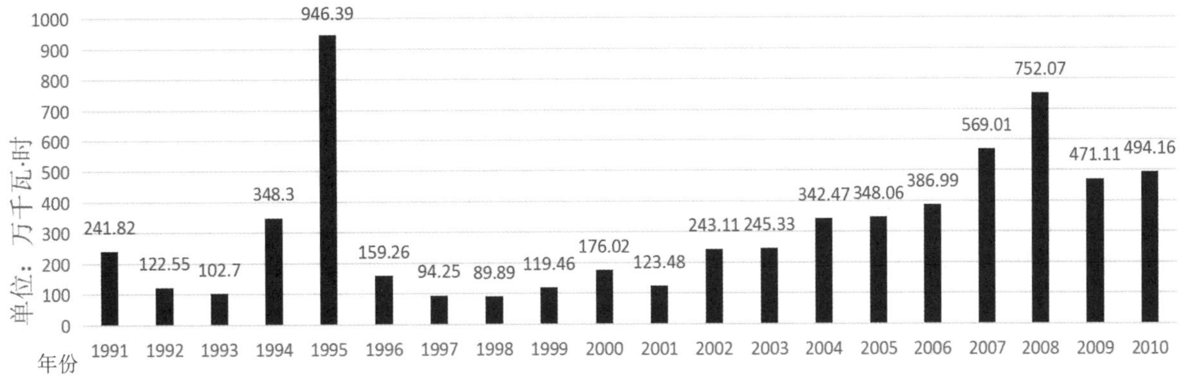

图 6–1–4　　**1991—2010 年龙泉市农、林、牧、渔业水利用电**

交通运输、仓储、邮电通信业用电　“八五”期间，交通运输用电仍然以汽车站、公路段为主，公路建设向乡村延伸。“九五”期间，交通运输用电发展缓慢。

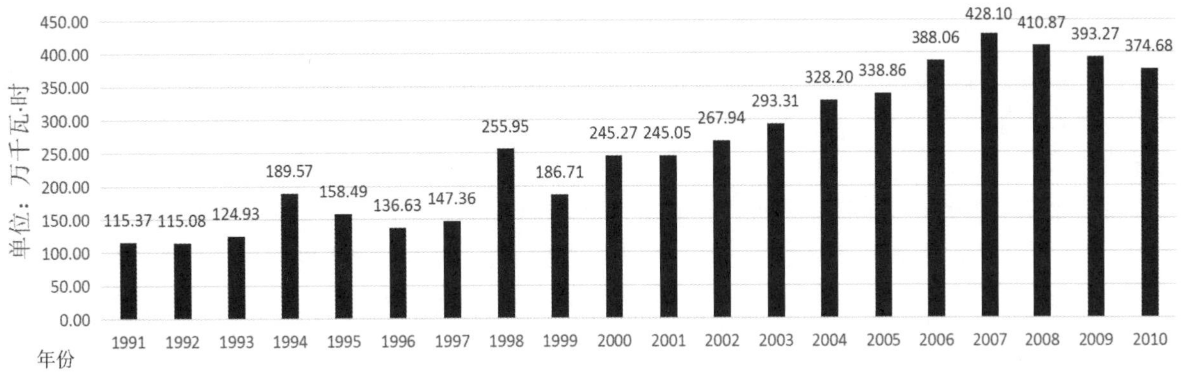

图 6–1–5　　**1991—2010 年龙泉市交通运输、仓储邮电通信业用电量**

城乡居民生活用电　随着用电范围的扩展以及家用电器的普及，城乡居民生活用电呈现稳步攀升趋势，1994 年实现全市所有乡镇通电，1996 年城乡居民生活用电 2322.63 万千瓦时，首次突破 2000 万千瓦时。

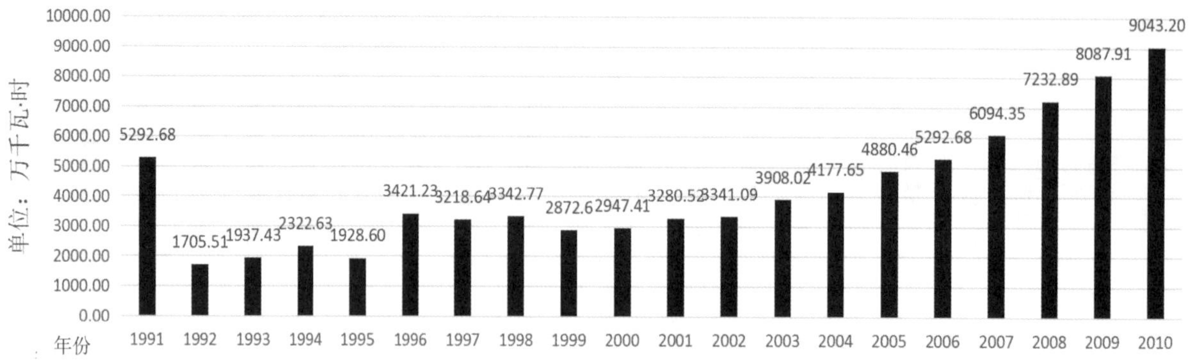

图 6-1-6　**1991—2010 年城乡居民用电量**

用电管理

用电监察　20 世纪 90 年代起，监察工作随着电力事业的迅猛发展，树立新的观念和意识，逐步完善成为行政监察和执法监察。规定新安装的高配用户必须使用带有“五防”装置的配电柜方可通电。建立对自发用户定期检查制度，用户自备电源与电网电源须全部通过多极(包括零线)双投闸刀切换。在报纸上刊登启示声明：凡在供电网上的用户发生私拉乱接或倒供等违章违法行为，无论是否造成严重后果，均必须严厉查处；构成事故者，一律由肇事单位负责。导致人员伤亡者，追究刑事责任。1991 年 7 月，工矿企业电气操作员参加了复审并全部通过考试。根据中华人民共和国能源部第九号部长令《进网作业电工管理办法》的要求，1994 年起，举办新进网作业电工培训班，接受电气理论及电力系统运行知识、电气安全与作业技能、电业作业规定的培训，对合格人员颁发了进网作业电工操作证。之后，查窃电也成为日常性工作，采用经常化和突击性相结合的查窃电活动，成果明显。1996 年，试用大用户防窃技术装置，及时反馈用电窃电信息。

2001 年，龙泉市公安局和龙泉电力局联合制订《龙泉市电力治安整治方案》，7—9 月联合开展电力治安整治，以打击危害电力设施安全、盗窃国家电能、妨碍电力建设工程和电力公务活动、整治电力企业安全隐患等为主要内容。

2004 年，开展整治电力生产治安秩序专项行动，利用广播、电视、报刊宣传《中华人民共和国电力法》《电力设施保护条例》，同时积极做好人防、技防、物防等工作，组建高素质的护线队伍，健全群防群治体系。

用电平衡　1991 年，根据工农业生产情况和小水电发电计划，认真预测分月用电，采用峰谷计量，全市省网用电量的峰谷比为 63:37，峰谷负荷差合格率达 76.4%，全市农村保证率为 98.35%。开展 1991 年度三电工作对口竞赛，按超过 60 分的每超过 1 分，奖统配电量指标 1 万千瓦时，低于 60 分的每低一分扣 1 万千瓦时统配电量指标的标准。

1995 年 1 月 1 日，按照电网商业化营运方式，改进核算方式，建立电网结算中心，进行电力商品交换，通过对电网周波(频率)和日用电曲线合格率的考核，进行经济上的奖罚。同年，成立电力负荷管理系统领导小组，通过建设电力负荷的动态管理，逐步实现用电管理现代化。此后，全市用电负荷急剧上升，最高负荷超出计划指标一倍，制定超计划用电限电序位表，丽水三电办修订计划用电管理考核办法，规定各县(市)在每月 14 日前(地区局收到的时间)，根据本县(市)用电的需求，以书面和电话或传真形式申报下月用(送)大网电量计划。丽水根据各县(市)上报的用电计划和省网下达的月用电指标以及用电单位拥有年度指标情况，综合平衡后下达月用电计划指标；负荷率实行网供单向考核，以关口用电实绩为准，按日计算，按月考核。月平均用电负荷率每低于考核指标下限一个百分点；扣罚当月分配总电量指标0.3%的统配指标，每高于考核指标上限的一个百分点，奖励当月分配总电量指标0.35%的统配电量；负荷峰谷差及最低负荷指标随同月度计划下达，实行按日考核，月负荷峰谷差合格率达到70%以上的，不扣罚统配电量指标；在35%~70%之间时，按当月偏差绝对值的10%扣罚统配电量指标；小于35%时，按当月偏差绝对值的20%扣罚统配电量指标。

1998年，用电形势发生相应变化，用电指标大量宽裕，4月起连续两次会同地区经委、物价等部门组织联合调查组，深入厂矿企业开展现场办公，激励企业用电，以电价为杠杆，以小水电就地平衡为目标，达到增供促销的效果。2002年始，经济快速发展，用电形势趋紧，缺电局面相继呈现，为稳定全市供用电秩序，对于容量超1000千瓦的业扩要报市电业局备案，重点关注工业园区的建设。加大小水电调度管理力度，按调度曲线运行，保障区域日负荷的均衡。成立用户管电机构，制订用电的宽、松、紧三套供电方案，严格执行《超供用电能力拉限电序位表》。

由于干旱等自然因素加剧了用电的紧张，2003年，工业负荷以及直供用户全部采取错峰用电和拉限电措施，并对路灯限半使用、广告灯箱全停。执行A、B、C、D四种错峰方案，并将四方案指标具体分解，按“缺多少，错多少”的原则，分别对应执行相应的错峰方案，夏季用电高峰期全市实行按指标控制用电负荷。

2004年，龙泉市电力局将“加快市区电网建设步伐，努力缓解市区用电紧张局面”列首位。为有序安排全市电力供应，成立有序用电领导小组，下设办公室，具体负责处理全市有序用电的日常工作，报告日常的供用电情况，发布供用电信息，负责信息沟通与相关协调工作等。同年实行用电缺口分级预警制，根据负荷缺口多少分为A、B、C、D、E 5个预警等级，分别用绿、黄、橙、红、深红5种颜色的状态标志表示，并根据此启动相应级别的用电方案。2005年，完成电力负荷管理系统建设，实现用户用电的可控在控，提高需求侧管理水平。

电力营销 20世纪90年代，简化手续扩展用户，1991年，全区业扩时限平均为无工程10.17天，有工程21.25天。1996年始，对一类保供申请，三日内提出审核意见；对二类保供申请，二日内提出审核意见。1998年，全年业扩通电率99.5%，变压有工程平均时限24.59天，高压无工程时限9.75天，低压工程平均时限16.28天。新增“一户一表”户10358户。

随着经济的发展，供电业务也在逐步增加，2000年，推出“业扩简明流程图”，明确各部门的分工职责，实现用户办电“内转外不转”。2002年，建立电力营销客户信息系统，为经营决策提供及时、可靠、真实的客户信息数据。次年，规定10千伏供电、报装容量在1000千伏安及以上的用户，必须将有关业扩资料报送电力营销处备案，其供电方案在批复前须征得丽水市电业局同意；用户的用电需35千伏供电的，要纳入丽水电业局的业扩流程，供电方案经县局提出初步意见，报丽水电业局审批。此后，用“一口对外”“内转外不转”等措施来适应、开拓市场需求。

2004年，出台电力审批审核受理程序和时限规定，审批事项：在电力设施保护区进行作业为10个工作日；新建扩建电厂接入系统设计为15个工作日。审核事项(审批权在市计委)：地方小水电上网电价为10个工作日；新建扩建水电厂的项目建议书与可行性研究报告为16个工作日。

电价

照明电价 1993年，照明电价由每千瓦时0.15元调整到每千瓦时0.30元。由于电价结构和电力供需矛盾突出，小水电上网价未全部按省定政策到位和工业企业电费负担过重的问题长期得不到解决，直接影响了经济发展。1996年3月始，城乡居民生活用电到户结算价格由现行的每千瓦时0.30元调整为0.45元；农村居民用户用电到配变的结算价格由现行的每千瓦时0.29元调整为0.44元。2000年1月起执行全省统一电价，城镇不满1千伏电度电价0.53元，城镇1~10千伏及以上0.51元，农村居民生活用电0.46元。

2004年8月1日起，执行新的电价，一户一表用户将实施阶梯式累进电价：月用电量低于50千瓦时（含50千瓦时）部分不调整；月用电量在50~200千瓦时部分，电价每千瓦时上调0.03元；月用电量超过200千瓦时部分，电价每千瓦时上调0.10元。执行峰谷电价的居民用户以总电量与阶梯基数对比进行计算。居民合表用户和学校等集体用户的电价每千瓦时上调0.02元。1991—2005年，照明电价调整4次，每千瓦时提高0.38元。

动力电价 1996年，动力电价调整：非工业、普通工业、不满1千伏每千瓦时0.35元；1~10千伏每千瓦时0.34元；35千伏及以上每千瓦时0.32元。大工业1~10千伏每千瓦时0.25元；35千伏及以上每千瓦时0.22元。2000年始，对工业用电实行峰谷电价，非工业、普通工业不满1千伏由每千瓦时0.35元调整到每千瓦时0.90元；大工业1~10千伏由每千瓦时0.38元调整为0.51元。2003年，对315千伏安及以上大工业用户、315千伏安以下的普通工业用户和执行普通工业电价并选择执行峰谷电价的旅游宾馆饭店用户开始实施新的峰谷电价，调整后的峰谷电价从两时段两费率变为六时段三费率，峰谷电价比最高达3:1。2004年，动力电价每千瓦时平均上调4分。

趸售电价 根据浙电用〔1994〕570号《关于颁发浙江省全口径峰谷分时电价考核试行办法的通知》文件规定，从1995年1月1日起，对各趸售用户实行峰谷电价，执行峰谷电价结算，其峰谷电的测算为：依据各售用户上年用网电量的峰谷比例，相比上年分价用电实绩推算出平均价，而后再测算出峰谷价。2001年，平均结算趸售电价0.33元/千瓦时。2003年作了调整，平均结算电价为0.325元/千瓦时。

并网小水电电价 20世纪90年代初期，并网小水电电价按省定价及定价原则，由地区物价局核准，执行峰谷电价。2001年，全市地方小水电上网电价正式出台。

多种电价 1992年9月16日，对统配电煤运加价、集资电价、加工电标准分别加以调整。网供电统配用电量的煤运加价，按每千瓦时0.15元收取；加工电的加价标准由每千瓦时0.18元调整到0.23元；集资电的电价由每千瓦时0.20元调整到0.24元。1996年，对城镇居民以外的各种用电，加收每千瓦时0.06元的水利附加费。2000年，取消加工电价，其他尚在执行的多种电价合并在电能电价中收取。2006年，浙江省电网销售电价平均每千瓦时提高0.02元，其中包括通过提高电价征收的水库移民后期扶持资金和可再生能源电价附加。2009年，为疏导火力发电企业上网电价提高增加电网企业购电成本等电价矛盾，促进可再生能源发展，省电网销售电价平均每千瓦时提高0.03元，其中可再生能源电价附加从每千瓦时0.02元提高至0.04元。

浙江省电网销售电价表(2009 年 11 月至 2010 年 12 月执行电价)一览表

表 6-1-4

用电分类	电压等级		电度电价（元/千瓦·时）	分时电价(元/千瓦·时)			基本电价(元/千瓦·时)	
				尖峰电价	高峰电价	低谷电价	变压器容量（元/千伏安·月）	最大需量（元/千瓦·月）
居民生活用电	不满 1 千伏“一户一表”居民用户	月用电量 50 千瓦时及以下部分	0.54	—	0.57	0.28	—	—
		月用电量 51~200 千瓦时部分	0.57	—	0.60	0.32	—	—
		月用电量 201 千瓦时及以上部分	0.64	—	0.67	0.39	—	—
	不满 1 千伏合表用户		0.56	—	—	—	—	—
	1~10 千伏及以上合表用户		0.54	—	—	—	—	—
	农村 1~10 千伏		0.51	—	—	—	—	—
大工业用电	1~10 千伏		0.66	1.08	0.90	0.42	30	40
	20 千伏		0.64	1.06	0.88	0.40	30	40
	35 千伏		0.63	1.04	0.86	0.39	30	40
	110 千伏		0.61	1.01	0.84	0.37	30	40
	220 千伏及以上		0.61	1.00	0.83	0.37	30	40
	中小化肥用电	1~10 千伏	0.27	—	—	—	30	40
		20 千伏	0.25	—	—	—	30	40
		35 千伏	0.24	—	—	—	30	40
		110 千伏及以上	0.22	—	—	—	30	40
	电解铝生产用电		0.42	—	—	—	30	40
	氯碱生产用电	1~10 千伏	0.57	0.97	0.76	0.33	30	40
		20 千伏	0.55	0.94	0.74	0.32	30	40
		35 千伏	0.54	0.93	0.73	0.31	30	40
		110 千伏及以上	0.51	0.90	0.70	0.29	30	40
	其中：采用离子膜法工艺的氯碱生产用电	1~10 千伏	0.55	0.96	0.74	0.32	30	40
		20 千伏	0.53	0.93	0.72	0.30	30	40
		35 千伏	0.52	0.91	0.71	0.29	30	40
		110 千伏及以上	0.50	0.88	0.68	0.27	30	40
一般工商业用电	不满 1 千伏		0.90	1.42	1.11	0.59	—	—
	1~10 千伏		0.87	1.37	1.07	0.56	—	—
	20 千伏		0.85	1.34	1.05	0.54	—	—
	35 千伏及以上		0.84	1.33	1.04	0.53	—	—
	其中:中小化肥用电	不满 1 千伏	0.38	—	—	—	—	—
		1~10 千伏	0.34	—	—	—	—	—

续表 6-1-4

用电分类	电压等级		电度电价（元/千瓦·时）	分时电价（元/千瓦·时）			基本电价（元/千瓦·时）	
				尖峰电价	高峰电价	低谷电价	变压器容量（元/千伏安·月）	最大需量（元/千瓦·月）
		20 千伏	0.32	—	—	—	—	—
		35 千伏及以上	0.31	—	—	—	—	—
非工业用电	不满 1 千伏		0.92	—	—	—	—	—
	1~10 千伏		0.88	—	—	—	—	—
	20 千伏		0.86	—	—	—	—	—
	35 千伏及以上		0.85	—	—	—	—	—
	其中：部队、狱政用电	不满 1 千伏	0.70	—	—	—	—	—
		1~10 千伏	0.67	—	—	—	—	—
		20 千伏	0.65	—	—	—	—	—
		35 千伏及以上	0.64	—	—	—	—	—
农业生产用电	不满 1 千伏		0.69	—	—	—	—	—
	1~10 千伏		0.65	—	—	—	—	—
	20 千伏		0.63	—	—	—	—	—
	35 千伏及以上		0.62	—	—	—	—	—
	其中：农业排灌、脱粒用电	不满 1 千伏	0.44	—	—	—	—	—
		1~10 千伏	0.40	—	—	—	—	—
		20 千伏	0.38	—	—	—	—	—
		35 千伏及以上	0.37	—	—	—	—	—
	其中：贫困县农业排灌用电	不满 1 千伏	0.17	—	—	—	—	—
		1~10 千伏	0.13	—	—	—	—	—

第五节　机构队伍

机构沿革

1989 年 5 月 9 日，成立安全监察小组。

1989 年 8 月 1 日，建立公司监察保卫股。

1991 年 3 月 11 日，设行政科，归属公司办公室领导；撤销公司基建股；撤销电机仪表修配厂，其人财物划归电力服务部。

1991 年 8 月 2 日，成立企业管理办公室。

1992 年 1 月 23 日，设立龙泉市电力工业局，与市电力公司合署办公，两块牌子一套班子。

1994 年 5 月 8 日，成立电力实业有限总公司。

1994 年 5 月 11 日，撤销龙泉市电力公司用电管理所；设立龙泉市电力工业局用电科和龙泉市电力工业局城区供电所。

1994 年 8 月 2 日，成立龙泉市电力工业局企业管理办公室。

1995 年 11 月 27 日，成立水南供电所和电力生活服务公司。

1999 年 4 月 26 日，成立局农村电网改造督查领导小组。

1999 年 8 月，由于电力体制改革，设立龙泉市电力工业局又名龙泉市电力公司，行政、业务由丽水电业局直接管理。

2001 年 3 月，龙泉电力局原城区城镇供电所和水南供电所 2 个供电所合并，成立城镇供电所和供电营业厅。

2002 年 3 月 23 日，龙泉电力局召开全市电力工作暨全员大会，龙泉局首次实施全员竞聘上岗制。

2003 年，龙泉电力局新增了上垟、茶丰、兰巨 3 个营业网点，使得全市营业网点扩大为 18 处。

2005 年 3 月 23 日，设立兰巨供电营业所、龙南供电营业所。根据丽水电业局丽电办〔2004〕287 号文件精神，经研究，确定各乡镇供电营业所为本局副部室级建制。

2005 年 12 月 12 日，龙泉电力局在原营业大厅的基础上成立电力客户服务中心，根据省局统一要求，命名为“龙泉市电力工业局电力客户服务中心”。延续至 2010 年。

体制改革后机构设置

局行政机构设置

局长（经理）、副局长（副经理）、主任工程师、副总工程师、副总会计师；局办公室、生产技术股、财务股、安全监察股、用电科、农电总站、调度室、修试室、企业管理办公室、电力建设工程质监分站。

局党、工、团机构设置

党委书记、党委副书记、纪律检查委员会书记；纪律监察室、城区第一支部、城区第二支部、城区第三支部、大白岸支部、八都片支部、离退休支部；工会委员会主席、共青团团委。

局独立核算公司机构设置

电力有限公司、生活服务公司、广源发电有限责任公司。

局生产企业机构设置

城区供电所、水南供电所、八都供电站、安仁供电站、城镇变电所、八都变电所、查田变电所、安仁变电所、南秦变电所、大白岸电站、宫头电站、庙下电站、剑湖电站、溪口电站、木岱电站、线路工区、车队、路灯队。

2000 年机构调整

2000 年 1 月 20 日，经局第六届五次职代会审议通过，对本局机构设置进行调整，机构设置为：

办公室、财务科、生技科、安监科、营销科、政工科、基建科、电力调度室、变电工区。

下设 9 个供电营业所：城区供电所、八都供电所、龙南供电所、道太供电所、安仁供电所、查田供电所、兰巨供电所、住龙供电所、锦溪供电所。

2010 年 6 月，成立安全稽查大队，与安监部合署办公，督导安全管理制度的落实与执行，维护安全法规的严肃性，负责安全稽查和管理工作。

第二章　石油　沼气　液化气

第一节　石　　油

概况

龙泉石油行业的主导企业是中国石油化工股份有限公司浙江丽水龙泉石油支公司。公司坐落于龙泉市剑池东路2号，在册员工80余人。

公司前身为龙泉燃料公司，隶属于龙泉商业局。1998年上划中国石油化工集团浙江石油分公司。2000年4月，按照中国石化集团的统一部署实施重组，主营业务、资产、人员等划归中国石油化工股份有限公司，更名为中国石化浙江丽水龙泉石油支公司。为减轻企业负担，公司采取职工分流措施，部分职工买断工龄，自谋发展。2001年9月，根据浙江省石油分公司的部署，龙泉、庆元二支公司顺利合并，成立龙泉区域公司。至2010年末，公司加油站数量已从上划前的2座增加到11座，成品油加油站销量逐年上升，市场占有率从30%上升到85%以上。在上划中国石油化工股份有限公司后，尤其是2004—2010年这7年时间里，龙泉区域公司面对国际油价居高、变化频繁复杂的油品市场，一如既往地履行好保障成品油市场保供责任，做到千方百计增资源，全力以赴保市场，为保障丽龙高速公路的顺利开通、市重点工作和工农业生产的顺利进行，以及满足市场需求和促进龙泉经济发展做出贡献。

至2010年末，公司拥有加油站11座，其中市区5座，坐落乡镇的6座，担负着龙泉的工程、厂矿、宾馆酒店、福利事业单位和交通运输过境车辆油料供应以及汽、柴油、润滑油的批发，配送等业务。随着龙泉建设的不断发展，业务逐年扩大，销售量逐年上升；市场占有率85%以上。

网点

1964—1992年，储存油料油库有临江油库，柴油储存量170万千克，汽油120万千克；河村油库，煤油18万千克；仅有塔下加油站1座。1992年，龙渊油库建造竣工投入使用，原临江油库报废搬迁停用，河村煤油库也同期搬迁报废。龙渊油库可储存柴油100万千克，汽油150万千克，煤油20万千克，于2006年报废停用。塔下加油站于1985年竣工投产营业，南大洋加油站于1995年竣工投产营业。1998年公司上划以后，龙泉石油支公司先后收购位于大沙吴处的金龙加油站以及农村网点包括锦旦、八都、新村、小梅、安仁等地的加油站，进一步优化龙泉市辖范围内的网点布局，完善网络覆盖。2010年4月，大毛垟加油站竣工投产营业，该站是龙泉市首座新形象加油站，标志龙泉石油的网点建设发展进入一个崭新的时代。

管理

专业化改革 2005年，浙江石油实施"经营管理体制专业化改革"。通过改革，体制由以前的"省—分—支"三级管理，转变为业务经营专业化、日常管理属地化、条块结合的省一地两级管理体制。根据集约化经营和专业化管理的要求，物流实行专业化一级管理，会计核算实行全省系统统一核算、统一纳税、财务集中管理，加油站管理、轻油直分销、润滑油经营实行专业化两级管理，日常业务经营等管理隶属分公司专业线管理。支公司经理，主要职责是协调好与当地政府及各专业线关系和发展网点。在分配制度上，实行吨油工资和加油站安全、规范化服务、数质量、内控管理相结合的绩效考核办法进行薪酬兑现，打破了大锅饭和平均主义的分配方式。

油品管理 重视油品数量、质量管理，树立油品要求100%合格的理念，努力践行中国石化"每一滴都是承诺"，以落实"质优量足，顾客满意"的质量目标为准则。为确保质量，公司明确规定站长是各站数、质量管理的第一责任人，要严格执行卸油十步法，亲自做好每一车油的验收、接卸工作，加强进货验收，把好油品入库关，并要求站长每月接卸率必须达到90%。

每月定期对各加油机出油量进行校验，保证每把油枪出油量符合国家规定范围内。同时计量检测部门每季度定期对各站加油枪进行检测合格后铅封，并颁发检定合格证书。公司每月底对各站油品进销存进行盘点，及时核销油品溢余损耗，执行一月一核销的管理制度。

安全生产 根据"谁主管、谁负责"的原则，层层签订安全生产责任书。落实安全主体责任，注重提高员工应急技能。每年年初，公司制定详尽的应急预案演练计划，各站严格按照计划组织站内员工进行演练。公司每年组织开展一次大规模的全员消防演习，以锻炼提高员工扑救初期火灾和应急处置的能力，确保加油站的安全运营。

督促各油站、网点认真贯彻执行上级公司制定的规章制度。通过不间断的督查整改，促使各网点在服务规范、资金、票证管理、登统台账管理等方面有较高水平。建立费用目标考核责任制，实施"收支两条线"管理，形成费用部门预算、全员节约的模式。2004年6月，龙泉区域有6个加油站安装了管控设备，与加油机相连，自动获取加油机数据并生成班报、日报、月报，实现与公司数据库的互交。客户可以电子货币式（加油卡）加油，加油站也实现精细化管理。随着人们生活水平的不断提高，私家车数量的快速增长，加油卡使用不断普及，2010年始，龙泉石油支公司下属加油站逐步开始推广自助加油模式。

非油业务

随着国内成品油市场需求增速放缓，特别是柴油需求低迷，国内成品油销售企业相继开始调整营销策略，拓展以"加油站+便利店"为主要形式的非油品业务，着手改善客户体验，努力为客户提供一站式服务。中国石化浙江石油分公司于2008年开展了"易捷"便利店业务，把旗下加油站改为集加油、中途休息、餐饮、购物及汽车维修于一体的综合性服务场所。龙泉石油支公司于2008年在塔下加油站开设了首家便利店非油品业务。2010年4月，位于剑川大道的大毛垟加油站开业，龙泉市首座新形象加油站及易捷便利店同时投营。

第二节　沼气　液化气

沼气建设

2005年6月，龙泉市农业局设立农村能源办公室，具体负责农村可再生能源应用技术的研究和推广。2005年9月，经国家农业部、国家发展和改革委员会批准，龙泉市被列入2005—2007年度农村沼气建设国债项目县。

沼气推广

2005年12月，在兰巨乡召开"龙泉市沼气建设国债项目现场会"，而后在全市全面铺开。

兰巨乡大汪新村2007年列入浙江省强龙兴农示范工程"百个生态家园富民行动示范村建设项目"。大力推广以沼气为纽带的生态农业模式。建户用沼气池80只，推广普及太阳能综合利用技术，安装太阳能热水器59台，同时结合改厨、改厕和改圈，有效控制了农村污染和疾病传播源，净化了居住环境，改善了当地农民的生活条件和环境条件。

至2007年末，全市建成户用沼气2325户，建池容积18702立方米。项目完成总投资602.19万元，其中：中央补助186万元，省财政配套51.4万元，农户自筹199.79万元。2010年，农村沼气建设国债项目877户在建中。

液化气概况

龙泉地处山区，柴火来源多，早期龙泉人都以烧柴和煤球为主。1989年在南大洋兴建龙泉液化石油汽储配站，气源来自浙江丽水，主要是供应给部分城区居民用户，销量有限。随着人民生活水平的提高及工业的发展，液化气的需求不断加大，至2010年，龙泉有液化气企业三家，储气能力150千千克，年销售气量5574千千克，用气家庭27000户，用气人口8.2万人，居民燃气普及率达98.68%。

液化气企业

浙江省龙泉市大洋液化气有限公司　原龙泉市液化石油公司全体职工参与改制的股份制企业。成立于2000年1月，注册资金110万元，总资产200万元。气站储存量200立方，公司下属网点遍布各乡镇，城区小区管道供气点3个。2001年末，根据国家质监总局规定，使用自有产权瓶，公司积极响应和配合，投入钢瓶使用资金190多万元，拥有自有产权瓶35000只。2002年全国十小企业整顿，公司积极配合管理部门的要求，对原有供应点进行精减，城区范围内的18个网点减为3个。

龙泉市建仁燃气有限公司　1997年筹备建站，1998年10月成立龙泉市瓷都液化气储配站。占地面积2700多平方米，坐落于龙泉市八都镇新村井畈。共设50立方米储罐2只，10立方米1只，储配站规模210立方米。以槽车运输为主，气源主要在温州、宁波和周边炼油厂，储存量为

5万千克，年销售约37万千克。供气范围6个乡镇、城区，供气用户1476户。2000年更名为龙泉市瓷都液化气有限公司，增加100立方储罐1只，储存量增加到10万千克。供应青瓷厂3家，居民用户8297户。2000—2010年，平均年销售工业用气年61.2万千克，民用气46.8万千克。

龙泉市管道燃气有限责任公司　1997年7月，由龙泉市金龙液化气有限公司受让更名，注册资金280万元。2000年取得气瓶充装许可证。2007年，公司在上垟镇建成液化石油气气化站。有员工32人，其中管理人员、技术人员9人。

第七篇

邮政　电信

第一章　邮　政

第二章　电　信

第三章　移动通信与传输

1989—1998年，龙泉邮电靠“以电养邮”的方式经营。1998年，龙泉邮电局拆分为邮政、电信、移动、联通4家单位。9月8日，龙泉市邮政局挂牌成立。1999年7月14日，龙泉市邮政大楼开张营业。2008年5月29日，中国邮政储蓄银行龙泉市支行挂牌成立。2010年，中国邮政速递物流股份有限公司丽水市分公司龙泉市营业部挂牌成立。

1989年5月，八都邮电支局安装开通500门自动电话与市话联网。1992年5月龙泉无线寻呼业务开通。1993年11月，龙泉市程控电话开通，12月移动电话开通。1994年市局程控电话扩容2000门，锦旗、八都、上垟、查田、小梅五个支局开通了程控模块。1995年，程控总容量突破10000门。1998年9月2日，龙泉市电信局成立。2001年3月电信主、辅分离，3月27日，浙江省电信实业集团龙泉市有限公司成立。2002年10月10日，中国电信股份有限公司浙江省电信有限公司成立。11月，基于中国电信“全球眼”的龙泉市林政资源管理信息系统视频监控项目开发成功。

1992年12月20日，龙泉区域开通第一部模拟移动电话。1997年10月，开通第一部数字移动电话，两大移动通信网络建成。1997年，龙泉邮电局移动分局成立，7月，龙泉移动从邮电系统剥离，成立浙江移动通信有限责任公司龙泉分公司。龙泉移动从成立初期以单纯放号通话为主逐步转型为满足客户日益需求的短彩信、宽带、流量为主的通信运营商，网络跨越了从模拟A网、B网到GSM的2G、3G时代。

联通公司1999年新建机房和基站，开通2G网络，进入正常营运。

龙泉长途电信线务段成立于1963年，1996年6月4日更名为丽水地区长途电信传输局龙泉分局。2000年，丽水撤地设市，改称丽水市长途电信传输局龙泉分局。

第一章　邮　　政

第一节　机　　构

1998 年 9 月，龙泉邮政和电信分开经营，分别成立信息产业部批准的龙泉市邮政局和龙泉市电信局。分营前，龙泉市邮电局有总资产 13298 万元，分营后邮政分得 3966 万元，占分营前总资产的 31.45%。分营前总负债 8716 万元，负债率 65.55%。分营后，龙泉邮政 511 万元，负债率 12.9%。分营前，所有者权益 4582 万元，邮政得 3455 万元。分营前，全局有在职职工 268 人，分邮政 108 人；有离退休职工 85 人，分邮政 41 人。邮政大楼归邮政。

2009 年 9 月 30 日，龙泉市邮政局收到北京兴原认证中心有限公司发来的注册号为 03510Q21701ROM 的 ISO 9000 质量管理体系认证证书，成为符合 ISO 9000 质量管理体系标准的认证单位。

第二节　邮　　路

通邮情况

龙泉市乡镇通邮覆盖面 100%，其中自办汽车邮路 44 单程千米，汽车 3 辆，摩托车 5 辆。邮路 60 条，总长度 1337 单程千米，其中自办汽车邮路 118 单程千米，委办汽车邮路 552 单程千米，其他邮路 667 单程千米。

农村投递

2003 年 9 月始，龙泉市实行投递邮路承包制。2005 年，龙泉市合并邮路 1 条。2008 年，龙泉市合并邮路 1 条。2005 年，龙泉市推行投递摩托化试点，对邮费进行补贴。2008 年，增加凤阳山乡邮线，实行周二班期。2008 年始，龙泉市对农村摩托投递的投递员补贴养路费和保险。农村投递路线 1593 千米，乡镇通邮面达到 100%，行政村通邮面 93.4%。

县城投递

2009 年，龙泉市城市道段增加 1 条。2009 年 6 月 1 日，龙泉邮政局完成投递信息系统上线工作。2010 年 3 月，投入资金实行城区摩托化投递。

2002—2010年龙泉市邮电局一览表

表7-1-1

年份	局所总数（个）	县局（个）	邮电支局（个）	邮电所（个）	代办所（个）	邮票代售处（个）	信箱信筒（只）
2002	45	1	11	—	33	12	93
2003	45	1	11	—	33	12	93
2004	45	1	11	—	33	12	93
2005	45	1	11	—	33	12	93
2006	42	1	11	—	30	12	93
2007	42	1	11	—	30	12	93
2008	42	1	11	—	30	13	35
2009	42	1	11	—	30	13	35
2010	42	1	11	—	30	13	35

1989—2010年龙泉市（县）邮路一览表

表7-1-2　　单位：千米

年份	邮路总长度	其中			
		自办汽车	委办汽车	自行车	步班
1989	1221	44	511	406	233
1990	1336	44	464	553	275
1991	1374	44	464	589	277
1992	1374	44	464	589	277
1993	1299	164	304	519	199
1994	1264	133	470	661	
1995	1263	133	470	660	
1996	1326	133	526	667	
1997	1337	118	552	667	
1998	1337	118	552	667	
1999	1321	44	509	768	
2000	1473	47	678	748	
2001	1416	47	580	697	
2002	1416	47	580	697	
2003	1324	47	580	697	
2004	1324	47	580	697	
2005	1324	47	580	697	
2006	1546	100	580	866	

续表 7-1-2

年　份	邮路总长度	其　中			
		自办汽车	委办汽车	自行车	步　班
2007	1546	100	580	866	
2008	1546	100	580	866	
2009	1546	100	580	866	
2010	1546	100	580	866	

第三节　业　务

函件

1989 年 4 月 1 日，龙泉市邮电局执行新的“银行挂号信函邮寄办法”，同日，八都、查田、锦溪、大白岸、水南、上垟、小梅等 8 个局所开办邮政快件业务。2002 年 5 月 17 日，组建成立大客户服务中心。2004 年 8 月，龙泉局新邮件处理中心落成并启用。中心占地 786 平方米，具有邮件处理、邮件存放、报刊分发等功能。2009 年 4 月，制作 3 万封“江浙之巅、剑瓷龙泉”自驾车旅游推荐直邮封。

1999 年春节，龙泉市邮政局推出的婚礼请柬邮资明信片。6 月，龙泉市邮政局为龙泉山旅游度假区制作 5 万枚明信片门票，实现业务收入 4.5 万元，龙泉局函件开发制作首次涉足旅游门票领域。

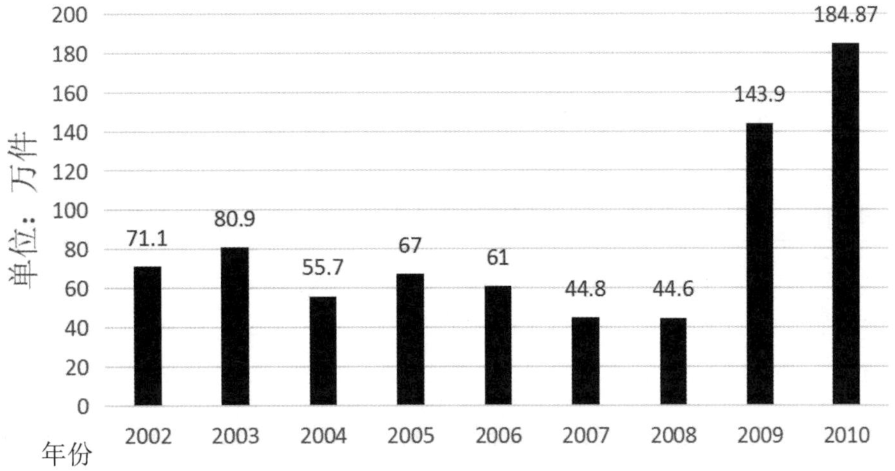

图 7-1-1　**2002—2010 年龙泉市函件业务量**

包件

1988 年 6 月 1 日始，用户交寄商品包裹，每件收取 0.30 元的邮电通信建设附加费；投递香烟包裹每件收取 4 元的特种劳务费。1990 年 7 月 31 日始，包件资费调整，民用包裹按现行资费加收 150%，商品包裹按调整后民用包裹资费加 50%，包件处理费每件由 0.70 元调整为 0.50 元，大件商品包裹处理费每件 1 元。

2002—2010年龙泉市包件业务量一览表

表7-1-3 单位:万件

年 份	包件	
	合 计	其中计费
2002	2.6	2.6
2003	2.7	2.7
2004	2.7	2.7
2005	4.2	4.2
2006	4.8	4.8
2007	4.7	4.7
2008	4.5	4.5
2009	3.6	3.6
2010	2.8	2.8

1999年3月19日,龙泉市邮政局执法大队在对速递市场进行突击检查时,当场查扣非法出口总包一袋,内有信函类邮件8件。

1999年6月8日,龙泉市邮政局执法大队与工商经检大队在对速递市场开展专项打击中,再次查获非法速递公司出口信函类邮件10件,进口信函类邮件5件。

特快专递

1997年6月20日,开办邮政特快专递业务;7月28日,开办邮政礼仪专递业务。

2002—2010年龙泉市特快专递业务一览表

表7-1-4 单位:万件

年 份	国内计费业务量	国际计费业务量
2002	1.9	0.02
2003	2.0	—
2004	2.6	—
2005	3.2	—
2006	3.2	—
2007	3.6	—
2008	3.8	—
2009	6.16	—
2010	8.83	—

邮政储蓄

1986年10月25日，龙泉邮电局在县城开办邮政储蓄业务,1987年5月增开河里支局邮政储蓄点。1990 年 6 月 14 日，蛟垟局邮政储蓄点开始营业，至此，自办机构均开办了邮政储蓄业务。1990 年底收储余额 385.40 万元。2002 年 12 月 30 日，邮银储蓄余额突破 2 亿元大关。2009 年 12 月，邮银储蓄余额破 7 亿元大关。2010 年，代理金融储蓄余额 8.01 亿元，储蓄余额净增绝对值为丽水市第一。

2008 年 5 月 29 日，中国邮政储蓄银行龙泉市支行挂牌成立。

2009 年 5 月 18 日，龙泉邮政储蓄余额 6.4779 亿元，比上年底共净增 1.0373 亿元，邮政余额突破 5 亿元，为 50021 万元，比上年底共净增 8561 万元，均创历史纪录，提前完成"牛年加油"第一阶段 4.91 亿元任务。

2001 年 1 月 18 日，邮储并入全国绿卡网，实现了邮政储蓄在国内通存通兑，全局 17 个网点全部开办绿卡业务。

至 2009 年 4 月 20 日，龙泉邮、银合计完成邮政储蓄余额 6.425 亿元，比上年底净增 9844 万元。其中：邮政企业完成 4.9658 亿元，比上年底净增 8198 万元，市场占有率 20.74%，提前 8 个月完成 4.94 亿元的邮储余额任务。

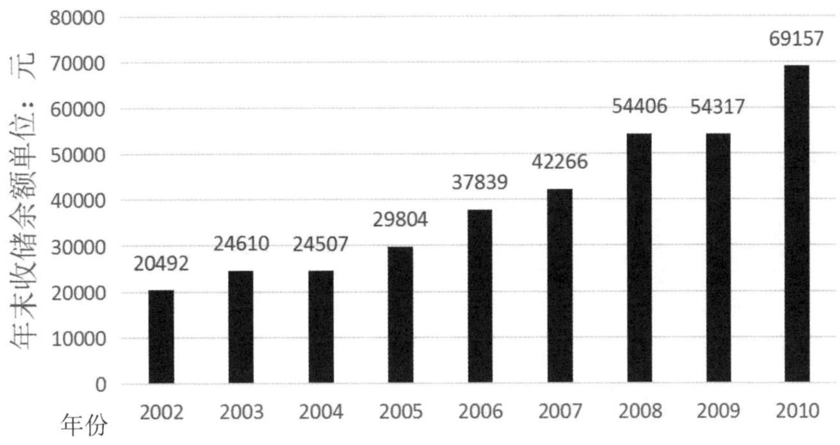

图 7-1-2　**2002—2010 年龙泉市邮政储蓄业务**

汇兑

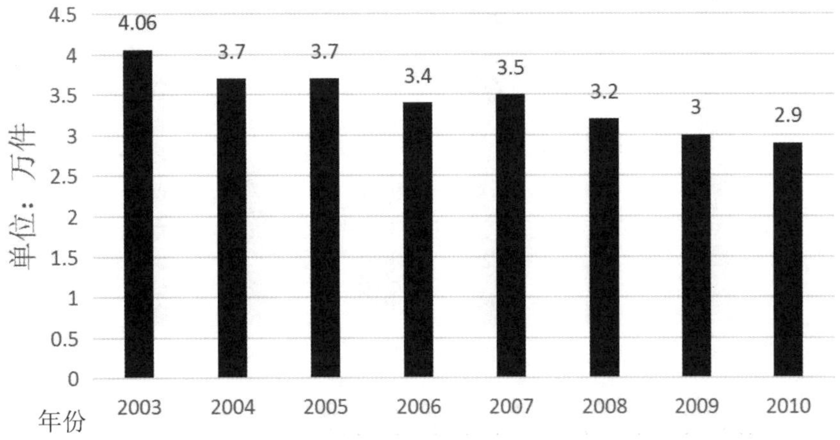

图 7-1-3　**2003—2010 年龙泉市年汇票业务量**

报刊发行

1990年底，设有报刊门市部1处，有报刊零售车2部。

2002—2008年龙泉市订销报刊业务量一览表

表7-1-5

年份	订销报纸（万份）	订销杂志（万份）	报刊流转额（万元）
2002	269.8	16	241
2003	289.7	16.9	251.5
2004	290	17.3	261.9
2005	281	17.7	266
2006	287	17.9	275.8
2007	299.6	18.3	280.2
2008	312.9	19.7	292.7

集邮

1989年5月底，举办闽浙赣三省边界三县一市（浦城、龙泉、广丰县、江山市）集邮联展。2002年10月28日，"龙泉青瓷个性化邮票"在"全国陶艺会"开幕当天发行，随个性化邮票发行的《现代龙泉青瓷宝剑精品》明信片一套10枚。2004年10月，发行以龙泉风光为主题的"龙泉风光明信片"，一套12枚，共发行5000套。2009年，借青瓷烧制技艺成功入选"人类非遗"良机，开发《青瓷传统烧制技艺入选"人类非遗"纪念册》和系列邮品。

2010年9月22日，龙泉邮政作为东道主举办了浙闽赣边界十八县市集邮联展，来自三省边界地区的70多位集邮界人士参加了开幕式。邮展两天，展出邮集37部132框，是龙泉邮展史上规模最大的一次。

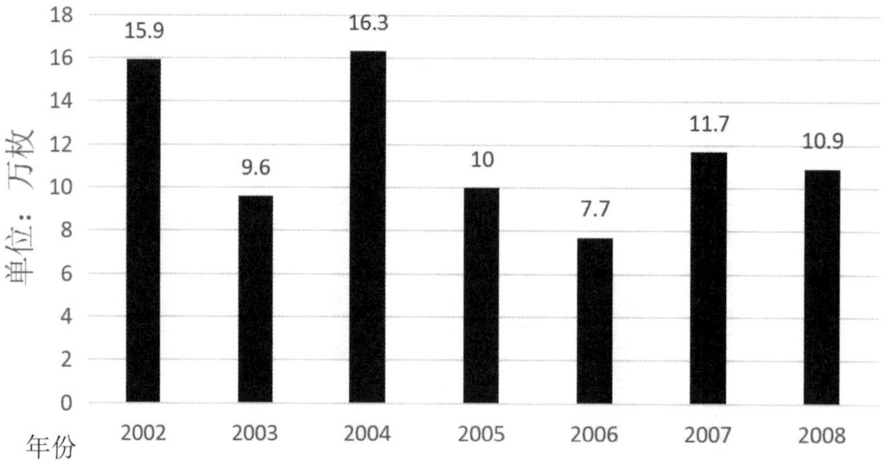

图7-1-4　2002—2008年龙泉市集邮业务量

第四节　设　　施

主体

1998年9月，信息产业部对邮电管理体制进行改革，邮政和电信分开经营。根据分营实施方案，邮电楼归邮政，其中主楼九楼机房、东楼四楼机房、电力室归电信，荷花塘三直店面归邮政，中山路房屋归电信，安仁、锦溪、小梅、蛟垟、城郊、屏南等乡镇邮电所归邮政。

1999年7月1日，全省邮政和龙泉市政府重点工程之一的龙泉市邮政大楼正式通过验收，并于7月14日开张营业。大楼于1996年9月10日正式破土动工，总面积11754平方米，配备有先进的监控系统、智能办公系统、消防安全保卫系统、宽敞的办公、营业、邮件处理、投递分发场地，是一座具有一流设备、多功能的综合性大楼。

营业

2003年，在邮政超市、鸿雁宾馆、莱茵宾馆安装了POS刷卡机。2004年6月28日，新华街邮政所停办邮政业务。2005年8月，电子化支局系统上线。2007年2月，大楼、中山路营业部分别添置邮资机1台。2007年9月20日，电子化支局系统与中心局生产系统上线（两网互通），实现了给据邮件收寄信息全程共享。2008年12月8日，电子商务平台上线，开办电信充值、航空票务业务。2008年12月30日，“11185”系统正式上线。

2000年，完成业务收入765.1万元，为计划的100%，增长21.44%。完成业务总量469.97万元，增长14.93%，实现个人平均劳动生产率8.1万元，增长17%。其中，邮储、特快、报刊等业务均创历史最好成绩，特快邮寄身份证、法律文书等业务得到开发，邮政服务领域进一步扩大。

2003年，邮政业务收入1070万元，突破千万元大关。

2006年，共完成业务总收入1353.1万元，比上年同期增长9.89%，为调整后计划的100%；完成邮政业务总量1365.35万元，同比增长11.09%。

分拣封发

2003年，购置挂号登单电脑1台。2004年10月，中心局系统上线，添置操作终端2台。2005年，散件系统上线，添置扫描枪2部。2008年，购置平信捆扎机1台、平信过戳机1台。

邮件运输及投递

2004年，增加长安邮政小邮车1辆，用于特快收投。2006年，增加长安邮政小邮车2辆。2007年12月，邮政集团总公司下发哈飞邮政小邮车2辆，福田邮政车1辆，邮电分营前购置的汽车和摩托车全部报废。2008年，用于邮件运输及投递的各类邮政汽车8辆。

信筒信箱

2006年8月，投资购置信筒30余个，对城区和乡镇的部分街道给予新装或更新。2010年12

月，通过 11 个社区进行盖章确认，完成楼房信报箱安装情况调查工作。

2002—2010 龙泉市年设备一览表

表 7-1-6

年 份	汽车(辆)	摩托车(辆)	过戳机(台)	传真机(台)	微机(台)	ATM 机(台)
2002	6	7	2	2	48	2
2003	6	7	2	2	44	2
2004	8	9	2	2	49	2
2005	9	8	2	2	83	2
2006	10	7	2	2	99	3
2007	10	7	2	2	90	3
2008	10	7	2	2	108	5
2009	10	7	2	2	108	6
2010	11	10	2	2	108	7

编码

现行邮政编码采用四级六码结构。

龙泉市各乡镇邮政编码一览表

表 7-1-7

局 所	乡 镇	邮政编码
市邮政局	龙渊街道	323700
	剑池街道	
	西街街道	
安仁支局	安仁镇	323701
小梅支局	小梅镇	323702
查田支局	查田镇	323703
茶丰所	茶丰镇	323704
八都支局	八都镇	323706
上垟支局	上垟镇	323707
锦溪支局	锦垟镇	323708
河里支局	城北乡	323709
大白岸支局	道太乡	323711
蛟垟支局	龙南乡	323713
屏南支局	屏南镇	323712

第二章　电　信

第一节　机　构

1998年9月，邮政和电信分开经营，分别成立信息产业部批准的龙泉市邮政局和龙泉市电信局。分营前，龙泉市邮电局有总资产13298万元，分营后，电信分得9332万元，占分营前总资产的68.55%。分营前总负债8716万元，负债率65.55%，分营后电信8205万元，负债率87.92%，分营前，所有者权益4582万元，电信得1127万元。分营前，全局有在职职工268人，分电信160人；有离退休职工85人，分电信44人。邮政大楼归邮政，其中主楼九楼、东楼四楼机房、电力室归电信；市局中山路房屋归电信，新华街西街头二直店面归电信，保中路点归电信，九菇山移动基站归电信，扇厂弄邮电食堂归电信。龙泉市电信局服务于龙泉市17个乡镇，441个行政村，服务面积3059平方千米。

第二节　电　话

长途电话

1990年前，长途电话均由人工“113”台受理转接。1990年10月，龙泉市邮电局经邮电部电信总局批准进入全国长话自动网。1990年，交换机总容量2552门(其中自动电话500门)，话机1375部，接入邮电局交换机676部，其中私人电话67户，农话载波机32部。环路载波中端机主机7部，分机34部，杆路长度1040杆千米，37皮长千米。农村中继电路339千米，计算机1台。1990年长途电话电路44路，其中自动电路13路。年末，直拨有权用户增加到128户，直拨用户进入国内自动网，可与全国336个城市直拨通话。1990年农村每百人拥有电话0.62部，农村电话用户进入市话网102部，邮电业务总量370.35万元。

1991年，龙泉市政府常务会议研究决定在龙泉安装程控电话.预算总投资为1800万元，工程建设资金大部分由龙泉市邮电局自筹和要求省邮电管理局拔款补助，总投资的三分之一向社会集资。10月1日，市局开办了用户传真。

1992年2月，龙泉进入全国长途自动电话网，长途区号05885。4月15日，市话扩容1000门HJ921型自动交换机验收合格，交付使用。5月8日，龙泉无线寻呼业务开通。10月，住龙镇开通自动电话，自此，龙泉17个乡镇的主要农村电话全部进入市话业务。市话建立装机时限考核规章制度和障碍历时统计考核。

1993 年 3 月，市话扩容纵横制 1000 门，解决了程控电话开通前社会各界的通信需求。11 月 28 日，龙泉市程控电话正式开通。

1994 年 3 月 15 日，市局程控电话扩容 2000 门，同日，锦旗支局 500 门程控模块开通，八都、上垟、查田、小梅、锦旗等 5 个支局开通程控模块。9 月 30 日，住龙镇程控模块开通。1994 年共安装市话 1520 部，用户 6081 户；安装农话 351 部，用户 1190 户。

1995 年 1 月 15 日零时起，长途区号统一使用 0578，电话号码由 6 位升至 7 位。开通 SKS1240 交换机，市话电缆扩容 7600 对。3 月 31 日，程控 S1240-3000 门扩容开通，程控总容量超过 1 万门。8 月 6 日，锦旗支局在全市首家开通了 C&C08-1024 数字程控交换机。9 月 6 日，可视会议电话网和公众数据通信网建成开通。10 月 8 日，宝溪乡程控电话开通。12 月 8 日，住龙镇碧龙村开通程控电话和无线寻呼业务。

1995 年 3 月 28 日，道太乡程控电话开通。12 月 14 日，随着兰巨乡程控电话顺利开通，全市 17 个乡镇全部开通程控电话，提前一年实现龙泉市乡乡电话程控化。

1997 年，长途至本地电话局用交换机中继电路 244 条，均为数字电话。本地电话线路电缆 427.2 皮长千米，明线 479 对千米，本地中继光缆 157.3 皮长千米，芯线长度 978 芯千米，接入光缆 78.8 皮长千米。

市内电话

1990 年，市话自动交换机总容量为 3000 门，话机 2089 部，用户 1815 户，其中私人住宅电话 515 户。市话杆路 17 杆千米，市话电缆总长 26.5 皮长千米，其中地下管道电缆 3.4 皮长千米。

1991 年 7 月，中山路东段自市政府至麻车头全长 297 米 12 孔电缆管道和新华街至电影院全长 427.5 米 12 孔电缆管道工程动工。

1992 年 10 月，住龙镇开通自动电话，自此，龙泉 17 个乡镇的主要农村电话全部进入市话网。

1993 年，市话扩容纵横制 1000 门。3 月，程控 S1240-3000 门扩容开通，程控总容量突破 1 万门。1993 年，城区范围开通小灵通(PAS)电话业务。

1994 年，市局程控电话扩容 2000 门。1997 年，中央国有局用数字程控交换机 15630 门，实装 11929 门，出局用户线 2 万对。地方国有局用交换机 7288 门，全部为数字程控，出局用线 9930 对，实装电话 3843 门。

1989—2010 年龙泉市(县)市话业务发展量一览表

表 7-2-1

年 份	市话电缆	交换机容量(农市话)(门)	用户到达(农市话)(户)
1989	—	—	—
1999	—	35000	30000
2000	—	40000	35000
2001	—	45000	40000
2002	—	50000	45000
2003	—	55000	48000

续表 7-2-1

年　份	市话电缆	交换机容量(农市话)(门)	用户到达(农市话)(户)
2004	—	60000	50000
2005	—	60000	55000
2006	—	60000	54000
2007	—	63000	52000
2008	—	63000	50000
2009	—	63000	48000
2010	—	63000	45000

农村电话

1990 年，农村电话交换机总容量 2550 门，其中自动电话 500 门，话机 1375 部，用户 646 户，其中私人电话 67 户。农话载波机 32 端，农话杆路 1040 杆千米。1992 年 10 月，龙泉 17 个乡镇的主要农村电话全部进入市话网。1994 年，八都、上垟、查田、小梅、锦旗、住龙 5 个支局开通程控模块。1995 年，全市 17 个乡镇全部开通程控电话，提前一年实现了龙泉市乡乡电话程控化。1997 年，进入长话自动网的乡镇 17 个。

会议电话

1995 年 9 月 6 日，省至市、县可视会议电话建成开通，县城或乡镇参加电话会议的与会者，须到县电信局可视会议电话室视听。2006 年，与龙泉市政府签署了建设覆盖全市 19 个乡镇的“新视通”会议系统方案。2008 年，市政府开通视频会议，政府电话会议可在市政府大院内进行，各乡镇可在本乡镇参加会议。

电话磁卡

1997 年 12 月 18 日，中国电信发行“龙泉宝剑”IC 电话磁卡一套。2002 年 10 月 10 日，中国电信股份有限公司浙江省电信有限公司发行“中国青瓷之邦——龙泉”200/IP 卡一套。

第三节　电　　报

1989 年 7 月 1 日，龙泉局开办真迹传真电报业务。

1990 年末，龙泉局有电报载波机 6-8 路 1 部，电传打字机 6 部(其中全电子电传机 1 部)，真迹传真机 8 部。短波无线电发讯机 2 部(150 瓦、15 瓦各 1 部)，收讯机 1 部，作应急备用。有线电报电路 8 条，其中，电传电路 3 路，市局至支局传真电报电路 5 条。1990 年 1 月 1 日始，原向 OBSPK 北京拍发预约航危报任务取消。原向 OBSMH 杭州拍发的每天 06—16 时固定航报，自 1991 年 1 月 1 日始改为每天 08—18 时拍发固定航报。

1992 年始，开办国内礼仪和请柬电报新业务，分庆贺、吊唁、请柬 3 种。开办三类用户传真业务。1995 年开办鲜花礼仪电报业务，种类有单枝（A 型）、小束（B 型）、普通（C 型）、豪华（D 型）和悼念（O 型）5 种。特别业务开放普通和定时投递。1997 年开办慰问礼仪电报业务，礼仪卡有玫瑰、水仙、花篮。1999 年撤销报房，电报业务由窗口代理，电报投递员亦由 3 人减至 1 人。2001 年电报投送人员划归实业公司管理。

1989—1998 年龙泉市(县)电报发展量一览表

表 7-2-2

年份	电报业务量(万份)		平均每百人拍发电报(份/百人)
	国际及港澳电报业务量	国内电报业务量	
1989	7.71	10	—
1990	6.84	11	26.32
1991	7.00	7	26.9
1992	6.98	14	26.7
1993	6.45	24	24.7
1994	4.07	32	15.5
1995	3.09	20	11.6
1996	2.28	9	8.5
1997	2.27	2	8.4
1998	1.79	1	6.6

第四节　数据通信

1995 年 5 月，开办数据通信业务，进入全国公用计算机互联网（简称 CHINANET 网或因特网），网号为“163”。1998 年初，进入省公众多媒体通信网，网号为“169”，与省所有公用或专用信息网连接，成为各个网络汇集点。业务种类有电子信箱（AIT）、电子数据互换（EDI）、传真存储转发（FAXS-GF）、可视图文（videtex），帧中继（FR）及多媒体业务，开通分组交换数据网（简称 PAC）、数字数据网（简称 DDN 网）。1997 年，增置 DPN100 分组交换设备，增强网上容量和业务功能。2001 年末，有分组交换节点机端口 32 个，中继电路带宽 0.125MOPS，数字数据网节点端口 288 个，中继电路带宽 16MOPS，IP 网中继电路总带宽 100MDPS。2003 年，开通了小梅、查田、锦旗、住龙、村头等 5 个乡镇的宽带接入网。2003 年 4 月，龙泉政务网着手建设。2005 年，实现了乡乡通宽带，宽带乡镇覆盖率达 100%。2006 年，启动宽带村村通工程建设。同年，新增通宽带村 115 个，村通宽带率达 48.20%。2007 年，开展 IP 城域网优化改造，继固网智能化改造后又一项重大的网络转型升级优化工程，有效的满足软交换、3G、IPTV、全网 VPN 等新兴综合业务的承载。2007 年 4 月 16 日上午 9 时 30 分，龙泉电信正式启动宽带 ADSL PPPOE 拨号用户账号—端口精确化绑定。2010 年，龙泉电信使用 DSLAM 方式接入宽带网的达到 92 个。

第五节　移动通信业务

无线寻呼

1991 年 10 月 1 日，开通了无线寻呼（俗称 BP 机）业务，至年末，有用户 151 户。经过设备的不断升级，实现了全区、全省和全国联网。

1994 年，无线寻呼增加 1448 户，累计达到 2334 户。

1995 年，开通“777”无线寻呼台，无线寻呼 5600 户。

1998 年，邮电寻呼用户 17132 户。

为使通信企业更好面向市场，扩大融资，转换机制，增强活力，国家信息产业部决定全国邮电无线寻呼业务资产从大网中剥离出来，组成独立核算、界面清晰的专业化无线寻呼运营公司。1998 年 6 月 1 日，浙江省无线寻呼公司丽水分公司成立。

1999 年 6 月，信息产业部决定，将全国邮电无线寻呼业务划归中国联通公司经营，电信部门据此不经营无线寻呼业务。

移动电话

1992 年，移动电话建设启动。

1993 年 12 月 20 日，全地区邮电局同时开通移动电话。初期建成 900 兆模拟蜂窝移动交换机容量 8000 门，基站 10 个，其中丽水 1 个，18+1 个信道。

1994 年，丽水本级有移动用户 5177 户，其中数字移动电话 2331 户。移动电话普及率 1.54 部/百人。

1997 年 10 月 1 日始，移动公司与邮电局在财务上彻底分离，实行独立核算。邮电局系统不再经营移动业务。

1998 年，增加模拟基站 1 个，100 个信道；数字基站 20 个，864 个信道，移动用户 9326 户，移动电话普及率达到 13.2 部/百人。同年，全省移动业务及从事移动业务的工作人员全部从邮电局剥离出去，划归省移动通信部门管理。

2008 年 9 月，中国电信并购中国联通 CDMA 网的移动业务成功，电信部门重新经营移动业务。10 月 1 日，中国电信正式承接 C 网业务，龙泉市各电信分公司营业厅迎来首批移动用户。

2009 年 3 月，电信移动天翼 3G 正式运行，至 2010 年底，全市有 C 网移动用户 15623 户，其中 3G 用户 15623 户。

小灵通

“小灵通”为俗称，其正式名称为“个人手持电话系统 PHS”（Personal Handy-phone System），是固定网络的补充和延伸，也称为无线市话。随着移动电话的强势冲击电信固定电话用户初现退势，而国家规定中国电信无移动电话经营权。为了改变此不利局面，电信引进“小灵通”这种界于移动与固话之间的通信方式。丽水电信于 2001 年 4 月初投资 718 万美元引进 PS 系统，建设基站 679 个，可覆盖丽水9个县市区的城区及部分乡镇。5月，龙泉开通，初期设备容量5000门，用户2580户。至2005年末，建成基站190个，14000个信道，11845户。因小灵通覆盖面小，信号弱，影响发展，至2010年，用户数降至367户。

第六节 互联网

1995年6月28日，丽水Chinanet（中国公用计算机互联网）业务开通，龙泉仅有DDN网用省内电路90路、分组交换网用省内电路1路。由于电脑尚未普及，初期用户及业务量均甚少，1995年末，有分组交换用户9户，业务量1125千字段。1997年，开通Internet（国际互联网）建成“163”网、“169”网接入接点，用户可直接拨打“163”“169”特服号访问internet和CHinanet多媒体信息网，同时向公众开放宽带和窄带业务，1999年，ADSL（Asymmetric Dig—ital Subscriber Line）宽带正式投入商用。至2000年，IP网端口总数1630个、中继电路总带宽21.55bps：宽带业务网端口总数72个、中继电路总带宽155Mbps。有因特网拨号注册用户3212户，非注册用户4062户，专线用户19户。

至2005年，有互联网窄带接入用户8242户、宽带接入用户24827户，其中住宅用户17875户，办公用户1044户，网吧48户。宽带接入ADSL端口容量18475个，VDSL端口容量1408个，LAN用户端口容量1014个；本地2Mbps传输端口5577个，本地155Mbps传输端口68个，帧中继/ATM网端口容量100个，互联网拨号服务器/VPDN64K折算端口6856个，互联网路由器专线64K折算端口8896个，局域网同城高速互联端口113个。城域网中继带宽52G，宽带接入服务器BRAS9台，宽带接入服务器BRAS并发用户30000个。

至2010年，市区内有互联网宽带用户62192户，其中，住宅用户51091户，办公用户11101户。窄带用户4269户。

第七节 线路受灾与监控安装

通讯线路受灾

1995年6月下旬，龙泉市遭受特大洪水袭击，通信线路遭到严重破坏。特别是6月30日持续暴雨，很多中继线路、光缆、电缆杆路被冲毁，电路阻断。计有龙泉至城北杆路冲毁76杆档；龙泉至大白岸断杆9根，倒杆7根；八都至上洋100对电缆冲断一处倒杆3根，市话电缆倒杆2根；锦旗至住龙光缆倒杆10根；住龙至建明用户电缆冲毁40杆档，电缆冲断7处。乡镇邮电管理站所属电信线路损失重大，住龙至西坑倒断杆223根，至水塔断杆20根，凤鸣至张村倒杆45根，供村至外翁倒杆断杆43根，10对电缆中断，直接经济损失180多万元。当日，龙泉市局派出30多名防汛保障通信应急分队队员，分头奔赴受灾地点全力抢修。7月1日，市局与各乡镇全部恢复通信。

监控安装

龙泉市电信局承接监控安装业务，至 2010 年，形成“装监控，找电信”的氛围。依托“平安乡镇建设”“校园安保”和企业信息化发展载体，最大范围的拓展了 E 监控业务发展空间，签约 11 个乡镇，覆盖率达 60%，点数达 96 个；教育网签约 54 所学校、幼儿园，点数达 303 个；企业签约 17 家，点数达 208 个；至 11 月，发展 607 个 E 监控点数。

第三章　移动通信与传输

第一节　移动公司

发展概况

1992 年 12 月 20 日，龙泉区域开通了第一部模拟移动电话。

1997 年 10 月，开通了第一部数字移动电话，模、数两大移动通信网络的建成是龙泉通信发展史上的一个里程碑。

1997 年 7 月，龙泉移动从邮电系统剥离，成立浙江移动通信有限责任公司龙泉分公司，统一经营全市的移动通信业务，共有员工 11 人。

1998 年 7 月 21 日，龙泉分公司成立“固定资产清查小组”开展固定资产清查工作。

2000 年 9 月 30 日，龙泉凤阳山开通本地区第一个数字微小基站，为旅游业发展提供了通信服务。

2001 年 3 月 9 日，龙泉移动营业厅开始晚间营业，并与市文明办联合制作公益广告牌，“移动公司提醒您使用文明用语”。

2001 年 7 月，龙泉移动面向社会招聘社会化员工 3 人，共有员工 14 人。

2002 年 3 月，龙泉移动面向社会招聘社会化员工 3 人(服务大客户、集团客户)，员工增至 17 人。

2002 年 6 月 13 日龙泉分公司“全球通俱乐部”成立。

2004 年 10 月 29 日，丽水移动公司龙泉分公司综合大楼正式启用。龙泉移动通信综合大楼建设总投资 1000 余万元，工程建设历时二年多，建设面积 2300 平方米。

2004 年，龙泉移动员工 65 人，男职工 15 人，女职工 50 人，平均年龄 31 岁。

2005 年，公司扩张乡镇营业厅 5 个，共有营业厅 7 个。

2009 年 3 月，公司下设市场经营部、综合办公室、网络部，其中市场经营部下增设政企客户中心。

2010 年 12 月，龙泉移动分公司有员工 102 人，共设 6 个营业厅，年运营收入 9000 万元，通话用户数 16.6 万户。

业务

龙泉移动从成立初期以单纯放号通话为主逐步转型为满足客户日益需求的短彩信、宽带、流量为主的通信运营商，网络跨越了从模拟 A 网、到数字 GSM 的 2G、3G 时代。

1997—2010 年移动用户发展情况一览表

表 7-3-1　　单位：户

年 份	在网移动用户数	年 份	在网移动用户数
1997	980	2004	48079
1998	3056	2005	62839
1999	8352	2006	93055
2000	11065	2007	123538
2001	15125	2008	136619
2002	20034	2009	151220
2003	32256	2010	165539

1997—2010 年移动基站数量情况一览表

表 7-3-2　　单位：个

年 份	基站数量	年 份	基站数量
1997	2	2004	89
1998	4	2005	101
1999	10	2006	134
2000	22	2007	184
2001	36	2008	241
2002	52	2009	291
2003	68	2010	332

第二节　联通公司

机构

中国联合网络通信有限公司龙泉市分公司于 2000 年 8 月 8 日与浙江国信通信龙泉分公司融合正式成立，共有员工 10 人。办公室、营业厅设在公园路。

2002 年，营业厅搬迁至华楼街荷花塘，办公室设在大酒店附楼。

2006 年 9 月 29 日，龙泉联通公司华楼街营业厅开业。

2008年9月30日，丽水联通、电信正式启动CDMA（码分多址）网络交割。

基础建设与用户

1998年12月，开始新建龙泉大酒店楼顶机房，面积约20平方米，在机房楼顶上新建房顶塔35米，经过1年多时间的建设开通试用，开通2G网络。

1999年，新建龙泉电力大楼基站。

2000年，新建八都、查丰基站。

2001年，新建村头、交通局、城北、东大桥等11个基站。至12月30日，GSM用户数突破1万户。

2002年3月8日，开始CDMA试放号。至2003年底，龙泉联通公司CDMA用户数突破0.73万户。当年新建龙泉住龙、龙泉大白岸、龙泉泗源等5个基站；GSM用户数突破1.3万户。

2003年，新建屏南、新民、竹舟、白云山庄等14个基站。CDMA用户数突破0.91万户，GSM用户数突破1.55万户。

2004年，新建端口1024线，建设电缆12.3千米。覆盖江滨路、中山路、新华街、贤良路、公园路一带。发展用户216户。

2004年8月5日，公司推出“世界风”双模业务。当年新建沙溪、大梅口、大窑等8个基站。

2005年1月13日，公司正式推出增值业务“UMI”品牌。当年新建孙坑、上垟岙等5个基站。CDMA用户数突破1.3万户，GSM用户数突破2万户。开通电力机房，建设电缆14.5千米。

2006年，新建山溪口、山际口、南弄、仙仁、中村等17个基站。至年底CDMA用户数突破1.8万户，GSM用户数突破2.5万户。开通大洋、南国机房，建设电缆25.4千米。

2007年，新建黄南、高大门、炉岙、下樟等13个基站。开通东小区、剑缘机房建设电缆15.9千米。同年新建垟尾、大贵溪、大坪等7个基站。至年底CDMA用户数突破1.97万户，GSM用户数突破3.2万户。

2009年，新建墩头、汇龙、茶坦、大坑下等14个基站。开通三座碓机房，建设电缆6.6千米。

2010年，新建宏山农场、骆庄、大沙佳宝、官埔垟等16个基站。至年底CDMA用户数突破2.1万户，GSM用户数突破3.5万户。

设施设备

2000年11月28日，丽水分公司新的客户服务平台——“13004691001”客服热线正式开通。

2004年，在龙泉大酒店机房上线龙泉联通第一套华为UA5000宽窄带一体化综合业务接入设备，为公众用户提供1~4M速率ADSL宽带，

1998—2010年，龙泉联通分公司总共新建基站124个站点，主要覆盖城区、工业区、景区、乡镇府所在地及重要交通道路。

2005—2010年，龙泉联通新建固网机房7个，建设端口11200个，电缆里程74.7千米，覆盖龙泉市主城区，在网用户2815户。

第三节　长途传输

机构

龙泉长途电信线务段成立于1963年，1996年6月4日更名为丽水地区长途电信传输局龙泉分局，丽水建市后改称丽水市长途电信传输局龙泉分局，管辖龙泉与庆元2个县（市）光缆线路。2006年8月，庆元传输分局成立，原龙泉分局管理庆元县境内传输光缆线路划归庆元传输分局管理。

龙泉传输分局负责管理干线和本地网光缆2200余千米，担负着党、政、军、民的重要通信任务。分局管辖的国防干线光缆已连续22年没有发生全阻障碍。

1989—1994年，有员工13人；1994—2006年，有员工12人；2006—2010年，有员工7人；另有义务护线员10余人。

业务工作

1989年7月22—23日，9号台风给庆元带来了百年未遇的特大暴雨，冲倒龙泉到庆元杆路，致明线障碍历时2795分钟，经过龙泉长线职工奋力抢修，于24日恢复通信。7月，龙泉首次开通ZZD49A超12路载波电路。10月，龙泉至江山张村的长途电信线路全线拆除，由龙泉线务段拆除龙泉到双溪岭背杆上Φ2.5毫米铜线、Φ4.0毫米铁线各一对；全长为41.37千米。

1990年，3月，投资50.17万元，由丽水地区长途电信线务站工程队施工的丽水至龙泉架挂Φ7/1.8mm钢芯铝绞线115.6对千米工程竣工。

1992年，丽水地区线务站投资70万元对丽水—云和—龙泉—庆元杆路进行大修，并建成第一条架空光缆，全长232.4千米。

1993年，5月，省长途电信线务局批准丽水地区线务站龙泉线务段新建段房（光纤通信维护用房），征地1030平方米，总建筑面积1440平方米，总投资80万元，省线务局拨款30万元。10月中旬，丽庆架设光缆工程提前2天全线贯通。6月17日，丽水至龙泉架空光缆杆线在龙泉市境内遭大暴雨袭击，电杆被洪水冲坏20多根。丽水地区长途线务局、龙泉线务段分别组织人员进行抢修。18日8时，抢修人员徒步赶到障碍点，9时全线抢通。

1995年6月，龙泉境内连日大雨，山洪暴发，龙泉至遂昌长途线路倒杆60多根，龙泉至庆元、龙泉至云和通信杆路受损严重。龙泉线务段奋力抢修，确保通信安全。

1997年4月上旬，配合丽水地区长途电信传输局技维人员到云和、龙泉和丽水一、二传输分局，对邮电部和省政府“九五”重点工程沪金南穗埋式光缆通信干线丽水地区内326.8千米路由进行勘测，初步完成在五万分之一的地图上绘制出光缆路由。

2002年5月18—20日，省长途电信传输局运维部对丽水市传输局2001年建设的龙泉至福建界49千米标准化线路进行验收。同年，配合龙泉市交通局进行一级公路建设，对云和至龙泉中继段的一级干线沪金南穗光缆、同沟本地网干线光缆、浙西南架空光缆线路进行迁改（严山岭—黄坦3

千米、黄林源—项后 4 千米、础石 1 千米等)。于 8 月 15 日开始迁改施工,9 月 18 日竣工,9 月 22 日完成割接。

2003 年,因龙泉大沙工业园区建设用地需要,对大沙园区地块内的沪金南穗等 3 条光缆进行迁改,共计 7.5 千米。

2005 年,丽水市长途电信传输局利用云和到龙泉架空杆路新建一条云和至龙泉 36 芯架空光缆,其中龙泉境内敷设架空光缆 40 千米、新建杆路 6 千米。

2009 年,因 53 省道公路牛头岭段改线影响,龙泉—八都段沪金南穗等多条光缆需要迁改,迁改沪金南穗直埋(同沟本地网)10 千米/2 条,架空光缆 15 千米/5 条。

2010 年 5 月,龙泉市遭遇五十年一遇特大暴雨,龙泉至庆元直埋国防光缆 172 标石处大面积塌方,造成沪穗瀑云过溪 100 多米的漫水坡损毁。龙泉传输分局对现场进行临时加固保护等处理,并报经上级同意,对瀑云水线进行迁改,避免国防光缆线路受损中断。同年,因龙庆高速公路建设影响龙泉到庆元国防光缆线路,经丽水传输局与龙泉分局现场勘查,对查田到小梅段国防光缆迁改 2 千米,浙西南架空光缆迁改 3 千米。

第八篇

城乡建设

1989年始，龙泉城乡走上新型城市发展道路，逐渐发展成为青瓷宝剑传统文化特色、浙闽交界地区重要工贸城市、省级历史文化名城、人居环境优良的山水旅游城市、长三角重要的生态涵养区、浙西南地区人文底蕴深厚的山水旅游区。编制、论证并通过《龙泉市城市总体规划(1992—2010)》《龙泉市历史文化名城保护规划》《龙泉市市域总体规划》，实施环城东路、贤良路、公园路、剑川大道等道路建设。至2010年，龙泉市区街路巷道总长160.5千米，比1988年增加144.77千米；道路面积135.8万平方米，比1988年增加106.23万平方米。南大洋水厂顺利竣工，满足了市区的生产、生活用水。城市环境卫生、排水排污、垃圾处理等设施日益完善。城市公交、路灯、供气、绿化等渐上台阶。

“二次创业”以来，全市建筑业、房地产业快速发展，城乡居民住房面积和住宅档次逐步提高。2007年，全市建筑业产值为9.5亿元。2009年建筑业实现总产值11.76亿元。2010年，完成建筑业总产值18.8亿元，实现税收8192万元。全市在建项目施工面积达66.4万平方米。

村镇建设步入正轨，1991年，成立龙泉市村镇建设管理机构，负责全市各乡镇规划建设管理和小城镇建设工作，协助乡镇政府组织乡镇总体规划的编制、审批以及施工管理等工作。

第一章　城乡规划

第一节　总体规划

规划编制

《龙泉市城市总体规划》历经4次编制。

《龙泉市城市总体规划(1992—2010)》　1992年，由龙泉市城乡建设环境保护局编制，省、地有关专家全面论证，龙泉市人大常委会审议通过，1995年经浙江省人民政府批准实施。

规划确定龙泉市城镇性质为市域政治、经济、文化、交通中心，是以青瓷、宝剑传统产品为特色的浙南林区综合性山水城市。城镇发展规模：人口为近期(2000年)6万~7万人，远期(2010年)9万~10万人，远景12万人；用地为近期4.9平方千米，远期8.25平方千米。预测2003年人口5.2万人，用地规模5.0平方千米。规划区建设用地主要分为三片：东片为杨林冶炼厂一带，面积约20公顷；西片为河村一带，面积约90公顷；中片以旧城区为核心，面积约1500公顷。水南以工业为主，居住为辅；溪北为主要生活区和城市行政中心，中山路为行政、商业街，新华街为商业街。水南、南秦片为无害工业区，水南中部为对外客运中心。该总体规划对龙泉市城市建设发展起到重要的指导作用，城市主要道路骨架、对外交通、主要功能片区、主要建设项目基本按规划实施。

《龙泉市城市总体规划(2004—2020年)》　2004年，由龙泉市人民政府负责组织、杭州市城市规划设计研究院编制、龙泉市人大常委会审议通过。2006年1月经浙江省人民政府批准实施。

规划调整龙泉城市性质为浙闽交界地区重要工贸城市、省级历史文化名城、人居环境优良的山水旅游城市。以中心城市为核心，以三个中心镇(八都、安仁、小梅)为依托，六个一般镇(查田镇、上垟镇、锦溪镇、住龙镇、屏南镇、城北镇)为基础，形成“点轴分布”的空间布局。规划期限为近期：2004—2010年；远期：2011—2020年；远景：2020年以后。城市规划区范围：东至梧桐口，南至周际，西至石龙岗，北至石马，主要以面向城区的山脊线为界，总面积为135平方千米。预测中心城市人口规模：近期(2010年)10万人；远期(2020年)16万人；市域总人口2010年达到28.7万人，2020年达到30.0万人。2010年市域城市化水平为51%左右，2020年为73%左右。用地规模：规划城市建设用地近期990.0公顷，人均99.0平方米；规划城市建设用地远期1593.1公顷，人均99.6平方米。

《龙泉市域总体规划(2006—2020年)》　2006年由龙泉市人民政府负责组织，浙江省城乡规划设计研究院编制，2009年12月通过浙江省建设厅及丽水市政府联合审查鉴定。

规划调整龙泉城市性质为省级历史文化名城；浙南生态型旅游、工贸城市。规划期限为近期：2006—2010年，远期：2011—2020年，远景30~50年。预测至2010年，中心城区人口11.5万人，城镇化水平50%；2020年19.0万人，城镇化水平68%。市域人口至2010年32.0万人，2020年36.0万人。至2010年城镇建设用地1150万平方米，2020年2505万平方米。

《龙泉市市域总体规划》 2009年6月，按照《浙江省县市域总体规划编制导则》要求，由市域和市区规划整合形成。

规划将区域主要功能定位为长三角重要的生态涵养区、浙闽赣边界特色生态产业基地、浙西南地区人文底蕴深厚的山水旅游区。同时，按照"生态立市、工业强市、旅游兴市"战略目标，将础石乡的季边、上坞村以及兰巨乡的炉田、蜜蜂岭村纳入中心城市范围。

规划实施

1992年前，龙泉县城建设遵循1986年经丽水地区行署批准施行的《龙泉县城总体规划》，城市建设主要以自发建设为主，主要设施集中在江北老城区，外围发展缓慢。1990年4月1日，《中华人民共和国城市规划法》开始实施，为城市建设提供了法律基础。1990年12月26日，经国务院批准龙泉撤县建市，龙泉赢得区域竞争先机，社会经济迎来了快速发展时期；

第一轮规划编制后，龙泉城市建设步伐日益加快：投资4亿元，实施了"八路一桥"工程，拉大城市框架，南北分区逐渐形成，城市功能分区渐趋明显。

龙泉市围绕建设"山水古城、文化名城、旅游新城"这一方针和目标，通过规划引领不断优化功能布局和提高城市品位，规划区范围内控制性详规平均覆盖率超过80%。在各项法定规划的指导下，城市总体布局更加合理，职能分工更加科学，整体发展更加有序，按照"北居南工"的布局，实施"东扩南拓"工程，基本形成南北互动、东西并进的城市发展格局。2006年12月，丽龙高速建成开通，龙泉市融入长三角4小时经济圈，城市建设步伐加快。2007年，规划覆盖率75%以上，城市化率33%，城市建成区面积10.6平方千米，城区实际居住人口9.4万。城区主、次街道总长近143千米，城区道路面积增加到108万平方米，人均道路面积达15.2平方米；"八路一桥"工程初现规模，城市道路框架已基本形成。按照新型城市化发展要求，通过"东拓、西进、南优、北扩"组团式开发，城市框架进一步拉大，空间布局得到合理优化。

至2010年末，龙泉市区人口8.31万人，城市化率达到50%，城市建设用地面积14.43平方千米，其中居住用地面积2.87平方千米，工业用地面积2.75平方千米，道路广场面积2.88平方千米；建成区面积扩展到12.06平方千米；城市公共绿地面积143万平方米，人均公共绿地面积提高到17.21平方米；"五纵五横"城市道路网基本形成，城市道路总长达160千米，道路面积136万平方米，人均道路面积16.34平方米。江南工业新城、西部人居新居、城东新区基本形成，实现了南北互动、东西并进的城市建设格局。

第二节 局部规划

1989—1998年

1989年，龙泉完善补充局部详细规划：城东15公顷居住区、南秦商品房基地、龙渊镇七村、八村、水南新车站区域详细规划；完成安仁、小梅、八都三个镇的规划补充工作和重点洪灾区净信村重建家园规划。

1992 年，龙泉开始编制龙泉市城市总体规划，逐步完成住龙、查田、宝溪等乡镇的建设规划修订，八都、上垟、茶丰五金工业小区的规划编制。

1999—2003 年

1999 年，龙泉自主完成 8 个集镇（础石、兰巨、龙南、道太、城北、竹垟、宝溪、岩樟）的规划修编和技术鉴定；修编全市 25%的行政村规划；着手进行市域城镇体系规划和道路沿线控制性规划工作。

2000 年，龙泉完成龙泉市域城镇体系规划，通过浙江省、丽水市二级技术鉴定；委托浙江省规划设计院编制了中心城区贤良路、中山路街景改造规划；酒厂地块、老交警大队、老人武部等 37 万平方米地块进行了修建性详细规划；完成《龙泉市城乡建设十五计划》《龙泉市十五城市化发展战略规划》的编制；完成全市 130 个行政村和 41 个中心村的村庄规划修编工作。

2001—2002 年，龙泉委托上海同济大学规划设计院对龙泉旧城区和主要新区共 11 个项目进行了控制性规划和详细规划的修编；完成了《龙泉市市域城镇体系规划》的编制工作，并由浙江省政府批准实施；委托浙江省规划设计研究院编制《龙泉市历史文化名城保护规划》，完成草案修编。

2003 年，龙泉委托杭州市规划设计研究院完成《龙泉市总体规划》概念、方案和规划修编；完成大沙工业区、青瓷宝剑园区的规划编制；完成滩坑电站移民安置区和安仁镇、础石乡、河村、张村等工业区规划；编制完成城东花园规划（规划面积约 12 公顷）、下山脱贫住宅小区（规划面积约 6.4 公顷）；结合旧城改造实施"退二进三"工程，编制秦溪小区和药厂地块的修建性详细规划（规划面积约 14.3 公顷）。详细规划覆盖率达到 60%以上。

2004—2010 年

2004 年以来，龙泉通过自主、委托、合作编制，完成规划区范围内 80%以上控制性规划及详细规划的编制，实现现有城市规划区范围内专项规划的基本覆盖。通过高起点规划，进一步完善龙泉市空间布局框架，加快形成以市区为核心、三个中心镇为依托、六个重点镇为基础，结构合理、城乡协调的城镇空间布局。

2004 年，龙泉完成《龙泉市城市色彩规划》和《龙泉市城市燃气规划》的编制；着手进行《龙泉市城乡一体化规划》《龙泉市城市道路系统规划》《龙泉市五乡镇总体规划》（八都、安仁、小梅、础石、兰巨）等规划编制；根据"十村示范、百村整治"的要求和村庄布局规划，完成了 1 个省级示范村（住龙镇水塔村）和 3 个丽水市级示范村的规划编制工作，并对滩坑电站移民点进行了测绘和规划编制。

2005 年，《龙泉市历史文化名城保护规划》完成编制工作并按法定程序上报省人民政府审批；《龙泉市城乡统筹规划》 完成初稿；《龙泉市城市近期建设规划》《龙泉市乡镇总体规划》《龙泉市城市道路系统规划》《龙泉溪城区及两侧地块修建性详细规划》等分别进入实质性阶段。

2006年，《城乡统筹规划》《"七乡镇"总体规划》《城市道路网专项规划》《城市供水专项规划》《安仁镇溪东地块控制性规划》均已通过评审。自主编制《老政府地块概念性规划》；独立完成《金沙林场地块控制性详规》；承担《九姑山森林公园总体规划》的深化、优化工作和对"新龙城"、市民公园概念性规划；53 省道以南地块的土地利用规划；对中国青瓷•宝剑城布局规划进行探索，委托编制《龙泉溪及两侧景观控制规划》，并加快编制新农村规划；以“千百”工程深入实施为抓手，采取自编、委托和合作等方式，完成了西街街道下樟村“农家乐”省级示范村规划；兰巨乡炉岙村、道太乡坑口村周畲“农家乐”市级示范村规划；着重完成了紧水滩异地脱贫小区龙渊街道张村、道太乡供村下山脱贫小区、大汪小区、西街街道何坑垄小区和锦溪镇沙岭头小区等村居设计。

2007 年，以龙泉市域总体规划编制为抓手，统筹完善专项规划，着手编制了龙泉市市域总体规划，环境卫生、绿地系统、电力设施布局等专项规划，规划覆盖率 75%以上，力求形成以市域总规为总揽的层次分明、功能清晰、覆盖城乡、协调合理的城乡规划体系。开展了“城市四线”(紫线、绿线、黄线和蓝线)划定工作；按照新农村建设和继续实施“千百工程”的总体要求，完成了村头村、小黄南村、中锦村、水塔村和季边一上坞村等 5 个中心村建设规划编制及优化；完成了茶坦村省级示范村和岭上村、东书村、白水村等丽水市级示范村的村庄建设规划编制。

2008 年，龙泉完成城东区块控制性详规（剑川大道以东区块整体景观效果的把握）的规划纲要并通过认证；完成村头、李村等 10 个中心村以及东书、岭根等 7 个新增的村庄规划编制；完成万人下乡脱贫小区区块的规划方案设计；参与“回归工程”、础石金岗地块二期工业园、查田五金汽配基地三期、安仁溪东地块、兰狮畈地块工业园规划编制；加强农民留用地建设项目的详细规划编制。

2009 年，龙泉全面实施市域总体规划，累计完成辖区 140 个保留村建设规划编制；完成 53 省道和高速公路沿线所有村庄的整治规划和安仁镇大丘另村、查田镇住田村等村庄的建设规划；开始住龙镇镇域范围内的控制性详细规划编制；完成回归工程公共用地概念规划设计方案、炉田工业区块与炉田居住区的规划编制。形成中心城市、中心镇、中心村一体化，居民社区、基础设施、生态环境相配套的规划体系。

2010 年，编制完成《龙泉市市域总体规划》《“十二五”龙泉城市建设规划》；完成安仁、八都镇省级中心镇总体规划编制，突出安仁、八都及南部经济区中心城镇在市域总规中的地位，进一步明确镇域行政、商业、工业、文教卫生、生活等功能区划分；完成了 23 个中心村、旧村改造村 664 万平方米的地形测量及村庄规划编制工作；启动了城市道路、城市给排水、天然气等 3 个专项规划编制以及九姑山、棋盘山、凤凰山、江滨两岸、剑川大道两侧、城西等区块的控制性详细规划编制。

第三节　规划管理

法规实施宣传

1990 年 4 月 1 日，《中华人民共和国城市规划法》开始实施；1992 年 4 月 1 日，《浙江省实施〈中华人民共和国城市规划法〉办法》开始实施；1993 年 11 月 1 日，《村庄和集镇规划建设管理条例》开始实施；2008 年 1 月 1 日，《中华人民共和国城乡规划法》开始实施；2010 年 10 月 1 日，《浙江省城乡规划条例》开始实施。以上法律法规的施行，为城乡规划管理提供法律保障。

1992 年，龙泉市城乡建设环境保护局组织了有史以来最大规模、有 500 多人参加的环城大游行宣传活动，宣传的主体是《中华人民共和国城市规划法》；2000 年 4 月，龙泉市建设局利用多种形式，开展纪念《中华人民共和国城市规划法》实施十周年大型宣传活动。

规划审批

1989 年始，龙泉市制订建设项目审批制度、许可证发放制度和规划定点放样服务制度，执行“二公开一监督”制度（规划公开、审批公开，接受群众监督），对单位和个人建房实行“一书二证”审批制度（建设项目选址意见书、建设用地规划许可证、建设工程规划许可证）。由龙泉市城乡建设局规划股（2008 年改为城乡规划科）专司规划审批。1991 年，建立乡镇基层管理服务站，每个乡镇设立村镇规划建设管理员，专司村镇规划审批。

1989—2010 年，龙泉共办理规划审批城区建设项目 1100 多个，用地面积约 345 万平方米，建筑面积约 201.5 万平方米，村镇建设项目 3800 多个，用地面积约 135 万平方米，建筑面积约 154 万平方米。

制度管理

落实国家部委有关加强城乡规划管理工作的精神，推进规划管理工作上新台阶。制定《龙泉市城乡规划领域推行“阳光规划”实施方案》，在政府网站设立规划公示栏，进行城市规划成果批前公示、批后公布和变更调整公示；推行审批服务承诺制度；制定《龙泉市城市规划管理技术规定》讨论稿；严格按照总体规划、详细规划、道路网规划进行项目审批，规范“一书二证”管理，从严把好规划选址、用地和工程审批关，加强规划批后管理，强化整改；组建龙泉市经济开发区规划管理机构，对开发区的所有项目实行一站式审批。

对城市和城镇总体规划、分区规划草案进行审议；对重点地区的控制性详细规划草案进行审议；对城市重大项目的选址进行审议；对城市重大项目、重要项目的规划设计方案进行审议；对重点地段、重要地段的城市设计进行审议；对城市总体规划的实施计划进行审议；对区境内区级及区级以上风景名胜区总体规划进行审议；组织对城市和城镇规划方面重大问题的调研；定期向社会发布审议的事项。

规划监察

1993 年 12 月，市城建监察大队成立，对城市规划区内的违法建筑进行巡查。2001 年下属规划中队建立，队员 6 人，对城乡规划、房地产、建筑业等实行综合监察。1993—2010 年，查处违法建筑 7335 件，计建筑面积 530.6 万平方米，拆除面积 78000 平方米，罚款 3136 万元。2007 年，开展了两违专项整治工作，查处历史遗留的违法用地和违法建筑问题 2700 多起，收缴违章款 1800 万元。

第二章　市政建设

第一节　旧城改造

概况

1992年，龙泉市旧城改造工作拉开帷幕。以"提升城市品位、完善城市功能、优化人居环境、加快城市化进程"为目标，遵循"政策驱动、多元投入、统一规划、统一设计、统一配套、滚动发展"的原则，大力招商引资，高起点、高标准、高速度实施旧城改造工程。至2010年，城区已初具规模：市政设施配套，城区布局合理，环境优美，功能完善，既有江浙文化特色的旧城区，又有现代文明气息的新城区。"十一五"期间，龙泉全力打造个性鲜明、内涵深厚、风格独特的红色遗迹、江浙风情、古城文化、生态观光、休闲度假等旅游精品品牌，着重突出生态景区和古城文化"两个重点"。20世纪90年代以来，完成新华街、公园路、江滨路、老车站（商贸中心）、贤良路、保中路、华楼街等工程的拆迁建设。全市城市建设坚持高起点、高标准、高质量，搞好城市建设规划设计，加强规划管理，提高规划管理水平。1989—2009年，建成了龙泉大酒店、江滨路商业街、尊龙商贸中心、移动大楼、莱茵花园小区、同心花园小区、香溢大酒店、新行政中心、国际大酒店等标志性建筑。2010年，城区面积12.06平方千米，人口8.31万人。

机构沿革

1992年，成立龙泉市新华街改造工程领导小组，下设龙泉市人民政府房屋拆迁安置办公室，职能为房屋拆迁、安置、房屋拆除等工作。1994年，在龙泉市房屋拆迁安置办公室的基础上成立拆迁办，为副科级单位，人员编制5人。

2002年，根据省政府新出台的拆迁管理条例，结合龙泉市实际，起草颁发《龙泉市城市房屋拆迁管理实施办法》《龙泉市城市房屋拆迁管理实施办法》《龙泉市房屋拆迁补偿若干规定》《关于印发龙泉市房屋拆迁补偿若干规定的通知》，于2002年3月5日由省政府颁布实施。

2006年，根据《关于撤销拆迁安置办公室成立拆迁事务所的通知》，成立拆迁事务所，为股级单位。

地块征收

1992—2010年，龙泉市完成21个地块的拆迁工作，涉及被拆迁户1451户，拆迁建筑面积约20万平方米。

1992—2007 年龙泉市征地一览表

表 8-2-1

序号	项 目 名 称	面积约（平方米）	户数（户）	征收时间	补偿费（万元）
1	新华街	39245	184	1992 年	1177.35
2	公园路	18996.44	99	1997 年	968.82
3	江滨路	15246	160	1999 年	777.55
4	老车站（商贸中心）	10000	38	2000 年	510
5	贤良路	40539.79	252	2001 年	2067.53
6	保中路	36131.72	342	2001 年	1842.72
7	华楼街	25000	300	2002 年	1275
8	华楼街东段	3884.08	21	2003 年	1436.28
9	公园南路	1428.22	10	2003 年	369.21
10	老茶叶厂	2215.31	13	2004 年	759.87
11	人民公园	186.75	2	2004 年	26.68
12	青瓷城	2547.79	12	2005 年	433.08
13	西新小学	383.81	2	2007 年	61.62
14	龙一中宿舍	409.54	5	2007 年	104.04
15	安青山地块	1700	3	2007 年	352.09
16	江滨北路西段	1146.95	4	2007 年	250.81
17	棋盘山地块	678.04	2	2007 年	171.25
18	宫头公路段	363.27	2	2007 年	76.88
19	中职校	2044.77	17	2007 年	228.98
20	体育馆地块	4405.22	12	2007 年	574.94
21	江滨南路西段	53111.81	423	2007 年	11673.15
合计	—	200102.71	1451	—	98118.58

主要道路拆迁改造

新华街　20 世纪 90 年代之前，新华街道路狭窄，两边房屋多为砖木结构，低矮、破旧，安全隐患大。1992 年改造后，新华街拓宽，标志清晰规范，两边楼房全部新建，立面富有时代美感。

华楼街　华楼街原来全长只有 220 米，宽不过 9 米，而且是一个菜市场，菜摊、板车、自行车拥塞不堪，场面嘈杂混乱。改造后，华楼街成了一条颇具都市风范的现代化大街，长度增加，路面为双向四车道，外加非机动车道，两旁高楼林立。

中山路　原中山街东起环城东路，西至披云桥，全长 1812 米，宽 20 米，虽然是 20 世纪 80 年代最宽的街道，但是机动车道与非机动车道不分，人行道时断时续。2005 年，龙泉陆续对中山路进行改造，中山路延长至后甸，为城市东扩的主要框架性道路。道路标志清晰，机动车、非机动车各行其道，两旁均为现代建筑。

江滨北路　以前只有简陋的防洪堤，防洪与道路一体，防洪能力不强，道路通行能力差。2001 年，龙泉市对江滨北路进行拆迁改造，改造后江滨北路成为滨水景观带，绿树婆娑，道路宽畅，绿化带旁健身器材齐全，成了市民休闲的好去处。

安置房建设

龙泉市从 1992 年开始实行旧城改造以来，安置回迁户 208 户。

1992—2010 年龙泉市安置房建设一览表

表 8-2-2

序号	名　称	数量（套）	建设时间	政府投资资金（万元）
1	东小区	19	2001 年	5000
2	龙翔路（建设）	87	2010 年	2631
3	吕家屋（建设）	60	2010 年	523
4	大水槽（建设）	42	2010 年	586
5	合计	208	—	8740

城市东扩南拓

2005 年后，龙泉实施"东扩南拓"工程，按照"北居南工"的格局，进一步拉大城市框架。全力做好"一街、两岸、三山、四园、五路"文章。全面推进金沙新区建设，加快培育发展特色制造业和现代服务业。

20 世纪 90 年代前，龙泉城区东部大多是山地农田荒地，犹如郊区。至 2010 年，城区东部高楼林立、街道宽敞四通八达，新市政府大楼、中国银行、国税大楼、法院大楼等相继竣工，已成为龙泉最为繁华热闹的地段。

龙泉城区南部原来只有水南和南秦两个行政村，民居大多是土坯房，剑川大桥以下为河滩，村民种植了茉莉花等作物。2007 年，为拓展工业发展空间，实施低丘缓坡综合利用开发工程，将昔日的荒山野岭变成了工业用地，为工业经济拓展出了宽阔的发展空间。在外创业的龙泉人相继回归创业办厂，为社会经济发展注入了新的元素，成为龙泉发展工业经济的重要区域，也是适宜居民生活的好地方。

第二节　街道　桥梁

市区新建、扩建、改建街道

至 2010 年，市区街路巷道总长 160.5 千米，比 1988 年增加 144.77 千米；道路面积 135.8 万平方米，比 1988 年增加 106.23 万平方米，其中新铺人行道面积 8 万平方米。

1989—2010年龙泉市(县)区新建、扩建、改建城市主次干道一览表

表8-2-3

级别	路名	道路起讫点	长度(米)	宽度(米)		面积(平方米)		路面结构	排水管道长度(米)		
				总宽度(米)	其中人行道宽度(米)	总面积(平方米)	其中人行道面积(平方米)		污水管(米)	雨水管(米)	排水沟(米)
主干道	中山路	西大桥—佳韵花园西首	330	8	0	2640	0	沥青砼	—	—	330
		佳韵花园西首—公园路	760	20	4	15200	3040	沥青砼	—	—	1520
		公园路—苍松路	650	19	4	12350	2600	水泥砼	—	880	210
		苍松路—后沙路	1420	36	8	51120	11360	沥青砼	1420	2840	—
	公园路	教育局—中山路	233	25	4	5825	932	水泥砼	100	190	—
		中山路—江滨北路	278	25	8	6950	2224	水泥砼	200	200	—
		江滨南路—剑池路	480	25	0	12000	0	水泥砼	130	260	—
		剑池路—电力公司以南	240	12	0	2880	0	水泥砼	240	240	50
		广源街—53省道	960	37	8	35520	7680	沥青砼	1920	—	960
	剑池路	青瓷宝剑园区—环城西路	670	30	4	20100	2680	水泥砼	670	670	—
		环城西路—剑川大道	1900	34	8	64600	15200	水泥砼	1900	—	3800
		剑川大道—圣塔桥	930	26	0	24180	0	水泥砼	580	580	180
	剑川大道	中山路—贤良路	80	15	0	1200	0	水泥砼	80	80	—
		贤良路—江滨北路	590	24	8	14160	4720	水泥砼	160	590	—
		江滨南路—53省道	1990	42	0	83580	0	沥青砼	1100	1100	—
	环城东路	一村北山路—江滨北路	1660	30	0	49800	0	水泥砼	1660	2900	—
	后沙路	曾家路—53省道	950	28	0	26600	0	沥青砼	950	950	—
次干道	贤良路	新华街—江滨南路	2430	20	8	48600	19440	水泥砼	2430	2430	—
	华楼街	新华街—剑川大道	610	26	8	15860	4880	水泥砼	610	610	—
		环城东路—后沙路	600	25	—	—	—	沥青砼	600	600	—
	环城西路	披云桥—剑池路	970	14	0	13580	0	水泥砼	—	560	—
	新华街	中山路—济川桥	460	24	8	11040	3680	水泥砼	280	450	400
		济川桥—剑池路	230	10	0	2300	0	水泥砼	—	—	120
	江滨北路	公园路—新华街	135	12	4	1620	540	水泥砼	—	—	—
		新华街—龙翔路	1070	12	0	12840	0	沥青砼	410	410	—

续表 8-2-3

级别	路名	道路起讫点	长度（米）	宽度（米）		面积（平方米）		路面结构	排水管道长度（米）		
				总宽度（米）	其中人行道宽度（米）	总面积（平方米）	其中人行道面积（平方米）		污水管（米）	雨水管（米）	排水沟（米）
次干道	江滨南路	留槎洲桥—剑川大桥	960	5	0	4800	0	沥青砼	—	—	—
		剑川大桥—圣塔桥	830	8	4	6640	3320	水泥砼	830	830	—
		留槎洲桥—秦溪桥	1066	12	—	—	—	水泥砼	1066	1066	—
	苍松路	阳光福利院—中山路	850	12	0	10200	0	水泥砼	850		850
		中山路—茂新小区北	320	8	0	2560	0	水泥砼	180	180	—
	东茶路	龙翔路—环城东路	460	18	8	8280	3680	水泥砼	460	460	—
		贤良路—中山路	210	20	0	4200	0	水泥砼	210	210	—
	龙翔路	中山路—贤良路	210	18	8	3780	1680	水泥砼	210	210	—
		江滨南路—下林路	150	12	0	1800	0	水泥砼	150	200	—
	凤起路	中山路—贤良路	240	15	3	3600	720	水泥砼	240	240	—
	广源街	公园南路—剑川大道	950	18	6	17100	5700	沥青砼	950	—	950
	广济街	剑川大道—公园南路	914	12	—	—	—	沥青砼	914	914	—
合计			25206	—	—	597505	94076	—	18920	18270	9370

市区新建桥梁

留槎洲大桥　留槎洲大桥北起公园路，跨蒋秦圩，南接农资路。大桥总长 273.8 米，桥总宽 18.6 米，其中车行道 12 米，人行道两侧各 2 米，结构宽度 2.6 米，于 1997 年 4 月 28 日建成，并被评为省城市环境治理优秀工程。大桥的建成，对改善老城区南北交通现状、分散人流车流、方便南北交通、带动公园路拆建和农资路改造，促进南北两片经济协调发展起到重要作用。

剑川大桥　2002 年 11 月动工，2004 年 5 月完工。大桥长 245.04 米，宽 27.5 米；左右两幅四车道，双桥式中间分离；桥檐石板雕有龙泉人文图像，栏柱上为动物雕塑。工程造价 2602.6 万元。该项目由龙泉市城市建设投资开发有限公司为建设单位，浙江大地交通工程有限公司承建。

后沙大桥　2006 年 10 月开工建设，2008 年竣工。设 4 桥墩 2 桥台，全长 285.4 米，左右两幅四车道，宽 26.4 米，总投资 1.078 亿元。

第三节　城市公交　路灯

城市公交

2000 年 7 月，龙泉市开通城市公交线路，根据当时市民出行和城市公交发展的需要，市长运公司投入公交车 8 辆。2003 年 12 月，长途汽车运输公司成立城乡公共交通分公司。2005 年，投入 400 多万元，更新 1 路、2 路公交车，购买 20 辆杭州东风牌带空调双开门公交车。2006 年 3 月，开通 3 路公交线路。至 2010 年，1 路公交车投放新型车 6 辆，线路为：青瓷宝剑园区、剑池路、新华街、贤良路、环城东路至工业小区，线路全程长约 5 千米，共设公交站点 11 处（公交亭 20 个）；2 路公交车投放新型车辆 12 辆，线路为：剑池路、环城东路、中山路、环城西路闭合循环，线路全程长约 9 千米，共设公交站点 19 处（公交亭 38 个）；3 路公交车投放新型车辆 4 辆，线路为：剑川大道、中山路、公园路、剑池路闭合循环，线路全程长约 4 千米，共设公交站点 8 处（公交亭 16 个）；5 路城乡公交车 4 辆，线路为：莱茵花园至河村；6 路城乡公交车 3 辆，线路为：云岩山庄—大沙工业区；7 路城乡公交车 3 辆，线路为：宫头至村头。全市共计公交车 22 标台，运营线路网长度 99 千米。2010 年，出台《龙泉市公交车客运管理办法》，明确建设部门对城市公交车管理的职能。针对公交车运行的无序状态，对城市 1 路、2 路公交营运线路进行规划调整，确定线路、站点和投放车辆数，淘汰 6 辆不符合要求的公交车辆。公交车经营方式采取承包经营模式，由长运公司购置车辆承包给个人经营，公司收取一定的承包费。公交的发展既方便了市民的出行，也对社会进步和城市品位的提高起到了一定的积极作用。

路灯

1990 年，市区道路照明灯 440 盏。1990—2010 年，对城区新建、扩建、改建的主要道路安装高架灯、悬挑灯、广场灯、高杆灯、射灯、庭院灯、草坪灯等，城市桥梁已全部亮化。2006 年开始陆续在主要街道设置霓虹广告灯箱、彩虹门等大型广告牌。

至 2010 年，全市共计路灯 3200 盏，4000 火，其中 250 瓦钠灯 2126 火、150 瓦钠灯 1546 火、35 瓦节能灯328 火，由龙泉市普耀电力有限责任公司、龙泉市城市建设投资开发有限公司建设，日常管理维护工作由龙泉市供电公司负责。城区路灯覆盖区域为东至环城东路，西至环城西路，南至老 53 省道，北至中山路，共计 26 条道路，安装路灯的道路长度 58 千米，基本达到路灯全城全覆盖。

至 2010 年，城区夜间景观亮化工程累计建设 14 处，亮丽工程整体布局，响应主题。龙泉市在发展旅游事业方面有得天独厚的地理条件和人文气息，是著名的青瓷之都、宝剑之邦、世界香菇栽培发源地和“中华灵芝第一乡”，被誉为“处州十县好龙泉”。所以亮丽的主旨应避免过于花哨与嘈杂，尽量多考虑城市发展后期休闲度假的意境。作为现代化城市，亮化细节应表现科技、艺术、节能、环保、经济和以人为本。整个主题集建筑、堤岸、绿化、庭院灯、装饰灯、桥体亮化等，通过对这些元素的亮化设计来突显龙泉青瓷及宝剑等相关文化。通过夜景灯光照明表现手法极其丰富的色彩动态来体现整个龙泉江滨两岸夜景灯光照明效果，形成梦幻感观，展现龙泉江滨两岸的韵律美和高品质的照明城市形象。龙泉市全面亮化让龙泉的夜景更加的美丽，让龙泉溪更加婀娜多姿，让老百姓晚上有更多的好去处。

济川桥亮化工程　2002 年完成，投资 29.9521 万元。250 瓦金卤灯 32 火，150 瓦金卤灯 23 火，蓝色光带 850 米，250 瓦、150 瓦高压钠灯 64 火。

留槎洲桥亮化工程照灯，博物馆、鸿雁宾馆探照灯　2002 年完成，投资 36.1685 万元。留槎洲桥：400 瓦双挑金卤灯 24 火，250 瓦金卤灯 54 火，150 瓦金卤灯 10 火，红色光带 108 米，150 瓦高压钠灯 4 火，美耐灯 200 火、250 瓦金卤灯 58 火、250 瓦高压钠灯 36 火、150 瓦金卤灯 23 火，兰色光带 850 米，250\150 瓦高压钠灯 64 火。博物馆探照灯 5000 瓦射灯 1 火，7000 瓦射灯 1 火。鸿雁宾馆探照灯 3000 瓦射灯 3 火。

华严塔亮化工程　2009 年完成，投资 361.958 万元。

江滨南路西段绿化带（留槎洲桥—南秦桥）　2008 年完成，投资 40.7270 万元。40 瓦庭园灯 57 火，250 瓦投光灯 22 火，30 瓦 LED 地射灯 23 火。

华楼街　400 瓦金卤灯 43 火，250 瓦金卤灯 100 火。

大樟树断壁残垣　2007 年完成，投资 3.6427 万元。250 瓦金卤灯 3 火，70 瓦高压钠灯 39 火，庭院柱灯（NG—150）金卤灯 4 火。

华楼街华锦楼　2008 年完成，投资 35 万元。LED 数码管（黄）407 火，LED 数码管（白）550 火，150 瓦高压钠灯 30 火。

剑川大道绿化景观灯　2007 年完成，投资 36.69 万元。250 瓦投光灯 20 火，150 瓦投光灯 80 火。

荷花塘　2002 年完成。250 瓦投光灯 8 火。

江滨南路东段绿地同心花园段　2010 年完成，投资 16.2881 万元。40 瓦节能灯 37 火，投光灯 175 瓦 22 火，投光灯 9 瓦 8 火。

棋盘山路口绿地　2008 年完成，投资 2.2 万元。150 瓦投光灯 14 火。

红豆公园　2010 年完成，11.7342 万元。23 瓦庭院灯 33 火，18 瓦草坪灯 15 火，9 瓦景观灯 10 火。

江滨南路西段绿化带（留槎洲桥—南秦桥）　2008 年完成，投资 40.7270 万元。40 瓦庭园灯 57 火，250 瓦投光灯 22 火，30 瓦 LED 地射灯 23 火。

江滨两岸（圣塔桥—剑川大桥）亮化工程　工程设计创意概念是：龙泉因剑而得名，凭瓷而生辉，素有“瓯婺入闽通衢”“驿马要道，商旅咽喉”之称。为了提升城市品位，美化龙泉市夜景，丰富市民文化生活，全市整体规划亮丽夜景照明，围绕剑瓷文化为题材亮化。LED8 段数码管 1850 米。

第四节　绿　化

概况

1991 年 8 月，原城镇园林管理站由林业局归属建设局管理，改名园林管理处，专业负责建成区的绿化工作。1996 年，龙泉市政府颁发的《龙泉市城市绿化管理实施细则》，确定城市绿化是改善城市生态、美化城市环境、增进人民身心健康的事业。龙泉市充分利用龙泉的山水特色景观，通过扩路还绿，庭院补绿，治脏建绿和引绿入城等措施，着力开展公共绿地建设，加大新建居住小区、单位庭院的绿化建设力度，市区绿地面积、绿化档次和品位都有了提高。到 2010 年末，建成区园林绿地面积 431 公顷，建成区绿化覆盖面积 478 公顷。

人民公园

人民公园位于龙泉市行政中心南侧，是龙泉市的一个区域性公园。公园绿地面积 14571 平方米，绿地率达 40.2%。按照城市空间复合利用，塑造多层次空间景观要求，公园由北向南通过一条中心景观轴依次将清光绪年间的龙泉县域图、中心音乐喷泉、浮雕墙、台地花坛、涌泉和南入口相连，形成公园的主轴。中轴东面是市树林，种植有红豆树、香樟、桂花等名贵树木。西面为凉亭、走廊和休闲区，种有樟树、红枫、江南油杉和红豆杉等树种。整个园区绿化树木含四季常绿和落叶混交等 100 多个品种。人民公园的布局和绿化体现了现代、简约、生态的理念。

断壁残垣

断壁残垣位于新华街以东 200 米的华楼街上，占地 300 平方米，是一处历史和文化底蕴深厚、景观优美的街头绿地，因有一棵千年古樟，旧称“樟树下”。樟树下原本是条小巷，周边是龙泉人以前常见木砖结构的民居。2005 年，龙泉市旧城改造，华楼街拆迁全面展开，在拆迁过程中，龙泉有系统的搜集拆迁地带有价值的条石、老青砖、石础、砖木石雕、古井栏等旧物，结合古樟保护，在“樟树下”建成“断壁残垣”景观。并在断壁残垣西边划出 1200 平方米的绿地作为古樟生态保护区，建成百果园绿地，种植本地水果树石榴、柿树、香泡、桔树等。

道路绿化

1989 年前，龙泉县城在中山路、新华街等部分街道种植法国桐梧、苦楝、乌柏等树种。随着城市的建设需要，按照城市总体规划要求对新城区道路进行全面配套建设，先后完成了剑池路、环城东路、公园路、江滨路、贤良路、华楼街、剑川大道等骨干道路的绿化。坚持以高起点规划，多层次绿化配置，形成富有地方特色的园林式景观道路。提高了绿地率，改善了市区道路绿化面貌。主要树种有桂花、香樟、杜英、法国梧桐、乐昌含笑、黄山栾树、玉兰等。

单位、居住区绿化

各机关单位、学校、工厂、居住小区都十分注重附属庭院绿化建设。房地产开发商及单位负责人越来越重视绿化工作，加大了绿化的投入，绿化精品层出不穷。如新行政中心、龙泉一中、国镜药业、莱茵花园、同心花园等单位和居住区，不仅绿地率达到标准要求，绿化档次也较高，与城区绿带相连，组成了城市绿地系统的重要环节。

街头及江滨绿化

为让市民出门就能享受绿色，方便游憩，对城区范围内的闲置空地、零星土地，结合环境治理，因地制宜，合理规划，建成了塔下东大桥绿地(原垃圾堆积)、香菇市场门口绿地(原手拉车人集市)、商贸中心绿地、四季广场等城区小游园。同时做好穿城而过的龙泉溪两岸滨水绿地,呈现给市民"两岸花红柳绿,一江清流不断"的景象,展示精致小巧、富有特色、山水人居协调发展的生态休闲景观。

市花、市树

1994年10月,龙泉市人大常委会确认兰花为龙泉市市花。2008年10月,龙泉市人大常委会确认花梨木(鄂西红豆树)为龙泉市市树。

千年古樟拯救工程

该古樟树龄900多年,原位于景宁畲族自治县渤海镇内,因在滩坑电站水淹区,2008年4月底移植龙泉市。为保护古树,延续古树的生命,龙泉园林处在西街街道宫头村西独线2号桥桥头的"鸡母寨"处租地1公顷,对古樟进行抢救性移植,经精心养护,已成活。

九姑山森林公园

见"第十六篇 旅游业"。

留槎洲水上公园

位于留槎洲上,公园内林木葱郁,桃柳相映,有仿古建筑"留槎阁",为龙泉市标志性建筑。"留槎洲"水上公园占地面积15450平方米,绿地面积5000平方米。已开发成为集水上运动、游泳、休闲和青少年娱乐活动中心。

棋盘山公园

公园森林茂盛,环境十分幽雅。结合山林林相改造,山上还种植了桂花、香樟、杜英、深山含笑等树种,并建造了棋盘山登山口的主体建筑。由于植被较好,山势平稳,地势较城区略高,环境宜人,成为水南片和龙泉工业园区居民假日休闲、游览和健身锻炼的综合性公园。

杏园

见"第二十九篇 文化"。

第五节 供排水与管网建设

第一水厂

始建于1973年。一期工程1979年10月1日正式供水。二期工程1983年4月1日建成,供水能力为3000千千克/日,供水人口约2000户。1988年,经扩建和改造挖潜,供水能力提高到1.1万千千克/日。

第二水厂（南大洋水厂）

随着城市建设的快速发展，城市人口剧增，二、三产业发展加快，第一水厂已不能满足人民群众生产、生活和社会经济发展的需要，为此，建设第二水厂，厂址位于南秦大塘湾，移山为地，建设总面积约5公顷。一期工程设计生产规模3000万千克/日，预留二期工程5000万千克/日扩建改造潜力。第二水厂于1999年7月28日开工建设，2001年10月23日开始供水。第二水厂采用了国内较为先进的生产设备和工艺，取水、制水、供水实现了全程自动化，设备运行、水质变化、管网压力等情况，可从光、电、机一体化电子显示屏上一览尽知。制水、供水能力提高了4倍，各项指标都达到了相关要求，为城镇市民提供了优质水，彻底解决了城区供水不足的难题。

随着人民群众对生活质量要求进一步提高，对城市供水的水量、水质、水压等提出了更高的要求，启动了“龙泉市城市供水第二水源及水厂扩建工程”。供排水公司本着“科学谨慎”的态度，认真开展此项工作，分别委托浙大、丽水市疾控中心对岩樟溪水源水质进行了较为全面深入的论证，并召集相关专家和领导召开了水质论证会，最终确定岩樟溪为龙泉市第二水源。

城乡供水一体化

2006年，启动城乡供水一体化工程建设，成立龙泉市供排水公司。至2010年底，供水管网覆盖范围涉及3个街道（龙渊、西街、剑池）和1个乡（础石乡），计22个村，受益近2万人。

供水服务

龙泉市供水能力逐年加强，供水设施不断完善，用水户从十年前的0.6万户猛增至2.5万户，年供水总量从40.3万万千克增至59.2万万千克，年售水总量从31.3万万千克增至49.9万万千克；2008年末，城市用水人口8万人，用水普及率92.5%，管网密度25.19千米/平方千米，供水管道总长度201.49千米，供水面积达到了8平方千米，管网水质综合合格率99.76%。

1998年5月，龙泉市供排水公司启用了微机收费系统，实行快速、便捷、准确、高效的收费方式。数年来，通过对电脑收费系统的不断改进、更新、换代，已实现了与邮政银行联网，实时交费。

管网

《龙泉市城市总体规划（1992—2010）》结合城市排水现状和城市未来发展，将老城区现有的合流制系统逐步改造成为完全分流制系统，通过调整、完善城区内的污水收集系统，实现2030年建成区内污水全部经分流制系统进入污水处理厂集中处理。

污水处理

2006年8月，成立大沙污水处理厂。2006年8月开工建设，首期工程污水日处理能力500万千克，建立污水处理在线监测系统，达到与环保部门实现数据共享。至2008年末，该厂共处理污水量52万立方米，削减COD量约384千千克。

污水收集管网

坚持与新建城市道路同步实施原则，先后建成剑池路、环城东路、贤良路等污水收集干管和剑川大道、江滨路、公园路、新华街、凤起路、东茶路等污水收集支管，已完成污水收集管网41千米（包括主管与支管）。至2010年，城区南片污水管网收集工程已开工建设。

排水排污

1989年之前，市区南北两岸排水系统尚未完善，采取雨、污合流制排入龙泉溪，每遇暴雨，山洪泥沙俱下，渠道淤塞，水漫街道。从1990年12月26日龙泉撤县建市开始，加快了城市建设步伐，城市基础设施不断完善。1992年，龙泉市第一条污水管道建设与剑池路的建设同步进行，为城市排水系统采用雨、污分流制打下基础。2003年，龙泉市污水处理工程被省列为“百亿生态环境建设工程”项目，新建区一律实行雨污分流制，老城区采取截流式排水系统，并结合城市污水改造逐步过渡到雨污分流制。2007年7月1日，龙泉市建成了第一座日处理污水500万千克的大沙污水处理厂。至2010年，在中山东路、环城东路、剑川大道、剑木路、苍松路、华楼街、贤良路、金沙路、江滨南路、江滨北路、青瓷宝剑园区道路、太阳伞工业园区道路、大沙工业园区道路、回归工程道路等铺设了排水排污管网，全市累计铺设排水管道119千米，其中污水管道53千米，污水处理率60.07%。

第六节　市政施工企业

龙泉市恒通市政园林工程有限公司

成立于2002年6月，公司注册地址为浙江省龙泉市万景花园2幢，拥有市政公用工程施工总承包三级资质，城市及道路照明工程、环保工程专业承包三级资质。主要承建城市道路、市政设施、给水、雨污排水、亮化照明、园林绿化等工程的施工。公司注册资金700万元，资产3410万元，拥有装载机、挖掘机、压路机、监测仪器等多套机械设备。公司连续多年被评为浙江省AA级“守合同重信用”企业、丽水市建筑业诚信企业。拥有从业人员80多人，其中建造师9人，助理工程师20人。公司规范施工，安全生产，连续多年未发生任何安全生产事故，获得过龙泉市建筑业先进企业、优秀企业、安全生产（消防安全）目标考核优秀单位等荣誉称号。

龙泉市欧源市政园林养护有限公司

建于2004年4月，隶属于龙泉市建设局，注册地址为龙泉市龙渊街道龙翔路98号。拥有市政公用工程总承包三级、城市及道路照明工程三级、电子与智能化工程专业承包二级、建筑装修装饰工程专业承包二级等资质。主要承建建筑、市政、城市照明、园林绿化、电子智能化、装修装饰等。公司注册资金812万元，资产4834万元；职工35人，其中建造师9人，助理工程师14人。公司下设经营科、工程科、材料设备科、安全科、质量科、财务科及办公室等科室。

浙江庆龙集团市政工程有限公司

建于2005年10月，注册地址为龙泉市清风路2号，拥有市政公用工程施工总承包三级资质。

主要承建城市道路、桥梁、排水排污管道及其他市政工程施工。公司注册资金 1000 万元，资产 2000 多万元，拥有装载机、挖掘机、压路机等多套机械设备。连续多年被评为浙江省 AA 级“守合同重信用”企业。至 2010 年，拥有从业人员 60 多人，其中建造师 2 人，助理工程师 7 人。

丽水瓯江环境建设有限公司

2008 年 6 月 4 日，取得丽水市工商局营业执照，注册 600 万元。2010 年 4 月 14 日，获得省建设厅颁发的安全生产许可证。公司具备建筑工程施工总承包三级资质、市政公用工程施工总承包三级资质、建筑装修装饰工程专业承包二级资质、电子与智能化工程专业承包二级资质、古建筑工程专业承包三级资质。拥有从业人员 142 人，其中建造师 11 人，助理工程师 39 人。

浙江开园建设有限公司

成立于 2008 年，注册资金 1418 万元，是一家市政工程总承包、房屋建筑总承包，建筑装修装饰、园林古建筑、城市及道路照明工程专业承包的三级企业。公司地址在龙泉市万景花园 1 幢 2 楼 201 室，有职工 46 人，其中建造师 10 人，具有中级以上技术职称的 16 人，助理工程师 30 人。

第三章　市政管理

第一节　市容管理

违章处理

2010 年，共查处城市规划区内违法违章建筑 235 处，拆除违法建筑面积 6470 平方米。

2010 年 1—12 月，指挥中心共收到上报有效工单 3022 件，通过下派给相关部门处理并结案的工单有 2950 件，问题办结率达到了 98%。同时做好我市牛皮癣的扩面工作，城区主街道及里弄小巷“牛皮癣”数量大幅下降。

2010 年，开展对城区主要街道纠正违章停车占道行为 5000 余次，开展对城区苍松路、西街头、东茶路、宫头菜市场、中山菜市场等马路菜市场周边清理占道经营 5000 余起。

占道经营管理

1997 年，在城区范围内，采用“疏堵结合”管理方针，清理城内所有摊位。无固定经营场所的摊位，在不影响交通安全和市容市貌的前提下，由城建监察大队审批后定点经营，规范摊点摆设，改观城区乱设摊点现象。2006 年，在着眼于人性化管理的前提下，尽可能的开辟一些集中的临时摊点，免费提供给困难户，解决下岗职工、农民等弱势群体生活问题。2006—2010 年，城区夜市摊位经营权进行向社会公开招投标，实行规范经营。

广告管理

1998 年开始对城区户外广告设施以及非广告的招牌、电子显示牌、灯箱、画廊、条幅、充气装置、实物造型等户外设施实行审批制度。禁止在树木、地面、电杆、建筑物、构筑物或者其他设施上任意刻画、涂写、张贴广告。对于违反规定者，根据有关规定责令纠正或予以警告、罚款。

烟花爆竹管理

1997 年 1 月 15 日，市政府颁布《关于加强燃放烟花爆竹消防安全管理的通告》，通告规定：严格控制在人口稠密的居民区、宾馆、饭店等公共场所燃放烟花爆竹。在上述场所燃放烟花爆竹的应遵循“谁主管，谁负责”和“谁燃放，谁负责”的原则。2001 年 4 月 6 日，市政府颁发《关于在市区开展“四禁”的通告》，通告规定在城区主要道路范围内一律禁止燃放烟花爆竹。

家禽家畜管理

1996 年开始对乱放养的猪进行捕杀。2001 年 4 月 6 日，市政府颁发《关于在市区开展“四禁”的通告》，通告规定建成区内禁止放养家禽家畜。10 月成立专门队伍对城区内乱放养的家禽家畜进行强制捕杀。2007 年市创建办组织公安局、农业局、建设局联合发布《关于对城区禁止放养家犬的通告》，并于同年 4 月 13 日起，对城区放养的犬只进行捕杀。通告要求各饲养户要积极配合该项工作的开展，在允许圈养的同时，尽量避免污染环境以及给周围群众的生活带来不良影响。

停车秩序管理

2002 年，开始对市区乱停车实施整治，整顿驾驶、乘坐两轮摩托车未戴头盔等现象。2008 年 3 月，制订城市秩序整治方案，6 月规划停车泊位 1000 多个，8 月份开始对市区主要街道违章停车行为进行劝导，规范停车秩序，并安装规范各类交通标志、警示牌。

文明示范街

2004 年 12 月始，开展创建文明示范街活动，示范路段为公园路→江滨北路→新华街→贤良路→凤起路→中山路。示范街道的 500 余户店主签订了“门前三包”责任状。2007 年 5 月，开展城区沿街店面及单位签订“门前三包”责任书工作，创建一批卫生管理文明示范街。倡导文明，树立爱护环境的意识，整治卫生，人人参与，杜绝沿街道路上的乱扔、乱扫、乱堆放的现象。进一步改善人居环境，提高城乡文明程度。

第二节　环卫管理

环卫所

1966 年 3 月，龙泉县环境卫生管理所成立，为县卫生局下属单位，负责县城范围内中山路和新华街的清扫及城镇居民住户小马桶粪便的收集工作。1989 年，保洁面积仅有 20 余万平方米，从事全市 3000~4000 个小马桶倾倒清洗工作。至 2010 年，原有的清扫范围和人员由成立时的几十人发展到 230 余人的大队伍，承担着全市 120 多万平方米的主干道和里弄清扫保洁工作（其中机械化 27 万平方米），每天近 9 万多千克垃圾的清运，26 座公厕的日常管理和维护，300 多户居民马桶的倾倒、化粪池清理，900 多只果壳箱的垃圾收集和管理以及建筑渣土管理、建筑及装修垃圾的清运。主要道路实行 18 小时保洁制，次街道、里弄小巷基本达到 12 小时保洁。卫生示范街华楼街实行 1 周冲洗街面 2 次，每天洒水 2 次制度。“门前三包”和渣土管理一直是环卫工作的难点和重点，2009 年出台《金沙新区渣土管理办法》。2010 年签订“门前三包”责任书（包秩序、包绿化、包卫生）1895 份，免费发放垃圾桶 1152 只，乱倒垃圾现象得到有效遏制。

环卫设施

1990 年环卫处有大小机动车 10 辆，其中密封垃圾车 1 辆，吸粪车 4 辆，简易机动车 4 辆，小型货车 1 辆；手拉粪车、垃圾车 18 辆。至 2010 年，有机械清扫车、吊装车、高压清洗车、吸污车、洒水车、压缩车、不锈钢密封垃圾车及农用车等机械化作业车辆 33 辆，承担城区 17 个垃圾中转站点 37 个垃圾收集箱的垃圾转运任务。市区主街道沿街两侧添置了美观的垃圾分类果壳箱，生活垃圾处理由原来简易的垃圾填埋作业方式过渡到标准无害化填埋作业方式。

1991 年，在水南新车站、龙东路商场新造水冲式收费公共厕所两座，为龙泉市水冲式厕所零的突破。至 2010 年，共建造地坑式垃圾中转站 14 座，水冲式卫生公厕 29 座。并陆续添置了吸粪车、垃圾清扫车、清运车、高压洒水车和挖机铲车等一批环卫机械设备。

1997 年前，龙泉没有固定的生活垃圾处置场。1997 年根据《关于同意市垃圾处理场项目建设立项的批复》和 1997 年《关于下达龙泉市垃圾无害化处理场项目建设计划的通知》的要求，在大沙高塘山岙建成垃圾填埋场，1997 年末，完成一期工程并投入运行使用。2004 年根据实际需要重新规划设计了垃圾拦截坝，于 2006 年完工并通过验收。2007 年投资近 300 万元进行垃圾渗沥液处理工程的建设，并通过了调试验收。制定了《垃圾填埋场安全营运制度》《日常管理制度》等一系列的规章制度，按规定对垃圾场进行规范性覆土、灭蝇、消毒，提高灭蝇的频率。2007 年，通过了省建设厅对垃圾场无害化等级评估。2010 年，垃圾填埋场的场区总占地面积约 11.6 公顷，填埋区面积 9.92 公顷，垃圾无害化处理率到达 100%。

环卫工作

1993 年，开始实行环卫有偿服务，向单位和居民收取垃圾清运费，全年收取 7.48 万元。2005 年根据市政府的要求，不再收取城镇居民的生活垃圾清运费。1999 年从水南车站公厕开始向社会投标公厕管理权。1999 年 11 月，实施公厕改革，将公厕承包给管理者，实行“以厕养厕”。2007 年 7 月始，根据市政府的要求，全市的公共厕所免费向市民开放。2010 年，环卫处已承担全市 30 座免费公厕管理工作，并在公厕免费开放之前，对全部公厕进行了修缮。为所有公厕设置了导向牌、男女标志牌，由专人负责保洁和日常管理工作。2007 年 6 月，对城区中山路清扫服务和西街片里弄清扫服务的清扫保洁权，按“市场化运作，社会化服务”的原则，进行公开招投标。

2007 年，为创建省级卫生城市，环卫处对创建工作进行部署，加大了资金的投入，增添了环卫设施，新购置环卫压缩式垃圾车 1 辆、小型不锈钢垃圾车 2 辆、人力三轮保洁车 4 辆，提高了环卫作业机械化程度和效率。添置了 500 余只垃圾桶，对主街道和部分里弄的垃圾桶进行了更新。全面提升环卫清扫保洁和垃圾清运质量，消除保洁盲区，完善环卫设施，完成创建省级卫生城市中环卫保障工作，被省爱卫会命名为浙江省卫生城市。

第三节　白蚁防治

防治机构

龙泉县白蚁防治站成立于 1976 年，隶属于龙泉县房地产管理处的非独立核算服务机构。主要职能：负责全市新建房、旧房、装修房及古建筑等场所的白蚁预防、灭治工作，同时，开展全市有害生物防治技术咨询服务。白蚁防治遵循“预防为主，综合防治”的工作方针，多年来，白蚁防治站先后为龙泉市 2000 多个单位及个人进行白蚁防治技术服务，完成白蚁防治面积约 460 万平方米。其中 2007 年为 28 万平方米，2008 年为 35 万平方米，2009 年为 26 万平方米，2010 年为 35 万平方米。

1993 年，龙泉市白蚁防治站增设安仁镇白蚁防治合同签订点。1995 年在各乡镇建立白蚁防治分站。

工作案例

2003—2007 年，对市区范围内古建筑及名木古树开展义务白蚁侵害普查及灭治工作，先后对永和桥、清修寺、浙大分校旧址、郑玉奎故居、姜家大屋等古建筑及古树名木进行实地勘查和白蚁灭治。1999 年 6 月 22 日，白蚁防治站设立“龙泉市城市灭害消杀服务中心”，人员由白蚁防治站和市卫生防疫站专业技术人员组成，经济上实行独立核算自负盈亏。中心成立后，对市区内宾馆、餐馆、住宅小区、单位用房、私人住宅等进行白蚁及其他害虫进行灭杀服务。

收费标准

2009 年以前，白蚁防治收费标准均按浙价房联〔1993〕43 号、财综〔1993〕118 号文件执行，收费标准为 2 元/平方米。2009 年 3 月，龙泉市政府发布了《龙泉市取消暂停降低部分行政事业性（服务）收费项目和收费标准的公告》，其中对白蚁预防费的收费标准进行了调整，白蚁预防费不超过 1 元/平方米，农民建房不得收费。因服务收费大幅下降，白蚁防治站于 2009 年起停止农村新建房的白蚁防治业务。

第四章　房地产业

第一节　产权管理

产权制度

1988 年 9 月 8 日龙泉县政府发布《龙泉县人民政府关于开展房屋产权登记发证工作的通告》，成立房屋产权登记发证办公室，在建制镇范围内开展房屋产权登记发证工作，发放房屋所有权证（“定权换证”）。房屋权属登记按建筑面积，以平方米计算，并有房屋平面测绘图附后。该时期房屋登记尚处于开蒙阶段，各地的房屋所有权证文本不一、遗漏共有权人的情况较为普遍。1998 年 7 月 1 日始，全国开始启用文本统一的中华人民共和国房屋所有权证、中华人民共和国房屋共有权证，同时开展对此前发放的房屋所有权证的验证工作。房屋登记开始启用计算机软件管理，房产管理工作进一步规范。2007 年 10 月 1 日《中华人民共和国物权法》实施。2008 年 7 月 1 日中华人民共和国建设部制订了配套规章《房屋登记办法》。全国统一制发中华人民共和国房屋所有权证，停止使用中华人民共和国房屋共有权证。龙泉市人民政府发布《房屋登记办法》和《龙泉市房屋产权登记操作规范》指导本市房屋登记工作。房屋登记实行权利内容严格审查，按单独所有、共同共有、按份共有类型予以登记。房产管理制度臻于完善。

产权登记

1988 年始，房管处履行房屋产权管理、房屋交易审批、商品房开发、公房物业管理等职能。1992 年 4 月建立产权产籍档案室。至 1993 年，房屋产权登记发证办公室共登记发证 6824 本，档案移入档案室管理，初步规范化的房产档案管理机制自始建立。该年度档案室经验收达国家一级档案室标准。1994 年，龙泉市房地产交易市场建立，承担房地产转让、租赁、典当、继承、赠与、评估等具体业务。设立房屋产权登记、交易登记初审—复审—审批办事程序；明确了产权登记收取材料的标准。1999 年，房管处引用西安思维软件有限公司开发的房地产交易管理和权属登记系统，房屋登记全面实行网络信息化管理。同年，房管处在新华街 30 号房地产大厦设立房地产交易办证大厅，设有产权登记、转让、抵押、租赁、中介服务、收费 6 个窗口，实行窗口式一条龙服务。2005 年 10 月，为配合市政府行政审批中心办事大厅完善提升工作，房地产交易办证大厅进驻中心，更名房管窗口，成为中心 25 个服务窗口中最大的办事窗口。2006 年 1 月，房屋登记采用杭州中科超图信息技术有限公司与浙大华光软件有限公司开发的“龙泉市房地产管理信息综合系统”，更新和完善了房屋登记管理系统功能。

2005—2010 年，为配合龙泉市“工业强市”战略，房管处相继开展房屋登记“绿色通道”，落实特事特办、急事急办的具体工作措施，为本市企业开展房屋登记业务；开通以“温馨服务”为内容的房产证办理短信告知平台；深入企业征求意见和建议，妥善解决企业反映的“热点”“难点”问题；压缩办证期限，降低收费标准等服务。

1993 年房屋登记发证覆盖范围为龙泉市城区以及建制镇规划区内的房产，规划区以外的农房未涉及。2009 年，丽水市人民政府下发《关于加强农村房屋登记工作的通知》，房管处组织开展了对规划区以外的农村房屋登记办证工作，调集 10 名人员，下乡办证。共受理 650 件，其中符合办证条件仅占受理数 30%。由于农村房屋原始产权资料普遍短缺，违章建房普遍，加之农村房屋缺乏市场机制，村民办证积极性不高，故成效一般。1993—2010 年，房管处共办理农村集体土地房屋产权证 6200 余宗（包括建制镇规划区内的房产）。

2008 年，完成对现有房产产权产籍档案的全面整理和库房扩容工作，至 2010 年末房屋产权档案达 4 万余宗。

抵押登记

1994 年，房管处开展房地产抵押登记业务。房管处与各专业银行联合发布《龙泉市房地产抵押贷款有关规定的通知》，当年办理房屋抵押登记 227 宗。1995 年，全市各金融部门的房地产抵押业务全部纳入房管处管理。随着市场经济发展，房地产抵押行为愈加普遍，至 1998 年，房地产抵押登记业务累计达 5000 余宗。为规范房地产抵押行为，1998 年 8 月 7 日，龙泉市人大、市政府办、法院、建设局、房产处以及各银行等部门在龙泉大酒店会议室召开房地产抵押登记工作会议，明确了土地使用权单独抵押由土地管理部门办理登记。房地产抵押遵循“地随房走”的原则，由房管处房地产交易所办理登记。龙泉市房地产交易所是本市唯一一家具有房地产价值评估资质的机构。

1994—2010 年共办理房地产抵押业务 45000 余宗。

1993—2010 年龙泉市产权登记、抵押登记一览表

表 8-4-1　　单位：宗

年　份	房屋所有权登记	房屋他项权登记	年　份	房屋所有权登记	房屋他项权登记
1993	1059	—	2002	4741	3950
1994	1685	227	2003	3652	5294
1995	1928	496	2004	—	—
1996	—	—	2005	2362	3077
1997	—	—	2006	4251	3570
199	1172	1647	2007	3478	4418
1999	2385	1634	2008	5311	2497
2000	4185	2865	2009	5970	3919
2001	—	—	2010	7400	3900

注：表中房屋所有权登记包括房屋产权初始登记、商品房买卖登记、存量房买卖登记、其他各类登记；房屋他项权登记为抵押登记；“—”为资料欠缺。

直管公房管理

直管公房来源有以下途径：土改保留、国家罚没取得、政府财政拨款在城区范围内投资建设和购买取得、机关、事业单位委托代管。房管处内设公房科管理直管公房。直管公房的使用功能具有社会福利性质，以政府规定的低租金出租，主要解决城区内无房户的居住问题。根据龙房改〔2007〕2号文件规定，执行租金标准为：砖混结构公房 2.20 元/平方米；砖木、泥木结构公房 2.00 元/平方米。

1988 年，有直管公房 125 幢，面积近 4.24 万平方米，其中非住宅面积 1.14 万平方米。后由于房地产市场形成和城市建设发展，有 1.32 万平方米被私人购买或在单位改制中改变权属；有 1.1545 万平方米在街道拓宽和旧城拆建中被征用。2010 年，直管公房尚存 73 处（幢），建筑面积近 12666 平方米，比原来减少 70%，主要分布在庆丰路、东街、西街、官仓弄、老弄、卢埠弄等老城区，与民居私房交错混杂。其中砖木、泥木、木结构公房为 9466 平方米，计 75%；砖混与钢混结构公房 3200 平方米，计 25%。直管公房总体质量较差，部分房屋已属于危房。2008 年初，市政府为安置江滨南路拆迁户，购置坐落剑池西路 30 号的 30 套房屋交房管处管理，纳入直管公房序列。但未能改变直管公房总体品质较差的现状。

廉租住房保障

2007 年 11 月 8 日，建设部颁布《廉租住房保障办法》。2008 年 6 月，龙泉市城乡建设局编制了 2008—2010 年《龙泉市城市低收入家庭住房保障规划》，确定到 2010 年底实现“应保尽保”的工作目标，目标任务列入政府年度的目标责任考核范围。2008 年底房管处公房管理科更名为住房保障管理科，工作重心逐步向廉租住房保障工作转移，设立了廉租住房申请审查制度、入住制度、日常管理制度。其中廉租住房申请审查工作由房管处会同各街道办事处共同完成，切实保障将城区住房困难家庭列入保障范围。

2008 年，政府投资购置有廉租住房保障用房 2326.96 平方米。因廉租住房房源不足，保障受益面较为狭窄，仅局限于低保的城镇居民。至 2010 年 12 月，全市累计廉租住房保障户数为 160 户，其中租金补贴 137 户，实物配租 23 户。2010 年，房管处向政府提交规模化建设廉租住房的可行性报告，拟定在本市南大洋区块建设廉租住房工程建设，规划用地面积 8761 平方米（可建设标准套型廉租房约 200 套，总建筑面积约 12000 平方米），筹备足够的实物配租房源，切实改善城区低收入家庭的住房困难问题。

第二节　房地产开发经营

房地产开发

20 世纪 90 年代初，龙泉开始实行住宅商品化。公有住房大部通过房改政策落实由私人认购。该阶段政府按年度划拨少量国有土地建设商品房投放市场，实行价格审批，全额或分期付款销售。龙泉市房地产管理处所属的房地产开发经营部系该项业务专营部门，开发有坐落于环城西路 43 号

（南秦商品房1幢、2幢）、立本坊23号、新华街26号（华联大厦）等处的早期商品房。规模较小，以幢为单位立项建设，售价200~300元/平方米。1995年3月，龙泉市房地产开发经营部与龙泉市房地产管理处脱钩，更名为"龙泉市房地产实业总公司"，成为自负盈亏的房地产开发企业。1994年浙江庆龙集团房地产开发有限公司开发建设有金乐园住宅小区，建成商品房共9幢，计127套，为首个规模化商品房建设项目，商品房分A、B两种户型，政府审定房价为540~729元/平方米。

20世纪90年代末，国务院颁布《城市房地产开发经营管理条例》，中国人民银行颁布《个人住房贷款管理办法》《关于鼓励消费贷款的若干意见》等文件，购买商品房按揭贷款政策出台。同期，龙泉市人民政府批准允许房改房上市交易，经济条件较好的居民改善住房需求较高，住宅商品房市场进入蓬勃发展时期。店面房、办公楼等非住宅商品房亦开发上市。2000年，龙泉市恒诚房地产开发有限公司开发莱茵花苑房地产项目，该项目用地面积57300平方米，计614户，商品房售价1000~1200元/平方米。该商品房项目同时还开发有办公用房、店面房、别墅等商业用房及非普通住宅。该小区为本市早期规模最大的综合性房地产开发项目。

1998—2010年，共有26个房地产开发企业（包括项目经营部）在本市注册从事商品房开发经营。至2010年，住宅商品房售价约4500元/平方米，店面房售价每平方米1万元。房地产业逐步成为本市国民经济发展支柱产业。房地产中介、物业管理行业开始发展。

2009—2010年龙泉市房地产投资、销售情况一览表

表8-4-2

年份	完成投资额（亿元）	销售建筑面积（万平方米）		套数	销售额（亿元）	
2009	4.5	住宅	非住宅	827	住宅	非住宅
		8.58	1.08		3.24	1.08
2010	7.67	住宅	非住宅	530	住宅	非住宅
		5.4	3.3		2.5	3.3

制度建设

龙泉市建设局内设住宅与房地产业科，负责房地产开发经营行业行政管理工作，履行本市商品房开发制度制定和落实、商品房预售许可核发、商品房预售合同登记备案管理、商品房信息发布、房地产物业管理、房地产中介管理等职能。

2005年7月18日，龙泉市建设局颁发《关于实行商品房预售合同登记备案制度的通知》，规定房地产开发企业应当在商品房预售合同签约之日起30日内办理登记备案手续，备案后统一核发购房证。禁止商品房预购人将未竣工的预售商品房再行转卖，禁止办理期房转让、转按揭手续，禁止房地产企业违规办理变更购房人姓名的行为，未经备案不得办理商品房按揭抵押登记和房屋产权初始登记。

2006年10月12日，市建设局发布《龙泉市商品房预（销）售合同网上备案管理办法》。建立商品房预测绘制度，公示预购商品房相关内容，统一使用省建设厅和工商局联合制定的示范合同文本。开发企业自留商品房不得超过10%，购买商品房采用实名制，合同主体不得变更。2006年11月1日始，市建设局开通龙泉市房产信息网，商品房预（销）售统一通过网上签约，购房者凭网上系统

签订的合同办理房屋权属登记及抵押登记。停止手工签约商品房买卖合同，取消购房证制度。

2008年，市物价局发布《关于进一步规范龙泉市商品房销售明码标价工作的通知》。要求开发企业销售新建商品房住宅应当实行明码标价，公开标示商品房价格及相关收费等情况。在交易场所醒目位置悬挂标价牌，介绍开发企业名称、楼盘名称、坐落位置、容积率、预售许可证号码、房屋类型、建筑结构、装修情况、房源情况、户型、建筑面积等情况。

2007—2008年，《中华人民共和国物权法》《房屋登记办法》相继颁布。市建设局发布《关于印发〈商品房预告登记的约定〉的通知》，规定自2009年1月1日起实行商品房预告登记的约定制度，预告登记证明作为办理商品房初始登记的材料之一。2010年5月1日始，统一使用《龙泉市房地产买卖合同示范文本》。2010年10月15日，市建设局发布关于进一步完善申请办理商品房预售证材料的通知，规定房地产开发企业申请办理商品房预售证必须提交以下材料：商品房预售资金监管协议书、监管银行预发放的资金账户账号、监管项目的工程形象进度表、监管项目各阶段的资金使用计划、工程施工承包合同、工程进度款支付申请表、工程款支付凭据。该措施强化了主管部门对房地产开发行为的监管力度，维护了房地产市场运行安全。

监督管理

2003—2008年，囿于商品房开发供地机制，房地产开发市场竞争较为剧烈。开发企业为取得商品房开发用地经营权，除以自有资产抵押融资以外，向社会融资获取资金的现象较为普遍，市民热衷于将闲散资金投资房地产开发企业获益。2006年12月4日，建设局、发展与改革局、工商行政管理局、物价局联合成立龙泉市房地产交易秩序专项整治工作领导小组，开展对房地产市场专项整治，抑制开发企业捂盘惜售、哄抬房价、发布虚假信息、炒楼花（号）等行为。

2008年，因金融风暴影响，国家执行货币从紧政策，对房地产市场影响较大。多家房地产开发企业出现资金链断裂，在建商品房工程停滞现象。民间投资者向房地产开发企业主张融资债权现象普遍发生。该年10月，市政府成立房地产市场维稳领导小组，组织工作团队对相关房地产企业开展“救市”活动，组织资金接手停建楼盘、审核办理以房抵债手续、协助办理预售商品房转移登记。帮助房地产企业渡过难关，维护社会稳定，促进房地产市场健康稳步发展。

龙泉市茂新华龙郦都6号楼是龙泉市第一个开工建设的小高层建筑，由浙江新世纪建设工程有限公司于2005年施工建设。因管理混乱，使用劣质建材施工，发生质量事故。建设局及时组织事故调查组进行调查处理，对施工单位和相关责任人予以相应处罚。

2009年，市建设局开展房地产开发违规变更规划、调整容积率专项治理工作，查获3个商品房开发项目存在调整容积率的现象，按规定进行处理，责成违规企业补交出让金等757.18万元。

2000—2010年龙泉市主要商品房开发项目一览表

表8-4-3

序号	项目名称	开发年份	坐落地址	建设单位	预售许可证号	户数(户)
1	莱茵花园	2000	东茶路南段	龙泉市恒诚房地产开发有限公司	龙售许字〔2000〕第七号	614
2	江滨花园	2000	江滨北路原龙一中地块	德光集团有限公司	龙售许字〔2000〕1号	283

续表 8-4-3

序号	项目名称	开发年份	坐落地址	建设单位	预售许可证号	户数(户)
3	农资小区	2000	公园路	德光集团有限公司	龙售许字〔2000〕第 0006 号	200
4	银都花苑	2001	公园南路	浙江辉达房地产有限公司	龙售许字〔2001〕第 0004 号	250
5	万景花园	2003	剑川大道东	德光集团有限公司	龙售许字〔2003〕第 0002 号	246
6	茂新华龙郦都	2004	苍松南路东华楼街北	龙泉市茂新房地产开发有限公司	龙售许字〔2004〕第 0007 号	344
7	创美·剑瓷花园	2004	环城东路北段	浙江创美房地产开发有限公司	龙售许字〔2004〕第 0008 号	371
8	佳韵公寓	2005	华楼街	龙泉市地产开发有限责任公司	龙售许字〔2005〕第 0017 号	110
9	剑谷小区	2006	南秦路	龙泉市兴龙房地产有限责任公司	龙售许字〔2006〕第 0002 号	146
10	华锦楼	2006	剑川大道西华楼街南	浙江大洋房地产开发有限公司	龙售许字〔2006〕第 0005 号	179
11	绿茵佳苑	2007	剑池西路南	龙泉市兴龙房地产有限责任公司	龙售许字〔2007〕第 0005 号	396
12	龙华时代	2007	苍松南路西华楼街北	龙泉庆龙房地产开发有限公司	龙售许字〔2007〕第 0007 号	89
13	同心花园	2008	剑池东路北侧水南圩	丽水市同心房产有限公司	龙售许字〔2008〕第 0002 号	1013
14	巨龙中心花园	2008	剑川大道西贤良路南	浙江巨龙房地产开发有限公司	龙售许字〔2008〕第 0004 号	101
15	剑瓷庭院	2008	剑池西路,市交警队西	德光集团有限公司	龙售许字〔2008〕第 0008 号	116
16	南大洋农民公寓	2008	剑池西路西段	浙江巨龙房地产开发有限公司	龙售许字〔2008〕第 0006 号	518
17	阳光城	2008	原龙泉市齿轮厂地块	浙江庆龙集团房地产开发有限公司	龙售许字〔2008〕第 0007 号	233
18	龙华小区	2008	龙翔路东侧	浙江大洋房地产开发有限公司	龙售许字〔2008〕第 0009 号	141

第三节　物业管理

概况

1994 年 5 月 19 日,市房地产管理处经报批成立龙泉市物业管理公司,公司性质为全民所有制,系丽水地区首家物业管理公司。同时,房管处内设的公房科更名物业管理科管理该项工作(辖公房维修管理)。1994 年 10 月,该物业公司受兴龙房地产公司委托,对新建的“金乐园”住宅小区(住户 127

户)进行物业管理试点,进行清洁卫生、保安、送报送信、修理路灯、代收水费、管道疏通等服务工作。1999 年 1 月,该物业公司对大洋一区单位集资房小区进行了物业管理试点工作。该集资房小区建筑面积 6.127 万平方米,总建筑面积 9 万多平方米,住户 730 多户,涉及 20 多个单位。物业公司从事物业管理 2 年,后因政策不到位、管理机制难以健全、物业管理费难以收取等原因,终止物业管理工作。

2003 年 9 月 1 日,《物业管理条例》施行。随着龙泉市封闭式商品房住宅小区开发项目增加,物业管理行业逐步拓展健全。住宅小区成立业主大会和业主委员会,自主选择物业公司。物业公司根据合同约定对住宅小区内房屋及配套的设施设备和相关场地进行维修、养护、管理,并维护物业管理区域内的环境卫生和相关秩序。以一个住宅小区设一个物业管理处,专门配置工作人员进行管理。制定安全管理规约、车辆停放进出管理等制度。

物业公司

2003—2009 年,在龙泉市注册的物业公司共 6 家,其中龙泉市中信物业管理有限公司、龙泉市叶大嫂物业管理有限公司较为知名,在多个商品房住宅小区设有物业管理处。

2003—2010 年度龙泉市物业管理情况一览表

表 8-4-4

<table>
<tr><th>序号</th><th>名称</th><th>成立时间</th><th>分支机构</th><th>设立时间</th></tr>
<tr><td>1</td><td>龙泉市创美物业管理有限公司</td><td>2003-04-25</td><td>—</td><td>—</td></tr>
<tr><td rowspan="7">2</td><td rowspan="7">龙泉市中信物业管理有限公司</td><td rowspan="7">2004-08-05</td><td>万景花园管理处</td><td>2005-05-26</td></tr>
<tr><td>莱茵花园管理处</td><td>2005-07-29</td></tr>
<tr><td>江滨花园管理处</td><td>2008-07-10</td></tr>
<tr><td>巨龙中心花园管理处</td><td>2008-07-10</td></tr>
<tr><td>华锦楼物业管理处</td><td>2008-08-25</td></tr>
<tr><td>万景花园物业管理处</td><td>2008-08-25</td></tr>
<tr><td>银都花苑物业管理处</td><td>2008-08-25</td></tr>
<tr><td>3</td><td>浙江同心集团丽水市
同心物业管理有限公司龙泉分理处</td><td>2004-09-08</td><td>—</td><td>—</td></tr>
<tr><td rowspan="2">4</td><td rowspan="2">龙泉市叶大嫂物业管理有限公司</td><td rowspan="2">2005-09-01</td><td>莱茵花园管理处</td><td>2008-09-27</td></tr>
<tr><td>剑谷小区管理处</td><td>2008-09-27</td></tr>
<tr><td>5</td><td>浙江光彩物业管理有限公司</td><td>2006-02-15</td><td>—</td><td>—</td></tr>
<tr><td>6</td><td>龙泉德光物业管理有限公司</td><td>2009-11-13</td><td>—</td><td>—</td></tr>
</table>

第四节　房地产中介

中介服务窗口

1999 年,房管处建立房地产交易办证大厅时设置了房屋中介服务窗口,为房屋中介行业开蒙。

当时市民对房产中介行业及运行方式较为陌生，选择通过中介行为进行房产交易的积极性不高。由于缺少业务量，2 年后房管处撤销了房屋中介服务窗口。

中介服务机构

2001 年，“我爱我家”私人房地产中介服务机构开办，为第一个从事房产中介经营的个体工商户。政府批准房改房上市交易，部分公有房屋因产权制度改革而投放市场，“我爱我家”通过其信息平台开展房屋交易中介服务，业务量逐年增加。2003—2004 年，龙泉市房屋中介行业先后成立中信房产中介、天桥房产中介、民生房产中介等数家个体服务机构。至 2010 年增加至 10 家，业绩较好者转设公司模式经营。据房管窗口 2008—2010 年存量房交易登记统计，累计交易近 2000 宗，经房地产中介机构参与完成交易约占 7 成。

第五章　建 筑 业

第一节　设　　计

1980 年 1 月成立龙泉县建筑设计室，隶属建设局，为自收自支事业性质单位，具有建筑行业设计丙级资质。2000 年 10 月为适应设计单位走向市场的需求，以龙泉市建筑设计室为母体，通过优化组合，将当时的创美工程设计公司、规划设计室、园林设计室以股份制的形式组建了龙泉市规划建筑设计院（后更名为龙泉市规划建筑设计院有限公司）。该院具有建筑行业丙级资质和城乡规划编制丙级资质，在册职工 22 人，其中高级工程师 2 人，工程师 12 人，注册建筑师 2 人，注册结构工程师 2 人。为龙泉市市域内唯一一家本部设在龙泉市的专业设计单位。

设计院成立以来，共完成建筑设计项目约 3000 项，建筑面积约 800 万平方米。其中龙泉博物馆项目获全国丙、乙级设计优秀奖。西街街道农工商服务中心改造工程 1 号楼、龙泉市查田镇人民政府避灾中心采用简洁大方的立面形式和合理的“灾、平”两用平面布置，引领着乡镇、街道办公场所改造的方向。龙南乡中心卫生院业务楼以其明快的立面效果，合理的功能布局，成为乡镇中心卫生院业务楼改造的范本。

1989—2010 年龙泉市（县）规划建筑设计院重点设计项目一览表

表 8-5-1

时　间	工程项目	建筑面积（平方米）	投资额（万元）
1990—1999 年	龙泉博物馆	2800	58

续表 8-5-1

时　间	工程项目	建筑面积(平方米)	投资额(万元)
1990—1999 年	龙泉大酒店	5000	180
	公园路沿街商住楼	48000	1680
	江滨路沿街商住楼	30000	980
	新华街沿街商住楼	65000	3000
	大洋住宅小区	88000	3100
	金乐园住宅小区	28000	920
	中国银行	3100	260
2000—2010 年	尊龙商场	33703	1800
	国税大楼	5625	530
	广电大楼	6020	540
	贤良路沿街商住楼	53756	3760
	丰乐园住宅小区	7900	480
	经济适用房小区	56231	390
	佳韵花园住宅小区	20900	145
	龙翔公寓	7483	560
	万景花园住宅小区	40000	2500
	新世纪幼儿园	8800	660
	剑瓷花园住宅小区	22000	1430
	滩坑移民住宅小区	50000	5250
	华楼街沿街商住楼	20000	1890
	水南综合楼	8407	850
	疾控中心	3535	380

第二节　建筑队伍与质量监督

建筑企业资质

20 世纪 80 年代前，龙泉县仅有龙泉县建筑公司、龙泉县城镇建筑队、城郊建筑队、教委基建队等几支具有一定规模的施工队伍，多数小规模建筑施工事务由具有一定房屋建筑经验的民间木匠、泥水匠临时组合完成。改革开放以后，随着经济发展，房地产及建筑业迅速发展壮大。至 2010 年，全市共有建筑施工企业 24 家，其中总承包资质二级的 5 家，总承包资质三级的 11 家，装修装饰工程专业资质三级的 8 家。在龙泉市内承包建设工程施工的外地企业有 9 家。另有土石方工程专业资质三级企业、送变电工程专业资质三级企业、混凝土作业分包企业各 1 家。从业人员 5000 余人。

2010 年龙泉市主要建筑施工企业资质一览表

表 8-5-2

施工企业名称	资质等级
浙江大洲建设工程有限公司	房建总承包二级 市政总承包三级 装饰三级 地基三级 起重三级
浙江庆龙建设集团有限公司	房建总承包二级 市政总承包三级
浙江国光建筑工程有限公司	房建总承包二级 装饰三级
浙江中意工程建设有限公司	房建总承包二级
龙泉市正龙建筑工程有限公司	房建总承包二级
龙泉市第二建筑工程有限责任公司	房建总承包三级
浙江金达建筑有限责任公司	房建总承包三级
龙泉市威龙建筑工程有限公司	房建总承包三级
龙泉市城市建筑工程有限责任公司	房建总承包三级 市政总承包三级 土石方三级 管道三级
龙泉市市政工程有限公司	市政总承包三级
浙江剑瓷市政建设工程有限公司	房建总承包三级 市政总承包三级 装饰三级 土石方三级 园林三级
龙泉市欧源市政园林养护有限公司	市政总承包三级
龙泉市恒通市政园林工程有限公司	市政总承包三级
龙泉市正大装潢广告工程有限公司	装饰三级
龙泉市宏达装饰装潢工程有限公司	装饰三级
龙泉市创美装饰装潢工程有限公司	装饰三级
浙江日昇土石方工程有限公司	土石方三级
龙泉市普耀电力有限责任公司	送变电三级
龙泉市宏远交通工程有限公司	公路总承包三级
浙江龙泉国标建设劳务有限公司	混凝土分包
龙泉市伟杰建筑工程有限公司	建筑工程总承包三级
浙江开园建设有限公司	市政公用工程总承包三级
龙泉市安盛建设工程有限公司	建筑工程总承包三级
龙泉市中心建筑有限公司	建筑工程总承包三级

浙江大洲建设工程有限公司

创建于 2000 年，原系龙泉市大洋建筑工程有限公司。2006 年 3 月经建设行政主管部门批准更名。公司具有房屋建筑工程施工总承包二级资质，建筑装修装饰工程专业承包三级资质，市政公用工程施工总承包三级资质，地基与基础工程专业承包三级和起重设备安装工程专业承包三级资质，公司注册资金 2000 万元。企业固定职工 350 多人，各类职称人员 165 人，其中高级 6 人，中级 48

人；各级建造师12人，其中一级1人，二级11人；各级项目经理35人，其中二级12人；下属7个职能科室，3个工程处，1个装修装饰公司和1个建材公司。先后完成了龙泉市水南小综合楼、龙泉市一中第三标段、龙泉市水泥厂技改项目、龙泉市一中第四标段、龙泉市天和食品加工基地一期工程、龙泉市商贸中心等多个工程项目。2008年度，公司资产总额为6137万元，施工总产值为8295万元，工程结算收入为8295万元，净资产为3227万元。

浙江庆龙建设集团有限公司

创办于1951年，原为龙泉市建筑工程公司。2002年5月，经改制成立了龙泉市庆龙建筑工程公司，2004年6月更名为浙江庆龙建筑工程有限公司。同年通过ISO 9001质量管理体系认证。2005年6月，企业资质晋升为二级，成为龙泉市首家具备二级资质的建筑企业。公司注册资本6060万元，固定资产2800万元，大型机械设备30多台套。工程技术和企业管理人员300余人，其中高级工程师10人、工程师65人、经济师38人、项目经理58人（一级建造师12人，二级建造师10人）。

浙江国光建筑工程有限公司

创建于1985年8月，原为龙泉市教育建筑工程公司和龙泉市国兴建筑工程有限公司。具有房屋建筑工程施工总承包二级资质，建筑装饰装修工程专业承包三级资质。2003年通过国家标准认证中心ISO 9001质量管理体系标准认证。公司注册资金2000万元，资产总额为4909万元，净资产4008万元。下属7个职能科室，有职工475人，其中各类专业技术管理人员168人，高级职称5人，中级职称66人，二级建造师20人，项目经理48人（其中二级项目经理12人）。公司自成立以来先后承接施工项目300余个，累积建筑面积达170万余平方米。

龙泉市正龙建筑工程有限公司

创建于2001年11月6日，注册资金600万元。为房屋建筑工程施工总承包三级企业。公司有工程师6人、项目经理19人、建造师4人。所建工程有巨龙中心花园、南大洋农民公寓、中特文武学校等。

质量监管

1985年，龙泉县建筑工程质量监督站成立，为县城乡建设环境保护局下属全额拨款事业单位，负责全县范围内建筑工程及建筑构配件的质量监督。1985—1992年与城乡建设环境保护局施工股合署办公。1992年以后，质监站独立，当时有全额事业编制3人。至2010年增至8人，其中高级工程师1人，工程师5人，助理工程师2人。

1987年质监站设材料检测试验室，1996年更名为龙泉市建设工程材料检测中心，2007年又更名为龙泉市科正建设工程材料检测有限公司，履行建设工程材料检测职能。

2002—2010年，共受监工程395项，建筑面积242.6万平方米。

第六章　村镇建设

第一节　乡镇规划

概况

1994年对全市9个建制镇(屏南镇、锦溪镇、住龙镇除外)进行了第一轮总体规划编制及组织实施。2005年组织技术力量完成市域6个建制镇(屏南镇除外)第二轮总规修编并组织实施。

安仁、查田和八都三个中心镇基本完成经济社会发展"十二五"规划、建设总规划和土地利用总规划编制,并出台了中心镇建设项目规划和中心村建设规划。

安仁镇总体规划

1994年编制《安仁镇总体规划》,由于地区经济快速发展,城镇建设和经济发展、对外交通条件等均发生较大变化。2005年,为适应未来城镇发展要求,龙泉市建设局委托浙江省城乡规划设计研究院进行修编。修编后安仁镇总体规划期限为2005—2020年,其中近期2005—2010年,远期2011—2020年。规划中心镇区人口近期1.8万人,远期2.5万人。规划镇区建设区用地规模195.71公顷。

按照《浙江省龙泉市城市总体规划》和《浙江省龙泉市域城镇体系规划》,确定安仁镇为龙泉市东部经济区(包括安仁镇、道太乡和龙南乡在内)的中心镇。安仁镇规划将"下山移民"向镇区集中安置和二、三产业向镇区集聚,完善安仁镇区职能,加强公共设施和基础设施建设,适度扩大建设规模,加强安仁镇龙南乡、道太乡等周边地区的交通联系,增强镇区集聚与辐射功能。采取"点轴发展,梯度推进"的发展模式,以据点发展为主,以轴带面,推进镇域整体发展。强化中心村服务功能、中心村设置与居民点布局、公共设施建设及旅游点布局相结合,形成镇域内地域服务中心。总体布局为全镇形成"一个中心镇,二个中心村,二十五个基层村"三个层次的体系结构。规划以镇区为核心,发展成为中心镇。安福村和季山头村为中心村,成为镇域北部和南部两个区域的服务中心。

规划采用卫星式的布局,既能从现有生产水平出发,又能发挥中心镇和中心村在生产中的作用。利用道路将中心镇、中心村及基层村庄有机联系在一起。

八都镇总体规划

2005年,龙泉市建设局委托浙江省城乡规划设计研究院编制《八都镇总体规划》。2010年市政府批准实施龙泉市八都镇城镇总体规划。本次八都镇总体规划期限为2003—2020年,其中近期

2010—2015 年，远期 2016—2030 年。规划中心镇区人口 1.5 万人，远期控制在 3.0 万人。规划人均建设用地指标控制在 110 平方米/人。规划至 2030 年，镇区建设用地规模应控制在 3.30 平方千米之内。

规划将八都镇定义为龙泉市以竹木加工产业为特色的综合型中心镇。

镇域规划形成"一核、两轴、五片区"的空间布局结构。即以核心城镇八都镇为人口、商贸、文化旅游和产业载体，两轴为城镇纵向发展轴和横向发展轴，五片区分别是四个居民生活片区、产业发展片区。八都镇将以富民强镇为出发点，抢抓机遇，努力把八都建设成"竹木产业特色镇、省际边贸重点镇、生态宜居中心镇"。

查田镇总体规划

1994 年编制《查田镇城镇总体规划》，由于外部环境、城镇自身发展条件的变化，2005 年，龙泉市建设局委托浙江省城乡规划设计研究院进行修编。修编后查田镇规划期限为 2005—2020 年，其中近期 2005—2010 年，远期 2011—2020 年。规划近期镇区人口 4813 人，远期镇区人口 7000 人，本次城镇总体规划建设用地面积共 77 公顷。

上一轮总体规划确定查田镇性质为镇域政治、经济、文化、交通中心，是以乡镇企业和农业为主导的现代化工农型城镇，能够符合当时的情况，在十几年的实施中，较好地指导了城镇发展方向。

修编规划对其性质进行了修改，确定查田镇为工贸型城镇，是龙泉市的工业大镇。

上垟镇总体规划

1994 年编制《上垟镇城镇总体规划》，由于外部环境、城镇自身发展条件的变化，2005 年龙泉市建设局委托浙江省城乡规划设计研究院进行修编。修编后上垟镇规划期限为 2005—2020 年，其中近期2005—2010 年，远期 2011—2020 年。2010 年镇区规划人口 4750 人，2020 年镇区规划人口将达到 6000 人。远期用地按规划总人口 6000 人计算，人均指标为 110 平方米，建设总用地为 66 公顷。

修编后确定上垟镇为省际边境工贸型城镇，是全市的青瓷生产基地，突出与强化"竹海瓷镇"的城镇发展特色。

镇区规划形成两心、一轴、两片区总体规划结构。未来形成等级优化、职能明确、功能互补、布局合理、生态平衡的具有现代化运行和管理机制的村镇体系格局。

小梅镇总体规划

1994 年编制《小梅镇城镇总体规划》，由于外部环境、城镇自身发展条件的变化，2005 年龙泉市建设局委托浙江省城乡规划设计研究院进行修编。修编后小梅镇规划期限为 2005—2020 年，其中近期 2005—2010 年，远期 2011—2020 年。预测 2010 年镇区规划人口 5700 人，2020 年镇区规划人口将达到 8000 人。远期用地按 8000 人计算，人均 110 平方米，建设用地 88 公顷。

上一轮总体规划确定小梅镇性质为镇域政治、经济、文化、交通中心，是龙泉市南部的贸工型城镇，能够符合当时的情况，在十几年的实施中，较好地指导了城镇发展方向。

本次规划对其性质进行了修改，确定小梅镇为贸工旅型中心镇，为南部经济区的商业贸易中心和全市的旅游重点城镇。

规划形成一心、两轴、两片区总体发展结构。

第二节　集镇建设

道路

1990—2010 年，各乡镇在建道路 248 条，共 1306.55 千米。

2004—2010 年龙泉市各乡镇道路建设一览表

表 8-6-1

乡(镇)别	路段名	长度(千米)	建路年份	道路类型
安仁镇	刘坊—安仁口	2.7	2005	混凝土
安仁镇	张家地—胜湖	3.0	2008	混凝土
安仁镇	李登—大舍	7.7	2006	混凝土
安仁镇	梅坑—叶山头	12.9	2008	混凝土
安仁镇	岩头—大源	10.7	2008	混凝土
安仁镇	安豫线—谷坑	5	2008	混凝土
安仁镇	安豫线—胜游	6.3	2010	混凝土
安仁镇	大赤线—胜岱	4.8	2010	混凝土
安仁镇	52 省道—丫叉丘	4.0	2008	混凝土
安仁镇	53 省道—安福	1.5	2009	混凝土
安仁镇	53 省道—坑下	10.3	2010	混凝土
安仁镇	严山—安民	20.0	2010	混凝土
安仁镇	安康小区—上际	6.3	2010	混凝土
安仁镇	张家地—黄桶	9.0	2010	混凝土
安仁镇	53 省道—黄山下	11.5	2010	混凝土
安仁镇	广季线—季山头	1.0	2010	混凝土
安仁镇	53 省道—大丘另	1.0	2010	混凝土
安仁镇	53 省道—双吞	6	2009	混凝土
查田镇	竹舟—柘坑	7.5	2006	混凝土
查田镇	青坑—大坑下	4.5	2006	混凝土
查田镇	54 省道—石隆	6.5	2007	混凝土
查田镇	夫人殿—上墩	3.0	2006	混凝土
查田镇	54 省道—万山	1.5	2006	混凝土
查田镇	54 省道—小查田	1.0	2007	混凝土

续表 8-6-1

乡(镇)别	路段名	长度(千米)	建路年份	道路类型
查田镇	下淤—溪西	4.8	2007	混凝土
查田镇	54 省道—淤头	1.5	2008	混凝土
查田镇	54 省道—东皇	1.2	2009	混凝土
查田镇	54 省道—陈山	2.2	2009	混凝土
查田镇	54 省道—青坑底	3.7	2008	混凝土
查田镇	查供线—大樟岙	4.0	2008	混凝土
查田镇	54 省道—吴田	4.6	2010	混凝土
查田镇	54 省道—炉溪	3.2	2010	混凝土
查田镇	54 省道—溪口	0.5	2010	混凝土
查田镇	54 省道—住田	0.5	2010	混凝土
查田镇	溪口—泉坑	3.7	2004	混凝土
查田镇	54 省道—东皇	1.1	2008	混凝土
查田镇	54 省道—淤头	1.5	2008	混凝土
查田镇	54 省道—查二	0.5	2009	混凝土
查田镇	东皇—陈山	3.7	2009	混凝土
小梅镇	大梅口—大窑	6.1	2004	混凝土
小梅镇	半路岙—郑边	4.5	2006	混凝土
小梅镇	孙坑—立东	4.2	2006	混凝土
小梅镇	立东—叶乡	3.3	2007	混凝土
小梅镇	54 省道—骆庄	5.2	2006	混凝土
小梅镇	半路岙—泥岭头	3.6	2007	混凝土
小梅镇	查供线—西坑	3.2	2008	混凝土
小梅镇	小梅大梅口到高际头	5.045	2010	混凝土
小梅镇	半边月—毛断	10.3	2010	混凝土
小梅镇	老 54 省道—梅一村	0.5	2010	混凝土
小梅镇	老 54 省道—梅四村	0.5	2010	混凝土
小梅镇	高际头—垟岙头	4.8	2010	混凝土
小梅镇	大窑—车盘坑	2.1	2010	混凝土
小梅镇	56 省道—梅三村	0.5	2010	混凝土
屏南镇	后会线—金龙	2.1	2005	混凝土
屏南镇	后会线—南垟	2.1	2004	混凝土
屏南镇	后会线—周岱	3.0	2006	混凝土
屏南镇	后会线—横坑头	1.0	2005	混凝土
屏南镇	后会线—东山头	3.1	2006	混凝土

续表 8-6-1

乡(镇)别	路段名	长度(千米)	建路年份	道路类型
屏南镇	后会线—梧树垟	2.8	2007	混凝土
屏南镇	后会线—横溪	4.1	2008	混凝土
屏南镇	后会线—上畲	5.2	2007	混凝土
屏南镇	后会线—塘山	11.0	2008	混凝土
屏南镇	塘山线—里洒	2.0	2008	混凝土
屏南镇	后会线—均山	2.0	2008	混凝土
屏南镇	坪田叶	0.507	2010	混凝土
屏南镇	坪田李	0.507	2010	混凝土
屏南镇	垟岙头—车盘坑	7.0	2010	混凝土
屏南镇	后会线—金林	4.8	2009	混凝土
屏南镇	后会线—南溪口	0.5	2007	混凝土
屏南镇	后会线—垟顺—竹蓬后—金村	28.0	2006	混凝土
屏南镇	屏田—地畲	7.4	2004	混凝土
屏南镇	后会线—南溪	0.5	2010	混凝土
屏南镇	后会线—杉树根	3.0	2010	混凝土
屏南镇	后会线—库租坑	1.0	2010	混凝土
兰巨乡	54 省道—石坑口	7.0	2006	混凝土
兰巨乡	下沙桥—安吉—河川—净信	11.4	2004	混凝土
兰巨乡	大坑下—棕衣林	4.9	2006	混凝土
兰巨乡	五梅垟—村头	3.5	2006	混凝土
兰巨乡	54 省道—梅垟	6.9	2009	混凝土
兰巨乡	安豫线—朱坑	4.2	2008	混凝土
兰巨乡	兰巨乡梅地	6.5	2009	混凝土
兰巨乡	兰巨乡官田	8.5	2009	混凝土
兰巨乡	安豫线—大巨	5.5	2010	混凝土
兰巨乡	大赛—垟栏头	3.5	2010	混凝土
兰巨乡	53 省道—炉田	2.2	2006	混凝土
兰巨乡	安豫线—桐山	3.5	2005	混凝土
兰巨乡	54 省道—上寮	7.5	2011	混凝土
兰巨乡	下沙桥—砬湖	2.8	2010	混凝土
兰巨乡	后屏线—隔溪—54 省道	1.5	2009	混凝土
龙南乡	云沙线—黄万岱	6.6	2007	混凝土
龙南乡	垟尾—黄大坑	2.1	2004	混凝土
龙南乡	蛟垟—垟尾	2.0	2003	混凝土

续表 8-6-1

乡(镇)别	路段名	长度(千米)	建路年份	道路类型
龙南乡	梅芳口—麻连岱	3.6	2004	混凝土
龙南乡	安和—兴和	3.4	2009	混凝土
龙南乡	安豫线—兴源	1.7	2009	混凝土
龙南乡	下田—龙井	9.0	2004	混凝土
龙南乡	安豫线—金川	6.0	2006	混凝土
龙南乡	下龙线—横川	6.0	2010	混凝土
龙南乡	安豫线—庵边	4.0	2009	混凝土
龙南乡	下田—曲岱—北公—东坑	15.0	2010	混凝土
龙南乡	东坑—周山头—青庄	11.0	2010	混凝土
龙南乡	安豫线—坞坑	3.4	2010	混凝土
龙南乡	黄万岱—石械	8.0	2010	混凝土
龙南乡	安豫线—岙头	8.0	2010	混凝土
龙南乡	横川岙—麻竹坑	7.8	2010	混凝土
龙南乡	兰荒显—五星	15.0	2010	混凝土
础石乡	季边—南弄	3.7	2007	混凝土
础石乡	山际口—冷水亭	6.6	2007	混凝土
础石乡	季边—陈村	10.0	2005	混凝土
础石乡	瞿源—横片	5.0	2007	混凝土
础石乡	山际—岱根	8.1	2008	混凝土
础石乡	山际—黄土	8.0	2008	混凝土
础石乡	53 省道—山后	10.0	2010	混凝土
住龙镇	梨黄线—西井	0.9	2004	混凝土
住龙镇	木焦线—建平	4.7	2006	混凝土
宝溪乡	溪头—塘源	13.8	2007	混凝土
宝溪乡	木焦线—竹垟	4.6	2007	混凝土
宝溪乡	木焦线—车盂	4.9	2007	混凝土
宝溪乡	木焦线—宝更	1.6	2006	混凝土
宝溪乡	木焦线—高山	8.4	2007	混凝土
宝溪乡	溪头—莲塘畈	9.5	2004	混凝土
宝溪乡	木焦线—溪源田	5.7	2008	混凝土
宝溪乡	溪头—坑里	5.0	2007	混凝土
上垟镇	坑里—源头	4.6	2008	混凝土
上垟镇	查供线—横店	9.0	2005	混凝土
上垟镇	查供线—双际	7.6	2004	混凝土

续表 8-6-1

乡(镇)别	路段名	长度(千米)	建路年份	道路类型
上垟镇	53 省道—黄渡	1.3	2006	混凝土
上垟镇	53 省道—源底	1.1	2006	混凝土
上垟镇	查供线—生源	4.5	2006	混凝土
上垟镇	木焦线—岱源	4.5	2006	混凝土
上垟镇	木塘线—社口	7.9	2007	混凝土
上垟镇	木焦线—昌岗	1.5	2008	混凝土
上垟镇	53 省道—源底	1.0	2010	混凝土
上垟镇	53 省道—木岱口—岙门—炉窑	1.0	2010	混凝土
竹垟乡	横山线—山溪口	3.0	2004	混凝土
竹垟乡	金田—局下	13.6	2004	混凝土
竹垟乡	横金线—良溪	8.8	2005	混凝土
竹垟乡	罗墩—际上	9.0	2007	混凝土
竹垟乡	金山线—五四	2.4	2006	混凝土
竹垟乡	下窖—白角	2.6	2005	混凝土
竹垟乡	53 省道丽浦线—后排岭	5.8	2006	混凝土
竹垟乡	后排岭—大坦	1.0	2010	混凝土
八都镇	53 省道—樟溪	3.4	2008	混凝土
八都镇	53 省道—四村	2.4	2007	混凝土
八都镇	53 省道—供际	1.9	2007	混凝土
八都镇	53 省道—吴公	2.0	2007	混凝土
八都镇	53 省道—双溪口	3.8	2006	混凝土
八都镇	53 省道—大坦	1.4	2006	混凝土
八都镇	53 省道—东音	4.0	2008	混凝土
八都镇	东音—松际	3.1	2009	混凝土
八都镇	53 省道—石川	7.6	2008	混凝土
八都镇	八都高升	8.3	2009	混凝土
八都镇	八都安田	5.54	2009	混凝土
八都镇	53 省道—际下	6.0	2009	混凝土
八都镇	松岭公路—署网	2.2	2009	混凝土
八都镇	下窖—枫锦—白水	2.6	2005	混凝土
八都镇	53 省道—岭根	5.7	2004	混凝土
八都镇	53 省道—新村	1.8	2005	混凝土
城北乡	麻垟桥—鹤溪	5.6	2006	混凝土
城北乡	沙潭—鹤场	6.4	2006	混凝土

续表 8-6-1

乡(镇)别	路段名	长度(千米)	建路年份	道路类型
城北乡	黄庄桥—季岱	7.6	2007	混凝土
城北乡	吴岱—盛山后	3.0	2007	混凝土
城北乡	吴岱—李后	5.2	2007	混凝土
城北乡	51 省道—西溪	2.0	2007	混凝土
城北乡	51 省道—大书	4.6	2007	混凝土
城北乡	库武—文坑	2.2	2006	混凝土
城北乡	溪下—库武	6.3	2004	混凝土
城北乡	南溪—源头	6.6	2009	混凝土
城北乡	南溪—源头	6.6	2008	混凝土
城北乡	51 省道—吴岱	8.349	2009	混凝土
城北乡	上田—小书	2.3	2009	混凝土
城北乡	51 省道—内双溪	0.5	2010	混凝土
城北乡	52 省道—外双溪	0.5	2010	混凝土
城北乡	东皇线—仓砇	0.5	2009	混凝土
城北乡	溪下—陂川	3.0	2009	混凝土
城北乡	溪下—小岩(二期)	6.1	2009	混凝土
城北乡	51 省道—皂口	0.5	2010	混凝土
城北乡	溪下—小岩(一期)	6.2	2009	混凝土
城北乡	鹤场—金埠	9.5	2010	混凝土
城北乡	鹤场—黄畲	7.4	2010	混凝土
城北乡	溪大线—村头沈	3.2	2010	混凝土
城北乡	溪大线—垟坞	15.0	2010	混凝土
城北乡	51 省道—刘山头	4.2	2010	混凝土
城北乡	51 省道—河坑塘	7.0	2010	混凝土
城北乡	白墓桥—方西	13.2	2009	混凝土
道太乡	大白岸—高山岭	6.3	2007	混凝土
道太乡	供村—锦安	8.6	2007	混凝土
道太乡	村沈线—大畈	6.8	2007	混凝土
道太乡	村沈线—际头	1.3	2007	混凝土
道太乡	小苏坑—大苏	10.0	2007	混凝土
道太乡	大寨桥—半坑—朱山下	10.7	2008	混凝土
道太乡	村沈线—源口	1.1	2008	混凝土
道太乡	村沈线—上横	1.6	2008	混凝土
道太乡	村沈线—武溪	3.0	2008	混凝土

续表 8-6-1

乡(镇)别	路段名	长度(千米)	建路年份	道路类型
道太乡	供村—大坝	8.2	2005	混凝土
道太乡	大白岸	0.5	2008	混凝土
道太乡	考坑	1.7	2009	混凝土
道太乡	王庄—流地	12.1	2010	混凝土
道太乡	村沈线—杨梅岭	1.2	2010	混凝土
道太乡	村沈线—荷上畈	1.0	2010	混凝土
道太乡	坑口—灯山	3.0	2010	混凝土
道太乡	坑口—犁垟	11.0	2010	混凝土
道太乡	新地口—何山头	10.5	2010	混凝土
道太乡	双水桥—青田坑	10.1	2010	混凝土
道太乡	安仁双岙村—上坑	10.6	2010	混凝土
道太乡	村沈线—沈际	10.2	2010	混凝土
道太乡	村沈线—丁江	4.0	2010	混凝土
道太乡	李村—双格	6.0	2010	混凝土
道太乡	西坑下—坞坛下	2.3	2010	混凝土
道太乡	李村—夏安	6.0	2010	混凝土
道太乡	村沈线—毛圩	11.0	2010	混凝土
道太乡	村沈线—盛户	1.0	2010	混凝土
道太乡	村沈线—乌狮	1.2	2010	混凝土
道太乡	供村—符书	6.0	2010	混凝土
道太乡	供村—下乾	8.0	2010	混凝土
道太乡	龙松线—吴庄	1.5	2010	混凝土
锦溪镇	西独线—肖庄	10.0	2005	混凝土
锦溪镇	山坑林场—山坑	4.8	2006	混凝土
锦溪镇	岭根—百里	1.4	2008	混凝土
锦溪镇	龙竹—岭上	1.7	2008	混凝土
锦溪镇	双河口—贵坑—墙甲	8.3	2010	混凝土
锦溪镇	双板桥—昴山	10.2	2010 年 12 月	混凝土
岩樟乡	西独线—坑源底	4.5	2006 年 1 月	混凝土
岩樟乡	金源—凉里下	4.5	2007	混凝土
岩樟乡	西独线—仓坞	1.5	2004	混凝土
岩樟乡	西独线—岱岭	9.4	2008	混凝土
岩樟乡	西独线—金坑	5.5	2008	混凝土
岩樟乡	西独线—何坑	6.5	2009	混凝土

桥梁

1990—2010 年，各乡镇建设桥梁 25 座，共 1627 米。

1989—2010 年龙泉市（县）各乡镇桥梁建设一览表

表 8-6-2

乡（镇）别	桥　名	长度（米）	宽度（米）	建路年份	类　型
础石乡	础石互通	65	8	2006	钢筋混凝土
础石乡	分离式础石左右桥	44	20	2006	钢筋混凝土
础石乡	础石大桥	282	8.5	2006	钢筋混凝土
础石乡	沈边桥	25	3.5	1993	钢筋混凝土
础石乡	兰头桥	30	12	1989	钢筋混凝土
安仁镇	整体式安仁大桥	246	23	2006	钢筋混凝土
安仁镇	岭坤便桥	65	2	2008	钢筋混凝土
上垟镇	村头桥	32	2	1989	钢筋混凝土
上垟镇	大会堂桥	40	4	2008	钢筋混凝土
上垟镇	龙福桥	30	3.5	2007	石拱桥
上垟镇	山鹏儿桥	15	2	2008	钢筋混凝土
上垟镇	五厂桥	40	6	1995	钢筋混凝土
八都镇	八都桥	98	4	1990	钢筋混凝土
八都镇	青年桥	85	9.5	2008	钢筋混凝土
小梅镇	小梅大桥	105	12	2007	钢筋混凝土
小梅镇	龙庆便桥	70	1.5	2001	钢筋混凝土
小梅镇	田坑桥	50	3	1999	钢筋混凝土
屏南镇	碓溪桥	22	3	2001	石拱桥
住龙镇	住龙大桥	86	4	1990	钢筋混凝土
住龙镇	腾龙桥	92	9	1995	石拱桥
宝溪乡	双港桥	42	5	2005	钢筋混凝土
岩樟乡	一桥	15	6	1990	钢筋混凝土
岩樟乡	二桥	13	4	1989	钢筋混凝土
岩樟乡	育才桥	15	6	2000	钢筋混凝土
岩樟乡	三桥	20	8	2005	钢筋混凝土

公共建筑

1990—2010 年各乡镇建设公共建筑 106 个。

1989—2010年龙泉市(县)各乡镇公共建筑一览表

表8-6-3

乡(镇)名	建筑名称	建成年份
屏南镇	均溪二级电站	1998
八都镇	八都镇政府门楼	2000
兰巨乡	大赛一级电站厂房	2000
兰巨乡	大赛流域三级电站	2001
八都镇	八都批发部综合楼建设	2001
住龙镇	住龙镇住溪村村委办公大楼	2001
住龙镇	井惠口二级水电站厂房、宿舍	2002
小梅镇	小梅征收管理局	2002
小梅镇	小梅镇中心小学综合楼	2002
小梅镇	小梅电站发电厂房	2002
龙南乡	龙南建兴学校师生宿舍	2002
龙南乡	龙南中学教学楼	2002
宝溪乡	宝溪塘源水电站建设	2002
安仁镇	安仁镇小教学楼	2002
安仁镇	安仁镇黄砭村办公大楼	2002
安仁镇	安仁镇福源小学辅助用房	2002
上垟镇	上垟镇青瓷展示楼	2002
上垟镇	上垟电子综合服务楼	2002
屏南镇	均溪完小教师宿舍楼	2002
屏南镇	均溪四级电站	2002
查田镇	查田中心小学学生宿舍	2002
查田镇	查田茶丰学校教学楼	2002
查田镇	茶丰卫生院附属用房	2002
八都镇	八都民族中学综合楼	2002
小梅镇	小梅信用社查田分社办公用房	2003
小梅镇	小梅镇梅一村村委会综合楼	2003
小梅镇	小梅镇中心卫生院综合楼	2003
八都镇	八都镇人民政府综合市场门楼	2003
八都镇	瀑云中心小学学生宿舍	2003
八都镇	南窖小学宿舍	2003
城北乡	城北东书小学教学楼	2003
城北乡	城北乡上东完小教学楼改造	2003
安仁镇	安仁镇中心卫生院计卫综合楼	2003

续表 8-6-3

乡(镇)名	建筑名称	建成年份
兰巨乡	兰巨中学办公用房	2003
础石乡	础石乡人民政府住宅	2003
础石乡	础石季边村村委会综合楼	2004
上垟镇	上垟泗源小学学生宿舍	2004
宝溪乡	宝溪宝更村村委会大楼	2004
龙南乡	龙南义和小学综合楼	2004
兰巨乡	兰巨中心小学教学综合楼食堂	2004
兰巨乡	兰巨中心小学教学楼	2004
道太乡	道太乡中心小学餐厅	2004
兰巨乡	兰巨乡卫生院综合楼	2005
安仁镇	安仁镇中心卫生院业务用房	2005
础石乡	龙泉市础石中心小学学生用房	2005
八都镇	龙泉市民族中学学生食堂	2005
岩樟乡	岩樟中心小学学生宿舍	2005
城北乡	河里水电站	2005
宝溪乡	宝溪小学教学楼	2005
竹垟乡	竹垟畲族中心小学教学楼	2005
小梅镇	小梅镇青溪小学餐厅	2006
查田镇	查田镇中心小学食堂	2006
查田镇	查田镇三村村委会综合楼	2006
龙南乡	龙南乡义和小学学生宿舍、食堂建设	2006
安仁镇	安仁中学学生宿舍及餐厅	2006
安仁镇	安仁镇项边村村委会综合楼	2006
安仁镇	龙泉市国土局安仁管理所业务用房	2006
锦溪镇	锦溪镇双岭小学综合楼	2006
上垟镇	上垟镇四源小学食堂	2006
锦溪镇	锦溪镇中心小学综合楼、餐厅	2006
住龙镇	住龙镇中心小学学校餐厅	2006
宝溪乡	宝溪乡中心小学学生宿舍、食堂	2006
八都镇	八都镇中心小学教学楼	2006
上垟镇	上垟镇中心小学学生餐厅	2006
八都镇	龙泉市民族中学师生宿舍	2007
八都镇	龙泉市瀑云小学学生宿舍、食堂	2007
八都镇	八都镇综合市场一期、二期建设	2007

续表 8-6-3

乡(镇)名	建筑名称	建成年份
上垟镇	上垟镇中心学校学生宿舍	2007
八都镇	八都镇下山脱贫小区一期建设	2007
城北乡	城北乡东书小学学生宿舍及食堂	2007
城北乡	城北乡东书下山脱贫点建设工程	2007
查田镇	查田镇查丰学校学生食堂	2007
龙南乡	龙南乡中心小学教学楼建设	2007
龙南乡	龙南乡建龙小学学生宿舍	2007
安仁镇	安仁镇中心小学教学楼	2007
道太乡	道太乡供村小学食堂建设	2007
锦溪镇	锦溪镇中心小学食堂	2007
龙南乡	龙南乡垃圾集中处理工程	2008
小梅镇	龙泉市基督教孙坑教堂	2008
竹垟乡	竹垟中心小学扩建工程(师生宿舍、综合楼)	2008
锦溪镇	龙泉市锦溪镇精神病住院楼	2008
道太乡	龙泉市道太乡供村卫生院综合楼建设	2009
宝溪乡	龙泉市宝溪中学教师集体宿舍楼建设	2009
查田镇	龙泉市查田镇茶丰中心小学师生宿舍建设	2009
查田镇	龙泉市查田镇避灾中心建设工程	2009
宝溪乡	龙泉市宝溪乡人民政府食堂建设工程	2009
安仁镇	龙泉市安仁镇中心小学教师宿舍楼建设	2009
上垟镇	龙泉市上垟镇卫生院综合楼建设	2009
住龙镇	龙泉市住龙准四级客运站建设项目	—
安仁镇	龙泉市安仁镇中心小学教师宿舍楼建设	2009
宝溪乡	龙泉市宝溪乡人民政府食堂建设工程	2009
上垟镇	龙泉市上垟镇卫生院综合楼建设	2009
安仁镇	安仁镇花庵村村委会老年活动中心工程	2009
小梅镇	小梅车站候车室	2009
竹垟乡	竹垟社区服务中心综合楼	2010
竹垟乡	竹垟上坞村村委会综合办公楼建设	2010
查田镇	查田镇社区卫生服务中心综合楼	2010
住龙镇	住龙镇社区卫生服务中心业务楼	2010
八都镇	八都基督教会新教堂建设	2010
小梅镇	小梅五级客运站(候车室)建设项目	2010

续表 8-6-3

乡(镇)名	建筑名称	建成年份
安仁镇	龙泉市安仁镇公路管理站业务用房	2010
竹垟乡	龙泉市畲乡社区卫生服务中心业务楼	2010
查田镇	龙泉市查田镇查丰小学教师宿舍工程	2010
八都镇	龙泉市八都小学 2 号教学楼建设工程	2010
安仁镇	龙泉市安仁镇中心小学综合楼建设	2010
小梅镇	龙泉市小梅镇中心小学综合楼工程	2010

乡镇小区建设

1990—2010 年各乡镇建设小区 27 个。

2002—2010 年龙泉市各乡镇小区建设一览表

表 8-6-4

乡(镇)名	小　区　名	建成年份
八都镇	八都新村下山脱贫联建小区	2002
宝溪乡	宝溪卫生院联建小区	2002
锦溪镇	锦溪镇联建小区	2002
查田镇	查兴园小区一期	2002
上垟镇	下山脱贫小区兴垟小区联建房	2003
八都镇	供际村下山脱贫小区	2003
宝溪乡	宝溪披云小区东区	2003
锦溪镇	中锦村下山脱贫小区	2003
锦溪镇	下锦村下山脱贫小区	2003
锦溪镇	锦溪镇中锦存下山脱贫小区	2003
锦溪镇	下锦村下山脱贫小区	2003
锦溪镇	锦溪镇岭根村下山脱贫小区	2003
八都镇	八都镇供际村下山脱小区	2003
八都镇	八都农贸市场地块小区	2003
龙南乡	龙南蛟垟村下山脱贫联建房	2003
上垟镇	上垟兴垟小区联建房	2003
宝溪乡	宝溪披云小区	2004
宝溪乡	八都新村农民联建房	2004
安仁镇	紧水滩库区异地脱贫工程供村小区建设工程	2005
安仁镇	紧水滩库区异地脱贫工程安仁小区	2005
锦溪镇	锦溪镇供销社地块下山脱贫小区	2006

续表 8-6-4

乡(镇)名	小 区 名	建成年份
锦溪镇	锦溪镇乌岙村下山脱贫小区	2007
住龙镇	主龙镇潘床村下山脱贫小区	2007
兰巨乡	兰巨乡银三角下山脱贫小区	2008
住龙镇	住龙镇潘床村下山脱贫小区	2008
查田镇	龙泉市查田镇下山脱贫小区	2008
八都镇	八都生态移民小区	2009
松渠村	八都松渠下山脱贫小区	2009
八都镇	龙都生态公寓	2009
锦溪镇	龙泉市锦溪镇岭根村下乡脱贫小区	2010

居民自建房

1990—2010 年，安仁镇审批自建房 2631 户、八都镇审批自建房 2156 户、查田镇审批自建房 1458 户、小梅镇审批自建房 798 户、上垟镇审批自建房 629 户、锦溪镇审批自建房 574 户、住龙镇审批自建房 371 户、屏南镇审批自建房 128 户、城北乡审批自建房 103 户、宝溪乡审批自建房 127 户、龙南乡审批自建房 148 户、兰巨乡审批自建房 698 户、竹垟乡审批自建房 447 户、道太乡审批自建房 136 户、础石乡审批自建房 579 户。1990—2010 年全市共审批自建房 10984 户。

第三节　村庄规划

村庄布局规划

2003 年编制完成《龙泉市域村庄布局规划》，明确全市将通过交通干线上“点轴”城镇的发展，来推动整个区域经济和城镇的发展，进一步形成全方位多层次的空间开发格局。

规划期限：

近期：2003—2010 年，8 年。

远期：2011—2020 年，10 年。

村庄建设目标

根据市域城镇体系的总体要求，结合现状，确定龙泉市域村庄建设目标为：合理布置中心村和基层村两级居民点，合理迁并一些条件差、有灾害隐患的自然村，重点加强中心村的建设，加快基础设施建设，营造合宜的人居环境，协调发展，把中心村建设成为农村新社区。

中心村布局规划

根据实地调查考察和统计资料分析以及有关部门、乡镇建议，按照中心村选址原则，进行中心村规划布局。经图上查定和适当筛选，共选定52个中心村，近远期人口分别达到4.84万人、6.05万人，平均规模为988人和1165人，其中7个一级中心村人口规模规划为1500~2500人，平均1986人。

规划建议部分乡镇可选取1个中心村作为示范点进行建设。从市域的自然地形地貌条件和农业生产的现实考虑，保留一批基层村。规划近、远期基层村常住人口规模分别为9.06万人、5.85万人，数量约400个、200个。

规划撤并一些人口少，位置偏僻，缺乏生产资料，以及易受地质灾害和自然灾害侵袭的自然村。

完成情况

2007年末，完成龙泉市村庄布点规划，把全县零星、分散的村镇进行了重新布局，确定52个中心村，392个基层村作为新农村建设，完成了215个村的村庄建设规划编制。在此基础上，实施"十村示范、百村整治"工程，全县累计通过考核验收的省级全面小康示范村9个，市级新农村示范村27个，整治达标村172个。

2010年，启动建设中心村21个，溪口、东音、下田、花桥第一批中心村建设已经基本完成。

第四节　村庄建设

兰巨乡炉岙村

规划目标：炉岙村是以农家乐为特色，具有高山生态特点（竹成林.花似海）的旅游专业村。

初期：至2012年，旅游配套设施基本完善，村庄整洁，木槿花等绿化初具规模，旅游接待人数达2万人次。

中期：通过开发建设炉岙山庄项目，大力提升旅游接待能力，至2015年，炉岙村一半以上农户从事农家乐，形成分工明确的产业链，全村实现旅游接待人数达4万人次，农民收入超万元目标。

远期：功能齐全，即吃、住、游、娱、购为一体的旅游目的地。

规划根据农家乐产业特色，充分挖掘、整合和提升现有资源，因地制宜，合理布置，把炉岙村划分为农家接待区、特色景区、分时度假区、远期旅游开发区、无公害高山蔬菜种植区、无公害茶叶观光园区和无公害水产养殖区等七大功能区。

八都东音村

未来东音村的发展定位为：以特色农业为基础协调发展的生态型新村。八都镇将东音村定位为接纳周边自然村下山脱贫集聚的中心行政村。规划充分尊重村庄的现状用地、道路状况及村庄的发展需要，根据不同的定位，划分3个不同的功能区：生活区、景观区，公建区。

村内设置排污管线；电话、通讯等各种管线，结合本次道路整治敷设；沿村庄主要道路设置路灯，间距40米。

住龙镇建明村

科学定位建明村的职能，利用生态原理构建用地布局与服务功能，重点关注自然生态与村庄风貌保护的规划内容，划定村庄的空间管制范围和界限；保留村庄原来的建筑布局机理，对其中的功能进行合理调整，布局中强化生态型组团的研究，对建筑与生态环境的有机融合进行某些方面的尝试；搞好环境卫生和基础设施建设，完善村内现有的道路系统，构建便捷的交通体系；合理安排住宅、公建、配套设施、绿地景观的空间关系；改建民房、改水改厕；对绿色节能模式的农民住宅建筑设计进行多方面的研究、探索；培育生态文化，在广大农民中广泛开展可持续发展战略和生态环保教育，开展社会主义思想道德教育，深入开展移风易俗活动，完善文化基础设施建设，开展农民喜闻乐见的文化活动。

小梅镇大梅口村

规划将大梅口村建设成为人与自然协调的新农村，同时发挥农村基层组织的凝聚力，把大梅口村打造成实施集体组织管理的社会主义新农村。

规划充分尊重村庄的现状用地、道路状况及村庄的发展需要，根据不同的定位，划分 3 个不同的功能区：生活区、景观区，公建区。

生活区：集中规划于通景公路北面平坦的中心地带，营建良好的居住环境。

景观区：规划以村庄入口北面的小山包为绿化节点，建设特色农村生态景观。

公建区：规划为村委会周围及通景公路南面的污水处理池。

上垟镇花桥村

结合花桥村实际，确定村庄建设目标：自然生态环境优美、农工产业高效生产、人居生活环境舒适、生态经济和谐发展。把花桥村规划建设成一个布局合理、设施配套、环境优美、生活富裕、社会文明进步的社会主义新农村。

规划期限的确定与市、镇的社会、经济发展计划制定周期一致，确定本次规划的期限为：2008—2015 年。

规划范围为花桥村行政村区域。

以《龙泉市村庄布点规划》为依据，作为基层村的花桥村在 2015 年的规划人口为 1093 人。花桥村今后以发展农业为第一产业的经济支撑，根据《村镇规划标准》，人均建设用地调整增加 90.25 平方米/人，由此计算得出规划用地面积为 36100 平方米，新增建设用地 4900 平方米。

花桥村整体的村落布局形式体现了“亲密邻里”的空间特色，目前对其的规划重点是在保持其自然空间本身特色的基础上进行公共空间的创造，绿化空间的整理以及闲置空间的有效利用。在每个组团村落的村庄中心处设置适当面积的公共绿地，可以作为村民日常健身、交流的场地。

以村庄南面的山体作为全村主要的绿化空间，以毛竹林为绿化景观轴线，保留村民宅前宅后种植农作物的绿地，整理其周边杂乱的草堆，改善环境卫生，进一步完善具有农村田园风光特色的绿化景观空间系统。

兰巨乡大赛村

规划期限的确定与市、乡的社会、经济发展计划制定周期一致，确定本次规划的期限为：2010—2020年。

规划范围为大赛村行政村区域。

以《龙泉市村庄布点规划》为依据，作为中心村的大赛村在2020年的规划人口为908人。目前人均建设用地面积为92平方米/人，由于大赛村今后以发展农业为第一产业的经济支撑，部分部门服务站点的取消，根据《村镇规划标准》，由此计算得出规划用地面积为78139平方米，新增建设用地46827平方米。

总体布局结构充分考虑延续村庄原有肌理，并与周围自然环境相融合，对现状布局空间以及水系进行整治梳理，营造一个具有自然山水环境特色的新农村。

该规划把大赛村塑造成："一带、两轴、两心、三区"的规划结构。"一带"：沿大赛溪，结合生态河堤及村庄对岸农业生产体验区形成的景观生态休闲带，并将溪水引入村庄贯穿全村，以活水进村理念而形成"逢路见水、逢水见景"的独特山水田园景观。"两轴"：以龙泉金观音农产品商业街形成的南北向主轴，以进凤阳山景区安豫线至大赛溪的休闲景区形成的东西向主轴。"两心"：以村休闲公园（村风水林）、平水王庙、主停车场、旅游接待等公共服务设施组成的村庄旅游服务中心；以敬老院、村委会、卫生服务站、中心广场、添丁亭、亲水平台等组成的村庄核心。

第七章　机构设置

第一节　管理机构

局机关

龙泉县城乡建设环境保护局成立于1984年。1997年4月，更名为龙泉市建设局。2005年，办公地点从中山西路66号搬迁至中山西路3号。2010年12月，搬迁至环城东路198号。

至2010年，市建设局行政编制21名（含后勤服务人员）。其中：局长1名，副书记1名，副局长3名，总工程师1名，纪检组长1名。

市建设工程质量监督站

龙泉市建筑工程质量监督站成立于1985年，与县城建局施工股合署办公，一班人马，两块牌子，人员由城建局调配。1992年之前质监站与建设局施工股合署办公，1992年质监站独立。

1995年质监站从龙泉市中山西路66号老城建局搬至市政公司（现国际大酒店下首）。1999年质监站从市政公司搬至鸿雁宾馆。

2010年12月24日，龙泉市建筑工程质量监督站增挂龙泉建筑工程安全生产监督站牌子。

属全额事业单位，1992年人员编制配备为5人；2010年，人员编制数8人。

市园林绿化管理处

1990年12月，龙泉撤县建市，原市林业局所属的"龙渊镇园林管理站"改为"龙泉市园林管理处"，归属市建设局。同月，龙渊公园划归园林处管理。

1995年11月8日，成立龙泉市园林设计室，隶属市园林管理处。

1996年3月15日，园林管理处更名为龙泉市园林绿化园林处。2002年3月12日，园林管理处成立龙泉市园林绿化公司。

2010年核定编制9人，实有正式在编8人，空编1人。其中:管理人员2人、专业技术人员6人。

下设办公室、管理科、生产技术科、养护科。

市城市管理监督中心

2006年7月，龙泉市城市管理监督中心成立。办公地点：龙泉大酒店副楼四楼。2010年12月，搬迁到环城东路198号六楼。

2010年12月，有职工17人，其中在编3人，编外14人。

市村镇建设管理处

1991年5月20日，成立龙泉市乡镇建设基础管理服务站。同年3月，成立龙泉市城乡建设测量队。1992年6月，成立龙泉市村镇建设设计室。2008年，龙泉市乡镇建设基础管理服务站更名为龙泉市村镇建设管理处。2010年，办公地点搬迁至老市政府内。

为独立核算的集体所有制事业单位，隶属市城乡建设局，共定编制50人（包括市站工作人员和镇、乡建设助理员），当年招收乡镇建设助理员25人。

市住房保障与房屋管理中心

1989年5月28日，成立龙泉县房地产管理处房地产开发经营部，实行独立核算。1990年建立龙泉县房地产交易管理所。1992年9月8日，改名为龙泉市房地产开发经营公司。

1995年5月，龙泉市房地产管理处成立了龙泉市房屋建设公司。

2001年12月3日，市房地产管理处成立龙泉市城市房地产事务所，承担房地产评估、测绘、中介、白蚁防治等服务性业务。

2009年3月18日，原公房管理科更名为住房保障管理科。

2009年10月20日，撤销龙泉市房地产交易管理所，设立房产交易产权登记中心。

龙泉市房地产管理处（包括龙泉市白蚁防治站），为事业公益二类单位，编制28名。

第二节　建设经营单位

市规划建筑设计院

1997年3月，龙泉建筑设计室更名为龙泉市建筑设计所。2000年11月，龙泉建筑设计所改制，更名为龙泉市规划建筑设计院(有限公司)。

2010年11月，办公地址搬迁至华楼街238育才综合楼七楼。

2000年11月，在编人员13人。2010年，在编人员9人。

市城市建设投资开发有限公司

2000年8月21日，成立龙泉市城市建设投资开发有限公司，注册资本800万元。2009年5月27日，注册资本变更为8000万元，办公地址搬迁至中山西路66号。

公司工作人员29人。下设办公室、前期办、项目办、工程处和计财处。有高级工程师2人、工程师3人、助理工程师12人。

市供排水有限责任公司

1987年，开始扩建规模，日供水1100万千克，1990年5月竣工投产。

1999年7月，开始筹建南大洋水厂，设计总规模为日供水8000万千克，用地4公顷。一期工程规模为日供水3000万千克，概算投资人民币4662万元。2001年10月，建成投入使用。2009年，日供水500万千克的供水一体化设施投入运行。

2010年，在编职工78人，临时工17人。公司下设10个科室。

第九篇

环境保护

1982年2月，龙泉县环境监测站成立。1984年，龙泉县城乡建设环境保护局成立，县环境监测站隶属之。1996年，由原来“合建局”性质的城乡建设环境保护局转为“合署局”性质的环境保护局，具体业务仍由环境保护办公室和环境监测站负责。2001年末，龙泉市环境保护局成立，为政府组成部门，局机关行政编制，下设办公室、自然生态科、综合管理科、行政许可科；下属市环境监测站为全额事业单位，下属市环境监察大队为参照公务员管理的全额事业单位。

1989—2010年，环境保护在生态建设、环境治理和环境管理等方面都得到长足发展。

第一章　生态建设

第一节　坚持生态优先

生态优先战略

2004 年《全国生态环境质量评价研究报告》显示，龙泉市生态环境质量在全国所有县（市、区）中排名第八、县级市中排名第一，为“中国生态第一市”。

2006 年 3 月，龙泉市明确提出了生态立市、工业强市、旅游兴市“三市联动”的发展战略，并指出生态立市是“三市联动”的前提与基础，青山绿水是龙泉赖以生存的最大资源和财富，提升了“生态立市”在市域发展中的高度和地位。

2007 年 10 月，党的十七大提出建设生态文明建设后，龙泉市明确了“走生态路，创生态业，建生态市”的思路，加大了生态市建设力度。坚持生态优先，弘扬特色文化，着力打造特色品牌。

环境保护“十一五”规划

环境保护“十一五”规划是“十一五”规划体系中重点专项规划之一，是“十一五”期间龙泉市环境保护和生态建设工作的重要指导性文件。根据浙江省、丽水市环保部门统一部署，市环境保护局开展了《龙泉市环境保护“十一五”规划》编制工作。2006 年 12 月，龙泉市第一个五年环境保护规划经市规划管理委员会审批通过，予以实施。

生态建设成果

2010 年，龙泉市生态环境质量指数达到 99.4，“十一五”期间万元 GDP 能耗下降 4.6%。有效开展“三沿三山”绿化、“三沿五区”坟墓整治、水环境综合整治等活动，全面完成“811”环境污染整治行动任务。截止 2010 年，龙泉市创成国家级生态乡镇 2 个、省级生态乡镇 11 个、丽水市级生态乡镇 3 个和丽水市级生态村 82 个；创成省级绿色学校 11 所、绿色社区 5 个、绿色企业 2 家、绿色饭店 2 家、绿色家庭 12 户、绿色矿山 2 座、省级生态环保教育示范基地 1 个。凤阳山国家级自然保护区荣获中国最具影响力十大生态旅游区称号。

第二节 创建生态示范区与生态市

生态示范区创建

1999 年 3 月，龙泉市被省环保局确定为“省级生态示范区建设试点”，同年 12 月，丽水地区被国家环保总局批准为“国家级生态示范区建设试点地区”。龙泉市成为两级生态示范建设试点单位。

《龙泉市生态示范区建设规划》于 2001 年 12 月 26 日经市长办公会议予以批准，并颁布实施。

2003 年 6 月 24 日—25 日，省生态示范区预验收组对龙泉市生态示范区建设工作进行了现场考核验收；10 月 29—30 日，国家环保总局对龙泉市生态示范区建设工作进行考核验收，龙泉市顺利通过考核验收。

生态市创建

2004 年，龙泉市委、市政府启动生态市创建工作。成立了以市委书记为组长、市长为常务副组长、分管市长为副组长，各有关单位主要负责人为成员的生态市建设工作领导小组，下设领导小组办公室（办公室设在市环保局）。7 月 26 日，龙泉市第十三届人大常委会第九次会议审议通过了《龙泉生态市建设规划》，并颁布实施。

2004 年 6 月 3 日，市委、市政府召开了龙泉市生态市建设工作动员会，生态市建设工作正式全面启动。

2006 年，生态市建设进入全面推进阶段，6 月 2 日，市委、市政府召开全市生态市建设和环保工作会议；9 月份全面启动《龙泉市生态环境功能区规划》编制工作。同时，各项环境保护工作在《龙泉市环境保护“十一五”规划》引领下有序推进。

2007 年 8 月 22 日，龙泉市《生态环境功能区规划》通过了由省、丽水市环保局组织的专家评审，2007 年 11 月，全面完成编制、论证和报批工作。龙泉市环保局被省环保厅授予生态环境功能区规划编制工作“先进集体”荣誉称号。

2008 年，中共龙泉市委将 2008 年定为“生态建设年”，提出并实施“生态建设十大工程”。5 月，开展千年古樟移植大行动，将景宁购买因水库蓄水而即将淹没的千年古樟移植到龙泉市西街街道宫头村。6 月，市人大常委会作出关于创建国家森林城市的决定，全面启动了森林城市创建工作。

2009 年，龙泉市全面开展省级生态市创建。5 月出台《关于开展创建省级生态市活动的实施意见》，成立了创建省级生态市领导小组。8 月 29 日，龙泉市出台《关于水环境综合整治的实施意见》。10 月 22 日，龙泉市召开创建省级生态市工作推进会。11 月 9 日，出台《龙泉市紧水滩水库网箱拆除方案》，全面推进紧水滩水库养殖网箱拆除工作。11 月 26 日，龙泉市省级生态市创建工作和省级园区环境污染整治工作通过了丽水市生态办组织的预验收。12 月龙泉成为丽水首个省级“森林城市”。

2010 年 2 月 24 日，通过省级生态市考核小组的验收。4 月 12 日，龙泉市被省政府命名为省级生态市。

第二章　饮用水水源保护

第一节　城市饮用水水源保护

龙泉市水厂饮用水取水点位于市西南秦大桥上游200米处，临时泵房取水点位于龙渊镇西北角的岩樟溪，离西大桥约400米。1991年2月和9月，龙泉市地面水环境保护功能区划领导小组办公室分别完成龙渊镇饮用水水源保护区、龙渊镇临时泵房饮用水水源保护区的划分。1997年，市政府出台了《龙泉市饮用水水源保护区管理办法》。

南大洋饮用水水源保护

龙泉南大洋水厂于1999年初投入建设，工程规模为3000万千克/天，于2001年10月1日正式投入使用，原市水厂已停止供水。水厂取水点上移1800米，位于市区西南2千米的大塘湾的石犬儿潭。经划分筹备、技术准备、水源保护区划分初步方案、征求意见、各部门协调、方案优化、技术报告论证审议等环节，2003年，龙泉市环境监测站完成了《龙泉市区饮用水水源保护区调整划分技术报告》，对水源保护区作相应的调整。2005年市政府出台《龙泉市生活饮用水水源保护区管理办法》，并批准南大洋饮用水水源保护区划分方案。

岩樟溪饮用水水源保护

岩樟溪水系属瓯江、钱塘江支流乌溪江，是两江源头之一，2008年被确定为龙泉市饮用水水源地。同年，《龙泉市生态环境功能区规划》将岩樟乡列为禁止准入区。2009年10月，正式启动饮用水源保护工作，2010年4月，完成《龙泉市岩樟溪地表水饮用水水源保护区划分技术报告》，6月30日，市十四届人大常委会第二十四次会议对水源保护区划分作出了决议，批准了一级水域、陆域保护区范围和二级陆域保护区范围的界定划分。9月，龙泉市政府出台《龙泉市饮用水水源保护区管理办法》。10月，龙泉市水利局组织编制《龙泉市岩樟溪饮用水水源安全保障保护规划》。10月，成立龙泉市创建合格饮用水源工作领导小组。11月，出台《龙泉市创建岩樟溪合格饮用水地表水源保护区工作方案》，全面启动创建工作。

2009年，岩樟溪被列入省生态清洁型小流域治理工程，按照"生态修复、生态治理、生态保护"的原则进行水土保持功能分区，采取封育管护、污水处理、水土流失治理、农村环境整治等措施，开展生态清洁型小流域治理。以河道清障清淤、生态护岸、岸滩绿化和堤防加固等为内容，开展岩樟溪流域综合治理，并对二级水库进行清库。

第二节　乡镇饮用水水源保护

龙泉市地面水环境保护功能划分办公室于1991年9月完成八都镇、小梅镇、安仁镇水厂水源保护区划分工作。2002年12月，完成住龙镇饮用水水源保护区、上垟镇饮用水地下水源保护区划分工作。2008年10月27日，龙泉市政府同意撤销住龙镇饮用水水源保护区划分方案。

第三章　环境治理

第一节　环境污染治理

烟尘控制区建设

1994年3月，龙泉市创建烟尘控制区工作领导小组成立，对建成区内超标的锅炉、炉窑设施进行限期整改。至1995年11月，龙泉市完成烟尘控制区建设，烟尘控制区面积为6平方千米。

环境噪声达标区建设

1995年，龙泉市人民政府确定城市建成区龙泉溪溪北地段为创建环境噪声达标区，面积为2.0平方千米。1997年12月18日，通过丽水地区环境保护局组织的验收。

2002年，对市区北片新扩建的0.7平方千米范围，按噪声达标区要求进行环境噪声综合整治，环境噪声达标区扩展为2.7平方千米，扩建后噪声达标区面积为建成区的61.7%。

2004年，对水南片约1.04平方千米范围，按噪声达标区要求进行环境噪声综合整治，环境噪声达标区扩展为3.74平方千米，扩建后噪声达标区面积为建成区的85.4%。同年，出台《龙泉市环境噪声标准适用区域划分规定》，防治城市环境噪声污染，改善区域声环境质量，切实提高人民群众生活环境品质。

一控双达标

1998年，龙泉市开展以2000年工业污染源达标排放为抓手的污染防治工作。1999年3月30日，成立“龙泉市2000年工业污染源达标工作领导小组”。5月24日，出台《龙泉市2000年工业污染源达标排放工作方案》，要求1999年底前全市60%的工业污染源达标排放，至2000年末，全部达标排放。1999年7月3日，市政府发文（龙政发〔1999〕40号）对7家污染企业进行限期治理。全市列入工业污染源达标排放的企业96家，其中，重点源7家、一般源89家；废水污染源41家、废气污染源55家。经过3年的努力，全市共投入污染治理资金1200万元，关停35家（废水22家、废气13家）污染治理不达标企业，如期完成工业污染源达标排放任务。通过了省环保局对龙泉市的“一控双达标”考核验收。

取缔非法“小炼油”加工点

2007年6月13日，龙泉市政府召集宣传部等16个单位部门组成的联合执法行动小组，采取铲车及人工拆除等方式，清理了3个“小炼油”加工点的轮胎炼油炉窑设备和地上违法建筑物，取缔非法“小炼油”加工点。

龙鑫化工有限公司臭气治理

2009年4月18日，龙泉论坛上出现“是谁污染了我们的空气”的帖子，市环保局立即介入了调查。

9月1日和2日夜间（晚8:00—凌晨4:00），省环境监测中心、丽水市环境监测中心站和龙泉市环保局连续两夜在市区全面开展监测调查。根据地理位置、气候风向等因素，从梧桐口村到青瓷宝剑园区，在疑似“臭源”和城区敏感点位科学布置监测点15个。监测调查终取进展，据监测报告，龙鑫化工公司生产中排放的硫化氢恶臭污染物严重超标。9月24日，市人民政府发文（龙政发〔2009〕163号）责令该公司在2009年11月15日前限期完成治理。

市环保局督促龙鑫化工制定方案开展治理，公司在一级脱硫设施的基础上，增加二级脱硫设施，但硫化氢恶臭污染物依然超标，该公司未能在规定期限内完成治理。2009年12月29日、2010年6月2日，市环保局两次向市政府提交责令关停的报告。2010年8月13日，市环保局向该公司发出责令从8月14日至9月13日实行停产整顿的通知。其间，该公司切实采取了增添治污设施、增加药剂量、强化值班管理、优化燃料结构等措施，“臭气”问题切实得到解决，群众反映趋于平静。

取缔屏南鑫旺金矿

2007年5月，龙泉市鑫旺矿业发展有限公司在未取得合法开采手续的情况下，在屏南镇杉树根村局下坑擅自开采金矿，且其浮选项目在2008年底建成投产，未经处理的矿洞水及尾矿库浮选废水外排。由于该项目未经环保审批，2009年1月6日，丽水市环保局对该公司作出了责令停止生产的行政处罚。该公司于2009年5月停止生产。

为防止该金矿死灰复燃，2010年5月，龙泉市国土、环保、安监、公安等部门对该金矿进行联合执法，拆除了变压器、压力储存罐、浮选槽等设备，并对尾矿库进行清理和植草加固。2010年9月，切断鑫旺矿业电源并拆除所有设备，全面取缔了该非法金矿。

农村环境连片整治

2010年，龙泉市环保局争取中央农村环境连片整治资金1140万元，实施瓯江上游龙泉段农村环境连片整治项目，在10个乡镇建设农村生活污水处理设施、农村生活垃圾处理设施、饮用水源保护基础设施和开展畜禽污染整治，分三年组织实施。

第二节 环境污染专项治理

"811" 环境污染整治(2005—2007)

2005 年 4 月,龙泉市政府成立市环境污染整治工作领导小组,召开生态市建设暨环境污染整治工作会议,出台龙泉市三年环境污染整治行动方案,以"两保持""两同步"为目标,扎实开展"811"三年环境污染整治行动,取得阶段性成效。

重点区域、行业、企业污染整治不断深化。加强对 7 家重点排污企业的监管力度,确保重点污染源能稳定达标排放。开展饮用水源保护区环境污染整治行动;完成大沙五金汽配科技园区酸洗废水环境污染整治任务;完成绿源板业、龙鑫化工、人民医院、尊龙酒业、国镜药业、海阳水泥、佳和矿业、八都砩矿、龙泉宾馆等 9 家企业限期治理任务。2007 年,成功取缔 3 家废旧轮胎炼油加工排污企业。

加强环境基础设施建设,实现"两同步"。建成城市溪南井窟污水处理厂(0.5 万千千克/天)于 2007 年底正式投入试运行;建成垃圾处理场渗滤液处理设施投入运行,城市垃圾填埋场通过城市垃圾填埋无害化等级Ⅱ级评估;建成 2 座城区环境空气自动监测站和 1 座省级背景环境空气自动监测站,加强对自动站的运行管理;按一级标准建成环境监控中心;建成 2 家排污企业的在线污染源监测监控设施,与环保联网。

3 年来,完成 11 家规模化养殖场的污染治理任务;建成 10 套农村生活污水集中处理设施;开展农村"五个一片工程"建设,推进农村生活垃圾收集和处置,建成 19 个乡镇、村垃圾无害化焚烧炉、1 座乡垃圾中转站,全市 267 个行政村基本实现"户集、村收、乡镇处置"或"户集、村收、就地处置"的要求,农村生活垃圾收集率达到 60%的要求。

制定实施《龙泉市突发环境事件应急预案》和《龙泉市化学事故应急救援预案》。提高了环境应急能力,成功处置"6•15"龙鑫化工爆炸引发的次生环境污染事件。

"811"环境保护新三年行动(2008—2010)

2008 年始,龙泉市以"五个确保"、"五个提升"为总目标,扎实推进"811" 环境保护新三年行动,制定并实施《龙泉市"811"环境保护新三年行动实施方案》,各项工作取得成效。

加大工业污染防治力度。实施排污许可证制度,对全市 47 家重点企业发放排污许可证。按要求落实 4 家企业进行在线监控系统建设,投入正式运行的市溪南污水处理厂已完成在线监测监控联网。完成省级工业园区第一批丽水市级督办重点环境问题整治。完成了 2 家企业强制清洁生产审核。

开展城镇环境综合整治。建成八都、锦溪、安仁等镇级污水处理设施,加大城市截污纳管力度。加强污水处理厂运行监管。市区生活垃圾填埋场已通过国家无害化评定,城镇生活垃圾收集范围逐步扩大。加强城市大气和噪声污染防治,开展机动车尾气污染防治。

深化农村环境"五整治一提高工程"。继续深化养殖业污染防治,完成 67 家 200 头以上规模化畜禽养殖场污染治理任务。加强水产养殖对库区影响的监测、巡查和管理工作,推广生态健康养殖技术,保护了水库水域环境。实施"百万农户生活污水净化沼气工程",完成 3712 户沼气建设。

紧水滩水环境综合整治

2009年5月，紧水滩水库龙泉域内库区局部水体蓝藻异常增殖，龙泉市制定实施《龙泉市水环境综合整治工作实施意见》，强化多措并举。在库区沿岸、重要干流两侧严格划分禁养区和限养区，库区禁养区内7家养猪场和2家养鸭场全部拆除；拆除库区投饲网箱1015只，投放洁水性鱼类270余万尾，捕杀肉食性鱼类15.1万斤；全面禁止库区及库区正常水位外延200米范围内一切采砂活动。通过四个月的紧水滩水环境综合整治，至2009年9月，蓝藻异常增殖现象得到控制。

污染事故处理

2006年6月15日上午8时05分，位于市区东面5千米的浙江龙鑫化工有限公司双氧水车间发生爆炸，龙泉市启动应急预案，成立临时应急救援指挥部，组成综合协调组、安全保卫组、污染控制组、灾害救援组、医疗救护组等12个工作组投入抢险救援工作。

事故得到有效控制，避免了厂区内化学危险品发生二次大爆炸和人员发生二次伤亡，有效控制了化学品对瓯江水体的重大污染。进入龙泉溪水体的污染物较少，龙泉溪及其下游紧水滩库区水质受其影响不大。6月16—20日经龙泉市环境监测站连续监测表明，厂区下游1千米、3千米、5千米以及下游10千米、20千米、30千米采样点的pH、COD、重芳烃、氰化物等指标均达到该功能区的要求（或未检出）。2006年6月17日，省环境监测中心应急监测结果显示，厂区周围大气苯系物略有超标，但并未超过车间标准，至6月18日，事故对大气造成的影响基本消除。在整个过程中，龙泉市环境空气自动站监测显示龙泉市区空气质量达到二级标准。

这起因安全生产事故次生的环境污染事件，由于反应迅速、措施有力、处置得当，将爆炸造成的污染降到了最低程度，未对龙泉溪及下游水体造成大的影响。这次对环境污染问题的成功处置，被省环保局推荐先进典型在全省环境污染突发事件应急演练上作经验介绍。

第四章　环境监测

第一节　大气监测

环境空气

1989—1995年，龙泉市环境监测站布设4个监测点位对城区环境空气质量进行监测（手工监测），监测项目为二氧化硫、二氧化氮和悬浮颗物，监测频次为每季度连续五日，每日四次；1996年布设3个点监测；2000年始，布设1个点，每个工作日对二氧化硫、二氧化氮进行监测，每周监测总悬浮颗物 2 次；2006 年，移办大楼空气自动监测站建成投入使用，对城区环境空气质量进行全自动监测，监测项目为二氧化硫、二氧化氮和 PM10；2008 年，粮食大楼空气自动监测站建成投入使用，监测项目为二氧化硫、二氧化氮、PM10 和臭氧。1989—2010 年，龙泉市区的空气质量基本达到《环境空气质量标准》(GB3095—1996) 二级以上，环境空气质量优良率 98%以上。

降尘

1989—2003 年，共布设 3 个监测点对全市降尘情况进行监测；2004—2010 年，布设 2 个监测点。降尘年均值为 3720~5730 千克/平方千米•月，均达到省控标准(8000 千克/平方千米•月)。

降水

1989—2010 年，共布设 1 个监测点对全市降水情况进行监测，降水整体偏酸性，酸雨频率较高，根据化学组分分析，主要致酸物质为硫酸盐和硝酸盐。

第二节　地表水监测

监测断面

1989—2010 年，对辖区内龙泉溪干流及其支流梅溪、八都溪、锦溪、安仁溪、岩樟溪水质进行监测，监测断面 1989—1995 年为 13 个，1996 年取消坑口断面，增设竹垟水库断面，断面为 13 个；1998 年增设南秦下断面，断面为 14 个；2001 年增设安仁下断面，断面为 15 个。

监测项目

包括水温、pH 值、溶解氧、悬浮物、总硬度、高锰酸盐指数、生化需氧量、氨氮、挥发酚、氰化物、砷、汞、硒、六价铬、氟化物、总磷、化学需氧量、硫化物、铜、锌、铅、镉、粪大肠菌群、石油类、阴离子表面活性剂、总氮等指标。

监测达标

1989—2010 年，各断面水质均达到《地表水环境质量标准》(GB3838—2002) 中Ⅲ类及以上标准要求，满足或优于相应的地表水功能要求。

第三节　噪声监测

范围

1990—2010 年，对城区功能区噪声、交通噪声和区域环境噪声均开展监测，城区声环境质量状况总体良好。影响城市声环境质量的主要噪声源是生活噪声和交通噪声。

功能区噪声

1990—2010 年，城区功能区环境噪声一类区、二类区、三类区和四类区均能达到相应功能区标准要求。

交通噪声

1990—2010 年，城区交通噪声强度等级均为一级，总体水平为好。

区域环境噪声

1990—2010 年，城区区域环境噪声总体水平等级均为二级，总体水平较好。

第五章　环境管理

第一节　机构队伍

机构沿革

1984 年建立县城乡建设环境保护局，县环境监测站隶属之。1996 年，正式挂牌转为“合署局”性质的环境保护局，属于事业局性质，与市建设局合署办公，具体业务仍由环境保护办公室和环境监测站负责。

2001 年 11 月，龙泉市环境保护局正式成立，主管全市环境保护工作。

2002 年，市环境保护局下设办公室、自然生态科、综合管理科，下属单位市环境监测站，同年，市环境监理站更名为市环境监察大队。2007 年，市环境保护局增设行政许可科。

经过 30 多年的发展，环保局职责不断发生变化，从市建设局下属环境保护办(站)从事简单环境监测等工作，到 2010 年主管全市环境保护工作，负责污染物减排、生态市建设、环境污染整治、环境监察、环保审批、环境监测、环境宣教等十余项具体工作。

编制人员

2002 年，局机关行政编制 7 人。

1998 年，核定市环境监测站、环境监理站人员事业编制 14 人。2004 年划拨环境监察大队编制 5 人，核减为 9 人；2005 年增加编制 1 人，编制为 10 人；2007 年增加编制 3 人，编制为 13 人。

2008 年 9 月 8 日，龙泉市人事劳动和社会保障局重新审批，同意市环境监察大队参照公务员管理。

第二节　环保设施建设

龙泉市高塘生活垃圾卫生填埋场

位于市区东面的剑池街道大沙曾家村高塘山坳，距城区约 8 千米，设计库容 90 万立方米，1997 年末建成投入使用。

1997 年 10 月，龙泉市高塘生活垃圾卫生填埋场完成一期工程的进场道路、垃圾发酵仓、污水处理氧化池、截水沟、垃圾挡坝等项目，并投入运行使用。处理垃圾采用高温发酵简易堆肥处理工艺，随着城市化发展，原有垃圾处理工艺已不适应处理要求，逐步改造成填埋处理的处置模式。

为满足垃圾无害化填埋的要求，先后实施垃圾场管理房、垃圾拦截坝和垃圾渗滤液处理等改造工程建设。2007 年通过省建设厅组织的无害化等级评估，评估等级Ⅱ级。2008 年，龙泉市投入资金 2500 万元，建成垃圾渗滤液处理系统、截污坝、截水沟，并添置相应的机械设备。

龙泉市溪南污水处理工程

该工程位于溪南大沙井窟，占地 3318 平方米。建成 0.5 万米 ^{3}/日污水处理能力，采用硅藻精土处理工艺。投资 3750 万余元，其中，厂区投资 750 余万元，配套污水收集管网和泵站 3000 余万元。该项目采用 BT 模式，由云南庆中科技有限公司承建，2006 年 8 月，主体工程开工建设，2007 年 12 月，污水处理厂建成投入试运行，并按要求建成与省级联网的在线监测监控设施，2008 年 7 月，通过了验收并投入正式运行。溪南污水处理厂主要用于处理城区南片居民的生活污水。

龙泉市溪北污水处理工程

为龙泉市第二座城市污水处理工程项目，分溪北污水处理厂一期工程、溪北污水管网收集与输送系统工程。溪北污水处理厂一期工程位于龙渊街道沙潭地块（山洞石），项目总规模为污水处理能力 6 万米 ^{3}/日，一期工程为污水处理能力 1.8 万米 ^{3}/日，污水处理工艺采用新型 SBR（序列间歇式活性污泥法）工艺，工程总投资 4693.84 万元。溪北污水管网收集及输送系统工程主要建设内容为污水提升泵站 1 座，污水输送管道约 3.9 千米，隧洞约 3.3 千米，污水收集管道长度约 8 千米，投资额 4023.29 万元。

龙泉市溪北污水处理厂于 2009 年 12 月 14 日开工，至 2010 年 12 月尚在建设中。

空气质量自动监测站

2005 年 11 月，龙泉市第一座空气质量自动监测站（位于龙泉市移办大楼）开工建设。2006 年 1 月 9 日，全面完成建设任务，3 月通过丽水市环保局组织的项目验收。总投资 69 万元。

2006年8月，龙泉市第二座空气质量自动监测站（位于龙泉市粮食大楼）开工建设。2007年9月9日，通过丽水市环保局组织的项目验收，正式并入全省环境空气质量自动监测站网络。总投资88万元。

凤阳山空气质量自动监测站（省级背景站）

2007年6月，正式动工兴建，年末完成主体建设和设备安装，土建部分投入140多万元。2008年9月，正式通过省环保局系统验收，并投入使用。

环境监控系统

2007年12月1日，市"十大工程"之一的生态市建设工程子项目——市环境监控系统调试成功。该系统集视频会议、空气质量状况和企业污染状况在线监测监控为一体的集成系统，投入125万元。建成后，成为督促龙鑫化工、溪南污水处理厂等企业建设与此系统相连接的污染源在线监测系统。

龙泉市环境监测监控中心

位于龙泉市龙渊街道中山东路安青山脚，2008年11月6日开工建设，2009年6月工程结顶，至2010年，尚在建设中。

础石金岗工业园区污水处理站

位于龙泉市础石乡，设计规模日处理污水200万千克，选用一级混凝沉淀+氧化+二级混凝沉淀+砂滤，2009年3月建成运行。废水在线监测设备安装于总排放口。

第三节　污染源调查与处理

全国乡镇工业污染源调查

为控制乡镇工业污染，确保2000年全国的主要污染物保持在1995年的水平，1996年，国家环保局、农业部、财政部、国家统计局联合发文开展全国乡镇工业污染源调查。1996年10月21日，成立了龙泉市乡镇污调工作领导小组。工作主要为前期准备、申报调查、汇总验收和总结建档四个阶段，时间1996年10月至1997年6月。共调查企业1403家，其中企业群97个，涉及化工、木材、冶金、机械、陶瓷等40余个行业。调查企业工业锅炉10台、工业炉窑282台。

全省农业农村面源污染调查

2001年，在省环保局、农业厅的统一部署下，市政府建立调查领导小组，市环保局、农业局共同组织开展全市的农业农村面源污染调查工作，耗时半年，基本摸清了农业农村面源污染状况。

第一次全国污染源普查(2007—2009 年)

2007 年 7 月,龙泉市正式启动了全国第一次污染源普查工作,普查范围包括全市的工业源、生活源、农业源和集中式污染治理设施。2007 年 7 月 5 日,成立了龙泉市第一次污染源普查领导小组及办公室,市统计局、环保局等 11 家部门为成员单位,办公室设在环保局。2007 年 11 月,龙泉市全面开展全国第一次污染源普查工作,对全市范围内的 3812 个工业、生活污染源进行全面清查。2008 年 3 月 15 日始,普查工作进入入户普查阶段,11 月 20 日,完成污染源普查数据终报工作。通过对 1161 家工业源(重点源 283 家,一般源 878 家)、356 家生活源、2 家集中式污染治理设施、798 家农业源普查等共 2317 个污染源的主要污染物分析,基本摸清 全市污染物的主要排放与分布状况。

2009 年 4 月 24 日,丽水市第一次污染源普查领导小组对龙泉市普查工作进行验收。

2010 年 3 月 19 日,龙泉市环保局被国务院第一次全国污染普查领导小组办公室、环保部、国家统计局、农业部授予"第一次全国污染普查先进集体"荣誉称号。

排污费征收

1989 年,县环保部门继续对排放污染物和超过规定标准排放污染物的单位,依照国家法律和有关规定征收排污费。1997 年始,在市区开征"三产"(小饭馆、理发店、洗车城等)排污费。1999 年征收排污费 41 万元、2000 年 35 万元、2001 年 32 万元、2002 年 42 万元、2003 年 51 万元、2004 年 56 万元、2005 年 72 万元、2006 年 80 万元、2007 年 80 万元、2008 年 74.27 万元、2009 年 80.82 万元、2010 年 80.87 万元。

第四节　建设项目环境管理

建设项目环境管理

严格执行环境影响评价制度和"三同时"管理制度,按照"不欠新账,多还旧账"的要求,坚持"六个不批"和"四不三优先"原则,切实把好建设项目环境准入关和验收关。

环境影响评价

2002 年,审批建设项目的环境影响评价 223 个,三同时验收项目 101 个,对小造纸、小化工等 4 个违反国家产业政策的建设项目予以拒批;2003 年,审批建设项目的环境影响评价 215 个,三同时验收项目 153 个;2004 年,审批建设项目的环境影响评价 164 个,三同时验收项目 31 个;2005 年审批 88 个,验收 38 个;2006 年审批 93 个,验收 41 个;2007 年审批 128 个,验收 35 个;2008 年审批 123 个,验收 77 个;2009 年审批 121 个,验收 77 个。

开展础石金岗工业园区规划环评工作,2009 年 3 月,规划环评通过丽水市专家组审查;2010 年审批 215 个,否决不符合环保准入项目 2 个,验收 101 个。"十五小""新五小"企业和不符合国家产业政策的国家、省禁止或限制建设的项目审批为“零”。

第五节　环境功能区划

地面水环境保护功能区划

根据省环保局《关于开展全省地面水环境保护功能区划分工作的通知》，龙泉市于1990年10月30日成立龙泉市地面水环境保护功能区划分领导小组，由计经委主任为组长，市城建局局长为副组长，卫生、水电、农业局局长为成员，下设办公室，负责划分工作。1990年11月，划分工作正式开始，主要对龙泉溪干流、八都溪、锦溪、岩樟溪、紧水滩水库（龙泉境内部分）进行水功能区划分，并对龙渊镇自来水厂水源地（包括临时泵房取水点）以及八都镇、小梅镇、安仁镇三个建制镇拟建筹建水厂的水源保护区进行划分。1991年10月14日，进行论证审议。

水环境功能区划

2005年9月，省水利厅、省环保厅印发了《浙江省水功能区、水环境功能区划分方案》，方案中对龙泉市的水环境功能区进行了划分，将水环境功能区划分为14个，其中，自然保护区5个、饮用水水源保护区2个、多功能区7个。按目标水质分类，龙泉市水环境功能区目标水质为Ⅰ类的5个、Ⅱ类7个、Ⅲ类2个。

大气环境功能区划

为配合实施《环境空气质量标准》(GB 3095—1996)及调整后的国家大气污染物排放标准，丽水地区环保局于1996年开展环境空气质量功能区划分工作，于1997年12月完成《丽水地区环境空气功能区划分方案》编制。方案中对龙泉市的环境空气质量功能区进行了划分，将龙渊、八都、查田、上垟、小梅、兰巨、础石等乡镇（其中原青溪、泗源、天平、胜利、大赛乡除外）划为二类区，空气质量执行国家二级标准，面积为930平方千米。将道太、城北、岩樟、锦溪、住龙、竹垟、宝溪、泗源、青溪、屏南、大赛、龙南、太平、胜利等乡镇划为一类区，空气质量执行国家一级标准，面积为2129平方千米。

生态环境功能区规划

2006年9月，龙泉市全面启动《龙泉市生态环境功能区规划》编制工作。2007年8月22日，《龙泉市生态环境功能区规划》通过由省、丽水市环保局组织的专家评审。2008年5月，龙泉市政府通过《龙泉市生态环境功能区规划》，对生态环境功能区进行分区规划，将龙泉市划分为26个生态环境功能小区，其中禁止准入区11个、限制准入区6个、重点准入区5个和优化准入区4个，各优化准入区面积分别为916.85平方千米、2016.83平方千米、114.34平方千米和10.95平方千米，分别占全市国土面积的29.97%、65.93%、3.74%和0.36%，对有限环境资源进行有效调控，实现环境质量的改善。规划于2009年1月1日始试行。

第十篇

农　　业

龙泉素有“**九山半水半分田**”之说，农业耕地面积17000公顷，占土地总面积的5.49%。其中，海拔800米以上的高山水田面积有3330公顷，海拔500~800米的耕地面积5330公顷，海拔500米以下的耕地面积8000公顷。2010年，龙泉市444个自然村，27.70万人口中农业人口23.50万人，占总人口的84.80%，农业劳动力13.60万人，占总人口的49.10%。

龙泉物华天宝，农业特产丰富，食用菌种植历史悠久，茶叶文化底蕴深厚。农业经济主要集中于“菌、竹、茶、稻、渔、果、蔬、药”以及畜牧产业，其中，食用菌是龙泉市的主要产业，占整个农业经济的32%左右；笋竹、茶叶为主导产业；优质稻米、高山蔬菜、水果、淡水养殖以及山羊等产业比重较大。

1989—2010年，龙泉食用菌产业发展迅速，其间有大批食用菌专家和食用菌企业家的推动，并得益于科技培训。1995年在全国食药用菌产品展示与新技术交流会（福州）上获得“全国食用菌先进县”的荣誉称号。2006年，龙泉市被农业部、财政部确定为“新型农民科技培训项目实施县（市）”之一。至2010年，全市开办食用菌生产、高山蔬菜栽培等重点培训班500多期，累计参加培训21480人次，基本学员1400人；受技术指导累计26500余人次。

22年来，龙泉市依据特色发展的优势，围绕食用菌、蔬菜、茶叶、畜牧业四大农业主导产业，以政策扶持为抓手，在资源挖掘上做文章，夯实农业基础，突出农业农村亮点，取得一定实绩。1997年龙泉市农作物播种面积31200公顷，其中粮食播种面积24170公顷。农田水利建设共计投入劳动力550万工日，比上年增长113.2%；完成土石方330万立方米，比上年增长112.9%；农田有效灌溉面积12700公顷。年末拥有农业机械总动力9.45万千瓦，比上年末增长3.7%；农用拖拉机4048台，比上年增长2.7%；农用载重汽车95辆；增长79.2%；农用电量7338.3千瓦小时，增长80.1%。2006年，龙泉市首次获得“浙江省粮食生产先进县”称号，受到省政府的表彰。2008年，龙泉市作为丽水市唯一的“国家级粮食高产示范创建市”，参加全省粮食高产示范创建活动，被评为浙江省农业特色优势产业综合强市，全省粮食生产先进市。2009年，龙泉市围绕“大力发展竹产业、提升发展食用菌、特色发展茶蔬果”的发展战略，以“产业上山、农民下山、生态创业”的工作思路，加快农业主导产业培育和产业化经营步伐，农业经济持续稳定发展。是年，龙泉市水稻种植面积和总产名列丽水市首位，实现农业总产值13.70亿元，同比增长7.50%，扣除价格因素实际增长4.20%。“浙闽赣食用菌产品交易中心”投入使用。龙泉市被中国食用菌协会授予全省唯一的“中国十大食用菌生产基地县（市）”。2010年，龙泉灵芝成功申报国家地理标志产品保护。农作物总播种面积26.53千公顷，全年粮食总产量为9.56万吨。

第一章　种 植 业

第一节　粮食作物

概况

1989—2010 年，粮食总产始终在 10~11 万吨之间。因大部分劳动力转入二、三产业，许多耕地没有流转使用，引发荒芜；粮价不高，种粮效益偏低，农民积极性下降。2001 年，粮食产量下降，2003 年总产只有 9.70 万吨，比 1984 年的 13.60 万吨减少 3.90 万吨。2003 年 10 月后，在政策驱动下，粮价出现恢复性增长。2004 年，中共中央一号文件出台，政府将粮食安全列入农村重点工作，粮食生产走出低谷，粮食生产总体呈“四增”，即面积增、单产增、总产增、种粮收入明显增加。

2004 年，市农业部门推行商品粮基地、粮田建设、测土配方施肥、粮食生产功能区建设和“千斤粮万元钱”“稻田生态种养”等生态种植模式，粮食播种面积为 18798 公顷，总产量 10.02 万吨，粮食单产也得到提升。

2005 年，全市实现农林牧渔业总产值 9.18 亿元，同比增长 3.2%，其中农业产值 5.72 亿元，林业产值 2.07 亿元，牧业产值 1.21 亿元，渔业产值 0.12 亿元。

2006 年，全市实现农林牧渔业产值 9.95 亿元，比上年同比增长 3.9%。

2007 年，全市实现农林牧渔业产值 11.18 亿元，同比增长 4.2%。

2008 年，全市完成粮食播种面积 1.91 万公顷，实现总产 10.8 万吨，全年粮食产值 1.7 亿元，占农业总产值的 13.4%。其中，水稻面积 1.42 万公顷，平均产量 6450 千克/公顷，总产 9.18 万吨。订单粮食收购价稻谷 2.24~2.32 元/千克，比上年增加 0.28 元/千克。

2009 年，龙泉市继续开展粮食高产示范活动，稳定粮食播种面积，建立粮食生产功能区。建万亩高产示范片 2 个，千亩高产示范方 6 个；推广水稻病虫统防统治面积 200 公顷，超级稻面积 6666.67 公顷，优质稻米 5333.33 公顷；实现粮食总产量 10.42 万吨，再次被列入全省 10 个粮食高产创建活动示范县（市）之一。

2010 年，全市农田有效灌溉面积 7638 公顷，粮食播种面积 16333 公顷，粮食总产 9.56 万吨，产值 2.3 亿元。其中，水稻 11567 公顷，每公顷产量 6846 千克，总产 7.92 万吨。

水稻种植

1989—2010 年，龙泉市调整农业产业结构，粮食生产相对于经济作物处于劣势，加上交通建设、城镇建设征用土地等原因，交通便利的畈田水田面积减少较多，有水田 16153 公顷，其中，海拔 400 米以下农田为连作双季稻地区，海拔 400~600 米为单双季混栽地区，海拔 600 米为单季稻地区。由于城区工业生产逐步发展，加之一些新开发土地质量欠佳，粮食收购价格偏低，粮食播种面积逐步下滑。粮食种植也呈现从原来的双季稻生产为主至单季晚稻生产为主的格局。1998 年，龙泉市早稻种植面积 4667 公顷；2003 年，锐减至 167 公顷。2006 年，龙泉市基本上没有早稻生产。

龙泉多次引进优质稻种进行种植试验。1987 年，龙泉县土肥站在剑湖、龙南两乡，对冷浸、烂糊田分别进行单季稻、早稻和连作晚稻的垄畦改良试验、示范。1988 年，扩大至安仁、茶丰，小梅、龙渊等乡镇进一步试验示范，面积到 7.90 公顷，垄（畦）耕作平均每公顷产量 6695 千克，比平翻耕作亩产 398.80 千克，每公顷增产 712.50 千克，增产率为 11.9%。1989 年全县 13 个乡（镇）32 村，实施垄畦法的总面积 187.52 公顷，每亩增产稻谷 30~100 千克，平均 56.50 千克，增产率 18%。其后期还进行了水稻抛秧栽培试验。

1990 年始，全市陆续引进优质稻品种 12 个。其中，早籼稻 3 个：舟优 903、嘉兴香稻和浙 9248；晚籼稻 4 个：湘晚籼 2 号、玉占、中香 1 号和赣晚籼 30；优质杂交稻 6 个：温优 3 号、协优 9308、协优 63、协优 46、两优培九和粤优 938。2000—2004 年，主推两优培九、D 优系列等杂交组合，2004 年，引进试种，主推中浙优 1 号，表现稳定，高产，米质优，较受农户欢迎。2010 年，中浙优 1 号种植面积 3333.33 公顷，累计推广 1 万公顷。2006—2010 年，开始示范推广中浙优 8 号、甬优 9 号杂交组合，水稻生产以中浙优 1 号、中浙优 8 号、甬优 9 号为当家品种。

龙泉市单季稻种植较为稳定，粮食生产仍以水稻为主，约占粮食总产量的 91.4%，优质米面积逐年扩大。水田以二熟制为主，主要实行蔬菜—稻、香菇—稻、黑木耳—稻、油菜—稻等粮经结合轮作制度，既保证粮食生产，又提高种植效益。但季节性抛荒问题也较为突出，部分山垄田由于耕地质量差产量低还有野猪糟踏等原因造成全年抛荒。

高产栽培

龙泉水稻生产主要推广省工节本、高产高效轻型栽培技术，推广旱育秧栽培、平衡施肥、单季晚稻“双百工程”、稻田套养瓯江彩鲤、稻鸭共育等先进实用技术，改善耕作制度，发展油—稻、菜—稻、菇—稻、烟—稻等水旱轮作种植模式，提高复种指数，提高种植效益，依靠科技进步，实现粮食增产、农民增收。

1998 年，龙泉市农业局粮油站与龙渊镇农技站协作，完成“再生稻高产栽培技术研究与推广”项目，获 1998 年度省农业丰收三等奖，1999 年获省科技进步三等奖。全市再生稻高产栽培技术推广 693.33 公顷，平均每公顷比单季稻增产 4110 千克，总增粮食 2850 吨，按每 50 千克稻谷 78 元计（当时定购价），总增经济效益 445 万元。1999 年，扩大推广应用 1000 公顷，再生稻生产技术与研究进一步成熟，在省内居领先水平，“杂交水稻再生能力利用技术的推广”项目于 2000 年 3 月获得丽水地区农业丰收一等奖，协作项目于 2003 年 3 月获浙江省农业丰收二等奖。龙泉市水稻生产主要推广强化栽培和单季晚稻“五改”高产栽培技术。

丝苗米栽培

1998—2000 年，龙泉市实施“无草害工程”和“无螟害行动计划”。2001 年始，龙泉山、龙泉凤羽等企业实施重大病虫无害化治理工程，禁止销售和使用甲胺磷等高毒高残留农药，推广应用高效低毒低残留生物农药。2002 年 7 月 1 日，甲胺磷农药彻底退出农资市场。同年，制定披云牌无公害丝苗米生产技术规程，宣传指导无公害生产。龙泉市多年研究优化优质稻品种，生产技术与研究在全省同类项目中居先进水平。种植优质稻价格比普通杂交稻每千克高出0.30元左右，平均每亩增收150~250元，尤其是主栽品种丝苗米食味佳、米质柔软，经农业部稻米检测中心检测，12项指标中有10项符合《优质食用稻米一级标准》，为龙泉市富有地方特色的优势农产品。在剑池、西街、查田、小梅一带形成优势区域。2002年，龙泉市农业局注册“披云”“龙泉山”两个优质米商标，2003年，“丝苗米产业化开发”项目取得省扶持资金30万元。

农田建设管理

1999—2007年，全市建设标准农田提高粮食综合生产能力，市国土资源局移交标准农田面积6957.33公顷，2007年龙泉市标准农田粮食总产4.42万吨，标准农田潜在粮食生产能力7.51万吨，基础设施现状调查显示：较好田1612.47公顷，占比23.18%；一般田3251.67公顷占比46.74%；差田2093.2公顷，占比30.08%。期间开展商品粮基地建设、中低产田改造、土地治理、农村水利建设、小流域项目治理，农业基础设施条件得到改善，抗灾能力提升。龙泉粮地面积较为稳定，但大畈良田被征用，相对地整体质量下降；农民粗放耕种，过分依赖化肥，有机肥投入少甚至根本不用，种粮效益差，导致土壤板结、地力下降。开展无公害绿色农业的宣传与推广，广大农民对无公害绿色农业生产意识有所增强，有机肥的施用开始受到重视。是年，被列入农业部测土配方施肥示范县，提供200万元的项目资金，开始全面启动测土配方施肥工作，测土配方施肥走进千家万户，服务农业生产。2009年，龙泉市以“沃土工程”和“测土配方施肥”项目为载体，建测土配方施肥竞赛示范方1个，建各类地力培肥示范点5个；实施农业机械化促进工程，建粮食全程机械化示范基地1个。2010年，继续实施农田质量提升项目，进一步提升农田地力。

特定地理环境和复杂地貌条件，致使龙泉时有洪涝灾害、鼠害发生。2004—2006年，组织实施农田统一灭鼠93333公顷，推广竹筒毒饵站新技术，挽回粮食损失6.50万吨，折经济效益9100万元，农田鼠害防治技术研究与推广居全省先进水平。龙泉市植保站2004年、2006年被省农业厅评为浙江省农村统一灭鼠先进集体。

四季作物

春冬种植以马铃薯为主，少量蚕豌豆。2008年，马铃薯种植面积1580公顷，产量8870多吨；蚕豌豆种植面积约66.7公顷，总产130吨。2010年，马铃薯种植面积1443公顷，每公顷产量3142千克，总产4534吨。

龙泉市旱地资源丰富，一直以来旱粮生产以干粮为主，1998—2003年，引进苏玉1号、苏玉2号、甜玉米等鲜食玉米新品种和浙春2号、引豆9701、矮脚早等大豆优质品种，累计推广鲜食玉米2000公顷，推广鲜食大豆2667公顷，每公顷产值达11000~15000元。2010年农作物总播种面积26530公顷。豆类面积1357公顷，每公顷产量2151千克，总产2919吨；玉米面积599公顷，每公顷产量3826千克，总产2292吨；番薯面积1365公顷，每公顷产量4249千克，总产5800吨。

“迷你”番薯种植，2004年，龙泉市农业局从浙江省农业科学院首次引进彩色“迷你”番薯在龙泉试种获得成功，每公顷产量30000千克。2005年，龙泉市腾达农特产种植有限公司在城北、硋石乡建立2个“迷你”番薯订单生产基地，其产品在杭州等地每千克售价高7元左右，为龙泉山区开辟新的粮食增长点。

第二节 经济作物

概况

龙泉经济作物的种类较多，全市种植面积广泛的经济类农作物为茶树、食用菌、中药材、大豆、甘蔗、花生、桃树、梨、葡萄等，水果蔬菜在第三节记述，饮料作物的茶树和食药用菌内容在第十一篇单列。

20世纪70年代之前，以粮为纲全面发展，经济作物不受重视；20世纪80年代后，农业结构调整。2005年，农业总产值9.18亿元，年均增长4.80%。其中竹业、茶业、食用菌、高山蔬菜等特色农业经济发展迅速，共建立各类农产品基地26个，年销售额300万元以上的农业龙头企业35家。2008年，油料作物1026.67公顷，总产0.18万吨。粮油播种面积比上年略增，单产提升2%。2009年，全市食用菌实现产值4.45亿元，同比增长19%。2010年，药材种植面积126公顷；油料种植面积1771公顷；花卉苗木面积334公顷。

食药用菌

食用木耳　20世纪60年代，龙泉市开始食药用菌栽培研究和技术推广，20世纪80年代兴起。1991年，开始推动袋料香菇木耳的生产，食用菌产业获得大发展。1993年龙泉市食用菌产值达1.3亿元，占农业总产值的50%，成为全国食用菌产值超亿元的县市之一。1996年，龙泉市被授予“中华灵芝第一乡”的称号。2009年，全市建成食用菌标准化示范基地40个，标准化示范村6个，标准化菌种场7家；食用菌标准化生产率35%。2006—2010年，龙泉市共发展代料香菇45000万袋，代料黑木耳36500万袋，黑木耳菌种5600万包，以工厂化生产金针菇为主的珍稀菌类4800万瓶。2010年，食用菌产业从业人数9万人，产值5.06亿元，占农业总产值的34.61%。全国以龙泉市“浙闽赣食用菌交易中心”为黑木耳集散中心，成为南方最大的黑木耳产销中心。以黑木耳为主的市场交易额18亿元。中国食用菌协会授予龙泉市“中国黑木耳之乡”“全国食用菌产业文化建设先进县”等荣誉称号。“龙泉黑木耳”证明商标也获得注册公告，龙泉段木灵芝和孢子粉获得国家地理标志产品保护。

食用菌其他内容　见“第十一篇　食用菌　茶叶”。

茶叶

1981年，龙泉县建立县精制茶厂，1984年共有初制茶厂101家，1985年高峰时茶叶面积3421.47公顷。1988年，全县共有茶园2752公顷，产茶976吨，产值480万元，占当年农业总产值9275万元的5.2%。其中，出口150吨，创汇42.5万美元，但由于经济体制的转变和产品的转型等诸多因素，茶产业由盛转衰，至2004年全市茶叶面积只有1173公顷，管理好的只有200公顷，产值1400万元。2005年以来，龙泉市委、市政府非常重视茶叶产业发展，连续出台茶产业扶持政策，对茶叶基地、加工、标准化、品牌等方面进行重点扶持，茶产业得到恢复性发展。2009年龙泉市茶园面积约 1880 公顷，产量 950 吨；2010 年，全市茶园总面积 2107 公顷，产量 1100 吨，产值 4600 万元。其中，名优茶叶占 80%左右。

茶叶其他内容　见“十一篇　食用菌　茶叶”。

竹笋

龙泉市是浙江省重点竹产区，是竹林资源大县(市)，竹林资源是龙泉市的优势资源。毛竹林总面积 36360 公顷，面积在浙江省仅次于安吉县，在丽水市处于首位。毛竹资源经过 20 世纪 80 年代中期和 20 世纪 90 年代中期，二期星火计划和大力开展笋竹两用林基地建设实施，为龙泉竹产业发展打下很好的基础。2005 年始，龙泉市委、市政府又将竹产业确定为全市农业两大主导产业之一。2006 年始，经国家科技部、财政部批准，龙泉市“竹产业工程”被列为“科技富民强县专项行动计划”。调查显示，按照 2007 年的生产资料价格和工资水平计算竹林经营成本，农户采用的经营管理措施包括土壤管理、施肥、砍竹、挖笋、护林等劳动力投入和肥料、农药等农资投入，按综合效益指标分析，36.4%农户的丰产低效型毛竹林收入每公顷在 9000~12000 元。70%的调查户净收益较低，其低产低效型毛竹林净收益每公顷 9000 元。

中药材

龙泉市域药材种类很多，有野生的和人工栽培繁殖的两大类。菌类药用灵芝已在“第十一篇　食用菌　茶叶”论述，其他草本药材如茯苓、厚朴、元胡、白术、铁皮石斛、草珊瑚、杜仲、玉兰、红凉伞、忍冬等都有少量种植，但缺乏相关数据。

铁皮石斛　龙泉市海拔较高地区有零星分布，居民家中常有盆栽。野生资源已枯竭，现已进行人工种植。龙泉市国境药业有限公司于 2003 年引进种苗，建立组织培养实验室，至 2005 年累计培育种苗 450 万株。并在厂区、竹垟、安仁建有种植基地 0.20 公顷，育苗 43.68 万株，已收少量成品，2010 年末，发展至 6.70 公顷。

南方红豆杉　龙泉市各地有零星分布。2000 年始大量育苗，其中龙泉市南方红豆杉研究所至 2008 年已育苗 300 多万株。2005 年，龙渊、西街、查田、小梅、住龙、锦溪、兰巨等 7 个乡镇街道营造红豆杉混交林 198.5 公顷。凤阳山等高海拔地区还分布有红豆杉，其紫杉醇含量较高。

草珊瑚　龙泉市各地均有分布。在竹垟等地有大量种植。

红凉伞　2008—2010 年，有大量育苗繁殖，培育苗木 20 多万株。

忍冬　俗称金银花。龙泉各地均有分布。群众常采花晒干后备用。2005 年道太乡人工种植 13.3 公顷。

第三节　水果蔬菜

水果产业

种植优势　龙泉市土地资源丰富，可开发山地面积多。全市总面积 303893.33 公顷，为浙江省第二大县市。其中坡度在25°以下的低丘缓坡山地84936.08公顷，占林业用地面积的32.8%，土地资源用之不尽，水果种植优势明显。土层深厚，多在100厘米以上，为根深叶茂和速生丰产奠定坚实的基础。龙泉市大部分区域中因火山喷出所形成的火山土，含有丰富的钾、钠、硅、铁、钙等矿物，而且大部分开发性山地以红松泥为主，土壤理化性状好，肥沃。种植柑橘等水果树比较省肥省本。土壤呈微酸性，适合柑橘等水果的生长结果要求。优越的土地条件，所产柑橘品质特别好，具有很强的市场竞争力。龙泉市处在北纬27~28°之间，早春回暖早，所产柑橘成熟期一般比宁波、台州、衢州等著名橘区早7~10天。龙泉市地处东经118°43′~ 119°26′，北纬27°42′~28°21′，属中亚热带季风气候，年均气温17.6℃，1月平均气温6.5℃，7月平均气温27.9℃，极端最低气温-8.5℃，气温≥10℃的活动积温5572.6℃，日均气温≥10℃有利作物生长期为257天，年无霜期263天，年日照时数1850小时，昼夜温差大，年降雨量1669毫米，平均相对湿度79%。这种冬无严寒，夏少酷暑，阳光充足，雨量充沛，昼夜温差大的气候十分适宜果树生产。

经济效益 龙泉市水果种植主栽品种有柑橘、杨梅、梨、桃、枇杷、葡萄、板栗等。据龙泉市果园普查资料记载，1994年全市果园面积3095公顷，产量6421吨，产值1000万元。1992年种植东魁杨梅2.93公顷，2004—2006年连续三年均产量26吨，每666.70平方米产量0.59吨，果品全部销往杭州果品市场，售价达11元/千克，年均产值28.60万元，扣除肥料、农药、人工等生产成本4.4万元，纯收入24.2万元。1998年，原龙泉市良种场职工种植3.87公顷美国黑李，第3年投产，第4年收回建园成本，2004—2006年，年均产量30吨，果品全部销杭州、无锡和深圳等市，售价8元/千克，年均产值24万元，扣除生产成本5.8万元，年均纯收入18.2万元；龙泉市林场7.73公顷柑橘园被个体承包经营，至2006年连续3年年均产量150吨售价3元/千克，年均产值45万元，扣除生产成本13.91万元，年均纯收入31.09万元。

2002年，龙泉市干水果总产量6000吨，总产值突破千万元。2005年，水果总产量10679吨。2006年，全市有果园面积913公顷，新增11.5公顷，实现产量5652吨，产值1249万元。其中柑橘类面积465公顷，产量3775吨，产值502万元。2010年，水果总产量6137吨，比1989年1937吨增216.8%，龙泉市统计局统计数据显示，2001—2010年水果含柑橘、果用瓜、其他水果等类别的生产总值为：2001年837万元，2010年6667万元。

2006—2008年龙泉市主要水果生产情况一览表

表10-1-1

树种	品种	面积（公顷）				产量（千千克）				产值（万元）			
		2005	2006	2007	2008	2005	2006	2007	2008	2005	2006	2007	2008
柑橘	早无	113.33	71.07	74.40	78.40	500	473	470	500	90	80	141	200
	普无	66.00	275.87	275.87	2.76	3200	2470	2470	2470	330	290	494	494
	椪柑	80.13	61.60	61.60	61.60	555	505	505	505	71	68	121	121
	甜橙	7.33	7.33	7.33	7.33	170	156	150	150	32	31	45	45
	杂柑	123.00	38.60	41.27	43.27	600	170	170	180	59	31	34	54
	其它	13.33	10.60	10.60	10.60	5	1	5	5	5	2	4	4
	小计	403.13	465.07	471.07	477.07	5030	3775	3770	3810	593	502	839	918

续表 10-1-1

树种	品种	面积（公顷）				产量（千千克）				产值（万元）			
		2005	2006	2007	2008	2005	2006	2007	2008	2005	2006	2007	2008
梨		108.13	97.67	104.33	104.47	800	593	650	750	162	140	156	195
桃		93.73	88.80	90.13	90.13	850	394	400	520	160	72	88	156
杨梅		93.60	99.33	107.33	111.33	300	407	430	450	150	197	258	286
枇杷		15.60	14.20	15.53	15.53	30	28	30	20	9	8	12	5
李		120.13	119.47	120.80	120.80	220	313	320	350	31	62	76	88
葡萄		10.40	10.40	10.40	10.40	62	90	100	100	25	40	44	44
枣		1.00	1.00	1.00	1.00	—	2	2	2	—	1	1	1

种植面积 龙泉市连片 1 公顷以上果园 61845 片，总面积 3095.1 公顷，其中水果面积 2646.7 公顷，干果（板栗）448.4 公顷，经营状况较好的果园面积 1210.2 公顷，占果园总面积 39.1%，连片面积 67 公顷以上果园 1 片（85.8 公顷）。1990—1993 年建园面积最多，共计 1999.7 公顷，占果园总面积的 64.6%。水（干）果总产量 6421.5 吨，总产值 730.65 万元。

2001 年，水果总面积 1240 公顷，总产量 5109 吨；2003 年，果园面积 1496 公顷，比 1994 年果园普查时的 3095 公顷减少 51.7%。2007 年，优势区域新建与改造柑橘 667 公顷，新建杨梅 267 公顷，梨 267 公顷，桃 200 公顷。柑橘平均每公顷产量由 12000 千克提高至 15000 千克以上；优质果率由当年的 40%提高至 70%。2007 年 7—9 月，龙泉市农业局组织各乡镇（街道）特产技术人员对连片面积 1 亩以上的果园进行普查，全市连片 0.067 公顷以上果园 1571 片，比 1994 年减少 61.9%，总面积 1208.6 公顷，比 1994 年减少 61%，其中水果面积 911.1 公顷，干果（板栗）297.5 公顷，经营状况较好的果园面积 616.9 公顷。水（干）果总产量 5980 吨，总产值 1174 万元，其中水果产量 5652 吨，产值 1032 万元，干果（板栗）产量 328 吨，产值 142 万元。

2010 年末，全市水果面积 995.8 公顷，比 1989 年 1106.7 公顷减少 11.1%。其中，柑橘 490.4 公顷、杨梅 124.7 公顷、梨 104.5 公顷、桃 93.9 公顷、李 120.8 公顷、枇杷 15.7 公顷、葡萄 13.7 公顷、猕猴桃 16 公顷、苹果 15.1 公顷、枣 1 公顷。柑橘类面积中，早熟温州蜜柑 91.7 公顷、中熟温州蜜柑 275.9 公顷、椪柑 61.6 公顷、甜橙 7.3 公顷、杂柑类 43.3 公顷、柚类 10.6 公顷。

特色种植 龙泉市种植温州蜜柑面积和产量分别占水果的 76%和 92.4%。在柑橘类中，普通温州蜜柑的面积和产量分别占 71.6%和 81.5%。

2007—2009 年，丽水市农科院在龙泉市开展宫川温州蜜柑非设施完熟栽培适用技术研究，根据山区气候环境特点，研究并形成调整树相、培肥地力、中庸树势、控制果量、调控水分、综治病虫、分批采摘、延后完熟等八项关键技术，通过组织实施这套宫川温州蜜柑品质提升集成技术，项目区宫川温州蜜柑优质果率由 43%提高至 76%，果品销售单价较普通栽培提高 3~4 倍。2009 年“优果工程”得到进一步推进，全年水果产量 4.745 万吨，增长 5.44%。

龙泉市生产的柑橘、梨、桃形李等水果品质优异，在多次评比活动中均获得好成绩。1989 年在丽水地区举办的浙江省早熟柑橘评比中，龙泉选送的早熟温州蜜柑以 97.5 分的高分获得第一名；在金华市举办的全省中晚熟柑橘评比中，龙泉选送的山田温州蜜柑内质获得满分，是该次评比中唯一内质得满分的样品。2002年11月，在黄岩市举办的中国（浙江）柑橘博览会上，龙泉市林场选送的“剑池牌”山田温州蜜柑获得金奖。2005年7月，在浙江省优质早熟梨评比会上，龙泉市阳光农业有限公司选送的“瑞果牌”西子绿梨获得金奖。2006年8月，在浙江省精品水果展销会上，龙泉市阳光农业有限公司选送的“瑞果牌”翠冠梨获得金奖。2009年7月，在浙江省优质早熟梨评比会上，浙江顶峰生态农业有限公司选送的“品然”牌圆黄梨获得浙江省优质早熟梨评比金奖。

冻害情况　1999年12月22—23日，龙泉市区连续两天发生极端天气，其最低气温-8.3℃，连续5天（22—26日）最低气温在-5.9℃以下。致使柑橘遭受有史以来最为严重的冻害。如龙泉市林场的66.7公顷橘园，立地条件和管理水平均为龙泉一流，遭受这次冻害致使全园片叶不留，一年生枝全部冻死，约30%的椪柑整株冻死，2000年全园绝收。龙泉自1949年以来从未有过2级以上冻害，至2000年龙泉市冻害在3级以上，其中3~4级冻害约占95%，5级冻害约占5%。其他橘园立地条件和管理水平多不如市林场橘园，冻害普遍比市林场橘园严重。

水果种植管理　1992年1月，龙泉市水果生产职能及技术人员从农业部门划归林业部门管理，由龙泉市林业局下属事业单位龙泉市营林公司负责管理，因林业局机构改革，1993年7月开始由龙泉市林业工作总站负责管理。多年来，由于管理体制不顺的原因，龙泉市水果产业发展缓慢，资源优势没有得到充分发挥。2006年6月，龙泉市人民政府将水果管理职能和技术人员18人，从林业部门重新划归农业部门管理，由龙泉市农业局下属事业单位龙泉市经济作物站负责管理，从而理顺水果生产管理体制。

1985—1992年，龙泉水果生产出现繁荣景象。将水果基地建设作为乡镇政绩考核的主要内容；向乡（镇）村派驻工作组，重点抓水果基地建设；组织乡（镇）、村干部和有关部门领导奔赴水果生产先进单位参观考察；在开发资金上给予重点扶持；业务部门积极开展技术培训、现场指导和良种引进工作等，由于措施得力，水果基地得到快速发展，7年中开发的水果基地2830公顷，占全市果园总面积的91.4%，最多一年开发832公顷。

2003年以来，水果产业围绕“优化结构、提高效益”的发展目标，引进品质优、市场前景看好的水果新品种，如南方早熟梨（翠冠、西子绿、清香等）、柑橘（甜橘柚、翡翠柚、大分早生、市文等）、甜油桃、桃形李、红阳猕猴桃、蓝莓等，水果品种结构不断优化。同时，以兰巨省级现代农业综合区特色水果精品园和水果高效示范基地建设为重点，积极争取项目扶持，加大资金投入，水果精品园和示范基地的道路、灌溉、果品商品化处理等基础设施得到明显改善，先进适用技术得到广泛应用，果园效益逐步提高。先后建成兰巨桐山、独田省级特色水果精品园及龙南乡安和村早熟梨基地、兰巨乡桐山村桃形李基地、兰巨乡独田村甜橘柚基地、剑池街道宏山村东魁杨梅基地、西街街道河村蓝莓基地、城北乡东书村红阳猕猴桃基地等丽水市水果高效示范基地6个，促进水果产业向规模化、专业化、标准化方向发展。

蔬菜产业

优势条件　龙泉市可供发展的蔬菜种植面积（包括旱地面积）16666.7公顷，位居全省第一。龙泉市蔬菜种植区域主要集中在河谷盆地和两翼中山区，菜园土壤的土种主要有黄泥砂田、红松泥砂田、青泥砂田、泥砂田、山地黄泥砂田、黄泥田、山谷泥砂田、山地砂性黄泥田、山谷砾钾泥砂田等，其中，山地黄泥田、黄泥田和黄泥砂田所占比重最大，分别为13.64%、15.91%、20.45%。菜园土壤耕层质地以壤土为主，占84.09%；其次为砂壤土，占15.9l%。菜园土壤耕层厚度多数为12~25厘米，其中土壤耕层厚度15~20厘米的占86.36%。菜园耕地地力等级以四级所占面积最多，占52.3%；其次为三级和五级，分别占25%和18.2%。龙泉市菜园土壤有效锌含量范围为0.13~63.88毫克/千克，有效铜含量范围为0.25~63.00毫克/千克，有效铁含量范围为12.88~262.40毫克/千克，有效锰含量范围为1.00~113.60毫克/千克。专家推荐的优质高产高效菜园土壤指标要求：有效锌含量高于1.0毫克/千克，有效铜含量高于1.0毫克/千克，有效铁含量高于10毫克/千克，有效锰含量高于10毫克/千克。

种植格局　1990年前全县蔬菜播种面积稳定在800~933公顷之间，总产1.3万吨。1991—1994年市场疲软，播种面积有所下降，1994年播种面积93.33公顷，总产1.5万吨。2001年山地蔬菜种植面积1133公顷，总产值3570万元。2008年，全市蔬菜播种面积5473公顷，其中培育种植山地商品蔬菜1003公顷；山地商品蔬菜的主栽品种四季豆面积544公顷，同比增长120.5%，全年实现蔬菜产值1.3亿元，形成大棚蔬菜、高山蔬菜和加工蔬菜为特色的产业格局。

2009年，龙泉市加大优质特色品种的开发，推广蔬菜规模种植。实施山地无公害蔬菜扩面增量工程，以实施“山地蔬菜提升项目”为载体，以扩大商品蔬菜播种面积和乡镇覆盖面为工作重点，建设“万亩山地蔬菜龙南核心区”，建成商品蔬菜示范村10个，商品蔬菜标准化示范基地10个，培育蔬菜专业合作社10家，实现商品蔬菜播种面积和产值翻番，打造出全省海拔最高的山地蔬菜标准化生产基地。山地蔬菜种植面积2667公顷，产值1.6亿元，2009年的种植面积和产值分别是2001年的2.35倍和4.48倍。全市高山蔬菜商品化生产面积在580公顷左右。其中，岩樟乡140公顷、龙南乡133公顷，屏南镇135公顷、城北乡70公顷、住龙镇14公顷。

种植面积　2009年末，全市培育龙泉市级以上重点农业龙头企业36家（其中：国家级1家，省级2家，丽水市级20家）。发展农民专业合作社100家（其中：省级规范合作社2家，丽水市级规范合作社25家），入社社员5147人，带动农户数42419户。农业经营项目集中在茶叶、食用菌、粮油、蔬菜、畜牧等几个产业上，获省著名商标5个，全国名牌农产品称号1个，浙江名牌农产品称号5个。

1990年前，全县蔬菜种植面积稳定在800~933公顷之间，总产量1.3万吨。1991—1994年，每年播种面积以5%~10%增长，1995—2000年，每年播种面积以10%~15%增长。2000年2600公顷，总产6.6万吨。2001年，种植面积猛增至5467公顷，总产量10.8万吨。2001—2006年，龙泉市出台蔬菜产业扶持政策，每年安排70万元资金对蔬菜生产示范村、示范基地、示范户、运销大户、标准化、品牌等建设进行重点扶持。蔬菜生产向着优质、安全、高效、生态方向发展，每年播种面积以5%~10%增长。至2010年全市蔬菜种植面积5867公顷。其中，商品蔬菜1867公顷。

冬季油菜种植　20世纪90年代，市农业部门引导农户种植油菜从白菜型改良至甘蓝型品种；2003—2010年，油菜生产主要集中在查田、兰巨、小梅公路一带，常年种植面积867公顷；1998—2000年，油菜品种以甘蓝型92~58系为主，2001年始向双低油菜发展，主要引进种植浙双72、高油605、浙双758、浙双6号等优质油菜新品种，平均每公顷1350千克,高产田2700千克。2007年，龙泉市各乡镇均有种植，八都镇发展迅速，2008年，油菜面积达到1533公顷，2009年3月中旬遭遇低温冰冻大雪侵袭，50%~70%的主茎折断，受灾严重，导致2010年农户种植积极性不高，面积减少660多公顷。2007—2010年生产，中央财政出台油菜补贴政策，对种植“双低”油菜农户给予每公顷150

元的良种补贴，省财政对种植0.33公顷以上的油菜大户给予每公顷200元的补贴。

大棚蔬菜　龙泉龙渊镇九村菜队在1990年引进第一座钢架标准大棚，菜农们因地制宜，改进发展出适宜当地自然条件的竹木结构大棚和大跨度竹木结构大棚。紧接着新品种、新技术、新材料大量引进，如“杭茄一号”茄子、“新丰五号”辣椒、“浙杂系列”番茄等10类35个品种，营养钵育苗、穴盘育苗、微灌微喷使用、地膜覆盖、多层大棚膜覆盖、嫁接育苗技术等10余种新技术、新材料的应用，大棚蔬菜得到发展。经过20年发展，成为农村的主导产业。

1996年实施大棚蔬菜基地建设项目以来，龙泉市政府实行扶持政策，农业、科技等部门及时引进并推广大跨度大棚，营养钵育苗、地膜覆盖、微型滴灌等配套园艺技术和设施，先后建立八都新村、松渠村、良种场等一大批示范基地。在这些示范基地的引导下，大棚蔬菜生产呈现以八都镇为中心，向周边乡镇辐射的格局。2005年末，全市已发展大、中、小棚蔬菜1000公顷(其中大、中棚面积335公顷)，蔬菜生产面积比1990年扩大30倍，大棚菜生产已成为龙泉市农村经济的一个新的增长点。2007年，龙泉专门安排财政资金扶持蔬菜产业，每年有所增加。2008年全市蔬菜播种面积5473公顷，形成高山蔬菜、大棚蔬菜和加工蔬菜的特色产业格局。2009年建设“万亩山地蔬菜龙南核心区”，建成商品蔬菜示范村10个，商品蔬菜标准化示范基地10个，培育蔬菜专业合作社10家。2010年，全市钢架大棚设施蔬菜33公顷。

特色蔬菜产业带　1989—2010年，龙泉利用高山资源和政府推动的优势，初步建立高山蔬菜和设施蔬菜两大特色区域。以屏南、龙南、岩樟、城北、宝溪、道太、安仁等乡镇的高山蔬菜产业带，以剑池、龙渊、西街、兰巨、八都等乡镇街道的设施蔬菜产业带。初步建立区域化、规模化、专业化、特色化蔬菜产业带。

“龙泉茄”又称和砻茄，俗称“麦杆茄”，是龙泉市和垄村传统特色蔬菜。1989年以来，和垄村村民开始种植，2009年成立龙泉市四季春蔬菜专业合作社，种植6.66公顷，亩产3000千克，亩产值1.2万元，总产值116.7万元。1998年龙泉市农业局经济作物站开始在龙南乡上田村农户试种四季豆、西瓜、番茄等蔬菜品种，获得部分成功。2005年，岩樟乡农技员在海拔800米的高山建立高山四季豆示范基地，种植20.5公顷，总产值184.5万元。随后，高山蔬菜逐步向屏南、城北、岩樟、住龙、宝溪、兰巨、龙渊、道太、安仁等10多个乡镇街道发展。高山四季豆、松花菜成为龙泉市商品高山蔬菜的主打品种，尤其高山四季豆已成为高山地区农民脱贫致富的“金豆子”，农民增收的新路子，并出现岩樟乡柳山头村、石坑村、金坑村，城北乡鹤场村、金埠村、内双溪村、屏南镇砇铺村、龙南乡岭后村等种植基地。2006年，龙泉高山蔬菜产业开始规模化、专业化、组织化发展。2007年，岩樟乡高山四季豆种植面积133公顷，城北乡种植面积120公顷；2008年，龙泉市实施商品高山蔬菜翻番计划，争取中央现代农业生产发展专项资金项目《龙泉市山地蔬菜产业提升项目》，为龙泉市山地蔬菜发展夯实坚固基石。高山商品蔬菜栽培面积1000多公顷，种植番茄、茄子等蔬菜20多个新品种，高山四季豆已发展至6个乡镇466.67公顷，总产值5200万元，同比增长120.5%，全年实现蔬菜产值1.3亿元。2009年，山地蔬菜产业加速发展，全年蔬菜播种面积5573公顷，实现产值1.35亿元。建成商品蔬菜示范村10个，商品蔬菜标准化示范基地10个。四季豆和无公害苦槠标准化栽培推广示范项目被列入省级农业标准化示范项目培育计划。2010年，蔬菜种植5674公顷，其中商品蔬菜种植面积1866公顷，果用瓜种植面积231公顷，高山四季豆867公顷成为龙泉蔬菜产业的主导品种。龙泉市高山蔬菜产业由2007年的527公顷、产值不到3000万元，猛增至2010年的2000公顷，产值超亿元。

蔬菜公用品牌　2008年，成立龙泉市蔬菜瓜果产业协会，成功注册“龙泉绿”蔬菜公用商标，大力宣传推介“龙泉绿”蔬菜公用品牌，使龙泉的高山蔬菜在上海、杭州、宁波等地有一定的知名度。至2010年，印制“龙泉绿”商标20多万张，在四季豆、番茄、茭白、辣椒等产品上使用，品牌效益初显成效。

种植管理　蔬菜产业是“菜篮子”工程的主体。2007年，龙泉市委、市政府提出“大力发展竹产业、提升发展食用菌、特色发展茶果蔬”的发展思路，把蔬菜产业明确作为“十一五”期间龙泉重点突破的农业产业之一。2007年，市财政安排30万元蔬菜发展专项资金。2008年，在原有基础上，市财政安排70万元蔬菜发展专项资金，实施山地蔬菜产业倍增计划。以扩面增量和标准化示范基地建设为重点，使商品蔬菜基地面积比2007年翻一番。龙泉市蔬菜产业虽然起步较晚，但具有明显的后发优势，山地蔬菜产品竞争力已开始显现。

以与浙大合作共建社会主义新农村示范点为契机，聘请浙江大学教授汪炳良为龙泉市首席蔬菜专家，强化龙泉市蔬菜产业的科技支撑。初步形成“一个主导产业，一位首席专家，一项配套政策，一批示范项目”的产业发展格局。

龙泉市农业局积极向省农业厅、丽水市农业局、龙泉市政府争取项目资金，2008—2010年，向省农业厅争取项目资金700万元。2010年，屏南镇被列入第一批省级主导产业示范区，岩樟、兰巨被列入第一批省级蔬菜精品园。

通过市校合作平台，聘请首席专家，建立产业农技员机制，加强技术培训，在项目和政策扶持下，全面推广山地蔬菜多样化栽培技术。在岩樟、锦溪、肖庄等地建设水源地保护蔬菜基地；推广统防统治、物理杀虫、测土配方技术。开展定期(不定期)蔬菜质量检查和检测，产品合格率98%。21世纪以来，共培训农民36235人次，提高农民的科技素质和劳动技能。2008年，龙泉市成立“龙泉市蔬菜瓜果产业协会”，共吸收单位会员和个人会员共152个。

技术推广　全市引进推广农业新技术、新品种。推广优良品种、避雨栽培、微蓄微灌、物理杀虫、集约化育苗、嫁接苗等高效种植模式和技术，提高全市蔬菜生产管理水平。引进蔬菜优良品种，推广避雨栽培、微蓄微灌、喷滴灌、肥水同灌、集约化育苗、换根嫁接技术、物理杀虫(杀虫灯、性诱捕器、粘虫板、防虫网)、轮作技术、农业综合防治技术等多样化增效栽培技术得到较大的推广应用。2010年，商品蔬菜优良品种覆盖率90%左右；避雨栽培面积20公顷，微蓄微灌栽培面积167公顷，物理杀虫栽培面积333公顷，新型育苗栽培面积133公顷。

2007年，龙泉市商品蔬菜播种面积467公顷，产值0.21亿元。2008年全市蔬菜播种面积5667公顷，其中：商品蔬菜面积1000公顷，实施“山地商品蔬菜翻番计划”，产值0.45亿元。2009年，全市蔬菜播种面积5733公顷，其中：商品蔬菜面积1687公顷，产值0.75亿元。2010年，全市蔬菜播种面积5867公顷。其中，商品蔬菜面积1867公顷，产值0.98亿元。

初步形成以高山四季豆、高山茭白、高山番茄、高山辣椒、高山叶菜类、高山甜玉米为主多品种搭配的生产格局。主栽品种——高山反季节四季豆，面积867公顷，比2005年的93公顷增加770多公顷，2010年，全市平均每公顷产值12万元，最高每公顷产值22.5万元以上。高山茭白种植全市133公顷以上，全市平均每公顷产值8.25万元，最高每公顷产值15万元，成为龙泉山地蔬菜另一主打品种。

营销组织　21世纪初，龙泉市蔬菜产品销售基本上依靠外地经销商。龙泉市蔬菜产业虽然起步晚但发展迅速，产品销售已成为重中之重。至2007年末，全市蔬菜专业合作社5个。2010年末全市注册蔬菜专业合作社40多家，正常生产销售蔬菜专业合作社32家，市政府在蔬菜产业专项资金中专门落实资金扶持销售人员，经过几年培育，已培育一大批当地蔬菜营销人员，专门从事高山蔬菜收购销售人员200多人，改变原来龙泉高山蔬菜单靠外商销售局面。龙泉市70%以上蔬菜产品已为当地专业营销人员销售。建立蔬菜生产与销售、加工方面的农村专业合作社13个，吸收850多农户参与；培育销售队伍和农村经纪人153人；在杭州、宁波、上海、衢州蔬菜批发市场建立7个“龙泉绿”高山蔬菜直销点，90%以上的蔬菜产品销往宁波、杭州、温州及上海等城市蔬菜市场。

第四节　示范基地

土肥示范基地

1989年，在全县的冷浸烂糊田全面推广垄畦栽培，当年获浙江省丰收三等奖。1990年与省市合作，获浙江省丰收一等奖，1991年获农业部二等奖，该项技术衍用在杂交水稻制种田上，使制种田操作方便，产量提高。

1991年7月，引进高效硅肥在水稻、甘蔗等作物上试验，试验结果水稻的抗逆性提高，增产效果显著。此外，龙泉市为实施农业部提出的“沃土工程”，还在农作物种植中采取“施、还、种、养”等措施进行改土培肥，增施有机肥料、秸杆还田、冬季种紫云英、冬绿肥还田、夏季种大叶箭舌宛豆等方式增加天然有机肥料。90年代末期至2006年绿肥种植面积稳定在2666.67~3333.33公顷。2007—2008年，绿肥种植面积均在4000公顷以上，紫云英（红花草）6.67公顷以上高产栽培示范方6~8个。2007年得到农业部测土配方施肥项目经费200万元，分期拨款，2007年100万元，2008年50万元，2009年50万元。在查田、小梅、八都等地建有农田肥力长期观察点4个。应用“3414”试验①建立不同土壤肥力的推荐施肥指标。室内有土壤化验室200余平方米，置有原子吸收分光光度计等高科技仪器10余台，为指导测土配方施肥提供土壤养分含量丰缺的主要依据。

水稻示范基地

2005年始，浙江省连年开展水稻优质高产示范方竞赛活动，查田镇下堡村超级稻高产示范方获2005年、2007年、2008年全省优秀水稻高产示范方，百亩示范方平均每公顷产10545千克，最高单产805千克，创龙泉市单季晚稻历史最高单产记录，居丽水市领先水平。2004年以来，种植1.3公顷以上的规模种粮农户逐年增加，出现百亩以上的种粮大户。2008年，20亩以上的种粮大户826户，水稻种植面积1320公顷。其中，50亩以上的种粮大户19户，100亩以上的种粮大户7户。2005年，西街街道河村村种粮大户周火荣种植水稻51公顷，以规模生产和突出业绩被农业部评为“全国粮食生产大户”，并被省农业厅评为“浙江省优秀种粮大户”。剑池街道郑继华于2008年被省农业厅评为“浙江省优秀种粮大户”，兰巨乡大巨村种粮大户蒋松明于2009年被省农业厅评为“浙江省优秀种粮大户”和“省级优秀水稻高产示范户”，成为规模种粮的生产标兵。

---

① 3414试验是测土配方施肥工作中的一个重要环节。“3414”是指氮、磷、钾3个因素、4个水平、14个处理。

蔬菜示范基地

2008年始，在岩樟、城北、屏南、龙南、宝溪、兰巨、剑池、住龙等十几个乡镇街道建立商品蔬菜示范村和示范基地。至2010年，全市建立高山蔬菜、设施蔬菜、山地蔬菜示范村16个，示范基地38个，如龙南乡岭后村、屏南镇的砝铺村、岩樟乡何坑村、城北乡鹤场村、宝溪乡竹垟村、兰巨乡豫章村、剑池街道和砻村、武潭村、宏山村、龙渊街道菜村、西街街道河村村、八都镇新村村。屏南镇、龙南乡山地商品蔬菜生产面积267公顷，城北乡山地商品蔬菜生产面积200公顷。岩樟乡、宝溪乡山地商品蔬菜生产面积均超过133公顷。

2005—2010年龙泉市主要商品蔬菜基地情况一览表

表10–1–2

序号	基地名称	规模（公顷）	建设时间	主要品种	亩产量（千克）	亩产值（元）
1	岩樟乡高山四季豆基地	133.33	2005—2010年	反季节四季豆	1500	4200
2	城北乡高山四季豆基地	133.33	2005—2010年	反季节四季豆	1500	4200
3	屏南镇高山四季豆基地	200.00	2007—2010年	反季节四季豆	1500	4200
4	龙南乡高山蔬菜基地	266.67	2006—2010年	四季豆、番茄、甜玉米、松花菜、辣椒	1500	4000
5	西街大棚蔬菜基地	66.67	2007—2010年	大棚蔬菜、露天蔬菜	2500	7000
6	兰巨大棚蔬菜基地	66.67	2005—2010年	大棚蔬菜、露天蔬菜	2500	7000
7	龙渊蔬菜基地	66.67	2005—2010年	大棚蔬菜、加工蔬菜	2500	7000
8	八都蔬菜基地	66.67	2005—2010年	大棚蔬菜、露天蔬菜	2500	7000
9	剑池蔬菜基地	66.67	2005—2010年	大棚蔬菜、露天蔬菜	2500	7000

第二章　养殖业

第一节　畜牧业

概况

龙泉地处浙江西南山区，绿草资源丰富，适宜发展畜禽养殖业。1989年，畜牧业以猪、鸡养殖为主，亦有饲养牛、羊、鸭、兔、鹅等的传统习惯，但自古以来均作为农村家庭副业。20世纪90年代以来，根据市场经济的客观规律，自动调整其他饲养品种和数量，在稳定生猪发展的前提下，加快发展家禽和草食动物，落实有关优惠政策和国家补助，畜牧业规模生产不断壮大，畜牧业生产得到长足发展，在农业生产中占重要地位。

2004年末，全市生猪存栏11.06万头，生猪出栏11.12万头；山羊全年饲养量2.72万头；家禽饲养量93.72万羽。2007年，全市生猪饲养量25万头，牛羊饲养量6.5万头，家禽饲养量135万羽。2008年，实施"畜牧进山、养殖上山"战略，推进生态养殖，优化畜牧业布局，促进畜牧业结构优化和转型升级；全市生猪饲养量22.13万头，家禽饲养量114.67万只，实现畜牧业产值1.41亿元，同比增长6.82%，占农业总产值的11.1%。2009年，继续实施生态畜牧业培育工程，新建万头生态畜牧小区1个，千头规模养猪场10个，培育规模特色养殖大户25户，全力打造全省环境最优的生态畜牧养殖生产基地。

2010年，全市牛饲养量4953头，其中存栏3978头，出栏975头；羊饲养量2.65万头，其中存栏0.98万只，出栏1.67万只，牛羊饲养量同比基本持平。家禽饲养量108.22万羽，同比增加5.76%，其中存栏31.59万羽，出栏76.63万羽。特色养兔2.71万只。生猪饲养量21.34万头，同比增加2.79%，其中存栏8.63万头，出栏12.71万头。肉类总产量为12078吨，同比增加1.89%。其中，猪肉产量8482吨，禽肉产量632吨。全年畜牧业产值1.59亿元，同比增长7.4%。按可比价格计算，实现畜牧业产值1.60亿元，同比增长8.10%。

生猪养殖

1997年，河村农场实施"百万头瘦三元生猪生产工程"，全市生猪饲养量每年都在18万头以上。2002年，拥有20.56万头，2005年发展至22.1万头。全市该年度有规模养猪户182户，共出栏5.89万头，占全市出栏数61.3%，比2000年增长2.3倍。2005年饲养户数只增36.8%，但年出栏数增加176.9%，饲养规模明显扩大。

1998年以来，由于农村散养猪比例减少，自繁自养的养殖模式不断增加，仔猪市场的供应量日益减少，出现收购断奶仔猪，然后进行育成专业仔猪的经销户，采用流动猪上门的方式，取代各地固定的仔猪交易市场。2005年，市农村母猪存栏5521头。有46%的母猪仍是土种母猪。土种母猪乳头平均只有11只，每窝平均只育成仔猪8.4头。龙泉市动物防疫部门对2005年的母猪繁殖情况进行问卷调查，共收到1019个散养户和27个规模养殖户的有效问卷。1046个养猪户共饲养母猪3918头，生产仔猪125376头。育成仔猪103546头，死亡21830头，其中疫病死亡1236l头，弱仔死亡7362头，畸形死亡35头，其他原因死亡2072头。仔猪育成率低的状况，制约母猪养殖进一步发展。2008年，市区的最后一个仔猪市场也停止营业。专业化、规模化养猪成为养猪业的主流，农村散养猪比例不断减少，商品率不断降低。猪品种结构向"公猪良种化、母猪二元杂交化、肉猪三元瘦肉化"发展。规模养殖户从1998年的86户增加至2010年的208户，饲养量从1.83万头增加到2010年的21.34万头。

2007年，全市有生猪规模养殖户180户、生猪散养户2.2万户，2008年，龙泉市人民政府办公室出台《关于印发加快生态畜牧业发展的若干意见的通知，对实现"农牧结合、生态养殖、自繁自养"的中小规模猪场分别给予分档次的现金奖励。有关业务技术部门宣传和推广"农牧结合、生态循环"和

“畜牧进山、养殖上山”的养殖模式。2008 年，龙泉市年出栏 1000 头以上的猪场 l6 家，500 头以上猪场 25 家，5O 头以上的规模养殖户 170 户，占生猪出栏总量的 63.2%。全市生猪饲养量 21.91 万头，总产值 12789 万元。2009 年，生猪养殖总产值 12606 万元，2010 年 13627 万元。

2009 年，规模养殖场污染物处理 67 家，至 2010 年末，实施规模养殖场污染物治理 169 家，猪场沼气池 300 立方米 3 个、100 立方米 8 个、80 立方米 25 个、60 立方米 31 个、40 立方米 102 个，完成干湿分离设施、水污分流设施及沼液输送管道等配套工程建设，形成以沼气建设为重点的无害化处理和资源化利用的综合治理模式。养殖场基本建设成一个小循环系统，生态养殖得以显现。2010 年末，全市生猪出栏 1000 头以上规模养殖场 11 家，全部搬迁建造在茶园、果园、竹林中养殖，出栏 1000 头以下中小规模养殖场 197 家，约有 90%搬迁建造在茶园、果园、竹林中养殖。

2007 年 11 月，成立“猪—沼—竹”循环经济模式生猪养殖场一个，占地 0.67 公顷，存栏生猪 230 头，年产猪粪 120 多吨。与一般的生猪养殖不同的是，周边有笋竹两用林 33 公顷。2008 年，养殖场累计投入资金 5 万余元，建设酸化池和厌氧发酵池 100 立方米，贮液池 20 立方米，雨污分离沟 350米，沼液输送管道 2000 米，养殖场产生的粪尿、污水通过干湿分离、雨污分流，干粪直接堆积发酵，污水经厌氧发酵和曝氧处理后用作养殖场周边竹林的肥料。“猪—沼—竹”循环经济模式带来效益。原来把养殖场建在溪边，离村庄近，一定程度上影响周边环境。2007 以来，搬进竹林，猪产生的粪尿有地方消纳，有效减少排泄物对环境的污染，体现良好的生态效益。

2008 年，毛竹种植启用喷灌系统，每隔 5~8 天就给毛竹喷施沼液。次年，养殖场边 2.67 公顷毛竹通过半年的沼液喷肥，林地土壤肥力增强，“小年”的毛竹林地也长出密密麻麻的竹笋，跟“大年”的毛竹林出竹笋率相差无几。而没有喷洒过沼液的同片毛竹林，竹叶枯黄，地面上难得看到竹笋，两者形成鲜明的对比。据初步统计，竹林喷洒沼液施肥后，每亩长出竹笋 200 多株，按成林后每株 10 元计算，每亩可提高收益 2000 元。

黄牛养殖

牛以本地黄牛为主，个体灵巧，适应梯田耕作，主要分布在中低山区。本地水牛体型大，力气持久，耐热差，主要分布丘陵山区。2006 年，金溢牧业有限公司从山东等地引进夏洛来、利木赞、西门塔尔牛，杂交后代育肥，在茶坦、黄南创办牛场，利用龙泉市食用菌的废弃物作为主要饲料来源，补充部分种植的牧草。2007 年，奶牛规模养殖户 5 户，肉牛规模养殖户 2 户。2008 年，与浙江大学合作，开展循环经济利用研究。2002 年，全市存栏 5686 头；2007 年，存栏 4120 头；2010 年，奶牛规模养殖场 4 家；牛奶产量 113 吨。肉牛规模养殖户 13 户；存栏 3978 头，出栏 975 头。

肉羊养殖

龙泉地处浙江西南部，山地林草资源丰富，全市有可利用天然草场草山草坡及林间草地面积 86667 公顷、冬闲田 13333 公顷，还有大量溪河滩涂、茶园、果园等空隙地可供利用，人工种植牧草面积 1330 多公顷，自然条件适宜发展山羊养殖。1996 年，龙泉市实施国家农业部的种草养羊项目，1997 年，试养山羊后天然草场逐步得到开发，农民在“草—羊—钱—草（优质牧草）—羊”的良性循环运转中得到实惠。至 2001 年，连续五年以每年翻番或 50%以上的速度在递增，全市山羊饲养量已从不到 2000 只发展至 5 万只。在发展过程中探索出来的“合理的种养模式”等多项科技含量较高的技术在全省推广，杭州、温州、丽水及福建等地区的多个县市到龙泉调运种羊。20 世纪 90 年代末，农业局畜牧兽医站引进波尔山羊养殖，经过多年饲养，发现生产性能好，由于明显的季节性发情，影响繁殖率，后来作为父本。2000 年，在原红旗厂旧址购房 500 平方米，买进玉环南江黄羊 48 只，做繁育试验。1998 年，引进四川南江黄羊 1500 多只，进行杂交改良饲养。2007 年再次从四川引进一批种羊，进行纯种繁育。在农业部种草养畜项目等扶持政策的带动下，养羊在 2001 年至生产高峰，饲养量达到 5 万只。2006 年，全市山羊存栏 2.4 万只，其中存栏能繁母羊 1.6 万只，出栏 2.9 万只，与 2000 年相比，存、出栏山羊分别增长 210.60%和 238.50%。2009 年，龙泉市畜牧兽医局对全市山羊规模养殖户开展技术培训。2010 年，主导品种为南江黄羊、波尔羊及其杂交品种；主推技术为南江黄羊纯种繁育技术，标准栏舍设计，楼式高床饲养，定期驱虫技术和牧草高产栽培及草地管理等，该年末黄羊存栏量 9815 只。全市饲养规模在 50 只以上的养殖专业户 400 多户，其中 100 只以上的占 230 户。

家兔养殖

高山农民素有养兔习惯，以家兔为主。1989 年以养兔个体专业户发展为主，2006 年全年养殖存栏 1000—2000 只。2007 年，龙泉倚天木槿花农业开发有限公司引进比利时野兔饲养，养殖数量 2000 余只，2008 年出栏万只，产值 60 余万元。带动全市 6 个乡镇(街道)20 个村 40 多户农户发展肉兔养殖，为浙江和福建两省的 20 多个县市区提供优良种兔。2010 年末，有出栏 500 只以上养兔专业户 50 户，年出栏 20813 只。全市饲养兔 36900 只，其中出栏 25136 只。

家禽养殖

家禽以鸡、鸭为主。规模养鸡的发展起步较晚，品种较杂乱，农村散养鸡以兼用型为主。1998 年以来，由于农户散养鸡种蛋紧张、孵化率低、育雏阶段因禽类疫病较多等原因，农村自繁自养的方式只限于一些边远山村。1998 年始，市区近郊的宏山、小梅、八都、兰巨等地的规模养鸡场不断涌现。土种鸡适应性强，毛色多为麻花和杂花，成年体重 1.5—2 千克，蛋肉兼用，肉细嫩味美，年产卵 100 枚以上。养鸭以本地麻鸭为主，年产蛋 200 枚以上。2003 年，龙泉市绿园禽业有限公司等养鸡 150 万羽，销售饲料 5000 多吨、药品 1000 多万元，年总产值 5000 多万元，带动当地的一大批养殖、加工企业。2008 年，屏南、兰巨两乡镇引进苗鸡 6 万余羽、建设标准鸡舍 1480 平方米，发展优质土鸡养殖示范户 54 户；龙泉凤羽农业等山地养鸡规模达 45 万羽，占全市家禽饲养量的 38.60%；稻田养鸭养鹅 6.50 万羽，占全市饲养总量的 38%；肉禽年出栏 500 羽以上的养殖场 125 家，肉禽规模饲养率 65.30%。2010 年，龙泉市肉鸡规模养殖场 13 家，家禽散养户 2.20 万户，存栏 119356 万羽，出栏 299356 万羽。

第二节　养殖基地

概况

1998 年以后，龙泉市的散养猪逐渐减少，规模养殖比例不断提高。生猪品种由肉、脂兼用型二元杂交猪转为瘦肉型三元杂交猪，由原始的土法养猪转为科学养猪。安仁、龙渊、剑池、西街、兰巨、小梅等乡镇（街道）的规模化、标准化养猪场不断增加。2010 年末，建立年出栏 50 头以上的猪场 208 个。生猪出栏 1000 头以上规模养殖场 11 家，全部搬迁建造在茶园、果园、竹林中养殖，出栏 1000 头以下中小规模养殖场 197 家，约有 90%左右搬迁建造在茶园、果园、竹林中养殖。奶牛规模养殖场 4 家（有 2 家已从禁养区搬迁至适养区养殖），肉牛规模养殖户 13 户。

污染物治理

1998 年以来，猪场设施不断改进，产床、定位栏等生产设施使用率不断增加。猪场排泄物的利用率进一步提高，通过沼气池建设，产生的沼气作为猪场的能源利用，产生的其他废弃物通过种植业进行资源化利用，形成良性的生态循环链。同时，在立地条件较好、低山缓坡多的兰巨、竹垟、小梅等地深入实施“畜牧进山、养殖上山”战略，在山包、山坳建猪场，从此养猪生产突破对土地、环境保护和动物疫病等因素的制约瓶颈。大多数养殖场户均已搬迁至适养区内养殖，生态养殖和污染综合治理意识均有明显提高。2008 年开始龙泉市政府每年拿出 50 万元畜牧业扶持资金，补助发展特色畜牧业和生态型小规模养殖场，让有意从禁养区搬迁至适养区的业主得到一定补助，至 2010 年末，每年有十几家得到经济补助，加快养殖场的迁养速度。

牲畜基地

1996 年和 2001 年，通过实施农业部的“种草养畜”和“优质牧草种子基地”两个项目，先后引进苦麻菜、三叶草、饲用高粱、美国的俄勒冈多花黑麦草、四倍体黑麦草、墨西哥玉米、苏丹草、非洲的象草、巴西的宽叶雀稗草、杂交狼尾草、印尼绿豆、紫云英等牧草品种，种植面积较广的主要有四倍体黑麦草、墨西哥玉米、杂交狼尾草，宽叶雀稗则成为国家唯一种子基地。全市共有 20 公顷以上成片的草场 42 块，可利用面积 5925.6 公顷，附带草地 86373.33 公顷。

1998 年 12 月，龙泉市“种草养羊”项目通过农业部和省农业厅专家组验收。叶廷飞、温根龙等项目主持人于 2000 年获浙江省农业科技进步二等奖。通过该项目的实施带动，安仁、龙渊、查田、小梅等乡镇建立以山羊为主的食草动物养殖基地和养羊家庭牧场。2006 年，小梅黄南、剑池宏山等地发展规模肉牛场 2 个，比利时野兔养殖场 1 个。宏山奶牛场是丽水市唯一一家牧草种植、奶牛生产、乳品加工和配送销售一体的奶制品加工企业，也是龙泉市畜牧业龙头企业之一。2003 年调查显示，宏山村具有五十多年的养奶牛经验和 27%的家庭熟悉奶牛业，而且全村饲养奶牛 50 头，占全丽水市的 31%，占龙泉市的 83%。2008 年，屏南、兰巨两个乡镇，通过浙江省山区海岛项目实施，完成种植牧草 47.33 公顷，引进种羊 2600 多只，建造羊舍 3340 平方米，落实并发展养羊户 193 户；龙泉市低山缓坡种草及改良草场 666.67 公顷，山羊饲养量 4.69 万只。

蜜蜂养殖

20 世纪 80 年代后期，至 21 世纪初龙泉市养蜂较热，尤其是意蜂的饲养。蛟垟、安仁、蓁部、官铺垟等地，外出意蜂养殖人群达 10 余群。安仁连火有等人坚持 30 多年养蜂，常年养蜂 200 余箱，年利润 10 余万元。蓁部村也有人常年养蜂 250 多箱。龙泉市内蜜源植物主要有油菜、柑橘、茶花、黄豆、玉米、紫云英等。养蜂专业户以饲养意蜂为主，每年 3 月底出运，白露后回家。放养的路线一般为江西、安徽、湖北、河南、山西、内蒙古，再回至龙泉。另一条路线是：江苏—山东—河北—内蒙古。蜂产品销往外地。2010 年末，蜂群数 300 群，并出现少规模中蜂养殖基地。

第三节 养 鱼

稻田养鱼

1989 年，全县稻田养殖面积 133 公顷，产量 54 吨。20 世纪 90 年代初，通过挖掘瓯江彩鲤养殖新品种，稻田养殖面积迅速推广。1998 年，全市推广稻田养鱼面积 667 公顷，产量 60 吨。1999 年，稻田养殖基地面积为 67 公顷，养殖乡镇 9 个，2001 年，龙泉市稻田养殖基地面积 667 公顷，养殖乡镇 19 个，平均每公顷 375 千克。至 2003 年，全市共推广稻田养鱼面积 4000 公顷，产量 540 吨。2003 年，开始发展茭白田套养瓯江彩鲤养殖基地 67 公顷，稻田养殖螺蛳 20 公顷，稻田养鱼工作卓有成效，1999—2000 年，连续被丽水地区水利局评为水产技术推广工作先进单位。

2001 年，水利局出台稻田养鱼的优惠政策，鼓励农村稻田养鱼，养殖面积一直稳定在 4000 公顷，面积和产量都创历史记录，被省海洋与渔业局评为浙江省稻田养鱼一等奖。10 多年来，水利局一直无偿供应稻田鱼种。

2003 年，发展稻田养殖薄壳田螺 27 公顷，软骨泥鳅 6.7 公顷。

2006 年，水利局加强农民实用技术培训工作，评为全省水产技术推广先进单位。至 2008 年，累计培训 6200 余人。通过培训使农民掌握科学养鱼的技术，提高产量。全市稻田养殖基地 3 个，面积 96.7 公顷，产量 59 吨，产值 118 万元。其中宝溪乡塘源村和兰巨乡梅地村两个稻田养鱼基地平均每公顷产量 750 千克以上，每公顷净收入 75000 元，两基地有农民 100 人获得农民水产养殖绿证。养殖薄壳田螺 20 公顷、石蛙 6.67 公顷，累计产量 3.5 万千克；光唇鱼 2.4 公顷，生产种苗 8 万尾。

2010 年，发展稻田养殖示范点，面积 134 公顷，产量占全市稻田养殖产量的三分之一。是年，水产品总产量 1293 吨。

网箱养鱼

1998 年前，龙泉曾在天堂山水库和牛门、竹垟水库进行网箱养鱼试验，效果不佳，没有推广。1998 年，紧水滩水库网箱养鱼起步，养殖瓯江彩鲤和罗非鱼共 20 箱，面积 200 平方米，年产鱼 20 吨。

2000 年，网箱发展 500 箱（每箱 4 米×4 米），面积 8000 平方米。2001 年，水库网箱发展 500 箱，面积为 2000 平方米。品种也由原来的 2 种增加至 6 种，由原来的瓯江彩鲤、罗非鱼，又增加倒刺鲃、鮰鱼、青鱼、加州鲈鱼、长吻鮠等，而且除安仁库湾外，大白岸水库和库湾也发展网箱 281 箱。2003 年，网箱养殖最高箱数 3315 箱，面积 13260 平方米，年产鱼 589 吨，名优品种倒刺鲃成鱼养殖 1892 箱，产量 304.3 吨，产值 1100 多万元。2004 年，网箱养殖锐减，面积 9746 平方米，产量 517 吨。2006 年，网箱养殖面积 6839 平方米，产量 268 吨。2007 年，网箱养殖 448 只，面积为 6448 平方米，产量

264 吨。引进唇鱼骨、花鱼骨和长吻鱼等濒危名优新品种，品种由原来的 6 种增加至 9 种，每年可增加产值 300 万元。

2009 年，紧水滩水库局部水域水质下降，水体富营养化加重，水面出现蓝藻，为保障生活饮水安全，决定对紧水滩水库投饲性网箱进行全部拆除，共拆除网箱 1056 只，面积 3.99 公顷。2010 年始，为改善紧水滩水库水质，保护水域生态环境，引进外资发展网箱养殖花白鲢 3.2 公顷，发挥鱼类净化水体、改善紧水滩水库水质的作用。

瓯江彩鲤良种场

瓯江彩鲤良种场坐落在兰巨乡桐山畈，是均溪小流域综合治理项目之一，距市区 11 千米，水质 1 级，交通电力及通讯便利，占地面积 12.3 公顷，投资 1039 万元。

瓯江彩鲤，俗称龙泉田鲤鱼。据《龙泉县志》(1994 年版) 记载，养田鲤鱼始于唐代，距今已有 1200 余年，在龙泉的屏南、龙南一带，老百姓一直有放养田鲤鱼的习惯。

1999 年，市水利局完成项目总体规划水质检测并向国家工商局进行商标注册。项目建设可行性研究报告，由省经济建设规划院编制。初步设计由市水利水电勘测设计所完成。良种场建设按国家级建设标准和基建程序进行。

2000 年 6 月 23 日，瓯江彩鲤良种场土建工程全面动工。良种场利用均溪流域桐山段治理后的新增土地兴建。1999 年 1 月，成立瓯江彩鲤原种场筹建领导小组，特邀农业部水产种质资源与养殖生态生理重点开放实验室（上海水产大学）为项目建设的技术依托单位，聘请全国水产原良种审定委员会主任、上海水产大学首席教授李思发等专家担任顾问，指导瓯江彩鲤良种场的建设及瓯江彩鲤的种质研究与开发和利用工作。良种场按国家标准建设，建有科研用池 50 只，面积 2000 余平方米；建设亲鱼池 1 公顷，后备亲鱼池 3 公顷，苗种池 1.3 公顷，商品鱼池 2.5 公顷，试验池 2000 平方米以及相应的进排水系统（该系统按照场地的自然特征采用 7‰的坡降，从河流进鱼塘做到自流进水，达到活水养鱼的效果）；120 平方米的饲料仓库和 1500 平方米的综合管理房。综合管理房内设水质化验室、实验室、标本室、档案室、资料室、会议室、标准住房、职工培训室等。年产亲鱼 3000 组（雌:雄=1:2），后备亲鱼 1.26 万千克。产品为年产鱼苗 5000 万尾，夏花鱼种 500 万尾，一龄鱼种 5 万尾，商品鱼 1.9 万千克。坚持边建设边生产，取得较好效益。2000 年，生产瓯江彩鲤鱼苗 100 万尾，夏花鱼种 10 万尾，一龄鱼种 3 万尾。

2000 年 11 月 16 日至 17 日，省海洋与渔业局组织专家对浙江省瓯江彩鲤良种场项目可行性研究报告进行审查论证，专家们认为在龙泉市建设省级瓯江彩鲤良种场可行。2001 年，彩鲤良种场生产彩鲤鱼苗 400 万尾，夏花鱼种 50 万尾，一龄鱼种 7 万尾，后备亲鱼 0.6 万尾。2002 年，彩鲤良种场生产彩鲤鱼苗 800 万尾，夏花鱼种 200 万尾，一龄鱼种 10 万尾，后备亲鱼 0.8 万尾。2003 年，彩鲤良种场生产彩鲤鱼苗 2500 万尾，夏花鱼种 500 万尾，一龄鱼种 12 万尾，后备亲鱼 1 万尾。

2003 年 12 月27 日，受浙江省海洋与渔业局委托，浙江省水产原良种审定委员会组织有关专家，对良种场进行省级良种场资格验收，经项目介绍，审阅资料，现场踏勘，通过省级良种场资格验收。

2004 年，彩鲤良种场生产彩鲤夏花 300 万尾，鱼种产量 3250 千克。

2005年，彩鲤良种场生产彩鲤夏花600万尾，鱼种产量7500千克；罗非鱼养殖2000千克。2005年10月14日，受浙江省科技厅委托，丽水市科技局组织浙江大学、宁波大学、浙江省淡水水产研究所和丽水市水利局等单位的专家，对瓯江彩鲤良种场和上海水产大学共同承担的省级科研项目《瓯江彩鲤主要经济性状的遗传效应分析与选育》进行成果鉴定。

2006年，彩鲤良种场生产彩鲤夏花400万尾，鱼种产量7500千克。2007年，彩鲤良种场生产彩鲤夏花200万尾，鱼种产量3100千克。2008年，彩鲤良种场生产彩鲤夏花200余万尾，鱼种产量3500千克。2009年，彩鲤良种场生产彩鲤水花1000万尾、夏花200余万尾，鱼种产量4000千克。2010年，彩鲤良种场生产彩鲤水花1000万尾、夏花80余万尾，鱼种产量3000千克。

2000—2010年，龙泉市累计推广稻田套养瓯江彩鲤13333.33公顷，总产4500吨，产值3300万元，建立示范基地666.67公顷，平均每公顷产彩鲤鱼480千克，每公顷增产值4800元。

第三章　生产结构调整与产业化经营

第一节　生产结构调整

联产承包责任制与土地承包

1978年以来，农村实行经济体制改革。1980年9月始，龙泉县调整生产队规模，由原来的2491个调整为2626个，将农民土地使用权进行重新分配调整，实行联产承包责任制，使用权到户，所有权仍属集体不变，承包土地者将收益按一定比例上缴集体。1982年，农民要求进一步完善生产责任制，生产队调整为2758个，实行联产承包的占84.4%。安仁区（含龙南）258个生产队，除21个外都实行以家庭承包土地为主的多种形式联产承包责任制。

1983年，全县完全实行联产承包责任制，确保土地承包到户。1984年、1985年粮食生产突飞猛进，两年均在13万吨以上，创历史新高。

1994年，市农经委发文，龙泉市政府批复文件《关于稳定完善土地承包责任制工作意见》，审议通过《关于进一步加强农业和农村工作的决定》。1998年8月始，第二轮土地承包制，八都镇开展第二轮土地承包试点工作，11月全市全面铺开，承包期延长至30年。1999年，龙泉市委发文稳定承包责任制，明确稳定土地“三权”（所有权、承包权、经营权）延长30年不变，推动农业的产业化经营和传统农业向现代化农业的转变。2004年，为落实《中华人民共和国土地承包法》，对第二轮土地承包进行完善。截至2008年，下发承包权证619万份，土地承包面积1598000公顷。其中，流转面积

257333.33 公顷。

农村劳动力转移

1998 年，第二轮土地延长承包期之后，农业生产的观念发生根本的变化，农村耕地面积少，农村农业富余劳动力开始转移，下山脱贫致富。20 世纪 90 年代，龙南乡 2.1 万人口，外出打工 7000 余人，下山转移第二、三产业，从农村到城市发展 7000 余人，留在村里搞农业 7000 余人。如岭后村，191 户人口 684 人，耕地面积 42.27 亩，森林面积 155.93 亩。有 1/3 人口外出打工、经商，有 1/3 人口下乡脱贫致富，留守在家里的 1/3 人口中大部分是老人、妇女、小孩。以龙渊镇街道五村为例，全村只有 12 个劳动力在家耕种，其中还有两人是 70 岁以上老人，其余劳动力全部转向二、三产业。

耕地转移

2001 年 6 月 12 日，龙泉市农业局发文指出，“据调查，农田抛荒面积 1800 余公顷。其中，长年抛荒 733.33 公顷，季节性抛荒 1066.67 公顷，而且还有逐年上升趋势”。为解决耕地荒芜问题，允许土地使用权适度流转，引导农民耕地向种田能手转移。农村的承包土地开始转型，有的进行转包，向种田能手集中；有的改种其他经济作物，或建成香菇、黑木耳基地；全市约 933.33 公顷坡度 25°以上的耕地退耕还林。农村剩余劳动力，有的兴办各种龙头企业，组成专业生产合作社，成为高山蔬菜种植专业户。有的外出打工、经商，少数人责任田没有安排转包，出现抛荒情况。其后，龙头企业和种植专业户的出现，为农业农村走上“一优两高”(优质、高产、高效)的效益农业奠定基础。农业生产结构调整成为农民增收、农业增效，迈上产业化的新路。

第二节　产业化经营

概况

1989 年以来，龙泉农业产业从解决生存到谋求发展，从全局出发，引导农业进行产能布局，不断完善农业产业结构致力打造产业链经营新模式，以农贸联动、粮肥联动、城乡联动战略促进发展，以一个平台、两条渠道、三大模式的“123”战略为执行方针，打造现代农业全产业链经营。

1998 年，农业产业结构开始调整，注重发展效益农业。充分利用本地适宜多种作物种植的自然气候条件及生态环境优势，引导农民优化粮田种植结构，调减种植比较效益较低的早稻，发展经济作物，提高种植效益。2003 年，调减早稻面积，发展经济作物，粮经种植比由过去的 77∶23 调到 60∶40；其中早稻面积锐减，从 20 世纪 80 年代的 6600 多公顷减至 2010 年的 200 公顷。

根据龙泉当地的实际情况实行农业产业化经营。龙泉市委、市政府提出“食用菌产业提升、特色茶产业翻番、山地蔬菜产业倍增、生态养殖业培育”四项农业产业发展规划，2008—2010 年，以市场为导向，以培育龙头企业为重点以科技创新为动力，采取"龙头企业+合作社+基地+农户"的经营模式。使产加销、贸工农有机结合，全面提升农业产业化经营水平。

1989年，龙泉农业总产值9001万元；1990年20724万元。随后平稳发展，2007年突破11亿元；之后连续两年以每年增加1亿元的速度发展至136631万元；2010年回落至96536万元。

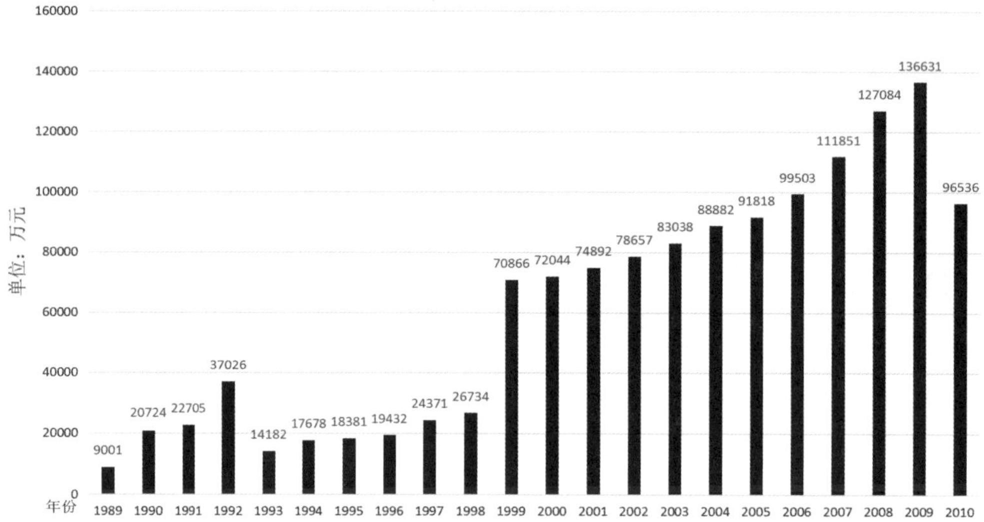

图10-3-1　**1989—2010年龙泉市(县)农业总产值**

龙头企业

2005年始，龙泉市政府专门安排专项资金扶持农业龙头企业，并自2006年始，连续三年出台《加快农业产业化发展的若干意见》《龙泉市人民政府办公室关于印发进一步加快农业产业化发展的若干意见》《关于印发〈进一步加快农业产业化发展若干意见〉的通知》《关于进一步加快农业产业化发展若干意见》，加大对农业龙头企业的扶持。并同时出台茶叶、食用菌、蔬菜、畜牧四大产业的扶持政策，逐年加大对农业龙头企业基地建设、产品品牌宣传提升、农产品认证等方面的扶持。2007—2009年，政府共向全市42家农业龙头企业安排扶持资金5725.48万元，平均每家企业获得补助资金136.3万元。2009年，农业龙头企业42家，实现年度销售总收入19.75亿元，比2007年增长71.3%。2010年末，龙泉市级以上重点农业龙头企业48家。其中，国家级重点农业龙头企业1家，省级骨干农业龙头企业2家，丽水市级重点农业龙头企业24家，龙泉市重点农业龙头企业21家。年销售额1000万元以上农业龙头企业有23家。其中，年销售额超5000万元以上有5家。

国家级重点龙头企业——浙江天和食品有限公司　公司创建于1996年，是一家集基地建设、产品保鲜、精深加工、出口销售为一体的专业化食用菌食品企业，为农业产业化国家重点龙头企业、国家扶贫龙头企业、浙江省骨干农业龙头企业、全国新农村建设百强示范企业、中国银行AAA级企业和中国食品土畜进出口商会食用菌分会副理事单位。公司固定资产3500万元，占地面积37000平方米，生产车间16000平方米，冷库4000平方米，从业人员400人，年销售额超亿元。

公司从日本引进先进的切丝、干燥、异物选别等设备，专业加工干香菇、鲜香菇、黑木耳、毛木耳以及杏鲍菇、姬松茸、秀珍菇、灰树花、松茸、灵芝等食药用菌产品。在省内下设鲜品加工厂、干品原料加工厂、切丝加工厂、水洗黑木耳加工厂；在上海设有小包装加工厂和直销窗口，为丽水市内干鲜香菇生产规模较大和工艺、设备、技术较先进的企业。公司产品远销东南亚、北美、欧洲、澳洲等多个国家和地区。公司"天和泉"牌香菇被农业部评为"中国名牌农产品""浙江省著名商标""浙江名牌"。

为确保产品农药残留符合国际质量标准，采取公司出技术和资金、农户出劳动力的方法，实施食用菌的标准化生产，建立多个香菇、木耳生产基地，设立微生物和农药残留检测实验室，实施自主检测，使产品达到安全放心，实施产品质量可追溯管理。公司"天和泉"香菇已通过绿色产品有机认证、ISO 90002000 质量管理体系认证、HACCP（危害分析关键控制点）食品安全管理体系认证、QS 食品质量安全认证，在省农博会上获金奖。成为首家经国家质量监督总局批准、在香菇产品中可以使用原产地域产品专用标志的企业。

省级农业龙头企业——浙江纳富特生物科技有限公司　公司创建于 1992 年，是专门从事食药用菌科研、生产、经营于一体和拥有自营出口权的股份制企业，主要经营灵芝、香菇、木耳等农副产品和精深加工产品。公司厂区占地面积 3000 平方米，年销售收入 5500 万元。企业获得许多的荣誉，被评为"浙江省骨干农业龙头企业""浙江省高新技术企业""浙江省农业科技企业""浙江省专利示范企业""浙江省农产品加工示范企业""浙江省农副产品加工型龙头企业""中国质量、服务、信誉 AAA 级企业"等。企业通过 ISO 90002000 质量管理体系认证和 HACCP（危害分析关键控制点）食品安全管理认证，保健食品生产通过 GMP（药品生产质量管理规范）良好生产规范认证，企业的灵芝基地通过万泰有机产品认证。企业的灵芝、香菇等农副产品曾获得中国浙江国际农业博览会金奖和银奖，经农业部门农产品质量监督检验测试中心测定为"浙江省优质无公害农产品"，"纳富特"牌灵芝被评为"浙江名菇"。企业的研发中心经省科技厅批准组建为纳富特生物医药省级高新技术研究开发中心，以灵芝为主要原料精深加工的产品有纳富特御丹绛芝益肝胶囊、纳富特灵芝破壁孢子粉胶囊和养生灵芝茶等产品，纳富特御丹绛芝益肝胶囊被评为"浙江省重点高新技术产品"、浙江省消费者协会推荐商品。

龙泉市国家级、省市级重点农业龙头企业一览表

表 10-3-1

序号	企业名称	级　别	公布文件号
1	浙江天和食品有限公司	国家级	农经发〔2008〕3 号
2	浙江纳富特生物科技有限公司	省级	浙农产发〔2004〕11 号
3	浙江聚珍园食品有限公司	省级	浙农产发〔2008〕10 号
4	龙泉市凤阳春有限公司	丽水市级	丽政发〔2002〕193 号
5	浙江瓯江源生态农业发展有限公司	丽水市级	丽政发〔2002〕193 号

续表 10-3-1

序号	企业名称	级 别	公布文件号
6	浙江凤阳山食品有限公司	丽水市级	丽政发〔2005〕1 号
7	浙江绿峰农林科技有限公司	丽水市级	丽政发〔2005〕1 号
8	浙江晋源食品有限责任公司	丽水市级	丽政发〔2005〕1 号
9	龙泉市大发生态养猪场	丽水市级	丽政发〔2005〕1 号
10	浙江双益菇业有限公司	丽水市级	丽政发〔2005〕1 号
11	龙泉市杭龙果业有限公司	丽水市级	丽政发〔2005〕1 号
12	龙泉市雪松制板责任有限公司	丽水市级	丽政发〔2005〕1 号
13	浙江金福茶业有限公司	丽水市级	丽办抄〔2005〕107 号
14	浙江龙泉阳光农业有限公司	丽水市级	丽政发〔2006〕27 号
15	浙江晨光食品有限公司	丽水市级	丽政发〔2006〕27 号
16	龙泉市绿康生态养殖有限公司	丽水市级	丽政发〔2006〕27 号
17	龙泉市粮食收储有限责任公司	丽水市级	丽政发〔2006〕27 号
18	浙江龙华农业开发有限公司 （浙闽赣食用菌交易中心）	丽水市级	丽政办发〔2009〕136 号
19	浙江顶峰生态农业有限公司	丽水市级	丽政发〔2008〕70 号
20	浙江森芝宝生物科技有限公司	丽水市级	丽政发〔2008〕70 号
21	浙江披云食品股份有限公司	丽水市级	丽政办发〔2009〕136 号
22	浙江永鑫席业有限公司	丽水市级	丽政发〔2008〕70 号
23	浙江龙泉佳宝生物科技有限公司	丽水市级	丽政发〔2010〕76 号
24	浙江龙泉山食品有限公司	丽水市级	丽政发〔2010〕76 号
25	浙江龙泉五龙山茶业有限公司	丽水市级	丽政发〔2010〕76 号
26	浙江畲乡生态农业开发有限公司	丽水市级	丽政发〔2010〕76 号

专业农民合作社

1997 年，龙泉市第一个农民专业合作组织—竹产业产销专业合作社诞生。2005 年《浙江省农民专业合作社条例》和 2007 年《中华人民共和国农民专业合作社法》实施后，至 2010 年末，龙泉市建立农民专业合作社 157 家。其中，种植业 111 家、畜牧业 15 家、渔业 3 家、服务业 3 家、林业 21 家、其他 4 家。入社社员 6150 人，带动农户 52084 户。其中有省级示范合作社 5 家，丽水市级示范合作社 52 家。

品牌与有机认证

2009 年末，全市有注册农产品商标 97 个，其中获全国名牌农产品称号 1 个，省著名商标 5 个，浙江名牌农产品 5 个。有机食品认证 8 个，有机认证面积 1508.67 公顷；绿色食品认证 11 个，绿色食品认证面积 382.33 公顷；认定浙江省无公害产地 39 个，总面积 4988.33 公顷；认定农业部无公害农产品 15 个；有机、绿色、无公害农产品认证面积的比例为 42.0%。龙泉香菇和纳富特灵芝被评选为浙江省十大名菇。全市共认证省无公害食用菌3900万袋，鸡50万只；有15个企业的15个农产品获农业部无公害农产品认定；有5个企业的1388.87公顷基地获得有机认证；通过日本JAS认证4个、万泰有机认证4个、绿色食品认证11个。其中，食用菌标准化基地被丽水出入境检验检疫局确定为食用菌示范区。

2005—2009年龙泉市农业品牌企业一览表

表10-3-2

类型	级别	产品名称	企业名称	发证机构	证书编号或发证时间
品牌	全国名牌农产品	“天和泉”牌香菇	浙江天和食品有限公司	中华人民共和国农业部	名牌农产品推进委会员2006年1号公告
	浙江名牌产品	“天和泉”牌香菇	浙江天和食品有限公司	浙江名牌产品认定委员会	2005(农)—006
	浙江名牌产品	“凤阳春”牌茶叶	龙泉市凤阳春有限公司	浙江名牌产品认定委员会	2005(农)—025
	浙江名牌产品	“凤阳山”牌斋菜	龙泉市凤阳山绿色食品有限公司	浙江名牌产品认定委员会	2007(农)—018
	浙江名牌产品	“能福”竹木制太阳	浙江能福旅游用品有限公司	浙江名牌产品认定委员会	2008(农)—002
	浙江名牌农产品	“必福”牌茶叶	龙泉市金福茶叶有限公司	浙江省农业厅	ZJ2008—41
	浙江名牌农产品	“禾艺”牌香菇	浙江聚珍园食品有限公司	浙江省农业厅	ZJ2008—43
商标	省著名商标	凤阳春	龙泉市凤阳春有限公司	浙江省工商局	2006.1
	省著名商标	瓯源	浙江瓯江源生态农业发展有限公司	浙江省工商局	2005.2
	省著名商标	天和泉	浙江天和食品有限公司	浙江省工商局	2007.2
	省著名商标	凤阳山	龙泉市凤阳山绿色食品有限公司	浙江省工商局	2007.2
	省著名商标	盛益	龙泉市双益菇业有限公司	浙江省工商局	2008.2
	省著名商标	必福	龙泉市金福茶叶有限公	浙江省工商局	2009.2

龙泉市无公害农产品、绿色食品、有机食品认证一览表

表10-3-3

序号	基地或产品名称	认证类别	面积	数量	编号	备注
1	浙江晋源食品有限公司竹笋基地	日本JAS认证	1364公顷	—	03—070E 037E070	
2	浙江聚珍园食品有限公司香菇基地	日本JAS认证	—	—	OMIC认定番号第1365号	
3	浙江聚珍园食品有限公司黑木耳基地	日本JAS认证	20公顷	—	OMIC认定番号第1365号	
4	浙江聚珍园食品有限公司萝卜基地	日本JAS认证	27公顷	—	OMIC认定番号第1366号	

续表 10-3-3

序号	基地或产品名称	认证类别	面积	数量	编号	备注
5	龙泉市凤阳春有限公司茶叶基地	万泰有机认证	8 公顷	—	—	
6	龙泉市林特产开发有限公司茶叶基地	万泰有机认证	17 公顷	—	—	
7	浙江天和食品有限公司香菇基地	万泰有机认证	—	59.7 万袋	CNAB—SL21:2003 15/03O0008R00	
8	浙江纳福特生物科技有限公司灵芝基地	万泰有机认证	—	27625 万段	CNAB—SL21:2003 15/03O0009R00	
9	浙江聚珍园食品有限公司禾艺牌秀珍菇	绿色食品认证	—	45 千千克	LB—21—610112540A	
10	浙江聚珍园食品有限公司禾艺牌茶树菇	绿色食品认证	—	110 千千克	LB—21—610112541A	
11	浙江聚珍园食品有限公司禾艺牌杏鲍菇	绿色食品认证	—	75 千千克	LB—21—610112542A	
12	浙江聚珍园食品有限公司禾艺牌干香菇	绿色食品认证	—	250 千千克	LB—21—610112543A	
13	浙江聚珍园食品有限公司禾艺牌银耳	绿色食品认证	—	50 千千克	LB—21—610112544A	
14	浙江聚珍园食品有限公司禾艺牌黑木耳	绿色食品认证	—	84 千千克	LB—21—0610112545	
15	浙江聚珍园食品有限公司禾艺牌木槿花	绿色食品认证	—	70 千千克	LB—21—610112546A	
16	浙江聚珍园食品有限公司禾艺牌干萝卜	绿色食品认证	—	400 千千克	LB—21—610112547A	
17	浙江聚珍园食品有限公司禾艺牌豇豆干	绿色食品认证	—	90 千千克	LB—17—711112866A	
18	浙江聚珍园食品有限公司禾艺牌儿菜干	绿色食品认证	—	80 千千克	LB—17—711112867A	
19	浙江聚珍园食品有限公司禾艺牌龙泉溪鱼干	绿色食品认证	—	10 千千克	LB—17—711112868A	
20	龙泉市顶峰生态农业开发有限公司品然牌桃	浙江省无公害水果产地、农业部无公害农产品认证	—	82 千千克	WNCR—ZJ07—10076 WGH—03—00572	
21	龙泉市新升香菇保鲜厂山真鲜香菇	浙江省无公害食用菌产地、农业部无公害农产品认证	—	1300 千千克	WNCR—ZJ08—10062 WGH—03—00573	
22	龙泉市双益菇业有限公司盛益牌金针菇	浙江省无公害食用菌产地、农业部无公害农产品认证	600 万袋	1000 千千克	WNCR—ZJ06—10428 WGH—03—00574	

续表 10-3-3

序号	基地或产品名称	认证类别	面积	数量	编号	备注
23	龙泉市瓯江生态农业发展有限公司瓯源梨	浙江省无公害水果产地、农业部无公害农产品认证	24 公顷	850 千千克	WNCR—ZJ06—10035 WGH—03—00575	现已改他用
24	龙泉市凤阳春有限公司凤阳春牌茶叶	浙江省无公害茶叶产地、农业部无公害农产品认证	173 公顷	328 千千克	WNCR—ZJ08—10558 WGH—03—00576	
25	浙江瓯江源生态农业发展有限公司瓯源牌竹笋	浙江省无公害蔬菜产地、农业部无公害农产品认证	50 公顷	2500 千千克	WGH—04—04463	
26	浙江凤阳山食品有限公司凤阳山牌辣椒	浙江省无公害蔬菜产地、农业部无公害农产品认证	187 公顷	1080 千千克	WGH—05—00966	
27	龙泉市阳光农业有限公司品然牌梨	浙江省无公害茶叶产地、农业部无公害农产品认证	133 公顷	1500 千千克	WGH—05—01247	
28	龙泉市绿谷果菜合作社凤阳湖牌	浙江省无公害稻米产地、农业部无公害农产品认证	200 公顷	1500 千千克	WNCR—ZJ05—10190 WGH—06=03355	
29	龙泉市金龙茶叶专业合作社大山雪春	浙江省无公害茶叶产地、农业部无公害农产品认证	67 公顷	45 千千克	WGH—08—05663	
30	龙泉市安青山茶厂绿谷安青山茶叶	浙江省无公害茶叶产地、农业部无公害农产品认证	200 公顷	60 千千克	WNCR—ZJ06—10435 WGH—08—04046	
31	龙泉市绿康生态养殖有限公司山咯咯肉鸡	浙江省无公害畜牧业产地、农业部无公害农产品认证	30 万羽	450 千千克	WNCR—ZJ07—60041 WGH—08—04063	
32	龙泉市龙之玉优质米合作社龙之玉牌大米	浙江省无公害稻米产地、农业部无公害农产品认证	267 公顷	1400 千千克	WNCR—ZJ07—10462 WGH—08—05665	
33	浙江龙泉市林场(柑橘)	浙江省无公害水果产地、农业部无公害农产品认证	72 公顷	1377 千千克	WGH—03—00571	2006 年土地征用

续表 10-3-3

序号	基地或产品名称	认证类别	面积	数量	编号	备注
34	龙泉市安仁镇兆培黑木耳生产科技示范场(黑木耳)	浙江省无公害食用菌产地	1300 袋	—	WNCR—ZJ06—10238/	无产品认证
35	龙泉市朝阳食用菌专业合作社(秀珍菇)	浙江省无公害食用菌产地	100 万袋	—	WNCR—ZJ08—10214/	产品在申报受理
36	龙泉市丽源姜业专业合作社(香菇)	浙江省无公害食用菌产地	500 万袋	—	WNCR—ZJ08—10556	产品在申报受理中
37	龙泉市丽源姜业专业合作社(生姜)	浙江省无公害蔬菜产地	—	133 公顷	WNCR—ZJ08—10555	产品在申报受理中
38	浙江凤阳山食品有限公司(南瓜)	农业部无公害农产品认证	—	33 公顷	WNCR—ZJ08—10554	产品在申报受理中
39	龙泉市倚天木槿花开发有限公司(木槿花)	浙江省无公害蔬菜产地、农业部无公害农产品认证	—	67 公顷	WNCR—ZJ08—10215	产品在申报受理中
40	龙泉市安仁食药用菌专业合作社(秀珍菇)	浙江省无公害食用菌产地、农业部无公害农产品认证	100 万袋	—	WNCR—ZJ08—10174	产品在申报受理中
41	龙泉市富源食用菌专业合作社(香菇)	浙江省无公害食用菌产地、农业部无公害农产品认证	1000 万袋	—	WNCR—ZJ08—10221	产品在申报受理中
42	龙泉市阳光农业有限公司(茶叶)	浙江省无公害茶叶产地	—	67 公顷	WNCR—ZJ08—10261	产品在申报受理中
43	龙泉市惠农茶叶合作社(茶叶)	浙江省无公害茶叶产地	—	333 公顷	WNCR—ZJ07—10078	无产品认证
44	龙泉市金福茶业有限公司(茶叶)	浙江省无公害茶叶产地	—	24 公顷	WNCR—ZJ05—10216	无产品认证
45	龙泉市紧水滩库区渔业开发有限责任公司(鳙鲢鱼)	浙江省无公害水产品养殖基地	—	100 公顷	WNCR—ZJ05—80072	无产品认证
46	龙泉市八都镇林业实验林场(冬笋、春笋)	浙江省无公害蔬菜产地	—	666.7 公顷	WNCR—ZJ05—10388	无产品认证
47	龙泉市绿农家禽养殖有限公司(肉鸡)	浙江省无公害畜牧业产地	20 万羽	—	WNCR—ZJ05—10388	2006 年停产

注:无公害农产品产地、产品认定从 2002 年开始,产地与产品分开认定,一认三年。2006 年开始产地与产品一体化认定。产地由浙江省农业厅发证,产品由农业部发证。

第四章　农业机具

第一节　农机管理

概况

龙泉山区村落分散，梯田为主，无法像平原地区一样展开大规模的机械作业，大型农机具较少，大多为从事林业耕种、插秧、喷药、施肥等的小型农机具。1989 年后，龙泉出现农机大户联合型、村干部带动型、乡村农机站领办型等农机合作社。由于农村青壮年劳动力普遍外出务工，耕地多由留守老人种植。而山区梯田上不适宜大型农机具上阵，留守的老人多无法实施耕地、施肥、喷药等重体力事劳动，农机合作社应运而生，开展代种、代收等服务，受到村民的欢迎。一些乡村出现"稻麦收获、秸秆还田—机械灭茬—深耕（松）整地—玉米植播"的作业技术路线，促进秸秆综合利用、土壤改良技术的集成应用，初步形成"行政推动+示范村镇+合作社+农户"的先进种植技术推进工作机制。

队伍建设

1989 年，县农业局设有农机管理站配备专职干部，负责农业机械改革、引进和推广工作。全县原有 43 个乡(镇)农机管理站，撤县建市、撤区扩镇并乡后，龙泉市在 19 个乡镇（街道）农业综合站下设立农机管理站。1998 年，成立市农业局农机技术站，同机构增设农业机械监理站。2008 年，市乡二级从事农机推广人员 45 人；2009 年，市人事局面向乡镇（街道）农机推广人员进行公开招考农机员。通过招考、分流，各乡镇（街道）农机管理站有农机员 16 人，其中 4 人无编制。至 2010 年末，市、乡两级农机部门有工作人员 21 人。

主要服务

1989 年后，乡（镇）农机管理站逐步从管理型转为服务型，将农机管理与开展各项技术服务相结合。1986—1994 年，农机各项作业量与农用平价柴油计划分配挂钩，按产结算，重点保证农田作业机耕用油。1994 年，全市有 8 个乡（镇）农机管理服务站，提供农机零配件供应、农机维修、农机供油等服务。兴建乡村各类农机服务队 31 个，为广大农户提供机耕、机收、粮食加工等服务，平均每年机耕面积 3000 公顷，加工粮食和饲料 1.2 万吨。1994 年后，乡镇农机人员落实"三定"（定机构、定编制、定人员）政策，由乡级政府统一管理。乡镇、村农机管理参与经营服务的功能有所削弱。进入 21 世纪，根据服务转型的要求，以培育基地、扶持龙头企业、创办专业合作社为载体开展工作。至 2010 年末，成立农机化示范基地 10 个、农机专业合作社 5 个，高技术含量的现代化农业企业也逐步建立。

安全监督

1985 年 5 月，开始建立和健全农业机械档案，开展农业机械安全生产法规宣传、技术检验、核发牌证和异地登记，以及农业机械驾驶操作人员技术考核、发证、验审和安全管理等工作。至 2010 年末，核发拖拉机牌证 2261 台，核发拖拉机驾驶证 3825 本，换发拖拉机牌 1666 台，换发拖拉机驾驶证 1.0292 万本，年度检验拖拉机 1.9497 万台，年度审验拖拉机驾驶员 2.1534 万人，上路检查拖拉机 7184 台/次，纠正违章 1105 台/次，处理农机事故 19 起，报废拖拉机牌证 229 台。

农机技术培训

农机技术培训由市农机培训推广站负责农机技术培训工作。2002 年 5 月，原农机培训站因城建拆迁，在宏山炉田建立面积 8900 平方米的新培训基地。1989—2010 年举办农机培训班 70 期，培训学员 4919 人次，其中手扶拖拉机驾驶员 2671 人次、大中型拖拉机驾驶员 1428 人次，小型方向盘式拖拉机 817 人次。

第二节　农业机械

概况

1989 年后农村经济小有结余，农业机械替代体力劳动，尤以手扶拖拉机为主的农业耕作兼农村运输机械大量增加。随着农村经济体制改革，农业机械逐渐由原来的国家、集体投入购置转变为农民自主投入购置。1989 年，全县拥有农业机械总动力 8.81 万千瓦。1995 年，农业机械总动力增至 12.91 万千瓦，农业机械大部分为农户个人所有。90 年代后期应用水稻联合收获机械，农村运输机械升级换代，中小型手扶变型运输机械增加。2004 年，农机购置补贴政策开始实施，国家对农民、农业生产组织购置农业机械给予政策补贴，农业机械得到快速发展。至 2010 年，全市农业机械拥有量 5.3 万台(套)，农业机械总动力 21.42 万千瓦，农业机械净值 0.55 亿元。

耕作机械

中华人民共和国成立后，农民购置拖拉机一机多用，拖拉机机头挂上旋耕器，配银耕 A 型双铧犁头就可耕田，挂上拖斗就是运输工具，挂上碾米机就可碾米。1989 年，引进一台湖南耒阳生产的 LR4 型水田整耕机，在城关、大沙等半山区地带耕作成功，配套 4~6 匹马力发动机，能进行耕田和平整作业。但功效不高，仅适用山区、半山区地带水田耕作。1989 年有耕作机械 2647 台，机械总动力 20985 千瓦。2004 年拥有 3105 台，机械总动力 29524 千瓦。2006 年随着机型的改进和国家购机补助政策的实施，路桥龙腾、广西汽牛等机具发展较快。2010 年共有 3813 台，机械总动力 29902 千瓦。

收获机械

1988 年，人力打谷机发展至 43098 台，但机动打谷机比上几年有所减少，只有 1032 台。20 世纪

90年代，人力打谷机增长缓慢，机动打谷机数量快速上升。1997年有1143台，2004年有2450台，2006年发展高峰期多达10416台。

1989年引进割晒机，因不符合农民劳动习惯而淘汰。1992年引进福建农友90联合收割机1台，效率不高，接地压力大，推而不广。1994年引进湖州100全喂入联合收割机，试验成功，它能一次性完成水稻收割、脱粒、精选作业，缺点是割后禾秆被粉碎、割茬太高。1997年引进桂林联合收割机4号和R150割捆机各1台。1999—2010年购进全喂式收割机20台。

农产品加工机械

1988年，有碾米机1706台。1989年，有饲料加工机械152台。1995年，有农产品加工机械2785台。2008年，4025台。基本实现粮食加工机械化。棉花加工机械从1989年的18台减至2008年的8台。油料加工机械从1989年的9台增加至2009年的37台。加工机具受本市支柱产业引导，在食用菌、茶叶等领域不断发展。

运输机械

1988年，龙泉县有手扶拖拉机1794台。90年代，手扶拖拉机因速度过慢、驾驶条件差，运输量少而逐步退出营运市场。2007年后，运输手扶拖拉机逐渐报废。

1987年，引进小型方向式运输型拖拉机，动力与5195柴油机配套，主要机型有拖拉HZT910Z型和永拖工农12YS型，用于农村纯运输作业。1997年，龙泉市引进大中型方向式运输型拖拉机，动力与295、2100型柴油机配套，主要机型有永康正宇ZYZDH型、临海宝马13BT1410V111Z型、彪马BMT1410V1113型、杭桂BSP1510D11型和BSP151D11A型。2010年，拥有量为1742台，总动力3.5607万千瓦。

植保机械

1988年，龙泉县有喷雾器35314台。2010年，龙泉市有机动喷雾器60台。

排灌机械

排灌机械主要有离心泵、混流泵、轴流泵，配备柴油机、电动机。1988年，有农用柴油机1650台，农用水泵519台。1997年有排灌机械共3304台，2010年增加至14743台，总动力20755千瓦。在排灌机械中，柴油机和电动机除在农忙、农事中使用外，冬闲时可用于农产品加工，一机多用。

其他机械

其他机械有种植机械、设施农业设备、畜牧养殖机械、渔业机械、林果业机械、茶叶机械、食用菌机械、农田基本建设机械等。1995年总共1708台，总动力8846千瓦。2005年发展至9791台，总动力24961千瓦。2006年增至15470台，总动力64456千瓦。2010年发展至17552台，总动力79167千瓦。

第五章 动植物疫病防治

第一节 植物检疫与防治

机构设置

1986年4月，成立龙泉县植物检疫站，植物检疫工作职能从植物保护站划出，划归植物检疫站，植物检疫站为全额拨款事业单位。2001年，龙泉市植物检疫站与农业行政执法大队合署办公。

检疫对象

龙泉发生的植物检疫对象及有害生物典型的有下列几种：

水稻细菌性条斑病 1989年在龙渊镇大垟畈首次发现水稻细菌性条斑病，面积大约有几十亩，植检站组织有关人员对发病中心的病株进行割青烧毁处理，同时指导农民用化学药剂防控。1989年后，水稻细菌性条斑病有时局部发生，在兰巨乡下沙桥村、瀑云乡双溪口村局部田块曾经零星发生过，但面积不大。2007—2010年，未发现水稻细菌性条斑病。

柑橘黄龙病 2003年3月初，省植检站专家到龙泉市林场橘山实地取样柑橘黄龙病可疑株，样品经福建省农科院植保所PCR技术检测，确诊龙泉市林场果园已发生柑橘黄龙病。经对全市柑橘园的全面普查，龙泉市林场柑橘园、剑池街道棋盘山柑橘园、西街街道上凉亭橘园有柑橘黄龙病发生。经普查，2003—2006年，林场柑橘园、剑池街道棋盘山柑橘园、西街街道上凉亭柑橘园、柑橘黄龙病累计发生面积为124.45公顷，其中市林场97.92公顷，剑池街道棋盘山14.6公顷，西街街道上凉亭11.93公顷。2003—2006年，市林场、棋盘山、上凉亭柑橘园累计挖除柑橘黄龙病病株9647株。由于连续几年加强对柑橘黄龙病的防控，同时，市林场病区橘园全部被工业区征用，剑池街道棋盘山和西街街道上凉亭橘园全部改种毛竹。2007年全市没有柑橘黄龙病发生。

加拿大一枝黄花 2006年10月，在龙鑫化工有限公司厂区、安仁镇安福村、严山村"53"省道公路边发现加拿大一枝黄花，发生面积1.43公顷。2007—2010年，在原加拿大一枝黄花发生地，每年在春、秋两季对加拿大一枝黄花植株进行人工拔除销毁，并用除草剂喷洒进行防控。

柑橘小实蝇 2007年9月、2008年4月在龙渊街道牛门水库橘山、安仁镇昌文自然村橘山、剑池街道茶坦村橘山、竹垟乡盖竹村水果山、兰巨乡杭龙果业水果山监测点分别监测诱捕到被称为"果蔬头号杀手"的检疫性害虫柑橘小实蝇。

柑橘溃疡病 据2007年普查资料，兰巨乡大巨村柑橘园有柑橘溃疡病发生，面积为1.6公顷。

蔗扁蛾 2002年，龙泉市体育场边花圃内的"发财树"上检查到蔗扁蛾，将该"发财树"进行烧毁处理。2002年后，全市未发现蔗扁蛾。

产地检疫与调运检疫

2004年以来，每年开展黑木耳菌种产地检疫，检疫黑木耳菌种数量年均在800万~1200万包之间，同时开展种子种苗产地检疫工作。

2004年以来，黑木耳菌种调运检疫数量年均在600万~1000万包之间。设立若干植物及植物产品检疫点。

阻截带监测点建设

在龙泉市杭龙果业（兰巨乡桐山村）水果基地建立柑橘小实蝇、梨枯梢病监测点，确定该基地水果栽培技术员为监测点监测员，具体负责该监测点柑橘小实蝇和梨枯梢病的监测和相关数据的上报工作。在八都镇樟溪村6.67公顷葡萄生产基地建立柑橘小实蝇、葡萄根瘤蚜监测点，确定一葡萄生产大户为监测员，具体负责有关工作。经检测也未发现红火蚁、葡萄根瘤蚜、水稻细菌性条斑病、稻水象甲、三叶斑潜蝇、蔗扁蛾等疫情。2008年4月，组织植物检疫干部和特产干部，对全市93.33公顷的梨园进行全面的普查，未发现梨枯梢病。2009年，对7家种子经营单位进行认真的核查，从核查的情况看，种子的检疫情况良好。

设立监测点

设立农业有害生物阻截监测点二个，一是龙泉市杭龙果业有限公司“花果山”监测点，主要监测对象为：柑橘小实蝇、梨枯稍病、柑橘溃疡病。二是八都镇樟溪村葡萄根瘤蚜、柑橘小实蝇。同时，在全市范围还设立红火蚁、柑橘小实蝇、柑橘黄龙病、柑橘溃疡病、加拿大一枝黄花、斑潜蝇、蔗扁蛾等13个监测点，对可能入侵到龙泉市及已有的农业有害生物开展监测，根据监测情况，提出防控意见及措施。

梨枯稍病普查　2010年，完成全市93.33公顷梨园的梨枯稍病的普查工作，经普查未发生梨枯稍病。

开展扶桑绵粉蚧普查工作　开展鲜活农副产品检疫，搞好绿色通道检疫服务。至2010年，全市下设16个检疫点，共普查面积1公顷，没有发现扶桑绵粉蚧。检疫3029批次计4930吨、黑木耳菌种123批次、456万包。减轻农产品运输成本100万元。重大农业植物疫情防除率100%，疫情面积较上年减少32%。

检疫性有害生物发生危害与防控

加拿大一枝黄花　2010年，共发现和拔除加拿大一枝黄花324株，总株量比2009年有减少，面积约0.23公顷，由于发现及时，没有造成损失，但发生点增加造成新的危害，防控任务依然艰巨。检疫人员会同有关乡镇（街道）和丽龙高速公路工作人员对加拿大一枝黄花的新旧发生点，进行多次普查和拔除，并落实专人用除草剂进行多次的喷雾防除。

扶桑绵粉蚧　2010年8月30日，植物检疫站首次在龙渊街道庆龙步行街小区上首外面路边发现扶桑绵粉蚧，面积约为30平方米，发现寄主有牵牛花、小飞蓬、栝楼、朱顶红、茄子、辣椒、野苦荬菜和金橘等。9月17日，召开各乡镇兼职检疫员和植物检疫签证点工作人员扶桑绵粉蚧有害生物现场会，随后用吡虫啉对疫情发生点进行防治，9月25日，还发现有个别若虫成活，用吡虫啉进行防

治，9 月 30 日，发现成虫均杀死仍有若虫成活，再次用敌敌畏和草甘磷进行防治，随着杂草枯萎才彻底解决。其他区域未发现扶桑绵粉蚧。

柑橘溃疡病　2010 年，发生柑橘溃疡病面积 2.2 公顷，其中兰巨乡大巨村脐橙发病面积 0.8 公顷、兰巨乡独田村早橘 0.67 公顷和竹垟乡盖竹村早橘 0.67 公顷。面积与上年持平，未发现新增发生点，其他乡镇（街道）未发现柑橘溃疡病。

2010 年 4 月，组织植物检疫干部和特产干部，对全市 93.33 公顷的梨园进行全面的普查，未发现梨枯梢病。经过监测、普查，2010 年未发现红火蚁、葡萄根瘤蚜、稻水象甲、三叶斑潜蝇、蔗扁蛾等疫情。

第二节　动物检疫与防治

概况

1989 年以来，龙泉畜禽养殖业迅猛发展，规模化、集约化、工厂化程度得到大幅度提高。基于此，各职能部门认真执行“预防为主”的方针和《中华人民共和国动物防疫法》等相关法律法规，逐步建立和完善动物防疫体系建设，通过齐抓共管、加强动物防疫和技术培训、与规模养殖场（户）签定动物防疫告知责任书等方式强化监管，辖区内连续 10 年未发生重大动物疫病，规模养殖场（户）畜禽免疫率 100%。全市本级有动物防疫人员 12 人，其中高级 3 人，中级 7 人，初级 2 人；派驻机构编制 12 人，到位 4 人；19 个乡镇（街道）兽医站有兽医防疫员 44 人，村级防疫员队伍正在组建中。2001 年始，龙泉市先后 4 次举行动物检疫员职业技能鉴定，共计 63 人次。2008 年，浙江省动物检疫技能比武中，龙泉市一人获个人三等奖。

2004 年 10 月 1 日，龙泉市结束市场家禽检疫的历史，正逐步向家禽宰前集中检疫，市场监督检查，在向与国际接轨的现代化检疫模式迈进。2005 年，投资 80 万元筹建的动物防疫实验室投人使用，购置化验仪器 55 台（套），配备动物防疫车，动物防疫基础设施建设得到进一步完善，实行定期免疫抗体检测，为全市制定科学免疫程序提供技术保障。

2005—2006 年，全市定点屠宰场动物检疫窗口在浙江省动物防疫执法监督示范窗口创建活动中，被省农业厅授予“浙江省动物防疫执法监督示范窗口”称号。

动物检疫

2001 年，龙泉市在全省率先制定《龙泉市仔猪调运责任书》，紧跟着制定《龙泉市动物产品购销责任书》《龙泉市犬羊肉经营责任书》《龙泉市生猪调运经营责任书》《龙泉市禽类调运经营责任书》，将动物及其产品的调运经营的防疫责任全部纳入责任书管理，明确经营户的动物防疫责任，加强动物防疫的责任管理。

2001 年的《关于加强外来仔猪管理的通告》、2002 年的《关于实行生猪免疫标识制度的通告》和 2008 年的《关于加强龙泉市动物防疫的通知》分别对龙泉市外来仔猪管理、生猪免疫标识管理、调运动物及其产品管理、兴办动物养殖场的防疫条件管理等方面做出具体规定，规范全市动物检疫工作。

边际公路检疫　国内重大动物疫病流行期间，龙泉市动物防疫监督所派驻动物检疫员去边际公路木材检查站突击检疫工作，防止外来动物疫病在龙泉传播，特别是浙江省与福建省交接的花桥检查站，常作为边际公路检疫工作的重要关口进行重点检查。

防疫监督联防　与调入动物和动物产品相对集中的产地动物防疫监督机构签订《动物和动物产品动物防疫监督联防协作协议书》，加强全市动物和动物产品动物防疫管理。2003 年，与丽水市莲都区畜牧兽医站签订仔猪动物防疫监督联防协作协议书，分散莲都区碧湖调入仔猪的疫病风险，减轻龙泉市调入仔猪疫病传入的压力。2008 年，与江西省广丰县动物卫生监督所签订《狗肉产品调入动物防疫监督联防协作协议书》，确保调入的狗肉全部为活杀，并且检疫合格。

2010 年，全市免疫猪瘟 26.90 万头，口蹄疫 25.90 万头，猪蓝耳病 8.7 万头，高致病性禽流感 86.25 万羽，鸡新城疫 45.62 万羽，狂犬病 3256 头、羊痘 15720 只，构筑起扎实有效的重大动物疫病免疫屏障。

畜禽疫病

畜禽疫病种类多样。

猪瘟　龙泉群众因见病猪淋巴结肿胀、出血，故称“乌痘”。防治和扑灭猪瘟，以预防注射为主，对仔猪预防注射由一次改为两次（产后 10~15 天进行第一次，出窝前 10~15 天进行第二次）。

1989 年，使用猪瘟免化弱毒冻干苗。1998 年始，使用猪瘟组织疫苗。2003 年始，使用猪瘟细胞疫苗。2007 年始，使用猪瘟脾淋苗。

鸡新城疫　俗称“鸡瘟”。1989 年后，在公路沿线和瓯江两岸养鸡的龙渊镇、城郊、城南、八都、安仁、道太等区发病较多，锦旗、城北、龙南等区发病较少。防治措施为：农村养鸡户采取秋季一次用Ⅰ系疫苗肌肉注射预防。专业户鸡在 7 日龄时进行第一次Ⅱ系疫苗滴鼻；25~30 日龄再用Ⅱ系疫苗或 2 个月龄以上鸡注射一次Ⅰ系疫苗，进行第二次免疫。

山羊痘　由山羊痘病毒引起的一种急性、热性、传染性疾病。初始为绿豆大的红疹，2~3 天后变为黄豆大丘疹，再经 2~3 天变为水泡，再后变成脓疱，约 3 天后结痂，最终痂皮脱落而愈。

第六章　新农村建设

第一节　建设投入与实施

奔小康工程

十二乡镇实现小康　1999 年 7 月 30 日，龙泉市委召开十届三次全体（扩大）会议，通过《龙泉市农业和农村现代化建设纲要》，1999 年始，市财政加大投入力度，每年安排 50 万元小康建设专项经费，加快农村基础设施建设步伐，累计安排专项经费300万元。市级机关部门实行挂钩帮扶制度，78个单位下派指导员98人分三批次挂钩联系19个乡镇147个小康规划村，共筹集帮扶资金530万元，引进农业开发项目400个，帮助联系村兴办修路、改水、改厕等基础设施项目1200多个。至2004年，全市有12个乡镇354个行政村达《浙江省县级小康标准》的要求，基本实现小康县的目标。

下山脱贫　2007年，龙泉市围绕全面建设小康社会和社会主义新农村建设的总体目标，相继实施"万名农民下山脱贫工程""欠发达乡镇奔小康工程""十万农民素质培训工程""百村千户万人帮扶工程"等，提高全市农民收入，缩小农村贫困范围，进一步减少贫困人口。

2008年，农民转移搬迁扶持资金人均超过1万元，最高达19269元。

2009年，下山农户从事二、三产比例由搬迁前的14%提高到59%。与农村劳动力培训就业工程相结合，分批对下山脱贫小区群众开展非农技术培训，转移就业人员1000余人。与发展特色产业相结合，累计在下山脱贫小区发展来料加工点16个，从事来料加工下山群众900余人，加快了下山农民增收致富步伐。

落实措施

责任制考核　2008—2010年，龙泉市全面部署新农村建设目标与任务及农民增收和转移工作任务，把农民人均纯收入、农民生态转移、农民转移就业、低收入农户增收、低收入农户奔小康、欠发达乡镇奔小康等农民增收和转移及农村重点工作任务进行细化分解，确定每项任务牵头部门，以市政府办公室文件形式将任务下给每个乡镇（街道），将新农村建设工作完成情况列入各乡镇（街道）和相关部门年度综合目标责任制考核内容。相继制定并实施《关于加快生态移民步伐，扎实推进新农村建设的若干意见》《关于进一步加强农业产业化发展若干意见》《关于深入实施"十村示范、百村整治"工程的若干意见》《关于印发促进农家乐发展的若干意见的通知》《关于印发百村村坊道路改造硬化工程实施意见的通知》《关于扎实推进农村改革发展的实施意见》《关于推进农村旧村及危旧房改造的实施意见》《关于推进沿线综合整治工程建设的实施意见》等政策。

目标达成　2010年，围绕"农民增收六大目标"，坚持统筹城乡发展，积极实施各项惠民工程，农村生产生活条件进一步改善，新农村建设成效明显。农村"135"工程有序推进，全年完成14个中心村159个项目建设，整顿转化后进村43个，创建生态文明村66个。深入实施"十村示范、百村整治"和"五整治一提高"工程，完成环境整治村48个，巩固提升村9个。全年投资4.2亿元实施旧村改造43个村，危旧房改造6012户。新（续）建下山脱贫小区（点）17个，搬迁4800多人。农村垃圾集中处理覆盖率85%，解决70多个行政村3.77万人的饮用水安全。

科技教育培训

龙泉市农广校创办，为社会培养乡村综合管理、农村经济管理、农作物栽培、畜牧兽医、供用电技术、农业推广等各专业基层干部、农业科技人才和农电技术人员715人。其中，1999年以来毕业中专学员540人，中专后学员54人。累计开展培训20余万人次，其中，新型农民培训6万余人次。农村劳动力转移培训10余万人次。

第二节　环境整治

全面小康村建设

2000年，根据《龙泉市农业和农村现代化建设纲要》和市委办18号文件精神，加大创建小康村工作的力度，专门安排30万元资金补助规划小康村用于改造基础设施及村容村貌。农口各部门在开发项目、基础设施建设等优先向市领导联系和小康村倾斜，共投入资金300余万元。2000年，年度规划创建的86个小康村有74个行政村基本达到小康标准，占规划数的86%，宝溪乡顺利通过丽水市验收，成为小康乡；在反复征求乡镇意见的基础上，新规划76个行政村为创建小康村，查田、锦溪两个乡镇为创建小康乡镇。

2001年，对小康村的扶贫攻坚项目逐个进行检查验收，总结好的做法和典型，制定《龙南乡扶贫攻坚工作细则》；举办各类培训班10期，500人次，组织10多人种植大户去杭州、温州等地考察学习，签订13.33公顷辣椒和20公顷西瓜的购销合同；基本完成市级贫困村兰巨乡上寮村，龙南乡上兴村的道路、自来水、有线电视的基础设施项目。

2003年，规划出当年创建小康乡镇（街道）5个，小康村61个，包括前四批累计将有12个乡镇（街道）和314个行政村基本实现小康（分别占63%和71%）。2003年5月下旬，向小康规划村派出38人驻村指导员。市委、市政府与19个乡镇（街道）和81个市直部门签订《2003年小康建设目标管理责任书》，进一步明确乡镇（街道）和市直部门在小康建设的责任。据统计，2003年市直单位已扶持小康规划村资金103.83万元，帮助联系项目111个，到位资金61.85万元，为联系村办实事117件，资助联系村水泥350吨，以及其它大量物资。

2003—2004年，在全丽水市率先通过2个省级“全面小康建设示范村”的考核验收，并圆满完成3个丽水市级新农村示范村，48个省、市级环境整治村的创建工作，超额完成丽水市级下派的工作任务。通过省、市考核验收，2003—2004年村头村“全面小康建设示范村”建设受省表彰。2004年度，42个行政村规划为小康创建村。年末对42个规划创建村，逐一到实地进行考核验收。其中，41个已顺利通过验收，合格率97.6%。

“脏、乱、差”环境整治

“十村示范、百村整治”工程　2003年，启动龙泉市“十村示范、百村整治”工程，计划通过5年的努力，对全市100个左右的村进行环境整治，达到“环境整洁、村貌美化、设施配套、布局合理”的目标，其中10个左右的村建成物质文明、政治文明、精神文明协调发展的全面小康示范村。

2004年，完成《浙江省龙泉市市域布局规划》及4个省级示范村、3个丽水市级示范村的规划编制，制定《龙泉市示范村整治村建设考核验收办法》《2004年龙泉市村庄整治项目以奖代补办法》及《龙泉市“十村示范、百村整治”工程项目及资金管理办法》。2003—2004年度已在全丽水市率先通过2个省级“全面小康建设示范村”的考核验收，并圆满完成3个丽水市级新农村示范村，48个省、市级环境整治村的创建工作，超额完成丽水市级下派的工作任务。通过省、市考核验收，2003—2004

年全市村庄整治工作获省优胜奖。

2005 年，对屏南镇投资 1800 万元，对后会线 64 千米实行半钢成底层式的道路硬化；对龙南乡投资 1300 余万元，对兰荒线、荒叶线、安豫线共 27.5 千米的路面进行硬化；兰巨乡通村康庄工程项目建设，建造总里程 54.99 千米。对龙南乡的上南坑、下南坑两个村投资 30 余万元进行自来水的改造和安装，使 436 户 1656 人的生活饮用水得到改善；兰巨乡的五梅垟、竹垟乡的盖竹等 7 个行政村注入大量资金，进行村庄整治，并有 6 个村开展创建小康村活动。

2008 年，第二轮“十村示范、百村整治”工程启动，将所涉行政村划分为待整治村与已整治村两大类，待整治村主要进行农村环境综合整治，已整治村把整治内容拓展至道路硬化、农民安全饮水、农民卫生改厕、生活污水治理、农房改造、农村信息化、电气化建设、农村新社区建设、畜禽粪便、化肥农药等方面。2008 年，建设村庄道路 95.6 千米，新建公共厕所 67 座，卫生改厕 6265 户，新建生活污水处理设施 1764 处，拆除厕所、猪栏、牛栏等 2663 处，清理河沟池塘 2.4 万平方米，绿化 3.45 万平方米。全面完成 1 个农村新社区、3 个新农村示范村、45 个环境整治村、11 个污水处理村、10 个巩固提升村创建任务，顺利通过省、丽水市级考核，并获得省级考核优胜奖，丽水市还在龙泉市召开村庄整治现场会。实施“811”环境治理工程，整治畜禽规模养殖场污染治理 25 个。在 311 个行政村启动农村垃圾集中收集处理工作，使全市 70%的行政村农村垃圾收集达到“户集、村收、乡镇处理或就地处理”要求；在 155 个村实施“五整治一提高”工程，覆盖率 35%。开展百村村坊道路建设，对 100 个村的村坊道路进行硬化改造。

2009 年，全面提升新科技应用水平，在村庄整治污水处理中积极推广农村沼气项目，在危旧房改造中积极推广节能型新材料。农村户用沼气建设净化农村生产生活环境，改善农村的环境卫生，结合改厕、改厨、改圈，使项目村的环境卫生状况发生显著的变化，提高农户的生活质量，使广大农民走上清洁、卫生、文明、健康的生活之路。同时，规模养殖场治污加快资源循环利用；农药减量控害工作的开展极大降低农药对环境的危害；实施测土配方项目和沃土工程减少化肥施用量。

危房旧村改造

2009 年，全市累计投资 3.57 亿元，实施旧村改造 26 个村，实施危旧房改造 5036 户，拆除危旧房占地面积 14.5 万平方米，累计发放农民住房集体土地使用证 57366 宗（发证率 95.06%），新增发放房屋所有权证 1154 户，完成村庄建设规划编制 140 个村，农村危旧房改造工作进度排在丽水各县（市、区）的前列。已在公路沿线 65 个村拆除露天厕所 1041 个、猪栏 1191 个、灰寮 758 个、简易房 2 万多平方米，整改厕所 970 个、猪栏 761 个、简易房 3 万多平方米，新建公厕 30 座，墙体粉刷 26 万平方米，安装路灯 364 盏，硬化道路 7 万多平方米，清理乱堆乱放 1791 处；绿化三沿地区山体 161.47 公顷，培育生态农产品基地 15 个面积 73.33 公顷，搬迁养殖场 5 个，建成省级生态乡镇 4 个、省级绿化示范村 1 个；在严山岭、蜜蜂岭路段建造大型青瓷雕塑；认真实施“五整治一提高”工程，覆盖面 155 个村；加大农村垃圾集中收集处理工作力度，集中处理率 75%。已创建农村新社区 1 个、新农村示范村 2 个、环境整治村 48 个、巩固提升村 7 个、生活污水处理村 11 个，获浙江省考核优胜奖。

村庄整治

至2010年，累计创建环境整治村197个、“五整治一提高”村222个、饮用水工程村316个，实施沿线综合改造村123个，建设农村电气化改造村35个，启动中心村培育14个村，转化后进村34个，创建生态文明村65个，农村垃圾集中收集率达到85%。农村人口加快集聚,五年累计实现生态移民2.3万人，建成或在建移民安置小区(点)24个。2008年，全面启动农村危旧房改造和旧村改造工程，共实施旧村改造41个村，完成农村危旧房改造11048户。

2010年10月丽水市环保、财政、农办等部门组成的核查组，对龙泉市2010年农村环境连片整治项目进行现场核查和资金审查。检查组一行分别在安仁镇安福村、岩樟乡郑庄村等8个乡镇(街道)的环境连片整治村，查看各村生活污水处理设施、生活垃圾收集转运、饮用水源保护等基础设施建设及运行情况，审查国家下拨资金使用及政府相关资金配套情况，效果良好。如查田镇通过政府支持、村集体和村民投工投劳等多方面筹措资金，投入150万元以上资金用于环境整治。整治建设后，经济综合实力明显增强，2010年农村经济总收入764万元，村集体完成农田改造26.67公顷，新开农田5.33多公顷，新开发种植杨梅基地6.67公顷，规划种植优质茶叶3.33公顷。自从开展“环境整治”以来，基础设施明显地改善，完成水泥路扩建700米，宽2.5米，拆建露天厕所55个，拆建猪栏75个，拆除违章搭棚12处，新建公共厕所7座，新建路口候车亭1个，修建防洪堤300余米。

通村工程

2003年，浙江省委、省政府及省交通部门作出实施“乡村康庄工程”的重大决策。2006年，四个欠发达乡镇新建康庄道路15条83千米，竹垟乡投资300多万元，完成盖竹至际上、53省道至后排岭的康庄公路工程建设项目，全乡90%的村通公路。

2007年，通过实施县乡道路硬化和乡村康庄工程等交通项目建设，5个欠发达乡镇实现乡乡通等级公路，通乡公路硬化率100%；112个行政村实现通等级公路，通村率82.4%，104个行政村通村公路实现路面硬化，硬化率76.5%。通过实施农民饮用水工程建设，5.2万人用上安全卫生饮用水，农民安全饮用水普及率72.3%。通过实施广播电视“村村通”工程，108个20户以上自然村实现通广播电视节目，基本实现广播电视“村村通”

2008年5月，在龙泉市召开的全省农村公路工作座谈会明确规定，农村通行政村公路建设要在三年内基本完成。2010年，是实现“五年任务三年完成”目标的最后一年。年初，市康庄办筛选出12个实施难度最大的一类重点项目和14个二类重点项目，市委常委会确定26个重点项目分别由市领导联系，并由市委组织部牵头，市督办、市效能办、市康庄办作重点督查，实施“一部三办”督查机制。市人大专门听取市政府关于康庄工程建设的汇报，提出建议并形成调研报告。市康庄办实施周例会制度，每周总结工作，分析困难，制定措施追赶进度。龙南、安仁、道太、城北四个乡镇任务重，也实现通村公路“双百”目标。除13个下山脱贫整村迁移的村庄和刚从下山脱贫整村迁移增补为康庄工程建设的兰巨乡上寮村外，全市所有行政村都通上等级公路，康庄工程建设总里程2700多千米，总投资10.2亿元，新建里程数位居全省前列。

第三节　农村扶贫

扶贫项目

1997 年，根据龙泉市委、市政府工作部署，成立扶贫开发办公室，办公室设在农村工作办公室，自此扶贫开发成为全市一项日常工作。同年，召开全市扶贫攻坚大会，拟写《龙泉市贫困村的现状和原因及对策》和《中共龙泉市委、市政府关于加大力度，实施扶贫攻坚的若干意见》的材料，为市委、市政府指导面上扶贫提供决策依据。根据市委办文件精神，由市扶贫办落实专人掌握捐资到位的情况，并及时向市有关部门和领导汇报进度，全市当年扶贫捐资到位 34 万余元。为确保扶贫资金真正用在刀刃上，更好地发挥其经济效益，在征求乡镇意见的基础上，召开由有关部门及专家参加的“扶贫项目论证会”，对扶持的开发项目进行认真反复筛选，拨出扶贫专项资金 21 万元，重点扶持 13 个扶贫开发项目。

1998 年，“6•12”“6•14”特大洪灾冲袭，龙泉市农村机耕路毁坏严重。争取上级补助后，在下发机耕路建设补助资金过程中，对投工投劳较多、群众积极性较高、自筹资金到位的予以优先补助，同时规定要确保补助资金实行专款专用。

1999 年，向省农办、省财政厅申报山区开发性农业项目、小集镇道路建设补助项目、重点山区(县)欠发达乡(镇)道路建设补助项目、山区机耕路建设补助项目以及省级“百龙工程”项目。1999 年向省农办、省财政争取山区开发性项目和道路建设补助及农业龙头企业贴息等方面的补助资金 225 万元。

2007 年，全市累计实施产业化扶贫项目 136 个，投入开发资金 5600 万元，财政扶持资金 1215 万元，新建农业基地 1026.67 公顷，成立农业龙头企业 4 个，成立农民专业合作社 32 个，覆盖行政村 312 个，带动农户数 26120 户。

2008 年，龙泉市地方财政及向上级争取的新农村建设项目资金 3.4 亿元。全年共争取项目资金 5063.6 万元。其中，在扶贫开发工作中，向上级争取本年度扶贫项目 13 类 77 个，实际到位资金 4063 万元，约占全省扶贫资金总量的 10%。

欠发达乡镇奔小康

2003 年，全面开展乡情村情民情调查摸底，在此基础上，制定《欠发达乡镇奔小康的五年工作规划》，严格按照要求，加紧“开发农业”“科技培训”“下山脱贫”等项目的组织实施工作。2003 年完成开发农业面积 1007.07 公顷，组织科技培训 43 期，累计 4742 人次，实现异地下山搬迁农户 125 个 547 人。

2004 年，龙南、屏南、兰巨、竹垟四个欠发达乡镇农民人均收入增长率均保持在 10%以上，开发农业再创佳绩，其中种植业 491.2 公顷；养殖业家畜 0.8 万头，家禽 15 万羽；食药用菌 75 万袋；改造笋竹两用林 133.33 公顷，种植中药材 120 公顷；优质烤烟 20 公顷；发展高山蔬菜 252.87 公顷。组织开展养种实用技术培训 24 期 4363 人次；组织劳动力技能培训(包括引导性转移培训)12 期 1100 人次。四个乡镇已有253户978人进行异地搬迁，实现下山脱贫。

2005年，龙南、兰巨、屏南、竹垟等4个乡镇经济总收入29233.5万元，比上年增长5.05%，农民人均收入2856元，比上年增幅8.8%(其中龙南乡增幅为10.2%)，1000元以下的贫困人口由2004年的2320人下降至1908人，下降率17.75%，享受低保人数由上年的1223人增加至1417人，增长率为15.86%。四乡镇贫困户人均收入1000元以下的共有940户2203人，1000~1500元以下的共有1565户5266人，是年龙泉市人均纯收入1500元以下的低收入农户7416户19943人。有5939户15070人实现脱贫或达最低生活保障水平，脱贫户数与人数分别至80.1%和75.6%，实现60%以上脱贫的目标任务。其中，通过产业扶持脱贫2067户6839人、救济救助脱贫1099户3832人，列入最低生活保障脱贫2773户4399人。市财政共安排专项扶贫资金450万元。同比增长50%。

2006年，四个欠发达乡镇经济总收入31877.44万元，比上年增长9.04%，农民人均纯收入3088.8元，比上年增长8.15%；1000元以下贫困人口由上年1908人下降至1890人，下降率0.9%。四乡镇共发展食药用菌1917.6万袋，开发种植业面积331.33公顷，改造笋竹两用林基地620公顷，种植药材225.33公顷，发展高山蔬菜560公顷，养殖家畜19546头，家禽15.48万羽。兰巨乡炉岙村有卫生许可证、工商执照的"农家乐"经营户13家。其中，二星级经营户6家，三星级经营户5家，还被授予"浙江省农家乐特色村"。是年，共组织培训47期3230人次。

2007年，全市实现农业生产总值11.3亿元，同比增长4%，农民人均纯收入4300元，同比增长10%；是年，加大信贷扶持力度，建立低收入农户生产性小额贷款贴息制度，市政府安排30万元专项资金用于2007年低收入农户生产性小额贷款贴息。争取全国贫困村村级发展互助资金试点，争取试点村5个，试点补助资金150万元。

2007年，安仁镇被列为欠发达乡镇，5个欠发达乡镇农民人均纯收入实现情况为：兰巨乡人均纯收入4002元，增幅16.34%，竹垟乡人均纯收入4008元，增幅14.42%，屏南镇人均纯收入4001元，增幅36%，安仁镇人均纯收入4002元，增幅17.95%，龙南乡人均纯收入2996元，增幅9.99%。5个欠发达乡镇实现乡乡通等级公路，通乡公路硬化率100%；112个行政村实现通等级公路，通村率82.4%，104个行政村通村公路实现路面硬化，硬化率76.5%。通过实施农民饮用水工程建设，5.2万人用上安全卫生饮用水，农民安全饮用水普及率72.3%。

2009年，新增农家乐11户，猴圣山庄、凤羽山庄确定为丽水市特色点，龙案村麻连岱村被确认为丽水市级农家乐特色村，茶坦村确认为省级特色村。龙泉市农家乐工作获省级考核二等奖。

2010年，17.6%的农村低收入农户(除低保外)，家庭人均年收入超过4000元。是年，龙泉市47.6%的农村低收入农户(除低保户外)家庭人均年收入超过4000元，1500元以下收入农户全面脱贫，2500元以下的低收入农户人数中80.9%实现脱贫。龙泉市先后获"全国十大食用菌生产基地县(市)""全国林权制度改革示范县(市)""全国农村林业改革试验基地""中国黑木耳之乡"等称号，兰巨、八都两个现代农业综合区成为省级园区，竹产业提升工程成为国家级"科技富民强县"项目实施典范。全市累计创建丽水市级以上"农家乐"特色村(点)12个，共接待游客48.6万人次，营业总收入1721万元。

结对帮扶

2003年，实施部门挂钩扶持贫困村制度，开展"一人联一户、帮扶贫困户"等活动。同时海盐县政府、海宁市斜桥镇、许村镇和绍兴复履镇分别给龙泉龙南、兰巨、屏南、竹垟4个欠发达乡镇到位扶持资金145万元，并达成一批经济技术、信息等援助的合作项目。

2005年，加强与结对帮扶单位的横向联系，共收到省级结对帮扶单位的资金110万元，丽水市级帮扶资金11.3万元。

2007年，龙泉市出台《关于"百村千户万人帮扶工程"的实施意见》《关于认真开展"一户一策一干部"帮扶活动的通知》《关于进一步明确"一户一策一干部"帮扶活动任务和要求的通知》《关于对"百村千户万人帮扶工程"实施情况进行督查的通知》等文件，明确结对帮扶活动的目标任务要求，强化帮扶工作力度。创新实行"一村一计一部门"帮扶制度、"10+5"重点帮扶行动、"一户一策一干部"帮扶活动。全市91个部门单位结对帮扶89个贫困村，帮助落实543个特色产业发展和农村基础设施建设项目；市领导带领市直单位和十强工业企业结对10个重点帮扶村和5个重点整治村(示范村)进行组团式重点帮扶，落实帮扶资金61.3万元，帮助实施126个特色产业发展项目、实现446个农民转移就业、完成58个基础设施项目建设。帮扶干部3375人结对低收入农户2586户8390人，确定和落实发展项目2950个，捐送帮扶金126.24万元，物品22627件，折合人民币16.58万元。

2008年，落实省及丽水市级帮扶单位39家。组织全市96个市直单位与113个村进行结对，干部4805人参与结对帮扶低收入农户活动，基层组织、乡镇代表等结对联系低收入农户10618人，落实帮扶项目521个，帮扶资金1822万元；落实省级12个单位、丽水市级18个单位与龙泉市117个低收入农户集中村结对帮扶工作。下派农村工作指导员67人。其中，省级下派4人、丽水市级下派1名。指导员走访农户68419户(次)，召开座谈会2486余次，集中宣讲政策法规1283次，调解土地、林业、治安等各类纠纷1121起；争取扶持资金3021.6万元、捐赠物资252.2万元，帮助落实经济发展项目761个、水电路等基础设施项目653个。

2009年，全面落实省级12个单位、丽水市级18个单位与龙泉市117个低收入农户集中村结对帮扶工作。华东电网有限公司等15家省部属企业，去八都、上垟结对帮扶，出资助建"小康路"，给予结对村帮扶资金140多万元；省电力公司投资184万元，对兰巨乡、道太乡12个结对帮扶村实施路灯亮化工程。35位市领导带领97个市直单位结对帮扶139个行政村，帮扶村级项目306个，落实帮扶资金730万元；全市干部职工4156人结对帮扶4156户低收入农户，帮助低收入农户发展种养业项目2200多个，捐助帮扶金230余万元。

2010年，实施"一村一计一部门""一户一策一干部"帮扶制度，突出对美丽乡村创建村、低收入农户集体村和低收入农户等进行重点帮扶。已基本消除家庭人均纯收入2500元以下的农户，65%的低收入农户家庭人均纯收入达4000元以上。协助安仁镇刘坊村、丫叉丘村完成年度村办实事。下派农村指导员67人。其中，省级下派3人、丽水市级下派5人、本市下派59人。赴农村指导工作，全市36位市领导带领100个市直单位结对帮扶128个行政村，干部职工结对帮扶3534户低收入农户。

农民素质培训

2003年，组织科技培训43期，累计4742人次。2004年，全面完成农民科技培训任务，其中：组织开展养种实用技术培训24期4363人次；组织劳动力技能培训（包括引导性转移培训）12期1100人次。2006年，组织培训47期3230人次，并组织四个欠发达乡镇农村主要干部30人赴浙江大学开展素质培训，进一步提高欠发达乡镇农村干部的整体综合素质。2007年，实施“十万农民素质培训”工程，全年培训农村劳动力6238人。其中，低收入农户劳动力培训1365人，占培训劳动力的21.9%，低收入农户劳动力培训后转移就业1123人，转移就业率82.3%。培育来料加工经纪人121人，从事来料加工人数1.47万人，发放来料加工费6420万元。

2008年，推进农民素质培训，引导和帮助下山脱贫农户异地就业。全年培训下山脱贫农户劳动力1951人，培训后转移就业1560人。新培育来料加工经纪人32人，从事来料加工人数1.6万人。其中异地转移农民900余人。发放加工费7271万元，其中，异地转移农民267万元。2009年，完成农村劳动力转移就业技能培训3506人，其中下山脱贫农民2100人。再就业培训956人，其中下山脱贫农民570人。同时，积极引导下山脱贫小区富余劳动力从事来料加工，累计发展来料加工经纪人153人，从事来料加工人数1.61万人，发放来料加工费7859.64万元。2010年，实施“农民素质培训工程”，加强岗前技能技术培训，农民素质培训从数量型、普及型向质量型、提高型转变。完成转移就业技能培训3250人，农村“两创”实用人才培训人数1666人。

村级资金互助组织

扶贫资金管理　2005年龙泉市出台6项措施加强扶贫资金管理，按照“乡财县管”的精神实行扶贫资金统一核算，专户管理；实行7天公示制；实行项目实施合同书、资金下文件及统一发票为报账凭证县级报账制等规范管理。

村级资金互助组织　2007年，在国务院扶贫办的大力支持下，龙泉市在全省率先开展贫困村村级资金互助组织试点工作，为全省开展村级资金互助组织试点作出积极有效的探索。2007年，首批五个试点村兰巨乡官埔垟、岩樟乡坑源底、磁石乡南弄、城北乡金埠、龙南乡上田等“贫困村村级发展互助资金”试点工作启动，入会农户575户，筹集农户入会股金35.78万元。

龙泉市贫困村村级资金互助合作社，有效解决试点村农户生产资金短缺问题，在产业开发和农民增收方面取得明显成效。以兰巨乡官埔垟村为例，2007年，在国家扶贫办等部门的大力支持下，该村成立“村级资金互助合作社”，共吸收入社农户139户（其中绝对贫困户6户），入社农户按每户1000元的标准交纳入社股金，每户一股（其中绝对贫困户免交股金入社），共交纳入社股金13.3万元，中央财政和省财政投入扶持资金40万元，互助资金总量53.3万元。2008年，陆续发放借款60万元，到期的30万元已全部收回，回收率100%，累计占用费收入2.48万元。2009年5月，又发放借款24万元。社员借款主要用于发展“龙泉金观音”茶产业。全村已有147户种植“龙泉金观音”，参与率70%，面积59.27公顷，有7个茶叶加工厂，年产值100多万元。村民人均收入从2005年的3126元提高至2008年的4995元。

2009年，推进官埔垟等5个村的贫困村互助资金试点工作，发放借款357户255万元，回收借款203户138.35万元，到期回收率100%，2009年4月27—28日丽水市互助资金工作推进现场会在龙泉召开；6月1—2日，由国家财政部、国务院扶贫办等7个部委有关领导组成的完善国家扶贫战略和政策体系联合调研组到龙泉市调研后，对龙泉农村扶贫开发工作给予充分肯定。

2010年，进一步获得省扶贫办支持，龙泉市村级资金互助试点村实现扩点探索，新增兰巨仙仁、安仁镇张畈、道太乡际头、八都镇署网、宝溪乡竹垟等5个村为低收入农户集中村资金互助组织试点村，全市新增村级资金互助组织试点村10个，吸纳入会农户697户，累计发放贷款405.4万元。

农业综合开发

2007年，龙泉市发展农家乐休闲旅游专业村5个，创建省级农家乐特色村2个，丽水市级特色村3个，农家乐休闲旅游点14个。是年，全市低收入农户中2773户4399人被列入最低生活保障，每人每月补差超过50元，全年共发放低保金等补助343万元。完善新型农村合作医疗制度，全市参保率90.97%，在对低保户、五保户、重点优抚对象、残疾人员等免交个费参合的基础上，对1500元以下参合低收入农户进行"献爱心，送农医"慈善捐赠，每人赠补30元；完成农民健康体检76206人，农民健康档案建档率91%。扩大移民直补惠及面，全市现有移民8156户27361人。

2007年，通过直补政策补助共发放直补资金1400.7万元。其中，补助2005年人均纯收入1500元以下贫困移民2057户7154人，共发放直补资金429.24万元。

2008年，启动新一轮低收入农户奔小康工程，其中列入省扶持范围低收入农户集中村230个。当年完成人均纯收入2500元以下低收入农户和低收入农户集中状况调查工作。开展贫困村互助资金试点工作，吸收入会农户581户，筹集资金185.78万元。其中，股金35.78万元，财政扶持资金150万元，已发放借款128.65万元，《浙江日报》《丽水日报》都在头版头条对龙泉市试点工作进行报道。

2008年，"农家乐"等休闲旅游业初显效益，创建省级农家乐特色村1个，丽水市级特色村2个，培育精品项目1个，发展农家乐经营点2个；全年接待游客33.5万人次，营业收入904.5万元。

2009年，全市农村社会经济呈现出持续稳定发展局面，全年实现农业总产值13.66亿元，同比增长7.5%，农民人均纯收入5802元，同比增长13.5%，增幅位于丽水市第二。实施"低收入农户奔小康工程"，编制并组织实施《龙泉市低收入农户奔小康工程总体规划(2008—2012)》，全市2500元以下低收入人口中，当年实现人均纯收入超过2500元的25.4%，累计实现人均纯收入超过4000元的24.1%。全年累计接待游客40万人次，营业总额首次突破1000万元大关，新增农家乐星级经营户21户，其中被评为三星级经营户11户，猴圣山庄、凤羽山庄确定为丽水市特色点；龙案村麻连岱自然村已被确认为丽水市级农家乐特色村，茶坦村被确认为省级特色村。龙泉市农家乐工作获省级考核二等奖。

2010年，龙泉市47.6%的农村低收入农户(除低保户外)家庭人均年收入超过4000元，1500元以下收入农户全面脱贫，2500元以下的低收入农户人数中80.9%实现脱贫。龙泉市先后成为"全国十大食用菌生产基地县(市)""全国林权制度改革示范县(市)""全国农村林业改革试验基地""中国黑木耳之乡"等称号，兰巨、八都两个现代农业综合区成为省级园区，竹产业提升工程成为国家级"科技富民强县"项目实施典范。2005—2010年共建立各类农产品基地90个，发展市级以上农业龙头企业48家、农民专业合作社155家，无公害食品、绿色食品和有机食品认证率达42.7%；2010年全市实现农业总产值14.6亿元，比2005年增长5.4亿元，年均增长9.8%。农村"五保"和城镇"三无”对象集中供养率分别达90%和91.7%，基本公共卫生服务综合达标率91.4%，医保制度实现全覆盖，新型农村合作医疗参保率94.9%，城乡社区卫生服务体系全面建立。通村公路基本实现“双百”目标，农村卫生厕所普及率92.0%。全市累计创建丽水市级以上“农家乐”特色村（点）12个，2010年，共接待游客48.6万人次，营业总收入1721万元。

第七章　机构与队伍

第一节　行政机构

农业局、农村工作办公室

1989年11月，农牧特产局改称农业局。2001年11月，农业局增设总农艺师。2002年1月，农业局与农村工作办公室合署，改称农业局（农办）；一套班子，两块牌子。2005年6月，龙泉市级机构改革，市农业局与农村工作办公室分离，改称农业局。2005年9月，恢复农村办公室。

2002—2005年6月，农业局、农村办公室合署办公，市农业局（农办）是市人民政府主管全市种植业、畜牧业、农场、农村能源、农业机械化和农村经济工作的职能部门。2002年1月，市农业局（农村办公室）设办公室、人事科教科、农村发展科、政策法规科、经营管理科、农业综合开发办公室。下属单位粮油站、特产站、农经站、土肥站、植保植检站、畜牧兽医站、农机管理站，种子公司、农场（农科所）、良种场。

农业行政执法大队

1998年8月19日，成立龙泉市农业行政执法大队，种子公司与种子管理站合并。2004年5月，市机构编制委员会核定编制6人，2005年列为依照公务员管理单位，2006年4月人员到位。其主要职责为承担全市农业综合执法工作，依法行使农产品质量安全、植物检疫、种子种苗、农药、肥料、食药用菌菌种、种畜禽、兽药、饲料及饲料添加剂、农机的监督管理职能。

第二节　事业机构

农技推广站

1990年，全县有9个区，1个区级镇，35个乡，8个乡级镇，442个行政村，区农技站也随时调整。

1992 年 5 月龙泉市撤区扩镇并乡时，区农技站同时撤销，保留乡农技站。

乡镇农业综合服务站

20 世纪 90 年代后，为转变工作职能，适应改革开放形势和经济发展需要，有利于建立和健全乡镇农业社会化服务体系，更好地为“三农”(农业、农村、农民)服务，乡镇农业技术推广机构设置形式为乡镇农业综合服务站，性质为国家基层的全民所有制事业单位，有的服务站经批准搞经济实体，开展有偿服务有 40 余人，批准为正式事业单位职员。1993 年始，下放局属乡镇直管农业技术、农经管理和经济特产人员等人事工资关系，归属所在乡镇管理，关系转入乡镇后，乡镇农业推广机构继续实行条块结合，双重领导。市农业局主要负责乡镇农技人员的业务指导、技术培训、项目审定、农业行政执法、组织实施等业务，同时继续配合乡镇做好农技服务体系建设。乡镇农业综合服务站的正副站长，经农业局同意后由乡镇人民政府任免。

至 2010 年，全市 19 个乡镇(街道)农技站乡镇基层农技推广人员 168 人。其中，平均年龄 46.6 岁，按年龄段分，35 岁以下 17 人、35~50 岁 67 人、50 岁以上 84 人；按文化程度分，初中及以下 73 人、中专(高中)52 人、大专及以上 43 人；按职称分，高级 1 人、中级 21 人、初级 78 人、无相关专业职称 68 人。

龙泉市农业相关协会组织一览表

表 10-7-1

机构名称	概　述
龙泉市农学会	在原9个专业学会基础上，于 2005 年合并为龙泉市农学会，下设 9 个专业组
龙泉市食用菌协会	成立于 2008 年 4 月，有会员 253 人，理事 53 人
龙泉市茶产业协会	成立于 2007 年 9 月，团体会员 16 个，个人会员 101 人
龙泉市蔬菜瓜果产业协会	成立于 2008 年 7 月，团体会员 39 个，个人会员 96 人
龙泉市农民专业合作社联合会	成立于 2007 年 8 月，10 个理事成员单位，32 个会员单位，100 家农民专业合作社
龙泉市灵芝研究学会	成立于 2009 年 11 月 16 日，会员 80 人

第三节　农业企业

龙泉市农场

龙泉市农场位于城区内，原有土地面积 24.67 公顷(包括山林面积)，因城市扩建，水田已全部被政府征用。农场注册资金 456 万元，拥有固定资产 330 万元，有多功能商业用房 2587 平方米，店面 15 间，车库 16 间，职工住房 38 套。职工总人数 54 人，其中，退休 34 人，全员实行社会养老和医疗保险。

1988年以来，农场主要从事农业、畜牧业、食用菌、茶叶等项目，农科所采取场所合一，两块牌子，一套班子属事业性质。工作重点以繁育水稻、畜禽、食用菌、茶叶等良种为主要任务，曾主持承担过省、地市三级稻麦良种区域试验多年，杂交水稻制繁种，双低油茶、食用菌、茶叶等品种引进与推广项目。为促进外向型企业发展，1988年龙泉县成立食用菌开发公司，管理体制采用场、所、公司三块牌子，一套班子、一块园地。至2004年12月市食用菌开发公司采取改制而解散，历时16年。安青山茶厂茶园5.33公顷，加1个茶厂，以家庭承包责任制的方法承包经营，承包期15年，每年上交承包费1万元。1990年以来，农场家庭承包和双层经营体制落实，效益有所提高，1991年农场5.33公顷水田、产量60.6吨、一公顷产量6930千克、产值4.02万元；畜牧业销售生猪813头；鸡0.95万羽、产值34.65万元；柑橘1.5万千克、产值1.8万元；食用菌2万瓶（袋）产值2.3万元；茶叶3400千克、产值2.04万元，获总产值44.81万元。至21世纪（2000年后），随着形势的发展，城市化建设的扩大，农场经过不断的调整理顺，盘活和开发等艰辛工作，土地征用、开发地产、资产增值的办法，使农场的山地、房产都得到很大的升值，经济收入远远高于原有农田。如今，农场生产经营模式已跳出古老的“农”字框架，不再是单一的以“农”为主，已成为农工贸为一体的国有企事业单位。

龙泉市良种场

龙泉市良种场坐落在龙庆公路旁，瓯江支流龙泉溪上游两岸，离市区4千米，全场占地面积2.5平方千米，场内有水田75.5公顷，茶园64.87公顷，果园6公顷，杉木林地17.53公顷，鱼塘4公顷，畜禽舍14000平方米，先后建有木材加工、茶叶加工、丝绸厂、铸造机械厂、砖瓦厂、畜牧场等一批场办企业。

20世纪80年代初是丽水地区杂交水稻汕优系统“三系”提纯复壮和汕优97A不育系繁殖基地。80年代中期，县良种场成为龙泉县最大的良种繁育基地、副食品生产供应基地和先进农业技术推广示范中心。1990年，龙泉建市后龙泉县红旗良种场改名为龙泉市良种场。1997年实施《百万头瘦三元生猪生产工程》，1998年2月，项目实施中选育的“瘦三元”种猪，经过省级鉴定，被列入省级星火计划。新建立红旗农业综合开发责任有限公司。2000年良种场作为丽水重点项目——滩坑电站移民安置地，安置移民入居2000人。2003年末，市良种场改制并撤销事业编制，剥离的资产移交市国有资产投资经营有限公司管理和处置，历时39年（1964年12月至2003年12月），河村良种场解体。

龙泉市种子公司

1978年7月，龙泉县种子公司经龙泉县国资委批复建立。1979年8月，进行工商注册。为农业局下属事业编制的企业化种子管理公司，主要从事杂交水稻种子制种与经营。1993年3月成立种子管理站，与种子公司实行两块牌子、一套班子，生产、经营、管理三位一体。至2000年，《中华人民共和国种子法》颁布实施，种子管理站合并至执法大队。1999年贤良路扩建，龙泉市种子公司的办公楼、仓库经营场所全部拆除，种子公司办公室搬至农业局四楼办公。为稳定全市种子市场，龙泉市种子公司继续引进良种推广。至2007年7月正式注销，种子管理站单独设站。

管理工作　1990 年，龙泉八都镇建立种子站，负责指导收购仓储八都片的杂交种子。龙泉市种子公司 1993 年制种面积 26.67 公顷，收购入库 63620 千克，以汕优 63、D 优 46 两个品种为主。1999 年制种面积扩大至 67.57 公顷，收购入库 16.36 万千克。龙泉市种子公司生产的种子主要供应本市，也积极推向外省市场。

1994—2001 年，龙泉市的无证制种较为猖獗，已严重影响龙泉市种子市场的经营与管理，为维护龙泉市种子市场的稳定，对无证制种进行查处。

2000 年，《中华人民共和国种子法》颁布实施，龙泉市种子公司没有继续办理杂交种子生产许可证，变为纯引进良种推广的种子公司。2003 年引进两优培九，2004 年推广 1333 公顷。2004 年引进中浙优 1 号，次年推广 3333 公顷，2005 年引进甬优系列，其中甬优 9 号 2007 年推广 667 公顷。这些优良品种直至 2010 年一直受到广大农户的推崇。

2007 年 7 月，根据国务院办公厅《关于推进种子管理体制改革加强市场监管的意见》和浙江省政府办公厅《关于加快推进种子管理体制改革、进一步加强市场监管的通知》文件精神，龙泉市种子公司正式注销。龙泉市种子管理站独立建站。种子站主要负责农作物新品种的引进、试验、示范和农作物种子市场的监督与检查；指导本市供种体系建设，承担种子质量检测体系建设；负责品种管理、种子质量管理、种质资源管理和救灾种子储备管理；组织本市种子质量纠纷田间现场鉴定工作等。

种子生产　1993 年，种子公司制种 26.67 公顷，1994 年扩大至 59.07 公顷，因“6•17”洪水冲毁 8.33 公顷。总产 89142 千克，收购入库 63620 千克，品种以汕优 63、D 优 46 两大系统为主，制种技术改单行为大双行、大行比，剑叶定向栽培不割叶。1998 年制种 59.73 公顷，收购入库 9.22 万千克，由于天气影响，花期不遇，产量较低。1999 年制种扩大至 67.57 公顷，收购入库 16.36 万千克。

制种单产最高为Ⅱ优 62-16，单产 310 千克。同时，抓好亲本种子提纯复壮工作，提纯恢复系明恢 63、密阳 46 和国际 36 等。1995 年以Ⅱ优多系 1 号为主，汕优晚 3、Ⅱ优 92、D 优 46 替代汕优 36辐。

种子经营　1994—1996 年累计供应杂交稻种子 63.78 万千克，其中外销 13.5 万千克，供应其他农作物种子 6.8 万千克，3 年累计创利润 70.8 万元。

农村经济服务总站

1984 年，农业局在各乡成立农村经济服务公司的基础上成立农村经济服务总站。1987 年，服务总站提供农药 40 余吨，蔬菜苗木 200 万株，化肥 80 吨及食用菌生产服务的机器设备和原材料。是年，特产股并入林业局，苗木服务由林业局负责。后期建立综合服务门市部，经营烟酒、副食品、电器等销售。农经总站因失去原先为“三农”服务的有偿做法，于 1995 年经农业局组织审计后结束经营，历时 11 年。

第八章　移　民

第一节　库区移民

概况

20 世纪 60 年代始，龙泉承担新安江移民安置工作，其后紧水滩、滩坑、瑞垟一级、大白岸和岩樟溪等五个大中型水库又出现大量移民。至 2010 年，全市共安置水库移民共计 8156 户 27361 人，约占全市总人口 10%，分布在 18 个乡镇（街道）332 个行政村。

移民扶持政策

补助电量政策　1986 年，紧水滩电站蓄水发电后，水电站按总发电量的 30%留成平价电量，给紧水滩库区和安置区的移民县、市、区。分配比例按照丽水地区行署丽署通知规定办。龙泉县按比例分的 44.33%，4000 万千瓦时平价电量，该电量一直来由市“三电办”负责管理调配。2000 年，浙江省实行统一销售电价，丽水市从紧水滩电站超发分成电量和补助电量政策所获得的平议电差价优惠消失。为保证丽水市继续获得这个优惠政策，国家计委办公厅、财政部办公厅下发《关于浙江紧水滩等电站留成电量补偿调整为货币补助的复函》，将留成电量补偿改为货币补助。2001—2005 年，定额补助电量补助资金每年递减 20%，其后停止执行。补助资金用于移民安置后的生产和生活等方面存在亟待解决的问题。1995 年经龙泉市计委批准，在中山东路建造移民经济开发大楼，占地面积 489.1 平方米，建筑面积 2748.83 平方米，共 10 层，2001 年竣工入住。

移民招工　1996 年紧水滩电站蓄水发电后，大批良田被淹没，库区移民人均耕地减少，为解决移民人多地少实际问题，政府有关部门出台一系列帮扶措施。是年 11 月，在紧水滩库区招用劳动合同制工人 50 人，工作地点金华市第一建筑公司。1987 年在紧水滩库区招用劳动合同制工人 50 人，工作地点杭二棉厂 30 人，杭州麻纺厂 10 人，杭州齿轮箱厂 10 人。1992 年 7 月，被龙泉市纤维板厂招用劳动合同制工人 50 人。

定销粮补贴　1989 年下半年起对紧水滩移民发放的定销粮票给予差价补贴，移民定销粮定量规定：1~2 岁为 50 千克；3~4 岁为 100 千克；5~6 岁为 150 千克；7~8 岁为 200 千克；9 岁以上均为 250 千克。补贴标准从每 250 千克原粮补 40 元起至每 250 千克原粮补 350 元。紧水滩移民定销粮补贴规定每三年调整一次，三年内不作变动。

移民“农转非”　1996 年 6 月省计委下达给丽水地区的移民农转非 1000 人的指标，丽水地区计委、丽地计经计综，分配给龙泉市紧水滩移民“农转非”指标 260 人。具体名额按照各乡镇移民人数比例分配，原龙渊镇 89 人（包括现剑池街道），道太乡 80 人，安仁镇 40 人，八都镇 5 人，上垟镇 2

人，竹垟乡 2 人，小梅镇 2 人，查田镇 4 人，锦溪镇 3 人，市纤维板厂 33 人，对移民农转非人员签订协议，并进行公证。

定期定额补助　2006 年 6 月 30 日前搬迁的水库移民按现状人口计算。2006 年 7 月 1 日以后搬迁的水库移民按原迁人口计算。扶持标准为每人每年 600 元，扶持期限从 2006 年 6 月 30 日起 20 年。龙泉市共有 24347 人移民为补助对象。三座大中型水库移民 15023 人，其中：新安江移民 7308 人；紧水滩移民 12990 人；滩坑移民 2033 人。二座大中型水库移民 1036 人，其中：大白岸水库移民 544 人；瑞垟水库移民 492 人。另外有自主搬迁，投亲靠友和婚嫁移民 143 人。

新安江水库移民

1964—1967 年，新安江水库移民开始迁入龙泉县，1989 年龙泉县已安置新安江库区淳安县移民 1567 户，6231 人，主要安置在地势较平，交通便利的兰巨乡、八都镇、查田镇、竹垟乡、宝溪乡、小梅镇 6 个乡镇 26 个行政村。在政府扶持和当地群众帮助下，新安江移民已基本融入当地生产生活，起初以粮食和蔬菜等种植业为生。

1989—2010 年，龙泉新安江水库移民遗留问题处理（2002—2007）六年规划，移民地区基础设施建设不断加强，移民开发性生产不断发展，移民逐步开拓多种经营门路，例如种植特色农产品，开办农业合作社等。从 2003 年人均收入 3031 元增加至 2010 年人均收入 9917 元。

紧水滩水库移民

紧水滩移民动迁于 1984 年，按移民安置规划，主要采取市内安置、农业安置等形式，农村移民人均补偿标准为 4000 元。1989 年，全县已安置紧水滩移民 11877 人。其中，7802 个移民都选择后靠安置，形成具有相当规模的后靠移民群体。1989—2000 年，龙泉共投入 2800 多万元用于解决后靠移民遗留问题。其中，改善基础设施方面 1960 万元，扶持开发性生产 840 万元，兴建自来水工程 64 处，受益人数 8000 多人，铺设高压线路 20 多千米，受益 5255 人，修建道路 134 千米，受益 15000 多人，兴修水利 12 处；扶持发展经济实用林 126.67 公顷，用材林 50.67 公顷，使大部分移民群众生产生活得到一定程度的改善和提高。

由于部分库区群众常年处于自然环境较差，依山分散居住，生产资料稀少，致富门路缺乏，各项设施极不完善的状态，库区经济仍滞后当地社会经济发展步伐。库区后靠移民 2003 年人均收入 1908 元，低于全市农民人均收入 3229 元。贫困户尚未消失，85 户移民没有住房，占总数的 3%，1742 户为泥木结构住房，占总户数的 63%。通过发展特色产业，下山出库脱贫以及实施移民素质提升工程等，尤其是紧水滩库区困难群众异地脱贫工程，移民真正融入安置地，加速库区经济发展，与当地社会平稳过渡。2010 年，全市农民人均年收入为 6704 元,紧水滩库区人均收入为 5886 元，收入水平差距逐步减小。

大白岸水库移民

1967 年 4 月，建大白岸水库，水库坝址位于龙泉道太乡盛户村。坐落在瓯江上游白雁溪流域，其总库容 0.2473 亿立方米，水库面积为 50 万平方米，淹没总面积为 0.5 平方千米，耕地 33.53 公顷，拆迁房屋 0.55 万平方米。移民动迁于 1965 年，按移民安置规划，主要采取县内安置、农业安置等形式，农村移民人均补偿标准为 600 元。1989 年，龙泉县内已安置大白岸移民 261 人，集中安置在道太乡盛户、毛圩、沈际、乌狮四个行政村。

大白岸库区与紧水滩库区自然条件相似，地理位置十分接近。安置之初，受生产资料匮乏，交通不便等影响，经济水平发展较为缓慢。2007 年库区农民人均纯收入为 3065 元左右，只有当地平均水平的 70%；年平均增长率不到 2%，不足龙泉市平均增长率的 30%，通过发展特色产业、下山出库脱贫移民、素质提升工程等扶持方式，移民逐步开拓增收门路，与平均收入水平差距逐步减小。

瑞垟一级电站水库移民

1989 年 5 月建造瑞垟一级水库，该水库坐落在瓯江上游水系（流域），坝址位于龙泉瑞垟村，水库面积为 524614 平方米。瑞垟一级水库淹没涉及屏南镇 5 个行政村。淹没总面积为 85.08 公顷，搬迁人口 208 户，657 人。移民于 1989 年开始搬迁，于 1993 年搬迁结束。按移民安置规划，主要采取市内安置、农业安置等形式，农村移民人均补偿标准为 4053 元。

岩樟溪电站水库移民

龙泉市岩樟溪电站位于龙泉市岩樟乡境内，共有 2 个梯级电站，一级电站坝距上游乡政府 6 千米，下游距龙泉市 17 千米，水库容量 1143 万立方米，二级电站在一级电站下游 500 米，总库容21.25 万立方米。2003—2004 年，电站建设过程共搬迁移民 8 人，按移民安置规划，主要采取市内安置、农业安置等形式，安置于岩樟乡岱岭村和西街街道九村。

滩坑水库移民

滩坑水库湖面面积 70 多平方千米，是全省第二大人工湖。库区横跨青田、景宁两县。根据浙江省委、省政府统一安排，龙泉市接受滩坑移民 2000 人安置任务。2003 年 6 月，丽水市滩坑移民动员大会后，龙泉市政府就筹措资金 2000 万元用于安置点两场（原鱼种场、良种场）的改制工作，派出 9 人组成地市良种场改制工作指导组，驻场全面开展改制工作，收回全部国有生产资料，为两场国企地成功改制为移民生产用地的调剂工作打下基础。同时，落实好移民生产资料分配工作，出台生产资料分配的五条政策，并派工作组进驻移民村做好田地核对、协调、分配工作。历时 3 个月，共调剂移民生产用地 62.2 公顷、集体山林 38.4 公顷、生活用地 15 公顷，人均田地 0.03 公顷，使两个移民村成为为数不多的拥有集体财产的移民点。

2004 年 2 月至 2006 年 6 月 30 日，历时 2 年 4 个月，龙泉市组织开展移民对接、复核、建房、搬迁、生产用地分配等一系列工作，集中安置景宁籍移民 547 户，共计 2020 人。其中，非农业移民 20 人，分别安置于西街街道河星村 1109 人，剑池街道宏阳村 911 人。安置中建成移民住房 92 幢 849.5 植，其中：河星村 300 户 55 幢 460.5 植，宏阳村 247 户 37 幢 389 植。龙泉市财政还在资金有限的情况下，一边以专项补助资金的形式补助，一边多渠道筹措资金 2000 余万元，用于安置点基础设施和公建项目建设。完成河村大桥、自来水、红旗小学的“地—桥—水—学校”及通水、通电、通路、通程控、通有线电视、排水、排污、排垃圾的“五通三排”；完成炉田区间道路工程、河村道路管网工程、炉田供排水工程、河村供排水工程、炉田道路管网排水渠工程、污水处理工程等 6 个公建项目，新建成剑池街道宏阳村、西街街道河星村两个移民新村，并建立独立完整的基层党支部和村委会组织，两村成为丽水最早“新农村电气化村”。

为加大移民后扶力度，龙泉市政府精心编制和实施《移民安置区基础设施建设和经济社会发展两个五年规划》，引导移民发展效益农业，实行以“公司+农户”的形式，在河星村发展大棚蔬菜20公顷、花灌木基地13.33公顷，受益农户面40%左右；投资5万元用于山场优质茶叶种植，促进村集体经济发展；出台来料加工扶持政策，采取奖励、培训等有效措施，加大来料加工扶持力度；开展特困户结对帮扶、帮助就业联系等活动。据统计，两个移民村从事经商、创办企业或来料加工人数1138人，占移民人数51%以上，基本实现移民群众离土不离乡自我谋发展的转变。

2010年龙泉市水库移民分布情况一览表

表10-8-1

乡镇街道	村名	水库名称	总人数(人)	现移民人数(人)	备注
龙渊街道	菜村	紧水滩水库	587	162	安置村
	四村	紧水滩水库	665	1141	跨库村
	一村	紧水滩水库	1488	1529	安置村
	沙潭村	紧水滩水库	554	500	安置村、跨库村
	小白岸村	紧水滩水库	618	549	安置村、跨库村
	张村	紧水滩水库	687	523	安置村、跨库村
	梧桐口村	紧水滩水库	876	752	安置村、跨库村
	临江村	紧水滩水库	448	460	安置村、跨库村
	二村	紧水滩水库	1342	165	安置村、跨库村
	水南坞村	紧水滩水库	383	354	安置村、跨库村
合计(10个村)		—	7648	4994	—
剑池街道	宏阳村	滩坑水库	938	913	安置村
	曾家村	紧水滩水库	628	127	安置村、跨库村
	石退村	紧水滩水库	285	297	安置村
	武潭村	紧水滩水库	378	240	安置村、跨库村
合计(4个村)		—	2229	1577	—
西街街道	河星村	滩坑水库	1109	1105	安置村
	八村	紧水滩水库	298	—	跨库村
	九村	岩樟溪	1103	7	安置村、跨库村
	周村	岩樟溪	689	—	跨库村
合计(4个村)		—	3199	1112	—
道太乡	坑口村	紧水滩水库	410	120	安置村、跨库村
	杨梅岭村	紧水滩水库	335	138	安置村、跨库村
	山石坑村	紧水滩水库	410	176	安置村、跨库村
	灯山村	紧水滩水库	155	59	安置村、跨库村
	大白岸村	紧水滩水库	405	380	安置村、跨库村

续表 10-8-1

乡镇街道	村 名	水库名称	总人数(人)	现移民人数(人)	备 注
道太乡	道太村	紧水滩水库	356	310	安置村、跨库村
	梨垟村	紧水滩水库	171	—	跨库村
	垟头村	紧水滩水库	351	152	安置村、跨库村
	荷上畈村	紧水滩水库	480	92	安置村
	新地口村	紧水滩水库	329	32	安置村
	供村	紧水滩水库	719	72	安置村
	蛤湖村	紧水滩水库	217	157	安置村、跨库村
	前赖村	紧水滩水库	156	131	安置村、跨库村
	源口村	紧水滩水库	208	189	安置村、跨库村
	吴庄村	紧水滩水库	199	191	安置村、跨库村
	西坑下村	紧水滩水库	475	53	安置村
	李村	紧水滩水库	382	—	跨库村
	上横村	紧水滩水库	352	180	安置村、跨库村
	上坑村	紧水滩水库	332	129	安置村、跨库村
	武溪村	紧水滩水库	174	135	安置村、跨库村
	际头村	紧水滩水库	636	48	安置村
	大畈村	紧水滩水库	374	52	安置村、跨库村
	王庄村	紧水滩水库	264	264	安置村
	黄麻垟村	紧水滩水库	162	—	跨库村
	盛户村	大白岸水库	369	317	安置村、跨库村
	毛圩村	大白岸水库	340	29	安置村、跨库村
	沈际村	大白岸水库	320	120	安置村、跨库村
	乌狮村	大白岸水库	132	95	安置村、跨库村
合 计(28 个村)		—	9213	3621	—
安仁镇	广田村	紧水滩水库	547	61	安置村
	黄砝村	紧水滩水库	887	789	安置村、跨库村
	花庵村	紧水滩水库	628	636	安置村
	项边村	紧水滩水库	1452	—	跨库村
	坑下村	紧水滩水库	416	—	跨库村
	张畈村	紧水滩水库	501	90	安置村
	安仁口村	紧水滩水库	426	455	安置村、跨库村
	安福村	紧水滩水库	1218	240	安置村、跨库村
	沈山头村	紧水滩水库	405	—	跨库村
	沈庄村	紧水滩水库	237	18	安置村
合 计(10 个村)		—	6717	2289	—

续表 10-8-1

乡镇街道	村 名	水库名称	总人数(人)	现移民人数(人)	备 注
兰巨乡	蜜蜂岭村	新安江水库	658	116	安置村
	大巨村	新安江水库	1083	240	安置村
	桐山村	新安江水库	1570	509	安置村
	大汪村	新安江水库	895	107	安置村
	于章村	新安江水库	1150	361	安置村
合 计(5 个村)		—	5356	1333	—
查田镇	墩头村	新安江水库	1024	303	安置村
	住田村	新安江水库	332	103	安置村
	东皇村	紧水滩水库	255	7	安置村
	溪口村	紧水滩水库	826	18	安置村
	圩头村	新安江水库	455	113	安置村
	大坑下村	紧水滩水库	447	50	安置村
	赵麻圩村	新安江水库	650	268	安置村
	新丰村	新安江水库	375	392	安置村
	查三村	紧水滩水库	650	8	安置村
	青坑村	紧水滩水库	602	56	安置村
	小查田村	新安江水库	777	253	安置村
	青坑岙村	紧水滩水库	556	53	安置村
	大樟村	紧水滩水库	405	33	安置村
	大樟岙村	紧水滩水库	380	56	安置村
	下堡村	紧水滩水库	677	11	安置村
	溪西村	紧水滩水库	409	72	安置村
	竹舟村	新安江水库	644	95	安置村
	青坑底村	新安江水库	488	163	安置村
	查二村	紧水滩水库	632	13	安置村
	下湾村	新安江水库	403	109	安置村
	横坑村	新安江水库	780	234	安置村
合 计(21 个村)		—	11767	2410	—
小梅镇	黄南村	新安江、紧水滩水库	1200	276	安置村
	半边月村	新安江水库	500	95	安置村
	大梅口村	紧水滩水库	587	12	安置村
	骆庄村	紧水滩水库	960	46	安置村
	大梅村	紧水滩水库	700	6	安置村
	孙坑村	紧水滩水库	649	29	安置村
	毛山头村	紧水滩水库	544	40	安置村

续表 10-8-1

乡镇街道	村 名	水库名称	总人数(人)	现移民人数(人)	备 注
小梅镇	西坑村	新安江水库	255	62	安置村
	立东村	新安江水库	176	176	安置村
	梅四村	紧水滩水库	529	14	安置村
合 计(10 个村)		—	6100	756	—
屏南镇	垟顺村	瑞垟一级电站	400	—	跨库村
	杉树根村	瑞垟一级电站	465	—	跨库村
	干上村	瑞垟一级电站	332	—	跨库村
	瑞竹垟村	瑞垟一级电站	431	445	安置村
	横坑头村	瑞垟一级电站	405	—	跨库村
合 计(5 个村)		—	2033	445	—
八都镇	东音村	新安江水库	927	242	安置村
	高大门村	紧水滩水库	1288	29	安置村
	小窖村	新安江、紧水滩水库	1170	225	安置村
	青山村	紧水滩水库	1203	39	安置村
	樟溪村	新安江水库	909	293	安置村
	溪坪村	新安江、紧水滩水库	660	317	安置村
	双溪口村	紧水滩水库	906	29	安置村
	安田村	新安江水库	1156	223	安置村
	松渠村	新安江、紧水滩水库	1442	147	安置村
	枫锦村	紧水滩水库	511	61	安置村
	章府会村	紧水滩水库	452	43	安置村
	松际村	新安江水库	534	182	安置村
	吴崧村	新安江水库	830	350	安置村
	下窖村	新安江水库	1339	238	安置村
	三村	紧水滩水库	605	23	安置村
	四村	新安江水库	1687	228	安置村
	大坦村	紧水滩水库	610	39	安置村
合 计(17 个村)		—	16229	2708	—
竹垟乡	罗墩村	新安江、紧水滩水库	790	245	安置村
	际上村	紧水滩水库	492	14	安置村
	盖竹村	紧水滩水库	1128	31	安置村
	金田村	新安江、紧水滩水库	744	308	安置村
合 计(4 个村)		—	3154	598	—
上垟镇	五都垟村	紧水滩水库	1202	23	安置村
	木岱口村	紧水滩水库	1037	29	安置村

续表 10-8-1

乡镇街道	村 名	水库名称	总人数(人)	现移民人数(人)	备 注
上垟镇	木岱村	紧水滩水库	1293	22	安置村
	源底村	紧水滩水库	1954	35	安置村
合 计(4 个村)		—	5486	109	—
锦溪镇	百里村	紧水滩水库	578	27	安置村
	上井村	紧水滩水库	1059	47	安置村
	中井村	紧水滩水库	1426	52	安置村
	下井村	紧水滩水库	1108	55	安置村
	岭上村	紧水滩水库	1002	45	安置村
	乌岙村	紧水滩水库	485	12	安置村
	岭根村	紧水滩水库	1630	44	安置村
合 计(7 个村)		—	7288	282	—
岩樟乡	岱岭村	岩樟溪	674	1	安置村
	坑源底村	岩樟溪	370	—	跨库村
	绿坑村	岩樟溪	252	—	跨库村
合 计(3 个村)		—	1296	1	—
宝溪乡	塘源村	新安江水库	565	69	安置村
合 计(1 个村)		—	565	69	—

注:全市移民村(跨库村)共计 133 个,其中紧水滩水库移民村 85 个,新安江水库移民村 26 个,大白岸电站移民村 4 个,滩坑电站移民村 2 个,瑞垟一级电站水库移民村 5 个,岩樟溪电站移民村 5 个,同属紧水滩和新安江水库移民村 6 个(分别为小梅镇黄南村,八都镇小窖村、溪坪村、松渠村,竹垟乡罗墩村、金田村)。

第二节 下山脱贫

概况

2001 年 8 月浙江省政府出台《关于推进欠发达地区加快发展的若干意见》,龙泉市从 2002 年开始组织实施下山脱贫工作,龙南乡、屏南镇、兰巨乡、竹垟乡等四个欠发达乡镇列为扶持对象,实施下山脱贫搬迁政策。省扶贫办按照每人 3000 元下发补助资金。其中:直补每人 2100 元,另 900 元用于安置小区的基础设施建设。2005 年开始扩大至库区,龙渊街道、剑池街道、安仁镇、道太乡等 4 个库区乡镇困难群众出库搬迁,省扶贫办直补资金,补助标准根据安置地点分类补助,每人 3000~5500 元不等。2008 年开始面向全市高远山区、紧水滩库区困难群众搬迁,按照搬迁方式和安置地点分类补助,每人 2000~9000 元不等。面上乡镇分散搬迁每人补助 2000 元,整村搬迁每人补助 5000 元,补助资金由龙泉市级财政筹集。

模式创新

根据要求，将居住在紧水滩库区、岩樟溪水源地保护区、凤阳山自然保护区、地质灾害隐患区的行政村和自然村确定为农民异地搬迁重点区，并对这些区域进行重点扶持。为降低转移成本，积极探索新的建房模式，在乡镇推行“三植8户、四植8户”等以8户为单元的联建公寓式套房模式，实现“农户节约建房成本5万元以上、政府节省土地资源40%以上”的双赢效果。在城区采取市场化运作方式建设农民公寓，将建设用地通过挂牌方式出让，让搬迁农民拥有房产“两证”，解决搬迁农民今后生产、生活融资困难。提供购房款50%的按揭贷款，给予最高每人20平方米（每户不超过100平方）的住房优惠价，最大限度地降低搬迁农民购房成本。

万人下山脱贫

2003年，龙泉市被列为全省重点扶持的25个欠发达县（市、区）之一，龙南乡、兰巨乡、屏南镇、竹垟乡、安仁镇5个乡镇被列入实施“欠发达乡镇奔小康工程”的361乡镇，其中龙南乡、兰巨乡、屏南镇、竹垟乡4个乡镇为省重点扶持的211乡镇。是年，市农办、建设、国土、林业、水利等有关部门组织联合调查组分赴全市19个乡镇（街道）进行调查摸底。制定《龙泉市万人下山脱贫工程总体规划》，规划在2003—2007年，用5年时间，新建续建下山脱贫小区13个、下山脱贫点14个，实现下山脱贫400户15000人。当年动工新建续建下山脱贫小区（点）8个，实现下山脱贫700户2500人以上。为推进“万人下山脱贫工程”的实施，出台《关于实施下山脱贫小区建设工程的若干意见》，对凤阳山毗邻村农户，下山脱贫还额外补助每人1000元。

2004年，龙南、兰巨、屏南、竹垟四个乡镇已有253户978人进行异地搬迁，实现下山脱贫。全市完成下山脱贫1001户3852人，分别占下达任务的106%和109%。是年，兰巨乡张山村和龙渊街道白塔村的整村搬迁项目也在启动。

2006年，全面完成剩下的427户1744人搬迁任务。兰巨乡大汪村碧坑、际头畈两自然村进入兰巨银三角脱贫小区，入住109户498人；竹垟乡建设金田脱贫小区，实行梯度转移103户414人。

2007年南大洋农民公寓开工，全市实现下山脱贫1202户4526人，占年度计划的125.7%。欠发达乡镇下山脱贫整体搬迁项目已完成搬迁112户455人；A类地质灾害点已有37户171人完成搬迁避险任务。

2008年，实现农民转移搬迁5790人（其中地质灾害615人，紧水滩库区2027人），其中整体搬迁4530人。新（续）建脱贫小区（点）12个，其中南大洋农民公寓19幢住房结顶，为518户2300余困难群众解决异地安置住房问题；安仁脱贫小区、张村脱贫小区二期住房结顶，对6个整体搬迁行政村和48个整体搬迁自然村进行旧房拆除和宅基地整理，新增耕地62公顷。

2009年，南大洋农民公寓建设全面完成，518套住房全部交付使用。城西小区工程在12月17日开工建设。紧水滩库区异地脱贫工程全面完成，共安置库区群众7334人，一期工程通过省级验收。八都瀑云小区二期、八都生态移民小区、小梅脱贫小区、城北东书脱贫点等乡镇小区（点）建设步伐加快。完成农村劳动力转移就业技能培训3506人。其中，下山脱贫农民2100人，再就业培训956人。其中，下山脱贫农民570人。

2010年，以一城一镇一村（城区、中心镇、中心村）作为农民下山搬迁的首选地，引导高山远山、库区、地质灾害点农户下山搬迁，启动新（续）建下山脱贫小区（点）8个，城西小区（河阳公寓）工程开工建设，城东小区开展规划设计等前期工作。推进八都瀑云小区二期、小梅脱贫小区、城北东书脱贫点等乡镇小区（点）建设。

紧水滩库区异地脱贫

2005年12月，省政府正式批复实施异地脱贫惠民工程。2006—2008年，紧水滩库区异地脱贫工程实施，共投入2.1亿元建立安仁小区、张村小区等3个脱贫小区和供村、立新2个脱贫点和南大洋农民公寓。实现库区困难群众搬迁7334人，其中，紧水滩移民240户953人。

依镇而建的安仁、张村二个下山脱贫小区由农户联建，脱贫小区以木制玩具业为主，生产资料较为丰富，特色农业如黑木耳发展较成熟，提供较多就业机会和生产门路；依城而建的公寓式紧水滩下山脱贫小区，受城镇经济带动，引导下山困难群众向二三产业转移；依片而设的道太乡双平、供村2个下山脱贫点，引导农村困难群众分梯度向下山脱贫点迁移。

下山脱贫成果

2010年，下山农户从事二、三产比例由搬迁前的14%提高至59%。下山脱贫与农村劳动力培训就业工程相结合，劳动人事部门组织对下山脱贫小区群众开展分批的非农技术培训，转移就业人员1000余人。下山脱贫与发展特色产业相结合，累计在下山脱贫小区发展来料加工点16个，从事来料加工下山群众900余人，加快下山农民增收致富步伐。2000—2010年，全市累计建成下山脱贫小区（点）52个，实现紧水滩库区、地质灾害隐患区、凤阳山毗邻村以及其他居住在高山远山地区下山脱贫农民3.8万人。

第三节　管理机构与队伍

机构设置

1979年，成立龙泉县移民工作委员会办公室。办公室主任由原县财办副主任兼任，副主任及工作人员从财政、交通、粮食、供销等部门抽调，为临时机构，人员工资由原单位发放。”下设“龙泉县移民经济开发服务处”。1990年，龙泉撤县建市，改称“龙泉市移民办公室。1997年3月，设立中共龙泉市移民办公室党组。同年5月，根据职能下设行政财务股、安置股、开发股3个股室。2007年9月行政财务股、安置股、开发股调整为综合科、资金管理科、扶持一科、扶持二科。同年11月撤销龙泉市移民经济开发服务处。

队伍建设

2009年，龙泉市移民办公室经上级批复按参照公务员法管理。2010年单位工作人员26人，在编20人。

第十一篇

食用菌　茶叶

龙泉是世界香菇人工栽培发源地、中华灵芝第一乡、中国黑木耳之乡、中国食用菌十大主产基地县和浙江省农业特色优势产业食用菌产业强县。

龙泉20世纪60年代开始从事食用菌栽培研究和技术推广，80年代蓬勃兴起，1991年开始推动代料香菇木耳的生产，食用菌产业获得大发展。1993年龙泉市食用菌产值达到1.3亿元，占农业总产值的50%，成为全国食用菌产值超亿元的县市之一。2006—2010年，龙泉市共发展代料香菇45000万袋，代料黑木耳36500万袋，段木灵芝7280立方米，黑木耳菌种5600万包，以工厂化生产金针菇为主的珍稀菌类4800万瓶。2010年，食用菌产业从业人数达9万人，产值5.06亿元，占农业总产值的34.61%。龙泉市“浙闽赣食用菌交易中心”成为全国黑木耳集散中心，市场以黑木耳为主的市场交易额达18亿元。食用菌产业呈现产销两旺的态势，龙泉市成为南方最大的黑木耳产销中心。2010年中国食用菌协会授予龙泉市“中国黑木耳之乡”“全国食用菌产业文化建设先进县”等荣誉称号；“龙泉黑木耳”证明商标也获得注册公告，龙泉段木灵芝和孢子粉获得国家地理标志产品保护。

据《浙江商务》卷1期：“民国22年(1933)，龙泉产茶1.5万担，居丽水专区首位。”中华人民共和国成立后，茶业得到快速发展。1984年龙泉共有茶厂101家。1988年，产茶97.6万千克，产值480万元，至2010年，全市茶园总面积2326.67公顷，产量134万千克，产值10190万元。

第一章　香　　菇

第一节　栽培历史与品种

栽培历史

明陆容(1436—1494)《菽园杂记》引宋嘉定二年(1209)何澹作序的《龙泉县志》有关香蕈栽培的185个字，是目前已发现历史上香菇食用和栽培最早的文献资料。

仅仅185个字记录了香菇作为食用菌栽培从择时、选场、选树、砍花、采菇到烘干的整个栽培与加工过程：

“香蕈，惟深山至阴之处有之。其法，用乾心木、橄榄木，名曰‘蕈樼’。先就深山下斫倒仆地，用斧斑驳锉木皮上，候淹湿，经二年始间出，至第三年蕈乃遍出。每经立春后，地气发泄，雷雨震动，则交出木上，始采取。以竹篾穿挂，焙干。至秋冬之交，再用工遍木敲击，其蕈间出，名曰‘惊蕈’。惟经雨则出多，所制亦如春法，但不若春蕈之厚耳。大率厚而小者，香味俱佳。又有一种，适当清明向日处，间出小蕈，就木上自干，名曰‘日蕈’，此蕈尤佳，但不可多得。今春蕈用日晒干，同谓之‘日蕈’，香味亦佳。”

有人欲将香菇的食用甚至栽培源头推向更早，认为《吕氏春秋·本味》“和之美者：阳朴之姜、招摇之桂、越骆之菌”中的“越骆之菌”即为香菇。据汉代高诱注释，“越骆之菌”是指骆越国出产的竹笋，骆越古国的地理范围正在盛产竹笋的两广地区。同时，1915年由商务印书馆编辑出版的《辞源》亦将“越骆之菌”的“菌”注释为竹笋。由此可见，《吕氏春秋·本味》不能作为食用香菇的根据。

还有人认为西晋张华编撰的《博物志》：“江南诸山郡中，大树断倒者，经春夏生菌，谓之椹，食之有味……”可以作为最早食用香菇的依据，然而从紧接的后文“食之有味，而忽毒杀，人云此物往往自有毒者，或云蛇所着之物。枫树生者啖之，令人笑而不得止，治之，饮土浆即愈。”可以看出此处说的并不是香菇，而是一些有毒的野菇，因此也不足为据。

《龙泉县志》关于香菇的185字，应为香菇食用和栽培的源头，其记叙的香菇栽培法与龙、庆、景一带菇民后来的砍花法有诸多相近之处，说明在宋代，龙泉已有比较成熟的香菇栽培技术，并且一脉相承，世代流传。

根据民间传说和菇民习俗，香菇食用和栽培的发明人是五显灵官大帝。传说五显灵官本是人，为五兄弟中排行老五，故名五显灵官。他财运极好，笔笔生意都包赚不蚀，便想做一桩亏本的买卖，于是买来一批木头，雇人砍成遍体疤痕，这样木头就会烂掉，从而亏本。不料这木头的疤痕里长出小伞似的东西，有人试着尝尝味道，竟然鲜美无比，便竞相购买，于是这桩生意又赚了，这小伞似的香菇就发明了，后人为了纪念他，尊为“菇神”，并在各村建造“五显庙”。菇民外出种菇，在菇寮设神龛，神龛里有"师父榜":"玉封五显灵官大帝，敕封大明刘基国师。"以供奉香菇发明人和为菇民讨来种菇专权的刘伯温。

另有一种说法：香菇的发明人，亦即"菇神"，是南宋龙泉县龙溪乡龙岩村吴昱，南宋建炎四年(1130)出生，因排行第三，被尊称为吴三公，庆元县西洋村建有菇神庙"西洋殿"供奉吴三公。菇民认为，吴三公骑虎执鞭，应为山神，凡山上作业，如上山打猎、种菇等均要供奉祭拜。

龙泉市香菇栽培与生产历经原木砍花、段木砍花、段木接种和代料(袋式)栽培四个发展阶段。

品种

香菇味鲜，因含乌苷酸，在人工焙制干燥过程中，由于酶的分解作用，使乌核甙酸增加，故干菇比鲜菇味更鲜美。0.5 公斤鲜菇可焙制 1~2 两干菇，其含水量不超过 13%。

按品种：有 135、庆科 20、9015(系列)、241-4 等。

按等级：分花菇、厚菇、薄菇(平菇)三种，菇丁为等外品。

第二节　栽培技术与生产销售

栽培技术

原木砍花栽培　这是最原始的一种半人工栽培技术，在原木上砍以疤痕，天然孢子落入其中生长而成，该技术源于龙泉、庆元、景宁县。

段木砍花栽培　20 世纪 30 年代末，龙泉人李师颐等菇农创造发明段木砍花栽培技术，是对原木砍花栽培的发展。在民国 28 年(1939)的《改良段木种菇术》和民国 30 年(1941)的《银耳香菇种植律》上全面介绍了这种方法。

段木接种栽培　1958 年，上海市农业试验站陈梅朋制成纯菌后，到龙泉县林垟乡对 20 余个树种进行出菇试验。1966 年，纯菌接种段木栽培香菇取得较大进展。1978 年，龙泉县八都区南窖乡张继仁在吕翠光的指导下，采用段木接种栽培香菇获得成功。

代料(袋式)栽培　利用木屑、刨花、棉子壳等农林副产品代替木材栽培香菇，为扩大香菇栽培原料开辟了一条新途径。20 世纪 70 年代末，县林场和县林化厂，引进木屑压块栽培香菇新技术，获得成功。1986 年，引进福建古田彭兆旺发明的袋式栽培香菇技术，被列入县"星火计划"。1987 年，参与丽水地区代料栽培香菇高产协作组，全县菌棒香菇达 270 万袋，获浙江省科学技术进步二等奖和"星火先进集体"称号。1990 年，农业部将龙泉木屑香菇列入浙江农业丰收计划。由于木屑(代料、袋式)香菇生产周期短，生物转化率高，经济效益好，很快被农民接受。代料栽培花菇从 1994 年开始试点，至 1996 年形成规模，并占代料香菇的 60%，对提高香菇质量和效益发挥了重要作用。

袋式栽培香菇所需的常用设备和材料有灭菌灶、接种箱、菇场、装袋机和接种工具、塑料薄膜、消毒药品、培养料、菌种等。参考配方：杂木屑 78%、麸皮或米糠 20%、石膏 1%、糖 1%。

代料香菇栽培操作程序与技术要点一览表

表 11-1-1

作业内容	作业要点
制棒	将培养料装入规格为 15 厘米×55 厘米的聚乙烯塑料袋。装料应结实、及时
灭菌	可选择常压蒸汽灭菌或高压灭菌
接种	料袋冷却至 28℃以下时，在接种箱或接种室内将菌种逐一接入接种孔内，接种时，严格实行无菌操作
菌丝培养	在接种室将菌棒推成“#”字形小堆。每隔半个月翻堆一次，经 50~60 天的发菌培养，菌丝达到生理成熟
出菇	将生理成熟后的菌棒移入荫棚内。脱除塑料袋，斜靠在菇架横杆上，上层覆盖小拱棚，经温、湿、气、光的调节，菌丝由白转褐；花菇割口，继而出菇。采收 2~3 潮菇后，给菌棒浸水或注水以补充水分
采收	香菇采收以子实体七八分成熟，菌盖内卷、菌膜未破或刚破裂为最适时期
保鲜	香菇保鲜有冷藏保鲜法、气调贮藏法、速冻保鲜法、减压冷藏法、薄膜包装法。最常用的是冷藏保鲜法
干制	香菇的干制方法有热风干燥法、日晒法、焙笼烘烤法，最常用的是热风干燥法
病虫害防治	病虫害遵循“预防为主，综合防治”的原则，优先采用农业防治、物理防治，必要时辅以化学防治

生产销售

1986 年，龙泉引进木屑菌棒代料栽培，室内培育菌丝，野外出菇管理，被列入县“星火计划”全面推广。1987—1988 年，县真菌研究室运用上海师范大学生物系小型发酵装置研制成香菇液体菌种，在香菇段木和人造菇木中接种试验成功。1989 年经省鉴定，大力推广。

1992 年 10 月，在北京举行的首届中国农业博览会上，龙泉市食用菌开发公司生产的“龙宝”牌香菇获银质奖（金奖缺）。

1989—2010 年龙泉市（县）香菇生产销售情况一览表

表 11-1-2

年　份	木屑香菇		
	栽培量（万袋）	干菇量（千克）	产值（万元）
1989	250	1375000	343.8
1990	426	250000	675
1991	1100	660000	1650
1992	2200	1300000	3000
1993	5100	3315000	10000
1994	10000	6000000	21000
1995	8000	4800000	16000
1996	10000	6000000	20000

续表 11-1-2

年 份	木屑香菇		
	栽培量(万袋)	干菇量(千克)	产值(万元)
1997	12000	7200000	20000
1998	7500	4500000	13000
1999	11000	6600000	19000
2000	10600	6036000	18500
2001	6500	3900000	12000
2002	8500	5100000	15000
2003	12000	5700000	15200
2004	11000	6000000	14000
2005	6500	3900000	19500
2006	11000	6000000	23000
2007	12800	6316000	18000
2008	9000	4561000	18000
2009	8000	4000000	22320
2010	7000	3650000	20220
年均	6845	3954000	12849

第二章　黑 木 耳

第一节　栽培历史与品种

栽培历史

黑木耳是中国亦是世界最早开始人工培育的食用菌。黑木耳的人工培育历史可追溯到公元7世纪的唐朝。唐代苏恭的《唐本草注》第一次系统描述黑木耳人工培育方法。黑木耳生产历经野生、原木砍花、段木接种、代料栽培四个阶段。民国19年(1930),李师颐在龙泉创办银耳繁殖场,进行银耳生产,并编著出版《银耳香菇种植律》一书。以后又进一步发展为培育黑木耳孢子液喷洒接种的方法,生产比以前有所改进。一些科研部门培育出黑木耳纯菌种,发明了段木打穴接种法。20世纪70年代,上海农科院等科研部门采用木屑为原料,进行室内袋栽、瓶栽和块栽,获得了成功。1981年,安仁大丘另村推行段木黑木耳生产；90 年代，龙泉推广段木接种和发展袋栽黑木耳生产；2000 年始，代料黑木耳产业迅猛发展，成为龙泉食用菌主打品种。

品种

按栽培基质可分：

段木栽培品种：黑 793、H10。

代料栽培品种：8808、黑威 9 号、沪耳 3 号、Au8129、吉 AU1 号、中农黄天菊花耳等。

段木、代料两用栽培品种：新科、浙耳 1 号等。

按黑木耳朵形：

单片型品种：新科、浙耳 1 号、916、单片 5 号等。

菊花型品种：8808、黑威 9 号、Au8129、吉 AU1 号、中农黄天菊花耳等。

龙泉市栽培的均为单片型品种，以新科和 916 两个品种为主。

第二节　栽培技术与生产销售

栽培技术

栽培工艺流程：配料→拌料→装袋→灭菌→冷却→接种→菌丝培养→刺孔养菌→排场见光→出耳管理→采收干制。

参考配方 1：杂木屑 77%，砻糠 10%，麸皮 10%，红糖 1%，石膏 1%，石灰 1%，水 55%~60%。

参考配方 2：杂木屑 58%，棉籽壳 24%，麸皮 15%，石灰 1.5%，红糖 0.5%，石膏 1%，水 55%~60%。

代料黑木耳栽培操作程序与技术要点一览表

表 11-2-1

<table>
<tr><th>作业内容</th><th>季节安排</th><th colspan="2">作业要点</th></tr>
<tr><td>制棒</td><td>7 月中下旬至
9 月中下旬</td><td colspan="2">将培养料装入规格为宽 15 厘米×长 55 厘米×厚 0.004 厘米~0.005 厘米的聚乙烯塑料袋。装料应结实、及时</td></tr>
<tr><td>灭菌</td><td>制袋后</td><td colspan="2">可选择常压蒸汽灭菌或高压灭菌</td></tr>
<tr><td>接种</td><td>灭菌冷却后</td><td colspan="2">无菌操作要求下，在菌棒上均匀地打 3~4 个接种穴，接种口直径 1.5 厘米左右，深 2厘米~2.5 厘米</td></tr>
<tr><td>菌丝培养</td><td>接种后</td><td colspan="2">室内堆叠养菌，一般堆高 6~8 层，以井字型或三角形或墙式堆放</td></tr>
<tr><td>刺孔催耳</td><td>9 月中上旬至
10 月上旬</td><td colspan="2">在菌棒表面均匀刺孔后，将菌棒按三角形或井字型堆放，促进菌丝恢复及生理成熟</td></tr>
<tr><td rowspan="3">出耳管理</td><td rowspan="3">11 月至次年 4 月</td><td>排场</td><td>将畦床整成龟背状，畦间留操作道。沿着畦的纵向架设靠架，并在上方架设喷灌设施；选晴天或阴天进行露天排场</td></tr>
<tr><td>管理</td><td>水份管理遵循“干干湿湿”原则</td></tr>
<tr><td>采收</td><td>耳片颜色转浅，由黑变褐、边缘舒展软垂、肉质肥厚、耳根收缩、腹面出现白色孢子粉时采收</td></tr>
</table>

续表 11-2-1

作业内容	季节安排	作业要点
干制	11 月至次年 4 月	采下的耳片要清理干净，丛生的朵形要分开。晾晒在竹帘或晒席上，耳片朝上，耳根朝下。烘干：若遇阴雨天，可用 25~50℃烘干
病虫害防治	11 月至次年 4 月	病虫害遵循“预防为主，综合防治”原则，严格控制农药使用；严格把好种源关、培养料质量关和灭菌关三个环节
培养残料处理	4 月至 5 月	及时将培养残料运离生产场地。培养残料可以作灭菌燃料、有机肥料以及还田还山等二次利用综合利用

生产销售

2007 年以来，在龙泉市提出的“优化产业结构，提升产业发展”总体思路指导下，食用菌产业结构明显优化，黑木耳等特色优势产业快速发展。2010 年，全市年发展无公害黑木耳生产基地 1125 公顷，产干耳 600 万千克，创产值 28680 万元。全市 19 个乡镇(街道)有 42828 人从事黑木耳栽培，还有 3000 多人从事黑木耳的加工、运输和销售。至 2010 年，龙泉黑木耳已在北京、深圳、广州、上海、杭州等全国各大中城市建立了上百个销售窗口，产品还出口欧美、日本、新加坡、韩国等地，龙泉市成了全国黑木耳产品交易的集散中心。

1989—2010 年龙泉市(县)历年黑木耳生产销售情况一览表

表 11-2-2

年 份	黑木耳		
	栽培量(万袋)	干耳量(千克)	产值(万元)
1989	315	36000	144
1990	450	20000	80
1991	300	40000	160
1992	600	70000	280
1993	1050	21800	87.2
1994	327	22000	88
1995	330	32500	130
1996	375	32500	230
1997	375	32500	130
1998	375	32500	130
1999	375	32500	130
2000	300	150000	750
2001	500	250000	1100
2002	600	300000	1500
2003	500	250000	1100
2004	2200	1100000	5500

续表 11-2-2

年　份	黑木耳		
	栽培量（万袋）	干耳量（千克）	产值（万元）
2005	2000	1000000	5000
2006	2800	1400000	8400
2007	4000	2000000	12000
2008	8000	4000000	22400
2009	11000	4000000	21040
2010	13500	6000000	28680
年均	2060	837000	4377

第三章　灵　芝

第一节　栽培历史与品种

栽培历史

龙泉灵芝是中华灵芝文化的重要组成部分，创始于公元前 5000 年的上古神农、黄帝时代，在宋代已有确切文字记载。据光绪《龙泉县志》记述："南宋建炎三年（1129）己酉冬十一月芝产前太常少卿季陵居屋"。季陵，龙泉城南宏山人，政和二年（1112）进士，建炎初从宋高宗至扬州任太常少卿。历代文人墨客撰写了无数诗词、楹联赞美龙泉灵芝。北宋徽宗时期龙泉籍宰相何执中的《同太冲吴真人游芝山》一诗，生动呈现了龙泉灵芝文化在宋代的繁荣景象。

品种

1988 年，龙泉市科委专列课题，在水南村租房进行室内瓶栽灵芝试验，采用京大、泰山 1 号品种，次年获成功。1990 年，在八都高浦村进行室外段木灵芝试种。1991 年，又在供际村进行段木灵芝试种，两年均获成功。1992 年冬，确定在宝溪、岩樟两个乡进行推广，品种选用信州、惠州，受到广大农民的欢迎。宝溪与岩樟两个乡全面推广灵芝短段木栽培。1993 年，两乡灵芝均获丰收。随后，迅速推广。1996 年，国务院经济发展研究中心授予龙泉市"中华灵芝第一乡"荣誉称号。

人工栽培灵芝品种以栽培规模而论，是赤芝与紫芝。龙泉主栽品种（经过品种审定的）以沪农 1 号为主。

第二节 栽培技术与生产销售

栽培技术

段木灵芝栽培的季节安排、工作内容和技术要点：

段木灵芝栽培操作程序与技术要点一览表

表 11-3-1

作业内容	季节安排	作业要点
砍伐	10 月至次年 1 月	选无灭菌性生物的阔叶树，在休眠期砍伐以直径 6~15 厘米为好；烂心或太粗的可剖制使用
截断	灭菌前	截成 15 厘米或 30 厘米，长短要一致，截面修一刀，以免刺破袋子，灭菌前，过干的先浸水；水分过多时沥干
装袋	灭菌前	选聚丙烯或低压聚乙烯，袋的长度按段木长短而定，留足两头扎口。先扎一头，装袋后加颈栓棉塞，扎另一头
灭菌	10 月至次年 1 月	100℃左右 8~10 小时
接种	灭菌后	搬入培养箱培养，或搭棚接种，注意场地空间及器具灭菌
培养	10 月至次年	在大棚内或培养室培养，应干燥，空气流通，室温 20℃，菌温 24℃较好，避光线、少移动以防袋子破损
整地	3—5 月	选砂质壤土、无白蚁、易管理处，土壤先晒白，做畦，高 20 厘米，宽 1.2 米
排放	4—5 月	地温上升至 15℃时排放。先去袋，开 15 厘米的沟，排后覆土，15 厘米的可竖放，若 30 厘米的可横排排后浇水盖膜保温
管理	4—10 月	遮阴棚春夏半阴半阳，盛夏八阴二阳，一般时间七阴三阳，力求 25℃左右
采收	5—10 月	芝盖边缘白圈消失后一周即可采，晒干贮藏，防虫蛀，剪除泥柄，保持干净

生产销售

自 1990 年段木灵芝栽培试验获得成功以来，龙泉市段木灵芝产业迅速发展，成为最具发展潜力的农业产业之一。

1992—2010 年龙泉市历年灵芝生产销售情况一览表

表 11-3-2

年 份	灵芝		
	栽培量（万袋）	干芝量（千克）	产值（万元）
1992	300	15000	75
1993	2500	50000	276
1994	1666	20000	250

续表 11-3-2

年 份	灵芝		
	栽培量(万袋)	干芝量(千克)	产值(万元)
1995	2500	50000	250
1996	6000	102000	510
1997	7000	120000	600
1998	7000	120000	600
1999	2000	35000	180
2000	2000	85000	340
2001	2500	125000	550
2002	3000	150000	700
2003	3000	150000	700
2004	3000	150000	700
2005	100	5000	5
2006	2600	130000	130
2007	4100	205000	164
2008	4100	205000	164
2009	4100	243000	875
2010	4100	246000	886
年均	3240	116000	419

1999 年，市质量技术监督局和市食药用菌办公室制定了《段木灵芝的生产和产品地方标准》。2001 年，浙江省龙泉市地方标准—《披云灵芝系列标准》颁布实施。

2004 年，龙泉市兴龙科技开发研究所申请的《一种孢子粉培育和采集技术》获得国家授权专利，此后，灵芝孢子粉扎袋套筒收集技术迅速推广并向云南、福建、江西、安徽、河北等地推广、辐射。

龙泉灵芝产业先后培育了 6 家集种植、加工、销售为一体的规模农业龙头企业，获得国食健字批文的保健品有 7 个，研发灵芝孢子粉等系列产品 20 余个，产品远销日本、韩国、新加坡等国家，并多次获得浙江农博会金奖。

龙泉市灵芝孢子粉产品国食健字批号一览表

表 11-3-3

企业名称	产品名称	注册号	产品规格	主要原料
龙泉市国镜药业有限公司	爱芙萝破壁灵芝孢子粉胶囊	G20041084	0.27克/粒	破壁灵芝孢子粉
	龙茯星牌石斛破壁灵芝孢子粉胶囊	G20060712	0.25 克/粒	铁皮石斛、灵芝孢子粉
龙泉市纳富特生物有限公司	御丹牌绛芝益肝胶囊	G20040692	0.25克/粒	灵芝、丹参、枸杞子、女贞子、泽泻、绞股蓝、银耳、淀粉、糊精、羧甲基纤维素钠

续表 11-3-3

企业名称	产品名称	注册号	产品规格	主要原料
浙江龙泉佳宝生物科技有限公司	滢宝牌破壁灵芝孢子颗粒	G20060324	2.7克/袋	灵芝孢子粉、灵芝提取物、壳聚糖、白砂糖
	滢宝牌破壁灵芝孢子胶囊	G20060161	0.3 克/粒	灵芝破壁孢子粉、灵芝提取物、壳聚糖
浙江森芝宝生物科技有限公司	森芝宝灵芝破壁孢子粉胶囊	G20050646	0.25 克/粒	灵芝破壁孢子粉
	森芝宝灵芝破壁孢子粉	G20050566	1 克/袋	灵芝破壁孢子粉

第四章　食用菌开发与利用

第一节　自然环境与基地建设

自然环境

龙泉市地处浙闽边境，位于瓯江、乌溪江、闽江之源，以独特的山水田园，融于浙江绿谷、秀山丽水之中，被誉为“中国生态第一市”。2007 年，《浙江省环境质量概要》公布，龙泉空气质量全省排名第一。境域属亚热带季风气候，温暖湿润，四季分明，山地垂直差异明显，不同海拔区域小气候丰富多彩，昼夜温差大，全年光热水同步增减配合好，极为有利于食用菌生长。境内森林茂密，森林覆盖率达 84.2%，林木蓄积量 1455.6 万立方米，居浙江之冠，有“浙江林海”之称。环境空气质量达国家二级标准，地表水达Ⅰ、Ⅱ类水质标准，生态环境良好，在全国 2348 个县市环境评比中综合排名列第八，为“中国生态第一市”，好山好水好空气，为龙泉食用菌产业发展奠定了基础。

基地建设

天和公司基地　2002 年，浙江天和食品有限公司在八都镇青山村建立了龙泉市第一个 30 万袋的花菇标准化基地。

聚珍园基地　2006 年，浙江聚珍园食品有限公司、浙江晨光食品有限公司和浙江腾达农特产种植有限公司分别在八都镇双溪口村、锦溪镇上锦村和西街街道河村建设了香菇、木耳标准化生产基地，生产量 180 万袋。

标准化基地建设　2008 年以来，龙泉市连续每年出台《关于提升发展食用菌产业的若干政策》，市政府列出食用菌专项资金对食用菌生产、加工、销售各环节进行资金补助，重点扶持食用菌标准化基地建设，标准化生产技术在全市得到迅速推广。至2010年，全市建成食用菌标准化基地40个（向丽水商检局推荐申请出口备案基地26个），标准化生产示范村8个，标准化菌种场11家。

第二节　科技创新

科技创新基地

1989—2010年，龙泉市（县）围绕“稳总产、提品质、优结构、深加工、拓市场”发展思路，食用菌产业结构迅速从单一的袋料香菇结构发展为多元化结构，产业化水平不断推进：袋料香菇、袋料黑木耳产值均超亿元；段木灵芝、黑木耳菌种、工厂化金针菇快速发展，工厂化白灵菇、大球盖菇、秀珍菇等具有良好市场前景的草腐菌类成功开发，其中双益菇业有限公司自行研制的食用菌生产机械和智能化控制系统应用与生产，实现了食用菌工厂化、机械化、标准化、无木化、周年化生产；首创并成功实践的袋料黑木耳仿生栽培技术和新型“耳—稻轮作”栽培模式，实现了“千斤粮，万元钱”的目标；利用高海拔地理优势栽培夏菇技术，龙南乡成为华东地区高山反季节夏菇最大的生产基地。

工厂化生产

2002年，龙泉市双益菇业有限公司自行设计厂房，成功研制食用菌生产机械（自动装瓶机、自动搅拌机、自动搔菌机和智能化控制系统），进行金针菇工厂化生产，实现了食用菌机械化、标准化、无木化和周年化生产，被省农业厅领导誉为“全省食用菌发展的红旗”。2006年，龙泉市双益菇业有限公司利用金针菇生产后的废弃料生产秀珍菇、姬菇，获得了成功。“珍稀菇类栽培技术及开发研究”项目，获2005年度丽水市科学技术进步奖二等奖；“食用菌国产设施工厂化栽培技术研究”项目，获2006年度丽水市科学技术进步奖二等奖；2007年，浙江省委书记习近平参观考察了基地，并给予高度评价。

液体菌种应用

该项目以小型发酵装置和农副产品为主要材料的液体培养基，深层培养而制备成液体菌种及液体颗粒菌种。龙泉先后向四川、湖南、河南、吉林、江苏、江西等省推广和介绍了该技术，向欧亚4个国家转让专利。此项目获浙江省1989年科技进步三等奖。

研究与栽培

20世纪90年代初，龙泉市农业局、科委、科协等单位研究成功夏菇栽培技术；1999年，在龙南乡推广覆土栽培香菇，龙南成为华东最大的夏菇基地。“反季节高温香菇栽培技术推广”项目，获2005年浙江省农业丰收奖一等奖、2006年全国农牧渔业丰收奖二等奖。

20世纪80年代，龙泉安仁镇开始生产黑木耳菌种，运销安徽、江西、河北、河南、陕西、湖北等省，形成较强的安仁品牌效应，销量居中国南方第一，被誉为“中国南方黑木耳菌种之乡”。“龙泉市黑木耳菌种生产技术推广”项目，获2005年度丽水市农业丰收奖二等奖。

20 世纪 70 年代，龙泉开始段木黑木耳生产。2000 年，代料黑木耳栽培试验在龙泉安仁镇获得成功；2001 年，开始试种；2002 年始，在全市迅速推广。2008 年，“代料黑木耳杂交稻高产高效技术推广”项目，获浙江省农业丰收奖二等奖；2010 年，“无公害代料黑木耳集成配套技术研究与标准化生产示范”项目，获浙江省科学技术奖二等奖。

第三节　行业管理

行业协会

菇民委员会　20 世纪 80 年代，龙泉县建立菇民委员会，委员会由县政府、农经委、龙南区、屏南区、安仁区等区公所及有关乡政府主要领导组成，委员会下设办公室，办公室设在县农经委内。

龙泉市香菇协会　1998 年 4 月，龙泉市香菇协会成立，吸收了会员 100 多名，为全国食用菌产业最早一家行业协会。

龙泉市食用菌协会　2008 年 4 月 17 日，龙泉市食用菌协会成立，来自龙泉市各地从事食用菌行业的 230 多位会员选举产生了食用菌协会第一届理事会。

交易市场

食用菌产业快速发展，专业交易市场、销售流通队伍应运而生。

1995 年，龙泉市小公路批发市场被改造成小公路食用菌交易市场。

1996 年，龙泉市建立南、北食用菌干货交易市场，面积近 2 万平方米，拥有食用菌干品经营户 200 多户，鲜香菇加工厂 20 多家，食用菌购销队伍 1000 多人，不仅收购、加工、销售本市农户生产的香菇、木耳，还购销遂昌、松阳、武义、景宁、缙云以及湖北等地的香菇和全国各地的黑木耳。2004 年，市场年交易额接近 10 亿元。

2003 年，龙泉市新增新南区市场，用于交易食用菌产品。

2009 年，龙泉市投资 2 亿元建成浙闽赣食用菌交易中心，占地面积 2 万平方米，店面 198 植，拥有经营户 150 余家，投入使用后当年市场交易额达 10 亿元，各地客商纷至沓来，龙泉食用菌产业呈现产销两旺的态势，龙泉市已逐步成为南方最大的黑木耳产销中心。

第四节　规模企业与品牌建设

龙头企业与专业合作社

龙泉食用菌产业培育了一批农业龙头企业和农民专业合作社，至 2010 年，共培育食用菌企业 10 家，其中国家级农业龙头企业 1 家、省级 1 家、市级 5 家、县级 3 家；注册（已备案）农民专业合作社 61 家。

龙泉市食用菌产业重点农业龙头企业一览表

表 11-4-1

单　位	负责人	级　别	公布文件号
浙江天和食品有限公司	吴子敬	国家级	农经发〔2008〕3 号
浙江纳富特生物科技有限公司	郭秀良	省级	浙农产发〔2004〕11 号
浙江双益菇业有限公司	叶圣益	丽水市级	丽政发〔2005〕1 号
浙江龙华农业开发有限公司(浙闽赣食用菌交易中心)	叶桂花	丽水市级	丽政办发〔2009〕136 号
浙江森芝宝生物科技有限公司	曹隆枢	丽水市级	丽政发〔2008〕70 号
浙江龙泉佳宝生物科技有限公司	杨久根	丽水市级	丽政发〔2010〕76 号
浙江龙泉山食品有限公司	叶敏平	丽水市级	丽政发〔2010〕76 号
浙江芳野食品有限公司	翁家宝	龙泉市级	龙政办发〔2009〕132 号
浙江科达生物科技有限公司	裴小红	龙泉市级	龙政办发〔2010〕184 号
龙泉通和食用菌有限公司	吴子敬	龙泉市级	龙政办发〔2010〕184 号

品牌建设

龙泉食用菌产业积极推进“品牌战略”，食用菌产品质量和市场竞争力明显提高。

1996 年，国务院经济研究发展中心授予龙泉市“中华灵芝第一乡”荣誉称号。

2002 年，龙泉市获得“浙江省农业特色优势产业食用菌产业强县”荣誉称号。

2009 年，龙泉市成功举办“第八届全国食用菌新品种新技术研讨会暨中国食用菌发展龙泉论坛”。会上，中国食用菌协会授予龙泉市“中国食用菌十大主产基地县”荣誉称号。

2010 年，龙泉市获得“中国黑木耳之乡”荣誉称号。

2010 年，“龙泉灵芝”获国家地理标志产品保护。

此外，“天和泉”牌香菇被评为“中国农副产品名牌”；“天和泉”“盛益”商标被评为“浙江省著名商标”；“龙泉香菇”“纳富特牌灵芝”被评为“浙江十大名菇”。

第五章　茶　　叶

第一节　茶叶生产

生产历史

三国时龙泉即已产茶，明成化岁贡“芽茶四斤”。清代张作楠在《梅簃随笔》中记述：“龙泉县西南二乡产云雾芽茶，每岁清明后谷雨前，县令发价采办，额定贡茶廿四斤，色味双绝……”清乾隆年间，龙泉学者林撝(1722—1795)在《茶厂谣》中写道：“龙泉邑大二百里，邑里山山有茶树”，“家家派茶务”，“输茶日日到茶厂”。现在，天堂山还有“茶王殿”的遗迹，可见当年茶业之兴盛。后因茶农不堪苛捐杂税，加之咸丰八年(1858)，连片茶园多毁于战火，茶叶面积和产量均骤减。民国22年(1933)，产茶1.5万担，居丽水专区首位(《浙江商务》卷1期)。民国31—34年(1942—1945)，中国茶叶公司浙江分公司迁到龙泉。

1999年，龙泉白天鹅获“浙江名茶”称号。2004年，全市茶园面积仅有1173.3公顷，市委、市政府把茶叶作为农业主导产业来培育，每年安排100万元资金对茶叶基地，茶叶龙头企业等建设进行扶持，同时将茶叶管理职能从林业局重新划归农业局，并建立茶产业发展中心。龙泉市以“多茶类组合开发”为技术创新着眼点和突破点，依托优良的生态环境，凭借科研院校的科技支持，成功开发独具“香、活、甘、韵”特色龙泉金观音系列产品，采取“绿茶、特色茶”并举的发展战略，发展金观音茶园面积407.6公顷。相继获得国际名茶评比金奖、“中茶杯”一等奖、中国精品名茶和浙江绿茶博览会、农博会金奖、中华文化名茶等荣誉称号。龙泉金观音作为区域公用品牌，通过“茶、瓷、水”结合的系列推介活动，拥有一定的品牌知名度，其产业已成为龙泉农业经济发展的新亮点。2008年，市茶产业协会开始制定金观音省地方标准，2009年4月，正式发布浙江省地方标准“金观音生产技术规程”，为全面推行标准化生产奠定了坚实的基础。2010年，全市茶园面积达2333.33公顷，产量达到1340千千克，产值1.019亿元，同比分别增长3.6%、8.9%和48.4%。其中金观音茶园面积667公顷，产量180千千克，值达到5700万元。中国国际茶文化研究会授予龙泉市“中国茶文化之乡”的称号，龙泉金观音获得“中华文化名茶”称号。

中华人民共和国成立后，茶业得以恢复和发展，二十世纪七八十年代，五梅垟、岭后、乌尖下、安福等地大量开垦茶园，龙泉出现茶园面积超过3333公顷的初步繁荣。1981年建立县精制茶厂，1984年共有初制茶厂101家，1985年高峰时茶叶面积达3421.47公顷。1988年，全县共有茶园2752公顷，产茶97.6万千克，产值480万元，占当年农业总产值9275万元的5.2%，其中出口15万千克，创汇42.5万美元。由于经济体制的转变和产品的转型等诸多因素，茶产业由盛转衰，到2004年龙泉市茶叶面积只有1173.33公顷，产值1400万元。

2005年以来，龙泉市把茶叶作为农业主导产业来培育，连续出台茶产业扶持政策，每年安排100万元资金对茶叶基地、加工、标准化、品牌等建设进行重点扶持。引进金观音等新品种，坚持“绿茶、特色茶”发展战略，强化优势区域布局，大力发展高效生态茶业，积极培育茶叶龙头企业和专业合作组织，着力推进“龙泉金观音”品牌建设，促进了茶产业的恢复性发展。2010年，全市茶园总面积2326.67公顷，产量134万千克，产值10190万元。其中无公害茶叶基地认定面积730.67公顷，通过有机茶认证22公顷。

1989—2010年龙泉市(县)茶叶生产一览表

表11-5-1

年 份	面积(万公顷)	产量(千克)
1989	0.29	906000
1990	0.28	906000

续表 11-5-1

年　份	面积（万公顷）	产量（千克）
1991	0.25	847000
1992	0.22	716000
1993	0.22	1102000
1994	0.22	2373000
1995	0.21	1904000
1996	0.20	1838000
1997	0.19	841000
1998	0.18	792000
1999	0.17	695000
2000	0.16	635000
2001	0.13	705000
2002	0.13	743000
2003	0.12	681000
2004	0.10	701000
2005	0.12	734000
2006	0.13	694000
2007	0.17	1037000
2008	0.22	1100000
2009	0.23	1230000
2010	0.23	1340000

第二节　茶叶栽培

概况

1989—2004 年，龙泉市（县）茶产业处于萧条阶段，集体茶园大部份荒芜、造林或改种其它经济作物，至 2003 年底，茶园面积仅存 1173.33 公顷，品种以鸠坑群体种为主，少量福鼎大白茶、乌牛早、龙井 43、迎霜等品种。

2005—2010 年，龙泉市大力发展无性良种茶园，发展无性系良种茶园 928.75 公顷，良种率从 2004 年的 6%升至 42.3%。2006 年获良种化先进县（市）称号。至 2010 年末，全市茶园面积 2326.67 公顷。茶园面积迅速恢复原因主要是通过半荒芜低产茶园改造和发展无性良种茶园，其中茶园改造 224.59 公顷，发展无性良种茶园 928.75 公顷。2005—2006 年以发展绿茶品种茶园为主，2007—2010 年发展以金观音品种为代表的适制乌龙茶的品种为主。

茶树品种引进与推广

1970年以后，相继引进福鼎大白茶、乌牛早、龙井43、迎霜、福云6号、福云595、平阳特早、碧云、菊花春、竹枝春、藤茶、政和大早、梅占、紫笋、毛蟹、清明早、菊花香、绍兴5801。

2005年以后，相继引进的绿茶品种：安吉白茶、龙井长叶、中茶102、鄂茶1号、浙农107、浙农139；乌龙茶品种：金观音、黄观音、铁观音、金牡丹、金萱(台茶12号)、金鸡茶、白鸡冠、白芽奇兰、丹桂、黄奇等。

2006—2010年，在八都、竹垟、锦溪、兰巨累计建立茶苗繁育基地28.77公顷，基本满足了本市发展新茶园的需要。

绿茶主要栽培品种：鸠坑、龙井43、安吉白茶、乌牛早、迎霜；乌龙茶主栽品种：金观音、铁观音、金牡丹。

标准化建园

茶园海拔高度以300~800米较为适宜。茶园排灌沟、蓄水沟合理设置，形成有序的网络，确保茶园旱可灌、涝可排。修筑等高梯田，深耕40厘米以上，分层施入基肥，为茶园优质高产打下良好基础。

矮化密植　为提早成园，增加经济效益，全面推广“双行单株条植”模式，同时结合高肥培育，采养结合，提高土地利用率，减少资源浪费，迅速取得栽培效益，减少一年管理成本，提早一年采摘增收效益。“双行单株条植”即：大行距1.5米，小行距26~33厘米，丛距25厘米，每丛植茶苗1株，每亩种植茶苗4000株以上。当茶苗平均高度超过20厘米、40厘米、50厘米时进行3次定型修剪，剪口高度分别离地15厘米、30厘米、40厘米，采用采剪结合的方式培养成60厘米左右高的采摘面。

均衡施肥　生产茶园在沟施有机肥，配合使用磷、钾肥或茶叶专用肥，减少化学氮肥的施用量。

机械采摘　根据龙泉市茶园立地地形较复杂，主要推广单人采茶机，同时在立地条件好，面积大的企业推广双人采茶机。龙泉金观音乌龙茶和香茶适宜机械化采摘，与传统手工采摘相比，可提高工效15倍左右，降低采茶成本50%以上。机械采摘技术将逐步成为龙泉市大宗茶采摘的主要采摘方式和“节本增效”的重要技术措施。

病虫害防控　在全市标准化示范基地(金福炉田、五龙山瞿源、安青山农场、凤阳春白茶等基地)推广应用太阳能杀虫灯、信息素(黄板)等物理防治技术，推广面积666多公顷。

第三节　茶叶加工与科技合作

茶叶加工

机械加工　历史上，制茶一般以烘青为主，占60%，炒青占40%。20世纪70年代，开始引进制茶机械，制茶从手工转入机械化生产。1981年建立县精制茶厂，1984年全县共有初制茶厂101家，毛茶机制率达85%以上。且各茶厂多有烘、炒两套设备，根据不同产品销售的情况，生产适销对路产品，县精制茶厂主要以收购炒青(温炒青)、烘青毛茶为原料，精制加工成眉茶、茉莉花茶等供应国外市场。1989—2005年，龙泉市（县）主要生产绿茶，主要产品炒青、香茶、名优茶（凤阳春、白天鹅等），其中，名优茶大多仿制碧螺春，销往苏州。

优化改造　2005年始，龙泉市通过新建、扩建、改造等措施对全市茶厂进行优化改造。通过优化改造，凤阳春公司、金福茶业、阳光农业初制茶厂分别被评为“省示范茶厂”，凤阳春公司、金福茶业、阳光农业、顶峰农业、五龙山茶叶等企业通过QS认证；20家茶厂被评为“龙泉市示范茶厂”。2010年末，龙泉市从2004年8家茶叶加工厂增加到42家。2005年、2007年龙泉市被省农业厅评为茶厂优化改造先进县（市）。

机械化生产　2006年末，浙江金福茶业有限公司研制的乌龙茶通过浙江省科技厅新产品鉴定，成为浙江省第一只乌龙茶产品，开启了龙泉茶产业新纪元。2006—2010年，龙泉市引进打散机、速包机、包揉机、烘干机、揉捻机、杀青机、分装机、真空包装机、摇青机、空调等乌龙茶加工机械，建立了乌龙茶加工厂23家，生产龙泉金观音清香乌龙茶，2010年生产180000千克，产值570万元。

2005—2010年，龙泉市主要生产绿茶、乌龙茶，红茶有少量生产，浙江金福茶业有限公司生产的红茶2010年末通过浙江省科技厅新产品鉴定。

龙泉金观音（清香型）的采制技术要求：鲜叶要求是中小开面，且肥壮、完整、新鲜、嫩度一致、大小均匀。工艺流程为：鲜叶→晒青→空调做青（轻摇青、薄摊青、长凉青）→杀青→包揉→初烘→复包揉→足干→毛茶。

科技合作

2005年始，龙泉市加大与浙江大学的科技合作关系，2005年，浙江大学派员任龙泉市兰巨乡科技特派员。2007年，被聘请为龙泉市茶叶首席专家。2007年8月，金福茶业有限公司茶叶基地被确定为浙江大学茶学系教学试验实习基地，同时，邀请浙江大学茶叶专家来龙泉举办茶产业研讨会和培训班。为提高茶叶新技术、新品种的推广力度，市农业局协同浙江大学专家开展项目引种对比试验和乌龙茶加工试验，通过品种试验对比，筛选出适宜龙泉市推广的绿茶品种：龙井43、迎霜、安吉白茶、乌牛早；乌龙茶品种：金观音、铁观音、金牡丹等。在浙江大学的技术支撑下，浙江金福茶业有限公司研制的乌龙茶和红茶分别于2006年与2010年通过浙江省科技厅新产品鉴定。为提高龙泉金观音乌龙茶加工水平，采用“走出去，请进来”等方式，组织企业和生产大户到福建乌龙茶产区考察学习，鼓励加工单位聘请福建制茶师傅，促进交流与合作，显著提高了龙泉金观音乌龙茶品质。

第四节　规模企业

金福茶业有限公司

浙江金福茶业有限公司为丽水市重点农业龙头企业、龙泉市茶叶龙头企业，创建于2000年，是一家集茶叶种植、生产、销售、科研、旅游、休闲观光于一体的现代农业科技综合企业；拥有金福茶业、白天鹅观光农业园、白天鹅休闲山庄、白天鹅土特产超市、茶馆等实业；拥有基地133公顷多，另有合作基地667公顷多，建有多条标准现代化茶叶生产线，在北京、上海、天津、南京、杭州、苏州等地设有直销点,产品畅销全国各地。公司作为浙江省农业科技企业,坚持走“科技兴茶”之路,与浙江大学、中国农科院茶叶研究所等单位建立长期合作关系,成为浙江大学茶学教学实习基地。先后通过 QS 认证、中农有机茶认证,是浙江省示范茶厂、浙江省无公害农产品基地。产品先后获得全国农业博览会金奖、第七届国际名茶评比金奖、浙江省农业博览会金奖、浙江省名茶、浙江省优质农产品等 50 多项荣誉。

主导产品“必福”牌金观音条索圆结,色泽绿润,汤色金黄明亮,滋味浓醇鲜爽,韵味独特,经久耐泡,香似兰花,属茶中精品;“必福”牌白天鹅采摘精细,嫩度均匀,清香四溢,素以“味醇、香高、汤绿”著称,是天然的优质高山茶。

其他规模茶厂

龙泉市凤阳春有限公司、浙江龙泉阳光农业有限公司、浙江龙泉五龙山茶业有限公司等一批规模茶业企业,评见下表。

龙泉市规模茶厂及主要品牌一览表

表 11-5-2

单位名称	负责人姓名	商标和品牌
龙泉市凤阳春有限公司	艾丽芬	凤阳春
浙江金福茶业有限公司	金必福	必福牌、白天鹅
浙江龙泉阳光农业有限公司	蔡利武	安和
浙江龙泉五龙山茶业有限公司	吴兴发	五龙云间
龙泉市住龙雪芽茶业有限公司	叶志华	住龙雪芽
浙江顶峰生态农业有限公司	杨少平	龙泉凤羽
龙泉市畲乡农业有限公司	潘卫平	绿谷金牡丹
龙泉市金龙茶叶专业合作社	付金龙	大山雪春
龙泉市绿川茶叶专业合作社	张小平	官埔垟
龙泉市翠峰茶叶专业合作社	叶春英	翠峰
龙泉市伟铭茶叶专业合作社	兰伟俊	发铭
龙泉市安青山茶叶专业合作社	翁旗兴	绿谷安青茶
龙泉市千峰翠茶叶专业合作社	刘福持	千峰翠绿茶
龙泉市古来峰茶叶专业合作社	郭日根	茶丰春

第五节　主要品牌

龙泉金观音(公用品牌)

2004 年, 由金福茶业有限公司引进金观音茶树品种开始研制,2006 年通过了省科技厅新产品鉴定,2007 年由龙泉市茶叶产业协会申请注册,是以金观音、铁观音、金牡丹等茶树良种的鲜叶为原料，传承了轻发酵型乌龙茶加工技术，依托浙江大学的科技力量，创新开发的乌龙茶新产品。该产品色香味形俱佳，外形圆紧重实，色泽清绿油润，香气馥郁悠长，滋味醇厚甘爽，韵味独特，具有香、活、甘、韵之品质特点。

凤阳春

1987 年由龙泉农业局开始研制，1993 年由龙泉市良种场申请注册（后来转让给凤阳春茶叶有限公司），1995 年获第二届农业博览会金奖，1997 年获“浙江名茶”称号，2006 年获得“浙江省著名商标”。其产品特点：外形卷曲，色绿、披白毫，白中隐翠、香气持久，滋味清纯，汤色绿亮。

白天鹅

1992 年由龙泉林业局开始研制，1995 年获第二届农业博览会金奖，1999 年获浙江名茶称号，2008 年获“浙江省名牌产品”称号。其产品特点：采摘精细，嫩度均匀，色泽翠绿，汤色绿而明亮，滋味鲜醇，香气浓郁，以“味醇、香高、汤绿”著称。

还研制生产过福乐云毫、剑芽、碧针、披云毫尖、瓯源毛锋、八宝云雾、住龙雪芽等名茶。

第六节　品牌建设

“龙泉金观音”推介活动

2007 年，龙泉市茶产业协会申请注册了“龙泉金观音”公用商标和图案，并确定“龙泉金观音”为市域公用品牌。为提高“龙泉金观音”品牌知名度，2007—2010 年，分别在上海、杭州、沈阳、西安、香港、宁波、黄山、丽水、龙泉等地开展了一系列的品牌推介活动，宣传形式各具特色，宣传效果十分明显。同时，开展茶文化创意活动，2008 年组建了“龙泉金观音”茶艺表演队，创作《龙泉金观音之歌》、龙泉金观音茶艺表演等地方特色浓厚茶文化艺术产品。

龙泉生态茶迎新茶会及相关活动

2007 年 12 月 15 日，在杭州钱王祠举办 2007 年浙江龙泉生态茶迎新茶会，茶会以“瓯江源头水，江浙顶峰茶，千年龙泉瓷”为主题，通过“水、茶、瓷”的有机融合，展示龙泉生态资源和文化底蕴，龙泉金观音在茶会上得到社会各界人士一致好评，备受爱好者的青睐，知名度迅速提升。在此之前，龙泉市开展了系列推荐活动，9 月 25 日至 10 月 10 日开展龙泉青瓷实用茶具设计评比和展示活动，确定了“茶瓷”结合的品牌推广模式；12 月 5 日在杭州举办龙泉市茶产业战略发展研讨会，确定了龙泉茶产业走“绿茶、多茶类”并举的发展策略；12 月 9 日，在杭州永福寺举办龙泉生态茶迎新茶会新闻发布暨企业对接会。

2008 龙泉金观音品赏会

由龙泉市人民政府主办，龙泉市农业局和市文广新局承办，列为第三届龙泉青瓷·龙泉宝剑节重要活动项目，2008 年 11 月 29 日 19:00—21:00 在市政府东首一楼中会议室举行。品赏会围绕“品龙泉金观音，赏剑风瓷韵，听古琴雅乐”主线，将龙泉剑、瓷、茶文化有机融合，宣传了龙泉金观音茶，初步达到以龙泉剑、瓷文化带动龙泉茶文化的发展。

首届龙泉金观音“茶王赛”评比活动

2010 年 12 月 11 日，首届龙泉金观音“茶王赛”评比活动在龙泉国际大酒店举行。活动聘请浙江省农业厅、浙江大学农业与生物技术学院、中国农业科学院茶叶研究所、福建省茶叶协会、福建省农林大学茶学系、福建省农业厅茶叶技术推广站、丽水市农业局有关人员组成的专家评审组，对龙泉市境内的 23 家生产企业选送的 31 个茶叶样品，进行了认真细致评比。浙江顶峰生态农业有限公司、浙江畲乡生态农业开发有限公司、龙泉市阳光农业有限公司选送的“龙泉金观音”获得金奖。此外，还评出了 3 名银奖、4 名铜奖。

第七节　管理机构

茶叶管理

1991 年 12 月之前归口农业局特产股。1992 年 1 月—2003 年 12 月归林业局，先后归口营林公司、林业总站、营林科。2004 年 1 月，划归农业局。2005 月 5 月，成立龙泉市茶产业发展中心，编制 6 人，负责茶产业发展总体规划的编制、年度计划的实施、技术推广和服务等工作。2005 年 3 月，成立了龙泉市培育主导产业工作领导小组，下设茶产业发展办公室，农业局局长任办公室主任。

产业协会

2007 年 9 月，龙泉市茶叶产业协会成立，会员数 131 个，其中单位会员 27 个，个人会员 104 个。协会在健全行业自律等方面发挥积极作用。协会成立后申请注册“龙泉金观音”公用商标，设计推出公用包装。2008 年，开展省级地方标准“金观音生产技术规程”的制定工作，并于 2009 年正式颁布实施浙江省地方标准《金观音生产技术规程》(DB33/T 740—2009)，并出台了品牌管理方法。

第十二篇

林　　业

林业是龙泉的支柱产业之一。中华人民共和国成立后，龙泉市林业取得不凡的业绩，森林蓄积量一直名列全省之首，竹林面积位居浙江省第二，森林覆盖率居省内前茅，为国家的经济建设作出重大贡献。

1989—2010年，龙泉林业出现重大变化，结束长期以木材生产为主，转向以生态林业建设为主经营模式，以实现人类与自然和谐，社会经济可持续发展。21世纪初，森林蓄积量开始回升。森林总蓄积量连年下降的趋势得到控制。因宜林荒山面积减少、封山育林成效显著，造林面积减少。杉木造林面积比例逐年降低，阔叶树、松木、毛竹造林面积比例逐年提高。至2007年，总蓄积量已达1456万立方米，比1999年增加430多万立方米。2003年，国有森工企业改制结束，退出历史舞台，股份制、个私竹木经营、加工企业大量发展；以出售原木、原竹等为主的经营方式转变为以加工半成品、终端产品为主。

1992年10月27日，为保护区域内生物多样性，成立凤阳山—百山祖国家级自然保护区。1989—2010年，开展国乡合作林、世行贷款造林、生态公益林、长江防护林等造林育林项目，取得了较大成就。其中生态公益林建设规模最大，至2007年，龙泉市生态公益林面积75969.53公顷，占林业用地28.60%，国家级公益林62726.73公顷，省级公益林12984.47公顷，市（县）级公益林258.33公顷。2009年5—12月，龙泉市开展省级重点公益林扩面工作，共计规划界定省级重点公益林3.33万公顷，龙泉市省级以上重点公益林面积达10.83万公顷，占全市林业用地面积的40.8%，位居全省重点公益林面积第四位。2009年12月29日，成功创建“浙江省森林城市”。

2006年，开展“延长山林承包期、发放林权证、规范林权流转”为主要内容的山林延包工作。是年，全市共签订承包责任合同24231份，换发林权证46532份，率先在浙江省完成山林延包工作。2007年，出台《关于进一步深化集体林权制度改革的若干意见》，开启林权制度改革探索，出台《龙泉市农村信用合作联社森林资源资产抵押贷款管理办法》及森林资源流转、林权抵押贷款、林权变更登记等方面的规章制度和操作规程，建立长效机制。2008年，初步完成全市约60万余宗地5.6万本林权申请表的系统录入工作。2009年12月19日，龙泉市被国家林业局确认为“全国农村林业改革发展试验示范基地”。到2010年末，发放林权证5.1万份，森林资源流转5.35万公顷，公开拍卖林木资源价值2373万元，林权变更登记1179起，林地规模经营面积达到4.27万公顷。

第一章　森林资源

第一节　林木资源

林业用地与林木总蓄积量

1989年，龙泉县有林地20.49万公顷，森林总蓄积量1452.3万立方米。1999年，龙泉市有林地面积22.71万公顷，森林总蓄积量1018.21万立方米。1989—1999年，龙泉市活立木总蓄积量下降434.14万立方米，下降幅度29.9%，其中：阔叶树下降60.2%，松木下降41.2%，唯杉木增加41.9%；近、成过熟林蓄积下降56.8%。其下降的主要原因系木材加工业的兴起、食用菌扩大生产等造成采伐量超出生长量。2000年后，因生态公益林的营建；20世纪80—90年代，营造的杉木林基地进入生长旺盛期；森林资源管理力度加强；森林资源调查方法的改变；有林地增加等原因，活立木总蓄积开始回升。至2007年，龙泉市有林地面积25万4185.87公顷，占林业用地面积95.69%；疏林地面积105.47公顷，占0.04%；灌木林地2961.47公顷，占1.11%；未成林造林地4474.87公顷，占1.69%；苗圃地47.2公顷，占0.02%；无立木林地2713.47公顷，占1.02%；宜林地1125.67公顷，占0.42%；辅助生产林地19.47公顷，占0.01%。活立木总蓄积量1455.95万立方米，8年间，蓄积增加437.74万立方米，增幅达43%。

森林蓄积较丰的乡镇大多集中市境西北部和南部，活立木蓄积100万立方米以上的乡镇依次为道太、住龙、屏南、城北；林业用地中亩蓄积量较高的乡镇有础石5.1594立方米、竹垟4.9770立方米、岩樟4.2038立方米、住龙4.1804立方米；亩蓄积量较低的有小梅2.1689立方米、锦溪2.3448立方米、八都2.6221立方米。其他乡镇亩蓄积量在3~4立方米。

经2007年调查，全市19个乡镇（街道）和凤阳山国家级自然保护区、市林场、山坑林场共22个单位的主要森林资源指标排序。

2007年龙泉市各地主要森林资源指标一览表

表12-1-1　　单位：公顷

序号	乡镇街道	土地总面积		林业用地面积		活立木总蓄积		毛竹面积		森林覆盖率	
		面积（公顷）	排序（名）	面积（公顷）	排序（名）	蓄积量（立方米）	排序（名）	面积（公顷）	排序（名）	覆盖率（%）	排序（名）
1	龙渊街道	10147.40	16	8394.80	17	467188	15	922.27	17	79.4	15
2	西街街道	6677.53	18	5511.47	19	293022	18	1406.40	13	78.7	16
3	剑池街道	3848.8	20	2304.47	20	114320	20	323.67	19	56.2	22
4	八都镇	14054.67	11	10833.53	11	426097	16	4583.67	1	73.7	20

续表 12-1-1

序号	乡镇街道	土地总面积		林业用地面积		活立木总蓄积		毛竹面积		森林覆盖率	
		面积（公顷）	排序（名）	面积（公顷）	排序（名）	蓄积量（立方米）	排序（名）	面积（公顷）	排序（名）	覆盖率（%）	排序（名）
5	上垟镇	15821.73	7	13375.47	9	755600	7	4019.60	2	82.3	12
6	小梅镇	10236.27	15	8523.40	16	277296	19	2255.2	5	80.6	13
7	查田镇	12227.13	12	9973.73	12	486638	14	2224.53	6	77.2	18
8	安仁镇	20609.87	5	17094.73	5	811646	6	1538.2	10	79.5	14
9	锦溪镇	15211	9	13839.93	8	486787	13	2742.8	3	88.7	6
10	住龙镇	26740.60	2	25734.73	2	1613710	2	661	18	92.3	3
11	屏南镇	25119.20	3	23331.80	3	1264624	3	1231.73	16	91.5	4
12	兰巨乡	14331.53	10	11490.73	10	574868	11	1596.8	12	75.2	19
13	础石乡	10955.33	13	9543.53	14	738584	9	1334.13	14	85.1	11
14	宝溪乡	15761.27	8	14587.26	7	752603	8	1691.33	11	88.3	7
15	竹垟乡	10710.53	14	9574.47	13	714776	10	2072.8	7	86.3	10
16	道太乡	34723.93	1	31336	1	1848196	1	1808.40	9	86.6	9
17	岩樟乡	9765.20	17	9002.67	15	567680	12	1232.13	15	89	5
18	城北乡	22535.20	4	20003.07	4	1100784	4	2423.33	4	87.4	8
19	龙南乡	19615	6	15614.53	6	839975	5	2003.20	8	78.3	17
20	市林场	197.67	22	134.33	22	2157	22	1.07	22	67.9	21
21	山坑林场	1253.73	21	1243.47	21	102735	21	91.07	20	95	2
22	凤阳山	4190.07	19	4185.33	18	316804	17	2.20	21	98.9	1

森林覆盖率

1989 年，龙泉县森林覆盖率 71.0%。至 1999 年，森林覆盖率 77.4%。2007 年，二类森林资源调查森林覆盖率 82.09%，林木绿化率 84.4%。2010 年，龙泉市森林覆盖率 84.2%。

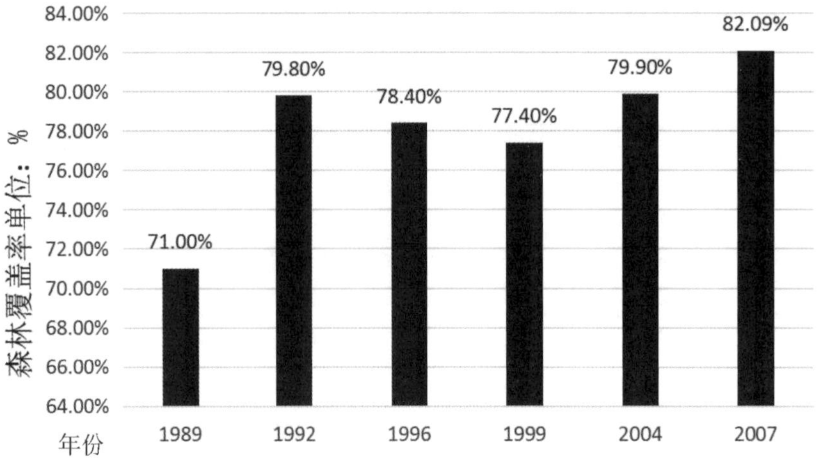

图 12-1-1　　1989—2010 年历次森林调查森林覆盖率

乔木林资源

2004年，龙泉市林业局一类调查有乔木面积206102公顷，其中用材林面积147740公顷，占71.68%、蓄积量8382400立方米，占全市乔木蓄积72.93%；防护林面积43635公顷，占21.17%、蓄积量1964600立方米，占全市乔木蓄积17.09%；特用林面积12320公顷，占5.99%、蓄积量1123600立方米，占全市乔木蓄积9.78%；经济林面积2407公顷，占1.16%、蓄积量23700立方米，占全市乔木蓄积0.20%。至2007年，二类森林调查有用材林面积146805公顷，占67.51%、蓄积量9819336立方米，占全市乔木蓄积69.61%；防护林面积52915公顷，占24.33%、蓄积量3082252立方米，占全市乔木蓄积21.85%；特用林面积16665公顷，占7.66%、蓄积量1197442立方米，占全市乔木蓄积8.49%；乔木经济林面积1103公顷，占0.50%、蓄积量7604立方米，占全市乔木蓄积0.05%。

林木权属

2004年，有林地使用权属国家所有蓄积量73.66万立方米，占5.94%；集体所有蓄积量828.94万立方米，占66.84%；个人所有蓄积量319.38万立方米，占25.75%；其他所有蓄积量18.27万立方米，占1.47%。至2007年，有林地使用权属国家所有5468公顷，占有林地2.15%、蓄积量437135立方米，占全市乔木蓄积3.00%；集体林63089公顷，占24.82%、蓄积量3678521立方米，占全市乔木蓄积25.27%；股份合作林3662公顷，占1.44%、蓄积量282329立方米，占全市乔木蓄积1.94%；农户个体林181964公顷，占71.59%、蓄积量10158105立方米，占全市乔木蓄积69.79%。

树种资源

龙泉市木本植物主要属华东植物区系，至2010年，有野生及习见栽培的木本植物103科，357属，1105种（含种下分类群），占浙江省木本植物1407种的78.5%。种类数量最多的前10个科依次为：蔷薇科（110种）、豆科（55种）、芸香科（39种）、樟科（36种）、壳斗科（35种）、忍冬科（34种）、山茶科（32种）、乔本科（32种）、木兰科（31种）、茜草科（29种），总计433种，占总数39%。这当中用材树种主要有杉树、马尾松、柳杉、黄山松、青冈、苦槠、木荷等；木本粮油树种有油茶、红花油茶；工业油料树种有油桐、木油桐、乌桕、山乌桕等；木本粮食树种有栗、锥栗、毛栗、苦槠、甜槠、青冈栎、野柿、榧树、金刚刺等；列入龙泉市中草药名录的药用树种有厚朴、银杏、红豆杉、枫香、柏木、粗榧、枇杷、野山楂、黄杨等；化工原料树种主要有松科、杉科、柏科、大戟科、木兰科、樟科、金缕梅科、芸香科、蔷薇科、漆树科中的100多种树。

引进植物

龙泉市从民国时期就已经开始引进树种。20世纪90年代以来，为适应绿化苗产业的发展，育苗单位引进不少新品种，引进树种中以木兰科、禾本科、松科为主。至2010年，引进的主要树种有台湾苏铁、华南苏铁、南洋杉、日本冷杉、日本五针松、台湾杉木、水杉、落羽杉、池杉、屠杉、北美红杉、日本落叶松、华山松、朝鲜落叶松、黑松、雪松、湿地松、火炬松、长叶松、日本扁柏、日本细叶花柏、北美香柏、龙柏、乐昌含笑、多花含笑、日本樱花、金合欢、喜树、四川大叶樟、海桐、红花檵木、二球悬铃木、红叶石楠、玫瑰、米兰、重阳木、枣、夹竹桃、红叶李、茶梅、油橄榄、四川桤木、山核桃、薄壳山核桃、胡桃、苹果、臭椿、白杨、紫穗槐、七叶树、棕竹、凤尾兰及竹类等100多种。另有木麻黄、银荆、黑荆、银桦、小叶桉、兰桉、柠檬桉、黎蒴栲、木棉等喜温树种引进，但没有成功。原产于北方的红皮云杉、红杉曾在凤阳山自然保护区引种，其中，红皮云杉发芽率很高，但最终全部死亡，原因不详。

第二节 森林资源调查

历次森林资源调查

中华人民共和国成立后，龙泉共进行12次森林资源调查，其中，1988年前6次，1989—2010年普查6次，一类调查4次，二类调查2次。

1989—2010年龙泉市(县)历次森林资源调查一览表

表12-1-2

年份	调查单位	调查类别	林地面积(万公顷)	总蓄积量(万立方米)	其中			近、成过熟林蓄积(万立方米)	毛竹(支)	覆盖率(%)
					杉(万立方米)	松(万立方米)	阔(万立方米)			
1989	县林业调查队	一类	20.49	1452.4	350.07	435.6	666.7	816.17	3076	70.9
1992	浙江林校 市林业局	二类	23.45	1367.6	335.41	616.5	415.7	900.67	3509.9	79.8
1996	省林勘院 市林业局	一类	23.21	1074.9	417.63	267.3	390	517.43	3222.69	78.4
1999	市林业局	一类	22.71	1018.2	496.9	256	265.3	352.52	4059.02	78.4
2004	市林业局	一类	23.74	1240.3	565.85	255.2	419.2	457.95	5399.71	79.9
2007	市林业局	二类	25.42	1456	748.26	305.6	356	727.37	6929.16	84.2

注：2007年调查，其中杉、松、阔和成、过、熟林蓄积为乔木林之蓄积，其蓄积合计和总蓄积量不相等。

专题调查

森林生长量调查　1989年8—12月，龙泉县林业局建立森林资源清查体系，于1992年进行全面复查，为森林消长提供可靠依据。经四年测算得出，林木年均生长量82.33万立方米；年均林木生长率6.4%；年均林木消耗量143.26万立方米。

宜林荒山调查　1990年开展宜林荒山调查，并进行绿化规划。全县有宜林荒山10011.07公顷。规划限期绿化面积8546.87公顷，固定经营荒山面积1464.2公顷。

果园普查　1994年9—11月，龙泉市林业局对全市果园面积、分布情况、品种结构、管理水平和存在问题进行普查。全市果园面积3095.13公顷，面积最多的乡镇依次为：龙渊镇720.93公顷、查田镇531.8公顷、八都镇283.8公顷。1990—1993年建园面积最多，达1999.73公顷。共有19个树种(品种、品系)，主要为柑桔类2010.33公顷、栗448.4公顷、青奈406.47公顷。

已投产面积 994.27 公顷，总产量 6421 吨，总产值 730.65 万元。

国乡合作造林调查 1994 年，龙泉市林特产开发公司对龙泉市林产工业总公司管理的国乡林进行森林资源二类调查。

至 1994 年，全市国乡林总面积 6927.03 公顷，其中林产工业总公司管理的有 6266.63 公顷，林业总站管理的 660.4 公顷。林产工业总公司管理的国乡林计有林木蓄积量 93992 立方米，投入资金 1591.41 万元。

古树名木普查 1997 年、2002 年和 2008 年，龙泉市林业局 3 次组织技术人员对全市古树名木进行普查。

全市共调查到古树名木 5458 株(2002 年数据，其中一级古树(树龄 500 年以上)169 株，二级古树(树龄 300~499 年)1383 株，三级古树(树龄 100~299 年)3906 株。

小竹资源调查 2003 年，对全市小竹资源进行调查。全市小竹分布面积 416.79 公顷，19 个品种，以石竹、雷竹、麻竹为主。纯林和混交林约各占一半。

林业有害生物普查 2004 年，对林业有害生物进行普查。采集制作有害生物标本 2300 份，其中，昆虫标本 2288 份，病害标本、有害植物标本各 6 份。对马尾松毛虫、柳杉毛虫、刚竹毒蛾、一字竹象甲等 10 种病虫危害情况进行重点调查。

第三节 森林植被

植被分布

龙泉的森林植被属中亚热带常绿阔叶林北部亚地带的浙南中山槠栲、樟楠常绿阔叶林分区，一般分布在海拔 1500 米以下，可分为三个层次，其中海拔 800 米以下以栲树、米槠、甜槠、苦槠、青冈、闽楠、刨花楠、木荷等壳斗科、樟科、山茶科树种组成的森林最为典型。马尾松林、毛竹林、杉木人工林、经济林大多穿插分布在这一地段。海拔 800~1300(1500)米以甜槠、木荷林最为常见，岩青冈、褐叶青冈也有一定比例，黄山松林、黄山松阔叶树混交林面积最大。柳杉林多分布山岙、村旁，杉木人工林、毛竹林仍有一定比例。 海拔 1300~1700 米，以常绿的青冈栎类、木荷和落叶阔叶树混交林、黄山松阔叶树混交林最为常见。黄山松林面积最大，山地矮林、灌丛开始出现，草甸面积很少，零星、小面积的湿地多分布在海拔较高地段。

龙泉自民国开始，由于大力营造杉木人工林、经济林、毛竹林，典型的浙南中山槠栲、樟楠常绿阔叶林日渐缩小，仅住龙、宝溪、竹垟、凤阳山等处尚保留有一定面积。

森林类型

山地草丛、灌丛 分布于海拔 1700~1929 米之间。主要分布在龙泉西、南部的披云山和凤阳山。以草本植物为主，夹杂部分矮化的乔、灌木。主要乔、灌丛有黄山松、玉山竹、波叶红果树、岩柃、映山红、胡枝子、云锦杜鹃、猴头杜鹃、小果南烛等。草本有野古草、芒、沼原草、龙须草、莎草等，地刷子石松呈带状分布。

山地矮林　主要分布于海拔1600~1800米局部山岙、山坡。主要分布在凤阳山、披云山，常处在山地草丛、灌丛下部。因气象因素之故，很多乔木树种矮化，形成以常绿小乔木为主的山地矮林。主要树种有岩柃、多脉青冈、水丝梨、尖叶山茶、鹿角杜鹃、云锦杜鹃、猴头杜鹃、交让木、木荷、冬青等。落叶树种有亮叶水青冈、华东山柳、江南花楸等。灌木及草本种类较少。由于湿度大，苔藓等附生植物生长较多。

该类型主要有峭壁乌冈栎、云锦杜鹃、猴头杜鹃、岩柃矮林等群系。

常绿、落叶阔叶树混交林　该森林类型是常绿阔叶林向落叶阔叶林过渡的中间类型。主要分布于凤阳山、屏南、龙南、宝溪、住龙、竹垟、城北、安仁等地海拔1300~1600米山地。树种组成颇为复杂，草本层则以耐荫植物为主。群落外貌具有明显季相。常见群系有：

亮叶水青冈常绿阔叶树混交林，分布于该森林类型的上限。凤阳山、屏南、披云山海拔1300~1700米尚有较为集中的天然林。

青冈类常绿落叶混交林，分布在海拔1000~1600米的中山地区。以龙泉和浦城、遂昌、松阳、景宁、庆元等县交界地区较多。

木荷落叶阔叶树混交林，分布于海拔700~1300米地带。龙泉大部分地区有分布，但面积不大。

针叶阔叶树混交林　分布在海拔800~1600米之间，与常绿阔叶林、常绿落叶阔叶树混交林呈镶嵌分布。主要群系有：

黄山松阔叶树混交林，海拔800米以上常见。该群系为复层林结构，黄山松处于林分上层，且多为成过熟林。

马尾松、杉木阔叶树混交林；虽普遍分布在海拔800米以下的低山丘陵地带，但其稳定性受植被过渡阶段的影响。由于分布区人为活动频繁，原始林类型已不复存在，大多为封山育林后自然形成，林相参差不齐。

福建柏阔叶树混交林，分布于屏南墓林，凤阳山大田坪，住龙、宝溪等海拔800~1200米地段。

江南油杉阔叶树混交林；屏南、宝溪、锦溪海拔300~1200米有分布，面积较小。

常绿阔叶林　广布于海拔1300米以下地区，但大多已经择伐，林相残破，唯住龙西井、水塔，竹垟、宝溪靠披云山一带，凤阳山将军岩、乌狮窟等地尚保存有面积较大的常绿阔叶林。大部分村庄水口林、龙泉溪两侧的樟木林也属这一类型。该群落跨幅大，外貌结构和组成成份较为复杂，建群种主要有壳斗科、山茶科、樟科、杜英科、山矾科、杜鹃花科、金缕梅科、冬青科。

落叶阔叶林　落叶树种单独组成森林类型的比较少。主要有：水青冈林：分布在凤阳山、屏南、披云山海拔1100~1700米沟谷。

人工营造的厚朴林、麻栎林也属这一类型。

针叶林　龙泉市境内自海拔200~1750米广泛分布。

黄山松林：主要分布在海拔800~1750米。是龙泉面积较大的一个群落。海拔700~900米则是与马尾松混生的过渡地带。马尾松林：广布于海拔800米以下的丘陵山地。大部分为天然次生林，面积较大。杉木林：广泛分布于山地丘陵。是龙泉面积最大的林分，面积和森林蓄积均居全市之首。20世纪70年代后，全市营造面积8.67万多公顷。柳杉林：零星分布于海拔600~1600米的山塆、溪坑边及村口路旁。龙南、屏南、凤阳山、宝溪、城北等乡镇较多。

毛竹林　分布海拔一般在1100米以下。主要分布在八都、上垟、锦溪、城北、小梅、查田、竹垟、龙南等乡镇。食用笋竹林大多分布在交通比较便利的低山丘陵。

经济林　大多分布在海拔1000米以下地区。以油茶、厚朴、柑桔、茶叶为主。

第四节　古树名木及珍稀植物

古树名木

清乾隆、光绪二部《龙泉县志》中，对桂、松、槐、樟等古木大树均有记载。如光绪版《龙泉县志》古迹篇中有：古樟“一在治东林姓宅前大路外、一在南乡青坑永安社、一在南淤村口、一在西木岱口，皆千年余物，大至数围，今犹葱郁可爱。”

中华人民共和国成立后，在相当长一段时间内，由于对保护古树名木的重要意义认识不足，古木大树被砍事件屡见不鲜，1958年达到顶峰，“文化大革命”中又遭受坏运。如上述所记载的4株古樟，这一时期被伐2株。到20世纪80年代初，古树名木保护渐受重视。90年代后，国家规定树龄百年以上即为古树，并要求各地开展调查。

1997年、2002年、2008年，龙泉市林业局进行过3次古树名木普查。并进行定位、摄影、建档、挂牌。全市共查到古树名木5458株，隶属38科，75属，116种；其中，100~299年生的三级古树3906株；300~499年生的二级古树1383株；500年生以上一级古树169株。最古老的应属龙渊街道、查田镇、宝溪乡、础石乡的四株樟木，它们的树龄当在千年以上。全市古树名木胸径（粗）200厘米以上有28株；其中，樟木15株、柳杉8株、苦槠5株；宝溪乡源头村和础石乡沈边村2株樟树，粗达375厘米、362厘米。古树名木中数量最多的前六名依次为：苦槠、柳杉、枫香、甜槠、马尾松、樟木，它们的数量占古树名木总株数的一半以上。这和龙泉属中亚热带常绿阔叶林的森林植被相符，柳杉数量多则和海拔较高有关。另南方红豆杉、黄檀的数量较多，规格也大。

三次古树名木普查的重点为村、路、大溪、寺庙旁，一些偏远小山村、废弃古道等地方尚未涉及，因而古树的实际存留量高于已查到的数量，有待今后补查。

古木大树中的柳杉、马尾松、甜槠、金桂、黄檀、钩栗、南方红豆杉、江南油杉、南方铁杉、福建柏、乌冈栎、玉兰、猴头杜鹃其规格之高在浙江其他地方并不多见。

珍稀植物

1985年10月，国家环境保护局、中国科学院植物研究所公布的《中国珍稀保护植物名录》第一册，龙泉分布有稀有种8个，渐危种20个。

1999年8月，国家林业局、农业部第4号令《国家重点保护野生植物名录》第一批，龙泉林业方面列入重点保护的植物有22种。其中一级保护的有：红豆杉、南方红豆杉、伯乐树3种。二级保护的有：华东黄杉、金钱松、福建柏、白豆杉、榧树、长叶榧、榉树、厚朴、凹叶厚朴、鹅掌楸、樟树、浙江楠、闽楠、长柄双花木、花榈木、红豆树、香果树、毛红椿、蛛网萼等19种。

另浙江省仅产龙泉市木本植物有穗花杉、柱冠罗汉树、红豆杉。

龙泉是浙江省重要的模式标本产地。自20世纪20年代至90年代，共发现有植物新种46种

（有些种类现已被归并），其中苔藓植物3种、蕨类植物8种、裸子植物2种、被子植物33种。如以一个县的行政范围而言，其模式植物标本种数名列浙江省第二。

第二章　育苗造林

第一节　采种育苗

采种

1988年，龙泉县林科所生产的杉木良种已基本上能满足本县杉木育苗。马尾松、黄山松、木荷、枫香、厚朴等种子则由林业局组织安排或育苗户自行采集和购买。

1989年5月1日，《中华人民共和国种子管理条例》开始实施。该条例规定的"种子生产许可证"和"种子经营许可证"制度，为林木种子的有序采集和经营提供法律依据。

1990年，省林业厅根据国家林业部的有关指示，各地所需的马尾松、黄山松、黑松及杉木等种子由省林业厅种苗站提供。承担"国家造林项目"的9个基地县（龙泉是其中之一）所需的杉木、马尾松和国外松种子，一律采用良种，由省林业厅种苗站统一组织安排。从此，龙泉除采集一些乡土树种、绿化树种和经济树种的种子外，群众性的林木采种基本结束。

龙泉林科所自1976年开始，到2008年止共生产杉木良种29104.5千克。有龙良3号、龙5、龙15、龙28号等品种。由于杉木良种比普通种子具有显著增产优势，龙泉市林科所受到国家林业部、浙江省人民政府的表彰。

20世纪90年代中后期，因造林树种结构进行调整和城镇绿化事业的发展，阔叶树种子与穗条需求量与日俱增。2001年，由国债项目投资，在上淤龙床湾建立阔叶树采穗圃7.30公顷。已进入生产阶段，种子欠收年，每年可向社会提供优良穗条400万枝。

2004年10月13日，浙江省林业厅《关于调整浙江省林木采种基地部分项目的批复》文件，龙泉建设阔叶树采种基地785.70公顷，项目总投资216万元。具体建设地点是：山坑林场梅寮林区279.70公顷，住田、岭根等林区40.65公顷，梨树坪林区287公顷，岩樟乡飞龙桥林区66.90公顷，凤阳山大田坪林区111.45公顷。阔叶树采种基地建成后，主要生产木荷、青冈、甜槠、枫香、红楠、虎皮楠、刨花楠、红豆树、山玉兰、拟赤杨、南酸枣、深山含笑、光叶石楠等种子。

育苗

重点树种育苗　1989—1993年，共育苗108.93公顷，年均育苗21.73公顷。杉木是重点育苗树种，其次有马尾松、黄山松、木荷、厚朴、枫香等。育苗地主要分布在城郊、八都、锦溪、小梅、查田等地。

期间，在丽水地区林业局的指导下，龙泉开始实施《杉木优质壮苗培育技术》推广工作。在杉木苗培育的全过程中实施精耕细作、冬季播种、化学除草、合理施肥、分期间苗、控制苗木数量、抗旱防冻等技术措施。使杉木一级苗比例由1989年的39%，提高到57%。1991年，获得丽水地区农业丰收一等奖。

1991年，八都、查田、兰巨等乡镇开展马尾松容器育苗，提高马尾松造林成活率，取得良好效果。次年2月，全省容器育苗现场会在龙泉召开。

1994年，龙泉宜林荒山已基本绿化，造林面积大幅下降，林木育苗面积大为减少。1994—2001年，共育苗61.60公顷，年均育苗7.67公顷。前阶段育苗仍以杉木居多，后阶段杉木育苗面积逐步减少，而阔叶树种育苗面积逐年增多。

国有苗圃国债项目 2000年，经国家和省计委批准立项，投资150万元，在龙泉实施国有苗圃国债项目，由龙泉林科所组织实施。项目建设规模15公顷，地点选在兰巨乡蜜蜂岭村。2003年，龙泉市国有苗圃国债项目全部竣工，开始发挥经济效益，当年生产各种花卉和绿化树苗812.39万株。该项目成绩优异，得到上级林业部门的肯定，国家林业局授予龙泉林科所种苗基地为“全国特色种苗基地”荣誉称号。

育苗基地 2002年，龙泉市政府重视生态公益林与城市绿化工程建设，绿化大苗用量增加，全市各地阔叶树育苗大幅增加，产生一批育苗大户。是年，育苗面积达51.68公顷。2003年后，育苗面积均在133.33公顷以上。

2008年，龙泉林科所平整山地2万余平方米，建设“龙泉市珍贵树种轻基质容器苗基地”，建有容器育苗标准厂房1300平方米，当年生产容器苗木150万株。从此，林业苗木生产由传统的大田育苗向科技含量较高的工厂化容器育苗转变。

2009年1月，国家林业局发出《关于公布全国第一批国家重点林木良种基地的通知》，全国共131个基地，浙江省6个，龙泉市林科所排在首位。

2010年1月，林科所林木良种基地被列入国家林木良种补贴试点单位，当年容器苗产量达到207.9万株，创历史新高。

1989—2010年，全市（县）累计育苗1898.69公顷。

1989—2010年龙泉市（县）林木育苗面积一览表

表12-2-1　　　　单位：公顷

年 份	面 积	年 份	面 积	年 份	面 积
1989	26.31	1997	10.73	2005	234.87
1990	23.67	1998	7.87	2006	248.67
1991	27.33	1999	4.40	2007	220.48
1992	16.67	2000	3.33	2008	177.32
1993	15.07	2001	2.67	2009	182.37
1994	9.31	2002	51.68	2010	197.44
1995	10.41	2003	169	—	—
1996	12.90	2004	246.20	—	—
合计					1898.69

第二节 植树造林

国乡合作造林

国乡合作造林是由农村或农民提供山场，国家林业部门投入资金、技术与全程管理，产出的木材按合同约定条款分配，供地方与投资方一般按 3:7 比例分成，简称国乡林。

1989—1998 年，共营造国乡林 6822.07 公顷，其中：杉木 5766.47 公顷、松木 608.60 公顷、毛竹 186.13 公顷、厚朴 67.73 公顷、木荷 49.6 公顷、笋用小竹 24.13 公顷、干水果 67.73 公顷、茶叶 8.47 公顷。1998 年后不再实施国乡合作造林。

2000 年前后，森工企业进行全面改制，为筹集资金安置企业下岗人员，处置一部分国乡林，活立木变卖后，山地归还原山权单位。2007 年，松溪弄地块工业用地又征用国乡林（果园）部分山场。至 2008 年末，国乡林仅保留 2620.07 公顷；其中，杉木 2353.73 公顷、松木 224.47、经济林 41.87 公顷。

2008 年 12 月 10 日，龙泉市人民政府批复同意成立“龙泉市国乡合作林场”。该场负责全市国乡林的林木培育、护林防火和生态公益林建设与管护，木材生产、经营及木材检量。

世行贷款造林（又称国家造林项目）

世行贷款造林是向世界银行贷款与省、市配套资金投入完成的造林项目。该项目向世界银行预期贷款 1970.12 万元人民币，是龙泉有史以来利用外资造林的最大项目。

1990 年 9 月，龙泉县人民政府与浙江省林业厅签订《执行国际开发协会“国家造林项目”协议书》，标志着龙泉世行贷款造林项目正式启动。根据省林业厅计划，龙泉负责营造速生丰产用材林 7650 公顷，其中：杉木 6350 公顷、马尾松 1300 公顷，1996 年完成。1993 年，世行贷款造林项目基本完成，比计划提前 3 年。因无合适山地造林，实际完成造林 6637.9 公顷，占上级下达计划的 86.8%。该项目累计投资 2070.94 万元，其中：世界银行贷款 1053.52 万元，占总投资的 50.87%；国内配套资金 1017.42 万元，占 49.13%。

1999 年 8 月 2 日，龙泉市计划委员会邀请省、地、市的林业专家组成验收评审委员会，对《世界银行贷款龙泉市国家造林项目》工程进行验收评审。评审委员通过实地调查、查阅有关设计文书、图表，一致认为龙泉市的国家造林项目设计合理、管理科学、质量上乘、效益显著，评为优秀工程。

2005 年 12 月，龙泉已还省项目办信贷资金 1201 万元。2005 年，划归生态公益林的 1098.4 公顷世界银行贷款造林债务，省林业厅给予减免。

生态公益林

生态公益林规划　1999 年 1 月，龙泉市出台《生态公益林建设总体规划》，并开展浙江省生态公益林试点建设。从 2000 年开始，计划用 20 年时间，加强对现有防护林和野生动植物的保护，大力开展封山育林、人工促进天然更新和人工造林，尽快恢复森林植被，提高森林覆盖率，控制水土流失，降低水、旱灾害，营造人与自然和谐的生存环境。

2001 年 4—5 月，根据总体规划和浙江省林业厅下达的任务，对生态公益林进一步作业设计，共计规划生态公益林（包括 2000 年）7.76 万公顷。2001 年 9 月，龙泉市人民政府颁布《关于建立龙泉市林业分类经营工作领导小组的通知》。2001 年 10 月至 2002 年 2 月，根据省林业厅部署，进行森林分类区划界定工作。界定生态公益林面积 8.86 万公顷，其中申报国家级生态公益林 5.43 万公顷，省级生态公益林 3.13 万公顷，县级生态公益林 0.3 万公顷。2001 年 11 月，龙泉市人民政府发出 117 号文件，批准实施《龙泉市森林分类区划界定工作方案》。

2002 年 5 月，龙泉市林业局编制《龙泉市生态林业建设规划》，将百万亩生态公益林工程列为重点建设项目。中央电视台第三套节目摄制人员到住龙镇采风，拍摄生态公益林山水风光片。

2003 年，对原区划界定进行完善，共规划生态公益林 9.02 万公顷，占林业用地的 34.8%。其中申报国家级生态公益林 5.65 万公顷，省级生态公益林 3.12 万公顷，县级生态公益林 0.45 万公顷。12 月，浙江省电视台到住龙镇拍摄生态示范镇创建工作专题片。

生态公益林建设　2000 年 3 月，龙泉市人民政府下发文件，建立以市长为组长，分管农林水副市长为副组长、各职能部门主要负责人、各乡镇长为成员的生态公益林建设工作领导小组。各乡镇相应成立生态公益林建设领导小组，建立护林制度和护林组织，聘请护林员，将建设范围责任落实到乡镇干部，作为政绩考核内容。3 月 11 日，丽水地区国家级生态示范区建设暨龙泉市百万亩生态公益林启动仪式在砻石岭隧道口举行。会上龙泉市市长与各乡镇长签订建设责任状，将生态公益林建设列入乡镇考核内容，同时列入龙泉市 2000 年度“十件大事”来抓，并部署和落实生态公益林规划实施工作。2006 年 5 月，龙泉市开展生态公益林地籍管理信息系统建设。2007 年 5 月，浙江省人大、政协领导来龙泉检查指导生态公益林建设工作。6 月，根据浙林造〔2007〕58 号文件要求，龙泉市开展重点公益林建设任务落实和区划界定完善工作。是年，龙泉市生态公益林面积 75969.53 公顷，占林业用地 28.60%，其中国家级公益林 62726.73 公顷，省级公益林 12984.47 公顷，市（县）级公益林 258.33 公顷。

国家级生态公益林　2001—2003 年，两次申报的国家级生态公益林均未获国家林业局批准。2004 年 6 月 30 日，组织各乡镇干部、林业技术人员、村委会代表、林木所有者和经营者代表 500 多人，分成 26 个工作小组，深入林区进行现场区划界定并签订有关协议书。6—8 月，在 2003 年区划界定完善工作的基础上，完成国家级与省级重点生态公益林的区划界定工作，共规划生态公益林 8.23 万公顷，占林业用地的 31.81%。其中申报国家级生态公益林 6.21 万公顷，省级生态公益林 2.02 万公顷，并通过国家局验收。全省全面启动森林生态效益补偿基金制度，龙泉市纳入森林生态效益补偿的国家级与省级生公益林面积达 8.23 万公顷。

2007 年龙泉市生态公益林植被分布一览表

表 12-2-2

类别	乔木纯林	乔木混交林	竹林	灌木林	未成造林地	无立木林地	其他林地
面积（公顷）	44537.53	25412.07	5257.07	434.87	399.47	419.53	175.67
占比（%）	57.75	33.45	6.92	0.57	0.53	0.55	0.23

生态公益林管理　2000 年 8 月，制定《龙泉市生态公益林管理办法（试行）》《龙泉市生态公益林建设考核办法》，并贯彻实施。2005 年 1 月 26 日，省林业厅《关于进一步完善重点生态公益林数

据库档案的通知》，确定龙泉实施面积 74855.27 公顷，其中：国家级公益林 62411.87 公顷，省级公益林 12443.4 公顷。是年，中央电视台第七频道以《生态保护的绿色屏障》为题，对龙泉市的生态公益林建设进行宣传报道。

2008 年 8 月，《龙泉市生态公益林地籍管理信息系统》通过省林业厅专家组验收。11 月，龙泉市被命名为浙江省公益林建设示范县(浙林造〔2008〕150 号)。12 月，通过龙泉市审计局对本市 2006—2007 年重点生态公益林建设资金专项审计调查报告。2009 年 5—12 月，龙泉市开展省级重点公益林扩面工作，共计规划界定省级重点公益林 3.33 万公顷，龙泉市省级以上重点公益林面积达 10.83 万公顷，占全市林业用地面积的 40.8%，位居全省重点公益林面积第四位。从 2009 年始，龙泉市林业局将 108307.73 公顷公益林统一纳入公益林林木火灾政策性保险。2010 年 5 月，龙泉市开展省级重点公益林护林员选任工作，经全市各乡(镇)、村推荐、考核，全市共新选任护林员 271 人。

2010 年 12 月，为进一步加强龙泉市公益林管护队伍建设，提高公益林管护水平，龙泉市为全市新选任的 271 名护林员配发 GPS(全球定位系统)定位手机，全面启用公益林护林员定位考勤系统。

龙泉市生态公益林主要分布在瓯江、住溪、宝溪 3 条河流的源头区，凤阳山自然保护区，紧水滩水库周围及国防公路沿线地区。自 2000 年启动生态公益林建设到 2010 年，生态功能已发挥作用，林种结构得到改善，森林蓄积量连年增加，野生食草动物数量回升，山体地表水径流速度减缓，水土流失得到有效控制，道路边坡塌方减少，初步建立起人与自然和谐相处的生存环境。

2001—2010 年，本市共投入生态公益林建设资金 12710 万元，其中大部分用于林权单位的补助，一部分用于看护生态公益林员工的工资以及护林防火、森林病虫害防治、森林资源监测等费用的支出。

工业原料林

2001 年 2 月，龙泉市昌龙人造板有限公司与林业科技人员合作，出资 24 万元，租赁小梅镇林场 36.67 公顷山地造林，是本市加工企业投资营造的第一片工业原料林。是年，林业局成立工业原料林办公室，协助企业搞好工业原料林建设，该办公室还制订营造工业原料林的优惠政策与奖励办法。

2004 年 12 月，丽水市林业局在龙泉开展工业原料林试点工作，着手筹建“千亩工业原料林科技示范区”。该示范区由龙泉市林业局、丽水市林科所、丽人集团、绿源公司等单位共建。由龙泉林科所具体负责实施。

2005 年 3 月 4 日，丽水市人民政府在兰巨乡蜜蜂岭村召开丽水市工业原料林示范工程现场会。丽人木业、绿谷木业、能福公司、振宏伞业等企业与有关造林公司、林场签署投资 4160 万元、营造 0.6 万公顷工业原料林的协议。

2001—2005 年，全市已营造工业原料林 635.18 公顷。2006 年开始，将工业原料林造林纳入山地人工更新造林范畴，不再单独下达工业原料林造林计划。

长江防护林(简称长防林)

2002 年，开始实施长江流域防护林体系建设工程，至 2010 年，共完成长防林建设工程 7057.73 公顷，其中：人工造林 3440.33 公顷，林网林带造林 167.07 公顷,封山育林 3450.33 公顷。

长江防护林实施地点：紧水滩水库库湾、凤阳山、天平山、披云山风景区、丽龙高速、53、54 省道两侧、城区周边等生态区位中郁闭度0.2~0.5的荒山、疏林及火烧迹地。

长江防护林建设工程，要求实施单位根据规划设计、技术方案施工；坚持适度规模、因地制宜、适地适树、生态可持续发展的原则。在具体操作中，对有林地、疏林地、灌木林地实行严格的封山育林，禁止任何商业性采伐，以提高长防林的防护功能；对火烧迹地、荒山、坡度在25°以上的坡耕地采取人工更新或人工促进天然更新，实行人工补植等手段，促使尽快恢复森林植被。

长防林建设工程，列入国债项目建设计划的实行经济扶持。阔叶树种混交比例占50%以上的混交林基地，经验收合格后每亩补助300元，其中：造林当年每亩补助180元，第二、第三年抚育，每年每亩补助60元。实行封山育林的每亩补助100元，在5年中分期补助。

创建森林城市

2006年底，在龙泉市第十二次党代会上，正式提出创建国家森林城市和浙江森林城市工作。通过“三沿三山”绿化美化、绿色通道建设、瓯江沿岸整治等一系列森林城市创建活动，加快森林城市创建步伐。使之成为“城在山中、林在城中、居在绿中、人在景中”的现代化森林城市。2008年3月14日，市人民政府办公室发出《关于下达第一期“三沿三山”绿化美化和绿化示范村建设任务的通知》，将“三沿三山”绿化美化和绿化示范村建设任务分配给有关单位。4月20日，中共龙泉市委宣传部、市绿化委员会、市林业局等7个单位联合发出《关于组织“关注森林”活动并开展“森林城市”创建工作的通知》。同时成立“龙泉市关注森林执行委员会”。6月12日，市委、市政府办公室发出《关于成立龙泉市“森林城市”创建工程领导小组的通知》领导小组下设办公室（设林业局内），负责“森林城市”创建日常工作。在6月26日召开的龙泉市第十四届人大常委会第九次会议上，作出《关于创建国家森林城市》的决定。6月30日，市人民政府向浙江省关注森林执行委员会呈送《龙泉市人民政府“关于申报创建浙江省森林城市的请示》报告。8月16日，市人民政府又向国家林业局呈送《关于申报“创建国家森林城市”的请示》报告。9月1日，市林业局为加强创建森林城市工作的领导，成立“龙泉市创建森林城市林业局领导小组”。9月19日，向国家林业局汇报本市创建国家森林城市工作。国家林业局有关领导听取本市创建国家森林城市工作汇报，对龙泉市创建国家森林城市所取得的成效给予充分肯定。10月28日，龙泉市第十四届人大常务委员会第十一次会议，决定红豆树（花梨木）为龙泉市市树。12月30日，市委、市政府办公室发出《关于开展龙泉森林城市创建“冬季绿城大行动”的通知》。开展千人共建市树园、千盆鲜花进社区，千株树木绿街道活动。是年，完成《龙泉市森林城市总体规划》并通过专家评审。2009年12月9日，龙泉市成功创建“浙江省森林城市”。

1989—2010年龙泉市(县)完成造林情况一览表

表12-2-3

年份	面积合计（公顷）	分树种造林面积（公顷）				四旁植树（万株）
		用材林		毛竹	其他	
		杉木	松木			
1989	3659.60	3600.93	58.67	0.00	0.00	24
1990	3731.67	3681.67	50.00	0.00	0.00	35
1991	4139.20	4027.33	48.00	3.87	60.00	50.3

续表 12-2-3

年份	面积合计（公顷）	分树种造林面积（公顷）				四旁植树（万株）
		用材林		毛竹	其他	
		杉木	松木			
1992	2988.93	2846.47	59.33	3.13	80.00	50.5
1993	2216.00	2007.60	105.07	28.67	74.67	39
1994	1374.20	1041.27	184.20	40.20	108.53	18
1995	1887.80	1443.67	290.00	66.13	88.00	20
1996	1664.87	1169.53	376.00	36.00	83.33	23
1997	1695.80	1192.40	366.73	42.00	94.67	25
1998	1797.27	921.80	680.67	48.67	146.13	23
1999	928.00	553.27	181.20	123.53	70.00	21.9
2000	1074.53	197.87	445.67	202.13	228.87	27.02
2001	749.07	125.00	217.33	99.47	307.27	31
2002	617.73	23.60	282.00	44.07	268.07	32
2003	576.13	16.73	154.00	12.13	393.27	37
2004	469.67	12.00	198.67	4.20	254.80	14
2005	266.33	45.33	0	86.27	134.73	27
2006	1280.33	1028.93	—	121.07	130.33	10.2
2007	2039.43	1856.43	—	131.20	51.80	15.2
2008	2766.47	2680.33	—	73.80	12.33	16.9
2009	2495.73	2361.00	—	23.00	111.73	12
2010	2226.33	2059.27	—	—	167.07	15.7
合计	35923.03	32169.70	—	1166.53	2586.80	540.02

第三节　竹林经营

毛竹

面积　毛竹面积呈逐年增加之势，1988 年 2.64 万公顷，至 2007 年，达到 3.64 万公顷，活立竹总数 6916.3 万株；毛竹林面积仅次于安吉县，位居浙江省第二位。全市农业人口人均有竹林 0.15 公顷。2007 年，竹产业一产总收入达 2.852 亿元，实现农民人均收入 1240 元，成为以林富农的支柱产业之一。

竹林面积超 4000 公顷的乡镇有八都、上垟二镇；超 2000 公顷有锦溪、查田、小梅、城北、龙南、竹垟 6 个乡（镇）；竹垟乡山溪口村有竹林 699.2 公顷，是目前竹林面积最多的一个行政村。

“星火计划”　1989 年，龙泉开始实施笋用毛竹林“星火计划”建设，经过“七五”“八五”“九五”三期星火计划和毛竹高效示范基地建设，到 2005 年底，共建立高产毛竹林基地 1.95 万公顷，其中：

笋竹两用毛竹林基地1.78万公顷，高效笋用毛竹林基地1726.87公顷；建立196个毛竹高效示范经营点、八都镇高大门毛竹现代科技园区、上垟镇四源毛竹高效经营示范园区、锦溪毛竹标准化生产示范园区和查田镇横坑毛竹低产林改造示范园区。

竹林改造　2002年5月，经龙泉市人民政府研究决定，成立龙泉市竹产业领导小组，负责全市竹产业工作。2005年8月，经龙泉市编委同意，成立龙泉市竹产业发展中心（设林业局内），该中心成立以后，实施竹产业"倍增计划"和产业提升工程。

2005—2010年，共投入竹林开发资金26894372元，完成"国家科技富民强县——龙泉市竹产业提升工程"（一期）、"财政支持现代林业——龙泉市竹产业发展项目"。通过项目实施强化"三项技术一条路"，围绕以竹林运输道路建设为重点，蓄水池建造为辅助，完善毛竹林经营基础设施。通过课堂培训、现场演示、示范点、示范基地的技术示范以及竹林专用肥的补助政策等系列措施，推广低产低效竹林改造、大径竹定向培育、早冬笋定向培育等新技术体系。至2010年，全市累计共建成竹林道1132千米，建成的蓄水池蓄水总量达1261立方米。

2008年以来，龙泉市林业部门加大对竹产业的资金投入力度。仅2008年，就新建竹林道340.6千米，毛竹与竹笋运输下山用车辆替代人工劳作，据评估测算，每公里年节本增收3.2万元。建蓄水池37个569立方米，为龙泉市竹林抗旱和新技术推广提供便利的基础。针对2008年雨雪冰冻给竹林造成的重大损害，开展雨雪冰冻灾后竹林恢复生产技术培训和高产竹林技术培训130期，接受培训1万多人次；发放灾后竹林恢复技术措施资料1万多份，为遭受雨雪冰冻灾害竹林恢复正常产量提供技术支持；新建竹林示范基地295.8公顷，示范点19个；组织5家竹加工企业和竹产业专业合作社参加省林业厅主办的第一届森博会，为龙泉的笋制品及竹产品提高知名度。通过项目的实施，取得"龙泉市毛竹资源可持续发展经营方案编制和营林技术研究"的技术成果，提出竹林机耕路建设最小直接受益面积计算公式和县域可持续经营体系，居国内领先水平。

竹林集约规模化经营得到一定的发展，至2010年，全市涉竹农民专业合作社达到35家，年产值4427万元，新增合作社12家，社员人数达到1529人，标准化经营理念得到较大的提高。

1989—2010年龙泉市(县)投入竹产业开发资金一览表

表12-2-4　　单位：元

年份	金额	年份	金额	年份	金额
1989	26685	1997	1131704	2005	1581725
1990	249753	1998	649969	2006	1112647
1991	211809	1999	38934	2007	7100000
1992	4842	2000	439198	2008	10300000
1993	334576	2001	876129	2009	3500000
1994	1631000	2002	316474	2010	3300000
1995	1140000	2003	930069	—	—
1996	1236772	2004	887463	—	—
合计					36999749

笋用小竹(早竹)

1987年,为发展食用小竹笋生产,龙泉营林技术服务公司和县林场共同投资2.3万元,引进食用笋小竹29个品种母竹1848株,在林场建立2.87公顷竹种园。

1997年,龙泉掀起小竹笋基地建设高潮。基地投产后,笋产量较为理想。由于龙泉产食用小竹笋远离大城市缺乏市场竞争优势,故以后较少发展。

2007年,龙泉市森林资源调查,全市以生产食用笋为目的人工栽培、经营的小竹林有255.67公顷。主要有雷竹、红竹、黄甜竹、红壳雷竹、花哺鸡竹、乌哺鸡竹等品种。

野生小杂竹

据2007年森林资源调查,全市有野生小杂竹95.33公顷。据《龙泉木本植物资源丛录》记载,全市有野生杂竹32种。有石竹、苦竹、笙竹、筋竹、慈竹、斑竹、方竹、箬竹等品种。野生杂竹呈零星小片状分布,大多无人经营管理。只有春季出笋时节上山采集嫩笋当作菜肴或采摘箬叶。

第四节 经 济 林

厚朴

全市海拔1000米以下山地均有分布,八都一带分布尤多。它喜生长在肥沃、疏松、湿润的具有丰富腐殖质的中性或微酸性的沙壤土,大多与杉木林、阔叶林混生。

人工厚朴造林形式有:厚朴与杉木混交,较为常见;厚朴纯林,多为小块状营造。20世纪90年代,单片厚朴纯林超百亩开始出现;1993年,上垟镇五都楼村殷声毅户造7.87公顷;1993年,市林特产开发公司经3年努力,在竹垟乡局下村造67.73公顷。

龙泉市历史上厚朴常年产量500吨,占全省总产量的80%,占全国总产的40%,是龙泉市主要出口物资之一。20世纪80年代,大幅提高朴皮收购价格,林农为眼前利益,大肆砍剥厚朴皮,成林厚朴几乎砍绝,产量随之减少。通过试验对比,厚朴纯林中龄后长势差。2009年后,多营造厚朴混交林。

1989—2008年龙泉市(县)厚朴造林面积一览表

表12-2-5　　单位:公顷

年 份	面 积	年 份	面 积	年 份	面 积	年 份	面 积
1989	7.20	1994	91.80	1999	16.07	2004	43.60
1990	7.07	1995	6.53	2000	23.07	2005	21.33
1991	0.00	1996	3.27	2001	61.60	2006	34.00
1992	4.20	1997	25.40	2002	28.00	2007	51.80
1993	60.07	1998	58.13	2003	69.27	2008	12.33

油茶

历史上油茶子榨出的茶油，是龙泉市人民主要食用植物油。油茶品种以普通油茶为主，也有少量的红花油茶与茶梨。1978 年，县林场曾从湖南引进薄壳香油茶、林科所也从外省引进软枝油茶，丰富龙泉市油茶品种资源。

中华人民共和国成立后，党与政府非常重视油茶生产，经全县人民努力，1950—2010 年，油茶累计造林面积 10505 公顷。

20 世纪 90 年代，农村产业结构进行调整以及“一优两高”(优质、高产、高效) 林业的兴起，效益低下的油茶林多改种其他经济林；加上部分油茶林无人管理而被其他树种天然替代，致使油茶林面积大幅下降。2005 年调查，油茶林只有 2206.67 公顷，其中经营面积 1313.33 公顷，产油茶子 289.5 吨，平均亩产 12.23 千克，亩均产值 253 元。2008 年，全市油茶林仅保存 890 公顷。

2008 年 9 月，国务院在长沙召开全国油茶生产会议，引起龙泉市有关部门的重视。市林业局于 11 月份组织林业科技人员、油茶生产重点户、茶油加工专业户代表赴富阳亚林所、建德茶油加工厂、青田县章村乡新品种油茶基地、老油茶改造基地参观学习。

2009 年开始实施油茶产业提升项目，成立龙泉市木本油料产业发展领导小组；制定《龙泉市油茶产业发展规划》。至 2010 年，推广油茶良种面积 66.67 公顷，新技术推广应用(低产林改造)216.67 公顷。

油桐、乌桕

1989 年后，由于经营油桐、乌桕经济效益不高，油桐、乌桕子又无人收购，全市现有少量油桐、乌桕已荒芜。

水果

1992 年 1 月，水果生产管理职能及水果技术人员从农业部门划归林业局管理。林业局要求所属各企事业单位立即行动，建设一个上规模果园。是年，龙泉市林业总站等 10 个单位组织技术人员，落实建园山地，开展果园建造，次年春完成果苗栽植。林业局下属 10 个单位，建成果园 10 个，面积 113.4 公顷。1994 年，全市 1 亩以上果园有 4123 片，面积 3095.13 公顷，是中华人民共和国成立至今果园数量最多、面积最大的年份。是年，果品总产 642.1 万千克，总产值 730 万元。1999 年 12 月 22—23 日，全市发生严重冰冻，城区最低气温连续两天处于摄氏零下 8.3 度，市林场 66.67 公顷橘园冻得片叶不留，造成次年绝收；广大农村气温比城区更低，果园冻害更为严重。2002 年，在黄岩举办的中国(浙江)柑橘博览会上，本市选送参展的山田温州蜜柑获得金奖。是年始，有少数企业投入水果生产开发。龙泉市顶峰生态农业有限公司在龙南乡安和村建设高山果园 33.33 公顷，其中：梨 20 公顷，桃 13.33 公顷。2004 年，有两片大果园建成。一是龙泉市阳光农业开发有限公司投资在兰巨乡桐山村建成果园 100 公顷，其中：梨 46.67 公顷，桃 20 公顷，橘 16.67 公顷，其他 16.67 公顷。二是杭龙果业有限公司在兰巨乡建设果园 33.33 公顷，主要品种有梨、桃、杨梅。龙泉水果产业由于受 20 世纪 90 年代果品市场疲软，售价下跌及两次严重冰冻灾害影响，果园大量失管报废，2005 年，全市保存果园 1656.4 公顷，比 1994 年减少 1438.73 公顷。2006 年，水果管理职能与水果技术人员重新划归农业部门。

第三章　森林保护

第一节　森林防火

队伍建设

20 世纪 80 年代以来，护林防火工作逐步走上法制化、制度化轨道。1987 年 5 月，龙泉县人民政府成立护林防火指挥部，下设办公室，配备森林防火专职工作人员、车辆及扑火器材。

1989 年，浙江省人民政府将森林防火工作列入各级人民政府、行政领导负责制和任期目标管理。龙泉县人民武装部组建以基层民兵为骨干力量的森林扑火大队和应急民兵分队共 360 多人，森林防火工作的组织领导和扑火力量得以加强。1990 年，在全县实行野外用火许可证制度。1993 年 7 月，进一步完善市级半专业森林消防队，下分凤阳山自然保护区、山坑林场、市林场三个森林消防队。1999 年 4 月，龙泉市完善和制订《龙泉市林区野外用火管理办法》。全市有半专业扑火队员 489 人。2000 年以来，全市进一步加强森林消防队伍建设，在城区、安仁镇、上垟镇、兰巨乡各建立一支市直属森林准专业扑火队，每支 15 人。19 个乡镇（街道）组建准森林消防队伍 58 支，1033 人。2004 年 10 月，龙泉市人民政府发出《关于切实加强秋冬季森林防火工作的通告》。至 2008 年，全市有扑火队 62 支，计 1278 人。

灭火装备

1990—1992 年，为提高森林消防队伍的快速应急能力，各乡镇林业站配备侧三轮摩托车 32 辆，后逐渐由汽车代替。2005 年，购置专用运输车，运兵车各一辆。为及时掌握火情，1988 年、1990 年、1992 年，凤阳山自然保护区、山坑林场、市林场各建森林防火瞭望台 1 座（其中市林场 1 座已于 2006 年撤除），火险季节专人值班。为及时了解火情、保持联络，1990 年，市防火办开始组建森林防火无线电通讯网络，在凤阳山凤阳庙，城区石马村分别建立二个中继台，配置 40 多只手持对讲机。2003 年，配备海视卫星电话，实现通讯无盲区。2005 年，开始启动森林灾害远程视频监控项目。是年，国家级森林消防物资贮备库龙泉分库建立。2007 年 11 月，龙泉市森林消防指挥中心大楼动工兴建。

火灾

1989—2010 年，龙泉市（县）共发生森林火灾 236 起，火警 136 次；过火面积 2585.714 公顷，成灾面积 1250.53 公顷；损失幼树 158.18 万株，材积 65686 立方米；人员伤亡 6 人，其中死亡 5 人。森林火灾受害率突破省人民政府 1‰规定的有 2004 年，为 1.05‰；森林火灾发生次数最少的年份是

1997 年，仅发生森林火灾 2 起，火警 1 起；一次森林火灾持续时间最长的是 1996 年 12 月 23 日发生在宝溪乡半岭村的森林火灾，起火时间为 23 日 14 时，扑灭时间为 29 日 18 时 10 分；一次过火面积最大的是 2005 年 4 月 23 日，发生在龙渊街道竹坑村的森林火灾，过火面积 151.1 公顷，成灾面积 77.7 公顷；林木蓄积损失最严重的是 2005 年，共烧毁 15849 立方米。

1989—2010 年龙泉市(县)森林火灾灾情一览表

表 12-3-1

年份	发生次数(次)			过火面积(公顷)	成灾面积(公顷)	损失		人员伤亡(人)		受害率(‰)	发生率(‰)	控制率(‰)	发生火灾主要原因	
	合计	火灾	火警			幼树(万株)	材积(立方米)	伤	亡				烧田坎	炼山
1989	49	21	28	100.30	74.50	9.03	692	1	—	0.36	21.4	1.52	22	10
1990	17	5	12	46.00	41.50	8.3	327	—	1	0.198	7.4	2.44	5	2
1991	17	7	10	39.00	29.00	0.84	516	—	—	0.139	7.4	1.7	2	2
1992	19	10	9	49.00	25.90	5.13	879	—	1	0.124	8.3	1.36	8	3
1993	8	6	2	49.80	23.10	3.16	1309	—	—	0.11	3.5	2.89	1	3
1994	6	4	2	12.10	6.30	0.7	73	—	1	0.03	2.9	1.1	2	1
1995	8	6	2	56.20	26.80	1.59	405	—	—	0.13	3.9	3.35	2	—
1996	8	7	1	116.60	80.10	5.42	3370	—	—	0.34	3	11.4	5	—
1997	3	2	1	63.00	40.20	0	1254	—	—	0.017	0.8	20		1
1998	5	3	2	13.70	8.00	0	249	—	—	0.034	2.1	1.6	1	1
1999	4	3	1	28.50	14.90	1.91	151	—	—	0.064	1.7	3.7	1	3
2000	28	22	6	396.50	159.90	32.36	4593	—	—	0.682	12.3	5.7	11	2
2001	4	3	1	62.00	35.10	2.1	2093	—	—	0.15	1.7	8.7	2	—
2002	4	4	0	32.90	15.50	0	660	1	—	0.068	1.7	3.86	—	—
2003	22	16	6	184.60	89.10	8.27	4743	—	—	0.3	9.6	4.04	12	3
2004	44	35	9	524.10	240.00	7.42	14038	1	1	1.05	19.2	5.45	25	1
2005	24	17	7	341.30	175.50	21.73	15849	1	—	0.77	10.5	7.31	10	3
2006	17	9	8	95.83	27.93	5.06	963	—	1	0.115	7	1.64	—	—
2007	14	7	7	73.12	33.40	7.82	1182	—	—	0.15	5.8	2.38	—	—
2008	25	19	6	268.68	89.93	35.7	5556	2	—	0.38	10.3	3.6	—	—
2009	35	26	9	30.77	13.13	1.64	6435	—	—	0.77	10.13	7.57	20	6
2010	11	4	7	1.71	0.74	—	349	—	—	0.04	1.56	2.78	2	2
合计	372	236	136	2585.71	1250.53	158.18	65686	6	5	—	—	—	—	—

第二节　有害生物防治

防治机构

1984 年前，森林病虫害防治工作由龙泉县林业局林业股、营林公司负责。1988 年，森林病虫害防治工作由森林植物检疫站管理。1991 年 7 月，龙泉市森林病虫害防治站建立，和森林植物检疫站合署办公。

主要病虫害

龙泉森林病虫主要危害松树、毛竹、杉木、柳杉、厚朴、油茶等林木。

马尾松毛虫　危害松树的主要有马尾松毛虫、赭色松毛虫、桃蛀螟、松梢螟、蛴螬、猝倒病，其中，马尾松毛虫属鳞翅目枯叶蛾科，是马尾松主要食叶害虫之一，大多发生于海拔 400 米以下的低山地区。在 1992 年和 1998 年呈大面积暴发，尤其是 1998 年危害面积 0.67 万公顷以上，主要特点是虫口密度大，分布范围广，大片马尾松林看去形似火烧，有相当部分松木枯死。

毛竹害虫　危害毛竹的主要有一字竹象甲、竹小象甲、毛竹叶蜂、刚竹毒蛾，黄脊竹蝗。刚竹毒蛾属鳞翅目毒蛾科，是毛竹主要食叶害虫，1996 年、1998 年、2004 年相继发生为害。1998 年，竹垟、城北、龙渊、道太、上垟等乡镇严重危害，受害面积 700 公顷，为害严重之处，竹叶食尽，一片枯黄，并造成大量毛竹枯死，多数毛竹受害后虽能萌发新叶，但竹材变脆，下年度竹笋变小，产量明显下降。2004 年，小梅、上垟两乡镇发生有虫面积 450 公顷，危害严重的有 156 公顷，小梅郑边村有的山片平均虫口密度 1000 条/株以上。

一字竹象甲属鞘翅目象甲科，自 1996 年在八都南窖、龙渊新茶、新岭等一带发生危害以来，虫情危害面积逐年扩大，遍布 14 个乡镇 3 个街道办事处。2002 年，危害面积最大，达 10400 公顷，除龙南、屏南 2 个乡以外，其余 14 个乡镇 3 个街道办事处均有发生，其他年份发生面积一般在 2666.67 公顷以上，2004 年，发生面积 3465 公顷。竹笋受该虫危害后，造成新竹虫孔累累，竹杆变形，节间缩短，竹材僵脆，断头折梢，失去使用价值，有的甚至枯死。2000 年危害最严重，全市发生面积 7000 公顷，危害率 78.3%，直接经济损失 1888 万元。在八都南窖、竹垟山溪口有的山片出现不长一株新竹。

毛竹叶蜂属膜翅目叶蜂科，主要分布在上垟镇小黄南村一带。1996 年，发生 45 公顷，1998 年，发生 270 公顷。2004 年，发生 33 公顷，发生三年都为毛竹出笋小年的 5 月底至 6 月初。此虫危害主要是幼虫取食竹叶，危害严重的山片将竹叶食尽，有的甚至枯死，影响下年度出笋及成竹质量。

黄脊竹蝗属直翅目蝗科，2004 年 7 月，竹垟山溪口村，危害毛竹 15 公顷。

杉木害虫　危害杉木的主要有杉梢卷叶蛾、白蚁、双条杉天牛、杉木细菌性叶枯病、杉木炭疽病、猝倒病、杉木缩顶病。

柳杉毛虫　柳杉毛虫属鳞翅目枯叶蛾科，是柳杉的历史性成灾害虫。2001 年和 2003 年，在全市普遍发生，其中，2003 年全市发生面积 660 余公顷，龙南、城北、住龙、兰巨、岩樟、宝溪等乡镇都有成块柳杉被危害枯死，林木很快便腐朽变质。

厚朴横沟象　厚朴横沟象属鞘翅目象甲科。1996 年，在础石乡瞿源村发现危害人工厚朴林，以后每年加重，目前在础石、上垟、安仁等乡镇人工厚朴林均有危害，发生面积 35 公顷。

防治措施

化学防治　推广使用溴氰菊酯、杀灭菊脂等除虫菊脂类农药。防治办法主要有拌种、浸种、熏蒸、涂抹、打孔注射、喷雾、放烟、喷粉等。该防治办法对空气、土壤、水质会产生污染，同时还会毒杀天敌，在万不得已时应慎重使用。2002—2003 年，龙泉市柳杉毛虫虫害严重，龙泉市森林防疫检疫站为宝溪乡半岭村、龙南乡兴源村、金坑村、城北乡上垟村等 50 余株大柳杉采取树干钻孔注药法对柳杉毛虫进行防治，取得较好效果。

物理防治　常用黑光灯诱杀有趋光性的昆虫。

生物防治　20 世纪 80 年代，开始应用赤眼蜂、白僵菌防治松毛虫，多年实践证明，该防治办法对人畜比较安全，也不会影响养蚕业，为保护良好的生态环境创造条件。

综合防治　该办法以营林技术为基础，生物防治为优先，化学防治为辅助的综合性技术。2001 年 6 月，省林业局将龙泉市列入竹类害虫二期工程治理项目，2001—2005 年，龙泉在八都、竹垟、上垟、查田、小梅、兰巨、锦溪、西街街道等 8 个乡镇的 2.07 万余公顷毛竹林实施竹子害虫工程治理，共综合治理 65691 公顷次，其中采用营林措施 44864 公顷次，物理防治 5056 公顷次。经检查，防治效果良好，直接挽回经济损失净值 4300 万元，毛竹林增值 5465.57 万元。对一字竹象甲、竹小象甲采用竹腔注射法，效果 95%。

2010 年 8—9 月，竹垟乡山溪口村 466.67 余公顷毛竹林相继发生竹篦舟蛾危害，森检站第一时间组织专业防治队开展除治工作，竹篦舟蛾危害得到控制，将农林的经济损失降到最低。

1986—2010 年，全市（县）森林病虫害发生面积 53020.73 公顷，其中防治面积 34780 公顷。主要防治对象由 1997 年前的马尾松毛虫、柳杉毛虫转变为一字竹象甲等毛竹害虫和马尾松毛虫、竹篦舟蛾、柳杉毛虫。

第三节　森林植物检疫

检疫机构

1984 年 3 月，龙泉县森林植物检疫站成立。1988 年 10 月，森林植物检疫站从龙泉县营林技术服务公司分出，成为林业局的一个职能部门，同时还承担森林病虫害防治和林业种苗生产管理。1991 年 7 月，龙泉市森林病虫害防治站成立，与森林植物检疫站实行二个机构一套班子。2002 年 12 月，经国家林业局批准，龙泉成为国家级森林病虫害中心测报点。2003 年 11 月，国家林业局授予龙泉市森林植物检疫站为森林病虫害防治检疫标准站。

检疫实施

森林植物检疫对象普查　1986年，经森林植物检疫对象普查，龙泉有泡桐丛枝病、枣疯病、松针褐斑病等检疫对象。

1989年，林业部公布国内森林植物检疫对象20种。是年，龙泉经对毛竹、板栗、国外松等林地普查，发现有松针褐斑病、板栗疫病等森林植物检疫对象。

1996年，开展森林植物检疫对象普查。是年1月，林业部重新发布森林植物检疫对象35种。经踏查，龙泉森林植物检疫对象有松针褐斑病、柳杉大痣小蜂。补充检疫对象有松褐天牛、松纵坑切梢小蠹、栗瘿蜂、栗实象等。

2004年，开展林业有害生物普查。普查对象为境外传入，省外传入和本土林业有害生物，包括林业有害昆虫、林业病害、林业有害动、植物。普查后提交有害生物标本2300份；有害生物图片及危害图片一套；有害生物初步鉴定名录，已定名103种；主要森林病虫害情况等成果。

2004年8月，国家林业局又重新发布确定19种森林植物检疫对象。2005年8月，补充1种检疫对象。根据普查，龙泉市未发现国家林业局重新公布的20种森林植物检疫对象。

产地检疫　检疫员及兼职检疫员每年均不定期到种苗繁育基地、种子园、贮木场、木材交易场地及加工厂等地进行产地检疫调查。对产地检疫合格的发给《产地检疫合格证》，不合格的发给《检疫处理通知单》。

经产地检疫，1988年，在凤鸣乡烧毁杉木缩顶病（当年称萎缩病）苗木9万余株。1990年，在双岭乡烧毁杉木缩顶苗木10万余株。1993年2月，和市农业局植检站对河村良种场等单位于1991年从黄龙病疫区调进的4086株脐橙苗进行查处，并集中烧毁。

调运检疫　1984年12月，龙泉县人民政府下发《关于加强森林植物检疫，保护林业生产安全的规定》。该文件规定：凡调运森林植物和林产品必须经过检疫，凭《植物检疫证书》调运，从此，龙泉开始调运检疫。1989年2月，县林业局发文《关于加强森林植物检疫工作的通知》，文中规定检疫费的收取标准。为简化手续，后又对森林检疫的收费标准作调整。

松材线虫病防范　由于松材线虫病会对松林造成毁灭性的危害，且目前尚无有效的防治办法，凡松林分布区，各县市均十分重视松材线虫病的防范。

自1989年始，龙泉多次召开有关部门、系统的单位负责人会议，要求对进入龙泉的松木、松木制品及随货进入的松木包装箱等材料进行复检。如发现有来自松材线虫病疫区的松木材料没有森林植物检疫证书的一律从严查处。1994年、2000年、2002年，对从松材线虫病疫区调进的松木电缆盘、松木包装材料、松木板等违规调运案件分别作出烧毁、罚款、电视曝光等处理。

1991年，龙泉建立市、乡镇、村三级松材线虫病疫情监测网络，每年二次对松木林进行疫情调查。2000年，龙泉市成立“松材线虫病预防指挥部”。2005年，松材线虫病预防指挥部又和19个乡镇、街道和相关部门、企业签订松材线虫病预防责任书。

由于防范措施得力，龙泉至2010年尚未发现松材线虫病疫情。

第四章　林业产业

第一节　木竹经营

经营体制

个体经营　1985年，木竹开放经营后，外地从事木材经营的采购人员大量涌入龙泉，最多时达300余人，龙泉本地也有50多人做木材贩销业务。1990年后，木材销售疲软，经营行情渐落低谷，在龙泉从事木材经销人员仅留10多人。

国有企业　1951年3月，中国煤业建筑器材公司丽水支公司在龙泉设立木材收购站。1953年，龙泉木材收购站更名为浙江森林工业局龙泉木材收购站。1956年5月，设立龙泉森林工业支局，后称龙泉县森林工业局、林业局。20世纪60年代初期，森工企业职工达12822人，后逐年减少。

1984年，县林业局成立龙泉县木材公司，承担全县木材生产经营和森工管理职能。1993年，龙泉市林业局成立龙泉市林产工业总公司，负责全市木材生产经营及管辖下属15家森工企业。1999年起实行企业改制，2003年森工企业全部解体，国有森工企业走完自己的历程。

2007年，龙泉市林业局在市“回归工程”地块占地6.67公顷，总建筑面积10.5万平方米，总投资1亿多元的兴林工业孵化基地项目动工兴建。到2008年，投资1000多万元的一期二幢厂房（1.6万平方米）已竣工。

股份制企业　国有森工企业解体后，部分国有森工企业、职工和个体经营业主重组股份制企业，主要有：龙泉森信林产有限公司、龙泉市林业木材有限责任公司、龙泉市林木经销有限责任公司、浙江兴林发展有限责任公司等。

木材市场

1991年6月后，龙泉市人民政府先后批复安仁、龙渊、住龙、城北4个乡镇与林业部门合作，注册建立安仁、大沙、住龙、东书4个木材交易市场。后因木材经营量减少，分别于1999年、2000年停止经营。

木竹价格

1984年前，在木材实行统派购销的30年间，木材收购价格进行19次调整，销售价格进行6次调整。杉元条收购价从1954年的每立方米18.5元，提高到1984年的72元。1985年后，取消木材统购，开放木材市场，实行议购议销，价格随行就市，产销直接见面，木材价格直线飙升，1987年，大径杉元条每立方米销售价曾高达2000多元。1989年，国家调整经济发展政策，银根紧缩，木材市场销售疲软，价格开始回落。1992年，木材销售形势逐渐好转，整个销售市场向量升价稳的经营趋势发展，之后几年一直处于比较稳定的经营环境中。1997年后，由于销区木材用量递减、本市所产的大径材日渐枯竭、小径材材质松软，不受用户欢迎，从而造成木材经营进入历史低谷。1999年后，龙泉市人民政府出台木材精深加工扶持政策，部分企业享受木材采购特许证制度，可直接进山收购加工用材，并在育林基金征收上予以优惠。该项政策的出台有效促进木材加工企业的发展，加工用材从1996年的6万立方米，到2005年增至18.3万立方米。从而导致木材销量、木材价格得以回升。2005年5月，根据有关法律、法规，经市人民政府同意、木材经营推向市场，产销直接见面，价格面议。至此，龙泉的木材的购销价格真正步入市场经济运行轨道。

其他木制品业

1959年，吴湾水运站兴办县里第一家机械锯材车间。后除林业系统外，二轻、乡镇、供销等系统也纷纷兴办木材加工企业。产品涉及建材、纺织器材、工艺美术、文教体育、工具配件、日用家具。

1988年，龙泉有木竹加工企业724家，年产值5784万元；2000年581家，其中享受特许证企业33家，年产值3.6亿元；2005年712家，其中享受特许证企业49家，年产值8.1733亿元；2008年780家，产值24.92亿元。

经调查认定，龙泉竹木制品有：木制家具、旅游休闲用品、木制日常用品、木制工艺品、木制玩具、文教用品、园艺饰品、沐浴用品、人造板及建筑装饰和竹制成品等10大类，170多个品种。主要产品有太阳伞、玩具、礼品、家具、工艺品、竹凉席、卫生筷、胡刷、羽毛球拍、油画笔、细木工板、胶合板、竹胶板、纤维板、刨花板等。

竹类经营

1989年，龙泉毛竹活立竹量3076万株、亩均立竹量77.7株。到2007年，立竹量6916.3万株，亩均立竹量127株。1950—1988年的近40年间，共出运销售毛竹2822.5万株，年均72.37万株。1989—2010年22年间，共销售毛竹9530.42万株，年均销售433.20万株。21世纪初，竹产业被列为龙泉市农业的主导产业，竹林面积、立竹量、竹材产量都有明显提高。毛竹采伐量从1989年174万株到2008年759万株以上。2008年，竹产业总产值8.1亿元，亩均收入559元，竹农人均收入1240元。自1951年至2010年，龙泉生产出运商品毛竹12352.88万株。

第二节　场圃经营

龙泉市(县)林场

1958年8月，经浙江省整编办批建龙泉县金沙林场。前身为1954年经龙泉县人民政府批建的“龙泉县造林站”，主要经营土改时从张雨亭户上没收的梅寮、大风垄国有林。1956年，造林站改名为“龙泉县梅寮森林经营所”。1957年改称为林场，并将龙泉县中心农场600公顷荒山划归林场经营，是年底又接管“龙泉县城郊高级社”的山地农田1733.33公顷，后又接受城镇、城郊等社队的大面积荒山，林场总面积达5333.5公顷。林场场址由上锦村迁移到金沙寺，1958年经省批准后列入国有林场编制。1979年10月，筹建“龙泉县林业总场”，因未得到省里批准，于1984年改名为“龙泉县林场”。

1958年，林场所辖面积5333.5公顷。其中城镇周边4197.5公顷，活立木蓄积23972立方米。梅寮、大风垄1136公顷。

1961年，在贯彻执行中共中央纠正“一平二调”“共产风”运动中，归还城边各大队荒山3197.5公顷，至1964年，全场经营面积2400公顷，活立木总蓄积90000立方米。

1966—1970年，根据有关文件又将农场后山、宫头林区划归龙泉县农场和归还给宫头等大队。1970年，山坑山片划归龙泉县森工局建立龙泉县山坑林木经营场。1984年，林场经营面积377.8公顷。

1986年后5年中，建立果园68.53公顷，生产以柑橘为主的水果2500多吨；建立猪舍20幢，年饲养量从500多头增加到4400多头，1990年后，因猪价下跌，饲料价格上扬，承包款倒挂等原因而停养。

1992年11月，林业部批准市林场建立省级“龙渊森林公园”。2002年，“九姑山景区”进行规划，占地面积112.2公顷，分设五大景区，并由市林场着手道路、场地平整、绿化美化及水、电等基础设施建设。

21世纪初，市里因建公路、工业园区、单位征用，到2007年，市林场所辖面积197.67公顷，其中林业用地134.33公顷，活立木总蓄积2117立方米。至2010年，市林场共造林2046.53公顷，抚育4773公顷次，迹地更新133.2公顷，开防火线86.93千米，并培育大量苗木。生产木材10000余立方米；

龙泉市山坑林场

龙泉市山坑林场前身为龙泉市造林站、龙泉县梅寮森林经营所、龙泉县森工局山坑林木经营场。1995年1月，经省批准成为国有林场。2004年9月，由山坑林场24名在职职工承包经营权50年，以股份制合作林场运作。

山坑林场有山坑、梅寮、大风垄3个经营区。土地总面积1253.73公顷，其中林业用地1243.47公顷，森林覆盖率95%。据2007年调查，全场活立木蓄积102735立方米，其中有林地中成、过熟林蓄积58063立方米，占总蓄积的56.5%。该场地处深山老林，动物资源也十分丰富。

龙泉县苗圃

建于1978年，圃址设蜜蜂岭。圃地从龙泉县红旗良种场划拨农田3.53公顷，征用山地7.67公顷。1988年并入龙泉县林科所。

至2004年底，除龙泉市林场外，通过承包、重组、解体、破产等方式，龙泉市林业局所属的场圃全部解体。

家庭林场及山林托管公司

20世纪90年代后期，由于林业体制的变化，农村中的乡村林场大部分解体，开始出现家庭林场和股份制林场。最早注册的股份制林场是1999年成立的八都林业工作站股份制林场。2001年，个体合办有兰巨乡的龙泉市顶峰农业有限公司，已有水果林面积133.33多公顷，阔叶树基地200多公顷，成为龙泉市最大的一家非公有制林场。到2005年末，全市有家庭林场、股份制林场32家，经营面积0.53万多公顷。

因部分农户外出打工和下山脱贫等原因，其所有的自留山、责任山无力继续经营，“山林托管公司”（又称林保姆）等新的山林管理模式应运而生。现全市有“山林托管公司”281个，委托管理山林户数4343户，托管山林面积9206.47公顷。

第三节 林业企业

木材经营

1975年，龙泉、庆元分县后，木材经营以行政区域划分为9个区林业站，年经营木材12万立方米左右。1984年6月，龙泉县木材公司、龙泉县林工商公司相继成立，经营国家计划外的困山材、旧屋料。1993年8月，龙泉市林业局进行机构改革，实行政、事、企分设。企业部分成立龙泉市林产工业总公司（副局级），其下属经营木材的企业有“龙泉市木材公司，城郊、屏南、龙南、安仁、城北、城南、八都、锦旗、道太林产工业公司（原9个区林业站易名），年经营木材7万~15万立方米。

20世纪80年代中期，木材放开经营后，为拓宽销售渠道，抢占木材市场，龙泉县林业局在萧山、青田、温岭、丽水设立木材联营经销公司。创办安仁、大沙、住龙、东书木材交易市场。21世纪初，组建龙泉市森信林产有限责任公司、龙泉市木材有限责任公司、龙泉市龙林木材经销有限公司、龙泉市兴南林业发展有限责任公司等4家股份制企业。

1999年，森工企业进行全面改制，至2003年10月底，木材经营机构通过组合、解体、破产等方式，龙泉市林业局所属的木材经营机构全部解体。

木材加工

龙泉林业局木材加工业始于1959年，吴湾水运站、第三采伐队、林化厂、山坑林场先后建起锯材车间，主要从事加工板方料，也生产车厢板、枕木等半成品。1974年，建立的林业局木材厂则生产塔尺、标杆、百叶箱、木椅等成品。

自木材开放经营后，为提高木材附加值，自1988年始，龙泉县林业局分别由城郊、八都、锦旗、城南林业站，第三采伐队，道太林业站兴办林业制材一、二、三、四、五厂和仙宫湖木材加工厂。主要生产板方料、木珠、木制玩具、仪器包装盒等产品。后因资金回收、产品销路、企业改制、管理不善等原因而停办或组建股份制企业。1991、1993年，由龙泉市木材公司、锦旗林业站和外系统合资兴办龙星纤维板厂、福佳龙木制品有限公司，后因企业亏损而停办。

林产化工

龙泉市林化厂是一家生产以林化产品为主的国营老企业。其前身为龙泉县供销社的龙泉县有机化工厂。1964年，划归龙泉县森工局，更名为龙泉县林产化工厂。主要生产农药、松香、松节油、活性炭、氢化萜松醇等产品。

1989 年，该厂的双氧水项目投产，后经多次技改，产值大幅提高。1993 年，改名为“龙泉市林业局林产化工总厂”。1997 年，该厂列为龙泉市第一批国有企业改革试点单位。1998 年，经龙泉市人民政府批准，组建龙泉市龙化有限责任公司，属民营企业，股份制性质。

林区交通建设

龙泉林区交通建设是龙泉交通建设的基石、是林业发展的基础。20 世纪 50 年代，林业系统基建部门主要以营建手车道为主。业务管理原由林业（森工）局下的基建股负责。1984 年 5 月，龙泉县林勘公司成立。至 2002 年，林业投资、部分投资、帮助测设施工的等级以上公路共 600.33 千米，其中林业投资占 57.2%，简易公路 42.2 千米，其中林业投资占 73.2%。

林业基建部门还参与交通建设中桥梁等配套设施承建金温铁路及房建工作。1987 年 7 月，省林业厅将“浙江省林业厅汽车二分队”下放给龙泉县林业局。紧水滩水库蓄水后，水运木材全部改为陆运，木材调运由车队承担。1994 年，林业局车队被屏南林产工业公司兼并，1999 年，改制后解散。

其他企业

20 世纪 90 年代后，由于林业企业经济渐趋下滑，为寻求出路，龙泉市林业局提出“立足林业、跳出林业，求生存、图发展”的思路。林业系统掀起投资办企业、经商的热潮。总因市场竞争激烈，缺乏营销经验，选题不准、用人不当等原因，致使所办企业绝大部分先后倒闭。曾兴办过的有安仁服装厂、金沙沙发厂、林业商场、花架厂、中亚陶瓷有限公司、海口金德门娱乐有限公司、申龙实业有限公司、三亚房产地产有限公司、林海房地产有限公司、龙溪加油站、龙泉市塑料厂、八都油墨厂、八都塑料袋厂。

第四节　林副特产

森林药材

龙泉森林药材资源丰富，开发历史悠久，种类繁多。清乾隆《龙泉县志》第三卷药之属中已列有 158 种，其中大部分为森林药材。1986 年，有关单位对龙泉的中草药资源进行调查，共记载有动植物药 1374 种，其中植物药 1269 种（内木本植物药 455 种）。

南方红豆杉　各地有零星分布，且不乏古木大树。叶、种子、树皮均可提炼世界上公认的治癌药物“紫杉醇”，有“植物黄金”之说。21 世纪初，已开始大量育苗。2005 年，在龙渊、西街、查田、小梅、住龙、兰巨等乡镇街道营造混交林 198.53 公顷。凤阳山等海拔较高地区还分布有红豆杉。

其他森林药材　植物和菌类方面产量较大的主要有：杜仲、红凉伞、浙江腊梅、忍冬、灵芝、茯苓、铁皮石槲等。

动物方面主要有：原穿山甲、五步蛇等种收购数量较大，自列入国家保护后已停止收购。梅花鹿、棘胸蛙、林蛙已行人工饲养。

笋制品

笋干俗称白笋，为山珍素品，原为龙泉大宗土特产。1988年后，由于水煮笋产业的发展，笋干产量已逐年下降，现仅有少数农户自行加工，年产量仅20余吨。冬笋：由于竹产业的发展，冬笋产量逐年提高，且上市期提早，2008年8月下旬就有冬笋应市，比常年提早两个来月，出现“穿短袖吃冬笋”的新鲜事。清汁笋，又名水煮笋。20世纪80年代开始生产，主要销往日本、香港等地。1989年，日本大洋渔业公司派员到八都四源乡考察、洽谈清汁笋生产，当年产量达100余吨。90年代后期，由于其他竹产区清汁笋产业的发展，龙泉的产量逐年下降。2005年底，规模较大的生产企业只有浙江晋源食品有限责任公司，年产值5000余万元。在制白笋和清汁笋的过程中，还生产有笋筒（白皮心）。

第五章　林政管理

第一节　管理机构

龙泉公安局森林分局

见“第二十五篇　政法”。

龙泉市山林纠纷调处办公室（简称山林办）

山林办是市人民政府设立，挂靠林业局的政府职能部门。主要从事山林纠纷调处工作，维护山权单位和个人的正当合法权益，化解矛盾，维护农村安定。

1984年12月，成立龙泉县处理山林纠纷领导小组。1987年9月，县政府决定撤销龙泉县处理山林纠纷领导小组，成立龙泉县山林纠纷调处办公室，办公室设林业局内。

龙泉市木材检查总站（简称木检总站）

1989年4月，龙泉木材检查站下辖7个木材检查站。1995年11月，龙泉木材检查站更名为龙泉市木材检查总站。木检总站主要从事道路木材、毛竹（含木竹制品）及野生动植物在运输途中的检查监督，杜绝无证、违章运输。

2000年7月，经省人民政府批准，木检总站内增设龙泉市木材运输巡查大队。2005年底，木检总站下辖木材运输巡查大队以及花桥、小梅、东书、武溪、大庄、建明、汤源、严山岭8个木材检查站。

2006年4月10日，经省人民政府批复，同意汤源木材检查站移至53省道础石路段，并更名为础石木材检查站。2007年3月16日，省政府批复同意，大庄木材检查站迁至剑池街道，并更名为剑池木材检查站。

2008年9月22日，龙泉市机构编制委员会研究同意将木检总站（含木材运输巡查大队）和下属8个木材检查站一并转为全额拨款事业单位，同时撤销110名自收自支事业编制。重新核定木检总站以及木材运输巡查大队全额拨款事业编制20人，下属8个木材检查站全额拨款事业编制70人。

林政科

林政科是林业局内设单位，主要职能有木材、毛竹年度采伐计划编制、木材加工企业、征占用林地审核、野生动植物及古树名木的保护管理等工作。1982年，林业局成立林政股，1993年12月，成立林政管理总站，取代林政股。1997年，成立森林资源管理股，替代林政管理站。2003年，森林资源管理股易名为林政科。

第二节　林权管理与纠纷调处

林权制度改革

20世纪80年代初开始，龙泉县实行林业"三定"工作，全县有14.5万公顷集体山林分产到户经营，形成以家庭承包经营为基础、统分结合的林业双层经营体制。1990年，进一步完善林业生产责任制。2006年，开展"延长山林承包期、发放林权证、规范林权流转"为主要内容的山林延包工作。是年，龙泉市共签订承包责任合同24231份，换发林权证46532份，率先在浙江省完成山林延包工作。

2007年，成立市主要领导任组长的工作领导小组，出台《关于进一步深化集体林权制度改革的若干意见》。是年，龙泉市林权管理中心成立初期，以手工书写办理林权登记业务。为提高工作效率，龙泉市林业局与浙江农林大学合作开发了林权证网上办证系统。2008年，初步完成全市约60万余宗地5.6万本林权申请表的系统录入工作。2009年12月3日，国家林业局发来《关于同意将龙泉市作为全国农村林业改革发展试验示范基地的批复》。是年12月19日，龙泉市被国家林业局确认为"全国农村林业改革发展试验示范基地"。到2010年末，发放林权证5.1万份，森林资源流转5.35万公顷，公开拍卖林木资源价值2373万元，林权变更登记1179起，林地规模经营面积达到4.27万公顷。

林权抵押贷款

2007年，龙泉市出台《龙泉市农村信用合作联社森林资源资产抵押贷款管理办法》及森林资源流转、林权抵押贷款、林权变更登记等方面的规章制度和操作规程，建立长效机制。为进一步方便广大林农和企业办理业务，龙泉建立了以市林权管理服务中心为主体，17个乡镇基层林权管理服务点和 30 个金融服务网点为分支点的林权抵押贷款服务网，5 万元以下的林权贷款凭“林权身份证”可直接到金融部门办理小额循环贷款。2007 年，开展林权抵押贷款以来，有农信社、邮政储蓄银行、农业银行、农发行、泰隆银行、村镇银行、浙江稠州银行等七家金融机构开展林权抵押贷款业务，推出了林农小额循环、林权直接抵押、流转证抵押、林下经济预期收益贷款、公益林补偿收益权质押、村级担保合作社和专业担保公司担保等多种贷款方式。2009 年 4 月 28 日，全国金融支持集体林权制度改革与林业发展现场会在龙泉市召开，会议认为：“龙泉的林权证抵押改革和金融机制创新结合起来，在全国来讲都有指导意义，对整个国家的林业产权制度改革、林权制度的改革都带来深广影响，在全国特别是南方集体林区值得大力推广”。2009 年，龙泉市能福营造林合作社联合农户成为南方集体林区在国内第一个通过 FSC 国际森林认证的经营组织；以托管山林为主业的“林保姆”280 多家。“林保姆”和林业专业合作社双双入选《全国集体林权制度改革实践 100 例》。至 2010 年，共发放林权抵押贷款 4.7 亿元，建立林业专业合作社 26 家。

林权管理

1981 年 3 月 8 日，中共中央、国务院发布《关于保护森林，发展林业若干问题的决定》，龙泉便开展林业“三定”工作，将集体所有、集体统一管理的山林，划分成三种经营方式：即统管山（集体经营管理）、责任山（承包经营）、自留山（农户个体经营）。

2006 年 2 月 18 日，省委、省政府办公厅发出《关于成立省延长山林承包期工作领导小组的通知》，启动全省延长山林承包期工作。3 月，龙泉市延长山林承包期工作领导小组成立，领导小组下设办公室，负责延长山林承包期的日常工作。4—5 月，各乡镇、行政村均成立延长山林承包期工作领导小组，加强对辖区内延长山林承包期工作的领导。全市建立乡、村两级延长山林承包期工作领导小组和工作班子 464 个，配备山林延包专职工作人员 1399 人。4 月 7 日，延长山林承包期工作在宝溪乡进行试点，经 2 个月，试点工作取得成功。5 月 10 日，市延长山林承包期工作领导小组发出《关于印发龙泉市延长山林承包期工作实施方案的通知》。经半年多工作，全市发放新的责任山证 41091 份，自留山证 48711 份，统管山证 2110 份，发证率达 99.7%；新增林地补发证 82 宗；全市应发林权证面积 242672.67 公顷，已发证面积 241944.6 公顷。全市历史遗留山林纠纷案件有 1793 起，在延长山林承包期工作中调处纠纷案件 1763 起，调处率达 98%。

延长山林承包期工作，稳定山权、林权，为林权抵押贷款创造条件。2008 年底，全市以林权证为抵押物，累计实现林权抵押贷款 3264 万元。

林地征用

1996 年 5 月 17 日，省林业厅下发《关于加强征、占用林地管理工作的通知》。从此，征、占用林地的审核审批纳入林业行政主管部门的工作范畴。2000 年，龙泉市征用林地 6 宗，征用面积 5.55 公顷。所征用林地主要用于住龙镇水塔、谷坑、梨树坪与屏南镇百步岭、均溪三级水电站建设。2002 年，全市征用林地 22 宗，征用面积 119.15 公顷。其中：公路建设征用 2 宗，计 70.69 公顷，占 59.3%；兴建水电站征用 19 宗，计 48.44 公顷，占 40.7%。龙南中学基建征用 1 宗。

2003 年 4 月 23 日，省林业局下发《关于下达 2003 年度农村住宅占用林地计划的通知》。农民住宅建设占用林地由龙泉林业局负责审核，总计划不得突破。

2006年9月26日，市人民政府召开第32次常务会议，会议原则通过《龙泉市林场林地征用、职工安置实施方案》。12月19日，市人民政府《关于对市林场林地收回及职工安置方案的批复》文件，需收回市林场林地89.67公顷，用于市工程机械配件制造项目（回归工程）供地。是年，林业部门积极做好丽龙高速公路、市回归工程以及其他建设项目的林地征用及调整报批、政策协调工作。开展林地保护管理执法检查，查处违章使用林地5起，面积2.5公顷。

2008年7月，国家林业局征占用林地行政许可监督检查组在丽水市林业局有关领导陪同下，到龙泉市安福至松阳大东坝公路龙泉段建设工程，检查征占用林地及使用情况。通过听取汇报、查阅资料、实地检查，认为被检查项目审核管理严格、施工符合要求，未出现违规使用林地现象。8月10日，市人民政府召开《龙泉市低丘缓坡开发利用规划》评审会，由国家林业局华东林业调查规划设计院、省林业厅、省森林资源监测中心等单位专家组成的评审组进行评审并获通过。

是年，开展保护林地资源专项行动，对林地使用情况进行全面检查，查处少批多占林地2起。拓展工业发展空间，围绕“一心五点”工业发展布局，用好109公顷林地使用指标。开展林地保护与低丘缓坡综合开发两项规划工作。

2000—2010年龙泉市征用林地情况一览表

表12-5-1　　单位：公顷

年　份	征用宗数	征用面积	年　份	征用宗数	征用面积
2000	6	5.55	2006	17	104.56
2001	20	70.41	2007	41	224.45
2002	22	119.15	2008	17	95.67
2003	28	8.26	2009	19	210.07
2004	1	0.67	2010	12	45.93
2005	15	36.99	—	—	—
合计				198	921.71

山林纠纷调处

1989—2010年，山林办一共调处山林纠纷案件5856起，调处纠纷面积14180.67公顷。其中：省际案件15起，面积865.8公顷；县际案件52起，面积456.93公顷；市内案件5727起，面积9706.13公顷；国有山林案件62起，面积3151.8公顷。22年中，调处山林纠纷案件最多的年份是1990年与2006年，分别调处案件3259起、1763起；调处案件最少的年份是1996年与1992年，分别调处案件11起、15起。22年中，平均每年调处案件266起。

1989—2010年调处的山林纠纷起数、争议山场面积，详见下表。

1989—2010年龙泉市(县)调处山林纠纷案件统计一览表

表 12-5-2　　单位:公顷

年份	按结案类型统计										按结案形式统计							
	合计		省际		县际		市内		国有		合计	决定		协议				撤案
	起数	面积	起数	面积	起数	面积	起数	面积	起数	面积	起数	小计	县内	小计	县内	县际	省际	
1989	17	191.00	1	26.67	—	—	16	164.33	—	—	17	11	11	6	5	—	1	—
1990	3259	4496.07	4	50.00	—	—	3246	4241.73	9	204.33	3259	6	6	3253	3249	—	4	—
1991	42	1525.87	1	269.40	—	—	4	19.00	37	1237.47	42	14	14	28	27	—	1	—
1992	15	336.87	—	—	3	83.33	8	54.60	4	198.93	15	1	1	14	11	3	—	—
1993	31	2985.20	—	—	2	11.33	20	1533.13	9	1440.73	31	3	3	28	26	2	—	—
1994	23	186.00	—	—	6	60.00	16	112.67	1	13.33	23	1	1	22	16	6	—	—
1995	37	233.73	1	17.33	10	43.67	26	172.73	—	—	37	1	1	36	25	10	1	—
1996	11	224.00	—	—	2	136.67	9	87.33	—	—	11	7	7	4	2	2	—	—
1997	17	594.93	1	486.27	1	3.33	15	123.33	—	—	17	2	2	15	13	1	1	—
1998	21	136.67	—	—	13	83.33	8	53.33	—	—	21	8	8	13	—	13	—	—
1999	17	168.67	—	—	—	—	17	168.67	—	—	17	—	—	17	17	—	—	—
2000	31	211.13	—	—	7	24	24	187.13	—	—	31	3	3	25	21	4	—	3
2001	31	76.13	—	—	1	2	29	73.80	1	0.33	31	6	6	21	20	1	—	4
2002	45	242.87	—	—	—	—	45	242.87	—	—	45	13	13	31	31	—	—	1
2003	34	204.07	1	13.33	1	3.33	32	187.40	—	—	34	7	7	25	23	1	1	2
2004	45	105.15	—	—	—	—	44	48.49	1	56.67	45	11	11	32	32	—	—	2
2005	55	332.28	—	—	1	0.1	54	332.18	—	—	55	9	9	44	44	—	—	2
2006	1763	881.53	1	1	3	3	1759	877.53	—	—	1763	4	4	1759	1755	3	1	—
2007	74	62.19	2	1.93	—	—	72	60.25	—	—	74	2	2	72	70		2	—
2008	95	116.92	1	0.67	1	2.67	93	113.59	—	—	95	7	7	87	85	1	1	1
2009	71	663.73	1	0.87	1	0.13	69	662.73	—	—	71	6	6	61	59	1	1	4
2010	122	205.67	1	16.33	—	—	121	189.33	—	—	122	4	4	118	117	1	—	—
合计	5856	14180.67	15	865.80	52	456.93	5727	9706.13	62	3151.80	5856	126	126	5711	5648	49	14	19

第三节　采伐管理

管理措施

1988年末,林业局发出《关于1989年木材采伐证票发放、使用办法的通知》中规定:凡采伐胸径6公分以上的用材林(包括松、杉、杂木)都必须申领林木采伐证。农村集体或个人采伐的自用材、商品材，由乡林政站人员到伐区山场或集材点进行材积检量登记，凭木材采伐证或林木采伐作业设计表的材种、数量打印验收。同时填写采伐验收登记表，注销采伐证。商品材还须填写木材验收报告单，采伐单位或个人凭木材验收报告单到乡（镇）林业工作站领取木材投售票，凭投售票出售木材。采伐剩余物（树梢、枝桠）、旧木料销售运输，到林业局林政管理部门办理“复函”证明，凭“复函”运输出境。执行“采育结合、采造挂钩”方针，以乡镇为考核单位，当年造林、育苗、幼林抚育计划完成 90%以上者，次年木材采伐证全发；完成 70~90%者，按完成比例发放翌年木材采伐证；完成 70%以下的，暂停发放下年度木材采伐证。

1991 年 1 月，林业局下发《关于开展区林业站领导干部保护发展森林资源任期目标责任制执行情况评定的通知》，对各区林业站领导干部任期目标进行全面评定。

1992 年 5 月，龙泉市全面实施撤区、扩乡并镇工作。原有机构已打破，新建机构管理工作一时难以到位，各地出现乱砍滥伐、无证运输木材并殴打林政管理人员的歪风。下半年，龙泉市人民政府采取多项措施，加大森林资源管理力度，刹住乱砍滥伐歪风。

1993 年 11 月 20 日，龙泉市人民政府发出《关于立即停止判青山的紧急通知》，文件的出台与实施，对刹住判青山歪风起一定作用。

1998 年9 月，林业局制订并印发《龙泉市林木采伐、加工、流通管理规定》。12 月，林业局发出《关于转发省林业厅“关于切实加强林木转让采伐活动的通知”的通知》，要求有关单位认真贯彻执行。

2005 年底，根据省林业厅要求，开始规划采伐证网上办证系统。2006 年 4 月，全面开通采伐证网上办证系统。5 月初，开始实行林木采伐网上办证和林木采伐责任告知、审批后公示制度，实现林木采伐电子信息动态化管理。

2008 年 3 月，百余名林业技术人员分赴全市各地，对 1 月份发生的特大雨雪冰冻灾害给林业造成的损失进行调查。经查，林业受灾面积达 5.68 万公顷，受损林木蓄积 86.5 万立方米，受损毛竹 718.9 万支。5 月 6 日，林业局发出《关于开展雨雪冰冻受害木清理检查的通知》，立即组织工作组对全市 19 个乡镇、街道的受害林木清理现场及灾后采伐指标的落实、执行情况进行检查。

采伐量

1989 年，龙泉县木材采伐量 28.05 万立方米，毛竹砍伐量 174 万支。20 世纪 90 年代，龙泉香菇业大发展，砍伐量有所增加。21 世纪初以来，随着环境保护力度加强，砍伐量开始下降。2001—2004 年，连续 4 年采伐量低于 20 万立方米。至 2010 年，全市共办理林木采伐计划 28.19 万立方米（材积），发放毛竹采伐计划 653.02 万支。

1989—2010 年，全市（县）共采伐林木（材积）610.73 万立方米，年均采伐 27.76 万立方米；共采伐毛竹 9530.42 万株，年均采伐 433.20 万株。

1989—2010 年分年林木采伐情况一览表

表 12-5-3

年份	木材（万立方米）	毛竹（万支）	年份	木材（万立方米）	毛竹（万支）
1989	28.05	174	1999	29.1	200
1990	29.9	174	2000	29.1	440

续表 12-5-3

年份	木材（万立方米）	毛竹（万支）	年份	木材（万立方米）	毛竹（万支）
1991	31.5	185	2001	19.93	328.57
1992	30.3	170	2002	19.93	558.57
1993	34.1	172	2003	19.93	778.57
1994	34	180	2004	19.93	950
1995	34	170	2005	20.18	950
1996	30	185	2006	25.3	835
1997	32	190	2007	26.97	599.9
1998	29.1	136	2008	33.21	758.93
—	—	—	2009	26.01	741.86
—	—	—	2010	28.19	653.02
合 计				610.73	9530.42

第四节　竹木管理

竹木加工管理

加工管理除竹木加工、竹木营销管理外，还对白炭、活性炭、胶合板、纤维板等生产加工进行管理。

20 世纪 80 年代，实行木材开放政策，个人、合资办厂逐渐增多，个私木竹加工企业的兴起，给森林资源的保护增加压力。对木竹加工企业实施管理，主要的管理办法是对各加工企业所需的原材料，实行总量控制，由县计经委下达木材加工计划，林业部门进行管理监督。

1992 年 2 月 17 日，外贸局与林业局联合发出《关于 1992 年度白炭生产经营管理的通知》。通知指出：外贸出口创汇的白炭，由林业主管部门批准后实行定点生产，所产白炭由外贸公司统一经销；凡生产白炭的专业户，凭生产经营许可证，按分配计划进行生产；凡采伐 5 公分以上活立木，必须申请办理林木采伐许可证；白炭外销运输，由林业局办理出运证明等规定。是年，全市安排 9 个乡镇定点生产白炭 600 吨，白炭耗材折成 2400 立方米。

1995 年，全市计划生产白炭 720 吨，消耗杂木 2880 立方米。由于生产经营白炭，获利较丰，出现未经批准、擅自筑窑生产白炭情况比较严重。为控制森林资源消耗，4 月 6 日林业局发出《开展严厉打击非法烧制白炭专项行动的通知》，对非法烧制白炭行为进行整顿。经 1 个多月的专项集中整治，拆除非法建造白炭窑 269 座，没收无证生产白炭 62 吨。及时地制止非法烧制白炭的行为。

2000 年 5 月，林业局发出《关于规范特许证企业进山收购木材管理的通知》，要求持有“特许证”企业进山收购木材时，做到有序生产，实行计划供应。面对社会建筑用材日益增长的局面，是年，林业局又向所属单位发出《关于加强建筑用材管理的通知》，要求林政管理部门对建筑施工企业的木材来源、数量进行登记，实施全面监管。

2003 年，林业局对全市 500 余家木竹加工企业的生产经营情况进行全面调查和木材加工《核准证》进行年检。

2007年4月26日，经企业自主申报、综合成绩评定，林业局公布首批木竹加工“诚信经营企业”13家。

2008年，开展两次木材库存计划核实工作，共核销企业空头计划18184立方米。规范竹木加工经营行为，开展第二批木竹加工“诚信经营企业”评比活动，对认定的10家诚信经营企业进行社会公示。利用丽水市森林资源信息管理系统，组织开展竹木加工企业《木竹经营加工核准证》年检，全市有合格竹木加工企业773家。

竹木运输管理

1989年前，各级人民政府与林业主管部门出台过不少加强木材运输管理的文件。

1994年1月1日起，省林业厅对毛竹运输出县（包括出省）实行总量控制，各县（市）运输毛竹（含制品）出县的数量不得超过省人民政府批准采伐限额的90%；安吉、龙泉、长兴等重点产竹县（市）不得超过采伐限额的95%。

1998年8月18日，林业局发出《关于转发“龙泉市木竹加工、运输细则”的通知》，细则规定：市内的运输管理严格遵照“山上管严、市内搞活、边界管紧”的原则；原木、原条、杉、松板方料跨乡镇运输的，凭市内运输证明运输；加工企业用的原材料（半成品）允许在市内放开流通。

2004年10月，为方便本市木制品集装箱运输出境，木材检查总站、城区林业工作站2个单位开始执行联合监督发货，分别派出2名监督员在装车现场登记发货品种、数量。市属沿途木材检查站不再开箱检查，凭发货单通行。是年，市木材运输检查单位共检查过境车辆52509车次，查处违章运输案件2742起，没收木材17125立方米，没收毛竹29433支。

2005年7月27日，林业局下发《关于加强市内竹木建设用材管理的通知》规定：凡在市内各项工程建设所使用的原木、原竹及其成品、半成品均纳入管理范围；用材单位或个人在市内运输原木、原竹，凭林木采伐验收“检尺码单”与林业“两金”发票，经当地林业工作站核实、签发运输证明后方可运输；市内运输木竹成品、半成品凭当地林业部门开具的运输码单签署监督意见后方可运输。市内运输码单有效期为1天。

2006年上半年，林业局组织开展“清火一号”专项严打行动，查处违法运输木材案件759件，没收木材2.3万立方米。全年查处违法运输木材案件2074件。是年11月29日，省林业厅《关于印发浙江省木材运输检查执法规定、浙江省木材运输证核发管理规定的通知》，重申木材检查站、木材运输巡查大队是林业行政执法的基层单位。负责对木材、采挖的树木、野生动植物运输（统称木材运输）及其相应的检疫实施情况的检查监督。

2008年，市木检总站制订并完善《龙泉市木材检查站2008年度工作目标责任制考核办法》与《龙泉市木材运输巡查大队管理办法》，要求木材运输检查人员，坚持做好依法行政，严格执法。

第五节　野生动植物管理

野生动物保护

1988年11月8日，第七届全国人民代表大会常务委员会第四次会议审议通过《中华人民共和国野生动物保护法》的颁布实施。是年12月10日，国家重点保护野生动物名录经国务院批准公布。其中龙泉有分布的国家重点保护野生动物有54种。

1994年4月4日，省林业厅发出《关于进一步加强猎枪弹具购买及销售管理的通知》，通知对猎枪弹具购买与销售作出严格规定，从源头上控制住猎枪弹具的数量。

1998年6月26日，《浙江省陆生野生动物保护条例》经省第九届人民代表大会常务委员会第五次会议通过，10月1日起施行。是年10月5日，浙江省人民政府发出《关于重新公布浙江省重点保护陆生野生动物名录的通知》。新公布的省重点保护陆生野生动物名录中，龙泉市有兽类10种，鸟类48种，爬行类9种，两栖类3种，昆虫类3种。

1999年7月9日，龙泉市人民政府发出《关于加强龙泉市陆生野生动物资源保护的通知》，加强陆生野生动物资源源头、陆生野生动物的驯养繁殖和陆生野生动物的经营管理。针对野生动物饲养、经营发放《野生动物经营利用核准证》26份。

2007年4月，龙泉市林业局成立野生动物保护站，承担龙泉市野生动物保护和经营、驯养管理职能。

野生植物保护

1996年10月3日，省绿化委员会、省林业厅联合发文《关于加强名木古树保护工作的通知》，全省名木古树保护工作全面启动。1997年，市林业局抽调人员，组织开展本市名木古树调查。1999年8月，国家林业局、农业部第4号令颁布国家重点保护野生植物名录（第一批）龙泉市有22种列入重点保护。2002年初，浙江省林业局发出《关于开展古树名木普查建档工作的通知》，龙泉市林业局成立古树名木调查领导小组并开展工作，经近半年调查，全市共调查到古树名木5458株，其中：一级古树169株，二级古树1383株，三级古树3906株。

省级重点自然保护小区

2000年12月，浙江省林业局下发《关于印发〈浙江省森林和野生动物类型自然保护小区管理办法（试行）〉的通知》。2001年，龙泉市林业局组织技术人员，经半年多时间的实地调查考察，共规划出18个自然保护小区，总面积3401.07公顷，报省审批。2001年11月15日，浙江省林业局下达“关于公布全省第一批重点自然保护小区名单的通知”。龙泉市有13个自然保护小区名列其中，核定面积1638.93公顷。2003年11月6日，浙江省林业厅又下达“关于公布全省第三批重点自然保护小区名单的通知”，龙泉市5个自然保护小区被确认，面积1628.8公顷。至此，龙泉市上报的18个自然保护小区经省林业局批准，全部确定为浙江省重点自然保护小区。核准面积3267.73公顷。

2007年2月，龙泉市人民政府下发《关于同意撤销龙泉市骆庄鹭类自然保护小区》的文件。龙泉省级重点自然保护面积为3104.87公顷。

至2010年，17个省级重点自然保护小区，根据其特性可分为：

森林生态类型　碰石瞿源生态自然保护小区、住龙西井、水塔中亚热带常绿阔叶林自然保护小区、天平山生态景观自然保护小区4个。

珍稀树种类型　白云岩乌冈栎自然保护小区、宝溪半岭南方红豆杉自然保护小区、岭根红豆树自然保护小区、兰巨仙仁禁山莲米槠自然保护小区、后岙大柳杉自然保护小区、屏南罗木桥珍稀树种

自然保护小区、陂川榧树自然保护小区、岩樟穗花杉自然保护小区、河村樟树自然保护小区等 9 个。

珍稀动物类型　山坑林场黄腹角雉自然保护小区、岩樟猕猴自然保护小区 2 个。

其他类型　披云山水源涵养林自然保护小区、昴山植物模式标本产地自然保护小区 2 个。

风景林

龙泉历史上为村庄防风、河堤防洪、美化村庄、道路遮荫，往往在村庄四周、寺庙、宗祠旁，河流沿岸、古道两侧留种有面积不等的“水口林”“遮凉树”。全市约有 600 多片。为保护好这些森林和古树，各地常制订有乡规民约，如小梅黄南村“植碧殿”内清道光七年(1827)《奉县示赞》，安仁花庵村“平水王殿”门口立有清道光十二年(1832)的《勒石示禁》石碑，明示禁止砍伐树木及奖罚等内容。庙宇、祠堂、墓地边的林木则更是神圣不可侵犯。

这些森林中保留有较多的珍稀物种资源、如南方红豆杉、樟树、红豆树、银杏、榧树大多分布在这些地方，且树龄大部分都在百年以上。龙泉 4 株千年古樟都在村边，胸径 2 米以上的 28 株古木大树也绝大部分长于村庄水口。因而风景林它实际上就是先人留给我们的自然保护小区。

保护措施

1998 年 9 月 1 日，林业局抽调龙泉市公安局林业分局、乡镇林业工作站、林政管理人员实施《跨世纪保卫绿色行动》。对市内乱砍滥伐林木、破坏野生动物的生存环境，乱捕滥猎野生动物、造成野生动物种群减少的局面，进行一次集中整治行动。

1999 年 11 月 8 日，市林业、公安、工商管理三局联合发出《关于禁止捕杀、经营蛙类的通知》。要求各乡镇林业工作站、工商行政管理所和公安派出所要密切配合、认真部署、周密安排，立即在全市开展禁止非法捕杀、经营蛙类的专项整治活动。

2003 年 3 月 19 日，市公安局森林分局开展代号为“春雷行动”的打击破坏陆生野生动物资源违法犯罪统一行动，打击非法经营陆生野生动物的宾馆、饭店、酒楼。非法出售陆生野生动物的农贸市场、集散地及贩运窝点。非法运输陆生野生动物的流通渠道。非法收购、出售陆生野生动物的驯养繁殖场违法行为。

2004 年 3 月 19 日，龙泉市公安局、林业局执法人员联合开展对农贸市场、宾馆、饭店等场所进行检查，收缴省级一般保护动物黄麂、野猪等野生动物制品 100 多公斤。

2005 年 1 月 31 日，龙泉市公安局、林业局联合发出《严厉打击非法猎捕陆生野生动物行动的通知》。要求村民非法利用“电猫”“铁夹”猎捕野生动物行为立即停止。如令行不止，将从严给予惩处。8 月 12 日，市工商行政管理局、林业局、公安局森林分局开展联合执法大检查，对集贸市场、宾馆、饭店、酒家等 100 多个经营场所进行执法检查。收缴一批五步蛇、棘胸蛙、青蛙等陆生野生动物，然后放归大自然。

2008 年 6 月，林业部门组织近百名林业干部，对全市 5000 余株古树名木再次进行调查，重新核实编号、树种名称、树龄等调查因子，并对所查树木用 GPS 定位记载地理坐标，实现古树名木管理信息化。

是年，针对对陆生野生动物保护龙泉市林业局野生动物保护站积极救助受伤野生动物，接收饲养受伤动物 27 起，其中：鸟类 15 起，兽类 7 起，蛇类 5 起。林业部门与教育局联合开展“我与小鸟相亲相爱”活动，全市有 5000 名小学生及部分家长参加，收到学生制作的鸟巢 2000 多个。在 6 月、9 月两次组织工商局、龙泉市公安局森林分局以及其他林政执法人员，对城区及周边的陆生野生动物经营场所进行检查，在检查中分发野生动物保护传单400余份，进一步营造执法氛围，规范经营行为。全年共核准一般保护野生动物经营户35家，办理野生动物驯养繁殖许可证1家。

第六章　凤阳山国家级自然保护区

第一节　凤阳山国家级自然保护区建立

凤阳山省级自然保护区

凤阳山自然保护区位于龙泉市兰巨乡、龙南乡、屏南镇境内。民国前的史料，未见有“凤阳山”之名称。《重修浙江通志》中将凤阳山划归枫岭山脉中一分支，称它为“黄茅山脉”，群众则习称之为“凤凰山”。后建菇神庙“五显殿”，由于它坐落于形似“凤凰”的山岙中，且朝南向阳，寓丹凤朝阳之意，后群众渐称其为“凤阳庙”，其山也随其称为“凤阳山”。民国17年(1928)，由陆军测量局首次测得，黄茅尖为浙江最高峰。

1975年5月15日，浙江省革命委员会发出《关于加强珍贵稀有野生动物资源保护管理的通知》文件，批准建立凤阳山等4处省级自然保护区，从此凤阳山成为全国72个自然保护区之一。

凤阳山—百山祖国家级自然保护区

1992年3月，国家林业部分管自然保护区领导和部分专家到凤阳山自然保护区考察，得知凤阳山和庆元百山祖2个省级自然保护区毗连时，遂建议将2个自然保护区合并，并申请建立国家级自然保护区。该建议经龙泉庆元2市县政府研究同意后，随即开始申报的筹备工作。省级保护区期间的管理范围为国有林山，其海拔均在千米以上，考虑到生态系统保护的完整性和代表性，凤阳山部分经龙泉市政府研究，决定把毗连村中的部分集体林划归保护区管理，保护区面积扩大到15171.4公顷。是年10月27日，国务院批准浙江凤阳山—百山祖自然保护区为国家级自然保护区。1993年10月7日，成立大会在龙泉举行。浙江凤阳山—百山祖国家级自然保护区凤阳山部分(以下简称凤阳山自然保护区)，主要保护对象为中亚热带森林生态系统。

管理机构

凤阳山建立省级自然保护区时，行政上归属龙泉县林业局管理，业务上由浙江省林业厅直管。晋升为国家级自然保护区后，浙江凤阳山—百山祖国家级自然保护区管理局设在丽水市林业局，下设凤阳山管理处和百山祖管理处，凤阳山管理处为副处级，机构类别定为社会公益类纯公益性事业单位，事业编制42人。2003年，事业经费纳入浙江省财政预算，同时事业编制精简到30人，凤阳山管理处处长由龙泉市政府分管领导兼任，2004年6月后，不再由龙泉市领导兼任。1993年，保护区在龙泉市区水南车站对面设立城区办事处，1997年，租用龙泉大酒店商务房办公；2001年，改租中国建设银行股份有限公司龙泉支行新华街38号6楼办公；2006年，购买新华街新华大厦5楼办公；2009年8月，由龙泉市政府调剂，迁至中山西路55号原林业局办公楼。

第二节　凤阳山自然保护区资源

生物资源

凤阳山地带性植被为亚热带常绿阔叶林，随着海拔高度的变化，在相应的气候垂直分布带上形成森林植被的垂直带谱系列，整个区域的森林植被类型较为丰富，有针叶林、针阔叶混交林、常绿落叶阔叶混交林、常绿阔叶林、山地矮曲林、竹林、灌丛、草丛等。凤阳山蕴藏着极为丰富的生物多样性资源，具有动植物区系成分古老性、生物物种珍稀性、森林生态类型多样性、本底性等特点，素有“华东古老植物之摇篮”的美誉。经过科学考查补充修订：有大型真菌256种；苔藓植物368种；蕨类植物196种；野生或野生状态的种子植物1333种；鉴定记录昆虫982种；鱼类45种；两栖类32种；爬行类49种；鸟类122种；哺乳动物62种。凤阳山自然保护区共有珍稀濒危植物81种，列入国家一级重点保护野生植物红豆杉、南方红豆杉、伯乐树3种，二级保护植物香果树、福建柏、鹅掌楸、蛛网萼、白豆杉、华东黄杉、厚朴等18种。拥有国家级重点保护动物36种，一级重点保护动物有黄腹角雉、云豹、豹和黑麂等5种；二级重点保护动物有阳彩臂金龟、虎纹蛙、赤腹鹰、白鹇、鹰鸮、大灵猫、小灵猫和穿山甲等31种。

森林资源

2005年，森林资源二类调查显示，凤阳山自然保护区森林覆盖率96.2%，活立木蓄积量为114.67万立方米，其中国有林活立木蓄积量35.28万立方米，集体林活立木蓄积量79.39万立方米；毛竹林面积751.47公顷，毛竹总株数169.55万株，杂竹林11.87公顷。

第三节　凤阳山自然保护区建设

功能区区划

1995年3月，委托浙江省林业勘察设计院编制《凤阳山保护区总体规划研究》，是年6月16日，获国家林业部批复，同意凤阳山自然保护区设立核心区、缓冲区、实验区。2000年5月，因原规划不能满足保护功能的需要，凤阳山管理处向浙江省林业厅提交《关于迫切要求调整凤阳山保护区总体规划功能区的请示》。随后，功能区调整方案由浙江省林业勘察设计院负责编制。2001年，委托浙江省林业调查规划设计院编制《浙江凤阳山—百山祖国家级自然保护区总体规划(凤阳山部分)》,规划期限为2001—2010年。2003年12月4日,获国家林业局同意保护区功能区调整方案,是年12月31日,国家林业局批复总体规划。

核心区　面积3496.8公顷,占总面积的23.1%。该区内保存有完整的常绿阔叶林和常绿、落叶阔叶及针阔混交林,是白豆杉、南方红豆杉、福建柏、南方铁杉、天麻的集中分布地。

缓冲区　面积2810.7公顷,占总面积的18.5%。该区域能防止核心区免受外界冲击、干扰和破坏,另一方面也可以适用于基础性科学试验研究。

实验区　除核心区、缓冲区外,其余区域均为实验区,可从事科学研究、教学实习、科普旅游及一定的生产经营活动。面积8863.9公顷,占总面积的58.4%。

明确山林权属

凤阳山自然保护区成立后因农户所持的土地证中四至填写比较笼统,给确定山林权属带来困难,从而发生一些山林纠纷。1981年,林业"三定"(又称山林定权发证)时,凤阳山自然保护区组织三个工作组到毗连村开展调查协调工作,在龙泉县林业局工作组的帮助下于1992年结束。是年,龙泉市政府为国有林所有权属界至进行认定发证工作,至此凤阳山自然保护区山林权属明确。1992年,晋升国家级自然保护区后,凤阳山自然保护区权属国有林面积占28%,集体林面积占72%。

森林消防建设

护林防火是保护区最主要的工作之一。1988年,在凤阳庙后山建立森林防火瞭望台,高火险季节昼夜值班。1988年后,配备风力灭火机、对讲机、油锯、灭火弹等森林消防物资。1992年,凤阳山—百山祖毗连地区护林联防委员会成立,由凤阳山自然保护区、屏南镇、龙南乡、兰巨乡、庆元县百山祖乡和百山祖自然保护区六个单位组成。每年设立一个值班单位。1993年,凤阳山自然保护区成立森林消防队。2007年,增加龙泉山景区分队和炉岙分队。加强防火隔离设施建设,至2008年,开辟防火线110公里,营造生物防火林带35.4公里。

交通通讯与基础设施

道路　1996年,凤阳庙至凤阳湖公路开通,路程3.7千米。1998年,龙后线路口至凤阳庙砂石路改油路,路程14千米。2000年12月,凤阳庙至乌狮窟简易公路开通,路程7.8千米。

通信设施　1988年,更新改造凤阳湖、乌狮窟有线电话9千米。1998年8月,凤阳山移动基站开通。1999年10月,凤阳山程控电话开通。2002年10月,凤阳山联通基站开通。

基础设施　1996年,在剑池湖建集资房2000余平方米。1989年,在凤阳庙的商店和职工食堂落成,面积250平方米。1994年,凤阳庙在周边18坊(21个行政村)的努力下落成,面积150多平方米。2001年,大田坪招待所落成,面积200平方米。2006年11月,在龙南上兴村从龙泉市农村信用合作联社购得房产397.29平方米,作为龙南保护站管理用房。2007年3月19日,在屏南镇屏田叶村从龙泉市地方税务局购得房产1100平方米,作为屏南保护站管理用房。2009年8月21日,大田坪综合楼落成。

其他建设

1990年，黄茅尖树起由姜东舒先生书写的“江浙第一高峰”的石碑，后因雷击、冰冻倒塌。1999年10月，重建“江浙第一高峰”石碑，成为龙泉市地物标之一。1998年5月，高9米，长37米的凤阳湖拦水坝工程竣工，蓄水面积15000余立方米，凤阳坞被称为凤阳湖。2006年，凤阳山国家级自然保护区森林资源二类调查与管理信息系统建立。2007年6月下旬，在黄茅尖、小黄山、瓯江源建设围栏400余米。2007年12月，在凤阳山小田坪边的小山包上建成1个观测风力风向、气温、降水等6个要素全自动气象观测站。是年，在凤阳庙后山建立森林防火瞭望台顶安装森林灾害远程视频监控前端1个。

第四节　调查与研究

资源调查

1992—1994年，与上海自然博物馆合作，对凤阳山自然保护区动物资源进行调查，发现国家二级保护鸟类：凤头鹃鶇新分布。1993—1995年，与华东师大合作，对凤阳山自然保护区苔藓资源进行调查，发现凤阳山耳叶苔、凹瓣细鳞苔、苏氏冠鳞苔三种苔藓植物新种。2003—2006年，浙江省生态与环境保护专项资金资助，先后进行植物、昆虫、脊椎动物的补充调查。2007年，与南京林业大学合作开展固定样地调查，对保护区植物多样性进行研究。2008年，与浙江大学合作开展凤阳山动物监测样线调查。

科学研究

1994年8月，日本东京国立博物馆土居祥兑等13人在凤阳山进行中国—日本植物区系对比研究。1995年，规划建设凤阳山自然保护区珍稀树种母本5.33公顷。1996年，开展“凤阳山观赏植物资源及物候期调查与研究”课题。1998年，与浙江医药科学院合作，对名贵中药铁皮石槲进行试管苗繁殖栽培研究。2006年，开展“浙江凤阳山自然保护区昆虫分类及区系研究”。2007年7月，收集历年考察资料编写出版《凤阳山自然资源考察与研究》。

第十三篇

工　业

龙泉工业生产历史悠久，早在唐代就在豫章山开采铜矿，宋代至明代中期是世界最大的青瓷生产产区。中华人民共和国成立后，龙泉工业进入大发展时期，恢复青瓷、宝剑产业，开始利用现代采矿技术，开采金矿、铅锌矿、氟矿等矿产。1974 年，茶丰五金厂的建立，奠定了 20 世纪 80 年代龙泉支柱产业——汽车空调配件行业开始发展；利用当地丰富的竹木资源发展出竹木产业，建成全国最大的太阳伞产业。

20 世纪 80 年代至 90 年代初，龙泉工业发展加快，实施厂长负责制和二轮承包制改革，激发企业生产积极性。1991 年，龙泉市对国有、集体企业采用多种改制形式，加快改革改组的步伐，对微利、亏损的企业，重点进行产权流动重组，分别实行股份合作制改造、兼并、拍卖、破产等办法，分块搞活。1998—2003 年，国有、集体企业产权改革，基本建立起适应市场经济发展的现代化企业经济制度。通过改革，龙泉工业由计划经济完成社会主义市场经济转变，工业规模得到快速发展，工业总产值由 1989 年的 19974.20 万元（按现行价计算），至 2010 年工业总产值 108.3 亿元，增长 54.2 倍。

第一章　工业总情

第一节　工业规模与总量

工业门类

1989年，龙泉县部门工业企业（乡及乡以上办工业）总计234个，其中有色金属矿采选业1个，矿采选业4个，木材采运业1个，自来水生产和供应业2个，食品制造业11个，饮料制造业5个，饲料工业1个，纺织业5个，皮革毛皮及其制造业1个，木材加工及竹、藤、棕草制造业108个，家具制造业1个，造纸及纸制品业3个，印刷业2个，文教体育用品制造业12个，工业美术品制造业5个，电力工业18个，煤制品业1个，化学工业11个，医药工业1个，塑料工业1个，建筑材料及其制品业21个，黑色金属冶炼业2个，金属制品业1个，机械工业8个，交通运输设备制造业5个，电气机械及器材制造业1个，共26个行业门类和其他工业2个。工业总产值16985万元，其中有色金属矿采选业1012万元，矿采选业369万元，木材采运业15万元，自来水生产和供应业16万元，食品制造业1408万元，饮料制造业1080万元，饲料工业503万元，纺织业298万元，皮革毛皮及其制造业130万元，木材加工及竹、藤、棕草制造业3803万元，家具制造业10万元，造纸及纸制品业303万元，印刷业111万元，文教体育用品制造业890万元，工业美术品制造业79万元，电力工业674万元，煤制品业14万元，化学工业789万元，医药工业610万元，塑料工业68万元，建筑材料及其制品业2299万元，黑色金属冶炼业483万元，金属制品业431万元，机械工业1265万元，交通运输设备制造业137万元，电气机械及器材制造业60万元，其他工业120万元。20世纪90年代，随着经济体制改革的深入，纺织业、饲料加工业、煤制品业等龙泉非传统无优势行业逐渐消失。至2002年，龙泉市共有列入年度统计的行业门类15个，比1989年减少11个行业门类。2003年以来，随着政府招商引资力度加强，“二次创业”的实施和“工业强市”的深入推进，龙泉市工业门类快速增加，工业发展更加均衡。截至2010年，龙泉市共有41个工业门类，工业企业2300多家，其中亿元以上企业17家，规模以上企业248家。初步形成以汽车零部件、竹木制品、金属材料加工三大优势产业，青瓷宝剑、农副产品加工两大特色产业和新能源、通讯电缆、医药等新兴产业为主的工业产业发展格局。确定浙江龙泉工业园区主要发展汽车零部件和竹木制品产业，安仁功能区确定为泵阀产业，础石功能区为不锈钢产业，八都功能区为竹木制品产业，上垟功能区为青瓷生产基地，查田功能区为汽车零部件创业园。2010年，评定佳和集团、巨泰特种钢、南天集团、国镜药业、能福旅游、商讯集团、凯森板业、金宏瓷厂、创新空调、三田滤清器十家企业为龙头骨干企业。

国有与乡镇企业

龙泉市自然资源优越，孕育具有地方特色的工业，主要有采矿业、青瓷宝剑业、竹木制品业、五金汽配业。1989 年，龙泉县受国家银根紧缩和原材料紧张等影响，一季度工业生产出现困难。三月底，龙泉县工业局在铅锌矿召开厂长书记会议，提出“大战二季度，力争双过半”。会后，铅锌矿、瓷厂、艺术瓷厂、农机厂、工具厂、药厂、水泥厂、木材厂等所属企业召开职工大会动员，工业产值迅速提升。1989 年，工业局系统完成工业总产值 4643.20 万元(按 1980 年不变价计算)，按现价计算完成 5866.21 万元。自改革开放以来，乡村集体和个人创办大量工业企业。是年，龙泉县有工业企业 1915 家，其中乡及乡以上办工业 234 家；村办工业 152 家；村以下工业 1529 家。完成工业总产值 15493.91 万元(按 1980 年不变价计算)，按现行价计算完成 19974.20 万元。至 1997 年，龙泉市共有工业企业 2526 家，按现价工业总产值 126048.8 万元。

1989—1997 年龙泉市(县)总工业产值一览表

表 13-1-1　　　　单位：万元

年　份	企业数	工业总产值(按 1990 年价)	工业总产值(按现价)
1989	1915	15493.91(按 80 年价)	19774.20
1990	1827	23674.15	21954
1991	2563	30327.38	28548.68
1992	3553	49318	46985
1993	5189	85522	86121
1994	5332	89912	107160
1995	4007	93162.9	106130.9
1996	4296	128330.9	151217.8
1997	2526	—	126048.8

说明：1996 开始按新规定统计

工业“二次创业”

1998 年 12 月 30 日，龙泉市委提出“二次创业”发展战略，在工业项目库建设、企业技术进步、招商引资、提高企业管理水平等方面加大工作力度，全市工业经济投入不断加大，发展后劲持续增强，工业经济总量不断扩大，运行质量不断提高，主导作用日益显现。1998 年，全市实现工业总产值 12.92 亿元。到 2003 年，全市实现工业总产值 28.02 亿元，比 1998 年增长 116.87%。1998 年，国有及年销售收入 500 万元以上企业实现产值 2.7 亿元；2003 年，实现产值 12.37 亿元，比 1998 年增长 358.1%。1998—2003 年，工业总产值每年以 13.8%的速度递增，占国内生产总值的比重由 1998 年的 25%上升到 2003 年的 31%。

“310100”工程　2003 年，龙泉市经贸局决定启动扶持发展工业经济“310100”工程，即用 3 年的时间，重点培育新增销售产值超亿元工业企业 3 家，新增销售产值 5000 万元以上骨干企业 10 家，重点扶持规模以上企业 100 家。具体措施是，对“3”个新培育亿元企业和“10”个 5000 万元的重点企业，经贸局领导班子成员和职能科室每月下企业调研不少于1次，有针对性地对企业发展过程中的困难和问题，及时报请市政府并协调有关部门现场办公每年不少于1次；对"100"家规模企业，经贸局领导班子成员每季度下企业调研不少于1次，充分发挥经贸职能作用，引导企业进行项目包装，适时召开银企座谈会，每年不少于2次。在专项资金、电量安排、贴息等方面，全数倾斜支持重点企业，分别向工行、农行、中行、建行及信用联社各提供20家重点企业名单，加强项目的推荐、沟通、协调，建议提供信贷支持。要求列入市十大重点技改和技术创新的项目，必须在上述工程备选企业的技改项目中确定，申报争取的国家、省技改贴息资金，全额用于重点企业的技改项目。对重点企业的科技成果应用和转化，以及技术人才的引进，给予一定资金奖励。在项目审批上特事特办，在用地指标上享有优先权，在园区准入上给予特别照顾；每年帮助10家企业通过ISO 9000:1400系列论证，帮助重点企业推行"上网工程"，开展电子政务。

开展"合力兴工百日攻坚"　2003年6月，中共龙泉市委十一届二次全体会议提出，在全市范围开展合力兴工，百日攻坚（6月30日至9月30日）活动。龙泉市经贸局把这次活动当作重中之重的工作来抓，成立由局长任组长，副局长任副组长，各科室负责人任组员的龙泉市经贸局"合力兴工百日攻坚"活动领导小组，下设办公室，由副局长任主任，并抽调5位干部专职负责落实具体工作。由党组成员带队分4组对全市年产值超过500万元的70个重点骨干企业及市工业园区、龙渊、剑池、西街、安仁、础石6个工业园进行一次实地问卷调查。在调查中分发给企业《龙泉市"合力兴工，百日攻坚"活动工业园区（企业）困难与问题调查表》，要求企业填写在发展中存在的困难和问题以及对政府部门的要求。通过汇总归类，7个企业无要求，63个企业提出包括厂房地址、贷款、技改贴息、企业改制、道路改造、减免税、减轻养老金、办房产证、木材管理、引进人才、职工宿舍、拆迁赔偿金等23个方面76个问题和要求；6个工业园区提出包括业务管理、技术指导、电力、水利、电信等的55个问题和要求。同时认真做好问题交办，及时印发龙泉市"合力兴工，百日攻坚"活动工业园区（企业）所提困难与问题办结评估表，交32个责任单位限期办理。交办责任单位意见反馈后，再次到骨干企业征求交办意见。通过二上二下的工作，做到件件实事的着落、个个问题的答复。

规模以上工业企业　全市规模工业中轻重工业构成比例发生明显变化，由1998年43.9:56.1到2003年调整为48.7:51.3，轻工业比例提高4.8%。自1998年以来，全市主要行业发展较快，总量明显提高。2003年全市重点扶持的竹木加工、五金汽配、农副产品加工、青瓷宝剑、医药化工、文教体育用品等六大支柱产业实现产值23.5亿元，其中除文教体育用品行业外，其余行业产值均超过亿元。至2003年，全市实现销售产值26.28亿元，比1998年增长122.70%，生产销售率93.80%，比1998年提高2.40%。全市完成出口交货值4.30亿元，比1998年增长267.50%，出口对销售产值的增长贡献率超过21%。

1998年，全市规模以上工业企业32家。2000年，全市规模以上工业企业36家。2001年，全市规模以上工业企业50家。2002年，全市规模以上工业企业64家。2003年，全市规模以上工业企业达到80家，比1998年增加48家，其中，浙江国镜药业有限公司和龙泉绿源人造板有限公司两家产值超亿元企业，年产值超过1000万元以上企业33家。从户均规模看，比1998年大幅度提高，年户均工业产值从900万元上升到1600万元，增长78%。入选丽水市"五个一批"企业5家。截至2010年，龙泉市有工业产值500万以上企业238个，工业总产值877090.3万元。

2003 年，龙泉市实施举全市之力发展工业的战略，工业生产快速增长，运行质量明显提高，现出浙江国镜药业有限公司等一批重点骨干企业。为更好地促进工业经济的快速发展，鼓励工业企业做强做大，根据企业 2003 年销售收入、上缴国家税金和利润总额各占 50%、25%和 25%，以及安全生产一票否决的综合考核结果，市委、市政府授予浙江国镜药业限公司、浙江能福旅游用品有限公司、龙泉铅锌矿有限责任公司、龙泉绿源人造板有限公司、浙江商讯科技有限公司、浙江龙声工艺玩具有限公司、龙泉市振宏伞业有限公司、龙泉市金利铜业有限公司、安仁忠港礼品家具有限公司、浙江天和食品有限公司 10 家企业龙泉市十强工业企业称号。

2004 年，全市规模以上工业企业 80 家。2005 年，全市规模以上工业企业 81 家。2006 年全市规模以上工业企业 91 家。2007 年全市规模以上企业 118 家，比 2004 年增加 38 家。2007 年产值超五亿元的企业为佳和矿业有限公司，1 亿元到 5 亿元的企业分别为佳和铜制品有限公司、电力公司、能福旅游用品有限公司、商讯科技有限公司、绿源人造板有限公司，5000 万元到 1 亿元的企业有 6 家，2000 万元到 5000 万元的企业有 26 家。2004 年，继续深化“二次创业”发展战略，明确工业是龙泉发展的“第一经济”，努力构建工业发展平台，加快技术创新步伐，积极培育主导产业，全面推动招商引资工作，发展外向型经济，工业经济总量不断扩大，工业主导地位日益显现。2004 年，全市实现工业总产值 30.83 亿元，至 2007 年，全市实现工业总产值 45.39 亿元，比 2004 年增长 47.30%。其中，规模以上工业企业 2004 年实现产值 15.17 亿元；2007 年实现产值 33 亿元，比 2004 年增长110.90%。2004 年，龙泉对七大行业进行多方比较，提出竹木制品、五金汽配、青瓷宝剑为龙泉三大主导产业，并提出每年确定 5 家重点骨干企业进行重点培育。2007 年，三大主导产业实现总产值 27.15 亿元，其中，竹木加工行业实现产值 16.38 亿元，五金汽配实现产值 7.60 亿元，青瓷宝剑实现产值 3.17 亿元。五家重点企业，除国镜药业外，其余增速较快，五家重点企业工业总产值达 9.42 亿元，占全市工业产值的 20.70%，拉动全市工业经济增长 10.70%，5 家企业销售产值 9.10 亿元。2007 年全市实现销售产值 44.80 亿元，比 2004 年增长 102.70%，生产销售率 98.50%。全市实现外贸出口总额 7486 万美元，比 2004 年增长 104.30%。

工业强市

2004 年，龙泉市委提出实施“工业强市”战略，以园区建设为平台，以项目推进为载体，以产业集群为方向，发展生态工业，加强企业技术改造和技术创新，倡导品牌创建，推进节能降耗，工业快速追赶发展，在全市国民经济中的主导作用越来越突出。2006 年，组织起草《关于深入实施“工业强市”战略加快工业经济发展的若干意见》《龙泉市创业绿卡制度》等系列政策，测算兑现 2005 年工业奖励资金近 500 万元。2006 年，全市规模以上企业 91 家，比上年增加 10 家，实现产值 22 亿元，同比增长 25%，其中年产值超亿元以上企业 4 家，年产值超 5000 万元以上企业 7 家，年产值超千元企业 46 家。

“一心五点”布局与“12345”工业追赶计划　2007 年，龙泉市委、市政府决定，在原有“一区二园二基地”的基础上，确立以浙江龙泉工业园区为中心，安仁、础石、八都、上垟、查田为基本点的沿高速公路 Y 型“一心五点”产业聚集发展布局。明确产业发展定位，浙江龙泉工业园区主要发展五金汽配和竹木精深加工产业，安仁功能区为泵阀产业，础石功能区为不锈钢刀剑产业，上垟功能区为青瓷生产基地，查田功能区为五金汽配产业。4 月，龙泉市委、市政府根据龙泉工业的现实基础，制定“12345”工业追赶计划。以工业总产值突破100亿为目标，到2011年，全市新增年销售收入20亿以上、年上缴税金1亿以上企业1家；规模以上企业达到200家；年销售收入1亿元以上企业和省级高新技术企业达到30家；年销售收入5亿元以上企业达到4家；年销售收入10亿以上产业集群或块状经济5个。至2010年龙泉工业总产值首次突破100亿，达到108.30亿。

浙江省低丘缓坡综合开发利用试点县级市　2007年9月，浙江省政府同意将龙泉市360.52公顷的金沙区块列入浙江省低丘缓坡综合开发利用试点单位，为龙泉工业发展争取到空间资源。2007年内，全市新签约征地288.73公顷，新征收土地相当于2006年以前全市所有工业用地的88.40%。

2008年，龙泉市委、市政府出台《关于推进工业经济大追赶发展的若干意见》，加大对工业经济的扶持力度，推动企业创新，做大产业规模。2009年，龙泉市出台《关于加快工业转型升级的若干意见》，深入实施“工业强市”发展战略，鼓励企业加大技术改造投资，推进工业经济快速追赶发展。

至2010年，全市工业总产值从2005年的30.50亿元增长到108.30亿元，是2005年的3.54倍；年均增速达到28.81%，高于“十一五”预期目标7.80%。2010年，工业增加值22.58亿元，比上年增长20.50%，“十一五”时期年均增长17.40%。2010年，实现规模以上工业销售产值81.78亿元，增长53.10%；完成出口交货值8.98亿元，增长55.40%；出口交货值占销售产值的比重为11%，比上年提高0.16%。规模以上工业企业中高新技术企业完成产值11亿元，比上年增长31.60%，占规模以上工业产值比重为12.50%。新产品产值2.79亿元，增长31.60%，占规模以上工业产值比重3.20%，规模以上工业企业产品销售率93.20%，比上年上升1.50%。

1998—2010年龙泉市工业生产总值一览表

表13-1-2

年　份	企业数（家）	其中产值500万以上企业数（家）	工业生产总值（按现价）（万元）	其中产值500万以上企业总产值（万元）
1998	2733	32	129191	26968
1999	1800	36	146104	40224
2000	1970	36	174796	56628
2001	2200	50	204795	73817
2002	2163	64	242479	95695
2003	2100	80	280282	123682
2004	2200	77	308337	151666
2005	2150	81	305054	185983
2006	2154	90	346318	222327
2007	2125	118	455291	330017
2008	2691	177	629784.40	489446
2009	2622	211	737734	582660.90
2010	2640	238	1082736	877090.30

第二节　技术改造与创新

技术改造

改革开放以来，企业为适应市场变化，提升技术水平，提高生产效率，进行技术开发和技术改造。通过自筹资金、银行贷款和政府拨款进行挖潜、革新、改造。1989 年，龙泉县工业局投入技术开发和技术改造资金 213.6 万元，完成瓷厂“灾后恢复改造”主体工程“成型厂房”。1994 年，龙泉铅锌矿通过自筹资金对龙泉铅锌矿深部采矿系统进行技术改造，代号 92320 工程。1998 年，自提出“二次创业”以来，龙泉市政府重视技术改造。“九五”时期,龙泉市技术改造总投入 1.56 亿元，完成工业小区一期开发、400 万瓶氟罗沙星输液生产线、3 万立方米中密度纤维板生产线等一批重大技术改造项目，开发国家级新产品 2 个，省级新产品 9 个，省级技术创新重点项目 5 项，太阳伞、氟罗沙星、人造板等一批新产品已成为工业经济新的增长点。

1998—2002 年，累计完成工业技改投入 7.28 亿元，其中 2002 年，在建技改项目 41 项，累计完成投资额 2.64 亿元，比上年同期增长 33.30%。1998 年以来，全市列入省级重点技改项目 16 项，龙虎水泥公司年产 30 万吨水泥粉磨站、龙化有限责任公司异地搬迁技改项目、龙声工艺玩具有限公司“年产 500 万套出口木制玩具异地搬迁改造”、辰龙药业有限公司“软袋输液”和“固体制剂”等项目竣工投产。2003 年，龙泉市工业技改在建项目 57 项，完成技改投资 3.28 亿元，同比增长 24.16%，其中投资 1000 万元以上的技改项目 25 项；竣工投产的有 40 项，投产率 70%。重点技改项目建设进展顺利，其中，龙康玩具有限公司投资 2012 万元的年产值 480 万套出口木制玩具生产线项目已累计完成投资额 1450 万元。龙化有限责任公司异地技改项目累计完成投资额 2200 万元；新产品技术开发和工艺改造创新、技术中心建设等方面取得新突破，省级技术创新项目松信公司“车轮涡轮增压发动机中冷器”和青瓷哥窑冰裂研究所的“冰裂纹”项目已通过省级验收；经贸局组织人员多次参与重点企业技术改造、技术创新项目的策划、论证、可行性研究报告的制作，理顺和密切与企业的工作关系。2003 年，向省、市有关部门争取贴息补助资金 312 万元，无论是项目的个数还是资金支持的力度，都创造历史新高。“十五”时期，全市累计完成工业投改投入 16.69 亿元，比“九五”期间投资额增加 15.13 亿元，是“九五”期间 9 倍多，一批投资在 1000 万元以上技改项目的建成投产，及企业新产品的开发，新工艺的应用，增强企业发展的后劲。

2007 年，全市工业技改在建项目 57 项，完成技改投资额 8.23 亿元，比 2004 年增长 94.10%。是年，“回归工程”有 25 家企业进场开工建设，累计完成投资额 1.12 亿元，工业重大投资项目相继建成投产，如浙江龙鑫化工有限公司“年产 5 万吨 27.50%双氧水”、龙泉英博双鹿啤酒有限公司“年产 10 万吨啤酒生产线”、龙泉市佳和铜制品有限公司“铜业基地一期”项目等。

技术创新

1989 年，调整产业结构，开发新产品，共开发“四新”产品 115 种，在丽水地区“四新”产品评比中，县工业局送评 35 种，获奖 14 种，其中：一等奖 5 种，二等奖 7 种，三等奖 5 种。农机厂 125 型摩托车齿轮，通过省级新产品鉴定。龙泉青瓷七件哥窑产品荣获北京国际博览会银质奖。瓷厂进行“隧道窑检测及计算机管理系统”和“88 型滑动式可控电热素烧窑”的技术开发，重点解决用电对半成品素烧，节约用柴，稳定产品质量。1998 年，龙泉市开发新产品 32 种，其中列入地区级计划 1 种，申报省计经委争取 1999 年省级计划立项 1 项，新产品投产率达 87%，1998 年，重点技术开发项目 2 项，已列入地区计划 1 项，申报省计经委争取 1999 年立项的 1 项。重点技术开发项目已争取到省财政补助资金 16 万元。自 1998 年以来，培育和发展“四个一批企业”，新增浙江能福旅游有限责任公司和龙泉兴龙木业有限责任公司，成为地区“四个一批企业”。全市列入省级重点技术创新项目 7 项，省级高新技术产品 3 项，省级新产品试制计划 5 项。松信公司的“车轮涡轮增压发动机中冷器”、青瓷哥窑冰裂纹研究所的“哥窑冰裂纹技术研究”、正聪青瓷研究所的“计算机控制烧制龙泉青瓷技术”等项目均已通过省级验收。

2002 年，龙泉市上报丽水市工业项目库项目 30 项，总投资 3.37 亿元，已实施的 24 项,其中属高新技术开发的 5 项、基地带动农户的项目有 4 项、竹木深加工和资源开发利用的项目 12 项、五金汽配加工的项目 3 项。“十一五”期间在市校合作的深度推动下，企业与高等院校、科研院所的合作越来越频繁，新产品、新技术的研发，新工艺的推广和科技创新平台的建设等不断增多，全市共有高新技术企业 8 家，“龙泉青瓷生产节能降耗关键技术的研发与产业化”“龙泉青瓷冰裂纹工艺技术”“计算机控制烧窑技术”等一批项目相继列入国家、省级科研计划，为企业持续发展，竞争力增强提供支撑。品牌创建取得新突破，“中国汽车空调零部件制造基地”“浙江竹木制太阳伞产业基地”等在业界具有影响力的区域品牌，及“欧力”“蒋氏”“商讯”“披云”等 4 个中国驰名商标和一批省著名商标、名牌产品的打响，极大提高龙泉制造的知名度，增强龙泉产品在激烈市场中的竞争力。

第三节　工业经济体制改革

管理体制改革

1998 年 5 月，根据《龙泉市经济委员会（乡镇企业管理局、医药管理局）职能配置、内设机构和人员编制方案》，龙泉市经济委员会（乡镇企业管理局、医药管理局、龙泉市经济委员会合署办公，并挂龙泉市二轻工业合作联社牌子）内设科室 9 个，分别为办公室（信息科）、综合科、技术科、工业企业管理科、二轻企业管理科、行业管理办公室、乡镇企业管理科、医药管理科、财务管理科。核定行政编制 34 名，行政领导职数：主任 1 名，副主任 3 名（兼职副局长 2 名）。下属事业单位有：市乡镇企业经济技术服务中心（自收自支），核定编制 5 名；市二轻工业合作联社（自收自支），核定编制 8 名；市乡镇企业审计事务所、市乡镇企业资产评估事务所（自收自支），核定编制 5 名；发展新型墙体材料办公室（全额拨款），核定编制 6 名。

2001 年 11 月，中共龙泉市经委委员会撤销，建立中共龙泉市经济贸易局委员会。2002 年 9 月，根据《中共丽水市委、市人民政府关于龙泉市党政机构改革方案的通知》，原市外贸局、原商业局、物资局撤并成立龙泉市经济贸易局（中小企业局、对外贸易经济合作局），内设 9 个职能科室，分别为办公室、人事教育科（监察信访室）、综合科、资源能源科、安全生产监察科（市安委办）、企业科、中小企业科(二轻科)、外贸管理科、技术改造与投资科。市经贸局行政编制32名(含后勤服务人员)。其中局长1名,副书记1名,副局长3名,纪检组长1名。2004年5月,根据龙编办〔2004〕4号文件,核定龙泉市行业管理办公室编制8名。2006年5月,龙泉市乡镇企业经济技术服务中心更名为龙泉市中小企业技术服务中心。

厂长负责制

1984年初,龙泉工具厂率先实行厂长负责制试点。1986年9月后,企业党政分开,由点到面推行厂长(经理)负责制,确立厂长(经理)在企业的中心地位,改变企业长期以来由党组织包揽生产经营事务的状况。直至1990年代实行股份合作制。

承包责任制

1984年6月后,乡镇企业全面推广"一包三改",即生产经营承包制,干部任免改为先进单位或招聘制,基本工资制改为计件工资制,工人录用制改为合同制。工业和二轻系统企业,从1987年初开始,对龙泉制药厂实行招标投标资产经营承包责任制和包装装潢厂实行特租赁制试点。一年后,由点到面推行招标投标和委托抵押承包经营。1988年,实行承包制的企业有:工业局19家(招标5家)、二轻局21家(招标2家)、乡镇企业局10家(招标3家)。第一轮承包期一般为三年。全县22家预算内工业企业有18家实行承包经营,占81.1%。据40家承包的工业企业统计,工业产值、销售收入、实现利润和上交税利分别比上年增长36.6%、46.9%、108.4%和79.9%,企业留利增长119.7%,职工人均收入净增160元。1989年,龙泉县工业局系统共有22个企业,除金矿、艺术瓷厂、青研所、工艺美术厂外,其余16家企业都因厂制宜,落实不同形式的承包责任制。侧重帮助企业落实和完善企业内部的各项管理。各企业实行各种形式的企业内部管理办法,工具厂进行"厂内银行"试点,节约材料2万余元,节约标煤50吨。铅锌矿对中层干部采用聘用制,优化劳动组合,强化企业的生产指挥系统。纺织器材厂对企业内部管理体制进行改革,将厂部、科室行政人员的编制、以及工资、资金、福利等其他待遇下放车间,与生产一线工人同"沉浮"。这一做法改变过去行政人员"旱涝保收"的状况,密切干群关系,激发职工生产积极性。1992年3月,龙泉制药厂(在丽水地区内)率先实行全员劳动合同制。

股份合作制

1991年,龙泉市国有、集体企业采用多种改制形式,加快改革改组的步伐,对微利、亏损的企业,重点进行产权流动重组,分别实行股份合作制改造、兼并、拍卖、破产等办法,分块搞活。在企业内部实行劳动合同制,打破干部工人界限,实行岗位聘任制。股份合作制具有产权明晰、权责明确、操作简便等特点,对盘活国有资产存量,优化国有资产配置,转换企业经营机制,调动职工积极性起到较好的作用。

企业产权改革

1998年后,企业改革步伐加快。经贸系统国有、乡镇企业共47家。2001年,龙泉市委、市政府提出"退二进三"加快企业改革思路,企业改革步伐加快。至2003年底,已完成国有集体企业改制27

家，正在改制中 15 家。至 2003 年，经贸系统国有企业改制工作基本完成，解决退休职工医疗保险待遇差距问题。现代经营管理方法在企业中广泛展开，企业大力推进采用国际、国际标准和企业管理信息化工作，龙泉市累计有 31 家企业通过 ISO 9000 国际质量管理体系认证，2 家企业通过有机产品认证，在国镜药业有限公司、铅锌矿有限责任公司、龙化有限责任公司、医药药材总公司中开展企业管理信息化试点。建成“中国龙泉信息网”“龙泉宝剑在线”“龙泉青瓷”“中国太阳伞”等对外窗口网站，多数企业建成独立网站，拥有自己的域名和空间，具有电子商务往来功能。

第二章　工业所有制结构

第一节　国有工业

国有工业规模

中华人民共和国成立后，国有企业一直是龙泉市工业中的重要力量。1989 年，龙泉县有国有企业 46 家，实现工业总产值 10838.05 万元，占全县工业总产值 54.26%。1991 年，龙泉市对国有采用多种改制形式，分别实行股份合作制改造、兼并、拍卖、破产等办法，分块搞活。优化国有资产配置，转换企业经营机制。随着国有企业改革的深入，国有企业逐步退出工业生产，私营企业占主导。国有企业只在少数关键行业起主导作用。截至 2010 年，龙泉市工业只有浙江省龙泉市电力公司、龙泉市水电总站、龙泉市自来水公司 3 家国有企业，实现工业总产值 32567.80 万元。

龙泉铅锌矿

建于 1966 年，又名 209 矿，系全民所有制企业。该矿占地面积 40 多万平方米，建筑面积 4 万多平方米，总资产 4152.41 万元，固定资产 2826.71 万元。主要从事采选业，有职工 480 多人，技术人员 35 人，具有高级职称 1 人，中级职称 14 人。1996 年，工业总产值 1803 万元，利税总额 176.74 万元，年产产品铅锌精矿金属量 5000 多吨。企业技术力量强，设备先进，是省“重合同，守信用”单位，省工行 AAA 级企业信用等级，省行业最大工业企业，省行业最佳经济效益工业企业，省、地、市重点骨干企业，市文明单位。企业以市场需求为导向，立足高起点，参与市场竞争，以科技发展为动力，以经济效益为中心，立足龙泉，走跨地区、跨行业、专业化大生产发展之路。为适应社会主义市场经济体制，企业进一步推进科技进步，拓宽经营，开拓市场。企业下设：经营开发公司、矿山机械设备公司、染化厂、铸钢厂等 5 个直属分公司、厂，为企业今后发展奠定基础。2000 年 8 月，企业改制重组成龙泉市铅锌矿有限责任公司。2007 年 6 月，在龙泉市铅锌矿有限责任公司基础上成立浙江佳和矿业集团。

龙泉市砩矿

隶属于龙泉市经委，属萤石矿采选联合的国有企业。该矿建于1973年7月，生产处理原矿能力为11.7万吨/年左右。职工300余人，其中工程技术人员11人，其他专业类人员13人，拥有固定资产原值2060万元，净值1745万元，占地约5.67公顷，建筑总面积14500平方米，其中生产性建筑面积7900平方米。主要生产经营萤石精块(屑)矿、萤石精粉矿和伊利石绢云母矿三种非金属产品。产品绝大部分通过国内外贸公司远销到日本、印度、澳大利亚和美国等国家。萤石产品合格率达100%，产品质优，各种有害杂质，如磷、硫、砷等含量甚微。伊利石绢云母矿，自然白度高，三氧化二铝含量较高，铁、锰等有害杂质很低。历年来深受国内外用户的青睐。尤其萤石产品享有很高的声誉。

1998年3月2日，成立龙泉市砩矿有限公司，公司驻地八都镇玉峰路8号。2008年1月，被金石资源集团有限公司全资收购，注册资本1000万元。

第二节　二轻工业

二轻工业规模

1989年，二轻工业企业数21家，完成工业总产值1850.6万元，完成计划100.03%，比上年同期增长6.75%，比1986年增长51.83%，深加工产品产值从1986年以来，以14.93%的速度递增。皮革厂、文体厂、建材厂等五个企业，深加工产品产值增长速度在15%以上，其中皮革厂比上年增长125.3%，冶炼厂投产。1989年，生产硅络合金产品51吨，创产值37.5万元。

1989年，轻工系统出口创汇产品完成出口交货值426.29万元，比上年增长11.43%，出口产品产值占总产值的比重达23.04%。木制玩具全年出口228.86万元。比上年增长10.61%，占总出口交货值55.62%。1986年，网球全年出口额为6.47万元；1989年，出口额达21.92万元，增长238.79%。

1989年，刨花板厂、木制品总厂、文体厂、皮革厂四家企业，只占企业数20%，产值却占59.38%，销售收入占59.53%，利润占88.40%。1989年，新开发的新品种、新花色产品、新增产值245.44万元，占工业总产值13.26%。皮革厂从1987年产值30万元，发展到1989年121万元规模，1989年比上年增长125.3%；服装厂从临翻闭，转产出口玩具后，逐渐复苏，趋向正常生产。1989年，二轻企业通过"双增双节"运动，节约成本57万元，增收196万元。龙泉县刨花板厂，胶种改进节约开支10.80万元。

龙泉市(县)轻工系统企业结构单一，20家工业企业当中75%的企业是木加工企业，职工1539人，占职工总数71.20%，产值、税利总额均占总数三分之二以上。1989年，木材价格改为一道价，企业成本急剧上升，再加上市场疲软，全系统仅门窗料、胶合板等木加工产品，1989年比1988年就减少356.28万元。轻工系统50%的企业纯粹为单一产品企业，固定总资产原值只有1280.40万元，平均每家企业64.02万元，集体企业只有801.60万元，平均43.10万元/每企业，有的固定资产原值甚至还不足5万元。自有资金不足10万元(含固定资金)的企业，占二轻企业总数36.40%，有两家还不足一万元。工程技术人员只占职工总数0.48%，初中以下文化程度占职工总数87.28%。1989年末，全系统只实现利税 163.30 万元，比上年减少 34.42%，其中利润只有 60 万元，下降 57.45%。

20 世纪 90 年代以来，随着经济体制改革，二轻系统企业经过重组、拍卖、破产等产权改革。到 1999 年止，二轻系统企业数仅有 14 家。其中：丽水人造板龙泉分公司实现产值 912 万元，同比增长 22.40%；冶炼厂实现产值 1936 万元，同比增长 36.50%；网球厂实现产值 1281 万元，同比下降 25.70%；制刷厂实现产值 751 万元，同比增长 16.80%；金利铜业有限公司实现产值 751 万元，同比增长 223.80%。

1989—1999 年龙泉市(县)二轻系统工业产值一览表

表 13-2-1

年　份	企业数(家)	年度工业总产值(现行价)(万元)
1989	21	2150.83
1990	21	2733.32
1991	21	2871.56
1992	21	3951
1993	13	5233
1994	13	6885
1995	19	7204.8
1996	14	8422.4
1997	14	7488.5
1998	14	—
1999	14	—

说明：1995 年起按新规定统计

轻工企业

龙泉市刨花板厂　1978 年 11 月，创建龙泉刨花板厂，1981 年 8 月 10 日，正式投产，占地面积 2.50 万平方米。是省内第一家刨花板专业生产厂。1989 年，完成工业产值 461.42 万元，销售额 450.71 万元，销售税金为 25.13 万元，全员劳动生产率为 17611.50 元/年人。固定资产原值 480 万元，在册职工 262 人。除能生产刨花板外，还有刨花木垫，竹胶板等产品。20 世纪 90 年代，通过技术改造力度，使主导产品刨花板的年生产能力，从过去的 7000 立方米提高到 3 万立方米，并具有二次贴面加工的能力。1997 年末，全面完成技术改造和改制工作。

龙泉市制刷厂　1978 年 10 月创建，有职工 187 人，其中专业技术人员 32 人。全厂占地面积 5000 平方米。建筑面积 4200 平方米。拥有固定资产 200 余万元，流动资金 140 万元。主要生产胡刷、油漆刷两大系列，共 49 个品种。产品主要销往欧、美、日本、中东及中国香港等 40 多个国家和地区，系外贸出口骨干企业。该厂技术力量雄厚，设备先进，已形成年生产能力 60 万打。1996 年，完成工业总产值 863.60 万元，实现销售收入 687.60 万元，实现利税 47.56 万元，生产的产品荣获浙江省优质产品称号。企业前后由省、地、市授予三级计量标准企业、标准化验收合格企业、全面质量管理验收合格企业、重合同守信用单位、龙泉市文明单位，1996 年被评为龙泉市一星级企业。

第三节　乡镇与个私工业

乡镇工业

龙泉市乡镇企业萌芽于农业合作时期，1958 年，为适应“大办钢铁”“大办工业”，区、乡从生产队中抽出劳动力，并将农村手工业社、组以公社为单位，合并转为社办工业。是年，社办工业有小高炉、小林化、小化肥、小农具、建筑砖瓦、粮食加工等 56 家，从业 11618 人，工业产值 256 万元。1977 年，成立县社办企业管理局，乡镇企业有新发展。1978 年，乡、村两级集体工业企业达 220 家，从业 3131 人，工业产值 547 万元。1983 年，乡镇企业在农村实行承包，解放农村劳动力，激发农民生产积极性，乡镇企业走上快速发展道路。至 1989 年，乡镇企业局系统共计 1826 个企业，其中乡及乡以上办工业 145 个，村办工业 152 个，村以下办工业 1529 个，按现行价计算实现工业产值 6592 万元。1994 年，乡镇企业局系统共计 5259 个企业，是 1989 年的 2.88 倍。截至 1999 年，乡镇企业系统企业数下降到 1755 个，按现行价计算实现工业产值 115424 万元。1999 年，龙泉市委、市政府为促进产业聚集和上规模，开始规划工业园区建设。陆续在市区、查田、八都、安仁、础石等乡镇建立工业园区，促进乡镇企业聚集发展和规模化发展。

2006—2010 年龙泉市工业乡镇产值一览表

表 13-2-2

乡镇街道	工业总产值(万元)					比上年(%)			
	2006 年	2007 年	2008 年	2009 年	2010 年	2007 年	2008 年	2009 年	2010 年
龙泉市	346319	453880	629784	737733	1082737	31.06	31.6	17.14	46.77
龙渊街道	68876	87456	96461	87093	101850	27	10.2	-9.71	16.94
西街街道	27648	36857	46909	48411	39590	33.3	28.4	3.2	-18.22
剑池街道	114615	151113	254661	327220	490842	31.8	67.5	28.49	50
八都镇	17841	19248	24400	31977	46451	7.9	26	31.05	45.26
上垟镇	8999	11570	15713	19944	22773	28.6	36.2	26.93	14.18
小梅镇	7392	8510	9785	10397	20434	15.1	14.8	6.25	96.54
查田镇	22412	24977	34277	51202	60040	11.4	30.8	49.38	17.26
安仁镇	14033	15909	19079	19688	32215	13.4	20.1	3.19	63.62
锦溪镇	33200	62853	72100	61656	84408	89.3	14.2	-14.49	36.9
住龙镇	3910	5834	6270	6419	6847	49.2	7.5	2.37	6.67
屏南镇	2401	2231	2830	2891	3352	-7.1	25.6	2.14	15.94
兰巨乡	6617	8318	9049	10483	14297	25.7	8.8	15.85	36.38
础石乡	8984	8368	22685	43179	139276	-6.9	170.8	90.34	222.56

续表 13-2-2

乡镇街道	工业总产值(万元)					比上年(%)			
	2006 年	2007 年	2008 年	2009 年	2010 年	2007 年	2008 年	2009 年	2010 年
宝溪乡	2810	3161	6050	7285	9075	12.5	91.4	20.42	24.56
竹垟乡	2105	2197	2718	3020	3221	4.4	23.7	11.11	6.65
道太乡	1905	2105	2248	2264	2352	10.5	6.8	0.72	3.88
岩樟乡	79	100	114	124	104	26.6	14	8.83	-15.92
城北乡	1783	1585	2259	2311	2338	-11.1	42.5	2.29	1.2
龙南乡	709	1488	2176	2169	3272	109.9	46.2	-0.31	50.82

私有制工业

改革开放以来，个体工业逐渐发展。1985 年，龙泉县有联户办工业 31 家，个体办工业 775 家。1993 年 7 月 27 日，龙泉市委出台《关于进一步发展个体私营经济的意见》，鼓励支持个体私营经济发展。同时由于国有、二轻集体企业逐步改制，部分职工离开国有和集体企业，自己创业，促进个体私营经济的发展。1996 年以来，龙泉市委又陆续出台《关于振兴龙泉市工业经济的若干意见》《关于合力扶工振兴工业经济的实施意见》和《关于振兴龙泉工业经济的若干意见》等优惠政策的出台和大量国企改制、重组为私营经济，促进个体、私营经济的发展。至 2010 年，龙泉市有工业产值 500 万元以上工业企业 238 家，其中私营企业 207 个，占绝大多数；私营企业较 2009 的 203 个增加 4 个。2010 年，工业产值 500 万元以上私营企业实现工业总产值 717109.3 万元，较 2009 年的 541423.7 万元增加 175685.6 万元。总计中私人控股企业 229 个，实现工业总产值 821692 万元，工业销售产值 767725 万元，资产总计 554018 万元，累计折旧 44787 万元，所有者权益合计 234386 万元，主营业务收入 753707 万元，营业费用 18039 万元，管理费用 24790 万元，财务费用 14986 万元，利润总额 69235 万元，应交所得税 4390 万元，利税总额 90552 万元，是年应付工资总额 33827 万元，应交增值税 15219 万元，全部从业人员年平均人数 15795 人。

合资工业

2002 年，龙泉市政府部门审批（巴西）外资企业“浙江龙泉忆康制衣公司”一家，利用外资 22 万美元。2003 年，龙泉市政府部门审批香港企业“浙江龙泉兄弟之星汽配有限公司”一家，利用港资 12.6 万美元。

至 2003 年末，三资（含外资）企业在龙泉安家落户的共有 5 家，分别是龙声工艺玩具有限公司、中美永欣公司、忠港礼品公司、忆康制衣公司、兄弟之星汽配有限公司。

2010 年，国有及 500 万元以上外资企业按经济类型分合作合伙企业、中私营合伙企业（单位）企业单位数 5 个，工业总产值 9000 万元，有限责任公司中外合资经营企业单位数 2 个，工业总产值 17511 万元。

第三章　工业行业

第一节　汽车(空调)零部件业

生产销售

市场探索阶段　20世纪80年代初期，一批茶丰人通过生产螺丝等小五金产品，建立固定的产品销售渠道，积累原始资金。这一时期，全市生产加工企业不多，主要以购销为主。

回归创业阶段　20世纪90年代初期，龙泉市加工五金汽车配件的小五金户遍布原茶丰乡各村，原茶丰乡建立一个小规模的五金产品市场。但由于企业规模小，产品档次低，产品质量参差不齐，行业发展呈现低、小、散特点。至2002年底，龙泉空调汽配工业企业130余家，其中1000万元产值以上4家，500万元以上6家，100万元以上有13家，从业人员2000余人，全行业产值近3亿元。

集聚提升阶段　2002年，龙泉市委、市政府出台优化环境扶持工业经济发展政策，明确产业发展导向，把汽车(空调)零部件行业列入重点培育产业之一。龙泉市经济贸易局向市政府提出在大沙经济技术开发区划出面积大约20公顷地块，建立空调汽配园区的方案。2002年末，龙泉市政府根据龙泉市经济贸易局上报的方案，批准在大沙经济开发区中建立五金汽配科技园。2003年，在市区大沙规划建设汽车空调零部件产业园，扶持一批有潜力的汽车空调零部件小企业入园再创业发展，整个行业呈现健康快速发展势头，2004年有23家企业进入园区。是年，五金汽配企业总产值达4.5亿元，比上年增长25%。有五金汽配企业300多家，全年实现1000万元产值的企业15家，从事汽配行业生产、销售人员5000多人。2007年，龙泉市委、市政府提出“工业是第一经济”的理念，明确工业优先发展、率先追赶的发展思路，规划400多公顷空间发展汽车(空调)零部件产业。2008年，被浙江省经信委命名为“浙江省汽车空调零部件产业基地”。2009年，被中国汽车工业协会发文正式授予“中国汽车(空调)零部件制造基地”称号。2000年，开展企业ISO 9000族质量体系认证工作，ISO 9000族是国际质量管理保证体系标准，为适应龙泉市加入WTO后的新情况，掌握入世后经济运行规律，龙泉市经委对12家工业企业的ISO 9000族质量体系认证工作，至年末，有龙泉市新兴汽配厂、金丰空调配件厂、金利铜业公司等7家企业通过认证，经龙泉市经委、龙泉市技术监督局验收后，按规定兑现奖励基金。2010年，汽车(空调)零部件产业又成功列入“浙江省级现代产业集群转型升级示范区”，这些国家级、省级区域品牌的取得，对龙泉汽车(空调)零部件产业发展具有重要意义。

产品　21世纪初，龙泉汽车(空调)零部件产业已成为全市最具竞争力和实力的块状特色经济，形成从原材料生产加工到系列汽车空调配件制造的全过程产业链，产品种类涵盖中冷器、冷凝器、蒸发器、气液分离器、干燥瓶、空调管路总成、膨胀阀、截止阀、控制阀、油冷器、滤清器等200多种，

汽车空调管路和接头产量约占全国市场的90%，环保型平行流冷凝器、蒸发器出口量占全国的50%。产品主要销往全国各地和美国、欧洲、北美、中东、东南亚等30多个国家和地区。

科技创新

至2010年，龙泉汽车空调零部件生产企业的创新能力有较大提高，70%的规模以上企业取得ISO 9000或ISO 9001、ISO 14000等认证，拥有国内注册商标150件，境外注册商标35件，申请专利55项。一批项目先后被列入国家火炬计划项目和浙江省重大高新技术产业化项目，龙泉市松信汽车空调有限公司开发生产的车用涡轮增压发动机中冷器是省级高新技术产品，先后被列为2004年浙江省重大高新技术产业化项目和2005年国家火炬计划项目，冷储组合过冷式环保型平行流冷凝器被列入2007年浙江省重点高新技术产品，汽车空调平行流式蒸发器被列入2008年浙江省技术创新项目；龙泉市恒丰汽车空调配件有限公司的汽车空调贮液罐体与导液管一次性冷挤压成形项目被列入2007年浙江省技术创新项目，汽车空调高压清洗器创新项目被列入2008年浙江省技术创新项目；浙江兰通空调设备有限公司开发生产的汽车空调层叠式蒸发器被认定为省级高新技术产品，环保型平行流冷凝器被列入浙江省创新基金项目。2010年，汽车（空调）零部件行业实现工业产值28.83亿元，同比增长49.2%。全市共有汽车（空调）零部件企业235家，规模以上企业达到98家，年产值超亿元企业5家，超5000万元企业10家。产品种类多达200余种，产品涵盖压缩机、中冷器、冷凝器、蒸发器、气液分离器、干燥瓶、空调管路总成、膨胀阀、截止阀、控制阀、油冷器等所有空调汽车零部件，在全国市场占有量较高，并出口东南亚、中东、北美和欧美等地。截至2010年，全市空调汽车零部件行业在全国开设销售网点400多家，驻外办事点100多个，全市在外专门从事空调汽车零部件营销人员达3500多人，已形成覆盖全国各地和东南亚、北美、欧美、中东等地的庞大营销网络，多家企业成为大众、通用、长安、五菱、菲亚特、吉利等知名汽车厂的配套厂家。2009年10月，龙泉市被中国汽车工业协会正式授予为“中国汽车（空调）零部件制造基地”，并先后被省经贸委、省中小企业局、省科技厅授予“浙江省空调汽车零部件产业基地”“省级中小企业创业基地”“省级高新技术特色产业基地”称号。是年，与浙江大学开展市校合作，“背靠浙大，联姻高校，发展龙泉”是龙泉发展工业经济的重大战略举措，市校合作为龙泉空调汽车零部件产业发展的提供重要科技支撑。有48家汽配企业与浙江大学、辽宁机械研究院等院校开展技术合作项目60余项，申请专利180余项。正与浙江大学合作建立“五位一体”的空调汽车综合服务平台，为产业发展提供研发设计、培训咨询、展销展示、质量检测等服务。

第二节　竹木制品加工业

竹木资源

龙泉市自然资源丰富，森林茂密，2010年，林木蓄积量1786万立方米，森林覆盖率84.2%，居浙江省首位，素有“浙江林海”之称。共有森林面积26.53万公顷，占全市土地总面积的87.3%，其中毛竹林面积36666.67公顷，仅次于安吉县，位列全省第二，以龙泉为中心半径100公里范围内有毛竹林面积133333.33多公顷，竹林资源非常丰富。毛竹年采伐量为1000多万支，木材采伐量近60万立方米。商品材采伐量最大，占全省的四分之一；林业与社会发展关联度紧密，农民年收入的60%以上来自林业，是一个典型的竹木资源大县。

竹木行业规模

1992年，龙泉市有2家企业开始生产太阳伞，年产值200多万元。经过7年发展，从半成品加工到自己生产成品，至1999年，有生产企业及配套企业100多家，年产值1000万元以上4家，其中年产值2000万元以上1家，完成工业产值10798万元，完成销售产值9741万元。2009年末，龙泉市被浙江省林业产业联合会认定为"浙江省竹木太阳伞生产基地"，为龙泉市太阳伞产业持续健康发展注入新活力。2010年10月，中国林产工业协会正式授予龙泉"中国竹木户外休闲用品产业基地"称号，这是龙泉市工业产业继"中国汽车(空调)零部件制造基地"之后，获得的又一个国家级区域品牌，对竹木制品行业的发展起着强大的推动作用。至2010年，龙泉市共有竹木制品企业700多家，其中规模以上企业78家，亿元企业3家，主要分布在工业园区芳野区块、龙渊街道工业小区和村头、西街街道、八都镇、安仁镇及兰巨至小梅省道沿线。主要产品为"四板一伞两具一席"，即系列竹胶板、细木工板、松木胶合板、竹木地板、竹木太阳伞、户外休闲家具、木制玩具和竹凉席。产品远销全国各地和欧美、日韩、澳洲等地。2010年，全行业实现工业产值26.6亿元，占全市工业总产值的24.6%。重点企业有能福旅游、浙江凯森板业有限责任公司、浙江南天木业有限公司、浙江龙声工艺玩具有限公司等。

2005—2010年龙泉市竹木制品行业发展一览表

表13-3-1

年份	竹木工业产值(亿元)	规模以上企业数量(家)	5000万元以上企业数(家)	亿元以上企业数(家)
2005	5.7	34	—	2
2006	14.2	41	2	1
2007	16.4	50	2	2
2008	20.5	75	2	4
2009	22	72	1	3
2010	26.6	79	4	4

1989—2010年龙泉市(县)人造板、太阳伞产量一览表

表13-3-2

年份	人造板(立方米)	太阳伞(万把)
1989	8400	—
1990	6000	—
1991	5177.08	—
1992	7800	—
1993	11600	—

续表 13-3-2

年　份	人造板(立方米)	太阳伞(万把)
1994	12200	—
1995	13800	—
1996	13800	—
1997	9300	—
1998	9692	49
1999	41049	80
2000	96628	110
2001	105785	131
2002	94000	137
2003	71750	156
2004	70494	188.48
2005	62850	202
2006	74135	192.5
2007	69521	279.7
2008	75319	294
2009	—	229.03
2010	—	235.39

说明:2009—2010 年度太阳伞为工业总产值 500 万元以上企业产量。

第三节　医药化工

浙江国镜药业有限公司

创办于 1970 年,初名为龙泉制药厂,隶属县工业局。1996 年,国有企业产权制度改革,更名为龙泉市辰龙药业有限公司。2002 年,更名为浙江国镜药业有限公司。2010 年 11 月,被四川科伦药业股份有限公司(股票代码:002422)收购,成为科伦药业分支机构。建厂三十余年来,企业与时代同步,从一个十几个人的小饮片加工厂,发展到拥有大容量注射剂、小容量注射剂、片剂、胶囊、糖浆、口服液、颗粒剂、原料药等十个剂型 60 个国药准字号产品组成的综合性现代化制药企业,从一个老国有企业改制为有限责任公司。拥有总资产 2.6 亿元,占地面积 12 万平方米,职工 800 余人,各类专业技术人员让总数的 40%以上。2002 年,被省经贸委等 9 个单位评为浙江省诚信示范企业、浙江省工商企业信用 AAA 级守合同、重信用单位、浙江省医药工业优秀企业、浙江省科技型中小企业、丽水市工业企业二十强、丽水市“五个一批”重点骨干企业、丽水市首批高新技术企业。浙江国镜药业有限公司以“惠民利国、心诚如镜”为企业宗旨,以“开拓、拼搏、勤奋、创新”为企业精神,依靠技术进步和科学管理,狠抓产品质量,坚持“生产一代、研制一代、构思一代”的新产品开发方针,狠抓企业内部机制的转换，充分调动广大干部、员工的积极性，大力开拓市场，并依靠技术进步和科学管理，严格按GMP（药品生产质量管理规范）要求管理企业，向着质量效益型的道路迅速发展壮大，走出一条“靠管理出效益，靠科技图发展”的企业发展之路。2010年，实现产值23626万元，上缴税金943.6万元。大容量注射剂、小容量注射剂（含提取车间）、头孢类固体制剂车间分别通过国家GMP认证，“龙药”牌注册商标荣获浙江省著名商标。

浙江龙鑫化工有限公司

建于1959年，前身为林产化工总厂，隶属于龙泉市林业局。1997年12月，改制为龙泉市龙化有限责任公司。2003年，冠名为浙江龙鑫化工有限公司，是浙江省级中型化工企业，龙泉市重点骨干企业和主要纳税企业。占地面积10.20公顷，拥有固定资产8000万元，员工100余人，各类专业技术人员50人，公司依靠龙泉丰富的资源和企业的技术实力，开发过氧化物产品系列、林化产品系列和选矿药剂产品系列近20个品种，主要包括：27.5%/35%过氧化氢（双氧水）、松油醇、二氢松油醇、乙酸松油酯、二氢乙酸松油酯、选矿用松醇油、丁基钠黄药、乙基钠黄药，以及塑料包装桶、汽车塑料配件等产品，以上产品在造纸、化工、印染、竹木制品、有色金属选矿、电子、香料等行业应用广泛。其中双氧水年生产规模达10万吨以上，是国内双氧水生产的主要厂家。公司还通过ISO 9002国际质量体系认证，是浙江省科学技术进步优秀企业和浙江省科技型企业。2010年，实现产值8302万元，上缴税金266.25万元。

第四节　其他工业

农副产品加工业

食用菌产业逐渐发展成为龙泉农村经济发展的支柱产业之一。1990年，龙泉食用菌产业产值仅675万元，2010年超过5亿元，是1990年的75倍。20世纪80年代后，由于木屑菌棒袋料栽培香菇等方法不断推广普及，原菇民大多改外出种菇为住地种菇，非菇民也办起菇场，种菇成为农村新兴的产业，但当时因为食用菌种类单一，种植面积小，受政策、市场等原因影响，缺乏产业带动效益。上世纪90年代以后，龙泉把食用菌产业作为重点培育，围绕“稳总产、提品质、优结构、深加工、拓市场”的发展思路，积极实施“生态食用菌优化提升工程”，香菇生产经历原木砍花栽培、段木砍花，到现在的代料栽培，越来越多的人加入食用菌行业中，改变过去“粗放型”生产模式。1998年，龙泉市食用菌协会成立。食用菌龙头企业和专业合作组织不断兴起，专业交易市场、销售流通队伍进一步壮大，先后培育国家级骨干农业龙头企业1家，省级骨干农业龙头企业2家，市级骨干农业龙头企业4家，专业合作社80多家，经销企业200多家，购销队伍1500多人。“天和泉”牌香菇被评为“中国农副产品名牌”，“天和泉”“盛益”商标被评为“浙江省著名商标”，“龙泉香菇”“纳富特牌灵芝”被评为“浙江十大名菇”。“天和泉”牌香菇被评为“中国农副产品名牌”，“天和泉”“盛益”商标被评为“浙江省著名商标”，“龙泉香菇”“纳富特牌灵芝”被评为“浙江十大名菇”。通过多年的努力，龙泉食用菌生产已走向品种多元化、技术集成化、产品优质化的良性发展之路。

2010年，主要生产加工香菇、黑木耳、灵芝、笋制品、茶叶、纯净水等绿色食品，并逐步向休闲、保健、药用等高附加值产品发展，采用提取、脱水保鲜、低温冷冻、真空包装等工艺生产形成中、高档多系列的产品，如多糖、灵芝破壁孢子粉等系列科技产品。产品远销日本、韩国、欧洲等国家，深受国内外消费者的喜爱。全市还拥有绿色食品认证基地11个、无公害农产品产地基地16个、有机认证产品5个以及ISO 9001:2000质量管理体系认证和HACCP(危害分析的临界控制点)食品安全管理体系认证企业5个。出现浙江天和食品有限公司、浙江聚珍园食品有限公司、浙江纳富特生物科技有限公司等一批国家级、省级绿色食品加工龙头企业。

2000年后，龙泉通过与浙大等高校合作推行新技术、开发新品种，食用菌产业结构得到优化，迅速从单一的代料香菇发展为多元化结构，而浙江国镜药业有限公司、龙泉市佳宝生物科技有限公司等对灵芝及灵芝破壁孢子粉深度开发又极大地增加产品的附加值。段木灵芝、黑木耳菌种、工厂化金针菇快速发展，工厂化白灵菇、大球盖菇、秀珍菇等具有良好市场前景的草腐菌类成功开发。首创并成功实践的代料黑木耳仿生栽培技术和新型"耳—稻轮作"栽培模式，实现"千斤粮，万元钱"的目标，并被成功地推广到全国各地。利用高海拔地理优势栽培夏菇技术，使龙南乡成为华东地区高山反季节夏菇最大的生产基地。代料香菇、代料黑木耳产值均超过亿元大关。2002年，龙泉第一个花菇标准化生产基地在八都镇青山村建立。2006年，八都镇双溪口村、锦溪镇上锦村、西街街道河村建设香菇、黑木耳标准化基地，生产量180万袋。2007，出台《关于提升发展食用菌产业的若干政策》，市政府拨出食用菌专项资金对生产、加工销售等环节进行补助，加快标准化基地建设。2008年，龙泉又提出"主产乡镇全覆盖，重点企业全参与"的标准化基地建设目标，推进食用菌产业向规模化、标准化迈进，标准化生产技术得到迅速推广，建成食用菌标准化基地40个，其中出口备案基地21个，标准化示范村6个，标准化菌种场7家，食用菌标准化生产率达到35%。随着食用菌产业规模的扩大，龙泉"品牌战略"也积极推进。2009年，建成浙闽赣食用菌交易中心2.3万平方米，食用菌远销10多个国家以及国内各省市区，年交易额高达10亿元，成为全国食用菌产品交易的集散中心。至2010年，食用菌从业人员已占全市农村劳动力的三分之一，食用菌产值占农业总产值的三分之一，食用菌的经济收入占农民收入的三分之一。

金属制品业

2007年，随着龙泉市"一心五点"工业空间拓展步伐的加快，硋石、安仁等乡镇功能区积极承接温州、瑞安等地产业梯度转移，成功引进一批不锈钢加工和泵阀制造企业，成为龙泉市工业经济新的增长点。其中，硋石金岗工业区确定为不锈钢生产基地，到2010年共引进不锈钢、钢铁生产企业25家，总投资达10亿元，一期13家企业于2010年底建成投产，二期12家企业预计2011年投产，已形成涵盖熔炼、压延、穿孔、科研和检测于一体的不锈钢钢管生产体系。安仁工业区确定为泵阀制造基地，一期引进泵阀制造企业9家，总投资达2.6亿元，到2010年底已全部开工建设。二期规划用地56公顷，计划引进泵阀制造企业50家，总投资额在10亿元以上。2010年，金属制品产业实现产值14.5亿元，同比增长530.4%。龙头企业支撑明显。巨泰特种钢有限公司是龙泉最大的不锈钢企业，已形成三个关联公司，四个投资项目，一期年产5万吨不锈钢钢锭生产线项目，二期为年产1万吨不锈钢管(精扎)生产线项目，三期为年产12万吨高速线材项目，拥有较为先进水平的熔炼、穿孔、连轧等设备。2010年，实现工业产值7.3亿元，上缴税收3514万元。其他不锈钢企业也不断更新设备，改进工艺流程，提升产品技术含量，加快开创产业集群新的市场空间和核心竞争力。如节能、环保、低能耗的新型工业焊管项目已在浙江奔际不锈钢有限公司投入生产，浙江银隆不锈钢有限公司、浙江中信不锈钢有限公司、龙泉市万通钢管有限公司等公司新增精轧机5台，产能增加一倍，酸洗污水量却减少一半。生态环保设施较为完善。金岗不锈钢产业园在建园初期就认真贯彻循环经济、生态经济理念，走"生态化、集约化、特色化"的发展道路，不断注重基础设施建设和完善，加大对废水、废气、废渣排放的综合整治，确保实现生态环保与经济发展和谐共赢。

第五节　工业协会

龙泉市竹木协会

2002年2月6日，召开龙泉市竹产业协会成立暨第一届会员大会。

龙泉市汽车空调配件行业协会

成立于2002年8月28日，有企业会员52家。协会分别在2005年8月28日、2008年8月28日，召开第2次、3次换届会议。2007年，龙泉市汽车空调配件协会发展会员98家，年产值500万元以上31家，其中1000万元以上有17家，工业总产值56800万元，创税1180万元。至2008年8月28日，第三届会员大会召开时共有企业会员100家。

第四章　工业管理

第一节　招商引资

管理机构

2003年7月，经龙泉市委、市政府研究，龙政办发〔2003〕84号文件决定成立"龙泉市人民政府经济协作办公室""龙泉市人民政府招商引资办公室"，并和原已成立的"龙泉市山海协作办公室""龙泉市外来投资接待处"合署办公，实行四块牌子，一套班子的工作模式(简称"招商办")。

2003年11月13日，龙直工〔2003〕46号文件同意设立龙泉市人民政府经济协作办公室党支部的批复，同意设立中共龙泉市人民政府经济协作办公室党支部。2006年5月24日，龙编委〔2006〕16号文件同意设立由市招商引资办公室（经济协作办公室）管理的龙泉市人民政府驻温州办事处，核定财政全额拨款事业编制3名；同时设立龙泉市人民政府驻义乌办事处，核定财政全额拨款事业编制2名。办事处工作人员从同体制人员中选调。2006年5月26日，龙委发〔2006〕20号文件决定建立中共龙泉市经济协作办（招商办）党组。2006年6月6日，龙政发〔2006〕54号文件决定设立龙泉市人民政府驻温州办事处和龙泉市人民政府驻义乌办事处，两办事处归口市招商引资办公室（市经济协作办管理）。2008年7月15日，龙泉市人民政府办公室〔2008〕59号专题会议纪要就撤销龙泉市政府驻义乌办事处保留龙泉市驻义乌来料加工联络处等问题召开专题会议。

2009年3月2日，龙泉市机构编制委员会根据龙泉市政府《关于同意撤销龙泉市政府驻义乌办事处的批复》要求，同意撤销龙泉市政府驻义乌办事处；龙泉市政府驻义乌办事处原有的2名全额拨款事业编制划转至市招商办，划转后市招商办共有全额拨款事业编制7名。

招商政策

投资环境　从1999年起，龙泉市委、市政府开始实施“二次创业”发展战略，为优化环境，促进发展，相应地出台一系列优惠政策和相关规定。1999年，龙泉市委出台《关于促进龙泉市经济发展的若干政策》《关于建立龙泉市优化经济发展环境举报督查中心的通知》。2000年，龙泉市委办公室出台《龙泉市委、市人民政府督查办公室工作细则》。2001年，龙泉市委出台《关于进一步加快发展农业产业化经营的若干意见》《龙泉市工业用地供地办法》《关于对工业企业技术改造项目专项贷款进行财政贴息的意见》关于金融支持经济发展若干意见》。2002年，龙泉市委办公室出台《关于加强企业保护的实施意见》。2003年，龙泉市优化经济发展举报督查中心《关于规范对重点保护企业进行经济检查的通知》、龙泉市政府《关于进一步扶持工业经济发展的若干政策意见》《关于加快工业园区建设的实施意见》《龙泉市公职人员损害经济发展环境行为处理办法》《关于加快发展开放型经济的意见》《关于进一步加强和改善招商引资工作的若干意见》等。龙泉市委、市政府出台以上一系列优化环境的政策，营造龙泉加快发展经济氛围。重点营造丽水—龙泉一级公路、市区防洪堤建设，市区“八路一桥”、22万伏输变电工程、凤阳山旅游开发、体育中心、教育危房改造，重点中学、行政中心、瑞垟二级电站、均溪二级电站、莱茵花园、国际大酒店等一大批重大工程。在软环境方面，通过消费减负，减轻企业负担，促进经济良性循环；建立“三中心一大厅”和乡镇便民服务中心，实行公开、公平、公正的办事体系；开通书记、市长热线电话，建立督查机制，确保政令畅通。凭借良好的经济环境筑巢引凤，吸引国内外大财团、大企业到龙泉投资创业。

所得税优惠政策　2005年，龙泉市委发出龙委〔2005〕8号《中共龙泉市委 龙泉市人民政府关于实施“工业强市”战略加快工业经济发展的若干意见》加大招商力度，对外商投资企业从获利年度起，除享受国家规定的企业所得税是“两免三减半”政策外，第3~5年按企业缴纳所得税地方净收入部分给予全额奖励。国内投资企业从投产年起，按国家规定的经市国税部门批准享受在三年内减免企业所得税优惠。经认定的高新技术企业（产品、项目），从企业获利年度起，头3年按企业缴纳的所得税由市财政给予全额奖励，第4~5年按企业缴纳所得税地方净收入部分给予全额奖励。

增值税优惠政策　外商投资企业、国内投资企业从投产年度起，其当年实际缴纳增值税中的地方税净收入部分，三年内全额奖励，从第4年开始按上年增长总额的50%奖励给予企业。

土地价格优惠政策　龙泉市工业园区土地以熟地（三通一平）的形式出让，对一次性固定资产投资在200万元到500万元的生产性项目，供地价格每亩8万元，并酌情减免小配套费；对一次性固定资产投资在500万元到1000万元（含市外投资500万元以上）的生产性项目，按投资规模、密度和技术含量等不同性质实行以每亩6万元的土地出让基价实行下浮。对特大项目可以实行全额返还土地出让金的优惠。各乡镇（街道）工业园区应采取灵活多样更加优惠的供地方式和供地价格。

招商成果

2003年，招商办成立后，招商引资工作克服国家宏观调控和土地严控政策的影响，紧持开放推动，借力发展，实施“低丘缓坡开发”项目，向温州、广州等地区实施产业招商。至2008年末，引进市外内资项目283个，协议利用市外内资69.66亿元，实际利用市外内资19.43亿元。目前汽车空调配件、工程机械配件、不锈钢、泵阀等产业初步形成，随着高速公路的建成和投资环境的优化，龙泉市迎来新一轮的投资热潮，招商引资逐步向选商选资转变。至2010年末，已引进市外内资项目459个，协议利用市外内资139.4亿元，实际利用市外内资45亿元。

对口支援

2003年，省委、省政府实施对口支援和国内合作交流工作会议以来，龙泉市委、市政府加强与发达地区的经济协作与交流，积极参与并组织山海协作工程等系列合作交流活动，深入实施在外浙商回归工程，取得一定成效。2004年，龙泉市获得嘉兴市秀洲区“龙泉市中小学寄宿生生活改善工程项目”46台冰柜。2005年，龙泉市获得嘉兴市秀洲区爱心助学工程10万元。2006年，龙泉市获得海盐县政府援助新农村建设项目“捐赠生物质汽化炉”40台，秀洲区爱心助学工程10万元。2007年，龙泉市获得嘉兴市秀洲区、海盐县援助“百村经济发展促进计划结对项目”各5万元；获得北京浙江企业商会、河北浙江企业联合会援助资金18.7万元；市协作办、发改局、财政局联合争取山海协作工程贴息补助资金27万元；市协作办、发改局、浙江龙泉工业园区三方共同努力。2007年，浙江龙泉工业园区松溪弄功能片区大沙工业区被授予“浙江省山海协作示范区”称号。2008年，龙泉市继续加强与各地商会、企业联合会以及结对县市嘉兴市秀洲区、海盐县的对接联系，山海协作工程•百村经济促发展计划、爱心助学工程资金30万元；省“种子种苗工程项目”扶持资金20万元；省级山海协作示范区基础设施建设、贴息补助等22万元，全年争取共计72万元。2009年，争取“山海协作工程?百村经济发展促进计划”和“爱心助学工程”结对援助项目30万元；“种子种苗工程项目”扶持资金25万元；山海协作新示范区基础设施建设等项目省财政贴息补助资金17万元；省外浙商帮外扶低收入群众“152”增收计划对接项目资金20万元；共争取项目资金92万元。2010年，争取“山海协作工程•百资村经济发展促进计划”结对援助项目25万元；“种子种苗工程项目”扶持资金35万元；浙江龙泉工业园区发展有限公司大沙江滨区块道路网市政工程等项目省财政贴息补助资金36万元；共争取项目资金96万元。至2010年末，向省、市协作办、省外浙商、山海协作工程结对县市嘉兴市秀洲区、海盐县为省财政贴息补助、爱心助学工程、种子种苗工程、百村经济发展促进计划结对等项目争取援助资金400余万元。

回归工程

2006年，为积极应对国家宏观调控，全力破解土地要素制约。龙泉市委、市政府提出“向山地要空间”理念，着手实施低丘缓坡大开发。其中，“回归工程”建设是龙泉市深入实施“工业强市”发展战略的一大壮举，也是在外龙泉籍企业家回乡创业的主要平台。该工程地块南北长约900米，东西长约1300米，规划用地总面积140公顷，工业用地100公顷，整个地块地形为低丘缓坡。地块南面为53省道和高速公路，西面为正在规划的长途客运站，交通物流等条件十分优越。

2007年3月，广州回归企业共43家与龙泉市政府签订入园协议，其中五金汽配27家，工程机械16家。2008年还陆续签订9家，现共有入驻企业54家；入园企业已全部开工建设，其中，已投产企业30家，规模以上企业16家，实现产值6亿元。

2010年，新签约引进项目32个，协议利用市外资金12.352亿元，完成年度计划的247%，引进亿元项目3个，完成年度计划的150%；32个项目中五金汽配项目21个，竹木制品项目5个，高科技项目1个，配套产业项目3个，其他相关产业项目2个。

第二节 标准化管理与节能减排

标准化管理

1991年，开始对企业产品标准实行备案管理。至2008年底，企业执行标准登记459个，企业产品标准备案192个，《金观音茶叶生产技术规程》通过省专家组审查，成为浙江省首个乌龙茶地方标准。为提高农产品质量档次和效益，市政府成立龙泉市农业标准化工作领导小组，分管副市长任组长，领导小组办公室设在市质监局，主动与农业等部门配合，深入推进农业标准化建设，制定农业生产技术规范7个，4个省级农业标准化推广示范项目通过验收。积极推动企业采标工作，通过采标确认企业3家。

1999—2008年，企事业单位共办理组织机构代码证书3860份，IC卡3127张。1998年，开始实行商品条形码，至今发展条形码成员单位45家。2000年，为适应加入WTO后的新情况，龙泉市经委开展对12家工业企业的ISO 9000族质量体系认证工作，到年未，龙泉市新兴汽配厂、金丰空调配件厂、金利铜业公司等7家企业通过认证，经龙泉市经委、龙泉市技术监督局验收后，按规定兑现奖励基金。

2001年，国务院决定将质量管理职能由各级经贸委调整到质量技术监督部门，国家质检总局制定名牌产品管理办法。通过多年积极培育，浙江商讯科技有限公司的超五类数据电缆、蒋氏刀剑有限公司的刀剑、浙江能福旅游用品有限公司的竹木制太阳伞和浙江凤阳春有限公司的凤阳春茶叶等5种产品获称浙江省名牌，金宏瓷厂，三田滤清器有限公司和金福茶叶等9种产品获称丽水名牌。

节能减排

“十一五”期间，根据《丽水市人民政府办公室转发市经贸委、市统计局关于丽水市单位 GDP 能耗考核体系实施方案的通知》，龙泉市开始对“十一五”节能减排工作进行部署和考核。丽水市下达给龙泉市的节能降耗任务为单位 GDP 能耗在 2005 年基础上累计下降 20%，至 2010 年，龙泉市 GDP 能耗完成上级下达的目标任务，全社会综合能耗 31.3 万吨标煤，在 2005 年基础上增幅 43.58%。

为完成目标，龙泉市政府出台《关于进一步做好节能降耗工作的通知》《关于进一步做好节能降耗和有序用电工作的紧急通知》和《关于印发龙泉市电网 2010 年迎峰度冬有序用电方案的通知》，将上级下达的指标分解落实到各乡镇（街道）和非工领域主要行业的主管单位，再由相关单位细化分解到各企业和相关经营单位。制订全社会控电方案，对工业企业下达月度用电指标，对超指标用电的企业及时发出通知并适时停电；关停部分能耗高，环保设施不完善企业的用电（关停企业为：绿源人造板、盛凯铜业、佳和铜制品等 5 家）。从 2010 年 9 月初开始，已关闭城市景观照明工程，合理关停道路照明。由市机关事务管理局牵头，加强对各部门单位电脑、打印机、复印机等办公设备的管理，减少待机消耗。强化对行政事业单位、宾馆、饭店、商场、银行、医院等单位办公营业场所空调温度的督查，并要求各主管部门定期开展检查，停止新增变压器容量 315 千伏安以上工业项目接电。对已建成但尚未投产的，变压器容量在 315 千伏安及以上的工业项目，采取暂缓投产、供电，至今暂缓接电的新增变压器容量已达 9635 千伏安。通过向全市企业发出公开信，向市民发手机短信等形式，将节能降耗形势向企业和市民说明，争取得到理解并配合节能降耗有序用电工作。调整并重新公布龙泉市重点用能单位名单，要求重点用能企业编写能源利用评价报告。25 家综合能耗 1000 吨标煤以上的重点用能企业共实施节能项目（措施）30 个，共计投入资金 2.8 亿元，全年预计节约能源 1.18 万吨标准煤。申报省级节能、节水、循环经济项目 6 个，获得省级财政专项补助资金 185 万元。以清洁生产为切入点，落实创新汽车空调、骏隆钢业、南天木业、龙声工艺玩具 4 家企业实施清洁生产。

第三节　安全与清洁生产

安全生产

1989 年，工业局所属 18 个生产企业分行业有瓷器、冶金、机械、医药、印刷、水材加工、建材、食品、纺织、包装等不同行业，18 家企业相继成立安全管理机构，调整充实专兼职安全员，全系统现有专兼职安全员 140 余名，形成局厂矿、车间、班组机台的四级安全管理网络，同时按照检查细则进行打分评比，对查出来的事故隐患局安委会发整改通知书，要求企业整改。建立安全生产赏罚制度，避免伤亡事故的发生，如水泥厂矿山按“矿山条例”对违章操作者进行罚款，铅锌矿自查违章 6 次，5 人扣罚款 1102.2 元，木材厂有规定吸烟罚款，共罚款 2166 元。农机厂对违章作业 25 人分别处以 2~5 元罚款等。工业局通过调查，抽查等形式，共查出事故隐患 673 处，督促已整查 634 处，整改率达 94.2%，消灭死亡、重伤事故。1988 年，重伤 6 人。1989 年为零，由于考核企业增加，全年轻伤 32 人，全局负伤率0.6%，各消防重点单位未出现火灾事故。减轻企业经济损失，促进企业生产的发展。1990年，铅锌矿、硔矿组织两矿共青团150多人参加安全知识竞赛，班组长以上业务骨干60名，学习安全三本书参加考试，铅锌矿、硔矿有参加地区经委矿山企业安全知识竞赛，龙泉金矿、水泥厂、对青工，老职工退休新工人接班之时进行新、旧工人传授安全生产知识，农机厂进行三次轮换岗位安全技术业务学习，并举办一次违章人员学习班，药厂进行消防知识竞赛和消防现场演习活动等，大大地提高本系统广大干部、职工安全生产方面知识，为工业生产正常进行创造有利条件。

1993年，龙星纤维板厂发生2.14重大火灾事故，造成企业直接经济损失44.54万元。1994年，工业局系统进行安全突击抽查8次，包括企业自身检查累计187次，共查出事故隐患424处，督促整改417处。坚持职工培训上岗制度，各企业运用各种工具和形式进行安全宣传，其中黑板报40期，广播86次。1994年，无死亡和重伤，轻伤7人。

清洁生产

2005年，龙泉市正式开展清洁生产推广工作。4月，浙江海阳水泥有限公司成为龙泉市第一家清洁生产审核通过企业。龙泉市通过加强清洁生产工作宣传力度，鼓励企业早开展早验收，达到"节能、降耗、减污、增效"的目的，实现经济发展与环境保护的"双赢"局面。截至2010年，龙泉市通过清洁生产审核验收企业共8家，即：浙江海阳水泥有限公司、浙江龙鑫化工有限公司、龙泉市绿源人造板公司、浙江国镜药业有限公司、浙江欧龙陶瓷有限公司、浙江佳和矿业有限公司、龙泉市硔矿有限责任公司、浙江商讯科技有限公司。

第五章 工业园区

第一节 丽水生态产业集聚区龙泉片区

园区建设

浙江龙泉工业园区，前身为龙泉工业小区，初建于1996年。从龙泉市工业小区、青瓷宝剑园区、太阳伞工业园区、大沙五金汽配科技园、金沙新区，发展到2006年8月成为浙江龙泉工业园区。相继成立龙泉市工业小区管理委员会、龙泉市青瓷宝剑园区办公室、龙泉市太阳伞工业园区办公室。至2003年7月，成立龙泉市工业园区管理委员会。2005年4月，改设龙泉市金沙新区管理委员会。和浙江龙泉工业园区管理委员会，对以上园区实行统一管理。2006年8月，经国家发改委核准，由省人民政府批准升格为省级工业园区；2007年5月28日，龙泉市委、市政府印发《关于进一步加快浙江龙泉工业园区发展的若干意见》明确园区新体制。园区党工委、管委会是市委、市政府的派出机构，对园区的经济社会发展负总责。党工委、管委会下设综合办公室、计划财务局、经济发展局、建设管理局、国土局园区分局、大沙派出所。市委副书记兼任园区党工委书记；市委常委任园区党工委常务副书记、管委会主任；副主任高配正科。5 月 30 日，浙江龙泉工业园区挂牌成立。园区的开发范围为现有的剑池街道所辖区域（核心开发区），涉及 19 个行政村，人口约两万人，随着园区的发展，园区范围将随之拓展和调整（龙泉市工业小区、太阳伞工业园区划归龙渊街道办事处管理、青瓷宝剑园区划归剑池街道办事处管理）。2010 年，以省级工业园区为核心的产业集聚区被正式列入全省 14 个产业集聚区之一，简称丽水生态产业集聚区龙泉片区。园区管委会履行规划区范围内的建设管理、招商项目审批和企业服务职能，同时履行各项规划管理职能，包括园区总体规划、土地利用规划、产业发展规划、建设管理规划等。园区实行“财务独立、封闭运行、自求平衡、鼓励创业”的财政管理体制。

浙江龙泉工业园区围绕“3+X”的产业发展定位，重点引进五金汽配工程机械整机总成、核心零部件和亿元以上投资项目，做大做强五金汽配、竹木加工、青瓷宝剑三大主导产业。2009 年，园区相继被命名为“中国汽车（空调）零部件基地”和“浙江省高新技术特色产业基地”；2010 年，园区五金汽配产业被省政府确定为全省 42 个块状经济向现代产业集群转型升级示范区之一，是年，园区现有入园企业 142 家,规模以上企业 125 家，实现工业产值 49.06 亿元，同比增长 49%，其中规模以上企业实现产值 46.18 亿元，五金汽配、竹木加工、青瓷宝剑是园区三大主导产业。

园区规划与拓展

至 2010 年末，丽水生态产业集聚区龙泉片区规划总面积 30 平方公里，已开发建设区块有大沙五金汽配科技园、芳野竹木制品园、松溪弄综合开发区块、回归工程、青瓷宝剑园区共计 6.2 平方公里，正在开发的有炉田区块、吴处墈头区块 4 平方公里。浙江龙泉工业园区成为龙泉市工业经济发展的主平台和实施“工业强市”发展战略的主战场。

2010 年，共完成土地征用 61.33 公顷，新拓展工业用地 133.47 公顷。加大清闲促产力度，充分运用法律、行政等多种措施，讲究策略，顶住压力，退出项目 9 个，收回项目用地 20 多公顷。

第二节　其他工业园区

园区分布

1966 年，龙泉市就建立工业小区，早期工业区主要分布在市区。2003 年 6 月，龙泉市“一区多园工业园区”项目启动。“一区”即龙泉市经济技术开发区，“多园”即安仁木制玩具特色园区、龙渊街道工业园区、剑池街道高科技竹产业园、西街街道工业园区、础石、兰巨、查田、八都、小梅等工业园区。

工业小区、太阳伞工业园区

市工业小区始建于 1966 年，是龙泉市规划建设最早的一个综合型工业园区。该园区位于龙泉市区东北角大垟畈鱼儿塘地段，占地面积 10.27 公顷。2000 年，市委、市政府根据龙泉木制太阳伞生产企业不断发展壮大的趋势，为把龙泉的太阳伞行业培育成国内最大的木制太阳伞出口基地，规划建设太阳伞工业园区.该园区位于龙泉市区东北角大垟畈大墓园地段，与市工业小区东面毗连，占地面积 13.20 公顷。工业小区、太阳伞园区现共有企业 51 家，其中：竹、木制品生产企业 26 家，青瓷生产企业 4 家，五金汽配 10 家，其它企业 11 家。2008 年，完成工业产值 7.2 亿元，创税 2450 万元。

青瓷宝剑园区

青瓷宝剑园区位于龙泉市区西南角的南大垟地段，是市委、市政府为恢复和发挥龙泉青瓷、龙泉宝剑两大传统产品的优势，发展龙泉工业经济而规划建设的。1999 年，规划并报经浙江省计委批准。园区项目 2002 年被省计委列为浙江省 A 类重点工程项目，占地面积 12.53 公顷，固定资产总投资 2.8 亿元，入园企业 90 家。2008 年，园区青瓷、宝剑企业累计完成工业销售值 1.5 亿元。

大沙五金汽配科技园

该园座落在大沙区块，地处城郊，临近丽龙高速公路和 53 省道，通过大沙连接线、后沙桥与城区相连，地理位置优越。园区规划总面积 85.33 公顷，入园企业 53 家，规模以上企业 39 家。建成标准厂房 9 幢 12078 平方米，入驻标准厂房的企业有 6 家。生产的汽配种类达 200 多种，主要有汽车空调管路总成、管接咀、截止阀、平流型冷凝器、蒸发器、滤清器以及各种种类繁多的螺丝。部分企业已成为大型汽车制造企业的重要配套企业。2008 年，大沙五金汽配科技园共实现产值 11.5 亿元。

芳野竹木制品园

该园坐落在剑池街道芳野村 53 省道边，规划面积 102.47 公顷，有汇龙、金鼎、翔泰等 11 家竹木制品企业入驻该园区，并有 9 家已投产，主要生产旅游用品、工艺品、日用竹木制品等。2008 年，实现产值 5000 万元。

松溪弄综合开发区块

该区块坐落在 53 省道南侧，丽龙高速公路龙泉互通旁边，规划面积 87.67 公顷。其中，塘下汽摩配科技园一期 10.67 公顷已完成场地平整、周边道路、厂区道路、排污排水、边坡防护与美化绿化等配套设施建设，有六家塘下五金汽配企业入驻；塘下汽摩配科技园二期计划开发 20 公顷（电镀加工区块 7.33 公顷）；青瓷产业化基地占地面积 8 公顷，已有 2 家企业入驻。

第十四篇

青瓷　宝剑

龙泉窑是中国制瓷史上烧制年代最长、窑址分布最广、生产规模和外销范围最大的历史名窑。北宋时，越窑、瓯窑、婺州窑和德清窑相继衰落，龙泉窑异军突起，集浙江青瓷之大成。南宋时，融合北方青瓷烧制技艺和官窑内涵，烧制出梅子青、粉青类玉的产品，将青瓷推向极致，成为大江南北青瓷烧制技艺之总成。明初，为宫廷烧制官物。明晚期起，开始衰落，至清末一度停烧，但薪火未灭。中华人民共和国成立后，龙泉青瓷恢复规模生产，重新步入国际市场。

1989 年以来，在经济体制改革中，龙泉青瓷国有企业先后破产，个私瓷厂、作坊如雨后春笋。至 2010 年，全市有青瓷企业 300 余家，年产值 7 亿余元。

龙泉宝剑源远流长，《越绝书》《吴越春秋》均有记载。相传春秋时期，欧冶子奉楚王之命冶剑，遂取山中铁英，作铁剑三枚，曰龙渊、太阿、工布。龙泉原名龙渊，因剑而得名，唐时避高祖讳，改名龙泉。

中华人民共和国成立后，龙泉宝剑行业历经风雨。改革开放后，迎来繁荣发展，剑铺作坊遍地开花。至 2010 年，有宝剑企业 243 家，从业人员 9720 人。

第一章　龙泉青瓷

第一节　龙 泉 窑

五代之前

龙泉窑始烧于西晋，邻县松阳县西晋元康七年(297)纪年墓出土的盘口瓶和碗可以认为是龙泉窑最早产品。

已发现最早的龙泉窑窑址是丽水吕步坑南朝窑址，尔后有庆元黄坛唐代窑址和五代龙泉金村窑址。

该时期产品受越窑影响较大，生产规模小，产品种类少，多为碗、盘、钵、罐、瓶之类的农家用品和陪葬器皿，就地销售。产品器型笨拙，多为平底，胎质粗糙，胎壁厚重，胎色灰暗，胎釉结合不佳；釉层浅薄，釉色灰绿，或者绿中泛黄，暗淡无光，施釉不及底，落尘严重导致釉面常有沙粒。该阶段后期，即唐代产品质量明显提高，器型相对规整，常以褐色点彩装饰。

五代晚期至北宋早期

五代至北宋早期的窑址多出现在龙泉金村、大窑一带。此时的产品主要是淡青色釉青瓷，其特点为器型端庄，比例协调，胎色白净，胎质致密坚硬，器壁匀薄；釉薄，釉色淡青泛白，胎釉结合紧密；纹饰生动，刻划精细，线条流畅。整体风格与越窑产品类似，与前代及其后的龙泉窑其他产品相比，可以说独树一帜。产品除碗、盘、瓶、罐、盏、盏托等日用品外，尚有专供随葬的冥器多管瓶及长颈盘口壶等。多为刻划花，线条简洁，以线勾图，十分生动。

宋人庄季裕《鸡肋编》：“处州龙泉……又出青瓷器，谓之秘色，钱氏所贡盖出于此。”从时代看，“钱氏所贡”应为此类淡青釉青瓷器。

北宋中晚期

此时期明显继承了唐代的制瓷技艺，在五代至北宋早期龙泉窑基础上日益成熟，逐渐崛起。产品种类仍以日常用品为主，如碗、盘、罐、瓶、执壶、粉盒等，器型古朴大方，器壁均匀且较薄，胎色灰白或灰色，胎釉结合较好；釉薄，半透明，釉层常有裂纹，釉色青绿，不少泛黄或泛灰；以刻划为主，刻花多以浅浮雕式，花瓣中常填入用竹丝等刺划出的蓖点、蓖纹，碗盘类多为双面刻划花。

《鸡肋篇》载：“宣和中，朝廷制样须索，益加工巧。”说明北宋后期，龙泉窑已经为朝廷烧制官物。

南宋时期

宋室南渡，带来了北方汝窑制瓷技艺，龙泉窑成为大江南北制瓷技艺总成。南宋中期起，龙泉窑进入鼎盛时期，产品种类齐全，式样富于变化，除供日用、陈设、文房等需要外，尚有祭器及冥器等。此时期出现黑胎开片产品，由此，白胎青釉者被称为“弟窑”，黑胎开片者被称为“哥窑”。此时还出现“薄胎厚釉”产品，胎薄如纸，多层施釉，并出现梅子青、粉青釉色，釉层丰厚滋润，晶莹剔透如同翡翠，类玉感觉十分明显；器口及器底十分精巧规整，用瓷质垫饼垫于足底烧制，器底仅剩一丝无釉。此类精美瓷器，无论白胎黑胎，均为官府所用之器。另一类为国内市场和外贸所需者，则仍为厚胎薄釉，但质量较前期为好。

元代

元代是龙泉窑生产规模最大、产量最高、产品种类最丰富的时期。

元初，陈设类器物，薄胎厚釉，胎质精白细腻，多层施釉，釉色以粉青为主。随着市场需求的不断增大以及大件器物的出现，烧造技艺有了相应的演变。多层施釉改变为一次施成厚釉，运用器坯在釉料中浸泡的时间长短来控制釉层厚薄。一次性施成厚釉既节省人力，降低成本，也节省了时间，缩短了烧成周期。元代龙泉窑有一个从薄胎多层厚釉到薄胎一次性厚釉，到厚胎厚釉，到厚胎薄釉的过程。这个过程也正是窑场不断增多，产量不断提高，国内外市场不断扩大的历程。

明代

明初瓷业生产规模仍有发展，产品质量依然，品种类型亦有增加。

根据《大明会典》：“洪武二十六年（1393）定：凡烧造供用器皿等物，须要定夺制样，计算人工物料。如果数多，起取人匠赴京，置窑兴工，或数少，行移饶、处等府烧造。”和《明宪宗实录·卷一》：“成化元年（公元 1465）正月乙亥，诏：‘江西饶州府，浙江处州府，见差内官在役烧造磁器，诏书到日，除已烧完者照数起解，未烧完者悉皆停止，差委官员即便回京，违者罪之。’”的记载，龙泉窑在明前期曾有被朝廷设立官窑的可能，时间当在洪武到天顺的 90 年间。除文献记载外，也已发现许多该时期与景德镇明代官窑青花瓷器在器型、规格、纹饰等相同和相似的龙泉窑青瓷器。按《大明会典》“明承元制，凡朝廷烧制瓷器，必由内府定夺样制”的规定推断，这类青瓷器属龙泉窑为朝廷烧制的官物。从面世的器物看，器型上可分碗、盘、梅瓶、玉壶春瓶和执壶等几大类。

2006 年 9 月至 2007 年 1 月，国家组织力量对大窑龙泉窑遗址岙底片枫洞岩窑址进行了主动性发掘。发掘面积 2000 余平方米，获取完整和可复原的器物近万件，瓷片数十千克。从考古发掘的残器和复原器物情况看，龙泉窑从洪武至宣德为朝廷烧造官物，可分明洪武和永宣两期。

枫洞岩窑址发掘出土的遗存和遗物表明，龙泉窑至明代中期前依然十分辉煌，不但市场仍然十分看好，并且受到朝廷重视，为宫廷烧制大量皇家用瓷。出土资料改变了以往龙泉窑入明后开始衰落的观点。窑场的规模之大，产量之高，质量之优都是原来没有想到的。然而，虽然在此出土了大量官器，但其产品的大多数仍为民品性质，因此，确认大明龙泉官窑为时尚早，枫洞岩属于接受宫廷订单，为皇室烧造官器的窑场。

明代中期始，器物胎体日渐厚重，胎质不如早期细腻，可见杂质气孔。龙泉窑开始衰落。晚期产品胎体增厚，胎质灰白偏灰，可见较多杂质气孔，釉薄，釉色多为青黄和青灰，青绿较少，好者亦为葱绿。

清代

清代龙泉窑仍有一定规模，其产品仍受全国各地及海外的欢迎。据文物调查资料表明，明末清初，龙泉境内尚有窑址160余处，前清时期，仍有70余处。以往古董商称此类产品为“乍浦龙泉”，认为是浙江平湖乍浦仿造龙泉窑的产品，但经文物普查，于20世纪80年代在龙泉小梅镇孙坑村发现了生产这类器物的窑址，说明所谓的“乍浦龙泉”其实是龙泉窑清代的产品。

清代龙泉青瓷胎质与明代产品相似，但胎骨厚重，胎色灰白；釉色青绿，淡薄而透明，一般均有泛黄现象，且有釉色不匀之感，浮光较强。

清末至民国初年

清光绪年间，日本、德国、美国先后有人到龙泉搜罗古代龙泉青瓷，继之国内大批古董商纷至沓来。由此一方面引发了挖掘古窑址之风，另一方面促使一批民间制瓷艺人开始研制仿古青瓷。民国13年（1924）以来，龙泉人蒋建寅、廖献忠、张高礼、李君义、陈佑汉、龚庆芳等人先后在当地仿制古青瓷，使龙泉青瓷烧制技艺得到一定程度的传承。同时，八都、宝溪一带民间窑厂探究并掌握了仿制龙泉古瓷的技术，龙泉青瓷烧制的气脉始终未断，为建国后龙泉青瓷恢复规模生产留下了火种。

第二节　当代龙泉青瓷

恢复规模生产

1957年7月，周恩来总理提出“要恢复龙泉窑和汝窑”重要指示，国家轻工业部立即作出了《关于恢复历史名窑的决定》，并在同年于南京召开的全国轻工业厅长会议上进行传达和部署。

1959年，遵照周总理的指示和国家轻工部的决定，浙江省政府专门成立“浙江省龙泉青瓷恢复委员会”。同年5月，由省轻工业厅厅长翟翕武带队，邀请国家轻工业部硅酸盐研究所、国家科学院上海分院、中央工艺美院、北京故宫博物院、北京钢铁学院、河北工学院、浙江大学、浙江美术学院以及浙江省博物馆、浙江省考古研究所等10多个部门和科研、文物、考古、艺术高级科学家、研究员、专家教授20余人前来龙泉，对龙泉青瓷进行系统考古、发掘和恢复研究工作。浙江省轻工业厅为恢复龙泉青瓷生产，投资60万元，抽调李怀德、李怀川、龚庆平、张高岳等青瓷老艺人集中上垟，成立了青瓷仿古小组，与专家和研究人员一起从事青瓷工艺、釉料的实践和研究，烧制出大批青瓷产品。1961年6月，省长周建人亲自主持召开“龙泉青瓷科学研究总结会议”，标志着龙泉青瓷得以全面恢复。

国有瓷业十年改制

1989年以来，龙泉国有企业有龙泉瓷厂（上垟）、龙泉艺术瓷厂（县城原东风厂厂址）、龙泉瓷器一厂（上垟黄渡桥）、龙泉瓷器二厂（八都镇）、龙泉瓷器三厂（上垟木岱）、龙泉青瓷经销公司（上垟）、龙泉青瓷研究所（原在上垟，89年10月迁至龙泉艺术瓷厂西首），各厂独立核算，自负盈亏。在经济体制改革中，为调动职工积极性，逐步实行以车间、班组为单位的承包经营责任制。到1993年，当液化气窑炉引进使用后，实行按窑炉承包核算和以窑炉租赁承包制，通过不同方式，转换企业的经营机制，提高经济效益和职工收入。1995 年 6 月，市政府领导率市府办、计经委、工业局、财政局、劳动局、总工会、工商银行等部门负责人到龙泉瓷厂现场办公，为企业摆脱困境，扭亏增盈开展调查研究。市工业局指定专门领导干部联系龙泉瓷厂，市计经委把龙泉瓷厂扭亏增盈的联系点和窑炉改造项目作为省计经委扭亏贷款项目上报争取资金，并由工商银行、农业银行暂借（或贷款）瓷厂生产启动扶持资金 40 万元，同心协力，艰苦创业、共渡难关。

至 1996 年，随着企业改革的不断深入，彻底实行政企分离，走市场经济道路，政府组成企业改制破产工作组进驻龙泉艺术瓷厂，进行企业清算核资，改制解体，职工按工龄置换下岗。此后，除龙泉瓷器一厂实行股份制改制外，其它各厂、研究所、青瓷经销公司相继在 1997 年和 1998 年宣告改制破产，以各厂核资情况，职工按工龄置换下岗。到 2000 年底全部终结，青瓷生产结束国有历史，走上市场化经营道路。

瓷业"二次创业"

20 世纪 90 年代，在国有瓷业改制破产期间，原国有瓷厂许多有识之士意识到改制破产不是不生产青瓷，而是从计划经济转向市场经济，从国有企业转向私营个体生产模式。90 年代初，部分职工和技术骨干就走向社会逐渐租地（厂房）办起了个私青瓷厂（作坊）。1992 年龙泉瓷厂厂长柯新华调到市协作办后，就组织原瓷厂技术骨干夏侯文、胡兆雄等 15 人成立股份制"临江青瓷厂"。青瓷研究所技术骨干叶小春四兄弟在蜜蜂岭创办了"叶氏哥弟窑精品作坊"。1994 年，胡兆雄在工业园区创办天工青瓷厂。1995 年，龙泉瓷厂金逸林辞去龙泉瓷厂副厂长职务，到丽水创办青瓷厂，1999 年回龙泉兴办"金宏瓷厂"。1995 年，青瓷研究所所长徐定昌辞职创办"振昌瓷厂"；毛正聪从青瓷研究所所长退居二线后创办了"正聪青瓷研究所"。1996 年，李震在木岱口创办"李氏仿古瓷厂"，为打开销路，占领市场，到交通发达、市场成熟的景德镇设店销售。1997 年，陈坛根辞职在上垟创办"古窑瓷厂"；徐朝兴在工业园区创办朝兴青瓷苑。据统计，到 1998 年 8 月，全市有私营个体瓷厂 58 家，成为龙泉青瓷行业的主力军，为龙泉青瓷复兴奠定基础。

创业之初，各厂家因条件差，缺乏资金，厂房简陋，设备落后，故生产品种单调，很难形成批量生产，年产值不足 1000 万元，青瓷产业处于低谷。

1998 年，政府为鼓励下岗职工自谋出路，提出"二次创业"，出台一系列保护发展传统工艺美术产品的优惠政策，办厂兴瓷。1998 年 10 月，发行了龙泉青瓷邮票一套，北宋五管瓶、南宋凤耳瓶、元代葫芦瓶、明代刻花三果执壶四件邮票珍品。1998 年底，组织厂家参加在上海召开的第六届全国陶瓷创新设计评比，龙泉 13 家企业选送 28 件作品参评，3 件作品分别获一、二、三等奖。进入 21 世纪，市政府相继在杭州、上海、北京以及辽宁沈阳、山东青岛等城市举办龙泉青瓷展示会，宣传龙泉青瓷，提高青瓷知名度。2002 年政府争取了全国第七届陶瓷创新设计评比大会，并举办第一届青瓷节，扩大龙泉青瓷的对外影响力和知名度。

1999 年，政府在剑池街道南秦地块规划龙泉青瓷宝剑园区，占地面积 12.53 公顷。一期建设 3.73 公顷，于 2002 年完成，二期工程于 2006 年完成，入驻青瓷企业 60 多家。青瓷园区的建设为青瓷厂家提供了良好的创业环境，大部分厂家从以前租赁简陋的厂房搬进了园区。园区成为生产、销售、科研、旅游观光为一体的 AAAA 级景点。

2004年，政府把龙泉瓷厂（上垟）改制解体后的原厂房土地14万平方米、上垟镇平整缓地山丘闲置土地3万多平方米，建成上垟镇青瓷园区，分8块进行公开招标，拍卖给有经济实力的6家青瓷厂家。昌宏瓷厂、天丰瓷厂、华一青瓷有限公司、古窑瓷厂、千峰瓷厂、披云青瓷文化园进入园区，建立了具有青瓷生产、青瓷文化、青瓷观光为一体的“中国青瓷小镇”。

2006年，青瓷厂家发展到125家，从业人员2500余人，工业产值达到1.5亿元。在125家企业中，有生产青瓷厂家92家，品种5000多个，液化气窑173座；原料加工、釉水配制加工厂10家，主要分布在上垟镇和宝溪乡，年加工能力达4000余千克（泥干）；青瓷包装装潢厂20家，将过去稻草纸箱包装改为锦盒、木盒、竹制盒等，提高了产品外观档次，提升了产品附加值；陶瓷机械厂两家，生产拉坯机、压坯机、练泥机等陶瓷生产设备，为青瓷厂家提供服务。

经几年的努力，青瓷生产虽已发展到一定规模，但产量、产值与国内其他陶瓷产区比较相距甚远。为做强做大青瓷产业，青瓷园区已不能满足青瓷产业发展的需要。2007年，政府又规化筹建中国龙泉青瓷城。青瓷城分龙泉青瓷博物馆、国际陶瓷艺术村和大师创意园三个功能区域。大师创意园用地12.85公顷，投资2.5亿，入驻13位省级以上工艺美术大师，创意园成为龙泉青瓷传承技艺、对外交流的基地。同时政府还对青瓷规模企业扶持培育，在周际工业区安排土地13公顷多，改造新建了金宏瓷业和瓯江瓷厂，金宏瓷业到2009年产值达到7000万元。大师创意园经济效应显著提高，青瓷从过去的陈设瓷向艺术瓷提升，有的价格每件几十万元，高者甚至达上百万元。

至2010年，全市青瓷厂家发展到300多家（还有些未经工商部门登记），从业人员13000多人，工业产值7亿元，年均增幅12%，实现税收2000余万元；培植和发展了金宏瓷厂，昌宏瓷厂、天丰瓷厂、精美瓷厂、瓯江瓷厂等8家规模企业和13位省级以上工艺美术大师工作室。

技艺改进发展创新

20多年来，龙泉青瓷在继承传统的基础上，重视创新。跳刀技艺，对坯体进行连续而有规律的浮雕式刻花，为青瓷装饰开拓出新的技法和风格；梅子青釉、哥弟窑综合装饰技艺、米黄釉、装饰刻花都达到青瓷艺术较高水平。在艺术创意上，手工拉坯绞胎的技艺，展现出当代青瓷独特的艺术风格。1.1米青瓷大挂盘创历史最高纪录。

依靠科学促进青瓷技术进步。20多年来，青瓷行业中的广大匠人研究青瓷生产的新工艺、新技术，提高青瓷生产效率。20世纪90年代初，时任青瓷研究所所长的毛正聪就意识到青瓷要提高产量和档次，隧道窑、倒焰窑必须改造，为此多次捕捉国内外先进窑炉设备信息，终于在1992年从景德镇引进一座液化气梭式窑炉。经试用烧制，摸索出一套烧瓷程序，烧出的青瓷釉色纯正、稳定，从此找到了最合理、最成功的烧制技艺的核心技术，突破了一千多年来未能解决的难题。1992年，临江瓷厂也从潮州引进了液化气梭式窑。此后，龙泉建窑师傅自行设计，制造窑炉，在全行业推广使用。这种窑炉的特点是：用液化气烧料，窑中温度可控；省略了装匣工序，直接装在碳化硅板上明火烧制，减少了制套工序，节省了成本；灵活机动，可建各种容积的窑炉，按硅板分类，可建二十块、十八块、十二块以及八块以下各种容积；产品质量和成品率大大提高，改用液化气后，窑内温度均匀，还原气氛可随意控制，产品合格率95%以上；卫生环保，环境无污染。自此，倒焰窑，隧道窑和乡村的龙窑被逐步淘汰。

窑炉改造成功，龙泉青瓷烧制有了质的飞跃，减少了工人劳动强度，方便了生产管理，提高了产品质量，改换了烧造燃料，保护了龙泉生态环境。可以说没有这窑炉改造，就不可能有当今辉煌的青瓷产业。

机器代替人工，是金宏瓷厂革新的项目，公司投资900万元，联合北京中航里程科学有限公司研制了CHN-C系列杯碗类滚压成型机，实现全自动生产，一次性完成切泥、放泥、压坯、脱模、修脚和擦沿等6道工序。投产后一个技工可替代12个传统操作工，日产杯碗坯1.5万件，生产效率提高10多倍。此外，还研制了CHN-C338系列立式注浆设备，CHN-C211B系列盘类直压成型机及配套设备，企业告别传统人工生产模式，促进转型升级。金宏瓷厂还主持开发龙泉青瓷数字化烧制青瓷、3D堆积法打印成型等技术，利用科技，把新技术引领到现代化规模生产中，提高生产效率。

天工瓷厂2000—2010年间，开创多项新技术、新工艺，均获科技进步奖：2000年，宋代龙泉青瓷工艺恢复和产品开发，获省科学技术进步奖一等奖；2004年，纳米氧化铝改性官哥窑青瓷及其抗胎裂研究，获省科学技术一等奖；2006年，南宋官窑工艺恢复和产品开发及应用推广，获省科技二等奖；2008年，高稳定呈色青瓷釉料与青瓷制品研究开发，获省科技二等奖；2010年，基于劣质瓷土原料的高档仿瓷制品研制与产业化，获浙江省科技二等奖。

2004年，叶小春的“一种青瓷冰裂纹及其产品的制作方法”，获国家发明专利（专利号：ZL02120521.3），成为龙泉青瓷界有史以来获国家创造发明专利第一人。2006年陈坛根研制的“龙泉青瓷冰裂纹釉及用该釉制作龙泉青瓷冰裂纹产品的方法”，获国家发明专利（专利号：ZL200410069549.2）。徐殷开发的浮雕瓷画工艺，获国家专利产品，该产品集诗文、画、雕刻于一体，立体感强，弥补了青瓷壁挂的空白，在壁挂工艺品中独领风骚。

20多年来，青瓷创新硕果累累，全行业外观专利和发明专利项目1000多项。产品涉及日用瓷、包装瓶（酒瓶）、艺术瓷和仿古瓷四大品类、上万个品种。

第三节　工艺大师

20多年来，龙泉青瓷界人才辈出。国家为发展文化产业，鼓励和肯定技工、艺术家的成就，对做出突出贡献者，授予工艺美术大师称号。

中国工艺美术大师：

第四届：徐朝兴（1997年）。

第五届：毛正聪、夏侯文（2006年）。

中国陶瓷艺术大师：

第一届：徐朝兴、毛正聪、夏侯文、张绍斌（2003年）。

第二届：陈坛根、陈显林、陈爱明、徐定昌、卢伟孙（2010年）。

浙江省“151人才工程”第二层次人才：

徐殷（2010年）。

浙江省工艺美术大师：

第一届、第二届：徐朝兴、毛正聪、夏侯文

第三届：毛松林、张绍斌、陈坛根、陈显林、胡兆雄、卢伟孙、陈爱明、叶小春、徐定昌、徐凌（2006年）。

第四届：董柄华、杨建琴、金逸林、毛丹阳、陈先明、王传斌、梅红玲、夏侯辉、李邦强、竺娜亚、毛伟杰、张晞、徐峻清(2010 年)。

第四节　行业管理与品牌建设

行业管理

归属管理　国营企业时代，龙泉青瓷行业各厂均由县(市)工业局主管。企业改制后，从 1998 年开始，先后隶属市工业局、市经贸局。2009 年 7 月后，由龙泉市青瓷宝剑产业保护和发展局管理。

龙泉青瓷行业协会　1998 年 10 月，市工商局牵头成立龙泉青瓷行业协会，对行业进行内部管理。至 2010 年，历时 3 届，实施青瓷行业内部专业性、技术性、自律性管理。每季召开理事会议，年底召开会员大会，总结工作，布置新年度计划。

浙江省青瓷行业协会　2007 年 11 月 9 日，在龙泉召开浙江省青瓷行业协会成立暨第一届会员大会，会议通过《浙江省青瓷行业协会章程(草案)》，协会总部设在龙泉。至 2010 年末，共有企业和个人会员 120 多个。

2008—2010 年，浙江省青瓷行业协会主办第一、第二届浙江省青瓷创新评比大赛和第一、第二届浙江省青瓷技艺比武大赛。协会组织会员参加各类国家级、省级工艺美术和陶瓷艺术创新评比活动。

行规自律

龙泉市青瓷行业协会制订龙泉青瓷行业协会章程，明确职责义务；修订龙泉青瓷检验标准，作为国标颁布执行。为规范生产销售，出台《龙泉青瓷原料管理制度》《龙泉青瓷制作规程》《青瓷销售不正当竞争规定》和《企业安全操作规程》等规章制度，使行业有章可行，遵纪守规，促进行业正常发展。

注重技术人才培养

协会每年用不同形式，输送一批年轻且有一定基础的技工到大专院校就读陶瓷专业，近 100 名学员先后到德化陶瓷学校、景德镇陶瓷大学、丽水学院、清华大学美术学院陶艺系等高校学习。同时邀请浙江大学教授、清华大学陶瓷教授到龙泉授课，传授当代陶瓷设计、装饰、创意的新理念。每年一届的浙江省工艺美术精品博览会，成为企业设计者的展示平台，吸引企业设计制作的优秀作品参展参评，以提高设计制作水准。协会配合市劳动人事局举办青瓷技艺比武大赛，评定技师和工艺美术职称。至 2010 年，青瓷行业有高级工艺美术师 68 人、中级职称 65 人。

品牌建设

2003 年 2 月，龙泉青瓷获中国地理标志保护产品。

2003 年，获首批中国工艺美术行业特色区域——“中国龙泉青瓷之都”称号。

2006 年 5 月，龙泉青瓷烧制技艺经国务院批准入选第一批国家级非物质文化遗产项目。

2007 年 5 月，龙泉青瓷获“龙泉青瓷证明商标”。

2008 年，龙泉青瓷获丽水市著名商标称号；同年，获省十大品牌先锋称号。

2009 年 9 月，龙泉青瓷传统烧制技艺入选联合国教科文组织人类非物质文化遗产代表作名录。

2009 年，获评浙江省著名商标。

第五节　青瓷产销

销售模式

龙泉青瓷的销售从 20 世纪 90 年代末进入市场经济，采取多元化销售模式。

接受客商的订货，签订销售合同，主要在酒瓶和日用瓷餐具、茶具类。

在厂里直接销售或开设门市部。园区内厂家均为前店后厂，由店铺销售。

在外地，如杭州、上海、北京等设经营部，在店零售，也接受订单。

在一线城市开设艺术馆、青瓷会所和拍卖公司销售大师作品，或举办个人艺术展，预展促销。

礼品瓷、纪念瓷等，定制出品。

随着时代的发展，互联网逐步进入企业厂家，至 2010 年，有电商 100 多家，成为青瓷销售新亮点。

产销情况

至 2010 年销往世界 40 多个国家和地区。

龙泉青瓷产品以日用瓷、餐具、茶具、文房、香具等为主，尤其是餐具、茶具两类产品久销不衰。规模企业生产的多为包装用瓷，如酒瓶类。青瓷酒瓶是龙泉青瓷立足的产品，具有 30 多年生产历史，先后开发了绍兴酒、洋河大曲、四特酒、茅台酒、牛栏山、二锅头、安徽贡酒、四川剑南春、山西汾酒、新疆伊力特曲等酒瓶，品种 1000 多种。小酒瓶闯出了大市场，以名瓷装名酒，提升了酒文化和附加值，深受国内名酒厂的喜爱。2009 年，金宏瓷业年酒瓶产值就达 7000 多万元。龙泉青瓷的主打产品是艺术瓷，特别是工艺美术大师作品，价格昂贵，一些省级大师的作品每件售价一二十万元，国家级大师的作品在三四十万元，甚至更高。另一类产品是仿古瓷，作坊大多在宝溪、上垟一带，高仿作品古色古香，几可乱真，价格不菲，为古董商定制或者进入古玩市场。

2010 年，全市青瓷销量 6.3 亿元。

第六节　青瓷展示与获奖

青瓷展示

杭州展示会　2000 年，在省城杭州举办青瓷展示会，展示作品 13000 余件，展会历时 8 天，除精品没有出售外，其他 1 万余件销售一空，取得良好的龙泉青瓷品牌影响力和经济效益。

上海展示会　2001年，在上海图书馆举办龙泉青瓷展示会，邀请上海市、浙江省及丽水市领导到场。龙泉市与韩国康津郡签订友好城市和学习交流协议。此外还有意大利、俄罗斯、美国、英国、法国、德国等11个国家驻上海领事馆的领事出席开幕式，参观展示会。

北京展示会　2002年，在首都北京举办龙泉青瓷展示会。展示会得到领导、专家学者、收藏家、陶艺家等高度评价。展示会6天，入场10余万人次，青瓷销售180多万元。

参加世博会　2010年，百年一遇的世博会在上海举办。在世博园里，展示一个硕大的青瓷碗，承载龙泉的自然山水和人文传统。在世博会“居民”里的中国陶瓷艺术大师张绍斌的青瓷龙窑模型室内，展出青瓷制作工艺。张绍斌家庭一家四代传承制作青瓷，被选为“最浙江”的六个家庭之一。

龙泉青瓷巴黎展　2010年9月，在法国巴黎举办“中国意境—人类非遗龙泉青瓷巴黎展”，龙泉青瓷协会组织了37件当代精品，到巴黎进行为期一周的展出

获奖作品

全国陶瓷评比　全国陶瓷创新设计评比是中国陶瓷界层次最高、规模最大的评奖活动，每四年一届，1989—2010年间，龙泉青瓷参加了五届全国陶瓷创新设计评比，获金奖作品有：

第五届（1994年）卢伟孙“冬的思绪”。

第六届（1998年）张绍斌“金丝铁线鸡心碗”。

第七届（2002年）夏侯文、夏侯辉“红色的诱惑”；徐凌“秋韵”；梅红玲“牡丹”餐具。

第八届（2006年）毛伟杰粉青“笔筒系列”；徐定昌“春夏秋冬”；陈爱明、陈慧芳、陈勇合作“清凉”青瓷组器；卢伟孙“春秋”罐；叶小春“水中月”。

第九届（2010年）陈勇“千峰翠色”组器；叶小春“聚宝洗”；陈永德“棱”；李成汉“瓜果”系列组合；徐凌“海的呼吸”；季有泉、陈静“和睦相处”。

在五次评比中有银奖48件，铜奖76件，优秀奖92件，评委奖19件。

其他评比会　多次参加了全国性工艺美术精品评比会、全国陶瓷设计大赛、浙江省工艺美术精品博览会以及各种形式的评比会，每年都有5至10次，获奖作品每年均有200余件。

第七节　大窑枫洞岩窑址考古发掘

发掘概况

2006年始，经国家文物局批准，龙泉窑研究作为重点课题，在制订5年考古工作规划的基础上，浙江省文物考古究所、龙泉市博物馆等单位对龙泉地区的古代窑址进行系统的全面调查，并对重点窑址进行有计划的发掘，其中在2006年9月至2007年1月，以探讨文献提到的“凡烧造供用器皿等物……行移饶、处等府烧造”这个明代处州官窑问题为目的，浙江省文物考古研究所、北京大学考古文博学院、龙泉青瓷博物馆联合对大窑枫洞岩窑址进行发掘。揭露面积1700余平方米，清理窑炉、作坊、大型房屋等一批重要的遗迹，发现明代洪武、永乐两朝的官器，取得重大的考古成果。明洪

武至天顺年间，处州龙泉窑与景德镇一样，承担为宫廷烧造经“定夺制样”的“供用器皿”的任务，且至少天顺年间有“内官”监烧。此次枫洞岩窑址的发掘，表明枫洞岩窑场即为明初奉旨“烧造供用器皿”的处州窑场之一。

对生产作坊遗迹的大规模揭露，是此次发掘的又一重要成果。整个陶瓷生产工艺流程中的各个环节，诸如堆料场地、成型车间、烧成窑炉、居住存货等遗迹，均有大规模的揭露。此次发掘共揭露房屋6处、7次叠压打破关系的龙窑1处、辘轳坑2处、素烧炉1处、储泥地3处、井1处，以及与房子配套的卵石路面11处、排水沟14条、石墙和匣钵墙体23处。这些发现，为研究当时窑场的生产制度、生产流程提供不可多得实据。

大窑枫洞岩窑址的考古发掘，颠覆明代龙泉窑已衰落的观点。2007年1月19—20日，龙泉窑考古发掘专家论证会在浙江省龙泉市召开，与会专家对枫洞岩窑址清理的遗迹和出土遗物的价值和意义进行论证。

主要成果

龙窑遗迹　清理的龙窑保存基本完整，包括至少由7次叠压打破关系构成的一处龙窑，说明这处窑场曾经在相当长的时间里持续生产，反映悠久的烧制历史。由于窑炉还保存有相当完整的火膛、炉栅、烟道、投柴孔、通风孔等部分，是迄今发现的最为完整的龙窑遗迹。窑的结构与以往南方地区发现的龙窑有所不同，体现龙泉青瓷生产的特殊工艺，为研究龙窑的发展和龙泉窑的烧成工艺提供翔实的资料。

元明地层　发掘中出土丰富的遗物，包括元代和明代地层堆积，有清楚的叠压关系。特别是由于地层中出土多件纪年器物，可以明确地确定明代初年的地层，其中出土的大量器物从类别、器型和装饰等方面极大地丰富人们对明代龙泉窑的认识。以往对明代龙泉窑的生产情况不很清楚，此次发掘，对明代龙泉窑的生产规模和水平有了新的认识。

明代官物　此次发掘在明代初年的地层中出土一批制作工整、纹样精细、釉色滋润、器型庞大的瓷器，其精美程度是以往龙泉窑瓷器中少见的。有大墩碗、菱口大盘、玉壶春、执壶等。制作工艺和装饰技法也异常丰富，装饰纹样中不仅有五爪龙纹，还有许多纹饰与景德镇御窑厂明初的官窑器物相同。根据文献记载，可以认定是来自宫廷的同一“制样”，是龙泉窑为宫廷生产的器物。类似器物在清宫旧藏中和明初南京城的某些遗迹和功臣墓葬中也有发现，还见于土耳其的托普卡比宫和东非的古代遗址中，说明这类官用瓷器不仅供皇家使用，还用于官方的赏赐。这类官用瓷器的生产时间大体从洪武到宣德年间，也对文献中关于处州烧造宫廷用瓷的记载，提供了事物依据。由于在同一原始地层中同时出土有官、民两类器物，结合文献记载，推断枫洞岩窑址是承接明代宫廷订单，为宫廷生产官物的窑场。

第八节　人类非物质文化遗产

国家级非物质文化遗产

2006年5月20日，龙泉青瓷烧制技艺经国务院批准入选第一批国家级非物质文化遗产代表性项目名录。

龙泉青瓷烧制技艺主要包括配料、成型、修坯、装饰、素烧、施釉、装匣、装窑、烧成等环节构成。

人类非物质文化遗产

申遗组队 2006年，龙泉青瓷烧制技艺被列入第一批国家级非物质文化遗产代表性项目名录，是年年底，浙江省文化厅安排一批委托研究项目，浙江省非物质文化遗产研究基地承担"非遗文化生态区保护的对策研究"和"中国青瓷传统技艺"的人类非遗的预申报项目，最后确定"龙泉青瓷传统烧制技艺"作为人类非遗的申报对象。

2007年，正式启动龙泉青瓷传统烧制技艺申报人类非物质文化遗产，建立起以市主要领导亲自挂帅、分管领导具体指导、文广新局组织申报、青瓷行业协会密切配合的申报团队，开启申报征程。

组织申报 2007年，龙泉市文广新局与浙江师范大学合作，对龙泉青瓷历史文化开展调查研究，为龙泉青瓷申报人类非物质文化遗产做准备。同年始，组织人员编写《龙泉青瓷传统烧制技艺》文稿，拍摄音像视频，组织申报文本等。申报材料历经数次论证和修改，得到联合国教科文组织专家的高度认同后，2009年9月30日，"龙泉青瓷传统烧制技艺"被联合国教科文组织批准列入"人类非物质文化遗产代表作名录"，成为人类非物质文化遗产代表作名录中的唯一陶瓷类项目。

非遗地理位置和范围 遗产所在地龙泉市，位于浙江省西南部山区，北纬28°04′，东经119°07′，面积3059平方千米，人口28.3万人。

遗产体现领域 该遗产符合联合国教科文组织《保护非物质文化遗产公约》第一章第二条第二款的"传统的手工艺技能"领域。

技艺相关概念 龙泉青瓷传统烧制技艺是以中国浙江龙泉一带的瓷土、紫金土、石灰石和石英等为原料，以手工拉坯成型技术、家传配料方法、用窑炉高温（1310℃左右）烧制青瓷的一种传统手工技艺。

技艺显著特征 龙泉青瓷传统烧制技艺具体工艺流程有粉碎、淘洗、陈腐、练泥、拉坯、晾干、修坯、装饰、素烧、上釉、装匣、装窑、烧成等多道工序，具有富含特色的三大传统技术。青釉配制技术：主要原料为紫金土、瓷土、石英、石灰石、植物灰。配制过程是将上述原料分别焙烧、粉碎、淘洗后按比例混合制成釉浆；厚釉装饰技术：即采用多次施釉的方法，将坯体晾干、素烧、施釉，反复数次，最后正烧成器；烧成技术：烧成过程分烘干、氧化、恒温、还原、高火氧化、降温六个阶段，结合观察火焰颜色及其它长年积累的经验控制烧成温度、时间与气氛。

技艺载体特征 龙泉青瓷以铁作主要发色剂，釉面基本色调呈青绿色，发色纯正、釉面类玉为目标。产品分哥窑和弟窑两大类，哥窑黑胎开片，弟窑白胎青釉。釉色以粉青、梅子青为最。

技艺遗产认同 龙泉青瓷传统烧制技艺的传承历经千载，亘古至今，是华夏文明的代表性非物质文化遗产。将其列入人类非物质文化遗产代表作名录，有助于这一独特的、典范的传统手工技艺在自然、文化和经济环境中得到延续。对该遗产的传承和保护，将在社区、国家和世界等不同层面上获得更多的关注、理解和资助，将确保龙泉青资传统烧制技艺在可预见的将来，不至于自然消亡并得到有益的发展。

龙泉青瓷传统烧制技艺的存在与发展需要特定的自然生态与社会环境，将其列入人类非物质文化遗产代表作名录，有助于保护该技艺所依存的自然生态环境，有助于保护该技艺所依存的民俗习惯和生活状态，并获得传统技艺的创造性发展。

第二章　龙泉宝剑

第一节　龙泉剑源流

古代龙泉剑

在漫漫历史长河中，龙泉宝剑作为兵器鲜有记载，多见于历代文人的诗文。

李白《夜别张五》："龙泉解锦带，为尔倾千觞。"

明代《郡县释名》记载较详："龙泉古为栝苍黄鹤镇，其地有剑池湖，又号龙渊。唐避高祖讳，改龙泉。乾元二年，越州刺史独孤峻奏以栝苍龙泉乡置县，就名龙泉，从乡名也。按剑池湖在县南五里，周迴三十亩，世传欧冶子于此铸剑，剑成一号龙渊，就湖淬之，化龙而去。"

至清代，龙泉宝剑业始有明文记载：千字号、万字号、壬字号等剑铺名噪一时。民国初年，龙泉已有十余家剑铺作坊，宝剑店面相连，形成宝剑一条街。

清代——民国剑铺与产销

龙泉剑铺　清乾隆十三年(1748)，铁匠郑义生于城镇东街开设剑铺。道光年间(1830 年前后)，龙泉廖太和剑铺精于镂刻工艺，名噪一时。咸丰八年(1858)，郑义生四代孙郑三古开设千字号剑铺。光绪初，千字号徒弟周国华满师后，自立门户开设万字号剑铺。清光绪十八年(1892 年)，丽水碧湖的铁匠沈庭璋迁至龙泉，在县城西街开设"沈广隆壬字号剑铺"，并向其五子焕文、焕武、焕周、焕清和焕全悉心传授铸剑技艺，时称"铸剑之家沈氏文武周清全"。

民国初年，县城沿溪北岸从天妃宫(今新华电影院)至官仓巷口，剑铺相连，有宝剑一条街之称。鼎盛时有千字号、万字号、壬字号(沈广隆)、金字号(吴继德，万字号徒弟)、永字号(潘显明，千字号徒弟)、禾字号(徐春德，千字号徒弟)、周国贵等 7 家。后又增徐振昌、何同兴、茂字号、徐显庆 4 家。

抗战胜利后至 1949 年 5 月 13 日龙泉解放前夕，经济萧条，宝剑产销大减，至民国 37 年(1948)仅剩"千字号""万字号"和"壬字号"3 家剑铺。

产销情况　民国年间，据民国 24 年(1935)《浙江青年》统计，年产 1 万把以上，单剑每把法币 1500 元，双剑每把 2000 余元。据辑刊于民国 37 年(1948)的《民国龙泉县新志稿》：制剑"原料有三：毛铁、钢、花梨木。毛铁均购自云和县，每百斤约七元五角至八元五角不等，全年需用量约一千四百余元。钢均购自福建省之政和县，每百斤约需洋二十五元左右，全年需用量约一千四百余元。花梨木为制剑壳之用，产本县西南乡一带，收购时均以段计，每段约值一百四五十元(每段重三四千斤不等)，全年需用约四五百元。"又据《民国龙泉县新志稿》："制造：制时先以毛铁提炼后，以铁锉锉平，然后题款嵌以铜质，再经水磨并以铁砂擦之光耀夺目，镶以花梨木壳即成宝剑。普通一剑之成，须经三四日，每剑约需铁、钢各十斤左右，花梨木约二斤或一斤。产量：本县每年可产二千余把，每把价值自一元起至百元不等。年产总值约八千元左右。剑本供人练习剑术及玩赏之用，龙泉所产行销于温州、杭州、上海及浙省各县（中国实业志）。”

第二节　当代龙泉刀剑

恢复期

中华人民共和国成立以后，党和政府十分重视恢复传统工艺品生产。1950 年，“沈广隆”剑铺在新华街 21 号复业。1956 年开始合作化运动，9 位龙泉铸剑艺人在新华街 21 号组织成立了龙泉城镇宝剑生产合作小组，隶属于龙泉县铁器社。有铸剑师沈焕文、沈焕武、沈焕周以及徒弟季阳春；制鞘师季火荣；包铜工姜华、孔庆标、张宝华，张仙露。沈焕周为组长。时值中国共产党第八届代表大会召开之际，出于对党和新中国的热爱和感激之情，艺人们精心打造了一柄长锋宝剑，献给毛主席。为使顾客正确使用和保管龙泉宝剑，由沈焕文提供资料，请陈其楷执笔，编撰了有史以来第一篇龙泉宝剑说明书。

1963 年 9 月，龙泉城镇宝剑生产合作小组更名为龙泉县宝剑生产合作社，由沈焕周担任理事主任，季阳春和姜华为理事委员。1965 年为扩大生产，将厂址从新华街 21 号迁入华楼街 74 号。其时产品名称龙泉宝剑，或称龙泉古剑等，主要行销于江苏、浙江、上海、北京、广州、河南一带。

“文化大革命”时期，宝剑被视为“四旧”，生产一度停顿，至 1971 年恢复生产。1972 年时，接受外交部的定制，由铸剑师沈焕周、沈新培父子精心制作了 4 把高档龙泉剑，作为国礼赠送给来华访问的美国总统尼克松一行。此时，宝剑社的职工 14 人，年产宝剑 827 把。

初创期

1977 年，龙泉县宝剑生产合作社更名为“浙江省龙泉县宝剑厂”，为县属大集体企业，先后注册了“龙泉”和龙凤七星图案商标，称为“龙凤七星龙泉宝剑”，产品式样以龙凤七星长剑和短剑为主。因武打电影《少林寺》的上映，各地兴起“武术热”，龙泉宝剑在市场上供不应求，将厂址迁至环城东路 6 号，扩大生产量，积极开发新产品、新品种。

20 世纪 80 年代初，一些原宝剑厂工人开始自主创业开办剑铺作坊，打破了龙泉县宝剑厂一统天下的格局。短短数年，剑铺如雨后春笋般涌现，龙泉县内外出现 100 多个刀剑厂家。陈阿金剑铺、武术机械厂（周家祥）、沈广隆剑铺、龙渊剑厂、千字号宝剑厂、万字号宝剑厂、龙泉古剑厂、龙泉县龙池刀剑厂、天字号剑铺均在此时起家。至 1988 年，全县有剑铺 70 余家，产品种类增多，产销量大幅度增加。

1989 年龙泉县宝剑产业销售额突破百万元大关，创利税 18 万余元。

发展期

1987 年，龙泉宝剑厂受浙江省标准计量局委托，制定《龙泉宝剑 Q/LBJ 05—87 标准》，从此步入有质量标准的时代。1989 年，龙泉县宝剑厂隶属城镇集体企业，在册职工 128 人，其中固定职工 77

人，合同制工人 41 人；龙泉县万字号厂在册职工 64 人，固定职工 12 人；龙泉市宝剑公司在册职工 11 人，固定职工 10 人，合同制工人 1 人。1989 年龙泉县二轻系统总计生产宝剑 47368 把，生产总值 112.55 万元。

1990—1997 年，龙泉宝剑的生产总值在 200 万元区间波动。期间，新创办并形成一定规模的企业有季字号宝剑、郑氏刀剑、端文宝剑厂、曾氏刀剑、钱钱刀剑等。龙泉宝剑被浙江省经贸委认定为受保护的“浙江省首批传统工艺美术品种”；龙泉刀剑被国家体委指定为武术比赛专用器械。

1998 年后，龙泉市工业经济围绕“二次创业”发展战略，龙泉宝剑行业迎来了新的春天。1993 年 9 月 18 日，龙泉市宝剑行业协会成立，企业会员 86 家，在第一次会员大会上，通过《龙泉市宝剑行业协会章程》。

1999 年 10 月，投资 1 个亿，规划面积 13 公顷的龙泉青瓷宝剑工业园区一期工程开工建设。一期入园宝剑企业 22 家，2001 年底全部建成投产。二期工程于 2002 年被省计委列为浙江省重点工程项目，2002 年 4 月开始建设，至 2003 年底配套基础设施和标志性建筑完成建设。2003 年该园区产值达 9500 万元，上缴税收 767 万元。

2000 年 6 月，龙泉市政府拨专款组织在杭州举办龙泉青瓷宝剑精品展示会，弘扬龙泉青瓷宝剑文化。宝剑行业有 18 家企业参展，成交额 40 万元。2000 年龙泉市刀剑生产销售额突破 3000 万元。

2001—2002 年，龙泉市政府分别在上海、北京举办龙泉青瓷宝剑展示会。2002 年在北京精品展示会上，一把名为“龙之剑”的龙泉宝剑卖了 3.2 万元。

2003 年 11 月 25 日，龙泉市宝剑厂因企业改制，对注册商标“龙泉宝剑”、龙凤七星图案，“龙泉市宝剑厂” 厂名使用权以及该厂现有除债权债务以外的整体资产进行公开拍卖。起拍价为 150 万元，有 11 家宝剑生产企业和个人参加竞拍，龙泉刀剑厂最终以 226 万元竞拍成功，继而重组为“龙泉宝剑厂有限公司”。创始于 1956 年的龙泉宝剑厂完成历史使命。

2006 年，龙泉籍大学生中有人探索龙泉宝剑的电商之路，带动一批大中专学生参与，浙江建设职业技术学院开始开设电子商务专业课程。龙泉的实体企业开始涉足电商销售。

2006 年，龙泉宝剑被国务院公布为首批国家级非物质文化遗产代表作。同年，国家三军仪仗队指挥刀在龙泉指定厂家生产。2006—2007 年，龙泉市政府鼓励宝剑行业技术改造，两年共投入技术改造经费 2 亿元，用于技术创新项目和设备改造。

2006—2010 年，龙泉城乡剑铺林立，宝剑企业注册 130 余家，从业人员 8000 多人。原来单一的宝剑和刀具生产，发展到剑、刀、枪、戟、钩等 18 种兵器 30 多个品种 100 多种规格。龙泉刀剑制作已经从原来的独门独户“闭门造剑”发展成为合理分工社会化大生产的刀剑产业链，宝剑行业成为龙泉工业生产的三大支柱产业之一。

第三节　发展创新

材料创新

2000 年前后，随着龙泉宝剑品种的增加，制作材料不断创新和多样。一般的工艺礼品剑、武术剑为纯钢制作；传统手工高档剑为花纹钢制作；外贸工艺刀剑则采用普通专用钢、铝合金制作；避邪桃木剑为桃木制作。木剑鞘、木剑把的材料，除传统的本地花榈木外，还采用乌木、檀木、红木等珍贵木材。剑的装具，由单一的黄铜薄板，发展成根据剑的创意、品种，分别或综合采用黄铜、紫铜、铸铜、铁件、珠玉、金银、鲨鱼皮等材料。

技艺创新

传统工艺与现代技术相结。外贸工艺刀剑产业化生产，引进先进的冲床、切板机、打磨机、淋漆机等机械设备，组成标准化生产流水线，提高了生产效率和产品质量。

解决了陨铁制剑的技术难度，首次锻制成功陨铁剑。

品种创新

传统与创新相结合、工艺品与艺术收藏品相结合，创作各具特色的刀剑作品，例如汉剑、唐剑、明剑、清剑、狮剑、神锋剑、乾坤剑、成功剑、乾坤佩剑、玄天剑、玄武剑、龙之剑、古龙宝剑、鱼肠剑、瓷纹剑、螳螂剑、游龙剑、青锋剑、陨石剑、双蛇剑、白龙剑、腾龙剑、天子剑、赤霄剑、三友剑、九龟剑、福寿剑、百辟剑、紫电剑、九龙尚方剑、风云剑等新品种相继问世。为影视剧《碧血剑》《赤壁》《三国》等配制道具剑，有金蛇剑、孙权剑、依天剑、赤壁剑、三国剑等。剑的形制造型，根据剑的文化内涵，设计制作，有长锋剑、短锋剑、双手剑、重剑、软剑、双剑等。

装饰创新

纹饰题材丰富：有瑞兽、花草、星辰、山水、人物、佛道等吉祥图纹；有龙纹、狮纹、凤纹、麒麟、仙鹤、蝙蝠；有宝相花、唐草、兰花、梅花、莲花、牡丹花；有北斗七星、祥云纹、海浪纹、谷纹；有佛教八吉祥、道教符文图等。

装饰技艺多样，兼及金工、木工、雕工和漆工。以铜装具为例，按剑意刻上纹饰，有阴刻、阳刻、镂雕、透雕；高档剑镀金、镶嵌玉石等。

第四节　工艺大师

中国工艺美术大师：陈阿金（2006年）。

浙江省工艺美术大师：沈新培、季樟树（1991年）；张叶胜、季长强（2006年）；周康有、郭家兴（2010年）。

非物质文化遗产传承人：国家级首批非物质文化遗产项目代表性传承人沈新培；浙江省第一批非物质文化遗产项目代表性传承人陈阿金；第五批浙江省非物质文化遗产项目代表性传承人沈州。

终身艺术成就奖：沈新培、陈阿金。

第五节　行业管理

归属管理

随着龙泉宝剑生产企业的增加，生产规模扩大，经营多元化，政府加强对龙泉宝剑行业管理，发挥统一规划、协调、指导的作用，促进龙泉宝剑产业发展。机构改革前，龙泉宝剑行业按企业性质，集体企业属二轻局管理、乡镇企业属乡镇企业局（龙渊镇）管理。1998 年开始，先后隶属市工业局、市经贸局管理。2009 年 7 月始，由龙泉市青瓷宝剑产业保护和发展局管理。

龙泉市宝剑行业协会

为促进宝剑行业的自律管理，发挥政府与宝剑行业间的桥梁和纽带作用，维护宝剑企业的合法权益和正当竞争秩序，推动龙泉宝剑产业的健康、稳定发展，决定成立龙泉市宝剑行业协会。

1993 年 9 月，龙泉市宝剑行业协会成立暨第一届会员大会召开，大会讨论通过《龙泉市宝剑行业协会章程》，选举产生第一届理事会、会长、副会长和秘书长。有企业会员 86 家和个人会员 86 人。

龙泉市青瓷宝剑产业保护和发展局

2009 年 7 月，设立龙泉市青瓷宝剑产业保护和发展局，负责全市青瓷、宝剑行业管理、产业培育及筹办青瓷宝剑节、青瓷宝剑展览等工作。青瓷宝剑产业局紧扣发展剑瓷文化创意经济主题，建设中华宝剑文化园区、剑瓷产业园等剑瓷文化创意产业基地。筹办第三届青瓷宝剑节，组织参加 2010 上海世博会，提升剑瓷品牌的影响力，带动产业的快速发展，剑瓷文化创意产业成为龙泉市三大支柱产业之一。

第六节　宝剑产销

营销形式

传统前店后厂式自销　位于剑池西路的龙泉青瓷宝剑园区，集聚了 40 余家剑铺，多为前店后厂格局，是龙泉宝剑的主要产销场所。各家剑铺陈列展示各式精品刀剑，不但可供顾客看样选购，还可在工场欣赏龙泉宝剑锻制技艺。

外地经销　在北京、天津、广州、武汉，乃至北方的哈尔滨、沈阳等地的工艺品商店或旅游景点，设有龙泉宝剑经销商的店铺。龙泉宝剑厂有限公司、龙泉沈广隆剑铺、龙泉正武刀剑有限公司、龙泉蒋氏刀剑等厂家，还在一些大城市，设立特约经销部或专卖店，不定期的举办龙泉宝剑文化和新产

品的推广交流活动。

展销　龙泉宝剑先后在杭州、上海、北京举办展示会；参加历届中国工艺美术精品展和全国各大城市举行的工艺美术品、旅游用品、文化创意产品、收藏艺术品、武术用品等各类展销会，以展促销。进一步提高龙泉宝剑知名度，扩大市场份额。

外销出口　1995年，茶丰宝剑厂独辟蹊径，开拓国外市场的刀剑销路，短短6年时间，从一个名不见经传的乡村小厂，一度跻身为龙泉市“十强工业企业”行列。接着金龙刀剑厂、蒋氏刀剑厂、郑氏刀剑厂等厂家相继生产外贸工艺刀剑，以生产武士刀系列、武术刀具及传统健身刀剑为主，并取得了自营出口权，产品远销欧美、东南亚各国。

产销情况

展销会　1990年代末，全市宝剑企业约40余家，年产值不到千万元。2000年开始，先后在杭州、上海、北京举行龙泉青瓷宝剑精品展示会，龙泉宝剑的知名度大为提升，产销量大增。特别是2002北京展示会，30多家宝剑企业参加，面市刀剑品种有30余种。古越剑铺制作的古越龙泉“凝霜”剑，售价1.8万元；陈阿金剑铺的两把“秦王剑”卖出4万元；龙泉刀剑厂制作的一把“龙之剑”以3.2万元成交，创造现代龙泉宝剑售价的最高纪录。短短六天的展示会，龙泉宝剑的销售额达到90万元，还签下一批订单。

形成格局　1990—2010年，是龙泉宝剑产业大力发展的20年，在传统技艺不断创新、产品品种不断丰富的同时，宝剑的产销量大增，形成外贸工艺刀剑、普通工艺礼品剑和武术用剑三足鼎立的格局。

生产外贸工艺刀剑的厂家一般为规模企业，销量较大，纳税较多，为宝剑行业的龙头企业。2007年度宝剑行业纳税中，10家“一般纳税人”和10家“小规模纳税人”，共纳税522.47万元，其中7家生产外贸工艺刀剑企业为418.21万元，占80%，。

至2010年，共有宝剑企业243家，其中，规模以上企业6家；从业人员9720人，总产值2.7亿元，出口总额221万美元。

第七节　宝剑收藏与展示

剑的典藏

中国国家博物馆收藏：陈阿金的“银装百寿百福剑”。

澳门艺术博物馆收藏：周正武的“八面汉剑”。

中国人民革命军事博物馆收藏：朱建林的“乾隆水纹剑”、郑国荣的“双蛇剑”、汤汝平的“决云剑”。

中央军委八一大楼收藏：沈州的“军魂剑”。

中国工艺美术馆收藏：汤汝平的“九龙剑”、郭家兴的“太玄剑”、沈州的“螭龙剑”。

浙江省博物馆收藏：叶伟男“胜邪剑”；郭家兴的“至尊剑”“春秋古剑”“富贵如意剑”；周康有

的“唐剑”;邹建明的“工艺龙骠剑”。

浙江工艺美术精品馆收藏:沈新培的“乾坤剑”、季樟树的“越王剑”。

精品展示

1993年,沈广隆剑铺的日月乾坤剑、刀与民间习武剑,在首届武术器械评审会分别获一等奖;1996年,日月乾坤剑、刀被中国武术运动管理中心授“武术指定剑刀”证书。

2002年和2003年,浙江省经贸委评审公布的第一届、第二届“浙江省工艺美术精品”中,尚方斩马剑、百寿百福剑、秦王剑、百炼花纹龙泉剑、清刀等5件作品获“精品作品”奖;狮剑、干将神剑、龙渊古剑、越王剑等12件作品获“优秀作品”奖。

2001—2010年,在历届中国杭州西湖博览会、中国工艺美术大师作品暨工艺美术精品博览会、北京文博会、深圳文博会等系列艺术展览会上,龙泉宝剑作品获金、银奖40余件,获铜奖和优秀奖100余件。

2005年10月,周正武的汉剑等10件作品应邀参加台湾科学工艺博物馆举办的“古代兵器大展”;同年,周正武的汉剑在澳门艺术博物馆举办的“百炼成钢——当代国际铸刀大师作品展”展出。

2008年,汤汝平制作的“圆梦奥运之剑”,全长2.88米,重56千克,经上海大世界吉尼斯总部认定目前为止“最长的剑”。在2010年上海世博会中国馆宝钢大舞台展出,被称为镇馆之宝。

赠剑金庸

2004年10月,武侠小说家金庸应邀参加“龙泉问剑”活动。龙泉铸剑师精心设计和制作了金庸小说中的24把名剑和7把宝刀,赠送金镛先生。2005年1月9日,名剑宝刀在杭州浙江大学紫金港校区展出,金庸先生当场宣布,将31件龙泉宝剑珍品转赠给浙大,由浙大新筹办的博物馆永久收藏。金庸在接受刀剑赠送仪式上激动地说:“龙泉虽然目前交通还不发达,但恰如‘一枝红杏出墙来’,早已名声在外,我在海外,到任何一个地方,都有人知道龙泉这个地方,因为龙泉有宝剑和青瓷,有深厚的宝剑文化和青瓷文化。”

两岸剑文化交流

2005年12月,中国“台湾科学工艺博物馆”举办“古代兵器大展”,特设“龙泉剑”专区,展出台湾古兵器收藏家珍藏的明、清龙泉古剑和当代龙泉宝剑精品10件。

2006年9月,台湾著名刀剑专家林智隆、台湾铸剑大师郭常喜应邀到龙泉考察,在欧冶子铸剑遗址剑池湖寻根问祖。2007年,龙泉铸剑师陈阿金与来自中国宝岛台湾的铸剑师郭常喜,同炉联手打造一把合璧双剑,“合璧喜剑”,赠龙泉博物馆收藏;另一把“合璧金剑”,由台湾的博物馆收藏。

2009年12月,龙泉铸剑师10余人赴台湾,考察台湾刀剑。

第八节　国家级非物质文化遗产

国家级非物质文化遗产编类

2006年5月20日，龙泉宝剑锻制技艺经国务院批准列入第一批国家级非物质文化遗产代表性项目名录。

项目序号：387

项目编号：Ⅷ—37

公布时间：2006（第一批）

类别：传统技艺

所属地区：浙江省

类型：新增项目

申报地区或单位：浙江省龙泉市

保护单位：龙泉市非物质文化遗产保护中心

龙泉宝剑锻制技艺

龙泉宝剑锻制技艺分剑身锻造、剑鞘制作和装置配置三大部分，以锻工为主，涉及磨工、木工、漆工和金工等多工种技艺，其中剑身锻造最为重要，须经过精炼、锻打、铲锉、镂刻、淬火、嵌铜、磨砺等工艺流程。

锻打　从铁矿石中提炼出的铁块，杂质多、气泡多，并不能用来直接铸剑，需要将铁块在高温炉火中烧红锻打，反复多次，直到将原铁中的杂质和气泡全部打出，成为合格的宝剑原料。

夹钢　是在两块铁中包裹一块钢的工艺，在剑炉中加热烧红，持续锻打，直至原铁合三为一。

刨锉　打磨剑身，使其厚度适中，剑脊与剑刃之间呈一定坡度，在削锉中，必须使剑脊须居剑身正中，并成为一条直线，经过刨锉，剑身已具雏形。

磨光　用金刚沙布裹铁尺均匀磨擦。传统剑条的手工磨光包括粗磨、细磨、精磨、表面抛光等十多道工序，使剑身若镜，光彩照人，谓之寒光逼人。

镶嵌　磨光之后是镶嵌，在剑身上用钢凿镂刻图案、剑名、店号及定制者嘱题之字，有的剑要“鎏铜”，即加热剑身，在刻好的图案和铭文处淋上熔化的铜液，冷却后经砂磨修正，剑身上的图样即呈古铜闪亮的装饰效果。

淬火　成型的剑身，尚需淬火方能刚柔并济。传统淬火之法是在“强锻”后，使用特殊淬火剂作“柔化”处理，使剑身刚柔并寓，能屈能伸。将已锻好的剑坯烧红，达到一定温度后随即浸入水中或油中急速冷却，以改变内部组织结构，从而提高剑身的硬度、强度。龙泉宝剑的传统工艺取当地剑池湖之水淬火。

技艺特征

龙泉宝剑锻制技艺特征大致有：

其一，选材讲究，有“三斤毛铁半斤钢”之说。

其二，锻打火候足，反复折叠，多次锻打，剑身结构致密，成分均匀，花纹自然清新。

其三，剑身刚柔并寓，刃部夹钢锋刃锐利。

其四，淬火独特，取当地剑池湖水淬火，剑身特别坚利。

其五，当地特产“磨石”研磨，磨剑之功倍于锻打，花纹自现。

其六，采用当地特产上等花梨木制剑鞘，不加髹漆，越用越亮，古色古香。

其七，装具精美，纹饰巧致，剑首、护手、鞘口、护环、剑镖，均采用古法蜡模铸铜。

传统工具

锻打类　主要包括火炉、风箱、铁钻、铁锤、铁钳。其中铁锤和铁钳的种类最为复杂。铁锤按大小分为大锤、二手锤（又叫小锤）。按重量分有 8、4、2 市斤。按用途分又有方锤、开锤、尖锤。铁钳按用途分又有十几种。

修正类　有铲刀、削刀、锉刀等。

热处理类　有木（铁）桶、热处理介质水和淬火池。

磨砺类　包括磨石、磨石架。磨石按粗细分有油石、白石、红石、养锋石，还有用于研磨的各种粒度的金钢砂布。

制木剑鞘类　有锯、刨、铣、砂等工器具。

装具制作类　一般铜装具的制作，包括剪、冲、刻、雕、焊等器具。

抢救保护非遗

龙泉宝剑锻制技艺被批准列入首批国家级非物质文化遗产代表性项目名录后，有关部门加强抢救、保护措施，进行普查，建立龙泉宝剑老艺人、技术人才数据库等。完善组织，强化实效，制定政策，有效激励。依据知识产权制度，修订完善《龙泉市专利申请资助资金管理办法》，对发明人或设计人给予奖励。以传统文化为核心，加强龙泉宝剑制作技艺的科研与学术交流，深入挖掘宝剑的内涵，传承龙泉宝剑传统文化，促进非物质文化遗产项目的抢救、保护、展示、传承和发展。

第三章　节庆活动

第一节　首届龙泉青瓷宝剑节

全国陶瓷艺术第七届创新设计评比大会

2002 年 10 月 28 日至 31 日，首届龙泉青瓷宝剑节暨全国陶瓷艺术第七届创新设计评比大会在龙泉举行。

全国陶瓷艺术第七届创新设计评比大会由中国陶瓷工业协会主办，龙泉市人民政府承办。浙江省副省长巴音朝鲁、中国轻工业联合总会副会长杨志海、中国陶瓷工业协会会长杨自鹏、国际陶瓷协会主席托尼•费兰克斯、国际陶瓷协会副主席赖斯、赖斯曼宁、陶瓷专家教授秦锡麟、张守智、陈松贤以及来自美国、瑞士、日本、中国台湾、中国香港的知名陶艺家、收藏家和国内各大陶瓷产区的制瓷大师和工艺美术工作者等1000余人参加。

3000多件来自800多家企业、1000多名制瓷艺人的作品参加评比，为历届之最。由国内外陶艺家、专家组成的评委会，对作品进行评选，按传统艺术陶瓷、现代陶艺、日用陶瓷3个类别，分别评出了一等、二等、三等和优秀奖。

会议举办了"中国龙泉青瓷发展研讨会"。会议就龙泉青瓷的发展以及古窑址保护等内容发表意见。

庆祝活动

第一届龙泉青瓷宝剑节，举行大规模的群众性传统特色文化踩街活动。"高机与吴三春""吴三公"等彩车、八都600人腰鼓长队、安仁380米板龙、城北马灯和木偶、剑池街道龙舟、竹垟畲乡竹担舞等展现了龙泉深厚的文化底蕴。当晚中央电视台第三频道"艺术彩虹，走近龙泉"大型文艺晚会在市体育馆举行，中央电视台著名主持人赵忠祥主持晚会，著名相声表演艺术家牛群以及周冰倩、张咪、张震、廖百威等知名演员和歌唱家共同奉献精彩节目，全市十万余人参加盛会。

第二节　第二届龙泉青瓷宝剑节

青瓷节庆

第二届青瓷宝剑节于2007年11月15—18日举行。青瓷以周恩来总理批示，"恢复龙泉青瓷生产50周年"和"著名陶瓷学家、考古学家陈万里先生诞辰115周年"为主题，邀请国内八大窑系制瓷艺人和专家学者和国际陶协领导共同发起中兴中华历史名窑的《龙泉宣言》，并举办"龙泉青瓷走向中兴高峰论坛"。节庆举行陈万里先生诞辰115周年纪念活动，在大窑建立陈万里先生纪念碑和塑像；在龙泉上垟举办"周总理指示恢复龙泉青瓷生产五十周年"活动，邀请为恢复龙泉青瓷生产作出贡献的老艺人、陶瓷专家座谈。

宝剑节庆

节庆举办了"龙泉宝剑名剑展"，共展出古兵器收藏家皇甫江先生的龙泉古刀剑和龙泉铸剑师制作的龙泉刀剑精品共100余件。包括"古剑遗韵""名人名剑""大师作品""当代名剑""特色刀剑"等五个板块。

宝剑节庆还举行"古今剑韵论坛"，两岸铸剑大师、专家学者、收藏家、武术教官、文化研究者及刀剑爱好者等参加，探讨刀剑传承和创新发展大计。

万人舞剑

节庆的闭幕式上举行了“万人舞剑”活动，主会场和全市50多个分会场(57个学校)共24000人，挥剑共舞“欧冶剑法”。“万人舞剑”获上海“大世界吉尼斯纪录之最”证书。

第三节　第三届龙泉青瓷宝剑节

青瓷节庆

第三届龙泉青瓷宝剑节于2008年11月28—30日举行。青瓷以“再创美好新龙泉”为主题，传承、弘扬、创新、发展民族文化。节庆举行“中国龙泉青瓷之都”荣誉称号、国家第一批非物质文化遗产名录——龙泉青瓷传统烧制技艺、浙江省非物质文化遗产传承基地授牌仪式。基地预计投资10亿元，用地43.7公顷，有龙泉青瓷博物馆、青瓷大师园、国际陶艺村三大功能区。该基地以青瓷文化为主题，集文化传承、文博展示、学习交流、创作教学、收藏鉴赏、旅游观光等功能于一体，力争成为中国龙泉青瓷文化的研究和对外交流中心、陶艺人才培养基地和浙江省文化产业基地。

宝剑节庆

开幕式举行“中国龙泉宝剑之乡”荣誉称号授牌和国家级非物质文化遗产代表性传承人沈新培颁发证书仪式。

11月29日，在欧冶子公园隆重举行戊子年(2008)剑祖欧冶子公祭仪式，缅怀铸剑祖师欧冶子，传承欧冶子传统铸剑技艺，弘扬龙泉宝剑文化。

第四节　第四届龙泉青瓷宝剑节

青瓷节庆

第四届龙泉青瓷宝剑节于2009年12月18—20日举行。节庆举行龙泉置县1250周年庆典和龙泉青瓷传统烧制技艺入选人类非物质文化遗产名录庆祝大会。置县1250年是一部龙泉人民生生不息的创业奋斗史、发展巨变史、文明进步史。龙泉青瓷传统烧制技艺成功入选联合国教科文组织人类非物质文化遗产代表作名录，确保人类科学长久地保持丰富的创造力，期待龙泉在保护人类非物质文化遗产的事业作出更大的贡献。

宝剑节庆

节庆举行剑赠浙商和“浙商龙泉巅峰论剑”，龙泉市向15位浙商代表赠送了名为“风云剑”的龙泉宝剑。“风云剑”设计取古牛头图腾纹饰，寓意浙商吃苦耐劳、执着进取的创业精神；螭龙螭凤纹代表浙商精英的高贵气质；剑鞘手工雕饰汉代风云纹，尽显浙商运筹帷幄、叱咤风云的豪气；剑身篆刻“事到临头需放胆，狭路相逢勇者胜”的字样。剑形大气稳重，秉承了龙泉宝剑的神韵。浙商被誉为中华第一商帮，配天下第一剑，可谓“珠联璧合”。

第五节　第五届龙泉青瓷宝剑节

第五届龙泉青瓷节于2010年11月16—18日举行。节庆举行了龙泉撤县建市二十周年庆祝大会以及青瓷国际陶艺交流采风和青瓷企业创业园奠基等活动。

五届的青瓷宝剑节庆，极大地宣传龙泉青瓷，提高龙泉青瓷知名度。据统计，五届青瓷节邀请中央、省、地以及国际陶协的领导和专家近5000余人。青瓷厂家、青瓷大师为青瓷节捐物、捐资1000多万元。签约技改项目50多项，产品订单上亿元。节庆活动为龙泉青瓷龙泉宝剑企业带来了明显经济效益。

第十五篇

商贸业

1978年12月，中共十一届三中全会召开后，龙泉县改革商业计划经济体制，减少流通环节，推进国企改革，逐渐开放私有经济，推动商业经济发展。至1989年，龙泉县有商业零售机构2812家，从业人员4741人。是年，龙泉县实现社会消费品零售总额15657万元。20世纪80年代以来，龙泉城区和重要乡镇相继建立集贸市场。1994年，龙泉市香菇市场在水南成立。

1992年10月，中共十四大召开后，龙泉市由计划经济体制向社会主义市场经济转变。1993年，龙泉市取消粮票和油票，逐步放开商品市场，深化国有、集体企业改革，鼓励个体、私营经济发展。1998年，龙泉市国企改革，通过拍卖、破产、整体出售国有商业企业等方式重组建立现代股份制企业，推动商业经济快速发展。至2010年，全市商业企业投资多元化，商品流通线上线下多渠道，多种经济成分共同竞争发展。是年，全市有商业、住宿和餐饮业用户数4677个，实现社会消费品零售总额226849.5万元。

第一章　商业体制改革

第一节　管理体制改革

管理机构改革

1989年开始，龙泉县深化改革开放，逐步从计划经济经营模式转移到市场经济模式，改革商业管理体制。1998年12月16日，龙泉市设立商业管理办公室。2001年12月，龙泉市商业管理办公室、龙泉市商业总公司行政机构、人员、国有资产整体并入龙泉市经济贸易局。2002年9月，根据《中共丽水市委、市人民政府关于龙泉市党政机构改革方案的通知》，撤并市外贸局、原商业局、物资局成立龙泉市经济贸易局(中小企业局)，增挂龙泉市对外经济贸易合作局牌子。

流通企业体制改革

1996—2003年，龙泉市改革国有商品流通企业产权制度，将原来商业、物资、外贸系统的国有企业，通过拍卖、破产、整体出售等多种方式重组建立现代股份制企业。1998年，龙泉市流通企业只有24家。至2003年，龙泉市仅市区就有流通企业2363家。石油、盐业等专营公司则划转上级专营公司，其中龙泉市石油公司划归中石化总公司，龙泉市盐业公司划归浙江省盐业局所属的专营公司。

第二节　国有企业产权改革

龙泉市商业总公司产权改革

1996年8月20日，龙泉市人民政府下发《关于印发龙泉市破产国有企业职工分流安置暂行办法的通知》。1997年1月6日，龙泉市商业总公司下发《关于建立商业企业转制改革领导小组的通知》。2001年12月底，龙泉市商业企业改革工作步入实质性阶段，并全面完成商业企业的改制工作，包括7个公司，3个工厂。

龙泉市百货公司　由于职工无人参与改制，实施向社会拍卖，由自然人组建新公司。原公司退离休、在职人员按龙政〔1996〕50号文件规定进行安置，在职人员身份置换后自谋职业。

龙泉市五金公司与龙泉市饮食服务公司　经评估企业作为零资产，由公司全体人员参股组建有限公司，企业退离休等人员由新公司接管，其安置规费按规定在资产中剥离。

龙泉市食品公司　经资产评估，由公司全体人员参股组建有限公司，企业退离休人员由新公司

接管，其安置规费按规定在资产中剥离。

龙泉市石油公司　划归省管，改制为国有独资公司。

龙泉市糖酒公司　组建归省管的盐业国有独资公司，经考试从糖酒公司择优选取15名职工，企业退离休人员全部划归盐业公司代管，其余企业人员出资参股组建有限公司。

龙泉市物资综合公司（集体企业）　实行自行解体改制，人员安置费一部分来自企业资产的城市拆迁费，一部分来自企业资产评估移交收管的市社保局，在职人员买断工龄后自谋职业。

龙泉市食品厂、龙泉市罐头厂、龙泉市商业机械厂（集体企业）　实施边破边立的改革，企业经过合法的破产后，由原企业的在职人员组建新的有限责任公司。从此以后，龙泉的商业企业成为一个民营经济性质为市场主体开始发展。

龙泉市物资总公司产权改制

1998年，龙泉市物资总公司改革下属5家企业产权制度，其中龙泉市燃料公司从国营改为民营，龙泉市民用爆破器材专营公司、龙泉市废旧金属报废汽车回收公司、龙泉市大洋液化气公司进行产权置换、重组改为股份制企业，龙泉市农业机械公司实行企业破产。2001年12月，龙泉市物资总公司撤销，行政人员、国有资产并入龙泉市经济贸易局。

供销社体制改革

20世纪90年代，龙泉市计划经济体制向市场经济体制转轨进一步深化，私营、个体经济的快速发展，对供销合作社旧的管理体制和经营机制形成严重冲击。20世纪90年代后期，龙泉市供销社经营状况已经非常困难，供销社陆续改革原有体制。到2010年末，全市供销社系统直属企业和基层供销社除城郊供销社外，其他企业均已完成企业改制工作。

1998—2010年龙泉市供销社直属企业与基层供销社改制情况一览表

表15-1-1

企业名称	改制时间
龙泉市工业品公司	1998年12月
龙泉市副食品公司	1998年12月
龙泉市农资公司	2000年4月
龙泉市茶叶厂	2000年6月
龙泉市储运公司	2001年3月
龙泉市土产公司	2002年6月
龙泉市竹柴炭公司	2002年6月
龙泉市烟花炮竹公司	2003年9月
龙泉市供销招待所	2003年12月
龙泉市供销联合公司	2004年9月
龙泉市屏南供销社	2001年4月
龙泉市龙南供销社	2001年12月

续表 15-1-1

企业名称	改制时间
龙泉市道太供销社	2002 年 6 月
龙泉市城北供销社	2002 年 12 月
龙泉市城南供销社	2002 年 12 月
龙泉市锦旗供销社	2003 年 6 月
龙泉市八都供销社	2003 年 12 月
龙泉市城镇供销社	2004 年 6 月
龙泉市安仁供销社	2010 年 12 月

第二章　国内贸易市场

第一节　商业网点

商业网点统计

20 世纪 80 年代，龙泉县改革开放，除供销社、全民、集体所有制商业外，还出现个体商店。1989 年，全县有商业零售机构 2812 家，从业人员 4741 人。其中全民、集体所有制商业 319 家，从业人员 1277 人；全民、集体所有制中粮油商店 39 家，从业人员 80 人。副食品商店 14 家，从业人员 47 人；其他食品店 12 家，从业人员 69 人；纺织品商店 4 家，从业人员 82 人；百货商店 13 家，从业人员 124 人。医药商店 4 家，从业人员 28 人；书店 5 家，从业人员 15 人；日用杂品商店 3 家，从业人员 11 人；石油商店 2 家，从业人员 18 人；五金、交电、化工商店 4 家，从业人员 49 人；农业生产资料商店 68 家，从业人员 105 人；其他专业商店 9 家，从业人员 13 人；综合性商店 142 家，从业人员 636 人。其中，个体有证商业机构 2493 家，从业人员有 3464 人，占绝大多数。20 世纪 90 年代，龙泉市改革开放逐步深入，供销社等国有商业机构占比逐渐变小。国有和集体经济集中在市区，广大的农村地区以个体经济为主。

1989—1992 年龙泉市（县）商业零售机构、人员一览表

表 15-2-1

项目 年份	全民、集体所有制商业		个体有证商店		合　计	
	机构（个）	人员（人）	机构（个）	人员（人）	机构（个）	人员（人）
1989	319	1277	2493	3464	2812	4741

续表 15-2-1

年份＼项目	全民、集体所有制商业		个体有证商店		合计	
	机构(个)	人员(人)	机构(个)	人员(人)	机构(个)	人员(人)
1990	343	1450	2925	4076	3268	5526
1991	368	1414	3359	4673	3727	6087
1992	461	1547	3933	5484	4394	7031

1993 年，全市有零售贸易机构 3162 个，网点 3522 个，从业人员 5969 人，其中独立核算零售贸易企业机构 27 个，网点 387 个，从业人员 1490 人；附营零售贸易业单位有机构 15 个，网点 15 个，从业人员 32 人；乡镇企业局管理的零售贸易业机构 133 个，网点 133 个，从业人员 606 人；个体零售商业机构 2987 个，网点 2987 个，从业人员 3841 人。

1994—1997 年龙泉市批发、零售贸易机构、网点、人员一览表

表 15-2-2

年份＼项目	国有经济		集体经济		私营经济		个体经济		其他经济		合计	
	网点(个)	人员(人)	网点(个)	人员(人)	网点(个)	人员(人)	网点(个)	人员(人)	网点(个)	人员(人)	网点(个)	人员(人)
1994	94	294	206	694	52	469	3821	4794	—	—	4173	6251
1995	82	248	186	554	80	924	4273	5628	—	—	4621	7354
1996	169	1461	271	784	96	1107	4870	6432	6	19	5412	9803
1997	218	1338	251	504	104	1173	4391	5768	3	10	4967	8793

1998 年开始，龙泉市改革商品流通企业产权制度，划转、拍卖、破产、整体出售一批国有企业。到 2003 年，由市场主导的市场经济模式形成，各种专卖店、超级市场发展迅速，连锁店、物流配送、电子商务兴起，商业网点布局更趋合理。

1998 年开始，龙泉市供销社等国有企业逐渐退出市场，商业网点只统计私营企业和个体户。至 2006 年,龙泉市有批发零售、住宿餐饮业户数 5378 家，从业人员 10275 人。企业合计 129 家，从业人员 1748 人。其中批零贸易业 118 家从业人员 1238 人；餐饮业 11 家，从业人员 510 人。个体户合计 5249 家，从业人员 8527 人。其中批零贸易业 4432 家，从业人员 6437 人；餐饮业 817 家，从业人员 2090 人。

1998—2006 年龙泉市个、私批发零售贸易、餐饮业户数、人员一览表

表 15-2-3

年份＼项目	私营企业		个体户		合计	
	户数(户)	人员(人)	户数(户)	人员(人)	户数(户)	人员(人)
1998	122	1358	5500	7562	5622	8920
1999	139	1539	5223	7173	5362	8712
2000	164	2004	5340	7338	5504	9342
2001	95	1137	5380	7528	5475	8665

续表 15-2-3

年份＼项目	私营企业		个体户		合计	
	户数(户)	人员(人)	户数(户)	人员(人)	户数(户)	人员(人)
2002	128	1548	3284	5136	3412	6684
2003	213	2303	3715	5934	3925	8237
2004	121	1563	5056	8068	—	—
2005	129	1748	5249	8527	5378	10275
2006	129	1748	5249	8527	5378	10275

由于市场经济的快速发展，商业网点开业、关门频繁。2007 年后，只统计规模以上商业网点。2010 年，龙泉市限额以上批发零售企业 10 家，其中零售业 8 家。同年电力公司统计的商业、住宿和餐饮业用户数有 4677 个。

商业网点调查

2002 年 7 月至 9 月，龙泉市经济贸易局内贸行业办公室对龙泉市市区商业网点建设进行实地调查。经统计，市区范围内从事商品流通批发、零售经营户 2073 家，营业面积 7 万平方米，从业人员 2 万人，年商品零售总额 4.9 亿元，7 个农贸市场年成交额 4.8 亿元。市区商业网点有 40 多种门类，上万种商品，从事服务行业的有 479 家，占总户数的 23.1%。服务行业中，经营美容美发 95 家，餐饮业 257 家，旅馆业 68 家。经营服装业 304 家，占 14.7%；经营百货系列的 187 家，占 9%；经营副食业的 172 家，占 8.3%；经营修理业的 137 家，占 6.6%；经营文化系列的 102 家，占 4.9%；经营建材的 100 家，占 4.8%；经营鞋类的 71 家，占 3.4%；经营针织的 67 家，占 3.2%；经营五金交电的 52 家，占 2.4%；经营青瓷、宝剑的 23 家，占 1.1%；经营家电的 18 家，占 0.9%。

商业网点分布比较均匀，中山路 496 家，新华街 233 家，江滨路 149 家，公园路 121 家，城东路 55 家，莱茵花园 80 家，南秦路 97 家，剑池路 610 家。

第二节　贸易渠道

“千镇连锁超市”市场工程

2005 年，龙泉市兴泰隆有限责任公司被浙江省经贸委确定为浙江省千镇连锁超市龙头企业，并同时被确认为国家商务部“万村千乡”市场工程承办企业。2005—2007 年，在全市 16 个乡镇，20 个较大行政村开设以兴泰隆超市为龙头企业的连锁超市和农村便利店。2010 年末，全市已发展包括龙头超市、连锁门店、配送中心、农村加盟店 88 家（直营店 6 家，乡镇连锁店 16 家，行政村便利店 66 家），其中 2010 年新发展行政村便利店 20 家，使农村便利店覆盖率达到 19.82%。

“家电以旧换新”“家电下乡”

2009 年 2 月，龙泉市开始执行家电下乡政策。至 2010 年末，全市通过备案的家电下乡销售网点

49 家，家电下乡销售量 22774 台，销售额 4567.23 万元，按政策优惠 13%补助，农民获得财政补贴 596.74 万元。2009 年 6 月，龙泉市开始执行家电以旧换新政策。至 2010 年末，共申报家电以旧换新 1712 台次，申请补贴金额 53.68 万元。

“老字号”文化建设

2006 年 11 月，龙泉市官窑瓷业有限公司的“龙官”品牌被国家商务部认定为第一批“中华老字号”。至 2010 年末，龙泉市成功申报 4 家中华老字号企业（龙泉官窑、南宋哥窑、龙泉宝剑、沈广隆），8 家浙江老字号企业（龙泉官窑、南宋哥窑、龙泉宝剑、沈广隆、万字号、千字号、兴泰隆、金字号）。

油品销售网络

2010 年，龙泉市持有成品油零售经营批准证书的企业 23 家，其中，管理公司 1 家，中石化加油站（点）11 家，社会加油站（点）12 家。是年，龙泉市成品油销售近 3200 万千克，其中柴油 1730 万千克，汽油 1470 万千克。

中国石油化工股份有限公司浙江丽水龙泉石油支公司前身为龙泉石油公司。1998 年 8 月，与省内各级石油公司一同上划中国石油化工集团公司。2000 年 4 月，更名为中国石化浙江丽水龙泉石油支公司。到 2007 年底，龙泉市中石化加油站数量已从 1998 年的 2 座增加到 14 座，成品油年销售量从 300 万千克增加到 2800 万千克，批发配送销量达 1255.9 万千克，市场占有率从 30%上升到 85%。

第三节　商业贸易

社会消费品零售总额

改革开放以前，龙泉市批发零售业基本上以公有制为主。随着改革开放，出现大量个私经济，成为批发零售业一支重要的商业力量。1989 年，全社会商品零售总额 15657 万元，县本级消费品零售额 6612 万元，乡镇零售额 7261 万元。1989—2010 年，龙泉市商业发展迅速，陆续建立尊龙商贸中心、城东批发市场、小梅综合市场、八都综合市场等专业市场；出现很多新行业新品种，如摩托车、空调、彩电、汽车、电脑、手机等现代生活用品快速普及。随着城市化，商业逐渐向城镇聚集。至 2010 年，龙泉市社会消费品零售总额 226849.5 万元。

1989—2010 年龙泉市（县）社会零售品销售额一览表

表 15-2-4　　单位：万元

年 份	市	市以下	农业生产资料	总 额
1989	6612	7261	1784	15657
1990	7538	6766	1931	16235
1991	10554	5638	2209	18401

续表 15-2-4

年 份	市	市以下	农业生产资料	总 额
1992	12163	6508	2273	20944
1993	15968	6714	—	22682
1994	22668	9487	—	32155
1995	27414	14223	—	41637
1996	30446	12872	—	43318
1997	31055	12698	—	43753
1998	31770	12429	—	44199
1999	33437	13421	—	46858
2000	37851	14724	—	52575
2001	43320	16598	—	59918
2002	49845	18343	—	68188
2003	65498	23290	—	88788
2004	74373	26132	—	100505
2005	92961	32662	—	125623
2006	104536.0	36728.2	—	141264.2
2007	120430.3	41028.7	—	161459
2008	144206.8	49059.2	—	193266
2009	165273.7	56209.3	—	221483.0
2010	190678.2	36171.3	—	226849.5

经济类型

1989 年，消费品零售额按经济类型主要有全民所有制 3465 万元，占比 22.2%；供销合作社 3665 万元，占比 23.41%；集体所有制 1737 万元，占比 11.1%；个体商业 6777 万元，占比 43.29%。1998 年，国企改革后，龙泉市不再对商业经济类型做分别统计。

1989—1997 年龙泉市(县)各经济成分零售额一览表

表 15-2-5　　单位：万元

年份	国有经济	供销合作社	集体经济	个体其他经济	私营经济	合营工业	合计
1989	3465	3665	1737	6777	—	13	15657
1990	3436	3256	1409	8116	—	18	16235
1991	4767	3488	1465	8599	—	22	18401
1992	5424	3473	2150	9897	—	—	20944
1993	5926	—	4526	11850	380	—	22682
1994	10021	—	4492	17194	448	—	32155

说明：1989—1992 年含工业零售额。

餐饮业

中华人民共和国成立后，餐饮业经历公有化。到20世纪80年代，个体餐饮重新出现，很快就成为主要的行业力量。1989年，龙泉县餐饮业零售额928万元，其中，全民所有制餐饮业零售额36万元，供销合作社餐饮零售额8万元，集体所有制餐饮业零售额21万元，个体有证餐饮业零售额863万元，个体占绝大多数。至2010年，龙泉市餐饮业零售额17335.4万元，其中，限额以上营业额793.1万元，限额以下16542.3万元。

1993年，龙泉市有餐饮业网点481个，从业人员874人，其中附营餐饮业网点16个，从业人员145人；商业局管理的餐饮业网点18个，从业人员45人；个体餐饮业网点447个，从业人员684人。营业面积100平方米以下475个，营业面积100平方米以上6个。至2004年，龙泉市有餐饮网点656家，从业人员2042人，零售额9873万元。2005年开始，餐饮业和住宿业合并统计。

1989—2004年龙泉市(县)餐饮网点与零售额一览表

表15-2-6

年　份	网点数量(个)	从业人员(人)	零售额(万元)
1989	—	—	928
1990	—	—	1039
1991	—	—	1055
1992	—	—	1452
1993	481	—	1836
1994	571	—	2545
1995	646	—	3575
1996	696	—	4445
1997	669	1212	4589
1998	754	1339	3929
1999	845	1542	6246
2000	920	1568	6995
2001	939	1599	8046
2002	—	—	9309
2003	—	—	9300
2004	656	2042	9873

培训与评比

2007年，龙泉市举办饭店业服务技能大赛。2008年11月20—22日，市风景旅游局在香溢大酒店举办第三届中国龙泉青瓷•龙泉宝剑节酒店业务培训班，承担第三届中国龙泉青瓷•龙泉宝剑节接待任务的全市12家旅游饭店的300余名从业人员参加培训。本次培训班邀请丽水学院、龙泉市中等职业学校的专业老师为从业人员讲授《酒店服务意识》《龙泉青瓷宝剑常识》《酒店VIP接待及服务个性化》等课程。

2008 年 10 月 11—13 日，由国际蘑菇学会、世界中国烹饪联合会、中国烹饪协会、中国食用菌协会主办，龙泉市人民政府协办的“第四届中国国际食用菌烹饪大赛”在北京举行，来自国内外 120 多名厨师参赛，龙泉市代表队取得一个团体金奖，一个个人金奖。

2010 年 6 月 1 日，举办农家乐“十大特色菜”烧制评选活动，来自 8 个乡镇(街道)13 支代表队参加比赛，进一步提高农家乐经营户的烹饪水平。

第四节　商品市场

浙闽赣食用菌交易中心

位于剑川大道 318 号。2009 年 3 月 5 日开业，有市场商位 198 个，占地面积 2.3 万平方米，建筑面积 2.3 万平方米，管理用房 752.9 平方米，绿化面积 5530 平方米，总投资 1.1 亿元。由浙江龙华农业开发有限公司经营管理，主营香菇、木耳、土特产。

龙泉市香菇市场

1986 年，叶圣益联合 6 户农民筹办起代料香菇场，当年获得成功。龙泉香菇产业开始进入快速发展阶段，几乎家家户户栽培香菇，在小梅、查田、八都等很多镇村公路边形成鲜菇交易市场。1994 年，水南村村委开始筹建龙泉市香菇市场，市场位于公园路和剑池路路口，1995 年 3 月 18 日开业。市场占地面积 5000 平方米，总建筑面积 6000 平方米，其中室内面积 4000 平方米，棚顶面积 1500 平方米。有总摊位 150 个，其中固定摊位 90 个，临时摊位 60 个，总投资 700 万元。

龙泉市香菇市场南交易区

1993 年，龙泉市供销社在剑池路、市酒厂门口西面善济堂地块征地 7000 平方米，投资 260 万元建成。1994 年 4 月 10 日，南交易区正式开业。市场占地面积 6424.31 平方米，建筑面积 5300 平方米，其中室内面积 4000 平方米，棚顶面积 1300 平方米。经营香菇、木耳、笋干等土特产，兼营副食品、旅馆、饮食、修车等。1994 年，市场内有管理人员 6 人，工商干部 1 人，固定摊位 84 个。

龙泉市香菇市场建成后，很快成为龙泉及周边县市干菇交易集散地。1996 年，仅香菇市场南交易区香菇交易量就有 1500 吨，成交金额 7000 万元。

尊龙商贸中心

2000 年 11 月 27 日，批复建设龙泉市商贸中心，建设集购物、餐饮、娱乐、会议服务于一体的综合性商贸中心。项目总投资 5803 万，总建筑面积 30320 平米。2001 年 2 月 2 日，通过初步设计。建筑为地下一层，地上五层，一至四层为商场，五层为办公用房，建筑高度 18.5 米，建筑面积 29717 平方米。

龙泉市花鸟市场

2001年12月8日,龙泉市文化局批复《关于龙泉市收藏品花鸟市场建设工程建议书的报告》,规划建设龙泉市收藏品花鸟市场,总建筑面积1580平方米,其中:交易用房1200平方米,棚架130平方米,管理用房200平方米,公用厕所50平米。

小梅市场

位于小梅镇梅一村。20世纪80年代,随着市场经济的发展,在龙庆公路两侧自然形成露天集贸市场。1991年,梅一村自筹资金75万元,征用原丽水地区运输公司小梅汽校部分用地建设小梅市场,占地面积4947.3平方米,建筑面积3500平方米,有管理人员3人。1992年7月8日,小梅市场开业,经营服装、棉布、小百货、副食品、农副产品和蔬菜等。小梅市场辐射小梅、屏南、查田和庆元黄田、竹口、八都等地。小梅市场人流量大,庆元和龙泉每天分别有多次班车到小梅停靠;黄田镇三济和屏南镇瑞竹垟每天有固定班车到小梅。20世纪90年代最繁荣,年交易额达2000多万元。

茶丰五金市场

位于查田镇茶丰村。1991年11月18日,茶丰五金市场开业,主营五金配件。1992年5月25日,为扩大规模批准立项查田镇茶丰五金市场暨五金工业开发区。一期工程占地6000平方米,建筑面积4000平方米,总投资96万元。

安仁镇农贸市场

位于安仁镇项边村。1986年11月10日,安仁镇农贸市场开业,经营蔬菜和农副产品。占地面积1150平方米,总建筑面积720平方米,其中室内面积288平方米,棚顶面积432平方米,专用露天面积430平方米,总投资7.8万元。开业时有经营户52户,管理人员2人,服务人员1人。

福源茯苓市场

位于福源乡安福村。1991年6月28日创办,1993年2月28日开业。市场占地面积3600平方米,建筑面积3000平方米,其中,营业用房50间,露天水泥场1500平方米,总投资40万元。

20世纪90年代初,福源有2300多位农民从事生产、加工、经销茯苓,并形成一批生产加工经销专业村、专业户,供销队伍近千人。由于福源茯苓质量好、价格合理,有严格的"茯苓市场场规",深受全国各地客户的信赖。福源逐步形成闽、浙边境毗邻市县茯苓的集散地,庆元、遂昌、云和、景宁及福建浦城、松溪的茯苓源源流入福源,销往全国10多个省(市、自治区),仅1993年就销售干茯苓4000余吨,产量占全省60%以上,销售额2000多万元。有"福源茯苓　全国闻名"之誉。1998年后,随着农村劳动力的转移,茯苓市场改作太阳伞厂。

八都综合市场

1987年,八都工商行政管理所征地1200平方米筹办八都综合市场,1989年10月1日建成投入使用。市场占地面积1200平方米,建筑面积1100平方米,建筑主体砖木结构,总投资40万元。摊位 52 个，经营农副产品、服装、小百货等，有管理人员 2 人。1994 年，八都综合市场有摊位 82 个，年成交额 1099.91 万元，比上年同期增长 48.20%，其中农副产品增长 57.60%，工业消费品增长 38.80%，主要商品成交量与上年同期比较，猪肉成交 12 万千克，成交额 130.50 万元，增长 74.90%；蔬菜成交 282.0 万千克，成交额 672.60 万元，增长 42.80%。

2007 年，开始筹建八都综合市场二期。2008 年，由恒诚房地产开发有限公司建设。项目总投资 1500 万元，总用地面积 5183 平方米，总建筑面积 10430.90 平方米，其中住宅建筑面积 7430.90 平方米，商用店建筑面积 1800 平方米，F 幢底层为龙都综合市场，经营豆制品、蔬菜、鲜肉、家禽、水产、牛羊肉、粮油、卤味等商品，建筑面积 1168 平方米，另有停车场 200 平方米。有商铺 18 间，摊位 59 个，商务房 1 个，市场于 2010 年 3 月 30 日开业。

中山路菜市场

1998 年建造，面积 1000㎡，可容纳 200 余个摊位，解决公园路菜市场占道经营的情况。2000 年，建设新华综合市场，方便人民群众购物。2001 年，龙泉市委市政府将龙泉建成浙闽赣边贸中心城市作为战略决策，编制《龙泉市“十五”市场总体规划》；新建新华服装市场、华楼街菜市场，基本上取消马路市场。从 1998 年开始启动星级文明规范市场创建工作，推进农贸市场改造提升工程。

第五节　供 销 社

农民专业合作社

1997 年 10 月 6 日，龙泉市竹业产销专业合作社成立，注册资金 100 万元，有社员 138 人。

2002 年 5 月 16 日，龙泉市乳业产销专业合作社成立。主营奶牛养殖、草料种植。2002 年 7 月 8 日，龙泉市绿谷果菜专业合作社成立；主营水果，蔬菜种植、销售。

2003 年 3 月 6 日，龙泉市三公香菇产销专业合作社成立，主营农副产品、香菇，其它食用菌及原辅材料种植、销售。2003 年 5 月 6 日，龙泉市绿泉茶叶产销专业合作社成立；主营茶叶种植、销售。

2004 年 3 月 18 日，龙泉市诚合专业合作社联合有限公司成立，入社农民专业合作社 5 家，注册资金 50 万元。2004 年 5 月 8 日，龙泉市农产品产销协会成立。2004 年 6 月 1 日，龙泉市大同农产品产销合作社有限公司成立，入社社员 11 户，注册资金 50 万元。

2005 年 6 月 4 日，龙泉市兰谷渔业专业合作社成立，入社社员 18 户，注册资金 20 万元。2005 年 6 月 14 日，龙泉市宏丰木槿花专业合作社成立，入社社员 13 户，注册资金 30 万元。2005 年 7 月 19 日，龙泉市绿健四季豆专业合作社成立，入社社员 33 户，注册资金 5 万元。2005 年 8 月 29 日，龙泉市园丰水果专业合作社成立，入社社员 32 户，注册资金 15 万元。是年 11 月 24 日，龙泉市晨丰蔬菜专业合作社成立，入社社员 11 户，注册资金 30 万元。

2007 年 6 月 26 日，龙泉市禾丰食用菌专业合作社成立，入社社员 12 户，注册资金 30 万元。7 月 17 日，龙泉市恒丰食用菌专业合作社成立，入社社员 20 户，注册资金 30 万元。是年 8 月 9 日，龙泉市农民专业合作社协会成立，注册资金 3 万元。

2008 年 1 月，龙泉市惠民中药材专业合作社注册成立，是年 2 月，龙泉市绿屏蔬菜专业合作社注册成立。

2010 年 4 月，龙泉市赛香茶叶专业合作社、龙泉市赛野竹笋专业合作社注册成立，5 月龙泉市添力水稻专业合作社注册成立，是年 9 月，台湖山生猪养殖专业合作社、龙泉市兰丰食用菌专业合作社注册成立。

浙江兴振胶带制品有限公司

1993 年末，龙泉市供销社在政府的协调和各家银行、信用社及财政部门的支持下，通过招商引资项目，与台湾省大振公司合资兴办胶粘带制品有限公司，总投资 210 万美元，龙泉方出资 65%，台商方出资 35%，厂址租用在市土产公司仓库，该项目于次年 10 月正式投产。后由于诸多因素造成无法偿还到期贷款，企业无法正常运转，于 2000 年 5 月解体。因为该项目提供抵押担保，致使市土产公司 4000 平方米仓库（胶带厂厂区）和市供销社等 12 家所属企业合资兴办的 6425 平方米农副产品批发市场，被法院判令抵偿债务，造成经济损失 2000 余万元。

杭龙千亩水果示范基地

2003 年 12 月，龙泉市供销社、市绿谷果菜专业合作社与杭州市果品公司签订协议，联合投资 1000 万元，承租兰巨乡桐山村 1000 亩荒山，开发优质水果示范基地。投资比例：杭州方占 51%，龙泉方占 49%，龙泉负责开发、种植与管理，杭州负责果品上市销售与技术指导。前期种植品种主要有：早优桃、翠冠梨、东魁杨梅、翡翠柚、无核早桔等。

农业龙头企业

2004 年开始，浙江天和食品有限公司在南秦大垟地段征用土地 37000 平方米投资 4000 多万元，建设集保鲜、水煮加工、干品调味、腌制农副产品现代化多功能的生产厂房。公司生产基地香菇产品已通过绿色认证和有机论证、ISO 9001：2000 质量管理体系认证、环境体系 4000 认证、HACCP（危害分析关键控制点）食品安全体系认证。2004 年 12 月，天和食品有限公司经省科技厅认定为“浙江省农业科技企业”。2005 年，天和企业被认定为“国家扶贫龙头企业”“浙江省骨干农业龙头企业”“全国总社重点企业”，“天和泉”品牌荣获“浙江省名牌产品”称号。2006 年，天和食品公司“天和泉”品牌荣获“浙江著名商标”“中国名牌农产品”“全国乡镇企业创名牌重点企业”“全国新农村建设百强示范企业”等荣誉称号。2007 年，天和公司注入资金 700 万元，建设农副产品物流配送中心。该公司有员工 400 人，年销售额超亿元。是年，浙江天和食品有限公司董事长吴子敬被中华全国供销合作总社授予“全国供销合作社系统劳动模范”称号。

2008 年 7 月 25 日，浙江省农业厅授予浙江天和食品有限公司为省级农业龙头企业。

农资配送中心

2007 年 6 月，龙泉市供销合作社依托天丰农业生产资料有限公司成立农资配送中心，发展连锁经营网点 30 家，网点辐射 19 个乡镇街道。

村级综合服务社

2007 年 9 月，龙泉市供销社投入资金 3 万元在城北东书村创办龙泉首家村级综合服务社。经营范围：农业生产资料、日用消费品、文娱等，经营面积 300 平方米，服务的农户数 200 余户。

供销商务宾馆

2007 年 11 月，市供销合作社将原供销招待所通过招商引资，由温州客商投资 162 万元，按星级标准建设，开设 42 个房间，62 个床位。

市供销社“三定”方案

2008 年 9 月 18 日，确定龙泉市供销社机关为市人民政府直属单位，参照群团组织机构管理，核定全额拨款事业编制 10 人。内设办公室、业务科（合作经济指导科）和财务科。2009 年 3 月 13 日，龙泉市供销社被批准列入参照公务员法管理范围。

第三章　粮油贸易

第一节　机构改制

机构改革

1989 年，龙泉县设粮食局，人员 40 余人，指导全县粮食企业的粮食收购、销售、储存等有关粮食任务。粮食局设秘书股、人事股、财务股、购销股、储运股、基建股、工业股、监察室、工会等 9 个股室；下属企业分为商业、工业二块，商业为城郊粮管所、八都粮管所、小梅粮管所、安仁粮管所、城镇粮管所、锦旗粮管所、城北粮管所、道太粮管所、龙南粮管所、屏南粮管所、城镇直属粮库、县粮油贸易公司等 12 个基层企业，工业为粮油加工厂、粮食运输公司、饲料公司等 3 个基层企业，共计 15 个基层企业，在册人员为 800 余人。城区有个体小型大米加工厂 3 家。

1992 年，粮食流通由计划经济逐步向市场经济转移，浙江省人民政府出台《关于深化粮食流通体制若干问题的通知》和《关于加快改革开放，进一步搞活流通的通知》。两个文件颁发后，龙泉市制定粮食流通企业分步改制方案，对全市 34 个粮油销售网点及 41 个粮油收购点偏僻角落的点、站实行改、转、租、包、卖等方式，以转换机制，搞活经营。撤销龙南粮管所，合并到安仁粮管所，撤销屏南粮管所，合并到小梅粮管所，人员、业务、财产归 2 个粮管所管理。2001 年，撤销道太粮管所、城北粮管所、锦旗粮管所，并入城郊粮管所及八都粮管所。

企业改制

1998年，组建国有独资粮食收储企业，人员核编为70人，主要职责为龙泉市国家粮食的收购及各级政府的粮食储备。2000年，组建龙泉市粮食销售公司，原来城镇粮管所、直属粮库、粮贸公司、粮食大米加工厂等几家粮食企业合并。2001年，对粮食企业的人员（计划临时工）、合同制职工、长期合同制职工分步实行人员分流，部分年龄较大、体弱人员采取离岗退养，为鼓励人员分流，制定一系列人员分流的优惠政策，分流人员以每年补助500~800元不同形式，采取卖断工龄，中止劳动合同或组建股份粮食企业，先后组建煤气管道股份有限公司、饲料股份有限公司、粮食销售股份有限公司、市郊粮食股份有限公司，分流人员大约490人。

第二节　购销与调拨

收购

1984年，合同定购任务不变，购、销、调、包干限延长到1990年。多购少销粮食归本市支配，少购多销粮食由市场议购粮补足。定销粮食每50千克省补贴2元，市财政再补助农民1.5元。“三挂钩”化肥每50千克定购粮食省补助标准增加到6.5元，市里另供应尿素1.5千克，柴油标准不变，当时浙江省下达龙泉市粮食定购任务为16800吨，规定对农民交售的粮食只要质量符合标准，粮食部门不限收、不拒收、不打白条。1991年，开始实行新一轮粮食收购，合同为16300吨。

2002年，龙泉市粮食收购采取粮食订单形式，以粮食收储价与种粮大户签订粮食订单合同，即“订单粮食”，收购时，如市场收购价格低于合同价，则按合同价收购，合同价与市场价差价由市财政补贴，如市场收购高于合同价，则按市场收购，当年签订订单粮食596吨，对种粮大户市政府制定奖励措施，收储企业为完成全年粮食的收购任务又外购粮食1438吨，全年共收购粮食达到2034吨。

2004年，随着粮食订单形式完善，龙泉市粮食收购企业按照“购得进，销得出”的原则进行随行就市敞开收购。对陈粮、订单外粮食的收购，由粮食收购企业按“购得进、销得出”原则自行确定。是年，收购订单粮食3651吨，订单外收购15吨，全市订单农户达575户，并对种粮户实行奖励政策，每百斤补贴6元，由收购企业粮食入库后兑现。根据浙江省政府和粮食局的要求，确定龙泉市应急周转粮（成品粮）150吨，实行一年一定，企业代储的办法。

2006年，由于当年全国的粮食价格高开高走，龙泉市粮食局为完成粮食储备补库任务，抓好粮食订单合同履约率，确定优质稻的收购价格，与福建等周边产粮地区签订粮食采购协议等措施，完成年初确定的1937吨储备粮和70吨市级储备轮换补库任务。

2007年，全市5700吨储备粮食安排轮换2900吨，市级储备油70吨。其中，委托龙泉市招投标中心举行市级储备粮食拍卖1900吨，与龙泉市军粮供应站签订市级储备油70吨的代储合同，与衢州衢江区、江山市的粮食购销公司签订粮食调入合同1000吨。

销售

1989 年，龙泉县粮食销售城镇居民用粮以凭票发放基本口粮，各单位出差人员补贴粮及劳动补贴粮予以取消，并对农村人口高山、贫困地区的农户发一定的返销粮。

1994 年，市场出现粮价波动，经龙泉市政府同意，动用部分市级储备粮，调整粮食销售价格，稳定粮食市场。1995 年，城乡居民以粮票购粮逐步退出粮食市场。龙泉市在粮食宏观的调控下，粮食销售市场一直处于较稳定时期，粮食的销售量基本处于每年大约 1 万吨左右，粮食收储企业在粮食销售一直占据市场的主动。

2003 年下半年，龙泉市粮食主管部门制定完整的粮食应急预案。

调拨储存

1991 年前，龙泉市(县)粮食在全丽水地区是粮食余粮市，每年浙江省下达丽水粮食调拨计划，龙泉市粮食外调计划 500 吨，主要销往青田、丽水等县，1991 年后，取消下达外调计划。2001 年前，龙泉市粮食部门的仓库一直处于非常紧张状态，全市分布各个乡镇粮食库点 41 个，仓间数 129 间，总仓容量为 41070 吨，粮食库容最紧张为 1995—1996 年，全市粮食仓库瀑满，主要原因粮食连年丰收，各级政府又制定一系列的扶农政策，农户种粮空前高涨，粮食部门粮食敞开收购，不拒收，不打白条，农户把家中的大量余粮运往粮食部门，造成粮食仓库紧缺，在收购与库存相对矛盾中，粮食部门在安仁、城郊、城区等几个粮点内增设粮食露天堆，近 3000 吨稻谷露天堆放。2001 年，龙泉市政府根据粮食部门的要求，要求粮食部门大量促销粮食的库存，并制定一系列促销奖励政策，至 2004 年，全市粮食库存一直保持在 5700 吨左右。为稳定粮食收储队伍和粮食市场，减轻市财政连年的粮食亏损被动局面，2003—2008 年期间，龙泉市财政与国有粮食收储企业签订资金包干政策，一定三年，连续包二期，分别每年以 170~190 万元包干支出，科学、合理的包干方式，调动粮食收储企业对粮食的收购、储存的工作积极性，又在很大程度上减轻市财政支出。

1989—2010 年龙泉市(县)粮食购销存情况一览表

表 15-3-1　　　　单位：千千克

年　份	粮食收购	粮食销售	期末库存
1989	20300	16160	20532
1990	21085	17415	24760
1991	20245	27216	25972
1992	17476	14734	25716
1993	13300	26178	16995
1994	10713	21614	12884
1995	13384	10656	17369
1996	15129	7519	22718
1997	14627	20031	22019
1998	12982	11948	25736
1999	9311	12943	22216

续表 15-3-1

年 份	粮食收购	粮食销售	期末库存
2000	6925	7082	21851
2001	2644	12119	12376
2002	1351	9227	4500
2003	2034	2034	4500
2004	3666	2466	5700
2005	2797	2797	5700
2006	1937	1937	5700
2007	3232	2232	6700
2008	2997	2955	6742
2009	2951	2951	6742
2010	3249	2749	7242

第四章　对外贸易

第一节　进出口贸易

进口贸易

龙泉市对外贸易以出口为主，进口量相对出口贸易较少。2003 年，《龙泉市统计年鉴》首次统计外贸进口额。是年，进口额 5 万美元(海关数据)至 2010 年，进口额 627 万美元。

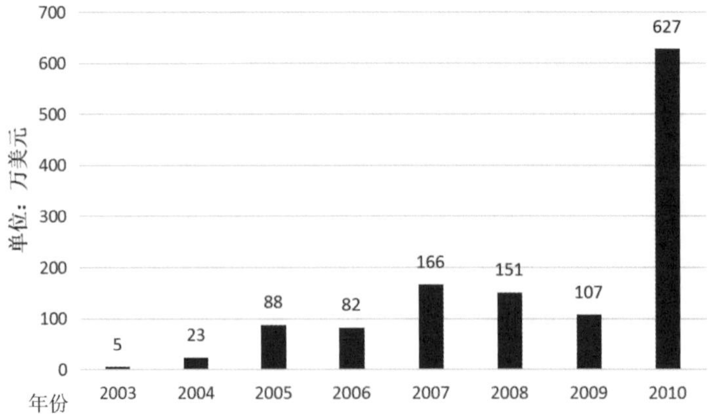

图 15-4-1　2003—2010 年龙泉市进口贸易额

说明：数据为海关数。

出口贸易

1978 年，龙泉县尚无真正意义的进出口，仅协助国家有关进出口部门收购部分出口商品，全县出口供货额约为 80 万元人民币，按当时国家外汇调剂牌价（1:2.8）计算约为 29 万美元。改革开放以来龙泉外贸得到长足发展。1989 年，外贸收购总额 1829 万元。1995 年，“资本”联姻“产业”，龙泉外贸助推外贸企业发展；投入资金 30 万元，支持龙泉网球厂发展出口网球生产。与浙江省工艺品进出口公司联系，帮助龙泉艺术瓷厂寻找出口订单，并为其提供 120 万元贷款担保，支持工艺改进。与浙江省进出口公司联营，将白碳产品销往日本。该项业务采用外贸公司出资金、日本技术人员进企业指导的方式进行，有力推动白碳产品的出口。是年，全年出口额突破千万美元，达 1279.78 万美元。1996 年 11 月，在继续推进白碳产品出口日本的基础上，又推动水煮笋产品出口日本，共有 7 家企业专门从事出口日本的水煮笋加工业务，年出口额达 400 多万美元。是年，龙泉市首家中美合资企业——浙江龙泉龙声工艺玩具有限公司成立，项目合同外资 32 万美元，龙泉市出口总额达 1313 万美元。

1998—2000 年，内资生产企业自营进出口开始起步，最初的金树、欧洋、香菇产销公司、纳富特、网球厂、能福、硃矿等 8 家内资生产企业及龙声、永欣、忠港等 3 家中外合资企业获自营进出口权，形成外贸流通公司、内资生产企业和外商投资企业“三路大军”一起扩大出口的外贸出口新格局。2000 年，自营出口额 2313 万美元。2001—2005 年，这一阶段随着中国加入世贸组织，外贸经营权全面放开，龙泉的开放发展进入较快发展阶段。2001—2005 年，龙泉外贸出口年平均增幅为 16.8%，至2005 年，外贸自营出口额达到 4257 万美元，出口实绩企业从 2002 年 5 家增加到 30 家，全市外贸供货企业近 70 家，占规模企业的 87%。至 2005 年，全市合同利用外资 135 万美元，实际利用外资 135 万美元。

2006—2010 年，在“八八战略”的指引下，龙泉市加大政策扶持力度，积极应对挑战，经济呈现快速发展的势头。外贸依存度从 2005 年末的 11.56%上升到 2010 年末的 16.45%。2008 年，外贸出口突破 1 亿美元，2010 年，外贸出口达 1.53 亿美元，比 2006 年增长近 3 倍，年均增长 29.1%。1998 年前，龙泉市外贸队伍只有龙泉外贸公司一家，随着五金汽配、太阳伞、木制玩具和农副产业的发展，龙泉市对外贸易得到较快发展。2003 年，龙泉市对外贸易自营出口企业 41 家；至 2007 年，发展到 74 家。2006 年，龙泉市第一家对外投资企业——草原海鸥汽车零配（部）件贸易有限公司在迪拜成立，由浙江创新汽车空调有限公司设立，迈出龙泉市企业“走出去”的第一步。以此为起点，龙泉市企业“走出去”从无到有，逐步建立和完善。

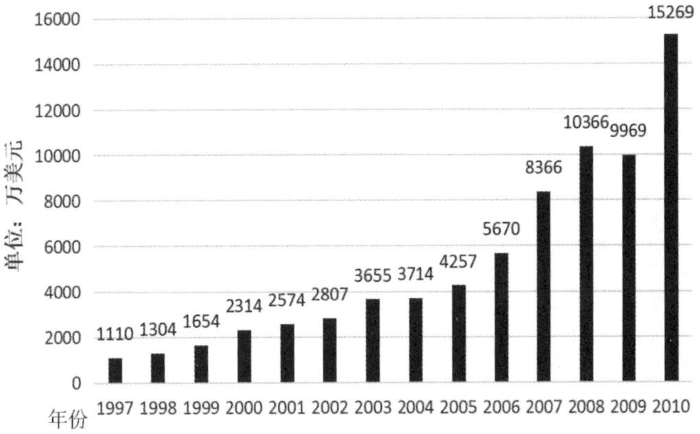

图 15-4-2　　1997—2010 年龙泉市自营出口总额

第二节 外贸改制

管理体制改革

1994年9月，国家对外贸易经济合作部同意赋予龙泉市对外贸易公司出口经营权，是丽水市第一家出口经营权的公司。公司进出口等业务由浙江省外经贸委归口管理，龙泉市外贸局有人事编制8人。是年，龙泉青瓷走入广交会，挂靠省进出口公司设立展位。龙泉外贸公司在丽水九县（市）率先开展自营业务，仅3个月出口额达248.55万美元。至此，龙泉的对外贸易才真正意义上步入起步阶段。1996年11月，龙泉市根据政企职责分开的原则，龙泉县外贸局与外贸公司正式分开。1998年5月，设立龙泉市外贸局党组。2001年12月，撤销龙泉市外贸局，并入经贸局，挂龙泉市对外经济贸易合作局牌子。

外贸公司产权改革

1999年，龙泉市人民政府决定对国有外贸公司进行企业产权制度改革。龙泉市国有资产管理局确定，对龙泉市对外贸易公司的国有资产评估基准日为1998年12月31日。1998年12月2日，龙泉市人民政府同意对龙泉市对外贸易公司进行整体改制。公司通过国有资产核销、核减、提留、划拨等手续，最后以196.98万元资产整体变现出售，由原外贸公司全体职工购买。2000年1月，原外贸公司全体职工集资236万元，并经龙泉市工商部门登记注册，组建龙泉市对外贸易有限公司。

2007年，龙泉市商业企业完成企业产权制度改革，流通体制多元化格局基本形成，有序竞争成为商贸流通业发展的主要手段。

第五章 专卖专营

第一节 烟草专卖

机构沿革

1988年9月1日，省烟草公司丽水分公司与龙泉县商业局签订《关于组建龙泉县烟草公司协议书》，从龙泉县糖业烟酒公司给烟草公司划转在职人员20人，离休人员1人，退休人员4人，保养人员1人，国拨流动资金93531.14元，留利基金27252.49元，企业发展基金19633.45元，利润基数7.8

万元。是年9月5日，成立龙泉县烟草专卖局、龙泉县烟草公司，两块牌子，一套班子，与县糖烟酒公司进行人财物和卷烟业务交接。1993年末，建立龙泉烟草专卖机构。1996年，先后成立稽查总队、支队、大队及专卖管理所。2004年3月，成立配送分中心，人工进行卷烟分拣，下设7个委送点：宝溪、住龙、泗源、屏南、龙南、供村、城北。2005年7月，经省公司批准，龙泉市烟草专卖局（公司）从中山东路132号搬迁至贤良路218号。是年，成立市场部，从原来5条营销线，增加到现在10条营销线。2006年，开始烟款电子结算。2007年6月，引进半自动分拣线。2008年，开始指导客户开始使用座机进行语音订货。2009年、2010年，相继撤掉宝溪、住龙、泗源委送点。2010年，剩下屏南、龙南、供村、城北4个委送点。是年，开始实行网上订货。至2010年末，有干部、职工68人，卷烟零售客户2078户。内设办公室、财务科、业务科、专卖监督管理科4个职能科室，1个内部专卖管理监督派驻工作组。其中，业务科下设市场部、送货部；专卖科下设中心管理所、稽查大队。

稽查

1993年底，建立龙泉烟草专卖机构。1996年，先后成立稽查总队、支队、大队及专卖管理所。为构建高效规范的管理体系，给网络建设和卷烟营销创造良好市场环境，龙泉市烟草专卖局（分公司）专卖管理工作以打假破网、队伍建设为重点，狠抓任务落实，取得显著成效。17年来，打假破网硕果累累，市场净化率不断提升

经营网络

2004年，龙泉烟草（分公司）成立配送分中心，并以人工进行卷烟分拣，下设小梅、八都、安仁3个批发部。2005年，成立市场部，营销线由5条增至10条。2007年6月，引进半自动分拣线。

1989—2010年，龙泉烟草（分公司）致力于继续优化和提升卷烟结构，把“品牌培育上水平”作为营销工作的主导方向，大力开展“532”“461”知名品牌培育，努力实现知名品牌和双低产品的健康可持续发展。2010年，共计销售卷烟12466.36箱，卷烟销售总额28783.45万元，实现税利6770.9万元。

烟草种植

龙泉市种植烟草时间较短，从试种到退出不过5年时间，种植种类也仅是烤烟一种。技术力量和基础设施建设薄弱、扶持政策无法享受、生产效益不高等，是龙泉烟草种植难以长久发展的原因。

2001年，龙泉市人民政府向浙江省烟草专卖局递呈《关于要求试种优质烤烟的请示》，要求在下一年种植烤烟，省局考虑到龙泉毗邻福建省，具有土地优势、人力优势和气候土壤优势，且已经小规模试种成功，予以同意。

2002年，浙江省烟草专卖局鉴于龙泉烟草公司提出的增设收购站要求，在龙泉烟草公司本级、兰巨乡设立烟叶收购站。是年，龙泉市烤烟实际移栽面积达468亩，收购合同签订89份，种烟乡镇数量3个，农户达89户，烤房数量83座。

2004年，浙江中烟工业有限责任公司编写《浙江省烤烟生产技术指导手册》，下发到每个种烟户，龙泉全面采用硝酸钾作为追肥的施肥技术。是年，龙泉市烤烟实际移栽面积增加到973亩，收购合同签订份数139份，种烟乡镇数量6个，农户达139户，在用烤房数量149座，县级以下技术人员14人，其中有职业资格的技术人员3人。

2005 年，龙泉市烤烟的技术力量和基础设施建设依然薄弱，烟农队伍不稳定，并且由于未列入正式的国家计划，许多扶持政策无法享受，阻碍烤烟生产的发展壮大。2006 年，龙泉市不再种植烤烟。

第二节　盐业专营

机构改革

1998 年 2 月 25 日，龙泉市盐务管理局正式挂牌授印，从龙泉市商业总公司分离，全称为“龙泉市盐务管理局”，实行由浙江省盐务管理局和地方主管双重管理、以省管为主的管理体制。2001 年 9 月，龙泉市盐业公司从龙泉市糖业烟酒公司分离后组建“龙泉市盐业有限责任公司”(性质为国有独资)，和市盐务管理局合署办公，实行两块牌子、一套班子。2005 年 5 月，经龙泉市人民政府同意、省国有资产管理委员会批准，龙泉市盐业有限责任公司整体资产划入浙江省盐业集团有限公司，成立“浙江省盐业集团龙泉市盐业有限公司”，是浙江省盐业集团有限公司的子公司，仍旧与龙泉市盐务管理局合署办公，实行一套班子、两块牌子，由浙江省盐务管理局实行垂直管理。2008 年，根据《浙江省食盐流通现代化建设实施意见》，龙泉市盐业有限公司在龙泉市城区范围内实行食盐免费配送到各零售店，迈出流通现代化建设的第一步。

加碘食盐

1996 年，国家实施食盐加碘消除碘缺乏病政策，龙泉市盐务管理局积极响应国家政策，开展食盐加碘工作，有效地消除龙泉市的碘缺乏病。2000 年 5 月，经国家评估龙泉市完成消除碘缺乏病阶段性目标，全市碘盐覆盖率达 95%以上，甲状腺肿大率从 1995 年的 13.92%下降至 2005 年的 6%。龙泉市盐务管理局严格执行国家调拨计划和价格政策，按规定渠道购进，按规定范围销售，严把质量关，专门设置质检员，使盐产品质量始终处于受控状态。

第六章　协会组织与行政执法

第一节　协会组织

龙泉市(县)基层劳动者协会

1982 年 7 月 26 日，建立龙泉县城关镇个体工商业联合管理委员会(个体劳动者群众性组织)。

此后，全县各区相继成立个体劳动者协会。1984 年 12 月 9 日至 10 日，在龙渊镇召开龙泉县个体劳动者代表大会，出席会议的个体劳动者代表 166 名，选举产生第一届委员会；大会通过《龙泉县个体劳动者协会章程》，至此，龙泉县人民政府批准成立“龙泉县个体劳动者协会”，并向全县个体劳动者发出争当“六好”个体劳动者倡议书。1987 年 12 月 10 日，召开龙泉县个体劳动者第二次代表大会。

1991 年 5 月 19 日，召开龙泉市个体劳动者第四次、私营企业第一次代表大会暨全市个体私营经济工作会议，参加大会个体劳动者代表 121 名，私营企业代表 53 名，其他 17 名。大会选举产生个协四届、私协一届理事会，建立龙泉市私营企业协会。至 1994 年 3 月末，全市有个体工商户 5746 户，从业人员 9090 人；私营企业 191 家，雇工 2506 人。1999 年 4 月 28 日，召开龙泉市个体劳动者第五次、私营企业第二次代表大会，参加大会的个体劳动者代表 65 名，私营企业代表 34 名，干部代表 10 名。至 1999 年 3 月末，全市有个体工商户 10693 户，私营企业 789 家，大会选举产生个体劳动者协会第五届理事会 21 名，私营企业协会第二届理事会理事 14 名；2007 年 8 月 28 日，龙泉市个体劳动者第六次、私营（民营）企业第三次代表大会召开。参加大会的个体劳动者代表 28 名，私营（民营）企业代表 52 名。大会选举出个协六届理事会 28 名，私（民）协三届理事会 52 名。

龙泉市个私(民营)企业协会规范化

龙泉市个私（民营）企业协会下设龙渊、剑池、西街三个私（民营）企业分会，一个个私会员维权服务中心。市个私（民营）企业协会组织从上到下有一套比较完整的组织机构，被省个私协会认定为“规范化协会”。

1990 年、1992 年、1996 年，分别组织个私企业在广州、深圳、成都举办的全国个私企业产品展销会，展销龙泉的青瓷、宝剑、木制玩具、土特产。2006—2008 年，个私协会实施“5511”培训工程，三年中共举办培训班 4 期，邀请浙江大学教授、国际职业培训师讲座。

2007 年 1 月，龙泉市工商局、个私（民营）企业协会组织企业开展“送温暖献爱心”活动。共向全市 19 个乡镇的 200 户农村特困户送上总额达 6 万元的一份慰问品、一份慰问金和一封慰问信。2008 年，汶川大地震，龙泉市个私企业纷纷向灾区募捐钱、物。共募捐人民币 38.48 万元，药品价值 100 万元，帐篷价值30 万元。

第二节 行政执法

盐业市场管理

1991 年 5 月 17 日，龙泉市政府正式授权龙泉市商业局执行盐政管理权，制定《龙泉市盐业管理暂行规定》。12 月 3 日，龙泉市商业局增挂盐务管理局牌子，具体配合指导糖酒公司开展盐业市场管理。1991 年，查扣违例经营 7 次，处理 4 次，作价收购食盐 3300 千克。1992 年，查处盐业违法案件 16 件，罚没收金额 1714.5 元。1998 年全年出动检查 84 次，查获违法食盐 2350 千克，有效地遏制未定案件的发生，同时加强食盐转批点的管理，维护食盐专营市场秩序。1999 年，出动检查 68 人次，查处违法食盐 1.2 万千克。2004—2007 年，以打击私盐及外地盐的冲销为重点，市盐务管理局通过联合公安、工商、质检等部门，开展不定期的盐业市场专项检查，共出动执法人员480人次，共检查食盐零售商店、单位、加工用盐户2060个。

生猪定点屠宰工作

1999年4月14日，龙泉市人民政府批准龙泉市食品公司屠宰场为龙泉市生猪定点屠宰场，专门成立生猪定点屠宰综合执法大队，查出病害猪31头，危害内脏452千克，处罚违规案件42件，罚款7660元。1999年11月23日起，龙泉市正式实行在市区范围内上市销售的肉猪100%进点屠宰。

“十小”行业整治

2008—2010年，为有效开展“十小”行业质量安全整治和规范工作，龙泉市经济贸易局成立专门领导小组和工作机构，确定工作重点和整规目标，制定小美容美发店整规工作实施方案和工作计划，明确以开展乡镇所在地“小美容美发店”为整治规范工作重点，并按照丽水市“全面铺开、有序推进、基本完成”的要求，扎实开展和落实各项工作任务。进一步完善龙泉市农村小美容美发行业标准和规范，并将行业标准和规范纳入龙泉市全面推进“十小”行业质量安全整规工作。按照龙泉市“十小”行业整规工作的安排，参加联系街道和乡镇“十小”行业整治工作培训会，宣传、散发“十小”行业整治工作资料300余份，对全市16个乡镇59家小美容美发店进行整规和检查，针对存在的服务不规范、卫生不落实、证照不齐全、用品不合格、质量不保证等问题，采取立即整改，限时整改。共出动检查人员85人次，检查151户次，对59家美容美发店进行检查督促，2010年，开展美容美发示范“一条街”活动（安仁镇、江滨商业街）；是年12月初，通过丽水市检查组的验收。

第十六篇

旅 游 业

1998年前，龙泉市没有专门的旅游管理机构。1998年，龙泉市委、市政府提出“二次创业”发展战略，重要内容是旅游开发。9月，龙泉市风景旅游局成立。20世纪初，龙泉市人民生活水平提升，旅游越来越成为重要的新兴产业。2004年，龙泉市委、市政府确立“生态立市、工业强市、旅游兴市”战略，打响“江浙之巅、剑瓷龙泉”品牌。2007年9月，龙泉市成立旅游产业发展工作领导小组，出台《关于进一步加快旅游产业发展的若干意见》。10月，旅游投资发展公司成立。11月，龙泉市旅游发展中心成立。是年，浙江省旅游局、新浪网乐途旅游、浙江电视台公共频道等单位联合承办“浙江省最值得去的五十个景区”评选活动，龙泉山景区获浙江省最值得去的五十个景区称号。2008年，国际休闲产业协会、联合国国际生态安全合作组织等机构发起和组织“2008中国休闲产业十佳系列品牌”调查推介活动。龙泉市成功入选，并荣获“中国生态旅游最具魅力城市”称号。

2003年，龙泉市风景旅游局组织普查全市旅游资源，摸清旅游资源家底。经专家评定，全市拥有各级旅游资源单体258个，其中优良级为42个，分别为五级旅游资源4个，四级旅游资源8个，三级旅游资源30个。其中五级旅游资源为凤阳山、龙泉宝剑、龙泉青瓷、大窑龙泉窑遗址。四级旅游资源为安仁永和桥、宝溪披云山仙境、避暑胜地——凤阳山、龙泉瓯江源、芳野曾家大屋、凤阳山绝壁奇松、锦溪昴山、龙泉博物馆。

1998—2010年，龙泉旅游业得到发展，至2010年末，龙泉市有AAAA级景区1家，AAA级景区1家，AA级景区3家和全国工业旅游示范点1家。2002年始，龙泉市旅游接待人次和总收入快速增长。2002年，全市接待国内外旅游者19.01万人次，同比增长13%；实现旅游总收入5999.40万元，同比增长5.70%；实现国际旅游收入149万美元，同比增长6.40%。至2010年，龙泉市共接待境内外游客123.9万人次，实现旅游总收入5.83亿元。

第一章　旅游资源

第一节　自然风光

龙泉山景区

位于浙江省凤阳山国家级自然保护区内，距龙泉市区45千米，由民营旅游投资集团——杭州宋城集团投资开发，2005年4月21日正式开园。龙泉山景区所在的凤阳山为国家级自然保护区，被誉为“华东古老植物摇篮”和“亚热带动植物宝库”，为浙江第二大河——瓯江的发源地、中国摄影家创作基地、浙江省首批生态环境示范基地和浙江省最值得去的五十个景区之一。主峰黄茅尖海拔1929米，为江浙第一高峰。龙泉山现已开放绝壁奇松、黄茅尖、瓯江源、龙泉大峡谷、七星潭五大景区。景区内有着与云贵高原相似的气候环境，具有高原湖泊、高山草甸、云海雾凇等众多高原特有的自然奇观，是中国南方绝无仅有的既有原始森林，又有高原气候和环境，四季皆宜的会议、旅游、休闲度假基地。2009年2月，创评为国家AAAA级旅游景区。

绝壁奇松　为龙泉山精华景区，总面积22公顷，为龙泉山观赏云雾景观和雾凇、雪凇景观的最佳所在。可见千仞石壁，矗立苍穹；万棵苍松，缘壁而生。建有1.6千米环形花岗岩游步道和1000多米长的栈道。主要景点有绝壁奇松、生命岩、小天根、万松屏、恐龙背、三松斗云、五松引路、野人倚松、老龟出海、野人洞、孤松招云、触天台、望云坡、奇松盘云、绝壁戏云等。

黄茅尖　总面积129公顷，有4千米环形游步道将古树群、黄茅尖、乌龟岩(佛光观望台)等景点相连。站在最高峰黄茅尖可看逶迤群山，观云海日出，望雨后彩虹，赏高山草地风光，领略佛光神秘风采。

瓯江源　总面积92公顷，景区内可欣赏青山茂林、峡谷流泉、碧湖倒影和四季草色的天然风光。其形状酷似腔肠动物，其触角伸入麻连岱大峡谷，可以领略到瓯江探源的神秘风情。景区内已建有2.5千米的环形游步道。主要景点凤阳湖、塔杉林、瓯江源和虎谷。

龙泉大峡谷　总面积63公顷，峡谷长2.5千米，宽20多米，溪水蜿蜒在峡谷之间，水位落差大，形成许多激流险滩和飞瀑。峡谷两侧风景宜人，四季不同。春天野花烂漫，夏季绿树葱茏，秋季红叶满谷，冬季雪山雾凇。建有3千米的环形游步道，整个游程佳境迭出。主要景点有叠水飞雪、杜鹃谷、石鼓、双折瀑、天门、天马峰、红叶岭等。

七星潭　总面积29公顷，区内森林蔽日，流绿滴翠，急流拍石，碧水七潭，一步一景，危岩、悬崖、石窟匿藏其间，仿佛古意幽深的山水画廊。建有1.9千米环形游步道，还有一条长约1.5千米的森林古道与龙泉大峡谷景区相通。主要景点有巨石滩、风动石、古杉林、七星潭、欧冶子剑窟、雨帘、斗石亭、观云峰等。

白云岩景区

位于龙泉市区西6千米。光绪《龙泉县志》载:“传宋德祐中,幼主入闽过此,日暮屯兵其上,俾人就溪各负一石为垒,今犹存。”山上有白云庵,宋处士管师复隐居于此。仁宗闻其名,召至,不仕。问其何故,对曰:“满坞白云耕不尽,一潭明月钓无痕”。1999年,启动白云岩景区旅游开发,现已形成以白云古迹为基点,连接白水桥、九潭十八湾、白云瀑、下樟村等景点的旅游线。交通方便,有旅游公交直达。1999年,白云岩风景区被公布为龙泉市级风景名胜区。2003年,被评定为国家AA级旅游区。2008年,引进浙江绿客水务旅游投资公司,按国家AAAA级旅游区标准进行建设。

昴山风景名胜区

位于龙泉城西12千米,锦溪镇内,主峰云台峰海拔1254米,可远眺龙泉、遂昌、松阳三县(市)。明邑人叶子奇诗云:“昴山青削入云霄,五月风高雪欲飘,应有仙人骑白鹤,月明闻得夜吹箫”。主要景点有昴山古寺、云台峰、老鹰岩、石仙人、石笋、石蜡烛等。昴山古寺又名灵感寺,建于宋代,原为南宋副相真德秀设教之地。至元末,参军胡深倡改学堂作禅堂。抗日战争时,著名学者陈虞孙游昴山寺时曾题联云:“脚下拥千峰,应不输雁荡名山仙霞胜迹;眼前临大劫,犹可听白云妙偈紫竹梵音。”现寺庙经不断修缮,周边县市,尤其闽北香客来此朝拜者络绎不绝。

天平山风景名胜区

天平山风景区距安仁镇西南10千米处,海拔1267米,距市区25千米。1999年,被公布为龙泉市级风景名胜区。山顶广阔数百亩,平坦如砥。有楞严寺,始建于宋,清乾隆年间新修葺,道光年间再次将旧寺扩充,愈加宏伟,蓄于丛林中遂成胜景。其山路曲岭隘,同治年间里人倡捐砌石30余里,岭半有一清泉,曾建“听泉”亭。自古流传着“天平山洋十八凸,金银宝贝仓仓满,金锁匙找得到,没得担有得搁。”现山顶有天平湖,由东、西两湖连成,水面4公顷,碧绿的泉水来自湖底,非常罕见。周围有三宝殿、观音殿、关圣殿、黎山洞、地母娘殿、白鹤仙殿等环绕,还有溶洞、苍松古木,自然与人文景观都十分丰富。天平山十大景观有白岩、湖尖石佛、纱帽、石印、仙鹤、灵鹫、金钟、擎天岩柱等奇岩怪石,山上气候比山下低3~5℃,是夏季避暑纳凉的好去处。

官田菖蒲塘

菖蒲塘,座落在兰巨乡官田村山顶上。相传很久以前,山顶上本是一块平地,有一年村里发生严重的瘟疫,一百多人的村庄不多久就死了一大半。在无计可施的情况下,幸存的人都爬到村后的高山上祈祷神灵保佑。他们边哭,边膜拜,眼泪流到山顶平地低洼处,汇成大池塘。北宋宰相何执中之父曾在此修建馆榭,凿池引泉,供何执中习文练武、专修功课。今馆榭已废,唯菖蒲满池,俗称“菖蒲塘”。菖蒲塘面积6000多平方米,四周青松环抱,景色清新宜人,在旱季,塘水又可灌溉农田,是旅游观光休闲度假难得的好去处。

古来山

位于龙泉市查田镇蜚溪(赵麻淤)南面,主峰海拔 683 米。古来山人文资源丰富,有岩寺、石刻“天乐”、练兵场、饮马池等。南宋末年兵部尚书季可回乡招募乡勇组建抗元武装。新军尚未组建完成,临安已陷入敌手,季可遂隐居古来山,自号“古来山人”。山上的练兵场、饮马池等就是当时留下的遗迹。季可归隐后在古来山上建岩寺,文革期间遭破坏。1985 年以来,先后重新修建老佛殿、大雄宝殿。每年农历六月十四日香期,周边的村民都会上山祈福。

寺门前左右至今有罗汉松两株,较大一株高 12 米,胸径 1 米,另一株稍小,相传为季可手植,树龄 700 年以上。古来山山势挺拔,东面多悬崖峭壁,西、南面山势平缓,北面多奇峰怪石,风景优美。明初著名诗人叶子奇曾来游玩,有感于古来山的壮美与人文底蕴,专门为“北斗面南”“天鲸”“天乐”“桃花流水”“东井”“天瓢”“呼猿洞”“丹井”“雨花池”“云山石屋”“回风洞”“鹦鹉台”等十八景赋诗,可见早在明初古来山就是一处旅游胜地。

石马大峡谷

石马村下首有一条狭长山谷,山体为火山岩结构,长约十余千米,纵深 80 多米,宽约 40 米,风景秀丽。有石笋嶙峋,溪流淙淙,怪石峥嵘,有山峰形若奔马,因此得名。石马村雄踞峡谷最上方,在村口俯瞰峡谷,高山流水,林木茂密,林间有猕猴等野生动物。

石马大峡谷属于褶皱山系,流水下切侵蚀成河,山体受东西向作用力断裂破碎,流水侵蚀成谷,地形特征明显,部分段落成 V 字形谷地,部分则呈峭壁对峙,直如刀削。

谷地底部溪流潺潺,沿山势蜿蜒而下,水位落差大,形成许多激流险滩和跌水悬瀑,大小不一,山石散落溪流两岸,各具形态,俯仰生姿,峡谷两岸风景宜人,山林密布,植被丰茂,植物种类多样,形成四季不同的宜人景色,春季山花烂漫;夏季万物吐绿,新翠夺目;秋季山果累累,落叶多彩;冬季有雾雪奇景,如梦如幻。峡谷上首的石马村为民俗文化村,其龙灯制作精巧,颇具特色。

九姑山森林公园

属武夷山系仙霞岭山脉,地貌特征为低山丘陵,地势平缓,海拔在 200~300 米之间,坡度大多在 25°以下。山地土壤为前泥盆系变质岩类,岩性以片麻岩和混合花岗岩为主。年平均气温为 17.6℃,降水量为 1664.5 毫米,温暖湿润,雨量充沛,气候条件良好。

由于地处城区内,地理位置优越,环境优雅迷人,周围名胜古迹众多,由青瓷博物馆、烈士陵园、清修古寺、古炮台等景点组成,面积为 2418 亩,范围包括炮台山、九姑山和安青山,属于龙渊森林公园的北片林区。沿路以桂花、香樟、松林、杉树、果树等树种组成,以森林景观为主。早在北宋即为括苍名胜,时邑令建亭于山上,名“最高亭”,取市镇中亭最高之意,相传昔有县令九个美丽聪慧姑娘安葬于此山,九姑山因此得名。

九姑山公园经多年建设,已有亭台、花廊、花圃、水榭等仿古建筑,还有步行绿道、休憩公园、山顶景观台等,集观赏、游乐、休憩、科研于一体,可供游客、市民登山健身、休闲、观景。

琉华山

位于小梅镇与屏南镇的交界处，小梅镇大窑村东侧，亦名仙山，海拔1542.7米。山上峰峦雄峙，茂林修竹，植被覆盖率达90%以上。主要以竹、松木、杉木和常绿阔叶树种等为主，常年绿树葱茏，云遮雾障。琉华山瓷土资源丰富，山下大窑、金村、垟岙头等村是著名的龙泉窑遗址群。

华山旅游资源丰富，金村东侧有夏溪峡谷，峡谷两侧峭壁林立，有丰富的瀑布群，大大小小瀑布十多处，最著名的是60多米高的老鹰漈（上有老鹰巢，因名）和一处双折瀑与支流瀑布并立的瀑布群。

琉华山人文资源丰富，有车盘坑、地畲等古村星列其间，是龙泉佛教、道教、基督教的发源地。据顺治《龙泉县志》记载，有"水中殿塔"传说，山顶有古寺遗址、破桃核、仙坛等遗迹，原有顾仕诚供奉的铁香炉。

台湖山

坐落于庆元县与小梅镇交界处，主峰海拔1114.9米。台湖山上的奇石怪洞星罗棋布，有"仙床仙枕、仙交椅，仙桌、仙桃、仙棋子，仙店、仙街、通仙洞，仙人锯板、仙桥墩"等等众多冠以"仙"名的景点，如入仙境，充满着神灵的佛光仙气，给台湖山披上一层神秘的面纱。还有"一线天、千丈崖、夫妻岩、老鹰岩、石猫望月、蜗牛觅食、青蛙背甲鱼"等诸多胜迹，美不胜收。当你躺在两张2米多长1米多宽的"仙床"之上，仰望蓝天或闭目养神，筋骨顿感舒畅。当你站在悬突倚空的"老鹰岩"背上，俯瞰幽谷，深不可测，令人毛骨悚然。当你走近路边的一块数十丈削如峭壁的巨石，类似"仙人锯板"时，无不惊叹大自然的鬼斧神工。当你跨入最大的一个20多米深的"仙人洞"里，犹如天然空调，凉爽怡人，顶部呈现狭长的"一线天"。有仙桥、八仙顶、石棋盘、台湖宫等景点。

八宝山

又称大马鞍山，位于小梅镇、查田镇、八都镇交界处，面积约76平方千米。有谣云："马鞍山十八面，面面俱出宝，一面无宝出'紫草'"。八宝山是地质遗迹集中区，以元古代变质岩、构造及产于其间的金银矿为特色，共有省级遗迹9处（凤阳山火山岩地貌、八宝山金银矿、溪口—骆庄韧性剪切带、黄南韧性剪切带、花桥汤源组剖面、八都群剖面、淡竹花岗闪长岩体、骆庄花岗岩体、狮子坑橄榄岩）；市县级遗迹2处。据浙江省第七地质大队经过8年调查统计，八宝山上共有大小矿洞遗址108处。20世纪80年代，曾在一处矿洞发现"国库空，挖金凶"六个字石刻。山顶有古庙一座，西、南门额上分别书写"西望长安"和"南观青州"。

高驿山

位于小梅镇大梅、金村、大窑三村交界处，海拔775米。据清顺治《龙泉县志》载："高驿山，在南一都，距县七十里。势如蛟龙伸舒之壮，台湖立前，琉华障后，一水屈曲盘绕，四山森列拱顾，极为峻拔。"山上文化遗存丰富，其中，寨尖有黄巢寨遗址，部分工事遗存依旧可见。在高驿岩和仙坛尖分别有一处古庙遗址。

第二节　人文景观

革命烈士陵园

位于市区北隅安清山麓。1959 年，经浙江省人民政府批准兴建，为省级爱国主义教育基地，占地 3 公顷，建筑分门楼、陈列馆、墓地三部分。内有中共浙西南特委书记许信焜、张麒麟等烈士墓，建有浙西南特委书记宗孟平、广州起义主要领导者季步高烈士碑亭及粟裕、李逸民将军骨灰冢。陈列馆内陈列有 100 多位革命烈士生平事迹照片、遗物和革命文物。门额“龙泉县革命烈士陵园”为粟裕大将题写。陵园正中建有烈士纪念碑。陵园内墓、碑、亭、石阶、栏柱、幽径、花坛等，布局井然，错落有致，融陵墓与花园为一体。

五九基地

“五九”基地位于锦溪镇西北面约 3 千米的一个小山村中，占地面积 15352.29 平方米，其中建筑面积 3340.46 平方米。在苍松古树的掩映下，“五九”基地内 29 幢白墙黛瓦保留完好的建筑，错落有致地呈现在眼前，深邃的瓦蓝，棉白的房墙，基地内潺潺流动的小溪旁，高大的藏书阁、实用的集合会堂、精致的人居院落清晰可见，一步一景。

“文革”时期，浙江省档案馆为了把珍藏于杭州文澜阁的《四库全书》保护起来，曾秘密派遣一个连的官兵将 5000 多册《四库全书》和一大批重要档案转移至龙泉，珍藏于锦溪镇中锦村隐蔽的山坳里，并让全连官兵驻扎在此进行保护。为此驻扎官兵建造具备通风、防潮、防霉、牢固的建筑群，秘密保护珍贵历史遗产数年。

披云山红色旅游区

披云山又名天师山，地处宝溪乡境内，闽浙边区结合部，海拔 1675 米。于 1999 年被公布为龙泉市级风景名胜区。区内山高谷深，雨量充沛，因终年难得不披云，故名披云山。一山之水流三江（瓯江、闽江、钱塘江），山中奇峰迭起，万木葱茏，怪石林立。主要景点有天师庙、披云峰、千年奇石走廊、圣泉峰等。

披云山为浙西南革命根据地的中心区域。1934—1937 年，粟裕将军曾带兵六进披云山。1934 年 8 月，中国工农红军北上抗日先遣队在此播下入浙后第一批革命火种。而后中国工农红军挺进师入浙第一站就在披云山中的高山村，中共浙西南特委（丽水地委的前身）也在此诞生。中国工农红军挺进师入浙后在溪头村打响第一枪、第一个胜仗，浙西南第一批县、乡、村苏维埃政权曾在此建立。高山村、水塔村成为中共浙西南特委、闽浙边委机关常驻地。现披云山中留有刘家棚、兰家棚、西源棚等多处红军棚遗址。

龙泉宝剑厂

位于浙江龙泉工业园区内，前身为龙泉市宝剑厂，创办于 20 世纪 50 年代。2007 年，在厂区恢复古代铸剑的场景，并建起锻剑房、磨剑坊、手工铜饰、欧冶庙、论剑亭、古剑文化长廊等复古建筑，使整个制造工艺流程完全按照古剑制作要求来完成，让客人亲眼目睹龙泉宝剑的手工锻制、制作工艺流程。有员工195人，其中专业铸剑技师58人，厂房占地面积18000平方米。2007年11月，被评定为国家AA旅游区（点）。是年12月，被评为国家级工业旅游示范点。

留槎洲

位于龙泉市中心龙泉溪上，又名蒋秦淤，为瓯江上一座楔形小岛，总面积约5万平方米。传说古代有仙人乘槎泛水因留于洲，故名留槎洲。小岛四面环水，沿江而开。宋代，留槎洲上建有留槎阁，北宋元祐年间，苏东坡书"留槎阁"三字，龙泉乡官何才翁刻匾于阁上，高阁凌空，亭姿雄伟，为宋代龙泉一大景观。宋代兵部尚书季南寿写有《留槎阁记》。至清末，留槎洲上之亭、阁、舍均被毁。2002年10月至2004年，改建成水上公园，复建留槎阁，并在下游临江上首拦坝蓄水至留槎洲，留槎洲与临江之间五里河道形成长湖，是留槎洲上一大风景。

硋铺龙王宫

位于屏南镇硋铺村，离镇所在地坪田6千米。村尾路旁有一块岩石、过往客商均在此停歇，方言称石为"硋"，停歇处为"铺"，故名"硋铺"。村中后端公路边有一古建筑，名"龙王宫"，1829年重建，设计精巧，雕梁画柱，外观气势宏大。硋铺村下隆丰溪有九处瀑布，岩祭下有一水帘洞。相传，此洞住着一条龙，为平民百姓抗旱祈雨，保一方平安。后来，为纪念龙王，祈求一方风调雨顺，建此宫。南宋孝宗皇帝隆兴二年（1164）十月赐额"神祐"。

下樟村

距龙泉市区6千米。这里生态环境优异，人文文化底蕴深厚，恰似世外桃源，有白云飞瀑、七星潭、古樟、明清时代古民居等，更是诺贝尔文学获奖者莫言的祖居地。这里秀水奇岩怪石、白云茂林修竹，宛若人间仙境。宋代名士管师复隐居于此，"满坞白云耕不尽，一潭明月钓无痕"，描尽该村田园风光的无限意境；清代诗人吴志健也有诗述"村林桑拓绿荫齐，满坞云深夕照低，布谷一声春雨足，陇头耕破落花泥"。有郑玉奎故居，内有烈士生平介绍，陈列着烈士遗像、烈士证书和烈士家书、日记等遗物。故居为古式三植楼房，系清代建筑，占地面积175平方米，建筑面积320平方米。2006年，完成修缮布展并对外开放。是年，被认定为浙江省魅力新农村和丽水市文化名村。

叶绍翁故里

西街街道岩后村是南宋诗人叶绍翁的故里，村庄距离城区约9千米，与下樟村白云岩风景名胜区相距仅1.5千米，整个村庄坐落在茂林翠竹怀抱之中，四周云雾缭绕，仿佛人间仙境，世外桃源。

据《浦城县志》《龙泉岩后叶氏宗谱》记载，叶绍翁祖父姓李，因受朝廷奸臣秦桧陷害，为保子孙安全，祖父将叶绍翁过继给南宋初年左丞相叶梦得重孙叶昱为子，改姓叶氏，叶绍翁族名嗣宗。为保忠良之后，叶昱举家迁往深山老林岩后村隐居，叶绍翁的旧居和洗笔池等遗址至今犹存。当地人为纪念叶绍翁还在故居前建造"杏园"，内有叶绍翁雕像。

稽圣潭塔

在龙泉溪南岸，市区东隅 1.5 千米莲山上，稽圣潭畔，故名，明代天启与崇祯时期建成。塔为楼阁式建筑，土砖结构实体，塔身六面七层，每层作棱角牙子叠涩檐，远观该塔，一明一暗，层次分明。从第二层起，每面有壁龛，计 36 个，塔刹呈宝伞形，结构严谨，形体宏伟。基层每边宽 3.2 米，一层边宽 2.2 米，高 23.8 米。1957 年，县人民政府进行修缮。“文化大革命”初期扫“四旧”时，塔身部分遭破坏，龙泉中学部分师生闻讯，泅水过溪，昼夜保护，塔得以保存。1979 年，县文管会进行修葺加固。1981 年 7 月，县人民政府公布为县级文物保护单位。2010 年 7 月 12 日坍塌。

剑池湖遗址

清乾隆《龙泉县志》卷一载：“剑池湖，在南十七都，距县五里，其湖周回十数亩……其泉脉与县东稽圣潭通……旁有七井，如斗星之布在南山侧，井甘而冽。”相传春秋战国时，铸剑名匠欧冶子在此铸成“龙渊”“秦阿”“工布”三剑，龙泉剑遂名扬天下。北宋的《太平寰宇记》中说：“昔人就水淬之，剑化龙去，故剑名龙泉”。清《一统志》载：“浙江龙泉县南有水曰‘龙渊’，唐时避高祖(李渊)讳，改曰‘龙泉’，宋又改曰‘剑池湖’，相传欧冶子铸剑于此”，剑池湖遂成为龙泉置县的标志。如今七井尚存一口，井上古松已不复见。井南有一亭，称“剑池阁”，飞檐桃角，雕梁画栋。“文化大革命”初期被毁，1989 年重建。

牛门岗古文化遗址

位于龙泉城东北隅牛门岗，西至市人民医院后山中央岗，东达临江湾，面积约 4 平方千米。1958 年，发现石器有石斧、石矛、石箭簇、石纺轮、石锛、石刀、网坠等。陶器有釜、瓶、盂、碗、小缸、罐等。陶质为印纹印陶、红陶。纹饰有编织、叶脉和方格纹等。还发现有恐龙蛋化石，以及原始瓷等物，经省文物部门考证为新石器时代晚期遗址。

清修古刹

位于龙泉城北隅安清山麓，后晋天福九年(944)开山建基，初为道场，名清修讲院。明正统十年(1445)改称清修寺，沿用至今。该寺座北朝南，纵轴线上依次为山门、天王殿、大雄宝殿、观音殿。现存天王殿为清乾隆年间所建，观音殿为清咸丰年间所建，系龙泉市级重点文物保护单位。寺东有古井一口，称卓锡井，清澈甘冽。历代有诗题咏。门额“清修寺”三字系中国佛教协会原会长赵朴初题书。

欧冶子将军庙

为纪念欧冶子在龙泉铸剑的功绩，后人在剑池湖之北，建有欧冶子将军庙。据明景泰五年(1454)的《寰宇通志》记载：“欧冶子庙，在龙泉县南五里剑池湖前。”现欧冶子将军庙为南秦村民于近年在原址重建，庙门首上方的石匾书“剑池古迹”四字；两旁石门柱刻有楹联：“剑池旧有七星井，古庙尚遗欧冶风”。门廊两侧墙上，有彩色“古剑池图”和“欧冶子铸剑图”各一幅。庙内设欧冶子塑像，头戴金盔，身披战袍，双手持剑，威严而坐。欧冶子将军庙白墙青瓦，古貌新颜，是龙泉宝剑悠久历史的一大遗存。

棋盘山

在水南村东，上有枰石，状如削成，称为“棋盘石”。石级依山而上，山顶有伴云庵及庙宇亭阁。庙中有“ 公婆殿”，庙旁有“公婆岩”。四周茂林修竹，清静幽雅。旧时，每逢农历三月三踏春节，男女老少，尤以年轻夫妻联袂登山，谒“公婆岩”祈夫妻和睦偕老。

下田村五显庙

位于龙南乡下田村中丹凤山下，为清代中晚期建筑。平面呈纵长方形，朝东南。面宽 14.6 米，通进深 26.9 米，建筑占地面积 393 平方米。纵轴线上依次为门楼、穿堂、戏台、天井、天井两侧楼厢、中亭、正殿。门楼呈纵八字形，砖砌四柱五楼式。开 3 门，均为条石门框。门枋、梁上砖浮雕戏剧人物，花卉等。牛腿透雕狮子、麒麟、人物、花卉等，整体建筑雕刻工艺精湛。中亭歇山，重檐，翼角起翘。正殿抬梁式五架梁结构。悬山，小青瓦阴阳合铺。

龙井五显庙

建于清光绪二十三年(1897)，为道教祭祀场所，地处龙泉市龙南乡龙井村口。龙井村境内有一水潭，极深，故称之为“龙井”。五显庙是清代典型的寺庙建筑，供奉“五显灵官大帝”。寺庙占地 640 平方米，建筑面积约 800 平方米。纵轴线上依次为前厅、戏台、春亭和后厅。庙体宽 16 米，深 40 米。戏台与春亭之间有天井。天井两侧为厢房，周围墙垣。主殿为歇山顶。庙宇门面山墙石雕、砖浮雕，工艺精细。春亭建筑，造型优雅，装修古朴，设计精巧。庙内随处可见精细木雕，图案融山水、花鸟、人物于一体，栩栩如生。庙宇内外，林木苍翠，环境清幽，更衬托出五显庙殿的庄严肃穆。

龙井五显庙是远近闻名的祭拜圣地，每年 6 月 24 日(农历)为期一周的香会，龙泉、庆元、景宁各地的香菇客聚集到五显庙，庆贺香菇的丰收，祈求来年的好收成，游人如织，经久不衰。寺庙建有厅堂与戏台，可容纳 500 多人。修建之初，是附近乡民节日唱戏，农闲娱乐的理想场所。历尽百年沧桑，古建筑古文物仍然保存完好，具备较高的文史研究价值。

上田村禹王宫

位于城北乡上田村东文昌阁后山，为清代晚期建筑。平面呈纵长方形，朝南，门台朝西。通面宽 10.15 米，通进深 12.78 米，建筑占地面积 130 平方米。正殿三开间，进深 4 柱 9 檩，抬梁式五架梁结构。泥地，天井卵石墁地。硬山，小青瓦阴阳合铺。梁、枋及牛腿、雀替等制作工整精致。

大窑林家大屋

位于小梅镇大窑村 65 号。坐西朝东，通面宽 28 米，通进深 31 米，占地面积 868 平方米。纵轴线上依次为前厅、天井和正厅。南北向有厢房。现仅存正厅面宽 16 米，进深 4.6 米；北厢房面宽 21.5 米，进深 5.2 米。据考证，原建筑为十三开间，明代中期建筑风格，用的是苏州产的金砖墁地，是当时规格较高的宅第，具有较高历史、科学和艺术价值。

何氏宗祠

位于兰巨乡豫章村上河自然村，系北宋宰相何执中的故里。何氏宗祠坐北朝南，平面呈纵长方形，纵轴线上依次为一进、天井、享堂、天井、寝室。大门牌楼式，脊饰鲤鱼吐水，两侧为八字影壁，宗祠通面宽 12.8 米，通进深 21.8 米。一进、二进均为三开间，天井两侧为廊庑。抬梁式五架梁结构，硬山顶，小青瓦阴阳合铺。现存建筑为清光绪十七年（1891）建，民国时修葺。何氏宗族自五代到南宋止，就有 25 位高登进士，有宰相、副相、多位尚书，是宋代著名的官宦之家。

柳氏宗祠

位于岩樟乡柳山头村祠堂凸。据柳氏宗谱记载，该宗祠建于清咸丰年间（1851—1861）。平面呈纵长方形，朝东南。通面宽 14 米，通进深 28.44 米，建筑占地面积 401 平方米。纵轴线上依次为照壁、门楼、穿堂、戏台、前天井两侧廊道、正厅、后天井、天井两侧廊道、后厅。门楼为二柱三楼式，砖浮雕“柳氏宗祠”及花卉、凤鸟等动物图案。戏台四柱，有藻井，井中四角浮雕“四蝠”和花卉图案。正厅、后厅均为三开间，进深四柱九檩，抬梁式五架梁结构。泥地，天井条石围砌。硬山，小青瓦阴阳合铺。整体建筑的牛腿、雀替等构件雕刻精致，具有较高的工艺水平。1935 年，红军挺进师曾在祠堂内召开群众大会，宣传抗日思想，开展打土豪分田地活动。

小梅大王庙

位于小梅镇梅溪边上，三面环山，一面环水，风景秀丽、环境优美。大王庙历史悠久，据当地传说在宋朝时期当地武将叶先锋感念五岳圣帝黄飞虎飞来香炉奠基灵异，塑像供祀。20 世纪 80 年代，列为当地的风景区，每年农历十月初六为帝君诞辰日。

黄南古村

黄南村位于龙泉市小梅镇。黄南村有一千多年的历史，人文底蕴深厚，曾有叶、鲍、沈、何等大家族在这里生活。黄南鲍氏一族有进士、特奏名进士、乡进士一百多名，是名副其实的进士村；是永嘉学派集大成者叶适的祖籍地。黄南有众多古建筑和古遗址。据《叶氏宗谱》记载，黄南有南溪八景，分别是普明晓钟、双溪月夜、宝鞍胜迹、丹井仙踪、陆鹤楼云、猿山钟瑞、画桥春色、竺岫晴风。现存古建筑有宋代八保书院改建的叶氏宗祠、植碧殿、夫人庙、三王社殿和古溪桥等。

黄南古溪桥　位于黄南村西侧，为单孔石拱廊桥，东西向横跨古溪之上，始建于明代，清道光十八年（1838）重建。拱桥全长 29.30 米，宽 5.60 米；廊屋九间，明间做法考究，上覆斗八藻井，两侧轩廊，下设神龛；桥廊建筑重檐结构，局部三重檐，桥廊两端牌楼式，中部重檐歇山，高低错落、起伏有致。古溪桥将牌楼、重檐歇山等建筑形式融入一桥之中，造型美观，富于变化，具有较高的艺术价值。

叶氏宗祠　据《黄南叶氏宗谱》记载，叶氏宗祠由八保书院改建而成，始建于宋代。明末清初，叶氏以经商为业，为便利遂迁建于万象山。光绪庚子年（1900 年）遭水灾，又择旧迹书院重建宗祠，至辛丑年（1901 年）建成。通面宽 16 米，通进深 47.3 米，占地面积 756.8 平方米。上中下三堂，上堂前连春庭，左右天井又中堂五楹，前方天井左右两庑再下堂五楹。前面空基外有石门，额勒“叶氏宗祠”四字，旁有联对。上中下堂外尚有余地，总占地面积约 3333.33 平方米。

“文化大革命”期间遭到破坏，祠堂整体断壁残垣，外围只剩下土夯围墙和一段段土黄色的马头墙和台门上面刻着的“叶氏宗祠”。祠堂内三进厅堂，厢房分置左右，大多已倒塌，显得很破落，唯有供奉着祖宗牌位的大屋稍微完整些。2007 年，在龙泉、温州叶氏后裔及社会各界共同努力下，历经三年修缮完成。

植碧古殿　植碧殿位于浙江省龙泉市小梅镇黄南村，始建于唐天祐二年（905）。历代皆由修缮，据乾隆二十七年（1762）《龙泉县志》记载：“植碧殿在南乡二都黄南庄，自唐创建历代修葺，初具规模”。又据清光绪《龙泉县志》载：道光年间里人沈绍裘、叶启芬增建楼一两屋。清道光七年（1827），还发布过《奉县示禁》，公告主要内容是禁止在庙宇周边看伐竹木，其石刻碑文现保存在大帝殿内。主殿祀五显大帝，“文化大革命”被毁，1984 年，村民发起重建。2000 年，主殿毁于大火，后通过当地政府与群众努力当年重建主殿，同年又新建云霄阁(钟鼓楼)。植碧殿现有大帝殿、观音堂、怡然亭、云霄阁、石印亭和生活用房等建筑，有唐柏、宋桂、石狮、元盒、明鼎、铜香炉、龙舌、松舟岭等古迹。2001 年，殿中石狮子一对、香炉一只、铜炉一只、宝剑一把，悉数被盗贼所劫，唐柏宋桂也消失于历史长河中。植碧殿是目前浙闽间最有影响的庙宇之一，每年的初一、初二庙会从周边各地赶来祭拜祈福的民众数万人。

元公祠

位于安仁镇大舍村，建于清光绪年间（1875—1908），平面呈纵长形，朝东。通面宽 16.6 米，通进深 22.8 米，建筑面积 378.48 平方米。纵轴线上依次为照壁、门楼、前厅、戏台、天井、天井两侧廊道、正厅。前厅、正厅均为五开间。门楼为二柱三楼式。砖石结构，条石门框。门楣砖浮雕“连年有余”等图案。正楼有“宋开禧紫金鱼袋朝散大夫”字样，楷书，砖浮雕。

季步高故居

1981 年 7 月，龙泉县人民政府公布为文物保护单位。坐落在安仁镇季山头村中心，民国十九年（1930）建造，土木结构，平面呈横长方形，朝西南。周围墙垣，通面宽 11.2 米，通进深 8.2 米，地垘至脊枋高 7.93 米。建筑占地面积 91.8 平方米。开山门呈拱形，高 2 米，宽 1.05 米，木制板门两扇，外包铁皮，门框为混凝土结构。建筑为三开间（三植），三层，共 16 间，明间面宽 3.63 米，次间面宽均为 3.25 米，进深均为二开间，明间进深 3.35 米，次间进深 3.75 米，东北向开一小门，因地势高，直从二楼出入，两边山墙部分用土泥砖砌筑，硬山顶，小青瓦阴阳合铺。大门前有石板栅栏，门上方有一块横额，上书“爱吾庐”三字。正厅地上有牡丹图案。有防火特殊设计和设备。2000 年、2007 年、2009 年，镇政府对故居“修旧如旧”修整 3 次，进行布置展览，供人们参观，大门左边竖着“季步高烈士故居”的文保单位标志石碑。正堂板壁上悬挂着季步高烈士遗像和中国人民解放军华东军区革命烈士家属证明书。右前房间季步高生平事迹介绍，后房间是季步高父母卧室，有季步高写给父母的书信和父母遗像。二楼为季步高的书房、卧室，季步高兄弟卧室和烈士遗物，书箱、书篮、日用品等。为龙泉市爱国主义教育基地。

李逸民将军故居

李逸民故居位于安仁镇李登村 74 号。平面呈纵长方形，朝东，凹字形建筑。面宽 11.6 米，通进深 13.9 米，建筑面积 161 平方米。

李逸民，原名叶书。1925 年参加革命，参与南昌起义，曾任总参警备部副部长兼政治部主任、《解放军报》总编辑、总政治部文化部部长等职。1955 年，被授予少将军衔。

吴嘉彦故居

位于西街 168 号北侧。平面呈横长方形，朝南，台门朝东。通面宽 17.18 米，通进深 11,71 米，建筑占地面积201平方米。门楼为西洋式混砖结构，其内为全木构作，二层楼，中部有阁楼。

吴嘉彦，八都镇人。晚清恩贡生。民国时期龙泉知名乡绅，精通诸子百家，博学工诗，尤精书法，与青田刘耀东、缙云赵明止、松阳吴冠甫并誉为“括苍四皓”。1943年10月，任龙泉修志馆馆长，秉性认真负责，时人盛赞其“伏案写史、笔定千古”。

仓砛红军挺进师政委会会址

位于城北乡仓砛村村尾水口，建在上田溪上。会址原为禹王庙，建于清代中晚期。平面呈纵长方形，朝南，通面宽17.90米，通进深21.18米，建筑占地面积379平方米。庙内山墙上留有诸幅“只有苏维埃才能救中国”等红军标语。

碧龙中共龙遂县委旧址

位于住龙镇碧龙村。原为杨家大屋，又名四知堂。建于清嘉庆六年（1801）。旧址平面呈横长方形，朝东，通面宽12.6米，通进深30.55米，建筑占地面积384.93平方米。现存台门和主体建筑的前厅、正厅和后厅，均为三开间。原建筑北有厢房1幢，南厢房2幢，均为十三开间。硬山，小青瓦阴阳合铺。

住龙镇水塔村

浙西南革命老根据地之一，1934年红军在该村建立党员联系户。1935年，红军挺进师建立浙西南游击根据地时，水塔村成立村苏维埃政府，开展“打土豪，分田地”斗争。抗战时期，中共处属特委首次党代会在水塔叶岭头召开，省委第一部电台设在水碓坑。处属特委曾在地伏自然村举办党的基层干部训练班。在革命战争年代，水塔村是全县著名革命老区之一。

1989年4月，为纪念红军和老区人民浴血奋战的斗争历史，在水塔村建立革命纪念亭。纪念亭占地面积约为45平方米，单层六角攒尖仿古石亭，角檐高挑，下有撑拱，亭顶为葫芦宝顶。周设围栏，背靠青山，面临溪涧，生态环境良好。

第二章　旅游开发

第一节　旅游规划

总体规划

2001年5月20日，龙泉市人民政府常务会议通过《龙泉市旅游发展总体规划（2000—2015年）》。立足生态优势和人文优势，坚持“政府引导、社会参与、多元投入、市场运作”的开发思路，根据“严格保护、合理开发、持续利用"的原则，完善产业规划，整合优势资源，加大开发力度，着力打造以龙泉山为龙头的山水生态游，以龙泉窑为核心的剑瓷文化游，以龙泉菇为特色的养生度假游，初步形成"吃、住、行、游、购、娱"相配套综合产业体系。

2005 年 12 月 30 日，《龙泉市旅游发展总体规划》(2006—2025 年)通过龙泉市规划管理委员会组织的专家评审。这次总规编制是在龙泉市委、龙泉市政确立"生态立市、工业强市、旅游兴市"发展战略，丽龙高速即将开通的新形势下，为把握战略发展机遇在龙泉市的旅游发展定位、功能与空间布局、旅游新城战略的实施、客源市场定位和发展等核心方面进行全面规划。2010 年，完成《龙泉市"十一五"旅游发展规划》《龙泉市"农家乐"旅游发展规划》编制。

景区规划

1999 年，市政府公布龙泉市首批 5 个市(县)级的风景名胜区。即龙泉山(凤阳山)、披云山、天平山、白云岩、昴山。

2006 年，委托专业旅游规划机构，在旅游总规的框架下，先后完成《凤阳山生态旅游开发规划》《大窑龙泉窑景区旅游开发规划(初稿)》《仙宫湖水上陶瓷之路规划》等系列专项规划和披云山、瓯江民俗风情园、香樟园、昴山等景区规划方案。编制完成《石马乡村旅游规划》《藏龙十八瀑》《金村乡村旅游规划》等乡村专项旅游规划，做到规划先行、有序开发、永续利用。

第二节　景区、景点建设

龙泉山景区

1980 年，凤阳山省级自然保护区成立后，一直都在尝试进行生态旅游开发。随着各种条件的改善，到凤阳山旅游的人数逐渐增多。1997 年，对原有的宾馆进行改扩建，对上山公路也进行整修。2000 年 4 月 18 日，龙泉市人民政府、凤阳山管理处和杭州宋城集团签订凤阳山生态旅游开发协议书。2002 年 4 月 4 日晚，由于总体规划功能区调整、项目审批及与毗邻群众矛盾等原因，中央电视台于在《焦点访谈》栏目播出："如此开发，怎能保护"的报道，凤阳山旅游开发全面停止。2004 年 8 月 27 日，国家林业局批准《关于同意凤阳山部分生态旅游规划的行政许可决定》。2005 年 4 月 21 日，凤阳山的生态旅游重新对外开放。至 2008 年，宾馆、餐厅等房屋建筑 6514 平方米，景区游步道 20.6 千米。2005年，被命名为首批生态道德教育基地。2007 年，景区成功入选"浙江省最值得去的五十个景区"。2008 年，通过创建国家 AAAA 级旅游景区评定。2009 年 2 月，被评为国家 AAAA 级旅游景区。

白云岩景区

2000 年，引进外地资金开发白云岩景区，完成白云瀑、云坞古村等景点建设，2001 年对外开放。2003 年，被评定为国家 AA 级旅游区。2008 年引进宁波绿客水务旅游投资有限公司对白云岩景区进行深度开发，按照国家 AAA 级旅游景区标准建设的白云岩景区已完成基础设施建设，2009 年 10 月 1 日，开始试营业。

龙泉青瓷宝剑工业园区

2007 年以来，按照国家 AAA 级旅游景区的标准，完善龙泉青瓷宝剑工业园区旅游相关设施，进行环境整治，更名龙泉青瓷宝剑苑，成为一个集文化、观光、体验、商贸为一体的旅游景区。2008 年，被评为工业旅游示范点。2009 年，被评为国家 AAA 级旅游景区。

2007 年，在加强龙泉宝剑生产的同时，龙泉市宝剑厂有限公司投入上百万元，通过完善相应旅游功能设施，打造以龙泉宝剑大文化为主题，集旅游观光、参与体验、旅游购物为一体的旅游景区。2007 年 11 月，被评定为国家 AA 级旅游区(点)，并于同年 12 月被国家旅游局授予“全国工业旅游示范点”称号，系丽水市首个。

留槎洲水上乐园

2007 年，引进龙泉在外创业人士开发留槎洲水上乐园项目，7 月 25 日正式签约，投资 1500 万元完成一期工程，10 月 1 日一期项目对外开放。

大窑村

2007 年以来，先后投资 200 余万元对大窑村进行综合整治，新建公厕、停车场、陈万里纪念馆、水碓等基础设施。2008 年，大窑景区通景公路动工建设。

华严塔

华严塔（金沙塔），俗称金沙塔，因塔内藏有《华严经》而得名。五代间，邑人李文进施财百万于金沙崇仁寺建七层华严塔，北宋太平兴国二年（977）落成。塔高 36.63 米，蔚为壮观。1956 年 1—2 月，龙泉县进行城关镇道路修建，当时由于缺乏文物保护意识，为解决铺街用砖，擅自拆毁华严塔（金沙塔）和崇因寺双塔，千年古塔因此被毁。2007 年，适值华严塔建塔 1030 周年，中共龙泉市委、龙泉市人民政府顺乎民意，决定重建华严塔。2008 年 1 月 21 日，华严塔重建工程正式奠基。2009 年 12 月，投资 1400 多万的华严塔建成并于对外开放。新华严塔位于莲山稽圣潭塔东南，高 63.91 米，7 层，八角形，基座宽 14 米，建筑面积 2750.22 平方米。2010 年 7 月，总投资 1.5 亿元,集宗教、旅游于一身的崇仁寺（华严公园）开工建设，主体工程将于三年内建成开放。

龙泉青瓷文化创意基地

2008 年，龙泉青瓷文化创意基地动工建设，其中青瓷博物馆 2009 年建成并对外开放，大师园已全面开工建设。

昴山

2008 年 8 月 28 日，昴山景区通景公路开工建设。昴山公路全程 10.117 千米，按准 4 级公路设计，宽 4.5 米，项目总投资 800 余万元。

第三节 旅游市场开发

旅游市场推广

1999年，龙泉市风景旅游局负责人，在上海市人民广播电台“空中旅游巴士”节目作40分钟龙泉旅游专题介绍。2000年3月3—5日，由市风景旅游局、凤阳山管理处、大地旅行社、新世纪旅行社和有关青瓷宝剑厂家组成代表团，参加在杭州旅游市场举行的省首届旅游交易会，共接待咨询人数1100人次，发放宣传资料2000余份。

2004年12月，组织3家旅行社参加全国旅游交易会，展会期间，共发放资料5000多份，接受咨询人数近万人次。2005年12月，首次大规模组织12家旅游企业的近30人参加浙江省旅游交易会，龙泉展台共接待参观者3万人次，发放宣传资料1.8万份，市风景旅游局与浙江省旅行社协会、浙江省自驾车旅游协会、浙江中山国际旅行社(浙江省十强国际旅行社)等单位达成合作意向。

2006年2月和5月，分别在温州、金华举行龙泉旅游推介会，两地旅游主管部门及80余家旅游企业和10余家主流媒体参加推介会。7月，配合市委、市政府温州“瓯江情”龙泉文化周活动，精心组织“同饮一江水、共护母亲河”活动。同年7月24日—8月18日，在杭州休博会举行26天的旅游展示活动。

2006—2007年，组织旅游企业参加全国、浙江省、华东、长三角系列旅交会。2007年3月，组织参加丽水文化精品展示会。4月和7月，分别在绍兴、台州举行龙泉旅游推介会，绍兴、台州两地80余家旅行社、主流媒体参加推介会。2008年9月，举办龙泉旅游衢州推介会，衢州市40余家旅行社、主流媒体参会。

旅游商品推广

2000年3月29日至4月12日，龙泉市风景旅游局参加赴日、韩促销活动，发放3000多份宣传资料，陈列展示龙泉青瓷精品。是年6月9—14日，中国龙泉青瓷宝剑精品展示会在杭州浙江展览馆举行。并举行新闻恳谈会、青瓷研讨会，播放龙泉旅游风光专题片。

2001年4月27日至5月4日，在上海图书馆举办中国龙泉青瓷宝剑精品展。展出300多件北宋以来的龙泉青瓷珍品和近现代剑瓷名家作品以及韩国康津郡、日本三田市青瓷企业作品，举办有30多家旅行社参加的龙泉旅游说明会青瓷专家座谈会等活动。展出30多幅龙泉风光图片，播放VCD(影音光碟)宣传片，散发资料两万多份，接受咨询达3000人次。

2002年4月23—28日，在北京民族文化宫举办中国龙泉青瓷宝剑精品展，共展示300多件自北宋以来的青瓷珍品和近现代剑瓷名家精品及国外部分青瓷企业精品，各级党政要人亲临现场观看，并对龙泉剑瓷的发展寄予厚望。

2009年11月，组织龙泉市10多家旅游商品企业参展首届中国国际旅游商品博览会，旅游商品得到国家旅游局的高度评价，市风景旅游局也被丽水市旅游局授予最佳组织奖。

2010年6月，组织龙泉市青瓷、宝剑、太阳伞、竹木制品企业，参加由国家旅游局、浙江省人民政府主办的2010中国国际旅游商品博览会，其中选送的国家级、省级大师的12件青瓷、宝剑精品在浙江主题馆精彩亮相，成为关注的焦点。是月，台湾•浙江旅游合作大会在台北市隆重举行，龙泉市中国工艺美术大师徐朝兴进行龙泉青瓷技艺展示。

第四节　宣传营销

登山节

1999 年 10 月 16—17 日，举办 99 浙江龙泉凤阳山登山节。登山节中举办瓯江探源及瓯越文化考察、开幕式与文艺晚会，瓯江与凤阳山自然保护区知识竞赛，公开征集“凤阳山之歌”歌词、“瓯江源”树碑，中国摄影创作基地授牌和登山比赛等各项活动。共有 350 名社会各界人士和 200 余名中外运动员参加。

2000 年 9 月 25—27 日，举办庆祝龙泉建市十周年暨第二届龙泉山登山节。活动内容包括建市十周年庆祝大会、大型踩街表演活动、焰火晚会、登山比赛、《八百里瓯江》开机仪式、名优特产展销会等。来自省和周边县市领导各界人士 500 余人及数万龙泉市民参加此次活动。

2001 年 10 月 24—25 日，举办第三届浙江龙泉山登山旅游节。其间，举办龙泉旅游恳谈会、旅行社老总踩线、文艺晚会、焰火晚会、经贸洽谈会和登山比赛等八项活动。35 家中央、省、市新闻单位、200 多位中外客商、30 余名旅行社负责人、200 多名运动员参加活动。

2004 年 10 月，举办“龙泉论剑”暨浙江省第四届龙泉山登山旅游节，内容包括开幕式、文艺晚会、文艺踩街、铸剑表演、龙泉生态旅游 IP 卡首发式、龙泉风光明信片首发式、龙泉论剑、登山比赛等。

2005 年 4 月 21—22 日，配合宋城集团举办 2006 年杭州世界休闲博览会倒计时一周年庆典暨龙泉山开山大典活动，同时在市区举办“千人环城长跑圣火巡游活动”。

龙泉青瓷宝剑节

见“第十四篇　青瓷宝剑”。

第三章　旅游服务

第一节　旅游线路

原生态绿色休闲游

主要景点：龙泉山景区（绝壁奇松景区、黄毛尖景区、瓯江源景区、龙泉大峡谷景区、七星潭景区)；白云岩景区(白云瀑景区、下樟千年古村)。

青瓷宝剑文化游

主要景点：龙泉青瓷博物馆、龙泉宝剑博物馆、大窑龙泉窑遗址、中国青瓷小镇(上垟)、龙泉宝剑厂、青瓷宝剑苑、永和桥、芳野浙大分校旧址等。

龙泉美丽乡村游

主要景点：炉岙、下樟、凤羽山庄、李山头、白天鹅山庄、茶坦等。

红色之旅

主要景点：龙泉烈士陵园、披云山、中共龙浦县委、龙浦县苏维埃旧址(住龙)、宝溪塘上村红军桥等。

体验青瓷文化之旅

主要景点：现代青瓷发祥地上垟、披云青瓷山庄、龙窑、青瓷手工坊、青瓷研究所旧址等。

精品旅游线路推荐

生态文化一日游　路线一：龙泉青瓷博物馆—白云岩景区—龙泉宝剑厂。路线二：龙泉青瓷博物馆—浙大分校遗址—白云岩景区—青瓷宝剑苑。

生态休闲二日游　路线一：龙泉山绝壁奇松景区—瓯江源景区—入住绿野山庄攀登江浙第一高峰黄毛尖景区—大峡谷景区—七星潭景区。路线二：白云岩景区—龙泉山绝壁奇松景区—瓯江源景区—入住绿野山庄攀登江浙第一高峰黄毛尖景区—大峡谷景区—七星潭景区。

生态文化二日游　路线一：龙泉青瓷博物馆—龙泉山绝壁奇松景区—入住绿野山庄攀登江浙第一高峰黄毛尖景区—大峡谷景区。路线二：白云岩景区—龙泉山绝壁奇松景区—入住绿野山庄—攀登江浙第一高峰黄毛尖景区—大峡谷景区—青瓷宝剑苑。

生态休闲文化三日游　龙泉青瓷博物馆—浙大分校遗址—龙泉宝剑厂—入住酒店—龙泉山绝壁奇松景区—瓯江源景区—龙泉大峡谷景区—上垟青瓷小镇—入住青瓷小镇—青瓷制作体验—青瓷宝剑苑。

龙泉红色之旅　中共龙浦县委、龙浦县苏维埃旧址(住龙)—宝溪塘上村红军桥。

龙泉工业特色游　龙泉青瓷博物馆—龙泉宝剑厂—青瓷宝剑苑。

顶天立地高贵之旅　丽水接团—赴龙泉游龙泉山景区登江浙第一高峰黄矛尖—赴遂昌游金矿景区。

第二节　旅游接待

接待景区

自 1998 年以来，坚持“政府主导、企业主体、市场运作”的旅游发展思路，依托生态优势和人文优势，围绕“生态、人文、休闲”的主题，完善旅游规划，推进资源整合，优化发展环境，加快产品建设，打造精品线路，提升品牌形象，初步实现资源优势向经济优势的转化，旅游兴市发展战略取得明显的成效，综合实力不断增强。全市现有景区景点：龙泉山（凤阳山）景区、白云岩景区、龙泉青瓷宝剑苑、龙泉博物馆、龙泉宝剑厂、凤羽山庄、留槎洲水上乐园、曾家大屋等。2009 年，龙泉山（凤阳山）景区被评定为国家 AAAA 级景区，龙泉青瓷宝剑苑被评定为国家 AAA 级景区、工业旅游示范点。龙泉博物馆、白云岩景区、龙泉宝剑厂为国家 AA 级旅游景区。龙泉宝剑厂为全国工业旅游示范点。1999 年以来，龙泉市旅游接待人次和总收入的增长率均保持在两位数以上。旅游业的快速发展，带动第三产业呈现快速健康发展趋势。

接待人数

2002 年，全市共接待国内外旅游者 19.0059 万人次，同比增长 13%；实现旅游总收入 5999.4 万元，同比增长 5.7%；实现国际旅游收入 149 万美元，同比增长 6.4%。2004 年，龙泉市共接待旅游者 20.717 万人次，比 2003 年增长 33.4%；实现旅游总收入 6460 万元，比 2003 年增长 37%。其中，接待国内旅游者 20.1 万元人次，比 2003 年增长 34%；实现国内旅游收入 5533 万元，比 2003 年增长 35.2%。接待入境旅游者 617 人次，比 2003 年增长 49%，外汇旅游收入 116 万美元，比 2003 年增长 49.1%。

2005 年，龙泉市共接待旅游者 34.5926 万人次，比 2004 年增长 24.5%；实现旅游总收入 1.4929 亿元，比 2004 年增长 24%。其中，接待国内旅游者 34.52 万人次，比 2004 年增长 24.5%；实现国内旅游收入 1.38 亿元，比 2004 年增长 24.5%。接待入境旅游者 726 人次，比 2004 年增长 17.7%；外汇旅游收入 136.5 万美元，比 2004 年增长 17.7%。（2005 年旅游统计口径进行调整）。

2010 年，龙泉市共接待境内外游客 123.9 万人次，实现旅游总收入 5.83 亿元，比 2005 年增长 358.2%和 391.3%，比 2006 年增长 305.2%和 333.1%。

2002—2010 年龙泉市旅游人数与收入统计一览表

表 16-3-1

年份	国内外旅游者（万人次）	国内旅游者（万人次）	入境旅游者（万人次）	旅游总收入（亿元）	国内旅游总收入（亿元）	旅游外汇收入（万美元）
2002	19.0059	—	—	0.59994	—	149
2003	15.41	15	0.414	—	—	—
2004	20.16	20.1	0.0617	0.646	0.5533	116
2005	34.5926	34.52	0.0726	1.4929	1.38	136.5
2006	40.5865	40.5	0.0865	1.75	1.62	162.62
2007	63.92	63.8	0.1235	2.87	2.68	244.89
2008	93.2	93.05	0.1608	4.32	4.09	333.85
2009	103.07	102.9	0.1722	4.802	4.5492	370.16
2010	123.9	123.7	0.1986	5.83	5.54	452.8

第三节　旅游购物

购物设施

2000 年，建成龙泉青瓷宝剑苑。2007 年以来，按照国家 AAA 级旅游区的标准，投入近 300 万元，建设集文化、观光、体验、商贸为一体的旅游区。景区共分三个区块，即宝剑遗址区块、剑瓷文化展示体验区块和剑瓷一条街精品购物区块。2008 年，被评为工业旅游示范点。至 2010 年末，全市共建立龙泉旅游集散(咨询)服务中心，剑瓷一条街和龙泉宝剑厂精品购物区、龙泉特色商品购物中心。

旅游商品评比

2007 年 10 月，举办龙泉市首届旅游商品设计大赛，徐峻清的《君子茶具》等 3 件作品获得大赛金奖，进一步提升旅游商品研发能力。2009 年 10 月，举办龙泉市文化旅游纪念品创新赛，从 60 余件作品中，评选出 3 个金奖、5 个银奖、8 个铜奖。在每届青瓷宝剑节期间，由工商、旅游等部门牵头组织开展龙泉特色旅游商品一条街活动。

第四节　旅行社

发展历程

1998 年，成立龙泉首家旅行社——龙泉大地旅行社。1999 年，成立龙泉新世纪旅行社。2004 年，成立龙泉市假日旅行社。2007 年，成立龙泉市旅游集散中心。2008 年，成立龙泉山水旅行社和龙泉阳光旅行社。2009 年，成立龙泉市星光旅行社；以上旅行社皆主营国内旅游业务。

导游队伍

1999 年 9 月，龙泉市中等职业学校创建旅游服务与管理专业，龙泉导游队伍开始本地化培养。自创建以来，该校一直将旅游专业作为重点专业来发展，在资金投入、师资队伍建设、实训基地建设等方面给予投入倾斜。2010 年，已成为丽水市特色专业，培养学生近 2000 人。在丽水市级及省级以上技能竞赛上共有 80 多人次获奖，其中，获得丽水市技能竞赛一等奖的有 21 人次，浙江省技能竞赛获奖 10 人次，国家级技能竞赛二等奖 1 人，国家级技能竞赛三等奖 1 人。

2005 年 4 月，全市导游大赛举行，来自全市 3 家旅行社的 15 位选手参加本次大赛。2006 年 6 月，全市 3 家旅行社和中等职业学校共 38 名选手参加全市导游大赛。是年 10 月，组织参加丽水市导游大赛，丽水市共有 11 人获奖，龙泉市有 3 人获奖，其中，有 2 人获得“丽水市十佳导游”称号，1 人获得“最佳才艺奖”。2007年 12 月，举行全市导游大赛，来自全市 4 家旅行社的 29 位选手参加大赛。

2008 年，组织全市导游员参加 2008 年度导游员年审培训，提高导游员素质。6 月，组织全市 6 家旅行社负责人参加省旅游局举办的《旅行社条例》学习培训。11 月，积极组织导游人员参加 2009 年丽水市导游技能大赛。

2010 年，举办以“展示风采 提升形象”为主题的龙泉市旅游人形象风采大检阅和龙泉市旅游人形象风采展示文艺晚会。是年底，全市参加导游员年审的导游员共 54 人，其中，男性 2 人，女性 52 人。中文类导游员 54 人，初级导游员 54 人。

接待能力

到 2004 年末，全市共有 3 家国内旅行社。全市旅行社实现旅游收入 560.08 万元，比上年增长 121%。全市旅行社国内旅游组团总人数、人天数分别为 6739 人、26683 人天，分别比上年增长 57.2%、55.8%，国内旅游接待总人数、人天数分别为 4752 人、5881 人天，分别比上年增长 340%、369%。

2006 年，全市旅行社实现旅游收入 582.07 万元，比上年增长 64.2%。全市旅行社国内旅游组团总人数、人天数分别为 9379 人、34031 人天，分别比上年增长 25.5%和 22.6%，国内旅游接待总人数、人天数分别为 16223 人、24457 人天，分别比上年增长 6.4%和 20.6%。

2007 年，全市旅行社实现旅游收入 942.77 万元，比上年增长 62%。全市旅行社国内旅游组团总人数、人天数分别为 11413 人、35521 人天，分别比上年增长 21.7% 和 4.4%，国内旅游接待总人数、人天数分别为 23759 人、37029 人天，分别比上年增长 46.5%和 51.4%。

到 2010 年末，全市共有 7 家国内旅行社（龙泉市星光旅行社、龙泉市阳光旅行社、龙泉市山水旅行社、龙泉市大地旅行社、龙泉市新世纪旅行社、龙泉市假日旅行社、龙泉市旅游集散中心）。全市旅行社实现旅游收入 1810.06 万元，比上年增长 3.92%。全市旅行社国内旅游组团总人数、人天数分别为 30308 人、102846 人天，分别比上年增长 51.15% 和 68.21%，国内旅游接待总人数 6212 人，比上年增长-60.63%。

第五节　交通与住宿餐饮

旅游交通

2004—2005 年，为改善通往龙泉山旅游度假区的道路，投资 800 余万元，完成安豫公路五梅垟—大赛段和龙泉山景区入口至凤阳湖道路的拓宽改造工程。2006 年，对通往龙泉山旅游度假区的险要路段设置安全护栏，使龙泉山景区的交通条件有明显的改善。

2006 年底，丽龙高速公路建成通车，制约龙泉作为旅游目的地的交通瓶颈终于打破。至 2010 年，大窑•龙泉窑遗址景区通景公路建成通车。完成大赛—官埔垟道路改造工程、白云岩景区道路改造工程、昂山景区通景公路等项目建设，改善龙泉主要旅游景区的可进入条件。

旅游住宿与餐饮

2006年9月，全市饭店业服务大赛举行，来自7家旅游饭店的56位选手分别参加客房服务、餐饮服务和前厅服务比赛。2007年7月，全市饭店业服务技能大赛举行，来自全市7家旅游饭店的44位选手参加本次大赛。8月，龙泉菜烹饪大赛举行，7家餐饮企业报名参加团体赛，共设8个展台，35人报名参加59项个人赛，在举办大赛基础上，评选出“龙泉十大名菜”和“龙泉十大特色菜”。9月，在丽水市旅游行业暨农家乐烹饪技术大赛上，龙泉市香溢大酒店成绩突出，获星级饭店团体一等奖。10月，举办旅游饭店业务培训班，来自全市11家旅游饭店的200余名旅游从业人员参加培训。

2008年，在丽水市饭店业服务技能大赛中，香溢大酒店夺得团体总分第一名和一个单项第一名。在北京举行的第四届中国国际食用菌烹饪大赛中，香溢大酒店代表队取得一个团体金奖和一个个人金奖。香溢大酒店获浙江省优秀品质饭店。

2009年，开展年度评定期满五年星级饭店复评工作，对鸿雁宾馆重新评定二星级饭店工作进行指导，确保饭店保持应有的星级饭店标准。

至2010年末，龙泉大酒店由二星提升为三星，龙泉山绿野山庄、香溢大酒店、南国花园酒店通过三星评定，香溢大酒店、龙泉大酒店、南国花园酒店均被评为省级绿色饭店。星级饭店总数已达12家，床位数超1200个。

2010年龙泉市星级饭店一览表

表16-3-2

酒店(宾馆)名称	地址	星级	客房(间)	床位(铺)	餐位(个)	包厢(个)
国际大酒店	剑池东路29号	待评	222	366	1200	32
龙泉大酒店	新华街83号	三星	90	160	600	21
龙泉山绿野山庄	凤阳山自然保护区	三星	84	200	250	10
香溢大酒店	贤良路218号	三星	81	135	700	20
龙泉宾馆	清风路2号	二星	47	79	—	—
凤阳山宾馆	莱茵花园富景苑H座	二星	45	90	200	8
鸿雁宾馆	剑池东路254号	二星	48	93	200	7
将军假日酒店	中山东路118号	二星	41	66	500	14
信用宾馆	农资路口	二星	36	62	320	12
山水商务酒店	环城东路201号	二星	65	110	500	17
龙源大酒店	剑池东路299号	一星	39	70	280	9
山城宾馆	剑池西路92号	一星	34	50	—	—
供销商务宾馆	中山西路74号	一星	39	59	—	—

农家乐旅游示范村

农家乐创建　按照“依托景区、紧靠城市、注重特色”的原则，积极引导和扶持炉岙、下樟、青井、大窑等村发展“农家乐”旅游。2006 年 1 月，西街街道下樟村被命名为“浙江省农家乐特色村”。2007 年 1 月，兰巨乡炉岙村被命名为省级农家乐特色村。是月，青井村被命名为“丽水市农家乐旅游示范村”。2007 年 8 月，下樟村被命名为“浙江百佳美丽乡村”，炉岙村被命名为“浙江最佳自然生态村”。2010 年底，全市累计成功创建农家乐特色村 6 个，其中省级特色村 4 个，丽水市特色村 2 个；创建省级精品项目 1 个；创建休闲旅游点 17 个，其中省级特色点 1 个，丽水市特色点 5 个，共有农家乐经营户（点）112 家，其中四星级户、点各 1 家，三星级 35 家。2010 年，共接待游客 48.6 万人次，实现营业额 1721 万元，农家乐休闲旅游业成为农民增收的重要渠道之一。

炉岙村　兰巨乡炉岙村是坐落在海拔 1400 米以上的一个小山村，离龙泉山旅游度假区仅 10 分钟车程，这里森林葱郁，空气清新，村里还有一片原始生态竹林，村中野花盛开，可“谓山上竹成林，山下花似海”，是开展高山农家乐旅游的绝好之处。2007 年 1 月，被命名为浙江省农家乐特色村，是年 8 月被命名为“浙江省最佳自然生态村”。至 2010 年，已有 13 家星级农家乐经营户从事旅游接待。

下樟村　西街街道下樟村是一个有着一千多年历史的古村，史称“云坞古村”，距龙泉市区 6 千米。2007 年 1 月，被命名为“浙江省农家乐特色示范村”，是年 8 月被命名为“浙江百佳美丽乡村”。至 2010 年，已有 9 家星级农家乐经营户为前来旅游者提供农家乐服务。

青井村　宝溪乡青井村位于披云山脚下，是往披云山红色旅游区的必经之地。圣泉峰为披云主峰之姐妹峰，峰中有一井名“圣泉”。此泉水清澈如镜，故又叫青井，青井村由此而得名。青井村海拔 1000 米，高山气候、整洁的村貌、淳朴的民风，赋予青井村从事“农家乐”旅游的绝好条件，新建的停车场、旅游公厕、指示牌等，更使青井村为游客提供便捷的服务。富有地方特色的餐饮、住宿服务和土特产品购物，浓郁农耕气息的民俗活动，使来此游玩的游客都流连忘返。2007 年 1 月，被命名为“丽水市农家乐旅游示范村”。至 2010 年，已经有 8 家农户从事农家乐旅游。

大窑村　小梅镇大窑村位于全国重点文物保护单位—大窑龙泉窑遗址内，为小梅镇第二大村，是江南一个美丽的村庄，有小桥流水人家的江南雅致。琉华山茂密的森林，清澈的山涧流水和丰富的优质瓷土，为青瓷生产提供有利的自然条件，使之成为 800 年前中国最大的工业园区，至今在大窑留下无数弥足珍贵的古窑址，见证龙泉青瓷千年的发展历史，是宣传龙泉的一张金名片，为海内外研究龙泉青瓷的圣地。现该村已新开办农家乐旅游接待点，新建停车场、旅游公厕等，为旅客提供瓷乡的独特服务。

第六节　行业管理

安全管理

1989 年以来，相继制订《龙泉市旅游突发公共事件应急预案》，开展安全预案演练。历年组织开展一年一度的“安全生产月”活动，强化安全检查，开展日常安全检查，针对“春节”“五一”“十一”黄金周、台风期等重点时段，开展重点督查。2004—2010 年，实施旅游行业全员安全培训工程，累计培训 257 人次。

旅游标准化

2008 年，龙泉山景区成为 AAAA 级旅游区，龙泉青瓷宝剑苑成为 AAA 级景区和浙江省工业旅游示范点。2009 年，龙泉山景区成为浙江省生态旅游示范区。

管理机构与队伍

1998 年，龙泉市委、市政府提出“二次创业”发展战略，旅游开发是重要内容。是年 9 月，组建成立龙泉市风景旅游局，为市人民政府主管全市风景旅游行业的工作部门，设行政编制 8 人（含后勤服务人员），其中：局长 1 名，副局长 2 人。2005 年 12 月，组织成立龙泉市旅游协会。2006 年 3 月，组织成立龙泉市旅游文化研究会。2007 年 9 月，成立龙泉市旅游产业发展工作领导小组，出台《关于进一步加快旅游产业发展的若干意见》；是年 10 月，设立旅游投资发展公司；11 月，设立旅游发展中心，公益一类全额拨款事业单位，核定编制 3 人。2010 年 12 月，设立旅游质量监督管理所，公益一类全额拨款事业单位，核定编制 1 人。

第十七篇

财　　税

1980年，龙泉县开始执行“分灶吃饭”的财政管理体制，地方财权有所扩大。1994年，龙泉市调整“划分收支、分级包干”为分税制财政管理体制，财权更独立，职责更明确。1987年，龙泉市使用税务系统第一台微机，编报县局计财报表。税收征管逐步由手工管理发展为计算机管理。税收征管由驻户管理、直接征收向纳税人自行申报、集中办税转变。至2005年9月1日，龙泉市全面上线运行CTAIS2.0版征管系统，实现税收征管数据的省级集中。到2008年底，全市纳入CTAIS2.0版管理4300多纳税户。

1989—2010年，龙泉市(县)财政总收入累计35.96亿元。2010年，龙泉市财政总收入5.16亿元，比1989年4084万元增长12.6倍，年均增长12.80%。同期财政总支出67.49亿元。2010年，龙泉市财政总支出14.61亿元，比1989年3926万元增长37.20倍，年均增长18.80%，用于民生支出为12.51亿元，占财政总支出的85.6%。

第一章　财政收支

第一节　财政收入

财政总收入

1983年和1989年，先后开征“两金”即能源交通重点建设基金和预算调节基金。1995年，龙泉市停止向非国有企业征收“两金”。1996年，龙泉市全面停止征收“两金”。1989—1996年，龙泉市“两金”收入350万元。

财政收入来源主要有工商税、农业税收、专项收入、行政性收费及罚没收入、国有企业计划亏损补贴和其他收入。

一般公共预算收入（也称作地方财政收入）是按照财政部规定的统一科目和口径统计的收入，包括地方固定收入以及中央与地方共享收入中地方所得部分。1989—2010年，龙泉市（县）地方财政收入22.74亿元。2010年，龙泉市地方财政收入3.21亿元，比1989年4084万元增长7.90倍，年均增长10.30%，占财政总收入的62.20%，税收收入占地方财政收入的96.40%。

1989—2010年，龙泉市（县）财政总收入35.96亿元。2010年，财政总收入5.16亿元，比1989年4084万元增长12.60倍，年均增长12.80%。

工商税收入

包括产品税、增值税、营业税、工商统一税、所得税、调节税、资源税、城市维护建设税、房产税、印花税、筵席税、屠宰税、土地增值税、城镇土地使用税、车船使用和牌照税、国有企业上缴利润、国营企业承包收入退库类、所得税退税类等（1993年12月28日全国人大常委会八届五次会议废止《中华人民共和国工商统一税条例（草案）》；1994年1月1日国务院实施《中华人民共和国增值税暂行条例》同时废止《中华人民共和国产品税条例（草案）》，同年停征筵席税；2000年1月1日停征固定资产投资方向调节税；2001年停征屠宰税；2007年1月1日国务院颁布实施《中华人民共和国车船税暂行条例》同时废止《中华人民共和国车船使用税暂行条例》和《车船使用牌照税暂行条例》）。1989—2010年，龙泉市工商税收入累计19.06亿元，占财政总收入的53.0%。

农业税收入

包括农业税、农林特产税、耕地占用税、契税等。1989—2010年，龙泉市（县）农业税收入累计2.08亿元，占财政总收入的5.8%。农林特产税和农业税先后于2001年、2004年停征，停征后省财政每年以1090万元的基数对龙泉市进行固定结算补助。

专项收入

主要是排污费收入和教育费附加。1989—2010年，累计收入6989万元。

行政性收费及罚没收入

行政管理部门依法收取的各项收费收入及执法机关依法收缴的罚款、没收财物取得的收入。1989—2010年，累计1.70亿元。

其他收入

主要是指国有资源(资产)有偿使用收入及其他杂项收入。1989—2010年，其他收入累计783万元。

1989—2010年龙泉市(县)财政收入情况一览表

表17-1-1

年份	地方财政收入									上划中央税收(万元)	财政总收入(万元)	财政总收入增减(%)
	合计(万元)	地方财政收入增减(%)	工商税收(万元)	农业四税(万元)	专项收入(万元)	行政性收费及罚没收入(万元)	国有企业计划亏损补贴(万元)	两金(万元)	其他收入(万元)			
1989	4084	3.5	3809	355	12	201	-366	73	—	—	4084	3.5
1990	4003	-1.98	3284	499	20	330	-207	77	—	—	4003	-1.98
1991	4014	0.27	3470	460	43	205	-245	81	—	—	4014	0.27
1992	3882	-3.29	3713	498	53	122	-575	71	—	—	3882	-3.29
1993	4843	24.76	4466	449	69	50	-225	34	—	—	4843	24.76
1994	2964	-38.80	2485	567	70	54	-224	12	—	2331	5295	9.33
1995	3410	15.05	3093	641	73	115	-543	2	29	2868	6278	18.56
1996	3888	14.02	3520	727	99	120	-578	—	—	3247	7135	13.65
1997	3933	1.16	3407	980	—	120	-622	—	48	3055	6988	-2.06
1998	4324	9.94	3652	771	114	260	-473	—	—	2803	7127	1.99
1999	4854	12.26	3975	796	171	134	-222	—	—	3007	7861	10.30
2000	6260	28.97	5033	1024	211	214	-222	—	—	3805	10065	28.04
2001	8768	40.06	8042	678	243	227	-422	—	—	4344	13112	30.27
2002	9215	5.10	8211	770	335	321	-422	—	—	6785	16000	22.03
2003	11180	21.32	8890	922	357	1206	-225	—	30	8056	19236	20.23
2004	11932	6.73	9228	1012	413	1442	-225	—	62	5962	17894	-6.98
2005	14784	23.90	11450	1018	508	1973	-225	—	60	8829	23613	31.96
2006	17453	18.05	14337	1034	610	1636	-225	—	61	10604	28057	18.82
2007	21862	25.26	18195	1407	726	1681	-225	—	78	14306	36168	28.91
2008	24785	13.37	20244	1662	814	2185	-225	—	105	16872	41657	15.18

续表 17-1-1

年份	地方财政收入									上划中央税收（万元）	财政总收入（万元）	财政总收入增减(%)
	合计（万元）	地方财政收入增减(%)	工商税收（万元）	农业四税（万元）	专项收入（万元）	行政性收费及罚没收入(万元)	国有企业计划亏损补贴(万元)	两金（万元）	其他收入（万元）			
2009	24870	0.34	20033	1653	801	2484	-225	—	124	15856	40726	-2.23
2010	32067	28.94	28075	2842	1247	1942	-2225	—	186	19514	51581	26.65
总计	227375	—	190612	20765	6989	17022	-9146	350	783	132244	359619	—

第二节　财政支出

财政总支出

1989—2010 年，龙泉市(县)财政总支出 67.49 亿元。2010 年，达到 14.61 亿元，比 1989 年 3926 万元增长 37.2 倍，年均增长 18.8%，用于民生支出为 12.51 亿元，占财政总支出的 85.6%。财政支出的大幅增长，有力支持龙泉经济社会的各项事业发展。

各项财政支出

1989—2010 年，龙泉市(县)强化收入管理，优化支出结构，财政均实现收支平衡，除 1997 年考虑到 1998 年省财政体制作适当调整赤字 955 万元。

1989—2005 年龙泉市(县)财政支出情况一览表

表 17-1-2　　单位:万元

项目名称＼年份	1989	1990	1991	1992	1993	1994	1995	1996	1997	1998	1999	2000	2001	2002	2003	2004	2005
基本建设支出	—	—	—	—	—	—	14	37	5	24	207	298	633	629	4658	1076	3935
企业挖潜改造资金	90	112	80	87	131	18	25	80	70	55	125	135	644	257	216	243	70
简易建筑费	10	27	2	15	10	—	—	—	15	20	—	—	—	—	—	—	—
地质勘探费	—	—	—	—	—	—	—	—	—	—	—	10	8	17	12	10	75
支援农村生产支出	489	510	467	496	421	272	174	247	270	324	279	527	658	672	—	—	—
农林水利气象等部门的事业费	155	175	204	194	242	295	466	485	638	908	1027	1548	1921	1612	2799	2918	5031
工业交通及其他等部门事业费	599	609	586	775	673	947	1173	1205	1284	1866	2107	2728	3315	3753	5419	6265	7318

续表 17-1-2

项目名称 \ 年份	1989	1990	1991	1992	1993	1994	1995	1996	1997	1998	1999	2000	2001	2002	2003	2004	2005
科教文卫事业费	1343	1372	1425	1629	1669	2419	2533	2881	3638	3758	4261	4887	6532	9033	10491	11817	15305
抚恤和社会福利救济	126	147	193	132	129	313	276	286	259	429	543	930	1405	1738	1865	2572	3046
行政管理费	623	725	879	925	1066	1949	1702	1726	1897	1991	2254	2842	4029	4880	5411	5914	6506
城市维护费	34	132	120	99	143	183	192	265	389	330	300	272	520	389	540	472	471
政策性补贴支出	371	454	376	196	345	198	162	610	662	84	284	313	100	100	100	100	100
专项支出	11	18	45	42	63	80	75	80	—	134	143	229	243	337	409	532	603
其他支出	75	68	95	95	249	-171	381	-87	416	9	104	44	295	363	2179	120	617
总支出	3926	4349	4472	4685	5141	6503	7173	7815	9543	9932	11634	14763	20303	23780	34099	32039	43077

2006—2010年龙泉市财政支出情况一览表

表 17-1-3　　单位：万元

项目名称 \ 年份	2006	2007	2008	2009	2010
一般公共服务	11917	13784	15945	18153	20982
国防	124	149	257	201	483
公共安全	3294	4395	4931	4923	7701
教育	12063	15176	17292	19874	21622
科学技术	1156	1064	1356	1663	2566
文化体育与传媒	1417	3115	3764	3007	4719
社会保障和就业	2930	3388	4510	5001	8852
医疗卫生	3206	3770	5849	8531	14843
环境保护	179	1266	2575	2930	3954
城乡社区事务	720	2462	2739	2120	2576
农林水事务	7068	9097	11848	20774	26281
交通运输	1211	1626	3463	9393	21623
工业商业金融等事务	990	2131	1746	2226	9836
其他支出	1972	439	344	54	20
总支出	48247	61862	76619	98850	146058

第三节　财务制度

行政事业财务制度

1989—1998年，按照“保障供给、精简节约、平衡收支”的原则，其管理形式主要有“全额预算管理、差额预算管理和自收自支管理”三种，经历“统包统揽—预算包干—综合预算”及“部门预算”的发展历程。

1999年，出台龙泉市五大班子年度接待费定额包干办法。是年，出台《龙泉市行政事业单位综合财政预算管理办法》，该办法规定，取消全额、差额、自收自支三种预算管理方式，按照综合平衡、理顺分配，形成激励要求，实行“内外统一核定收支、超支不补、结余留用”的综合财政预算管理。加强市直各行政事业单位的收入管理、罚没收入管理、政府性基金管理、经常性支出管理、专项支出管理及其他支出管理。

2000年，出台《龙泉市行政事业单位人员工资实行财政统一发放试行办法》。10月1日起，对全市行政事业单位人员工资实行由财政统一发放，深化支出管理改革，加强人员编制、工资管理，减少工资发放中间环节，提高工作效率。

2001年1月1日始，全市行政事业单位都纳入市会计核算中心集中核算。核算的内容包括单位经常性收费、专项经费、基本建设经费；单位经办政府性专项基金和专项资金。集中核算后保持三不变制度，即现行行政事业单位财务管理和统计职能不变，综合财政预算包干办法和预算外管理办法不变，单位对资金的支配权、使用权、审批权不变。出台《龙泉市行政事业单位收入分配统一标准的实施意见》和《关于调整规范机关事业单位工作人员补贴标准的通知》，对全市市直机关收入分配进行统一的调整规范，实行收入统一标准。出台《关于印发〈浙江省省级行政机关工作人员差旅费开支规定〉的通知》，对全市乡镇、行政事业单位工作人员差旅费开支进行统一和规范。

2005年10月1日起，将全市乡镇（街道）财务纳入核算中心集中核算。2007年4月，将全市学校财务纳入核算中心集中核算。12月，完成实施全市规范公务员津贴补贴方案各项工作，报省委、省政府批准执行。

2008年，开始实施津贴补贴，简化归并现有的津贴补贴项目，统一归并为工作性津贴和生活性补贴；确定津贴补贴标准，通过“上限封顶、削峰填谷”，完善收入分配调控机制，逐步降低津贴补贴偏高水平，逐步提升津贴补贴偏低水平，同级政府不同部门职级人员执行基本统一的津贴补贴标准；规范津贴补贴资金来源；统一津贴补贴发放办法，纳入财政统一发放范围，实行集中统一发放。津贴补贴发放由单位实行“先申报，后发放”。2008年，津贴补贴人均发放水平最高与最低单位比控制在2:1的范围内，最高单位控制在人均42000元/年，最低单位不低于21000元/年；2009年，津贴补贴人均发放水平最高与最低单位比控制在1.3:1的范围内，最高单位控制在人均42000万/年，最低单位不低于32307元/年。

农业农村财务制度

1996 年 3 月，财政部颁发新的《村合作经济组织会计制度(试行)》。2003 年 9 月，龙泉市全面推行村级会计委托代理制，村集体经济组织的会计帐目由乡镇(街道)的村级会计代理服务中心代为记账，实现会计电算化。2004 年 12 月，颁布《村集体经济组织会计制度》。

企业财务制度

1992 年，国家对企业财务和会计核算体系进行重大改革。1993 年 7 月 1 日，实施《企业财务通则》、《企业会计准则》和行业财务、会计制度。1994 年，对刨花板厂实行改制。1997—2000 年，相继出台一系列促进国有企业产权制度改革的政策措施,通过分类排队,采取淘汰一批、出售一批和兼并重组一批的办法，全面推进国有企业改革。改革后，共减少国有企业 63 户,其中通过出售方式改为公司制的国有企业 35 户，实施破产程序盘活资产的国有企业 20 户,企业间兼并重组 8 户。盘活资产 1.5 亿元,安置和置换国有职工身份人员 5000 多人,划归社会养老统筹部门管理的离退休人员 1000 多人。

会计管理

龙泉市会计师事务所成立之初为财政局下属事业单位，与会计管理股合署办公。1999 年 12 月，根据国家规定，完成会计师事务所脱钩改制，成立股份制公司。

2001 年，在教育系统实行会计委派试点工作，由龙泉市财政局牵头指导，龙泉市教委负责对所属中小学校的会计进行委派和管理，龙泉市监察局进行全程监督检查。经过宣传动员、组织培训、考试考核、选用聘任等阶段，最终选出 12 名会计委派到中小学校担任会计，并逐步向乡镇各学校推开。2003 年，在卫生系统全面推行会计委派工作。截至 2010 年 12 月末，取得初级会计专业技术资格的有 568 人，中级会计专业技术资格的有 180 人，高级会计师 25 人。

第四节　财政监督

监督检查

自 2001 年始，根据上级业务部门安排，完成每年会计信息质量检查。2001—2008 年，共对 18 家企事业单位的财务收支真实、合法、完整性和会计核算规范等方面的会计信息质量进行检查，对发现的问题依法进行处理，并提出整改意见，要求限期补办手续和落实整改措施。2002 年 8 月，龙泉市财政局设立监督检查科。

2003 年，牵头组织 1999 年农村合作基金会归并清理工作中省级专项借款使用情况的检查核实及省级税收收入专项检查工作。同时，牵头组织农村税费改革财政转移支付和配套资金使用情况专项检查自查阶段系列工作。2004 年，龙泉市财政局农业科对龙泉市农发办 2003 年度国家农业综合开发项目计划落实情况开展检查，采用账面核对与实地检查相结合的方法，形成检查总结，并及时上报检查报告和数据资料。是年，组织开展对龙泉市康庄办、础石乡政府、龙泉市林业局、龙泉市法院等 12 个单位国债项目资金专项检查工作。

2005 年，对市财政局农业科和林业生态林管理办公室进行专项基金管理情况督促性检查，形成《龙泉市森林生态效益补偿基金检查情况报告》上报丽水市财政局。

小金库治理

2009 年，按照中央和省委统一部署，开展龙泉市“小金库”专项治理工作。对全市 257 家行政事业单位进行自查自纠工作部署，开展“小金库”自查自纠“回头看”工作，自查上报有“小金库”行为单位 6 户，违纪金额 33 万元；组织人员对全市 22 家单位开展重点检查，检查发现 6 家单位存在“小金库”违纪行为，违纪金额 287 万元；重点查出一家单位存在严重违纪行为，移送纪检部门进一步检查，收缴违纪金额 20 多万元；对 14 家重点检查单位提出整改意见，并追踪整改意见落实情况。

2010 年，根据中央治理“小金库”工作领导小组《关于做好 2010 年“小金库”治理工作的通知》和浙江省治理“小金库”工作领导小组《关于开展 2010 年“小金库”治理工作的通知》等文件的要求，动员部署全市党政机关和事业单位开展“小金库”自查自纠工作。组织相关单位收看全国电话会议、下发《关于开展 2010 年“小金库”治理自查自纠“回头看”工作的通知》及其他资料，完成 2010 年党政机关和事业单位自查自纠报表的收集、汇总和上报等工作。积极参与配合有关单位开展社会团体、国有企业、国有控股企业“小金库”治理自查自纠工作，社会团体自查单位 89 户，自查面达 100%；国有及国有控股企业自查单位 39 户，自查面达 100%。同时，根据“小金库”专项治理文件规定的重点检查对象，经过反复筛选确定重点检查单位 29 个并成立两个检查组，对其财务收支的真实、合法、合规性情况进行检查，并对相关单位进行延伸检查。

第二章　税　务

第一节　国　税

税种税源

1997 年，实行分税制后，国税、地税分开征收。1997 年，国税收入 4026 万元，其中增值税是主要收入税种，达 3744 万元。2000 年，开始有个人所得税收入，当年收入 227 万元。2005 年，新增车辆购置税税种收入，当年收入 163 万。至 2010 年，龙泉国税总收入 27955 万元。

1997—2010年龙泉市国税分税种收入统计一览表

表 17-2-1　　　　单位：万元

项目＼年份	1997	1998	1999	2000	2001	2002	2003	2004	2005	2006	2007	2008	2009	2010
增值税	3744	3636	4013	5078	5792	6690	7503	8370	9480	11181	15544	17620	17360	23393
消费税	87	86	19	17	18	13	35	55	56	126	46	184	299	255
企业所得税	34	60	55	70	84	160	168	202	314	475	518	820	912	1184
营业税	121	155	150	145	129	62	13	0	0	0	0	0	0	0
个人所得税	0	0	0	227	372	357	330	442	387	467	507	267	90	15
车辆 购置税	0	0	0	0	0	0	0	0	163	136	126	1779	1980	3109
税收合计	4026	3913	4240	5310	6023	7282	8049	9069	10400	12385	16741	20670	20641	27955

征管

1993年以前，龙泉市税收征管一直延续“税收专管员”制度。1992年9月4日，《中华人民共和国税收征收管理法》颁布，自1993年1月1日实施。龙泉市国税建立“以申报纳税和优化服务为基础，以计算机网络为依托，集中征收，重点稽查”的新的税收征管模式。1997年，市国税局根据新征管模式的要求，撤销乡镇税务所，在市局设立办税服务厅集中征收。2004年始，龙泉市国税局建立“税收管理员制度”，明确岗位职责，落实管理责任，规范税务人员的行为，促进税源管理，优化纳税服务。现行的税收征管模式涵盖税务登记、账簿凭证管理、发票管理、纳税申报、税款征收、纳税评估等环节。

1987年，浙江省税务局配给税务系统第一台微机，为8086/8088档次机型，用于县局计财报表编报。1994年，开始配备微机，为AST286/386机型，应用KP征管软件系统（单机使用）。1996年12月，开始应用ZTAX大征管软件（局域网）。1998年3月，成立信息中心，应用纪检监察机关案件管理系统、全国出口退税专用税票认证系统、出口退税计算机管理系统、增值税防伪税控系统、税务稽查管理信息系统等。2000年，办公电子化（公文处理系统）实现内部公文处理无纸化。2001年1月，在全国率先全面推广应用金税工程四个子系统，有效地加强增值税专用发票监管。2001年9月，浙江省在全国率先全面推广应用CTAIS软件（中国税收征管信息系统），龙泉市3000多纳税户全部纳入CTAIS软件管理，初步建立起以市地为单位集中征收的税收征管和行政管理体系。2005年9月1日，在全国率先全面上线并独立运行CTAIS2.0版征管系统，实现税收征管数据的省级集中。到2008年末，全市4300多纳税户全部纳入CTAIS2.0版管理。

第二节　地方税务

农业税

农业税由来已久，是国家对从事农业生产，有农业收入的单位和个人征收的税种。很长一段时间，农业税以征收粮食（简称公粮）为主，采取实物征收、货币结算的办法。

1990 年，对有粮食定购任务的纳税人应缴纳的农业税，以征收粮食实物为主，由粮食部门按照“先征后购”的原则代购代征，以每 50 千克 68 元结算农业税金。纳税计算依据为：纳税人拥有耕地面积乘以核定常年产量乘以粮食收购价格乘以税率 11%+应缴农业税征税乘以 15%=纳税人应缴纳农业税正、附税税金。

1992—2000 年，浙江省对农业税实行“实物征收、货币结算”的征收办法。1992 年，统一按调整后的粮食定购价格实行“两道价”结算，即 10 月底前按全省早稻定购价每 50 千克 24.6 元；11 月 1 日起按晚稻定购价每 50 千克 31.8 元计算征收。

1993 年，粮食购销和粮食价格全面开放，纳税人缴纳的农业税实物，按应缴任务的一半征收早稻，另一半征收晚稻。同时统一以 1992 年度的粮食定购任务为标准，凡粮食定购任务大于农业税任务的纳税人，其农业税改缴代金。征收现粮与代金之间的价格也随之调整和变动，改缴代金的计税价格全省统一规定每 50 千克按 28.2 元征收，一定两年不变。1999 年，按照省人民政府文件规定，农业税现粮计税基准价格调整为每 50 千克 51 元。

2000 年 3 月，中共中央、国务院决定调整农业税政策。农业税按农作物的常年产量和规定的税率依法征收。常年产量以 1998 年前 5 年农作物的平均产量确定，并保持长期稳定。调整农业税税率，将原农业税附加并入新的农业税。新的农业税实行差别税率，最高不超过 7%。2004 年，根据省财政厅《关于做好对种植粮油农户免征农业税的通知》和《丽水市财政局关于对种植粮油农户免征农业税的实施意见》规定，对 2004 年种植粮油农户免征农业税。经调查核实龙泉市基本上是种植粮油农户，当年全市免征农业税。2005 年 1 月 1 日起，龙泉市全面免征农业税，包括在计税土地上征收的农业税和非计税土地上原征收农业特产税后改为征收农业税的部分。

1989—2003 年龙泉市（县）农业税征收统计一览表

表 17-2-2　　　　单位：元

年　份	税　额	年　份	税　额
1989	2253667	1997	4056322
1990	1921040	1998	3235844
1991	2239262	1999	3096938
1992	2190277	2000	3349103
1993	1890736	2001	2777245
1994	3005112	2002	3166610
1995	3532653	2003	2722732
1996	4301283	—	—

其他税种

1992 年以前，龙泉县征收的工商各税流转税部分有产品税、增值税、营业税、牲畜交易税；所得税部分有国营企业所得税、集体企业所得税、个体工商户所得税；其他税种有印花税、盐税、屠宰税、建筑税、国营企业奖金税、集体企业奖金税、事业单位奖金税、国营企业工资调节税、个人收入调节税、城市维护建筑税、房产税、筵席税、车船使用税、城镇土地使用税、粮食附加税等 22 个税种以及国家能源交通重点建设基金、教育附加费。

1992 年，产品税中工业品保留 86 个税目，其余 74 个税目改征增值税，扩大和完善增值税，缩小产品税的征税范围。

1993—1998 年，是向社会主义市场经济体制转轨时期的税制改革，分税制体制改革。根据建立社会主义市场经济体制的客观要求，将全部税种划分为中央税、地方税、中央地方共享税。归中央财政收入的税种有：关税、海关代征消费税和增值税、中央企业所得税、地方银行和外资银行及非银行金融企业所得税，铁道部门、各银行总行、各保险公司集中交纳的收入等。中央、地方共享税税种有：增值税（中央分享 75%，地方分享 25%）、资源税（海洋石油资源税归中央，其余归地方收入）、证券交易（中央地方各享 50%）。

归地方（市、地、县）财政收入的税种有：营业税（不含中央和省的营业税）、市地县企业所得税、个人所得税、城镇土地使用税、固定资产投资方向调节税、城市维护建设税、房产税、车船使用税、印花税、屠宰税、农业税及农业特产税、耕地占用税、契税、遗产和赠予税、土地增值税等。

1994 年始，龙泉市全面实施新的税收制度。取消产品税和原来征收的各种奖金税，合并几种经济性质的所得税统一征收企业所得税。1999—2010 年，龙泉市构建社会主义"公共财政"框架税制改革。

农村税费改革

2000 年始，龙泉市取消城乡统筹费、农村教育集资等。改革农村提留征收办法，调整农业税和农业特产税政策，取消屠宰税。2003 年，龙泉市农村税费改革，人均税、费负担由 115.14 元降到 34.7 元，减幅达 70%。2004 年，改革粮食流通体制，对农民实行直接补贴，全面取消除烟叶外的农业特产税。

产品税

在税收舞台上曾经是一个主角，1990 年始，产品税逐步缩小，增值税逐步扩大。1992 年，产品税中工业品保留 86 个税目，其余 74 个税目改征增值税，税率最高 52%，最低 3%。

1993 年始，实行分税制改革，改变按产品分设税目制定差别税率的做法，确立在生产和流通环节普遍征收增值税，在此基础上选择少数消费品再征一道消费税模式，原来征收产品税的农、林、牧、水产品改征农业特产税和屠宰税。1994 年 1 月 1 日起，取消产品税。

营业税

1992 年前，营业税征收的范围很广，包括商业零售、商业批发、交通运输、建筑安装、金融保险、邮政电信、出版、公用事业、娱乐业、服务业、典当、销售不动产和临时经营等 14 个大类。1993 年 5 月 1 日，将出版业纳入增值税征收范围。是年 9 月 1 日起，取消"临时经营"税目中的营业税。1994 年，把货物销售（不包括不动产）以及加工、修理修配业务纳入增值税范围。营业税概括为提供应税劳务、转让无形资产和销售不动产等 3 种、9 类，税率为 3%~10%。1998 年 1 月 1 日始，农村信用社营业税从 5%调至 6%，后又减至 5%。歌厅、舞厅、卡拉 OK 厅、音乐茶座、台球、保龄球、游艺等营业税按 20%征收。

城镇土地使用税

1989 年 3 月，省政府颁发《浙江省城镇土地使用税实施办法》。省内市、县城、建制镇和工矿区适用税额幅度，城区主要街道每平方米为 0.5 元，其他每平方米 0.4 元，郊区、建制镇每平方米 0.25 元。2005 年，新标准是市区一类地段、每平方米 1.6 元、二类地段每平方米 1.2 元、三类地段即建制镇、工矿区每平方米 0.6 元。

2008 年 1 月 1 日始，龙泉市执行的城镇土地使用税标准：环城东路以西至环城西路以东划为一类地块，城镇土地使用税的征收标准为 6.3 元/平方；二类地区（上述区域以外）为 4.2 元/每平方；三类地区是应税的乡镇、工矿区为 2.1 元。

土地增值税

1993 年 11 月 26 日，国务院第十二次常务会议通过《中华人民共和国土地增值税暂行条例》。1994 年 1 月 1 日起执行。龙泉市具体执行办法，通过测算房地产行业的土地增值税预征率为 2.3%。

房产税

1986 年 9 月 15 日，国务院出台《中华人民共和国房产税暂行条例》，是年 10 月 1 日，开始实施。房产税的计税依据为房产余值和租金收入，采用比例税率，从价计征。房产税税率：以房屋的账面原值一次减去 30%后的余值计征，年税率 1.2%；按房屋租金收入计征，年税率 12%。

车船使用税

1986 年 10 月 1 日，施行《中华人民共和国车船使用税暂行条例》。车船使用税适用年定额税率，即根据不同类型车船的辆、净吨位、载重吨位，规定不同的年度车船使用税税额。其中，乘人汽车每辆 100~200 元，载货汽车每吨位 40 元，摩托车每辆 20~80 元，非机动车每辆 6~10 元。对自行车和非营业用非机动车船暂缓征收车船使用税。

2007 年 3 月，国家税务总局发布《中华人民共和国车船税暂行条例实施细则》。对原税额作调整：乘人汽车每辆年税额 360 元，载货汽车每吨位年税额 60 元，摩托车每辆年税额 60 元，对自行车和非营业用的非机动车船暂缓征收车船使用税。

印花税

1988 年 10 月 1 日，实施《中华人民共和国印花税暂行条例》，县域印花税应税凭证范围为购销、加工承揽、建设工程勘察设计、财产租赁、货物运输、仓储保管、借款、财产保险、技术合同和产权转移书据、营业帐簿、权利许可证照等。印花税采用比例税率和定额两种税率，比例税率为财产租赁合同、仓储保管合同税率 1%；财产保险合同税率 0.3‰（1990 年 7 月 1 日起改按保费收入 1‰）；购销合同、建筑安装工程承包合同、技术合同税率 0.3‰；加工承揽合同、建筑工程勘察设计合同、货物运输合同、产权转移书据、营业帐簿（固定资产原值与自有流动资产总额）税率 0.5‰；借款合同税率 0.05‰；其他营业帐簿、权利许可证照按件贴花 5 元。

屠宰税

建国以后就开征，作过多次修改和变动。1994 年，规定对从事生猪（包括牛、羊）购销活动的单位和个人，应按税法规定缴纳屠宰税。收购应税牲畜屠宰税由收购者代扣代征，调整屠宰税税额为猪每头 10 元，牛每头 14 元，羊每只 2 元。2002 年 7 月 1 日起，取消屠宰税。

城市维护建设税

以纳税人缴纳的产品税、增值税、营业税、消费税的税额为计税依据。县域城市维护建设税税率为县城及建制镇 5%，不在县城或建制镇 1%。

1990 年 12 月 26 日，龙泉撤县设市后，城市维护建设税税率由原来的 5%调整为 7%，从 1991 年 3 月 1 日起执行。

2002 年 3 月，城市维护建设税的税率又作调整，纳税人所在地在市区的，税率为 7%；纳税人所在地在县城、镇的，税率为 5%；纳税人所在地不在市区、县城或镇的，税率为 1%。

固定资产投资方向调节税

1991 年 1 月 1 日起，施行《中华人民共和国固定资产投资方向调节税暂行条例》，根据产业政策和项目经济规模实行差别税率，分为 0%、5%、10%、15%、30%五个档次。对计划外固定资产投资项目和以应纳税额 5 倍以内的罚款和加倍征税。2000 年 1 月 1 日起，新发生的固定资产投资额暂停征收固定资产投资方向调节税。

筵席税

1988 年 9 月，国务院发布《中华人民共和国筵席税暂行条例》，浙江省 1988 年 12 月 1 日开征。筵席税按次从价计征，税率为 15%。筵席税起征点为一次筵席支付金额（包括菜肴、酒、饭、面点、饮料、水果、香烟等价款）人民币 400 元，达到或超过征税起点，按支付金额计征。1994 年 1 月 1 日，停征筵席税。

1994 年 1 月 1 日始，取消国营企业工资调节税、国营企业奖金税、集体企业奖金税、事业单位奖金税、牲畜交易税、国营企业调节税。

1998—2010 年龙泉市地方税收入一览表

表 17-2-3　　单位：万元

年份	增值税	营业税	企业所得税	个人所得税	资源税	城市维护建设费	房产税	印花税	城镇土地使用税	土地增值税	车船使用和拍照税	农业税和耕地占用税	契税
1998	906	1194	647	378	—	187	162	—	—	—	—	765	—
1999	996	1364	583	433	—	262	177	—	—	—	—	309	—
2000	1263	1817	723	539	—	382	165	—	—	—	—	973	—
2001	1442	2421	2399	1006	—	417	206	—	—	—	—	301	—
2002	1672	3721	804	951	—	624	262	—	—	—	—	311	459

续表 17-2-3

年份	增值税	营业税	企业所得税	个人所得税	资源税	城市维护建设费	房产税	印花税	城镇土地使用税	土地增值税	车船使用和拍照税	农业税和耕地占用税	契税
2003	1865	4219	752	865	41	670	314	67	31	2	64	371	551
2004	1135	4634	895	774	79	782	422	90	77	244	96	85	927
2005	1986	5128	1085	790	65	952	478	106	145	530	185	102	916
2006	2379	6591	1213	1015	99	1126	538	169	147	973	87	286	748
2007	3373	8075	1524	1236	123	1516	598	174	154	1261	161	23	1384
2008	3923	7835	2057	1222	369	1730	842	252	731	1041	242	61	1601
2009	3559	8181	1776	1476	230	1668	912	240	837	830	324	103	1550
2010	4532	13102	2033	1743	289	2273	1023	450	1001	1231	399	153	2688

第三节　税收管理

专管员制度

税务专管员制度在税收征收管理活动过程中，有着较长的历史。1996 年以前的税收征管工作一直采用这一形式。1996 年，根据税收征管改革要求，龙泉市地方税务局对外建立以办税大厅为标志的纳税人自行申报办税制度，对内形成以取消专管员管户制度为标志的服务、管理、稽查有机结合的征管新格局。对取消专管员制度工作进行部署，先减并基层税务所，设立城区税务分局、农村中心税务所、税务师事务所。适当充实税务稽查力量，从机构编制上削弱专管员形式。从管理形式上淡化专管员管户制度，朝着征、管、查三分离方向发展。

专管员管户制度在特定阶段发挥特殊的作用，随着社会经济的快速发展，其弊端日益显现。以纳税人自行申报纳税为基点，以现代计算机网络为依托，以按征管功能设置机构划分职责的组织体系作保证，集中办税、优质服务、科学管理、重点稽查相结合的税收征管新模式逐步建立。1999 年，地税征管新模式在城乡转换到位，并通过丽水市局验收，专管员管户制度宣告基本取消。

税务登记

1989 年以来，由于工商、税务管理信息不互通，存在个体经济经营者管理户数不一致的现象。在征管工作实践中，为防止漏户，税务部门要求纳税人均需办理税务登记。

1999 年，发布《加强工商登记与税务登记协作管理的通知》，建立地税、工商“户管联网协作管理联络制度”，定期或不定期进行信息交流。2002 年 7 月，进行税务登记户籍管理专项清查，全市已办理营业执照 11079 户，税务登记总户数 4087 户，相差 6992 户。究其原因工商部门只登记不注销，造成每年只增加不减少；双方登记口径不一致；有部分单位和个人只办工商登记未办税务登记。

2005 年 12 月，在市政府行政审批中心实行国地税联合办理税务登记证。2006 年 9 月，市地税局、国税局连续两次联合发文，就换发税务登记证、完善税务登记管理若干问题进行明确规定：共管户税务登记证字号为浙税联字，纯地税纳税人税务登记证字号为浙税地字，同一纳税人原国、地税纳税人识别号不一致的，采用国税纳税人识别号换发新证，实现信息统一。2008 年 10 月起，国税、地税和工商推行“三窗合一”联合办证，实现办理税务登记证免填单，并推广应用“补证承诺制”，极大地方便纳税人办理涉税事项。

票据管理

1990 年，个体工商户和个体承包户领用发票试行保证金制度，规定发票保证金按纳税保证金管理，统一存入专户，不得自行主张移作它用。是年，县税务局为加强发票管理，对统一发票管理员进行职责考核，规定发票的领用和调换工作要按发票管理规定办理，同时要建立统一发票领、换双方账本。

1991 年，龙泉市税务局正式发文，对个体工商户和个体承包户领用发票停止收取押金，改为收取纳税保证金，统一发票领售必须使用“发票准购证”，领售发票实行“交旧换新”制度。

1992 年，发现骗取出口退税等情况，龙泉市税务局加强出口退税专用税票管理，打击出口骗税活动。同时对出口退税专用税票进行统一集中填开，集中管理。采取专管员、所长以及税务业务股室三个层次的责任管理，防止出口骗税案件再次发生。为堵塞漏洞，发出《检发龙泉市发票管理基本制度的通知》，包括发票印刷审批制度，发票领购、缴(注)销制度，发票使用管理制度，发票保管交接制度，发票检查和违章案件查处制度，发票管理岗位责任制，发票管理奖罚制度等七项制度。规定一本发票最长使用期限为一年，到期不论发票是否填用完，一律交回发票发放机关审核，对空白部分切角作废。

1995 年，按照全省统一发票样本，使用种类、内容进行调整，新版本发票分为特种发票、工商业发票、交通运输业类发票、其他行业类发票等四大类 39 种。1997 年，为加强以票管税力度，对账证不全而且发票用量很少的加工户，由税务部门“代管监开”，不允许整本领出使用。

2000 年 5 月，制订《发票管理工作考核办法》及《优秀发票管理员评选办法》，对各中心税务所、直属征管分局、发票管理所的发票管理工作，从发票计划、账证表、发票缴销、发票审核、工本费结算、违章处理、发票调研七个方面进行考核，规定发票实行按月缴销，发票换版时旧版发票必须在发票上注明的有效期满后 3 个月内清缴完毕。

2003 年，要求领购地税发票(不包括具名发票)的纳税人，必须当场在发票联上加盖纳税人发票专用章或财务专用章。对享受营业税减免或实行定额加发票超额定额方式的纳税人，缴销发票存根联时必须报送《发票使用情况报告表》。并对辖区内享受税收优惠的 17 户纳税人的地税发票使用、保管情况进行检查，纳税人均能按规定填开发票。

2005 年，代开发票换版，启用新版发票并对旧版发票进行清理，做好具名发票印制的审批，对发票存根进行缴销及审核，做好运输发票比对差错情况的检查与核实。2007 年，应用新版货运发票和开票软件，进行票表核对和货运发票检查。

2008 年，新版浙江地税普通发票开票软件应用后，减少差错率，既方便纳税人，又利于税务部门管理。积极贯彻落实《具名发票管理暂行办法》《发票印制管理暂行办法》等制度，严格落实发票印制管理。

2010 年，落实“信息管税”，积极推广应用机打发票，严格控制手工发票，合理使用定额发票。

质量管理体系应用普及

2003 年，龙泉市税务局被列入 ISO 9000 质量管理体系认证第二批推广应用单位。9 月 28 日，通过杭州万泰认证公司的认证。2003 年 8 月，印发《全程服务制度》，按 ISO 9000 质量管理体系规范性大纲要求，在办税服务厅设立齐全的服务窗口，负责受理、承办、跟踪、监督、答复纳税人交办的一切地税范围内涉税事宜。2006 年初，建立质量管理员制度。2007 年 12 月，ISO 9000 质量管理体系文件（B 版）修订完毕，正式发布并导入《税友 2006》运行。2008 年 8 月，依据 GB/19001 idtISO 9000:2000 标准和相关税收法律、法规，开展质量管理体系内部审核。

建筑安装、交通运输行业管理

1993 年，成立直属二所，取代原稽管队对建筑安装、交通运输行业的管理。1997 年初，直属所、直属二所、城关、城郊四所撤并设立直属分局。国地税分设后，建筑安装、交通运输行业由地税直属分局企业一股管理。

龙泉市建筑安装业的税收管理从清理施工队伍开始，检查税务登记证、进行施工项目登记，对建筑安装行业的纳税环节、纳税期限都作明确规定。施工环节营业税的确定按照工程进度，施工单位在收取工程预收款时缴纳营业税。要求建设单位，在按期预付工程款项时收取统一发票，原则是分期付款，分期收取统一发票，改变原来工程结束时建设单位收取一张总发票的做法。对建筑安装行业施工过程采购应税材料也出台有效的管理办法。严格施工单位财务管理，通过调查、测算应税材料（原木、砂石料）核定材料计税价，按照工程用料量折算占工程造价的比重，在征收营业税中同时征收应税材料产品税（增值税）。

2002 年，龙泉市地税局积极主动与建设局协调衔接，进一步完善《龙泉市建筑安装业税收征管办法》。下发《建筑业税收征管办法补充通知》，加强非公有建设项目的税收征管，如对农村小水电以及工业厂房等建筑业税收实行属地管理等。

2010 年，龙泉市出台《龙泉市建筑业地方税收管理办法》，主要内容是项目登记、项目变更登记、项目转包、分包登记；规定纳税人两种开票方式，即企业自开票、税务机关代开票；规范所得税管理方式。

交通运输行业的税收管理难度比较大，情况较为复杂。1993 年，实行专门管理，面对着改革开放私营车辆快速增长，私营车主纳税观念淡薄，税收管理工作基础薄弱等情况。根据交通运输行业特点采取有效措施对货运车辆采取按吨位核定税额，需要开发票的根据纳税人的要求实行属地管理，就地申领和填开发票，加强对从事货运行业纳税人的征管。开具货运发票的纳税人，通过代开票纳税人或自开票纳税人认定；客运车辆按座位核定税额。委托车辆运管部门代征。

根据《浙江省地方税务局转发国家税务总局关于加强货物运输业税收征收管理有关问题的紧急通知》，对代开票纳税人应在代开票时按开具的货物运输业发票注明的运费和其它价外费用按 3.3%的征收率征收营业税、城建税及教育费附加（其中营业税税率 3%，城建税税率 7%，教育费费率 3%），根据《浙江省地方税务局、浙江省国家税务局关于代开票纳税人确定所得税征收率问题的通知》，企业所得税、个人所得税征收率为 3.3%。

2006年，完善交通运输行业税收征管办法，建立交通运输业税收征管档案，建立以车牌号为纳税编号的户管档案，及时掌握解纳税人完税情况。

2008年，龙泉市取消养路费，开征燃油税，稽征所代征工作随之结束，货运车辆的税收代征改为税务代理所征收，个体客运由长运公司代征。

1999—2008年龙泉市建筑安装与交通运输业征收地方税情况一览表

表17-2-4 单位：万元

年　份	建筑安装业	交通运输业
1999	408	165.1
2000	780.2	190.1
2001	1278.2	143.9
2002	2027.5	215.9
2003	2639.4	208.1
2004	3202.6	230.7
2005	3196.2	245.6
2006	4646.1	238.5
2007	5360	246
2008	4515.5	343.8
合 计	28053.7	2227.7

个体税收管理

1989年，在城关税务所成立会计服务所（会计服务所是一个民间组织，背靠税务所，为纳税人记账、核算生产经营成果，代理办税业务），采用建帐、建证方式对个体工商户的生产经营进行税收定额核定的控管，依据账证资料，定额核定工作建立在公开、公正、公平基础上。这一管理模式一直延续到国地税机构分设，随后设立税务师事务所延续至2010年。

2000年，为加强个体税收征管，要求各中心税务分局成立个体税收管理领导小组、税收民主评议委员会（直属征管分局与市局合并成立）两个组织，负责"分等量化、科学双定"征管办法的组织实施，先城区后农村，2000年底全面推行。2001年12月，印发《龙泉市地方税收定期定额实施办法》，划定地方税收行业地段等级标准，行业分商业、纯地税、其他类三大类，地段分三级三等，规范双定管理。2003年末，对国地税共管纳税人营业税的核定，原则上与国税局保持一致。对国税局认定其营业额为未达增值税起征点的纳税人，根据纳税人的实际经营情况按规定核定其应税所得额，按规定税率计征所得税。2005年，通过典型调查，对纯地税双定管理纳税人的应税营业额核定办法进行完善。是年6月，对国地税共管户的双定管理纳税人实行国地税统一定额。2007年12月，结合参数定税法，印发《个体工商户定期定额征收管理实施办法》，加强对个体工商户的管理，并出台《个体工商户纯地税行业定额指标参数设计表》，使个体工商业税收管理工作纳入规范管理轨道。

门征税收与委托代征

1989 年以来，门征是税务机关征收税款的主要渠道，随着社会经济、科技、信息产业的发展和税款征收方式的改革，纳税人缴纳税款主要方式是网上申报和银行扣缴。至 2010 年，门征主要是对零星税收、临时经营的业务提供纳税服务的一种形式。

2000 年，印发《地税征管社会化实施意见》，建立和完善征收社会化等五项内容，规定建立健全委托代征制度，对税额小、税源分散的采取委托代征方式，如印花税、屠宰税、交通运输行业税收、私人建房税收等，分别委托金融机构、乡镇财政、公路稽征等部门代征。2002 年，与公安交警部门建立协作机制，委托车管部门代征车船使用税。2004 年 3 月，建立国、地税工作协作领导小组和联席会议制度。2005 年 6 月，国税门征开票项目应纳的地方税收委托国税局代征，二手房交易协议委托房管处代征，资源税委托民爆公司代征，交通运输业定额税收委托公路稽征所代征，通过代征网络的建设，地方税收得到较好的控管。

2006 年，委托龙泉正信合伙税务师事务所代开货物运输业发票，代征相关税（费）。是年底，通过对代征单位的重新审核，确定 30 户具有规定条件要求的单位，签订 2007 年委托代征地方税（费）协议书。

2008 年，为对龙泉市竹、木制品税收进行有效控管。8 月，委托龙泉市国税局在市政府行政办事大厅的林业窗口设立征收点办理出口环节，并且在住龙、小梅、道太林业工作站设立代征点。

第四节　规费与养老保险金征收

教育费附加

1986 年 7 月 1 日起，龙泉县开征教育费附加，凡缴纳产品税、增值税、营业税的单位和个人，除按照《国务院关于筹措农村学校办学经费的通知》，缴纳农村教育事业费附加的单位外，按“三税”税额的 3.5%征收教育费附加。1997 年 1 月 1 日起，提高到 4%。经两次修订和补充，成为现行规定。2006 年 5 月 1 日起，龙泉市以各单位和个人实际缴纳的增值税、消费税、营业税的税额为计征依据，教育费附加征收率为“三税”税额的 3%，分别与增值税、营业税、消费税同时缴纳。

地方教育费附加

从 2006 年 5 月 1 日起，根据浙江省人民政府《关于开征地方教育附加的通知》规定，开征地方教育附加，对龙泉市境内所有缴纳增值税、营业税、消费税的单位和个人按实际缴纳“三税”税额的 2%征收地方教育附加。地方教育附加的征缴期限、征收环节和缴纳地点与“三税”的规定一致，由地方税务机关在征收教育费附加时一并收取。

水利建设专项资金

1994 年 1 月 1 日，根据浙江省人民政府《关于水利建设专项资金征集办法的通知》规定，开征水利建设专项资金。凡有销售收入或营业收入的企事业单位及个体经营者，按上年(也可按当年)销售收入或营业收入的1‰征集水利建设专项资金，银行(含信用社)和保险公司的业务收入按0.6‰征集水利建设专项资金。

县(市)在保证水利建设专项资金收入有一定增长的前提下，经地税机关审核，符合减免条件的单位及个体工商户，可酌情给予减免，减免水利建设专项资金10万元以下的，由县(市)主管地方税务局审批。年初减免水利建设专项资金(含)10万元以上的，报浙江省税务管理局审批。

社会保险费征收

1998年10月，开始代征养老保险费。2001年12月，开始代征医疗保险费。2004年始，社会保险五费全部由地税部门征收，同时负责管理残疾人就业保障金的代征工作。2006年7月19日，龙泉市人民政府办公室出台《龙泉市社会保险费征缴管理暂行办法》，实行社会保险费"五费合征"，规范社保费的登记、申报、缴纳及征收管理。

2009年，事业单位养老保险移交地税部门征收,真正实现征收机构统一，实行网上自行申报。认真落实省政府调整用人单位基本养老保险缴费比例政策。从2009年1月1日始，企业养老保险费缴费比例由20%下调为17%。实行社会保险费年度结算，全面推行灵活就业人员"一户通"扣款缴费。2010年1月1日始，企业养老保险费缴费比例由17%降至14%。

第三章　财政管理

第一节　机构设置

财政税务局

1989年末,龙泉县财政税务局办公地点设在龙渊镇中山路西寺门弄口，内设机构有人教、秘书、监察、预算、行政事业财务、企业财务、会计事务管理、农业财务、综合计划、税政、稽查征收管理、计会股，经建服务处、国债服务部、稽管队、税务检查组、大检查办公室和检察院税务检察室等18个部门，下设财政税务所有直属所、城关所、八都所、城郊所、城南所、龙南所、安仁所、屏南所、道太所、城北所、锦溪所等11所，下有查田、上垟、茶丰、住龙、东书、瑞垟6个税务稽征组和东书、水上、雷公滩、黄坑淤、花桥、四源(汤源)、小梅、安仁8个税务检查组。1990年9月，成立办公室，撤销人教股、秘书股、监察室。1990年12月26日，龙泉撤县设市，原县财政税务局同时改称市财政税务局。1991年7月11日，恢复人事监察股。

1993年，建立17个乡镇财政所，隶属乡镇人民政府，接受财税部门业务指导。2002年，撤销龙渊镇财政所，设立龙渊、剑池和西街街道3个财政所。

财税分置

1994年12月，撤销市财政税务局，设立龙泉市财政局，龙泉市地方税务局和龙泉市国家税务局，合署办公，撤销经建服务处、国债服务部。1996年8月，龙泉市财政局、地方税务局办公地点迁至剑池西路92号。1997年8月，龙泉市国家税务局单设。

1997年5月20日，龙泉市人民政府办公室根据丽水地委、行署机构改革方案，批准龙泉市财政局、地方税务局职能配置、内设机构和人员编制。1997年9月22日，成立龙泉市农业综合开发办公室，办公室设市财政局，办公地点暂定市农业局。2003年，龙泉市编办确定农发办的事业编制，市财政局从相关部门抽调配备各方面专业人才，办公地点搬迁到市财政局。2008年，农发办主任高配副科，不再由财政局副局长兼任。

1999年，龙泉市财政局下属自收自支事业单位会计师事务所和资产评估师事务所脱钩。1999年1月1日，人事监察科分为人教科和监察室两个科室。

2000年8月16日，设立龙泉市财政局、地方税务局信息中心。是年11月7日，设立龙泉市行政事业单位会计核算中心。2001年8月，将龙泉市财政局会计核算中心确定为龙泉市会计核算中心（简称核算中心），并明确该机构为全额拨款事业单位，由财政局代为管理，核定人员编制15人。2001年8月8日，设立龙泉市政府采购办公室。2001年，撤销检察院税务检察室。

2002年8月22日，龙泉市人民政府办公室根据龙泉市党政机构改革方案的通知，设置龙泉市财政局、地方税务局，内设办公室、人事教育科、纪检监察室、预算科（国库科）、行政事业科（社会保障科）、综合计划科、会计管理科、农业科、经济建设科、国有资产企业管理科、监督检查科（财政监督科）、政策法规科、税政管理科、征收管理科、计划财务科等15个职能科室。

2004年4月19日，龙泉市机构编制委员会批准，设立规费管理科。是年11月24日，龙泉市机构编制委员会批准，同意设立龙泉市会计委派管理中心，并核定编制6人，为市财政局下属事业单位。2004年12月30日，龙泉市机构编制委员会批准，同意市财政局内设机构中单独设置社会保障科。

2007年7月2日，龙泉市机构编制委员会批准，同意将挂牌在预算科的国库科单独设置。是年8月，设财政行政许可科（驻市政府办事大厅）、地税行政许可科，挂靠征管科；8月27日，增设绩效评价科；11月28日，设立龙泉市财政项目预算审核中心，为下属事业单位，核定编制5人。

2009年8月，国库科从预算科中分离，单独设置办公。同时，行政事业科与综合计划科合并办公。2010年初，龙泉市财政局、龙泉市地方税务局合署办公，对内一套班子，对外两块牌子、两个印章，两局共有干部173人，其中市局机关92人，基层单位81人。另有离退休干部18人。市局机关机构设局长、书记1人，副局长5人，纪检组长1人。设置局办公室、人事教育科、监察科、政策法规科、预算科、国库科、社会保障科、农业科、综合计划科（行政事业科）、国有资产企业管理科、经济建设科、会计事务管理科（监督检查科、绩效评价科、行政许可科）、计划财务科、征收管理科、税政科（涉外税收管理科）、规费管理科、信息中心、农业综合开发办公室、财税学会。同时，设有会计核算中心、会计委派管理中心、预算项目审核中心、国有资产投资担保有限责任公司。

第二节　财政体制改革

财政分配改革

1988—1990年，浙江省实行“递增上缴，超收分成”“总额分成”“定额补助”三种体制，对龙泉县实行按1987年实际上交数额为基数，实行“递增上缴，增收分成”的财政体制。收支范围与上一轮财政管理体制相同，新一轮财政体制改变原体制下财政统收统支的集中管理模式。

1990年，调整中央、省与县财政固定比例分成收入。主要为能源交通重点建设基金，中央与地方倒三七分成，浙江省与龙泉县倒三七分成，即中央70%、省21%，县9%；国家预算调节基金中央50%、浙江省15%、龙泉市35%；耕地占用税收入由原上交中央50%、浙江省10%、龙泉县40%，改为上交中央30%、浙江省10%、龙泉县留用60%；城镇土地使用税中央与地方实行五五分成；国有土地使用权有偿出让收入，20%为龙泉县取得收入的固定收入，48%为地方预算收入（省不参与分成）龙泉县留用，32%为中央预算收入，上缴中央财政。

1992年，浙江省人民政府下发《关于试行“分税制”财政体制的通知》，通知指出，为更好地调动各市地县增收节支、发展经济、提高效益的积极性，推进改革和各项建设事业的发展，决定根据中央对省实行“分税制”试点文件精神，从1992—1995年，省对各市地县试行“分税制”财政体制。龙泉市地方财政固定收入包括农牧业税，城市维护建设税，车船使用税，房产税，屠宰税，牲畜交易税，集市交易税，契税，奖金税，印花税，筵席税，农林特产税，地方国营企业所得税、调节税、上缴利润和政策性亏损补贴，集体企业所得税，外资企业和地方部门所属的中外合资企业所得税，城乡个体工商业户营业税、所得税，私营企业所得税，个人所得税，个人收入调节税，国营企业工资调节税，地方基建贷款归还的本息收入，盐税，工商税收税款滞纳金、补税罚款收入，固定资产投资方向调节税以及其他收入。省级财政固定收入与市地县财政固定收入的划分，个人所得税，个人收入调节税，国营企业工资调节税，地方基建贷款归还的本息收入，盐税，工商税收税款滞纳金、补税罚款收入，固定资产投资方向调节税以及其他收入。

中央和地方财政共享收入，包括产品税，增值税，营业税，工商统一税，资源税。全省（不含宁波）70个市地县的共享比例分为四档：第一档为经济发达，财政上交较多的地区，地方留30%，上交70%；第二档为经济相对发达地区，地方留50%，上交50%；第三档为经济相对不够发达地区，地方留70%，上交30%；第四档为贫困县及个别特殊困难地区，共享收入全部留用。龙泉属于第三档，地方留70%，上交30%。

龙泉市地方财政支出包括地方统筹的基本建设投资，地方企业的挖潜改造和新产品试制费，简易建筑费，支援农业支出，城市维护建设费，地方农林水利事业费、工交商部门事业费、文教科学卫生事业费、行政管理费、公检法支出、民兵事业费、价格补贴支出，其他支出等。

由中央掌管的专项支出包括特大自然灾害救济费，特大抗旱和防汛补助费，支援经济不发达地区发展资金，边境建设事业补助费，粮油加价款等，这些支出由中央财政统一管理，实行专案拨款，不列入地方财政支出包干范围。

收入基数以 1989 年收入决算数为基数，支出基数以 1989 年的地方包干体制应得财务为基础，在进行必要的因素调整后加以确定。地方财政固定收入加共享分成收入与地方财政支出基数相比较，收入大于支出的地区，换算为 1991 年上解数后，从 1992 年起一律按 5%的比例递增包于上解；支出大于收入的地区，换算到 1990 年后，从 1992 年起实行定额补贴，对贫困县给予适当照顾。省对市地县试行“分税制”期间，实行保不吃亏政策，按“分税制”计算与按原包干体制计算比较，地方若少得的，年中由省财政补足；地方若多得的，全部归市县留用。龙泉收入基数以 1989 年收入决算数为基数为 3432.3 万元；支出基数以 1989 年的地方包干体制应得为基数，为 3632 万元，补助基数为 199.7 万元。

1994 年，实行分税制后，根据浙江省人民政府《关于实行分税制财政管理体制的通知》和《关于实行分税制财政管理体制的补充通知》。以 1993 年为基期年，1994 年后税收返还额在 1993 年基数上递增，递增率按上划中央收入增长率的 1∶0.3 系数确定，县（市）因此而增加的税收返还额，省集中 20%。地方财政收入除排污费、教育费附加、能源交通重点建设基金和国家预算调节基金外，以 1993 年为基期年，从 1994 年起省与县（市）实行增收分成，实际收入比基数增长部分，省得 20%，县（市）得 80%。原体制实行递增上交的县（市），按县（市）1993 年实际上解省的收入和原定递增比例继续递增上交，龙泉市为 5.5%。

2008 年，浙江省人民政府进一步完善财政体制，出台《关于完善省对市县财政体制的通知》。完善“两保两挂”财政政策，建立分类分档激励奖补机制，将“两保两挂”统一调整为“分类分档激励奖补机制”，对欠发达地区实施三档激励补助政策、两档激励奖励政策，龙泉市属二档激励补助、二档激励奖励政策范畴，在确保实现当年财政收支平衡、确保完成各项职责任务的前提下，实行省补助与其地方财政收入增长挂钩，奖励与其地方财政收入增收额挂钩的办法。补助办法是县（市）地方财政收入每增长 1%，省补助按 0.3 补助挂钩系数相应增长；按地方财政收入当年增长额的 10%给予奖励，奖励分为发展资金和考核奖励两部分，其中 8%部分用于发展资金，2%部分用考核奖励。

2010 年，浙江省对龙泉市继续实行 2008 年浙江省人民政府出台的《关于完善省对市县财政体制的通知》的财政体制。

乡镇（街道）财政体制改革

1986 年，龙泉县建立乡镇财政体制，开始实行行政管理经费及农业、文化、教育、广播、计划生育及其他部门事业经费统一管理，规范和完善收支管理机制，乡镇财政体制框架初步形成。

1992 年，龙泉市人民政府出台《关于实行乡镇财政目标管理的通知》，进一步健全乡镇财政管理体制，对乡镇财政实行收支目标管理，基本原则是：核定基数、收支挂钩、超收分成、欠收自补。收入基数以 1991 年各乡镇工商各税、农业税、农林特产税三大类税后净入库数为基础，再考虑各乡镇现有的实际与发展后劲核定三年收入的环比递增率来确定（龙渊、八都、查田环比率为 6%，安仁、龙南、兰巨、础石环比率为 4%，其余 10 个乡镇环比率为 5%）。支出基数以 1991 年行政事业预算包干经费为基础，根据市人事部门、编委正式发文批准的人员数计算出的支出数等确定。收支挂钩是指对收入大于支出的定额上缴，收入少于支出的给予定额补助。超收分成是指每年的净收入数超过核定的基数部分，实行乡镇、市、省三级分成。欠收自补是指每年收入未达到收入基数由乡镇财政用自有资金抵补。同时，文件明确乡镇收入仍按两条线管理，各乡镇的各项规费收入、罚没收入等预算外和自筹收入一律由乡镇财政集中管理，统一纳入乡镇财政预决算。

1993 年，设立 17 个乡镇财政所，隶属乡镇人民政府，主要职责是农业“四税”的征收，乡镇财政的管理和预决算及预算外资金的管理，进一步加强乡镇基层政权建设，完善乡镇政府功能。

1995 年，实行“一保一挂一奖励”的财政体制，“一保一挂”是指乡镇财政当年收支平衡，市财政对乡镇专项补助进行挂钩。

1998 年，根据乡（镇）事权和财权相结合、乡事乡办、乡财乡理的原则，实行新一轮“分税制”乡镇财政管理体制（龙政〔1998〕7 号）。收入基数以 1997 年市下达给各乡（镇）的农业税征收任务数和 1997 年各乡（镇）农林特产税实际征收数为基数，支出基数以 1997 年市财政核拨给各乡（镇）的人员经费和公用经费为基数。按乡（镇）收入和支出基数，把 17 个乡（镇）分为三种类型，即定额上交、自求平衡、定额补助。完成农业税、农林特产税收入基数的，市财政核拨支出基数；超额完成收入基数的，其超额部分市财政根据乡（镇）三种类型，按不同比例分别予以分成；当年未完成收入基数的，对短收部分相应扣减乡（镇）的支出基数。

1999 年，对“分税制”乡镇财政管理体制进行调整细化，地税部门负责征收的农林特产税不再作为乡（镇）财政固定收入，收入基数中确定源头农林特产税的基数为零。超额完成收入基数的乡（镇），其超额部分一律按 6:2:2（乡镇:市:省）分成，少数民族乡乡得部分提高 5%。

1999 年，龙泉市财政局分别出台《龙泉市乡镇财政工作考核办法》《龙泉市乡镇财政管理试行办法》，办法对乡镇财政所、预决算制度、农税征管、预算外资金管理、资产管理、监督机制等都提出具体的要求，对乡镇财政工作职责分十个项目进行管理，采用 200 分制进行量化考核。

2000 年，龙泉市委、市政府提出的“二次创业”战略，加快龙泉市乡镇经济发展，对乡镇实行“划分税种、收支挂钩、税收分成、欠收赔补”的财政管理体制，并实行“两保两挂”政策。收入基数以市下达给各乡镇的农业税征收任务数为基数，农林特产税源头征税部分的基数为零，增值税市得部分和地方工商税收以上年度实际入库数为基础，按 10%的递增率确定为收入基数。“一保”乡镇财政当年收支平衡，市财政对乡镇专项补助进行挂钩，“二保”乡镇财政完成市财政下达的消赤指标，市财政按“消赤”额的 20%予以补助。

2005 年，浙江省对经济欠发达地区乡镇实行“乡财县管”，坚持“人员经费保障，公用经费适度，发展与收入挂钩，增收按比例分成的原则”，建立激励机制，发挥乡镇（街道）发展工业经济和理财的积极性，实现乡镇财政收支平衡。税收分成以经确定列入乡镇（街道）范围的企业 2004 年度实际上缴入库的增值税、营业税、企业所得税为基数，超基数留市部分实行超收分成，乡镇（街道）分成比例为 35%。超收分成部分用于基础设施建设和公益事业支出。公益经费按乡镇（街道）的管辖面积、行政村个数、交通、通讯以及在职人员数等综合因素确定公用经费分类定额标准。同时，加强乡镇（街道）财政管理，实行乡镇会计集中核算制。

2008 年，龙泉市出台《关于进一步完善乡镇（街道）财政政策意见》，立足保底运转、分类奖励的原则，根据全市发展格局和功能区划分及乡镇（街道）承担政府职责任务的不同，将乡镇类型划分为两类，实行“核定基数、综合考评、分类奖励”，即以乡镇（街道）为单位。2005—2007 年，乡镇财政体制结算实际分成数加权平均，并综合考虑 10%增长比例因素核定奖励基数，综合市政府对乡镇（街道）年度工作目标责任制考核、乡镇税收增长率、市财政局对乡镇（街道）财政所工作考核等因素，并按一定的权重比例，计算奖励资金，既确保乡镇（街道）正常运转，又充分发挥乡镇（街道）优势和增强乡镇自求平衡、自我发展能力，促进乡镇（街道）各项事业发展。同时，经财政部门多方协调和筹资，一次性化解 19 个乡镇（街道）2008 年前银行贷款债务，全市乡镇实现“零债务”，进一步调动乡镇（街道）发展经济积极性。

第三节　国有资产管理

机构与队伍

1989 年，由县财政局企业财务股对国有资产进行管理，之后由国有资产企业管理科进行管理。2003 年，成立市国有资产管理委员会，由市长任主任、分管副市长任副主任、相关部门负责人为委员，并下设国有资产管理办公室。2007 年，对龙泉市国有资产管理委员会进行调整，将下设的国有资产管理办公室改由市财政局局长任主任、分管副局长任副主任。2003 年，成立龙泉市国有资产投资有限公司，2007 年，变更为龙泉市国有资产经营有限公司。2008 年，变更为龙泉市国有资产投资担保有限公司。

国有资产处置

2003 年，制定出台《龙泉市行政事业单位国有资产处置管理办法》。2006 年，制定《龙泉市国资清查工作方案》，组织开展国有资产清查工作，通过对全市的国有资产（截至 2006 年 6 月 30 日）进行清查,基本上摸清家底，查清国资存量，建立健全国资管理数据。2008 年，根据财政部《行政单位国有资产管理暂行办法》《事业单位国有资产管理暂行办法》的规定,结合龙泉市实际，为保证国有资产处置管理工作的制度化、规范化和精细化，制定出台《龙泉市行政事业单位国有资产处置管理实施办法（试行）》，建立龙泉市国有资产处置管理规范化运作的长效机制。

国有资产出租

2006 年 12 月，制定出台《关于规范行政事业单位国有资产出租行为的通知》，建立国有资产出租规范化运作机制。2008 年 7 月，为进一步加强行政事业单位国有房产出租管理，制定出台《龙泉市行政事业单位国有房产出租实行集中管理方案》。2009 年，为进一步规范和加强行政事业单位固定资产的管理，调研制定《龙泉市行政事业单位固定资产管理暂行办法》。对行政事业单位国有资产出租、出借和处置收入，按照政府非税收入管理的规定，实行“收支两条线”管理，严格把好收入和支出审核关。2009—2010 年，累计出租国有资产 156 起，处置国有资产 67 起，共取得国有资产收益 2047.31 万元。

第十八篇

金　　融

1989年,龙泉县金融系统各项存款1.61亿元,各项贷款1.16亿元。2010年末,龙泉市金融系统各项存款75.22亿元,是1989年的46.72倍;各项贷款61.43亿元,是1989年的52.96倍。2010年,龙泉市金融行业的监管机构有中国人民银行龙泉市支行、中国银行业监督管理委员会丽水监管分局龙泉办事处。银行业经营机构有中国工商银行龙泉支行、中国农业银行龙泉市支行、中国建设银行龙泉支行、中国银行龙泉支行、中国农业发展银行龙泉办事处、中国邮政储蓄银行龙泉市支行、龙泉市农村信用合作联社、浙江泰隆商业银行股份有限公司丽水龙泉支行等。保险业经营机构有中国人民财产保险股份有限公司龙泉支公司、中国人寿保险股份有限公司龙泉支公司等。证券业经营机构1家,中国银河证券龙泉新华街证券营业部。全市银行业经营机构除开展传统的存、贷款等主体业务外,还有现金管理、支付结算、资金清算、证券债券和中间(代理收付)业务等。

第一章　货　币

第一节　货币管理

现金管理

1990年，中国人民银行龙泉县支行组织开展全县现金管理大检查，重点检查执行大额现金审批制度是否到位，领取现金是否严格按照现金管理规定办理，有否核定并及时调整各单位现金库存限额。1993年，中国人民银行龙泉市支行组织货币回笼，控制货币投放，加强现金管理，压缩单位库存现金，逐步强化宏观调控。1994年，严格控制消费基金增长，抑制通货膨胀，全面实行大额现金审批报备制度。报备对象为办理结算和现金业务的各金融机构；报备范围除储蓄、工资性现金支出以外的大额现金支出；报备起点金额确定为10万元。1997年，中国人民银行龙泉市支行贯彻执行《关于加强现金管理工作有关问题的通知》《关于大额现金支付管理的通知》《大额现金支付登记备案规定》等一系列现金管理制度，规定严禁公款私存，控制不合理现金支出；规范信用卡管理，减少信用卡提现；严格执行账户管理规定，建立大额现金支付登记备案制度；合理核定开户单位库存现金限额，强化开户单位库存现金管理；改进金融服务、积极组织货币回笼；推广便捷的结算工具，引导企业减少现金使用。2000年，中国人民银行龙泉市支行执行《中国人民银行上海分行大额现金支付管理实施办法》，简化大额现金审批手续，承担金融管理职能的人民银行不再直接审批大额现金，由各商业银行、信用联社等负责审批。同时，强化开户银行的现金管理内控制度，严格现金审批权限，对5万元以上（含5万元）的现金支付，按规定审批后支付；建立大额现金支付异常情况报告制度和报备制度，大额现金报备起点金额提高至50万元。

2001年前，中国人民银行龙泉市支行现金管理重点是合理控制现金投放，防止因现金过量投放引起短期物价上涨。中国人民银行龙泉市支行贯彻执行中国人民银行下达的指令性现金计划，加强宏观金融调控，严格控制消费基金增长，抑制通货膨胀，严格控制不合理的大额现金支付，严禁违规大额支现。是年，中国人民银行龙泉市支行现金管理重点发生转移，防范和打击利用现金结算从事违法犯罪活动，防范和化解现金结算风险为主。2001年末，中国人民银行新规定现金管理职责由货币信贷部门调整到货币金银部门。

2006—2010年，中国人民银行龙泉市支行注重商业银行现金收支分析工作，强化商业银行人民币收付业务管理，每年组织力量对商业银行人民币收付业务开展检查，藉以规范现金收支行为，确保现金供应，防范金融流动性风险。

反假货币

20 世纪 90 年代始，中国人民银行龙泉市支行每年都以专题宣传周或主题宣传月等形式，广泛开展爱护人民币和反假币宣传咨询活动，每年接受教育咨询群众多达数千人。注重运用宣传标语、宣传彩图、宣传资料，与群众面对面、手把手进行真假票样比对，详细讲解、传授、普及人民币真伪鉴别知识，以提升人民群众的防假反假意识。

金融管理部门注重构建反假货币长效机制，开展农村、社区反假货币宣传网络建设。依托“银行卡助农取款服务”窗口，开辟“农村反假货币工作点”。反假货币工作网络实现乡镇全覆盖；行政村覆盖 259 个，覆盖率为 58%。注重加强反假联络员队伍建设，择优选取有一定文化水准、群众基础好、工作热情高的群众充实到反假联络员队伍中。依托反假币工作站点，发放宣传资料，深入开展反假货币宣传。在“农村反假货币工作点”中，选取 17 个工作点，开展创建“农村人民币券别兑换中心”试点，以方便农民群众兑换零钱、新钱。

2009 年 7 月，中国人民银行龙泉市支行巩固打击整治假币违法犯罪工作成果，联合龙泉市公安局，组织辖内各金融机构开展打击整治假币违法犯罪专项行动,协助公安机关研判线索、串并案件、侦查破案。要求各银行机构按照《中国人民银行假币收缴、鉴定管理办法》，开展假币印章清查工作，掌握金融机构假币印章使用状态，处理不合理的使用。通过报纸、电视、网络等多种媒体平台，组织开展有针对性的宣传活动，普及反假货币知识。

1989—2010 年，龙泉市(县)金融系统和公安部门发现并收缴若干假人民币、假外币。2005 年，收缴假币 57395 元。2010 年，中国人民银行龙泉市支行收缴假币 114217 元。假人民币涉及各种不同面值的纸币和 1 元硬币。对收缴的假币均按相关规定作妥善处置。

第二节　信　贷

存款

龙泉市金融部门存款一般分为财政性存款、企业存款、农业存款、个人储蓄存款和其他存款。1989 年 12 月末，龙泉县金融机构各项存款余额 1.61 亿元；2010 年 12 月末，龙泉市金融机构各项存款余额 74.57 亿元，是 1989 年的 46.3 倍。

1989—1993 年龙泉市(县)金融机构年末存款余额一览表

表 18-1-1　　单位：万元

年份	企业存款	财政存款	机关团体部队存款	储蓄存款		农村存款	信托存款	其他存款
				城镇储蓄存款	农村储蓄存款			
1989	4171	967	770	6579	—	2827	377	362
1990	6434	1292	1098	8667	—	3279	476	541
1991	8070	1280	1151	10843	8270	1334	237	1194

续表 18-1-1

年份	企业存款	财政存款	机关团体部队存款	储蓄存款		农村存款	信托存款	其他存款
				城镇储蓄存款	农村储蓄存款			
1992	9475	455	1256	13629	10414	1343	570	1293
1993	8068	887	1463	19031	13537	2047	1094	1281

说明：数据来源于《龙泉市统计年鉴》。

1994—2010 年龙泉市金融机构年末存款余额一览表

表 18-1-2　　单位：万元

年份	企业存款	财政存款	机关团体部队存款	储蓄存款		农村存款	信托存款	其他存款
				活期	定期			
1994	14926	294	637	9918	32783	803	3741	4
1995	17388	1659	304	13067	43284	728	4601	115
1996	21283	2588	452	12403	51823	374	-9	134
1997	23757	1582	464	13087	59405	407	51	815
1998	25899	712	1059	15830	68465	2737	-20	1743
1999	29383	642	2158	22430	71797	5067	—	1316
2000	36135	761	1632	29833	70475	7408	—	857
2001	49289	1391	1570	36504	71866	11479	—	1013
2002	60812	4049	4236	47317	76515	14476	—	2683
2003	72729	3874	6999	58652	83086	19211	-6	1313
2004	73641	5590	5535	61753	77300	14690	-15	684
2005	77640	3590	15760	75651	75398	17236	5	4599
2006	81670	4142	32622	101762	84218	17539	6	6991
2007	89056	4330	37802	114572	86079	23411	—	7562
2008	87511	135	37220	137771	109917	23213	46	19877
2009	101234	23	45403	166249	130102	23228	258	12836
2010	189971	47	95917	232910	180607	32265	4	13969

说明：数据来源于《龙泉市统计年鉴》。

贷款

1989 年 12 月末，龙泉县金融机构各项贷款余额为 1.16 亿元；2010 年 12 月末，龙泉市金融机构各项贷款余额为 61.43 亿元，比 1989 年增长约 52.96 倍，各项贷款占各项存款比例由 72.05%，增至 81.67%。

1989—1995 年龙泉市(县)金融机构年末贷款余额一览表

表 18-1-3 单位:万元

年份	流动资金贷款					农业贷款	固定资产贷款	信托贷款	其他贷款
	工业贷款	商业贷款	个体工商业贷款	乡镇企业贷款	其他贷款				
1989	2384	5885	—	1141	120	267	1630	119	89
1990	3166	5819	—	1302	420	344	1742	119	85
1991	4192	6098	247	2361	214	2790	1846	—	1023
1992	4873	7643	306	2593	227	3519	2746	—	1283
1993	7392	10682	385	3029	254	5174	2927	499	1978
1994	8515	11465	692	3048	—	2258	5043	—	9627
1995	9610	11606	2863	3784	611	2424	4748	—	14326

说明:数据来源于《龙泉市统计年鉴》。

1996—2008 年龙泉市金融机构年末贷款余额一览表

表 18-1-4 单位:万元

年份	短期贷款							中长期贷款	其他贷款
	工业贷款	商业贷款	个体工商业贷款	乡镇企业贷款	农业贷款	建筑业贷款	其他贷款		
1996	11369	13897	2700	4982	1999	—	13652	5602	1707
1997	10840	14435	1774	5973	1910	1489	12913	8099	2937
1998	11785	15474	2883	6667	2384	—	19379	9537	1263
1999	12221	14153	2792	9718	2950	—	21483	14069	1474
2000	9235	10842	917	11956	4173	—	28628	20196	—
2001	9294	9208	944	14142	14157	—	11838	41461	423
2002	8763	10019	1112	14080	20489	—	14480	53402	1581
2003	10213	22950	1725	16866	29116	8650	30121	71149	1669
2004	11726	19897	1193	14231	26803	500	22371	104475	10
2005	16624	9216	1413	13858	30724	500	25288	113202	370
2006	24323	6274	6274	17171	34078	500	17784	135697	—
2007	36778	2018	732	19548	44031	700	18679	179554	—
2008	54635	2699	2045	20372	53145	700	31078	185205	—

说明:①数据来源于《龙泉市统计年鉴》。②2009-2010 年,因贷款统计口径变化,未列出。

第二章　银　　行

第一节　中国人民银行龙泉市支行

1989年，中国人民银行龙泉县支行内设办公室、监察室、综合计划股、金融管理股、货币发行股、稽核股、会计股、保卫股等8个职能股室，工作人员35人。1991年2月，中国人民银行龙泉县支行更名为中国人民银行龙泉市支行。1993年，按照国务院《关于金融体制改革的决定》，中国人民银行龙泉市支行进一步强化金融调控、金融监管和金融服务职责，划转出政策性业务和商业银行业务。1998年底，中国人民银行实行机构改革，中国人民银行龙泉市支行由原中国人民银行浙江省分行管理划归中国人民银行上海分行管理。2003年4月，中国银行业监督管理委员会成立。按规定，从中国人民银行龙泉市支行28名工作人员中划出4名人员到银监会龙泉办事组。12月，《中华人民共和国中国人民银行法》修正后，中国人民银行龙泉市支行主要职责调整为贯彻执行货币政策、维护辖内金融稳定和提供金融服务"。2004年4月，经上海分行批准，中国人民银行龙泉市支行为中国人民银行丽水中心支行辖内的中等规模行，内设办公室（含内审）、信贷调统股（含外汇管理）、保卫股、货币金银股、营业室（含会计、国库）共5个股室，工作人员24人。2010年，中国人民银行龙泉市支行共有工作人员19人。

第二节　国有商业银行

中国工商银行龙泉市支行

沿革　1984年，从原中国人民银行龙泉县支行分设成立，为国家专业银行，独立行使专业银行职能。2005年10月28日，中国工商银行改造为股份有限公司，成为股份制商业银行。 1989年，龙泉县工商银行设行长室、人秘股、储蓄股、计划股、信贷股、会计股、出纳股。下设第一分理处、第二分理处、中山储蓄所、府前储蓄所、新华储蓄所、人民路储蓄所、西街储蓄所、刨花板厂联办储蓄所（与第二分理处合署营业）、宫头储蓄所、红旗厂联办储蓄所等10个营业网点，共有在岗职工100人。1991年，增设科技股、保卫股、经济民警队。1992年，增设稽核股、牡丹卡业务部。1993年8月，增设麻车头储蓄所，设房地产信贷部。1994年，增设南站储蓄所、红楼储蓄所；是年9月，开办国际业务。1996年，开始走集约化经营之路，在对营业网点进行量、本、利分析的基础上，逐步开始撤并机构、压缩人员，将人秘股、保卫股合并为办公室，计划股、信贷股合并为信贷股，会计股、出纳股合并为营业部，将新华储蓄所、人民路储蓄所、第一分理处、牡丹卡代理处合并成立西街头营业部，精减员工8人。1997年，第二分理处与南站储蓄所合并设南站分理处。1998年，事后监督与科技股合并设监督部，支行内设机构压缩到二部一室，红楼储蓄所、府前储蓄所、麻车头储蓄所合并设府前分理处，减员18人。2000年，府前分理处并到支行营业部，办理内退10人。2001年，支行内设机构调整为行长室、办公室、市场业务部、营业部，辖属西街头分理处、南站分理处，营业网点压缩至3个，支行在编人员进一步缩减至52人。2002年12月14日，支行搬迁至中山西路12号营业。2003年，撤销南站分理处，集约化经营全部到位，营业网点从1994年的12个压缩至2008年的2个，在岗员工从100人精减至42人。

2006年10月19日，中国工商银行股票同时在上海和香港证券交易所成功上市。2010年，龙泉支行现有在岗员工42人，设址龙泉市中山西路12号。

业务发展 1989年初，各项存款5142万元。1991年，各项存款突破1亿元；1993年，推出“季季发”“连连发”等有奖储蓄品种；至1998年，各项存款17678万元，社会养老统筹账户在该行开设财政账户和支出账户；1999年，各项存款突破2亿元；2000年，对公存款余额首次突破亿元。2001年，各项存款突破3亿元；2003年，开办教育储蓄业务。2008年末，各项存款6.2亿元。2009年末，各项存款8.2亿元。2010年末，各项存款10.6亿元。

1989年初，贷款规模为4227万元。1990年，全年的贷款重点用于支持骨干企业正常生产和组织居民生活必需品需求；1991年，重点支持符合产业政策的重点行业、重点产品生产。1992年，全年新增贷款1010万，增加额是上年的三倍，同时抓住机遇开展不良贷款的剥离核销工作，全年共计剥离44户，本金1036万元，利息768万元，核销呆账贷款3户，本金302万元，利息137万元。1999年，开始办理个人住房按揭贷款业务。2001年，不良贷款率从23.48%下降为4.94%。2002年，各项贷款突破2亿元。2003年，各项贷款突破3亿元，实现信贷资产零不良率。2005年，转变经营观念，把做好中小企业的金融市场作为一项可持续发展战略来抓，加强对优质中小企业市场的贷款投入，积极处置不良贷款，贷款不良率为0.14%。2006年，扶持龙头骨干企业做大做强的同时推进个人贷款的健康发展，全年共办理个人按揭贷款205笔，金额4889万元，全行个人贷款达20831万元，占比达49%，贷款不良率下降至0.1%。2008年末，达到68576万元，增加16倍。2007—2010年，分别新增贷款1.2亿元、1.5亿元、2.1亿元、1.78亿元。贷款不良率分别为零、0.04%、1.29%、0.06%。

1989—2010年，业务品种由单纯存、贷款业务发展为以存贷款业务为主体，涵盖结算业务、国际业务、电子银行业务、银行卡业务等业务网络，中间业务得到迅速发展。90年代初期，以代发工资形式开始中间代理业务扩大储源，1992年推出信用卡业务。1994年9月14日，设立国际业务部，开办国际业务。开始办理银证转账、移动话费、统筹养老金、人寿保险金等项目的代收代付。2002年，开始代理基金销售。进一步确立中间业务强行的经营策略，依托传统业务、客户基础和科技保障等优势，确立先发优势，做到资产业务和中间业务联动发展，进一步突出中间业务，把中间业务当作精品来抓，采取有力措施推动中间业务发展，着力提高中间业务规模效应，中间业务收入取得突破性增长。2004年始，实现中间业务收入连年翻番，2008年，实现中间业务收入775万元。2009年，实现中间业务收入1075万元，比上年增幅为41.82%。2010年，实现中间业务收入1348万元，比上年增幅25%。

经营管理 1987年，全省工商银行系统账务组微机上机试机成功，结束手工结算的历史。1993年，全部网点用电脑处理业务，并实现支行所辖各网点储蓄存款的通存通兑。1994年，实现核算方式与国际金融机构接轨，采用国际通用的借贷记账法。1995年，电子汇兑顺利开通，实现全国间的汇款24小时到达。1996年，首台ATM自动取款机投入运行，顺利实现对公、储蓄业务的全区、全省通存通兑。1998年11月，对公储蓄业务加入全国通存通兑网络。2005年，积极推进股份制改造，按时保质保量完成各项工作。2005年10月28日，中国工商银行股份有限公司成立，龙泉支行在向现代商业银行前进的道路上又迈进新的一步。

2006年，重点抓交通高速公路接盘、路面硬化工程、康庄工程及下属企业的存款接盘工作，争取土地使用权招标拍卖保证金及出让土地指标存款。是年，存款48933万元，比年初增加7838万元。

2007年，规范考核办法，任务到人，按月通报进度，将经营户、大户的营销清单下达到网点，网点到人。发展高端客户，巩固中端客户，优化客户结构，深化“专业化经营，系统化管理”改革，构建以客户为中心的“大个金”经营。继续落实“一把手工程”，发挥上下联动作用。2007年存款53036万元，比年初增加4103万元。

2009年，落实分区经营，网点向贵宾理财网点转型，将高低柜分设到位，对柜台业务进行全面整合。设立龙泉支行小企业金融业务分中心。2010年，筹建庆元支行。2010年10月29日，庆元支行正式营业。

中国农业银行龙泉市支行

沿革 1989年，全行在职职工140人。有城关、城郊、城南、城北、锦旗、龙南、屏南、安仁、道太、八都10个营业所；上垟、查田2个分理处；东后街、龙华、八都、小梅、华楼街5个储蓄所；支行营业部、城中营业部2个营业部，共计17个网点。1994年6月30日始，将政策性业务划转给新成立的中国农业发展银行。1996年11月30日，龙泉市农村信用社从农业银行脱离，农业银行不再承担对信用社的领导职责。1999年，省分行提出撤机构增效益，创建区域强行和精品行的目标，龙泉支行在机构设置上进行改革，在职人员身份从过去的全民所有制干部转为合同制员工。1999年11月，全员签订劳动合同。至2002年底，对原乡镇和低效网点全部进行撤并，从此，农业银行退出经营多年的乡镇经营。

中国农业银行龙泉市支行内设机构设置最多时有行长室、纪检组、党委办公室、行政办公室、政工办、秘书股、人事股、金融研究室、会计股、出纳股、农金股、企信股、稽审股、计划股、资金组织股（储蓄股）、信用合作股、监察室、保卫股、经济民警队、工会办公室、巡回督导组、房地产信贷部。1993年，成立龙泉银桥综合服务部，作为发展“第三产业”平台，后改名成立龙泉支行劳动服务部，其主要职能是管理储蓄代办员，后代办员解聘，劳动服务部撤销。至2010年，内设机构定为“三个部门”，即综合管理部（负责党建、纪检监察、人力资源管理、劳资管理、行政事务、综合文秘、计划财务、运营监管、安全保卫、工会等）、公司业务部（负责机构类等对公存款、项目贷款、法人信贷、风险管理等）、个人金融部（负责个人存贷款、中间业务、信用卡、网上银行等）。

2010年，中国农业银行龙泉市支行下属营业中心、剑瓷支行、城郊分理处3个城区营业网点，全行在职员工数为58人，比1989年减少82人。

核心业务 1989年始，尝试各种有奖储蓄活动。是年，开办有奖摸彩储蓄活动15期，揽储

190 万元。1998 年，进驻国税、地税大厅，为纳税人提供优质服务，减少结算环节，扩大存款来源。2005 年，龙泉市政府乡镇经费专户入户农行。为进一步加快存款业务的发展，每年制订完善存款考核办法，将存款与员工工资进行挂钩，在营业机构实行储蓄承包责任制，资金买卖制，开展各种劳动服务竞赛，提高服务水平。在做好个人存款的同时，提出对公存款“强基扩户”工程，积极拓展优质客户群体，增加财政类、公司机构类、法人客户类等存款客户。2010 年，各项存款 123850 万元，是 1989 年的 18.2 倍。

22 年来，中国农业银行龙泉市支行承担农业、水利、粮食、供销社、乡镇企业的信贷支持职能。1989 年 7 月，取消粮食、供销系统定额贷款，停用存贷合一账户。对粮、油、茶等农副产品收购贷款和农资专营商品贷款，实行逐笔申请，逐笔核贷的贷款方法。贷款方式、贷款管理从计划经济走向市场经济。1989—1996 年，为解决信贷资金不足问题，累计拆入资金 2 亿元，用于农副产品收购、支持乡镇企业和当地专业市场开发，特别是对茶丰小五金市场的形成和壮大发挥重要作用。随着国家经济体制改革不断推进，加之受经济环境和国家宏观政策调整影响，供销、粮食系统先后改制，乡镇企业纷纷关停或倒闭，造成农行信贷资金不能收回，大批成为呆账和死账，直接影响龙泉支行经济效益。至 2010 年，累计剥离不良贷款 7564 万元，核销贷款本金 2179 万元，利息 1529 万元。

2000 年后，以大幅减亏为目标，实施信贷进入退出战略，一方面集中精力清收和盘活不良贷款；另一方面强化抵债资产管理和信贷管理，信贷业务实施审贷分离，严把风险控制关。积极推进和优化资产结构，重点支持城市基础设施建设、房地产开发、小水电、电力等城市发展项目。2010 年，全年新增贷款 17481 万元，创历史新高。积极营销个人信贷业务，发放按揭贷款，个人综合授信贷款，积极办理银行承兑汇票业务，实现资产业务多元化发展。2010 年，各项贷款余额 84232 万元，是 1989 年的 14.2 倍。

1992 年 11 月，龙泉支行营业部储蓄柜上第一台电脑，并逐步推行网上作业。1998 年，会计核算系统 AS/400 实现全省联网。2000 年 5 月 3 日，升级到新一代(ABIS)系统。2003 年 5 月 1 日，全国联网，实现资金汇划实时到账。2007 年，开设龙泉第一家二十四小时自助银行。

中间业务 22 年间，农行龙泉市支行中间业务经历从无到有、从小到大的历史发展过程。2010 年，全行实现中间业务收入 935 万元，投行业务收入 554.84 万元，国际结算 534 万元，信用卡业务收入 57 万元。基金销售总额 965 万元，理财产品 11775 万元，电话银行 2513 户，手机银行 1141 户，个人网上银行 5022 户，年累计交易量 516914 万元；企业网银 104 户，年累计交易量 567969 万元；手机短信 13551 户；代理财险保费收入 98 万元，代理寿险保费收入 1017 万元，实现代理保险业务手续费收入 46 万元；电子渠道交易占比 68.11%，自助渠道分流率 44.84%。

1989—2010 年中国农业银行龙泉市(县)支行存、贷款规模、利润一览表

表 18-2-1 单位：万元

年份	存款	贷款	利润	年份	存款	贷款	利润
1989	6802	5947	122	1992	12579	8958	95
1990	8641	6371	-16	1993	14252	11759	10
1991	12156	7498	56	1994	14022	9602	-237

续表 18-2-1

年份	存款	贷款	利润	年份	存款	贷款	利润
1995	12822	11170	-300	2003	33788	26442	772
1996	10875	11640	-998	2004	36622	23515	653
1997	13674	11956	-497	2005	46945	23744	921
1998	16064	12173	-879	2006	59832	33473	1331
1999	17577	12749	-650	2007	64904	45310	1486
2000	20259	14479	-75	2008	64193	47535	2484
2001	23389	17319	53	2009	89639	66751	2655
2002	28056	21990	571	2010	123850	84232	3558

中国银行龙泉市支行

沿革　1992 年 11 月 25 日，经浙中人字〔1992〕818 文件同意，筹建中国银行龙泉市支行。1993 年 2 月 26 日，浙银发〔1993〕93 号文件，同意中国银行龙泉支行开业。是年 3 月 5 日，中国银行龙泉市支行正式挂牌营业，隶属中国银行丽水分行管辖，实行独立会计核算，外汇分账、参加全国本外币联行往来，是国家的外汇专业银行，主要职能和任务是协助中央银行进行国家金融宏观调节和承担国有商业银行经营性业务，组织运用和积累外汇资金，经营国家规定的各件外币、人民币、存贷款业务，国内外结算等业务。1993 年，中国银行龙泉支行内部机构设置为四科一室，即：办公室、存汇科、计划信贷科、会计出纳科、人事保卫科，储蓄网点 4 个，即新华街分理处、中百储蓄所、水南分理处、城东分理处。1995 年，新设城西分理处、西寺分理处，内设机构增设信用卡部，原址龙泉市新华街 62 号。1997 年，中国银行龙泉支行办公大楼竣工，迁址至龙泉市中山东路 116 号。西寺分理处迁至新华街分理处。1998 年，撤并中百分理处，该机构业务并入城东分理处。2001 年，撤并水南分理处、城东分理处，原业务分别并入城西分理处、西寺分理处。支行内部机构设置为三部一室，即营业部、业务发展部、保卫部、办公室。2002 年，撤销城东分理处、水南分理处，内部机构设置增设内控部。2004 年，西寺分理处升格为西寺支行（隶属龙泉支行管辖）。2005 年，根据股份制改革，龙泉支行改为“中国银行股份有限公司龙泉市支行”，下设三个部门和一个二级支行：综合管理部、业务发展部、营业部和西寺支行，撤并城西分理处。至 2010 年末，人员总数为 59 人，实际在岗配备 39 人，内退人员 9 人，退休人员 11 人。

业务发展　1993 以来，秉承“存款立行”理念，优化负债结构，通过加大市场营销力度，推进新品种（发行 97 百万有奖储蓄存款等）、改善服务质量，促进存款增长。当年各项人民币存款余额 3464 万元，完成年度计划的 158.9%，外币存款 40 万美元。1996 年，首次实现人民币存款超亿元，达 11721 万元，外汇存款 96 万美元。1995 年，实现对公、储蓄业务电子化。1997 年以来，相继开通全国通存通兑，电子汇划即时通，SWIFT（国际资金清算系统）外汇汇款、个人实盘外汇买卖、纸黄金、网上银行等多渠道多方位的结算方式和理财服务品种，设立自动存取款机，POS 机（销售终端），商银通，开办“95566”电话银行。2001 年，人民币存款余额 20067 万元，余额市场占比 18.62%，外币存款 226 万美元；2003 年，各项人民币存款 31892 万元，新增存款市场占比 26.74%，比年初上升 1.45 个百分点，完成全年计划的 100.48%;外币存款余额 201 万美元。2004 年,整体改制为股份有限公司。至 2010 年末,该行人民币存款余额为 75787 万元,比年初新增 17541 万元,完成全年计划 100%,全口径市场占比为 10.16%,其中,储蓄存款余额 29286 万元,比年初增加 2016 万元,全口径新增市场占比同比下降 1%;对公存款余额 46501 万元,比年初新增 15527 万元,完成全年计划 103%,全口径新增市场占比同比上升 0.22%。同业存款余额 12099 万元,比年初新增 8850 万元。各项外汇存款余额 701 万美元,比年初新增 291 万美元。

1993—2010 年,中国银行龙泉支行进一步完善以“统一授信,审贷分离”为核心内容的信贷管理体系。根据“四重”(重点地区、重点行业、重点客户、重点产品)发展战略,以客户为中心,正确处理把好审贷关、加强服务、提高效率这三者的关系。1993 年,各项人民币贷款余额 2609 万元,外汇贷款 99 万元。1996 年,人民币贷款余额 5001 万元,外汇贷款 213 万元。1999 年,根据上级信贷结构优化要“实现二个转变”和“把握三大投向”的要求,即“贷款投向要从原来商业性贷款为主转变为商业生产贷款与消费贷款并重,增量贷款要投向优质客户,投向重点基础设施项目,投向大经贸”。调整信贷结构,寻求新的贷款增长点,重点支持农贸市场建设资金 325 万元。推广开办住房、装修等消费贷款,并向太阳伞行业发放贷款 651 万元,向辰龙药业有限公司(现名国镜药业有限公司)累计发放 1092 万元。2000—2004 年,抓住龙泉市“二次创业”时机,建立“以市场为导向,以客户为中心,以效益为目标”的贷款营销体系,把原来的“信贷业务”转向“公司业务”和“零售业务”,将原来传统的业务、产品为导向的组织方式,向以市场和客户中心的客户经理制管理架构转变,同时带动其他业务发展。2000 年,向龙泉对外贸易有限公司投入贷款 1250 万元;龙泉市普耀电力有限公司贷款 300 万元;太阳伞贷款 877 万元;消费贷款、小额房地产抵押贷款 1475 万元。2001 年,向丽水—龙泉一级公路投入 1000 万元资金贷款,实际累计向丽龙一级公路注资 5000 万元;向“创美”房地产有限公司投资 1200 万元的经济适用房贷款和“银都花苑”1500 万元的住房按揭消费贷款,向龙泉广播电视台注入 400 万元广电大楼贷款,不良率比年初下降 13.66 百分点。2003 年,中国银行龙泉支行人民币贷款余额 40392 万元,比年初新增 24262 万元,新增市场占比为 43.7%,新增贷款居当年龙泉市各家金融系统之首。2004 年,清收不良资产绝对额 298 万元,按五级分类不良资产余额为 65 万元,比年初减少 609 万元,综合不良率为 0.3%,比年初下降 2.05 个百分点。累计发放贷款 30,440 万元,贷款余额市场占比为 29.57%;外汇贷款余额 25 万美元。2005—2008 年,中国银行龙泉支行顺利完成股份制改革,积极配合市政府的“项目推进年”活动,加强对高速公路、龙泉市瑞垟二级电站等重点项目的营销。积极拓展零售贷款业务,以住房按揭为突破口,争取到浙江辉达房产、茂新房产、大洋房产、泉丰房产及家和中介公司二手房产按揭贷款项目,续做银都花苑二期、茂新华龙郦都、剑瓷花园、龙翔公寓、华新楼、华府大楼、华楼旺角等优质楼盘,零售贷款业务在标准化、规范化,控制风险前提下有较快发展。2005 年末,中国银行龙泉支行各项人民币贷款余款 50332 万元,比年初增加 8326 万元,综合不良率 0.18%,比年初下降 0.12 个百分点。人民币贷款、外币贷款实际收息率为 100%。2007 年末,中国银行龙泉支行人民币贷款余额 56706 万元,比年初增加 15903 万元,人民币贷款、外币贷款实际收息率均为 100%。2010 年,中国银行龙泉支行根据年初分行的布置,确立有效措施取得授信客户,建立一户一策的工作机制,确定目标项目库,定人定措施加大对优质客户的营销力度。授信产品不再单一,加大银行承兑汇票的推广力度,银行承兑客户从年初的 7 家增加到 21 家,开立银行承兑金额超过 2.3 亿元。汇利达产品客户也从只有 2 家增加到 7 家。是年,到 12 月末授信客户的存贷比为23%左右，比年初提高近5%，新增存款近8000万。国内信用证成功开证。至2010年，各项人民币贷款余额102470万元，比年初新增6972元，完成全年计划120%，其中零售贷款余额39275万元，比年初新增1813万元；公司贷款余额63196万元，比年初增加6925万元；外汇公司贷款1882万美元，比年初新增872万美元。

国际结算业务　1993—2010年，国际结算业务和外汇资金业务始终走在金融系统前列，保持绝对优势。2000年后，工行、建行相继开办国际结算业务，中行外汇专业银行的特色受到冲击，虽然外汇结算的绝对数值在增长，但市场份额却有所下降。1993—1997年，完成国际结算量近1亿元，市场占有率90%以上。1998—2003年，共办理国际结算及结售汇业务近1.3亿元，市场占有率在80%以上。2004—2008年，共办理国际结算及结售汇业务近2.0亿元，市场占有率在70%以上。2010年，中间业务收入同比增长270万元，增幅为24%。发展资产业务，通过保理融资、国内商业发票贴现等优势产品，加大对优质企业的服务力度，提升中间业务收入。2010年，代理人寿保险737.7万元，完成任务的141.87%，完成基金销售708.2万元。积极营销信用卡，培育用卡环境：至12月30日，信用卡新增开卡1562张，完成全年计划的53.86%；第三方存管新增710户，完成全年计划的71%。

中国建设银行龙泉市支行

沿革　1973年5月11日，龙泉县革命委员会浙龙革〔1973〕28号文件批复，建立中国人民建设银行龙泉办事处，办事处与县财政金融局基建股合署。1978年，成为中国人民建设银行丽水地区中心支行龙泉办事处。是年8月1日，办事处正式开业。1979年5月1日，办事处正式与县财政局脱离关系，改为中国人民建设银行龙泉县支行。1987年6月1日，中国人民建设银行龙泉县支行搬迁至中山路140号，同时开始设立储蓄专柜，吸收个人储蓄存款。是年12月1日，成立中山路分理处，开办储蓄业务。1988年8月2日，设立南桥分理处。是年12月25日，设立农贸口储蓄所，全面开办信贷、结算、储蓄等综合业务。1989年11月20日，设立剑池路储蓄所（1991年12月5日报经人民银行批准升级为剑池路分理处）。1990年，又相继设立计划信贷股、筹资股、保卫股、营业部和财务会计股等股室。1991年2月4日，中国人民建设银行龙泉县支行更名为中国人民建设银行龙泉市支行；是年8月31日，设立投资咨询服务部，承办工程预决算审查业务。1992年6月7日，设立丽水地区信托投资公司龙泉证券代理处，代理处与南桥分理处合署。1992年9月18日，设立建设银行龙泉市支行房地产信贷部，承办龙泉市房改金融业务；是年成立建设银行龙泉市支行劳动服务公司。1993年4月10日，设立环城路储蓄所；是年12月2日，设立公园路分理处（1994年6月14日更名为建兴分理处）。1994年10月24日，设立建达储蓄所。1995年4月27日，设立丽水证券营业部龙泉代理处。1995年4月1日起，支行内部管理机构由“股”改称为“科”，原行政级别和隶属关系不变。1996年3月26日，根据总行统一规定，“中国人民建设银行龙泉市支行”更名为“中国建设银行龙泉市支行”。1996年5月，撤销建达储蓄所。是年10月，撤销环城路储蓄所。1999年4月，撤销建兴分理处。2001年8月，撤销农贸口储蓄所。2003年11月，撤销剑池分理处。2004年，中国建设银行上市，更名为“中国建设银行股份有限公司龙泉支行”。至2010年末，支行内设综合管理部、公司客户部、个人客户部、会计结算部、风险管理部、营业部下设南桥分理处和中山分理处。

业务发展　1989年，一般性存款共计2261万元，贷款余额2400万元。1989—2008年，从当时单纯的存款、贷款业务发展为以存贷款业务为主体，涵盖国内、国际结算业务、银行卡业务、票据业务、银证转账、银证通、代收代付等各种新兴业务品种，经营规模得到扩大，资产质量得到优化，存贷款逐年上升。

2008年末，实现考核税前利润5372.50万元，计划完成率100.51%；实现净利润4017.88万元，计划完成率100.55%；实现经济增加值3389.45万元，计划完成率100.94%。一般性存款余额为89351.94万元，余额市场占比为34.39%，位居第1位；新增市场占比47.07%，位居第1位。其中：公司存款余额市场占比为32.59%，位居第1位；新增市场占比49.62%，位居第2位；个人存款余额市场占比为36.51%，位居第1位；新增市场占比46.26%，位居第1位。

2008年末，贷款余额为90282.45万元，比年初新增11592.82万元，其中工业企业类贷款新增3560万元、政府机构类贷款新增150万元、其他类贷款新增-1680万元；个人贷款新增9580万元，其中：个人住房贷款余额32916万元，比年初增8139万元(住房新增3998万元,商业用房新增4141万元)；个人消费贷款(含助业)余额7507万元，比年初增1441万元。全年共发放及支用个人贷款703笔,累计发放16483万元。

2008年，累计实现中间业务净收入912万元，同比增加555万元，增长255%，完成年度计划的137%。其中，公司类收费收入600万元，完成综合经营计划的192%；个人类收费收入312万元，完成计划的89%；中间业务市场占比为36.33%，列当地第1位，获建设银行浙江省分行2008年度"平安支行"的称号。

2009年实现拨备前考核利润3088.34万元，计划完成率115%，存贷款净利差为4.29%，比上年同期减少2.07个百分点。一般性存款余额为113478万元，比年初新增24126万元，完成综合经营计划141.92%，其中公司存款余额为54290万元，比年初新增8551万元；个人存款余额59188万元，比年初新增15575万元。贷款余额为104478万元，比年初新增14196万元，完成全年计划的222.15%，公司类贷款新增6976万元，个人类贷款新增7220万元，政府类龙泉市人民医院迁建项目共授信1亿元，其中5000万元发放到位。支行为浙江南祥矿业有限公司办理丽水分行第一笔保理业务。

2010年，实现拨备前考核利润3962.11万元，计划完成率96.89%，同比增加873.71万元，存贷款净利差为4.4%，与上年同期增加0.11个百分点。是年，实现中间业务毛收入1081万元，完成计划的80%，同比增加251万元。一般性存款余额为144132万元，比年初新增30654万元，四行余额占比31.68%，列第一位。其中公司存款余额为79440万元，比年初新增25150万元，四行余额占比30.14%，列第二位；个人存款余额为64691万元，比年初新增5504万元，当地四行余额占比33.81居第一位。贷款余额为119123万元，比年初新增14645万元，余额占比29.15%，位居第一位，新增占比31.65%。全年发放公司贷款40870万元，累计发放保理业务5300万元，年底国内保理业务余额1600万元。

中国邮政储蓄银行龙泉市支行

业务 2008年5月29日，中国邮政储蓄银行龙泉市支行正式挂牌成立，共有3个自营网点和13个代理网点。至2010年12月31日，支行个人贷款余额25347.90万元，较年初余额净增14091.27万元，贷款不良率为0.07%。全辖个人储蓄余额90190.32万元，比年初净增19473.89万元。其中，银行自营储蓄余额为21126.73万元，比年初净增4733.18万元。公司存款余额14001万元，比年初净增12120万元。

林权抵押贷款全国试点　2010年3月，经总行和银监部门批准，龙泉市支行被列中国邮政储蓄银行林权抵押款业务首批全国试点单位。经过近一年的摸索，试点工作顺利推进，为林权抵押贷款业务在邮储银行全国全面推行创造条件和经验，为拓宽农村融资渠道、盘活林业资源，提供有效的平台。

第三节　其他银行

中国农业发展银行龙泉市信贷组

沿革　1996年末，中国农业发展银行龙泉市信贷组成立，是一家农业政策性银行。自组建以来，全面落实国家粮棉购销政策和有关经济、金融政策，支持粮食流通体制改革，加强粮棉油收购资金封闭管理，为稳定全市粮油市场价格、增加农民收入、促进农业和农村经济发展发挥积极贡献。2004年始，根据国务院粮食市场化改革的意见，将传统贷款业务的支持对象由国有粮棉油购销企业扩大到各种所有制的粮棉油购销企业。是年9月，银监会批准农发行开办粮棉油产业化龙头企业和加工企业贷款业务。2006年7月，银监会批准农发行扩大产业化龙头企业贷款业务范围和开办农业科技贷款业务。2007年1月，银监会批准农发行开办农村基础设施建设贷款、农业综合开发贷款和农业生产资料贷款业务。

业务工作　自2004年以来，龙泉信贷组支持农村基础设施建设、农(林)业龙头企业、农业科技企业及农业小企业的发展。共扶持农村基础设施建设项目4个，累计发放贷款24600万元，分别支持龙泉市雁溪水电站和龙泉市河里电站2个农村能源建设项目、龙泉市农村路网改造项目建设和龙泉青瓷文化创意基地项目建设；发放农业产业化龙头企业粮油类中长期贷款5000万元，支持龙泉市土地整理项目建设；累计发放农(林)业龙头企业贷款6750万元，解决浙江晨光食品有限公司、浙江绿峰农林科技有限公司、浙江能福旅游用品有限公司3家省市级农(林)业龙头企业的流动资金需求；累计发放农业科技贷款6600万元，支持龙泉天和食品有限公司科技产业化推广；累计发放农业小企业贷款740万元，解决龙泉市华宇有限公司和浙江金福茶业有限公司农业短期资金需求。至2010年末，各项存款余额9546万元，各项贷款余额33063万元，各项贷款均无逾期、无欠息等情况，不良贷款继续保持零余额。

龙泉市农村信用合作联社(简称农信联社)

沿革　1954年，龙泉县农村信用社成立，属社会主义集体所有制性质。1984年，成立农村信用社联合社，1996年10月与农行脱钩。2005年4月，改革为一级法人的农村信用合作联社，属股份合作制企业。根据国家有关法律、法规和其他有关规定，制定《龙泉市农村信用合作联社章程》(以下简称：《章程》)，根据《章程》有关规定，建立以社员代表大会、理事会、监事会、高级管理层为组织架构的法人治理结构。第一届社员代表大会代表53人，其中非员工自然人社员代表20人；员工社员代

表13人;法人社员代表20人。

2005年2月26日,召开第一届社员代表大会第一次会议,选举产生第一届理事会理事11人;选举产生非员工监事5人,与职工代表大会选举产生的2名员工监事组成第一届监事会。通过第一届理事会第一次会议选举,产生理事长1人;经理事长提名由联社理事会聘任联社主任1人、副主任1人和财务、信贷、审计部门负责人。通过第一届监事会第一次会议选举,产生监事长1人。2005年4月29日,一级法人的龙泉市农村信用合作联社开业。内设办公室、业务管理科、财务电脑科、内部审计科、风险合规科、资产保全科、安全保卫科、营业部和库管押运中心、清算中心、账务中心,下辖13家信用社和13家信用分社。

业务　1989年初,各项存款余额6774万元,各项贷款余额2646万元。1996年10月末,各项存款余额24727万元,各项贷款余额16934万元。2005年4月末,各项存款余额65087万元,各项贷款余额53469万元。2008年,共计发放工业贷款2.22亿元,支持112家中小企业发展。其中支持200万元以上规模企业32家,累放金额1.23亿元。2010年底,各项存款159527万元,各项贷款115190万元。

服务农村　1989—2010年,累计发放农业贷款4.83亿元,支持13000多户农民发展香菇、高山蔬菜、棚栽、茶叶、笋竹林等特色经济的发展。农业贷款余额达75163万元,占各项贷款的86.7%,比年初增加8744万元;其中:发放贷款1220万元,支持613户农民异地建房,下山脱贫;发放百余万元贷款,支持农户发展"农家乐";发放495万元助学贷款,支持711名贫困学生上大学,为他们圆大学梦。2008年,联社根据年初的大雪受灾情况,安排资金600多万元,支持186户农民进行灾后重建恢复生产。累计发放林权抵押贷款1573万元,支持户数达197户,有效地解决林农贷款的抵押难问题。

央行专项票据兑付　央行专项票据是为支持农村信用社改革,人民银行向信用社定向发行、用于置换其不良贷款和历年挂账亏损的债券。2004年6月3日,龙泉市农信联社与人民银行签订协议,获取586万元央行专项票据,限期二年兑付。

2008年,为顺利实现票据兑付,联社多次向省级信用联社、丽水市政府、龙泉市政府汇报兑付准备工作及存在的困难,取得相关部门的支持。向丽水其他县市联社调入资金2.1亿元转存省联社,增加收入950万元,实际增加营业利润640万元;是年,争取政府部门对核销政策的支持力度,通过政府出具证明取得国税部门批准,核销呆账1921笔,金额1842万元。2008年,实际处置资产损失2209万元,其中:核销呆账贷款1470万元,核销抵债资产本息383万元,处置待处理财产损失356万元;积极争取地方政府扶持资金584万元的按时到位;年末,省政府195万元扶持资金也已到位。

2008年6月成功实现586万元专项票据按期兑付,为全省专项票据按期兑付划上圆满的句号。

服务硬件设施建设　1997年6月,营业部开办电脑储蓄业务。2000年,建立中心机房,采用DDN、ISDN市话专线连接方式建立区域网络,2000年4月,开通丽水市内储蓄通存通兑业务。2001年,联社营业部参加全国信用社系统电子汇兑业务;2005年,营业部开通省辖区域联行业务;营业部、剑瓷社参加代签农行"三省一市"汇票业务。

林权抵押贷款　2007年8月,龙泉市农信联社试点开展林权抵押贷款。2009年4月28日至4月29日,全国金融支持集体林权制度改革和林业发展现场会在浙江省龙泉市召开。

浙江泰隆商业银行股份有限公司丽水龙泉支行

2009 年 6 月 28 日，浙江泰隆商业银行丽水龙泉支行开业，为龙泉市首家股份制商业银行。自开业以来，该行结合龙泉经济发展实际，选择以小企业和个体工商户为长期拓展的基本客户群，将农村市场纳入服务范畴，支持当地特色农业经济的发展。2009 年，该行各项存款余额达 2.05 亿元，存款户数 5347 户(其中企业账户 239 户)。储蓄存款余额 0.93 亿元，企业存款余额为 1.12 亿元。各项贷款余额 2.07 亿元，贷款户数 462 户，户均贷款 44.80 万元，其中中小企业贷款 16773 万元，占 80.69%；个人贷款 4013 元，占 19.31%。2010 年，各项存款余额达 3.18 亿元，存款户数 9896 户。各项贷款余额 3.36 亿元，贷款户数 712 户，其中中小企业贷款 9080 万元。

第三章　保险　证券

第一节　保　险

中国人保龙泉支公司

沿革　1989—1996 年，中国人民保险公司龙泉支公司实行产、寿险混业经营，内设机构有经理室、办公室，财务科、一科、二科、人身险科和八都办事处。1996 年 3 月，根据中国人民保险公司浙江省分公司浙人保发〔1996〕19 号文批复，龙泉支公司单独经营产险，同时设立人身险代理科，代理中保人寿保险有限公司丽水市分公司开展人身险业务，公司名称同时变更为中保财产保险有限公司龙泉支公司，一直沿用至 1998 年末，内设机构有经理室、公司党组、综合科、财产险科、运工科、业务科、营销部、人身险代理科、八都办事处。

1999 年 1 月，中保财产保险有限公司龙泉支公司更名，恢复为中国人民保险有限公司龙泉支公司(简称中国人保龙泉支公司)，内设综合管理科，计划财务科，理赔审核科，业务科，代理科，八都办事处。2003 年 7 月，中国人民保险公司机构重组和上市工作取得阶段性成果，经国务院同意，中国保监会批准，中国人民保险公司变更为中国人保控股公司，发起设立中国人民财产保险股份有限公司和中国人保资产管理有限公司，中国人保龙泉支公司名称也变更为中国人民财产保险股份有限公司龙泉支公司(以下简称中国人保龙泉支公司)。2008 年末，中国人保龙泉支公司内设办公室(人力资源部)，客户服务部，业务部，营销部。

保险种类　1989—1996 年，中国人保龙泉支公司有企业财产保险，个体工商户保险，家庭财产保险，机动车辆保险，货物运输保险，养老金保险，团体人身意外伤害保险，师生平安保险，简易人身保险，长效还本家庭财产保险，子女教育婚嫁金保险等 11 个险种。2008 年，中国人保龙泉支公司开办有机动车辆保险，交通事故责任强制保险，机动车第三者责任保险，机动车车上人员责任保险，企业财产保险，个体工商户保险，公路货物运输保险，家庭财产综合保险，个人贷款抵押房屋保险，雇主责任保险，公众责任保险，供电责任保险，餐饮场所责任保险，校方责任保险，旅行社责任保险，承运人旅客责任保险，火灾公众责任保险，职业责任保险，医疗责作任保险，工程保险，建筑安装工程保险，人身意外伤害保险，学生、幼儿意外伤害保险，团体人员意外伤害保险，建筑施工人员团体意外伤害保险，政策性能繁母猪保险，政策性水稻保险，政策性生猪保险，政策性农村住房保险，政策性油菜保险，政策性大棚蔬菜保险，政策性林木火灾保险等累计开办 130 个险种

保险理赔　1989 年，中国人保龙泉支公司保费收入 179.5 万元，处理赔案 157 件，支付赔款70.8 万元。2008 年，保费收入 2472 万元，处理赔案 2529 件，支付赔款 1146 万元。2003 年 10 月 24 日，龙泉市木制品总厂主要生产厂房、机器设备、产品和原材料被烧毁，中国人保龙泉支公司支付赔款 79.88 万元。2006 年 6 月 15 日,浙江龙鑫化工股份有限公司发生特大火灾爆炸事故，造成主要生产厂房、设备、产成品全部被毁，损失巨大。2006 年 7 月 13 日，中国人保龙泉支公司支付预付赔款 500 万元。2006 年 12 月 30 日，支付全部赔款 1700 万元，浙江龙鑫化工股份有限公司的赔款是丽水市保险业的最大一笔赔款。2007 年 6 月 25 日，龙泉市岩樟乡遭遇百年一遇的特大烘灾，造成百步岭自然村被埋没，倒塌房屋 1092 间，受灾农户 192 户，龙泉市委、市政府会同中国人保财险龙泉支公司等，在龙泉市岩樟乡百步岭自然村的废墟上举行“6•25”特大洪灾政策性农村住房保险理赔兑现大会，将 117.6 万元赔款送到 192 户受灾保户手中，帮助灾民恢复生产重建家园。浙江省最大一起政策性农房险理赔案顺利结案。

中国人寿龙泉支公司

沿革　中国人寿保险股份有限公司龙泉市支公司位于龙泉市中山东路 143 号， 公司大楼共 4 层，建筑面积 1147.35 平方米。公司前身是成立于 1949 年的原中国人民保险公司，1996 年 12 月，分设为中保人寿保险有限公司龙泉办事处，承接原中国人民保险公司的人身保险保单责任。1999 年 4 月，中保人寿有限公司龙泉办事处更名为中国人寿保险公司龙泉办事处，继续承担原中国人民保险公司和中国人寿保险有限公司的人身保险保单责任。2002 年 10 月，经监管部门和上级部门批准，晋格为中国人寿保险公司龙泉支公司。2003 年 10 月，因改组上市更名为中国人寿保险股份有限公司龙泉支公司，继续承担中国人寿保险公司的人身保险保单责任，并先后在安仁、八都、查田、锦溪等乡镇设立乡镇营销服务部。公司设立个人代理人管理部，团体、中介业务部，客户服务部三个职能部门，后应业务需要更改为个人业务部，团体业务部，银行保险部，综合管理部，客户服务部五个部门，通过个人营销、团体直销、银行代理、网络销售等渠道，向个人和团体提供人寿、年金、健康和意外伤害保险产品，涵盖生存、养老、疾病、医疗、身故、残疾等多种保险保障，全面满足客户在人身保险领域的保险保障和投资理财需求。

保险种类　1996—2010 年，中国人寿龙泉支公司推出 99 鸿福终身保险（潇洒明天终身寿险）、简易人身保险、子女教育婚嫁备用金保险、个人养老保险、人身意外伤害保险、重大疾病保险等上百种个人保险险种。2003 年始，中国人寿龙泉支公司与龙泉市社会保险事业管理中心合作，先后开展城镇职工高额补充医疗保险、城乡居民医疗保险，有效减少政府有关职能部门的重复投入，降低政府部门的运营成本。2008 年始，中国人寿龙泉支公司与龙泉市计划生育协会合作，新增独生子女保

险，落实计划生育长效节育措施，提高独生子女领证率，有效推进计生工作。

公司管理　2004年，中国人寿保险股份有限公司龙泉市支公司要求所有管理岗位竞聘上岗。2005年，公司经选举产生党支部委员会；是年，公司将薪酬与能力贡献相挂钩，进一步加大绩效考核力度。2006年始，公司全面实施目标激励，加强绩效管理，严格奖惩。2007年，完成全司上下各层级、各序列《业绩目标合同》签订；2008年，中国人寿保险股份有限公司龙泉市支公司投入40余万元，装修客户服务中心，以公司CI标准化设置建成200多平方米的"标准客户服务大厅"。

第二节　证　　券

中国银河证券龙泉新华街证券营业部，前身为龙泉服务部，后升级为龙泉新华街营业部，成立于1995年11月，曾隶属于丽水证券营业部。2009年12月4日，经证监会批复后正式升级为龙泉新华街证券营业部，总面积400多平方米，设立柜台区、客户体验区等。龙泉新华街营业部设总经理1人，员工16人；内设运行管理部、市场营销部和理财服务部3个部门。主要为投资者提供股票、基金、债券、融资融券、股指期货、代销金融产品、销售贵金属制品等多种交易品种。

第十九篇

综合经济管理

1985 年，龙泉县贯彻执行国务院《国务院批转国家计委关于改进计划体制的若干暂行规定的通知》中关于“大的方面管住管好、小的方面放开放活”的精神，逐步放宽经济政策，管理的重点逐步由微观向宏观和综合平衡社会供给与需求转变；由批指标、批项目逐步向调查研究和为政府当参谋，协调解决有关经济问题方向转变。

1992 年始，龙泉市逐步深化计划管理体制改革，基本上全部放开微观的经济活动。直接计划管理范围缩小，由偏重于使用行政手段直接管理转向运用经济手段间接管理，逐步建立以适应市场经济发展的计划管理体制。1993 年，龙泉市农业生产、工业生产、外贸收购等各项专业计划由原来的指令性转为指导性。计划内容中的国内生产总值越来越注重三次产业的结构，从“九五”计划起三次产业结构（农业、工业、服务业）列入计划。2005 年，龙泉市发展计划局改组为龙泉市发展和改革局（粮食局），加入粮食管理调控职能。至 2010 年，建成以市场调节为主的社会主义市场经济运行体制，除关系国计民生的商品和学校学杂费等实行政府行政定价外，其余产品由市场调节，依法实施管理的良好经济发展环境。

第一章　计划管理

第一节　五年计划与规划编制

五年计划

第七个五年计划（1986—1990）“七五”计划以改革开放促进改造和开发要求发挥经济优势，合理开发利用山区资源，调整产业结构，强化农业基础；推进技术进步，加快智力开发；加强横向联合，促进外引内联；提高经济效益，增强经济后劲。着重于生产力布局和产业结构调整。实施三个转变（从传统农业经济向立体开发、综合发展方向转变；从封闭的小生产方式向开放式商品化生产转变；从单一生产型向生产经济型转变）；实现生产与市场、原料与加工、建立基地与系列开发、资源开发和技术开发、近期实施与远景规划五个结合；开发商品粮、速丰林、食用菌、水果、中药材四大加工系列。

“七五”期间，全县实际国民生产总值从 1985 年 21175 万元增加到 1990 年的 33118 万元，年平均递增 9.35%；全部工业总产值由 11710 万元增加到 21954 万元。农业总产值由 5942 万元增加到 8515 万元，年平均递增 7.46%；地方财政收入由 2614 万元增加到 4003 万元，年均递增 8.9%。

固定资产投资重点是电源电网配套建设，实现农村电气化县，完成瑞垟电站建设和大白岸电站改建工程，架设瑞垟至龙泉 110 千伏电线网路，新建安仁 35 千伏输变电工程，迁建查田变电所，改造城镇配电网络；改变交通面貌，改造丽龙、龙庆公路，改造龙渊镇及安仁、锦溪、小梅、八都等建制镇周围道路，建成东大桥，修建县级公路 121.1 千米，公路密度达到 27.86 千米/百平方千米。完成铅锌矿 400 吨/日采矿扩建工程和八宝山金矿日采选 50 吨工程。

第八个五年计划（1991—1995）“八五”计划从龙泉市基本市情出发，坚持持续、稳定、协调发展经济的方针；合理确定发展速度和规模，把提高经济效益放在首位；积极调整产业结构，产品结构，理顺经济关系，逐步实现由粗放经营向集约经营、由速度型向效益型、由物资投入主导型向科技进步主导型转变，走出一条低消耗、少投入、高效益的新路子；把发展与改革密切结合起来，按照计划经济与市场经济相结合的原则，逐步建立既有活力，又具有调控能力的县级经济管理体制；充分利用自己的有利条件和地方资源，积极创造条件，建设一批重点关键性项目和基础设施，保证经济发展后劲；在计划安排上，充分体现“实事求是、量力而行、注重实效、稳步前进”的方针，统筹兼顾，适当留有余地；坚持自力更生，积极引进外资和先进技术，扩大出口，进一步发展地区协作和横向经济联合。

“八五”期间计划全市国民生产总值在 1990 年的基础上年平均递增 8.06%。到 1995 年，实际完成全市国民生产总值达到 110908 万元，年平均递增 24.52%；全部工业总产值由 1991 年 28549 万

1989—1990 年龙泉市(县)“七五”主要经济指标一览表

表 19-1-1

年份	户籍人口（万人）	GDP（万元）	三次产业结构	人均地区生产总值（元）	全部工业总产值（万元）	发电量（万千瓦·时）	固定资产投资（万元）	社会消费品零售总额（万元）	财政总收入（万元）	财政总支出（万元）	银行存款余额（万元）	银行贷款余额（万元）	城镇常住居民人均可支配收入（元）	农民人均纯收入（元）
1989	25.81	32821	46.1:22.5:31.4	1271	19974.2	5692.3	4657	13873	4084	3926	16053	11635	1697.3	639.4
1990	25.95	33118	44.9:25.7:29.4	1276	21954	5100	4231	14304	4003	4349	21787	12997	1782	771

说明：①数据来源于《龙泉市统计年鉴》。②人口栏为年平均人口。③国内生产总值、工业总产值为现行价。

1991—1995 年龙泉市“八五”主要经济指标一览表

表 19-1-2

年份	户籍人口（万人）	GDP（万元）	三次产业结构	人均地区生产总值（元）	全部工业总产值（万元）	发电量（万千瓦·时）	固定资产投资（万元）	社会消费品零售总额（万元）	财政总收入（万元）	财政总支出（万元）	银行存款余额（万元）	银行贷款余额（万元）	城镇常住居民人均可支配收入（元）	农民人均纯收入（元）
1991	26.04	37052	43.2:26.9:29.9	1423	28549	3853	4139	16192	4014	4472	32379	18771	2135.9	849
1992	26.15	45455	33.7:30.9:35.4	1738	46985	6691	6390	18671	3882	4685	38435	23190	2326.5	908.6
1993	26.23	73161	38.8:38.2:23.0	2747	86121	6500	17317	22682	4843	5141	47408	32320	2847.9	1148.5
1994	26.38	97934	42.5:32.8:24.7	3713	107160	6470	14960	32155	2964	6503	63106	40648	4337.5	1524.9
1995	26.48	110908	39.2:31.7:29.1	4188	106130.9	6300	16966	41637	3410	7173	81146	49972	5040.9	2196.7

元增加到106130.9万元；农业总产值由9971万元增加到35157万元，年平均递增28.66%；地方财政收入达3410万元。

第九个五年计划（1996—2000）“九五”以来，全市贯彻实施“二次创业”的发展战略，经受改革攻坚突破、运行环境突变等各项复杂因素交互作用的考验，全市国民经济总体呈现平稳发展的态势，基础设施有较大的改善，改革向纵深推进，对外开放迈出新的步伐，人民生活水平有明显提高，社会事业进一步发展。

农业产业化经营和效益农业取得积极进展，初步形成以食（药）用菌、笋竹两用林、蔬菜、种草养畜等为主导的农业生产新格局。工业经济总量进一步扩张，地方特色经济得到较快发展，太阳伞、人造板、医药、化工、小五金的若干产业及相关企业在日趋激烈的市场竞争中脱颖而出。

“九五”期间，固定资产投资年均递增32.2%，实施“二次创业”以来，通过优化环境和出台相关配套优惠政策，促进招商引资和项目开发，投资实现高速度增长。1999年和2000年，增速分别达到61.96%和94.823%。整个“九五”期间全社会固定资产投资累计完成13.1596亿元，是“八五”期间累计投资的2.2倍。

全市国内生产总值由“八五”期末的110908万元提高到2000年164169万元，“九五”期间年平均递增8.5%，2000年，人均国内生产总值达到6020元。产业结构继续得到优化，三次产业比例由“八五”期末的39.2:31.7:29.1转化为2000年的29.0:35.3:35.7，形成“三、二、一”格局。全部工业总产值由151217.8万元增加到174796万元；农业总产值由38600万元增加到50200万元，年平均递增5.04%；地方财政收入由3888万元增加到6260万元。

第十个五年计划（2001—2005）“十五”计划经济和社会发展的奋斗目标是：经济保持较快增长，发展速度高于丽水市平均水平，经济总量和综合实力有明显提高，进一步提高工业化水平；逐步建立起比较完善的社会主义市场经济体制和开放型的经济体系；农业产业化经营达到一个新阶段，工业经济总量实现翻番，第三产业得到较快发展，特色经济和生态经济的发展格局基本确立；整体发展环境明显改善，中心城镇的集聚和辐射功能明显加强，城市化水平有较大提高；全市到2003年基本实现小康；国民经济和社会信息化水平明显提高；科技教育事业得到较快发展，各项社会事业全面进步，为把龙泉建设成为浙闽赣边际地区商贸旅游中心精品城市打下坚实基础。

“十五”计划期间，龙泉市人均生产总值突破1000美元大关，进入到人均生产总值1000~3000美元的发展新阶段，工业化城市化进程加快，市场推动力量明显增强，经济自主增长的机制开始形成。“十五”计划确定的主要预期目标顺利完成。特色经济发展迅速，汽车摩托车配件、太阳伞、青瓷、宝剑等产业加快发展，成为支撑全市工业发展的中坚力量。全市规模以上工业企业由2000年的36家发展至2005年的81家。2005年，全部工业总产值达到305054万元。农业产业化步伐向纵深推进，竹业、茶叶、食用菌、畜牧业等特色农业发展迅速，涌现出一批农业龙头企业初步形成龙头企业带动，示范基地导向，专业基地联动的农业生产体系。以旅游为龙头的第三产业发展步伐加快，旅游对经济发展的贡献度日益提高。2005年，实现旅游业总收入1.49亿元，年均递增14%，旅游接待总人数提高到34.52万人次，年均递增11.9%。第三产业增加值11.44亿元，年均递增12.9%。

“十五”计划期间，龙泉市全社会固定资产投资（5年合计）目标42亿元，年均递增15%。2005

年，实绩达到67.5亿元，年均递增38.69%，比“九五”增长4.1倍。丽龙高速龙泉段全线开工，丽浦木(岱)花(桥)线改造工程、城中道路网工程、紧龙220千伏输变电工程、城市和农村电网改造工程、城市防洪工程、瑞垟二级水电站、均溪流域水电开发、岩樟溪流域水电开发、万人下山脱贫工程等一大批重大项目相继建成或即将建成。丽龙庆高等级公路(龙泉段)、大沙经济技术开发区、城中道路网工程、龙泉山国家原始森林公园、留槎洲水上公园、白云岩风景区、龙一中高中部迁建、市人民医院迁建、市文化广场建设等重大项目开工建设。

第十一个五年规划(2006—2010) “十一五”规划的指导思想是以邓小平理论和“三个代表”重要思想为指导，坚持以科学发展观统领经济社会发展全局。按照省委“八八战略”和丽水市委“三市并举”战略要求，实施“生态立市、工业强市、旅游兴市”发展战略，走集聚发展、借力发展、跨越发展之路。完善基础设施，壮大特色经济，统筹城乡发展，弘扬龙泉文化，构建和谐社会，按照“经济走廊、生态屏障”的定位要求，全力加速工业化、城市化进程，加快全面建设小康社会。

十一五期间，顺利实现提出的“两个确保、两个翻番、两个百亿”的目标，即确保全市经济发展超过全国平均发展速度，确保达到或超过丽水市平均发展速度。2010年，全市生产总值和财政总收入分别比2004年翻一番，全社会固定资产投资达100亿元以上，工业总产值确保达到80亿元，力争达到100亿元。三次产业协调发展，一二三产业比例逐步优化。拥有规模以上工业企业248家，亿元龙头企业13家，确立“中国汽车(空调)零部件制造基地”“中国竹木户外休闲产业基地”等一批拥有自主知识产权的知名工业品牌。龙泉市成为“全国十大食用菌生产基地县(市)”“全国林权制度改革示范县(市)”。成功创建AAAA级、AAA级旅游景区各一个，龙泉青瓷文化创意基地被列入全省首批40个现代化服务业示范区之一。成功创建省级生态市和省级森林城市，生态环境状况指数达到99.4，森林覆盖率达到84.2%。龙泉青瓷传统烧制技艺成功入选联合国教科文组织公布的人类非物质文化遗产代表作名录，成为全球陶瓷界唯一的“人类非遗”，“香菇砍花技艺”等六项成为省级非遗项目。龙泉青瓷传统烧制技艺、龙泉宝剑传统锻制技艺分别荣获首届中国非遗博览会金奖、铜奖。

“十一五”期间，龙泉市全社会固定资产投资(5年合计)目标100亿元以上，年均递增10%。2010年，实绩达到139.2亿元，年均递增12.4%。丽水至龙泉(龙泉段)高速公路建成通车，龙泉至庆元(龙泉段)高速公路开工建设，龙泉至浦城(龙泉段)高速公路、龙松公路龙泉段一期工程、51省道遂龙线龙泉段改建等工程相继开工建设。人民公园、华严塔等建成。重点推进金沙新区、安仁工业区、八都工业区、查田汽车摩托车配件生产基地、上垟宝溪八都青瓷生产基地等。

2010年，城市化率达到50%，城区建成面积由2005年的4.7平方千米增加到12.1平方千米，基本形成“五纵五横”城市道路网，人民公园、华严塔等一批项目建成，城市面貌日新月异。“百村示范、千村整治”“农民异地转移”“千万农民饮用水”“万里清水河道”“农村危旧房改造”等一大批新农村建设工程成绩显著。通过实施“内聚外迁”有力促进人口布局调整，促进山区人口向中心城市、中心镇和中心村转移，五年累计下山脱贫2.2万人。

1996—2000年龙泉市“九五”主要经济指标一览表

表19-1-3

年份	户籍人口（万人）	GDP（万元）	三次产业结构	人均地区生产总值（元）	全部工业总产值（万元）	发电量（万千瓦·时）	固定资产投资（万元）	社会消费品零售总额（万元）	地方财政总收入（万元）	财政总支出（万元）	银行存款余额（万元）	银行贷款余额（万元）	城镇常住居民人均可支配收入（元）	农民人均纯收入（元）
1996	26.7	134798	35.7:34.2:30.1	5057	151217.8	4900	13767	43318	3888	7815	89048	55908	5763.2	2636
1997	26.8	136277	36.5:30.2:33.3	5082	126048.8	8800	16337	43753	4058	9543	99568	60370	5793.9	2478.9
1998	26.9	136539	34.1:30.7:35.2	5069	129191	8861	17604	44199	4324	9932	116425	69372	6573.2	2431.5
1999	27.1	145896	31.9:32.6:35.5	5390	146104	7734	29077	46858	4858	11634	132783	80487	7733.7	2497.4
2000	27.3	164169	29.0:35.3:35.7	6020	174796	7234	54983	52575	6260	14763	147276	85947	8446.8	2607.4

说明：①数据来源于《龙泉市统计年鉴》。②人口栏为年平均人口。③国内生产总值、工业总产值为现行价。

2001—2005年龙泉市“十五”主要经济指标一览表

表19-1-4

年份	户籍人口（万人）	GDP（万元）	三次产业结构	人均地区生产总值（元）	全部工业总产值（万元）	发电量（万千瓦·时）	固定资产投资（万元）	社会消费品零售总额（万元）	地方财政总收入（万元）	财政总支出（万元）	银行存款余额（万元）	银行贷款余额（万元）	城镇常住居民人均可支配收入（元）	农民人均纯收入（元）
2001	27.5	188626	26.3:38.2:35.5	6869	204795	8537	83040	59918	8768	20303	173128	101782	10673.1	2763.8
2002	27.5	214270	24:39.7:36.3	7787	242479	9579	112634	68188	9215	23780	210087	128976	9895.3	3000.7
2003	27.5	244890	22:44.2:35.8	8890	280282	4274	147968	88788	11180	34099	245856	192459	10800	3229.1
2004	27.6	265368	21.6:40.4:38	9476	308337	5403	154238	100505	11932	32039	239178	201206	11696	3362.1
2005	27.8	298211	20:40.6:39.4	10743	305054	16080	175642	125623	14784	43077	269879	211565	12404.4	3627

说明：①数据来源于《龙泉市统计年鉴》。②人口栏为年平均人口。③国内生产总值、工业总产值为现行价。④2005年GDP总额、三次产业结构和人均GDP为第二次经济普查数据。

2006—2010 年龙泉市“十一五”主要经济指标一览表

表 19-1-5

年份	户籍人口（万人）	GDP（万元）	三次产业结构	人均地区生产总值（元）	全部工业总产值（万元）	发电量（万千瓦·时）	固定资产投资（万元）	社会消费品零售总额（万元）	地方财政总收入（万元）	财政总支出（万元）	银行存款余额（万元）	银行贷款余额（万元）	城镇常住居民人均可支配收入（元）	农民人均纯收入（元）
2006	28	335948	18.3:39:42.7	11999	346318	13968	198409	141264.2	15371	48247	328950	236926	14234.9	3899.4
2007	28.3	401445	17.7:40.5:41.8	14200	455291	18515	242692	161459	21862	61862	362811	302041	16127.9	4380
2008	28.4	483083	17:42.5:40.5	16999	629784.4	18583	282314	193266	24785	76619	415690	350379	18145.2	5112
2009	28.7	516139	17.1:42.4:40.5	18058	737734	19803	311745	221483	24870	98850	479433	384573	19825	5804.8
2010	28.8	625931	14.8:45.3:39.9	21748	1082736	24923.4	356540	226849.5	51581	146058	745690	581187	22015	6704

数据来源：国家统计局龙泉调查队调查数据。

说明：①人口栏为年平均人口。②国内生产总值、工业总产值为现行价。③2006-2008 年 GDP 总额、三次产业结构和人均 GDP 为第二次经济普查数据。

专项规划

1999年，龙泉市经济计划委员会组织编制《龙泉市生态环境建设总体规划》，龙泉市成功列入浙江省六个生态建设重点示范县之一。2002年，组织编制《龙泉市农业综合开发规划》。1998—2003年，组织或参与全市10个重点专项规划、26个重点调研课题和重点行业规划与19个乡镇（街道）规划的审查。2004—2007年，完成25个专项规划。

第二节　项目审批与管理

计划管理

1985年，龙泉县贯彻执行国务院《国务院批转国家计委关于改进计划体制的若干暂行规定的通知》中有关“大的方面管住管好、小的方面放开放活”的精神，适当缩小指令性计划的范围，扩大指导性计划和市场调节的范围，龙泉市计划行政管理部门转变职能，计划工作由原来偏向于年度计划为主转向制定五年计划、专项计划；计划管理的重点逐步由微观向宏观和综合平衡社会供给与需求转变；由批指标、批项目逐步向调查研究和为政府当参谋，协调解决有关经济问题方向转变。

1989年，龙泉县化肥、农药、农膜、钢材、煤炭、石油等指标，在分配上采取保“重点产品、重点项目、重点企业”。同时，开展多渠道协作，努力争取计划外物资，解决生产原材料、燃料的紧缺需求。1992年，龙泉市基本上全部放开微观的经济活动，企业需要的原材料、燃料、建筑材料等一律推向市场，计划内农用化肥实行与播种面积挂钩。1994年之后，市计划部门掌控的计划物资基本上没有。

1992年后，龙泉市逐步深化计划管理体制改革，改进计划管理方式，直接计划管理范围缩小，由偏重于使用行政手段直接管理转向运用经济手段间接管理，逐步建立以适应市场经济发展的计划管理体制。计划管理重点转向制定龙泉市国民经济和社会发展战略、产业政策、规划经济结构和重点建设。编制的五年计划和年度计划不再以政府文件的形式下达，而是通过政府工作报告的专项规划，提出的发展目标由政府以文件的形式下达部分工作目标及分解意见。同时，陆续下放固定资产投资审批权限，减少固定资产投资行政审批、审核和核准事项，形成投资渠道向主体多元化、政府投资和民间投资并存的格局。1993年，龙泉市农业生产、工业生产、外贸收购等各项专业计划由原来的指令性转为指导性。计划内容中的国内生产总值越来越注重三次产业的结构，从“九五”计划起三次产业结构（农业、工业、服务业）列入计划。

项目管理

2005年4月，龙泉市政府出台《龙泉市政府投资项目管理办法》，龙泉市发展计划局为政府投资项目综合管理部门，增加负责政府投资项目规划和计划的编制、组织实施、协调监督等综合管理工作职能。2004—2007年，龙泉市有9个项目列入省重点建设项目，25个乡项目列入丽水市重点建设项目，丽龙高速公路、污水处理厂等一批丽水市以上重点项目顺利完成。

第三节　机构与队伍

龙泉市国民经济和社会发展计划由龙泉市计划管理部门编制和管理。龙泉市计划管理部门在国家机构改革工作领导小组领导下，历经计划委员会、计划经济委员会、发展计划局、发展与改革局等变革。

1989年，龙泉县计划经济委员会，设办公室、综合计划科、固定资产投资科、能源物资办公室、企业管理办公室等。龙泉县计划经济委员会在原有计划部门的职能上综合经济管理的职能，负责全县国民经济发展计划制定和经济运行调控及各项计划的安排、落实、检查。

1990年，龙泉县计划经济委员会，设办公室、体制改革办公室，计划科、投资科、企业管理科、矿管科等，共有干部33人，其中离退休干部10人。实行进一步改革开放，经济运行逐步走向市场化。编制各类计划逐步由指令性计划转向指导性计划。1991年1月，龙泉县计划经济委员会改名为龙泉市计划经济委员会，内设办公室、经济体制改革办公室，计划科、投资科、企业管理科、矿管科等。1992年8月，成立龙泉市招商引资办公室，与龙泉市计划经济委员会合署办公。1997年1月，结合机构改革、龙泉市计划经济委员会改名为龙泉市计划委员会（龙泉市技术监督局），经济管理职能划归龙泉市经济委员会管理。内设办公室、计划投资科，技术监督科、企业管理科、矿管科等，散装水泥办公室等。1999年12月27日，根据（浙江省人民政府〔1999〕243号）文件，龙泉市计划委员会和龙泉市技术质量监督局分开成两个独立单位，龙泉市技术质量监督局实行垂直管理。

2001年12月，龙泉市计划委员会改为龙泉市发展计划局，内设办公室、计划综合科（国防经济动员办公室，高新技术办公室）、经济发展研究室、投资综合科（外资科、前期办）、基本建设综合科（重点办、政府性资金投资项目审价办）、社会发展科、农村经济发展科（农业资源区划办公室）等。

2005年7月1日，龙泉市发展计划局改为龙泉市发展和改革局。9月28日，龙泉市委办公室、市政府办公室出台《关于印发〈龙泉市深化完善政府机构改革方案〉的通知》，龙泉市发展计划局改组为龙泉市发展和改革局(粮食局)。内设办公室、政策法规科（稽查办、监察室）、发展规划科（社会发展科、农村经济发展科、区划办）、投资科（重点办、前期办、外资科、基础产业科）、产业科（高新技术产业科、信息产业科、财金经贸流通科）、粮食科、体改科。截至2010年12月31日，龙泉市发展和改革局（粮食局）内设办公室、发展规划科、投资科、产业科、综合能源科、服务业发展科、综合体改科、粮食管理调控科、行政许可科、项目评审中心等。

第二章　物价管理

第一节　物价与物价指数

物价

1989年，龙泉县清理整顿各种规费，对行政事业性收费实行“收费许可证制度”，贯彻稳定物价、稳定市场、稳定金融、稳定经济、稳定大局的治理整顿方针要求和双紧方针，保证人民生活必需品供应，包括粮油、菜篮子、副食品；就日用工业消费品，包括火柴、肥皂、棉花、针棉织品、食盐、食糖、洗衣粉等原材料能源供应，从生产环节到市场供应，严格价格管理，采取财政补贴等一系列措施，控制物价上涨。

1990年，龙泉县促进经济发展，在保持市场物价基本稳定的前提下，陆续调整一批价格，主要有提高棉花、油料、糖料、烤烟的收购价格，原油的出厂价格，铁路、水运的货运价格，民用燃料、洗衣粉、肥皂、棉纺织品、食糖的零售价格，煤炭、北方统配木材计划内出厂价格，调整一批商品价格和服务收费，解决一些多年一直没有解决的价格矛盾，使价格结构调整迈出较大步伐。

1992年，龙泉市继续严格控制物价总水平，保持市场物价的基本稳定，国家继续调整一部分商品的购销价格，主要是粮煤石油等价格；并深化价格管理体制改革，提出计划经济与市场调节相结合的原则，确定关系国计民生的少数重要商品和劳务价格由国家管理，其他一般商品和劳务价格由市场调节的方向和目标。根据国家物价局的统一部署，对现行的价格管理目录进行清理，确定国家定价，国家指导价和市场调节三种形式的价格。

1993年，龙泉市贯彻执行中共中央办公厅发出《关于切实减轻农民负担的紧急通知》丽水地区行政公署要求，对行政事业性收费实行“三公开”制度，使行政事业性收费的管理纳入制度化、规范化的轨道，同时开展群众监督，积极治理乱收费。同年对行政事业性收费实行验审制度。

1997年，中共中央、国务院发出《关于治理向企业乱收费、乱罚款和各种摊派等问题的决定》。是年6月，丽水地区行署根据省委、省政府的要求组织对全区47家企业收费负担情况进行调查，并以(丽署办〔1997〕24号文件)决定对16个单位取消41项不合理收费项目。龙泉市物价管理部门同步开展关于合力扶工振兴经济和减轻农民负担的执行情况相关检查。

1998年5月1日起，实施的《中华人民共和国价格法》，龙泉市将价格执法主体调整为价格主管部门，明确价格主管部门是对国家行政机关收费管理的价格执法主体。

2001年4月25日，龙泉市开通全国统一的“12358”价格投诉举报电话，设立价格投诉举报中心，建立价格投诉举报应急制度，积极打造价格举报为民办实事的品牌，及时妥善地解决价格矛盾和纠纷，严厉整治价格违法行为。

2002年3月，在龙泉市全市范围内推行涉农价格和收费公示制度。至2003年底，对442个行政村全部按要求制作发放公示牌，向农户发放《浙江省龙泉市涉农价格和收费汇编手册》6万余份，基本做到一户一册，收费公示工作在医疗、教育、电信等部门全面推行。全市各收费单位在收费场所醒目位置设置收费公示栏，收费依据（批准机关及文号）收费范围、计量单位、投诉电话等公布于众，接受社会和群众监督。

2003年4月23日，龙泉市物价管理部门根据各级政府有关防治“非典”会议要求和省物价局《关于加强市场价格监管，维护市场价格稳定的紧急通知》精神，对防治“非典”相关的中药处方所需的中药材及其饮片、汤剂等价格实行限定最高差价率的价格干预措施，每月对防治“非典”相关的中药材、口罩和粮油等40多种商品价格变动情况进行监测。这是龙泉市自实行《价格法》以来，首次使用价格干预措施。

2005年，根据国家计委《关于加快实施城乡用电同价工作的通知》精神，浙江省物价局、省电力工业局（浙价商〔2005〕261号）文件，明确龙泉市属全省78个城乡用电同价县（市、区）。

2006年秋季开始，龙泉市义务教育阶段中小学生全部免除学杂费。是年，龙泉市开展“接轨新高速，再创好龙泉”大讨论和“业务型机关”建设活动，针对市场价格变动和价格管理需要出台《龙泉市价格监测预警办法》《龙泉市自然灾害后应急价格预警工作预案》《龙泉市物业服务收费实施办法》，对殡仪、绿化、有线电视、防雷、教育、工商等收费进行规范和整顿，取消涉及26个部门的67项收费，落实义务教育“一费制”政策，积极调研促发展，争取到省农村电网维护费421万元，电价的降低使龙泉少支付240多万元。

2007年，龙泉市物价管理部门向上级争取到紧水滩电站9000万千瓦时超发分成，折算金额500万元，争取到趸售电价优惠100余万元，争取到农网维护费2200万元。对自来水价格进行监审，规范民爆物品配送费、拆迁服务费、驾驶员培训费，审批15期培训班收费，加强市场监测，密切关注猪肉及副食品价格变化，从每月一报增至每周二报。

2008年，龙泉市开展“力创生态业，再创好龙泉”和“树新形象、创新业绩”活动，龙泉市物价管理部门以“稳物价，促和谐”为主题，多形式、多角度对《中华人民共和国价格法》实施十周年进行宣传；实施成本监审6个，核定、调整价格52起，规范液化气接送费收取，落实临时价格干预措施，对6家商店调价备案5次；开展价格调研，外出考察，向政府提交《关于鼓励龙泉市工业经济发展有关减免优惠行政事业性收费的意见和建议》，协调11家中介机构降低收费标准，年降费金额达280万元，解读政策，落实双益菇业用电类别，为企业年减少用电成本支出16万元。

物价指数

1992年，龙泉市价格事务所和价格信息中心成立，为公安、法院等执法部门提供罚没物品价格评估和认证服务，为企业提供价格政策宣传、政策咨询、协调价格矛盾、价格信息和拍卖商品等多项服务，物价管理职能由管理型向管理服务型转变。2006年，龙泉市价格事务所更名为龙泉市价格认证中心。价格认证中心是经管理部门注册的事业法人，接受国家司法机关、行政执法机关和仲裁机构委托指定，对刑事、民事、经济、行政以及仲裁案件涉及的各种扣押、追缴、没收及纠纷财物（包括土地、房地产、资源性资产、理赔物、抵押物、应税物、无主物、走私物、事故定损、工程造价、股票证券及无形资产等各类涉案标的)进行价格鉴定。

1992年,龙泉市收费年审领导小组及年审办公室成立,行政事业单位收费实行《收费许可证》制度,凭证收费并统一使用财政部门监制的票据。1994年,开始对国家,省下达的各部门行政事业性收费进行清理归类,按照上级要求取消一批收费项目,降低一批收费标准。1997年7月,把行政事业性收费管理列入物价部门管理主要任务。每年对全市行政事业单位收费进行全面验审。

1994—2010年龙泉市居民消费价格指数一览表

表19-2-1

年份	居民消费价格总指数	食品	烟酒及用品	衣着	家庭设备用品及维修服务	医疗保健和个人用品	交通和通信	娱乐教育文化用品及服务	居住	服务项目
1994	125.6	134.3	—	117.7	112.1	107.2	106.7	117.5	119.8	129.1
1995	119.2	127.5	—	117.7	105.5	116.2	101.6	104.6	107.4	118.1
1996	105.3	104.3	—	102.3	103.3	108.6	100.5	103.5	114	108.2
1997	102.2	97.8	—	103.5	103	104.8	101.1	103.1	104.8	113.5
1998	98.9	99.0	—	97.7	99.0	103.8	96.5	89.0	97.6	104.4
1999	98.7	97.0	—	98.7	99.3	101.5	100.3	98.2	100.4	100.5
2000	101.1	102.0	—	99.9	98.5	101.3	98.4	98.0	105.8	100.9
2001	100.5	101.1	—	99.8	100.2	98.7	97.7	97.2	102.3	100.2
2002	99.9	101.3	99.2	99.7	98.9	98.5	99.3	98.2	99.5	—
2003	101.0	104.5	98.9	97.4	97.2	98.7	93.5	106.2	101.9	—
2004	103.5	111.8	99.9	101.7	103.3	89.1	98.5	99.4	104.7	—
2005	101.3	102.0	102.6	100.5	98.5	99.9	98.0	100.5	105.6	—
2006	102.5	102.9	101.9	101.1	102.4	101.3	104.6	101.7	106.7	—
2007	105.9	117.9	102.3	101.0	101.7	101.4	98.3	97.8	104.2	—
2008	105.5	113.4	100.6	100.6	100.5	102.1	99.0	99.7	106.9	—
2009	99.2	97.7	100.5	100.6	100.5	102.4	99.6	101.4	95.8	—
2010	104.8	107.7	100.3	102.2	101.8	105.8	101.0	107.5	102.7	—

说明:上年同期物价指数为100。另1989—1993年统计口径不同,未列入。

第二节　监督检查

物价检查

1987年,龙泉县成立职工物价监督总站,归属县总工会领导,业务受物价局指导,并在县城部分厂、矿、企事业单位建立物价监督小组,有兼职物价检查员12个小组69人。1988年,在安仁、八都、小梅镇分别建立物价监督分站，还聘请全市 17 个乡镇的物价助理员，在龙渊镇两个农贸市场设立物价监督岗，聘请 4 名物价监督员，并备有电子秤，为消费者复秤。1985 年始，连续 10 年开展税收、财务、物价大检查，平时对重点行业进行专项检查，重点单位实施抽查，节假日对市场物资明码标价进行检查。2001 年 4 月 25 日，龙泉市物价局开通全国统一的“12358”价格投诉举报电话，设立价格投诉举报中心，建立投诉举报应急制度，积极打造价格举报为民办实事的品牌，紧紧围绕社会关注、群众关心的价格热点与难点问题，进行认真受理，快速查处各类价格违法案件，及时妥善地解决价格矛盾和纠纷，严厉整治价格违法行为。2003 年，“非典”时期针对社会上一些不法分子哄抬物价，牟取暴利的行为，物价检查人员及时介入，维护社会稳定。

2010 年 11 月 24 日，龙泉市物价局印发关于《龙泉市物价局应对特重大自然灾害和通胀预期价格监测预警及救助保障工作预案的通知》，建立健全和完善监测预警机制，达成与全省同步实施特重大自然灾害和通胀预期应急价格监测预警机制。

“12358”价格维权

2001 年 4 月 25 日，龙泉市开通全国统一的“12358”价格投诉举报电话，设立价格投诉举报中心，建立价格投诉举报应急制度，积极打造价格举报为民办实事的品牌。自设立“12358”价格举报电话至 2010 年，共受理举报电话 500 多件，办结率为 100%，切实维护消费者的合法权益。

开展明码标价服务

2001 年，龙泉市物价局推出以新华街为明码标价示范街。2003 年，在贤良路开展明码实价一条街活动，通过树立典型，以点带面，促使明码标价向更深更广的方向发展，并印制几百万张的标价卡供经营者使用，将明码标价收费公示与推进价格诚信建设和打击价格欺诈行为紧密结合做了大量工作。

第三节　机构与队伍

1984 年 4 月，龙泉县物价检查所成立，是年 6 月县物价局成立，专门从事物价管理和价格监督检查，查处各类价格违法行为。1988 年底，龙泉县物价局有物价专业干部 14 人。1986 年 2 月，内设综合股、价格股、物价检查所。1992 年 6 月，龙泉市工商局、物价局合并，称工商物价局，合署办公，内设价格科、物价检查所。1996 年 12 月，物价局又从工商物价局分开，单设物价局，共有物价专业干部 18 人，内设局办公室、价格科、收费管理科、价格检查所。1992 年，龙泉市价格事务所成立，与龙泉市物价检查所一套班子、二块牌子，价格事务所下设价格信息中心、拍卖公司。2004 年 5 月，市物价检查所更名为龙泉市物价局监督检查分局。2006 年 10 月，龙泉市设立认证中心，按照价格服务市场、服务政府、服务社会的要求，开展价格评估、鉴定、认证工作。

第三章　统计管理

第一节　统计调查

抽样调查

1999年，龙泉市开展规模以下工业抽样调查工作，改革过去规模以下工业数据来源单一、依据不足的现状，理清统计工作的新思路。积极开展贸易业抽样调查工作、1‰人口抽样工作、劳动力就业状况抽样工作、企业景气抽样工作，不断完善抽样调查体系。2005年10月始，龙泉市开展5‰人口变动、劳动力和"平安浙江"人民群众安全感满意率等三项抽样调查，比较准确、客观地反映劳动力变动情况和群众对社会治安的实际感受，并为有关部门提供较详实的资料。2008年，开始农民人均纯收入一次性抽样调查，对1900多个调查户进行一次性问卷抽样调查，调查范围涵盖全市19个乡镇（街道），样本数为以往的9倍。

普查

1990年后，龙泉市（县）开展农业普查、经济普查、人口普查等大型普查工作。1990年、2000年，龙泉市（县）分别开展第四次、第五次全国人口普查工作。2001年8月，龙泉市开展第二次基本单位普查。2003年，龙泉市开展第二次第三产业普查。2004—2006年，龙泉市贯彻执行国务院的部署，合并原来的工业普查、第三产业普查和基本单位普查，还包括从未进行过的建筑业普查，首次开展第一次全国经济普查。2006年，开展第二次全国农业普查。2008—2010年，根据上级部署，组织开展第二次全国经济普查。2010年，启动开展第六次全国人口普查，组建机构，选调调查员与指导员，开展调查培训，并于12月开展入户登记工作。2010年，根据上级部署，全面完成R&D（研究与试验发展）资源清查登记、数据审核、查询、处理、上报、发布等各项工作，为摸清龙泉市R&D（研究与试验发展）资源状况奠定基础。

第二节　执法与服务

统计执法

1991年8月，龙泉市政府办公室发出《关于开展统计法规执行情况重点检查的通知》。1995年6月，在全国开展的统计执法大检查中，龙泉市安仁镇虚报乡镇企业工业总产值被查处，随后，《人民日报》《中国法制报》《浙江统计》等报刊作公开曝光。1999 年 5 月 3 日，龙泉市政府就加强乡镇统计工作发出通知：要进一步加强对乡镇统计工作的领导；明确乡镇统计机构和选配专职综合统计干部；依法统计，健全监督机制；严格执行统计方法制度，保证做到全面、及时、准确上报统计资料；充实和稳定统计队伍，完善统计网络建设；并对乡镇统计人员的奖励和处罚作规定。

2003 年 8 月，龙泉市统计局开展《中华人民共和国统计法》颁布 20 周年纪念活动。2003—2007 年，组织全市法人单位进行统计普法培训考试，普法人数 2280 人次，举办统计人员上岗培训考试 4 期，发放统计人员上岗证 170 份。2008 年，组织全市市领导、市直各单位领导和各乡镇主要领导以及分管统计的领导干部进行统计普法知识考试。2009 年，联合市纪委、监察局发文《关于认真学习贯彻〈统计违法违纪行为处分规定〉的通知》，要求各企事业单位认真学习，并联合市普法办、监察局发文，组织政府机关各部门和乡镇（街道）副科级以上领导干部及统计员，符合条件的企业、事业单位、社会团体等有关人员参加学习测试，总计约 1000 多人参加学习测试。1989—2010 年，查处各类统计违法行为并给予警告罚款的统计违法案件 213 起，总罚款金额 5 万多元。

统计服务

1989—2004 年，龙泉市（县）每年两会召开前编印《龙泉经济社会发展统计公报》。2005 年开始，改为编写《龙泉市经济和社会发展报告》。1989—2010 年，每年编印《龙泉统计年鉴》，每月编印《龙泉统计信息》。

2006 年 7 月 18 日，龙泉统计信息外网正式向社会公众开放，主要反映该市社会经济发展情况，其栏目有组织机构、文件通知、统计分析、统计数据、工作动态、法规督查、统计知识、资料下载等。

2009 年，《建国六十周年龙泉统计资料汇编》付印成书，以数据和文字、图片等，反映建国六十周年龙泉经济社会发展成就。

第三节　机构与队伍

1989 年 5 月 10 日，龙泉县农村抽样调查队更名为龙泉县农村社会经济调查队，龙泉县城市抽样调查队更名为龙泉县城市社会经济调查队。1990 年 12 月 26 日，龙泉县统计局更名为龙泉市统计局。1992 年 3 月，设立统计局办公室、农业基建物资股、工业商业股。1993 年 9 月，中共龙泉市委批准建立龙泉市统计局党组。1994 年 4 月，龙泉市统计局机关工会委员会成立。1997 年 12 月，龙泉市政府办公室出台《关于印发龙泉市统计局职能配置内设机构和人员编制的通知》，核定内部机构 3 个股室，分别为办公室、综合业务股、法规督查股；核定行政编制 13 人，统计咨询中心 2 人，全额拨款。2002 年 6 月 13 日，龙泉市统计局行政编制 11 人（含后勤服务人员 1 人）；核定下属事业单位机构编制，设立龙泉市社会经济调查队，内挂市统计局普查中心牌子，为财政全额拨款事业单位，核定编制 4 人。撤销龙泉市统计局咨询服务中心，其编制予以撤销。2004 年 11 月，重新核定市统计局下属事业单位机构编制；设立龙泉市社会经济调查队，并挂龙泉市统计局普查中心牌子，为财政全额拨款事业单位，核定编制 4 人，2007 年增加编制 2 人。2010 年 12 月 24 日，增加统计局下属事业单位社会经济调查队（普查中心）全额拨款事业编制 1 名，同时增挂市服务业统计中心牌子。

第四章　审计监督

第一节　国家审计

专项审计

财政审计　1996年始，龙泉市开展同级财政预算执行情况审计(以下简称同级审)，并对地方税务局的税收征管情况及相关单位、项目进行审计，每年向本级政府、人大分别提交结果报告和工作报告，财政审计成为“永恒的主题”。1998年，对全市17个乡镇1997年度的财政、财务收支情况进行全面审计，摸清家底和存在的问题。2002年始，将行政事业审计、基本建设投资审计、专项资金审计纳入“同级审”范围的财政审计监督体系，丰富同级审内容。2006年始，财政同级审以全部政府性资金为对象，以政府性资金绩效性为着眼点和落脚点开展工作,全面摸清本级政府全部政府性资金的分布状况及总量规模，分析主要的支出方向、变动趋势。审计重点关注有关财政税和谐社会和新农村建设相关专项资金的使用及效益，摸清各专项资金的收支管用状况。

经济责任审计　1990年始，龙泉市(县)开展国有企业厂长(经理)承包经营责任审计。1998年5月，建立“市管领导干部经济责任审计制度”。2001年4月，建立经济责任审计工作联席会议制度。2002年始，从原来的离任审计为主逐步转向任期审计为主，并将经济责任审计与财政财务收支审计、专项资金审计相结合。1998—2010年，龙泉市共审计经济责任人131人，查出违规金额7336万元,移送司法机关、纪检监察部门处理15人。2004年，小梅镇进行乡镇领导干部经济责任审计规范化试点并获得成功。2005年，龙泉市委、市政府联合出台《龙泉市市管主要领导干部离任经济交接制度》，进一步完善干部经济责任审计。2006年6月，进一步深化经济责任审计工作，确保审计成果落到实处，龙泉市委办、市府办联合下发《龙泉市领导干部任期经济责任审计成果运用办法(试行)》。2007年始，贯彻省厅全部政府性资金审计要求，以屏南镇镇长经济责任审计进行试点，创新审计方法，探索绩效审计和经济责任审计的结合。

专项资金审计　2003—2010年，龙泉市对政府采购资金、农业综合开发资金、扶贫资金、救灾救济资金、水利建设资金、五项社保基金、促进再就业专项资金、土地出让金、土地整理资金、政府投资项目招投标情况、重点生态公益林建设资金、全市乡镇负债等重点行业、重点问题、重点资金开展专项审计或审计调查，共完成审计项目60个，审计资金总额70.17亿元，查出问题金额5.44亿元。

国家基本建设项目审计　2003年5月，成立龙泉市基建审计中心之前，基建工程造价审计主要由建设单位委托龙泉市审计事务所、龙泉市工程预决算审价中心等社会审计机构承担，国家审计机关只对部分重点投资项目开展审计监督。2004年，龙泉市人民政府以市长令的形式发布《龙泉市国家建设项目审计监督办法》，于2004年7月1日起施行。通过自行审计和委托审计相结合的方式，基建工程20万元以上、装饰工程10万元以上的政府投资项目“必审制”。2004—2010年，共审计国家建设项目554

个，共审计项目投资额184126万元，核减工程款11141万元，查出违规金额15682万元，管理不规范金额14077万元，损失浪费金额105万元，应上交财政金额1213万元，已上交财政金额1133万元。

绩效审计　2004年始，龙泉市以专项资金和建设项目竣工决算审计及调查为主要方式开展绩效审计工作。至2010年，结合财政审计、经济责任审计、行政事业审计、审计调查等共计完成绩效审计项目78个。如2007年政府投资项目招投标情况专项审计调查和2008年政府投资项目管理情况专项审计调查，针对政府投资项目建设管理中的薄弱环节，提出审计意见和建议。2008年，龙泉市人民政府修订出台《龙泉市政府投资项目管理实施细则》《龙泉市建设工程招标投标管理办法》和《龙泉市政府性投资项目资金管理暂行办法》。

农村审计

1990年，龙泉县农村审计站成立，接受村集体委托，开展农村审计业务，加强对村财务的管理和监督。2005—2010年，龙泉市农村审计工作由各乡镇(街道)开展，审计村集体资金共57371.01万元。

第二节　内部审计与社会审计

内部审计

1986年始，龙泉县先后在粮食局、邮电局、农业银行、供销联社、二轻局等六个主管部门建立内审机构。2005年，成立丽水内审协会龙泉分会，吸收市林业局、交通局、建设局、信用联社、经贸局、农业局、教育局、卫生局、供销社、粮食局、电力工业局、烟草局、气象局、国镜药业、龙鑫化工等团体会员15个。通过举办内部审计业务培训、开展内审理论研究、评选优秀内部审计项目等活动，加强对内部审计工作的监督和指导。已开展的审计项目包括财务收支、经济效益、经济责任、基建审计及其它。

社会审计

1989年5月，成立审计事务所；1999年12月29日撤销，期间平均从业人员8人，受委托审计项目2104个，为委托单位挽回损失332.18万元；其中财务收支审计207个，承包离任审计92个，验资年检1411个，国企审计查证、经济案件鉴定、资产评估、咨询建账清债、担任常年顾问及其它86个，基建项目审计308个，核减基建工程预决算1165.89万元。

第三节　审计成果与理论研究

审计成果

1989—2010年，龙泉市(县)共审计项目1501个，查出违规金额5.0522亿元，已上缴财政金额5771.89万元，归还原渠道金额3254.83万元，移送司法机关、纪检监察部门案件23件，涉案人员41

人。被浙江省、丽水市审计机关评为优秀审计项目20个，审计组被集体记功、记奖11次，提交审计报告和审计信息被各级党委、政府、上级审计机关和新闻单位批示采用1196篇。1998年和2002年，分别获龙泉市级和丽水市级“文明单位”称号。

1989—2010年，共移送司法机关、纪检监察部门案件23件，涉案人员42人。提交的审计报告和审计信息被各级党委、政府、上级审计机关和新闻单位批示采用1411篇(次)。2002年12月16日，首次实行审计成果公告制度，对市住房资金管理中心2001年1月至2002年9月，财务收支审计情况在《龙泉政务信息》第四十一期上进行公告。2006年6月，首次在中国龙泉政府门户网公告审计调查结果，借助互联网等媒体，将部分社会关注的审计项目结果向社会进行公告。至2010年，共通过政府门户网站公告审计结果45个，涵盖专项资金审计、政府投资项目审计、部门单位财务收支审计等领域。2007年，下发《龙泉市审计局关于适度扩大审计结果文书发送范围的意见》，将审计文书流传范围逐步扩展到与被审计单位和事项关联的主管部门和单位。

审计理论研究

1990年，由福建省浦城县发起召开浙闽赣三省交界的毗邻县(市)审计理论研讨会，以后每年在各地轮流召开一次会议。1995年11月，龙泉市举办“浙闽赣三省八县(市)审计研讨会”和2005年10月“浙闽赣三省十一县(市、区)审计理论研讨会”。

信息化建设

1996年，龙泉市审计局组织全员参加电子计算机应用初级培训，至2010年末，培养计算机审计中级骨干9人，其余人员也都接受OA(办公自动化系统)和AO(现场审计实施系统)软件的应用培训。

2001年7月，建立局域网，并与丽水市审计局进行联网。2007年11月，正式开通龙泉市审计局专网网站(http://10.30.224.21:8081)和龙泉市审计局门户网站(http:www.lqsj.gov.cn)，完成审计专网建设任务，实现审计专网的四级互联。在审计政务信息资源、审计网站建设和应用上有较大提高，审计政务公开信息已经通过因特网网站向全社会发布。

2006年开始，审计信息化快速发展，审计信息化第一阶段“由手工账册审计向办公自动化、电子账簿审计转变”的目标基本实现，计算机审计已在审计实务中发挥积极作用。所有审计项目包括全部行政与业务公文通过OA审计管理系统运行，OA成为审计管理创新的工具。应用AO开展计算机审计力度不断加大，AO成为审计实施创新的工具，除基建审计外，一般都采用AO现场审计实施系统导入电子数据，计算机辅助审计有良好开端。并利用移动办公系统，实现AO与OA交互，创新审计业务管理。

龙泉市人民医院2003年至2005年财务收支审计和龙泉市医药药材总公司2006年度资产负债损益情况审计被丽水市审计局评为2006和2007年度优秀计算机审计项目。

第四节　机构与队伍

1984年1月，龙泉县筹建审计局，4月正式成立，为县政府正科级行政单位，定编8人。1989年

1月设审计一股、审计二股、审计综合股，定编14人，后改设为工交审计股、商粮贸审计股、综合审计股。1989年1月，成立县审计事务所，为审计局下属自收自支独立核算事业单位，定编3人。1993年9月3日，建立审计局党组。是年12月，经龙泉市编委批准，设财政金融股、行政事业股、企业审计股、办公室。1997年，经市政府批准审计局设办公室、财政金融审计股、工交商贸审计股、行政事业审计股、固定资产投资审计股，核定行政编制17人，下属审计事务所事业编制8人。1999年12月29日，经省财政厅批准，撤销龙泉市审计事务所，事业编制人员进行脱钩改制。1999年9月，经市编委批准设立国有经济性质的龙泉市工程预决算审价中心。2002年3月31日，龙泉市工程预决算审价中心脱钩改制。2002年6月，机构改革，设办公室、财政审计科、经贸金融审计科、行政事业社保审计科(经济责任审计科)、基建农业审计科5个职能科室，核定行政编制16人。2003年5月，设立基建审计中心，为全额拨款事业单位，核定编制6人。2009年，增加编制2人，增编后核定编制为8人。2010年，经市编委批准更名为龙泉市审计局直属分局。

第五章　工商行政管理

第一节　注册登记与市场管理

注册登记

1989年，龙泉县开展企业法人登记，全面换发企业法人营业执照，全年换发营业执照445份，办理变更登记41家，歇业登记3家。至1989年末，全县共有工商企业643家，分支机构623个。其中全民所有制131家，分支机构229个，集体所有制512家，分支机构394个(其中乡镇企业312家)。

1991年，龙泉市制定促进发展个私经济的十条措施。发展个体工商户1585户，注册资金3073万元，私营企业72户，注册资金365万元。1993年，鼓励支持企业转换经营机制，促进企业成为独立的市场主体，放宽开业登记条件，简化手续，鼓励企业打破地域界限、所有制界限、行业界限和批零界限，扩大横向联合，允许企业自主选择经营方式和经营范围，对个体工商户放宽经营范围、经营方式、名称字号、户籍地域的限制。把营业执照和变更登记权下放给各工商所。核准登记企业321家。发展个体工商户1704户，私营企业49家 。

1995年，注册登记个体工商户2461户，发展私营企业147家。1997年，采取“上门办照，现场办公”等服务措施，登记注册中实行咨询、受理和初审三程序合并，审查、核准、发照一条龙服务，减少审批环节，缩短办照时间。同时促进企业深化改革，促进下岗职工再就业，对下岗职工从事个私经济的注册资金免予验资，优先核发营业执照，优先安排市场摊位，在开业一定时间内免收管理费，有1290名下岗职工得到安置。

1998年，贯彻《公司法》和《企业法人登记管理条例》，做好军队和政法机关与所属企业脱钩工作。对"三无企业"、假集体、假挂靠企业实行清理。要求主管部门注销或变更登记。2000年，注册登记管理以坚持"宽进、严管、低收费"的工作方式，重点是拓宽登记领域，把营运拖拉机、幼儿园、商场租赁柜台、农村种养殖业等列入扩面登记范围。2001年，以"加强引导、强化监督、优化服务"为中心调整注册登记内部审批程序，单独设立注册大厅，实行注册厅统一负责制。对企业登记实行"一门受理、抄告相关、同步审批、限时完成"的并联审批制度。允许公司制小企业注册资本分期注入。允许个体工商户和各类企业根据自身条件，自主选择经营范围，并可按大类核定。

2004年，规范登记，简化登记手续，完善并联审批制度，实行"一审一核"制，取消工商所对企业登记的初步审查程序，实行由注册分局直接受理、审查、核准、发照的"一站式"服。实施《企业登记前置审批告知承诺制》，完善注册登记"绿色通道"开按外来投资企业、工业园区企业和改制企业特办窗口，实行同窗口受理，同窗口办结。登记注册各类企业206家(其中私营企业163家)个体工商户1224户。2005年，注册登记管理取消各类初审程序和局长审核程序，推行"一字工作法"开辟八小时外电话预约服务，对企业冠省名提供全程代理服务。

2006年，企业注册管理重点降低市场准入门槛，规范登记审批程序，简化办事手续，提供"亲情服务"。2007年，注册登记管理推出25条助动个私民营经济发展的举措。发展个体工商户989家，企业249家，其中，农民专业合作社40家。2008年，企业注册登记以"发展为主、服务为主"的工作理念，出台《服务两创战略　助动经济发展工作举措》，企业年检实行网上年检，并实行年检审核员制度。至2008年底，全市有私营企业1116户，注册资金120768万元，内资企业315户，注册资金61081万元，个体工商户7943户，资金数额34322万元，农民专业合作社118户，出资总额4355万元。

2009年，出台《龙泉市工商局支持地方经济发展意见》和《关于服务经济发展十六项举措》，取消个体工商户执照有效期。发展个体工商户1733户、企业119户、农民专业合作社116户，组建无区域名称企业1家。2010年，全市登记注册个体工商户1277户、企业123家、农民专业合作社77户。发布企业生存状况报告和2009年度龙泉市市场主体信息报告。

市场管理

市场监管　1989年，市场管理以治理经济环境、整顿经济秩序、支持企业深化改革、促进商品流通为重点，着重加强对化肥、农药、钢材、水泥等重要生产资料市场，彩电、冰箱等紧销耐用消费品市场和文化市场的管理。查处经济违章违法案件223起，查扣的物资有钢材20吨，伪劣彩电30台，冰箱10台，假冒自行车14辆，卷烟41044条，化肥349.4吨。

1991年，市场管理遵循放而有度，治而有序，管而有法的原则，着重解决农产品难卖的问题，全年发展贩运户136户，办理农产品出运手续316份，出运农产品2100多吨。查处制售假冒伪劣食品，短斤少两等市场违法违章案件140起，检查度、量、衡器具300余件。

1995年，市场管理重点围绕交易行为，努力繁荣市场，着重集中整治农资市场，确定113个农资经营点，取缔无照农资经营点6个。查扣非法销售的化肥52吨，农药23吨。同时对成品油、文化市场进行整顿。

1997年，开展"打假保节日，保春耕，保健康，净市场"四大主题战役。查处经济违法案件543起，清理无照经营249家，整顿印刷企业73家，加强对房地产、劳动力、金融市场的监管。

1998年，突出打击制售假冒伪劣商品，加强粮食市场的管理，确保粮食流通体制改革的顺利进行。查处劣质麦麸坑农典型案件。粮食市场遵循“管理收购、规范批发、放开零售、查处违法”的指导思想。查处案件27起，查扣粮食62.318吨。开展“保护龙泉宝剑商标打假千里行”活动和专业市场创建文明市场，星级市场活动。

2000年，市场管理着重严格市场主体准入规范生产经营行为，重点查处无照经营、非法传销、倒卖文物、商标侵权、广告违法合同欺诈、公用企业限制公平竞争等违法行为。是年，查处违法案件841起。完善“96315”消费举报投诉中心运行机制，加强“96315”投诉中心规范化，制度化建设，受理举报投诉175个，接受咨询260人次，为消费者挽回经济损失23万元。

2001年，全市市场实行管办分离，工商行政管理局与所办市场彻底脱钩。重点维护市场公平竞争秩序，着重对保险、电信、电脑、医院、工程串标、烟花爆竹、液化气、烟草等行业的检查，查处不正当竞争案件64件。加强对经纪人车辆交易、商品展销会的管理，开展创建“放心店”“放心街”“放心市场”活动。

2002年，重点查处行业垄断、公用企业限制竞争、侵犯商业秘密、串通招投标、商业贿赂等不正当竞争行为，全市共查处违法案件934起，其中三家液化气公司的不正当竞争联合案，影响大、案值高，丽水电视台、浙江电视台、中央电视台相继对此案作报道。查处的温州锦泉房地产公司虚假广告宣传案，首开浙江省工商系统查处此类案件的先河。

2003年，建立市场主体违法(违章)预警机制，对市场主体首次轻微违反工商行政管理法律法规的，进行预先警示，发出责令当场改正，限期改正通知或警告的行政处罚，免予经济处罚。

2004年，市场管理坚持为民执法和攻大奸、容小过的执法理念，针对相继发生的“禽流感”疫情和安徽阜阳劣质奶粉事件，着重加强对畜禽、奶粉、粮食加工企业，假冒著名驰名商标、建材、农资、农产品、石油市场的管理，办结大要案68件，查扣劣质奶粉2100多包、劣质化肥46吨、霉变大米6吨、地条钢80吨，对轻微违章行为发出预警758件。坚持“以管促办、以管治劣”的原则，整顿专业市场秩序，治理马路市场占道经营。

2005年，重点建设农村维权监督体系和流通领域监督体系，在乡镇设立五个消协分会、16个农村消费维权监督站、88个农村消费维权监督点，聘请503名农村消费维权监督员，建立流通领域食品质量安全检测中心、检测点、检测箱三位一体的流通领域快速监测体系。2006年，开展商业贿赂专项整治，查处商品贿赂大案8起，其中移送司法机关处理2起。

2008年，突出“攻大戒小”的执法理念，创新监管手段，拓宽监管领域，着重查处邮政局征订学生奶商业区贿赂案和房屋中介商品贿赂案。三鹿奶粉事件发生后，对全市婴幼儿奶粉市场组织专项检查，出动执法人员165人次，检查经营户1260户，下架奶粉2185千克。全年共办理违法案件334件，加强对专业市场的整治和农村产品的安全检测，共检测农副产品2240批次。2009年，以行业监管、信用监管和基础监管为重点，针对食品销售、汽车修理、宝剑销售等行业制定巡查操作规范，以市政府名义出台《宝剑行业信用等级评价办法》，开展经济户口清理、数据库纠错等工作，全年查处各类经济违法违章案件313件，罚没款208.96万元，其中万元以上大要案86件。依托消费知识教育基地开展消费教育，完善农村投诉网络，全年共受理消费者投诉170件，为消费者挽回经济损失23.5万元。

2010年，强化直销企业、食品安全流通环节重点领域监管，开展“无传销校园”“食品安全监管示范区”“诚信经营示范区”“特色产品监管示范区”创建活动，严厉打击传销和违法聚众销售行为，全年共查处各类经济违法案件347件。推进消费纠纷由“事后处理型”向“事前服务型”转变，制定实施《重点消费投诉约谈工作规则》。积极发展网上市场，联合人事劳动部门举办首期“网店经营培训班”，指导龙泉青瓷、龙泉宝剑建立网上市场，对96家网络经营者添加网络标识。

专业市场管理　1993年，全市城乡集贸市场16个，专业市场9个(其中，工业品专业市场3个，农副产品专业市场5个，其他专业市场1个)，综合市场7个。1999年，龙泉市工商局成立粮食市场专项治理整顿领导小组，由分管局领导担任组长，共出动检查264人次，出动车辆66次，检查企业157户，查处案件47件，没收粮食41.8万千克，罚没款8.07万元。其中八都工商所查处的浦城粮贩套用发票案件，有力地打击粮食流通环节的不法行为，社会反响比较大。

2004—2010年龙泉市消费品市场情况一览表

表19-5-1

年　份	消费品市场总数(个)	成交总额(万元)
2004	13	86116
2005	12	87725
2006	13	88620
2007	12	88480
2008	12	88492
2009	11	90332
2010	11	92505

2004年7月，成立流通领域商品质量安全检测中心，对市场上的食品每周至少抽检一次，并公示检测结果。

2006—2010年龙泉市开展快速定性检测情况一览表

表19-5-2

年　份	开展快速定性检测(批次)	不合格(批次)	下柜销毁处理问题商品数量(公斤)	查处案件数(件)
2006	3758	140	260.5	5
2008	2636	86	202	9
2009	3021	63	170.5	—
2010	3223	35	53	—

2006年，编制《龙泉市市区商品交易市场布局专项规划》《龙泉市商品交易市场建设最低标准》，对指导市场建设发展具有深远影响。是年11月，剑池综合开发市场成功创建二星级文明规范市场。加强商品快速定性检测工作，在八都、城南工商所建立流通领域食品质量安全检测站。2007年，龙泉市仔猪市场因经营场地租赁到期，经营效益欠佳而注销。开展禽流感防控和猪肉质量监管检查，查获未经检疫的猪肉19千克，并予以立案查处。下柜销毁处理问题商品141千克。查处一处利用沥青脱鸭毛的非法窝点。撰写《龙泉市商品交易市场提升发展的调研报告》《关于龙渊街道三、四村留地

项目的调研报告》，为市场改造提升工作出谋划策。

2008 年，启动 1 个重点市场（浙闽赣食用菌交易中心），1 个农贸市场和农批市场（八都综合市场）改造提升项目，分别按照三星级、二星级市场标准改造提升，龙泉市政府出台《关于浙闽赣食用菌交易中心开业有关工作的专题会议纪要》。全年开展各项整治 10 次，出动检查 95 人次，查处各类案件 13 件，净化市场交易环境。

2009 年，浙闽赣食用菌交易中心开业，原香菇市场、华楼菜市场因经营不善等问题，期限到期而关闭。

1991—2009 年龙泉市查处商品交易市场违法违章情况一览表

表 19-5-3

年份	案件数（件）									罚没金额（万元）
	小计	超范围经营	无照经营	乱设摊点	短尺少秤	掺杂使假	假冒伪劣	出售违禁商品	其他	
1991	13	—	—	—	—	—	—	—	—	0.089
1992	35	—	—	—	—	—	—	—	—	0.2
1993	1	—	—	—	—	—	—	—	—	0.1
1994	63	—	—	—	—	—	—	—	—	2.6
2000	42	10	17	1	—	—	14	—	—	3.51
2001	77	16	31	—	—	—	26	4	—	5.3
2003	60	6	16	—	9	7	12	3	7	2.1
2004	118	10	—	—	—	15	22	28	43	29.75
2005	57	1	—	—	10	11	15	5	15	5.35
2006	43	1	—	—	—	2	12	3	25	7.36
2008	21	—	—	—	—	1	2	—	18	8.05
2009	15	1	—	—	—	—	—	—	14	7.82

说明：1991—1994 年无分类数据。

第二节　合同管理与信用建设

合同管理

1993 年，推行经济合同示范文本制度，帮助指导企业严把签约履约关，检查合同 1518 份，对不规范、不合法的 12 份合同进行修正和制止，发现制止 14 份假冒、骗违法合同、无履约能力合同 3 份。1995 年，指导企业加强内部合同管理，帮助企业健全经济合同管理机构，完善合同管理制度，落实管理措施，全年指导企业建立经济合同管理机构 670 个，健全完善合同管理制度 613 个。

1997 年，重点宣传贯彻《中华人民共和国经济合同法》《中华人民共和国担保法》，开展企业动产抵押登记 140 件，金额 4441.6 万元，制止经济违法当事人以江西省上饶县政府对台办的名义进行合同欺诈龙泉市刀剑厂 1 万把龙泉宝剑的违法事件。

1998 年，加强合同签证和检查，规范企业签约行为，签约合同 182 份，同时介入建筑工程承包合同检查监督，检查合同 56 份，开展抵押物登记 113 份，价值 3944 万元。2000 年，拓展经济合同签证领域，主动介入政府采购合同的签证，拍卖现场的监督。共签证政府采购合同 11 份，监督拍卖现场工作，办事合同签证 748 份，办理抵押登记 101 份。2004 年，开展格式合同条款备案审查和拍卖行为的监督，共受理拍卖备案合同 18 份，现场监拍 5 次，格式合同条款备案审查 30 份。2006 年，全年受理拍卖备案材料 38 份，监拍 7 次，查处拍卖违法行为 1 起，金额 400 万元。

2009 年，举办龙泉市首届民营企业峰会，举行股权质押、商标权质押、小额贷款公司贷款、邮政储蓄银行商户担保贷款签约仪式。办理股权出资登记 1 件，土地承包经营权出资 8 件、股权出质登记 9 件，办理抵押物登记 56 件，融资金额 2.5 亿元，组建小额贷款公司并发放贷款 2.4 亿元。

2010 年，办理股权出质登记 10 件，动产抵押登记 52 件，为企业融资金额 2.85 亿元。大胆推行债权转股权的摸索与实践，龙泉市山际水电站有限公司、龙泉市双泉泵阀有限公司成为丽水仅有 2 家债权转股权企业。是年，实施规上企业产权明晰工程。

重合同守信用建设

1989 年，经济合同管理的重点是推进企业深化改革，加强合同管理，提高企业的法律意识，增强企业的自我保护意识和自我约束力，工作的着重点，调整龙泉县工商局经济合同仲裁委员会组成人员，设立龙泉县经济合同仲裁委员会，城南、安仁派出仲裁庭。加强经济合同法律、法规的宣传，开展“重合同守信用”活动，指导企业建立经济合同管理组织，制订健全经济合同管理制度，全县建立经济合同组织 98 个，配备专(兼)职管理人员 198 人，制订管理制度 34 个，命名“重合同守信用”单位 31 家，检查建筑企业合同 21 份，调解仲裁经济合同 14 份 77 起。

1991 年，设立“龙泉市工商局经济合同仲裁委员会村头仲裁庭”，“龙泉市经济合同仲裁委员会驻市供销社仲裁庭”。经济合同管理工作坚持管理与仲裁一起抓，立足基层，面向企业，宣传贯彻经济合同法，以命名为动力，促进企业对经济合同重要性的认识。考核命名“重合同守信用”单位 34 家，协助企业建立合同管理机构 99 个，办结经济合同纠纷案件 563 起，帮助企业催付拖欠款 7.56 万，检查经济合同 1594 份，金额 12869.8 万元。

2005 年，建立工商干部“守合同重信用”单位联系制度和回访制度。开展浙江省工商企业信用 A 级、AA 级、AAA 级“守合同重信用”企业的评定工作。

2007 年，开展“红盾护农”“合同帮农”为主线，积极开展种子备案，和订单农业工作，对三个农产品种子进行抽样备案，在八都、城南开展农业订单推广试点工作，共签订农业订单 324 份，金额 300 万元；开展“守合同重信用”企业的评选活动，评定国家级“守合同重信用”企业 1 家，浙江省 A 级“守合同重信用”企业 34 家，AA 级 9 家，AAA 级 2 家。

2008 年，全面推行订单农业，实施合同帮农举措。健全农业订单组织实施机制，建立订单农业服务指导站 8 个，制定《龙泉市农业订单示范文本》，建立“涉农企业合同台账”数据库。建立农业订单涉农企业工商联络员制度。开展农企、农户“守合同重信用”评选活动。全年签订订单农业合同 1362 份，订单金额 3650 万元，涉及菌种场 205 家，惠及农户 5292 户。

第三节　商标注册与管理

商标注册

2004年，市工商局加大商标宣传、培训力度，邀请商标事务所的专家到龙泉指导商标注册，进行法律法规培训。当年核准商标33件，累计注册商标223件，其中，商品商标217件，服务商标6件。2010年，龙泉市核准商标746件，累计核准商标1219件。

2000—2010年龙泉市注册商标发展情况一览表

表19-5-4　　单位：件

年　份	当年核准商标	年末累计商标
2000	8	82
2001	19	101
2002	27	128
2003	32	160
2004	63	223
2008	21	415
2009	58	473
2010	746	1219

商标管理

2000—2003年，市工商局共查处商标一般违法案件20件，收缴和消除商标标识1.87万件，销毁物品32吨，罚款5.36万元。共查处擅自印制假冒、侵权商标标识案件2件，收缴标识、模具2000件。2004年，查处涉外商标侵权案件10件，没收"花花公子"商标的T恤38件，"强雕"牌商标的洗衣皂6484快，"雕牌"商标的电池212只。2008年，开展保护奥林匹克标志集中整治行动，重点检查纪念币、纪念章、体育用品、运动服装和印刷品广告、横幅等，办结侵犯奥林匹克标志专有权案件12起，罚没款17.3万元，其中10万元案件1件。2009—2010年，共查处涉外商标侵权案件9件，没收、销毁侵权商品17086件。

2000—2010年龙泉市查处商标侵权假冒案件情况一览表

表19-5-5

年　份	侵权假冒案件（件）	罚款数（万元）
2000	20	0.934
2001	38	2.2

续表 19-5-5

年　份	侵权假冒案件（件）	罚款数（万元）
2002	30	1.84
2003	3	0.1
2004	25	8.5
2008	38	31.2
2009	13	9.94
2010	19	30.55

第四节　广告管理

广告登记

2000—2010 年，户外广告类型不断丰富，从路牌、灯箱广告等，出现霓虹灯、升空器具、模型等广告类型。至 2010 年，全市发布户外广告数 3047 个，其中展示牌广告 1063 个，灯箱广告 103 个，霓虹灯广告 3 个，交通工具广告 234 个。同期，全市广告经营单位增加 137.5%，广告经营额增长 7 倍。

2000—2010 年龙泉市广告经营单位情况一览表

表 19-5-6

年　份	广告经营单位（家）	经营额（万元）
2000	16	205
2003	19	560
2004	20	600
2008	19	720
2009	26	1267
2010	38	1724

广告监管

2004 年，对媒介单位实行监测、通报、公示制度进行监督，在龙泉城区设置 13 个户外广告张贴栏，并在龙泉电视上公告“关于对乱张贴、乱喷涂、乱悬挂广告进行全面整治的通告”及实施办法。2008 年，开展广告专项检查，出台《关于开展公路两侧广告专项整治的通知》，不定期对全市户外广告进行检查。是年，出台《关于开展虚假违法广告专项整治行动的通知》，重点开展违法药品、保健食品、医疗服务、医疗器械、化妆品、美容服务、农资种子等七类广告和隐含设陷的节日（庆典）促销广告、互联网虚假违法广告等虚假广告的整治。

2000—2010年龙泉市查处广告违法案件情况一览表

表 19-5-7

年份	查处违法广告案件数(件)			罚没款(万元)
	小计	虚假广告	其他	
2000	32	3	29	4
2001	62	1	61	9
2002	31	8	23	10.6
2003	16	1	15	5
2004	35	2	33	8
2008	11	6	5	5.5
2009	19	8	11	15.85
2010	30	10	20	18.23

第五节　机构与队伍

1993年7月25日，市工商局与市物价局合并为市工商物价局。内设办公室、个体私营经济管理科、合同企业管理科、市场管理科、价格管理科与价格事务所合署办公，下设经济检查队、物价检查所，按经济区域设置直属、郊区、村头、八都、城南、安仁6个工商所，由市工商局直接领导；村头、八都两个工商所被省工商局命名为首批规范化工商所；开始实行干部聘任聘用制。

1996年11月22日，经机构重新调整，将物价管理职能划出，恢复龙泉市工商行政管理局机构，内设办公室、市场管理科、个体私营经济管理科、合同企业科、经济检查大队，设置直属、郊区、八都、城南、安仁、村头6个工商所。

1999年，市工商局实行垂直管理体制，隶属于丽水市工商局直属管理。2001年11月，内设机构调整为办公室、人事教育股、法规股、企业注册监管股(个体私营经济监管股)、市场规范管理股、经济检查股(消费者权益保护股)，设立注册分局(正股级)，与企业注册监管股合署，保留经济检查大队，与经济检查股合署，新设立市场工商所。是年，市工商局与所办市场脱钩。

2002年1月，安仁工商所与村头工商所合并为龙渊工商所，内设机构由“股”更名为“科”，行政级别不变。2003年5月，取消市场规范管理科，分设市场合同监管科和商标广告监管科。2004年4月，原郊区工商所、直属工商所更名为剑池工商所和西街工商所。11月，龙泉市工商行政管理学会成立。2007年8月，在注册分局增挂龙泉市工商行政管理局行政许可科。10月，龙泉市消费者协会更名为龙泉市消费者权益保护委员会。2008年，城南工商所并入剑池工商所合署办公，八都工商所并入西街工商所合署办公。

第六章　质量技术监督

第一节　质量监督管理

监督检查

2001年，质量管理职能由龙泉市经贸委调整至龙泉市质监局。是年5月，市质监局正式接管锅炉、压力容器、电梯、起重机械、厂内机动车辆、客运索道、游乐设施等特种设备安全监察职能，监督管理设备设计、安装、使用、检验、修理、改造等环节。处置2006年6月15日龙鑫压力容器爆炸事故和2008年10月30日国镜药业压力容器事故，主动帮助企业恢复生产。8年累计培训1638人次，还利用“3•15”消费者权益日、“六一”儿童节等契机开展送安全知识下乡、进校，宣传普及特种设备安全知识。

2004—2008年，龙泉市质监局结合省、市级定期监督抽查、专项监督抽查和日常监督抽查，完成各级各类监督抽查815批次，平均合格率87.97%，任务完成率100%，抽样及时率100%。同时，充分发挥职能优势，积极帮促规范企业开展质量管理体系ISO 9001:2000认证、环境管理体系ISO 14001:2004认证、HACCP（危害分析的临界控制点）食品安全管理体系、OHSAS（职业健康安全管理体系）认证。至2010年末，全市通过质量管理体系、环境管理体系、食品安全管理体系认证企业40余家，取得工业产品生产许可证企业15家，包括木制品、眼镜、建筑门窗等多类产品。

至2010年末，全市已有特种设备718台，其中，锅炉160台、压力容器252台、电梯121台、起重机械142台、厂内机动车辆33台、游乐设施10台，是2002年（415台）总数的1.73倍。市质监局以查禁违法制造、销售、安装、维修、使用以及无证上岗操作为执法重点，严厉打击各类违法行为。

食品监管

2005年1月1日起，市质监局承担食品生产加工环节的监管职能。采取普查建档、分阶段分类监管、企业自律承诺、分片式定责等措施，牵头开展产品质量和食品安全专项整治工作。开展食品质量安全抽检工作，至2008年，共抽检540个批次，平均批次合格率89.4%。以指导帮助企业申办生产许可证为抓手，引导企业加快推进食品质量安全市场准入进度，全面做好茶叶、食用菌、饮用水、蔬菜干制品等产品的生产许可证（简称QS）申证服务工作。至2010年末，全市共有30家食品生产加工企业计 33 个产品取得 QS 证。

2008 年 8 月，结合龙泉市省级食品安全示范县创建成果，质监、农业、卫生等 9 个牵头部门结合本地实际，对"十小"行业，即小作坊、小餐饮店、小食杂店、小农资、小药店、小菜场、小美容美发、小音像店、小液化气供应点、小客运，开展为期三年的整治和规范工作，八都镇为"十小"行业整治试点单位。是年 9 月，"三鹿奶粉"事件爆发，市质监局第一时间组织人员分赴各乡镇开展涉乳食品生产企业、加工小作坊专项检查，并加强相关政策法规及奶粉质量信息宣传。

质量安全管理

1997 年，市质监局开展打假"蓝箭"行动，重点检查建材、首饰、化妆品、眼镜等产品，全年出动执法人员 500 人次，检查企业（厂家）300 家，立案 12 起，查获假冒伪劣产品 4.9 万元。

2000 年，采取集中专项整治和日常打假结合的方式，重点关注"政府担心、群众关心、消费者闹心"的质量问题突出产品，严厉打击制售假冒伪劣行为。开展全国打假联合行动，重点检查服装、电力电讯器材等，全年出动执法人员 480 人次，检查企业（厂家）311 家，立案 28 起，罚款 11.44 万元，查获假冒伪劣产品 5.2 万元。

2001 年，以麦麸、汽（摩）配件为重点，出动执法人员 460 人次，检查企业（厂家）434 家，立案 53 起，罚款 22.1 万元，查获假冒伪劣产品 0.9 万元。2002 年，以建材、油品、特种设备为重点，出动执法人员 654 人次，检查企业（厂家）467 家，立案 41 起，罚款 22.7 万元。2003 年，以非典物资、黄金饰品、特种设备为重点，出动执法人员 573 人次，检查企业（厂家）497 家，立案 35 起，罚款 23.31 万元。2004 年，以酒、奶粉为重点，出动执法人员 389 人次，检查企业（厂家）571 家，立案 36 起，罚款 24.26 万元。2005—2008 年，重点开展"六打六保"专项打假活动，累计出动执法人员 2735 人次，检查各类企业和经销单位 2415 个，查出有质量问题的产品标值 109.7 万元，立案 104 件，处罚款 87.05 万元；以食品打假为重点，大力开展专项、综合、技术和形象执法，先后开展"服务民生、平安节日，关注三农、服务下乡，关注民生、保障安全，呵护民生、保障健康，平安六一，服务两创、和谐安居，舒心旅游、放心消费"，以及涉奥食品、救灾物资等专项执法检查，逐步建立区域性产品质量问题预警机制，12 年来未发现集中性的制造假冒伪劣产品窝点。

第二节　计量监督管理

计量标准化

1988 年，龙泉县质监局开始对工业企业开展计量水平定级、升级和计量验收考核工作。至 1992 年，全市通过计量定级、升级、验收企业 20 多家，基本上为国家三级。

2006 年 12 月和 2007 年 12 月，龙泉市计量检定测试所和龙泉市产品质量监督检验所分别通过法定计量检定机构的考核和实验室资质认定，建有社会公用计量标准 10 个，分别为衡器检定装置、天平检定装置、二等克组砝码标准装置、二等毫克组砝码标准装置、三等大砝码标准装置、血压计检定装置、加油机容量检定装置、检定游标量具标准器组、检定测微量具标准器组、精密压力表标准装置。至2008年末，共检修计量器具5万多台件，检修的计量器具涉及长度、力学二大类13项。

2008年，全市共有年耗1000吨标煤以上用能单位10家，包含化工、人造板、药业、电力、啤酒、矿业、水泥、竹木、陶瓷等行业，其中浙江龙鑫化工有限公司和龙泉市绿源人造板有限公司为年耗5000吨以上的重点耗能企业，龙泉市绿源人造板有限公司为辖区能源计量示范单位，浙江海阳水泥有限公司、龙泉市绿源人造板有限公司等公司实现节能成果显著，年增利润百万元以上。

标准化管理

1991年，开始对企业产品标准实行备案管理。至2010年末，全市企业执行标准登记521个，企业越来越重视标准在企业发展中的基础性作用。

1998年，开始实行商品条形码管理。至2008年，发展条形码成员单位45家。1999年起，实施统一代码标识制度。至2008年，全市企事业单位共办理组织机构代码证书3860份，IC卡3127张。

2008年，龙泉市成立农业标准化工作领导小组，分管副市长任组长，领导小组办公室设在市质监局，深入推进农业标准化建设，制定农业生产技术规范7个，通过省级验收农业标准化推广示范项目4个。2009年，《金观音茶叶生产技术规程》通过省专家组审查，成为浙江省首个乌龙茶地方标准。

2001年，根据国务院规定，质量管理职能由经贸部门调整至市质监局。至2010年，共培育龙泉市浙江商讯科技有限公司的超五类数据电缆、蒋氏刀剑有限公司的刀剑、浙江能福旅游用品有限公司的竹木制太阳伞和浙江凤阳春有限公司的凤阳春茶叶等6种产品获评浙江省名牌，金宏瓷厂，三田滤清器有限公司和金福茶叶等13种产品获评丽水名牌。

第三节　机构与队伍

龙泉市质量技术监督部门，由中华人民共和国成立初期龙泉县人民政府财政科、工商科发展演变而来。1973年9月，龙泉县计量所正式建立(属科委)。1974年龙泉县标准计量所成立(属科委)。

1990年，增挂龙泉县标准计量管理局牌子，机构规格、人员编制、经费渠道归口管理与标准计量所相同。1996年末，成立龙泉市技术监督局(与市计委合署办公)，计量所为技术监督局下属事业单位，牌子换为“龙泉市计量检定测试所”和“龙泉市产品质量监督检验所”。1999年11月，成立龙泉市质量技术监督局(简称市质监局)，与市计委解除合署办公，为行政正科局，实行省以下垂直管理，内设办公室、综合科、质量科、监督稽查科(特种设备安全监察科)、食品安全监督管理科，下辖质量技术监督稽查大队、计量检定测试所、产品质量监督检验所等事业单位。2000年7月28日，建立龙泉市质量技术监督局委员会。

第七章　食品药品监督

第一节　食品监督

食品安全综合监管

2005年2月28日,龙泉市政府成立龙泉市食品安全委员会,食品安全委员会办公室(简称市食安委办)设在市食品药品监督管理局。是年,创建放心店251家,放心店配送率100%,连锁超市创建乡镇覆盖率100%,完成省政府"千万工程"三年创建任务,基本建立现代流通网。在各行政村及乡镇街道聘任503名群众监督员,完成农村食品安全监督员三轮培训工作,建立全市多员合一的群众监督网。组建4个食品行业协会,加强行业协会的指导管理工作,建设食品安全行业自律网。

食品安全示范县建设

2007年7月,龙泉市被确定为浙江省食品安全示范县创建试点县,以八都、小梅、安仁、上洋、八都5个乡镇先开展食品安全示范乡镇创建活动,每个示范乡镇确定3个行政村作为食品安全示范创建村试点。进一步强化食品安全示范县创建工作的组织领导,研究制定《龙泉市食品安全示范县建设试点工作实施方案》《龙泉市食品安全示范乡镇建设实施方案》和《龙泉市食品安全示范乡镇验收考核细则》,成立由分管食品安全工作的副市长为组长,市府办公室分管主任和食品药品监督管理局的主要领导为副组长,各主要监管部门分管领导为成员的创建食品安全示范县工作领导小组。层层签订食品安全目标责任书,深化完善食品安全责任体系建设。进一步强化示范县创建综合基础工作,创建食品安全监管环节示范点。加强社会监督和群防群治工作,在全市19个乡镇街道、444个行政村、5家公用企业、3家市场、8家大型超市商场和9所学校建立消费维权联络站20个、联络点111个,聘请540名食品安全监督员,建立市、乡、村联网,站、点、员为一体的食品安全监督网络。因地制宜开展信息信用体系建设。

2007年4月,开通龙泉市食品安全信息网,基本实现部门之间信息共享。出台信用体系建设方案,在农资、白酒、大米、保健食品、餐饮5个行业的33家企业开展信用体系建设试点工作。是年,加强应急体系建设,印发《龙泉市重大食品安全事故应急预案》和《龙泉市重大食品安全事故应急预案操作手册》,开展龙泉市重大食品安全事故(Ⅳ级)应急演练。2008年6月11日,市编委正式批准设立龙泉市食品安全检测中心(为食品药品监管局下属事业单位)。2008年11月,创成浙江省级食品安全示范县。

食品安全专项整治

2005年，牵头组织开展学校食堂卫生和乡镇农村学校的饮用水专项整治，对学校食堂的防蝇防鼠设施、餐具消毒、保洁设施、食品定点采购、食品采购登记、各岗位制度制定及落实情况，从业人员健康体检情况进行全面检查。2006年，牵头组织开展学校周边摊点专项整治，对无证照、卫生条件不合要求的摊点予以取缔，同时积极推行学校周边“三固定一统一”(固定地点、人员、时间，统一标准摊篷)的卫生食品摊点规范化管理。2007年，牵头组织开展散装白酒专项整治，取缔无证无照散装白酒经销店1家，没收来路不明的散装白酒165千克，取缔地下非法白酒加工窝点5家，捣毁土制白酒蒸馏设备4套。2008年，迅速有效调查处理本地范围内的三聚氰胺事件问题奶粉，对问题奶粉采取下架、退货等处置工作，并对婴幼儿开展全面筛查和治疗工作，共出动执法检查人员165人次，车辆26台次，检查商场超市10家，食杂店268家，检查食品经营户1260户/次。检查下架2008年9月14日之前生产的奶制品2185千克，下架的产品全部由厂家召回。同年组织开展重大食品安全事故(Ⅳ级)应急演练。2009年，开展食品添加剂专项整治。2010年，开展三聚氰胺奶粉、食堂、油脂等专项检查。

第二节　药品监督

监督检查

2003年，积极应对“非典”疫情，成立防治“非典”工作领导小组，建立24小时值班制度，制定《应对“非典”型肺炎药品监管工作方案》《龙泉市零售药店防治“非典”工作方案》及《关于加强“非典”工作的紧急通知》，对全市各药品生产、经营企业及医疗机构防治“非典”所用药械情况进行专项监督检查，避免利用防治“非典”的名义，生产、经营和使用不符合国家标准、行业标准、注册产品标准或无产品许可证的医疗器械及生产、销售、使用假劣药品、中药饮片等行为，出动执法人员552人/次，检查生产、经营企业及医疗机构169家。检查发现不合格医疗器械353套(只)，货值金额47232元。全面启动农村医疗机构规范药房建设。

2007年，实施药品驻场监督员制度，派工作人员驻浙江国镜药业有限公司，重点监督检查原辅料来源的合法性、工艺的一致性等问题，加强一系列重点环节的掌控和对该公司实行日常动态监督。制定出台《龙泉市重大食品安全事故应急预案》《龙泉市重大食品安全事故应急预案操作手册》《龙泉市重大药品(医疗器械)安全事故应急预案》《龙泉市重大药品(医疗器械)安全事故应急预案操作手册》，经市政府批准发布实施。

2008年，创建农村药品“两网一规范”示范县(市)，即农村药品监管网络、农村药品供应网络和农村药房规范化。制定《龙泉市创建农村药品“两网一规范”示范县(市)工作实施方案》，成立以分管副市长为组长，宣传、公安、财政、卫生、工商、经贸、食品药品监管等部门为主要成员单位的工作领导小组，并纳入乡镇政府(街道)的管理目标和政府绩效考核内容。依托食品监管网络，以乡镇分管领导为药品监督员，各乡镇消费维权监督站工作人员为药品协管员，各村食品安全员为药品信息员，制定《龙泉市农村药品监督员、协管员和信息员管理制度》，建立健全全市药品监管网络；逐步形成以龙泉市医药药材总公司为主，各周边县市医药批发企业为辅的药品配送网络，进一步规范乡镇卫生院代购药品的管理，鼓励承担农村药品配送任务的药品批发企业改善仓储条件，提高配送服务能力，督促承担农村药品配送任务的药品批发企业加快信息化建设，制定《龙泉市开设乙类非处方药专柜管理办法》对在农村边远地区开设药品零售门店或在“千镇万村放心店”开设乙类非处方药柜提供优惠政策。是年，全市200余家医疗机构均通过规范药房验收，开展医疗机构规范药房建设整治工作，规范农村药房的质量管理，强化硬件建设和制度管理，强化农村药房人员的法规和专业知识的培训，提高药房人员的质量意识和技术水准。

2010年，指导督促浙江国境药业完成直立式软袋生产线的GMP认证。至2010年末，龙泉市共有药品生产企业1家，药品批发经营企业1家、药品零售经营企业40家、医疗器械经营企业9家、医疗机构227家。

药品、医疗器械市场整治

2002年，以大输液、进口药品、一次性使用无菌医疗器械等为重点开展6项专项检查，共立案103件，案件货值金额5.1万元，罚没款6.84万元。2003年，以过期药品、防治“非典”、橡胶避孕套、盐酸二氢埃啡麻醉药品以及通过邮政渠道寄递假劣药品违法行为等为重点开展专项整治活动，立案34件，涉案金额28.82万元，罚没款金额10.15万元。与龙泉市公安局联合开展打击生产销售假劣药品医疗器械违法犯罪专项行动，共出动药监执法人员、公安人员678人次，检查涉药单位215家，立案查处18件，涉案金额6.3万元，罚没款4.76万元；取缔无证药械经营户11家。2004年，以牙科、隐形眼镜专项检查、抗生素、进口药品、藏药、中药材和中药饮片等为重点开展10项专项检查，立案28件，涉案金额9.53万元，罚没款金额7.44万元。2005年，以性保健品、疫苗质量、中药材中药饮片等为重点开展10项专项检查，开展“药品打假在农村”专项行动，立案18件，涉案金额8.7万元，罚没款金额15.1万元。2006年，严格查控辖区内“齐二药”“欣费”等产品，开展中药饮片、中药材、铁皮枫斗等专项检查，立案42件，罚没款16.3万元。2007年，组织开展打假保节日处方药销售、药品安全百日执法、特殊药品、人血白蛋白、隐形眼镜及其护理液等专项执法行动，立案40件，涉案金额26.5万元，罚没款14.2万元。2008年，立案26件，罚没款17.8万元。2009年，重点开展甲型H1N1流感防控相关药品、医疗器械和原料药、中药注射剂、中药饮片等专项检查，开展小药店规范整治工作，立案15件，涉案金额8.2万元，罚没款16.6万元。2010年，重点开展小药店全面规整工作，开展打击工业氧冒充医用氧、非药品冒充药品等专项整治行动，立案10件，涉案金额3.2万元，罚没款7.16万元；取缔无证药贩1伙，取缔药品无证经营户1家。全年共完成抽样120批次，检出不合格药品8批。

第三节　机构与队伍

2001年12月19日，设立龙泉市药品监督管理局，负责对本辖区药品，包括中药材、中药饮片、中成药、化学原料药及其制剂、抗生素、生化药品、生物制品、诊断药品、放射性药品、麻醉药品、毒性药品、精神药品、药用辅料、医疗器械、卫生材料、医药包装材料等的研究、生产、流通、使用进行行政监督和技术监督职能。原由有关部门承担的药政、药检职能，药品、医疗器械质量监督管理和生产、流通监督管理职能从2002年1月21日起划入龙泉市药品监督管理局。2002年3月20日，龙泉市药品监督管理局举行授牌仪式。2002年11月27日，设立龙泉市公安局驻龙泉市药品监督管理局联络室，联络室地点设在市药品监督管理局。

2005年3月，根据省编委办、省食品药品监督管理局印发的《市县食品药品监督管理机构组建工作实施意见的通知》和《浙江省食品药品监督管理局关于印发龙泉市食品药品监督管理局职能配置内设机构和人员编制规定的通知》文件精神，在龙泉市药品监督管理局基础上组建龙泉市食品药品监督管理局，为丽水市食品药品监督管理局直属机构，主管本辖区药品监督管理工作，综合监督食品、保健品、化妆品安全管理。

第八章　安全生产管理

第一节　安全生产监察

安全监管

2005年，认真贯彻国务院《关于进一步加强安全生产工作的决定》和丽水市委、市政府各时期对安全生产工作的指示，采取一系列举措，切实加强对安全生产工作的领导。2006年，龙泉市对安全生产考核体系、考核方式、奖罚条件和考核措施进行调整和完善，加大跟踪督查考核力度。市政府与市交通局、建设局等22个部门，19个乡镇(街道)签订安全生产责任书，各乡镇(街道)、各行业主管部门又将控制指标层层分解落实到基层、企业，强化责任落实。2010年，认真组织各乡镇(街道)和有关单位、企业宣传贯彻浙江省委《关于进一步加强安全生产工作意见》精神，切实把思想认识统一到《意见》上来。结合龙泉实际，研究出台《关于进一步加强安全生产工作的意见》。

专项整治

2005年，开展矿山安全专项整治。按照减少数量，扩大规模，改进工艺，提高机械化作业程度的要求，龙泉市从严把握准入关，坚持严要求、高标准，凡是不符合安全生产条件的，一律予以关停；积极推广导爆管雷管和中深孔爆破等先进安全适用材料和开采技术；通过安全检查和安全评估，对全市矿山中存在的事故隐患进行整治，关停5家，对9家小矿山限期停产整顿。2007年，组织开展危险化学品、矿山、建设工程、道路交通和消防安全等专项整治，突出开展重点行业和领域安全生产隐患排查治理专项行动，867家企业和单位开展排查治理，查出隐患1108条，限期整改企业352家，发放整改指令书139份，责令停产停工整顿7家。开展"打非"、"护命"行动和"查证验证"工作，发出各类执法文书324份，查处事故6起，非事故案件27起，有效打击安全生产违法行为。2010年，出台龙泉市机械制造、矿山、危险化学品和烟花爆竹隐患排查治理工作实施方案，全市共排查企业5470家次，排查隐患6545项，整改隐患6289项，有效消除各类安全隐患。

行政处罚

2006年，出台《龙泉市安全生产举报奖励制度》，严厉打击安全生产违法和事故隐瞒行为，责令停产整顿企业7家、暂扣安全生产许可证7家，关闭矿山竖井2个，关闭废弃矿山13个。查处非法运输化学品1起；取缔非法加油站14个；查处非法存储、经营油漆和涂料500多件；收缴非法经营烟花爆竹168箱(件)；没收非法经营鱼雷29盒。2010年，安全执法重点从事后执法转移到事前执法。制订机械制造、矿山、危险化学品、烟花爆竹等重点突出、针对性强的安全生产年度执法计划，注重事前预防性执法，查处生产安全事故和违法行为46起，其中事前处罚39起，事后处罚7起。对200多家生产经营单位开展"打非"专项的监督检查，共查处非法违法行为158项，查处非法烟花爆竹100多件，责令停产整顿企业12家，经济处罚26家。

第二节　事故统计

2001年有统计以来，龙泉市工矿企业共发生伤亡事故63起，死亡75人，其中，高处坠落17起，冒顶7起，放炮及炮烟中毒6起。

2001—2010年龙泉市工矿企业伤亡事故一览表

表19-8-1　　单位：人

事故时间	事故单位	死亡人数	事故类型
2001年3月20日	小梅吴高铃萤石矿	1	冒顶
2001年5月14日	龙泉市铅锌矿有限公司	1	坍塌
2001年5月27日	龙泉市铅锌矿有限公司	1	炮烟中毒
2001年7月27日	龙泉市砩矿有限责任公司	1	冒顶
2001年10月22日	龙泉市砩矿有限责任公司	1	物体打击
2002年1月28日	缙云交通工程建设工程公司	2	放炮
2002年3月8日	省水电建筑机械有限公司	1	高处坠落
2002年3月30日	龙泉市铅锌矿有限责任公司	1	高处坠落
2002年4月5日	省第三地矿工程公司	2	放炮
2002年6月18日	龙泉市小梅萤石有限责任公司	1	炮烟中毒
2002年7月17日	中铁五局施工	1	物体打击
2002年8月13日	仙居县水利水电工程建设有限公司	3	冒顶

续表 19-8-1

事故时间	事故单位	死亡人数	事故类型
2002 年 10 月 15 日	龙泉市龙虎水泥有限公司	1	坍塌
2002 年 10 月 21 日	浙江正邦水电建设有限公司	1	高处坠落
2002 年 11 月 25 日	龙泉市龙腾木业有限责任公司	1	高处坠落
2003 年 3 月 14 日	龙泉市水电安装公司	1	起重伤害
2003 年 6 月 21 日	龙泉市混凝土工程施工队	1	触电
2003 年 7 月 13 日	龙泉市硑矿有限责任公司	1	放炮
2003 年 7 月 31 日	龙泉市新华房屋拆除服务有限公司	1	高处坠落
2004 年 3 月 12 日	温州顺吉公路建设有限公司	1	高处坠落
2004 年 4 月 16 日	龙泉市盛宏竹业有限公司	1	机械伤害
2004 年 5 月 1 日	丽水市永固建筑设备有限公司	1	高处坠落
2004 年 5 月 2 日	浙江正邦水电建设有限公司	2	炮烟中毒
2004 年 6 月 8 日	浙江宏途建设有限公司	1	高处坠落
2004 年 7 月 5 日	泰顺县水利电力建设工程公司	1	起重伤害
2004 年 8 月 28 日	浙江正邦水电建设有限公司	1	冒顶
2004 年 8 月 29 日	丽水市汇力水电建设有限公司	1	触电
2004 年 9 月 25 日	台州市水利水电建设工程处	3	塌方
2004 年 10 月 30 日	龙泉市湖电站	1	溺水
2004 年 11 月 11 日	龙泉市硑矿有限责任公司	1	高处坠落
2005 年 3 月 20 日	浙江佳和矿业有限公司	1	冒顶
2005 年 5 月 18 日	龙泉埠头萤石矿	2	中毒窒息
2005 年 6 月 17 日	福建浦成泓兴水利水电建筑工程公司	1	起重伤害
2005 年 6 月18 日	浙江佳和矿业有限公司	1	物体打击
2005 年 9 月 16 日	湖州市吴兴垣元养护中心–龙泉市后会线砂改油工程项目部	1	机械伤害
2005 年 9 月 21 日	龙泉市正龙建筑工程有限公司	1	高坠
2005 年 10 月 3 日	龙泉小梅萤石有限公司	3	起重伤害
2005 年 11 月 18 日	龙泉市住溪流域水电开发有限公司—井惠口电站	1	超生伤害
2006 年 2 月 20 日	龙泉市绿源人造板公司	1	高处坠落
2006 年 5 月 14 日	龙泉市硑矿有限责任公司	1	冒顶
2006 年 6 月 15 日	浙江龙鑫化工有限公司	2	爆炸火灾
2006 年 7 月 4 日	浙江宏途交通建设有限公司	1	起重伤害
2006 年 8 月 6 日	龙泉市正龙建筑工程有限公司	1	物体打击
2006 年 10 月 28 日	浙江能福旅游用品有限公司	1	高处坠落
2007 年 2 月 8 日	龙泉市雨润萤石有限公司	1	坠井事故
2007 年 5 月 9 日	龙泉市城北乡白雾桥至方康工程	1	高处坠落

续表 19-8-1

事故时间	事故单位	死亡人数	事故类型
2007 年 5 月 13 日	浙江龙泉山旅游度假区有限公司	1	车辆伤害
2007 年 7 月 5 日	龙泉市益源水电有限公司	1	起重伤害
2007 年 7 月 13 日	龙泉市村头制砖厂	1	机械伤害
2007 年 9 月 15 日	西街西独线浙江永达交通工程有限公司	1	物体打击
2007 年 10 月 28 日	龙泉市矿有限责任公司	1	高处坠落
2008 年 3 月 19 日	龙泉市海阳矿业有限公司	1	冒顶事故
2008 年 6 月 30 日	龙泉市华港化工有限公司	1	高处坠落
2008 年 7 月 4 日	龙泉市电视台	1	物体打击
2009 年 4 月 8 日	剑池庭院	1	高处坠落
2009 年 6 月 30 日	张绍斌大师园	2	中毒窒息
2009 年 7 月	瀑云某木制品厂	1	中暑疲劳
2009 年 7 月 7 日	龙河新型墙砖厂	1	机械伤害
2009 年 7 月 22 日	—	1	高处坠落
2009 年 8 月 5 日	住龙电站	1	触电
2009 年 8 月 21 日	安仁乌坑电站	1	牲畜伤害
2009 年 12 月 18 日	浙江大舜公路建设有限公司	1	高坠
2010 年 3 月 24 日	浙江佳和矿业集团有限公司	1	坍塌事故

第三节　安全培训与应急救援

培训教育

2005 年，开展“遵章守法，关爱生命”安全生产月主题宣传活动，印发 2000 份“强化安全生产，建设平安龙泉”致全市生产经营单位的公开信，设立咨询日活动，开展安全生产宣传咨询活动，接待咨询群众 2000 多人，发放各种宣传资料 5000 多份，并举办“交通安全进企业”“消防安全进企业”文艺晚会。2006 年，组织“安全发展、国泰民安”主题安全知识竞赛、安全生产咨询日等活动。参加安全知识竞赛达 22000 人，发放安全宣传资料 11400 多份，宣传挂图 4500 幅，悬挂标语、横幅 1000 多幅，接待咨询人数 589 人，现场解答群众咨询问题 46 件。2008 年，开展“治理隐患、防范事故”主题，安全生产月活动，共发放宣传资料近 5.6 万份，张贴宣传画、标语 2400 多张。邀请安全专家深入乡镇（街道）和部门开展讲座，并编印《企业安全生产管理手册》、《企业安全生产保障和责任法律法规选编》等宣传手册发放给各生产经营企业。全市共培训各类人员 1376 人，其中企业负责人 228 人，安全管理人员 603 人，特种作业人员 545 人。

应急救援

完善全市应急管理机构建设，成立市应急办，进一步加大投入，加强应急救援装备建设，并积极开展应急救援演练及参与事故救援工作。进一步完善应急预案体系建设。至2009年末，全市及各职能部门编制事故类预案共49个，重点行业领域编制各类应急预案300余个，基本形成“横向到边、纵向到底”的安全生产应急预案体系。

第四节　机构与队伍

1972年10月，成立龙泉县安全生产委员会。安全生产办事机构先后设置在生产指挥组、劳动局、经委、经贸局等部门，为这些部门的内设机构。2004年5月，成立龙泉市安全生产监督管理局，为经济贸易局内设副局级，兼安全生产委员会办公室，办公地址在清风路1号。

2005年9月26日，安全生产监督管理局从经济贸易局脱离，升格为独立政府部门。办公场所从原清风路1号搬迁至贤良路333号市政府行政中心二楼。2005年11月，内设办公室（与政策法规科合署）。2005年12月，设立危险化学品安全监督管理科、矿山安全监督管理科。2006年8月，设立综合安全监督管理科。机关行政编制10人（含机关后勤服务人员编制），其中，局长1人，副局长2人。

2005年12月，成立安全生产监察大队，为安全生产监督管理局下属全额事业编制单位；主要职能是对安全生产领域的违法行为实行行政执法，初核定编制10人，没有单列挂牌，职能分解在矿山、危化、综合3个业务科室中。2007年6月，更名为龙泉市安全生产监察大队，并单列挂牌。2009年10月，经丽水编办同意参照公务员办法管理。

龙泉市志

（1989—2010）下册

龙泉市地方志编纂委员会 编

方志出版社
Publishing House of Local Records

总 目 录

目　　录

第二十篇　中国共产党地方组织

第二十一篇　地方人民代表大会

第二十二篇　地方人民政府

第二十三篇　地方人民政协

第二十四篇　民主党派与群众团体

第二十五篇　政　法

第二十六篇　军　　事

第二十七篇　教　育

第二十八篇　科学技术

第二十九篇 文 化

第三十篇 传 媒

第三十一篇 卫 生

第三十二篇 体　育

第三十三篇 人事劳动

第三十四篇　社会保障与社会事务

第三十五篇　居民生活

第三十六篇　习俗与宗教

第三十七篇　方　言

第三十八篇　街道　乡镇

第三十九篇 人 物

第四十篇 艺 文

第二十篇

中国共产党地方组织

中共龙泉市(县)委员会是全市(县)工作的领导核心和决策机关。至2010年,中共龙泉市委员会下设市委办公室、纪律检查委员会、政法委员会、组织部、宣传部、统一战线工作部、市直属机关工作委员会以及市委党史研究室。同时在各党政机关、乡镇街道社区、社会团体、企事业单位和行政村设立党的基层组织。

中国共产党龙泉地方组织最早在20世纪的30年代建立。1935年龙泉成为浙西南革命根据地中心区域之一。同年5月,中共龙(泉)浦(城)县委成立,驻地在龙泉县住龙乡住溪村,下设大北、小北两个区委。1935—1949年,中共龙泉地下党组织经历极其艰苦曲折的斗争,县委几经破坏与重建,一直坚持斗争至龙泉解放。1949年7月,中共龙泉县委员会成立,并相继建立八都、查田、道太、安仁等4个区区工委和城区工委,积极发展组织,开展各项运动。1956—2006年,第一至第十二次市(县)党代表大会召开,选举成立党的各届领导机构。截至2010年,中共龙泉市委下属40个党委(其中乡镇党委16个)、5个党工委(其中街道党工委3个)、42个党组、26个总支部、960个支部,全市有党员16594人。

第一章　中国共产党龙泉市(县)委员会

第一节　中共龙泉市(县)党代表大会

中共龙泉县第八次代表大会

1990年4月10—13日,中共龙泉县第八次代表大会召开,应到代表229人,出席代表228人,代表全县9521名党员,列席人员50人,特邀人士5人。大会听取和审议赵碧春代表七届县委作的《县委工作报告》和县纪委作的《纪检工作报告》,并通过关于以上两个报告的决议。大会选举产生中共龙泉县第八届委员会委员、候补委员和县纪律检查委员会委员。

中共龙泉市第九次代表大会

1993年4月7—9日,中共龙泉市第九次代表大会召开,应到代表250人,出席代表249人,代表全市10328名党员。列席人员52人,特邀人士6人。大会听取柯焕然代表八届市委作的《解放思想,把握机遇,为建设文明富裕的社会主义新龙泉而奋斗》的工作报告和市纪委作的《解放思想,强化职能,为加快我市改革开放和经济发展清障引航》的工作报告,并通过关于以上两个报告的决议。大会选举产生中共龙泉市第九届委员会委员、候补委员和市纪律检查委员会委员。

中共龙泉市第十次代表大会

1998年3月9—13日,中共龙泉市第十次代表大会召开,出席代表228人,代表全市11956名党员,列席人员61人,邀请党外人士7人。大会听取九届市委作的《抓住机遇,解放思想,艰苦调整,奋力拼搏,把龙泉经济建设和各项事业全面推向二十一世纪》工作报告;市纪委向大会作的工作报告。大会通过关于九届市委工作报告的决议和关于市纪委工作报告的决议。大会选举产生中共龙泉市第十届委员会委员、候补委员和中共龙泉市纪律检查委员会委员。

中共龙泉市第十一次代表大会

2003年3月22—26日,中共龙泉市第十一次代表大会召开,出席代表242人,代表全市13189名党员,列席人员69人,特邀代表26人参加大会。大会听取陈荣高代表十届市委作的《贯彻落实党的十六大精神 为龙泉基本实现小康奔向新农村推进现代化建设而努力奋斗》的工作报告;市纪委向大会作的工作报告。大会通过关于十届市委工作报告的决议和市纪委工作报告的决议。大会选举产生中共龙泉市第十一届委员会委员、候补委员和中共龙泉市纪律检查委员会委员。

中共龙泉市第十二次代表大会

2006年12月19—22日，中共龙泉市第十二次代表大会召开，出席代表241人，代表全市1.4万多名中共党员。大会听取赵建林代表十一届市委向大会作的题为《艰苦拼搏，全面追赶，加快崛起，和谐发展，为共同创造美好的新龙泉而努力奋斗》的报告；市纪委向大会作《围绕中心，全面履职，促进和谐，为创造美好新龙泉提供坚强保证》的工作报告。大会通过关于两个报告的决议。大会选举产生中共龙泉市第十二届委员会委员、候补委员和中共龙泉市纪律检查委员会委员。

1989—2010年中共龙泉市(县)委领导人名录一览表

表20-1-1

书　记	副书记	常　委
林华刚 (1987.4—1989.12)	赵碧春(续—1989.12) 王秀琴(女，1988.1—　)	柯焕然(续—　) 吴春宣(续—　) 冯岩泉(续—　) 陈茂才(续—　) 管日高(续—　) 李关土(续—　)
赵碧春 (1989.12—1992.11)	柯焕然(1989.12—1992.11) 王秀琴(女，续—　)	冯岩泉(续—　) 管日高(续—　) 吴春宣(续—1990.2) 陈茂才(续—1990.2) 李关土(续—1990.4) 武　昌(1990.2—　) 周宗祥(1990.2—1991.9) 王来喜(1991.9—1992.12) 吴效钦(1990.2—　)
柯焕然 (1992.11—1996.1)	王秀琴(女，续—1993.4) 袁荣祥(1992.11—1994.6) 楼志新(1992.12—　) 武　昌(1994.6—1995.7) 陈一军(1995.7—　)	冯岩泉(续—1992.12) 管日高(续—　) 吴效钦(续—　) 邹建新(1992.12—1994.6) 潘统文(1992.12—1993.4) 洪兴邦(1993.4—1995.5) 李会光(1994.6—　) 陈一军(1995.3—　) 叶思敬(1995.7—　)
夏广廉 (1996.1—1998.6)	楼志新(续—1998.7) 陈一军(续—1997.10) 管日高(1996.6—1997.12) 金建新(1996.6—1997.9) 李会光(1997.9—　) 林　一(1998.4—　)	吴效钦(续—1998.3) 叶思敬(续—1997.9) 潘统文(1996.3—1997.10) 张泽云(1997.3—　) 徐岳明(1997.9—　) 林　一(1997.9—　) 蓝资霞(女，畲族，(1997.9—　) 林健东(1997.10—

续表 20-1-1

书　记	副书记	常　委
陈荣高 （1998.10—2004.7）	李会光（续—2000.12） 林　一（续—2000.12） 林健东（2000.12—　） 俞福尧（2001.3—2002.12） 周竞夫（2001.3—2002.12） 邵戌汛（2002.12—　） 刘海明（2002.12—　） 徐光文（2002.12—　）	徐岳明（续—2000.11） 蓝资霞（女，畲族，续—2000.9） 张泽云（续—2001.10） 俞福尧（1998.8—2001.3） 陈鸿斌（1999.3—2002.12） 刘海明（2000.11—　） 张　康（2000.1—2002.12） 钟　鸣（畲族，2000.9—2002.12） 梁忆南（2001.3—2004.9） 诸葛俭（2001.10—　） 黄金明（2001.10—　） 吴善印（2002.12—　） 南林玲（女，2002.12—　） 季柏林（2002.12—　）
李一飞 （2004.9—2006.7）	林健东（续—2004.9） 邵戌汛（续—　） 刘海明（续—2006.4） 徐光文（续—　） 梁忆南（2004.9—　）	诸葛俭（续—2006.4） 黄金明（续—2004.8） 吴善印（续—2004.2） 南林玲（续—　） 季柏林（续—　） 应勇军（2004.5—　） 罗根海（2004.8—2005.8） 骆贤君（2005.8—　） 徐为民（2006.4—　）
赵建林 （2006.7—　）	梁忆南（续—） 邵戌汛（续—2006.12） 徐光文（续—2009.5） 季柏林（2009.9—）	南林玲（女，续—2006.10） 雷金松（畲族，2006.10—） 应勇军（续—2009.10） 骆贤君（续—2008.4） 徐为民（续—） 包新华（2006.12—） 洪起平（2006.12—2008.12） 蓝伶俐（女，畲族，2006.12—2009.10） 王奎泉（2008.4—2010.5） 魏安龙（2008.4—） 叶学明（2008.12—） 叶晓勇（2009.10—） 曹新民（2010.3—） 陈　豪（2010.4—）

1988—2010 年龙泉市（县）当选中共浙江省党代会代表一览表

表 20-1-2

届别	时间	姓名
中共浙江省第八次党代表大会	1988—1993	林华刚、王秀琴、吴日照、范修其
中共浙江省第九次党代表大会	1993—1998	柯焕然、楼志新、武昌、陈金
中共浙江省第十次党代表大会	1998—2003	李会光、邹明秀、陈荣高、施基城
中共浙江省第十一次党代表大会	2003—2007	陈金、陈荣高、周竞夫
中共浙江省第十二次党代表大会	2007—	赵建林、吴秋华、叶圣益

2000—2010 年龙泉市当选中共丽水市党代会代表一览表

表 20-1-3

届别	时间	姓名
中共丽水市第一次党代表大会	2000—2005	毛松义、方伟钧、叶硋仙、朱宗林、朱建平、杜光旻、杜陈元、李会光、李怀乾、连素娥、张康、张则根、张松玉、陆龙水、陈金、陈荣高、林一、金昌明、周光忠、周欣波、赵碧春、施基城、洪起平、徐岳明、黄邦辉、曹新民、蓝资霞、雷金秀、蔡彪、熊佩飞
中共丽水市第二次党代表大会	2005—2010	方松根、叶圣益、叶伟玲、叶学明、叶硋仙、包新华、华志和、刘希平、刘海明、李一飞、李能福、张明、张彩云、张清乾、陆龙水、陈惠锋、陈翠仙、邵戍汛、林建康、林晓军、罗永文、罗孝林、赵碧春、柯盛长、柳晓芬、南林玲、顾奕滨、诸葛春杰、常亚静、梁忆南、蔡利武

第二节　市（县）委委员全会及全委扩大会议

县委第七届委员会第四次全体（扩大）会议

1989 年 6 月 27—28 日，县委七届委员会四次全体委员（扩大）会议召开，会议着重讨论、研究“两手抓”（一手抓坚持四项基本原则，一手抓坚持改革开放）工作。

县委七届委员会第五次全体（扩大）会议

1989 年 12 月 18—20 日，县委七届五次全体委员（扩大）会议召开，会议学习贯彻党的十三届五中全会文件和传达贯彻省委八届四次全委扩大会议精神。

县委七届委员会第六次全体（扩大）会议

1990 年 4 月 2—3 日，县委七届六次全体委员（扩大）会议召开，会议学习十三届六中全会文件，研究县第八次党代会工作。

县委八届第一次全体会议

1990 年 4 月 13 日，县委八届一次全体会议召开，会议选举赵碧春、柯焕然、王秀琴、冯岩泉、周宗祥、吴效钦、武昌、管日高为县委常委，赵碧春为书记，柯焕然、王秀琴为副书记。通过《关于切实转变工作作风 加强党同人民群众联系的决议》。

县委八届第二次全体（扩大）会议

1990 年 5 月 10—11 日，县委八届二次全体委员（扩大）会议召开，会议进一步贯彻落实中央十三届六中全会的重大决定，讨论通过县委工作规则；传达贯彻地区廉政和党风建设经验交流会精神及最近地委领导对龙泉工作的意见。

县委八届第三次全体（扩大）会议

1990 年 9 月 5—6 日，县委八届三次全体委员（扩大）会议召开，会议传达贯彻地委县（市）委书记、县（市）长会议精神，总结前段工作，研究今冬明春工作。

县委第八届第四次全体会议

1991 年 1 月 21—22 日，县委八届四次全体委员会议召开，会议学习贯彻中共十三届七中全会精神，部署 1991 年工作任务。

市委第八届第五次全体会议

1991 年 3 月 25—26 日，市委八届五次全体委员会议召开，会议传达贯彻地区工业会议精神，讨论审议龙泉市国民经济和社会发展十年规划和“八五”计划建议草案。

市委第八届第六次全体（扩大）会议

1991 年 7 月 11—13 日，市委八届六次全体委员（扩大）会议召开，会议组织学习江泽民同志在庆祝中国共产党成立七十周年大会上的讲话，回顾总结上半年工作，研究部署当前和下半年的工作任务。

市委第八届第七次全体（扩大）会议

1992 年 1 月 7—9 日，市委八届七次全体委员（扩大）会议召开，会议传达贯彻落实党的十三届八中全会和省委全会（扩大）会议精神，回顾总结一年来的工作。

市委第八届第八次全体（扩大）会议

1992 年 3 月 27 日，市委八届八次全体委员（扩大）会议召开，推荐出席浙江省党的十四大代表候选人初步人选。

市委第八届第九次全体(扩大)会议

1992年11月4—6日,市委八届九次全体委员(扩大)会议召开,会议传达贯彻党的十四大精神,学习江泽民同志在十四大作的《加快改革开放和现代化建设步伐,夺取有中国特色社会主义事业的更大胜利》报告和十四大通过的新党章。

市委第八届第十次全体(扩大)会议

1993年1月8—9日,市委八届十次全体委员(扩大)会议召开,会议传达贯彻省委八届八次全体(扩大)会议精神,研究部署1993年工作任务。

市委第九届第一次全体会议

1993年4月9日,市委九届一次全体会议召开,会议选举柯焕然、袁荣祥、楼志新、管日高、吴效钦、武昌、洪兴邦等为市委常委,柯焕然为书记,袁荣祥、楼志新为副书记。审议通过九届《市委工作规则》。

市委第九届第二次全体(扩大)会议

1993年4月24日,市委九届二次全体委员(扩大)会议召开,传达全区各县(市)党群副书记、组织部长会议精神和地委书记在全区工业会议上的讲话,学习中共中央组织部〔1993〕4号文件,加强党对换届选举工作的领导。

市委第九届第三次全体会议

1993年5月6日,市委九届三次全会召开,通报市人代会期间人大、政府、政协的人事安排。

市委第九届第四次全体会议

1993年8月13日,市委九届四次全会召开,推荐浙江省第九次党代会代表候选人预备人选。

市委第九届第五次全体(扩大)会议

1993年10月11—12日,市委九届五次全体委员(扩大)会议召开,会议贯彻落实省委八届十次全体扩大会议精神,研究部署全市今后一个时期社会主义精神文明建设和反腐败斗争。

市委第九届第六次全体(扩大)会议

1994年9月20日,市委九届六次全体委员(扩大)会议召开,会议要求全市党员干部必须服从深化改革、扩大开放、促进发展、保持稳定的工作大局,排除一切干扰,为实现市委、市政府提出的各项工作目标继续作出不懈努力。

市委第九届第七次全体会议

1995年1月14日,市委九届七次全体委员会议召开,会议传达贯彻全省经济工作会议精神,部署当前工作,讨论通过市委、市政府工作要点,审议依法治市意见。

市委第九届第八次全体(扩大)会议

1995 年 11 月 10 日，市委九届八次全体委员(扩大)会议召开，会议认真学习贯彻党的十四届五中全会文件，贯彻地委县处级党委、党组书记会议精神，研究和部署龙泉市当前及今后一个阶段的工作。

市委第九届第九次全体(扩大)会议

1996 年 7 月 10 日，市委九届九次全体委员(扩大)会议召开。会议传达贯彻执行党的十四届五中全会精神，通报当前有关工作，部署全市下步工作。

市委第九届第十次全体(扩大)会议

1997 年 1 月 15 日，市委九届十次全体委员(扩大)会议召开。会议学习贯彻党的十四届六中全会精神，传达地委扩大会议和全省山区开发暨扶贫工作会议精神，回顾总结 1996 年工作，研究讨论 1997 年市委、市政府工作要点。

市委第十届第一次全体会议

1998 年 3 月 12 日，中共龙泉市委十届一次全体委员会议召开。选举产生市委常委、市委副书记、书记。

市委第十届第二次全体(扩大)会议

1998 年 9 月 8 日，中共龙泉市委十届二次全体委员(扩大)会议召开。会议的主要任务是贯彻省地关于省第十次党代会代表选举工作会议精神，做好龙泉市出席省第十次党代会代表的推荐提名工作。

市委第十届第三次全体(扩大)会议

1999 年 7 月 30 日，中共龙泉市委十届三次全体委员(扩大)会议召开。会议部署龙泉市农村奔小康，建设新农村，基本实现农业和农村现代化建设工作。丽水地委委员、龙泉市委书记陈荣高在会上作《明确目标，知难而进，为加快我市农业和农村现代化建设而努力奋斗》的报告。会议审议并通过《龙泉市农业和农村现代化建设纲要》的决议。

市委第十届第四次全体(扩大)会议

2000 年 1 月 6 日，中共龙泉市委十届四次全体委员(扩大)会议召开。会议的主题是全面贯彻落实省委十届三次全会和地区推进城市化建设座谈会精神，加快龙泉市城市化建设进程，总结 1999年工作，部署 2000 年工作思路和重点。丽水地委委员、龙泉市委书记陈荣高作《全面贯彻落实省委十届三次全会精神, 以优异成绩迎接新世纪》的报告。会议审议并通过《关于加快龙泉市城市化进程的若干意见》的决议，并对 1999 年以来市直机关开展思想作风教育整顿工作作了总结。

市委第十届第五次全体(扩大)会议

2000 年 8 月 8 日，中共龙泉市委十届五次全体委员(扩大) 会议召开。会议主题是贯彻省委十届四次全体(扩大)会议精神，总结2000年上半年工作，进一步明确下半年工作任务。丽水地委委员、龙泉市委书记陈荣高作大会报告。

市委第十届第六次全体会议

2000年9月11日，中共龙泉市委十届六次全体委员会议召开。会议主要议题是圈选产生龙泉市出席中共丽水市第一次党代会代表预备人选。市委委员、纪委委员参加会议。

市委第十届第七次全体(扩大)会议

2001年2月6—7日，中共龙泉市十届七次全体委员(扩大)会议暨“二次创业”两周年纪念大会召开。丽水市委常委、龙泉市委书记陈荣高作《鼓足干劲，抓住机遇，乘势而上，推动全市经济社会发展再上新台阶》的报告。会议审议并通过《关于加快实施“二次创业”发展战略》的决议。

市委第十届第八次全体(扩大)会议

2001年8月9日，中共龙泉市委十届八次全体委员(扩大)会议召开。会议的主题是贯彻落实江泽民同志“七一”重要讲话精神，省委十届六次全体(扩大)会议和丽水市委一届三次全体(扩大)会议精神。丽水市委常委、龙泉市委书记陈荣高作《贯彻落实“三个代表”的重要思想 弘扬传统优秀文化 加快文化名城建设》的报告，市委副书记、市长林健东传达省委、丽水市委扩大会议精神。会议审议并通过《关于建设文化名城纲要》的决议。

市委第十届第九次全体(扩大)会议

2002年2月25—26日，中共龙泉市委十届九次全体委员(扩大)会议召开。会议主题是以江泽民同志“七一”重要讲话和“三个代表”重要思想为指导，深入学习贯彻十五届六中全会、中央经济工作会议和省委十届七次全体(扩大)会议及丽水市委一届四次全体(扩大)会议精神，总结2001年工作，部署2002年工作。丽水市委常委、龙泉市委书记陈荣高作《抓住机遇，再接再厉，与时俱进，开拓创新，努力推进我市经济社会跨越式发展》的动员报告。会议审议通过《关于贯彻〈中共中央关于加强和改进党的作风建设的决定〉的意见》。会议还表彰2001年度工作目标责任制考核先进单位和个人、第二届龙泉市“十佳公仆”、2001年度龙泉市“十佳经济能人”、“十佳农村勤劳致富带头人”、“十强工业企业”、“2001年度先进党组织和个人”，命名表彰第三批小康村。

市委第十届第十次全体会议

2002年3月14日，中共龙泉市委十届十次全体委员会议召开。会议议题是圈选省第十一次党代会代表候选人初步人选和龙泉市出席丽水市党代会代表。

市委第十届第十一次全体(扩大)会议

2003年1月10日，中共龙泉市委十届十一次全体委员(扩大)会议召开。会议主题是号召全市广大党员干部深入学习贯彻党的十六大精神，进一步解放思想、抢抓机遇、乘势而上，掀起龙泉市经济社会发展的新热潮，为全面实现小康，奔向新农村，推进现代化建设而奋斗。丽水市委常委、龙泉市委书记陈荣高作题为《抢抓机遇、乘势而上，掀起龙泉市经济社会发展的新热潮》的报告。

市委第十一届第一次全体会议

2003年3月25日，中共龙泉市委十一届一次全体委员会议召开，选举陈荣高、林健东、邵戌汛、刘海明、徐光文、梁忆南、诸葛俭、黄金明、南林玲（女）等为市委常委，陈荣高为书记，林健东、邵戌汛、刘海明、徐光文为副书记。

市委第十一届第二次全体（扩大）会议

2003年6月30日，中共龙泉市委十一届二次全体委员（扩大）会议召开。丽水市委常委、龙泉市委书记陈荣高作题为《努力实践“三个代表”重要思想，合力兴工、为加快龙泉工业经济的跨越式发展而努力奋斗》的报告。会议审议并通过《关于合力兴工，加快发展的决议》。

市委第十一届第三次全体（扩大）会议

2004年2月9日，中共龙泉市委十一届三次全体委员（扩大）会议召开。会议的主题是认真贯彻党的十六大、十六届三中全会、中央经济工作会议、省委十一届五次全会和丽水市委一届十次全会精神，回顾总结2003年工作，研究部署2004年工作。

市委第十一届第四次全体（扩大）会议

2005年1月18日，中共龙泉市委十一届四次全体委员（扩大）会议召开。会议的主题是全面贯彻党的十六届三中、四中全会，中央经济工作会议、省委十一届七次全会、全省经济工作会议和丽水市委一届十二次全会精神，回顾总结2004年工作，研究部署2005年工作。市委书记李一飞代表市委常委会向全会作《坚定信心,奋发有为,抢抓机遇,开拓进取,全力推进龙泉经济社会的集聚发展》的工作报告，会议审议并通过《市委、市政府2005年工作要点》《中共龙泉市委关于认真贯彻党的十六届四中全会精神，切实加强党的执政能力建设的意见》。

市委第十一届第五次全体会议

2005年9月13日，中共龙泉市委十一届五次全体委员会议召开。会议的主要议程是通过龙泉市出席丽水第二次党代会代表候选人预备人选名单和通过中国共产党龙泉市第十一次委员会第五次全体委员会议关于召开中国共产党龙泉市代表会议的决议（草案）。市委委员、候补委员出席会议。

市委第十一届第六次全体（扩大）会议

2006年1月13日，中共龙泉市委十一届六次全体委员（扩大）会议召开。会议的主题是全面贯彻落实党的十六届五中全会，中央经济工作会议、省委十一届九次全会、全省经济工作会议、丽水市委二届二次全会、丽水市“两会”以及丽水经济工作会议精神，回顾2005年工作。市委书记李一飞代表市委常委会向全会作《以科学发展观为统领,全力推进龙泉经济社会的集聚发展》的工作报告,会议还审议通过《市委、市政府2006年工作要点》。

市委第十一届第七次全体会议

2006年10月26日,中共龙泉市委十一届七次全体委员会议召开。市委委员、候补委员出席会议;市纪委委员列席会议。会议审议通过关于召开中国共产党龙泉市第十二次代表大会的决议。

市委第十一届第八次全体会议

2006年12月12日,中共龙泉市委十一届八次全体委员会议召开。市委委员、候补委员出席会议;市人大常委会主任潘统文、党组书记钟鸣,市纪委委员列席会议。全会圈选产生党的十七大代表候选人初步人选。审议通过中共龙泉市第十一届委员会工作报告(草案)和中共龙泉市纪律检查委员会工作报告(草案);听取中国共产党龙泉市第十二届委员会委员、候补委员、纪律检查委员会候选人预备人选建议名单的说明;通过中国共产党龙泉市第十二届委员会、纪律检查委员会组成人员预备人选;审议通过《中国共产党龙泉市第十二次代表大会选举办法》(草案);审议通过《中国共产党龙泉市第十二次代表大会闭会期间代表活动制度(试行)》(草案)。

市委第十二届第一次全体会议

2006年12月22日,中共龙泉市委十二届一次全体委员会议召开。选举赵建林、梁忆南、徐光文、雷金松(畲)、应勇军、骆贤君、徐为民、蓝伶俐(女,畲)、洪起平、包新华等为市委常委;赵建林为市委书记,梁忆南、徐光文为市委副书记。

市委第十二届第二次全体会议

2007年2月25日,中共龙泉市十二届委员会二次全体委员会议召开。会议的议题是对出席浙江省党的第十二次代表大会代表候选人初步人选进行圈选。市委委员、市委候补委员参加会议。

市委第十二届第三次全体(扩大)会议

2007年7月31日,中共龙泉市委十二届三次全体委员(扩大)会议召开。会议的主题是认真学习贯彻胡锦涛同志"6·25"重要讲话及省十二次党代会精神,回顾总结上半年工作,研究部署下半年工作任务,进一步动员全市广大干部群众广泛开展"学习周生佑、工作争一流"活动,确保年度目标任务如期完成,为建设美好新龙泉开好局起好步。市委书记赵建林代表市委、市政府作《学习周生佑 工作争一流 为全面完成年度目标任务而努力奋斗》的报告。

市委第十二届第四次全体(扩大)会议

2008年1月18日,中共龙泉市委十二届四次全体委员(扩大)会议召开。会议的主题是深入学习贯彻党的十七大、省第十二次党代会和丽水市委二届八次全会精神,回顾总结2007年工作,研究部署2008年工作任务。市委书记赵建林向大会作《创业创新 实干苦干 全面加快创造美好新龙泉步伐》的报告。

市委第十二届第五次全体(扩大)会议

2008年7月23日,中共龙泉市委十二届五次全体委员(扩大)会议暨十四届政府第二次全体(扩大)会议召开。会议的主要内容是回顾总结上半年工作,研究部署下半年工作任务,动员全市广大干部群众弘扬抗震救灾精神,众志成城,攻坚克难,确保年度目标任务胜利完成,全面加快创造美好新龙泉步伐。市委书记赵建林向大会作《众志成城　攻坚克难　确保年度目标任务全面完成》工作报告。

市委第十二届第六次全体(扩大)会议

2009年1月13日,中共龙泉市委十二届六次全体委员(扩大)会议召开。市委书记赵建林代表市委常委会作工作报告,市四套班子领导出席。会议主要任务是深入贯彻落实十七届三中全会精神和省委、丽水市委的全会精神,总结2008年工作,部署2009年工作。

市委第十二届第七次全体(扩大)会议

2009年7月24日,中共龙泉市委十二届七次全体委员(扩大)会议暨十四届政府第三次全体(扩大)会议召开。市委书记赵建林代表市委、市政府作《保增长,保民生,保和谐,向新中国成立60周年和龙泉置县1250周年献礼》工作报告。

市委第十二届第八次全体(扩大)会议

2010年2月1日,中共龙泉市委十二届八次全体委员(扩大)会议召开。市委书记赵建林代表市委常委会作工作报告。会议主题是全面贯彻中共十七大、十七届三中、四中全会和省委十二届六次全会、丽水市委二届十二次全会精神,以科学发展观为统领,以加快建设浙闽赣三省边际区域中心城市为目标,以发展绿色经济、提升幸福指数为主题,以培育"五型"绿色经济、构建三大保障体系、打造一支坚强队伍为重点,积极有为,负重拼搏,进一步开创创造美好新龙泉新局面。

市委第十二届第九次全体(扩大)会议

2010年8月6日,中共龙泉市委十二届九次全体委员(扩大)会议暨十四届政府第四次全体(扩大)会议召开。会议主题是学习贯彻省委十二届七次全会和丽水市委二届十三次全会精神,总结上半年工作,部署下半年任务,进一步动员全市广大干部群众奋起直追,奋发有为,创造优异成绩隆重庆祝龙泉撤县设市20周年。

第三节　市委工作机构

机构沿革

市(县)委工作机构根据工作需要和上级要求而设置或撤并。1989年10月成立保密局,1991年

2月县党史征委会改名为县委党史研究室。1992年，龙泉市被省委、省政府确定为全省县乡机构综合性改革试点市(县)，在市级机关机构改革中，党史研究室、保密局、信访办归属市委办；机关党委并入组织部，保留机关党委牌子。机关工委撤销。根据《龙泉市市级机构改革方案》文件，市委工作部门调整为：纪律检查委员会、市委办公室、组织部、宣传部、统战部、政法委员会。

1996年，根据中共丽水地委、丽水地区行署关于《龙泉市党政机构改革方案的通知》，龙泉市委机关机构改革的主要任务是理顺工作关系，厘清职责范围，减少职能交叉，适当调整结构和精简人员编制，提高干部队伍素质和工作效率。市委工作机构作如下调整：市委办公室内设信访办公室、保密委员会办公室，对外挂信访局、保密局的牌子；纪律检查委员会机关与监察局合署办公，一个机构两块牌子；老干部局由组织部管理；机关党委改称为直属机关工作委员会；档案局和档案馆合并、保留档案局牌子，并与党史办、市志办合署，为市委办公室管理的正科级事业单位；侨务、台湾事务、民族宗教的行政职能暂由统战部行使，对外挂市委台湾工作办公室、市政府台湾事务办公室、民族宗教事务局、侨务办公室的牌子。

调整后，市委工作机构共6个：办公室、组织部、宣传部、统一战线工作部、政法委员会、直属机关工作委员会。

2001年，根据中共丽水市委、丽水市人民政府关于《龙泉市党政机构改革方案的通知》文件精神，龙泉市委机构设置作如下调整：

保留纪律检查委员会机关(监察局与其合署办公)、办公室、组织部、宣传部、统一战线工作部(民族宗教事务局与其合署办公)、政法委员会(社会治安综合治理委员会办公室与其合署办公)、直属机关工作委员会。

台湾事务、侨务的行政职能并入统战部，对外挂侨台事务办公室(市委台湾工作办公室)的牌子。

设置市委、市政府信访局，为市委办公室管理机构。

老干部局仍由组织部管理。

市委办公室挂保密委员会办公室(保密局)牌子

机构编制委员会办公室是机构编制委员会的常设办事机构，也是市委、市政府主管机构编制工作的机构，挂靠市人事劳动社会保障局。

调整后市委工作机构7个；部门管理机构2个。

2010年，根据丽水市机构编制委员会《关于龙泉市委、市政府农村工作办公室调整机构序列通知》，市政府农村工作办公室由政府工作部门调整为党委工作部门。

市委办公室(市委政策研究室)

市委办公室是协助市委领导处理市委日常工作的机构。2003年2月设立市委政策研究室，为市委办挂牌机构，至2005年6月市委政策研究室与市农村工作办公室合署。

2009年3月市委政策研究室与市委办合署办公，承担市委对全市经济和社会发展中的重大方针、政策的研究职能。根据机构改革方案，职能作了调整：一、将对全市经济和社会发展中的重大方针、政策的研究职能划归市委办公室，并增挂市委政策研究室牌子；二、保密委员会办公室(市国家保密局)为市委办公室内设机构，对外保留龙泉市国家保密局牌子。

市委办主要职责：围绕省委、丽水市委和龙泉市委总体工作部署，收集信息，反映动态，调查研究，综合协调，为市委决策提供依据和服务；承担市委文件、文稿的起草、修改和校核工作；负责市委日常文书的处理。负责中央、省委、丽水市委和龙泉市委方针政策、重要工作部署贯彻落实情况的督促检查；负责中央、省委、丽水市委、龙泉市委指示以及领导同志批示的转达和催办落实。负责市委常委会议、书记办公会议和市委其他各种重要会议的服务工作；负责市委重要接待和领导同志参加重大活动的组织安排；编纂市委大事记。负责同市人大、市政府、市政协、市纪委机关的联系；协助市委领导协调各乡镇（街道）、市直各部门之间的工作关系。负责全市党政系统的密码通信和密码管理；负责中央、省委、丽水市委、龙泉市委文件和党政领导机关及其重要部门核心机密文电、信件的传递；负责全市密码工作和对各乡镇（街道）、各部门传真通讯工作的业务指导。负责市委、市政府值班工作。承办市委保密委员会的日常工作，依法履行保密行政管理职能；负责指导、协调全市党政军、人民团体及企事业单位的保密工作，监督检查《保密法》及其他保密法规制度的实施；负责管理、指导各部门确定国家秘密密级、保密期限的工作，依法审定不明确或有争议的保密事项。管理市委、市政府信访局。完成市委交办的其他任务。

至2010年内设机构：秘书科、调研综合科、信息科、市委市政府督查室、市委报道组、机要科、保密局（保密办）。归口管理档案局、党史（方志）办。行政编制23人。

第二章　纪检监察工作

第一节　纪检监察会议与纪委全体委员会议

机构设置

党的纪律检查委员会在市（县）委和上级纪律检查委员会双重领导下，主要履职维护党章党纪，加强党风廉政建设，组织和协调开展反腐败工作。中共龙泉县委纪律检查委员会建立于1950年9月，配备专职纪检员。1953年2月任命纪委书记、副书记。1956年5月，经县党的第一次代表大会选举产生中共龙泉县监察委员会。此后每届纪委（监委）均由选举产生，报上级批准。

市（县）纪检监察会议

1989年6月28日，在中共龙泉县第七届委员会召开第四次全委会期间，与会的县纪委委员认真学习党的十三届四中全会公报和中纪委第四次全会公报，一致表示并要求全县纪检干部，要以坚强的党性，坚定的立场，坚决的态度，在政治上、思想上、行动上无条件地与党中央保持高度一致。

1991年1月19日，县机关召开党风廉政建设情况通报会，县委常委、纪委书记冯岩泉向到会的200余名党员干部通报了全县党风和廉政建设方面人们所关注的几个问题。

1992年1月10日至11日，市纪委、市监察局联合召开纪检、监察工作会议，纪委书记、监察局长分别对1991年的纪检、监察工作进行了总结，并从龙泉实际出发，阐述了1992年工作重点。评选出5个先进集体和12名先进纪检工作者、9名先进监察工作者。

1994年7月7日，市委、市政府召开了全市反腐败斗争工作会议。市委常委、纪委书记、市反腐办主任李会光在会上作了报告。会议充分肯定了龙泉市前阶段反腐败工作，提出了今后龙泉市反腐败斗争的任务和要求。

1995年3月21日，龙泉市召开纪检监察工作会议，市领导柯焕然、楼志新、武昌、李会光出席了会议。会议传达贯彻了中纪委五次全会和省纪委四次全会精神。市委常委、纪委书记李会光在会上回顾总结1994年龙泉市反腐败和党风廉政建设的各项工作，部署了1995年全市纪检监察工作任务。会上还表彰了龙渊镇纪委等6个先进纪检监察组织和10位优秀纪检监察干部。

1996年1月18日，龙泉市召开纪检、监察工作会议，传达贯彻丽水地区纪委书记、监察局长会议精神，研究部署1996年纪检、监察工作，总结、评比、表彰1995年先进纪检、监察组织和优秀纪检、监察干部，奖励"勤廉颂"有奖征文活动优胜者。

1997年1月27日，龙泉市召开纪检监察工作会议。会议传达地区纪委有关会议精神，市委常委、纪委书记李会光要求全市各级纪检监察组织与全体纪检监察干部抓住机遇，认清形势，围绕中心，服务大局。会议回顾总结了1996年度纪检监察工作，部署了1997年全市纪检监察工作。会上还表彰了龙渊镇纪委等5个先进纪检监察组织与5位优秀纪检监察干部。

市纪委委员全体会议

1990年4月13日，中共龙泉县第八届纪律检查委员会全会召开，选举新一届县纪委常委；冯岩泉为纪委书记。

1993年4月9日，中共龙泉市第九届纪律检查委员会全会召开，选举新一届市纪委常委、市纪委书记。

1998年3月12日，中共龙泉市第十届纪律检查委员会第一次全会召开，选举新一届市纪委常委；徐岳明为市纪委书记。

2000年3月17日，中共龙泉市第十届纪律检查委员会第二次全体（扩大）会议召开。全会深入贯彻中纪委四次全会和省纪委六次全会精神，听取市委常委、纪委书记徐岳明代表市纪委常委会所作的工作报告，进一步研究部署2000年全市反腐败斗争和党风廉政建设工作任务。

2001年3月2日，中共龙泉市第十届纪律检查委员会第三次全体（扩大）会议召开。全会传达贯彻中纪委五次全会、省纪委七次全会和丽水市纪委二次全会精神；表彰2000年度纪检监察系统先进集体和个人；和各乡镇签订2001年度党风廉政建设责任书；听取市委常委、纪委书记刘海明代表市纪委常委会所作的工作报告，回顾总结2000年全市党风廉政建设和反腐败斗争的基本情况，研究部署2001年全市党风廉政建设和反腐败斗争的任务。市委副书记、市长林健东出席会议并讲话。

2002年3月28—29日，中共龙泉市第十届纪律检查委员会第四次全体（扩大）会议召开。全会传达贯彻省纪委九次全会、丽水市纪委四次全会精神；讨论通过《关于贯彻落实市委十届九次全会〈意见〉的决定》；和各乡镇签订2002年度党风廉政建设责任书；听取市委常委、纪委书记刘海明代表市纪委常委会所作的工作报告，回顾总结2001年全市党风廉政建设和反腐败斗争的基本情况，研究部署2002年全市党风廉政建设和反腐败斗争的任务。丽水市委常委、龙泉市委书记陈荣高出席会议并讲话。

2003年3月25日，中共龙泉市第十一届纪律检查委员会第一次全会召开，选举产生新一届市纪委常委；刘海明为市纪委书记。

2003年3月26日，中共龙泉市第十一届纪律检查委员会第二次全体（扩大）会议召开。会议回顾总结2002年党风廉政建设和反腐败工作，研究部署2003年全市党风廉政建设和反腐败工作任务。市委副书记、纪委书记刘海明代表市纪委常委会向全会作工作报告，并代表市委、市政府和各乡镇签订了2003年度党风廉政建设责任书。全会通过《中共龙泉市纪律检查委员会工作规则》。

2004年3月5日，中共龙泉市第十一届纪律检查委员会第三次全体（扩大）会议召开。全会深入学习贯彻中纪委三次全会、省纪委五次全会和丽水市纪委七次全会精神，回顾总结2003年全市党风廉政建设和反腐败工作情况，研究部署2004年全市党风廉政建设和反腐败工作任务。市委副书记、纪委书记刘海明代表市纪委常委会向全会作工作报告，并代表市委、市政府和各乡镇（街道）签订了2004年度党风廉政建设责任书。丽水市委常委、龙泉市委书记陈荣高出席会议并讲话。

2005年3月28日，中共龙泉市第十一届纪律检查委员会第四次全体（扩大）会议召开。全会传达贯彻中纪委五次全会、省纪委七次全会、丽水市纪委八次全会精神；表彰2004年度纪检监察系统先进集体和个人；与各乡镇（街道）签订2005年度党风廉政建设责任书；听取市委副书记、纪委书记刘海明代表市纪委常委会所作的工作报告，回顾总结2004年全市党风廉政建设和反腐败工作情况，研究部署2005年党风廉政建设和反腐败工作任务。市委书记李一飞出席会议并讲话。

2006年2月27日，中共龙泉市第十一届纪律检查委员会第五次全体（扩大）会议召开。全会传达贯彻中纪委六次全会和省纪委九次全会精神；听取市委副书记、纪委书记刘海明代表市纪委常委会所作的工作报告，回顾总结2005年全市党风廉政建设和反腐败工作，研究部署2006年全市党风廉政建设和反腐败工作任务；与各乡镇（街道）签订2006年度党风廉政建设责任书；表彰2005年度纪检监察工作、廉政文化进社区活动先进集体和个人。市委书记李一飞出席会议并讲话。

2006年12月22日，中共龙泉市第十二届纪律检查委员会第一次全体会议召开，选举新一届市纪委常委；雷金松为市纪委书记。

2007年4月9日，中共龙泉市第十二届纪律检查委员会第二次全体（扩大）会议召开。会议回顾总结2006年全市党风廉政建设和反腐败工作，研究部署2007年全市党风廉政建设和反腐败工作任务。市委常委、纪委书记雷金松代表市纪委常委会向全会作工作报告；表彰了2006年度纪检监察工作先进集体和个人；和各乡镇（街道）签订了2007年度党风廉政建设责任书。市委书记赵建林出席会议并讲话。

2008年3月17日，中共龙泉市第十二届纪律检查委员会第三次全体（扩大）会议召开。会议回顾总结龙泉市2007年党风廉政建设和反腐败工作，研究部署2008年全市党风廉政建设和反腐败工作任务。市委常委、纪委书记雷金松代表市纪委常委会向全会作工作报告；表彰2007年度纪检监察工作先进集体和个人；与各乡镇（街道）签订2008年党风廉政建设责任书。市委书记赵建林出席会议并讲话。

2009年3月6日，中共龙泉市第十二届纪律检查委员会第四次全体（扩大）会议召开。会议回顾总结龙泉市2008年党风廉政建设和反腐败工作，研究部署2009年全市党风廉政建设和反腐败工作任务。市委常委、纪委书记雷金松代表市纪委常委会向全会作工作报告；表彰2008年度纪检监察工作先进集体和个人；与各乡镇(街道)签订2009年党风廉政建设责任书。市委书记赵建林出席会议并讲话。

2010年3月12日，中共龙泉市第十二届纪律检查委员会第五次全体(扩大)会议召开。会议回顾总结龙泉市2009年党风廉政建设和反腐败工作，研究部署2010年工作任务。市委常委、纪委书记雷金松代表市纪委常委会向全会作工作报告；表彰2009年度纪检监察工作先进集体和个人；与各乡镇(街道)签订2010年党风廉政建设责任书。市委书记赵建林出席会议并讲话。

第二节　党风廉政建设

反腐倡廉教育

1989年，组织开展农村党支部培训宣讲党风党纪10多次。1990年，举办党员干部学习班，组织党员观看《日蚀》《夕阳在秋色中沉沦》等反腐倡廉教育片，播演50余场次，受教育达10000余人次，开展“廉内助、贤内助”评比活动。1991年，全市乡科级以上领导干部上党课150余人次；5000多名党员参加党纪知识测验；举办纪律讲座100余次。1992年，普及农村党员党纪条规教育，为基层组织和党员领导干部印发《党纪手册》。1993年，以举办“惩腐倡廉”广播专题、“惩腐倡廉”演讲大赛和跟踪报道反面典型三项活动为重点开展党风党纪教育，全年共组织上党课42次，播放录像12片次，广播讲座24次，举办培训班8次，受教育3万多人次。1994年，开展两个新条例有奖知识竞赛活动，2000多名党员干部参加竞答；举行全市反腐倡廉电视周活动，创办《廉政之声》专题广播。1995年，举办“勤廉颂”有奖征文活动；组织参加“民主集中制教育百题知识竞赛”“浙经投资杯”党风廉政建设知识竞赛等活动；组织6部党纪政纪教育片在电视台和各单位播放。1996年，开展全市乡科级领导干部反腐倡廉知识测试；在《龙泉报》开辟“廉政之窗”专栏；举办全市勤政廉政书法展览；与宣传、组织部门联办全市党员“双学”知识竞赛电视大奖赛。1997年，组织全市2300余名党员干部参观《浙江省反腐败斗争成果展览》，全市各级党组织开展学习《邓小平理论》《中国共产党纪律处分条例》等活动，对全市副乡科级以上干部进行新党纪条规知识测试。1998年，着重组织好以“三讲”(指1995年江泽民同志提出的“在对干部进行教育当中，要强调讲学习，讲政治，讲正气”)为主要内容的党风廉政法律法规教育活动，并组织全市17个乡镇和40个市直单位共1196人参加《行政监察法》全国知识竞赛。组织全市党员观看《步步深渊》《幕后行动》《撼天雷》等电教片，向73个单位发放《监察法问答》《前车之鉴—违法违纪案例评析》等书籍320余册。1999年，从加强组织保证、制度建设、自身努力三方面，开展市直机关干部思想作风整顿工作。开展看“条例”电教片、学“条例”活动，受教育干部党员达3000余人。

廉政测评

2000年，组织开展“走千家党风廉政建设问卷调查活动”，向全市17个乡镇中的72个行政村，城镇6个居委会，共1200户发出调查问卷。组织全市机关党员干部听取丽水市领导干部“勤政廉政”报告团所作的报告。举办“建行杯”反腐倡廉春联评比活动。2001年，组织《浙江省党风廉政建设和反腐败斗争成果展》，3000多名党员干部观看展览。结合“三个代表”重要思想学习教育活动,对全市95名市管领导干部进行廉政测评。

预防腐败促廉政

2002年，开通“剑川廉政网站”。通过举办市管领导干部家属、党政机关及事业单位财务工作人员反腐倡廉教育会，开展“从政道德”教育、“从政警言”征集活动，开展向陈金学习活动等多种载体，引导干部自觉构筑思想道德和党纪国法两道防线。文艺小品《请爹吃顿饭》在丽水市反腐倡廉文艺汇演中获一等奖。

2003年，通过建立党风廉政宣教联席会议制度、向领导干部送“党风廉政建设和反腐败工作责任分工”责任牌、组织副科以上领导干部收看腐败案件警示录、举办领导干部党性党纪教育培训班、组织开展“廉帮手”教育会、向全市领导干部发送廉政短信等形式开展党风廉政建设宣传教育，进一步强化领导干部特别是党政“一把手”的党风廉政建设责任意识。

2004年，开展“六个一”活动：在市委机关大院制作一块以“四大纪律、八项要求”为主要内容的廉政广告牌；举办“一法两条例”读书会；开展一次以“干部作风建设.廉政文化建设.软环境建设”为主题的纪检监察理论与实践研讨会；开展一次市管后备干部廉政测试；举办一次纪检监察干部业务培训班；开展一次反腐倡廉演讲比赛。小品《请爹吃顿饭》获得全省反腐倡廉文艺汇演二等奖，《雪梅图》获省反腐倡廉书画大赛二等奖。

2005年，以开展保持共产党员先进性教育活动为载体，组织广大党员学习《中国共产党章程》和《中国共产党党员权利保障条例》。开展廉政文化建设“五个一”活动，即开展一次“廉政文化进社区”活动，建立一个廉政文化主题景观，开展一次“加强廉政文化建设、提高纪检能力、构建惩防体系”研讨会，组织一次“反腐倡廉”文艺演出，编印一本廉政文化小册子。

2006年，开展“权力观与从政道德”主题教育月活动，组织开展上党课、《党章》宣讲、党纪培训、服刑人员现身说法和反腐倡廉文艺演出及成果展等活动，各单位组织上党课、党章知识竞答和观看警示教育片200余场，党员干部受教育达5000多人。开展廉政文化“六进”活动（“六进”指廉政文化进机关、进社区、进家庭、进学校、进企业、进农村），建立党风廉政建设“基地”“阵地”6个，“六进”活动示范点15个，其中西街街道下樟村、浙江国镜药业有限公司、龙渊街道村头村分别被命名为丽水市首批廉政文化教育基地、廉政文化进企业示范单位和廉政文化进农村示范单位。

2007年，围绕“作风建设年”活动，以举办作风建设暨廉政故事演讲比赛、开展反腐倡廉图片展和“加强领导干部作风建设”理论研讨活动，以及寄送《致领导干部公开信》、上廉政教育课、组织警示教育和典型示范教育、发送廉政短信等方式，加强领导干部廉洁从政教育。不断推进廉政文化“六进”活动，创建留槎洲水上公园等廉政景观，开展“万人舞剑扬正气，廉政文化进校园”和廉政文化作品征集等活动。

2008年，开展“重品德、讲操守、增本领、提效率、转作风”专题教育月活动，以“周恩来勤政、廉政、善政风范”为重点，组建宣讲团到各部门单位对4000多名党员干部进行宣讲；组织观看《警钟》《权钱交易的后果》等警示教育电教片；深化廉政文化建设，在《今日龙泉》开设“剑川清风”党风廉政建设专栏；开展“防腐疫苗进课堂”活动，聘请185位廉政文化专职教师，把廉政教育写入教材、带进课堂，中央、省、市级媒体对该创新举措进行专题报道。

2009年，开设龙泉论坛、夜学论坛、微型课堂和市民讲坛“四大课堂”，实行“组团式”“菜单式”和“套餐式”上门宣讲，直接受教育5000多人。召开全市领导干部警示教育大会，剖析查处的10起领导干部违纪违法典型案例，以案说纪、以案说法。在城建、教育、交通重点单位部门开展“系统案件剖析警示教育大会”，直接受教育干部1000多人。开展廉政文化进项目活动，召开廉政文化进项目警示教育大会，对业主单位、施工单位、监理单位分别制定“七个不准”，送廉政警句、廉政漫画、廉政广告等进驻项目工地，着力构建项目廉政“防火墙”。

2010年，开展“崇廉于心、践廉于行”主题教育活动，开展“干部人人读准则、媒体解读宣准则、监督检查促准则”系列活动，向全市党员领导干部发放廉政准则白皮书4000余本，开展“百场宣讲进机关”活动，受教育人数达3500多人，在“剑川清风”开辟“廉政准则面面观”专栏，在8个部门开展“一把手谈准则”访谈，组织全市党员干部开展“学习准则小测试”活动，对300余名工程项目建设重点领域人员进行岗位廉政风险现场防范教育。培育省级廉政文化示范点3个，龙泉市级示范单位7个，在小梅镇创建首个中小学廉政文化教育基地。

第三节　廉政勤政监督

反腐倡廉制度建设

1989年，下发《关于印发〈党风政纪建设制度汇编〉的通知》，进一步推行“公开、监督”的廉政制度建设。1990年，制定《关于县纪委直接受理党组织及党员领导干部来信来访和直接查处违纪案件的补充规定》《县纪委常委信访接待日制度》，进一步推动信访和案查工作。1991年，建立“纪检监督书”制度，提高监督效果；加强“两公开一监督”制度，聘请8名党风党纪特邀信息员，强化监督机制。1993年，成立由市委主要负责人牵头，纪委、法院、检察院等执法监督部门主要负责人参加的反腐败斗争领导小组，实行部门责任制，推动全市反腐败斗争的深入。1994年，建立党风廉政建设信息网络，聘请21位党风监督联络员；建立党政机关出国境考察申报备案、信访目标管理和考核等一系列廉政制度。1995年，制定贯彻省纪委十条规定和地区纪委三项制度的七条二十五款实施意见，对公有通讯设备、个人重大事项报告制度、不准发放和收受礼金礼券、禁止赌博、不准公款吃喝和公费娱乐以及购买公房和集资建房等方面进行规定。1996年，认真贯彻落实中纪委重申和建立的加强党内监督五项制度，制定《纪委书记谈话制度》，加强对基层纪检监察工作的指导和督查。市五大班子研究制订“五条禁令”，推动全市党风廉政建设的开展。1997年，严格贯彻落实中央厉行节约、制止奢侈浪费“八条规定”，先后出台严禁动用公车大操大办婚丧事规定、加强公费住宅电话的管理制度、购买移动电话、小车审批制度等。1998年，出台《龙泉市预算外资金管理办法》，专门成立市预算外资金管理中心，全市共清理账户348个，取消账户215个，预算外资金缴入财政专户的金额占应缴金额的92%。制定《关于对有信访反映的领导干部建立谈话制度的规定（试行）》，及时教育、帮助、挽救干部。1999年，出台《关于实行党风廉政建设责任制的实施细则》，明确党委（党组）书记是党风廉政建设的第一责任人。4 月建立政府采购中心，全年节约采购资金 32 万元；6 月市建设工程交易中心开业运营，全年进场交易工程 21 个，节约资金 577 万元；11 月市政府办事大厅挂牌运作。厂务公开工作在全市 39 家国有集体企业全面推开。

领导干部廉政档案建设

2000 年，出台《龙泉市党风廉政建设责任追究制度》，干部提拔任用实行党风廉政“一票否决制”。对全市 408 位在职市管干部廉政档案基本情况进行收集归档，初步完成全市所有市管干部廉政档案的基础建设工作。建立市管干部重大事项报告制度，出台《龙泉市市级领导干部廉洁从政若干规定》《加强机关干部廉洁自律工作的若干意见》，促进干部廉洁自律。进一步落实“收支两条线”规定，出台《龙泉市预算外资金收支两条线管理办法》《龙泉市乡镇预算外资金管理办法》。2001 年，建立《龙泉市乡镇党风廉政建设责任制考核标准》《龙泉市市直部门党风廉政建设责任制考核标准》，按照百分制原则对党风廉政建设和反腐败工作各项标准进行细化量分，建立对考核末位单位的党风廉政建设第一责任人进行诫勉谈话等制度。建立会计核算中心，全市 73 个行政、事业单位财务纳入中心实行统一管理。全市 17 个乡镇全面建立便民服务中心，将计生、林业、土地、建设、民政和农技“110”等涉民事项统一归口到中心办理。2002 年，印发《2002 年度乡镇及部门纪委书记、纪检组长岗位目标责任制考核》。为 121 名市管后备干部，近年来受党纪处分的党员干部和经信访查实的党员干部建立廉政档案。2003 年，建立“党风廉政建设宣传教育联席会议制度”“市纪委常委同下级党政主要领导谈话制度”和“廉政承诺书制”，77 名领导干部签订廉政承诺书。

审批制度改革与招投标平台监督

进行二轮审批制度改革，原有 360 项审批核准事项取消 135 项。完善行政服务中心的功能，推出“一站式”联合审批。深化二轮审批制度改革，审批核准事项从 379 项减少到 176 项，审批时限由 4456 个工作日缩减为 2861 个工作日。建立干部人事监督联席会议制度，5 名干部被取消评优、评先资格，4 名拟提任干部被党风廉政一票否决。2004 年，将效能监察工作纳入党风廉政建设责任制考核内容，出台《龙泉市机关效能监察中心工作规程（试行）》《龙泉市效能建设诫勉教育和效能告诫暂行办法（试行）》，规范机关效能监察运作模式，在效能监察过程中实行《投诉转办函》《效能监察通知书》《诫勉教育书》《效能告诫书》《效能督办通知书》《效能监察决定书》《效能监察建议书》的“一函六书”制度。出台《关于规范行政村建设工程项目投资和其他投资有关事项的通知》《龙泉市乡村康庄工程招投标管理实施细则及评标办法》和《提请监察联系单制度》，规范农村建设工程项目和乡村康庄工程招投标活动。2005 年，出台《龙泉市构建惩治和预防腐败体系实施方案》，将惩防体系建设各项工作任务层层分解量化，纳入领导班子和干部工作目标管理内容之中。实行新的目标责任制考核办法，对全市乡镇（街道）和部门纪检监察工作以举证扣分的方式进行考核。出台《关于进一步规范行政机关所属单位举办收费培训班的通知》，审批各类办班 21 期，制止办班 3 期。建立效能监督员联系重点企业和建设项目制度，聘请 31 位中层以上干部联系全市 31 个重点项目和 31 个重点企业，负责督查工作开展情况，同时向社会各界聘请 38 位经济软环境监督员，通过召开监督员会议等形式及时了解企业和建设项目存在的困难和问题。出台《龙泉市政府性投资项目管理办法》和《龙泉市政府性投资项目资金管理办法》，建立政府投资责任制和责任追究制，切实加强对政府投资项目的监管。2006年，建立实行落实党风廉政建设“三书两报告”制度，继续将党风廉政建设责任制纳入单位年度目标责任制考核，实行“一票否决制”和“举证扣分制”。出台《关于乡镇（街道）招投标平台建设的实施意见》《关于进一步规范水电资源开发管理的意见》《关于规范行政事业单位国有资产出租行为的通知》和《龙泉市河道采砂管理暂行办法》等制度，建立市、乡两级招投标中心，搭建全市招投标统一平台，实行纪检监察监督事项预告制度，推进水电、森林等资源的市场化配置。出台《优化经济发展软环境若干意见（试行）》，实行企业创业绿卡制度、重点企业保护制度和项目跟踪服务制度，对15家符合条件的企业实行创业绿卡待遇，对28家符合条件的企业授予“重点保护企业”牌匾。2007年，出台《党风廉政建设责任制“一票否决”暂行规定》，突出年中督查、年度考核和责任追究，促进责任制各项工作的全面落实。出台《龙泉市农村基层党风廉政实施意见》，抓好27个农村示范村建设。探索并在全市部门和乡镇（街道）推行“干部身份证”制度，向社会公开全市机关单位干部的基本信息以及本单位和市效能办两级监督电话。推动实施以“两集中”为主要内容的行政审批体制改革，全市具有行政审批职能的29个部门的260项行政许可、备案、服务项目基本进中心办理，实现“一个领导分管、一个窗口对外、统一管理、独立办理”的行政审批运作模式。推行效能直通车“一卡双号三进三报四联动”机制和《龙泉市追效问责制度》，将效能建设、效能监察和效能投诉“三合为一”，共有163名工作人员被追效问责，59个单位因效能问题被责令整改，25家单位因效能问题被公开曝光。实行领导干部离任经济和公有财物交接制度，对27位离任领导经济和公有财物交接进行监督。

完善各类监督制度

2008年，抓好惩治和预防腐败体系构建，出台《龙泉市建立健全惩治和预防腐败体系2008—2012年实施方案》。向全市19个乡镇（街道）、40个部门延伸“三书两报告”制度；实行纪委常委分片负责制，对各部门单位落实党风廉政建设责任制工作进行督查，推动责任制工作全面落实。落实“三谈一述”制度，即开展领导干部任前廉政谈话，纪委常委同下级党政主要负责人廉政责任谈话和信访监督谈话，市管以上领导干部开展述职述廉。出台《案件移送制度》《行政处罚案件报告制度》，完善案件协调、案源集中管理和分级办案机制。公务员和事业单位面试推出考官、考生临时随机抽签和面试现场全程录像监控两大机制，营造公开、公正、公平的面试环境。全面推行“一窗受理、联合办证”和“工业项目并联审批”机制，创建“为民代办”投诉受理机制。在61个村开展村民监督委员会试点工作。出台《龙泉市建设工程招投标管理办法》，实行招投标联席会议、项目经理考勤、全数入围等做法。出台《关于进一步深化林权制度改革的若干意见》，建立“便企一卡通”林政管理信息化系统。2009年，开展“暖冬行动”，制定出台《关于进一步优化环境服务企业的若干意见》，涉及资金破难、企业维权、效能提升、结对帮扶等9方面49项内容；推出“一帮一、月月评”服务企业结对帮扶机制，全市142名领导干部与284家企业结对，对涉企378个难题建立挂牌销号制，对部门和干部帮扶企业实行动态评议制，形成联系干部、职能部门、开发主体协调解决，效能办挂牌督办、跟踪问效的工作机制。推行工业项目“并联审批”和“全程代理”，并联审批时间压缩至23个工作日。启动农村危旧房改造现场联审联批机制，农户建房审批手续从36个工作日压缩至1个工作日。实行“新闻现场”“热线追踪”“效能直通车网页”三联动。推进权力制衡，建立《龙泉市实施“三重一大”事项集体决策制度的若干意见》，在重大事项的决策、重要干部的任免、重大项目的安排和大额资金使用上建立集体决策机制，实行“一把手”七个“不直接分管”。推行涉企行政执法检查服务“登记卡、报告卡和监督卡”制度，涉企“三乱”和“吃拿卡要”等问题实现零投诉。出台招投标工作职责分工、招标文件联合会审、项目经理签到考勤等制度，推进资源配置市场化。探索村级“三资”监管机制，19个乡镇（街道）全面推开党务公开，444个行政村全部建立村民监督委员会。建立基层纪委书记（纪检组长）工作绩效考核制度，增设工作创新的奖励机制。牵头制订《浙闽赣边际纪检监察工作定期交流制度》，召开龙泉、浦城、广丰三县（市）纪检监察工作交流会，加强工作横向交流。2010年，推进乡镇（街道）纪检组织和工作规范化建设，实行工作绩效与单位落实党风廉政建设责任制“捆绑”考核。推出服务发展、保障民生等作风建设十大行动，建立部门、乡、村三级责任“连带”机制，推进三级联动办实事活动。推广农村三资管理“三中心一流程”模式，开展资产交易“一流程四步走”工作法，在各乡镇（街道）建立健全村集体资产监管中心、招投标分中心、村级会计代理中心。在34个重点单位开展廉政风险防控机制建设。建立公共财政资金“阳光配置”、预防私设“小金库”等制度。推行机关工作岗位责任机制，完善“台账制、销号制、问责制”等工作制度。制定项目施工班子人员管理、政府投资建设工程材料设备采购招标投标管理、工程建设项目招投标活动投诉处理等制度。

清房、清费、清欠工作

1989年，清理党政干部低价购买高档耐用消费品、制止党政机关公款请客送礼歪风、清理党政干部“三违”（违法批地、违法占地、违法建设）建私房等工作，共收缴彩电13台和差价款5376元，查处“三违”建房七件。1990年，开展清理“小金库”工作，查纠资金83627元，补纳税款14万余元；共清退干部职工多占公房56户，清理空关房15户。1991年，开展清理整顿乡村财务工作，清理出欠款174.9万元，回收147.6万元；清房工作中对12名党政干部作出党纪处分。1993年，开展乱收费、党政机关兴办经济实体和党政干部留薪留职、公务人员在公务活动中收受和赠送礼金及有价证券、公费出国旅游等四方面的专项整治，开展纪检监察部门为经济建设清障引航专项举报活动。1994年，对公款变相出国境旅游问题进行清理，退缴三费13895元；组织对全市17个重点收费单位进行全面检查，查处不合理收费项目40项，金额105万元。1995年，重点开展预算外资金专项清理、清理党政机关使用军警外籍牌照、治理中小学乱收费、治理公路“三乱”（乱设卡、乱罚款、乱收费）等工作，确保纠风治乱工作取得新成效。1996年，狠抓公路“三乱”治理，撤除乡村护林站4个，临时收费站5个，撤杠检查站8个、护林站2个，实现省道基本无“三乱”目标。成立“龙泉市建筑工程招投标领导小组”，对邮政大楼、留槎洲大桥等重大工程进行全面监督。同时开展乡镇财务、财产，学校乱收费，大操大办婚事等专项治理。1997年，开展全市建设工程项目执法监察，查出超规模建筑面积5543平方米，超计划投资1617万元，补交税款72.5万元，罚款10.5万元；在城建、土管、教育、交通、金融等五系统开展行风评议工作；开展中小学乱收费检查，查处乱收费金额2.5万元；完成全市副乡科级以上干部清房工作，退房16人16套，计887.49平方米，补缴房款22.78万元。1998年，以贯彻落实党中央、国务院关于厉行节约、制止奢侈浪费行为“八项规定”为重点，共停建、缓建办公楼9座，总面积20133平方米，节约资金1716万元；2002年开展领导干部违反住房规定专项清理工作，共退房24套，清退面积1418.07平方米。清理党政机关、事业单位移动电话357部，折价转让公费购置的住宅电话213部，回收资金39.17万元；节约招待费支出28.5万元。2000年开展对市管干部及特殊岗位人员移动电话费报销情况监督检查工作，追缴超标准报销6.3106万元。开展党政机关干部借用小汽车和驾驶公车专项清理工作。制定《深入开展行风评议活动的实施意见》，完善充实各行业行风评议监督员。重点对中小学收费进行专项检查，责成退还“入学公证费”38.21万元，查处涉及学杂费、代管费使用的违纪案件8件，违纪金额67万元。规范银行账户管理，对全市商业银行、农村信用社以及所属网点进行全面检查，查处相关单位擅自开户、逃避预算外资金管理等行为。2001年开设“581”廉政专户，全年收到上交的礼金、礼券款共7.65万元。督促全市29所中小学共清退不合理收费11448元。2002年，继续组织开展义务教育阶段中小学乱收费专项投诉活动，对出现的乱收费案件进行查处，共清退中小学校各类违规收费13.118万元。

减轻企业与农民负担

1998年，全市共取消、降低不合理收费项目293项，累计减轻企业负担579万元。对全市涉农收费清理整顿，调整收费标准8项，取消不合理收费5项，减轻农民负担58万元。1999年，建立市优化经济发展环境举报督查中心，全年共受理各类投诉举报197件，361人次。出台《关于清费减负，规范收费的若干意见》，组织全市农民负担大检查，实现市内省道、县道基本无“三乱”现象。2001年，进一步减轻企业和农民负担，取消企业不合理收费项目6项，涉及金额108万元；取消43个国家机关涉农达标升级项目，1个省级涉农达标升级项目。

党员干部违规专项治理

2002年，开展党员干部参与赌博专项治理工作，立案查处党员干部参与赌博案4起，其中乡科级干部1人。2003年，巩固清理“三礼”[礼金、礼品、礼券(卡)]、治理“赌博”等工作成果，全年共收到领导干部上交礼金、礼卡、礼券234.56万元。开展扶贫资金使用管理情况、经营性土地使用权招标拍卖挂牌出让情况及建设工程、统计执法等专项执法监察工作。对公路执法部门(包括公安交巡警大队、运管稽征所、公路管理段和木材检查站)开展行风评议工作。2004年，对党政机关违反规定用公款为干部职工购买个人商业保险进行专项清理。

强化廉政监督措施

2004年，积极推行药品集中招标采购制度，采购范围扩大到所有劳保用药和临床常用药，减轻患者的医药负担。开展经营性土地使用权“招拍挂”及建设工程、统计执法、工会资金使用情况等专项执法监察工作。开通《督查视线》，“96178”投诉专线，设立网上举报窗口和举报投诉箱，制作投诉联系卡，推进效能建设。举办机关效能建设“阳光投诉”活动，接到群众投诉33件。

2005年，开展党政领导干部拖欠公款或利用职权批借公款，领导干部违反规定兼任企业领导职务或兼职取酬，党政机关、事业单位用公款为个人购买商业保险“三项清理”工作。做好减轻农民、企业负担工作，通过减免农业税减轻农民负担390万元。巩固治理公路“三乱”成果，取消机动车等收费项目4个，涉及金额104.8万元。从严治理行政机关及其所属单位乱办班、乱收费、乱发证问题，共审批各类办班21期，制止办班3期。下发《龙泉市开展权力制衡工作实施办法》，开展权力制衡工作。

2006年，效能直通车开通“12345”和“96178”投诉受理电话，创建为民代办投诉受理机制，年均受理和办结各类投诉件达600余件。开展“两提高一降低”“万人评议职能科室”“效能直通车与您零距离”等活动，共查处违规违纪人员51人。对37件涉及重点工程的督办件进行督查落实，有力推进高速公路、“回归工程”等重点工程的顺利实施。对贯彻执行《中华人民共和国行政许可法》《中华人民共和国政府采购法》情况和移民资金管理、土地市场清理整顿等开展专项执法监察。纠正违规购买商业保险单位1个，清退保费1万元；查处参与赌博党员干部9人；清理107名干部职工持电站股份183.1万元。出台《关于进一步加强公务车辆管理与使用工作的通知》，开展公车私用专项治理。督促建立完善拆迁、征地、企业改制补偿机制，追付拖欠民工工资348万元。

2007年，开展利用职务上的便利谋取不正当利益、违规收受“三礼”、小灵通（一号双机）业务清理工作，党员干部主动上交“三礼”5.94万元，取消违规使用办公电话配置小灵通33部。坚决治理教育乱收费，通过实行“两免一补”和取消代收费、服务性收费等共减轻学生家庭经济负担1161万元。纠正医药购销和医疗服务中的不正之风，药品集中招标采购金额达2335.5万元，占医院用药总额的82.16%。对评比达标表彰活动进行专项清理，取消项目30项。

2008年，重点规范人、财、物“三权”监督管理，督促领导干部认真执行廉洁自律规定，领导干部主动上交“三礼”37750元。采取部门联合集中查、效能监督员随机查和联合新闻媒体专门查等多种形式，对“双十项目百日大会战”，为企业“送政策、送温暖”等活动进行专项效能监察，对涉工部门服务企业情况进行动态督查，对40个单位责令问题整改，对28名党员干部实行“追效问责”。在全省率先开展民生问题专项执法监察，教育收费、支农惠民政策、农民负担减控、医疗惠民、征地拆迁群众利益、农民工工资、康庄工程、法律援助等8类35项民生政策的落实情况进行全程跟踪督查，查处价格违法案件8起，为815名民工追讨拖欠工资397万余元，监督合规发放各类补助资金4000余万元。组织教育收费专项检查，减轻家长负担1100多万元。加强对涉企中介机构收费行为的监督管理，11家主要涉企中介机构的收费标准平均降幅达20%以上。

2009年，对全市各单位2006年至2008年因公出国（境）经费支出、车辆购置及运行费用支出情况及2008年公务接待、一般性费用支出及用电、用水等情况进行专项检查，对接待费支出增幅排列前20个单位予以“提醒诫勉”；对交通、建设、教育等21个单位2009年公用经费管理和支出情况进行重点检查。开展“保增长、促发展”专项执法监察，对工程实施关键环节进行监督检查，对18个政府重点投资项目标后管理进行专项检查。开展全市惠民政策落实情况专项执法监察，停征林业养老统筹费。开展“小金库”“吃空饷”等专项治理工作，清理违规资金453万元，梳理出在编不在岗人员108人。

2010年，在全市开展10次作风纪律大巡查，86名不作为、慢作为和乱作为的党员干部和公职人员分别被诫勉教育、扣除奖金、通报批评、待岗、免职等处分。围绕全市“绿色发展十大工程”“幸福民生十大实事”等市委、市政府重大决策执行和重点项目推进开展专项效能监察，发出工作督查通报17期。开展作风专项整治行动，重点对党员干部婚丧喜事大操办、单位人员“吃空饷”、公务车辆乱采购、奖金津贴乱发放、单位账务乱管理等“五乱”现象进行重点整治。深化“小金库”专项治理工作，查处“小金库”案件1起，追缴违规资金20余万元。对强农惠农政策落实情况开展专项监察，重点检查38项涉农补贴类资金，涉及惠农资金达9.93亿元，对主管部门滞留专项资金、报帐进度缓慢、农村医疗救助执行标准偏差等5个问题进行督促整改，对生态公益林资金发放问题进行跟踪督办。开展环保“绿剑”系列行动，对节能减排、环境保护政策措施贯彻落实情况进行监督检查。开展

“干部身份证”制度执行大检查，11个单位被通报批评，28个单位被责令整改。对市教育局、建设局等7个单位进行廉政巡查，共梳理出6项101个问题，提出整改建议30多条，将巡查结果纳入部门单位党风廉政建设责任制考核内容。开展工程建设领域突出问题专项治理，对14个单位、36个项目进行重点抽查，对3个重点项目进行剖析式检查，发出整改建议书20份，提出整改建议82条。开展引进工业项目履约情况专项检查，对全市2006年以来签约的133个工业项目履约情况进行专项检查，共查出土地闲置、厂房出租、私自转让、改变规划、到资率不高等七大类问题，对13家履约较差的企业实行退出机制。

第四节 违纪违法案件查处

受理信访查违纪

1989年，共受理群众来信来访648件，属纪检范围335件，221个户头。案件查办以党员干部贪污、受贿等经济案件为重点内容，以乡、科级以上党员领导干部为重点对象，共立案查处违纪案件35件，处分违纪党员24人。1990年，充分利用纪检信访“窗口”作用强化党内监督，共受理群众来信来访428件，属纪检范围的215件，147个户头。实行领导分工包案和分层次办案制度，共立案查处违纪案件35件，处分违纪党员38人。1991年，修订完善十项信访工作制度，受理群众信访394件，属纪检范围的206件，149个户头。查处党内违纪案件，共立案55件，结案53件，处分党员53人，其中涉及副科级以上干部22人。1992年，受理来信来访289件，属纪检范围187件，125个户头。1993年，共受理来信来访208件，属纪检监察范围的163件，办结率达98.86%。加强执纪办案力度，立案查处违纪案件18件，处分违纪党员干部8人。做好对处分党员的回访教育工作，共回访受处分党员20多人次。1994年，共受理来信来访219件，144个户头，办结率100%。案查工作重点围绕市委、市政府的中心工作来开展，突出管好副科级以上领导干部，共受理违纪案件15件，处分违纪人员28人。1995年，共受理来信来访308件，194个户头，属纪检监察范围的162个户头，提供案件线索3个。建立领导干部办案责任制，形成“全委竞争办案件、确定专人负总责、自由组合包全案、奖优罚劣促办案”的局面，全年共立案32件，处分违纪人员17人。1996年，共受理群众来信来访404件，属纪检监察工作范围的351件206个户头。进一步强化办案工作力度，共立案51件，处分违纪人员47人。1997年，注重对群众反映的重点热点问题的信访件的查办，共受理群众来信来访337件，属纪检监察工作范围的176个户头。加大查办违法违纪案件力度，共立案查处案件52件，涉及副乡科级以上领导干部9件，处分违纪人员75人，查处违纪金额130余万元。1998年，信访举报量明显增加，共受理群众来信来访523件，属纪检监察工作范围的264个户头，由信访渠道提供案源线索17条。加大案查工作力度，既抓好自办案件，又加强基层办案的检查和指导，共立案52件，涉及52人，其中乡科级干部9人，为国家和集体挽回经济损失61万元。1999年，共受理群众来信来访323件，属纪检监察工作范围的196个户头，提供案源线索19条。全市共立案56件，为国家和集体挽回经济损失106万元。同时对1996年以来受到党纪处分的32名干部进行回访教育。2000年，共受理群众来信来访299件，属纪检监察范围的142个户头，提供案源线索13条。全市共立案58件，查处党员干部 58 人，涉及副科级以上干部 5 件，为国家和集体挽回经济损失 53 万元。2001 年，共受理群众来信来访 399 件，属纪检监察范围的 253 个户头，提供案源线索 31 条。全市共立案 61 件，结案率 100%，为国家和集体挽回经济损失 115 万元。同时会同市委组织部、市人事劳动局开展对 1996 年以来党员干部纪律惩戒执行情况检查工作，共责令补齐档案 38 人，纠正考核等次 9 人，追缴多发不合理工资 13 人。2002 年，共受理来信来访、电话举报、网上举报 410 件，属纪检监察范围的 364 件；共立案 62 件，处分违纪党员干部 59 人，其中乡科级以上领导干部 5 人，为国家和集体挽回经济损失 230 余万元。2003 年，共受理群众来信来访 278 件次，属纪检监察范围的 202 个户头。重点对破坏软环境案件，征用土地、拆迁安置过程中的违纪案件以及机关部门党员干部违纪案件进行严肃查处，共立案 63 件，为国家和集体挽回经济损失 120 余万元。

推行代码举报制度查违纪

2004 年率先在丽水市推行代码举报制度，受理群众来信来访 285 件次，209 个户头，其中属纪检监察范围的 237 件次，133 个户头。重点查办破坏经济软环境案件、土地划拨、征用地、拆迁安置过程中的违纪案件，共立案 59 件，查处乡科级干部 4 人，为国家集体挽回经济损失 100 多万元。2005 年，抓好网上举报、代码举报工作，共受理群众来信来访 280 件次，其中属纪检监察范围的 228 件次，127 个户头。完善纪检监察机关与司法机关、行政执法机关查办案件工作的协调机制，完善基层案件片审制度，建立分片联查互审制度，全市共立案 42 件，查处乡科级干部 3 人，为国家集体挽回经济损失 200 多万元。推行案件公开审理工作，举办违纪案件公开审理。对政纪处分执行情况进行检查，纠正落实党纪政纪处分不到位的 3 人，追缴受处分对象违规领取的工资补贴等 7.7 万元。

“红、黄、绿”信访工作新机制建立

2006 年，建立“红、黄、绿”信访工作新机制，共受理信访举报 222 件次，信访案件当年结案率、按期结案率、优质结案率分别达 97.8%、96.6%和 97.3%。完善七部门联席会议和案件联查互审等制度，全年共立案 49 件，处理党员干部 49 人（乡科级干部 5 人），为国家集体挽回经济损失 200 多万元。开展基层案件质量综合评定，推行市、乡两级案件公开审理。2007 年，完善信访“红、黄、绿”工作机制，实行信访例会、领导下访约访和信息反馈等制度，共受理来信来访 268 件次、159 个户头，办结率为 98.7%。完善十部门案件查办联席会议制度，以查办大案要案、典型案件和基层案件为重点，全年共立案 59 件，查处乡科级干部 8 人。2008 年，信访总量 280 件次，信访优质结案率达 100%，完善案件协调、案源集中管理和分级办案机制，严厉查办官商勾结、权钱交易、权色交易和严重侵害群众利益的案件，共立案 59 件，为国家挽回经济损失 300 余万元。2009 年，受理来信来访 266 件次、169 个户头，与上年同期相比分别下降 5%和 9%。对 10 名干部进行信访谈话，对 20 名同志进行批评教育，为 30 名同志澄清事实。突出对不干净、不干事，乱作为、慢作为，比奢侈、讲排场等违法乱纪和群众反映突出问题的查处力度，全年共立案 77 件，其中查处乡科级干部 9 人，为国家和集体直接挽回经济损失 200 余万元。2010 年，共立案 60 件，涉及乡科级干部 6 人，挽回经济损失 300 余万元。

纪检办案软硬件建设

2009—2010年，建成案件查办点，配备电子监控等现代化办案设施。2010年进一步推进基层案件审理标准化、案件审理程序化、审理工作制度化、文书档案规格化的“四个化”建设。

第五节　机构与队伍

1989年1月县委决定县纪委内设机构改科为室，升为副科级单位，设办公室、来信来访室、纪律检查室、案件审理室。1990年增设调研教育室。1993年7月，市纪委与监察局合署办公后，履行党的纪律检查和政府行政监察两项职能，设办公室、来信来访室、纪检监察室、调研教育室、执法监察室、案件审理室。2002年增设党风廉政建设室，建立剑川廉政网站。2003年增设效能监察室。2006年整合书记市长热线、机关效能监察投诉中心和优化发展软环境举报督查中心资源，成立市委市政府效能直通车受理中心（简称效能直通车）。2008年，在丽水市率先开展乡镇纪委规范化建设，全市19个乡镇（街道）共配备专职纪委副书记14人、专兼职纪委委员29人，444个行政村、11个社区、77个基层站所和40个企业配备纪检员。2009年，增设纠风室和干部室，增设6名行政编制。2010年，在17个部门建立机关纪委。至2010年底，全市共有基层纪检组织59个，其中乡镇（街道）纪（工）委19个，市直各单位（包括省市属、非直属单位）纪委（纪检组）40个，专兼职纪检干部146人，其中市纪委29人，乡镇纪委58人，市直单位（包括省市属、非直属单位）纪委（纪检组）59人。

历任中共龙泉市（县）纪律检查委员会书记一览表（1989—2010）

表20-2-1

姓名	任职时间
冯岩泉	1988.8—1992.12
邹建新	1992.12—1994.6
李会光	1994.6—1997.9
徐岳明	1997.9—2000.11
刘海明	2000.11—2006.4
雷金松	2006.10—

第三章　组织工作

第一节　基层组织建设

基层组织

1989 年，中共龙泉县委下设 50 个党委（其中乡镇党委 44 个）、党组 15 个、8 个总支部、822 个支部。1992 年实行撤扩并工作，行政区划作了调整，市委下设党组织相应调整为：25 个党委（其中 17 个乡镇党委）、25 个党组、8 个总支部、842 个支部。2002 年市委将部分职能局党委调整设置为党组，2002 年 5 月，行政区划作了微调，撤销龙渊镇，改设龙渊、西街、剑池 3 个街道，为此，市委下属党组织相应调整为：28 个党委（其中乡镇党委 16 个）、5 个党工委（其中街道党工委 3 个）、37 个党组、30 个总支部、948 个支部。截至 2010 年，中共龙泉市委下属 40 个党委（其中乡镇党委 16 个）、5 个党工委（其中街道党工委 3 个）、42 个党组、26 个总支部、960 个支部，全市有党员 16594 人。

1989 年 1 月至 2010 年 12 月，各乡镇党委先后按期召开各乡镇党的代表大会，进行换届选举，产生新一届乡镇党委。全市（县）1989—1990 年设 439 个行政村党支部，1991—1998 年设 441 个行政村党支部，1999—2005 年设 442 个行政村党支部，2006—2010 年设 444 个行政村党支部。按照党的章程，各行政村党支部及时进行换届工作。

乡镇（街道）党建

1989 年—2010 年，市（县）在乡镇（街道）党委（党工委）建立理论学习中心组制度，学习中共十四大、十五大、十六大、十七大精神，开展党的基本路线、党章教育，学习邓小平理论和“三个代表”重要思想，深入贯彻落实科学发展观，开展“三个代表”重要思想学习教育活动，开展“保持共产党员先进性教育活动”等，乡镇干部政治理论水平得到提高，党建工作不断得到加强。

1989 年，全县 43 个乡镇建立“双争”（争创先进支部、争当先进党员）目标管理制度。1990 年，贯彻省委组织部文件精神，落实党委中分管组织、纪检、宣传工作委员的职级待遇。1991 年，开展乡镇招聘干部清理工作，对 113 名乡镇招聘干部进行考核，将其中 23 名优秀的转为正式干部。同年市委出台《关于建立乡镇党代会年度例会制度的意见》，1993 年，乡镇干部推行优化组合，公开聘用办法；采用以“条块结合、分线指导、逐级承包”，“撤片设组，以线联村”的乡镇管理运行机制，进一步规范乡镇工作。1998 年，围绕乡镇党委创“六好”（好班子、好路子、好队伍、好制度、好作风、好机制）的目标要求，组织开展乡镇集中教育整顿工作，使联系点制度、驻村登记上报制度、蹲点包村制度、工作考勤制度、领导干部谈话制度得到落实。

2002年5月，原龙渊镇撤销镇建制，设立龙渊、西街、剑池3个街道，配备3个街道党工委、办事处班子成员。通过农村“三个代表”重要思想学习教育活动，乡镇（街道）、村经济发展思路进一步清晰，共落实3472件整改措施，解决重点难点热点问题110个。各乡镇、部门组织举办技术培训班84次，建立示范基地91个，送新技术、新信息1240条次。2005年出台《关于认真落实“三真”要求切实加强基层干部队伍建设的意见》，认真贯彻“对基层干部要做到真正重视、真诚关怀、真心爱护”的要求，重视乡镇（街道）干部参加大专学历培训，对长期在乡镇工作的干部在职级待遇上给予一定的倾斜，改善乡镇街道办公条件，加强乡镇街道管理区建设。2006年，开展“保持共产党员先进性教育”活动，在乡镇（街道）干部中将“住村联心”活动和“三诊”（指调查民情的坐诊、出诊、会诊）制度相结合，发挥乡镇（街道）党委（党工委）在农村基层组织建设中的“龙头”作用。2009年，按照统筹发展、集聚发展、生态发展的要求，坚持把“135”工程作为加快新农村建设的有效载体，作为推进城乡一体化的重要内容。2010年，开展“发展绿色经济、提升幸福指数”为主题的创先争优活动、基层组织建设年活动，评选推荐“党员先锋承诺”“新农村建设先锋”“活力和谐先锋”等活动。2010年12月，宝溪乡党委被中央组织部授予“防汛抗洪救灾先进基层党组织”称号。

基层党建

村党支部建设　农村基层组织是党建工作的着力点。1989—2010年围绕农村奔小康主题，开展党的基本路线教育，开展邓小平理论、“三个代表”重要思想、科学发展观学习教育活动，保持共产党员先进性教育活动。

1993年11月，市委制定《龙泉市农村行政村党支部开展奔小康活动三年规划（1993—1995）》，通过加强村党支部建设，加强村级组织配套建设和后备干部的培养，指导发展村集体经济加快奔小康步伐。至1995年基本完成规划目标，建成49个一类行政村党支部，五种类型重点村党支部的状况得到改善。对农村党组织进行六大指标考核（加强领导、结构改善、配套加强、教育培训、后备干部、发展党员）。

市委重视村干部的学历培训，1995年决定在市电视中专分校开设农村基层干部中专学历“乡村经济管理专业班”（业余三年制）。当年招收学员54名。1999年起，推行每年一次的“十佳农村勤劳致富带头人”“十佳经济能人”的评比活动和每两年一次的“十佳公仆”评选活动，至2003年底，共评选出“十佳农村勤劳致富带头人”50人，“十佳经济能人”50人，“十佳公仆”30人。

1999年，市委出台《关于市直单位挂钩驻村工作的通知》，加强农村基层组织建设。1999—2003年，全市共有80余个单位挂钩联系19个乡镇（街道）的273个行政村，共派出三批387名机关干部到180多个具有典型意义的村和创小康村担任驻村指导员，共有1400多人次的机关干部联系特困户1400余户。5年来，全市各部门累计投入1600多万元资金用于扶持联系村发展，完成农业开发项目343个，兴办修路、改水、安装有线电视、电话等实事780余件。

2000年，出台《关于建立农村党员责任区的通知》，17个乡镇，442个行政村已建党员责任区3000余个，落实责任党员5000余名，分别联系各类重点户1万多户。2003年，开展龙泉市农村基层组织“先锋工程”创建活动，当年，龙渊街道村头村获“省级基层组织先锋工程建设‘五好’村”称号，受到省委表彰。2003—2007年，共有130个行政村达到“先锋工程”创建标准。2002年，贯彻《关于加强重点村村务管理的通知》精神，开展村级会计委托代理制，从乡镇（街道）在编事业干部中选聘40

多名专职代理会计，市财政安排资金为19个乡镇(街道)配备专用电脑，实行电算化管理。代理制规范了财务审批和每年4次公开制度，使58个重点村、示范村管理得到提升，建立橱窗式公开栏，做到财务公开。

2004年，加强对村党支部书记、村委会主任为主的村干部培训，共举办3个班次村干部培训班，共计培训163人。参加“在沪浙商关爱计划”培训班暨先锋工程创建村两委主要干部培训班培训的村干部计60人次。进一步完善村级后备干部推荐培养机制，全市444个行政村推荐了1432名村级后备干部。

2005年市委作出《关于认真落实“三真”(真正重视、真诚关怀、真心爱护)要求，切实加强基层干部队伍建设的意见》，1989—2008年，市(县)对村干部进行生态创业能力培训、村党组织干部培训7次，共有15066人次参加；享受学历培训413名。通过《离任村主要干部生活补助制度》，推行村干部养老金保险制度，落实村干部的报酬待遇，合理确定误工报酬标准，改善办公条件等，使农村做到有人办事、有钱办事、有章理事。

2006年，探索推进农村党组织设置和活动方式改革，在龙渊街道村头村成立全丽水市首个以村带企、村企联建的党总支村头村党总支。

通过历次村级换届工作，村两委班子在年龄、文化结构和人员素质方面得到明显的优化和提高。2008年全市444个行政村共选举产生村两委班子成员3209人，高中以上文化645人，35岁以下585人，平均年龄43.5岁，两委成员交叉兼职99人，两委成员中女干部476人。

2008年，“市乡村三级联动办实事”活动全面推进，“百村千户万人帮扶工程”得到深化，100个市直单位与113个村建立结对帮扶关系，走访联系村785人次，农户10446户次，为群众解决实际困难724件。

2009年，开展“基层组织建设年”活动，以“争五强、创五好”(指“领导班子好、战斗能力强；党员队伍好、致富带富强；工作机制好、民主决策强；工作业绩好、科学发展强；群众反映好、维护稳定强”)为主要内容的农村基层组织“先锋工程”建设活动，全市共有102个村党组织达到“五强”要求标准，其中有15个村达到省级标准，48个村达到丽水市级标准。

2010年，根据农村“135”工程的总体安排，确定43个后进村进行集中整顿转化。因村施策，扎实开展整顿转化工作。

社区党建　扩大党建工作的覆盖面，2000年8月，根据上级指示精神，建立社区工作领导小组，部署社区党建工作。2002年5月，龙泉市调整行政区划，撤销龙渊镇建制，成立龙渊、剑池、西街三个街道，15个居委会划分为11个社区，建立党组织，制定《龙泉市社区党建工作实施意见》，成立社区建设指导委员会，社区党建工作有序开展。

2003年，各社区结合实际，建立健全党建联席会议、社区党建协调小组、社区议事协商委员会，选举产生社区居民委员会、社区居民小组长、楼院长，完成社区工作者约180人的培训。确立西新社区、东升社区、南秦社区为丽水市级社区党建规范化示范点，其中南秦社区被确定为省级社区党建示范点。

2004年，社区党建工作按照“五有”要求，着力健全以社区党支部为核心的居委会自治机制、共建机制、服务机制三大机制；完善组织网络、服务网络、文化网络三大网络。开展诚信一条街活动，开展文明楼院、文明家庭、十佳居民党员评比活动。建立“四家八访”(“四家”是指“串百家门、知百家情、解百家愁、暖百家心”;“八访”是根据掌握的情况,对下岗工人、残疾人、生活困难户、新婚新育户、党员户、军烈属、丧户、帮教户等特殊群体重点建档、定期回访)制度。

2006年,对11个社区党支部、居委会分别进行换届。完善社区工作运行保障机制,多方位筹集资金,加大对社区建设的投入。2007年10月,整合社区单位和在职党员的资源优势,建立完善社区党的建设工作协调机制,制定社区党支部与在职党员单位的联系反馈制度,将南秦社区党总支升格为党委,成为全丽水市第一个升格为党委的社区党组织,进一步规范了市区社区党建格局。

2008年,市委出台《加强社区建设的若干意见》,在加强社区基础设施建设、组织体制建设、干部队伍建设、完善共建机制等方面进行积极探索,解决水南、清风、贤良和金乐4个社区的办公用房问题,对各社区共建委员会成员作了调整充实。剑池街道、南秦社区分别获得省城市社区党建工作示范街道、示范社区称号。

2009年,完成全市11个社区的党组织换届选举工作,社区居委会主任候选人通过选举担任社区党组织副书记,实现交叉任职。

2010年,围绕创建文明、和谐社区的目标,按照突破传统组织设置形式,加大区域党建工作力度,实现社区党建全覆盖、资源利用最大化和社区服务优质化的要求,在社区党建领域引入“网格化管理”的新模式,推动社区基层组织建设的深入开展。

企业党建　市委对新形势下企业党建工作进行有益的探索,企业党建主要围绕企业两项制度改革和流通企业的“四放开”进行工作,充分发挥党组织在企业中的政治核心作用。

1993年,企业发展党员工作重点放在非党行政干部、技术能手和一线工人中,通过推荐、培训、压担等形式,使入党积极分子不断扩大,素质不断提高,是年入党积极分子1048人,发展287人。据1993年调查,乡镇企业人员2.94万人,党员人数少,仅有9家企业建有党组织。为此,1994年,市委出台《关于加强乡镇企业党建工作的意见》,要求做到“三同步”(新建企业与建立党组织同步,企业变动与党组织调整同步,行政班子与党组织班子同步),按照理顺关系,健全制度,围绕经营等途径,推进党建工作。当年共有乡镇企业党支部14个,国有企业党组织43家。积极培养、选拔党务工作者,举办入党积极分子培训班4期,发展党员26人。

1995年,围绕企业改制开展分类党建指导。对实行股份制改造的企业,主管局党委以国有股的名义,推荐党组织负责人合法进入董事会,担任一定领导职务。在转制过程中,发挥党组织的核心作用,理顺领导体制,做好班子成员兼职工作,使党组织、职工大会、股东大会共同行使职权。

1997年10月,出台《关于进一步加强和改进国有企业党建工作的意见》,国有企业和其他经济组织的党建工作得到加强,至1999年有14家非公有制企业建立党组织。1994—1999年有2576名优秀分子加入党组织。

1998年,市委办转发地委办关于在国有企业党组织中开展党组织创“四好”活动的意见,组织开展国有企业党组织创“四好”(政治素质好、经营业绩好、团结协作好、作风形象好)活动,并对改组、改造、改制的企业开展调查研究工作。

2000年,成立龙泉市非公企业党建工作联席会议制度,制定市领导班子联系重点非公有制企业制度,25名副县以上领导联系25家重点非公企业。在龙渊镇、住龙镇开展试点的基础上,逐步扩大建点面,全市符合建党组织条件的非公有制企业全部建立党组织。至2002年,基本完成省委“三年两目标”工作任务，即100名以上职工非公有制企业80%建立党组织，50名以上职工非公有制企业要有党员。

2003年，市委出台《关于进一步加强非公有制企业党建工作的意见》和《关于开展非公有制企业党建覆盖网建设工作的意见》，对全市开展非公有制企业党建覆盖建设工作提出具体的实施意见。由组织部、宣传部、人事劳动社会保障局、统战部与工商联、农业局(农办)、经贸局、工商局、总工会、团市委等单位组成非公有制企业党建工作联席会议，主要负责非公有制企业党建工作的指导协调。

2005年，建立联席会议制度，由市委组织部等11家单位组成非公有制企业党建工作联席会议，主要负责非公有制企业党建工作的指导协调，建立非公有制企业党建工作指导员制度。向没有建党组织和党员人数不足3名的50名职工以上的26个企业和规模企业，选派或明确党建工作指导员54人，负责做好党的工作。

2006年，建立企业联合支部，将党组织覆盖到每个工业园区入园企业。将2007年6月定为非公企业党建工作推进月，建立完善非公企业党务工作者联席会议制度、领导挂钩联系制度、月报和定期通报制度、“进度表”制度、党建工作指导员制度、考核奖惩制度。至2007年7月，全市规模以上非公企业全部建立党组织，组建率达100%；进一步抓好企业党组织活动阵地规范化的建设，努力达到“五个一”要求，即有一间党员活动室、一个党员公示栏、一块党组织标识牌、一面党旗、一套党建工作制度，为党员活动室配备相应的电教设备和学习资料。着力抓好典型与示范点的建设，在全市80家规模以上非公企业中选择出10家规模较大、党建工作基础较好的企业作为市级非公企业党建工作示范点，各乡镇(街道)也分别确定所辖区的示范点。通过逐级建点，初步形成非公企业党建工作的示范群。至2010年，非公企业建立党组织有61家，规模以上非公企业建立党组织率达100%。

第二节　干部队伍建设

干部培养教育

干部培训教育　龙泉市委以抓党委中心组学习制度为载体，学习党的十四大、十五大、十六大、十七大精神、邓小平理论等内容，对干部进行为人民服务的宗旨教育、职业道德教育，增强事业心和责任感。制定龙泉市干部教育培训规划，明确任务要求和落实措施。利用党校举办各类培训班，学习邓小平理论、党章、市场经济理论、现代科技和农村实用知识，采用选派干部到省、地(市)党校学习以及选派干部到发达地区学习、锻炼等方式培训干部。据统计，1990—2010年共选派692人次赴省委党校、丽水市委党校举办的培训班学习；选送72人次到慈溪、苏南地区学习、锻炼；本地共举办各类培训班133期，参加培训干部19987人次。

建立干部学法建档考试制度，1998年，组织180人次领导干部参加学法建档考试。

2002年，组织党员干部对《党政领导干部选拔任用工作条例》进行学习。制订《2003—2008年全市干部教育培训规划》，初步形成由组织部牵头抓总，纪委、宣传、人事、经贸、司法、教育等部门和乡镇党委分工负责的干部培训机制。

2004年，将《中国共产党领导干部任用条例》和中央《公开选拔党政领导干部工作暂行规定》《党政机关竞争上岗工作暂行规定》《党政领导干部辞职暂行规定》《地方党委全委会对下一级党政正职拟任人选和推荐人选表决办法》《党政领导干部辞职从事经营活动有关问题的意见》和《关于对党政领导干部在企业兼职进行清理的通知》等文件作为各种干部培训班的必修课，各党委（党组）会、理论学习中心组必学内容之一，通过知识竞赛等形式，分层次进行学习。

2006年，开展上挂外派和派驻企业联络员工作，共选派21名干部到中国农科院、国家科技部等国家及省级部门挂职锻炼，外派13人到瑞安、乐清等经济发达县市挂职锻炼，选派58名机关干部进驻到58家工业企业担任总经理助理或企业联络员。

2008年，出台《关于进一步完善干部培训审批制度的若干意见》和《龙泉市2008年干部教育培训计划》，以市委党校培训为主阵地，以高等院校智力资源为支持，确保干部教育培训工作健康有序地开展。

干部交流　1996年下派10名副乡镇长到基层锻炼，并对后备干部进行轮岗交流。重视非党干部、少数民族干部、妇女干部工作，提拔非党干部4人，提拔少数民族干部3人，妇女干部10人。机关交流25人，乡镇交流67人。

后备干部培养　1993年建立数量足、质量高、结构合理、成分齐全的后备干部队伍，以压担、轮岗、交流、下派等方式进行培训。采用举办各类培训班、选派干部到省、地（市）及发达地区学习、锻炼等方式培养后备干部。1996年，进一步调整充实后备干部队伍。开展两次优秀中青年干部推荐活动，共推出地管干部人选150余名，同时推出一批市管优秀青年干部充实为后备干部。2002年4月份，推荐符合条件的年轻干部参加丽水市管后备干部公开选拔，30人确定为丽水市管后备干部，同时，在全市范围内公开选拔龙泉市管后备干部，采取民主推荐、知识测试、组织考察、社会公示、择优审定等，建立121名龙泉市管后备干部队伍，并建立健全后备干部廉政档案，使优秀年轻干部的选拔工作逐步走上正常化、规范化轨道。2003年，将公开选拔科级领导干部与后备干部队伍建设结合起来，把公开选拔中发现的优秀人才纳入后备干部人才库。

公务员招录

1998—2003年，组织面向社会招考录用国家公务员（机关工作人员）工作，共录用98人充实到部门及乡镇。2004—2010年，面向社会招考、录用国家公务员（机关工作人员）328人。

干部考核管理

1989年以来，龙泉市（县）委坚持和健全集体领导和个人分工负责制，通过查记录、开座谈会等方式，检查各级党委议事规则和重大问题表决制度，监督制度的落实情况，指导基层党委开好一年两次民主生活会。认真执行干部谈话制度，加强干部管理，配合纪委、监察部门对个别干部违纪问题进行处理。1990年，为加强干部管理，组织部门收回下放给人事局和区委管理的行政干部权限，使管人与管事结合起来，协同人事局抓好机构设置、人员编制工作。1991年，建立领导干部机关联系点制度、工作考勤制度、干部谈话制度、黄牌警告制度等制度，推进干部作风建设。

1994年，采取自我评价、群众打分、分管领导评价、综合部门评价、乡镇评价和实绩评估的立体考核方法，对55个市直单位和17个乡镇的353名领导干部进行考核。加强后备干部队伍建设，按照地委要求积极配合地委组织部对地管后备干部进行考核；及时对市管后备干部进行调整充实，抽调49名素质较高的年轻干部进行为期一个月的培训。

1995年，对17个乡镇178名干部进行全面考察，针对等待换届、突击花钱、进城进机关、跑官要官等苗头，加强思想教育。坚持德才兼备原则，提任27人，异地交流65人，转岗交流22人。积极协助地委组织部做好“双推双考”工作，1995年龙泉有69名干部参加地区选拔副县长以上干部的考试，其中有5人进入第二轮考察面试。贯彻中央《党政领导干部选拔任用工作暂行条例》，组织部门把提高干部的理论水平和业务素质与干部的选拔使用结合起来，把干部的学习情况作为考察的主要内容之一。1996年乡镇换届和党政机关机构改革中，注意年轻化、知识化，新进班子的27名干部中，有18名为大中专以上文化程度。加强对领导干部民主生活会的指导工作和督促，把重点放在解决民主生活会质量不高，党内生活不讲原则，不讲政治，不能正确开展批评与自我批评的问题上，提高民主生活会的质量。1996年制定组织部门和纪检部门工作联系制度，基层党委定期汇报领导班子建设情况，以制度来保证对干部的管理监督。

1996年，在乡镇换届前对全市17个乡镇的178名领导干部，54个市直机关、企事业单位的162名领导干部进行考察，为合理调整乡镇、机关领导班子提供依据。1998年认真执行《党政领导干部选拔任用工作暂行条例》，按照要求选拔任用干部，落实好与执纪执法部门联系制度、任职回避制度、回复制度、诫勉制度、谈心谈话制度。

1998年，建立领导干部经济责任审计制度。2004—2007年，对54名领导干部组织进行经济责任审计。1999年，市委出台《龙泉市选拔任用领导干部实行公示制的暂行规定》，全面实行领导干部任前公示制，对反映的问题进行认真的调查核实。出台《龙泉市1999年度工作目标责任制综合考核办法》，分乡镇、市直单位的整体考核和市管干部个体考核。4月起，全市开展以“转变机关作风，树立以民为本”为主题的机关思想作风教育整顿工作，通过调查摸底、思想发动、学习教育、检查评议、整顿提高等四个阶段，取得明显成效。把机关作风教育整顿与干部考评调整相结合，组织4个考核组，对全市190名市管领导干部进行考核、测评，对测评考核结果排序最后3名，进行免职处理。

2000年，对4000余份干部履历表重新填写和核对，完成干部档案达标升级工作，达到省二级标准。建立干部监督信息联系员、干部监督信息抄告督查制度，形成由82名干部监督信息联络员组成的干部监督网络。建立领导干部报告个人重大事项制度。2002年，充实公安部门的经侦、基层派出所、检察院反贪局等5名联络员，以扩大举报违纪干部的信息来源。

2003年，根据丽水市委组织部的统一部署，开展干部生活圈、社交圈（简称“两圈”）考察试点工作，出台《龙泉市领导干部生活圈、社交圈考察暂行办法》，通过在公开选拔领导干部的考察试点，取得明显效果。建立较为完善的干部监督信息库，对全市429名副科以上干部的现实表现和违纪违法问题进行收集、整理、归档。做好因公和因私出国人员政审工作，1998—2003年，共出国政审80人次。做好省、丽水市管领导干部个人重大事项报告和收入申报、工资调整报批工作。2003年出台《在全市党政机关开展竞争上岗、双向选择工作的通知》，要求内设机构7个以上的单位，必须确定一个岗位用于面向全市的公开选拔，共有23个市直单位推出职位252个开展竞争上岗，有75名原中层干部落聘，法院、检察院等单位面向全市的选拔工作，取得较好的效果。首次面向全丽水市范围进行公开选拔领导干部，圆满完成团市委书记、团市委副书记、妇联副主席、统计局副局长、计生局副局长、乡镇长助理和建设、交通、水利总工程师共10个岗位的领导干部公开选拔。

2004年，实行年终考核综合打分和平时考核举证扣分相结合的办法，进行目标责任制综合考核，使考核结果更能够全面、客观、准确地反映领导班子和领导干部的德才表现和工作实绩。加大干部交流力度，从乡镇（街道）选调29人进机关工作，选派80名机关干部到乡镇（街道）担任农村工作指导员。2005年，完成对机关部门（70个班子，259名领导干部）届中考察、乡镇（街道）（19个班子203名领导干部）回访考察任务。全面推行常委会票决制，对所有拟调整任用领导干部实行票决，对42名拟提拔任用对象在电视台、报纸、政府门户网站上进行公示。同年，出台《市委常委会任免干部无记名投票表决暂行办法》，通过会前酝酿、会议讨论、投票表决的程序，对市委管理的干部、向上级党委推荐的建议人选实行投票表决；有39个单位开展中层职位竞争上岗，共推出竞争职位398个。开展领导干部在企业兼职情况调查。2005年，加强对《干部任用条例》贯彻执行情况的监督检查，严格执行《关于加强对市管领导干部出国（境）管理的通知》，对领导干部出国（境）实行计划管理，坚持出国（境）人员的行前教育和回国报告制度。制订出台《龙泉市市管主要领导干部离任经济责任交接制度》，由组织、纪检、财政、审计等部门组成交接小组，对调整的50个单位的60名交接对象进行经济责任交接。

2006年，出台《关于市直部门、乡镇（街道）机关中层干部任职审核的若干规定（试行）》。审核干部档案2550卷，收集补充3000多份档案材料。

2007年，牵头开展"办实事、创新业"主题实践活动，市级领导班子成员、机关部门和乡镇（街道）干部深入基层开展蹲点调研、送服务、办实事等活动。开展"争创三个一流，争做三创干部"活动。提拔使用74名干部，充实调整14名优秀的机关干部到乡镇任职。启动正科级后备干部队伍建设工作，建立从正科、副科到部门、乡镇的梯形后备干部队伍。同时，对后备干部采取"一年一推荐、一年一考核、一年一调整"的动态管理办法，新充实114名副科级后备干部，有9人被调整出后备干部队伍；制定《实行任前锻炼期干部管理实施方案》，对25名群众公认度高、工作业绩突出、道德品行优良，但工作经历比较单一，缺乏多岗位锻炼或基层工作经历的拟提任对象，实行任前考察锻炼期。实行干部实绩通报，对干部在急、难、险、重等工作中的突出表现进行不定期通报，并将通报情况列入领导干部业绩考核的重要内容；全年共选派2名优秀干部到中央部委挂职，选派19人到省有关部门挂职，选派机关干部614人次到乡镇、街道担任农村工作指导员。

2008年，完善回访考察制度，共对市交通局等28个单位及19个乡镇（街道）进行届后的回访考察，为市委用人选人提供第一手资料。

2009年，试行全委会票决制，细化量化干部年度考核方式方法，初步建立《科级领导干部实绩台帐》和《后备干部岗位锻炼实绩台帐》，出台《关于市直部门单位选调干部有关事宜的通知》。对31个单位领导班子进行调整，在正、副科岗位上提拔使用80名德才优秀、实绩突出的干部，充实调整17名优秀的机关干部到乡镇任职，新提任27名表现突出的市管副科后备干部进入领导班子，新充实72名副科级后备干部。

2010年，完成机关部门（69个班子，333名领导干部）届中考察任务；开展竞争性选拔领导干部工作，增加市委全委（扩大）会评议环节，变少数人选人为多数人选人，选拔出2名正科级领导干部和11名副科级领导干部；开展市直部门单位选调干部工作，共向乡镇街道选调公务员4人，事业编制 1 人;新充实市管副科后备干部 48 人。

坚持“以发展论英雄,凭实绩用干部”的用人导向和“八用八不用”的用人标准,完善干部选任机制和公平竞争的机制,2009 年,提拔使用德才优秀、实绩突出的干部 99 人,充实调整机关干部到乡镇任职 14 人。加大庸官懒政治理力度,推进干部追效问责工作,逐步完善干部退出机制。2010 年,清理处理在编不在岗的党政机关、事业单位工作人员 67 人。

知识分子工作

1990 年成立“知识分子工作领导小组”,按照党管人才的要求,加强对 2700 名知识分子教育和管理,在“组工信息”中宣传先进事迹,形成“尊重知识、尊重人才”的社会风尚。之后,市委定期召开知识分子座谈会,通报全市经济社会发展情况,听取知识分子意见。为高级知识分子进行体检。

1996 年,做好企业经营管理和科技人才队伍建设的基础工作。建立企业经营者和科技人才队伍的初步名单,了解掌握全市知识分子队伍的基本情况。积极做好丽水市级拔尖人才和科学青年奖的推荐工作。1991—1998 年,有 64 名突出贡献的科技人员获得表彰。

2002 年,根据丽水市《关于做好 2002 年度省“新世纪 151”人才工程第一、二层培养人员选择工作的通知》要求,选拔 3 名具有副高以上职称的专业技术人员参加申报工作。会同工商部门,对全市从事中介事业的专业技术人员进行一次调查摸底工作,为规范全市中介组织的经营活动和对专业人员的管理提供基础数据。

2003 年,完善人才信息库,将全市各类人才 6542 人按高、中、初的职称分门别类建立档案,实行动态管理。建立市级领导联系高级职称专业技术人才、政协统战对象、党外干部、企业主等制度。组织有关单位对全市人才分布、种类、现状等方面进行专题调研。

2004 年,开展第五批援疆干部,第六批中青年专业技术拔尖人才、第二届科技新秀和“新世纪 138 人才工程”培养人员的选拔推荐工作,3 人被评为丽水市第二届科技新秀,2 人被评为第六届丽水市拔尖人才,推荐中青年专业技术人才 10 人;2004 年,制订人才资源状况调研工作方案,在全市开展人才资源状况调查,初步建立人才库;坚持党政人才、企业经营管理人才和专业技术人才三支队伍一起抓,对企业经营管理人才队伍,加强对具有较高专业知识的专门管理人才的培养,对专业技术人才队伍,建立健全领导联系专家、帮带科技新秀等制度,在卫生、教育、农业等系统开展“创业、创新、创优”活动,并通过举办科技扶贫、科技下乡等活动,充分发挥专业技术人才在经济社会发展中的作用,将农村勤劳致富带头人、经济能人等纳入人才范围。

2005 年,市委、市政府根据人才工作的实际和实施人才强市战略的要求,开展龙泉市第三届“十佳公仆”“十佳经济能人”“十佳农村勤劳致富带头人”“学科带头人”“生产技术能手”等优秀人才的评选表彰活动,并加大对人才工作宣传,挖掘人才事迹,通过龙泉电视台、《今日龙泉》、广播电台等媒体开展多方位、多视角、多形式的广泛宣传,并借助新闻媒体进行宣传,营造“尊重劳动、尊重知识、尊重人才、尊重创造”的良好氛围。积极组织开展“丽水市 138 人才工程”“丽水市科技新秀”“丽水市拔尖人才”的初评和推荐工作,入选“丽水市拔尖人才”2 人、“丽水市科技新秀”3 人,调动人才的积极性。实施《龙泉市名校长、名师、学科带头人奖励办法》。市财政每年拿出 30 万元,对龙泉市级以上名校长、名师、学科带头人按月给予一定的补贴。

2007 年,继续深入实施“农民素质培训工程”,突出转移农村劳动力就业技能培训,依托市中职校开展“龙泉技工”培训；实施优秀中青年创业人才培养工程，针对性的对龙泉市新生代企业管理者进行重点培养，举办首期龙泉市青年创业人才培训班，共有45名来自部分规模以上企业的青年企业法人参加培训。同时，采用“请进来、带出去”的形式，选送10名青年企业家赴省工商管理研修班学习，通过大专院校短期培训企业管理人才20人次。组织实施“背靠浙大，联姻高校，发展龙泉”战略，深入开展博士志愿讲师团基地建设工作，聘请浙江大学、浙江林学院等高等院校优秀人才到龙泉重点企业任总经理助理，促进企业规范化、规模化发展。全年共谈妥新项目近30个。与市人事劳动社会保障局密切配合，完成1200人的公务员6门基础课公共管理培训和600余人次的计算机三级培训工作；首次面向高校毕业生招聘45名农村和社区工作人员。

2008年，挖掘与浙大深厚的历史渊源优势，组织实施“背靠浙大、联姻高校、发展龙泉”的战略，实施“18515”行动计划，通过项目合作带动人才的引进和培养，借助“外脑”，实现人才总量的提升，以浙江大学为龙头，与浙江林学院等16所科研院校进行合作，签约项目51个，国家级、省级重点科技项目成功立项5个。聘请浙江大学校友总会副会长、美国华美医学基金会主席李摩西，中国工程院院士、浙江林学院院长张济生两位专家为龙泉市长顾问，聘请浙大农业专家汪炳良、陈再鸣和汤一教授为龙泉市蔬菜、食用菌、茶叶三大产业首席专家，逐步形成“一个产业、一位首席专家、一个配套政策、一批项目”的农业产业化发展新格局。同年，加快人才信息档案建设，完成3919名人才的数据采集录入。

2009年，牵头与中国美术学院、景德镇陶瓷学院、丽水学院确立全面合作关系，浙江大学派出熊树生教授到龙泉任市长助理，浙大派出的市政府科技顾问、科技特派员、企业总经理助理的专家教授达到72人。积极联姻高校开展人才培训，先后有180多位规模企业负责人、团员骨干和档案管理人员参加浙大组织的培训班。10月，组织50名主要乡镇分管领导、工办主任、企业负责人到浙大参加企业规范化培训班的培训。

2010年，发挥牵头抓总作用，从观念引导、环境营造、协调服务等方面推进人才工作，形成工作合力，明确职责分工，重点抓青年创业人才、农村实用人才、传统产业人才三支队伍的培训，先后出台《龙泉市农村实用人才认定和管理办法（试行）》《龙泉市农村实用人才示范实训基地评定和管理实施细则》。省“希望之光”计划专家送服务丽水龙泉行活动中，浙江大学、浙江工业大学、浙江理工大学等6所高等院校6名教授与6家规上企业结对。

第三节　党员队伍建设

党员发展

根据“坚持标准、保证质量、改善结构、慎重发展”的发展党员十六字方针，坚持“成熟一个发展一个”的原则，重视在青年农民和妇女中发展党员，使发展党员规范化。

1991年，全市发展413名党员，其中一线331人，占80%，女党员95人，占23%，农民党员192人，占46.5%。1992年，把发展党员的重点放在生产、教育科研一线的工人、农民、妇女，并注重青年入党，使基层薄弱党支部党员比例得到改善。全市发展党员326名，其中一线党员239人，农村发展党员167人。

1993年，制订发展党员三年规划，一抓规划二抓质量，坚持成熟一个发展一个的原则；抓质量，着重抓五种类型重点村(指村党组织长期缺乏凝聚力和战斗力的、村“两委”关系严重不协调的、村“两委”主要干部利用职权谋取私利的、群众合理诉求长期得不到解决，影响村情稳定的、宗族派性及恶势力干扰村务，影响村里正常开展工作的)的发展工作。经过三年努力，农村基层党组织得到加强，政治素质有普遍提高，结构得到改善。规划发展党员1400人，实际发展党员1356人，其中女党员占28.68%，少数民族占2.2%，年龄在35岁以下占70.1%，文化程度在大中专以上占47.5%，一线工人农民占59.93%。农村五种类型重点村党支部由1993年的304个，减至1995年的189个，没有35岁以下党员的党支部由89个减至20个，平均党员年龄50岁以上的党支部由173个，减至154个，五年以上没有发展党员的支部由53个减至13个，党员人数在5人以下的支部由27个，减至3个，没有女党员的支部由136个，减至39个。市委要求把开展新时期“推荐优秀青年入党”(推优)工作，作为重要工作内容和发展党员的突破口来抓。至1994年6月，发展党员142人，其中35岁以下99人，妇女40人，一线工人农民94人，取得初步成效。1995年，计划发展党员610人，其中乡镇发展党员430人(重点村200人，妇女110人，35岁以下300人)。乡镇实际发展440人。

1996年，发展党员413人，其中农村发展348人。全市建立入党积极分子队伍1955人，其中机关446人，农村1506人(全市441个行政村都有3名以上入党积极分子)。

1998—2003年，严格按照“十六字方针”做好发展党员工作，重视抓好力量薄弱、多年没有发展党员的行政村的党员发展工作，注重从新当选村干部、科技示范户、农村优秀青年和非公有制企业生产经营骨干及社区优秀居民、一线工人中培养和发展党员。出台《发展党员三项制度》，即“两推一评三公示”“票决制”“发展党员工作责任追究制”，严把党员入口关，做到“三个不发展”：未经基层组织推荐的不发展，未经公示的不发展，未经培训的不发展。1998—2003年，全市共发展党员2009人（其中1998年336人，1999年353人，2000年320人，2001年287人，2002年339人，2003年374人)。在新发展的党员中，女党员665人，占发展总数的33 %；共青团员322人，占16%，农村、生产、企业、科研一线322人，占16%，35岁以下1835人，占91% ，大专以上460人，占23%，高中、中专760人，占38%，初中以下789人，占39%。

2004—2007年，结合全市党员队伍现状，从拓宽发展源头、优化队伍结构上入手，在发展党员工作中明确“四个倾斜”原则，即：向具有高中以上文化程度人员倾斜；向生产一线的工人、农民倾斜；向广大青年、妇女倾斜；向党的力量薄弱的地方和领域倾斜。出台《关于进一步做好发展党员工作的通知》，明确党员发展属地原则，对异地发展党员做出明确规定。4年间，全市共发展党员1629人(其中2004年449人，2005年342人，2006年380人，2007年458人)。

党员队伍不断发展壮大，党员素质得到提高。1994—1999年，全市有2576名优秀分子加入党组织，2000—2005年，全市有2176名优秀分子加入党组织，2006—2010年，全市有2182名优秀分子加入党组织。

党员管理

1989—1991年，在全市(县)开展民主评议党员工作，共处置301人(其中除名29人，劝退46

人，限改171人，警告44人，留党察看10人，缓定1人）。

加强流动党员管理。1993年建立党员信息库，加强外出党员的管理工作，对外出党员的情况进行调查，加强与外出党员的联系，为外出党员建立临时支部作准备。至2003年建立流动党员档案1382份，基本达到“六个掌握”，即掌握党员基本情况，掌握外出时间，掌握从事职业，掌握新住址，掌握联系办法，掌握党费缴纳情况。同时，建立完善流动党员行前登记、返乡谈话、思想汇报、组织生活等一系列制度，加强对流动党员的党性纪律教育和管理。按照《外出党员管理的实施意见》，对外出党员建立联系制度，使流动党员过上组织生活。2000年，市委出台《龙泉市关于加强流动党员管理暂行办法》，实行“一表、一证、一册”的管理方式，加强流动党员管理。市委组织部出台《龙泉市企业下岗职工和破产企业职工中党员管理办法》，在市劳动就业管理处建立党总支部；由机关工委、民政局等在市安置办和人才交流中心建立党支部，加强对军转地人员、复退人员和回乡学生中的党员管理。

认真抓好党内各类先进的审核、报批工作。1994年全市受地委表彰的先进党支部6个，优秀党员12人。

1995年，市委出台《关于筹集龙泉市农村党员福利基金资金的通知》，至年底，筹集资金28.4万元，帮助解决农村困难党员生活困难。

1999年7月，建立龙泉市中共党内基本信息管理系统，实现微机化管理。同月市委、市政府出台《关于对全市乡镇、村干部和农村党员进行专业培训的意见》，对今后五年的培训工作作出规划。

2004年，开展党员队伍状况调研工作。在调研内容上，努力做到“三个清”。即党员分布清、作用状况清、突出问题清，基本掌握全市13700名党员的分布、作用发挥和存在的问题；54名困难党员得到补助，慰问107名中华人民共和国成立前入党的老党员，对83名企业、农村特困党员进行帮扶。建立和完善机关党员“一册一卡”“三会一课”“谈心谈话”等制度，深化开展“争先创优”“结对帮扶”等活动。

2008年，探索基层党员管理的有效途径，形成“龙南乡党员管理服务中心”“龙渊街道不作为党员告诫制”“础石乡外出人员创业委员会”等多个特色工作，开展农村党员“一制一卡”分类管理试点工作，取得初步成效。

2010年，加强党员队伍建设，出台《行政村发展党员三项制度》，即“两推一评三公示”“票决制”“发展党员工作责任追究制”，有效防止部分农村党员队伍家族化（宗族化）和发展党员工作的随意性问题。建立农村干部“三定一评”机制，加强村党组织书记队伍管理。

党员电化教育

1992年，组织部成立电化教育工作站，乡镇（街道）党委（党工委）成立电教办公室，具体负责党员电化教育工作，建立固定播放点和流动播放点，形成一支由125人组成的电教网络。至2005年，全市共建行政村电教播放点384个，占行政村总数的86.8%。使党员培训教育工作逐步走上规范化。开办《党的生活》节目专栏，市委组织部先后拍摄《一个小山村的变迁》《拓荒者的梦》《陂川新事》《早稻旱地育秧技术》《结“亲”》《富民书记陈金》《圆梦》《473起“纠纷”零上访》《远程教育，农村党员干部的加油站》《坚守》《龙泉宝剑》等专题片，被评为省电教片展播先进单位。

2005年，启动农村党员干部现代远程教育试点工作，将遍及基层的党员电教播放网站和专兼职电教队伍及党建网站、中小学校现有电脑室、市委党校多媒体电教室等，纳入远程教育统一规划和管理。制定《党员电化教育科普工程实施方案》《龙泉市农村党员电化教育工作目标管理试行办法》《党员电教播放收看7项制度》《龙泉市农村党员现代远程教育学用工作制度》等，逐步实现乡镇电教播放站"六有"规范化目标和基层电教播放点"五有"规范化目标，共建成远程教育接收站点93个，复制下发电教片VCD光盘100多盘。2007年，积极推行"站点+示范基地+示范户+农户"模式，全市共建立笋竹两用林、食用菌培训、茶叶种植等10个农业学用结合示范基地，与相关企业联合设立实践基地。推出科技示范户125户，确立2个省级、5个丽水市级、22个市本级远程教育示范点；开始尝试将农村党员干部现代远程教育站点的建设向非公企业延伸。

第四节　机关党组织建设

机构与职能

1984年4月23日，中共龙泉县机关委员会更名为中共龙泉县直属机关委员会。

1989年9月，更名为中共龙泉县委县级机关工作委员会，1993年7月撤销，并入市委组织部，对外仍挂中共龙泉市委市级机关工作委员会的牌子。

1996年11月，机构更名为中共龙泉市直属机关工作委员会，为市委派出机构，负责机关党的建设，领导市直机关党的工作。

1997年，确定中共龙泉市直属机关工作委员会的职能职责。将原市直机关党委的职能作相应的调整，主要是强化对市直机关党员的监督机制和措施，对市直机关党委党务工作的指导关系调整为领导关系，加强对市直机关共青团和妇女组织的领导。

1998年，市委《关于进一步加强市直机关党的工作的通知》确定机关党工委为市委派出的负责机关党的建设的重要部门，对市直机关党的工作实行领导。进一步明确机关党工委的主要职责是负责规划机关党的工作；督查市委及市委有关部门部署的有关工作；指导机关党组织抓好党的思想、组织、作风建设，实施对党员特别是党员领导干部的监督；指导机关党组织配合行政领导做好思想政治工作和统战工作；负责各部门机关党组织负责人的审批、考核及培训；领导直属机关党的纪检工作和工青妇等群团工作；完成市委交办的其他任务。

2002年6月25日，龙泉市委办文件批准《中共龙泉市直属机关工作委员会职能配置、内设机构和人员编制方案》，确定机关工委的职能：研究制定并实施有效的措施和方法，监督市直机关党员特别是党员领导干部；领导市直单位党委党务工作；领导市直机关共青团和妇女等群众组织；加强同各单位党组的沟通，密切同各单位党组的联系；负责市直机关纪检监察工作；负责市直机关科（股）级干部理论培训工作。

机关党建

坚持党要管党，从严治党的方针。1989—2010年，市（县）委定期研究党建工作，探索机关党建新途径，不断加强市（县）直机关的党建工作。在市直机关党组织建立理论学习中心组制度，学习邓小平理论和中共十四大、十五大、十六大精神，在全市机关党员中开展建设有中国特色社会主义理论和党章学习活动，开展党性党风教育活动，开展“三讲”教育活动，“三个代表”重要思想教育活动，保持共产党员先进性教育活动，并采用“革命历程图片展”“重走红军路”等多种形式开展思想政治建设。在组织干部学习和培训中，各级党校发挥集中培训干部，轮训党员的主阵地作用。据统计，市委党校1994—1999年共举办各种培训班38期，参加培训人员达4717人次。2000—2005年，共举办各种培训班43期，参加培训人员达8970人次。2006—2010年共举办各种培训班53期，参加培训人员达9530人次。

自1989年起，在机关开展优秀党务工作者评选活动，对市（县）直单位50名党支部书记进行培训。为理顺关系，加强机关党支部的管理，1990年决定实行主管局党委和机关工委双重管理体系。1994年作出《关于建立机关党组织党员电教室的通知》，设立《党员电教》节目，30多个单位建立电教室，落实电教室人员，规定每月最后一个星期五下午收看专题节目。2001年7月贯彻丽水市委组织部转发省委组织部的《〈中国共产党和国家机关基层组织工作条例〉实施意见》，机关党建工作得到加强。

机关党工委主要工作

1990年，主抓机关县人民代表和县党代表选举工作，党群系统、政府系统设三个选区，选出5名县人民代表。县机关党委所属有66个支部，选出54名县党代会代表。在县级机关开展民主评议党员工作，在县粮食局试点后，分别于6月和9月分两批开展民主评议，94个党支部，1165名党员参加民主评议工作。有21个党支部进行改选，调整和充实支部委员35人。9月25日成立机关妇女委员会。11月13日召开第三次机关工会代表大会，改选工会班子。

1997年6月24日，举办市直单位庆七一•迎回归千人环城赛跑活动，1000多人参加；7月1日，举行庆七一•迎回归报告会，市直单位400多名党员干部参加。10月15日，举办市直机关党员学习十五大精神报告会，1000多名党员干部参加。在市直机关单位开展“讲政治，讲学习，讲正气”的三讲活动，开展党员党性评议工作。5月13日，举办市直机关党支部书记培训班。10月27日至31日，举办入党积极分子培训班，100多名学员参加培训。当年发展党员46人，预备党员转正32人。39个党支部进行改选，新建8个党支部。

1998年2月10日，选举产生市直机关市第十次党代会代表37人。3月30日，中共中央颁发《中国共产党党和国家机关基层组织工作条例》，以法规全面规范机关党的建设。5月至8月，开展市直机关深化党性党风教育活动。5月29日，市委颁发《关于进一步加强市直机关党的工作的通知》，就进一步加强机关党的自身建设和党的工作方面提出机关党建工作责任、各级机关党组织主要任务7条、搞好机关党内监督及具体做法5条、加强对机关党的工作领导四个方面的意见要求。10月26日至30日，举办入党积极分子培训班，84名入党积极分子参加培训。11月30日至12月3日，举办市直单位党支部书记培训班。12月，召开纪念党的十一届三中全会二十周年座谈会，探讨龙泉经济发展新的增长点。

2000年5月31日，机关党工委印发《关于认真学习贯彻江泽民同志“三个代表”重要思想的通知》，对市直机关各级党组织“三个代表”重要思想的学习教育活动提出具体的意见，牵头组织开展机关单位“三个代表”重要思想学习教育活动。6月30日，中共浙江省委制订贯彻落实中央“条例”

的实施意见。此后，市直机关党组织建设就以"条例"为法规开展工作。

2001 年，贯彻落实中共中央《中国共产党和国家机关基层组织工作条例》精神和中共浙江省委实施意见，推进市直机关党建工作的规范化、制度化建设，将中央条例和中共浙江省委实施意见编印发放到各单位，并对学习贯彻情况进行检查督促。6 月 7 日，召开党群口"三个代表"学习教育活动动员大会，牵头部署党群系统的学习教育活动。11 月，举办二期 40 岁以下青年党员轮训班。

2004 年，抓机关效能建设，提升机关党务工作干部的党建理论和业务水平，编印包含《中国共产党章程》《中国共产党党内监督条例(试行)》《中国共产党纪律处分条例》《中国共产党党员权利保障条例》《中国共产党党费收缴管理和使用的规定》等内容的《党员读本》，发放市直单位党员人手一册，作为党员干部的理论学习资料。党建业务上，组织学习《中国共产党发展党员工作细则(试行)》，检查市直机关单位党组织的党建业务工作情况，对检查中发现存在的问题进行整改，开展规范化党支部建设，建成市直机关第一批规范化党支部 24 个。有市直属部门 19 个机关党委、1 个事业单位党委、45 个市直部门机关党支部属机关党工委领导，有 5 个驻龙单位党委的党建工作属机关党工委指导。2005 年，市直机关各单位党组织有 3678 名党员参加保持共产党员先进性教育活动，学习活动与问题整改相结合，重点解决党组织和党员在思想、工作、作风等方面的突出问题，群众反映的热点难点问题，边学边改。开展"解难事、办实事""一对一帮扶""送医、送教、送技术下基层"等活动。机关党建年终考核改为平时举证扣分的办法，机关党工委对下属的各党组织进行党建业务举证检查。5 月，命名第二批规范化党支部 25 个。

2006 年，编印党员读本《弘扬革命传统，争做时代先锋》一书，收集中国共产党历次代表大会简介和党的重要会议简介，龙泉地方党和人民革命斗争光辉历程，龙泉革命传统教育基地与红色旅游，党史知识问卷与龙泉"十一五"规划纲要知识问答等内容，供市直机关和乡镇街道党务工作者学习。举办建党 85 周年图片展。开展以"八荣八耻"为主要内容"社会主义荣辱观"教育。4 月，开展廉政文化进机关活动。5 月，命名第三批规范化党支部 15 个。

2007 年，以举办培训班、上党课、知识竞赛、演讲比赛等多种形式组织机关党员学习党的十七大精神。开展《办实事创新业干部读本》知识竞赛，有 47 个党(工)委、37 个直属党支部的 188 名党员参加比赛。7 月，命名第四批规范化党支部 7 个。

2008 年 6 月，举办"飘扬的旗帜"龙泉市直机关"七一"革命歌曲大联唱活动。6 月 6 日，设立"市直机关困难党员帮扶救助基金"，基金由党费划拨、党员捐款等渠道筹措，用于困难党员救助，每年安排一次。

2009 年，在 10 个部门党委开展党务公开试点工作，2010 年全面推开，市直单位建立党务公开栏，电子屏等多种形式公开党务。是年，有秦山核电基地等 15 家央企对八都镇松渠村、白角村、溪坪村，上垟镇生源村、昌岗村等进行帮扶结对。

2010 年，开展"深化作风建设年"活动，转作风，树形象，机关单位开始推行每月 10 日夜学。9 月，中共浙江省直机关工委将八都镇瀑云小学、上垟镇中心小学列为"春苗爱心助学基地"。12 月，建成规范化党支部 9 个。 同月，市直部门 17 个机关党委建立机关纪委，加强机关纪委建设和纪检工作。2010 年市直机关党工委下属有 11 个部门党委，17 个机关党委，314 个党支部，其中直属党支部 65 个，党员 4860 人。

第五节 老干部与关工委工作

老干部工作

管理机构 1984年12月建立龙泉县老干部局，为县委工作机构，下属老干部活动中心和老年大学。老干部局是担负着宣传贯彻党和国家有关老干部工作的各项方针政策，做好老干部管理、服务的部门，主要职责：贯彻中央有关老干部离休政策规定，健全和坚持各项制度，落实离休干部政治、生活待遇，为离休干部办实事，组织开展各项活动，丰富老干部晚年生活，继续发挥老干部的作用，开展调查研究、指导、协调，做好老干部工作，为市委当好参谋等工作。

关心重视老干部工作 历届龙泉市(县)委、市(县)政府领导非常重视和关心老干部工作。1997年9月，市委建立老干部工作领导小组。2002年5月，市委召开全市老干部工作会议，研究、部署老干部工作，出台《龙泉市离休干部管理服务工作实施意见》文件。市委常委会每年至少召开一次老干部工作专题会议，研究解决老干部工作中一些重点、难点问题，每年至少解决1~2件实际问题。市领导坚持重大节日，走访慰问老干部制度，坚持参加老干部有关活动制度，坚持每季末25日市党政领导接待老干部制度。坚持每月10日为老干部局例会制度。老干部局自成立以来，先后多次被评为全省老干部工作先进集体。2006年10月，市老干部局局长陆龙水被中央组织部授予“全国二十佳老干部工作者”，享受部级劳动模范待遇。

市委每年召开二次以上老干部政治经济通报会，一次老干部迎春茶话会。坚持和完善老干部阅文、学习制度，列席和参加各种会议及时向老干部传达重要会议和上级文件精神，定期通报情况。为离休干部免费订阅《人民日报》《浙江日报》《浙江老年报》《剑瓷龙泉》及有关学习资料。全市建立离休干部学习小组19个，离退休干部党支部44个，其中林业局机关离退休党支部、安仁镇离退休党支部先后被授予“全省先进离退休干部党支部”荣誉称号，2002年9月建立离休干部政治理论学习中心组，制定离休干部思想政治工作制度和政治理论学习计划，每月15日、16日为离休干部学习日，每年举办多期读书会、学习会，每年举办一期离休干部党支部书记和离休干部政治理论学习中心组成员培训班。

老干部生活待遇落实 在全面落实中央、省、丽水市有关离休干部生活待遇规定外，根据龙泉实际，先后出台实施离休干部电话费、误餐费补贴规定；离休干部“减一补一”政策；企业离休干部有关经费列入社会统筹政策；企业离休干部和自收自支事业单位离休干部医药费列入财政预算政策；关闭、特困企业离休干部统筹经费由市财政垫付政策；抗日战争时期离休干部无固定收入遗属(配偶)享受退休干部医疗待遇政策；完善离休干部“三个保障机制”政策；离休干部医疗保健管理服务相关规定；共享经济社会发展成果政策；为每位离休干部每年增加发放年终综合补贴、健康疗养费、特殊经费、公用经费、护理费、抚恤金、遗属困难补助费等，使离休干部生活待遇得到较好的落实，不断完善离休干部“两费”保障机制和财政支持机制，确保全市离休干部离休费按时足额发放，医疗费按规定实报实销。2008年，市委出台《关于建立龙泉市老干部保健工作制度的实施意见》文件，离休干部门诊基数由4000元提高到6000元，健康疗养费由380元增至500元，体检费由180元增至

430元，健康体检由两年一次缩短为一年一次；离休干部无固定工作配偶（遗属）年终补贴从每人每年600元提高到1000元。根据浙江省有关文件精神，大幅调整提高离休干部护理费标准。同时离休干部考察费、刷卡问题、解放战争时期离休干部无固定工作配偶医疗待遇问题等在市委、市政府重视下得到解决。2009年，医疗费得到基本解决，房改问题得到全面解决。

老干部发挥余热　2004—2010年，市委老干部局组织离休干部分批赴上海、苏州、无锡、江阴市华西村和宁波普陀山、奉化市藤头村参观考察，定期走访慰问省内外易地安置的离休干部。组织老干部共150多人次到武义县工业园区、丽水市城防工程、本市回归工程、安仁、础石、八都、岩樟、凤阳山等工业、农业、生态建设基地进行实地参观考察。2006年创建离休干部植树林基地，专门在棋盘山上建立丽水市首个"离休干部林"，组织离休干部进行造林植树，使离休干部能为美化龙泉"三山""三沿"（"三山""三沿"是指龙泉城区范围内的九姑山、凤凰山、棋盘山和沿高速公路、省道公路、沿江、沿景），建设美好家园发挥余热。

2008年，市委老干部局举办离退休党支部书记和离休干部理论中心组成员参加的培训班。2009年，林业局离退休党支部被评为全国先进离退休干部党支部。市委老干部局从2010年以来开展"五好"离退休干部党支部和优秀离退休干部党员的评选活动（"五好"离退休干部党支部是指"支部班子好、党员队伍好、活动开展好、制度建设好、作用发挥好"），并与龙泉市委组织部联合发文表彰2010年度"五好"离退休干部党支部7个，优秀离退休干部党员13名。

2009年，开展中华人民共和国成立60周年纪念活动，组织老干部参观龙泉市改革开放三十周年图片展，清明节前夕组织离休干部到革命烈士陵园向革命烈士敬献花圈，组织市老年艺术团参加5月26—30日在香港特别行政区举办的全国中老年第九届艺术节舞蹈大赛，在国庆前夕与云和县联合举办老年书画展，展出作品80余幅，观看展览3000余人次。

老干部活动中心在搞好日常活动的服务管理同时，抓住重大节庆日、纪念日，发挥老干部活动小组、团体协会的作用，举行座谈讨论、书画诗词、门球棋类、文艺演出等活动，丰富老干部精神文化生活，努力办好老干部活动室，以丰富老同志文化生活。2007年6月，龙泉发生"6•25"特大洪水，由离休干部政治理论中心组牵头组织开展向灾区募捐活动，共捐款2万余元。同年10月，龙泉市重建华严塔，老干部积极响应，纷纷自发捐款达2万余元。四川汶川"5•12"大地震发生后，全市广大老干部积极参加捐款和上交特殊党费金额达3.5万余元，其中离休干部张惠民一人上交特殊党费2500元，支持灾区重建家园。

老年大学　1991年6月，创办市老年大学，是龙泉市广大离退休干部和群众老有所学的主要基地。先后开设理论学习、中医、文史、歌咏、书画、舞蹈、戏曲等课程，学员基本上保持在300余人。老年大学办学规模不断扩大，管理工作逐步走向规范化、制度化，使老同志"老有所学"，做到寓知识性于教学活动之中，增强养生保健信心，把医学保健作为主课，开办多种知识讲座，既是对老同志最实际、最具体的关心，又是丰富老干部的精神文化生活，使他们健康长寿，欢度幸福晚年生活。2009年老年大学艺术团参加全国第七届中老年艺术展演出中自编自演的歌舞《龙泉之歌》荣获菊花金奖。

关心下一代工作

工作机构　1991年7月，成立龙泉市关心下一代工作委员会（简称"关工委"）。该机构是一个以老同志为主体，在职同志参加的，广泛团结热心关心青少年健康成长，以培养有理想、有道德、有文化、有纪律的社会主义事业建设者和接班人为目标的群众性工作组织。其主要任务是对广大青少年进行爱国主义、集体主义、社会主义和理想信念、革命传统、思想道德、科学文化、民主法制等教育，教育挽救失足青少年；组织广大青少年积极参与城乡精神文明创建活动，关心青少年全面素质的提高；为青少年健康成长办实事、做好事，发动和推动社会各方面力量，解决青少年成长过程中遇到的学习、工作、生活等方面的实际问题和困难；联合社会爱心人士，为贫困学生提供爱心助学，贫困帮扶。

关工委下设办公室和青少年教育宣讲团、科技咨询委员会、帮困助学小组。20多年来，经历从“无序”走向“有序”，从“无编”走向“有编”，从“无为”走向“有为”的发展阶段。至2010年，全市有各级关工委(关协)组织455个，有近4500名老干部、老战士、老专家、老教师、老模范参加关心下一代工作队伍。

青少年素质教育 每年清明节、“五四”青年节、“六一”儿童节，市关工委宣讲团组织配合有关部门，利用龙泉市革命烈士陵园等省、市爱国主义教育基地，对全市中、小学生和广大青少年进行以理想信念为核心，以爱国主义、集体主义、社会主义和革命传统教育为基本内容的思想道德品质教育。1991—2010年，有100多位“五老”(老干部、老战士、老专家、老教师、老模范)同志在全市各中、小学作报告860场次，受教育中、小学生16.5万人次。发放各种宣传教育资料6万多份。全市有校外辅导员500多人，开展法制和荣辱观教育600多场次，受教育人数9万多人次。在抓好学校德育教育的同时，积极开展遵纪守法教育、科学技术教育和家长教育，努力把青少年培养成有理想、有道德、有纪律、有文化的中国特色社会主义事业的合格建设者和可靠接班人。

贫困学生资助 1992—2010年，在关工委同社会各界爱心人士的共同努力下，市关工委在爱心助学方面取得突出成绩，累计筹集爱心助学资金454.73万元，资助贫困学生1407人。切实关怀扶持家庭经济困难的青少年，使他们顺利完成学业。2010年7月31日，在嘉兴市关工委、《南湖晚报》、龙泉市关工委等部门的共同努力下，成立嘉禾绿荫社会大学龙泉分校，进一步推动贫困助学工作。

关爱帮教活动 至2010年12月，市关工委共建立帮教组织160个，参与帮教的“五老”400多人，被帮教的失足青少年200余人，在和谐社会建设、预防青少年犯罪等方面成效显著，群众满意。2000年、2003年市关工委会同政法、民政等单位，组成帮教团到龙游、金华监狱探望正在服刑的160名龙泉籍犯人，进行面对面帮教。

基层关工委组织建设不断健全创新，2007年下半年全面开展创建“五好”社区关协活动，通过创建使社区关协组织达到班子好、队伍好、机制好、活动好、业绩好。截止到2010年，444个行政村和11个社区全部建立关协组织。

成绩与荣誉 20年来，一批“五老”人员怀着对党、对祖国未来的历史责任感和使命感，以教育培养下一代为已任，默默无闻地无私奉献，涌现出一批先进集体和先进个人。2001年、2007年龙泉市关工委被评为丽水市级关心下一代工作先进集体。2008年、2010年龙泉市关工委被评为浙江省级关心下一代工作先进集体，并有6人被评为省级关心下一代先进工作者。

第六节　党校工作

机构沿革

中共龙泉市委党校前身是中共龙泉县委干部学校。县委干部学校简称“县学”，始建于1952年11月，地点坐落在县城西北的宫头村。1960年5月，为加强对干部的思想政治教育，经县委研究决定，将中共龙泉县委干部学校更名为“龙泉县委党校”。1965年9月，校址迁至龙泉水南城郊金沙寺，“文化大革命”期间，党校曾经停办，并多次更换校名。1973年，中共龙泉县委党校经县委批准恢复建制，1978年8月，与浙江省龙泉师范学校调换校址，由城郊水南金沙寺迁至中山路127号(现中山西路80号)。1991年2月，龙泉撤县设市，中共龙泉县委党校更名为中共龙泉市委党校，实施校委会负责制。1997年，根据中共丽水地委、丽水地区行政公署《关于龙泉市党政机构改革方案的通知》和《龙泉市党政机构改革“三定”工作实施意见》文件精神，制定中共龙泉市委党校职能配置、内设机构和人员编制方案，党校内设办公室、教务科、教研室、中央党校函授学院丽水学区龙泉辅导站、行政科、科研图书资料室6个科室。

2000年9月，经龙泉市机构编制委员会办公室批准，“龙泉市行政学校”在党校正式挂牌，实行“两块牌子，一套班子”的管理模式，承担为龙泉市国家公务员培训的教学任务。2003年12月9日，由龙泉市工商联、市工商局和市委党校三家联合主办的“龙泉市民营企业理论培训中心”在党校挂牌成立，为丽水市党校系统首创。2009年，挂牌浙江经济管理职工大学龙泉教学点；与清华大学陶艺系陶瓷研究所合作，建立龙泉青瓷文化交流中心；与中国人民大学合作办学，开设公共管理硕士(MPA)龙泉教学点。2010年，与北京大学艺术学院影视系合作，成立文化创意产业发展研究中心。并与浙江大学、中共浙江省委党校、中共丽水市委党校等高校合作，柔性引进师资，壮大师资力量，提升党校办学水平。

师资力量

根据龙泉市机构编制委员会办公室核定龙泉市委党校人员编制为17人，至2010年末，学校有在编教职员工15人。人员实行分类管理，领导岗位3人；参照公务员管理2人；专业技术人员管理13人；其中高级职称6人，中级职称6人，初级职称1人，硕士研究生学历2人，本科学历11人、大专学历2人；女性教职工7人；中共党员12人；学校还建立了一支较为稳定的由省委党校、市委党校、省内高校学者教授、市领导、部门领导、企事业单位专家组成的校外教师队伍。

干部培训

主体班次培训　中共龙泉市委党校是市委的一个重要部门，是全市党政干部和民营企业骨干培训、轮训的主渠道。开展主体班次办学，大规模培训干部，是党校的中心任务之一。1989—2010年，中共龙泉市委党校根据党和国家的方针政策、围绕市委、市政府各时期确立的发展战略和中心工作，认真贯彻《中国共产党党校暂行工作条例》和《中共中央关于干部教育培训工作条例(试行)》，发挥党校培训干部"阵地""熔炉"作用，举办各类中、短期主体班次培训；紧紧抓住教学这个中心环节，不断改进教学方法，在教学管理上下功夫。在主体班次的安排上坚持计划性；在培训课程的设置和培训形式上注重针对性、实效性、层次性和多样化；在教学管理上与部门协调配合，注重互动性，不断提高教学质量和效果，承担着为党员干部"补钙壮骨""立根固本"的重要任务。22年间共举办各类主体班次281期，培训、轮训党政干部、农村基层干部、企业经营管理人才33821人次。同时发挥党校教员的理论教学优势，为市直机关部门、乡镇、企事业单位上党课、宣讲党和国家的方针政策、国际国内形势教育等600余场次，受教育人数5万多人次。努力争取成为"提升干部素质和能力的阵地""浙西南革命传统教育基地""龙泉市经济社会发展智库""剑瓷文化传播阵地"。

1984年，党校开始正规化办学，党校的行政管理、支部建设、制度完善、基础设施均有明显改变；干部培训面广量大，涉及村干部、乡镇、机关、企事业单位干部。1995年，党中央颁布《中国共产党党校工作暂行条例》，这是中国共产党历史上第一次关于干部教育工作的法规，是新时期办好党校的纲领性文件。1997年10月，全国党校系统召开全国党校第二次教学工作会议。这次会议根据十五大精神，从教学内容、教学方法、教学管理和师资队伍建设等方面，再次提出深化改革的任务和具体要求。1997年11月中共浙江省委提出《关于进一步贯彻中国共产党党校工作暂行条例、加强党校建设的若干意见》。中共龙泉市委党校根据党和国家的方针政策，在上述会议和文件精神的指导下，在省、市党校的指导下，培训轮训全市党政干部，组织全体教职工认真学习领会条例精神，加快以教学为中心的各项改革的步伐。

不同类型班次管理　20世纪90年代初，成立由"两部一校"（组织部、宣传部、党校）组成的主体班次管理领导小组，分工合作，参与党校学员"进、管、出"的全过程领导工作；与各主管部门联合组成管理专班，协同对各类培训的管理；党校教学、行政、后勤各部门在校委会统一领导下配合工作，开展"教育育人、管理育人、服务育人"活动。

教学管理　20世纪90年代，党校在教学管理上对班次、学制、对象人员、时间、教学环节、教学内容、教学方法、教师教学行为等方面进行规范；加强对学员的管理，建立制约机制；同时开展丰富多彩、有益身心的第二课堂活动，寓教于乐。

这一时期，主体班次的干部培训轮训工作主要围绕着党和国家的形势与任务进行。进入21世纪，党校教育面临新的机遇和挑战。在世纪之交，中央召开全国党校工作会议，颁布《中共中央关于面向21世纪加强和改进党校工作的决定》《2001—2005年全国干部培训规划》《2006—2010年全国干部培训规划》，这是与国民经济"十五""十一五"计划相衔接的干部培训规划。党校也由于内外环境的变化、教学对象的扩散、教学职能的丰富、教学内容的深化，自身经历着深刻的变革。

2003年6月23—24日，中共浙江省委召开全省党校校长暨干部培训工作会议，市委党校结合龙泉实际，撰写专题报告。6月30日龙泉市委召开市委第十一届二次全体扩大会议，听取党校的专题汇报，并同意建立由市委组织部、宣传部、纪检委、人事局、财政局、教育局、物价局等单位领导组成"龙泉市干部培训工作领导小组"，协调全市培训工作；根据2003年全省党校校长暨干部培训工作会议要求，中共龙泉市委党校通过多渠道筹措经费，建立中央党校远程教学接收站，于2003年12月底正式开通。

2008年，为适应中国特色社会主义事业发展的要求，进一步完善中国共产党党校教育体系，推进党校工作的科学化、规范化、制度化，根据《中国共产党章程》《中华人民共和国公务员法》和有关法律法规，党中央颁布《中国共产党党校工作条例》，这是继 1995 年中央制定的《中国共产党党校工作暂行条例》颁布实施 13 年后，党指导新时期党校工作的又一部法规性文件。中共龙泉市委党校根据全国形势的发展和《中共中央关于面向 21 世纪加强和改进党校工作的决定》以及《中国共产党党校工作条例》等决议内容，组织全体教职员工学习，结合工作实际认真领会文件的精神，认清时代赋予党校的职责，发挥培训、轮训干部“主渠道”“大熔炉”的作用，在总结以往成功经验的基础上，认真思考、深入研究创新党校工作的方法与举措，为更好地完成党校各项工作，切实提高教学、科研、管理、服务工作做出新成效，并不断取得各种荣誉称号。2004 年获得龙泉市机关党工委授予“规范化党支部”称号，2009 年获得中共丽水市委党校授予的“丽水市 2009 年度县级党校工作考核一等奖”和“2006—2010 年龙泉市法制宣传教育先进单位”称号。

干部学历教育

中专学历教育　1985 年 2 月经省委批准、省教委备案，浙江省委党校和《共产党员》杂志联合开办浙江省中等刊授党政管理专业学校（简称刊授中专），集刊授、面授、自学为一体的学习形式，开设马列主义理论、文化基础知识和经济管理三大类 14 门功课，学制三年，由浙江省职工中等专业学校发给浙江省教委统一印制并验印的刊授中专毕业证书，承认中专学历；同年 5 月龙泉党校刊授辅导站成立，1986 年招收第一届学员 736 人，1989 年 6 月毕业 238 人；1992 年 6 月第二届学员 12 人毕业。

大专学历教育　1988 年 4 月，经中央党校同意，浙江省委党校函授学院批准龙泉党校设立由中央、省、地（市）、县四级党校联办的函授专科教学点。学制三年，学习 23 门课程，经考试及格，通过论文答辩，由中央党校函授学院颁发毕业证书，首届招收学员 20 余人。1989 年 9 月经中共中央党校函授学院浙江省委党校函授分院批准，龙泉党校正式成立函授大专辅导站（全称为“中共中央党校函授学院浙江省委党校函授分院龙泉县委党校辅导站”），至 1997 年,先后开设经济管理和党政管理两个专业，共招收 8 届学员，毕业 404 人。其间，1994 年 4 月与龙泉市委宣传部联合招收一届浙江省委党校企业政工大专班学员，1997 年毕业 83 人。1998 年始，中央党校函授大专班改由浙江省委党校函授学院招生，在原有党政管理、经济管理专业的基础上，2000 级又增设法律专业。2009 年，根据上级党校统一部署，大专函授学历教育宣告结束，1988—2009 年，中共龙泉市委党校共招收 11 届省委党校函授学院专科学员，毕业学员 928 人，共为机关企事业单位培养专科毕业生 1251 人。

本科学历教育　1999 年 9 月，经中央党校同意、浙江省委党校函授学院批准，同意中共龙泉市委党校函授辅导站作为丽水学区首个中央党校函授本科教学点开始招生，开设行政管理专业，首批招生龙泉、庆元两县市学员 125 人，2001 年 12 月毕业学员 119 人；此后又开设经济管理、法律两个专业，至 2010 年 12 月共招收 9 届本科学员，毕业本科生 898 人。

1998 年 l0 月，丽水函授学区通过座谈、民意测验，查阅资料等形式，对龙泉市委党校函授辅导站开办 l0 年来的办学情况作综合评估，龙泉市委党校函授站被评为丽水学区“优秀辅导站”；1999 年 12 月，被浙江省委党校函授分院评为先进办学单位，获“先进辅导站”称号，受到浙江省函院的表彰奖励；2005 年，被浙江省委党校授予党校函授教育二十周年（1985—2005）优秀办学单位。2006—2009 年龙泉市委党校函授站连续被浙江省委党校函授学院授予省级“优秀辅导站”荣誉称号。

第四章　宣传工作

第一节　理论学习

1989年，召开县机关单位学习汇报会，掌握干部、师生、职工的思想动态，以内参形式向上级组织反映。及时购置十三届四中、五中全会公报、江泽民国庆讲话等8种书籍共8700册，分发给全县干部学习。征订学习宣传资料2544册分发给农村宣传委员。

1990年，党的基本路线教育成功地进行新实践，有领导、有计划、有组织地开展8个区（镇）36个乡镇的第二次集中性"路教"；面对面教育率分别达到：党员97.87%、干部97.94%、农村户主93.07%、劳动力90.65%、乡镇企业职工93.97%、乡镇干部99.77%，均超过省定面对面教育率。

1992年，宣传工作以邓小平南巡重要谈话精神为主线进行。4月召开全市干部大会，市委组织《解放思想　振兴龙泉》的大讨论。召开二次全市17个乡镇的农村宣传委员会议、系统党校负责人会议和企业政工人员会议，重点解决"选准位置、转变观念、真抓实干、务求实效"的问题。

1995年，出版《学习纲要》，对95%以上的基层党员进行建设有中国特色社会主义理论和党章及五中全会精神专题教育。

1998—2000年，抓理论学习的深化和拓展。举办全市理论学习培训班，建立多层次讲师团，广泛开展"三个代表"重要思想、《公民道德建设实施纲要》、WTO有关理论和知识的宣讲。进一步健全理论学习教育制度。市委理论学习中心组做到学习有计划、管理有制度、自学有笔记、勤学有记载、发言有讲稿、会议有记录、会后有通报、调研有论文。全市各乡镇、街道，市直各部门也结合本地本单位实际，制订相应的中心组考勤制度、中心发言制度、档案制度、通报制度等，确保每年学习时间不少于12天。

2001年，深入贯彻《中组部、中宣部关于加强和改进党委（党组）中心组理论学习的意见》《中组部、中宣部关于县级以上党政领导干部理论学习考核制度的意见》和《省委宣传部、省委组织部、省委党校关于县以上党政领导干部理论学习考核的意见》。完善中心组学习制度、领导干部在职自学制度和领导干部理论学习考核制度。建立严格的学习考勤制度、档案制度、通报制度和经验交流制度。

2002—2003年，以十六大精神主题教育为总载体，市委理论学习中心组分11个专题举办集中学习会7次13天，各乡镇(街道)、各部门也组织中心组学习600余次，1万多人次参加。市宣讲队伍共宣讲1560多场，直接听众达12.48万人次；全市有关部门组织8次大型的农业科技下乡、22次文化下乡、8次科技和卫生咨询、2次法律下乡活动，下乡人数达到2000多人次，发放资料10万多份，农村参加群众达到5万多人。收集各乡镇（街道）、各部门党委党组理论学习中心组成员的学习体会、理论文章130余篇，通过评选择优在《龙泉日报》理论专刊上刊登，全年刊出24期80余篇。

2004年，组织市委理论学习中心组学习会11次13天，邀请中国科技馆馆长王渝生、浙江省委党校副校长郑仓元等13人作专题讲座；各乡镇（街道）、部门的中心组学习都在12天以上。

2005年，深入开展十六届四中、五中全会精神学习活动。全年各基层党校共开展理论性党课717期，参加培训的党员达11907人次；市直机关、部门的基层党校开课正常，共进行553期的党课培训，受训党员达15448人次。以构建“业务型”机关和“技能型”乡镇（街道）为目标，建立夜学制度，开展有效的宣传教育。

2006年，深入开展十六届五中全会精神主题教育，精心打造“龙泉论坛”学习品牌，《今日龙泉》理论专版全年刊出理论文章45期133篇。全年各基层党校共开展理论性党课116期，参加培训的党员13768人次，开展实用技术和实用技能培训800余期，培训2万多人次；市直机关、部门的基层党校开课正常，共进行126期的党课培训，受训党员10670人次。联合组织科技、卫生、文化、法律“四下乡”活动8次。

2007年，紧紧抓住党的十七大和省第十二次党代会精神这一学习主线，全市共开展宣传活动116场，十七大主题文艺演出29场，参与人数达10万多人次。编写《市“两会”精神》《作风建设年专题》等四期党课教材，编印《办实事　创新业》干部读本，开展理论党课50余期，干部实用技术和实用技能培训300余期，受众分别达6300和7000多人次。

2008年，全面推进学习宣传贯彻落实十七大精神主题教育活动，编写《党的十七大精神宣讲提纲》，组建宣讲团（队）24个，宣讲430余场次。深入查摆与“力创生态业”不相适应的问题，征求意见1032条，查摆现象、问题356个，总结梳理出24个典型现象；开展“生态创业”大讨论活动，围绕“如何对照丽水市委提出的‘六破六立’”开展讨论，开展“我为生态创业献一计”活动，共征集金点子139个。向中心组成员提供《形势政策教育参考》《学习活页文选》和《中共中央关于推进农村改革发展若干重大问题的决定辅导读本》等学习资料共35份。全市各基层党校共举办各类知识培训班500多期，其中理论知识培训班152期，参训达15000多人次。强化“龙泉论坛”的品牌化建设，先后邀请7位领导、专家作专题辅导报告，听众达2000余人，强化夜学督查制度，对各单位学习开展情况进行检查。

2009年，抓好市委理论中心组学习，建立龙泉论坛、夜学讲坛、市民讲坛、微型课堂等“四大课堂”，实现理论宣传“三贴近”。全年邀请9位领导、专家就党风廉政、经济形势、环境保护等作“龙泉论坛”专题辅导报告。成立市委兼职讲师团，设置党的基本理论、干部队伍建设、社会经济发展等七个方面的33个课题，为基层提供“菜单化”理论宣讲，共宣讲70余场，被列为“浙江省马克思主义大众化百法百例”。组织“五星红旗升起来”“庆建国60周年与置县1250周年”等活动，在《剑瓷龙泉》理论专版刊发探讨龙泉科学发展文章15篇。夯实理论宣传阵地，在报纸、电视和网络上开设“深入学习实践科学发展观”专栏，宣传报道学习动态、先进典型。邀请浙江在线新闻网站“市县直通车”第一站来龙泉，市委书记赵建林与广大网民互动交流，共同探讨“贯彻落实科学发展观，建设美好新龙泉”。开展“市委常委网上恳谈”活动，市委常委结合分管工作与网民面对面交流，共同探讨促进龙泉科学发展的方法举措。组织开展“我的科学发展观”主题征文活动，评出获奖文章12篇。

2010年，围绕深入学习贯彻党的十七大、十七届四中、五中全会精神，开展“争当绿色发展先锋创先争优”“忠诚于党、感恩于政策、造福于民、服务于发展”等党员主题教育活动；坚持个人自学与专题辅导相结合，撰写《建设学习型组织的几点思考》《机关党建工作调研报告》，提交《关于推进学习型党组织建设的意见》。全年共组织扩大学习会12场，2000余人参与学习，推出网上党校、岗位练兵、“三学”机制、四级讲坛等学习载体。以“争当绿色发展先锋”为主题，组织龙泉市首届微型党课演讲大赛，组建微型党课宣讲团，进基层单位累计宣讲53场；挖掘市公安局的“创建学习型公安”、市电力局“全民学习计划”以及岙石乡“四级学习网络”等在学习型组织创建中出现的先进典型，在媒体上予以宣传推广；各乡镇（街道）基层党校共开课57场，培训基层党员1500余人次。建立新闻发言人制度，首批选取与全市经济社会发展较为密切的48个部门单位、19个乡镇（街道），设立新闻发言人。开展政工师情况摸底调查，筹建政工师基础数据库。

第二节　时事政策宣传

新闻舆论宣传

1989年，坚持党对新闻舆论的正确宣传导向，召开宣传口全体党员大会、宣传舆论工作座谈会，充分发挥宣传舆论优势，稳定大局。在4月至5月中旬，先后三次召开城区中小学校负责人会议，商讨以实际行动贯彻党中央决策，稳定学校正常教学秩序。

1990年，作为意识形态方面的主管部门，充分发挥职能作用，全年平均下基层工作一百天以上，还积极配合县委、县政府各个时期的中心任务，尽心竭力做好计划生育、选举、人口普查、法制教育等各方面的宣传工作。

1992年，企业宣传工作紧密围绕转换经营机制、加大改革开放步伐，增强企业活力。创办《经济宣传》小报，组织3支宣讲团深入乡镇农村进行辅导，推动十四大精神的宣传贯彻。

1995年，举办14个版面大型《宣传廊》，报道本市经济和社会发展成就和乡镇、厂矿企业改革与发展情况、两个文明建设的成就及经验等。各家市级新闻宣传单位宣传全市九五年“三大工程”（富民工程、规模工程和拓商工程），宣传孔繁森、杨东海、江家余、叶金水等英模事迹。

1998—2002年，把握重点，配合市委做好重大活动宣传工作。认真做好全市工作会议、党代会、人代会、政协会、“三个代表”重要思想学习教育、转变作风年和调查研究年学习教育、村级换届选举、《党政领导干部选拔任用工作条例》，以及反邪教警示教育等重大活动的宣传工作。针对殡葬改革这一难点，充分发挥新闻媒体的作用，广泛深入宣传殡葬改革的目的意义、法规政策等，建立宣传网络，及时报道殡葬改革中的先进事迹和重大事件处理现场。

2003年，在一报两台开设“学习十六大 迎接党代会”“喜迎两会看成就”等专栏，对会议情况作全面报道。《龙泉日报》共刊发消息200余条，报道文章80多篇，专刊8期；电视台制作新闻150余档，专题2辑；组织“摄影作品一条街”活动和龙泉五年来成就展示活动。刊播市委“合力兴工 百日攻坚”活动及“百亿富民工程”活动新闻2000多篇（条），专题12个。

2004年，刊登以“深化‘二次创业’发展战略，全面实施‘百亿富民工程’”为题的宣传文章。龙泉电视台上报被中央电视台采用2条，被省电视台采用82条、广播电台3条，被丽水电视台采用1002

条、广播电台 648 条。同时，切实加强新闻宣传播出管理和保密管理，确保新闻宣传安全。

2005 年，在媒体上推出“工业是第一经济”“工业强市”“龙泉旅游频道”等栏目。全年共刊播工业、旅游方面的评论、新闻消息、综合稿等各类文章 1000 余篇(条)，电视专题 10 个。开展“红五月”革命传统教育系列活动，制作宣传图板 24 块，宣传图片 100 多张，巡展单位 50 多处；免费播放革命题材电影 7 部；发放《龙泉革命斗争先进事迹》3000 册；媒体刊登革命先烈事迹 10 篇，报道先进典型人物 14 位。

2006 年，开展“接轨新高速、再创好龙泉”解放思想大讨论宣传，组织电视台、新闻传媒中心记者深入一线采访，并组织电影队、文工队下工地慰问高速公路建设者共 30 多场次，在公路沿线张贴标语 2000 多张、横幅 1000 多条、公告 300 多份。抓好新农村建设的宣传，在新闻媒体上开设专栏，进行广泛宣传报道。组织电影队、文工队到农村进行新农村建设宣传，共播放电影 50 多场、演出 10 多场。

2007 年，注重突发事件新闻宣传报道工作，树立“6·25”抗洪英雄周生佑这一先进典型，刊发长篇通讯《危难之际显本色》《柳山头作证》《血肉情深》《鏖战樟溪》《峥嵘岁月》《大爱无言》等 6 篇系列报道。各新闻媒体对省委组织部、丽水市委及龙泉市领导看望、慰问周生佑，指导灾后重建工作和各乡镇街道、机关部门学习先进情况进行全面的、连续的、动态的报道，共刊发先进事迹宣传报道 200 余篇(条)；另外组建周生佑先进事迹报告团，制作周生佑先进事迹幻灯片，在全市作巡回报告 10 余场，受众 3000 多人次。丽水市委宣传部与龙泉市委宣传部合编的《基层干部的楷模——周生佑同志的先进事迹》一书在丽水市范围内发放。周生佑成为 2007 年度“浙江骄傲”10 位提名人物之一。

2008 年，组织“生态创业记者行”专题报道，分生态工业篇、市校合作篇、生态农林篇、生态文化篇、生态城市篇 5 个篇章，25 个具体内容宣传推广龙泉市利用生态优势、开展生态创业情况。策划《回眸 2007—回响龙泉》、百日大会战、改革开放 30 周年系列宣传方案，举办改革开放 30 周年图片展，切实加强“龙泉新闻网”建设，促进《龙泉论坛》的改版，与浙江大学合作的项目龙泉青瓷网、龙泉宝剑网正式开通。

2009 年，开展“危中求机保增长”“记者走百企”等新闻行动，组织专题采访近百次，编发、刊播服务企业暖冬行动和金融支撑“两个九条”等动态报道、政策解读和评论文章 150 余篇。编辑出版《龙泉百问》，拍摄制作《走遍龙泉》系列报道。组织策划庆祝龙泉青瓷入选“人类非遗”系列宣传活动。来自新华社、中央电视台、中新社、上海文汇报、浙江日报、浙江电视台、香港大公报、香港文汇报等 40 多家媒体的 100 多名记者汇集龙泉对龙泉置县 1250 周年庆典大会、龙泉青瓷传统烧制技艺入选“人类非遗”庆祝大会、第四届中国龙泉青瓷·龙泉宝剑节等活动进行全方位、深层次的报道。

2010 年，开展“发展绿色经济，提升幸福指数”“精彩世博　魅力龙泉”“激情跨越二十年”“精彩世博，千年古瓷”“三村二线集中整治月”等新闻行动。接待“中央级媒体丽水行”“世博浙江行”国家级、省级重要媒体来龙泉采访。制定出台《龙泉市新闻宣传考核及奖励办法》《关于进一步做好舆论引导工作的意见》《新闻发言人制度的实施意见》《关于进一步做好人民代表大会制度和人大工作宣传报道的实施意见》等文件。

对外宣传

1995 年制作外宣片《龙泉宝剑与青瓷》于 8 月份在中央四套《变化中的中国》(100 期)节目中播出;配合完成浙江省大型纪实电视片《国风》龙泉部分拍摄和省电视台周末版的龙泉专稿;摄制龙泉市创建文明县城活动电视纪实片《迎接新世纪文明的曙光》。

1998—2003 年,以传统剑瓷文化为抓手深化对外宣传工作,打响龙泉品牌。外宣工作坚持"请进来""走出去",以重要主题活动为抓手,通过各种渠道,集中展示龙泉形象。1999 年以来,龙泉市成功举办三届凤阳山登山旅游节,提高龙泉良好的品牌形象。2002 年 11 月,成功承办全国第七届陶瓷艺术设计创新评比大会暨中国龙泉青瓷节。2000 年以来,制作多种外宣品,如《名山名瓷名剑》画册 1 万册,《龙泉揽胜》旅游书籍 5000 册,《二次创业之路》创业纪实 5000 册,《名邑龙泉》VCD1000 盘。2000—2002 年,分别在杭州、上海和北京举办"中国龙泉青瓷宝剑精品展"。历次展示会都取得相当大的影响。如在北京的精品展上,姜春云、布赫、经叔平等国家领导人亲临指导,新华社、人民日报、中央电视台等众多知名媒体进行报道。当时,就有 20 件青瓷精品被中南海紫光阁收藏,成为"国宝",并创造一把宝剑卖 3.2 万元的奇迹。2003 年,在杭州举办"百亿富民工程汇报会",展示龙泉市"二次创业"成果,宣传实施"百亿富民工程"战略。在"走出去"的同时,也非常注重"请进来",以重要主题活动为抓手,通过各种渠道,集中展示龙泉形象。其它还有中央人民广播电台、广东电视台、德国教育电视台记者都纷至龙泉采访。

2004 年,邀请中央电视台一套《发现之旅》栏目制作《哥窑谜案》共 3 集 90 分钟;邀请浙江电视台一套《风雅钱塘》栏目制作《龙泉宝剑》一集 20 分钟;邀请浙江经济生活频道《今日浙江》摄制组到龙泉采风,制作《与时俱进新浙江》专题系列之八——《今日新龙泉》;邀请浙江卫视《旅行时间》栏目制作《走进龙泉》介绍龙泉青瓷与宝剑;邀请山东电视台《城市名片》栏目组深入龙泉采风,拍摄制作《龙泉瓷影》《龙泉市·龙泉剑》2 集共 40 分钟。

2005 年,龙泉市作者创作出版 6 部散文集、剧本集;在摄影方面,龙泉市作者有 11 件作品在全国性比赛中获奖,有 27 件摄影作品在省、丽水市级摄影比赛和作品展中获奖和入选,发表刊发作品50 多件;在书法、美术方面,龙泉市有 3 位作者作品入选全国性展览,有 5 位作者作品入选省级书法展或获得省级比赛奖次。邀请央视七套《搜寻天下》栏目组到龙泉拍摄《龙泉古风》四集电视专题。邀请《车天下·行天下》杂志社来龙泉采访,深入龙泉青瓷宝剑行业,对龙泉青瓷宝剑文化作深度报道。

2006 年,龙泉青瓷专题片在《走遍中国》栏目播出,瑞士、荷兰、比利时、芬兰、日本等 8 个国家的摄影家来龙泉市青瓷宝剑厂家、凤阳山、披云山等地采风创作。

2007 年,举行大窑龙泉窑考古发掘专家论证会暨新闻发布会,"龙泉窑为明代宫廷用瓷的产地"的考古发现参加"2006 年中国考古十大发现评选"。浙江卫视国际频道拍摄《丽水三宝》系列片之《龙泉青瓷》《龙泉宝剑》。baidu(百度)和 google(谷歌)两大搜索引擎中,有将近 1 万条和 8000 条关于第二届中国龙泉青瓷·龙泉宝剑节的相关新闻。

2008 年,与中国书法家协会、浙江省书法家协会联合举办"名家写名瓷中国书法家走进龙泉"活动,配合丽水市委宣传部举办的"相约丽水"全国媒体异地采访活动,开拍《寻访中华名窑》系列专题片,配合丽水市委宣传部举办"相约丽水"长三角媒体丽水"寻宝"行采访活动,参加"丽水三宝"义乌文化精品博览会、“上海·丽水文化精品”展，龙泉市与上海卢湾区经委共同签署《卢湾区经委与龙泉市经贸局经贸合作框架协议》。参加丽水首届国际生态经济博览会。原生态山歌《啰啰来》荣获中国原生民歌大赛优胜奖，中国龙泉青瓷·龙泉宝剑节被列为全省重点扶持的十八个文化节庆活动之一。龙泉青瓷传统烧制技艺通过国家文化部非物质文化遗产申报中心的审定，上报至联合国教科文组织申报人类非物质文化遗产代表作名录。

2009年，与丽水新闻网、中国新闻社、浙江在线等单位合作，举办两会代表委员网上访谈、市委常委网上访谈以及浙江在线“走进新农村”、中新网“青瓷专题访谈”等网络访谈活动。中央气象频道、中国教育电视台、旅游卫视、新浪网、腾讯网、收藏界杂志社、浙江日报、浙江电视台、义乌电视台、义乌商报等多家媒体慕名来到龙泉采访，刊播数十篇报道。中央气象频道、浙江影视娱乐频道分别来龙泉拍摄制作龙泉专题片。新华社、中央电视台、中新社、上海文汇报、浙江日报、浙江电视台、香港大公报、香港文汇报等40多家媒体的100多名记者到龙泉对龙泉置县1250周年庆典大会、龙泉青瓷传统烧制技艺入选“人类非遗”庆祝大会、第四届中国龙泉青瓷·龙泉宝剑节等活动进行全方位、深层次的报道。

2010年，通过“中央级媒体丽水行”“世博浙江行”，邀请国家级、省级重要媒体来龙泉采访；协同天津电视台拍摄《龙泉青瓷》专题片；协助“中华老字号”摄制组拍摄“龙泉宝剑”“龙泉青瓷”专题片；与《人民画报》社合作推出《人民画报龙泉专刊》。利用龙泉青瓷为主的“一瓷一剑一茶一水一人家”龙泉元素参加上海世博会契机，精心组织世博对外宣传，同时还组织龙泉青瓷宝剑大师赴上海接受浙江在线网络直播，邀请上海世博报道联盟等长三角20多家网络媒体到龙泉进行经验交流；围绕龙泉撤县设市20周年庆祝大会暨第五届中国龙泉青瓷·龙泉宝剑节，邀请国内外各级媒体29家参与市庆节庆宣传。

第三节　文明创建

文明村与文明单位创建

1989年，召开首次全县53个文明村党支部书记座谈会，并由县、区、乡镇和部门对全县正式命名的文明单位(村)进行自查、抽查、重新登记。同时，加强社会文化市场的清理、整顿工作，组织和参与“扫黄”斗争。

1990年，根据对农民群众规范化教育的要求和有关规范精神，修订“三户条件”(三户是指“文明户、五好家庭户、遵纪守法户”)。下半年开展党的基本路线教育的380个行政村，根据农户的实际表现和“升、降、留、撤”的要求，认真地进行年度评议。同时还组织“双增双节”“企业精神大讨论”“我为企业献一计”“创优争先”等活动。

1992年，对历年来命名的195个文明单位和93个文明村进行复查。全市有文明村114个，文明单位213个。

1995年，出台《龙泉市文明单位建设管理暂行条例》，建立人大代表、政协委员视察文明单位制度，组织文明单位义务督导员队伍，建立文明单位管理基金制度。

1998—2003年，把提高人的素质作为创建工作的核心内容，组织开展"新世纪龙泉人新形象"大讨论、"文艺进社区"活动、公民道德建设宣传活动、"倡导文明，向陋习宣战"等主题活动，大力倡导"讲学习、讲卫生、讲文明"的社会新风尚。在"双整治"中突出抓好禁止非法建造寺观教堂、禁止滥建坟墓的"双禁"工作，开展"治脏、治路、治厕、治坟、治庙"，整治居住环境；开展"打黄扫非、禁赌禁毒"集中整治，对从事封建迷信活动的场所和人员进行教育和打击处理。开展"破旧俗，树新风，争做新型农民"教育。2002年，推出龙渊街道村头村党支部书记陈金典型事迹，在全市广大农村开展"学陈金精神，做农村致富的带头人"学习宣传活动。向广大农民赠送《农民实用技术读本》、实用技术VCD教育片等；组织开展"科技赶集"活动，举办各种农业技术培训班，邀请农业专家和科技人员讲解、下村蹲点进行技术指导。在各乡镇(街道)中开展三轮文明乡镇竞赛活动；同时开展文明村创建活动。至2003年末，全市共创建文明村115个，其中丽水市级2个。全市共创建市级文明单位168个，丽水市级文明单位23个，省级文明单位8个，文明行业9个，文明服务示范点9个。进一步理顺管理机制。从2000年起，把原来16个居委会、22个共建片重新进行划分，调整为11个社区，使社区四至清楚，连片完整，便于管理。建章立制，规范管理。制定《执勤工作》《卫生保洁》等规章制度，按照文明社区共建"五有"机制(有一个共建领导机构、有一个共建工作班子、有一个共建的规划和计划、有一套共建制度和措施、有一笔必要的共建经费)要求，充分发挥理事会作用。至2003年末，全市共创建丽水市级文明社区5个。

卫生城市与文明城市创建

2003年开始创建省级卫生城市和丽水市级文明城市的先期工作。建立创建工作指挥部，指挥部下设办公室，履行指导、协调、督查的职能。印发《龙泉市市区市容和环境卫生管理实施细则》和《龙泉市人民政府关于开展市区市容和环境卫生综合整治的通告》2万多份分发到户；电视台播放创建工作电视讲话；报社刊登"答记者问"；落实市区各责任单位制作悬挂横幅的任务；开展《龙泉市市民文明守则》讨论稿征求意见活动。

2004年，以"双建设、双整治"活动为载体，开展"十村示范、百村整治"活动、千万农民素质培训工程、农村反邪教警示教育等系列主题教育活动，规划青少年文化宫，建立电子阅览室，建立凤阳山自然保护区—丽水市级爱国主义教育基地，开展"儿女心、母亲情"保护母亲河行动、"十大孝顺小公民"评选表彰活动、"红色之旅"励志成长夏令营等活动。命名市级文化示范户32户，创建乡镇、街道文化示范户78户。以"服务人民、奉献社会"为宗旨，创建省级文明社区2个，省级绿色社区1个，省级文明楼院1栋，丽水市级文明社区6个、绿色社区1个、文明楼院1栋；省级文明单位8个，丽水市级文明单位29个；丽水市级文明家庭11户、绿色家庭2户，市级文明家庭1157户、文明楼院(栋)40栋。

2005年，出台龙泉市《关于开展文明礼仪宣传教育实践活动的通知》，发放《文明礼仪手册》5000册。深入开展"抵制毒品，参与禁毒""关爱未成年人，让孩子远离网吧""青春阳光慰问行动"及"青少年维权岗"争创等活动。少先队工作不断提升，共获得省市级奖项33个。出台《关于进一步做好里弄小巷环境卫生保洁工作的意见》《龙泉市文明乡镇申报考核和命名办法》《龙泉市文明村申报考核和命名办法》和《关于开展创建卫生镇(乡)村活动的通知》。住龙镇、宝溪乡、锦溪镇荣获首批市级卫生文明乡镇称号；上垟镇、小梅镇荣获首批市级卫生乡镇称号；小白岸村等25

个行政村荣获文明村称号。全面开展"百村百户文化示范工程"结对共建活动，从全市170多个文明单位中筛选出142个较强实力的文明单位，与各乡镇街道的100个行政村、131户文化示范户结对共建。

2006年，制定《创建省级文明城市工作先进市集中整治项目表》和《创建省级文明城市工作先进市基础设施建设项目表》，出台创建省级文明城市社区共建工作机制，在城区范围内全面开展"卫生综合治理、创建洁美龙泉"活动。抓"百村百户文化示范工程"结对共建活动，选出10个龙泉市级文化名村创建村、3个丽水市级文化名村创建村。

2007年，以省级卫生城市创建工程为载体，成立丽水市第一个义务工作者联合会和第一届理事会，组成先锋、阳光、医疗、青春、巾帼、社区、法律、爱心、移动、国税等12个服务队近300多人，审议通过相关章程、管理办法、奖励办法。兰巨乡官铺洋村背母求学的杨晓丽2004—2007年在龙泉中等职业学校就读高中，2007年考入丽水职业技术学院，获得"浙江省道德模范建设先进个人""2007年中国大学生年度人物"荣誉。21个村被市委、市政府命名为文明村，1个镇被命名为文明镇。同时，被丽水市委、市政府命名的丽水市级文明村2个、文明乡镇1个。此外，6个乡镇被市爱卫会评为卫生乡镇，28个村被评为卫生村，评选出10个文明卫生示范户。

2008年，推进省级文明城市创建步伐，建立市领导联系社区制度，与93个责任单位签订责任状，组织万人绿色大会战、"平安社区"创建大会战、市容环境卫生整治大会战、交通秩序整治大会战"四大战役"和参与"十百千万"("指"树立十个文明示范窗口、聘请百名文明监督员、组织千名义工、万名市民告别陋习")大行动、清洁大行动、满意大行动(满意在机关、满意在窗口、满意在社区)"三大行动"。开展思想道德教育月活动，收回文明礼仪知识答卷2000余份，举办各类文明礼仪教育课1700多场，51300多人参加文明礼仪知识学习，向市民发放《市民文明手册》2万册、倡议书3.5万份。开展"典型就在身边"道德模范评选活动，设立"敬业奉献、诚实守信、见义勇为、助人为乐、孝老爱亲、自强不息"等6个奖项，评选出10名龙泉市道德模范人物，有2人分别获得丽水市首届道德模范及提名奖。2位居民分别被评为丽水市"好邻居"及"邻居节形象大使"。修订和出台《龙泉市文明单位建设考评管理办法》和《龙泉市文明乡镇、村建设考评管理办法》，明确文明街道、社区、示范小区的创建评选标准。全市共有200多个单位及行业窗口开展文明单位、文明窗口创建，其中4个单位开展省级文明单位申报创建，9个单位开展本市级文明单位创建，72个行业窗口全部开展本市级文明窗口创建，100多个本市级文明单位提交复评报告。3个街道、11个社区及11个居民小区全面开展申报创建文明街道社区活动，8个乡镇、20个行政村开展申报创建本市级文明乡镇、村活动。开展省级文明村镇创建活动和丽水市级文化名村、文化示范村户的申报创建活动。1个乡镇申请创建国家级文明乡镇工作先进镇活动，2个村开展省级文明村创建活动，9个行政村分别开展丽水市级文化名村、文化示范村申报创建活动。在八都镇松渠村开展"春泥计划"试点工作，通过文化资源的整合，策划安排流动图书馆、流动舞台、数字电影、乡土文化、文明礼仪"五进试点村"活动。

2009年，龙泉市委、市政府在市三级干部大会和人代会提出启动国家卫生城市创建，出台《关于开展创建国家卫生城市活动的实施意见》。高速入口处、车站、主次街道等显要位置的50多条固定广告多角度辐射，发放2300多本《健康教育99条》，2万多个创卫宣传袋，开展新闻媒体的多时段宣传和众多市民参与的活动宣传等多方面的宣传教育。精心组织实施"十百千万"群众性爱国卫生运动，全面启动国家卫生城市创建。以“创建卫生文明社区、做和谐友好邻里”为主题，开展龙泉市第二届邻居节活动，并举行启动仪式。三个街道11个社区围绕“串门日”“邻里互助”“讲文明、洁净龙泉”等内容，开展邻里厨艺展示等特色活动近40项。推动文明创建深入开展。全市21个单位开展丽水市及本市级文明单位申报创建活动；38个文明单位接受丽水市文明单位复评；60多个行业窗口开展文明窗口创建活动；8个基地开展市本级和丽水市级爱国主义教育基地的申报创建工作。启动“龙泉文化名村”创建。龙渊街道石马村等14个文化氛围浓厚、名气响亮的行政村积极开展申报创建活动。开展丽水市生态文明村创建申报工作。通过调查摸底、乡镇推荐、文明办复核等程序，全市共规划创建丽水市级生态文明村274个，分三年实施。开展省、市级道德模范及爱心人物推选，向上推荐翁泉、邱利呈及毛根菊等3位典型模范人物，深化道德模范的宣传教育。

2010年，组织开展丽水市、龙泉市第二届道德模范评选活动，其中邱利呈、兰建安获丽水市道德模范；楼竑等10人获龙泉市级道德模范；开展全市“五户一家”评选，共评出文明户444户，幸福家庭60个；以生态文明创建实施村为重点，开展“春泥计划”，并确定7个示范点；以开展“全民读书”活动为契机在全市中小学开展全市美德少年评选，积极推进德育生活化，创新行为规范养成教育机制，评选出五类美德少年100名；为帮助贫困学生，通过爱心助学活动筹集助学金11.52万元，资助全市269个学生。以“关爱生命、文明出行”为主题，开展文明交通行动，举行启动仪式，组织70余人的自行车队开展节能减排、低碳环保理念宣传，245个志愿者开展上街劝导活动；组织广大市民开展为玉树灾区募捐活动，两天共募得善款6万余元；以“微笑邻里，欢乐社区”为主题积极开展第三届邻居节活动，同时龙泉市获得丽水市第二届邻居节组织奖、西新社区“和谐八宝粥”获群众最喜爱的活动奖；组织开展“世界卫生日”大型宣传活动，1万余人参加本次活动，向广大市民发放文明礼仪、低碳知识宣传等资料达5000份。全市103个村开展生态文明村创建活动，30个村开展优美山村创建，经过培训指导、协调部门配合、加强检查督促，共有66个村符合生态文明村标准，并评选出10个生态文明示范村，20个优美山村创建先进村；组织开展文明单位申报评选、复评工作和“双万”结对活动(指2005年以来在浙江省开展万个文明单位与万个行政村结对共建文明活动)，对176家文明单位进行复评和重新认定，新申报创建市本级文明单位6个，新申报创建省级文明单位4个、文明社区1个、文明村1个。以国家卫生城市创建为载体，以“爱国卫生月”、第五届青瓷宝剑节活动为契机，积极开展健康知识、交通知识、文明行为三大教育，开展城乡环境、交通秩序、六小行业三大整治；扎实推进“深化作风建设年”活动，开展婚丧喜事大操办专项整治。

第四节　网站建设

龙泉市政府网

2000年10月20日，政府网站“中国龙泉信息网”正式开通，是丽水市第一家拥有独立域名的县市(区)级网站。

2003年8月15日开通龙泉市政府门户网站“中国•龙泉”，下设剑瓷龙泉、政务资讯、政务公开、政务服务、政民互动、部门专栏等5个大频道32个栏目。

龙泉新闻网

见“第三十篇　传媒”。

龙泉青瓷网与龙泉宝剑网

2008年，与浙江大学合作的项目龙泉青瓷网、龙泉宝剑网正式开通。两个专题网站的创办和开通，推动龙泉青瓷和龙泉宝剑两大龙泉特有的工艺美术产品和国家级“非遗”技艺在全国网民中的普及和宣传，提升龙泉青瓷和龙泉宝剑的知名度、美誉度和影响力。

第五节　队伍建设

机构职能设置

市(县)委宣传部是市(县)委理论宣传工作的专门机构，负责意识形态工作。根据市(县)委部署，适时开展主题教育、舆论导向、对外宣传以及文明创建和互联网信息管理等工作。

宣传队伍建设

党的宣传工作优势主要是依靠一支有战斗力的宣传工作队伍。所以各级党组织一直非常重视宣传队伍的建设。从1989年至2010年，龙泉市党的宣传队伍建设工作一直常抓不懈，取得实效。

1989年3月中旬至4月中旬，抽调21个部门56个干部在雁川乡召开“刹、评、创”活动试点工作，积极探索农村思想政治工作新路径。

1990年，城乡基层初步形成一支乡镇和系统党校教育队伍、文化宣传骨干队伍、新闻报道队伍和其他有关精神文明建设的组织。

1992年，乡镇“撤扩并”以后，举办两期宣传干部培训班，恢复和健全“校、室、日、地”相配套的党员教育网络和站、室、报相配套的群众宣传网络，发展和壮大基层党校教员、理论辅导员、业余宣传员等宣传思想工作队伍，建立和健全必要的制度。对全市各乡镇和部门的负责人进行有中国特色社会主义理论和市场经济理论培训。

2001年，完善会议制度。每月召开一次部务会议，研究重要工作或重大事项；每半年召开一次中层干部会议，研究和部署工作；每半年召开一次部机关全体干部会议。二是强化学习，提高素质。坚持每月一次集中学习，督促干部开展自学，努力提高理论水平和各方面素养。三是加强作风建设。进一步完善内部管理制度，制定干部年度考核目标责任制，奖罚分明，大力加强作风建设。加强全市宣传队伍的培训与管理。从健全制度、整顿纪律、改进作风入手，严格管理队伍，加强业务培训，提高整个宣传文化新闻队伍的素质，努力开创宣传思想工作新局面。

2004—2006年强化宣传思想工作领导，把宣传思想工作作为衡量领导干部工作业绩的重要内容，提高对宣传思想工作的驾驭能力和领导能力，动员各方面力量共同做好宣传思想工作，形成合力和整体效应，充分发挥市、乡基层党校作用，抓好党员教育和党校建设。高度重视调研和舆情信息工作，完善舆情工作机制和信息员队伍建设，探索建立舆情快速反映队伍，提高舆情工作水平，切实发挥舆情信息工作把握社会热点、反映民情民意、研判思想动态、交流工作经验、服务领导决策的作用。全面建设学习型组织，提高宣传文化队伍的综合素质。

2007 年，从健全规章制度入手，抓好新闻发言人、新闻例会等工作机制的实施，引导、激励各新闻单位办好栏目，出好专题，做好言论引导、典型树立和舆论监督等文章，切实加强和改进新闻宣传、新闻舆论宏观管理。

2008 年 9 月，邀请浙江大学教授对全市新闻宣传人员进行专业培训，提升业务理论水平和实践操作能力。

2010 年，成立新闻工作者协会，通过《龙泉市新闻工作者协会章程》，选举产生龙泉市新闻工作者协会第一届领导机构；邀请省外宣办新闻发布处等同志来龙泉，进行新闻发言人培训，开设通讯员、网络评论员培训班，共培训 230 余人次。

第五章　统一战线工作

第一节　对党外人士工作

对党外人士工作制度建设

1989 年始，县委每年都要召开党外人士情况通报会，通报社会经济发展情况，征求意见和建议。

1991 年 3 月，中共龙泉市委颁发《中共龙泉市委关于坚持和完善中国共产党领导的多党合作和政治协商制度的实施意见》，要求各级党委和政府把统战、政协工作摆上重要议事日程，切实加强领导，市委确定一位副书记分管统战工作，实行每年一次党盟联谊会，每年举行四次党外人士和民主党派代表座谈会，通报情况，倾听意见，及时研究处理民主党派、无党派人士的建议和意见；支持政协和民主党派开展协商、监督活动，在党外人士、民主党派成员中聘请部分党纪特约信息员、特约监察员、检察员、陪审员、审计员和教育督导员；开展专业对口协商活动，市政府专题会议或重大决策时，听取民主党派、党外人士的意见；重视办理政协委员的提案和民主党派的建议和意见；积极选配举荐无党派和民主党派人士担任政府及司法机关领导职务；帮助政协和民主党派搞好自身建设，提高民主党派成员的政治素质。

1996 年，市委出台《关于坚持和完善中国共产党领导的多党合作和政治协商制度的实施细则的通知》，同年市委组织部、市委统战部制订《龙泉市党外干部培养、荐选五年规划》，就 1998—2002 年党外人士政治安排、实职安排、培养措施等作了规划。

1999年10月，市委办印发《中共龙泉市委龙泉市人民政府关于建立市委、市政府党员领导干部与党外人士联系交友制度的通知》，建立党员领导干部与党外人士的联系交友制度，要求市委常委、市政府副市长以上党员领导干部每人联系一名党外人士，听取党外人士的意见、建议、沟通思想，增进信任。有14名党员领导干部分别与14名党外人士建立联系。

党外人士干部培养

1999年11月，在市委党校举办党外干部和知识分子理论学习班，36名党外干部参加培训学习。2001年10月，续办党外干部暨知识分子理论学习班，21人参加培训。2003年11月又举办党外干部和知识分子理论培训班，20人参加学习培训。2005年11月，再举办党外干部暨知识分子理论学习班，33人参加学习。2005年另有19名党外干部、非公经济人士、民主党派骨干分别参加中央党校、省委党校和丽水市委党校举办的各类培训班学习培训。

2000年12月，市委组织部、市委统战部再次制订《龙泉市2000—2003年培养选拔党外干部工作规划》，确立培养党外干部的指导思想、工作目标、工作措施和实施要求等内容。2001年有实职安排党外干部16人，其中政府机关和司法部门7人，乡镇政府5人。2002年有26名党外干部列为市管后备干部，占全市后备干部总数的21.5%。

2003年副科以上实职安排党外干部18人，其中担任政府副市长1人，政府职能部门正科级2人(包括乡镇)，副科级14人(包括乡镇)，司法部门副科1人。2004年8月6日，为加强党外代表人士队伍和党的统一战线干部队伍建设，制定《2004—2007年龙泉市统一战线干部教育培训规划》，教育培训坚持以党外领导干部、民主党派领导班子成员及无党派代表人士的培训为重点，努力造就一支与中国共产党长期亲密合作的党外代表人士队伍和一支政治坚定，德才兼备的统战干部队伍。规划在4年内培训约60名统一战线干部，其中党外约40名。

2004至2007年，共组织党外人士座谈会、协商会、通报会等10余次。2007年，全市配备党外副处级领导干部3人、正科级6人、副科级20人。2008年，民盟龙泉总支被民盟浙江省委会评为先进盟组织。2008年5月，制定出台《2008—2012年龙泉市统一战线人才教育培训规划》。

2008年12月，成立龙泉市第一届知识界人士联谊会，共有理事59人，设会长1人、副会长4人、秘书长1人、常务理事18人。

2009年11月2日—8日，市委统战部举办为期一周的党外中青年干部培训班，各乡镇(街道)、各部门的统一战线工作者和党外干部参加培训。

第二节　民族与宗教工作

民族工作

1990年第四次人口普查，全县有11个少数民族，其中畲族7549人，满族37人，土家族27人，苗族25人，回族5人，白族4人，侗族4人，壮族4人，瑶族1人，彝族2人，黎族1人。少数民族人口占全县总人口的2.88%。分布于全县37个乡镇，174个行政村，390个自然村。有少数民族县人大代表12人，占代表总数的4.65%，县政协委员9人，占委员总数的6.6%。有少数民族干部(包括教师)82人，占全县总数的1.63%。农村少数民族人均收入410元，全县平均是639元。

1990年8月，省政府分配龙泉县少数民族平价化肥39.5吨，供应给全县29个乡镇670户2824位困难的少数民族村民，平均每人13千克，单身的贫困户20千克。

1990年，龙泉县挖掘整理出5个畲族传统体育运动项目，"法山拳"源于畲族传统的莒山拳法，属南拳，流传于龙渊街道砣步村；"老鼠闸"畲族体育游戏活动，至少四人表演；"笛子舞"法山拳里的一个套路，风格原始粗犷；"抛茶籽"源于畲族摘茶籽劳动；"打飞枪"源于畲族传统的狩猎活动。5个项目参加全省第二届少数民族传统体育运动会表演。

1991年7月11日，在竹垟畲族乡召开少数民族乡村经济发展研讨会，交流少数民族乡村经济发展经验，探讨发展路子，安排农业综合开发及小工业项目发展。邀请省委统战部、省人大民侨委、省民委、丽水地委统战部、丽水地区民族处领导参加会议。1995年1月，召开第二次少数民族乡、村经济发展研讨会，交流研究少数民族乡、村发展思路、规划，发挥优势，加强农业综合开发和脱贫致富奔小康步伐，反映存在的问题。

1993年9月8日，市委出台《中共龙泉市委 龙泉市人民政府关于扶持少数民族发展经济、教育、文化的决定》。一是加强领导。市委、市政府继续确定一名负责同志分管民族工作；市委、市政府每年至少一次研究民族工作；每二至三年召开一次全市性民族工作会议。凡少数民族人口1000人以上的镇、乡，党委政府班子须确定一名班子成员分管民族工作；每年至少两次研究民族工作。二是培养、选用少数民族干部。各级人大与市政协及其常设机构中应安排一定比例的少数民族代表与委员；凡少数民族人口1000人以上的镇、乡，党政领导班子至少配备一名少数民族干部；凡少数民族人口占25%以上的行政村，党支部或村委会中至少应有一名少数民族干部。各地各部门都要根据干部任用标准，根据优先的原则，大力培养和选用少数民族干部。三是在招工、招干、升学，农转非工作中对少数民族政策倾斜。凡招工、招干、升学，均降低15分的文考标准，录用、录取少数民族人员、学生；降低文考标准后，在同等条件下，优先录用、录取少数民族人员、学生。对少数民族人员农转非予以适当照顾。四是扶持经济发展。继续安排少数民族补助专项资金，并视今后的财政收入情况酌情增加；竹垟畲族乡在完成财政包干基数的情况下，其超收部分全部留给当地政府；免征少数民族年人均收入在500元以下的农户1993年至1997年底的农业税；竹垟畲族乡以及其他少数民族人口占25%以上的行政村，其乡办、村办或少数民族新办的个体工商户、私营企业免收1993年至1995年的工商管理费；交通、电力、水利、卫生、教育、广播电视等部门，按照各自的职能，订出规划、落实措施，帮助25%以上少数民族人口的行政村通上机耕路，架起高压线路、完成校舍改造，听到广播，收到电视节目，改造好饮用水，大力防治少数民族的地方病、传染病，组织医务人员到竹垟畲族乡巡回治疗，帮助培训少数民族医务人员，改善医疗条件。民政部门专项单列安排全市少数民族的救济、扶贫资金。乡镇企业部门与竹垟畲族乡开展对口支持，制订发展全市少数民族乡镇企业的规划，大力扶持少数民族乡镇企业的发展。科技部门优先安排少数民族经济、文化事业发展的科研项目，培训少数民族的技术人员，加强这些地区的实用技术的推广，以科技知识帮助脱贫致富，奔向小康。信贷部门优先安排并尽量满足少数民族乡、村及农户发展经济与兴办公益事业的资金需求。

1998 年 9 月，中共龙泉市委出台《中共龙泉市委、龙泉市人民政府关于进一步加强少数民族工作的决定》文件，就进一步加强少数民族工作作出五个方面的规定，扶持少数民族地区经济发展作出 12 条规定，加强民族干部的培养、选用方面作出 6 条规定，加强发展民族教育、文化等各项事业方面作出 8 条规定。

2001 年，全市有少数民族行政干部 37 人，占全市行政干部总数的 2.37%，其中副处 1 人，正科 8 人，副科 12 人。少数民族初中生升高中降低 20 分录取。返还竹垟畲族乡农业税稻谷 209.607 吨，折合人民币 192838 元。减免竹垟畲族乡小学生学杂费 10960 元。市民族中学原系八都中学，1994 年经市政府批准，改建为市民族中学。学校教学质量逐年提高，在校网撤并中，该校起着重要的作用。

2003 年，市委印发《关于加强少数民族工作的若干意见》文件，在加强领导、扶持经济发展、培养使用少数民族干部、发展民族教育文化等各项事业 4 个方面提出 22 条意见，进一步完善对少数民族的优惠政策和帮扶措施。

同年，市民宗局建立 2003—2008 年龙泉市财政扶持民族发展资金项目库 113 个，其中农业综合开发 32 个，道路建设 40 个，下山脱贫项目 4 个，教育、文化、科技、旅游、有线电视、卫生设施项目 17 个，饮水项目 10 个，农田水利建设项目 9 个，总概算需帮扶资金 11485 万元。为今后申报帮扶项目奠定基础。

2005 年 4 月，为贯彻执行《浙江省少数民族权益保障条例》，探索做好新时期龙泉市少数民族工作的新思路新方法，便于针对性地采取扶持和帮助措施，加快少数民族和民族乡村经济社会的发展步伐，在 12 个重点乡镇、14 个民族村和重点聚居自然村的 332 户 1485 人中开展农村少数民族经济社会发展状况的调查。

同年 7 月，龙泉市开展“心系民族发展、共创美好明天”活动，要求把握新世纪新阶段民族工作“共同团结奋斗，共同繁荣发展”的主题，发动全市上下和社会各界出钱出力，支援龙泉市少数民族和民族地区经济社会事业发展，参加的对象包括各党政机关、企事业单位、社会各阶层组织及个人，华侨、台胞、港澳同胞及各界人士，重点帮扶民族乡、村的经济社会发展项目，生活困难的少数民族学生，生活困难的少数民族群众。帮扶方式是项目帮扶、结对助学、送文化科技下乡等。实行市、乡镇、街道联动，政府加大扶持力度，市直挂钩单位联系等办法，推进少数民族经济社会的发展。

2007 年始，龙泉市少数民族发展专项资金从每年 10 万元提高到每年 20 万元，该资金主要用于全市民族村公益事业建设和少数民族困难户的补助。

2008 年 8 月 19 日，为认真贯彻落实《中共浙江省委统战部关于少数民族低收入群众增收帮扶行动计划的实施意见》精神，进一步加大对少数民族地区发展的扶持力度，中共龙泉市委统战部出台《关于组织实施少数民族低收入群众增收帮扶行动计划的工作方案》。

2008 年 8 月 21 日，经市政府研究，认定八都镇枫锦村、上垟镇花桥村、兰巨乡砝湖村、兰巨乡豫章村、道太乡供村村、小梅镇骆庄村等 6 个村为民族村。

2009 年，首次举办龙泉与莲都畲族同胞在龙泉砝步民族村对唱畲族山歌等联谊活动，社会反响较好，在该活动的影响和带动下，罗墩、署网等民族村也相继举办唱畲族山歌活动，规模和社会影响逐步扩大。

2010 年 3 月 23 日，中共龙泉市委办公室、龙泉市人民政府办公室出台《关于加快少数民族和民族地区经济社会发展的实施意见》《关于加大少数民族教育卫生事业扶持力度的意见》，对少数民族高中生（含职高）每学年补助 800 元，初中生每学年补助 200 元，小学生每学年补助 100 元，所需资金列入市财政预算。从 2010 年起，全市实施少数民族群众参加新型农村合作医疗补助政策，对参加新型农村合作医疗的少数民族群众补助个人缴费部分的 50%，补助资金被列入市财政预算。

宗教事务工作

龙泉市共有佛教、基督教、天主教三个宗教团体，有道教场所，民间信仰活动场所门类众多。宗教政策得到全面贯彻落实，开放和安排宗教活动场所，恢复和建立爱国宗教团体，公民宗教信仰自由，正常的宗教活动和宗教团体的合法权益受到法律和政策的保护。

1992 年 11 月，龙泉市有依法登记宗教活动场所佛教寺庙 6 个，基督教堂点 26 个。1995 年 5 月，根据《宗教活动场所管理条例》，开展制止乱建佛、道教寺、观及其他神庙、社殿，在非宗教活动场所进行宗教活动及封建迷信活动工作。引导宗教活动正常化，出台《寺观庙宇教堂财务管理若干规定》。1997 年 3 月，根据上级要求，开展依法制止天主教和基督教方面非法活动专项斗争。

1997 年前，宗教工作由市（县）人民政府宗教事务科（归口市〈县〉委统战部）管理，1997 年成立市民族宗教事务局，与市委统战部合署办公。宗教工作由民族宗教事务局管理。

1997 年始，开展宗教活动场所年检工作。以年检作为依法对宗教活动进行管理的手段，全市 34 个基督教堂（点）、6 个佛教开放寺庙、一个天主教教堂列入年检。检查内容是活动情况、遵纪守法情况、宗教活动正常与否情况、财务收支情况、场所安全情况和各项工作配合情况。2001 年，年检合格的场所 40 处，合格率为 97.56%，限期整改 1 处；2002—2005 年，被列入年检的宗教活动场所 40 处，全部合格。通过年检，有力地促进全市宗教活动场所的规范化建设。2006 年始，年检取消，以平时的检查调研活动取代。

1999 年始，开展五好宗教活动场所和五好信徒创建活动。同年，建立市级宗教工作协调小组，由市委副书记任组长，市政府分管副市长和市委统战部长任副组长，成员由各有关职能部门负责人组成。各乡镇（街道）都相应建立宗教工作协调小组，由乡镇（街道）分管宗教工作的党委副书记任组长。宗教工作内容列入市委、市政府对乡镇（街道办事处）的工作目标责任制考核范围。

1999 年 12 月，市委、市政府建立《关于建立乡镇宗教工作责任制和责任追究制》，规定乡镇党政班子的责任 8 条，乡镇党政领导干部和宗教专（兼）职干部的责任 6 条，责任追究方面要求乡镇对宗教工作制定目标管理，并列入年度考核。2001 年 5 月宗教界开展为西部献爱心活动，捐款 6000 余元。2004 年 11 月，省爱国宗教团体开展“情系民族兄弟献爱心活动”中，援助龙泉市竹垟畲族乡民族小学建教学大楼资金 40 万元。

2004 年始，龙泉市民宗局牵头组织各乡镇（街道）与辖区内宗教活动场所签订《宗教活动场所安全工作责任书》，临时保留的场所也签订了责任书。2007 年，对全市宗教活动场所进行换证登记。

2008 年，发动宗教团体捐款支援灾区，总计 100486.5 元，其中雨雪冰冻灾害捐 10800 元，以及价值 2000 多元的蜡烛，四川地震灾害捐 89686.5 元（佛教团体 33686.5 元，基督教团体 53000 元，天主教团体 3000 元）。

2009 年，开展“和谐寺观教堂”创建活动，成立龙泉市创建“和谐寺观教堂”活动领导小组，加强对创建活动的组织、指导。多次召开基督教"两会"班子成员、天主教领导班子、重点寺庙负责人培训会、座谈会进行工作部署，学习省、市关于开展创建"和谐寺观教堂"活动的相关会议精神，及时引导各宗教活动场所积极开展创建活动。帮助规范宗教活动场所各项规章制度，协助宗教场所制定场所管理、活动管理、安全消防、财务管理、财产管理、人事管理、学习、卫生防疫等制度。

第三节　侨务与对台工作

侨务工作（包括港澳地区）

1982 年 3 月，成立龙泉县归国华侨联合会（简称侨联），原为民间团体，后为群团组织，但没有级别、没有编制、没有专职人员，所需人员由其他单位和侨台办人员中调剂兼职。1987 年 3 月召开第一次归侨侨眷代表大会，正式成立侨联。1992 年 4 月召开第二次归侨侨眷代表大会，进行换届。

1991 年统计，龙泉市有华侨华人 927 人，港澳同胞 179 人，分布于 21 个国家和地区，归侨 8 人，侨眷 4500 多人。当年回乡探亲、旅游、经商侨胞 14 人。侨务工作推行一视同仁，不得歧视，根据特点，适当照顾的政策，鼓励投资和引进人才，落实《中华人民共和国归侨侨眷保护法》，全年引进外资 108.6 万元，其中捐资 40.82 万元。

1991 年，港胞沈炳麟捐资 98200 元建造小梅镇中心小学教学楼"庆同楼"，赞助 14 万元修建新民乡和天平乡中心小学教学楼"庆同楼"。同年接待回乡侨胞、港澳同胞 36 人次。1992 年 2 月，沈炳麟向龙泉市农村孤寡老人和困难户捐赠羊毛衫 50 件。

1991 年 1 月，县侨办负责落实的坐落在龙渊镇北河街戏院弄的美籍华人李建人所赠祖居私房面积 756.43 平方米（其中用地面积 642.27 平方米）的房屋产权及有关文书档案移交给县民政局，用于创办社会综合福利院。

1992 年，旅居西班牙的华侨王尚梅（女），资助小梅镇大梅村建造教学楼 562.6 平方米。1995 年，港胞沈炳麟捐助 8 万元，用于龙南乡建龙小学建造教学楼 400 平方米，命名"思美楼"。

1993 年 12 月 20 日，因海外统战工作需要，成立龙泉市海外联谊会。

1998 年 6 月，开展全市侨情普查活动。这次普查统计龙泉市有旅外华侨（包括港澳）458 户，1183 人，分布 13 个国家和地区，归侨侨眷 3168 人，分布 16 个乡镇。普查后，核发侨眷证 200 多本。

2004 年 12 月 16 日，龙泉市第三次归侨侨眷代表大会召开，正式代表 50 人，列席代表 10 人，特邀代表 10 人，听取和审议侨联第二届委员会工作报告，选举第三届委员会委员 11 人，常委 5 人。

2006 年 4 月，全市再次开展侨情调查工作，这次调查的对象包括本市归侨，居住在本市的华侨华人、香港和澳门特别行政区居民的眷属，龙泉籍华侨或祖籍地龙泉的华人，龙泉籍香港和澳门特别行政区居民，已在国外定居或工作的本市出国留学人员及其家属四种对象。调查以户为单位，全市有归侨侨眷家庭 321 户，侨眷 2180 人，华侨华人 1060 人，出国留学人员家庭 25 户，留学人员 34 人。

2004—2007 年，共接待来龙泉探亲、旅游、从事经贸活动的港澳和海外侨胞 700 余人次，处理来信来访 100 余人次。

2007年组织龙泉籍华人华侨代表参加丽水市首届华人华侨大会，配合丽水市开展的“百名华侨助百村”活动，争取丽水市侨台办与竹垟乡红坞村结对，给村里送上修路扶助款5万元，募集结对帮扶款项2万多元。

2010年，侨联完成换届工作。

对台工作

1985年1月，成立龙泉县台属联谊会。开展学习党的对台方针政策、接待台胞、走访台属等工作。活动经费由会费、台属企业管理费、台办补助、台属台胞捐资等方式筹集。

1990年开展台湾上层人士的联络工作。台联会在促进两岸民间交流、义务接待台胞、帮助台属解决困难、开展台属思想政治工作方面开展工作，创办台联台属企业11个，安排台属就业31人，处理台胞台属来信来访90多件，县林场引进台湾水稻、食用菌、果菜良种27个。

1991年4月11日，市委调整对台工作组成员。对台工作组下设办公室，与市政府台湾事务办公室实行两块牌子，同一机构，归口统战部管理。

1991年5月9日，市委对台工作组召开会议，研究部署对台工作，学习贯彻全省台湾工作会议精神，开展对台经贸、吸引台商投资。1991年统计龙泉有台胞1000多人，台属3600多人。

1994年统计，中华人民共和国成立前龙泉去台人员有255户，在台人员(含第二、三代)1050人，有台属750多户、连同外县住龙台属有4000多人，分布17个乡镇和市直部门单位。累计批准台商投资企业4个，总投资542.5万美元，注册资金391.5万美元。有台属企业14家，就业人数250余人，年产值190万元，上缴利税5.5万元。

1998年11月10日，成立刘子鹏奖励基金会，由刘子鹏出资3万美金，设立科技、文艺、扶贫三个奖项，每年度奖励一次。

1999年，市机构编制委员会同意设置中共龙泉市委台湾工作办公室、龙泉市人民政府台湾事务办公室，一个机构两块牌子，设在市委统战部。

2004年12月17日，召开龙泉市台谊会第三次代表大会，代表人数50人，列席代表10人，特邀代表10人。大会听取和审议第二届理事会的工作报告，选举产生龙泉市台谊会第三届理事会理事5人。

2008年，组织侨台界人士为华严塔捐资13万多元；为四川地震灾区捐款302690元人民币，4000英镑。同年12月组织宝剑文化交流考察团一行8人赴台考察交流。是年全市侨台属企业发展良好，纳税80万元以上企业中侨台属有8家，工业企业纳税前20名企业中侨台属企业有5家，新增台属规模企业3家，涉及玩具、电缆、化工、房产、矿产等领域。

2009年，组织侨台界人士参观改革开放30年成就图片展。2009年8月，市长梁忆南带领现代农业产业招商小分队前往上海针对台商开展招商活动。2009年11月，台湾现代农业发展考察团来龙泉市考察，进行两岸携手共赢—现代农业交流与合作龙泉论坛，这既是龙泉市主动融入长三角、接轨海西区的实际举措，同时也拉开对台商招商的序幕。2010年4月底，市长梁忆南率领龙泉市对台合作交流考察团一行，赴台湾进行农业考察和交流活动。

第四节　机构队伍建设

机构职能设置

中共龙泉市委统战部负责联络各民主党派和无党派代表人士，开展上情下达，组织参政议政；协调民族宗教事务；联系工商联组织以及港、澳、台“三胞”代表人士。龙泉市统战工作主要范围有：民主党派、无党派人士、党外知识分子、少数民族、宗教工作、非公有制经济人士、港澳同胞、台湾同胞、去台人员留在大陆的亲属和回大陆定居的台胞、出国和归国留学人员、海外侨胞和归侨侨眷、原工商业者、起义和投诚的原国民党军政人员等。

机构演变与队伍建设

在县委统战部未建立前，统战工作分别归县委城工部和宣传部负责。1982 年 10 月，中共龙泉县委统战部建立，从此龙泉县的统战工作有了专门的领导机构。

1991 年 5 月 9 日，为贯彻全国全省统战工作会议精神，提高统战委员理论政策水平，市委在市委党校举办统战委员读书会，区、镇、乡和市直各单位统战委员 103 人参加学习。

1997 年建立市民族宗教事务局，与市委统战部合署办公。

2002 年 7 月 2 日，龙委办印发《中共龙泉市委统一战线工作部（市民族宗教事务局）职能配置、机构设置和人员编制方案》，明确市委统战部、市民宗局主要职责，机构设置为四个职能科室，人员编制为 10 人。

2003 年 10 月 15 日，龙泉市委召开全市统战工作会议，学习全国统战工作会议精神，结合实际制订龙泉市的实施意见，部署全市今后一个时期的统战工作任务。11 月 5 日，市委出台《关于贯彻〈中共中央关于加强统一战线工作的决定〉的实施意见》，从对统战工作地位和作用的认识、贯彻落实党的统一战线方针政策、加强与党外人士的合作共事、加强和改善党对统一战线工作的领导 4 个方面，提出 17 条贯彻意见。

2006 年 5 月，龙泉市委统战部建立统战工作联席会议制度，加强统战部与有关部门合作，完善参与合作机制。2007 年 6 月，在全市范围内开展统战工作“进社区、进乡村、进学校”活动，拓宽基层统战工作领域，延伸工作触角。2007 年 11 月 8 日，召开统一战线各界人士学习十七大精神座谈会。2008 年 8 月，市委统战部牵头开展“科技创新竞赛行动计划”“少数民族低收入群众增收帮扶行动计划”“新的社会阶层人士统战工作网络构建行动计划”“海外联谊拓展行动计划”“党外代表人士后备队伍培养行动计划”等五大行动计划，充分发挥统一战线优势，为实施“生态立市、工业强市、旅游兴市”发展战略凝心聚力。2009 年 1 月，召开统一战线各界人士纪念改革开放三十周年座谈会。2009 年 6 月，制定实施“整合统战资源，共扶畲乡发展”帮扶活动工作方案，发挥统战成员自身优势和专长，组织开展“结对帮扶”“项目帮扶”“医疗帮扶”“科技帮扶”“产业帮扶”“素质帮扶”“救济帮扶”等活动，共建“生态畲乡”“风情畲乡”“和谐畲乡”。2010 年 2 月 3 日，市委统战部召开民主党派、无党派人士、知识分子、工商联代表人士新春座谈会。

第六章　政法工作

第一节　社会治安综合治理

矛盾纠纷排查调处

2003—2010年，探索出“三诊”制度(建立“坐诊、出诊、会诊”的“三诊”制度)，通过实行驻村干部定点、定时、定责办公方式，架起一座干部和群众的连心桥。“坐诊”就是每个驻村干部在固定的时间在所驻村的固定地点接待来访群众，听取群众意见和建议，接收群众全程代理事务。“出诊”就是根据群众反映的问题，深入农户走访，进一步掌握真实情况。“会诊”就是指当天晚上以会议形式，商议解决群众反映问题的措施和方法。驻村干部人手一本《“三诊”记录簿》，要求驻村干部对每次“三诊”情况进行全程记录；实行“三步调处、四大机制”(指驻村干部、管理区、乡镇调解中心三步调处和形成科学有效的利益协调机制、诉求表达机制、矛盾调处机制、权益保障机制)和“治安联防户长”制等工作机制。建立治安联防联席会议制度，加强与毗邻县边境地区治安工作。2007年，全市各级各部门扎实开展“走进矛盾、破解难题”活动，各乡镇(街道)广泛开展住村联心活动，进一步转变作风，从强化责任、整合资源、注重调解、源头化解入手，大量矛盾纠纷在基层得到有效化解。1—11月，全市共排查调处各类民间纠纷895起，调处成功率达到95.2%，化解不稳定因素7起，成功率达到77.7%。2008年以“矛盾纠纷调处年”活动为载体，采取滚动式、拉网式、地毯式的方法，对重点时段、重点部位、涉及群众利益和容易引发集体上访等方面的突出矛盾纠纷进行集中排查，共排查各类矛盾纠纷1226件，成功调处1167件，成功率达95.2%。2010年按照“治旧控新”“减少存量、控制增量”的要求，积极推进矛盾纠纷排查调处工作制度化、规范化、经常化建设，针对当前矛盾纠纷多发领域，探索建立山林纠纷、医患纠纷、交通事故纠纷、征地拆迁纠纷等4个专业性调解组织。2008年出台矛盾纠纷调处“以奖代补”、疑难问题包案处理等制度，有效化解矛盾纠纷。2010年，全市共排查各类矛盾纠纷1923件，成功调处1791件，成功率达到93.1%，全年发放“以奖代补”经费16万元。共受理群众来信来访627批3670人次，批次下降27%、人次基本持平。1989—2010年，全市共排查调处各类矛盾纠纷24652件，成功调处23645件，妥善解决一大批如屏南镇东山头村与砝铺村的长达十五年山林权属纠纷等疑难问题。

基层综治工作

基层综治建设　2002年，开展乡镇(街道)综治办规范化建设工作。2003年始，全市19个乡镇(街道)配齐专职综治办主任。建立19个乡镇(街道)综治工作中心，444个行政村、11个社区和76

个企业综治工作站。2005 年继续深化创建“平安大道”和实施城市“畅通工程”活动，以“五进”（指交通安全宣传工作进社区、进学校、进企业、进农村、进家庭）为载体，强化宣传教育，提高全社会的交通安全意识。上半年，根据上级的统一部署和要求，组织进行“道路交通秩序专项整治”活动，先后开展全市道路安全设施情况排查、农村道路情况调查、交通标志标线调查、危险化学品运输车辆调查、中小学生乘车安全情况调查、市管车辆档案清查等工作，对各类基础性数据进行建档、整合，将重点单位、车辆、路段、人群纳入工作视线，实行强效管理，取得明显成效。2007 年，市委常委会 5 次专题研究政法综治平安创建等工作，举行综治委成员会议 2 次，五部委联席会议 4 次，召开全市政法综治工作会议和各项专题工作会议共 3 次，对全市政法综治工作进行部署。

2008 年始，根据省委政法委、省综治委的要求，市委、市政府高度重视政法综治、平安创建工作，把政法综治工作列入社会经济发展重要议事日程，做到工作有计划、经费有保障。市委把政法综治、平安创建工作列入每月的工作安排中，并在《市委办通报》和《督查通报》中及时通报工作安排和落实情况；党政班子联席会议定期听取职能部门的政法综治、平安创建工作汇报，分析治安和社会不稳定因素，研究相应措施。

基层综治基础工作　2005 年开展民主法治村建设，在全市范围开展民主法治村（社区）达标活动。在创建活动中，根据新颁布或修正的法律、法规和农村工作实际，对已制定的村民自治章程、村规民约等各项民主制度及时进行修改和完善，保证制度的合法性、可行性和有效性。同时，以法制宣传教育为抓手，加强教育培训，着力提高干部村民的法制意识，抓好热点和难点问题的治理，充分调动农村干部群众参与创建活动的积极性。创建活动取得明显成效。全民法制观念和法律意识进一步增强，法律素质得到加强；依法行政、依法管理水平进一步提高；各项工作纳入法制执道，从行政手段转变到依法行政，工作更规范；热点问题，难点问题得到较好治理；各类治安案件，民事纠纷明显下降，社会治安明显好转。通过检查验收，全市有 221 个行政村、3 个社区达到三星级标准。

2008 年始，加大社会治安的防范和管理力度，进一步织严织密社区群防、街面巡逻、重点部位监控、卡点堵截四张防控网，不断严密人技互动的立体型动态治安防控体系。下大力气抓力量整合，积极构筑“户主自防、楼院互防、社区联防、街面巡防”的多层次治安防范工作机制，初步形成以基层党组织为核心，以基层政法综治组织为骨干，以基层群防群治组织为依托的治安防范网络，有效遏制刑事发案势头。

基层综治规范化建设

2008 年 7 月 2 日，龙泉市综治办转发省社会治安综合治理委员会《关于印发综治基层基础规范化建设标准的通知》文件，在全市范围推进综治基层基础规范化建设，全市 19 个乡镇（街道）综治工作中心、38 个较大村、11 个社区和 2 家规模企业综治工作站达到规范化标准，基层政法综治组织进一步得到加强，乡镇（街道）综治办以及行政村、社区、企业等综治组织人员得到调整充实。2010 年 8 月，市综治委和市委组织部联合发文，乡镇（街道）综治办主任开始由党（工）委副书记担任。随着综合治理管理和人员技术力量的加强，全市社会治安状况得到好转。2008 年，刑事案件立案数同比下降 0.8%，其中入室盗窃案件同比下降 14.8%。2009 年组织力量对乡镇（街道）综治工作中心及较大规模村、社区、规模企业综治工作站规范化建设的专项督查，查漏补缺，全市 19 个综治工作中心、省里要求的38个较大村、11个社区和2家规模企业综治工作站基本达到规范化标准。2010年12月，市综治委、市纪委、市委组织部、市监察局、市人事劳动社会保障局等五部委局联合下发《关于进一步落实社会治安综合治理领导责任制的意见》，对党政领导干部履行综治工作情况实行考评登记；同年，开展“12345示范工程”创建活动，剑池街道、八都镇、龙南乡、上垟镇、小梅镇、道太乡6个综治工作中心分别被评为省级、丽水市级和龙泉市本级创建示范点，浙江佳和矿业有限公司等4个企业、贤良社区等5个村居综治工作站被评为丽水市级创建示范点。

第二节　司法监督与司法救助工作

司法机关执法检查

2000年8月至2001年1月，开展“取保候审、保外就医”专项执法检查活动。2002年7—9月，开展伤害案件执法检查活动，对2001年政法机关受理的74件刑事伤害案件进行严格审查。2001—2010年，每年组织法院、司法局、检察院等相关单位业务骨干组成评审专家组，对案件进行检查，累计查评案件150起。全市政法各部门以案件评查工作为契机，切实做到真查实评，着力将案件评查过程转化为促进执法质量提高的过程，转化为加强执法规范化建设的过程。

司法救助

2007年，出台司法救助工作制度，落实20万元专项救助资金，初步建立起政府救助和社会帮扶相结合的司法援助机制。并按照“案结事了、息访罢访”的要求，讲究方法，因案施策，扎实开展处理涉法涉诉信访工作，妥善解决一大批涉法涉诉信访案件。龙泉市成为丽水九县市区唯一无中央、省和丽水市政法委督办涉法涉诉案件的单位。在解决法院案件“执行难”方面，完善综合治理执行难工作体系，着力构建以执行威慑机制、执行惩戒机制、协助执行机制、司法救助机制为主要内容的综合治理执行难工作机制，在全市各乡镇（街道）建立法院执行工作联络员及信息员制度，开展夏季集中执行活动，有效的扭转执行工作的被动局面。2007年1—11月，人民法院执行案件有效执结率达到61.4%，超过上级的考核要求。2009年，办理司法救助案件18起，发放救助资金16万元，办结中央政法委交办的浙闽赣边贸中心农特产公司股东毛某某涉法涉诉信访案件。

建立见义勇为基金会

1996年，由龙泉市委政法委牵头，组织建立见义勇为基金会，筹集见义勇为基金12万元。2006年雷金武获丽水市第一届见义勇为勇士（个人二等功），丽水市政府奖励奖金1万元；2007年获浙江省见义勇为先进分子（个人一等功）浙江省人民政府奖励8万元。1996—2010年，共奖励见义勇为先进集体3个、先进个人12人，发放奖励基金7万元。

第三节　平安创建与维护稳定工作

平安创建工作

2004年始，以“平安龙泉”创建为主抓手，以“平安乡镇（街道）”“平安村居”“平安企业”“平安校园”“平安医院”“平安家庭”等为切入点，全面开展平安创建活动。2005年始，龙泉市连续四年荣获“平安市”称号。基层平安创建成效明显，为全面实现平安打下基础。2007年为预防青少年违法犯罪，全面开展“平安校园”创建活动，健全法制副校长队伍，建立青少年法制教育基地，大力开展青少年法制教育，有效提高青少年综合素质，全市未成年人犯罪占全部刑事犯罪人员总数的4%左右，比2006年的18.5%下降14个百分点，成效显著。

建设“平安龙泉”、构建和谐社会，关键在基层，难点在基层。按照“属地管理”和“谁主管、谁负责”的原则，各乡镇（街道）分别签订社会治安综合治理目标管理责任书，层层落实工作责任。2007年，开展“一中心、三站室”规范化建设，在全市74个较大规模的村、11个社区和25家200人以上企业，全面推行综治工作站规范化建设工作，规范化建设达标率分别达到90%、100%和85%。加强社区和农村警务工作，以“三基”工程建设为载体，全面推行基层警务“三三”工作机制，在未设派出所的乡镇建立13个农村警务室。不断深化基层平安创建活动，深入开展“平安企业”“平安单位”“平安村”“平安家庭”创建活动，使创建工作得到进一步延伸。深入开展“民主法治村（社区）”创建活动和依法治理工作，三星级民主法治村338个、社区7个、达标率分别为76%和64%，形成平安建设“全覆盖”。在防范精神病人暴力犯罪方面，从加强排摸、构筑防线、健全机制、强化保障等方面入手，全力开展精神病患者暴力肇事防控工作。对排摸出的396名精神病患者全部建立起个人档案，并启动监护防线，12名有严重暴力倾向的精神病患者强制安排到指定医院进行治疗，有效地避免和减少精神病患者的暴力肇事的发生。2008年，全市各级党委、政府和各有关部门坚持以十七大精神为指导，深入贯彻落实科学发展观，紧紧围绕“发展决定一切、生态先于一切、民生高于一切、稳定压倒一切、作风保障一切”的工作思路，以“矛盾纠纷调处年”活动为抓手，以“市委书记大接访”活动为载体，着力化解社会矛盾，完善治安防控，强化社会管理，夯实基层基础，有力地维护全市社会和谐稳定。2008年，全市未发生严重影响社会稳定的重特大事件、重特大刑事犯罪案件、重特大安全生产事故、重特大公共安全事件，实现“三个下降”（刑事发案下降、信访总量下降、安全生产事故下降）、“三个提高”（维稳是第一责任的意识不断提高、打击刑事犯罪的能力水平不断提高、基层就地化解矛盾的能力不断提高）的良好局面，确保北京奥运会及残奥会期间的社会稳定。龙泉市被省委建设“平安浙江”领导小组评为全省涉奥信访维稳工作先进市，被省委610办公室评为全省“反邪保奥百日攻坚”先进集体。2008—2010年深入开展平安宣传活动。以“平安宣传月”“综治宣传月”活动为载体，采取多种形式，广泛开展平安建设和综治工作相关知识的宣传，共制作标语800多条，悬挂横幅200多条，发放各类宣传资料5万余份，提高广大群众对建设“平安龙泉”活动和综治工作的知晓率。

维护社会稳定工作

龙泉市委政法委强化矛盾纠纷排查调处、涉稳事件处置、治安隐患专项整治、社会面管控和重点问题督查督办等，有效地维护社会的和谐稳定。2007年，市政法委牵头会同市委、市政府督查室加强督查考核力度，确保十七大和全国、省、丽水市“两会”以及龙泉青瓷宝剑节等重要会议、重要时期、重大节日的社会稳定。政法各部门注重协调，加强沟通联系，市平安办、维稳办充分发挥组织协调、督促作用，积极当好市委、市政府的参谋，建立平安建设情况定期分析制度、不稳定因素督查督办制度、重大矛盾纠纷领导包案制度、维护稳定形势季度分析制度、平安建设考评制度等等，及时掌握各部门单位平安建设情况，形成“政法工作一盘棋”的局面，促进平安建设工作的深入开展。各乡镇（街道）、各成员单位全面落实平安建设和维稳工作的责任分工，认真研究本部门本系统、本单位存在的问题，切实履行好平安建设和维稳工作的职责，积极参与平安建设。

2008年，开展领导干部大接访、矛盾纠纷大排查、安全生产和社会治安大整治等活动，实现奥运会和残奥会期间群众进京上访“零登记”，龙泉市被评为全省涉奥信访工作先进市；市四套班子领导立足本职、强化措施、主动化解，积极参与重大疑难信访案件包案工作，有力地推动信访各项工作的落实。2009年，为确保全国第八届食用菌新产品新技术展销会、全国金融支持集体林权制度改革和林业发展现场会等重要会议在龙泉市顺利举办，市委政法委协同政法各部门切实加强对会议期间社会平安稳定工作的组织、协调，确保会议举行期间全市未发生影响恶劣的重特大群体性事件和群体性上访事件。完成国庆60周年安保维稳工作，荣获国庆60周年期间平安建设工作优秀市；2010年，精心部署，全力以赴，积极做好上海世博会、广州亚运会（残运会）和第五届中国龙泉青瓷·龙泉宝剑节安保维稳工作，龙泉市荣获上海世博会“环沪护城河”安保工作先进集体称号。

推行“治安联防户长制”

为进一步强化基层基础工作，构筑农村基层治安防控网络，增强农村自我防控能力，2004年，在上垟镇试点的基础上，在全市农村全面推行“治安联防户长制”工作。经过宣传发动、组织实施、巩固提高等几个阶段的工作，在各乡镇（街道）的高度重视和认真操作下，全市442个行政村中有431个行政村（除城区11个行政村）推行“治安联防户长制”，2741个村民小组的22.8万人被纳入该制度管理范围。按照村民认同、便于组织管理和开展活动的原则，全市431个行政村被划分成2278个“治安联防户”，共选出户长2375名，其中男性户长2351人，女性户长24人；户长中党员有616名，村两委成员兼任480人，村民小组长兼任860人。为使各位新当选的户长明确各自的职责权利以及工作纪律，各乡镇（街道）积极组织开展户长上岗培训，共召开大大小小的培训会163次，受培训户长达2217人次，同时各村两委向1527名户长发放聘任书。由各“治安联防户”民主推荐、选举产生，经乡镇（街道）审查考察、认真培训的户长已全部走上工作岗位。

第四节　机构与职能

机构主要职能

市委政法委员会是龙泉市委领导、管理政法工作的职能部门。市社会治安综合治理委员会是协助市委、市政府领导全市社会治安综合治理工作的常设议事机构，与市委政法委合署办公。市委维护稳定工作领导小组办公室设在市委政法委，承担市委维护稳定工作领导小组的日常工作。

1989年以来，市（县）委政法委工作职能不断增加，全市形成以市（县）委政法委为核心的政法大格局。市（县）委政法委作为市（县）委领导、管理政法工作的职能部门，承担着组织协调政法各部门相关工作，同时承担着平安建设、社会治安综合治理、维护稳定、国家安全以及反邪教等具体工作。

实行社会治安综合治理工作"一票否决"制。1992年开始，市委市政府每年都与各乡镇（街道）、市直各单位[（1993—1998年，1999年开始由所在地的乡镇（街道）负责]签订《龙泉市社会治安综合治理目标管理责任书》，年终考核，奖惩兑现，该责任制实行以来，至2010年共对3个单位的社会治安综合治理工作实行黄牌警告。根据龙泉市委文件精神，1999年始，市直各单位的社会治安综合治理工作由所在地的乡镇（街道）负责部署、检查和考核工作，市综治委进行抽查考核。

机构设置与沿革

1989年设立龙泉县委政法领导小组，1990年5月改名为中共龙泉县委政法委员会，内设办公室。1991年龙泉市社会治安综合治理委员会成立，与市委政法委两个机构，两块牌子，一套人员，合署办公。2002年8月，根据《中共丽水市委、丽水市人民政府关于龙泉市党政机构改革方案的通知》，设置中共龙泉市委政法委员会。市委政法委员会是市委领导、管理政法工作的职能部门。市社会治安综合治理委员会是协助市委、市政府领导全市社会治安综合治理工作的常设议事机构，与市委政法委合署办公。市委维护稳定工作领导小组办公室设在市委政法委，承担市委维护稳定工作领导小组的日常工作。市委政法委内设办公室、政治处、执法监督室、社会治安综合治理协调指导室、维护社会稳定办公室等5个职能科室。2002年8月，设立中共龙泉市委处理法轮功问题领导小组办公室，为市委处理法轮功问题领导小组的常设办事机构，同时设立龙泉市人民政府防范和处理邪教问题领导小组办公室，两个办公室均设在市委政法委，与政法委合署办公。2004年，建立中共龙泉市委平安建设领导小组，设立办公室，与市委政法委合署办公。

队伍建设

中共龙泉市委政法委牵头政法各部门深入贯彻上级和市委关于加强政法队伍建设的有关规定，每年定期召开党建工作会议，加强党风廉政教育、实行领导干部廉政建设责任制、全面履行"一岗双责"；积极举办干部队伍业务培训班，持续开展党员干部学习教育活动，建立健全各项规范化管理制度，不断强化干部队伍思想教育工作，深入开展干部队伍的作风建设，强化干部协管职能，做好干部管理、人员考察、执法监督等工作，有效提高了政法队伍整体素质。2000年，龙泉市委政法委联合组织部、人事劳动局制定出台《关于进一步加强政法队伍建设的实施意见》，全面开展各项主题教育活动，择优聘用28名中层干部，并强化执法监督工作。2001年，龙泉市委政法委出台《关于政法系统领导干部管理工作有关问题的通知》，明确与规范了政法部门中市委管理的领导干部、中层干部、领导班子后备干部的相关人员管理职责与协管方式。2002年，龙泉市委政法委设立监督举报箱和举报电话，结合对执法基层单位执法活动的不定期的明察暗访与对政法干部队伍多层次的问卷调查，进一步强化内部与外部监督制约。2003年，龙泉市委政法委积极争取市委、市政府和组织部门的支持，抓住人事变动的有利时机，相继在市政法机关及其他部门选拔优秀后备干部到乡镇（街道）任专职政法书记、综治委主任，到2003年10月底，全市19个乡镇（街道）配齐专职政法书记，夯实政法队伍基础。2005年，龙泉市全面深化基层综治组织规范化建设，重新进行了调整和充实19个乡镇（街道）综治机构队伍，综治委主任由乡镇（街道）党（工）委书记担任，综治办主任由乡镇（街道）党（工）委副书记担任的有12个乡镇（街道），党（工）委委员担任的有7个乡镇（街道），配备有19名专职副主任，共有32名各乡镇（街道）的人武部长、派出所所长、司法所长等兼任办公室副主任，并配备了41名综治干部，其中19名专职干部。2006年，龙泉市委政法委建立了执法督查员队伍专班，从政法各部门聘请了4人为政法委专职督查员、3人为特邀督查员，并落实了经费和办公用房，切实加强执法监督工作力度，保障执法司法公正。2007年，龙泉市委政法委牵头政法各部门分类建立执法系统后备干部、优秀青年人才资源库，实行动态管理，做好培养、推荐工作，并建立健全干警教育培训长效机制、执法考评机制、执法责任机制和责任查究机制，规范执法行为，促进执法工作更好开展。

2008年4月，根据深化拓展“树新形象、创新业绩”主题实践活动和开展“千名干部下基层送服务”专项活动的部署要求，市委政法委实行政法部门班子领导联系乡镇（街道）制度和优秀干部兼任乡镇（街道）平安综治指导员制度，抽调政法干警深入各乡镇（街道）开展百名政法干部矛盾大调解活动。2008—2010年根据上级的部署要求，每年度分别组织开展十七大精神主题教育活动、深入开展学习实践科学发展观和“大学习、大讨论”活动、“发扬传统、坚定信念、执法为民”主题实践活动、“忠诚、为民、公正、廉洁”为主要内容的政法干警核心价值观教育实践活动。

第七章　党史研究

第一节　党史编研与宣教

史料征集研究

1982年，开始征集整理党史文字资料。1989—2010年，通过内查外调，到革命老区乡镇村和曾经在龙泉战斗和工作过的老革命、老领导、老同志处进行调查访问，收集革命文物和文献资料，查阅历史档案和报刊资料，形成党史档案资料 185 卷（盒）3000 多份。撰写了《民主革命时期龙泉党组织发展演变概略》《1930 年龙泉县农民暴动》《中国工农红军抗日先遣队经过龙泉》《红三团在龙泉、江山、遂昌的活动》《记红军挺进师在龙泉的活动》《中共龙浦县委始末》《中共处属特委首次代表会议概况》《中共浙江省委第一部电台在龙泉始末》《龙泉解放纪述》《龙泉解放初期的剿匪斗争》《龙泉市民营企业的发展历程》《古今龙泉的城市建设》等专题文章 37 篇，革命回忆录和纪念文章236 篇。

党史编纂与出版

在广泛深入征集研究史料的基础上，1989 年 10 月，内部印刷发行《风雨剑川路》；1990 年 10 月，印发《先烈的足迹》，荣获省党史工作优秀成果三等奖；1993 年 1 月，出版《中国共产党浙江省龙泉市组织史资料》（1935—1987）；1995 年 9 月，出版《龙泉人民革命史》；2000 年 9 月《龙泉乡镇通览》出版，荣获省党史部门科技成果专著类优秀奖，并获得龙泉市“刘子鹏基金会”社会科学科技贡献奖；2005 年 4 月，印发《龙泉革命斗争——先锋事迹》；2006 年 5 月，出版《弘扬革命传统争做时代先锋》；2007 年 12 月，出版《英名永存——纪念季步高烈士文集》；2008 年 11 月，印发《住龙壮歌》；2010 年，会同市老区建设促进会、市民政局编写《红色丰碑——龙泉市革命遗址巡礼》一书，图文并茂再现了龙泉革命斗争历史和重点革命遗址概貌；编写《红色宝溪》专刊在市文联主办的《龙泉人文杂志》上刊登发行；为《人民画报》龙泉特刊提供龙泉地方党史有关图片；2003—2010 年，基本完成《中国共产党龙泉历史》（第一卷）的资料收集、编撰修改、审核校对、评审定稿等工作。

“抗损”课题调研

抗日战争时期人口伤亡与财产损失课题（简称“抗损”课题）调研工作是由上级党史部门部署的一项重要任务。2007 年完成档案查阅、社会调查工作，2008 年进行研究分析和统计汇总，查漏补缺工作，并完成课题综合调研报告、专题调研报告的撰写。经过细致的统计分析整理，共形成调研报告、档案资料、口述资料、音像资料、统计表等材料案卷 8 卷。2008 年 7 月份，龙泉市“抗损”调研课题经丽水市考核组验收合格，圆满完成工作任务。

落实政策

1984—1998 年，配合县委申报革命老根据地县工作；配合组织、民政部门审查落实 287 名老党员、失散红军、老游击队员、老交通员和革命烈士的资格和生活补助，恢复 78 名老党员党籍，更改党龄 25 人。

宣传教育

1984—1998 年，组织党史研究领域相关人员到部门、乡镇、学校、革命烈士陵园等教育基地讲解中共龙泉党史和地方史党课 378 课次，受教育人数 37000 余人次。2001 年和 2006 年，分别举办纪念建党 80 周年地方党史展览和纪念建党 85 周年暨龙泉革命历史图片展；2005 年，配合共产党员先进性教育活动，纪念中国工农红军挺进师入浙创立浙西南革命根据地、中共龙泉地方党组织建立70周年举办龙泉革命斗争先进事迹图片展；为龙泉市级党员领导干部“革命老区行”活动讲课，并做好全程现场讲解；协助新闻媒体完成“革命老区行”采访活动。2008年，举办龙泉市党史工作成果展览。

第二节　革命遗址保护

革命遗址修复保护

龙泉是革命老区，民主革命时期红军和中共龙泉地下党组织在革命根据地开展艰苦卓绝的斗争，留下大量的革命遗址。龙泉市委、市政府重视革命遗址的修复和保护工作，采取政府财政投资、单位企业捐资、个人捐款捐物等各种方式，多方筹资360多万元对革命遗址（旧址）和烈士故居进行保护和修复。

中共龙泉市委党史研究室在市民政局、市革命老区建设促进会等有关部门协同努力下，先后兴建龙泉市革命烈士陵园、革命烈士纪念碑、水塔村革命烈士纪念碑亭、湖住溪村革命烈士纪念碑亭、上田战斗纪念馆、局下八烈士墓、瑞竹垟红军烈士墓、坑源底村革命纪念亭、西井村中共浙西南特委驻地纪念碑亭等。重建住溪苏维埃政府旧址、宝溪乡塘上红军桥、溪头红军亭和红军挺进师入浙第一仗纪念碑，修复季山头村季步高烈士故居、李登村李逸民将军故居、下樟村郑玉奎烈士故居、建胜村革命纪念亭、浙大龙泉分校旧址和仓砇村挺进师政委会旧址、碧龙村龙遂县委旧址、住溪村龙浦县委与住溪苏维埃政府办公旧址等，其中，龙泉市革命烈士陵园于1995年被列为浙江省首批省级爱国主义教育基地；下樟村郑玉奎故居、住溪村苏维埃政府旧址、碧龙村龙遂县委办公旧址、李登村李逸民将军故居于2010年3月被命名为龙泉市爱国主义教育基地，为党员、干部、群众尤其是青少年进行爱国主义和革命优良传统教育提供良好的教育基地，也为发展红色旅游起到积极的推动作用。

革命遗址资料整理建档

龙泉市党史研究机构自成立以来，就积极做好龙泉境域内的革命遗址调查和革命战争年代的革命历史记录资料整理研究工作。通过现场走访，查阅档案资料，建立革命遗址专门档案保存。至2010年，完成45个重点革命遗址的现场勘察、调查登记、拍摄照片、撰写材料、上报存档等工作。

第三节　机构沿革

1981年7月建立中共龙泉县委党史资料征集小组。1982年10月，县委对县委党史资料征集小组进行调整、充实，作为县委的常设机构，下设办公室。1984年3月，县委调整党史资料征集小组成员。1985年8月，更名中共龙泉县委党史资料征集研究委员会。1990年12月，龙泉撤县建市，改为中共龙泉市委党史资料征集研究委员会。1991 年 2 月，改称中共龙泉市委党史研究室。1993 年 7 月，市(县)级机关机构改革，党史研究室归属市委办管理。1996 年 11 月，根据市委《龙泉市党政机构“三定”工作实施意见》，龙泉市档案局(馆)合并，并与市委党史研究室、市地方志办公室合署，为市委办管理的正科级事业单位。2005 年 1 月，丽水市编制委员会批复，同意原与龙泉市档案局(馆)合署的龙泉市委党史研究室(市地方志办公室)改为单独设置，为龙泉市委办管理的正科级事业单位，参照公务员制度管理。

第二十一篇

地方人民代表大会

市(县)人民代表大会是本行政区划内的权力机关。由选民直接选举的市(县)人大代表组成。届期5年，常委会在闭会期间行使各项职权，并设若干工作委员会开展日常工作。1950年7月龙泉县建立人民代表会议制度。县为各界人民代表会议，乡(镇)为人民代表会议。乡(镇)人民代表由选民直接选举产生。县人大代表从第一届至第六届，均从乡(镇)人民代表中选举产生。从第七届开始，县人大代表实行差额选举，无记名投票办法，直接从选民中选举产生。1954年7月龙泉县召开第一届人民代表大会。

1989—2010年，市(县)人民代表大会历经第九、十、十一、十二、十三、十四共六届，先后召开27次人民代表大会。第九届、第十届市(县)人大任期为三年。1993年5月第十一届市人大开始每届任期为五年。龙泉市(县)人代会及其常委会，在中共龙泉市(县)委领导下，坚持改革开放，不断完善人民代表大会政治制度，健全社会主义民主政治，在事关龙泉政治、经济、文化发展各方面作出重大决策，有力推进龙泉社会经济全面发展。

第一章　市(县)人民代表大会

第一节　人民代表大会机构沿革

市(县)人大组织

龙泉市人民代表大会的前身为1950年7月建立的人民代表会议。1954年7月龙泉县召开第一届人民代表大会，此后，历届市(县)人民代表大会根据国家宪法的规定，履行本行政区域最高权力机关的职责。第六届人民代表大会在召开第一次会议后不久，因“文化大革命”开始，县人民代表大会活动被迫中止。1981年3月第七届县人民代表大会第一次会议召开后，至2010年龙泉市第十四届人民代表大会第四次会议召开，每年一次大会都如期举行。龙泉市(县)历届人民代表大会肩负自身责任，紧紧围绕中共龙泉市(县)委的中心工作，积极履行职责，为促进龙泉经济社会发展，推进改革开放、民主法治建设发挥了积极的作用。

乡镇人大组织

1954年始设乡镇人民代表大会，县乡两级人民代表均在县选举委员会领导下普选产生。“文化大革命”期间，乡镇人大工作完全中止，二十世纪八十年代开始，县人大常委会增设人民代表联络办公室，配齐各区人大工作联络员。同时开始逐渐设立乡镇人大主席团和常务主席。龙泉县第九届人大常委会第十二次会议于1989年2月通过《龙泉县乡、镇人民代表大会主席团常务主席工作职责》。1992年开展区、乡镇“撤、扩、并”，全市设乡镇人大主席团17个，基本配齐乡镇人大主席团专职干部。1995年，根据第八届全国人大常委会第十二次会议修改的《中华人民共和国地方组织法》，乡、民族乡、镇人民代表大会设主席，可以设副主席1~2人。此后各乡镇人大由人大会议以无记名投票选举产生主席、副主席。2002年，龙泉市撤销龙渊镇建制，设立龙渊、西街、剑池三个街道办事处，龙渊镇人大主席团随之撤销，改设三个街道人大工作委员会。至2010年，全市(县)共设16个乡镇人大主席团，三个街道人大工作委员会。乡镇历届人民代表大会在市(县)人大指导下由主席团主持会议并召集下届会议。

第二节　历届重要会议

第九届人民代表大会

第四次会议　1989年4月11—14日举行。正式代表228名，实际出席会议代表223人，列席人员 108 人。会议听取、审议、批准龙泉县人民政府工作报告，县 1988 年国民经济和社会发展计划执行情况、县 1989 年国民经济和社会发展计划草案报告，县 1988 年财政预算执行情况和 1989 年财政预算草案报告。听取、审议、批准县人大常委会、县人民法院、县人民检察院工作报告。

大会收到代表议案、建议、批评和意见 210 件。

第十届人民代表大会

第一次会议　1990 年 5 月 16—21 日举行。正式代表 248 名，实际出席会议代表 248 人，列席人员 202 人。会议听取、审议、批准龙泉县人民政府工作报告，县 1989 年国民经济和社会发展计划执行情况、1990 年国民经济和社会发展计划草案报告，县 1989 年财政预算执行情况和 1990 年财政预算草案报告。听取、审议、批准县人大常委会、县人民法院、县人民检察院工作报告。

大会依法选举产生龙泉县第十届人大常委会主任、副主任、委员；龙泉县人民政府县长、副县长；龙泉县人民法院院长；龙泉县人民检察院检察长。

大会收到代表议案、建议、批评和意见 599 件。

第二次会议　1991 年 4 月 9—13 日举行。出席会议代表 248 人，列席人员 198 人。会议听取、审议、批准龙泉市人民政府工作报告，市 1990 年国民经济和社会发展计划执行情况、1991 年国民经济和社会发展计划草案报告，市 1990 年财政预算执行情况和 1991 年财政预算草案报告以及关于龙泉市国民经济和社会发展十年规划与“八五”计划纲要草案的报告。听取、审议、批准市人大常委会、市人民法院、市人民检察院工作报告。

大会收到代表议案、建议、批评和意见 355 件。

第三次会议　1992 年 4 月 9—13 日举行。出席会议代表 244 人。列席人员 198 人。会议听取、审议、批准龙泉市人民政府工作报告，市 1991 年国民经济社会发展计划执行情况和 1992 年国民经济社会发展计划草案报告，市 1991 年财政预算执行情况和 1992 年财政预算草案报告。听取、审议、批准市人大常委会、市人民法院、市人民检察院工作报告。同时，市人民政府向大会作关于市十届人大二次会议的议案、建议、批评和意见办理情况的报告。

大会收到代表议案、建议、批评和意见 221 件。

第四次会议　1992 年 11 月 18 日举行。出席会议代表 210 人。

会议依法选举产生 3 名出席浙江省第八届人民代表大会代表。

第十一届人民代表大会

第一次会议　1993 年 5 月 11—16 日举行。正式代表 265 名，实际出席会议代表 265 人，列席人员 115 人。会议听取、审议、批准龙泉市人民政府工作报告，市 1992 年国民经济和社会发展计划执行情况、1993 年国民经济和社会发展计划草案报告，市 1992 年财政预算执行情况和 1993 年财政预算草案报告。关于调整龙泉市国民经济社会发展十年规划、“八五”计划纲要主要经济指标报告。听取、审议、批准市人大常委会、市人民法院、市人民检察院工作报告。

大会依法选举产生龙泉市第十一届人大常委会主任、副主任、委员；龙泉市人民政府市长、副市长；龙泉市人民法院院长；龙泉市人民检察院检察长。

大会收到代表议案、建议、批评和意见 395 件。

第二次会议　1994年4月12—16日举行。出席会议代表263人，列席人员109人。会议听取、审议、批准龙泉市人民政府工作报告，市1993年国民经济和社会发展计划执行情况、1994年国民经济和社会发展计划草案报告，市1993年财政预算执行情况和1994年财政预算草案报告，市人民政府关于龙泉市实施《浙江省社会主义精神文明建设纲要》意见的报告。听取、审议、批准市人大常委会、市人民法院、市人民检察院工作报告。

大会收到代表议案、建议、批评和意见155件。

第三次会议　1995年5月8—12日举行。出席会议代表259人，列席人员130人。会议听取、审议、批准龙泉市人民政府工作报告，市1994年国民经济和社会发展计划执行情况、1995年国民经济和社会发展计划草案报告，市1994年财政预算执行情况和1995年财政预算草案报告。听取、审议、批准市人大常委会、市人民法院、市人民检察院工作报告。

会议还审议、批准市人民政府《关于龙泉市依法治市实施方案》的报告。大会作出关于开展依法治市工作的决议。

大会依法选举产生龙泉市人民政府市长；补选市第十一届人大常委会副主任、委员。

大会收到代表议案、建议、批评和意见175件。

第四次会议　1996年4月8—12日举行。出席会议代表253人，列席人员139人。会议听取、审议、批准龙泉市人民政府关于龙泉市国民经济和社会发展"九五"计划纲要、2010年远景目标纲要的报告，市1995年国民经济和社会发展计划执行情况、1996年国民经济社会发展计划草案报告，市1995年财政预算执行情况和1996年财政预算草案报告。听取、审议、批准市人大常委会、市人民法院、市人民检察院工作报告。

大会依法补选产生龙泉市第十一届人大常委会主任。

大会收到代表议案、建议、批评和意见136件。

第五次会议　1997年3月31日至4月4日举行。出席会议代表249人，列席人员135人。会议听取、审议、批准龙泉市人民政府工作报告，市1996年国民经济和社会发展计划执行情况、1997年国民经济社会发展计划草案报告，市1996年财政预算执行情况和1997年财政预算草案报告。听取、审议、批准市人大常委会、市人民法院、市人民检察院工作报告。会议还听取市人大常委会关于1996年财政预算执行情况和1997年财政预算草案的审查报告。

大会收到代表议案、建议、批评和意见174件。

第六次会议　1997年11月26—28日举行。出席会议代表245人，特邀人员4人。

会议依法选举产生4名出席浙江省第九届人民代表大会代表。

第十二届人民代表大会

第一次会议　1998年3月29日至4月4日举行。正式代表174名，实际出席会议代表174人，列席人员154人。会议听取、审议、批准龙泉市人民政府工作报告，市1997年国民经济和社会发展计划执行情况、1998年国民经济和社会发展计划草案报告，市1997年财政预算执行情况和1998年财政预算草案报告。听取、审议、批准市人大常委会、市人民法院、市人民检察院工作报告。

大会依法选举产生龙泉市第十二届人大常委会主任、副主任、委员；龙泉市人民政府市长、副市长;龙泉市人民法院院长;龙泉市人民检察院检察长。

大会收到代表议案、建议、批评和意见 297 件。

第二次会议　1999 年 3 月 22—26 日举行。出席会议代表 170 人,列席人员 159 人。会议听取、审议、批准龙泉市人民政府工作报告,市 1998 年国民经济和社会发展计划执行情况、1999 年国民经济和社会发展计划草案报告,市 1998 年财政预算执行情况和 1999 年财政预算草案报告。听取、审议、批准市人大常委会、市人民法院、市人民检察院工作报告。

会议还听取市人大常委会关于 1998 年财政预算执行情况与 1999 年财政预算草案的审查报告和代表议案处理意见的报告。

大会依法补选产生龙泉市第十二届人大常委会主任。

大会收到代表议案、建议、批评和意见 181 件。

第三次会议　2000 年 3 月 27—31 日举行。出席会议代表 169 人,列席人员 149 人。会议听取、审议、批准龙泉市人民政府工作报告,市 1999 年国民经济和社会发展计划执行情况、2000 年国民经济和社会发展计划草案报告,市 1999 年财政预算执行情况和 2000 年财政预算草案报告。听取、审议、批准市人大常委会、市人民法院、市人民检察院工作报告。

大会依法补选产生龙泉市第十二届人大常委会委员,选举产生龙泉市人民法院院长。

大会收到代表议案、建议、批评和意见 214 件。

第四次会议　2000 年 11 月 22—24 日举行。出席会议代表 169 人,列席人员 82 人。会议听取龙泉市人民政府关于 2000 年 1 月至 10 月经济工作情况报告。

大会依法选举产生 36 名出席丽水市第一届人民代表大会代表。

第五次会议　2001 年 3 月 31 日至 4 月 4 日举行。出席会议代表 166 人,列席人员 167 人。会议听取、审议、批准龙泉市人民政府关于龙泉市国民经济和社会发展第十个五年计划纲要报告及龙泉市国民经济和社会发展第十个计划纲要, 市 2000 年国民经济和社会发展计划执行情况、2001 年国民经济社会发展计划草案报告,市 2000 年财政预算执行情况和 2001 年财政预算草案报告。听取、审议、批准市人大常委会、市人民法院、市人民检察院工作报告。

大会依法选举产生龙泉市人民政府市长;依法补选产生龙泉市第十二届人大常委会副主任。

大会收到代表议案、建议、批评和意见 143 件。

第六次会议　2002 年 3 月 31 日至 4 月 4 日举行。出席会议代表 160 人,列席人员 198 人。会议听取、审议、批准龙泉市人民政府工作报告,市 2001 年国民经济和社会发展计划执行情况、2002 年国民经济和社会发展计划草案报告,市 2001 年财政预算执行情况和 2002 年财政预算草案报告。听取、审议、批准市人大常委会、市人民法院、市人民检察院工作报告。

大会依法选举产生龙泉市人民政府副市长。

大会收到代表议案、建议、批评和意见 180 件。

第十三届人民代表大会

第一次会议　2003 年 4 月 14—20 日举行。正式代表 177 名,实际出席会议代表 177 人,列席人员 186 人。会议听取、审议、批准龙泉市人民政府工作报告,市 2002 年国民经济和社会发展计划执行情况、2003 年国民经济和社会发展计划草案报告,市 2002 年财政预算执行情况和 2003 年财政预算草案报告。听取、审议、批准市人大常委会、市人民法院、市人民检察院工作报告。

大会依法选举产生龙泉市第十三届人大常委会主任、副主任、委员；龙泉市人民政府市长、副市长；龙泉市人民法院院长；龙泉市人民检察院检察长。

大会收到代表议案、建议、批评和意见 326 件。

第二次会议　2004 年 3 月 22—25 日举行。出席会议代表 177 人，列席人员 207 人。会议听取、审议、批准龙泉市人民政府工作报告，市 2003 年国民经济和社会发展计划执行情况、2004 年国民经济和社会发展计划草案报告，市 2003 年财政预算执行情况和 2004 年财政预算草案报告。听取、审议、批准市人大常委会、市人民法院、市人民检察院工作报告。

大会收到代表议案、建议、批评和意见 204 件。

第三次会议　2005 年 3 月 14—18 日举行。出席会议代表 174 人，列席人员 207 人。会议听取、审议、批准龙泉市人民政府工作报告，市 2004 年国民经济和社会发展计划执行情况、2005 年国民经济和社会发展计划草案报告，市 2004 年财政预算执行情况和 2005 年财政预算草案报告。听取、审议、批准市人大常委会、市人民法院、市人民检察院工作报告。

大会依法补选产生龙泉市第十三届人大常委会主任、委员；选举产生龙泉市人民政府市长。

大会收到代表议案、建议、批评和意见 179 件。

第四次会议　2005 年 11 月 28—30 日举行。出席会议代表 174 人，列席人员 117 人。会议听取、审议、批准龙泉市人民政府关于“规划年”和“项目推进年”实施情况的报告。

大会依法选举产生 33 名出席丽水市第二届人民代表大会代表。

第五次会议　2006 年 2 月 22—24 日举行。出席会议代表 174 人，列席人员 216 人。会议听取、审议、批准龙泉市人民政府关于龙泉市国民经济和社会发展“第十一个五年规划纲要”的报告，市 2005 年国民经济和社会发展计划执行情况、2006 年国民经济和社会发展计划草案报告，市 2005 年财政预算执行情况和 2006 年财政预算草案报告。听取、审议、批准市人大常委会、市人民法院、市人民检察院工作报告。

大会收到代表议案、建议、批评和意见 112 件。

第十四届人民代表大会

第一次会议　2007 年 3 月 19—23 日举行。正式代表 177 名，实际出席会议代表 176 人，列席人员 186 人。会议听取、审议、批准龙泉市人民政府工作报告，市 2006 年国民经济和社会发展计划执行情况、2007 年国民经济和社会发展计划草案报告，市 2006 年财政预算执行情况和 2007 年财政预算草案报告。听取、审议、批准市人大常委会、市人民法院、市人民检察院工作报告。

大会依法选举产生龙泉市第十四届人大常委会主任、副主任、委员；龙泉市人民政府市长、副市长；龙泉市人民法院院长；龙泉市人民检察院检察长。

大会收到代表议案、建议、批评和意见 183 件。

第二次会议　2008 年 3 月 11—14 日举行。出席会议代表 177 人，列席人员 213 人。会议听取、审议、批准龙泉市人民政府工作报告，市 2007 年国民经济和社会发展计划执行情况、2008 年国民经济和社会发展计划草案报告，市 2007 年财政预算执行情况和 2008 年财政预算草案报告；听取、审议、批准市人大常委会、市人民法院、市人民检察院工作报告。

大会依法补选产生龙泉市第十四届人大常委会委员。

大会收到代表议案、建议、批评和意见118件。

第三次会议 2009年3月10—13日举行。出席会议代表176人，列席人员218人。会议听取、审议、批准龙泉市人民政府工作报告，市2008年国民经济和社会发展计划执行情况、2009年国民经济和社会发展计划草案报告，市2008年财政预算执行情况和2009年财政预算草案报告；听取、审议批准市人大常委会、市人民法院、市人民检察院工作报告。

大会收到代表议案、建议、批评和意见168件。

第四次会议 2010年3月16—19日举行。出席会议代表177人，列席人员221人。会议听取、审议、批准龙泉市人民政府工作报告，市2009年国民经济和社会发展计划执行情况、2010年国民经济和社会发展计划草案报告，市2009年财政预算执行情况和2010年财政预算草案报告；听取、审议、批准市人大常委会、市人民法院、市人民检察院工作报告。

大会依法选举产生龙泉市第十四届人大常务委员会副主任，补选两名市十四届人大常委会委员。

大会收到代表议案、建议、批评和意见167件。

第二章 市(县)人大常务委员会

第一节 工作机构

人大常委会职责

地方人民代表大会常务委员会是地方人民代表大会的常设机构，根据国家宪法和全国人民代表大会的有关规定设立，在地方人民代表大会闭会期间集体行使地方人民代表大会权力。根据第五届全国人民代表大会关于《县和县以上的地方各级人民代表大会设立常务委员会的决定》，龙泉市(县)人民代表大会从第七届始设立常务委员会，1986年开始设立若干专门工作委员会，此后各届专门工作委员会根据工作需要有所调整。

人大常委会下设机构

龙泉市人大常委会下设办公室。1986年3月，龙泉县人大常委会决定设立法制工作委员会、财政经济工作委员会、科教文卫工作委员会。1991年1月，设立代表工作委员会。2005年6月，设立农业和资源环境工作委员会。至2010年市人大常委会办公室下设秘书科、综合科、信访科。

第二节　人大常委会会议

人大常委会设立

龙泉县人民代表大会从第七届开始设立常务委员会，为县人民代表大会常设机构，在大会闭会期间，集体行使人民代表大会权力。

1989—2010年，市（县）人大常委会历经第十届、第十一届、第十二届、第十三届、第十四届五次换届选举。市（县）人大常委会始终遵循宪法和法律赋予的监督权、重大事项决定权和人事任免权，开展健康、有序、高效的人大工作，紧紧围绕中共龙泉市（县）委的中心工作和事关全市经济社会发展大局依法履职，有效推动了龙泉经济社会民生事业发展和民主法治建设。

人大常委会主要会议

第九届人大常委会　1987年5月至1990年5月，共举行了20次人大常委会会议，其中第十二次会议于1989年2月27—28日举行。会议通过《龙泉县乡、镇人民代表大会主席团常务主席工作职责》。第十四次会议1989年5月16—17日举行。会议听取和审议县教委《关于龙泉县九年义务教育实施意见的报告》；听取县人大常委会教科文卫工委《关于我县实施九年义务教育的调查报告》；听取县水电局关于龙泉县农村电气化试点情况的汇报。第十六次会议于1989年9月19—20日举行。会议听取县文化局《关于开展“扫黄”斗争，整顿清理报刊和音像市场情况报告》、县广电局关于广播电视工作报告；通过县人大常委会《关于抓紧抓实深入开展“扫黄”斗争，彻底整顿清理报刊和音像市场的决议》；听取和审议县人大常委会特定问题调查委员会关于岩樟乡仓户村三队与锦溪镇墙甲村三队山林权属纠纷案件的调查报告；决定上报省人大常委会和丽水地区人大工委依法提请复议。第十七会议于1989年10月27—28日举行。会议研究部署县、乡两级人民代表换届选举工作，成立县选举委员会；通过县第十届县、乡两级人民代表大会代表名额的决定；听取和审议县财政局关于部分调整财政预算和县民政局关于屏南镇撤乡建镇的报告。

第十届人大常委会　1990年5月至1993年5月，共举行了17次人大常委会会议。其中第一次会议于1990年6月18—20日举行。会议依法通过龙泉县人大常委会工作人员、县人民政府组成人员、县人民法院人事的任命；讨论通过《龙泉县人民代表大会常务委员会议事规则》。第二次会议于1990年8月28—29日举行。会议听取和审议县人民政府、县人民法院关于实施《行政诉讼法》准备情况报告。县公安局关于严厉打击严重刑事犯罪分子为龙泉县社会治安稳定好转作出努力的报告。第五次会议于1991年1月24日举行。会议审议关于撤县设市问题，作出关于撤销龙泉县设立龙泉市的决定；作出关于撤销代表联络办公室，设立代表工作委员会的决定。第六次会议于1991年3月22—23日举行。听取和审议市人民政府关于对城乡单位建设项目实行统一征地问题的报告，作出关于龙泉市城乡单位建设项目实行统一征地的决议。第七次会议于1991年5月20—21日举行。会议听取和审议市人民政府关于社会治安综合治理情况报告，作出《关于加强社会治安综合治理的决议》；听取和审议市人民政府关于实施九年制义务教育情况汇报；听取和审议市广播电视局关于音

像管理状况汇报、市文化局关于压缩清理音像单位工作情况汇报。第八次会议于1991年7月23—24日举行。会议听取和审议市人民政府关于第一个五年普法工作情况和第二个五年普法工作意见的报告，作出关于在全市深入开展法制宣传教育的决议。第九次会议于1991年9月19—20日举行。会议听取和审议市人民政府关于抗旱工作和农田水利建设安排的情况报告；听取和审议市工业局关于龙泉市青瓷行业“七五”期间发展状况和“八五”期间改造规划意见的报告。第十次会议于1991年11月22—23日举行。会议听取和审议市人民检察院关于打击贪污、贿赂犯罪活动的报告；听取和审议市司法局关于依法治市工作情况汇报。第十三次会议于1992年4月9日举行。会议听取市人大常委会关于市十届人大三次会议筹备情况的报告；作出关于撤区扩镇并乡的决定。第十四次会议于1992年6月23—24日举行。会议听取和审议市人民政府、市计经委关于《矿产资源法》和《浙江省乡镇集体矿山企业和个体采矿管理条例》贯彻实施情况的汇报；听取和审议市教委关于抓紧实施科教兴农的发展战略，大力发展职业技术教育的汇报。第十六次会议于1992年10月20—21日举行。会议传达学习《中共中央关于地方各级人民代表大会换届选举工作的通知》和中共浙江省委批转省人大党组关于1993年人大换届选举工作意见；决定召开龙泉市第十届人民代表大会第四次会议；讨论1993年换届选举工作，决定成立龙泉市选举委员会及其办事机构，作出关于龙泉市乡(镇)人民代表大会代表名额的决议；听取和审议市卫生局关于加快步伐，力争龙泉市初保任务1993年底基本达标的报告。

第十一届人大常委会　1993年5月至1998年3月共召开了35次人大常委会会议。其中第二次会议于1993年8月2—3日举行。会议听取和审议市司法局关于“三打一禁”斗争法制宣传工作汇报。第四次会议于1993年12月10—11日举行。会议听取和审议市人民政府关于贯彻《全民所有制工业企业转换经营机制条例》工作情况报告；听取和审议市人民政府关于龙泉市九年制义务教育实施情况的报告。第五次会议于1993年12月25日举行。会议听取和审议市人民政府提请审查龙泉市城市总体规划的议案和城建局关于龙泉市城市总体规划修编工作的说明；作出关于审查通过龙泉市城市总体规划的决议。第六次会议于1994年3月9—10日举行。会议听取市财税局、市人民银行关于财税、金融体制改革的情况汇报。第九次会议于1994年8月4—5日举行。会议听取市城建局关于剑池路工程建设情况汇报；听取市人大财经工委关于农业“两法”执法检查情况汇报；作出关于开展向叶金水同志学习的决定。第十次会议于1994年10月6—7日举行。会议听取和审议市人民政府关于办理市十一届人大二次会议议案情况汇报和关于教师法贯彻执行情况汇报；听取和审议市人民政府关于命名市花的议案；作出命名兰花为龙泉市市花的决定。第十一次会议于1994年12月1—2日举行。会议听取和审议市人民政府关于财政税务局改变机构名称的议案；决定撤销龙泉市财政税务局，建立龙泉市财政局，税务机构按国家规定设置。第十四次会议于1995年4月22—23日举行。会议听取市计经委、市财政局关于龙泉市1995年国民经济社会发展计划安排和财政预算安排的汇报；依法通过龙泉市人民政府代市长任命。第十六次会议于1995年8月15—16日举行。会议听取和审议市人民政府关于科教兴市的工作报告和教科文卫工委关于科技兴经济、科技兴农的调查报告；听取市人民政府关于“一管两打建机制”的工作报告和法工委“整治一地、稳定一方”的调查报告；听取市人民政府关于教育“两基”评估验收工作情况汇报；通过龙泉市人大常委会关于加强司法监督工作的若干规定。第十八次会议于1995年12月28日举行。会议听取市人民政府关于市人代会议案办理情况和市财政局关于财政工作的情况的汇报；任命龙渊镇等17个乡镇选举委员会组成人员。第二十一次会议于1996年5月28—29日举行。会议听取市土地管理局关于土地执法情况汇报；听取市农业局关于农田基本保护区和蔬菜基地建设情况汇报；听取市教委关于教育五项督导检查情况汇报；听取市审计局关于1995年市财政预算执行和其他财政收支情况审计工作情况汇报。第二十五次会议于1996年12月5—6日举行。会议听取和审议市人民政府关于在全市公民中开展法制宣传教育的第三个五年规划的报告；作出《关于继续开展法制宣传教育的决议》。第二十八次会议于1997年6月3日举行。会议听取市公安局关于"禁毒、禁赌"工作情况、市文化局关于文化市场整治工作情况和市财政局关于1996年财政收支执行情况的汇报。第二十九次会议于1997年8月12日举行。会议听取和审议人武部、民政局关于《浙江省兵役义务费社会统筹办法》实施意见的报告；听取市人民政府关于农村扶贫工作的情况汇报和道太乡五际坑、大源田山林纠纷调查处理的情况汇报。作出关于成立五际坑、大源田山林纠纷特定问题调查委员会的决定。第三十二次会议于1997年11月10—11日举行。会议研究市人民代表换届选举工作，作出关于龙泉市第十二届人民代表大会代表选举问题的决定；市人大常委会特定问题调查委员会关于大源田、五际坑山林争议的调查报告，作出撤销龙政〔1997〕48号处理的决定。

第十二届人大常委会　1998年3月至2003年4月共举行了37次人大常委会会议。其中第二次会议于1998年7月17日、20日、21日分阶段举行。会议听取和审议龙泉市1997年财政预算执行情况报告，决定批准1997年度财政决算；听取和审议市人民政府关于食品卫生执法检查情况报告；听取公、检、法、司关于政法队伍集中教育整顿的情况报告。第三次会议于1998年9月24—25日举行。会议听取市计委关于重点项目情况、市经委关于企业改制情况和市人事劳动局关于企业下岗职工安置工作情况的汇报；审议通过《龙泉市人大常委会与"一府两院"工作联系制度》和《龙泉市人大常委会关于加强司法监督工作若干问题的规定》。第四次会议于1998年11月6日举行。会议作出关于1999年全市乡镇人民代表大会换届选举的决定。第六次会议于1999年1月18日、26日、27日分阶段举行。会议听取市人民政府关于推行执法责任制情况和市农业局关于贯彻农业"两法"情况的汇报；决定召开市十二届人民代表大会第二次会议；依法补选陈荣高为省九届人大代表。第八次会议于1999年5月26日举行。会议审议通过《龙泉市人大常委会组成人员守则》和《龙泉市人大常委会办公室及各工作委员会工作职责》。第十次会议于1999年7月29—30日举行。会议听取和审议市财政局关于1999年上半年财政预算执行情况汇报和市人大常委会财经工委关于《水土保持法》执法检查情况的报告；审议通过《市人大常委会议事规则》和《市人大常委会人事任免办法》。第十二次会议于1999年11月11—12日举行。会议听取市人民政府关于《老年人权益保障法》、教育"三法"执法检查情况的汇报和教科文卫工委关于龙泉教育发展现状调整的报告；审议同意市人民法院关于基层法庭合署办公的报告。第十七次会议于2000年7月3—4日举行。会议听取市人民政府及有关部门关于庆祝建市十周年暨第二届龙泉山登山节筹备、市政府综合大楼建设进展、龙泉市第一中学高中部筹建、龙泉山旅游开发、百万亩生态林建设、辰龙药业有限公司技改、太阳伞工业园区建设进展、龙泉市城区"八路一桥"工程进展、丽龙一级公路枣槐岭项目实施等情况的汇报；听取旅游局关于中国龙泉青瓷宝剑精品展示会情况汇报。第十八次会议于2000年8月2—3日举行。会议听取市人民政府关于殡葬改革工作和城市街道命名工作的汇报。第十九次会议于2000年10月23—24日举行。会议通过《龙泉市人大常委会个案监督规定》《龙泉市人大常委会联系代表工作制度》《龙泉市人大常委会联系乡镇人大主席团工作制度》《龙泉市人大常委会关于人大常委会会议的若干规定(试行)》。第二十五次会议于2001年7月26—27日举行。会议听取和审议市人民政府关于大沙经济技术开发区建设进展、市十二届人大五次会议重点建议办理、市农业局关于农贸产品集散中心建设、市人事局关于社会保险、市广电局关于市广播电视台事业发展现状、市教委关于一中高中部和实验小学迁建、市人大常委会财经工委关于建筑法执法检查等情况的汇报。第二十七次会议于2001年10月15日举行。会议听取和审议市司法局关于"三五"普法教育情况和"四五"普法教育规划的报告;作出关于进一步开展法制宣传教育的决议。第二十八次会议于2001年11月29日举行。会议听取和审议市人民政府关于撤销龙渊镇建制设立街道办事处的议案。作出关于撤销龙渊镇建制,设立街道办事处的决定。第二十九次会议于2001年12月11—12日举行。会议听取市人大常委会财经工委关于生态公益林建设的调查报告,法工委关于在全市开展实施《村民委员会组织法》和《浙江省村民委员会选举办法》的调查报告;通过《龙泉市人大常委会关于加强财政预算审批监督的若干规定》;通过关于2002年全市乡镇人民代表大会代表换届选举的决定。第三十二次会议于2002年5月28日举行。会议听取市人民政府关于贯彻执行《浙江省职工基本养老保险条例》和《浙江省职工失业保险条例》情况、生态示范区建设和迎接考核验收工作情况的汇报;听取市人民法院关于"农嫁非"案件审理情况汇报;作出关于设立龙渊等三个街道人大工作委员会的决定。第三十四次会议于2002年12月6日举行。会议听取市人民政府关于市十二届人大六次会议议案办理情况汇报;审议通过市人民政府关于《龙泉市荣誉市民称号授予办法》的报告;决定成立市选举委员会。第三十五次会议于2002年12月31日举行。会议通过市选举委员会组成人员的调整;审议通过大沙经济技术开发区总体规划。

第十三届人大常委会　2003年5月至2007年3月共举行了30次人大常委会会议。其中第一次会议于2003年5月20日举行。会议听取市人民政府及市卫生局关于在龙泉市非典型性肺炎防治工作情况汇报;学习常委会议事规则和常委会组成人员守则。第二次会议于2003年6月19—20日举行。会议听取市人民政府关于殡葬改革工作的汇报;听取、审议市人民政府关于生态示范区建设及迎接验收工作情况的报告。第三次会议于2003年8月21日举行。会议听取和审议市人民政府关于2002年度市级财政审计、关于贯彻实施《中华人民共和国劳动法》《中华人民共和国工会法》《关于我市液化气价格亟待调整和降低的建议》办理等情况的汇报;听取市工业园区管委会关于剑池街道曾家、翁仁、吴处、东岭基础设施建设纳入大沙经济开发区建设的汇报;决定授予颜献劼同志龙泉市荣誉市民称号;审议通过关于组织人大代表评议主要涉工部门工作的实施方案。第五次会议于2003年12月29—30日举行。会议听取丽龙一级公路提升为高速公路的情况汇报;主要涉工部门关于整改工作情况汇报。第八次会议于2004年5月17—18日举行。会议听取和审议市十三届人大二次会议提出的《关于加强创建卫生文明城市工作力度的议案》和《关于采取有效措施,制止不法行为,切实维护国有集体财产安全的议案》,并提出审议意见;听取市创建卫生文明城市工作办公室关于创建工作情况汇报;会议通过关于组织市人大代表评议市人民法院司法工作、市药品监督管理局执法工作及对市卫生局局长开展述职评议的实施方案;听取市人民政府关于《行政许可法》宣传贯彻和行政许可清理情况的汇报。第九次会议于2004年7月2日、26日、27日分阶段举行。会议听取和审议市人民政府关于龙泉市城市总体规划修编情况报告,并通过龙泉市《城市总体规划2003—2020》;听取、审议市人民政府关于《龙泉生态市建设规划》编制工作情况报告,并作出《龙泉市生态市建设规划》的决议;听取市人民政府行政许可清理结果的报告;依法接受市人大常委会主任辞职。

第十次会议于2004年9月26日举行。会议听取市人民政府关于市十三届人大二次会议重点代表建议办理、市人民法院关于司法工作评议整改、市司法局关于全市“四五”普法规划执行、市卫生局局长述职评议后整改的情况的汇报；依法接受市人民政府市长辞职；依法通过市人民政府代市长任命。第十一次会议于2004年11月25日举行。会议审议通过关于2004年度全社会固定资产投资计划调整和关于要求调整2004年度财政预算收支指标的报告；听取市人民政府关于10件大事落实等情况的汇报；决定授予查良镛先生龙泉市荣誉市民称号。第十六次会议于2005年5月13日举行。会议听取乡村康庄工程情况汇报；通过关于组织市人大代表评议主要涉农部门工作的实施方案；依法通过龙泉市人民陪审员人事任命。第十七次会议于2005年6月13日举行。会议听取关于村级换届选举工作情况、关于城东安置区土地征用工作情况的汇报；审议强制收回城东安置区土地的议案。第十八次会议于2005年8月15—16日举行。会议听取关于2004年度市财政决算报告和2005年上半年财政预算执行情况、关于2004年度市本级财政审计报告、市政府性投资项目资金管理制度落实情况、关于浙闽赣农牧产品交易中心建设工作汇报、关于剑池高科技工业园区浙江邦宝生物制品公司年产环保多功能纤维板项目情况汇报、关于金沙新区工作情况的汇报。第十九次会议于2005年10月26日举行。会议听取关于浙闽赣边贸市场工作进展情况、2005年食品安全工作和食品卫生执法检查情况的汇报；审议通过关于加强土地管理工作的若干意见；审议通过关于要求调整市2005年度财政预算收支指标的报告；决定召开市十三届人民代表大会第四次会议。第二十三次会议于2006年3月27日举行。会议听取和审议市人民政府关于全市“两违”专项整治工作方案汇报；听取市人民检察院关于司法评议整改情况报告。第二十四次会议于2006年5月29—30日举行。会议听取市人民政府关于安全生产法律法规贯彻执行、全市教育督导整改、职业教育三校合并实施、农资市场整治等情况的汇报；听取市人口与计划生育局关于人口与计划生育法实施以来全市执行情况、市教育局关于全市教育事业“十一五”规划(草案)的报告；听取市人大常委会法工委关于安全生产执法检查情况汇报；审议市人大常委会关于建议意见办理规定(草案)。第二十六次会议于2006年9月28—29日举行。会议听取和审议市人民政府贯彻落实市人大常委会《关于加强土地管理的若干意见》和《关于市十三届人大五次会议议案的审议意见》的情况汇报；听取和审议市人民政府关于对《龙泉市城市总体规划》建设用地进行局部调整方案情况和龙泉城区内河整治项目建设进展情况汇报；通过市人大常委会《关于市人大代表辞职的暂行规定》；决定市乡镇两级人民代表换届选举工作；决定成立龙泉市选举委员会；决定新一届乡镇人民代表大会代表名额；补选出席丽水市第二届人民代表大会代表。第二十八次会议于2006年12月26日举行。会议听取市人民政府关于创业者“回归工程”进展情况汇报；通过调整市选举委员会组成人员。第二十九次会议于2007年2月6日举行。会议听取和审议市人民政府关于“四五”普法实施情况及“五五”普法规划情况的报告，作出《关于全市开展法制宣传教育第五个五年规划的决议》；听取市人民政府关于2006年度“十大工程”“十件实事”实施情况的汇报；决定召开市第十四届人民代表大会第一次会议。

第十四届人大常委会　2007年4月至2010年12月(届期未满)共召开了27次人大常委会会议。其中第一次会议于2007年4月13日举行。会议决定授予黄河同志为龙泉市荣誉市民称号。第二次会议于2007年5月16—17日举行。会议听取市人民政府关于江滨南路西段工程、市民广场、文化公园建设进展情况汇报；第四次会议于2007年9月29日举行。会议听取和审议市人民法院关于执行工作、市人民检察院关于法律监督工作、市人民政府关于实施新型农村合作医疗制度工作等情况的汇报；审议通过市人大常委会《关于邀请人大代表列席常委会会议的暂行办法》。第六次会议于2008年1月24日举行。会议听取市人民政府关于十四届人大一次会议代表建议办理、“十大工程”“十件实事”实施等情况的报告；决定召开市第十四届人民代表大会第二次会议。第九次会议于2008年6月26日举行。会议听取审议市人民政府关于河道综合整治工作、创建国家森林城市等情况的报告；听取市住房资金管理中心关于住房公积金管理使用情况报告；听取人大法工委关于《法律援助条例》执行检查情况的报告；作出关于创建国家森林城市的决定。第十一次会议于2008年10月28日举行。会议听取和审议市人民政府关于全市流动人口计划生育管理工作情况、关于市十四届人大一次会议议案（城市供水新水源）办理情况、关于《龙泉市城市总体规划》建设用地局部调整方案的报告；听取市公安局关于全市社会治安工作情况、市人民法院关于执行工作整改落实情况、市人民检察院关于法律监督工作整改落实情况的报告；作出红豆树（花梨木）为龙泉市市树的决定。第十二次会议于2008年12月5日举行。会议审议通过市人民政府提交的《关于龙泉安福至松阳大东坝公路（龙泉段）工程项目（一期工程）建设资金有关问题的报告》，同意将偿还贷款本金及利息分年度列入财政预算。第十六次会议于2009年4月29日举行。会议听取和审议市人民政府关于招商引资工作情况的报告；审议通过《龙泉市人大常委会规范性文件备案审查暂行办法》；会议审议通过有关人事任免议案。第十七次会议于2009年7月16日举行。会议传达贯彻全省人大工作会议精神；听取和审议市政府关于产业科技工作情况、茶产业发展情况报告；市人民法院关于要求增选人民陪审员的议案。第十八次会议于2009年9月1日举行。会议听取和审议市人民政府关于2008年财政决算（草案）的报告；审查、批准2008年财政决算、审计局关于2008年度预算执行和其他财政收支情况审计工作的报告；市政府关于2009年上半年预算执行情况、国民经济和社会发展计划执行情况的报告；关于《龙泉市域总体规划2016—2020》、提请批准龙泉市财政安排浙江省龙泉市51省道遂龙线（龙泉段）改建工程项目代建资金并列入年度财政预算、关于龙泉市人民医院迁建项目（一期）建设资金有关问题的报告；会议听取市政府关于市人民医院迁建工程进展情况汇报。第十九次会议于2009年10月29日举行。听取和审议市政府关于职工基本养老保险工作情况；听取市政府森林城市创建工作进展情况的报告；听取和审议《龙泉市人民代表大会常务委员会议事规则（修改草案）》《龙泉市人民代表大会常务委员会主任会议议事规则（修改草案）》《龙泉市人民代表大会常务委员会组成人员守则（修改草案）》。第二十四次会议于2010年6月30日举行。会议听取和审议市政府关于扶持农业龙头企业资金使用情况、关于龙泉市土地利用总体规划（2006—2020）编制情况、关于公共文化建设情况的报告；提请审议龙泉市岩樟溪地表水水源保护区划分技术报告、2010年度龙泉市政府债务收支计划的议案。第二十五次会议于2010年8月25日举行。会议听取和审议市人民政府关于龙泉市2009年度财政决算草案的报告；审查、批准2009年财政决算；听取和审议市审计局提出的关于2009年度预算执行和其他财政收支情况审计工作、市财政局关于龙泉市2010年上半年预算执行情况、关于2010年上半年国民经济和社会发展计划执行情况的报告；会议听取市人大常委会教科文卫工委关于档案法执法检查情况汇报；会议审议通过《龙泉市人民代表大会常务委员会讨论决定重大事项的暂行规定》。第二十六次会议于2010年10月29日举行。会议听取和审议市政府关于岩樟溪水源保护工作情况的报告，并作出《关于岩樟溪饮用水水源保护的决定》；市人民法院关于提请任命人民陪审员的议案。第二十七次会议于2010年

12 月 29 日举行。会议听取和审议市政府关于“十一五”规划实施和“十二五”规划纲要编制情况的汇报；市人民检察院关于预防职务犯罪工作情况的报告。

第三节　主任会议

主任会议组成

市(县)人大常委会建立后，根据宪法、地方组织法有关规定，由主任会议处理常委会日常工作。根据 1999 年 7 月制定的《龙泉市人大常委会主任会议议事规则》和《龙泉市人大常委会人事任免办法》规定，主任会议由常委会主任、副主任组成，常委会主任或主任委托的副主任召集和主持；市人大常委会党组成员和办公室主任列席会议，视会议需要，“一府两院”负责人、市政府有关部门负责人、市人大常委会工作机构负责人可以列席会议；主任会议一般每月召开一次，根据工作需要，可以临时召集；主任会议必须有主任会议全体组成人员过半数出席，方能举行；主任会议讨论决定问题，应当充分发扬民主，实行民主集中制原则，集体行使职权。

主任会议职责

确定常务委员会每次会议日期和列席人员，拟定会议议程草案；向常务委员会提出属于常务委员会职权范围的议案；对依法向常务委员会提出的议案，研究决定提请常务委员会审议，或先交有关办事机构审议，提出报告，再决定是否提请常务委员会审议，对决定不提请常务委员会审议的议案向提案人说明，或者向常务委员会报告；提出依法应当由主任会议提请的人事任免案，对市人民政府、市人民法院、市人民检察院提请的人事任免案，研究决定是否提请常务委员会审议；依法向常务委员会提出的质询案，研究决定交由受质询机关答复，并决定答复方式，以及是否将答复情况报告印发常务委员会会议；依法向常务委员会提出代表资格审查委员会和特定问题调查委员会的主任委员、副主任委员、委员人选；听取市(县)政府及其所属部门、市(县)人民法院、市(县)人民检察院专题工作汇报；听取常务委员会各办事机构重要工作安排和工作情况汇报，协调各办事机构日常工作；研究提出常务委员会办事机构、工作机构的设立事项，讨论决定专家咨询委员会的设立和人员组成、调整，以及其他人大机关自身建设的重大事项；听取法制工作委员会和其他专门委员会提出的关于市(县)人民政府不适当的决定、命令和乡(镇)人民代表大会不适当的决议、决定的初步审查意见和予以撤销的议案，决定是否提请常务委员会审议；研究处理有关监督司法工作的重要日常事务；根据常务委员会的安排，组织部署全市(县)性的执法检查、代表视察等重要活动；拟订常务委员会决议、决定草案；检查市(县)人民代表大会和常务委员会决议、决定执行情况，研究进一步贯彻落实决议、决定措施；检查“一府两院”对市(县)人大代表提出议案审议意见落实和建议、批评、意见办理情况，研究处理委员、代表及群众提出的重大申诉、意见和建议；听取、讨论有关机关提请的关于对市(县)人大代表采取逮捕、刑事审判或者法律规定的限制其人身自由的措施的报告，决定提请常务委员会许可；研究处理上级人大交办或由市人大常委会授权事项和其他重要日常工作。

第9—14届龙泉市(县)人大常务委员会主任、副主任名录一览表

表21-2-1

届期	职务	姓名	籍贯	任职时间
第九届	主任	周功郁	浙江龙泉	1987.5—1990.5
	副主任	廖文求	浙江龙泉	1987.5—1990.5
		管世章	浙江龙泉	1987.5—1990.5
		徐承禄	浙江龙泉	1987.5—1990.5
		张　成	浙江云和	1987.5—1990.5
第十届	主任	周功郁	浙江龙泉	1990.5—1993.5
	副主任	廖文求	浙江龙泉	1990.5—1993.5
		徐承禄	浙江龙泉	1990.5—1993.5
		叶玉如	浙江遂昌	1990.5—1993.5
		张　成	浙江云和	1990.5—1993.5
第十一届	主任	柯焕然	浙江缙云	1993.5—1996.3
		夏广廉	湖北江陵	1996.4—1998.4
	副主任	叶玉如	浙江遂昌	1993.5—1998.4
		毛关福	浙江龙泉	1993.5—1998.4
		胡子平	浙江永康	1995.5—1998.4
第十二届	主任	夏广廉	湖北江陵	1998.4—1999.3
		陈荣高	浙江义乌	1999.4—2003.4
	副主任	潘统文	浙江永嘉	1998.4—2003.4
		赖世荣	浙江龙泉	1998.4—2003.4
		胡子平	浙江永康	1998.4—2003.4
		姚增祥	浙江永康	1998.4—2003.4
		陈来葆	安徽南陵	2001.4—2003.4
第十三届	主任	陈荣高	浙江义乌	2003.4—2004.7
		潘统文	浙江永嘉	2005.3—2007.3
	副主任	潘统文	浙江永嘉	2003.4—2005.3
		赖世荣	浙江龙泉	2003.4—2007.3
		胡子平	浙江永康	2003.4—2006.12
		姚增祥	浙江永康	2003.4—2007.3
		陈来葆	安徽南陵	2003.4—2007.3
		陈吉明	浙江龙泉	2003.4—2007.3
第十四届	主任	钟　鸣	浙江龙泉	2007.3—
	副主任	陶中亮	浙江缙云	2007.3—
		陈来葆	安徽南陵	2007.3—

续表 21-2-1

届　期	职　务	姓　名	籍　贯	任职时间
第十四届	副主任	陈吉明	浙江龙泉	2007.3—
		黄丽萍	浙江嵊州	2007.3—
		罗永文	浙江龙泉	2007.3—
		陆龙水	江苏无锡	2007.3—

1993—2003 年龙泉全国人大代表一览表

表 21-2-2

届别	时间	姓名
第八届全国人民代表大会	1993.3—1998.3	徐朝兴
第九届全国人民代表大会	1998.3—2003.3	徐朝兴

1988—2010 年龙泉浙江省人大代表一览表

表 21-2-3

届别	时间	姓名
浙江省第七届人民代表大会	1988.1—1993.1	周功郁 杨隆球 赵碧春
浙江省第八届人民代表大会	1993.1—1998.1	乐法文 季良珍 廖文求
浙江省第九届人民代表大会	1998.1—2003.1	叶开贤 雷紫媛 夏广廉（1998—1998） 陈荣高（补选 1998—2003）
浙江省第十届人民代表大会	2003.1—2008.1	陈　金 蔡焕镜
浙江省第十一届人民代表大会	2008.1—	陈阿金 钟　鸣

2001—2010 年龙泉丽水市人大代表一览表

表 21-2-4

届别	时间	姓名
丽水市第一届人民代表大会	2001.1—2006.1	刘赤波、任伟、庄志清、叶建和、叶学成、邱桂炎、吴敏、吴冬娥、何日荣、杨建中、陆振林、张亮明、张康、张敏、沈利文、季红英、林健康、林一、林健东、陈荣高、柳旭波、周敏敏、金小铭、周永海、季资贵、高焕庭、骆美强、施基城、姜鑫、管老李、钟美娟、蔡焕镜、雷丽亚、蓝资霞、赖世荣、潘统文

续表 21-2-4

届别	时间	姓名
丽水市第二届人民代表大会	2006.1—2010.1	蓝资霞、赵碧春、叶朝丐、张亮明、李水友、金崇华、张曙红、李一飞、梁忆南、潘统文、徐光文、蓝先芬、陈奕光、季少华、罗新海、瞿懋平、叶建和、骆美强、陈积松、叶志明、艾丽芬、郑建松、季时付、谢泽民、曾强、雷丽亚、孙方鸿、郑夏来、蔡焕镜、姜鑫、周永海、梅红玲、吴晓敏

第四节 人大工作制度

龙泉市(县)人大常委会根据法律法规有关规定,结合龙泉实际,不断建立和完善常委会各项制度,促进了常委会工作的规范化、制度化和法治化,有力推进了常委会各项工作。1989—2008 年,常委会先后制定了 18 项工作制度。1989 年 2 月,制定《龙泉县乡、镇人民代表大会主席团常务主席工作职责》; 1990 年 6 月,制定《龙泉县人大常委会议事规则》;1995 年 8 月,制定《关于加强司法监督工作的若干规定》;1998 年,制定《龙泉市人大常委会与"一府两院"工作联系制度》;1999 年 5 月,制定《龙泉市人大常委会组成人员守则》和《龙泉市人大常委会办公室及各工作委员会工作职责》;1999 年 7 月,制定《龙泉市人大常委会主任会议议事规则》和《龙泉市人大常委会人事任免办法》;2000 年 10 月,制定《龙泉市人大常委会个案监督规定》《龙泉市人大常委会联系代表工作制度》《龙泉市人大常委会联系乡镇人大主席团工作制度》《关于龙泉市人大常委会会议的若干规定(试行)》;2001 年 12 月,制定《龙泉市人大常委会关于加强财政预算审批监督的若干规定》;2002 年 12 月,制定《龙泉市荣誉市民称号授予办法》; 2006 年 2 月,制定《关于市人大代表建议、批评和意见办理规定》; 2006 年 5 月,制定《龙泉市人大常委会审议意见办理规定》;2006 年 9 月,制定《关于市人大代表辞职的暂行规定》;2007 年 9 月,制定《龙泉市人大常委会关于邀请人大代表列席常委会会议的暂行办法》。

第三章 人大常委会主要活动

第一节 视察调研

视察调研工作

龙泉市(县)人大常委会重视视察和调研工作,1989—2010 年,把组织市(县)人大代表进行视察和调查研究工作，作为监督"一府两院"（指同级的人民政府和人民检察院、人民法院）工作的有效途径。常委会紧紧围绕全市（县）经济建设、社会发展和事关人民群众切身利益的重大问题开展视察调研。通过视察调研提出积极的建议和意见，为推动"一府两院"改正工作、转变作风、正确决策提供依据。

视察调研内容

从1989年以来的二十余年，龙泉市（县）人大常委会围绕政府重点建设工程项目，组织代表对金沙新区、青瓷宝剑园区、丽龙高速公路、留槎洲大桥、础石岭隧道、橡皮坝工程、高级中学迁建、实验小学迁建、老年福利中心、浙闽赣边贸中心建设等进行视察调研，从而推动市重点工程建设步伐，造福于龙泉人民。

关注"三农"问题，营造全社会重农扶农氛围。组织代表对康庄工程、下山脱贫、农村义务教育、农村合作医疗制度、农村有线电视网络、农村水改工程、库区建设等进行视察调研。切实维护广大农民的合法权益，推进社会主义新农村建设。

关心创建卫生文明城市，构建和谐社会。组织代表对市容市貌、城市卫生、城市交通、城市消防、文化市场进行视察调研，以加快创建工作步伐，促进城市环境改善，推进文明城市新龙泉建设。

重视国计民生大事，坚持以人为本宗旨。组织代表对食品卫生、食品安全、液化气价格、饮用水安全、殡葬改革等进行视察调研，努力为全市人民创造一个良好的生活环境。

推进平安龙泉建设和依法治市工作。组织代表对础石乡依法治乡工作、基层派出所、司法所建设、市看守所进行视察调研，努力为全市经济社会稳定发展营造良好的法治环境。

根据市委提出"生态立市、工业强市、旅游兴市"发展战略，常委会组织委员和代表对全市百万亩生态公益林建设情况进行专题调研。到16个乡镇和林业局、林场及凤阳山管理区实地调研，形成翔实的调查报告，为龙泉市林业发展决策提供依据。

关注企业在转换经营体制中的现状。常委会组织对国有工业企业、个体私营企业、林产企业进行专题调研。及时了解和反映企业经营者和工人的呼声，提出6点具体建议，提供给政府和有关部门制定政策，维护经营者和工人的合法权益。

注重保护工人的生命财产安全。常委会组织对矿山、国有企业、私营企业、建设施工工地进行视察调研，发现不安全因素，及时通报有关部门整改，以确保安全生产。

围绕本市不同时期的中心工作，常委会组织多层次、全方位的调查研究工作，形成的调查报告，为政府制定政策提供依据。开展对社会治安综合治理、普法教育、城市化建设、旅游业发展、土地管理、文化市场管理、龙泉教育发展状况、生态示范区建设、环境保护、社会保障事业、初级卫生保健工作、农村电气化建设、农村广播电视网络、计划生育工作、农田水利设施、乡镇企业、青瓷工业发展、凤阳山开发和保护、科技与经济发展、村民委员会组织法实施情况等进行专题调研。

第二节　法律监督

履行法律监督职责

1989—2010年，市（县）人大常委会通过执法检查和个案督查，加强法律监督，有效地纠正有法不依、执法不严、违法不究的状况，推动“一府两院”依法行政、公正司法，促进执法、司法队伍建设。有效推进依法治市，为龙泉经济社会发展提供法治保障。

执法检查

围绕市委“生态立市、工业强市、旅游兴市”发展战略，开展生态市建设和环境执法检查，推进生态市建设，促进社会经济与人口资源、环境的协调发展。

围绕“三农”和建设新农村，开展对《中华人民共和国农业法》《中华人民共和国农业技术推广法》《中华人民共和国森林法》《中华人民共和国土地管理法》《中华人民共和国水法》《中华人民共和国防洪法》《中华人民共和国村民委员会组织法》等执法检查，进一步推进农业现代化建设，维护广大农民的合法权益。

围绕“平安龙泉”建设，开展依法治市、社会治安综合治理、普法教育的执法检查，努力营造一个良好的法治环境，促进社会和谐稳定。

围绕民生民意，开展对《中华人民共和国食品卫生法》《中华人民共和国老年人权益保障法》《中华人民共和国妇女权益保障法》《中华人民共和国未成年人保护法》《中华人民共和国环境保护法》《中华人民共和国计划生育法》《中华人民共和国传染病防治法》《中华人民共和国行政许可法》 以及医疗卫生、药品管理、文化市场等执法检查，努力维护广大人民群众的切身利益，营造一个和平安全的生活环境。

围绕教育事业，开展对《中华人民共和国义务教育法》《中华人民共和国教师法》的执法检查。努力维护教师合法权益，促进教育事业健康发展。

围绕保护企业、劳动者合法权益，开展对《中华人民共和国劳动法》《中华人民共和国工会法》及安全生产的执法检查，促进工业经济跨越式发展。

围绕司法队伍建设，开展执法检查。多次组织市乡两级人大代表，通过执法评议、工作评议、司法评议等形式，加强对公检法司的司法活动开展法律监督，以促进司法队伍依法办事、依法行政、公正司法。

加强执法检查，优化经济社会发展环境。常委会听取和审议公安局关于全市社会治安工作情况的报告，督促公安局积极采取措施，改进和加强基层基础工作，严厉打击赌博等违法犯罪活动，抓好公安干警队伍建设，努力维护社会和谐稳定。公安局认真落实审议意见，加强派出所及社区、农村警务室建设，开展打击赌博违法犯罪专项行动，推进队伍正规化建设。对浙江省预防职务犯罪条例和法律援助条例的执行情况进行检查，规范预防职务犯罪工作，促进法律援助事业健康发展。宣传和落实农业法、农产品质量安全法等法律法规，开展“法律服务进农家、绿剑执法为大家”为主题的农资专项执法检查，有效促进农业生产资料市场安全有序。听取市政府关于村民委员会换届选举情况的报告，积极做好村委会换届选举的法律监督工作，保证村级换届选举工作的顺利进行。

法律监督典型案例

对受害人反映强烈的案件进行法律监督。1989 年 9 月，有受害人家长反映其幼女被人奸污，公安机关侦查后，向检察机关提请逮捕犯罪嫌疑人，检察院作出不捕决定。常委会根据群众反映的问题，派员进行调查，认为情况属实，责成检察机关依照法律规定进行复议。经检察院复议后，依法逮捕人犯，并向法院起诉。使犯罪嫌疑人受到法律的惩罚。

对久拖未结，群众反响强烈的案件进行法律监督。1993 年 4 月，兰巨中学教师被人殴打致伤案件，几年未得到处理。常委会责成公安机关尽快依法处理。该案经复查，犯罪嫌疑人依法受到惩处，维护教师的合法权益，恢复校园的正常教学秩序。

对群众举报，社会关注的案件进行法律监督。1999 年 9 月，某行政机关工作人员强制猥亵少女案，公安机关侦查后，向检察机关提请逮捕，检察院审查后，退回卷宗，引起社会的强烈不满。常委会对此十分重视，重新组织公安机关进行复查，彻底查清了受害人翻供的真实原因；责成检察院依法办案，促使检察机关依法向法院起诉。

重视代表意见，支持代表履行职责进行法律监督。1989 年 8 月和 1997 年 8 月，常委会针对人大代表提出的议案，反映的两起山林权属纠纷案，先后两次成立特定问题调查委员会。特调委深入林区、走访农户、勘查山界，查阅大量的历史材料，经过艰苦的取证工作，掌握了充实的证据。促使一起案件由丽水地区中院撤销本院民事判决和县法院民事判决书，使得一场争执、申诉 10 年之久的山林权界纠纷案件终于得到公正的处理。一起案件由常委会作出撤销政府不当的行政处理决定，有效地纠正两起错案，维护林农的合法权益。1989 年 8 月，县人大常委会成立的特定问题调查委员会在全省尚属首次成功范例，为依法行使特定问题调查权，进行法律监督积累经验。

推进监督机制建设

结合省、丽水市人大常委会的检查部署，对若干法律法规和执法部门开展执法检查和执法评议，先后对预防职务犯罪条例、法律援助条例、义务教育条例、水污染防治“一法一条例”、农业法、农产品质量安全法、村民委员会选举法和组织法、档案法、残疾人保障法、老年人权益保障法、食品安全“一法两规”等法律法规执行情况进行检查，制定《龙泉市人大常委会规范性文件备案审查暂行办法》，积极开展规范性文件备案审查工作。同时为推进法治宣传活动，作出“六五”普法决议。

按照监督法的要求，不断规范监督工作程序和行为，完善人大规范有序、务实高效的运行机制，切实增强监督实效。修订完善《常委会议事规则》《主任会议议事规则》《常委会组成人员守则》等制度，逐步建立起充满活力的组织制度和运行机制，推进人大常委会及机关制度化、规范化建设。开展监督法学习培训，举办常委会组成人员，“一府两院”、乡镇、街道等部门负责人参加的监督法专题培训会，不断提高依法监督的能力。

第三节　工作监督

对“一府两院”工作履行监督职责

1989—2010 年，市（县）人大常委会围绕市（县）域经济建设、社会发展、两个文明建设重大问题和人民群众关注的热点、难点问题，通过听取、审议“一府两院”工作报告，针对国民经济和社会发展中的重大问题听取工作汇报，提出意见和建议，突出重点，实施对“一府两院”工作监督。

社会重大发展战略工作监督

对各个时期制定的发展战略和事关长远发展事项实施监督，确保了发展战略的科学化，促进了发展战略目标的完成，保障了龙泉经济社会更好更快的发展。

对事关经济社会发展重大问题和重点建设工程项目实施监督，促进经济社会持续、快速、健康发展。

对“三农”事业开展监督，助推农业发展、农民增收，促进城乡经济社会协调发展。

计划预算与审计监督

市人大常委会对经济运行和社会发展情况进行全面监督。每年定期听取和审议上半年国民经济和社会发展计划执行情况、预算执行、审计等报告，要求政府加大投资力度，做大做强优势产业，推进经济转型升级，提高经济运行质量；要求政府落实积极的财政政策，优化财政支出结构，确保财政收支平衡；重视督促审计问题的整改。每年审查批准政府性债务收支计划的决议，规范管理政府债务收支计划。

依法治市与创建卫生文明城市监督

对依法治市、创建卫生文明城市实施监督，为全市经济社会发展营造良好的法制环境，推进卫生文明城市建设和“平安龙泉”建设进程。

重大发展举措监督

实施创业者“回归工程”作为龙泉市发展工业经济的重要举措，常委会予以高度关注和支持。听取和审议市政府关于“回归工程”建设情况报告，针对工程建设进度较慢、资金矛盾突出、基础设施建设滞后等问题，提出进一步优化服务软环境，加快基础设施建设，加大协调金融扶持力度，打造生态型工业园区等建议。市政府积极落实，建立企业落地建设服务组，出台“解决回归工程落户企业融资问题的实施方案”，进一步加强和改进各项服务措施。组织部分代表视察江滨南路西段市政工程、人民医院迁建、人民公园建设等项目，听取市政府“双十项目百日大会战”活动情况汇报，积极提出意见和建议，为推进全市重点项目建设，发挥积极作用。

环境保护热点问题处置监督

常委会针对公众环境保护意识不强、河道无序开发等问题，听取和审议市政府关于河道综合整治工作情况的报告，组织部分人大代表开展视察和调研，提出审议意见。市政府按照常委会的意见，进一步加强河道采砂权出让管理，对部分河道进行确权和整治。对代表和群众反响强烈的某砖瓦窑非法占用林用地事件，常委会督促政府及有关部门组织联合执法，及时制止违法犯罪行为，有效保护周边的生态环境。

社会民生问题监督

市人大常委会高度关注饮用水安全，连续四年将城市供水新水源建设和保护列入监督计划，通过组织代表视察和听取专项工作报告，对岩樟溪饮用水源建设和保护作出决定，要求政府科学制定岩樟溪水源地保护规划和管理办法，增强全社会保护水源意识，扎实开展水源地环境综合整治。并对集体林权制度改革、市人民医院迁建、创建国家森林城市、水污染整治、公共卫生、深化医药卫生体制改革、公共文化建设工作、义务教育工作、现代农业园区发展、提升中小学教育质量、保障性安居工程实施情况等社会民生问题进行监督。

产业经济发展监督

市人大常委会高度关注工业经济健康发展，将加强工业用地使用管理监督列为重点监督，围绕部分企业擅自改变设计、改变用途、私下交易等问题开展审议和询问，作出《关于加强工业用地使用管理的决定》，决定连续跟踪监督五年，全市工业用地使用管理整治工作取得阶段性效果。并对市招商引资工作、产业科技工作、茶产业发展工作、扶持农业龙头企业资金使用情况、旅游工作、服务业发展工作等产业经济发展问题进行监督。

第四节　人事任免

依法任免国家机关工作人员

坚持党管干部和人大依法任命干部相统一的原则，常委会制定完善国家机关工作人员任免办法，严格按照法定程序和任免条件，严把任前初审、法律考试、表态发言、审议表决、颁发任命书等环节，增强人事任免干部的规范性、合法性和严肃性。被任命干部在电视、报刊等新闻媒体上作履职承诺，接受全市人民的监督，有效提高人事任免的庄严性和透明性，增强政府组成人员的公信力。通过对被任命干部的述职评议、工作评议，执法评议，加强对任命干部任期内的监督。同时，常委会落实被任命干部向常委会报告履职情况制度，采取座谈了解、听取汇报、组织视察、民主测评等形式，对被任命干部开展述职评议、工作评议和执法评议，加强对任命干部的监督，增强任命干部的法治意识、公仆意识和自觉接受人大监督的意识。

主要任免人数

从1989—2010年市(县)人大常委会依法任免国家行政机关工作人员343人次；审判机关工作人员228人次；检察机关工作人员82人次；人大常委会机关工作人员121人次。任命代市(县)长、副市(县)长30人。接受人大常委会主任、副主任、委员辞职14人；接受市人民政府市(县)长、副市(县)长辞职23人。

第五节　指导乡镇(街道)人大工作

履行指导乡镇人大工作职责

指导乡镇(街道)人大工作是常委会的一项重要工作。1989—2010年，市(县)人大常委会根据乡镇(街道)人大工作特点,结合实际,采取多种形式、多种方法,提高乡镇(街道)人大干部的政治素质、业务知识、工作能力,为乡镇(街道)人大依法履行职责开展工作奠定良好的基础。

健全乡镇、街道人大工作机构与制度

全市16个乡镇人大、3个街道人大工委,配备专职人大主席(工委主任)或副主席(工委副主任)。乡镇人大主席团下设办公室,配备专职工作人员,从组织上保障乡镇人大工作顺利开展。

指导和帮助乡镇人大建立和完善主席团例会制度,主席团成员联系代表组制度、代表活动制度以及接待处理来信来访等制度,使乡镇人大工作走上制度化规范化的轨道。

确定乡镇人大主席、街道人大工委主任联席会议每季度召开一次,每次会议确定一个主题,做到会议与视察、工作部署、内部交流、与兄弟县市(区)交流相结合。通过互相交流学习,取长补短,促进共同进步。利用乡镇人大主席、街道人大工委主任例会等集体活动进行人大业务知识培训。积极组织参加各类人大培训班,分期分批选送乡镇、街道人大干部到省、丽水市人大干部培训班参加培训,以提高乡镇、街道人大干部的整体素质。

市人大代表小组与代表活动

把市人大代表小组开展的活动列入乡镇、街道人大年终目标责任考核内容。同时,开展争先创优竞赛活动,每年评出先进代表小组和优秀代表,予以表彰。认真组织代表开展视察调研、执法检查、评议活动,增强代表参政议政履行职责的荣誉感、使命感。

乡镇人大主席、街道人大工委主任列席常委会会议制度

常委会会议按制度邀请乡镇人大主席、街道人大工委主任列席会议,为乡镇人大、街道人大工委更好地开展工作创造条件。

指导乡镇换届选举与人代会

常委会切实加强乡镇换届选举和人代会的指导。坚持党委领导、充分发扬民主和严格依法办事相结合,深入各乡镇(街道)指导、督促、研究、解决换届选举中出现的新情况和新问题,检查指导人代会的议题、程序等,确保各项工作依法依程序推进。

第二十二篇

地方人民政府

1989年,龙泉县人民政府下辖9个区和44个乡镇。县本级政府下设44个委、办、局。1992年4月,龙泉市开始实施撤区扩镇并乡,撤销9个建制区,撤扩并后全市为9个镇8个乡。1989—2010年,市(县)本级政府机构进行较大的行政机构调整改革4次。2010年龙泉市人民政府工作机构17个。1989—2010年,经市(县)历届人民代表大会选举,履职龙泉市(县)人民政府市(县)长7人。

1989—2010年,龙泉市(县)人民政府坚定不移实施"二次创业"和"生态立市、工业强市、旅游兴市"发展战略。完善家庭联产承包责任制,建立土地流转机制,推进农业适度规模经营,增加农业投入,调整农业结构,推进农业产业化经营。推行工商业承包经营责任制,转换企业经营机制,明晰企业产权,重组投资主体,提高工业经济运行质量。引导发展第三产业,鼓励发展个体、私营经济。实施为民办实事工程,着力解决人民群众普遍关注的热点、难点问题,社会秩序稳定,城乡居民人均收入大幅提升。实施机构改革,改变机关职能,简化行政审批手续,完善政务公开制度,完善政府采购制度,强化服务功能。胜利完成"七五""八五""九五""十五""十一五"五个五年计划,推动全市经济社会各项事业健康、协调、可持续发展,使全市人民生活从温饱向小康社会迈进。

第一章　政府机构

第一节　机构设置与沿革

市(县)政府机构设置与沿革

1949—2010年，龙泉市(县)人民政府经过多轮机构变革，机构设置在不同时期有不同的增减。

1949年6月5日，龙泉县人民民主政府成立。7月1日，改称县人民政府，下设秘书室、民政科、文教科、公安局、财粮科。派出机构有八都、查田、安仁、道太、金龙5个区公所。1968年12月9日，龙泉县革命委员会成立，代行政府职权，并实行"党政合一""一元化"领导。1981年3月取消龙泉县革命委员会，恢复龙泉县人民政府，下设33个委、办、局。1990年12月26日，国务院批准龙泉撤县设市(县级)。

自1987年6月龙泉县第九届人民代表大会第一次会议至2012年2月27日市第十五届人民代表大会第一次会议召开前，先后由龙泉市(县)人民代表大会选举产生6届市(县)长、副市(县)长。根据各个时期的工作和体制改革需要设置政府组成部门，1989—2010年共进行4次政府机构改革。

乡镇(区)政府机构设置与沿革

1989年，龙泉县人民政府下辖9个区公所和44个乡镇人民政府。1992年4月，龙泉市进行撤区扩镇并乡工作，撤销城郊、锦旗、八都、道太、城北、安仁、龙南、城南、屏南9个区公所，乡镇设置由44个(镇9个、乡34个、畲族乡1个)调整为17个(其中镇9个，乡7个，畲族乡1个)。2002年4月，撤销龙渊镇建制，设立龙渊、西街、剑池3个街道办事处。至2010年全市辖8个镇、8个乡、3个街道。

市(县)人民政府领导成员

1987年至2012年，龙泉市(县)经历了从第九届至第十四届共六届政府的执政历程。每届市(县)政府市(县)长、副市(县)长依法由市(县)人民代表大会选举产生。在市(县)人民代表大会闭会期间，由市(县)人民代表大会常务委员会决定代理市(县)长、副市(县)长任免。1987—2010年，有7人任市(县)长、有38人任代市(县)长、副市(县)长。

1987年6月至2010年12月龙泉市(县)人民政府正副市(县)长一览表

表 22-1-1

届次及起止时间	职　务	姓　名	籍　贯	任职时间
第九届政府（1987.6—1990.5）	县长	赵碧春	浙江丽水	1987.6—1989.12
	代县长	柯焕然	浙江缙云	1989.12—1990.5（代县长） 1987.6—1989.11（副县长）
	副县长	周宗祥	浙江诸暨	1987.6—1990.5
		王来喜	浙江兰溪	1987.6—1990.5
		毛关福	浙江龙泉	1987.6—1990.5
		殷　明	安徽太湖	1988.12—1990.5
		许世树	浙江温州	1989.3—1990.5
第十届政府（1990.5—1993.5）	县（市）长	柯焕然	浙江缙云	1990.5—1992.11
	代市长	袁荣祥	浙江嵊泗	1992.11—1993.5
	副县（市）长	周宗祥	浙江诸暨	1990.5—1991.9
		王来喜	浙江兰溪	1990.5—1992.12
		毛关福	浙江龙泉	1990.5—1993.5
		殷　明	安徽太湖	1990.5—1992.4
		陈春明	浙江龙泉	1990.5—1993.5
		潘统文	浙江永嘉	1991.9—1993.5
		郑永年	浙江宁波	1992.6—1993.5
		任继东	江苏江都	1992.12—1993.5
		洪兴邦	浙江温州	1992.12—1993.5
		蓝资霞	浙江龙泉	1992.12—1993.5
第十一届政府（1993.5—1998.4）	市长	袁荣祥	浙江嵊泗	1993.5—1994.6
		楼志新	浙江永康	1995.5—1998.4（市长） 1995.4—1995.5（代市长） 1994.6—1995.4（副市长）
	副市长	潘统文	浙江永嘉	1993.5—1997.10
		任继东	江苏江都	1993.5—1997.10
		蓝资霞	浙江龙泉	1993.5—1997.9
		陈春明	浙江龙泉	1993.5—1995.12
		郑永年	浙江宁波	1993.5—1994.6
		沈建华	浙江绍兴	1994.6—1995.4
		周业新	浙江松阳	1995.8—1998.4
		张明决	浙江台州	1996.3—1998.2
		黄丽萍	浙江嵊县	1997.9—1998.4

续表 22-1-1

届次及起止时间	职　务	姓　名	籍　贯	任职时间
第十一届政府（1993.5—1998.4）	副市长	林健东	浙江云和	1997.10—1998.4
		周竞夫	浙江云和	1997.10—1998.4
		叶先长	浙江龙泉	1997.10—1998.4
第十二届政府（1998.4—2003.4）	市长	李会光	浙江缙云	1998.4—2001.1
		林健东	浙江云和	2001.4—2003.4（市长） 2001.1—2001.4（代市长） 1998.4—2001.1（副市长）
	副市长	周业新	浙江松阳	1998.4—2001.3
		周竞夫	浙江云和	1998.4—2001.3
		黄丽萍	浙江嵊县	1998.4—2003.4
		叶先长	浙江龙泉	1998.4—2002.12
		卢苗海	浙江安吉	1998.4—2000.8
		余建森	浙江温州	1998.4—2001.1
		梁忆南	山东济南	2001.3—2003.4
		吴善印	浙江庆元	2001.3—2003.4
		颜献劼	浙江杭州	2001.9—2003.4
		曹新民	山东垦利	2002.4—2003.4
		陈良伟	浙江龙泉	2002.12—2003.4
		雷金松	浙江遂昌	2002.12—2003.4
第十三届政府（2003.4—2007.3）	市长	林健东	浙江云和	2003.4—2004.9
		梁忆南	山东济南	2005.3—2007.3（市长） 2004.9—2005.3（代市长）
	副市长	吴善印	浙江庆元	2003.4—2004.3
		黄丽萍	浙江嵊县	2003.4—2006.10
		曹新民	山东垦利	2003.4—2007.3
		陈良伟	浙江龙泉	2003.4—2007.3
		雷金松	浙江遂昌	2003.4—2006.10
		颜献劼	浙江杭州	2003.6—2003.8
		应勇军	浙江丽水	2004.7—2006.10
		徐光文	浙江遂昌	2004.12—2006.10
		叶新亚	浙江龙泉	2004.12—2007.3
		季柏林	浙江景宁	2006.10—2007.3
		徐炳东	浙江松阳	2006.10—2007.3
		罗诗兰	浙江龙泉	2006.10—2007.3

续表 22-1-1

届次及起止时间	职　务	姓　名	籍　贯	任职时间
第十四届政府（2007.3-）	市长	梁忆南	山东济南	2007.3—
	副市长	季柏林	浙江景宁	2007.3—2009.12
		曹新民	山东垦利	2007.3—2010.4
		陈良伟	浙江龙泉	2007.3—2008.12
		叶新亚	浙江龙泉	2007.3—
		徐炳东	浙江松阳	2007.3—
		罗诗兰	浙江龙泉	2007.3—
		王奎泉	浙江义乌	2008.6—2010.6
		包新华	浙江遂昌	2009.1—
		刘赤波	浙江龙泉	2009.12—
		陈　豪	浙江青田	2010.4—
		姚　信	浙江嘉善	2010.8—

第二节　政府组成部门机构改革

政府组成部门(1989)

遵循精简、统一、效能的原则，龙泉市(县)人民政府根据各个时期的工作和体制改革需要设置政府组成部门，1989—2010年共进行4次政府机构改革。

1989年龙泉县人民政府下设县政府办公室、计划经济委员会、农业委员会、科学技术委员会、计划生育委员会、体育运动委员会、教育委员会、公安局、民政局、人事局、劳动局、统计局、财政税务局、文化局、卫生局、广播事业局、工业局、交通局、乡镇企业管理局、城乡建设环境保护局、二轻工业局、商业局、粮食局、物资局、外贸局、林业局、农业局、水利水电局、邮电局、档案局、司法局、审计局、监察局、物价局、综合开发山区经济研究中心、移民办公室、县志办公室、体制改革办公室、经济协作办公室、台湾事务办公室、华侨事务办公室、宗教事务办公室、农业区划办公室、老龄委员会，共44个委、办、局。

1992年政府机构改革

根据中共浙江省委、浙江省人民政府《关于龙泉市市级机构改革方案的批复》文件精神要求，龙泉市坚持从实际出发，按照政企分开和精简、统一、效能的原则，转变职能，理顺关系，精兵简政，提高效率，走“小机构、大服务”的路子。龙泉市政府工作机构作如下调整：

市纪委与监察局合署办公，一个机构两块牌子；保密局、信访办归入市委办，党史办为事业单位，归属市委办；机关党委并入组织部，保留机关党委牌子，原机关工委自然消失；体改办、经济研究中心并入市政府办；档案局、档案馆并为档案馆(事业单位)，归口市政府办；科委与科协合署办公，一个机构两块牌子；文化局文联合署办公，一个机构两块牌子；工商局与物价局合并为工商物价局；

体委改为体育活动中心，转为事业单位；物资局转为物资总公司；协作办转体为协作总公司；商业局、粮食局、二轻局、工业局积极创造条件组建总公司或行业公司，向经济实体逐步过渡。

经过调整后，市政府工作机构共 19 个：政府办公室、工业经济委员会、商业贸易委员会、农业经济委员会、教育科学技术委员会、公安局、民政局、财政税务局、人事劳动局、建设土地环境保护局、交通局、水利局、林业局、文化广播电视局、卫生局、计划生育委员会、计划统计局、工商物价技术监督局、审计局。

1996 年政府机构改革

根据中共丽水地委、丽水地区行署《关于龙泉市党政机构改革方案的通知》文件精神，龙泉市政府机构改革的主要任务是：按建立社会主义市场经济体制的要求，按照政企分开原则，转变职能，简政放权，理顺关系，强化规划协调、宏观管理、监督检查和服务保障职能，弱化微观管理职能，调整归并业务相近和职能交叉重复的机构，将部分有条件的专业经济部门转为经济实体，精简内设机构和人员。龙泉市政府工作机构作如下调整：

经济体制改革办公室改称为经济体制改革委员会（经济与社会发展研究中心）与市政府办公室合署,市政府办公室增挂外事办公室牌子；法制科仍为市府办内设机构，对外挂市政府法制局牌子。撤销计划经济委员会，成立计划委员会、经济委员会。撤销标准计量局，成立技术监督局，与计划委员会合署。乡镇企业管理局、医药管理局与经济委员会合署。撤销工业局、二轻局，手工业联社暂时保留，在经委挂牌、其行政职能划转经委。撤销农业经济委员会，成立农村工作办公室，同时挂市委农村工作办公室牌子。财政局和地方税务局合署，并增挂国有资产管理局牌子。撤销城乡建设环境保护局，成立建设局和环境保护局，合署办公，一个机构两块牌子。人事局与劳动局合并为人事劳动局。市机构编制委员会办公室是机构编制委员会的常设办事机构,也是市委、市政府主管机构编制工作的机构，挂靠人事劳动局。工商行政管理局和物价局分设。商业局、物资局成建制转为经济实体，其行政管理职能移交市政府有关部门。成立地质矿产局，为市政府直属事业单位。体育事业中心改称为体育事业发展局，转为市政府直属事业单位；广播电视局和经济技术协作办公室转为市政府直属事业单位。供销社不列入市政府工作机构序列。

经过调整后，市政府工作机构共 27 个：政府办公室（经济体制改革委员会）、计划委员会（技术监督局）、经济委员会（乡镇企业管理局、医药管理局）、农村工作办公室、农业局、林业局、水利水电局、教育委员会、科学技术委员会、卫生局、计划生育委员会、文化局、建设局（环境保护局）、民政局、人事劳动局、财政局（地方税务局）、交通局、审计局、土地管理局、监察局、公安局、司法局、粮食局、工商行政管理局、物价局、对外贸易经济合作局、统计局。

2001 年政府机构改革

根据中共丽水市委、丽水市人民政府《关于龙泉市党政机构改革方案的通知》文件精神，龙泉市市政府机构设置作如下调整：

综合经济部门：不再保留计划委员会，组建发展计划局；不再保留经济委员会，组建经济贸易局；保留财政局。国有资产管理局的职能并入财政局，不再保留牌子。

专业经济管理部门:保留建设局、交通局、农业局、林业局、粮食局，水利水电局更名为水利局，农村工作办公室与农业局合署办公。物价局改为发展计划局管理的机构；对外贸易经济合作局并入经济贸易局，挂对外贸易经济合作局牌子；乡镇企业局更名为中小企业局，并入经济贸易局，对外挂中小企业局牌子。

执法监督部门：设置环境保护局，由丽水市环境保护局和龙泉市政府双重领导，以龙泉市政府领导为主。

社会管理和政务部门：保留市政府办公室（挂政府外事办公室、政府法制办公室牌子）、监察局、民政局、公安局、司法局、卫生局、审计局、统计局、教育委员会更名为教育局，科学技术委员会更名为科学技术局，计划生育委员会更名为计划生育局；不再保留文化局和原事业机构体育事业发展局、广播电视局，组建文化体育广播电视局，新闻出版的行政管理职能由该局承担；不再保留人事劳动局，组建人事劳动社会保障局。将民政局承担的农村养老保险、卫生局承担的公费医疗管理、医疗保险制度改革领导小组办公室承担的医疗保险制度改革职能划入人事劳动社会保障局。

不再保留土地管理局和原事业机构地质矿产局，组建国土资源局。建立经济体制改革委员会，为市政府高层次议事机构，原体改委改为经济体制改革委员会的办事机构，并承担区域内经济与社会发展研究工作，原经济与社会发展研究中心牌子不再保留；人民防空办公室为市国防动员委员会的办事机构，也是市政府人民防空工作的主管部门；原在地方设置，现改省部门直属机构的，根据省有关规定作相应调整和设置。

调整后，市政府共设置 23 个工作机构（监察局与纪检委机关合署办公，民族宗教事务局与统一战线工作部合署办公，不计政府机构数），其中部门管理 1 个（物价局），另设议事协调机构的办事机构 2 个（经济体制改革委员会、人民防空办公室）。

2005 年政府机构改革

根据中共丽水市委办公室　丽水市人民政府办公室《关于〈印发龙泉市深化完善政府机构改革方案〉的通知》精神，市政府部门作如下调整：

龙泉市政府不单独设置国有资产监管机构，由市财政局履行国有资产出资人职责，承担国有资产管理职责，加强对国有资产的监管工作。

将市发展计划局改组为市发展和改革局，为市政府工作部门。承担综合研究拟定经济和社会发展政策、主管物价和粮食管理工作、指导经济体制改革的职能。撤销市经济体制改革委员会办公室，将其承担的职能划入市发展和改革局。

将市文化体育广播电视局改组为市文化广电新闻出版局，为市政府工作部门，统一履行文化、广播电视、新闻出版等行政管理职能。同时，设立市体育局，与市文化广电新闻出版局合署办公。

在市药品监督管理局的基础上，组建市食品药品监督管理局，仍实行省以下垂直管理。市食品药品监督管理局继续行使药品监管职能，划入市卫生局承担的保健品许可的相关职能，增加对食品、保健品、化妆品安全管理的综合监督、组织协调和依法组织开展对重大事故查处的职能。

组建市安全生产监督管理局，为市政府工作部门。承担安全生产综合监管和行政执法职能。市经济贸易局承担的指导全市安全生产工作、协调处理重大安全事故的职能划入市安全生产监督管理局。

将市计划生育局更名为市人口和计划生育局，为市政府工作部门。

将市风景旅游局列入市政府工作部门序列。

将原在市政府办公室挂牌的市政府法制办公室改为与市政府办公室合署办公。

将原为市政府工作部门的粮食局改为部门管理机构，由市发展和改革局管理。

经过上述调整，龙泉市政府设置工作部门 24 个（市监察局与市纪律检查委员会机关合署办公，市民族宗教事务局与市委统战部合署办公，列入市政府序列，不计入市政府机构个数）、另设部门管理机构 2 个，议事协调机构的常设办事机构 1 个。

至 2010 年末，龙泉市政府部门有 27 个，下设 165 个科室。

2010 年政府组成部门机构设置与人员编制

截至 2010 年，龙泉市政府部门在 2005 年机构改革基础上，严格执行部门设置和人员编制管理，各组成部门内设机构及编制见下表：

2010 年龙泉市人民政府各组成部门内设机构及编制一览表

表 22-1-2　　　　单位：人

序号	部门名称	内设机构	编制
1	政府办公室（法制办合署）	秘书科、综合一科、综合二科、信息科、市政府督查室、行政保卫科、财务科	42
2	发展和改革局（粮食局）	办公室、政策法规科（稽查办、监察室）、发展规划科（社会发展科、农村经济发展科）、投资科（重点办、前期办、外资科、基础产业科）、产业科（高新技术产业科、信息产业科、财金经贸流通科）、粮食科、体改科	23
3	经济贸易局	办公室、人事教育科（监察信访室）、综合科、资源能源科、企业科、中小企业科（二轻科）、外贸管理科、技术改造与投资科	32
4	教育局	办公室、人事科（纪检监察科）、计划财务科、基础教育科（教育督导室）、职业教育科（成人教育科）	16
5	科学技术局	办公室、科技计划科（星火计划办公室）、科技综合科	9
6	民族宗教事务局（与统战部合署）（不计个数）	办公室、干部党派工商科、侨台事务科、民政宗教科	10
7	公安局	政治处（宣传科）、办公室（信访室）、监察室（审计室）、警务督察队、指挥中心、办证中心、法制科、后勤科、出入境管理科、国内安全保卫大队、治安大队、警卫科、刑事侦查大队（禁毒大队）、经济犯罪侦查大队、公共信息网络安全监察大队（信息通信科）、看守所（治安拘留所）、派出所[龙渊街道（含城北警务室）、西街街道、剑池街道（含兰巨警务区）、八都、小梅（含查田、屏南警务区）、安仁（含龙南警务区）、锦旗（含住龙警务区）、上垟（含宝溪警务区）、道太、水上派出所、交通巡逻警察大队（公路巡逻民警大队）	260
8	监察局	办公室（与监察综合室合署办公）、调研教育室、执法监察室（与优化经济发展环境投诉中心合署办公，并挂"市优化经济发展环境投诉中心"牌子）、党风廉政室（与市委、市政府反腐办、市政府纠风办合署办公，并挂"市委、市政府反腐败斗争联席会议领导小组办公室"、"市政府纠正部门和行业不正之风办公室"的牌子）、信访室（市政府行政监察举报中心）、案件审理室、纪检监察室	24

续表 22-1-2

序号	部门名称	内设机构	编制
9	民政局	办公室、社会救济福利科、优抚安置科（市双拥办公室、市退伍军人和军队离退休干部安置领导小组办公室）、社会事务科（市革命老区建设办公室、市民间组织管理领导小组办公室、市地名委员会办公室）	16
10	司法局	政工科、办公室、法制宣传教育科（市普法办公室）、行政法制科、基层工作管理科、两劳回籍人员管理科、公证管理科（公证处）、法律援助中心，下设龙渊街道办事处、剑池街道办事处、西街街道办事处、八都镇、小梅镇、安仁镇、锦溪镇、道太乡、城北乡9个基层司法所	35
11	财政局	预算科（国库科）、综合计划科、会计管理科、行政事业科（社会保障科）、农业科（农业税收征收管理科）、经济建设科、国有资产企业管理科、监督检查科	23
12	人事劳动社会保障局	办公室、公务员管理科（市军队转业干部安置工作领导小组办公室）、政策法规科（劳动力管理监察科、市人事仲裁委员会办公室、市劳动仲裁委员会办公室）、人才培训管理科（市职称改革领导小组办公室）、工资福利科（市工资制度改革领导小组办公室、市退休干部管理委员会办公室）、社会保险科（市劳动鉴定委员会办公室）、机构编制管理科	22
13	国土资源局	办公室、法规监察科、土地规划耕地保护科、地籍管理科、土地利用管理科、矿产资源管理科、地质环境科	19
14	建设局	办公室、计划财务科、建筑业管理科、城市公用事业管理科、住宅和房地产业管理科、城乡规划科	21
15	交通局	办公室、工程管理科、运输管理科（市渡口安全管理办公室）、路政法制科	16
16	农业局	办公室、科教信息科（产业科）、农村经营管理科（市农民负担监督管理办公室）、农政科	8
17	林业局	办公室、人教科（纪检监察室）、林政科、营林科（经济特产科、市绿化委员会办公室）、计财科、产业科	16
18	水利局	办公室、规划与计划科、建设与管理科、水政与水资源科（增挂市水土保持委员会办公室）、渔业与渔政科（增挂渔政渔船管理办公室）	17
19	文化广电新闻出版局（体育局）	办公室、社会文化科（文物科）、广播电视科、文化市场管理科（新闻出版科）、群众体育科	16
20	卫生局	办公室、业务科、财务科	11
21	人口和计划生育局	办公室、政策统计科（流动人口管理科）、宣传技术科	12
22	审计局	办公室、财政审计科、经贸金融审计科、行政事业社保审计科（经济责任审计科）、基建农业审计科	16
23	环境保护局	办公室、综合管理科、自然生态科	7
24	统计局	办公室、综合统计科、专业统计科（法规督查科）	11
25	安全生产监督管理局	办公室（政策法规科）、矿山安全监察科（综合安全监督管理科）、危险化学品安全监督管理科	10
26	风景旅游局	办公室、规划开发科、行业管理科	8
27	人民防空办公室	无内设机构	3

第三节　乡镇人民政府

乡镇人民政府(街道办事处)设置与演变

1989年初,全县设9个区、1个区级镇,36个乡、7个乡级镇,442个行政村;至2010年末,全市辖8个镇、8个乡、3个街道,辖13个社区、444个行政村。

乡镇人民政府主要职责

乡镇人民政府设乡镇长1名,副乡镇长若干名。正、副乡镇长由乡镇人大会议选举产生,实行乡镇长负责制。主要议事制度有:政府全体会议、乡镇长办公会议。主要职责:贯彻执行党和国家的有关方针、政策、法律法规,调查研究并制订适合本乡镇实际的具体政策和措施。研究提出乡镇经济和社会发展战略,制定中长期规划和年度计划,以及区域布局、城镇化等专项规划。负责乡镇经济和社会发展规划、计划的衔接平衡,制定并组织实施项目建设、村镇建设的计划和措施。积极引导和推进工业和商业经济的发展进步,做好农村社会经济统计工作。完善农村经营体制结构调整工作。紧密结合农村税费改革,加强和改善党对农业、农村工作的领导,加强农业社会服务体系建设,指导协调农业生产和农村各种经营。依法配合土地行政管理部门做好乡镇土地利用总体规划和管理工作,切实保护农田耕地。研究提出科技兴乡(镇)发展战略,负责制订和组织实施乡镇计划生育、九年制义务教育、卫生、广播电视、文化体育工作计划和科技创先工作。编制乡镇财政预决算计划,协助财税部门做好税收的征管,做好经费的划拨和核算工作,并指导协调、监督农村合作经济组织的财务会计和审计工作,负责指导对村级财务的监督检查,巩固和发展农村集体经济。负责做好兵员征集、军属优抚、救灾救济、扶贫优抚、残疾人、农村养老保险、殡葬管理工作,落实好最低生活保障工作。承办市政府及其工作部门交办的其他事项。

2002年,乡镇人民政府进行机构改革,乡镇机关设5个职能办公室,即党政办公室、经济发展办公室、社会事业办公室(挂计划生育办公室牌子)、综合办公室(挂社会治安综合治理办公室牌子、乡镇司法所与其合署办公)、财政办公室(乡镇财政所与其合署办公)。

街道办事处主要职责

街道办事处是市政府的派出机构,设主任1名,副主任若干名,由市政府发文任命。主要职责:宣传贯彻执行党和国家的路线、方针、政策、法律法规和上级党委、政府的决定、命令、指示,完成市政府交给的各项工作任务。加强城市管理,负责组织实施和督促检查辖区范围内的城市管理工作;发动群众开展爱国卫生运动,搞好居民小区管理工作,创建文明卫生城市。加强街道经济建设,制订经济发展规划;优化升级农业产业结构,大力发展二、三产业,积极引导和发展非公有制企业;负责对集体经济、集体资产的检查、监督和管理,协助搞好财税征管工作。加强居(村)民委员会建设,指导和帮助社区居民委员会和村民委员会依法自治,促进居(村)委会的组织建设和制度建设。向市政府反映居(村)民和辖区各单位的意见和建议,办理人民群众的来信来访事项。负责街道社会治安综合治理，做好调解工作；加强对违法青少年的帮教转化工作；保护老年人、妇女、儿童和残疾人的合法权益。积极开展社区服务活动，组织群众性的文化体育活动；协助有关部门做好社会救助、扶贫助残、殡葬改革、劳动力管理、计划生育、流动人员管理、土地管理、环境保护等工作。街道办事处设5个职能科室，即党政办公室、经济发展科、社会事业科（挂计划生育办公室牌子）、综合科（挂社会治安综合治理办公室牌子、司法所与其合署办公）、财政办公室（财政所与其合署办公）。

第二章　重要会议

第一节　政府会议制度

龙泉市（县）人民政府实行市（县）政府全体会议、市（县）政府常务会议、市（县）长办公会议、市（县）政府专题会议制度，讨论、决定、实施市（县）内重大事宜。

市（县）长办公会议根据需要不定期召开，会议由市（县）长、副市（县）长、市（县）长助理、市（县）府办主任组成，副主任、市政府有关部门、有关乡镇（街道）主要负责人列席，由市（县）长或市（县）长委托主持工作的副市（县）长召集和主持。市（县）长办公会议的主要任务是：传达和研究贯彻上级政府或有关部门召开的全局性工作会议精神；研究确定市（县）政府日常工作中事关全局、需要统筹安排的事项；研究市（县）政府召开的全市性重要会议的准备事项；研究提交市（县）政府全体会议、市（县）政府常务会议讨论的事项；研究向上级政府领导或上级政府有关部门负责人汇报工作等有关事项；研究处理市（县）政府日常工作中的其他具体业务事项；听取市（县）政府领导重要的出国访问或赴外地考察情况汇报等。

市（县）政府专题会议由市（县）长、副市（县）长、市（县）长助理、办公室主任或受上述领导委托的办公室副主任召集并主持。根据会议内容召集有关单位负责人参加，根据工作需要视情召开。议题由市（县）长、分管副市（县）长或办公室主任、副主任确定，主要议题有：研究处理属于市（县）长、副市（县）长分管职责范围需要统筹协调的业务事项；研究处理属于市（县）政府既定工作安排，需组织实施的业务事项；研究处理全市（县）重要活动和具体问题的协调实施事项；研究突发性事件的处理意见；研究处理上级党委、政府领导或市（县）委、市（县）政府主要领导对涉及面较广的具体问题所作重要批示的贯彻落实意见；研究处理市（县）政府日常工作中的其他具体业务事项。

第二节　市（县）政府全体会议

政府全体会议成员由市（县）长、副市（县）长、市（县）长助理、政府组成部门各委、办、局主任（局长）组成，由市（县）长或市（县）长委托主持工作的副市（县）长召集和主持。市（县）政府全体会议的主要任务是：传达和研究贯彻上级党委、政府及市（县）委的重要指示和决定；讨论决定市（县）政府工作中的重大事项；部署市（县）政府重要工作；通报有关全市（县）工作的重要情况；一般每半年召开一次。龙泉市 1989—2010 年第 9~14 届人民政府共召开 28 次政府全体会议。

1989—2010 年龙泉市（县）人民政府全体会议一览表

表 22-2-1

政府届次	次数	时间	会议主题
第九届（1987.6—1990.5）	2	1989.2.13	总结去年工作，提出今年工作目标、任务和要求
		1989.7.15	贯彻十三届四中全会精神，统一思想，同心同德，迎着困难上，大干下半年，力争全年任务的完成，夺取各项工作的胜利
第十届（1990.5—1993.5）	4	1990.7.20	第十届政府第一次全体会议：总结上半年经济工作经验，部署下半年经济工作。县委副书记、县长柯焕然作《认清形势 统一思想 艰苦奋斗 再接再厉 为完成全年各项经济任务而奋斗》的报告
		1991.3.9	第十届政府第二次全体会议：贯彻全省计划经济工作会议精神，部署今年国民经济和社会发展工作任务
		1991.8.14	第十届政府第三次全体会议：回顾总结上半年工作，通报经济形势，部署下半年经济工作。市委副书记、市长柯焕然作《认清形势 转变作风 扎实工作 为实现全年经济和社会发展总目标而努力》的报告
		1992.2.27	第十届政府第四次全体会议：总结去年工作，部署今年工作。市委副书记、市长柯焕然作《解放思想 扎实工作 为夺取九二年工作的新胜利努力奋斗》的报告
第十一届（1993.5—1998.4）	7	1993.7.9	第十一届政府第一次全体会议：通报上半年经济形势，分析存在问题，部署下半年经济工作。市委副书记、市长袁荣祥作《统一认识 集中精力 狠抓落实 努力加快我市经济建设步伐》的报告
		1994.3.5	第十一届政府第二次全体会议：部署全市经济工作，讨论《政府工作报告》。市委副书记、市长袁荣祥作《深化改革 强化基础 拓宽市场 提高质量 推进龙泉经济持续、快速、健康发展》的报告
		1994.7.26	第十一届政府第三次全体会议：以邓小平同志建设有中国特色社会主义理论为指针，回顾上半年和部署下半年政府工作，进一步认清形势，明确任务，落实措施，振奋精神，同心协力，把政府工作做得更好
		1995.7.25	第十一届政府第四次全体会议：市委副书记、市长楼志新要求各级各部门、各乡镇的领导同志要强化全局观念，自觉维护党中央、国务院权威，确保市委、市政府政令畅通
		1996.8.29	第十一届政府第五次全体会议：以邓小平同志建设有中国特色社会主义理论和党的基本路线为指针，贯彻落实市委九届九次全会精神，部署下半年工作。市委副书记、市长楼志新作《团结鼓劲 奋发有为 扎扎实实做好下半年各项工作》的报告

续表 22-2-1

政府届次	次数	时间	会议主题
第十一届（1993.5—1998.4）	7	1997.3.25	第十一届政府第六次全体会议：传达省、地经济工作会议精神，部署今年工作任务，推进两个转变，进一步提高经济运行质量和效益，进一步加强精神文明建设。市委副书记、市长楼志新作《把握大局 突出重点 狠抓落实 稳中求进 紧紧围绕两个转变做好今年政府工作》的报告
		1997.8.8	第十一届政府第七次全体会议：总结上半年工作，部署下半年任务。市委副书记、市长楼志新作《勤恳务实 苦干实干 为圆满完成全年工作任务而奋发努力》的报告
第十二届（1998.4—2003.4）	6	1998.7.15	第十二届政府第一次全体会议：市委副书记、市长李会光作《正确把握宏观形势，切实改进政府工作》的报告
		1999.2.26	第十二届政府第二次全体会议：贯彻落实党的十五届三中全会、中央经济工作会议以及省第十次代表大会精神，分析形势，确定全年经济发展任务。市委副书记、市长李会光作《认清形势 明确目标 同心同德 知难而进 扎扎实实做好九九年各项工作》的报告
		2000.2.24	第十二届政府第三次全体会议：按照省委“抓落实、重提高、促发展”要求，部署世纪交替之年经济工作任务，积极促进经济总量的不断扩大，进一步夯实跨世纪发展的基础，加速工业化，推进城市化，保持国民经济持续快速健康发展。市委副书记、市长李会光作《抓住机遇 扩大总量 优化结构 夯实基础 促进我市国民经济新一轮发展》的报告
		2000.8.9	第十二届政府第四次全体会议：贯彻落实市委十届五次全会精神。市委副书记、市长李会光作《突出重点 狠抓落实 全面完成今年经济工作各项任务》的报告
		2001.7.2	第十二届政府第五次全体会议：动员各级政府、政府各部门以及全体干部进一步转变职能作风，推进全市经济加速发展。市委副书记、市长林健东作《转变政府职能 提高服务水平 推进经济加速发展》的报告
		2002.2.26	第十二届政府第六次全体会议：贯彻落实市委十届九次全体（扩大）会议精神。市委副书记、市长林健东作《明确目标 扎实工作 抓住机遇 趁势而上 全面推进我市经济社会新发展》的报告
第十三届（2003.4—2007.3）	5	2004.2.9	第十三届政府第一次全体会议：贯彻落实市委十一届三次全体（扩大）会议精神。市委副书记、市长林健东作《明确目标 扎实工作 全面推进我市经济社会新发展》的报告
		2005.1.18	第十三届政府第二次全体会议：全面贯彻党的十六届三中、四中全会，中央经济工作会议、省委十一届七次全会、全省经济工作会议和丽水市委一届十二次全会精神，回顾总结2004年工作，研究部署2005年工作
		2005.12.30	第十三届政府第三次全体会议：深入贯彻落实省委省政府“八八战略”和丽水市委市政府“三市并举”战略。市委副书记、市长梁忆南作《振奋精神 狠抓落实 全力推进龙泉经济社会集聚发展》的报告
		2006.4.7	第十三届政府第四次全体会议：市委副书记、市长梁忆南作《强化项目争取意识 提高项目管理能力 加速市域经济发展》的报告

续表 22-2-1

政府届次	次数	时间	会议主题
第十三届 (2003.4—2007.3)	5	2006.9.1	第十三届政府第五次全体会议：总结前阶段政府工作，分析当前宏观经济形势，突出重点，安排下阶段各项任务。市委副书记、市长梁忆南作《团结奋进　埋头苦干　狠抓落实　确保全年经济社会发展目标任务圆满完成》的报告
第十四届 (2007.3—2012.3)	4	2007.7.31	第十四届政府第一次全体会议（市委十二届三次全会）：认真学习贯彻胡锦涛总书记"6•25"重要讲话及省十二次党代会精神，回顾总结上半年工作，研究部署下半年工作任务，进一步动员全市广大干部群众广泛开展"学习周生佑、工作争一流"活动，确保年度目标任务如期完成，为建设美好新龙泉开好局起好步。市委书记赵建林代表市委、市政府作《学习周生佑　工作争一流　为全面完成年度目标任务而努力奋斗》的报告
		2008.7.23	第十四届政府第二次全体会议（市委十二届五次全会）：回顾总结上半年工作，研究部署下半年工作任务，动员全市广大干部群众弘扬抗震救灾精神，众志成城，攻坚克难，确保年度目标任务胜利完成,全面加快创造美好新龙泉步伐。市委书记赵建林代表市委、市政府作《众志成城　攻坚克难　确保年度目标任务全面完成》的报告
		2009.7.24	第十四届政府第三次全体会议（市委十二届七次全会）：总结上半年工作，部署下半年任务，进一步动员全市广大干部群众咬定目标不动摇，化解危机不松劲，科学发展不停步。市委书记赵建林代表市委、市政府作《保增长，保民生，保和谐，向新中国成立60周年和龙泉置县1250周年献礼》的报告
		2010.8.6	第十四届政府第四次全体会议（市委十二二届九次全会）：学习贯彻省委十二届七次全会和丽水市委二届十三次全会精神，总结上半年工作，部署下半年工作。市委书记赵建林代表市委、市政府作《奋起直追　奋发有为　创造优异成绩庆祝撤县设市20周年》的报告

第三节　政府常务会议

政府常务会议职责

政府常务会议成员由市（县）长、副市（县）长、市（县）长助理、市（县）府办主任组成，由市（县）长召集和主持。一般每月召开一次，如有需要可临时召开。根据需要可安排有关部门、单位负责人列席会议。政府常务会议的主要任务：传达和研究贯彻上级党委、政府及市（县）委的重要指示和决定；传达和贯彻市（县）人大及其常委会的决议；讨论决定市（县）政府工作中的重要事项；审议规范性文件草案；通报和讨论市（县）政府其他重要事项。

第九届政府常务会议

1987年6月至1990年5月，县第九届政府共召开常务会议33次。1989年4月16日，县政府第二十四次常务会讨论研究工业生产、交通建设、春耕生产、计划生育以及县九届人大四次会议和县政协二届三次会议的建议意见和提案办理等问题。7月31日，县政府第二十六次常务会讨论通过《关于鼓励木材加工的若干具体规定》和《关于促进龙泉工业发展的若干奖励政策》。8月14日，县政府第二十七次常务会讨论《关于推行"农转非"公开监督制度的实施意见》；决定聘请汪宝根同志为县政府法律顾问；研究清退无计划临时工。12月26日，县政府第三十一次常务会讨论研究《关于认真贯彻五中全会精神，实现工业持续稳定协调发展的决定》《关于强化农业基础，推进农业进步的决定》《关于进一步抓紧抓好计划生育工作的决定》《关于加强科技工作的若干规定》《关于建立健全"两个提留，一个积累"制度的通知》《关于鼓励木材加工的若干规定》《关于加强供销工作的若干规定》《关于进一步完善工商企业承包经营责任制的实施意见》等。1990年3月29日，县政府第三十三次常务会讨论通过《关于促进流通企业发展的若干奖励规定》。

第十届政府常务会议

1990年5月至1993年5月，市(县)第十届政府共召开常务会议24次。1990年6月26日，县政府第一次常务会讨论通过《县人民政府工作规则》。1992年3月4日，市政府第十四次常务会议研究财税体制、金融、工商管理及边界贸易等方面政策，进一步解放思想，加大改革开放的力度，搞活经济，促进生产力发展。5月23日，市政府第十五次常务会议暨市长现场办公会议研究加快茶丰小五金市场的兴建步伐，查田釉面砖厂、青溪建筑陶瓷厂等的扩建、技改项目和加快八都边界贸易市场、市程控电话和八都自来水厂的建设等问题。7月25日，市政府第十七次常务会研究教育布局调整、土地拍卖和房改工作，讨论通过《关于调整城市区划范围的报告》和《关于企业实行厂长规模效益工作若干政策》。11月18日，市政府第十九次常务会议研究通过《龙泉市城市房屋拆迁管理实施办法》《关于调整征收城市基础设施配套费规定》和《龙泉市村镇建设配套设施建设费》。1993年1月16日，市政府召开第二十一次常务会议，研究木材流通政策，要求林业部门按照分步到位的思路，按收购价引进竞争机制，销售价放开原则，制定具体的实施办法；研究同意对农林特产品实行源头征税相关政策。1993年2月21日，市政府召开第二十三次常务会，专题研究1993年度粮食生产政策。

第十一届政府常务会议

1993年5月至1998年4月，市第十一届政府共召开常务会议34次。1994年2月21日，市政府召开第十一次常务会，强调政府工作一定要增强依法行政的意识，特别是市政府出台规范性文件时，法制科一定要参与；讨论通过《龙泉市城市规划建设管理办法》。5月10日，市政府召开第十五次常务会议，讨论《发展乡镇工业、个体私营企业有关政策意见》；同意以兰花作为龙泉市市花，提请市人大常委会审议。1996年3月8日，市政府召开第二十三次常务会议，讨论通过《龙泉市国民经济和社会发展"九五"计划和2010年远景目标纲要》。1996年11月22日，市政府召开第二十七次常务会议，讨论审议《中共龙泉市委、市人民政府关于实施科教兴市战略、加速科技进步的决定》。1997年4月16日，市政府召开第二十九次常务会议，讨论通过《龙泉市科学技术'九五'发展规划》和《关于加强全市科技人才工作若干意见》。1997年8月22日，市政府召开第三十一次常务会议，讨论通过《龙泉市国税、地税机构分设方案》和《龙泉市人民政府工作规则》。1997年9月2日，市政府召开第三十二次常务会议，讨论通过《关于推进我市国有、集体企业产权制度改革的若干意见》。

第十二届政府常务会议

1998年4月至2003年4月，市第十二届政府共召开常务会议42次。1998年4月20日，市政府召开第一次常务会议，讨论通过《关于进一步完善乡镇财政管理体制的意见》。9月8日，市政府召开第六次常务会议，讨论通过《龙泉市人民政府对下级报告、请示的暂行处理办法》和《龙泉市建立统一的企业职工基本养老保险制度的实施办法》。1999年7月2日，市政府召开第十二次常务会议，讨论通过《关于鼓励毛竹加工企业加快发展的若干政策》和《关于粮食系统产权制度改革实施办法》。2001年5月26日，市政府召开第二十四次常务会议，讨论通过《"退二进三"深化集体企业改革实施办法》。9月25日，市政府召开第二十八次常务会议，讨论通过《龙泉市"十五"科技发展规划》。2002年1月18日，市政府召开第三十二次常务会议，讨论通过《2002北京·中国龙泉青瓷宝剑精品展总体方案》。7月25日，市政府召开第三十七次常务会议，讨论通过《全国第七届陶瓷艺术设计创新评比暨中国新世纪陶瓷艺术展筹备方案》。8月20日，市政府召开第四十次常务会议，讨论通过《龙泉市名校长、名师、学科带头人奖励办法》。2003年2月26日，市政府召开第四十一次常务会议，讨论通过《龙泉市高山深山农民下山脱贫办法》。

第十三届政府常务会议

2003年4月至2007年3月，市第十三届政府共召开常务会议36次。2004年2月20日，市政府召开第八次常务会议，讨论通过《龙泉市绿色生态农业示范县建设规划》。10月20日，市政府召开第十四次常务会议，讨论通过《龙泉市部分行政审批项目全程办事代理制实行办法》和《龙泉市基本建设项目企业技术改造项目外商投资并联审批暂行办法》。2005年3月31日，市政府召开第十八次常务会议，讨论通过《龙泉市进一步加快乡村康庄工程建设实施意见》《关于加快竹木产业发展的实施意见》和《关于加快茶叶产业发展的实施意见》。4月25日，市政府召开第十九次常务会，讨论通过《关于加快工业经济发展的若干意见》《进一步加强和改善招商引资工作的若干意见》和《关于金融部门支持经济发展的若干意见》。2006年4月6日，市政府召开第二十八次常务会议，讨论通过《龙泉市"开放推动年"工作实施意见》《关于深入实施工业强市、加快工业经济发展的若干意见》。11月30日，市政府召开第三十三次常务会议，讨论通过《关于进一步加快旅游产业发展的若干意见》。2007年1月30日，市政府召开第三十五次常务会议，讨论通过《实施"12345"工业追赶计划，推进工业经济跨越式发展的若干意见》。

第十四届政府常务会议

2007年3月至2012年3月，市第十四届政府共召开常务会议45次。2008年5月8日，市政府召开第十二次常务会议，讨论通过《关于推进工业经济大追赶发展的若干意见》。8月12日，市政府召开第十五次常务会议，讨论通过《龙泉市低丘缓坡综合开发利用规划》和《龙泉市林地保护规划》。9月17日，市政府召开第十六次常务会议，讨论通过《浙江龙泉工业园区控制性详细规划》(2008—2020)》。2009年3月25日，市政府召开第二十一次常务会议，讨论通过《关于加快工业转型升级的若干意见》和《关于加快推进农村改革发展促进农民持续增收的实施意见》。4月22日，市政府召开第二十二次常务会议，讨论通过《龙泉市创建省级生态市实施意见》。8月26日，市政府召开第二十七次常务会议，通过《龙泉市市域总体规划(2006—2010)》。2010年5月7日，市政府召开第三十三次常务会议，研究通过《关于在全市开展生态文明村创建工作的实施意见》和《关于深化医药卫生体制改革的实施意见》。6月28日，市政府召开第三十四次常务会议，研究通过《龙泉市土地利用总体规划(2006—2020年)》。8月3日，市政府召开第三十五次常务会议，研究通过《龙泉市汽车(空调)零部件科技创新服务平台建设实施方案》。10月14日，市政府召开第三十五次常务会议，研究通过《关于加快发展服务业的实施意见》。

第三章　政府工作

第一节　施政活动

政府施政

从第九届人民政府到第十四届人民政府(1987—2012年)，二十几年间，龙泉市(县)人民政府坚持改革开放，扎实推进龙泉各项社会事业发展，在工业、农业和文化教育、医疗卫生等各方面都取得迅速发展，使龙泉的地方综合实力和人民的生活水平都得到显著提高，城乡的社会面貌发生了巨大的变化。

第九届人民政府

县第九届人民政府(1987年6月至1990年5月)贯彻执行中国共产党第十三次全国代表大会以来的路线、方针、政策，坚持“一个中心，两个基本点不动摇”，旗帜鲜明的做好制止动乱、稳定社会工作。扎实开展治理整顿、深化改革等各项工作，全县国民经济呈现持续、稳定、协调发展的局面。1989年全县实现国内生产总值3.28亿元，比1986年增长42.3%；工农业总产值2.45亿元，比1986年增长26.4%；社会商品零售总额1.56亿元，比1986年增长46%；外贸收购总值1829万元，比1986年增长1.2倍；财政收入4084万元，比1986年增长53.7%；农村人均纯收入三年平均565元，比1986年增长4.6%。

治理整顿　通胀势头有效抑制，1989年全县货币净投放同比减少88%；城乡人民储蓄逐步上升，1989年城乡储蓄存款余额1.19亿元，比上年末增长2090万元；零售物价指数明显回落，1989年比1988年下降11.5个百分点；市场秩序明显好转，清理整顿54家公司，撤销6家，降级改名5家。

经济体制改革　完善农村“两提留一积累”办法和措施，全面实施企业内部“工效挂钩”机制，农业税征收实行“承包征收、包干结算”，行政事业经费实行“预算包干”制度。

重点项目建设　县铅锌矿扩建工程和县农机厂、工具厂等一批工业重点工程和技改项目建成。

完成瑞洋电站第一期工程和大赛电站增容，建成龙瑞110千伏高压输电线路和龙渊、查田、安仁变电所等输变电设施，37个乡(镇)并入电网。投入公路交通建设资金1541万元，增加公路里程137.7千米，实现乡乡通公路。完成城镇市政建设项目25个，新增水泥路面1.6万平方米；县自来水厂一期扩建工程完工；东大桥、博物馆、殡仪馆、运动场建成；环城路路面改造完工。基本实现长途、市话、农村电话联网。

社会事业　代料香菇栽培获省级星火项目，三年排除中小学危房27240平方米，危房率下降到0.2%，受到省人民政府嘉奖。农村电影普及率达95%，“四苗”(卡介苗、脊髓灰质炎疫苗、百白破三联疫苗、麻疹疫苗)覆盖率达89.2%。

第十届人民政府

市第十届人民政府(1990年5月至1993年5月)贯彻党的基本路线，依靠广大干部群众，锐意进取，团结拼搏，取得改革开放和社会主义现代化建设的新成就。1992年，全市实现国内生产总值5.49亿元，比1989年增长36.2%；工农业总产值8.63亿元，比1989年增长71.2%；社会商品零售总额2.09亿元，比1989年增长33.1%；外贸收购总额4138万元，比1989年增长126%；农村人均纯收入达909元，比1989年增长42.3%；

改革开放　确定“稳农富民、振工兴市”的经济发展战略，制订“龙泉市国民经济和社会发展的十年规划和‘八五’计划”。改革举措成效明显，完善林业生产责任制，实行粮食购销同价，放开农民种植经营权；实施企业厂长规模效益工资制，推进国有土地使用权有偿出让为主的土地制度改革，适度放开房产经营权，乡镇实现财政体制包干。1990年12月，经国务院批准龙泉撤县设市，1991年，被国务院批准为对外国人开放地区，并创办首家外资企业。1992年，成立招商引资办公室，引进中外合资企业3家。

农业　1992年，农村社会总产值达5.66亿元，比1989年增长76.9%。；粮食播种面积2.53万公顷，总产量12.1万吨，比1989年增长3.1%。三年完成造林面积1.15万公顷，1990年获评全国绿化造林先进市。农业基础设施得到改善，完成水利工程1338处，改善灌溉面积0.61万公顷，改造低产田0.20万公顷；市林场喷灌、大汪水库增容、大巨防洪堤等水利工程建设相继完工。

工业　1992年，实现工业总产值4.93亿元，比1989年净增2.78亿元；企业三年投入技改资金4109万元，完成技改项目51个，36项新产品列入省地新产品开发计划，开发“四新”产品283种。

社会事业　科教兴市取得实效，获省地市科技成果奖25项144人次，香菇烘干机达到国内领先水平。投入教育经费3023.9万元，1992年省政府授予龙泉基础教育筹措资金先进市，改造学校危房2.6万平方米，实施九年制义务教育乡镇8个。实现广播通村率94%，电视覆盖面78%。体育场、龙泉电影院、革命烈士纪念碑、公墓、福利中心大楼等相继建成。完成新版《龙泉县志》的编纂工作。

第十一届人民政府

市第十一届人民政府(1993年5月至1998年4月)把握“抓住机遇，深化改革，扩大开放，促进发展，保持稳定”的基本方针，努力实施“拓通道、扩总量、奔小康”的发展战略，国民经济保持较快增长，运行质量稳步提升。1997年，全市实现国内生产总值13.6亿元，比1992年增长68.6%；社会商品零售总额 4.4 亿元，比 1992 年增长 32.4%；工农业总产值 19.7 亿元，比 1992 年增长 92.2%；财政总收入 7113 万元，比 1992 年增长 83.3%；城镇居民人均生活费收入 5030 元，农民人均纯收入 2479 元，，分别比 1992 年增长 42.0%和 54.1%。

农业　1997 年，实现农业总产值 7.1 亿元，比 1992 年增长 56.2%。建成全国最大的段木灵芝生产基地，获得“中华灵芝第一乡”称号；建成 1.13 万公顷笋竹两用林基地，0.53 万公顷茶果基地，80 公顷大棚蔬菜基地，大沙农业示范园和龙上、林科所林业示范园区。五年新造林 1.05 万公顷，完成市重点水利工程 15 处，恢复改善灌溉农田 0.66 万公顷，保护农田 0.25 万公顷，被评为全国水利先进市。

工业　工业生产围绕扩大规模，优化结构，注重投入，提高效益的总体要求和“三改一加强”(对国有企业改革、改组、改造和加强管理)的方针，制定出台一系列鼓励工业经济发展的政策措施，振兴工业经济，1997 年全市工业总产值 12.6 亿元，比 1992 年增长 1.19 倍。积极推进工业小区建设，1997 年全市个体私营工业总产值 8.9 亿元，比 1992 增长 3.0 倍。五年间全市投入技改资金 2.43 亿元，固定资产投资达 7.8 亿元。

改革开放　以股份制、兼并、拍卖、破产等形式全面推行国有、城镇集体企业改制工作，至 1997 年末，全市已有 42 家企业进行改制。建立土地使用流转机制，住房制度、公费医疗、养老保险和最低生活保障等方面改革稳步推进。市外贸公司取得自营进出口权，1997 年全市外贸出口总额 2.6 亿元，比 1992 年增长 5 倍。

社会事业　完成龙后线拓宽改造工程、龙花线拓宽改造一期工程；完成豫樟桥、凤鸣桥重建；建成数模移动电话网、无线寻呼网；实现全市行政村通大网电等项目；完成龙泉城市总体规划修编，编制市区各专业规划和 17 个乡镇建设总体规划。完成新华街拓宽改造工程，加强“菜篮子”工程、安居工程建设，城镇居民人均住房面积 24 平方米，农民人均住房面积 40 平方米。建立科技示范户制度，取得市级以上科技进步奖 34 项。教育“两基”工作通过省政府评估验收。整顿、净化医疗市场，乡镇卫生院相继恢复，建成市医院病房大楼。

第十二届人民政府

市第十二届人民政府(1998 年 4 月至 2003 年 4 月)高举邓小平理论伟大旗帜，深入贯彻“三个代表”重要思想，解放思想、与时俱进、开拓进取、艰苦创业，围绕“二次创业”发展战略，全面推进“12510”工程，综合经济实力明显越升。2002 年，全市实现地区生产总值 21.43 亿元，比 1997 年增长 64.2%；人均国内生产总值由 1997 年的 5082 元提升至 7787 元，增长 60.0%；社会消费品零售总额 8.7 亿元，比 1997 年增长 71.3%；财政总收入 1.6 亿元，比 1997 年增长 130.7%；城镇居民人均可支配收入 9895 元，农民人均纯收入 3001 元，分别比 1997 年增长 70.8%和 21.1%。

农业　农业快速发展，农业特色产业初具规模，粮经比例从 77:23 调整为 63:37。优质米播种面积达 0.12 万公顷，蔬菜播种面积达 0.63 万公顷，实施封山育林 7.76 万公顷，竹产业产值实现 2.4 亿元，瓯江牌彩鲤、凤阳春茶叶、欧源牌翠冠梨被认定为浙江绿色农产品。

工业　2002 年，实现工业产值 24.2 亿元，比 1997 年增长 92.9%。五年累计完成工业技改投入 7.3 亿元，规模企业增加至 64 家。形成竹木加工、五金汽配、木制玩具、医药化工和青瓷宝剑等特色主导产业，建成全国最大的太阳伞出口基地。龙泉青瓷成为全国第一种获得原产地域产品保护的非农产品。

改革开放　推行农村税费改革，减轻农民负担；完成农村第二轮土地承包工作，推进农村承包土地使用权流转；实行粮食购销市场价；全面推行国有、集体企业产权体制改革，建立新型劳动关系；推行市、乡财政管理体制改革，调动乡镇（街道）发展经济的热情。与日本、韩国等国家有关州、郡缔结友好关系，成功举办全国第七届陶瓷艺术设计创新评比大会暨中国龙泉青瓷节。五年来，招商引资13.5亿元，2002年省电力实业总公司投资2亿元开发岩樟溪流域水电项目。深入实施“山海协作工程”，包装项目150多个，总投资额47亿元。

社会事业　城市化进程不断推进，五年间完成固定资产投资29.7亿元，城区“八路一桥”工程完成投资7900万元，新建城区道路4.6千米，新建绿地面积55.4万平方米，至2002年底城市化水平达到38.8%。生态环境日益改善，编制完成《龙泉市生态示范区建设规划》，划定生态公益林8.85万公顷，森林覆盖率提升至77.4%。教育资源整合优化，撤扩并学校181所，消除中小学危房6.43万平方米，新建校舍7.02万平方米，初升高比例从1997年的30.1%提升至2002年的68.5%。生活水平显著提高，2002年与1997年相比，城乡居民储蓄存款余额从7.25亿元增加至12.38亿元，城乡居民消费恩格尔系数从57下降至46。

第十三届人民政府

市第十三届人民政府（2003年4月至2007年3月）以“三个代表”重要思想和科学发展观为指导，深入贯彻“八八战略”和“生态立市、工业强市、旅游兴市”发展战略，较好完成“十五”计划，实现“十一五”的良好开局，为全面开创美好新龙泉奠定坚实基础。2006年全市实现地区生产总值33.4亿元，比2002年增长51.3%，年均增长10.9%；人均生产总值13865元；社会消费品零售总额14.1亿元，比2002年增长51.3%；财政总收入2.8亿元，年均增长15.1%；城镇居民人均可支配收入14235元，农民人均纯收入3899元，年均分别增长9.5%和6.8%。

工业　2006年全市规模以上工业实现产值22.2亿元，亿元企业4家，工业“第一经济”地位初步体现。金沙新区升格为省级工业园区，并确定为省山海协作示范区。

农业　2006年实现农业总产值10.0亿元，年均增长4.0%，其中食用菌实现产值2.4亿元，茶叶总产值1900万元，畜牧业总产值1.2亿元，渔业总产值1.1亿元，并被列为全省林业综合发展改革试点县市。

服务业　生态旅游业成为重要的经济增长点，全年共接待游客40.6万人次，下樟村和炉岙村被命名为“浙江省农家乐特色村”。

社会事业　城乡建设扎实推进。全市四年间累计完成固定资产投资67.4亿元，丽龙高速公路建成通车，县乡道路硬化率达到100%，城市建成区面积从4.5平方千米扩大到6.9平方千米。完成龙泉至遂昌220千伏等一批骨干输变电工程，实现城乡居民用电同网同价。建成省级示范村4个、丽水市级示范村13个，整治村106个。科教文卫事业稳步发展。撤并学校59所，顺利通过省政府“两高普九”验收，初升高比例由70%提高至86%；荣获“全国科技进步先进市”称号；市人民医院晋升为国家“二级甲等”医院；通过丽水市级文明城市考核，获评“浙江省创建文明城市工作先进城市”；2006年5月，青瓷烧制技艺和宝剑锻造技艺被国务院列为首批国家级非物质文化遗产代表作。

第十四届人民政府(2007 年 3 月至 2010 年 12 月,届期未满)

第十四届人民政府(2007 年 3 月至 2010 年 12 月,届期未满)领导全市干部群众牢固树立和全面落实科学发展观,深入实施"生态立市、工业强市、旅游兴市"发展战略,创业创新,实干苦干,基本完成"十一五"规划纲要所确定的主要目标任务。2010 年实现生产总值 61.1 亿元,比 2005 年增长 104.8%,年均增长 12.3%,三次产业结构由 2005 年的 20.0:40.6:39.4 调整到 15.2:45.0:39.8。实现财政总收入 5.2 亿元、地方财政收入 3.2 亿元,比 2005 年分别增长 118.4%、116.9%,年均分别增长 16.9%、16.7%。城镇居民人均可支配收入和农村居民人均纯收入分别达到 22015 元、6704 元,年均分别增长 12.2%、13.1%。社会消费品零售总额达 22.7 亿元,年均增长 12.5%。

工业　工业主导地位强化。2010 年实现工业总产值 108.3 亿元,比 2005 年增加 77.8 亿元,年均增长 28.8%。五年来建设"一心五点"工业平台,坚持一园一主业,工业集聚度达到 73%。累计完成制造业投资 37.2 亿元;成功组建集团公司 5 家,新增规模企业 167 家、亿元企业 14 家、中华老字号企业 4 家、中国驰名商标 4 件、浙江省著名商标 16 件、浙江名牌产品 6 个。龙泉市成为"中国汽车(空调)零部件产业基地""中国竹木户外休闲用品产业基地"。

农业　2010 年实现农业总产值 14.6 亿元,比 2005 年增加 5.4 亿元,年均增长 9.8%。五年来共建立各类农产品基地 90 个,无公害食品、绿色食品和有机食品认证率达到 42.7%。发展市级以上农业龙头企业 48 家、农民专业合作社 155 家。龙泉市成为"全国十大食用菌生产基地县(市)"、"全国林权制度改革示范县(市)"、"全国农村林业改革试验基地"、"中国黑木耳之乡",龙泉灵芝和龙泉灵芝孢子粉获得地理标志产品保护。

服务业　2010 年实现旅游总收入 5.8 亿元,游客接待 123.9 万人次,分别是 2005 年的 4 倍、3.6 倍。五年来成功创建 AAAA 级、AAA 级景区各 1 个,创建丽水市级以上"农家乐"特色村(点)12 个。龙泉市成为"中国生态旅游最具魅力城市"。

城乡基建　五年累计完成全社会固定资产投资 139.2 亿元。交通建设快速推进。丽龙高速公路建成通车,54 省道龙泉至小梅段改建、西独线改建等一批省道县道建成通车,通村公路基本实现双百目标,龙庆高速公路、51 省道遂龙线龙泉段等工程开工建设,龙浦高速公路等项目前期顺利推进,衢宁铁路龙泉段前期工作启动。城镇化进程加快。建成区面积由 6.9 平方千米扩展到 12.1 平方千米,人均公共绿地面积由 9.4 平方米提高到 15.9 平方米,五年来实现农民转移搬迁 23180 人,城镇化率达到 50%。"五纵五横"城市道路网基本形成,人均道路面积由 10.5 平方米增加到 13.4 平方米。华严塔、人民公园等一批项目建成。成功创建省级文明城市、卫生城市。村容村貌明显改观。实施沿线综合改造村 123 个、旧村改造村 41 个,完成危旧房改造 11048 户。创建环境整治村 197 个、"五整治一提高"村 222 个、饮用水工程村 316 个,建设农村电气化改造村 35 个,实现广播电视村村通。建成标准农田 0.69 万公顷,除险加固水库 13 座,整治河道 106.3 千米。

改革开放　实施审批制度"两集中"改革,审批事项大幅度减少。深化农村综合改革,集体林权制度改革走在全国前列,免除义务教育阶段课本费和学杂费。扩权强镇、医药卫生体制等改革积极推进。开放型经济发展迅速。坚持借力借智发展,五年来完成招商引资项目和市校合作项目 825 个。外贸出口增长迅速,自营出口实绩企业 86 家,比 2005 年增加 57 家,实现外贸自营出口总值 1.5 亿美元,比 2005 年增加 1.1 亿美元,年均增长 29.1%。开放水平不断提升。与韩国康津郡缔结为国际友好姊妹城市，与日本立命馆大学孔子学院、韩国康津郡女子高中开展教育交流活动；与国际陶协和国内外陶区建立良好的交流关系；与上海市卢湾区签署经贸合作框架协议。与浙闽赣边际县域合作不断强化。丽水出入境检验检疫局龙泉检测中心、浙闽赣食用菌交易中心等建成使用。“山海协作”工程深入实施。侨台工作进一步加强。

社会文化　2009 年 9 月，“龙泉青瓷传统烧制技艺”成功入选人类非物质文化遗产代表作名录，为全球首个陶瓷类项目。“香菇砍花技艺”等六个项目成为省级非遗项目。以青瓷、宝剑为主的文创产业加快发展，青瓷宝剑节成为全省重点扶持的 18 个文化节庆活动之一；龙泉青瓷文化创意基地入选省首批现代服务业集聚示范区和特色文化产业园区；中华宝剑文化园概念性规划启动，瓷都剑乡形象不断凸显。成功创建省级文化先进县(市)、省级青瓷文化生态保护区，荣膺中国陶瓷文化历史名城。成功创建省级教育强县(市)，中职校成为国家级重点中等职业学校，撤并小学及初中 13 所。成功申报国家级和省级各类科技项目 228 个，建立省级区域科技创新服务中心 3 家，新增省高新技术产品 59 个、国家发明专利 27 件。人民医院迁建工程顺利实施。文化馆、图书馆、青少年宫建成使用。完成 19 个乡镇(街道)文化中心建设，85%的行政村建有文化活动场所。

第二节　行政服务

行政服务中心建设

龙泉市行政服务中心是市政府的派出机构，代表市政府对行政审批等事项进行组织、协调、监督、管理和服务，主要工作任务是为市级管辖范围内固定资产投资项目办理、企业注册(年检)以及面向申办对象集中公开办理有关政府部门的行政审批、核准、审核、备案等事项提供服务平台。行政服务中心分管理层和办事大厅两个层面。管理层设办公室、综合协调室、督查室三个职能科室。办事大厅由各进驻部门窗口组成。审批中心实行“一窗受理、抄告相关、内部运作、限时办结”的运作方式。以“廉洁、高效、便民、规范”为服务宗旨，以“宁可自已麻烦百次，不让群众麻烦一次”为服务理念。行政服务中心按照市委、市政府“把龙泉建设成为浙西南办事环节最少、服务效率最高的县市”工作要求，以“一流的服务硬件、一流的服务效率、一流的服务质量”为目标，按照省示范行政服务中心标准，努力打造功能齐全、服务高效、管理科学、监督有力的行政服务中心。

2003 年 7 月，行政审批中心在龙泉市农场四楼成立，内设办公室、业务室两个科室。为行政审批中心正式对外运作做前期的筹备工作，着手进行办事大厅的筹建和各项运行制度的制定。2003 年11 月，在市广电大楼一楼设立办事大厅，首批进驻部门为 12 个。2004 年 3 月，行政审批中心正式对外运作，发改、建设等 15 个部门 115 个审批服务项目进驻中心。

2005 年 10 月，行政审批中心正式搬迁至市行政中心办事大厅，进驻部门增至 25 个，审批服务项目增加到 261 项(其中许可事项 176 项)。

2006 年 6 月，行政审批中心根据市委、市政府工作要求，积极开展对各进驻窗口项目、授权、人员的“三到位”督查工作，提高窗口的直接办理能力。2007 年 7 月，进行以部门内设机构行政许可职能归并工作为主要内容的“两集中”改革，并正式更名为“龙泉市行政服务中心”。9 月 1 日，行政服务中心窗口按内设机构行政许可职能归并工作要求正式对外运作，全年办件量达15万件。

行政审批调整改革

行政职能归并调整　2007年，开展以机关内设机构职能归并工作为主要内容的“两集中”改革工作。全市29个具有行政职能的部门，在遵循原有人员编制、中层领导职数和内设机构个数“三个不增加”的前提下，对内设机构职能进行调整，撤并或挂牌设立行政许可科，将所有行政许可事项向行政许可科集中，行政许可科统一承担本部门的行政许可职能并成建制进驻行政服务中心。通过职能归并，全市29个相关部门中，有14家采取“撤一建一”或“并一设一”方式设立行政许可科，15家原行政许可职能已经由一个科室承担的以“挂牌”方式设立行政许可科，使原分散在64个科室的许可职能归并到29个科室，其中独立行使行政许可职能的许可科有21个，有8个同时履行其他职能。改革后，在行政服务中心工作人员中，部门中层干部由改革前的18人增加至27人，正式在编人员由80人增至98人，临编人员由28人减少至17人。自2007年9月1日起，行政服务中心各窗口按新体制运作以来，行政审批呈现出“一提速，三减少”良好态势。一是办事提速。改革后中心各窗口承诺件改即办件的项目共19项，这19项的办件量占全市本级承诺件的41%。承诺件提前办结率达100%，平均提速30%以上，其中建设、林业等部门窗口提速超过50%。二是环节减少。承诺件窗口直接办理能力达到92%以上，比以往提高30多个百分点。14个撤并建立许可科的单位，窗口承诺件办理由原来的多室多人经办审核改为在窗口一审一核出件，办事流程明显缩短，办事环节明显减少，减少比例超过50%。建设窗口等办事环节减少65%。三是成本减少。通过下放审批权限，由行政许可科统一受理、统一办理、统一送达，实行“一个窗口对外”。中心启用网络系统管理各窗口办件情况，并对办件情况实时进行监督，通过网络公布一系列便民措施，既减少行政成本，提高行政效率，也使群众少跑路、少花钱、快办事。四是投诉减少。实施改革后，进一步规范工作程序，建立投诉受理、查办、督办、反馈的绿色通道，服务窗口有效投诉基本实现“零投诉”。

非行政许可审批项目清理　2009年，为加快行政管理体制改革，有效地整合公共资源，打造服务型政府，推进经济发展，切实抓好行政审批制度改革，根据《浙江省人民政府办公厅关于深入推进行政审批制度改革意见》精神，以及丽水市人民政府办公室、龙泉市人民政府办公室关于非行政许可审批事项清理规范工作实施要求及工作部署，通过动员部署、自查自清，对全市具有审批办理职能的部门就有关非行政许可审批事项进行全面统计。行政服务中心会同市效能办、法制办开展对各部门有关行政审批项目进行全面清理。经过各部门自查清理，市法制办、市行政服务中心等部门审查等环节，保留260项非行政许可审批项目。

“联合办证”运作机制　联合办证是由工商窗口统一受理,内部运作,统一发放工商营业执照和国地税办理的税务登记证。既由工商窗口统一受理办事群众所须办证的资料，办好营业执照后—传递资料至国、地税窗口办理税务登记证—由工商窗口统一发放营业执照和税务登记证。将三个部门的对外办证窗口合并成一个联合办证窗口的服务机制，实现一窗受理、一窗发放证件、一次付费。2010年中心召集工商、质监、国税及地税等窗口负责人，就企业办理工商执照、组织机构代码证及税务登记证等“联合办证”审批流程进行优化整合，并于7月1日对外运作。通过流程改造后，“联合办证”运作机制更顺畅、服务质量更高、审批速度更快，审批时限再次缩短，由原先3个工作日缩短至1个工作日。只要申请人提供材料齐全，即可在1个工作日办理好“四证”。联合办证机制的推行，使

“三窗口”变为“一窗口”，加强国税、地税、工商间的交流与协作，减轻办事群众要跑几个窗口办事的负担，提升办证窗口服务功能。一是实现窗口办事统一化，即统一受理，统一资料，根据相关规定，三局将原先各自所用登记表合并为个体工商户设立登记申请书和税务登记表，保证采集信息齐全准确的前提下进行压缩和整合，统一收费，税务登记证工本费由工商窗口统一收取，国地税窗口不再收费，节省纳税人一半办证费用和办事时间。二是实现办事程序简单化。实现一窗办证，双方认可，合法有效的优质化办事服务；简化办事程序，节约办事成本，提高工作效能，实现真正意义上的“一站式”“一窗口式”优质服务；改变原来办事人员办理工商营业执照、税务登记证必须向工商和国税、地税局提交同样资料，分别办理、分别交费的繁琐程序。经过进一步深化改革，办事群众办理工商和税务登记证只要填一种〈个体工商户设立登记申请书〉表格，只交一次登记费，少花钱、少跑不少冤枉路还少做许多无用功，只要资料齐全，从填表到发证全程只需用较少的时间可领到工商营业执照和税务登记证；三是实现窗口信息共享化。各窗口间的信息互相交换，为工商所和税务分局的户管和税源分析以及税源动态监控提供有利的信息，有效避免漏办税务登记证的情况。使窗口办事流程更顺畅，服务方式更加完善，办事时限大大缩短。

电子监察系统建设　规范办事程序，积极推进电子监察系统建设，提高办事项目透明度。按照丽水市政府办公室关于印发丽水市电子监察系统建设工作实施方案的通知》要求，加快实施龙泉市与丽水市网上审批系统和电子监察系统的联网建设工作，2008 年对全市各部门行政许可项目及便民服务事项进行调查摸底，并对所有事项进行整理、归类上报上级有关部门。2009 年完成相关硬件设备的安装调试工作，2010 年正式投入使用。

并联审批工作　积极开展并联审批工作，中心以服务企业和群众满意度为第一标准，牢固树立“服务第一职能”的理念，以“两集中”改革为契机，以中心组织牵头，相关部门参与，积极开展并联审批工作，在业主审批材料齐全的情况下，并联审批时间从原来的 45 天提速至 23 天办结。每年为全市房地产项目、招商引资工业企业项目、政府投资项目、联建房项目、娱乐投资项目等组织并联审批，最大程度的减轻企业的前期筹备阶段的人力物力的投入。随着近几年全市建设迎来大发展时期，需要组织并联审批的项目也呈逐年上升趋势。2007—2010 年，行政服务中心共组织国土、环保、消防、建设、气象等部门完成并联审批项目 351 个。其中房地产项目 20 个，招商引资工业企业项目 100 个，政府投资项目 62 个，联建房项目 62 个，娱乐投资项目 16 个，项目初设并联审批 91 个。

经济社会管理扩权　根据浙江省委办公厅《关于扩大县（市）部分经济社会管理权限的通知》要求，以函告方式对落实好扩权事项工作进行明确，要求各部门窗口按照扩权事项有关要求做好项目衔接落实工作。中心对各相关窗口上报的扩权事项进行统计，进驻中心 25 个单位中涉及省下放的经济社会管理权限事项单位 17 个，共有事项 211 项。

第三节　政府法制

机构设置

1992 年，设市政府法制科。1998 年，设立政府法制局，为市政府办公室对外挂牌单位。2001

年，更名为市政府法制办公室。2005年由挂牌改为与市政府办公室合署办公。2007年，经编委批准，下设政策法规科、复议应诉科。2005年，龙泉市政府法制办公室荣获全省法制系统先进集体。

规范性文件监督管理制度

提高规范性文件制定质量，是政府法制工作的主线。自政府法制办公室成立以来，围绕推进政府工作法制化，从严执政、依法行政的工作目标，进一步加强政府规范性文件的制定工作，注意突出重点，努力服务于政府中心工作和改革、发展、稳定大局，把整顿和规范市场经济、整治和改善发展环境、城市房屋拆迁、城市国有土地资本经营、社会保障及扩大就业、税费减免等社会发展重大问题和热点问题作为重点，依据法律法规、规章和上级有关政策，积极制定符合龙泉实际，有特色、可操作的规范性文件。从政府法制办成立以来至2010年，共审核规范性文件418件。凡是涉及人民群众切身利益的规范性文件，均采取座谈会、征求意见会、听证会、实地调研等多种形式，广泛征求社会各界意见。同时承办省地方性法规、规章征求意见稿127件，参与省立法调研13次。在制定规范性文件过程中，坚持“立、改、废”相结合，2002年，对全市1985年以来555件地方性政策措施进行清理，经市政府常务会议审议决定，对301件予以废止，宣布失效，对37件政策措施予以修改使用。2006年，开展对涉及非公有制经济发展的23件规范性文件清理工作。2007年，对全市2001—2006年141件行政规范性文件开展评估清理工作。2008年，结合市长经济责任审计工作，对2005—2007年出台的规范性文件进行清理，共废止3件，确保政府规范性文件的适用性和有效性。同时，认真做好规范性文件备案工作，共报备25件。

办理行政复议与行政应诉案件

认真贯彻执行行政复议法及实施条例，充分发挥行政复议在行政监督、解决行政争议、化解人民内部矛盾和维护社会稳定方面的重要作用。在办案中，坚持依法受理，平等对待当事人，加强对行政权力的监督，注重保护相对人合法权益，综合运用书面审查、实地调查、听证、和解、调解等手段办案，切实提高行政复议能力。截至2010年，共受理行政复议案件106件，审结106件，其中变更或撤销22件，行政协调17件。行政应诉32起，胜诉率达92.3%，保障了申请人的合法权益，保障法律、法规的正确实施，促进社会和谐，收到良好社会效果。2004—2008年，全程参与城东安置区征地工作，精心审核，严密论证，发挥参谋、助手和法律顾问作用。2000年建立行政诉讼出庭应诉备案制度，鼓励、倡导行政机关负责人出庭应诉，自觉接受司法监督和履行人民法院做出的判决和裁定。2006年，探索建立行政复议与信访、行政审判联席会议制度，促进行政复议与信访、司法的良性互动，促进社会和谐稳定。2008年12月，牵头成立龙泉市行政法研究会，定期开展行政法律理论与实务研讨。

行政执法监督工作

认真开展执法监督工作，不断增强执法监督力度。2005年，市政府出台《关于贯彻落实全面推进依法行政实施纲要的意见》，成立全面推进依法行政工作领导小组，建立依法行政定期报告制度，依法行政工作逐步纳入规范化、制度化轨道。2005 年起至 2010 年，加强对重大具体行政行为的备案审查，严把依据关、事实关、程序关，共审查重大行政处罚决定及行政裁决 1090 件，纠正不当行政行为 77 件，提出建议纠正执法行为、规范执法活动的工作建议 2150 条。2007 年，推行行政执法责任制，认真开展梳理执法主体和执法依据工作，对行政执法环节、步骤进行具体规范，切实做到流程清楚、要求具体、期限明确。2008 年出台《行政执法责任制考核暂行办法》和《行政执法责任追究暂行办法》，并将依法行政工作列为乡镇(街道)、部门年度工作目标责任制考核的重要内容，每年组织一次行政执法案卷评查，督促各部门进一步做好自由裁量权的细化、量化工作，实行首违不罚预警制，形成行政执法监督的长效机制。推进行政审批制度改革。2004 年，开展行政许可项目清理工作，取消和调整 192 项审批项目，依法公布行政许可事项 301 项，同时开展三次行政许可专题执法检查。2005 年，开展非行政许可项目清理工作，2007 年，实行行政审批“两集中”改革和“人员、项目、授权”三到位工作。加强行政执法队伍建设，健全行政执法人员资格制度。2010 年，认真组织新申请行政执法人员 556 人次参加综合法律知识培训考试，每年对全市行政执法人员进行法律知识更新培训、考试。

第四节　信访工作

机构设置

中华人民共和国成立初期，人民群众来信来访工作分别由县委、县人民政府秘书处兼办。1952 年，由县委办公室、组织部、公安局、法院、监委等单位负责人组成人民来信工作委员会，由一名县委副书记分管。1953 年 2 月，县人民政府建立信访接待室，部门设人民意见箱，专人兼管。“文化大革命”期间，信访工作处于混乱状态。1977 年 3 月，县革命委员会信访接待室改为县委、县革委会来信来访办公室。1981 年 3 月改称中共龙泉县委、县人民政府信访办公室。1984 年始，各区、镇、乡及县委组织部、纪检委、监察局、林业局、民政局等单位建立由主要领导参加的信访领导小组，定期汇报情况研究处理疑难问题。人民群众可向各级党政组织及其领导人反映情况、咨询政策、申诉问题、陈述要求，提出批评建议、进行检举揭发。

1989 年 8 月始，县委任命专职的县委、县政府信访办公室主任。1991 年龙泉撤县设市后，改称市委、市政府信访办公室。1993 年 7 月，市委、市政府信访办公室由市委办管理。1996 年 6 月，信访办班子成员实行高配；同年 11 月，市委、市政府信访办公室改设为信访局，为市委办挂牌单位。2002 年，根据省委组织部《关于市、县(市、区)信访局领导职务配备的通知》精神，信访局班子成员正式按一级局配备。2004 年 4 月，信访局在市会计核算中心设立单独财务账户。2006 年，信访局内设机构调整，下设 3 个科室，即局办公室(督查室)、接访科、办信科。

信访管理与调处

1998 年，龙泉市委、市政府设立专门的信访接待场所，进一步提高群众来访接待能力。1999 年，市委、市政府出台《龙泉市信访工作责任追究制度》；同年 4 月始，在每月市党政领导信访接待日中安排律师(法律工作者)参与,为来访群众提供法律咨询服务,为接待领导在处理涉及法律问题的信访事项时当好参谋。

2000 年,制订《龙泉市政府大门口发生异常上访的处置预案》,有效规范群众信访秩序。配备计算机、传真机等现代办公设备,信访工作逐渐实现办公自动化。同年 9 月,龙泉市探索建立信访工作与督查工作相结合的工作机制,设立"市委市政府督查办公室"、开通书记市长热线电话"7129111",在全市初步形成来电、来信、来访三种信访渠道并重的局面,大量群众信访问题得到及时有效地解决。2001 年,市党政领导信访接待日改为市领导信访接待日,市四套班子领导除兼职政协副主席外全部参加接待,每人每年安排一次;接待每月安排一次,月中接待。信访干部吴邦南在《浙江信访》第 9 期"创新与探索"栏目发表《我们是如何抓好信访大督查机制建设的》一文,并在同年 9 月的全省信访干部培训班上全面介绍龙泉市"信访大督查"工作机制的做法及经验,使"信访大督查"工作机制成为龙泉市信访工作的创新与亮点,成为全省首创的典型经验。2002 年,出台《龙泉市党政领导信访工作分工负责实施意见》,开始实行重大信访问题"领导包案";信访工作被列入全市年度工作目标责任制综合考核;出台《龙泉市信访工作首问责任制度实施办法》,推行信访工作"首问责任制";建立不稳定因素排查制度,做到信访问题早发现、早解决。2002 年、2003 年,龙泉连续两年就信访大督查机制在全省信访工作会议上作大会发言和典型经验交流。

2003 年,进一步规范信访接待制度,领导信访接待实行提前预约登记。在全市广泛推行"驻村干部三诊"和"领导下访",进行重复信访问题专项治理,许多重大信访问题得到解决。根据工作需要,增加信访工作在全市目标责任制中的考核分值。同时,积极开展"文明接待室"创建,获丽水市"文明接待室"称号。9 月,根据《中共中央组织部关于进一步做好培养选拔优秀年轻干部工作的意见》和省委、市委关于培养选拔年轻干部的精神,市委、市政府决定选派后备干部和新提拔市管干部到信访局"顶岗锻炼",时间为三个月。

2004 年,在龙泉市政府门户网站上开通网上"市长信箱",在全市形成来信、来访、来电、传真举报、网上投诉、电子邮件举报等全方位的信访投诉、举报途径,进一步畅通信访渠道,方便群众信访。2004 年起,市委、市政府与各乡镇、街道、市直部门签订《信访工作目标管理责任书》。建立市处理信访突出问题及群体性事件联席会议制度,设立联席会议办公室,负责处理日常工作事务。2005 年,结合《信访条例》宣传贯彻活动,"一手抓解决、一手抓规范",建立和逐步规范信访信息排查报送工作,畅通信访信息沟通渠道;加强对重访、缠访、无理访、异常访等"四访"问题的处理,既使群众的合法权益得到有效维护,又缓解社会矛盾。该年市信访局接待室获省"文明接待室"称号。

2006 年,深入开展信访工作基层基础建设年活动,修订和完善《龙泉市信访工作责任追究办法》《市行政中心发生妨碍信访秩序行为的处置预案》,开展"解难题、保稳定、促发展"集中整治攻坚活动。同年 4 月,与信访局合署的"市委市政府督查办公室"整合另设,不再承担信访督查工作职能,热线电话受理和办理职能划归市纪委效能直通车,号码变更为全国统一的政府热线电话"12345"。

2007 年,建立市处理突出问题及群体性事件联席会议每月工作例会制度,建立群众信访事项复查复核办公室,推行群众信访事项代理制,进一步完善信访工作长效机制。建立信访局班子成员分工联系乡镇、街道和市直信访重点部门制度,加强对基层信访工作的指导。同时,依托政务信息网络资源,建立全国互联互通的全国信访信息系统,为本市信访人在当地提出信访事项、查询信访事项办理情况提供便利。

2008 年，以做好北京奥运会期间信访工作为中心，围绕信访工作“基层基础建设巩固年”“矛盾纠纷排查调处年”活动，大力开展“涉奥信访工作百日行动”“重信重访问题专项治理”“重复越级信访问题集中整治”等活动，全市各级领导根据全国“县委书记大接访”活动部署，广泛开展“领导干部大接访”，

2009 年，为努力减少集体访、越级访、重复访等“三访”问题，重点开展“信访积案化解年”“信访百日攻坚”及“领导下访”三大活动。各级“两会”及国庆期间，实现赴京非正常上访、赴省集体访均为“零”及“一少三无”(进京上访少、无集体上访、无闹访闹事、无恶性信访事件发生)的预期目标。

2010 年，建立健全处理信访问题的三项工作制度：一是建立定期研判分析信访工作制度。坚持定期召开市委常委扩大会议和信访联席会议，专题研究信访维稳情况，对信访形势和重大信访问题进行汇总分析，增强工作的预见性和针对性，牢牢把握工作主动权。二是完善矛盾纠纷排查化解工作制度。重点对土地征用、房屋拆迁、企业改制、社会保障、涉法涉诉、教育等领域或群体中存在的容易引发信访突出问题的重大矛盾纠纷开展排查，力求使矛盾纠纷发现得早、化解得了、控制得住、处理得好，使问题化解在基层、化解在萌芽状态。三是建立重点管理机制。对重点地区、重点时段、重点人员采取一级带一级、一级对一级负责的方法，层层签订信访工作目标管理责任状，提高各级对信访工作的重视程度。

第五节　外事工作

机构设置

1985—2007 年 5 月，外事工作由市(县)政府办公室秘书科兼职管理。1991 年 6 月，建立龙泉市人民政府外事办公室，主任由政府办公室主任担任，2000 年起由专职外事办主任担任，2007 年 5 月，市外事办高配为正科级单位，配置主任、副主任。外事办主要负责本市因公出国(境)管理和审批手续办理，做好外宾、外商的接待、服务、联络和外国专家的管理工作；协助各部门组织外事活动；统筹安排本市领导人的外事活动；负责本市涉外单位和涉外人员进行对外政策和外事纪律教育，组织外事干部的对外政策、业务培训。

出访交流

2005 年 8 月 8—16 日，应韩国康津郡郡守黄柱洪的邀请，龙泉市代表团以人大常委会相关负责人为团长率龙泉部分青瓷大师一行 6 人，访问韩国，参加韩国第十届康津青瓷文化节。2007 年 9 月 4—12 日，应日本、韩国的邀请，市委书记赵建林率相关部门负责人及龙泉部分青瓷大师访问日本和韩国。访问期间，龙泉市代表团一行先后考察京都立命馆大学、京都国立博物馆、东京国立博物馆陶瓷分馆、京都市政府、南丹市政府和部分陶瓷生产经营企业；拜访中国驻日本大使馆、中国驻大阪总领事馆、中日友好协会名誉顾问、日本自民党原干事长、原内阁官房长官野中广务等。在

韩国，赵建林一行参加韩国康津郡第十二届青瓷文化节，拜访全罗南道经济观光文化委员会议员李宗宪；韩国原总统府秘书长、时任韩国茶人联合会会长、韩国茶道大学院长朴權钦。9月6日下午，龙泉市在日本太比雅株式会社东京支社举行“龙泉市东京事务所”设立的新闻发布会和东京事务所揭牌仪式。访问期间还与浙江大学日本校友会达成意向，每年资助龙泉第一中学3~4名品学兼优的贫困生。2008年3月28日至4月7日，副市长徐炳东率外办、教育等部门负责人及部分龙泉宝剑大师访问日本、韩国，并与韩国康津女子高中签署教育交流协议书。2008年11月3—7日，市长梁忆南率龙泉市代表团应邀参加在韩国全罗南道举行的第十届中日韩友好城市大会，并与康津郡黄柱洪郡守签署缔结国际友好姊妹城市关系协议书，出席签约仪式还有康津郡议会议长李三铉。2009年2月21—26日，应日本立命馆大学的邀请，龙泉市人民政府主要负责人率团，赴日本参加第二届和谐社会综合示范区建设中日合作研讨会。2009年8月6—17日，应韩国康津郡郡守黄柱洪邀请，龙泉青瓷大师赴韩国参加康津第十四届青瓷文化节并开展学术交流活动。2010年1月22日，市长梁忆南一行拜访日本驻沪总领馆，日本驻沪总领事横井裕会见梁忆南一行，双方就推进龙泉市与日本静冈川根本町建立友好城市关系等共同关心的话题交换意见，并商定日本国小额援助龙泉捐赠签字相关事项。2010年3月9日，日本利民工程无偿援助龙泉市安仁镇分散型污水处理站建设项目签约仪式在浙江省外事办花家山庄举行，日本驻上海总领事馆副总领事平木场弘人、领事佐佐木明彦，浙江省外事办领导、龙泉市人民政府市长梁忆南参加签约仪式。2010年9月14—19日，“中国意境人类非遗龙泉青瓷巴黎展”在巴黎艺术中心举行，徐朝兴、夏侯文、毛正聪、张绍斌4位国家级大师在内的37位陶艺家的39件作品完美亮相。2010年11月29日，市长梁忆南在省人民大会堂与浙江省省长吕祖善一起会见日本静冈知事川胜平太、川根本町町长佐藤公敏。

外事接待

2004年，应龙泉市人民政府邀请，韩国康津代表团以康津郡厅林京龙为团长一行5人，访问龙泉，参观龙泉青瓷博物馆、凤阳山，参加龙泉登山节开幕式。2005年8月，日本驻上海总领事馆批准项目申请，9月14日，日本驻上海总领事隈丸优次和中国扶贫基金会会长段应碧签署捐赠合同，由中国扶贫基金会和龙泉市人民政府共同出资建设小梅镇中心卫生院综合楼。2007年5月8—9日，日本驻沪首席领事兼副总领事石井哲也一行赴龙泉参加小梅镇中心卫生院综合楼竣工仪式。2007年11月，韩国文化部原副部长，时任韩国国学研究所所长朴贤、韩国木浦驻上海办事处李贤珍一行访问龙泉，在有关部门负责人的陪同下，参观龙泉青瓷博物馆、龙泉青瓷宝剑园区。是年11月10—13日，应龙泉市“两节”组委会的邀请，国际陶艺家代表团一行6人，参加第二届中国龙泉青瓷宝剑节。在青瓷大师的陪同下参观大窑窑址、龙泉青瓷博物馆，并与青瓷大师进行互相交流。是年11月13—17日，应龙泉市“两节”组委会的邀请，由国际陶协主席珍尼特率团一行19人参加第二届中国龙泉青瓷宝剑节，市委书记赵建林等会见并宴请珍尼特一行。是年11月14—16日，应龙泉市人民政府市长梁忆南的邀请，龙泉市国际友好交往城市韩国康津郡副郡守金应子一行6人参加第二届中国龙泉青瓷宝剑节，市委书记赵建林、市长梁忆南等会见金应子一行。11月15日，市委书记赵建林、市长梁忆南在会见韩国康津郡副郡守金应子时，达成两市郡学生互相交流的意向。龙泉市人民政府主要负责人、龙泉一中校长和韩国康津女子高等学校校长在意向书上签字。2008年4月，日本浙大校友会一行7人访问龙泉，举行日本浙大校友会龙泉一中优秀贫困学生助学金颁发仪式。是年7月15日，缅甸、海地、阿根廷等28个国家共计46名发展中国家竹业技术培训班学员到龙泉考察。是年9月17—19日，美国、加拿大、新加坡等国家的企业总裁与专家以浙大校友总会副会长、美国华美医学基金会主席李摩西为团长的浙大校友与海归企业家一行13人考察龙泉。是年10月12日至11月3日，由韩国康津青瓷协同组合董事长黄玉哲等3位韩国青瓷大师组成的韩国康津青瓷大师访问团到龙泉开展学术交流活动。2009年1月14—21日，韩国康津学生代表团访问龙泉，举行学生互动交流活动。是年6月15—16日，日本产学研环境访问团考察龙泉。是年7月15—17日，美国旧金山原副市长、浙大校友总会副会长李摩西一行3人对龙泉市产业发展作实地考察。是年10月22—23日，应龙泉市政府的邀请，日本国驻上海总领事横井裕，日本国驻上海领事、日本政府小额援助负责人佐佐木明彦到龙泉考察。是年11月15—17日，美国、英国、法国、澳大利亚、加拿大、意大利等国家的国际陶艺家一行12人到龙泉考察。是年11月30日，韩国丽水市代表团一行4人在中国丽水市外事办负责人陪同下到龙泉考察。是年12月1—2日，世界各地的摄影家102人到龙泉采风。是年12月16—19日，韩国康津郡副郡守高大锡率团7人访问龙泉，并参加第四届中国龙泉青瓷•龙泉宝剑节。2010年2月1—2日，老挝国家农村发展和反贫困委员会代表团一行6人，到龙泉就新农村建设情况和扶贫工作进行考察。是年2月1—4日，第二届韩国康津女子高中学生访问团一行33人访问龙泉。是年3月2—4日，以日本静冈县国际交流室专门监县裕子为团长一行5人在省外事办亚洲处有关负责人的陪同下到龙泉考察。是年8月18—19日，日本川根本町代表团一行6人到龙泉共同商议友好城市事宜。是年11月15日，龙泉一中与美籍华人李摩西签订捐资助学协议，在龙泉一中设立“李摩西助学基金”，每年给龙泉初三毕业新入学高中优秀学生提供助学金。是年12月13—19日，韩国青瓷大师代表团一行5人，到龙泉进行青瓷文化交流。

友好城市

1999年11月，韩国康津郡郡守尹泳铢、议长金升弘率团访问龙泉，开启龙泉市与康津郡友好交流的新篇章。2000年10月8—12日，龙泉市人民政府市长李会光率龙泉市代表团访问韩国康津郡，并举行《中华人民共和国浙江省龙泉市与大韩民国全罗南道康津郡建立友好交流关系意向书》签字仪式。2001年4月，经浙江省政府批准，龙泉市与韩国康津郡正式结为友好交流城市。是年4月25—28日，韩国康津郡郡守尹泳铢率团一行5人参加上海•中国龙泉青瓷宝剑精品展，并与龙泉市人民政府市长林健东签订《中华人民共和国浙江省龙泉市与大韩民国全罗南道康津郡建立友好交流关系协议书》。2008年6月26日，经全国对外友好协会批准，龙泉市与韩国康津郡正式缔结为国际友好姊妹城市关系。至2010年底，龙泉市9次组团共120余人赴康津郡交流访问，康津郡10次组团100余人来龙泉市交流访问。

第四章　档案工作

第一节　档案馆(室)

龙泉市档案局(馆)

1956年设立县档案室。1959年6月，建立县档案馆。1981年12月，建立龙泉县档案科，1986年7月改设县档案局，下设县档案馆，局馆合署办公。1993年10月档案局、档案馆并为档案馆，归口市政府办。1996年11月市档案局(馆)与党史办、市志办合署，为市委办公室管理的正科级事业单位，内设办公室、保管利用股、业务指导股。1997年，市档案馆达到浙江省综合档案馆目标管理三级标准。2000年12月，市档案局(馆)下设档案用品服务部。2003年6月，成立中共龙泉市档案局(馆)党组。2004年5月，市档案局(馆)下设现行文件查阅利用中心。2005年6月，原与市档案局(馆)合署的市党史办、市志办改为单独设置。同年12月，市档案馆被龙泉市委、市政府命名为爱国主义教育基地。2006年达到省二级档案馆标准。2010年底，市档案局(馆)工作人员13人，其中大专以上学历7人，中专(含高中)学历1人，有专业技术职称的4人(中级职称3人，初级职称1人)。全市机关、企事业单位有专兼职档案员110人，其中馆员17人，助理馆员18人。

龙泉市档案馆集中统一管理本行政区域内各单位形成的档案资料，维护档案完整，确保档案资料安全。运用现代化手段保护和管理档案。负责接收、征集、整理、保管市直单位及其所属单位形成的重要档案以及社会上具有保存价值的档案资料。馆藏档案除一批较珍贵的晚清民国司法档案以外，主要是中华人民共和国成立后中共龙泉市(县)委、市(县)人民政府及各部门，各国有企业在破产改制前，各乡镇在撤扩并之前区乡两级形成的档案资料，内容丰富，卷轶浩繁。

基层档案室

档案管理机构实行市(县)、乡、村三级管理体制。至2010年，市人民法院等6家单位档案室达到省一级标准，市纪检委(监察局)等17家单位档案室达到省二级标准，15个乡镇、3个街道办事处的档案室达到省三级标准。11个社区建档率100%，行政村建档率达70%以上，其中龙渊街道村头村和剑池街道水南村为省级示范档案室，剑池街道茶坦村为丽水市规范化档案室，住龙镇水塔村和剑池街道南秦村为县级规范化档案室。

财政局档案室　配备150平方米的档案室，室内配置26列手摇式半自动标准密集架。配置灭火剂瓶组、防磁柜等主要设施，能够满足全局档案存放需求。2002年通过省一级档案工作目标管理等级认定。档案资料较齐全，至2010年，共收集各类档案20823卷/件，涵盖单位文书档案、会计档案、科室业务档案及奖牌、照片等特种载体档案。档案查阅利用效果显著。

司法局档案室　于 1999 年 8 月建立，至 2010 年，司法局综合档案室所藏各类档案合计 14116 卷（册、件、张），包括文书、会计、公证、普法、科技、法律援助、社区矫正等实体档案及录音（像）、照片、图片等特种载体档案，为司法行政工作开展提供便利。

工商局档案室　于 1997 年设立，档案库房面积 35 平方米，调阅室 16 平方米。该室对全市的工商行政注册、行政处罚、商标、广告登记，合同鉴定、重合同守信用等档案进行收集、整理、保管。至 2010 年，室藏各类业务档案 1480 件，25675 卷，以业务档案、会计档案、科技档案为主。

城建档案室　于 1992 年设立，隶属于龙泉市住房和城乡建设局，该室对城乡建设局成册的档案，进行收集、整理、保管。馆藏基建工程施工档案 18410 卷、竣工档案 15410 卷。现有档案库房面积 113 平方米，地形图底图 377 幅。

公安档案室　至 2010 年，龙泉市公安档案室藏各类档案 39079 卷（册），收藏实物档案 298 件，为当代龙泉公安司法保存了丰富的原始档案材料。

教育局档案室　至 2010 年，教育局综合档案室保管档案 12282 卷/件，主要内容是单位文书档案、会计档案、教师个人档案以及奖牌、照片等特种载体档案；2009 年，根据上级部门要求，建立龙泉市中小学校校舍安全工程档案室，主要保存全市中小学校舍加固工程资料以及相关照片档案。

第二节　档案管理利用

接收、征集与整理

市档案馆接收机关、团体、乡镇（街道）及企事业单位，具有长期保存价值的文书档案、科技档案、统计档案、声像档案、知名人士档案；接收全市撤销机关、临时机构的档案。档案大规模接收进馆有 2 次，一是 1992 年撤区扩镇并乡，接收道太、城南、锦旗、城郊、八都 5 个区公所档案 2602 卷，1999—2002 年连续三年对原 46 个乡镇 9760 卷档案进行接收，基本完成各乡镇在 1992 年之前形成档案的接收工作。二是 2006—2010 年，以民生档案为重点，接收移民、婚姻、二轮土地承包、山林延包等档案 5 千余卷，26 万余件。1998 年以来，注重我市名人、宗谱、重大活动等档案征集。2000 年，对馆藏损害严重的民国档案进行抢救和保护，共裱糊 873 卷，63713 页；2005 年，对馆藏民国档案及建国初期档案共 4 万余卷进行装盒。同年 9 月，档案新馆库房密集架投入使用，对原有馆藏的近 10 万卷档案和 1.3 万册报刊资料进行重新整理、排架，馆藏档案彻底告别了用木、铁质档案柜（箱）保管历史。2010 年底馆藏档案 186 个全宗，11.8 万卷，18975 件，排架长度为 1309 米，照片档案 5871 张，字画、青瓷、宝剑等实体档案 50 余件，图书、报刊资料 14751 册。

宗谱征集

龙泉宗谱是研究龙泉社会、经济、文化、人口的珍贵资料。上世纪 80 年代以来，地方文史工作者非常重视家谱研究和利用，通过征集、代管、复印、扫描等途径，使一些濒于散失的宗谱得到妥善保护。其中馆藏的《清源何氏宗谱》内容丰富，质量上乘，堪称重要地域历史文献，于 2004 年 3 月入选第二批《浙江省档案文献遗产名录》。截至2010年,市档案馆馆藏宗谱18部,共60册,涉及16个姓氏。

信息化建设

2004年开始档案数字化工作,利用计算机提供档案的查阅利用服务。至2010年末,已建成土地房产、山林、婚姻、移民等档案数据库,电子目录累计110.167万条,全文数据194.5万页。2006年市档案馆列为全省信息化评估合格单位,2008年被省档案局授予"民生档案信息基础数据库工程建设示范单位"称号,同时被评为"全省'三农'档案工作先进单位"。

档案利用

龙泉市档案馆和基层档案室以利用需求为导向,为落实政策,编史修志,人事劳动工资,计划生育,解决土地、房产、户粮、山林、婚姻等方面纠纷提供依据性资料。2004年,龙泉市档案馆设立现行文件查阅利用中心,开辟对外服务窗口,为群众提供档案查阅、复印和咨询等服务。

1989—2010年龙泉市(县)档案馆查阅复印档案资料统计一览表

表22-4-1

年份	查阅(人次)	档案资料(卷)	复印证明(页)	年份	查阅(人次)	档案资料(卷)	复印证明(页)
1989	521	2156	1620	2000	267	1008	468
1990	946	7642	1780	2001	309	1053	832
1991	436	1795	851	2002	352	995	963
1992	360	1944	758	2003	696	2063	1021
1993	361	743	720	2004	830	6413	1452
1994	466	1271	855	2005	1027	2156	2013
1995	209	428	501	2006	4965	1720	2024
1996	261	914	471	2007	1343	6531	4321
1997	278	1012	452	2008	1810	5364	3873
1998	282	1201	505	2009	2054	4161	3514
1999	305	923	431	2010	2146	4276	3618

第三节 档案编研

龙泉晚清民国司法档案

1985年,龙泉县档案馆接收各单位文书档案进馆,龙泉晚清民国司法档案作为其中一部分,从龙泉县人民法院移交进馆永久保管。2006年,"龙泉近代司法档案"抢救裱糊项目被列入省级重点档案抢救和保护项目。2007年,在"文化强省"大背景下,浙江大学历史系开始实施地方文书研究计划,对省内各类历史文书史料进行系统调查、整理与研究。同年11月,经浙江省档案局搭桥牵线,龙泉市档案局(馆)邀请浙江大学研究团队来龙实地调查。2008年龙泉市档案局(馆)与浙江大学人文学院签订"龙泉民国司法档案整理与研究"市校合作项目。同年12月,市档案局(馆)投入44.7万元,对龙泉晚清民国司法档案进行全彩扫描,并完成全文数字化,建立专题数据库。

龙泉晚清民国司法档案时间始于咸丰元年(1851),止于1949年,共17411件卷,88万余页,记录诉讼案件2万余个,是目前国内发现保存最完整、数量最大、最具基层性晚清民国时期地方司法档案。档案清晰记录中国法律制度和司法实践,从传统到近代变革的完整过程。同时,它也记录了近代地方社会结构、经济形态、家庭婚姻、民众观念等方面的变迁,实际几乎涉及民众生活的所有内容,是研究中国法制史、社会史、区域史的珍贵史料。

这批档案的主体是诉讼档案,其中包括晚清至民国各时期诉状、辩诉状、判词、调解笔录、言词辩论记录、庭审口供、传票、保状、结状、领状以及各级法院、检察院、监狱等司法机构之间的来往公函。有的还附有作为证据的契约、分家书、婚书、系谱简图、法警调查记录、田产山林的查勘图、验尸报告等。龙泉民国司法档案为研究中国司法体系从传统到近代的演变,包括制度、程序、法理、实践等各方面的过渡和衔接,以及法律与社会变迁之关系,近代浙南地方经济发展、政治军事、宗教组织、婚姻形态、社会问题等各个方面,提供了极为丰富的第一手资料,被海内外专家誉为晚晴民国历史时期司法档案的一次重大发现。龙泉市档案局与浙江大学人文学院通过双方连续几年的共同努力,取得丰硕的研究成果,出版了一批晚清民国司法档案研究专辑。

其他档案编研

20世纪60年代,龙泉档案馆就开始开展馆藏档案编研工作。至2010年,龙泉市档案局(馆)共编研汇集30余本(册)档案书籍,1989—2010年期间编研成果详见下表。

1989—2010年龙泉市(县)档案馆编研情况一览表

表22-4-2

编研材料	年份	字数(万字)	获奖
龙泉县档案工作大事记	1989	0.8	—
档案工作文件选编	1990	3.25	—
龙泉乡镇通览	1999	5	—
龙泉民国档案概要第一册	2006	4	2008年获全省档案部门优秀编研成果第九次评选二等奖
龙泉民国档案专题介绍第一册	2006	1.5	—
龙泉民国档案文献选编第一册	2007	2	—
龙泉民国档案概要第二册	2007	2	—
龙泉民国档案专题介绍第二册	2007	2	—
龙泉民国档案文献选编第二册	2007	2	—
龙泉民国档案概要第三册	2008	2	—
龙泉民国档案文献选编第三册	2008	2	—
档案利用效果实例登记	2009	1.5	—
龙泉民国档案辑要	2010	28	浙江省百项档案编研精品

第五章　地方志工作

第一节　机构沿革

机构设置

盛世修志是中国历史发展的一项优良传统。龙泉在历史上从宋代开始就有人主持编修《龙泉县志》，至民国年间共编修了十部《龙泉县志》，虽有多部散轶，但大多保存至今。中华人民共和国成立以来，经历几十年的发展和社会建设，积累了大量的历史经验和教训，需要总结和记录，以此发挥“存史、育人、资政”的作用。20 世纪 80 年代，国家开始重视地方志的编撰工作。中共龙泉县委、龙泉县人民政府根据上级要求部署，于 1988 年 4 月发文建立龙泉县志编纂委员会，其后成立龙泉市（县）地方志办公室，为市（县）政府主管的地方志工作机构。该机构主要工作任务是承担中华人民共和国成立后的第一部《龙泉县志》编修工作。

机构沿革

1988 年 4 月 26 日，龙泉县人民政府发文建立龙泉县志编纂委员会，下设办公室。同年 10 月开始启动新版《龙泉县志》编修工作。1996 年 11 月，中共龙泉市委《龙泉市党政机构改革“三定”工作实施意见》，龙泉市地方志办公室列入编制为常设机构，与党史研究室和档案局合署办公，为市委办管理的正科级事业单位。2005 年 1 月丽水市编委会文件批复，同意原与龙泉市档案局（馆）合署的中共龙泉市委党史研究室（龙泉市地方志办公室）改为单独设置，为龙泉市委办管理的正科级事业单位，参照公务员制度管理。

第二节　志鉴编纂

县　志

龙泉第一部县志编修于宋嘉定二年（1209），元代无修志记载，明代先后三次修纂县志，均佚。清代修志三次，补刊二次。民国 32（1943）年 1 月，龙泉县成立修志馆，吴梓培任馆长。但因经费困难，未几即停顿。民国 37 年（1948）宁海人干人俊在省通志馆采集有关龙泉资料，编就《民国龙泉县新志稿》，共二十二卷，未正式付梓，有打印线装本流传。

1994 年版《龙泉县志》，是中华人民共和国成立后龙泉出版的第一部县志。1988 年 4 月龙泉县成立县志编纂委员会，同年 10 月县委发文公布县志主编、副主编名单，组成 255 人的修志队伍，历经五年，数易其稿，于 1992 年 10 月成书，1994 年出版发行。1999 年 1 月，在浙江省第四届地方志优秀成果评比中，荣获二等奖。

历代《龙泉县志》一览表

表 22-5-1

书名	主编	卷册或字数	成书时间	出版和收藏
宋嘉定《龙泉县志》	林应辰 潘　桧	—	宋嘉定二年(1209)	散佚
明正统前《龙泉县志》	—	9 卷4 册	不详	散佚
明嘉靖《龙泉县志》	叶　溥 李　溥	20 卷	明嘉靖四年(1525)	散佚
明万历《龙泉县志》	夏舜臣	—	明万历二十六(1598)	散佚
清顺治《龙泉县志》	徐可先	10 卷7 册	清顺治十二年(1655)	北京大学图书馆、日本国会图书馆收藏，龙泉现有誊抄复印线装本
清乾隆《龙泉县志》	苏遇龙	12 卷5 册	乾隆二十七年(1762)	打印线装本(龙泉市收藏)
清乾隆续纂《龙泉县志》	陆国栋	—	乾隆三十四至三十六年间(1769—1771)	散佚
清同治补修乾隆《龙泉县志》	祝秀绅	6 册	同治二年(1863)	天津图书馆收藏
清光绪《龙泉县志》	顾国诏	12 卷 6 册	光绪三年(1877)	打印线装本(龙泉市收藏)
《民国龙泉县新志稿》	干人俊	22 卷 3 册	民国 37 年(1948)	打印线装本(龙泉市收藏)
《龙泉县志》	林世荣	1150 千字 (16 开本)	1994 年	上海汉语大词典出版社

年　鉴

地方综合年鉴是本行政区域自然、政治、经济、文化、社会等方面情况的年度资料性文献。是地方志工作的重要组成部分。龙泉市首部综合性年鉴《龙泉年鉴(1998—2003)》经过编纂人员两年多的辛勤劳动和社会各界的大力支持，完成编纂工作，于 2006 年 1 月正式由方志出版社出版发行，并在 2007 年 2 月浙江省第三届年鉴优秀成果评审中荣获二等奖。2007 年 10 月，根据市委研究决定，编撰《龙泉年鉴(2004—2007)》。市委办和市府办发出关于转发《市地方志办公室关于龙泉年鉴(2004—2007)编纂工作的通知》，启动《龙泉年鉴(2004—2007)》的编纂工作。经过编纂人员两年多的辛勤劳动和社会各界的大力支持，2009 年 11 月完成编纂工作，于 2010 年 4 月由方志出版社正式出版发行。

专业志、部门志、乡镇村志

1982 年，在地方普查基础上，开始编纂《龙泉县地名志》，.历经两年，于 1984 年刊印内部出版。

该书是中华人民共和国成立后本县第一部专业志。

1988 年结合编修《龙泉县志》，各部门在为县志提供部门分稿的同时，注重收集整理部门志资料，陆续编纂出版部门志，至 2010 年，全市已编纂出版专业志 3 部，部门志 17 部，区志、乡镇志、村志 10 部，厂矿志 2 部，风物志 3 部。

龙泉市(县)部门志、专业志、乡镇村志编修一览表

表 22-5-2

志　名	主编姓名	出版单位	出版时间	字数
《龙泉县地名志》	县地名办	内部编印	1984.12	538 千字
《龙泉县土壤志》	县土壤普查办	内部编印	1986.10	225 千字
《龙泉县检察志》	检察院编志组	内部编印	1989.11	65 千字
《龙泉县供销社志》	程文高	内部编印	1990.1	175 千字
《龙泉县乡镇企业志》	刘成普	内部编印	1990.9	120 千字
《龙泉县畜禽疫病志》	翁俊华	内部编印	1991.1	133 千字
《龙泉县粮食志》	沈建伟	内部出版	1991.6	270 千字
《龙泉县工会志》	方玉周	内部编印	1992.10	210 千字
《龙泉县交通志》	潘志升	海洋出版社	1993.8	250 千字
《龙泉县公安志》	公安局编志组	汉语大词典出版社	1993.12	247 千字
《龙泉市财税志》	刘化涛	新华出版社	1995.10	250 千字
《龙泉县教育志》	吴有本	西安地图出版社	1996.10	430 千字
《龙泉县法院志》	法院编志组	汉语大词典出版社	1996.12	183 千字
《龙泉市邮电志》	赵火蛟	香港天马图书有限公司	1998.5	250 千字
《龙泉市土地志》	刘耀林	内部编印	2000.5	250 千字
《龙泉市政协志》	陶中亮	内部出版	2005.1	300 千字
《龙泉市军事志》	俞建华	内部出版	2008.12	430 千字
《龙泉市林业志》	陈豪庭	中国林业出版社	2009.4	968 千字
《龙泉市水利志》	金安宝	方志出版社	2010.5	578 千字
《锦溪乡志》	林福生	手写复印本	1957.7	15 千字
《龙泉城北区志》	毛良	内部编印	1990.2	90 千字
《城北乡上田村志》	毛良	内部编印	2002.12	54 千字
《安吉村志》	曾凤唐	内部编印	2003.5	60 千字
《八都地方志》	黄克志	内部编印	2005.12	80 千字
《碧龙村志》	杨洪春	内部编印	2006.3	70 千字
《梅地村志》	骆驹 余水潮	内部编印	2007.2	30 千字
《下沙曾家志》	曾凤唐	内部编印	2007.6	90 千字
《骆庄村志》	骆驹	内部编印	2009.2	50 千字

续表 22-5-2

志　名	主编姓名	出版单位	出版时间	字数
《龙泉铅锌矿志》	陈寿泉	内部编印	1992.6	80 千字
《龙泉瓷厂厂志》	金登兴	浙江人民出版社	2007.1	120 千字
《龙泉农业合作化纪实》	县农经委	内部资料	1989.6	160 千字
《龙泉乡镇通览》	叶水清	内部出版	2000.9	215 千字
《清修寺简志》	任超奇	内部编印	2000.12	5.6 千字
《昴山志》	林大森	内部编印	2002.4	50 千字

第三节　其他志书工作

全国省市志书供稿

1992 年，为中华人民共和国民政部建设部编写的《中国县情大全》华东卷提供龙泉市文稿。1996 年，为《浙江省乡村旅游志》供稿，1998 年为省方志办《浙江省情地图集》供稿。1999 年，为《浙江省市场志》《浙江省乡镇年鉴》提供龙泉市文稿。2001 年，为《浙江溯源省县市名由来》一书供稿。2002 年，为《浙江省民营企业志》供稿。2003 年，为《新编地方志总目录提要》提供 1994 年版《龙泉县志》提要稿，为《浙江省城市图鉴》一书提供龙泉市文稿和图片资料。2005 年，为《丽水市乡镇(街道)通览》提供龙泉市文稿，使上述志书能按时保质保量出版发行。

部分《龙泉县志》封存华严塔地宫

2009 年 9 月 17 日，龙泉市举行华严塔地宫藏宝仪式，市地方志办公室提供的清顺治《龙泉县志》、乾隆《龙泉县志》、光绪《龙泉县志》、民国《龙泉县新志稿》(以上版本为复印本)、1994 版《龙泉县志》共 5 部 22 册，成为华严塔地宫藏品，永久封存。

第二十三篇

地方人民政协

中国人民政治协商会议(以下简称“政协”)是中国人民爱国统一战线的组织,是中国共产党领导的多党合作和政治协商的重要机构,是中国政治生活中发扬社会主义民主的一种重要形式。政协会议制度是中国国家治理体系的重要组成部分,是具有中国特色的制度安排。龙泉市(县)政治协商会议成立于1984年7月,至2010年已历七届。会议由中国共产党和民主党派、无党派人士、各人民团体和各界爱国人士组成,作为市(县)级领导机构,主要履行政治协商、民主监督、参政议政等职能。

按照政协章程规定,各级政协每年举行一次全体委员会议,1989—2010年,龙泉市(县)政协从第二届至第七届共举行22次全体会议。各届委员会第一次全体会议分别选出本届委员会的主席、副主席、秘书长和常务委员。各次会议都分别听取和审议市(县)政协常务委员会工作报告;听取和审议市(县)政协提案委员会关于提案工作情况的报告;审议通过会议决议和会议提案审查情况的报告,参与对龙泉经济、社会发展的重要问题的讨论,提出批评和建议。

龙泉市(县)政协围绕中共龙泉市(县)委员会和龙泉市(县)人民政府的中心工作任务,履行政治协商、民主监督、参政议政等职能,在推进龙泉经济和社会发展,维护社会稳定,巩固和扩大爱国统一战线等方面发挥重要作用。

第一章　组织机构

第一节　政协龙泉市(县)委员会

市(县)政协委员会工作机构设置

政协龙泉市(县)委员会从1989—2010年共经历了第二届至第七届，其组织机构变化不大，各届政协在换届时，各界别委员所占名额有一些变化。各届政协委员由有关部门酝酿推选产生，必须具备一定的参政议政能力。各届政协大会推举产生政协常务委员，组成政协常委会，在政协大会闭会期间，通过举行政协常委会履行政协参政议政职能。各届政协同时设立政协党组，代表中国共产党在政协工作中起领导作用。政协办公室、各专门委员会、联络组(工作组)是常务委员会和主席会议领导下的工作机构。专门委员会和联络组(工作组)根据工作需要，在不同届别会有相应的调整变化。

第三至第七届市(县)政协委员会人员构成

政协龙泉市(县)第三届委员会　政协龙泉市(县)第三届委员会(1990—1992年)，共有政协委员136名，界别17个，其中：中国共产党4名，占委员总数的2.94%；民主党派3名，占2.20%；群众团体11名，占8.08%；无党派人士10名，占7.35%；工交界10名，占7.35%；财贸界11名，占8.08%；教育界11名，占8.08%；科技界11名，占8.08%；文艺界8名，占5.88%；社会科学界6名，占4.41%；农林水界13名，占9.56%；医卫界8名，占5.88%；新闻界3名，占2.20%；少数民族7名，占5.15%；归侨侨眷8名，占5.88%；宗教界3名，占2.20%；特邀9名，占6.61%。届中增补委员16名，辞去委员职务3名。

政协龙泉市第四届委员会　政协龙泉市第四届委员会(1993—1997年)，共有政协委员154名，界别14个，其中：中国共产党5名，占委员总数的3.24%；民主党派4名，占2.59%；群团政法17名，占11.03%；台联8名，占5.19%；侨联8名，占5.19%；文艺新闻界11名，占7.14%；科技界11名，占7.14%；经济界37名，占24.02%；农业界19名，占12.33%；教育体育界9名，占5.84%；医卫界10名，占6.49%；少数民族8名，占5.19%；宗教界3名，占1.95%；特邀4名，占2.59%。届中增补委员9名，辞去委员职务4名。

政协龙泉市第五届委会　政协龙泉市第五届委员会(1998—2002年)，共有政协委员158名，界别15个，其中：中国共产党12名，占委员总数的7.59%；民主党派、无党派人士8名，占5.06%；群团、政法12名，占7.59%；台联6名，占3.8%；侨联3名，占1.89%；文艺新闻界11名，占6.96%；科学技术界17名，占10.76%；经济界32名，占20.25%；农业界18名，占11.39%；

教育体育界 9 名，占 5.69%；医药卫生界 11 名，占 6.96%；社会福利界 7 名，占 4.43%；少数民族 7 名，占 4.43%；宗教界 3 名，占 1.89%；特邀 2 名，占 1.26%。届中增补委员 19 名，辞去委员职务 12 名。

政协龙泉市第六届委员会 政协龙泉市第六届委员会（2003—2006 年），共有政协委员 170 名，界别 19 个，其中：中国共产党 8 名，占委员总数的 4.70%；民主党派、无党派人士 5 名，占 2.90%；共青团 3 名，占1.76%；工会 3 名，占 1.76%；妇联 3 名，占 1.76%；工商联 5 名，占 2.90%；科协 3 名，占 1.76%；台联 6 名，占 3.50%；侨联 6 名，占 3.50%；文艺新闻体育界 11 名，占 6.47%；科学技术界 18 名，占 10.50%；经济界 32 名，占 18.32%；农业界 18 名，占10.50%；教育界 10 名，占 5.88%；医药卫生界 10 名，占 5.88%；社会福利、保障界 9 名，占 5.29%；少数民族 8 名，占 4.70%；宗教界 3 名，占 1.76%；特邀 9 名，占 5.29%。届中增补委员 10 名，辞去委员职务 10 名。

政协龙泉市第七届委员会 政协龙泉市第七届委员会(2007—2011 年)，共有政协委员 175 名，界别 19 个，其中：中国共产党 11 名，占委员总数的 6.3%；民主党派、无党派人士 4 名，占 2.3%；共青团 3 名，占 1.7%；工会 3 名，占 1.7%；妇联 3 名，占 1.7%；工商联 6 名，占 3.4%；科协 4 名，占 2.3%；台联 6 名，占 3.4%；侨联 6 名，占 3.4%；文艺新闻体育界 8 名，占 4.6%；科学技术界 15 名，占 8.6%；经济界 36 名，占 20.6%；农业界 26 名，占 14.8%；教育界 8 名，占 4.6%；医药卫生界 8 名，占 4.6%；社会福利保障界 7 名，占 4%；少数民族 8 名，占 4.6%；宗教界 3 名，占 1.7%；特邀 10 名，占 5.7%。届中增补委员 18 名，辞去委员职务 20 名。

龙泉市(县)政协第三届至第七届常务委员会组成人员一览表

表 23-1-1

人员 届次	主　席	副主席	常务委员
第三届(1990—1992)	陈士杰	翁家禄 周素兰(女) 徐云基 胡威启	19 人
第四届(1993—1997)	陈士杰(1993.5—1995.5) 陈茂才(1995.5—)	林世荣 徐云基 胡威启 徐光松	21 人
第五届(1998—2002)	陈茂才 (1998.3—2001.3) 管日高(2001.4—2003.4)	任继东 管日高(1998.3—2001.3) 徐云基 陶中亮 叶　放	28 人

续表 23-1-1

届次＼人员	主　席	副主席	常务委员
第六届（2003—2006）	俞福尧	陶中亮 叶先长 叶　放 潘金明 骆雨文（2003.5—2005.11）	21 人
第七届（2007—2011）	邵戌汛	包建平(女) 叶先长 潘金明 徐建新 雷丽亚（女、畲，2010.03—）	26 人

龙泉市(县)政协第 3—7 届政协委员界别构成统计一览表

表 23-1-2　　单位：人

界　别	三　届	四　届	五　届	六　届	七　届
中国共产党	4	5	12	8	11
民主党派（无党派人士）	13	4	8	5	4
工青妇（群团、政法）	11	17	12	9	9
少数民族	7	8	7	8	8
宗教界	3	3	3	3	3
文艺界	8	—	—	—	—
科技界	11	11	17	18	15
社会科学界	6	—	—	—	—
教育体育界	11	9	9	10	8
医药卫生界	8	10	11	10	8
新闻界	3	—	—	—	—
农林（水果）界	13	—	—	—	—
侨、台	8	16	9	12	12
工交界	10	—	—	—	—
财贸界	11	—	—	—	—
文艺新闻界	—	11	11	11	8
经济界	—	37	32	32	36
农业界	—	19	18	18	26

续表 23-1-2

界 别	三 届	四 届	五 届	六 届	七 届
农业界	—	19	18	18	26
社会福利界	—	—	7	9	7
工商联	—	—	—	5	6
科协	—	—	—	3	4
特邀	9	4	2	9	10

1987—2010 年龙泉市(县)浙江省政协委员一览表

表 23-1-3

届 别	时间	姓名
浙江政协第六届委员会	1987—1992 年	徐朝兴、郭火养
浙江政协第七届委员会	1992—1998 年	毛正聪、徐光松
浙江政协第八届委员会	1998—2003 年	吴隆高
浙江政协第九届委员会	2003—2008 年	骆雨文
浙江政协第十届委员会	2008—	张长山

2001—2010 年龙泉市丽水市政协委员一览表

表 23-1-4

届 别	时间	姓名
丽水政协第一届委员会	2001—2005 年	王高良、叶　放、叶先长、叶廷飞、卢伟孙、包志清、吕　健、刘丽荣、张叶胜、何登新、周小玲、俞福尧、骆雨文、陶中亮、黄慧珍、管日高、潘金明、魏洪涛
丽水政协第二届委员会	2006—2010 年	邵戌汛、俞福尧、叶先长、潘金明、吴　敏、王振春、何登新、王高良、李小伟、林少平、朱志敏、刘丽荣、蔡卫平、周小玲、张叶胜、蓝伟俊

第二节　工作机构

第三届委员会

下设机构主要为政协办公室、专门委员会、工作组，其中专门委员会由提案委员会、学习委员会、文史委员会等委员会组成，工作组由工业交通组、农林科技组、教育组、医药卫生组、财贸组、群团政法组、文艺新闻组、民族宗教组、祖国统一组、归侨、侨眷组、文史组、农村组、八都联络组等工作组组成。

第四届委员会

下设机构主要为政协办公室、专门委员会、工作组，其中专门委员会由提案委员会、学习委员会、文史资料委员会、经济科技委员会、教育文化卫生委员会、社会法制委员会、三胞联谊委员会等委员会组成，工作组由工业组、教育组、工商经济组、民族宗教组、医疗卫生组、农村组、财贸组、农林水组、政法群团组、文化组、祖国统一组、八都联络组等工作组组成。

第五届委员会

下设机构主要为政协办公室、专门委员会、提案委员会，其中专门委员会由文史学习委员会、经济科技委员会[经济委员会（2000.1—2002.3）、经济和人口资源环境委员会（2002 年 3 月设立）、农业科技委员会（2000 年 1 月设立）]、社教文卫体委员会（1998.5—2000.1）[文教卫体委员会（2000.1—6）]、社会法制委员会[台侨民族宗教委员会、侨台宗教委员会（2000 年 1 月设立）]等委员会组成，工作组由党群政法组、财贸组、工业交通组、工商经济组、农业科技组、教育体育组、医药卫生组、社会福利组、民族宗教组、文艺新闻组、侨台联络组、八都联络组等工作组组成。

第六届委员会

下设机构主要为政协办公室、专门委员会、工作组，其中专门委员会由提案委员会、经济委员会、农业科技委员会、文教体育卫生委员会、社会和法制委员会、侨台民族宗教委员会、文史资料委员会、人口资源环境委员会等委员会组成，工作组由党群政法组、财贸组、经济一组、经济二组、农业组、科技组、教育组、医药卫生组、社会福利组、民族宗教组、文艺新闻组、侨台组等工作组组成。

第七届委员会

下设机构主要为政协办公室、专门委员会、联络组，其中专门委员会由提案委员会、经济科技和人口资源环境委员会、文史和教育文化体育卫生委员会、社会法制和民族侨台委员会等委员会组成，工作组由党政群组、工业组、经济综合组、农业组、财贸组、科技组、社会福利组、文艺新闻组、教育组、侨台组、医药卫生组、少数民族宗教组等工作组组成。

第二章　政协会议

第一节　全体委员会议

全体委员会议主要职权

政协全体委员会议是政协最高层次的会议，是人民政协履行"政治协商、民主监督、参政议政"职能的最高形式，是政协委员履行职责、协商议政的重要载体和平台。其主要职权：选举委员会主席、副主席、秘书长和常务委员；听取和审议常务委员会的工作报告；讨论并通过有关的决议；参与对国家和地方事务的重要问题的讨论；提出建议和批评。

全体委员会议每年召开一次。

历年全体委员会议

政协龙泉县第二届第三次全体会议　1989 年 4 月 11—14 日召开，出席委员 108 人。会议议程：一、听取并审议《政协龙泉县第二届委员会常委会工作报告》；二、听取并审议《二届三次会议提案审查情况报告》；三、11 位委员作大会发言；四、通过二届三次会议政治决议。大会表彰 1988 年度政协工作先进集体 3 个，先进工作者 23 名。中共龙泉县委书记林华刚到会讲话；主席陈士杰在闭幕会上讲话。全体委员列席县第九届人大第四次会议，听取并讨论县长赵碧春所作的《政府工作报告》和其他各项报告。

政协龙泉县第三届第一次全体会议　1990 年 5 月 15—21 日召开，出席委员 134 人。会议议程：一、大会听取并审议《政协龙泉县第二届委员会常务委员会工作报告》；二、听取并审议《政协二届委员会提案委员会关于提案工作情况的报告》和《三届一次会议提案审查委员会关于提案审查情况的报告》；三、根据选举办法,选举产生政协龙泉县第三届委员会主席 1 名、副主席 4 名，秘书长 1 名，常务委员 19 名；四、16 名委员作大会发言，为巩固发展龙泉安定团结的政治局面、实现治理整顿的目标建言献策；五、通过三届一次会议政治决议和其他决议。大会表彰 1989 年度先进集体 3 个，先进工作者 26 名。全体委员列席县第十届人大第一次会议，听取和讨论《政府工作报告》和其他各项报告。

政协龙泉市第三届第二次全体会议　1991 年 4 月 8—13 日召开，出席委员 134 人。会议议程：一、听取并审议《政协龙泉市第三届委员会常务委员会工作报告》；二、听取并审议关于《三届一次会议提案办理情况的报告》和《三届二次会议提案审查情况的报告》；三、16 名委员作大会发言；四、通过三届二次会议政治决议和其他决议。大会围绕以经济建设为中心，加快科技兴市步伐，进一步发展龙泉个私经济等问题，组织全体委员开展讨论，献计献策。主席陈士杰在闭幕会上讲话。大会表彰

1990 年度先进集体 4 个，先进工作者 34 名。全体委员列席了市第十届人大第二次会议，听取和讨论《政府工作报告》和其他报告。

政协龙泉市第三届第三次全体会议　1992 年 4 月 9—13 日召开，出席委员 136 人。会议议程：一、听取并审议《政协龙泉市第三届委员会常务委员会工作报告》；二、听取并审议关于《三届二次会议提案办理情况的报告》和《三届三次会议提案审查情况的报告》；三、18 名委员作大会发言；四、通过三届三次会议政治决议和其他决议；五、根据选举办法，选举大会秘书长。大会围绕如何深化农村改革、搞活企业、开拓创新、加快龙泉经济发展步伐等问题开展讨论。大会表彰 1991 年度先进集体 4 个，先进工作者 30 名。主席陈士杰在大会闭幕会上讲话。全体委员列席市第十届人大第三次会议，听取和讨论《政府工作报告》和其他报告。

政协龙泉市第四届第一次全体会议　1993 年 5 月 10—16 日召开，出席委员 148 人。会议议程：一、听取并审议《政协龙泉市第三届委员会常务委员会工作报告》；二、听取并审议《政协龙泉市第三届委员会提案委员会关于提案办理工作的书面报告》和《四届一次会议提案审查情况的报告》；三、根据选举办法，经过充分协商，选举产生政协龙泉市第四届委员会主席 1 名、副主席 4 名、秘书长 1 人（兼），常务委员 19 人；四、14 位委员在大会上发言；五、通过四届一次会议各项决议。会议围绕如何振兴工业、发展农业、科技产业化、实施九年制义务教育和城市建设等问题展开热烈讨论，建言献策。大会表彰 1993 年度先进集体 4 个，先进工作者 32 名。全体委员列席市第十一届人大第一次会议，听取和讨论《政府工作报告》和其他各项报告。

政协龙泉市第四届第二次全体会议　1994 年 4 月 12—16 日召开，出席委员 155 人。会议议程：一、听取并审议《政协龙泉市第四届委员会常务委员会工作报告》；二、听取并审议关于《四届一次会议提案工作情况的报告》和《四届二次会议提案审查情况的报告》；三、根据选举办法，选举政协第四届龙泉市委员会秘书长；四、9 位委员作大会发言；五、通过四届二次会议的政治决议。会议围绕发展农业、林业、教育、科技和搞好社会治安等问题开展讨论，提出建设原料林基地、建设"中国龙泉剑瓷城"和深入贯彻落实《教师法》等建议。大会表彰 1993 年度先进集体 5 个，先进工作者 23 名。主席陈士杰在大会闭幕会上作讲话。全体委员列席市第十一届人大第二次会议，听取和讨论《政府工作报告》和其他各项报告。

政协龙泉市第四届第三次全体会议　1995 年 5 月 7—11 日召开，出席委员 155 人。会议议程：一、听取并审议《政协龙泉市第四届委员会常务委员会工作报告》；二、听取并审议关于《四届二次会议提案工作情况的报告》和《四届三次会议提案审查情况的报告》；三、根据选举办法，选举陈茂才同志为政协龙泉市第四届委员会主席；四、11 位委员在大会上发言，围绕两个文明建设开展讨论，提出优化技改贷款环境，促进工业经济发展，搞好社会治安、减少青少年违法犯罪和加强龙泉宝剑行业管理等建议；五、通过四届三次会议决议。大会表彰 1994 年度先进集体 5 个，先进工作者 36 名。主席陈茂才在大会闭幕会上作讲话。全体委员列席市第十一届人大第三次会议，听取和讨论《政府工作报告》和其他各项报告。

政协龙泉市第四届第四次全体会议　1996 年 4 月 7—11 日召开，出席委员 158 人。会议议程：一、听取并审议《政协龙泉市第四届委员会常务委员会工作报告》；二、听取并审议关于《四届三次会议以来提案工作报告》和《四届四次会议提案审查情况报告》；三、16 位委员在大会上发言或书面发言，提出加强科技普及工作，狠抓乡镇农技推广队伍建设等建议；四、通过四届四次会议决议。会议期间，开展为留槎洲大桥捐资活动,共计收到捐资 17 万多元。大会表彰 1995 年度政协工作先进集体 5 个、先进工作者 38 名和提案办理先进单位 4 个，优秀提案 17 件。荣获政协丽水地区工委优秀调查报告二等奖的三篇文章作者也同时得到表彰。主席陈茂才在大会闭幕会上作讲话。全体委员列席市第十一届人大第四次会议，听取和讨论市长楼志新所作的《关于龙泉市国民经济和社会发展“九五”计划和 2010 年远景目标纲要的报告》和其他报告。

政协龙泉市第四届第五次全体会议 1997 年 3 月 31 日至 4 月 3 日召开，出席委员 159 人。会议议程：一、听取并审议《政协龙泉市第四届委员会常务委员会工作报告》；二、听取并审议关于《四届四次会议以来提案工作情况的报告》和《四届五次会议提案审查情况的报告》；三、16 位委员在大会上发言或书面发言；四、通过四届五次会议决议。大会表彰 1996 年度政协工作先进集体 6 个,先进工作者 34 名,提案办理先进单位 5 个，优秀提案 8 件。主席陈茂才在大会闭幕会上作讲话。全体委员列席市第十一届人大第五次会议，听取和讨论《政府工作报告》等各项报告。

政协龙泉市第五届第一次全体会议 1998 年 3 月 28 日至 4 月 3 日召开，出席委员 158 人。会议议程：一、听取并审议《政协龙泉市第四届委员会常务委员会工作报告》；二、听取并审议《第四届委员会提案委员会关于五年来提案工作的书面总结》《政协龙泉市第五届委员会第一次会议提案审查情况的报告》；三、22 名委员作大会发言或书面发言；四、根据选举办法，选举产生政协龙泉市第五届委员会主席 1 名，副主席 5 名，秘书长 1 名，常务委员 21 名；五、通过第五届委员会第一次会议决议。大会表彰 1997 年度政协工作先进单位 7 个，先进工作者 38 名,提案办理先进单位 6 个，优秀提案 12 件。主席陈茂才在大会闭幕会上讲话。全体委员列席市第十二届人大第一次会议 ，听取和讨论《政府工作报告》等各项报告。

政协龙泉市第五届第二次全体会议 1999 年 3 月 21—25 日召开，出席委员 158 人。会议议程：一、听取并审议《政协龙泉市第五届委员会常务委员会工作报告》；二、听取并审议《政协龙泉市委员会五届一次会议以来提案工作情况的报告》和《政协龙泉市第五届委员会第二次会议关于提案审查情况的报告》；三、18 位委员作大会发言或书面发言；四、通过大会各项决议。大会表彰 1998 年度政协工作先进单位 5 个，先进工作者 30 名，提案办理先进单位 4 个，优秀提案 11 件。主席陈茂才在大会闭幕会上讲话。全体委员列席市第十二届人大第二次会议，听取和讨论《政府工作报告》和其他各项报告。

政协龙泉市第五届第三次全体会议 2000 年 3 月 27—31 日召开，出席委员 166 人。会议议程：一、听取并审议《政协龙泉市第五届委员会常务委员会工作报告》；二、听取并审议《政协龙泉市五届二次会议以来提案工作情况的报告》和《政协龙泉市第五届委员会第三次会议关于提案审查情况的报告》；三、18 位委员在大会上发言或书面发言；四、补选政协龙泉市第五届委员会常务委员 4 名；四、通过大会各项决议。大会表彰 1999 年度政协工作先进集体 4 个，先进工作者 33 名，优秀提案 10 件,提案优秀办理件 9 件。主席陈茂才在大会闭幕会上讲话。全体政协委员列席市第十二届人大第三次会议，听取和讨论《政府工作报告》等各项报告。

政协龙泉市第五届第四次全体会议 2001 年 3 月 30 日至 4 月 3 日召开，出席委员 166 人。会议议程：一、听取并审议《政协龙泉市第五届委员会常务委员会工作报告》；二、听取并审议《政协龙泉市第五届委员会第三次会议以来提案工作情况的报告》和《政协龙泉市第五届委员会第四次会议关于提案审查情况的报告》；三、根据选举办法，选举管日高为政协龙泉市第五届委员会主席；四、18

位委员在大会上发言或书面发言；五、通过大会各项决议。大会表彰2000年度政协工作先进集体6个、先进工作者35名，优秀提案10件，提案优秀办理件10件。主席管日高在大会闭幕式上讲话。全体委员列席市第十二届人大第四次会议，听取和讨论《政府工作报告》和其它各项报告。

政协龙泉市第五届第五次全体会议　2002年3月30日至4月3日召开，出席委员162人。会议议程：一、听取并审议《政协龙泉市第五届委员会常务委员会工作报告》；二、听取并审议《政协龙泉市第五届委员会第四次会议以来提案工作情况的报告》和《政协龙泉市第五届委员会第五次会议关于提案审查情况报告》；三、根据选举办法,选举第五届委员会秘书长；四、18位委员在大会上发言或书面发言；五、通过大会各项决议。大会表彰2001年度政协工作先进集体6个，先进工作者34人，优秀提案10件，优秀提案办理件10件。主席管日高在大会闭幕会上讲话。全体委员列席市第十二届人大第五次会议，听取和讨论《政府工作报告》和其他报告。

政协龙泉市第六届第一次全体会议　2003年4月13—19日召开，出席委员170人。会议议程：一、听取并审议《政协龙泉市第五届委员会常务委员会工作报告》；二、听取并审议《政协龙泉市第五届委员会关于提案工作情况的报告》和《政协龙泉市第六届委员会第一次会议关于提案审查情况的报告》；三、根据选举办法，选举产生政协龙泉市第六届委员会主席1名、副主席5名、秘书长1名、常务委员21名；四、22名委员在大会上发言或书面发言；五、通过大会各项决议。大会表彰2002年度政协工作先进集体5个，先进工作者20名。主席俞福尧在大会闭幕会上作讲话。全体委员列席市第十三届人大第一次会议，听取和讨论《政府工作报告》和其他各项报告。

政协龙泉市第六届第二次全体会议　2004年3月21—25日召开，出席委员170人。会议议程：一、听取并审议《政协龙泉市第六届委员会常务委员会工作报告》；二、听取并审议《政协第六届龙泉市委员会关于第一次会议以来提案工作情况的报告》和《政协第六届龙泉市委员会关于六届二次会议提案审查情况的报告》；三、28位政协委员在大会上发言或书面发言；四、通过大会各项决议。大会表彰2003年度政协工作先进集体5个，先进工作者26名，提案办理先进单位4个，优秀提案9件。中共丽水市委常委、龙泉市委书记陈荣高和政协主席俞福尧在大会闭幕式会上讲话。全体委员列席市第十三届人大第二次会议，听取和讨论《政府工作报告》和其他各项报告。

政协龙泉市第六届第三次全体会议　2005年3月14—17日召开，出席委员169人。会议议程：一、听取中共龙泉市委领导讲话；二、听取和审议《政协第六届龙泉市委员会常务委员会工作报告》；三、听取和审议政协第六届龙泉市委员会常务委员会关于政协六届二次会议以来提案工作情况报告；四、列席第十三届龙泉市人民代表大会第三次会议；五、审议通过政协第六届龙泉市委员会第三次会议决议；六、审议通过政协第六届龙泉市委员会提案委员会关于政协六届三次会议提案审查情况的报告；七、补选政协第六届龙泉市委员会副主席。

政协龙泉市第六届第四次全体会议　2006年2月21—24日召开，出席委员160人。会议议程：一、听取和讨论中共龙泉市委领导讲话；二、听取和审议《政协第六届龙泉市委员会常务委员会工作报告》；三、听取和审议政协第六届龙泉市委员会常务委员会关于政协六届三次会议以来提案工作情况报告；四、列席龙泉市第十三届人民代表大会第五次会议；听取并讨论龙泉市国民经济和社会发展第十一个五年规划纲要的报告及其他有关报告；五、补选政协第六届龙泉市委员会秘书长；六、审议通过政协第六届龙泉市委员会提案委员会关于政协六届四次会议提案审查情况的报告；七、审议通过政协第六届龙泉市委员会第四次会议决议。

政协龙泉市第七届第一次全体会议 2007年3月18—22日召开，出席委员174人。会议议程：一、听取和讨论中共龙泉市委领导讲话和丽水市政协领导讲话；二、听取并审议《政协第六届龙泉市委员会常务委员会工作报告》；三、听取并审议政协第六届龙泉市委员会常务委员会提案工作情况的报告；四、列席龙泉市第十四届人民代表大会第一次会议，听取并讨论政府工作报告及其它有关报告；五、选举政协第七届龙泉市委员会主席、副主席、秘书长和常务委员；六、审议通过政协第七届龙泉市委员会提案委员会关于市政协七届一次会议提案审查情况的报告；七、审议通过政协第七届龙泉市委员会第一次会议决议。

政协龙泉市第七届第二次全体会议 2008年3月10—13日召开，出席委员168人。会议议程：一、听取并审议《政协第七届龙泉市委员会常务委员会工作报告》；二、听取并审议政协第七届龙泉市委员会常务委员会关于七届一次会议以来提案工作情况报告；三、列席第十四届龙泉市人民代表大会第二次会议,听取并讨论政府工作报告及其他有关报告；四、审议通过政协第七届龙泉市委员会第二次会议提案审查委员会关于政协七届二次会议提案审查情况的报告；五、审议通过政协第七届龙泉市委员会第二次会议决议。

政协龙泉市第七届第三次全体会议 2009年3月9—13日召开，出席委员175人。会议议程：一、听取并审议《政协第七届龙泉市委员会常务委员会工作报告》；二、听取并审议政协第七届龙泉市委员会常务委员会关于七届二次会议以来提案工作情况报告；三、列席第十四届龙泉市人民代表大会第三次会议,听取并讨论政府工作报告及其他有关报告；四、审议通过政协第七届龙泉市委员会提案委员会关于市政协七届三次会议提案审查情况的报告；五、审议通过政协第七届龙泉市委员会第三次会议决议。

政协龙泉市第七届第四次全体会议 2010年3月15—18日召开，出席委员166人。会议议程：一、听取并审议《政协第七届龙泉市委员会常务委员会工作报告》；二、听取并审议政协第七届龙泉市委员会常务委员会关于政协七届三次会议以来提案工作情况的报告；三、列席龙泉市第十四届人民代表大会第四次会议,听取并讨论政府工作报告及其他有关报告；四、审议通过政协第七届龙泉市委员会提案委员会关于政协七届四次会议提案审查情况的报告；五、审议通过政协第七届龙泉市委员会第四次会议决议；六、增补政协第七届龙泉市委员会副主席、常务委员会委员。

第二节　常务委员会会议

常务委员会设立及职权

市(县)政协历届委员会设常务委员会主持会务。常务委员会由主席、副主席、秘书长和常务委员组成。其主要职权和任务是：一、召集并主持全体委员会议(每届第一次全体会议，由预备会议选出的大会主席团主持)；二、组织实施《政协章程》规定的任务,贯彻执行上级政协和龙泉市委作出的全局性决议；三、执行全体会议的决议；四、在全体会议闭会期间主持日常工作，审议提交市委、市人大常委会、市人民政府的重要建议案；五、协商决定本届政协委员的变更和增补，决定下届政协参加单位、委员名额、界别和人选；六、根据全体委员会议提出的任务，组织委员视察、参观和开展专题调研等重要活动，七、决定本会工作机构的设置和变动；任免本会副秘书长、办公室正副主任。

常务委员会议是政治协商的主要形式之一。常务委员会议由政协主席主持，特殊情况由主席委托驻会副主席主持。一至五届政协的常务委员会议，大多在政协会议室召开。自政协第一届龙泉县委员会常务委员会建立开始，一直坚持每季度召开一次常务委员会议，特殊情况临时召开。因工作需要，每次常务委员会议均吸收办公室主任、专委会主任、工作组组长和有关人员列席。历届政协共召开常务委员会议 133 次（至 2010 年 11 月止），其中：第一届 15 次、第二届 14 次、第三届 15 次、第四届 22 次、第五届 28 次、第六届 20 次、第七届 19 次（至 2010 年 11 月止）。

主要常委会会议

二届常委会　八次常委会于 1989 年 3 月 2—3 日召开，就如何发展农业生产开展讨论；学习《全国政协关于“政治协商、民主监督”的暂行规定》，使协商、监督经常化、制度化。九次常委会于 1989 年 4 月 6 日召开，讨论《县政府工作报告》（讨论稿），提出修改建议；审议县政协二届常委会工作报告，同意提交政协二届三次全会审议；学习省委领导关于当前形势和“两手抓”的讲话精神。十次常委会于 1989 年 6 月 2—3 日召开，县委书记林华刚传达中共中央办公厅、国务院办公厅有关文件和中央领导讲话，通报浙江省委会议精神和全县目前形势，要求政协委员认真学习，在政治上、思想上、行动上与党中央保持一致，共同做好平息政治风波、维护社会安定工作。十二次常委会于1989 年 11 月 22—23 日召开，学习贯彻中共十三届五中全会精神，围绕提高认识、统一思想，协助党和政府为治理整顿深化改革出主意、想办法。学习中共中央关于加强党的建设的文件。讨论中共龙泉县委批转县政协党组和县委统战部《关于政协 1990 年换届工作的意见》。十四次常委会于 1990 年 4 月 27—28 日，讨论《县政府工作报告》（征求意见稿），在抓大事、办实事，决策民主化、科学化，完善企业承包责任制等方面提出修改意见；审议政协常委会工作报告和提案工作情况报告。

三届常委会　二次常委会于 1990 年 8 月 29—30 日召开，传达贯彻全国统战工作会议精神，学习中共中央(90)10 号文件和江泽民在全国统战工作会议上的讲话以及省委副书记葛洪升的讲话。为寻求解决青瓷、宝剑等传统名牌产品出现经营混乱、生产滑坡、企业困难的新办法和新途径决定专门召开振兴龙泉青瓷研讨会。三次常委会于 1990 年 12 月 14—15 日召开，学习贯彻省委书记李泽民在省委统战工作会议上的讲话。在讨论中，常委们对县委提出的举荐党外人士担任政府和司法机关实职，规定从 1991 年起每季召开一次党外人士座谈会、促进政协、统战和民主党派的机构建设和干部队伍建设等措施十分赞赏。八次常委会于 1991 年 12 月 19—20 日召开，学习中共十三届八中全会公报、《中共中央关于进一步加强农业和农村工作的决定》、江泽民在十三届八中全会上的讲话；一致通过市政协《关于认真学习中共十三届八中全会重要文件的决议》；传达《浙江省城镇住房制度改革实施方案》。十一次常委会于 1992 年 7 月 10—11 日召开，学习中共中央关于加快改革、扩大开放、力争经济更快上新台阶的意见和中央、国务院关于加快发展第三产业的决定，学习江泽民在中央党校的重要讲话；市委书记赵碧春到会通报 1992 年上半年全市工作情况和下半年工作安排。会议向市委、政府进言献策，提出加强商品经济宣传、树立改革开放的用人观念、制订大胆引进外资的优惠政策、大胆放权、转变作风、真抓实干等措施。十三次常委会于 1993 年 2 月 24—25 日召开，市长袁荣祥通报 1993 年政府工作思路和打算；主席陈士杰传达省政协七届一次全会精神；研究部署市政协换届工作。

四届常委会 一次常委会于1993年6月21—22日召开，学习李瑞环在全国政协第八届二次常务委员会议上的讲话；会议决定市政协下设七个专门委员会、十个工作组和八都联络组。二次常委会于1993年8月13—14日召开，市委书记柯焕然到会通报上半年全市经济社会发展情况，并对政协工作提出希望和要求；市政府领导到会通报关于新华街拓宽拆迁工程的初步方案；学习中共中央〔1993〕6号文件《关于当前经济情况和加强宏观调控的通知》。四次常委会于1994年1月19—20日召开，市政府领导到会通报1993年全市经济工作情况和1994年市政府经济工作思路以及主要经济指标的初步安排，并对当前治理乱收费、住房制度改革等热点话题作说明；会议围绕全市经济工作和群众所关心的焦点、热点问题开展讨论，对住房制度改革、治理乱收费、发展个私经济等问题提出建议。八次常委会于1994年11月4日召开，学习中共中央十四届四中全会文件；决定同意陈士杰同志辞去市政协主席职务。十一次常委会于1995年5月8日召开，讨论补选市政协主席人选名单。经讨论，一致同意陈茂才为四届政协主席候选人。十二次常委会于1995年9月26日召开，讨论龙泉市国民经济和社会发展"九五"计划和2010年远景规划的建议。常委们对规划的指导思想、发展思路、战略重点和奋斗目标表示赞同；对经济环境、经济总量、经济效益和社会发展、科教兴市等问题提出意见和建议。十四次常委会于1996年3月20日召开，审议市政协四届三次会议的有关事项；讨论市政府《关于龙泉市国民经济和社会发展"九五"计划和2010年远景目标纲要的报告》(征求意见稿)，商议市委交办的联系留槎洲大桥基建项目有关工作。市长楼志新到会听取常委发言。十六次常委会于1996年6月25日召开，学习全国政协常委会工作规则；听取市委常委、宣传部长管日高关于全市开展"专项治理"工作的通报；政协工交组、经济组组长作当前企业发展软环境调查的发言；审议通过市政协工作条例(草案)。十七次常委会于1996年9月26日召开，学习省政协《工作通讯》二期关于《协商议政十要十不要》；听取市委领导关于机构改革、市政府领导关于经济工作、《市委、市府关于深入实施科教兴市战略、加速科技进步的决定》主要内容介绍；经过讨论，提出六方面的修改意见建议；审议通过工交组提出《龙泉国有青瓷行业困境及解困的建议案》。二十次常委会于1997年7月14日召开，听取市政府领导关于财政工作和下半年经济工作、工业和招商引资等问题的讲话；主要讨论在发展工业中存在的问题和建议。讨论决定以政协常务委员会的名义，向市委、市政府提出《关于加大合力扶工力度的建议案》。

五届常委会 二次常委会于1998年6月25日召开，听取政协、人大联合调查组关于"改善环境、加速我市工业经济发展的三个调查报告"(国有企业改制、个私企业发展、下岗职工再就业)的汇报，形成常委会建议案，报送市委、市政府。三次常委会于1998年10月22—23日召开，听取丽水地委委员、龙泉市委书记陈荣高关于学习中共中央十五届三中全会精神，完成全年各项任务的讲话和副市长周业新关于"农业产业化"的讲话；听取市政协关于"农业产业化"七个调查组(食药用菌、蔬菜、畜牧、竹笋、干水果、园林、加工和销售)的汇报，经过讨论补充，形成建议案。四次常委会于1999年1月22日召开，学习《中共龙泉市委关于进一步加强政协工作的决定》；审议通过《龙泉市政协关于履行"政治协商、民主监督、参政议政"职能的规定》《龙泉市政协常委会工作规则》《政协龙泉市委员会委员视察简则》等文件。八次常委会于1999年7月26日召开，学习国家民政部关于取缔"法轮大法"研究会的决定和公安部通告。讨论中一致表示：坚决拥护和支持"中央关于取缔反动邪教法轮功"的决定。九次常委会于1999年9月10日召开，学习人民政协报发表的文章《回顾人民政协五十周年》；讨论决定本市纪念人民政协五十周年开展六项活动：召开论文研讨会、文史座谈会、联欢晚

会、政协委员风采展示、书画展、电视讲话,并作具体分工。十四次常委会于2000年11月9日召开，中共丽水地委委员、龙泉市委书记陈荣高到会，听取市政协关于本市旅游业现状、旅游点的历史文化、旅游产品开发三个调查组汇报，经讨论补充，形成建议案；陈荣高就发展旅游业问题作讲话。十六次常委会于2001年3月20日召开，审议通过市政协五届四次全会有关事项；通过陈茂才辞去主席职务和补选主席候选人建议名单；讨论《"十五"计划纲要报告》(征求意见稿)。十八次常委会于2001年6月21日召开，会议围绕"如何加快龙泉历史文化名城建设问题"展开协商讨论，听取文化局《关于建设历史文化名城的思考与对策》通报。会议提出：要弘扬龙泉青瓷宝剑特色文化，加大文化名城建设投入，编制保护、利用、建设历史文化名城统一规划等建议；并要求全体委员都要为建设龙泉历史文化名城献一策。十九次常委会于2001年11月29日召开，学习中共十五届六中全会文件，传达贯彻省、丽水市政协会议精神；听取市政府领导关于龙泉重点工程建设和城市化建设情况通报和关于龙渊镇撤镇设街道办事处行政区划方案的通报，并进行讨论；听取市土管局负责人关于近几年来土地资源使用、保护、开发等情况的通报。二十次常委会于2002年1月17日在水南工商所会议室召开。市长林健东通报2001年全市经济和社会发展、重点工程项目建设情况,代表市委、市政府对政协一年来卓有成效的工作表示肯定。主席管日高提出高举旗帜，紧扣中心,扎实工作，把握全局，与时俱进，开拓创新，为龙泉"二次创业"再立新功的工作思路。二十四次常委会于2002年6月21日召开。全体与会人员到安仁、枣槐岭、张畈等地视察丽龙一级公路建设情况，听取市交通局负责人关于一级公路工程建设进展情况的汇报。二十五次常委会于2002年9月19—20日在宝溪乡政府举行，以生态公益林建设为主要议题。宝溪乡党委书记介绍该乡经济社会发展及生态公益林建设情况；市环保局负责人通报全市生态示范区建设情况；4位政协委员分专题汇报市生态示范区调查情况；参观宝溪乡披云山生态保护以及溪头村民营青瓷企业的生产厂家。常委们围绕生态示范区建设的问题展开讨论，形成共识，提出意见建议。二十八次常委会于2003年3月31日在市民政局会议室举行，听取民政局负责人关于开展社救、扶贫、社区建设、殡葬改革等工作情况和新一年工作打算的通报；审议《政协常委会在六届一次会议上的工作报告》《提案工作报告》(讨论稿)以及大会议程、日程等有关事项。

六届常委会　三次常委会于2003年11月24日召开。听取市政府关于全市1—10月经济运行情况的通报；副主席陶中亮传达丽水市政协工作会议精神，并简要回顾市政协工作，作新年度工作安排。主席俞福尧对会议作总结，着重强调学习、调研、年终考核总结等工作。六次常委会于2004年7月22日在八都民族中学举行。先后参观双枪竹业、苗木基地、吉兴木业有限公司和民族中学校园。八都镇负责人介绍集镇建设情况。市政府领导通报全市上半年经济社会发展运行情况，详细分析影响和制约龙泉经济发展主要因素和对策。九次常委会于2005年1月12日召开，听取滩坑电站移民安置情况汇报；听取市政府领导关于2004年全市经济运行情况通报。十二次常委会于2005年6月30日召开，学习《中共中央关于进一步加强中国共产党领导的多党合作和政治协商制度建设的意见》；协商通过《政协龙泉市委员会专门委员会组织通则》。十四次常委会于2005年12月2日召开，市委领导传达中共丽水市第二次党代会精神；听取市政府关于市政协《加强监管，稳步推进"康庄工程"建设的建议案》办理落实情况的通报；通报新型农村合作医疗专项民主监督情况。十五次常委会于2006年2月10日召开，协商讨论《关于龙泉市国民经济和社会发展第十一个五年规划纲要的报告》；协商讨论《关于龙泉市2005年国民经济和社会发展计划执行情况、2006年国民经济和社会

发展计划草案的报告》；协商讨论《关于2005年市级预算执行情况及2006年市级预算草案的报告》。十八次常委会于2006年10月19日召开，市政协常委会全体成员现场视察丽龙高速公路龙泉段工程建设项目施工情况，并分5个小组对龙南、屏南、住龙、岩樟、道太等5个乡镇的广播电视“村村通”工程建设实施情况进行深入的考察。听取丽龙高速公路龙泉段及“31540”交通网络建设工程情况汇报；听取市广播电视“村村通”工程工作汇报。

七届常委会 一次常委会于2007年4月29日召开，审议通过《中国人民政治协商会议龙泉市委员会常务委员会工作规则》；审议通过《中国人民政治协商会议龙泉市委员会专门委员会通则》。三次常委会于2007年11月6日召开，传达学习党的十七大文件精神；听取市政府就“回归工程”入园企业建设情况建议案反馈；听取市法院2006年以来执行工作情况通报；会议讨论通过《关于政协委员参加会议的有关规定》。七次常委会于2008年10月27日召开，学习中共十七届三中全会精神；听取市政府办理《关于在创建省级文明城市活动中进一步加强城市社区建设的建议案》的情况反馈；通报《关于建立龙泉市政协委员约谈制度的意见》。十二次常委会于2009年12月15日召开，传达丽水市政协工作会议精神；听取市政府就2009年度市政协常委会《关于推进我市学前教育发展的建议案》办理情况通报；听取市政协提案办理检查评议活动情况汇报。十三次常委会于2010年2月1日召开，听取市政府关于2009年度全市经济运行和社会发展情况的通报；听取市政府关于政协提案办理情况的通报。十八次常委会于2010年8月24日召开，学习贯彻市委十二届九次全体（扩大）会议暨政府十四届第五次全体（扩大）会议精神；审议通过市政协常委会关于加快推进本市汽车（空调）零部件产业转型升级的建议案（草案）。十九次常委会于2010年11月2日召开，学习贯彻中共十七届五中全会精神；听取市政府就2010年度市政协常委会《关于加快推进我市汽车（空调）零部件产业转型升级的建议案》办理情况通报；听取市政协提案委关于提案办理有关情况汇报；部署市政协提案办理检查评议活动。

第三节 主席会议

主席会议人员组成

龙泉市（县）政协主席会议始于1984年第一届政协委员会，由主席、副主席、秘书长组成。根据工作需要，政协办公室主任或有关人员列席会议。其主要任务是处理常委会的重要日常工作，审议需要提请常务委员会讨论决定的重大事项，受常委会委托，主持下一届第一次会议预备会议。主席会议大多在政协会议室召开；一般由主席主持，特殊情况可由主席委托驻会副主席主持。

主席会议主要内容

主席会议的主要内容：学习上级重要文件及政协统战理论；协商讨论有关全市（县）大政方针以及政治、经济、文化和社会生活中重大问题，提出意见和建议；审查以市（县）政协名义向市（县）委、市（县）政府提出的重要建议案；决定常务委员会会议召开日期，拟定会议议程和日程草案，审议提交常务委员会会议通过的文件；讨论决定委员视察、参观、调研及表彰先进等重要活动；审议专门委员会年度工作计划和总结，听取专门委员会有关工作情况汇报；听取重要视察调研报告和重要提案建议案办理情况汇报；提出办公室正副主任、专门委员会正副主任人选任免意见；听取市（县）委、政府有关部门工作情况汇报，进行专题协商和开展视察，提出意见、建议。一至七届政协委员会共召开主席会议 136 次，其中：一届 2 次、二届 6 次、三届 7 次、四届 24 次、五届 28 次、六届 30 次、七届 39 次。

第三章　重要工作与活动

第一节　协商议政与提案工作

协商议政

政协建议案是协商议政的重要形式，始于 1993 年 8 月。为加强参政议政力度，龙泉市政协就经济和社会发展及民生的一些突出性问题组织委员深入进行考察调查，并交政协常委会议讨论研究，提出意见和建议，形成建议案，报送市委市政府，要求市政府在市政协常委会议上通报建议案办理情况。

1993 年上报《发展灵芝，大有搞头》《竹垟畲族聚居村要有优惠政策》《杂交稻制种的混乱现象应予重视》等 6 件建议案，1994 年上报《对筹建“中国龙泉剑瓷城”十二点建议》，1995 年上报《关于加快我市经济发展的建议》等 3 件建议案，1996 年上报《关于落实我市工业会议精神的几点建议》等 4 件提案，1997 年上报《关于加大合力扶工力度的建议案》，1998 年上报《关于优化投资环境，促进我市工业经济持续、快速、健康发展》等 2 件建议案，2000 年上报《关于我市城区中小学布局、规模和发展规划的建议案》和《关于政府大院搬迁问题的调查和建议》，2001 年上报《关于加快我市城区道路、桥梁地名命名工作的建议案》和《关于加强我市历史文化名城建设若干意见建议》，2002 年上报《关于切实加强我市生态示范区建设的若干建议》，2003 年上报《关于我市失地农民生活保障问题的建议》，2004 年上报《关于进一步加强我市卫生文明城市创建工作的建议案》，2005 年上报《加强监管，稳步推进我市康庄工程建设》，2006 年上报《发挥传统优势，推进龙泉青瓷宝剑产业化发展》的建议案，2007 年上报《关于“回归工程”入园企业落地建设问题的建议案》，2008 年上报《关于在创建省级文明城市活动中进一步加强城市社区建设的建议案》，2009 年上报《关于推进我市学前教育发展的建议案》，2010 年上报《关于加快推进我市汽车（空调）零部件产业转型升级的建议案》。

提案工作

政协提案是政协的参加单位和委员向政协全体会议或常务委员会提出，经提案委员会审查立案后交付有关单位办理的书面意见和建议。它是政协行使政治协商、民主监督和参政议政职能的一个重要方面。为了提高提案办理质量，龙泉市（县）政协十分注重办理工作“三见面”（提案委员会、提案人、承办单位），实行“三级督办”（主席会议、提案委员会、常务委员会议），努力提高“三率”（面商、办结、反馈），使提案人满意，充分发挥提案作用。1989—2010 年，共收到委员、政协参加单位以政协提案形式提出的建议意见 3212 件，经提案委员会（提案审查委员会）审查，列为正式提案 3162 件，立案率为 98.4%，提案办复率达 99.7%。

第二节　视察调研与建言资政

视察调研

市政协紧紧围绕市（县）委、市（县）政府中心工作，多层面开展调研视察和咨政建言活动，助推全市经济社会发展和民生改善。积极助推经济转型升级，先后围绕本市特色支柱产业汽车（空调）零部件产业及食用菌产业等的转型升级、竹木加工产业发展、推进电子商务产业发展、地下空间开发利用等问题，开展广泛深入的调研和协商议政。倾心献计促进民生改善，先后围绕公共文化服务体系建设、提高医疗卫生服务水平、提升农产品源头质量安全水平开展专题调研。同时，还就学前教育发展、保障性住房建设、农村饮用水问题、社区建设等问题开展调研视察，协商建言成果得到党委政府和有关部门的重视采纳，促进许多民生问题的解决。此外，充分利用好政协社情反映这一重要渠道，广泛收集群众关注的热点、难点问题，及时梳理上报社情民意信息，有效促进民生问题的解决。

建言资政

1998 年始,市政协以《领导参阅》《情况反映》《社情民意》等形式将意见和建议报送市领导班子成员和有关部门领导作参考。

县政协一届三次全会以来，每次全体委员会议均安排大会发言，至第七届共有大会发言和书面发言材料 397 篇，其中一届 8 篇，二届 40 篇，三届 50 篇，四届 62 篇，五届 94 篇，六届 81 篇，七届 62 篇。

第三节　服务、联谊与文史资料编研

服务社会发展与民生

自市（县）政协建立以来，注重激发各党派团体、政协参加单位和广大政协委员的主观能动性，凝聚各方面社会力量，积极营造共谋发展的良好氛围。

积极响应并认真践行市委确定的副处以上领导“八联八促”工作，深入联系项目一线调研指导，指导帮扶联系企业、联系乡镇（村）的发展。

开展服务民生活动。每年组织委员、专家学者到部分乡镇(街道)开展送教育、科技、法律、卫生、文化为主要内容的政协委员“走进基层、服务群众”活动,切实帮助基层群众改善生产、生活和学习条件,促进农民增收,农村和谐,受到基层群众欢迎和好评。

兄弟市县政协联谊工作

为了与上级政协、兄弟市(县)政协学习、交流工作经验,加强联谊协作,促进社会稳定和经济发展,组织政协委员常委经常赴外地学习考察,同时热情接待上级政协和兄弟市(县)政协领导来访。到2008年底市政协共接待来访的上级政协和兄弟市(县)政协领导301批2273人次。

积极参加赣闽浙三省六县(市)政协联谊会活动。该会建立于1990年9月26日,由福建省浦城县、武夷山市、江西省广丰县、玉山县、浙江省龙泉县、江山市等组成,其宗旨是以政协章程,中共中央〔1989〕14号文件精神为指导,围绕两个文明建设,总结分析,研究新时期政治协商,民主监督的新经验、新情况、新问题,本着围绕做好统一战线工作和友好合作精神,互相交流情况,传递信息,加强协作,增进友谊,努力开创三省边界政协工作新局面。

三省六县(市)政协联谊会第一届第四次会议于1991年11月18—20日在龙泉市召开。三省六县(市)政协联谊会第二届第五次会议于1997年7月23—25日在龙泉市凤阳山召开。三省六县(市)政协联谊会第三届第二次会议于1999年11月15—17日在龙泉市召开。三省八县(市)(增加了福建松溪县和江西铅山县)政协联谊会第二十一次会议2007年9月在龙泉市召开。以上每次会议龙泉市政协都以主办者身份做好会议接待、组织协调和服务工作。

文史资料编研

龙泉市(县)政协文史工作与政协机构成立同步。1984年县政协成立伊始即组织部署文史资料征编工作。1984年9月建立文史工作组,1984年11月,《龙泉文史资料(第一辑)》印行。1989—2010年收集、编撰、出版《龙泉文史资料》16辑,计174.84万字,印数23500册。内容:第8~9辑浙江大学龙泉分校专辑,25.5万字;第10辑龙泉民国时期大事记,5.8万字;第11辑龙泉工商经济专辑,8.5万字;第12辑龙泉现代知名人物怀念文章,7.4万字;第13辑龙泉籍在外地高级科技人员专辑,5.5万字;第14辑反映建国初期农村工作史料,7.14万字;第15辑建国后的龙泉青瓷专辑,9.5万字;第16辑革命烈士徐仰山专辑,3.5万字;第17辑龙泉宝剑专辑,10万字;第18辑龙泉历代名人专辑,11万字;第19辑,龙泉民间传统文化的介绍、有关历史回忆及重大历史事件的记述等,7万字;第20辑反映改革开放以来龙泉市40家民营企业的创业历程,12万字; 第21辑反映建国以来龙泉政治经济文化和社会生活各个侧面的史料,13万字;第22辑,专辑反映在抗日战争时期,浙江省政府机关及企事业单位内迁到龙泉,龙泉成为浙江抗战大后方的情况,23万字。第23辑畲族专辑,26万字。在征集编辑出版本级文史资料,为存史、资政、教化、联谊服务外,每年还为省政协和丽水市政协文史集粹提供具有龙泉特色的稿件。

第二十四篇

民主党派与群众团体

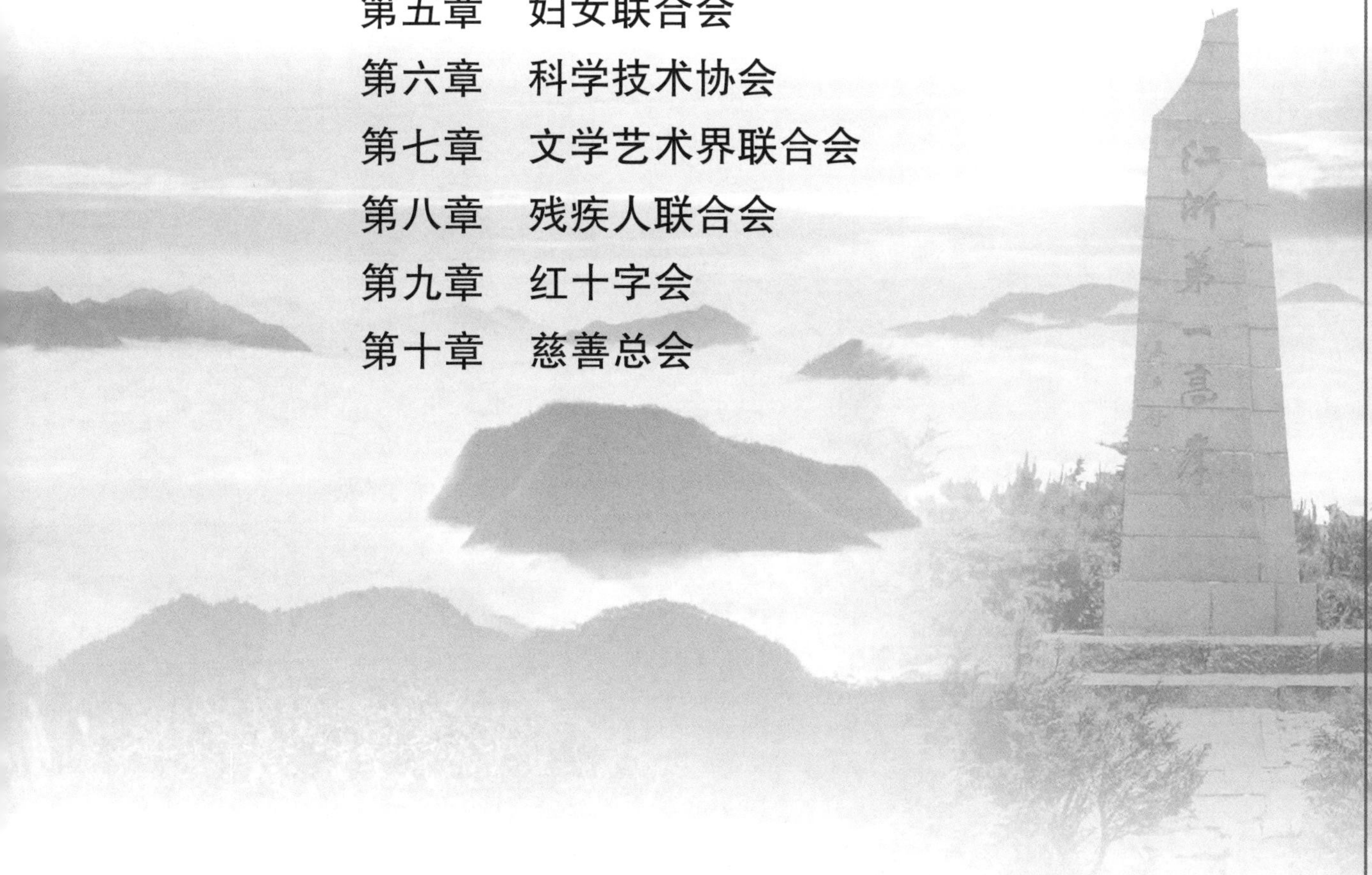

20世纪80年代初，龙泉县尚未建立民主党派分支机构。1987年，中国民主同盟龙泉支部成立，是与中国共产党荣辱与共、携手合作的参政党。在中国共产党的领导下，龙泉市民盟参政议政，在统一战线中发挥重要作用。龙泉市(县)境内社会团体大致分为两大类。一类是由民政部门登记注册，包括学术性、专业性、行业性及联合性的纯民间组织，有100多家。另一类是准官方性质的人民团体，其中最具广泛性和影响力的有工商联、工会、共青团、妇联、文联、残联、科学技术协会、红十字会、慈善总会等组织。其中工会、共青团、妇联、工商联等团体在中华人民共和国成立初期已建立。它们是中国共产党的有力助手，长期以来成为党与各阶层群众联系的桥梁，在社会主义革命和建设中发挥重要作用。1956年2月，成立龙泉县科学技术协会（原名科学技术普及协会）。1985年成立龙泉县文学艺术界联合会。1991年成立龙泉市残疾人联合会。1991年建立龙泉市红十字会。2006年成立龙泉市慈善总会。这些市(县)级群众团体的成立，在各自的领域团结各界群众，贯彻党和政府的各项方针政策，为促进龙泉经济和社会各项事业的发展贡献力量。

第一章　民盟龙泉市基层委员会

第一节　组织沿革

组织建立

中国民主同盟龙泉地方组织成立于20世纪80年代。1987年10月，民盟浙江省委直属的民盟龙泉县小组成立。1988年12月，民盟浙江省委直属的民盟龙泉县支部成立。2002年5月，民盟龙泉市支部改由民盟丽水市委会领导。2002年8月，民盟龙泉市支部升格为民盟龙泉市总支部。

组织发展

1987年9月，民盟浙江省委会在龙泉发展新盟员3人，10月，中国民主同盟浙江省龙泉县直属小组建立。1988年12月，民盟浙江省委会批准成立中国民主同盟龙泉县直属支部。召开民盟龙泉县第一次全体会议，选举产生首届支部委员会领导成员。陈金良为主委，盟员9人。1991年12月，第二次全体盟员会议召开，选举产生第二届支部委员会领导成员。叶放为主委，盟员15人。1997年1月，第三次全体盟员会议召开，选举产生第三届支部委员会领导成员。叶放为主委，盟员38人。2001—2002年，龙泉市民盟支部获浙江省先进盟组织荣誉。2002年5月，经民盟省委会批准建立民盟龙泉市总支部委员会，并改由民盟丽水市委会领导。8月，第四次全体盟员会议暨总支成立大会召开，选举产生民盟龙泉总支第一届领导成员。骆雨文为主委，盟员52人。下设教育、科技、医卫、农业、退休5个支部。

2003年，龙泉市民盟总支部获丽水市先进盟组织荣誉。2003—2004年获浙江省先进盟组织荣誉。2005年，获丽水市先进盟组织荣誉。2006年，获丽水市先进盟组织荣誉。2007年6月，总支第二次全体盟员大会召开，选举产生民盟龙泉市总支第二届委员会。雷丽亚为主委，设教育、医卫、农业、科技和退休5个支部，盟员63人。同年龙泉市民盟总支部获丽水市先进盟组织荣誉。2007—2008年，获浙江省先进盟组织荣誉。2008年，获浙江省民盟社会服务工作先进集体二等奖。2010年获中共龙泉市委统战部“帮扶竹垟畲族乡红坞村工作成绩突出奖”。

第二节　参政议政

盟员队伍及荣誉

截至2010年，龙泉市民盟盟员，中高级职称68人，占比66.6%；本科及以上学历71人，占比

69.6%；退休人员 18 人，占比 17.6%；在领导干部队伍中有副处级 2 人，正科 3 人，副科 12 人。1989—2010 年，龙泉市（县）盟员锐意进取，积极作为，在本职工作和服务地方经济发展方面，涌现出一批优秀人物和先进事迹。2002 年，盟员叶立新获评浙江省科学技术三等奖，2004 年，盟员吴敏获评浙江省优秀教师，2008 年，盟员郑爱芬获浙江省第二十一届“春蚕奖”。

建言献策

2002 年，民盟龙泉总支增设总支议政调研委员，建立议政调研小组，并建立参政议政激励机制。2003 年的第一届龙泉市民盟总支委员会中，担任丽水市人大代表 3 人，丽水市政协委员 3 人；龙泉市政协委员 12 人，担任副科以上领导职务 9 人。2003 年市第六届政协委员的人事安排中，有民盟 15 人担任政协委员，占盟员总数的 27.30%，其中副主席 2 人，政协常委 6 人。

2002—2010 年，龙泉市民盟盟员，担任浙江省人大代表 1 人、浙江省政协委员 1 人、丽水市人大代表 5 人，丽水市政协委员 9 人。在民盟龙泉总支的引领下，龙泉市民盟盟员围绕经济建设和社会发展的热点、难点，大力开展调查研究工作，撰写了大量反映社情民意的调研报告，提交给有关部门，其中提交了423 件政协提案、大会发言和人大建议。

第三节　社会服务

“三下乡”活动

龙泉市民盟组织充分发挥自身智力密集优势，不断开拓社会服务工作新领域。1989 年以来组织盟员开展送医下乡、送教到校、送科技到田头、送文化到农户等活动，开展扶贫助学献爱心活动，资助贫困学生和相关学校。争取丽水信息港“今生有约”在南窖小学、养真中学和龙泉四中举行网络爱心助学活动；争取慈溪育才教育集团在龙泉一中合办“民盟育才班”，设立“沈宏邦奖教奖学基金”；争取杭州上城区选派特级教师到龙泉义务开设专题讲座、示范课，选派龙泉市优秀教师到该区挂职学习。

结对帮扶工作

2004 年，龙泉市民盟总支部向民盟浙江省委会提交《关于要求将竹垟畲族乡列为民盟浙江省委挂钩联系乡的报告》。民盟浙江省委会把竹垟畲族乡列为唯一的挂钩联系点，通过省长基金争取资金 40 万元用于该乡中心学校教学楼的建设。同年 10 月，龙泉市民盟总支部对接民盟绍兴市委会，为该乡中心学校建了一个价值 10 余万元的计算机教室。2005 年，筹集资金 10 万元，建立竹垟畲族乡困难学生补助基金，每年用利息来奖励品学皆优的贫困生。资助贫困学生 65 人，共捐助金额 5.8 万元。2006 年，民盟宁波市委会组织盟员捐款捐物，向该乡中心学校捐赠价值 20 多万元教学设备（计算机 38 台、复印机，钢琴、音响、图书若干）；丽水学院捐献图书为该校建了一个图书室。在民盟省委会和民盟杭州市上城区委会的支持下，选派特级教师到龙泉免费为龙泉市的中小学教师开设专题讲座，并选派竹垟畲族乡中心小学教师到上城区相关学校进行挂职学习。2007 年，竹垟畲族乡成功创建了省级教育强镇（乡）。同年 12 月，把扶贫重点转向农村经济的创新创业发展上，提出以生态产业为红坞村发展方向，重点发展毛竹、茶叶两大产业，将突破口放在了竹山和茶山机耕路的修建上。2008 年，发动杭州求是专修学校出资 15 万元，修建了长 4.5 公里的竹林机耕路，硬化了长 1 公里的茶叶基地路面，被村民立碑记事并命名为“民盟求是路”。同年 2 月，红坞村伟铭茶叶专业合作社宣告成立，全村有 90%的农户参加了合作社，一、二期分别栽种金观音茶叶 238 亩和 100 亩。该社创办初期，全省盟员集资筹款 10 万元，加上省民宗委资助的 50 万元资金，注入茶叶合作社，实现村集体控股，以年终股金分红作为集体经济收入。同年 7 月，多方筹措资金，无偿向村民提供了竹林专用肥 3600 公斤，并派出专家对村民的笋竹林改造进行技术指导。每年给红坞村民增收近 11 万元，人均增收 400 元。2009 年 4 月，将村集体资金纳入合作社股份管理，派出中国农科院茶叶研究所副研究员、民盟盟员韩文炎等到红坞村对农户进行茶叶种植技术指导。

民盟中央领导来龙泉考察调研

2008 年 10 月，民盟中央副主席、省政协副主席、民盟浙江省委会主委徐辉到竹垟畲族乡红坞村调研，考察茶叶和笋竹两用林基地。

2009 年 12 月,全国政协副主席、民盟中央第一副主席张梅颖，到龙泉参加龙泉置县 1250 周年庆典大会、龙泉青瓷传统烧制技艺入选“人类非遗”庆祝大会、第四届中国龙泉青瓷宝剑节期间，听取龙泉市民盟组织结对帮扶竹垟畲族乡发展社会经济文化事业的情况汇报。

2010 年 7 月，全国人大常委、民盟中央副主席李重庵一行到竹垟畲族乡红坞村茶叶基地调研考察，听取龙泉市民盟组织工作情况汇报。

第二章 工商业联合会

第一节 组织设置

龙泉工商业联合会机构沿革

工商业联合会具有统战性、经济性、民间性相统一的特征，承担引导私营工商业经济发展的职责。龙泉县的工商业联合会成立于 20 世纪 50 年代，“文化大革命” 开始后工商联停止活动。1988 年，龙泉县工商联恢复工作，至 2007 年，龙泉市（县）共召开六次工商业联合会（总商会）会员代表大会。1988—2010 年，龙泉市工商联相继在全国主要城市成立龙泉市外地商会，团结并助力于龙泉籍工商业人士在各地的创业发展。

1954 年 9 月 24 日，龙泉县工商业联合会筹备委员会成立。1957 年 3 月 8 日，龙泉县工商业联合会第一次会员代表大会召开，选举产生龙泉县工商业联合会第一届执行委员会。1961 年，龙泉县工商业联合会第二次会员代表大会召开，选举产生龙泉县工商业联合会第二届执行委员会。1966年“文化大革命”开始，县工商联停止活动。

1988年10月17日，龙泉县恢复县工商联筹备领导小组成立，收回原县工商联会员募资建造的大会堂，作为办公用房和活动场所。

1990年4月26—27日，龙泉县工商业联合会第三次会员代表大会召开，正式代表171人，特邀代表15人。大会通过《紧跟党走、继往开来、创民间商会新局面 认清形势、尽心竭力、为经济建设作贡献》的工作报告，选举产生县工商联三届执行委员会委员27人，常委10人，正副主委3人。

1997年10月，经中共龙泉市委批准，龙泉市总商会成立。

1997年10月28日，龙泉市工商业联合会（总商会）第四次会员代表大会召开，正式代表120人。大会通过《发挥“三性”优势，为我市两个文明建设做出贡献》的工作报告，选举产生市工商联（总商会）四届执委会委员25人，常委11人，会长1人，副会长（包括兼职）4人。

2002年10月16—17日，龙泉市工商业联合会（总商会）第五次会员代表大会召开。大会通过《与时俱进 务实创新 努力开创工商联工作新局面》的工作报告。大会正式代表125人，选举产生市工商联（总商会）五届执委会委员47人，常委23人，正副会长15人。

2006年4月17日，经龙泉市民政局批准，获准社会团体登记。

2007年11月1—2日，龙泉市工商业联合会（总商会）第六次会员代表大会召开，大会通过《与时俱进务实创新，努力开创新世纪工商联、总商会工作新局面》工作报告。大会正式代表155人，选举产生市工商联（总商会）六届执委会委员71人，常委36人，正副主席17人。

龙泉市总商会第四届、第五届领导班子与市工商联合一，第六届领导班子中的会长、专职副会长与工商联交叉任职，兼职副会长12人单列，执委会委员和常委会委员与市工商联合一。

工商联会员分为企业会员、团体会员和个人会员。1990年，龙泉市工商联组织恢复后，大力发展会员，发展团体会员3户，企业会员92户，私营企业会员14户，个体会员51户，邀请有关单位负责人和老工商联干部15人为特邀会员，共计175家。在发展过程中重视非公有制经济成分的增加，重点吸收符合产业发展方向，有实力有代表性的科技型、外向型的重点企业和纳税大户为会员，使工商联的会员队伍结构和非公有制经济发展的现状和趋势相符合。2010年末，全市共有会员195个（不包括异地商会会员），其中企业会员79个，团体会员8个，个人会员108人。

龙泉异地商会建立

进入21世纪，龙泉工商联（总商会）组织指导在全国各主要城市的龙泉籍商人成立龙泉商会。至2010年末，龙泉市工商联（总商会）下属异地商会（分会）8个。

2006年2月3日，龙泉市总商会温州分会成立，会员120余人。这是龙泉市历史上第一家异地商会。大会通过《龙泉市总商会温州分会章程》，选举产生温州分会首届理事会。2009年6月召开第二次会员大会，选举产生温州分会第二届理事会。

2006年4月22日，龙泉市总商会义乌分会成立，会员110余人。大会通过《龙泉市总商会义乌分会章程》，选举产生义乌分会首届理事会。2009年4月召开第二次会员大会，选举产生义乌分会第二届理事会。

2006年5月18日，龙泉市总商会上海分会成立，会员180余人。这是龙泉市总商会在省级行政单位成立的第一家异地商会。大会通过《龙泉市总商会上海分会章程》，大会选举产生上海分会首届理事会。2009 年 9 月，召开第二次会员大会，选举产生上海分会第二届理事会。

2006 年 7 月 8 日，龙泉市总商会广州分会成立，会员 110 余人。大会通过《龙泉市总商会广州分会章程》，大会选举产生广州分会首届理事会。2009 年 9 月召开第二次会员大会，选举产生广州分会第二届理事会。

2006 年 12 月 27 日，龙泉市总商会成都分会成立，会员 100 余人。大会通过《龙泉市总商会成都分会章程》，大会选举产生成都分会首届理事会。

2007 年 5 月 12 日，龙泉市总商会北京分会成立，会员 80 余人。大会通过《龙泉市总商会北京分会章程》，大会选举产生北京分会首届理事会。

2008 年 1 月 25 日，龙泉市总商会杭州分会成立，会员 230 余人。大会通过《龙泉市总商会杭州分会章程》，选举产生杭州分会首届理事会。

2010 年 4 月 22 日，龙泉市总商会济南分会成立，会员 80 余人。大会通过《龙泉市总商会济南分会章程》。大会选举产生济南分会首届理事会。

2009 年 7 月份，组织企业家代表、异地商会负责人在成都召开首次异地商会建设座谈会，探讨新形势下异地商会建设的新途径。

第二节　主要活动

组织活动

市工商联（总商会）按照“团结、教育、引导、服务”的工作方针，在加快龙泉经济建设发展，深化经济改革，扩大对外开放，建立社会主义市场经济体制过程中，积极发挥民间商会组织的功能作用；发挥政府管理非公有制经济方面的助手作用；团结工商界经济人士，密切与会员的联系，服务会员企业，加强与党和政府之间沟通，发挥非公有制经济人士参与政治和社会事务中的政治协商、民主监督的主渠道作用；引导非公有制经济人士健康成长，教育会员坚决拥护共产党的领导、坚定走中国特色社会主义道路，推动科学发展，转变经济发展方式，构建和谐劳动关系，促进社会和谐，服务党和政府工作大局；组织会员积极投身社会主义经济、政治、文化、社会建设，促进龙泉非公有制经济健康稳步、又好又快发展贡献力量。

参政议政

随着非公经济的崛起，非公经济人士参政议政意识不断加强，综合素质不断提高，在社会各阶层发挥着越来越重要的作用。做好工商联界别代表人士政治安排的推荐工作，推荐具备一定参政议政能力、贡献较大、综合素质较高的非公有制经济代表人士进入各级人大、政协和工商联、总商会班子。鼓励非公经济人士积极参与社会事务，参政议政，建言献策，为党和政府制定政策和决策提供高质量的意见和建议。

市工商联三届执委会成员中，有龙泉市人大代表 5 人，龙泉市政协委员 5 人；市工商联四届执委会成员中，有龙泉市人大代表 8 人，龙泉市政协委员 12 人；市工商联五届执委会成员中，有全国人大代表 1 人，丽水市人大代表 4 人，政协委员 4 人，龙泉市人大代表 16 人（其中常委 1 人），龙泉市政协委员 19 人（其中政协副主席 1 人、常委 4 人）；市工商联六届执委会成员中，丽水市人大代表 4 人、政协委员 4 人，龙泉市人大代表 16 人（其中常委 2 人）；龙泉市政协委员 28 人（其中政协副主席 1 人、常委 2 人）。

自政协三届一次会议起，市（县）工商联界别政协委员、人大代表积极向各级人大和政协提交提案和议案 500 余件。市工商联在大会上先后作《进一步发展我市个体、私营经济》《对搞活我市商品流通的几点意见》《一项具有鲜明中国社会主义主题特色的工作》等大会发言；工商联（总商会）会员撰写的《依托生态优势，发展绿色食品》《关于要求提高加大对农业龙头企业的扶持力度的建议》《采取有力措施，确保农业增收》《关于进一步加快特色工业园区建设几点建议》《关于要求建立“龙泉外贸发展基金”的建议》；团体提案《关于切实采取有效措施解决企业融资困难的建议》《把工程机械产业作为龙泉工业经济新的增长点》《关于促进丽水市食用菌产业健康发展的建议》《关于推进汽车空调零部件产业实现向现代化产业集群转型升级的提案》等被列为市重点建议和市重点提案，引起市委、市政府和有关部门的重视。

2005 年，经推荐联评，龙泉市工商联有 1 名兼职副会长（浙江能福旅游用品有限公司董事长李能福）被授予第一届“浙江省优秀中国特色社会主义事业建设者”称号（在非公有制经济代表人士中评选，与劳动模范、五一劳动奖章获得者荣誉相当），2 人被评为丽水市第一届优秀中国特色社会主义建设者。2010 年，非公经济人士 2 人被评为丽水市第三届优秀中国特色社会主义建设者。

2006 年，开展非公有制经济代表人士综合评价工作，建立龙泉市非公有制经济代表人士的基本信息库，进一步完善提高非公经济人士参政议政准入条件。

公益捐赠

龙泉市非公经济人士积极承担社会责任，主动参与各项社会公益事业，在建设社会主义新农村、吸收下岗职工就业、扶贫济困、捐资助学、抗灾救灾、筹措善款等社会公益事业中做出了较大的贡献，得到龙泉市委、市政府的充分肯定和社会各界的高度评价。涌现出叶建和、李能福、叶志明、蔡焕镜、骆美强、吴子敬等一批热心社会公益事业的非公经济代表人士。其中：2000 年常委叶志明在锦溪镇、住龙镇发生特大洪水后捐资 3 万元；2001 年组织非公经济人士开展资助贫困户献爱心活动，共捐资 8 万元；2002 年工商联执委为病患捐资 1.7 万元；2003 年五届三次执委会上，民营企业家为“爱心助成才，共圆大学梦”捐款 12 万元；2007 年叶建和为慈善总会募捐 80.0999 万元；2007 年非公经济人士为华严塔筹建捐款 160 余万元；2008 年浙江国镜药业为四川抗震救灾捐药品价值 100 万元，浙江能福有限公司为四川抗震救灾捐物价值 30 余万元，温州商会会员为四川抗震救灾捐款 60 余万元；2010 年玉树地震中温州商会会员捐款 47 万元、捐物 30 余万元；2010 年温州商会为龙泉一中提供“温州龙泉商会银企合作捐资助学基金会”100 万元等。据不完全统计，1990—2010 年龙泉市工商联（总商会）会员参与社会公益事业的捐款总额超过 1200 万元。

服务会员

民营经济调查研究 发挥工商联的桥梁和纽带作用，深入企业调查研究，了解全市非公有制经济的发展实际和在生产经营中存在的问题，掌握非公经济人士的思想动态，多渠道向市委、市政府等有关部门反映企业的呼声和要求，为会员企业在生产、经营中出现的问题做了大量的协调、沟通和服务工作,促进一些问题得到妥善解决。

商贸考察活动　1991 年，组织会员参加“9•1”浙江省会员企业商品交易会，第十二届、十三届浦城边界贸易交流会，参与举办商业系统新产品论证会；1994 年 9 月，率商业、青瓷、宝剑等部门参加上饶贸易洽谈会；1995 年 9 月，组织有关企业到江西玉山参加展销会和参加省工商联召开的展销会；2000 年，组织企业家参加在金华举办的民营企业科技项目洽谈会。2002 年，组织执委以上非公经济人士对岩樟溪进行实地考察，讨论开发旅游事业。2008 年，加强龙泉籍在外创业、就业人员的调研，形成书面调研材料，上报市委、市政府和丽水市工商联。同年与司法局联合开展“法律服务民营企业”活动，开展法律宣传活动，帮助企业增强风险防范。2009 年，开展省工商联牵头组织的“走进民营企业，提振发展信心”专项活动，与工商银行一起开展“助力中小企业”贷款活动的筹备工作。会员企业国镜药业有限公司、能福旅游用品有限公司、翔泰木制工艺有限公司 3 家企业负责人于 4 月 30 日受中国工商银行总行的邀请参加在杭州举行的工商银行小企业专营服务新闻发布会暨成长型小企业金融服务签约仪式，获得授信额度 8500 万元。

专门工作委员会　2003 年，市工商联五届一次会长会议研究决定组建专门工作委员会，设立参政议政、宣传教育工作、组织工作、经济工作、维权工作、联络工作、会费民主管理工作委员会，委员会主任、副主任均由非公经济人士担任，进一步发挥非公经济人士在市工商联领导机构和班子中的作用。

建立非公有制经济代表人士数据库，掌握会员的基本情况。平时关注非公经济人士的身体健康，每年组织执委以上人员进行免费健康体检，并建立健康档案。主动参与会员企业及非公经济人士的庆典、事故善后处理、婚丧等事宜，并积极为会员提供服务，体现大家庭的温暖。

宣传教育、素质培训

抓好舆论宣传工作，大力宣传表彰两个文明建设中涌现出来的先进人物，树立典型、弘扬正气，塑造新一代民营企业家的社会群体形象。运用简报等形式宣传党的方针政策，宣传非公有制经济代表人士的典型事迹，及时传播各方面的经济信息。1991 年，在丽水青年报上发表《从流通领域的主渠道与多渠道谈城市经济》一文；1991 年起编印《龙泉工商》简报，2003 年，创办会刊《龙泉商会》，向会员赠送《浙江工商》杂志；2008 年，创办“龙泉商会网”。

2003 年 12 月，龙泉市工商联与龙泉市委党校、龙泉市个私协会成立“龙泉市民营企业理论培训中心”，为全市广大民营企业家和非公经济人士搭建加强学习、接受教育、扩大交流的平台。2003—2004 年，选送 14 名非公经济人士到中央党校培训。2005 年，选送 12 名非公经济人士到中央党校培训，选送 6 名非公经济人士参加省委组织部、省经贸委等部门组织的理论培训。2009 年，与市经贸局联合举办一期企业家、经营管理人员培训班，提高企业家的知识水平和管理能力。组织会员企业开展“三讲”(讲文明、讲法纪、讲贡献)和“三比”(比科技进步、比产品质量、比经济效益)为主要内容的“双文明企业竞赛”活动。

2009 年 10 月，成立龙泉市非公有制企业学习实践活动指导小组，指导非公经济企业党组织争先创优活动工作。通过对全市非公经济组织进行摸底排查，分类建立台账，准确掌握非公经济组织领导班子、党组织和党员干部构成、分布等情况，引导非公经济组织广大党员干部正确认识开展学习实践活动的重要性和紧迫性，汇总梳理影响企业科学发展和生产经营的突出问题，引导广大党员干部正视差距，自我加压，进一步谋划推进企业科学发展的思路和措施。

对外联络

积极搭建内引外联的平台，加强对外联络，引导非公经济人士进一步解放思想，开阔眼界，提高企业现代化管理水平，拓宽工商界企业合作领域。组织会员参加各类商会合作与交流机制，密切与友好商会和异地商会的联系，加强区域商会合作，促进内引外联工作。1997 年浙闽赣三省毗连县(市)工商联会长联谊会在市凤阳山自然保护区召开。与嵊州、浦城等兄弟工商联缔结友好关系，与金华、温州、绍兴、杭州、诸暨、东阳、海宁、桐乡、永康、路桥、椒江、三门、北仑等工商联和广州工程机械配件行业协会等商会组织进行交流，寻求合作。在对外交流中，对龙泉青瓷宝剑起较大的宣传和促销作用。先后邀请东阳横店集团和缙云天喜集团组织企业家考察团、全国各地驻义乌商会赴龙泉考察团、广东丽水商会回乡参观考察团、莲都区工商企业参观“回归工程”考察团及嵊州市工商联等省内外工商联的来访，并组织非公经济人士先后赴革命老区井冈山、厦门市、温州市等地学习考察，加强商会纵向及横向的联络和交流，促进系统内部的信息、经验等资源共享。

自身组织队伍建设

龙泉市(县)工商联自 1990 年以来，以深入开展“三个代表”重要思想学教活动、“先进性教育”、“力创生态业，再创好龙泉”、十七大精神主题教育等各种主题实践活动为载体，学习《关于工商联若干问题的请示》《中共中央国务院关于加强和改进新形势下工商联工作的意见》文件精神，狠抓机关内部管理，提高服务水平。明确驻会领导和各兼职副主席、副会长的职责分工，进一步建立健全机关各项规章制度，强化内部管理，规范办事程序，有效提高履行职责的能力。扎实做好社会治安综合治理、计划生育、环境卫生、信访保密和机关档案等工作，积极参加社区开展的文明创建等各项活动，保质保量地完成上级交办的各项工作任务。2009 年荣获“全省工商联系统先进单位”称号，2010 年被省工商联评为宣传工作二等奖。

第三章 工 会

第一节 组织队伍

机构成立

龙泉县在 1949 年 7 月开始建立行业职工工会，至 1957 年 4 月，召开县第一次工人代表大会，选举产生县工会联合会第一届委员会。1959 年 6 月改称县总工会。至 2007 年 9 月，共召开十一次市(县)职工代表大会。

组织机构演变

1990 年全县有林业、工业、二轻、水电、农业、商业、供销、粮食、文化、农行、乡镇企业 11 个局工会工作委员会，教育、邮电两个产业工会；基层工会组织 220 个，建立工会组织单位的职工 17525 人，工会会员 16016 人。经过 20 年的变化，工业、二轻、商业、乡镇企业四个局的工会工作委员会合并为经济贸易局工会工作委员会，计委、粮食两个局工会合并为发展与改革(粮食)局工会工作委员会，文化、广播电视、体育 3 个局工会合并为文化广播电视新闻出版(体育)局工会工作委员会，17 个乡镇从 1999 年起建立乡镇工会工作委员会，其中龙渊镇工会工作委员会 2002 年又分为龙渊、西街、剑池三个街道办事处工会工作委员会。2010 年 12 月，全市有经济贸易、林业、农业、水利、供销、发展与改革(粮食)、文化广播电视新闻出版(体育)、卫生、建设、私营企业等 10 个工会工作委员会以及乡镇(街道)共 29 个工会工作委员会(工会)，教育、邮政、电信、电力四个产业工会；基层工会组织 500 个，建立工会组织单位的职工 32617 人，工会会员 29617 人。

第二节　职工代表大会

基本概况

1990 年 6 月至 2007 年 9 月，龙泉市(县)总工会先后召开第八次—第十一次全市(县)职工代表大会。会议选举产生第八届—第十一届龙泉市(县)总工会委员会。

龙泉县工会第八次代表大会

1990 年 6 月 20—22 日召开，270 名来自各条战线的职工代表参加大会。 大会选举产生龙泉县总工会第八届委员会委员 25 人。有基层工会 226 个，工会会员 16225 人。

龙泉市工会第九次代表大会

1996 年 11 月 12—13 日召开，225 名来自各条战线的职工代表参加大会。大会选举产生龙泉市总工会第九届委员会委员 25 名。有基层工会 235 个，工会会员 17700 多名。

龙泉市工会第十次代表大会

2002 年 4 月 18—19 日召开，188 名来自各条战线的职工代表参加大会。大会选举产生龙泉市总工会第十届委员会委员 27 人。有基层工会 265 个，工会会员 2 万多人。

龙泉市工会第十一次代表大会

2007 年 9 月 27—28 日召开，168 名来自各条战线的职工代表参加大会。 大会选举产生龙泉市总工会第十一届委员会委员27人。有基层工会435个，涵盖法人单位1060个，工会会员28448人。

第三节　主要工作

各级劳模推荐评选

中华人民共和国成立以来，特别是改革开放三十年来，龙泉市（县）各行各业的广大职工群众，在各自的岗位上努力工作，勤奋劳动，为龙泉的两个文明建设作出显著贡献，涌现了一大批劳动模范和先进人物。1989—2010年，被评为各级劳动模范41人。其中1992年5月，市工具厂职工张炳琴被中华全国总工会授予"全国优秀生产能手""全国先进女职工"称号，全国"五一"劳动奖章获得者，并被评为"浙江省劳动模范"。

省（部）级以上劳模25人，其中陈金、张龙生获得全国劳动模范称号；乐法文、李能福获得全国"五一"劳动奖章。被评为市、县级模范集体7个，其中丽水市模范集体4个。2005年丽龙高速公路龙泉段建设指挥部被省政府授予省重点建设立功竞赛先进集体称号；2006年3个单位被评为"两龙"高速劳动竞赛优胜单位。2008年国镜药业有限公司软袋车间袋灌封班组被授予浙江省"工人先锋号"称号。

劳动竞赛、技能比武

1989—1990年，组织"双增双节"和"三比"（比贡献、比技术、比革新）为主要内容的社会主义劳动竞赛。增产节约263.2万元。表彰劳动竞赛优胜单位32个、劳动竞赛标兵132人、合理化建议积极分子38人。1990年龙泉制药厂被评为省节能工作先进单位。1991—1994年，开展"质量、品种、效益年"为中心内容的劳动竞赛活动。全市职工人均创益251.12元，提出合理化建议2453条，实施见效838条，创益163.7万元。评出劳动竞赛先进集体27个，先进个人91人；1992年获省职工技术协作优秀成果1个、被评为省职工技术协作先进个人2人。1995—2001年，开展"争当'九五'功臣"立功竞赛活动，增产节约9718万元，提出合理化建议4600条，实施见效1650条，创益7800万元。2002—2010年，开展职工经济技术创新和组织"千万职工大行动，转型升级立功竞赛"活动。2.5万人次分别参加26个项目技术操作比武，2.5万人次参加新产品、新品种开发，创益1.5亿元。提出合理化建议11325条，实施1989条，创益1051万元。2003—2004年浙江国镜药业有限公司的"破壁灵芝孢子粉的应用"和浙江纳富特生物科技有限公司生产的"纳富特御丹绛芝益肝胶囊"分别被评为"浙江省职工经济技术创新活动优秀成果"。

1989—1996年，商业、供销、金融、工业等系统举办大型职工技术操作比武，18560多人次分别参加23个项目的技术比武活动。被评为省邮电系统"七五期间先进生产者"1人。1991年被评为省合理化建议活动优秀组织单位1个、先进个人1人。邮电局被评为省邮电物资系统局际同工种劳动竞赛优胜单位、1人被评为先进个人；获省电信电路劳动竞赛优胜单位称号。1997—1999年，3260人次参加19个项目的技术操作比武。1人获省建行系统业务技术比武1个单项奖。龙化公司双氧水分厂QC（质量管理）小组被评为省优秀质量管理小组。2000—2004年，1人获省国税系统计算机应用技能比武第一名。2005年，获全省技能大赛“丁丁杯”锅炉操作工大比武团体二等奖。2009年8月，丽水市技能大比武中，青工吴晓鹏在数控车床比武中获得第一名，并代表丽水参加全省技能大比武。市公路段职工季晓嵩在全省公路养路机械操作技能比武中获得中小型机械（起重装载机）操作工第二名，代表浙江省参加全国技能比赛。市建设银行中山分理处职员刘胜伟、南桥分理处职员张婧、支行营业部职员高莉在全省建设银行对私支付结算竞赛中获得一等奖。2010年，市交通局交通设计室的张金树获得“金锤奖省优秀职工”称号，三田滤清器有限公司的龚宇鹏荣获“金锤奖丽水市十大优秀职工”称号。

“三级联创”活动

中央组织部、中华全国总工会，中共浙江省委组织部、浙江省总工会，中共丽水市委组织部、丽水市总工会开展“三级联创”活动以来，各级基层工会积极开展先进工会创建工作，获得上级工会的荣誉表彰。

在浙江省“三级联创”中有4个乡镇荣获“示范乡镇”先进称号。

在浙江省“三级联创”中有7个基层工会荣获“模范之家”先进称号。

在丽水市“三级联创”中有7个乡镇级工会荣获“示范乡镇”先进称号

在丽水市“三级联创”中有22个基层工会荣获“先进职工之家”先进称号。

龙泉市获浙江省“三级联创”示范乡镇一览表

表24-3-1

年　份	乡镇级工会委员会
2003	查田镇工会委员会
2005	安仁镇工会委员会
2006	八都镇工会委员会
2007	西街街道工会工作委员会

龙泉市获浙江省“三级联创”“模范之家”一览表

表24-3-2

年　份	基层工会委员会
1991	市邮电局工会
2000	市人民医院工会
2003	市辰龙药业公司工会
2005	市育才学校工会
2005	龙泉大洋房产集团工会委员会
2006	市第三中学工会委员会
2007	市养真中学工会委员会

龙泉市获丽水市“三级联创”示范乡镇一览表

表 24-3-3

年 份	乡镇级工会委员会
2003	查田镇工会委员会
2005	安仁镇工会委员会
2006	八都镇工会委员会
2006	剑池街道工会工作委员会
2007	西街街道工会工作委员会
2008	龙渊街道工会工作委员会
2008	市工业园区管委会工会工作委员会

龙泉市获丽水市“三级联创”“先进职工之家”一览表

表 24-3-4

年 份	基层工会
1998	市锦旗林产工业公司工会
1998	市齿轮厂工会
2002	市辰龙药业公司工会
2002	市龙化公司工会
2002	龙泉能福旅游用品有限公司工会
2003	市第三中学工会
2003	市电力公司工会
2003	龙泉海阳水泥厂工会
2003	龙泉市龙声玩具有限公司工会
2003	安仁镇永欣玩具有限公司工会
2004	市育才学校工会
2004	市公安局工会委员会
2005	忠港(龙泉)家俱有限公司工会
2005	龙泉大洋房产集团工会委员会
2006	市西新小学工会委员会
2006	市金中利制冷设备有限公司工会
2006	市医药药材总公司工会
2007	市鸣山木业有限公司工会
2007	市杰超木制品有限公司工会
2007	市养真中学工会

续表 24-3-4

年　份	基层工会
2008	安仁镇小学教育工会
2008	龙泉市三田滤清器有限公司工会

学习型组织与知识型职工

中华全国总工会、浙江省总工会、丽水市总工会开展“创建学习型组织，争做知识型职工”活动以来，市公安局西街街道派出所于 2006 年荣获全国“创建学习型组织，争做知识型职工”先进班组称号。2005 年以来有 3 家单位荣获丽水市“创建学习型组织，争做知识型职工”先进单位称号；有 3 家单位荣获丽水市“创建学习型组织，争做知识型职工”先进班组称号。

职工代表大会制度

坚持建立健全职工代表大会制度为工会工作重点，到 2010 年 12 月，全市建立职工代表大会制度的单位有 196 个（其中非公企业 121 个，事业单位 75 个），共有 9630 名职工代表。

“送温暖”与帮扶

由于企业改制、天灾人祸和身患重病等种种原因，全市职工（含农民工）每年有 500 多人（动态）生活困难，建立的困难职工档案每年有 500 多份（动态），为次年的元旦、春节“送温暖”工作打下基础。到 2010 年 12 月共计救助和帮扶困难职工 6000 人次，发放慰问救助款 180 万元。2003 年 8 月建立市困难职工帮扶中心，在帮扶中心经费无来源（此前只有靠工会拨款）的情况，2004 年 2 月 19 日召开的市工会十届三次常委会又号召广大工会会员每人每年捐款 10 元钱给中心救助用，2004 年—2010 年 12 月共收到工会会员捐款 56790 元，帮扶 292 户，帮扶金额 177400 元，并在龙渊、西街、剑池、八都、查田、安仁、小梅等乡镇（街道）建立困难职工帮扶站。2004 年 10 月在市司法局的帮助下，建立市困难职工法律援助室，2006 年更名市职工法律援助中心，到 2010 年 12 月职工法律援助中心共受理职工申请法律援助案件 42 件，结案 42 件。

“1+1”职工互助保障活动

2001 年市总工会在浙江国镜药业有限公司率先开展“1+1”职工互助保障活动试点工作（每个职工每月出资 1 元，企业每月为每个职工出资不少于 1 元，以此相加，逐月积累基金，存入工会账户。帮助解决本企业职工因病、因灾等原因而造成的生活困难。）2003 年 13 家企业 1300 多人投入活动，筹集资金 3.1 万元。2010 年发展到 86 家单位 3966 人参加该活动，筹集资金 15.26 万元，支出互助保障资金 7.299 万元，有 145 人享受互助保障待遇。

职工文体活动

各级工会组织开展各类职工文体活动，丰富职工业余文化生活。2009 年“三八”节期间，与妇联等单位共同举办来料加工比赛；“五一”节期间，组织举办“践行科学发展观 再创美好新龙泉”职工千人大合唱、2010 年举办“构建和谐社会 倡导健康生活”职工排舞大赛等活动。各级基层工会组织积极开展职工普遍接受的文化体育活动，丰富职工文体生活，增强工会组织的凝聚力和战斗力。

第四节　职工教育

总工会职工学校设立

龙泉市(县)总工会职工学校是经政府批准，具有教育部门认定的职业教育资质，由市(县)总工会直接领导的职工教育培训机构，成立于1953年。职工学校教学楼建于20世纪80年代，坐落在龙泉公园路4号(龙泉总工会院内)，建筑面积1000多平方米，专用教室12间，计算机房2间。单位性质为“公益二类”事业单位。专兼职从业人员3人，通过积极整合社会优质资源，与龙泉市中等职业学校、嘉兴学院深度合作，长期聘任素质较高的教师，形成有兼职教师28人的相对稳定的教师队伍。

学校职能与办学成果

学校主要承担工会干部教育，职工技能培训，文化素质补习等多项职能。集学历教育、职业技能培训为一体，以培养技能型、操作型实用人才为主，是企事业单位职工学习、培训的教育场所。先后开办各类学历教育班168班次，累计学员6506人，其中：大专班4届8班次、学员352人，文化班8届26班次、学员1210人，电大法律班2届2班次、学员71人，初中文化复习班12届50班次、学员1880人，高中学历班16届32班次，学员1208人，各类基层文化班50班次、学员1785人；开办各类单项技能培训班55期，累计学员1250人，其中：计算机班16期、烹饪班8期、电工班10期、电焊班10期、美容美发班6期、汽车维修班5期。

第四章　青少年组织

第一节　共产主义青年团

机构设置

共青团龙泉县工作委员会于1949年12月筹建。1950年1月，全县青年代表大会召开，成立团县工委。设书记、副书记各1人，干事3人。八都、道太、安仁、城北、查田5个区的共青团工作委员会相继建立。县、区、乡及人数多的机关企事业单位设立共青团委员会或总支，行政村及小单位，设共青团小组。20世纪60年代中期，“文化大革命”期间各级共青团组织瘫痪，各地青年组织以“红卫兵”名称开展活动。“文化大革命”结束后，共青团组织恢复，县、区、乡各级均配有专职团干部，各级党委确定一名领导分管共青团工作。2002 年机构改革，共青团龙泉市委机关内设 1 个综合办公室。核定行政编制 5 名，设书记 1 名，副书记 2 名。2005 年 12 月，成立龙泉市青年创业者之家，是龙泉市创业青年自愿参与、自主管理、自我完善的具有社会公益特点的青年创业互助组织，接受共青团龙泉市委的指导。2005 年 12 月 19 日，龙泉市青少年活动中心经龙编委批复同意设立，为团市委下属全额拨款事业单位，编制 5 名。

历次团代会

1991 年 9 月，共青团龙泉市第十二次代表大会召开，选举产生第十二届团市委委员 18 名，常委 7 名，书记 1 名，副书记 2 名。

1994 年 12 月，共青团龙泉市第十三次代表大会召开，选举产生第十三届团市委委员 29 名，候补委员 4 名，常委 7 名，书记 1 名，副书记 2 名。

1997 年 12 月，共青团龙泉市第十四次代表大会召开，选举产生第十四届团市委委员 32 名，候补委员 4 名，常委 9 名，书记 1 名，副书记 2 名。

2001 年 5 月，共青团龙泉市第十五次代表大会召开，选举产生第十五届团市委委员 31 名，候补委员 8 名，常委 9 名，书记 1 名，副书记 2 名。

2004 年 12 月，共青团龙泉市第十六次代表大会召开，选举产生第十六届团市委委员 31 名，候补委员 11 名，常委 9 名，书记 1 名，副书记 2 名。

2007 年 12 月，共青团龙泉市第十七次代表大会召开，选举产生第十七届团市委委员 31 名，候补委员 11 名，常委 7 名，书记 1 名，副书记 2 名。

组织建设

1994 年，龙泉市共青团有基层团委（总支）49 个，团支部 781 个。2010 年，全市建有直属团组织 55 个，基层团组织 19 个，其中行政村团支部 444 个，全市共有团员 6893 人。

2010 年龙泉市团市委直属团委、团总支设置情况一览表

表 24-4-1

<table>
<tr><td rowspan="3">设置团（工）委的单位</td><td>乡镇（街道）</td><td>龙渊街道、西街街道、剑池街道团工委，八都镇、上垟镇、查田镇、小梅镇、安仁镇、屏南镇、锦溪镇、住龙镇、兰巨乡、龙南乡、道太乡、城北乡、竹垟乡、宝溪乡、岩樟乡、竹垟乡、宝溪乡</td></tr>
<tr><td>机关，企、事业单位</td><td>机关团工委、公安局、经贸局、水利局、林业局、教育局、交通局、电力局、人民医院</td></tr>
<tr><td>学校</td><td>中职校、一中、二中、三中、四中、剑瓷外国语学校、育才中学、养真中学、八都民族中学、安仁中学</td></tr>
<tr><td>设置团总支的单位</td><td colspan="2">建设局、国税局、地税局、电信局、邮政局、计生局、中特文武学校、能福公司、个私协、龙泉大酒店、国镜药业、人民法院、龙声公司、佳和集团、香溢大酒店、三田公司、工商局</td></tr>
</table>

1989 年，龙泉县共青团实行团员证制度，制订《团员证管理细则》，恢复和建立“三会一课”制度。1990 年，在全县开展团员教评工作、“百团建设”等，培训团干 40 多人。同年 8 月在中央〔89〕12

号文件下发后召开全市各级党团书记共300多人的共青团工作会议，市委出台《关于进一步加强和改善党对共青团工作领导的意见》。同年成立“共青团龙泉市学雷锋理事会”。1992年，成立筹建青少年宫办公室。1993年，开始开展标准化团委（支部）建设。同年底，与市委组织部联合发文《关于进一步做好推荐优秀青年入党工作的通知》，建立健全推优工作制度和团干考核制度，团干的政治生活待遇逐步提高，部分乡镇团委书记享受副科级待遇。2000年，实现全市17个乡镇团委统一换届，乡镇团委书记全部享受副科级待遇，同年开展非公有制企业团建工作，龙渊、住龙为试点乡镇。同年10月，未成年人保护委员会成立。2003年，成立市爱心助学领导小组，办公室设在团市委。2005年3月，中共龙泉市委出台《中共龙泉市委关于加强和改善党对工会、共青团、妇联工作领导的实施意见》。2005年12月，成立龙泉市青年创业者之家，创办《龙泉市青年创业者之家专刊》。龙泉市青少年活动中心于2005年12月19日经龙编委批复同意设立。2006年5月16日，开始运行龙泉青年网（http://youth.longquan.gov.cn）。2007年，首次在全市公务员和乡镇事业干部中公开选拔乡镇团委书记，全面完成乡镇团委换届，公开选拔团市委副书记2名。2008年，在剑池街道、电力局、龙三中、水南小学开展共青团基层基础建设试点，新建团组织9个。同年10月青少年活动中心二期工程（人民公园）动工建设。2009年，在剑池街道、上垟镇和查田镇开展区域共青团整体化建设，开展乡镇（街道）团委班子直选试点工作，在岩樟乡进行试点,并实行团代表常任制。2010年5月4日，成立龙泉市青年企业家协会，共有83位青年企业家加入协会。建立青工线和青企线的横向联系制度，市直机关单位团组织与各企业团组织互联共建，形成“季度例会”制度和“重大节日统一行动”惯例。

第二节　共青团主要工作

主题教育活动

1989年，以纪念“五四”运动70周年为契机，组织“千人纪念大会”“全县团干大联欢”“革命传统教育”“科技、科普、为民服务一条街”“国防杯全县团干实弹射击比赛”“爱国防做好事”等活动，积极创建“学习活动阵地、宣传舆论阵地、青年实验阵地”三阵地建设。1990年，龙泉县五套班子领导与团员青年共同学雷锋，上街设点为民服务，开展“我为建市添光彩，我为建市作贡献”、团干培训、百团建设等活动，共青团龙泉市委被共青团浙江省委评为“浙江省1990年暑期大学生社会实践先进单位”。1991年,开展实用技术培训工作2000人。1991—2008年，开展培养“青年星火带头人”活动，共培养省、地、市级青年星火带头人259人，建立青年示范基地4个。1992年,开展“迎十四大，岗位奉献”“学十四大，落实行动”“团旗飘飘一条街”、团工作研讨会等活动。1998年，开展“世纪行”主题教育活动，邓小平理论读书会，农村团工作理论研讨会，专门成立青年志愿者助残联络站，发动开展下岗职工子女结对救助工作，下发《下岗青工再就业实施意见》。2001年，开展“三个代表”重要思想教育活动，4月，开展支持北京申办2008年奥运会签名活动，4000余名中小学生参加活动。

“希望工程”

1992年开始开展“希望工程”工作，至2008年，约有1700人次受到资助，资助金额达143万元。

1992 年，建立希望书库 23 个，捐赠教学设备 1 套价值 1 万多元。1996 年，援建查田希望小学，省青基会捐赠龙泉市“希望书库”9 个，2001 年，资助贫困学生 200 人，2002 年，资助贫困大学生 17 人、中小学生 73 人。

服务市场经济与志愿者工作

1993 年，龙泉市共青团开展以学习市场经济为主题的“青年市场日”和“走向大市场”读书活动，还推选五家企业的六个产品参加浙江省首届青年科技博览会，推选 10 名“全地区百名优秀厂长(经理)”。

1994 年，龙泉市共青团开展“学习刘玲英，奉献在岗位”活动，并组织报告团巡回报告，开展青年志愿者奉献日活动，成立青年志愿者服务队 60 余支，志愿者近 4000 名，并举行授旗仪式。2008 年，开展“弘扬志愿精神·同为奥运添彩”青年志愿者服务月活动、“激扬青春·活力龙泉”青少年文化月活动、“三田杯”全市百名低收入家庭少年儿童“快乐互助·我为和谐添彩”二日营活动、“流动少年宫”进农村(社区)活动，举办上海素质拓展夏令营和厦门夏令营、以“走进浙大·共同成长”为主题的全市团干部创业创新能力建设培训班、青年创业创新项目评比、浙江青年(浙大·龙泉青年)区域生态经济高峰论坛。

2009 年，组织青年志愿者参与全国第八届食用菌大会、第四届中国龙泉青瓷·龙泉宝剑节暨龙泉置县 1250 周年庆祝活动等志愿服务。在此前后历届龙泉青瓷·龙泉宝剑节龙泉市共青团都承担组织志愿者服务节庆工作。

创建青年文明号

1996 年，龙泉市共青团开展向贫困乡村捐赠书籍活动，共捐得书籍 3 万多册，并举行“手拉手跨世纪，心连心建书库”捐赠仪式，在兰巨、龙南、城北、查田、小梅等乡(镇)建了 10 个书库。整体推进青年文明号和青年岗位能手活动，至 2008 年已先后创建省、地、市级青年文明号 100 多家。

社会服务工作

1997 年，龙泉市共青团创办《团苑采风》团刊。

1999 年，龙泉市共青团在“3·5”学雷锋日开展“二次创业”政策咨询活动；“五四青年节”开展“医药杯”环城长跑纪念活动。同年，启用刘子鹏扶贫助学基金，43 名贫困生受资助 19010 元。

2000 年，为声援“亿万青少年盼祖国早日统一”活动，开展“反台独、盼统一”签名活动，7 月，联系省青基会出资 20 万元援建竹洋乡文曲星民族希望小学。8 月，发起“8·26”特大洪灾赈灾救灾倡议，为本市首例肾活体移植手术的接受者熊瑞华开展募捐救助，开展国税杯“我为龙泉经济发展献一策”征文活动。

2001—2008 年，开展农业实用技术培训和职业技能培训 129 班次，9633 人次，挖掘就业岗位 2000 多个，实现就业 1300 多人。2001 年 8 月，举办全市足球赛、演讲赛等。2002—2008 年，落实和推进“农村青年创业信用卡”工作，共为 60 名青年协助办理信贷 427 万元。同年共注册青年志愿者 2100 人，并建立 14 支特色服务小分队。

2003 年，组织开展金晖行动、扶贫济困送温暖、社会服务等青年志愿者行动，为病残儿童捐款

2.7 万元，捐物 2500 余件。同年建立农村富余劳动力、城市下岗失业青工、待业大中专毕业生 3 个人力资源库，开展创业新星评比。组织计算机、缝纫工、弱电施工、高效笋竹林、青年企业家素质提升等培训班 50 多次，培训农村青年劳动力 3800 余人次，发放宣传资料 2600 余份，投入资金 6 万多元。培养各类农村青年星火带头人 52 名，推荐 17 名农村优秀青年加入丽水市农村青年星火带头人协会，开展“农村青年创业信用卡”工作，协助发放信贷资金 72 万元，组织青年星火带头人参加省青年农民优质农副产品推广商洽会。组建农村星火带头人科技服务队，为 4300 多名农民提供服务。创省市级青年文明号 17 家，4 名优秀青年技工被授予青年岗位能手称号。2003 年，开展“爱心助成才，共圆大学梦”爱心助学活动，制定出台《龙泉市爱心助学资金管理办法》，市政府划拨 10 万元专款，启动成立“龙泉市爱心助学资金”，全年共募集到爱心助学资金 50 余万元。同年开展非典防治志愿服务工作，发放宣传资料 21000 份，开展宣传 100 多次，青年义务值班 560 余人次，开展外地返乡人员排查 1800 余人次，开展卫生大扫除 230 余次。

2004 年，举办“税务杯”“青春•创业”五四演讲比赛、青春阳光慰问行动。同年开始争创丽水市五四红旗团委、五有团支部活动，青少年维权岗。开展“千名志愿者服务创建”启动仪式，在全球环保日开展“儿女心，母亲情”保护母亲河行动。2004—2009 年，实施“浙江省大学生志愿服务欠发达地区计划”，共有 13 名大学生志愿者来龙泉服务。成立 1 个青年就业服务中心和 6 个服务站。

2005 年，龙泉市共青团开展“爱心助成才，共圆大学梦”党员先进性教育主题活动。同年，开始开展新偶像慈善歌手大奖赛。命名 10 个服务窗口为龙泉市共青团示范岗。同年开展增强共青团员意识主题教育活动。在全市建立团组织农民信箱县乡村三级工作网络，注册农民信箱 410 个。招收品学兼优的贫困小学毕业生组成“宏志班”在养真中学集中助学。

2006 年 6 月，市政府同意将原市经贸局办公楼作为市青少年活动中心（青少年宫）建设用房。同年与司法局联合成立法律援助站，开展青少年法律维权服务。

2007 年 3 月，市青少年活动中心（一期）正式对外开放。2007 年，龙泉市共青团在 10 个乡镇街道建立农村青年中心。举办龙泉青年论坛 2 期，与浙江大学团委达成合作协议，成功举办浙大•龙泉青年创新论坛，建立浙大青年志愿讲师团社会实践基地，开展“五个一”长期结对、心理咨询、义诊等活动。同年，在养真中学、八都小学建立青少年法律教育基地。五四期间与市农村信用合作联社签订关于信贷扶持青年创业发展协议书。市农村信用合作联社将在三年内为青年创业提供五千万元的信贷扶持。建立团银互动协调工作机制，已经确定信贷扶持项目 89 个，发放“丰收青年创业卡”89 张，核发信贷扶持资金 1056 万元,正式发放 1015 万元。

2010 年，开展“绿色发展创新业，村村都有好青年”活动、“党的教导牢记心间 人人争当四好少年”活动、“送培训下乡，助青年创业”活动、“少先队齐动员，争当四好少年”主题教育活动、“电力握手城乡区域共建”活动、“低碳行动进两会”活动、植树种绿绿化行动、“Show 我青春，创响未来”为主题的“再创好龙泉”青年创业创新项目设计大赛，举办全市农村好青年创业培训班，开展“村村都有好青年”人才发展计划等活动。深入开展青少年平安关爱行动，总共资助大学新生 185 名，资助金额达到 105.36 万元。实施“春泥计划”，共结对 521 人。开展“送温暖”行动，为灾区小朋友送温暖，共捐款 17 万余元。争取到中青基会平安希望奖学金项目，省青基会希望工程职业教育助学计划项目等各类助学项目，为全市 150 名贫困中小学生提供 6.75 万元的爱心捐助款。争取到（道太）巍巍希望小学二期建设资金 13.5 万元。开展“手拉手”青少年平安行动，演练 58 次，宣传讲座 53 次。以市校合作共建为载体，积极打造特色工作品牌，深入开展市校团委共建行动。

获得荣誉

1995年、1996年连续两年被评为浙江省先进团县（市）委、浙江省少先队“雏鹰行动”达标县（市）。1997年荣获全国“服务万村行动”百佳县（市）称号。

第三节　少年先锋队

少年先锋队建立

1951年，共青团龙泉县委在县中心小学率先组织建立少年先锋队，后龙泉市（县）在城区各小学和各乡镇中心小学建立中国少年先锋队大队部，以年级分段设中队部，以班级为单位设小队。“文化大革命”期间，少先队被改名为“红小兵”开展活动。1978年10月，根据共青团十届一中全会决议恢复少先队名称。

主要工作

建队以来，龙泉市（县）共青团组织与教育部门密切配合，开展适合少年儿童特点活动。广泛开展学雷锋树新风、创三好、人人争戴小红花等活动。进行爱祖国、爱人民、爱劳动、爱科学、爱护公共财物的“五爱”教育和有理想、有道德、有文化、有纪律的培养目标教育。1990年，在少先队中开展“学赖宁，做党的好孩子”活动。1993年，专题召开全市学校团队工作会议。1996年，开展“雏鹰争章”“推优入团”“暑期科技夏令营”等工作。1998年，开展“手拉手情系灾区小伙伴”活动，近万名少先队员踊跃捐款65089.38元。1999年暑假，举办“少年足球夏令营”，还开展“跨世纪，迎回归”等纪念活动。同年开始实施曙光计划。2000年，在中小学开展“世纪行”主题教育活动、“启明星”科技创新、“三·五”保护母亲河行动宣传暨为民服务一条街活动，7月，开展五县（市）少年网上雏鹰夏令营，9月，召开团队工作研讨会。2001年3月，举办手写报比赛，曙光计划在城区全面开展，龙二中被誉为“环保学校”。雏鹰行动、新世纪读书计划、世纪行主题教育、启明星科技创新活动等成为团队工作有效载体。同年10月，召开少先队工作会议，开展全市少先队工作论文评比活动。2002年，开展“环保特色章”“消防警校”“文明监督岗”“新世纪我能行”全市少儿技能大比武活动，建立少先队体验教育活动论坛。2004年，开展“实现宏伟蓝图，做好全面准备”主题教育系列活动，“弘扬民族精神，立志报效祖国”的读书活动，“中国了不起，中国人了不起，做个了不起的中国人”为主题内容的参观考察、作品创作、宣传演出等活动。积极组织少先队员参加第二届全省少年儿童电脑网络展览会和少年儿童网络能手擂台赛等活动、深入开展“科技小能手”“文明小使者”活动。2006年，开展全市少先队辅导员风采大赛。2007年，开展“小伙伴，我想对你说”主题少儿书信比赛、青少年科技创新大赛、首届中小学生英语演讲大赛。同年，召开2007年少先队工作会议，会议表彰2007年先进单位和个人，其中东升小学以“放飞童心、快乐成长”为主题，在全国首届少先队魅力杯评选活动中被评为少先队快乐集体。2008年，以“红领巾心向党，快乐和谐共成长”少先队主题教育活动为载体，开展校园集体舞展示、少先队争章技能展示、环保便利袋设计评比等活动，还举办青少年科技创新大赛、少儿歌曲卡拉OK大赛、2008年全市少先队工作会议暨“快乐健身，我为奥运加油”—龙泉市校园红领巾快乐健身活动等。启动红领巾书屋创建工作，以“建生态城市、创森林龙泉、享生态文明”为主题，发挥市校合作优势，与浙江大学团委、省青少年绿色环保协会等单位联合举办第八届浙江省青少年绿色营活动。2009年，举行全市少先队工作会议暨“红领巾歌唱祖国歌唱党、快乐童年大合唱”活动，全市各中小学的少先队辅导员共80余人参加会议。2010年，以雏鹰争章和彩色的旅程主题活动为主载体开展特色活动，打造旭日雏鹰大行动、红领巾快乐体育和瓷乡少年在行动等品牌项目。吸收少先队辅导员为基层团组织编外副书记，积极组织各级辅导员培训，培训人次达70余人。举办各类青少年喜闻乐见的活动18次，其中举办流动少年宫5次，让农村的孩子也享受到少年宫带来的快乐。其他各类比赛、展览等活动13次。其中成功举办“金石杯”龙泉市首届小主持人大赛，来自20几个学校的223名选手报名参加，评出金、银、铜奖共18名，优秀奖25名，大赛得到全市各中小学校、学生及家长的一致好评。同年，举办“第二届龙泉市少先队辅导员风采大赛”，来自全市各中小学的42名少先队辅导员参加比赛。比赛项目设少先队论文竞赛、少先队教育网页评选、少先队辅导员书面综合知识竞赛、即兴演讲、个性才艺展示和少先队活动设计等环节。

第五章　妇女联合会

第一节　组织沿革

组织机构设置

妇女联合会是中国共产党领导的为争取妇女解放而联合起来的各族各界妇女联合组织。中华人民共和国成立后，1949年10月建立龙泉县民主妇女联合会。1957年7月，召开全县第一次妇女代表大会。同年冬改名妇女联合会（简称妇联）。至2007年12月，共召开十一次全市（县）妇女代表大会，选举产生市（县）妇联领导机构。龙泉市各届妇联组织积极努力团结全市（县）广大妇女群众，投身国家社会主义建设各项工作，实现巾帼建功立业。

组织机构发展沿革

1949年10月，建立龙泉县民主妇女联合会。1952年11月28日，召开县妇女代表会议，成立县妇女联合会筹备委员会。1957年7月10日，召开县第一次妇女代表大会，选举产生县民主妇女联合会执委会，1957年冬，改名妇女联合会（简称妇联）。人民公社化后，各公社建立妇女联合会，并配有专职干部。“文化大革命”开始，全县妇联组织被迫停止活动。1973 年恢复。1988 年底，全县有 53 个区、乡（镇）妇女联合会，433 个村妇代会。1990 年 3 月，建立县妇联党组。根据妇联《章程》，1993 年 9 月后，市妇联主任、副主任改称主席、副主席。1993 年，有乡镇妇联组织 17 个，城镇党政事业单位中建有妇委会 7 个。2007 年底，全市妇女组织 481 个，乡镇妇联组织 16 个，街道办事处妇联组织 3 个，基层妇代会 444 个，机关企事业单位妇委会 18 个。2004—2007 年，共有 7 个先进集体、18 名各条战线妇女典型受到浙江省、丽水市妇联及有关部门表彰。2008 年底，全市妇女组织 481 个，乡镇妇联组织 16 个，街道办事处妇联组织 3 个，基层妇代会 444 个，机关企事业单位妇委会 18 个。至 2010 年末，龙泉市妇联编制 6 名，下属事业单位儿童公园。全市妇女组织 482 个，乡镇妇联组织 16 个，街道办事处妇联组织 3 个，基层妇代会 444 个，机关企事业单位妇委会 20 个。

第二节　妇女代表大会

第七届妇联执委会会议

1989 年 1 月 27 日，县妇女联合会召开第七届执行委员会会议，补选执行委员 4 名，常务委员 3 名，其中主任、副主任各 1 名。常务委员会委员共 10 名。

第八届妇女代表大会

1991 年 5 月 23—24 日，召开龙泉市第八次妇女代表大会，参会正式委员 246 名，列席代表 36 名，选举产生龙泉市妇联第八届执委会。大会产生常务务员 13 名，选举主任 1 人，副主任 1 人。

第九届妇女代表大会

1996 年 11 月 7—8 日，召开龙泉市第九次妇女代表大会，正式代表 170 名，出席代表 167 名，特邀代表 6 名。大会选举产生龙泉市妇联第九届执委会。执委会由 30 人组成，常务委员会委员 15 人。选举主席 1 人，副主席 2 人。

第十届妇女代表大会

2001 年 12 月 20—21 日，召开龙泉市第十次妇女代表大会，全市 197 名来自各条战线的妇女代表参加大会，选举产生龙泉市妇联第十届执委会。执委会由 31 人组成，常务委员会委员 15 人。选举主席 1 人，副主席 2 人。

第十一届妇女代表大会

2007 年 12 月 10—12 日，召开龙泉市第十一次妇女代表大会，全市 168 名来自各条战线的妇女代表参加大会，选举产生龙泉市妇联第十一届执委会。执委会由 31 人组成，常务委员会委员 15 人。选举主席 1 人，副主席 2 人。

第三节　主要工作

来料加工

市妇联积极探索服务经济服务妇女新途径，将发展来料加工作为促进妇女就业和帮助低收入人群、移民妇女增收致富的一项重点工作来抓，为农村富余女劳动力及下岗失业女工就业创业创造条件。2006年，龙泉市来料加工领导小组成立，在市妇联设办公室。同年出台《关于印发加快发展来料加工暂行办法的通知》和《关于加快发展来料加工业的实施意见》，同年6月市委、市政府在义乌设立以来料加工业务为主的招商引资办事处。2007年，龙泉市妇联被评为浙江省来料加工突出贡献单位。

2007年，举办第一届来料加工技能比武，共有串珠、圣诞树、珠片、十字绣4个项目的比赛，19个乡镇(街道)168名选手参赛。全年发放加工费6131.30万元，培育来料加工经纪人144人，加工队伍达15727人。2008年，联合市信用社开展以来料加工为主的小额贷款，支持农村妇女创业增收，帮助农村妇女实现小额信贷50多万元；与农办、市财政局联合，给予全市9个来料加工专业村、30余名来料加工经纪人以奖代补资金扶持。全年发放来料加工费7871万元，培育来料加工经纪人150余名，加工队伍达18000余人。加工品种丰富，形成以圣诞彩灯、串珠、布艺和平车为主的加工特色。经纪人积极创办加工企业，创办来料加工企业3家。2009年，对42名经纪人5个来料加工点补助50万元；3月份举办第二届来料加工技能比武，27支代表队216名选手参赛；发放以来料加工为主的小额信贷100余万元，支持妇女创业增收；外派妇女干部驻温州联系来料加工业务，走访400多家客户，联系金额达500万余元。全年发放加工费10496万元，培育来料加工经纪人160人，加工队伍达20439人，组织培训5375人次。2010年，推动出台《龙泉市推进来料加工发展实施意见》和《龙泉市来料加工领导小组联席会议制度》；举办以创业创新为主题的来料加工作品设计大赛，全市共有30多位来料加工从业人员，60多件作品参赛。全年发放加工费13570.3万元，培育来料加工经纪人171人，加工队伍达19422人。

“双学双比”活动

从1989年起，深入开展“双学双比”“巾帼科技致富工程”等工作，帮助农村妇女增收致富。截至2010年，全市(县)每年有5万多妇女参加双学双比竞赛活动，参赛率为95%；联合农业、科技、人事劳动部门举办农村妇女农业适用科技培训班1900期，6.55万余人次参加培训。分别有1197名、1575名妇女获得绿证、农函大证书，女技师30人，助师44人。扶持浙江省、丽水市(地区)及龙泉市(县)“妇字号”龙头企业15个，“双学双比”生产示范基地8个，“双学双比”女能手60人，“妇女营销大户”11人，科技示范户120户，发挥了带头示范作用。2006年，评选出市“十佳农村致富女能手”。积极发挥山区优势，狠抓绿色银行建设，共建妇女三八绿色工程13个，面积82.4公顷。发展妇女领办专业合作社5家，妇女社员达176人，连接基地573余公顷，带动4200多农户生产致富。2007年，深化“三个一”活动，“一名女经纪人带一个村、一名女企业家扶一户、一名基层副科级女干部联系一名经纪人”，全年结对行政村 18 个，帮扶贫困户 50 户，扶助资金 7.8 万元，实现来料加工费近 200 万元。深入开展帮扶活动，发动女企业家奉献爱心、回馈社会。2009 年，深化“三个一”活动，全年实现巾帼文明岗结对行政村 21 个，来料加工经纪人结对行政村 13 个，女企业家结对行政村 10 个，19 名女干部与女村官结对。2010 年，丽水市女企业家协会在龙泉举办活动，150 余名会员参加。开展农村妇女劳动力资源调查，利用基层妇联组织，发动农村赋闲妇女参加企业招工。积极招商引资，完成协议利用市外资金 500 万元，实际利用市外投资 200 万元。

“巾帼建功”活动

立足岗位职业女性创新业，抓典型、促扩面，开展“巾帼建功”工作。全市共有各级“巾帼文明岗”63 家，其中国家级 3 家，省级 19 家，丽水市级 22 家，龙泉市本级 39 家。省、丽水市“巾帼社区服务实体”“巾帼扶贫工程”等先进集体 6 个，涵盖卫生、科教、工商财政、邮电通讯等多个行业和部门。从 2001 年起，在龙泉市女性创业典型中，分别评出三届“十佳”巾帼创业标兵 30 名，充分发挥创业女性典型示范作用，为下岗职工树立榜样，激发广大妇女的创业热情。2003 年，以“十佳”巾帼创业标兵为依托，成立女企业家联谊会。开展座谈会、联谊活动等，为女企业家相互交流、相互借鉴，共商企业发展大计提供平台。涌现出丽水市级以上“三八”红旗手 4 名，丽水市级以上“巾帼建功”标兵 9 名，龙泉凤阳春茶叶有限公司董事长艾丽芬荣获全国“巾帼建功”标兵。2007 年，开展全市巾帼文明岗复查行动，其中全国级巾帼文明岗市医药药材总公司综合商场通过省妇联的复查，被评为优秀示范岗。结合文明岗创建工作，开展岗村结对、扶贫帮困等活动，落实扶助资金 3.7 万元，建立师徒小组 15 组，如市人民医院、城区小学等巾帼文明岗开展技术指导、义诊、支教、导师带徒等活动，与基层卫生院、乡镇小学结对帮扶，移动、金融等文明岗通过项目带动、资金帮扶等，实现以城带乡、统筹发展。2008 年，发动巾帼文明岗结对联系村（单位）11 个，联系户 29 户，落实扶助资金 2.3 万元，建立师徒小组 15 组。2009 年，拓展实施“一个女经纪人、一名女企业家、一个巾帼文明岗帮扶一个村，一名女领导干部联系一名女村官”的“四个一”活动，全年实现巾帼文明结对行政村 21 个，来料加工经纪人结对行政村 13 个，女企业家结对行政村 10 个，19 名女干部与女村官结对。开展“巾帼文明岗两会送服务”活动，提供服务 400 余人次，发放宣传资料 2000 余份。市国税计征科被评为国家级巾帼文明岗。2010 年，在各巾帼文明岗开展“巾帼展风采 岗位建新功”创先争优活动。在“三治一创”禁毒专项活动启动仪式上，各巾帼文明岗、女法律工作者参与现场咨询活动。

文明创建工作

开展文明楼院（栋）和文明家庭创建活动是妇联参与文明建设的一个重要载体。1998 年以来，持续开展“文明家庭”创建活动，实施家庭文明工程。当年 23 户家庭受丽水市级表彰，1820 户家庭受龙泉市本级表彰，并开展“好媳妇、好丈夫、好妻子”等评选活动，引导广大家庭以先进为榜样，积极参与精神文明创建活动。围绕全市卫生文明城市创建目标，深入开展“文明家庭”“文明楼院（栋）”创建评比活动。命名文明楼院 40 栋，乡镇（街道）级文明楼院 81 栋，全市共涌现各级文明家庭 7590 户，全市家庭创建活动参与率达到 85%以上，文明家庭建成率达 35%，其中丽水市级以上文明家庭 28 户，评比推荐省市级“绿色家庭”9 户，龙泉市级“绿色家庭”20 户。2007 年，评定命名“平安家庭”51500 余户，与市平安办联合表彰“平安示范家庭”98 户。与市环保局联合举办环保知识竞赛，2 万余名市民参与。丽水市“平安家庭”创建工作推进会在龙泉召开，西街街道在会上作典型发言。2008年，联合举办“人防杯”生态知识抢答赛，并组织开展“十佳绿色小卫士”“十佳环保家长”评比表彰活动，评选“十佳绿色家庭”20户。2009年，开展“节能减排进社区”知识竞赛，开展“学习型家庭”评选活动，举办“全国首个全民健康日”活动。建设生态龙泉，开展“妇女绿色大行动”，西街街道下樟村被全国妇联授予“全国巾帼示范村”荣誉称号。2010年，以母亲节为契机，开展“服务母亲教育行动”“感恩母亲亲自行动”“关爱母亲帮扶行动”“妇女健康关爱行动”等活动，倡导“六个一”(为母亲做一件事、为母亲送一束花、与母亲合一次影、陪母亲吃一顿饭、为母亲写一篇文章、向母亲道一声问候等)活动。联合举办“中国人寿杯—感动龙泉十佳母亲(媳妇)”评选活动，最终评选出尹重阳等十佳母亲(媳妇)，刘青艳等十人获得提名奖。

妇女维权工作

发挥妇联组织协调优势，整合社会资源，建立健全维护妇女儿童合法权益保障联席会议制度、人民陪审员制度，建立法律援助中心、女法律工作者联谊会等组织，将妇女权益维护纳入法律援助体系，社会化、多元化维权网络初步形成，为维护妇女儿童合法权益提供有效服务。多年来接待妇女群众来信来访1652人次(件)，妇联干部陪审案件123件，共举办法制专题讲座185场，努力为求助妇女排忧解难。尤其是在“农嫁女”问题上，引起浙江省、丽水市司法部门和妇联的重视，协助开展调查研究，配合市委、市政府解决“农嫁非”妇女土地权益问题73件，落实对象396人。1999年，成立龙泉市妇女儿童工作委员会，开展系列工作。结合龙泉市实际，制定“九五”妇女儿童规划，并印制2000本发放到各乡镇、有关部门开展广泛宣传。2003年，联合公安部门成立“110妇女儿童救助中心”，并延伸至各乡镇、街道成立相应机构。妇联干部获得全国维护妇女儿童权益先进个人的荣誉称号，龙泉市被评为妇女规划中期监测评估报告示范县。2004年，市妇联被评为浙江省妇女权益保障工作儿童工作先进集体。2006年，被评为浙江省妇女儿童工作先进集体。2007年，制定龙泉市“十一五”妇女儿童发展规划，并印编成册下发。各级妇联组织广泛宣传《中华人民共和国十一五妇女儿童发展规划》《中华人民共和国妇女权益保障法》和《中华人民共和国未成年人保护法》1万余册，巡回播放《预防家庭暴力》宣传片，进一步增强妇女儿童权益维护意识。全市各级妇联组织共接待来信、来电、来访80余件，20余名妇女得到法律援助中心的救助。2008年，按照“分级负责 归口管理”以及就地依法解决问题与思想疏导相结合的原则，发挥“110”妇女儿童救助站、法律救助站及基层各维权组织作用，共接待并解决来信、来访、来电50余件。2009年，与司法部门共建法律援助站，20余名妇女得到援助。2010年，全力推进“十一五”妇女儿童发展规划执行，开展《妇女儿童发展规划》终期监测评估，启动“十二五”规划编制各项工作。

关注儿童身心健康

认真做好家庭教育工作，关注少年儿童健康成长。“六一”期间，为全市儿童带去节日的问候和慰问物品，举办幼儿家庭趣味运动会、灯会等活动，丰富少年儿童节日生活。1992年，在市儿童公园内新建幼儿园一所，积极筹集资金23万元，对市儿童公园基础设施进行改造，添置娱乐设备，改善儿童公园活动设施和条件。2006年起，开展关爱留守儿童工作，对城区和乡镇各中小学的留守儿童进行调查摸底，建立“留守儿童”管理档案，并实行动态管理。2007年，全市共有200多名留守儿童得以与代理家长结对，建立 20 个留守儿童俱乐部（留守儿童之家）。发挥家庭对未成年人进行思想道德教育特殊优势和作用，举办幼儿趣味运动会、现场绘画比赛、中小学思想道德名篇朗诵比赛等一系列活动。开展“争做合格父母、培养合格人才”的“双合格”家庭教育实践活动，举办家庭教育讲座 500 多场次，4 万余名家长接受科学教子知识的教育，评选表彰优秀家长 20 名、“十佳德育家长”和“十佳美德少年”各 10 名。2007 年，在市教育局的协助下，对城区和乡镇各中小学的留守儿童进行调查摸底，建立“留守儿童”管理档案。以西新小学为试点，举行代理家长与留守儿童结对关爱行动启动仪式。2008 年，市妇联发出《情系汶川地震》倡议书，筹得善款 2.36 万元支援灾区。各级妇联组织积极响应，如锦溪镇妇联组织开展“给灾区小朋友的一封信”“玩具义卖”等活动；础石乡小学举办“情系汶川文艺汇演”。水南幼儿园和蓝天幼儿园在能福旅游用品有限公司捐赠灾区帐篷上画上太阳、房子等图画，通过“爱心帐篷”送祝福。2009 年，各级妇联组织深入基层、深入家庭，对特殊困境儿童面临的新问题新情况进行调查研究，市妇联在儿童公园内开展留守儿童游园活动，来自龙南乡、住龙镇、宝溪乡等偏远乡镇学校的 100 名留守儿童参加游园活动。2010 年，发放《“低碳生活，我们行动起来”》倡议书，发放环保袋 1200 份，宣传资料 2000 余份。

妇女干部培训与推荐工作

至 2010 年末，培训乡镇（街道）妇联、机关企事业单位妇委会干部 646 人次，并指导各乡镇（街道）妇联开展村妇代会主任的培训，参训人数 4000 余人次。在市委组织部门等的重视支持下，加大妇女干部推荐任用力度。全市共发展女党员 2993 人，有副科级以上女领导干部（包括条管企事业单位）74 人，其中正科级 7 人。全市 31 个党政部门有 18 个配备有女领导干部，配备率达 58%。19 个乡镇（街道）党委政府班子均配备女干部，配备率达 100%。2007 年，开展乡镇妇联换届工作，8 月份，在道太乡开展试点，然后在全市铺开。换届后乡镇（街道）妇联主席平均年龄 34.4 岁，30 岁以下占 37%，党员占 89.5%，文化程度大专以上占 100%。同时加强村级妇女干部教育培训，组织 8 名女村支书、村长参加丽水市农村妇女干部培训班。重视并发挥女代表、女委员、女企业家的作用，市第十二次党代会有女代表 32 人，市十四届人大有女代表 12 人，市七届政协有女委员 43 人。2008 年，认真做好村级换届选举中妇女参选参政工作，落实好“专职专推 专职专选”，全市共有 476 名妇女进入村两委，占村两委成员总数的 15%，111 个村有女村支委，353 个村有女村委委员。其中村支部书记 15 名，支部成员 114 名；村委会主任 1 名，村委会成员 361 名，比上届增加330 名。

妇女文化活动

在元旦、春节、“三八”“六一”、国庆等各种节庆，开展妇女文化和慰问活动，丰富广大妇女的精神文化生活，展示妇女风采，提高妇联组织的凝聚力。1989 年以来，先后举办“迎接世妇会巾帼展风采”大型游行活动、“三八”登山比赛、“三八”联欢会、女子健身操比赛、庆“三八”女子趣味活动比赛、“三八”节绿化植树等活动。各级妇女组织也以劳动竞赛、文化娱乐、体育健身等形式开展丰富多彩的活动。2007 年，利用“三八”节庆时机，运用报纸、电视台、宣传窗等多方宣传各条战线的女性典型。2008 年，与市体育局联合举办龙泉市“庆三八迎奥运”火炬接力赛，30 支代表队的 300 名女运动员参加比赛，并举行“迎奥运 庆三八”女子气排球赛。2009 年，在农村妇女中开展第二届全市来料加工技能比武，在机关妇女中开展“包水饺”大赛，全市各机关妇委会及女副科以上领导共组建20个代表队参赛。女企业家与农村妇女共度佳节，20多位女企业家与“山里人家”、姐妹越剧团及兰巨乡、剑池街道等6个村妇女共同演绎龙泉特色“三八”文艺会演。2010年，与文广新局联合举办“庆百年妇运 展巾帼风采”为主题的纪念“三八”国际劳动妇女节100周年暨龙泉撤县设市20周年大型文艺汇演，并表彰一批“三八”红旗集体、优秀妇女干部、“双学双比”女能手及十佳“巾帼创业”标兵。

第六章　科学技术协会

第一节　机构与队伍

组织机构设置沿革

1956年2月，成立龙泉县科学技术普及协会。1965年1月，正式成立龙泉县科学技术协会，“文化大革命”期间科协组织停止活动。1978年重新筹备成立龙泉县科学技术协会，至2008年4月，共召开五次龙泉市(县)科学技术协会代表大会。各届科协领导组织各类科技学会、协会、研究会开展科学技术研究以及科学技术普及工作，推动龙泉市(县)科学技术研究和普及工作，为提高龙泉市(县)社会经济发展水平做出贡献。

龙泉市科学技术协会简称“市科协”，是由学会、协会、研究会、市属厂矿企事业单位科协及乡镇、街道科协的科技工作者联合组成的群众组织。协会设主席一名，副主席若干名，其中专职副主席1名，秘书长1名。内设机构：办公室、科普学会，农函大龙泉分校。行政编制4名。

1993年7月，科协与科委合署办公，1996年11月设立党组。

龙泉市科协下设机构有科技咨询服务部，属自收自支单位，编制4人，主要职能是开展科技培训，科技咨询，科技推广应用等，1992年5月,被评为中国科协第二届“金牛奖”及浙江省首届科技咨询服务“奉献奖”先进集体和奉献奖优秀科技咨询项目宝溪瓷厂技术改造。2008年8月改制，机构撤销。2008年6月，经市编委批准建立龙泉市科普教育工作站，全额事业单位，编制1人，负责全市科普教育工作。

市科学技术协会代表大会

1991年11月，召开第四次代表大会，选举产生市科协第四届委员会委员58名，四届一次全会选举产生常务委员17名，其中主席1名，副主席2名，秘书长1名，届内3名常务委员调离，先后补选主席2名：后因任期顺延，市委先后任命主席1名，任免副主席3名。

2008年4月，召开第五次代表大会，选举产生市科学技术协会第五届委员会委员41名；第五届一次全会选举产生常务委员15名。

市科学技术协会下属组织有：市级学（协）会26个，会员2928人。1989年末，共有乡镇科协53个；1992年4月“撤、扩、并”时，全市为17个乡镇基层科协；2002年5月，行政区域调整后，全市共有19个乡镇、街道基层科协。

2010年龙泉市级学（协）会一览表

表24-6-1　　单位：人

名　称	会员人数	名　称	会员人数
农学会	94	中医学会	36
林学会	240	预防医学会	55
水利水产学会	130	个体医生协会	26
市反邪教协会	65	乡村医生协会	140
市老年科技工作者协会	153	中职校科普协会	50
社会经济学会	80	东升小学科普协会	165
青瓷行业协会	90	地理学会	15
医学会	500	市竹产业协会	110
财税学会	83	水稻研究会	60
会计学会	400	兰花协会	25
珠算学会	20	测绘学会	35
药学会	45	八都镇蔬菜技术研究会	35
护理学会	246	根雕奇石技术研究会	30

2010年龙泉市乡镇、街道科学技术协会一览表

表24-6-2

名　称	组建时间	名　称	组建时间
龙渊街道科协	2002年5月	住龙镇科协	1992年4月
西街街道科协	2002年5月	兰巨乡科协	1992年4月
剑池街道科协	2002年5月	础石乡科协	1992年4月
八都镇科协	1992年4月	龙南乡科协	1992年4月
上垟镇科协	1992年4月	道太乡科协	1992年4月
小梅镇科协	1992年4月	城北乡科协	1992年4月
查田镇科协	1992年4月	岩樟乡科协	1992年4月
屏南镇科协	1992年4月	竹垟畲族乡科协	1992年4月
安仁镇科协	1992年4月	宝溪乡科协	1992年4月
锦溪镇科协	1992年4月	—	—

第二节 学(协)会活动

学术研讨

至2010年，龙泉市科协连续9次组织学(协)会参加省、丽水市自然科学优秀论文评选活动，获省级一等奖1人次，二等奖3人次，三等奖3人次；多篇优秀论文在省级及省级以上、丽水市级的刊物上发表。2010年市林学会张步光主持的《森林资源安全监管新模式及信息系统研究与应用》科研项目，荣获中国林学会主办的"第三届梁希林业科学技术奖"三等奖。

至2010年，龙泉市科协组织举办15次以上的较大规模学术研讨会；1990年，举办"振兴龙泉香菇"研讨会；1990年10月20日，闽、浙、赣、皖四省九地市科技联谊会在龙泉召开；1991年，举办浙闽两省"水稻三高一稳栽培技术研讨会"；1990年、1992年、1997年三次举办浙闽两省八市县科协参加的科普工作研讨会；2005年，举办香菇文化学术研讨会，企业家论坛和竹产业三个专题研讨会，以及全省老科协工作研讨会。2006年，承办全省农函大工作交流会，举办全市科技创新工作研讨会。2007年，举办丽水市县级科协工作研讨会。2009年，参与承办"全国第八届食用菌大会"等。积极组织相关学会参加浙江中西部1~5届科技论坛及省级学术交流研讨会，部分优秀论文参加交流。

专题调研

各学(协)会结合工作实际组织开展专题调研活动，积极参与本市重大项目研究，取得较好的成绩，多次建言献策得到市委、市政府的高度重视和采纳，如"龙庆桥"和华严塔建设，水环境污染治理等。坚持学(协)会科技人员下乡服务活动，根据农村产业需求和农民生产实际，每年组织千余人次科技人员到基层一线开展科技咨询服务，先后在乡镇街道及农村举办林业、畜牧业、粮油、香菇、灵芝、黑木耳、油菜种植、茶叶、竹荪、种桑养蚕、竹笋两用林、高山蔬菜、黑鲤鱼养殖，农村沼气技术，生猪饲养、苗木栽培、花卉、病虫害防治等专业培训班，为建设新农村服务。锦溪镇杂交水稻研究会1989年获"全国农村科普先进集体"称号。

学会组织基础不断夯实，2007年12月市科协出台《关于进一步加强学会工作的意见》，对学会工作的责任和要求进行明确，对学术交流，发挥优秀人才作用，学会科普，服务会员等提出要求。同时，每年都对学会工作先进集体和个人进行表彰。

特色学会

老年科技工作者协会　1999年12月成立，是一个由老年科技工作者组成的自然科学类协会，是丽水市内最早成立的老科技工作者协会，至2010年有会员153人。该协会充分发挥老科技工作者的聪明才智和作用，多次组织对本市重点项目课题调研，积极建言献策，工作表现出色，得到省、丽水市和龙泉市三级领导的充分肯定和高度赞誉，被誉为"走在全省前列的县级老科协"。2010年，由市老科协林世荣撰写的建言献策《挥一笔立显山水古城风姿》获得省老年科协表彰，荣获"建言献策奖"；由老科协主持的"以草代木发展食用菌"项目被省老龄委列入"银龄行动"计划。

社会经济学会　于2003年12月成立。系丽水市本级和各县(区)学会工作的首创,该学会具有自然科学和社会科学的双重性质,全体会员为退居二线但未退休的科局领导,有会员80余人。该学会积极创新思路,先后高质量地完成多个有关社会发展与集约用地等课题的调研,并多次举办有一定社会反响的研讨会。

第三节　重要活动

新技术引进与推广应用

1992年,市科协引进福建省灵芝栽培技术,通过宝溪乡试点获成功,开创龙泉市人工栽培灵芝的历史。之后数年间在各乡镇大力推广应用灵芝栽培技术,为本市获"中华灵芝第一乡"荣誉称号作出重大贡献。

全民科学素质工作

2007年7月,建立提高全民科学素质工作领导小组,9月召开领导小组第一次会议,通过工作规则和实施方案的草案,并建立领导小组办公室,在征求意见,制定并下发纲要实施工作方案,各成员单位根据要求针对四大重点人群制订四个行动方案和四大工程实施方案,并认真组织实施。2008年8月,组织对四个乡镇(街道)和13个行政村、3个社区进行市民科学素质综合调查。2009年,根据全市经济社会发展情况,针对广大农民、公务员、未成年人和城镇居民四个重点人群,组织开展一系列提升科学素质的科普活动,取得显著成绩。2010年,进行全市2007年《全民科学素质行动计划纲要》工作启动实施以来的自查工作,并收集相关资料形成报告文本,于6月初上报丽水市科协。

"市校合作"工作

2008年起,承担市委、市政府"联姻高校、发展龙泉"领导小组办公室工作职责,以"市校合作"为平台不断创业创新,在合作项目发动申报、组织对接、督促检查、绩效评估等方面开展工作,积极参与组织各项活动,及时掌握和上报工作动态,根据项目需求多次组织专题调研,至2010年底共签约合作项目229个,与25个高校和科研所开展合作,其中与浙大合作项目128个。

科技下乡与科普宣传

坚持每年在"科技活动周"和"全国科普日"期间组织大规模的科技下乡服务活动,平时结合农业生产需求经常性组织科技人员到田头技术指导。组织编印科普系列丛书、《龙泉科普小报》和《科协简报》等科普刊物。2007年,在龙泉政府网站创建"科普之窗"网页,在《今日龙泉》报刊上开办"科普园地"。2010年9月9日,"全国科普日"活动在老政府门口中心地段举行,发放各种科普书籍和资料6750余份。同时,积极参加党员一条街活动,先后在住龙镇、安仁镇等地设摊开展科普活动,并发放各种科普资料2500余份。至2010年,共举办科普图片展览40余次,展出科普图片2000多幅。为领导干部、公务员举办科普知识讲座近20次,听课人数达4600多人次;举办乡镇、街道村两委党员干部以及农村劳动力素质培训班多期，听课人数4000人次。评选农村科技示范户省级34户，丽水市级82户，龙泉市级116户，有3位示范户被评为全国、浙江省“科技致富示范能手”。建立科普志愿者队伍，人数达300余人。

科普创建与设施建设

创建省级科普示范村3个，丽水市级科普示范乡镇（街道）5个、示范村（社区）10个。建设标准科普画廊28个，其中乡镇（街道）19个，行政村（社区）9个。与市图书馆、文化馆共建科普活动中心，配备电脑22台，可容80人的多媒体教室和科普图书室各1个。

科技咨询服务

市科协负责组织科技人员开展各项科技咨询服务。每年“科技活动周”和“全国科普日”都组织抽调各部门，各学会的专家和技术人员在各乡镇、城区各街道设摊开展科技咨询服务活动。如：1996年12月26日，召开市科技大会科普宣传周期间，市科协组织电子、医学、护理预防、农学、食用菌、兰花七个学（协）会，40余人组成的市科协学会科普咨询队，开展科普义务咨询服务活动，各学会自带仪器设备、科普资料主动为群众服务，咨询人数达5000余人次，发放各类科普资料3000多份，深受群众欢迎。2004年，开展科技服务周活动一次，开展较大规模的科技咨询服务活动8次，接受群众咨询3000多人次。2005年，开展科技服务周活动一次，开展较大规模的科技咨询服务活动8次，开展科技下乡活动5次，组织医药、卫生、农林、畜牧、食用菌等方面科技人员深入社区和八都、小梅、兰巨等地进行培训和科技咨询服务3000余人次。2006年，开展较大规模的科技咨询活动2次，开展科技下乡活动4次，接受群众咨询3500多人次。2008年5月16—21日，市科协组织抽调由农、林、水、医等部门的专家、技术人员先后在八都、竹垟、兰巨、龙南、锦溪镇等地开展科技下乡服务活动，共现场咨询3600多人次；同年9月18日“全国科普日”，市科协组织农学会、林学会、医学会等学会28位专家和技术人员，在锦溪镇主街道设摊咨询服务，现场咨询500多人次。2010年9月9日，“全国科普日”活动期间，市科协组织农学会、药学会、测绘学会、水利水产学会，医学会、护理学会、林学会、反邪教协会等科技人员18人，在老市政府门口中心地段设摊开展科技咨询服务活动，活动共咨询200余人次。

1989—2010年，市（县）科协科技咨询每年不完全统计，服务不少于5000余人次，总数在十万人次以上。

农民技术职称评定

1989年至2010年12月，全市（县）共评定农民职称人数2872人，其中高级技师5人，中级438人，初级2429人。涵盖了蔬菜、果树、粮油、食用菌、茶叶、家禽、农作物栽培、农产品粗加工、林业、园林、花卉、畜牧养殖等专业。

农函大培训

1992年，经省科协批准成立中国农村致富技术函授大学浙江省龙泉市分校。建校以来，共开设食用菌、毛竹、蔬菜、农作物栽培、茶叶、水果、畜牧、水产养殖、水稻等农村实用技术课10余门，举办农函大培训560期，受训农民学员28500余人次。同时开展农村实用技术短期培训，共办班570余次，受训人数23400余人次。通过长、短班培训造就了一大批适应新时期农业和农村经济发展需求的新型农民，推动了当地农村全面建设小康步伐。由于业绩突出，5次被省科协评为农函大先进分校。

科技人才培训

积极开展企业人才培训，共办班三期，受训人数88人。推荐拔尖人才和省级农村科技示范户参加省、丽水市级培训13人次。为加强青瓷人才队伍建设，切实解决龙泉青瓷人才队伍后继乏人问题，在省科协支持下，2008年9—12月，市科协在中职校举办龙泉青瓷人才培训班，邀请国家级、省级大师和专业老师进行授课与现场指导，近百名青年青瓷人才参加培训。

青少年科技教育

深入学习实践科学发展观，贯彻落实《龙泉市未成年人科学素质行动计划实施方案》，开展青少年科技创新大赛。积极配合省科协、丽水市科协举办浙江省科技创新大赛，2010年，获省24届青少年科技创新大赛二等奖1人次，三等奖2人次；丽水市级一等奖4人次，二等奖2人次，三等奖5人次；龙泉市级项目11项，一等奖10人次，二等奖15人次，三等奖20人次。同时，还组织参加省、丽水市举办的其他青少年科技比赛。

第七章　文学艺术界联合会

第一节　文学艺术界代表大会

文联组织构成

1985年成立龙泉县文学艺术界联合会，简称文联。下设文学（作家）、戏剧曲艺、美术书法、音乐舞蹈、摄影、电影电视、民间文艺7个工作者协会和学生写作研究会。至2008年，龙泉市（县）共召开了四次文学艺术界工作者代表大会。历届市（县）文联领导各类文学艺术专业协会开展活动，取得较为广泛和较高质量的文学艺术创作成果。

历次文代会

第二次文代会　1992年4月1—3日召开，龙泉市文学、音乐舞蹈、电影电视、摄影、戏剧曲艺、美术、书法、民间文艺、学生写作、集邮文艺协会的136名代表参加会议，19名特邀代表和15名相关部门负责人列席会议。代表们审议通过市文联第一届委员会工作报告，讨论和通过市文联新章程。在充分民主协商的基础上，选举产生市文联第二届委员会，选举产生市文联主席、副主席，任命秘书长。

第三次文代会　1997年5月6—7日召开，龙泉市作协、音舞、戏剧、电影、电视、美术、书法、摄影、民间文艺、学生写作、古诗词、集邮等文艺协会的128名代表出席会议，浙江省、丽水地区文联和兄弟县市文联的负责人、市总工会、妇联、团市委、科协等群众团体和有关部门、有关单位的嘉宾参加会议，市委、市人大、市政府、市政协、市纪委的相关负责人参加开幕式。代表们审议通过了市文联二届委员会的工作报告，修改和通过《龙泉市文学艺术界联合会章程》，选举产生龙泉市文联第三届委员会和市文联主席、副主席，任命秘书长，产生市文联顾问和名誉委员。

第四次文代会　2008年7月，开始着手筹备第四次文代会，12月29—30日召开龙泉市文学艺术界联合会第四次代表大会。作家协会、戏曲家协会、音乐舞蹈家协会、美术家协会、书法家协会、摄影家协会、民间文艺家协会、电影家协会、电视艺术家协会、龙泉文化研究会、诗词楹联学会、演讲与朗诵协会、学生写作研究会、盆景协会、根艺石艺协会、收藏家协会、集邮协会、电力文联的160名代表出席会议，浙江省、丽水市文联和兄弟县市文联的负责人，市总工会、妇联、团市委、科协等群众团体和有关部门、有关单位的70位嘉宾和特邀代表参加会议。会议审议通过第三届文联工作报告，修订《龙泉市文联章程》，选举产生龙泉市文联第四届委员会和市文联主席、副主席，任命秘书长，产生市文联顾问和名誉委员。

第二节　重要活动

文艺活动

1989—1991年，市(县)文联多次组织文艺创作骨干深入农村、厂矿、林场与革命老区参观访问体验生活，使作者们不断扩大生活面，丰富创作题材。基本上做到每年坚持办两次以上笔会，如小说笔会、诗歌笔会、音乐作品创作笔会、戏剧小品创作笔会等。有全国各地作家、诗人参加的大型“凤阳山诗会”，有全省音乐工作者参加的“凤阳山音乐作品加工会”，都是有广泛影响的笔会，每次笔会都创作出一批较好的作品。共计邀请30多名文艺家到龙泉讲课，有作家、诗人、画家、书法家、音乐家、摄影家和词作家与报刊编辑，有的还是全国著名的作家、诗人、画家、文艺评论家。这些辅导活动，对龙泉本地作者创作水平的提高起到重要作用。

市文联及各协会先后主办或与有关单位联合举办37项比较有影响的活动。属于文学艺术综合活动的有“庆祝中华人民共和国建国四十周年文艺作品大展”“纪念中国共产党建党七十周年征文”“纪念毛泽东同志《在延安文艺座谈会上的讲话》发表五十周年征文”等4项；属于文学方面的有“青少年文学夏令营”“文学社团经验交流会”等5项；属于音乐、舞蹈、戏剧方面的有“学英雄、唱英雄”“十大歌手比赛”“音乐、舞蹈、戏剧小品选拔赛”等8项；属于美术书法摄影的有“中国粉彩画展览”“龙泉籍著名畲族画家钟长生画展”“美术、书法、摄影展览”“爱我龙泉书法展览”“庆建市书画展”等14项。还与浙闽毗邻县市联合举办六县市书法篆刻作品联展、九县市摄影作品联展、六县市青年歌手赛等。

1992—1997年，围绕重大主题和重要节日庆典，举办包括征文、展览、演出及评奖等一系列文艺活动。1995年12月26日是龙泉撤县设市五周年的纪念日，市文联配合市剑瓷城办公室和市文化局联合举办“剑瓷城杯”书画摄影大展，动员市书协、美协、摄协会员积极创作精品参加大展，结果征集书法作品30幅、美术作品34幅，摄影作品40幅参展。通过社会力量，积极开展不少有地方特色的民间文化活动，组织安仁镇成立龙灯协会。1994年，举办高品位的“庆六一少儿钢琴演奏会”“庆祝建国四十五周年暨龙泉市首届卡拉OK大奖赛”“龙泉市纪念反法西斯战争和抗日战争胜利五十周年歌咏大会”。1995年，举办“山风”大型文艺晚会。

1999年，市文联主办并主持的“刘子鹏文艺奖”首次在全市公开评奖，分别评出贡献奖6名、特等奖3名、一等奖13名、二等奖26名、三等奖74名、优秀奖77名，并于4月15日举行颁奖大会。

2000年6月，在锦溪镇举办有40位业余文学作者参加的为期4天的昴山笔会，创作出散文、游记、报告文学等作品百余篇，并先后在《丽水日报》和《龙泉报》刊登专版。

2001年5月，在兰巨乡举办有丽水市30多位文学作者参加为期4天的文学笔会，创作出散文、游记、报告文学等作品百余篇。2001年5月，联系浙江省作协组织全国60多位著名作家赴龙泉进行“瓯江文学大漂流”采风。

2007年7—8月，根据市委的部署和要求，协作宣传部门策划、挖掘、树立和推广周生佑的先进事迹，树立一个市、地、省先进典型。2007年6月起，协作宣传部门成功组织龙泉之歌征集评比活动，9月，成功举办2007多丽杯“咱们中国人”全国摄影大奖赛评奖活动，11月，承办龙泉青瓷•龙泉宝剑节中的龙泉摄影获奖作品展和“聚珍园杯”剑瓷之约摄影大赛活动。

2008年，组织市内外作家、诗人到全市各地采风，组织国内专家和本市文学爱好者进行青瓷文化、宝剑文化、香菇文化和生态文化主题创作。4月18—21日，组织丽水市作家到下樟、西街等地进行原生态文化创作；7月7—8日，邀请国内外著名诗人、诗歌评论家沈泽宜来龙采风，考察和创作青瓷文化、宝剑文化文章，并与龙泉作家和文学爱好者开展对话；7月12日—13日，邀请丽水市作家、记者赴龙泉大窑采风，创作大窑古窑址文章，作品在浙江日报等媒体发表后，反响强烈；9月19—20日，组织《浙江日报》《丽水日报》作家、记者8人来龙泉进行宝剑文化和金观音茶文化主题创作，作品先后在浙江日报、丽水日报等媒体发表；8—11月，组织本地作家和文学爱好者进行“双十工程百日大会战”文学主题创作，完成大量作品；10月19日，组织本地作家和摄影家30余人赴道太库区采风，创作生态文化、青瓷文化作品。同时配合丽水市文联在龙泉举办丽水小说精品笔会，组织文学作者参加丽水“2008丽水文学创作大奖赛”“国土杯”丽水文学大奖赛。同时还策划、组织“凤阳山杯”我眼中的自然保护区摄影大赛、“回归杯”聚焦剑池全国摄影大奖赛、“中行杯”摄影大赛、聚焦“双十工程百日大会战”摄影大赛等。组织摄影家参与“瓯江行”摄影大奖赛，并取得金奖的好成绩。8—11月策划聚焦“双十工程百日大会战”摄影大赛，创作作品4711幅。

2009年，策划、组织重点文艺活动(含笔会)22次。3月，组织“天和杯”全国第八届食用菌新产品新技术展销会暨中国食用菌产业发展龙泉论坛摄影创作采风。4月，组织龙泉市毛竹(笋)摄影和毛竹(笋)王文学采风、比赛活动，龙泉市食用菌成果摄影图片展，龙泉市山水风光摄影图片展，完成龙泉籍著名画家钟长生先生领衔主创的巨幅龙泉山水画。5—11月开始，组织“纯情畲乡”摄影系列活动，9月7至13日在全省率先举行“影传世界、聚焦龙泉”挑战对方、超越自我—中国摄影家大PK(pk源于网络游戏中的“pIayerKiIIing”，后引申发展为“对决”等含义)活动。10—12月组织“天冀杯”聚焦龙泉创建国家卫生城市文学创作比赛活动。

2010年，策划、组织“放歌龙泉”等系列文艺活动，其中创作采风23次，创作比赛12次，活动50多次。其中影响比较大的有，作家协会先后组织兰巨、南弄、岩后、竹垟、公路、上海、宝溪、放歌龙泉、下田等创作笔会，组织"公路杯""国土杯"文学创作大奖赛。5—11月，开展确定一批文学创作基地、举办一次"佳和杯"放歌龙泉全国文学大奖赛、举行一次中国知名作家走进龙泉暨浙江作家创作基地挂牌仪式、举行一次龙泉作家创作采风活动、举行一次新作者培训、编辑一期"放歌龙泉"文学作品专号等活动。摄影家协会先后组织兰巨、南弄、竹垟、李山头、坝上、屏南等创作采风，举办"纯情畲乡杯"等5次摄影大赛，并率先走出国门，参与土耳其"中国文化摄影展"。书法家协会、奇石根艺艺术协会组织2010龙泉首届书法、奇石根艺展。美术、戏曲、音乐舞蹈、诗词楹联和文化研究等协会也开展了系列活动。

重大文化活动

龙泉论剑　2004年10月14—15日，配合钱江晚报社和龙泉市人民政府联合主办为期两天的"龙泉论剑暨浙江省第四届凤阳山登山旅游节"活动。活动以"剑"为主题，以"龙泉论剑"为主打节目，传承2000年宝剑文化，邀请50位省内外著名作家学者和书画家组成"走进龙泉"大型文化采风团进行采风，编辑出版《龙泉论剑》文集。《钱江晚报》以"剑道书香"为专题，在9月30日—10月18日连续发表论剑文章近百篇。10月24日，策划金庸"龙泉问剑"活动。

名家写名瓷　2008年6月，中国书法家协会、浙江省书法家协会和龙泉市委、市政府主办"名家写名瓷—中国书法家走进龙泉"活动，32名中国著名书法家走进龙泉，在龙泉青瓷上挥毫泼墨，推动青瓷与书法的融合。6月4日，在龙泉山绿野山庄举行"全国著名书法家走进龙泉一龙泉山笔会"，书法家们共同创作120余幅赞咏龙泉青瓷文化、龙泉香菇文化的书法作品。

中国摄影家大PK　2009年9月8—13日，由文化部中国艺术研究院摄影研究所、中国摄影家杂志社、龙泉市政府联合举办，第一视频、龙泉市文联协办，龙泉市摄影家协会承办的"影传世界、聚焦龙泉"挑战对方、超越自我——中国摄影家大PK活动在龙泉市举行。活动邀请中国著名摄影家崔茂元、梁达明、成贵民、李德林聚焦龙泉，进行连续72小时的一对一、点对点擂台PK。中国摄影家协会副主席、广东省摄影家协会主席李伟坤，解放军摄影家史冬青，中国艺术研究院摄影艺术研究所所长、中国摄影家杂志社主编李树峰，中国摄影家杂志社编委、中国摄影家协会展览部原主任吴鹏，中国摄影家杂志社编委、数码影像技术专家刘宽新，中国摄影家杂志社活动部主任应利民，中国摄影家杂志社编辑部主任谱庄等领导和专家莅临指导。第一视频、贵州卫视、中国火烈鸟摄影论坛、腾讯图片站、中华摄影报等媒体参与全程采访报道及网上投票。《中国摄影家》杂志在2009年第10期、11期、12期及刊中刊形式刊登本次大PK作品。活动期间，大PK选手深入龙泉城乡拍摄龙泉自然风光、青瓷宝剑制作工艺、城市建设、产业发展和民情风俗等方面的内容，参会的摄影家还开设专题讲座，与龙泉市摄影家和爱好者进行面对面交流。

莫言龙泉问祖　2010年8月27—29日，浙江省作家协会组织莫言、嵇亦工、谢鲁渤、柯平等中国知名作家一行16人走进龙泉，进行为期3天的创作采风活动，聚焦龙泉、感悟龙泉、抒写龙泉。同时，还举行浙江作家协会龙泉创作基地挂牌仪式，此举为众多的浙江作家到龙泉创作采风搭建一个新的平台，促进省内作家在文学上的交流与合作，推动浙江文化的大发展大繁荣。其间，作家们并对"佳和杯"放歌龙泉全国文学大奖赛作品进行评选。参加此次活动的龙泉管氏后裔、著名作家莫言先后到管氏先祖管师仁、管师复隐居地西街街道下樟村白云岩，管师仁祖居地龙渊街道后甸村，管氏祖籍地龙渊街道石马村进行寻根问祖。

第三节　平台建设

创建文学艺术平台

龙泉市文联为弘扬龙泉乡土文化，建设具有龙泉地方特色的文学艺术，丰富和积淀龙泉文化艺术创作的成果，先后创办了多种文学、文化综合类的刊物。互联网兴起以后，龙泉市文联又先后创办了专题网站，成为龙泉市文化艺术事业发展的重要平台。

主要平台简介

《凤阳山》杂志　1985—1992年，出版《凤阳山》杂志4期，发表本市作者一批小说、诗歌、散文、报告文学作品，也发表了部分美术、书法、摄影作品，培育一批文艺新人。

《龙泉》人文杂志　2005年春天，市作协发起创办《龙泉》文艺丛刊，在省内外产生一定的影响，后因经费方面的原因一度停刊。2007年在市委、市政府的关心下，《龙泉》文艺丛刊再度恢复出版，并将其定位为《龙泉》人文杂志，以"人文底色、文艺品质、曲高和众、龙泉名片"为宗旨，内容涵盖文学、文化、艺术、政经诸方面，突出思想性、艺术性、原创性和可读性。2007年首期在第二届中国龙泉青瓷•龙泉宝剑节上亮相后，受到各级领导、专家和读者的广泛好评。2008年成为固定性季刊，至2010年，共编辑出版17期，成为龙泉市作者发表文艺作品的重要平台。

《瓯江源》诗刊　2010年创办,每年1期，着力做好"瓯江诗歌"群体建设，为文艺家诗人走向全国开辟通道。

中国龙泉摄影网　2008年8月16日，创办专业摄影网站—龙泉摄影网，该网是一个内容丰富的龙泉文化大图库，为广大摄影爱好者提供一个学习交流、展示作品的网络平台，对推动龙泉市摄影艺术的普及与提高，全面加快摄影艺术、摄影产业的发展起到积极的作用。

中国龙泉人文网　2008年10月，市文联在经费、人手十分紧张的状况下创办中国龙泉人文网，该网内容包含文联机关、所属协会(学会、研究会)和《龙泉》人文杂志网络版。文联主办的两个网站在为文联及文艺家协会提供交流、发表和展示平台的同时，还为宣传龙泉、推介龙泉开辟一个新的窗口，受到好评。

《幼林》小报　与市(县)教委联合主办，1985年9月创刊，1994年休刊，中学版、小学版各出96期，发行总数达二百多万份。《幼林》生动活泼，内容健康向上，深受中小学生欢迎。

第四节　队伍建设

协会建设

1985年，龙泉县文学艺术界联合会成立时，只有文学、民间文学、戏曲、美术、书法、摄影、音乐舞蹈、学生写作协会8个协会208名会员。1992年4月第二届文代会召开时，有文学、音乐舞蹈、电影电视、摄影、戏剧曲艺、美术、书法、民间文艺、学生写作、集邮10个协会，会员504人。2008年12月第四次文代会召开时，有作家协会、戏曲家协会、音乐舞蹈家协会、美术家协会、书法家协会、摄影家协会、民间文艺家协会、电影家协会、电视艺术家协会、龙泉文化研究会、诗词楹联学会、演讲与朗诵协会、学生写作研究会、盆景协会、根艺石艺协会、收藏家协会、集邮协会、电力文联、何氏文化研究会19个协会(研究会、学会)，会员1500余人，骨干会员781人，省级以上文艺家协会会员62人，国家级文艺家协会会员20人。

小机关大服务

2007—2008年，紧紧围绕“再创好龙泉”和“生态立市、工业强市、旅游兴市”发展战略，立足“小机关实行大服务”，整合资源发挥优势，工作取得显著成效。4名干部中2人次被评为第二届中国龙泉青瓷·龙泉宝剑节活动先进个人，1人次被评为2007年度丽水市文联系统先进个人，1人次荣获丽水市年度社会科学优秀成果二等奖。重新创办《龙泉》人文杂志，编辑出版反映龙泉市风土人情、传统文化题材的文集；配合两办组织编写11万字的《办实事、创新业》干部读本，作为全市干部培训教材；协作宣传部门挖掘周生佑的先进事迹，完成10余万字的事迹材料，并向市外推广；在龙泉青瓷·龙泉宝剑节期间，精选龙泉摄影家历年来获奖的作品102幅予以展出，吸引来自全国各地的摄影家聚焦龙泉。先后获得2007年度丽水市文联系统先进集体称号、2007年丽水文学创作大奖赛优秀组织奖和2007年丽水书画作品展览优秀组织奖，成为丽水市文联系统唯一同时获得3个奖项的单位。2008年5月，受到中共龙泉市委组织部的通报表彰。

第八章　残疾人联合会

第一节　组织机构

残疾人联合会机构职能

龙泉市残联是全市残疾人代表组织和主管残疾人工作的事业团体。主要职责：贯彻执行党和国家有关残疾人工作的方针、政策，协助政府研究制定市残疾人事业发展规划、计划；听取残疾人意见，反映残疾人需求，维护残疾人权益，为残疾人服务；开展和促进残疾人康复、教育、劳动就业、培训，文化、体育用品供应、福利、残疾预防和无障碍设施建设等工作，创造良好的环境和条件，扶助残疾人平等参与社会生活；团结、教育残疾人遵守法律，履行应尽的义务，发扬乐观进取精神，自尊、自信、自强、自立，为社会主义建设作出贡献；沟通政府、社会与残疾人之间的联系，动员社会理解、尊重、关心、帮助残疾人；承担市政府残疾人工作委员会的日常工作，指导乡镇（街道）残联的业务工作，指导和管理各类残疾人社团组织。

在中共龙泉市（县）委和龙泉市（县）人民政府的关心和支持下，龙泉市（县）残疾人联合会于20世纪90年代成立，下设肢残、聋人、盲人、精残亲友、智残亲友5个残疾人专门协会。至2007年3月，龙泉市（县）残联共召开五次代表大会，各届残联理事会积极开展活动，为残疾人谋福利，使广大残疾人的康复医疗和就业创业得到极大的支持和帮助，提高和保障广大残疾人的生活水平和各项社会权利。

机构设置

1991年1月19日，龙泉县残疾人联合会成立，属副科级事业单位，由县民政局代管。1991年2月龙泉撤县设市后，改称龙泉市残疾人联合会。1993年机构升格为正科级。1997年，市委核定事业编制5名，内设办公室和康复科2个科室。2003年购买原国税局大楼（新华街9号）作为残疾人综合服务中心。

根据浙江省政府文件精神，1995年8月，市残疾人劳动就业服务所成立，1999年12月，劳服所定编2人，属自收自支事业单位。2004年，出台《关于加强残疾人康复工作的实施意见》，同年3月，市残疾人康复服务指导站成立，定编2人，属自收自支事业单位。1991年市（县）残联成立后，各乡镇也相继成立残联，2007年19个乡镇（街道）残联召开第一次代表大会进行换届。1998年，成立肢残、聋人、盲人、精残亲友、智残亲友5个残疾人专门协会。2003年，11个社区全部成立残疾人协会。

残联代表大会

1991年1月23日，县残联第一次代表大会召开，选举产生主席团委员28名，主席1名，执行理事会理事长1名。

1994年3月10—12日，市残联第二次代表大会召开，选举产生主席团委员26名，主席1名，理事会理事长1名。

1998年12月10—11日，市残联第三次代表大会召开，选举产生主席团委员26名，主席1名，执行理事会理事长1名，副理事长1名。

2003年9月25—26日，市残联第四次代表大会召开，选举产生主席团委员27名，主席1名，执行理事会理事长1名，副理事长2名。

2007年3月10—12日，市残联第五次代表大会召开，选举产生主席团委员28名，主席1名，执行理事会理事长1名，副理事长2名。

第二节　主要工作

残疾人权益维护

七届全国人大第十七次会议审议通过的《中华人民共和国残疾人保障法》于1991年5月15日

施行，并规定每年的五月份为残疾人保障法的宣传月。为贯彻落实有关残疾人的第一部法律，市残联在1991年和1992年主动组织了宣传月活动。在宣传活动中，全市(包括乡、镇)有102名党政领导走访残疾人家庭，被访户数305户，被访残疾人930人。全市共播放、刊登稿件86件，其中市领导电视讲话二次，广播讲座18讲，播放《为了五千万》电视录像一期，电话会议一次，制作幻灯215片次，出黑板报、墙报101期，印发宣传资料2050份，大横幅12幅，挂图95张，张贴标语口号1750张，有关部门领导、社会能人和残疾人代表座谈会15次，参加人数315人，举办首届残疾人书法展，共展出作品50幅，送省参展作品6幅，组织50多名残疾人上街为民服务，修理自行车25辆，修理钟表11只，电器15件，刻章10个及其他物品。总的特点是市委政府重视、领导亲自参与、部门积极配合，活动形式多样。

自1991年《中华人民共和国残疾人保障法》和浙江省实施办法颁布以后，市政府制定了扶助残疾人的优惠政策。市政府委托市司法局律师事务所优惠、优质、优先为残疾人提供法律服务，为进一步保障残疾人合法权益奠定基础。接待残疾人来信来访1927人次，对侵害残疾人合法权益的问题，以《中华人民共和国残疾人保障法》为武器，通过有关部门协调解决，给残疾人一个满意的答复。

加大执法力度，推进残疾人事业沿着法治化轨道发展。2005年与司法局联合设立龙泉市残疾人法律援助室，援助室对残疾人维权案件做到"三优先"，即对来访的残疾人优先接待；残疾人案件优先受理；残疾人问题优先解决，千方百计为残疾人提供尽可能多的法律帮助。法律援助室成立以来，共为残疾人提供免费法律咨询230余人次，办理法律援助案件19件，在已结案件中援助律师意见被法庭采纳率100%。

2008年《中共中央国务院关于促进残疾人事业发展的意见》正式印发。为贯彻落实中央文件精神，中共浙江省委、省人民政府在全国率先作出实施残疾人共享小康工程的重大决策部署，市残联以学习贯彻中央7号文件精神为主线，多次组织残疾人工作者及5个残疾人专门协会成员集中学习，进行贯彻落实。通过学习，大家统一思想，提高认识，克服畏难情绪，在没有列入浙江省首批重度残疾人托(安)养工程试点县市的情况下，市残联积极主动争取，提前列入2008年度任务。

2008年9月，市政府成立龙泉市残疾人共享小康工程工作领导小组，出台《龙泉市人民政府关于残疾人共享小康工程的实施意见》，相关部门团结协作，积极配合，残疾人基本生活保障工程、残疾人康复工程、重度残疾人托(安)养工程三个子工程的具体实施细则也分别制定出台。

2010年，为做好《中共龙泉市委、龙泉市人民政府关于加快推进残疾人事业发展的若干意见》和《龙泉市扶助残疾人实施办法》两个文件的宣传工作，编印《残疾人工作政策选编》1500本，发放到每个行政村、社区及广大残族人手中，让更多的残疾人了解政策，把党和政府的惠残政策落到实处。同年，结合龙泉市实际，起草出台《龙泉市残疾人就业创业帮扶计划实施方案》《关于进一步加强基层残疾人组织建设实施方案》《关于进一步做好农村困难残疾人住房救助工作实施方案》《龙泉市贫困残疾儿童抢救性康复项目实施方案》等文件。

残疾人扶贫解困

先后出台《龙泉市实施残疾人扶贫攻坚计划》《龙泉市扶助残疾人若干规定》《龙泉市人民政府办公室关于进一步加强扶助贫困残疾人工作的实施意见》《龙泉市人民政府关于残疾人共享小康工程的实施意见》等文件，将残疾人扶贫纳入政府扶贫工作大局。先后开展"万人结对、扶贫帮困"

“万户种养、共奔小康”“进千村万户、扶贫奔小康”等爱心活动，共有4000余人次残疾人获得结对帮扶。实施残疾人“安居工程”，为残疾人家庭改善住房条件。实施“助学工程”，资助贫困残疾人及残疾人子女1000余人次，同时做好残疾学生和残疾人家庭子女大学录取工作。实施“残疾人共享小康工程”，对二级以上、符合条件的持证重度残疾人单独施保，全额享受；对一级且生活不能自理的重度残疾人实行集中托养、日间照料和居家安养，2008年55名重度残疾人得到集中托（安）养。

2006年，市政府办出台《关于进一步加强残疾人扶贫工作的通知》，将残疾人扶贫纳入政府扶贫工作大局。在全市开展的“解民忧、暖人心”“一户一策一干部”等帮扶活动中，446户贫困残疾人家庭列入帮扶对象。超额完成浙江省、丽水市残联下达的“安居工程”任务，投入资金97万元，为243户贫困残疾人家庭解决住房问题。

全市列入低保残疾人2480名，其中1275名持证重度残疾人被纳入基本生活保障工程，全额发放低保金或低保补助金。325名生活不能自理的重度残疾人得到托（安）养服务，发放资金439万元。补助860人次重度残疾人参加城乡居民养老保险，投入资金8.6万元。帮助800户贫困残疾人家庭改善居住条件，残联投入资金53.8万元。市残联还开展“三个一千”“绿色关爱，畅享无线”“走进低碳生活，赠送爱心手机”等助残活动。

残疾人康复

围绕残疾人“人人享有康复服务”目标，积极开展助行、助听、助盲工程。市残联成立以来，四次邀请省、丽水市医疗队来龙泉开展三项康复手术。全市共完成白内障复明手术2075例，肢体矫治手术161例，聋儿语训91名，配用助视器58只，免费赠送各类辅具器具1028件，安装假肢98条，免费赠送助听器381只。2006年起，对精神病患者实行医疗救助，发放300元的医疗救助卡。残疾人参加新型农村合作医疗个人缴费部分由市残联支付，投入经费16.85万元。为近2万名0—2岁婴幼儿、孕妇和新婚夫妇发放碘油丸。对确实贫困的三康对象，还给予一定的医疗康复费用补助。通过大量的康复工作，使许多残疾人摆脱残疾的困苦，得到康复或改善了功能。

康复工作是残联的重头戏，市残联在狠抓基础调查工作的同时，结合上级残联下达的康复任务，最大量的让残疾人得到康复。2002年在由省残联、省残疾人基金会、邵逸夫医院等单位发起的“亮百耳”工程活动中本市6名聋儿获得免费装配德国西门子助听器。

2001年，龙泉市列入新增精神病防治康复县市之一，建立精神病防治康复工作领导小组，积极开展精神病的防治宣传工作，把精神病防治康复工作列入龙泉市残疾人事业“十五”计划予以实施。以锦溪镇卫生院精神病专科门诊为依托，积极开展精神病防治康复工作。2004年，出台《关于加强残疾人康复工作的实施意见》，成立残疾人康复服务指导站，建立残疾人康复指导中心，为残疾人免费健康体检，并建立健康档案，加强康复人员队伍建设，组织他们参加各类培训，提高业务水平和操作能力。

认真组织实施0~6岁残疾儿童抢救性康复项目，70名残疾儿童得到抢救性康复。其中6名聋儿列入人工耳蜗植入手术补助对象，44名智力、脑瘫、听力言语、孤独症儿童获每年1万元的康复训练补助，为20名残疾儿童配发辅助器具。

2010年，根据构建“盲教育以省为主、聋教育以市为主、培智教育以县为主”的全省特殊教育体系要求，残联积极配合养真中学开办浙江圣爱自闭儿童康复中心龙泉养真特教分部，为自闭症、智力低下、脑瘫等智力残疾儿童提供康复服务，是丽水地区首家自闭儿童康复训练机构。

残疾人就业

1995年12月15日，龙泉市政府出台《关于推行按比例安置残疾人劳动就业的通知》，在全市机关、团体、企事业单位、集体经济组织中推行按在职职工总数的1.5%比例分散安置残疾人就业工作，对没有达到残疾人就业比例的单位，收缴残疾人就业保障金。

市残联认真贯彻执行《关于进一步推进按比例分散安置残疾人劳动就业工作的通知》和《关于进一步做好残疾人劳动就业工作的通知》等文件精神，重视残疾人的就业工作。1999年起将按比例分散安置残疾人就业工作扩展到私营企业、股份合作制企业、个体工商大户、乡镇企业、村办企业，严格执行残疾人劳动就业保障金征收规定，对残疾人集中就业、个体就业、扶持种养业、开展职业培训提出新的优惠政策。残疾人就业工作在全市全面展开。

认真贯彻执行国务院《残疾人就业条例》和《浙江省按比例安排残疾人就业实施办法》，《龙泉市残疾人就业保障金征收管理办法》。完善残疾人劳动就业保障金征收机制，2004年开始委托地税部门代收，征收数量逐年增加，为残疾人事业的发展提供资金保证。

建立残疾人扶贫培训基地8个，其中：省级残疾人扶贫基地1个，丽水市级基地6个。通过“公司+基地+农户”模式，组织农村残疾人发展种养殖业，同时辐射带动一大批残疾人，帮助贫困残疾人脱贫致富。残疾人职业培训工作得到进一步加强，举办养殖业、农村实用技术等培训班，重点传授“山羊发展前景及山羊的饲养技术”“食用菌栽培及花菇生产新技术”“果树栽培基本知识及技术要点”“家禽家畜饲养防病治病”“高山蔬菜、大棚蔬菜的种植技术”等等，通过培训，拓宽残疾人的就业渠道。1996年和1997年，龙泉市残联连续被省残联评为残疾人就业工作先进单位。

除因地制宜外，积极输送残疾人参加省、丽水市实用技术培训，2010年，詹灵敏等3名残疾人代表丽水参加浙江省第三届残疾人职业技能竞赛。同年4月26—30日，承办全省残疾人中药材种植技术培训班，邀请专家为学员讲解中药材种植、产销存在的问题与对策，白术等中药材栽培技术，并到残疾人吴克余创办的中药材种植示范基地进行实地参观学习。

残疾人教育

自市（县）残联成立以来，积极配合市（县）教委做好残疾儿童的教育工作，努力做好贫困残疾人和残疾人子女的爱心助学工作，对在丽水聋哑学校、聋儿语训班、盲校就读的特困残疾儿童进行学费补助。对这些残疾学生，市（县）残联尽力给予他们精神和物质上的鼓励，积极帮助他们解决一些实际困难。

宣传文体工作

利用助残日、国际残疾人日等特有的节日，组织形式多样的助残活动，加大残疾人事业宣传力度，推出翁建美、刘月根、胡剑、蔡旌豪、吴克余、毛仁山等一大批残疾人先进典型。1998年，肢体残疾的胡剑经市残联推荐，进入省残疾人艺术团，并逐渐成为团里的台柱。曾出访台湾、新加坡、马来西亚、日本、法国等地，参加亚太地区蒲公英国际音乐节演出，多次在全国残疾人艺术汇演比赛中获奖。在2008年残奥会献礼大片《绽放》中，胡剑饰演男一号大凯。龙泉市肢残运动员蔡旌豪在全国残疾人羽毛球锦标赛、省残运会上多次获奖，曾代表中国参加在马来西亚举办的第一届亚洲残疾人羽毛球邀请赛。2007年,在全国残运会上,获双打冠军,单打季军。1999年,省第五届残疾人运动会,市残联联合市体育局培训了举重运动员徐仁炎参加运动会比赛,获得第五名,为以后残疾人体育运动的展开打下基础。2002年,丽水市第一届残疾人运动会在丽水举行,通过广泛宣传发动,层层选拔培训,29名运动员代表龙泉参加六个大项、七十个小项,包括两个集体项目的比赛,获得24枚金牌、13枚银牌、7枚铜牌,取得团体综合第三的好成绩,林丽芳母子同上阵获四金二银,展示了龙泉残疾人的风采,赛出了龙泉精神。

市残联始终不渝地抓住“全国助残日”“国际残疾人日”等重要活动节点展开宣传,广泛利用报刊、电视台等大众宣传媒体,开展一系列的宣传活动。一是大力宣传党和政府对残疾人工作的重要指示、法律、法规;二是宣传残疾人自强不息的先进典型,如盲人女青年翁建美创办丽水地区第一家盲人推拿按摩中心,成为致富的带头人。安仁镇肢残人周永琴自强写人生,助残献爱心,积极参政议政,为民办好事做实事,被评为市十一届人大优秀代表。视力残疾人毛仁山当选为龙泉市十四届、十五届人大代表,并连续两年被评为“龙泉市第十四届优秀人民代表”;肢残协会主席吴伟琴当选为龙泉市七、八届政协委员,2010年被评选为政协工作优秀委员。

广大残疾人自尊、自信、自强、自立,各行各业涌现了一大批残疾人自强模范和先进典型。2010年,评选首届“十佳残疾人自强模范”和“十佳助残先进”。通过新闻媒体广泛宣传党和政府对残疾人事业的重视、社会各界对残疾人事业的扶持关爱和残疾人中的优秀典型人物。在网络、报纸、电视等新闻媒体上共播发稿件500多篇次。《浙江省龙泉市残疾人扶贫工作见成效》一文还被《中国残疾人工作通讯》录用。

残疾人组织建设

根据省残联和丽水地区行署的要求,1991年组建好全市17个乡镇残联。残联的工作人员进行分工,分片包干联系,责任到人,收集整理资料,筹建残疾人资料库。对乡镇残联的性质、任务、经费、建立时间都作了明确规定。并且到竹垟乡进行调查摸底和筹建示范的准备工作。召集各乡镇残联干部参加试点单位学习取经。各乡镇普遍召开组建大会,为了有利工作,多数乡镇残联理事长都由民政助理员担任。乡镇残联组建后,有的乡镇准备创办经济实体或残联工厂,如竹垟乡在乡残联成立后,积极创办残联香菇厂。乡镇残联全部组建后,有利上下沟通,扩大宣传,提高了残联工作知名度,为残疾人事业的发展奠定了基础。

1999年,龙泉市残工委转发市残联《关于进一步加强乡镇残联工作的意见》,各乡镇残联统一置办印章和牌子,为乡镇残联“三位一体”工作展开创造条件。在乡镇换届之际,由市委办公室发文公布各乡镇残联的兼职正副理事长,有效提高残联队伍战斗力,提高工作效率。在健全组织机构的同时,还重视和加强残疾人工作者的培训和教育,每年召开残联工作会议提高残疾人工作者的业务素质和政策水平。在市委、市政府的重视关心下,残联的基础设施得到落实,残联终于有了自己的家,为残疾人事业的进一步开展奠定坚实的基础。市残联还加强办公信息化建设,开通浙江残联电子邮箱,提高办事效率,更好地为广大残疾人开展服务。市残联积极参与市委、市政府各项中心工作,认真开展“学教”活动和“调查研究年和转变作风年”等活动。

为加强对残疾人工作的领导,市残疾人工作协调委员会更名为龙泉市人民政府残疾人工作委员会,组成单位和人员也进行了相应调整。2007年9月19日,全市乡镇(街道)残联换届暨基层残疾人组织规范化建设会议在础石乡召开，拉开乡镇（街道）残联换届工作的序幕。到10月24日为止，全市19个乡镇（街道）分别召开代表大会，共有600多人参加会议，大大提高了残疾人参与权与知情权。183个村建立残疾人协会，健全了基层残疾人组织体系。发挥5个残疾人专门协会作用，协助他们开展各种活动，丰富残疾人的业余文化生活，密切残疾人之间的联系。在共产党员先进性教育活动、“接轨新高速，再创好龙泉”解放思想大讨论活动及作风建设年活动中，按规定程序、规定要求，完成规定任务，同时结合本单位工作实际，创造性地开展活动，并建立长效机制，提高服务能力和水平。

为进一步加强残疾人组织建设，2009年，由龙泉市委组织部发文任命19个乡镇（街道）残联专职理事长。在2008年乡镇（街道）选聘残疾人专（兼）职委员的基础上，2009年6月制定下发《关于做好村（社区）残疾人专职委员（联络员）选聘工作的通知》，对村（社区）残疾人专职委员（联络员）的任职条件、工作职责、聘任程序提出明确要求。针对龙泉地广人稀，人口居住分散的特点，每个管理区设1名专职委员，其余的行政村（社区）选聘1名联络员。

龙泉市（县）残疾人联合会二十年来通过努力工作，获得了一系列荣誉。市残联2005年获评全省残联工作先进单位、浙江省残疾人“万户安居工程（2004—2006年）”先进单位，还先后获得丽水市级文明单位和浙江省级卫生先进单位的荣誉称号。

第九章　红十字会

第一节　机构设置

龙泉市红十字会建立于1991年3月7日。其宗旨为搞好群众性救护工作，开展卫生知识的宣传教育，为世界和平、人类进步事业服务。2008年，根据龙编委文件，确定龙泉市红十字机构为正科级单位。2010年6月7日，经《龙泉市红十字会职能配置、内设机构和人员编制方案》批准，由市卫生局管理改为由市领导联系，列入群团机关管理的正科级单位；2010年7月23日，经省委组织部批准，列入参照公务员法管理范围，编制2人，内设综合科室一个。自1991年成立以来至2010年底红十字会成员作过6次调整。

第二节　主要工作

2004年市红十字会做好新昌制药厂捐助给龙南、兰巨、屏南、竹垟4个欠发达乡镇307个贫困户的药品发放工作。2006年10月20日成立学校红十字工作委员会。2007年1月，城镇所在地学校成立学校红十字会。2008 年，为龙泉市锦溪镇中心小学争取浙江省唯一一个“建设银行新农村博爱学校”援建项目，受益师生 1000 多人。2008 年“5·12”四川汶川特大地震发生时，龙泉市红十字会积极组织大批红十字志愿者募捐，共募集到 156 万元捐款，另外还采购 400 多顶帐篷组织志愿者运往四川地震灾区。2009 年，争取到浙江省绿城心血管病医院的协作，开展“暖心”救助行动，对 13 位严重心脏病疾病患者实施优惠救治，减免药费 20 万元，为浙江省唯一开展此活动的县市。2010 年玉树发生地震时，龙泉市红十字会募得 43 个单位和个人捐款共计 29.37 万元善款支援灾区。2010 年 5、6 月期间，龙泉连遭暴雨袭击，致使 12.9 万人受灾。红十字会组织 200 多名志愿服务者深入各灾害点调查了解，参与抗洪救灾，为灾民解决困难。2010 年，向省红十字会争取到一批价值 50 万元的心脑血管病药品，开展“康恩贝健康之旅—心脑血管病防治博爱活动，向 500 名困难心脑血管病患者免费赠送药品。

2004 年 3 月和2009 年 3 月龙泉市红十字会 2 次被省无偿献血领导小组评为“先进集体”。龙泉市红十字会阿超志愿服务小组获 2007—2008 年度省红十字会志愿服务工作先进集体称号。志愿服务小组组长卢向荣获 2006—2010 年度浙江省红十字先进个人称号。2010 年度龙泉市西新小学、第四中学分别获浙江省红十字示范校、达标校称号，龙泉市中等职业学校获得奉献服务先进集体称号。西新小学翁阳波同学获浙江省第二届红十字十佳青少年称号。龙泉市第四中学龚丽婕同学获浙江省第二届红十字优秀青少年称号。志愿者吴青泉获中国红十字总会青海玉树抗震救灾优秀志愿者称号。

第十章　慈善总会

第一节　组织机构

2006 年 9 月 30 日，龙泉市慈善总会成立。龙泉市慈善总会选举成立第一届理事会，胡子平任会长，有常务理事 5 人，理事 52 人。同时聘请时任市委书记赵建林、市长梁忆南为名誉会长。理事会制订并通过总会章程及资金使用办法。办公室设于市民政局办公楼内，由专职工作人员 2 人分别任财务会计和出纳，担任日常事务工作。

慈善总会成立之初，中共龙泉市委、龙泉市人民政府安排财政拨款 200 万元作为慈善基金，同时动员全市社会各界积极募捐善款，当年筹集善款 735 万元。

第二节　主要工作

龙泉市慈善总会的职责主要是做好慈善资金的募捐筹集、慈善救助、善款使用发放等管理工作。

善款募捐主要从六个途径进行筹集：一是政府财政拨款，二是企业捐赠，三是干部职工每年一次捐赠月活动，四是企业家冠名捐款，五是农村开展一人一元募捐活动，六是社会个人（含不署名）捐款。2006—2010年，龙泉市慈善总会共筹集慈善款1387万元。

善款的发放主要用于救灾、助残、助老、济困、助医（含大病救助）、助孤、助学、春节慰问、敬老院、年夜饭等项目。对于善款的发放，每年理事会上通过预算方案，在具体执行中，本着公平公正，实事求是，从实际出发，经过严格审查，有的还要到实地调查核实，并经集体研究决定予以发放。助学救助由市教育局、关工委、共青团、民政、慈善事业单位共同研究决定。市慈善总会还配合市政府做好突发事件、特殊困难群体的救助工作。

至2010年，市慈善总会共计发放慈善救助资金255.7万元，8458人得到慈善救助。市慈善总会注重慈善文化的建设，先后举办过慈善书法大赛和慈善摄影大赛，把慈善活动向文学艺术界延伸，扩大影响面，弘扬慈善文化。重大的捐赠和救助活动，通过电视台和报社的媒体宣传，扩大慈善事业的影响，唤起民众扶贫救困献爱心的热情。

第二十五篇

政　　法

龙泉市(县)的公安和司法机构是市(县)政府部门的重要组成机构,在市(县)委政法委员会的协调、指导下,履行社会治安和法制建设的职责。通过全面推进严格执法、公正司法,教育全民守法,开展打击和预防犯罪,强化和优化社会治安环境,维护地方社会政治经济秩序,为社会发展和文明进步保驾护航。1989—2010 年龙泉市(县)公安局受理刑事案件 14944 件,其中破案 9775 件,平均破案率为 65.4%。

龙泉市(县)检察和审判机关是根据国家宪法规定而设置的国家独立司法机构。市(县)检察审判机关接受市(县)人大的监督,在市(县)委政法委员会的协调、指导下,通过履行职责以确保全面推进严格执法、公正司法、打击和预防犯罪,维护本区域内社会经济正常发展的环境和秩序。1989—2010 年,龙泉市(县)人民检察院发挥检察职能,依法严厉打击黑恶势力犯罪、严重暴力犯罪、多发性侵财犯罪、毒品犯罪,维护社会和谐稳定,共批准逮捕各类犯罪嫌疑人 3316 人。依法决定不批准逮捕 441 人。对侦查机关应当立案而没有立案的,监督立案 107 人,对应当逮捕而未提请逮捕的,追捕 68 人。1989—2010 年,龙泉市人民法院共受理各类刑事案件 3047 件,办结 3050(含旧存)件,判决生效 2557 件。

1989—2010 年龙泉市(县)司法局大量开展普及法律知识,完成五个五年普法工作。1998 年 10 月, 成立龙泉市法律援助中心, 成立以来共为困难群众提供法律援助 803 起。2002 年,在全市 19 个乡镇、街道全部建立司法所,设立各乡镇(街道)人民调解委员会。1989—2010 年,共调解民间纠纷 12980 件。1989—2010 年,办理各类公证 23192 件。

20 世纪 90 年代以来,龙泉市各政法机关正确执行法律赋予的各项职权,依法打击各种暴力犯罪、侵财型犯罪和经济犯罪,深化“平安县(市)”创建工作,打造最安全的社会发展环境,从 2005—2010 年连续 6 年被中共浙江省委、浙江省人民政府命名为“平安县(市)”。

第一章 公 安

第一节 刑事侦查

1989年以来，龙泉市(县)公安机关调整防范和打击手段，加大打击力度，严厉打击严重刑事犯罪活动(简称严打)，组织开展打击团伙犯罪、打击车匪路霸、打击拐卖妇女、儿童、严禁卖淫嫖娼的“三打一禁”；反盗车、打击流氓恶势力、打击破坏生产犯罪活动的“一反二打”；反入室盗窃反拦路抢劫的“二反”和“攻命案、打盗抢、追逃犯、禁赌博”“打黑除恶”等系列专项斗争和专项行动，有力地打击各类刑事犯罪和经济犯罪活动，并及时打击非法宗教组织和邪教组织。

1990年，龙泉市(县)公安局执行“命案必破，黑恶必除，两抢必打，逃犯必抓”的要求，开展“严打”集中统一行动，抓获犯罪嫌疑人340人，追回逃犯6人，抓获流窜犯17人，协助外县抓获在逃案犯4名，挖出各种犯罪团伙18个68人，缴获赃款赃物折价149413元。7月20日，在茶丰乡石隆村发生特大爆炸案，炸死4人，重伤2人，殃及8户，于7月31日将案犯洪某林抓获，案犯系茶丰乡赵麻圩村人，与石隆村郭某某恋爱关系破裂而报复杀人。1991年4月19日凌晨，龙泉市博物馆发生一起特大文物被盗案，23件古青瓷文物(北宋8件，南宋1件，元朝14件)被盗，5月13日晚上抓获案犯潘某，15日下午在河南省商丘抓获案犯冯某朝，并追回被盗文物11件。8月8日，茶丰乡墩头村发生一起特大杀人案，村民余某某因高考落榜而报复杀人，致6人死亡，一人重伤。公安机关迅速出击，抓捕犯罪嫌疑人。9月，龙泉市公安局开展“打流窜、追逃犯、破大案、挖团伙”集中统一行动，抓获各类犯罪分子40名，挖出犯罪团伙5个40人，缴获各类赃物折价5000元。1992年5月开展“两反”专项斗争，破获各类盗窃案件75起，抢劫案件17起，挖出犯罪团伙9个43人，查获案犯69人。1993年5月20日，开展“三打一禁”专项斗争，破获各类刑事案件112起。其中重大刑事案件28起，挖出抢劫、盗窃、诈骗团伙12个64人，抓获各类违法犯罪分子126名，缴获赃款、赃物总值80万元。2000年上半年开展“打拐”专项斗争，充分运用网上打拐和DNA(脱氧核糖核酸)技术，在排摸500名拐入妇女的基础上，破获拐卖妇女案件19起，打掉犯罪团伙5个，抓获犯罪嫌疑人21人，其中网上在逃人员5人；解救并遣返妇女9人，就地安置网上被拐妇女11人，采集来路不明及有被拐嫌疑儿童血样386份。2001年6月，开展“打黑除恶”专项斗争，摧毁“下林帮”与“宫头帮”两大恶势力团伙101人，涉嫌聚众斗殴、寻衅滋事、故意伤害、抢劫、窝藏等68起，直接证据认定50起，抓获帮派成员50人，归案起诉24人，批准逮捕24人，劳教3人。侦破2月27日发生在龙泉市首例特大抢劫出租车杀人案，驾驶员被杀害，出租车欲销未成，案犯3人分别于3月20日和27日抓获。2003年7月29日，城区发生未成年学生被劫持，向家属索要30万的特大绑架案，7月31日，成功将犯罪嫌疑人陈某某、胡某某抓获，人质被安全解救。2005年11月，在“破案追逃”专项行动中，侦破涉案80万元的特大系列盗窃计算机及计算机配件案，抓获案犯6人，并缴获部分赃物。经过连续几年努力，发生在辖区的2004—2006年21起命案全部告破。2007年，开展"龙剑三号"破案追逃大会战，破获各类刑事案件419起，打击处理92人，抓获逃犯8人。侦破9月20日特大持枪抢劫李秀金店案，抓获案犯3人。12月侦破2002年4月19日三名案犯因搭乘人力三轮车，在原建设局门口与车主因价格争吵，三名案犯故意伤害人力三轮车主致死案，将在逃6年之久的犯罪嫌疑人3人抓获。2008年，开展打击"两抢"犯罪、"攻坚3号"及"大追逃、大排查"等专项行动，举行整治盗抢犯罪专项行动赃物返还大会。成功侦破2008年"3•13"行凶伤人恶性案件，抓获犯罪嫌疑人。5月，成功侦破盗掘龙泉窑古窑址案件，抓获犯罪嫌疑人。7月22日经过缜密侦查，成功侦破"2008•7•19"故意伤害致人死亡案，犯罪嫌疑人慑于法律威严向龙泉市公安局投案自首。9月，在丽水市公安局和诸暨警方的大力配合下，在诸暨市大唐镇成功抓获犯罪嫌疑人，成功侦破"9•10"抢劫杀人案。破获2008年"10•15"故意杀人案，在龙泉市新华街龙泉农村信用联社剑瓷信用社，犯罪嫌疑人因与同村队长分钱有异议，持刀将该队长刺死，犯罪嫌疑人被出警民警当场抓获。2009年，开展声势浩大的打击整治"两抢"犯罪"零点"行动等专项行动；召开打击"两抢一盗"犯罪公开处理大会。为深化社会治安整治行动，强化社会面防控，严厉打击"两抢一盗""两车"（摩托车、电动自行车）等侵财性犯罪活动，全力做好国庆60华诞各项安全保卫工作，确保社会治安平稳有序。龙泉市公安局根据上级公安机关统一部署，结合本地实际，周密部署，精心组织，开展社会治安"大排查、大检查、大巡防"活动，构筑起一道点、线、面立体式打防控网络。侦破系列性抢劫案，抓获犯罪嫌疑人桑某。7月，市公安局首次利用逃犯关系人预警信息抓获一名逃犯。

2009年成功侦破"9•5"故意杀人案，抓获犯罪嫌疑人。10月，成功侦破系列飞车抢夺抢劫案件。2010年，开展打击整治盗窃"两车"等专项行动、有序组织开展严打整治行动、举行打击整治盗窃"两车"集中统一行动。成功抓获临海市故意杀人案犯罪嫌疑人黄某。破获"3•10"特大入室盗窃案，将26万元字画返还失主。成功侦破查田溪口"9•10"故意损毁龙庆高速公路建设工程车案件。1989—2010年龙泉市立案刑事案件14944件，其中破案9775件，平均破案率为65.4%。

1989—2010年龙泉市(县)刑事侦查案件一览表

表25-1-1

年份	发案起数（起）	破案起数（起）	破案率（%）	犯罪团伙	
				团伙(个)	人数(人)
1989	571	351	61.4	39	148
1990	594	403	67.9	25	87
1991	741	485	65.4	43	170
1992	583	407	69.8	40	175
1993	521	408	78.3	71	289
1994	561	490	87.3	75	306
1995	574	482	84.3	56	201
1996	454	389	85.7	32	139
1997	390	344	88.4	21	78
1998	383	258	67.3	19	77

表 25-1-1

年份	发案起数（起）	破案起数（起）	破案率（%）	犯罪团伙	
				团伙（个）	人数（人）
1999	548	284	51.8	19	71
2000	615	365	55.9	13	47
2001	759	392	49.4	18	124
2002	919	665	72.4	15	55
2003	902	642	65.9	26	91
2004	776	478	61.6	7	34
2005	858	415	48.37	5	21
2006	1035	672	64.93	14	52
2007	1082	651	60.17	10	40
2008	700	388	55.4	08 年后不统计	
2009	699	403	57.7	08 年后不统计	
2010	679	403	59.3	08 年后不统计	

第二节 经济侦查

机构

1997 年 7 月，龙泉市公安局经济犯罪侦察大队成立。2000 年 8 月，更名为龙泉市公安局经济犯罪侦查大队。

主要工作

2000 年，龙泉市公安局共立案经济案件 6 起，抓获犯罪嫌疑人 8 人，移送起诉 5 人。办理“王某职务侵占、挪用资金案”，移送检察机关审查起诉。2003 年，共立案经济案件 9 起（撤案 4 起），抓获犯罪嫌疑人 8 人，移送起诉 4 人。2004 年，共立案经济案件 11 起（撤案 1 起），抓获犯罪嫌疑人 10 人，移送起诉 9 人。2005 年，共立案经济案件 11 起（撤案 2 起），抓获犯罪嫌疑人 9 人，移送起诉 9 人。2006 年，共立案经济案件 14 起（撤案 1 起），抓获犯罪嫌疑人 9 人，移送起诉 10 人。办理龙泉市首起廖某霞集资诈骗案，涉及金额 900 余万元，涉及人员 40 余人。2007 年，共立案经济案件 12 起（撤案 2 起），抓获犯嫌疑人 15 人，移送起诉 8 人。办理杨某宗非法吸收公众存款案，涉及金额 300 余万元。办理刘某善非法吸收公众存款案、贷款诈骗案。办理 10 余人非法经营案，涉及金额 3000 余万元。2008 年，共立案经济案件 6 起（撤案 3 起），抓获犯罪嫌疑人 15 人，移送起诉 19 人。2009 年，共立案经济案件 8 起（撤案 2 起），抓获犯罪嫌疑人 9 人，移送起诉 7 人。办理刘某良等人非法吸收公众存款案，涉及金额 3000 余万元。2010 年，共立案经济案件 27 起（撤案 12 起），抓获犯罪嫌疑人 13 人，移送起诉 19 人。办理潘某宁、卓某娟集资诈骗案，涉及金额 3000 余万元；办理吴某树等人非法吸收公众存款案，涉及金额9000余万元；办理吴某霞非法吸收公众存款案，涉及金额1亿余元。

第三节　户政管理

户籍管理机构设置沿革

1989年11月28日将户口管理工作从治安科划分出来，建立专管机构户政科。

2002年10月，户政科更名办证中心。2006年，龙泉市公安局办证中心进驻市政府行政服务中心。2007年7月，办证中心更名行政许可科。

龙泉市公安局行政许可科负责龙渊街道、剑池街道、西街街道、城北乡、岩樟乡、兰巨乡、碰石乡居民的出生、死亡、迁入、迁出的户口登记及居民身份证办理、制作、发放等户籍管理工作；组织参与全市年终人口统计及相关数据的统计上报工作；指导龙泉市各派出所户籍管理、居民身份证、人口统计等工作；负责龙泉市公安局所有行政许可、非行政许可事项的审批和公共服务事项的办理。

户口登记、改革管理

1989年，全县开展户口整顿工作，基本查清全县人口底数、户口待定、户口项目差错、暂住人口管理有漏洞等实际问题，为第四次人口普查打下良好的基础。1992年，根据丽水地区公安处发出的《关于办理“农转非”审批工作的几项规定》，规范农业户转经济户；1993年，办理农业户转蓝印户。

实施户口迁移证、户口准迁证制度，对于保障国家户口迁移制度政策的顺利实施，有效地调控城镇人口机械增长，维护公民合法权益，完善户口登记管理制度等起了重要作用。但因证件伪造情况突出，为严密和加强户籍管理，堵塞漏洞，促进管理手段现代化，保障户口迁移工作正常进行，1994年7月11日公安部出台《关于启用新的户口迁移证、户口准迁证的通知》。根据文件要求，龙泉市公安局户政科于1995年1月1日起启用新的户口迁移证件。同时，为严密和加强户籍管理，堵塞漏洞，积极推广人口信息计算机管理。

常住人口登记表和居民户口簿的管理是常住户口登记管理的基础性工作，为逐步统一和完善公民身份登记及身份证件管理制度打好基础，公安部于1995年12月29日出台《关于启用新的常住人口登记表和居民户口簿有关事项的通知》，自1996年7月1日始，启用新的常住人口登记表和居民户口簿。

通过改革小城镇户籍管理制度，引导农村人口向小城镇有序转移，促进小城镇健康发展，加快我国城镇化进程；同时，为户籍管理制度的总体改革奠定基础，2001年3月30日，国务院批转《公安部〈关于推进小城镇户籍管理制度改革的意见〉的通知》。为推进龙泉市城市化进程，加快城区（镇）人口集聚步伐，提高全市非农业人口数，进一步放宽公民在城区（镇）落户条件。龙泉市公安局户政科根据2001年10月15日丽水市人民政府批转《市公安局关于公民在龙泉市城区（镇）落户意见的通知》，积极稳妥地贯彻执行，做好管理和服务工作。

为进一步方便群众和服务群众，龙泉市公安局办证中心根据2003年8月7日公安部出台《公安部三十项便民利民措施》，实行了一系列便民利民措施。

为规范户口“网上迁移”，严密户籍管理，提高工作效率和服务群众水平，龙泉市公安局根据2007年9月5日省公安厅出台《关于印发〈办理户口“网上迁移”工作规范〉的通知》，龙泉市范围内的户口迁移，实行网上迁移，由迁入地派出所直接办理户口迁出、迁入手续，无需到迁出地派出所办理户口迁出手续。

2008年5月15日，省公安厅根据国家有关户籍管理法律法规和政策规定，出台《关于印发〈浙江省常住户口登记管理规定（试行）〉的通知》，龙泉市公安局行政许可科户籍管理工作依照全省户口登记管理工作规范执行，进一步体现了以人文本、改善民生、方便群众、依法管理的指导思想。

2009年4月23日国家民委办公厅、教育部办公厅、公安部办公厅联合出台《关于严格执行变更民族成份有关规定的通知》，要求严格按照1990年国家民委、国务院第四次人口普查领导小组、公安部联合出台的《关于中国公民确定民族成份的规定》办理，龙泉市公安局行政许可科按照此规定严格贯彻执行。

换发居民身份证

2005年，根据《关于下发〈浙江省换发第二代居民身份证工作规范（试行）〉的通知》精神，龙泉市公安局启动换发第二代居民身份证工作。根据《关于进一步做好当前换发第二代居民身份证工作有关问题的通知》，龙泉市公安局办证中心按照要求全面推进二代证制证信息采集、审核、签发、证件发放等各个环节工作，使此项工作顺利圆满开展。

2005年11月25日，省治安总队出台《关于认真做好制发新版临时居民身份证工作的通知》，2006年1月1日起，龙泉市公安局办证中心按照要求全面启用新版临时身份证。

出生及收养人口管理

1995年11月6日，卫生部、公安部联合出台《关于统一规范出生医学证明的通知》，规范了出生人口的医学证明，新生儿父母或监护人凭出生医学证明到新生儿常住地户口登记机关申报出生登记，龙泉市公安局户政科凭出生医学证明办理出生登记手续。

1997年，公安部出台《关于国内公民收养弃婴等落户问题的通知》，龙泉市公安局户政科按照要求认真做好此项工作。

1998年11月4日根据第九届全国人民代表大会常务委员会第五次会议《关于修改〈中华人民共和国收养法〉的决定》（1998年11月4日中华人民共和国主席令第10号公布 自1999年4月1日起施行），修正出台《中华人民共和国收养法》（以下称《收养法》）。《收养法》实施以来，公民依法收养意识不断增强，通过办理收养登记，有效地保障了收养关系当事人的合法权益。但依然存在未经登记私自收养子女的情况，因收养关系不能成立，导致已经被抚养的未成年人在落户、入学、继承等方面的合法权益无法得到有效保障。为进一步做好收养子女登记工作，2008年9月5日，民政部、公安部、司法部、卫生部、人计委等部门联合出台《关于解决国内公民私自收养子女有关问题的通知》，龙泉市公安局行政许可科按照通知要求执行，解决处理了一批非正常收养的情况，保障了收养人和被收养人的权益。

各类户政业务办理

2008 年，共办理各类户籍业务 87137 件，其中办理各类投靠户口、工作调动、大中专毕业生落户、婚前等业务 11238 件，办理第二代居民身份证 42270 张，办理领养 32 人次，办理变更、更正户口项目 1017 人次，换发居民户口簿 4000 余本。各类户口查询 28580 人次。行政许可职能归并工作有新起点，到 9 月底，基本完成公安行政许可项目及非行政许可服务项目进驻市政府行政服务中心的任务。2009 年，办理各类户政业务 83458 件，其中各类投靠户口、进城落户和“农转非”户口共 1580 人；大、中专落户 293 人次，婚迁 438 人次；办理第二代居民身份证 42500 张，办理领养 54 人次；办理边境通行证 120 人次；变更、更正户口项目 1680 人次；换发居民户口簿 530 余本。办理各类户口查询 29880 余人次。2010 年，共办理户政业务 119063 件，其中各类投靠户口、进城落户、婚迁、大中专生录取等共 13606 人次；办理第二代居民身份证 34532 张，办理领养 54 人次；办理边境通行证 120 人次；变更、更正户口项目 1930 人次；换发居民户口簿 6800 余本。办理各类户口查询 3 万余人次。办理各类行政许可 21 起。

第四节　出入境及来往港澳台管理

出入境及来往港澳台管理职责

地方公安机关负责管理辖区内公民和外国人出入边境的审批工作；开展对外国人居留、旅行等行政管理工作和涉外事件、案件的交涉、查处及侦破工作；管理大陆居民来往港澳地区和台湾以及港澳、台湾地区居民来往大陆事务。

主要工作

20 世纪 90 年代，公民因私赴港澳申请手续简化，一般凭户口簿、身份证和单位或对方证明即可办理，对探望危重病人、奔丧、参加商务活动等临时、特急申请可随到随办。

1990 年，入境到龙泉的外国人和中国香港、澳门、台湾等地同胞共 112 人次，批准出境中国公民 19 人次。1990 年 2 月 10 日，丽水地区公安处根据国家教育委员会文件规定，发出《关于对具有大学或大学以上学历人员申请自费出国留学的有关规定的通知》，规定从 2 月 10 日起，对申请人的文化程度要认真核实，凡是公费出国留学的具有大学或大学以上学历人员申请人必须取得省、自治区、直辖市一级教委出具的已完成服务期或偿还培训费的证明，公安机关方可受理其申请。是年，加强公民因私出入境管理工作，维护公民因私出入境管理正常秩序，保障对国外确有可靠亲友、取得合法可靠经济担保的人员申请出国。1991 年，随着改革开放的不断深入和龙泉撤县建市，国际交往也越来越多，是年，来龙泉访问、探亲、旅游观光、文化技术交流、考察、洽谈贸易的外国人及中国香港、澳门、台湾同胞 113 人次；审核、上报批准 33 人次出境。1992 年地、县公安机关进一步通过日常办理签证、居留、旅行等环节加强外国人的管理。是年，国务院批准龙泉市、云和县、遂昌县为对外国人开放地区。是年入境来龙泉的外国人和中国香港、澳门、台湾等地同胞共 222 人次，批准出国中国公民

33人次。1993年，有92批188人次外国人、华侨、华人及港澳台等地同胞来龙泉考察、访问、探亲、旅游观光、文化技术交流、考察、洽谈；审核、申请出境23人次。1994年，三资企业增至6家，外商投资总额达820万美元。入境到龙泉的外国人和香港、澳门、台湾等地同胞共193人次，批准出国中国公民19人次。1995年，针对全区的外向经济发展较快，外国人及其他境外人员入境数量增多，活动范围扩大、情况复杂、各类涉外事(案)件也呈上升趋势的情况，根据公安部《关于加强基层公安机关外国人管理工作的通知》和省公安厅的统一部署，把部分外管工作落实到基层派出所，列入派出所规范化考核内容之一，建立一个以出入境管理机构为指导，派出所为主体、外管联络员和涉外联系员为依托的横向到边、纵向到底的外管工作管理网络。是年，临时到龙泉的外国人员，全部在宾馆、饭店、派出所填写"临时住宿登记表"，及时将登记表报到公安出入境管理科。1999年受理报批出国申领护照人数228人次；到龙泉的外国人和中国香港、澳门、台湾等地同胞共278人次。

2000年4月25日，丽水地区公安局下达《出入境管理服务经济建设实施意见》，在丽水市(县)试行取消国(境)外人员定点住宿的限制，允许国(境)外人员在各旅馆、饭店内住宿。2001年，受理报批出入国境及港澳台申领护照人数442人次；境外人员来龙泉373人次。11月1日，省公安厅下发《关于下发台湾居民多次入出境签注权限的通知》，市(地)公安局制定《办理台湾居民多次入出境签注受理审批条件的暂行规定》，明确指出公安出入境是公安机关内部具有承办台湾居民多次入出境签注的职能部门。各县(市)公安局出入境管理部门受理中国台湾居民多次入出境签注申请的，报市(地)公安局出入境管理处审批办理。2002年，进一步提高服务质量和管理水平，拓宽出国渠道，推出便民措施，申请出国749人次，其中公民因私出国250人次，赴新加坡、马来西亚、泰国等地旅游456人次。到龙泉外国人、华人、港澳台同胞354人次。2003年龙泉市公安局兼职外事民警18人，建立涉外单位、村居外事联系员125人，对他们进行多次培训和业务指导。是年，受理、审核公民出国境及往来中国港澳台631人次。其中，公民因私出国201人次，赴中国香港、澳门地区及新加坡、马来西亚、泰国等地旅游316人次，赴中国香港及往来港澳台探亲16人次。

2004年，报批出国出境地区公民1036人次，其中赴中国港澳台87人次，境外到龙泉29人次。2005年3月18日，为进一步促进出入境证照制作工作正规化建设，不断提高工作质量和效率，加强管理，优化服务，省公安厅制定《浙江省出入境证照制作工作规范》。2006年11月10日，省厅下发《关于做好出入境数码人像现场采集系统推广应用有关事项的通知》，建设和应用出入境证照数码人像现场采集系统，是为了提高出入境证件的照片质量，落实申请人见面制度。龙泉公安出入境管理实行这一制度，加强出国(境)审批签发工作监督制约机制建设，进一步提升公安出入境管理的水平。2007年12月10日，公安部出入境管理局印发《中华人民共和国出入境通行证签发管理工作规范》，进一步规范了出入境工作。2008年7月11日，公安部出入境管理局印发《做好大陆居民赴台湾地区旅游出入境管理工作的通知》，龙泉公安严格遵照执行，进一步规范了出入境工作。

2009年8月7日，浙江省决定于8月10日启用2003—2版大陆居民往来台湾通行证。是年，共受理群众办理出入境及往来中国港澳台证件申请2495人次，其中护照申请976人次，往来港澳通行证申请1100人次，往来台湾通行证412人次。2010年11月26日，公安部出入境管理局下发的《关于统一规范台湾居民办证窗口标识的通知》。是年，共受理群众办理出入境及往来中国港澳台证件申请3596人次，其中护照申请1219人次，往来港澳通行证申请1386人次，往来台湾通行证984人次。

第五节 内部保卫与治安管理

内部保卫工作

龙泉市(县)公安局设立保卫科负责内部保卫工作。1989年以来,贯彻"以防为主、确保重点、打击敌人、保障安全"的保卫工作方针,以抓防范、抓打击的基本方法和谁主管谁负责的原则,开展以防范为主要内容的内保管理工作。认真贯彻《浙江省机关、团体、企事业单位治安保卫工作条例》,积极配合内保单位处理各项公安保卫业务,进一步整顿、加强保卫队伍建设,保证重点单位、要害部门、重要会议和节日庆祝活动的安全。

20世纪90年代,龙泉市经济发展加快,重点单位增多,要求批准组织经济民警队伍的单位逐年增加。1992年,增设2个经济民警,调整充实部门保卫干部。1997年,龙泉市公安局保卫科改为经济文化保卫大队(简称经文保大队)。1998年,深入开展"创建治安安全单位"活动(简称"创安"活动),加强对重点要害单位的安全保卫工作,开展治安专项整治,履行打击犯罪的职能。有2个单位被评为省级优秀治安安全单位。1999年,有3个单位被评为省级优秀治安安全单位。2002年,大力加强各项安全措施的落实,做到确保"十六大"召开期间不发生龙泉人进京赴杭上访滋事。2003年,以创建"治安重点保护单位"为载体,共创"平安企业",以保护省、地、市重点企业。对重点工程和市工业园区建设为重点的一批重点工程、企业园区授牌,将他们列为公安机关"治安重点保护单位。

1989年至2010年间,经文保大队完成中国共产党第十四届全国代表大会和十五大、十六大以及全国人民代表大会、全国政治协商会议期间的安全保卫工作;浙江省市(地)党群书记会议凤阳山会议安全保卫工作;龙泉县撤县建市庆祝大会和游艺晚会,庆祝香港、澳门回归活动,凤阳山第一至第四届登山节,建市十周年庆祝活动,福利彩票摸奖活动,中共建党80周年庆祝活动,第七届全国陶瓷艺术创新评比大会暨龙泉青瓷节,龙泉青瓷宝剑杭州展销会,上海、北京、沈阳龙泉青瓷展销会以及龙泉老年运动会,国庆、元旦、春节、闹元宵、端午龙舟赛,龙泉论剑、金庸龙泉问剑等活动保卫工作。

警卫工作突出安全保卫和政治保卫相结合,进一步加强各项警卫制度建设,狠抓上级首长来龙泉的警卫、接待、住地安全措施的落实,实行警卫接待服务一条龙管理。2006年,对金融单位进行安全大检查,加强对校园周边的环境整治工作,做好全年的大型活动安保工作。2007年完成市两会的安保工作,高考的护考工作,重大节假日的各类节庆安保工作。2008年是北京奥运年,加强对进京车辆人员的管控工作,对重点单位、要害部门、重要会议、节日庆祝活动的安全工作都进行全面检查审核。2009年,开展安全防范大检查,查处不安全隐患32处,发出整改通知3份,口头整改意见21条,继续做好重要领导来龙泉的安保工作及校园周边整治工作。2010年,加强对金融重点单位安全大检查工作、护航高考工作、重大会议、节庆、群众性大型活动的安保工作。

创安活动

龙泉市公安部门不断加大社会治安行政管理和防范力度,扎实推进打防控一体化长效机制建建设，提高预防、发现、控制和打击违法犯罪能力，切实维护社会治安稳定。

1991 年，根据《浙江省机关、团体、企业、事业单位治安工作条例》的要求，在机关、工矿、企事业单位首先开展创建治安安全单位活动（简称“创安”活动）。1995 年，开始在城乡实施“一二三四五平安工程”建设，积极推行社会治安综合治理。1996 年 7 月 27 日，龙泉市公安局开始建立“110”公安专用电话报警平台，开通“110”专用报警电话。同年开始在乡镇、村和居民区开展创建“平安小区”和“平安村居”活动（统称创建“平安社区”活动）。1997 年，创建安全小区 6 个，企事业单位 35 个，村居 174 个，占全市创建面 39.3%。2004 年，开展创建“平安村居”和“平安楼道”活动，推行“治安联防户长制”，在城区成立 11 支治安巡逻队。2005 年，建立专职巡防大队，开展全天候、全方位的治安巡逻；正式开通 110、119、122“三台合一”后的 110 报警服务台；在城区主要交通要道和路口实施摄像监控，实现对社会治安状况 24 小时全方位的监控。2007 年，开展“送平安进校园”“送平安进企业”“送平安进社区”活动，发放《安全防范手册》2000 册。

特种行业管理

1990 年，有特种行业 242 家，对旅馆客栈、“路边店”进行整顿。1999 年，对 280 家特种行业进行全面检查，重新登记发证。2002 年，公安机关与各特种行业经营主签订《特种行业治安责任书》。2004 年，进一步加强旅馆业日常监管，严格执行旅馆业住宿实名、实时、实数、实情登记制度，着力扩大旅馆业信息管理系统覆盖面，积极发展行业协会，引导他们加强自我约束、自我管理。2005 年，新安装旅馆业信息管理系统 51 家，使全市安装该系统的旅馆达到 192 家。2006 年，把旅馆、网吧和四项经营活动等场地列入重点管理，对在册登记旅馆业 192 家，机动车修理业 39 家，旧货交易业 11 家，废旧金属收购业 34 家，娱乐场所 21 家强化阵地管控，抓获违法犯罪嫌疑人 8 人，破案 80 起。2008 年，办理宾馆特种行业许可证 125 家。2009 年，办理宾馆特种行业许可证 12 家。2010 年，办理宾馆特种行业许可证 8 家。

危险物品管理

1990 年 8 月，在清理整顿中，封存炸药库 1 处，收缴炸药 3.6 吨，雷管 3100 只，导火线 150 米，治安处罚 4 人，吊销爆炸作业证 2 本，3 个单位被责令限期整改。1996 年，开展枪支弹药整治工作，出动警力 1328 人次，深入 144 个行政村，1745 个自然村，共收缴枪支 3234 支，其中猎枪 111 支，气枪 71 支，土铳 3030 支，其他枪支 22 支，捣毁 4 个制枪窝点。1999 年，对刀具业进行全面调查摸底，并建立档案。2000 年，缩小民爆物品零售范围销售市场，确保烟花爆竹物品销售渠道的安全。2001 年，在“治爆缉枪”中，查处涉爆涉枪案件 12 起，查处违法人员 23 名，收缴炸药 1768 千克，雷管 13190 只，导火线 4500 米，军用子弹 634 发，各类枪支 1270 支。在各乡镇组建民爆服务队和狩猎队。2007 年，开展“治爆辑枪”专项整治行动，对全市 46 家民爆物品使用单位和露天采石场进行不定期检查，对发现的隐患及时督促相关单位落实整改。张贴通告 1500 份，宣传标语 200 份，悬挂宣传横幅 20 幅，破获非法持有枪支案 5 起，查处违反民爆物品管理案件 4 起，取保候审 5 人，行政拘留 6 人，收缴各类枪支 30 支，子弹 3 发，炸药 3 千克，雷管 293 只，黑火药 150 克。2008 年，龙泉市成立第一家狩猎协会，这也是丽水市首家狩猎协会，从而狩猎队由原来的松散型转变为有组织、有纪律的社会团体，真正纳入社会治安防控体系。2009 年，民爆物品使用单位 166 家，全年使用炸药 620307

千克、非电雷管473323发、塑料导爆管842960米，破获涉枪涉爆案件11起，采取刑事强制措施11人。2010年，共破获非法持有枪支案件6起，其中追究刑事责任两起，另有四起因土铳不具有杀伤力没有追究刑事责任，查处违反民爆物品管理案件4起，共抓获7人，追究刑事责任1人、行政拘留4人，不予处罚2人，收缴炸药3.9千克、榴弹炮、迫击炮、手雷各1枚，手榴弹2枚，雷管8发、子弹326发，导火线325米，鱼炮2432只，土铳6支，汽枪1支，全市列入监管范围的枪支弹药、爆炸物品、剧毒化学品、放射性物品均未发生流失案件，为“世博安保”创造一个良好的社会治安环境，消除了一大批安全隐患。

扫黄打非

1992年上半年，开展打击处理赌博活动，查获赌博人员347人，其中干部59人，职工181人，外来人员33人，社会闲散人员74人，受治安处罚208人，罚款31万元，受批评教育100人。1996年，在开展“扫黄打非”和“扫六害”专项斗争中，查封镭射影厅6家，无证经营电子游戏4家，摧毁地下录像出租店14处，处理违章歌舞厅9家，取缔卖淫嫖娼窝点12个，查获卖淫嫖娼85人，查处淫秽录像放映点2个，出租点2个，烧毁非法音像制品影碟片1491张，VCD片327片，录像带2482盒，磁带786盒，处理赌博案件217起，1338人。1999年，对65家卡拉OK厅，电子游戏室负责人进行业务考试，合格率100%，清理公共场所97家，查处卖淫嫖娼案件10起。收缴淫秽录像带300盒，VCD片1200盒，影碟片618盒，磁带100盒，书刊100册，电脑板13块，赌博机2台，查处制贩淫秽物品5起，非法出版物618件。2006年，开展“龙剑一号”打击电子游戏赌博机违法犯罪专项整治行动，出动警力150名，冲击场所22家，传唤违法嫌疑人28人，收缴赌博游戏机217台。2009年，组织开展“利剑2号”专项行动，共摧毁强迫卖淫犯罪团伙2个，抓获涉嫌卖淫嫖娼人员45人，刑事拘留3人，行政拘留28人，解救被强迫卖淫未成年少女3人，教育释放11人。2010年，结合“护城4号”行动，部署开展以“打击整治涉黄违法犯罪，整治治安突出问题”为主要内容的专项严打整治行动，共出动警力480人次，设立治安卡点13处，查处违法经营场所143家，其中娱乐场所7家、旅馆35家，出租房屋87家。消除治安隐患点22处，查缴管制刀具100把，破获刑事案件16起，查处治安案件22起，缉获网上逃犯3人，成功突破一起外省抢劫杀人案件，消除了一批社会治安隐患。

流动人口管理

为加强对市场经济条件下的社会流动人口管理，每年对流动人口严格清查，实行“来人登记，去人注销”，发放暂住证，进行定期与不定期的检查。1995年，开展暂住人口集中整治工作，对在龙泉市正当营生外来人口进行登记发证，把外来人口管理工作纳入规范化的轨道，建设暂住人口4个网络。2000年，开展暂住人口、外出人口的清理、整顿、登记、发证工作，实现暂住人口管理微机化。2004年，登记出租房屋1902家，暂住人口10374人，两项登记率均达100%。2006年登记出租房屋5060户，暂住人口21608人。对高危流动人口管控，落实“人户一致”管理工作机制，并执行“五查一联系”制度。2008年加强暂住人口、旅馆业、网吧三项基础性管理工作，组织专项整治，登记出租房屋1967户，暂住人口14445人。2009年，组建治安大队信息采集中队，为暂住人口登记专职化队伍，统一采集城区暂住人口和出租房信息，登记出租房屋872户，暂住人口7447人。2010年，登记出租房屋541户，暂住人口6423人。推动暂住人口地毯式清查活动，推进人口普查户口整顿的有序开展。

1989—2010年龙泉市(县)治安案件查处一览表

表 25-1-2

年份	发案起数(起)	查处起数(起)	查处率(%)	查处违法人数(人)			
				警告	罚款	行政拘留	其他
1989	215	—	—	1	153	214	—
1990	311	271	87.1	23	316	171	—
1991	327	318	97.3	20	344	204	16
1992	290	278	95.9	—	387	113	—
1993	348	337	96.9	1	836	329	—
1994	447	441	98.7	3	919	381	63
1995	586	576	98.3	4	1645	345	33
1996	714	703	98.4	3	1879	326	18
1997	713	700	98.2	1	1418	214	38
1998	562	552	98.2	2	1495	213	13
1999	493	484	98.2	15	1461	201	15
2000	612	588	98.8	2	1992	232	23
2001	569	562	98.8	9	1403	276	36
2002	781	770	98.6	5	1967	320	10
2003	2302	2151	93	36	3473	136	44
2004	2463	2425	98.5	44	3270	246	12
2005	1985	1823	91.8	16	2264	221	59
2006	1000	725	69.6	21	608	250	96
2007	980	762	77.7	44	131	178	156
2008	1335	1014	76	8	295	183	9
2009	1394	1039	74.53	39	1529	335	119
2010	1132	910	80.39	22	2984	371	145

第六节　打击毒品犯罪

组织机构

2005年之前，禁毒工作由刑侦大队负责，2005年，龙泉市公安局在刑侦大队下设禁毒大队，由刑侦大队长兼任大队长，2007年，单独设立禁毒大队，具体负责禁毒宣传、打击工作。2009年，为深入推进禁毒工作，龙泉市机构编制委员会正式批复成立“龙泉市禁毒委员会办公室”，设在公安局。

主要工作

1997 年，开展“黄、赌、毒”的“三禁”专项斗争中，查获涉毒案件 10 起，抓获涉毒违法犯罪人员 18 人，铲除非法种植罂粟 21363 株，收缴毒品鸦片膏 927.5 克。2004 年，破获一起贩毒案，缴获摇头丸 2012 粒，海洛因 146 克，抓获犯罪嫌疑人朱某武。铲除罂粟 33042 株。2005 年，查处吸食 K 粉、摇头丸案件 3 起，治安处罚涉毒人员 23 人。2006 年，破获刑事案件 3 起，查处吸毒人员 35 人，移送起诉 5 人，发放宣传资料 7000 余份。2007 年，破获涉毒刑事案件 4 起，查处涉毒违法案件 13 起，起诉犯罪嫌疑人 6 人，处理吸毒违法人员 46 人，缴获新型毒品冰毒 230 克，麻古 56 粒，K 粉 10 克，停业整顿涉毒违法场所 1 家。制作禁毒宣传流动展板 45 块，发放禁毒宣传资料 9000 份。 2008 年，采取多种侦查措施，攻坚克难，打团伙、摧网络、堵通道，侦破一起贩卖毒品海洛因案件，缴获毒品海洛因约 0.5 克；破获省厅督办的邱某、陈某荣等团伙系列贩卖毒品案（代号“801”专案），抓获 11 名涉毒犯罪嫌疑人，斩断三条外省贩毒进入浙江的地下通道，该案被省禁毒总队评为 2008 年十大精品案件并通报表扬，该案也是 2005 年以来丽水地区第一期被评为全省十大涉毒精品案件。开展“依法禁毒、构建和谐”等禁毒主题宣传工作，通过设点咨询、展览海报、发放宣传小册子、宣传单，展示冰毒、摇头丸等毒品样本，巡回播放《黑白记忆》禁毒专题纪录片等方式开展禁毒宣传工作，共发放宣传资料 6000 余份，摆放宣传展板 50 余块。全年共查处吸毒人员 55 人，移送起诉 8 人，强制隔离戒毒 4 人。2009 年，禁毒大队、治安、巡特警、派出所协同作战、全线出击、高压严打涉毒违法犯罪，同时，通过开展“不让毒品进校园，创建和谐社会”“依法禁毒，构建和谐”等禁毒宣传教育活动，发放禁毒宣传资料 1 万余份，播放禁毒系列电影 50 余场。全年共查处吸毒人员 66 人，移送起诉 13 人，强制隔离戒毒 3 人，破获涉毒犯罪团伙 2 个，龙泉公安缉毒侦查破案工作受到上级领导的高度肯定。2010 年，开展“冬季扫毒”、禁毒严打整治、世博会禁毒安保工作、禁种铲毒、互联网涉毒信息整治工作等专项行动，建立龙泉市禁毒教育基地，联合教育局、宣传部、文化、工商等部门开展禁毒宣传教育活动，并将毒品预防教育列入年度教育计划。通过播放禁毒公益广告、宣传片 1000 余次，制作、发放禁毒光碟 100 余张，发放禁毒宣传册 5000 余份，摆放宣传展板 90 余张以及充分利用电视报纸等媒体进行宣传教育、组织禁毒志愿者开展禁毒宣传，让禁毒工作“进学校、进社会、进家庭、进场所、进企业”，让禁毒理念深入人心。全年共破获毒品刑事案件 5 起，摧毁贩卖毒品团伙案件 1 个，查处吸毒人员 80 人，移送起诉 6 人，强制隔离戒毒 9 人。

第七节　道路交通管理

机构沿革

1987 年 11 月，龙泉县交通监理所划归公安，建立公安交通警察队（简称交警队），负责车辆监理业务，交通安全、车辆号牌发放、驾驶员培训、考核、事故处理。1989 年，县交警队为副科级单位，下设车辆管理所。1991 年 10 月，改为公安交通警察大队，1997 年，设公路巡逻警察队。2001 年，特（巡）警大队（1993 年建立）并入交警大队。2002 年 10 月，改称交通巡逻警察大队。2004 年 5 月，特（巡）警大队分出，复建特（巡）警大队，交巡警大队更名为交通警察大队。

主要工作

随着交通事业迅速发展，交通事故日益增多，公安部门以不断广泛宣传《中华人民共和国道路交通管理条例》和《中华人民共和国道路交通安全法》，提高全社会的交通安全意识，以“降事故、保安全、保畅通”为目标，围绕人、车、路三个基本要素，不断健全和完善交通管理基层基础工作体系，开展创建“平安大道”和实施“城市畅通”工程活动。

1990 年，龙泉县有大小客、货车 767 辆，农用运输车 219 辆，拖拉机 1935 辆，摩托车 683 辆，换发新驾驶证 1885 人。当年，摧毁“龙庆”“丽龙”公路主要地段的 8 个“车匪路霸”团伙，挖出 50 名犯罪成员，破获 93 起案件，缴获赃款、赃物总值 35000 元。在案件审理中，又挖出“车匪路霸”团伙 5 个，犯罪嫌疑人 31 人。

1992 年 11 月 11 日，龙渊镇刘某驾驶一辆四轮农用车乘客 13 人，在住龙线翻车，造成 7 人死亡，2 人重伤，3 人轻伤的严重交通事故。市交警大队及时妥善处理，完成事故善后工作。1996 年，交警大队与市教育委员会在南秦小学共同创办丽水地区第一所少年警校，成立龙泉市少年交通警察队，人员 50 人。1998 年，开展创建“交通安全村”，实施“交通安全县、乡、村”三级管理网络。1999 年 7 月 23 日，一辆由翁某根驾驶中巴车从龙南开往龙泉市区，在安豫线翻入山沟，造成 7 人死亡的严重交通事故。市交警大队及时妥善处理，完成事故善后工作。

2000 年，全市有大小客、货车 1537 辆，农用运输车 536 辆，摩托车 13018 辆。2002 年，大力加强交通管理基础设施建设，以进一步深化创建“平安大道”和实施“畅通工程”，在公园路与中山路、剑池路两个交叉路口分别安装交通信号灯，施划交通标志、标线、修建交通岗亭、隔离护栏。2004 年，全市有大小客、货车 2975 辆，农用运输车 55 辆，摩托车 27011 辆。该年 6 月 24 日，一辆大客车与二辆摩托车在大沙路段碰撞，造成摩托车上 3 人死亡，1 人重伤的严重交通事故。市交警大队及时妥善处理，完成事故善后工作。2005 年，开展“蓝盾二号”集中统一行动，出动警力 200 人次，查纠交通违法行为 427 起，教育轻微超速违法驾驶员 90 人次，检查客运车辆 70 辆次。2007 年 8 月 3 日上午，在市行政中心广场举行有 23 个代表队 600 人参加的“文明出行树新风”宣传教育实践活动启动仪式。

2008 年，全市有大小客、货车 8141 辆，驾驶员 48160 人，农用运输车 57 辆，摩托车 37116 辆。2009 年，深入开展以查处严重超速违法行为和夜间恶意超速违法行为为重点的“蓝盾”09 至 11 号集中统一系列行动，出动警力 1531 人次，警车 208 辆，设立查处点 61 处，查纠交通违法行为 1328 人次，暂扣违法停车 351 辆，驾驶证 203 本，严厉打击各类交通违法行为，大力整顿车辆通行秩序，预防和减少交通事故的发生。2010 年 2 月，成功破获一起流窜二省三市的交通肇事逃逸案，依法刑事拘留交通肇事犯罪嫌疑人。

1989—2010 年龙泉市（县）交通事故统计一览表

表 25-1-3

年份	事故起数（起）	死亡人数（人）	受伤人数（人）	经济损失（万元）
1989	105	22	75	16.22
1990	152	17	55	14.87

续表 25-1-3

年份	事故起数(起)	死亡人数(人)	受伤人数(人)	经济损失(万元)
1991	240	23	69	13.37
1992	209	34	81	45.05
1993	219	21	72	40
1994	303	34	85	52.60
1995	327	21	86	70.74
1996	271	16	147	83.42
1997	296	27	151	87.04
1998	372	28	196	99.49
1999	414	31	261	134.61
2000	486	24	228	99.66
2001	568	28	262	143.73
2002	660	19	276	166.09
2003	636	27	224	294.3
2004	495	20	358	264.14
2005	364	19	459	88.12
2006	172	19	243	36.9
2007	124	19	186	18.33
2008	383	21	110	24.50
2009	560	17	62	39.6
2010	691	22	56	46.8

注：2005 年以后统计口径有变化，简易程序处理事故经济损失不列入统计中。

第八节　森林公安

机构设置与沿革

森林公安是公安机关重要组成部分，是公安机关派驻林区保卫森林资源安全，兼有刑事执法和行政执法职能，是维护生态建设和保护林区发展的执法队伍和专门保护林区社会稳定的重要执法力量。

龙泉市公安局森林分局前身为森林派出所，最早组建于 1964 年 5 月，经龙泉县委和省公安厅批准成立“龙泉县公安局森工派出所”。由于文革时期的特殊原因，森林派出所处于瘫痪状态，遂于 1977 年 2 月向县委要求恢复森工（林业）公安派出所未果。1981 年，龙泉县林业局下设保卫科。同年 11 月，经龙泉县人民政府批准建立龙泉县森林派出所，编制名额 24 人，实行林业、公安双重领导。1984 年，林业公安机关正式列入公安序列。1991 年 2 月，经浙江省人民政府、省公安厅、龙泉市人民政府批准建立龙泉市公安局林业分局，下设秘书科、治安科、保卫科及森林警察巡逻队，编制35名，森林派出所人员划归林业公安分局，增加人员由县林业局内部调剂。1999年3月，经龙泉市人事劳动局批准，市公安局林业分局全体民警过渡为国家公务员，确定行政编制30名。2003年11月17日，根据中共龙泉市委办公室、龙泉市人民政府办公室《关于市级机关“三定”工作的实施意见》文件和《中华人民共和国森林法》第二十条规定，龙泉市公安局林业分局更名为龙泉市公安局森林分局，下设办公室、治安科、保卫科、法制科及龙渊、城东、城西三个警务区。2008年5月14日根据浙编办〔2008〕26号文件规定，浙江省森林公安编制纳入国家政法专项编制管理，确定龙泉市公安局森林分局政法编制29人。

案件查处

森林公安担负着查处全市林业刑事、治安、行政案件，维护林区社会治安及林业系统内部安全保卫工作的任务。1989—2010年，坚持严打方针，对破坏森林及野生动植物资源违法犯罪活动保持高压态势，共查处各类林业案件3931件。其中刑事案件363件(重大案件103件，特大案件61件)，治安案件283件，林业行政案件3292件；共查处各类违法人员4760人次，其中逮捕152人，起诉482人，行政拘留145人；共为国家挽回损失1003余万元。1989年，及时侦破16起国库木材被盗案件，逮捕5人，收容审查2人，行政拘留6人，追回国库木材15.99立方米。

1992—1993年，开展林业“专项斗争”，查获发生在锦溪镇上锦村、城北乡小岩村、安仁镇沈庄村3个盗伐林木的犯罪团伙和发生在住龙镇碧龙村、屏南镇车盘坑村的2个特大滥伐林木案件，共逮捕11人。1994年，破获5起重大和3起特大破坏森林资源案，摧毁4个盗伐滥伐林木，以及盗窃木材犯罪团伙。1995年，成功破获以上垟镇叶某某、八都镇王某某为首的伪造、倒卖浙江省木材运输证案件。尔后，又根据青田县木检站提供的线索，一举查获瞿某某伪造并使用伪造的浙江省木材运输证运销木材200余立方米出境的特大案件。

1996年，开展侦破森林火灾大会战，破获1996年“12•12”宝溪乡半岭村大胡莲山场特大森林火灾案等系列森林火灾案件，查处森林火灾案件7起。1997年12月，破获住龙镇白岩村“小杨梅”山场超伐林木达2230立方米的特大案件，抓获犯罪嫌疑人骆某某。1998年侦破一起非法采伐国家保护(二级)珍贵树木“福建柏”达47.5立方米的特大案件。1998年12月24日，在台州市黄岩区警方的大力协助下，市公安局林业分局成功将负案在逃的犯罪嫌疑人陶某某缉拿归案。2001年5—8月，开展以严打整治林区社会治安为目的的“绿剑行动”。共出动警力917人次，查处各类案件155起，处理违法犯罪人员185人。

2003年，组织开展严厉打击毁林烧炭违法犯罪活动专项斗争，共摧毁非法炭窑288门，其中共炸毁炭窑94门，拆除炭窑194门。出动执法人员750余人次，没收白炭6.3吨，乌冈栎3吨，为国家挽回经济损失8.3万元。查处林业行政案件21起，刑事案件2起，处理违法犯罪人员33人次，其中林业行政处罚32人次，取保候审1人。

同年，开展代号为“春雷行动”“春雷二号”行动的严厉打击破坏野生动物资源违法犯罪斗争，共清查宾馆、饭店、酒楼、餐馆等179处次，清查农贸市场14处次，驯养繁殖场所2处，查获省级重点野生保护动物12条，死体12只，青蛙11千克，震慑违法犯罪，教育了群众。

2005年，开展打击破坏森林资源专项行动，查清西街街道河村村吴某非法采伐国家重点保护植物樟树37株的特大案件。2006年，破获龙泉首起非法占用农用地（林地）刑事案件，成功将私自改变林地用途，非法占用林地2.5公顷的5名犯罪嫌疑人绳之于法。2007年，破获"12•12"临江橡皮坝两只小天鹅被猎杀案。森林分局成立专案组开展侦查，在公安部门强大侦查攻势下，犯罪嫌疑人迫于社会舆论和心理压力，于2007年12月20日向警方投案自首。2008年，破获系列非法采伐南方红豆杉案件，摧毁两个犯罪团伙。2008年3月3日顺利告破龙南乡岭后村成灾面积57.4公顷的"天师岩"山场森林火灾案件。2009年，破获系列非法采伐南方红豆杉特大案，打掉以陈某等人为首的、犯罪成员达十数人的非法采伐红豆杉犯罪团伙。2010年11月20日，通过一天两夜侦查破获香樟园两只白天鹅被枪杀案，抓获犯罪嫌疑人。

1989—2010年龙泉市（县）森林公安案件查处情况一览表

表25-1-4

年份	案件数（起）	刑事案件（起）	行政案件（起）	治安案件（起）	处理人数（人）	罚款及追缴违法所得（万元）
1989	90	11	44	35	281	6.92
1990	52	10	26	16	130	3.11
1991	49	6	28	15	103	7.50
1992	68	6	47	15	127	11.05
1993	122	16	69	37	269	28.30
1994	212	17	160	35	355	78.00
1995	262	14	220	28	390	76.38
1996	228	12	199	17	323	67.89
1997	237	7	207	23	370	61.59
1998	230	7	210	13	330	61.01
1999	110	4	97	9	191	45.00
2000	256	24	218	14	365	60.34
2001	308	34	266	8	390	63.79
2002	188	26	155	6	271	54.63
2003	274	20	251	3	321	62.50
2004	306	35	264	7	277	80.00
2005	229	16	211	2	231	60.00
2006	236	22	214	—	273	60.00
2007	174	15	159	—	208	50.00
2008	169	26	143	—	210	33.00
2009	80	19	61	—	99	20.00
2010	59	16	43	—	77	13.00
合计	3939	363	3292	283	5591	1004.02

注：2006年以后治安案件都并入行政案件统计。

第九节　监所管理

监所安全管理

龙泉市(县)公安局看守所1990—1991年认真贯彻国务院《中华人民共和国看守所条例》和公安部《中华人民共和国看守所条例实施办法》,依法严格监所管理工作,及时清理在押人犯。监所管理工作,贯彻以人为本管理理念,以确保监所安全为基础,以强化狱侦为抓手,以创"和谐监所"为目标,严格落实各项安全防范措施,实行巡视、管教、监控"三位一体"执勤模式。积极探索对监管对象的有效管教方式方法,既为侦察破案,深挖犯罪搞好服务,又为制止消除狱内苗头事故,做了大量工作。密切掌握狱情动态,积极开辟侦查破案第二战场。进一步规范监管民警工作流程,使在押人员的生活和改造工作更加全面地纳入管理视线,确保刑事诉讼活动顺利进行。1993年8月,根据浙江省公安厅制定《看守所目标管理方案(试行)》和《考评奖励办法》,实行目标管理。1995年6—9月,看守所开展"百日安全无事故"活动,被浙江省公安厅评为"百日安全无事故"看守所。2000年,看守所积极转变工作理念,大胆探索推行人性化管教模式,开展"严格执法,文明管理"创建活动,向关押人员发送意见表,向关押人员家属致公开信。2002年,坚持以监所为阵地,目标管理为对象,严格执行《看守所民警执勤行为规范》,组织开展多种形式人性化管教,在确保监所安全前提下,积极开展狱内政治攻势,获取各类线索90条,破获各类刑事案件117起,在丽水市率先完成狱侦破案任务,狱侦工作获丽水市第一。2004年,看守所坚持以安全为主,狱侦为辅,教育为新的工作思路,及时打击"牢头狱霸",杜绝自杀、逃跑、暴狱及传染病、食物中毒等恶性重大事故发生。

监所管教结合

2008年,积极维护监所的安全和稳定,全面推进监管勤务改革,结合实际工作健全和完善相关规章制度和工作流程,深化监所管理整顿、排查不安全因素和安全隐患。通过狱内深挖,网上比对,动员在押人员坦白检举等方法手段,共破获各类案件104起。2009年,加强在押人员的教育转化,提高悔改率,减少回头率。在平时管理中倡导"自重、自爱、平等、互助"的理念。开展以忠诚为核心的社会主义法治理念教育,保持队伍的健康发展。积极争取局党委对看守所工作的支持,加大硬件设施的建设,努力改善监管环境。2010年,始终把民警的思想教育放在首位,从根本抓起,打牢民警的思想基础。以申报三级看守所为契机,在监所管理整改工作中,采取"领导提、大家摆、自己找"的方式,查摆监管工作中存在的问题和隐患,分析原因,有针对性地做好整顿工作。充分发挥公安监管场所"犯罪信息库"、打击犯罪"重要战场"职能作用,在抓好监所安全和规范化建设基础的同时,加大深挖犯罪线索工作的力度,采取亲情规劝、政策攻心、奖励机制等多种方式开展深挖犯罪专项活动。通过全体监管民警的扎实工作,在押人员提供犯罪线索113起,办案单位已查证89起。加强文明管理,促进在押人员改造。每月对在押人员进行"文明监室""文明个人"评比活动,激励在押人员的积极性和悔过自新的信心;合理使用看守经费,改善在押人员伙食,做好在押人员防暑、防寒和卫生防疫工作。实现看守所从1998—2010年连续13年安全无事故。

第十节　科技强警与网络信息建设

科技强警战略实施

龙泉市公安局实施科技强警战略，加快公安科技发展步伐，加大科技和基础设施建设投入，开展公安科技培训，提高科技应用水平，吹响“向科技要警力”的号角。加强互联网信息监控和网上情报搜集工作，做好互联网上网服务营业场所管理和监督检查工作，开展严厉打击计算机信息系统违法犯罪活动，开展严厉打击利用计算机技术制作、贩卖、复制、传播淫秽物品的专项斗争。

从 1997 年起，添置用于痕迹专业的“比对投影仪”“多波段光源”，用于化验专业的“气质联用仪”和用于刑侦大队追逃工作的计算机和扫描仪。新购计算机 99 台，打印机 25 台。活动指纹采集仪 4 套、数码相机 16 台等科技装备，达到各派出所、各科室、所、队、中心有计算机等设备，达到派出所民警人手一台计算机的要求。安装看守所监房监控系统和相关设备；完成 110、119、122“三台合一”系统和治安动态监控系统建设；建成指纹自动识别系统等。先后举办计算机操作技能、汉字录入技能、网上作战、计算机新三级培训班等，提高公安干警利用现代科技手段开展工作的技能。

信息网络建设

完成人口信息网络建设，实现全省互联；开通公安系统语言数据综合通讯网；开通电视、电话会议系统，实现公安业务图像传输与调度、视频会议、远程教学等功能。完成指纹远程比对系统、三级与四级网络建设、公安三级网络 IP 语言网改造、打防控信息主干应用系统建设等。采用计算机对犯罪档案信息资料进行储存和管理，并建成联网的“犯罪信息资料综合系统”，1999—2004 年，录入计算机管理资料 9040 件，指纹档案 4579 份，直接认定犯罪嫌疑人 64 人，破获刑事案件 136 起，先后将 199 名逃犯信息输入计算机网络，为成功抓获 172 名网上逃犯发挥作用。

网吧行业管理

加大对无证网吧查处力度和有证网吧监管工作，完成网吧安全管理软件升级工作，安装率达 100%；落实网吧上网实名登记等安全管理制度。2003 年与 2007 年分别查处违规经营网吧 10 家和 20 家。2008 年 3 月，成立龙泉市网吧行业协会，加强网吧行业自治自律能力建设。

公安科技硬件设备建设

2006 年，通过打防控信息主干应用系统等科技手段，直接突破各类刑事案件 150 起。2008 年 6 月，对 350M 无线通信网络进行升级改造。7 月，完成“110”指挥中心 DLP 显示大屏系统建设，实现和视频监控矩阵、监视墙系统、LED 电子显示屏、环境集中控制系统的集中控制能力和互操作能力，满足公安业务的要求。11 月，将原来的模拟视频监控系统改造为数字化视频监控系统，提高看守所的安全管控能力。12 月，完成龙泉市平安城市视频监控系统第四期建设，除新增治安监控探头外，首次增加智能卡口抓拍系统，提升对进出龙泉市车辆的管控能力。同年，完成公安大楼的机房及弱电工程系统建设，新购 UPS（不间断电源）、柴油发电机组等备用电源，确保计算机网络设备、监控设备、消防设备系统的正常运行，完成市局老大楼计算机网络设备及各大系统及机房的迁移搬迁工作。2009 年，对公安局的“110”接处警系统进行数据升级改造，实现公安“110”系统指挥中心、派出所两级联网，实现“110”接处警、指令、反馈网上流转的功能，更加快速及时地处置警情。5 月完成公安信息网情报信息交流平台建设，并正式投入使用。同年，完成剑池派出所新警务用房的弱电系统及办案区视频监控系统建设，并对计算机信息通信、语音通信、警务督察信息平台等系统进行快速割接，确保派出所新大楼各大系统的正常运行。2010 年，为所有的一线执法单位配置多功能执法记录仪，5 月，完成公安局的 110、122、119“三台合一”接处警系统升级改造工作，并为 350M 无线通信系统、GPS 卫星定位系统、视频监控、区域防盗报警等系统预留相应的接口。同时完成看守所闭路电视插播系统建设工作和龙泉市公安局视频信息共享平台建设。同年，对公安局的所有办案区域中的报案室、信息采集室、候问室、讯问室、辨认室、物证室、档案室等所有室内安装音、视频系统设备，对办公区、办事区等出入口处根据实际情况分别安装音、视频系统设备，推进公安机关执法规范化建设。

第十一节　机构与队伍

机构设置与沿革

1949 年 7 月 26 日，成立龙泉县人民公安局，10 月 21 日，改称龙泉县人民政府公安局；1955 年，改为龙泉县公安局；“文化大革命”运动期间，公安组织被解体。1969 年 1 月，建立龙泉县革命委员会人民保卫组，以人民保卫组代替公安职能；1973 年 5 月，恢复龙泉县公安局，同时撤销人民保卫组。恢复后公安局设政工、秘书、政保、治安、预审、看守、武警、消防等 8 个股、所、队。1990 年 12 月 26 日，龙泉撤县建市，随之，改称龙泉市公安局。

1989 年，县公安局机构设置局编制为政工科、秘书科、纪检组（1984 年建立，1992 年撤销，改建纪检委）、政保科、保卫科(1984 年内保股改称，2001 年撤销）、治安科、刑侦队（1977 年建立）、户政科（1989 年建立）、预审科、看守所、法制科（1989 年建立）等 11 个科、所、队、组和龙渊镇、八都区、锦旗区、城南区、城郊区、道太区、安仁区、龙南区、屏南区、城北区等 10 个派出所，共有干警 133 人；单独编制有消防科（1984 年建立，1994 年撤销）、消防中队、武警中队、交警队等 4 个。

1992 年，增设查田、宝溪、兰巨、住龙、上垟、砋石、竹垟、岩樟等 8 个派出所；1997 年重建水上派出所；2005 年建立禁毒大队；2007 年，建立保安公司、大沙派出所。

1997 年，龙泉市公安局设置科室 19 个，派出所 18 个，干警 215 人。2002 年，37 个科、所、队、处、室、中心合署调整为 13 个科、所、队、处、室、中心和 10 个派出所。2004 年共有干警 227 人；到 2010 年有民警 255 人（包括工勤人员 15 人），单独编制单位 3 个。

公安系统编制

2010 年，龙泉市公安局编制有政治处（原称政工科）；办公室（原称秘书科、“110”指挥中心

〈1996 年开通〉）；纪检、监察（1992 年建立）、督察队（1997 年建立）；法制科；国保大队（原称政保科）、出入境管理大队（2007 年出入境管理科改称）；行政许可科（1999 年户政科改称办证中心，2007 年改称）；勤务保障室（2007 年后勤科改称）；治安大队、警卫科（2001 年建立）；刑事侦查大队（1993 年刑侦队改称）；经济犯罪侦查大队（1991 年建立经侦室，1997 年改称）；公共信息网络安全监察大队（1999 年建立计算机管理监察科，2003 年改称，简称网监大队）；禁毒大队；看守所；交通警察大队；特（巡）警大队；保安公司等 16 个科、所、队、室、处、公司和龙渊、西街、剑池、大沙、八都、小梅、安仁、锦旗、上垟、道太、水上等 11 个派出所。干警 264 人，其中书记、局长 1 人，副局长 5 人，副书记、政委 1 人，副政委 1 人，纪委书记 1 人。单独编制有森林分局、消防大队（1965 年 4 月成立龙泉县公安局消防队，1987 年改为消防中队，1994 年改为龙泉市公安局消防大队）、武警中队等 3 个。

获奖与荣誉

20 世纪 90 年以来，龙泉市（县）经济社会迅速发展，刑事、治安案件和交通事故升幅明显。为确保社会稳定，经济建设和社会发展，公安部门树立打击、管理是公安机关“主业”理念，加大科技和基础设施建设，不断调整警力和布局，稳、准、狠地打击多种刑事犯罪活动，加强治安管理、交通管理、消防管理和森林公安管理，开展标本兼治，综合治理。龙泉市公安局在 2002—2004 年皆被浙江省公安厅评为“执法质量优胜单位”，2005 年被浙江省公安厅荣记集体三等功，在龙泉公安史上尚属首次。1989—2010 年，全市公安队伍曾连续 9 年无重大违法违纪，2010 年，被省公安厅评为全省公安队伍正规化建设先进单位。

第二章　检　　察

第一节　侦查监督与审查起诉

侦查监督

1978 年 12 月，龙泉县人民检察院恢复重建，内设刑事股；1979 年底，刑事股分为批捕、起诉两个股。1981 年，检察院设刑事检察一科（批捕兼管监所检察）。1998 年 2 月，刑事检察一科更名为审查批捕科。2002 年，审查批捕科更名为侦查监督科。

侦查监督科主要职责是负责行使侦查监督职权，主要负责审查龙泉市公安局及本院自侦部门提请批准或决定逮捕的各类刑事案件并对其立案、侦查活动依法进行监督；掌握和综合分析社会动态情况，开展综合治理工作。

1989—2010 年，龙泉市（县）人民检察院发挥检察职能，依法严厉打击黑恶势力犯罪、严重暴力犯罪、多发性侵财犯罪、毒品犯罪，维护社会和谐稳定，共批准逮捕各类犯罪嫌疑人 3316 人。在依法严惩严重刑事犯罪的同时，坚持严格依法、区别对待、注重效果、准确把握的原则，着眼于加强教育转化、促进社会和谐，慎重适用强制措施，最大限度地减少社会对抗，对涉嫌犯罪但无逮捕必要的，依法决定不批准逮捕 441 人。对侦查机关应当立案而没有立案的，监督立案 107 人，对应当逮捕而未提请逮捕的，追捕 68 人。

20 世纪 80 年代以来，龙泉市（县）人民检察院充分运用提前介入、捕诉衔接等长效严打机制，从重从快打击了一批黑恶势力犯罪、严重暴力犯罪、多发性侵财犯罪以及破坏市场经济秩序犯罪，有效遏制刑事犯罪高发态势，为平安龙泉建设营造良好的法治环境。坚持对重特大刑事犯罪案件提前介入，依法从重从快批捕。1989—2010 年，龙泉市（县）人民检察院共提前介入重特大案件 450 余件（次）。积极参加各类专项斗争，维护社会稳定。20 世纪 90 年代中期，以陈某某为首的流氓团伙成员 30 余人，严重危害社会治安。检察干警全面细致开展审查，发现漏犯，提出追捕意见，5 天内批捕 19 名案犯。1997 年，商某某故意杀人案，批捕仅用 2 个小时。2001 年，震惊龙泉的陈某某等 3 人故意杀人案、抢劫案的批捕也仅仅只用了短短 4 个小时。与此同时，对危害国家安全的犯罪和邪教组织的犯罪活动，始终保持高度的警惕，坚决依法予以打击。

审查起诉

公诉科主要职责是负责审查侦查机关（部门）移送起诉或不起诉的各类刑事案件，决定是否提起公诉或不起诉，对提起公诉的案件出庭支持公诉；对人民法院的刑事审判活动实行监督；对确有错误的刑事判决、裁定依法提出或提请抗诉；研究未成年人犯罪及未成年受害人权利保护工作；掌握和综合分析社会治安动态，开展法制宣传，参与社会治安综合治理工作。

1989—2010 年，龙泉市（县）人民检察院受理公安机关移送起诉案件 4184 件，决定起诉 3946 件；从构建社会主义和谐社会的要求出发，认真贯彻宽严相济的刑事政策。坚持严格依法、区别对待、注重效果，准确把握起诉条件，慎重适用强制措施，努力做到该严则严、当宽则宽、宽严适度，最大限度地减少社会对抗，增加社会的和谐因素。对轻微刑事案件快速办理，并建议人民法院适用简易程序或简化审理程序。对犯罪情节轻微，依照刑法规定不需要判处刑罚或者免除刑罚的，决定不起诉 238 件；对应当起诉而未移送起诉的，追诉 47 件。加强对刑事审判环节的监督，以有罪判无罪、量刑畸轻畸重以及因徇私枉法、严重违反诉讼程序影响公正审判的案件为监督重点，加大抗诉力度，全力维护司法公正。积极探索当事人达成和解的轻微刑事案件办理机制，改善执法效果，促进办案法律效果和社会效果的统一。对未成年人犯罪案件，贯彻“教育、感化、挽救”的方针，采取适合未成年人身心特点的办案方式，依法保障未成年人权益。

进入 21 世纪，龙泉市人民检察院积极改进审查起诉工作。在公诉部门全面推行主诉检察官办案责任制，强化案件承办人的责任，减少办案环节，提高办案质量和效率。对一般刑事案件，与法院紧密配合，依法适用简易程序，推行普通程序简易审，在保障诉讼参与人合法权益的基础上，切实提高办案效率。积极推行在重特大案件庭审中使用多媒体示证，提高示证质证，指控犯罪的能力，增强了出庭支持公诉的效果。

第二节　监所检察

主要职责

监所检察科主要职责是负责对监管机关执行刑事判决、裁定和减刑、假释等过程中的活动是否合法依法执行监督，保障刑事判决、裁定的正确执行；对监管机关及其工作人员的执法活动进行监督，保证国家法律的正确执行；负责侦查虐待被监管人员、监管人员私放在押人员、失职致使在押人员脱逃和徇私舞弊减刑、假释、暂予监外执行等犯罪案件，对监外执行的罪犯和劳教人员重新犯罪的案件审查逮捕和起诉。

主要工作

监所检察科积极配合每年的“两打”斗争，认真抓好监管场所和监外执行罪犯的执法监督，开展经常性的执法检察。1989—2010 年，开展看守所监管场所安全专项大检查活动，维护监所管理秩序，共安全检查 2300 余次，提出检察建议和纠正违法意见 453 件（次），消除不安全隐患，促进监管场所依法管理。着重加强对违法减刑、假释、暂予监外执行和变相超期羁押、侵犯在押人员权益的监督力度，纠正同案犯、已决与未决犯混管混押等问题。在丽水市率先实现驻所检察室与市看守所监控系统联网对接，驻所检察室被省检察院评为“二级规范化检察室”。加强社区矫正监督，开展监外执行、保外就医专项检查，确保监外执行的严肃性和社区矫正工作的正常开展。加强财产刑执行监督，督促罪犯及时缴纳罚金。开展社区矫正专项监督，对违反规定的服刑人员依法督促收监执行。开展捕后羁押必要性审查，既维护被逮捕的犯罪嫌疑人、被告人的合法权益，又保障刑事诉讼活动顺利进行。

刑罚执行监督以纠正超期羁押和对监外执行人员进行专项检查为重点。落实平时督办、临近期限催办制度，杜绝超期羁押现象在本市的发生。积极进行监外执行专项检查，查出漏管罪犯 18 人、脱管罪犯 3 人，向责任单位发出检察建议书 8 份，要求其在规定时间内采取措施予以纠正。认真审查服刑人员的减刑呈报和裁定。2007 年 6 月，留所服刑人员方某因立功而被龙泉市公安局呈报减刑，但丽水市中级人民法院以方某的立功尚未构成重大立功，未达到减刑间隔时间为由不予减刑。龙泉市人民检察院经审查后依法向上级检察院提出要求纠正丽水市中院错误决定的报告，得到上级检察院的支持，丽水市中院最终对方某作出减刑的裁定。

第三节　民事行政与渎职侵权检察

民事行政检察

民事行政检察科主要职责是负责对同级人民法院的民事审判活动和行政诉讼活动的监督工

作，并对其发生法律效力而确有错误的民事、经济、行政判决、裁定向上级人民检察院提请抗诉。通过办理民事、行政抗诉案件，对人民法院的民事审判活动和行政诉讼活动进行法律监督，维护国家利益和社会公共利益，维护司法公正和司法权威，保障国家法律的统一正确实施。1989—2010 年，共审结民事申诉案件 378 件，其中立案 129 件，建议和提请抗诉 94 件。在一定程度上解决群众告状难、申诉难的问题。重点加强对严重侵害国家和社会公共利益，侵害农民工、下岗职工等困难群众利益等案件的监督。协助政府职能部门做好防止国有资产流失，如 2009 年协助市工业园区收回企业应缴的土地出让金，涉及标的金额共计 200 余万元。对认为确有错误的民事、行政裁判提请抗诉和建议提请抗诉，以维护司法公正。

渎职侵权检察

反渎职侵权局的主要职责是通过对国家机关工作人员渎职侵权犯罪的侦查工作并结合预防职务犯罪工作以有效地控制渎职侵权犯罪。始终把加强反渎职侵权能力建设作为推进渎职侵权检察工作的重要抓手，不断提高渎职侵权检察工作水平，把解决发现难、立案难、查证难和处理难作为推动办案工作的突破口。积极参与工程建设领域突出问题专项治理工作，结合本地区渎职犯罪特点，重点查办国家机关工作人员玩忽职守危害能源资源和生态环境的渎职犯罪。1989—2010 年，共立案查处各类渎职案件 51 件 54 人。切实加强与行政机关在重大事故调查处理中的协调配合，同步介入重大安全生产事故调查。进一步加大反渎职侵权宣传力度，主动邀请市人大代表、政协委员、人民监督员视察反渎职侵权工作。通过座谈会、宣讲、授课等多种形式，不断提高领导干部和社会公众对渎职侵权犯罪的严重性、危害性的认识，进一步取得了党委、政府和干部群众对反渎职侵权工作的理解和支持。

1989—2010 年，查处了一批影响大、群众反映强烈，执法犯法的职务犯罪案件。针对人民群众对司法腐败现象的深恶痛绝，加大查处司法人员渎职犯罪的力度，共查处司法人员渎职犯罪案件 10 余件，取得良好的社会效果与法律效果。坚持打击与教育、保护与预防相结合，做好办案后半篇文章。2003 年查办的市水利局蒋某某涉嫌玩忽职守案，经审查犯罪情节显著轻微，在认真听取侦查部门、社会各界对该案处理的意见和建议后，到水利局召开公开审查不起诉听证会，依法对蒋某某作不起诉决定，收到良好的社会效果。

第四节 反贪污贿赂及职务犯罪预防

主要职权

龙泉市（县）人民检察院设反贪污贿赂局，其主要职权是办理由基层人民检察院负责对国家机关工作人员的贪污、贿赂、挪用公款等职务犯罪进行立案侦查等工作。反贪污贿赂局根据举报中心或其他的渠道提供的犯罪线索进行侦查，认为有犯罪事实需要追究刑事责任时，则予以立案；认为没有犯罪事实，或犯罪事实显著轻微不需要追究刑事责任时，不予立案。有署名控告人的，将不立案的原因通知控告人。反贪污贿赂局是有法律明确授权的，有侦查权、可进行专门的调查工作和实施强制性措施的法定侦查机关。

主要工作

1989—2010年，针对人民群众反映强烈的征地拆迁、土地整理开发、工程建设等重点领域存在的问题，严肃查办各种侵害民生民利的职务犯罪案件。扎实推进治理商业贿赂、集中查办城镇建设领域商业贿赂犯罪、工程建设领域突出问题专项治理、查办涉农职务犯罪等专项工作，切实加大查办涉及与民生密切相关领域的贪污贿赂犯罪力度，查处了一批群众反映强烈的案件和突出问题。反贪局共立案查处贪污贿赂案件242件，其中贪污65件、受贿123件、挪用公款18件、行贿6件、私分国有资产案2件；重特大、重大案件133件；科局级领导干部罪案107件。通过办案，为国家挽回经济损失近四千余万元，取得反贪工作与推进三项重点工作双赢的良性发展新成效。如1995年，查处龙泉市粮食直属库业务科长徐某某贪污9万余元、挪用公款31万余元的特大案件。1996年，市建行南桥分理处原主任黄某某贪污公款48万余元，携30万元巨款潜逃。检察院反贪干警仅用10天时间就将黄某某从上海抓获归案。2009年以来，龙泉市人民检察院查处工程建设领域、涉农职务犯罪领域等一批群众关注度高、社会影响力大的大案要案16件。

在查办案件的同时，注重强化办案质量意识，严把事实关、证据关、程序关和法律适用关，案件起诉率和有罪判决率均达到100%。

第五节　机构与队伍

机构沿革

1955年4月20日，龙泉县人民检察院成立。“文化大革命”期间，龙泉县检察机关实行军管，全部人员分配到其他单位，检察职能由公安机关代行。1975年1月，根据第四届全国人大制定的《宪法》撤销检察机关。1978年10月，根据第五届全国人大制定的《宪法》，重建检察机关，办公地址设在龙渊镇中山路31号。同年12月，县检察院对外办公。恢复重建的县人民检察院,内设刑事股、法纪股和办公室三个科室。1979年底，刑事股分为批捕、起诉两个股。1981年，设刑事检察一科(批捕兼管监所检察)、刑事检察二科(起诉)、经济检察科、法纪检察科、林业检察科。1984年9月，设立监所检察科。1985年7月，林业检察科撤销，同年11月增设控告申诉检察科。1988年11月，设经济罪案举报站。1990年3月，经济检察科改为贪污贿赂侦查局。1992年2月设技术室，8月设纪检组。1995年5月，正式成立民事行政检察科。1996年4月，贪污贿赂侦查局更名为“反贪污贿赂局”。1998年2月刑事检察一科易名为审查批捕科，刑事检察二科更名为审查起诉科，政工科易名为政治处。2002年，审查批捕科更名为侦查监督科，审查起诉科更名为公诉科。2005年，撤销法纪科，更名为反渎职侵权检察局,新建行装科、技术科；2007年，新建法警队、职务犯罪预防科。1988—2008年，干警总数增至53名，配备检察长1名，副检察长4名。2004年，积极开展人民监督员制度试点工作，经向市委、市人大汇报同意，选任了五名人民监督员，成立了人民监督员办公室，负责处理人民监督员工作日常事务。至2010年12月，人民检察院内设办公室、行装科、法警队、反贪污贿赂局、反渎职侵权局、职务犯罪预防科、侦查监督科、公诉科、控申科、监所科、民事行政检察科、技术科、政治处、纪检监察室共 14 个职能部门。

队伍建设

加强思想政治建设。开展集中教育整顿和执法思想大讨论，着力解决检察工作和队伍中存在的突出问题；组织开展理想信念、公正执法、艰苦奋斗等专项教育，提升检察人员的精神境界，增强抵御各种腐朽思想侵蚀的能力；加强检察职业道德建设，使“忠诚、公正、清廉、严明”八字检察官职业道德规范逐步内化为检察官的执法信念。

加强班子建设，严格执行高检院“六个严禁”(一、严禁办理关系案、人情案、金钱案；二、严禁违反法定程序干预办案。三、严禁买官卖官、跑官要官，违反规定任免干部；四、严禁插手工程招标投标、政府采购等经济活动，谋取私利；五、严禁接受可能影响公务的宴请、礼物或娱乐活动；六、严禁利用职权为亲属子女或身边工作人员谋取利益)的要求，切实做到领导班子为民、务实、清廉。严格执行民主集中制原则，重大事项和重大决策通过召开党组会研究决定，充分发挥党内民主，提高领导班子的决策水平和战斗力，尽量避免决策失误，确保决策科学化。坚持择人任事，合理分工，充分发挥用人的导向作用，努力形成干事创业的良好氛围。坚持搞好班子团结，形成强大工作合力。要求领导班子成员发挥表率作用，对重大、复杂案件，班子成员深入一线指挥办案，与办案干警一起战斗，为案件的成功侦破打下坚实基础。

加强队伍素质建设，大力加强检察职业道德建设，培育先进检察文化，努力营造促进检察事业发展的人文环境，提高公正执法水平。深化教育培训，认真开展主题教育活动，以提升法律监督能力为核心，以领导干部和业务一线干警为重点，有力提升检察队伍法律监督的实战技能和业务水平。着力加强经常性的廉政教育，把党风廉政建设工作放在各项工作的首位，认真落实“一岗双责”，不断强化检察人员职业道德意识。落实廉政准则和检察干部从检若干规定，着力解决队伍在思想、纪律、作风等方面存在的突出问题，切实转变作风，提高队伍素质。突出素质兴检，广泛开展岗位练兵和技能竞赛，建立和完善激励机制，努力建设一支政治强、业务精、作风好、纪律严的检察队伍。

加强纪律作风建设。深入开展以典型案件为反面教材的“警示”教育和专项教育整顿，进一步健全党风廉政建设责任制，完善监督管理的各项制度，用制度来规范检察工作和干警行为，减少和避免违法违纪的发生。加强执法过程控制和办案质量管理，强化对执法办案重要岗位、重点环节的监督监控，进一步完善检务督察制度，坚持诫勉谈话和廉政谈话制度，建立健全领导干部廉政档案，严格执行领导干部重大事项报告制度。不断深化检务公开，广泛接受社会各界监督，着力建设一支打击犯罪有战斗力、履行职责有公信力、对人民群众有亲和力的检察队伍，以过硬的作风取信于民。

获奖与荣誉

龙泉市(县)人民检察院自 20 世纪 90 年代以来，认真履行国家赋予的法律监督职责，对各类刑事、民事案件；各类公职人员渎职贪污案件积极介入，严格执行法律程序，正确办案，工作成绩突出，屡受上级部门通报表彰和嘉奖。1991 年，被评为全国刑事检察系统先进集体。1994 年，反贪局荣立集体三等功。1995年，反贪局荣立集体三等功。1999年，反贪局荣立集体三等功，刑事检察一科荣立集体三等功。2000年，龙泉市人民检察院荣立集体二等功，法纪科荣立集体三等功。2001年，检察院办公室荣立集体三等功。2004年，龙泉市人民检察院荣立二等功。2005年，民行科和反渎局被省检察院荣记集体二等功。2006年，刘庆龄同志获得浙江省首届"十佳检察官"荣誉称号。2007年，反贪局被荣记集体三等功。2009年，反贪局被荣记集体三等功，2010年，荣获"全省先进基层检察院"荣誉称号，反贪局被荣记集体三等功。

第三章　法　　院

第一节　法院内部建设与审判制度改革

改革完善审判制度

1989—2010年，龙泉市(县)人民法院根据上级法院的要求和国家有关法律法规的规定，结合龙泉市(县)当地市(县)情实际，进行一系列自身制度性的改革，不断完善法院的审判活动。龙泉法院自建立以来就初步建立了审判制度。对于适用简易程序审理的民事案件、刑事公诉和自诉案件，由审判员独任审判，其余案件要组成合议庭审理，依法由审判员或者由审判员和人民陪审员组成合议庭。对于重大、复杂或者疑难的案件，合议庭认为难以作出决定的，由合议庭提请院长决定提交审判委员会讨论决定，审委会委员由龙泉市(县)人大常委会任命，审判委员会成员由院长、庭长和资深审判员组成。

1990年7月，建立院长接待日制度。由正、副院长挂牌接待群众来访，听取群众呼声、建议、要求和批评，接受群众的法律咨询，为人民群众提供法制信息和法律服务。

刑事审判改革

1996年，开展刑事审判方式改革。改革中注意把握好几个环节：一是庭前只进行程序性审查，对案件事实的认定必须通过庭审；二是只就起诉指控的事实进行审理，对证据不足的不能认定犯罪；三是控、辨、审职责分明、法官处于主导地位等。同年，根据最高院"三个严禁"和省高院关于《执行工作细则》规定，建立强制措施审批、督促执行等一系列制度，使执行工作逐步制度化、规范化。

2000年，开始实行统一立案、统一排期开庭制度。由立案庭统一对案件进行受理，实行统一排期开庭。同年10月，开始全面实施以立案为主、以审限跟踪为核心的案件审判流程管理制度。该制度将案件审查、文书送达、排期开庭、审理宣判、案件评查、违法处理、结案归档等阶段，由立案庭对各个阶段的工作进行跟踪管理、全程监督。该制度的实施，对保证案件审理运转的公正高效和办案效率的提高，完善审判工作各环节的监督制约，提供制度保障。同时，推进审判长、独任审判员的选任条件和程序，并赋予审判长和独任审判员主持庭审、签发法律文书的权力；根据最高法院《关于人民法院合议庭工作的若干规定》，强化合议庭的功能，规范合议庭的审判活动，除部分重大，复杂、疑难案件提交审判委员会讨论外，其他案件均由合议庭、独任审判员进行裁决。

法院装具配置改革

2001 年，根据最高人民法院部署，实行统一换装，原 1984 年沿用的肩扛红徽、头戴大盖帽的法官制服被点缀着胸徽的西服式制服取代。2002 年 6 月 1 日，开始实行开庭使用法槌制度。

审判流程管理改革

2002 年，根据《最高人民法院关于民事诉讼证据的若干规定》和《最高人民法院关于行政诉讼证据若干问题的规定》要求，实行以举证、质证、认证、裁判为主要内容的新的民事、行政案件庭审方式。

2003 年，修订《审判委员会议事规则》。

2007 年，完善案件质量评查制度，采取全面评查，重点评查和专项评查方式评查案件质量，将案件质量评查情况列入岗位目标责任制考核。推行优秀裁判文书评比和差错裁判文书处罚相结合制度，进一步完善人民陪审员制度。

2009 年，全面运行审判(执行)流程管理系统，建立涵盖部门和个人的审判、执行质量效率评估体系，出台《龙泉法院审判(执行)管理系统数据录入制度》。

第二节　刑事审判

刑事审判主要工作

1989—2010 年，受理各类刑事案件 3047 件，办结 3050(含旧存)件，判决生效 2557 件。其中失火案 24 件，杀人重伤案 122 件，强奸案 74 件，抢劫案 255 件，盗窃抢夺案 971 件，诈骗敲诈案 136 件，贪污受贿挪用公款案 176 件，寻衅滋事案 100 件，盗伐滥伐林木案 193 件，交通肇事案 201 件，其他案件 794 件。

典型案例

2002 年 6 月，龙泉市人民法院审结一起带黑社会性质的柳某伟、毛某政等 25 名被告人的犯罪案件。该案 25 名被告人分别组成“宫头帮、下林帮、水南帮”，多次在龙泉市的一些公共场所、交通要道持东洋刀等器械聚众斗殴，随意追逐、殴打他人，或强拿硬要他人财物，严重扰乱社会秩序。为扩大办案效果，龙泉法院精心组织审判，连续开庭审理，及时作出宣判，以聚众斗殴罪、寻衅滋事罪、故意伤害罪和窝藏罪分别判处 25 名罪犯 1~8 年有期徒刑，维护了社会稳定。

2007 年，龙泉市人民法院坚持“宽严相济、不枉不纵”的刑事政策，加大与公安、检察等部门的协作力度，切实加强刑事审判工作，全力维护社会稳定。全年共受理刑事案件 154 件，审结 152 件，判处罪犯 191 人。突出打击重点，依法严惩杀人、抢劫、故意伤害等严重暴力犯罪及盗窃、抢夺等多发性侵财犯罪，始终保持对严重刑事犯罪的高压态势，保护人民群众生命财产安全，共审结该类案件 71 件；坚决贯彻中央关于反腐败的决策部署，依法惩处国家公职人员贪污、受贿、挪用公款等犯罪，共审结该类案件 12 件。注重刑事司法领域的人权保障，严把案件事实关、证据关和程序关的同时，认真落实超审限和超期羁押长效管理机制，刑事公诉案件审限内结案率达到 100%，始终保持超期羁押案件零的记录。

2008 年，龙泉市人民法院共受理刑事案件 155 件，审结 159 件，判处罪犯 249 人，审结率为 99.4%。其中适用简易程序审理 78 件，占总结案数的 49%，刑事案件当庭宣判 137 件，当庭宣判率为 86.2%。在案件审理过程中，市法院准确把握、认真贯彻宽严相济的刑事政策，坚持区别对待，当宽则宽，该严则严。突出打击重点，依法严惩杀人、故意伤害、强奸、绑架等严重暴力犯罪和抢劫、抢夺、盗窃等多发性侵财犯罪以及黑社会性质组织犯罪，保护人民群众生命财产安全，共审结上述案件 78 件，判处罪犯 134 人；依法惩处国家公职人员贪污、受贿、挪用公款等犯罪，共审结此类案件 11 件，判处罪犯 13 人；依法惩处各类破坏社会主义市场经济秩序犯罪，共审结此类案件 3 件，判处罪犯 11 人。在保持打击力度的同时，全面贯彻刑事诉讼法规定的各项制度，坚持罪刑法定原则和罪责刑相适应原则，注重适用剥夺政治权利、罚金、没收财产等附加刑，确保罚当其罪。2008 年，龙泉法院刑事审判还突出保护生态，服务生态市建设，全年共审结盗伐、滥伐森林案件 11 件，森林失火案件 9 件，审结猎杀珍稀野生动物白天鹅及盗伐珍稀植物野生南方红豆杉各 1 件，有效打击破坏生态环境的犯罪行为，并通过公开审理和巡回审判对当地的群众进行法制教育，增强当地群众保护生态环境的观念。

2008 年，依法惩处破坏社会主义市场经济秩序犯罪。依法公开审理由公安部、国家烟草专卖局督办的浙江龙泉“9•23”运销假烟网络案。此案入选由浙江省工商局和消保委评选出的“2008 年度浙江省十大消费维权案例”，并受到新华社、中央电视台、法制日报、人民法院报等 100 多家中央级省级媒体的报道，引起全国范围内的广泛关注。

2009 年，龙泉法院在刑事审判中坚决执行宽严相济刑事政策，坚持区别对待，当宽则宽，该严则严的法治原则，受理刑事案件 163 件，审结 163 件(含旧存)，判处罪犯 287 人，审结率为 99.4%。严厉打击重点刑事犯罪，依法严惩严重危害社会治安的暴力犯罪、毒品犯罪、多发性侵财犯罪，审结故意伤害、强奸、抢劫、抢夺、盗窃、贩卖毒品、集资诈骗等案件 68 件，判处罪犯 117 人。审结非法经营罪、出售非法制造发票罪等破坏社会主义市场经济秩序犯罪案件 4 件，判处罪犯 5 人。进一步规范自首、立功等量刑情节的认定和处理，加大职务犯罪预防惩处力度，审结国家公职人员贪污、受贿、挪用公款等职务犯罪案件 14 件，判处罪犯 14 人。坚持“教育、感化、挽救”相结合的方针，依法加大对未成年人犯罪从轻、减轻处罚的力度，积极配合有关部门开展未成年犯社区矫正工作，共为 17 名被告人指定辩护人，判处未成年犯 29 人。大力惩戒生态违法犯罪，注重生态环境和历史文化遗产的保护，努力践行“打击生态犯罪，普及生态法规，助力生态产业”的“生态司法”理念，积极开展以“五到五讲”为主要内容的预防活动，受理破坏森林和野生动植物资源等生态案件 6 件，审结 6 件，同比下降 72.7%；审结盗掘古墓葬、古文化遗址等破坏历史文化遗产案件 5 件，判处罪犯 15 人。

2010 年，龙泉市人民法院继续坚持宽严相济刑事政策，依法严厉打击扰乱社会治安、侵害群众利益、破坏市场秩序等群众反映强烈的犯罪活动。全年，审结刑事案件 141 件，判处罪犯 301 人，其中判处五年以上有期徒刑的 13 人。依法保护公民人身权利、财产权利，审结此类案件 73 件 127 人。依法打击社会影响恶劣的涉赌犯罪行为，审结赌博罪、开设赌场罪案件 3 件 12 人。强化对涉黑涉恶案件的审判工作，审结组织领导黑社会、抢劫、聚众斗殴等有恶势力倾向犯罪案件 13 件，判处罪犯 87 人，净化社会风气。依法严厉打击毒品犯罪，审结走私、贩卖、运输、制造毒品罪案件 8 件 14 人，分别是上年的 1.6 倍、2.3 倍。积极参与反腐败工作，全年审结贪污、贿赂、渎职案件 17 件 28 人，分别是上年的 4.3 倍、5.6 倍，其中处级 1 人(系市外移送)。及时审结媒体关注的全国首例同性恋情人受贿新类型案件(系移送管辖)，收到良好社会效果。稳妥推进量刑规范化改革，规范法官自由裁量权，严把刑事案件事实关、证据关和法律关，率先在丽水市法院中开展非监禁刑罚庭前社会评估工作。注重生态案件宣传警示教育，破坏生态犯罪案件呈逐年下降趋势。

2008—2010 年，共审结非法经营罪、出售非法制造发票罪等破坏社会主义市场经济秩序犯罪案件 8 件，判处罪犯 17 人。依法惩处国家公职人员贪污、受贿、挪用公款等犯罪，共审结此类案件 42 件，判处罪犯 55 人。

1989—2010 年龙泉市(县)刑事审判案件一览表

表 25-3-1　　单位：件

年份	收案	结案	受理										
			放火	杀人重伤	强奸	抢劫	盗窃抢夺	诈骗敲诈	贪污受贿挪用	寻衅滋事	盗伐滥伐	交通肇事	其他
1989	148	144	—	5	4	10	63	12	8	5	5	2	34
1990	192	189	—	9	3	12	95	8	16	9	4	3	33
1991	163	154	—	7	6	12	53	8	18	1	2	4	52
1992	157	158	1	5	6	11	59	10	21	6	6	4	28
1993	108	116	1	8	5	16	40	4	6	1	4	2	21
1994	121	116	2	6	—	29	44	6	10	2	4	2	16
1995	117	121	—	7	1	23	42	1	5	2	5	6	25
1996	132	133	1	3	3	22	44	8	9	—	3	3	36
1997	70	76	1	3	3	8	16	1	3	3	2	—	30
1998	97	95	—	5	1	10	31	3	9	2	2	7	27
1999	109	110	1	5	10	19	31	3	2	1	5	10	22
2000	129	129	5	8	2	11	23	6	4	1	14	13	42
2001	159	162	1	7	4	15	35	4	4	6	20	10	53
2002	177	177	1	9	4	14	53	7	3	2	20	14	50

续表 25-3-1

年份	收案	结案	受					理					
			放火	杀人重伤	强奸	抢劫	盗窃抢夺	诈骗敲诈	贪污受贿挪用	寻衅滋事	盗伐滥伐	交通肇事	其他
2003	134	131	—	9	1	4	45	13	5	3	15	9	30
2004	154	159	3	3	5	9	42	6	5	6	22	15	38
2005	134	138	2	6	3	7	33	7	3	8	12	22	31
2006	136	135	1	5	4	2	38	2	5	14	12	23	30
2007	154	152	2	3	2	7	50	8	9	5	13	12	43
2008	155	159	—	5	2	3	41	6	11	5	14	13	55
2009	151	158	—	2	3	4	43	9	14	10	3	13	57
2010	150	138	2	2	2	7	50	4	6	8	6	14	41
合计	3047	2754	24	122	74	255	971	136	176	100	193	201	794

第三节 民事审判

民事审判主要工作

1986—2010 年，受理民事案件 13704 件，其中离婚（含解除同居关系）案 4213 件，赡养 102 件，财物纠纷案 142 件，债务案 4324 件，赔偿案 2820 件，土地案 257 件，房屋案 133 件，名誉权案 1 件，其他案件 1712 件。

各类别案件受理与处理

离婚案件的收案数一直在上升，1986 年，年收案数仅 76 件，至 2010 年，年收案数已上升到 275 件。在审结的离婚案件中，调解维持婚姻关系的 276 件，调解解除婚姻关系的 1436 件；判决维持婚姻关系的 702 件，判决解除婚姻关系的 1184 件。1998—2003 年，共审结婚姻家庭、继承纠纷案件 1055 件，保护妇女、儿童、老人的合法权益。2010 年，审结涉及离婚、抚养、赡养、继承等婚姻家庭纠纷案件 273 件，调撤率达到 50.2%。

2001—2010 年，共受理道路交通事故损害赔偿案件 1737 件，比 1986—2000 年受理赔偿类案件总数的 617 件增加 1120 件，涉案标的额 8161.57 万元。2009 年，审结交通事故损害赔偿案件 219 件，调、撤结案 186 件，同比分别上升 61%和 36.8%，调撤率达到 85%，简易程序的适用率达到 90%。2010 年，突出人身权保护，及时审结事关当事人生命救治的交通事故、工伤纠纷等人身损害赔偿案件 257 件，调撤率达到 80.5%。

2010 年，共审结农村土地承包纠纷、农村土地征用补偿费分配纠纷、山林权属纠纷等涉农案件 70 件，调解撤诉率达 50%。开通涉林纠纷“诉讼绿色通道”，强化诉讼提示和指导，审结林权民事纠纷案件 11 件，案件调撤率达 81.8%。2008—2010 年，共审结涉农案件 158 件。

第四节　商事审判与行政审判

商事审判

1982 年，设立经济审判庭，之前的经济纠纷案件由民事审判庭办理。2002 年 11 月，经济审判庭改称为民事审判第二庭，2002—2005 年民商统一立案编号，字号均为“民”。2006 年民商分别编立，民事纠纷案件字号“民一”，经济纠纷案件字号为“民二”，2009 年，根据浙江省高级人民法院规定，商事案件字号为“商”。

随着市场经济变化，经济案件逐年上升。其中金融借款合同案件数量居高不下，且因当事人下落不明，适用公告送达的缺席案件居多，约占全年案件总数的 70%。从 1997 年开始，民间资金流动频繁，债务案件增多，表现为民间借贷纠纷的增多。1986—2000 年，债务案件受理总数为1722 件，而 2001—2010 年共受理债务案件中的借贷案件就有 2052 件，涉案标的额 23407 万元。

随着社会经济的发展，民间借贷案件数量和涉案标的额大幅度上升，在民商案件中比重不断增加。2007 年，认真及时审理金融借贷、买卖合同货款、出资纠纷等案件，促进市场经济健康有序运行，审结此类案件 760 件。

针对龙泉民间借贷纠纷较多的特点，2008 年，龙泉法院通过案件审理和调研，及时向市委、市政府提出《关于我市当前民间借贷、集资纠纷情况的汇报和建议》，引起市委、市政府重视。针对严峻的经济形势，及时调整涉工涉企案件的审理，继续贯彻落实《龙泉市人民法院关于充分发挥审判职能为推进工业经济发展提供司法保障和法律服务的意见》，注重用调解手段解决涉工涉企经济和劳务纠纷，采取有效措施妥善审理此类案件，对陷入困境的企业尽量予以挽救，维护龙泉经济平稳健康发展。

2009 年，出台《〈龙泉市关于进一步优化环境服务企业的若干意见〉实施细则》《关于困难企业诉讼费用减、缓交纳实施细则》，积极做好宏观经济形势变化的司法应对工作，慎重把握审判尺度，开通企业诉讼“绿色通道”，妥善处理矛盾纠纷，保障企业的正常运转，给企业创业、投资、发展以最大支持，全年审结金融类、涉企业债务类案件 210 件，共为企业开展法律服务咨询 24 次，蹲点调研企业 4 个，先后选派 5 名业务骨干参与腾达农产品有限公司等企业债务处理、资产重组帮扶工作。

2010 年，妥善处理借贷纠纷，积极做好集资案件、群体性敏感案件当事人矛盾疏导工作，审结民间借贷案件 526 件，当庭宣判率达 55.3%；审结公职人员集资借款案件 52 件，涉案金额1006.2 万元。同年 4 月，市人大常委会专题听取和审议龙泉市人民法院关于民事审判工作报告，并给予肯定。

行政审判

1982 年确定行政诉讼制度，当时由民事审判庭负责行政案件审理。法律规定比较简单，社会存在“民不告官”传统思想。1987 年以前县法院没有开展过行政审判工作。

1988 年 1 月 10 日，龙泉县法院受理第一例行政案件原告为遂昌县官路乡新桥村上街头自然村张某，被告为地区行政公署公安处，案由为不服治安管理处罚。开展行政审判工作第一年，受理各类行政案件19件，办结17件。1989年4月，实施《中华人民共和国行政诉讼法》，行政案件归由行政审判庭统一办理。1990年，受理各类行政案件79件，办结78件（含旧存），与1989年相比分别上升172.4%、151.6%。1988—2001年，判决维持96件，撤销27件，变更8件，被告改变原具体行政行为原告撤诉39件，原告主动撤诉175件。

从2007年7月起，丽水市行政审判作重大改革，中院决定试行行政案件指定集中管辖制度，确定龙泉、莲都和松阳三地法院为集中管辖法院。

2007年，全年共受理行政诉讼案件11件，审结9件，审结率达81.8%。在征收社会抚养费和房屋拆迁等非诉执行案件中，龙泉法院注重加强与政府相关部门及有关乡镇、街道的沟通和协调，取得良好的执行效果和社会效果，全年共审查、受理行政非诉执行案件33件，结案33件，执行标的额达56.525万元。

2008年，全年共受理行政案件29件，审结29件，审结率为100%。在审理过程中，龙泉市人民法院按照"保护合法权益，促进依法行政，优化司法环境，化解行政争议"的总要求，认真分析案件的具体成因、社会影响，严格执行法律，做到既监督行政机关依法行政，又保护行政相对人的合法权益，积极受理、妥善审理好各类行政案件，得到双方当事人的理解和支持。同时切实完善行政案件协调工作机制，最大限度地增进人民群众与行政机关之间的理解和信任，共有3件行政案件通过协调解决。积极做好行政非诉执行工作，抽调经验丰富的法官，对被执行人进行国家法律和政策的宣传，动员被执行人及其家属主动履行法定义务，取得较好的社会效果，全年共审查、受理行政非诉执行案件60件，执结60件，执行标的额达77.9万元。

2009年，龙泉市人民法院努力克服案多人少矛盾，认真做好集中管辖后行政诉讼案件审理工作，受理行政诉讼案件35件，审结32件（含旧存），同比分别上升20.7%、10.3%。充分发挥行政案件协调机制的作用，狠抓诉讼和解工作，积极化解行政争议，通过原告撤诉案件7件，协调解决行政案件9件，占结案数的50%。继续做好行政非诉执行案件的疏导和协调工作，受理行政审查非诉案件60件，结案60件，帮助乡镇、计生等部门征收社会抚养费80余万元。积极与涉案行政机关沟通协调，督促行政机关依法行政，及时提供法律咨询，加强与市法制办的联系沟通，接待龙泉及其他区县行政机关来人、来电咨询相关法律问题100余次，有效促进行政机关依法行政水平和依法应诉能力的提高，为共同预防化解行政争议作出积极的贡献。

2010年，坚持促进依法行政和维护行政相对人合法权益并重的原则，认真落实行政诉讼相对集中指定管辖制度，建立健全行政审判与行政复议联席会议制度，及时化解矛盾，减少社会不稳定因素，促进官民和谐。积极探索化解行政争议新机制，全年审结行政诉讼案件25件，60%的行政案件经法院协调后和解、撤诉，90%的行政争议得以实质性化解；着力狠抓涉林行政纠纷协调和解工作，积极构建涉林纠纷多元解决机制，审结涉林行政案件13件，和解、撤诉率达53.8%。建立当事人约谈机制，合力破解社会抚养费征收难题，审查并执行行政机关申请执行的行政非诉案件77件，帮助行政机关征收社会抚养费90余万元。以《行政诉讼法》颁布实施20周年为契机，组织开展纪念宣传活动；邀请20余名相关行政机关执法人员现场观摩典型行政诉讼案件庭审；接受行政机关行政诉讼法律咨询100余次，有效促进行政机关依法行政。

2007—2010年，共受理原属庆元、云和、景宁法院管辖的96个行政诉讼案件，审结95件（含旧存）。共审查、受理行政非诉执行案件230件，结案230件（含旧存），执行标的额达134.425万元,帮助行政机关征收社会抚养费 170 余万元。

2002—2010 年,判决维持 58 件,撤销 14 件,判决被告履行行政职责 5 件,被告改变原具体行政行为原告撤诉 18 件,原告主动撤诉 27 件,移送 20 件。

第五节　立案申诉与案件执行

立案申诉

1990 年 4 月,告诉申诉庭成立,此前相关业务由各业务庭办理。各类民事、经济、刑事案件由告诉申诉庭实行统一立案。锦溪、八都、安仁、小梅等人民法庭的案件自行立案。2000 年 1 月立案庭正式设立,各法庭撤销后由龙泉法院立案庭统一立案。

1996 年,“全国法院审判方式改革工作会议”召开,龙泉市人民法院全面落实公开审判制度,推行刑事、民事、经济和行政审判方式改革,对依法应当公开审理的案件一律实行公开审判,公民可以凭有效证件旁听。开庭审理案件实行当庭举证、质证、辩论、认证,有利于提高庭审质量,促进司法公正。与此同时,强化合议庭职责,规范审判委员会活动,实行“立案、审判、监督、执行”分立制度,促进审判工作的公正与高效。

2003 年 3 月,最高人民法院、最高人民检察院、司法部联合发布两高一部《关于适用普通程序审理“被告人认罪案件”的若干意见(试行)》,龙泉法院对于提起公诉的被告人认罪的刑事案件的审理均按照该意见的规定进行。并通过简化审理方式,使庭审时间大大缩短,从而使庭审的焦点更加明确,提高诉讼效率,节约诉讼资源。

2007 年,完善立案大厅规范化建设,以提高工作效率和服务规范为载体,创建“一站式”司法为民服务窗口,通过公开立案信息、设置立案指引、优化立案程序等方式有效服务群众,并向当事人公开承诺:“立案手续一次性办不结的,两次补齐,绝不让当事人跑第三趟”。继续加强巡回审判工作,针对龙泉市特殊的地理条件状况,在安仁、龙南等五个乡镇成立巡回法庭,全年组织巡回法庭开庭审判、调解等诉讼活动 10 余次,在方便群众诉讼的同时,促进对民间调解组织的指导,及时化解纠纷。积极做好新《诉讼费用交纳办法》的宣传,严格执行新诉讼收费标准,切实为老百姓打官司“减负”。全面推行案件繁简分流,充分发挥简易案件速裁机制的作用,全年适用简易程序审结民商事案件 758 件,占民商事结案数的 61.2%。

1998—2003 年,共处理来信 5709 件次,接待来访 7047 人次。2008 年,设立“信访导诉台”,由立案庭专职信访接待员负责接待,审判业务庭中层干部作为值周庭长参与接待。2009 年,共接待群众来访 62 人,处理人民来信 14 件,同比分别下降 47.5%和 17.6%。同年,建立完善速裁机制和当事人基本信息查询制度,速裁结案 66 件,帮助符合条件的当事人查询信息 200 余次,委托人民调解员调解案件 16 件。2010 年,积极推进“立案信访窗口”标准化、规范化建设,实行“柜台式”作业、“一站式”服务。认真开展集中清理涉诉信访积案活动,努力实现“案结事了、息诉罢访”的目标。是年,全面排查、精心化解、妥善处置涉诉信访积案 6 件;接待来访群众 22 人,处理来信 9 件次,同比分别下降 53.2%、18.2%,有效化解社会矛盾纠纷。2008—2010 年,共接待群众来访 202

人，处理各类来信来访40件。

严格落实《最高人民法院关于对经济确有困难的当事人提供司法救助的规定》，加大对弱势群体的司法救助力度，对经济确有困难的当事人按规定给予减、免、缓交诉讼费。2007—2010年，共依法减、免、缓交诉讼费19.21万元，发放司法救助金20.6万元。积极推进“立案信访窗口”标准化、规范化建设，实行“柜台式”作业、“一站式”服务，树立“三声五心”(即“来有迎声、问有答声、走有送声”，有“热心、细心、耐心、诚心、爱心”)服务意识，立案接待大厅软硬件基本达到“功能完善、制度健全、设施齐备、服务到位”的要求。

案件执行

龙泉县人民法院的执行工作原由各业务庭和司法警察执行。改革开放以来，由于社会的经济交往增加，各类案件的增多，必须加强执行工作，为此，1984年，建立执行庭，管辖执行、信访、刑事案件复查三项工作，配备庭长、副庭长，执行员、审判员共4人。建立执行庭的当年，受理各类执行案件26件，办结18件。1987年10月后，执行人员增至5人，并配备摩托车一辆。执行工作在人和物两方面都得到加强。

执行庭建立后，重视制订各项规定和制度。1984年制定执行案件结案验收归案的规定，具体有三条：一是执行卷宗必须有申请执行书、立案审查表、立案通知书、双方当事人谈话笔录，执行笔录或执行完毕通知书；二是强制执行土地、房屋案件要有公告、经济案件要有收款收据、付款领条或收据；三是其他传票、通知书、扣押、查封等材料。1985年，根据执行程序要求，建立执行案件申请，移送执行、结案等制度。1987年12月制定申请执行复函，申请执行书，调卷函，被申请执行答复书，立案通知书，不受理执行案件通知书，限期履行通知书、公告，执行完毕通知书等10多种执行文书。还制订执行案件收案暂行规定，共7条32款，其内容有执行案件受理范围、移送、申请期限、移送手续，立案审查，审批权限，其他规定等，尽量做到卷宗材料能反映执行案件的全过程。

2002年11月10日，经龙泉市编委批准，龙泉市人民法院执行庭改为执行局，设执行局长1名，副局长2名，2007年7月增至3名副局长，执行干警10人，到2008年增至14人。配备执行用车3辆，同时还配备相应的警械、警具、摄像机和通讯工具。执行局下设执行裁判组和执行实施组(一、二组)。执行裁判组履行执行命令、执行裁决权，执行监督权；执行实施组履行执行实施权，实行执行裁决权与执行实施权分离，明确分工，强化职责，加强制约，强化执行工作新理念。执行案由立案庭统一立案后，交付执行裁判组登记，再交付执行实施组执行。1998—2003年，共受理各类执行案件2128件，执结2095件，执行标的金额达1.61亿元。

2007年，全年共受理执行案件938件(另有旧存81件)，办结933件，执结率达91.6%，有效执结率为61.2%，执行标的额达3677.03万元。同年，龙泉法院部署夏季集中执行和集中执行月活动，执行中着眼于有效执结率和标的到位率，突出执行重点，做到因案制宜，通过采取发送司法建议、集中蹲点执行、责令申报财产等新举措，促使那些“拖、赖、逃”的被执行人主动履行裁判文书所确定的义务，实现执行工作的最佳效果。切实做好关系人民群众切身利益案件、矛盾易激化案件以及信访热点案件的执行工作。如在2007年初开展的清欠农民工工资活动中，市法院成功执结一起劳动报酬案件，为39名农民工追回已经拖欠三年的工资款，有效保护劳动者的合法权益。

2008年，新收执行案件810件，执结826件，执结率达92.2%，有效执结率为64.7%，执结率与有效执结率分别比上年同期上升 0.6%和 3.5%。在查找被执行人及相关财产方面穷尽执行措施，通过执行联络员、信息员查找被执行人 59 人次，执结案件 25 件，有效提升法院执行能力，提高执行工作效率。以修订后的民事诉讼法实施为契机，将强化执行措施与综合治理执行难机制建设相结合，注重落实强制申报财产制度，责令被执行人申报财产。充分发挥执行威慑机制作用，依法严惩妨碍执行工作的当事人，共对 22 人采取司法拘留措施，对 2 人进行罚款，并有 2 名被执行人被以涉嫌拒不履行法院判决罪移送公安机关侦查。

2009 年，受理执行案件 779 件，执结 778 件（含旧存），执结率为 91%，执结标的 5632.43 万元，共责令 609 名被执行人申报财产，对 1 名被执行人限制出境，对 33 名被执行人实施罚款、拘留等措施。执结有财产积案 33 件，一批多年涉执信访积案得到执结，取得良好的效果。注重推进执行长效机制建设，不断完善执行协助、联动、威慑机制，充分发挥综合治理执行难工作体系的作用，通过完善信息管理系统，采取公开被执行人失信记录、强制申报财产、限制被执行人出境等措施，敦促被执行人履行义务。继续推进执行工作方式方法的创新，进一步拓展司法警察职能，建立健全司法警察参与执行的常态机制。一年来，法警大队执行中队的干警参与执行、协助执行案件达 300 余件，执行标的达 1810 万元。

2010 年，不定期开展专项执行、突击执行等集中执行活动，取得明显成效。全年，受理各类执行案件 1222 件（包括上年未结 71 件），执结率达 95.3%，执结标的 2754.4 万元。依法加大执行和解工作力度，执行案件自动履行、和解结案比例达到 66.9%，同比上升 14.4 个百分点。

为了规范法院的执行工作，龙泉市人民法院先后出台一系列执行规定，使执行工作的规范性得到大幅度提高，同时还建立司法救助、公安机关协助法院执行、执行联络员、金融机构协助法院执行等工作机制。2007 年 5 月，中共龙泉市委政法委建立龙泉市综合治理执行难工作领导小组，并下发《龙泉市综合治理执行难工作体系（试行）》。2008 年，龙泉法院积极着手完善综合治理执行难工作机制，建立《龙泉法院与各有关单位以及乡镇街道的执行联络员、信息员协助执行制度》《龙泉法院与金融机构执行信息共享制度》等一系列执行协助制度，充分发挥综合治理执行难工作机制的组织协调、督促检查作用，有的放矢地开展工作。2009 年继续积极探索执行工作新机制，不断强化内部管理，通过建立完善的分权制约和执行进度评比机制，分别设立 4 个执行实施组、1 个裁决组和 1 个清理积案小组，推进执行工作方式方法的创新，2010 年成立“执行 110 指挥中心”，不断完善与公安、工商、银行、国土、房产管理等部门的信息对接和协助执行工作，全力抓好执行五大体系建设，执行效率大大提高。经逐级申报、考核验收，龙泉市人民法院被省高院命名为 2010 年度“无执行积案先进法院”。法院总体执行环境大大改善。1998—2010 年，共执行各类案件 8133 件（含旧存）。

第六节　审判监督

审判监督机构设置

2000 年 8 月，龙泉市人民法院审判监督庭成立，此前相关业务由告诉申诉庭办理。审判监督庭的职责范围：1.办理重审、再审案件的审理；2.开展案件质量评查工作。

审判监督主要工作

2000年8月至2010年12月，受理各类再审案件49件，其中抗诉21件、本院决定再审15件、当事人申请引起再审5件。经审理，维持原判7件、改判14件、调解12件、其他处理13件。

2003年，审判监督庭按季度，对审判业务庭所办理的全部案件，进行逐案逐项评查，全年评查案件1521件，同时把审查结果与年度岗位责任制考核相结合，作为评定法官工作绩效的依据之一。

2005年，认真履行审判监督职能，审结再审案件3件。在再审案件中，既坚持依法纠错，强化审判权的内部监督制约，又注重维护申诉人的合法权益。如在再审华楼街拆迁户刘某、丁某诉龙泉市房屋拆迁安置办公室房屋拆迁合同纠纷一案中，通过加强与中院等相关部门的联系与沟通，积极引导当事人自愿达成调解协议，成功地化解一起当事人长达4年之久的数次信访、两次提起诉讼的矛盾纠纷。

2007年，完善案件质量评查制度，采取全面评查，重点评查和专项评查方式评查案件质量，将案件质量评查情况列入岗位目标责任制考核，确保案件公正高效。组织开展庭审观摩，剖析庭审驾驭、法律适用、司法礼仪方面存在的不足，制定整改措施，提高审判质量。推行优秀裁判文书评比和差错裁判文书处罚相结合制度，严格把好裁判文书的质量关，提高裁判文书的制作水平。进一步完善人民陪审员制度，促进司法民主，确保人民群众对司法活动的直接参与和监督。9名人民陪审员全年共325人次参与庭审，陪审案件174件。

第七节　机构与队伍

机构沿革

1950年9月建立龙泉县人民法院，审级关系由省人民法院丽水分院管辖，法院设审判组和秘书组。同年12月设立裁判委员会，同时建立县人民法庭及第一、二、三、四、五分庭。

1952年1月，丽水专区撤销，隶属温州专区，审级关系由省人民法院温州分院管辖。1956年10月20日，县法院设立龙泉法院审判委员会。1963年5月，审级关系由丽水中院管辖。“文化大革命”期间，龙泉县人民法院陷入瘫痪状态，无法履行司法审判职责。1973年，恢复县人民法院工作。

1988年9月，建立中共龙泉县人民法院纪律检查组。1990年4月，建立告诉申诉审判庭。同时撤销申诉复查、信访办公室。同年9月，建立行政审判庭与森林审判庭合署办公。1990年12月26日撤县建市，改为龙泉市人民法院。同年9月9日，设立市法院政工科。1992年4月，建立锦溪人民法庭。1993年，龙泉法院机构设置：纪律检查组、政工科、办公室（会计室、文印室、档案室、传达室）、告诉申诉庭、刑事审判庭、民事审判庭、经济审判庭、行政审判庭、执行庭、法医技术室、法警队、八都法庭、龙渊法庭、城南法庭、安仁法庭、锦溪法庭。1995年5月24日设立司法警察大队。

1998年12月，建立司法行政装备管理科。1999年11月，经龙泉法院党组研究决定，报市人大常委会同意：城南、锦溪人民法庭与民事审判庭合署办公，原城南、锦溪法庭管辖区的案件，归民事审判庭管辖审理；安仁人民法庭与龙渊人民法庭合署办公，原安仁法庭管辖区的案件由龙渊法庭管辖审理；八都法庭管辖区的案件仍由其管辖审理。2000年1月，建立审判监督庭、立案庭。同时撤销告诉申诉审判庭。撤销安仁、城南、锦溪人民法庭。同年4月，龙泉市人民法院纪检监察室内设立违法审判督查办公室。同年7月，推行审判长、独任审判员选任工作，按照公开运作、公平竞争、择优任用的原则，通过理论考试、实绩考核、群众评议、组织审查等形式，从全院具有法官资格的审判人员中选出3名审判长，7名独任审判员，任期两年。

2001年1月，撤销龙渊人民法庭。同年12月24日，“执行庭”更名为“执行局”。

2002年11月，建立监察室。政工科改称为政治处、民事审判庭改称为民事审判第一庭、经济审判庭改称为民事审判第二庭，执行庭同时称执行局。撤销法医室。2002年12月16日龙泉法院内设机构：办公室、政治处、纪检监察室、立案庭、刑事审判庭（少年犯罪审判庭）、民事审判第一庭、民事审判第二庭、行政审判庭、审判监督庭、执行局（执行庭）、司法警察大队、司法行政装备管理科、八都法庭。

2003年9月4日，设立机关后勤服务中心。同年10—12月，龙泉法院按照公开、平等、竞争、择优原则，实行中层干部竞争上岗和一般干部“双向选择”，选拔出19名中层干部。其中，从一般干警提任7人，从外单位选任1人，中层干部交流面达63.6%，平均年龄从原来的44.3岁下降到36.9岁；同时，在一般干警中实行双向选择，岗位交流面达44.4%。同时，进行第二轮审判长选任工作，共选出3名审判长。

2004年11月2日，八都法庭的行政级别调整为副科级；2005年7月29日，撤销八都人民法庭。

2005年6月3日，龙泉市人民法院迁至中山东路87号新审判大楼，占地面积9347平方米，建筑面积6381平方米，拥有8个审判法庭。审判大楼配有内部局域网、自动化办公系统、大型电子显示系统等设施，建成规范化立案大厅、审判流程系统和执行管理系统、全方位录音录像监控系统，运行2个标准型数字法庭、4个简约型数字法庭。至2007年末，龙泉法院共有内设机构12个，干警总人数73人。

2009年，建成8个数字法庭。至2010年12月，市人民法院在职行政编制为83人，事业编制为1人。

队伍建设

党风廉政建设 龙泉市人民法院认真落实党风廉政建设责任制，通过组织签订党风廉政建设责任状、观看电教片、开展廉政格言书法比赛等形式，对干警进行党风廉政教育，促进法院廉政建设。院领导班子认真执行《全省法院领导班子成员防止人情关系对司法工作不当影响的若干规定》，严格自律，自觉抵制人情案、关系案，强化对重点案件、重点人的管理，重点解决案件的审理不公、执行不公问题。2009年，扎实开展司法作风大检查活动。建立和完善“五个严禁”（指最高人民法院在2009年1月颁布的人民法院工作人员五个严禁事项：一、严禁接受案件当事人及相关人员的请客送礼；二、严禁违反规定与律师进行不正当交往；三、严禁插手过问他人办理的案件；

四、严禁在委托评估、拍卖等活动中徇私舞弊；五、严禁泄露审判工作秘密）相应的举报反馈和核查追究机制，通过创新党风廉政建设新载体，成立“龙泉法院廉政短信平台”，建立廉情信息研判预警及网络阅评机制，积极营造崇廉尚洁的良好氛围。2010年，先后出台《廉政风险点防范管理工作实施方案》《关于实施“廉洁指数”量化评价监控机制的办法》《关于“廉洁指数”的扣分与测算规定》，通过设立六条“线性”标准，不断强化廉政风险防范管理。全年，发动干警查找出廉政风险点139个，制定风险防控措施139条，大大促进公正廉洁司法。因此，龙泉市人民法院被省高院评为2010年度全省法院纪检监察工作先进集体。

法院文化建设　适时开展形式多样的活动，通过建立法院阅览室，添置文体活动设施，举办“元旦晚会”“五四”青年节座谈会；开展登山比赛、摄影比赛等多种文化活动形式，丰富干警的业余生活，提升干警职业荣誉感，不断增强法院的凝聚力、向心力。通过丰富图书阅览室馆藏，增加审判业务资料、书籍的订购科目，定期开展法官读书研讨活动，努力打造“学习型”法院。

信息化建设　龙泉法院根据上级的要求，把加强审判流程管理、提高审判效率、推进审判工作绩效考核作为工作重点来抓，认真做好审判流程管理系统的推广工作，相继完成审判流程管理软件、执行管理软件和审判效率评估软件安装，组织全院干警进行软件操作培训，实现审判管理信息化，有效提升审判管理的科技含量和审判效率，提高对审判工作科学管理的水平。

二十多年来，龙泉市（县）人民法院全面履行法院职能，为维护龙泉市（县）社会和谐稳定、促进经济发展做出积极努力。从1998年到2010年，法院共受理各类案件25771件，2007年到2010年处理来信来访318件次。

获奖与荣誉

1998—2003年，龙泉市人民法院扎实开展“三讲”教育，集中教育整顿，“转变作风年和调查研究年”“回顾过去，开拓未来”教育和司法大检查等活动，提高干警的思想政治素质和拒腐防变的能力，自觉做到严肃执法，公正裁判，恪守职业道德规范和纪律规范。抓好法官的教育培训工作，积极创造条件，激励干警参加高层次的学历教育；加强岗位业务培训，组织干警参加上级法院组织的业务培训。强化内部监督力度，建立“一岗双责”管理机制，层层签订党风廉政建设责任状。6年间，共有2位干警被评为省级人民满意法官，4个集体、10位干警被记三等功，20个集体、91位干警受到嘉奖。

2008年，针对审判、执行工作中发现的问题向有关部门发出司法建议书9份，被采纳9份。2009—2010年，有5名干警通过国家司法考试，新招录公务员2名，考录预备法官6名，对4个中层干部岗位进行调整；返聘3名身体健康、审判经验丰富的退休老法官，参与审判辅助工作，有效缓解案多人少的压力，积极从外单位选调3名具有法律职业资格的公务员作为法官后备人选补充到法官队伍中，确保法官队伍的稳定。成立调研课题组，着力建立学术研讨和调查研究工作的长效机制。2003—2010年先后荣立省级以上集体、个人三等功3次；法警大队被省高院授予全省法院“模范司法警察队”荣誉称号。

第四章　司法行政

第一节　普法教育与依法治市

机构设置与职能

龙泉市（县）司法局是市（县）人民政府的重要组成部门，肩负着向全体干部群众普及法律常识和为人民群众开展法律服务的多重工作职责。其主要工作内容有普法、人民调解、律师律所管理、刑事处分及刑满释放人员的帮教矫正以及公证管理等工作。

普法工作

1985 年 4 月 11 日，县委转发《关于我县普及法律常识五年规划和八五年实施方案的报告》，确定用五年时间在全县范围内普及法律常识教育。当年培训普法师资人员 122 人，向全县干部职工、农民发放普法读本 11600 多册。11 月，开始在龙泉瓷厂搞普法试点工作，全厂 700 多人参加普法学习、考试，合格率为 97%。1986—2009 年，按五年一规划的普法步骤，全市开始逐步深入普法教育。

“一五”普法　1986—1990 年，完成第一个五年普法教育任务，进行《中华人民共和国宪法》《中华人民共和国集会游行示威法》《中华人民共和国婚姻法》《中华人民共和国继承法》《中华人民共和国民事诉讼法》《中华人民共和国刑事诉讼法》《中华人民共和国森林法》《中华人民共和国土地管理法》《中华人民共和国食品卫生法》《中华人民共和国行政诉讼法》和《中华人民共和国治安管理处罚条例》《浙江省计划生育条例》等“十法两例”的普及教育，被评为全省普法先进县。1989 年，开展依法治乡试点工作。1989 年 1 月，成功录制全地区第一部法制宣传教育电视录像片《正义之剑》。1990 年依法治乡工作扩大到 15 个乡镇，逐步为依法治县工作打下基础。

“二五”普法　“二五”普法教育（1991—1995 年）核心是宣传普及《中华人民共和国宪法》《中华人民共和国行政诉讼法》《中华人民共和国义务教育法》《中华人民共和国国旗法》《中华人民共和国集会游行示威法》《中华人民共和国残疾人保障法》《中华人民共和国水法》《中华人民共和国渔业法》《中华人民共和国矿产资源法》《中华人民共和国环境保护法》《中华人民共和国文物保护法》《中华人民共和国公路道路管理条例》等相关法律法规。“二五”普法期间共举办普法培训 539 期，培训普法骨干 14739 人，印发各类法制宣传资料90296 份，开展法制专题广播 2238 次，出法制宣传栏（窗）、黑板报、墙报 2259 期，出宣传车巡回宣传 189 次，上街开展法律咨询活动 231 次，举办各类文艺演出宣传 303 场。受教育干部、职工 27385 人次、中学生 11905 人次、农民

128804人次。

“三五”普法 “三五”普法教育(1996—2000年)。1996年4月,召开“二五”普法教育先进表彰会暨全市“三五”普法、依法治市工作会议,正式启动“三五”普法工作。1996年,配合“严打”斗争,印发各种法制宣传资料5000余份,张贴标语1000余张,出宣传栏80余期,黑板报600期,在全市19所中小学开展法制讲座68场,受课师生达3224人次。1997年6月,举办全市“三五”普法师资骨干培训班,17个乡镇的分管领导、司法助理员以及林业、经委、供销、粮食、水电等部门的下属企业人员参加培训。1998年全市3105名干部(职工)、2200余名教师参加普法建档考试、5632户个体工商户和私营企业参加法律培训、考试、建卡。1999年,开展《中华人民共和国水法》《中华人民共和国税法》《中华人民共和国环保法》《中华人民共和国森林法》《中华人民共和国档案法》《中华人民共和国兵役法》《中华人民共和国土地法》等各部门各行业专业法宣传月(周)活动,222个单位5689名干部职工参加普法建档考试,合格率100%。2000年重点加强对《世贸组织基本法律制度》《村民委员会组织法》等法律法规宣传,印发“三五”普法《法律法规选编》4000余册,在道太乡建立“青少年法制教育中心”。2000年底,“三五”普法教育工作通过丽水市验收合格。

“四五”普法 “四五”普法教育(2001—2005年)。2001年9月市委、市政府召开研究重大事项工作会议,强调要突出普法工作。10月市委、市政府转发《关于在全市公民中开展法制宣传教育的第四个五年规划》。2002年5月市普法领导小组出台《关于“四五”普法期间加强青少年法制宣传教育的意见》,6月出台《关于开展法律进社区的实施意见》,全面推进全市“法律进社区”工作。2003年4月全市各学校从三年级开始开设法制教育课,分发《青少年法制教育读本》万余册。11月全市172个单位、5967名干部(职工)参加普法建档考试,参考率100%,合格率达99.95%。2004年5月市委组织部、普法办等部门联合发文,全面启动本市民主法治村创建工作。10月,市法制文艺小品《母爱》获省法制文艺汇演金奖。11月全市500余名行政执法人员参加行政执法人员综合法律知识培训。2005年经省市验收合格,市司法局被评为2001—2005年全省法制宣传教育先进集体。

“五五”普法 “五五”普法教育(2006—2010年)。2006年5月,首个由司法局、普法办、电视台共同创办的法制电视专题栏目——《剑川法制》正式开播。2006年5月,组建由市委党校讲师、法官、检察官、律师、经济师、审计师等共12名法律、经济专家组成的普法讲师团。2006年11月,市委、市政府转发《关于在全市公民中开展法制宣传教育的第五个五年规划》。2007年开展由司法局、科技局、市普法办主办,电影公司协办的法制、科技电影宣传年活动,在全市各乡镇(街道)重点村庄巡回放映100场电影,掀起农村普法新高潮。2008年3月,对新调整的410余名民事调解员、普法宣传员进行为期2天的集中培训。2008年7月17日,通过丽水市“五五”普法中期检查。2009年,在市中小学素质教育实践活动中心和市东升小学建立青少年法制教育基地。“五五”普法期间,共印发“五五”普法教材22000余册,组织送法下乡200余次,开展法制讲座160余次,分发宣传资料16万余份,接受法律咨询近1万人次。每年全市近190个单位,6000多名干部(职工)参加普法建档考试,参考率达99%以上。在电视台播放法制宣传栏目《剑川法制》105期,向全市农村发放《实用法律知识读本》12000册。开展法制文艺演出105场、在《剑瓷龙泉》上共刊登普法园地专栏80期、组织街头法制宣传、咨询60场次。

依法治市

1995年1月14日，中共龙泉市委第九届第七次全会专题审议并通过《关于开展依法治市工作的决定》。同年5月龙泉市第十一届人民代表大会第三次会议，审议通过市政府提出的《龙泉市依法治市实施方案》，确定自1995年起，用五年时间，分三个阶段，在全市范围内开展全方位的依法治市工作。1996年依法治理面乡镇达到100%，机关达到80%，行业达到70%。结合"三五""四五""五五"普法工作，1996—2010年依法治市主要是各乡镇、机关各部门制订依法管理规划，市公、检、法、土管、城建、城管、卫生等25个行政执法部门和机关开展以行政执法为核心，完善行政执法责任制和行政执法错案责任追究制，严格依法行政，提高部门法治化管理水平。实行政务、财务等重大事项公开制度，营造公平合理的区域环境。行政村、社区以创建"民主法治村（社区）"为载体，全面实行村务、财务公开，完善村规民约，促进基层民主政治建设。到2010年，全市创建五星级"民主法治村（社区）"3个、四星级"民主法治村（社区）"35个、三星级"民主法治村（社区）"356个。全市100%的村和社区开展"民主法治村（社区）"创建活动和星级达标活动，同时培养和树立一批先进典型。至2009年末，全市共创建省级"民主法治村（社区）"4个，市级"民主法治村（社区）"45个，县级"民主法治村（社区）"383个。

第二节　人民调解

主要工作

1989年，县委批转司法局党组报告，要求乡级建立调解办公室并配司法助理员。1991年10月，市委、市政府召开全市人民调解工作会议，回顾总结六年来基层调解工作情况。选送41人参加全省法律工作者统考，宏山乡司法助理员杨月林在全国人民调解知识竞赛中获得三等奖。1992年，根据乡镇撤扩并工作，建立和调整7个法律服务所。1996年，龙泉市城北乡、遂昌县安口乡、松阳县枫坪乡毗邻地区治安调解联席会议正式签约。1998年5月，在庆元县黄田镇签订龙庆毗邻乡镇治调联防联席会议制度。1999年，全市17个乡镇都建立司法所，并任命了乡镇司法所长。4月，安仁镇与云和县赤石乡达成毗邻地区社会治安、人民调解工作联防联席会议制度。9月，龙遂毗邻联防联席会议召开年会，总结交流经验，有效地促进毗邻交界矛盾的调处。2002年，根据"三定方案"全市19个乡镇、街道全部建立司法所，其中9个乡镇、街道为局派出司法所（目前只有3个街道司法所），10个乡镇为乡镇内设司法所与综治办合署办公。2003年，市司法局率先在小梅镇、宝溪乡开展乡、镇人民调解委员会试点工作。2006年全市已完成道太、龙南、上垟、屏南、安仁、查田、小梅、八都、兰巨九个司法所的业务用房建设，均已通过省厅验收，为全市15个具备条件的乡镇、街道调委会配备统一的调解庭。2007年，争取到省补助资金39万元用于司法所建设，全市已实施规范化建设的司法所共13个。2009年2月组织全市人民调解员及社区矫正协管员进行培训。2009年10月，与卫生局建立医患纠纷调解委员会，2009年7月，市委政法委和司法局专门下发文件，在全市范围内组织开展矛盾纠纷大排查大调处活动。2009年起，以市政府名义

1989—2010 年龙泉市(县)民事纠纷调处一览表

表 25-4-1

年份	调解组织（个）	调解干部（人）	培训数（人）	案件类别（件）									其他（件）	案件合计（件）
				婚姻	继承	赡养抚养	房产	债务	生产经营	损(伤)害赔偿	家庭	邻里		
1989	396	1154	1449	43	14	15	9	36	31	55	39	65	83	390
1990	396	1013	1536	45	15	17	15	42	33	53	32	53	93	384
1991	396	1161	1424	32	12	21	17	38	53	59	52	46	111	431
1992	396	1210	1518	34	8	40	19	48	42	27	61	48	83	410
1993	402	1182	1498	26	24	23	12	40	41	37	29	47	92	371
1994	402	1156	1528	47	19	22	11	43	64	18	30	38	81	373
1995	397	1170	1657	30	17	18	9	44	45	41	37	48	97	386
1996	397	1184	1614	29	16	17	14	41	44	31	27	45	56	350
1997	397	1197	1623	32	19	18	19	39	65	35	37	51	105	420
1998	397	1203	1688	31	18	19	23	51	56	31	41	58	83	411
1999	397	1195	1602	54	15	31	16	45	57	54	37	58	113	480
2000	397	1063	1526	39	16	21	11	39	49	52	47	59	63	396
2001	397	1207	1655	36	15	15	12	29	44	71	37	47	193	499
2002	397	1287	1731	35	14	23	23	38	61	62	60	103	111	530
2003	397	1337	1715	23	17	23	16	36	56	63	47	93	114	488
2004	397	1284	1718	19	8	28	21	42	50	54	41	69	89	421
2005	400	1284	1763	20	16	17	15	35	62	85	33	67	105	455
2006	428	1381	1863	29	14	18	17	39	121	110	55	75	70	548
2007	438	1376	1896	33	20	23	26	25	130	77	79	74	132	619
2008	438	1396	1959	33	17	20	25	140	139	117	67	95	270	923
2009	506	1901	2018	45	28	47	47	266	294	192	89	163	403	1574
2010	506	1901	—	64	38	45	59	201	282	244	126	204	858	2121

对优秀的人民调解组织和调解员进行表彰。2010 年全市已建司法所 19 个，各类调解组织 506 个(其中乡镇、街道人民调解委员会 19 个，村(居)调解委员会 456 个，企业 19 个，其他 12 个)，人民调解员 1901 人。

调解工作成效

龙泉市司法局在各乡镇街道建立人民调解委员会，在各村(居)和有一定规模的企业和其他组织建立调解委员会，在基层化解矛盾纠纷，促进了社会和谐发展。

第三节　帮教安置与社区矫正

帮教安置

1996 年，龙泉市司法局制定下发《安置帮教工作职责》《龙泉市乡镇两劳管教站工作制度》，落实帮教措施，对两劳回籍人员建档立卡，跟踪回访。1999 年健全帮教登记、档案管理、回访谈心等制度。

社区矫正

2006 年 6 月，龙泉市被列为社区矫正试点县市，丽水市共有莲都区、龙泉市 2 个县市被列为试点范围。2006 年 7 月，市委、市政府成立龙泉市社区矫正工作委员会。2006 年 6—11 月，按照上级要求完成社区矫正对象的排查、摸底、核对工作，建立乡镇(街道)社区矫正组织。2006 年 8 月，制定龙泉市社区矫正试点工作意见和实施方案。2006 年 12 月，召开社区矫正试点工作动员大会暨交接仪式现场会，全市从公安部门移交接收的社区矫正对象共有 260 名。2007 年 5 月，设立龙泉市社区矫正管理中心，有 3 名办公人员,变安置帮教管理为动态管理，对 2004—2006 年三年内回归的刑释解教人员、刑满释放人员和 2006 年 12 月 10 日以后的社区矫正对象的基本情况录入计算机管理，规范刑满释放人员、解除劳教人员回归社区时的衔接工作。2007 年 7 月，建立九姑山过渡性(一年)社区矫正公益劳动基地。2008 年 2 月，建立棋盘山社区矫正公益劳动基地。2008 年 4 月，全市各乡镇(街道)正式启动一套新社区矫正工作档案，同时给各乡镇安装“刑满释放解除劳教人员安置帮教工作管理软件”。2008 年 10 月，龙泉市成立“社区矫正志愿者阳光行动”指导委员会。2009 年，市委、市政府第一次将社区矫正工作列入各乡镇(街道)目标责任制考核，2009 年丽矫办向各县市通报表彰龙泉市社区矫正工作。市矫正办被评为 2009年度全省“社区矫正规范落实年活动”先进单位。

2006—2010年龙泉市社区矫正人员统计一览表

表 25-4-2　　　　单位：人

项目 年份	累计接收矫正人员				在册矫正人员基本情况														再犯新罪		归正人员情况					
	总数	其中			类别					户籍		性别		年龄				受治安处罚	人数	再犯率%	总数	其中				
		期满人数	收监死亡等	在册人数	管制	缓刑	假释	监外执行	剥权	城镇户口	农村户口	男性	女性	18岁以下	19至45岁	46至60岁	60岁以上					劳改	劳教	社区	重新犯罪	
																									人数	重犯率%
2006年12月份接交人数				260	6	233	2	5	14	40	220	249	11	13	180	55	12	—	—	—	—	—	—	—	—	—
2007年末	416	139	6	271	10	236	1	5	19	49	222	255	16	12	191	58	10	0	2	0.74	611	389	90	132	4	0.65
2008年末	521	257	12	252	1	217	3	5	26	22	230	236	16	8	184	51	9	5	2	0.79	729	439	48	242	13	1.78
2009年末	417	113	10	294	1	247	19	6	21	27	267	272	22	15	202	65	12	2	3	—	834	670	51	113	10	1.19
2010年末	420	131	6	283	0	219	35	9	20	32	251	258	25	13	200	59	11	0	1	—	910	734	45	131	12	1.31

第四节 律师与基层法律服务工作

律师工作

1982年2月，建立县法律顾问处，归属司法局。1985年3月，法律顾问处改为律师事务所，1989年，县律师事务所在省律师协会二届三次理事扩大会议、省恢复律师制度十周年大会上作典型发言。1990年撤县设市，律师事务所改为龙泉市律师事务所。1993年10月，成立龙泉市天问律师事务所（合作制）。1993年10月，律师工作实行效益工资制改革，龙泉市律师事务所与天问合作制律师事务所形成互相公平竞争，互相激励的局面，积极参与企业决策谈判、修改合同、草拟规章、提供法律咨询、诉讼代理等全方位的服务。1995年5月，根据省司法厅文件规定将龙泉市律师事务所名称变更为佳音律师事务所（浙江龙泉），后又变更为"浙江龙泉佳音律师事务所"，1999年3月，"浙江龙泉佳音律师事务所"名称变更为"浙江佳音律师事务所"。1999年5月，"浙江龙泉天问律师事务所"变更为"浙江金言律师事务所"。1999年，建立律师参与市党政领导信访接待日工作，并形成制度。

根据浙江省司法厅文件精神，2000年11月，浙江佳音律师事务所与行政脱钩由原国资律师事务所改为合伙律师事务所。2005年浙江佳音律师事务所与浙江万泰律师事务所、浙江申信律师事务所合并组建浙江万申佳律师事务所，2010年，成立浙江万申佳律师事务所分所——浙江万申佳（龙泉）律师事务所。

基层法律服务工作

1988年有法律服务所16个，法律服务工作人员59人。1989年，基层法律服务机构全面整顿，首批撤销10个法律服务机构。1990年恢复和建立5个法律服务所。1992年，根据乡镇撤扩并工作，建立和调整7个法律服务所。1993年8月，成立"龙泉市法律服务中心"。1997年，司法局积极取得公安、检察、法院的支持，联合作出《关于加强全市法律服务市场管理的规定》，并与法院联合查处无证从事有偿法律服务的有关人员，净化法律服务市场。2001年5月，"龙泉市法律服务中心"更名为"龙泉市信用法律服务所"，并成立龙泉市剑川法律服务所、龙泉市龙渊法律服务所。

浙江金言律师事务所　1993年10月，建立首家合作制天问律师事务所，实行"定额定量，超额奖励，工效挂钩，不搞平均"的分配制度和推行办案质量、数量和收费的综合目标管理岗位责任制。天问合作制律师事务所建所两个月时间就办理刑事辩护15件，民事经济代理10件，担任常年法律顾问6家。1999年5月，"浙江龙泉天问律师事务所"变更为"浙江金言律师事务所"。

浙江万申佳（龙泉）律师事务所　1982年成立龙泉县法律顾问处，撤县设市时改为龙泉市律师事务所，1995年5月，根据省司法厅文件规定将龙泉市律师事务所名称变更为佳音律师事务所（浙江龙泉），后又变更为"浙江龙泉佳音律师事务所"，1999年5月，再变更为"浙江佳音律师事务所"。根据浙司发〔2000〕273号文件，2000年11月，浙江佳音律师事务所与行政脱钩由原国资律师事务所改为合伙律师事务所。2005年"浙江佳音律师事务所"与浙江万泰律师事务所、浙江申信律师事务所合并组建浙江万申佳律师事务所，2010年成立浙江万申佳律师事务所分所——浙江万申佳（龙

泉）律师事务所。

龙泉市龙渊法律服务所　1990 年 5 月成立，秉持服务于基层、服务于大众、服务于社会的理念为龙泉城乡广大群众开展法律服务。2001 年 5 月，“龙泉市龙渊法律服务所”与“龙泉市龙渊司法所”分离，重新核准成立“龙泉市龙渊法律服务所”。全所实行“统一收立案、按业务比例计酬、以办案质量和执业规范考核”的管理制度。

龙泉市信用法律服务所　2001 年 5 月，由“龙泉市法律服务中心”更名为“龙泉市信用法律服务所”，实行“全所统一收立案、按业务收费比例计酬、以办案质量和执业规范考核”的管理制度。

龙泉市剑川法律服务所　2001 年 5 月，经核准成立龙泉市剑川法律服务所。该所推行定额定量，工效挂钩收益分配制度。2005 年，剑川法律服务所获丽水市“文明法律服务所”先进称号。

1989—2010 年龙泉市（县）律师事务所（法律服务所）办案情况一览表

表 25-4-3

年份	担任常年法律顾问	民事代理（件）	刑事辩护（件）	非诉讼调解（件）	代书（件）	经济案件（件）	法律咨询（件）	行政诉讼（件）	避免、挽回经济损失（万元）
1989	6	68	25	12	263	36	412	3	140
1990	15	92	30	20	326	36	439	2	176
1991	17	99	35	24	312	51	415	5	190
1992	22	145	22	35	442	67	700	5	380
1993	23	95	20	95	438	76	712	5	390
1994	30	181	24	48	476	87	1131	3	850
1995	31	185	28	61	597	81	1322	7	950
1996	34	197	30	50	633	84	1313	7	1075
1997	25	179	41	55	482	75	1377	6	1470
1998	31	205	31	47	605	86	1471	2	1620
1999	30	212	31	51	590	90	1564	2	2210
2000	44	223	43	60	708	103	1538	11	2530
2001	50	286	37	80	1130	110	1932	9	3080
2002	53	312	42	98	324	987	2119	11	3665
2003	54	319	36	90	990	129	2117	12	3866
2004	59	374	34	86	957	132	2190	10	4375
2005	63	379	35	79	934	137	2178	13	4621
2006	62	381	39	80	901	146	2188	14	4710
2007	59	417	50	86	978	154	2059	13	5177
2008	62	419	47	94	982	150	2390	15	5705
2009	61	333	52	74	730	175	3810	13	5719
2010	68	407	55	90	862	222	4463	17	6332

第五节 公 证

机构设置

1981 年 9 月，龙泉县司法局设立县公证处，为司法局内设机构，开始为群众提供合同与其他公证服务。

主要工作

1989 年 7 月，县公证处同计划生育委员会在锦旗区岩樟乡开展计划生育合同公证试点工作。1990 年 5 月，公证处与老龄委在上垟镇开展赡养协议公证试点工作。同年开展生猪购销合同和抵押贷款合同公证。1991 年 3 月，市公证处在公证制度恢复十周年之际，开展公证宣传活动，在市电视台两次播放《公证在我们心中》的电视录像片。同年开展第二轮企业承包合同公证，积极为经济体制改革和经济建设提供法律服务。1992 年 7 月，公证处首次参与国有土地使用权公开拍卖活动的现场监督公证，并新开辟为库区移民开发基金抵押贷款、职工协议、乡镇企业劳务合同、土地使用权有偿转让、市场摊位拍卖、公房集资等公证。1993 年，公证处积极为企业转换经营机制提供法律服务，参与乡镇供销社、百货公司、五金公司等柜组招标现场监督公证。1994 年 4 月，公证处与市法院、人民银行、建行、中行、信用联社联合发文《关于各银行、信用社借款合同办理公证的通知》，加强横向联系，并拓展乡镇农技人员聘用合同、驾驶员聘用合同、汽车拍卖合同公证等。龙泉市公证处荣获 1994 年度全省司法行政系统先进集体。1995 年，开拓办理农户杂交水稻制种协议合同公证 100 多份。1996 年 9 月，公证处开展《浙江省公证条例》颁布实施一周年宣传周活动。1998 年起，涉外公证不断增加，公证文书发往 30 多个国家和地区。1999 年，市公证处在市建设工程交易中心设立公证窗口，为本市重点建设工程项目提供法律服务。2000 年，落实公证业务公开制度，并积极介入房地产公证业务。该年起，涉及房地产的公民财产继承、赠与、遗嘱、析产协议、委托书等公证业务逐年上升。2006 年，首次办理涉及网络侵权、外观设计专利权侵权的保全证据公证。2007 年 11 月 28 日，龙泉市公证处改为司法局下属自收自支事业单位，核定编制 5 名。2008 年，公证处配合市政府全程参与城市拆违工作，为老城区改造和新城区建设提供公证法律保障，积极配合全市“百日大会战”工作，参与全市大型水利工程、交通工程招标等重要领域和重大经济活动的现场监督公证。7 月与龙泉市剑池街道六村签订公证法律服务协议书，积极为“三农”提供法律服务。2009 年 7 月 1 日起推行继承类、强制执行类要素式公证书。龙泉市公证处具有执业资格公证员 2 名。1989—2010 年，办理各类公证 23192 件，其中国内民事公证 10456 件，国内经济公证 6895 件，涉外公证 5631 件，涉台公证 210 件。

1989—2010 年龙泉市(县)公证处公证业务情况一览表

表 25-4-4

年份	经济类(件)	民事类(件)	涉外公证(件)	涉台公证(件)	合计(件)	业务收入(万元)
1989	719	100(计生合同 1592 件)	16	—	2427	1.975
1990	549	1113	71	2	1735	2.43

续表 25-4-4

年份	经济类(件)	民事类(件)	涉外公证(件)	涉台公证(件)	合计(件)	业务收入(万元)
1991	314	684	51	2	1051	1.7001
1992	488	1021	49	—	1558	1.97
1993	385	807	46	—	1238	2.878
1994	804	374	53	—	1231	7.3912
1995	820	208	128	11	1167	7.007
1996	488	1021	49	—	1558	8.107
1997	355	306	96	14	771	17.625
1998	368	233	224	5	830	7.078
1999	135	120	224	17	496	7.52
2000	72	220	308	17	617	9.355
2001	62	99	301	17	479	9.563
2002	124	136	317	10	587	12.68
2003	144	111	346	8	609	15.69
2004	201	133	329	23	686	16.78
2005	251	226	428	8	913	22.365
2006	111	259	513	19	902	23.67
2007	51	362	535	7	955	26.54
2008	65	349	576	20	1010	52.78
2009	171	398	533	16	1118	60.28
2010	218	584	438	14	1254	66
合计	6895	10456	5631	210	23192	381.3843

第六节　法律援助

主要工作

1998 年 10 月,龙泉市在司法局内部成立法律援助中心。2002 年 8 月,全省统一开通“12348”法律服务专用电话。2003 年 7 月,开展法律援助和“12348”法律服务专题调研活动。2003 年 9—12 月,在全市范围内开展为期 4 个月的“为实现公平和正义——法律援助在龙泉”大型公益活动。2004 年 3 月“龙泉市法律援助中心”正式挂牌成立,并设立专门的办公室。2005 年 4 月,成立“龙泉市困难职工法律援助室”。为便于群众办事,根据省厅要求,2007 年法律援助中心设立沿街的落地窗口。从 2006 年 4 月起,先后建立维护国防利益法律援助站、残疾人法律援助站、青少年法律援助站、妇女法律援助站;3 个社区法律援助联络站,19 个乡镇法律援助联络站;10 个村级法律援助联络站等共 41 个网络连接点。中心自 2004 年挂牌成立以来共为困难群众提供法律援助 803 起,解答咨询电话 400 余个,接待群众来访 5000 余人次,分流解决纠纷 120 多起。

2007 年获得全省法律援助先进集体，2008 年获得局先进科室，2010 年获得丽水市优秀“青少年维权岗”。

法律援助办案工作成效

龙泉市法律援助中心自成立以来，积极为社会困难群众、弱势群体提供无偿法律援助，参与各类刑事、民事、经济、行政等案件代理辩护工作，开展法律咨询和非诉讼案件调解等活动，为保障弱势群体利益，维护社会稳定和社会公平正义发挥了重要作用。

2004—2010 年龙泉市法律援助中心法律援助办案情况一览表

表 25-4-5

年份	受援助人（件）	民事代理（件）	刑事辩护（件）	非诉讼调解（件）	代书（件）	经济案件（件）	法律咨询（件）	行政诉讼（件）	避免、挽回经济损失（万元）
2004	29	14	10	5	10	—	—	—	80
2005	65	20	14	31	50	—	510	—	100
2006	150	28	18	104	80	10	679	—	340
2007	165	31	16	118	100	50	996	—	800
2008	172	42	15	115	100	20	1006	—	650
2009	144	56	23	65	82	15	920	—	720
2010	192	83	37	72	92	24	956	—	860

第七节　机构设置与沿革

机构设置

龙泉市司法局原名龙泉县司法局，于 1981 年 2 月 28 日成立，办公地点设在中山西路 1 号市政府大院 2 号楼。1981 年 9 月，设立县公证处。1982 年 2 月建立县法律顾问处。1984 年 3 月，司法局下设人事秘书股、宣传教育股、人民调解股。县公证处与法律顾问处亦归属司法局。1985 年 3 月，法律顾问处改为律师事务所。1988 年，有区镇司法办公室 15 个，法律服务所 16 个，法律服务工作人员 59 人。

机构沿革

1989 年 5 月，将人事秘书股改名为办公室，人民调解股改名为基层工作股。1989 年 9 月，在全省依法治市（县）工作座谈会上，双岭乡开展的依法治乡试点工作作为试点典型在会上作经验交流。1990 年 1 月，丽水地区司法处在龙泉县召开“全区依法治县工作现场会”，“双岭经验”在全区推广。1990 年 12 月龙泉撤县设市，龙泉县司法局改为龙泉市司法局。1995 年 8 月，设立“两劳”回归人员教育管理科。1997 年 5 月设立行政法制科。1998 年 10 月，成立“龙泉市法律援助中心”。1999 年 1

月，龙泉市司法局“148”法律服务专线电话与丽水地区“148”法律服务专线实现联网开通。1999 年 8 月，局机关办公地点（老市政府）搬至清风路 2 号（龙泉宾馆）。1999 年 9 月，设立龙泉市司法鉴定中心。2000 年 8 月，设立“市法制教育培训中心”，为司法局下属全额拨款事业单位。2002 年 6 月，根据《龙泉市人民政府办公室关于印发龙泉市司法局职能配置、内设机构和人员编制规定的通知》设立司法局政工科。2002 年 11 月，因机构设置调整，设立龙渊街道司法所、西街街道司法所、剑池街道司法所 3 个直属司法所。2005 年 9 月，局机关搬入市行政中心大楼 9 楼。2005 年 9 月，“龙泉市剑池街道司法所、龙泉市龙渊街道司法所、龙泉市西街街道司法所”印章变更为“龙泉市司法局剑池司法所、龙泉市司法局龙渊司法所、龙泉市司法局西街司法所”。2006 年 2 月，司法行政工作被纳入龙泉市“十一五”规划纲要。2006 年 8 月，建立龙泉市社区矫正工作委员会。2006 年 11 月，龙泉市社区矫正试点工作启动。2006 年 12 月，社区矫正工作正式交接。2007 年 11 月，龙泉市编制委员会同意增设社区矫正工作管理科。2007 年 11 月，撤销市司法局公证处，设立龙泉市公证处，为局下属自收自支事业单位。2008 年 11 月，司法局与中共龙泉市委党校共建法制教育培训基地。2009 年 6 月 22 日，成立全市首个乡镇直属司法所“八都司法所”。2010 年，下设办公室、政工科、宣教科（市普法办）、基层科、行政法制科、法律援助中心（“148”法律服务中心）、社区矫正工作管理科、律管科、公证管理科等 9 个职能科室和 9 个直属司法所（龙渊司法所、剑池司法所、西街司法所、八都司法所、锦溪司法所、安仁司法所、小梅司法所、上垟司法所、道太司法所）。

第二十六篇

军　　事

第一章　地方人民武装机构

第二章　兵役工作

第三章　民兵与预备役

第四章　国防教育与拥政爱民

第五章　武装警察部队

龙泉是革命老根据地县，有光荣的革命军事斗争历史和光荣的革命斗争传统。1935年中国工农红军挺进师师长粟裕、政委刘英率部入浙开展游击战争，创建了以龙泉住龙—遂昌王村口为中心的浙西南游击根据地，建立住龙苏维埃政府。地下党组织和党领导的地下武装力量一直坚持战斗至龙泉解放。

1949年5月，龙泉解放，7月，建立中国人民解放军龙泉县大队，隶属浙江省第七军分区和中共龙泉县委双重领导。龙泉县大队建立后，即投入清剿土匪，保卫人民政权的斗争。1951年3月24日，中央军委发出《关于各级人民武装部的组织和编制的决定》，4月，龙泉县人武部建立，隶属丽水军分区建制。1952年，由于丽水专区撤销，龙泉县人武部隶属于温州军分区。1963年5月，丽水军分区恢复建制后复归丽水军分区领导。龙泉市(县)人民武装部及其所辖的乡(镇)企事业单位人民武装部是地方武装力量的组织和领导机关。民兵和预备役组织是地方主要的人民武装力量，肩负着保卫国防、维护社会稳定以及发展经济的双重任务。1989—2010年，龙泉市(县)人武部重点加强对民兵、预备役队伍的整组、军事训练和思想政治教育工作，同时每年对龙泉高中以上学校学生进行入学前军事训练，提高学生军事素质和国防觉悟。

2000年，龙泉市被省军区和省人民政府防空办公室确定为人民防空重点城市，2001年市政府成立龙泉市人民防空办公室，开展有计划的人防设施建设和人防演练。

驻龙泉的人民武装警察中队和人民公安消防大队，直属地市级军分区以及地市武警支队和地市消防支队的领导，是中国人民解放军在龙泉的驻军机构，担负着维护龙泉当地社会稳定和抗灾救灾、维护社会消防安全、保护人民群众生命财产安全的光荣使命。人民解放军驻龙部队指战员和广大民兵，在维护地方社会治安，支援地方建设中，作出重大贡献。

第一章　地方人民武装机构

第一节　人民武装部

市(县)人民武装部

中国人民解放军地方人民武装部是中国人民解放军在县(旗、县级市、市辖区)设立的一级组织,是本地区的军事领导指挥机关,是同级地方党委的军事部兼同级人民政府的兵役机关,是同级地方党委人民武装委员会的组成单位及其办事机构。主要负责军事后备力量建设和战备工作、兵役和动员工作、指挥训练民兵作战等。领导管理辖区内在乡(镇)和大中型厂矿、大专院校设立的基层武装工作。

浙江省龙泉市(县)人民武装部为龙泉市的军事领导指挥机关,是中共龙泉市(县)委的军事部,兼龙泉市(县)人民政府的兵役机关。截至2010年下辖3个街道、16个乡镇、1个企业人武部。

机构沿革

1951年4月,龙泉县人民武装部建立,隶属于丽水军分区,1952年,转属温州军分区建制。1954年9月,龙泉县兵役局成立,与县人民武装部合署办公。1960年3月,龙泉县兵役局撤销,复称龙泉县人民武装部。下设军事科、组织动员科,政工科、秘书室。1963年5月,丽水军分区恢复建制后,龙泉县人民武装部复归丽水军分区领导。1986年6月,龙泉县贯彻执行中共中央、国务院、中央军委颁发《中共中央、国务院、中央军委关于县(市)人民武装部改归地方建制有关问题的通知》,将县人民武装部调整为地方建制,规格为副县级单位,受县委、县政府和上级军事部门的双重领导。1990年12月,龙泉撤县设市,龙泉县人民武装部改称为龙泉市人民武装部。1992年,龙泉市根据撤县设市和撤区扩镇并乡需要,设专职武装干部为39人。1996年4月1日,龙泉市贯彻执行中共中央、国务院、中央军委颁发《中共中央 国务院 中央军委 关于县(市、区)人民武装部收归军队建制的通知》,龙泉市人民武装部划归军队建制,规格为正团级,下设军事科、政工科、后勤科。武器装备仓库主任由军事科参谋兼任,核定编制干部12人,职工12人。

基层人民武装部

基层人民武装部主要是指乡镇(街道)人民武装部,在规模较大的企事业单位也可以建立直属市(县)人民武装部领导的独立的人民武装部。在1992年龙泉市撤区扩镇并乡之前,每一个区和乡镇都建立了人民武装部,在市(县)人民武装部集中统一领导下开展有关人民武装的各项工作。在龙泉市撤区扩镇并乡后,加强基层人民武装工作,各乡镇、街道共配备专职武装干部34人。2002年,龙泉市辖8个镇8个乡及3个街道，共建立19个人民武装部。2007年4月，浙江佳和集团人民武装部成立。2010年12月，全市共有8个镇8个乡3个街道19个人民武装部和1个企业人民武装部。基层人民武装部接受当地基层党委政府和（县）人民武装部的双重领导，在做好基层乡镇企业人民武装工作的同时，也围绕党和政府的中心工作，协助地方完成有关工作任务。

第二节　机关干部训练培训

人武部干部军事训练

1989—2010年，龙泉市（县）人武部每年按上级要求制定计划，组织人武部干部进行军事技战术和其他内容的训练，提高地方人武部干部的工作能力和技战术水平。

1990年5月，龙泉县人武部贯彻执行中央军委颁发《中国人民解放军军事训练条例》，对人武部机关干部进行军事地形学、军用文书和兵器常识等为主要内容的业务训练，还利用6天的新条令学习和训练，提高机关干部的业务水平和军事素质。同时对专职武装干部采取函授学习，分片指导，集中考试的方法进行培训。

1991年，龙泉市人武部机关干部开展在职学习和岗位练兵活动。组织干部学条令、条例和军事理论。军事科干部根据参谋"六会"（会讲谈、会画、会写、会记、会算、会传）要求，努力钻研军事业务；政工科积极学习"政工条例"，为政治建设当好党委参谋；办公室干部、助理员认真学习业务，取得财务专业合格证书，进一步提高机关干部业务素质和工作能力。1993年，龙泉市人武部狠抓民兵"三落实"达标工作，迎接南京军区达标抽查及省军区对人（专）武干部军事训练考核，针对时间短、难度大、要求高的情况，严密组织，科学安排，周密计划，保证民兵军事训练顺利进行。1994年，龙泉市人武部机关训练重点放在部领导的知识结构和能力上，提高首长机关在高科技条件下作战分析判断、决策处置、组织协同、随机应变等"四个能力"。参谋人员开展"六会"业务训练。1995年，龙泉市人武部执行上级军事部门指示，坚持人武部机关干部在职学习和岗位练兵，狠抓干部函授学习，参加三级机关首长演练和战前集训，重点突出高科技条件下军队指挥作战形式变化，战争动员以及后勤保障的理论研究。1996年，按照军分区《关于人武部军事训练通知》的精神，以毛泽东军事思想和邓小平新时期军队建设思想为指导，深入贯彻新时期战略方针和军委扩大会议精神，围绕适应东南沿海军事斗争的需要，针对人武部收归后，军队建制和新老交替人员不足的情况，结合本市任务和特点，突出高科技条件下的局部战争研究、机关业务技能训练和指挥谋略训练，积极探索适应本市任务和作战对策，努力学习和研究《毛泽东人民战争理论》《参谋业务技能》和现代化指挥操作技能及步兵团攻、防战斗理论等。在训练中做到边学边干，互教互学，开展岗位练兵，工作、学习同步进行。在抓好机关业务技能训练的同时，增强参谋人员谋略训练和"新六会"训练的自觉性，取得较好效果。

1997年，是市人武部收归军队建制后的第二年，龙泉市人武部适应人武部建设的需要，组织机关干部学习贯彻新时期军事战略方针和中央军委、南京军区、省军区党委有关会议精神，着眼适应东南沿海军事斗争的需要，结合龙泉任务和特点，突出高科技知识的学习和局部战争研究、战法研讨和机关业务技术训练。部领导和科长分别参加军分区授课训练，其余专职武装干部参加军分区函授训练，在职机关干部和职工刻苦学习，钻研业务，开展各种技能训练。

1998 年，龙泉市人武部以军委新时期军事战略方针为指导，认真抓好机关干部和专职人武干部的学习，采取统一计划、组织辅导、专题作业等方法，学习上级规定的必读书目和军分区下达的练习题库内容。4 月，选送 10 名未当过兵的专职人武干部赴松阳参加军分区组织的集训，取得团体总分第三名的好成绩。5—6 月初，进行应急分队军事训练，经军分区考核组考核验收，获全区总评成绩第二名。

人武部干部现代化军事能力训练培训

1999 年，龙泉市人武部执行中央军委准备打赢一场高科技条件下局部战争的要求，组织机关干部和专职人武干部积极参加军分区函授作业和高科技知识学习，开展岗位练兵活动。针对市人武部干部新老交替，坚持以老带新，边学习边工作，提高业务水平和组织指挥能力。参加军分区组织的干部技术等级考试的(专)武干部，均取得资格证书。

2000 年，龙泉市人武部认真贯彻落实“打得赢”的指示，结合人武部工作实际，积极做好军事斗争准备。加强军事机关正规化建设，强化军事机关特色，培养良好的战备、工作、训练、生活秩序，按照条令条例严格训练，严格纪律，严格管理，从严治军。规范机关会议室、值班室和办公室，添置了电脑，配备了复印机及传真机，机关干部有的参加地方电脑培训，有的边工作边学习，经一段时间努力，多数干部基本掌握电脑的操作使用。

2001 年，龙泉市人武部执行军委新时期军事战略方针的要求，以民兵工作调整、改革为契机，结合未来军事斗争中龙泉市可能担负的部队过境保障、兵员动员、防空防卫等任务，进行全面的调查研究，按照“真打真准备”的要求，落实做好未来军事斗争的准备工作。

2002 年，龙泉市人武部加强首长机关、专武干部和民兵军事训练及训练场地的建设。组织作战理论研究，组织部、科、参谋对重要目标的防空防卫、部队集结保障、信息作战、特种作战战法进行研究；开展共同科目训练，人武部组织干部进行共同科目考核；选送干部到省军区参加训练。

2003 年，龙泉市人武部以质量建设、调整改革为核心，以军事训练为中心，注重质量的提升。为保证训练效果，提高训练质量，在训练指导中，立足市场，着眼战场，采取分类训练的方法，严格按纲施训。

2004 年初，龙泉市人武部执行省军区按纲施训工作会议精神，专门召开部党委会议，按照上级要求，成立干部按纲施训领导小组，制定按纲施训计划，按照新纲要求组织人武干部和民兵训练，严格施训，科学组训。在组织部机关业务基础和指挥技能训练时，设定目标，规定训练内容，严格要求，并购买体能训练器材、军事资料及学习用品，为按纲施训工作的全面有效开展提供物质保证。

2005 年龙泉市人武部执行上级军事训练指示，部机关和人(专)武干部按照“按纲施训计划”，进行防卫作战想定作业、军用文书、军事理论及体能训练，开展业务训练，做到时间、内容、效果的落实。为适应未来军事斗争的现实需要，提高指挥办公自动化水平，人武部新购置笔记本电脑。9 月中旬，开展机关岗位练兵，为适应真打真准备，进一步落实工作责任制，有效提高机关指挥能力和工作效力夯实基础。

2008 年，龙泉市人武部执行根据省军区党委提出在团级党委广泛开展科技练兵活动的要求，在参加军分区组训的基础上，组织党委带机关演训，先后进行军事理论和射击、体能、战术图标、方案拟制、电脑运用等课目学训。2009 年，参加军分区网上训练与本部集训相结合方式进行首长机关训练，重点围绕作战指挥、作战文书、标图、想定作业、技能体能的强化训练，适时根据个人素质差异进行补差训练。2010年，制订本级首长机关训练方案和计划，下发作业指导手册。在训练的内容上，重点突出干部的业务技能、本级指挥和重难点问题的研究；在训练对象上，突出党委班子成员；在训练的方法步骤上，采取先理论后操作，先分段后连贯的方法取得较好的训练效果。

第三节　武器装备与管理

武器管理

1992年，龙泉市人武部为确保武器装备管理安全，安装脉冲电网、闭路监控系统、避雷装置。2001年5月，龙泉市人武部学习新装备条例，强化依法治装管装意识，进一步加强民兵武器装备的管理。2002年，龙泉市人武部执行丽水军分区相关通知，对库内的武器重新进行擦拭换油，对报废的弹药、危险品进行清理。截至2002年，民兵武器装备仓库实现连续19年安全无事故。2003—2010年，继续加强仓库的软硬件建设，进一步完善安全设施，加强武器装备的动态和日常管理，确保武器装备的安全。

武器装备维修保障

20世纪50年代初期，龙泉县民兵武器的维修任务主要由县农机厂承担。1963年开始，由丽水军分区修械所负责修理。1979年以后，龙泉市人武部建立民兵军械维修分队，作为民兵专业技术兵进行培训，使他们既承担民兵武器维修任务，又成为军械技术中的后备力量。1985年，正式将民兵军械修理分队列入基干民兵编制序列。

龙泉市（县）于1978年开始建造民兵武器装备仓库，1980年竣工，由军事科负责。1996年，人武部收归军队建制后，配备保管员，进行专门业务培训。2000年，在全区仓库管理人员培训考核中，荣获第二名。2001年获评丽水军分区《装备条例》考核优胜单位。2003—2005年连续三年考核验收均为先进单位。

第二章　兵役工作

第一节　征兵工作宣传与资格审查

兵役工作职责

兵役工作是地方人民武装部工作的一项重要职责，根据《中华人民共和国兵役法》的规定，按照征兵工作计划，龙泉市（县）人民武装部有职责负责地方适龄青年征集兵役工作。龙泉市（县）人民武装部历年来及其重视征兵工作，与接收部队密切配合，保障了按规定保质保量完成征兵工作任务。

征兵工作宣传

1989—2010年，每年在征兵工作开始前半年内，市（县）人武部组织各乡镇人武部通过各乡镇（街道）干部到群众中广泛宣传《中华人民共和国兵役法》。根据《中华人民共和国兵役法》的规定，要求当年12月31日以前年满18岁的男性公民积极报名参军。当年未征集，年龄在22岁以前，仍可以被征集服现役。根据军队需要，可以按照前款规定征集女性公民服现役。在身体条件方面，根据1975年国防部重新颁发的《应征公民体格检查条件》，对各类兵员的合格标准作出明确的规定，对应征公民的身高、体质、视力和血压等常规项目标准作了具体规定，对内科、外科、妇科、耳鼻、眼科等项目也有详细的要求，同时对一些慢性病和类似病史作了严格界定。2003年，龙泉市人武部执行新出台的征兵公民体格检查标准。通过几十年的征兵工作实践，龙泉市人武部根据国家标准形成了一整套做法：如确定受检对象，分层设立体检站，组织医务人员进行巡回体检，主要是目测、初检、复检、抽查等。

资格审查

每年征兵工作开始后，市（县）人武部和各乡镇（街道）人武部专武干部对已经掌握的符合年龄条件的兵源对象进行政治条件资格审查。

兵役法规定，中国公民不分民族、种族、职业、家庭、出身、宗教信仰，都有义务依法服兵役。2003年，国家出台新的征兵公民政治标准。根据标准，龙泉市（县）人武部和各乡镇（街道）人武部每年都对符合征兵年龄条件的兵源对象进行政治条件的初审和复审，以保证为国家输送合格的兵源。

第二节 兵员征集

征集范围

1989年起，龙泉市（县）兵员征集的主体对象为具有高中（含职高、中专、技校）毕业以上文化程度的青年，同等条件下，优先征集学历高的青年和应届毕业生入伍。征集的非农业户口青年应具备高中毕业以上文化程度。征集的农业户口青年，应具备初中毕业以上文化程度，尽量多征集高中毕业文化程度青年入伍。征集的女青年，为普通高中应届毕业生和全日制普通高等学校应届毕业生及在校生。正在全日制普通高等学校就学的学生应征并且符合条件的，可以批准入伍，并尽量多征集高职（专科）毕业生和在校的学生。

征集工作

1989年以来，龙泉市（县）兵役征集工作，根据国家规定和上级要求，通过市（县）人武部和各乡镇人武部专武干部的深入细致工作，完成每年应尽的工作任务，做到应征兵员政治素质，身体素质双合格，为部队输送合格新兵入伍。

1996年8月，全市动员年满18岁的男性公民参加兵役登记。10月，对全市适龄青年进行身体目测和政治初审，筛选适龄青年参加体检。到这一年实现连续15年16次无责任退兵。

1997年，龙泉市在抓好兵役登记的同时，健全和完善兵役工作地方性法规。市政府出台兵役费统筹办法，并出台暂行规定，其中规定家居农村的义务兵优待款每人每年不低于当地当年人均收入的70%，属于城镇待业青年入伍义务兵每人每年不少于300元。企事业单位职工（含合同制）入伍的义务兵，按当时的基本工资发给。提高军属优待标准，同时发放从农村入伍的义务兵因公残疾者、荣立一等功以上者奖金700元，荣立二等功者奖金400元，荣立三等功者奖金100元，这些优抚制度一直延用，调动了应征青年的参军积极性。

1998年，遵照上级指示对全市适龄青年进行兵役登记，对高考落榜生进行排队摸底，在征兵过程中严把廉洁征兵关、政审体检关，狠抓征兵宣传、定兵、走访和运输工作。是年，为部队输送合格的新兵，其中高中以上文化程度占50%。

1999年，市人武部针对征兵任务重，难度大，要求高的实际，加强组织领导，加大宣传力度，并进行全面的摸底和兵员登记，严格政审、体检，制定新兵优惠政策，圆满完成任务，同时也完成了进藏新兵的征集。

2000年，全市适龄青年参加兵役登记的达95.3%，新兵高中以上文化比例超过50%。

2001年，对年满18岁的适龄公民进行登记，并采用各种宣传形式开展新的《中华人民共和国兵役法》的宣传。在各级党委政府的重视下，顺利完成了征兵任务，市人武部被省政府省军区评为征兵工作先进单位，市人武部部长黄金明被评为省级征兵工作先进个人。

2002年7月，根据丽水军分区兵役登记工作部署，发放公民兵役义务证，并对征集对象进行目测、初审，落实预征对象。认真贯彻南京军区规定，依法征兵廉洁征兵，推动了征兵工作规范化，圆满完成了征兵任务，保持了18年19次无责任退兵。

2003—2005年，按照上级的部署，认真对预征青年进行摸底登记，大力开展宣传，维护征兵工作规范化，做到廉洁征接兵，圆满完成了各年度的征兵数额。

2007年，龙泉市人武部立足“为部队输送优质兵员”为目标，抓好体检、政审、定兵、新兵教育管理、交接及运输等工作，征兵任务顺利完成。

2008年，龙泉市人武部执行上级征兵工作重要指示，对全市适龄公民开展兵役登记工作，并多措并举开展立体式征兵宣传，营造起争先报国的良好社会氛围，圆满完成当年征兵任务。

2009年，龙泉市人武部立足“早准备、早宣传、早落实”的原则，提前谋划部署，对预征青年进行摸底登记，圆满完成当年征兵任务。

2010年，龙泉市人武部针对兵员征集主体调整和往年高学历兵员来源渠道的实际情况，针对市中等职业学校应届毕业生开展筛选，确定高质量预征对象，圆满完成任务。

第三节 兵员退役

志愿兵士官复员

1950年6月30日，中华人民共和国政务院和中央军事委员会决定，在中国人民解放军中进行复员工作，动员志愿兵复员，参加地方经济建设，以帮助恢复和发展国民经济。1990年开始，龙泉每年安排复员的志愿兵回乡参加工作。2004年开始，龙泉市调整志愿兵（士官）转业全部实行货币安置。

义务兵退伍

义务兵服役年限先后有多次调整。因军队建设需要的专业技术骨干，曾一度实行过超期服役的制度，超期年限1年或数年不等，1978年后，将部队部分超期服役义务兵按规定改为志愿兵。因军队编制名额缩减及其身体健康状况不合适继续服役或其他特殊需要，经师以上机关批准，可提前退出现役。1958—2005年，全市（县）现役军人完成光荣退伍，文明返乡，转为预备役。其中有部分退伍军人根据经济建设需要，安置在工矿企业、事业单位，还有的经过培养、使用、锻炼成为领导干部、技术骨干和致富领头人。1988—2005年，市人武部与有关部门协作举办以退役军人为主体的“科技培训班”14次，打开科学致富的门路。2005年后，积极督促相关部门落实各项优抚政策，维护军人军属合法权益，努力营造起拥军优属的良好社会氛围。

第三章　民兵与预备役

第一节　组织建制

民兵与预备役工作

民兵和预备役工作是地方基层人武部的主要工作之一。民兵和预备役人员的定员定编以及政治教育和军事训练，都必须在地方基层人武部有计划的领导之下进行。龙泉市（县）人武部在每年的工作计划中，把民兵和预备役工作作为工作重点，开展多种形式的民兵和预备役管理和训练，保障民兵和预备役队伍在战时能拉得出，用得上，能参战。

领导机构

1986年6月，根据中共中央、国务院、中央军委有关通知，人武部的性质和工作任务为负责辖区内的民兵和兵役工作，为本地区的军事领导指挥机关，既是县（市）委的军事部门，又是同级人民政府的兵役工作机关，接受县（市）委、人民政府和上级军事机关的双重领导。根据中共中央、国务院、中央军委颁发《中共中央 国务院 中央军委 关于县（市、区）人民武装部收归军队建制的通知》文件，从1996年4月1日起，将地方建制的县（旗）、县级市、市辖区人民武装部收归军队建制改称“中国人民解放军浙江省龙泉市人民武装部”，为正团级单位。人民武装部为本地区的军事领导指挥机关，是同级地方党委的军事部门，兼同级人民政府的兵役机关，接受上级军事机关和同级地方党委、政府的双重领导。市委书记兼任人民武装部党委第一书记，人民武装部的1名主官参加同级地方党委常委，1名主官参加同级人民政府常务办公会议。乡镇、街道办事处设人民武装部，配备专职武装干部，属地方党委管理。人武部的机构性质虽几经改变，领导和组织地方民兵工作的职能从未发生变化。

民兵组织

1990年12月，龙泉撤县设市，1992年对区、乡实行撤、扩、并。撤、扩、并前，实行区管乡的行政区管理体制，共9个区，区级镇1个，乡镇44个。撤区、扩镇、并乡后全市为17个乡镇，比原来减少27个。遵照新时期民兵工作只能加强，不能削弱的指导思想，不断探索撤、扩、并后加强民兵建设的新路子，按照便于领导，便于活动，便于执行任务的原则，结合龙泉山区交通不便，人员居住分散和撤、扩、并后，城镇范围扩大的特点，因地制宜搞好民兵编组。在农村，对扩并的乡镇，原则编基干营，下设若干连，对未扩并的乡镇，仍编民兵基干连。对地方对口专业分队进行整编，在城镇，凡是符合民兵条件的人员能编基干民兵和普通班的企事业单位，都建立民兵组织。

民兵整组工作

1995年，针对民兵组织建设的新情况，丽水军分区在原龙泉城郊区范围乡镇进行民兵整组规范化试点，统一民兵整组秩序，点验标准及配套措施。整组的经验与做法得到上级军事机关的肯定和认可。

在取得试点经验的同时，市政府与市人武部联合下发关于民兵整组的文件，积极开展民兵整组。根据浙江省、丽水地区有关要求，对基干民兵布局进行调整。

1996年，针对社会主义市场经济条件下民兵工作出现的新情况、新问题，在民兵组织建设上，着重抓好纯洁民兵队伍，增强民兵实力，提高民兵质量，落实民兵制度。按照省政府、省军区要求，采取有力措施，加强市区和乡镇民兵应急分队的建设。依照“便于领导、便于活动、便于集结、便于执行任务”的原则，在巩固和提高对省定点和市重点的安仁、小梅、八都、城北等应急分队建设的同时，为适应战时动员和平时担负的任务及快速执行应急任务的需要，在整组期间，恢复应急分队，其人员作了调整充实和复训演练。在基干民兵中退伍军人占76%，有效地保证基干民兵质量。

1997年，认真贯彻省军区、丽水军分区民兵整组工作通知，全面整顿基干民兵组织，在整顿中组建医疗救护专业分队、运输分队，建立健全民兵学习、训练、例会、外出联系制度，加强对流动民兵的管理，促进基层民兵工作的落实。

1998年4月，根据省军区、丽水军分区统一部署，对民兵工作进行调整改革，龙泉市成立民兵工作调整改革领导小组，并召开乡镇主要负责人及人(专)武干部会议，专门研究部署全市深化民兵预备役工作调整改革任务。发动、组织民兵创建民兵青年之家，宣传移风易俗，学科学用科学，扶贫帮困，维护社会治安，开展“做山城文明人，树山城人形象”等活动。

1999年，根据总参、总政和上级军事部门指示精神，对城市民兵、企事业民兵和应急分队的编组进行调整改革，组建专业技术分队。

2000年，根据丽水军分区通知，城市民兵调整改革全面展开。通过三年(1998—2000年)的调整，压缩基干民兵建设规模，调整民兵结构，增加科技含量，优化整体结构，完善规章制度，提高民兵执行急、难、险、重任务能力。调整改革后，全市基干民兵总数压缩24.5%，组建民兵应急分队、对口专业分队及二炮保障分队。

2001 年，为随时应付突发事件和执行应急任务，达到召之即来，来之能战的要求，对市民兵应急分队进行统一编组。其应急分队人员严格就近、就位的原则，将基干民兵中身强力壮、政治合格、训练有素的人员编入队伍，进一步规范应急分队组织，提高应急分队的高效性和实用性及战斗力。市人武部派出干部对所属应急分队和基干民兵组织分别进行集训和考核点验，合格率达到 100%。

2001—2002 年，按照“真打真准备”的要求，为适应龙泉所担负部队过境、防空防卫、支前保障等作战任务，根据上级军事部门的要求，重新调整增设对口专业技术分队，组建交通战备专业分队和人防专业分队。加强民兵信息网建设，提高民兵队伍军事情报收集侦察能力。新组建的专业分队民兵中专业技术兵所占比例达 85.7%，比上年提高 36.6%。

2003 年，对民兵工作进行调整改革。市政府专门召开会议作出部署，并及时下发贯彻实施意见，还专门组织龙渊、西街、剑池 3 个街道的人武部部长到莲都区，永康市人武部参观学习城市民兵调整改革工作的经验与做法。这次调整改革重点是：在保持“九五”规划的基干民兵总数不变的前提下，压缩民兵步兵分队数量，增加专业技术兵数量，扩大对口专业分队的编组范围，重新调整和组建对口专业分队，加强民兵专业技术分队建设。同时加强街道和社区民兵建设，成立民兵之家。改革民兵政治教育和完善民兵信息员的工作职责和制度，提高民兵队伍的军事情报信息收集能力。

民兵专业技术分队建设。根据上级一套装备两套人员的编组，保持“九五”规划专业分队，根据重点防空城市要求，新组建以城市电力、水电和工程抢修为主要任务的工程抢修分队。

对口专业分队建设。按民兵任务在需要与可能的基础上积极拓宽城市民兵的组建范围，组建民兵道桥抢修分队，依托电力、水电系统，组建工程抢修分队。

加强应急分队的内部调整。按照“精干、实效、配套”的要求，进一步优化应急分队内部结构，按照相对集中编队，适当分散建连，分别在龙渊、西街、剑池 3 个街道城区行政村中，组建民兵应急分队。

2004 年，市人武部根据上级有关文件精神的要求，及时下发贯彻实施意见，并在规定的时间内按要求完成民兵整组工作。这次整组在保持“九五”规划，巩固 2003 年民兵调整改革成果的基础上，进一步加强和完善专业技术分队、对口专业分队和应急分队的建设，民兵队伍的科技含量进一步提升。

2005 年，根据军分区民兵整组部署，进一步做好民兵组织结构的调整改革，根据上级有关文件精神的要求，组建了上级明确规定的二炮民兵专业分队。经调整改革后，民兵队伍的遂行任务和应急机动能力，进一步得到加强和发挥。

2008 年，制定全市民兵应急作战整体防卫、国防动员、阵地管制三结合方案。按照上级提出的“编为战、建为用”的原则，科学合理进行整组。

2009 年，根据省军区、丽水军分区统一部署，加强民兵应急分队建设，组建常态化民兵应急分队，各乡镇、街道武装部配置盾牌、警棍、行军背囊等战备器材。为保证迅速掌握突发事件，以最快速度在第一时间到达现场，每个乡镇、街道建立应急维稳分队；在国家级自然保护区凤阳山毗邻地区等重点乡镇建立抗洪抢险分队。针对民兵异地就业多的实际，打破以往以户口所在地编组的编兵模式，对在主要集镇务农、务工、办厂、经商的基干民兵实行属地化管理，优先编入现居住地所在乡镇、街道的任务分队，保证人员的在位率。

2010 年，以遂行多样化军事任务为牵引，突出提高民兵“两个能力”为重点，扎实开展民兵组织整顿。落实重点力量队伍，对退伍军人的数量、年龄、专业对口率等，逐一进行核实和点验，确保组织健全，人员落实，任务明确，遇到情况能召得回、拉得出、用得上、合得成。突出基干民兵队伍建设，提高专业对口率。在组织整顿中根据各类分队专业所担负的任务和专业需求，选择与之对口或相近的军地兼容企事业单位就地组建，力求专业对口率达到规定要求。通过组织整顿工作，使民兵队伍组织更加健全，布局更加合理，结构更加优化，具备应对多种安全威胁和遂行多样化军事任务的能力。

第二节　军事训练

民兵训练

1989 年，按照上级指示，抓牢民兵训练。训练大队分为四个组，即教学组、宣传组、后勤保障组及安全组，编为二个中队、十个班。训练中严格要求，注重实效，狠抓教学质量，注重加强思想政治工作，严格落实岗位责任制和规章制度，较好地完成训练任务。参训率和合格率均达到 100%，训练成绩总评为优秀。

是年 2 月，县人武部举办为期 15 天的“工业局系统青年工人军政训练班”。对来自各个厂矿企事业单位的 50 名青年工人，以军事化、正规化形式进行严格训练和教育，提高青年工人的思想觉悟和政治素质，增强组织纪律性和法纪观念，取得明显效果。

1990 年，根据省政府、省军区通知精神，全县区（镇）乡均在月初组建民兵应急分队。5 月 7—13 日，对全县应急分队骨干进行以射击、勤务、擒拿格斗为主要内容的军事训练，并进行突发事件处置的演练。6 月 28 日至 7 月 5 日，对龙一中 306 名高一学生进行队列、射击、投弹等课目的军事训练，使学生受到一次正规化、规范化、制度化的军事训练和国防教育。

在完成步兵、工兵、通信、卫生员等专业兵军事训练任务中，认真贯彻严格要求、严格训练的方针，对民兵实行正规化、规范化、一日生活制度化训练，由于周密组织，认真训练，注重质量，经考核验收，军事训练合格率 99%。在此同时，以区（镇）乡为单位对民兵连长进行复训。

1992 年，根据上级关于民兵军事训练指示精神，以提高战斗力为目的，以干部、专业技术兵、应急分队训练为重点，开展规范化、正规化训练，有 2 名专武干部被军分区评为业务学习先进分子。

1993 年，是民兵“三落实”达标工作的第三年，按照“达标”标准，狠抓落实。为迎接南京军区达标抽查及省军区对人（专）武干部军事训练的考核竞赛，针对训练时间短，难度大，要求高的情况，科学安排，严密组织，周密计划，保证民兵军事训练顺利进行。9 月初，对全市民兵骨干进行训练。专职人武干部既参加军事训练又分别担任教练、班长职务，对军事训练从组织力量上予以保证。由于严密组织，严格要求，科学管理，民兵训练热情高涨，刻苦训练，基本掌握所学的内容。1994 年，根据三年“达标”工作经验，在民兵军事训练中，注重提高民兵质量，增强民兵素质，对全市民兵骨干进行正规化、规范化的军事训练。为保证军事训练任务完成，还专门成立教学、政工、后勤和安全小组，全面负责军训工作。

1995 年，继续组织进行民兵训练，通过考核验收，工兵中队总评成绩良好，有线电中队总评成绩良好；无线电中队总评成绩优秀，较好地完成训练任务。1996 年，根据现有武器和训练条件，着眼未来发展，本着突出重点，改进办法，注重实效的原则，对全市民兵骨干进行军事训练。在训练期间，依据总参颁发的训练大纲和训练教材的要求，统一在民兵军事训练基地实施。1997年，为适应军事斗争准备的需要，着重提高民兵训练质量。按照规范化训练的要求，开训前，认真组织教练员利用一个星期时间学习训练大纲、教程等资料，按教学分工编写教案和备课。在教学上采用讲授、演示和作业相结合，启发引导，解答难题，教、考、抽查有机结合，辅助电化教学，操作练习，讲解示范，边讲边做，分排、班、组练习，做到分散与集中相结合，采取个人体会、分解、连贯等训练方法，使教学内容易学易懂。在训练中认真贯彻“两严”方针。在训练场上，民兵发扬“两不怕”精神，晴天一身汗，雨天一身泥，不怕苦、不怕累。通过考核，步兵中队参训总评成绩良好，无线通信中队总评成绩优秀。5月至6月初对应急分队进行军事训练，由于严密组织，严格要求，经军分区考核组考核验收，获全区总评成绩第二名。1999年，根据民兵训练大纲和训练教材要求，组织全市民兵骨干在民兵训练基地进行为期15天的集中训练。为提高教学质量，注重培养“四会”(会讲、会做、会教、会管)教练员，建立健全备课示教、评教评学、检查考核、总结评比、登记统计、行政管理等制度。步兵分队注重进行反空降，卡口子，夜间射击及山地射击训练，结合地形地物进行反空降的战术演练。

2000年，根据军分区统一部署，在训练基地举办五期军事训练班。严格按照条令、条例及民兵训练大纲规定，实行封闭式的训练，由于周密计划，严密组织，训练正规，要求严格，取得较好效果。其中应急分队于6月23日至7月7日进行为期15天的军事训练，训练科目主要以射击、投弹、三公里越野、盾牌、警棍练习为主，中间穿插政治理论、军事常识和预案演练。2001年，龙泉市人武部以民兵工作调整、改革为契机，结合未来军事斗争中龙泉市可能担负的部队过境保障、兵员动员、防空防卫等任务，按照“真打真准备”的要求，加强民兵队伍的质量建设，提高民兵队伍的科技含量。以训用一致，突出重点，分类施训，注重实效的原则，着重抓好民兵干部、民兵应急分队、专业分队的训练，着重进行应急防爆、防空、工程抢修、灭火等训练。2002年，为加强民兵炮兵专业分队建设，组织一期民兵炮兵专业集训。由于组织训练实施得力，取得较好的成绩。应急分队的训练重点突出防爆、防卫和急难险重的应急行动训练。经军分区考核，炮兵专业和应急分队成绩取得前三名，保持龙泉连续四年考核前3名的成绩。同时，有针对性地组建和调整地方对口专业的邮电通信、医疗救护、交通运输、工程抢修等保障分队，并进行业务训练。

2003年3月14日至6月10日，分批分专业组织年度民兵军事训练。

2004年，根据上级指示精神，以总部四个规定为依据，按照“深化细化，到点到位，实际实效”的要求，民兵训练结合人武部首长机关按纲施训进行。安排2月至8月，分为三个阶段进行：第一阶段，业务基础阶段，42个小时重点学习研究军事训练法规，军事理论，高科技知识，民兵、兵役及动员工作法规，防护原理及应用等。第二阶段，战术作业阶段，围绕“保畅通”等课题首长机关战术作业，提出决策，制订行动计划，掌握指挥作战程序、方法、指挥水平和能力。第三阶段，首长机关演习阶段，结合龙泉军事地理环境和部队过境、保障、防卫等任务，组织民兵专业技术分队、对口专业分队参加人武部首长机关组织民兵的实地演练。2005年，根据省军区、军分区年度军事训练要求，人武部注重“六个新突破”的理论研究攻关和成果检验。在按纲施训中，以江泽民主席科技强军，质量建军战略思想为指导，认真学习总部、南京军区和省军区首长关于加强军事训练的一系列指示，以提高战斗力为标准，结合本部尚未涉及和解决的训练疑难问题为重点，坚持求实、创新、发展，分层次组织理论攻关。并于3月15日，对二炮汽车运输分队、修理分队进行为期7天的军事训练。训练主要解决分工修理，协同配合，快速抢修，车辆紧急出动等问题，初步摸索了组织领导、管理使用、人员编队、训练内容、组织形式等基本问题。为提高整体训练效果，训练期间，不定期的召开分析总结会议，分析训练形势，组织交流经验，解决训练中的难点和重点问题，提高训练效益。5—6 月，组织市民兵应急连等进行军事训练，进一步提升民兵队伍执行任务的整体素质。2006 年，在抓好年度训练任务的同时，重点突出后备力量建设为重点的民兵组织建设和军事训练，对民兵应急分队接口补差训练，方案性等应用训练，精心组织首长机关按纲施训。2007 年 4 月，强化专武干部训练，提高他们的指挥技能，确保遇有情况正确实施指挥。3—8 月，组织有任务分队进行"三个现地"训练，并对各分队进行考核，总评成绩达到良好以上。

2008 年，紧紧围绕以重要目标防卫(协防)、动员支前、陆战场管制为使命课题，加强以"四防一反"为主要内容的针对性实战化训练。在训练中，突出四个重点：一是任务明确分队；二是专武干部；三是民兵干部；四是成建制新配装分队和其他重点队伍。采取以"三个现地"为主要形式，按照"六训法"步骤要求，组织训练、拉动和考核，着力提高各级指挥员组织指挥能力和分队成建制遂行作战、保障任务的能力。4 月份省军区对龙泉市安全警戒分队和民兵应急连进行"三个现地"拉动、考核并给予高度的评价。2009 年，在民兵训练中，立足现有条件，着眼实战，紧贴任务，突出重点，注重实效，抓好教练员集训，搞好课目分工，认真编写教案，组织施教。突出应急分队森林灭火救灾和社会维稳的专业训练，针对课题进行形象逼真的设置，按照预定方案进行组织实施。2010 年，组织民兵军事训练，针对非军事任务多的实际，对全市民兵连长进行为期 3 天的集中培训，并组织各乡镇应急排的训练。

预备役训练

预备役的军事训练，在预备役登记的基础上，由市(县)党委统一领导，市(县)人武部具体组织实施。1988 年开始的预备役训练，依据军委颁发的《预备役部队训练大纲》为内容，从实际出发，着眼提高战斗力，每年有计划地开展军事训练工作。1990 年后，市人武部充分利用训练基地，定期举办集训队，按军事训练计划规定内容，进行规范化、正规化的军事训练。

在校学生军事训练

1985 年，依照上级指示，龙泉确定龙一中、师范学校等进行军事训练的试点，取得经验后，每年对学生进行军事训练。

在每年组织学生军训时，以国家教委、总参谋部、总政治部联合发出的学生军训大纲为内容，调用专武干部和聘请军事素质好的退伍军人任教练员，并参照部队建制，组成训练大队，编好中队、排、班，实行一日生活制度化，管理行动军事化，严格要求，严格训练。学生军事训练教学时间为 70 小时，多利用暑假期间安排一周时间进行。军训内容按教育部和解放军总参谋部、总政治部联合下发的《高级中学和相当于高级中学的学校军事课教学大纲》实施，主要课目有：军事科目为三大条令《内务、纪律、队列条令》，三防(防原子、防化学、防细菌)等知识，单兵战术动作，步枪练习实弹射击；政治教育内容主要是《兵役法》、爱国主义教育、国防知识、人民解放军优良传统等。1989—2010 年，在校的学生训练 25 期共 21450 余人。

第三节　政治教育

民兵政治教育

1989年以来的民兵教育，主要抓新时期总目标、总任务教育和社会主义初级阶段基本路线教育，以及共产主义理想、道德和人生观教育，同时抓以国防教育为主要内容的现实思想教育，以爱国主义为主要内容的战备形势教育，以《中华人民共和国兵役法》为主要内容的法规法纪教育，以及民兵的光荣传统教育。

1989年，民兵政治教育，紧紧围绕“一个主体”（深化国防教育），“两个坚持”（思想教育，季课制度），开展“三项活动”（学雷锋，做好事，争当先进民兵干部、好民兵活动），民兵政治教育开展扎实有效。据统计，全县总教育面达85%以上，干部受教育面达95%，民兵青年受教育面达100%。

1989年12月，龙泉县机关乡镇、企事业单位及中小学校广泛开展《浙江省国防教育条例》为内容的全民国防教育，教育中坚持以民兵预备役人员为主要对象，举办国防知识竞赛，使广大民兵增强居安思危的国防意识和保卫祖国的责任感。

1990年以来，民兵政治教育紧紧围绕加强政治建设的主体，抓好两个“试点”，即民兵教育，科技兴农试点；开展“四项”活动，即学雷锋，做好事，以劳养武，为民排忧解难活动。据城镇及7个建制镇统计，民兵为民修理家用电器600余台，自行车830辆，各种农具430件，为烈军属砍柴6800余千克，为残疾人捐款4152元，协助公安机关“大清查”“拉网”制止闹事37次，捉拿罪犯28次，抢救病人18次，扑灭山火23次，抢修电力、邮电线路28次，6700米，开展各种科技咨询1300余人次。

1995年，贯彻省军区关于民兵工作指示精神，在民兵中广泛开展在经济建设主战场上建功立业大显身手活动。全市共建立文明示范点32个，学雷锋小组346个，扶贫帮困小组125个，与125户贫困户结对扶贫，当年脱贫23户。

1996年，利用季课教育，军事训练，整组点验，征集兵员等民兵比较集中的时机，有针对性地对民兵进行军队编制调整后，人民武装工作的形势与任务教育。

1997年，根据总政治部《关于组织民兵预备役人员大力开展扶贫帮困活动的通知》和南京军区《1997—2000年扶贫帮困规划》及省军区的统一部署，认真组织民兵开展扶贫帮困，“双拥”共建活动。市人武部与龙渊镇宏山村结对帮困，各乡镇人武部扶贫帮困结对20余户，建立民兵文明示范点25个。

1998年，开展“五个三”活动，即“三爱”：爱祖国、爱家乡、爱本职；“三讲”：讲公德、讲道德、讲美德；“三学”：学理论、学科学、学技术；“三抓”：抓教育、抓队伍、抓窗口；“三树”：树新风、树形象、树典型。次年年初，丽水军分区总结推广龙泉市人武部在民兵中开展“五个三”活动的经验，还在民兵中开展做山城文明人，树山城人新形象活动。同年10月，省军区在龙泉市人武部召开全省民兵预备役部队开展精神文明建设座谈会，市人武部在会上介绍开展精神文明建设活动的经验。会后，省军区在莫干山召开的民兵工作座谈会上再次肯定并推广龙泉市人武部在民兵中开展“五个三”活动的经验。

2000年，根据上级政治部门的部署，自7月始，利用季课时间，组织民兵开展讲学习、讲政治、讲正气“三讲”教育。同时，结合“三讲”教育，开展马克思主义唯物主义、无神论教育和反对邪教“法轮功”等唯心论、有神论、伪科学、封建迷信的教育活动。通过“三讲”和唯物论教育活动，使广大民兵增强热爱党、热爱军队的意识，更加明确民兵的责任。

2001年，以中共十五届五中全会精神和“三个代表”重要思想为指导，以“赞颂党的业绩，强化军魂意识”为主题，以党的光辉历史和伟大业绩为生动教材，紧密联系国际时局的发展变化和国家、军队与民兵预备役深化改革的实际，利用战备训练时机对民兵进行政治教育。还组织民兵预备役人员到龙泉革命烈士陵园及上田、水塔国防教育基地参观，请老游击队员讲革命传统，发动民兵写诗歌赞颂党、人民军队的业绩等活动，使广大民兵预备役人员牢固树立中国共产党的历史就是为人民求解放谋幸福的历史，坚持党对人民武装的绝对领导是我军和民兵永远不变的军魂观念。进一步提高民兵在新形势下发扬光荣传统，保持政治本色的自觉性。

2002年，根据上级部署，先后在民兵中开展“坚定理想信念、赞颂新成就，迎接十六大”，贯彻学习“十六大”精神，开展“三个代表”重要思想、“两个报告”等学习教育，为贯彻“真打真准备”的方针，推动军事斗争准备工作提供强大的政治思想保证。

2003年，根据上级总体部署，针对龙泉市民兵政治教育的实际，突出抓“三个代表”重要思想、科学发展观、军队历史使命、军人核心价值观等的学习教育，用中国特色社会主义理论、军人核心价值观武装干部、民兵的头脑，指导工作实践。下大力气抓基层人武部规范化建设。同年，础石乡人武部被南京军区司令部、政治部评为民兵工作“三落实”先进单位。

2009年，围绕弘扬“听党指挥、服务人民、英勇善战”的优良作风，开展学习实践科学发展观、军人核心价值观、“三个带头”和安全警示教育等4个专题教育，使民兵队伍的使命感和主人翁意识得到增强，理想信念更加坚定，是非界线和荣辱观更加明晰。

人武部干部政治教育

2006年，根据上级政治机关指示，市人武部结合实际，围绕“科学发展观”“坚持‘两个尊重’、当好主人翁”“我军历史使命、理想信念、战斗精神、社会主义荣辱观”等主题开展学习教育，加深民兵预备役人员对党最新理论的理解和掌握，增强利用新理念、新知识指导工作的自觉性与能力，为高标准做好以应急作战准备为龙头的各项工作提供强大的精神动力。

2007年，人武部结合工作实际，继续组织开展科学发展观、“我军历史使命、理想信念、战斗精神、社会主义荣辱观”等主题的学习教育，突出加强社会主义核心价值体系和“赞颂新成就、履行新使命、学习十七大”“扎根山区干武装”等教育，使人武干部和民兵队伍始终保持坚定的理想信念和正确的世界观、人生观、价值观，始终保持政治上的坚定性和思想道德上的纯洁性。

2008年，依照省军区党委提出的“十学”要求，围绕“中共十七大”精神主题，以“听党指挥、服务人民、英勇善战”为主线，在人武干部中开展“坚定中国特色社会主义信念，有效履行我军历史使命”“讲党性、重品行、作表率”“军人核心价值观”和纪念改革开放30周年四个专题教育，提升人武干部队伍的理论素养，坚定理想信念。

2010年，围绕践行当代革命军人核心价值观教育，组织开展“强化战斗精神，有效履行使命”专题教育，通过采取学习英模事迹、参观革命老区、举办“本职岗位求作为，建功立业作贡献”的读书演讲等活动，着力解决好提高自身素质靠什么，干好工作为了什么等问题，增强人武干部队伍履行职能的使命意识和责任意识。

第四章　国防教育与拥政爱民

第一节　国防教育

建立国防教育制度

1987年龙泉县开始国防教育，先后经历探索、兴起、深化三个阶段。至2010年，龙泉市全民国防教育初步形成社会化、制度化、经常化的要求。在国防教育中，贯彻长期、稳定、有效的方针，坚持重点教育与普遍教育，集中教育与随机教育，理论教育与行为教育相结合原则，形式多样，注重实效。全民总教育面85%以上，民兵教育面95%以上。积极推动青少年国防教育事业的发展，把国防教育列入学校的总体构思和义务教育阶段的教育目标，提高中小学的国防教育质量，使他们关注、关心国防事业，树立长大后献身国防事业的思想，增强人人爱国防、爱祖国、爱人民军队的信念。

国防教育活动

1989年，龙泉县人武部及国教办，依托党校为阵地，把国防教育纳入党校教学计划，充分利用现有条件，增加安排培训期数、人数、课时及师资力量等，并以举办各类培训班、学习班为契机，采用课堂授课、展开讨论、组织参观、短期军训等多种教育形式，提高教学质量，使干部国防教育进一步规范化，从而提高干部国防意识观念，增强干部抓好全民教育的自觉性和责任感。

1990年，中共龙泉县委、人武部十分重视学校的国防教育工作，在现有的基础上抓巩固，努力开拓创新。在县国防教育委员会（以下简称“国教委”）和县教委的共同指导下，各中小学校形成制度坚持“升国旗，唱国歌”活动，并请县人武部干部、武警战士当课外辅导员，宣讲国防知识，一些学校购买国防教育图书，开办阅览室，设立书架，以供学生阅读。11月15日，县委、县政府为12家开展军警民共建活动的单位，举行隆重的结对仪式，军、警、民共建共创文明，成为全民国防教育的重要内容。

1991年，根据丽水地委宣传部发出的《关于国防教育几点意见的通知》要求，广大宣传干部认清国防教育的战略地位，弄清国防教育与经济建设关系，国防教育与战略的关系，国防教育与加强思想政治工作的关系，把国防教育列入思想教育总体系。龙泉市的国防教育做了三件事：组织全市国防教育知识竞赛；举办“八一军旗颂”晚会；会同龙泉报社、电视台、广播站办好国防教育专栏专题节目。

1994 年 1 月 8 日，龙泉市五套班子领导、市武委会、市国教委成员参加“一日军事生活”活动，进行“国防杯”射击比赛。2 月 24 日至 25 日，全市 40 多位国防教育骨干集会交流经验，听取“如何结合工作搞好国防教育报道”的辅导讲话。6 月开始，市国教委组织全市部分党政机关、企事业单位职工和中小学学生参加国防知识竞赛，向全市寄出竞赛试卷 1000 份。9 月，全市各中小学开展“国防教育论文比赛”活动，评出一等奖 3 名，二等奖 6 名，三等奖 9 名。全市中小学在新学年开始，将《国防教育知识读本》列入教学计划，中小学生人手一册订阅该书。开办广播、电视台、基层墙报等宣传阵地，订阅《中国民兵》120 份，《东海民兵》120 份，《解放军报》150 份、《人民前线》30 份。

1995 年 4 月，根据《浙江省国防教育实施意见》精神，市委党校于 4 月份开始开设“国防教育课”，挑选两名同志担任兼职教员。8 月 15 日，全市 20 余家单位的干部职工参加“纪念抗日战争胜利和世界反法西斯战争胜利 50 周年大型革命歌曲演唱会”。9 月 1 日，全市各中小学在新学期开学的第一天，相继举行“升国旗、唱国歌”活动。市教委同时决定，今后要把这项活动作为国防教育内容形成制度长期坚持下去。

1996 年 7 月，为纪念中国工农红军长征胜利 60 周年，按上级要求，市国教办组织力量撰写纪念红军挺进师革命斗争史实的稿件，并在《丽水日报》发表两篇文章。同年，为深入开展国防教育，积极为国防后备力量建设创造良好环境，以党校为阵地，不断深化党政干部的国防教育。在“八一”期间，组织预备役军人学校进行国防知识竞赛和军事比武活动。

1997 年 3 月初，市司法局在制定“三五”普法计划时将《中华人民共和国国防法》列入重要普法内容。同时市文明办也将宣传学习《国防法》纳入当地精神文明建设总体规划。7 月，“为迎接香港回归，纪念建军 70 周年”，根据上级统一部署，龙泉市积极组织发动全市各界人士参加全国性国防知识竞赛，完成竞赛试卷 15000 多份，按时超额完成上级下达的任务。10 月 5 日，龙泉市城北乡上田村举行“上田战斗纪念馆”开馆仪式，市有关领导参加活动。粟裕、刘英率领红军挺进师转战闽浙赣时，在上田打响浙西南“反围剿”斗争的第一枪，“上田战斗纪念馆”的建成，成为龙泉全民国防教育的基地。

1998 年，龙泉市为开展全民国防教育，对党政干部和青少年进行党史、军史教育，把国防教育纳入党校、学校教育计划，充分利用现有条件，采取课堂授课、讨论、参观、军训多种形式，提高全民的国防意识，增强国防观念。4 月上旬，省国教办主任张明仲来龙泉对市委党校开展国防教育情况作检查，并给予充分的肯定。6 月，为纪念《中华人民共和国国防法》颁布一周年，龙泉市国教委按照省、地关于开展国防教育知识竞赛的统一安排，认真组织党政军干部和在校学生参加《中华人民共和国国防法》竞赛活动。发挥爱国主义教育基地作用，开展直观生动的国防教育。8 月 19 日，龙泉市“上田战斗纪念馆”被省国防教育委员会命名为第二批省级国防教育基地，并同时授予铭牌。该馆按有关要求进一步充实资料，丰富教育内容，扩大社会影响，同年，全市中小学坚持“升国旗，唱国歌”活动，激发学生的爱国热情，强化国防意识，采取国防教育课堂与现行课程教学相结合的办法，因地制宜开展国防教育活动。

1999 年 1 月中旬，市国教委、市教委根据地区国教委，地区教委和丽水军分区政治部联合转发的省国教委、省教委和省军区政治部《关于参加全国“保卫 21 世纪中国万校国防教育”活动的通知》，市国教办认真组织实施《中华人民共和国国防法》颁布 2 周年纪念活动。在中小学生中广泛开展以“做 21 世纪中国保卫者”为主题的国防教育活动，按上级要求征订《中国国防报》

“军事特刊”，中小学校国防教育法规进一步得到落实，军事知识进一步得到普及，国防观念进一步得到增强。6月下旬，为搞好“保卫21世纪中国万校国防教育活动”，市国教委和市教委确定龙一中、龙二中、市职业中学、水南小学、南秦小学等5所参赛单位，完成知识竞赛试卷300份，推荐“保卫21世纪中国主题”征文7篇。活动结束后，南秦小学、龙一中和水南小学分别被省、地级单位表彰。

2000年，国防教育委员会作出部署，抓基础、抓重点、抓落实，增强国防教育的针对性、创造性和有效性。9月上旬开始，为搞好征兵前期宣传发动工作，利用各种形式开展《中华人民共和国国防法》《中华人民共和国兵役法》等国防、兵役法规的宣传活动。10月，为纪念中国人民志愿军抗美援朝入朝作战50周年，10月19日，龙泉市隆重举行纪念大会。参加会议的有志愿军老战士、党政机关干部、中小学生近1000人。同年，按照省军区对民兵思想政治工作的要求，努力增强国防教育的针对性、系统性和有效性。按照《浙江省国防教育基地建设管理办法》的要求，进一步完善“上田战斗纪念馆”的各种设施，充实应备材料，积极做好“龙泉水塔村建立中共浙西南特委、中共浙江省委第一部电台旧址”的申报工作。

2001年，龙泉市国防教育委员会加大行政机关和企事业单位的国防教育力度，企事业单位运用黑板报、墙报、广播等形式开展国防教育活动。9月，在全市开展《中华人民共和国国防法》宣传教育月活动。15日，市四套班子领导及机关干部参加“一日军事生活”活动，进行轻武器实弹射击、手榴弹投掷比赛，体验兵员的生活，增强国防观念。

2001年4月28日，第九届全国人民代表大会常务委员会第二十一次会议通过《中华人民共和国国防教育法》。9月是第一个全民国防教育月，中共龙泉市委、市人民政府召集宣传部、教育局、司法局、文体广电局和新闻单位布置宣传国防教育法系列活动。电台、电视台、《龙泉报》等新闻宣传媒体开辟国防教育专栏和专题节目。组织完成以党政军干部、青少年学生、民兵预备役人员、企事业单位和城乡居民参加的《中华人民共和国国防教育法》知识竞赛，收到答卷1700多份，征文100篇。9月15日，市五套班子领导、市武委会、市国防教育委员会成员参加国防军事日活动，进行“国防杯”射击比赛。

2002年9月21日，是第二个全民国防教育日，龙泉市城区鸣放防空警报，警示人们当今世界还很不安宁，要居安思危，增强忧患意识，随时准备应付突发事变。至当年末，龙泉市共有省国防教育基地1个，省级爱国主义教育基地1个，市(县)国防教育基地2个，爱国主义教育基地2个。

2003—2004年，根据“真打真准备”战略方针，坚持国防教育活动，运用各种形式，继续深入开展国防教育。2005年，为拓展全民国防教育的空间，开展国防教育知识竞赛活动，市国教委下发《关于组织开展国防教育知识竞赛活动的通知》，对活动意义、组织办法、参赛范围提出要求并作出部署。活动参赛者有干部、群众、民兵预备役人员、中小学学生等，直接参与国防知识竞赛的有3000多人，间接参与的群众有万余人。

2008年，以纪念《中华人民共和国国防教育法》颁布实施七周年为契机，主要突出领导干部、社区、学校、企业四个层次的国防教育，积极推动国防教育进社区活动，组织组织部、工业园区管委会、人大代表过军事日活动。

2009年，结合纪念中国人民解放军建军82周年，大力宣传国防法规、国防知识，共悬挂宣传横幅26条，出动国防教育宣传车上街宣传广播，上国防教育课共60余课时，市电视台播放爱国影片7

部，图片展览12处，张贴宣传标语800多条。为庆祝中华人民共和国成立60周年和第九个全民国防教育日，在城区及学校开展国防教育图片巡回展。

2010年，召开全市国防教育工作会议，贯彻省国防教育工作会议精神，对国防教育提出具体要求，进一步明确职责。以纪念《中华人民共和国国防教育法》颁布和建军节为契机，组织部分部委办局干部过军事日，举办国防暨人民防空知识讲座、国防教育图片展览、网上国防知识竞赛等。

第二节　人民防空

机构设置

1988—1997年，人民防空工作由市(县)国防动员委员会负责。1997年根据上级加强国防动员委员会办事机构建设的要求，龙泉市国动委陆续建立人民防空办公室、交通战备办公室、经济动员办公室、国防教育办公室、国防力量动员办公室、信息动员办公室等八个办公室。人民防空办公室于1997年10月挂牌。人防办主任由市人民政府办公室主任兼任，副主任由直属人武部长兼任。与直属人武部合署办公。

2000年12月，根据省政府省军区文件精神，确定龙泉市为省第二批人民防空重点城市。

2001年6月，根据市政府文件精神，成立龙泉市人民防空办公室。7月，在龙泉大酒店安装龙泉第一台电声防空警报器。9月15日，根据省人防办统一安排，组织进行市人防办成立后的第一次防空警报试鸣。10月，九姑山坑道交由人防办管理。

人防设施建设与演练

2002年9月，根据上级统一安排，在城建、交通、电力、卫生等单位组建龙泉市人民防空合成专业队。同年10月，开展人防进机关、进学校、进社区、进企业、进乡镇等“五进”活动。龙泉市区五所中学的初二年级段相继开展人防教育课。

2003年7月建立全市人防警报无线遥控中心站，实现全城人防警报发放的无线遥控。10月，完成龙泉市城区战时人口疏散方案的制订工作。

2004年3月，开始拟制《龙泉市城市人民防空规划》(2006—2020)，该项工作至2007年3月完成。5月，龙渊街道所属社区、中小学校及相关企事业单位组织进行以临战疏散为背景的人口疏散演练，演练以熟悉疏散路线、疏散地点、集结地域以及安置点、组织方式、人员对接等内容为目的，此次演练也是丽水地区人口疏散方案进社区的一次试点。9月，结合全民国防教育日宣传，组织开展人防宣传活动，进行防空警报试鸣。龙渊街道在城东社区举行人防知识竞赛。12月，龙泉市人防办被评为浙江省人防系统2004年度先进单位。

2005年7月，城区3个街道所属11个社区及机关、学校开展人口疏散演练，将人口疏散预案的相关内容进行分解练习，对各社区、单位、学校的疏散安置点进行明确，近100人参加演练。10月龙泉市行政中心落成，人民防空办公室搬迁至行政中心八楼办公。

2006年5月，城区3个街道着手制订《街道人口疏散方案》，至8月底完成。7月，人防专业队组织进行专业训练。

2007年4月，对城区人防专业队进行重新整组。6月，开始制订《龙泉市人民防空应急行动方案》，12月底前完成，并经市政府常务会议通过。

2008年5月，龙泉市人民防空指挥部成立。5月12日，四川汶川发生里氏8.2级的大地震，在全国哀悼日5月19日下午14时28分，全市防空警报鸣放3分钟。8月，组织对城区内的警报器进行更新，至2008年，龙泉市的人防警报器已经达到十台，全部实现无线遥控。9月，安仁镇人防领导小组成立，同月，在安仁中学安装防空警报器。11月，龙泉市人防电台建立。同月，人防综合业务网建立。

2009年，根据省人防办的统一安排，龙泉市开通单边带电台，同时建立人防综合业务网。5月12日，在全国"防灾减灾日"当天，人防警报器进行试鸣，各机关单位、学校进行以防灾减灾为内容的疏散演练行动。8月，全省统一组织进行人防演习，市人防办作为丽水地区的县市代表参加这次网上演习。

2010年，在八都镇建立人防领导小组，成立人防办公室，并安装一台人防警报器。同年4—11月，市人防办全体人员参加丽水市组织的岗位大练兵活动。同年，组织人员进行龙泉市人防建设详细规划的制订(草案)和龙泉市人防"十二五规划"的制订。5年来，共组织进行5期198人的人防专业队的专业、军事训练。人防警报器由6台增加到13台，并于每年的国防教育日或"防灾减灾"日组织进行人防警报试鸣。

第三节　拥政爱民

抢险救灾

1989年以来，龙泉市(县)人民武装部在中共龙泉市(县)委和上级武装部的领导下，积极组织民兵和市(县)武警部队、消防部队等人民武装力量，开展军爱民、民拥军的各项拥政爱民活动，特别是在出现自然灾害的关键时刻，武装部队和广大民兵听党指挥，冲锋在前，努力完成各种急难险重任务，表现出人民武装力量不怕牺牲的英雄本色。

1994年6月中旬，数天暴雨，全市造成罕见的洪涝灾害。市人武部发出紧急通知，号召全市民兵参加抗洪抢险救灾。6月17日，龙渊镇河村村告急，100余名村民被洪水围困，市应急分队接通知后，迅速赶到集合点，在市、镇人武干部的带领下，冒着暴雨，火速赶到现场，有的民兵跳进齐腰深的洪水里，抢救群众财产，有的民兵用竹筏和小船，把被洪水围困群众转移到安全地方。6月17—18日的这两天中，全市出动民兵奔赴抗洪第一线，奋力抗洪抢险救灾，减轻洪涝灾害对人民群众造成的生命财产损失。

1994年，在开展民兵学雷锋、树新风活动中，举办以雷锋为题材的人(专)武干部硬笔书法展并制作播放"向雷锋学习"专题广播(电视)节目。组织民兵开展悼念革命先烈活动，进行革命传统和爱国主义教育。广大民兵服从国家经济建设大局，积极参加农业开发和农田水利基本建设，做到民兵营有项目，民兵连有重点，排班有任务，民兵有投工。据统计，全市民兵投工65400个，开荒造田22

公顷，兴修水利296处，修水渠53.2千米，植树造林159.3公顷，修路93处计134.7千米。上垟镇组织民兵开发竹笋两用林基地52公顷，经济效益增长30%；八都镇开发大棚蔬菜生产，经济效益增长32%。1996年，安仁镇民兵大搞小流域治理，筹集资金25600元，义务投工2210个。

1996年12月22日，宝溪乡半岭村“大小胡连”山片发生森林特大火灾。市人武部接到报告后，调集该乡及周边竹垟、住龙民兵由人武部领导带队上山扑灭山林大火。当日明火扑灭，但余火再次复燃，且愈烧愈烈，市人武部再次调动宝溪、八都、上垟、竹垟、住龙5个乡镇民兵奔扑火灾现场。经过6个昼夜苦战，奋力扑救，终于扑灭森林大火。

2000年3月28日，龙泉市境内有5个乡19个自然村同一天发生山林火灾，市人武部和基层人武部组织民兵预备役人员，出动上山扑灭山林大火。

2001年，在“8•26”特大洪灾中，由民兵预备役人员组成的抢险救灾队伍，在第一时间投入到抢修水毁公路的战斗中，保证救灾物资运输的畅通。2008年初，龙泉市遭受严重冰冻自然灾害。市人武部的干部职工和广大民兵踊跃参与抗冰抢险救灾。据统计，在抗冰抢险当中，全市累计出动民兵825人次，修复电杆76根，修复断电处20处，线路18.4千米，运送抢修救灾物资3吨，清理通道8.5千米，路障200余处。

2010年5月下旬至6月下旬，龙泉市遭遇百年罕见的“5•22”“6•18”特大洪涝灾害。根据上级指示，市人武部协助市防汛指挥部，组织民兵预备役力量投入抗洪抢险工作，共出动民兵108批6800余人次，动用救生衣、救生绳、锹镐等物资器材800余套，修复损毁道路20余千米，转移被困群众600余人。

参与社会双文明建设

1998年，围绕“战场”“市场”两个课题，引导民兵投身两个文明建设，创建民兵青年之家，建立民兵俱乐部、文化夜校等，开展移风易俗、树文明新风、科技兴农、扶贫帮困、维护社会治安等活动。10月，浙江省民兵预备役部队参加社会主义精神文明建设座谈会在龙泉召开，极大地推动龙泉民兵参建工作。

广大民兵开展科技兴农活动，积极参加学科学，用科学，走科技兴农致富之路，试种新品种，开垦试验山。1992年，全市建立民兵科技兴农领导小组和指导站共177个，参加人员718人，组织民兵上科技课756次，现场观摩38次，培训骨干16240人(次)，试种香菇(花菇)245万袋。全市有扶贫攻坚小组87个，专武干部、民兵种试验田295.8公顷，试种成功，初见成效的有龙南的高山蔬菜，宝溪的灵芝，八都的大棚蔬菜，安福的茯苓，岱垟的笋竹两用林，上垟的花菇。民兵中有以劳养武项目52个，其中种植业44个，养殖业3个，劳武企业5个，劳武企业年产值近50万元，弥补民兵活动经费不足，推动民兵工作的开展。广大民兵积极加入流通领域，大力发展第三产业，主要有茶丰的小五金市场，安仁的木材市场，小梅的香菇市场。民兵进入流通领域后，增加商品意识，搞活一方经济，带动一批群众致富，造就一批商人，有力地推动龙泉经济的发展。

打击犯罪维护社会稳定

1999年，全市出动专武干部、民兵干部、民兵600多人次，协助公安部门打击邪教组织和取缔非法传销活动。其间，全市17个乡镇的行政村都组建民兵治安巡逻小分队，为经济建设创造良好的社会环境。

2002 年，龙渊镇民兵积极协助公安部门，追捕抢劫出租车并杀害司机的犯罪嫌疑人，完成组织上交给的追捕任务。

2004 年 8 月 29 日，小梅镇大窑村发生一起故意杀人案。一村民被犯罪嫌疑人用斧头砍死，其夫被砍成重伤。案发后，小梅镇人武部组织民兵配合公安机关设卡、上山搜捕。9 月 10 日下午 6 时，犯罪嫌疑人被抓获归案。

2008 年 7 月 19 日，兰巨乡发生一起凶杀案，接到案情报告后，民兵应急分队队员和市人武部干部职工，于第一时间在案发地周围设卡和进行搜索，给犯罪嫌疑人以最大的心理威慑，为最后成功将案犯绳之以法作出了贡献。

2002—2008 年，组织民兵成建制参加维护社会治安等活动 8 次。完成“全国第七届陶瓷艺术设计创新评比大会”暨“中国龙泉青瓷节”“凤阳山登山节”“端午龙舟赛”的安全保卫任务。

争创双拥模范城

2008 年，在纪念建军 81 周年之际，中共龙泉市委、市政府出台《龙泉市争创省级双拥模范城实施方案计划》，给各乡镇下发《关于开展拥军优属、拥政爱民活动通知》，人武部还组织开展庆“八一”的“十个一”双拥活动，市领导和近百家企事业单位对驻龙泉各部队进行各种形式的拥军慰问，协调有关单位将退役士官货币化安置标准提高至 13 万元，现役军人优待金由上年的 3900 元提高至 4500 元，乡镇征兵经费每完成 1 名补助 1500 元，拥政爱民拥军优属的“双拥”活动更加深入广泛地开展起来。

第五章　武装警察部队

第一节　市武警中队

驻　军

1989 年以来，属于国家改革开放发展时期，中国人民解放军撤销了在龙泉的正规部队编制，驻扎一个人民解放军武装警察部队中队，为地方治安和社会稳定提供支持保障。

军事训练

1989—2010 年，武警龙泉中队紧紧围绕中央军委战略方针，不断夯实部队建设基础。部队精神面貌发生深刻变化。广大官兵以坚定的政治信念，过硬的军事技能、顽强的战斗作风，出色完成以执勤、处突为中心的各项任务，为维护国家安全和社会稳定、保障人民安居乐业、促进龙泉经济社会发展，打造平安龙泉作出了重要贡献。

中队紧密结合任务实际，坚持把军事训练作为提高战斗力的根本途径，着眼“能打仗、打胜仗”，大力营造“训练有为、训练有素”的浓厚氛围。先后配合公安机关缴获毒品 20 余千克，成功处置各类突发事件 30 余起，营救受灾群众 500 余人次，连续 22 年执勤安全无事故。

1991 年，中队增加五公里越野、攀登等训练科目。是年，在总队考核中荣获团体前三。1993 年，中队按规定完成射击、擒敌、器械体操、捕歼战术等训练科目。1994 年，中队主要以“处突”训练和战备建设为重点，进行跨壕沟，越矮墙、过独木桥等实战训练。突出山地捕歼的格斗和仰俯角射击练习。1996 年，参加支队防暴骨干和防暴尖子比武，获团体前三名。1999 年，中队认真贯彻中央军委和武警总部关于科技练兵的指示精神，狠抓训练工作落实。

2000 年，参加总队组织的反恐军事比武，李兆强同志在比武中取得总分第二名，荣记三等功。2002 年，军事训练坚持以新军事训练大纲为指导，开展各项有针对性和目的性的军事训练，严密组织，严格要求，提高训练实效。2004 年，参加总队反恐军事比武，伊强同志在比武中取得第五名，被支队荣记三等功。多名同志获得嘉奖。2005 年，中队军事训练重点围绕打牢军事基础，提高军事素质开展。2006 年，中队被赋予森林防火队使命。为确保防火任务的完成，中队及时选派人员参加森林防火培训班。2008 年，中队本着“科学施训，逐步提高”的原则，按照第一阶段练体能，第二阶段练科目，第三阶段上质量的总体思路，广泛开展大练兵活动。2009 年，中队广泛开展“五小练兵”活动。通过小块时间、小块场地、小教员等形式全面提高中队官兵军事素质。2010 年，中队因防汛防台工作功绩显著，被浙江省人民政府授予“浙江省基层防汛防台先进组织”荣誉称号。

执勤战备

中队紧紧围绕中心任务，落实战备要求，忠实履行使命，以过硬的军事技能、顽强的战斗作风，出色完成各项任务。

1990 年 7 月 20 日凌晨 2 时许，茶丰乡石隆村发生一起特大爆炸案，当场炸死 4 人，炸伤 10 人，炸毁民房 64 间，案犯系本乡人，因失恋而产生报复杀人念头。案发后，县中队多次配合公安局实施追捕和堵截。7 月 31 日，发现线索后，县中队 10 名官兵与公安干警一同驱车赶到现场，迅速形成合围之势，在案犯身边还藏有爆炸物的情况下，一举将特大爆炸伤人案犯生擒。

2004 年 4 月，省道丽龙线安仁段一处公路被洪水冲开约 30 米长的大缺口，交通严重堵塞，中队在接到上级的命令指示后，迅速组织官兵前往搭桥。在没有起重机的情况下，中队官兵合力用手将每片重 500 千克的钢架一一架起，连续作业 14 小时完成任务。

2006 年 6 月 15 日上午 08 时 05 分，龙泉市龙鑫化工有限公司双氧水车间发生爆炸，并引发大火，造成 2 人失踪，1 人受伤。9 时 30 分，龙泉中队接到救援任务后，迅速组织 16 名官兵赶赴现场配合有关部门开展救援工作。官兵们经过三个多小时的紧张工作，终于有效的控制了事态。

2007 年 6 月 25 日 14 时起龙泉市普降暴雨，特别是岩樟乡，自 15 时至 20 时，暴雨量达 132 毫米，短时段、高强度的暴雨使多处山洪暴发，造成严重危害，致使死 1 人，伤 6 人，被困群众 12 人，摧毁房子 100 多栋，直接经济损失 1.42 亿元。龙泉武警全体参战官兵不怕牺牲，协助各有关部门成功解救被困群众，转移灾民 1560 多人，受到当地群众和各级领导的好评。

2010 年 4 月 24 日,龙泉市看守所发生一起在押犯借口生病外出就医,乘民警付钱之机,实施预谋已久的企图逃跑事件。中队三人应急小组迅速向犯人逃窜路线实施追击。值班干部带领三名战士,合力将犯罪嫌疑人掀倒在地,一举制服。

政治工作

中队坚持把思想建设作为部队头等大事,用科学理论和先进思想武装部队、教育官兵,筑牢官兵思想防线,确保官兵政治立场坚定和思想道德纯洁。

1990 年,根据上级部署,紧紧围绕加强政治建设,保证部队在政治上永远合格。1991 年,世界局势动荡多变,面对苏联解体、东欧剧变,中队及时开展形势教育和政治思想教育。因工作成绩突出,被省武警总队授予集体嘉奖。1992—1993 年,政治教育以党史、党的基本路线为主课,结合部队思想实际,抓好人生观、价值观、世界观的教育。1994 年,中队深入开展社会主义理论基础观点教育,提高官兵的政治觉悟和职业道德素质。1995 年,中队着重进行爱国奉献、革命人生观、艰苦奋斗和尊干爱兵教育。被支队评为"三化"达标先进中队。1997 年,中队开展"适应新时期军事变革,争做党和人民的忠诚卫士"主题教育。支队授予集体嘉奖。1998—1999 年,因中队成绩显著,被武警浙江省总队评为基层建设按纲建队先进中队。

2000 年,中队开展"读丛书,明事理"活动,提高官兵政治素养,树立坚定政治信念。2002 年,中队开展"真打真准备"教育,激发战士苦练杀敌本领,积极作好对台军事斗争准备。

2003 年,中队紧紧围绕培养党和人民忠诚卫士,狠抓"三个代表"重要思想教育、密切联系内部实际,其内容具有鲜明时代特点。2005 年,中队积极发挥部队爱国主义教育基地和德育基地作用,积极接待驻地学生参观学习,搞好国防教育。2006 年,为深化条令学习,中队广泛开展条令条例知识竞赛。2007 年,中队狠抓基层文化建设。通过开展编排文艺半小时节目、教唱军歌等活动,丰富官兵生活。2008—2009 年,中队采取走出去、请进来的方式进行政治思想教育工作,注重发挥战士主体作用。2010 年,中队借助地方优势,常年聘请律师为官兵提供法律咨询,不定期邀请驻地心理医生对官兵进行辅导。

后勤工作

中队紧紧围绕"保障有力"的总要求,提高后勤保障水平,加大后勤设施建设。坚持"建管并举、保障中心、服务官兵"的宗旨,严格后勤规范管理,完善执勤、训练、文体、生活四项配套设施,为官兵创造良好的物质文化生活条件。

1989 年,中队达到《基层后勤建设三年规划》目标。1995 年,中队完成"六个一"(一个好营区、一个好宣传窗、一个好哨所、一个标准化军械库、一句鼓励部队士气的口号、一套好制度)建设。1999 年,按照硬件软件一起上的要求,中队基础设施基本上达到规范统一要求。

2003 年,中队在支队组织的财务检查中受到上级领导一致好评。2004 年,中队完成绿化和营房改造工程。2006 年,中队紧紧围绕安全管理工作为重点,突出抓好人员、枪支弹药、车辆、保密安全管理。2007 年,中队严格落实"双主官"签字制度。2008—2010 年,中队加强卫生宣传教育,落实伙食管理五项制度。

1991—2010 年龙泉市武警中队所获省级以上集体荣誉一览表

表 26-5-1

获奖时间	荣誉名称	颁奖单位
1991 年	总队集体嘉奖	武警浙江省总队
1992 年	总队集体三等功	武警浙江省总队
1992 年	总队先进中队	武警浙江省总队
1998 年	总队先进中队	武警浙江省总队
1999 年	总队先进中队	武警浙江省总队
2007 年	总队先进中队	武警浙江省总队
2010 年	浙江省基层防汛防台先进组织	浙江省人民政府

第二节　市消防大队

消防机构

武警龙泉市消防大队，对外同时挂龙泉市公安消防大队和龙泉市综合应急救援大队两块牌子，自 1965 年 4 月成立以来，担负着为驻地扑救火灾、消防监督、保卫安全的历史重任，是为龙泉经济建设和人民安康创造良好消防安全环境的主要力量。1987 年，龙泉县公安局消防队改称为龙泉县公安消防中队，1994 年，市公安消防中队升格为市公安消防大队，为中国人民武装警察部队龙泉市消防大队。下设消防中队，编制 24 人。

1998 年迁址至中山东路 91 号，占地面积 8000 平方米，建造四层综合大楼，含训练场、篮球场、停车场等。

截至 2010 年，大队编制 26 人，其中干部 8 人，士官 10 人，义务兵 8 人，另有外聘文职人员 10 人，执勤消防车 5 辆(消防水罐车 3 辆、消防抢险救援车 1 辆、消防举高喷射车 1 辆)，行政车 2 辆；电脑 20 台，手抬机动消防泵 36 台，配备水带 800 米，战斗服 176 套和一批相关通讯器材设备。

施训与救援

1989—2010 年，龙泉武警消防部队为确保在灭火和处置各类突发事件中能够拉得出、打得赢，依据消防部队训练大纲，坚持从严标准，开展体能、业务、班组协调及心理拓展训练。营房实行 24 小时值班待命，能随时快速出动投入火灾扑救和突发灾害救援。举行高层建筑、地下工程、商场、隧道和石油化工场所扑火演练。及时维护保养全市市政消火栓；对全市重点消防单位制定消防预案。帮助龙泉市辖区 8 个镇 8 个乡成立 34 支义务消防队，并进行培训，使各乡镇的义务消防队在最短的时间内形成战斗力。

2000—2005 年，接警 823 次，出动车辆 1629 车次，出动警力 10647 人次，保护财产价值 2534 万元，为龙泉市经济建设和人民生命财产安全作出了应有的贡献。

2006—2010 年，接警出动 861 次，出动车辆 1504 辆次，出动警力 8836 人次，抢救疏散被困人员 109 人，抢救财产价值 3799.3 万元。大队在各级领导的关心与指导下，勇于喊响“小队伍实现大跨越”口号，始终以“搏在龙泉谋发展，乘势而上创一流”的态度与决心，紧紧扣住“创满意”主线、紧盯争创先进目标，持续扎根龙泉、奉献龙泉、建功龙泉，成功处置 2006 年“6·15”浙江龙鑫化工特大爆炸事故等急难险重任务。

教育与监管

每年深入学校、企业、社区开展消防知识讲座，组织重点单位消防安全责任人、管理人进行消防安全预防知识培训，营造消防安全氛围，提升全民消防安全意识和自防自救能力；落实社会消防安全责任，对检查发现消防措施不合格单位下放《责令整改通知书》，对违反消防管理规定的予以行政处罚，查封不符合消防标准的场所；对火灾隐患单位上门检查，帮扶整改；排摸登记建筑消防设施，定期检测自动装置设备，确保完好。

在建筑消防设施监督方面，1986 年 6 月 10 日，龙泉县人民政府发出《加强基建消防审查的通知》要求严格按照国家颁布的消防标准进行建筑设计监督。施工单位要将设计图纸交消防部门审查，在施工中由消防干部随时深入现场检查指导，基建竣工时消防监督部门参加验收。1989 年审批项目 31 个，私人项目 157 个，验收后投入使用项目 29 个。此后项目数量逐年增加。自改革开放以来，由于房地产业、工业园区的开发，消防监督任务更加繁重，消防大队加大了消防监督力度，疏通消防通道，进一步加强了消防设施的建设和管理。

在危险品管理方面，消防部门主要负责监督管理液化气。1989 年开始对经营使用液化气进行登记，制定印发液化气的管理规定，购买和运输液化气，要经消防监督部门的审批，分别发给准买证和准运证。

嘉奖与荣誉

龙泉市消防大队自成立以来，由于战斗业绩突出，先后被公安部荣记集体二等功 2 次，大队官兵荣获个人一等功 2 人次、个人二等功 8 人次。

1983 年荣获全省消防训练先进集体称号；1987 年荣获全区消防业务考核总分第一名；1988—1989 年荣获第三名。

1998 年 1 月 21 日，消防大队在扑救龙泉市百货大楼火灾中英勇顽强，成功营救被困群众 15 名，保护财产价值上千万元，被公安部荣记集体二等功。

2002 年 6 月，消防大队因青年群众工作突出，被共青团浙江省委、浙江省公安厅授予“青年文明号”荣誉称号。

2002—2004 年三年连续被浙江省消防总队评为基层建设先进单位。2003 年被中共丽水市委评为文明单位。

2006 年以来消防大队被浙江省消防总队表彰为安全工作先进大队，被丽水市政府荣记集体嘉奖一次；1 人被总队授予消防安保先进个人，2 人被总队评为优秀警官。

第二十七篇

教　　育

1989—1999 年，龙泉普及九年义务教育，推进青壮年扫盲和分班教学，统一教学行为。1999—2010 年，龙泉市倡导素质教育，重视实践性课程，加快教育标准化和现代化建设，拓展体育和艺术等课程空间。至 2010 年，全市初步构建学前教育、初等教育、中等教育、高等的相互衔接，各层次教育协调发展。1989 年，幼儿园 86 所，在园幼儿 2798 人；小学 442 所，在校生 23795 人；初中 13 所，在校生 10111 人；普通高中 4 所，在校生 1671 人；职业中学 1 所，在校生 438 人。2010 年，幼儿园 154 所，在园幼儿 8885 人；小学 41 所，在校生 18404 人；初中 9 所，在校生 10505 人；普通高中 2 所，在校生 3341 人；中等职业学校 1 所，在校生 3315 人。

1990 年撤县设市后，龙泉市加大教育经费投入，合理调整学校布局，提高“三残”少年儿童入学率，提高教育教学质量，在实现教育均衡发展方面作出大量的努力。教育经费逐年增长，学校危房基本消除，标准化学校建设初见成效。提高教育信息化水平，改善教学仪器、音响教材、电教设备、图书装备。建设素质教育实践活动基地，以剑瓷文化教育平台，开展主题教育、快乐大课间、“旭日雏鹰大行动”、“自制体育器材展示活动”、“竹竿舞”、“校园集体舞”等素质培训活动，有效提升学生素质，获得省市主流媒体的关注。“万人舞剑”创上海大世界基尼斯纪录，获最佳项目奖。龙泉市建立城乡教育互助共同体，组建教育集团试点，紧密型集团化办学模式初见雏形。采取统一规划、分步实施的原则，调整校网布局，至 2010 年，龙泉市普通高中 2 所、中等职业学校 1 所、初中 8 所、小学 36 所、九年一贯制学校 1 所、教学点 3 个。龙泉市中等职业学校被评为国家级重点中等职业学校，陶瓷实训基地被评为浙江省特色制造业实训基地。2010 年，龙泉市通过“省级教育强县”验收。

第一章　基础教育

第一节　学前教育

发展概况

1984 年始，龙泉县城区幼儿园设立小、中、大班。1987 年始，龙泉县创办私立幼儿园。1989 年，龙泉县加强学前教育教师队伍建设，完善幼儿园办学规范。2010 年，全市有幼儿园（班）154 所，幼儿 8885 人，其中，浙江省三级幼儿园 6 所，等级幼儿园占比 4.41%；乡镇建立中心幼儿园 14 个，全市 3~5 周岁幼儿入园率从 2005 年的 80.5%提高至 93.79%。教职工 684 人，专任教师 490 人（含园长），公办教师 25 人，占比 4.39%，大专学历以上教师 263 人，占比 46.22%，持证教师 156 人，占比 27.42%，学前三年入园率 92.85%。

1992 年，全市有幼儿园 23 所，其中教育部门办 2 所，民办 21 所。102 个教学班（其中小学附设 52 个教学班），在园幼儿 2467 人（其中小学附设 1426 人），教职工 126 人（其中小学附设 57 人）。

1996 年，龙泉市规模最大的民办幼儿园，班级达 8 个教学班，学生数达 260 人。

1997 年，龙泉市贯彻落实浙江省教育厅《关于进一步明确幼儿教育管理体制的通知》，幼儿教育归口龙泉市教育行政部门管理。是年，全市有幼儿园 30 所，其中教育部门办 3 所，其他及民办 27 所。120 个教学班（其中学前班 32 个教学班），在园幼儿 3120 人（其中学前班 783 人），教职工 137 人。

至 2010 年，全市主要乡镇均建立幼儿园，基本满足幼儿发展需求。有幼儿园（班）143 所（个），3~5 周岁幼儿入园率增加 13.29 个百分点，建成省三级幼儿园 10 所。幼儿入园率 93%。

1989—1999 年龙泉市（县）幼儿教育事业发展情况一览表

表 27-1-1

年份	幼儿园数（所）	班数（个）	在园幼儿数（人）	教职工数（人）
1989	86	110	2798	145
1990	50	104	2596	143
1991	25	104	2754	119
1992	23	102	2467	126
1993	23	92	1976	105
1994	23	92	2070	105
1995	23	92	1685	105

续表 27-1-1

年份	幼儿园数(所)	班数(个)	在园幼儿数(人)	教职工数(人)
1996	30	120	3120	137
1997	30	120	3120	137
1998	32	128	3328	146
1999	35	140	3640	160

建设与改革

1990 年 8 月，龙泉县教育委员会下发《关于加强幼儿学前班管理的通知》，加强对学前班的领导和管理，促进学前班的健康发展。

1995 年，龙泉市政府将幼儿园规划和建设纳入城市公共设施配套建设规划。

1998 年，龙泉市将幼儿教育列入《龙泉市教育事业发展五年规划》。龙泉市教育委员会对社会力量举办的幼儿园进行年度审核。其中机关幼儿园、实验小学幼儿园、娃哈哈幼儿园等 8 所获评优秀幼儿园；大风车幼儿园、水南幼儿园、六一幼儿园等 19 所荣获合格幼儿园。是年，市教委决定在公办幼儿园实行“收费登记卡”制度。

2000 年，市教委研究决定，同意新实验小学多征地 1 万平方米地用于附属幼儿园建设。市委、市政府将实验小学搬迁与创办省级示范性幼儿园列入重要的议事日程，是年列入 2001 年市重点工程建设项目。

2001 年，根据国务院颁发的《民办非企业单位登记管理暂行条例》，龙泉市教委给民办幼儿园办理民办非企业单位（个体）登记注册。新世纪幼儿园建设项目审批同意建设。是年开展对城区民办幼儿园年度考核，10 所幼儿园荣获优秀幼儿园，17 所幼儿园获得合格幼儿园。

2002 年，根据省人民政府《关于加快基础教育改革与发展的决定》精神，结合龙泉市城区幼儿园数量多、规模小、质量差、安全隐患大的特点，对城区幼儿园进行规划，撤并小而散且安全隐患大的幼儿园 40 所。是年，教育局对城区幼儿园年度考核，10 所园被评为优秀幼儿园，20 所获得合格幼儿园。

2004 年，市教育局下发《龙泉市教育局关于做好中小学、幼儿园突发事件应急预案和立即配置应急灯通知》，各幼儿园根据实际制订本单位应急预案，适时组织演练，配置应急灯。市教育局对全市幼儿园进行普查，制定建园规划。下发《龙泉市教育局建立幼儿园等级评估领导小组的通知》，完成 2004 年幼儿园等级评估工作，按照园务管理、园舍设施、师资队伍、卫生保健、教学工作 5 个方面工作进行全面考核，共评出市一级幼儿园 12 所，市二级幼儿园 27 所。

2005 年，龙泉市人民政府印发《关于加快普及十五年教育的若干意见》，加快发展学前教育，各乡镇街道切实承担起发展幼儿教育责任，将幼儿教育纳入乡镇街道社会事业发展规划，重点抓好中心幼儿园建设。

2006 年龙泉市教育局颁布《关于加快龙泉市幼儿教育事业改革和发展的意见》《关于加快普及十五年基础教育的决定》，将幼儿教育事业纳入基础教育的整体范畴，鼓励和支持社会力量举办幼儿园（班），加快形成以公办幼儿园为示范、乡（镇）中心园为骨干、民办幼儿园（班）为主体，公办、民办等多种形式发展幼儿教育事业格局。全市 3~5 周岁幼儿总人口 9688 人，入园率为 76.33%。是年，龙泉市教育局对33所城区幼儿园和11所乡镇幼儿园进行调研。

2008年12月30日，龙泉市教育局同意批复浙江新珠峰实业有限公司筹办幼儿园，新筹办幼儿园名称为龙泉市实验幼儿园。建立办园准入制度，由教育局牵头，协同各责任部门对全市幼儿园重新审核，全市共发放办园证书76本。依据成本核算，参照毗邻县标准，龙泉市物价局核准调整龙泉市机关幼儿园、实验小学幼儿园、八都镇幼儿园、安仁镇小附属幼儿园收费标准。

2009年，锦溪镇中心幼儿园、上垟镇中心幼儿园、竹垟乡中心幼儿园、机关幼儿园、新世纪幼儿园、大沙幼儿园等6所幼儿园被评为省三级幼儿园。市政府召开学前教育推进会，制定出台《龙泉市教育事业“十二五”发展规划》《龙泉市学前教育发展规划》等文件。龙泉市机关幼儿园由原隶属龙泉市政府办公室划归市教育局直属管理。龙泉市实验幼儿园建设项目被列入2009年全市十件民生实事和重点推进项目，新建龙南乡、兰巨乡、道太乡、岩樟乡、宝溪乡等中心幼儿园，全市16个乡镇有14个建立中心幼儿园，建成率达到88%。计划总投资2000余万元实验幼儿园动工。龙泉市学前教育专项经费投入45万元，其中学前教育专项经费9万元，在校舍维修改造专项经费中安排乡镇中心幼儿园建设经费36万元。公办园经常性事业经费285万。

2009年12月，市教育局成立龙泉市幼儿教育辅导中心，对全市幼儿园尤其是民办幼儿园的教育教学管理进行全面调查摸底，制定一系列规章制度与管理举措。

2010年，龙泉市幼儿教育辅导中心着手幼儿园管理全面规范与整顿。统一教材征订；统一作息时间；统一收费标准和保教流程，克服幼儿“小学化”现象。全市共有幼儿园共有154所，其中公办园11所，民办143所，其中有所无证园83所。拥有等级园12所，等级幼儿园覆盖率达到38.19%，教师持证率达到27.42%。

2010年，龙泉市新世纪幼儿园被评为省二级幼儿园；大沙幼儿园、锦溪镇中心幼儿园、上垟镇中心幼儿园、竹垟乡中心幼儿园、实验小学幼儿园、剑池中心幼儿园、水南幼儿园、东升幼儿园城东分园被评为省三级幼儿园。

教师管理与考核

1989年3月，县教委成立了县幼儿教研组，征订幼儿园教材，发放《幼儿教育》《幼儿教学论文集》，做好幼儿教师思想品德、教学能力的考核工作，召开幼儿教学研讨会，促进教学质量的提高。

1990年，举行第三届小学、幼儿教师教坛新秀评选，幼儿教师组中被评为一等奖的县小1人，机关幼儿园1人。1994年，丽水地区教委对幼儿园教师开展专业合格证书文化知识考试与思想品德、教学实践能力考核工作。

1999年5月15日至7月20日，分两期举办幼儿园园长岗位培训班。

2000年7月，分对部分幼师进行关于《幼儿园工作规程》《幼儿园教育指导纲要》《语言》等业务知识考试。

2003年，市教育局加强幼儿教师学历提高、骨干教师、新教师试用等培训。11月对全市幼儿教师进行关于幼儿素质提升、幼儿尝试教育活动设计、舞蹈等八项内容业务培训，考试合格者由市职成教中心发给幼儿教师岗位培训合格证书。

2004年，市教育局加强幼儿教师队伍的教育和管理，严明教职工的职业纪律和加强教职工的法制教育和职业道德教育。

2006 年 1 月，市教育局要求各幼儿园根据丽水市教育局《关于加快我市幼儿教育事业改革和发展的意见》，全面提高保教质量，促进幼儿体、智、德、美诸方面全面和谐发展。机关幼儿园承担全县幼儿园的示范辅导作用，定期举行示范性教学观摩和送教下乡活动，帮助各类幼儿园全面提高保教质量，各类幼儿园派老师到机关幼儿园观摩幼儿一日活动。市教育局组织全市幼儿教师参加培训，通过专家报告会、幼教卫生保健专题讲座，提高幼儿教师职业道德素质，树立科学儿童观，完善知识结构，提高履行职责能力。

2007 年 10 月 14 日，市教育局举办全市幼儿教师关于声乐、舞蹈、弹唱等基本功比赛。

2009 年，成立龙泉市幼儿教育辅导中心，设中心主任 1 人，兼任成员 2 人。市教育局加强幼儿园园长和教师队伍建设，实施幼儿教师培训制度，增加幼儿园教师事业编制，公办幼儿园有事业编制教师 60 人，占全市在编教师的 2.1%，其中机关幼儿园有 12 位，其余的分布在公办乡镇中心幼儿园。面向社会公开招聘事业编制幼儿教师 3 人。选送幼儿园园长参加省幼儿园园长岗位培训，有 11 位园长取得园长岗位培训合格证书。

2010 年，市教育局推荐 4 名园长，13 名幼儿教师参加省级园长岗位培训和幼儿教师业务培训。8 月，推荐 36 名幼儿教师参加丽水市级教师业务培训和假期组织全体幼儿教师进行教材培训，开展幼儿教师教坛新秀评选活动。

2002—2010 年龙泉市幼儿园基本情况统计一览表

表 27-1-2

年份	幼儿园数（所）	教育部门办（所）	民办（所）	班级数（个）		在园幼儿数（人）	教职工数（人）			
				合计	其中学前班		合计	园长	专任教师	大专以上学历
2002	50	7	43	160	95	5320	123	8	83	9
2003	87	7	86	285	103	5680	214	44	144	19
2004	122	5	117	295	30	6287	330	60	216	49
2005	155	7	148	358	9	7384	337	56	251	28
2006	131	8	123	360	34	7395	408	68	268	82
2007	125	11	113	368	22	7375	478	85	311	125
2008	132	11	120	397	17	8264	599	98	368	162
2009	136	11	125	421	14	8577	592	105	385	222
2010	154	11	143	437	10	8885	684	100	469	273

幼儿园选介

龙泉市机关幼儿园　创建于 1956 年 3 月，隶属龙泉市（县）政府办公室，2009 年划归龙泉市教育局。幼儿园占地面积 2097.3 平方米，其中建筑面积 996.83 平方米。2008 年，改"一餐一点"为"两餐一点"。2010 年，开设 4 个教学班，教职工 18 人，其中幼儿高级教师 4 名，一级教师 7 名，丽水市教坛新秀 1 名、丽水市教坛新苗 1 名，龙泉市教坛新秀和教坛新苗多名。

1989—2010 年，机关幼儿园探索教育规律，更新教育观念，提高了保教质量。2003 年完善幼儿园管理手册，提出“一切为孩子，让幼儿开心、家长放心、教师称心、社会满意”的办园宗旨和“敬业、精业、兢业，团结一致求创新，保教质量争一流”的园训。

1989—2010 年，机关幼儿园教师在市（县）教育系统的教研活动中向全市（县）教师展示 20 余节公开课。三项课题分别获得丽水市（县）课题研究评比三等奖、龙泉市（县）课题研究一等奖；论文 20 余篇获丽水市（地区）、龙泉市（地区）一、二等奖。

龙泉市实验小学幼儿园　1955 年 8 月创建，当年招收幼儿 50 人，分大、小 2 个班，教职工 5 人。1959 年卫生系统幼儿班并入，园名改称为龙泉县文卫幼儿园；1963 年卫生系统复建幼儿园后，商业系统幼儿园并入，园名复称龙泉县中心小学幼儿园。“文化大革命”期间停办。1983 年，省教育厅与丽水地区教育局拨款龙泉县创建示范性幼儿园 1 所，龙泉市教委决定该幼儿园设在新华街贤良坊 22，作为实验小学幼儿园。1989 年，幼儿园获地区幼儿教师优质课评选优秀奖 2 人；1990 年，获地区幼儿园教师教坛新秀二等奖 1 人。

新世纪幼儿园　2004 年 3 月创办。占地面积 12000 平方米，建筑面积 9668 平方米，总投资 2300 万元。2008 年有 13 个教学班，入园幼儿 306 人。保教人员 28 人。2007 年被评为丽水市一级幼儿园，2010 年被评为浙江省二级幼儿园。

第二节　小学教育

发展概况

1988 年，龙泉县通过浙江省普及初等教育验收，7—12 周岁儿童入学率 98.9%，巩固率 99.4%，毕业率 99.3%，12~15 周岁少年儿童普及率 97.10%，“四率”均超过教育部规定的标准。

1990 年后，部分小学设立教育科学研究室（教科室），实行教育与科研相结合的制度。

1996 年 8 月，实施校长负责学校行政工作。农村地区可视情况实行中心小学校长负责制。

1997 年，小学在校学生 23481 人，小学学龄儿童入学率 99.89%，有希望小学 1 所。

1998 年，小学在校学生 22143 人，小学学龄儿童入学率 99.93%。

2005 年 9 月，龙泉市农村中小学实施“四项工程”：家庭经济困难学生资助扩面工程、爱心营养餐工程、食宿改造工程、教师素质提升工程。

2006 年小学入学率为 99%，12~14 周岁适龄少年入学率为 98.4% ，7~15 周岁三残儿童入学率为 96.9%。

2007 年，推广城乡学校结对（或联合）的集团办学模式和校区管理模式。

2010 年 7 月，市教育局选派校长参加国家教育学院“基础教育改革动态”培训。龙泉市普通小学 41 所，招生 3157 人，在校生 18404 人；小学毕业生升学比例达 100%。

课程设置

1989 年各校增设卫生课。

1994 年，市教委颁发《关于贯彻执行省教委调整中小学课程（教学）计划意见的通知》，调整小学课程为：思想品德、语文、数学、常识、体育与保健、音乐、美术、生活与劳动等八科，每周课时量为27~29课时。

1995年，根据国务院关于实行每周40小时工作制的规定，龙泉市各中小学施行每周五天工作制，执行省教委《关于实行每周40小时工作制后调整中小学教学计划的意见》。调整内容是：小学四、五年级的体育与保健由每周3课时减少为2课时，小学一至五年级兴趣活动课时数分别为1课时、1课时、1课时、1课时、2课时。

2000年秋，龙泉市贯彻落实《浙江省义务教育试行教学计划》。对"六三"学制的教学计划进行调整。主要内容有小学五、六年级增设外语选修课，每周3课时；小学四至六年级增设信息技术选修课，每周1课时；小学三至六年级语文课每周各减少1课时；小学常识课五、六年级由每周4课时减为3课时；小学五、六年级生活与劳动课不再开设。

2002年，根据省教育厅《关于积极推进我省小学开设英语课程的指导意见》，龙泉市所有小学从三年级开始开设英语课。

2004年秋季，全市小学一年级全部学科按新课程标准课时和教材实行。2009年秋季全市小学实行新课程，使用新教材。新课程标准设置品德与生活（一、二年级）、品德与社会（三、四、五、六年级）、语文、数学、外语、音乐、体育、美术、科学、信息技术、综合实践活动、地方课程与学校课程等11科，每周总课时量为26~30节。

2007年，对中小学部分课程设置作调整，调整小学1~2年级体育课程及"地方课程与学校课程"周课时，体育课程由原每周3课时增至4课时，同时调整小学1~2年级"地方课程与学校课程"课时，由原每周3课时减至2课时。

城区小学简介

龙泉市实验小学　前身系创办于清乾隆三十二年（1767）的金鳌书院，地址在东街。1980年被列为省重点小学，1982年复名为龙泉县中心小学。1992年9月，正式命名为龙泉市实验小学。2004年，龙泉市实验小学搬迁至苍松路33号新校区。2010年8月将大沙小学、凤鸣小学并入成立"龙泉市实验小学教育集团"。

学校占地面积36208平方米，校舍建筑面积13539平方米，绿化面积1114平方米。学校按省级示范小学标准设计，标准化计算机网络系统、各种专用教室等均按I类标准配置，拥有250米环形运动场，篮球场，乒乓球训练场。

2010年，学校共有36个教学班，在校生2080名，教职工118人。其中，专任教师99人，大学本科学历37人；省教改之星4人，省教坛新秀1人；丽水市名校长1人，名师2人，学科带头人8人，教坛新秀2人；龙泉市学科带头人7人。全国优秀教师1人。浙江省春蚕奖获得者1人。

1998年，在丽水地区举行的中小学艺术节文艺会演中，学校舞蹈作品《红红灯笼闹山城》荣获二等奖；学生在丽水市2003年青少年科技创新大赛中获少儿科幻绘画一等奖1人。实验小学荣获中国书画教育特色学校称号。

2004年6月，龙泉市实验小学被确定为丽水市教育科学研究基地之一。学校先后被评为"全国青少年文明礼仪教育示范基地""少先队全国雏鹰红旗大队""浙江省示范小学""浙江省百年名校"。

龙泉市东升小学　龙泉市东升小学前身系清光绪三十四年(1908)创办的私立养真小学,校址在东升街基督教堂下首。1951年3月,县人民政府接管学校,更名为东升小学。

2009年9月搬进新校园,校址在龙泉市变河路1号,新校园占地46463平方米,建筑面积10779平方米,48个班级的规模。拥有教学楼2栋、行政楼、体艺楼、公共教学楼,操场和广场;具有浙江省一类学校设备配置,有48个多媒体教室,现代化的校园网络和广播系统、音乐、美术、书法、劳技等专用教室、实验室、舞蹈室、计算机房、图书室、队室、机房、采编室等优良硬件装备齐全。

2010年有42个教学班,2500多学生。教职工118人,已获本科学历的55人,大专学历的45人。具有中学高级教师职称的1人,小学高级教师职称的83人,小学一级教师职称的31人;丽水市学科教学带头人1人,龙泉市学科带头人4人。

东升小学校系浙江省活动课程研究会成员学校,浙江省教育学会德育分会成员学校,浙江省实施《少先队辅导员工作纲要》试点学校。学校先后获得全国少先队快乐集体、全国雏鹰红旗大队、全国创建和谐校园先进学校、丽水市红领巾示范学校、丽水市文明单位、丽水市语言文字规范化示范学校、丽水市教科研先进单位、龙泉市一等学校等荣誉。

1990年,学校教师被评为浙江省少先队优秀辅导员1人;2007年,被评为浙江省十佳少先队辅导员1人。2000年12月,被评为全国学校艺术教育工作先进个人1人。2008年10月,被评为全国百名优秀校长1人。2004年4月,教师音乐教学研究专著《心之河》由远方出版社出版。

龙泉市西新小学　初创于民国30年(1941),前身系私立国昌小学。1950年由龙泉县人民政府正式接管,更校名为西新小学。曾几易其名,县小二分部、东方红小学,1983年恢复西新小学名称。

学校坐落在龙泉市区文化路13号,占地面积5200平方米,运动场地2210平方米,绿化用地270平方米,校舍建筑面积3120平方米。

1989年16个教学班,744个学生,教职工38人。2010年,学校共有24个教学班,在校生1080名,教职工67人。其中,本科学历63人,大专学历5人,高级教师7人,中级教师36人,初级教师24人。丽水市学科带头人2人,龙泉市学科带头人3人,丽水市、龙泉市级教坛新秀45人。在丽水市、龙泉市级优质课评比中获奖有36人次。1990年,获浙江省第三届"春蚕奖"1人,评为丽水地区明星教师1人。

学校先后被授予浙江省书法教育研究会实验基地、浙江省现代教育技术实验学校、浙江省书法艺术教育特色学校、浙江省红十字示范学校、浙江省雏鹰红旗大队、丽水市首批语言文字规范化示范学校、丽水市教育科研先进集体、丽水市校本教研示范学校、丽水市示范性家长学校、丽水市师德师风建设达标学校、丽水市艺术教育特色学校等荣誉称号。

龙泉市水南小学　1909年由当时龙泉知县陶霦创办水南小学,校址设水南蔡宅,称为"官立城南初等小学堂",学生一个班共计10人左右。其后多次易名。1984—2000年名为"龙渊镇水南小学",2000年更名为"龙泉市水南小学"。

1996—1998年征得土地兴建新校,2000年11月由水南街110号老校址整体搬迁至棋盘山麓的新校园。2003年建成综合楼,2005年9月征地3493平方米,是年,创建了龙泉市第一所社会力量办学的股份制民办学校——龙泉市绿谷外国语实验小学。2009年5月由水南校区、绿谷外国语实验学校、兰巨校区、河村校区合并为龙泉市绿谷教育集团，后期剑湖校区一并加入。水南小学占地面积14627.95平方米，37个教学班，在校学生1600余人，教职工108人，大专以上学历教师占100%。

2009年，水南小学校区有22个教学班，绿谷外国语实验小学有17个教学班；共有学生1695人，其中，绿谷在校学生634人；共有在职教师102人，退休教师23人。至2010年，学校前后获得"丽水市示范小学""丽水市文明单位""浙江省示范小学""浙江省现代教育技术实验学校""浙江省教育优秀网站""丽水市艺术教育特色学校""全国青少年小记者培训基地"等荣誉。2008—2009年度获丽水市教育科研先进单位。2009年全国红十字青少年防灾知识竞赛最佳组织奖。

1989年9月，季水翠被评为全国优秀教师并授予优秀教师奖章。1989年12月被评为浙江省学校体育工作先进个人1人；被评为浙江省优秀少先队辅导员1人；学生被评为浙江省先进少先队员1人。1992年被评为浙江省优秀青年教师2人。1999年被评为浙江省中小学普及实验教学先进工作者1人；2007年被评为浙江省少先队事业功臣1人。

龙泉市南秦小学 创建于1969年，原名为城郊公社南秦小学。后几经变更，改为龙渊镇南秦小学、龙泉市南秦小学。

校址坐落于剑池西路183号。1989年为一幢教学楼，容纳14个班级。因厂矿工人子女增加，1997年，由龙泉市政府拨款10万元，宁波江北红塘镇捐款10万元，学校发动教师家长捐款10万元，紧连原教学楼建成一座新教学楼。为纪念宁波龙泉两地的情谊，取名为"剑江楼"。

2004年，市政府将原工具厂厂房划拨给南秦小学改建成教学楼，2005年9月投入使用。自此南秦小学占地达到5795平方米，校舍有4736平方米。2010年，学校办学规模达到26个教学班，学生1428人。在职教职工75人，其中本科35人，专科37人，高中3人。有小学高级教师46人，丽水教坛新秀1人。

1995年，成立少年交通警察学校，为丽水市（地区）成立最早的少年警校，成为学校德育工作的一大特色，《中国语言文字报》《平安时报》《丽水日报》《处州晚报》《浙江新闻》等报刊电视先后30多次报道过学校的少年警校开展活动情况，学校四至六年级学生均为小交警。队伍实施"警衔制"管理模式，并结合学校"雏鹰争章"活动，开创一条特色的德育之路。

学校开发校本课程少年警校和乡土音韵，成为全国国防教育示范学校。英语剧《狐狸吃葡萄》获国家级二等奖，舞蹈节目《树上的鱼》获国家级二等奖、省级一等奖，游戏《闪烁的童心》获省级二等奖。学校先后获得省级"文明单位"、省级"卫生先进单位"、省先进职工书屋等荣誉。

龙泉市大沙中心小学 龙泉市大沙中心小学位于龙泉市剑池街道翁仁村2号，学校创办于1950年2月，占地面积5200平方米，是一所农村完全小学。1989年至2001年学校占地面积1140平方米，2002年扩建，占地面积4800平方米。

1989年至1994年8月，学校共有8个班级，在校公办教师17人，其中小学高级教师2人，一级教师10人，二级教师1人，三级教师1人，未评级1人。管辖芳野小学，武潭小学，东岭小学，石退小学共4所村校，除芳野小学外，其他学校均为1~3年级复式班。

1997年撤并石退小学，1999年撤并武潭小学，2002年撤并东岭小学，2006年撤并芳野小学。撤并后，大沙中心小学共有13个教学班，37位教职工，430位学生，学校占地面积4800平方米，建筑面积1612平方米，共有藏书5000册。

2009年正式启动大沙小学扩建工程，2009年至2010年学校征地22亩建设新校舍。

第三节　中学教育

初高中学校

1980年开始，龙泉县初级中学教育和戴帽初中层出不穷。1984年始，安仁天平初中、安福初中、龙南义和初中、建兴初中先后撤并。城北中学高中部、安仁高中部也相继撤销。至2010年龙泉市共有初级中学9所，普通高中学校2所（其中龙泉市第一中学为省一级重点中学、原来龙泉市中等职业学校的高中学部设为求是中学，仍设于龙泉市中等职业学校内）。

1989年以来，龙泉市（县）着力落实九年义务教育制、完善学校布局、保障适龄学生入学率，不断提高中学教育水平。至2010年，全市共有初级中学9所、普通高中学校2所。取消小升初考试，实现小学毕业生入学率100%。

1989年，全县有完全中学4所，初中30所（含17所有初中班的九年一贯制学校）。初中在校学生巩固率为91.1%，高中在校学生巩固率为98.7%。是年，小学毕业生3808人，升入初中3261人，升学率为85.6%。城镇、八都、城郊等区镇开始实施九年义务教育，升学率均为100%。农村升学率较高的是锦旗区（达94%）、城南区（达82.3%）；较低的是安仁区（升学率56.1%）、龙南区（升学率45%）。全县共有初中毕业生2970人，升入高中624人，升学率达21.2%，其中城镇升学率为83.1%，八都区升学率为12.2%，城郊区为19.1%。

1985年，撤销安仁中学高中部。

1990年，原“龙泉县城郊中学”更名为“龙泉县第三中学”。

1991年，撤并础石、剑湖、南窖、供村、双平、王庄的初中班。

1992年，城南中学更名为小梅中学，撤并青溪、岩樟、瓷厂初中。

1994年，撤销竹垟初中并入八都中学，八都中学撤销高中部并更名为“民族中学”；撤销凤鸣、上东、红旗厂初中；成立民办中学养真中学。

1997年，普通中学在校学生11791人，初中入学率96.75%。

1998年，全市共有中学22所，其中，300人以下10所。在校学生11726人。初中入学率91.42%。秋季起龙泉一中停止招收初一新生；龙泉二中、龙泉三中高中部停止招收高一新生；是年6月，民办中学“龙泉市育才学校”成立。

1999年12月，龙泉市民族中学成为首批地区级农村示范初中。

2000年，龙泉一中撤销初中部，龙泉二中、龙泉三中撤销高中部。

2003年，撤销上垟中学、泗源中学、瀑云中学、宝溪中学、建新中学5所中学。

2004年，撤销础石中学、城北中学、住龙中学3所中学。3所中学学区的初中义务教育任务由养真中学承担。

2005年，撤销屏南中学、锦溪中学2所中学。

2006年7月，在市区剑池路129号原职业高中旧址，新建龙泉市第四中学，招收原小梅中学、查田中学、茶丰中学、兰巨中学、龙南中学、道太中学学区的初一新生12个班级570名学生。17周岁初级中等教育完成率为96%，初升高比例提高到85.07%，中小学体质健康达标率为88.5%。6-14周岁外来务工子女人口1150人，已入学1148，入学率为99.82%。全市中职与普高招生比保持在1比1以上。学生毕业率为91.60%，技能证书获取率为97.8%，其中获中级技工证书率为87.5%，学生一次性推荐就业率达100%。

2007年，撤销兰巨中学、小梅中学、龙南中学3所中学，撤销查田、茶丰、道太学校的初中部。是年成立"龙泉市剑瓷外国语中学"（龙泉市第四中学）。初级中等教育阶段适龄少年入学率98%。15周岁人口初等教育完成率99%，17周岁人口初等教育完成率为95%。初中毕业生升入高中比例为90.86%（其中少数民族初升高比例为87.4%）。高考上线963人，上线率82.17%。高职上线192人，上线率62.75%。

2008年，全市有省一级重点高中1所（龙泉一中），在校学生3048人；初中9所，在校学生10636人；初中招生取消升学考试，实行按学区就近入学的办法，保证每个小学毕业生100%入学。

2009年，学前三年幼儿入园率达到92.85%；义务教育在巩固中提高，小学入学率为100%，初中入学率为99.64%；小学升初中比例为100%；高中段教育稳步发展，2009年，高考上线876人，上线率84.23%，录取率82.98%；成人教育稳步推进，开展省示范性成技校申报工作。

2010年，全市初中招生3202人，在校生10505人。普高2所（包括设于龙泉市中等职业学校内的求是中学），普通高中招生1067人，在校生3341人。龙泉市拥有中等职业教育学校1所，招生1299人，在校生3315人。初中学校9所，招生3202人，在校生10505人；初中巩固率为99.66%；初中毕业生升学率上升至93.83%。

1989—2010年龙泉市（县）中学基本情况一览表

表27-1-3

年份	学校数（所）		班级数（个）		招生数（人）		毕业生数（人）		在校学生数（人）	
	初中	高中	初中	高中	初中	高中	初中	高中	初中	高中
1989	30	4	201	34	3231	624	2981	652	10111	1671
1990	30	4	211	33	4148	500	3156	543	10362	1543
1991	13	4	197	32	2716	500	2843	463	9292	1592
1992	13	4	208	30	3847	409	3150	505	9640	1415
1993	13	4	188	24	3211	259	3051	500	8353	1090
1994	15	3	181	21	2975	360	1892	468	8719	929
1995	15	3	197	21	4104	437	2832	334	10281	988
1996	14	3	206	22	3605	373	2856	323	10252	1098
1997	14	3	209	25	3809	416	2825	323	10611	1180
1998	15	3	212	26	3942	527	3330	405	10457	1269
1999	16	3	226	32	4229	658	2991	355	10932	1543
2000	17	3	234	39	4430	945	3141	379	11517	2075
2001	23	1	240	36	4304	486	3190	502	12054	1922
2002	21	1	222	42	3236	790	3560	614	11240	2290

续表 27-1-3

年份	学校数(所)		班级数(个)		招生数(人)		毕业生数(人)		在校学生数(人)	
	初中	高中	初中	高中	初中	高中	初中	高中	初中	高中
2003	17	1	197	45	2755	915	3871	873	9724	2354
2004	15	1	181	52	2485	1024	3720	651	8206	2696
2005	13	1	177	58	2720	1073	3035	786	7815	2973
2006	11	1	186	60	3261	1044	2606	883	8351	3103
2007	9	1	201	63	3610	1025	2352	1013	9427	3110
2008	9	1	220	60	3924	988	2582	1043	10636	3048
2009	9	2	226	64	3547	1298	3114	1034	10952	3291
2010	9	2	220	64	3202	1067	3485	1013	10505	3341

教学管理

1993 年 3 月，全市各中小学规定，根据教学要求和学生学习实际，因人制宜地选择和布置作业。小学一年级一般不留书面作业，二、三年级作业不超过 30 分钟，四年级不超过 45 分钟，五、六年级不超过 1 小时。小学和初中不设重点(校)。11 月，全市取消小学毕业生升学考试，实行就近入学。

1995 年 4 月，取消各学科的奥林匹克学校(班)，不再向中小学下达升学指标和考试成绩指标，是年，高中执行省教委规定的教学时间：全年 52 周中，教学时间 40 周，假期(包括寒暑假、节假日和农忙假)10~11 周，机动 1~2 周；每学年 40 周教学时间安排：高一、高二年级上课 35 周，复习考试 3 周，劳动技术教育和社会实践 2 周；高三年级上课 26 周，复习考试 12 周，劳动技术教育和社会实践 2 周；初中、小学的教学时间和假期基本相近。

2005 年 3 月，龙泉市教育局印发《关于认真贯彻落实〈浙江省教育厅关于减轻中小学生过重课业负担若干问题意见〉的通知》，把 2005 年定为“减负”工作年，建立“减负”监控和保障机制，与学校签订“减负”责任书，学校做出“减负”承诺并接受社会监督。

2006 年，启动初中教学质量过程监控工程。建立初中教学质量调查制度，形成小学生学习质量调查报告制度。

2009 年，实施义务教育质量监控制度，对全市所有义务教育阶段的学校实行择本抽测，并及时反馈结果，总结经验、查找存在的问题及原因。对龙泉一中实行考试评价和高考改革指导，改革高中教学质量监控体系，引进命题、测试、评分和分析等整套管理方法。

2010 年，龙泉市教有局印发《关于切实减轻义务教育阶段中小学生过重课业负担的实施意见》，全市开展提高课堂效率，减轻课业负担的教育改革，与各中小学校长签订减负责任书；制定“减负”工作督查细则；创办《减负专线》简报。

课程改革

1986—1991 年，龙泉市(县)实施国家第六次课程改革。

1992—2000 年，第七次课程改革，“教学计划”改为“课程计划”。1993 年秋，龙泉市第一次将活动与学科并列为两类课程，“课程管理”作为课程计划中的一部分独立出来。1999 年始，贯彻教育振兴的相关课程管理规范，开设地方课程、校本课程以及活动课程、研究性学习课程。

2001 年 5 月，龙泉市启动第八次基础教育课程改革，构建符合素质教育要求的新基础教育课程体系。

2004 年 9 月，进行基础教育课程改革实验，成立课改领导小组并召开新课程改革动员大会，全面推广试点课改经验，做到课改工作“五个到位”（组织、师资、物质、制度、舆论保障）。全市起始年级教师接受培训率达 100%，其他年级教师受训率在 95%以上。

2006 年 9 月，龙泉市进行普通高中新课程实验，按照新课程计划每学年 52 周。其中，教学时间 40 周，社会实践 1 周、假期 1 周，每学期分为两段安排课程，每段为 10 周，其中 9 周授课，1 周复习考试。

教学改革

1989 年，龙泉县各类学校进一步加强课堂教学。

1990 年 10 月，龙泉县根据丽水地区教研室“三算”结合研讨会精神，倡导三算结合教学研究。

1995 年，龙泉市城区小学教学中把口算、笔算、珠算联系起来，开展“三算”结合教学实验。

2003 年，实施义务教育阶段课程改革方案，初中、小学开展新课程标准下的综合实践活动课、小学教学评价研究。

2004 年，开展试行农村小班化教育和研究，推广新课程改革试点县的经验，开展以新课程改革为主要内容的教学改革。

2005 年，推行科研兴教，开展以教学与实践相结合的教改实验研究。开展优化教学过程，改进教学手段，提高课堂教学效率等方面的实践与研究。至 2007 年开展校本教研示范校(园)的评估；建立教研员考核制度。

2008 年，开展课堂教学改革，研究课堂教学方法和教学模式。通过“高三复习课的有效性”“农村小学内化课改理念转化为课堂教学实践”等主题，改革教学设计、教学实施过程。

2010 年，开展小学语文教师文本解读能力的课例研究；初中经典美文引领语文课堂读写教学的研究；高中语文课堂的有效教学研究；高中英语有效、实用背记模式研究；艺术特长生（音乐、美术）专项培养的实践研究。

学业评价

1989 年始，龙泉市（县）参加丽水地区初中结业学科和毕业学科实行会考。结业会考科目：初一植物、初二动物、历史、地理等，由地区统一命题、分县评卷。初三毕业生参加地区初中毕业、高中招生及初中中专预选“三考合一”考试，成绩作为初中毕业、高中招生及初中中专预送考试成绩。“三合一”考试科目：政治、语文、数学、物理、化学、生理卫生，采用省初中中专统考试卷，执行一类教学计划的加试英语。是年，全市高中学生全部参加省高中证书会考，会考科目有政治、语文、数学、外语、物理、化学、生物、历史、地理等；化学、生物两科除笔试外，还进行实验操作考查。

1990 年，龙泉市（县）根据要求统一实施浙江省全日制中小学学籍管理，中学生的成绩考核，包括学业和操行两个方面。

1992 年，成立龙泉市中学会考办公室，开始实行初中毕业会考制度。1993 年，龙泉市会考办被评为省会考先进集体。

1993 年始，龙泉市初中毕业生升学考试加试体育，满分 30 分计入升学总分。

2002 年始，小学每学期只举行一次由学校组织的语文、数学期末考试，禁止进行区域性统考、统测；考试和考查采用等级制或评语制。初中毕业成绩以等第方式报告，等第分为 A、B、C、D 四级，分别代表优秀、良好、及格、不及格。

2006 年始，原“普通高中证书会考”改为“普通高中会考”，会考科目为:语文、英语、数学、思想政治、历史、地理，物理、化学、生物、信息技术、通用技术，以及“自选综合”。

2007 年，龙泉市启动新课改后首届初中毕业生学业水平考试改革，实行浙江省初中毕业生学业考试制度。由丽水市教育局统一命题。

2009 年实施浙江省普通高中会考制度，凡获得普通高中学籍的在校学生须参加所有必考科目的会考，且“不及格科目不超过一门”作为毕业资格的必备条件之一。

2010 年，初中毕业生文化考试由省教育厅教研室组织命题。

中学学校简介

龙泉市第一中学　龙泉市第一中学创始于 1945 年，1980 年学校被确定为浙江省 80 所重点中学之一。2005 年学校被评定为浙江省一级重点中学。

2003 年 9 月龙泉市第一中学迁入环城东路 9 号新校舍。新校占地 8.9 万平方米，总投资 9055 万元，建筑面积 5.1 万平方米，人均绿化面积 16 平方米。有教学楼 2 幢，综合楼、实验楼、体艺楼各 1 幢；配备计算机房、课件制作中心、智能广播系统、电子阅览室、理化生实验室、通用技术实验室、音美劳专用教室；图书馆藏书 10 万余册，报刊杂志 400 余种，分教师、学生阅览室，800 座的学术报告厅；健身房、篮球场、排球场、乒乓球室、棋牌室等体育场馆；千兆校园网覆盖校园，多媒体系统装备所有教学场所；学生公寓楼 3 幢。

2010 年，学校有班级 48 个，学生 2455 人，教职员工 207 人，专任教师 175 人，行政人员 25 人，教辅人员 5 人，工勤人员 5 人，其中省特级教师 1 人，全国优秀教师 3 人，省级先进教师 11 人，高级教师 88 人，一级教师 50 人，二级教师 23 人，丽水市学科带头人 10 人，省地教坛新秀 15 人，县级学科带头人 10 人。

1989—2010 年，龙泉一中教师完成省级课题 2 项，获得省级精品课程 3 项，获得省级优质课评比获奖 3 人，2002 年 9 月到 2007 年 7 月在省级以上报刊发表文章 103 篇，论文获得省级以上奖励 112 篇，2002 年 9 月到 2006 年 7 月因指导学生参加各类竞赛获奖省级以上 3 人，2002 年 9 月到 2007 年 7 月主编、参编的已出版的学科教辅用书 21 种。

1989—2010 龙泉一中年高考上线人数一览表

表 27-1-4

年份	上线人数(人)	年份	上线人数(人)	年份	上线人数(人)
1989	44	1992	60	1995	143
1990	48	1993	81	1996	77
1991	51	1994	114	1997	100

续表 27-1-4

年份	上线人数(人)	年份	上线人数(人)	年份	上线人数(人)
1998	110	2003	736	2008	716
1999	153	2004	455	2009	770
2000	210	2005	686	2010	742
2001	317	2006	716	—	—
2002	429	2007	709	—	—

1994 年 8 月，龙泉籍台湾知名人士刘子鹏捐资 3 万美元建造的刘子鹏图书馆落成。1995 年 10 月，举行 50 周年校庆。1997 年 10 月，学校被评为全国群众体育先进集体。1998 年，学校被评为浙江省文明学校。2002 年 9 月，方松根老师被评为浙江省劳动模范。2005 年 7 月，学校被评定为浙江省一级重点中学。2008 年 10 月，学校被评为国家级科研兴教先进单位。2008 年 12 月，学校被评为浙江省绿色学校。2010 年 2 月，学校被评为浙江省廉政文化"先进"示范点。

龙泉市第二中学　龙泉市第二中学校创办于 1972 年。学校坐落于浙江省龙泉市城区中山西路 41 号，学校占地面积 12667 平方米。

学校承担实验小学、西新小学、锦溪、住龙、双岭五所学校毕业生的初中阶段义务教育。2010 年，有教学班 35 个，1650 多名学生，其中住校生 800 多名。17 个教室配有多媒体系统，建有理化生实验室、学生计算机房，学生阅览室各 1 个。在编教师 138 人，其中本科学历(包括在读)占 67%，市级以上教坛新秀 37 人。

学校曾被评为浙江省第一批现代教育技术实验学校，国家级外语实验学校、浙江省绿色学校、省传统体育项目学校、丽水市校本教研示范学校、浙江省语言文字规范化示范校。

龙泉市第三中学　1970 年 2 月，在芳野曾家大屋创办龙泉县城郊中学，有两个班级，学生 70 余人。1972 年春，龙泉县城郊中学开办高中部。1972 年夏，学校从芳野大屋搬迁至城郊水南村金沙路。1990 年 8 月，龙泉县城郊中学更名为龙泉县第三中学。1990 年 12 月，龙泉县第三中学更名龙泉市第三中学。学校坐落在龙泉市金沙路 23 号。占地面积 47546 平方米，校舍建筑面积 19528 平方米。1999 年 10 月，学校借款集资建成科教大楼。

2004 年初，龙泉市第三中学实行后勤社会化和公办民办双轨制办学模式。9 月，由龙泉市第三中学提供优质教育资源参与办学，龙泉市第三中学全体教职工和社会力量共同出资，联合兴办民办学校"龙泉市剑瓷外国语实验中学"。龙泉市剑瓷外国语实验中学是经龙泉市人民政府专题会议讨论同意，龙泉市教育局依法批准创办的全日制民办中学。

2007 年，学校开始实施校园扩建工程。

2010 年，有教学班 60 个，学生 2962 人，住校生 2346 人，教职工 195 人。其中，龙泉市第三中学有教学班 31 个，学生 1795 人，住校生 1617 人，教职工 118 人；龙泉剑瓷外国语实验中学有教学班 29 个，学生 1167 人，住校生 729 人，教职工 77 人。学校教师大学本科占 81%。有中、高级教师 116 人，有丽水市级名校长 1 人，全国优秀教师 1 人，丽水市级学科带头人 3 人，丽水市明星教师 5 人，丽水市级教坛新秀 7 人，龙泉市级教坛新秀 36 人。

2007 年，《课改背景下山区初中开展探究性学习的实践与研究》获浙江省二等奖。《多媒体技术在初中自然科学实验课中应用的研究》课题，荣获浙江省一等奖。浙江省初中自然科学教师大比武省二等奖2人；全国初中青年教师数学优质课成果评比国家三等奖1人。

学校先后被评为浙江省治安安全先进单位、浙江省卫生先进单位、丽水市示范初中和浙江省示范初中。2006年，被评为浙江省校本教研示范学校。2009年10月，学校的歌舞节目《簸箕上的麻雀》在浙江省艺术节演出中荣获一等奖。2009年10月龙泉市剑瓷外国语实验中学被评为中国民办教育百强学校。2010年12月，被评为浙江省绿色学校。

龙泉市第四中学　龙泉市撤并兰巨、屏南、龙南、茶丰、查田、小梅6所乡镇初中后，于2006年7月创办一所全寄宿制初级中学。坐落于龙泉市剑池街道剑池西路129号（原市职业高中校区），占地面积36667平方米，建筑面积19000平方米。2010年，有教学班39个班级，学生2058人。在编教职工共147人，其中本科学历128人，专科学历15人，高级教师19人，一级教师50人。教师获省春蚕奖2人；获丽水市优秀教师称号3人；丽水市学科带头人1人；丽水市教坛新1人。

学校先后获得丽水市师德达标学校、先进工会、优秀志愿者服务集体、教科研先进集体、社会治安综合治理先进集体、先进党支部等荣誉。学生中共有40多人次在丽水市级及以上竞赛中取得好成绩，共有600多人次在龙泉市级比赛中获奖，另有11人次获得浙江省艺术特长等级考试B（C）级证书。2007年12月，第三届全国少年儿童书信文化评比活动中，分别获得一二三等奖学生4人。2008年6月，在中学语文报发表文章的学生2人。2009年1月,获得浙江省首届中学生素养大赛一、二等奖的学生4人。

龙泉市民族中学　创建于1955年，初名为龙泉县第二中学，1973年更名为龙泉县八都中学。1994年竹垟畲族乡中学并入学校，更名为“龙泉市民族中学”。2003年，上垟、宝溪、泗源、瀑云初中并入，学校承担着龙泉西部“两乡两镇”的初中义务教育任务，成为龙泉市仅有的两所农村初中之一。

学校坐落在龙泉市八都镇北郊玉峰山脚，占地面积32267平方米，校舍建筑面积18800平方米。2010年，有教学班30个，学生1316人。其中畲族学生192人，占学生总数的12.6%。教职工109人，其中少数民族教师11人。本科学历79人、专科学历22人，有中学高级教师3人、小学高级教师29人、小学一级教师65人。

1989年，小梅中学高三并入。1990年建造男生宿舍，建造24教室教学楼。1992年，八都中学停止高中招生。1997年，征用四村12亩农田建设操场，民族中学通过“两基普九”大检查。1999年，上垟中学并入民族中学，学校规模进一步扩大；各年级采用分层次编班教学；实施教师聘任制工作。2000年，建造女生宿舍；2001年，建造电脑教室，招收多媒体班，新建西侧八个教室。2003年，学校建造综合楼。民族中学被评为“浙江省农村示范中学”。2008年，八都镇通过教育强镇检查验收。成立民族舞蹈队后，民族传统体育项目珍珠球、蹴球等多次在省民族传统体育项目竞技比赛中获奖。

学校相继获得浙江省文明学校、浙江省绿色学校、浙江省民族教育先进集体、浙江省农村示范初中、浙江省中小学美丽校园、丽水市书香校园建设示范学校、丽水市师德师风创优先进集体、丽水市文明单位等称号。

龙泉市安仁中学　龙泉市安仁中学创办于1958年，校址设安仁镇刘坊村大王殿旧址，现为龙泉市安仁镇安仁路152号。前身系安仁区中心小学附设初中班，为镇辖初中。1972—1983年为龙泉县属完全中学，共培养高中毕业生12届900余人。学校占地面积11206平方米，校舍建筑面积5742平方米，绿化面积1300平方米。

2004 年，在校学生 803 人，16 个班级，教职工 48 人。2010 年，有教学班 12 个，学生 442 名，住校生 112 人。教职工 42 人，其中本科学历 34 人，高级职称 2 人，中级职称 11 人，龙泉市级农村学科带头人 2 人。

1989 年，由外国友人捐助，拆掉原大王殿两幢学生宿舍，新建 16 个教室的教学楼，1990 年建成投入使用。2005—2007 年，拆除了原 70 年代建成的两幢 2 层教学楼，1990 年后改成学生宿舍与办公室，新建综合楼、教师宿舍、学生宿舍、食堂餐厅各一幢。

2007 年 12 月，学校被命名为“丽水市示范性初级中学”。2009 年 12 月学校被评为“丽水市语言文字规范化示范学校”。2010 年，学校非遗表演队在浙江省非遗展演活动中获“优秀表演奖”。

龙泉市育才学校　学校创办于 1998 年 6 月，是丽水市最早成立的“全日制民办初中”之一。学校坐落在龙泉市环城东路 6 号（现华楼街 258 号）。1998 年初，以原龙泉宝剑厂作为校址开辟（占地约 2000 平方米）校园，至 2010 年，学校占地面积 21333 平方米，建筑面积 25200 平方米。至 2010 年为高一级学校输送优秀毕业生 2787 人。

2010 年，学校拥有 24 个教学班，在校生 1000 余人，教职员工 120 余人，其中公办正式教师 78 人，本科学历 77 人，专科学历 1 人，中学高级教师 14 人，中学一级教师 64 人。教师中有省优秀教师、丽水市教坛新秀、龙泉市学科带头人、国家级数学竞赛优秀指导师等。

学校先后获得中国民办教育特色学校、中国民办教育百强学校、浙江省示范初中、浙江省标准化学校、浙江省治安安全示范单位、浙江省卫生先进单位、浙江省健康促进学校发展金牌学校等荣誉称号。

养真中学　学校前身为养真小学，由德国牧师奔德于 1908 年创办，因以“养育真才”为宗旨，取名“养真”。1985 年经当时的龙泉县政协委员郭福五、周祥等基督教界人士联名提议恢复原养真小学改办中学，是全国唯一一所由基督教“两会”主办管理的民办中学，著名书法家郭仲选为养真中学题写校名。

学校占地面积 23333 平方米，建筑面积 6000 平方米，多媒体教室、学生公寓楼、餐厅、计算机房等一应俱全。2010 年有 18 个班级、860 名学生、62 名教职员工。先后荣获省社会力量办学先进单位、省先进职工之家等荣誉称号。

2010 年下半年，龙泉市初中校网调整，学校因缺乏生源而停办。

1992—2010 年龙泉市撤销学校情况一览

初中　林垟初中、剑湖初中、南窖初中、城南中学、青溪初中、岩樟初中、瓷厂初中、上垟镇中学、泗源中学、瀑云中学、宝溪中学、砝石中学、城北中学、住龙中学、屏南中学、锦溪中学、小梅中学、查田中学、茶丰中学、兰巨中学、道太中学、龙南中学。

小学　安放小学、潘山头小学、项坊小学、山坑桥小学、安峰小学、临江小学、宫头小学、立新小学、翁仁小学、昌岗小学、道圣寺小学、前赖小学、梨斜小学、红旗厂小学、小查田学校、安仁口学校、下畈小学、空坑头小学、蓁蓓小学、尖地小学、陈源小学、石层小学、泥岭头小学、陈山小学、吴田小学、黄麻岱小学、石门小学、大源小学、沈庄小学、东门小学、吴林小学、乌岙小学、毛圩小学、上坑小学、上横小学、新地口小学、何山头小学、源口小学、大书小学、小岭后小学、洪山头小学、山后小学、庵基小学、坑里小学、瓷厂小学、庄山小学、下岩小学、西坑下小学、乌砝下小学、下安小学、南溪小学、钟山小学、黄垆小学、乌斜小学、徐山后小学、付岱小学、社口小学、高际头小学、立东小学、陈山

小学、万山小学、吴田小学、柘坑小学、黄皮小学、连后小学、贵坑小学、山坑小学、陂川小学、龙锦小学、大畈小学、垟头小学、荷山头小学、半坑小学、河坑塘小学、方山头小学、黄庄桥小学、麻垟小学、鹤溪小学、西垟小学、山后小学、李后小学、万坑小学、上垟小学、溪下小学、小书小学、大斜小学、西溪小学、小岩小学、金埠小学、源头小学、金山小学、芭蕉小学、金坑小学、石坑小学、坑源底小学、何坑小学、半岭小学、录坑小学、麻地小学、岱根小学、瓜场小学、大丘田小学、东岭小学、后甸小学、下樟小学、岩后小学、社口小学、王圩小学、高升小学、踏碓头小学、际岭小学、黄渡小学、坭岑头小学、炉溪小学、下圩小学、大樟小学、大丘另小学、项边小学、墙甲小学、吴埠垟小学、白岩小学、际头小学、麻竹坑小学、石械小学、叶村小学、大庄小学、兴和小学、兴源小学、北公小学、庵边小学、黄燕小学、沈地小学、山际头小学、李山头小学、黄土小学、山际小学、秋丰小学、枣槐岭小学、五梅垟小学、梅垟小学、仙仁小学、石坑头小学、净信小学、官埔垟小学、岱头小学、白塔小学、竹坑小学、白墓小学、武谭小学、石退小学、茶坦小学、松际小学、枫锦小学、白水小学、青山小学、石川小学、际下小学、骆庄小学、黄南小学、泉坑小学、大樟岙小学、石隆小学、横坑小学、广田小学、上畲小学、里洒小学、梧树垟小学、张砻小学、均山小学、横溪小学、均益小学、干上小学、垟顺小学、岭上小学、西井小学、流地小学、朱山下小学、双桥小学、库武小学、石九小学、垟尾小学、龙案小学、金川小学、宣岱小学、东坑小学、瞿源小学、寮下小学、蜜蜂岭小学、安吉小学、梧桐口小学、沙谭小学、桥坑小学、和砻小学、岭坤小学、牛头岭小学、栏下小学、上源小学、汤源小学、中村小学、生源小学、丁源小学、横店小学、黄渡小学、岱源小学、昌岗小学、大梅小学、大窑小学、溪口小学、竹舟小学、安民小学、胜湖小学、大舍小学、地畲小学、南垟小学、周岱小学、南溪口小学、建明小学、库粗坑小学、大苏小学、五星小学、安和小学、金源小学、大巨小学、豫章小学、炉田小学、桐山小学、际上小学、金田小学、宝更小学、高山小学、龚岭小学、坑下儿小学、墩头小学、张村小学、芳野小学、周村小学、东权小学、署网小学、胜利小学、大赛小学、竹垟乡校、五四小学、良溪小学、岩樟乡校、双溪小学、吴岱小学、季岱小学、鹤场小学、里下畈小学、高大门小学、龙竹小学、吴公小学、安田小学、源底小学、木岱小学、五都楼小学、五都垟小学、双塘小学、天平教学点、瑞垟小学、兰巨乡中心小学、均溪小学、建龙小学。

第二章　职业技术教育

第一节　发展历程

发展概况

龙泉市卫生进修学校，创办于 1979 年 8 月，经省卫生厅批准发文设立，主管单位龙泉县卫生局，1986 年，在编职工 6 人。

龙泉县林业培训中心，经龙泉县人民政府批准，创办于1986年，主管单位县林业局，1995年停办。

龙泉市的中等职业教育可以分为中等师范教育、职业高中教育和中等职业教育三类情况，期间经历了学校分设，转制和合并的不同发展阶段。

龙泉市职工业余学校　见“第二十四篇　民主党派与群众团体”。

中等师范教育

龙泉中等师范教育，起步早。民国4年（1915）12月，龙泉创办师范讲习所，毕业两届学生80余人，民国7年（1918）停办。民国22年（1933）复办师范讲习所，招收一届毕业50人。民国28年（1939）4月，龙泉县简易师范开班，校址设于安仁常乐寺。民国29年（1940）8月，迁入城内东大寺，民国34年（1945）迁金沙寺。民国35年（1946）迁城内孔庙（龙泉一中老校址），学制4年。民国33年（1944）起，学制改为3年。从民国28年（1939）至民国38年（1949年9月30日止），办学10年，毕业学生9届，共196人。1949年并入县初级中学。

1952年9月，丽水地区文教科在县城孔庙创办龙泉初级师范学校，由龙泉、庆元、云和、景宁、丽水五县保送学生100人入学，学制1年。1953年秋季，学制改为3年。1954年秋，并入丽水初级师范学校。

1959年，省教育厅指示龙泉创办师范学校，附设在龙泉第一中学内，开设初师（学制4年）、普师（学制3年）、幼师（学制4年）各1班，共招新生139人。3年中结业学生330人。1962年停办。1965年地区文卫办公室委托龙泉办半农半读师范班（与龙泉中等技术学校一套领导班子，两块牌子），招收龙泉（包括庆元）、云和（包括景宁）学生50名，学制三年，毕业后列入国家分配。“文化大革命”期间，停止招生，并停办。

20世纪70年代，龙泉县教师队伍青黄不接。国家为提高国民文化素质，提出人民公社办初中高中，生产大队办小学，自然村办初小的目标，进一步增大教师缺口。1975年，丽水地区行政公署决定，浙江省丽水师范学校在龙泉设分部，地址设于龙泉龙渊镇中山路127号，向龙泉、庆元两县招收工农兵学员两届，每届设中文、数理各一班，培养初中教师。

1978年6月，浙江省革命委员会批准在龙泉独立建校，定名为浙江省龙泉师范学校。是年8月学校搬迁至龙泉县金沙路21号，与中共龙泉县委党校对换校址。学校属于普通中等专业学校，新生在中专入学考试中优先录取，培养初中教师，1980年后培养小学教师。

2000年，根据省政府和省教育厅的决策部署，全省教师培养升格为大专以上，全省28所中等师范学校全部或撤或并或转。浙江省龙泉师范学校整体转制下放给龙泉市管理，改名为龙泉中等职业学校。龙泉师范学校分学校教育和函授教育两条线培养教师，共培养了24届在校师范毕业生3885人，其中培养初中教师4届364人，小学教师20届3521人。

1984年，丽水地区在龙泉师范学校设立中等师范函授教育中心，称“中师函授部”。1984—1995年，丽水地区九县市中师函授招生考试与函授考试，均由龙泉师范学校函授部统一管理，命题、组织考试、阅卷、登记入册，统一划定录取线，颁发由丽水地区教育局验印的龙泉师范学校中师函授文凭。历时11年，培养中师函授毕业生3361人。

龙泉师范学校重视学生的专业思想教育，培养学生的重教意识、爱教情感、从教志向和研教行为，抓教师规格的调研，落实国家培养计划，在有比较稳定的教学计划条件下，开设若干选修课，后期曾尝试过学分制教学。

职业高中教育

20 世纪 80 年代前期，国家为加快技术人才的培养，提出加快职业教育发展的战略。龙泉县在 1984 年 8 月成立龙泉县农村高级职业中学。1986 年 5 月，经丽水地区行政公署批准改称龙泉县职业高级中学。为实现普通中学与职业中学新生升学达到 1:1 的目标要求，1987 年，县政府决定将龙泉二中的高中部改办职业教育，当年在龙泉二中招收二个班级的职业高中新生，次年将两个职业高中班级转入龙泉县职业高中就读，龙泉二中高中部继续招收普高新生。

龙泉县职业高中从最初的农学专业不断扩大专业范围，逐渐扩大招生数量，扩大办学规模。1991 年 1 月 10 日被评为地区级职教先进中学，1991 年 12 月被验收为地区级示范性职业技术学校。1993 年学校开设林业、农业、兽医、动物饲养、家电、建筑、幼师、财会、供销经营、西医士、军人预备班等 12 个专业，在校生 500 人。

2000 年，龙泉师范学校的转制下放，改设为龙泉中等职业学校。

2005 年，中共龙泉市委、龙泉市人民政府作出三校合并决定，以原龙泉师范学校改制后的龙泉中等职业学校为基础，将龙泉市高级职业中学和原教师进修学校并入，改名为龙泉市中等职业学校。至 2010 年，通过连续两期的扩建工程，龙泉市中等职业学校校园面积达 243 亩，校舍面积 8 万余平方米。拥有浙西南规模最大的省级实训基地，下设陶瓷工艺实训基地、工科实训基地、艺术实训基地，实训设备总价超过千万元。2006—2010 年中职校每年招收新生 1100 人左右。

龙泉中等职业学校和三校合并后的龙泉市中等职业学校一直办有普通高中教育班，每年招收普通高中新生 200 余人，普通高中升学率逐年提升。2009 年，新注册龙泉市求是中学，作为龙泉市中等职业学校的附属普通高中的校名，实行两个学校两块牌子，同一个班子同一批师资共用一个校园的办学格局。到 2010 年，龙泉市中等职业学校已发展成为在校生近 3500 余人，教职工近 270 余人的中等职业学校，成为丽水市范围内规模最大的中等职业学校。

第二节　中等职业技术学校

浙江省龙泉师范学校

学校沿革与设置　龙泉师范学校的前身是浙江省丽水师范学校的龙泉分部，1975 年 9 月丽水地区革委会发文组建丽水师范龙泉分部，设立在龙泉县龙渊镇中山路 127 号，即后来的中山路 80 号老党校校址。1975 年 9 月至 1978 年 5 月，向龙泉、庆元两县招收工农兵学员两届，每届设中文、数理各一班，培养初中教师。1977 年纳入高考招生计划，依然招收中文、数理各 1 班，每班 40 人，于 1978 年春季入学。1978 年6 月 18 日，经浙江省革命委员会批准丽水师范龙泉分部独立建校，校名定为浙江省龙泉师范学校，由地、县双重领导，招生、分配面向丽水地区。是年 8 月间，学校迁到龙泉金

沙，丽水师范龙泉分部1977年入学的学生转入龙泉师范继续学习。仍设中文、数理专业，学制二年，面向丽水地区9县招收高中毕业的优秀生130名，培养初中教师，发中师毕业文凭。其中中文班招收90名，分为2个班；数理1个班40名。1978年加上通过浙江省中专招生考试招收的中师学生，学校共有中文专业3个班，数理专业2个班。以上四届学制均为二年，培养目标为中学教师。1979年秋，学校改为培养小学教师，向丽水地区九县市招收高中毕业程度的学生4个班，200名，学制2年，1980—1985年间，改招收1978年底以前在编的民办教师，每年4个班，学制为2年。1986年改招2个民师班，2个普师班，1987年招收2个普师班，2个民师班。1988年开始，民师安排在普师班就读，共计招收3个班，每班40人。1989年开始招收2个班级。每班45人。1995始，恢复招收3个普师班学生，直至1997年。

龙泉师范学校的组织机构，设党委办和校长室，分别主管思想政治教育和教育行政两条线。书记与校长享受正县团级待遇。

学校规模与人才培养　龙泉师范学校在1984年以前，由县财政拨款。1985年始，由地区拨款。校园占地面积和校舍设施，由原来的600多平米发展至2000年的占地2.9公顷，校舍建筑面积15544平方米。开辟修建200米田径场；教学设备和生活设施基本配套；创办1.33公顷劳技教育果园基地。

从1975年9月至2000年7月，龙泉师范共培养24届师范毕业生3885人，其中培养初中教师4届364人，小学教师20届3521人。1984—1994年，龙泉师范函授部共招收函授学员4609人，培养中师函授毕业生3361人（包括补发“文化大革命”前函授毕业文凭202人）。另外，缙云县教师进修学校龙泉师范教学点3届157人，龙泉、庆元、青田三县校外班各1届共121人。

1986年9月起，学校开始招收初中毕业生（普师）（含少量代课教师），学制三年，培养小学教师。90年代开始，学业成绩与表现特别优秀者可经过考核推荐3至5名升至高校与应届学生一道深造，获取大学本科或专科毕业证书。至1998年龙泉师范大都保持10~12个教学班，教职工54人，其中，教学人员33人，中高级职称23人，占70%。1999年，省教育厅对全省中师学生进行抽查，每个年级抽一科统考，龙泉师范三个年级的统考成绩名列全省第二、第四、第五名。因教育发展需要提高小学教师的学历教育，1998年9月起，龙泉师范停止招收普师生。始招幼师和装璜班，不包分配。

龙泉师范学校大多数毕业生具有较强的事业心和责任感，扎根山区，安心工作，其中很多已经成为各级各类学校的教学、领导骨干，不少人分别获得全国、省级优秀教师、教坛新秀、优秀校长和先进教学工作者等荣誉称号。1985年，丽水地区教育局举行全区教坛新秀评比活动，龙泉师范毕业生被评为教坛新秀的有27人，占全区小学教坛新秀的71.4%，其中全区小学教坛新秀一等奖获得者6人，龙泉师范毕业生有4人，占总数66.7%。1989年，丽水地区被评为全国优秀教师15人，其中有龙泉师范毕业生4人，为丽水地区的教育事业发展质和精神文明建设作出积极的贡献。1991届学生任惜春在学校获得全国师范生作文大赛二等奖，并受到浙江省教育厅的表彰。

中师函授　1984年5月，省教委批准在龙泉师范设立中师函授部，负责丽水地区9个县市在职小学教师的中师函授教育工作，开展文选与写作、语文基础知识、代数、几何、教学法等11门功课的教学与考核。1984—1994年，曾在丽水、缙云、龙泉、庆元、青田等县、市教师进修学校设教学点，开展中师函授教育工作，并刊印内部刊物《中师函授》。1985年3月师范学校归地区行政公署领导，地区教体局负责管理。并在缙云县教师进修学校设教学点，又先后在庆元、龙泉、青田三县教师进修学设立校外班，学制与教学与龙泉师范本部班级统一，考试考核学籍等全部由龙泉师范负责，颁发龙泉师范学校毕业文凭。此外，1993 年开始龙泉师范学校还承担丽水地区各县市的代课教师转正脱产进修业务，招收具有合格学历的小学代课教师入校学习，学制二年，在校学习半年，实习一年半。1995 年，全地区中师函授教育工作任务完成。8 月，丽水地区教委下文撤销龙泉师范函授部。

师范转制　2000 年 7 月，根据省教委《关于印发浙江省中等师范学校布局结构调整意见的通知》，丽水地区行政公署决定撤销龙泉师范中师建制，建立“龙泉中等职业学校”，并划转给龙泉市管理。至此龙泉师范学校办学 25 年，改为龙泉市中等职业学校，开设幼师、装潢、导游 3 个专业，学制三年。2001 届和 2002 届幼师、美术、导游等专业毕业生仍颁发龙泉师范的毕业证书。龙泉师范在教育教学实践中坚持面向山区，为发展山区教育服务，根据师范教育特点和学生实际，学校领导和教师十分重视各科基础知识教学和基本功训练，以培养一专多能，适应农村、山区需要的师资，为丽水地区的教育事业发展作出贡献。

龙泉市高级职业中学

专业设置与办学规模　1984 年 8 月，在原城郊区南秦初级中学校址建立县农职业中学。教师 10 余人，当年招收初中毕业生 100 人，分设农学、畜牧兽医、家用电器 3 个专业。1986 年 5 月，经丽水地区行政公署批准改称龙泉县职业高级中学，创办会计班。1987 年创办机械电子班。该年度调入教师 8 人，共有教职员工 27 人。1991 年 1 月 10 日，被评为地区级职教先进中学，1991 年 12 月被验收为地区级示范性职业技术学校。1993 年，学校开设林业、农业、兽医、动物饲养、家电、建筑、幼师、财会、供销经营、西医士、军人预备班等专业 12 个，在校生 500 人，占地面积 14333.33 平方米，拥有教学和生活用房 4219.85 平方米，基础实施基本配套，设有物理实验室、生化实验室、机电分机床车间和钳工室，家电、青瓷实验室、图书和体育室等。每个专业都有生产实习基地，校内有青瓷专业实验工厂，校外有艺术瓷厂，并以县青瓷研究所为定点实习基地；机电专业校内有机电车间，校外有县农机厂、实习则定点工具厂；供销经营专业和财会专业学生分别到供销社，各企业单位实习。学校还办有制砖厂、青瓷厂、饲养场和教育基建队。学校有教职工 52 人，其中专任教师 39 人，大中专毕业 25 人，中学一级教师（含其他中级职务）10 人，工程师 3 人。至 2005 年“三校合并”前，学校占地面积扩充到 60333.33 平方米，建筑面积 9980 平方米。学校固定资产总值 1290 万元，其中教学仪器设备总值 690 万元。学校在职教职员工 130 人，其中专任教师 126 人。有高级职称 6 人、中级职称 52 人，初级职称 64 人。共设 8 个专业，46 个班，在校生 2207 人。在校学生按各专业分类：信息技术类 1274 人、商贸与旅游类 375 人、财经类 176 人、文化艺术与体育类 1214 人、师范类 201 人、社会公共事业类 84 人、其他 46 人。几年来毕业生就业率达100%，高考上线总数共 500 多人。2001 年 12 月 30 日，浙江省教育厅批复龙泉职业高中为省级重点职业学校。学校还被评为省德育先进集体，省卫生先进学校、共青团省级先进。导游、数控、电子电工专业被评为丽水市职业学校示范专业。

教学管理与学生培养　学校以“立足龙泉、服务于地方经济、培养又红又专、一专多能的人才”为办学宗旨，按地方经济发展的实际需要设置和调整专业，坚持厂、场、校挂钩联合办学的宗旨。每年联办的专业班占三分之一以上。授课时数按文化课，专业基础课、专业技能训练各三分之一的原则安排，突出专业，强化技能训练，机电、家电、建筑、财会等专业实行毕业生“双证书”（毕业证书和技术专业证书）制度。1991 年 4 月 9 日，根据丽水地区劳动局文件，青瓷技工班招生 45 名，学制 2~3 年，纳入浙江省技工学校招生计划，毕业后纳入技工学校毕业生分配计划。该班学生毕业后，部分分配到艺术瓷厂和龙泉青瓷研究所。青瓷技工班为当地青瓷行业培养了年轻的后备力量。后来因为国营瓷厂破产改制，青瓷技工专业举办两届后停办。

至 1993 年，学校为当地培养农学、林学、畜牧、兽医、饲养、机电、建筑、幼师、财会、西医士、供销经营、青瓷技工、家用电器、预备役军校等的毕业生 738 人，各类结业生 333 人。2000 年机械电工分为机械和电子电工两个专业。

学校探索后勤服务社会化，在国家教育经费不足的情况下，经上级相关部门批准，自主联合社会力量参与学校学生宿舍和食堂等学校后勤部门建设与服务，满足了学校办学规模迅速扩大对后勤服务的需求。

龙泉县高级职业中学在 1990 年龙泉撤县设市后改名为龙泉市高级职业中学。随着国家改革开放的深入，经济建设快速发展，国家和地方用人需求量的不断增加，人们要求考高校十分迫切，虽有职业高校向职业高中招生，但要求读普通高中很普遍，对职业高中招生冲击很大。2000 年学校领导班子调整后，学校领导根据国家对职业技术教育的政策，分析了全省职业技术教育的发展情况和本地区、本市的具体情况调整制定出了学校的发展目标和具体措施。狠抓德育教育，全面提高教学质量，强化技术技能训练，把教师引入竞争机制，调动了“教”与“学”的积极性。提出职业中学学生实行“双证”考核。学生毕业“就业有保证，升学有希望。”当时全丽水地区乃至全省职高招生处于低谷，唯有龙泉职高招生年年突破招生指标。学校全面走向健康发展轨道。

学校在艰苦的条件下艰难创业，随着国营企业的破产改制而不断调整办学专业和办学目标，适应市场经济改革的新要求，办学效率不断提升，学校声誉迅速提高，影响力也迅速扩大。

从 1984 年创办职业高中，至 2005 年实行三校合并，龙泉市高级职业中学走过 22 年的办学历程，为龙泉地方经济发展培养人才作出应有的贡献。2007 年，合并后的龙泉市中等职业学校完成了南秦校区的搬迁，龙泉市政府在学校原址新创办了龙泉市第四中学。

龙泉中等职业学校

2000 年，根据浙江省教育厅文件，龙泉师范学校转制为龙泉中等职业学校。

办班学制　1998 年 9 月始，龙泉师范停止招收普师生，开始招收非普师专业的中专生，开设幼师、装璜、导游三个专业，学制三年。2000 年 6 月 5 日，丽水地区行署颁发《关于龙泉师范学校办学体制调整的决定》，于 2000 年 7 月撤销龙泉师范中师建制，建立“龙泉中等职业学校”，为全日制普通中等专业学校，隶属龙泉市教育行政部门管理。2002 年底，龙泉市财政开始对龙泉中职校安排经费。至 2005 年校园面积由 28667 平方米扩大到 58000 平方米；校舍面积由 15636 平方米扩大到 28213 平方米；教职工数由 47 人增加到 108 人；由幼师、装璜、导游等专业和普高共 9 个班的 339 名在校生，发展到具有学前教育（丽水市示范专业）、电脑美术设计、音乐、电子商务、保安、计算机应用与管理、陶瓷工艺等专业和普高共 38 个班 1505 名在校生。办学水平在 2003 年底跨越省三级重点直接升格为省二级重点，2005 年又顺利通过省二级重点中职校的复查并直接升格为省一级重点中

等职业学校。

2000年，龙泉中等职业学校除职业中专班外，开办高中班，每届招收3个普高班，1个艺术高中班，与龙泉中职校一套班子统一管理。2005年，龙泉中等职业学校与龙泉市教师进修学校、龙泉市职业高中合并为龙泉市中等职业学校。龙泉市初中毕业生升高中比例由1995年的39%，至2005年达到85.07%。

联合办学　2000年始，龙泉中等职业学校与高等院校联合办学。2000年12月30日，浙江艺术职业学院在龙泉中职校设立教学实训基地，副院长李人麟教授亲临授牌。此后，浙江艺术职业学院多次派教授来龙泉中职校讲课。2005年1月，龙泉中职校又与浙江教育学院联合举办音乐教育专业本科函授班。2003年，在电脑美术设计专业的基础上，新开设陶瓷工艺专业，聘请徐朝兴、夏侯文、毛正聪等五位省级国家级工艺美术大师为兼职教师传授陶瓷工艺，并将他们的制瓷工厂、研究所设施提供为学生实训基地。聘任清华大学美术学院刘芳春教授、李葆年教授为兼职教授。市政府拨款30万元作为该专业购置设施，并出资将中职校和市职业高中美术专业毕业生和青瓷行业子弟招收一个班，并将35名学生和2名教师选送至福建德化陶瓷学院学习一年，为龙泉青瓷行业培养紧缺人才，同时也为中职校陶艺专业培养师资，该专业后来发展为省级示范专业。

学生就业　学校重视建立毕业生就业网络。就业处与杭州、温州、宁波、丽水、台州、上海、北京、广州、深圳等省内外的企业、文化公司、幼儿园等100多家单位建立人才供需关系，就业渠道畅通。中专毕业生除上大学以外，全部及时地安排技术性的工作。2004年，中专毕业生131人。其中，34人上大学，97人当年全部就业。

校园文化　龙泉中职校奉行以学生为中心的办学宗旨，积极推进学生个性的发展和全面素质的提高。在扎扎实实抓好文化课和专业课教育的同时，积极开展多种多样的课外活动，组织成立小记者团、话剧团、计算机协会、书法协会、环保协会、舞蹈队、护校队、青年志愿者服务大队等16个学生社团。学生刊物《三叶草》，学生社团作为活跃校园气氛、发展校园文化、发挥学生特长、提高学生素质的良好平台，补充和丰富课堂教学。

龙泉市中等职业学校

2005年9月三校合并后称为龙泉市中等职业学校，学校为浙闽赣边境区域唯一的国家级重点中等职业学校，全国首批“中等职业教育德育工作实验基地”。其前身为创办于1975年的浙江省龙泉师范学校（2000年转制为龙泉中等职业学校），2005年与龙泉市高级职业中学和龙泉市教师进修学校三校合并为龙泉市中等职业学校，占地面积16.2万平方米。

办学规模　2005年9月13日，龙泉市政府颁发龙政〔2005〕54号文件《龙泉市人民政府〈关于要求将龙泉中等职业学校、市职业高级中学和市教师进修学校合并建立龙泉市中等职业学校的报告〉的批复》，决定在龙泉中等职业学校、市职业高中和市教师进修学校的基础上，组建龙泉市中等职业学校。9月15日，龙泉市政府在原龙泉中等职业学校举行授牌仪式。组建后的龙泉市中等职业学校以龙泉中等职业学校为办学场所，在此基础上逐步扩大办学规模。

2000年，龙泉中等职业学校为迎合家长和学生的需求创设普高班，招收普通综合高中班学生4个班级计200余人。其中一个班为艺术高中。2006年扩招至5个班。2009年限于上级教育管理要求，不在职业学校设立高中班，故此，在龙泉市中等职业学校综合高中班基础上成立“龙泉市求是中学”，办学和管理均设于龙泉市中等职业学校内，一套班子，两套人马，两块牌子。

2007年8月，金沙校区已经建成学生餐厅、学生宿舍、1号教学楼等部分新校舍。是年9月，南秦校区顺利迁入，结束一校两区的历史，完成校园区域一体化。是年11月，龙泉市中职校顺利地通过国家级重点中等职业学校评估组的核查。2008年3月，国家教育部办公厅下发教职成司〔2008〕1号文件《关于公布2007年认定的国家级重点中等职业学校名单的通知》，被认定为国家级重点中等职业学校。三校合并后，龙泉市政府迅速启动龙泉中职校学校扩建工程，并且被列入省重点工程，是龙泉市十大重点工程项目，总投资1.28亿元，到2010年已基本建设完成。建成后学校占地面积16.2万平方米，校舍面积8万平方米，拥有浙西南规模最大的省级实训基地，下设陶瓷工艺实训基地、工科实训基地、艺术实训基地，实训设备总价超过千万元。2006—2010年，中职校每年招收新生1100人左右。2010年，学校全日制教学班83个，在校生3525人，教职工271人，专业教师中双师型教师占52%。至2010年底，所有新建教学楼均已投入使用，综合办公楼和艺体大楼也已经建成投入使用，新建校舍面积达3万多平方米，400米跑道的标准运动场及校前广场建设完成，整个校园一期扩建工程接近尾声。

联合办学　2006年秋，龙泉市中职校与丽水职业技术学院联合举办机电一体化专业全日制“三加二”模式一个班，在中职校学三年中专后，直接升入高职院二年制专科。2007年秋，龙泉市中职校又与金华职业技术学院大规模联合办学，金华职业技术学院在龙泉市中职校设立大专班教学点，实行幼师、财会、导游、美术4个专业大中专套读，在校生既学中职校中专课程，又学高职院的大专课程，这些专业学生在中专毕业后二年就可取得大专学历。至2008年1月，学校与浙江教育学院联办音乐教育函授本科班，共有10名学员毕业。

创新办学　2007年10月，陶瓷工艺专业评上省级示范专业，同时，陶瓷工艺实训基地评上省级示范基地。2008年，计算机管理与应用专业评上丽水市示范专业。2007年，龙泉市中等职业学校被国家教育部确定为全国首批中等职业教育德育工作实验基地。2008年5月，学校校长作为浙江省唯一代表，参加全国职教工作座谈会（全国10名中职校校长），受到中共中央政治局委员刘延东、张高丽亲切接见。

学校开设省级示范专业陶瓷工艺专业，五个丽水市示范专业机械制造（数控）、电子电工、旅游与饭店管理、学前教育、计算机应用专业。还有国际经济与贸易、电子商务、会计、工艺美术、机电一体化和刀剑工艺等6个较强的实力专业。

此外，学校还另设培训部常年为龙泉市本地进行劳动力长期或短期培训。在龙泉市浙大中学没有建立之前，龙泉中职校一直承担龙泉市部分普通高中的招生和教学任务，每年招收高中新生从刚开始的2个班发展到招收4个班或5个班（2009年挂牌“龙泉市求是中学”）。

2010年，龙泉市中等职业学校陶瓷工艺和机械加工技术专业成为省级示范专业，陶瓷工艺实训基地成为“浙江省特色制造业实训基地”。

第三章　高等教育

第一节　广播电视教育

沿革与发展

学校创建于 1979 年 5 月，始称浙江广播电视大学龙泉工作站（简称“电大工作站”），具体办公地点在教育局。2005 年经浙江广播电视大学批准升格为浙江广播电视大学龙泉分校，校址位于剑池路 129 号。1998 年，经龙泉市机构编制委员会批复同意龙泉电大核定人员编制 5 名，2009 年增加编制 2 名，共 7 名。

20 世纪 90 年代前后，以举办现代远程高等专科教育为主。2007 年起，与浙江大学、中国医科大学、大连理工大学、福建师范大学等普通高等院校联合开展现代远程本科教育。在此基础上，2008 年开始实施“一村一名大学生计划”，面向农村，培养有文化、懂技术、会经营的农村实用人才带头人和基层干部。2009 年龙泉社区学院挂牌，开始涉足社区教育。截至 2010 年底，累计培养大学本、专科毕业生 3127 名，中专毕业生 213 名，非学历教育（含继续教育和岗位培训）1722 人次。

1989 年 9 月，招生人数 77 人。1990 年，招生人数 136 人。1991 年 1 月，成立“丽水广播电视中等专业学校龙泉分校”，开设中专企业经营管理专业，是年，招生人数 62 人。

1994 年 2 月，电大工作站举行校庆十五周年纪念活动；是年，招生人数 37 人。1995 年 2 月，电大工作站被省电大评为大专教育先进单位。是年，招生人数 33 人。

1997 年 2 月，省电大菖昌潮书记赴龙泉市电大工作站检查指导工作。电大工作站开设注册视听生试点，首次招收财会、法律两专业新生。是年，招生人数 73 人。

1999 年 3 月，电大工作站举行二十周年校庆纪念活动。11 月，电大工作站成为财务独立核算单位，是龙泉市唯一的一所成人高校。是年，招生人数 103 人。

2000 年，建立宽带专用网现代运程教育系统，开展现代远程教育试点，首批开设小学教育专业招生 120 人。2001 年，投资 38 万元，安装视频会议系统和视频点播系统，建立多媒体教室。是年，开放教育全年招生，招生人数 189 人。2002 年，开放教育招生人数 264 人。

2003 年 5 月，电大工作站被省电大批准设立本科教学点；11 月，学校教学工作通过省电大检查评估。11 月 23 日，丽水地区电大年度总结会在龙泉召开。是年，开放教育招生人数 173 人。

2004 年 3 月，浙江省教育厅将省电大现代远程教育学生纳入中央电大管理，教育部电子注册。11 月，丽水地区电大举办纪念建校二十五周年文艺演出，龙泉电大工作站获二等奖。是年，开放教育招生 131 人。

2005 年 9 月，经省电大批准龙泉电大工作站更名为浙江广播电视大学龙泉分校（简称“龙泉电大”）。12 月，全省电大工作会议在杭州召开，同时授牌“浙江广播电视大学龙泉分校”。是年，开放教育招生数 262 人。2006 年，开放教育招生数 378 人。

2007 年 11 月 13 日，举行“浙江广播电视大学龙泉分校”挂牌仪式，并在龙泉召开全丽水市电大校长年度会议。11 月 25 日，龙泉电大与浙江大学签订合作协议，建立龙泉电大浙江大学远程教育学习中心，联合开展现代远程教育，12 月 25 日，龙泉市电大周继仓老师被评为全省电大系统优秀教育工作者。是年，开放教育招生数 387 人。

2008 年 1 月，中央电大颁发龙泉电大为全国统一考试四星级考点。7 月，龙泉电大与奥鹏远程教育学习中心签订合作协议，建立龙泉电大奥鹏远程教育学习中心，联合开展现代远程教育。是年，龙泉电大分别与浙江林学院、景德镇陶瓷学院签订合作协议，建立龙泉函授站。农民大学开始招生。是年，招生数 761 人。

2009 年，中央电大批准龙泉电大设立全国网络高等教育公共基础统一考试考点。4 月 11 日，龙泉电大增挂龙泉社区学院牌子。7 月，龙泉电大编制增至 7 名。是年，分别与福建师范大学、大连理工大学签订协议，联合开展现代远程教育。是年，招生数 428 人。

2010 年 1 月，龙泉电大与中国医科大学签订协议，联合开展现代远程教育。9 月，自筹资金 9 万余元，添置电脑、网络设备、打印机等教学及办公设备。是年，招生数 416 人。至 2010 年末，龙泉市电大累计培养大学本专科毕业生 3127 人，中专毕业生 213 人，非学历教育（含继续教育和岗位培训）1722 人次。

教育装备与教育经费

建校初期，办学地点设在龙泉市教育局。1986 年，搬入占地 736 平方米的综合办公楼。此后，先后投入 100 多万元资金，按照以广播、电视为载体的广播电视教学模式需要，建立现代远程教育卫星接收系统，加入浙江省电大宽带专用网络，接入电信和移动宽带互联网，学校拥有千兆校园网络系统和教学支持服务网络相结合的现代远程教育系统、卫星电视网络系统和 100 余台计算机设备。2010 年，学校拥有 3 个普通教室、2 个计算机房、1 个实验室、1 个档案室和 4 个其他用房。

招生与学籍管理

1985 年以前，电大招生考试由中央电视大学统一命题，省电视大学组织考试、评卷和录取工作。1986 年始，参加全国统一的成人高校招生考试，择优录取。1996 年，开始招收“注册视听生”，学校可以按计划招收符合基本条件的免试入学的成人学生，学生可以不参加入学考试直接注册成为电大的正式学员。1999 年，在全国范围内实行“人才培养模式改革和开放教育试点”，招生人数无明显的限制，在相对的宽进严出原则下，成人学生可以免试进入电大学习。21 世纪初，学生免试进入电大学习前，须通过学校组织的测试。电大学生的学籍由省电大统一注册管理。电大实行学分制，学员修满规定学分即可取得相应的毕业证书。注册的学籍保留 8 年有效。

第二节　自学考试

发展概况

1989—2010 年，龙泉市（县）高等教育自学考试纵贯本科、专科、中专 3 个层次，横跨文史、财经、政法、理工、农医、教育等众多科类，按照考试计划的安排，大学本科 3–5 年、专科和中专 2–4 年为一个周期。

发展历程

1989 年，龙泉市（县）自考办首次采用计算机管理考生考籍档案。1990 年下半年，统计学和党政干部基础科两个专业停考。是年，共开考 17 个专科专业、3 个本科专业。龙泉报考人数 906 人、1277 科次。

1993 年下半年始，高等师范专科自学考试全面铺开。1995 年，高等教育自学考试开设 34 个专业，开考课程 334 门。1996 年，开设旅游管理、应用美学、机电技术、计算机应用、建筑工程等专业，凸显职业技能拓展的方向。

1999 年 12 月，省政府下发《关于加强自学考试工作的通知》，规定自学考试毕业生在就业、工资、户籍管理上享受普通高校毕业生同等待遇，允许其在全省范围内自主择业、户口随迁。

2000 年后，高等教育自学考试报考人次逐年减少。2001 年起，高等教育自学考试由每年 2 次增加到 4 次，分别在每年的 4 月、7 月、10 月、12 月举行（2003 年起改为在 1 月、4 月、7 月、10 月举行，两次为正考，两次为补考）。是年，龙泉市首次开设高等职业教育类专业自学考试。

2002 年，高等教育自学考试开设专科专业 57 个、本科专业 47 个。是年始，对高等教育自学考试毕业证书进行电子注册。

2003 年，龙泉市开展自学考试与全日制本科教育衔接试点工作，普通本科教育与自学考试学分互认。全日制专科教育、中等职业教育与自学考试衔接，实现自学考试培养模式的新扩展。

2010 年，经省教育考试院批准，龙泉市自学考试与丽水学院进行关于中等职业教育与高等职业教育自学考试衔接沟通试点。

第三节　职工电大与农村电大

职工业余教育

1989 年，开始进行高级技工培训，培训对象主要是已在高级岗位工作，但实际技术水平还达不到高级工标准的工人和已经取得中级技术合格证书即将走上高级工岗位的工人。

2006 年，主要开展初级卫技人员岗位培训、注册乡村医师培训、社区护士岗位培训、中医住院医师规范化培训、基层公共卫生人才培训和各类短期业务培训。

2007 年，开展下岗失业人员再就业培训、农村劳动力转移培训和城镇新成长劳动力技能培训。

2010 年，全市实施以技能培训、技能帮带、技能比武、技能竞赛四位一体的职工技能提升工程，构建初、中、高级工以及技师、高级技师多层次、规范化教育培训格局。

农业广播电视学校

1985 年，龙泉设立浙江省农业广播电视学校龙泉县分校，负责教学班的组织、学籍管理和教学计划的具体实施。教学班以县为单位按专业组编，基本教学形式为自学讲义、视听电视广播与录像、面授辅导。学制三年，由中央农业广播电视学校统一命题考试，省教委验印发中专毕业文凭，国家承认学历，不包分配。1994 年，浙江省农业广播电视学校龙泉市分校，设林业专业 1 个教学班，学生 32 人，兼职教职工 9 人。

绿色证书培训，学制一年，300 学时，4 门课程。学习期满，经文化理论和技能考试，发给结业证书。再经 1~2 年实践，由本人提出申请，经考核合格，发给绿色证书。至 1995 年，绿色证书培训扩展全市。

农村致富技术函授大学

龙泉市农村致富技术函授大学创办于 1994 年，市科协主管，教学方式采取函授与面授辅导相结合，函授讲义由省校提供，龙泉分校负责聘请有关专业技术人员担任辅导教师定期到乡(镇)巡回上辅导课。各专业学制均为 1 年，学员学习期满，经考试合格，由总校或省校颁发结业证书。

第四章　成人教育

第一节　农民教育

乡(镇)成人文化技术学校

1989 年，龙泉市(县)扫盲教育进入巩固提高阶段，并按照新标准继续做好扫盲工作。

1990 年，全县采用集体学习、分散辅导、包教包学等多种形式开展农村扫盲工作。

1993 年 9 月，龙泉市开展“两基”自查自评工作。

1996 年 10 月 14—30 日，龙泉市顺利通过省政府“两基”评估验收。青壮年扫盲数 150686 人，非盲率 97.04%，非盲率达 95%以上的行政村比例占 96.60%。

1997 年后，龙泉市继续扫除剩余文盲，并结合农村实用技术培训，组织脱盲人员学文化、学技术，巩固扫盲成果。

文化技术教育

1988 年后，农民教育机构更名为乡(镇)成人文化技术学校和村成人文化技术学校。

1989 年，全县有农民技术培训学校 1 所，农民初等学校 34 所，参加函授业余学习 1063 人。

1992 年，全市 17 个乡镇均建立成人文化技术学校，441 个行政村有 326 个建立成人技校(点)，办学面为 73.9%，教职工 148 人，外聘兼职教师 429 人。1992 年 12 月，龙泉市锦溪镇成人文化技术学校被评为国家农村成人教育先进学校。

2002 年，17 所乡镇成人技校共举办长短班 403 个，毕(结)业 32867 人。

2004 年，龙泉市对成人教育体制进行改革，在原乡镇成人文化技术学校的基础上，组建区域中心成人技校。

2007 年起，开展农村预备劳动力培训，两年共培训 646 人，其中 510 人取得职业技能证书。

2008 年，全市有省二级以上成人文化技术学校 10 所。

“燎原计划”

1989 年，龙泉县政府先后建立由教育、科技、农业、林业等部门领导组成的“燎原计划”领导小组。锦溪镇被县政府确定为第一批实施“燎原计划”试点乡(镇)。在锦溪镇举办实用技术培训班，推广科技项目。

1991 年 8 月下旬，中共丽水地委、丽水地区行署在龙泉和庆元召开农业综合开发现场会，将“燎原计划”列入议题。12 月 28 日至次年 1 月 11 日，地区行署组织评估小组，对全区 18 个“燎原计划”示范乡(镇)进行检查评估。

1997 年，实施“燎原计划”百、千、万工程，开展项目培训，推广新技术。龙泉市“燎原计划”示范乡(镇)农民实用技术培训面达 82%。

第二节　老年教育

老年电视大学龙泉分校

1999 年 1 月 20 日，浙江省老年电视大学龙泉分校成立，龙泉市老龄委员会、劳动人事局、总工会联合发文成立“浙江省老年电视大学龙泉分校校务委员会”。经过筹备和招生，于 3 月 11 日在市政府二楼会堂举行“浙江省老年电视大学龙泉分校”成立暨第一学期开学典礼。第一批学员 254 人，分 5 个班，5 个教学点。每学期为半年，学制为二年。至 2002 年 1 月 22 日，省老年电大龙泉分校首届 250 名学员毕业。浙江老年电视大学龙泉分校还设立直属教学点，其前身为龙渊街道贤良社区老年电视大学，2007 年 12 月成立。华楼菜市场某业主免费提供教学场所，龙泉三中免费提供五十多套桌椅。该社区老年电大招收 80 多名老年学员。每周上课两次。1 名教师被评为省级和丽水市级老年电大先进办学工作者。

南秦社区老年电视大学

2002年剑池街道南秦社区老年电视大学创办，教室设在南秦村活动中心，后迁至南秦社区活动室，教室面积100多平方米，有课桌椅60多套，配有电脑、投影仪等教学设备。招生人数167人。该老年电大领导班子健全，校长张乃华曾被评为全国劳模。

季边村老年电视大学

2006年5月，碴石乡季边村老年电视大学成立。教学点设在季边村委会三楼会堂，面积84平方米，配有电视机、投影仪及课桌椅40套。招收本村老年学员70人。每次上课，学员都身穿校服，佩戴校牌，学习热情高涨。

老年电视大学龙泉教育分校

2009年在市老龄委、市教育局和市实验小学、东升小学大力支持下，成立“浙江省老年电视大学龙泉教育分校”。学员由龙泉市退休老师组成，开设电脑、摄影、书法、保健等四个班级，共有学员636人。是年被评为省老年电大先进单位。2010年11月，浙江老年电视大学龙泉教育分校电脑班第一期学员在龙泉第二中学举行毕业典礼。

第五章　教育投入

第一节　教育经费

经费概况

20世纪90年代以来，社会经济高速发展，教育投入快速增长，办学条件明显改善。

2001—2005年，全市教育经费累计投入5.9亿元，教育基础设施投入累计3.0亿元，新建校舍和改建危房24.6万平方米，撤并中小学231所，初升高比例从57.4%提高到85.1%。“两高普九”验收顺利通过。2006—2010年，硬件设施建设累计投资达4.07亿元，扩建三校合并后的中职校，搬迁东升小学，扩建二中、三中、四中，动工兴建实验幼儿园，改造食堂面积10892平方米，宿舍面积23552平方米；投入1.2亿元实施校安工程；教育技术装备的投入总量达2847万元，音体美劳卫器材配备增加了2285万元。

经费来源

政府财政拨款　1986年后，龙泉教育经费逐年递增。1993年财政性教育经费（财政预算内教育经费）占当年教育经费总支出的 54.9%；2010 年财政性教育经费占当年教育经费总支出的比重提高到 90.12%。

1986 年，龙泉县开始征收教育事业附加费。1998 年，龙泉市开始征收地方教育附加费。2002 年，实行农村税费改革，农村教育费附加停止征收，由省财政转移支付，转移支付指标为 461 万元/年。2008 年，全市设立地方教育基金。

捐资集资　1985 年，龙泉县为丽水地区聋哑学校筹集办学经费捐资 2.19 万元，其中教育系统捐资 1.39 万元，民政系统捐资 0.8 万元。1986 年后，捐资集资是筹集教育经费的重要渠道。

学杂费等收入　1984 年秋季起，龙泉县确定全日制中小学学杂费收费标准。20 世纪 80 年代起，部分学校针对户口不在实施义务教育学区的学生收取有借读费。

经费支出

教育经费　教育经费支出，一部分是教育事业费，另一部分是基本建设经费。

1997 年，高中生公用经费支出为 229.59 元，比上年的 208.73 元增长 9.99%。2003 年高中生均预算内公用经费支出为 264.83 元，比上年的 231.79 元增长 14.25%。职业中学生均预算内公用经费支出为 239.23 元，比上年的 220.36 元增长 8.56%。2010 年高中生均财政预算公用经费支出为 1071.78 元，比上年的 831.59 元增长 28.88%，中等职业学校为 1468.03 元，比上年的 1164.43 元增长 26.07%。

2006 年，实施“清算工程”，一年中为教育偿还债务达 6536 万元，负债学校从 45 个减少到 22 个。2007 年，教育建设工程被列入政府性投资项目的有 16 个项目，建设投资额达到 8150.8 万元，其中：争取省补助资金 830.8 万元，地方财力投入 3000 余万元。全市有 29859 名学生享受学杂费免除，免除金额达 637.69 万元；8588 名学生免费使用教科书，免教科书费达 207.98 万元；14208 名农村贫困寄宿学生享受生活费补助，金额达 95.00 万元；学校公用经费补助 286.31 万元；投入校舍维修改造资金 357.00 万元。

学生营养补助费　2004 年 11 月，开始实施义务教育“爱心营养餐”工程，补助标准每生每年 175 元，并逐年提高，到 2010 年已提高到每生每年 350 元。至 2010 年，享受爱心营养餐学生总计达 11.25 万人次，共支出 1180 万元。

免除杂费　2006 年始，全市城乡义务教育免除杂费，所需经费由省财政转移支付，转移支付指标为 614 万元/年。2008 年，全面免除义务教育阶段的课本费和作业本费（国家教科书从 2007 年秋季开始免除），所需经费由省财政转移支付，当年转移支付指标为 705 万元。2 月印发《龙泉市中小学校舍维修改造资金管理办法》，切实加强专项资金管理，提高资金使用效益。

1989—2010 年龙泉市（县）教育经费情况一览表

表 27-5-1

年份	教育经费总支出（万元）	国家财政性经费（万元）	预算内教育经费（万元）	占财政支出比重（%）	财政性教育投入占 GDP 比重（%）	小学生均事业费（元）	初中生均事业费（元）	小学生均公用经费（元）	初中生均公用经费（元）
1989	—	—	685.32	17.46	—	—	—	—	—
1990	—	—	699.23	16.08	—	—	—	—	—

续表 27-5-1

年份	教育经费总支出（万元）	国家财政性经费（万元）	预算内教育经费（万元）	占财政支出比重(%)	财政性教育投入占 GDP 比重(%)	小学生均事业费（元）	初中生均事业费（元）	小学生均公用经费（元）	初中生均公用经费（元）
1991	—	—	762.93	17.06	—	—	—	—	—
1992	—	—	873.63	18.65	—	—	—	—	—
1993	1684.71	—	924.86	17.99	—	245.92	365.67	12.12	20.22
1994	2221.29	—	1477.4	22.72	—	340.42	490.88	13.26	12.85
1995	2579.88	—	1555.2	21.68	—	345.37	463.46	4.02	10.65
1996	3214.72	—	1888.2	24.16	—	410.21	582.83	25.17	35.27
1997	3739.4	—	2485	26.04	—	588.02	658.94	20.18	11.5
1998	4220.1	3128.2	2718	27.37	—	712.85	684.8	30.59	10.99
1999	4739.4	3313.3	2792.2	24.00	1.91	766.95	773.54	24.09	26.86
2000	6198.8	4441.7	3704.3	25.71	2.26	943.38	862.58	36.7	134.28
2001	7783.2	5221.9	4205.4	22.48	2.42	1309.36	792.19	15.5	90.84
2002	9506.1	6695.9	6376.8	26.82	3.12	2020.56	1409.35	310.23	57.94
2003	9980.9	7053.5	6700.5	19.65	2.88	1955.4	1693.8	197.78	184.47
2004	14535.6	11224.8	8864.8	27.67	4.13	2287.25	2714.4	124.95	139.83
2005	17759.3	13271.8	13038	30.27	4.54	2762.81	2753.74	227.93	260.95
2006	21087.6	17185.9	17180.31	35.61	5.56	2946.5	2852.12	553.24	509.03
2007	21071.9	16261.6	15557.6	25.15	4.27	3631.78	3343.89	427.32	628.97
2008	28626.3	24988.3	18737.3	25.43	5.27	4483.54	4135.97	566.24	709.11
2009	31100.2	27976.0	19431.5	20.42	5.79	5875.46	4591.91	582.39	765.02
2010	29203.0	26317.1	25876.0	18.45	4.49	6807.15	5438.07	588.31	769.48

第二节　教育设施

校舍

20 世纪 90 年代开始，全市（县）学校占地面积和校舍增长迅速，校舍以砖木结构和砖混结构为主，其中还有少量泥木结构的校舍。20 世纪 90 年代中期，全市进行村级校舍危房改造工程，基本上消除村级校舍危房。2008 年，学校校舍主要以砖混结构和框架结构为主，在 1999—2000 年、2001—2003 年和 2009—2010 年龙泉市对初中和乡镇中心学校进行三次大规模危房改造，分别改造各级各类危房 29654 平方米、38302 平方米和 26822 平方米。全面完成食宿改造工程，全市 34 所学校 54 个项目累计总投资 3400 万元，改造食堂面积 10892 平方米，宿舍面积 23552 平方米。实施农村中小学教师宿舍改造项目，投资 992.3 万元，对 11 所学校的教师宿舍进行维修改造，面积达到 12795 平方米。实施农村小规模学校调整改造工程，投资 2304 万元，对 32 个农村小规模学校进行校舍维修和配套设施改造，面积达 24465 平方米。校安工程合计投入资金 12136.6 万元，新建和改造面积

132404 平方米(其中新建校舍面积 32486 平方米,加固改造面积 99918 平方米)。

1989—2010 年龙泉市(县)中小学校舍情况一览表

表 27-5-2 单位:平方米

年份	占地总面积	小学占地面积	初中占地面积	普通高中占地面积	职业教育占地面积	校舍总面积	小学校舍	初中校舍	普通高中校舍	职业教育校舍
1989	—	—	—	—	—	—	—	—	—	—
1990	—	—	—	—	—	—	—	—	—	—
1991	524001	318001	164653	26680	14667	213409	140392	54403	14395	4219
1992	611830	430138	139227	26680	15785	218935	151206	47970	14395	5364
1993	617886	432518	141433	28150	15785	226334	153586	51846	14395	6507
1994	559406	356261	159210	28150	15785	213990	137748	55340	14395	6507
1995	516920	296631	176354	28150	15785	218468	143996	54713	14395	5364
1996	557573	316651	196987	28150	15785	231273	144391	61523	16913	8446
1997	583129	342024	197170	28150	15785	234534	149355	60783	16913	7483
1998	718245	473504	198834	28150	17757	236471	148044	64031	16913	7483
1999	719443	463154	210382	28150	17757	233184	142918	66421	16913	6932
2000	657275	362696	248672	28150	17757	260785	146313	87716	16913	9843
2001	611652	314558	251187	28150	17757	243454	131059	81874	16913	13608
2002	597960	311194	240859	28150	17757	240012	128509	82275	16913	12315
2003	687388	324558	213314	80000	69516	295298	133973	80211	42346	38768
2004	727734	360816	217402	80000	69516	313383	149761	87221	42346	34055
2005	635471	273485	212470	80000	69516	289272	121329	85275	48613	34055
2006	614683	277948	187219	80000	69516	287071	125847	78494	48675	34055
2007	642149	307817	164804	80000	89528	313099	139865	88404	48675	36155
2008	718448	331272	177660	80000	129516	336633	146559	99744	48675	41655
2009	753658	343525	200617	80000	129516	360105	152371	109409	49070	49255
2010	817895	375517	174378	106000	162000	358367	143507	98461	63070	53329

1991 年与 2010 年龙泉市生均、校均教育设施(校舍)对比情况一览表

表 27-5-3 单位:平方米

年份	对比类别	小学占地面积	初中占地面积	普通高中占地面积	职业教育占地面积	小学校舍	初中校舍	普通高中校舍	职业教育校舍
1991	校均	719.46	12665.62	26680	14667	317.93	4184.85	14395	4219
	生均	13.46	17.72	18	33.49	5.94	5.85	9.71	9.63

续表 27-5-3

年份	对比类别	小学占地面积	初中占地面积	普通高中占地面积	职业教育占地面积	小学校舍	初中校舍	普通高中校舍	职业教育校舍
2010	校均	9158.95	19375.33	53000	162000	3500.17	10940.11	31535	53329
	生均	20.40	16.60	31.73	46.87	7.80	9.37	18.88	16.09

普教仪器配备

1989—1990 年，年增长电教器材经费 11.13 万元。1990 年底，全县电教仪器配备经费总额为 89.74 万元。

1989 年，龙泉县教委建立教学仪器站，管理人员增加至 3 人，3 月将教学仪器站改成电教仪器站。电教仪器站根据工作条例，制订《1989-1995 年龙泉县各小学实验室建设规划》。配合全县九年制义务教育实施情况，分清缓急，实行“奖筹结合，分段分批装备实验设备和电教器材”。

1994 年，龙泉市制订《中小学实验教学普及县规划》。

1995 年，龙泉一中的实验仪器设备达到一类标准。

1998 年龙泉市通过省中小学实验教学普及县验收。

2002 年 11 月，丽水市教育局组织人员对龙泉市中小学实验教学普及县进行复查，龙泉市通过复查。

2006 年，全市普通中小学实验仪器基本达标。

2007 年，全市普通中小学实验仪器达标学校小学共 47 所，其中一类 12 所，二类 5 所，三类 30 所。中学拥有实验室数量 54 个(其中物理 21 个、化学 21 个、生物 12 个)。小学实验室数量 29 个。

2010 年，全市普通中小学实验仪器达标学校 41 所，100%的学校达到二类以上标准。有实验室使用面积 5341 平方米。有实验教学人员 132 人，其中专职 43 人，兼职 89 人。有高级职称 8 人，中级职称 85 人，初级职称 35 人。

电化教育

1988 年，龙泉县第二中学被评为省电化教育先进单位。

1989 年以来，县电教仪器站先后摄制教坛新秀、中学历史、中小学劳动技术、农村小学复式教学等教学录像。

1989—1995 年，龙泉市(县)电化教育获省奖励取得配套经费 28 万元。1990 年，县教委建立全省第一个县级教育电视台——龙泉教育电视台。电视传输网络覆盖城镇地区，在全县建立以教育放像点为主体的网络。1991 年，龙泉市建立市、乡(镇)、学校教学仪器电化教育器材管理网络。1992 年，龙泉市对主要学校电化教学设备按照规定的三类方案进行配备。1993 年秋季，全省开始使用省编义务教育教材，龙泉市加强“两机一幕”(投影机、录音机和银幕)配备。

1995—2000 年，全市中小学基本实现“两机一幕”进教室，配备了与文字配套的音像教材。

1996 年，龙泉师范学校、龙泉市第一中学、龙泉市第二中学等学校定为丽水地区首批电化教育实验学校。

1999—2002 年，龙泉市第二中学、龙泉市第三中学、龙泉市水南小学先后被省教育厅定为省现代化教育技术实验学校。

2004 年，龙泉教育网站建立。水南小学、民族中学等学校建立了校园网站，水南小学校园网站获浙江省中小学校园网站评比二等奖。

2007 年，龙泉市开始实施省农村远程教育工程(简称“农远工程”)。

2009 年配合“省教育强县(市)”创建工作，全市实施多媒体“班班通”，宽带网络“校校通”工程。

到 2010 年，全市中小学拥有多媒体系统的普通教室 402 间，覆盖率 55%。中小学拥有校园网的学校数 48 所，覆盖率 98%。中小学拥有计算机教室的学校总数 41 所，拥有率 83.7%。

管理培训

1989 年以来，县(市)电教仪器站先后摄制教坛新秀、中学历史、中小学劳动技术、农村小学复式教学等教学录像。

1990 年 11 月 12—16 日，县教委举办教育系统录像机使用与维护培训班。参加培训学员是各完中、部分独立初中和部分小学的专职或兼职实验教师和各辅导学校的成教干部，共 27 人。培训录像机工作原理与配接及常见故障的排除技术；夏普 506 录像机的使用技巧；彩色电视机的工作原理与使用。通过培训，加强全县各学校对录像机，电视机的管理，使其进一步发挥作用，更有效地为教育教学服务。

音响教材与图书配备

1993 年秋季，全省开始使用省编义务教育教材。龙泉市加强“两机一幕”(投影机、录音机和银幕)配备。

2006 年，全市中小学生人均拥有图书 13.38 册。2007 年 11 月，按省政府要求启动“农村中小学书香校园工程”。

2010 年龙泉市中小学校办学规模及仪器设备等相关数据统计一览表

表 27-5-4

学校名称	毕业生(人)	招生数(人)	在校学生数(人)	教职工数(人)	学校占地面积(平方米)	计算机(台)		图书(册)	固定资产总值(万元)	
						计	教学用(台)		计	其中仪器设备总值(万元)
实验小学	328	359	2080	118	31262	252	180	31000	3305	98
东升小学	284	451	2301	133	46463	180	150	21033	5000	160
西新小学	229	204	1284	77	4946	145	140	31031	213.1	45
南秦小学	209	263	1438	76	5795	131	120	22000	239.1	90
水南小学	219	235	1188	68	14627	136	126	14069	1132	102.9
绿谷外国语实验小学	31	143	634	38	1386	63	50	5312	540	70
河村学校	63	53	299	34	6294	46	40	5000	278	16
兰巨乡中心小学	71	43	293	43	43355	46	30	5956	205	15

续表 27-5-4

学校名称	毕业生（人）	招生数（人）	在校学生数（人）	教职工数（人）	学校占地面积（平方米）	计算机（台）		图书（册）	固定资产总值（万元）	
						计	教学用（台）		计	其中仪器设备总值（万元）
凤鸣小学	70	66	410	37	4102	41	38	6055	448.3	10
大沙中心小学	103	91	575	50	4876	13	13	10000	160	8
宏山中心小学	20	20	135	17	—	—	—	—	—	—
八都镇中心小学	184	184	1200	84	12636	106	102	39755	232.02	60
八都镇南窖小学	27	13	63	11	3181	5	5	1300	83.29	5.38
八都镇瀑云小学	103	72	480	39	6849	58	55	11780	1365.84	17.91
上垟镇中心小学	143	91	497	44	11000	47	44	16926	450	20
上垟镇泗源小学	44	22	187	25	3733	24	20	6525	135	8
小梅镇中心小学	100	109	517	46	20793	78	78	13000	294.78	15.33
小梅镇青溪小学	29	29	182	13	2758	20	20	2800	125.79	6
查田镇中心学校	72	71	398	33	12559	65	65	30000	446	51
查田镇茶丰小学	66	55	303	34	12633	20	15	6600	273	46
安仁镇中心小学	214	157	1106	83	15080	110	60	13732	273	46
安仁镇福源小学	41	13	112	15	6744	4	3	2200	173	5
锦溪镇中心小学	63	62	353	37	6908	46	43	14430	105	16
锦溪镇双岭小学	28	26	199	13	4428	18	16	1730	60	5
住龙镇中心小学	65	26	177	22	2387	40	30	8500	75	13
住龙碧龙村小	0	0	53	3	—	3	—	312	—	—
屏南镇中心学校	12	2	33	12	3818	15	15	2950	75	10.5
兰巨乡剑湖小学	41	29	188	21	4355	14	13	3800	121.9	7.7
础石乡中心小学	45	41	225	23	4920	27	20	2500	89.4	22
础石乡林垟小学	22	11	63	16	3533	5	5	960	89	6
宝溪乡中心学校	53	37	221	24	6030	36	31	2580	74	9
文曲星民族希望小学	44	35	216	20	4404	60	59	5105	100	8
道太乡中心学校	10	5	57	18	13068	20	20	5000	54.22	9
道太乡王庄小学	0	7	18	5	3150	2	2	1500	17.3	2
道太乡双平小学	25	14	85	15	5808	19	19	2000	75.38	6
道太乡供村小学	26	9	98	14	3205	21	20	3400	76	5
岩樟乡中心小学	27	11	75	10	10950	23	20	3500	78	5.5
城北乡中心小学	32	9	45	21	4120	18	18	2500	141	7
城北乡上东小学	11	0	5	5	10660	2	2	3503	208.26	5.1
城北乡东书小学	20	24	130	11	—	—	—	—	—	—

续表 27-5-4

学校名称	毕业生（人）	招生数（人）	在校学生数（人）	教职工数（人）	学校占地面积（平方米）	计算机（台）		图书（册）	固定资产总值（万元）	
						计	教学用（台）		计	其中仪器设备总值（万元）
城北乡黄鹤小学	15	7	65	13	1558	5	5	960	37.9	2
龙南乡中心小学	49	12	122	33	4213	34	30	3360	365.3	10
龙南乡建兴小学	30	3	35	12	3142	26	24	3395	221.7	9.13
龙南乡义和小学	58	10	123	18	3788	20	18	1600	200	10
欧冶国际学校	31	34	136	12	—	—	—	—	—	—
龙泉二中	473	385	1747	135	12405	225	220	23800	654	86
龙泉三中	781	606	1662	128	30490	153	127	26500	988.57	153.37
养真中学	259	112	522	52	8453	59	59	7000	501	70
育才中学	317	366	1173	79	20421	278	258	26000	3372	186
欧冶国际学校	58	155	312	30	19270	78	60	4500	3600	30
龙泉四中	735	672	2058	147	36665	50	50	29360	996	45
剑瓷外国语实验中学	227	353	1167	77	3200	103	87	11592	313.2	53
民族中学	515	401	1359	111	32267	223	223	26000	443	85
安仁中学	120	152	505	197	11207	49	45	9100	136.22	48
龙泉一中	784	811	2491	207	80000	394	362	72687	5839	664.18
中职校	1086	1239	3233	286	162000	1218	1216	110520	14327.1	4306.68

第六章　教育管理

第一节　教育研究

教育科学研究所

1988 年前，未设专门的教育研究机构，教育科研工作由教研室管理。

1989—1997 年，教育科研工作由教育学会负责。龙泉教科所与教育学会，安排主管人员 1 人。

1992—1995 年，市教育局及部分学校先后建立由兼职人员组成的教科室或教科组。

1998 年，成立教育科学研究所。

教育学会

1990年1月,龙泉市教育学会成立,首届会员42人,2010年会员达386人。

1989年前,龙泉县曾经成立小学语文教学研究会、小学数学教学研究会、中学语文教学研究会、中小学体育教学研究会、中学地理教学研究会、中学数学教学研究会、小学复式教学研究会、中学生思想政治教学研究会、电化教学研究会、中学历史教学研究会、教育管理专业委员会、中小学德育教学研究会等。

中小学心理健康指导中心

2001年12月,成立龙泉市中小学心理健康教育指导中心,乡镇以上学校多数建立学生心理健康教育辅导室或咨询室。

2004年1月,丽水市教育局公布市级心理健康教育实验学校38所,龙泉市4所学校榜上有名。

科研工作

主要举措　1996年依据《丽水地区高中学科教学质量监控实施方案》,对9所高中实施教学质量监控,龙泉一中教学业务由丽水直接管理,中学教研员的教研工作重心开始向初中转移。各学科组织备课,举办研讨会,开展专题讲座、观摩示范教学、竞赛评比、经验交流、学术报告等活动,规模较大的活动每月一两次。

1997年,丽水市以龙泉市实验小学等9校为基地,承担中央教科所《东南沿海地区小学道德启蒙教育专题研究》立项课题子课题《思想德育课教学中的道德启蒙教育》专题研究。

是年,以提高课堂教学质量为目标,教研室组织各学科教师开展基本功比赛,包括说课、上课、板图、板书、制作、实验操作等方面。是年,龙泉市教研室制定各科《教学常规》,规范备课、上课、作业、课外活动和考试评价。

2003年,颁布《龙泉市教育专业论文、课题研究奖励办法》。

2004年6月,确定22所中小学作为丽水市教育科学研究基地。

2007年,各中小学校建立教科室,并设教科室主任,建全教科研网络。是年,东升小学、实验小学、龙泉二中分别获丽水地区教科研先进集体称号;获浙江省教育科研先进个人1人,获丽水市教科研先进个人4人。

讲座与研讨　1998年,地区教研室以落实素质教育为内容,举办培训班,全体教研员参加。

2000年,全市幼儿园推广"幼儿听读游戏识字实验"。

2007年11月初,在龙泉举行丽水市县(市、区)教育局长、教研室主任、重点高中校长素质教育座谈会,贯彻《浙江省教育厅关于推进实施素质教育的意见》。是年12月,举行"课堂心理问题"研讨会。

2008年,举行"创建和谐师生关系"研讨会,举行"轻负担,高质量"研讨会。

2009年1月和5月,举行"农村中小学新课改"研讨会。

2010年3月,组织实验小学、西新小学、南秦小学、水南小学教师参加浙江省教育学会关于"苏、浙、鲁小学特色教育研讨会"。5月,举行"寄宿制学校管理"研讨会。

发表与获奖论文　1990年后,小学德育教学研讨龙泉市有11篇优秀论文在国家和省级刊物上发表。

2005年,在丽水市"新课程与学生评价研讨会"上,龙泉市20篇获奖;在丽水市小班化教育教学观摩研讨活动中龙泉市4篇获奖。

2006年，在丽水市教育学会“首届全市基础教育课程资源博览会”论文评选中，龙泉市17篇获奖。

2008年开展“创建和谐师生关系”论文比赛活动，龙泉市10篇论文选送丽水参评。同年，举行“探索培养学生健全的人格教育策略”论文评比活动。

2009年3月，开展“轻负担高质量”教学改革论文评比活动，收到论文318篇，获奖278篇。

获奖课题　2000年度，龙泉市共有22项科研成果在丽水市获奖，重点类课题二等奖1项，三等奖4项；年度类课题获二等奖4项，获三等奖11项；幼教类课题获三等奖2项。

2000年度，龙泉市教科所教育科学规划课题研究优秀成果评比，共收学校推荐、报送的成果90项。共有80项成果获奖，其中一等奖8项，二等奖17项，三等奖55项。

2001年度，龙泉市教科所教育科学规划课题研究优秀成果评比，54项参评成果中，获一等奖8项、二等奖33项、三等奖13项，关注学生兴趣的培养成为2001年的研究热点。

2002年度，龙泉市教育科学规划课题研究成果评比，共有68项参评，64项成果获奖。其中获一等奖9项，获二等奖29项，获三等奖26项。

2002年，龙泉市教科所共收到各校申报的2003年课题250项，其中推荐到丽水市教科所课题45项，被丽水市教科所批准立项的课题43项（重点类6项，年度类30项，心理健康教育类7项）。由龙泉市教科所立项的课题共185项。这一年龙泉立项课题可以用一个词“井喷”来形容，从50多项到250项5倍数增长，

2003年，龙泉市教育科学规划课题研究成果评比，有160项课题参评，有154项成果获奖，其中一等奖18项、二等奖92项，三等奖44项。

2004年，龙泉市教育科学规划课题研究成果评比，151项成果参评，143项成果获奖，其中一等奖12篇，二等奖73篇，三等奖58篇。

2005年，龙泉市小学教育科学规划课题研究成果评比，有150项成果获奖，其中一等奖13项，二等奖91项，三等奖47项。

2006年，龙泉市教育科学规划课题结题共166项，评出一等奖18项，二等奖93项，三等奖55项。龙泉市各小学申报的立项课题共61项，其中19项被丽水市教科所立项，40项列为龙泉市2007年立项课题。

2007年，龙泉市各中学申报的立项课题共126项，其中30项被丽水市教科所立项，另外96项列为龙泉市2007年立项课题。是年，龙泉市教育科学研究所开展小学教师论文评选活动，收到论文171篇，评出一等奖15篇、二等奖119篇、三等奖37篇，课程标准、教学思维、教育教学理念转变等得到关注。在教育科学规划课题研究优秀成果评比中，134项成果获奖，其中一等奖27项，二等奖43项，三等奖64项。

2000—2007年度，全市共有1826项课题立项，其中省级21项，丽水市级521项，龙泉市级1284项。共有1198项课题成果获奖，其中丽水市级285项，龙泉市级913项。

2008年，龙泉市教育科学规划课题研究优秀成果评比，214项课题参评，获奖168项，其中一等奖26项，二等奖52项，三等奖90项。

2009年，龙泉市共立项190项课题，其中浙江省教研课题2项，丽水市教研重点课题1项，丽水市教研规划课题31项，丽水市教科所重点课题8项，丽水市教科所年度课题50项，丽水市教科所专项课题9项，龙泉市教科所规划课题89项。龙泉市教育科学规划课题研究优秀成果评比，获奖78项，其中一等奖16项、二等奖28项、三等奖34项。

2010 年，龙泉市教育科研立项课题 292 项，其中浙江省教研课题 1 项、丽水市教研重点课题 1 项、丽水市教研规划课题 40 项、丽水市教科所重点课题 8 项、丽水市教科所年度课题 45 项、丽水市教科所专项课题 8 项、龙泉市教科所规划课题 189 项。

2010 年度《丽水教育》优秀论文评比，龙泉一等奖 1 篇，二等奖 1 篇，三等奖 9 篇。是年，参加丽水市“寄宿制学校管理工作研讨会”论文评选，龙泉获一等奖 5 篇、二等奖 5 篇、三等奖 8 篇。

第二节　教学研究

教研大组成立

2007 年 9 月，成立城区小学教研大组，教研大组下设年级学科组，定期（每单周周一晚 7:00—9:00 时）开展教研活动；同时，按照乡镇的地域关系，建立 5 个（乡镇）学区教研大组，并定期（每学期 2 次）开展教研活动。

心理健康教育

2004 年，在进修学校设立“龙泉市中小学生心理健康指导中心”，设指导中心主任 1 人，办公室主任 1 人。2004 年 1 月，丽水市教育局公布市级心理健康教育实验学校 38 所，龙泉市 4 所学校榜上有名。

2010 年，龙泉市教育局设立“龙泉市中小学生心理健康指导中心”。由分管副局长担任指导中心主任，为丽水市首个“中小学生心理健康指导中心”。在教育研究培训中心设立心育部，设心育部主任 1 人，兼任心理教研员。

名师、带头人评选

1999 年，建立龙泉市中小学教师业绩档案。是年，龙泉一中教师 2 人、龙泉二中语文教师 1 人、龙泉三中教师 1 人、职业中学数学教师 1 人、实验小学 2 人、龙泉师范学校 1 人等被评为丽水地区学科带头人。

2001 年 10 月，首届龙泉市级名师评比，评出首届中小学名师 15 人。是年，龙泉市 11 人被评为丽水市第二批学科带头人。

2002 年 8 月，市财政开始每年安排 30 万元用于龙泉市级名师、名校长、学科带头人奖励。其中，县级以上名校长、名师、学科带头人按月发给一定的补贴，标准为：高中段省级每人每月 600 元，市级每人每月 400 元，县级每人每月 300 元；小学及初中段省级每人每月 500 元，市级每人每月 300 元，县级每人每月 200 元。9 月，评出龙泉市第二届中小学名师 45 人。

2003 年 9 月，龙泉市被评为丽水市第三批学科带头人 12 人。

2004 年 9 月，评选龙泉市第三届名师 53 人，其中普高 22 人，中职（职高）6 人，初中 10 人，小学 15 人。

2005 年 6 月，龙泉市被评为丽水市第四批学科带头人 4 人，至此，龙泉市具有丽水市学科带头人总数达到 30 人。

2006 年 2 月，中学语文教研员获评为浙江省第九批特级教师，为龙泉市首个省特级教师。

2007 年 10 月，龙泉市教育局发文，“龙泉市名师”改称为“龙泉市学科带头人”。12 月完成首次龙泉市学科带头人和农村学科带头人评选，共评选出龙泉市第一届学科带头人 48 人，第一届农村学科带头人 25 人。

2008 年 4 月，龙泉市首届初中英语“教坛新苗”评选，评出 5 人。12 月，丽水市评选出第五批学科带头人，龙泉市 5 人上榜。

2010 年 9 月，龙泉市新增丽水市教坛新秀 24 人，德育新秀 4 人。

教坛新秀评比

1991 年始，各学科举行两年一次的教师优质课、教坛新苗等课堂教学评比。1990—2008 年，教坛新秀评比共举行 7 届。

1990—2010 年龙泉市(县)各届教坛新秀评比情况一览表

表 27-6-1

年份	届别	龙泉市级获奖情况(项)			被评为丽水市级教坛新秀人数(人)	备注
		一等奖	二等奖	三等奖		
1990	三	14	17	19	12	1. 第四届教坛新秀评比活动中，龙一中语文教师 1 人被评为省级教坛新秀 2. 2010 年起，丽水开始每年评比教坛新秀，并不分等级
1993	四	23	41	36	20	
1996	五	30	45	45	23	
1999	六	22	73	74	14	
2002	七	17	45	68	15	
2005	八	23	45	62	3	
2008	九	23	48	70	10	
2010	十				26	

注：在前 5 届教坛新秀评比中，龙泉市共有 79 名教师获得丽水市教坛新秀称号。

教师竞赛

从 1996 年开始，组织学生参加浙江省初中学生自然科学和数学等学科竞赛，到 2008 年，共有 5 人获得浙江省一等奖。

2005—2008 年，举行每年一次的教学论文、教学案例与教学设计、课堂教学三项评比活动。

2005—2008 年龙泉市三项评比活动在浙江省、丽水市获奖情况一览表

表 27-6-2

年份	丽水市级获奖情况			省级获奖情况		
	论文(篇)	案例与设计(个)	课堂教学(节)	论文(篇)	案例与设计(个)	课堂教学(节)
2005	158	30	14	5	16	1
2006	141	49	20	10	7	2
2007	144	11	44	7	2	2
2008	178	75	23	7	9	3

2008 年 3 月，首次举行中小学语文教师博客大赛，共评出最佳班级博客 10 个，最佳个人博客 20 个，最佳教育随笔 20 篇，水南小学春咏读书社被评为最佳读书社博客。

2008 年 3 月，龙泉市教育学会首次开展“创建和谐师生关系”论文比赛。是年 9 月，举行龙泉市小学英语教师“新生代”评比活动。10 月，举行“探索培养学生健全的人格教育策略”主题论文评选，推荐丽水参评 14 篇。12 月，举行龙泉市新时代初中语文教师专业素养竞赛。

2009 年 5 月，举办“轻负担、高质量”教师优秀论文评比活动。9 月，丽水市初中数学“教坛新苗”评比活动在龙泉举行，12 位初中数学年轻教师参加本次评比活动。9 月，举行初中语文、数学、思想品德“教坛新苗”评比活动。

2010 年 3 月，开展 2010 年中小学各学科教学论文、案例评比。4 月，举行龙泉市小学数学、小学英语、中小学体育教坛新苗评比。11 月，组织小学语文、思想品德、科学学科教坛新苗评比活动。

教师培训

龙泉采用长期与短期、学历与非学历、全科与单科、脱产与不脱产等方法，采取培训班、进修班、学习班、辅导班、讲习班、研讨班等形式，对教师进行多层次师资培训。1984—1991 年，举办龙泉师范学校中师学历函授班 7 期，共毕业 548 位教师；其间，举办小学语文、数学教学技能培训班各三期，168 位教师参与学习培训。1989—1999 年，龙泉市（县）教师进修学校先后举办小学校长岗位培训班两期，参加校长 93 人；举办小学校长提高培训班两期，89 位校长参加培训；举办总务主任培训班两期，82 位学员参与培训；小学教导主任培训班两期，132 位学员参与培训。

1998 年 10 月，组建“园丁之音”合唱团，并定期进行训练活动。

1999—2010 年，举办中等师范学校函授班一期，56 位教师完成学业；举办大专中文专业函授班一期，68 位教师毕业；举办大专艺术教育专业函授班两期，278 位教师顺利毕业；举办中文本科自考培训班两期，189 位教师毕业；举办教育学（心理健康教育方向）本科自考培训班 127 位教师毕业；举办教育管理自考培训班一期，103 位教师毕业； 举办中小学校长培训班五期，268 位校长参加培训；举办中小学教导主任培训班三期；举办总务主任培训班两期；举办少先队辅导员培训班两期；举办小学语文骨干教师培训班两期； 举办小学数学骨干教师培训班两期； 举办心里健康教育培训班四期，1250 位教师参加培训。

2000 年，创办内部刊物“龙泉教育”，至 2008 年，共出刊 336 期。

2003 年，举办中小学心理键康教育师资培训班，经考核，100 人取得浙江省中小学心理健康教育教师上岗资格证书。2005 年，龙泉市心理健康教育办公室成立，由教师进修学校负责开展工作。至 2009 年，全市共有 2835 名教师取得心理健康教育上岗资格证书。

2005 年 9 月，龙泉市教师进修学校与龙泉中等职业学校合并。12 月 成立“龙泉市教师教育中心”，履行教师进修学校职责，正式编制 3 名，另借调 3 名。

2005—2007 年，开展中小学“素质提升工程”培训，全市共 2312 位教师参加培训。

2007—2010 年，全市开展“领雁工程”培训，全市中小学 617 位骨干教师参与培训。

2008 年 2 月，教研室举办新课程小学语文、数学、科学、中小学美术等学科培训。8 月，举行 2008 年暑期新课程学科（小学数学、语文、音乐和美术）培训。10 月，组建龙泉市第二届中小学音乐青年教师研修班。

2009 年 2 月，举行小学英语教师培训开学典礼。2009 年 9 月，举办担任班主任两年之内（含两年）的全市现任中小学班主任的培训班。

2009 年 10 月，组织全市初中、高中、中职校班主任、城区小学班主任、知行中国——中小学班主任远程培训班学员、心育上岗证（C 级证）培训班学员听取心育特级教师钟志农教授的讲座。

2009 年 10 月，在文化馆三楼与文化馆联合举办龙泉市中小学音乐教师教学研讨会暨龙泉市文艺骨干培训，邀请浙师大音乐教学法和合唱指挥的专家前来讲座，与会教师 40 余人。

2010 年 7 月，举行初中英语教师 2010 年全员培训。

学生竞赛

2005 年 6 月，开展第一批“校本教研示范学校”评选活动，龙泉三中被评为省级“校本教研示范学校”。

2008 年 1 月，龙泉市教育局教研室开始举行一年一届的初三学生双语现场作文比赛。4 月，教研室组织初中学生参加 2008 年全国初中数学竞赛，育才学校一名学生获浙江省一等奖。开展研究性学习方案与成果评选活动。6 月，组织参加浙江省第十二届初中生科学竞赛（龙泉赛区），育才学校一名学生获浙江省一等奖。7 月，举行中学生“学习十七大感受新变化”小论文评比，收到参评作品 358 篇，评出一等奖 52 篇。9 月，举行 2008 年初中生研究性学习活动成果评比。

2009 年 2 月，组织第三届浙江省“少年文学之星”征文比赛活动，龙泉市有 10 名少年学生荣获省级奖，龙泉市教研室荣获省“最佳组织奖”。3 月，组织参加浙江省第十四届高中生物竞赛，龙泉市共 87 位同学参赛，龙泉一中三名学生分别荣获省级一、二、三等奖；另有 9 名同学获丽水市一、二、三等奖。4 月，在龙泉一中、龙泉中职校举行浙江省高中数学竞赛和丽水市中职数学知识应用大赛，共有 201 位高中同学参赛。组织浙江省高二化学竞赛，龙泉市共 78 位同学参加本次竞赛，其中获省一等奖 1 人、三等奖 2 人，获丽水市一等奖 4 人、二等奖 8 人、三等奖 9 人。是月，举行龙泉市第二届初二年级学生英语讲故事比赛活动，四十七位学生获奖。

2009 年 5 月，组织丽水市高一化学竞赛，龙泉市共 60 位同学参加本次竞赛，获丽水市一等奖 4 人、二等奖 6 人、三等奖 16 人。组织第二十六届全国中学生物理竞赛及丽水市高一物理选拔赛。龙泉市高一 100 人、高二 54 人共 154 人参加。全国物理竞赛中，龙泉市获全国三等奖 1 人，省级三等奖 1 人，另有丽水市一等奖 3 人、二等奖 4 人、三等奖 7 人；选拔赛中，获丽水市一等奖 6 人、二等奖 11 人、三等奖 17 人。

2009 年 6 月，龙泉茶丰小学二十几位学生，作为丽水市唯一的学校代表，参加在富阳举行的全省学生阳光体育运动推进会。10 月，在龙一中举行“2009 年全国高中数学联赛”和“丽水市高二数学竞赛”，全市 131 位高中同学参赛。

2010 年 1 月，教研室组织开展全市幼儿“迎元旦——我为祖国骄傲”主题绘画比赛。10 月，举行首届“我写中（高）考作文”征文活动。12 月，举行第一届初三学生英语阅读能力竞赛。

第三节　教学改革

改革历程

1989 年，义务教育课程教材全面改革。

1993 年，龙泉市贯彻浙江省颁布的《义务教育试行教学计划》施行义务教育课程，市实验小学四年级开始开设外语课。

1994 年，龙泉市教研室加入全国考试中心研究网络，参加苏浙沪部分县市教研工作联谊会；并开始建立全市教师业务档案。

1995 年，开始用“标准分”来衡量学校教学质量检测考试成绩。

1997 年，制定实行《龙泉市中小学教学质量考核评估方案》和《龙泉市中、小学教师业绩考核方案》。

2003 年 9 月，全市小学三年级以上开始开设英语课。

2006 年 2 月，龙泉市教育局对 34 所城区幼儿园和 11 所乡镇幼儿园的教育教学情况进行摸底性的专题调研，实施幼儿园教学改革。

2007 年 5 月，开展第二批“校本教研示范学校”评选，龙二中、西新小学被评为丽水市级“校本教研示范学校”。

2008 年 4 月，开展先进教研组评选，龙二中数学教研组、实验小学科学教研组等 14 个教研组被评为市级先进教研组。

2009 年 3 月，召开全市中小学教学管理工作研讨会，探讨教学改革、质量提升。是年，省特级教师“携手丽水”送教活动小学、初中组在龙泉举行，20 余名省特级教师和教育专家来龙送教和讲学。是年 10 月，开展龙泉市“管理示范班级”的评比活动；举行小学班主任论坛；丽水市小学语文阅读与习作研讨活动在龙泉举行。是年 12 月，市教育局召开强力推进“质量提升工程”大会；丽水市教研室对龙一中进行教学改革调研。

2010 年 12 月，教研室、教师进修学校和教科所合并，组建龙泉市教育研究培训中心。

课程多样化

2001 年，龙泉市第一中学、龙泉中等职业学校高中部，语文、数学、英语等高考课程开始采用新课程读本教学。2003 年龙泉市开始采用浙江省义务教育新课程，2006 年，课程改革正式全面铺开，龙泉市学校课程多样化探索从此开始。

第四节　中学招生与高校招生

中学招生

1989—2010 年，龙泉市（县）共招收初中学生 69946 人，高中（普高）招生 13693 人、职高招生 8159 人。高中段招生与初中中专、技工学校同时进行，由丽水市命题，县（市）组织报名、考试、阅卷，统一划线录取。

2010 年，初中招生取消升学考试，实行按学区就近入学的办法，保证每个小学毕业生 100% 入学。

普通高校、单考单招、成人高校招生

1989—2010年，普通高校、单考单招高职、成人高校、普通中专、成人中专、技工学校招生数，见下表。

1989—2010年龙泉市(县)各级各类学校招生情况一览表

表27-6-3　　单位：人

类别/人数/年份	普通高校	单考单招高职	成人高校	普通中专	成人中专	技工学校	普通高中	初中	职业高中
1989	85	—	56	181	94	21	624	3231	140
1990	78	—	62	145	22	17	500	4148	254
1991	76	—	76	176	136	11	520	2738	186
1992	106	—	85	198	41	25	409	3847	130
1993	125	—	53	317	32	76	259	3211	114
1994	186	—	82	423	120	66	360	2975	197
1995	139	—	83	400	125	60	437	4104	171
1996	96	—	53	390	125	111	373	3605	91
1997	116	—	77	479	155	123	416	3809	220
1998	114	3	84	362	240	64	527	3942	181
1999	162	8	125	370	90	22	658	4229	328
2000	218	5	195	219	154	—	945	4430	617
2001	346	22	377	588	1	113	682(含31)	3697	328
2002	474	50	198	906	14	29	918(含130)	3205	618
2003	800	142	100	811	14	23	915(含117)	2761	593
2004	619	211	63	743	8	5	1025(含149)	2491	988
2005	756	288	194	520	12	11	1073(含312)	2718	781
2006	744	223	104	484	10	—	1027(含219)	3267	659
2007	810	91	117	506	18	—	1024(含231)	3613	713
2008	817	49	174	523	21	—	1001(含181)	3925	850
2009	944	—	—	724	27	—	1437	3547	733
2010	881	—	—	587	80	46	1216	3202	1341
合计	6867	1092	2358	8741	1432	777	13693	69946	8159

注：普通高中右边数字为中职校普高班。

第七章　德育教育与学校文体

第一节　德育工作

核心主题

1989—2010 年，爱国主义教育是学校教育的主旋律，法制教育是德育教育的核心。

1989 年，龙泉县加强“五爱”教育和日常行为规范教育；1990—1992 年，重点组织开展“学雷锋、学赖宁”活动；1997 年以来，加强和改进德育方法增强德育的实效性，中小学德育工作和教学工作一样，也要抓“双基”（即基本思想道德教育、基本行为规范训练）；2002 年开始，龙泉市教育局开展以“实践‘五爱’要求，争做‘四有’新人”为主题的学生道德教育活动。2010 年，龙泉市中小学坚持“立德树人”的德育工作。

德育措施

1989 年，龙泉县贯彻《中共中央关于改革和加强中小学德育工作的通知》，在中小学德育工作中要以“五爱”（爱祖国、爱人民、爱劳动、爱科学、爱社会主义）为基本内容，培养学生的劳动观点、劳动习惯和勤俭节约艰苦朴素精神以及良好的心理品质。

1993—1995 年，贯彻国家中小学的德育纲要目标，培养学生德、智、体全面发展。

1998 年以来，贯彻执行教育部制定《中小学德育工作规程》，龙泉市在德育过程中，将组织业余党校、少年团校、少先队工作、校刊编辑、指导团支部、少先队工作及有无体罚学生,对学生随意停课等方面内容，纳入教师德育考核。

2007 年，龙泉市中等职业学校连续多年抓好班主任培训—班主任经验交流—评选优秀班主任—师德标兵等环节，并实行每周一次班主任例会，每月一次经验交流，每学期两次班主任培训，每学期一次班主任工作成果展示，德育工作扎实，被教育部评选为“全国首批中等职业教育德育工作实验基地”，浙江省 536 所中等职业学校中 5 所获评，龙泉市中等职业学校是其一。

2006 年以来，龙泉市中等职业学校毕业生杨晓丽带母求学的事迹获得社会好评，2007 年杨晓丽被评浙江省道德建设先进个人，系丽水地区唯一一个被评上先进个人的孝老爱亲代表；2009 年，杨晓丽获评浙江省“孝老爱亲”道德模范。

队伍建设

1989 年，各中小学相继建立以校长为组长的“德育工作领导小组”，由党支部书记、工会主席、教务主任、政教主任、团委书记、少先队辅导员、学校离退休教师协会负责人等组成。龙泉市成立关心下一代工作协会(后改名为关心下一代工作委员会,简称“关工委”),对青少年进行爱国主义、革命传统和法制道德教育。

1996年第二学期始,龙泉市小学德育工作由校长负责,并在每个教学班设置班主任。

2005年4月,丽水市教育局转发教育部《关于做好2005年中小学德育工作的通知》。12月,省教育厅印发《全省中小学实施德育导师制的指导意见》。明确德育导师的条件与职责。是年,丽水市教育局开展德育导师制试点工作。

2007年始,组织龙泉市各中学德育校长和优秀班主任参加丽水市中学班主任工作培训会。

2010年,龙泉市教育系统进一步明确班主任的职责和任务,建立健全班主任选聘制度、管理考核制度、业务培训制度、德育名师制度,开展优秀班主任评选活动。

德育管理活动

思想品德考评　1988年,龙泉县开始试行国家教委颁发的《关于中学生品德评定的几点意见(试行稿)》。根据学生的表现,分别评定优秀、良好、及格、不及格4个等级。学生操行评语和等级通知家长,并记入档案。

1989年,龙泉一中试行《浙江省高中学生思想政治品德考核办法改革方案》,品德评定采用定性和定量相结合的方法,根据考核项目学生自评、班(组)考评以及综合任课教师意见再由班主任确定总评等级,上报学校。

1991年,龙泉市执行高中学生思想政治品德量化考核办法,使用省制定的“量化考核表”。

1997年12月,推行在班主任指导下,学生自评、互评、课任教师评相结合的思想品德考核办法。

1998年3月,龙泉市中小学实行定期评定学生品德行为和定期评选“三好”学生、优秀学生干部(中学)、优秀班集体的制度。

2000年以后,全市小学普遍推行素质报告单,小学生品德评语以鼓励、肯定、期望的语言代替评判式评语,把记载式评价列为重要内容。

2006年2月,龙泉市教育局规定对初中毕业生实行综合素质评价,评价结果由“综合评语”和“等第测评”两部分组成。学校为每位学生建立《学生成长记录册》,12月,按省教育厅规定,学校要为高中学生建立学生成长记录,全程全面记录学生在高中阶段各方面的成长状况。学生成长记录册及综合素质评价结果记入“浙江省普通高中电子学籍管理系统”。

2007年,中小学生综合素质测评工作全面启动。在全市中小学生中建立学生成长记录袋,将学生的思想表现(定性描述的综合评语)和学生的“审美与艺术”“运动与健康”“劳动与技能”“探究与实践”4项“等第测评”结果存入记录袋,作为初中毕业的必要条件和高中招生的前置条件。

2010年,倡导将学生的“养成教育”记入学生成长档案。强调协调家庭、社会与学校的教育影响,建立三位一体的立体教育网络。

文化氛围营造　1989年,全县学校评选的三好学生、优秀学生干部名单在校园内公布,形成上进氛围。抓好校容校貌,办好黑板报、橱窗、广播、图书室、荣誉室、少先队活动室等营造文化氛围。

1996年6月，龙泉市根据国家教委《中小学管理规程》要求，抓小学校园建设规划，抓净化、绿化、美化校园，抓校园文化建设。

1998年3月，龙泉市中小学校按国家教委《中小学德育工作规程》规定在学校操场显著位置建旗台、树旗杆，在教室黑板上方挂国旗。

2001年5月，龙泉市按照国务院《关于基础教育改革与发展的决定》，加强校园文化建设，优化校园育人环境，倡导中小学建成弘扬正气、团结友爱、生动活泼、秩序井然的精神文明建设基地。

2004年，围绕"中华美德伴我行"活动，龙泉市教育局要求全市中小学在校园内悬挂领袖和中华民族杰出人物画像，设立"礼仪墙""美德窗"营造民族精神教育的浓厚氛围。

2005年4月，龙泉市按照教育部《关于积极开展校园文化建设系列活动的通知》，开展新童谣、儿童诗歌创作和咏读比赛。开展绿化、美化校园活动评比。

2010年，加大书香校园建设投入，倡导"晨诵、午读、荐省"。

社团活动　学生社团组织有少先队、共青团、学生会等。学生社团经常开展多种多样的教育性活动，力求创设一种良好的育人氛围，寓思想教育于各种活动之中。

20世纪80年代，全县各校配备团干部，组织共青团员开展"争当新长征突击手""五讲、四美、三热爱""学雷锋、争三好、树新风""为孤寡老人送温暖，为残疾人献爱心""文明礼貌月""学习张海迪"等活动，并起到模范带头作用。各种课外兴趣小组、各种文学社重新活跃起来。

20世纪90年代，各中学团委团支部组织团员开展社会服务活动，组建学雷锋小组活跃在社区和农村。课外兴趣活动以小发明、小论文的形式体现。

1991年，开展"学雷锋、学赖宁、争三好、创文明"活动。

1998年1月，龙泉市第一中学成为省首批文明学校。

1998年以来，推行建立家长委员会，开办家长学校，开展家长接待日、家长会、家访等活动，强化家庭教育指导。

2003年9月，在龙泉市中小学开展学生和家长共创"讲文明，讲卫生，讲科学"的社会新风活动。

2004年11月，市教育局组织"亲子共成长"家庭教育巡回报告，宣讲3个专题：教育孩子的前提是了解孩子，了解孩子的前提是尊重孩子；孩子学习，两代人共同成长；分数可以成为孩子的隐私，教子成功从培养习惯开始。

2010年3月，市教育局邀请广州英豪教育研究所的知名家庭教育专家赴全市各中小学校开展"将成功传给下一代"巡回讲座。

第二节　德育途径

课程设置

设置历程　1989年，根据国家德育纲要，开设相应的德育课程。1995年，龙泉市小学教育基本走上规范的依纲育人道路。

1997年，小学开设思想品德课，初中开设思想政治课。1998年4月，列思想品德课、思想政治课为中小学生的必修课程。2002年，进一步落实教育部《九年义务教育小学思想品德课和初中思想政治课课程标准(修订)》。

2002年第二学期，在课堂教学中落实《全日制义务教育品德与生活课程标准(实验稿)》和《全日制义务教育品德与社会课程标准(实验稿)》。龙泉市德育课程强调依据学生的身心发展特点，以青少年儿童的生活为基础开展教学；尝试和实现课程的综合教育；重视以人为本，关注青少年儿童的现实生活，强调回归生活的德育课程，突出德育课程的本体功能。

2005年始，龙泉市小学全面实行新课程改革，小学一、二年级设品德与生活，三至六年级设品德与社会；初中设思想品德，高中设思想政治，并推进高中德育课程与大学思想政治理论课程的衔接。开展"爱国主义教育""传统美德教育""诚实守信教育""法制教育"等主题教育。

2009年，成立龙泉市校园文化建设研讨会，突出校园的人文环境育人。2010年，印发《关于在农村中小学开展校园文化和书香校园建设达标创优工作的通知》；完善校园制度文化建设；推进学校社团活动多样化发展；开展文明单位创建活动。

小学思想品德课　1989年，小学一、二年级为语文与思想品德合科教材，三年级以上单独编写思想品德课教材。翌年，全县试行一年级语文与思想品德合科教材。1999年，全市使用改版后的省编义务教育教材。

2001年，新一轮课程改革开始，小学思想品德改为品德与生活(低段使用)和品德与社会(中高段使用)。2002年秋，全市小学年级陆续使用新教材《品德与生活》(浙江教育出版社)。2003年秋，全市小学三、四、五、六年级使用新教材《品德与社会》(人民教育出版社)。

初中思想政治课　1994年起，初中政治课改为思想政治课。是年，初中三年级开设思想政治课。

1997年秋季，开始改用《思想政治》教材，至2000年更替完成。其中，初一的《思想政治》1、2册增加大量心理教育的内容。

2001年，开始新一轮课程改革，初中思想政治改为思想品德。

2004年秋季，全市从初一年级开始使用《思想品德》教材。

高中政治课　1980年后，贯彻教育部《关于改进和加强中学政治课的意见》，高一开设政治经济学常识，高二开设辩证唯物主义常识。1988年秋，高中一年级政治课开设科学人生观，高三年级开设政治常识。1989年，高二年级开设经济常识课。

1994年，高中各年级政治课均改为思想政治课。1995年，采用人民教育出版社出版的高中《思想政治》教材，高一为科学人生观，高二为经济常识，高三为政治常识。1996年，《学人生观改为哲学常识，在高二开设。原高二开设的经济常识调至高一年级开设。1998年，采用修订后的高中《思想政治》新教材。

2004年秋，全市采用人民教育出版社出版的高中《思想政治》教材，高一年级学习经济常识部分，高二年级学习哲学常识部分，高三年级学习政治常识部分。

2005—2010年，推进高中德育课程与大学思想政治理论课程的衔接。

学科德育　1995年2月，教育部《中学德育大纲》规定:各学科教学是教师在向学生传授知识的同时进行德育的最经常的途径。2001年，龙泉市教委组织实施《浙江省中小学学科德育方案》，要求

各科在传授知识的同时，有机地寓思想教育于教学内容和教学过程的各个环节之中。教学中积极开展德育教学改革与试验，充分利用现代信息技术和各种启发式、参与式、讨论式的教育教学方法，提高课堂教学的针对性和感染力，激发学生的学习兴趣和动力。全市小学全面实行新课程改革，小学一、二年级设品德与生活课，三至六年级开设品德与社会，使思想教育更加贴近生活。

日常德育

主题贯彻 1989年，龙泉县教育系统贯彻落实《中共中央关于改革和加强中小学德育工作的通知》，加强“五爱”教育和日常行为规范教育；加强形势教育。是年，国家教委制定《小学德育纲要（试行草案）》。

1990年，龙泉县根据丽水地区教委通知组织“学雷锋、学赖宁”活动。1991年，龙泉市中学开展反对“和平演变”为内容的“渗透和反渗透、颠覆和反颠覆、和平演变和反和平演变”教育；开展中国近代史、现代史、国情的“两史一情”爱国主义教育。

1992年，龙泉市将3月定为“学雷锋、学赖宁”活动月。是年，各级各类学校深人开展社会主义思想教育。1993年3月，龙泉市贯彻国家教委公布《小学德育纲要》。12月，各中小学开展纪念毛泽东100周年诞辰的朗诵、歌咏、书法、作文黑板报等比赛以及图片展览、文娱会演等活动。

1994年10月，根据当时成立的丽水地区中小学德育工作研究会要求，在龙泉全市范围内开展中小学德育工作实效性研究。是年，龙泉市教委被地委宣传部誉为“树行业新风典范”。

1995年2月，龙泉市开展贯彻《中小学德育大纲》教育活动，开展“读《生命之歌》，学英雄精神”和纪念抗日战争胜利50周年等读书活动。

1997年，抓德育“双基”教育落实，各中小学评选出一批“行为规范达标生”。

1998年4月，龙泉市依据省教委转发教育部关于颁发《〈中小学德育工作规程〉的通知》，并强调《中小学德育工作规程》是德育工作部门的行政规章。

2001年2月，省教育厅下发《关于适应新形势进一步加强和改进我省中小学德育工作的意见》，龙泉市提出中小学德育工作提高针对性、有效性和主动性的要求。是年，实施《浙江省中小学学科德育方案》，要求寓德育于各科教学之中。

2002年，龙泉市教育局在全市小学三年级以上学生中深入开展以“实践‘五爱’要求，争做‘四有’新人”为主题的学生道德教育活动，开展《人生这样起步（丽水革命斗争故事选）》读书教育活动。

2003年初，龙泉市召开全市中小学德育工作实效性研讨会，提出“小、近、实、序、放、新、情”七字德育工作新思路。8月，龙泉市教育局印发《关于在教育系统开展“改陋习、树新风”争创文明校园活动的意见》，开展“五勤六不”① 教育活动及开展文明行为标兵评选活动。12月，龙泉市教育局关工委被评为全国教育系统先进集体。是年，在全市中小学中开展“做平凡小事，塑美好心灵”读书活动和道德故事征文比赛，1000多名学生参加，其中有6人获市道德故事征文比赛特等奖、25人获一等奖。

① “五勤”指：勤洗手洗澡、勤换洗衣被、勤打扫居室、勤通风换气、勤锻炼身体。“六不”指：不随地吐痰、不乱扔乱倒垃圾、不赤膊上街、不损坏绿地、不乱涂乱贴小广告、不合餐提倡分餐制。

2004年8月，龙泉市委、市政府颁发《关于进一步加强和改进学生思想道德建设的实施意见》，提出进一步加强和改进学生思想道德建设的总体要求和主要任务。10月，龙泉市教育局印发《关于进一步加强和改进学生思想道德建设的实施意见》。

2008年，根据省委宣传部和省教育厅《关于在全省中小学组织开展"建设和谐社会"读书教育活动的通知》，在全市中小学开展"建设和谐社会"读书教育活动。

2009年，龙泉市教育局印发《关于进一步加强和改进中小学德育工作的实施意见》，提出"改进学校德育工作机制，推进德育课程改革，增强德育工作的针对性和实效性"。

日常行为规范　1989年，龙泉县中小学开展学习贯彻《中学生日常行为规范(试行稿)》活动，要求学生读背《小学生日常行为规范(试行稿)》，训练自己的行为。

1996年11月，丽水地区教委印发《开展创建"中小学行为规范达标学校"活动的意见》，龙泉市第一中学成为丽水地区首批行为规范达标学校之一。

2000年7月，龙泉市教育局印发《关于深入开展"中小学行为规范达标学校"创建活动的通知》，全市中小学持续开展行为规范达标学校创建工作，并开始创建文明学校。

2005年4月，龙泉市教育局贯彻教育部重新修订的《中小学生守则》和《中学生日常行为规范（修订）》，《小学生日常行为规范（修订）》精神，进一步加强全市中小学生文明行为习惯的养成教育。

重点内容

爱国教育　1990年9月龙泉县中小学贯彻学习国旗法、严格升降国旗制度，把每周周一的升旗仪式作为爱国主义教育的第一课，修建升旗台，培训升旗手，规范国旗下的讲话，开展纪念鸦片战争150周年为主题的爱国主义教育活动。

1995年，龙泉市中小学开展纪念抗日战争胜利50周年系列活动，要求：读一本抗战的书，参观一处抗战遗址，看一部抗战影片，写一篇抗战纪念作文等。

1996年4月，龙泉市教委根据国家及省教委通知精神，在全市中小学开展升国旗、唱国歌录像比赛。是年，全市中小学生开展"立志成才、报效祖国"读书活动。

1997年，龙泉市开展《知香港爱祖国》读书活动和知识竞赛。

1999年，组织纪念五四运动80周年、庆祝中华人民共和国成立50周年、迎接澳门回归等系列活动。

2004年3月，龙泉市教育局印发《关于进一步加强爱国主义教育积极开展文明城市创建工作的通知》。要求各中小学利用春游、清明扫墓、班队活动、团组织生活，参观爱国主义教育基地、征文比赛以及组织学生"读一本好书，看一场爱国电影，写一篇心得体会"等活动，培养学生的民族精神，增强爱国意识。并规定每年9月为"中小学弘扬和培育民族精神月"。

2005年4月，龙泉市教育局根据教育部2005年中小学德育工作的要求，以纪念中国人民抗日战争胜利60周年和长征胜利70周年为重点，开展"中小学弘扬和培育民族精神月"活动。

2006年9月，龙泉市中小学参加"弘扬和培育民族精神月"的各项活动。各中小学校以生动活泼的教育活动形式，讲真情，求实效，与课堂教学、教育教学活动和学风校风建设相结合使民族精神教育实践化、生活化、序列化、阵地化。

2009年，龙泉市中小学生开展“我爱我的祖国”演讲比赛，24名中小学生获得一、二、三等奖。

2010年，利用学校周边的爱国主义教育网点，拓宽爱国主义教育空间。如参观住龙镇红军街、烈士陵园、市博物馆等。通过参观学习，让学生直观地了解国情、了解历史、了解中国共产党艰苦卓绝的奋斗历程。

传统美德教育　1989年，龙泉县贯彻落实中央把“德育放在首位”的战略思想，学校教育强调将传统美德教育和时代要求结合。

1994年，龙泉市参与丽水地区教委编写《中华民族传统美德故事选》，作为全市中小学生进行爱国主义教育的补充教材。

1997年7月，龙泉市中小学校积极组织学生参加丽水地区教委开展“弘扬中华美德、争做时代新人”读书活动。

1997—2000年，龙泉市部分小学作为丽水地区教委承担的中国教育学会“九五”重点课题《东南沿海地区小学道德启蒙教育及小学生品德心理研究》实验研究工作实验学校，参与该课题的实验研究。

2003年4月，龙泉市教育局贯彻落实丽水市委宣传部等七单位根据《公民道德建设实施纲要》精神联合制定《实施“小公民”道德建设计划》，推动青少年公民道德建设。

2004年9月，龙泉市教育系统根据丽水市教育局印发《丽水市“中小学弘扬和培育民族精神月”活动方案的通知》，以“中华美德伴我行”为主题，在全市中小学广泛开展中华民族传统美德教育活动。并以诚信为主题，以考风考纪、校纪校规教育为主要内容的主题教育活动。落实每年在全市初中毕业考试与高中招生考试中制定诚信制度，学校与学生签订“诚信责任书”。

2005年8月，龙泉市中小学根据省委宣传部和教育厅文件精神，征订读书教育活动用书《共传诚信》《播撒诚信的种子》8000册。8000名中小学生参加读书活动、征文及演讲比赛。

2007年，开展“八荣八耻”教育，组织“知荣辱树新风”为主题的读书教育活动。

2010年，强调孝亲敬友、勤学守信、律己宽人、爱护环境、开拓进取等具体的美德教育目标。

心理健康教育　1989年以来，龙泉师范学校坚持一贯做法，对学生开设心理学课程，对学生进行相关的心理健康教育引导。

1998年，丽水地区针对青春期学生的心理问题，开设“心理咨询室”“心理信箱”，对学生进行心理健康教育。

2001年2月，省教育厅颁发《关于认真贯彻教育部精神，进一步加强中小学心理健康教育的意见》，要求“逐步建立和完善省、市、县、学校四级心理健康教育组织网络”。8月，省教育厅成立浙江省中小学心理健康指导中心，负责对全省中小学心理健康教育的调研、监控、指导、管理和对外交流。12月，丽水市教育局成立丽水市中小学心理健康指导中心和“专家咨询组”，同时要求各县市（市、区）教育局成立相应的指导机构。

2003年12月，龙泉市教育局印发《关于创建市级心理健康教育实验学校的通知》，要求各中小学加强心理健康教育工作，将心理健康教育渗透于学校教育的全过程。

2004年1月，龙泉市教育局印发《关于公布市级心理健康教育实验学校的通知》，公布38所中小学为市级心理健康教育实验学校。

2005年4月，龙泉市开展心理健康教育实验示范工作，并由城镇中小学向农村中小学普及。

20010年龙泉市中等职业学校“心理健康教育工作站”被评为丽水市优秀工作站。

法制教育　1990年4月，宣传《中华人民共和国集会游行示威法》，要求中小学把社会稳定放在首位。9月，学习《中华人民共和国国旗法》，规范升降国旗仪式。

1991年3月，组织学习《中华人民共和国国徽法》。在总结”一五”普法的基础上，提出“二五”普法的目标要求。

1995年始，在中小学开展普法教育，开展专题性或结合课堂教学经常性的学法守法教育活动。

2001年始，龙泉市在全市中小学配备法制副校长。一批经验丰富的公安民警、法院法官、司法局干部被聘为兼职法制副校长。

2002年6月始，龙泉市教育局制定教育系统禁毒教育工作计划，将禁毒作为大、中、小学德育和安全、法制教育的重要内容之一；落实防毒、禁毒制度与措施，明确校长是第一责任人。学校禁毒工作直至2010年，都在持续抓落实抓宣传教育。

第三节　学校艺术教育

课程与教材

1985年，全县中小学统一使用部编音乐教材。

1992年12月，《浙江省九年制义务教育六年制小学课程设置表》下达，其中音乐课每周2课时，美术课1~4年级每周2课时，5~6年级每周1课时。翌年始，全县使用由浙江教育出版社出版的省编小学美术课本（试用），同时陆续使用由丽水地区教研室编写的丽水地区中小学美术乡土教材。

1995年后，龙泉一中开设艺术欣赏课，统一使用浙江省教委编写的教材。

1997年始，全市统一采用北京人民美术出版社出版的美术教材。

2004年秋，全市初中、小学起始年级全部进入新课改实验，开设音乐、美术课，统一采用人美版美术教材和人民音乐出版社出版的新音乐教材。

2006年3月8日，印发《龙泉市教育局关于开展“体育、艺术2+1项目”工作的通知》。6月，省教育厅制定《浙江省普通高中新课程实验第一阶段课程设置意见》，高中开设艺术课（美术、音乐），为普通高中必修课，每周1学时。统一选用人民音乐出版社出版的新音乐教材。

2008年，丽水市组织首届中小学生舞蹈比赛，龙泉市中职校获舞台集体舞一等奖，龙泉育才中学获一等奖。锦溪小学获校园集体舞二等奖。龙泉市中等职业学校1名教师获优秀指导员称号。

特长培养

2006年，龙泉市教育局在全市部分中小学校实施“体育、艺术2+1项目”，即通过学校组织的课内外体育教育和艺术教育活动，让每个学生在九年义务教育阶段能够掌握两项体育运动技能和一项艺术特长，为学生的全面发展奠定良好的基础。

2008 年 3 月，龙泉市教育局决定将《龙泉之歌》列入龙泉市中小学音乐地方课程，从 2007 学年第二学期开始进入音乐课堂，小学一至四年级作为欣赏曲目，五年级至高中作为学唱歌曲。

2008 年 4 月，在全市中小学生中开展科技节、艺术节、体育节、读书节“四节”活动，艺术节为搭建学生展现才艺大舞台，营造校园文化氛围，陶冶学生情操，培养审美能力，推进学生素质全面发展提供有力保障。全市每两年举行一次文艺调演，活动内容包括校园艺术成果展、学校文艺汇演、校园歌手评选和书画、舞蹈、器乐比赛等。

队伍建设

2005 年 9 月，龙泉市举行中小学音乐新教材优秀教案和优质课评比活动，共评出优质课一等奖 3 名，二等奖 5 名，三等奖 6 名；优秀教案共评出一等奖 4 篇，二等奖 5 篇，三等奖 8 篇。

2007 年 5 月 17 日，丽水市音乐研修班会议在龙泉市水南小学召开，会上邀请特级教师吴瑶香和特级教师姚丽雅分别做讲座和评课。

2008 年，全市有专职音乐教师 66 人，美术专职教师 60 多人。

2009 年 10 月，教研室与文化馆联合举办龙泉市中小学音乐教师教学研讨会暨龙泉市文艺骨干培训，邀请浙师大音乐教学法和合唱指挥的专家前来开设讲座，与会教师 40 余人。

2007 年，龙泉市教育局提出书香校园建设，各学校纷纷开设读书社，如教育机关干部读书社、龙泉一中“杏林”读书社、水南小学“春咏”读书社等。是年，举行“教师经典诗文朗诵会”。

2009 年 10 月，丽水市教育局办公室公布第二批丽水市艺术教育特色学校认定结果：龙泉市锦溪镇中心小学民间美术特色学校、龙泉市西新小学书法特色学校。

学生活动

1984 年始，龙泉县教委开始组织中小学文艺调演。2006 年开始组织两年一届的艺术节，全市 16 个乡镇小学、6 个城区小学和 10 个中学分别组队参赛。

1990 年，龙泉三中 1 人，龙泉县中心小学 3 人，水南小学、西新小学各 1 人获浙江省少儿歌（录音）比赛奖项。

1991 年是建党 70 周年，全市举办中小学歌咏比赛，比赛设一等奖 2 个、二等奖 2 个、三等奖若干个、特别奖 1 个。是年，举行纪念中国共产党诞生七十周年开展中小学书法、美术、摄影比赛的活动。

1992 年，丽水地区首届中学生文艺调演，龙泉一中《血泪祭青锋》获创作三等奖。6 月，举行小百灵十大歌手评选，有 260 多名小歌手参赛，经过 6 场预赛和 1 场决赛，产生十大歌手 10 名，优秀歌手 10 名，三等奖歌手 31 名。

1997 年 6 月，龙泉市剧院举行“龙泉市中小学迎香港回归文艺会演”。

1998 年，丽水地区举行中小学艺术节文艺调演，龙泉市实验小学舞蹈《红红灯笼闹山城》获二等奖，龙泉市二中舞蹈《相约九八》获三等奖。

1999 年 5 月，举办“母亲河风采”青少年摄影书画竞赛，并将优秀作品推荐丽水地区参评。10 月，举办“新华书店杯”龙泉市少儿书法大赛，评出一等奖 3 名，二等奖 6 名，三等奖 12 名。12 月，丽水地区教委举办首届职高学生书画比赛，龙泉市职业高中学生获书法组一等奖，龙泉市职业高中学生获书法组二等奖。

2001 年 5 月，举办庆祝“六一”城区小学书法比赛。

2002 年 12 月，在丽水市大中专、职高学生文艺会演中，龙泉中等职业学校的《恋爱的熊》获大中专组一等奖，龙泉市职业高级中学的《蓝图》获职业高中组二等奖。

2003 年 3 月，龙泉市实验小学被授予浙江省书法教育实验基地先进单位称号。

是年 4 月上旬，举行中小学生文艺调演和“做平凡小事，塑美好心灵”读书教育活动课本剧表演比赛。设一等奖 1 名，二等奖 2 名，三等奖 3 名。

是年 11 月，丽水市举行“燕牌杯”第二届中小学生兴趣特长运动会，龙泉市代表队获团体总分第三名，小学组也获团体总分第三名。

是年，丽水市举行“做平凡小事，塑美好心灵”读书教育活动征文、课本剧评选，龙泉市第一中学叶丛珊、龙泉市八都镇瀑云小学叶颖获学生征文一等奖，龙泉市第二中学赵彬获二等奖。

2006 年 3 月，龙泉市教育局举办全市中小学艺术节。

是年 4 月，龙泉市教育局举办“税收带来家乡美”龙泉市中小学生书法大赛，组委会共收到参赛作品 208 件，共评选出一等奖 10 人、二等奖 21 人、三等奖 37 人、优秀奖 42 人。

是年 7 月，在丽水市“敬廉崇洁”中小学生手抄报比赛中，龙泉市西新小学、东升小学学生获小学组一等奖；龙泉市西新小学、城北乡上东小学学生获小学组二等奖。

2007 年 3 月，龙泉市教育局、龙泉市邮政局举办古代少年道德故事青少年邮票设计比赛。

2008 年 5 月，龙泉市教育局举办 2008 年龙泉市中小学生“我为奥运添光彩”现场书画创作比赛，共评选出一等奖 23 个，二等奖 35 个，三等奖 53 个。

是年，在首届丽水市中小学生舞蹈节展演评比中，龙泉市中等职业学校《戏之魂和之韵》获舞台集体舞一等奖，龙泉市育才学校《历练飞翔》、龙泉锦溪中心小学《幸福娃》获校园集体舞二等奖。

是年 10 月，龙泉市教育局、龙泉市林业局举办“创森杯”中小学生绘画大赛。

2009 年 5 月，举办龙泉市第三届中小学生艺术节文艺会演。

2010 年 1 月，龙泉市教育局举办全市中小学师生电脑竞赛活动。

10 月，龙泉市剑瓷外国语中学的女声表演唱《簸箕上的麻雀》，获浙江省中小学生艺术节声乐类一等奖桂冠。此为丽水市参加全省中小学生艺术节唯一入围和参加现场比赛并获金奖的节目。

教师活动

1989 年 12 月 29 日、30 日，县教委、教育工会、文化局、总工会、团县委、县妇联、县文联等七单位联合举办“第二届教工文艺会演”，在剧院举行会演，元旦挑选节目公演。

1997 年 4 月，龙泉市教育委员会举行小学教师基本功训练辅导员培训班。

1998 年，成立“园丁之音”合唱团，由全市各中小学校的音乐老师组成，经常参加社会公益演出、送歌下校，并多次代表市教育局参加各类文艺演出及比赛。

2004 年，丽水市举办普通中小学师生文艺表演评比，龙泉市“园丁之音”艺术团歌舞《沁园春·雪》获三等奖。

2005 年，“园丁之音”合唱团参加浙江省交响乐团赴龙泉的演出活动及龙泉市第一中学建校 60 周年演出。

2008 年 4 月，龙泉市教育局公布“和谐中国人·人寿年丰”教师书画作品展评比，共评出一、二、三等奖作品 45 幅，特邀作品 6 幅，书法一等奖 4 人、书法二等奖 6 人、书法三等奖 6 人、书法优秀奖 8 人，美术一等奖 3 人、美术二等奖 5 人、美术三等奖 5 人、美术优秀奖 7 人、优秀组织奖 5 个。

是年 7 月，“园丁之音”合唱团参加“飘扬的旗帜”庆“七一”革命歌曲大联唱活动，荣获第一名。

2009 年 9 月 9 日，“园丁之音”艺术团赴丽水参加全市教育大会文艺会演，《窑殇》和《爱在龙泉山水间》两个节目受到一致好评。

是年 9 月，组织音乐教师参加 2009 年全市音乐教师“喜迎国庆·祝福祖国”声乐大赛，获一等奖 2 人，二等奖 2 人，三等奖 1 人。

2010 年，“园丁之音”合唱团参加在绍兴举办的世界合唱比赛，获得民谣组金奖。此为合唱团获得的第一个世界级奖项。

科技创新大赛

2002 年 4 月，丽水市科协公布 2002 年丽水市青少年科技创新大赛评选结果，龙泉水南小学张昊《征服月球》获少儿科幻绘画一等奖；是年举办“地税杯”龙泉市少年书法大赛；12 月丽水市环境保护局、丽水市教育局公布《我的家园——生态示范区创建书法、绘画竞赛获奖的通知》，龙泉市中等职业学校 2 名学生获书法中学组三等奖；南秦小学一名学生绘画小学组三等奖。

2003 年 4 月，丽水市科学技术协会举行丽水市 2003 年青少年科技创新大赛，龙泉市水南小学学生《海水分离机》、龙泉市实验小学学生《海底乐园》获少儿科幻绘画一等奖，龙泉市八都镇中心小学学生《移动的垃圾回收站》、龙泉市水南小学学生《太空机器人餐厅》《美不胜言》获少儿科幻绘画二等奖，龙泉市西新小学学生《未来乐园》、龙泉市南秦小学学生《海底村庄》、龙泉市安仁中学学生《多功能气悬鞋》《航空畅想》获少儿科幻绘画三等奖。

2004 年 3 月，龙泉市青少年参加丽水市科学技术协会 2004 年青少年科技创新大赛，龙泉市南秦小学学生《智能伞形路灯》、龙泉安仁中学学生《太阳能发电城》获少儿科幻绘画二等奖，龙泉市西新小学学生《太空搬运公司》、龙泉市实验小学学生《宇宙家园》、龙泉市安仁中学学生《宇宙城》获少儿科幻绘画三等奖。5 月，龙泉市第一中学高三学生创作动漫《龙虎斗》获得浙江省青少年科技创新大赛二等奖。

2005 年 5 月，在丽水市科学技术协会 2005 年青少年科技创新大赛评比中，龙泉市南秦小学学生《未来的飞行大赛》《全自动剪毛机》获少儿科幻绘画二等奖。9 月，丽水市教育局办公室公布禁毒公益宣传画和书法创作大赛获奖名单，龙泉三中学生、南秦小学学生获禁毒公益宣传画三等奖。

2006 年 6 月，在 2006 年龙泉市青少年科技创新大赛中，评选出优秀组织奖 2 个，优秀科技创新项目三等奖 2 项，少儿科学幻想绘画一等奖 25 幅、二等奖 40 幅、三等奖 60 幅、优胜奖 25 幅。

2006 年 10 月，丽水市环境保护局公布“莲外杯”绿色生活公益广告创意大赛，龙泉市河村小学学生《环保节能车》获二等奖。

2007 年 7 月，龙泉市科学技术协会举办 2007 年度龙泉市青少年科技创新大赛暨少儿科学幻想绘画比赛，评审出一等奖 5 人，二等奖 10 人，三等奖 20 人，优胜奖 192 人，优秀指导师 4 人。

2008 年 2 月，龙泉市科学技术协会举办龙泉市青少年科技创新大赛，评审出少儿科学幻想绘画一等奖 8 人、二等奖 25 人、三等奖 20 人。

2009 年 5 月，在丽水市青少年科技创新大赛中，龙泉市水南小学学生《雨水转换机器》获少儿科幻绘画一等奖，龙泉市育才中学学生《一级氧气制造工厂》《新型发电系统》、龙泉市南秦小学学生《青瓷游乐场》获少儿科幻绘画二等奖，龙泉市育才中学学生《宇宙激光发射站》、龙泉市绿谷外国语小学学生《去沙漠变绿洲》、龙泉市实验小学学生《梦幻之旅》《新型加油站》、龙泉市实验小学学生《让污水变为汽水》《绿色之家》获少儿科幻绘画三等奖。

第四节　学校体育

学生健康

1986—1990 年，全县乡(镇)中心小学以上的学校学生每年进行一次体格检查。

1990 年，县教育委员会与县卫生防疫站配合，开展疾病预防。1990 年县防疫站继续对龙泉一中、县中心小学、八都中学、八都镇小 4 所监测点校学生进行常见病监测工作。其结果为：近视率：城镇小学为 6.3%，中学为 43.8%，农村小学为 4%，中学为 19.6%。沙眼：城镇小学 52%，中学为 58%，农村小学为 6.5%，中学为 5.3%。新齿：城镇及农村小学 60%。普柱侧弯：0.34%。患者主要原因是人的姿势不端正，但也有的是课桌凳不配套所致。全县各级各类学校还开展学生常见病防治工作，1989—1990 年实施驱肠道寄生虫的学生占全县学生 99%，并对中小学生头虱进行普查普治。

1990 年，学生健康档案建档工作，城镇学校占 95%，农村学校占 50%。

2004 年 9 月，开始实行《学生体质健康标准》。

2005 年开始，全市城区 12 所、乡镇 8 所学校完成《学生体质健康标准》的测试数据，并上报国家管理中心。

2006 年开始，全市除完小学校外，其他学校均已按要求按时上报《学生体质健康标准》测试数据。

2007 年根据《国家学生体质健康标准测试项目》标准，结合龙泉市情况，将测试项目为立定跳远、铅球、实心球三选一，800 米(女)1000 米(男)必测，每年确定满分为 15 分、20 分、30 分不等。

体育达标测试

国家教委 1988 年颁布《中学生体育合格标准的试行办法》，1990 年龙泉：中学全部实施《中学生体育合格标准》，龙泉市第一中学被省教委确定为全省 12 所体育试点学校之一。

1994 年开始，龙泉市初中升学，体育素质测试成绩列入学生毕业、升学考试科目，测试项目为立定跳远、铅球、800 米(女)1000 米(男)。2003 年，转发丽水市初中升高中体育考试游泳项目测试规则(试行)的通知。2009 年，中考测试项目又定为立定跳远、实心球、800 米(女)1000 米(男)必测，满分 30 分。

体育教学

2004 年 9 月，全市小学体育课程每周已由原来的 2 节提到 3 节；是年，龙泉市第二中学(篮球)

被命名为省级体育传统项目学校。

2005—2008年度丽水市级体育基地学校有龙泉实验小学(田径)、龙泉市第三中学(篮球)、龙泉市育才学校(田径)。

2007年8月,颁发《龙泉市中小学校"快乐大课间活动"实施方案》,学校开设踢毽子、跳绳、滚铁环、竹杠舞、羽毛球、乒乓球、篮球等课间活动。

2008年3月,龙泉市教育局印发《龙泉市中小学体育教学重点指南》,出台中小学的体育教学规范性教学意见,部分小学1~2年级体育课提高到每周4节,其他年级为每周3节。12月,印发《龙泉市教育局体育局振兴学生竞技体育行动计划》。是年,丽水学院授予茶丰小学为丽水学院体育学院教育教学实践基地和民族传统体育教学示范基地。

2009年,龙泉市被丽水市人民政府授予群众体育先进单位称号。

队伍建设

1990年龙泉县有专、兼任体育老师101人,其中受过高等教育25人。龙泉市2名被评为丽水地区农村优秀体育教师。

2001年4月9—14日,龙泉市教育委员会举办第一期乡(镇)学校体育教师业务培训班。

2005年、2007年,教育系统两次参加浙江省县级田径运动会。

2006年4月30日,龙泉市教育局举办城区教职工迎奥运健身活动启动仪式,主会场在育才学校举行,其他学校设分会场。11月,组织全市教育系统气排球比赛,13个队参赛。

2007年1月17—22日,在龙泉三中举办农村教师素质提升工程培训专题讲座,85名初中、小学专职体育教师参加。

2008年,全市中小学体育教师共有194人,专职教师112人,兼职教师82人。专业学历有70人,进修后有专业学历的共78人。

2008年,龙泉市教育局代表队获"丽水市第一届教职工乒乓球比赛"冠军。

2008年5月,教育局教师培训中心与教研室,共同举办龙泉市体育骨干教师基本功测试和素质提升培训活动。

2010年10月,教研室与教育工会联合举办中小学体育教师基本功比赛。12月14日,龙泉三中、四中体育教师代表龙泉市参加丽水市的初中体育教师基本功比赛,龙泉四中取得团体二等奖。龙泉市体育教师获个人一等奖3人,二等奖4人。

学生活动

1988年,参加省第二届少年青运会获跳远比赛,1人获第一名。

1989年,参加省业余体校田径赛,学生1人获跳远、三级跳远第1名;1人获女子组跳高第2名、跳远第3名;1人获女子组100米第3名;1人获四项全能标枪组第3名。

1990年,在省业余体校田径比赛中,学生1人获投掷标枪2名;1人获女子组跳远第3名。是年省第九届运动会青少年部田径比赛学生1人获女子组跳远第1名,获跳远第3名。

1991年,丽水地区中学生篮球赛在龙泉举行。

1998—2005年,龙泉市各学校实行《国家体育锻炼标准》,学生达标率年平均在86%以上。

1998 年始，每年秋季召开“龙泉市中小学生田径运动会”，并开展篮球比赛、乒乓球比赛等。

1999 年，龙泉市中小学生代表队参加省县级田径运动会，并晋升为甲级队，2001 年保级成功，为丽水市唯一的甲级队。

1999—2003 年，龙泉市派出运动员 550 余人参加省、丽水地区（市）青少年田径、篮球、乒乓球等项目比赛，取得金牌 47 枚、银牌 36 枚、铜牌 60 枚，女篮多次代表丽水市参加省比赛。

2001 年 5 月 30 日至 6 月 1 日，举办龙泉市城区小学生篮球赛。

2002 年，举办龙泉市乡镇片学生篮球赛。在丽水市中小学生兴趣特长综合运动会比赛中，龙泉茶丰学校江兴国获初中组障碍赛第六名。

2003 年始，举办“城区中小学生兴趣特长综合素质运动会”。

2004 年，龙泉市学生女篮代表丽水市参加浙江省在玉环举行的比赛。

2004—2007 年，龙泉市派出运动员 400 余人参加省、丽水市青少年田径、篮球、乒乓球等项目比赛，取得金牌 27 枚，银牌 38 枚，铜牌 53 枚。

2005 年，龙泉市中等职业学校、职业高中获丽水市中等职业学校“职教杯”师生健美操比赛优胜奖。是年，龙泉派出 6 支队伍参加丽水市首届运动会（青少年部）比赛。共获金牌 6 枚，银牌 5 枚，铜牌 9 枚。龙泉二中女子篮球队第一名，西新小学女子篮球队第二名，龙泉三中男子篮球队第二名。10 月，龙泉市参加丽水市第四届中小学生兴趣综合运动会，滚铁环、踢毽子、足球射门获奖。

2006 年 3 月 21—24 日，抽调部分学生参加丽水市青少年田径比赛。

2007 年 11 月 17 日，第二届中国龙泉青瓷•龙泉宝剑节上，全市 14 所中小学校学生产生一项上海大世界吉尼斯纪录——24196 人在不同场地同时舞剑。共计 203 名老师在各点进行现场指挥。

2008 年 7 月 19—21 日，由浙江省教育厅、浙江省体育局、浙江广电集团主办的《首届浙江省中学生篮球联赛》在龙泉市举行，龙一中篮球队荣获丽水区赛男子组第一名。

是年 11 月，“龙泉市首届中小学生体育节（综合素质运动会）”全市有 20 所中小学参加。

2008—2010 年，龙泉市派出运动员 1000 余人次参加丽水市青少年田径、篮球、乒乓球、羽毛球等项目比赛，取得金牌 93 枚，银牌 105 枚，铜牌 77 枚。

2008 年年 11 月 14—16 日，龙泉市参加丽水市中小学生田径锦标赛，共计 34 位学生参赛，取得 4 金、3 银、11 铜，团体总分第五名。

是年，在浙江省青少年赛艇皮划艇锦标赛中荣获 1 金 1 银。是年，龙泉市运动员翁春霞参加全国青少年田径比赛荣获女子铁饼第三名。是年，龙泉市自行车队代表丽水市参加在杭州举行的 2008 年浙江省青少年自行车锦标赛中荣获 1 银 1 铜，团体总分第五名。

是年，举办“龙泉首届中小学生体育节”，项目包括城区小学生篮球赛、城区初中生篮球赛、城区小学生乒乓球赛、田径运动会、跳绳等。是年，龙泉市教育局组建龙泉市青少年竞技体育运动训练队。

2009 年 6 月 1 日，茶丰小学高脚马队 30 人参加由省教育厅组织在杭州富阳市的“浙江省学生阳光体育运动推进会”的现场展示活动。

是年，龙泉市举办丽水地区青少年篮球赛。

是年，龙泉市中小学生代表参加丽水市第二届运动会获青少年部金牌 12 枚、银牌 17 枚、铜牌 20 枚。

2010年，有14名运动员参加十四届省运会皮艇、田径、篮球、女足、散打、自行车等项目的比赛，共获2枚金牌，2枚铜牌、总分56.2分。

是年，龙泉市运动员翁春霞以55米的成绩荣获全国青少年田径锦标赛女子青年组铁饼第二名。

是年12月，龙泉市初中男子组、女子组各4人组队参加浙江省第二届中小学生乒乓球联赛丽水赛区比赛。

是年，龙泉市在丽水市中小学生田径运动会上取得普通组第四名、重点高中组第9名、中等职业学校组第2名。

健康活动

2004年10月15日，龙泉市教育系统职工组队参加在龙泉凤阳山举行浙江省第四届旅游登山节活动。2005年1月15日，教育系统组队参加龙泉市第三届“同心房产杯”长跑比赛。全程5.5公里，路线：中山西路与公园路路口—留槎洲大桥—剑池路（车站）—南大桥—中山路—九姑山公园山顶。

2003—2010年龙泉市中小学生运动会情况一览表

表27-7-1

时间	参赛人数	参加单位	地点	备注
2003年11月5—7日	505名学生参加	1所高中、1所职中、1所中职、5所初中、5所城区小学、16所乡镇小学、9所乡镇中学，共40个单位参加	龙泉市运动场	用骨龄选取运动员比赛资格
2004年11月2—5日	497名学生参加	38个单位参加	龙泉市运动场	—
2005年11月21—24日	558名学生参加	36个单位参加	龙泉市运动场	学生参与面扩大，改骨龄为学籍学段分初一、二、三，小学分1~4、5~6年级
2006年11月6—9日	505名学生参加	36个单位参加	龙泉市运动场	增加龙四中、中特文武学校人数，乡镇中学减少到5个
2007年10月31日至11月3日	512名学生参加	32个单位参加	龙泉市运动场	以年龄分组参赛，小学、初中各三个组别，乡镇初中因撤并不参加
2008年10月24—26日	467名学生参加	32个单位参加	（田赛）龙泉市运动场，（径赛）龙泉一中	乡镇除16个队外，茶丰、泗源、大沙、瀑云组队参加
2009年11月6—8日	551名学生参加	32个单位参加	（田赛）龙泉市运动场，（径赛）龙泉一中	初中增加剑池外国语学校
2010年11月5—7日	568名学生参加	30个单位参加	（田赛）龙泉市运动场，（径赛）龙泉一中	增加凤鸣，减少屏南、龙南、岩樟参赛人数

第八章　教师队伍

第一节　资格认定与任用

队伍简况

龙泉市小学教师学历合格率一直偏低，1984 年组织教师参加龙泉师范中师函授以来，1995 年小学教师学历合格率为 84%；2005 年达到 97.84%；2010 年达到 99.79%。

2005 年与 2010 年龙泉市教师学历合格率情况比较一览表

表 27-8-1

分项内容	2005 年	2010 年
小学教师学历合格率(%)	97.84	99.79
初中教师学历合格率(%)	94.48	99.59
普高教师学历合格率(%)	83.66	98.3
职高教师学历合格率(%)	61.9	91.14
幼儿教师学历合格率(%)	80	98.29
高级职称教师占专任教师比例(%)	4.85	10.97
中级职称教师占专任教师比例(%)	42.29	50.46

1989—2010 年龙泉市(县)中小学教师基本情况一览表

表 27-8-2　单位：人

年份	教职工总数	专任教师人数	年龄结构			性别		学历			
			35 岁以下	36~45 岁	46~以上	男	女	本科	专科	中专	其他
1989	1995	1517	—	—	—	477	1040	71	785	778	283
1990	1904	1486	—	—	—	464	1022	57	331	732	317
1991	1849	1531	999	334	198	571	960	92	414	783	222
1992	1903	1586	1005	368	213	630	956	107	472	809	198
1993	1925	1605	1013	393	199	668	937	117	465	844	179
1994	1903	1604	988	403	213	677	927	123	468	857	139

续表 27-8-2

年份	教职工总数	专任教师人数	年龄结构			性别		学历			
			35 岁以下	36~45 岁	46~以上	男	女	本科	专科	中专	其他
1995	2028	1755	1100	430	225	717	1038	141	514	937	163
1996	2143	1940	1206	507	227	797	1143	134	640	1012	0
1997	2268	2031	1261	514	256	794	1237	145	688	1128	84
1998	2384	2170	1108	500	562	842	1328	158	747	1179	81
1999	2486	2254	1412	623	219	847	1407	190	743	1249	60
2000	2559	2337	1454	633	250	862	1475	207	755	1318	0
2001	2570	2318	1382	652	284	834	1484	265	747	1246	60
2002	2520	2276	1321	645	310	809	1467	380	752	1126	58
2003	2615	2331	1303	664	364	867	1464	451	971	872	37
2004	2604	2320	1209	677	434	841	1479	614	1124	538	34
2005	2603	2284	1168	711	405	843	1441	700	1185	377	22
2006	2632	2354	1161	725	468	833	1521	737	1208	385	24
2007	2706	2380	1149	740	491	816	1564	841	1185	337	17
2008	2760	2448	1174	732	542	842	1606	1132	1003	305	8
2009	2777	2484	1176	738	570	873	1611	1333	861	286	4
2010	2782	2544	1172	763	609	892	1652	1503	778	257	6

民办教师转公

1989 年，全县中小学教师 1995 人，其中在编民办教师 169 人，代课教师 261 人。1988 年开始对在编民办教师进行全面培训，至 1996 年民办教师全部转为公办教师。

代课教师培训

1993—1997 年，浙江省师范院校招收部分有实践经验的青年教师（已具备合格学历的代课教师）丽水地区招收 344 人，集中于龙泉师范在校学习半年，再回原中小学任教实习一年半，转为正式教师。

1993 年始，为解决代课教师问题，全省师范院校招收具有合格学历的中小学代课教师补修教育学、心理学等课程，结业后发给师范院校毕业证书，分配为公办教师，此项工作延续至 1997 年。

技术职务评审

1987 年开始进行教师专业技术职务评定，在 1987—1990 年，全县有 34 位教师获中学高级教师任职资格，97 位教师获中学一级教师任职资格，218 位教师获小学高级教师任职资格，4 位教师获幼儿高级教师任职资格，从 1991 年开始进行常规评审，教师专业技术职务评审均每年开展一次。

2010 年，龙泉市教职工 2740 人，其中专任教师 2515 人，高级职称 276 人，中级职称 1269 人，初级职称 765 人。

全市幼儿专任教师(含园长)605人,其中41%持有合格的教师资格证书。龙泉市开始中小学教师培训制度改革,5年为一周期,每个教师参加360学时的培训,其中至少有一次脱产的90学时的学习培训。

管理职级设置

2004年7月,根据“人才强省”战略,在教师职务系列外增设管理系列和实验系列。2005—2010年间,两系列共审定通过初级6人,中级20人,高级10人。其中2005年管理中级2人、管理高级1人;2006年实验初级1人、管理初级2人、实验中级2人、管理高级2人;2007年管理中级3人、实验中级2人、管理高级3人、实验高级1人;2008年管理初级3人、管理中级6人,实验中级3人;2009年管理中级2人;2010年管理高级1人、实验高级2人。

教师荣誉

至2010年,龙泉市共有省级名师名校长培养对象3人,丽水市级学科带头人30人,龙泉市学科带头人49人,龙泉市农村学科带头人25人。

1989—2010年龙泉市(县)教职工省级以上荣誉获得者名录一览表

表27-8-3

时间	姓　名	荣誉	颁奖单位
1989年9月	周谊纲	全国优秀教师	教育部、人事部
1990年9月	吴绍庭	浙江省教育系统优秀后勤工作者	省教育厅
1991年9月	施兆南	浙江省第四届春蚕奖	省教育厅
1992年9月	汤家友	浙江省优秀青年教师	省教育厅
1993年9月	陆　新	全国优秀教师	教育部、人事部
1994年3月	翁　庆	浙江省“双优杯”先进个人	团省委
1994年9月	方松根	浙江省优秀教师	省教育厅
1994年9月	叶汉贤	浙江省会考先进工作者	省教育厅
1995年9月	张笑萍	浙江省中小学图书馆先进工作者	省教育厅
1996年12月	潘淑斌	浙江省中小学实验室先进工作者	省教育厅
1997年9月	刘丽君	浙江省第十届春蚕奖	省教育厅
2000年10月	黄水华	浙江省教育科研先进个人	省教育厅
2001年4月	周欣波	浙江省“5522”工程名校长培养对象	省教育厅
2002年9月	方松根	浙江省劳动模范	省教育厅
2002年9月	应导濂	浙江省第十五届春蚕奖	省教育厅
2004年9月	方松根	全国模范教师	教育部、人事部
2004年9月	徐海之	全国优秀教师	教育部、人事部
2004年9月	吴　敏	浙江省优秀青年教师	省教育厅
2006年	阙一夫	浙江省第十九届春蚕奖	省教育厅

续表 27-8-3

时间	姓　名	荣誉	颁奖单位
2008 年	叶海芝	浙江省第二十一届春蚕奖	省教育厅
2009 年	邵建勇	浙江省第二十二届春蚕奖	省教育厅
2009 年	陈祝斌	浙江省第二十二届春蚕奖	省教育厅
2009 年	刘建伟	省优秀教研员	省教研室
2009 年	谢丽琴	省农村教师突出贡献奖	省教育厅
2010 年	江宗耀	浙江省第二十三届春蚕奖	省教育厅

评聘管理

1987 年开始，龙泉县进行中小学教师专业职务评聘，每年一次。1993 年 10 月 31 日，第八届全国人大通过《中华人民共和国教师法》，规定教师的权利和义务、教师的资格和任用、教师的培养和培训、教师的考核和待遇、教师的奖励以及法律责任等重要内容。

1997 年 9 月 1 日起，全市中小学校长实行持证上岗制度。此后，全市中小学新任校长均参加上岗培训。

1999 年 5 月 28 日，市教育局颁发《关于印发〈龙泉市中小学实行校长负责制、教职工全员聘任制实施意见〉的通知》，从秋季开始实行校长负责制和教职工全员聘任制，校长及学校中层干部竞聘上岗制、教师进城择优选拔制。

1999 年 8 月，教师进城选调开始采用考试选拔制。

2000 年 3 月，龙泉市教育局颁发《龙泉市校长（书记）学年工作考核暂行办法》，对校长（书记）从德、能、勤、绩四个方面进行考核，开展校长竞争上岗。

2000 年，贯彻《国务院办公厅关于完善农村义务教育管理体制的通知》精神，县级教育行政部门依法履行对农村中小学教师的资格认定、职务评聘、培养培训、调配交流和考核等管理职能。

2003 年 11 月，市教育局首次面向社会人员认定教师资格。

2007 年 10 月，龙泉市教育局出台《龙泉市中小学教师中高级职务聘后管理办法（试行）》。各学校按聘任管理办法，结合本校实际建立符合本校特点的，科学规范的聘任考核办法，把聘任考核与年度考核工作结合起来，强化考核，促进教师更好地履行所聘职务的岗位职责，对不能完成职责任务或有一票否决情形之一者，将聘任考核定为不合格，凡聘任考核不合格的，应予以低聘，情节严重的可以解聘，扣减相应待遇工资。对教育队伍中、高级职务人员实行聘任管理，能有效的促进教师工作作风转变，全市于 2008 学年开始全面实行。

1991—2010年龙泉市中小学专任教师职称情况一览表

表 27-8-4

年份	普通高中					职业高中					初中					小学					
	总数	中学高级	中学一级	中学二级	中学三级	总数	中学高级	中学一级	中学二级	中学三级	总数	中学高级	中学一级	中学二级	中学三级	总数	中学高级	小学高级	小学一级	小学二级	小学三级
1991	135	12	14	94	15	32	—	5	16	11	494	3	31	221	239	870	—	71	362	330	107
1992	131	13	27	77	14	39	—	4	24	11	554	3	38	266	247	870	—	70	580	125	95
1993	111	7	33	65	6	46	—	8	26	12	564	7	39	286	232	884	—	82	597	122	83
1994	96	7	31	56	2	53	—	15	27	11	553	7	35	330	181	912	—	83	603	144	82
1995	93	8	38	46	1	46	—	14	21	11	592	6	38	368	180	1024	—	88	632	136	168
1996	76	6	42	26	2	45	1	12	24	8	631	12	59	370	190	1178	—	127	654	182	215
1997	92	7	52	27	6	42	3	14	20	5	647	6	78	358	205	1269	—	175	641	205	248
1998	88	7	47	24	10	56	5	16	24	11	721	3	120	394	204	1337	—	208	606	338	185
1999	107	9	67	24	7	59	5	20	25	9	701	4	164	340	193	1386	—	245	566	385	190
2000	129	17	60	44	8	68	5	20	28	15	714	6	189	341	178	1426	—	290	609	364	163
2001	122	24	49	46	3	89	8	29	31	21	720	11	209	322	178	1387	1	326	674	293	93
2002	131	33	72	13	13	94	6	46	36	6	698	12	219	303	164	1353	1	382	675	271	24
2003	135	35	59	24	17	117	6	52	50	9	654	20	245	252	137	1332	1	408	706	193	24
2004	153	43	68	24	18	126	6	52	64	4	605	22	257	207	119	1340	2	467	732	112	27
2005	154	42	72	29	11	218	5	108	80	25	583	30	262	204	87	1329	1	504	726	51	47
2006	168	44	76	36	12	220	25	79	111	5	595	43	243	212	97	1371	1	574	708	28	60
2007	168	49	70	34	15	196	42	78	49	27	622	51	242	196	133	1384	2	640	653	23	76
2008	172	66	63	21	22	200	47	85	50	18	668	69	257	221	121	1408	4	744	557	15	88
2009	175	77	58	18	22	209	59	85	51	14	701	97	269	218	117	1399	4	805	494	9	87
2010	235	114	82	25	14	158	47	54	48	9	727	110	286	237	94	1424	5	856	457	6	100

第二节 教师待遇

教师职务聘任制

1988年开始，实行教师职务聘任制，享受职务工资。全县中小学教师工资标准提高10%。职称改革后，中等学校教师月基本工资最低70元，最高131元，小学、幼儿园教师月基本工资最低64元，最高122元。教师可以享受产假、病假、独生子女奖励、冷饮费、工会福利、婚嫁、遗属补助、探亲、休养等待遇。

工资制度改革

1993年工资制度改革，开始实施专业技术职务工资，是年开始，实施年度考核合格的人员年终可发本人一个月的工资做奖金。

1996年，进行岗位性津贴改革。标准是高级教师享受140元，中级教师110元，初级教师80(70)元。

2001年，实行地方工作补贴。补贴标准为：高级享受310元，中级享受230元。

2004年，对机关、事业单位工作人员和离、退休人员发放生活补贴、岗位补贴、目标考核奖进行规范。其中规定，缺勤15天以上或旷工3天以上的当月不发考核奖，受党纪、政纪处分人员处分期间停发考核奖。

2006年，实行机关事业单位工作人员工资制度改革。从2006年7月开始，农村教师享受浮动一级薪级工资，浮动满8年后予以固定。2006年之后录取的新教师，分配农村学校可享受薪级工资高定一档的待遇。从2006年7月1日起，年度考核合格及以上的工作人员，将由1993年规定的2年一次的正常晋升改为每年正常增加一级薪级工资。

2008年，从2008年1月1日起实行农村教师任教津贴，农村教师根据职务等级及任教年限可享受60~400元之间的任教津贴，农村教师人均月增资233元。

绩效工资改革

2009年实施义务教育教师绩效工资改革缩小义务教育教师与当地同级别公务员平均工资水平的差距。2009年，在原发放的农村教师任教津贴的基础上，根据省厅的文件精神，并结合龙泉实际情况，根据地域交通、工作条件等情况将原享受农村任教津贴的农村学校分为六类，按一类100元/月、二类80元/月、三类60元/月、四类40元/月、五类20元/月，六类不予倾斜的标准加发农村教师任教津贴，人均月增资37元。

2009年1月1日起，义务教育学校开始实施绩效工资。绩效工资分为基础性和奖励性两部分。基础性绩效工资主要体现地区经济发展水平、物价水平、岗位职责等因素，占绩效工资总量的70%；奖励性绩效工资主要体现工作量和实际贡献等因素，占绩效工资总量的30%。基础性绩效工资设立生活补贴、岗位津贴、教(工)龄补贴、班主任津贴、农村教师任教津贴五个项目，按月发放。奖励性绩效工资以学校年度考核为依据，按比例拨发，学校在市教育局核定的奖励性绩效工资总量内，结合本校的特点，自主制定适合本校实际的奖励性绩效工资考核分配方法，学校在对教职工考核的基础上，按工作的实绩和贡献，确定奖励津贴。在实施该制度后，义务教育学校人均绩效工资水平达到32000 元/年。

2010 年 1 月 1 日起，非义务教育学校（其他事业单位）开始实施绩效工资。绩效工资分为基础性和奖励性两部分。基础性绩效工资设立生活补贴、岗位补贴、工龄补贴三个项目，按月发放。基础性绩效工资在绩效工资中所占的比重分为 70%和 60%两类，其中，财政保障比例 100%的事业单位，主要执行基础性绩效工资占绩效工资 70%比例的标准。单位绩效工资总量在用于基础性绩效工资发放后，其他可用于奖励性绩效工资的发放。在考核的基础上，由单位确定奖励性绩效工资的分配方式和办法。

1989—2010 年龙泉市(县)中小学教师年人均工资情况一览表

表 27-8-5

年份	平均人数(人)	年人均工资(元)
1989	1818	2035
1990	1925	2077
1991	1776	2566
1992	1860	3205
1993	2098	3455
1994	2298	5409
1995	2444	6082
1996	2405	5356
1997	2567	6577
1998	2514	7370
1999	2790	8650
2000	2893	9004
2001	2933	11694
2002	2842	16704
2003	2648	18135
2004	2612	24874
2005	2847	24875
2006	2827	26671
2007	2553	36886
2008	2771	34798
2009	2807	49214
2010	2779	51312

第三节　教师进修培训

机构变迁

1979 年，龙泉县教师进修学校创办，校址在龙泉金沙路 17 号，其前身是龙泉县“五•七”大学，主要职能是对本县的小学校长的培训和中小学教师的培训。

1984—1994 年，龙泉师范设立丽水地区函授中心，定名“龙泉师范函授部”，负责丽水地区 9 县市在职小学教师学历提升与培训、考核工作，业务直属浙江省中师函授教研室指导。开设 11 门中师课程，并参与浙江、上海、福建、四川编写四省市小学教师《文选与写作》《语文基础知识》等通用教材编审，并于 1985 年编写出版的《〈文选与写作〉教学辅导用书》和 1989 年出版的《〈语文基础知识〉学习辅导手册》等相关指导用书。龙泉师范中师函授部，制定每学年各科的教学计划，组织丽水地区各县市教师进修学校的中师函授教研工作，并对各科学业教学进行巡视、组织考核，管理小学教师的函授学习档案等工作。

1984 年，龙泉县教师进修学校设立中师函授站对接龙泉师范中师函授部教学计划，负责龙泉县小学教师的函授和面授培训工作；设立高师函授站对接丽水师专和浙江师范大学的函授工作。

1989 年，龙泉县教师进修学校通过浙江省教育厅的验收和备案。

1995 年，龙泉师范函授部撤销，龙泉市教师进修与培训工作由龙泉市教师进修学校负责。

2000 年，龙泉师范学校改制为“龙泉中等职业学校”。

2005 年 9 月，教师进修学校与龙泉职业高中、中职校合并，定名为“龙泉市中等职业学校”。

2005 年 12 月，龙泉市政府为加强教师队伍建设的力度，成立“龙泉市教师教育中心”，隶属于教育局的事业单位，其职能为组织全市中小学教师，包括幼儿园教师的继续教育培训工作；组织全市小学校长培训工作；组织全市范围内各学校开展心理健康活动和心理咨询辅导工作；组织开展教育内部发行指导性刊物《龙泉教育》编辑发行工作；负责教师学历提高工作，完成各大院校在龙泉设立的函授管理任务，负责龙泉市普通话测试工作；负责完成教育局布置的其他工作。办公地址在龙泉金沙路 17 号。

2010 年 12 月，“龙泉市教师教育中心”与“龙泉市教研室合并”，成立“龙泉市教育研究培训中心”，办公地址龙泉市公园路 9 号。该中心成立“教师培训部”，承担中小学校长（园长）和中小学（幼儿园）教师培训工作任务及相关工作。

各类培训

1984 年龙泉县教师进修学校成立教师函授站，履行县市中师函授站职责，按照龙泉师范学校中师函授部的教学计划组织进行中师函授教育。中师函授教育直至 1995 年龙泉师范函授部撤销结束。

1989—2005 年，教师进修学校有编制 18 人。

2005—2010 年，编制 6 人，主要承担培训管理工作，教学师资主要靠外请，即聘请当地名师、学科骨干教师为兼职教师，承担教学任务，同时大量聘请各地教育专家来讲学。2000—2010 年，学校共聘请外地专家、教授、名师 216 名来龙讲学、开公开课。

技术培训机构主要承担龙泉市的小学校长的培训，中小学后备干部培训和中小学教师的培训工作。

中小学校长（园长）培训　1982—2008 年，学校共举办小学校长培训班 9 期，有 656 人次的校长参加岗位培训和提高培训。2002—2009 年，举办中小学后备干部培训班 5 期，有 206 人次中小学后备干部参加培训。2000—2010 年，举办幼儿园园长培训班 3 期，134 人次参加培训。

2006—2010 年龙泉市校长分类型分区域培训统计一览表（不含国家级培训）

表 27-8-6　　单位：人

培训类别	"十一五"期间分类型培训人数				
	任职资格	提高培训	高级研修	专题培训	海外培训
普通中小学校长	76	76	46	72	—
中等职业学校校长	4	4	2	4	—
幼儿园园长	106	—	—	—	—

培训类别	"十一五"期间分区域培训人数		
	城市	县镇	农村
普通中小学校长	—	142	126
中等职业学校校长	—	4	—
幼儿园园长	—	78	28

学历培训　1985 年 9 月始，学校开办龙泉师范学校中师函授培训班，共 5 期，420 名教师取得中师学历。

1999 年开始，学校与浙江教育学院、丽水学院、温州师范学院等大专院校联合举办大专、本科学历培训班。至 2008 年，共有 127 人取得大专学历，305 人取得本科学历。2007 年，教育中心又设立郑州大学远程教育教学点。有 127 人次取得本科学历，136 人取得大专学历。

教学基本功培训　1989 年始，学校主要培训小学在职教师的教学基本功（三笔字的培训）和教学技能。

1989—1994 年，全市（县）1763 名小学教师分别参加基本功（三笔字的培训）和教学技能的培训，提高小学教师的基本素质。同时举办小学语文教师和数学教师骨干培训班两期，共有各 100 名教师参加培训。

岗前培训　2000 年始，每年对中小学新教师进行岗前培训。至 2009 年，共培训中小学新教师 636 人次。

素质提升培训　2003 年，新课程开始实施，教育中心对全市中小学共 2537 名教师进行"新课程理念"的培训；根据省教育厅的要求，龙泉市农村中小学教师素质提升工程从 2005 年暑期开始实施，至 2007 年 10 月底完成培训任务。

龙泉市农村中小学教师素质提升工程分三批完成培训任务。培训总人数：1964 人，其中，2005年培训 705 人，合格率 98.30%；2006 年培训 698 人，合格率 99.72%；2007 年培训 516 人，合格率100.00%；县级培训 1919 人，丽水市级培训 37 人，省级培训 8 人。三年的总合格率为 99.34%。培训科目包括：小学语文、数学、英语、科学；中小学体育、音乐、美术；初中语文、数学、英语、科学、社会等 12 个学科，分为 21 个班级，先后培训近 70 个班次。

班主任培训　2008 年，学校对全市中小学班主任进行培训，推进龙泉市的班主任队伍建设。组织 3 个班共 297 名小学班主任参加"知行中国—中小学班主任国家级远程培训"，在网培训项目数包括小学班主任有效参训率、上传简报数、作业数、沙龙数、留言数、资源数等。切实加强管理，确保培训质量，积极推动龙泉市中学班主任远程网络培训工程。被评为国家级先进 3 人，其中，两 2 人风范人物、1 人优秀辅导员。被评为省优秀学员 11 人，教师优秀作业在网络上展示 5 人。2008—2009 年，举办中小学班主任骨干班培训班 3 期，共 183 位班主任参加培训；组织城区 100 名教师参加"班级示范管理"评比活动，通过实地调查、群众评议、学校推荐，评出龙泉市模范班主任 7 名。

骨干教师培训　2008—2010 年，根据省教育厅和省师训中心的部署，开展农村中小学骨干教师"领雁工程"的培训活动。2008—2010 年，共有 93 人参加省级培训，91 人参加市级培训，103 人参加县级培训。

普通话培训　2002 年，教师进修学校成立普通话测试站，开始对全市中小学(幼儿园)教师及公务员进行普通话培训和测试，到 2009 年，通过培训和测试的教师 4145 人次，公务员 1351 人次。

心理健康指导教育　2003 年 9 月，成立龙泉市中小学校心理健康教育指导中心，中心办公室设立在龙泉市教师进修学校。从 2003 年开始开设心理健康知识讲座 100 多余场次，上岗培训 109 人，骨干培训 136 人。到 2009 年，培养出咨询师 56 人。同时还培养出省级心理健康教育 A 证 7 人，B 证 16 人，C 证 313 人。到 2008 年底，全市各乡镇中心学校以上的中小学均设立心理健康辅导室与专兼职教师。2000—2010 年，举办幼儿园教师培训班 5 期，249 人次参加培训。

第四节　退休教师

组织机构

教工之家　1985 年 6 月，"龙泉县离退休教工委员会"成立，设离退休教工活动室——"离退休教工之家"。

2007 年，"龙泉县离退休教工委员会"更名为"龙泉市退(离)休教育工作者协会"，简称"退教协会"。下设 29 个分会，每个分会设 1~2 名分会长，协会理事会的成员和分会长都由退(离)休教工代表大会选举产生。退教协会按照会章规定，每年召开一次代表会，3 年进行一次换届选举。从协会成立到 2010 年共进行过 9 次换届选举。由于不断更新班子，给理事会补充新鲜血液，会员从 1985 年的 141 人增加到 2010 年的 849 人。为退(离)休老教工理性维权，组织老教工开展关心下一代、服务社会的活动，举办老年电大及各项文体活动从未间断。关心老一代教育工作者，市教育局和退教协会自从 2002 年国庆开始，至 2010 年先后 8 次召集全市建国初期教育工作者进行聚会。

创办会刊　退教协会会刊创办于 1985 年 10 月，三改刊名，增设栏目。是年 10 月县退教协会创办《联谊》季刊，设“教育窗”“余热窗”“益寿栏”“献计台”等四个栏目。

1994 年 3 月 18 日将《联谊》季刊改为“烛光”双月刊，设“政策顾问”“教育短波”“老龄工作动态”“卫生与保健”等四个栏目。

1997 年将《烛光》更名为“夕阳红”，设“信息交流”“退休生活”“艺苑百花”“养生之道”等四个栏目。

2009 年 6 月 25 日，退教协会套红版会刊《夕阳红》正式出版。

对外联系　市退教协会不断加强对外联系，增强与外地退教组织经验交流。第一次来龙泉联谊交流的是 1994 年 9 月景宁县教育工会，此后有松阳、庆元、开化、泰顺、寿宁等地的教育局领导或退教协会会长带队来龙泉开展交流活动。本会从 2007 年开始，每年均派会长、副会长或顾问参加浙江省部分退教协工作交流会。2010 年 9 月退教协会长和秘书长应邀到福建省寿宁县参加“闽浙边十县市(区)退教协联谊会”。10 月又作为丽水地区唯一代表参加全国在重庆召开的部分城市退(离)休教师工作研讨会。近几年来还先后赴丽水、景宁、庆元、松阳、泰顺等地参加庆典或联谊会。

享受补助　退(离)休教师退休金按月足额发放，享受政策性津贴和非生产性福利待遇，离退休教师门诊医药费实行定额包干，住院实行大病统筹。从 2008 年 1 月起免费参加市干部保健委员会组织的两年一次定期体检。

2001 年始，退休教师在城区购买商品房凭购房合同和购房发票可参照公务员待遇享受住房一次性工龄补贴。2008 年 11 月，解决教师退休建房费的落实问题。

2010 年，市退教协会被龙泉市政府授予“老年之友”的称号。

活动与成果

文体活动　协会多次被评为丽水和龙泉市老年人体育工作先进单位。2007 年 9 月 29 日，市教育局、市退教协会在龙一中举办“欢度国庆、喜迎十七大”革命歌曲演唱会，演出合唱、独唱、歌舞等 21 个节目，近 500 名退(离)休老教工观看演唱会。教育局局长到场讲话，龙泉电视台、《今日龙泉》报对演唱会进行报道。

组织老年电大学习班　根据龙泉市老龄委《关于组织实施浙江老年电视大学有关工作通知》，退教协会　动员会员参加老年电大学习。会员入学率达 70%。2002 年龙泉市退教协会被评为省老年电大先进单位。2009 年经批准成立“浙江省老年电视大学龙泉教育分校”，开设电脑、摄影、书法、保健四个班，在校学员达 636 人。

关心下一代工作　1991 年 10 月龙泉市教委成立“关心下一代协会”，发出《致全市教育战线离退休职工的倡议书》。许多离退休教师打报告参加市退教协组织的关心下一代“宣讲团”。也有不少老教工主动联系一所学校，一个团支部，一个少先队，一个班，与青少年结为“忘年交”。市退教协会组织的宣讲团在市教委的支持下，赴各乡镇中小学和直属学校对学生展开宣传。1998 年，会长被评为丽水市先进宣讲员，1992 年经龙泉市教委批准，龙泉市退教协会负责人创办龙泉市高中毕业生文

化补习班。办学13年，未动用国家一分钱，为全国大中专院校输送新生510名。2001年，叶森被评为浙江省教育系统关心下一代工作先进个人。2009年，龙泉市退教协会与《处州晚报》龙泉小记者站联合组成一个宣讲组，副会长担任主要宣讲员，先后奔赴龙三中、市小、东升、安仁、八都、小梅、水南、锦溪等小学进行爱国主义宣讲活动。该副会长2010年被评为丽水市教育系统关工（关心下一代工作）先进工作者。

服务社会　1988年，龙泉县退教协会正副会长2位老教师荣获丽水地区“老有所为”精英奖。1993年10月，龙泉市老教师27人入选《当代浙江专家名人大辞典》。此后，更多的老教工自愿参加市级各类史志编写，当选为各乡镇、社区老年协会会长、专项活动队的队长、音乐及舞蹈辅导员，还主动出资建亭修路，资助贫困生上学，行医著书等。2008年，群众捐资重建华严塔，龙泉市退教协会发动各分会退（离）休老教工捐资2.5万多元。2010年6月，市退教协会理事会成员成立荷花健身队，队员50人，参与社区及老教师队伍中病残、孤寡、年老体弱的老人结对帮扶活动。荷花健身队定期上门为老人服务，每逢节假日都自己凑钱买老年人所需的生活用品，慰问困难老人。

第九章　教育体制

第一节　机构沿革与设置

机构沿革

龙泉市（县）教育工作，由政府管理，教育局（教育委员会）主管。1979年恢复由党领导下的校长负责制；1985年后实行校长分工负责制。1993年，中等及中等以下各类学校，实行校长负责制。

1989年，设立龙泉县教育委员会。

1991年，龙泉县教育委员会改称龙泉市教育委员会。

2001年12月，龙泉市教育委员会更名为龙泉市教育局。

设置布局

新设学校　1975年龙泉县设丽水师范专科学校龙泉分部，1978年6月，经省革命委员会批准龙泉分部独立建校，校名定为浙江省龙泉师范学校。学校由龙泉中山路迁至龙泉金沙。

龙泉县根据毛泽东1966年5月7日批示，要求全国各行业都办成一个“大学校”，随后在金沙东区创办“五七干校”。1978年改为龙泉县教师进修学校。1991年，改为“龙泉市教师进修学校”。

清光绪34年(1908),龙泉市基督教会创办私立养真小学。1985年7月,龙泉县成立"养真中学"筹备小组,8月注册挂牌成立。

1998年,省政府鼓励社会力量参与办学,龙泉市育才中学创办,地址位于龙渊镇环城东路6号。

1992年,民办龙泉中特文武学校创立,2009年更名为龙泉欧冶国际学校。

初高中布局　20世纪80年代末,龙泉县有完全中学,龙泉一中、二中、城郊中学、安仁中学、八都中学、小梅中学、城北中学等,90年代初,龙泉市按照"高中向城区集中,小学向乡镇集中"的原则,对原来的安仁中学高中部、城北中学高中部、小梅中学高中部进行撤销。90年代中期对城镇三所中学的招生计划进行调整,龙泉市第一中学专设高中班,其余龙泉市第二第三中学等学校限招初中学生。

职能科室　1989年,县教育委员会下设教委办公室、人事科、普通教育科、成人教育科、计划财务科、督导室、监察室、职称改革办公室、教育志编纂办公室、教研室、招生办公室、高等教育自学考试办公室、电视大学工作站、勤工俭学办公室、仪器电化教育工作站等15个机构。

2002年6月24日,龙泉市教育局增加负责组织实施全市教师资格认定工作和普通话培训职能,将直属学校中层干部的职务任免管理权下放给学校。

市教育局行政编制16人(含后勤服务人员),其中,局长1人、副书记1人、副局长2人、纪检组长1人。

2010年,教育局下设办公室、人事科、监察室、督导室、教育科、安全科、行政许可科、计财科、教育工会、招生办、自考办、电教仪器站、勤俭办、教师教育中心、教研室、教科所、教退协等17个机构。

第二节　学校布局

市属学校布局

1988年以来,公办城区小学、初级中学、普通高中、职业高中一直由市教委(教育局)管理。2010年,市属其他教育机构3所:城区职成校、市中小学综合素质实践基地、市机关幼儿园。市属学校在行政、事业上由市教育局直接管理。

乡镇(街道)学校管理

20余年中乡镇(街道)学校的管理,经历"分级办学、分级管理"和"以市(县)为主"管理两个阶段。

1985年2月,全县开始实行"分级办学、分级管理"体制,县政府对县和乡镇两级政府的办学范围和管理职责进行划分:县属中学和城区小学由县人民政府办学,县教育局主管;乡镇初中、小学由乡镇政府办学,县教育局和乡镇政府分工管理。

1990年12月26日,撤县设市,各区设立区辅导校,区内初中、小学由区辅导校辅导管理。

1994年,撤并9所区中心校和44所乡(镇)中心校为17所乡镇中心校。设立乡镇学校辅导中心

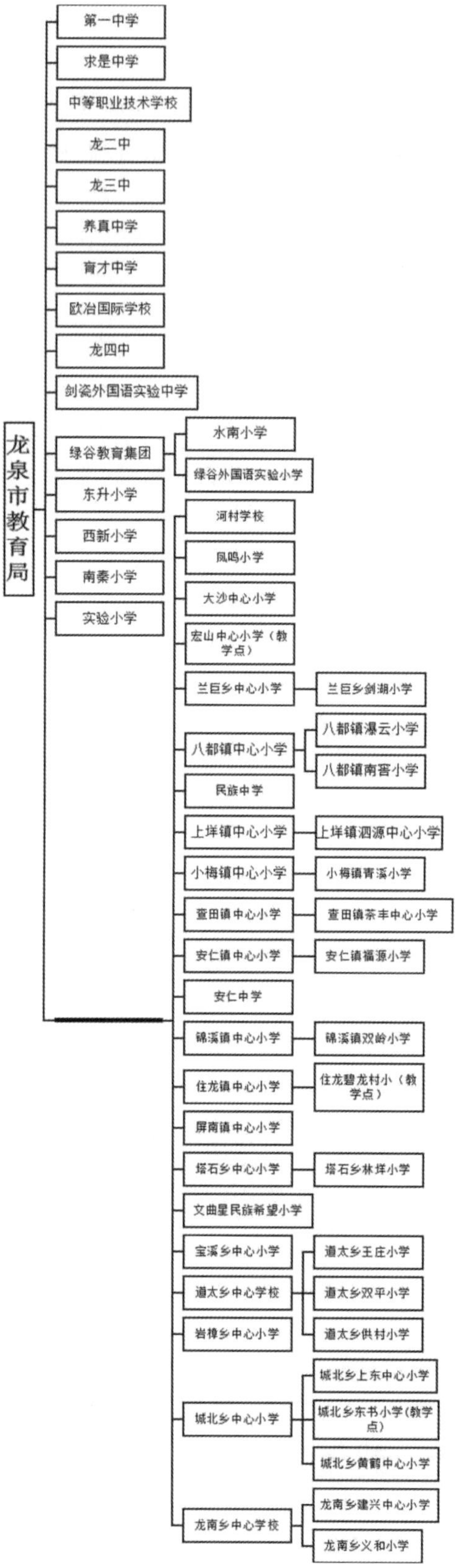

图 27-9-1 **2010 年龙泉市中小学校布局**

共 17 个，人员编制 37 人，岩樟、住龙、宝溪、竹垟四乡镇学校辅导中心与乡中心学校实行两块牌子，一套班子。

城区为主管理

2001 年 5 月，龙泉市完善农村义务教育管理制度，实行由政府负责、分级管理、以县为主的体制。乡镇人民政府承担相应的农村义务教育的办学责任，继续发挥村民自治组织在实施义务教育中的作用。乡镇村有维护学校的治安和安全，动员适龄儿童入学等责任。

因山村人员向城区集中，根据实际实施中学撤并，2003 年，撤并住龙初中、城北中学、砖石初中，由养真中学承担义务教育任务；2005 年撤并建兴、屏南、锦溪初中；2006 年撤并道太中学、龙南中学、兰巨中学、茶丰中学、查田初中、小梅中学，至 2007 年以上 6 所初中全部撤并完备，农村初中仅保留民族中学、安仁中学。

2004 年 7 月，创办剑瓷外国语中学。2005 年 7 月，创办绿谷外国语小学。

2005 年 9 月 13 日，合并龙泉中等职业学校、龙泉市职业高中和龙泉市教师进修学校，组建龙泉市中等职业学校。

2006 年 5 月 24 日，利用原职业高中校舍建立第四中学。

2006 年《中华人民共和国义务教育法》进一步明确：县级人民政府为主管理。

至 2010 年，龙泉市中心城区占市域人口 31.3%的中心城区，其在园幼儿占市域比例为 62.8%；小学学生占市域比例为 53.9%；初中生占市域比例为 82.6%；高中生占市域比例为 100%。初中高中由于面向全市域招生，生源相对稳定，占比较高；小学和幼儿园占比较高是因为城区优质的教育资源所带来的吸入效应，使得大量乡镇幼儿及小学生涌入龙泉市中心城区。教育向城区集聚，大量的乡镇学生及外来人口子女集中于中心城区，城区学校教育压力大。

2010 年龙泉市城区人口及学生规模占市域比例一览表

表 27-9-1

区域	人口规模（人）	在园幼儿规模（人）	小学生规模（人）	初中生规模（人）	高中生规模（人）
中心城区	91000	6303	9930	8642	3088
市域	290000	10032	18410	10461	3088
中心城区占市域比例（%）	31.3	62.8	53.9	82.6	100

龙泉市教育布局基本均衡，但学校间发展不平衡，跨区择校现象明显。从小学分布来看，按照小学服务小学学区内上学半径为 500 米进行核算，学校布局基本合理，覆盖现状 70%的大多数居住区。从龙泉市城区情况来看，通勤方式以电瓶车为主，按照 5~15 分钟的上学时间，就学距离基本在 1~2 千米。但是从实际小学生源及入学情况来看，由于大量城区人口集中于老城区，导致老城区小学设施较为紧张。受学校区位、师资配备、社会认可等多因素影响，城区中小学校间发展不均衡，有 25%的学生选择跨学区就学。

第二十八篇

科学技术

1989—2010 年，龙泉市(县)科技工作实施科技创新驱动发展战略，推进科技发展环境建设，加大财政科技投入。科技机构改革调整更加合理，科技管理体系越来越完备，科技研究成果迭出，科技培训与咨询服务效益明显。积极引导企业争取省市科技项目，以高新技术促进产业层次提升，同时抓好科技项目的管理实施，加强中期检查、绩效评估和验收工作。由于科技成果转化专项扶持资金的不断递增，龙泉青瓷宝剑行业、食用菌行业、汽车空调企业的发明专利不断增多，优质科技创新要素和人才资源得到较好的利用，形成完善的应用科技体系，对推动龙泉本地资源优势转化为经济优势，推进当地产业结构调整，起到良好的作用。

2001—2002 年度，龙泉市获评为“全国科技进步先进市(县)”；2005—2006 年，龙泉市获得浙江省“科技富强专项行动”绩效考核考评第一名。2006 年，龙泉市被国家科技部、财政部批准为“全国科技富民强县专项行动计划试点县”。2010 年，四个项目被列入 2010 年国家科技创新基金项目资助计划，同年被评为全国科技进步先进县(市)。

第一章　组织机构

第一节　管理机构

机构沿革

1960 年 4 月，龙泉县科学技术委员会成立。1974 年 1 月，设立职能科室。1978—1984 年，与龙泉县科学技术协会（科协）合署办公。其中，县科委内设办公室、计划科和综合科，下设标准计量管理所、真菌研究所、科技开发中心。1984 年 1 月，与科协机构分设。1992 年，更名为龙泉市科学技术委员会。2001 年，更名为龙泉市科学技术局，内设机构 3 个，下属事业单位 2 个。

新增职能

2002 年，市科技局新增职能：市科技型中、小企业技术创新资金项目工作；参与国家银行贷款支持的科技开发计划的计划管理和实施，以及指导科技第三产业发展工作等行政职能，内设办公室、科技计划科（星火计划办公室）、科技综合科，核定行政编制 9 人（含工勤人员 1 人），其中局长 1 人、副局长 2 人。2007 年，增加真菌研究所全额拨款事业编制 1 人。2008 年，市科技局增加行政编制 1 人。2010 年，龙泉市地震管理办公室成立，核定全额拨款事业编制 2 人；增加真菌研究所全额拨款事业编制1 人。

第二节　科研机构

直属事业单位

1989—2010 年，龙泉市（县）科学技术局下属事业单位科研机构 3 家。

标准计量管理所　市科委下属全额拨款事业单位。1990 年 5 月改名为“龙泉县标准计量管理局”，仍隶属县科委，事业编制 6 人。1996 年，从科委划出合并至市计委。

真菌研究所　市科委下属全额拨款事业单位，成立于 1988 年 7 月，负责全市（县）食用菌新品种研发和新技术试验推广工作。核定事业编制 2 人，工作人员 2 人。2009 年，真菌研究所增加编制 1 人。

科技开发中心　市（县）科委下属自收自支事业单位，核定事业编制 6 人，工作人员 6 人。1990

年 11 月，实验厂创办。1992 年，汽车维修站创办。2008 年，实行改制，开发中心解散。

民营科研机构

1996 年，龙泉市民营科技企业快速增长，催生民营科研机构快速发展。其后，食用菌科研专业性民营研究机构发展至 21 家。龙泉市双益菇业有限公司 2004 年被浙江省科技厅评为“浙江省农业科技企业”，2008 年被浙江省农业厅评为浙江农业科学发展创业创新优秀典范企业。浙江金福茶叶有限公司 2006 年被浙江省科技厅评为浙江省农业科技企业，2007 年，被评为浙江省农村科技示范户。2008 年，龙泉市增加特色农产品开发研究所、龙泉明代官窑青瓷研究所、龙泉陶瓷研究所；2009 年，增加剑村刀剑研究所。2010 年增加灵芝研究所、御窑青瓷研究院、古今刀剑研究所、灵芝区域创新科技服务中心、继仁灵芝菇耳良种研究所。

第二章　科技管理

第一节　科技规划

规划概况

2001—2010 年，市科技局先后制定“十五”和“十一五”科技发展规划，并指导科技工作。其中“竹产业提升工程（一期）（二期）”列入国家科技富民强县项目。2003—2010 年，全市开展科技特派员试点工作，加速科技成果的推广转化，有效提升依靠科技解决“三农”问题的水平。共计派出 808 名科技特派员，帮助农民引进新品种 441 个，推广新技术 369 项，示范面积 18 公顷。

规划实施

2001—2005 年，“十五”期间，龙泉市支持科技开发，组织实施省级以上科技计划 63 项。其中国家科技富民强县 1 项，国家级火炬计划 1 项，国家级星火计划 2 项；省级重大科技攻关计划 7 项，开发新产品 11 项。科技兴市工作取得新成绩，龙泉市连续两次被评为全国科技进步先进市，被列为全国“科技富民强县”试点市，市科技局连续两年被评为为全省科技工作先进集体，知识产权工作走在丽水全市前列，科技人才队伍不断壮大。“十五”期间，通过引进、培养等途径，努力构筑技术创新人才高地，初步建立一支从事科技管理、咨询、研究、开发的人才队伍。2006 年，全市拥有专业技术人员 7096 人。其中，具有中级和中级以上职称的 2816 人，占专业技术人员的 40.1%，企业自主创新能力得到增强。

“十一五”期间，龙泉市与浙江大学等 39 家高等科研院校（所）开展全面产学研合作。建立市长助理制度，先后聘请浙江大学杨将新、熊树生教授和浙江农林大学金爱武教授担任市长助理。龙泉市与高校合作的核心是柔性引进人才，推动科研院校与龙泉的全面合作；建立首席专家制度，分别聘请浙江大学汪炳良、陈再鸣、汤一、俞小莉和张金枝教授为蔬菜、食用菌、茶叶、汽配和畜牧业等产业首席专家，浙江工商大学励建荣教授为食品产业首席专家，浙江农林大学金爱武教授为竹产业首席专家，浙江省农科院蒋桂华和王汉荣研究员为水果和植保产业首席专家，形成"一个主导产业、一位首席专家、一项配套政策、一批示范项目"的现代农业产业培育机制，促进农业产业的转型升级；建立柔性引进人才制度，引进高校院所的专家教授，与全市各大产业展开全面的技术合作。构建以首席专家、农技指导员、责任农技员和产业农技员为基础的新型农技推广组织体系，并探索科技服务产业的新机制，逐步形成"点、面、网综合配套，产前、产中、产后全程服务"的农业科技服务格局，有力地保障和推动农业现代化进程。建立浙江大学龙泉市现代农业技术合作推广中心、浙江农林大学龙泉市竹木产业科技创新服务中心。为科技创新体系不断完善，与浙江大学合作建立浙江大学龙泉市现代农业技术合作推广中心，与浙江农林大学建立浙江农林大学龙泉市竹木产业科技创新服务中心，建立龙泉青瓷、龙泉宝剑、汽车空调零部件等3个省级区域科技创新服务中心。启动建设龙泉汽车空调零部件省级科技创新服务平台。2010年9月，与浙江大学、浙江农林大学、浙江工商大学、省农科院等4所高校院所建立现代产业技术创新联盟。

2010年12月24日，龙泉市科学技术大会暨人才工作会议，提出深化市校合作、争创科技强市的新目标和新举措。制定出台"十二五"科技发展规划，创建省级科技强市。

第二节　技术专利

专利概况

1989—2010年，龙泉市（县）申请国家专利998件，其中，发明专利110件。专利授权697件，其中发明专利14件。获得中国驰名商标称号品牌4个；注册成功3件地理标志证明商标。龙泉市被列入全国首批"国家传统知识产权保护试点县（市）"等。

专利申请

1989年，龙泉县申请国家专利1件。1991年，申请国家专利3件。1992年，申请国家专利1件。1993年，申请国家专利9件。1994年，申请国家专利8件，其中发明专利2件。1995年，申请国家专利12件，其中发明专利2件。1996年，申请国家专利2件。1997年，申请国家专利5件。1998年，申请国家专利15件，其中发明专利1件。1999年，申请国家专利28件，其中发明专利1件。2000年，申请国家专利8件。2001年，申请国家专利19件，其中发明专利2件。2002年，申请国家专利20件，其中发明专利3件。2003年，申请国家专利41件，其中发明专利3件。2004年，申请国家专利39件，其中发明专利5件。2005年，申请国家专利42件，其中发明专利1件。2006年，申请国家专利83件，其中发明专利7件。2007年，申请国家专利120件，其中发明专利8件。2008年，申请国家专利 97 件，其中发明专利 10 件。2009 年，申请国家专利 196 件，其中发明专利 10 件；专利授权 102 件，其中发明专利 2 件。2010 年，申请国家专利 249 件，其中发明专利 55 件；专利授权 238 件，其中发明专利 1 件。

荣誉称号

2008 年 5 月，徐朝兴被国家知识产权局聘为中国知识产权文化大使。2009 年 4 月，龙泉市被列入全国首批国家传统知识产权保护试点县（市）。“蒋氏刀剑”“商讯科技”“披云”“欧力木业”4 个品牌获中国驰名商标称号。龙泉青瓷、龙泉段木灵芝、龙泉段木灵芝孢子粉 3 件地理标志证明商标注册成功，“龙泉青瓷传统烧制技艺”入选人类非物质文化遗产代表作名录。

第三节　科技创新

科技创先

1991 年始，市科学技术委员会以“科技创先”[①]为主线，以“星火工程”为载体,以“科技考核”为手段，集中精力抓科技创先活动。1996 年 3 月，龙泉市成立科技创先领导小组，制定政策方案，召开科技工作会议，推进科技研发和科技成果推广。至 2010 年，龙泉市科技创新累计获得丽水市级以上荣誉 11 项。

科技创先前期，龙泉市成立科技创先工作领导小组，印发工作活动通知和实施方案，11 个乡镇配备乡镇长助理分管科技工作，行政村确定 1 名村委副主任分管科技工作。1997 年，出台《关于实施科教兴市战略，加速科技进步的决定》《关于开展科技创先活动》《“九五”科技发展规划》等政策；17 个乡镇全部配备分管科技领导。1998 年，建立市科教领导小组，把乡镇列入科技进步目标责任制考核。1999 年正式开展科技创先活动，并完成科技创先工作概述初稿。2000~2001 年，获丽水市科技创先考核第一名。2002—2004 年，获“丽水市科技创新先进集体”称号。

创新成果

2005 年，获“浙江省科技工作先进集体”称号。2006 年，获“浙江省科技工作先进集体”称号。2007 年，获“浙江省科技工作先进集体”和“丽水市科技工作先进集体”称号。2008 年，获“浙江省科技工作先进集体”称号。2009 年，获“浙江省知识产权（专利）工作先进单位”“丽水市科技工作先进县（市、区）”。2010 年，获“丽水市科技政务信息工作先进单位”“全省县（市、区）防震减灾工作先进单位”。

① 科技创先，指 20 世纪 90 年代人们提出围绕科技创新开展创先进争优秀当先锋的活动。

第三章　课题、成果与经费

第一节　科技课题

课题概况

1991—2010 年，龙泉市完成省市以上科技科研课题共计 582 项，不含本级研究课题。其中 1991 年 43 项，1992 年 37 项，1993 年 25 项，1994 年 27 项，1995 年 28 项，1996 年 30 项，1997 年 30 项，1998 年 30 项，1999 年 27 项，2000 年 27 项，2001 年 54 项，2002 年 13 项，2003 年 31 项，2004 年 26 项，2005 年 25 项，2006 年 15 项，2007 年 15 项，2008 年 14 项，2009 年 49 项，2010 年 36 项。

课题内容

1991 年主要有山区水利“三高一稳”栽培技术综合研究、华联系列早杂组合的引种与开发、山区水稻宽窄行栽培技术、垄耕法免耕技术研究、杂交水稻春季耕种技术探讨、水稻云形病发病规律和防治初探、稻田化学除草推广、仔猪高产培育综合配套技术推广、黑麦草喂猪的合理比例及经济效益、新蜂种引种试验、鸡新城疫免疫程序改革探讨、翠竹牌植物生长剂与多效唑在果树上的应用对比试验、食用菌灭菌、烘干两用机梭研制、名特优茶研制、特早熟温州蜜柑的选育与推广、杨梅低产园改造、柑桔新品和引种对比试验、杉木种子园球果害虫观察和防治试验、青瓷“翡翠釉”、蚧螨净试验、科技星火示范乡（村）、竹荪试验示范基地。

1992 年主要有水稻旱育高产新法栽培适用性与配套技术研究、易旱地区水稻抗旱技术研究、稻秆潜蝇防治技术研究、柑橘吸果夜蛾防治试验、柑桔优质高产基地开发、山羊品种改良与开发、段木香菇新品种引进及推广、龙泉宝剑标准的制订、网箱养鱼试验示范、塞北免引进与开发、高强度竹材层压板生产线、节能型炊具新产品开发、山区水稻“三高一稳”栽培技术综合研究、杉木种子园球果害虫观察和防治试验、铁合金冶炼节能新技术引进、名茶品种的引进与推广、钢板折弯试制、台湾水稻品种引进试验。

1993 年主要有籼粳亚种 7 号，35 号新组合高产试验示范、水稻优质良种开发及综合栽培技术推广、食用菌超净技术台、科技图书资料与信息服务、兔肉制品加工试验研究、胶囊药物包装机械、木屑菌棒栽培花菇、灵芝品种的筛选及其配套栽培技术、灵芝深度加工开发、水稻旱育高产新法栽培的适用性与配套技术研究、柑桔优质高产基地开发。

1994 年主要有高产杂交组合筛选及生物农用生长调节剂试验、菇稻轮作及袋栽香菇新技术推广、夏菇栽培新技术引进示范推广、茯苓系列产品开发、高山蔬菜引种、缺锌病防治技术研究与推广、林化新产品系列开发（2 号浮选油等）、食用菌机械配套设备研制、水稻旱育苗高产新法栽培配套技术研究、“8812”籼粳亚种新法栽培配套技术研究、“梅子青釉”“金龙丝”等新产品研制与开发、技术信息文库建设、龙泉市果园现状普查、黑木耳等食用菌新技术试验示范。

1995 年主要有水稻轻型栽培试验示范、山区发展旱粮高产配套技术、代料花菇栽培新技术研究、日本北研 600 号菌株栽培技术研究、灵芝产品系列开发、青瓷新工艺新产品开发、龙泉青瓷检测系统、科技信息网络建设及科技图书资料购置、食药用菌新技术开发试验等、生料地栽香菇姬松茸、代料香菇半地下式栽培示范、夏菇栽培新技术示范推广、杉木良种科研项目鉴定。

1996 年主要有烘干机自动控制箱、灵芝扁蝽成灾规律及防治技术研究、灵芝塑棚高产栽培技术研究、流行性出血热的早期诊治、银杏红桧等珍稀树种引种试验、大型艺术挂盘的研制与开发、特种经济鱼类引进试养、大棚香菇栽培试验、日本北研 600 号菌株栽培技术研究、水稻旱育稀植科录像片制作、花菇低海拔栽培试验、灵芝新菌株品比试验、新型遮阳伞研制、山区发展旱粮高产配套技术。

1997 年主要有再生稻高产栽培技术研究、袋栽香菇快速灭菌接种新技术引进试验、龙泉市香菇生产现状及发展对策、开展“科技创先”活动专项、美国加州鲈鱼等立体混养技术研究、菇木林优良树种选育工作、铁皮石斛试管苗人工栽培研究、青瓷降温（中温）烧成、食用菌机械新产品开发、“三元杂交”肉猪种改良、小五金科技新产品开发、农业综合开发适用技术示范推广、采伐迹地清理技术研究、龙泉青瓷生产现状与发展对策研究。

1998 年主要有龙泉黑泥鳅人工繁殖及饲养技术研究、棘胸蛙人工驯化繁殖技术开发、灵芝系列产品开发、松杉木屑栽培香菇试验、高山小萝卜开发及香菇栽培技术研究、水锤泵推广、龙泉贡茶开发、代料灵芝覆土栽培技术研究、富硒香菇栽培试验、珍禽养殖试验、灵芝酒新产品开发、青瓷宝剑新产品开发、“三元杂交”猪品种改良。

1999 年主要有珍稀树种驯化及开发利用、梨杨梅速生优质高效技术研究、笋竹两用林中药材等开发基地建设、高山夏菇栽培技术开发、龙泉市区环境空气污染趋势研究、宝剑青瓷新产品开发、龙泉市发展高新技术可行性研究、龙泉市科技网络现状与发展对策研讨、影响企业技术创新因素分析、龙渊贡茶良种食品加工、香菇肥料再利用研究、年产 400 万瓶国家级新药氟罗沙星输液、年产 1200 吨二氧化硫脲、3 万 M3 中纤板技术开发。

2000 年主要有龙泉市“十五”科技发展战略研究、“九五”星火工程验收专项、青瓷宝剑新产品开发、珍稀食用菌引进与开发、烘干设备系列开发与产业化、科技信息资料库建设、瓯江彩鲤种质特性及开发利用研究、新增 3 万 M3 中纤板技术开发、提高青瓷釉发色稳定性研究、出口环保瓷技术研究、高档仿古剑研制。

2001 年主要有优质菇工厂化设施栽培、科技进步考核及科技创先复查、青瓷宝剑工业园区建设、毛竹害虫—食草动物寄生虫病防治技术研究、计算机控制烧制青瓷技术、仿古青瓷开发研究、空调储液器开发、空调换向阀新技术、出口日本木质玩具开发、釉面砖生产新工艺、年产 30 万套运动服装、1200 万平方米 5 层纸板、日浮选 150 吨铅锌矿新工艺、年加工 70 万米油面布改造、优质灵芝培育研究及孢子粉基地建设、龙泉青瓷新产品产业化、龙泉宝剑专利产品产业化、科技扶贫专项、青瓷宝剑电子商务网站建设、优质灵芝孢子粉基地建设、特种稻米开发技术、十种珍稀菇引进。

2002 年主要有香菇有害物质残留及全程安全质量控制、木制玩具质测中心、竹制太阳伞试制、益智玩具开发、木制玩具电子商务、木制玩具先进的生产流水线、新型竹胶板开发。

2003 年主要有提高传统出口产品的技术含量和附加值、香菇有害物质残留及全程安全质量控制技术的研究、竹制太阳伞规模化生产技术、青瓷装饰艺术创新、茶叶生物农药的研制、“百亿富民工程”子项目“科技信息网络建设”配套、创建汽配科技创新中心、环保型平行流冷凝器开发、青瓷传统工艺开发、推广高强高性能混凝土、龙泉科技工作现状及对策研究。

2004 年主要有国家星火计划农民科技培训星火学校建设、青瓷宝剑专利产品产业化、省级重大科技攻关项目配套——肿节风大容量注射液研制、《中国星火计划网》农村科技远程教育乡镇站建设、龙泉百亿富民工程之一“科技信息化工程建设”、知识产权宣传科技宣传及图书资料、食用菌科研经费、乌龙茶新品种金观音引种示范、灵芝星火示范乡镇建设、科技特派员专项配套、野生菜人工驯化引种、南方红豆杉种苗繁育开发研究、龙泉市科技数据库建设、青瓷基础材料研究。

2005 年主要有乌龙茶产业开发关键技术研究、桑黄栽培技术研究、青瓷仿宋多样造型与各种釉色的研究、龙泉市代料黑木耳栽培技术研究、环保型非金属矿香菇菌棒的开发及示范基地建设、面向网络化制造的动态联盟企业协同生产管理系统的研究及其在刀剑行业中的应用、浮雕瓷画研发、龙泉青瓷哥窑冰裂纹研究、传统刻花色铜的机械化生产、农村科技远程教育乡镇站建设、仿野生段木灵芝孢子粉高产菌株筛选及配套栽培模式研究、关于制订规划中存在的问题及对策、星火示范乡镇建设、龙泉市毛竹茶叶高效生产技术推广、妇女科技培训、服务业信息化管理。

2006 年主要有青瓷仿古宋元明清多样造型和各种釉色的研究、第四代汽车空调 R134a 气液分离器研制、过冷式冷凝器研制、KZF—1 型汽车空调压缩机控制阀研制、浙江高海拔山区砂梨优质高产配套技术中试示范、宋代龙泉窑青瓷研制、陶瓷浮雕瓷画多种颜色釉综合装饰研究与应用、南宋粉青釉研究、秦王剑研制、龙泉市科技进步数据调研及预测、桃形李高产栽培技术研究、油茶丰产林营造技术研究、对龙泉市汽摩配件产业调研。

2007 年主要有发动机进气管理系统开发、茶叶新型实用技术的培训和产业化推广、高强度抗菌龙泉青瓷技术与原料标准化的研究与开发、龙泉青瓷生产节能降耗关键技术的研发与产业化、名优茶产业化建设配套、66.67 公顷高山优质中药材栽培技术与示范、石蛙人工繁殖及养殖技术研究、青瓷专利产品产业化、工厂化生产白灵菇中试试验、年产 600 吨机制竹炭生产线、加快发展龙泉先进制造业问题的调查和研究、油茶丰产林营造技术研究、对龙泉市汽摩配件产业调研。

2008 年主要有凤阳湖无公害农产品综合技术开发、夏菇良种选育及无公害生产技术研究、黑木耳新品种新技术引进推广及标准化示范基地建设项目、灵芝高产高效栽培基地建设、住龙镇武夷山生态园乌龙茶茶叶基地、龙泉传统名特产白笋干精深加工、新型竹木复合地板产品攻关项目、龙泉市珍贵树种容器苗废菌棒培育项目、年产 12 万平方米竹地板生产线技术改造项目、龙泉市机关干部人群脑卒中危险因素研究、食用菌栽培与龙泉气候关系研究、龙泉市科技创新能力评价指标体系的构建及区域比较、刑事科技服务能力提升、无抽搐电休克治疗精神病。

2009 年主要有新型平行集束架空绝缘电缆的制造及应用、玉钢材料刀剑制造技术开发与示范、玩具行业新材料替代技术研究、龙泉市紧水滩水库沙埠头生态示范网箱养殖基地建设、233.33 公顷油茶基地建设及茶油精深加工、茶树良种引进示范推广、黑木耳新品种选育和标准化生产关键技术研究及产业化、大鲵仿生态驯养繁殖、特种水产养殖垂钓基地建设、龙泉市肾综合征出血热分子流行病学研究、食用菌病虫害防治技术培训与管理经费、龙泉青瓷省级区域科技创新服务中心、浙大专家咨询网建设、灵芝孢子粉优良菌种引进试验、龙泉宝剑非物质文化遗产的旅游开发与保护、龙泉宝剑装饰图案设计及成型技术开发、6.67 公顷金观音茶叶示范基地建设、高山蔬菜优良品种引进与基地标准化建设、龙泉青瓷产业化烧制信息化管理技术研究、蜜蜂良种繁育技术研究、浙江大学现代农业科技示范园建设、复合稀土微弧氧化技术在汽车空调配件上的应用研究、竹质刀剑鞘新产品技术研发及产业化、黑木耳霉烂防治关键技术研发、中日韩青瓷造型艺术与工艺研究、哥窑“冰裂纹”技术研究。

2010年主要有复合节能型热交换器、刀剑产品创新开发技术研究与示范应用、新能源汽车空调高效电动压缩机及其关键制造装备研究、龙泉青瓷呈色机制及色度标样的研究与应用、基于LIN总线的车用全自动空调控制系统的研发、汽车空调管路总成配件生产线、汽车空调环保型层叠式蒸发器研发、浙大—龙泉现代农业科技示范园、黄羊种质提升和杂交利用研究、200公顷高山冷水茭白基地、油橄榄试种及加工、2万袋草木(1:1)混合菌棒栽培香菇、木耳技术研究(中型试验)、龙泉金观音红茶开发、2公顷紫香糯米试种基地建设与培育技术研究、灵芝孢子粉高产优质标准化培育技术研究、灵芝孢子粉高产优良菌株“沪农灵芝一号”示范推广、段木灵芝孢子粉栽培基质开发研究、乌龙茶基地建设与技术培训推广、龙泉市牧草栽培技术及相关资料研究、浙闽赣边际十二县市经济社会发展比较研究、刑事科技服务能力提升(二期)、科技扶贫。

第二节 科技成果

成果概况

1989—2010年,获得省市科技成果34项,丽水地区(市)科学青年奖46人,丽水地区(市)自然科学优秀论文奖25篇,丽水地区(市)社会科学优秀成果奖2项。省级高新技术产品5个,累计投入科技经费9905万元。省科技厅、财政厅组织专家对2005年、2006年度国家科技富民强县专项行动计划试点县进行绩效考评和后续实施方案评估,全省考评结果龙泉获得第一名,并获得150万元的资金支持。

成果举隅

1990年全市获丽水地区科学青年奖14人,其中二等奖1人、三等奖9人和鼓励奖4人。1994年获得丽水科技青年奖6人,“浙733引种推广与高产栽培技术研究”获丽水科技进步一等奖。1996年“十年生杉木团状造林效益研究”技术国内首创,全市获地区科技进步奖2项和地区科学青年奖2人。1997年获地区科技进步奖3项、地区科学青年奖12人、地区自然科学优秀论文奖25篇、地区社会科学优秀成果奖2项。2001年“利用稀土改善龙泉青瓷釉发色稳定性”“年产200吨乙酸松油脂技改”“再生稻高产栽培技术研究与推广”和草业开发中心“种草养羊”获得丽水市科技进步奖;市科技局“九五星火5~10工程”和市林业科技开发公司“丽水市林业科技开发示范园区建设”获丽水市科技进步星火奖。

1994—2010年龙泉市获得省地市科技奖一览表

表28-3-1

时间	项目	单位	奖级
1994年	浙733引种推广与高产栽培技术研究	林业局	丽水科技进步一等奖
1996年	森林十年生杉木团状造林效益研究	林业局	丽水地区科技进步奖

续表 28-3-1

时 间	项 目	单 位	奖 级
1998年	甲醇裂解制氢	龙泉市林产化工总厂	丽水地区科技进步星火三等奖
2000年	宋代龙泉青瓷工艺恢复和产品开发	龙泉市天工青瓷厂	浙江省人民政府科学技术进步一等奖
	氟罗沙星葡萄糖注射液	龙泉市辰龙药业公司	丽水市科技进步二等奖
	岔路猪种质特性及杂交优势利用研究	龙泉市畜牧兽医站	丽水市科技进步三等奖
	国家造林项目科研推广	龙泉市等五县(市)	丽水市科技进步二等奖
2001年	利用稀土改善龙泉青瓷釉发色稳定性	龙泉市正聪青瓷研究所	丽水市科技进步二等奖
	再生稻高产栽培技术研究	龙泉市龙渊镇农技服务站	丽水市科技进步三等奖
	种草养羊	龙泉市草业开发技术服务中心	丽水市科技进步三等奖
	“九五”星火 5—10 工程	丽水市科技局,遂昌、龙泉、松阳、云和、景宁县科委	丽水市星火奖二等奖
	丽水地区林业科技开发示范园区建设	龙泉市林业科技开发有限公司	丽水市星火奖二等奖
2002年	计算机自动控制烧制龙泉青瓷	龙泉市正聪青瓷研究所	丽水市科技进步二等奖
	一种工艺刀剑的锻造方法	龙泉市万剑公司	丽水市科技进步三等奖
2003年	急性有机磷农药口服中毒与自由基损伤关系的研究	龙泉市人民医院	丽水市科技进步二等奖
	纳米氧化铝改性哥窑青瓷及其抗胎裂研究	龙泉市天工青瓷厂	浙江省科技一等奖
2004年	纳米氧化铝改性哥窑青瓷及其抗胎裂研究	龙泉市天工青瓷厂	浙江省科技一等奖
	野外栽培段木灵芝孢子粉高产优质培育及采集技术研究	龙泉市兴龙科技开发研究所	丽水市科技进步奖三等奖
	年产 200 吨乙酸松油酯技改项目	龙泉市龙化有限责任公司	丽水市科技进步奖三等奖
	基准地价更新估价成果	龙泉市国土资源局	丽水市科技进步奖三等奖
2005年	汽车空调铝制环保型储液器 MIG 焊接技术	龙泉市恒丰汽车空调配件有限公司	丽水市科技进步奖三等奖
	汽车空调导叠式蒸发器	浙江兰通空调设备有限公司	丽水市科技进步奖三等奖
2006年	南宋官窑工艺恢复和产品开发及应用推广	龙泉市天工青瓷厂	浙江省科学技术二等奖
	“食用菌国产设施工厂化栽培技术研究”	龙泉市双益菇业有限公司	丽水市科技进步奖二等奖
2007年	南方红豆杉药用林超短周期高效栽培技术及产业化基地建设	浙江绿峰农林科技有限公司、浙江省林业科学研究院、丽水职业技术学院、庆元林场	丽水市科技进步奖三等奖
2008年	高稳定呈色青瓷釉料与青瓷制品研究开发	龙泉市天工青瓷厂	浙江省科学技术二等奖
	金观音乌龙茶生产关键技术研究及推广示范	龙泉市金福茶业有限公司	丽水市科技进步奖二等奖

续表 28-3-1

时间	项目	单位	奖级
2008 年	车用涡轮增压发动机中冷器研发	龙泉市松信汽车空调有限公司	丽水市科技进步奖二等奖
	一种降脂益肝的胶囊及其制备方法	浙江纳富特生物科技有限公司	丽水市科技进步奖三等奖
2009 年	瓯江彩鲤主要经济性状的遗传效应分析与选育	浙江龙泉省级瓯江彩鲤良种场	丽水市科技进步奖三等奖
	新型柴油水分离滤清器	浙江三田滤清器有限公司	丽水市科技进步奖三等奖
2010 年	基于劣质瓷土原料的高档陶瓷制品研制与产业化	龙泉市天工青瓷厂	浙江省科学技术二等奖
	浙南珍贵用材树种优质容器苗培育关键技术集成与示范	龙泉市林业科学研究所	丽水市科技进步奖二等奖
	龙泉青瓷生产节能降耗关键技术的研发与产业化	浙江天丰陶瓷有限公司	丽水市科技进步奖三等奖

第三节　科技资金

资金获得

1989—2010 年，全市（县）科技领域获得国家、省市、龙泉本级的财政拨款和科技经费补助资金 5816.23 万元，总体呈增长趋势，但是本级财政拨款总量和增长幅度在丽水 9 个县（市区）中都位居下游。各个年度财政拨款和科技补助资金具体统计如下：1989 年 57 万元，1990 年 64 万元，1991 年43 万元，至 2007 年 504 万元，2008 年 1501 万元，2009 年 607.5 万元，2010 年 1084.5 万元。详见下图：

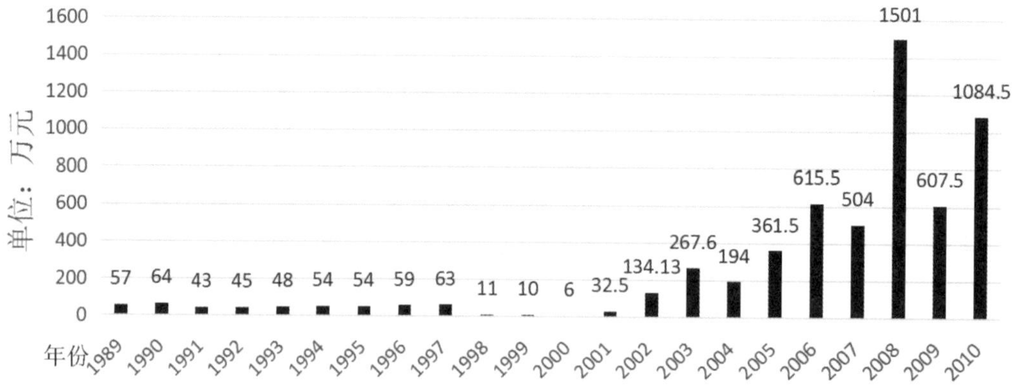

图 28-3-1　**1989—2010 年龙泉市（县）本级财政拨款和科技补助资金**

资金使用

1998—2010 年，使用科技经费 5329.23 万元，实施科技项目 597 个，其中五金汽配类项目 140 项，科技经费补助 1062 万元；竹木加工类项目 28 个，科技经费补助 240.67 万元；农业类项目 319 个，科技经费补助 3062.9 万元；社会发展类项目 67 个，科技经费补助 307.4 万元。

1998—2010年龙泉市本级、上级科技经费补助行业分类一览表

表 28-3-2　　单位：万元

序号	年份	项目总数			补助经费总额			行业分类									
								五金汽配		竹木加工		文化产业		农业		社发	
		上级	本级	合计	上级	本级	合计	项目数	补助资金	项目数	补助资金	项目数	补助资金	项目数	补助资金	项目数	补助资金
1	1998	3	0	3	11	0	11	0	0	0	0	0	0	3	11	0	0
2	1999	2	0	2	10	0	10	0	0	0	0	0	0	2	10	0	0
3	2000	2	0	2	6	0	6	0	0	0	0	0	0	2	6	0	0
4	2001	6	0	6	32.5	0	32.5	0	0	0	0	0	0	6	32.5	0	0
5	2002	5	30	35	36	98.13	134.13	9	58.46	8	23.81	2	4	16	47.86	0	0
6	2003	13	37	50	132	135.6	267.6	14	75.9	5	47.36	4	18.1	19	103.54	8	22.7
7	2004	9	26	35	141	53	194	6	130.5	0	0	3	8.2	22	50	4	5.3
8	2005	20	17	45	311.5	50	361.5	6	105.2	2	95	4	84	20	66	5	11.3
9	2006	23	35	58	515.5	100	615.5	15	111.9	1	5	4	45	28	427.5	10	26.1
10	2007	36	37	73	354	150	504	15	72	1	16	8	140	36	186.5	13	89.5
11	2008	52	47	99	1281	220	1501	22	98	2	7	3	115	61	1212	11	69
12	2009	46	49	95	387.5	220	607.5	19	48	3	37	9	118	55	358	9	46.5
13	2010	52	50	102	874.5	210	1084.5	34	362	6	9.5	6	124	49	552	7	37
合　计		269	328	597	4092.5	1236.73	5329.23	140	1061.96	28	240.67	43	656.3	319	3062.9	67	307.4

第四章　科技服务

第一节　咨询与培训

咨询培训概况

1989—2010 年，成功举办十届科技活动周，全市(县)累计举办科技培训活动 4381 次，培训各类人员 53.81 万人次，发放资料 42.3 万份，组织技术人员 860 余人次，奔赴乡镇开展科技咨询服务活动，现场解答技术难题 1600 多个。组织相关部门工作人员分赴龙渊街道、八都镇、查田镇等地，开展送科技下乡、送医下乡等活动，让科技创新成果走进千家万户，促进农业增产、农民增收，切实为“三农”服务。

咨询培训实施

1989年，开展农、林、水、卫等行业的科技培训工作30余场，受训人员达3171人次；编印科技资料8种，发放科技资料8000余份。1990—1994年，举办各种培训班1260余期，受训人员20万人次，发放技术资料21万余份。1995年，举办培训班64期，受训人员3万余人，发放资料3.1万余份。1996年，举办培训班87期，受训人员2.7万余人。1997年，举办培训班400期，受训人员4万余人次。1998年，举办培训班420余期，受训人员43000余人次；与电视台合作开办"星火科技30分"节目。1999年，举办培训班500期，受训人员5万余人次；举办"青少年科技夏令营"活动，参与学生40余人；举办"1999科普杯青少年征文比赛"。2000年，开展科普宣传活动10余次，发放资料7000余份；培训农函大学员1917名。

2001—2004年，举办各种科技培训班600余期，受训人员达6.8万余人。2005—2008年，举办科技培训班1000余期，受训人员11万余人，发放科技资料13万余份。2004—2008年，开展"科技活动周"8次，组织农业、林业、水利、卫生、计生和科协等部门的科技人员600余人次至乡镇开展科技咨询服务活动，巡回展出科技知识图板200余块次，接受群众农业生产技术咨询1万余人次，发放实用技术资料1.5万余份，赠送科技图书3000余册和DVD光盘800余份。

2009—2010年，举办两届科技活动周。组织农业、林业等部门技术人员260余人次，赴乡镇(街道)开展科技知识与成果展示、现场科技咨询和义诊、发放科技图书和资料、防震减灾科普知识宣传、农业产业栽培技术培训、农村卫生知识讲座、灵芝新品种栽培示范推广等一系列活动，共开展大型科技活动12场次，举办实用技术讲座13场，培训农民达2160余人次，发放技术资料2.2万余份、DVD光盘280多张，赠送科技图书2000多册，接受群众现场咨询3840多人，现场解答技术难题920多个。共引进和推广新技术72项，指导农业科技项目实施56个；为示范户提供技术咨询指导1440余人次，解决技术难题680多项，示范带动全市1400多户建立实用技术生产基地。全市累计举办科技培训班619期，培训各类人员5.5万人次。

第二节　农业科技服务

农技服务概况

1989—2010年，共实施国家级科技项目3项。其中，国家级重大科技项目1项、国家农业科技成果转化重大项目2项。省级科技项目28项。其中，省重大科技项目7项(含重点农业项目3项、厅市会商项目1项)。省科技特派员项目13项。其中，专项7项、科技扶贫项目4项。省科技型中小企业技术创新项目1项、省科技成果转化项目1项、省农业科技成果转化项目2项、省级一般科研项目1项、省公益技术研究农业项目1项、省补助项目1项、省火炬计划项目1项。丽水市级科技项目9项。其中，金衢丽绿色高效生态农业科技产业带项目2项、丽水市科技特派员项目2项、丽水星火计划项目1项、丽水市科技计划项目4项。新增省级农业科技企业10家。

农技服务实施

1989 年与上海师大生物系合作，完成香菇液体菌种栽培试验，并通过省级鉴定，属国内首创。袋料香菇生产项目获省星火计划二等奖。在下面圩开辟香菇场。开发种植优质高产稻米“四喜粘”，通过地区级验收并推广；在锦溪镇进行对比试验“双杂”种植并在全县推广；开展稻田灭鼠工作，推广地膜打洞育秧法；使用垄畦法改造山区冷水田。在龙渊镇第一移民村开展山湾改造科技指导，湾底养鱼，山坡种水果并养殖家禽。1990 年，抓好提高水稻复种指数、建立良种发育体系、扩大高产模式栽培和推广适用农机具等 8 项技术；巩固提高管家山湾开发基地；在兰巨、剑湖、查田、大沙等 5 个点种植椪柑、胡柚、枇杷和杨梅。1991 年，水稻三高一产栽培技术得到广泛推广，在全县 13 个重点乡镇建立 41 个示范点，总面积 333.33 公顷，平均增产 17.2%；开展“高产优质油菜引进试验示范”，引进新品种 8 个，推广 2 个；宏山村成为科技“星火”示范村。

1992 年，建立陈序恒水稻名特优品种研究所。1993 年，建立龙渊、八都等蔬菜研究所和华来食用菌研究所，推广暖地水稻旱育苗稀植技术，承担灿粳交新组合 7 号、35 号单晚试验的省级子项目。1994 年，从福建屏南县引进夏菇栽培技术，从云和引进香菇无棚架半地下栽培模式，小梅镇成为省“星火”示范乡镇。1995 年，开展“三元杂交”猪品种改良试验，建立农村科技示范户制度（评出示范户 216 户），双益公司在全省首家通过“星火示范企业”验收，开展段木灵芝高产示范栽培试验。1996 年，宝溪陈建华的“铁鹰”食用菌科研所塑料大棚栽培灵芝取得成功，宝溪乡成为省“星火”示范乡镇，龙泉被国务院发展研究中心授予“中华灵芝第一乡”称号。

1997 年，加强“菜篮子”工程建设，至 2001 年，大棚蔬菜发展至 667 公顷。2002 年，开展干水果栽培技术推广。2003 年，农村科技示范户调整为 120 户。2004 年，全面开展食用菌、蔬菜、水稻及猪、羊种养技术培训，创建省级农村科技示范户 5 户；龙南乡的“高山无公害蔬菜标准化生产及产业化开发”被列入省科技特派员专项，农民科技培训项目被列入省补助项目。2005 年，茶叶、蔬菜产业取得新发展，屏南镇的“高山优质土鸡养殖技术示范及基地建设”和金福茶业有限公司的“名茶开发的良种化技术及优质高效茶叶标准化生产体系建设”等取得良好成绩，被列入省科技特派员专项；安仁农业综合开发有限公司的“仿原木黑木耳优质高产栽培技术研究及产业化”被列入省火炬计划项目。

2006 年，屏南镇的“高山优质土鸡养殖技术示范及基地建设”、龙南乡的“浙江高海拔山区砂梨优质高产配套技术中试示范”和金福茶业有限公司的“名茶开发的良种化技术及优质高效茶叶标准化生产体系建设”等四个项目被列入省科技特派员专项。2007 年，“安仁镇项边村‘新农村建设科技示范村（试点）’”被列入国家级重大科技项目；“新农村建设科技示范县（试点）”“安仁镇项边村‘新农村建设科技示范村（试点）’”双益菇业有限公司的“名优食用菌工厂化生产专用品种选育与关键生产技术研究”被列入省重大科技项目；城北乡的“山地锥栗早期优质丰产栽培技术研究”、础石乡的“6.67 公顷金观音茶叶示范基地建设”、道太乡的“灵芝示范基地建设与推广”和查田镇的“无公害茶叶加工技术推广体系的建立”等被列入丽水科技计划项目。2008 年，积极推进新农村科技示范点工作并实施子课题 7 个，建立浙大龙泉现代农业科技合作示范园；“畜牧业循环经济模式研究和菌糠废弃物转化为生物饲料”项目实验成功，双益菇业白灵菇生产成功并实现产业化，金观音乌龙茶发展迅速并建成茶厂 5 家，高山蔬菜发展至 1000 公顷；新增金福、绿峰、聚珍园和纳富特等省级农业科技企业4家。

2009年，佳宝生物科技有限公司“灵芝无公害标准化(GAP)种植及精深加工产业化研究”、能福旅游用品有限公司“竹质太阳伞新产品技术研发及产业化研究”、绿峰农林科技有限公司“南方红豆杉优质品种选育及其生态经营关键技术研究与示范”等三个项目被列入省重大科技专项重点农业项目。森芝宝生物科技有限公司“灵芝加工关键技术研究及产业化”项目被列入省重大科技专项厅市会商项目。金溢牧业有限公司“食用菌废弃物转化生物蛋白饲料技术研究”项目被列入省面上一般科研项目。龙南乡“高山蔬菜大棚栽培技术中试示范”、金福茶业有限公司“‘龙泉金观音’茶关键技术集成及产业化推广”、竹垟乡“毛竹四季笋生产栽培技术示范与推广”、屏南镇“山区优质土鸡规模化养殖与品牌建设”被列入省科技特派员科技扶贫项目，绿峰农林科技有限公司“‘龙杉1号’红豆杉药用林高效栽培中试基地建设”被列入省科技型中小企业技术创新项目，凤阳山食品有限公司“鲜食玉米新品种引进及其产业化开发”、披云食品股份有限公司“基于茶叶提取物：茶黄素的系列茶产品生产”等两个省农业科技成果转化项目，阳光农业有限公司、佳宝生物科技有限公司、顶峰生态农业有限公司等三家通过省级农业科技型企业认定。宝溪乡“茭白品种引选及配套栽培技术研究”、道太乡“道太乡灵芝示范基地建设与推广”等两个项目被列入丽水市科技特派员项目，市科技局“绿色高效生态农业科技产业带培训”和锦溪镇“食用菌(黑木耳)标准化生产”等两个项目被列入金衢丽绿色高效生态农业科技产业带项目。2010年，建成灵芝研究所、灵芝区域创新科技服务中心、继仁灵芝菇耳良种研究所。佳宝生物科技有限公司“食药用菌新品种生态高效生产技术中试与产业化示范—灵芝优新品种仿野生有机生态高效生产与精深加工技术”、双益菇业有限公司“食药用菌新品种生态高效生产技术中试与产业化示范—工厂化生产专用金针菇优新品种与标准化高效栽培技术”被列入国家农业科技成果转化重大项目。龙南乡“高山蔬菜设施育苗技术中试示范”、屏南镇“高山蔬菜新品种引进与可持续高效种植模式示范”项目被列入省科技特派员项目，瓯江彩鲤良种场“瓯江彩鲤五个配套系间的遗传配套效果研究”被列入省公益技术研究农业项目。肖庄竹笋专业合作社“利用食用菌废料生产绿化生态砖技术试验与示范”列入省科技成果转化项目。龙声工艺玩具、晨光食品、能福旅游用品等三家企业通过省级农业科技型企业认定。宝溪乡“低山区双季茭白品种引选及配套栽培技术研究”、道太乡“优良香菇、黑木耳栽培品种引进与推广示范”项目被列入丽水科技特派员项目，市科技局“绿色高效生态农业科技产业带”被列入丽水星火计划项目。

农技服务成效

1989—2010年，建成2个研究所、1个创新科技服务中心。共列入丽水科技特派员项目5项，列入省重大科技专项重点农业项目10项，列入省公益技术研究农业项目3项，列入省重大科技专项厅市会商项目1项；列入省面上一般科研项目1项；列入省科技特派员科技扶贫项目3项，列入省科技型中小企业技术创新项目1项，省农业科技成果转化项目3项，列入国家农业科技成果转化重大项目2项。通过省级农业科技型企业认定7家。列入金衢丽绿色高效生态农业科技产业带项目2项。市科技局“绿色高效生态农业科技产业带”列入丽水星火计划项目。1996年，龙泉被国务院发展研究中心授予“中华灵芝第一乡”称号。

2004—2010年龙泉市科技特派员实施项目清单一览表

表28-4-1

序号	年份	项目名称	承担单位	备注
1	2004	高山无公害蔬菜标准化生产及产业化开发	龙泉市龙南乡政府	省级
2	2005	高山优质土鸡养殖技术示范及基地建设	龙泉市屏南镇政府	省级
3	2005	毛竹笋用林高产栽培技术推广与示范	龙泉市竹垟畲族乡政府	省级
4	2005	名茶开发的良种化技术及优质高效茶叶标准化生产体系建设	龙泉市金福茶业有限公司	省级
5	2005	龙泉市查田镇毛竹高效示范基地建设	龙泉市查田镇政府	丽水市级
6	2005	龙泉山区无公害高效栽培红阳猕猴桃技术研究	龙泉市城北乡政府	丽水市级
7	2005	毛竹林分类经营技术示范与推广	龙泉市宝溪乡政府	丽水市级
8	2005	绿色食品金银花生产技术研究与开发	龙泉市道太乡政府	丽水市级
9	2005	香芋种植技术推广	龙泉市础石乡政府	丽水市级
10	2006	高山优质土鸡养殖技术示范及基地建设	龙泉市屏南镇政府	省级
11	2006	毛竹笋用林高产栽培技术推广与示范	龙泉市竹垟畲族乡政府	省级
12	2006	浙江高海拔山区砂梨优质高产配套技术中试示范	龙南乡政府	省级
13	2006	名茶开发的良种化技术及优质高效茶叶标准化生产体系建设	龙泉市金福茶业有限公司	省级
14	2006	乌龙茶产业开发关键技术研究	龙泉市金福茶业有限公司	省级
15	2006	龙泉市查田镇毛竹高效示范基地建设	龙泉市查田镇政府	丽水市级
16	2006	龙泉山区无公害高效栽培红阳猕猴桃技术研究	龙泉市城北乡政府	丽水市级
17	2006	毛竹林分类经营技术示范与推广	龙泉市宝溪乡政府	丽水市级
18	2006	绿色食品金银花生产技术研究与开发	龙泉市道太乡政府	丽水市级
19	2006	香芋种植技术推广	龙泉市础石乡政府	丽水市级
20	2007	高山蔬菜抗病优质新品种及高效配套栽培技术中试示范	龙南乡政府	省级
21	2007	高山优质土(蛋)鸡养殖技术示范	屏南镇政府	省级
22	2007	名优茶提质增效示范体系建设及产业化推广	龙泉市金福茶业有限公司	省级
23	2007	毛竹林冬笋丰产技术推广	竹垟畲族乡政府	省级
24	2007	山地锥栗早期优质丰产栽培技术研究	龙泉市城北乡政府	丽水市级
25	2007	百亩金观音茶叶示范基地建设	龙泉市础石乡政府	丽水市级
26	2007	道太乡灵芝示范基地建设与推广	龙泉市道太乡政府	丽水市级
27	2007	查田镇无公害茶叶加工技术推广体系的建立	龙泉市查田镇政府	丽水市级
28	2008	高山蔬菜节水灌溉技术中试示范	龙南乡人民政府	省级
29	2008	茶叶优质高效生产体系培育及示范推广	龙泉市金福茶业有限公司	省级
30	2008	山区优质土鸡规模化养殖关键技术研究与示范	屏南镇人民政府	省级
31	2008	毛竹林无公害冬笋丰产技术推广	竹垟畲族乡人民政府	省级
32	2008	灵芝产业化关键技术研究与示范	龙泉市道太乡人民政府	丽水市级
33	2008	百亩金观音茶叶示范基地建设	龙泉市础石乡人民政府	丽水市级

续表 28-4-1

序号	年份	项目名称	承担单位	备注
34	2008	吊瓜种植示范基地建设	龙泉市查田镇人民政府	丽水市级
35	2008	锥栗早期优质丰产栽培技术研究和应用	龙泉市城北乡人民政府	丽水市级
36	2009	高山蔬菜大棚栽培技术中试示范	龙泉市龙南乡人民政府	省级
37	2009	“龙泉金观音”茶关键技术集成及产业化推广	浙江金福茶业有限公司	省级
38	2009	毛竹四季笋生产栽培技术示范与推广	龙泉市竹垟乡人民政府	省级
39	2009	山区优质土鸡规模化养殖与品牌建设	龙泉市屏南镇人民政府	省级
40	2009	茭白品种引选及配套栽培技术研究	龙泉市宝溪乡政府	丽水市级
41	2009	道太乡灵芝示范基地建设与推广	龙泉市道太乡政府	丽水市级
42	2009	毛竹竹腔施肥技术应用与推广	龙泉市上垟镇政府	丽水市级
43	2010	“金观音”多茶类体系技术提升及示范推广	浙江金福茶业有限公司	省级
44	2010	高山蔬菜设施育苗技术中试示范	龙泉市龙南乡人民政府	省级
45	2010	油茶低产林综合改造技术示范与推广	龙泉市竹垟畲族乡人民政府	省级
46	2010	高山蔬菜新品种引进与可持续高效种植模式示范	龙泉市屏南镇人民政府	省级
47	2010	低山区双季茭白品种引选及配套栽培技术研究	龙泉市宝溪人民政府	丽水市级
48	2010	优良香菇、黑木耳栽培品种引进与推广示范	龙泉市道太乡人民政府	丽水市级
49	2010	毛竹 BNP 施肥技术研究与示范	龙泉市上垟镇人民政府	丽水市级

第三节　林业科技服务

林技服务概况

1989—2010 年，共实施国家级科技项目 4 项，其中国家科技富民强县计划项目 2 项、国家星火计划项目 2 项；省级科技项目 9 项，其中省重大科技攻关项目 1 项、省区域支柱产业重大科技攻关项目 1 项、省科技特派员 5 项(其中专项 3 项)、省科技计划项目 2 项；丽水市(地区)级科技项目 3 项。其中，丽水市(地区)重大科技攻关项目 1 项、丽水市(地区)科技特派员项目 2 项。新增省级农业科技企业 6 家。

林地林木科技

1989 年，全县开展速生丰产林基地建设，面积达 6747 公顷，每年增产木材 3.3 万立方米，产值达 1055 万元。在锦溪镇开展笋用林基地建设试点工作成功，并在全县推广建设 466.67 公顷，最高出笋亩产达 1500 千克。1990 年，开展杉木良种选育，收集无性系 687 个，选出优良亲本 20 个、优良杂交组合 5 个和优良种源 2 个。其中，龙杉 15 号增产效果名列全省前茅。是年，建立杉木种子园 52.53 公顷，生产良种 7.4 吨。1994 年，高效毛竹栽培技术试验。1995—1996 年，开展杉木团状造林技术推广。1997—1999 年，继续开展杉木良种选育和笋竹两用林栽培工作，取得很大成效。2000—2003 年，生态公益林建设取得显著成绩。2004 年，龙鑫化工有限公司的“木材/金属复合制造技术”项目列入省重大科技攻关项目。

竹林与竹木加工

2003年，毛竹林面积扩大至34667公顷。2004年，毛竹高效栽培技术全面推广。2005年，竹垟乡的“毛竹笋用林高产栽培技术推广与示范”被列入省科技特派员专项；竹木加工产业得到快速发展，鸿泰竹业有限公司的“竹胶板低毒高效胶粘剂研制与开发”被列入省科技计划项目、金泰竹业有限公司的“超长超厚中密度全竹胶合板生产工艺及关键设备研发”被列入省区域支柱产业重大科技攻关项目。2006年，“竹产业提升工程”被列入国家科技富民强县计划，竹垟乡的“毛竹笋用林高产栽培技术推广与示范”被列入省科技特派员专项。2007年，竹垟乡的“毛竹林和竹笋丰产技术推广”被列入省科技特派员专项课题；金泰竹业有限公司的“超长超厚中密度全竹胶板生产工艺及关键设备研发”被列入丽水重大科技攻关项目。2008年，全市竹产业提升工程顺利完成，短周期工业用大径竹材的培育技术集成与示范取得成功并得到推广，优质珍贵用材树种新品种培育成功。2009年，上垟镇“毛竹竹腔施肥技术应用与推广”“毛竹BNP施肥技术研究与示范”项目被列入丽水市科技特派员项目。2009年，上垟镇“毛竹竹腔施肥技术应用与推广”项目被列入丽水市科技特派员项目。2010年，市科技局“竹产业提升工程（二期）”被列入国家科技富民强县项目。

茶叶与油茶

2009年，金福茶业有限公司“‘龙泉金观音’茶优质高效生产体系建设和产业化推广”和披云食品股份有限公司“基于茶叶提取物：茶黄素的系列茶产品生产”被列入国家星火计划，金福茶业有限公司“‘金观音’多茶类体系技术提升及示范推广”、竹垟乡“油茶低产林综合改造技术示范与推广”项目被列入省科技特派员项目。

第四节　工业科技服务

工业科技服务概况

1989—2010年，龙泉市（县）工业领域共实施国家级科技项目7项。其中，国家科技型中小企业技术创新基金项目3项，国家火炬计划项目2项（含补助项目1项），国家星火计划项目1项，长三角区域重大科技联合攻关项目1项。省级科技项目37项。其中，省重大科技攻关项目3项，省重大科技专项2项，省重大科技专项重点工业项目2项，省重大科技专项厅市会商项目子项目2项，省级科技项目5项（含省重大科技项目2项），省首批科技创新基金项目1项，全省欠发达地区科技引导专项计划3项，省科技特派员专项1项，省高新技术产业化项目1项，省制造业信息化重大科技攻关项目1项，省科技研发中心建设项目5项，省新产品试制计划1项，省科技中小企业创新基金补助计划1项，省科技计划项目3项，省高新技术产品认定3项，省引进大院名校共建载体项目1项，省科技成果转化项目1项，省一般科研项目1项。丽水市（地区）级科技项目1项，属丽水市（地区）高新技术企业补助项目；县级工业类科技项目5项。新增国家高新技术企业2家，省级高新技术企业2家，省级科技型中小企业5家，省高新技术特色产业基地1家，省区域科技创新服务中心1家，“星火”示范企业2家(其中省“星火”示范企业1家)，省“星火”示范企业试验点1家。

工业科技服务实施

1989年，县级工业类科技项目立项8个，完成5个。其中，“呆扳手裂缝技术”项目为县工具厂解决技术难题，使之每年多创利60万余元；“60吨鞋用粒料项目”使县皮鞋厂年产值突破30万元，达50万元。申报立项省级科技项目3个，县木制品厂的“小段材生产出口玩具技术”项目的实施，使该厂年产值达310万元，创利30万元，并带动一批乡村企业的发展。万字号宝剑厂“龙骠剑研制”和青瓷二厂的“瓷器净水器”等两项目完成试制。1990年，县木制品总厂实施省“星火”计划，研制出滚漆、吸塑包装机等设备多项；县林化厂开发出松油醇、双氧水等新产品多项；县皮鞋厂开展技术革新，皮鞋利用率和产品合格率大为提高；县饲料厂“全价颗粒饮料”试制成功。1991年，成立“龙泉宝剑研究所”，市皮革厂被列为“星火”示范企业。1992年，市科技实验厂“液压铜板折弯机”和“6J型自动添柴节能型香菇烘干机”研制成功。1993年，商业机械厂胶囊药物包装机械试制成功，好特胶公司HSP—629型热熔压敏胶引进开发成功。1994年，科技实验厂成为省“星火”示范企业，全市企业开发新产品4个，用液化气烧制青瓷取得成功。1996年，市林化厂成为省“星火”示范企业试验点，开发二号浮选油等新产品6个；双益公司的香菇和木材烘干机研制至第5代；成立市机械锁具研究所。

1997年，双益菇业有限公司成为“省专利百强企业”。1997—1999年，全市开发新产品40余项。2000年，兰通汽车空调配件公司建成国际先进水平的生产线，“环保型平行流式冷凝器”被认定为丽水市高新技术产品。2001年，正聪青瓷研究所采用计算机自动控制烧制青瓷成功，双益公司水稻产地干燥机研制成功。2002—2003年，研发新产品31个，实施完成省级以上科技项目11项。2004年，国镜药业公司的“天然抗肿瘤药物肿节风大容量注射液”被列入省重大科技攻关项目、纳富特生物技术有限公司的“气体水合物分离技术用于降脂护肝胶囊浓缩工艺的研究”被列入全省欠发达地区科技引导专项计划、被列入省科技特派员专项，松信汽车空调有限公司的“车用涡轮增压发动机中冷器”研究被列入省高新技术产业化项目。2005年，松信汽车空调有限公司的“车用涡轮增压发动机中冷器”研究被列入国家火炬计划项目，职业高中的“浮雕瓷画、数控、计算机、电子电工技能培训”被列入国家星火计划项目；松信汽车空调有限公司的“车用涡轮增压发动机中冷器”被列入省首批科技创新基金项目，金龙刀剑有限公司的“面向网络化制造的动态联盟企业协同生产管理系统的研究及其在刀剑行业中的作用” 被列入省制造业信息化重大科技攻关项目，国镜药业有限公司的“新型抗肝癌药ZCVI4临床前研究”被列入长三角区域重大科技联合攻关项目和全省欠发达地区科技引导专项，商讯科技有限公司的数据电缆研发中心被列入省科技研发中心建设项目，新劲空调设备有限公司的“汽车空调变排量压缩机控制阀”研究被列入省新产品试制计划。

2006年，松信汽车空调有限公司的“车用涡轮增压发动机中冷器”被列入国家火炬计划补助项目；佳和矿业有限公司的“铅锌尾矿处置关键技术研究与示范”和天丰陶瓷有限公司的“龙泉青瓷生产节能降耗关键技术的研发与产业化”被列入省重大科技攻关项目，松信汽车空调有限公司的“汽车空调热交换器研发中心” 被列入省科技研发中心建设项目，森芝宝生物科技有限公司的“肿节风规范化栽培关键技术研究”被列入全省欠发达地区科技引导项目，国镜药业有限公司的“乙酰半胱氨葡萄糖注射液”被列入省科技中小企业创新基金补助计划；纳富特生物技术有限公司和三田滤清器有限公司两家被列入丽水市高新技术企业补助项目。2007—2008 年，金宏瓷厂的“高强度抗菌龙泉青瓷技术与原料标准化的研究和开发”、佳之韵浮雕厂与市中职校的“龙泉青瓷省级区域科技创新中心”被列入省重大科技项目，国镜药业有限公司的“肿节风胶囊研制”、三田滤清器有限公司的“发动机进气滤清消声系统研究”、松信空调汽车有限公司的“浙西南汽车空调配件研发中心”被列入省科技计划项目，新劲汽车空调设备有限公司的“新劲汽车空调自控元件省级高新技术研究开发中心”、恒丰汽车空调配件公司的“恒丰汽车空调配件省级高新技术研究开发中心”和纳富特生物科技有限公司的“纳富特生物医药省级高新技术研究开发中心”被列入省科技研发中心建设，国镜药业有限公司和松信空调汽车有限公司等两家通过省级高新技术企业认定，国镜药业有限公司的“爱芙萝牌破壁灵芝孢子粉胶囊”“氟罗沙星葡萄糖注射液”和“头孢克洛泡腾片”三项药品通过省高新技术产品认定。

2009 年，毅力汽车空调有限公司“汽车空调多功能压力控制器的研发”、创新汽车空调有限公司“复合节能型汽车热交换器及其关键制造装备的研究”等两个项目列入省重大科技专项重点工业项目。新劲空调设备有限公司“汽车空调变排量压缩机外部控制阀研制及产业化”项目列入省面上一般科研项目。兄弟之星汽配有限公司、创新汽车空调有限公司、毅力汽车空调有限公司等三家通过省级科技型中小企业认定。“龙泉汽车空调零部件高新技术特色产业基地”列入省高新技术特色产业基地。2010 年，新劲空调设备有限公司汽车空调“变排量压缩机外部控制阀”、毅力汽车空调有限公司“汽车空调系统电子式压力调控器”、伟林机械有限公司“大中型挖掘机锻钢曲轴”三个项目列入国家科技型中小企业技术创新基金项目。荣鑫电源“光伏系统用阀控密封胶体电池关键技术研究及产业化”、砩矿有限责任公司“萤石尾矿综合处置关键技术研究与示范”等两个项目列入省重大科技专项项目，新劲空调设备有限公司“新劲汽车空调自控元件研发中心”列入省引进大院名校共建载体项目。商讯科技有限公司“环保型 100 北赫兹大对数（300 对及以下）数据电缆产业化”列入省科技成果转化项目。创新汽车公司“丽水汽配产业转型升级关键技术研发及产业化—汽车空调热交换器生产过程质量保证系统”项目列入省重大科技专项厅市会商项目子项目，欧亚迪汽车空调器有限公司和广龙汽车空调配件有限公司“丽水汽配产业转型升级关键技术研发及产业化—汽车空调热交换器产品优化设计平台”项目列入省重大科技专项厅市会商项目子项目，“龙泉汽车（空调）零部件科技创新服务中心”通过省区域科技创新服务中心认定，创新汽车空调有限公司和三田滤清器有限公司通过国家高新技术企业认定，博威汽车空调有限公司、伟林机械有限公司通过省级科技型中小企业认定。至 2010 年，龙泉市建成研究所 3 个，列入国家科技型中小企业技术创新基金项目 1 个、省级重大科技专项厅市会商项目 1 个，列入省区域科技创新服务中心建设计划 1 个，浙江省农业科技成果转化项目 7 个，省重大科技专项项目 19 个，省重点研发计划项目 15 个，国家科技型中小企业创新基金项目 4 个，龙泉市国家火炬计划项目 1 个，龙泉市国家星火计划项目 2 个。

2007—2010 年龙泉市入选浙江省农业科技成果转化项目一览表

表 28-4-2　　　　单位：万元

序号	项目名称	实施单位	文号	补助资金
1	南方红豆杉药用林超短周期高效栽培技术中试与示范	浙江绿峰农林科技有限公司	浙科发农〔2007〕188 号	15.00
2	名优茶提质增效示范体系建设及产业化推广	龙泉市金福茶业有限公司	浙科发农〔2007〕188 号	15.00

续表 28-4-2

序号	项目名称	实施单位	文号	补助资金
3	气体水合物分离技术用于绛芝益肝胶囊浓缩工艺的中试	浙江纳富特生物科技有限公司	浙科发农〔2008〕181 号	15.00
4	出口香菇黑木耳全程质量安全控制技术示范应用	浙江天和食品有限公司	浙科发农〔2008〕181 号	15.00
5	鲜食玉米新品种引进及其产业化开发	浙江凤阳山食品有限公司	浙财农字〔2009〕315 号	15.00
6	基于茶叶提取物:茶黄素的系列茶产品生产	浙江披云食品股份有限公司	浙财农字〔2009〕315 号	15.00
7	利用食用菌废料生产绿化生态砖技术试验与示范	龙泉市肖庄竹笋专业合作社	浙科发农〔2010〕135 号	15.00

2008—2010 年龙泉市省重大科技专项项目一览表

表 28-4-3　　单位:万元

序号	项目名称	计划类别	项目实施单位	批准文号	补助资金	一期	二期
1	面向网络化制造的动态联盟企业协同生产管理系统的研究及其在刀剑行业中的应用	省重大科技专项制造业信息化优先主题	浙江金龙刀剑有限公司	浙科发计〔2008〕236 号	21.00	21.00	—
2	铅锌尾矿处置关键技术研究与示范	省重大科技专项重点社会发展项目	浙江佳和矿业有限公司	浙财教〔2010〕90 号	51.00	30.00	21.00
3	龙泉青瓷生产节能降耗关键技术的研发与产业化	省重大科技专项重点工业项目	浙江天丰陶瓷有限公司	浙财教〔2010〕94 号	68.00	30.00	38.00
4	肿节风胶囊的研制	省重大科技专项重点社会发展项目	浙江国镜药业有限公司	浙科发计〔2007〕278 号	100.00	0.00	—
5	高强度抗菌龙泉青瓷技术与原料标准化的研究和开发	省重大科技专项重点工业项目	龙泉市金宏瓷业有限公司	浙科发计〔2007〕305 号,浙科发计〔2007〕303 号、浙科发计〔2008〕236 号	90.00	48.00	42.00
6	基于液体发酵的食用菌人工智能栽培技术集成研究	省重大科技专项重点农业项目	浙江聚珍园食品有限公司	浙科发计〔2008〕218 号	100.00	0.00	—
7	欧 III 柴油机柴油滤清系统开发技术及产业化应用	省重大科技专项重点工业项目	浙江三田滤清器有限公司	浙科发计〔2008〕218 号	71.00	71.00	—
8	龙泉青瓷明代官窑工艺技术的恢复研究与开发	省重大科技专项重点社会发展项目	龙泉市古窑瓷厂	浙科发计〔2008〕218 号	58.00	58.00	—
9	龙泉青瓷釉料标准化配方研制	省重大科技专项重点工业项目	龙泉青瓷省级区域科技创新服务中心	浙科发计〔2008〕340 号	50.00	30.00	20.00

续表 28-4-3

序号	项目名称	计划类别	项目实施单位	批准文号	补助资金	一期	二期
10	数据电缆类企业的以客户为中心的信息系统研究及应用	省重大科技专项制造业信息化优先主题	浙江商讯科技有限公司	浙科发计〔2008〕218 号	60.00	60.00	—
11	中药材产业提升关键技术研究与示范——鲜料生产复方鱼腥草合剂工艺研发	省重大科技专项厅市会商项目	浙江国镜药业有限公司(参加)	浙科发计〔2009〕241 号	50.00	30.00	20.00
12	中药材产业提升关键技术研究与示范——灵芝加工关键技术研究及产业化	省重大科技专项厅市会商项目	龙泉市森芝宝生物科技有限公司(参加)	浙科发计〔2009〕241 号	34.00	20.00	14.00
13	汽车空调多功能压力控制器的研发	省重大科技专项重点工业项目	浙江毅力汽车空调有限公司	浙科发计〔2009〕241 号	63.00	63.00	—
14	复合节能型汽车热交换器及其关键制造装备的研究	省重大科技专项重点工业项目	浙江创新汽车空调有限公司	浙科发计〔2009〕241 号	76.00	76.00	—
15	灵芝无公害标准化(GAP)种植及精深加工产业化研究	省重大科技专项重点农业项目	龙泉市佳宝生物科技有限公司	浙科发计〔2009〕241 号	78.00	78.00	—
16	光伏系统用阀控密封胶体电池关键技术研究及产业化	省重大科技专项重点工业项目	浙江荣鑫电源科技有限公司	浙科发计〔2010〕189 号	77.00	77.00	—
17	萤石尾矿综合处置关键技术研究与示范	省重大科技专项重点社会发展项目	龙泉市碲矿有限责任公司	浙科发计〔2010〕189 号	62.00	62.00	—
18	丽水汽配产业转型升级关键技术研发及产业化—汽车空调热交换器生产过程质量保证系统	省重大科技专项厅市会商项目	浙江创新汽车空调有限公司(参加)	浙科发计〔2010〕189 号	30.00	18.00	—
19	丽水汽配产业转型升级关键技术研发及产业化—汽车空调热交换器产品优化设计平台	省重大科技专项厅市会商项目	浙江欧亚迪汽车空调器有限公司 12+8、龙泉广龙汽车空调配件有限公司 48+32(参加)	浙科发计〔2010〕189 号	100.00	60.00	—

2007—2010 年龙泉市省重点研发计划项目一览表

表 28-4-4　　单位:万元

序号	项目名称	专项名称	计划类别	项目实施单位	批准文号	编号	补助资金
1	肿节风胶囊的研制	中药现代化专项	省重大科技专项重点社会发展项目	浙江国镜药业有限公司	浙科发计〔2007〕278 号	2007C13028	100

续表 28-4-4

序号	项目名称	专项名称	计划类别	项目实施单位	批准文号	编号	补助资金
2	高强度抗菌龙泉青瓷技术与原料标准化的研究和开发	纳米技术攻关及示范应用专项	省重大科技专项重点工业项目	龙泉市金宏瓷厂	浙科发计〔2007〕305号	2007C11102	90
3	基于液体发酵的食用菌人工智能栽培技术集成研究	农业生物技术专项	省重大科技专项重点农业项目	浙江聚珍园食品有限公司	浙科发计〔2008〕218号	2008C12059=1	100
4	欧III柴油机柴油滤清系统开发技术及产业化应用	汽车及关键零部件设计与制造技术专项	省重大科技专项重点工业项目	浙江三田滤清器有限公司	浙科发计〔2008〕218号	2008C01035=3	71
5	龙泉青瓷明代官窑工艺技术的恢复研究与开发	文化传媒技术优先主题	省重大科技专项重点社会发展项目	龙泉市古窑瓷厂	浙科发计〔2008〕218号	2008C13083	58
6	数据电缆类企业的以客户为中心的信息系统研究及应用	制造业信息化优先主题	省重大科技专项制造业信息化优先主题	浙江商讯科技有限公司	浙科发计〔2008〕218号	2008C01060=3	60
7	龙泉青瓷釉料标准化配方研制	—	省重大科技专项重点工业项目	龙泉青瓷省级区域科技创新服务中心	浙科发计〔2008〕340号	—	50
8	中药材产业提升关键技术研究与示范——灵芝加工关键技术研究及产业化	—	省重大科技专项厅市会商项目	龙泉市森芝宝生物科技有限公司(参加)	浙科发计〔2009〕241号	2009C02005	34
9	中药材产业提升关键技术研究与示范——鲜料生产复方鱼腥草合剂工艺研发	—	省重大科技专项厅市会商项目	浙江国镜药业有限公司(参加)	浙科发计〔2009〕241号	2009C02005	50
10	汽车空调多功能压力控制器的研发	汽车及关键零部件设计制造技术	省重大科技专项重点工业项目	浙江毅力汽车空调有限公司	浙科发计〔2009〕241号	2009C11108	63
11	复合节能型汽车热交换器及其关键制造装备的研究	汽车及关键零部件设计制造技术	省重大科技专项重点工业项目	浙江创新汽车空调有限公司	浙科发计〔2009〕241号	2009C11109	76

续表 28-4-4

序号	项目名称	专项名称	计划类别	项目实施单位	批准文号	编号	补助资金
12	灵芝无公害标准化（GAP）种植及精深加工产业化研究	农产品（食品）精深加工技术	省重大科技专项重点农业项目	龙泉市佳宝生物科技有限公司	浙科发计〔2009〕241号	2009C12037	78
13	光伏系统用阀控密封胶体电池开发及产业化	光伏等新能源技术专项	省重大科技专项重点工业项目	浙江荣鑫电源科技有限公司（浙江工业大学）	浙科发计〔2010〕189号	2010C11003	77
14	萤石尾矿综合处置关键技术研究与示范	—	省重大科技专项重点社会发展项目	龙泉市硃矿有限责任公司(浙江工业大学)	浙科发计〔2010〕189号	2010C13016	62
15	丽水汽配产业转型升级关键技术研发及产业化—汽车空调热交换器生产过程质量保证系统	汽车及关键零部件设计制造技术	省重大科技专项厅市会商项目	浙江创新汽车空调有限公司（参加）	浙科发计〔2010〕189号	2010C01015	30
16	丽水汽配产业转型升级关键技术研发及产业化—汽车空调热交换器产品优化设计平台	汽车及关键零部件设计制造技术	省重大科技专项厅市会商项目	浙江欧亚迪汽车空调器有限公司12+8、龙泉广龙汽车空调配件有限公司48+32（参加）	浙科发计〔2010〕189号	2010C01015	100

2010年龙泉市国家科技型中小企业创新基金一览表

表 28-4-5　　单位：万元

序号	项目名称	计划类别	项目实施单位	批准文号	国家资金	一期	省级配套
1	汽车空调变排量压缩机外部控制阀	国家科技型中小企业技术创新基金项目	浙江新劲空调设备有限公司	国科发计〔2010〕280号	80.00	56.00	—
2	汽车空调系统电子式压力调控器	国家科技型中小企业技术创新基金项目	浙江毅力汽车空调有限公司	国科发计〔2010〕280号	60.00	48.00	—
3	中大型挖掘机用锻钢曲轴	国家科技型中小企业技术创新基金项目	浙江伟林机械有限公司	国科发计〔2010〕543号、财企〔2010〕247号	90.00	63.00	20.00
4	龙泉青瓷规模化生产节能降耗关键技术及产品	国家科技型中小企业技术创新基金项目	浙江天丰陶瓷有限公司	国科发计〔2010〕543号、财企〔2010〕247号	80.00	56.00	—

2008—2010年龙泉市国家火炬计划项目一览表

表 28-4-6 单位：万元

序号	项目名称	计划类别	项目实施单位	批准文号
1	环保型100兆大对数(300对及以下)数据电缆	国家火炬计划	浙江商讯科技有限公司	国科发计〔2008〕658号

龙泉市国家星火计划项目一览表

表 28-4-7 单位：万元

序号	项目名称	计划类别	项目实施单位	批准文号
1	“龙泉金观音”茶优质高效生产体系建设和产业化推广	国家星火计划	浙江金福茶业有限公司	国科发计〔2010〕265号、浙科发计〔2010〕168号
2	基于茶叶提取物:茶黄素的系列茶产品生产	国家星火计划	浙江披云食品股份有限公司	国科发计〔2010〕265号、浙科发计〔2010〕168号

第五节 市校合作

合作项目

1939—1946年，浙江大学曾在龙泉芳野办学7年，30多位教授在龙泉分校培养7届学生。龙泉市秉承其渊源关系，组织实施“背靠浙大，联姻高校，发展龙泉”战略，以市校合作为平台，以项目为纽带，以企业为主体，广泛开展各种科技交流和人才合作活动，推动和借力发展科技研究。

农业科技合作　龙泉市在2005年开始依托原有的茶文化和产业基础，与浙江大学开展全面合作，携手进行以“金观音”为主品种的系列特色茶开发。“龙泉金观音”于2006年12月2日通过省科技厅新产品鉴定，并通过国家茶叶质量监督检验中心检验。随后，龙泉注册“龙泉金观音”公用商标，统一设计“龙泉金观音”包装，并致力于品牌宣传和推介。浙江龙泉山食品有限公司早在1998年就开始与上海市农业科学院进行合作，2005年12月又与上海农业科学院共同研究解决食用菌尤其是“灵芝孢子粉在加工仓储中的产品质量安全”问题。

青瓷科技合作　2006年12月,龙泉市天丰陶瓷有限公司与浙大合作“龙泉青瓷生产节能降耗关键技术的研发与产业化”项目，投资480多万元，建成一条80米长节能型隧道窑，投产后节能率达40%以上。2007年龙泉市金宏瓷厂与浙大合作项目“高强度抗菌龙泉青瓷技术与原料标准化”项目，在节能降耗、加快标准化生产等方面发挥作用，获得省政府科技进步三等奖。2007年2月8日，中国科学院院士、浙江大学校长杨卫率团来龙泉签订合作共建新农村实验示范点协议，开启市校合作新的开端。在浙江大学的引领带动下，先后与浙江农林大学等其他39家省内外高校院所开展合作，其中与9个高校(院所)建立政府层级的全面合作。2007年市校合作后，龙泉五金汽配产业，形成规模以上企业26家。2007年工业总产值达7.6亿元，占龙泉市工业总产值17%。龙泉全市30家企业通过ISO 9000质量体系认证。

汽车空调业合作　2008年，龙泉市三田滤清器有限公司与浙大合作开发的“新型柴油——水分离滤清器”，通过省级新产品鉴定，该产品居国内同类产品领先水平。2008年龙泉市从浙大引进新品种20余个，构建“浙江大学龙泉市现代农业科技合作示范园”，建立20公顷放心菜标准化示范基地、100万袋食用菌新优品种标准化示范基地、13.3公顷金观音特色茶叶标准化示范基地和13.3公顷特色种子种苗繁育4个试验、示范基地。

2010年9月，成立“龙泉市·高校院所现代产业技术创新联盟”，推动市校合作向更深层次和更高领域发展。依托平台邀请浙江大学等高等院校先后聘请84位专家教授，建立项目合作关系的专家教授达145位，总共实施417个项目。

2010年，龙泉市与高校合作创新，累计创建省级高新技术研发中心5家、龙泉青瓷、龙泉宝剑、汽车（空调）零部件3个省级区域科技创新服务中心等创新平台，启动汽车（空调）零部件省级科技创新服务平台建设，推动汽车（空调）零部件、青瓷宝剑传统产业基地化、科技化、品牌化、市场化，促进产业结构优化升级；2008年，成立“浙江大学龙泉汽车空调零部件技术研发中心”“浙江大学—浙江三田滤清器技术研发中心”，2010年，浙江三田滤清器有限公司、浙江创新汽车空调有限公司被评为国家级高新企业，实现国家级高新技术产业零的突破。2010年，新增省级龙泉汽车空调零部件高新技术特色产业基地1个，省级高新技术企业6家，省级科技型中小企业9家，省级农业科技企业16家，省级农业企业科技研发中心1家，合作研发省级高新技术产品37个，直接推动“生态立市、工业强市”战略的实施。汽车空调零部件产业块状经济被列入省级现代产业集群转型升级示范区。

创新模式

市校合作后，农业以高校为依托，通过设立“农业推广委员会”和“首席专家”，开创农科教紧密结合的现代农业科技推广体系，建设科技服务平台，初步形成“农推中心+教授基地+示范园区+专业合作社（龙头企业）+农户”的新型农业技术推广模式。累计引入农业方面的新品种50种，农业科技创新成果的转化和推广应用得以加快。龙泉市兰巨现代农业综合园区被列入全省首批25个省级园区之一，八都现代农业（林业）综合区被列入全省第三批现代农业综合区。双方成立浙江大学—龙泉市青年志愿讲师团社会实践基地、学生暑期社会实践基地、医学院社会实践基地、材化学院教学实践基地、茶学系教学科研实践基地等一批实践平台。依托平台邀请浙江大学等高等院校专家教授来龙泉开展技术指导、考察实践、访问讲学、咨询项目、洽谈签约等活动，为龙泉发展出谋划策。先后聘请张齐生、李摩西、田雨时、李北伟、俞小莉、杨辉、金爱武等84位专家教授为市政府经济顾问、科技顾问、市长助理或产业首席专家，与龙泉建立项目合作关系的专家教授达145位，总共实施417个项目。

合作成效　市校合作工作开展后，龙泉市将柔性引进人才作为市校合作的核心来抓，探索出一条柔性引进人才的有效路径。与浙江大学等高校签订《关于加强人才交流合作的协议》，每年组织中青年后备干部培训班及一批规模以上企业负责人、高层管理人才及技术人员去浙江大学等高校培训学习，邀请相关院所专家教授来龙泉举办五金汽配、青瓷宝剑、茶叶、食用菌、蔬菜等主导产业培训班。针对市校合作建立三大推进机制：建立市校协调机制形成市校联动、由上至下、层级负责的组织领导体系和工作协调机制，为校市双方合作工作的顺利开展提供有力保证；建立资金保障机制，市财政专门安排专项资金及科技三项基金新增加部分用于“18515 行动计划”；建立跟踪考评机制，由市校合作办对已签约合作项目进行跟踪管理，督促签约项目有效开展；邀请专家教授回访考察，对项目合作过程中存在的问题、潜力和对策提出意见和建议，推进项目进程。同时，将项目合作列入年终考核内容，全面考核技术服务、项目申报、项目资金争取等情况，加快推进市校双方的项目合作。

第二十九篇

文　　化

龙泉市历史文化底蕴深厚，文物众多，“非遗”丰富，剑瓷文化特色鲜明，2009年龙泉青瓷传统烧制技艺被列入人类非物质文化遗产代表作名录，2006年龙泉宝剑锻制技艺被列入国家非物质文化遗产代表性项目名录。龙泉素以生态之纯、人文之兴、物产之丰、古建之美而著称，古城、廊桥、庙宇、古宅格局独特，气韵古雅，意境悠远，价值斐然。

龙泉市乡村文化、社区文化各具特色，群众性文化活动日益丰富。1997年龙泉市文化系统有文化艺术表演团体、文化馆、公共图书馆、博物馆各1个、文化站17个，2010年增至艺术表演团体5个，文化馆1个、文化站19个，公共图书馆（室）16个，博物馆2个，公共图书馆总藏书量17.1万册，各类文化市场经营户138户。龙泉市文学艺术事业发展迅速，文联所属协会从1989年的10个增至2010年的21个，会员从1989年的504人增至2010年的2100人，文艺活动丰富多彩，文艺各门类创作成果丰硕，形成在丽水市乃至浙江省具有影响的文学、摄影、书法、美术、音乐、舞蹈、戏曲、民间文艺等创作群体。

2000年1月21日，龙泉市被列为第二批浙江省历史文化名城。2009年，龙泉市被国家知识产权局批准为“国家传统知识产权保护试点县（市）”；龙泉市被评为浙江省非遗普查工作优秀县（市区）。龙泉青瓷文化创意基地被列入浙江省集聚发展的三十个文化创意园区之一和省重点服务业集聚区。至2010年，龙泉市列为历史文化村落110多个，其中93个是国家级、省级的历史文化名村、传统村落。启动中华宝剑文化园建设，上垟青瓷孵化基地顺利推进。

1989—2010年，龙泉市（县）加快发掘青瓷、宝剑、香菇、茶叶等特色主题文化；推进文物保护、街区整治、规划修编等名城保护工作；推动“石马抢灯”“安仁板龙”“菇民迎神庙会”等传统民俗文化体验观光活动；利用历史遗址遗迹、建筑街区、宗祠庙宇、经济文化场所、乡村聚落的生态环境，发展文旅事业；将传统文化元素融入旅游景区建设、文旅活动和商品开发之中。龙泉市深植于历史文化厚土的文化艺术事业，展现出鲜明的本土人文色彩。剑瓷文化成为龙泉的特色品牌，香菇灵芝木耳文化成为“文化龙泉”吸睛亮点，生态文化在兴起，畲族文化、红色文化在创新、传承和发展中提升影响力。

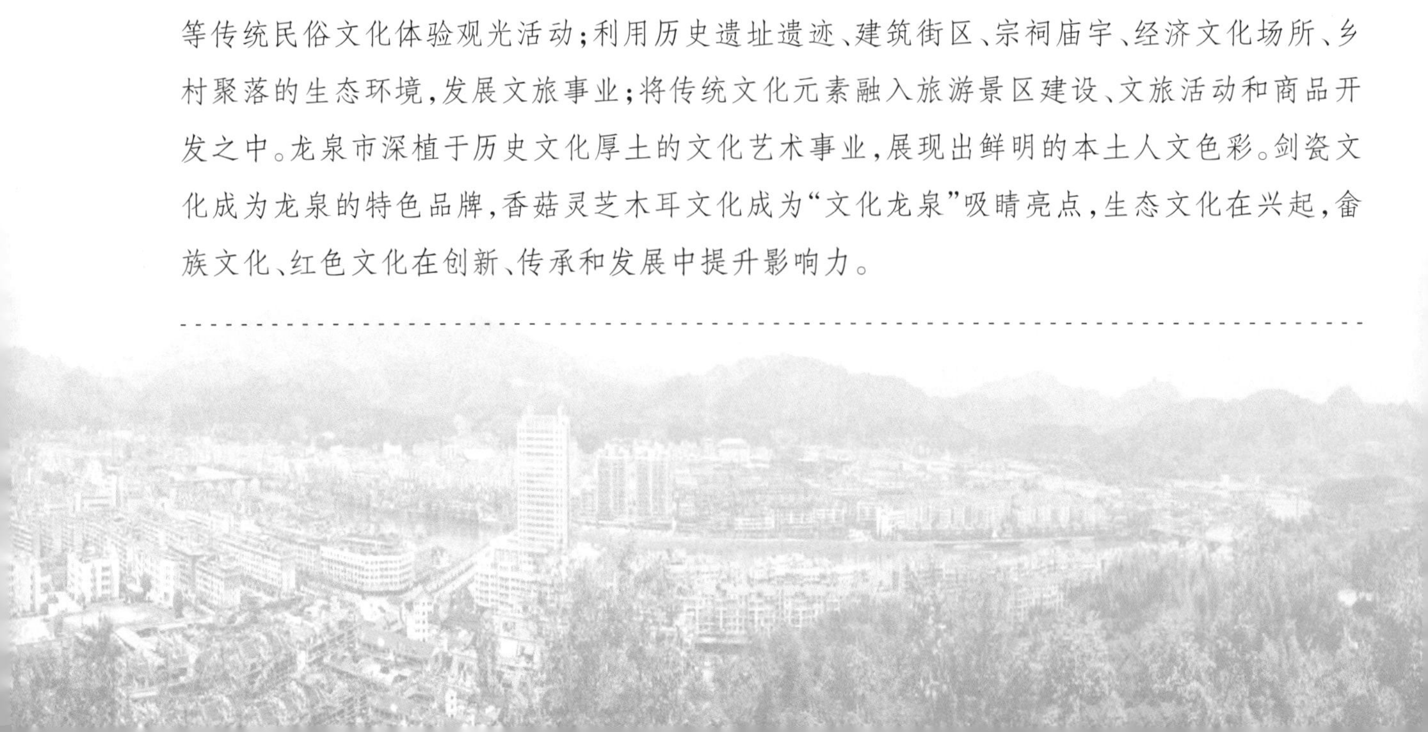

第一章　文学艺术

第一节　文艺团体

各类协会

1985—1992年，龙泉市（县）有文学、音乐舞蹈、电影、摄影、戏剧曲艺、美术、书法、民间文学、学生写作研究、集邮等协会（研究会）10个，会员504人。

1993—1997年，龙泉市有作家协会、美术家协会、摄影家协会、书法家协会、民间文艺家协会、音舞家协会、戏曲家协会、影视家协会、集邮协会、诗词楹联协会、学生写作研究会、根艺研究会、龙渊印社12个协会（研究会、社团），会员数量不详。

1998—2008年，特别是2007年以来，加速文艺团体建设，文艺队伍蓬勃发展。至2008年，全市有作家协会、戏曲家协会、音乐舞蹈家协会、美术家协会、书法家协会、摄影家协会、民间文艺家协会、电影家协会、电视艺术家协会、龙泉文化研究会、诗词楹联学会、演讲与朗诵协会、学生写作研究会、盆景协会、根艺石艺协会、收藏家协会、集邮协会、电力文联等18个协会（研究会、学会、社团），会员1500余人。

2010年，全市有作家协会、戏曲家协会、音乐家协会、舞蹈家协会、美术家协会、书法家协会、摄影家协会、民间文艺家协会、电影家协会、电视艺术家协会、龙泉文化研究会、香菇文化研究会、诗词楹联学会、演讲与朗诵协会、学生写作研究会、龙渊印社、盆景协会、根雕研究会、收藏家协会、集邮协会、电力文联21个协会（研究会、社团），会员2100人。

龙渊印社

龙渊印社是龙泉特定区域的传统公共文化牌子，是龙泉文化的一张金名片，与西泠印社有着深厚的渊源。

1944年，西湖博物馆馆长兼浙江大学龙泉分校副教授金维坚首先建议成立印社。继经一年多的筹划，由金维坚、王世安、余任天、金石寿、毕茂霖、姚赞唐、朱麟、吴士超、周庆岐、钱启绂等10人发起，于1945年2月组织一个从事印学切磋研讨的民间艺术团体。因龙泉古称龙渊，所以定名为“龙渊印社”。社址设在龙泉城北安清路保资庵左侧省立西湖博物馆内。他们向各界印发《筹组龙渊印社小启》，并经县政府有关部门批准，于1945年3月4日举行成立大会。除到会的31名社友外，龙泉县府派出的组织指导员季贤康也作为列席代表参加。会上讨论通过简章、社址、印稿、雅集、社规等决议，并经民主选举，金维坚、金石寿、王世安、余任天、毕茂霖、吴士超、姚赞唐当选为理事，公推金维坚为理事长，余任天、金石寿为常务理事；潘臣清、徐衡、王官、毛安康当选为监事，公推潘臣清为常务监事。龙渊印社正式成立。为纪念印社成立，当时余任天曾刻朱白文巨印各一方，印文都是“民国三十四年三月四日龙渊印社成立大会纪念之章”。成立后，印社就积极开展工作，如每月两次的雅集、设计社徽、购置印石、定制印石等等。

抗日战争胜利后，蛰居在龙泉一带的省机关企业单位都纷纷复迁杭州。龙渊印社也随同西湖博物馆于 1945 年 10 月迁到杭州孤山，仍附设在西湖博物馆内。1948 年 1 月，西湖博物馆进行改组，热心印社事业的金维坚、余任天和钟公佩等因故先后离职，使印社失去坚强的领导核心，前后为期五年的龙渊印社解体。

1995 年初，为纪念抗日战争胜利 50 周年，由龙泉市一些篆刻爱好者在丽水地区和龙泉市各级领导的支持下，筹备重新成立龙渊印社。1999 年 6 月，西泠印社林乾良教授到龙泉作学术报告，并考察龙渊印社，认为条件已经成熟，符合复社要求。由龙泉市文联主持召开全体会员代表大会，龙渊印社正式宣告复社。之后，会员们继承和发扬抗战时的龙渊印社传统，开展不同形式的雅集、命题竞刻、临刻竞赛、印发社刊、展览等活动，一度兴旺。

2008 年 12 月，龙泉市文联召开第四次文代会，应广大篆刻爱好者的呼声，经文艺界代表的讨论与通过，龙泉市文联将重组龙渊印社列入 5 年工作重点。之后开展一些调研工作，以尽快重组龙渊印社。与此同时，龙泉市政协委员也通过提案的方式，呼吁重振龙渊印社，继承和弘扬龙泉历史文化。龙泉市委、市政府高度重视龙渊印社的重组工作，不但列入议事日程，而且组织实施。2011 年，龙泉市文联重组龙渊印社社务理事会班子，完成民政部门社团登记注册，完成国家商标局商标注册申请。

第二节　文　学

小说

1985—1992 年，龙泉市(县)作家在省内外省级以上文学刊物发表中篇小说 8 部，短篇小说 91 篇。上海少年儿童出版社出版儿童文学作品《热闹的猴山》《青云山虎大王》；小说《粮仓老保管》获全国商业系统“广元杯”征文一等奖，小说《在途》获全国商业系统“广元杯”征文三等奖。短篇小说《踏雪无痕》和中篇小说《淡云若虚》分别在《东海》发表。2009 年“丽水文学创作大奖赛”中 9 位作者的 12 部长、中、短篇小说作品参加大赛，获得 1 银 1 铜的好成绩。

诗歌

1993 年龙泉市作者诗集《带蜜的云》由中国文联出版公司出版，得到诗歌界的好评；诗《心祭》由《中国文学》外文版同时译成英文与法文，向国外介绍；国家级刊物《诗刊》发表诗《喊山》《石壁》《山行》，2 首诗选入《浙江新时期优秀作品选》，8 首诗选入《浙江诗典(1976—2006)》，20 多首诗选入省内外及海外的诗集。诗《窗与窗(外一首)》获“江南奔马奖诗赛”二等奖。省作协和浙江文学院合编《浙江文坛》一书中，对龙泉作者的诗作重点介绍。龙泉青年诗群异军突起，702 多首诗在国内发表，14 首诗在海外发表并选入出版社出版的诗集，10 首诗在省内外获奖，2 位青年诗人的诗歌在浙江省作协举办的青年诗歌创作大赛中获优秀作品奖，先后在国内出版社公开出版诗集《生命的火焰》《初吻》、文化诗集《诗意龙泉》等，还在《黄河诗报》集中推出10名龙泉作者的作品。

散文报告文学

1993—1997年，在《东海》等省级刊物发表《遥远的期待》等散文13篇。《一个布满鸟声的小镇》获浙江省1995年十七家报刊“花为媒”散文比赛铜牌奖。散文《忘年之缘》《独步蹊径》《散文四章》获浙江省、丽水地区文学界的好评。报告文学《蓝盾的风采》和《闪光的警徽》被浙江省公安厅录用在《警坛群英》一书中，并在四川出版社出版发行。

1998—2008年先后在中国文联出版社出版散文集《山魂水梦》，中国青年出版社出版散文集《远去的背影》《渴望灯盏》《绿野散花》；大众文艺出版社出版文化散文集《秋水神光》；中国民族摄影出版社出版文化散文集《大窑寻梦》《刍荛集》。中国民族摄影出版社出版报告文学集《天道有情》《两龙纪事》，浙江大学出版社出版报告文学集《春色满园》等。比较有影响的奖项有“顺吉杯”全国散文大奖赛优秀奖。第九届华东地市报副刊作品三等奖2个、第十届华东地市报副刊作品一等奖1个三等奖2个、浙江省“走进老字号”报告文学大奖赛三等奖、浙江绿谷征文大奖赛一等奖、丽水市首届文学创作大奖赛散文类单篇金奖等。

第三节　戏剧音舞

戏剧小品

1985—1992年，戏曲工作者探索与创新，创作和演出一批受到观众欢迎的作品。在省地级发表演出的作品10多件。龙泉作者与人合作的大型越剧《莫问奴归处》在省戏剧节演出，并录成戏剧电视片,在浙江电视台播放，在评比中获创作二等奖。大型剧本《神葬》在《浙江剧本选》发表，戏剧小品《小桥流水》获得省第二届戏剧小品大赛特等奖，戏剧小品《菇寮来了流浪女》获省戏剧小品征文奖。在浙江省现代戏调演中，有2位演员分别获演员与青年演员一等奖，有2位演员获得三等奖，有3人分别获导演、音乐创作、舞美设计二等奖。

1992—1997年，大型现代越剧《喇叭村》参加1992年省现代戏调演荣获一等奖，演职人员分别荣获1 2个奖项。作品《小桥流水》《大虎与细妹》《新娘要从大路走》同时在1992年《戏文》第三期发表，其中《小桥流水》在华东第三届戏剧小品大赛中获大奖，作品品位高，生活气息浓郁，受到上海艺术家们的赞扬。1993年小品《没戏》获浙江省四届小品大赛三等奖。1995年小品《石头与铁蛋》参加丽水地区文化馆站调演，获一等奖后，又被选送参加浙闽七县市“文华杯”戏剧小品大赛中获一等奖。

1998—2008年，会员们创作作品200余件，获地市以上创作演出奖项80多件。小品《有意义的事》获得第十一届“曹禺奖”银奖；小品《下山》入选省群星奖；文化论文入选《浙江省农村田野文化调查报告》，获得国家文化部颁发的全国第十四届“群星奖”，单篇获得三等奖；1个家庭才艺表演首登中央电视台“神州大舞台”，获得月冠军；《龙泉之歌》获得全国中老年艺术大赛“夕阳秀”菊花金奖；小品《树上的鱼》获得全省课本剧创作、表演一等奖；小品《讨指标》获得丽水市第二届“山花烂漫”文艺晚会金奖；小品《请爹吃顿饭》获得丽水市“反腐倡廉”文艺会演一等奖等；剧本集《飞天窑女》获浙江省第五届“改革之光”剧本大赛一等奖。

音乐舞蹈

1985—1992年，龙泉市(县)音乐工作者在省地报刊发表歌曲42首，创作舞蹈节目10多个。《美丽的白云》在《解放军歌曲》发表，《乘凉歌》在中央人民广播电台播放，《莫说》在浙江人民广播电台播放。有10多首创作歌曲在省地级演出中分别获二等奖、三等奖与优秀作品奖。一批青年歌手，在地区的各类大赛中获奖。舞蹈作品《竹楼春》获省音舞节创作二等奖，并参加华东六省一市展演和庆祝建国四十周年浙江省大型文艺晚会演出。舞蹈《剑魂》获浙江省音舞节创作奖。龙泉舞蹈工作者与人合作的《小屋》也在省音舞节受到好评，并获得二等奖。音乐舞蹈工作者与音乐文学工作者密切配合，创作大量配合中心工作、具有龙泉地域特色的作品。

1993—1997年，音乐舞蹈成果较多。歌曲《环卫工人之歌》荣获中国音乐家协会主办的1995年“中国工人歌曲新作征歌评选”优秀奖。歌曲《青砖白瓦房》参加浙江省《爱我中华》征歌大赛，获优秀奖。歌曲《眼镜里的北京》参加1996年丽水地区音乐精品比赛，获精品奖第一名，又选送参加浙江省创作歌曲大赛，获创作三等奖。在1994年浙闽七县市“湛庐杯”舞蹈大赛中，独舞《笼》获得二等奖、三人舞《剑魂》获得创作三等奖。在1995年丽水地区文化馆站干部业务比赛上，舞蹈《看龙舟》获一等奖，在1996年丽水地区舞蹈精品比赛中，《看龙舟》获精品奖。国家级发表、出版歌曲30首.

1998—2008年，全市有300多件音乐作品在国家、省、地级以上音乐刊物、大赛等活动中发表、获奖，出版专集1部。龙泉原生态歌曲《啰啰唻》参加在西安举行的中国首届原生态歌曲大赛，获优秀奖，参加首届中国民歌节获最佳风格奖，最佳表演奖。《听着你的故事》获得中国音乐家协会《歌曲》杂志主办的2007年度词曲新作“晨钟奖”，歌曲《高举五环旗，同唱一首歌》在全国第一届校园歌曲选拔活动中获奖。创作歌曲《唱起祖国歌最多》《啊，渔家姑娘》《桐林歌》入选《中国当代优秀群众歌曲大全》一书。创作歌曲《畲乡处处春常在》参加浙江省畲族新歌大赛，获二等奖。音乐论文《钢琴教学中的几个问题》参加全国教育研究与实践交流中，获三等奖。音乐论文《道是无琴胜有琴》在全国发行的《音体美报》上发表。组织《龙泉之歌》向全国征集评比活动，征集到歌词249首，歌曲50多首，经评选，6首词、6首曲分别获奖。

2010年，我市音乐家先后获得绍兴世界合唱比赛原生态组金奖、丽水市第五届原唱歌曲大赛金奖与铜奖、中国音乐文学协会举办的21世纪华人奖金奖、中华音乐人高端论坛暨才艺展示总动员全国大型系列音乐活动词曲创作金奖、丽水市新歌创作铜奖、省体育大会银奖与二等奖及铜奖、第八届丽水教师技能比赛舞蹈项目二等奖、龙泉市舞蹈比赛2个一等奖、凯森杯少年卡拉OK比赛6个铜奖。国家级发表、出版歌曲4首。

第四节　美术书法摄影

美术创作

1985—1992年，全市(县)美术创作涌现一批优秀作品。美术工作者在各地发表、展出的作品2

5 件。版画《踏浪出谷》参加国际版画节展出，获铜奖；《晚笛》《路遇》在省耕耘者美展展出，其中《晚笛》获得优秀奖，《浙江日报》发表评介赏析文章；油画《夕阳下的村庄》在浙江省油画展展出；版画《畲家春暖》在浙江省版画展展出；版画《乡情》在浙江省纪念鲁迅逝世五十周年展览中展出；工笔国画《瓯江夜色》由浙江大学教授薛菲转赠西德柏林艺术学院，参加有关文化交流活动。还有《山泉》等 1 0 多幅速写在《中国旅游报》等报刊发表。

1993—1997 年，版画《回忆》、国画《山水》、油画《梦船》均获得浙江省第三届耕耘者书画展创作三等奖。国画《大窑遗韵》融入西洋画法，在“剑瓷杯”书画大展中，受到有关专家的好评。版画《畲家三月》《遗产》《老碓》《瓷花》《暖冬》等画作，分别参加 1992 年、1993 年、1996 年的浙江省美展，获得好评。巴比松画派中的龙泉画家的油画作品均在浙江省、丽水地区有关比赛中获奖，油画作品《青花》和《青花瓷》被中国美术出版社分别推荐到日本和新加坡展出，获得好评。指画《山水》在日本《咏吟新风》发表。1996 年，市美协征集 67 幅会员作品参加剑瓷城美术大展，其中 4 名画家的作品被选送浙江省加工提高。

1998—2008 年，有 200 余件作品被省地级以上美展入选展出或在有关报刊、书籍发表。其中版画《瓷姑》，国画《静山》《绝壁·白云·人家》《清莲》，油画《风景》《女教师》等 30 余件作品陆续在省级美展展出和获奖；国画《瓯江八百里长卷》获丽水市 2002 年美展特等奖，《赶集》获丽水市 2007 年书画大赛金奖，《残》获 2003 年书画大赛一等奖。先后出版个人画集画册 10 余部。

2009 年，15 位书画作者的 15 件参展作品全部入选《1949—2009 丽水书画展作品集》，成为最多的县市；完成龙泉籍著名画家钟长生领衔主创的巨幅龙泉山水画；有作品参加浙江群艺美术作品创作并获得金奖；有作品入选第十一届全国美术作品展览创作。2010 年，油画《五月的龙舟》入选浙江群艺美术作品展并获得金奖；4 位画家的作品入选 2010 年丽水市政协书画年展。

书法创作

1985—1992 年，一些作品在省地书展中展出或在报刊发表，有不少作品在各类书法比赛中获奖。有两幅作品在纪念建党七十周年浙江省书法大展中展出。有作品分别被“全国王羲之流派书法邀请展”“全国扇面书法邀请展”“浙江省当代书法家精品展”“浙江省青年书法作品展”“浙江省硬笔书法展”入选展出。有 2 位学生参加日本高野山书道协会举办的中日青少年书法比赛并获奖。有 10 多件书法作品在各地书法比赛中分别获得二等奖、优胜奖、优秀奖。有多幅作品在书刊中发表。有数件篆刻作品在《团结报》和其他报刊发表。

1993—1997 年，青年书法创作队伍形成，发展势头更旺，在全国性的书法展览中，1 名青年书法家作品入选全国新人书法大展。在 1995 年浙江省中青年书法大展中，丽水地区入选 8 幅作品，龙泉市书法家入选 4 幅。4 幅指书作品在日本《咏吟新风》发表，1 幅书法作品荣获 1992 年“中华杯”全国书画大赛老年组优秀奖。1996—1997 年，市书协就征集 78 幅会员作品参加剑瓷城书法大展，其中又有 4 幅作品入选浙江省中青年书法大展。

1998—2008 年，全市书法家共有 30 多件书法作品在省级以上入展或获得较好奖次，2 位书法家出版个人书法作品集。作品入选入展首届全国行书展 2 幅、全国“高恒杯”展 2 幅、首届全国“兰亭展”1 幅、全国首届“公务员”书法展 1 幅、第九届全国书法展 1 幅、第二届全国“兰亭展”1 幅、名家工程千人书法展 1 幅、第四第五届全浙书法展各 1 幅，获得第四届全国新人新作十大新秀奖、第二届

“灵桥杯”全浙青年书法选拔赛金奖、第四届中青展铜奖、第二届“温泉杯”书法大赛铜奖，2名书法家作品集公开出版发行。

2010年，3位书法家的书法作品入展“第七届全浙书法大展”。

摄影创作

1985—1992年，龙泉市（县）摄影工作者拍摄的部分艺术作品在各地报刊发表，也有一部分反映当代现实生活的作品在展览中展出。《喜讯》《向往》《追求》《春雨送医》《气功延年益寿》《义务情报员》等分别在《浙江日报》《钱江晚报》《农民画报》《中华老年报》《人民日报》海外版发表，其中《喜讯》在“统一祖国振兴中华影赛”中展出，《回娘家》赴日本参加“十六届亚太地区摄影比赛”，《伴侣》入选“中国第一届摄影小说展”；《浙江林海》在国家级刊物《人民画报》发表，有10多件作品在各类比赛中分别获二等奖、三等奖、优秀奖与鼓励奖。

1993—1997年，摄影艺术出现大批摄影人才，拍出数百幅好作品。其中《待发》入选全国第十七届摄影展览，《锦绣山河》获省三届耕坛者摄影展二等奖。《大柳衫》入编由北京美术摄影出版社出版《为了大自然》一书。1996—1997年，市摄协征集75幅会员作品参加剑瓷城摄影大展。在浙江省摄影家协会、丽水地区文联、浙江画报社和龙泉市政府联合举办的1996年“龙泉杯”闹春耕摄影大赛中，20位作者选送作品百余幅，获奖15幅，其中作品《腾龙闹春》荣获二等奖。2位摄影家作品获得三等奖。

1998—2008年，全市摄影家共有600多幅作品在国际、全国和省地、市各级各类比赛活动中获奖和入选，2000多幅作品在各类媒体上发表。作品《待发》《山村木偶戏》《吉星高照》先后入选国展；作品《荷花仙子》入选国际影展，作品《她的眼神》获国际摄影展评委推荐奖；作品《夕阳之舞》获得人像银奖、《风在吹起》《诞生》获得人像铜奖；作品《课间》在第十二届奥地利国际摄影巡回展出和国际摄影权威刊物刊登；作品《渔镇盛事》荣获第四届全国城市摄影大赛银奖；作品《破旧立新》《母爱》获瓯江行全国摄影大赛金奖；作品《丰收时节》获瓯江行全国摄影大赛银奖；作品《瓯江帆影》入选“美丽的中国”全国风光摄影大赛；作品《不畏艰险除火魔》《山村晨韵》《瓜熟人忙》在第六届“影像中国”全国摄影艺术大展中入选；作品《古村遗韵》获2007年“索尼之星”奖；作品《乐水人家》《晨曲》《云绕南尖岩》《青瓷作坊》在瓯江行全国摄影大赛中入选；作品《披云人家》在第11届全国人像摄影大赛中获得优秀奖；作品《勤劳一生》获“感受丽水”摄影大赛银奖，《华夏之光—龙泉宝剑》获省级非物质文化遗产摄影大赛金奖；作品《笋香飘飘》在丽水人大系统摄影大赛中获金奖；作品《笋担下山》获丽水人大系统摄影大赛银奖；作品《瓷工》在第二届中国龙泉青瓷·龙泉宝剑节摄影比赛中获得银奖，作品《醉》《亲近雪拉同》获得铜奖；20幅作品在“多丽杯”咱们中国人全国摄影大赛中获奖和入选；作品《瓯江源》《秋归》在国家奥组委等部门举办全国摄影大赛中获三等奖；作品《华夏之光——龙泉青瓷》获浙江省和全国非物质文化摄影大赛金奖。

2009年，在全省举行“影传世界、聚焦龙泉”挑战对方、超越自我——中国摄影家大PK活动。2010年，先后组织兰巨、南弄、竹垟、李山头、坝上、屏南等创作采风，举办“纯情畲乡杯”“创业先锋杯”“安监杯”“慈善杯”等摄影大赛，并走出国门，参与土耳其“中国文化摄影展”。

第五节　民间文艺及其他

民间文艺

1985—1992年，龙泉市（县）民间文艺工作者在省内外报刊发表民间故事、新故事与通俗文学作品50多篇。国家级刊物《民间文学》发表龙泉民间文学工作者搜集整理的民间故事《知半天巧造五支桥》《精明捉鬼》，新故事《盯梢者的奇遇》获《上海故事》三等奖。有多篇有龙泉地方特色的民间故事选入出版社的民间故事集。民间文学工作者深入山区农村，广泛发动群众，搜集民间故事1728篇，歌谣1706首，谚语1126条。经过遴选整理，编辑出版50万字的《中国民间文学·龙泉市故事、歌谣、谚语卷》。

1993—1997年，市民间文艺家协会主办《龙风故事报》，历时5年，共出32期，深受群众欢迎。我市作者连续在《民间故事》《山海经》《故事大观》《乡土》等省内外乃至全国性的刊物上发表民间故事40余篇，民间文艺的理论研究论文《龙泉人对陈夫人的信奉风习》，获两省市民俗理论研讨会优秀论文奖。风俗调查报告《石马龙灯》入选1994版《龙泉县志》。在民间手工艺术品方面，《双羊图案》龙泉青瓷瓶荣获全国巧手女工手工艺品一等奖，5位工匠获评国家级民间工艺美术大师，联合国科教文组织和中国民间文艺家协会颁发荣誉证书。1996年，市文联又选送《露胎装饰耳环瓶》《藏龙纹片盘》《哥弟窑手拉罐》《至尊剑》《福寿剑》参加1996浙江中国民间艺术展览会，全部荣获金奖，是此次展览会获得金奖数最多的县（市）之一。

1998—2008年，续办《龙风故事报》42期，在《山海经》《民间故事》等各级报刊发表各类民间文学作品120余篇，结集出版《血溅金都戏院》《杂艺拾遗》《三春私奔以后》等专集。组织文艺骨干对龙泉市的非物质文化遗产进行两次大普查，搜集整理3159件有价值的作品，拯救一批将要失传的民间瑰宝。

学生写作

1985—1994年，《幼林》小报中学版、小学版各出96期，发行200多万份，文章生动活泼，内容健康向上，深受中小学师生的欢迎。同时，向省内外推荐一批优秀作文，在评比中分别获一等奖、优秀奖。有3名学生从《幼林》起步，在《浙江日报》《西湖诗报》《东海》等省市报刊杂志发表文字作品。在辽宁民族出版社出版专著《同中学生谈写作与语言训练》。

1987年龙泉师范学校学生创办《晨曦》文学社，其杂志在浙江省28所师范学校文学社交流，其中一学生散文作品《烛光·母亲·番薯草》获得全国中学生师范生创作比赛二等奖。1991年改名《路遥》文学社。2000年改为龙泉中等职业学校，该文学社刊物改名《三叶草》。该刊物刊登教师和学生作品，在浙江省内100多所职业学校交流，其优秀作品常被《处州晚报》选载。

集邮

1993年以来，集邮爱好者的作品参加浙闽赣三省六地市邮展，参加浙闽毗邻四县市邮展，并荣获一、二等奖。1998年至2008年，集邮协会会员积极参与各级邮展，获得三等奖以上的有30余部，编写《二十年龙泉集邮大事记》，组织"风光集邮研究会"，编印《风光邮苑》16期，先后举办中小学生集邮知识竞赛、"邮政与我"演讲比赛、"古代少年道德故事"浙江省青少年邮票设计比赛、"奥运风采"浙江省青少年手绘纪念封设计比赛等，获得浙江省"集邮之家"称号。

根雕盆景艺术

根雕艺术工作者利用假日和休息时间，跋山涉水努力寻找根材，精心构思，创作不少具有审美价值、充满生活情趣的作品《阿Q求吴妈》在全国第二届根艺大展中展出，获银牌奖，《狐狸》在浙江省民间艺术大展中展出，获三等奖。《百马图》受到有关专家的赏识。1998—2008年，据不完成统计，盆景协会会员培育各类大小盆景3000余，先后获得中国首届长三角地区花卉园艺博览会盆景展银奖，浙江省第五届盆景展3个铜奖，丽水市摄影艺术节盆景展2个银奖5个铜奖。根艺石艺研究会组织会员参加各级展览活动，获得地级以上奖项32个，其中国家级银奖4个，省级银奖1个、铜奖1个、三等奖1个、开拓奖1个，地级金奖4个、银奖9个、铜奖9个、优胜奖1个。

诗词楹联

1982年10月1日，龙泉县成立"林海诗社"，刊出《林海诗词》。1988年，改为"丽水地区瓯江诗词学会"，成员53人。1993年改称"丽水地区诗词学会"，会刊《瓯江诗词》。

1992年龙泉市成立"龙泉市龙渊诗社"，会员32人。1993年更名为"龙泉市诗词学会"，社刊《龙吟诗刊》。2003年，改名为"龙泉市诗词楹联学会"，会刊《龙泉诗刊》。1998—2008年，编辑出版《龙泉诗刊》34期，创作诗作2500余首，楹联500余幅，发表诗词400余首，获奖6次；编辑出版全国征稿的《当代万首绝句》《当代词选》《抗洪吟集》和《龙泉山水吟》《颂龙泉市诗词三百首》《龙泉诗词楹联学会会员简历和代表作》等专集；2008年《七绝·望海楼》获得海内外诗词大赛一等奖，先后获得全国"灵运杯"诗词大赛三等奖、"日泰杯"全国诗歌大奖赛三等奖、全国酒文化诗词大奖赛佳作奖、中国泰顺廊桥诗词楹联大赛优秀奖、首届"华厦作家网"杯文学大奖赛优秀奖。

第二章　群众文化活动

第一节　社区、乡村与企业文化活动

送文化下乡

1998年以来，龙泉市送文化下乡活动常年不断，市文化部门组织各种类型文艺宣传队奔赴全市

19个乡镇街道演出。至2010年，龙泉市文化系统共送戏下乡500余场，送电影6000余场，送书46400余册，培养农村文化员、业余文艺骨干和村级文化管理员200余人，全市建立百余支业余文艺队伍。乡镇街道每年举办一次会演，送戏下乡到村达80%以上，广播电视网络实现全市乡镇全覆盖。

业余演出队

2002年后，3个街道5个社区分别建起清风社区老年体协宣传队、西新社区老年艺术团、南秦社区老年表演队、水南社区姐妹越剧团、东升社区文体队等5个业余演出队，常年活跃在城乡街道。

2006年，各乡镇（街道）开展木偶、龙灯、板龙、舞狮等民间表演活动。举办“乡村文化艺术节”“金土地”“老人节”“劳动者之歌”首届“六一”少儿歌手电视大奖赛和《红色旋律》大型音乐会等文艺活动。组织参加全国青少年儿童电视歌曲大赛，2人获浙江赛区二等奖，10人获三等奖。

2008年，清风社区老年体协宣传队，应邀参加丽水市农村文艺汇演，越剧《梁祝》选段“回十八”获二等奖；西新社区老年艺术团，2008年应邀参加文化部主办的全国第七届中老年“夕阳秀”展演，舞蹈《龙泉之歌》获菊花金奖，并荣获团队精神文明奖（全国仅设5个精神文明奖）。

2009年，建成锦溪等6个乡镇文化中心。举办丽水市第二届乡村文化艺术节、浙大龙泉分校建校70周年文艺晚会等大中型文艺晚会，以及各类文化研究会和论坛。《畲乡情》《瓷韵》等歌舞作品参加全国赛事并获奖。

2010年，通过举办节庆，影视推介，走进世博、参展巴黎等大型展会等，剑瓷产业影响力与美誉度不断提升。完成新建宝溪、安仁、查田3个文化中心的建设。《木兰双扇》等文艺作品在国家、省级比赛中获奖。

文化活动室

2002年后，社区相继出现文化活动室。2002年，西新社区九村老年活动室建立，内设图书室、棋牌室、老人协会活动室、戏台，总面积达500平方米。是年，东升社区二村“星光老年之家”和金东社区文化活动室建立，内设健身室、聊天室、棋牌室、音乐室、阅览室，场所面积分别达160平方米和200平方米。2003年后，水南社区、南秦社区文化活动室想继建立。

业余乐队

2002年，西街街道西新社区组建西新社区“康乐乐队”，后改称为“乡音民间乐队”。有演奏人员10人，演唱人员5人，乐队主要演奏乐器有京胡、板胡、越胡、中胡、二胡、扬琴、月琴、琵琶、中阮、大提琴、笛子等。乐队先后应邀去过龙泉市础石、道太、岩樟、安仁等乡镇演出，并且多次去过建筑工地、敬老院、武警中队等单位进行慰问演出。2005年乡音民间乐队参加丽水市社区文艺汇演，乐队演奏的《喜庆锣鼓》曲目获二等奖。2008年参加丽水市首届农村器乐大赛，演奏《子弟兵和老百姓》曲目获一等奖。东升社区二村军鼓队于2005年组建，军鼓手30余人。

社区文化示范户

2005年，“龙泉市百村百户文化示范工程”开始启动，至2008年，龙渊、西街、剑池3个街道社区共评出省级9个、县(市)级16个文化示范户。较为突出的有李文示范户和毛庆邦示范户。

企业文化活动

龙泉市(县)通过企业文化活动增进员工互相交流分享,宣传企业形象,渲染文化氛围,形成社会共识。1989年以来较有影响演出有:企业首届卡拉OK大奖赛、"爱厂大歌"大奖赛、"浙江省佳和矿业有限公司成立6周年"文艺晚会、"个体私营经济怀"卡拉OK大赛、"大红鹰怀"全市职工歌手大赛、"交通之夜"文艺会演、电信之夜"3•15"文艺晚会、"祖国颂电力情"庆祝建国六十周年大型文艺晚会、"金石杯"小主持人大赛、"上海大众汽车杯"2010龙泉市端午龙舟大赛系列活动等。另外,"龙泉电力公司乘风破浪QC小组的发布仪式" 在全国32次优秀质量管理小组优秀课题发布会上获得发布优秀奖。

2007年7月,龙泉市普耀电力公司根据省公司"优质服务年"活动的决策部署,根据龙电党〔2007〕13号文件《龙泉市电力局关于开展优质服务年活动实施意见》的要求,结合供电实际,开展"爱心活动",实施"平安工程",推行"全员服务""内部服务",和以客户为中心理顺服务流程,贯彻落实"三个十条"等。是年12月,龙泉电力局开展"红色教育"活动,把老红军的英雄事迹和光荣传统作为感染与教育员工的"精神食粮"。该局通过举办"电力杯"家庭助廉教育知识竞赛活动、"电力杯"廉政故事演讲比赛和"廉洁文化进社区"广场文艺演出等"红色教育"活动,与社会各界进行反腐败工作的交流,并积极组织职工参加全市廉政文化征文、书画、摄影比赛、一对一资助特困户等活动。通过走访老党员、赴革命老区开展革命传统教育、参观烈士陵园等活动,150多名党员干部受到教育。

第二节　广场与节庆文化活动

活动概况

1990年后,广场文化兴起,灯会、民间艺术踩街、广场文艺演出活动遍及城乡,为各大节日增添许多喜庆气氛。1998年3月组织"龙泉颂"大型文艺晚会,观众2000余人。1999年9月,组织龙泉市庆祝祖国五十华诞"祖国颂"大型文艺晚会,观众达3000多人。是年12月20日,举行"庆回归、跨世纪、展风采"大型群众性游行活动。1998—2003年,想继举办"我为国税献青春""交通之夜""电信之夜""安全责任重于泰山文艺晚会""凤阳山民间艺术节""个体私营经济杯卡拉OK演唱赛""中职校歌咏优秀主持人比赛"等活动。2008年,举办第三届青瓷宝剑节,青瓷宝剑节成为全省重点扶持的18个文化节庆活动之一。

民间艺术踩街

2000年第二届龙泉山登山节及建市十周年庆典, 举行大型彩车踩街活动, 参加踩街的彩车达21台,队伍长1000余米,观众达4万余人。2002年10月28日下午,中国陶瓷艺术展会暨龙泉青瓷节期间,举行大型民间艺术踩街。参加踩街的腰鼓队伍10支,鼓手1000余人,安仁板龙、龙渊龙舟

(以彩车形式)、石马龙灯、城北马戏、畲乡风情舞、西街台阁(扮挑)、南秦、八都狮子、踩街。踩街队伍长约2000米,从市人民医院起至中山中路、新华街、经南大桥、剑池中路,留槎洲桥到公园路路口,踩街队伍头尾相接,这一民间传统艺术得到重现。2010年,围绕着畲乡风情表演和畲乡饮食风俗,举办畲族"三月三"即竹垟畲乡风情游启动仪式系列活动。

广场与节庆演出

1996年后,龙泉市体育场、留槎洲公园相继建成,为广场文艺演出提供活动平台。2001年,龙泉市第三届浙江龙泉山登山旅游节开幕式在市体育场举行, 分别邀请浙江歌舞团、江苏南通市歌舞团、著名歌星郁均剑、毛阿敏、著名主持人李湘登台演出,观众计3万余人。2002年,由市委宣传部、文化广电新闻局出资,搭建露天流动舞台,在城区举办系列以"我爱龙泉"为主题"广场文艺演出活动,如举办"破旧俗,树新风,殡葬改革广场文艺晚会""创文明城市,做文明市民"文明创建专题文艺晚会;"爱心助成才,共圆大学梦"资助贫困学生专场文艺晚会;"联通新时空杯"龙泉市第三届十大歌手大赛等。其中以"文物保护法"为主题的文艺晚会获得丽水市广场文艺评比银奖。2002—2004年,共演出30余场,深受广大群众的欢迎。2007年,由省文化厅赠送的大篷车流动舞台,开始在城区、农村流动演出,每年不少于100场。

2002年10月,龙泉市举办首届"龙泉青瓷•龙泉宝剑"节,中央电视台《艺术彩虹》栏目组应邀来龙,分别在云岩山庄景区和新落成的龙泉体育馆上演精彩的文艺演出,开幕式晚会由央视主持人赵忠祥担任主持,著名相声演员牛群,歌唱演员张咪、吕薇等参加演出,共有1万余名观众到现场观看。演出实况在CCTV3艺术彩虹栏目多次播出。

2005年5月至11月,龙泉市开展以"迈进小康、走向文明、构建和谐"为主题、以"雅俗共赏、服务农民"为宗旨的乡村文化艺术节,直接参与、受惠群众达12万多人次。

2007年11月16日,第二届中国龙泉青瓷•龙泉宝剑节隆重举行,经挖掘整理的龙泉原生态山歌首登开幕式晚会舞台,受到观众热烈欢迎。

2009年12月22日,第四届中国龙泉青瓷•龙泉宝剑节、龙泉置县1250周年庆祝活动、龙泉青瓷传统烧制技艺入选"人类非遗"庆祝大会隆重举行,会上举行声势浩大的文艺踩街活动,共有彩车方阵20余个、演员800多人参加游行。

2010年,相继举办"科学发展和谐剑池"大型文艺晚会、"庆祝撤县设市20周年"文艺晚会、龙泉市撤县建市20周年纪念暨第五届龙泉青瓷宝剑节开幕式文艺演出和欧冶子公祭活动、"幸福龙泉"城市特色文化广场活动等。

2010年7月7日,丽水市第三届乡村文化艺术节暨第四届浙闽老区文化节在龙泉住龙镇开幕,该活动由丽水市委宣传部、市文化广电新闻出版局主办,丽水日报社和丽水广播电视总台协办。节目有原生态歌曲《啰啰来》、情景剧《爱在龙泉山水间》、武术表演《菇民防身术——凳花》、现代爵士舞蹈《黑夜印象》等。丽水市第三届乡村文化艺术节活动之外,还在第二天安排三个文化活动:丽水市乡村腰鼓大赛、丽水市木兰操大赛及丽水市乡村文艺会演。龙泉市被浙江省列为"龙泉青瓷民间艺术之乡""龙泉宝剑民间艺术之乡"。

第三节　文化基础设施建设

“东海明珠”和“山花工程”

1996年始，龙泉市实施“浙江省建设东海文化明珠”工程。1998—2008年，全市八都镇、城北乡、住龙镇、础石乡、道太乡等乡镇达到浙江省“东海明珠”工程标准，八都镇、城北乡、住龙镇、础石乡、安仁镇、锦溪镇达到丽水市“山花工程”文化乡镇标准。2004年，安仁镇建成省级“东海明珠”工程，市级“山花工程”。

文化艺术资源普查

2005年5月至2006年8月，开展龙泉市民族民间艺术资源普查。2007年12月至2008年7月，非物质文化遗产普查，共查16个门类，88个项目，登记、汇编，将目录清单、登记表、录音、图片、录像等相关资料上报。填报项边村中秋迎稻草龙习俗、李登村黄米果制作、大舍村摆祭、安仁板龙龙灯、炼油放火、雕刻、菇民防身术的传承人。2008年8—9月，全国第三次文物普查，基本上摸清文物的“家底”。文物点146个，其中新发现56个，复查90个。坛庙祠堂23座，宅第民居14幢、矿冶遗址8处，其他近现代重要史迹及代表性建筑3处，金融商贸建筑2处，名人故居、旧居2处，交通道路设施5处，桥涵码头4处，碑刻1处，宗教建筑2处，其他古遗址1处，摩崖石刻2处，学堂书院1处，池塘井泉1处，窑址77处。

农村文化基础设施建设

2007年始，龙泉市19个乡镇(街道)实施“农村文化基础设施建设工程”，至2008年，共接受省财政对农村文化基础设施建设补助经费近400万元。2008年，已创建城北、住龙、八都、安仁、础石、道太、龙南等省级东海文化明珠乡镇；创建丽水市“山花工程”文化乡镇9个，即城北乡、住龙镇、八都镇、安仁镇、础石乡、道太乡、龙南乡、屏南镇、锦溪镇。与此同时，给村级文化活动室配送文化活动器材(每村1.3万元文化器材)配送78个行政村。西街街道下樟村、城北乡东书村分别在2007—2008年被命名为省级文化示范村；全市44个农户被授予省级文化示范户，建立一个市级信息共享工程中心和2个服务点，以及400多个行政村的文化信息共享网点。

城区文化场馆建设

2009年，龙泉青瓷文化创意基地被列入浙江省集聚发展的30个文化创意园区之一和省重点服务业集聚区。青瓷博物馆试开馆。市文化馆、图书馆、剧院等文化设施建设有序进行。2010年，青瓷文化创意基地入选省首批现代服务业集聚示范区和特色文化产业园区，其中投资1.03亿元的龙泉青瓷博物馆已建成投入使用，中华宝剑文化园建设开始启动，上垟青瓷孵化基地顺利推进。开展撤县设市20周年庆祝活动，举办第五届中国龙泉青瓷•龙泉宝剑节，同时启动省级文化先进市创建活动。

第三章　公益文化事业

第一节　行政管理机构

机构沿革

1978 年 11 月，龙泉县文化局成立，核定编制 5 人，负责全县文化工作。同年，龙泉县图书馆成立。1979 年，龙泉县文化馆和文化站相继恢复。1983 年，公社改为乡镇政府，龙泉县开始建立乡镇文化站。1984 年，龙泉县全面将乡镇文化站确定为全民所有制文化事业单位。1993 年，市文化局与市文联合署办公。1996 年，市文联从文化局中分出，单独办公。文化局下属单位有图书馆、文化馆、剧团、剧院、电影公司及各乡镇文化站。

2001 年 11 月，撤销龙泉市文化局、市广播电视局、市体育局，组建龙泉市文化体育广播电视局，主管全市文化、文物、体育、广播电视、新闻出版等工作。

2005 年，市文化体育广播电视局改组为市文化广电新闻出版局，统一行使文化、广播电视、新闻出版、版权等部门的行政管理职能；龙泉市体育局单独挂牌，与市文化广电新闻出版局合署办公。2005 年 3 月 31 日，龙泉市文化广电新闻出版局（体育局）挂牌成立。内设职能科室 7 个，分别为办公室、文化管理科、广播电视科、群众体育科、行政审批科、文化市场行政执法大队、文物监察大队。管辖市文化馆、图书馆、博物馆、体育中心、剧院、文艺工作队（原越剧团）、电影公司等 7 家事业单位。同年，龙泉市建立集中统一的文化市场行政执法机构，组建成立龙泉市文化市场行政执法大队，作为文化广电新闻出版局的直属机构，归并文化、广电、文物、新闻出版、体育等行政执法职能。

公益文化单位

2005—2010 年，龙泉市有文化艺术表演团体 1 个，文化馆 1 个，乡镇文化事业发展中心 19 个，公共图书馆 1 个（总藏书量达 16 万册），博物馆 1 个，有各类电影放映单位 7 个，有各类文化市场经营户 153 户，电视差转发射台 3 座，卫星收转站 416 个，广播电台 1 家，电视台 1 家。报社 1 家。

第二节　文　化　馆

概况

龙泉文化馆位于龙泉市中山西路 45 号，馆舍面积约 1200 平方米。1939 年龙泉建立“民众教育馆”，中华人民共和国成立，政府接管该馆，改名“人民文化馆”。后“人民文化馆”又更名为“龙泉县文化馆”。馆址由文昌阁迁贤良坊蔡氏宗祠，1969 年再迁建西大寺新楼。1978 年 4 月，分立县图书馆。1982 年文化、图书、展览综合楼建成，建筑面积 3000 平方米。综合楼一、三层归文化馆使用。文化馆内设美术组、摄影组、音乐舞蹈组、戏剧组、文学创作组、群文辅导组。1991 年，更名为“龙泉市文化馆”。

2006 年，增设农村民间民族文化艺术普查办公室，设立非物质文化遗产普查办公室。2008 年，在岗人数 10 人。2008 年 10 月，新建人民广场文化馆大楼动工。该大楼由政府投资，融艺术展厅、多功能厅、文化艺术培训等于一体，至 2010 年，新馆仍在建设中。在岗人数 14 人，有副高职称 5 人，中级职称 5 人，大专以上学历 10 人。

1989—2010 年，每年组织和举办全市（县）性文艺演出 20 多场，演出节目 50 多个。常组织舞蹈、声乐、小品、美术、书法和摄影等专场演出和艺术大赛，节假日也举办大型联欢会、文艺晚会、游艺会。

2005—2010 年，龙泉市文化馆开展系列保障公民基本文化权益的活动。

演出活动

1989 年后大型活动有：历届的龙泉“登山节”开幕式大型文艺晚会、“纪念毛泽东诞辰 100 周年”文艺晚会、“山风”文艺晚会、“归航”文艺晚会，为庆祝建国四十周年举办的“千人革命歌曲大合唱”、2005 年“乡村文化艺术”优秀节目会演等。

自 1989 年以来，每年都有作品参加省、地文艺调演、比赛，其中获国家级、省级奖达 20 余项。2009 年 8 月，龙泉文化馆组织的代表队《剑火阑干》在丽水市第二届乡村文化艺术节开幕式暨祖国颂乡村舞蹈大赛参加展示，《畲妹踏春》让人们领略少数民族的文化魅力。

农村文化辅导

馆内设有群文辅导组，配有音乐、舞蹈、戏剧、美术、摄影、文学创作专业干部。以辅导各乡、镇文化员，村级文化管理员（文艺骨干）为主，举办各类培训班，指导和协办各类文艺宣传活动。如创办《凤阳山》文艺刊物，协助举办龙泉市乡村文化艺术节、首届“丰收的田野”农民书法比赛、农民摄影艺术比赛、首届龙舟大赛、首届乡村歌手大赛、乡村文化艺术优秀节目汇演等，辅导效果明显。2007 年，启动“农村文化队伍素质提升工程”，举办三期培训班，培训乡镇分管文化领导、文化员、业余文艺骨干和村文化管理员共计 288 人次。2010 年，组织举办农村文化队伍素质提升工程培训班，共有 170 多人参加培训，其中 30 多人参加文化员培训班，70 多人参加农村文化管理员培训班，60 多人参加农村业余文艺骨干培训班。

经营活动

1989—1995 年，开办电视录像放映厅、舞厅、卡拉 OK、网吧、台球室、印刷厂，利用场馆场地创办“艺术幼儿班”“三 A 歌舞厅”，或者直接将文化站房舍和设备承包给他人经营，1994 年 7月，创办“龙泉市业余艺术学校”等文化经营项目，改变单一的政府财政拨款，缓解文化事业经费的紧张。

第三节　图　书　馆

概况

1978 年 4 月成立县图书馆，馆址位于中山西路 45 号。1982 年文化、图书、展览综合楼建成，二楼为图书馆，建筑面积 600 平方米，编制 14 人，2000 年图书馆实行事业单位全员聘用制试点改革，缩编为 12 人，其中大专以上学历 11 人。2003 年被评为三级图书馆。2009 年被评为国家二级图书馆。新建图书馆于 2008 年 11 月 8 日奠基动工。坐落在市人民公园广场内，图书馆占地面积 1814.57 平方米，建筑面积 3678 平方米，总投资 3453.9 万元。

市图书馆一方面兼顾普通读物馆藏，同时注重增添大型工具书与古籍书。大型工具书和古籍书主要有《四库全书》《四部丛刊》《古今图书集成》《汉语大字典》《汉语词典》《简明不列颠百科全书（全 11 卷）》等。馆藏图书 17 万册。

图书馆以召开座谈会、发信征集、上门收集等形式，收集龙泉历代名人书籍，影响较大的氏族家谱，如何氏、章氏、张氏、季氏、汤氏、巫氏、鲍氏、吴氏、王氏、李氏、林氏等 14 部地方特色文献，协助编纂完成《中国家谱总目》《浙江家谱总目提要》等典籍。

服务读者

龙泉市图书馆以读者为本，设立外借室、报刊阅览室、儿童阅览室、资料咨询室、农村辅导室、快借室、古籍工具室、多媒体电子阅览室等窗口。龙泉市图书馆 2010 年持证读者 1480 人，年到馆读者 6.5 万人次，年借阅 8.65 万册次，服务窗口开放时间从 1989 年每周开放 42 小时到 2010 年增至 59.5 小时；实行无假日开放制度。

图书馆利用丰富的馆藏资源，注重二次文献开发利用。主要信息服务有《科技信息》、种植业、养殖业专辑《农友》等小册子。每年开展 8 次以上读者活动，参加者逾万人次。传统大型读者活动如文化下乡、未成年人读书节、全国图书馆服务宣传周活动等。20 世纪末读者活动内容、形式都有新的发展。1989—2009 年开展“传播科学思想、倡导科学方法、弘扬科学精神”“迎接党的十六大胜利召开”“纪念中国共产党成立 80 周年”“讲科学、破除迷信”“奥运中国”“全国文化信息资源共享工程建设介绍与网络导航”等全国图书馆服务宣传活动。为改善农村基层文化服务，让广大村民享受到优质文化，2008 年 12 月，省文化厅对全省欠发达县市赠送图书流动车，该馆于 2009 年 1 月 7 日接车到馆。流动车的投入使用，标志着山区的村民在家门口也能“有书看、有书借、有书用”。

数字化建设

龙泉市图书馆完善电子阅览管理服务，致力于为公众提供方便、广泛的信息知识。2003 年 6 月，开办多媒体电子阅览室，到 2010 年拥有电脑 60 台。2004 年 8 月 3 日，丽水市首个全国文化信息资源共享工程县级支中心建成。可以网上查阅 200 多万种电子图书、8000 多种电子期刊、5000 多万条信息数据、3000 多部视频影视、160 部地方戏曲、150 多场名家讲座等文化资源，年访问读者 4.5 万多人次。

2006 年，龙泉市公共图书馆以“八荣八耻的社会主义荣辱观”“科学发展十一五”和“创造新辉煌”为主题举办 16 个版面的 150 张图片展。送书下乡 12 次，图书 4100 多册。图书自动化管理系统初步建成。

龙泉市主要基层图书馆(室)藏书情况一览表

表 29-3-1

馆(室)名	建馆年份	馆舍面积（平方米）	总藏收量（册）	年借阅	
				人 次	册 次
宝溪乡文化站图书室	1983 年	10	4000	1000	2000
兰巨乡文化站图书室	1992 年	20	2000	430	360
查田镇文化站图书室	1992 年	25	3000	420	840
城北乡文化站图书室	1998 年	70	8000	430	860
住龙镇文化中心图书室	1998 年	100	5000	360	720
锦溪镇文化站图书室	1999 年	45	5000	2000	4000
八都镇文化中心图书室	2000 年	100	2000	2000	4000
道太乡文化站图书室	2002 年	60	11000	1000	2000
安仁镇文化站图书室	2004 年	60	5000	500	1000
龙南乡文化站图书室	2007 年	100	6000	500	1000
础石乡文化站图书室	2007 年	50	6000	600	1200
屏南镇文化站图书室	2007 年	120	8000	800	1600
竹垟乡文化站图书室	2008 年	60	5000	200	400
岩樟乡文化站图书室	2008 年	50	2000	230	460
小梅镇文化站图书室	2008 年	35	5000	180	360
大沙小学金祖金健华图书馆	2008 年	40	10000	5000	12000

第四节　乡镇文化站

建站变迁

1949 年始设文化员，1954 年，由县文化馆派人建立第一个区文化站——八都区文化站。1976 年，全县均建立区文化站。1980 年，在八都、上东、大沙、龙南、茶丰、王庄、屏南等乡镇建立公社文化站，至 1986 年全县 53 个区乡(镇)均建立文化站。1992 年，“撤区扩镇并乡”机构改革后，原 53 个区、乡(镇)文化站并归为 17 个乡镇文化站。2002 年，原龙渊镇划分为三个街道办事处，原镇文化站撤销，三个街道文化站相应建立，至此，全市有 19 个乡镇(街道)文化站。原区、乡(镇)文化站业务归文化馆领导，人事、工资为文化局领导和管理，行政归当地区、乡(镇)政府领导。2004 年，乡镇(街道)

事业单位机构改革，文化站业务辅导由市文化馆承担，行政、人事、工资均由当地乡镇（街道）领导和管理。

1986年前10个区（镇）文化站属全民所有制事业单位，其他文化站为民办公助文化站。1992年，“撤扩并”后，乡镇文化站转为全民所有制事业单位。1985年始，逐步将乡镇民办公助文化员转为国家事业干部或省聘乡文化站专职干部，截至1996年乡镇文化站文化专职干部达51人。2004年乡镇事业单位进行机构改革，将47名乡镇专职文化员减少至23人，其余人员分配到乡镇（街道）其他事业单位。

2010年龙泉市各乡镇（街道）文化站情况一览表

表29-3-2

站名	人员数（人）	站舍面积（平方米）	藏书	站名	人员数（人）	站舍面积（平方米）	藏书
龙渊街道	1	500	1000	宝溪乡	1	30	40000
西街街道	1	80	800	岩樟乡	1	45	200
剑池街道	1	—	1500	安仁镇	2	480	6000
八都镇	1	550	200	住龙镇	1	550	5000
小梅镇	2	20	3000	锦溪镇	1	100	5000
屏南镇	1	650	8000	上垟镇	1	460	3000
查田镇	1	80	3000	兰巨乡	1	25	2000
竹垟乡	1	600	5000	碰石乡	1	480	6000
龙南乡	1	670	6000	道太乡	2	630	11000
城北乡	1	500	8000	—	—	—	—

站办活动

20世纪80年代前，龙泉县基层文化员主要配合党和政府的中心工作开展群众文化活动，组织编写黑板报、广播、标语、通俗文艺、革命歌曲、文化补习等，以各种文艺形式宣传党的路线、方针、政策，并对群众进行科普、时事宣传教育等工作。80年代始，在市文化馆业务辅导下，因地制宜地开展黑板报、宣传栏（窗）、科技室、图书报刊借阅、书、画、摄影展览，开展文艺演出，知识竞赛，体育比赛，卡拉OK演唱，历史文化遗产普查和开发利用等活动。各乡镇每年都举行汇演，逢重大节庆都开展丰富多彩的群众文体活动；1991年龙泉市区、乡（镇）举行“党的基本路线教育”文艺大会演，区、乡（镇）共演出60余台节目；2005年全市举行“乡村文化艺术节活动”，该年5—12月，做到“村村有节目，乡乡一台戏，市里大会演”。在这期间还举行首届“丰收的田野”农民书法比赛，乡村歌手大赛和农民摄影比赛。

2010年，市、乡镇、村三级文化基础设施网络初步形成，农村公共文化体系初步得以建立，创建乡镇文化中心19个，村级100平米文化活动室110个。一些乡镇文化站电子阅览室、乒乓球室、露天舞场、图书阅览室等，所有项目免费开放；经常自编自演文艺节目，常于节假日组织文艺骨干开展文化活动。由于农村文化事业发展较快，文化站文化设施发展日益完善。

第四章　文化事业产业与团体

第一节　新华书店

创立初期

1950 年 6 月 5 日，在龙泉县青年联合会创办的青年书店的基础上，建立新华书店龙泉县支店，统一管理图书发行业务，属事业性质文化单位。1954 年始，新华书店开展农村流动供应，由于地处浙南山区，职工 50%以上的时间都在下乡流动售书。1958 年，改为龙泉县新华书店，开展特约农村供销社经销。至 1976 年在全县建立农村供销社书刊部 62 处。1978 年，科技书发行 1 万余册，政治理论、文艺书籍征订数亦有增加，全年发行额 18 万余元。1983 年，在县城中山路新建 1023 平方米四层综合图书营业大楼，其中门市部面积 290 平方米。当年两个门市部销售额 46 万元，1988 年 102 万元。

购地重建

20 世纪 90 年代，新华街中心门市部遇旧城改造，1994 年，于原址旁边重新购买地块，投入 120 万元，与县工业品公司、副食品公司、糖烟酒公司四单位联建营业大楼一幢(华联大厦)。1998 年设立剑池西路营业网点，营业面积 1390 平方米，全店实行计算机管理。

1999 年，华联大厦两单位破产，为便于大厦的管理，扩大一般图书的经营面积，建立更为便捷的发行网点，经省新华书店批准，借款 155 万元购置破产二公司的股份，取得其占地面积 400 平方米，建筑面积 800 平方米的房产。

1994—2001 年，新华书店购置固定资产共投入 420 余万元。其中包括 1994 年联建“华联大厦”120 万元，购买破产二单位股份 155 万元。龙泉市政府给予减免土地出让金的优惠政策，2003 年新华书店拥有“华联大厦”80%产权，随后投入 120 万元，购置其余 20%产权。

2005 年，对营业卖场进行装修改造，优化购书环境，并完成企业费用的预算提留。

体制改革

浙江省新华书店集团公司企业改制之际，委托中介公司对该店土地和房产进行评估，龙泉市新华书店共有三处土地和房产，分别位于新华街华联大厦、中山西路 19 号门店、剑池西路大水槽，共有土地面积 1021.04 平方米，总地价 925.98 万元，共有建筑面积 1021.04 平方米，评估价值 337.42 万元。

1999 年 12 月，新华书店改制为国有独资图书发行企业，2002 年成为浙江省新华书店集团有限公司连锁店成员。2004 年全面完成事转企。原员工法定退休 2 人，提前退休 7 人，调出外单位 2 人，原事业性质身份员工置换为企业性质员工。

经营发展

21 世纪以来，新华书店实行多元经营。2006 年，引进品牌文化电子产品，为实现多元化经营走出重要的第一步。公司销售从 2004 年的 707 万元增加到 2008 年的 1180 万元，增长 40.6%；利润从 2004 年的 13 万元增加到 2008 年的 50 万元，增长 74.3%。至 2008 年，还清新华街华联大厦购房款和改制所欠费用 380 万元。公司进入良性发展阶段。

2010 年，结合龙泉市文化设施规划和城市建设发展需求。经单位全体员工商议，决定建设集教材发行、读书购书、休闲展览、学术文化交流为一体的综合性文化设施。并由市政协委员提交政协会议筹建“龙泉书城”议案。2010 年，销售 1182 万元，利润 55 万元；固定资产 928 万元；净资产 660 万元。人均劳动生产率为 44 万元/人。

第二节　电影公司

体制沿革

1989 年末，乡镇放映单位 91 个。其中，配 35 毫米放映机影院 6 座，均为氙灯光源，能放映立体电影。35 毫米流动放映队 1 个，35 毫米对内俱乐部放映队 3 个。农村配 16 毫米放映机电影院 12 座，16 毫米电影队 48 个，配 8.57 毫米放映机电影队 20 个。

随着文化娱乐活动多元化发展，1998 年后电影与以往比较呈较大幅度下滑趋势。农村电影队基本消失，2 个固定影院勉强维持。2006 年，市电影公司建立 8 支农村电影放映队（其中数字电影队 3 支），在农村实施“2131”工程，即 21 世纪每 1 个行政村 1 个月 1 场电影，农村电影市场开始恢复。2007 年，免费为农村群众巡回放映电影 1379 场，观众达 13 万人次。

龙泉电影院

1966 年 12 月，在县城西大寺旧址，建造电影院。1969 年 10 月 1 日落成开业，称红旗电影院。1977 年改称龙泉电影院。占地面积 2000 平方米，建筑面积 1961 平方米。1991 年，改建成软座 737 座位，总投资 117.8 万元。备有冷气空调，四声道立体声，放映设备选 5505 松花江座机放映，可放映宽银幕和立体电影。

新华电影院

位于新华街济川大桥北首。1985 年 2 月落成开业。总投资 72 万元，占地面积 1995 平方米，建筑面积 1700 平方米，观众厅 700 平方米，950 座硬质席位。有冷气设备，配 35 毫米座机。1989 年，被评为全国文明电影院。1994 年 5 月 16 日，根据市场需要，新华电影院改造成多功能文化娱乐场所更名为“龙泉影乐宫”，内设银星电影厅、银海镭射厅、银河卡拉 OK 歌舞厅。

第三节　越剧团与剧院

越剧团

1978 年，龙泉县越剧团恢复建制，为差额事业单位性质，在编人员一度多达 80 余人。1989 年后，人民群众的文化生活日趋多元化，戏曲这一古老的传统艺术逐步走向低谷，龙泉越剧团也陷入困境。1997 年，龙泉越剧团改制为“龙泉市文艺工作队”，以专业演出转为演出、辅导、配合政府中心工作相结合，多位一体、综合性的文艺工作事业单位。

1992 年，龙泉市越剧团参加浙江省戏剧节调演，上演以反映农村改革开放为题材的新编现代戏《喇叭村》，荣获集体演出一等奖。两位演员获一等奖，两位演员获三等奖，导演二等奖，作曲优秀奖，优秀舞美奖，演出大获成功，获奖档次之高、获奖面之广为龙泉越剧团之最。

2007 年，为配合浙江省新农村文化建设十项工程——送戏下乡工程，承担送戏下乡任务。2007—2008 年，共为龙泉市农村免费送戏 228 场。

剧院

龙泉剧院坐落于龙渊街道中山东路 174 号。砖木结构，总占地面积 2024.42 平方米，建筑占地面积 1900 平方米，建筑面积 3500 平方米，剧院由舞台、观众厅、休息厅、广场四部分组成，舞台 350 平方米，观众厅一楼可容纳 756 人，楼座可容纳 252 人，总计 1008 个座位，主营演出、会议出租，同时兼营电影。

1997 年，剧院定编为差额拨款事业单位，实行企业化管理，独立核算，定编 6 人，2010 年有正式职工 5 人，退休工 3 人，临时工 2 人，合计 10 人。

1989 年后，至剧院演出的外国团队有：越南胡志明市歌舞团、乌克兰国家歌舞团；国内有来自上海、天津、黑龙江、新疆、湖南、湖北、河南、河北、江苏、山东、安徽、江西、宁夏、广州、福建、辽宁等省（直辖市、自治区）、市的演出团队；浙江省级演出团队有：浙江越剧团、浙江省小百花越剧团、浙江歌舞团、浙江曲艺团、浙江话剧团、浙江滑稽剧团等。演出的剧目有：越剧《红丝错》《五女拜寿》《陈三两》《巧风》；话剧《课本剧》；曲艺《谁是爸爸》。演出的种类有：戏曲、歌舞、话剧、滑稽、武术、杂技、皮影、木偶等。

2001 年前，剧院每年需接待市人代会、市干部大会、市重大文艺、节庆活动和市各中、小学校的文艺演出活动。2001 年末，因剧院多次被丽水地区定为“十大”火灾隐患单位之一，被迫停演，转为其它商业用房。

2009 年，新建龙泉大剧院，龙泉大剧院坐落在市人民公园西侧龙翔路上，总投资 6000 余万元，建筑面积为 7427.69 平米。

第四节　娱乐服务业与文化市场管理

娱乐服务业

1985 年，龙泉县文化馆创办首家录像放映厅，实行对外有偿服务。随后，文化经营服务开始进入市场，舞厅、卡拉 OK 厅、录像放映厅、电子游戏厅、网吧、营业性表演团体、音像制品零售、出租店、出版物零售出租店、印刷、装潢企业、打字复印店等不断出现。2002 年，有各类文化市场经营户 142 家，2004 年 138 家，2005 年 153 家，至 2010 年 12 月，全市共有文化市场经营户 129 家，其中：歌舞娱乐场所 15 家，电子游戏机室 6 家，互联网上网服务经营场所 28 家，音像制品零售出租 16 家，出版物零售出租 10 家，印刷企业 46 家。其中，包装装潢 6 家，其他印刷企业 4 家，打字复印店 36 家。文艺表演团体 8 家。其中，投资在 300 万~500 万元左右的多功能、高档次、上等级的歌舞娱乐场所有龙泉市煌朝娱乐休闲会所、英皇娱乐会所等 2 家。

文化市场管理

1988 年，县委决定设立县社会文化管理委员会，下设文化市场管理办公室（简称文市办）。办公室设在县文化局，有专职管理人员 4 名。负责对营业性文化娱乐活动、营业性文艺演出和其他文化经营活动的审批和管理；负责图书报刊出租、零售和音像制品放映、零售、出租单位的审批和管理；依法查处文化市场的违法、违规活动。1996 年 6 月，龙泉市文化市场稽查大队成立，负责全市的文化市场行政执法工作。1998 年，龙泉市文化市场稽查大队举办两次经营户培训班，参加培训 150 人，全市出动稽查 987 人次，收缴盗版音像制品 1217 盒，盗版书刊 537 册。1999 年，出动稽查 852 人次，收缴盗版音像制品 1254 盒，盗版书刊 737 册。销毁赌博游戏机 87 台。

2002 年，市文化局、市广播电视局、市体育局三局合并。2004 年 12 月，在龙泉市文化市场稽查队基础上，组建成立龙泉市文化市场行政执法大队，编制 7 人，在岗 4 人，差额拨款事业单位，作为市文化广电新闻出版局的直属机构。

龙泉市文化市场行政执法大队自成立以来办案正确率达 100%。2004 年，市文化稽查大队建立互联网上网服务计算机管理平台，网吧经营点净网先锋安装率达 100%，遏制网吧超时营业和进入不健康网站。2006 年 3 月，市文物监察大队与小梅镇派出所联合侦破盗掘大窑龙泉窑遗址案件，4 名被告分别被判处六至七年有期徒刑。同年办结一起盗掘古墓葬案件，4 名被告均被判处有期徒刑三年，缓刑四年的刑罚。

2007 年，文化市场稽查队列入依照公务员管理全额拨款的行政执法单位。业务上从单一的文化市场执法转入文化市场综合执法；其职能从文化市场执法中增加广电、新闻、体育、文物等行政执法职能，担负全市文化市场综合执法的历史使命。2007 年始，聘请市人大代表、政协委员、退休干部及市纪委、新闻媒体等部门的 10 位同志担任网吧义务监督员，2009 年 6 月聘请 19 个乡镇街道文化员为文化市场监督员。

2005—2010 年，龙泉市文化行政执法大队日常巡查出动检查 4157 人次，检查出动 3504 家次，查处违规经营户 223 家次；举报（督查）受理 2 件；行政处罚立案调查 37 件，办结案件 36 件，警告 34 家次，罚款 256000 元，吊销许可证 1 家次。

第五章　民间艺术

第一节　民间花灯

安仁板龙

安仁板龙始于五代。后梁开平二年（908），刘、项两族祖先为避战乱迁徙于安仁，为吸引周边村庄居民，体现大户风范，每年举办舞龙活动。薪火相传，延续至今已有一千多年历史。“文化大革命”期间停办活动。1984 年，安仁古镇恢复板龙，并由四五十节增加到两百节，最长时达到三百节，能盘十几圈。以村坊的户数决定板龙的长短，每节龙灯身上必须写上家人名字，“迎灯”和“人丁”谐音，人们都把龙长、灯多作为人丁兴旺发达的象征。板龙长 300~400 米，号称世界最长的板龙灯。1994 年，浙江电视台用英语向全世界介绍安仁板龙，安仁板龙多次参加丽水和龙泉市的重大节庆活动，并多次获奖。板龙制作有讲究，需制成：牛头，狮面，鹿角，蛇身，凤爪，鱼尾。龙身则由一块块长达 2.2 米的木板做成，每节板上将九支长短不一的篾弯弓，用四个大小不一的篾箍将其固定成弓箭形，作为龙骨，糊上绵纸，贴上金，银龙鳞，红龙脊，内装三支蜡烛，每节龙身各打一个圆孔，两节之间串上龙棒，上、下插上捎钉，链接而成。板龙龙头大而重，由八九个强壮青年扛着走，服从舞龙头的人指挥，锣鼓伴奏。以追、赶、跑、跳、翻、滚、蹿、爬、跃等基本动作为基础，演化出金龙抱珠、二龙抢宝、黄龙穿花、长龙过海、金龙戏水、金蝉脱壳、黄龙盘身、黄龙下海、老龙翻身、黄龙伴凤、闹蹿龙宫、飞跳龙门、龙拜四方等舞姿。

石马抢灯

清康熙二十九年（1690），郑氏甲义公由松阳县迁居龙泉县城北石马村，在这儿繁衍生息。一年，村里一位名叫蒋二的后生，为求龙王降雨，在村边新塘岭建起龙王庙，村人进庙祭拜后果然连降大雨，解除旱情。于是，每逢正月十五，各家各户赶制龙灯，祈求风调雨顺。当时，村里有一对结婚十多年未曾生育的夫妇到龙王庙祭拜后，妻子怀孕生下一大胖小子，这对夫妻抬上一坛酒到龙王庙谢恩。龙王庙求子特灵的消息不胫而走。此后，凡上一年结婚或生子的人家，都会备一坛自家酿的优质红酒（年初结婚，年末生子的备二坛），在元宵节这一天抬到龙王庙请大家喝酒。三百多年来，石马村抢灯（丁）习俗一直相沿至今，成为一方富有地域特色的民间习俗。其中有请酒、送酒；舞灯、迎灯；分酒、品酒；评灯、评书；抢灯、接灯；串门、贺喜等六步流程。1990 年，重新恢复石马灯龙，并重新制造一条长 55 米的布龙，形成石马村双龙喜闹元宵的场景。1991 年 2 月 4 日，龙泉举行撤县设市庆典活动，石马双龙以其崭新的面貌，独特的表演形式呈现人们眼前。从此，石马双龙闹元宵规模一年比一年大，成为龙泉市富具特色的元宵节奇观。石马“抢灯（丁）”习俗活动丰富多彩，结合彩灯制作技艺、龙灯制作技艺、酿酒技艺，并与龙文化信仰与求子保平安习俗有机融合，龙、灯、酒是其主要节日文化元素，已成为龙泉市具有地域文化特色的春节民俗。

石马抢“灯”（丁）习俗的每项活动都有着深厚的寓意，如分酒、品酒，意指“和酒”，寓意家庭和睦、邻里亲和，生活和美幸福。“抢”灯，龙泉方言即为抢“丁”，石马人把自己家做的灯用最快的速度“抢”回去，喻指添丁添甲，六畜兴旺，好运连连。

黄畲马灯

流传在城北乡一带，已有300多年历史。传说唐朝薛平贵年轻时贫困，但生得一表人才，董员外有三女，第三个女儿爱慕平贵，遂结成夫妻。员外做寿，长、次女婿均为大官，寿礼丰厚，唯平贵夫妻因家贫穷无寿礼，被员外赶出府门，在寒窑栖身。后赵大元帅教会薛平贵十八般武艺，平贵遵皇令，打败番兵，得胜回朝。从此，民间根据薛平贵回窑情节，把十八般武艺编成马灯表演至今，经久不衰。

西溪花灯（又称项边花灯）

流传在安仁镇项边村，历史悠久。项氏先祖自五代迁徙于此，正月十五迎花灯的传统习俗随之而来。元宵之夜，项边到处张灯结彩，观花灯，猜灯谜，盛况空前。据说早期的项边花灯受到民间歌舞影响，流行着古越人模仿鸟步创造的舞步，结合舞步有系列传统舞灯动作，如“雪花盖顶”“黄龙缠腰”“怀中抱月”“池鱼戏水”“太公钓鱼”“灵官拜台”“犀牛望月”等。

第二节　民间曲艺

南溪傀儡戏

流传在城北乡、道太乡一带。至2010年，有九代相传。南溪傀儡戏一般有提线一至二人，鼓堂一人，正吹一人，副吹二人。提线人最为重要，他要负责剧目中的生、旦、净、末、丑、老、中、青、幼各种人物的不同唱腔、念白和动作，分门别类、随时变换。鼓堂是演出的总指挥，他的各种击点把台前的演出和后台的演奏密切配合，天衣无缝。唱腔以婺剧乱弹为主，松阳高腔为辅。

傀儡戏每到一地演出第一晚，闹花台开始，梨花（大唢呐）声中夹以鼓板、京胡、二胡、三弦、笛等江南丝竹演奏；“彩戏”又称“排八仙”，是开场戏，它以八仙下凡、文曲星以及财神、福、禄、寿、喜星降临社庙，祥光普照，喜气临门，而后演折子戏，其特点是人物扮相众多，唱腔、曲牌集中。“单本”和“连续剧”是让观众自己挑选的，五天以下挑“单本”，五天以上挑“连续剧”，剧情大多以弘扬民族英雄精神，爱国精神，歌颂忠贞保国、鞭挞阴险奸恶为主。

菇山花鼓戏

菇山花鼓戏又称“花鼓戏”“跳花鼓”“唱花鼓”“山戏（菇山戏）”“生戏（童生戏）”“菇民戏”。

是龙泉菇民的传统菇民戏，也是浙江省文化厅公布的民族民间文化艺术之一。

跳花鼓起源于明朝，是一种介于歌舞、曲艺和小戏之间的具有浓郁乡土气息的艺术形式，菇民在婺剧词曲的基础上，吸取湖南花鼓词、温州乱弹、赣南乱弹的唱腔特点传唱。以唱、念、做、打为基本功。有原板、起板、叠板、紧板、抽板等板式，戏中大量的戏分为丑角边舞边唱，幽默风趣。唱腔为徽、乱双合，主要唱调有西皮、阴调、二簧、文宫、反宫、诸宫调、芦花调、流水调等。唱腔几十种，委婉处，柔情似水如越剧；激昂处，高亢粗犷像乱弹。常见有二胡、板胡、箫、号为主要伴奏乐器，以锣、鼓、钹为配点。武戏吸收民间拳术和武技，表演时有“飞腿”“倒爬”“水鸡步”“虎跳”等武功，还有“麻雀步”“寸步”“跌步”“三脚”“踢球”“扇功”等等。山村中每逢传统节日、菩萨生日、春秋社祭、迎神赛会、落成典礼、宗族圆谱等必有戏班演出，相沿成俗。

龙南乡下田村，村民创办菇民戏班，收集唱词，请民间老艺人执教，使中断多年的菇乡花鼓戏重返舞台。剧团配置灯光、音响、乐器等设备，编排“抬轿舞”“状元游街”“大花鼓”“翠花亭”“补缸”“卖花线”“四进士”等民间传统菇民花鼓戏。龙井村五显庙年年有戏班演出，蛟垟村、下田村、岭后村、叶村等地的元宵节和迎神节都少不了花鼓戏。

菇民歌谣

菇民在外出种植香菇的过程中，不但使用“菇寮白”，还创作大量的菇民歌谣。2002 年，龙泉发现《菇业备要全书》，经过龙泉、庆元、景宁三县对照，特别是龙泉的菇民歌谣大多相同或者类似。菇民歌谣是龙庆景菇民文艺代表作。《菇业备要全书》中的《朽木产菇章》，叶耀廷又旁注“古人笙歌”。该《古人笙歌》唱古人，从田氏兄弟唱到陈法清、十四夫人和方卿，又从包公唱到唐传、杨家将。然后才是说到香菇的《出门踏樯章》。杨家将唱完唱《出门踏樯章》，中间有十二句过渡段。唱刘伯温国师奏明皇帝洪武钦赐龙庆景独放香菇，这就是大小菇神庙楹联“朱皇亲封龙庆景，国师讨来种香菇”的来历。

第三节　民间音乐

龙泉民歌

龙泉市民歌包括六种形式：童谣、民谣、小调、山歌、方言快板、小舞剧。龙泉民歌全部用其地方方言传唱，凭口耳相传，代代传唱，并常常加入时代内容，历久弥新。龙泉民歌传承人李文，收集龙泉民歌 480 多首，并进行谱曲演唱。伴奏乐器：胡琴、箫等。主要作品有《小蚂蚁》《啰啰唻》《月光光》《月婆婆》《谷上仓》《劝我大大莫讨娘》《十八摸》《补缸》《卖花线》等二十多首。这些山歌在龙泉百姓中广为传唱。

“正月采花，采山茶，路边的百草正发芽……”这是龙泉传统山歌《采花》的歌词，民间和中小学课堂也广为传唱。龙泉础石乡南弄村竹坑自然村的吴少如被授予丽水市非物质文化遗产项目“龙泉山歌”代表性传承人。他利用业余时间和退休后 20 余年时间，下乡串户，进行民歌采访、收集至今已经采集到儿歌 24 首、民歌 19 首、小调 22 首、山歌 158 首、方言快板 156 段，其他 13 首（本）、小舞剧 3 本，前后共出版 3 集。

《啰啰唻》歌词由三首当地流传广泛、脍炙人口的山歌创作而成。第一部分《啰啰唻》，表现当地男女之间的爱情故事。第二部分是龙泉童谣《小蚂蚁》，这首歌曲描绘的是幼儿蹲在地上，用食物喂蚂蚁的情景。第三部分《白尾鸟儿》表现女儿在家里惦记在外打工的父亲，烧好饭等父亲回家一起吃饭，表示儿女思念父亲、期盼父亲早日回家团聚之情。

畲族山歌

竹垟畲族乡是龙泉市唯一的少数民族乡，辖 5 个少数民族村，共有畲族人口 2392 人，竹垟畲民的分布特点是大分散、小聚居，散落在山区十几个自然村。唱山歌是竹垟畲族乡畲民不可或缺的活动形式。旧时，由于畲民被迫居住在远离城镇的穷乡僻壤，受教育的权利也受到剥夺，因此没有畲族的民族文字、戏曲等，只能通过唱山歌的形式传授畲族的历史、文化、生产、生活、爱情等，不论男女老少，大都善歌。以歌代言，沟通感情；以歌论事，扬善惩恶；以歌传知，比睿斗智。不仅婚嫁喜庆和逢年过节唱，且在生产劳动、招待客人、闲暇休息、谈情说爱时唱，甚至在丧葬悲哀时，也以歌代哭，倾吐衷肠。舍家的赤郎、行郎和甥歌娘是编唱山歌的能手,他们想象丰富、出口成章、对答如流，唱得有声有色。

畲族山歌一般以七字为一句，四句为一首，也有少数山歌的第一句为三个字或五个字，讲究畲语押韵，不少人能即兴编唱，有的歌手能对唱一两夜而不重复。畲族山歌在词句上看来，第一句会出现三字或五字，其余各句基本上是七字一句。山歌词句不可拗口。从形式上来看，四句一首的独立句调为短歌，多首组成的组曲为长联歌。演唱形式上，有独唱、对唱、齐唱等。其中，畲族人最喜爱的一种音乐形式为无伴奏形式。

山歌多唱“假声”，平时学歌时不夹假音唱叫“平唱”。唱时用夹有“哩、罗、啊、依、勒”等音的“假声”唱，唱歌的形式有独唱、对唱和齐唱。

竹垟的畲族乡山歌不但题材丰富多彩，曲调也有着鲜明独特的民族风格，主要可以分为叙事歌、杂歌和仪式歌三大类。叙事歌主要有神话传说歌和小说歌两种。神话传说歌的主要代表作有《高皇歌》《古老歌》《封金山》等，尤以《高皇歌》最为突出，被畲民们所传唱。

“杂歌”是畲民传统的叫法，泛指叙事歌曲之外各种题材内容的山歌。杂歌的题材内容非常丰富，其中以反映男女恋情的居多，艺术上也最为突出，如：《带子歌》《隔山种竹》等。也有反映劳动生活的《耕田歌》《种苎织布》《斫柴歌》等。

竹垟的畲族仪式歌主要有婚仪歌、祭祖歌和功德歌。婚仪歌是在举行结婚仪式前后唱的歌，内容与畲族婚俗紧密相关，歌词包含着丰富而独特的畲族传统习俗。功德歌是畲民办丧事时请畲族自己的师公做“功德”（又叫“做阴”）。仪式开始时先请神，接着唱追荐亡魂、避邪女宅有关的《奠酒》《做少年》《廿四孝》等功德歌，妇女们则自始至终唱怀念亡人的《哭丧歌》。

第六章　文物古迹与历史文化名城

第一节　文物管理

文物普查

2007 年 12 月，开展第三次全国文物普查历史文化遗产普查，龙泉市文物普查野外调查工作从 2007 年 12 月 25 日开始，2009 年 5 月 31 日，完成小梅、查田、兰巨、屏南、龙南、安仁、道太、城北、八都、岩樟、锦溪、住龙、宝溪、上垟 14 个乡镇的文物普查工作，通过全面普查，龙泉市共发现不可移动文物 1210 处，其中，按标准规范登录不可移动文物 970 处（窑址、矿冶址有的按群登录），登记一般不可移动文物 119 处。在标准规范登录的不可移动文物中，新发现 679 处，复查 291 处，新发现占登录总数的 70%。实地调查自然村数 1339 个，占 14 个乡镇自然村数 92.7%。2010 年，完成野外实地调查，之后陆续出版有关普查成果的书籍。

文物保护

1990 年经省公安厅批准，设龙泉县博物馆公安派出所，除加强内部保卫外，独立或配合市公安局打击盗掘、倒卖文物违法犯罪活动，遏制猖獗一时的盗掘和倒卖文物之风，并追缴大量出土文物，充实馆藏。1998 年末，公安系统根据条块梳理，撤销该所。2006 年，成立龙泉市文物监察大队，配合公安负责打击盗掘、倒卖文物违法犯罪活动。2006 年 3 月，市文物监察大队与小梅镇派出所联合办结盗掘大窑龙泉窑遗址案件，4 名被告分别被判处 6 年至 7 年有期徒刑。同年办结一起盗掘古墓葬案件，4 名被告均被判处有期徒刑三年，缓刑四年的刑罚。2006 年，龙泉市文物执法大队被省文物监督总队评为文物执法工作成绩显著先进单位。

2006 年，大窑龙泉窑遗址保护规划已通过省文物局组织的专家论证，并被国家列入 100 处重点大遗址中前 14 位。完成源口古遗址、永和桥的“四有”建档工作。省级文物保护单位浙大分校旧址曾家大屋、垟顺顺德桥、黄南古溪桥的保护范围和建设控制地带已划定上报。39 处龙泉市文保单位的保护范围和建设控制地带已经市政府公布。完成安仁永和桥、垟顺顺德桥、浙大龙泉分校旧址维修方案。

2007 年，完成稽圣潭塔的纠编修缮工作，组织全市群众共同捐建千年宝塔——华严塔，共有 13 万市民参与到重建华严塔盛事，共收到捐资 500 多万元。

至 2010 年，完成省保单位垟顺顺德桥、安仁永和桥、黄南古溪桥、浙大分校旧址、稽圣潭塔等维修工作，完成龙泉窑枫洞岩窑址考古发掘和窑址的保护展示工作，并对大窑村进行村容整治，建起小水碓，陈万里先生纪念亭和纪念馆及游览便道。

2010年，浙江省文物考古研究所联合龙泉青瓷博物馆对溪口瓦窑垟窑址的考古发掘工作取得突破性进展，发掘面积500多平方米，清理一大批南宋和元代的遗迹和遗物，揭露了烧造黑胎青瓷的窑炉等遗迹现象，在小梅镇瓦窑路发现全新的烧造黑胎产品的遗存并出土许多产品标本。龙泉窑考古队判断龙泉黑胎青瓷就是历史文献记载中的哥窑。因此，开始开展保护规划。

2010年龙泉市文物保护单位一览表

表29-6-1

序号	级别	保护单位名称	地理位置	年代	公布时间
1	省级	永和桥	安仁镇	清代	1989.12.12
2	省级	顺德桥	屏南镇垟顺村	民国	2005.3.16
3	省级	古溪桥	小梅镇黄南村	清代	2005.3.16
4	省级	浙江大学龙泉分校旧址	剑池街道芳野村	民国	2005.3.16
5	省级	龙泉上田（历史文化名村）	城北乡上田村	清代、民国	2006.6.2
6	市级	牛门岗古文化遗址	龙渊街道北隅牛门岗一带	新石器时代	1981.7.9
7	市级	稽圣潭塔	剑池街道水南村东南隅李家山	明代	1981.7.9
8	市级	烈士陵园	龙渊街道北隅安青山	现代	1981.7.9
9	市级	季步高烈士故居	安仁镇季山头村	民国	1981.7.9
10	市级	麻连岱红军标语	龙南乡龙案村	现代	1981.7.9
11	市级	叶溥故宅	西街街道宫头村	明代	2000.7.5
12	市级	云水渠	西街街道	宋代	2000.7.5
13	市级	官埔垟摩崖石刻	兰巨乡官埔垟村	明代	2000.7.5
14	市级	龙井五显庙	龙南乡龙井村	清代	2000.7.5
15	市级	垟尾钟楼	龙南乡垟尾村	清代	2000.7.5
16	市级	独源永安桥	岩樟乡金源村	清代	2000.7.5
17	市级	徐仰山烈士故居	上垟镇源底村	民国	2000.7.5
18	市级	杨碓埠	西街街道九村	明代	2000.7.5
19	市级	清修寺	龙渊街道北隅安青山	清代	2000.7.5
20	市级	东隅社门	龙渊街道东街61号	清代	2000.7.5
21	市级	何氏宗祠	兰巨乡豫章村	清代	2000.7.5
22	市级	林家大屋	小梅镇大窑村64号	明代	2000.7.5
23	市级	仓砝红军挺进师政委会旧址	城北乡仓砝村	1935年	2000.7.5
24	市级	郑玉奎烈士故居	西街街道下樟村	清代	2000.7.5
25	市级	徐仰山烈士墓	八都镇章府会平墩头	民国	2000.7.5
26	市级	永庆桥	城北乡溪下村	清代	2008.6.13
27—1	市级	济川桥	城北乡东书村	清代	2008.6.13
28—2	市级	遂龙桥	城北乡东书村	民国	2008.6.13
28	市级	济恩桥	城北乡外埲村	清代	2008.6.13

续表 29-6-1

序号	级别	保护单位名称	地理位置	年代	公布时间
29	市级	合兴桥	础石乡秋丰村	民国	2008.6.13
30	市级	福善桥	龙南乡上南坑村	清代	2008.6.13
31—1	市级	白水桥	西街街道白水桥村	明代	2008.6.13
32—1	市级	宝车桥	锦溪镇中锦村	清代	2008.6.13
33	市级	坤德桥	竹垟乡盖竹村	民国	2008.6.13
34	市级	双溪桥	小梅镇孙坑村	民国	2008.6.13

注:关于龙泉青瓷、宝剑文物见“第十四篇 青瓷宝剑”。

第二节 文物古迹

文物古迹保护与维修

芳野曾家大屋 芳野原名坊下,是因当地有叶姓孝节牌坊而得名。“七七”卢沟桥事变后,浙江大学内迁,总校设贵州遵义,并于 1939 年 6 月在龙泉开办分校,校址选在坊下。分校主任郑晓沧教授是海宁人,海宁语音中“坊下”和“芳野”同音,而郑晓沧又颇具雅兴,“坊下”就自然改名“芳野”,并沿用至今。浙大分校旧址芳野曾家大屋坐南朝北,共二进七开间,门楼欧洲风格,内厅土木结构,中西合璧。一进为二层,二进为三层,天井两侧有厢房,还有后花园,占地面积约 0.2 公顷,是该村绅士曾水清在民国 10 年(1921)所建,故称“曾家大屋”,浙大龙泉分校在此头尾办学 7 年,招生七届,约 1000 人,曾哺育一大批国内外知名教授、科学家,1945 年 11 月迁回杭州。

中华人民共和国成立后,芳野曾家大屋由龙泉市房管会管理,1998 年确定为市文保单位,并成立文保所。遵循“保护原貌,修旧如旧”原则,1999 年 7 月,龙泉市文物管理委员会对浙大分校旧址进行维修。2007 年 2 月,龙泉市博物馆邀请浙江东阳古建筑园林设计有限公司编制浙江大学龙泉分校旧址修缮工程方案设计,2009 年 5—8 月,龙泉博物馆邀请浙江匀碧古建筑工程有限公司对浙大分校旧址再次进行维修。两次维修共耗资 70 余万元。维修后,内设浙江大学龙泉分校旧址陈列馆,供游人参观。

永和桥 浙江省保存最好最长的廊桥。位于安仁镇中心,横跨安仁溪上。明成化元年(1465)募建,原为浙闽行旅必经之地,取名“永宁桥”,清顺治间(1644—1661)毁于火。康熙五十七年(1718)重建改为永安桥,后因安仁三坊村民并不安宁,曾发生过械斗,知县出面调解,三坊村民以团结和好为重,共同筹资加固修建,故更名为“永和桥”。全桥 2 台、3 墩、4 孔,净跨 16.9 米、17.1 米、18.4 米不等,木构简支悬臂式的木石结构,廊屋桥,长 125.7 米,宽 7.5 米,矢高 13 米,桥上廊屋 42 间,重檐顶,当心间屋顶升起,为歇山顶,翼角飞翘;顶部有纵横联搭叠木 7 层,层层挑出,构成悬臂;挤跨用巨松,每孔 9 根,上覆硬木桥面板。其下用条石砌筑石墩 5 座,桥墩间最大跨度为 18 米。南向有分水雁翅,条石错缝平砌桥墩,墩宽均为 2.80 米,墩上木梁双向平衡展出,逐层加距伸出,纵铺桥面。桥梁采用简支、悬臂结合式的建筑方法,桥屋、飞檐雕梁画栋,斗拱层叠,桥内设栏杆、木凳。供行人歇息。两端各有条石踏步 27 级，自上而下，连接街坊。桥门上悬挂"永和桥"匾额，全桥雕梁画栋，十分壮观。

咸丰五年(1855)被洪水冲塌二墩，六年重修；1911 年夏，山洪暴发又复冲二墩，次年重修加固。1981 年，永和桥列为县重点文物保护单位。1986 年，列为省级文物保护单位。1999 年，列为丽水市爱国主义教育基地。1991—1999 年曾多次维修加固。1994 年，因一场洪水冲垮大桥第 2 号桥墩，大桥危在旦夕，龙泉市文管会组织人员进行维修，加固桥墩和护水坡，更换部分大梁、悬臂梁以及桥面板，翻新添加廊桥屋面小青瓦。四次维修共耗资 116 万余元。

顺德桥　顺德桥位于屏南镇坪顺村水口，建于道光二十年(1840)。为单孔木拱屋桥，南北向，横跨坪顺溪。桥长 35.6 米，宽 4.4 米。桥屋 17 间，通面阔 31.6 米。廊屋单檐两坡顶，南、北端桥头用卵块石砌筑作墙垣，东西两侧为进出通道。桥面及屋顶均呈弧状。抬梁式五架梁结构，小青瓦阴阳合铺。2005 年 5 月浙江省人民政府公布为省级文物保护单位。2006—2008 年分别两次对该桥进行维修，耗资 20 万元。

白水桥　白水桥原名钟灵桥。位于西街街道下樟村，处岩樟溪与白水溪交汇处，故名白水桥。明成化年间(1465—1487)，由邑人季宏实同弟宏殷、宏昌创建。以后被洪水冲毁。清宣统三年(1911)重建，2001 年重修。东西走向，为悬臂式木平梁廊屋桥。桥总长 26.5 米，宽 3.30 米，东西向。桥下有木墩一座，由 4 根木头架成，为 1 墩 2 孔，东桥孔 12 米，西桥孔 6 米跨径。上叠 3 层原木，下层 13 根，长 3 米，中层 11 根，长 4 米，中、下两层圆木均为直叠；上层 14 根，长 3.2 米，为横放。每根口径约 20~30 厘米。桥头两端桥墩直横交错叠木 5 层，每层 4~5 根不等，每根口径 20~30 厘米。桥梁选用当地 7 根大杉木连成一排，全桥以两排共 14 根大杉木架成大梁。俗称"抬梁式五架梁"结构，歇山顶。每根口径足足都有 40~50 厘米之粗。桥面以厚木板横铺，桥上盖廊屋 11 间，顶盖青瓦。桥两侧有桥柱 24 对，有木栏杆。内侧有固定木长凳，可供过往行人歇息纳凉之便。桥栏杆外侧有护板一层，以保护桥梁免遭风雨吹打和烈日曝晒之利。桥中心四周雕梁画栋，设有佛龛。桥头作门楼式设计，东桥头挂"白水桥"三字黑漆木匾。东桥头石砌踏步 9 级，西桥头石砌踏步 14 级。整座桥均选用当地盛产之最佳松杉木建造。所有木构件的连接，都是用木榫巧妙结合而成，斜穿直套、犬牙交错、勾心斗角、大小不一，结构复杂、制作精细，构件之间的连接十分坚固。2008 年，龙泉市人民政府公布白水桥为市(县)级文物保护单位。2009 年间，对白水桥进行维修，耗资 13 万元。2010 年 5 月，白水桥被特大洪水冲毁。

稽圣潭塔、黄南古溪桥　见"第十六篇　旅游业"。

文物古迹保护规划与措施

1999 年，完成永和桥、大窑龙泉窑遗址、源口窑址 3 处文保单位的保护范围和建设控制地带的划定工作。2003 年对大窑龙泉窑遗址保护范围设立界柱 1000 根，并设立大窑龙泉窑遗址文物保护管理所。2004 年，邀请南京东南大学建筑研究所编制大窑龙泉窑遗址保护规划；2006 年，完成并报国家文物局论证审批。大窑龙泉窑枫洞岩窑址考古发掘后，2007 年，邀请浙江省古建筑设计研究院对大窑龙泉窑枫洞岩窑址设计保护展示方案；在这期间，对大窑村进行村容整治，成立大窑遗址博物馆、派出所，建起水碓、陈万里先生纪念亭和纪念馆、游览通道，供人们游览参观，对文物与遗址进行保护。

第三节 历史文化名城

概况

1999年，龙泉市启动申报省级历史文化名城工作，由市文化局负责组织专门人员开始进行调查、编写、摄影、摄像申报材料，于当年底将申报资料报省政府。2000年，龙泉市荣获浙江省历史文化名城称号。

龙泉市历史文化名城拥有3片历史文化街区，它们分别是西街、北河街、东街历史文化街区，其中北河街、东街为浙江省历史文化街区，西街为中国历史文化街区，总面积达74.63公顷。另外还有众多的古民居，历史文物古迹、风景名胜、古树名花等纳入保护范围。2004年编制《龙泉市历史文化名城保护规划(2004—2020)》。龙泉市以剑瓷文化为龙头，同时拓展香菇木耳灵芝文化、名人文化、民俗文化、茶文化、山水文化的发展，推动创意产业朝着产业化、生态化、品牌化、高端化、国际化的方向发展，同步推动文化与经济、与社会各领域深度融合，提升龙泉千年文化的软实力。

文化定位

龙泉市以“山水古城、剑瓷名城、旅游新城”为定位，以历史文化名城保护规划为抓手，梳理龙泉历史之“根”，挖掘龙泉文化之“魂”，全面打好龙泉“山水”和“剑瓷”文章。为建设和保护好文化历史名城，龙泉市加大古城区的建设和绿化工作力度，至2006年，龙泉市区绿化率达到36.7%，人均绿地面积达12平方米。同时利用龙泉的山水特色景观，因地建景，通过扩路还绿、庭院补绿和引绿入城等措施，建成水上公园、江滨花园、瓯江绿化带等绿点，建成剑川大道、环城东路、贤良路等绿线，建成行政中心、莱茵花园、同心花园、国镜药业园区等分布在城区各单位附属绿地的绿面，形成点、线、面相结合的格局。

重点古迹

杏园　以龙泉南宋诗人叶绍翁的诗句命名，并有红杏满园之春色。杏园孕育了叶绍翁的诗篇，也映衬着龙泉深厚的文化底蕴。龙泉市投资800多万元对叶绍翁的杏园进行改扩建，并在园中塑起诗人的雕像。杏园内有叶绍翁故居、洗笔池遗址、靖逸轩、偃月池、绍翁亭、衔云阁等几个景点，蜿蜒小道，曲径通幽，景观古朴、典雅，文化气息浓厚，充满诗情画意。园内种满品质独特的红杏树，春天红杏如火，秋天硕果累累。

大窑龙泉窑遗址　位于龙泉市南35千米的琉华山下(明代以前称琉田)。从五代始至宋、元、明的七百年间，是生产青瓷的名村，至今仍保留着清末民初古民居的原貌。世传南宋人章生一、章生二兄弟在此制瓷，所制青瓷有特色，因有哥、弟窑之称。其中哥窑是宋代官、哥、汝、定、钧五大名窑之一。

浙江省人民政府于1961年公布大窑龙泉窑遗址为第一批省级文物保护单位，1981年，又重新公布为省级文化保护单位。1988年1月，被国务院列为全国重点文物保护单位。后又把相距2.5千米的金村、溪口划入保护范围。大窑保护区有窑址 72 处，其中，岙底 28 处，高际头、新亭、村后山 33 处，垟岙头 11 处，保护面积 200 公顷。

2006 年 9—12 月，由浙江省文化考古研究所联合北京大学考古文博学院、龙泉博物馆组成考古人员，对大窑龙泉窑枫洞岩遗址进行考古发掘，发掘面积为 1600 平方米。考古结果计有窑炉遗迹 8 座(包括龙窑和馒头窑)，房屋遗迹 6 座，储料池 3 座，辘轳坑 2 个，水沟 13 条，古代道路 10 条，古代石墙、匣钵墙 21 条，出土丰富的遗物，包括瓷片、窑具和工具等，总数计 50 余吨，其中完整和可复原的器物有近万件。表明大窑是明代宫廷用瓷的一大产地，证实明代是龙泉窑发展的又一高峰。

溪口瓦窑垟遗址　2010 年，浙江省文物考古研究所、北京大学考古文博学院、龙泉市博物馆联合对龙泉窑溪口瓦窑垟遗址进行考古发掘，在南宋的窑炉中找到足以断代的黑胎青瓷。瓦窑垟遗址的发掘保护对于探寻哥窑、了解黑胎青瓷生产地的历史信息和价值有着重大意义。

溪口瓦窑垟遗址，从出土的标本来看，青瓷烧制盛于南宋和元，有着悠久的烧瓷史，其中的哥窑瓷片既有厚胎铁骨，又有薄胎铁骨，尤以夹心饼干似的薄胎为贵，有很高的考古研究价值。

安福青瓷古窑址　位于紧水滩库区安仁库湾。从安福至安仁口的仙宫湖畔，散布着大大小小龙泉青瓷古窑址二十几处，均系宋、元、明时代的古窑场。谣谚“十八座水碓、三十六条桥、七十二窑主、九十九门窑”，说明安福村一带当年瓷业之兴盛。石大门、大栗山 2 处古窑址工场、窑床遗迹仍在，瓷器残片堆积如山。为市级文物保护单位。

源口青瓷古窑址　位于市东约 50 千米的道太乡源口村(土名杉茂林)，长 97 米，为全国最长的古龙窑。古窑创建于宋元之际，是元代青瓷生产的一处重要瓷场，面积约 4000 平方米。产品种类多，以碗、高足杯、盘等为大宗，是中国陶瓷考古中前所未有的一项重要发现，也是迄今为止龙泉窑考古发掘获得的完整资料。1989 年被确定为省级文物保护单位。

叶溥故宅　位于龙泉市西街街道宫头村 136 号，为明弘治十八年(1505)进士叶溥故宅(姜家大屋)，是龙泉市城区内规模较大的古民宅之一，平面基本上为正方形，坐南朝北。纵轴线上自北而南为台门、前厅、后厅。前厅前为天井，后厅前、后均为天井，两侧为厢房。总建筑面积约 2775 平方米。建于明代平水王社庙，位于龙泉市龙渊街道徐山后村社殿岗。

云水渠　云水渠，又名蒋溪堰，俗称官圳。因锦溪、岩樟溪汇合的河段名称为“蒋溪”，故此堰坝命名为“蒋溪堰”。宋靖康元年(1126)，龙泉知县姚瑴重筑蒋溪堰，堰高 1 丈、长 25 丈，上至宫头，从蒋溪堰东端凿渠入城，由西至东，穿越龙泉市城区和大垟畈，下至马埠，流入龙泉溪。“云水渠”全长约 6000 米，灌溉农田 3300 亩，为县城提供消防、排洪、居民生活用水，并有拦水、降流速、拦泥沙、保护宫头村等作用。

留槎洲　见“第十六篇　旅游业”。

第四节　文物管理单位

龙泉市博物馆

龙泉市博物馆，为全额拨款事业单位，隶属于龙泉市文化广电新闻出版局。1986 年筹备建馆，原称龙泉县博物馆。1991 年改称龙泉市博物馆。1989 年 9 月 25 日试开馆，10 月 1 日正式开馆，聘请著名学者毛昭晰教授为名誉馆长。馆舍位于龙泉市区龙渊公园九姑山上，占地面积 3350 平方米。馆舍坐北朝南，为二层框架结构，局部 3 层，建筑面积 2100 平方米，现代建筑风格。2002 年由龙泉市人民政府拨款 100 多万元，进行内部装修翻新和陈列改造。

2007 年，将原综合馆分拆为龙泉青瓷和龙泉宝剑两个专题博物馆，另选址新建青瓷博物馆，以老馆为基础改建为宝剑博物馆。两馆于 2010 年 11 月 16 日正式对外开放。

龙泉市博物馆下设龙泉青瓷博物馆、龙泉宝剑博物馆、浙大龙泉分校旧址和大窑龙泉窑遗址文保所。

龙泉青瓷博物馆

龙泉青瓷博物馆是目前唯一系统介绍龙泉窑青瓷发展历史、展示人类非物质文化遗产——龙泉青瓷传统烧制技艺的专题馆，是目前国内较大的青瓷专业博物馆。

龙泉青瓷博物馆于 2007 年 11 月 17 日奠基，土建工程于 2008 年 9 月开工，2009 年竣工，于 2010 年 11 月 16 日正式对外开放。馆舍由中国工程院程泰宁院士设计，主题建筑以大面积的单、双曲面清水混凝土，烘托代表青瓷釉色的圆台状幕墙彩釉玻璃，配合风格质朴的文化石饰面效果的设计方案，完美体现龙泉青瓷的各种元素。

展厅展览　博物馆总建筑面积为 1 万多平方米，展厅面积 4000 平方米，地下室面积为 1879 平方米。分为 A、B、C 三个区。A 区位于中心主体部分，一层为一号展厅及其公共部分，主要展示龙泉窑的历史及“人类非遗”——龙泉青瓷传统烧制技艺等相关专题；二层为二号展厅，主要展示从 50 年代恢复时期到当下大师们的青瓷作品。B 区位于东北部分，为办公行政区和标本中心。C 区位于东南部分，为对外交流区，一层为临时展厅，二层为报告厅。

一号展厅展览内容以展示龙泉窑历史及“人类非遗”——龙泉青瓷传统烧制技艺等相关专题为主线，共推出“青瓷的记忆”“土与火的交响”和“瓷海明珠”等六个基本陈列展览区块。二号展厅分为“烈焰中的凤凰”“龙泉青瓷的恢复与发展”“谱写新篇章”等三个陈列展览区块。另外两个展厅是基本展陈，共展出古代龙泉青瓷文物 275 件，现代国营瓷、现代大师作品 223 件，书籍 43 本。博物馆馆藏文物共 12644 件，其中国家一级文物 6 件，二级文物 85 件，三级文物 358 件。

名家参观考察　2004 年6 月 17 日，中国科技馆馆长、教授、博士导师王渝及夫人到龙泉青瓷博物馆参观。10 月 25 日，作家金庸（查良镛）在浙江大学原党委书记张浚生陪同下参观龙泉青瓷博物馆，并为博物馆题写：“*凝翡翠兮聚碧玉，得古铜兮铸长剑，中华古文化龙泉得其二，瓷剑兼文武龙泉皆有之。*”

同时，1991—2010 期间，一批国家、省部及厅级领导到龙泉青瓷博物馆参观考察。

交流活动　1989 年正式开馆后，北京故宫博物院、国家博物馆、上海博物馆等著名文博单位以及日本、新加坡、韩国、法国、美国等许多国家的专家、学者到馆参观考察。

1993 年与上海豫园管理处合作，在豫园举办“历代龙泉窑青瓷精品展”，展品 120 件，展期三个月。

1998 年 10 月 13—15 日，由浙江省博物馆主办的’98 龙泉窑青瓷国际研讨会在杭州召开以龙泉窑青瓷研究为主题的国际研讨会。来自内地各学术单位和法国、日本、新加坡及中国台湾、香港等国家和地区的近百名著名学者和有关人士参加这一盛会，对龙泉窑青瓷研究史具有里程碑式的意义。

1998 年 10 月，国家邮政总局发行龙泉青瓷五管瓶、凤耳瓶、葫芦瓶、执壶四件古代文物专题邮票。

2009 年 3 月 22—23 日，“琢瓷作鼎碧于水——大窑龙泉窑发掘成果暨元明龙泉窑精品展”与“琢瓷作鼎碧于水——大窑龙泉窑发掘、研究学术论坛”在北京大学赛克勒考古与艺术博物馆隆重举行。专家们仔细参观展览。通过与大窑龙泉窑遗址发掘的经修复的瓷器的对比，得出结论：收藏于首都博物馆和故宫博物院中的 20 多件明代龙泉窑瓷器，生产地点均出于大窑龙泉窑遗址。

社会影响　龙泉青瓷博物馆是浙江省爱国主义教育基地和丽水市社科普及示范基地。自 2010 年 11 月 16 日对外试开放以来，接待中央、省部级重要领导和国际友人，各类机关团体、企事业单位、军队、学校、社区及各旅游团体观众数千批，据统计年接待游客量达 6 万余人次。龙泉青瓷传统烧制技艺作为首个陶瓷类“人类非遗”，使该馆具有相当大的国际影响力和社会影响力，该馆也为青瓷文化的传播走向国际化提供良好的平台。

龙泉宝剑博物馆

龙泉宝剑博物馆位于九姑山，以原龙泉市博物馆馆舍为基础，对内部展陈进行重新调整，于 2010 年 11 月 16 日对外开放，它是一座系统介绍和展示龙泉宝剑发展历史的专题博物馆，也是目前国内唯一以宝剑文化为主题的专业性博物馆。

展厅展览　建筑面积 2100 平方米，展览面积 800 多平方米，设 6 个展厅和一个展廊。其中一楼为一、二、三号展厅，共展出古代刀剑 137 把；长廊展出当代大师获奖宝剑精品 29 把；二楼为四、五、六号展厅，共展出当代宝剑精品 142 把。并推出“剑的历史”“龙泉宝剑的历史文化及技艺”“皇甫江古代兵器收藏”“周正武捐献刀剑”“名人藏剑”“龙泉宝剑精品”“获奖宝剑捐赠作品”等专题展览。

龙泉宝剑博物馆共有古剑 79 件（原登记在册馆藏剑 4 把、皇甫江捐赠 50 把、周正武捐赠 25 把）；另向皇甫江借展 20 把，皇甫江个人专馆清单共计 50 把（所有权属于皇甫江）；现代龙泉宝剑 184 把。此外，有郭常喜捐献台湾原住民刀具 11 把。

社会影响　是省级爱国主义教育基地。免费开放接待中央、省部级重要领导和国际友人、各类机关团体、企事业单位、军队、学校、社区及各旅游团体观众。据统计龙泉宝剑博物馆平均年参观观众达 3 万余人次，为弘扬龙泉宝剑文化、传播区域文化品牌、提升龙泉城市文化软实力发挥积极的作用。

浙江大学龙泉分校旧址纪念馆

浙江大学龙泉分校旧址，又名“曾家大屋”，建于民国 20 年（1931），中西合璧式建筑。1991 年公布为市（县）级文物保护单位，1999 年 11 月 9 日对外开放。2005 年公布为省级文物保护单位，并被评为龙泉市爱国主义教育基地。

建筑与展览　占地面积 2286 平方米，建筑面积 2667 平方米。坐南朝北，共二进，砖（土）木结构，面阔五间二廊，东西向有楼厢，一进（门厅）为二层楼，二进（正厅）为三层楼，有 99 根柱子，72 个房间。以分校历史主线推出一系列展览，共有“历史始末”“历史档案”“教室场景”“名人题词”“市校合作”等 7 个展厅。此外还推出“金庸先生笔下的刀剑展”“龙泉历史名人展”等。

社会影响　该馆是浙大的精神家园，据统计年参观 4 万人次以上。

大窑龙泉窑遗址文物保护管理所

大窑龙泉窑遗址文物保护管理所隶属龙泉市博物馆。其所称“大窑龙泉窑遗址”主要指经国务院公布的全国重点文物保护单位，为坐落于龙泉市、庆元县境内的龙泉窑遗址群；泛指分布于今浙江省丽水地区及其周围的武义、永嘉、文成、泰顺、福建浦城、建阳等地的龙泉窑窑址。该窑址是中国古代南方著名的青瓷窑址，以龙泉市境内的窑址最为密集，有300多处，其中瓷器质量最好的窑址多集中在龙泉市的大窑村一带，包括高际头村、大窑村、垟岙头村、金村等处，为龙泉窑中心地段。现在岗专职人员2人，聘用业余文保员10人，租用民房一套。单位主要职能是：负责遗址内的文物保护、考古发掘、遗址展示、宣传教育、参观接待、安全巡查等一系列遗址保护宣传工作，增进公众对大窑龙泉窑遗址突出普遍价值的认识和理解，增强公众对大窑龙泉窑遗址及其历史环境的尊重和保护意识。

第五节　非遗保护

非遗普查

2005—2009年，龙泉完成全市非物质文化遗产普查工作，尤其是2008年开展第一次非物质文化遗产普查工作，普查455个行政村（11个社区），共收集到“非遗”线索2.3万条，整理出“非遗”普查项目1325项，范围涉及民间文学、民间音乐、民间美术、生产商贸习俗、消费习俗、传统医药等18个大类的100多个种类，重点项目57项，录像资料22项，录音10项，照片1万多张。完成《龙泉市非物质文化遗产普查成果汇编》二十一卷。龙泉市被评为浙江省“非遗”普查工作优秀县市、被丽水市评为“非遗”普查先进集体。

非遗名录

2006年1月，龙泉青瓷烧制技艺（传统手工技艺）、龙泉宝剑锻制技艺（传统手工技艺）被列入第一批国家级非物质文化遗产代表性项目名录，填补龙泉市国字号非物质文化遗产名录的空白。

是年，挖掘非物质文化遗产200余项，整理为53项，市政府公布的龙泉市第一批非物质文化遗产代表性项目10项。组织“龙窑烧制技艺”等六个项目申报省、国家级代表性项目名录。

2008年，龙泉青瓷烧制技艺，成为浙江省首批非物质文化遗产传承保护基地之一，8个项目列入丽水市第二批“非遗”保护名录，6个项目申报省级非遗。

2009年，龙泉青瓷传统烧制技艺被联合国教科文组织批准列入人类非物质文化遗产代表作名录，成为全球第一个入选的陶瓷类项目。“菇民防身术”等6项列入浙江省非遗名录，申报国家级非遗项目4个。

2006年，徐朝兴、沈新培二人分别被列入为国家非物质文化遗产代表性传承人。2007年，徐朝兴、毛正聪、沈新培、陈阿金入选为浙江省首批非物质文化遗产代表性传承人。2008年，夏侯文入选为省级第二批非物质文化遗产代表性传承人。2009年，翁清泉、赖火林、季大科、叶时木、项木松入选为省级第三批非物质文化遗产代表性传承人。2010 年，全市共有人类非物质文化遗产代表作名录 1 项、国家级非物质文化遗产代表性项目 2 项、省级非物质文化遗产代表性项目 8 项、丽水市级非物质文化遗产代表性项目 26 项、县级非物质文化遗产代表性项目 54 项，龙泉市被列为浙江省非物质文化遗产经典旅游景区，龙泉市中等职业学校被列为省级非遗传承教学基地。

2004—2010 年龙泉市非物质文化遗产列入省级以上名录一览表

表 29-6-2

名 称	类 别	列入时间	列入级别
龙泉青瓷传统烧制技艺	传统技艺	2009 年	人类非遗
龙泉青瓷烧制技艺	传统手工技艺	2006 年	国家级
龙泉宝剑锻制技艺	传统手工技艺	2006 年	国家级
龙泉青瓷	民间造型艺术	2004 年	省级
龙泉宝剑	民间造型艺术	2004 年	省级
高机与吴三春故事	民间文学	2009 年	省级
龙泉窑传说	民间文学	2009 年	省级
凳花	游艺杂技	2009 年	省级
开天门	游艺杂技	2009 年	省级
香菇“砍花法”技艺	传统手工技艺	2009 年	省级
炼火	民俗	2009 年	省级

2006—2010 年龙泉市非物质文化遗产代表性传承人列入省级以上名录一览表

表 29-6-3

传承人姓名	项 目	列入时间	列入级别
徐朝兴	龙泉青瓷烧制技艺	2006 年	国家级
沈新培	龙泉宝剑锻制技艺	2006 年	国家级
徐朝兴	龙泉青瓷烧制技艺	2007 年	省级
毛正聪	龙泉青瓷烧制技艺	2007 年	省级
沈新培	龙泉宝剑锻制技艺	2007 年	省级
陈阿金	龙泉宝剑锻制技艺	2007 年	省级
夏侯文	龙泉青瓷烧制技艺	2008 年	省级
翁清泉	高机与吴三春传记	2009 年	省级
赖火林	开天门	2009 年	省级
季大科	凳花	2009 年	省级
叶时木	香菇砍花技艺	2009 年	省级
项木松	炼火	2009 年	省级

第三十篇

传　　媒

20世纪90年代以来，龙泉报纸、广播、电视从无到有、从小到大，逐步发展为形式多样、内容丰富的多元化媒体传播，不断满足人们日益增长的精神文化需求，并对人们思想和行为产生积极影响，促进社会和谐、快速发展。

1994年10月《龙泉报》试刊，1995年5月正式创刊，并先后更名为《龙泉日报》《今日龙泉》《剑瓷龙泉》。报纸自创刊以来，始终坚持以党性原则和“两为一主”方针，宣传党的路线、方针、政策，为龙泉的物质文明、精神文明和生态文明建设服务，当好党的喉舌，反映人民群众心声为宗旨；确立“党报性质、晚报风格、大报气派、小报特色”的定位；遵循“政治家办报、企业化管理、市场化运作、社会化服务”发展思路。牢牢把握正确舆论导向，紧紧围绕龙泉市委、市政府中心工作开展宣传；扎实做好采编工作，全面提高报纸质量；进行人事制度、工资考核制度、内容和版式的改革，规范内部管理；完善通联网络，提高有效稿源；拓展报业经营，壮大报业经济。办出了让党和群众满意的报纸，使报业发展呈现良好势头，为我市经济社会发展营造了良好的舆论氛围。

1989年以来，伴随着我国广播电视事业的迅猛发展，龙泉市(县)广播电视日新月异。1997年龙泉市广播电台1座，电视台1座，全市广播电视人口覆盖率分别达82.5%和84.0%。1998年龙泉市电视差转台发射台175座，卫星收转站298个。1999年电视差转台发射台164座，卫星收转站331个。2002年各乡镇完成了联网，城域网完成结构改造。电视差转台发射台148座，卫星收转站395个；全市广播电视人口覆盖率分别达86.31%和93.31%。2003年开始地面数字电视广播试播。2004年，电视发射差转台3座，卫星收转站416个；全市广播电视人口覆盖率分别达90.27%和98.55%。2007年全市有线广播电视用户达到40.82万户，比上年增长6.1%；广播、电视人口覆盖率分别达到92.7%和97.2%。2008年全市有线广播电视用户39.88万户；广播、电视人口覆盖率分别达到94.04%和97.33%；全年公共电视、广播节目播出时间分别达到53543小时和49604小时。新闻报道、综艺影视、生活服务等节目成为龙泉城乡人民群众的热点节目，经济、体育、音乐、益智、法制等节目形态也日渐成为受众关注的焦点。

第一章　广　播

第一节　广播发展历程

机构沿革

1978年,建立县广播事业局,局站合一。

1984年7月,形成县、乡(镇)、村的有线广播格局。8月,龙泉县广播电视局成立,下设编播股、事业股、秘书股、中波转播台。在广播节目中,以"龙泉县人民广播站"播出。

1990年12月,龙泉撤县建市,县广播站随之改名为龙泉市人民广播电台。

1994年12月20日,国家广播电视部批准建台,龙泉电视台为市广播电视局下属事业单位,人员编制25人。

1995年12月,龙泉电视台获广电部批准成立。

1998年1月21日,龙泉市人民广播站改为龙泉人民广播电台。龙泉人民广播电台、龙泉电视台、龙泉有线广播电视台(筹)、龙泉教育电视台合并为一个播出实体,实行"局台合一"的管理体制,统称为龙泉市广播电视台。内设办公室、财务管理股、总编室、技术股、音像影视管理股、农村广播电视管理股等六个股室。下属单位有龙泉市广播中波转播台、龙泉人民广播电台、龙泉电视台、龙泉有线电视台、音像制品发行站。

2001年3月,龙泉市文化体育广播电视局成立。

2002年12月,龙泉市广播电视台成立。广播电视从文体广电局分离出来,为市管非直属副科级事业单位。

2003年,龙泉市广播电视台内设台办公室、新闻中心、网络传输中心。其中,新闻中心下设编辑部、采访部、社教部,网络传输中心下设技术部、农村网络部、城区网络部、收费稽查部。

2005年6月,建立龙泉市文化广电新闻出版局,建立龙泉市广播电视台,为市直属正科级事业单位。内部机构调整为"一室二股二中心",即办公室、社会管理股、农村广播电视管理股、新闻中心、网络传输中心。

龙泉广播事业走过从有线到无线、到有线电视共缆传输的历程,至2010年已有无线、有线调频广播和中波广播。龙泉市广播电视台内部机构调整为:办公室、总编室、新闻部、技术部、农村网络部和广告部六个部室。

创建广播站

龙泉1954年建立收音站,1955年8月,有线广播站开始筹建,龙泉县人民广播站成立。县总工会、宣传部、劳动协会、工商界分别出资，计 2950 元，省财政补助 2000 元。借用新华街公安派出所三楼房间作广播机房和播音室，扩音机为 250 瓦，9 月 28 日，龙泉县人民广播站开播，正式对外广播并专门组织干群收听，是龙泉历史上最早的有线广播。

1955 年 12 月，县人民广播站搬迁到中山路一处公房（原季家香火堂），面积 100 多平方米，房屋很陈旧，经整修，一间作机房播音室，一间作器材室，一间作办公室，龙泉县农村有线广播站正式挂牌，成为独立的广播事业机构，1978 年成立县广播事业管理局，站、局合一。1995 年 12 月，成立龙泉电视台，实行局台合一体制。

广播发展

1955 年建站后，外线人员先到城郊、大沙、凤鸣等郊区架设安装有线广播，到 1956 年 4 月，架设广播专线 20 多千米，借用电话线路 40 多千米，城镇城郊地区安装喇叭 118 只，5 瓦喇叭 37 只。随后，向其他区乡不断延伸。站内设备仅有上广 TY-100A 型扩音机 2 台，以转播为主，主要是转播中央人民广播电台和浙江人民广播电台的新闻和文艺节目。同时，插播一些县委、县政府各个时期的中心工作要点和指导性精神，与农林水利局合办《农业技术讲话》，请农业劳动模范先进人物上广播。

1956 年 5 月，龙泉报开办后，县广播站与龙泉报社合署办公。广播站站长由龙泉报主编兼任。龙泉报记者编辑同时也是广播站记者编辑，广播开办《龙泉新闻》节目。

20 世纪 60 年代，有线广播成为县委、县政府的重要喉舌和得心应手的宣传工具。广播也成为人民群众文化生活中的重要组成部分和日常生活不可缺少的媒体。1974 年始，逐步撤销区转播站。1984 年 7 月，乡镇站配备一名值机员，一名线务员，形成“县—乡—村”三级有线广播格局。

1988 年，全县 44 个乡镇，除建龙外，全部建立了广播站共计 264 个广播室，286.90 千米的县乡广播专线，29517 只广播喇叭，入户率 58.8%。

1991 年末，经测试、考核，有 37 个乡镇站设备、网络传输达标，领到浙江省广电厅颁发的达标合格证书。市站播控设备达甲级指标，市站广播讯号线已有 90%实现圆杆水泥化。

1994 年，龙泉市有线广播通播率 95%、音响率 96%、喇叭安装率 68%。

2005 年，龙泉市广播人口覆盖率达到 90.31%。

2006 年 1 月，广播发射机房顺利搬迁至新广电大楼。10 月 1 日，龙泉人民广播电台（调频 FM105 兆赫）每天实行 16 小时节目连续播出，结束办广播 51 年来一天三次广播的历史。广播电台在硬件上也由过去的盘式磁带机录音播出上升为音频工作站数字化播出。

2010 年，龙泉市有线广播入户达 98.8%，通响率达 100%。

调频广播

随着电视特别是有线电视的发展，有线广播开始滑坡，广播网逐渐瘫痪，1994 年，市广播电视局添置卫星广播接收机 2 台，接收中央电台和省电台卫星传送的广播信号，采用调频发射机传送广播信号，龙泉广播由有线传输改为无线发射。1998 年 1 月，龙泉市人民广播站改为龙泉人民广播电台。随后，相继增加无线发射的丽水一套、二套调频广播节目，2003 年，水南地面站又增加浙江电台“旅游之声”调频广播节目。2010 年，无线调频广播共有 5 套节目。

建设广播机房　开始装备比较简单，1 台 250~275 万功率的扩音机，1 台自制的播控台，1 台简

易配电盘，少数几个站配有一台 601 录音机。1994 年，使用 DS-14 发射机，发射功率 0.1 千瓦，极化方式水平，天线增益 7 分贝，天线海拔高度 245 米，铁塔高度 45 米。至 2000 年，购置 JVC 录音机 2 台；2006 年，购置二套音频工作站，二套播出工作站；1986 年，采用晶体管发射机；2006 年添置一台意大利 RVR 全固态立体声调频广播发射机，作为龙泉人民广播电台 105 兆赫兹节目无线传输发射主机；2008 年添置二台全固态立体声调频广播发射机。

2006 年 1 月，广播发射机房搬迁至新广电大楼 10 层发射机房，新广播发射机房同时发射龙泉台广播节目调频 105 兆赫兹、丽水一套 92.8 兆赫兹、丽水二套 97.5 兆赫兹的广播节目。同时，自行设计、安装、调试，新建一个广播电台播出机房，新机房安装全套新的设备。2006 年 9 月，新广播电台直播机房建成，硬件设施有新的质的飞跃，直播转播功能齐全，直播时可容纳 2 位主持人和 4 位嘉宾，热线电话随时可答，实现无介质（磁带、光碟等）的传输与播出，实现广播电台 16 小时连播的自动化，结束 50 多年来一天三次广播的历史。

共缆传输　1956 年始，采用广播专线有线传播，1986 年始，采用调频广播方式传输，1993 年始，采用同轴电缆共缆传输。一根光缆，既能看电视，又能听广播。“村村响”工程依托有线网络的共缆传输技术，可在家家户户、田间地头安装高质量的调频广播，不仅能实时传送中央、省、市、县第一套广播重点新闻和对农栏目的特定节目，还可以通过乡、村的广播室直接播报讯息，在处置防汛、防台抗台、森林防火等突发事件上发挥重要作用。1996 年，龙泉市发展有线广播电视共缆传输音频喇叭用户 300 个。1998 年，丽广联光缆联网后，开通中央一套、浙江一套有线调频广播节目，2006 年始，实施新一轮有线电视“村村通”联网工程和有线广播“村村响”工程，实现调频广播信号与有线电视共缆传输。让每个有线电视用户在家中可用调频喇叭收听到中央电台、浙江电台、丽水电台、龙泉电台 4 套有线调频广播节目。

第二节　中波广播与自办广播

中波广播

1978 年，龙泉县广播事业管理局成立后，原建广播台隶属县广播事业管理局，更名为龙泉县中波转播台，任务不变。并将台址迁至圣塔桥北桥头，新台址占地面积为 1900 平方米，建筑面积为 500 平方米，1994 年 6 月，新台建设工程全部竣工，中波台迁入新址开播。转播时间，每日凌晨 3 点半（4 点）至次日凌晨 2 点，连续转播 22 个多小时。

2000 年 11 月，龙泉中波台上划省广播电视局，经费由省财政全额拨款。2002 年人事划归省广播电视集团，主管单位为省广播电视集团中波发射管理中心，经费拨款仍为省财政。2003 年更名为浙江省龙泉广播转播台，任务是转播中央人民广播电台、省人民广播电台广播节目和承担广播实验及研发任务。

自办广播节目

1984 年后，相继开办《龙泉风貌》《科普与信息》《听众信箱》《普法讲座》《周末生活》《丽水地区新闻联播》等专题节目。龙泉市广播站编辑人员不多，1991 年 5 人，播音员 1 人；1993 年聘请 10 名广播特约记者。

1982—1992 年，在全省好新闻评比中，龙泉年年都有新闻作品获奖，在地区的获奖作品，据不完全统计达 60 多件。同时，在新闻业务刊物上也发表一批论文和广播宣传工作的心得体会文章，引起省、地广电主管部门的关注和重视。1991 年 12 月，省广电厅总编室和《视听纵横》杂志，在龙泉召开一次全省新闻研讨会。1993 年在上垟、城北、竹垟、砼石、安仁、龙渊镇等 6 个乡镇举办通讯员培训班，培训通讯员 200 多人。1991 年开办一周一档的龙泉新闻节目，1994 年 3 月，开办每周两档的新闻节目，下半年又增至每周三档。2000 年，广播《龙泉新闻》每周六档，每档 10 分钟，不少于 7 条。2003 年，丽水电台录用广播新闻稿件 609 条，名列丽水市第三名。2004 年广播发稿 2707 篇，用稿量位居丽水九县市第二名。2006 年 1 月，《龙泉新闻》整档节目时间从原来的 8—10 分钟延长到 12—15 分钟。2006 年 10 月，龙泉人民广播电台（调频 FM105 兆赫）每天实行 16 小时节目连续播出，结束办广播 51 年来一天三次广播的历史。龙泉广播电台进行全面改版，有效地推进调频广播自办节目的发展。2008 年，每周 6 档广播新闻节目，周一至周五为新闻，周六为一周新闻回顾，每档确保 8 条。2008 年开始还开办社教类节目《生活空间》《法制龙泉》《法治经纬》；农业类节目《美丽新农村》《农村新天地》；文体类节目《音乐驿站》《老歌回放》《晚安龙泉》《曲艺天地》等，丰富群众业余文化生活。2009 年，电台节目全新改版，在整合原有节目的基础上，开设直播节目《娱乐江湖》，填补龙泉市电台直播节目的空白，并新增一档对农节目即每周二档。开办《快乐生活》节目，帮助听众掌握疾病防治知识，提供优质、权威、实用的健康服务，与丽水台首次联办直播节目《百姓热线》，让市长走进直播间和市民交流。2010 年，编辑 7 人，播音员 4 人。

第二章　电　视

第一节　无线电视

发展沿革

1988 年底，龙泉县有县级骨干电视差转台 4 座，乡、村办的小功率差转台 65 座。全县无线电视覆盖率：中央一台为 40%，浙江一台为 70%。

1993 年，龙泉市租用市科技大楼六楼建设有线电视机房，专设一台 100 多瓦（20 频道）转播省台节目。是年在八都镇、竹垟乡、锦旗镇、查田镇、兰巨乡、小梅镇、上垟乡、宝溪乡、道太乡等地新建或增加转播台节目的发射设备 20 多套。至此，用于转播台节目的发射设备 200 套，浙江电视台的电视人口覆盖率由上星前的 66%提高到 90%，增加 24 个百分点，而且图像清晰，播出质量好。

1994 年，龙泉电视台成立，台址设在龙渊镇水南，正式开始自办龙泉电视节目，由水南张家岗地面发射站和凤音山差转台负责龙泉电视台节目信号的覆盖任务。

2005 年 6 月，市广播电视台对水南地面站龙泉台发射设备和八都凤音山转播台发射设备进行更新，分别更换为 100 瓦和 300 瓦的全固态晶体管发射机，提高广播电视的发射质量。12 月，投入 150 多万元，建成新的有线电视机房。

自动化播出

2007 年 9 月，龙泉投资 150 万元，动工兴建中央广播电视节目无线覆盖工程，即水南地面站中央无线覆盖工程，对原机房大楼进行重新装修，新建 45 米的发射塔，更新电源系统，确保供电安全；改进信号源，保证信号质量；完善信号监视系统，确保安全播出；埋设符合国家规定接地标准的地网，确保系统运行安全；实现重大活动的现场直播。该工程于 2008 年 4 月 30 日竣工，通过省有关专家组的验收。开始中央电视台一套（300W、30CH）、中央电视台第七套（300W、26CH）和中央人民广播电台中国之声（1000W、89.8MHZ）的试转播。2010 年，实现电视节目自动化播出，全面开通有线数字电视，电视覆盖率达 98%。

第二节 有线电视

电视网络

城区有线网　1992 年，龙泉市林业局第一个建成有线闭路电视网，传输中一、中二、浙江、山东等 8 套电视节目，随后，市府招待所、烟草局、保险公司等单位相继发展有线闭路电视。1993 年，市广播电视局在留槎洲大桥北桥头科技大楼七楼建设有线电视前端机房，按 300 兆赫兹系统，传送 20 套电视节目配置，当年开通 14 套节目。随后，逐渐把有关单位的有线闭路电视并入到有线电视网中，当年用户为 2000 多户，次年增至 7700 多户，用户收视维护费为 8 元/月。

2005 年，龙泉市开展“有线电视百日优质服务行动”，对城区有线电视用户进行全面普查清理，给每个合法用户钉上用户牌（注明用户编号、故障维修电话号码），并将用户编号、地址、联系方法等内容存入电脑，实行规范化管理，同时，对私拉乱接窃取有线电视信号问题进行查处。完成一件多年想做而未做的事，当年运维部被丽水文广局评为广播电视技术维护先进集体，荣获一等奖。

乡镇本地网　1994 年，全市 17 个乡镇的广播电视本地网络规划通过地区广电局论证，根据乡镇的经济条件，着手建设乡镇有线广播电视本地网，先后建设小梅、查田、安仁、八都、上垟、住龙、屏南等 7 个乡镇有线广播电视网，36 个村级小型有线电视网，农村有线电视用户达 5000 余户。

城乡联网　1995 年，八都、上垟两镇借邮电光缆最早实现与城区有线电视联网。1996 年，安装农村小型卫星地面接收站 32 座，发展有线电视小网络 4 个，用户 270 个。开通中央电视台四套加密电视节目，城区有线电视节目增加至 20 套。

1998 年，丽广联光缆干线开始建设，龙泉广播电视台在丽广联光缆途径龙泉段加 4 芯光缆，先后共建卫地设施 291 座，实现安仁、砧石、城北、查田、小梅等乡镇与城区的有线电视联网。在完成光缆网络架设基础上，1999 年 3 月 22 日实现与全省联网，龙泉市广播电视事业进入一个新的发展阶段，省、地下传的广播电视节目信号可送入千家万户，有线电视节目由原来的 20 套增加至 26 套。

2003 年，龙泉市完成城区有线电视网络升级改造总体方案的设计，设计后的系统实现双向 750 兆赫兹传输，并逐步升级为集数字视频广播、数字音频广播、数字广播及双向数据的综合信息网络。龙泉市完成 14 个乡镇和城区联网，有线电视用户 3.25 万户。电视综合覆盖率为 96.88%，覆盖人口 26.67 万人。2005 年，有线电视安徽电视台卫星电视落地。至此，龙泉市有线电视网络中共传输 28 套电视节目。

有线新机房建设

2004 年 5 月 30 日，市广播电视台迁入新广电大楼办公后，有线电视前端机房仍在原科技大楼，不仅工作、管理不便，而且运行十多年的设备已基本老化，城区网络也需更新改造。2005 年，市广播电视台领导根据数字技术、网络技术、信息技术快速发展的趋势，从加快推进数字广播电视发展考虑，投资 80 万元进行新有线机房一期工程建设，自行设计、安装、调试，奋战 90 天，完成新有线机房一期工程建设任务。2005 年 12 月 6 日，将有线电视机房搬迁到新广电大楼。新有线电视机房内的所有设备进行更新，内部电源线路和信号传输线路布置标准规范，为广播电视的数字化、网络化发展奠定基础。网络传输设备可以无限扩容，开通 31 套电视节目。并安装有线电视机房安全播出监控系统，该系统可及时发现非法信号和播出中的重大停、劣播事故，提高处理突发事件能力和管理水平，确保安全播出。

2006 年 4 月 29 日，丽水市有线数字电视信号传送到有线电视机房，该信号有电视节目 81 套，其中基本节目 28 套，扩展节目 35 套，境外节目 18 套。2007 年，对城区有线电视网开始进行技术改造和更新，到 2008 年末，架设城区光缆线路 50 多千米，在城区布设 108 个光节点，基本实现光缆到小区的改造，电视干线基本控制在三级以内，基本达到城网改造的目的。是年，城区有线电视网络升级改造实现单向 750 兆赫兹传输，并逐步升级为集数字视频广播、数字音频广播、数字广播及双向数据的综合信息网络，数字电视信号也接至有线电视机房。

2010 年，改造有线电视机房用电，UPS 备份电源由 10KTV 提升为 60KTV，使有线电视机房具备五年以上的设备用电发展，新增两台十二画面分割器的安装调试，更加有利于广播电视节目安全播出的监视监控。是年，实现 31 套电视节目和 4 套广播节目的传输，龙泉市有线电视达到村村（自然村）通，完成数字电视前端平台建设、用户管理系统、呼叫中心系统、网络双向化改造任务的 50%及整转 20638 户。

广播电视村村通

“村村通”建设始于 1997 年，仅用两年时间大部分行政村实现广播电视“村村通”。2005 年电视人口覆盖率达到 98.55%，城乡有线电视用户 3.5 万户。

2006 年，完成 75 个行政村、5000 余户有线广播电视网的联网。至 2007 年，龙泉市 444 个行政村中还有 273 个行政村、863 个 20 户以上自然村中有 623 个自然村尚未达到新一轮广播电视“村村通”标准，一些已通广播电视而经济条件较差的地方，由于自然灾害和维护经费不足等原因，出现不同程度的“返盲”现象。政府通过发放财政补贴、给予运行维护和日常维护等方式，精心组织实施，以每年完成100个行政村、每年200个20户以上自然村的通广播电视节目速度推进，提升龙泉农村广播电视"村村通"工作水平，2008年龙泉市光缆干线1575.77千米，电缆主干线655千米，农村有线电视用户25384户，城区有线电视用户24446户。至2010年，龙泉市投入资金3611万元，架设光缆主干线927千米，行政村100%实现有线广播"村村响"，有线电视乡镇(街道)联网率达到100%，全市电视入户达98.8%，通响率达100%。龙泉市广播电视"村村通"工作得到领导肯定，并荣获丽水市2006年度广播电视"村村通"工程完成任务奖。

2000—2010年龙泉市广播电视"村村响""村村通"工程一览表

表30-2-1

分项	立项或开工时间	规 模	竣工时间
第一轮"村村通"	2000—2001年	完成180个自然村入户任务	2001年底
	2002—2003年	完成488个农村广播电视入户工程	2003年底
	2004—2005年	完成下塆、淤头、大坦、梧桐口、皂口、内外双溪、炉田、河村等11村有线电视用户1200户	2005年底
新一轮"村村通"	2006年	完成5个乡镇、81个行政村、128个20户以上自然村的有线电视联网工作	2006年底
	2007年	完成120个行政村、190个20户以上自然村通广播电视节目	2007年底
	2008年	完成138个行政村通广播电视	2008年底
有线广播"村村响"	2009年	完成190个行政村有线广播"村村村"响工程	2009年底
广播电视低保工程	2009年	3008户	2009年底
卫星数字广播电视入户工程	2010年	完成数字电视前端平台建设、用户管理系统、呼叫中心系统、网络双向化改造任务的50%及整转20638户	2010年底

第三节 自办电视节目

文艺节目

1986年，卫星地面接收转播站建成后，购买一些录像片，不定期播出。1995年，龙泉电视台建立后，开办固定文艺节目，由省厅统一供片，按固定节目单，每晚转播中央台新闻联播后，安排播出一个片，二集，每晚电视结束前，安排一个片，一集。2005年，龙泉市电视台自办新闻节目实行日播。

龙泉新闻节目

1985年，购置一台M3 3000模拟摄像机，先后选派2名记者赴省参加摄像培训，取得电视摄像资格证书。1992年，购置一台索尼分体式摄像机、一套线性JVC模拟编辑机，开办《龙泉新闻》节目，每周一档，时长10分钟。1993年，购置一套3/4摄录编设备、两台大1/2VHS摄像机，采用丽水台航拍龙泉县城的资料配上音乐，制作电视新闻片头；每周开办两档《龙泉新闻》节目；周一、周四播出，时长10分钟；首播19点30分，重播次日9点30分。1995年龙泉电视台建台后，《龙泉新闻》节目增至3档，一、三、五播出，时长10分钟。1997年，购置第一套非线性编辑机，1999年，将所有模拟机淘汰，购换为数字摄像机和非线性编辑机。2000年，《龙泉新闻》节目增至每周五档，周六为一周要闻选播，图像新闻不少于8条；时长10分钟；同时，开办《王红说时事》拦目，每周一档，周三播出，时长10分钟。2003年，新建电视演播室和专题演播室各一个。2005年，配合龙泉市的重大活动和阶段性工作，开设新闻性固定专题《剑川视点》。每周一期，每期15分钟。2006年，购置直播系统，对市"两会"等重大活动进行现场直播；《龙泉新闻》节目，时长由10分钟调整为15分钟，并制作《请您欣赏》《龙泉风光》《浙江龙泉》等公益宣传广告片。2007年，购置媒体资产管理系统和组建非线性编辑网。2010年，开办子栏目《新闻现场》，节目以民生新闻为主，用现场报道的方式评说百姓关心的人和事，播出时间：每周二档，周二、周四。

特别报道

1991年2月4日，实况转播撤县设市庆祝大会。

1993年，开办《乡镇风貌》，对乡镇进行全方位的介绍和宣传报道。

1994年，龙泉遭遇"6·17"特大洪灾，记者第一时间抢拍大量第一现场的镜头，对抗洪救灾作全面报道，并连续数十小时精心制作《龙泉遭遇特大洪灾》记录片，为省、地、市领导指挥抗洪救灾提供第一手资料，也为龙泉争取外援提供最有可信力的佐证。

1997年，庆祝党的"十五大"和香港回归两件大事的特别报道，庆祝香港回归晚会进行现场录制，当夜送到地面发射站，向龙泉市人民播出。

1998年，对"改革开放二十周年"和龙泉"二次创业"以来的建设成就，作全面深入的报道。

2002年4月23日至28日，2002年北京·中国龙泉青瓷宝剑精品展在北京举办，龙泉电视台首次采用英特网传送图片，用电子邮件发文字稿，使北京的当日新闻能当晚在龙泉台播出，大大提高新闻时效性。10月28日，全国第七届陶瓷艺术创新评比暨龙泉青瓷节开幕，龙泉电视台当日多层面、立体化采播开幕式和声势浩大的文艺踩街活动及烟花晚会盛况，晚上龙泉电视台在中央电视台和丽水电视台的协助下，首次现场直播CCTV-3艺术彩虹走进龙泉"中国移动之夜"大型演唱会盛况。

2003年，开展"万众一心、众志成城、抗击非典""合力兴工　百日攻坚"和"接轨大上海　融入长三角"的报道。这一年，在丽水电视台抽评中，《龙泉新闻》获得一等奖，荣获全省电视新闻报道协作先进单位。

2005年，开设《工业强市　旅游兴市》《工业经济访谈录》《做时代先锋 促龙泉发展》等一批栏目。这一年，由于实现全省光缆联网，龙泉电视台的图像首次可以通过光缆传送和稿件采用电子邮件传送，实现一条新闻可以同一个晚上在丽水台、省台乃至中央台播出。

2006年，对电视新闻进行改版，使新闻节目从形式到内容有新的突破。增开《新闻现场》栏目，该栏目以"关注时事动态，聚集社情民意"为定位，以现场报道的方式评说时事，反映民意，受到观众好评。在丽水市广播电视品牌建设奖评选中，《现场新闻》栏目被评为优秀栏目。这一年，对"接轨新高速，再创好龙泉”“龙鑫化工爆炸事故”等作重点报道。

2007 年，对“6•25 特大洪灾”“第二届龙泉青瓷龙泉宝剑节”“回归工程”“全面追赶 和谐发展”“大窑龙泉窑”“重建华严塔”等重大活动作报道，还派出记者到四川、杭州、绍兴等地采访报道龙泉人在外地创业的情况。11 月，对第二届中国龙泉青瓷龙泉宝剑节开设《聚焦第二届中国龙泉青瓷龙泉宝剑节》栏目，节前播出 76 条相关新闻和 4 期专题，及 4 集长达 1 个多小时的专题片《青瓷之光》，节后开设《第二届中国龙泉青瓷龙泉宝剑节回眸》栏目。

2008 年，开设《情系灾区》《送温暖 暖民心》《百日会战》《送政策 送温暖》《创文明城市 做文明市民》等一批围绕中心，突出主题的栏目，特别是百日会战进行全方位的宣传，发挥很好的舆论支持，产生良好的社会效果。系列报道《携手竹农共渡难关》，获浙江卫视鲜活新闻大赛一等奖。

据 1998—2008 年的不完全统计，龙泉市电视台采编稿件被丽水电视台采用 5500 多条，被丽水电台采用 4200 多条。被省电视台采用 450 多条，被省电台采用 100 多条，被中央电视台采用 30 多条。

2009 年，开设《纪念龙泉解放 60 周年栏目》，播发系列报道《新旧照片看巨变》，策划并实施 56 集《走遍龙泉》电视系列片，对龙泉的人文历史进行深入报道。是年，制作一部分上下集、时长 50 分钟的大型电视专题片《牵手》，反映当年浙大学子在龙泉上学的艰苦岁月、浙大学子与龙泉人民的友谊以及历史情缘。

2010 年，在“5•22”和“6•18”两次特大暴雨袭击中，加播三档《龙泉新闻》，共播发抗洪稿件 90 多篇，专题 3 档，制作洪灾汇报片 2 个。《20 名群众孤岛被困，消防官兵淌水营救》《全力以赴抗灾救灾》等 10 余条消息在中央台《新闻联播》、浙江卫视、丽水台等各级媒体相继播出，中央台发稿 7 篇，浙江台 23 篇，荣获龙泉市委宣传部嘉奖、龙泉市抗洪救灾先进集体等荣誉称号。是年，举办龙泉十佳电视少儿主持人大赛和“钱柜”杯龙泉首届挂历宝宝大赛，两次大赛历时长、规模大、参赛选手多，扩大社会影响力。12 月 26 日，组织举行龙泉人民广播电台建台 50 周年、龙泉电视台 10 周年和有线电视顺利搬迁庆典仪式。

专题节目

1995 年龙泉电视台建立后，没有固定专题节目，主要配合龙泉市委、市政府中心工作，插播市领导及职能部门负责人的讲话，重大活动以及公告之类进行安排。1997—1999 年，龙泉电视台与市委宣传部合办《文明风》专题，每周一档，时长 15 分钟。2001 年，开办《剑川视点》专题，每周一档，周日播出，时长 15 分钟，该节目为新闻综合性专题。2007 年，开办《剑川热土》对农专题节目，时长 15 分钟；栏目设农技课堂、情系三农、乡村纪事、信息看台、农民信箱等 5 个版块；每周一档，周六播出，每档 15 分钟；开通热线电话。2008 年，开办三个专题节目：《星火科技》对农节目，每周一档，周四播出，时长 15 分钟；《农村卫生》对农专题，每周一档，周六播出，时长 30 分钟；《剑川法制》专题，每周一档，周三播出，时长 15 分钟。2010 年 8 月，开办一档少儿栏目《彩虹桥》。栏目由《每周一星》《小小讲古王》《宝贝一加一》等五个板块组成，每周一期，时长 20 分钟。

1996 年，龙泉市电视台制作专题片《龙泉宝剑》；为配合市重点工程瑞垟二级电站招商引资，制作专题片《深山宝藏》，送往北京；为宣传中华灵芝第一乡，制作《龙泉灵芝》。2004 年，为碰石乡制作《希望的土地》，为上垟镇制作《三马并驾说上垟》。2006 年制作《创业圣地》《江浙之巅，茗门之秀》

《旅游圣地》。

获奖情况

1992年，自办节目共5篇新闻报道在地级获奖，3篇在省级获奖，其中专稿《他三次当选人民代表说明什么》，获得省级一等奖，同时被地区人大工委、地委宣传部和省人大、省委宣传部评为好稿。2007年，《剑川热土》获浙江省优秀对农栏目提名奖。2008年，《剑川热土》获丽水对农节目优秀栏目。2009年，《剑川热土》获丽水对农节目优秀栏目；《携手竹农共闯难关》获浙江台鲜活新闻一等奖

编播队伍

1991年，有广播节目编辑人员5人，播音员1人；1993年，聘请10名广播特约记者；2010年，发展至编辑7人，播音员4人。

1994年，电视采编人员5人，播音员3人，字幕机操作1人。2005年，招录8人采编播人员。2010年，共有采编播人员16人。

1950—2010年，龙泉广播电视事业从业队伍不断发展壮大，从建站初期只有1名收音员发展到2010年在编职工56人。人员文化层次及业务素质、技术水平也逐年提高，至2010年在职职工中有大学本科毕业生15人，专科29人，中专7人、高中4人，初中以下(含初中)1人。历年聘任具有中级以上技术职称的有：编辑10人、工程师3人、技师8人。

第四节　经营创收

多种经营

龙泉市(县)广播电视台在发展广播电视事业建设时，开拓市场，开展多种经营创收，1990年以来，通过广告经营、音像制品批发出租零售、水泥杆预制以及城乡广播电视和劳务服务等门路，采取承包、责任制等形式，单位预算外经济收入从无到有、从少到多。2001年，广播电视台广告经营权向社会公开招标，每年广告收入不断增加，仅2010年广告经营额500多万元。

20世纪90年代，广播电台根据市场需要，规范广告播出，拓宽广告门路，不断培育新的广告增长点。1993年，通过广播电视广告、录像出租、音像制品批发、服务部承包等创收活动，自创经费16.7万元。1994年，通过广告经营、音像制品批发出租零售、水泥杆预制以及城乡广播电视和劳务服务等门路创收30万元。

广告经营

2001年，广播电视台广告经营权首次向社会公开招标，通过公开、公平、公正的竞争，广告投标以83.5万元中标。2002年，龙泉电视台电视广告收入89.9万元。2003年，龙泉电视台电视广告收入110.98万元。是年，广告承包额为137.69万元。

2006年1月1日始增加广告播出时间，实行全天播出，并打破一年一投的贯例，实行广告投标

两年承包制，2007 年按 2006 年的实际投标额递增 10%。2006 年中标额为 166.8 万元，2007 年为 183.48 万元，两年合计达 350.28 万元，2006 年比 2005 年增长 30%，广告创收位居丽水各县（市）电视台第三名。

2008 年，广告经营实行台里管理、竞聘广告部工作、按上缴广告费营业额完成进度的奖罚措施。2010 年，龙泉新闻综合频道广告经营权采用目标责任制对台内干部职工公开招标、龙泉影视文化频道采用总承包对社会公开招标、利用白天闲置广告时间置换新闻设备等方式，广告经营额达 500 多万元。

第三章 报纸网站

第一节 龙 泉 报

试 刊

1994 年 8 月，龙泉市委宣传部着手筹备《龙泉报》的创办工作。办公地址在老市政府内宣传部办公室。10 月 5 日，《龙泉报》试刊第 1 期出版，印数 5000 份。第 1 期版面结构：一版要闻，二版经济；三版社会生活，四版副刊。至 1995 年 2 月 25 日，共试刊 7 期（其中第七期为特刊）。报头样式：1—3 期为魏碑体，4—7 期为彩云体。

试刊期间报道农村党的路线教育、龙泉市开展解放思想大讨论活动、全市干部大会等重点工作。

创 刊

1995 年 3 月，开始筹备《龙泉报》创刊。办公地址设龙泉市清风路 12 号，在龙泉市政府招待所一楼西头租用三间办公室。市委宣传部从宣传口抽调 4 人，并借调 2 人加入编辑队伍。组织稿件，分赴机关单位、厂矿企业宣传联络。

1995 年 5 月 4 日，《龙泉报》正式创刊，属于中共龙泉市委、龙泉市人民政府机关报，1998 年 4 月后，改为中共龙泉市委机关报。1998 年 1 月至 2000 年 12 月刊号为（浙）字第 01—36 号，此后刊号为（浙）字第 03-0032 号。报纸四开周一报，第 1 期刊出 8 版，印数是 8000 份。

龙泉报社内设编辑部、办公室、广告发行部，编辑 6 人。

版面定位

《龙泉报》从创刊到 1999 年底，报纸为周一报。1995 年 5 月至 1997 年 12 月：一版要闻，主要刊登市委、市政府及部门乡镇的重要新闻；二版经济，主要宣传龙泉市经济工作，包括市里经济政策、部门乡镇服务企业、工业企业亮点等；三版社会生活，主要报道龙泉市各行各业社会面貌和市民的生活情况等；四版副刊，主要刊发文学作品，包括散文、诗歌、随笔等。1998年1月至2000年12月：一版要闻，突出"要"字和新闻的指导性；二版综合新闻，突出动态性、综合性、趣味性和可读性；三版副刊、理论和读书，副刊设"散花崖"和"剑池风"，理论设"剑川论坛"，读书设"文昌书阁"；四版经济广角、教育专刊和专题，突出经验性、服务性和引导性。

办月末刊

1998年5月始，创办月末刊。一版关注龙泉市委、市政府的中心工作，全市性重大新闻事件和新闻人物；二版切入大众衣食住行，突出休闲性、服务性和实用性；三版宣传龙泉的政治、经济、文化、历史等方面，突出趣味性和文化品位；四版刊发"大块头"式的社会大特写。月末刊到2000年11月共刊发31期，后被瓯江源特刊取代。

月末刊刊发不少深度报道，如：《为青春寻找证明——我市下岗职工实景素描》《两次买妻，无知愚汉人财两空；警民合力，花季少女挣脱藩篱》《来自抗洪抢险第一线的报道》（1998年6月龙泉市连遭特大暴雨）《千年名窑今领风骚》《在改革中发展壮大——龙泉改革开放二十年成就巡礼》《脱缰的"马驹"——"报名引发的风波"在社会引起反响》《受害"上帝"谁为你作证》《小叔子 嫂子要扶你站起来》《龙泉旅游掀起你的盖头来》《惊魂36小时》《热血谱写正气歌》《市府大院搬不搬》《被拐女在丈夫碗里下毒——"4•19"龙泉上垟最大投毒杀人案纪实》《我市部分乡镇遭受百年一遇特大洪灾——柴松岳周国富章猛进张曦丁耀民谢力群等省市领导致电慰问并指导抗灾工作》《建市十周年暨浙江省第二届龙泉山登山节活动》等。

《龙泉报》改出周二周三报

从2000年1月1日起，经省新闻出版局批准，《龙泉报》改出周二报。结束自1995年5月4日创刊以来周一报的历史，并增加报纸容量。经省新闻出版局批准，《龙泉报》从2001年1月1日起改出周三报。

独立运作

2000年8月，龙泉市委经过研究，决定龙泉报社从市委宣传部脱离，实行独立运作。根据市委决定，市编委办〔2000〕6号文件确定龙泉报社为市管非直属事业单位。是年9月，市委任命了报社领导。是年10月，龙泉报社正式开始独立运作，从而为报纸的发展壮大提供了体制保证。是年11月，龙泉报社办公地址从一楼搬迁到四楼西边楼层办公室，增设记者部、电脑排版室，员工增至20余人。

《龙泉报》入编国内统一刊号

2000年12月25日，经国家新闻出版总署批准，《龙泉报》入编国内统一刊号，刊号为CN33-0107。报纸从省内发行上升为全国发行，提升报纸的品牌和影响力。

三大改革

自2000年12月开始，龙泉报社抓住独立运作和入编国内统一刊号的良好机遇，全面进行了三大改革。首先，进行了人事制度的改革。打破以前以行政管理报社的模式，实行全员聘用的总编负责制，坚持“公开、公平、公正”的原则，进行双向选择，竞争上岗，优化组合；重新调整了科室，调整了中层干部，并根据各人的志愿和公平竞争，对每一个岗位实行了聘任制；制定和出台了《龙泉报社聘任制办法》，规定了相应岗位的责任。其次，进行了考核制度的改革。制定出台了《龙泉报社岗位责任制考核办法》，对每一个岗位明确了相应的工作任务和工作职责，把责任落实到岗位到人；实行奖优罚劣，奖勤罚懒，充分体现了“多劳多得”的原则。第三，进行了版式和内容的改革。通过下基层进行受众需求调查，本着最大限度扩大受众需求的原则，大幅度调整了版式和内容，增加了农村受众的栏目；增加了市场报道的内容；增发了《瓯江源》特刊，增强了可读性、趣味性，在保证正确舆论导向的前提下，加大了深度报道和可读性报道的力度。

《瓯江源特刊》

2001 年 1 月始，创办《瓯江源特刊》，取代之前的《龙泉报月末刊》，以关注社会热点、服务百姓生活为宗旨，刊发龙泉市有影响力的文章和作品。每逢 15 日、30 日出刊，一直办到 2006 年 10 月停刊。

第二节 龙泉日报

《龙泉报》改出日报

2002 年 1 月 1 日，经国家新闻出版总署、省新闻出版局批准，《龙泉报》改名《龙泉日报》，改出日报，每周星期一至星期五出报。中华全国新闻工作者协会主席邵华泽题写报名，国家新闻出版总署报刊司司长刘波、省新闻出版局局长俞剑明题词，省、丽水和龙泉市共 300 多家单位祝贺。同时，龙泉报社改称龙泉日报社，由市管非直属副科级事业单位升格为市直属正科级事业单位。编辑部领导班子和中层干部配备齐全，办报人员 30 人。

“三会”制度

2002 年 6 月，龙泉日报社完善了 2001 年开始进行的月初谈版会，实行了周五学习会和周五碰头会“三会”制度，强化政治和业务学习。每月月初谈版会，着重对上月报纸的评析和本月工作的部署，学习政治理论，传达上级精神，通报市委、市政府中心工作和有关事项。每周五学习会，着重业务学习，每次确定研讨课题和主讲人，主讲人中心发言后全体人员展开研讨。每周五碰头会，为记者部、编辑部一周的工作布置和通气会。“三会”制度提高了采编队伍综合素质，使龙泉办报质量和水平走在丽水乃至浙江各县市（区）前列。

跨越发展

2000 年 10 月，龙泉报社独立运作。12 月 25 日，入编国内统一刊号，改出日报。发行量从 1999 年的 6000 份，增长到 2003 年的 12000 多份，年增幅达 10%。广告经营额从 1999 年的 50 万元，增长到2003年的130余万元。开通新华社电讯稿，50余件作品在全国、华东地区、全省县市报和丽水市评奖中获奖，1000余篇作品被地级以上报刊转载。建立100多名通讯员队伍和市区3个记者站，形成一个遍布龙泉市的通讯员网络。

《龙泉日报》停办

2004年1月1日，龙泉市委贯彻中央和省委有关精神，决定正式停办《龙泉日报》。成立以市委副书记为组长，市委常委、组织部长和市委常委、宣传部长为副组长的“县级党报停办领导小组”，对《龙泉日报》的停办及人员安置、资产处理等作细致稳妥的安排。之后，市编制办发文撤消龙泉日报社机构和编制。至此，1994年10月5日试刊、1995年5月4日创刊的《龙泉日报》在走过10年风雨路后停刊。十年一共出版报纸1006期。

第三节 《今日龙泉》《剑瓷龙泉》与重要报道

龙泉市新闻传媒中心成立

2004年4月3日，龙泉市委召开常委(扩大)会议，决定成立龙泉市新闻传媒中心。4月19日，龙泉市机构编制委员会发文设立龙泉市新闻传媒中心。当年4月26日，龙泉市新闻传媒中心正式挂牌成立。

《今日龙泉》改出周五报

2004年4月26日，龙泉市新闻传媒中心挂牌成立后，当日《今日龙泉》报第一期出刊。由于刊号被取消，全省各县(市、区)恢复后的区域报均冠名为今日系列，故取名《今日龙泉》报。《今日龙泉》报实施赠送发行机制。报名字体采用隶二简体。2006年初，龙泉市新闻传媒中心着手准备《今日龙泉》报改出周五报(日报)工作。2006年4月24日，市委常委会专题研究通过。2006年7月1日，《今日龙泉》报由周三报改为周五报。继续实行赠送发行机制，且赠阅量逐年增加。

《今日龙泉》改名《剑瓷龙泉》

2009年1月1日，《今日龙泉》报改名《剑瓷龙泉》。《剑瓷龙泉》报头采用通栏形式，不再保留报眼，并改出瘦长型报纸。版面进行重新定位：一版为时政要闻，突出重要性和指导性；二版为大众新闻，突出综合性、可读性和服务性，贴近市民生活；三版为副刊专刊，注重知识性、思想性、艺术性；四版二分之一为专刊，开展剑瓷文化的宣传，另外二分之一为专题广告。

2004年4月26日至2010年12月31日，《今日龙泉》报和《剑瓷龙泉》报共出版报纸1466期。

重要报道

1998年10月16日，中国陶瓷—龙泉窑瓷器特种邮票首发仪式，大型公益活动“绿色中国行”走进龙泉，大型电视访谈节目“8+1对话：剑瓷龙泉绿色崛起”在龙泉举行，专家学者共同围绕“剑瓷龙泉绿色崛起”的主题进行对话和探讨。1998年12月30日,龙泉市委、市政府隆重召开龙泉市实施“二次创业”发展战略,龙泉市工农业、手工艺行业发展势头良好,《龙泉报》在2000年1月14日,刊出《龙泉在二次创业中崛起》通讯报道,对龙泉市高速发展进行全面的报道。

2000年4月,龙泉市委、市政府决定,由龙泉市政府与宋城集团有限公司、凤阳山保护区管理处签订合同,确定主要在凤阳山保护区中凤阳庙——凤阳湖区域内合作开发建设相关旅游项目及设施。4月28日,龙泉日报对此进行新闻报道。

2000年6月9日,龙泉市第一次在杭州举行大规模的青瓷宝剑展示会;2000年9月26日,庆祝龙泉建市十周年暨第二届龙泉山登山节隆重举行;2002年10月19日,全国第七届陶瓷艺术设计创新大会暨中国青瓷节开幕;2005年4月22日,休博圣火采火巡游暨龙泉山开山大典隆重举行;2005年6月13日,端午节举办首届龙舟大赛;2006年1月11日,青瓷宝剑入围首批国家非物质文化遗产代表性项目名录;2007年1月1日,丽龙高速公路全线开通;2007年4月29日,广州43家创业者“回归工程”入园企业集体开工奠基;2007年7月25日,周生佑先进事迹系列报道;2009年10月9日,龙泉青瓷传统烧制技艺成功入选人类非物质文化遗产代表作名录;《龙泉日报》都进行专题宣传报道。

第四节　龙泉新闻网

龙泉新闻网创办

2004年,龙泉市新闻传媒中心着手创办龙泉新闻网,构建“一报一网”新闻宣传新格局。是年7月21日,经浙江省政府新闻办批准,龙泉新闻网成为龙泉市唯一可以对外发布新闻的综合性网站。

2005年6月29日,龙泉新闻网开通。该网以浙江在线网站为平台,整合《今日龙泉》的新闻资源,开展网上宣传,拓展龙泉对外宣传渠道,扩大龙泉经济和社会发展的对外影响,提高龙泉知名度,成为龙泉市三大新闻主流媒体之一。

龙泉新闻网注重特色,本地化明显。网站设“新闻在线”“龙泉概况”“视频龙泉”“龙泉青瓷”“龙泉宝剑”“山水龙泉”“文化龙泉”“乡镇风采”“部门纵横”“招商选资”“企业在线”“消费指南”“专题报道”“吃住龙泉”“龙泉论坛”等22个频道,56个栏目。至2010年末,龙泉新闻网发布龙泉新闻及转载国内外重大新闻、发帖总数均列浙江在线各县市新闻网站前列。专题“大窑龙泉窑考古发掘”“千年古樟大迁移”分别获浙江省新闻奖三等奖。

龙泉新闻网改版

龙泉新闻网于2007年和2009年进行两次全面改版。首页栏目进行优化整合。针对金融危机的影响,全力做好“企业在线”专题网页,为企业度“冬”送上温暖。栏目设置进行优化整合,保留“动态新闻”专栏,开通“网上人力资源市场”,新开设“政策法规”“企业名录”“热点导读”“企业办事”“监督投诉”等专栏,对“人才供求”专栏作进一步优化。

龙泉论坛开通

2006年10月，龙泉新闻网开通龙泉论坛。之后不断探索实践，通过制定切实可行的论坛管理方法，并对论坛版块进行调整和完善，增加“瓯江源部落”（户外）、“影像龙泉”两大板块，使论坛内容更加合理、丰富，实现从单一形式向多元化结构转变。发帖量由原来每天70—80帖上升到100—200帖，论坛成为龙泉网民相互交流一个重要平台。

龙泉论坛人气提升

2009年，龙泉论坛强化版主队伍建设，使论坛注册网民比2008年翻1番，日均发帖量翻3番。至2009年12月10日，注册会员达500多人，龙泉论坛发主题帖12070多帖，发帖总数206044多贴，日均人气达11万人以上，发帖总数一直位于地市新闻网论坛前列。同时，通过一些评选活动、网上调查等形式，网民的热情进一步激发，更加主动的参与，一些活动甚至吸收大量的省外网民参与。

领导嘉宾参与在线互动

2009年3月，龙泉市“两会”期间，邀请人大代表、政协委员作客龙泉新闻网，就当前企业如何应对危机、食用菌产业转型升级、龙泉学前教育、龙泉如何融入海峡西岸经济区等群众关心的热点、难点问题与网友在线交流，将网民意见吸收纳入建议提案上呈“两会”。龙泉新闻网为网民建言献策搭建很好的桥梁。是年4月，与浙江在线合作，邀请龙泉市委书记赵建林作为首期嘉宾走进“县市直通车”直播间，围绕“贯彻落实科学发展观，建设美好新龙泉”这一主题，与网友互动交流，共话好龙泉建设，在网上引发关注。是年7月，邀请10位市委常委分批作客龙泉新闻网，围绕“群众眼中的好龙泉”主题进行网上恳谈，了解民情、倾听民声、掌握民意、汇聚民智。

专题报道门户

龙泉新闻网挖掘地方文化特色，做精做优“青瓷之都”“宝剑之邦”专题网页。两大文化专题网页及时发布龙泉青瓷、龙泉宝剑业界动态新闻，详细介绍青瓷宝剑常识，挖掘青瓷宝剑文化，成为外界了解龙泉、亲近龙泉重要窗口。

龙泉新闻网组织策划“暖冬行动”“百日献礼大行动”“创建省级生态市”“深入学习实践科学发展观活动”“全国金融集体林权制度改革”“第四届中国龙泉青瓷·龙泉宝剑节”“全国第八届食用菌新产品新技术展销会暨中国食用菌产业发展龙泉论坛”“山上浙江·高峰论坛和浙江大学在龙泉办学70周年纪念”等专题网页，为各活动营造浓厚的舆论氛围。如“百日献礼大行动”专题网页，设动态报道、项目巡礼、人物访谈、典型报道、项目进度排行榜等栏目，确保每日发表相关新闻3篇以上，图片2张，实现高密度、大容量宣传，增强网民视觉冲击力和宣传效果。

龙泉网络宣传窗口

“龙泉新闻网”每天以最快的速度发布新闻40多条，让各界在最短的时间内了解到本地发生的新闻热点，同时本地网民也可以在网上较快较方便地获取解本地最权威最全面的信息和资讯。“龙泉新闻网”每年有大量新闻被“新华网”“中新网”“新浪网”“浙江在线”“浙江农业网”“丽水网”

和《青年时报》《浙江日报》《浙江工人报》《今日早报》《钱江晚报》《丽水日报》等省内外主流媒体转载，为提高龙泉知名度、扩大龙泉影响力发挥重要作用。许多外地网民和游客了解龙泉、投资龙泉、来龙泉旅游，最早最方便的途径和渠道也是龙泉新闻网。

社会舆情渠道

龙泉新闻网与龙泉市委办合作，每周编发《龙泉论坛舆情信息》，对龙泉论坛舆情动态、舆情分析及时上报市委、市政府领导参阅，尤其对重大舆情信息做到随时报送，为市委、市政府及时掌握社会舆情动态、加强科学决策提供参谋依据。

第五节 通联工作与舆论监督

通联工作

龙泉（日）报社重视通讯员队伍建设，除建立记者站外，还推出系列举措：每年召开龙泉市通讯员座谈会，开展学习交流活动，发现和培养重点通讯员，完善骨干通讯员队伍，提高有效稿源；加强对部门乡镇通讯员的培训；开展一年一度的优秀通讯员和积极通讯员评选表彰活动；编辑通讯信息，加强与通讯员的沟通与联系。

舆论监督

龙泉（日）报社开通热线电话，倾听领导关注、百姓关心的热点难点问题，适时开展舆论监督，帮助不少贫困学子和困难家庭，弘扬正气，传递正能量。编辑《龙泉日报内参》，供市委、市政府领导参考，解决一批市民反映强烈的热点难点问题。开设曝光台，对社会上一些不卫生、不文明、不公正、不合理的人和事进行曝光，倡导文明新风尚。

第六节 广告印刷发行

广告经营

龙泉（日）报社广告经营大体分两种模式进行。1996—2002 年，广告部负责制，即广告部具体抓广告经营工作，负责广告策划、业务实施、审核发布等工作。2002—2010 年，广告经营目标管理责任制，即对广告部确定经营任务指标，按照完成任务指标好差分比例档次对目标管理责任人进行奖罚的一种经营模式。目标管理责任制合同按年度签订，头三年实行奖金 50000 元封顶，后几年奖金不封顶、多劳多得。良好的经营机制，使龙泉（日）报社广告营业额从最初不足 30 万元发展到超过 200 余万元。

报纸印刷

由于受当时龙泉印刷条件的限制，最初的报纸放在丽水印刷。试刊前3期在丽水日报印刷厂排版印刷；后来又转到丽水电视报排版，缙云印刷厂印刷。编辑先修改审核好稿子，到出报的日期，坐客车赶到丽水排版，在丽水或者缙云印刷好后，再将报纸运回龙泉。

1995年10月，龙泉金鼎印刷厂购置激光照排系统，报纸转到龙泉印刷。1995年10月至1998年4月、2000年4月至2001年6月，龙泉金鼎印刷厂印刷；1998年5月至2000年4月，龙泉黎明印刷厂印刷；2001年7月开始至2010年末，由丽水日报印刷厂印刷。

从《龙泉报》创办到《龙泉日报》《今日龙泉》《剑瓷龙泉》，16年共刊发报纸2472期。其中1994年10月5日至1995年2月25日，《龙泉报》 试刊7期；1995年5月4日至2001年12月31日，刊发《龙泉报》503期（总510期）；2002年1月4日至2003年12月31日，刊发《龙泉日报》496期（总1006期）；2004年4月26日至2008年12月31日，刊发《今日龙泉》报963期（总1969期）；2009年1月1日至2010年12月31日，刊发《剑瓷龙泉》503期。

报纸发行

至2003年末，《龙泉报》《龙泉日报》实行征订发行。由于受当地经济条件限制，创办之初《龙泉报》的发行量仅5000份，后采取争取市领导重视、部门乡镇支持、宣传部和报社全员抓发行的办法，发行量逐年增加，2003年《龙泉日报》征订发行量达到12000多份。2004年后报纸实行免费赠阅。

第三十一篇

卫　　生

龙泉市中医历史悠久，名医辈出；西医于清光绪二十年(1894)建立。中华人民共和国成立后，国家重视医疗卫生工作，医疗机构建设逐步健全，医疗卫生服务能力逐步增强，公共卫生事业逐步提升。1989 年以来，龙泉市(县)不断深化医药卫生体制改革，加快三级医疗服务网络构建，至 2010 年，龙泉市共有医院、卫生院 44 所，全市已建成覆盖城乡的卫生医疗机构 228 家，病床数 613 张，医疗卫生服务网络更为完善、有效。

1991 年 10 月龙泉市被确定为省级初级卫生保健试点县之一，1994 年 11 月经省卫生厅考核验收达到省级初保达标县(市)标准。2005 年 1 月 1 日，新型农村合作医疗制度(简称新农合)在龙泉正式启动。2008 年，农村公共卫生综合达标率 88.16%，新型农村合作医疗人均筹资 100 元。至 2010 年，城镇职工和居民医保参保人数达 2.59 万人；22.89 万名农村居民参加新农合，人均筹资 185 元以上，参合率达 94.9%，完成体检 10.68 万人次，公共卫生水平大幅提升。

第一章　机构与队伍

第一节　机构沿革

卫生机构变革

民国期间，龙泉县有中医西医，县卫生院和私立机构。1949 年 8 月人民政府接管卫生院，并命名为县人民政府卫生院。1956 年 6 月更名县人民医院。1952—1960 年全县区、乡（公社）医疗机构前后建成 9 个区卫生所，43 个乡（公社）联合诊所，完成县、区、乡三级预防医疗卫生保健网建设。

1988 年后，卫生局机关设人事秘书、医政、药政、财务四股，代管爱卫办、红十字会、公费医疗三个办公室。2001 年 6 月，卫生体制改革，原市防疫站撤销，分别组建市疾病预防控制中心和市卫生监督所。是年 12 月设立市食品药品监督管理局，原市药检所撤销，其人员、财产、食品药品监督监测归其管理。同时公费医疗改革为医疗保险，归市人事劳动社会保障局管理。2007 年 8 月，增设行政许可科，承担全部卫生行政许可职能，管理卫生窗口，方便群众办事。1992 年，龙泉市开展撤区扩镇并乡工作，基层医疗卫生机构随之作了调整，9 个区卫生院（全民所有制）和 35 个乡镇卫生院（集体所有制）改制成 9 所乡镇中心卫生院和 8 所乡镇卫生院及 27 所卫生分院。卫生分院分别由乡镇（中心）卫生院管辖。2006 年全面实施“农民健康工程”将乡镇（中心）卫生院改建成社区卫生服务中心，分院改建为社区卫生服务站，同时取消分院名称。2008 年 1 月，局机关从中山西路 18 号迁至龙翔路 228 号疾病控制中心大楼。卫生局设在三楼，编制 11 人，工作人员 15 人。2008 年底卫生系统直属医疗卫生单位 6 所，街道社区卫生服务中心 4 所，乡镇中心卫生院 9 所（包括红十字医院），乡镇卫生院 7 所，社区卫生服务站 24 所，卫生系统共有在编人员 833 人，其中卫技人员 769 人。病床 536 张，年诊疗量 849066 人次。2009 年 3 月，经龙泉市编委批准同意建立龙渊、西街、剑池 3 个街道社区卫生服务中心，龙渊镇中心卫生院正式撤销，下设的 5 个卫生分院，分别并入相应的街道社区卫生服务中心，同时取消分院名称，更名为社区卫生服务站。2010 年，卫生局编制 15 人，职能科室有办公室、业务科、行政许可科、人事科、财务科，代管市爱国卫生运动委员会办公室（爱卫办）、红十字会办公室。城区下属机构有市人民医院、市中医院、市疾病预防控制中心、市卫生监督所、市妇幼保健所、市卫生进修学校（卫校）、新型农村合作医疗管理委员会办公室（农医办）、及龙渊、剑池、西街街道社区卫生服务中心。

卫生机构

1989 年 11 月，中医院转为全民所有制，属于县级中医医院。人民医院、中医院、卫生防疫站、妇幼保健站、药品检验所、卫生进修学校、城郊、八都、安仁、龙南、锦旗、城北、城南、道太、屏南区卫生院等 15 所单位为全民所有制医疗卫生单位。

1992 年 4 月，撤区扩建并乡后，原区乡卫生院改建成 17 个乡镇（中心）卫生院，并管辖 27 个卫生分院（集体所有制）：八都镇中心卫生院（辖瀑云、南窖卫生分院）、安仁镇中心卫生院（辖福源、天平、胜利卫生分院）、小梅镇中心卫生院（辖青溪卫生分院）、锦溪镇中心卫生院（辖双岭卫生分院）、屏南镇中心卫生院（辖均溪、瑞垟卫生分院）、城北乡中心卫生院（辖上东、黄鹤卫生分院）、道太乡中心卫生院（辖供村、王庄、双平卫生分院）、龙南乡中心卫生院（辖义和、建兴、建龙卫生分院）、上垟镇卫生院（辖四源卫生分院）、查田镇卫生院（辖茶丰卫生分院）、兰巨乡卫生院（辖大赛、剑湖卫生分院）、础石乡卫生院（辖林垟卫生分院）、住龙镇卫生院、宝溪乡卫生院、竹垟乡卫生院、岩樟乡卫生院、龙渊镇中心卫生院（辖大沙、宏山、凤鸣、新民、白云卫生分院）。城区下属单位有人民医院、中医院、卫生防疫站、妇幼保健所、药品检验所、卫生进修学校。

1999 年，经省红十字会批准，龙渊镇中心卫生院又命名为龙泉市红十字医院。

2002 年 4 月 10 日，省政府《关于龙泉市部分行政区划调整的批复》，撤销龙渊镇，设立龙渊、西街、剑池 3 个街道办事处，为市人民政府派出机构。龙渊镇中心卫生院名称自然取消，由红十字医院代替龙渊镇中心卫生院职能。

2004 年 11 月，农村开始实行新型农村合作医疗制度，经市编委批复同意建立市新型农村合作医疗办公室（市农合办）。

2006 年 1 月 16 日，经市编委批准，撤销安仁镇中心卫生院胜利卫生分院、龙南乡中心卫生院建龙卫生分院。是年，全面实施“农民健康工程”，正式启动社区卫生服务工作，将 9 所乡镇中心卫生院改建为 9 所乡镇社区卫生服务中心。

2007 年，龙泉市有 16 个乡镇卫生院（社区卫生服务中心），25 个卫生院分院（社区卫生服务站），有在职职工 300 余人。

2008 年末，全市有卫生医疗机构 228 家，其中卫生管理机构 5 家，医疗机构 223 家。医疗机构中卫生系统 71 家（包括乡镇卫生院分设的门诊部，卫生所 20 家）、村卫生室 118 家，厂矿学校医务室 16 家、个体医诊所 17 家、民营医院 1 家。是年，红十字医院筹建剑池街道社区卫生服务中心，是年 11 月被市人民政府定名为龙泉市惠民医院。

2009 年 3 月，经市编委批准同意建立龙渊、西街、剑池 3 个街道社区卫生服务中心，龙渊镇中心卫生院正式撤销，下设的 5 个卫生分院，分别并入相应的街道社区卫生服务中心，同时取消分院名称，更名为社区卫生服务站。

2010 年，全市有 8 个乡镇中心卫生院（社区卫生服务中心）和 8 个乡镇卫生院（社区卫生服务中心）、3 个街道社区卫生服务中心和 28 个社区卫生服务站（分院）及人民医院、中医院、疾病控制中心、卫生监督所、妇幼保健所、爱卫办、农合办、卫生进修学校等医疗卫生机构。

第二节　城镇医院及有关机构

龙泉市人民医院

概况及荣誉　龙泉市人民医院是丽水学院教学医院，市医保、农保、伤残鉴定定点单位，为龙泉市集医疗、急救中心，集医疗、急救、教学、科研、保健、计划生育为一体的“二级乙等”综合性医院。坐落于中山西路23号，其前身是民国29年（1940）11月创办的龙泉县卫生院。1949年8月，由龙泉县人民政府接管，命名为“龙泉县人民政府卫生院”，1956年6月改称县人民医院，1990年，龙泉撤县设市，医院于1991年更名为龙泉市人民医院。是年12月，经省卫生厅考核验收被省卫生厅评定为“一级甲类医院”。1996年，根据“浙江省医院级别套用国家医院等级标准的通知”，由“一级甲等医院”套为“二级乙等医院”。是年，被卫生部定为“爱婴医院”。

2006年，创建“二级甲等医院”。2006—2007年，分别与浙江省人民医院、浙大医学院附属一院建立协作医院，开通网络医疗服务平台。省人民医院不定期地派专家对医院学科建设、人才培养、医疗技术、医院管理等进行全方位多形式的指导。骨科、呼吸内科被确定为龙泉市级重点学科；肝、胆外科被确定为丽水市级重点学科。

科室设立　1950年设立医院办公室、总务科；1980年始设立护理部；1984年设立医务科、人事保卫科、财务科；1988年设立设备科；1993年成立院感科；2001年设立医保办；2004年设立体检中心；2005年设立信访办；2006年设立宣传科。

1959年，门诊科室有内科、中医科、外科、妇产科；1962年，增设五官科、保健科；1980年，增设注射室、观察室、中草药科、口腔科、保健室；1987年，增设肠道科、皮肤科、小儿科、眼科、耳鼻喉科、计划生育指导室、急诊室、保健科、预检处、针灸理疗科、换药室、供应室、门诊手术室、反博室等。1995年，将原急诊室搬到老住院大楼一楼成立急诊科。1999年，开设专科专家门诊，包括内科、外科、妇产科、儿科、骨科、神经内科、泌尿科、肝胆疾病等专科，各专科医师轮流坐诊。2000年，在急诊科开设小手术室及清创室，是年开设疼痛门诊。2010年，门诊部诊疗科室，包括内科、外科、骨科、妇产科、泌尿科、肝胆疾病科、眼科、耳鼻喉科、口腔科、计划生育指导室、中医科、皮肤科、小儿科、急诊科、保健科、预检处、理疗科、注射室、换药室、手术室、疼痛门诊、肠道门诊等22个门诊室。

1962年，核定住院部床位168张，分设三个病区：内科68张、外科64张、疗养部36张。1980年，核定床位220张，分设4个病区：普内科（上半年94张、下半年60张）、传染科（下半年60张）、外科（上半年74张、下半年60）、妇产科、五官科（50张）。1989—1992年，住院部核定床位300张，分设6个病区，即一病区（妇产科43张）、二病区（普外、胸外、泌尿外科、肿瘤等56张）、三病区（内科56张）、四病区（骨科、脑外科、干部病房43张）、五病区（传染科60张）、六病区（儿科、中医科、眼科、五官科42张）。1993年4月，开设重症监护病房（ICU）。1994年，开设血透室，是年底新病房大楼搬迁完毕，病区调整为：一病区（传染科）、二病区（普外、胸外、泌尿外科、肿瘤）、三病区（儿、中医、眼、五官科）、四病区（外科）、五病区（骨科、脑外）、六病区（妇产科）、七病区（内科）。1995年，将七病区分为两个病区：七病区（内一），主要收治心血管、神经内科、肾内科及各种中毒病员；八病区（内二），主要收治消化内科、呼吸内科、血液科及风湿性疾病患者。2001年，与上海中山医院合作，开设远程会诊，病区重新划分：一病区（传染科）、二病区（呼吸、肿瘤科）、三病区（心血管、肾内科等）、四病区（外科）、五病区（骨科、脑外）、六病区（妇产科）、七病区（儿、中医、眼、五官科、ICU病房）。2002年，内分泌代谢科、消化内科并入一病区（传染科）。2003年，因防治“非典”工作，在原妇幼保健站建立隔离病房。

1959年，医技临床辅助科室有化验室、X光室、药房。1962年，有手术室、化验室、X光室、药房、药库、供应室、病历档案室。1980年，有检验科、放射科、理疗室、心电图、心动图、超声波、手术室、药房、制剂室。1989年前，有检验科、放射科、药剂科、病理科、胃镜室、脑电图室、心电图室、B超室、心向量图室、超声心动图室等。1990 年，建立血库，1995 年开设 CT 室，2000 年开设肺功能测定室，2004 年开设乳透室。至 2010 年，有医技临床辅助科室 14 个：检验科、放射科、药剂科、病理科、CT 室、内窥镜室、脑电图室、心电图室、B 超室、心向量图室、超声心电图室、血库、乳透室、肺功能测定室。

卫技力量　1988 年，龙泉县人民医院有职工 299 人，卫生技术人员 239 人，其中副高职称 4 人，中级职称 81 人。1991 年，市人民医院全院职工 313 人，其中卫技 246 人，占 78.5%，副高职称 4 人，中级职称 41 人，初级职称 240 人。1995 年 11 月晋升为正高级职称 1 人。至 2010 年 12 月 1 日止，全院在册职工 400 人，临时工 110 人（其中医疗、护理临时工 99 人），离退休人员 127 人，合计总人数 637 人。在全院各类专业技术队伍中，高级职称 37 人。

医疗设备　逐年添置 PH—24 小时动态心电图诊断仪、进口全自动血气分析仪、心腹 B 超、上消化道纤维内镜、纤维支气管镜、日本产 500 毫安电视摇控 X 光机、KTH—5 型全能呼吸机、心电除颤监护仪、脑电分析工作站、日本产螺旋 CT 机、进口彩色 B 超、腹腔镜、肺功能测定仪、纤维结肠镜、层流无菌床、一拖六中央监护、经颅多普勒、C 臂机、德尔全能麻醉机、贝朗血透机、胆道镜、电子肠镜、无创呼吸机、碎石机、CR 机、膀胱镜、放射科 PACS 系统等上百件现代医疗设备。

1999 年开始建设医院电脑网络，引进电脑化管理，并逐步完善全院电脑网络系统。2002 年与上海第一医科大学附属中山医院合作，建立远程会诊及远程教育系统。2006 年被省卫生厅评定为二级甲等医院，按“二甲”医院管理要求，投资 60 余万元购置应用系统软件，门诊实施无纸化电脑信息服务，取消挂号和处方划价流程。

医疗技术　1989 年以来各临床科室和医技科室开展 120 余项难度较高、许多项目在丽水市县级医院处于领先的诊疗项目和技术：外伤性内囊出血颅内手术、脑瘤摘除术、腹腔肿瘤清扫术、膀胱肿瘤全切结肠代膀胱术、脑室—腹腔分流、断指再接、全头皮植入、肝叶切除术、单臂外固定支架用于股骨（胫骨）骨折手术、先天性髋关节脱位行综合矫治手术、人工股骨头置换术、晶体植入、人工授精怀孕成功、胸（腰）椎骨折行椎弓根螺钉固定术、脊髓肿瘤切除术、肺肿瘤切除术、椎体植骨融合术、腹腔镜手术、钻颅、血肿引流+尿激酶溶解、脑栓塞溶栓疗法、纤支镜下支气管灌洗术、糖尿病的现代综合治疗、脑梗塞病早期降纤治疗、层流床用于化疗病人、全髋关节置换术、吻合器保肛术、腰硬联合穿刺麻醉、脑溢血立体定向引流术、人工胰治疗、免疫组织化学病理诊断、检验科开展骨髓及细胞化学检验、发光技术、特种蛋白、细菌 β-内酰胺酶、真菌培养等 39 项新项目、腹腔镜下微创术、肱骨头置换术、经皮椎体成形术、体外碎石、门脉高压断流术、食道下段离断吻合术、无创呼吸机治疗等。

工程建设　1989—2010 年，龙泉市（县）人民医院共计投资 700 余万元修建、新建工作用房 8488 平方米，调整病区划分和增加临床及医技科室。占地面积 16095 平方米，建筑面积 19068 平方米，其中工作用房 16749 平方米，开设病床 300 张，诊疗病人 267821 人次，住院 7963 人次，病床使用率 95%，业务收入 8011 万元。

2008 年医院整体搬迁项目列入浙江省重点工程，龙泉市发改局已批准立项，选址市区东茶路马埠地块。建设规模为 500 床位，用地 54861 平方米，一期规划总建筑面积 54076 平方米，总投资 2.39 亿元。后续待建 15197 平方米，于 2010 年 3 月 15 日举行隆重的奠基仪式，至 9 月底，完成征地及基础填方、地质勘察、施工监理、土建施工以及招标代理的招投标等工作。10 月 2 日迁建工程正式动工。

龙泉市中医医院

医院概况　龙泉市中医医院坐落于龙渊镇贤良路 25 号。1953 年根据卫生科要求，联络民间医生集中在大街(新华街)大桥头开出“联合诊所”，随后在华楼街、西街增设分点，称第一联合诊所、第二联合诊所、第三联合诊所。联合诊所设有牙科、中医科、骨科、草药室等。1958 年以集资方式兴建门诊大楼，联合诊所迁入营业，起名“城镇联合中医院”，属于集体所有制医院。1989 年，经龙泉县人民政府文件批准，将县中医院转为全民所有制的医疗机构。1992 年 3 月更名为龙泉市中医医院。1998 年由于机构改革，该院被下放为卫生局管理。该院是一所集医疗、科研、教学、保健、康复为一体具有中医特色的综合性医院，占地 2056 平方米，建筑面积 3748 平方米，编制床位 100 张，开放床位 60 张，设 25 个临床科室，14 个医技科室，2 个病区。1994 年开设妇产科病房，1996 年设立皮肤科，2001 年开展剖宫产手术和体外碎石，2004 年，成立“中医康复理疗中心”。2007—2008 年分别对妇产科病房、门诊进行全面装修。中医康复理疗、牙科镶牙为特色科室，业务收入年均增长 30%~40%。2008 年诊疗病人 79788 人次，住院 1224 人次，业务收入首次突破 1000 万元。有卫生技术人员 96 人。其中，执业(助理)医师 39 人、注册护士 33 人、药师(士)10 人、技师(士)5 人、其他 9 人。设有内、外、妇、儿、五官科等 26 个临床医技科室。2010 年，医院总诊疗人数 71642 人次，住院病人 1095 人次，固定资产总值 445.8 万元，其中，医疗设备 283.8 万元，医院总收入 1283 万元。2010 年，龙泉市中医院工作人员 105 名(含临时聘用卫技人员)。其中，卫生技术人员 96 人，含执业(助理)医师 39 人、注册护士 33 人、药师(士)10 人、技师(士)5 人、其他 9 人。

医疗设备　逐年引进的主要设备有：进口全自动生化仪、进口全自动五分类血细胞分析仪、进口血凝仪、全自动尿液分析仪、电解质机分析仪、500mAX 光机、彩色 B 超、呼吸机、洗胃机、心电监护仪、麻醉机、24H 动态心电图、脑电图、碎石机、经颅多普勒、智能六合治疗仪、智能中药熏蒸自控治疗仪、电脑牵引床、超声波、微波治疗仪、宫颈微波治疗仪、GX—I 型多功能电离子手术治疗仪。2001 年，建立医院电脑网路，引进电脑化管理。

龙泉市红十字医院

医院概况　红十字医院(曾称剑池街道社区卫生服务中心、龙渊镇中心卫生院、惠民医院)，是一所集医疗、预防、教学、保健、康复、健康教育、计划生育等综合性社区卫生服务中心。位于水南夫人殿弄 26 号，为全民所有制非营利性医院，是各类医疗保险定点医院之一，亦为丽水市唯一一家红十字医院，是龙泉唯一一家惠民医院。占地面积 3771.79 平方米，建筑面积 5860 平方米。下设宏山、大沙、水南 3 家社区卫生服务站和周际、茶坦、宏阳、宏山、武潭、翁仁村 6 家村卫生室。

历史沿革　城郊联合诊所成立于 1957 年，设简易中医内科、伤骨科、换药室、中药房。医疗仪器仅有血压计、体温表、听诊器。1965 年更名为城郊中医院。有中医生 2 人，初级卫技人员 1 人，学徒 1 人。1973 年增设妇产科、化验室。有职工 8 人，其中，西医士 1 人，中医生 6 人，中药剂 1 人。1979 年，集体所有制城郊中医院并入全民所有制城郊区卫生所，更名为城郊区卫生院。

1984 年 10 月更名为龙渊镇中心卫生院。1992 年，龙泉市行政区域进行撤区扩镇并乡后，更名为龙渊镇中心卫生院，下设 5 个卫生分院(宏山、大沙、凤鸣、新民、白云)，人口 5.7 万人。1999 年 4 月，经省红十字会、丽水地区卫生局、丽水地区红十字会批准设立市红十字医院，将龙渊镇中心卫生院更名为龙泉市红十字医院。2008年11月，市红十字医院被市人民政府定点为龙泉市惠民医院。根据省卫生厅加快城乡社区卫生服务体系建设要求，按龙泉市社区卫生服务发展规划(2008—2010年)，2009年6月25日，设立龙泉市剑池街道社区卫生服务中心，原卫生分院改称社区卫生服务站。

经营发展　1981年8月动工新建门诊楼704平方米。一楼设内科、伤科、收费室、西药房、化验室，二楼设妇产科、人流室、心电图室、中药房、防疫办公室，三楼设手术室、会议室、院长办公室等。

1988年，卫生院总收入达28.67万元，比1987年增加7万元。有职工46人，其中：主治医师3名，医师11名，医士12名。放射科购买200毫安X线机1台，设住院部病床30张。并聘请上级医院医师指导开展业务工作。

1990年原住院部拆除重建，建筑面积1690.17平方米砖混结构共四层，于1991年3月竣工投入使用。扩建的放射科机房100平方米是年正式投入使用。

1996年恢复院长负责制，建立健全以岗位责任制为内容的各项规章制度。1997年卫生院在水南设立一分部。2001年，扩建门诊西面3植3层混砖结构，235平方米业务用房，门诊楼建筑面积增至939平方米。2009年6月正式挂牌设立剑池街道社区卫生服务中心。一楼设急诊科、伤骨科、推拿科、输液大厅；二楼设口腔科、预防接种室、犬伤门诊、全科门诊、小会议室；三楼设院长办公室、副院长办公室、书记办公室、综合(1、2、3)办公室、财务办公室、总务办公室。9月将原行政办公室改为妇产科住院病区，并引进妇科医疗仪器。2010年5月，将原住院大楼一楼病区进行装修后设立骨科病区，设床位20张。是年，医院先后选送8名医务人员到上级医院进修学习，引进人才2人，参加继续教育10人。

民营医院

谢氏骨伤医院　2004年4月，经省卫生厅批准建立，系合作性股份制民营医院。谢氏治疗骨伤是近代名医谢汉定创始，至2010年，已有100余年历史，擅长正骨疗伤，尤精手法。医院继承祖传之骨伤疗法，并与现代西医疗法相结合，即以手法复位与内固定相结合治疗骨伤科病人。2005年始，开展股骨头髋关节置换术。是丽水市九县(市)及毗邻福建省县市的医疗保险定点单位。2010年，临床科室：骨伤科、内科、外科、急诊科、理疗科、手术室、麻醉科等；医技科室：医学影像科、医学检验科等。核定床位50张，业务用房2500平方米，工作人员61人。其中，卫技人员51人，有执业(助理)医师资格12人。主要医疗器械有：500MA程控X光机、B超、心电图、心电监护仪、多功能麻醉机、自动生化分析仪、救护车等。

民生医院　2009年6月4日，市卫生局批准建立龙泉市综合福利院民生医院，为集体性质的县属非营利性(非政府办)综合医院。业务用房1900平方米，病床30张，设西医内科、普外科、儿科、急诊医学、康复医学、临终关怀、麻醉、医学检验、医学影像(X线诊断、超声诊断、心电诊断专业)等科室。2010年，有职工52人，其中，卫生技术人员42人。卫技人员中：高级职称3人(主任医师1人，副主任医师2人)、中级职称3人，初级职称36人。是年，门诊10035人次，急诊287人次，住院1523人次，业务总收入1638万元。

龙泉市妇幼保健所

1979年，龙泉县妇幼保健所成立。属政府举办，不以营利为目的公益性事业单位，在履行公共卫生职责和完成各级政府和卫生行政部门下达的指令性任务的同时，开展与妇女儿童健康密切相关的基本医疗服务。原址坐落于公园路11号。

1991年，改称市妇幼保健所。2003年，迁址中山西路西寺巷9号，业务用房1400平方米，楼房五层，开设妇保、儿保、婚保门诊，设有早孕建卡、产前检查、高危孕产妇筛查、孕产妇营养、乳透、胎心监护、儿童建卡、体检、听力筛查、体弱儿诊治、婚检、计划生育指导、B超、检验等服务项目。主要医疗设备有多功能手术台、激光治疗仪、红外线乳透扫描仪、尿自动分析仪、彩色B超、血球分析仪、荧光阴道镜、听力筛查仪、视力筛查仪等先进仪器。2008年末全所有妇幼保健人员27(包括借用及聘用10人)人，其中副高职称1人，中级职称8人。2010年，妇幼保健所有职工25人，副高职称3人，中级职称7人。其中，在编14人(11人为卫生技术人员，1人财务，1人办公室后勤，1人司机。)，临时聘用11人(卫生技术人员6人，收费1人，出生医学证明办理1人，婚前医学检查登记1人，卫生清洁1人，保安1人)。

龙泉市卫生防疫站

1956年5月建立，1990年12月撤县设市后改称市卫生防疫站。1995年，增设结核病防治科(对外称龙泉市结核病防治所)。2001年6月20日龙泉市编委同意撤销龙泉市防疫站，分别组建龙泉市疾病预防控制中心和龙泉市卫生监督所。

龙泉市疾病预防控制中心

2001年6月，组建龙泉市疾病预防控制中心，主要承担全市的传染病防治管理、计划免疫、慢性病及地方病防治、突发性公共卫生事件应急处理工作。科室设置办公室、总务科、计划免疫/艾滋病防治科、应急/传染病/地方病/慢性病防治科、卫生监测/健康教育促进科、检验科。有业务用房902平方米，职工29人，其中，有卫技人员24人(副高2人，中级17人)。

龙泉市卫生监督所

2001年6月成立，设监督一科、监督二科、办公室、办证室。承担全市卫生法律法规综合执法，办理各类相关行业卫生许可、健康许可、执业许可；突发性公共卫生事件调查处理；日常性卫生监督；现场卫生快速检测；预防性建筑设计卫生审查；卫生法律法规及行业卫生知识培训；上级交付的其他工作任务等。机构性质为参照公务员管理事业单位，核定编制13人，人员从原防疫站编制中划分。办公场所借用原卫生局办公用房180平方米，工作人员11人。其中，中级职称5人。2007年11月22日，市编委同意增设市卫生监督所安仁、小梅、八都分所。

龙泉市爱国卫生运动委员会办公室

简称市爱卫办，是市爱卫会的常设办事机构，负责爱卫会的日常工作。爱卫办主要具有规划、组织、协调、控制和参谋等职能。爱国卫生工作任务主要包括五个方面：创卫(创建卫生城市、创建各级卫生先进单位、卫生乡镇、村)、健康教育、农村改水、农村改厕、城乡除四害。因创建卫生文明城市工作的需要，从2003年10月始，市爱卫办与市文明办、市创建办合署办公，办公地点设在市行政中心621室。2010年爱卫办编制5人，在岗5人。

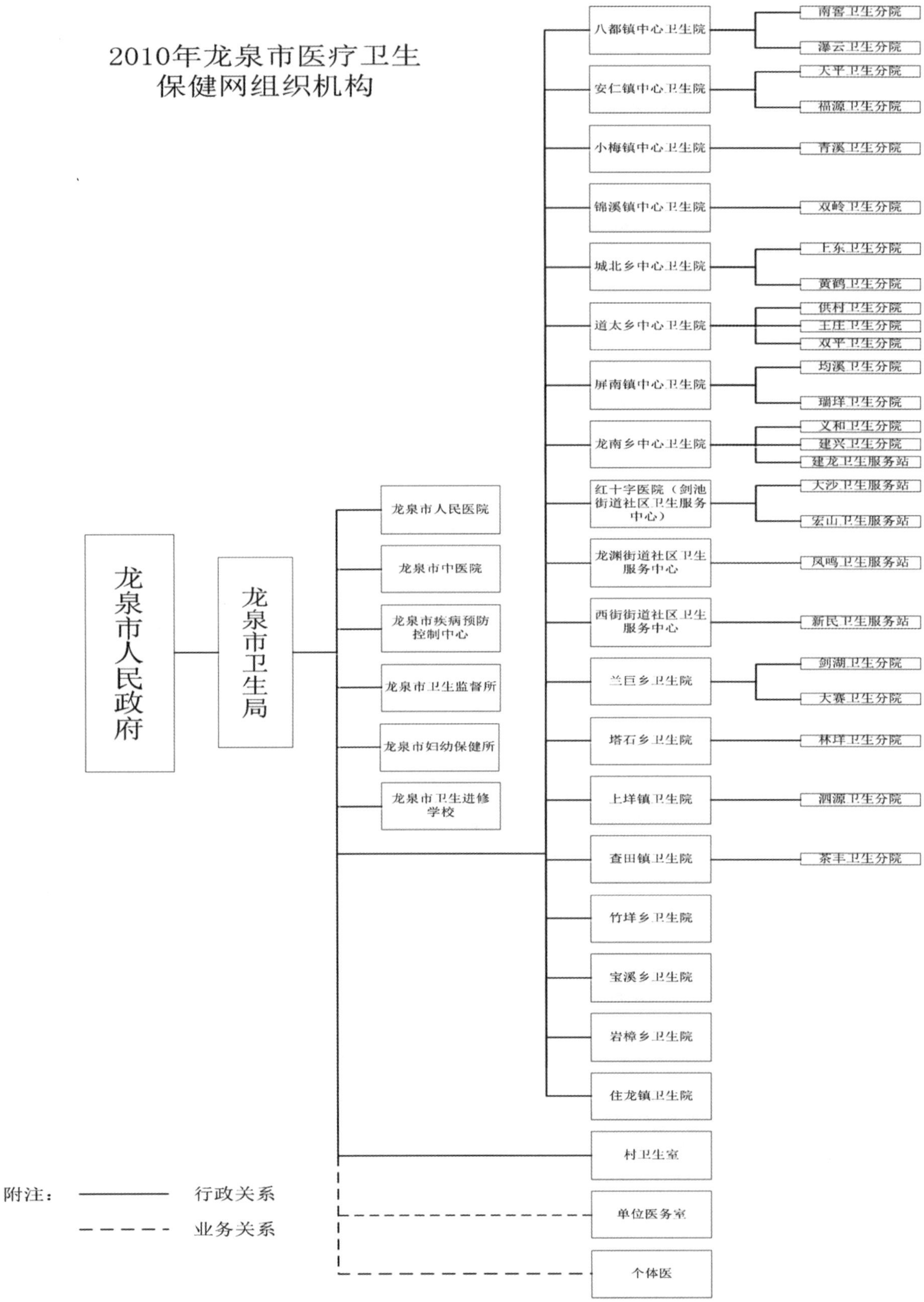

图 31-1-1　2010 年龙泉市医疗卫生保健网组织机构

其他机构

医疗事故鉴定委员会 1981年，成立龙泉县医疗事故鉴定委员会。1989年重新调整县医疗事故鉴定委员会成员，共有成员11人(其中包括县人民医院、县中医院、法院、公安局医学专家和法医)。医疗事故鉴定委员会下设办公室(医鉴办)，具体负责全县医疗事故鉴定的受理，组织召集医疗专家对医疗事故的鉴定。1998年，市医疗事故鉴定委员会再次进行人员调整，更名为“龙泉市医疗事故鉴定委员会”。2002年4月4日国务院颁布《医疗事故处理条例》，9月1日始，终止市医疗事故鉴定委员会鉴定工作，医疗事故鉴定委员会自然撤销。

龙泉市献血工作领导小组 龙泉市政府于1999年8月19日成立龙泉市献血工作领导小组。

突发公共卫生事件应急处理小组 2007年12月，成立“龙泉市卫生局突发公共卫生事件应急领导小组”，设院前急救、医疗救治、后勤保障三个小组。领导小组负责对全市突发公共卫生事件医疗卫生应急救援工作过程的领导，向上级汇报，与有关部门联系，同时指挥、协调各小组间的工作。

龙泉市农民健康体检工作领导小组 2005年12月8日，成立“龙泉市农民健康体检工作领导小组”。市卫生局根据市政府对农民健康体检工作的部署和农民健康体检工作的需要，建立“农民健康体检工作指导小组”，负责全市各乡镇医疗机构开展农民健康体检工作中的业务指导及相关人员培训。

第三节 医疗社团

龙泉市医学会

1978年12月成立。前身为中华医学会浙江省龙泉县分会(县医学会)，理事会由西医、中医、护理代表27人组成。1990年12月26日，撤县设市后，更名为中华医学会龙泉市分会。1991年9月，丽水地区医学会首次在龙泉(东风厂职工医院)召开内科、传染科、心血管、消化、内镜等5个学组学术交流会。2006年3月，产生第五届理事会，由17名理事组成。2008年，理事会班子作调整，由18名理事组成，市卫生局局长担任名誉理事长，有会员350余人。至2010年，举办各种学术活动及下乡巡回医疗40余次，参加人数830余人，交流学术论文138篇。其中，在一级刊物发表论文2篇，二级刊物发表论文25篇，出版《龙泉医药》3期，发放健康宣传资料300余份。

龙泉市预防医学会

1996年5月21日，市民政局批准成立“龙泉市预防医学会”，是年12月4日，市预防医学会成立暨市卫生防疫站成立40周年纪念大会召开，大会投票选举产生第一届理事会，第一届理事会选举产生常务理事会，设副秘书长和常务理事，4个团体会员，96个会员，下设管理、防疫、公共卫生、妇幼、检验5个学组。市预防医学会挂靠市防疫站。

2001 年 7 月 3 日，经市科协同意，增补副会长，组成第二届理事会。2002 年 8 月 14 日，召开第二届第二次常务理事扩大会，会议调整理事会成员，理事会由 17 人组成，常务理事 7 人，分管理学组、公共卫生学组、防疫学组、妇幼学组、检验学组等 5 个学组。

龙泉市中医学会

成立于 1981 年 11 月。原称中华全国中医学会浙江省龙泉县分会(县中医学会，1990 年撤县设市后更名为龙泉市中医学会)。第一届理事会由 15 名理事组成。1988 年第二届改选，有理事 7 人，会员 61 人，其中全国会员 8 人。开展学术活动 6 次，参加人数 110 人次，交流学术论文 32 篇。编纂《龙泉县医林人物志》1 册。2008 年 3 月 8 日召开理事扩大会，对第五届理事会成员进行改选，理事会由 8 人组成，有会员 26 人。中医人才匮乏，老中医药人员退休，在职中医药人员逐渐减少。

龙泉市护理学会

前身为中华护理学会浙江省龙泉县分会(县护理学会)，于 1981 年 11 月成立，理事会由 15 人组成。1988 年有会员 50 人，其中全国会员 10 人。开展各种学术、操作比赛等活动 34 次，参加人数 1232 人次，交流学术论文 20 余篇。2007 年 9 月 3 日，产生第六届理事会，理事 22 人，常务理事 7 人，会员 200 余人。学术交流 242 人次，每年组织庆祝“5·12”护士节活动、技术操作比赛。论文在省级以上二级刊物交流 73 篇，其中，获省自然科学优秀论文三等奖 2 篇、丽水市级 3篇。市人民医院五病区(骨科)获“青年文明号”和“丽水市巾帼文明示范岗”称号。5 个会员获丽水市“优秀护士”和“天使之星”称号。2007 年 9 月，参加丽水市卫生系统护理青工大赛获二等奖。

龙泉市个体卫生工作者协会

1983 年 12 月，经卫生局批准成立，初名“龙泉县个体医(药)协会”，有会员 26 人，理事 3 人。1986 年 1 月，改为“龙泉县个体卫生工作者协会”，是年 11 月经县科协批准为科协会员。1991 年，改名为“龙泉市个体卫生工作者协会”。成立以来经 6 次换届改选。2010 年，有个体医 17 家，会员 30 人。每年召开一次年会，进行学术交流和总结评比。

龙泉市乡村医生协会

1984 年 8 月成立，初名“龙泉县赤脚(乡村)医生协会”，下设组织、宣传、学术 3 个组，有会员 156 人，理事 51 人。1985 年改名“龙泉县乡村医生协会”。1994 年 9 月 1 日，国务院颁布《医疗机构管理条例》实施后，全市乡村医生队伍一直处于整顿和规范中，致使乡村医生协会日常工作终止。2004 年 1 月 10 日，国务院颁布实施《乡村医生从业管理条例》，进一步规范乡村医生的执业行为和资格的准入。经市卫生局同意和市民政局同意重新成立“龙泉市乡村医生协会”，并于 2004 年 12 月 5 日召开全体会员(147 名)大会，选举产生第二届理事会，由 29 名理事组成，理事会选出 13 名常务理事、正副会长、正副秘书长。2010 年 12 月 5 日，召开全市第三次乡村医生大会，并进行换届选举，产生第三届理事会，由 16 名理事组成，有会员 153 人。

龙泉市农村卫生协会

2006 年 3 月省成立农村卫生协会，八都镇中心卫生院为乡镇卫生院管理分会团体会员单位。多次参加省农村卫生协会组织的乡镇卫生院管理暨学术交流活动和各类业务培训。

龙泉市老科技工作者协会卫生分会

2006 年 10 月 2 日成立，由卫生部门部分离退休老年科技（医药）工作者组成，理事 7 人，有会员 35 人。成立 4 年多来，奔赴革命老区、偏僻山区、敬老院等 10 余次义诊和健康咨询。撰写论文 5 篇。

龙泉市老年人体育协会卫生分会

1993 年 9 月 3 日成立，2003 年进行第三次改选，由 9 名理事组成。2010 年有会员 199 人，会员均是市卫生局机关、人民医院、中医院、红十字医院、疾控中心、卫生监督所、妇幼保健所、爱卫办、卫校等单位离退休人员。有门球、乒乓球、太极拳、太极剑、气排球、健身球、柔力球、功夫扇等专业队，常年锻炼，每年举办多次比赛活动，门球、柔力球在多次比赛中获奖。

第四节　医疗队伍

1980—1998 年，分配到龙泉的大学本科、专科生共有 174 人，中专生 477 人。1999 年起，人员分配制改为聘任制。

2010 年，全市有医疗机构 228 家，工作人员 1208 人（含临时聘用人员），其中有执业（助理）医师 618 人，注册护士 349 人；卫生系统有医疗卫生机构65 家，在编人员 812 人，在编人员中有卫生技术人员 692 人，其中正高职称 5 人，副高职称 55 人，中级职称 241 人；村卫生室 123 家，有执业乡村医生 132 人，其中有执业（助理）医师 33 人，乡村医生 99 人；个体医诊所 18 家，有卫生技术人员 25 人。其中执业（助理）医师 18 人，注册护士 7 人；单位医务室 17 家（包括计划生育指导站），共有卫生技术人员 68 人，其中执业（助理）医师 56 人，注册护士 12 人；民营医院 4 家（包括门诊部 2 家），共有卫生技术人员 73 人，其中执业（助理）医师 27 人，注册护士 46 人。是年离退休人员 387 人。

1992—2010年龙泉市卫生机构、床位与人员一览表

表 31-1-1

年份	机构数(个)	床位数(床)	人员数(人) 总计	卫生技术人员 合计	中医师	西医师	护师	中药师	西药师	检验师	其他技师	中医士	西医士	护士	助产士	中药剂士	西药剂士	检验士	其他技士	其他中医	护理员	中药剂员	西药剂员	检验员	其他初级卫技人员	其他技术人员	管理人员	工勤人员
1992	88	524	1030	928	76	228	85	22	20	18	2	10	141	85	8	18	32	13	2	50	10	16	21	1	70	—	79	23
1993	90	485	1018	909	75	225	87	20	19	18	2	9	140	84	8	20	31	12	2	49	11	15	21	1	60	—	80	29
1994	54	521	1000	887	72	224	81	20	19	28	2	10	163	92	4	19	24	13	3	7	10	14	24	1	57	—	85	28
1995	50	538	955	843	68	245	101	18	19	26	2	8	142	70	3	16	16	12	1	7	6	10	15	1	57	—	86	26
1996	50	528	897	760	65	223	119	16	19	27	12	7	97	50	3	13	9	9	—	6	5	11	9	1	59	42	73	22
1997	50	551	891	758	70	246	128	15	24	30	8	5	78	40	1	9	6	10	—	5	5	10	9	1	58	41	71	21
1998	50	551	860	727	71	270	150	15	23	30	1	2	81	23	—	14	8	4	1	—	—	1	1	—	32	40	70	23
1999	50	551	864	719	66	253	146	17	23	27	17	3	80	20	3	10	13	7	2	—	—	—	1	—	31	52	70	23
2000	50	551	919	770	63	272	163	22	31	26	17	3	79	30	2	14	11	6	2	—	—	—	—	—	29	56	70	23
2001	51	551	925	771	59	273	161	19	34	26	19	2	81	25	2	11	10	5	3	—	—	1	1	—	39	58	71	25
2002	49	551	900	805	38	303	169	18	32	28	3	3	98	32	—	11	9	4	1	—	—	—	—	—	56	30	45	20
2003	49	551	897	799	31	307	168	14	28	25	—	4	102	35	—	8	12	15	3	—	—	—	—	—	47	28	45	25
2004	49	551	919	792	30	296	165	16	35	22	—	5	108	27	—	7	12	12	4	—	—	—	—	—	53	39	56	32
2005	50	522	888	782	28	295	160	14	32	23	—	7	104	30	—	8	15	11	2	—	—	—	—	—	53	37	48	21
2006	49	429	880	754	28	278	152	12	34	22	—	6	103	32	—	5	18	9	1	—	—	—	—	—	54	42	53	31
2007	46	475	815	719	26	265	150	12	31	22	—	5	98	32	—	3	18	8	1	—	—	—	—	2	46	31	33	32
2008	49	468	833	769	28	340	180	12	34	23	24	1	73	5	—	4	7	9		—	—	—	1	—	28	30	21	13
2009	51	490	833	753	28	330	178	18	25	20	21	1	84	5	—	6	5	6		—	—	—	2	—	24	31	27	22
2010	51	643	812	692	12	303	168	16	29	18	15	1	82	4	—	5	6	5		—	—	—		—	28	49	32	39

注:人员数总计栏中不含在职不在岗人员。

1998—2010年龙泉市医疗卫生队伍情况一览表

表31-1-2

年份	班数(个)	人员数(人)									
		卫生技术人员(人)							其他技术人员(人)	管理人员(人)	工勤人员(人)
		合计	执业医师	执业助理医师	注册护士	药剂人员	检验人员	其他			
1998	860	727	340	83	173	61	36	34	41	70	22
1999	864	719	319	81	166	74	34	45	52	70	23
2000	919	770	335	82	193	78	32	50	56	70	23
2001	925	771	332	83	186	76	31	63	58	71	25
2002	900	805	347	101	201	59	39	58	29	41	25
2003	897	799	338	106	203	62	40	50	28	45	25
2004	919	792	322	100	188	60	42	80	39	56	32
2005	888	782	337	98	189	64	33	61	37	48	21
2006	880	754	308	84	178	58	36	90	42	53	31
2007	815	719	296	93	166	52	28	84	31	33	32
2008	833	769	368	74	185	58	32	52	30	21	13
2009	833	753	358	89	183	56	26	41	31	27	22
2010	812	692	324	83	172	56	23	34	49	32	39

注:人员数总计栏中不含在职不在岗人员。

1997—2010年龙泉市医疗卫生队伍情况一览表

表31-1-3

年份	班数(个)	卫生技术人员(人)					其他技术人员(人)				管理人员(人)	工勤人员(人)
		合计	正高	副高	中级	初级	合计	副高	中级	初级		
1997	891	758		7	102	649	41	—	22	19	71	21
1998	860	727	1	26	180	520	41	—	22	19	70	22
1999	864	719	1	27	185	506	52	—	22	30	70	23
2000	919	770	2	27	188	553	56	—	18	38	70	23
2001	925	771	3	26	196	546	58	—	19	39	71	25
2002	900	805	4	28	199	574	29	—	23	6	41	25
2003	897	799	3	29	205	562	28	—	17	11	45	25
2004	919	792	2	34	199	557	39	—	17	22	56	32
2005	888	782	2	36	227	517	37	1	18	18	48	21
2006	880	754	2	36	245	471	42	2	20	20	53	31
2007	815	719	1	43	260	415	31	3	18	10	33	32
2008	833	769	5	41	280	443	30	3	18	9	21	13
2009	833	753	4	40	264	445	31	3	18	10	27	22
2010	812	692	5	55	230	402	49	3	24	22	32	39

注:人员数总计栏中不含在职不在岗人员。

1997—2010年龙泉市卫生系统中获得中级（含中级）及以上技术职称人员一览表

表 31-1-4

单位：人

年份	总计	卫生技术人员获得中级及以上技术职称人数																						其他技术及管理人员获中级以上技术职称人数		
		合计	正高					副高							主治（主管）										
			合计	中医师	西医师	护师	技师	合计	中医师	西医师	护师	中药师	西药师	技师	合计	中医师	西医师	护师	中药师	西药师	技师	其他	合计	副高	中级
1997	131	109	—	—	—	—	—	7	1	5	—	—	—	1	102	15	58	17	1	2	9	—	22	—	22
1998	229	207	1	—	1	—	—	26	2	20	2	—	—	2	180	18	87	58	1	2	14	—	22	—	22
1999	236	214	1	—	1	—	—	28	2	23	1	1	—	1	185	17	87	63	1	3	14	—	22	—	22
2000	236	218	2	—	2	—	—	28	2	22	2	1	—	1	188	17	89	62	2	4	14	—	18	—	18
2001	245	226	3	1	1	—	1	27	2	23	1	1	—		196	19	81	58	2	15	21	—	19	1	18
2002	255	232	4	2	1	—	1	29	2	24	1	1	—	1	199	20	70	72	2	12	11	12	23	1	22
2003	255	238	3	1	1	—	1	30	4	23	1	1	—	1	205	18	75	73	2	12	12	13	17	1	16
2004	253	236	2	1	—	—	1	35	4	28	1	1	—	1	199	16	77	71	1	13	9	12	17	1	16
2005	285	266	2	1	—	—	1	37	4	29	2	1	—	1	227	16	97	79	1	13	9	12	19	1	18
2006	306	284	2	1	1	—	—	37	4	27	4	1	—	1	245	18	108	86	1	13	7	12	22	2	20
2007	325	304	1	1	—	—	—	43	6	29	6	1	—	1	260	15	129	85	1	10	8	12	21	3	18
2008	347	326	5	1	4	—	—	41	6	27	6	1	—	1	280	6	130	107	10	6	6	15	21	3	18
2009	329	308	4		4	—	—	40	6	25	6	1	—	2	264	6	122	104	7	9	6	10	21	3	18
2010	330	303	5		4	1	—	57	7	38	6	2	1	3	241	1	108	99	5	12	10	6	27	3	24

第二章　卫生管理

第一节　医政医管

医疗机构管理

2001 年，市级医院建立“病人选择医生”制度。对医疗机构性质进行认定和划分，确定非营利性质 64 所，营利性质 23 所。采用竞聘上岗、择优录用的办法聘任中心卫生院和乡（镇）卫生院院长 17 人，聘任局机关中层干部和直属单位负责人 9 人；市人民医院、中医院实行临床科主任、护士长竞争上岗制度。2003 年，市卫生局设立会计核算中心，推行会计委派制度，把全市乡镇（中心）卫生院、卫生分院划为 17 块区域，选拔 9 名会计人员分别委派到相应卫生院担任会计工作。2007 年，卫生局设立行政许可科，加强医疗机构准入管理，对医疗机构设置、注册、变更、校验，按规划和标准把牢“入口”关，实行现场审核。乡镇卫生院按公共卫生 3 大类 12 项任务进行指导考核，建立绩效考核制度，抽调疾控、妇保、卫生监督等部门业务骨干组成考核指导小组，每个季度对各乡镇（中心）卫生院公共卫生服务项目开展情况进行指导考核。2007—2009 年，医疗卫生机构开展创建“平安医院（卫生院）”活动。市人民医院平安医院创建工作通过省级验收。2010 年，公共卫生 3 大类 12 项任务综合达标率 89.22%，群众满意率达 96%。

创建文明医院（卫生院）　1989 年 10 月，林垟乡卫生院被省卫生厅授予“文明卫生院”称号；1990 年 12 月，城北区、双岭乡、义和乡卫生院获省卫生厅授予“文明卫生院”称号；2001 年 7 月，龙渊镇中心卫生院被省卫生厅授予“文明卫生院”称号。1985—2001 年，获省级文明医院（卫生院）共 10 个单位。1986 年，八都区卫生院、凤鸣乡卫生院获丽水地区文明卫生院称号。1987—2010 年，卫生系统获市（县）级文明单位称号 17 家。

乡（镇）、村一体化管理　1998 年，成立医疗卫生体制改革领导小组，建立卫生局农村卫生办公室和中医药管理办公室，负责基层卫生院和农村中医药工作管理。3 月，首先在锦溪镇、住龙镇、岩樟乡推行乡（镇）、村两级卫生组织一体化管理试点，龙南乡开展乡中心卫生院与卫生分院实行分片管理。乡（镇）卫生院对村卫生室实行人、财、物、医、药五统一管理，其后在全市各乡（镇）卫生院全面推开。2007 年，卫生局下发《龙泉市公立医院支援社区卫生服务实施方案》，市人民医院、市中医院结对 2 至 3 个乡（镇）卫生院，进行指导，并开展双向转诊制度。

创建等级医院、卫生院　1999 年，丽水地区在全市乡镇卫生院开展创建等级卫生院工作，龙渊镇中心卫生院创建二级乡镇卫生院通过丽水地区卫生局组织专家评审验收。2002 年，八都镇中心卫生院申报开展创建农村中心集镇示范卫生院建设。2005 年 12 月，通过省卫生厅组织专家验收。2004—2005 年，根据丽水市卫生局《规范村卫生室考核标准》，全市创建规范村卫生室 16 家，并通过丽水市卫生局组织考核验收。2005年，市人民医院开展创建“二级甲等”医院，2006年10月，经省卫生厅评审定为“二级甲等综合医院”。2008年，小梅镇中心卫生院申报创建省级农村集镇示范卫生院建设，2010年11月，通过省卫生厅组织专家验收。人民医院“二甲”再次通过复查验收，符合“二级甲等”医院标准。

医疗从业管理　1994年1月1日，《执业护士管理办法》实施后，对取得护士资格人员，办理执业护士注册登记。1998年《中华人民共和国执业医师法》颁布实施，对取得中等卫生学校学历以上（含中等卫校学历）的医师、医士，进行执业医师（执业助理医师）资格考试，办理执业医师（执业助理医师）注册登记。2004年1月1日，《乡村医生从业管理条例》实施后，原取得乡村医生、赤脚医生资格的148人，通过全省组织的统一执业考试，有137人取得乡村医生执业资格证书，并办理执业注册登记。2008年始，每两年组织一次对执业医师、执业乡村医生进行考核。医师定期考核委员会办公室设在市人民医院医务科，乡村医生考核设在市卫生局业务科。

医疗质量管理　1989—1992年，医疗单位开展“百日无差错事故”竞赛活动。1994年，成立医疗质量管理委员会，并确定院长为第一责任人。2007年，医疗卫生机构开展创建“医疗质量管理年”活动。2008年，开展医疗安全专项检查和医院管理年活动。2009年，全市各医疗机构开展“医疗质量万里行”活动，同时在9月和12月，组织2次医疗质量专项检查。2010年，全市医疗机构推行通用门诊病历和门诊日志，开展“优质护理服务示范工程”活动。建立市级医疗质量观察员制度，聘任27位同志为市医疗质量观察员。

个体医疗管理　个体医疗实行统一处方、处方留底和门（出）诊登记制度。根据国务院《医疗机构管理条例》和浙江省实施《医疗机构管理条例》若干规定，1996年8月20日，市政府颁布“关于整顿医疗秩序，净化医疗市场”通告,规范医药市场。市政府成立整顿医疗市场领导小组，市卫生局建立由9人组成的卫生执法大队，执法大队协同市公安局治安大队对医疗机构监督检查100余次，关闭系统内医疗分点74家，取缔无证行医380家，游医21人。医疗机构整顿后，批准个体诊所23家，其诊疗科目主要为牙科、中医、骨伤科，西医专业的个体医诊所不再审批设置。

器械设备管理

1978年，卫生局建立医疗器械管理制度。1998以来，省卫生厅组织浙江省基层卫生院医疗设备展销会，乡（镇）卫生院医疗设备实行统一招标采购。省卫生厅给予适当的经费补助。2005年始，实施农村公共卫生项目，各乡镇（中心）卫生院开展农民健康体检，医疗设备六小件（B超、血球分析仪、心电图、尿液分析仪、生化仪、血糖仪）由卫生局统一招标采购，省、市财政给予全额补助。各医疗单位逐渐添置现代先进医疗仪器,如磁共振、CT等。2010年末，全市共有1万~50万元医疗仪器312件,50~100万元1件。

医疗事故处理

1981年，建立县医疗事故鉴定委员会，至2002年8月止。医疗事故鉴定由卫生局医政股具体负责，受理全市各医疗机构医疗事故的鉴定和医疗纠纷的调解。2002年4月4日，国务院颁布《医疗事故处理条例》，9月1日《医疗事故处理条例》实施后，龙泉市医疗事故鉴定委员会不再受理医疗事故鉴定，由市卫生局业务科负责受理全市各医疗机构医疗事故鉴定申请，委托丽水市医学会进行医疗事故的鉴定。

根据省司法厅、省卫生厅“关于推进人民调解化解医患纠纷工作的意见”精神，2009 年 10 月 22 日，成立龙泉市医患纠纷人民调解委员会，医调会共有 9 人组成(其中司法 3 人、卫生 6 人)。

2010 年 3 月 1 日后，龙泉市医患纠纷人民调解委员会负责金额范围在 1 万元以上、10 万元以下医疗纠纷的处理。索赔金额大于 10 万元以上的，市卫生局受理医疗事故技术鉴定申请，委托上级医学会医鉴办进行医疗事故技术鉴定。

第二节　药政管理

管理概况

1985 年，卫生局设药政股，实施药政管理工作。1989 年后，在全市(县)范围内继续使用毒性中药、毒、剧毒、精神、麻醉药品等 8 种统一造册登记制度，购置毒剧药品重新申请审批。麻醉药品购买限制在市人民医院、中医院、区卫生院医疗机构，卫生局发放麻醉药品购药卡。具有医师以上职称人员，经卫生局组织统一考试，考试合格后方能开具麻醉药品处方。麻醉药品实行专人、专柜保管。成立药品监督管理购置领导小组，对药品经营企业许可证重新审核发放。配备 50 名专职或兼职药品检查员，创建药品质量信得过单位。

管理实施

1991—2000 年，对全市医疗机构及药品经营企业累计检查 4209 单位(次)，查出伪劣过期失效药品 1436 种，计币 85 万余元，打击无证游医药贩 132 人次。2001 年 12 月，市食品药品监督管理局成立，食品与药品监督监测归其管辖。2002 年 1 月 1 日后，卫生局负责对医疗机构精神、麻醉药品采购计划审批，特殊患者使用麻醉药品不再办理购药卡，凭医学证明书，由当地医疗机构具有麻醉药品处方权的临床医师开具药品使用。医疗单位购置使用精神、麻醉药品统一采用簿册登记。卫生局对精神、麻醉药品使用情况，每年进行专项检查和监管。2003—2004 年，市卫生局与市食品药品监督管理局联合对全市 228 家医疗机构药房开展规范药房建设，并通过验收。2005 年，对批准使用麻醉药品 20 家单位的执业医师，进行使用麻醉药品处方权考试，合格 209 人。2005 年始，对药品流通渠道全市统一部署，市级医疗单位对 700 余种药品实行网上统一招标采购。2006 年始，市(县)级医院对药品实行“临床实时监控”制，规范用药行为。2007 年，对全市各医疗机构已取得医师资格的医务人员，再次进行使用麻醉药品处方权考试，有 30 人取得使用麻醉药品处方权。

第三节　医疗保障

新农合实施

2004 年 6 月，龙泉市启动新型农村合作医疗制度筹建工作。由市卫生局主管，组织完成基础调查、资料收集、草案拟订等基础事务。10 月成立龙泉市新型农村合作医疗管理委员会，制订并推出《关于建立新型农村合作医疗制度的意见（试行）》《龙泉市新型农村合作医疗暂行办法》《龙泉市新型农村合作医疗实施细则》等政策性文件，12 月 31 日，完成首轮筹资。2005 年 1 月 1 日始全面实施。

1990 年，农村合作医疗覆盖率在 10%左右。1999 年 5 月，龙泉市人民政府办公室出台《关于成立龙泉市农村合作医疗管理委员会的通知》，成员单位有文体广电局、发改局、财政局、民政局、物价局、卫生局等，筹资比例为 7:2:1，即农户个人 7 元，村委会 2 元，乡（镇）政府 1 元。11 月，在住龙镇开展试点工作。2000 年，全市各乡镇全面推开，但很快就夭折。

2005 年 10 月，龙泉市人民政府《关于完善新型农村合作医疗制度的通知》；2007 年 8 月，市人民政府办公室《关于印发进一步完善新型农村合作医疗制度的通知》；2008 年 6 月，市人民政府办公室发文《关于调整新型农村合作医疗相关政策的通知》。

2005—2010 年龙泉市新农合政策（要点）调整一览表

表 31-2-1　　单位：元

<table>
<tr><th colspan="3">年份
项目</th><th>2005</th><th>2006</th><th>2007</th><th>2008</th><th>2009</th><th>2010</th><th>备注</th></tr>
<tr><td rowspan="5">筹资</td><td colspan="2">人均</td><td>40</td><td>42</td><td>60</td><td>100</td><td>140</td><td>185</td><td rowspan="19">1. 其中低保、五保、优抚人员个人缴费由财政解决；残疾人部分由残联解决
2. 2010 年出台中途参保政策
3. 政策调整执行起始时间，2007 年为 10 月 1 日、2008 年为 7 月 1 日，其余为 1 月 1 日
4. 2009 年起省财政拨付纳入一般性转移支付（按照当地农业户籍人口数的 90%，包括农民健康体检经费，同时列入新农合基金管理）</td></tr>
<tr><td colspan="2">个人缴费</td><td>20</td><td>20</td><td>20</td><td>30</td><td>30</td><td>50</td></tr>
<tr><td rowspan="3">财政补助</td><td>中央</td><td>0</td><td>2</td><td>2</td><td>4</td><td>4</td><td>4</td></tr>
<tr><td>省</td><td>10</td><td>10</td><td>20</td><td>40</td><td>66</td><td>81</td></tr>
<tr><td>地方</td><td>10</td><td>10</td><td>18</td><td>26</td><td>40</td><td>50</td></tr>
<tr><td rowspan="11">住院报销</td><td rowspan="3">起付线</td><td>乡镇</td><td>500</td><td>300</td><td>100</td><td>100</td><td>100</td><td>100</td></tr>
<tr><td>县级</td><td>1000</td><td>500</td><td>300</td><td>300</td><td>300</td><td>300</td></tr>
<tr><td>县外</td><td>1000</td><td>800</td><td>800</td><td>800</td><td>800</td><td>800</td></tr>
<tr><td rowspan="4">报销比例</td><td>起付线~5000</td><td>20%</td><td>20%</td><td>25%</td><td rowspan="2">45%</td><td rowspan="2">45%</td><td rowspan="2">50%</td></tr>
<tr><td>5000~10000</td><td>30%</td><td>30%</td><td>30%</td></tr>
<tr><td>10000~30000</td><td>40%</td><td>40%</td><td>40%</td><td>50%</td><td>50%</td><td>55%</td></tr>
<tr><td>30000 以上</td><td>50%</td><td>50%</td><td>30%</td><td>40%</td><td>40%</td><td>50%</td></tr>
<tr><td rowspan="3">县外折扣</td><td>市内县外</td><td>9 折</td><td>9 折</td><td colspan="4" rowspan="3">有转院证明、暂住证、有效婚育证明 9 折，其他 7 折</td></tr>
<tr><td>省内市外</td><td>8 折</td><td>8 折</td></tr>
<tr><td>省外</td><td>7.5 折</td><td>7.5 折</td></tr>
<tr><td colspan="2">封顶线</td><td colspan="3">20000</td><td colspan="3">40000</td></tr>
<tr><td colspan="2" rowspan="2">特殊门诊报销</td><td>起付线</td><td>1500</td><td>1000</td><td colspan="4">0</td></tr>
<tr><td>报销比例</td><td colspan="2">按住院分段比例报销</td><td>20%</td><td colspan="3">30%</td></tr>
<tr><td colspan="3">大额门诊报销</td><td colspan="3">0</td><td colspan="3">3000 元以上部分再次报销 20%</td></tr>
</table>

续表 31-2-1

<table>
<tr><th colspan="3">年份
项目</th><th>2005</th><th>2006</th><th>2007</th><th>2008</th><th>2009</th><th>2010</th><th>备注</th></tr>
<tr><td rowspan="4">普通门诊报销</td><td rowspan="2">乡镇</td><td>西医药</td><td rowspan="4">0</td><td rowspan="4">10 元每人每年</td><td rowspan="4">0</td><td colspan="3">20%</td><td rowspan="4"></td></tr>
<tr><td>中草药</td><td colspan="3">30%</td></tr>
<tr><td rowspan="2">县级</td><td>西医药</td><td colspan="3">15%</td></tr>
<tr><td>中草药</td><td colspan="3">20%</td></tr>
<tr><td colspan="3">特殊病种</td><td colspan="7">恶性肿瘤放（化）疗、慢性肾功能衰竭血透、肾移植抗排斥、肝硬化腹水、肺结核、器官移植抗排斥（2006 年新增）、再生障碍性贫血、系统性红斑狼疮、精神分裂症、血友病（2007 年新增）</td></tr>
<tr><td colspan="3">不予给付范围</td><td colspan="7">自购药品、工伤事故、交通事故、第三者责任事故、违法犯罪、纠纷斗殴致伤、自杀、自残、吸毒、酗酒、整形美容、计划生育四项手术、医疗事故、出国及港澳台地区期间发生的医疗费用、参加城镇医保的人员又参加新型农村合作医疗者的医疗费等均不属于新型农村合作医疗资金报销范围。2007 年将“工伤事故、纠纷斗殴致伤、自杀、自残、酗酒”列入可补偿范围，将“交通事故、第三者责任事故”改为“交警部门已受理的交通事故”不予赔付</td></tr>
<tr><td colspan="3">相关配套文件</td><td colspan="7">市卫生局 2009 年制订《龙泉市新型农村合作医疗定点医疗机构监督管理实施细则》和《龙泉市新型农村合作医疗定点医疗机构工作检查考核方案》，2010 年《关于新型农村合作医疗部分特殊情况报销的补充规定（试行）》</td></tr>
</table>

审批报销与审计

2004 年 11 月，设立龙泉市新型农村合作医疗管理委员会办公室（报结中心），编制 4 人。2007 年 9 月增编到 5 人。机构主要职能为：负责新型农村合作医疗资金管理；办理新农合有关审批、审核、报销及转院；定点医疗机构服务监管以及上级交付的其他工作等。

办公地点最初租设在公园路市人民医院东侧门边的简易商用房（约 20 平方米）。结报采用手工结算方式。2006 年 5 月，因信息化建设需要搬迁至新华街立本坊弄口的私人出租房（约 200 平方米）办公。政府共投入94 万元，完成一、二期信息化建设，2007 年 1 月 1 日，正式投入使用。与市区 4 家、丽水 2 家定点医疗机构实现联网，参合农民可以凭农合办发放的“二维条码医疗卡”现场实时报销，2008 年 7 月，市卫生局出资 20 余万元，为 21 家乡镇级卫生院配备电脑等联网设备，并进行二期专业培训；2009 年 12 月，为 21 家乡镇级卫生分院配备电脑等联网设备，并进行业务培训，实现全市新农合联网结报，方便参合农民。2010 年 8 月，新农合中心软件从 2.0 升级至 3.0 版本，中心数据处理速度得到提高，并开展新农合网站建设工作。

新型农村合作医疗制度的实施，在 2005 年、2007 年均被列为市政府 “十件实事”之一。市人大、政协、审计部门和卫生主管部门分别对此项工作开展情况进行监督评价：2005 年 9 月，市政协“新型农村合作医疗工作开展情况的调研报告”；2006 年 5 月，市审计局公布“关于本市 2005 年度新型农村合作医疗基金的专项审计调查报告”；2006 年 12 月，市卫生局作出“龙泉市新型农村合作医疗运行情况基本绩效评价”；2007 年 10 月，市人大听取人大工委、市政府“新农合制度运行情况调研专题汇报”。2008 年 7 月，省审计组到龙泉市审计包括新农合资金使用情况在内的市长经济专项检查，历时 1 个月。

2005—2010 年龙泉市新农合筹资及结报一览表

表 31-2-2

项目		单位	2005 年	2006 年	2007 年	2008 年	2009 年	2010 年	累计数
参保情况	人数	人	178814	195214	209273	217441	227094	229207	1257033
	参保率	%	77.05	84.10	88.82	90.95	94.55	94.90	—
筹资情况	人均标准	元	40	42	60	100	140	185	—
	筹资总额	万元	715.26	816.86	1255.64	2174.41	3179.32	4236.67	12378.16
基金收入	合计	万元	727.58	818.28	1260.85	2184.59	3188.84	4327.92	12508.06
	个人缴费收入	万元	346.29	375.28	406.15	630.33	654.36	1105.03	3517.44
	残联收入	万元	1.4	4.78	5.35	8.65	8.36	6.8	35.34
	政府补助收入	万元	367.75	432	843	1536.1	2516.58	3125.07	8820.5
	其他收入	万元	12.14	6.22	6.35	9.51	9.54	91.02	134.78
基金支出	合计	万元	458.83	772.29	858.44	1866.21	2988.52	4352.8	11297.09
	住院支出	万元	431.8	626.21	717.1	1533.27	2339.86	3250.16	8898.4
	门诊支出	万元	16.98	146.01	141.34	331.51	648.66	835.15	2119.65
	其他(体检)支出	万元	10.05	0.07	0	1.43	0	267.49	279.04
已结报人数	合计	人	12981	130691	121752	354317	525561	683027	1828329
	住院结报人数	人	4276	6319	7505	9844	11540	13231	52715
	门诊结报人数	人	43	67	114247	344473	514021	669796	1642647
	其他	人	8662	124305	0	0	0	0	132967
住院结报住院总费用		万元	2452.00	3768.51	4537.65	6076.95	7506.74	9145.80	33487.65

社会支持

社会各界支持新农合工作，2005 年 9 月，中国移动龙泉分公司、中国联通龙泉分公司推出参加新农合的手机用户预存 100 元话费，同时获赠面值 20 元的“新型农村合作医疗统筹金代缴券”。2007 年 9 月，市委办公室发出《关于在全市开展为贫困农民“献爱心、送农医”慈善捐款活动的通知》，募集近 30 万元的善款支持新农合事业。

2007 年，市新型农村合作医疗管理委员会办公室(报结中心)，获得“浙江省群众满意基层卫生单位”荣誉称号。

2005—2010 年龙泉市乡镇(街道)新型农村合作医疗参保率一览表

表 31-2-3

乡镇(街道)	应参保人数(人)	参保率(%)					
		2005 年	2006 年	2007 年	2008 年	2009 年	2010 年
龙渊	13606	91.37	93.56	94.94	92.26	93.34	95.68
西街	10901	89.21	89.3	94.1	94.14	95.77	95.06

续表 31-2-3

乡镇(街道)	应参保人数(人)	参保率(%)					
		2005年	2006年	2007年	2008年	2009年	2010年
剑池	12388	77.71	91.65	93.63	96.81	98.9	99.84
八都	23307	75.15	80.96	91.42	92.4	95.68	96.52
小梅	12054	72.24	76.97	81.83	85.8	92.12	92.02
安仁	18097	73.67	87.97	90.93	88.47	93.78	94.75
锦溪	10437	75.6	82.35	84.65	91.17	96.65	95.94
上垟	16182	76.59	84.75	92.35	94.04	95.96	95.93
查田	16231	79.53	81.24	87.14	91.48	95.62	95.8
宝溪	7409	72.87	88.99	88.15	90.61	93.56	91.27
住龙	6066	95.92	97.26	97.52	99.97	100	100
龙南	21488	69.74	75.88	85.29	84.48	92.78	91.08
竹垟	7621	78.93	83.7	82.79	89.33	92.8	91.23
屏南	10008	75.7	80.06	86.21	89.24	90.32	91.21
道太	14703	73.77	83.27	87.21	91.37	93.37	93.02
兰巨	16724	73.17	80.13	85.89	89.24	93.69	96.87
岩樟	3919	80.51	84.88	87.59	92.96	96.37	95.56
础石	8392	76.84	85.21	88.62	91.65	95.28	95.47
城北	11729	77.69	88.04	88	91.97	93.53	95.96
241262		77.05	84.1	88.82	90.95	94.55	94.9

2005—2010年龙泉市农民健康体检一览表

表 31-2-4　　单位：人

乡镇(街道)	体检人数			
	第一轮	第二轮	第三轮	合计
龙渊	11168	9259	6087	26514
剑池	11954	7966	6821	26741
西街	9079	3947	5429	18455
八都	18539	13520	9119	41178
锦溪	8752	5890	3819	18461
小梅	9987	7526	4709	22222
屏南	8775	6613	4861	20249
安仁	13533	12801	8315	34649
城北	10666	8421	5788	24875
道太	11768	10227	6790	28785

续表 31-2-4

乡镇(街道)	体检人数			
	第一轮	第二轮	第三轮	合 计
龙南	18212	12076	7624	37912
上垟	13909	11440	7789	33138
竹垟	6746	5161	3009	14916
宝溪	6410	4406	3214	14030
硋石	6322	6755	4547	17624
住龙	5644	4728	2155	12527
岩樟	3284	3122	1725	8131
查田	14486	11460	7443	33389
兰巨	14907	12020	7546	34473
合计	204141	157338	106790	468269

注:1.成年人每2年参加1次体检;学生、儿童每年参加体检,2年为1轮;
2.第3轮有部分人要在2011年体检,未作统计。

第四节　无偿献血

活动丰富

1998年10月1日《中华人民共和国献血法》实施后,龙泉市区悬挂30多平方米户外广告一幅,两个灯箱广告,八都、查田、安仁、锦溪、小梅主要乡镇做墙体广告,七万余本《龙泉市农民健康读本》里,穿插大量无偿献血相关知识,复印500张关于无偿献血和捐献造血干细胞光盘到机关、企事业单位、街道社区、学校、乡镇播放。1998年10月31日,医疗机构在老市政府门口首次举行大型《献血法》街头宣传咨询义诊活动,当日有122人现场献血24400毫升。1999年8月,市献血领导小组成立。2002年始,每月14至15日定为无偿献血日,每个献血日在街头发布献血信息、先进事例、献血好处及相关知识,悬挂献血横幅。每年"5•8"世界红十字日,进行义诊咨询和无偿献血知识宣传。2005年9月,丽水中心血站、中国移动龙泉分公司、中国联通龙泉分公司推出"献一片爱心,赠新农医金"活动,每次无偿献血200毫升获赠面值10元、400毫升获赠面值20元的"新型农村合作医疗统筹金代缴券"。2007年"七一"期间,开展"我为'七一'献热血"活动,当日在现场的领导和群众200多人参加无偿献血。是年8月起八都、小梅、查田、安仁、锦溪五个乡镇为一年二次固定献血点。2005年10月24日,首次开展捐献造血干细胞志愿者活动,当天有174名志愿者的配型资料入库。开展至2010年,已有750余名志愿者加入到骨髓捐献配型资料库。2007—2010年有7名志愿者得到初配通知。2008年5月8日,市红十字会、教育红工委、红十字医院联合主办"携手人道、服务奥运"世界红十字日纪念活动,现场举行无偿献血、捐献造血干细胞和卫生救护现场演示等活动。

成果丰硕

2002年始，无偿献血量占临床用血量的比例在100%以上，参与无偿献血人数和献血量逐年上升。2003—2010年，共有19388人次参加无偿献血，共计献血60742.2升。2004年始，龙泉获浙江之江杯奖（10000毫升以上）3人、国家金奖（8000毫升以上）6人、银奖（6000毫升以上）11人、铜奖（4000毫升以上）49人、浙江省献血奉献奖（2000毫升以上）369人。2004—2010年，龙泉连续获省无偿献血先进县（市）称号。2007—2009年连续获丽水市无偿献血工作一等奖。2010年，全市无偿献血量占临床用血量比例达到181%，非指令性自愿无偿献血率达100%，获丽水市无偿献血工作二等奖。有两人获省2004—2005年和2008—2009年度无偿献血促进奖。2006—2007年，市中等职业学校获省无偿献血促进奖，市行政服务中心、八都、安仁、小梅、锦溪镇人民政府、中医院、市中等职业学校、武警中队、红十字医院、香溢大酒店等获丽水市无偿献血爱心单位称号。一人获省无偿献血志愿服务奖。

2003—2010年龙泉市献血人次及献血量统计一览表

表31-2-5

年　份	人　次	献血量（升）	年　份	人　次	献血量（升）
2003	2164	464	2007	2500	791.1
2004	1648	433	2008	3021	1026.3
2005	2038	587.6	2009	2851	1026.2
2006	2173	701.1	2010	2993	1044.9

第三章　卫生防疫

第一节　机构队伍

机构沿革

1990年12月26日，龙泉撤县建市，县卫生防疫站改称为龙泉市卫生防疫站。1995年7月，卫生部批准龙泉市为结核病防治项目县，市卫生局批文成立“卫生防疫站结核病防治科”对外称“龙泉市结核病防治所”。1996年3月，成立“龙泉市公共卫生监督所”，办事机构设市卫生防疫站内。12月14日，市预防医学会成立大会在市粮食大楼召开。市预防医学会挂靠市卫生防疫站。1998年8月26日，对市卫生防疫站实施等级评审，评审结果经省卫生厅卫生防疫站评审委员会审核，批准市卫生防疫站为县级三等卫生防疫站。

2001 年 6 月龙编委办文件，撤销市卫生防疫站，成立市疾病预防控制中心、市卫生监督所；原市卫生防疫站业务划归 2 个单位分别承担。市卫生防疫站原编制职工 40 人，分 2 个单位后，疾病预防控制中心编制 30 人，后改为 27 人。2008 年 1 月 30 日，市疾病预防控制中心办公部分搬迁至龙翔路 228 号新建疾病预防控制中心办公大楼，7 月 2 日中心预防接种门诊、结核病防治门诊和检验科对外窗口部分搬迁至新建大楼对外服务。

2010 年，市疾病预防控制中心设传染病防治（应急）、地方病慢病防治科、免疫规划、性病（艾滋病）防治、结核病防治（所）、卫生监测科、检验科、健康教育与促进科、财务总务科、办公室等科室。

机构规模

2001 年，站址占地 2368 平方米，工作用房 1851 平方米。2008 年疾控中心与卫生局移址龙翔路 228 号。疾控中心迁建工程 2006 立项建设，核定项目投资 884.1 万元，总建筑面积 3535 平方米（其中疾控中心 2712 平方米），辅助用房 265.5 平方米，用地面积 2660 平方米。工程于 2006 年 12 月 12 日开工，2008 年 1 月竣工验收，投入使用。资金来源为省补助资金 178 万元，地方财政配套资金 706 万元。

机构为全民所有制单位，财政全额拨款，20 世纪 80 年代初始，财政按人头工资全额拨款，工作经费与工资外福利通过预防接种、食品和公共场所从业人员定期体检等收费（有偿服务）补贴开支。2003 年传染性非典型肺炎（SARS）流行后，财政将疾控中心有偿服务收入列入财政统筹管理，对疾控中心开展工作实行全额拨款。2008 年，财政拨款 385 万元，开支 394 万元。2009 年，拨款 400 万元。2010 年，拨款 586 万元。

队伍编制

2001 年 8 月，卫生防疫站编制职工 40 人。分为疾病预防控制中心和卫生监督所后，疾控中心人员 30 人。2010 年，正式职工 26 人（编制 27 人），聘用人员 8。其中，卫技人员 23 人。副主任医（技）师 3 人，主管医（技）师 13 人，医（技）师（士）7 人。

1989—2010 年龙泉市(县)防疫站历年职工人数一览表

表 31-3-1　　单位：人

年份	人数	主任技师	副主任医师		主管医师		师级				士级				初级卫技人员	财务			行政管理	其他
			西医	技师	西医	技师	中医	西医	检验	技师	西医士	护士	助产士	检验士		会计师	助理会计师	会计员		
1989	42	—	—	—	6	1	—	10	2	3	8	—	—	3	—	—	—	1	2	6
1990	41	—	—	—	6	1	—	11	2	3	7	—	—	2	—	—	—	1	2	6
1991	38	—	1	—	6	1	—	10	4	2	6	—	—	1	—	—	—	2	—	5
1992	35	—	1	—	5	1	—	9	5	2	6	—	—	—	—	—	—	1	—	5

续表 31-3-1

年份	人数	主任技师	副主任医师		主管医师		师级				士级				初级卫技人员	财务			行政管理	其他
			西医	技师	西医	技师	中医	西医	检验	技师	西医士	护士	助产士	检验士		会计师	助理会计师	会计员		
1993	42	—	1	1	8	1	—	11	4	2	7	—	—	—	—	—	—	1	—	6
1994	43	—	1	1	8	1	—	12	5	2	6	—	—	—	—	—	—	1	—	6
1995	39	—	1	1	12	6	—	10	3	—	—	—	—	—	—	—	—	2	—	4
1996	39	—	1	1	13	7	—	9	2	—	—	—	—	—	—	—	—	2	—	4
1997	39	—	1	1	14	9	—	8	—	—	—	—	—	—	—	—	—	2	—	4
1998	41	—	1	1	14	11	—	7	—	—	1	—	—	—	—	—	—	2	—	4
1999	40	—	—	1	14	11	—	7	—	—	1	—	—	—	—	—	—	2	—	4
2003	31	1	—	1	7	5	—	6	1	—	2	—	—	—	—		1	2	1	4
2004	31	1	—	1	8	5	—	5	1	—	2	—	—	—	—	1	—	2	1	4
2005	30	1	—	1	8	5	—	5	—	1	2	—	—	—	—	1	—	2	—	4
2006	28	—	—	1	8	5	—	4	1	—	2	—	—	—	—	1	—	2	—	4
2007	28	—	1	1	12	3	—	4	—	—	1	—	—	—	—	1	1	1	—	3
2008	29	—	1	1	11	5	—	3	—	1		—	—	—	1	1	—	1	1	3
2009	27	—	1	1	10	4	—	3	—	1		—	—	—	1	1	—	2	1	2
2010	26	—	1	1	10	3	—	3	—	1		—	—	—	1	1	—	2	1	2

三级预防保健网

各乡镇（街道）卫生院（卫生服务中心）、分院设专（兼）职防保人员 43 人，承担卫生防疫、卫生监督、爱国卫生、社区责任医生、计划免疫接种等工作。16 个乡镇（中心）卫生院、3 个街道卫生服务中心设综合办公室，各有兼职人员 1 人，承担社区卫生服务项目管理和健康促进与教育、社区责任医生等工作。444 个行政村、11 个居委会设卫生联络员 491 人，负责辖区人口出生、死亡、流动信息管理，公共卫生重大事件联络宣传等工作。

第二节　监督监测

食品卫生

食品卫生监督　1989 年，食品卫生工作重点是加强《中华人民共和国食品卫生法（试行）》宣传和区、乡所在地的食品卫生监督。对龙渊、八都、小梅、安仁镇 274 家饮食行业业主进行食品卫生法律法规和卫生知识培训，同时对这 4 个镇饮食行业的 397 份餐饮具消毒效果进行监测，合格率为

14.11%。全年完成7类食品400份样品的卫生监测，合格率49%；从业人员健康检查2550人，体检率为96%。查出职业禁忌症患者4例，作调离工作岗位处理，行政处罚15家，罚款12家，罚金310元，销毁变质食品357.5千克。

1990年，加强卫生监督员队伍建设，结合自身实际，制订"龙泉县卫生防疫站卫生监督员守则"。全市2670名食品从业人员体检2580人，检出乙肝表面抗原阳性35人，作调离工作岗位处理。新办、验证贴花1487家。全年抽检酒类、酱油、味精、糕点、罐头、乳制品、粮食、食油、冷食、熟食等样品365份，其中微生物检验365份，理化检验95份。对食品生产经营人员开展16期培训，合计498人。行政罚款15家，罚金570元，查处过期、变质的啤酒、雪碧、汽水、毛蚶、酱油、罐头等食品，予以销毁处理，价值2544元。

1991年，食品行业从业人员预防性健康体检2698人。全市共有食品生产经营单位（户）1632家，验证贴花1030家。对新上岗的食品（饮食）从业人员进行卫生知识培训334人次。食品监测检验358份，合格率为71.22%。餐具消毒效果监测合格率为41.67%。

1992年，市政府成立打击制售假冒劣质商品领导小组。市卫生防疫站以食品监督科为主，分成6个小组，于5月3—23日，对市区中山路、新华街、东街、华楼街、北河街、剑池路等主要街道、农贸市场和贸易市场、八都镇、安仁镇、锦溪镇、小梅镇、查田镇、上垟镇、盛溪乡、上东乡、道太乡等乡镇394个食品生产经营单位（户）进行突击检查。查出无卫生许可证和未进行年度验证贴花24户（店）。没收、销毁腐败变质等禁止生产经营和不符合卫生要求的各类食品。其中有饮料、假酒8324瓶（支），水果罐头1975罐，各类奶粉、麦乳精等固体食品212袋，（另外食品公司3189袋变质奶粉，在检查阶段进货，作退货处理），各类糕点、干果、糖果、水产品、豆制品等226千克。对3家（其中2家个体户）违反食品卫生法的食品经营单位给予罚款400元。

1995年，食品抽样检测合格率86%，餐具消毒效果监测合格率47.2%。是年10月30日，《中华人民共和国食品卫生法》正式颁布实施，市卫生防疫站组织人员在城区、各乡镇开展宣传《食品卫生法》及相关法律法规活动，发放宣传资料6000余份。

2001年下半年起，食品卫生监督由原受委托执法的市防疫站改由市卫生局卫生行政执法执行机构的市卫生监督所实施。是年有食品生产经营户1567户，共换、发、验证1567户。从业人员2186人，均参加健康体检，2149人合格，经卫生知识培训后，发放健康证2149本，37人调离职业岗位。抽检冷食、酒、酱油、糕点等12种食品129份样品，进行微生物、理化指标检测，合格111份，合格率86.05%。抽检餐（饮）具27份样品均合格。全年卫生监督2240户次，发现违反《食品卫生法》和不符合卫生要求38户次，取缔无证食品生产经营户3户，销毁不合格产品1100千克，罚款32户次，罚金2.25万元。开展食品卫生宣传周活动：主题"食品安全需要消费者参与"。共上街宣传36人次，媒体报道2次，发放各种宣传资料1200余份，受理投诉举报5次，宣传活动辐射10余万人，集中销毁各种伪劣食品、药品，价值约2万余元。

2006年12月，市卫生监督所根据《浙江省食品卫生监督量化分级管理实施办法》规定，对市区已取得卫生许可证一年以上的325家餐饮单位、学校和幼儿园食堂实施食品卫生监督量化分级管理。食品卫生评定等级分为A、B、C、D4个等级：A级为示范单位，简化监督；B级为规范单位，常规监督；C级为合格单位，强化监督；D级为不合格单位，责令整改。325家餐饮单位被评为A级的4家，B级的4家，C级的304家，D级的13家。香溢大酒店、龙泉大酒店、龙泉第一中学第一食堂和第二食堂被省卫生厅评定为A级单位。市卫生监督所从5月份开始结合创建省级卫生城市和食品卫生专项整治活动，在市区餐饮经营单位开展禁止“三无”（无卫生许可证从事经营活动、从业人员无健康证上岗、经营单位无餐饮具消毒设施和餐饮具未经消毒即供顾客使用）服务活动。对1641户食品生产经营单位的日常卫生监督2033户次。从业人员2449人有2419人参加健康体检，合格2412人。不合格的7人调离职业岗位。2412名体检合格者进行卫生知识培训，发放健康证和卫生知识合格证各2412本。抽查食品、饮料32家61件进行卫生检验，合格率为88.5%；餐（饮）具抽检320件进行消毒质量检测，合格率为39.06%。全年实际监督1641户，总监督2587户次，监督覆盖率100%，平均每户实际监督1.57次。并对102户违法经营者进行立案调查处理，取缔25户，销毁不合格产品计200千克，102户共罚款10.367万元。

2009年，国家颁布《中华人民共和国食品安全法》，于6月1日开始实施。原市卫生监督所日常卫生监督的食品生产经营单位中，食品生产加工单位由质量监督部门进行监督管理，食品流通领域经营单位由工商部门进行监督管理，卫生监督所仅对餐饮消费环节进行卫生监督管理和发放餐饮服务许可证。从业人员预防性健康体检、卫生知识培训，暂由卫生监督所统一实施。全年换发、新发卫生许可证和餐饮服务许可证共638户。从业人员体检2613人，合格的2613人参加卫生知识培训，发放健康证、卫生知识合格证2613份。对114家餐饮单位和学校食堂开展食品卫生监督量化分级管理。在国际大酒店、香溢大酒店、龙一中食堂推行“五常法”（常分类、常整理、常清洁、常检查、常自律）管理。抽检熟肉制品、食用油、鲜榨果蔬汁等各类食品67件，合格率为92.53%；餐（饮）具消毒质量监测抽检25家138件，合格率66.7%；对6家违法食品生产经营户行政罚款，计罚金0.72万元。对全市325家小餐饮（十小行业）进行卫生质量安全整治与规范工作。成立领导小组，制订实施方案。经摸底调查，确定八都镇为小餐饮整治试点单位。八都镇小餐饮业经过整治后，建档率、持证经营及违法使用食品原料加工食品行为查处率、量化分级管理率、食品原料采购索证台帐建档率均达100%，并通过丽水市考核验收。至是年10月31日止，325家小餐饮店整规后符合规范312家，完成96%。开展打击餐饮业违法添加非食用物质和滥用食品添加剂专项行动。16家大中型餐饮单位、中学食堂的负责人参加专项整治动员大会，出动卫生监督人员144人次，检查有可能在经营的食品中添加非食用物质和滥用食品添加剂的餐饮单位313家次。签订《龙泉市餐饮单位食品添加剂使用承诺书》86份。检查中发现21400毫升问题食品添加剂予以销毁。

2010年，小餐饮业卫生质量安全以八都镇小餐饮业（十小行业）整治试点为先导，逐步开展对全市325家小餐饮单位进行整治与规范，创建“安仁鱼头馆餐饮一条街”，建立示范户18户。2月5日始，检查有可能在经营的食品中添加非食用物质和滥用食品添加剂的餐饮单位287家次，检查中未发现有违法行为。7月16日始，对餐饮服务环节问题乳粉进行专项清查，检查可能采购和使用含乳制品的餐饮单位207家次，未发现有餐饮服务单位采购和使用问题乳粉。9月19日始，市卫生局分别与市人民政府、丽水市卫生局签订“问题乳粉清缴工作责任书”，辖区所有提供含乳制品的餐饮服务业业主与市卫生局签订承诺书。春节、“五一”、中秋、国庆期间对辖区的餐饮单位、宾馆饭店、旅游景点及周边饮食店、农家乐、休闲山庄进行节前餐饮卫生专项监督检查，开展“放心年夜饭”等活动，共检查餐饮经营单位308家次。全年，出动卫生监督人员815人次，共检查餐饮业538家次。检查学校、幼儿园食堂178家次，有32家未取得餐饮服务许可证。年度新办餐饮服务许可证277家。213家餐饮单位实行量化分级管理。抽检盒饭、食用油各10份，检测项目均合格。抽检180家次餐饮单位餐(饮)具565件和一次性餐盒11份进行消毒质量监测,结果餐(饮)具合格293件,合格率为51.8%,11份一次性餐盒均符合卫生要求。全年立案查处70家违法经营户,其中64案经听证告知程序,70户共计行政罚款14.6万元。

家庭集体聚餐管理　农村家庭集体聚餐食品卫生管理工作于2005年起列入卫生监督监测工作内容,《龙泉市农村家庭集体聚餐食品卫生安全管理意见》于7月1日起实施。对全市400余名农村厨师进行食品安全等卫生知识培训,合格后发给农村厨师上岗证,厨师凭证上岗。农村家庭在非营业场所举办婚、丧、迁居的各种宴席正式纳入食品卫生监督管理范畴。2008年,牵头组织成立市农村厨师协会并召开第一届全体会议。2009年,出动卫生监督人员21人次参加四源笋王大赛、竹垟畲乡风情庆典等大型民俗活动现场食品卫生安全监督,保障5000余人用餐安全。2010年,牵头组织农村厨师召开市农村厨师协会第二届全体会议,对与会厨师进行食品卫生知识培训(复训)。省卫生监督局于2008年11月27日授予龙泉市卫生监督所2008年度"浙江省农村家庭集体聚餐食品卫生管理工作先进单位"荣誉称号。

学校卫生监督

1994年,对城区8所中小学实施学校卫生监督,8174名学生参加健康体检。在16项分项检查中,学生学习时间、教室采光、健康教育、厕所卫生等8项,8所学校合格。其他8项均有不合格的学校,只有1所学校教室照明合格。1996年,全市乡级以上中心学校40所,建档率、学校卫生监督面、健康教育开课率均达100%。预防性驱蛔28000余人。学生体检18075人,其中视力不良4095人,占体检人数的23%。1998年,健全城镇11所中小学和17所乡镇中心学校卫生档案工作。对城镇11所中小学10279名学生进行预防性健康检查,检出视力不良3913人,占38.1%;贫血2148人,占22%;营养不良3003人,占29.2%;沙眼1783人,占17.3%。

1994—2000年龙泉市学校经常性卫生监督情况一览表

表31-3-2　　单位:所

学校类别	年份	监督学校数	合格学校数	分项合格学校数									
				教室人均面积	教室采光	教室照明	教室微小气候	课桌椅	黑板	环境噪音	生活饮用水	厕所	传染病管理
中学	1994	3	3	1	3	0	3	0	3	3	3	3	0
	1995	11	11	9	11	9	11	4	11	10	11	11	0
	1996	5	5	5	5	0	5	0	5	5	5	5	5
	1997	3	3	3	3	0	3	0	3	3	3	3	3
	1998	5	5	5	5	1	5	0	5	5	5	5	5
	1999	3	3	3	3	3	3	0	3	3	3	3	3
	2000	2	2	2	2	2	2	0	2	2	2	2	2
小学	1994	5	5	3	5	1	5	3	5	4	3	5	0
	1995	12	12	11	11	3	12	3	12	10	10	12	0
	1996	5	5	5	5	0	5	0	5	5	5	5	5

续表 31-3-2

学校类别	年份	监督学校数	合格学校数	分项合格学校数									
				教室人均面积	教室采光	教室照明	教室微小气候	课桌椅	黑板	环境噪音	生活饮用水	厕所	传染病管理
小学	1997	4	4	4	4	0	4	3	4	3	4	4	1
	1998	7	7	6	7	2	7	3	7	6	7	6	7
	2000	3	3	3	3	3	3	0	3	2	3	3	3

2008 学年，城区 7 所中学、中等职业学校 12746 名学生参加健康体检，查出恒牙龋齿 2575 人，占 22.20%；视力不良 5889 人，占 46.2%；营养不良 1352 人，占 10.61%。5 所小学 7798 名学生参加健康体检，查出恒牙龋齿 771 人，占 9.89%；视力不良 1641 人，占 21.04%；营养不良 278 人，占 3.57%。对 95 所学校、幼儿园食堂进行检查指导，其中中学食堂 13 家，小学食堂 40 家，幼儿园食堂 42 家，督促整改食堂 23 家，经暑期整改后有 20 家已颁发卫生许可证，对存在违法行为较为严重的 12 家学校、幼儿园食堂予以立案处罚，罚款 1.25 万元。是年 9 月，八都民族中学、兰巨中心小学等 8 所农村学校生活饮用水自备水源进行卫生监督监测，微生物检验四项指标全部合格的分别为兰巨乡剑湖小学和小梅镇青溪小学。

2009 年，共出动卫生监督人员 128 人次，检查学校及幼儿园食堂、校内副食品店 122 家。实行量化分级管理 12 家，3 家幼儿园食堂未取得卫生许可证。2009 年高、中考期间，派出监督人员 34 人次，进驻龙一中、二中、三中、四中、育才和养真中学考点，为参加高、中考学生提供饮食安全保障，并根据甲型 H1N1 流感防控工作需要，要求学校采取流感防控措施。两考前，对各考点校内食堂、副食品店及周边饮食店进行卫生监督现场检查，共检查食品经营单位 15 家，取缔无证早餐店 1 家，责令改正小餐饮店 3 家。

2010 年 4 月，联合市教育、消防、城建等部门，对全市学校、幼儿园进行监督检查。共出动卫生监督人员 87 人次，检查学校及幼儿园食堂 178 家次，查处卫生违法案件 30 起，部分学校食堂存在从业人员无健康证上岗、采购食品登记不规范、未建立食品添加剂索证索票制度等，个别食堂使用的添加剂无商品标识等情况。在高、中考期间，派出监督人员 75 人次，派专人进驻“两考”考点学生食堂进行全程卫生监督，为参加高、中考学生提供饮食安全保障，两考前，对各考点校内食堂及周边饮食店进行卫生监督现场检查，共检查食品经营单位 39 家，取缔无证早餐店 1 家，立案处罚 2 家。

职业卫生监督

劳动卫生　1989 年 3 月，完成全县尘肺流行病学调查和建档工作，累计尘肺病人 21 例，其中Ⅰ期 18 例，Ⅱ期 3 例(其中 1 例于 1987 年死于脑溢血)，尚有尘肺病人 13 例。9 月对 209 矿、农机厂等单位 500 余名职工进行 X 光拍片检查，未发现新增病人和新期病人。设粉尘监测点 121 个，进行监测 320 余点次，合格率 62.5%。对噪音、温湿度、风速等微小气候进行监测，48 家厂矿建立卫生档案。1990 年组织对 31 个全民、集体厂矿和 24 个乡镇企业部分职工进行预防性健康检查，未发现职业病新病例，部分职工建立健康档案。

1991 年，全市 77 家应建档厂矿企业进行建档和基本情况复核调查，建档率 93.4%。有 8000 余名职工接触粉尘、铅、苯、高温、噪音及其他有害因素，经抽样监测木材加工企业粉尘浓度超标率 70%，厂矿职工预防性健康检查 600 余人，对接触粉尘 700 余人进行 X 光拍片检查。

1992 年对瑞垟、大赛、竹垟、高浦电站工作环境的噪音、湿度（相对湿度）、通风、照度、温度等有害因素进行测定。瑞垟电站 1 号机组岗位噪音 89.5 分贝，2 号机组岗位噪音 87.5 分贝。大赛电站 1~4 号机房噪音大于 90 分贝，机房温度（36.8℃）与外环境（25.9℃）温差达 10.9℃，属高温环境。竹垟电站 1~3 号机组机房噪音平均达 100 分贝，控制台岗位噪音 94 分贝。高浦电站 1~3 机组机房噪音平均达 100 分贝，控制台噪音 92 分贝。4 家电站机房噪音和竹垟、高浦 2 家电站控制台噪音均超过国家卫生标准 85 分贝。

1993 年，农药中毒 52 例，其中，生产性中毒 7 例，非生产性中毒 45 例。死亡 10 例（均非生产性中毒）。

1994 年，4 家新建厂矿企业建立劳动卫生档案，建档率达 95%，接尘工人拍 X 光胸片检查 288 人。肝功能检查 276 人，检出 HbsAg≥1:16 以上 29 人，占 10.5%，GPT 异常≥25 单位 6 人，占 2.27%。

1996 年，监督厂矿企业 21 家，合格 20 家。农药中毒 51 人，其中生产性中毒 9 人，非生产性中毒 42 人。死亡 4 人（均非生产性中毒）。

1998 年，厂矿企业破产 3 家，其他 28 家均建立劳动卫生档案，对有害因素：粉尘、三苯、铅、锰、二氧化硫、高温、噪音、振动等进行检测，采样 112 份，合格 81 份，合格率为 72.3%。发生农药中毒 32 例，其中生产性中毒 3 例。

1991—2000 年龙泉市厂矿企业劳动卫生监测、职工体检统计一览表

表 31-3-3

年份	经常性卫生监督			生产环境有害因素测定				工人健康检查			
	应监督厂矿数（家）	实监督厂矿数（家）	合格厂矿数（家）	厂矿数（家）	应测点（个）	实测点（个）	合格点	职工总数（人）	接触有害因素人数（人）	应检人数（人）	实检人数（人）
1991	77	49	31	30	162	98	63	14900	8232	5022	807
1992	30	30	27	30	170	104	70	15000	8298	5062	1020
1993	31	28	26	31	182	130	82	16863	8496	5182	2034
1995	31	26	24	31	160	107	64	16920	8496	5182	1452
1996	31	21	19	31	160	130	72	16920	8496	5496	1504
1997	31	31	22	31	306	296	181	11750	4527	3088	2960
1998	28	28	19	28	254	86	56	8950	3642	2200	1232
1999	28	28	19	28	254	96	47	8950	3642	2200	832
2000	28	26	19	—	254	90	60	8950	3642	1900	620

2003 年，市区存在职业危害因素的用人单位 51 家，暴露于职业危害因素的从业人员 3600 余人，日常监督监测项目总合格率 70%。11 月 18—19 日，市卫生监督所与市安全委员会联合举办“职业病防治与安全生产知识培训班”，81 家用人单位负责人参加培训。

2004 年，28 家企业进行职业危害申报，组织铅锌矿、砩矿等单位的负责人和职业卫生管理人

员，共计 91 人进行职业病防治、职业健康监护等知识培训，并对辖区内 24 家企业进行职业卫生监督检查。

2005 年 5 月，开展职业病防治知识宣传(周)活动，发放各类宣传资料 1000 余份。

2007 年，市区职业危害因素的用人单位 32 家，暴露于职业危害因素的从业人员 2119 人。主要职业危害因素有：粉尘、三苯、锰、铅、噪音、高温等。

2008 年，以木制品、青瓷、宝剑行业为主要对象，指导 22 家职业危害用人单位建立卫生管理台帐，6 月份组织化工、轻工、建材、矿业、瓷业、刀剑业、竹木制品加工等行业的 12 家单位分管职业卫生负责人参加丽水市卫生监督所举办的“保障劳动者健康权益”职业病防治卫生知识培训班。

2010 年，全市申报企业 36 家，比 2001 年增加 8 家，职工总数 3278 人。有职业危害企业 26 家，接触有害因素 2008 人。用人单位有 24 家建立职业卫生管理台帐，并配备兼职职业卫生管理人员 24 名，预防性健康体检 49 人。主要职业危害因素有：矽尘、木尘、水泥尘、铅、铬酸盐、硫化氢、苯及苯系物、噪音、高温、放射线等。职业危害企业行业分类包括：化工、轻工、药业、地质矿产、森林工业、建材、机械制造及其他等。

放射卫生　1999 年，开展全市 19 家医用放射线装置单位工作人员工作量调查，对各单位 X 线工作场所进行监测和“医用诊断 X 线机使用许可证”换发工作。2002 年，对 19 家有放射线装置的医疗单位进行检查，持有效许可证的 7 家，27 位放射工作人员有 20 人持有放射工作人员证，但均未佩带个人剂量计。2004 年，有放射 X 线工作的单位 19 家，各类放射工作人员 38 人，放射设备 24 台。其中，X 线机 23 台，CT—X 线 1 台，经常性卫生监督、个人剂量监测、放射工作场所照射水平、空气污染监测等合格率均为 100%。

2010 年，全市使用医用放射源的医疗机构 11 家，持有放射诊疗许可证 11 家。从事放射工作医务人员 32 人，持有放射工作人员证的 30 人。全市医疗机构应用的放射源类型均为 X 射线类。正常使用的放射诊断设备 17 台。

1996—2010 年龙泉市放射卫生统计一览表

表 31-3-4

年份	应用放射源单位数(家)	有诊疗放射源许可证单位数(家)	从事放射工作人数(人)	持放射工作证人数(人)	放射诊断设备数(台)	放射源类型	职业健康检查人数(人)	健康建档数(个)
1996	19	19	24	19	23	X 射线	15	—
1997	19	19	25	—	23	X 射线	10	—
1998	19	19	25	—	23	X 射线	23	—
1999	19	19	25	—	23	X 射线	10	—
2000	19	19	28	—	24	X 射线	10	—
2001	19	19	28	—	24	X 射线	—	—
2002	19	7	27	20	24	X 射线	—	—
2003	19	19	28	28	24	X 射线	—	—
2004	19	19	27	24	24	X 射线	—	—
2005	17	17	32	32	17	X 射线	32	32

续表 31-3-4

年份	应用放射源单位数（家）	有诊疗放射源许可证单位数（家）	从事放射工作人数（人）	持放射工作证人数（人）	放射诊断设备数（台）	放射源类型	职业健康检查人数（人）	健康建档数（个）
2006	17	17	32	32	17	X 射线	32	32
2007	17	17	29	29	19	X 射线	29	29
2008	11	10	31	28	14	X 射线	28	28
2009	11	10	32	30	17	X 射线	30	30
2010	11	11	32	30	17	X 射线	32	30

公共场所卫生监督

1989 年，对城关镇 252 户公共场所进行卫生监督检查，建档 168 户，建档率为 66.6%。对不符合卫生要求的单位进行警告，其中限期改正 9 户。对城镇和安仁镇的旅馆、理发从业人员进行卫生知识培训 91 人，健康体检 91 人，经卫生审查，给 21 户合格者发给卫生许可证。

1992 年，公共场所卫生监督主要是理发、旅店及文化娱乐场所。对从业人员进行 2 期卫生知识培训（复训），共 171 人次；从业人员健康体检 613 人，复查 15 人。辖区内公共场所年度新办证 146 家，年检贴花 405 家。监督检查 2085 家次，监督覆盖面 98.44%。监测 58 家次，监测发现文化娱乐场所的空气消毒、理发业的毛巾、理发工具、旅店的茶具等监测多数不合格。

1994 年，公共场所从业人员应参加健康体检 636 人，实检 535 人。1995 年，根据全国城市卫生检查评比标准要求，于 8 月 28—30 日对市区歌舞厅、理发业、旅店业部分单位的茶具、毛巾、拖鞋、胡刷、理发刀具进行抽样检测。旅店业 39 家抽查 12 家，理发业 42 家抽查 5 家，歌舞厅 16 家抽查 16 家。结果是：旅店业抽查茶具 24 份，合格 22 份，合格率 91.67%，拖鞋 24 份，合格 8 份，合格率 33.33%；理发业抽查毛巾 10 份，合格 6 份，合格率 60%，胡刷 7 份，合格 2 份，合格率 28.57%，理发刀具 5 份均合格；歌舞厅抽查茶具 32 份，合格 26 份，合格率 81.25%。

2004 年，公共场所卫生监督总数为 404 户，发放卫生许可证、验证 404 户，持证率 100%。从业人员 720 人，按行业分类，公共场所最多为美容美发业，共 195 户，占公共场所总数的 48.27%，从业人员 355 人，占公共场所从业人员总数的 49.31%，但美容美发店规模普遍较小，平均每户从业人员 1.6 人。年度参加健康体检 684 人，其中，理发美容业 357 人，旅店业和文化娱乐场所 327 人，旅店业体检率最高，达 100%。对参加体检的 684 人进行卫生知识培训。按有关法律法规规定，对违法经营 9 户进行警告和罚款处理，罚款金额计 0.95 万元。

2007 年，市区有理发、旅店、文化娱乐等 7 类 28 种公共场所 435 家（其中新发、换发卫生许可证 216 家，年度验证 219 家），从业人员 586 人，年度参加体检 586 人，体检中查出并调离职业禁忌症者 4 人；参加卫生知识初、复训 582 人，发给健康证、卫生知识培训合格证 582 人；行政罚款 9 户，罚款金额 0.61 万元。

2008 年，重点对 160 家住宿场所进行监督检查，其中三星级以上宾馆 2 家，经济型酒店 8 家，普通旅馆、招待所 127 家，农家乐等其它住宿场所 23 家。

2009 年，出动卫生监督人员 55 人次，检查歌舞厅、旅店、美容美发店、咖啡厅、足浴、浴室等经营单位196家次，其中有14家未取得卫生许可证从事经营活动，有53家公共场所从业人员无健康证上岗为顾客服务。全市共有住宿场所163家。对辖区内7家星级宾馆和78家普通旅馆进行量化分级管理，A级2家、B级3家、C级78家。星级和普通旅店量化分级率分别达71%和50%。对2家公共游泳场所进行水质监测和从业人员卫生知识和消毒知识培训，水质抽检有1家不合格。

2010年，全市公共场所经营单位438家，从业人员507人，是年出动卫生监督人员275人次，检查歌舞厅、旅店、美容美发店、咖啡厅，足浴、浴室等单位234家次。新发卫生许可证87家，405人参加健康体检和行业卫生知识初、复训，发放健康证和卫生知识培训合格证405人。

1989—2010年龙泉市(县)公共场所卫生监督监测情况一览表

表31-3-5

年份	经营单位数（户）	年度换发、新发卫生许可证数（户）	从业人员数（户）	卫生知识培训人数（人）	发放健康证、卫生知识合格证人数(人)	健康体检人数（人）	调离职业禁忌症者人数(人)	卫生监督（次）	抽查监测件数（次）	行政处罚主案起数（起）	行政罚款数（万元）
1989	252	21	279	91	91	91	—	—	—	9	—
1990	378	253	665	232	658	665	7	424	19	32	0.055
1991	360	152	622	221	565	584	19	390	—	—	—
1992	544	146	613	171	598	613	15	536	72	—	—
1993	429	122	617	581	601	603	2	417	110	—	—
1994	409	201	636	213	535	535	—	347	102	—	—
1995	382	199	594	547	547	555	8	375	93	—	—
1996	317	164	405	343	343	346	3	217	25	9	0.28
1997	305	135	562	307	307	313	6	235	235	—	—
1998	272	113	419	363	363	366	3	249	149	—	—
1999	285	105	471	252	400	404	4	285	—	—	—
2000	296	121	486	417	417	425	8	265	—	—	—
2001	308	135	458	424	424	441	17	—	69	—	—
2002	329	129	463	428	428	463	35	—	—	1	0.2
2003	317	170	527	509	509	511	2	—	116	1	0.08
2004	404	215	720	678	678	684	6	404	140	9	0.95
2005	363	163	581	502	502	507	5	—	255	6	0.32
2006	349	112	568	564	564	568	4	449	64	15	0.21
2007	435	216	586	583	583	586	3	—	70	9	0.61
2008	387	160	518	508	508	513	5	—	37	17	1.74
2009	380	173	526	513	513	517	4	—	67	3	0.33
2010	438	347	507	405	405	405	—	—	20	2	0.24

医疗机构监督

1993年，根据龙泉市政府《关于加强社会医疗机构和个体行医管理若干规定》和《关于卫生系统在职职工业余服务和离退休人员个体行医规定》，对申请临时行医的160名人员进行专业理论的考试考核，办理临时行医许可证146份。对社会医疗机构进行整顿、登记、注册。取缔无证行医4家，关停在职职工和离退休人员家庭诊所17家。1994年，在工商、公安、医药等部门协助下，共出动335人次，监督检查医药经营单位752家次，销毁假冒伪劣药品219种，计金额3万余元，罚款0.64万元，取缔无证行医和不按要求设点的个体医18家。查封2家非法经营药品商店，扣压封存药品221种，计金额20余万元，并交检察院进一步侦查处理。1995年，加强打假治劣力度，全年共出动651人次，监督检查医药经营单位789家次，销毁假冒伪劣药品86种，计价值55.04万元。

1996年8月20日，根据《浙江省实施医疗机构管理条例若干规定》，龙泉市政府发布"关于整顿医疗秩序，净化医疗市场的通告"。通告规定：企事业单位医疗机构于是年9月10日前重新申请登记验证；医疗单位外延性分支机构于9月20日前收回原单位；无证行医者于9月30日前停止诊疗活动，逾期给予取缔。市卫生局根据工作部署，分调查摸底、制订规划、宣传发动和全面清理整顿四个阶段，组织6个调查小组，对全市医疗机构进行登记、调查。经2个月调查摸底，查明全市有公办、集体办医疗机构50家，私人办和社会办医疗机构644家(城区159家)。其中，无证行医380家(城区104家)，占59%(未办医疗许可证120家，临时行医证期满76家，卫生系统外延分支机构74家，外县游医3家，变更地点执业19家，在职职工家庭诊所73家，退休职工在家行医15家)，主要分布在城区、八都、安仁、小梅、住龙、查田等集镇。配备专人专车进入17个乡镇44个片和部分乡村宣传市政府通告。经过半年的努力，取缔无证行医380家，其中：关停卫生系统内分点74家，关停不具备执业资格企事业单位医务室19家，会同公安、司法部门强制取缔无证行医15家，共计罚款3.6万元，没收药品价值1万余元。同时取缔南方招待所和水南旅馆2个游医窝点。16所解体卫生院得到恢复。龙泉市整顿医疗秩序，净化医疗市场的做法和经验在《人民日报》《健康报》《浙江日报》上前后作报导。1997年，卫生执法人员出动200多人次，查获无证行医13家，其中在职职工家庭诊所2家，没收药品价值2.9万元，罚款3.02万元，行政纪律处分2人，行政处罚13家。

1998年，出动卫生执法人员250余人次，监督检查医疗医药单位360家次，查处无证行医7家，无证接生2家，无证药店5家，打击无证游医、药贩32人次，立案6件，没收药品价值0.2万元，销毁假冒伪劣药品34种，价值2.37万元，罚款1.985万元。

1999年，结合《医师执业法》的实施，对医疗机构进行换证、注册、规范执业行为。经执法监督检查，取缔无证行医16家，限期改正6家，打击游医72人次，罚款金额1.78万元。进行4次药品质量大检查和3次专项检查，共检查医疗单位350多家次，查处过期失效药品360多种，价值约4万元。

2000年，对16家医疗机构进行审核注册。开展6次药品质量监督检查，历时148天。查处过期失效药品270多种，价值2.28万元。取缔无证行医13家和无证药店33家，没收药品价值8.067万元。打击游医52人次，抓获无证药贩26人次，罚款3.68万元。

2001年，194家医疗机构进行审核、注册。根据丽水市卫生局《关于在全市开展严厉打击非法行医专项整治活动的通知》精神，市卫生局在公安等部门配合下，出动监督人员90余人次，对辖区内的非法行医和部分有证诊所进行突击检查。查获非法行医9家，当场取缔4家，立案查处5起，没收药品价值 1.6 万元，没收器械价值 0.2 万元，罚款 1.3 万元。对 24 家有证诊所检查中发现超诊疗科目，擅自开展诊疗现象比较普遍，分别给予警告和限期改正。

2003 年 8—10 月，市卫生监督所于组织监督人员对辖区内 3 个街道、16 个乡镇医疗机构和医疗市场进行第二轮医疗市场秩序整顿。共出勤 25 天，出动卫生监督人员 128 人次，检查医疗机构 299 家次。其中：检查有医疗机构执业许可证的医疗机构 238 家次（包括 78 家乡镇卫生院及分院、23家个体诊所、115 家村卫生室、22 家企事业医务室），非医疗机构 61 家；检查医务人员资质 545 人（人民医院、中医院、红十字医院医务人员未统计在内），其中有执业资格 418 人，无执业（助理）医师资格 127 人。在公安部门协助下，城北乡 1 名无医疗机构执业许可证非法行医致人死亡，被依法追究刑事责任；另 1 名无证行医诊所当事人因阻挠行政执法人员依法履行职务行为，被处以治安拘留 7 天处罚。

2004 年，检查各类医疗单位 184 家次，在防"非典"期间，对部分医疗、预防单位的消毒设施、隔离制度落实等加强监督检查，并取缔无证行医 4 家，罚款 1.54 万元。

2005 年，监督检查县级医疗单位、疾控、妇保所、乡镇卫生院、村卫生室、社区卫生服务机构、厂矿医务室、个体医诊所、社会办医疗机构共计 263 家次。取缔无证行医诊所 4 家，查处医疗机构违法行为 7 起，共计罚款 1.82 万元。

2007 年，全市有医疗机构 227 家，检查监督 211 家，监督覆盖面 92.95%，9 户违法经营者罚款 2.8 万元，6 户无证行医被取缔。

2009 年，检查各级各类医疗机构 131 家，204 家次。225 家医疗机构建立基础档案。对 2 家未取得医疗机构执业许可证诊所给予取缔。116 家中小型医疗机构开展分级监督管理，规范 4 家，合格 100 家，不合格 10 家暂缓校验医疗机构执业许可证，注销 2 家。对 19 家医疗机构的医疗废弃物处置工作进行监督检查，检查结果：建立管理制度及有培训记录的 5 家，按规定对废弃物进行分类收集的有 8 家，19 家单位均有医疗废弃物登记记录，但记录不规范。对使用内镜的 3 家医疗单位进行监督检查，各单位消毒灭菌设施及清洗消毒操作规程基本符合要求。对市区 3 家医院使用麻醉药品和第一类精神药品进行监督检查。

2010 年，开展医疗机构监督检查。全市有医疗机构 227 家，检查 262 家次，查处各类违法行为 26 家，其中警告 14 户，行政处罚 14 户，罚款 3 万元。完成分级监管的中小型医疗机构 158 家，其中：规范 6 家，合格 150 家，不合格 2 家（责令限期改正），分级监管的中小型医疗机构占中小型医疗机构数的 81.2%。

2001—2010 年，市卫生监督所共受理投诉举报案件 230 起，涉及 203 个违法经营单位，其中食品卫生 153 起，公共场所卫生 9 起，医疗机构 61 起，劳动卫生和消毒产品各 2 起，其他 5 起，全部及时查办结案，并及时将查处情况反馈投诉举报当事人。

化妆品卫生监督

化妆品的卫生监督起步较晚。1992 年 9 月，对龙渊镇（城区）的化妆品市场进行调查摸底及建档工作。辖区内尚无化妆品生产单位，经营单位 40 家，其中：国营 5 家，集体 10 家，个体 25 家。经营品种有 6 类 723 种，其中进口类 4 种，特殊类 56 种，美容类 90 种，香水类 35 种，发用类 298 种，膏霜类 240 种。三证齐全的品种 531 个，占经营产品种类的 73.44%，建档率及监督覆盖率均达 100%。

1995—2000 年龙泉市城镇化妆品经营户、从业人员统计一览表

表 31-3-6

年 份	经营单位数(家)			从业人员数(人)	经营商品类数(人)
	合计	国营	个体		
1995	8	3	5	16	5
1996	8	3	5	16	5
1997	10	6	4	26	5
1998	11	6	5	30	5
1999	10	6	4	28	5
2000	10	6	4	26	5

2001 年，抽查 7 家化妆品经营户，重点检查来自疯牛病国家的动物源性原料成份的化妆品，查出 1 户经营者其中有 1 种化妆品属于此类产品，经营户主动要求退货，其余未发现该类产品。

2008 年，根据《浙江省 2008 年化妆品卫生监督检查方案》，对 22 家经营单位 32 个产品 47 批次化妆品(洗发液、沐浴露)的标签、标识和产品说明书进行检查，其中 2 个产品不合格。

2009 年，检查化妆品经营单位 16 家，抽查染发类化妆品 35 份，合格 28 份，合格率 80%，对 11 家二星级以上宾馆、旅店使用的一次性化妆品抽查 23 件，均符合卫生要求。

2010 年,对 16 家化妆品经营单位的 90 个品种化妆品的标签、标识和产品说明书进行抽查，结果未发现不合格产品。

第三节 疾病预防

传染病疫情报告

龙泉市传染病报告指各级医疗机构日常医疗活动发现传染病病例、外县(市)医疗机构或疾控机构发现龙泉户籍人员在异地发生传染病或龙泉户籍人员到异地就医发现传染病向龙泉疫情报告管理机构(龙泉市卫生防疫站、龙泉市疾病预防控制中心)报告疫情。

传染病疫情报告结果

根据《浙江省疫情资料汇编》(简称疫情汇编)，1940—2006 年和 2007—2010 年，卫生部传染病报告系统(简称传报系统)的法定传染病疫情资料，龙泉先后共报告甲、乙、丙类传染病 34 种，116799 例。报告死亡传染病 25 种，1407 例。其中：鼠疫 829 例，死亡 365 例；霍乱 34 例，死亡 13 例；流行性脑脊髓膜炎(流脑)1627 例，死亡 125 例；白喉 287 例，死亡 57 例；猩红热 13 例，死亡 1 例；细菌性和阿米巴性痢疾 14774 例，死亡 51 例；疟疾 15310 例，死亡 26 例；伤寒与副伤寒 91 例，死亡 3 例；麻疹 33327 例，死亡 606 例；流行性乙型脑炎(乙脑)532 例，死亡 48 例；百日咳 5350 例，死亡 19 例；脊髓灰质炎(脊灰)40 例，死亡 1 例；炭疽 1 例，死亡 1 例；狂犬病 2 例，死亡 2 例；流行性感冒

15202 例，死亡 2 例；病毒性肝炎 10865 例，死亡 8 例；钩端螺旋体病 94 例，死亡 2 例；流行性出血热（肾综合征出血热 HFRS）1820 例，死亡 20 例；艾滋病 5 例，死亡 1 例；新生儿破伤风 1 例，死亡 1 例；肺结核 1946 例，死亡 7 例；手足口病 1214 例，死亡 2 例。曾为法定传染病报告的天花 149 例，死亡 30 例；回归热 80 例，死亡 7 例；除霍乱、细菌性和阿米巴性痢疾、伤寒和副伤寒以外的感染性腹泻病（感染性腹泻）8846 例，死亡 9 例；流行性腮腺炎 1087 例、风疹 595 例、恙虫病 8 例、淋病 1672 例、梅毒 866 例、登革热 1 例（异地发病报告）、急性出血性结膜炎 76 例、斑疹伤寒 7 例、甲型 H1N1 流感 52 例。

恙虫病又称丛林斑疹伤寒,龙泉县以往无病例报道,1987 年 7 月—1989 年 9 月全县发生 8 例,其中 3 例住该地医院治疗,有一例曾误诊为“流行性出血热”。该组病例诊断依据：发病前有与草地或灌木丛接触史；起病急、头痛、畏寒、发热；潜伏期 4—10 天；斑丘状皮疹；有典型的焦痂及浅淋巴结普遍肿大，近焦痂者尤其显著并有触痛；实验室检查白细胞计数正常，分类淋巴细胞均>40%；外一斐氏反应 OXK 阳性，凝集价>1:160；氯霉素治疗有特效。

预防接种与计划免疫

2010 年末，全市有县级医院 2 所，乡镇卫生院 16 家，卫生分院 22 家，街道社区卫生服务中心 3 家，服务站 4 家。市疾控中心每年对全市上年度出生儿童的“五苗”接种情况进行接种符合率抽样调查，每年次抽查 30 个接种点共 210 名儿童，卡介苗接种率达 99.35%~100%，脊灰疫苗接种率达 96.19%~99.68%，百白破疫苗接种率达 96.10%~99.35%，麻疹疫苗接种率达 91.56%~98.71%，乙肝疫苗接种率达 86.36%~99.05%，符合卫生部儿童免疫规划要求。

免疫规划疫苗接种程序一览表

表 31-3-7

月(年)龄	疫苗种类	年龄	疫苗种类
出生 24 小时内	乙型肝炎疫苗第一针	1 周岁	流脑疫苗
1 个月	卡介苗、乙肝疫苗第二针	1.5~2 周岁	麻疹（麻腮风）疫苗、百白破疫苗
2 个月	脊髓灰质炎三型混合疫苗第一针	2 周岁	乙脑疫苗
3 个月	百白破疫苗第一针	2~2.5 周岁	甲型肝炎灭活疫苗
	脊髓灰质炎三型混合疫苗第二针		
4 个月	百白破疫苗第二针	3 周岁	流脑疫苗（A+C）
	脊髓灰质炎三型混合疫苗第三针		
5 个月	百白破疫苗第三针	4 周岁	脊灰疫苗
6 个月	乙肝疫苗第三针	6 周岁	白破疫苗、乙脑疫苗、流脑疫苗（A+C）
6~18 个月	流行性脑脊髓膜炎疫苗（A 群）	—	—
8 个月	麻疹（麻腮风）疫苗、	—	—
	乙型脑炎疫苗		
18 个月	甲型肝炎减毒活疫苗或甲型肝炎灭活疫苗	—	—
16~60 周岁	出血热疫苗二针	16~60 周岁	出血热疫苗（第一针后 6 个月）

1991 年 3 月，通过国际计划免疫评审组抽查 210 名大于 1 周岁小于 2 周岁儿童四苗（卡介苗、脊髓灰质炎疫苗、百白破疫苗、麻疹疫苗）在 1 周岁内计划免疫接种情况，龙泉市 1 周岁内儿童计划免疫，四苗接种率达到以县（市）为单位 85%目标；1999 年通过国际计划免疫评审组考核评审四苗接种率达到以乡为单位 85%的目标。

1992 年始有偿接种甲肝减毒活疫苗，2009 年列入免疫规划免费接种。1994 始有偿接种风疹减毒活疫苗，1996 年始，有偿接种流行性腮腺炎减毒活疫苗，1997 年始接种麻疹、腮腺炎、风疹联合疫苗（麻腮风），2007 年 7 月 1 日正式纳入儿童计划免疫管理免费接种。2001 年始使用水痘减毒活疫苗。1997 年始有偿接种流行性出血热疫苗，2008 年列入免疫规划，重点疫区 16~59 周岁免费接种。

2006—2010 年，15 岁以下儿童报告计划免疫相关疾病麻疹 3 例、百日咳 1 例、肺结核 4 例，无死亡病例。无乙型肝炎、新生儿破伤风、白喉、脊髓灰质炎病例报告。

2008 年手足口病、问题奶粉等事件得到妥善处理，重大传染病和突发公共卫生事件得到有效控制。2009 年实现全市计划免疫信息化和新农医即时报结信息化全覆盖。甲型 H1N1 流感、手足口病等各类传染疾病得到有效控制。2010 年，经卫生局认定有接种资质的预防接种点 44 个，取得预防接种资质的预防接种工作人员 70 人。城区实行按日接种，乡镇实行按月接种。

第四章 卫生保健

第一节 妇幼保健

妇幼机构

机构沿革 2010 年底市妇幼保健所有工作人员 22 人，其中在编职工 15 人。全市（不包括市人民医院、中医院）有妇幼保健人员 63 人。

1989—2010 年龙泉市（县）妇幼保健人员一览表

表 31-4-1 单位：人

年份	人数	副主任医师	主治医师			师级			士级				其他卫技人员	财务		其他
			西医师	检验	药剂	西医师	护师	检验师	西医士	护士	检验士	助产士		会计师	会计员	
1989	14	—	2	—	—	8	—	—	1	1	—	—	1	—	—	1
1990	16	—	2	—	—	7	—	—	2	1	—	1	1	—	1	1
1991	15	—	4	—	—	6	—	—	2	1	—	—	1	—	—	1
1992	15	—	3	—	—	7	—	1	1	1	—	—	1	—	—	1

续表 31-4-1

年份	人数	副主任医师	主治医师			师级			士级				其他卫技人员	财务		其他
			西医师	检验	药剂	西医师	护师	检验师	西医士	护士	检验士	助产士		会计师	会计员	
1993	13	—	2	—	—	7	1	1	—	—	—	—	1	—	—	1
1994	13	—	2	—	—	7	1	1	—	—	—	—	1	—	—	1
1995	16	—	5	—	—	4	1	1	3	—	—	1	—	—	1	—
1996	17	—	7	—	—	3	1	1	2	—	1	1	—	—	1	—
1997	18	—	9	—	—	2	1	1	2	—	1	1	—	—	1	—
1998	18	—	9	—	—	2	1	1	2	—	1	1	—	—	1	—
1999	18	—	9	—	—	2	1	1	2	—	1	1	—	—	1	—
2003	16	—	7	—	—	6	—	1	—	—	—	—	—	—	1	1
2004	16	—	8	—	—	5	—	1	—	—	—	—	—	1	—	1
2005	16	—	9	—	—	4	—	1	—	—	—	—	—	1	—	1
2006	17	—	7	1	—	5	—	1	—	—	—	—	—	1	—	2
2007	17	1	7	1	—	4	—	1	—	—	—	—	—	1	—	2
2008	17	1	8	1	—	2	—	—	—	—	—	—	3	1	—	1
2009	16	1	9	1	—	2	—	—	—	—	—	—	1	1	—	1
2010	15	2	5	1	—	4	—	—	—	—	—	—	1	1	—	1

科室与仪器装备　1990 年后，妇保所开设妇女保健、儿童保健、婚前保健门诊，设有早孕建卡，产前检查、高危孕产妇筛查、孕产妇营养、乳透、胎心监护、儿童建卡、儿童体检、听力筛查、体弱儿诊治、婚前检查、计划生育手术、B 超、检验、健康教育、《出生医学证明》办理等服务项目。近年来逐渐添置多功能手术台、激光治疗仪、红外线乳透扫描仪、尿 11 项自动分析仪、血球分析仪、彩色 B 超、荧光阴道镜、听力筛查仪、视力筛查仪、骨密度检测仪等仪器设备。

妇女保健

新法接生与孕期管理　20 世纪 80 年代初，全县各级妇幼保健人员始宣传动员住院分娩，住院分娩率由 1979 年 10.55%上升到 1989 年 69.77%，住院分娩率逐年提高。2000 年后住院分娩率保持在 98%以上，孕产妇、围产儿死亡率也随之下降（附表）。2010 年 1 月 1 日始，实行农村孕产妇住院分娩补助政策。凡是农业户口、符合计划生育政策、在取得助产技术服务母婴保健技术服务执业许可证的医疗机构内住院分娩的产妇均可享受 500 元的住院分娩补助款。至 2010 年 12 月末，共有 1729 名农村产妇每人得到这项补助款。

1991 年，上东、住龙、双平等乡开展“双保”（母婴保健保偿）工作。保健内容：孕产妇建卡、产前检查 5 次以上，产后访视 3 次以及 42 天检查，0~3 岁儿童系统管理。保偿内容：参保期间发生子痫、尿屡、Ⅲ度会阴破裂、子宫翻出、产褥感染、新生儿破伤风死亡，给予补助安慰保偿费。“双保”工作未在全市铺开。2006 年，实施农村公共卫生服务，规定孕产妇健康管理服务规范，服务对象为辖区内所有孕产妇及常住一年以上流动孕产妇。

孕妇服务　一般服务分五期进行：

孕12周前期，由孕妇居住地的乡镇卫生院、社区卫生服务中心为其建立孕产妇保健手册，进行1次孕早期随访。

孕16~20周、21~24周各进行1次产前随访，对孕妇的健康状况和胎儿的生长发育情况进行评估和指导。

孕25~36周、37~40周各进行1次产前随访，重点孕妇应在有助产资质的医疗保健机构进行，并酌情增加次数。

乡镇卫生院（村卫生室）、社区卫生服务中心在得到分娩医院转来产妇分娩的信息后，于3~7天内到产妇家中进行产后访视，进行产褥期健康管理，加强母乳喂养和新生儿护理指导，同时进行新生儿访视。

产后42天进行健康检查。

1989—2010年龙泉市（县）妇幼保健情况一览表

表31-4-2

年份	妇女病普查		孕产妇系统管理				新法接生率（%）
	普查人数（人）	患病人数（人）	住院分娩率（%）	系管率（%）	孕产妇死亡率/10万	围产儿死亡率（‰）	
1989	—	—	69.99	建卡率93.32	66.53	17.38	100
1990	218	194	78.2	建卡率95.65	0	21.54	99.86
1991	1652	1337	76.69	建卡率92.99	42.69	16.77	99.74
1992	721	510	84.53	建卡率99.59 系管57.76	41.4	19.06	99.38
1993	677	469	86.05	37.83	39.63	13.91	99.72
1994	145	62	88.64	54.64	66.6	15.65	99.9
1995	1492	1024	83.05	47.29	99.46	10.6	99.63
1996	167	60	81.84	51.03	29.29	—	98.21
1997	1578	920	88.27	52.4	0	—	94.21
1998	191	103	94.24	66.12	0	18.49	99.38
1999	2376	1580	96.88	69.77	0	16.31	99.9
2000	863	544	97.8	80.1	0	11.56	99.9
2001	2046	1125	98.47	84.09	104.23	15.23	99.83
2002	35	22	98.37	80.56	0	11.6	99.96
2003	2250	1476	99.45	81.04	73.48	8.06	99.89
2004	312	278	99.52	85.07	0	8.51	99.52
2005	6074	3997	99.64	86.01	71.17	5.23	99.72
2006	5702	2899	99.43	88.92	0	7.56	99.43
2007	24796	5432	99.41	91.97	39.28	6.66	99.45

续表 31-4-2

年份	妇女病普查		孕产妇系统管理				新法接生率（%）
	普查人数（人）	患病人数（人）	住院分娩率（%）	系管率（%）	孕产妇死亡率/10万	围产儿死亡率（‰）	
2008	16151	2909	99.96	93.76	0	6.55	100
2009	18072	3407	100	94.14	38.53	4.24	100
2010	25773	8509	99.96	94.34	0	4.88	99.96

高危妊娠管理　1996年，制定《龙泉市高危妊娠管理办法》，完善高危孕产妇管理程序，规定分级管理，规范上报制度，实行高危首诊负责制。每季度由市人民医院、市中医院、市妇保所抽派高年资专家轮流到各乡镇巡回为孕产妇做孕期高危筛查，筛出的高危孕产妇由所在地妇幼医生追踪管理。2006年始，下基层筛查模式转为到市（县）级医院筛查方式，妇保所负责接受基层筛查、转诊的高危孕产妇，进行高危评审，登记人册，将信息反馈给基层卫生院。确定重度高危孕产妇管理制度，逐步提高县（市）级筛查率。2010年孕产妇县（市）级筛查率93.18%，筛出高危孕产妇1070人，其中重度高危孕产妇137人。

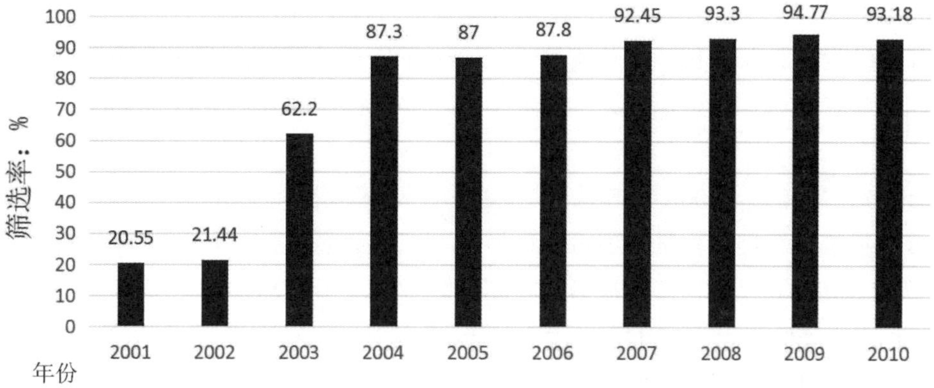

图 31-4-1　**2001—2010年龙泉市孕28周高危县级筛查率统计**

母婴健康工程与产科布局　1995年，根据上级卫生行政部门部署，提倡母乳喂养，开展创建爱婴医院、爱婴卫生院活动，落实母乳喂养措施。1996年龙泉市人民医院为爱婴医院；经市地卫生局评估，省卫生厅审核批准，1998年龙泉市红十字医院、龙泉市小梅镇中心卫生院为爱婴卫生院。

2001年，龙泉市被确定为“母婴健康工程”十三个项目县之一，项目的主要目标是建立领导组织，落实配套资金，配置基本设备，培训基础知识，提高产（儿）科急救能力。2001—2003年共选送11名卫生技术人员参加省市级临床进修，20人参加县级临床进修，60人参加省市级短期培训，接受县级培训达367人次。妇保所每年利用项目资金举办培训班，对基层妇幼保健人员进行培训，并选送人员参加上级培训。利用项目经费对贫困孕产妇补助和危重孕产妇抢救。

2001年，全市接产单位有46家。2002年，对接生设备简陋、产科应急能力差的乡镇卫生院撤销接生服务，经卫生局核实同意：市人民医院、市中医院、红十字医院，八都、安仁、小梅、锦溪、屏南、龙南、城北、道太乡（镇）中心卫生院，查田、宝溪、住龙、上垟、兰巨、竹石乡（镇）卫生院，上东、剑湖、供村、四源、白云、茶丰、瀑云卫生分院等24个医疗单位开展助产技术服务项目，85位妇产科人员从事助产技术服务。

2003年，全面进行产科布局调整，对所有从事接生工作的医疗单位和个人实行许可制度，根据《浙江省农村卫生院接生服务基本标准》，接产单位保留24家。市人民医院设孕产妇、新生儿抢救中心，八都、小梅、安仁、锦溪四个中心卫生院设抢救分中心，共投入128.3万元为抢救中心及分中心添置必备的医疗抢救设备。对所有助产技术人员进行业务培训及考试考核，有85位助产技术人员发放《母婴保健技术合格证书》。

2004年末，市卫生局，对2所市（县）级医院、9所中心卫生院、6所乡镇卫生院、7所卫生分院等24所医疗机构的人工流产（含药流）、放取环术、助产技术的母婴保健技术服务项目进行校验，同时对妇幼保健所，竹垟和岩樟乡卫生院，凤鸣、建兴、大沙、天平、义和、南窖、双岭、双平、大赛卫生分院，除助产技术外，其余母婴保健技术服务项目进行校验，并予公布。

2005年起，按产科规范化建设的要求，对接产单位的产科设备、用房、人员素质等因素进行考核，对不符合要求的接产单位产科进行逐年调整。是年撤销兰巨、础石、上垟镇（乡）卫生院和茶丰、瀑云卫生分院的产科；2007年1月根据《浙江省农村卫生院接产服务基本标准》和2006年丽水市卫生局、龙泉市卫生局对乡镇卫生院接产单位产科进行质量检查，对不符合产科设置要求的单位进行调整，保留市人民医院、中医院、红十字医院和小梅、安仁、八都、龙南乡（镇）中心卫生院的产科设置，是年10月，龙南乡中心卫生院产科被撤销；2009年6月，撤销八都、安仁镇中心卫生院产科，至2010年末，接产单位有：人民医院、中医院、红十字医院、小梅中心卫生院等4家。

规范化门诊与优生优育 2006年，市妇保所通过省级规范化孕产妇、儿童保健门诊验收。根据《浙江省妇幼保健机构规范门诊标准》增设高危孕产妇门诊，体弱儿门诊，孕妇、儿童营养门诊，配备健康教育教室及手提电脑、投影仪等健康教育仪器，规范孕妇学校及育儿学校教育。2007—2010年八都、小梅、城北、安仁、龙南、锦溪、竹垟、兰巨、上垟、茶丰10家乡镇（中心）卫生院及分院通过丽水市级孕产妇、儿童规范化门诊评估验收。

2005年7月，开展产前筛查工作，市妇保所为指定采血点，血标本送丽水市妇保院产前筛查中心检验。筛查时间为孕中期15~20周之间，检测项目为孕妇 血清中的Free—BhcG、hAFp值,结合孕妇的年龄、体重、孕周等得出胎儿罹患21—三体、18—三体和神经管缺陷的风险度。2006—2010年产前筛查率逐年提高，分别为19.2%、37.3%、47.9%、51.1%、62.46%。五年共确诊21—三体儿3例，神经管畸形（NTD）2例。2010年市妇保所被评为丽水市产前筛查先进集体。为加大出生缺陷干预工作，降低神经管缺陷发生率，根据浙江省卫生厅、财政厅文件精神，2010年3月25日龙泉市出台农村妇女免费增补叶酸预防神经管缺陷工作文件及实施方案，4月1日起正式实施。准备怀孕及早孕的农村妇女可到当地卫生服务中心免费领取叶酸片口服，以预防神经管畸形儿出生。至2010年11月末，共免费发放叶酸807人。

妇女病普查普治 1999年，城区妇女病普查普治83个单位，应查4474人，实查2376人，普查率53.11%，查出患有妇科病的1580例，妇女病检出率66.5%。其中，滴虫性阴道炎52例（率2.19%）、宫颈糜烂900例（率37.88%）、子宫肌瘤122例（率5.13%）、卵巢肿块86例（率3.62%）、乳腺纤维瘤7例（率0.29%）、乳腺癌1例。宫颈细胞涂片查出轻度核异质54例，中度核异质5例，未发现宫颈癌患者，三分之一患者由妇保所给予治疗，三分之二患者转市人民医院治疗（公费

定点）。1983—2006 年由妇保所每两年一次对厂矿、机关单位及城镇农村妇女进行以防癌（宫颈癌、乳腺癌）为主的妇女病普查普治工作。2007 年，省“妇女健康工程”项目开始实施，农村妇女可每两年享受一次妇女病免费检查，近两年农村妇女检查人数逐渐增加。2007—2008 年共检查已婚妇女 40947 人次，普查率 68.18%。2009—2010 年共检查已婚妇女 43845 人次，普查率 76.03%，4 年共查出宫颈癌 28 例。

2009—2010 年龙泉市各乡镇（街道）妇女病普查情况一览表

表 31-4-3

单位	普查人数（人）		应普查人数（人）	普查率（%）	单位	普查人数（人）		应普查人数（人）	普查率（%）
	2009 年	2010 年				2009 年	2010 年		
龙南乡	987	1000	4143	47.96	查田镇	742	1393	3487	61.23
屏南镇	472	909	1973	69.99	道太乡	713	1492	3312	66.58
小梅镇	582	1097	2071	80.2	宝溪乡	174	1226	1747	80.14
上垟镇	1184	1357	3456	73.52	八都镇	979	1337	5360	43.21
兰巨乡	1098	2114	3661	87.73	竹垟乡	536	530	1484	71.83
城北乡	41	1281	2363	55.95	岩樟乡	200	650	909	93.51
锦溪镇	537	494	2138	48.22	安仁镇	886	1574	4080	60.29
础石乡	0	786	1971	39.88	住龙镇	829	315	1366	83.75
西街街道	745	1378	3799	55.88	龙渊街道	1288	1722	5162	58.31
剑池街道	14	2486	5181	48.25	妇保所	265	1061	—	—
人民医院	5800	1589	—	—	合计	30079	49868	57663	76.37

儿童保健

婴幼儿系统管理　1990 年，健全儿保三级网，各乡镇卫生院均有儿保专（兼）职医生负责乡镇儿保工作。是年 0~3 岁儿童系统管理率 32.5%，此后一段时间 0~3 岁儿童系统管理率上升较慢。1999 年始，乡镇卫生院普遍采取婴儿保健册与预防接种卡集中发放，先体检后接种，0~3 岁儿童系统管理率明显提高。每年“六一”节前后妇保所及各乡镇卫生院对 7 岁以下儿童健康体检，对体检结果作出分析、评价，针对体检结果给予指导。1991 年，妇保所对 7 岁以下儿童体检人数 2064 人，查出轻度贫血 1085 人，中重度贫血 123 人。2001 年，儿童体检增加氟离子透入防龋治疗。2006 年购置新的视力筛查仪，是年“六一”节，儿童体检视力筛查 7682 人，筛出视力异常可疑 246 人。2009 年，购置骨密度检测仪。2010 年，妇保所对城区 56 所幼儿园 4959 名儿童进行“六一”体检，体检率达 99%。体检结果：体重评价在均上 2545 人，占 51.3%（其中肥胖 87 人），均下 2414 人，占 48.7%（其中下 44 人）；身长评价均上 2047 人，占 41.3%，均下 2912 人，占 58.7%（其中下 166 人）；龋齿 2571 人，占 51.8%；视力筛查 3595 人，异常可疑 128 人，占 3.56%；听力筛查 2874 人，异常可疑 4 人，占 0.14%；骨密度检查 2085 人，骨量不足 342 人，占 16.4%；贫血 488 人，占 9.86%；血微量元素检查，缺铁 313 人，占 6.10%，缺锌 94 人，占 1.90%；氟化泡沫护齿 2874 人。

1989—2010 年龙泉市(县)0—3 岁儿童系统管理率统计一览表

表 31-4-4

年份	0~3 岁系管	新生儿死亡	婴儿死亡	年份	0~3 岁系管	新生儿死亡	婴儿死亡
1989	22.47	—	—	2000	73.1	10.54	16.17
1990	32.05	14.28	18.42	2001	75	14.54	19.74
1991	—	12.9	26.92	2002	82.31	9.6	15.76
1992	—	14.17	18.03	2003	81.75	6.61	11.39
1993	—	10.19	14.72	2004	81.92	7.52	12.3
1994	41.35	13.32	18.32	2005	85.11	6.05	9.25
1995	35.7	8.95	12.27	2006	88.95	7.97	12.52
1996	32.81	8.79	14.65	2007	91.12	4.32	5.89
1997	47.43	15.13	21.05	2008	87.43	5.01	6.55
1998	48.48	15.25	25.47	2009	94.75	2.7	5.01
1999	61.82	15.25	19.68	2010	95.81	2.85	6.51

托幼机构管理　儿童入园体检制度：1994 年始儿童入托儿所、幼儿园时须到妇保所进行健康体检，由妇保所填写《浙江省儿童入托儿所、幼儿园健康检查表》，并签署医学意见。托儿所、幼儿园在接收儿童时，应检验《浙江省儿童托儿所、幼儿园健康检查表》和 1~2 岁儿童保健系统管理小结，合格者方可入园。儿童入园、所时要一并收取《浙江省托儿所、幼儿园儿童健康档案》。体检时发现有乙肝表面抗原兼有 e 抗原阳性者，或谷丙转氨酶增高者暂不予入园，2010 年始，儿童入园体检取消乙肝表面抗原检测项目。

托幼机构工作人员健康管理　1994 年始，妇保所每年对托幼机构工作人员进行一次健康体检，并填写浙江省托儿所、幼儿园工作人员健康检查表，工作人员体检合格后，由妇保所签发浙江省托儿所、幼儿园工作人员健康证明书，持证上岗。患有国家法定传染病、滴虫性及霉菌性阴道炎、化脓性皮肤病、精神病的保教人员、炊事员，未治愈前，不得从事保教、炊事工作。发现痢疾、伤寒、病毒性肝炎等传染病(包括病原携带)，必须离职治疗。2010 年 9 月，份妇保所对全市 492 名托幼机构工作人员进行体检，体检率达到 89.6%。其中城镇托幼机构工作人员体检 366 人，体检率 100%，农村托幼机构工作人员体检 126 人，体检率 55.6%，取消乙肝表面抗原检测项目。

托儿所、幼儿园卫生保健人员培训　妇保所每 2 年组织一次托儿所、幼儿园工作人员岗位培训，经考核合格后，发给岗位资格证书，持证上岗。托儿所、幼儿园从事炊饮工作的人员在妇保所接受儿童营养及食品卫生知识的专业培训，持有岗位资格证才能工作。2010 年 10 月，妇保所举办保健员、保育员岗位知识培训班，32 人参加学习，并通过考试。

卫生保健督导检查　1999 年始，妇保所对全市托幼机构加强管理，根据《浙江省托儿所、幼儿园卫生保健管理办法》、丽水市城区托幼机构卫生保健分级量化管理办法、结合龙泉实际，制定《龙泉市城区托幼机构卫生保健量化分级评分标准》《龙泉市城区托幼机构卫生保健平时督导量化评分表》。2010 年，妇保所按《龙泉市城区托幼机构卫生保健量化分级评分标准》评分结果：A 级(90 分及以上)示范单位 12 所，分别为市机关幼儿园、东升城东分园、新世纪幼儿园、小铃铛幼儿园、剑池中心幼儿园、聪明屋幼儿园、东升幼儿园、六一幼儿园、小叮当幼儿园、红太阳幼儿园、小天才幼儿园、新苗幼儿园;B级(80~89分)为规范单位24所;C级(60~79分)为合格单位0所;D级(60分以下)为不合格单位0所。

新生儿疾病筛查 2000年3月,市卫生局发文成立“龙泉市新生儿疾病筛查管理中心”,管理中心设在妇保所内。是年4月,市人民医院、市中医院首先开展新生儿疾病筛查工作。2002年,增加红十字医院。2003年,扩大到小梅、安仁、八都3所中心卫生院。2005年下半年,增加白云、上东、剑湖卫生分院和查田镇卫生院,至2005年底,筛查单位共达10家。筛查率逐年上升。2006年,卫生局重新调整产科布局,全市共保留6家筛查单位:人民医院、中医院、红十字医院、小梅、安仁、八都镇中心卫生院。2010年底,新生儿疾病筛查保留单位:人民医院、中医院、红十字医院3家。筛查由医院妇产科医护人员负责新生儿血斑的采集,卡片的填写。市妇保所负责血片收集、验收、质量统计。血标本送省儿童保健院新生儿疾病筛查中心实验室进行检测, 检测项目为TSH和PA,2000年4月至2009年7月,在各筛查医院出生的活产儿23370例,接受筛查22086例,筛查率97.7%,确诊先天性甲状腺功能低下症26例,无苯丙酮尿症患儿确诊。2007年、2008年两年连续获省新生儿筛查工作先进集体。

2000年4月至2010年10月龙泉市新生儿疾病筛查情况一览表

表31-4-5

年份	接生数(人)	筛查数(人)	筛查率(%)	CH数(人)	发病率(龙泉)	全省CH数(人)	发病率(全省)	全省PKU数(人)	发病率(全省)
2000	991	712	71.8	1	1/712	59	1/1577	6	1/15506
2001	1814	1671	92.1	1	1/1671	98	1/1480	4	1/36269
2002	1847	1654	89.6	2	1/827	149	1/1541	9	1/28709
2003	2302	2144	93.1	3	1/715	215	1/1456	13	1/24083
2004	2830	2686	94.9	7	1/384	290	1/1387	11	1/35191
2005	2951	2894	98.1	3	1/965	311	1/1503	21	1/22260
2006	2953	2801	94.9	3	1/934	294	1/1648	11	1/43908
2007	2115	2052	97	4	1/513	291	1/1888	21	1/25810
2008	3034	2991	98.6	1	1/2991	274	1/2151	33	1/17860
2009	2533	2481	97.9	1	1/2481	—	—	—	—
2010	2731	2690	98.5	3	3/2690	364	1/1666	27	1/17338
合计	26101	24776	94.5	29	1/849	2355	1/1647	158	1/25042

新生儿听力筛查 2003年,开展新生儿听力筛查,听力筛查逐年规范,2010年,共确诊听力异常儿童16人。

2003—2010年龙泉市新生儿听力筛查一览表

表31-4-6

年 份	新生儿数(人)	新生儿听力筛查率(%)	实际筛查儿童数(人)			听力异常确诊人数(人)		
			0~2岁	其中新生儿	3~6岁	0~2岁	其中新生儿	3~6岁
2003	2722	42.47	1156	1156	673	0	0	9

续表 31-4-6

年 份	新生儿数（人）	新生儿听力筛查率（%）	实际筛查儿童数（人）			听力异常确诊人数（人）		
			0~2 岁	其中新生儿	3~6 岁	0~2 岁	其中新生儿	3~6 岁
2004	2927	62.9	2422	1841	566	0	0	0
2005	2951	57.68	2544	1702	833	1	0	0
2006	2953	75.69	2239	2235	2783	0	0	1
2007	2817	68.87	2322	1940	0	1	0	0
2008	3020	61.59	2525	1860	7748	0	0	0
2009	3044	75.03	2533	2284	2138	2	0	0
2010	2733	86.29	2458	2358	2874	2	2	0

体弱儿管理　2006 年，妇保所创建省儿童保健规范门诊通过验收，同时增设体弱儿管理门诊，由高年资医生坐诊，体弱儿管理工作逐年规范。通过新生儿访视、儿童体检门诊筛选出的出生低体重、早产儿、佝偻病活动，中度以上贫血低体重，消瘦的儿童转体弱儿门诊体检，追踪管理。治愈后的儿童及时给予结案，并转为健康儿童系统管理，对重症患儿、体弱儿经 3~5 次管理指导未见好转者，及时转上级医疗保健机构处理。2001—2005 年，体弱儿筛选 96 人，转归结案 75 人；2006—2010 年，体弱儿筛选管理 239 人，转归结案 210 人，转诊 25 人。

2008 年奶粉事件中，对食用含三聚氰胺的婴幼儿配方奶粉进行免费筛查治疗，市人民医院为定点筛查治疗医院。共筛查 6218 例，确诊结石儿 92 例、住院治疗 10 例。

2001—2010 年龙泉市婴幼儿保健情况一览表

表 31-4-7

年 份	新生儿疾病筛查率（%）	5 岁以下重度营养不良患病率（%）	7 岁以下儿童眼保健人数（人）	口腔保健人数（人）	听力保健人数（人）	新生儿听力筛查率（%）
2001	55.12	4.45	963	1167	806	—
2002	63.6	4.18	706	1520	945	—
2003	79.1	2.75	743	1554	1829	42.5
2004	92.1	3.5	1010	16951	2988	82.7
2005	98.1	3.3	1015	17561	3375	86.2
2006	97.29	1.86	7069	16151	7682	75.2
2007	97.87	1.73	8095	15464	9270	82.4
2008	98.7	1.77	9069	12179	7748	83.2
2009	98.93	1.57	4931	11318	4671	75
2010	99.27	1.37	7142	12008	5577	86.27

出生医学证明管理　2001 年 9 月 1 日，龙泉市实施《浙江省〈出生医学证明〉管理办法（试行）》。人民医院、中医院、红十字医院及龙渊镇范围、兰巨、础石乡卫生院（包括分院）分娩的婴儿，由新生儿监护人于婴儿出生 20 日内凭《浙江省出生医学记录》和《孕产妇保健册》到市妇幼保健所领取出

生医学证明；其他具备接产条件的乡镇卫生院及分院分娩的婴儿，由接产单位填写统一的《浙江省出生医学记录》和《孕产妇保健册》向户籍所在地中心卫生院鉴发出生医学证明。从2003年10月始，全市均由市妇保所统一鉴发出生医学证明。

婚前保健

1991年前主要在城镇范围开展此项保健工作，1992年全市铺开。1997年丽水地区卫生局批准市妇保所、八都、安仁、小梅、道太、屏南、龙南中心卫生院和城北乡中心卫生院上东分院及住龙镇卫生院为龙泉市婚前健康检查单位。2001年1月1日起，根据丽水市卫生局、民政局《关于实行集中婚前医学检查和婚姻登记管理实施意见的通知》精神，市卫生局决定撤销乡镇婚检点，妇保所设婚前保健科，承担全市婚前检查任务。新婚学校课每天开设，进行婚前卫生知识宣传指导。2001年3月，丽水市卫生局对全市婚前医学检查医师培训发放合格证，龙泉有6位医师取得婚检医师技术合格证。2009年有1位取得婚检医师技术合格证。1992—2003年累计婚检26847人，检出患有疾病的1352人，平均疾病检出率5.04%，其中暂缓结婚374人，不宜生育8人，限制生育2人。2003年10月1日，国务院颁发的《婚姻登记条例》正式实施，将先婚检后登记政策改为自愿婚检，婚检率急剧下降，2004—2007年共婚检144人。2008年7月1日，实行“政府买单、免费婚检”政策，婚检人数开始上升。婚前医学检查单位仍旧为市妇保所。婚检项目有：血、尿、白带常规，血型，血糖，乙肝两对半，肝功能，梅毒螺旋体抗体（RPR），艾滋病病毒抗体（HIV）检测，腹部B超，内外科及生殖器官检查。2010年，婚前检查人数3146人，婚检率79.77，查出疾病人数659人。

1989—2010年龙泉市(县)婚前检查统计一览表

表31-4-8　　单位：人

年 份	实检人数	检出疾病人数	影响婚育疾病人数	年 份	实检人数	检出疾病人数	影响婚育疾病人数
1989	263	6	0	2000	2971	206	25
1990	324	13	0	2001	2728	195	37
1991	414	11	0	2002	2398	290	105
1992	2252	69	35	2003	2680	217	117
1993	2318	22	0	2004	38	3	0
1994	1073	6	4	2005	49	2	0
1995	1157	19	0	2006	20	7	1
1996	1446	23	0	2007	37	2	0
1997	2074	62	0	2008	151	25	0
1998	2666	113	42	2009	1691	456	43
1999	3084	130	18	2010	3146	659	98

健康教育

龙泉自1979年妇保所恢复独立建制并开设门诊后，全市(县)妇幼保健人员利用门诊面对面及下乡、村宣传科学的妇女保健、计划生育、育儿知识，发放一些宣传资料。随着生活水平的提高，健康教育工作受到各级领导的重视，健康教育工作逐年规范，实施有计划、有组织的系统教育，针对不同文化层次、不同工作环境人群，采取多种形式的教育。妇保所每月开展孕妇学校、育儿学校各一期，新婚学校每天开课。各乡镇卫生院根据年初计划，每季度或各月举办健康教育课。其他还针对每位孕妇、儿童家长进行面谈、播放健康教育录像，针对性发放健康教育处方、保健知识专栏，龙泉报刊登相关保健知识、大型咨询活动、电视台播放疾病防治知识等进行健康知识宣传。

2009年8月，妇保所在开展的多项妇幼保健知识健康教育基础上，进一步拓展、深化健康教育的范围、形式和服务的种类。建立“母婴健康俱乐部”的形式，为拓展健康服务领域搭建一个新平台。为妇女提供一种快捷、方便与专家直接交流的医疗保健咨询服务。“母婴健康俱乐部”的主要服务内容：在妇幼保健所原有的保健服务内容的基础上，拓展服务的内容和形式。为孕妇、新生儿家庭提供电话医生咨询，孕妇或家人在孕前、孕中、产后可以通过热线电话向专家进行电话咨询。提供由社区MCH项目赠送的《生活与健康》报，提供妇幼保健专家新编的妇幼保健科普书。

开展孕妇、产妇的交流活动，定期请有关专家以沙龙的形式进行产科知识趣味问答或孕期营养、轻松分娩、母乳喂养、科学坐月子、新生儿护理、优生优育、疾病治疗等讲座；为准爸妈开训练营，内容有知识问答、模仿秀、新生儿沐浴抚触、主被动操、孕期保健操、产后康复操等。会员与会员之间相互交流孕期保健、育儿经验，准爸妈操作表演。

第二节　初级卫生保健与社区卫生服务

初级卫生保健

1991年10月，龙泉市被确定为省级初级卫生保健试点县之一，成立龙泉市初级卫生保健委员会，各乡镇成立初级卫生保健委员会组织，负责该乡镇的初保工作。市卫生局研究决定在城北乡、住龙镇先搞试点。市政府印发《龙泉市初级卫生保健工作规划总体目标》，规划目标分三个阶段实施：1991—1992年为试点阶段，1993年为全面实施阶段，1994年为全市达标阶段。

1992年初，在龙泉市政府全会上，市政府与53个区、乡镇和有关科局签订初保工作任务责任书。6月初，市五套班子听取市卫生局初保工作专题汇报。9月，市人大常委会组织人员先后深入住龙镇、小梅镇、城北乡作初保工作实施情况调查。初保委成立健康教育所，开展宣传发动。4月，撤区、扩镇、并乡后，17个乡镇重新成立初保领导小组和初保办公室，有13个乡镇制订目标规划。安仁、小梅、础石、上垟、八都、龙南、屏南、宝溪等乡镇或片先后召开初保工作动员大会，并开始实施初保规划。1991年在城北乡、住龙镇试点的基础上，有15个乡镇(31个片)开展初保工作。卫生局先后派出7批工作组，分别到龙南、屏南、础石、小梅、八都、上垟、宝溪等7个乡镇配合政府部门开展初保工作，跑遍130多个行政村，整理村卫生室100家，签订合同80余份，集资8万余元，落实三格式无害化厕所100余户。

1993年9月，组织骨干到全省初保工作先进县萧山市参观学习。选派2名人员到省初保培训班学习。编印乡镇和村卫生室初保工作统计表册，建立市初保材料室。

1994年1月市初级卫生保健委员会成员重新作调整。5月20日，龙泉市政府召开乡镇分管文教卫生领导会议，重点布置全市初保工作。7月19—25日，市政府组织各乡镇分管领导20余人到初级卫生保健达标结对县杭州市临安县参观考察。9月7—8日，再次召开全市乡镇分管领导参加的初保工作会议。卫生部门是各级政府搞好初级卫生保健的参谋，承担初保工作的技术指导任务。市卫生局建立局机关工作人员、防保人员联系点制度。把17个乡镇分成4片，对口挂钩，责任到人，逐村检查，使全市应建村卫生室覆盖率达到98.9%，甲级卫生室占应建卫生室100%，实行集资医疗268个行政村，参加集资人数占应参加人数的98.43%，农户卫生厕所普及率达79.8%，村民饮用卫生清洁水达到99%，城镇居民饮用自来水占92.3%。11月18日通过省政府组织专家对初级卫生保健工作进行终期评估。经过随机抽样，抽查到锦溪镇(岭根、岭上、吴林村)、查田镇(溪西、下堡、溪口村)、安仁镇(严山、项边、广田村)9个村，对3个镇9个村的初级卫生保健规划目标实施情况进行检查。评估结果合格，省级初级卫生保健以县为单位达标。

1999年创建以乡镇为单位初级卫生保健达标工作，市政府制定《龙泉市1999—2005年农村初级卫生保健规划目标》，安仁、龙南、查田、屏南、住龙5个乡镇开展以乡镇为单位农村初级卫生保健达标活动。2005年底检查评估，基本为达标乡镇。

社区卫生服务

2007年9月，龙泉市政府委托浙江大学(社会医学与全科医学研究所)研究开发龙泉市社区卫生服务发展规划。2008年6月，结合龙泉实际情况，市政府正式制定并下发《龙泉市社区卫生服务发展规划(2008—2012年)》，共规划建设社区卫生服务中心19家(原16所乡镇卫生院、3所街道社区卫生服务中心)、社区卫生服务站38家(包括原26所卫生分院和分部)。至2010年末，已建社区卫生服务中心19家，社区卫生服务站26家。2007—2008年，八都镇社区卫生服务中心、小梅镇社区卫生服务中心、兰巨乡社区卫生服务中心通过省规范化城乡社区卫生服务中心创建工作先进单位验收。2009年4月29—30日，举行全市城乡社区公共卫生暨责任医生岗位练兵比武活动比赛。5月22日与丽水学院医学院合作项目启动，并共同举办首期农村中医药适宜技术培训班。6月25日，举行城区3个街道社区卫生服务中心成立仪式。9月，省财政厅绩效评价考核组对市乡村卫技人员素质提升工程的开展情况进行绩效评价。

2006年5月，市政府建立农民健康体检领导小组，制定农民健康体检实施方案。各乡镇卫生院开展每两年一次对参合农村居民进行健康体检，建立居民健康档案25.67万份，建档率达90.4%。对患有高血压、心脏病、糖尿病等重点病人跟踪管理，定期上门随访，指导他们的饮食起居和日常用药。

第五章 爱国卫生活动

第一节 农村卫生改造

农村改水

1978年始，施行农村改水。1988年，全县农村建成简易高位自流式自来水共566座（以蓄水池计），受益人口198917人，占农村人口86.4%，加上饮用井水软塑管引水，插管井水等，全县农村已有96.46%人口达到饮用安全卫生水。

1991年，龙泉市自来水受益率91.31%，列全省改水工作第8名；1992年，自来水受益率92.30%，列全省改水工作第11名，为丽水地区各县（市）改水工作前列，并被省评为改水工作先进县（市）。

1996年末，全市累计共建大、小各种类型的自来水站（池）606座，山泉引流15800余处。全市农村投资累计587.97万元，其中农民、集体投资为509.57万元，占总投资的86.66%。完成城北乡、道太乡、兰巨乡、安仁镇部分乡村的二次改水。农村饮用自来水人口达到20.65万人，占农村总人口90.6%。是年底，龙泉市被中央爱卫会授予"全国'八五'农村改水先进市"称号。

1999年，完成杨梅岭等8个村的改水工程和花桥等7个村改水工程的测量和预算工作，农村享用简易自来水人口达到211500人，占农村人口的91%。

2000年，爱卫会完成住龙镇西坑村、井惠村、建明村，岩樟乡仓坞村，城北乡河里村、皂口村、鹤场村、陂川村、外双溪（外垟），道太乡杨梅岭，查田镇溪口村、查三村，兰巨乡上寮村，锦溪镇百里村等15个村的二次改水任务。

龙泉市委、市政府把农村改水改厕工作纳入两个文明建设的重要内容，规定文明村、小康村的命名必须具有农村自来水和卫生厕所这两项必备条件，从1998年至2003年，市爱卫办、市水利局、市移民办、市农办和各下村联系科局共投入资金681.15万元，村集体投入320万元，个人集资160万元，全市用于农村改水共投入资金1161.15万元。2004—2007年，投入农村改水资金：2004年28万元，2005年43万元，2006年69万元，2007年2570万元（包括水利局省千万农民饮用水国债项目资金1100万元）。共计2710万元。

2001年6—11月，市爱卫办和市防疫站对全市范围内的所有农村水厂现状进行调查。根据龙泉境内有瓯江、闽江、钱塘江3个水系及不同的地理条件、水源类型，选择10个农村水厂进行水质检测。每年丰水期和枯水期各检测一次，水质检测工作至2010年，一直没有中断。检测结果，各项指标均合格，符合卫生饮用水标准。据市疾病预防控制中心1998—2003年肠道传染病发病情况报告：1998年为133.3/10万，1999年为108.5/10万，2000年为92.23/10万，2001年为92.66/10万，2002年为84.67/10万，2003年为24.82/10万。市污水处理厂采用硅藻精土工艺，于2006年9月25日正式动工开建。2010年底已基本实现“家家建无害化厕所，户户装上自来水”的目标。

农村改厕

按照不同的标准和要求，进行宣传、发动、组织和规划、指导工作。1992年，城北溪口村、兰巨安吉村等部分农村开始改厕。1996年，全市已建农村卫生无害化户厕2500余座。1997年，农村改厕工作进展迅速，积极开展试点村，无害化户厕已在17个乡（镇）全面推广，据不完全统计，全市农村卫生户厕已超过2800座。1999年，农村改厕工作在17个乡镇全面铺开，全市有90个村建成三格式无害化厕所3650座。从1999年龙泉第一批小康村验收至2003年底，全市共验收合格小康村312个，其卫生厕所普及率已达90%以上。投入农村改厕资金：2004年6万元；2005年37万元；2006年52万元；2007年1435万元（包括农办农村建造沼气池补贴）。至2009年12月末，全市农村累计建设卫生厕所6.69万户，普及率达92.02%，其中无害化卫生厕所2.71万户，占农村总户数7.27万的37.28%，其他类卫生厕所3.98万，占54.75%。

第二节 除“四害”工作

灭鼠先进城区

1989—2010年，龙泉市（县）爱卫办每年春季秋季各开展一次灭鼠为主的除“四害”①统一行动。1998年8月1日，“龙泉市区灭鼠领导小组”成立，分管副市长任组长。2003年，开展3次大规模的除“四害”活动。5月份投入资金5.5万元，在城区配合预防“非典”，开展以灭鼠为主要内容的除“四害”活动。7—8月，在鼠传疾病监测工作期间，全市城乡（包括行政村、自然村）开展大规模灭鼠活动，共投放灭鼠药56吨，灭蚤药4吨，投入资金93万元。政府重视，全民参与，使城乡鼠密度从22.5%下降到2.44%，灭鼠率达89.17%，；蚤指数从0.26下降到0.0045，灭蚤效果达98.25%，有效地切断鼠传疾病的传播途径。9月，重点开展城区灭鼠达标工作，再次投放灭鼠毒饵3吨，使城区的鼠密度进一步下降。9月28日，受省爱卫会委托，由丽水市爱卫会“除四害”专家团组织对龙泉城区进行灭鼠工作鉴定考核，城区灭鼠工作的各项指标均达到国家爱卫会规定的标准要求。9月29日，被丽水市爱卫办命名为“灭鼠先进城区”。

灭蟑先进城区

2004年5月29日，“龙泉市区灭蟑领导小组”成立，分管副市长任组长，是年7月28—29日，丽水市爱卫会受省爱卫会委托组织专家对龙泉市进行灭蟑达标考核，各项指标都符合中央爱卫会颁布的“灭蟑先进城区”的标准；灭蟑方法科学，使用灭蟑的药物符合国家规定的要求。是年8月2日，被丽水市爱卫会授予“灭蟑先进城区”称号。

①：四害是指蚊子、苍蝇、老鼠和蟑螂四种危害人类身体健康的有害生物。

持续除“四害”

2005 年 4 月，开展一次春季大规模城区灭鼠工作，印发“灭鼠须知”等宣传资料 15000 余份，鼠密度仍然控制 3%以下。同时 5—6 月在城区开展全面的灭蟑消杀工作。2007 年 12 月 25—27 日，省级卫生城市考核组组织除四害专家对龙泉的灭鼠灭蟑达标巩固工作再次进行复查，各项指标符合要求，对龙泉市灭鼠灭蟑达标巩固工作再次进行确认。2009 年，发放灭鼠药 15 箱，灭蟑药 2 箱。

第六章　卫生教研与教育

第一节　医疗科研

医学科普知识宣传

1989—2010 年，共举办各类培训班、在职人员业务提高班共计 40 余期，参加人数 1500 余人次。省地 100 多位院士、教授、专家到龙泉会诊、义诊、示范、授课、讲座等多种形式传授业务技术（知识），同时选送 90 余名业务骨干去上级医院进修学习，提高业务水平。

医学论著

1996 年 1 月，八都镇中心卫生院 3 名医师合著《现代心血管病的诊断及治疗》；5 月，3 名医生合著《临床心电图诊断与鉴别诊断》。

1989 年 12 月，县防疫站《儿童蛲虫病控制方法的研究》论文获省科技进步四等奖；1996 年市防疫站《龙泉市地方性氟中毒病区形成因素研究》论文分别获省、地科技进步三等奖；市人民医院《急性有机磷农药中毒与氧化自由基关系的研究》论文获丽水市科技进步二等奖。《不同麻醉方法对术后老年人认知功能的影响》《老年人低位骨骼骨折行人工关节置换的临床研究》论文在省级刊物交流；《化瘀消疾益智法诊疗老年人脑血管痴呆 35 例》论文参加全国第四届学术研究会交流，被载入论文集。

2008 年，市疾控中心申报《乙脑监测点工作》《爱滋病哨点监测和行为监测》《出血热监测》《常见病媒生物种群分布和动态变化监测》《鼠疫重点监测地区疫源检索和其他耶尔森菌分离机菌株检定》5 个省级科技项目。

2009—2010 年获丽水市第十届自然科学优秀论文一等奖 1 人、优秀论文三等奖 3 人。至 2010 年末，在省级以上（含）刊物发表科研论文 400 余篇。

第二节　医学教育

学校教育

1990年9月至1993年7月，龙泉市(县)卫生进修学校招收医士专业班学员56人，学制3年。1992年7月至1994年12月市卫生进修学校招医士班学员52人，学制二年半。同时开办护士培训班。

在职教育

1989—2010年，龙泉市(县)参加温州医学院临床专科、本科函授累计93人；1997—2010年，卫生人员参加初级岗位培训累计206人；1998年，26人参加乡镇卫生院放射人员培训班，时间1个月；1997—2010年，232名医务人员参加住院医师规范化培训班(函授)。1999年，乡镇卫生院心电图知识培训班，时间1个月，参加人数22人；1999—2010年12月，168人参加社区护士岗位培训(函授)；2001—2006年，131名乡村医生参加全科医学岗位培训(函授)；2004—2008年，15名中医人员参加省中医骨干培训班，时间2年，(函授、实践)；2001—2010年，乡(镇)卫生院189人参加全科医学岗位培训(函授)；2005年3月至2009年12月，杭州师范大学医学院委托龙泉招临床医学大专班，学制四年(函授)，学员74人；2006—2008年，参加省心电图知识培训班13人；2007年9月，13人参加省中医药大学临床专科班学历教育，学制3年(函授)；受丽水市卫生培训中心委托，2009年举办第一轮乡镇卫生院超声、检验岗位培训班63人；2010年3月，杭州师范大学医学院委托龙泉招临床本科班，学制2年半(函授)，学员71人；2010年举办第二轮乡镇卫生院超声、检验岗位培训班，学员66人。

受省乡村医生培训学校委托，于1994年1月至1996年6月，举办第一期乡村医生系统化、正规化培训班，学制二年半(函授)，学员39人。1997年1月至12月，受省乡村医生培训学校委托，举办一期乡村医生实践技能培训，学制一年，学员38人。1998年1月至2001年6月，举办第二期乡村医生系统化、正规化培训班，学制二年半(函授)，学员54人。2006年始，对全市在册的乡村医生每两年培训一次，至2010年龙泉市累计参加第1~3轮注册培训乡村医生共398人次。

第三十二篇

体　　育

1996年龙泉市成立体育总会，设有老年人体育协会、龙舟协会、羽毛球协会、冬泳协会等。2005年原“龙泉市文化体育广播电视局”改组为“龙泉市文化广电新闻出版局（体育局）”，履行全市文化、广播电视、新闻出版等行政管理职能，设立“龙泉市体育局”，与龙泉市文化广电新闻出版局合署办公，履行全市体育行政管理职能，下设群众体育科，具体负责实施。

至2010年，龙泉市有体育场地200余处，体育社团5个，各级社会体育指导员250多人。承办浙江省首届体育大会木兰拳、太极拳等比赛项目。举办端午龙舟赛比赛等群众体育活动20余次。实施农民体育健身工程50个。是年，龙泉市体育局被评为“浙江省群众体育先进单位”。

第一章　群众体育

第一节　老年人体育

老年体协

1988年，龙泉县成立老年人体育协会；撤县设市后，称“龙泉市老年体育协会”，1998年3月龙泉市老年人体育协会正式挂牌办公，2008年后相继成立乒乓、门球、气排球、太极拳等四个专门协会，并成立体育文化宣传队、健身腰鼓军鼓队、夕阳红腰鼓军鼓队、木兰扇队、健身球队、柔力球队、桥牌队、中国象棋队、围棋队、地掷球队、夕阳红轻骑队、老年歌唱队、医疗保健操队、老年长跑队等14个专业队。

全市19个乡镇（街道）、21个市直单位（系统）、442个行政村和11个社区都成立老年体协。2008年度，会员有14348人，占当年老年人34.5%。老年体育活动项目有球类、拳剑类、舞蹈类、体操类、棋牌类、吹打类、田径类。经常参加体育活动的老年人达1.75万人，占老年人口42%。

获得荣誉

龙泉市（县）老年人体育协会先后获评“全国群众体育先进单位”“亿万老年人健身活动先进单位”“浙江省老年体育工作先进单位”。八都镇被授予“全国亿万农民健身活动先进乡镇”称号。

2006—2010年，浙江省老年人体育协会分别授予八都镇、小梅镇、安仁镇、锦溪镇、西街街道、剑池街道、龙渊街道、查田镇、上垟镇、竹石乡、兰巨乡为“浙江省小康型老年体育乡镇（街道）”。

2008—2010年，浙江省体育局分别授予锦溪镇半溪村、住龙镇住溪村、小梅镇大窑村、剑池街道茶坦村“浙江省体育强镇（乡）先进街道、先进社区村级体育俱乐部”称号。

2010年，龙泉市八都镇获评浙江省“老年体育特色项目之乡”。

2005年，叶森被浙江省体育局、浙江省体育总会授予“浙江省老年体育工作先进个人”称号；2007年，舒喜春被浙江省体育局、浙江省体育总会授予“2002—2006年浙江省老年人体育工作先进个人”称号；2010年，叶建和被国家体育总局授予“全国群众体育先进个人”称号，吴冰被浙江省体育局授予“2006—2009年度浙江省群众体育先进个人”称号。

第二节　全民健身

体育设施

2004年，八都镇老年人体育健身中心一期工程落成，该中心占地5400平方米，有门球场、气排球场和地掷球场各2个，健身广场1个，同时安装5万余元健身器材，并召开八都镇第二届老年运动会。2006年，龙泉市委、市政府召开市老年体育工作会议，布置和研究"创建十年规划"。2006年，八都镇创建浙江省第一批体育强镇(乡)，2008年，锦溪镇创建浙江省第四批体育强镇(乡)，2010年，小梅镇创建浙江省第五批体育强镇(乡)、剑池街道获浙江省城市体育先进街道。2007—2010年，开展"体育器材下乡"活动，共计配送篮球架、乒乓球等体育健身器材178套，创建小康体育村178个。

全民健身活动

2009年8月8日，龙泉市联合组织举办全国首个"全民健身日"，2000多人参加健身走启动仪式。主办、承办丽水市第二届运动会大众部健美操等群众体育赛事20多场。2010年8月8日，龙泉市举办第二个"全民健身日"活动，全市参加健身走的人数达到10974人。2010年，承办浙江省首届体育大会的木兰拳(扇)、太极拳(剑)、毽球三项比赛，并举办首届体育大会的毽球、木兰拳(扇)、太极拳(剑)、舞龙裁判员、教练员专项培训会，180余人参加培训。龙泉代表队代表丽水市参加省首届体育大会的拔河、蹼泳、龙舟、舞龙等比赛项目，获2金6铜的成绩。2008年，龙泉1名企业家受邀担任奥运火炬手，参加温州站奥运火炬传递。2010年，龙泉市社会体育指导员周家纶被浙江省体育局授予"浙江省百佳优秀社会体育指导员"称号。

端午划龙舟

"北人赛马，南人竞渡"，从宋代开始，龙泉龙渊镇就有端午节赛龙舟的习俗，并相延至今，成一方赛事龙舟节。活动集体育竞技性、群众文化性于一体，具有规模大、参与者多、文化格调高的特点。龙泉端午龙舟竞赛已列入丽水市级非物质文化遗产保护项目，是龙泉在全省都叫得响的年度文化体育旅游品牌。

传统龙泉龙舟有9支队伍，分置红、白、蓝、黄、黑、金黄、绿、紫、乳白九色，俗称九龙戏水，分别归属9个行政村的九个神庙(社)。龙舟长16.5~17.8米，龙头长0.9米，选用杉木全材制造。龙头、龙身精雕细刻，造型别致，风格独特，舟内设16个档位，32名选手，选手穿一色背心。每年比赛时，龙泉万人空巷，瓯江两岸人山人海，欢声雷动，是龙泉市民最为关注的大型群众性活动。

1995年，杭州市国际游船节组委会发函邀请龙泉市龙渊镇龙舟协会，组织9支龙舟队伍赴杭参加"中国杭州西湖国际游船节"举行的"龙泉龙舟表演赛"。1996年6月，国际龙舟俱乐部在加拿大举办国际龙舟锦标赛，国家体育总局点名龙泉组队参加。1997年11月，龙泉龙舟应杭州市人民政府、杭州市体委邀请，再次组队参加中国杭州西湖国际游船节"利群"杯龙舟邀请赛，与全国11支强队竞技，获第五名。1998 年 10 月，应邀组队参加由浙江省体委、金华市体委主办的“大红鹰”杯全国龙舟邀请赛。

菇民功夫

龙泉山区，盛产香菇。宋元明以来，香菇产业兴旺。龙庆景三县菇民每年奔赴南方各省做香菇，冬去春回，远行千里。往返途中需要抵御盗匪抢劫、菇山上还要防范猛兽侵扰，习武自卫应运而生。香蕈寮成为菇民练拳磋艺的场所，久而久之，形成风格独特的菇民防身术。

最初香菇功夫主要包括扁担功、香菇拳和板凳功，后来逐渐衍生出铁尺花、斧头花、五花八门刀等多种形式。器械有棍、板凳、铁尺等；拳术类主要有“七步”“五虎”“八步”。菇民拳又称菇山拳、七步拳花、菇山拳花等，其拳法从“抱拳行礼”开始，至“秤锤落地”“老鹞翻身”“双龙出洞”“山羊翘角”“水牛跑角”等系列套路，菇民防身术不分门派，是香菇生产中自然生成的传统民间体育文化，其活态化传承的主体是菇民。

2008 年，香菇功夫被列入第二批丽水市非物质文化遗产名录，2009 年菇民防身术被评定为省级非遗项目。龙泉市安仁中学开展非物质文化遗产“菇民防身术”传承基地创建工作，将“菇民防身术”列入学校大课间活动内容，组织学生进行每周两课时的练习，同时组建专业的学校武术队。龙南乡下田、蛟垟香菇节年年有表演。

万人舞剑

2004 年，龙泉市组织人员创编《龙泉七星剑谱》，在全市中小学校推广，并参加第四届凤阳山登山节文艺踩街活动。2007 年再次组织力量，挖掘整理龙泉原始剑术——《欧冶试剑》，共七式十六法，并通过专家审定，作为龙泉市中小学生“阳光体育活动”的重要内容加以学习训练，成为全市中小学生必修课程，在第二届中国龙泉青瓷·龙泉宝剑节闭幕式上，全市 59 个点 25000 人异地同时舞剑“欧冶剑法”，创造“万人舞剑”的新上海大世界吉尼斯纪录，并获得最佳项目奖。

凤阳山登山比赛

1999—2001 年，龙泉市举办第 1~3 届凤阳山登山节登山比赛。2007 年，举办浙江省第五届“绿城杯”龙泉登山挑战赛，邀请奥运冠军王军霞、全国冠军唐宝军等运动员参赛。

第三节 畲族体育

传统项目

畲族传统体育以直观的身体符号为表现形式，反映着畲族人生产生活中的各种印记。畲族传统体育主要来源于劳动、战争、娱乐和宗教祭祀活动，反映畲族百姓现实生活。

畲族的传统体育在龙泉畲族乡村普遍流传。畲族传统节日中如“二月二(会亲节)”“三月三(乌饭节)”“九月九”“招兵节”“封龙节”等活动中，常常表演。其项目如“盘柴槌”“插竹把”“蓝技拳”“内文拳”“走三棋”“爬竹”“猴抢果”“击草”“摔油茶球”“连环拳”“铁臂功”“避露功”“眼功”“搬石磨”等,丰富多彩。

畲族民俗体育保存项目一览表

表 32-1-1

娱乐竞技类	体操舞蹈类	角力对抗类	攀爬跑跳投类	技艺表演类	益智游戏类
猴子占柱	骑海马	举八吨	攀树	内文拳	虎捉羊
跳沟越野	舞龙头	斗牛	登山	盘柴槌	猴抢蛋
赶野猪	跳竹竿	抄杠	猴抢果	打枪担	走三棋
稳凳	前岐马灯	千人押加	狩猎	摇锅	孵鹅蛋
赛竹卜	狩猎舞	操石磉	击草	抄罡	放纸鸢
擦红脸	敬茶舞	踩石球	舞铃刀	考鬼	射弩
弹弓	踏步舞	—	爬竹	摔油茶球	—
—	狮子舞	—	跋山涉水	—	—
—	马灯舞	—	—	—	—

畲族武术

畲族传统武术“连环拳”“蓝技拳”“法山拳”与“八井拳”等,在龙泉畲族乡村普遍流传。

畲族武术保存项目一览表

表 32-1-2

功法类	拳术类	器械类
桩功、一竹功	洪拳	打尺寸
二竹功、竹把功	连环拳	盘柴槌
三年功、铁砂掌	畲家拳	插竹把
铁臂功、避露功	蓝技拳	仗法
眼功、搬石磨	法山拳	畲族棍
推石球、耍石狮	八井拳	—
玩石锁	—	—

畲刀及其刀法 畲刀是短把的朴刀。朴刀的另一个名字是“着裤刀”,可以挂在裤腰上。将这种刀安上短把就成为“刀耕火种”的“畲刀”,可以当农具。如果安上长把则成威力大增的“朴刀”;取下刀头,则可作杆棒使用。畲族人过去会使用这些兵农并用的畲刀,使之成为民间耕种、防身必备的武器。畲族刀法以简单、实用、骠悍为特点,顺手砍,反手劈,刺、穿、转腕、抽抖和上挂下撩反挑这些动作是其常用手法。截腕、斩头、刺身、割脚等连贯动作都是其常见套路。

第二章　竞技体育

第一节　业余训练

训练概况

根据浙江省体育局后备人才训练纲要布局（1998—2003），龙泉市共布局运动员 52 人。其中，重点项目 12 人，普通项目 40 人，有专业职称教练员 5 人，其中中级教练 4 人。2004—2009 年，龙泉市针对十四届省运会准备工作进行部署，抓基础训练，走“教体结合”之路，教体优势互补、资源互通、义务共尽、成果共享。在此期间，龙泉市共设田径、乒乓球、篮球、散打、羽毛球、自行车等项目，其中自行车项目作为市队县办重点项目，人力、物力、财力等都得到重点扶持，共布局运动员 80 余人。其中，重点项目 20 余人，普通项目 50 余人，有专业中级职称教练员 5 人，外聘自行车教练员 1 人。

创建省级青少年体育俱乐部

2008 年 7 月 11 日，出台《龙泉市推进教体结合加快体育人才培养实施方案》文件，对教体结合的政策、运动员的招生、教练员的待遇以及经费、奖励等作具体规定，强力推动龙泉市体育竞技事业发展。2010 年，龙泉市青少年体育俱乐部（龙泉市体育事业发展中心）、龙泉市三中青少年体育俱乐部、龙泉市阳光青少年体育俱乐部、龙泉剑池中学青少年体育俱乐部创建成为省级青少年体育俱乐部。

第二节　体育竞赛

竞赛成绩

1999—2003 年，龙泉市派出运动员 550 余人参加省、丽水市青少年田径、篮球、乒乓球等项目比赛，共取得金牌 47 枚、银牌 36 枚、铜牌 60 枚，女篮多次代表丽水市参加省比赛。1999 年龙泉市代表队参加省县级田径运动会晋升为甲级队，2001 年保级，为丽水市唯一的甲级队。2004—2007 年，龙泉市派出运动员 400 余人参加省、丽水市青少年田径、篮球、乒乓球等项目比赛，取得金牌 27 枚、银牌 38 枚、铜牌 53 枚。2006 年，参加浙江省第十三届省运动会，取得 11 分成绩。组织参加第二届"基业杯"浙江省中西部城市体育舞蹈公开赛，获 11 个项目和组别的 3 个第一名、2 个第二名、3 个第三名、1 个第四名和 3 个第五名。组织参加"移动杯"2006 年丽水市国际体育舞蹈锦标赛暨省运会体育舞蹈选拔赛，有 2 对选手被选拔代表丽水市参加省运会。组织参加浙江省田径苗子精英赛，获男子 400 米第 4 名、铅球第 7 名、铁饼第 8 名。2007 年，组队参加浙江省第八届田径运动会，6 人参加 12 个项目的比赛，获 3 银、3 铜的成绩。2008 年，自行车队代表丽水市参加 2008 年浙江省青少年自行车锦标赛中获团体总分第五名，其中男子 4 千米团体赛第二名，女子 3 千米团体追逐赛第四名，女子乙组 5 千米个人计时赛第 4 名，女子甲组 30 千米大组赛第六名，男子甲组 20 千米计时赛第三名，4 千米个人追逐赛第五名，男子乙组 1 千米计时赛第七名的成绩。2009 年，体育竞技成绩骄人，在丽水市第二届运动会上夺得奖牌 77 枚，其中金牌 33 块。2008—2010 年，龙泉市派出运动员 1200 余人次参加丽水市青少年田径、篮球、乒乓球、羽毛球等项目比赛，共取得金牌 93 枚、银牌 105 枚、铜牌 77 枚。其中，2009 年，丽水市第二届运动会青少年部共获金牌 12 枚、银牌 17 枚、铜牌 20 枚的成绩。

参加与举办赛事

2004 年女篮代表丽水市参加省级比赛（玉环），2005 年和 2007 年，龙泉竞技队伍两次代表丽水市参加省县级田径运动会。2006—2007 年龙泉相继开设散打和自行车竞技项目。2006 年，举办"三八红石梁杯"女子健美操比赛、庆"五一"职工篮球比赛、"庆龙杯"龙泉市第二届端午龙舟旅游节龙舟竞渡和水上项目表演。举办龙泉市城区小学初中篮球赛、乒乓球和中小学田径运动会和老年人运动会。

输送优秀运动员

龙泉市体育局与教育局合作，向省皮划艇输送队员。2008 年，龙泉市队员在浙江省青少年赛艇皮划艇锦标赛中获 200 米第一名、500 米第二名的成绩；在浙江省首届中学生篮球联赛中获丽水赛区重点高中篮球赛第一名；运动员翁春霞在全国青少年田径比赛中获女子铁饼第三名，在浙江省青少年田径锦标赛中获 16—17 岁女子组铁饼项目第一名，在 2009 年全国青少年田径锦标赛中以 51.31 米的成绩夺得女子少年组铁饼比赛金牌，达到国家一级运动员标准，转正为省体育运动技术学院正式队员，获得省运会贡献奖金牌二枚。2010 年，浙江省青少年田径锦标赛龙泉市选手以 55 米的成绩获女子青年组铁饼项目第二名；运动员邓小娟代表丽水队参加浙江省青少年皮划艇锦标赛，夺得皮划艇女子甲组 500 米和 6000 米两个项目的金牌。2010 年有 14 名运动员分别参加十四届省运会皮艇、田径、篮球、女足、散打、自行车的比赛，其中皮艇运动员邓小娟获二枚铜牌，女足获 0.34 枚金牌，在十四届省运会上龙泉市共获 2.34 枚金牌，2 枚铜牌，总分56.2 分的成绩。

第三章　机构　场馆　彩票

第一节　管理机构

机构设编

龙泉市体育事业发展中心前身是龙泉市体育事业发展局，根据中共丽水市委、丽水市人民政府《关于龙泉市党政机构改革方案的通知》(丽委发〔2001〕42 号)，不再保留市体育事业发展局，其行政管理职能划入市文化体育广播电视局，于 2002 年 7 月 30 日设立为龙泉市体育事业发展中心，为龙泉市文化广电新闻出版局(体育局)下属事业单位。2002—2004 年在职 8 人，单位人员编制 12 人；2005—2009 年在职 9 人，单位人员编制 12 人；2010 年在职 7 人，单位人员编制 12 人。

办公地点

原办公地点在中山西路粮食大楼，2005 年搬迁至龙泉市体育馆(龙泉市环城东路 105 号)。龙泉市体育馆于 2002 年末竣工，投资 2746.56 万元，占地面积 15974.10 平方米，建筑面积 7235.57 平方米，室外场地面积 6808 平方米，室内场地面积 1198 平方米，有座位 2589 个。体育馆设计以比赛为主，主要承担市级以上篮球、乒乓球、羽毛球等球类比赛，兼顾体育训练、健身、集会、文艺演出等功能。

第二节　健身场馆

场馆建设

1990 年，龙泉市第一个 300 米运动场建成。1999 年，因公园路扩建拆除灯光球场、室内训练房，规划新建体育中心。2004—2007 年，共安装全民健身路径 40 条，送给乡镇和学校 70 台乒乓球桌、40 副嗒嗒球。2005 年，在龙泉市体育馆东侧建成两个室外篮球场。2006 年，投资 15 万元在九姑山森林公园建成 2 个门球场和 2 个地掷球场。2007 年，投资 163.5 万元用于体育馆声学工程和外围道路、绿化工程建设，体育馆工程整体验收基本完成，年底正式投入使用。2010 年，政府出资 70 余万元对体育馆地木板进行全面翻修，中职校 400 迷田径场建成。至 2007 年末，龙泉市共有各类体育活动场所 190 个，面积 12.6 万平方米，人均面积 0.45 平方米，还有各类健身点 78 个。

比赛活动

体育馆年均举行各种市级以上比赛活动20次，举办过历届龙泉青瓷·龙泉宝剑节大型文艺晚会、中美国际篮球对抗赛、丽水市第二届运动会大众健美操和青少年篮球比赛，浙江省首届体育大会木兰拳(剑、扇)和太极拳(剑)等比赛。开办浙江省二级社会体育指导员培训班、浙江省排球教练员培训班、浙江省首届体育大会毽球、太极拳、木兰拳、舞龙等4个培训班。平时除青少年业余体育训练外，还为各体育协会、机关、企事业单位文化体育活动提供场所。

第三节 体育彩票

体彩发行

1998年龙泉市发行即开型体育彩票600万元，筹集公益金108万元用于体育馆建设，有兼职协管员1人。

体彩销售

2000年始销售电脑体育彩票，设立3个体育彩票销售网点，年销售额518852元。2001—2002年，4个销售网点共计销售额5366334元；2003年，5个销售网点共计销售额4161064元；2004—2005年，6个销售网点共计销售额9435478元；2006年，8个销售网点销售额5831030元；2007年，招聘体育彩票专管员1人，11个销售网点销售额7237358元；2008年，14个销售网点，销售额8834563元；2009年，17个销售网点销售额9921842元；2010年，18个销售网点，销售体育发展基金15038411元。

第三十三篇

人事劳动

1989—2010年，通过党政机构改革，逐步形成行为规范、运转协调、公正透明、廉洁高效的行政管理体制和运行机制。1990年后，专业技术人员不同系列职称评聘实行分类管理，深化专业技术人员年度考核制度。1998年末，原有机关工作人员向国家公务员过渡。是年，建立市人才市场，出台优惠政策，引进各类专业人才。2000年后，大中专毕业生通过人才市场在多种所有制范围内，实行自主择业、双向选择。

1989年，开展国有企业工资总额与经济效益挂钩的完善配套工作，逐步建立正常的工资升级制度。1993年，建立机关与事业单位各自特点的工资制度与正常的工资增长机制。改革后的公务员和事业单位工作人员工资制度、基本工资结构、工资运行机制相应发生变化。开展再就业工程，出台相关优惠政策，鼓励企业安置、个人自谋职业和社会帮助安置相结合。开展城乡就业一体化试点工作，取消农村劳动力进城就业的有关限制政策，充分发挥市场机制在劳动力资源配置中的基础性作用，实现城乡用人单位自主用工和城乡劳动者自主择业的城乡一体化格局。进一步完善劳动监察和争议仲裁，保障劳动者合法权益。

第一章　人事制度

第一节　人事体制改革

党政机构改革

1988 年，浙江省机构编制委员会共计下达龙泉县行政编制 1377 人，其中，县行政机关 549 人，公安、检察、法院、司法系统 278 人，区(镇)、乡 550 人。县下达控编数 1492 人，超出省下达编制 115 人。1997 年，党政机构改革后，设置党政机构 33 个，其中，市委机构 6 个，市政府机构 27 个。根据浙江省机构编制委员会文件规定，核定龙泉市机关行政编制 700 人(不含政法机关编制)。2001 年，党政机构改革后，市委工作机构 7 个，部门管理机构 2 个，市政府工作部门 23 个，部门管理机构 1 个，核定全市机关行政编制 525 人。2005 年，党政机构改革后，市政府工作部门 25 个，部门管理机构 2 个，议事协调机构设办事机构 1 个。2010 年，市政府农村工作办公室由政府工作部门调整为党委工作部门。

机关工作人员身份改革

1997 年，制定相应的国家公务员各项政策和规定。1998 年始，市政府 27 个行政部门(监察局除外)按“三定”(定职能、定机构、定编制)方案分解职能、确定职位、设置非领导职务、编写职位说明书。1998 年末，原有机关工作人员向国家公务员过渡。至 2001 年，全市机关工作人员 1546 人过渡为国家公务员，其中，办事员 43 人，科员 514 人，副主任科员 442 人，主任科员 111 人，副科以上领导 436 人。2006 年，国家出台《中华人民共和国公务员法》，龙泉市 1297 人依法进行公务员登记。

第二节　干部编制与结构

市级机关编制

市级机关行政编制由浙江省机构编制委员会办公室根据区域、经济、人口等综合情况核定，政法机关专项编制、垂直管理机关编制由浙江省机构编制委员会办公室另行核定。

1989—2010 年龙泉县(市)行政机关单位干部编制情况一览表

表 33-1-1　　单位：人

年份＼机构	党委机关	政府机关	人大常委会	人民团体	政协	公安局	人民检察院	人民法院	司法局	税务局	乡镇机关	合计
1989	125	611	19	27	7	136	46	64	32	185	550	1802
1990	120	619	19	27	7	152	46	64	35	190	550	1829
1991	120	459	19	27	7	152	48	67	35	190	550	1674
1992	120	459	19	27	7	152	48	67	35	190	550	1674
1993	123	434	19	21	7	172	48	67	35	190	550	1666
1994	123	434	19	21	7	172	48	67	35	190	550	1666
1995	123	434	19	21	7	172	48	67	35	190	550	1666
1996	123	434	19	21	7	172	48	67	35	190	550	1666
1997	126	488	15	23	8	260	55	78	39	95	661	1848
1998	126	488	15	23	8	260	55	78	39	95	661	1848
1999	113	469	15	23	8	260	55	78	39	95	661	1816
2000	113	469	15	23	8	260	55	78	39	95	661	1816
2001	113	443	15	23	8	260	55	78	39	95	661	1790
2002	115	396	20	29	9	309	53	75	35	105	430	1576
2003	115	403	20	29	9	309	53	75	35	105	430	1583
2004	115	403	20	29	9	309	53	75	35	105	430	1583
2005	116	399	20	29	9	309	53	75	35	105	430	1580
2006	122	410	21	30	10	309	56	82	37	112	430	1619
2007	122	410	21	30	10	309	56	82	37	112	430	1619
2008	122	411	21	30	10	309	56	82	37	112	430	1620
2009	128	411	21	30	10	323	60	88	41	112	430	1654
2010	128	411	21	30	10	323	60	88	41	112	430	1654

区乡镇编制

1989—1992 年，全县(市)的区乡镇编制每年各计 550 人。1992 年，撤销区级建制，将 44 个乡镇调整为 9 个镇 8 个乡，分别为龙渊镇、八都镇、上垟镇、小梅镇、查田镇、屏南镇、安仁镇、锦溪镇、住龙镇、兰巨乡、础石乡、宝溪乡、龙南乡、道太乡、岩樟乡、城北乡、竹垟畲族乡。1993—1996 年，全市 9 个镇 8 个乡编制每年各计 550 人，1997—2001 年，每年各计 661 人。2002 年，机构改革将原龙渊镇撤分为龙渊、西街、剑池 3 个街道办事处。2002—2010 年，全市 8 个镇 8 个乡编制每年各计 430 人。2002—2008 年，全市 3 个街道编制每年各计 79 人，2009—2010 年，每年各计 78 人。

干部年龄结构

1989—2010年，龙泉市（县）干部年龄结构总体均衡，30—50岁干部总体稳定，但也存在老龄化趋势，30岁以下干部在减少，50岁以上干部在增加。

2003—2010年龙泉市干部年龄结构情况一览表

表33-1-2　　单位：人

年份	30岁及以下	31~35岁	36~40岁	41~45岁	46~50岁	51~54岁	55~60岁	总人数
2003	1358	1210	1425	1156	1077	496	351	7188
2004	1163	1164	1332	1291	1156	490	437	7160
2005	1066	1135	1284	1403	1103	579	354	6996
2006	906	1101	1242	1442	1090	676	354	6856
2007	788	1082	1206	1540	1055	755	386	6867
2008	680	1041	1214	1414	1113	847	368	6737
2009	614	1017	1167	1331	1280	845	432	6686
2010	667	1056	1162	1343	1423	867	662	7180

干部学历结构

1989—2010年，龙泉市（县）干部学历结构不断优化，知识化日益明显。大学（本科）以上学历的干部日渐增多，初中及以下学历干部日渐减少。

2003—2010年龙泉市干部学历结构情况一览表

表33-1-3　　单位：人

年份	研究生	大学本科	大专	中专	高中	初中及以下
2003	2	423	2036	2535	904	1281
2004	2	442	2022	2545	888	1255
2005	2	467	2054	2523	850	1094
2006	3	501	2118	2432	824	948
2007	5	681	2176	2323	788	884
2008	5	727	2160	2252	753	812
2009	9	770	2211	2179	776	759
2010	15	922	2338	2159	865	881

第三节　干部管理

录用安置

1989—2010年，招聘各类干部431人，录用干部2766人（其中民办转公办211人），接收安置部队转业干部52人。1989—1999年,大中专毕业生分配1397人。2000年后,根据国家人事部《国家不包分配大专以上毕业生择业暂行办法》,大中专毕业生通过人才市场在多种所有制范围内自主择业,国家不包分配,自此,龙泉市无大中专毕业生国家分配情况。

培训考试

1989—2006年,开展经济学基础知识、公务员行为规范、当代科技、WTO知识、中华人民共和国行政许可法、中华人民共和国公务员法等内容的公务员更新知识培训,共培训9956人次。2007年,开展现代公共管理基础课程六门课程的培训考试,全市1960年1月1日之后出生的公务员1241人参加培训考试,考试合格率98.50%。2008年,开展《公务员普通话培训考核》,全市1960年1月1日之后出生的公务员1107人参加培训考核,有1016人达到三级甲等以上水平,考试合格率91.70%,在丽水市率先完成公务员普通话培训考核工作。2004—2007年,开展公务员计算机应用能力(三级)培训考核,全市共有公务员1345人参加培训考试。

考核奖惩

2003—2010年,各单位共评出优秀等次公务员1167人,不称职公务员7人,不确定等次公务员(包括新录用公务员不定等次)307人。事业单位工作人员优秀等次4522人,不合格等次46人,不确定等次(包括新录用事业单位工作人员不定等次)282人。1993—2010年,各级各部门党政纪处分260人次,刑罚45人。

职称评聘

1989—2010年,评定职称(包括"以考代评"考试合格取得职称资格人员)14342人,其中,正高级14人,副高级678人,中级4065人,助理级6966人,员级2619人。

1989—2010年龙泉市(县)专业技术人员职称评定情况一览表

表33-1-4　　单位:人

年份	正高	副高	中级	助理级	员级
1989	0	2	39	92	99
1990	0	3	5	226	188
1991	0	5	68	154	255
1992	0	10	123	496	224
1993	0	6	74	157	109
1994	0	11	135	136	111
1995	1	8	145	87	102
1996	0	17	158	305	120
1997	0	17	211	477	163
1998	1	10	160	593	179
1999	0	20	174	305	155
2000	2	35	273	372	168

续表 33-1-4

年份	正高	副高	中级	助理级	员级
2001	1	42	337	474	162
2002	1	43	155	367	105
2003	2	36	281	334	64
2004	0	36	203	223	41
2005	0	45	154	284	46
2006	0	64	246	307	61
2007	0	71	307	118	0
2008	5	69	288	720	157
2009	1	68	252	399	43
2010	0	60	277	340	67

1990 年 5—7 月，复查 1986 年开展职称改革以来经过评审并取得职称资格的所有专业技术人员。到 1991 年 1 月，查明各类专业技术人员 2122 人，其中，高级 15 人，中级 239 人，助理级 923 人，员级 945 人。

1990 年以后，专业技术人员不同系列职称评聘实行分类管理，深化专业技术人员年度考核制度。1993 年，全市事业、企业单位有专业技术人员 3241 人，其中，高级职称 45 人，中级职称 594 人，初级职称 2602 人。

职称考试

1990 年，全国统计员实行任职资格考试，全县（市）有 24 人获统计员资格。1991 年，全国经济员实行资格考试，全市有 11 人获得经济员任职资格。1992 年 8 月 1 日后，取消会计、审计专业职务任职资格的评审，实行全国统一考试制度，全市有 8 人获得会计师资格，有 87 人获得会计员资格。2008 年，全市有 2 人获执业药师资格，35 人获二级建造师执业资格，1 人获土地登记代理人执业资格。1992—2010 年，全市共有 261 人通过考试获得执业资格。

人才交流与引进

1988 年，成立龙泉县人才咨询服务中心（1998 年更名为龙泉市人才交流中心），开始对辞退辞职专业技术人员、自费大中专毕业生推荐就业，提供人事代理服务。1997 年始，逐步取消大中专毕业生统包统配制度，实行自主择业、双向选择而进入市场交流。1998 年，建立市人才市场，并举办首届人才交流会，此后每年举办 1~2 次较大规模的人才交流会，为用人单位和大中专毕业生、各类闲散专业技术人员提供双向选择平台。2000 年后，企事业单位人才短缺问题显现，部分企事业单位开始向外寻求各类专业人才，曾组团赴武汉、西安、重庆等地和浙江师范大学、温州医学院、丽水学院等高等院校招聘人才，至 2010 年，引进本科学历或中级职称专业人才 100 余人。

离退休干部管理

1989 年，全县行政、全民事业单位退休人员有 720 人，其中行政单位有 232 人。1991 年 7 月，在龙泉市人事局建立退休干部管理办公室（简称退管股），成立市退休干部职工管理服务委员会及办公室。行政、全民事业单位退休干部职工在原单位管理的基础上，均由市退管股综合管理、检查、督促、协调，落实退休干部职工的“两项”待遇（政治待遇、生活待遇）。1992 年，组织退休人员进行身体健康检查。1994 年始，每年年末对 80 岁以上退休干部进行慰问。是年，举办首届老年（退休人员）运动会，退休人员 400 余人参加。1995 年，对全市机关事业单位退休人员 1300 余人的退休费进行全面审查，及时纠正一些差错。1996 年，全市各行政主管单位建立退休人员网络组织 114 个。

2003 年，全市退休人员 2200 人，其中，机关退休人员 666 人，事业单位退休人员 1534 人。2005 年，为参加过抗战的老同志、中华人民共和国成立前参加工作的老工人颁发由中央军委定制的“庆祝抗日战争胜利 60 周年纪念章”。2006 年，组织全市机关事业单位退休人员 1289 人（非财政拨款人员除外）进行身体健康检查。至 2008 年末，全市行政、全民事业单位退休人员增至 2520 人，其中，行政单位 667 人、全民事业单位 1853 人。

2009 年 1 月，在机关公务员规范津补贴的基础上，对机关退休人员、机关企事业单位离休人员及中华人民共和国成立前老工人共 971 人生活补贴费进行规并和调整。调整后，机关退休人员月平均生活补贴费为 1870 元，月增 1199 元；离休人员月平均生活补贴费 3485 元，月增 2115 元；中华人民共和国成立前老工人平均月增 1220 元。在全市义务教育学校实施绩效工资的同时，对义务教育学校退休人员 655 人生活补贴费进行规并和调整,退休人员月人均增加 917 元。是年 10 月，在公共卫生及基层医疗卫生事业单位实施绩效工资的同时，对离退休人员 181 人生活补贴进行规并和调整，月增加生活补贴费 866 元。2009 年，对 80 岁以上退休人员 106 人进行慰问，对生活困难退休人员 3 人进行年终经济补助。

2010 年，进行退休干部的“两项”待遇的落实检查工作。安排副处级以上职务退休人员进行一次健康体检，对 80 岁以上退休人员 151 人进行年终慰问，对生活困难退休工作人员 3 人发放经济补助。组织召开机关事业退休干部迎春茶话会，组织实职正科职务以上老干部召开读书会一次、全市政治经济情况通报会一次。至 2010 年末，全市机关事业单位离退休人员增至 2938 人，其中，机关单位 820 人、事业单位 2118 人。

第二章　工资制度

第一节　工资改革

国有企业工资改革

1989 年，开展国有企业“工效挂钩”（工资总额与经济效益挂钩）的完善配套工作，对全县工业、商业、物资、医药、二轻、协作等完成“工效挂钩”各项具体工作的国有企业，逐步建立正常的工资升级制度。1991 年，龙泉市人民政府出台《关于新一轮工资总额同经济效益挂钩的实施意见》，规定市属全民所有制企业实行新一轮承包的，应实行新一轮工效挂钩，未实行承包经营而要求挂钩的企业，经批准也可实行工效挂钩；不实行工效挂钩的企业实行工资总额包干的办法。1994 年，龙泉市人民政府出台《关于第三轮工效挂钩与工资总额包干的实施意见》，规定凡市属企业，包括国有企业、集体企业、股份制企业都要纳入工资总额的调控范围。

机关事业单位工资改革

1993 年，对机关事业单位的工资制度进行自中华人民共和国成立以后的第三次重大改革，建立机关与事业单位各自特点的工资制度与正常的工资增长机制。机关实行职级工资制，事业单位实行职务（岗位）等级工资制。机关建立职务工资、级别工资、基础工资、工龄津贴为内容的职级工资；事业单位建立以各类职务为主的职务工资（固定工资）和以固定工资按一定比例计算的新工资构成津贴（活工资）为主要内容的工资形式。2006 年，再次进行机关事业单位工资收入分配制度改革。改革后的公务员和事业单位工作人员工资制度、基本工资结构、工资运行机制相应发生变化。根据《中华人民共和国公务员法》规定，公务员实行国家统一的职务与级别相结合的工资制度。机关工资由现行四项调整为职务工资和级别工资两项，取消基础工资和工龄工资；事业单位建立符合事业单位特点、体现岗位绩效和分级分类管理的收入分配制度，主要以岗位工资、薪级工资和体现工作人员实绩和贡献的绩效工资为主要内容和形式。

第二节　工资调整

干部工资调整

1989 年，根据国家和省有关文件精神，全县机关、事业单位工作人员普调一级工资（有部分人员可再升一级工资），人均月增资 11 元，共有 5739 人升级，月增资总额 6.23 万元。

1991 年，事业单位农林科技干部享受浮动工资，满 8 年的转为固定工资，以后随到随转。1992 年 1 月，机关事业单位工作人员调整工龄津贴标准，由原来的每年 0.50 元调整为 1 元，离退休人员相应提高。1993 年 10 月，全市机关单位共 1864 人参加工资改革，月人均增资 116 元，月增资总额 21.60 万元，事业单位共 4463 人参加工资改革，月人均增资 130 元，月增资总额 58.12 万元。离休人员按在职同类人员相应增加，退休人员按在职同类人员平均增资水平的 90%增加。1995 年 10 月，机关事业单位工作人员在连续两年考核称职的基础上，晋升一级职务工资。离休人员按在职同类人员增加，低于 25 元的按每月 25 元增加，退休人员按每月 20 元增加。1998 年 1 月，机关工作人员连续五年考核称职以上的晋升一级级别工资。1999 年，晋升级别工资倒级差。1999 年 7 月，调整机关事业单位工作人员工资标准，机关行政人员基础工资标准由每人每月 110 元提高到 180 元，级别工资标准由十五级至一级每人每月 55 元至 470 元提高到 85 元至 720 元，人均月增资 120 元。离休人员按在职人员相应增加，低于 120 元的按每月 120 元增加，退休人员有职务的按职务分档增加，没有职务的按每月 90 元增加。

2001年，两次调整机关事业单位工作人员的工资标准。2001年1月始，机关行政人员基础工资由每人每月180元提高到230元，级别工资标准由十五级至一级每人每月85元至720元提高到115元至1166元，人均月增资80元。离休人员按在职同类人员相应增加，低于100元按每月100元增加，退休人员按退休时职务分档增加，没有职务的按每月80元增加。从2001年10月始，调整机关行政人员各职务层次的职务工资标准，起点标准由最低50元至最高480元分别提高到100元至850元，人均月增资50元。离休人员按在职同类人员相应增加，低于80元的按每月80元增加，退休人员按退休时职务分档增加，没有职务的按每月55元增加。2003年7月始，调整机关事业单位工作人员工资标准。机关行政人员职务工资标准由最低职务起点100元至最高850元提高到130元至1150元，人均月增资30元。离休人员按在职同条件人员增资额增加离休费，低于50元按每月50元增加，退休人员按退休时职务分档增加，没有职务的按每月35元增加。2006年7月，全市机关单位共1885人参加工资改革，月人均增资320元，月增资总额为60.32万元，事业单位共有5237人参加工资改革，月人均增资306元，月增资总额160.23万元。离休人员按离休时或离休后有关规定重新确定职级待遇增加离休费，退休人员按同一职级不分正副职务的办法增加退休费，执行国家统一规定的标准按绝对额增加离退休费。2008年1月，机关公务员在两年考核称职的基础上，在所任级别对应的工资标准内晋升一个工资档次。事业单位工作人员按年度考核结果每年正常晋升一级薪级工资。2009年1月，根据机关事业单位工作人员的年度考核结果，审核办理机关事业单位工作人员的正常晋升工资264件，计5314人。2009年1月始，全市义务教育学校工作人员2233人实施绩效工资，年人均绩效工资水平为33159元。2009年10月始，全市公共卫生与基层医疗卫生事业单位363人实施绩效工资，年人均绩效工资水平32050元。

2010年1月，根据机关事业单位工作人员的年度考核结果，审核办理机关事业单位工作人员的正常晋升工资291件，计6885人。同时，实施公务员规范津补贴工作，将全市机关单位（含参公单位）在职人员各类津补贴项目统一归并为生活性补贴和工作性津贴两类，津贴补贴水平部门间差距为1:1.30，年人均最低为2.75万元，最高为3.57万元。单位内部人员允许有垂直压缩率，科级单位为1.80:1，副科级单位1.60:1。

职工工资调整

1990年，根据《国务院批转劳动部、国家计委、财政部关于一九八九年国营企业工资工作安排和离退休人员待遇问题安排意见的通知》及省地有关文件精神，对全民集体企业的职工增加工资，全民、集体企业职工9558人普升一级工资；未转正定级781人提高工资待遇；不升级52人，缓升级67人；提高离退休职工工资待遇3116人，基本离休费由原来人均47.88元提高到63.28元。是年，人民政府下发文件，指导企业部分职工的效益工资升级工作，将升级的条件交给企业制定，由职工代表大会讨论；同时，对已搞好效益工资升级的企业进行评比。1990年，共审批60个全民企业，升级职工数3094人，月增资金额18912元，月人均增资6.11元。

1996年，对全市弹性工资执行情况进行检查、测算，下达核定全部企业单位工资总额包干基数、职工人数，并对实行“工效挂钩”企业进行清算和年度基数调整。

第三章　劳动管理

第一节　劳动就业

就业培训

1989年，国有、集体企业招工要求先培训后上岗，当年培训492人。1994—2001年，全市就业前上岗培训4783人。

1995年前的技工培训，由各企业根据主管部门的指导性意见和自身生产发展实际需要，确定职工技术结构，自行组织等级工培训、考核、发证。1996年，实行职业资格证书制度，要求技术工种从业人员上岗前或就业后必须经过技能培训，并取得相应的职业资格证书。1996年，个体工商户、私营企业实行职业资格证书制度。1996—2010年，市人事劳动部门组织电工、电焊工、水电运行工、钳工、餐旅、美发、美容、计算机等各类操作工的专业工种培训，颁发职业资格证书10686人。

2003年，培训农村劳动力1963人。2006年，成立龙泉市劳动力素质培训领导小组办公室，办公室设在人事劳动社会保障局，负责全市培训工作的协调、指导、考核等工作。整合各部门培训资金和资源，培训资金全部纳入财政劳动力素质培训资金专户，专款专用，发放职业技能培训券2000份。认定龙泉市中等职业学校为龙泉市劳动力职业技能培训中心，同时还认定9家民间定点培训机构。就业技能培训主要开展电工、电焊工、数控车床、计算机文字录入、中式烹饪、中式面点、电动缝纫工、餐厅（饭店）服务员、来料加工培训等。2003—2008年，共培训农村劳动力55075人，其中，转移就业培训27256人，农业专业技术培训14549人，新型农民现代农业专业技能培训5143人，二、三产业农民工培训5517人，后备劳动力培训2610人。2009年，共培训城乡劳动力10588人，其中，新型农民（农业实用技术）培训3543人，农民转移就业技能培训4675人，务工农民岗位技能培训2118人，农村后备劳动力培训252人。2010年，农民转移就业技能培训3035人。

就业与再就业

1989年，有城镇待业青年1318人，当年安置589人。1994年，有城镇待业青年1484人，当年安置188人，从事个体经营250人，临时就业340人。1995年，登记失业职工99人。1996年，登记失业人员1689人，安置683人。1997年，下岗职工1216人，失业职工418人，通过再就业工程安置551人。1997年，开展再就业工程，出台相关优惠政策，鼓励企业安置、个人自谋职业和社会帮助安置相结合。1998年始，建立国有企业下岗职工再就业服务中心，1999年，共建立再就业服务中心22个，进中心人员234人，失业职工511人。2000年，下岗职工进中心593人，出中心469人，2002年8月，下岗职工全部出中心，完成与失业保险并轨。2000年，登记失业职工1088人，上年结转登记失业职工 511 人，失业职工再就业 1091 人。2003 年，龙泉市出台《关于做好就业再就业工作的实施意见》，发放下岗失业人员再就业优惠证 1026 本，领取再就业优惠证的下岗失业人员有 817 人实现再就业。2007 年，龙泉市出台《关于进一步做好就业再就业工作的实施意见》，重点对失业人员中的“4050”人员（指女 40 岁以上、男 50 岁以上的劳动者）、城镇“零就业家庭”和农村低保家庭劳动力实施就业援助。至 2008 年末，累计发放下岗失业人员再就业优惠证 4497 本，领取再就业优惠证的下岗失业人员有 2771 人实现再就业，其中，企业吸纳 477 人、灵活就业 1514 人；发现并消除城镇“零就业家庭”12 户；发放农村低保户就业援助证 1392 本，通过就业援助，有 237 人从事农村保洁岗位，对 1083 人进行生产扶持。2008 年，城镇登记失业率 3.92%。2009 年，城镇登记失业率 3.96%。2010 年，城镇登记失业率 3.89%。

劳动力安置

1989—2010 年，全市（县）职工省内调动的有 321 人，其中，调入 252 人，调出 69 人。1993 年，全民与集体企业职工双向流动，凡市内企业在劳动计划内只要生产工作需要，双方企业协商一致，直接办理商调手续，执行调入企业的劳动用工制度。在劳动制度改革中，对国家规定安置的人员，仍由市人事劳动部门实行指令性安置。

外出务工

1989 年，有部分劳动力自发外出务工。1993 年始，龙泉市就业管理服务处有组织劳务输出到温州、台州、杭州等地 30 人。1995 年，建立 4 个乡镇劳管站。2003 年，3 个街道、16 个乡镇建立劳动保障所，配备劳动保障工作人员 34 人，组织劳务输出。1999 年，组织劳务输出 1013 人，2005 年，组织劳务输出 2710 人。龙泉市第二次农业普查数据表明，2006 年末，全市农村劳动力共外出（乡镇以外）从业 2.11 万人，外出从业劳动力中，在乡镇外龙泉市内从业的劳动力 0.85 万人，在龙泉市外丽水市内从业的劳动力 0.31 万人，在丽水市外浙江省内从业的劳动力 0.71 万人，去外省从业的劳动力0.23 万人。外出从业劳动力中，在第一产业从业的劳动力占 1.02%，在第二产业从业的劳动力占 16.39%，在第三产业从业的劳动力占 82.59%。外出从业劳动力中，小学及以下文化占 19.29%，初中文化占 70.57%，高中及以上文化占 10.14%。外出人员主要从事制鞋业、服务业，以青年为多。较为集中的浙江省内有温州、宁波、杭州等地，外省市有上海市、广东省。劳务输出有一定的区域性，查田镇以五金汽配行业为主，锦溪镇以制鞋业为主，城北乡以宾馆服务业为主。

第二节　劳动用工制度

合同制用工

1994 年，开始全面推进劳动合同制（1982 年开始试点工作），要求 1995 年底前所有国有企业以及 50%的非国有企业都要实行劳动合同制。1995 年，《中华人民共和国劳动法》实施后，企业全面实行劳动合同制。1997 年，在全市乡镇（私营）企业开始推行劳动合同制。

农村劳动力

1994 年，全市农村劳动力资源总数有 12.50 万人，农村富余劳动力有 5522 人。农村产业结构调整后，农村富余劳动力增加，2004 年，农村富余劳动力有 2.05 万人。1995 年，浙江省劳动厅下达严格控制招用农村劳动力，凡企业招工首先招用城镇待业人员。2003 年，开始开展城乡就业一体化试点工作，建立城乡统一的劳动政策，取消农村劳动力进城就业的有关限制政策，发挥市场机制在劳动力资源配置中的基础性作用，初步实现城乡用人单位自主用工和城乡劳动者自主择业的城乡一体化格局。2006 年末，农村从业人员 9.77 万人，其中，在第二产业就业的 0.97 万人，占 9.90%；在第三产业就业的 2.13 万人，占 21.80%；在家闲业或无就业能力的 0.50 万人。2008 年，农民转移就业 6578 人，帮助解决农民就业岗位 2148 人，其中异地转移农民就业 1330 人。2009 年，农民转移就业 6818 人，帮助解决农民就业岗位 2019 人，其中异地转移农民就业 1235 人。2010 年，农民转移就业 6697 人，帮助解决农民就业岗位 1980 人，其中异地转移农民就业 1318 人。

临时工

1989 年，对全县和企事业单位计划外用工进行调查摸底，提出清退范围、对象，把清退计划下达到主管局。至 1989 年末，全县计划外用工由 1988 年末的 1337 人下降到 1036 人，清退计划外用工 301 人，同时对企业今后使用季节性、临时性用工作出具体规定。计划临时工由县劳动局下指标给各单位，使用时间为 6 个月，1991 年，使用时间改为 1 年。1989 年，一、二季度下达计划临时工指标 180 人，三、四季度为 193 人。1991 年，全年度计划临时工指标 311 人。1991 年，全市有计划外用工 2000 多人。1995 年 1 月，《中华人民共和国劳动法》实施后，企业用工实行劳动合同制，机关事业单位还有临时工存在。1997 年，对乡镇聘用人员进行清理整顿，除特殊岗位的 54 人外，一律予以清退。

第三节　劳动力市场

劳动服务企业

1989 年，全县有劳动服务企业 7 家，其中，县级 1 家，部门创办 3 家，企业创办 3 家，7 家劳动服务企业共有从业人员 200 余人。1998 年，全市劳动服务企业累计 10 家。2004 年后，停止审批劳动服务企业。

劳动介绍市场

1994 年 4 月，龙泉市职业介绍所成立，隶属龙泉市就业管理服务处。1995 年，批准成立万事通、路路通等 6 家民间中介机构。1998 年 10 月 15 日，龙泉市劳动力人才市场开业，地点在中山西路 27 号原劳动服务公司三楼，面积 180 平方米，是日举办首次劳动力人才交流会，20 家用人单位参加，提供 180 个就业岗位，达成用工意向 98 人。劳动力人才市场内设管理办公室，规范城镇范围内 6 家职业介绍机构的经营，统一就业登记表、统一介绍信，要求对用工单位和求职者有效证件进行检查，做好用工和求职登记。1999 年，有民间职业介绍机构 16 家。

2003年5月，合并劳动力和人才市场，统一建立市人力资源市场，地点设在就业管理服务处二楼，面积200平方米，添置LED电子显示屏等设施，设立公共职业介绍服务区，实行求职登记、职业介绍、培训申请等"一站式"就业服务，开通龙泉就业网。人力资源市场每年定期举办春季、秋季人力资源交流会。2008年，举办人力资源交流会4次，共有245家企业发布招聘岗位4100个，求职登记1730余人，达成求职意向603人。2009年1月，就业管理服务处二楼的人力资源市场搬迁至龙泉市审计局隔壁一楼。

第四节　劳动监察与争议仲裁

劳动监管

1989年，劳动监管由龙泉县安全生产委员会负责，下设办公室。办公室设在县劳动局（安全监察办公室），各有关局和乡镇政府及所属企业相应建立安全管理机构。1991年之前，劳动局的安全监管由安全监察办公室负责。1991年12月，龙泉市劳动局成立安全监察科，行使企业安全生产、矿山、特种设备监管等职能。1996年4月，龙泉市劳动局设立龙泉市劳动监察大队，由兼职人员6人组成，1997年，配备专职劳动监察人员2人，行使劳动力监管职能，安全生产仍由安全监察科负责。1997年，人事局和劳动局合并后，成立人事劳动局，设立劳动保护股，安全生产委员会办公室设在劳动保护股，综合管理全市安全生产工作，负责劳动保护及矿山的安全监察。2000年，劳动监察大队单独行使职能，负责劳动用工管理、劳动者权益维护，企业改制劳动关系纠纷处理等工作。2001年，经职能调整后，安全生产委员会办公室改设在市经贸局，安全生产、矿山、特种设备监管的职能由安监局负责，劳动力保护与权益维护由人事劳动局负责。2001—2010年，劳动监察大队分别就企业改制劳动关系纠纷、劳动用工管理、劳动者权益维护等开展劳动监管。2007年4月1日，《龙泉市建设领域农民工工资支付保障金管理暂行办法》颁布实施，至2010年，建立欠薪应急周转资金100万元，建设、水利、交通共收取在建65个项目施工单位农民工工资保障金1038万元。2010年4月26日，龙泉市人民政府出台《关于进一步完善基层劳动社会保障平台建设的实施意见》，在龙渊街道、西街街道、剑池街道、竹垟乡、安仁镇、八都镇、上垟镇、查田镇、工业园区、交通、水利、教育、土地、建设等14个部门建立劳动保障监察中队，对所管辖的企业进行网格化管理。乡镇（街道）劳动保障所依法实行法人登记。

检查监察

1989—2001年，开展全市（县）安全生产大检查，对发现事故隐患和安全管理落后的单位，发放整改通知书等，督促企业限期整改。开展以保护女职工和劳动卫生为主的专项检查，会同卫生部门，组织从事有毒有害工作的企业职工进行健康体检。开展矿山企业检查、锅炉和压力容器的安全管理，配合主管单位对全县（市）企业消防安全、道路交通安全等各类专项整治活动。1991年，开始对新、扩、建项目实施劳动安全卫生审查。1995年，设立液化石油气钢瓶检测站，对全市液化石油气钢瓶进行安全检测，同年对非法制造、销售、安装和使用土锅炉进行专项监管检查。1996年8

月，开展用人单位遵守《中华人民共和国劳动法》情况大检查。1998 年，开始实施企业事业单位劳动年检工作。

2001 年，企业安全生产监管职能移交市经贸局后，劳动监察大队从人事劳动局下属就业处、社保处等单位增加兼职监察员 9 人，加强劳动力的监管。龙泉市人民政府组织召开全市劳动执法联席会议，形成由公安、人事劳动、总工会、水利水电、交通、建设、经贸等组成的劳动执法体系。2002 年，劳动监察大队围绕劳动用工管理、社会保障、就业和再就业三条主线，开展以“春雷行动”“春苗行动”“春雨行动”为突击点的各专项检查，组织劳动力市场的整顿和清理，为劳动者追付拖欠的工资 100 余万元。2003—2010 年，组织开展劳动用工管理、农民工权益保护、妇女保护和非法使用童工等检查监察，共受理投诉 345 件，涉及民工 5332 人次，为民工追付拖欠工资 3117.44 万元，处理非法使用童工案件 3 起，检查用人单位 2118 家次。

争议仲裁

1988 年 7 月，经龙泉县人民政府批准，设立劳动争议仲裁委员会，人员由劳动局、总工会组成，下设仲裁办公室，属劳动局下属常设机构，具体负责日常工作，开展劳动争议处理工作，制定违纪职工处理程序和申报制度，对不符合程序的处理进行干预，预防劳动争议的发生，逐步实施《国有企业辞退违纪职工暂行规定》。后劳动争议仲裁委员会调整为由劳动局、总工会、工业局（经贸局）三方组成。1993 年 8 月，劳动争议仲裁委员会实行仲裁员、仲裁庭制度。1994 年，举办两期《中华人民共和国劳动法》培训班，培训对象是企业事业单位劳动争议调解委员会主任（或工会主席）及劳动工资干部。2005 年度、2006 年度，获省劳动争议处理委员会先进集体单位。

1988—1994 年，共处理劳动争议案件 34 件。1995—2003 年，共处理劳动争议案件 86 件，其中，裁决 41 件、调解 37 件、撤诉 8 件。2004—2008 年，共受理劳动争议案件 178 件，涉及职工人数 695 人，其中，工伤待遇争议 148 件、工资争议 20 件、解除劳动合同争议 2 件、经济补偿金争议 4 件、确认劳动关系争议 4 件；集体劳动争议案件 8 件，涉及职工人数 499 人；裁决结案 36 件、调解结案 133 件、撤诉 9 件，为劳动者挽回经济损失 568.43 万元。2009—2010 年，共受理劳动争议案件 97 件，其中，工伤保险待遇争议案件 46 件、劳动报酬争议案件 47 件、经济补偿金案件 3 件，其他案件 1 件。裁决结案 5 件、撤诉结案 4 件，调解结案 88 件，诉争的经济标的 268.92 万元，为劳动者挽回经济损失 221.42 万元。

第三十四篇

社会保障与社会事务

1989年始，龙泉社会保障事业发展迅速，在之前企业职工基本养老保险、待业保险的基础上，相继实施企业职工生育保险、工伤保险制度。进入21世纪后，城镇职工基本医疗保险制度、新型农村合作医疗制度、征地农民基本生活保障办法、城镇居民基本医疗保险制度、城乡居民社会养老保险制度等陆续实施，越来越多的城乡居民享受到改革开放后带来的成果。社会救助体系不断完善，1991年，扶贫工作由过去单一救济转变为扶持贫困户发展加工业、种植业、养殖业，为脱贫创造条件。党和人民政府、民政局等部门做好每年的拥军优属工作，优抚对象的生活水平与当地经济发展、人民群众生活水平同步提高。1998年4月，全面实施城乡最低生活保障线标准并逐年提高，同时进行低保扩面。推行救灾制度改革，灾民在生活和生产上的困难得到保障。加快建设养老服务体系，龙泉市综合福利院、龙泉市阳光老年福利中心、龙泉市老年活动中心、社区“星光老人之家”、城乡敬老院等社会福利机构相继建成，投入使用。

龙泉是土地革命战争时期革命老根据地，为促进老区经济建设和社会发展，2005年，成立龙泉市革命老区开发建设促进会，在市委、市政府的领导下，调查研究，当好参谋，服务老区，促进发展。村务公开和民主管理制度进一步深化，2010年，全市村务公开和民主管理规范化建设达标率96.20%。培育发展和监督管理并举，加强民间组织管理。婚姻登记服务进一步规范，实现由婚姻登记管理到婚姻登记服务的转变。1989年实行殡葬改革，2003年实行遗体火化，推动绿色殡葬，促进人与自然和谐相处。随着经济社会的迅速发展和城市建设的不断加快，城区道路、居民住宅区等地理实体大量涌现。1997年，龙泉市成立勘界地名领导小组，开展城区新建住宅区及主要街道的命名和更名工作，建立地名信息数据库，开通龙泉地名网。开展“平安界限”创建，规范边界争议处理行为。大力发展老龄事业，不断满足老年人精神文化需求。2008年末，全市444个行政村和街道的11个社区建有“老年人协会”组织和老人活动室，围绕“老有所教、老有所学、老有所为、老有所乐”的目标蓬勃发展。

第一章　社会保障

第一节　社会保险

职工基本养老保险

1989年5月1日始，全县县级以上集体所有制单位实行职工离退休基金社会统筹。是年，全县劳动合同制工人养老保险的投保单位203个，投保人数3235人，投保率95%。收缴合同制工人退休养老金57.06万元，收缴率97.30%。40个集体所有制企业单位的固定职工离退休基金实行社会统筹，参加统筹的固定职工3014人，其中离休职工739人。1999年，根据《浙江省职工基本养老保险条例》规定，所有企业及其职工都必须依法参加养老保险，至2008年，全市企业参保559家，参保人数24131人。

1999年1月，龙泉市人民政府制定《龙泉市国家机关、事业单位工作人员基本养老保险暂行办法》，将全市国家机关、人民团体、全民和集体事业单位的全部工作人员，包括经人事劳动部门批准的聘用和临时聘用人员，以及上述单位中的离休、退休和按《国务院关于工人退休、退职的暂行办法》办理退职的人员，纳入基本养老保险范围，其中国家机关、事业单位基本养老保险工作分批组织实施，自收自支和差额拨款事业单位从1999年1月1日起执行。至2008年末，全市参加事业养老保险人数2756人，退(职)休人员878人。至2010年12月末，全市参加事业养老保险人数2127人，退(职)休人员907人。

1999年，根据浙江省劳动厅《关于扩大社会保险覆盖面加强基本征缴若干政策意见的通知》规定，龙泉市对首次参保的城镇私营企业职工、个体工商户及其雇工、自由职业者实行“前补后延”政策。2001年，龙泉市人民政府将扩大基本养老保险覆盖面列入各乡镇、部门年度考核内容，与各乡镇、部门签定目标责任书，落实每年的扩面、清欠任务。2002年，龙泉市人民政府向省劳动和社会保障厅争取到第一轮5年每年800万元的省级养老保险调剂金，并完成每年地方补助金600万的承诺。在第一轮的基础上，2007年，又争取到第二轮3年每年1200万元省级养老保险调剂金。2010年，又得到第三轮3年每年2000万元省级养老保险调剂金补助。省级养老保险调剂金的补助，弥补龙泉市养老保险基金的赤字，确保全市离退休人员养老金的按时足额发放。

农村养老保险

2003年10月，原由民政局办理的农村养老保险19028人，移交至龙泉市社会保险事业管理处负责。到2008年12月末，共有参保人数17768人，退休人数95人。2010年1月1日，浙江省城乡居民社会养老保险制度实施后，未满60周岁且没有领取养老金的老农保人员，不再领取老农保养老金，老农保按规定衔接到城乡居民社会养老保险制度。至2010年12月末，共有参保人数16902人。

2003年12月，出台《龙泉市被征地农民基本生活保障试行办法》，解决被征地农民生活保障问题。2006年9月，在该试行办法的基础上，制定《龙泉市被征地农民基本生活保障暂行办法》，完善被征地农民基本生活保障的各项规定，将原有的"先征后保"模式转变为"即征即保"模式。至2008年末，被征地农民共参保3696人,享受基本生活保障金2617人。至2010年末，被征地农民共参保4079人,享受基本生活保障金3289人。

2010年4月，龙泉市人民政府根据《浙江省人民政府关于建立城乡居民社会养老保险制度的实施意见》精神，出台《龙泉市城乡居民社会养老保险实施细则(试行)》，从2010年1月1日起实施城乡居民社会养老保险制度，具有龙泉市户籍，年满16周岁(全日制学校在校学生除外)，非国家机关、事业单位、社会团体工作人员，未参加职工基本养老保险的城乡居民，均可参加城乡居民社会养老保险。至2010年末，全市城乡居民社会养老保险参保人数89737人，其中领取养老金人数35468人。

城镇职工基本医疗保险

2001年11月，出台《龙泉市城镇职工基本医疗保险暂行规定》，12月，龙泉市医疗保险事业管理处成立，启动实施城镇职工基本医疗保险制度，将全市机关、事业单位、社会团体、民办非企业单位中的所有在职人员及其退休(职)人员纳入职工医保范围。2006年10月，出台《龙泉市城镇职工基本医疗保险补充办法》，将灵活就业人员、原国有集体企业下岗失业人员和农村进城务工人员等纳入基本医疗保险体系。2009年6月，出台《龙泉市城镇企业职工基本医疗保险补充办法》，对企业职工及灵活就业人员参保办法、基本医疗保险费征缴比例、基本医疗保险特殊病种作出调整，并规定企业在职职工、灵活就业人员、退休人员按缴费基数的1%建立个人账户。是年7月1日始，对行政机关、事业单位高龄段退休人员基本医疗保险个人账户划入比例由原9%调整为10%(其中统筹基金划入7%，公务员补助资金划入3%)。2010年12月，龙泉市人民政府办公室转发《丽水市城镇企业职工基本医疗保险市级统筹实施意见》，并确定全市基本医疗保险费的缴费比例为：行政机关、事业单位8%，职工个人2%；企业单位5.50%，职工个人0.50%；城镇个体劳动者、灵活就业人员6%，实行大病医疗统筹制度。

城镇职工基本医疗保险制度规定住院医疗费用统筹报销采用起付线和按比例报销相结合的方式进行支付，规定一、二、三等级医疗机构起付标准分别为700元、800元、900元，起付标准以上部分按照分段累计计算办法支付。对患特殊病种的职工，门诊就医发生的对症医疗费用，也可以按照比例报销。普通门诊用个人账户进行支付。

2010年末，全市参加城镇职工基本医疗保险25890人，其中，在职职工18490人，退休职工7400人。2002—2008年，共支出4348万元，其中，统筹基金3243万元，个人账户1105万元。基本实现医疗保险以收定支、收支平衡、略有结余的目标。

城镇居民基本医疗保险

2008年4月，出台《龙泉市城镇居民基本医疗保险试行办法》，7月1日，开始实施城镇居民基本医疗保险制度，将未纳入城镇职工医保范围的城镇老年居民、学生、幼儿等群体纳入医疗保障体系，实现医疗保险制度全覆盖。

2008 年成年人缴费标准为每人每年 310 元，其中，个人缴纳 200 元，政府补助 110 元。18 周岁以下（含全日制在校学生）未成年人缴费标准为每人每年 130 元，其中，个人缴纳 60 元，政府补助 70 元。2009 年成年人缴费标准为每人每年 330 元，其中，个人缴纳 200 元，政府补助 130 元。18 周岁以下（含全日制在校学生）未成年人缴费标准为每人每年 150 元，其中，个人缴纳 60 元，政府补助 90 元。参保人员住院医疗费用和特殊病种的门诊费用可按规定报销。统筹基金年度最高支付限额为 55000 元。

2010 年末，全市共有 11315 人参加城镇居民基本医疗保险。

新型农村合作医疗

2004 年 10 月 29 日，出台《龙泉市新型农村合作医疗暂行办法》，筹资标准为每人每年 40 元，其中，省、市财政补助每人每年各 10 元，个人每人每年缴纳 20 元。2007 年，出台《关于印发进一步完善新型农村合作医疗制度的通知》，人均筹资水平每人每年 60 元，其中，中央财政 2 元、省财政 20 元、市财政 18 元、个人缴纳 20 元。2008 年，出台《关于调整新型农村合作医疗相关政策》，人均筹资水平每人每年 100 元，其中，中央财政 4 元、省财政 40 元、市财政 26 元、个人缴纳 30 元。

工伤保险

1996 年 11 月 1 日，出台《龙泉市企业职工工伤保险实施办法》，开始实施企业职工工伤保险制度。2001 年 6 月，出台新的《龙泉市企业职工工伤保险实施办法》并实施。2003 年 10 月，工伤保险经办业务由市社会保险事业管理处移交给市医疗保险事业管理处办理。2004 年 1 月 1 日，开始执行国务院《工伤保险条例》。2005 年，出台政策将参保范围扩大至事业单位、民间非营利性组织。工伤保险费根据单位性质行业风险不同，分别按上一年度月平均工资的 0.20%、0.80%、1%、1.20%由所在单位为职工缴纳。被保险人因工负伤治疗（或工亡），可享受工伤医疗待遇、一次性伤残（工亡）补助金、伤残津贴、生活护理费、供养亲属抚恤金等相关待遇。

2010 年末，全市参加工伤保险的单位 349 家，职工 22138 人，工伤保险基金收支基本平衡。

生育保险

1997 年 4 月 1 日，根据《浙江省企业职工生育保险暂行办法》，龙泉市启动实施生育保险。生育保险费以上一年度月平均工资的 0.40%为基数，由所在单位为职工缴纳，对符合国家计划生育政策的生育女职工，从生育保险基金中支付生育津贴和生育医疗费。生育津贴标准为 1050 元，生育医疗费标准为平产 450 元，难产 950 元。2003 年 10 月，生育保险经办业务由市社会保险事业管理处移交给市医疗保险事业管理处办理。

2010 年末，参加生育保险的企业 31 家，职工 4370 人，生育保险基金收支基本平衡。

失业保险

1989 年，制定《职工待业保险有关问题的补充规定》，初步建立“基金收缴—营运生息—待业救济金发放—待业职工登记—重新就业”的一套管理制度和办法，按职工人均 0.70 元绝对值的标准缴纳，共收缴待业保险基金117262元，缴纳单位167个，月平均参保人数15000人，基金收缴率99%，有15人按规定标准分别领取待业救济金。1992年，完善城镇职工待业保险，提高缴纳标准，扩大享受范围，提高救济标准，增设救济项目。1996年，出台《龙泉市职工失业保险条例实施意见》，企业按全部职工工资总额的1%缴纳，职工个人按不高于本单位职工平均工资0.50%的标准缴纳失业保险费。1999年6月，失业保险对象扩大到城镇所有企事业单位的所有职工，企事业单位按全部职工工资总额的2%缴纳，职工个人按不高于本单位职工平均工资1%的标准缴纳失业保险费。2004年1月始，执行《浙江省失业保险条例》，失业保险费由地税部门缴收。所在单位和个人已履行缴费满一年以上的，职工失业后可按规定领取失业保险金，领取时间不超过24个月，失业保险金按当时公布的全市职工最低工资的70%确定，失业人员在享受失业保险待遇期限内，未参加基本医疗保险或者大病医疗保险的，按照本人每个月失业保险金的5%享受失业人员医疗补助金。符合计划生育规定，在享受失业保险待遇期限内或者享受失业保险待遇期满后的失业期间生育子女的，可以一次性领取相当于本人三个月失业保险金的补助。失业人员在享受失业保险待遇期限内死亡的，参照当地在职职工丧葬补助抚恤标准，对其家属一次性发给丧葬补助金和抚恤金。2008年，新增失业保险参保人数967人，参保人数为18550人；失业保险费累计收入271.84万元，失业保险金支出118.06万元，当期结余139.58万元，滚存结余438.09万元。2009年，失业保险费累计收入360.73万元，失业保险金支出124.88万元。2010年，失业保险费累计收入451.92万元，失业保险金支出77.78万元。

1989—2010年龙泉市（县）失业保险情况一览表

表34-1-1

年 份	失业保险收入(元)	失业保险金发放金额(元)	失业保险金发放人次(人)
1989	115712	665	15
1990	151540	7983	225
1991	155249	6661	154
1992	164562	5408	103
1993	297738	48948	140
1994	255571	97023	1368
1995	443577	63970	971
1996	676120	443268	3074
1997	681574	280860	2276
1998	104227	403386	2657
1999	186348	114643	6819
2000	222507	192986	9999
2001	208471	245009	12232
2002	200820	262314	12315
2003	252597	223864	10510

续表 34-1-1

年　份	失业保险收入(元)	失业保险金发放金额(元)	失业保险金发放人次(人)
2004	281108	275358	10745
2005	217572	307886	10093
2006	227180	134579	4133
2007	222026	786838	2139
2008	271840	118059	2695
2009	3607261	1248823	2608
2010	4519247	777784	1484

第二节　社会救助

赈灾救济

1989 年 7 月，龙泉县发生两次冰雹、三次洪水灾害。县民政局在救灾中发放救灾款 37.30 万元，对 16 个严重缺粮乡镇发放大米 15 万千克。1990 年，洪水灾害三次，6—8 月份连续大旱 63 天，全年发放救灾款 32 万元。城乡发生火灾七次，受灾 23 户，在救灾中发放救济款 0.98 万元。是年 9 月，为救灾发动募捐，收募捐款 1.74 万元，粮票 6346.50 千克，衣物 744 件。除救济当地灾民外，给景宁畲族自治县灾民送去募捐款 1 万元、粮票 5000 千克、衣物 744 件。1991 年 6—8 月，龙泉市连续大旱 45 天，造成 4.50 万人饮水困难，在救灾中发放救灾款 63 万元、粮食 25 万千克，同时帮助灾民寻找水源，解决饮水问题。1993 年 6 月，岩樟乡、住龙镇发生洪涝灾害，12 月，龙南、上垟等乡镇连续发生火灾，全年在救灾中共发放救灾款 21 万元、社会救济款 33 万元。1997 年，龙泉市遭受龙卷风和 11 号台风袭击，在救灾中发放救灾款 63 万元、大米 1.50 万千克。1998 年，浙江省民政厅拨给救灾款 300 万元，当年发放 89 万元、冬令救济棉被 400 床、大米 50 万千克。是年，为支援外地灾区，开展两次募捐活动，筹募资金 51.50 万元，衣物 15000 件，药品 44 件，上交省厅 46 万元转发支援灾区。有 28.50 万元的物资由龙泉市民政局直接送往江西省波阳县灾区。1999 年，道太乡发生严重自然灾害，帮助重灾区 80 户建造房屋。

2000 年，遭受特大暴风雨袭击，“8·26”30 号台风，住龙、锦溪等局部地区山洪暴发，灾情严重。龙泉市人民政府出台《关于灾民重建家园问题的通知》，发放救灾款 32.30 万元，帮助房屋倒塌的 57 户重建家园。是年，发放社会各界救灾募赠款 158 万元、衣物 1100 件和省民政厅下拨的救灾大米 10.78 万千克，“8·26”洪灾救济大米 1.75 万千克、救济棉被 590 床，及时解决灾民生活和生产上的困难。2001 年 8 月，道太乡局部地区发生洪涝灾害，黄麻垟村 11 户灾民迁移到安仁等地落户，发放救灾款 25 万元帮助重建家园。2002 年 6 月，宝溪、上垟、八都、竹垟等乡镇遭受特大暴雨袭击，是年，发生火灾 10 起，受灾 64 户，发放救灾款 6 万元，帮助灾民重建房屋，在春节前搬入新居。2002 年，做好地质灾害隐患点防治工作，对西街街道牛头岭坑下儿自然村滑坡点、上垟镇黄渡村滑坡点、锦溪镇山坑村安放自然村滑坡点、道太乡下乾村滑坡点和兰巨乡上塆村滑坡点等10个重点地质灾害隐患进行实地调查勘察，并对其中5个严重滑坡点动员村民迁移。2003年，龙泉市遭遇“1·7”雪灾、“2·12”风雹灾、“6·25”洪涝灾、夏秋季持续高温导致旱灾等自然灾害。龙泉市民政局在救灾中发放救灾款、捐赠款184万元，棉被、衣服等物资价值123万元。是年，市民政局完成救灾物资储备中心兴建工程，11月正式使用。2004年，春季干旱、14号台风外围影响和洪涝等三次灾害，造成龙南、屏南、兰巨、道太、上垟、安仁、城北、西街等乡镇、街道受灾，在救灾中共发放救灾款92.50万元。2005年“1·13”“3·12”两次雪灾和“6·18”洪灾及“5号”“13号”台风的侵袭造成重大损失，在救灾中发放救灾款135万元，粮食补助款66万元，帮助重建房屋140户787间。是年，发生火灾2起，烧毁房屋389间，发放临时救助款6万元。2006年，受8号超强台风“桑美”的袭击，龙泉市人民政府及相关部门组织救灾工作组，分赴重灾区龙南、屏南、八都等地，帮助灾民恢复生产和重建家园，发放救灾款163.50万元，为灾民重建房屋433间，当年搬入新居59户。2007年，连续遭受“6·21”“6·25”强降雨袭击和9号“圣帕”、16号“罗莎”强台风外围影响，特别是百年未遇的“6·25”洪灾。中共龙泉市委、龙泉市人民政府成立“6·25”灾后重建指挥部，出台《关于“6·25”安置户原居住房屋拆除的有关规定》，组织乡政府、国土、建设、水利等部门专业人员，对岩樟、城北两乡的灾民进行评估鉴定，共有108户迁移到大沙的安置地块和岩樟安置点建房。投资2800万元，做好灾后重建工作。岩樟乡安置点占地面积3000余平方米，建造18幢房屋，于2008年春节前竣工，灾民搬进新居。大沙安置点于2008年6月竣工，建筑面积15005平方米，建造安置房5幢120套，100余家受灾户按时搬入新居。2008年1—2月，冰冻灾害导致城乡大量蔬菜冻死，毛竹、林木和香菇被毁，自来水管破裂，房屋倒塌、电力、交通、通讯损坏严重。5—8月，又连续发生“5·25”“6·25”洪涝袭击和8号台风“凤凰”等多次灾害。小梅、龙南、城北、道太等乡镇损失惨重。是年，发放救灾款118万元，大米1.20万千克，棉被1530条，海绵床垫500条，棉大衣150件，蜡烛21万支，食用油550瓶。2009年入春后，龙泉市连续遭受“2·25”风雹灾害和“6·24”“8·31”洪涝灾害及8号台风“莫拉克”强台风外围影响。在救灾中，发放各类救灾资金146.80万元，确保灾区群众基本生活和倒塌民房的重建工作。民政与建设部门联合搞好困难群众的危旧房改造工作，下拨危旧房改造资金280余万元。

2010年，龙泉市遭遇罕见的天灾，“3·5”遭受桃花汛，“5·18”遭受特大冰雹袭击，“5·22”和“6·18”又遭受特大暴雨侵袭，单点降雨量和过程降水量均为全省之最。龙泉市民政局及时向省厅报告灾情，争取上级支持，下拨龙泉救灾资金440万元，解决灾民倒房重建资金严重不足的困难。同时，市本级及时下拨救灾资金187.33万元，发放救灾物资大米47000千克，棉被1600条，食用油450箱，矿泉水300箱。倒塌房屋的灾民，重建新房，2011年春节前搬入新居。

2009始，着手实施“避灾工程”项目建设，逐步实现市，乡镇(街道)村都有“避灾中心”和避灾场所。至2010年，建成乡镇级避灾中心14个，村级避灾所30个。

扶贫帮困

1989年，发放给城乡贫困户的社会救济款14.70万元，是年春节期间，对全县552户“五保”(保吃、保住、保穿、保医、保葬)老人和孤儿发放临时救济款每人40元，发放救济棉衣400件、棉被400床。做好五保老人集中供养工作，至2010年，全市建立1个市级养老服务中心、4个乡镇级养老服务中心，有90%以上的五保老人实现集中供养。五保对象和低保户对象的住院药费全额报销。

1998年4月1日始，全面实施城乡最低生活保障线标准，即城镇居民年人均收入为960元，农村村民年人均收入为600元；全市1587人，其中，下岗职工、城镇居民63户127人享受最低生活保障金额，共计41.66万元（国家投入27.11万元，集体投入14.55万元）。对精减退休老职工从1998年开始按规定提高补助标准。1999年7月1日始，城镇居民及下岗职工的保障金额提高30%，农村居民提高15%。2001年，开展城乡最低生活保障扩面工作，全市原有保障对象1693人（其中农村1442人，城镇251人）增加773人（其中农村增加647人，城镇增加126人），扩面后共有低保对象2466人。是年，龙泉市结对1458户帮扶对象，接收捐款55.90万元，并发放救济款20.40万元，为困难对象1100户进行临时救济。2002年，低保标准为城市居民月人均收入138元，农村居民月人均收入75元。全市低保追加70万元，比上年增幅23.30%。2003年春节，向全市低保对象进行慰问，发放慰问金27万元、粮油等物品价值20万元。2004年，再次提高低保标准，城镇居民从原来月人均138元提高到150元，农村居民从原来月人均收入75元提高到85元。2005年，建设低保工作信息网络，建立低保对象电子档案。2006年，对全市3200户5812人的低保对象进行调查，取消家庭人均收入已超过最低生活保障标准的480户1069人，对符合低保条件的仍纳入最低生活保障，并提高保障标准，城市居民由原来每月150元提高到176元，农村居民由原来每月90元提高到106元。全市共有低保对象2855户4592人，其中，城镇居民244户526人，农村居民2611户4066人。2007年，再次提高低保标准，城市居民每人每月提高到216元，农村居民月人均提高到130元。2008年4月1日始，再次提高低保标准，城镇居民月人均提高到248元，农村居民月人均提高到149元。同时进行低保扩面，增加符合条件的1147户，2321人，扩面率27%。2009年4月1日始，又提高全市最低生活保障标准，城镇居民由2008年的月人均收入248元提高到276元，农村居民由2008年的月人均收入149元提高到166元。至2009年末，全市共有低保对象7599人，其中，城镇居民844人，农村居民6755人，全年共发放最低生活保障金878.25万元。从1998年始实行最低生活保障制度以来，至2010年，共发放低保金额3524万元。

做好困难群众的专访慰问送温暖工作，在每年的元旦、春节期间，对全市老党员、老红军、交通员、低保户、住院病人、百岁老人、复员退伍军人、特困灾民、老年福利中心、各中心敬老院等进行专访慰问。2009—2010年，共专访慰问40476人，发放慰问金，慰问品折合人民币722.84万元。

收容遣送

20世纪80年代以来，收容工作以公安局为主负责，遣送工作由民政局负责。1989年，收容遣送流浪乞讨人员20人，支出遣送资金0.49万元。2003年，办理流浪乞讨的精神病人张某某送往医院就医。2004年，救助外地滞留龙泉生活、路费等有困难的和流浪乞讨人员263人，支出经费0.51万元，2008年，遣送134人，支出经费5.20万元。2010年，龙泉市救助管理站建立，对有暴力倾向的精神病人免费收容医治，对社会流浪乞讨人员给予救助。

1989—2010年，共计收容遣送流浪乞讨和社会各类外流人员1911人，发放救助和遣送经费22.57万元。

第三节 社会福利

福利事业

福利彩票 1990年12月，成立福利募捐委员会。1991年，开展有奖募捐活动，当年完成销售奖券4万张8万元和省、地下达的20万元募捐任务。至1992年末，销售奖券150万元。1999年，龙泉市发行销售“浙江风彩”和“爱心献功臣”福利彩票917万元，并筹募600万元大奖组社会福利彩票，至2000年发行300万元，同时配合“浙江风彩”和“百万富翁”电视彩票发行销售43万元，至2003年销售500万元。1991—2010年，福利彩票共计销售2650.18万元。2001年，投资1403万元，兴建东升、金乐、西新、白云、水南和南大洋等六个社区“星光老人之家”，建筑面积1109平方米。

福利中心 1990年，开始兴建综合福利院，1993年建成。综合福利院位于市区中心戏院弄，投资55万元，建筑面积1687平方米，共有房间30个，其中，用于老人及弃婴住房25间(老人床位40张，弃婴床位10张)，办公室1间，厨房、餐厅2间，医疗室2间。1994年4月开业使用，有住院老人、弃婴共38人。2008年，住院老人41人，弃婴8人，是年12月28日，搬入新建成的阳光老年福利中心，原综合福利院的房产，由龙泉市人民政府国有资产管理部门收回。

2004年，开始投标兴建龙泉市阳光老年福利中心，实行国有控股和民间参股的办法，股本700万元(国有股400万元，社会民间股300万元)，成立龙泉市阳光老年福利有限公司。老年福利中心工程的老年公寓AB幢于2004年6月16日投标，8月末动工兴建，2005年末建成。2006年，龙泉市人民政府出资收购民间股，自此，龙泉市阳光老年福利中心为政府投资兴建的养老机构。2006—2008年，先后建成老人院、综合楼。2008年末，龙泉市阳光老年福利中心工程全面竣工。共投资3085万元，占地面积22941平方米，建筑面积14510平方米，绿化率40%。有多种建筑形式：休养楼一幢，建筑面积4800平方米，分单人房、双人房、三人房、四人房四种规格，共200张床位，房内有电视、壁柜、独立空间、呼叫系统和消防自动报警设备等。老年活动中心专用房，2000平方米，配有阅览室、书画室、歌舞厅、健身房、棋牌室、台球室和乒乓球室，并设有小型会议室和老年大学活动室等。老年公寓，建筑面积4850平方米，分大小两种类型的房屋共77套，套内有客厅、厨房、卫生间等设备，供老年人家庭式的休闲养老居住。设有1000余平方米的市综合福利院“民生医院”，是以老年病防治和治疗为重点的专科医院。配套的餐厅、洗衣房、门球场、室外健身场所和近10000平方米的绿地花园(二期发展用地)。龙泉市阳光老年福利中心的设计建筑，是集老年公寓、老人院、综合楼、老年活动中心、医疗中心及后勤服务功能组织为一体的新型老年福利机构，具有生活、养老、医疗、康复、文化娱乐等多种功能，时为丽水市范围内老人福利机构规模最大的养老机构。至2010年，入院老人136位，床位利用率85.50%。

福利企业 1989年，乡镇办有福利厂16家。1990年，全市共有18家福利厂，年产值680万元，利润17万元，从业残疾人员125人。1992年，投资12万元，兴办龙泉市民政局直属福利企业“龙泉市摩擦材料厂”，当年创产值 19 万元，并集资 2 万元，兴办龙泉市“利达公司”。1993 年，投入资金 20 万元，兴办龙泉市民政局直属第二福利厂、龙泉市残联利达五金厂和竹垟畲族乡竹木制品福利厂等三家福利企业。民政局直属第二福利厂，占地面积 2500 平方米，有固定资金 50 万元，1994 年，投资 100 万元，为该厂发展生产地木砖板、航空垫等项目，年产值 300 万元。1997 年，经年检合格的福利企业 10 家，实现产值 600 万元。1998 年，实现产值 800 万元。2001 年，合格的福利企业 13 家，实现产值 1502 万元。至 2003 年，全市福利企业发展到 22 家（其中新办 8 家），从业人员 419 人，其中“四残”职工 248 人，年总产值 5320 万元，完成销售额 4890 万元，利润 247 万元。2010 年，全市有福利企业 11 家，实现工业总产值 5457 万元，销售收入 5238 万元，福利企业安置残疾职工 134 人，占职工总数的 36%。1989—2010 年，龙泉福利企业累计总产值 630253 万元，从业残疾人员 2842 人次。

民政部门加强福利企业规范化管理，做好政策协调工作，督促福利企业给残疾职工依法缴纳养老保险、医疗保险、工伤保险和失业保险，保障残疾职工的合法权益。

五保户保养

1989 年，全县享受五保老人有 552 人，拨给各乡镇五保户专用经费 23200 元。1989 年，国家确定每年农历的九月初九重阳节为老人节，自此全县（市）乡村干部在老人节都要组织慰问五保老人。春节期间给予五保老人临时补助，1990 年每人 40 元，1991 年每人 50 元。

1997 年，全市 17 个乡镇建有敬老院 15 个，共有床位 127 张，入院五保老人 91 人，管理人员 18 人。五保老人的生活费由民政局、乡、村三级负担，是年春节期间，龙泉市民政局给 313 位五保老人每人发放零用钱 20 元。从 1999 年开始，对长期住敬老院的五保老人实行每人每月 30 元的定期补助。2001 年，投资 4.60 万元建设锦溪镇、岩樟乡两座敬老院。

2004 年，全市五保对象 530 人，其中城镇“三无”对象 27 人。530 人中签订五保供养协议 470 人，签订由亲友领养的 60 人，其中入院集中供养 282 人。2004 年，完成八都、查田、安仁、锦溪、住龙、城区中心敬老院的兴建和扩建工作。2005 年，五保户集中供养 400 人，户院挂钩 33 人。2006 年，对病故五保老人下拨丧葬费 1.45 万元（每人 500 元）。2007 年，完善五保集中供养规章制度，强化安全管理。2008 年，五保集中供养 372 人。全市农村五保对象 402 人，集中供养 350 人（其中户院挂钩 28 人），城镇“三无”对象 24 人，集中供养 22 人（其中户院挂钩 3 人）。是年 10 月，城区中心敬老院建设项目动工兴建，占地面积 2879 平方米（其中建筑面积 1962 平方米，原有房屋改造面积 702 平方米），投资 460 万元，内设床位 100 张，2009 年 11 月 27 日，落成投入使用。2010 年，全市共有农村五保对象 402 人，其中，集中供养 363 人，户院挂钩 28 人，集中供养率 90.03%；城镇“三无”对象 25 人，其中，集中供养 22 人，户院挂钩 3 人，集中供养率 91.67%，发放农村五保经费 81.07 万元。

收养登记

1989—2001 年，龙泉民政局收容、处理弃婴、孤儿 160 人，其中，由福利院寄养 64 人，委托家属收养 93 人，涉外送养 3 人。1999 年 1 月，逐步规范收养登记，是年，办理收养登记 14 件。2002 年，收养登记 29 件。2003 年 1 月后，完善登记程序，建立完整的收养登记档案。是年，社会弃婴收养 26 件，由送养人送养的 3 件。2004 年，社会弃婴收养 46 件。2005 年，社会弃婴 49 件，由送养人送养的

4件(其中福利院送养的1件、民政局送养的1件)。2006年,社会弃婴49件、由送养人送养的1件。2007—2010年,社会弃婴收养分别为41件、52件、48件和50件。

2004年,开展孤、残、弃婴管理业务,经浙江省民政厅批准,龙泉市综合福利院具有涉外送养资格,为全省35家之一。2005年,有残疾弃婴2人送到省儿童医院手术治疗,支付医疗费13万元,医治康复。

第四节　社会优抚

优扶工作

民政局每年从社会救济款和优扶款中拨出一部分经费,帮助困难户和烈军属解决生产和生活困难。1989年,在福源乡进行救灾扶贫周转基金会试点工作之后,全县建立扶贫基金会17个,筹集资金6万元,当年发放3万元,扶持贫困户165户。至1990年,有扶贫基金25万元,当年发放9.20万元、化肥3.50万千克,为581个贫困户解决生活和生产困难,有196个贫困户摆脱贫困。1991年,扶贫工作由过去单一救济转变为扶持贫困户发展加工业、种植业、养殖业,为脱贫创造条件,全市24个扶贫基金会筹集资金47.60万元,当年发放17.70万元,并实行户、组、村、乡联合等形式扶持发展经济。1992年,在兰巨乡豫章村试点,开发3.33公顷基地,建立种、养殖业并存的扶贫经济实体。1993年,扶贫工作从分散扶持转向注重群体效益。2006年,调整优扶标准,全市享受优扶补助的631人,发放优扶经费189万元。2008年,对发生医疗困难的重点优扶对象,按其医疗费的20%~35%救助,每户救助经费2000~3000元,全市共有救助对象280人,发放救助经费128万元。

国家抚恤

1989年,全县享受抚恤对象144人,支出抚恤经费3.40万元。1990年,调整抚恤对象的抚恤金和定期补助对象的定补金额,享受抚恤、定补人员共549人,人均31.30元。

2005年,按照《龙泉市在乡重点优抚对象优待标准自然增长机制实施办法》,调整抚恤、定补标准,从当年7月开始,调整到与当地人民生活水平同步提高标准发给抚恤金和定补金额,是年,全市抚恤对象139人,发放抚恤金34万元;优抚定补对象515人,发放金额92.50万元。2008年,抚恤、优待定补经费由市财政局按编报名单发放到乡镇、街道,按时发放到人。是年,全市享受抚恤、定补对象794人,其中,“三属”(革命烈士、因公牺牲军人、病故军人的家属)30人,残疾军人137人,在乡复退军人220人,红军失散人员15人,参战人员218人,带病回乡174人。共发放抚恤金115万元,优抚经费149万元。

1989—2010年,享受抚恤对象2831人次,其中,“三属”717人次,残疾军人2114人次,共发放抚恤金486万元;享受优抚补助对象13144人次,其中,红军失散人员1397人次,在乡复员军人7014人次,参战人员436人次,带病回乡4297人次,共计发放优抚经费1493.40万元。

拥军优属

龙泉市(县)做好每年的拥军工作,逢元旦、春节和"八一"建军节,市、乡镇两级党委政府及部门、单位组织慰问活动。春节期间,由市(县)领导带领慰问团,分别慰问驻军(县中队)、烈军属、残疾军人家属和现役军人家庭,印发慰问信、送年画、对联、慰问金等。民政局每年拨款分发各乡镇,作为拥军活动经费。

1989年,对全县义务兵家属进行普遍优待,户均优待金额434.31元,其中,农村入伍的军人家属人均467元,城镇入伍的军人家属人均300元。是年,实行义务兵养老金保险,并对义务兵家庭财产和亲属意外事故进行保险。同时提高优待补助费标准,人均月补助23.36元。

1991年,全市优抚对象789人,其中,对现役军人家属进行家庭财产保险。1998年,根据《龙泉市兵役义务费社会统筹实施细则》,把义务兵家属优待、义务兵立功受奖、在乡的"三属"、伤残军人和复退军人优待金纳入社会统筹。义务兵家属优待每年每户1200元,"三属"和伤残军人按全市上年度人均收入50%标准发给,复退军人和红军失散人员按上年度农村人均收入15%标准发给。1999年,开展"爱心献功臣"活动,根据龙泉市人民政府部署,全市结对子60个,捐赠资金2.40万元,物资价值1万元,帮助军属住房维修13户,修建房屋24间,解决医疗困难55人。2000年,义务兵役费社会统筹7.21万元,于春节前发放到人。是年,龙泉市民政局将义务兵役费统筹转交给龙泉市人武部管理。

复退军人安置

1989年,接收退伍军人中,城镇户口符合条件安排工作,农村户口回农村务农。1998年,实行指令性与指导性安置办法接收退伍军人,其中,有志愿兵退伍军人和城镇户口义务兵共15人安排工作,其余回农村务农。

2001年始,城镇户口士兵,包括士官(志愿兵)采取自谋职业,政府给予一次性补偿金的办法进行安置。2005年始,除获得大军区以上荣誉称号者、平时获二等功以上者、参战立三等功和参战残疾军人,政府给予指令性安置外,其他对象一律采取自谋职业、政府给予一次性补偿金办法安置。

烈士褒扬

1989年,全县登记有革命烈士119位,其中,第二次国内革命战争时期牺牲的42人、抗日战争时期牺牲的35人、解放战争时期牺牲的3人、抗美援朝牺牲的18人、对越自卫反击战牺牲的1人、其他因公牺牲的20人。

龙泉革命烈士陵园位于城区北隅安清山,始建于1959年。1991年,龙泉革命烈士陵园纪念馆整修,重新布置图片和实物,在"七一"前夕,展出"龙泉革命斗争史略"。1992年8月,开工建设"龙泉革命烈士纪念碑",1993年8月竣工,9月28日举行揭碑仪式。"革命烈士纪念碑"建地面积2000平方米,碑体由八根柱子构成一面红旗,四周为浮雕,正面由上将叶飞题字"革命烈士永垂不朽"。1993年,重建"李逸民同志纪念碑",中将郭化若题字"李逸民同志之墓"。1998年,对在1949年为革命牺牲的金吴养和在1994年因扑救森林火灾而牺牲的周林开,报浙江省民政厅审批后确认为革命烈士。2002年,因丽浦公路改线,将位于该线的陈合友烈士纪念碑搬迁到市革命烈士陵园安放。2003

年，投资4千元，美化革命烈士陵园环境，绿化草地500平方米。2004年，革命烈士陵园纪念馆、门厅、粟裕纪念碑、烈士纪念碑等进行全面维修，并改装水电。2005年，对锦溪镇上锦村、竹垟畲族乡局下村、屏南镇瑞竹垟村和住龙镇住溪村等地的烈士墓进行维修。2006年，为纪念季步高烈士诞生一百周年，在中共龙泉市委党史办等单位倡导下，开展征文、诗歌竞赛活动，共发表纪念文章20余篇，诗词歌赋64首等。

第二章　社会事务

第一节　革命老区扶持

组织机构

龙泉是土地革命战争时期革命老根据地。2005年11月17日，成立龙泉市革命老区开发建设促进会（以下简称市老促会）。市老促会由中共龙泉市委副书记、龙泉市人民政府分管副市长任名誉会长，由热心革命老区开发建设事业的老干部、老党员、老军人、老专家、有关部门负责人以及关心支持革命老区建设的企业家组成，是联合性、地方性、非营利性的特殊社会团体。

主要工作

龙泉市老促会自成立后的每年元旦、春节期间，配合中共龙泉市委、龙泉市人民政府会同民政、党史等有关部门做好革命老区的慰问工作。2005—2010年，走访宝溪、住龙、道太、城北、岩樟、锦溪、上垟、竹垟、安仁等老区乡镇，看望和慰问老党员、老游击队员、老交通员、失散老红军和革命烈士遗属，协同民政部门对老党员、老游击队员、老交通员、失散老红军和烈士遗属进行实地面对面核实、联系。协助老区乡镇工作，撰写《市老促会走访“三老人员”情况汇报》《老区康庄工程建设和存在问题》《城北乡东书村红阳猕猴桃推广种植生产情况》《关于发展高效农业与保护生态环境关系的探讨》《建胜村高山四季豆种植情况》等调研文章上报国家和省、丽水市老促会。还组织撰写《宝溪老区展新颜》和《住龙昔日老区，今朝锦绣河山》两篇文章供省老促会编纂《老区新貌》一书用稿，与市委党史研究室、市文联等合编多部革命题材书籍等。

自2005年成立始，市老促会从各方筹集资金360余万元，陆续完成一系列革命遗址的修复与保护。市老促会还与省老促会联系，请原中共浙江省委书记、省老促会顾问薛驹为宝溪乡溪头村“红军纪念亭”和“红军挺进师入浙第一仗纪念碑”题字。协同中共龙泉市委党史研究室、关工委、民政、教育等部门开展革命传统和爱国主义思想教育，利用清明节、五四青年节、六一儿童节、七一党的生日、国庆节等节日、纪念日，发挥龙泉革命烈士陵园、上田战斗纪念馆、住溪苏维埃政府旧址等革命遗址的教育基地作用。2005—2010年，宣讲340余场次，受教育人数6.10万人次。

第二节　民政事务管理

村民自治管理

1989年，龙泉县民政局配合中共丽水地委组织部在查田镇开展乡镇村民自治教育和在大沙乡开展换届选举试点工作。1992年，农村自治组织建设和行政区划在八都镇进行"放权压担"村民自治新局面的试点工作，取得经验后在全省介绍交流。基层政权建设和行政区划、撤区并乡工作，全省亦在龙泉市进行试点。1993年，农村换届选举，至8月份全市有441个行政村完成换届选举工作。

2002年，撤销龙渊镇建制，设立龙渊、西街、剑池三个街道办事处。按照浙江省民政厅、丽水市民政局部署，首先在础石乡17个行政村开展村民委员会的换届选举试点工作，是年，有438个行政村进行村委会换届选举。2003年，建立《村民代表会议制度》《村务公开制度》《村财务管理制度》。是年，南秦社区荣获浙江省示范社区、丽水市文化社区和年度党建工作示范社区称号。2004年，下拨社区补助资金11万元，是年，创办《龙泉社区简报》。2005年，成立乡镇财务公开和民主管理领导小组，并完成17个乡镇、街道干部培训工作。2006年4月，开展村务公开和民主管理示范乡镇、示范村创建活动，经检查评比，并经浙江省民政厅考核，评出龙渊街道为示范乡镇；查田镇下圩村、安仁镇刘坊村、上垟镇小黄南村、道太乡大白岸村为省级示范村。是年，按照《龙泉市第二届社区选举工作实施意见》，开展社区换届选举，完成社区党支部、居委会的换届选举工作。2009年，完成11个社区第三届居委会的换届选举工作，选举产生新一届社区党支部和居民委员会。是年，根据省、市要求，开展农村社区建设，在全市开展创建50个农村服务中心活动，安仁镇安泰社区、龙渊街道村头村社区、查田镇圩头村社区、上垟镇小黄南村社区、剑池街道茶坦村社区相继建成省、市示范点。2010年，完成八都镇村级组织换届选举试点工作。是年，落实11个社区的办公用房。

民间组织管理

1989年，按照国务院《社会团体登记管理条例》制定社团管理制度，在查田镇进行社团管理试点工作。1990—1991年，对龙泉市（县）78个社团进行清理整顿，确认其中62个社团进行登记，其余不符合《社会团体登记管理条例》规定的社团不予登记或更名、取缔。1993年，新批准登记的社团3个，并有54个社团建立档案。

1998年，进行社团清理整顿。2000年，贯彻执行《社会团体登记管理条例》，全市70个社团通过整顿，有20个整改后重新登记。2001年，全市有19个社团进行重新整顿清理，有4个社团经过清理不予登记。2003年，依法登记的民间社团26个，民间非企业单位47家。2004年，召开民间组织负责人座谈会，通过评选，龙泉市香菇协会被推荐为全国先进行业协会，参加北京成就汇报展。2005年，出台《龙泉市农村专业经济协会登记管理暂行办法》，是年，全市共有社会团体51家，民办非企业单位69家。2008年，社会团体发展到83家，民办非企业单位87家，9月份完成年检工作。2010年，全市有社会团体 97 家，民办非企业单位 99 家。

婚姻管理

1989—2002 年 3 月 30 日，婚姻登记工作由市属各乡镇人民政府登记。2002 年 4 月 1 日，龙泉市机构改革，已撤销的龙渊镇人民政府不再具备办理婚姻登记职能，由龙泉市民政局婚姻登记处负责办理全市范围内的婚姻登记工作，同时各乡镇人民政府也可办理所属乡镇居民的婚姻登记，原“出具夫妻关系证明书”的业务改为“补发婚姻登记证”。2004 年 7 月 1 日，全市婚姻登记在市民政局婚姻登记处登记。经龙泉市编制办公室核准正式成立龙泉市婚姻登记办公室，履行全市的婚姻登记工作。2009 年，龙泉市婚姻登记办公室被国家民政部评定为全国婚姻登记规范化单位。

1989—2010 年龙泉市（县）婚姻登记情况一览表

表 34-2-1

年份	结婚（对）	离婚（对）	出具夫妻关系证明书（份）	补发结婚证（份）	补发离婚证（份）	出具无婚姻登记记录证明（份）
1989	3248	8	504	—	—	—
1990	2447	16	276	—	—	—
1991	2201	24	135	—	—	—
1992	2514	35	81	—	—	—
1993	2148	27	37	—	—	—
1994	2480	60	18	—	—	—
1995	2755	35	14	—	—	—
1996	2737	51	23	—	—	—
1997	2207	59	19	—	—	—
1998	2511	19	52	—	—	—
1999	2431	71	85	—	—	—
2000	2193	113	67	—	—	—
2001	1990	120	54	—	—	—
2002	1742	115	58	—	—	—
2003	1954	133	—	27	—	—
2004	1769	207	—	29	1	—
2005	1856	213	—	96	4	—
2006	2327	289	—	189	7	—
2007	2277	309	—	280	11	—
2008	2888	329	—	455	5	1366
2009	2957	404	—	587	12	2485
2010	2532	445	—	586	38	2768

殡葬管理

1989 年，实行殡葬改革，建立龙泉县殡仪馆，是年 11 月，开始使用。1991 年，建造龙泉市第一座公墓，占地 0.86 公顷，2000 余墓穴，第一期销售经营性公墓 76 穴。1997 年，建造公墓 207 穴，接待殡仪业务 63 起。1998 年，殡仪馆到环城东路公路 400 米公路浇筑柏油路面。1999 年，销售公墓 311 穴。2006 年，治理"三沿五区"坟墓，建设村级生态墓区 10 个，有 388 个行政村采用"山崖葬法"，并在基层设立便民服务点 11 个。2007 年，配合龙泉市"回归工程"进行坟墓迁移，在季户垄兴建一处生态墓区，从"回归工程"处迁移有主坟 130 穴、无主坟 300 多穴。2008 年，新建墓穴 160 穴，销售 126 穴。是年，龙泉境内的高速公路、省道线及通往凤阳山旅游风景区公路两侧沿线行政村进行村级生态墓区建设，涉及 10 个乡镇、街道、86 个行政村的实施方案，在八都镇、安仁镇开始建设。2009 年，龙泉市人民政府与各乡镇、街道签订殡葬管理责任书，并列入各乡镇、街道年终考核,19 个乡镇(街道)坟墓整治 3285 座。2010 年，购买绿化苗木 3 万余株，对全市 3500 余座坟墓进行坟墓绿化整治工作。做好第二生态墓地选址，"三沿五区"坟墓治理，整治坟墓 3329 座，整治率 99.90%，推进遗体火化区扩面等工作。

2000 年 7 月 3 日，在原殡仪馆址动工兴建遗体火化项目。2001 年，投资 380 万元建设项目立体工程，并投资 207 万元建设综合楼。2002 年，制定《龙泉市殡葬管理办法》。2003 年，成立殡葬改革领导小组，龙泉市人民政府出台《龙泉市殡葬改革管理办法》，5 月 30 日，召开全市殡葬改革动员大会，龙泉市人民政府与各乡镇签订责任状，招聘驾驶员、火化工、抬尸工等工作人员，是年 7 月 28 日零时始，在火化区范围内实行遗体火化。2004 年，投资 20 万元，绿化殡仪馆区环境，设置告别室、活动室，购置殡葬专用车，并对殡仪馆门前的小山包进行"三沿五区、青山白化"整治。2004 年，在基层设立纸棺代办点 5 个，是年，完成遗体火化 1337 具，火化率 100%。2005 年，改善殡仪馆环境，添置设备，在悼念厅安装电子显示屏，设置遗体冷冻柜等。2007 年，扩大火化区域，从 7 月 28 日始，对第二批遗体火化区扩面至龙渊街道白墓村等 83 个行政村、152 个自然村。2008 年 3 月 18 日始，第三批遗体火化区扩面至岩樟乡郑庄村等 21 个行政村、51 个自然村。是年，全市共接运火化遗体 1500 具，火化率 100%。从 2003 年 7 月 28 日开始实行遗体火化，至 2010 年，全市共火化遗体 11142 具，火化率 100%，销售公墓 1503 穴。

2004 年，龙泉市殡仪馆被评为浙江省行风建设先进单位，受到浙江省民政厅表彰。2010 年，市殡仪馆被命名为"丽水市级文明单位。"

第三节　勘界与地名管理

县(市)界勘定

1997 年，根据浙江省民政厅部署，龙泉市成立勘界地名领导小组，与交界方一起到实地考察，对有争议的地段相互交涉协商，完成龙泉、松阳、庆元线 95.20 千米中 86.80 千米的勘界任务。1998 年，完成龙泉松阳线、龙泉云和线、龙泉景宁线、龙泉遂昌线和龙泉庆元线 324.26 千米的行政区域界线勘定，埋设界桩22个。1999年，小界、县界勘定，并联合制订行政区域界线协议书，进行签字仪式。

2003年，协助浙江省民政厅完成与福建省浦城、松溪县的省际界80千米的勘界任务。2004年，与浙江省的云和、景宁、松阳、庆元进行界桩检查。2007年，开展"平安界限"创建，完成省界、县界的界线、界桩检查工作。2010年，组织对龙泉与云和、景宁、遂昌3县的界线界桩进行联合检查。

地名管理

1997年，龙泉市人民政府开展城区新建住宅区及主要街道的命名和更名工作，完成新华街、中山东路、中山西路、剑池东路、剑池西路、江滨南路、江滨北路、环城西路等主要街道和大洋一区的门牌安装。1998年，龙泉市民政局与浙江省测绘大队合作，绘制《龙泉市交通旅游图》，1999—2000年，《龙泉市交通旅游图》正式出版，并完成《全国小城镇名录资料》龙泉部分资料的收集和上报任务。2001年区划调整，完成龙渊撤镇设办的区域划分和城北乡的地名补查试点工作。2003—2004年，制作发行《龙泉市商贸交通旅游图》，制订安装街道和小区门牌、安仁至小梅段和市区至八都段55块村牌，制作新华街、贤良路箱体街道牌，并对新建住宅小区进行命名。2003年11月，出台《龙泉市地名管理实施细则》，同时，做好小区门牌、楼牌制订和巷（弄）牌及小区道路命名。建立地名信息数据库，录入行政村、居民点、道路、山脉等十大类3000条数据信息。2005年，进行工业小区、滩坑电站移民村命名和街道牌、门牌装订等。2007年，规范地名管理，地名数据资料更新和乡镇地名标牌制作，龙泉地名网正式开通。2009年，《龙泉市地名规划》通过专家组论证。2010年，完成《龙泉市行政区划地图》审核、出版工作。

第四节　老年人事业

组织机构

1993年10月，龙泉市人民政府调整、充实龙泉市老龄委员会，下设办公室"老龄办"，行政编制3人，其中领导职数1人。单列，属政府口。各乡镇相应调整、充实老龄工作机构，部分行政村建立"老年人协会"。

1996年10月，中共龙泉市委、龙泉市人民政府《关于龙泉市党政机关机构改革"三定"工作实施意见》决定撤销"龙泉市老龄委员会"及其办事机构，老龄工作并入市委老干部局作为内设机构，原"老龄办"人员职务自然消失。各乡镇的老龄工作机构相应撤销，行政村"老年人协会"自然解体。

1998年6月25日，龙泉市人民政府《关于印发"龙泉市老龄委员会办公室"机构设置方案的通知》中确定，龙泉市老龄委员会办公室行政编制3人，其中领导职数办公室主任1人。单列，属政府口。7月20日，龙泉市人民政府重新建立龙泉市老龄委员会，同时恢复龙泉市老龄委员会办公室建制。

1999年1月20日,浙江省老年电视大学龙泉分校成立，属市老龄办公室管理，履行"校务委员会"职责。

2003年6月，《关于印发龙泉市民政局（市老工办）职能配置、内设机构和人员编制规定的通知》

规定：老工办行政编制 2 人，其中领导职数办公室主任 1 人。同时，龙泉市人民政府决定撤销原“龙泉市老龄委员会”及其办公室，成立“龙泉市老龄工作委员会”，其“老龄工作办公室”与市民政局“老龄办公室”合署办公。是年 7 月 1 日始，原龙泉市老龄委员会办公室人、财、物，包括浙江省老年电大龙泉分校并入市民政局，归属民政局管理。

主要工作

1999 年 1 月，浙江省老年电视大学龙泉分校校务委员会成立，3 月开办，第一批学员 254 人，分 5 个班，5 个教学点。每学期为半年，学制为两年。另外，根据“扩大生源，向农村延伸”的要求，“福彩”资金资助农村教学收视点 19 个、社区收视教学点 11 个，共受助金额 38 万元。

2002 年，开展“送光明”活动，对全市老年白内障患者进行调查，有 484 人（男 231 人，女 253 人），其中特困老人 180 人。是年 10 月 10 日，有特困老人患者 2 人赴杭州免费手术治疗，11 月 11—15 日，浙江省医疗专家一行 4 人到龙泉，在市人民医院的配合支持下，免费为特困老年人白内障患者 47 人进行手术治疗，共计 49 例，成功率 100%。2009—2010 年，开展“送光明”活动，邀请浙二医院眼科专家为龙泉市老年白内障患者 122 人免费进行复明手术。2004 年，开展“助老济困行动”，经各乡镇、街道调查推荐特困老人受助对象 86 人，其中，有村长（村委会主任）25 人、民兵连长 6 人、妇女主任 5 人、复退伤残军人 5 人、老劳模 1 人、中华人民共和国成立前地下交通员 2 人。每人至少救济 500 元，财政共支出 5 万元。2005 年 3 月 4 日，龙泉市人民政府第 16 次常务会议通过《龙泉市老年人优待办法》，规定每年元旦、春节对年满 90 岁及其以上老人，市财政拨专款进行慰问，百岁老人可享受每月长寿补贴 200 元。经常性开展“敬老助老评优选好”活动，并对老龄工作先进集体和个人以及“敬老好儿女”“好媳妇、好女婿”“敬老之星”等进行表彰。开展以宣传《中华人民共和国老年人权益保障法》为主要内容的老年文化艺术活动，举办四届“老年文化艺术周广场文艺演出”，市老年文化艺术团经常为周边乡镇、街道社区、敬老院演出。同时还举办老年书画展、老年摄影优秀作品展等活动。

2008 年末，龙泉市老年活动中心落成开放，占地面积 4906 平方米，其中建筑面积 2060 平方米。全市 444 个行政村和街道的 11 个社区建有“老年人协会”组织和老人活动室，全市农村 90%以上的老年活动室都开展正常性的“创星级”活动，达星级的老年活动室共有 19 个，其中，二星级的 15 个、三星级的 4 个。三个街道的 11 个社区老龄工作实施“3587 工程”（建立和完善 3 个老龄组织，建立健全社区老年服务 5 大网络，现阶段社区老龄工作的 8 项主要任务，社区老龄工作规范化的 7 条标准）全部达标，经上级验收合格。“福彩”资助的“星光之家”25 个。2009 年，投入 137 万元用于 6 个乡镇老年活动中心建设，投入 8 万元用于 17 个行政村老年活动中心建设。

至 2010 年 12 月 31 日，龙泉市总人口 288485 人，其中，年满 60 岁及以上老年人口有 46908 人，占总人口数的 15.98%，年满 90 岁及以上老人有 673 人（其中百岁以上老人 3 人）。

第三十五篇

居民生活

改革开放以后，经济快速发展，龙泉城乡居民收入不断提高，生活质量明显改善。2010年，龙泉城镇居民人均可支配收入为22015元，突破2万元大关，比1989年增长12倍；农村居民人均纯收入6704元，比1989年增长9.50倍，年均增长11.80%。城乡居民储蓄连续攀升，保持高位运行。2010年末，居民储蓄41.35亿元，比1989年增长61.80倍。居民收入的不断增长，为物质生活质量的整体改善提供重要基础。居民生活消费逐步从温饱型到小康型转变，在居民全部消费支出中，反映基本生存需要的食品、衣着和居民生活用品支出所占比重逐步下降，而体现发展与享受需求的医疗保健、交通通信、住房、文教娱乐、旅游休闲等项目支出的比重不断提高。本篇表格数据来源《龙泉统计年鉴》。

第一章　居民收入与储蓄

第一节　居民收入

农村居民收入

20 世纪 80 年代始，农村逐步实行家庭联产承包责任制，为农村商品经济发展创造条件。农村产业结构由单一的农业生产，向农、工、商、建、运多层次的综合方向转变，农业内部结构也由单一种植粮食转向粮食生产与多种经济作物并重发展，农村劳动力从传统的第一产业向第二、第三产业转移。随着农村经济的好转，龙泉农村居民人均纯收入从 1989 年的 639 元，增加到 1995 年的 2197 元，增长 2.40 倍，年均增长 22.90%。1989—1992 年，农村居民人均纯收入由从集体得到的收入、家庭经营收入、经济联合体收入、其它非生产性收入四项指标组成。农村居民收入主要来源于家庭经营收入，1992 年，家庭经营收入占人均纯收入的比重为 84.90%。从集体得到的收入、经济联合体收入、其他非生产性收入分别占 3.90%、1.30%、9.90%。

21 世纪初，受国家宏观调控政策的影响，农村居民收入增长放缓。2000 年，人均纯收入为 2607 元，比 1995 年增长 18.70%，年均增长 3.50%。2005 年，农村居民收入增长态势加快，农村居民人均纯收入 3627 元，比 2000 年增长 39.10%，年均增长 6.80%。2006 年，国家全面取消农业税，终结延续两千余年农民种田交税的历史。加工农业、生态农业、外向农业、休闲观光农业得到发展，农业生产进入新一轮快速发展时期。2010 年，龙泉市农村居民人均纯收入 6704 元，比 2005 年增长 84.80%，年均增长 13.10%；比 1989 年 639 元增长 9.50 倍，年均增长 11.80%。

1993 年后，农村居民人均纯收入由劳动者工资性收入、家庭经营收入、转移性收入、财产性收入四项指标组成。随着乡镇工业的发展，越来越多的农村居民成为“上班族”，工资性收入对农村居民纯收入的贡献接近家庭经营收入，成为农民增收的重要来源。1993 年，龙泉农村居民人均工资性收入为 206 元，至 2000 年，为 579 元，比 1993 年增长 1.80 倍，年均增长 15.90%；至 2005 年，为 1336 元，比 2000 年增长 1.30 倍，年均增长 18.20%；至 2010 年，为 2630 元，比 2005 年增长 96.50%，年均增长 14.50%，比 1993 年增长 12.80 倍，年均增长高达 16.20%。人均工资性收入占纯收入比重从1993 年的 18%，增加到 2010 年的 39.20%。

2010 年，龙泉市农村居民家庭经营收入 3445 元，比 1989 年增长 5 倍，年均增长 9%。从 1993 年开始，家庭经营收入占纯收入的比重持续下降，至 1995 年，下降到 69.40%，比 1989 年 88.80%下降 19.40 个百分点；至 2000 年，占纯收入的比重下降到 66.80%，比 1995 年下降 2.60 个百分点；至 2005 年，占纯收入的比重下降到 54.90%，比 2000 年下降 11.90 个百分点；至 2010 年，占纯收入的比重下降到51.40%，比2005年下降3.50个百分点，比1989年下降37.50个百分点，龙泉农村居民收入来源呈不断多元化的发展态势。

农村居民财产性收入呈多样化，财产的入股分红、被征用地补偿、房屋出租、银行储蓄利息等非经营性收入大幅度增加。1993年，龙泉市农村居民人均财产性收入仅为6元，占纯收入比重0.50%；至2010年，为203元，比1993年增长32.80倍，年均增长23%，占纯收入比重增长到3%。

转移性收入主要包括离退休金、保险收入、赡养收入、赠送、赔偿等。由于离退休金的不断提高、赡养收入的不断增长，龙泉市农村居民人均转移性收入从1993年的40元，增加到2010年的426元，增长9.70倍，年均增长11.40%。转移性收入占纯收入比重从1993年的3.50%，上升到6.40%。

1989—2010年龙泉市(县)农村居民纯收入一览表

表35-1-1　　单位：元/人

项目 年份	全年人均纯收入	其中							人均纯收入指数上年=100
		劳动者工资性收入	家庭经营收入	转移性收入	从集体得到收入	财产性收入	经济联合体收入	其它非生产性收入	
1989	639	—	568	—	14	—	—	57	98.30
1990	771	—	679	—	28	—	—	64	120.70
1991	849	—	749	—	30	—	5	65	110.10
1992	909	—	772	—	35	—	12	90	107.10
1993	1149	206	897	40	—	6	—	—	126.40
1994	1524	251	1172	90	—	12	—	—	132.60
1995	2197	424	1525	232	—	16	—	—	144.20
1996	2636	508	1947	166	—	15	—	—	120.00
1997	2479	471	1914	81	—	13	—	—	94.00
1998	2431	504	1789	149	—	20	—	—	98.10
1999	2497	470	1909	93	—	25	—	—	102.70
2000	2607	579	1741	254	—	33	—	—	104.40
2001	2764	684	1925	100	—	55	—	—	106.00
2002	3001	834	2065	82	—	20	—	—	108.60
2003	3229	954	1984	202	—	89	—	—	107.60
2004	3362	981	2058	221	—	102	—	—	104.10
2005	3627	1336	1990	181	—	120	—	—	107.90
2006	3899	1590	1996	192	—	121	—	—	107.50
2007	4380	1787	2177	256	—	160	—	—	112.30
2008	5112	1891	2737	304	—	180	—	—	116.70
2009	5805	2278	2984	352	—	191	—	—	113.60
2010	6704	2630	3445	426	—	203	—	—	115.50

城镇居民收入

20世纪90年代，以“铁饭碗”为特征的原劳动用工制度逐步被打破，尤其是1992年邓小平南方谈话后，城镇居民来自工资性收入以外的其他劳动收入开始增多。随着改革力度的加大，粮食价格相继放开，国家机关、事业单位进行工资调整、套改，增加职务补贴和奖励工资，企业在总量控制的前提下，有权根据经济效益状况相应增加职工工资和奖金，地方政府为弥补通货膨胀给居民生活带来的影响，又增加一次性的补贴和物价补贴。龙泉城镇居民的可支配收入从1989年的人均639元，增加到1997年的2479元，1997年比1989年增长2.90倍，年均增幅18.50%。进入21世纪后，随着经济体制改革的深入和市场经济体制的构建，同时，受国际金融危机冲击，以及国内经济环境疲软、内需不足等因素的影响，部分职工下岗，城镇居民的收入增幅减缓，2001—2005年,年均增幅呈个位数增长。国务院采取积极的财政政策和宽松的金融政策，实施扩大投资和刺激消费的措施。2006年，国民经济开始高速发展，城镇居民收入得到较快增长。2010年，城镇居民人均可支配收入22015元，比2001年增长1.06倍，比1989年增长12倍。

城镇居民可支配收入由工资性收入、经营性净收入、财产性收入和转移性收入四大部分组成。工资性收入是指从单位得到的所有劳动报酬，包括工资、奖金、补贴等。城镇居民的可支配收入主要来源于工资性收入。1995年，城镇居民人均工资性收入4290元，比1989年增加2.20倍，年均增幅21.20%；2000年，人均工资性收入为5204元，比1995年增加21.30%，年增幅3.90%；2005年，人均工资性收入8049元，比2000年增加54.60%，年均增幅9.10%；2010年，人均工资性收入14481元，比2005年增加77.50%，年均增幅12.20%。1989年，人均工资性收入占城镇居民收入的80.50%，进入21世纪以后，工资性收入占城镇居民收入的比重稳定在60%以上，至2010年，工资性收入占城镇居民收入的65.80%，比1989年下降14.70个百分点。

经营性净收入是指家庭成员从事私营、个体生产经营活动所取得的收入，是全部生产经营收入中扣除生产成本、费用和税金后的净收入。20世纪80年代，龙泉城镇居民经营性收入很少，进入90年代后，尤其是进入21世纪后，从事自主经营的人数逐渐增多，经营性收入成为城镇居民收入构成中增长最快的部分。2010年，城镇居民人均经营性收入3172元，比1989年增长49.10倍，年均增长20.50%，成为可支配收入增长的主要来源之一。

财产性收入包括银行利息、保险收益、房屋出租的租金、红利、其他投资的收入。20世纪90年代，城镇居民除少量利息收入外，无财产性收入。进入21世纪后，财产性收入明显增加，如出租房屋的租金收入、抛售二手房套现、出租汽车等。2010年，人均财产性收入176元，比1989年增长25.80倍，年均增长17%。

转移性收入主要包括离退休金、保险收入、工龄买断收入、住房公积金、赡养收入、赠送、赔偿等。在转移性收入中，以离退休金为主要组成部分。2010年，人均转移性收入5930元，比1989年增长21.70倍，年均增长15.80%，其中，人均养老退休金3831元，比1989年增长48.10倍，年均增长20.40%。

1989—2010 年龙泉市(县)城镇居民家庭收入一览表

表 35-1-2　　　　单位：元/人

年份	家庭总收入	其中						
		可支配收入	(一)工资性收入	(二)经营净收入	(三)财产性收入	(四)转移性收入	其中:养老金或离退休金	人均可支配收入指数上年=100
1989	1697	1683	1354	63	7	273	78	114.70
1990	1782	1765	1316	95	30	342	131	104.90
1991	1863	1847	1343	127	38	355	145	104.60
1992	2327	2298	1668	231	70	357	207	124.40
1993	2848	2832	2030	272	55	492	315	123.20
1994	4338	4318	3563	114	79	582	223	152.50
1995	5042	5013	4290	147	54	550	285	116.10
1996	5763	5720	4841	163	25	734	489	114.10
1997	5819	5794	4534	437	8	841	521	101.30
1998	6606	6573	5009	448	154	995	624	113.40
1999	7776	7734	5199	490	97	1990	692	117.70
2000	8501	8447	5204	1183	180	1933	1293	109.20
2001	10821	10673	6241	1086	272	3222	1479	126.40
2002	10555	9895	6746	1494	257	2059	1636	92.70
2003	11831	10800	8536	1240	373	1681	1232	109.10
2004	13310	11696	9478	1459	105	2268	1708	108.30
2005	13335	12404	8049	1744	523	3019	1834	106.10
2006	15595	14235	9855	1924	575	3241	2150	114.80
2007	17438	16128	10895	2436	549	3559	2606	113.30
2008	19422	18145	11573	3884	316	3649	2883	112.50
2009	21307	19825	12884	2851	225	5346	3261	109.30
2010	23759	22015	14481	3172	176	5930	3831	111.00

注：1989—1996 年可支配收入根据新标准(实际收入－家庭副业支出－记账补贴)计算。

平均劳动报酬

单位从业人员劳动报酬是用人单位在生产过程中支付给劳动者的全部报酬，包括三部分：一是货币工资，用人单位以货币形式直接支付给劳动者的各种工资、奖金、津贴、补贴等；二是实物报酬，即用人单位以免费或低于成本价提供给劳动者的各种物品和服务等；三是社会保险，指用人单位为劳动者直接向政府和保险部门支付的失业、养老、人身、医疗、家庭财产等保险金。2010 年，龙泉市单位从业人员平均劳动报酬 39579 元，比 1989 年提高 20 倍，年均增幅 15.60%，其中，国有经济单位平均劳动报酬 47164 元，比 1989 年提高 23.10 倍，年均增幅 16.40%，城镇及集体单位平均劳动报酬 40304 元，比 1989 年提高 22.50 倍，年均增幅 16.20%，其他各种类型单位平均劳动报酬 25142 元，与 1995 年数据相比提高 4.20 倍，年均增幅 8.20%。

1989—2010 年龙泉市（县）单位从业人员劳动报酬一览表

表 35-1-3

年份	平均职工人数（人）	其中			从业人员劳动报酬（万元）	其中			平均劳动报酬（元）	其中		
		国有经济单位（人）	城镇及集体单位（人）	其他各种类型单位（人）		国有经济单位（人）	城镇及集体单位（人）	其他各种类型单位（人）		国有经济单位（人）	城镇及集体单位（人）	其他各种类型单位（人）
1989	20789	14769	6020	—	3926	2893	1033	—	1888	1959	1716	—
1990	20286	14969	5317	—	4102	3169	933	—	2022	2117	1755	—
1991	25595	20483	5112	—	4521	3527	993	—	1766	1722	1942	—
1992	20743	16164	4579	—	5414	4420	994	—	2610	2734	2171	—
1993	21504	16671	4833	—	6572	5341	1231	—	3056	3204	2547	—
1994	19583	16502	3081	—	8468	7485	983	—	4324	4536	3191	—
1995	18962	15975	2557	430	9467	8228	1033	206	4993	5151	4040	4791
1996	19111	15738	2975	398	10076	8631	1214	231	5272	5484	4081	5804
1997	18349	14380	3002	967	11424	9338	1538	548	6226	6494	5123	5667
1998	16698	11621	2816	2261	11230	8552	1311	1368	6725	7359	4656	6050
1999	15720	11033	2530	2157	12227	9482	1291	1454	7778	8594	5103	6741
2000	15975	11579	2315	2081	13205	10534	1247	1424	8266	9098	5387	6843
2001	14859	10558	1669	2632	16455	12982	1295	2179	11074	12296	7759	8279
2002	13735	9583	1421	2731	20273	16334	1340	2599	14760	17045	9430	9517
2003	13458	9423	1313	2779	22472	18116	1591	2766	16698	19225	12117	9953
2004	22291	9613	1358	3640	35253	20989	1948	4205	15815	21834	14345	11552
2005	15190	9635	1235	4320	32134	23846	2108	6180	21155	24749	17069	14306
2006	15593	9833	929	4831	37273	26394	1861	9019	23904	26842	20032	18669
2007	15638	9581	905	5152	44330	32727	2136	9467	28348	34158	23602	18375
2008	15756	9512	767	5477	49747	35921	2523	11303	31573	37764	32894	20637
2009	16532	10263	791	5478	57180	42503	2697	11980	34587	41414	34096	21869
2010	16929	10532	823	5574	67004	49673	3317	14014	39579	47164	40304	25142

第二节　居民储蓄

居民储蓄发展

改革开放以来，随着经济发展，龙泉城乡居民收入增加，生活水平提高，居民消费进入消费积累阶段，消费心理已趋向成熟，消费水平逐步提高，城乡居民储蓄连续攀升，保持高位运行。1991 年末，城乡居民储蓄存款 1.91 亿元，突破亿元大关。1995 年末，突破 5 亿元大关。2000 年末，突破 10 亿元大关。2007 年末，突破 20 亿元大关。2010 年末，突破 40 亿元大关，为 41.35 亿元，比 1989 年增长 61.80 倍。随着改革开放成效逐步显现，1989—1995 年，是城乡居民储蓄增速最快的 5 年，年均增速为 53.70%。1996—2007 年，由于房地产、股市、保险等投资渠道增多，城乡居民储蓄增速减缓，年均增速 10.90%。2008—2010 年，连续 3 年增速加快，年均增速为 26.70%。

金融机构存款余额

1989 年，龙泉县金融机构年末存款余额 16053 万元，其中，储蓄存款 6579 万元。之后，逐年增加，2010 年，龙泉市金融机构年末存款余额 745690 万元，其中，储蓄存款 413517 万元。下表中 1989—1993 年的“其中”数未包括信用社数据。

1989—2010 年龙泉市（县）金融机构存款余额一览表

表 35-1-4　　单位：万元

年份	年末存款合计	其中								
		企业存款	财政存款	机关团体存款	储蓄存款	其中		农业存款	委托存款	其他存款
						活期	城镇储蓄存款			
1989	16053	4171	967	770	6579	—	0	2827	377	362
1990	21787	6434	1292	1098	8667	—	0	3279	476	541
1991	32379	8070	1280	1151	19113	—	10843	1334	237	1194
1992	38435	9475	455	1256	24043	—	13629	1343	570	1293
1993	47408	8068	887	1463	32568	—	19031	2047	1094	1281
1994	63106	14926	294	637	42701	9918	—	803	3741	4
1995	81146	17388	1659	304	56351	13067	—	728	4601	115
1996	89048	21283	2588	452	64226	12403	—	374	-9	134
1997	99568	23757	1582	464	72492	13087	—	407	51	815
1998	116425	25899	712	1059	84295	15830	—	2737	-20	1743
1999	132783	29383	642	2158	94227	22430	—	5067	0	1316
2000	147276	36135	761	1632	100308	29833	—	7408	0	857
2001	173128	49289	1391	1570	108370	36504	—	11479	0	1013
2002	210087	60812	4049	4236	123832	47317	—	14476	0	2683
2003	245856	72729	3874	6999	141737	58652	—	19211	-6	1313
2004	239178	73641	5590	5535	139052	61753	—	14690	-15	684
2005	269879	77640	3590	15760	151049	75651	—	17236	5	4599
2006	328950	81670	4142	32622	185980	101762	—	17539	6	6991
2007	362811	89056	4330	37802	200651	114572	—	23411	0	7562

续表 35-1-4

年份	年末存款合计	其中								
		企业存款	财政存款	机关团体存款	储蓄存款	其中		农业存款	委托存款	其他存款
						活期	城镇储蓄存款			
2008	415690	87511	135	37220	247688	137771	—	23213	46	19877
2009	479433	101234	23	45403	296351	166249	—	23228	258	12836
2010	745690	189971	47	95917	413517	232910	—	32265	4	13969

第二章　居民消费

第一节　消费水平

农村居民消费水平

20 世纪 90 年代，随着农业产业结构的调整，龙泉农村居民的消费水平有较大幅度的提高，在基本生活消费中，副食、蔬菜、瓜果的开支超过主食，住房、耐用消费品的消费增加。生活消费支出基本为“衣、食、住、用、行”五大类消费支出。进入 21 世纪，农村居民不仅物质生活水平在提高，而且精神生活水平也在提高，通讯、医疗保健、文教娱乐等内容成为新的消费热点。随着改革开放的不断深入，1989—1995 年，是农村消费支出增长最快的时期。1995 年，农村居民人均年生活消费支出 2042 元，比 1989 年增长 2.50 倍，年均增长 23.20%。1996—2005 年，农村居民消费趋于平稳。2005 年，农村居民人均生活消费支出 3073 元，比 1995 年增长 50.50%，年均增长 4.20%。2006—2010 年，农村消费支出继续加快增长。2010 年，农村居民人均生活消费支出 4787 元，比 2005 年增长 55.80%，年均增长 9.30%，比 1989 年的 584 元增长 7.20 倍，年均增长 10.50%。

1989—2010 龙泉市(县)农村住户生活消费支出一览表

表 35-2-1

年　份	生活消费支出(元/人)	其中:食品(元/人)	恩格尔系数(%)
1989	584	378	64.80
1990	785	514	65.50
1991	688	432	62.80
1992	853	539	63.20

续表 35-2-1

年 份	生活消费支出(元/人)	其中:食品(元/人)	恩格尔系数(%)
1993	894	553	61.90
1994	1342	792	59.00
1995	2042	1178	57.70
1996	2513	1402	55.80
1997	2158	1217	56.40
1998	2134	1180	55.30
1998	2158	1161	53.80
1999	2240	1122	50.10
2000	2263	1116	49.30
2001	2021	934	46.20
2002	2090	1020	48.80
2003	2090	953	45.60
2004	2114	947	44.80
2005	3073	1232	40.10
2006	3404	1316	38.60
2007	3746	1343	35.20
2008	4003	1557	38.90
2009	4142	1617	39.00
2010	4787	1743	36.40

城镇居民消费水平

2010 年，城镇居民人均消费支出 15289 元，比 1989 年增长 10.50 倍，其中，食品 5183 元，比 1989 年增长 5.50 倍；衣着支出 1770 元，比 1989 年增长 10.60 倍；居住支出 1180 元，比 1992 年增长 6.90 倍；家庭设备和用品及服务支出 789 元，比 1992 年增长 5.70 倍；医疗保健支出 812 元，比 1992 年增长 11.90 倍；教育文化娱乐服务 2375 元，比 1992 年增长 9.60 倍；其他商品和服务 285 元，比 1992 年增长 2.50 倍。居民生活水平的提高，不仅体现在消费支出的简单增长上，更表现在居民的消费观念、消费档次和消费结构的变化上。消费档次已从一般家庭消费向服务、旅游、保健、信贷、信息、轿车和高档住房消费发展。消费结构从温饱型农产品消费转移到小康型的新型电子产品消费，并向富裕型的服务消费迈进。1989—1995 年，城镇居民消费支出增幅明显，年均增速 21.80%。受通货膨胀和财政政策紧缩的影响，1996—1998 年，城镇居民消费支出增速减缓，年均增速 4.30%。1999—2003 年，城镇居民消费支出增幅加快，年均增速 10.90%。2004—2006 年，城镇居民消费支出增幅趋缓，年均增速 7.20%。2007—2010 年，消费支出增幅继续加快，年均增速 10.80%。

1989—2010年龙泉市(县)城镇居民消费支出一览表

表35-2-2

年份	消费支出(元/人)	其 中(元/人)								恩格尔系数(%)
		食品	衣着	居住	家庭设备、用品及服务	医疗保健	交通和通信	教育文化娱乐服务	其他商品和服务	
1989	1324	801	152	25	199				146	60.50
1990	1456	777	155	66	290				169	53.40
1991	1511	843	199	58	236				175	55.80
1992	1847	867	255	150	118	63	88	225	82	46.90
1993	2383	1190	320	107	190	71	71	252	182	49.90
1994	3432	1538	493	197	205	164	358	340	136	44.80
1995	4324	2061	603	250	396	183	336	269	226	47.70
1996	4609	2066	661	434	462	296	284	237	168	44.80
1997	4722	2098	668	354	254	280	310	627	131	44.40
1998	4903	2086	588	370	267	255	401	726	210	42.60
1999	6118	2294	657	634	737	320	741	526	208	37.50
2000	6929	2228	684	672	334	652	1213	923	223	32.20
2001	9859	2728	785	840	2354	612	951	1303	286	27.70
2002	7089	2643	800	643	448	453	857	1044	201	37.30
2003	8231	2642	1042	651	558	673	1065	1354	246	32.10
2004	9007	3044	1119	762	337	988	1097	1388	272	33.80
2005	9344	3112	989	1056	529	535	1675	1228	222	33.30
2006	10137	3538	1248	937	606	782	1232	1415	378	34.90
2007	11475	4021	1308	944	874	770	1720	1474	364	35.00
2008	13020	4780	1583	896	603	881	1621	2369	287	36.70
2009	14348	4661	1476	948	905	907	2683	2335	432	32.50
2010	15289	5183	1770	1180	789	812	2895	2375	285	33.90

第二节 消费结构与价格指数

农村居民消费结构

1989—2010年，龙泉农村居民生活消费逐步从温饱型到小康型转变。饮食消费开始讲究饮食结构，注重绿色食品、健康食品；衣着消费开始讲究场合与品牌；住房消费从土坯房开始向砖木结构、钢筋混凝土结构转变；农村居民的交通通讯、医疗保健、文教娱乐等方面的消费占比不断提升。2010

年，农村居民人均消费支出4787元，其中，食品消费1178元，占36.40%；衣着消费488元，占10.20%；居住消费546元，占11.40%；家庭用品及服务消费301元，占6.30%；交通通信消费466元，占9.70%；教育文化娱乐消费785元，占16.40%；医疗保健消费395元，占8.30%；其他用品及服务消费64元，占1.30%。

食品　2010年，食品消费1178元，比1989年增长8.20倍。食品支出占消费支出的比重(即恩格尔系数)，是反映居民生活富裕程度的重要指标。20世纪90年代，农村居民恩格尔系数由1989年的64.80%，下降到1995年的57.70%，反映出农村居民生活仍处于温饱阶段。至2005年，农村居民恩格尔系数下降到40.10%，农村居民生活进入小康阶段。2006年始，恩格尔系数继续下降，农村居民生活进一步提高，恩格尔系数由2006年38.60%，下降到2010年的36.40%，农村居民达到相对富裕阶段。与此同时，粮菜等植物性食品消费量由增到减，动物性食物消费量维持在一定水平，食物结构由主食型向副食型转变。食糖、酒类、饮料的消费有所下降。

1989—2010年龙泉市(县)农村住户实物人均年消费量一览表

表35-2-3

年份	粮食(千克/人)	豆类及豆制品(千克/人)	蔬菜(千克/人)	植物油(千克/人)	动物油(千克/人)	肉禽类(千克/人)	蛋类(千克/人)	奶及奶制品(千克/人)	水产(千克/人)	食糖(千克/人)	酒和饮料类(千克/人)	水果及水果制品(千克/人)	坚果及果仁制品(千克/人)	糖果(千克/人)	糕点(千克/人)	卷烟(包)
1989	339.50	—	97.00	1.90	2.20	19.40	2.20	—	0.90	2.20	23.80	14.40	—	1.90	5.90	38
1990	346.90	—	136.80	3.50	2.70	18.20	2.60	—	1.70	3.50	22.30	8.90	—	4.70	8.20	42
1991	320.80	—	148.30	4.00	2.40	20.40	3.20	—	1.70	3.10	27.20	8.90	—	6.70	8.60	33
1992	335.00	—	119.80	5.10	2.80	20.10	2.10	—	2.10	2.60	34.30	11.60	—	6.00	11.50	37
1993	275.80	—	92.50	3.20	2.20	20.10	2.60	—	2.60	2.10	22.60	10.70	—	0.80	7.60	39
1994	305.80	—	132.10	3.60	0.90	15.60	2.60	—	2.90	2.40	39.10	16.10	—	0.60	25.30	40
1995	296.80	—	137.50	2.90	1.40	18.60	2.20	—	3.30	1.80	30.50	16.50	—	0.90	14.00	46
1996	288.90	—	141.40	4.00	2.00	19.40	2.50	—	3.60	1.70	35.70	17.80	—	0.60	16.80	44
1997	338.50	—	152.00	4.00	0.70	16.80	3.60	—	2.80	2.80	28.90	23.80	—	0.30	11.60	33
1998	331.30	—	112.80	3.30	0.70	19.80	3.10	—	3.30	2.30	26.90	17.60	—	0.50	10.30	34
1999	313.40	—	111.20	5.20	0.70	23.70	2.70	—	4.80	3.40	32.80	26.90	—	0.70	7.20	37
2000	291.00	—	167.70	4.30	0.80	20.90	3.30	—	3.40	1.90	18.30	6.70	—	0.40	0.60	33
2001	288.00	4.60	168.60	4.20	0.70	12.10	2.90	—	3.20	1.80	14.00	13.30	—	0.40	0.60	34
2002	286.10	5.70	180.00	4.10	0.60	12.60	2.60	—	2.90	1.80	15.80	27.50	—	0.30	0.80	33
2003	270.90	8.30	118.10	5.10	0.90	24.70	3.00	—	3.80	1.60	17.50	13.30	—	5.40	9.20	35
2004	232.40	9.30	117.40	5.40	0.60	20.70	3.20	—	3.90	1.50	21.80	11.90	—	5.30	8.90	35
2005	209.80	4.70	116.70	4.60	0.70	24.50	3.10	1.6	4.10	1.30	25.70	22.80	23.40	—	—	—
2006	224.50	5.60	112.80	4.40	0.50	23.80	3.60	2.4	4.80	1.40	24.50	11.00	2.70	—	—	—
2007	227.90	4.10	109.90	5.30	0.30	20.40	3.10	2.7	5.50	1.30	27.30	—	2.90	—	—	—
2008	220.40	6.90	112.50	5.80	0.30	17.20	3.10	3.7	5.20	—	27.10	10.00	—	—	—	—

续表 35-2-3

年份	粮食(千克/人)	豆类及豆制品(千克/人)	蔬菜(千克/人)	植物油(千克/人)	动物油(千克/人)	肉禽类(千克/人)	蛋类(千克/人)	奶及奶制品(千克/人)	水产(千克/人)	食糖(千克/人)	酒和饮料类(千克/人)	水果及水果制品(千克/人)	坚果及果仁制品(千克/人)	糖果(千克/人)	糕点(千克/人)	卷烟(包)
2009	221.90	7.20	118.30	5.80	0.30	17.60	3.00	3.7	4.40	1.00	28.50	13.20	2.80	—	—	—
2010	202	7	117	6	0	19	4	3	4	1	27	12	3	—	—	—

衣着　2010 年，农村居民衣着消费支出 488 元，比 1989 年增加 8.40 倍。用于衣着的开支费用明显增加，衣着消费开始讲究场合与品牌。

居住　从过去的茅草房、平瓦房向小洋楼转变，面积大幅增加，房屋结构发生根本变化。2010 年末，农村人均住房面积 49 平方米，比 1989 年 2807 平方米增加 70.70%。2010 年，农村居民人均居住消费 546 元，比 1989 年的 41 元，增加 12.30 倍。尤其是政府通过“下山脱贫”政策，投入大量的资金和补助，为农民建起移民小区。农村通过环境整治，卫生条件不断改善。通过饮用水安全的整治，户户装上自来水。2010 年，农村居民人均拥有钢筋混凝土结构住房面积 16.60 平方米，占农村居民人均住房面积三分之一。

家庭耐用消费品　农村居民家庭耐用消费品的结构，发生显著变化，彩电、冰箱、洗衣机成为居民消费“新三件”。进入 21 世纪，彩电、洗衣机、电冰箱、电话机、影碟机等几近饱和，空调机、抽油烟机、吸尘器、微波炉、热水器进入普通家庭。2010 年，农村住户每百户拥有洗衣机 93 台、电冰箱 71 台、彩电 131 台、空调 27 台、抽油烟机 21 台、热水器 38 台、家用电脑 5 台。

交通与通信　1992 年，人均交通和通信消费 88 元，1995 年，增加到 336 元，增加 2.80 倍。2000 年，增加到 652 元，比 1995 年增加 94%。2005 年，增加到 1675 元，比 2000 年增加 1.60 倍，占农村居民消费的比重，从第三位升至第二位。2010 年，增加到 2895 元，比 2005 年增加 72.80%。农村康庄工程建设也为农村带来人流、物流、信息流和资金流。农民不仅拥有生产用的手拉车、拖拉机、货车，而且还有生活用的自行车、电动车、摩托车、小轿车。截至 2010 年末，每 100 户农村住户拥有自行车 95 辆，摩托车 49 辆，生活用汽车 2 辆、固定电话 52 部、移动电话 211 部。

1989—2010 年龙泉市（县）农村住户每 100 户拥有量一览表

表 35-2-4

年份	洗衣机（台）	电风扇（台）	电冰箱（台）	抽油烟机（台）	热水器（台）	空调（台）	自行车（辆）	摩托车（辆）	电话机（台）	移动电话（台）	彩色电视机（台）	黑白电视机（台）	录放像机（台）	影碟机（台）	照相机（架）
1989	4	12	—	—	—	—	28	—	—	—	0	11	—	—	—
1990	6	17	—	—	—	—	35	—	—	—	1	13	—	—	—
1991	6	18	—	—	—	—	38	—	—	—	1	15	—	—	—
1992	7	23	1	—	—	—	39	—	—	—	2	17	—	—	—
1993	8	23	1	—	—	—	42	—	—	—	4	17	—	—	—

续表 35-2-4

年份	洗衣机（台）	电风扇（台）	电冰箱（台）	抽油烟机（台）	热水器（台）	空调（台）	自行车（辆）	摩托车（辆）	电话机（台）	移动电话（台）	彩色电视机（台）	黑白电视机（台）	录放像机（台）	影碟机（台）	照相机（架）
1994	6	28	2	—	—	—	38	—	—	—	4	18	—	—	—
1995	10	30	4	—	—	—	35	1	—	—	7	16	—	—	—
1996	11	32	4	—	—	—	36	1	—	—	7	17	—	—	—
1997	10	35	4	—	—	—	33	0	—	—	9	20	—	—	—
1998	13	41	6	1	—	—	30	2	5	—	11	15	3	—	1
1999	11	35	4	1	—	—	32	4	7	—	14	15	2	—	1
2000	15	39	6	1	—	—	31	6	11	—	19	15	0	—	1
2001	13	43	7	1	—	—	27	6	14	—	21	14	0	—	1
2002	19	41	7	2	—	—	25	8	15	—	24	12	0	—	1
2003	20	44	8	2	—	—	24	12	32	—	26	9	0	—	1
2004	78	163	34	7	—	—	80	53	0	—	109	32	0	—	2
2005	86	166	41	7	19	—	77	41	71	96	98	23	4	62	1
2006	80	172	39	7	21	—	61	49	71	133	107	11	6	66	1
2007	86	—	39	11	27	14	66	49	71	135	117	2	—	42	2
2008	89	—	47	13	25	15	67	44	61	164	120	6	—	55	4
2009	88	—	57	20	29	21	69	45	57	179	123	8	—	56	5
2010	93	—	71	21	38	27	95	49	52	211	131	5	—	63	7

教育、文化、娱乐　农村居民的教育、文化、娱乐消费在农村居民消费性支出中位居第三，列在食品消费、交通和通信消费之后。1992 年，农村居民人均教育文化娱乐消费 225 元，2000 年，增加到 1213 元，比 1992 年增加 4.40 倍。2010 年，增加到 2375 元，比 2000 年增加 95.80%，比 1992 年增加 9.60 倍，年均增幅 14%。

医疗保健　医疗保健消费水平不断提升，1992 年，医疗保健消费支出 63 元，2000 年，增加到 334 元，增加 4.30 倍，2005 年，增加到 535 元，比 2000 年增加 60.20%，2010 年，增加到 812 元，比 2005 年增加 51.80%。

城镇居民消费结构

1989 年以来，城镇居民收入的快速增长，为物质生活质量的整体改善提供重要的基础。城镇居民消费特点由数量扩张向质量提高转变，消费结构发生显著变化。在城镇居民全部消费支出中，食品、衣着和居民生活用品支出所占比重逐步下降，而医疗保健、交通通信、住房、文教娱乐、旅游休闲等项目支出的比重不断提高。

食品　1989 年，城镇居民恩格尔系数为 60.50%。1991 年，下降到的 55.80%，城镇居民仍处在温饱阶段。1992—1998 年，恩格尔系数由 46.90%下降到 42.60%，城镇居民生活水平进一步提高，进入小康阶段。1999—2010 年，恩格尔系数由 37.50%下降到 33.90%，标志着城镇居民生活进入相对富裕阶段。2010 年，城镇居民人均食品消费 5183 元，比 1989 年增长 6.50 倍。居民的食品消费在吃饱、吃好的基础上，注重讲究营养健康。

衣着　1995 年，城镇居民年人均衣着消费由 20 世纪 80 年代的 100 余元上升到 603 元。2003 年，人均衣着消费上升到 1042 元。2010 年，人均衣着消费 1770 元，比 1989 年上升 5.50 倍，年均增幅 14.60%，占消费支出的比重为 11.60%。成衣消费比重明显扩大，并向中高档转变。

住房　20 世纪 90 年代初，实施城镇居民住房制度改革，特别自“安居工程”实施后，居民拥有自己的住房，住房消费开始提高。20 世纪 90 年代至 21 世纪初，增幅成倍增长。1995 年，居民住房消费 250 元，比 1989 年增长 9 倍，年均增幅 46.80%。2000 年，住房消费 672 元，比 1995 年增长 1.70 倍，年均增幅 21.90%。2005 年，住房消费 1056 元，比 2000 年增长 57.10%，年均增幅为 9.50%。2010 年，住房消费支出 1180 元，比 2005 年增长 11.70%，年均增幅 2.20%。2010 年，城镇居民人均住房消费占消费支出的比重为 7.70%，比 1989 年的 1.90%提高 5.80 个百分点，至年末，全市城镇居民有 84.15%的家庭拥有自己的住房或部分产权的房改房，居民的居住环境、住房质量有很大的提高，人均住房建筑面积 42.90 平方米，比 1989 年 19.10 平方米（根据使用面积 14.40 平方米×1.33 换算）增长 1.20 倍。

家庭设备、用品及服务　20 世纪 90 年代，“新六件”（彩色电视机、电冰箱、洗衣机、录音机、电风扇和照相机）成为居民消费的热点。2000 年，家庭设备、用品及服务年人均消费 334 元，比 1992 年增长 1.80 倍，年均增幅 13.90%。2010 年，人均消费 789 元，比 2000 年增长 1.36 倍，年均增幅 9%。进入 21 世纪后，新一轮的高档耐用消费品如等离子高清晰度纯平彩电、空调、家用电脑、摄像机、钢琴、健身器材的拥有量呈快速上升趋势。2010 年末，平均每百户拥有家用电脑 77 台、空调 130 台、健身器材 3 件、彩电 186 台、电冰箱 99 台、洗衣机 92 台。

医疗保健　2000 年，城镇居民医疗保健年人均消费 652 元，比 1989 年增长 8.35 倍，年均增幅 33.90%。2010 年，城镇居民医疗保健年人均消费 812 元，比 2000 年增长 24.50%，年均增幅 2.20%。医疗保健消费占总消费支出的比重为 5.30%，比 1992 年增加 1.90 个百分点。

交通与通信　从 1992 年开始，交通和通信消费由消费支出中的第三位上升为第二位。2000 年，人均交通和通信消费 1213 元，比 1992 年增长 12.80 倍，年均增幅 38.80%。2005 年，交通和通信人均消费 1675 元，比 2000 年增长 38%，年均增幅 6.70%。2010 年，交通和通信人均消费 2895 元，比 2005 年增长 73%,年均增幅 11.60%。2010 年，城镇居民人均交通和通信消费占总消费的比重为 18.90%，比 1992 年增加 14.10 个百分点。2010 年末，城镇住户每百户拥有助力车 82 辆，摩托车 56 辆，家用汽车 20 辆。随着信息产业的快速发展和计算机网络知识的日益普及，传统方式被现代信息传送方式所代替。2010 年，每百户城镇居民分别拥有电话机 83 部，移动电话 220 部。

教育文化娱乐服务　2000 年，教育文化娱乐服务人均消费 923 元，比 1992 年增长 3.10 倍，年均增幅 19.30%。2005 年，人均消费增加到 1228 元，比 2000 年增长 33%，年均增幅 5.90%。2010 年，人均消费 2375 元，比 2005 年增长 93.40%，年均增长 14.10%。2010 年，教育文化娱乐服务人均消费占总消费支出的比重为 15.50%，比 1992 年提高 3.40 个百分点。

1989—2010年龙泉市(县)城镇居民每100户拥有量一览表(一)

表 35-2-5

年份	摩托车(辆)	助力车(辆)	家用汽车(辆)	自行车(辆)	洗衣机(台)	电冰箱(台)	彩色电视机(台)	接入有线电视网络	家用电脑(台)	组合音响(套)	摄像机(只)	照相机(只)	钢琴(台)	中高档乐器	微波炉(台)	空调器(台)
1989	—	—	—	160	60	57	47	—	—	—	—	—	—	—	—	—
1990	—	—	—	187	73	67	57	—	—	—	—	—	—	—	—	—
1991	—	—	—	190	77	70	63	—	—	—	—	—	—	—	—	—
1992	—	—	—	196	80	80	63	—	—	—	—	26	—	—	—	—
1993	6	—	—	206	80	86	70	—	—	—	—	36	—	—	—	—
1994	13	—	—	216	103	90	100	—	—	—	—	26	—	—	—	—
1995	17	—	—	213	100	97	100	—	—	—	—	33	—	—	—	—
1996	20	—	—	220	97	96	100	—	—	—	—	37	—	—	—	—
1997	43	—	—	150	97	103	120	—	—	—	—	23	—	—	—	—
1998	50	—	—	143	97	103	123	—	—	20	—	23	—	—	—	10
1999	63	—	—	153	110	107	130	—	—	23	—	27	—	—	0	20
2000	63	—	—	123	87	87	137	—	—	40	—	50	—	—	3	20
2001	70	—	—	117	90	87	153	—	—	40	—	50	—	—	10	23
2002	73	—	—	97	93	83	163	—	9	53	—	43	—	—	20	42
2003	70	27	3	120	93	90	167	—	33	53	3	40	—	—	37	87
2004	70	33	3	123	93	90	167	—	37	53	3	47	—	—	50	93
2005	69	28	4	70	96	95	160	—	38	41	2	43	2	—	30	71
2006	71	34	4	73	96	96	171	—	43	41	3	45	2	—	32	79
2007	68	38	5	—	96	98	169	169	45	45	2	46	3	4	33	75
2008	57	73	10	—	90	98	172	167	65	43	5	47	1	3	40	90
2009	54	78	16	—	91	97	181	179	73	47	6	42	2	4	48	113
2010	56	82	20	—	92	99	186	181	77	50	7	39	3	6	58	130

1989—2010年龙泉市(县)城镇居民每100户拥有量一览表(二)

表 35-2-6

年份	消毒碗柜(台)	健身器材(台)	固定电话(部)	移动电话(部)	其中:接入互联网	淋浴热水器(台)	电风扇(台)	影碟机(台)	电炊具(只)	饮水机(台)	排油烟机(台)	缝纫机(台)	黑白电视机(台)	机械手表(只)
1989	—	—	—	—	—	—	160	—	140	—	—	83	50	247
1990	—	—	—	—	—	—	173	—	147	—	—	73	30	230
1991	—	—	—	—	—	—	190	—	160	—	—	73	37	177

续表 35-2-6

年份	消毒碗柜（台）	健身器材（台）	固定电话（部）	移动电话（部）	其中：接入互联网	淋浴热水器（台）	电风扇（台）	影碟机（台）	电炊具（只）	饮水机（台）	排油烟机（台）	缝纫机（台）	黑白电视机（台）	机械手表（只）
1992	—	—	—	—	—	0	180	—	173	—	13	66	40	—
1993	—	—	—	—	—	13	193	—	180	—	16	70	40	—
1994	—	—	—	—	—	30	263	—	216	—	40	80	26	—
1995	—	—	—	—	—	27	270	—	227	—	53	80	27	—
1996	—	—	—	—	—	30	267	—	237	—	63	83	27	—
1997	—	—	93	0	—	73	277	—	273	—	50	67	—	—
1998	—	—	97	13	—	57	286	43	300	—	60	63	—	—
1999	—	—	97	17	—	70	300	47	317	0	63	63	—	—
2000	—	—	90	30	—	77	257	60	257	0	67	43	—	—
2001	3	3	90	77	—	83	253	73	267	0	73	43	—	—
2002	13	3	97	121	—	88	227	63	231	13	75	—	—	—
2003	33	0	90	167	—	103	237	90	277	23	93	—	—	—
2004	33	3	90	190	—	100	237	93	277	23	97	—	—	—
2005	14	5	86	186	—	91	243	78	234	19	83	—	—	—
2006	14	5	85	197	—	92	246	78	247	19	85	—	—	—
2007	13	6	86	192	—	95	—	—	—	—	—	—	—	—
2008	17	2	81	200	—	86	—	—	—	—	—	—	—	—
2009	19	3	85	208	4	93	—	—	—	—	—	—	—	—
2010	19	3	83	220	5	93	—	—	—	—	—	—	—	—

居民消费价格指数

1989—2010 年，龙泉市（县）的居民消费价格指数走势与国家统计局发布的全国价格指数基本一致，其中 1989 年、1993 年、1994 年、1995 年价格涨幅最大，居民消费价格指数分别为 117.50%、115.40%、125.60%和 119.20%。1989 年，由于市场经济尚不发达，出现抢购风潮，消费价格比 1988 年上涨 17.50%，其中，食品上涨 22%、烟酒及用品价格上涨 20.40%、衣着上涨 16.70%、家庭设备、用品及维修价格上涨 17%、医疗保健和个人用品价格上涨 20.50%、娱乐教育文化用品及服务价格上涨 114.50%、居住价格上涨 2.90%。经过 2 年的回稳之后，1993 年，消费价格又出现上涨态势，比 1992 年上涨 18.10%，其中，食品价格上涨 8.60%、烟酒及用品价格上涨 8.60%、衣着上涨 8.20%、家庭设备、用品及维修价格上涨 6.20%、医疗保健和个人用品价格上涨 15.60%、娱乐教育文化用品及服务价格上涨 30%、居住价格上涨 41.10%。1994 年，消费价格继续上涨，比 1993 年上涨 25.60%，是上涨幅度最大的一年，其中，食品价格上涨 34.30%、衣着上涨 17.70%、家庭设备、用品及维修价格上涨 12.10%、医疗保健和个人用品价格上涨 7.20%、交通和通信价格上涨 6.70%，娱乐教育文化用品及服务价格上涨 17.50%、居住价格上涨 19.80%。1995 年，消费价格指数继续较大幅度上涨，涨幅虽有回落，但 1995 年比 1994 年仍然上涨 19.20%，其中，食品价格上涨 27.50%、衣着价格上涨 17.70%、家庭设备、用品及维修价格上涨 5.50%、医疗保健和个人用品价格上涨 16.20%、交通和通信价格上涨 1.60%，娱乐教育文化用品及服务价格上涨 4.60%、居住价格上涨 7.40%。1996—2003 年，全市居民消费价格走势平稳，涨跌幅在-2.20%~4.50%之间。2004 年，由于房地产价格的大幅上涨，消费价格又出现较大上涨，比 2003 年上涨 3.50%，主要原因是居住价格上涨，而其他各类价格均有不同程度下降。由于食品价格上涨，2007 年、2008 年消费价格分别比 2006 年、2007 年上涨 5.90%和5.50%。2009 年、2010 年，消费价格平稳，2009 年消费价格比 2008 年下降 2.30%；2010 年消费价格比 2009 年上涨 4.80%。

1989—2010 年龙泉市(县)居民消费价格指数一览表

表 35-2-7

年份	居民消费价格总指数	其中：								
		食品	烟酒及日用品	衣着	家庭设备用品及维修服务	医疗保健和个人用品	交通和通讯	娱乐教育文化用品及服务	居住	服务项目
1989	117.50	122.00	120.40	116.70	117.00	120.50	0.00	214.50	102.90	121.20
1990	101.50	99.40	101.60	104.80	101.10	107.50	0.00	121.60	121.50	107.80
1991	105.00	106.00	103.70	102.70	101.00	106.20	0.00	100.00	128.50	113.00
1992	106.80	108.40	100.10	98.50	102.90	113.10	0.00	103.10	153.70	108.30
1993	115.40	118.10	108.60	108.20	106.20	115.60	0.00	130.00	141.10	115.40
1994	125.60	134.30	0.00	117.70	112.10	107.20	106.70	117.50	119.80	129.10
1995	119.20	127.50	0.00	117.70	105.50	116.20	101.60	104.60	107.40	118.10
1996	105.30	104.30	0.00	102.30	103.30	108.60	100.50	103.50	114.00	108.20
1997	102.20	97.80	0.00	103.50	103.00	104.80	101.10	103.10	104.80	113.50
1998	98.90	99.00	0.00	97.70	99.00	103.80	96.50	89.00	97.60	104.40
1999	98.70	97.00	0.00	98.70	99.30	101.50	100.30	98.20	100.40	100.50
2000	101.10	102.00	0.00	99.90	98.50	101.30	98.40	98.00	105.80	100.90
2001	100.50	101.10	0.00	99.80	100.20	98.70	97.70	97.20	102.30	100.20
2002	99.90	101.30	99.20	99.70	98.90	98.50	99.30	98.20	99.50	—
2003	101.00	104.50	98.90	97.40	97.20	98.70	93.50	106.20	101.90	—
2004	103.50	111.80	99.90	101.70	103.30	89.10	98.50	99.40	104.70	—
2005	101.30	102.00	102.60	100.50	98.50	99.90	98.00	100.50	105.60	—
2006	102.50	102.90	101.90	101.10	102.40	101.30	100.90	101.70	106.70	—
2007	105.90	117.90	102.30	101.00	101.70	101.40	98.30	97.80	104.20	—
2008	105.50	113.40	100.60	100.60	100.50	102.10	99.00	99.70	106.90	—
2009	99.20	97.70	100.50	100.60	100.50	102.40	99.60	101.40	95.80	—
2010	104.80	107.70	100.30	102.20	101.80	105.80	101.00	107.50	102.70	—

注：1992 年前烟酒及日用品为烟酒茶，1993 年前家庭设备为日用杂品，居住为燃料。2002 年起服务项目列入各大类。

第三十六篇

习俗与宗教

龙泉至今犹存古时许多优良的民风民俗，这些习俗文化大多围绕生产活动和社会生活各个层面展开，它与整个中华民族的习俗基本相通，但又具有龙泉山区人民自己的特色。特别是在青瓷、宝剑这些传统产业中，有其独特的生产习俗，详见本志第十四篇《青瓷宝剑》。“十里不同风，百里不同俗。”龙泉地域宽广，习俗同中有异，故本篇所记习俗只择其大略。随着时代的进步，思想观念的不断更新，民风民俗发生深刻的变化，一些陋习逐渐摒弃，从而形成今日龙泉之风尚习俗。

龙泉民间信仰吸取多种宗教的信仰内容和崇拜方式，包含佛、道、儒三家思想及百姓祈愿，民间道释不分，神佛混拜。2010 年前，龙泉有佛教、天主教、基督教三个宗教团体，道教未纳入龙泉市宗教团体组织，民间有道教场所活动。道教在龙泉的传播情况，1994 年版《龙泉县志》中未有记载，本篇对此进行增补，同时对佛教、天主教、基督教在龙泉的历史沿革分别进行部分补充。

在 1997 年前，宗教工作由龙泉市人民政府宗教事务科（归口市委统战部）管理。1997 年，龙泉市民族宗教事务局成立，与市委统战部合署办公，宗教工作由民族宗教事务局管理。是年，经由各乡镇申报，龙泉市民族宗教事务局同意临时保留的寺、观、殿、堂 45 个。2009 年，成立龙泉市创建“和谐寺观教堂”活动领导小组，帮助规范宗教活动场所各项规章制度，协助宗教场所制定场所管理、活动管理、安全消防、财务管理、财产管理、人事管理、卫生防疫和学习等制度。

第一章　习　俗

第一节　岁时节令

春　节

一般是指农历正月初一，龙泉人俗称"过年"，广义的"过年"是指农历十二月初八至正月十五这段日子。春节，一直以来就是龙泉人最隆重的节日。这个节日延续时间长，准备时间早，准备项目多，"做粿煎糖酿老酒，打尘杀猪做豆腐"，此外还有蒸糖糕、炒和菜、炒干果、宰鸡鸭等。打尘（俗称打囤），要把屋里屋外及猪圈都要打扫干净，家中的门、窗、桌、椅、凳都要清洗一遍。旧俗打尘要在十二月二十三日完成，二十四日晚在灶君神位两边贴联"上天奏好事，回驾降吉祥"，同时摆糖果、点香烛、放鞭炮、送灶君神上天，让他上天说好话，以保民间平安。旧时，村中大族聚居或有地位的人家，除夕日要在香火堂悬挂祖宗（俗称"太公大人"）画像，去社庙辞年，不少地方还会舞狮、舞龙灯。家家户户贴春联、挂灯笼，门挂柏柿橘。除了门、中堂贴喜庆的对联外，仓廪、猪栏、鸡窝等处也贴"五谷丰登""六畜兴旺"等红纸条。斗、秤，甚至庭院花木都用红纸束上。年三十晚餐，全家团圆吃"年暝饭"，家家灶前灰坑里要烧一大树根，叫"煨年猪"，使灶堂几天几夜不断火种。三十日夜，大人给小孩包压岁钱入夜。零时前后，一家人吃点心，叫"喋隔岁"。正月初一，人人穿新衣，不扫地，不串门，不动刀剪，忌说不吉利的话，有的还吃一天素食。早餐起来吃甜食，意在一年生活甜到头。初一日活动各有不同，有举家上社庙进香拜佛的，县城也有去祖先墓拜坟年的；书香人家有在红纸上写"新年开笔，万事大吉""新年开笔，诸事大吉"等吉利的诗文；更多的是散游于户外公共场所，逛街道，有的村庄还组织乐队在村中心演奏喜庆锣鼓乐曲等。拜年从正月初二开始，走亲戚直到初六为止，称"拜年拜到年初六，不要怨没酒没肉"。西乡八都一带也有"拜年拜到四月八，新鲜豆腐新鲜鸭"的说法。初五"开小戒"，家家户户鸣放鞭炮，以示大年节基本结束。

元宵节

是龙泉过年中的"开大戒"，城区在正月十五夜舞龙灯、舞狮子、迎"台阁""马戏"、迎花灯、演木偶戏、放鞭炮。龙渊街道石马村灯会远近闻名，有请酒送酒、舞灯迎灯、分酒品酒、评灯评书、抢灯接灯、庆贺新喜等独特的闹元宵风俗。东乡安仁旧时有"安仁的戏，大舍的祭"之说。安仁"三年两头迎（灯）"，指花灯、板龙灯；大舍三年两头"摆祭"，就是摆放各类祭品在佛龛前供人们观赏和读"祭文"仪式。道太称元宵节为"上元节"，村民抬社庙中菩萨周游全村。八都、小梅、查田、上垟、锦溪等地也都有各具特色的元宵庆典活动。

农历二月二

传说是百花娘娘的生日，人们视这一天是个好日子，好事一般都会选在这一天去操办。有的还去百花娘娘庙进香，以求姻缘或夫妻和睦。竹垟畲族乡有“二月二，杀鸡请土地”之说，在这一天祭祀土地诸神，以求六畜兴旺、五谷丰登、一生平安。

惊蛰

二十四节气中的惊蛰，家家户户炒果子，并把果子分给左邻右舍。俗传炒果子后，蚂蚁（俗称娥艾蚁）进屋少了，干净清洁，所以称“炒娥艾蚁”。

农历三月三

城区男女老少，尤其是夫妻双双上棋盘山，谒公婆砝；或去九姑山、凤凰山、天堂山踏青观景。有的也进香礼佛，求夫妻和睦，早生贵子。三月三，也是竹垟畲族乡畲民的风情节，畲民对山歌、相亲、抛绣球、跳竹竿舞、迎灯、祈福，其热闹、隆重不亚于汉族的春节。

清明节

清明节前后，有祭祖、扫墓的习俗。扫墓时，在坟前摆上猪肉、清明粿（又称“薁曲粿”或“蓬粿”）等供祭品，点燃香烛，然后跪拜。祭毕，将酒洒在坟前，焚烧纸锭，为坟墓添土。农村还有“三日端午五日年，过了清明便落田”之说，意在清明过后要开始大忙农事了。

立夏

二十四节气中的立夏，有吃“立夏饭”“立夏粿”的习俗。小梅、查田等地的人们则吃“立夏羹”，称“喋了立夏羹，大家不相争”，寓意人与人之间应和谐相处。城区等地还要吃红枣汤，以补身体，意在有充沛精力搞好生产。

农历四月八

龙泉西乡八都、南乡小梅等地有做乌饭习俗，并互赠亲朋好友。

端午节

也叫端阳节。龙泉历来有悬艾枝、插菖蒲、喝雄黄酒、挂香袋、吃粽子、赛龙舟之风俗和辟邪除害、卫生消毒的习惯。龙泉部分地区提前一天于五月初四日过端午节，相传是为了纪念朱元璋称吴王时的王府参军胡深（龙泉人）在五月初四出师。五月初一至初五，人们把艾枝（茴棉）和状似剑形的菖蒲，用红纸封贴在门上，即“茴绵旗，菖蒲剑”，借助于艾叶、菖蒲的芳香气味驱邪除害。部分农村妇女在端午这一天上山采百草嫩叶，烘干搓碎泡茶，俗称“百草头”，饮后能防疫消病。

晾晒节

农历六月六晾晒节，也叫暴晒节。民间谓六月初六的太阳有苦味，晒了不易虫蛀、腐烂。每年这一天妇女都要翻晒衣服、菜柜，以防潮防霉。一些家族宗祠都会晾晒一下自家的宗谱，读书人亦翻晒书籍，叫“晒宝”。也有把狗牵到溪边洗澡，叫“六月六，家狗洗白肉”，所以这一天又被叫做“狗生日”。大人们都要催促小孩子洗澡，叫“六月六，要洗三次浴”。说是这天洗澡，小孩会像狗一样健壮。意在天热起来，要常洗澡。

七夕节

农历七月七古称“七夕”，也有女人们摆上供品，向织女乞巧，故又称“乞巧节”。部分农村妇女还把用丝线和剪纸做成的喜鹊抛向天空，让喜鹊去搭天桥，助牛郎织女相会。七月初七，家家户户要大扫除，特别是厨房，要扫得特别干净。七月七日这天，畲乡竹垟各村落男女老少都会赶往铜山源孝义夫人庙敬香，故有“三月三的歌，七月七的香”之说。

中元节

农历七月十五，也叫“鬼节”。一般在家中祭祖，也叫“做羹饭”，以示对祖宗的怀念；有的还把纸钱拿到路口去烧（俗称摆路头），以祭无人招祭的鬼魂。人们一般晚上不出门，以保平安。

香菇庙会

农历七月中下旬，龙南、屏南菇民区在下田、凤阳山等地，为纪念香菇祖师五显灵官大帝、“菇神”吴三公而举行盛大庙会。来自四面八方的菇民，聚集一起交流种菇、售菇经验，一般要演三天三夜戏，预祝来年香菇更大丰收，外出做香菇平平安安。

中秋节

农历八月十五中秋节，亲友间互相赠送月饼。家人团圆，吃月华饼，夜里，在门外或天井里摆上月饼、石榴、梨等果品，点上蜡烛，供奉月里的嫦娥，俗称“照月华”。在城区，午夜沿街吹奏民间乐曲，称“清吹”。有的地方会举办舞狮子等庆典活动，南乡小梅在中秋夜举行拉缆（稻草打成的巨型绳索）比赛，东乡安仁有舞稻草龙活动。

重阳节

农历九月九重阳节，龙泉有蒸重阳糕和做糖糍的习俗。“糕”与“高”谐音，蒸重阳糕有“登高”和“事事皆高”之意；做糖糍，谐音“无事”，寓平安无事。

立冬

二十四节气中的立冬，龙泉农村流行“做收冬”，寓意一年农事基本完毕，祭祖祭神，亲友邻居聚会庆贺丰收。立冬前，农家为庆祝新谷登场举办品尝新米饭的活动。稻谷收割后，碾成新米，煮饭供全家品尝。也有的与陈米同煮成饭，叫新米饭，有“陈米未喋完，新米又尝到”之意。尝新时，要先祭谢天地、五谷神，并祭祀祖宗。祭礼毕，让长辈先尝新，以表尊重。有的还请亲朋好友一起尝新，庆祝丰收。龙南等部分乡村也有在新米饭上点香烛，于自家门口祭拜，来感谢神农。部分农民在洗净镰刀等收割农具后，杀鸡宰鸭、做糖糍，供奉神农，表示一年农活基本结束，感谢神农保佑来年丰收，称“洗谷浴”。

铺路节

农历十一月间，农民在农作物收割后，农活基本结束，规定一天专门用来修桥铺路，把路边柴草割光，便于人们行走。称“修桥铺路铲路坎，发财莫需算”，意在做了好事会发财。龙南、屏南、小梅、查田称“铺路节”；兰巨一带则称“路会”或“喋路会”。

腊八节

农历十二月初八，俗称“腊八”，有用红米、糯米、花生仁、莲子、红枣、桂圆等传统食材熬粥和喝粥的习俗，有增福添寿，带来平安之意。一些寺院还有举行免费施粥的活动。

冬至

二十四节气中的冬至，有些人家会在此期间为祖先移坟（俗称化坟），用香烛祭拜后，将坟中棺内尸骨取出，焙干装入陶罐（俗称金罐）内，另择坟地，以求好风水。

第二节　饮食习俗

岁时节令饮食

和菜是龙泉人过年不可或缺的菜肴，其原因有二：一是和菜的“和”字，寓意家庭邻里和睦，春节祥和；二是春节期间荤味吃得多，而和菜全由十种以上素菜拌和，用茶油炒成，且其中的主菜腌萝卜有微酸味、生姜有微辣味，吃起来特别清口又助消化，是年节的一道开胃菜肴。

二月初二，人们会把黄粿切成筷子粗细，用油煎后，人人要吃几块，以示来年能吃到更多更好的黄粿，人称：“二月二，炒粿箸”（箸即筷子）。

清明节，有做清明粿的习俗。清明粿又称“蕻曲粿”或“蓬粿”，主要原材料是糯米和野外采摘来的蕻曲（学名鼠曲草），一般有豆沙馅、素菜馅等。

农历“立夏日”，吃用笋、豌豆、肉和糯米混合制成的“立夏饭”，吃用籼米做成的“立夏粿”。小梅、查田等地吃用糯米粉调以碎肉、笋丝、豌豆、螟蛹丝和香菇煮成的“立夏羹”。

农历四月八日，龙泉的小梅、八都等地有做乌饭习俗。人们上山采来乌饭槎（俗称乌饭芦），用其叶汁浸糯米，成黑色，蒸熟，拌入红糖、香菇末、腊肉末、螟蛹丝等，用素油炒和。

端午节包粽子，以灰碱粽为多，吃时沾点白糖，味道香甜，此外还有麦豆粽、赤豆粽、肉粽、豆沙粽等。除了包粽子，龙泉还有吃薄饼的习俗，先将面粉调成糊状，在平底锅里涂抹成薄薄一层的薄饼，然后把各种炒好的菜肴卷在薄饼内食用。

七月初七，要炒南瓜子、豇豆子、葵花子、桃仁、杏仁、花生和粿丝这七样果子。

中秋节，吃用糯米粉拌白糖烤炙而成的“月华饼”。饼为圆形，白色，厚约 1 厘米，大的直径可达 30~40 厘米，小的仅 10 厘米左右，每只饼面上附一张与饼一样大小的如“嫦娥奔月”等民族传统绘画，底下垫一张红纸或白纸。儿童尤为喜爱随饼而来的画，饼吃后将画贴在家中壁上。

重阳节，有蒸重阳糕和做糯糍的习俗。在龙泉，不少农民习惯在稻田岸上栽种“新米花”（木槿花）。新米花盛开时，正好是农历十月间尝新米时节，据说新米花开得茂盛也是稻谷丰收的年景，所以尝新米时，往往把新米花作为菜肴与新米饭同吃。

立冬前后要做糯糍，庆祝丰收。另外，“做臼糯糍离浙江”“多做糯糍去菇山”等民谣说的是龙泉菇民此时要离家远走福建、江西、湖南等地做香菇，长途跋涉，带上糯糍，一路上用火烤一烤充饥，节约开支，方便赶路。再者“糯糍”谐音“无事”，菇民出远门，带上糯糍，祈求平安无事。

农历十二月初八，有喝用红米、糯米、花生仁、莲子、红枣、桂圆等熬制的“腊八粥”习俗。

喜热食、多辛辣

龙泉地处浙西南山区，山高水寒。为祛寒驱湿、活血舒筋，凡饭、菜、茶、酒（家酿红酒），龙泉人都喜爱热食。利用当地丰富的柴炭资源，一年到头几乎家家餐桌上都有风炉暖锅。做米饭要先将米煮开后，用爪篱漉出半熟米粒，放入饭甑（饭罐）中，再在锅内加水，炊熟后的米饭十分糯软。煮米过程中形成的米羹，人们饭前饭后总爱喝上一碗。龙泉人嗜辣，一是为祛寒健体，二是因过去山民贫困，“辣椒当油炒”，所以一年到头离不开辣椒、生姜、芫荽、紫苏等辛温佐料。特别是紫苏，龙泉人不但在烧腥味的鱼、田螺等菜肴时必定要加入生苏叶，还要将苏叶晒干常年备用，或与辣椒拌和加入食盐，腌制成“苏叶糟”，既作烧菜佐料又当咸菜下饭。

灰碱类食物

龙泉特色的食物如黄粿、粽子、早米粿、千层糕、早米冻等都加入灰碱（以山戈槎、牡荆、秸秆等烧成灰，用水冲泡而成）。加入灰碱的食物，一是可延长存放时间，不易腐坏。如黄粿，制作时加入灰碱，制成后浸泡在灰碱水中，可存放三至四个月不坏。二是因农村山道崎岖，耕地山场又远离居住地，山民劳作往往晨出晚归，中餐多需“寄饭”在野外食用。早上出门，带点热好的黄粿、粽子、早米粿等灰碱食物，中午在野外冷食也不会伤胃。

龙泉有句俗话“清粽热糯糍”。“清”俗读 cen，即清凉、寒冷，“粽”指的是灰碱粽。用灰碱水拌糯米包的灰碱粽，橙黄透明，有清香味。灰碱粽冷食不致伤胃，且存放时间久却不会变质，是龙泉端午粽子品种中数量较多的一种。

“喋猪顿”习俗

在龙泉农村，杀猪是农家的一件大事。杀猪前要选好日子，在天未亮时动手宰杀。先由主人上香拜天地，向猪栏土地神祈拜。杀猪师傅必具一刀见血封喉的本领，若一刀不见猪死，便认为不吉利。宰杀时，猪在拼命嚎叫挣扎，女主人往往站在一旁呼猪，并烧香纸，直至被宰的猪断气。杀猪时要将猪血洒几滴在黄纸上，然后主人将洒上猪血的纸贴在猪栏门上。当天必须烧上猪肉、猪血、猪肝，备酒请亲友赴宴，叫“喋猪顿”。

杀猪后，有些农村还有一个风俗，即要送“杀猪福”，简称送福。将煮熟的猪肝、猪肚、猪肠、猪血、猪头肉的拼盘送给左邻右舍、亲朋好友分享其福。有的还将整个生的猪心、猪肺送给女主人的娘家（即丈母娘），以示有福同享，也表示你家女儿在婆家勤劳养猪，以表谢意。

饮茶习俗

龙泉人的待客之道首先是茶一杯。客人来访，主人第一件事就是泡茶。“满酒浅茶”是指龙泉人泡茶只泡八分满，杯口空二分，以免客人端茶时因茶水外溢而烫伤手或沾湿衣服。客人喝茶也不宜喝得精光，杯底应留二分茶水。不然会无意中传递“茶杯太小，茶水欠丰，不够解渴”这样的信息，因而使主人尴尬。当然，这空二分留二分都是近似值，无绝对标准。喝茶时，客人若喝了头道茶不喝二道，就起身告辞，会拂主人的盛情，因为头道是“茶皮”，二道才是“茶肉”。基于此，若主人迟迟不冲二道茶，则表示有意留客用餐。这时你若执意要走，不妨自己举杯去冲茶。此时主人会一面挽留你，一面体谅你，留则欢喜，去亦随意。不少农村要来客喝三道茶的说法，称“头道涴（音“蠖”，泡沫之意），二道肉、三茶不喝给侬讐（音“凿”，即骂也），有“头苦、二甜、三回味”之意。

第三节　农耕生产

播种插田

龙泉农民对谷种的选择、翻晒、保管十分重视，对浸种一关尤为注重。浸种时怕人多嘴杂，一般由户主择吉日单独一人操作。其做法是先将桃枝垫在谷箩底辟邪，再在桃枝上放谷种（也有的是将桃枝插在谷种上），然后装了谷种的竹箩浸入水中。浸谷种时要点香烛、烧纸，以求神灵保护。

拔秧插田首日叫“开秧门”。“开秧门”是农家农业生产的一件大事，一般都要选良辰吉日，朝拜五谷神和山神土地，祈求神灵保佑，使稻苗茁壮成长。“开秧门”后，插田便会全面展开。插田是农民春耕春种的一道技术性较强的农活，一般会请人插秧，叫请“插田老师”。宴请插田老师时，要请插田老师坐首席，好酒好肉招待。好酒是自酿的“头烧酒”，好肉是切成大块的猪肉，还要有咸鸭蛋。宴请插田老师时，小孩不能上桌，担心孩子讲不吉利的话。

香菇栽培

菇民外出种菇，离家时择逢三、六、九的黄道吉日，鸡初鸣时，取三支香、一块糒糍、一块猪肉，到村口菇神庙供奉跪拜后上路。到了菇山所在村庄先上神庙烧香膜拜，祈求神灵保佑后才上山。进山以后，选择生产中心点，取坐北朝南、用水方便、道路相对通畅、地形隐蔽之处，以竹木、茅草、泥土为材料，搭成高不过 3 米、内宽 3 米、长度约 6 米的一字形简易菇寮，内设锅灶、床铺、烘房等生活生产用具。每个菇寮一般住 4~5 人，多则达十余人，每年在此要生活四五个月之久，并养有守寮的“菇山犬”。菇民在菇寮神位和山魈庵（在离菇寮约 1 公里的山岙口，以三块巨石叠成，称为山魈庵）两处设祭礼神，俗称“过旦”。

菇山上有特定的节日，即“奉高登”（也叫“过节”“奉师傅”）。即每月农历十四、廿九日的晚上，菇寮里要摆香案，设供筵，虔奉神佛。每逢过节的这天下午，寮主早早收工，回寮打扫卫生，烧饭煮肉，做好供奉准备。奉神的仪式要在天黑后才开始举行，等香烛点了大半才可收筵。菇民在奉神时十分严肃，动作谨慎，互相之间不准说话。仪式将结束时，寮主整衣、洗手、烧纸香，然后两手从插香的米升内抓出两把米来，一边把米向前后左右散撒，一边念念有词："上山做槂、育蕈、出行、赶墟、烧炭，收桌吃饭"，全寮菇民则齐声答应"来了"，奉神仪式结束。此时方许说话，才可以动手做事，烧火、切肉、烹制晚餐，这种过节活动也成了菇民改善生活的机会。

此外，大年正月初一早晨，菇寮桌上要摆糖果糕点，寮主带头祭拜神位，说吉祥话，图彩兆。如喝茶时说"一年到头像糖甜"，吃桔时说"一年到头清吉平安"，吃年糕时说"喋高升"，吃花生时则说"喋生财"。寮主拜完神，说完吉利话后，方可吃早餐。饭后，寮主会叫伙计砍来一株茂盛的小树，插在寮门前，贴上红纸条，称做"银树"，取吉利生财之意。春节期间，邻近菇寮的菇民互相走访拜年，碰面说些"恭喜发财""樯蕈旺发"之类的吉利话。有的伙计则上山看菇或砍树，谓"开把"。落棚下山要祈神谢恩，黎明即走，路上不说话，不回头看。回到家乡要发糖粒、饼干，谓"分彩"。

种菇技艺"传子不传女"，严禁泄露外传，如若违反，处置制裁甚严。另外，为了适应深山野林的环境需要，又能防止技艺外露，菇民在本地方言的基础上，进行一些词语的变化而构成菇业语言，俗称"山寮白"，非菇民难以分辨混合在其中的隐语含义。

植树造林

龙泉人有在屋前宅后栽树美化庭院的习惯，且对于栽种的树种亦十分讲究。一般屋前多种石榴、桂花和柚树。石榴象征财丁两旺、子孙满堂；"桂"与"贵"同音，寓意荣华富贵，芳名远播。屋后多栽毛竹、水竹，可制作农具、家具。屋前宅后植树也有所禁忌，如"前不栽桃，后不栽柳""前不栽棕，后不栽榈"等。

在龙泉，几乎所有的村头、水口都会栽上柳杉、苦槠、樟树、松树等树龄长的常绿"风水树"，以护卫村庄"风水"，优化村民的居住环境。风水树长得茂盛，关乎村庄的兴盛与荣誉，故村民们都能自觉保护风水树。"众山众地栽众树""前人栽树，后人乘凉"，是龙泉自古以来一直延续传承的社会美德。不少地方还有生女栽"嫁妆树"、生儿栽"三旦树"、人死栽"坟头树"、祠堂栽"祖宗树"、寺庙栽"祝寿树"等习俗。还有会在祖宗坟上栽上"孝顺竹"或"子孙竹"。"孝顺竹"是一种杆细枝长的丛生竹，天气寒冷时会在竹丛外抽发新枝，以保护中间的老竹，使之不受凉，象征着子孙对长辈的孝心。"子孙竹"分枝萌发很快，繁殖迅速，栽在祖宗坟顶上，寓后代子孙满堂，宗族兴旺之意。

第四节　婚丧喜庆

婚　嫁

旧时婚姻须经媒人介绍，男女双方才可缔结姻缘。选择对象讲究门当户对，由媒人奔波于男女双方之间，介绍双方情况，征求父母的意见，男女当事人无权过问自己的婚事。即使个别男女互有爱慕之情，也必须向父母提出，遣媒说亲，否则就被认为是伤风败俗、大逆不道。媒人介绍情况后，男女双方父母要进一步打听对方情况。双方父母认可后，方能互送合婚庚帖。人们普遍关心的是双方年庚八字是否相合，必须请算命先生推算男女双方八字，因此双方要互换男女当事人的庚帖。如碰上"龙虎不相配""鸡狗断头婚"，或"六冲""克夫命"等相克相冲之事，再好的条件也要割舍。

男方在定亲时要请媒人作证并签名，开出“礼单”，上书聘礼数量，表示定婚。双方照例要聚亲宴客，这种宴请称为“定亲酒”。定亲所送的彩礼，都含有吉庆之意，如在箩筐、木箱内放置柏树枝、万年青等，寓意夫妻和睦、百年偕老之意；所送的花生、瓜子，有祝愿多子多孙的意思；成对桂圆、核桃，则表示夫妻团团圆圆、和谐的愿望。

“送日子”就是把结婚的日期选定后，由男方通知女方。吉日是请算命先生根据男女年庚八字以及天干地支的推算而择定的。“吉日”要用红纸写好，再用红纸封套，交由媒人送交女方。女方如无异议，就会根据吉期的时间远近，准备嫁女的一切事宜。吉日前男方要向女方送“礼担”，即把女方宴客所需的菜、鸡、肉、鱼、糖等物送往女方，送时沿路要鸣放鞭炮。女方收下部分礼担，留少数礼担退回男方，作为回礼。

迎娶前一日，男方要派出接亲队伍去新娘家。接亲队伍在女方住一宿，第二天接上新娘，起身回男方家中。迎亲花轿由男方发往女方，四人抬轿，轿前导以大灯笼，轿后有四人用盘托着凤冠、宫装、霞帔、玉带，又有四人提着四盏纱灯，双锣开道，唢呐吹奏，一路燃放鞭炮，将花轿送往女方。当花轿到达女方大门口时，女方要紧闭大门，不让花轿抬入。此时屋内外连续鸣放鞭炮，鼓乐喧天，一直要延续半个时辰左右，男方红包从门缝插进，女方才会开门迎轿。花轿停下后，轿前的四盏纱灯内的红烛要通宵明亮，不能熄灭，称为“满堂红”。

梳新娘头的人要选择父母双全、子女众多的女人。除梳头外，还要为新娘穿戴打扮。新娘头戴凤冠，外披霞帔，下着大红裙，全身挂满装饰品，宛若宫廷娘娘。新娘打扮后，父母要设席请女儿，同席的相陪者，都是父母双全的未婚大姑娘，叫“伴姑”，陪伴新娘到夫家。

新娘临上轿前，要向父母、上辈、亲属辞别，父母、亲属照例要吩咐一番，要女儿尊重长辈、夫妻和睦等。辞亲后，新娘由父、兄抱至中堂，站在椅子上，由旁人送上一小袋五谷交给娘家，放在谷柜里，寓冀望娘家五谷丰登之意。上轿时女儿不可回头看，并把钥匙向后抛，表示今后不想娘家，安心在婆家，所以出嫁的女儿都要哭着辞亲上轿。新娘到婆家时，新郎父母要登高回避，更不能对话，以防日后多嘴。对伴姑等陪新娘来的亲朋好友以汤圆、十样果子招待，其中要有红枣、花生、桂圆、瓜子，含早生贵子之意，并给每人一个红包。

新娘出轿后，脚不落地，要在红布袋上行走。放在地上的两只红布袋，从花轿前交替铺传至中堂，新娘在红布袋上行走至中堂，称为“传袋”。龙泉方言“袋”与“代”谐音，含有“传宗接代”之意。拜堂时，中堂灯火辉煌，地铺红毡条，新娘和新郎站在红毡条上，由新郎跪拜天地、神位。夫妻对拜时，新郎向新娘作揖，而新娘略作回礼。拜堂时，寡妇、孕妇都要回避。拜堂后，红布袋交替传至洞房，新娘由伴姑携扶在红布袋上行走到洞房坐定，新郎用秤杆挑去红盖头。这时，在洞房的方桌上摆有酒杯，一般用银制的，两位新人坐在一起，两位舅爷分坐在新人两旁，各执酒壶向新人的酒杯中斟酒，新人略饮，这种礼仪称为“富贵缘”，含有夫妇和睦、互敬互爱、夫荣子贵之意。接着是新娘、伴姑分红枣、生瓜子和染成红绿色的花生，寓意“早生贵子”。

吉日夜，新房高燃喜烛，由福命双全者送新娘、新郎归房，并送上两碗桂圆之类的点心，寓和气团圆之意。就寝前，新郎要为新娘取下凤冠，并将自己的礼帽压在凤冠之上，含妻子服从丈夫之意。也有夫妻喝交杯酒的，表示夫妻和睦相爱。新娘归房后，有闹新房之习俗。从吉日起三日以内，亲朋邻里，男女老小，都可以在新房内与新娘“嬉闹”，叫“闹新房”。新娘由伴姑相陪，端坐床前，不苟言笑，以示端庄。俗有“洞房三日无大小”之说，戏闹者往往做出各种憨态怪样，任意戏弄“胡闹”，常使新娘哭笑不得。另外还有“脱眠鞋”之风俗，任何人都可在新娘不备之际，趁机脱取新娘的鞋子，脱取鞋子后，新郎新娘要以香烟、糖果等物赎取。不少地方还有玩亲家舅的习俗。曰“亲家舅，翻筋斗”，玩到亲家舅讨饶才罢休。

结婚后第三天，娘家接新婚夫妇回家，叫“过三旦”，也叫“接回门”。娘家要设宴请女婿，但新婚夫妇只在女方家吃一顿中餐，下午新娘就与新郎一道回家，不能在娘家过夜。新婚夫妇婚后满一个月，要双双回娘家，并要送螟蛹（墨鱼干）、猪肉等四样到女方家，称“过满月”。婚后前三年，凡逢过年、端午等重要节日，新郎要备厚礼送给岳父母及亲戚。三年后，则正常送礼即可。

生育

婴儿出生后，要向娘家亲人们报生，也叫报喜。报喜方式多种多样，有送红酒的，装酒的壶嘴插上柏树叶，以“柏树”谐音“百岁”含吉兆之意。如生男婴，报喜壶嘴用红纸塞上，生女婴则不塞红纸。也有的用圆形红纸示意生男，方形红纸示意生女。还有送染红的鸡蛋，表示生孩子像鸡生蛋一样顺利。鸡蛋又叫鸡子，送红鸡蛋表示生的是儿子，而送梨（龙泉方言“梨”与“妮”音近）则表示生的是女儿。娘家人听到报喜后要回送事先准备好的袍裙、尿布等物。

婴儿出生第三天叫“三旦”。这天，接生婆（或年长的妇女）要为婴儿洗澡，用温水遍擦婴儿全身，并穿上新衣、袍裙等。娘家还要送衣服、鞋袜、童帽等物，叫“三旦衣”（也叫“三朝衣”）。小孩出生，亲属都要送礼，叫“送三旦”；主家宴客会亲，叫“喋三旦”。

在婴儿生下一月内，产妇不准出房门、不洗头、不刷牙，洗脸用热水，产房不准他人尤其是男人出入。产妇头缠头巾，腰系束腰带，身穿长袖衣衫，不得落水受风，吃的全是鸡肉、“卵丝酒”和米饭，一般不吃其他东西。在坐月底期间，亲朋好友都会送来衣服、鸡、鸡蛋或红糖等物，送来后要吃一碗“卵丝酒”再走。未生育过的女人家吃“卵丝酒”，有其特别意义，有“喋了卵丝酒，你有我也有”之说。

婴儿满月时，要请福寿双全的老年妇女抱着让理发师剃去胎发，并给理发师发红包，送鸡蛋和果子。请来吃满月酒的亲朋好友，都要抱一抱、看一看婴儿，看婴儿时要用贬义词，如“真难睬”“真勿像侬（人）”“像犬一样”等，认为这样日后会长得健壮些，过分夸奖赞赏，反倒不受欢迎。

寿　诞

龙泉自古就有为自家长辈做寿的习俗。在做寿年龄上，有的做“九”不做“十”，“九”有生命长久、时日持久之意。因传统观念认为“十”为全满，有到头、到顶的意思，故以逢“九”的寿辰来做寿。而大多数则用“十一”做寿，“十加一”有增寿之意。较为讲究的家庭祝寿从五十一岁开始，一般家庭祝寿从六十一岁开始，每过十年举行一次。父母的寿宴一般由出嫁的女儿和女婿承办，其他子女和亲朋好友也会送礼庆贺。

送贺礼的时间，一般都在农历正月。在七十一岁前，一般只送鸡腿、寿面、猪肉等。到八十一岁时，则送厚礼，如送鸡、猪脚、衣料、寿鞋，讲究一点的则送寿桃、金银饰品、寿联、寿匾、百寿图等，并设摆寿堂，大摆宴席，举行祝寿活动。寿宴上寿面和寿酒必不可少，面（长）酒（久），有祝人长寿之意。祝寿时，孙辈必须跪拜，其他成年人则说些恭喜吉祥之语，以表心意。

做寿前后忌操刀“杀生”，所以做寿时不杀鸡、杀猪，而由晚辈送鸡腿、猪肉。

丧 葬

当人去世，亲人们就开始忙碌地准备后事。首先端来洗澡水为死者擦洗，然后为死者穿上新旧衣裳、寿袄、寿鞋、长衫，头上戴上七星帽，一手拿灰棕，一手拿竹枝，腰间系上棉线带，窜上纸钱，棉线的根数与其年龄同数，而女性死者则头戴珍珠帕，脚穿花鞋，下身穿紫裙。其他各类物件男女一样，让死者直躺床上，盖上男女龙凤被单，在床前摆上一小桌，点上一对白蜡烛，一支香，然后烧草纸，早中晚三菜、一饭、二杯酒。穿衣结束后，孝子洗完手，到附近的社坛门前点烛、插香、烧纸，口中默念："某人今年几岁，今日何时去世，让他顺利通关，并保佑全家大小大吉大利。"

死者家属请来风水先生和扛棺人(俗称八仙)，检查须用物品。孝男孝女要身穿孝服，撑伞排队去河边买水，以备殡殓使用。殡殓时，按风水先生指引，先是接棺入中堂，安排好棺木里所用的物品。入殓时辰一到，由孝子们把亲人请出，女儿照烛，把死者平稳地放入棺木之中，放入衣裳、鞋袜，盖上锦被，再放纸制金银币，最后退出一切人员，盖上棺盖，后由道士指点，绕棺七次，敬酒、叩拜，入殓仪式结束。

风水先生列出出殡、安葬时间，所有亲人、眷属、朋友到齐，鸣炮鼓乐列队出殡，先是花球，遗照、花圈、棺木、送葬队伍……长男放纸钱、长孙捧照片，沿路撒纸钱，上坡、过岗、过桥、转弯都得告诉，直至安葬点。进圹时，墓底铺上粗长蔑片，把棺材对准墓穴，风水先生拿出罗盘校对后，把棺引进墓穴，抽出蔑片，闭塞洞口，按上墓碑，摆上茶水等祭祀物品，在坟前祭拜，然后点燃松明火把，全部人带红回家。死者儿媳衣着鲜艳，在家中等候，谓"接风水"。

入葬第三天，名曰"三旦"，备齐祭礼物品，所有亲人到坟前祭拜，烧完纸制金银币回家。人死后第七天，死者子女要在家中点香插烛摆羹饭，谓"做七"，子女轮流，七天为一周期，直至"七七"。

建 房

建房前，要请风水先生选定宅基地，确定房屋朝向坐落。一般房屋以坐北朝南为佳，并根据地形、地势，决定门窗的启闭、沟渠的排水等。且有一定的禁忌，认为若有不当，居者将不得安宁，并损丁耗财，家道衰落。若房屋宅基地选得好，建房得当，将会安居乐业，人丁兴旺，甚至升官发财。建房破土请风水先生选择吉日，祭祀安神。安神时，要先准备一根方形木桩，木桩正面书写丹砯符箓，木桩顶部包裹红纸。在破土前将木桩插入宅基中堂后方的正中部位，并在宅基点上香烛，设祭安神，在宅基地四周，淋鸡血去邪后，泥工方能破土。破土时，主家要给泥工发"动工红包"。

房主对栋梁的选择十分重视，择定做梁的树木后，用红纸将树木下部围贴，并点香烛，祭祀山神，祈求砍树人的安全。砍树要请父母双全的青年男子承担。砍倒的栋梁树不能直接落地，要垫以杂草，并在栋梁树桩上放一个红包。栋梁树不能在山上剥树皮，粗略折除枝丫，肩上需垫上红布抬回，放在木工使用的三脚马上，并忌人跨越，忌讲不吉利话。栋梁由主事木匠师傅做，做栋梁时劈下的树皮、刨花、木屑不能当柴烧，要倒入溪流和坑水中去，任其漂流。上梁要请风水先生择吉日良辰，上梁前要将鸡血淋在栋梁两端及柱脚上，并黏上芝麻"祭梁"。祭梁毕，在梁正中挂上米筛，米筛要插挂铜镜、剪刀、尺，围上红布，用以驱逐凶神恶煞。米筛、镜两旁各挂两个三角形的红色布袋，袋中装有谷、米、麦和十二个铜钱(富裕人家有用银元的)。这两个红布袋，叫做"五谷袋"，寓五谷丰登之意。五谷袋旁，还各有一个木制红色八角形小槌，叫"状元槌"，又叫"木槲星槌"，是上梁所用的工具。状元槌旁又各悬挂着一盏灯笼，内燃红烛。栋梁横放在中堂，两旁架以三脚马各挂数片瓦片，还有一张黄表纸，上书“紫薇高照”或“紫气东来”，贴在栋梁上。

上梁前数天，亲朋邻里要送礼，如红烛、鞭炮、对联等。对联的内容均与建屋有关，如“竖柱适逢黄道日，上梁巧遇紫微星”“玉堂映春色，珠树发秋香”等，也有不少人送的是钱币。主家要设宴席谢宾客，叫吃“竖柱酒”。木匠、泥水匠的领头师傅，要坐首席，以示敬意。宴席后，主家要送“上梁红包”。上梁红包分为小包、大包。小包是送给老师头的红包(用红纸包裹钱币)；大包是用木盘托着数额较大的钱币，上面覆盖红纸，请老师头带回分发给所有的木匠、泥水匠和其他人员。

龙泉民间对搬入新房十分注重。一般都要按户主夫妇及子女八字选定吉日良辰后，才决定搬迁。搬迁是个仪式，实际上多数家具都早已搬进。乔迁时辰一到(一般用清晨天未亮时进行)，户主夫妇拿着已烧熟的饭及米、盐、油等物，子女拿着火种，然后由户主开门，点亮灯火，相帮人有拿甘蔗的，有拿糖果的，有拿着带根蔬菜的，一齐拥入新居，此时鞭炮齐鸣，并由户主点香、点蜡烛祭祖。祭祖后(一般在午后进行)，年长者在新房铺床，小男孩可在床上打滚，户主要给小男孩发红包以图吉利。

第二章　宗　　教

第一节　佛　　教

历史沿革

佛教于隋代传入龙泉，建于唐永隆元年(680)的道兴寺(距县东50里)是有史可稽最早的寺院。龙泉城内的四大名寺分别为东隅崇因禅寺，俗称东大寺，建于唐大中五年(851)；南隅崇仁寺，又称金沙寺，建于五代后周显德七年(960)；西隅集福教寺，俗称西大寺，建于五代后晋天福年间(936—944)；北隅清修讲院，即清修寺，建于五代后晋天福九年(944)。明成化《处州府志》记载，龙泉建于唐代的寺院有29座，建于五代、两宋的寺院有30余座。后历经元、明、清各代，相继又建立一批寺院。清光绪《龙泉县志》记载，龙泉城乡共有大小庙祠、寺院、庵堂191座。

民国元年(1912)10月，中国佛教会龙泉县分会成立，有会员44人，选出12人组成理事会。僧人静祐(清修寺兼集福寺主持)任理事长，会址设于清修寺。民国35年(1946)，改称中国佛教会龙泉县支会，次年5月，在东大寺举行第三届会员大会，到会会员57人，选出16人组成第三届理事会，改选僧人经通(金沙寺主持)任理事长，会址设于清修寺。

民国《浙江省情》统计，民国21年(1932)，龙泉县信仰佛教人数239人，其中，男性168人，女性71人。

1965年，全县有僧人1人，居士138人，清修寺等37处寺庙常有佛事活动。“文化大革命”开始，寺庙、佛像被摧毁，佛教活动停止。

活动场所

1978年以后，逐步落实宗教政策，整修或重建寺院，开放重点寺院，正常的宗教活动开始恢复。1986年11月，清修寺召开佛教管理人员会议，选举建立由7人组成的清修寺佛教管理委员会，比丘释贞福为主任。是年为“世界和平年”，清修寺是举行祈祷世界和平法会的浙江省二十八座寺院之一。1988年8月30日，龙泉县人民政府办公室下发《关于清修寺庙产的处理决定》的文件，决定将寺庙围墙内的土地和附属物，以及外单位使用的观音殿西首两间平房，均划归清修寺。是年11月21日，丽水地区行政公署批准同意开放清修寺，进行正常的宗教活动。1989年5月，中国佛教协会会长赵朴初为修葺后的清修寺题写门额。1991年，龙泉市佛教登记在册的皈依信徒263人，出家比丘3人，比丘尼2人，受戒沙弥2人。1992年11月，龙泉市有依法登记宗教活动场所佛教寺庙6座。

1994年10月5日，批准凤阳山香菇文化古庙对外开放。2005年3月15日，因凤阳山香菇文化古庙不是宗教活动场所，属民间信仰范畴，龙泉市民族宗教事务局根据《浙江省宗教事务条例》第二条、第十七条之规定，撤销原凤阳山香菇文化古庙的宗教活动场所登记许可。

1988—2008年，全市（县）有依法登记佛教寺庙7座，即1988年登记的清修寺；1997年登记的昴山寺、天平山寺庙、望龙寺、植碧殿，其中植碧殿在2007年换证时，以道教场所登记；2007年登记的稽圣寺、玉峰寺。截至2010年，全市有依法登记佛教寺庙10座。

2000年10月19日晚21时，黄南植碧殿失火，烧毁大殿2栋、厨房1栋，计建筑面积500余平方米，财产损失100余万元。2000年11月，小梅镇人民政府申请重建植碧殿。

2001年8月7日，中共龙泉市委召开协调会议，处理清修寺普同塔（骨灰堂）建设问题，同意审批建设普同塔，安放佛教七众弟子的骨灰。是年10月29日，召开龙泉市开放和保留寺庙负责人会议，总结交流寺庙管理经验，学习宗教政策，总结评比。2004年6月21日，针对清修寺是龙泉市佛教界信教群众重点活动场所，是市级文物保护单位和消防安全重点单位的现状，龙泉市人民政府出台《清修寺群众佛事日活动安全防范和突发性事件处置工作预案》，自此，每逢重要佛事节日香客众多时，消防、公安等有关部门到场协助清修寺管理人员做好安全防范工作。

2007年12月27日，龙泉市佛教协会召开第一次代表会议，选举产生龙泉市佛教协会第一届理事会。理事37人、常务理事21人，会址设于清修寺。至2010年，清修寺在占地面积6000平方米的范围内，有建筑面积2000平方米。清修寺每年都要举办各种佛事活动，如祈福、诵经法会、佛诞活动、佛陀吉祥日法会、盂兰法会、放生法会、观音法会、传戒法会及其他佛事活动。

2007年，适值华严塔建塔1030周年，社会各界共襄盛举，慷慨输将，重建华严塔。因华严塔原址金沙现为市中等职业学校，根据宗教习俗，多方征求意见，参考宗教界人士的建议，将新塔址确定在金沙新区稽圣潭塔东南方300米左右的莲山上。2008年1月21日，举行重建华严塔奠基仪式。2009年6月12日结顶，9月17日，举行华严塔地宫藏宝仪式，宗教界人士在地宫现场举行“祈佑风调雨顺，国泰民安，龙泉兴旺”佛事活动。是年12月18日，举行华严塔重建落成典礼，由浙江省佛教协会副秘书长、杭州市佛教协会副会长释月真大和尚，中国佛教协会理事、浙江省佛教协会常务理事、灵隐寺都监释继云，杭州妙音大师携弟子25人，在华严塔举行“祈福世界和平、龙泉发展、人民幸福”为主题的祈福龙泉法会，参加活动群众1000余人。

2009 年 12 月，广东六祖寺释大愿法师应龙泉信教群众邀请，在华严塔边重建崇仁寺，主要建设内容分为崇仁寺院区、书画区、佛教教育学院、百塔林区、华严塔为中心的雕塑区、历史文化展区和生活区、华严塔佛教文化长廊 7 个区块。由华严三圣殿、天王殿、普光明阁、念佛堂、钟鼓楼、方丈楼、僧寮、居士楼、文化长廊、旷运亭、大山门、佛学院等主要建筑物构成。2010 年 7 月 10 日，举行重建崇仁寺奠基典礼，8 月 10 日，崇仁寺华严三圣殿正式开工建设。

第二节　道　　教

历史沿革

道教在龙泉历史悠久，传说西汉时，有槲衣仙结庵于龙泉城西凤凰山之巅，“持守雌抱一之道，……赤乌中，忽坐宫前槐树上，俄祥云四合，天乐鸣空，遂飞。其庵址尚存。”唐乾元中(759)，万寿宫依凤凰山而建，初名宝圣，宋庆历二年(1042)重建，改名太和。宋元符三年(1100)，诏改名奉灵。宋崇宁四年(1105)，奉灵宫道士龙泉人吴应能受宋徽宗嘉许，赐号妙应先生。命改奉灵宫为天宁万寿宫，御书额赐之，并拨款营造修缮，为国家祈天永命之地。时任门下侍郎的县人何执中受命作《天宁万寿宫记》。宋绍兴七年(1137)，改为报恩光孝宫，宋绍兴十三年(1143)，诏复旧名。此为龙泉道教鼎盛之时期。

元大德六年(1302)，龙泉人赵嗣祺学道于福建武夷山天游道院，尔后游走京师，弘广道法，王公贵族多慕而与之交。元延祐元年(1314)，有旨命其主持缙云仙都山玉虚宫，兼少微山紫虚观提点。元至顺元年(1330)，元文宗封赵嗣祺为教门真士玄明宏道虚一先生，卓有影响。元至正二十年(1360)和明洪武六年(1373)，万寿宫道士季道崇两次捐资，并倡导民众重建披云桥。明正统间隐真观道士、明弘治间万寿宫道士因天旱为民祈雨之事载入旧志。至清代，朝野重佛抑道，道教逐渐衰落。清光绪《龙泉县志》记载，龙泉城乡的道教宫观有：万寿宫、东岳宫、丽阳宫、太阴宫、隐真观、合真观、真常观、演庆观，其中龙泉历史上规模最大的万寿宫时已圮废。民国《浙江省情》统计，民国 21 年(1932)龙泉县信仰道教人数 47 人，其中，男性 45 人，女性 2 人。中华人民共和国成立后，公开的道教活动停止。

活动场所

1978 年以后，逐步落实宗教政策，龙泉有道教活动场所，龙南乡一带有菇民供奉的五显殿、马仙殿等道教神殿。2007 年，龙泉市民族宗教事务局对全市宗教活动场所进行换证登记，小梅镇黄南村植碧殿以道教场所登记。在 2010 年前，道教未纳入龙泉市宗教团体组织，但长期以来，许多居家道士由祖传或师承，从事念咒、画符、择地、超度、做道场等活动，以此为业养家。

2009 年 6 月，长期存在于龙泉民间的道教施仪形式“炼火”和“开天门”被列入第三批浙江省非物质文化遗产名录。“炼火”又称“下火海”，典出唐肃宗期间(756—761)，其目的是为祛邪避凶，祈求天下太平，并保一方清吉，无灾无难。“炼火”一般在佛殿、道观开光或道士到普通人家驱邪收耗(收妖魔鬼怪)时举行。“开天门”又称“十三翻”，典出道教始祖太上老君，其目的是祈求神佛下凡，普度众生，保佑黎民，国泰民安。一般在佛殿开光点眼、菩萨生日、做清醮、庙会或道场时举行。掌握这门绝技的人极少，但自从明末清初传入龙泉后，一直有着传承。

第三节　天 主 教

历史沿革

清末民初，天主教传入龙泉，但无神甫常驻。民国9年（1920），庆元县教会改由龙泉县教会管理。民国16年（1927）4月，天主教宁波法国教区派苏为德（西班牙人）、金楚臣（浙江台州人）到龙泉传教，遂在县城西街购置一幢三植楼房，作为神甫宅舍，续之又建造十二植平房，作为圣堂、伙房及客间。民国17年（1928），在西街建造西式圣堂一幢。是年，苏为德调离龙泉，改任丽水天主教堂神甫，龙泉教务新调文义业神甫（意大利人）接任。民国19年（1930）始，龙泉天主教归处州加拿大教区。

民国《浙江省情》统计，民国21年（1932），龙泉县有天主教信徒81人，其中，男性37人，女性44人。民国23年（1934），龙泉教会在庆元县后田天主教堂开办普爱小学，民国37年（1948）停办。民国26年（1937），加拿大籍教会司铎范国昌到龙泉接任，在县城西街天主教堂建成修女住宅，从丽水调来修女3人，民国28年（1939），在天主教堂内开办圣十字施诊所，并在民国30年（1941）创办私立国昌小学（今西新小学前身）。抗日战争时期，日军进攻浙江后，丽水各县除龙泉留有神甫外，其他外籍神甫、修女全部撤离。1950年以后，天主教在龙泉停止教务活动。

活动场所

1978年以后，有信徒在城内反帝路（今镇府下路）吴星南家进行礼拜活动。1990年4月，天主教信徒书面申请建立龙泉天主教协会筹备小组，推选出筹备小组5人。1991年，制定天主教教友会章程，时有教徒102人。1999年12月，建立龙泉市天主教爱国组，吴星南之弟吴星周任组长。制定爱国组的职责、天主教义工制度、天主教活动场所管理制度和教友公约。

2000年6月27日，龙泉市人民政府办公室印发《天主教教堂遗留问题处理专题会议纪要》通知，对位于西街的天主教教堂遗留问题作出处理，将原天主教修女用房归还给天主教爱国组织作为活动场所，修理验收合格后使用。修理后的天主教堂正式登记为宗教活动场所，教徒170余人。

第四节　基 督 教

历史沿革

清光绪二十一年（1895），“西差会”德国传教士密牧师受处州府基督教瑞士籍监督玛克德牧师派遣来龙泉传教。始在屏南乡车盘坑村建教堂、办小学，后在大窑、小梅、大梅、查田、黄南、孙坑、茶丰、屏南、八都、安仁、道太、县城等地建立教堂或聚会点，立龙泉县基督徒郭肃清为首任牧师，郭振唐为第二任牧师。清光绪二十七年(1901)，密牧师回国。德籍牧师奔德来龙接替。此时，龙泉基督教改属“内地会”。清光绪二十九年(1903)，奔德与郭肃清等在县城东街建造耶稣教堂及住宅，成立龙(泉)庆(元)基督教总会。郭梦华任总理事，郭肃清等 7 人为理事，有教徒 500 余人。清光绪三十四年(1908)，在耶稣教堂东首创办私立养真小学。1951 年，该校由龙泉县人民政府接管，改称东升小学。

民国元年(1912)，龙泉人王作浩任松阳县牧师，这是基督教在丽水区域内的第一位本地籍牧师。民国 25 年(1936)，奔德回国，相继到龙泉县传教的有德国牧师罗士石、施美士、盖世华、谢法理。民国 26 年(1937)，“龙庆基督教总会”理事会改组。总理事改称理事长，有理事 9 人。民国 30 年(1941)，旧处属 10 县基督教教会派员在龙泉举行第四次联合大会。1949 年，全县有教堂 7 处。聚会点 12 处，教徒 650 余人。1950 年，德籍牧师谢法理回国。1951 年后，公开的基督教活动停止，少数教徒做家庭礼拜活动。

活动场所

1978 年以后，基督教活动逐步恢复。1984 年 9 月，成立基督教“三自”(自养、自传、自治)爱国运动委员会筹备小组。1985 年 3 月，落实宗教政策，县城东街耶稣教堂归还教会，是年 8 月 16 日，在该教堂举行复堂典礼。1986 年 3 月，县基督教“三自”爱国运动委员会和基督教协会成立(以下简称基督教“两会”)，选举产生“两会”成员 19 人。至 1988 年，县城、查田、小梅等 3 处教堂先后恢复，设立聚会点 24 个，传教人员 2 人，教徒 1800 余人。1991 年，龙泉市基督教有信徒 2050 人，其中，受洗 955 人，有长老 4 人，专业传教 2 人，义务传教 28 人。1992 年，基督教“两会”换届，两会组成人员 25 人，三自爱国运动委员会常委 7 人，主席郭福五，副主席尹重阳，秘书长叶主仁。基督教协会会长尹重阳，副会长郭福五，总干事王秀源。两会负责人交叉任职。1999 年 6 月，基督教“两会”制定基督教堂、聚会点组织及管理制度，堂点财务管理制度，堂点治安、安全制度，基督教义工制度，基督教信徒守则。全市基督教堂、聚会点实行统一制度。2002 年 8 月，全市有信徒、慕道友 2322 人，其中，男性 755 人，女性 1567 人；年龄结构上 0~18 岁 3 人，19~28 岁 88 人，29~60 岁 1369 人，60~80 岁 722 人，80 岁以上 140 人。

1999 年 1 月 6 日至 7 日，中共龙泉市委、龙泉市人民政府研究基督教堂迁建问题，决定把位于市交警城区中队后面的地块用来解决基督教堂迁建用地，原东街旧教堂用地由政府收回，统一安排。2000 年 4 月，基督教堂动工建造，占地 1205 平方米，建筑面积 3486 平方米，主会堂 4 层，设有餐厅、副会堂、楼座，共 1300 个座位。2001 年 6 月 30 日建成。

2004 年 6 月，中共龙泉市委统战部召集民宗局、国资办、电力工业局、八都镇党委政府、市基督教“两会”等负责人就基督教八都教堂房产问题召开协调会，处理八都基督教堂遗留问题。基督教八都教堂原由八都基督教信徒于 1920 年前后建造，土地改革时保留，“文化大革命”期间被八都公社占用。20 世纪 70 年代初，八都公社将该教堂与八都电站原发电厂进行产权对调，并把发电厂房修建为公社办公用房。1982 年，该教堂被八都电站改建为办公用房和职工宿舍。此后，基督教界年年提案要求归还该教堂产权。根据宗教政策和鉴于该教堂已被改建的事实，本着尊重历史、照顾现实和一次性解决问题的原则协商落实。八都镇人民政府将坐落于郭上地点的镇人民政府原酱油厂地块(约 600 多平方米)无偿拨给八都基督教用于建造教堂，市电力工业局将现八都电厂办公用房、职工宿舍及地块进行变卖后，将变卖收入资金补偿给八都基督教堂 10 万元。

1989—2010 年，龙泉市(县)正式登记的基督教堂、聚会点有 34 个。

第三十七篇

方　　言

龙泉地处浙西南，秦汉时属瓯越之地，其方言属吴语区丽衢片。由于境内多山，古来交通不畅，与平原地区比较相对封闭，因此语言(包括语音、词汇和语法结构)就具有其独特性。另一方面，龙泉语言又有交融性，其交融性的原因：一是因古属瓯越族，与接邻的庆元、云和、遂昌、景宁，乃至由于瓯江的纽带作用，与丽水、青田、温州都有密切的语言交融；二是龙泉在唐乾元二年(759)从松阳县分出，语言显然摆脱不了母县的影响；三是与闽北毗邻，且同属武夷山脉，山水相连，语言中带有一定的闽北方言因素；四是历史上的几次大移民(如唐末、北宋灭亡)，中原大量居民迁至龙泉落户，龙泉话中又掺入不少北方语言元素；五是宋元明三代六百余年，龙泉经济文化繁荣，“文教聿兴”“邑多闻人”，古汉语词汇、音韵必然通过文人学士较多地渗透到龙泉方言中来，积厚流光，因此龙泉方言至今仍保留不少古汉语的词和字。

龙泉历史悠久，民谚浩如烟海。本篇从上千条中，剔除1994年版《龙泉县志》原已收录的内容，酌情选其一二。龙泉方言语音中的声调、声母、韵母在1994年版《龙泉县志》中已列表说明，本篇不再重复列表。

第一章　语音与语法

第一节　语　音

方言小区

龙泉方言属吴语区丽衢片。境内各地方言，地域性差异较为明显，大致可分为五个方言小区，甚至在某些小区中亦有不同程度的语言差异。

城区：含龙渊、西街、剑池 3 个街道，硋石乡、兰巨乡及道太乡部分村。

东区：以安仁镇为中心，含龙南等地。

南区：含查田、小梅、屏南等镇。

西区：含八都、上垟、宝溪、锦溪、住龙、竹垟等乡镇，其中竹垟畲族乡的畲民会讲畲族方言和八都小区方言。

北区：含城北、岩樟乡及道太乡部分村。

此外，龙泉尚有七千多新安江移民讲淳安话，移民中的年轻一代除会说母语方言外，一般也会说龙泉方言。

声　调

龙泉城区片方言有声调 7 个，平声、上声、去声、入声各分阴阳，惟阳上并入阴上，即阴平、阳平、上声、阴去、阳去、阴入、阳入。龙泉方言与普通话最大的区别是保留大量的入声字(龙泉方言中的入声字在普通话中分别归于阳平、上声、去声之中)，且部分龙泉方言中的上声字在普通话中为去声字。龙泉方言具有 7 个声调的特点，用来朗诵诗文尤为抑扬顿挫。

将龙泉方言采用五度标调法则，阴调音高，最高是 5，最低是 3；阳调音低，最高是 4，最低是 1。

古汉语读音

龙泉人民长久地受到中华民族古文化的熏陶，至今“古风犹存野人家”，百姓的语言交谈中还保留着不少古汉语的读音，兹举数例：

石　古代作名词石头和作量词一石谷，都读 shí，近代才分开不同读音，作名词时，如岩石的石读 shí；作量词时，如十斗为一石，读 dàn。但龙泉人至今都读 shí，保留《唐韵》中的读音。

大　古代字书(如《广韵》《集韵》)都读 duó，普通话读 dà，而龙泉人除了称父时发 dá 音外，都读古音 duó。

来　宋代龙泉叶大庆所著《考古质疑》中，肯定“来”字应读“厘”或“梨”音。举例《左传》《史记•货殖传》、汉《柏梁》诗及《匡衡传》，按六朝以来注释古籍字音典籍予以论证，龙泉人口语自古至今“来”字都说“厘”或“梨”，不说 lái。

鸟　宋、元之前都读 diǎo，明代以后才出现 niǎo 音，龙泉人仍依宋元以前的读音，读 diǎo。

火　《唐韵正》注：火，古音“毁”。《诗•豳风•七月》：“七月流火，八月萑苇”。如不读“huǐ 毁”而读今音 huǒ，则不押韵，龙泉人读唐音“毁”。

侬　龙泉话呼人为“侬”。《六书故》中注：吴人谓人曰侬，瓯人呼若“能”。《通俗编》注：吴俗有称我侬，指他人亦曰渠侬。《古乐府•寻阳乐》：“鸡亭故侬去，九里新侬还。”韩愈《泷吏》诗：“比闻此州囚，亦有生还侬。”

明　明天、明年的“明”，龙泉话读古音 mǎn，不读今音 míng，《诗经•东方未明》句：“东方未明，颠倒衣裳。”读 mǎn，正押韵，如读今音 míng，则不押韵。

口　龙泉在许多地名及器官名中仍读《唐韵正》中的“kǔ 苦”音，不读 kǒu，如源口、安仁口、溪口、梧桐口、大梅口、木岱口、山际口；安仁一带还将“嘴巴”称“口(kǔ)嘴”。古代《诗•小雅》：“好言自口，莠言自口；忧心愈愈，是以有侮。”读“kǔ 苦”押韵，今音 kǒu 则不押韵。

龙泉话中还保留古代一些异读音的字，如：“宝”，古代就有异读“bǔ 补”音，龙泉老一辈人，很多都读 bǔ 音而不读 bǎo 音，相应的“报”字，龙泉老人也读 bǔ，如“我告诉你”说“我报(bǔ)你听。”报纸，读“报(bǔ)纸”。另外“保佑”的“保”，龙泉人不读 bǎo，而读“补”，西汉焦延寿所撰《易林》卦书中，有“东南其户，风雨不处，燕婉仁人，父子相保”之句，读“补”押韵。还有“考”，旧时龙泉人读“苦”，如“上京科考”，说“上京科 kǔ”。“田螺”的“螺”，龙泉人至今仍读古音“来”。

第二节　语　法

人称代词

第一人称“我”、第二人称“你”与普通话字(词)同，音稍异；第三人称“他”，龙泉用“佢”(音 qú，龙泉读如 gě，《集韵》：“吴人呼彼称，通作渠。”又，朱熹诗“问渠哪得清如许”即是)，字与音均与普通话大相径庭。

复数不用“们”，而用“啦”：我啦(我们)、你啦(你们)、佢啦(他们)。

书面语“我们”，根据指代对象不同，龙泉话必须分清“伢啦”(音近“挨啦”，即讲者与听者均为指代对象，如龙泉人与龙泉人讲“我们龙泉”应讲“挨啦龙泉”)和“我啦”(讲者与听者为不同指代对象，如龙泉人与外地人讲“我们龙泉”应讲“我啦龙泉”)。如不分对象，混同“伢啦”和“我啦”，便会使听者莫名其妙。

“我啦”多数场合为复数，有时单数“我”也说成“我啦”，“啦”只是语气助词。

形容词

形容词前加名词或动词，如：

鳅滑 花嫩 雪白 漆黑 粒短 绡薄 盾厚 冰清 墨乌 笔直 鈂重 屁轻 铁硬
鞭软 虾红 绢光 滚囵 飞快 扎平 喷香
形容词后加重叠字，如：
乌秋秋 黄桑桑 绿茇茇 白朴朴 僞挖挖 直袅袅 囵滚滚 扁踏踏 阔茫茫 大嘭嘭
僞槁槁 红辣辣 快稍稍 硬梆梆 软皲皲 光翯翯 甜腻腻 硬刮刮 阴洞洞 明朗朗
这种在形容词前后添加修饰词的语法表现手段，增强形容词语言形象化的表达，比普通话只用“很”“非常”等副词更加形象、生动。

动词

动词前加重叠词，如：
生生结 硬硬熬 嗒嗒滴 格格抖 茫茫赶 死死省 空空烦 清清嬉 蛮蛮争 空空喊
白白做
动词后加重叠词，如：
动呐呐 滴嗒嗒 赶忙忙 笑嬉嬉 吆酸酸 翘嘎嘎 跳别别 喊唊唊（唊，音 jiá，《广韵》：唊唊，多言也。）
这种在动词前后加上重叠词，增加行为程度的形象化表达。另外在动词重叠后带补语，有表示行为未然或有祈使之意，如：
理理直 叠叠齐 扫扫拢 弄弄好 刨刨光 缚缚紧 填填实 挖挖松 摊摊平 钉钉牢
瞅瞅了（了是完的意思） 洗洗爽利

副词

表示贬意时，常用“死侬（人）”或“要死”代替程度副词“很”“很会”“真”“太”等，“死侬”和“要死”可互换。如：
死侬重 死侬臭 死侬笨 死侬懒 死侬呆 要死赶 要死结 要死佬 要死清
要死毒 要死吵 要死凶
用“老”（音“劳”）代替“很”，如：
老重 老轻 老薄 老厚 老快 老慢 老甜 老苦 老好
老煞手 老烂糊 老客气 老清水 老精灵 老小器
倘用“很”，则与汉语普通话语法结构颠倒，将“很”放在形容词或动词之后，如：
好很 大很 轻很 重很 痛很 尖很 烫很 清很 摇很 薄很 厚很
会做很 会讲很 会睏很 会喋很 会画很 会写很 写好很 做好很 讲好很
后置的副词有：
添 在龙泉话中有“再”之意，但只能用于动词或动词短语后作补语。例如：
瞅记添（再看一下） 喋碗添（再吃一碗） 嬉套添（再嬉一会）买个添（再买一个） 洗记添（再洗一下） 量量添（再量一下）
用了“添”后，在动词前面还可加一个“再”，其意思一样 如：
再瞅记添 再喋碗添 再嬉套添 再买个添 再洗记添 再量量添

过 在龙泉话中表示“重新”的意思，多用于动量结合的短语后头作补语。如：

笔买支过（笔重新买一支） 条写张过（条子重新写一张）

老太讨个过（老婆重新讨一个） 家具摆记过（家具重新摆设）

田犁套过（田重新犁一次） 旧画裱回过（旧画重新裱一回）

用了“过”后，动词前头还可加上“再”，意思不变。如：

笔再买支过 条再写张过 老太再讨个过 家具再摆记过 田再犁套过 旧画再裱回过

“过”字作为动态助词，在普通话中一般都紧跟在动词之后，如：“叫过他了”“下过雨了”“找过你了”。但在龙泉话中就灵活多了，它不一定紧跟动词之后，如：“叫过他了”可说“喊佢过了”，“下过雨了”可说“落雨过呗”，“找过你了”可说“拶你过呗”，变成附在动宾结构之后的助词，但意思仍然一样。

起 在龙泉话中有表示“先”的意思，又可以再加“先”，如：

你讲起（你先讲） 你讲几句起（你先讲几句）

坐记起（先坐一下） 你瞅起（你先看）

以上句中已有“先”的意思，但在龙泉话中还可以在动词前头再加“先”，意思完全一样，如：

你先讲起 你先讲几句起 先坐记起 你先瞅起

词序

龙泉话中除副词“很”有与普通话语法结构颠倒的用法外，表示动物性别及个别事物时，词素次序与普通话颠倒，如：

普通话与龙泉话词序颠倒例表

表 37-1-1

普通话	龙泉话
公（牯）牛	牛 牯
母 牛	牛 牸
母 鸡	鸡 牸
公 鸡	鸡 虹（荒）
套 鞋	鞋 套
拖 鞋	鞋 拕
晴 天	天 晴
热 闹	闹 暖
监 牢	牢 监

后缀

后缀亦称“尾缀”，其词根（实词）有名词、动词、形容词。龙泉方言中常见后缀的有“头”和“儿”（“儿”读 nī 不读 ér）。

名词后缀“头”表示方位或时间，动词后缀“头”一般与“无”相连，表示“没啥”之意，如：

额角头 门头 角头 墙角头 正月正头 天光头

无瞅头 无嬉头 无理头 无听头 无喋头 无花头

名词后缀“儿”，含有“小”“巧”意，如：

小鸡——鸡儿 女孩——囡儿 小碗——碗儿 小南瓜——番蒲儿

小茶壶——茶壶儿 小面盆——面桶儿 小石子——砀头子儿 小铝锅——铅锅儿

动词后缀“记儿”，作补语，意似普通话“一下”，如：

扫记儿 炒记儿 刷记儿 摸记儿 洗记儿 晒记儿 敲记儿 热记儿 暖记儿 瞅记儿

形容词重叠后缀“儿”，表示形状及行为程度，如：

圆圆儿 扁扁儿 松松儿 软软儿 暖暖儿 轻轻儿 慢慢儿 疲疲儿 歪歪儿 燥燥儿

方方儿 甜甜儿 硬硬儿 酸酸儿 黄黄儿 红红儿 懒懒儿 蛮蛮儿 煞煞儿

第二章 字汇与词汇

第一节 字 汇

生僻字

有一部分字，在古代通用，但近现代的字典中不常见到，而龙泉却仍在通用。如：

础石乡的“础”，现代字典没有，但在《康熙字典》《字汇补》等古代字典中有，读音也与今天龙泉的读音一样，读 tǎ。

八都镇的野窖村，年长的村民多将野窖的“野”写成“埜”，《集韵》注：野，古作埜。司马迁《史记·司马相如传》：“膏液润埜草而不辞。”

樼，这个字在现代字典中难以找到，《康熙字典》中注为：“同榛，异读近虔。”榛，是小乔木名或引申为草木茂盛。龙泉古人独辟蹊径，用这个“樼”字，取音近“虔”，龙泉菇区人发音为“墙”，是龙泉菇民专用的做香菇“判樼”的樼。明代陆容《菽园杂记》一书中引南宋嘉定《龙泉县志》关于香蕈的一段文字记载就有“名曰蕈樼”。“樼”字的结构，为木头的尸体上长出很多“子”，香菇正是木腐后生出之子。龙泉先民不但创造了人工培殖香菇，还专门将“樼”字用到菇木的名称上，富有智慧。

还有“榆”字，也是菇民专用来代替“樼”字的，如“判榆”“做榆”。菇民“榆”读“墙”音，而《集韵》读“栈”音。

本地造字

龙泉方言词中有的有音无字，只靠其读音，代代口传。有的在漫长的字音流传过程中，一些民间的智者，按照其所指的事物在已有的汉字中添减笔画，造出一个独特的字，形象化地表征某个事物，流传中被人们接受，也就成了一个地方字。有的字是从汉字的草体中，因笔画简省，书写便捷，也流传下来，成了一个地方字。如：

桻，龙泉俗读“蓬”音，即一棵柴、一株树，称一蓬樵、一蓬树。龙泉市屏南镇有竹桻后村。象形，《康熙字典》等字辞典中无此字。

有，这个字在字典上查不到。龙泉人读 dàn，与“冇”（音 mǎo，广东话语“没有”或“无”的意思。龙泉人读 hàn，指谷、花生等农产品颗粒不饱满）字相对，音如“但”，“花生真有”“谷真有”。“冇”和“有”都从“有”字变来，把“有”字内里的两点作减省，表示农产品颗粒的饱满与否，生动形象。

砭，这个字在字典中找不到，龙泉人读“谈”音。“砭”是从“磹”变来的（现代字典中没有“磹”字，《康熙字典》中有，释义为“石也，通作壇”），“磹”的右半边草体写如“玄”，比“亶”的笔画要减省得多，久而久之，“磹”字就演变成“砭”字。龙泉的地名、人名中常有“砭”字，如清光绪《龙泉县志》中作“磹湖”，《民国龙泉新志稿》中，就作“砭湖”。

垟，《汉语词典》(1937 年版)、《同音字典》(1956 年版)及《辞源》《辞海》都没有，《康熙字典》中有，但字义是精、怪。直到 1978 年版的《现代汉语词典》才收入“垟”字，释义是：“田地，多用于地名”，而龙泉却早就有“上垟”“竹垟”“官铺垟”等地名中用“垟”字。

苤，龙泉人称野草莓作“苤”（读如 niú），“苤”字在字典中不存在，龙泉先民将“纽”字的右半边取来，谐其音，又考虑到这是草本植物，故而加上一个草头，组成一个“苤”字，音义合理且笔画简单。

第二节 词 汇

古代词语

龙泉方言中的词汇，其中有相当多的词语继承保存了不少至今难以在普通话中找到,但在龙泉话中依然是常用的古汉语词语。如：

“宅眷”或“宅眷客”，指妇女或家属。这在宋、元时就已流行，如宋代何薳《春渚纪闻·五》：“你到京师切记为我传语通判宅眷。”元代朱德润《存复斋文集·十》：“贫人偷眼不敢看，问是谁家好宅眷。”《水浒传》第三十回：“量小人何者之人，怎敢望恩相宅眷为妻？”龙泉人至今仍称妇女为宅眷或宅眷客。

龙泉人对人和事物表示惊叹，往往用“夥颐”（音 huǒ yí）一词。这个古老的惊叹词在司马迁《史记·陈涉世家》中有记载，秦末陈涉称王后，昔日与他一起种田的老乡们去探望陈涉，走进金碧辉煌的宫殿，老乡们呆了，惊叹：“夥颐！涉之为王沈沈者！”

龙泉话中有一句“掘藏”（藏，音 cáng）或“掘着藏了”，是说某人得着意外的便宜，满意极了。《辞源》中解释为：“发掘埋藏之物，谓意外得财。”该词最早出于西汉的《淮南子·人间》：“再实之木必伤，掘藏之家必有殃。”注称：“掘藏，谓发冢得伏藏，无功受财。”清代翟灏《通俗编·货财》：“吴俗迁居，预作饭，米下置猪脏共煮之，及进宅，使婢以箸掘之，名曰掘藏。”

龙泉人向别人诉说自己受了他人的侵害、吃够了苦头时，往往说“我(我啦)受的荼毒真多啊！”这“荼毒”一词来源很古，“荼”读 tú,是苦味的蔬菜、茶。荼毒是残害、毒害的意思，《书·汤诰》中有“万方百姓罹其凶害，弗忍荼毒。”《诗·大雅·桑柔》亦有“民之贪乱，宁为荼毒。”

请求，龙泉人说“央”，这“央”也来自古籍，如《西厢记》：“我如今央红娘去书院里”。

“剪绺”一词，指在人丛中剪开人家的衣袋，窃取财物，即指窃贼。《元曲选·铁拐李》：“你却叫有剪绺的”。《官场现形记》四十三回：“长江一带剪绺贼多得很”。龙泉老一辈人指窃贼就说“剪绺”(绺，音 liǔ)。

龙泉人称儿媳(媳妇)为新妇。“新妇”一词，早在《后汉书·周郁妻传》中就有“新妇贤者女，当以道匡夫”之句。又，编撰于元代的《二十四孝·乳姑不怠》中亦颂扬唐代长孙夫人的儿媳用自己的乳汁喂养婆婆的事迹，说：“无以报新妇恩，愿子孙妇如新妇孝敬足矣。”

正月十五，现在称元宵节，唐代人称上元节。而龙泉道太一带的人一直以来都称这个节为上元，并举行隆重的迎神庙会活动，称“过上元”。

龙泉话中有“赶弗逮”(普通话的“来不及做”或“忙不过来”)、“逃弗逮”(普通话的“来不及逃”)、“喋弗逮”(吃的东西很多，吃不尽之意；也有忙得来不及吃之意)，其中的“逮”，就是文言中的“及”，如《论语·里仁》：“古者言之不出也，耻躬之不逮也。”

“撺掇”一词，意为怂恿、鼓动、劝说。宋代《朱文公集》和《水浒传》等书中都有，龙泉话至今仍在用。

龙泉安仁一带的人至今仍称脖子为“项颈”。宋代苏轼《记游定惠院》：“山上多老枳木，性瘦韧，筋脉呈露，如老人项颈。”古代医书如《古今医统大全》《医宗金鉴》中，人体部位脖子写作项颈。

在日常的器用物件名称中，龙泉话中也依旧有不少保留用古代的称呼，如筷子称箸，衣服称衣裳，椅子称交椅，锅子称钴锛等等。在龙泉谚语中，还有更多的古汉语字、词夹在其中，如“今年望诸明年好，明年又是一件破棉袄”“万贯家财不如薄艺随身”“有好儿孙弗要置，无好儿孙置也空”等谚语中的“望诸”“薄艺”“置”等等。

词语举隅

时日 天象

早晨——天光或天光早，吃早饭说喋天光

中午——日昼，吃中饭说喋日昼(日，读如 nèi 内；昼，俗读 diū 丢)

今天——该日

明天——明日(明，依古音读 mǎn)

傍晚——乌荫、乌昏，吃晚饭说喋乌荫、喋乌昏

夜间——暝间(暝，读如 máng)

半夜——半暝

太阳——日头

月亮——月光婆

星星——天星

彩虹——鲎，音 hòu (明·徐光启《农政全书》：虹，俗呼鲎。《汉语大词典》：吴俗呼虹为鲎。)

闪电——闪龙(闪，读如 xiè)

打雷——响雷

刮风——起风、起大风、起龙风

阵雨——过云雨

下雨——落雨

小雨——雨毛丝儿、纹丝雨儿

冰——洪、冰瑯洪（洪，读如 gou，《集韵》：凝也。《正韵》：后人以凝代冰。）

冰雹——龙雹（雹，读如 bó 勃）

霰——雪米

阴冷刮风——乌风冻

冷——凊（读如 cen，《说文》：寒也。《玉篇》：冷也。）

今年——该年

明年——明年（明，依古音读 mǎn）

去年——旧年

前年——前年（前，读如“徐”）

正月初五——开小戒（戒，读如“驾”）

正月十五——开大戒

山水 田林

地方——堂地（堂，宽阔平坦的地方）

什么地方——岂堂地、岂搭

高山岗——山岗巘背（巘，音 yǎn 演）

一座山——一岯山（岯，音 pī）

岩石——砀头（石头也称砀头）

石壁——岩壁础

小溪涧——山涧（涧，读如“刊”）

水沟——水甽（甽也写作圳，读如“渊”）

烂糊田——烂滃田（滃，读如 hong 哄）

田埂——田岸、田塍

菜畦——菜塍（塍，读如“另”，《广韵》：塍，菜畦。）

晒场——簟坪

树——杦（杦，音 jiǔ，《字林》：杦，木名。）

柴——樵（樵，音 qiáo，俗读如 xiǎo 小，《古代汉语词典》：木柴。）

菇木——蕈檽（檽，俗读如 xián）

段木——杦段

原木——长梢

竹箨——笋壳

油茶——茶子

茶子饼——茶枯

杉木——杉杦

马尾松——松杦

木荷——槐樵
红豆树——花梨木
檵木——刺曲
牡荆——龙钟
红豆杉——赤榧
银杏树——白果枚
乌桕树——琼子枚(琼,俗读“同”)
柳杉——榅杉(榅,音 wēn)
苦槠树——苦种枚
桂花树——木樨

粮食　果蔬
稻——谷
荞麦——花麦
玉米——苞萝
高粱——高粱粟
小米——黄粟儿
马铃薯——洋芋
地瓜——番萁
籼米——早米
粳米——晚米
芝麻——油麻
萝卜——菜头
胡萝卜——红菜头
南瓜——番蒲
箓笋——白笋
荠菜——香蕈娘
黄瓜——瓜儿
香菇——香蕈
薯芋——萁
四季豆——三性豆
豌豆——麦豆
甘蓝——球菜、包心菜
辣椒——番椒
西红柿——番茄
茭白——茭笋
败酱草——苦益

芥菜——青菜
菠菜——菠薐
丝瓜——天萝
秕谷——糠谷(糠,音 huang,《说文》:虚无食也。龙泉用“冇”字,读 hàn)
海带——广带
黄花菜——金针
香菜——芫荽菜
薤——蓼藠(《本草》:薤,一名藠子。藠,音 jiào)
白菜、油菜抽出茎芯——菜躲(躲,俗读“小”,《集韵》:躲,体长貌。)
珊瑚菌——老鼠骹
葵花子——日头花
李——李儿
桂圆——圆眼
柿——日柿
桃——桃儿
柚——香栾
银杏——白果
板栗——大栗
锥栗——金栗儿
蜂蜜——蜂糖
猕猴桃——绳梨
茶叶——茶散
红糖——沙糖
白糖——洁白、糖霜

人体 动作

人——侬
脸——面卵
手——胠(音 qū,《玉篇》:胠,身左右两膀。清代桂馥《札朴》:胠,即胳臂也。)
手臂——胠膊
手指头——胠头儿
左撇子——动支撇、动支(支,读如 jì 计)
大拇指——胠头拇
食指——胠头枪
小指——胠头尾儿
指纹——圆旋纹称脶(脶,读“雷”),波散纹称畚箕
脚——骹(俗读 kao,《说文》:骹,胫也。)

脚底——骹板下
小腿——骹膊
膝盖——骹膝头
足胫——骹拇骭（骭，俗读 huo，小腿骨）
足踝——骹拇盱儿（盱，读如“于”）
足跟——骹后端
拇趾——骹头拇
小趾——骹头尾儿
眼睛——目盯
眼泪——目膱（膱，读如“时”，《字汇补》：膱，目汁凝也。）
鼻子——鼻头，穹鼻（穹，音 qióng，读如“取”）
嘴巴——呿（音 qū，《玉篇》：张口貌。）
牙龈——牙库
脖子——项颈、脰哎（脰，读豆，《说文》：脰，项也。《玉篇》：脰，颈也。）
肩——肩胛头（肩，俗读如 yé）
胸——心头
乳房——嬷儿（嬷，音 mó）
背——膊脊背
肚皮——腹桶（腹，俗读“博”）
屁股——腒臀（腒，读 ku，《玉篇》：腒，臀也。）
阴茎——尿毛屌、朊（读如 lè。《五音集韵》：朊，男阴异呼。）
女阴——屄（音 bī）
粪便——滬（滬，读 wū）
跛足——跰骹（《新汉语词典》：跰，读如“摆”，腿脚不方便。）
妊娠反应——病腜（腜，音 méi，《说文》：妇始孕。《博雅》：胎也。）
怀孕——带身
小产——落身
分娩——养屘（养，俗读如“勇”；屘，《说文》：从子，尾声也。俗读 mei）
中暑——作痧
头发脱落——头荒了
坐月子——做月里（里，俗读“底”）
发热——烧热
生冻疮——烂冻血
夜盲症——鸡堋盲
打——抐（音 nà，俗音 dàng，《集韵》：抐，打也。）
拖——拕（俗音 tā，《说文》：拕，拽也。）
搞（做）——舞（“不要搞”说“弗要舞”）

站立——隑(音 gāi,《扬子方言》:隑企,立也。《广韵》:企,立也。)
跌倒——踣倒(踣,音 bó,《古代汉语词典》:向前倒下,向下卧倒,倒毙。)
回转来——邅来(邅,俗音 dèng,《集韵》:转也。)
淬火——煡火(煡,俗读"见",《集韵》:灼铁淬之。)
擦拭——撨(俗读"缴",《集韵》:撨,拭也。)
锯板——镧板(《汉语大词典》:镧,方言,锯开。)
作田埂——潴田岸、潴田塍(潴,俗音 zuò,《集韵》:水停曰潴。)
播稻种——下谷籽(下,俗读"火")
耘田——戽田(戽,俗读"呼")
碾米——砻米
砍柴——劖樵(《集韵》:劖音 cuì,俗读"催",截断也。樵,俗读 xiǎo 小)
拔草——掣草(掣,俗音 zhe)
劈柴——爿樵(爿,俗音 pai 派,《广韵》:爿,破物也。)
挖土——搂黄泥(搂,音 lōu,《汉语大字典》:搂,方言,用农具铲地或松土。)
扔掉——掼了(掼,音 guàn,《水浒传·二十七回》:"把那妇人头望西门庆脸上掼将来")
织毛衣——缉毛线(缉,俗音 qī 戚,《中华大字典》:缉,缝也。纳鞋底,亦称缉鞋底。)
躲躲闪闪——阉记阉记(阉,俗读"掩",《字汇补》:阉,隐也。)
想——忖(音 cǔn,俗读"寸",《广韵》:思也。)
相骂——相謷(謷,俗读"凿",《集韵》:謷,詈也。)
吃——喋(音 dié,《集韵》:江南谓吃为喋。)
吃饭——喋饭
喝茶——喋茶
喝酒——喋酒
吸烟——喋烟
喂饭——饲饭
穿衣服——袳衣裳(袳,俗读"得",《集韵》;开衣也。)
张开——闷起(闷,俗读"沙",《集韵》:闷,开也。)
撕裂——捩开(捩,俗读"拍",《博雅》捩,裂也。)
起床——倒隑(隑,音 gāi,《集韵》:立也。)
抱持——㨃起(㨃,俗读 jia 挟,明代李翊《俗呼小录》:抱持人物曰㨃。)
藏起来——园起(园,音 kàng,俗读 kong。《集韵》:藏也。)
比量一下——匽记(匽,音 yàn,《广韵》:物相当也。)
和面粉——搙面粉(搙,俗读"啃",《集韵》:搙,捻也。)
烙饼——煆饼(煆,俗读"霍",《玉篇》:热也,干也。)
叠——缅(缅,俗读"撞",《玉篇》:缅,叠也。)
挡住渣倒出液体——滗出来(滗,俗读"笔",《博雅》:去汁也。)
阉猪——劁豬(劁,俗读 jié 结)

牧牛——扜牛(扜,音 yū,《说文》:扜,指挥也。)
亲友间酬赠——朝觐
相聚、相伴——扎堆、扎阵、共阵
阴干——晾(晾,俗读“浪”,《字汇》:晾,晒。明代陶宗仪《辍耕录》:置阴处晾之。)
使倾斜之建筑物归正——牮(音 jiàn,《字汇》:屋斜用牮。)
吃力——㑇力(㑇,俗读 jia,《扬子方言》:吃力,倦。)
事办了结——割切(办事利落亦称“割切”)
害怕——吓
哭——吆(音 yāo)
落水淹死——氽死(氽,俗读 dén)
数一数——序一序

房舍 器具
房屋——宿(俗读如“去”,《玉篇》:舍也;《辞海》:屋舍。)
锅灶——镲灶
中堂——长间
卧室——间底
厨房——镲间
台阶——踏步
门槛——门枕
屋顶——宿背栋
厕所——茅司
钥匙——锁匙
裤子——布裤
衣服——衣裳
内衣——裷身(裷,俗读 gun 滚),扣身
衣袖——肱裬(裬,俗读 yìn,《玉篇》:袖也。)
钮扣——钮襻(襻,音 pàn)、纽儿
围裙——拦身、拦身裙
筷子——箸(音 zhù,俗读如“忌”,《玉篇》:箸者,夹也,饭具也。《辞海》:箸,筷子。)
柴刀——樵鍻(鍻,俗读如 jié 结,《集韵》:镰也。)
镰刀——镰鍻儿
剪刀——铰剪(铰,音 jiǎo,俗读“拷”,《辞海》:剪刀亦称铰刀。)
盖子——匴(匴,俗读如 gèng,《增韵》:器盖。)
大铁锅——钴镲(俗读“苦莽”,《正韵》:温器。)
小铁锅——镗镲(俗读“堂莽”)

大锅盖——镈碥（碥，音 biǎn）
调羹——羹瓢儿
锅铲——锹儿（锹，音 qiāo）
大水桶——梁桶
小水桶——板桶儿
炊具——饭甑（木制桶形）、饭罐（陶制）
扫帚——筅帚（筅，音 xiǎn）
晒衣竿——竹笐（笐，音 hàng，俗音 ong，《集韵》：挂衣架也。）
引水竹爿——水笕（笕，俗读“远”，《广韵》：以竹通水也。）
摊晒谷物之篾席——簟（音 diàn，《辞海》：农家晾晒谷物用的粗竹席。）
棕衣——蓑衣
斗笠——箬笠
捕鱼蔑篓——罶（音 léi）
装饭草包——饭筲（筲，音 shāo，《说文》：筲，饭器。《农政全书》：筲，饭筲也。）
抽屉——排盝（盝，音 lù，《康熙字典》：椟盝小者曰盝，与簏通。）
滤酒竹器——酒篘（篘，俗读 chōu 抽，《集韵》：酒笼，漉取酒也。）
切菜板——砧板
自行车——脚踏车
煤油——洋油
肥皂——洋皂
火柴——自来火、洋火
椅子——交椅
脸盆——面桶、洋面桶
脚盆——骹桶
毛巾——面服
镜子——照
红包——花红
物件、东西——哈有

称谓 指代

本族支派始祖——太公或太太公
列祖列宗之通称——太公婆
祖父——公
祖母——嬷（《字汇》：音麼 mó）
父——大（俗读 dá）
母亲——娘
长辈——老班辈、大侬

公公——祖公、大倌

婆婆——祖婆、大耶（耶，音 yé，《正韵》：语助；1936 年版《汉语词典》：音爷，助词。）

丈夫——老公

妻子——老太

侄子——孙，孙侄

堂兄弟——叔伯哥弟

夫妻俩——两公婆

舅母——娘妗

舅父——娘舅

父辈的娘舅、娘妗——舅公、舅婆

媳妇——新妇

兄弟之妻互称——支姆（支，《辞源》：一本旁出或一源分流曰支。《辞海〈通俗编·称谓〉》：“弟妇呼兄妇为姆姆”。）

儿子——囝（俗读 mei，清代黄淑璥《台湾使槎录》：又所生小子，名曰囝，土音满。龙泉亦有用囝字。）

女儿——囡儿（囡，音 nān）

女人——宅眷

亲戚——亲眷

入赘——上门

岳父——丈人

岳母——丈母

小姑娘——囡儿，囡儿侬，囡儿瓣

小男孩——细儿侬，细儿

老人——老成侬

生头胎——开腹（腹，俗读 bó 膊）

男女同居——扎堆、共阵

下葬——送上山

死——过辈、过生、去了

夭折——无了

棺材——寿宫

病了——软了

傻子、精神病患者——残憨、残憨侬（憨，音 hān）

年老男人——老倌头

年老女人——老大姆

干娘——亲娘

干爸——亲伯

乳母（奶娘）——嬷娘

姐妹之子（女）互称——表兄哥弟、表姐妹

老人再婚——相傍老
外地人——外路侬
邻居——邻舍
哪个——岂个
那个——哈个
我的、你的——我嘅、你嘅（嘅，俗读如“改”，《汉语大词典》：嘅，助词，相当于“的”。）

文体 娱乐

抬阁——挑
风筝——纸鹞
木偶——傀儡
演木偶——抽傀儡
剧团——戏班
演员——戏子
乐队——后台
越剧——绍兴戏
京剧——京戏
砚——墨瓦
印泥——印色
楹联——对联
联语——对联诗
照片——照相
镜框——照相架
摄影——照照相
笛（箫）——箫
唢呐——乐吟（乐，俗读“岳”）
讲故事——说古
谜语——谜（谜，俗读“义”，《五音集韵》：意也。）
猜谜——做谜猜
猜拳——揞拳
玩——搞
游玩——嬉（《广韵》：嬉，游也。《玉篇》：嬉，乐也。）
转悠——踱记儿（踱，俗读“旋”，《集韵》：徐行也。）
逛街——踱街

话语 性状

说话——说谰（谰，音 lán，《广韵》：逸言也。）

说大话——拉天

讲普通话——说普通

方言——土话

外地话——外路腔

古话——古老话

真乖——真嫱(嫱,《广雅》:好也。)

骂小孩——棺材

夸口——说大谰

自负自夸——挱很(挱,音 suō,《集韵》:开,张。)、拉天

闲扯——无头野搭

办傻事被人笑、吃苦头——跌鼓(浙江文艺出版社《浙江民俗故事》:寺里鼓破了,换了新鼓,破鼓放在鼓架底下。小和尚天未明爬上鼓架敲鼓,不小心跌落在破鼓里,人小鼓大爬不出来,待和尚们做完早课,才听到破鼓里小和尚的呼喊,老和尚救出小和尚,说:"叫你敲鼓,你偏跌鼓,糊里糊涂,活该吃苦!")

多——夥(音 wà,《集韵》:燕人谓多曰夥。)

深——漼(音 cuǐ,俗读"千",《说文》:深也。)

圆——囵(《字汇》:圆,囫囵也。)

长——傝(音 tǎng,俗读"台",《广韵》:长貌。)

脆——松

坏,不好——退班

坏人——偕侬(《广韵》:偕,行恶也,口皆切,kei,俗音 gà)

适应力强——滥贱

没办法——无变

运气不好——无时、否(pǐ)

可怜——罪过

很瘦——壳瘦

胖——滚壮(《中华大字典》:吴楚俗称身体肥大为壮。)

开裂——开坼(坼,音 chè,俗读 cà)

(食物)生的、熟的——青的、熟的

黑——乌

长得美——真生好

女子小巧秀美——娒娒儿(娒,音 guǐ,《广韵》:娒,好貌。)

吃不消——喋弗落

幸福——真爽

干净、漂亮——清水

畜禽 鱼介

猪——豬(俗读 duo,《集韵》:豕名。)

公牛——牛牯
母牛——牛牳(《集韵》:牳:母牛名。)
狗——犬(俗读 qiàn)
公鸡——鸡虹(虹,俗读“荒”,清代郝懿行《尔雅义疏》:虹双出,色鲜者为雄,雄曰虹。)
母鸡——鸡牳
鸡舍——鸡埘(埘,俗读“赛”)
鸭子——番鸭、草鸭
鳜(桂花)鱼——大猫鱼
虎纹鱼——篦笸齿
倒刺鲃——军鱼
鲶鱼——鲶鲐(鲐,音 tái)
鳖——团鱼
乌贼干——螟蜅(《辞海》:无针乌贼的干制品称螟蜅鲞。)
海蜇——蛇鱼(蛇,俗读“撒”)
贝类——蛤

鸟兽 昆虫
老虎——大猫
鹿——跳鹿
野猪——野豬
刺猬——枪豬儿
穿山甲——鲮鲤甲
猴子——猢狲
蕲蛇——蝶蛇
竹叶青蛇——焦尾儿
眼镜蛇——拱气蝶
金(银)环蛇——竹节蛇
石蛙——蜷(俗读“卷”)、鲷鱼(鲷,音 diāo)
老鹰——老鹞
乌鸦——老鸦
麻雀——农鹊儿
八哥——八八
喜鹊——鸦鹊
蟾蜍——滆蛤(滆,《正字通》:音乌,秽也。蛤,音 gé)
蛙——蛤蟆
蚯蚓——蝗蹇(《篇海》:蹇,俗音 hǔn,蚯蚓也。)
蚂蚁——蛾艾蚁(蛾,《康熙字典》:与蚁同。)

蝉(知了)——奶奶蠦(蠦,《唐韵》:音 yíng,寒蝉。)
马蜂——大蜌《集韵》:蜌,音 bì,《玉篇》:黑蜂。)
蜻蜓——蜓高娘、蜓高媒
蛞蝓——蜓蚰
蜥蜴——蛱蝙(蛱,《康熙字典》:蛱,蛇名,音练。)
毛虫——毛烧蝲(蝲,《唐韵》:音辣,虫名。)
细腰蜂——蠮螉

第三章　俗语与歌谣

第一节　谚语、俚语、歇后语

谚　语

天象气候

立春晴,好年成。
立夏晴,蓑衣箬笠满田塍;立夏雨,蓑衣箬笠挂宕柱。
立冬无雨一冬晴。
春无三日晴,夏无三日雨。
燥冬至,湿年晚。
早霞九日雨,晚霞九日晴。
长晴骨痛要落雨,长雨骨痛要天晴。
久晴必有久雨,久雨必有久晴。
雨落黄昏,三日弗干。
雨打秋头,无秆饲牛。
蝗蚉(即蚯蚓)滚沙,大水满街。
蛤蟆打鼓(谓鸣叫声烈),黄鳅晒死。
斑鸠儿吆吆,大雨便要到。
燕儿矮矮飞,春水满大溪。
水井翻青苔,大雨在眼前。
日风晴,暝风雨。
五月西风大雨花。
春霜三日白,晴到割大麦。

落雪弗清(冷)烊(融化)雪清。

初三晴,初六雪。

白露天晴风霜快。

云拖浦城(西北角)雨落弗成;云拖龙泉(东南角)雨落弗完。

西云搬过东,无雨也无风;东云搬过西,山涧成大溪。

乌云过东,无雨无风;乌云过南,山峰变潭;乌云过西,大水平溪;乌云过北,无水磨墨。

天光云拦腰(山腰),黄昏有雨浇。

涂露(雾)散散,带雨伞;涂露平平,要天晴。

春涂雨,夏涂晴,秋涂凉风,冬涂雪。

春寒入骨,冻死老牛骨。

惊蛰暖,秋成秆;惊蛰寒,溪成潭。

六月六,岩背搨卵熟。

白露秋分,日热暝清。

清明寒,谷雨寒,立夏寒,端午寒。

一场秋雨一场寒。

春三二月乱穿衣。

正月卯(卯时,晨五至七时),山头弗见草(天不明,视物不清);二月卯,山头光袅袅;六月卯,山头见青草;十二月卯,山头直渺渺(天不明,视物不清)。

二八(月)天地平,日暝一样傷。

日傷到夏至,暝傷到冬至。

三年两头闰。

冬行春令,弗死也要病。(寒热不顺序,影响健康)

农林生产

有力黄金土,无力荒草坪。

种田无师父,三年两头换谷子。

种田要种好,年年铲秆脑。

种麦无灰,到老喋亏。

疏田好瞅,密田多谷。

稀稀油菜密密麦。

二月二,样样种子都落泥。

清明下种,弗问爷娘。(时至清明,一般农作物都可下种)

四月无破侬(农忙,人人都可派上用场),八月无破箩(收获,农家箩筐都有用途)。

插田要插立夏前,讨亲要讨二十边;夏至插田无谷打,临老讨亲喊皇天。

田吓秋里旱,侬吓老来穷。

三宿油麻四宿豆。(油麻播下三宿出芽,豆需四宿)

勤侬植苋菜,懒侬植苦荬。

深植茄，浅栽葱。

七葱、八蒜、九蓼菖。（合适的种植月份）

十月大，街头无菜卖；十月小，街头青菜青袅袅。

霜打雪压白菜甜。

杙（俗称树为杙）木成林，雨水调匀。

千杉万松，喋用弗空；植棕点桐，一世弗穷。

油菜吓旱，茶子吓荒。

触棒植桃，摸壁植橘。（触棒谓老人拄杖行走；摸壁谓婴儿学走路）

桃三李四梨五年，枣儿当年好卖钱。

歪竹出好笋。

弗种今年竹，哪有来年笋。

燥千年，湿千年，燥燥湿湿三五年。（指松木保存）

判樼先瞅山水，讲亲先瞅爷娘。（判樼，即花钱将人家的山场租来种菇）

童生只要文章好，头科不中望二科。（喻只要菌丝发得好，头批出不好菇，下批可望出好）

火面加层灰，香菇好水色。（焙菇时炭火表面盖一层灰，文火焙烘，菇出好色）

砍花无鬼，瞅樼开嘴：楮樵大粒米，米樗砍米碎，银栗火香龙翻边。（砍花没什么秘密，看什么柴砍什么花）

硬汉多遮衣，软汉薄薄披。（木质硬的菇木要多遮柴叶，木质软的菇木可少遮柴叶）

山场阳，香蕈花又重；山场阴，香蕈薄又轻。山场光又实，香蕈多又密；山场蓬松松，十樼九个空。（光又实，指枯枝败叶烂成泥，较温润；山场松，干燥，枯枝败叶不能烂，不利出菇）

上寮不过冬至，下寮不过清明。（菇民上下菇山时间）

十樼百蕈快，百樼千蕈难。（管理水平低，多做樼不一定多收菇）

高山香蕈多，米楮、红栲、檀香、乌枫当正佐；低山香蕈多，杜英、乌樗、楮柴、锥栗当正佐。（当正佐，当家、为主之意）

牛有千斤力，不可一时用。

山田养黄牛，畈田养水牛。

养牛无巧，睏暖喋饱。

养豬无巧，喋饱睏好。

捉豬儿瞅豬娘。

养儿弗算饭，养豬弗算账。

养羊植姜三倍利。

马无夜草弗肥。

细细（小）鸡犅生大卵。

百日鸡正会飞，百日鸭正好杀，百日鹅一大驮。

社会生活

亲帮亲、邻帮邻。

多艺多忙，无艺笼统忙。

百艺不如一艺精。

油盐烧菜，各侬喜爱。

一样饭喋落，有千百廿四样侬。

一娘生九子，九子九样心。

只有单身汉，无有破宅眷。

花对花，柳对柳，破畚箕，对笄帚。

杀头生意有侬做，蚀本生意无侬做。

七算八算，给鬼偷去一半。

侬熟弗好，地熟生草。（喻熟人面前碍于人情，难按理办事）

三个老倌说前朝后汉，三个细儿说爬墙滑磡，三个宅眷说老公无干（无能）。

铜钱银子养心血。

山头傀儡山头抽。

文侬进门瞅墙壁，蛮侬进门瞅桌席。（有文化的人进门看墙上挂的字画，无文化的人看饭桌上摆什么菜食）

喋侬饭，由侬掼。

喋官饭抐官鼓，鼓破有侬补。（抐，音 nà，《集韵》：打也）

衙门八字开，有理无钱莫进来。

朝上无侬莫做官。

做起官，行起礼。

黄犬喋㴔弗识臭，财主贪财弗嫌多。

龙生龙，凤生凤，老鼠生儿钻地洞。

懒侬有懒福。

命好弗要早倒隑（倒隑，指起床）。

侬争命弗争。

硬樵自有硬虫蛀，恶侬还有恶侬磨。

有钱水里暖，无钱岸上寒。

要死弗管十七八，要败弗管田地阔。

侬比侬，气死侬。

侬穷志弗穷。

弗吓当面呸，就吓背后鬼。

细洞弗补，大洞喊苦。

侬无千日好，花无百日红。

侬吓出名，马吓露形。

眼不见为净。

虱多弗痒，债多弗愁。

一个和尚担水喋，两个和尚扛水喋，三个和尚无水喋。

三分侬材七分扮，癞痢扮起做小旦。

日长事多，暝长梦多。

救了蛤蟆害了蛇。

侬有错口，马有失蹄。

谷米搬搬会少了，话语传传会多起。

十个肱头（肱头，即指头）有长短。

双肱只捉得一尾鱼。

青山在，弗愁无樵烧。

虾有虾路，蟹有蟹路，蛤蟆无路跳三步。

新娘妄细，道理一样。

摔了是块肉，摅起是块骨。（摅，俗读如“系”，《博雅》：手约物。捡起来）

用着是个宝，用弗着是枝草。

好事弗出门，歹事传千里。

好种弗像种，歹种像三代。

喋酒要配，说话要对。

穿，威风；喋，肚中；赌，对冲；嫖，送终。

宁帮刁（聪明）侬掮尿壶，莫帮呆侬做军师。

有钱到处是杭州。

侬老病出，枚老根霉。

嫩地好抐桩。

饶侬弗动手，动手弗饶侬。

有福大世（大世，大伙儿）享，有祸大世当。

天热热大世，天清清独自。

一手捏香，一手捏枪。

长老假清斋，鸡腿打横拕（拕，俗读 tā）。

拕别侬落水，独自骹要湿。

老实老实会偷佛。

见侬说侬话，见鬼说鬼话。

当面是侬，背后是鬼。

面皮厚得像料桶板。

做事启别侬，抢喋踏死侬。

好汉弗喋眼前亏。

过头饭少喋碗，过头话少讲句。

生意弗成侬情在。

见侬上天背楼梯，见侬落水背竹笐（笐，俗音 ong，晒衣裳的竹竿）。

百病百药医，轻骨（轻贱）无药医。

暝间想想千条路，日间又是磨豆腐。

墙头草，风吹两边倒。

平时弗烧香，临时抱佛脚。

有法无法，靠两记煞(煞，俗谓努力)。

腹饱弗吓面污。

忍一忍，喋弗尽。

天变一时，侬变一世。

老鸦莫笑豬，豬莫笑老鸦。

好马弗喋回头草。

好头不如好尾。

学医弗明，暗刀杀侬。

高山读书，不如平地听讲。

千日胡琴百日箫，十日唢呐满街摇。

弗听老侬言，喋苦在眼前。

未会走，先学飞。

路生在呿里。

喋的盐比你喋的米多，走的桥比你走的路多。

做生意，弗吓蚀，便吓歇。

屘儿趴大，蒲儿吊大。

年偒年晚忙，日偒黄昏忙。

冬间无被长长夜，六月无米长长日。

腽臀缚香火，双骹扛个肚。

弗做蚀个一，做做蚀个二。

有钱做钱着，无钱做命着。

今年望诸明年好，明年又是一件破棉袄。

卖菜的喋黄衣，卖樵的烧樵皮。

富侬一桌酒，穷家半年粮。

秋天懒惰无衣裳，冬天冻死莫喊娘。

冤枉钱，救眼前；气力钱，万万年。

天晴防落雨，有日防无日。

百病百药医，懒骨无药医。

菜园密密走，亲眷疏疏走。

溪里摸摸多碗粥，地里摸摸多碗饭。

孤细偷针，大来偷金。

上窟教新妇，下窟囡儿听。

少年爱风流，老来隑门头。

清粽热糍糍。(龙泉粽子有灰碱成分，冷食不致伤胃)

少喋多滋味。

有菜莫喋蕈(吃野生蕈容易误食毒菌)，有路莫行船。

天光喋姜，百病消炀；黄昏喋姜，病入肚肠。

有钱难买六月泻。

七坐八爬九出牙。(指婴儿出生后七个月能坐住，八个月会爬，九个月出牙)

六十(岁)莫留宿，七十莫留昼(午饭)。(指老年人容易暴病而死，接待不宜过分挽留)

心肝会认侬。(亲生儿子很小就能认识亲爷娘)

亲哥弟，明算账。

穷宕莫穷路。(在家要节省，在外作客不要小器)

无新妇，新妇香；有新妇，喋辣姜。

讨个新妇卖个儿。

个侬个侬缘，山魈同鬼抐拳。

一莫惹丐儿，二莫惹细儿。

死爷死娘三年乱。

好汉难赚六月钱。

瞅别侬喋肉，莫瞅别侬搋樵。(用斧头劈柴，常有柴爿飞来，不安全)

相謷(謷，俗读"凿"，《集韵》：謷，骂也)无好言，相打无好拳。

三个宅眷客，值得一帮鸭(指话声聒噪)。

七月蚊虫出獠牙，八月蚊虫上高山。

男儿头，宅眷腰，动着便心焦(恼怒)。

做官莫抢前，做客莫在后。

第一懒，出门弗带伞；第二懒，喋饭弗抲碗；第三懒，洗骹用骹铲。

无时(运气不好)碰着鬼。

拣日弗如碰日好。(办喜事拣好日子，不如随意为好)

风俗掌故

行事三六九，弗问也顺手。(逢三、六、九日一般都称吉日)

七侬八谷九豆十麦。(旧谓正月初七为人日，初八为谷日，初九为豆日，初十为麦日)

二月二炒粿箸，正月廿搨粿碥。

三日端午五日年，一日清明便落田。

山头侬弗识屁，过端午，过初四。(乡下一些地方五月初四过端午节，一说是为纪念明朝将领龙泉人胡深出征日，又一说是提前在家过完端午，初五赶到城里观看龙舟)

清明弗戴柳，后世无娘舅；清明弗戴花，后世无娘家；清明弗戴葱，后世无老公。(旧时龙泉姑娘清明节头上要戴花、柳、葱，葱与春谐音，含花柳逢春之意)

门前植梨莫植桃。(龙泉话"梨"和"来"，桃"和"逃"谐音，谓门前植梨可招来财运，植桃则财运会逃走)

龙泉北乡好上田。

小梅街，傷抡抡；查田街，半边街。

除了福罗无大山，除了皇帝无大官。(福罗，为福建与龙泉宝溪交界的一座山)

安仁嘅戏，大舍嘅祭。（旧时安仁、大舍二地每隔三年正月要举行演戏和摆祭活动，两相比较，安仁的戏比大舍的好，大舍的祭比安仁的好。嘅，助词，相当于“的”，俗读如“改”）

做菇顶闹蛟垟源，出门一年有几千。

高浦“李”，岭上“张”，不如五都“杨”。

道太管泮山，蛤湖张石山，杨头巫佐香。（清代龙泉道太一方的富绅）

财主老倌村村连，根奶出在大丘田，石退有个杨老九，沙潭出个吴丰年。

岙头穷，际下虎，麦山、山后是牛牯。

岙头直笼统，无一个秀才种。（种，指种 zhǒng 子，俗读如 yòng 永）

周村直笼统，无个秀才种。

上畲下畲，无水烧茶。

有女莫嫁游山头，喋水如喋油。

岩后一个窟，笼帚和竹刷。（岩后村中多毛竹，旧时村民穷，靠卖扫帚、竹刷添补家庭经济）

西滩得命，虎爪送命。（西滩、虎爪为旧时瓯江水运中的二处险滩）

八宝山十八面，面面俱出宝，一面无宝产紫草。（八宝山古称大马鞍山，在查田镇西，山中有金矿；紫草可作染料亦可入药，凉血解毒）

俚语

二五对（不精灵）

三日新（新鲜感很快过去）

三夹土（普通话说不标准）

门底犬（只会在家中厉害）

天开拆（难得）

天仓满（贪婪极尽，坏事做绝，受到惩处）

无结煞（不得了、非常糟）

无着落（潦倒）

瘌痢头（无赖、刺头）

无名件（不像样）

无花头（很一般）

无张李（一塌糊涂）

对心拳（击中要害）

半天飞（不踏实）

半浮氽（学不精。氽，俗读 dén）

拆烂糊（耍赖、不认账）

鬼抐仗（乱糟糟）

鬼做醮（乱来）

鬼摸了（倒霉）

赶出世（骂人赶投胎）

七阴八阳(阴阳怪气)
天弗搭地(不对号)
弗稂弗莠(不成才)
自讲自应(自言自语,固执己见)
顺风烟柳(人云亦云,无主见)
芋里夹茄(分不清楚)
问筋问脉(盘问过细)
死了未葬(头脑不灵清)
牵筋吊命(该完结不完结)
鬼撞鬼舞(乱作为)
鬼射得箭(太冷清)
鸭儿听雷(听勿明白)
鸭踏了样(字迹潦草)
寅时卯刻(很快)
掩头缩尾(举止不大方)
撩风撩搭(勾搭)
瞎七瞎八(大大咧咧,自以为是)
吊头现显(抛头露面)
生侬离世(丢人现眼)
喋节剥节(无长远打算)
鸡卵配白粥(很容易)
破鼓通天抐(无所谓)
骗鬼上花船(骗人上当)
醃卵序过坛(一次次重复)
犬滮堅蔓草(财富向富有者汇聚。狗喜欢在草丛中拉滮,堅,土积聚,音 jù,俗读如“囧”。又作豬滮堅蔓草)

歇后语

一支腹肠透到屈臀门——直爽。
一枝草有一滴露水荫——自有活路。
一边耳朵进,一边耳朵出——健忘。
一斗油麻掉一粒——有你弗多,无你弗少。
二一添作五——平分。
七算八算,给鬼偷去一半——越算越少。
人参喋死无怨,黄连救命无功——弗公道。
上轿洗头颈——匆忙。
大猫头上敢拔毛——胆大。

上字弗识点岂边——文盲。

小鬼未见过大馒头——少见多怪。

长老背尼姑——怪事。

开棺材花——走老运。

无爷说孝顺话——假好心。

双骹踏两船——两边去得。

心肝吊在背脊上——无良心。

丐儿都说自支棒油——自夸自好。

手掌心手板背都是肉——一样看待。

心肝掏出喋了还说是豬母胆——不识好歹。

未拉漽先呼犬——喊得早。

半斤八两——一样。

石板刨泥——捞不多。

目瞎穿针——无把握。

生米成熟饭——定局了。

过桥拔板——忘恩。

老鼠睏猫窝——找死。

老鼠趴到米缸里——喋不尽。

百货中百客——各有销路。

关老爷面前舞大刀——不自量。

关老爷卖豆腐——侬硬货弗硬。

死尸硬弗过棺材板——死硬无用。

竹笕晒鸡卵，米筛晒油麻——不合适。

坐一个主意，隑一个主意——无定见。

豆腐问出骨——盘问过分。

快刀切葱——两头空。

枒上鸟儿都骗得落——真刁滑。

苦胆拌黄连——苦上加苦。

苦种（苦槠树结的子实）包自头——自保自。

驼背两头弗落席——左右为难。

拉尿抐得水碓转——力气大。

哇咬得铁钉断——蛮蛮争。

哑口喋蛇鱼——喋亏不好说。

客来扫地，客去烧茶——不适时。

待羹浇饭——急需。

挑饭入死侬口——难办。

穿蓑衣救火——烧自身。

说曹操，曹操到——真凑巧。
倒算盘背睏——算得真精。
贼去关门——迟了。
鬼抐梨山洞——造反。
铁锤对铁墩——硬对硬。
骑马触抵棒——过分小心。
蛾艾蚁都踏弗死——真无劲。
蛇吞蜷，蜷吞蛇——一样心凶。
萧何弗斩令弗行——不得不办。
做卦弗要乌龟壳——预料得准。
船到滩头港路开——自有办法。
剥了皮都会跳——刁猾得很。
眸珠放到布裤底——看不出去。
眸珠生在头顶心——看上不看下。
喋蛇弗吐骨——贪婪至极。
喋豆腐报肉账——弄虚作假。
喋自饭帮娘舅打牛——白做。
棺材里打拳——太窄。
落雨担稻秆——越担越重。
喉咙深似海——喋不满足。
腹痛怨鏻灶佛——错怪了。
漯出捰茅司——事先无准备。（捰，寻找，俗读 luǒ）
稻草侬救火——自身难保。
骹毛剃了走——图轻松。
骹板下扼诀——想尽了办法。
癞蛤蟆想喋天鹅肉——空想。
麒麟无宝弗落地——没便宜不干。

第二节 菇民隐语

山寮白

龙泉菇民每到秋冬之交，就辞别故乡，成群结伙，远至福建、江西、安徽、湖南、广东等地，在深山老林中，搭寮种菇。他们为了适应深山野林的环境需要，又为了防止技艺外露，在本地方言的基础上，以谐音、拆字、借代等方法组成一套与当地方言（主要是词汇）不同的话语，于菇民群体中传递交流，俗称“山寮白”，非菇民难以分辨混合在其中的隐语含义。

从语言学上说，“山寮白”不是方言的分支，它只属于行业的隐语、行话。旧时，这种话语在一代代菇民中口口相传，绝不允许以文字或口授等形式向行外人士传播，违者要受到行规的严厉惩罚。

鬼神 凶险

鬼——祟

山魈——隻骹

山魈庵——主人家

佛——泥块

菇神——高坛爷

神仙——白胡须

龙——缚

受伤——挂彩

生病——生疳

死——老了

棺材——四角

血——赤汁

杀——宽拢

一刀杀——一宽拢

被偷——刷去

盗贼——棒铳、龟佬、地荣

生产 生活

香蕈——香佬

厚菇——厚香佬

花菇——花香佬

平菇——薄蕈

小香菇——蕈丁

菇行——香佬行

砍菇木——做樗

放好菇木——落蔀

砍疤痕放水——刨水

采菇——捻香

烘菇——焙香、培香佬

售菇——卖香佬

菇寮——篷

菇篓——来脑

砍树——捻挠

烧炭——尧炭
打猎——捕吊
斧头——邦
柴刀——弯
锄头——锄脑
锯子——龙
秤——横樵
点花——拈花
点香——铙葱
蜡烛——隑扦
盐——咸慨
油——滑溜
米——望
米饭——天
米汤——天汤
吃饭——呼天
年糕——高升
花生——生财
菜刀——菜宽
筷子——筷手
木杓——台浆海
碗——碗脑
锅——乌潭
竹刷——乌潭扫
爪篱——添篱
药——草佬
钞票——仓
银子——白锢
银元——白铁
赚钱——赚白铁
四——横目
七——皂骹
睡——横
回家——回槿
大便——解食老
茅司(厕所)——东司间

天象 气候

太阳——日脑

下雨——洒台浆

下雪——洒白

天黑了——迈了

冰冻——硬裂

开霜——暗凉

人称 器官

老人——老旦

女人——尖旦

儿童——扁莫

先生——勾旦

客人——铺公

本地人——地佬

官——九级

皇帝——王脑

和尚——光秃

乞丐——花卒

头——脑

头发——抢群

耳朵——耳概

肩膀——硬佬

眼睛——光囮

嘴——口

舌——溜子

男阴——翘隑

鸟兽 昆虫

老虎——蒲篓

熊——扁骸佬

猪——坞背

野猪——山坞背

猴子——百厌

老鼠——罗爽

蛇——傷傷

狗——地燕

牛——驮田
鸡——地下爬、掉帮
鸟——山鹰
鸭——扁雀
老鹰——半天
虱——八骹
蚤——跳虫

第三节　歌　谣

月月花歌

正月春兰花春风，二月桃花冷淡红。
三月牡丹花像样，四月石榴满树红。
五月菖蒲花饮酒，六月荷花水面浮。
七月凤仙花像样，八月木樨拦路香。
九月黄菊遍天下，十月鸡冠摧小年。
十一梅花雪里白，十二山茶送过年。

采茶歌

正月采茶是新年，姐妹双双典茶园，
典得茶园十二亩，当夜写契面交钱。
二月采茶茶发芽，姐妹双双去采茶，
姐采多来妹采少，不管多少转回家。
三月采茶茶叶青，姐在家中绣手巾，
两边绣的茶花朵，中间绣的采茶人。
四月采茶茶叶长，姐在家中两头忙，
养得蚕来茶叶老，采的茶来麦又黄。
五月采茶茶叶黄，山茶树下有蛇盘，
多买金银谢土地，三请土地保平安。
六月采茶热难当，多栽杨柳少栽茶，
多栽茶树无人采，多栽杨柳好乘凉。
七月采茶茶叶稀，姐在家中织布忙，
织得粗布箱箱满，给郎做件新衣裳。
八月采茶秋风凉，风吹茶叶簌簌响，
大姐回家问三姐，早茶不及晚茶香。

九月采茶是重阳，重阳酿酒菊花香，
姐牵妹来妹拉姐，姐妹双双过重阳。
十月采茶过大江，脚踏船头阔茫茫，
过了大江收摊走，卖了茶叶早回乡。
十一采茶茶叶齐，毛毛细雨湿郎衣，
姐在家中装炭火，郎在路上实孤凄。
十二采茶采一冬，十只茶笼九只空，
过了明年春三月，山茶树下再相逢。

妹变蝴蝶飞上山

郎砍青柴上青山，青山渺渺望不见，
郎在青山高崖上，妹变蝴蝶飞上山。
一株红花篱园栽，妹是红花郎是雨，
郎有意来妹有情，隔山种竹连成林，
竹鞭又生泥土内，竹尾搬来结成亲。
乌云载雨天上来，雨落园中红花开。

对　歌

女：阿哥啊，
　　你知道什么随绳过？
　　你知道什么会结籽？
　　你知道什么结籽肚内乌？
男：阿妹啊，
　　我知道天萝随绳过，
　　我知道天萝会结籽，
　　天萝结籽肚内乌。
女：阿哥啊，
　　你知道什么直上去？
　　你知道什么会结籽？
　　你知道什么结籽会排行？
男：阿妹啊，
　　我知道苞萝直上去，
　　我知道苞萝会结籽，
　　苞萝结籽会排行。
女：阿哥啊，
　　你知道什么随地爬？
　　你知道什么会结籽？

你知道什么结籽肚内花？
男：阿妹啊，
我知道西瓜随地爬，
我知道西瓜会结籽，
西瓜结籽肚内花。

婚嫁酒歌

一杯喜酒敬新郎，手执金壶闹洋洋，
往日拿来敬宾客，今日拿来敬新郎。
二杯喜酒敬新郎，新郎脸上发红光，
今日洞房花烛夜，早生贵子做高官。
三杯喜酒敬新郎，好比龙凤配牡丹，
今日夫妻同偕老，双双对对福寿长。
四杯喜酒敬新娘，看见新娘好嫁妆，
左边摆起金丝笼，右边摆起红漆箱。
五杯喜酒敬新娘，金壶里边好酒酿，
先送一个麒麟子，后送一个状元郎。
六杯喜酒敬新娘，欢欢喜喜入洞房，
床上挂起红罗帐，红罗帐里结鸳鸯。

十月怀胎

正月怀胎正月正，桃李开花疯了心，
孩子也是路边草，不知生根不生根。
二月怀胎不知时，脚酸手软步难移，
眼黄不得穿针线，脚下花鞋懒得穿。
三月怀胎三月三，三餐茶饭吃两餐，
三餐茶饭不想吃，心想青梅口中尝。
四月怀胎定了心，肚内孩子脚脚长，
青年怀胎自然好，老来怀胎苦难当。
五月怀胎分男女，七孔九窍便成人，
是男是女心中定，不知孩子哪日生。
六月怀胎火炎天，烧茶换水在堂前，
厅前打扫身难转，平地好像上高山。
七月怀胎正是秋，好似罗裙挂金钩，
八幅罗裙长安带，老来怀胎真怕羞。
八月怀胎菊花黄，五谷在田乱忙忙，
养男不知娘辛苦，养女长大报娘恩。

九月怀胎重如山，低头容易抬头难，
茶饭不敢多吃饱，走路艰难怕闪腰。
十月怀胎正是生，便叫丈夫在房间，
婆婆听见烧汤洗，公公听见便烧香。

劝赌歌

正月劝赌是新年，爷爷劝赌苦连天，
劝你一天还一天，坐了三天请神仙。
二月劝赌是春分，大小叔伯劝得真，
劝得我儿回头转，卖了田地拆赌钱。
三月劝赌是清明，岳父岳母劝婿郎，
劝我婿郎回头转，取出钱包拆赌钱。
四月劝赌石榴开，姐姐妹妹劝哥哥，
劝我兄弟回头转，当了金钗拆赌钱。
五月劝赌连理花，娘舅赌气骂得凶，
做张状纸告大堂，打我畜生屁股红。
六月劝赌开莲花，晴天白日做赌场，
田边有水无人看，过路客官骂一场。
七月劝赌七秋凉，亲兄亲弟劝一场，
劝我兄弟回头转，赠你黄金八百两。
八月劝赌木樨香，老婆儿子重病发，
日里无米难过日，做张退书辞我郎。
九月劝赌九重阳，重阳老酒桂花香，
上年有钱买老酒，今年无钱过重阳。
十月劝赌是立冬，山场田地都输光，
输了田地犹在可，输了老婆脚下空。
十一劝赌大雪飞，仔细想想真懊悔，
隔壁叔婆伴半死，哭哭啼啼到鸡啼。
十二劝赌过年忙，家家户户喜洋洋，
别家珍珠白过米，我家过年喝米汤。

教牛歌(节选)

挂你上轭不要怕，
做牛拉田、做犬喋澋，
做豬给侬杀、做马给侬骑。
……
教你手艺过生世，

教你手艺要牢记，
教不起，把你做菜牛给侬喋。
……

畲族盘瓠歌

龙麒三子女一名，带上王朝去托姓；
大子盘装便姓盘，二子篮放就姓蓝，
第三细子正一岁，王朝殿前托姓来，
凑着雷公响得好，朱笔落纸便姓雷。
当初出朝在朝中，亲生三子女一宫；
招得女婿为驸马，女婿养子便姓钟。

娶亲要娶畲家女

山歌要唱山歌头，盖房要盖前后楼；
讨亲要讨娘家女，做官要做状元头。
割杆要割二遍杆，讨亲要讨二婚亲；
二婚讨来快生子，芒种插田快生根。
割杆要割二遍杆，讨亲要讨畲家女；
天光无米自会找，黄昏无柴自会驮。

当兵就要当红军

当兵就要当红军，处处工农来欢迎，
长官士兵都一样，没有人来压迫人。
当兵就要当红军，帮助工农打敌人，
彻底消灭反动派，杀他一个不留情。
当兵就要当红军，队伍处处为百姓，
会做工的有工做，会耕田的有田耕。
当兵就要当红军，冲锋杀敌好威风，
打倒反动国民党，民主革命快完成。

做人媳妇真艰难

米筛筛米米团团，做人媳妇真艰难，
无盐炒菜又嫌淡，有盐炒菜又嫌咸。
米筛筛米转弯弯，做人媳妇真艰难，
艾叶泡茶又嫌苦，沙糖泡茶又讲甜。

时运歌

时未通来运未通，手拿黄金变成铜。
时若过来运又通，手拾青草变成葱。

指纹歌

一雷穷，二雷富，
三雷小鬼脱布裤，
四雷街头磨豆腐，
五雷管天下，
六雷骑白马，
七雷磨刀枪，
八雷杀爷娘，
九雷九，做太守，
十雷全，中状元，
十畚箕有的喋、有的嬉。

注：指纹中圆旋纹称腡（读雷），波散纹称畚箕。

香菇儿

做儿莫做香菇儿， 七岁八岁出江西。
万丈高崖当凳坐， 破了衣裳当蓑衣。

姨妈娘汏衣裳

姨妈娘，汏衣裳，
上汏汏，下汏汏，
汏尾鲤鱼三斤半，
一爿放着过端午，
一爿放着过月半。

下 雪

大雪纷纷下，
柴米都涨价，
老鸦满地飞，
板凳当柴爿，
吓得床架怕。

劝我大大莫讨娘

白尾鸟鸟飞过墙，劝我大大莫讨娘。
亲娘打我茅杆管，后娘打我铁扁担。

蛾艾蚁

蛾艾蚁，快快来，
快来扛老奶。
老奶王，做新郎，
新郎倌，担扁担，
扁担担起两头翘，
新娘间底躲搭吆（吆，音 yāo，哭也），
大伯长间笑。（长间即中堂；笑，音 qiāo）。

白扁豆

白扁豆，正开花，
摘一箩，送我爷，
摘一担，送我娘。
我娘许我一担笼，
我爷许我一担箱。
笼和箱，置衣裳，
把我嫁到大山场。
山又高，路又长，
大路过，日头大。
山路过，茅草多，
刺破朝裙犹在可，
刺破花鞋娘儿工夫多。

月婆婆照新郎

月婆婆，照新郎，
新郎骑白马，
白马上天堂。
天堂山，好植姜，
姜无芽，好植茄，
茄无籽，好植日柿，
日柿未黄，
老酒配沙糖。

第三十八篇

街道　乡镇

龙泉自唐乾元二年(759)置县以来,乡镇(街道)设置变化较多。1989年,龙泉全县有9个区、1个区级镇,36个乡、7个乡级镇。1990年12月26日,经国务院批准,撤销龙泉县,设立龙泉市(县级)。1992年4月,根据省人民政府部署,龙泉市进行撤区扩镇并乡工作,全市撤扩并后为9个镇8个乡,分别是龙渊镇、八都镇、上垟镇、小梅镇、查田镇、屏南镇、安仁镇、锦溪镇、住龙镇,兰巨乡、竹石乡、宝溪乡、龙南乡、道太乡、岩樟乡、城北乡、竹垟畲族乡。

2002年4月10日,撤销龙渊镇建制,设立龙渊、西街、剑池三个街道办事处。2010年,龙泉有8个镇8个乡3个街道。

第一章 街 道

第一节 龙渊街道

政区与人口

龙渊街道原属于龙渊镇。龙渊镇地处市境中部，东邻道太、砝石乡，南连兰巨乡，西毗八都、锦溪镇，北界城北、岩樟乡。辖区四面环山，瓯江上游龙泉溪自西向东穿流而过，山清水秀，是浙闽赣三省边境重镇。根据2002年2月9日浙政函〔2002〕27号《浙江省人民政府关于龙泉市部分行政区划调整的批复》，撤销龙渊镇建制，行政区域改由龙泉市政府直辖，设立龙渊、西街、剑池3个街道办事处，作为市政府派出机构。龙渊街道位于瓯江上游市区东北部，东与道太乡接壤，南与剑池街道相依，西与西街街道毗邻，北与城北乡相邻，境域面积97.37平方千米，其中耕地面积557.8公顷，林地面积7732.98公顷，2010年，有人口41919人。辖一村、二村、三村、四村、五村、菜村、临江、岭坤、砝步、石马、徐山后、村头、竹坑、梧桐口、白塔、桥坑、水南坞、小白岸、沙潭、张村、大岭头、大垢田、白墓23个行政村(63个自然村，140个村民小组)，以及大洋、金乐、贤良、东升和城东等5个社区。其中，一村、二村、三村、四村、五村、菜村、临江村7个行政村为城中村。龙渊街道是一个城市社区和农村山区相结合的综合性街道。

龙渊街道是龙泉市政治、经济、文化、商贸中心。龙泉市人民政府、龙泉市公安局、龙泉市人民法院、龙泉市检察院，以及龙泉市建设局、龙泉市文旅委等70多个行政单位坐落在辖区内。辖区内还有龙泉一中、育才学校、东升小学和实验小学等教育单位；有龙泉市中医院，以及城东卫生院等医疗单位；中国建设银行龙泉市支行、浙江泰隆银行龙泉市支行等多家金融机构；还有现代广场、尊龙商贸城和苍松路农贸市场等多家专业市场。

2010年，龙渊街道辖区内主要街道(道路)有贤良路、中山路、新华街、东街、华楼街、北河街、苍松路、凤起路、环城东路、后沙路、龙翔路等。

建置沿革

龙渊街道历史悠久，早在新石器时代就有先民在这块土地上劳作、生息。自唐乾元二年(759)置县一千多年以来，历为全县(市)政治、经济、文化中心。晋唐时称黄鹤镇，因镇北有黄鹤岭得名。宋元时设置乡、都制，明代镇域分东南西北四隅12图，清承明制。民国35年(1946)称中正镇。1949年5月13日，改为升平镇，属升平区；1951年分为东新、西新两镇，属城区；1953年更名城关镇，属城郊区；1956年划为县直属；1958年为城郊(大)公社城关镇管理区；1961年为城关镇公社，县直属；1984

年5月改名城关镇；1984年10月3日改称龙渊镇。1992年“撤区扩镇并乡”，将原城郊区的宏山、白云、新民、大沙、凤鸣5乡划入龙渊镇辖区。2002年2月，撤销龙渊镇建制，设立龙渊、西街、剑池3个街道办事处。

经济社会发展

社区建设　龙渊街道陆续成立大洋、金乐、城东、贤良、东升5个社区。2010年，五个社区总人口为29464人，有67个居民小组。成立救助站、妇女维权站、治安小组、社区党员巡逻队等居民互助组织。

农村新社区——村头村　位于龙泉市区东北面，离市区11千米，村域面积3.7平方千米。2005年，在省林业厅的支持下，村头村投入30多万元兴建村农民公园，建成两个仿古亭、1500米游步道，700平方米的健身广场，还兴建具有一定规模的文化中心，图书室、乒乓球室、棋牌室、多功能室、卡拉OK等一应俱全，成为龙泉市第一个村级农民公园。2010年，村头村工业园区发展到占地8公顷，进园企业40余家，其中规模以上企业有森海木业、正泰木业、龙腾木业等6家，主要产品有户外园艺、户外休闲家具、室内小家具、啤酒桌、玩具、蜂箱等，产品远销欧美和日本、韩国及中国台湾等地。2010年，实现工业产值1亿多元，全村人均纯收入12000多元。

1994年，丽水地委、行署授予村头村奔小康百强村称号；1995年，被丽水地委确定为丽水地区文明村示范点；1995年6月，被省委、省政府确定为浙江省小康示范村；2003年，被丽水市确定为全面小康示范村，创建“先锋工程”建设村；2004年，由丽水市委授予新农村示范村。村头村还先后被授予省小康建设示范村、省文明村、省绿化示范村、省先进基层党支部、农村基层组织建设先锋工程、五好党组织等荣誉称号。2007年9月，村头村成立丽水市首家农村党总支——中共村头党总支，下属4个党支部。

龙渊木制品加工基地——张村　龙渊街道张村村离城区13千米，与村头村相邻，全村168户，683人，耕地面积33.47公顷，外来务工人员1000多人。张村是龙泉市主要的木制品加工基地，村中从事木制品加工业就有65家(包括外来办厂)。张村从1993年开始，进行以家庭作坊式的木制品加工，主要生产木制相框，2002年，开始生产木制玩具蛇，当木制玩具蛇投放市场试销时，形象逼真的玩具蛇逐步受到美国、韩国、日本等海外消费者的欢迎，订单纷至沓来，2003年1月，全村就拿到500万条玩具蛇订单，生产旺季可日产10万条玩具蛇。通过几年的发展，产品也从单一生产相框向玩具蛇，木制刀剑，水果蓝，木制恐龙、鳄鱼、鱼，工艺船等多样化发展。在义乌拥有多家批发部，在上海、深圳设有营销窗口，产品远销欧美等国家和地区，形成木制品加工特色村。村民的生活水平因此得到迅速提高，2008年全村经济总收入3958万元，其中，工业总产值3800万元、村民人均纯收入6492元。

张村脱贫小区　张村脱贫小区是紧水滩库区困难群众异地脱贫小区，小区一期工程于2005年10月开工建设，总投资1100万元，用地面积15423平方米，建房8幢89植，安置农户89户408人(其中道太乡19植18户88人)。2006年11月，全面完成小区基础设施建设和农户建房工作，2006年12月至2007年12月，村民陆续喜迁新居，成为龙渊街道第一个新型的农村农民公寓。

小区二期工程于2007年7月全面启动，总投资1200万元，占地面积18906平方米，建房9幢74植，安置100户461人，其中道太乡70户333人，龙渊街道30户129人。

街道按照“下得来，稳得住，富得起”的总体要求，依托小区周边村头、张村工业园区和聚珍园观光农业蔬菜基地，为小区群众提供大量就业机会，真正使村民“下得来，稳得住，富得起”。

龙渊康庄工程　龙渊街道康庄工程从 2004 年开始实施，前后 6 年，全街道 14 个原未通公路村，已全部建成康庄路。新建路基、路面总长 60 余千米，总投资 2000 多万元。

文化习俗

石马珞笋　龙渊街道石马村海拔 665 米，村内毛竹林资源丰富，全村有毛竹林 466.67 公顷。珞笋（白笋）为该村农民的一大增收来源，全村从事笋干产业的有 100 多户，笋干年收入 100 多万元。

珞笋（白笋）又名玉板笋，有“素火腿”之称，其制作技艺属群体传承，始于宋朝，有着相当长的历史。每年于清明前至谷雨期间采笋，鲜笋经淘、蒸煮后压榨，至入伏后时开榨暴晒或烘焙干燥，以色泽金黄带玉色、笋衣重叠、笋质嫩脆者为上。烘焙干燥后还需修剪整理，按其质量形状，分选为“凤尾”“羊角”“短尖”“羊片”等品级，以“凤尾”“羊角”为最佳。制珞笋、煮笋后取下的笋衣部分卷成筒状或摊平烘晒干，即成“白皮”或“白皮心”，与猪肉同烹，油而不腻，其味爽脆鲜甜，食之无渣，为笋干中之“珍品”；“羊角”笋短、脑尖、肉厚，形似羊角，泡发性强，经切成笋丝后泡发，佐制其它素菜，润滑、嫩脆、清馥，有开胃之功效，在当地有较高的知名度。现在（白笋）不但为待客佳肴而且销售各地，深受全国各地市场青睐。

2008 年，石马珞笋被列入龙泉市第二批非物质文化遗产代表性项目名录。

桥坑梅儿干　桥坑村位于龙泉市东郊，离龙泉市区约 5 千米，直线距离 2 千米。村内有夫人庙、天师庙和龙头庙等古迹，其中天师庙已有 500 多年的历史，庙中求雨习俗延续 300 年不衰。

桥坑村有着悠久的植梅历史，以家家户户种植梅花，出产梅干而闻名，素有“世外梅园”之称。村内有成年梅树 4000 余株，有红梅、腊梅、杏梅等多个品种。桥坑村年产青梅 5 万多千克，出产梅干 1 万多千克，梅酒 1500 多千克。

端午划龙舟　见“第三十二篇 体育”。*石马抢灯*　见“第二十九篇 文化”。

名胜古迹

革命烈士陵园、清修古刹、牛门岗古文化遗址　见“第十六篇　旅游业”。

第二节　西街街道

政区与人口

西街街道位于龙泉市区西北部，东至新华街与龙渊街道相邻，南临龙泉溪与剑池街道相望，西接八都镇、锦溪镇，北倚岩樟乡与龙渊街道相接。行政辖区总面积 64.4 平方千米。区域内有九姑山、凤凰山、仰天湖、老鹰岩、蓁部寨、大寨等山峰，境内最高山峰大寨山，海拔 812 米；主要有龙泉溪、岩樟溪、锦溪 3 条河流经过。2002 年，耕地面积 528.62 公顷，山地面积 8228.93 公顷；2010 年，耕地面积 552.8 公顷，山林面积 4426.4 公顷。

2010 年，西街街道辖七村、八村、九村、宫头、岩后、下樟、周村、里下畈、牛头岭、新岭、新茶、东权、尖地、大千湾、栏下、蓁部、河村、河星 18 个行政村和清风、西新、白云 3 个社区，总户数 8523 户，

23052 人。七村、八村、九村、宫头 4 个行政村为城中村，是一个城市社区和农村山区相结合的综合性街道。

建置沿革

西街街道历史悠久。唐乾元二年(759)置龙泉县，西街应运而生，历来为龙泉政治、经济、文化中心。辖区为老城区，有保存较好的历史古建筑；最具代表性的西街古街全长 1417 米，沿街老房子多数建于明清年代，街区内分布着多个弄堂和历史建筑，两侧至今仍保留着古老的工商业店铺和各种传统手工业作坊，具有悠久的历史文化传承意义。

西街街道原属于龙渊镇，根据 2002 年 2 月 9 日《浙江省人民政府关于龙泉市部分行政区划调整的批复》，撤销龙渊镇建制，行政区域改由龙泉市政府直辖，设立龙渊、西街、剑池 3 个街道办事处，作为龙泉市人民政府派出机构。下辖：原龙渊镇七村、八村、九村、宫头；原白云乡岩后、下樟、周村；原新民乡新茶、里下畈、牛头岭、新岭、东权、尖地、大千湾、栏下、蓁部；原宏山乡河村；2005 年，新建移民村河星村。

新民乡位于县城西南，乡政府驻地茶寮，距龙渊镇 8.5 千米，东与龙渊镇相邻，东南与宏山、兰巨二乡接壤，西南与瀑云乡毗连，西北与锦溪乡为界，北靠白云乡。清属西宁乡十一、十三都及剑池乡十八都；民国 27 年(1938)为民权、凤云二乡地，分别由城区、八都区管辖；解放前夕分属瀑云、锦溪乡；1951 年，民主建政置新民乡，以乡政府原驻地新岭村和旧民权乡两首字组合取名，属城区；1953 年划入城郊区管辖；1956 年，撤销并入城郊乡，为县直属；1957 年复置仍归城郊区；1959 年属城郊(大)公社，称新民管理区；1961 年改称新民公社；1984 年 5 月复称新民乡，属城郊区，辖 9 个行政村，40 个自然村，745 户，8677 人。1992 年撤扩并时并入龙渊镇，2002 年 5 月撤镇设街道时划入西街街道。

白云乡位于县城北面，乡政府驻白水桥，距城 4 千米。东连凤鸣乡，南邻龙渊镇，西接新民、锦溪、岩樟三乡，北靠盛溪乡，以名胜古迹白云岩取名。清属剑池乡十八都，民国时为金石、梧垟二乡地。1951 年分属岩樟、梧垟二乡，1955 年为新民、凤鸣二乡辖区，1958 年划为城关镇，1984 年 10 月 3 日，从城关镇划出 6 个行政村建立白云乡，属城郊区。辖 6 个行政村，49 个自然村，564 户，2535 人。1992 年撤扩并时并入龙渊镇，2002 年 5 月撤镇设街道时把岩后、下樟、周村划入西街街道。

经济社会发展

国民经济 2002 年，实现工农业总产值 1.668 亿元，其中工业产值 1.495 亿，农民人均收入 3062 元。2010 年，实现工农业总产值 43811 万元，其中，工业产值 39590 万元，农民人均收入 7520 元。2002 年，有年产值 500 万元以上的企业 1 个，100 万元以上的企业 19 个；2010 年，西街街道内有年产值 500 万元以上的企业 12 个，100 万元以上的企业 5 个，主要生产竹胶板、竹席、工艺品、穿帘杆、竹线条、太阳伞、香芯、竹凉席、活性炭、纸箱、笋罐、地木板、青瓷等。

交通 辖区内公路有：丽(水)浦(城)线、龙(泉)岩(樟)线，牛(牛头岭)住(住龙)线。

教育卫生 西街街道辖区内共有中学 1 所、小学 5 所、幼儿园 7 所。有综合医院 1 所、社区卫生院 1 所、妇幼保健院 1 所，床位数 300 余个，卫生技术人员 400 余人。

社区建设 2002 年成立西街街道西新、清风、白云 3 个社区，2002 年以来，各社区以党的建设为龙头，以设施建设为抓手，以宣传教育为手段，以开展服务为载体，以安居乐业为目标，积极推动社区经济社会全面发展。2010 年，3 个社区总户数 6361 户，18808 人。成立救助站、治安小组、社区党员巡逻队等居民互助组织。

河星村及河阳公寓　西街街道河星村位于龙泉市区西南凤凰路边，是龙泉市委、市政府集中安置滩坑电站移民的新建村，东距市区 3 千米，交通便利，西南紧连河村畈，北靠东权村，村庄区域面积 0.5 平方千米，建设总用地 69750 平方米，村头至村尾跨度约 500 米，新建有住房 55 幢，481 植，村民于 2005 年 1 月至 12 月分批搬迁至此，总户数 300 户 1100 人，分为 5 个村民小组，有耕地面积 30.8 公顷，山林面积 21.13 公顷。2009 年被评为丽水市生态示范村。

河阳公寓是龙泉市继南大洋公寓之后的第二个农民公寓，坐落于河星村内，于 2010 年 11 月开工建设。一期住房共 14 幢 344 套，用地面积 24473 平方米，总建筑面积 40553 平方米，其中，住宅面积 32716 平方米，可安排 344 户 1500 人“下山出库”脱贫。

新岭香菇木耳产业　新岭村位于市区西北部近郊，距城区 10 千米，有着得天独厚的自然生态资源。村口有 3 棵 300 余年的红豆杉，树旁还有一个被龙、庆、景菇民尊为菇神的吴三公庙。村庄四面环山，一条小溪从中间流过，灌溉着两旁农田。

新岭村有着悠久的食用菌栽培历史，以家家户户栽培香菇、木耳而闻名，素有“菇乡”之称。全村 90%的农户从事食用菌生产，2010 年，全村共栽培代料黑木耳 67.5 万袋，代料香菇 105.7 万袋，其中花菇 38.2 万袋。

名胜古迹

西街街道风景秀丽，旅游资源丰富。名胜古迹众多，有龙泉博物馆、九姑山公园、儿童公园、白云岩景区、下樟村、叶溥故居、姜家大屋、凤凰山、白水桥等。

凤凰山，位于市区宫头村，海拔 373 米。《龙泉县志》载：“凤凰山，在西十八都，距县四里，势若翔凤，得名，天宁万寿宫依焉，有披云桥，有庵。”现天宁万寿宫已圮，代之以庙，供奉铁扇公主、龙母娘娘、土地等神位，佛缘广结，香火旺盛。庙前有一平地，视眼开阔，可见留槎洲全景，看龙泉溪缓缓流淌。凤凰山山林郁郁葱葱，谷壑深邃幽长，有游步道从山脚直通山顶。规划将凤凰山建成一个以道家文化为核心的，集观光、游览、休闲于一体的风景名胜公园。

姜家大屋，位于龙泉市西街街道宫头村 165 号，为清光绪二十七年(1901)姜士焕建造，建筑平面呈纵长方形，朝北。通面宽 28.6 米，通进深 32.4 米，建筑占地面积 927 平方米。纵轴线上依次为台门、甬道、门楼、前厅、天井，天井两侧厢房、正厅、天井，天井两侧厢房，宅外东西均有外厢房。2000 年公布为龙泉市(县)级文物保护单位。

九姑山森林公园、白云岩景区、下樟村　见“第十六篇　旅游业”。*龙泉市博物馆、叶溥故宅、白水桥*　见“第二十九篇　文化”。

民俗民风

浙南梁祝—高机与吴三春故事　高机与吴三春的故事是一个在浙南地区广泛流传的民间传说，讲述一对青年男女为冲破封建桎梏而双双殉情的故事，被誉为浙南的“梁山伯与祝英台”与中国版的“罗密欧与朱丽叶”。通过山歌、道情、花鼓、温州鼓词、布袋戏等不同形式在浙西南一带汉族民间广为传唱，还被编写成越剧、瓯剧、婺剧等戏剧，同时还以连环画、章回小说等文艺形式流传至台

州、杭州及福建、广东潮州等地。2007年,《高机与吴三春》的传说被列入第二批浙江省非物质文化遗产代表性项目名录。

邻居节　为展示西街古街的人文风采和生活气息，弘扬中华民族邻里互助和睦的传统美德，2008年始,西街举行一年一届的邻居节活动。

在邻居节当日,西街两侧挂满大红灯笼,上空拉着赫然醒目的横幅。老街上数十张八仙桌一字排开,临街住户与邻里们一起制作发糕、千层糕、糖糕、松糕、清明馃、黄馃、麻糍、炸豆腐、薄饼等10多种特色小吃,居民们还自发买来香蕉、苹果等水果,端出"和菜"、萝卜条、榨菜等配菜。遍布西街的特色小吃,征服了每一位游客的味蕾,每样特色小吃的摊位前都围满了人,热闹场面不亚于春节。

第三节　剑池街道

政区与人口

剑池街道位于瓯江上游市区龙泉溪南岸,东与龙渊街道接壤,南与础石乡、兰巨乡毗邻,西与兰巨乡、西街街道交界,北与龙渊街道、西街街道隔溪相望。辖区总面积39.94平方千米,辖六村、水南、南秦、宏山、松溪弄、茶坦、周际、山里、翁仁、石退、和垄、武潭、曾家、张家、吴处、东岭、芳野、立新、宏阳19个行政村和水南、南秦、南大洋、大沙4个社区,其中滩坑移民行政村1个,畲族行政村1个。2010年12月,剑池街道有常住人口45831人,户籍人口21496人;有耕地面积589.1公顷、山林面积2198.3公顷。街道办事处驻金沙路1号。剑池街道因街道内有剑池路东西贯穿而得名,剑池路因南秦溪山边的剑池湖遗址而名。

2010年底,全街道常住人口45831人,户籍人口21496人。其中水南、南秦、南大洋三大社区常住人口28936人,户籍人口10496人;19个行政村常住人口16895人,户籍人口11000人。

建置沿革

龙泉县城(市区)晋、唐时期开始形成集镇,称黄鹤镇,因镇北之黄鹤岭而得名。唐乾元二年(759)建县后,始为县治地,迄今未变。宋、元、明为乡都制。明初,龙泉古城分东南西北4隅,辖12图,清承明制。民国3年(1914)设城区,民国22年(1933)分设8个镇,民国27年(1938)设置中正、东升、西平、河南镇,民国29年(1940)改设东升、西新镇,民国35年(1946)改名为中正镇。

1949年5月13日，改为升平镇,1953年更名为城关镇,1961年为城关镇公社,1984年改名为龙渊镇,此时剑池街道属龙渊镇。1992年"撤区扩镇并乡",将原城郊区的宏山、白云、新民、大沙、凤鸣5个乡划入镇辖区。

1989—2002年,龙泉市区统一划归为龙渊镇,2002年2月9日,根据《浙江省人民政府关于龙泉市部分行政区划调整的批复》,撤销龙渊镇建制,行政区域改由龙泉市政府直辖,设立龙渊、西街、剑池3个街道办事处,作为龙泉市政府派出机构。在原龙渊镇的水南一片(以瓯江为界)设立剑池街道,其中,大沙乡所辖各行政村、宏山乡除西街街道河村外以及凤鸣乡和砻村为现剑池街道属地。街道辖水南、南秦、六村、张家、曾家、吴处、翁仁、东岭、武潭、石退、和砻、宏山、芳野、茶坦、周际、立新、松溪弄、山里等18个行政村，水南社区、南秦社区、南大洋社区等3个社区居委会，于2002年6月正式挂牌成立。

2004年，新增宏阳村。宏阳村为滩坑水电站库区移民村，位于瓯江上游龙泉溪畔，地处龙泉市区西南郊，距市中心不足3千米。2004年9月16日，剑池街道与景宁畲族自治县陈村乡塘堡、景边、岳口、陈村等4个村248户203名移民代表签订《滩坑水电站库区农村移民安置协议》，同年7月6日，移民新村宏阳村党支部、村委会正式挂牌成立。

经济建设

集聚发展　围绕“服务市区、率先发展、促进和谐”的工作思路，以“发展绿色经济、共建江南新城”为主载体，着重突出“工业培育、项目建设、绿色生态、社会稳定”四大重点，街道经济社会事业取得长足发展，逐步成为全市重点项目建设的主战场、工业经济集聚发展的主基地、交通枢纽农家休闲的主平台。

坚持“服务园区就是服务剑池、园区发展就是剑池发展”的理念，着力拓展工业发展空间，已建工业用地5平方千米，在建工业用地12平方千米，初步形成五金汽配、青瓷宝剑、竹木加工、通讯电缆、食品药品等五大支柱产业。大力推进基础设施建设，先后完成丽龙高速公路、南大洋农民公寓、欧冶子公园等重点工程建设；青瓷宝剑创意基地（青瓷博物馆）、龙庆高速、圣塔桥修建等一大批重点项目建设如火如荼展开；加强以村庄整治、初步形成以茶坦“世外桃源”、宏山“百亩草莓”为主的“田园山庄”集聚区和以棋盘山景区、浙大主题公园为主的人文景观休闲两大特色区域。

农业　剑池街道农业产值高、结构分布合理。

粮食：2010年，全街道粮食播种面积507.53公顷，粮食总产量3225吨。茶坦村生产的优质米，产量高、米质好，在市场上有较好的声誉，同时带动全村稻米加工业的发展，全村有稻米加工厂8个，年加工产值上亿元。

食用菌：剑池街道是食用菌加工密集区，年加工产值超3.5亿元。天和食品、聚珍园为国家级、省级农业龙头企业。

畜牧业：剑池街道是龙泉市畜牧生产的重点区。母猪存栏数超过1000头，占全市五分之一。生猪存栏数7000头。禽类生产数量达到30余万羽。

蔬菜：和砻等村蔬菜基地是龙泉市市民食用蔬菜的主产区。剑池蔬菜占龙泉市场供应量三分之一以上。

农业产业化步伐加快。至2008年底，茶叶培育完成7.33公顷，林木抚育33.33公顷，营林面积完成36.47公顷。

“千斤粮、万元钱”高效农业示范研究。2008年起，开展“千斤粮、万元钱”高效农业示范研究。宏山村莓稻轮作种植模式实现亩产粮食1000斤，亩均经济收入1.5万元。对全市高效农业发展起到示范作用。

工业　2010年，剑池街道辖区内124家规模以上企业年度产值累计461802万元。自2002年6月街道成立以来，依托区位优势，街道党工委、办事处在市委、市政府“二次创业”的强劲东风推动下，实施农村现代化和城市化两栖发展战略，采取工业、农业、商贸业三头并进，尤其是加强对工业经济工作的领导和引导，不断加大招商引资工作的力度，街道经济实现跨越式发展。

为适应新形势发展需要，街道统一规划、统一建设、统一管理。在国家对土地市场和开发区清理整顿的背景下，街道大力推动浙江龙泉工业园区和青瓷宝剑园区的发展，园区主营五金汽配、竹木制品、绿色食品及旅游工艺品，产业投向、进展情况与龙泉市经济发展同步。为五金汽配产业和木制品制造产业创造一个良好的发展空间，推动企业的可持续发展，增强企业的经济竞争力，促使企业不断发展壮大，为龙泉建设产业群落、培育块状经济，发挥集聚优势。

1999年，龙泉市开始建设龙泉青瓷宝剑工业园区，用地面积13.2公顷。青瓷、宝剑行业已经成为全市工业快速稳定发展的龙头和实现利税的重要来源，对整个工业起着强劲的支撑和带动作用，也为龙泉工业的进一步发展奠定良好的产业基础。

青瓷宝剑园区（又名青瓷宝剑苑）：青瓷宝剑园区是集生产、销售、科研及旅游观光为一体的园区。该园区规划建设面积12.53公顷、总投资1.036亿元，2007年，实现工业产值1.2亿元，创税950多万元。宝剑品种由原来单一的剑、刀，发展到剑、刀、枪、戟、钩等18般兵器，而且还根据国际市场的需要，生产出西洋剑、西洋刀等，品种30多个。

2010年10月28日，浙江龙泉工业园区炉田区块开发建设项目正式破土动工。该项目位于剑池街道与兰巨乡交界处，共征用土地89.33公顷。该区块的开发建设，为全市工业经济的持续发展，省级块状经济向现代产业集群示范区、省级农业现代综合示范园区以及丽水生态产业集聚区的建设提供更为广阔的空间，为省级工业园区的增量扩容提供新的保障。

第三产业　剑池街道地处市中心，地理位置优越，几年来，街道利用这一特点，积极发展第三产业，以商贸活街，促进各项事业发展。工农业生产的发展、城市化步伐的加快，基础设施的改善，促进交通业、运输业、旅馆业、餐饮业、商品销售等第三产业的发展。2008年底，从事第三产业的有892家，从业人员1655人，产值6121万元。

特产　剑池街道土壤肥沃，气候温和，阳光充足，特产丰富。主要有：享誉海内外的龙泉青瓷、龙泉宝剑；宏山村6.67公顷草莓种植基地；武潭、和砻、石退等三村千亩无公害山地蔬菜；茶坦村33.33公顷优质丝苗米；曾家柑橘、黑李等干水果；国家级农业龙头企业天和食品有限公司天和牌干鲜香菇产品；省级骨干农业龙头企业浙江纳富特科技有限公司纳富特御丹降脂益肝胶囊；省级农业龙头企业浙江聚珍园食品有限公司的萝卜丝、木槿花产品；省级农业龙头企业凤阳春茶叶有限公司生产的“凤阳春”牌绿茶；前身为“翁氏农畈”的浙江芳野食品有限公司的食用菌、山茶油、黄粿、冬笋等原生态绿色农产品。

社会发展

丽龙高速公路和53、54省道穿境而过，龙庆高速于2010年1月18日开工建设，境内松溪弄互通及后沙路、剑川大道连接线分别是市区通往高速公路、53省道的重要通道。剑池街道交通便利，区位优势明显，是市区重点项目建设的主战场，市区优先集聚发展的重要平台，是龙泉市工业经济集聚发展的重要基地。

剑池街道辖区内主要街道（道路）有剑池路、金沙路、金狮路、广源街、公园路、剑木路、南秦路、环城西路、后沙路等。

辖区内有全日制普通中等专业学校龙泉市中等职业学校，有龙泉市第三中学、龙泉市第四中学等两所初中，有水南小学、南秦小学、宏山中心小学、大沙中心小学等多所小学，文化教育资源丰富。

辖区内有龙泉市红十字医院、龙泉市谢氏骨伤科医院、龙泉市妇幼保健所、大沙卫生院等多家医疗卫生机构，以及数家私人诊所、医务室等，医疗资源较好，群众看病就医便利。

文化

剑池街道文化底蕴深厚，人才辈出，宋末三迁太学博士季陵（横山人，现名“宏山”）、吴越农师季大蕴、宋礼部侍郎季南寿等名人皆出于此。

境内有浙大芳野旧址、剑池湖、七星井、将军庙、华严塔、棋盘山、崇仁寺等众多名胜古迹，更有青瓷博物馆、青瓷宝剑苑、香菇博物馆、龙泉宝剑厂等旅游景点，每年吸引大批游客前来游玩。

文化事业　街道19个行政村和3个社区共建有文化活动室8个。街道有文化队伍40余支，文化活动群众参与度高、形式多样，包括军鼓队、腰鼓队、功夫扇队、舞狮队、龙舟队、乒乓球队、长跑队、文艺表演队等类型。

宏山村民间文艺表演队　宏山村是剑池街道南大门，是一个经济、文化发展较快的行政村，自2006年被龙泉市委宣传部评为市级文化示范村后，群众文化生活丰富多彩，建有300多平方米的文化活动中心和各种文艺队伍，最为突出的是以2006年非物质文化遗产普查后，民间民歌表演队一直活跃在周边乡镇，如八都、查田、龙渊等地，《补缸》《卖花线》等10余个节目受到群众好评。

南秦狮子　南秦狮子队建于20世纪20年代，至2010年，已是第四代传承人，是民间最为重要的一项民俗活动。传说，凡是正月狮子在家门口打滚过的人家可保一年四季平安，事事如意。这种习俗一直延续到20世纪90年代。

名胜古迹

天堂山寺　位于剑池街道天堂山水库的南首，明为庵，清扩庵为寺。全寺深藏于林屏之中，以幽静称绝。

稽圣潭塔、剑池湖遗址、欧冶子将军庙、棋盘山、留槎洲、华严塔　见“第十六篇　旅游业”。浙江大学龙泉分校旧址纪念馆　见“第二十九篇　文化”。

第二章　建制镇

第一节　八都镇

政区与人口

八都镇位于龙泉市西南部，东与西街街道、兰巨乡接壤，南与查田镇、小梅镇相连，西与上垟镇毗邻，北与锦溪镇、竹垟畲族乡交界，距市区22.3千米，53省道穿镇而过，还有八都至南窖，八都至竹垟，王坊至际下三条支线。全镇总面积 142.8 平方千米，耕地 1800 公顷。镇人民政府驻地八都二村。

全镇辖一村、二村、三村、四村、新村、章府会、樟溪、溪坪、大坦、供际、松渠、高大门、青山、双溪口、安田、吴公、署网、龙竹、王淤、石川、高升、际下、东音、小窨、野窨、白水、白角、松际、枫锦 29 个行政村，118 个自然村，235 个村民小组。2010 年底，全镇总人口 2.5 万人，7407 户。全镇共有汉、畲、蒙古等 8 个民族，其中，畲族是人口最多的少数民族，共 2007 人，占 7%。镇内有非农业人口 2598 人，占 9.3%。镇所在地人口约 8000 人。全镇千人以上的行政村有 8 个。

自然与资源

地势由西北向东(偏北)倾斜，镇所在地区域为狭长盆地，北倚玉峰山，南临荔枝坪，下有伏地虎头，东有月山锁于长安水口，西有日山岭立横溪河畔，昔有“狮虎分左右，明走西东”之喻。八都溪如带飘村北，依山带水，宛如泊舟。境内气候温和，水源充足，交通便利，商贸发达，为龙泉西南边陲重镇。

八都气候温暖湿润，雨量充沛，四季分明，春末夏初多雷雨、暴雨，盛夏晴热干旱，秋季降温迟，冬季霜期短。年平均气温 17.6℃，最低气温零下 8.5℃，最高气温 40.7℃，平均无霜期 263 天，最长有霜期 130 天。

境内有同属瓯江水系的三支河流：八都溪，全长 40.6 千米，流域面积 388.41 平方千米，年平均流量 14.5 米 ^{3}/秒，天然落差 399 米；南窨溪，经南窨流经查田溪口，汇入龙泉溪；桑溪，从松渠汇入八都溪。境内地表水、地下水资源丰富，全镇有溪口、石忽、高浦三个小水电，装机容量分别为 200 千瓦、150 千瓦、750 千瓦，其中高浦电站水库位于竹垟畲族乡境内。由于处于季风区，地形复杂，易发生灾害性天气，每年 4—6 月为降雨集中期，易发生洪灾。

八都镇有耕地面积 1800 公顷，是龙泉市重要产粮区。山林面积 10400 公顷，其中，毛竹林面积 4600 公顷，居龙泉市首位。盛产毛竹、木材、茶叶、厚朴、食(药)用菌、大棚蔬菜等。

已探明矿产主要有萤石、瓷土矿等，其中，萤石单矿储量在乡镇中位列全省第一。

建置沿革

1992 年 4 月，龙泉市“撤区扩镇并乡”时，瀑云乡、南窨乡并入，组成八都镇，设八都、瀑云、南窨三个管理区。

八都管理区　北宋大平兴国年间(976—984)，龙泉境内划五乡三十四都，八都属西宁乡八都，因名。南宋庆元三年(1197)，西宁乡下辖七至十三都，八都下辖浆安里。明朝洪武年间(1368—1398)，都下设图，全县共 24 都 167 图，八都下辖 4 图。明万历年间(1573—1620)，全县设 4 乡 23 都 166 里，西宁乡下辖七至十三都计 32 里。清属西宁乡七、八、九、十三都。民国为长安镇，属八都区；1947 年，称八都乡；1949 年后因之，属八都区；1958 年为八都(大)公社八都管理区；1961 年改称八都公社，1984 年 5 月改八都乡，1985 年 6 月撤乡建镇。

瀑云管理区　清属西宁乡十三都、九都地；1938 年属瀑溪、凤云两乡；1939 年两乡合并，以瀑溪、凤云两乡名组合取名瀑云乡。中华人民共和国成立前后均称瀑云乡，属八都区；1952 年划归金龙区；1953 年复属八都区；1958 年为八都(大)公社瀑云管理区；1961 年改称瀑云公社，属八都区；1984 年 5 月改称瀑云乡；1992 年 4 月并入八都镇。

南窨管理区　因地处八都区南面，驻地野窨村，取名南窨乡。中华人民共和国成立前称南窨乡，属八都区；1949年并入八都乡；1951年分出仍称南窖乡；1956年撤并归八都乡；1958年分出改称八都(大)公社新建管理区；1961年改名南窖公社；1983年改称南窖乡，1992年4月并入八都镇。

经济建设

农林业　八都镇地处丘陵，土地肥沃，水源充足，物产丰富，是龙泉市的主要产粮区。近几年来，通过山地开发、建设用地复垦、低产田改造等基础设施建设，逐步改善生产条件，随着农村产业的调整，从单一的传统农业转向效益农业，农户除种植粮食(稻谷)之外，主要以种植香菇、蔬菜、水果和养殖家禽家畜，培育竹笋两用林等生产经营为主。

粮食：八都镇的农户夏季以种稻谷为主，春秋季则种植蔬菜及其他农作物，2010年播种粮食作物面积1673.3公顷，总产量达11745吨。

竹笋两用林：全镇有毛竹林4600公顷。20世纪80年代中期，村民开始开发竹笋两用林，通过深挖、追肥等技术管理，将普通毛竹林开发成竹笋两用林，面积3466.7公顷。大年卖笋，小年卖竹，产量、效益成倍增长，毛竹采伐量达180万支/年，冬春笋产量达2.6万吨/年。

食用菌：20世纪90年代，八都镇各村的村民开始种植菌棒香菇，2000年代，种植的品种齐全，有冬菇、夏菇、花菇、黑木耳等，且数量大，全镇85%以上的农户种植食用菌。2010年，共发展食用菌4240.4万袋，其中香菇1207.9万袋，黑木耳3032.5万袋。

葡萄：1999年，樟溪村民开始试种葡萄，面积0.06公顷，2000年开始投产，取得较好经济效益，逐步发展到樟溪、一村等地，种植面积13.33公顷，主要品种为藤稔、金峰等，2010年产量240余吨，亩产1660千克。

西瓜：松渠、高大门、青山村的村民有一手种植西瓜的好技术，虽然种植量不大，但种植的西瓜果大、味甜，深受人们的喜爱，2010年种植面积达13.33公顷。

绿化苗木：2002年始，一村、三村、四村、新村等村开始培育绿化苗木，面积为41.87公顷，主要的品种有山杜英、乐东拟单性木兰、桂花、深山含笑、马褂木、紫薇、梅花等，2010年，部分苗木已开始出售。

工业　八都平山岭工业园区：该园区坐落于八都镇四村高浦平山岭地块，交通便捷，紧贴53省道，距市区19千米，距集镇2千米，离龙浦高速互通1.5千米。园区于2007年被确定为龙泉市委、市政府"一心五点"工业发展战略布局中重要的竹木加工生产基地。2008年，八都镇利用低丘缓坡综合开发有利时机，在平山岭一带征地33.33公顷，11月底完成用地平整，可供用地达21.33公顷，年底相关配套设施基本完善，结束八都镇无工业园区的历史。同年，相继引进多安工贸公司、鑫源木业有限公司、龙都青瓷有限公司等多家企业。2010年，全镇实现工业总产值4.65亿元，比上年同期增长45.3%；完成工业投资6583万元，超额完成年度计划；累计销售4.18亿元，比上年同期增长36.2%。其中，规模企业实现产值2.06亿元，比上年同期增长31.7%，累计销售1.92亿元，比上年同期增长29.6%。

龙泉双枪公司：该公司成立于2004年11月11日，是浙江双枪公司投资创建的独立核算公司。以生产竹制砧板为主，牙签、擀面杖等产品为辅的竹制品企业。该公司的引进，辐射带动当地竹加工产业的发展，丰富竹产业链的层次，已成为当地竹木行业的龙头企业。2010年实现产值2455万元。

龙泉市砩矿有限责任公司：八都境内萤石矿储量丰富，萤石矿一直以来是当地工业经济的支柱产业。1973年，龙泉市砩矿公司成立，同年7月投产，原属龙泉县矿业公司，以开采萤石矿块为主。1979年下半年划县工业局管辖。1998年3月改制为股份制企业，是浙江省第一家改制的矿山企业，2008年整体出让给杭州金石资源集团，为该集团旗下的一家独立矿山企业。公司主要经营萤石矿的投资和开发，以及萤石产品的生产和销售。2010年砩矿实现产值5791万元，同比增长26%，上缴税收710万元，名列全市纳税大户前十。

商业　八都自古以来是闽浙边界的一个重要商贸交换地，为周边毗邻数乡镇的集市贸易中心。民国以来，镇上开设的百货、南货、棉布、油盐等日杂店已颇有规模，达70余家。1950年八都已设立基层供销社区社，私营商家达120余家。1958年进入公私合营阶段。1966年以八都为重点开展干纸浆生产和收购，交易额达80余万元。改革开放后至今，商贸业发展迅速，2010年全镇店铺已达750余家，日成交量600余万元。商业活动涵盖商业批发、零售、餐馆、旅馆、五金、运输、农产品、娱乐等等。

龙都商贸中心：位于集镇最中心区块，由浙江佳和矿业房地产开发有限公司负责开发，是室内楼层市场，集商贸、住宅为一体，占地10779平方米，总建筑面积17122.31平方米（其中住宅用房面积13782平方米），总投资3000余万元，市场店面110间，其中市场内摊位58个，店面17间，摊位使用率95%，年成交额4100万元。该商贸中心于2007年9月开工建设，2009年9月25日竣工开业，是龙泉西南部两乡两镇和浙闽边界的商贸物流中心。

新安路商业街：长约1500米，各类商店、超市、邮政、电信、银行、粮食、餐馆、医院、农贸市场等均设在此地，农贸市场建于20世纪80年代末，占地面积1600平方米，投资700余万元，场内设有服装、菜市场等店铺及摊位160多个。

农贸综合市场：坐落于青年路和长安西路交汇处，在镇中心位置。总投资3000万元，占地面积10472平方米，建筑面积17599平方米，分两期建设。一期于2007年开工建设，2008年1月28日结项，年底交付使用。二期于2008年8月28日开工建设。该综合市场建成后，将成为八都、竹垟、上垟、宝溪一带茶、果、蔬、服装等产品批发、零售中心。

社会发展

教育　2010年，八都镇有中学1所、小学12所、幼儿园11所。其中，中学班级30个，学生1528人，教职工104人；小学班级54个，学生1835人，教职工135人；幼儿园11所，幼儿442人。2000年，八都镇被评为丽水市教育强镇。

八都镇中心小学：创办于清光绪三十三年（1907），原为“八都区小学”，是八都镇最早的学堂，至今学校拥有计算机40台，多媒体教室1个，30个教学班，1260名学生。学校占地面积11098平方米，建筑面积5620平方米，教学师资雄厚。1998年被评为丽水市小学生行为规范达标学校，2000年被丽水市命名为市级合格小学，2003年被丽水市命名为市级示范小学。

医疗　八都镇中心卫生院：始建于1956年，原址在八都镇食堂，名为“龙泉县八都区卫生所”，1978年，卫生所与中医院合并，改为“龙泉县八都区卫生院”，至1992年“撤区扩镇并乡”时，改称“龙泉市八都镇中心卫生院”。是龙泉市属的一级甲类综合性卫生院，担负着八都、上垟、竹垟、宝溪等周边乡镇近5万人口的医疗、保健任务。占地面积6123.16平方米，其中工作用地1993.16平方米，生活用地4130平方米，病床30张，医院职工46余人，有内科、外科、妇产科、中医科、儿科、五官科、眼科、骨科等10多个科室，逐步添置X光机、心电图、B超、血液分析仪、心电监护、呼吸机、婴儿保温箱、尿液分析仪、分光光度计等医疗设备。下设分院2个，职工17人。

农村合作医疗站：由20世纪70年代初"赤脚医生"发展而来，医治村民小病小患大有作用。1979年，农村实行联产承包责任制后，由集体转为个人，2010年农村医务室19个，人员19人，方便群众，深受患者好评。

邮政电信　清宣统三年(1911)，八都镇设有邮寄代办所，职工5名，主要代办信函、报刊发行和包裹发放业务。1932年设电信代办所，1934年设电话代办所，1941年，设报话代办所。1947年，八都邮局有代办所4个，信柜3个，邮路23千米。1951年6月，八都邮局撤销改为代办所，并入电信代办所。1953年，装有5门磁石交换机1台。1955年2月，改为邮电营业处，是年6月改称邮政支局。1958年，改装20门磁石交换机。1981年，新建局屋971平方米，增添自动包裹收寄机1台。1998年更名为邮政局，是年，邮政与电信分开，另设八都电信支局。

电视广播　1969年组建广播站(区站)，负责上垟、宝溪、竹垟、南窖、泗源等地的信号输送，职工2名，配有录音机和2×275有线广播扩大器各1台，同年开始普及农村广播网。1983年，建立镇卫星地面接收发射台(接收3套节目)，继后在青山、松渠、野窖、白水、枫锦、樟溪等村建立6个村级发射台。1986年，对农村有线广播网络进行全面整顿，达到省厅标准。1996年12月开始安装有线电视网络，1997年元旦开播，到2008年底有用户6200多户，中央一套与浙江一套电视覆盖率98%。

供水站　八都人民的生活饮用水历年来都是依靠八都溪的溪水及部分古井取水。1983年，原八都区建造八都区自来水厂，日供水量为300吨。1993年由龙泉市水利局和八都镇联合新建现有的"八都供水站"与原老管网合并，水源取之竹垟金田水库，水库总容水量为320万立方米；日供水量为2800吨。2004年投资4万元购置新设备，使水源经过多道过滤、沉淀，自动反冲洗和自动加氯等消毒措施，自来水水质达标，水压满足需求。

供电　1957年建立火电站，建在原五仙庙，主要用于集镇街道沿边与热闹场所的夜间照明，包灯350余盏，日发电量20千瓦时左右。1958年建立溪口水电站，1980年建立八都电厂，建成10千伏线路，农户普及用电。20世纪80年代后始用电表计费，1982年成立供电站与变电所，电柱由木柱改为水泥柱。2001年后，实行农网改造，于2003年全面完成。

文化

文化事业　县民众教育馆：民国19年(1930)4月，由通俗讲演所、书报社、公众运动场合并组成。民国28年(1939)6月改称城区民众教育馆，在八都区设分馆。民国31年(1942)区馆裁撤。

文化站：1954年，八都区首建，免费开放小人书，实行借书制度。1980年，建立八都公社文化站，1982年，建立瀑云公社文化站，1983年，建立南窖公社文化站。1992年，"撤区扩镇并乡"后，合并为八都镇文化站，以辅导当地群众文化活动，1999年，创建"山花工程"，2000年，创建省级"东海明珠工程"。

农村俱乐部：1954年始办农村俱乐部，时兴时衰，1966年有20个大队建立俱乐部，后因"文化大革命"冲击，停止活动，以毛泽东思想文艺宣传队取代。1979年恢复俱乐部，1983年底各村都建立“俱乐部”“青年民兵之家”。后又因活动项目陈旧，加之影视事业的蓬勃发展，村级俱乐部逐渐减少。

影剧院：1979年12月，八都镇影剧院建成，主体工程为砖木钢筋水泥结构，有座位1000余个，先后购置8.75毫米、16毫米、35毫米固定座机等。2005年底，改造为文化演艺厅。

电视：1985年元旦，在八都凤音山建成300瓦电视差转台，接收、转播龙泉台、丽水台、中央一台等节目。实施有线电视村村通以来，八都镇抢抓机遇，加强农村文化事业建设，2008年底，全面完成全镇29个行政村有线电视村村通工程。

民间文艺　八都镇民间文艺丰富多彩，逢年过节，民间常举办各类文娱活动，如腰鼓、扮挑、舞狮、花灯等。2010年，全镇29个行政村包括机关部门，共有28支腰鼓队738人，16支军乐队237人，8支舞狮队194人，11支舞蹈队132人，25支民乐队155人，8支汽排球队83人，5支门球队47人，太极拳队51人，4支傀儡木偶队26人，在新村还活跃着由30人组成的五禽戏表演队。每个行政村都由村老年体协分会长、妇联主任或文艺积极分子兼职村级文化联络员。

腰鼓：八都腰鼓自古有之，自20世纪80年代以来，得到极大发展，2010年，全镇有腰鼓队500余人，在各种大型活动中常能见到八都腰鼓节目。

傀儡戏：民国前即在八都溪坪一带兴起，在演《杨家将》等80余种剧目，目前仍经常在一些乡村表演。

八都农民乐队：成立于1989年初，由当地一批爱好文化娱乐者筹资创办，现有队员20多人，配备小号、中号、长号、圆号及架子鼓等，曾参加龙泉撤县建市、青瓷节文化踩街等大型活动。

老年体育文化：2000年以来，八都镇以抓老年体育文化活动为重点，加强全镇精神文明建设，通过试点、推广，全镇已建立38个老年体协分会，实现村村建老年体协，村村有活动的目标。2008年底，全镇经常参加体育文化活动的老年人已达4175人，占全镇老年人总数的63%，建立气排球、书画、钓鱼、太极拳（剑）等协会，活动项目24个，其中腰鼓、舞狮队、医疗保健等形式已初具特色。2003年，投资80余万元，占地面积5400余平方米，设置健身路径、门球场、地掷球场、篮球场、气排球场、健身器械的八都老年体育健身中心建成，八都的老年体育硬件设施水平有大幅度的提升。

名胜古迹

燕诒桥　燕诒桥位于镇东高浦自然村上侧（俗称高浦大桥），民国5年11月（1916年12月），由长安镇（现八都镇）吴氏三房捐资兴建。全桥长76米，高9米，宽4.65米，桥面铺以长条块石，两旁栏杆均为石板，隔以石柱，柱端十二对石狮神态各异。次年，又在桥头南端建一亭，拨置田产，雇人驻此施茶，方便行人。时任龙泉知县陈海梅亲为撰文，详述造桥经过，取《诗经》“诒厥孙谋，以燕翼子”之意，命名为“燕诒桥”。举人连正钊曾撰写桥志，内云：祖孙三世，志合心同。功德浩大，上格苍穹。”原为丽浦线八都段重要桥梁之一，后在邻近建造八都桥，现已改为人行桥。

玉峰寺　至今已有900余年历史，元末闽寇入侵，寺庙被毁，邑人章溢继承祖志，重建玉峰寺。“文化大革命”期间，玉峰寺再遭浩劫，寺毁塔拆。二十世纪八十年代重建。

东音禅寺　位于东音村，始建于明洪武年间，当时建筑面积约2600余平方米，有大殿、观音殿等建筑物。二十世纪六十年代，东音寺被部分拆除，一度当作学校使用。二十世纪八十年代村里群众自发对寺庙进行修缮。寺内供奉如来佛、观音、十八罗汉等佛像。

青瓷二厂　龙泉瓷器二厂位于八都镇黄岭头，占地面积13000平方米，建筑面积7758平方米，以生产日用花碗、杯和艺术瓷花罐为主。1986年，开发乌金釉新产品等，获地区级"四新"产品奖。

第二节　上垟镇

政区与人口

上垟镇以驰名中外的龙泉青瓷厂驻地上垟村为镇名。相传四百年前，村庄附近森林茂密，山雀群集，村下首西北岸为一片田垟，村坊坐落田垟上首，故名上垟。上垟镇位于龙泉市西南部，东临八都镇、小梅镇，西接宝溪乡，北靠竹垟畲族乡。同时，地处浙闽边界，毗邻福建省的浦城县、松溪县和浙江省的庆元县，距市区37千米，境内瓷土质优，蕴藏量丰富，是龙泉市的西大门也是浙江省的西大门。全镇总面积161平方千米，其中山林面积13466.67公顷，耕地面积1046.67公顷。1989年开始封山育林，至2010年建设生态公益林516.67公顷，森林覆盖率82.3%。素有"青瓷之都，毛竹之乡"的美称。

辖源底、木岱口、黄渡、五都垟、五都楼、岱源、昌岗、社口、木岱、汤源、上源、小黄南、中村、际岭、生源、双际、丁源、横店、供建、花桥20个行政村，74个自然村，165个村民小组。2010年，第六次全国人口普查，上垟镇总户数3935户，总人口11703人，其中男6047人、女5656人，性别比为1.069；总人口中，汉族10983人，畲族636人，其余为苗族、土家族、布依族等。

建置沿革

民国前归西宁乡五都，民国27年(1938)称贵岱、黄锦两乡，1949年改为岱垟乡，1951年分为岱垟乡、金垟乡，1956年合并，仍称岱垟乡，1959年为八都(大)公社岱垟管理区，1961年为岱垟公社，1984年称岱垟乡，1988年12月批准为建制镇，1992年"撤区扩镇并乡"时，泗源乡并入上垟镇。

泗源乡位于县城西南，乡政府驻小黄南，距龙渊镇34千米。东与南窖、青溪乡接壤，南与庆元县黄真、三济乡交界，西与福建省浦城县富岭乡、松溪县溪东乡毗邻，北与宝溪、岱垟两乡相连。因境内有生源、丁源、河源、上源四条溪源得名。1958年11月以前属庆元县，称泗源乡；1958年11月，龙泉、庆元两县合并后划入八都(大)公社，称泗源管理区；1961年改称泗源公社；1973年7月恢复庆元县时划归龙泉，属八都区，1984年5月改称泗源乡。辖11个行政村，50个自然村。地势较高，属山区。

自然

上垟镇境内属中亚热带季风区，四季分明，雨量充沛，冬不严寒，夏无酷暑，春早夏长，温暖湿润。境内有3座海拔1200米以上的山形成三足鼎立之势。其一为昌岗村的玉华山，山顶有两峰，两峰之间峭壁高百米，相距数米，其形酷似刀劈。每年四五月间，漫山遍野的杜鹃花，将翠绿山林点缀得五彩缤纷。在山腰上，还有5棵一级保护古树柳杉，其树干之粗壮，需要5人才能环抱。其二龙头山，为浙闽两省界地，居山巅俯览，可见龙泉、庆元、松溪、浦城四县地，有"脚跨两省，眼观四县"之谓。境内峰峦叠嶂，河流纵横，林木茂盛，水源充沛。其三为双际村的云台山。龙头山与云台山两山山顶都有烟雾缭绕的仙境美景，空气质量之好，是名副其实的天然氧吧。境内有主干流八都溪(上垟段),出宝溪乡,经社口、昌岗、木岱、岱源、木岱口、源底流至八都镇,最后汇入瓯江,流程30多千米;青溪源出汤源龙头山脚,流经上源、小黄南、中村、际岭后流至青溪水库,流程12千米。

经济建设

工业　2000年以来,上垟镇以提升青瓷、毛竹两大产业为重点。2010年实现工农业总产值4亿元,其中工业产值2.21亿元,农民人均纯收入8224元。全镇工业企业达到109家。规模以上企业达7家,其中,产值超1000万元的规模企业4家,超2000万元的有2家,全镇青瓷企业产值1.9亿元,初步实现产业集聚。企业产品类型包括青瓷原料、包装瓷、日用瓷、艺术瓷、仿古瓷以及卫浴洁具等。并拥有1位国家级大师、1位省级大师、1位丽水市级大师、3位丽水市级非遗传承人和众多民间传统制瓷老艺人。先后被评为全国环境优美乡镇、浙江省兴林富民示范乡镇、浙江省教育强镇、浙江省第三批小康型老年体育乡镇、浙江省文明镇等荣誉称号。

上垟镇是龙泉青瓷的主产地,国营龙泉瓷厂、龙泉瓷器一厂和三厂均设在此。国营龙泉瓷厂建立于1956年,占地125542平方米,20世纪70年代到达鼎盛时期,职工最多时达到1000多人,创税收100多万元,于1998年12月破产。20世纪90年代初期,木岱口村开始出现青瓷作坊,现有青瓷企业23家,从业人员2300人。作为全市"一心五点"之一,青瓷基地入园企业已有12家,年产值达7600余万元,占全镇青瓷企业产值的94%左右。基地产业集聚功能进步一显现,在全市青瓷6家规模企业中,上垟镇占4家,全市青瓷规模以上企业上垟产值占70%以上。其中昌宏瓷业有限公司年产值1808万元,成为龙泉市青瓷生产行业的龙头企业。群力瓷厂瓷土供应量占全市市场的40%左右,成为龙泉市第一个标准化青瓷瓷釉生产企业;基地规模化生产取得突破,天丰陶瓷有限公司建成电控80多米长的隧道窑,该项目节约成本,降低耗能,实现规模生产。基地基础设施不断完善,第四期"三通一平"建设通过验收。同时,对原有的基地道路进行扩建,解决原有道路弯急、坡度大的问题。对基地0.67公顷的边坡进行绿化,有效防止水土流失。规划建设1300平方米山沿景观带,青瓷基地特点得到充分展示。青瓷基地被省里授予"龙泉上垟青瓷小企业创业基地","龙泉青瓷传统烧制技艺"正式列入联合国科教文组织人类非物质文化遗产名录,"龙泉曾芹记古窑坊"成为浙江省首批23个传承保护基地之一。

上垟镇有毛竹林4533.33公顷,主要集中在泗源一带,人均毛竹0.27公顷,每年每亩500元收入,仅毛竹人均有2000元收入。改革开放初期竹木加工业呈现良好氛围,2010年,有竹木加工业43家,规模企业1家,全镇竹产业产值达9100万元,其中,一产5200万。2010年实现工农业产值2.44亿元,其中工业总产值1.54亿元。

农业　1992年开始发展香菇,2004年发展黑木耳,鼎盛时期,食用菌收入占农民纯收入的三分之一,主要集中在上垟管理区。泗源管理区农民收入主要依靠竹笋、木材,其收入占农民纯收入三分之一。1991年开始发展水果,如柑橘,集中在供建村、丁源村一带,青奈,集中在黄渡村、五都楼村一带。20世纪70年代开始发展油茶,2010年有油茶133.33公顷。2000年开始发展生态养殖,五都楼村养殖山羊,源底村养殖奶牛。2008年,食用菌生产1300余万袋,其中,香菇800余万袋,黑木耳500余万袋。大力推进食用菌产业提升工程,建成源底村200万袋规模的省级无公害标准化食用菌生产基地,启动建设五都垟标准化生产基地,贵旺果蔬专业合作社建成农产品交易市场。在木岱口、木岱等村发展吊瓜生产基地17.33公顷,亩均收入达3000余元。养殖业培育有声有色，2010 年，源底村的土鸡生态养殖场年出栏 12000 余羽；新建的土鹅养殖场年出栏达 3000 余羽；上垟肉牛（奶牛）养殖场规模已达存栏 60 余头，全镇发展山羊养殖户 20 余户，养殖山羊 2000 余头。

竹产业作为该镇农业主导产业，实现又好又快的发展。建立小黄南冬笋型培育基地 20 公顷，该基地在竹林机耕路基础上，率先在毛竹林内建竹林游步道，通过科学管理，冬笋提早两个月上市，最高价格达每斤 80 元。同时，打破冬笋大年多村联合禁笋的习惯，为竹农增加经济收入，体现培育效果，建立丁源大径竹培育基地 20 公顷，率先在毛竹林内建水池，实施喷灌，产笋期提前两个月。从中径材培育大径材，切实提升毛竹质量，也为竹海“公园”旅游线路打下基础。通过充分调动村民投工投劳，实施政策处理零补偿制度等措施，有效解决竹林机耕路建设资金不足的难题。截至 2008 年，共建设竹林机耕路 156 余千米。2008 年，完成毛竹低产低效林改造 1333.33 公顷，其中施肥 666.67 公顷；仅两个现代科技园区及周边八个毛竹重点村，就施毛竹专用肥 80 吨，竹农自配混合肥 200 吨。

社会发展

1991 年实行校网撤并。2010 年有小学 2 所，在校学生 871 人，教师 75 人。2008 年，投资 19 万元建立镇中心幼儿园，通过“省级教育强镇”验收。20 世纪 60 年代有广播，2007 年开始实施“村村响”工程，2008 年完成 10 个村。2008 年有线电视“村村通”工程全部完成。2007 年成为全市最早一个完成康庄工程“双百”乡镇，在此基础上，加强对行政村联网公路建设规划调查摸底，启动农村联网公路建设工作。小黄南村率先开展信用村创建试点工作。新建占地 4000 多平方米的香菇交易市场。实施沿山、沿路、沿景绿化工程，共种植绿化苗木 5000 余株。认真实施“十村示范、百村整治”工程，至 2010 年，花桥村为丽水市级示范村，源底、上源、中村通过市级整治村验收。完成际岭、丁源、昌岗、供建 4 个村垃圾集中处理，木岱村通过市级生态村的验收。上源、小黄南村通过市级绿化村的验收。五都垟、丁源、木岱、双际等村完成村坊道路硬化工程。新建沼气 50 户；集镇投入 20 余万元资金，完成木岱口防洪堤、道路、护栏建设和木岱村防洪堤建设。新建占地 4000 多平方米的香菇交易市场。

开展“一户一策一干部”帮扶结对活动，2010 年，共落实结对 195 户 629 人：其中本镇干部结对 86 户 292 人，市级联系单位干部结对 109 户 337 人，干部帮扶资金到位 10.9 万元；开展助残日活动，为 7 户残疾人送电视，组织 48 位残疾人参加培训班；五保户集中供养率达 90%，农村住房保险参保率达 95.8%；帮助汤源村 2 户火灾受灾户落实 3.6 万元的保险赔偿；完成危房改造 20 户；启动兴垟小区二期工程，完成 30 植招投标工作，2008 年完成生态移民 32 户 147 人。

2003 年创建“治安联防户长制”，2008 年，延伸户长“六大员”的作用，建立治安联防户长巡防队，着力打造浙西南通往福建的“平安走廊”，推进“平安上垟”的建设。定期开展矛盾纠纷大排查、大调处。计划生育实现工作重心下移，建立起“镇负责、村为主、户落实”的工作格局，巩固完善计生基层基础工作。2008 年完成食品安全示范乡镇创建工作，小黄南、生源等村集体聚餐点规范化建设走在全市前列。2010 年，新型农村合作医疗参保率达到 96.44%，农民健康体检率 60%。修建泗源文化中心，积极创建“山花工程”并通过验收，创建科普宣传栏 5 个，成功举办首届老年人运动会。

第三节 小 梅 镇

政区与人口

小梅镇位于龙泉市西南部，距离市区38千米，东邻屏南镇和庆元县竹口镇，北接查田、八都两镇，西连上垟镇，南与庆元县黄田镇交界，54省道、龙庆高速公路穿镇而过，是通往本省的庆元县和福建省的交通要道。镇域总面积97.22平方千米，分为小梅和青溪两个管理区，辖：小梅一、小梅二、小梅三、小梅四、垟岙头、高际村、大梅、上梅、大梅口、骆庄、大窑、金村、半边月、毛断、西坑、黄南、孙坑、毛山头、泥岭头、郑边、高坑、立东、叶乡23个行政村，总人口1.3万人。

建置沿革

清属延庆乡一都、二都地。民国时为小梅镇，属小梅区。解放前后为小梅乡、三溪乡，属小梅区。1951年小梅分为小梅、琉梅两乡，三溪分为三溪、义和两乡，都属查田区。1956年合并，仍称小梅乡和三溪乡。1958年为梅岭（大）公社小梅管理区、三溪管理区。1961年改为小梅公社、三溪公社，属梅岭区。1975年属城南区。1982年三溪公社更名为青溪公社。1984年5月改为小梅乡和青溪乡。1985年6月，撤销小梅乡，建立小梅镇。1992年4月，“撤区扩镇并乡”时，小梅镇扩进青溪乡组成新的小梅镇。

自然

境内属中亚热带季风类型，四季分明，气候温润，雨量充沛，全年平均气温17.5℃，最高气温为7月，最高温度39℃，最低气温为1月，最低气温-6℃。年降水量1955毫米，降水日数185天。境内有属瓯江水系的河流龙泉溪及支流青溪溪、琉梅溪等。境内有瑞垟水库和小梅水库。地表水、地下水资源丰富，温度相对稳定，日照充足，自然灾害较少。

小梅镇是八百里瓯江源头第一镇，风景秀丽，气候宜人。境内有台湖山、琉华山横贯，山中奇峰叠嶂、怪石嶙峋、风光秀丽、景色宜人。森林覆盖率为77.8%，境内植被茂密，物种多样，有南方红豆杉、银杏、樟树、福建柏、鹅掌楸、黄山花楸、厚朴、凹叶厚朴、南方铁杉等珍稀保护植物，登记有名木古树139株，垟岙头村、大窑村、泥岭头村等行政村分布4处古树群，主要树种为苦槠、南方红豆杉、钩栗等。小梅镇与凤阳山国家级自然保护区毗邻，境内有黑麂、黄腹角雉、云豹、猕猴、穿山甲、苏羚、大灵猫、金猫、眼镜蛇、五步蛇、野猪、华南兔、大杜鹃、小杜鹃、猫头鹰、棘胸蛙等生存分布。

境内矿藏资源丰富，主要分布有高岭土、铁矿、萤石矿、硫铁矿、铅锌矿等。

经济建设

农林业　食用菌产业：20世纪80年代末开始，食用菌产业是小梅镇农业的主要产业，直至2010年，几乎每家每户都种植香菇，食用菌收入是村民的主要经济来源，每年菌棒种植量达1000余万袋，建设标准化食用菌基地3个（孙坑、骆庄、大梅），菌菇加工厂10余个，每天零散的交易摊位从梅北路至林业站桥头，成为辐射浙闽两省的鲜菇交易市场。鲜竹笋、鲜菇等产品还出口日本及国内各大城市。2004 年，在龙南乡建立 100 万袋夏菇生产基地。

粮食：20 世纪 80—90 年代，粮食生产以双季稻为主，2000 年以来，随着产业结构的调整，春季以种植各种蔬菜为主，夏季以种植单季晚稻为主，冬季以种植香菇为主。2008 年，全镇单季杂交晚稻 784.33 公顷，平均亩产 460 千克。2009 年完成黄南、大梅口村 133.33 公顷水稻高效示范区项目。2010 启动黄南粮食生产功能区建设。

畜牧养殖业：小梅镇以“公司+基地+农户”的产业模式带动养殖业的发展，有效促进农户增收，创新结对帮扶方式，以送种兔造血式帮扶替代以往现金资助的输血式帮扶。2008 年生猪饲养量 1 万余头，家禽饲养量 14 万余羽，肉牛饲养量 150 余头；2005—2010 年，在西坑村、黄南村发展比利时野兔养殖基地 2 个，养殖野兔 3 万多只，年收益 40 余万元，户均增收 3000 余元，同时实施山区海岛协作项目肉兔基地建设。

竹产业：小梅镇认真实施“以林富民”工程。2008 年，在郑边村建设毛竹现代科技园区 333.33 公顷，至 2010 年，全镇竹林总面积 2267.2 公顷，建立高效毛竹示范村 2 个、毛竹村 1 个，建高产高效示范基地 60 公顷，建成竹林机耕路 80 多千米，带动 1240 公顷低产低效竹林改造，每年为林农增加经济收入约 180 万元。成立郑边、泥岭头两个村竹产业农民合作社。完成绿化造林面积 72.87 公顷，完成生态公益林扩面 400 公顷。

其它产业：大力实施茶产业培育工程，2008 年在郑边村种植金观音茶叶 10 公顷，2010 年扩大到 16.67 公顷，培育茶叶 36.67 公顷，种植吊瓜 13.33 公顷，种植无籽葡萄 10 公顷、烤烟 17.33 公顷。建设黄南村麒麟西瓜基地。

工业 1980 年后，小梅镇工业以萤石矿等矿业为主，开办木制品厂、丝绸厂、竹木加工厂、米粉厂、综合厂、香菇保鲜厂等。2009 年以来，小梅镇确立“提升竹木业，深挖采矿业，发展生态业”的工业发展思想，工业经济稳步增长。2009 年推进吉岭低山缓坡开发项目，盘活使用原黄南水运站 1 万多平方米的闲置厂房，南欣木业公司顺利完成扩建，南辰塑料加工厂完成转产，新上一条生产线，新增产值 1000 余万元。新增落地企业 2 家，即龙泉市龙阳矿业有限公司和华鼎竹业有限公司；培育年产值超 1000 万元以上企业 2 家，即龙泉市方昌板业有限公司和南欣木业有限公司。2010 年，全镇有各类企业约 32 家，实现工业总产值 1.7 亿元。

第三产业 商贸服务业：改革开放至 20 世纪 90 年代末，小梅码头航运繁忙，集镇店铺林立，是名副其实的商贸重镇，有小商品、农贸两大规模市场，小商品市场以经营服装为主，农贸市场经营范围主要有各种蔬菜、鱼类、水产及肉禽类。2010 年，小梅镇集镇有商铺 160 余个，年交易额达 5000 余万元，吸引福建松溪，庆元黄田、黄真、三际、竹口，龙泉市屏南瑞垟、查田等地的顾客和经商者，成为辐射浙闽两省的边贸市场，商贸经济相当繁荣。

旅游产业：小梅镇依托大窑青瓷古窑址历史文化遗产，重点做好古窑址保护工作，深入挖掘提炼青瓷文化，重点抓好瓯江源头区域水土保护建设和生态镇、村创建活动。2009 年，依托大窑古窑址金色名片，完成各类文化旅游设施建设，启动周边村旅游开发，开始金村最美乡村建设，确定金村旅游开发方案等，《钱江晚报》发起的“雪花啤酒小梅大窑千年古道探秘活动”和丽水摄影家协会发起的“大窑采风”等活动，进一步提高小梅的知名度，促进旅游产业的发展。2010 年，开始争取实施大窑龙泉古遗址公园项目建设。

社会发展

卫生　镇内原有城南卫生院和小梅保健院，1992 年合并为小梅中心卫生院。小梅中心卫生院位于集镇中心位置，总占地面积 1750 平方米，建筑面积 2000 余平方米，设有全科诊疗科、中医科（康复区）、内科、外科、妇产科、儿科、防保科、放射科、化验室、B 超室、中药房、西药房以及其他功能性科室，有医务核编人数 27 人，2010 年在编 12 人，其中专业技术人员 10 人。已取得执业医师（执业助理医师以上）6 人。配有 X 光机、彩超、黑白 B 超、心电图机、心电监护仪等。该院下设青溪分院 1 所（设立在孙坑村）、村卫生室 7 个。

教育　小梅镇中心小学：清光绪三十三年（1907）四月由乡绅刘树镳等发起创办，初名公立梅溪学堂，址设小梅镇保送殿。民国元年（1912），改名为南溪乡立初级小学校。民国 29 年（1940），改校名为小梅镇中心国民学校，同时担负辅导全区学校之责。1949 年 8 月，校名改称小梅镇中心小学。1951 年，改名为县立小梅小学，1974 年，开始扩建校舍，增设教学设施。1977—1980 年，附设初中班。1985 年，校名复称小梅镇中心小学。1991 年，镇中心小学教学楼落成，建筑面积 890 平方米，总投资 18.58 万元。2005 年小梅镇中心小学迁入原小梅中学校址。学校以"文明、勤奋、求实、创新"为校训，校园生活丰富多彩，配备教工活动室、图书馆，开设音乐、美术、体育、文学社等各类形式的兴趣小组。2010 年，学校占地面积 15000 平方米，建筑面积 4500 平方米，有 12 个教学班，44 名教师，417 名学生。学校全体教职员工秉承"读书、玩泥、想未来"的办学理念，以"崇德尚学，陶冶成器"为校训，立志创办"瓦窑书院"特色学校。

小梅镇教育实验基地：2008 年小梅镇中小学生素质教育基地成立，该基地位于原小梅镇中心小学校址，毗邻梅溪，与台湖祖殿风景区隔溪相望，教学环境优雅。基地占地面积 4736 平方米，现有校舍面积 900 平方米，为龙泉市首个青春期健康教育活动基地。

梅岭中学：创建于 1958 年，设初中部。1975 年更名为城南中学，下设初中、高中两个分部，共计 500 余名学生。学校于 2004 年撤销。

青溪小学：小梅镇青溪中心小学坐落半边月村，距龙泉城区 40 多千米。学校占地 2823.37 平方米，2010 年有教学班 6 个，学生 149 人。有教职工 15 名，其中专任教师 13 名，有小学高级职称 5 人，大专及以上学历教师 14 人，教师平均年龄在 33 岁以下。学校每个班级都配备多媒体教学设备，拥有阅览室、图书室、音乐室、美术室、实验室、电脑房等各类专用教室及学生食堂。学校有规范的塑胶运动场、网络和室外照明等设施。

文化

文化站　小梅镇文化站设站长 1 名，文化员 2 名。镇党委、政府投入 30 多万元，修建功能齐全的文化中心。2010 年，文化中心面积 600 多平方米，设置有文艺排练厅、多功能厅、乐器室、图书室、阅览室、文化信息共享室、教育培训室、书画室、健身房、职能办公室、资料室、乒乓球室、棋牌室、老人活动室、羽毛球场等，添置室内活动器具及办公用具。文化中心面向群众免费开放，成为活跃群众文化生活，提高群众科学知识的主要阵地和窗口。

中秋"拉缆"　"拉缆"（俗称"拉练"活动）有 400 余年历史，各村青壮年吃过中秋团圆晚饭后，便陆续抱着稻草走向街头，开始"扎缆"。历史上最长的缆达 140 多米。人们将缆从街头拉到街尾的小梅溪水口焚烧，寓意为拉走(烧掉)邪气，保村庄太平清洁。明朝龙泉窑鼎盛时期，青瓷均从小梅溪码头装入船中，运往外地。据传小梅镇形似一条船，必须拉紧“船缆”，才不至于翻船，可保一帆风顺，四季平安，因此演化成为现在的“拉缆”比赛。

孙坑越剧团　龙泉县青溪(青春)越剧团成立于1983年初。创始人季世隆于20世纪80年代初到浙江省嵊州县越剧团拉二胡。1982年回到孙坑村，召集本村及周边村共26人或立龙泉县青溪(青春)越剧团，并邀请嵊州县越剧团3位老师到村里为团员教学10个月。1984年春节至1990年，青春越剧团到查田镇溪口村，上垟镇泗源村，福建省浦城县、建阳县等地演出2000余场，演出的剧目包括《梁山伯与祝英台》《血手印》《沉香扇》《玉龙太子》《棺中产子》《越鸟归南》《情义冤仇》等剧目，深受当地百姓欢迎。1990年以后，随着越剧团成员陆续成家，越剧团赴外地演出逐渐减少。龙泉县青溪(青春)越剧团不仅培养一批优秀的越剧演员，更成为孙坑及龙泉南乡一带百姓美好的记忆。

名胜古迹

台湖山、植碧古殿、叶氏宗祠、黄南古溪桥　见“第十六篇　旅游业”。大窑龙泉窑遗址　见“第二十九篇　文化”。

孙坑双溪桥　始建于清初，坐落在村中央。双溪桥的前身是木结构桥，在清同治十一年(1872)被洪水冲毁，如今的廊桥在民国21年(1932)建成。北面桥岭石阶16级，南面桥岭石阶25级，桥屋11间，中间设佛龛，供奉真武大帝和观音佛像。双溪桥于2011年被评为省级文物保护单位。孙坑村桥头古庙是五显大帝庙，内有戏台，为村民集会之场所，现已拆除。

第四节　查田镇

政区与人口

位于龙泉市西南部，瓯江干流梅溪上游，东与屏南镇接壤，南与小梅镇相倚，西北靠八都镇，东北与兰巨乡相邻，镇政府驻地距市区27千米，54省道横穿全镇，龙庆高速公路在查田设有互通，交通便利。镇域面积122.36平方千米，辖万山、查一、查二、查三、炉溪、大樟、大樟岙、溪西、吴田、陈山、东皇、下保、下淤、溪口、泉坑、上墩、柘坑、小砻坑、横坑、竹舟、小查田、下湾、住田、淤头、青坑、大坑下、青坑岙、墩头、青坑底、石隆、赵麻淤、新丰32个行政村，总人口16142人，其中，集镇人口3160人。

建置沿革

自唐代以后属延庆乡，为三都、四都地。明洪武三年(1370)，庆元县并入，在查田设立巡检司。洪武十三年(1380)十一月复置庆元县，查田巡检司撤销。民国18年(1929)设查田镇。民国22年(1933)属小梅区，设查川等乡镇。民国27年(1938)属小梅区，境内分属查川镇和茶丰乡。1949年7月30日设查田区，现境分属查川乡和剑丰乡。1958年属梅岭(大)公社，后属梅岭区。1988年12月，撤销原查田乡，建立查田镇。1992年4月，“撤区扩镇并乡”时，原茶丰乡并入查田镇，设立查田和茶丰两个管理区。

自然

查田镇处于洞宫山、仙霞岭山脉之间，政和断裂带从中间穿过。东南部和西北部以山地为主，群山延绵，山势陡峻，其最高峰为八宝山，海拔超过1200米；中间地势以河谷、盆地为主，较为平坦。

全镇有耕地面积1144.07公顷，其中水田1098.3公顷；山林面积8547.93公顷，其中，毛竹林2108.27公顷，经济林94.33公顷，林木总蓄积量为270539余立方米，毛竹总蓄量为274万株，森林覆盖率80%。境内矿藏资源丰富，2010年，已探明的有金矿、砩矿、铁矿、钾长矿等。

属中亚热带季风气候，四季分明、雨量充沛，全年平均气温18.3℃，最高气温为7月，平均27.1℃，最低气温为1月，平均气温5.1℃。年降雨量1262.1毫米，降雨日数113天。

查田境内河流属瓯江水系，主干流梅溪从南向东北流淌；大樟溪、南窖溪、石隆溪等流向中部，汇入梅溪。

经济建设

农业　年均粮食作物播种面积1636.87公顷，粮食年产量9941吨，是龙泉市重要的产粮基地。2003年，该镇依据镇情制定66.67公顷茭白基地、66.67公顷珍稀苗木基地、1000万袋食用菌香菇基地以及笋竹两用林基地、烤烟基地、稻田养鱼基地等“十大”农业工程。2008年，对小梅溪查田段的山区小流域进行生态农业综合开发，并于2009年开展粮食高产创建示范活动，采用旱育秧小苗移栽技术，落实早稻高产示范10公顷。

工业　查田镇是龙泉市工业经济“一心五点”的重要节点，全镇工业源于茶丰五金产业发展。茶丰五金起始于20世纪70年代的乡镇企业——茶丰五金厂。八十年代，青坑、青坑岙、石隆、竹舟等村农民开始外出“跑五金”。通过亲带亲、邻帮邻，茶丰一带“跑五金”人越来越多，几乎村村都有人推销五金汽配产品，仅青坑村就有100余人，足迹遍布全国各地，营销队伍发展到2000多人，营销网点150多个，广州等大中型城市都有茶丰人从事五金汽配营销的身影，茶丰五金的知名度不断扩大。

1993年茶丰建起五金市场，经营户100多家（其中温州客商10余家），销售汽车零部件1500多种，市场一度繁荣。茶丰五金汽配行业开始从市场营销转为产销一体化，个体五金汽配加工厂遍地开花。由于多种原因，1996年，茶丰五金市场逐渐淡出。

1998年，龙泉市实施“二次创业”，建立茶丰五金汽配园区。1999年和2000年，市委、市政府连续两次在茶丰召开现场办公会，并出台一系列扶持政策，茶丰五金汽配行业进入提速发展期，产值从1998年的5029万元迅速提升到2003年的2.45亿元，许多个体五金小厂发展为规模企业。2008年，全镇共有大小企业102家，规模企业11家，直接从事生产工人2200人，五金汽配营销人员500多人。五金汽配企业已能生产上百种空调机、汽车系列配件，具备汽车空调全套配件的生产能力，逐步形成生产五金空调汽配产业链。全年实现工业总产值3.26亿元。

社会发展

基本建设　进入21世纪，查田镇交通网络日趋完善，全面完成省道龙庆线查田段改造工程，龙庆高速公路（查田段）完成政策处理工作并开工建设，各村完成水泥路浇筑，其中横坑村水泥路被评为一级工程，溪口桥、下淤吴湾潭大桥、小查田桥等建成投入使用；全镇基本完成农网改造，并推进旧村改造及危旧房改造，实施查兴园下山脱贫小区、金三角生态移民小区工程，进行陈山、石隆村的下山脱贫工程建设；不断推进新农村建设，完成有线电视网扩面，部分村农户可收看到数字电视。实施小流域治理、十万农民饮用水及农村生活污水工程，15 个村 2000 余户农民喝上干净清洁的自来水。建设污水处理池、集镇垃圾中转站、防洪堤等基础设施，创成卫生乡镇、丽水市小康镇、丽水市村庄整治先进典型等，乡村环境面貌不断改善。

教育　2010 年，有小学 2 所，分别是查田镇中心学校、茶丰小学。查田镇中心学校创办于民国 2 年(1913)，由乡绅吴子仲、陈日新等筹建，初名为县立第七初级小学。期间学校经历 10 个时期的更名，1988 年，查田镇中心学校失火，摧毁大半个校园。1997 年，上海文汇报社爱心资助 22 万元建造教学大楼，因此，查田镇中心学校又名为“龙泉市文汇希望小学”。茶丰小学坐落在古来山脚下，学校创始于 1956 年，占地面积 12633 平方米，校舍建筑面积 3627 平方米，2010 年有 7 个教学班，学生 150 人，教职工 25 人，其中，一级教师职称 14 人，大学本科学历教师 16 人，大专学历教师 8 人。

医疗卫生　查田镇卫生院于 1992 年挂牌成立，设有全科诊疗室、妇科门诊、妇女保健科、孕产妇保健科、儿童保健科、预防接种科、康复理疗科、检验科、心电图、B 超、放射科、检验科等科室。主要设备有：彩超、黑白 B 超、心电图机、全自动生化分析仪、尿液分析仪、全自动血球计数仪、救护车等。设有留观病床 1 张，是一座集公共卫生和基本医疗服务为一体的新型综合性乡镇卫生院。下辖 1 个卫生分院(茶丰分院)，10 个村卫生室(下保卫生室、溪西卫生室、下淤卫生室、竹舟卫生室、小砻坑卫生室、石隆卫生室、赵麻淤卫生室、墩头卫生室、住田卫生室、溪口卫生室)。2002 年 7 月，投资 100 多万元的茶丰卫生院完工，顺利完成新院迁址。

文化

溪口布龙文化　查田镇溪口村，地处野窖溪流入龙泉溪注入口，村舍呈团聚状。旧时，龙泉市有四条龙(指舞龙灯的龙)：安仁板龙，龙渊香龙，石马竹篓龙及溪口布龙。溪口布龙，龙身以彩布扎制，盘舞起来潇洒美观。伴以锣鼓节奏，引“龙”抢“珠”，逗“龙狂奔舞”，轻巧自如。盘舞有“跑马阵”“盘龙阵”“梅花心”等。每年元宵佳节，溪口布龙由一群青壮年及孩童进行表演，曾获 2005 年丽水市龙腾狮舞闹莲城——丽水市龙狮艺术大赛铜奖。

名胜古迹

古来山、八宝山　见“第十六篇　旅游业”。*溪口瓦窑垟遗址*　见“第二十九篇　文化”。

特色美食

查田馄饨　查田馄饨是查田的特色风味小吃，其皮用优质特筋面粉人工擀制，薄如蝉翼，内馅主选上等猪后腿人工剁制，配合天然传统汤料，现包现煮。查田馄饨皮薄馅多，口感细腻，筋道爽口，色香味俱全。

茶丰泥鳅　茶丰泥鳅取材于查田镇茶丰一带的本地正宗泥鳅，没有泥腥味。当地人创新研发的茶丰泥鳅火锅肉质细腻，“味美而不油腻，香辣而不上火”，深受食客的喜爱，吸引不少食客慕名从各

地驾车前来品尝。

查田溪鱼 查田溪鱼均为野生繁殖，故而纯天然无污染，加之查田溪水水质清澈，所以溪鱼味道特别鲜美。

查田田螺 查田所产的田螺，个大，壳脆肉嫩，加上紫苏、生姜和青椒等佐料，味道特别鲜美，系一方名菜。

第五节 屏南镇

政区与人口

位于龙泉市南端，东邻龙南乡，南与庆元县交界，西连小梅、查田两镇，北接兰巨乡，处在龙泉、庆元两县（市）交界处的瓯江源头，因坐落龙泉市南，有乌面尖山峰酷似天然大屏障，故名屏南。镇政府驻地距城区 54 千米，全镇下辖坪田李、坪田叶、库粗坑、地畲、车盘坑、南垟、磁铺、周岱、均益、均何、均山、梧树垟、金林、金龙、横溪、百步、里洒、塘山、上畲、南溪口、东山头、干上、南兴、横坑头、瑞竹垟、杉树根、垟顺、竹蓬后 28 个行政村，其中，周岱村行政村海拔 1250 米，是浙江省海拔最高的行政村。2008 年全镇共有农户 2772 户，农业人口 9887 人。

自然

屏南镇平均海拔 800 多米，属亚热带季风气候，常年温和湿润，年平均气温在 17℃~18℃，雨量充沛，年降雨量 1645~1850 毫米，瓯江发源于屏南镇南溪村之锅帽尖，南溪村为八百里瓯江第一村。镇所在地海拔 1080 米，是浙江省海拔最高的建制镇，与风光秀丽的国家级自然保护区——凤阳山紧紧相连，与“江浙第一高峰”遥相呼应。全镇总面积 285 平方千米，其中水田 651.47 公顷，山林总面积 24957.6 公顷，可利用山地 4400 公顷。

建置沿革

清属延庆乡一都、剑池乡十六都地。1938 年称库垟乡、瑞南乡、桐溪乡。1949 年前，库垟和瑞南合并，为屏南乡。1958 年桐溪乡改为均溪乡，屏南乡分为屏南乡和瑞垟乡。尔后，虽然公社管理区称谓不一，但均溪、屏南、瑞垟三个乡的名称未变。1979 年，屏南区改称屏南林区。1990 年 12 月，经浙江省民政厅审批，屏南撤乡建镇。1992 年 4 月“撤区扩镇并乡”时，撤屏南林区，屏南镇扩进均溪乡和瑞垟乡。2003 年 4 月，屏南镇被省委、省政府列入“浙江省欠发达乡镇”，屏南镇“欠发达乡镇奔小康工程”全面铺开。

经济建设

农业 耕地面积 651.47 公顷，其中水田 595.13 公顷，人均耕地为 0.0602 公顷。农民收入以香菇为主，1989 年之后，农民种植代料香菇，最高产量达到 1200 万袋.农产品除香菇外还有番薯、大豆、油菜、玉米、木耳、田鲤鱼等。2000 年开始大力发展高山蔬菜产业，高山蔬菜品种主要有高山西红

柿、花椰菜、高山萝卜等。2007 年，镇党委、政府以提供种子、每亩补贴 100 元、提供技术、保障市场等有效手段在砿铺等 4 个村为重点，试种高山反季节四季豆 23.33 公顷，获得亩均 3500 元的良好效益。2008 年，全镇 16 个海拔在 800 米以上的行政村发展四季豆 100 余公顷，亩产达到 5000 元，最高的亩产达到 9800 元。2008 年 5 月成立屏南高山特色农业合作服务社，同时屏南镇高山蔬菜交易市场开业，2008 年 7 月屏南镇第一次举办龙泉市高山蔬菜发展现场会。2008 年在砿铺村建设微灌设施和紫外线杀虫灯。2007 年发展乌龙茶产业，在坪田叶、均山两个村完成 10 公顷的乌龙茶基地建设。2006 年发展高山土鸡养殖，至 2008 年高山土鸡养殖专业户有 8 户，养殖规模达到 15.5 万羽，其中外洋鹊山鸡养殖规模就达 10 万羽，并于 2007 年实现鹊山鸡蛋在大型超市上架。

2008 年底，实现工农业总产值 7083 万元，其中农业总产 4213 万元，工业总产值 2870 万元，农民人均纯收入 4001 元。

林业　屏南镇毗邻凤阳山自然保护区，山林面积 24957.6 公顷中被划入凤阳山保护区集体林面积 6241.47 公顷，生态公益林 9400 公顷，全部为国家级生态公益林，占山林面积 37.7%，并有毛竹林近 1000 公顷，到 2008 年开发笋竹两用林 200 公顷。坚持长期开展封山育林、植树造林、林木管护等工作。2008 年底，森林木材蓄积量达 183.1 万立方米，毛竹蓄积近 180 万株。

屏南境内树种丰富，有很多名贵的树木，如红豆杉、铁杉、福建柏、黄山松等。全市共有 200 株以上成群的古树群 12 个，其中屏南镇就占 3 个。分别是：横坑头村防护林古树群共有古树 1500 多株，树龄 150~250 年，主要树种为黄山松。垟顺古树群共有古树 200 多株，树龄 100~300 年，主要树种为苦槠、甜槠、枫香等。坪田墓林古树群共有古树 200 多株，树龄 200~300 年，主要树种有米槠、福建柏、铁杉等。

屏南镇内各行政村分布有大量的古树名木，主要有：

南方红豆杉：位于南溪口村，属红豆杉科，树高 30 多米，胸径 1.48 米，冠幅 16 米×14 米，树龄 500 年以上。该村南方红豆杉胸径 1 米以上的有 18 株。

南方铁杉：位于坪田墓林，属松科，树高 26 米，胸径 1 米多，冠幅 16 米×14 米，树龄 400 年以上。

黄山松：位于干上村，属松科，树高 32 米，胸径 1 米，冠幅 10 米×9 米，树龄 300 年以上。该村黄山松胸径 1 米以上的有 20 余株。

福建柏：位于坪田墓林，属柏科，树高 31 米，胸径 1.08 米，冠幅 16 米×16 米，树龄 400 年以上。此柏树为国家稀有保护树种。

鹅掌楸：位于干上村，属木兰科，树高 26 米，胸径近 1 米，冠幅 14 米×14 米，树龄 150 年以上，为国家稀有保护树种。

苦槠：位于百步村，属壳斗科，树高 8 米，胸径 2 米多，冠幅 8 米×6 米，树龄 600 年以上。该村苦槠胸径 1.50 米以上的有 18 株。

乌冈栎：位于横坑头村，属壳斗科，树高 12 米，胸径近 1 米，冠幅 10 米×10 米，树龄为 300 年左右。

水利　屏南境内多山，群峰耸立，峡谷纵横，瓯江源头梅溪、均溪及大小支流密布山谷，水力资源丰富。2000 年，均溪一级电站建成并运行发电。2001 年，投资 1.7 亿元的瑞垟水电站开工建设，2004 年竣工并投入运行，是龙泉境内最大的水力发电站。2002 年，均溪二级电站建成并发电。2004 年，南垟电站、均溪三级电站建成并运行。2006 年，梧树垟电站建成并发电。2008 年，南溪口电站建成并发电。除瑞垟二级电站外，境内共有瑞垟一级电站、垟顺电站、坪溪电站、桃际隆电站、坪田一、二级电站等13座电站，装机容量7.4万千瓦。

镇所在地坪田叶坪田李村于1984年安装自来水，其他各村庄陆续安装。2007年开始实施"十万农民饮用水工程"，投资953万元完成周岱、东山头、南溪口、砝铺、地畲、横溪等6个村新装增装自来水工程。2008年，完成车盘坑、金林、上畲、里洒、南溪、均何、均益等7个村自来水安装。2009年，完成垟顺、干上、瑞竹垟、南垟、库粗坑、坪田李、百步、均山、杉树根、塘山等10个村自来水安装和修理，全面解决农民饮用水问题。

社会发展

1989年实施九年义务教育，屏南镇中心学校设有初中班。1998年，投资60万元，建设新三层教学楼。2003年12月，投资100余万元建设均溪小学新教学楼。2004年底，屏南镇中学进行撤并工作，将屏南镇中学并入龙泉市养真中学，至此屏南镇境内不设中学。2005年撤并村校，28个村小学进行全面并校，全镇只留屏南、均溪、朱家地三所小学。2007年，对镇中心学校办公楼、师生宿舍楼进行维修，并拆除新教学楼左前原有破旧的学生宿舍。至2008年底，全镇共有教师29名，小学生159名。

2006年进行丽水市"山花工程"创建，投资10万元对原区政府办公楼进行整改，加置部分设施，建成屏南镇文化中心，并通过丽水市"山花工程"验收。

1989年，全镇各村陆续装设电视卫星地面接收台，至1992年，电视收视覆盖率达90%以上；2006年，开始实施电视电信"村村通"工程，2006年12月开通屏南管理区坪田李、坪田叶、砝铺、南垟、库粗坑、地畲、车盘坑、周岱8个行政村的有线电视，入户率60%以上。2008年完成百步、上畲、均山、金林、均益、均何、南溪口、东山头、干上、横坑头、瑞竹垟、杉树根、梧树垟等13个村有线电视，实现全镇通有线电视村21个，入户农户800多户。至2009年底再开通横溪、塘山、里洒、金龙、竹蓬后、垟顺7个村的有线电视，实现28个行政村都通上有线电视。

2001年，屏南镇首个移动信号基站建于镇所在地，2007年实现移动信号全镇覆盖。2002年均溪、屏南开通联通信号基站。至2008年手机拥有量达到5200余部，普及率达51%以上。1996年屏南管理区8个村通上程控固定电话，均溪管理区11个村通上移动无线固定电话，1997年瑞垟管理区9个村通上程控固定电话。

2008年11月，在均溪管理区百步、均何、梧树垟等村建设沼气池6个，并投入使用。

2007年，开始实施党员干部现代远程教育站点建设，当年建成坪田李、坪田叶、地畲、库粗坑、横坑头、瑞竹垟等6个行政村的党员干部现代远程教育系统，并统一配发电脑，安装宽带，使党员能够上网参加党员的学习教育及有关知识培训。2008年度完成南垟、干上、车盘坑、梧树垟、百步、上畲、金林、均何、均山、均益、东山头、砝铺、周岱、杉树根等14个村的远程教育系统，并配备电脑，同时实现上网。

2004年，实行新型农村合作医疗保险，农户每人每年交保费20元，当年有8380人参保，参保率达到85%以上。2005—2006年新型农村合作医疗保险得到群众认可，群众参保率达90%以上。2007—2008年农户每人每年交保费30元，报销标准也适当提高，参保群众保持在90%以上。农医保的实行，有效缓解群众看病困难。2006—2008年全面推进政策性农村住房保险，每户每年保费5元，参保率达95%以上。

新农村建设　1998年，开通百步至里洒简易公路，2001年，开通百步至塘山机耕路，实现全镇

28 个行政村村村通路。2004—2005 年，投资 2050 多万元，完成独田到杉树根县道硬化，计 73 千米。2004—2005 年，投资 1800 多万元完成 22 个行政村的康庄路建设，是康庄工程实施以来力度最大的年份。2006—2007 年，投资 500 余万元完成上畲、里洒、塘山康庄路建设。2008 年，完成车盘坑 8.31 千米路基工程、均山康庄路路面工程、金林村康庄路路基工程。2009 年，完成车盘坑、金林两个村的康庄路硬化，全镇实现各行政村通硬化路面。

村庄整治工作：2005—2008 年，全镇进行危旧房改造 200 户，拆除破旧房 315 间，拆除简易厕所 208 座，新建房屋 826 间，村容村貌得到极大改善。2008 年，垟顺村建设屏南镇第一个农村生态公园；坪田叶村对溪边环境进行整治，并建设观光走廊；周岱村在村内开通通车大路，并建有一座生态公厕，完全改变村庄原有面貌，方便群众生产生活。对偏远自然村通过下山脱贫、移居行政村等方式进行整村搬迁：2004—2006 年，黄泥坑（属杉树根村）、梅坳下（属干上村）、岭坤（属坪田李村）、仰坑（属库粗坑村）、鹅卵砝（属梧树垟村）实行整村搬迁。2004—2008 年，全镇下山脱贫 232 户 864 人。

名胜古迹

“屏南红旗渠”　位于坪田李村的深山，全长 25 千米，穿行海拔 1400 米老鼠岩、1300 米九坞、1700 大坑沿等悬崖峭壁之间，是浙江省最高的人工灌溉水渠，被誉为全省最高的“人工天河”。由于所在的大山是凤阳山山脉一部分，山势高而陡，源短流急，易涝易旱。1957 年屏南乡及南一社借势全国兴起农民兴修小型农田水利热潮，发动群众，打了一场“苦战一冬春，誓降旱魔保丰收”的修渠攻坚战。成立一支由 80 人组成的突击队，克服无测量技术人员，无炸药、雷管，无国家投资的重重困难，采用火烧石头、冷水浇断的蚂蚁啃骨头方式，突破 6 座悬崖，劈开 8 个两丈至四丈高的山顶，成功修造穿越 254 个山岗、294 个大湾的“红旗渠”。1958 年 3 月春耕时分，九坞、老鼠岩水渠开始投入使用。从此，南一社 1400 余亩田不再受旱。时任龙泉县委书记李长庆听取了屏南乡修水渠的汇报，实地勘察后写成《神仙办不到的事我们能办到》一文，引起了省里、国家的关注，此文还被收录到上世纪 60 年代的语文课本。1958 年 9 月，浙江省授予南一合作社“浙江省水利建设先进单位”称号。1959 年元旦，在全国水利系统先进表彰会上，屏南乡南一社的代表接过由国务院颁发、周恩来总理签名的大红旗，并受到毛泽东主席的接见。

南垟石拱桥　位于南垟村村口，民国 36 年（1947），南垟村在城区西街经营龙泉土特产的王永安牵头筹资建造，长 30.30 米，宽 3.30 米，高 5.70 米，石拱洞高 4.90 米、宽 8.50 米，建筑面积 570 平方米。

南垟古寨门　位于南垟村村口，建于明朝永乐年间（1403—1424），长 25.8 米，高 4.2 米，宽 1.6 米，建筑面积 174.3 平方米。

砝铺龙王宫　见“第十六篇　旅游业”。*瑞垟二级电站水库*　见“第四篇　水利”。*顺德桥*　见“二十九篇　文化”。

风俗

春节“砍银树”　在镇域许多村庄，村民有春节“砍银树”之习俗。每年春节前，每家派出一人，腰系柴刀，向吉利方向行进，从山中砍回一株枝叶茂盛的小杂木，用红纸把树干包好，“栽”在家门口显眼处，以示来年招财进宝，金银临门。

过年篝火活动　每年除夕至正月初四，南垟村、坪田李等村庄在村众堂点燃火柱，照亮全村；燃起篝火，聚集过年。同时进行祭祖等活动。

稻田养鱼　屏南等高山地区稻田放养田鲤鱼，相传始于唐代。高山溪塘少，且气候冷，稻田中水温较暖，适宜田鲤鱼生长。农户在单季稻田里放养，每丘田有活水进出，用篾栅栏挡在出入水口，防止田鲤鱼逃逸。田鲤鱼及鱼干与腊肉并称佐餐待客之佳肴。此俗旧时颇盛，至今犹存。

第六节　安仁镇

政区与人口

安仁镇地处龙泉市的东部，距市区29千米。东与云和赤石乡相邻，南与龙南乡、云和县云丰乡接壤，西南与础石乡毗邻，西北、北与道太乡交界，区域面积207.05平方千米。镇政府驻刘坊村。安仁溪穿境而过，镇以溪为名，以“民俗仁厚，居者安之”之意取名。2010年，安仁镇下辖项边、刘坊、安仁口、庄山、双岙、花庵、新建、黄砇、大丘另、谷坑、上际、水源头、安民、黄泥岭、严山、安福、坑下、大源、叶山头、梅坑、张畈、沈山头、椏叉丘、黄山下、岩头、季山头、湖尖下、广田、沈庄、李登、大舍、胜源、胜岱、胜游、胜湖、胜阳、黄桶37个行政村和1个安泰社区，常住总户数5339户，常住总人口23492人，其中外来户数833户，外来人口4239人；户籍数4982户，户籍人口18184人，其中外出户数478户，外出人口1708人。

建置沿革

清为龙泉乡廿二、廿三都地，民国曾称安仁镇，解放前后为安仁区安仁乡。1951年分为建安、安仁2乡。1956年2乡合并改称建安乡，后撤乡建管理区、公社。1984年5月恢复乡建制，复称建安乡。1985年7月撤乡建镇，改称安仁镇。1992年4月“撤区扩镇并乡”时，撤销安仁区，原安仁镇、福源乡、天平乡、胜利乡1镇3乡扩为安仁镇。

经济建设

农业　1989年以来，安仁镇大力发展绿色生态农业，加快发展农业龙头企业，推进农业产业化进程，加快农业科技创新步伐，在稳定粮经比的基础上，改变单一的粮食生产模式，形成粮食、食用（药）菌、毛竹、茶叶、水产养殖、畜牧业等六大主导产业，在产业结构调整上取得较大成效。2006年农作物播种面积2475.73公顷，其中粮食1607.33公顷，蔬菜638公顷。着力打造全国最大的黑木耳菌种科技示范区建设，扩大黑木耳菌种生产规模，不断提高产品产量和质量，菌种产量迅速增至1300万包，代料黑木耳菌种年产量1500万袋；改造毛竹低产林400余公顷，建成高效毛竹示范点5个；改造老茶园16.67公顷，新建茶园13.33公顷，建成茶园示范基地2个，茶苗基地1个；利用紧水滩库湾资源优势，发展水产养殖；积极建设黄砇生猪示范养殖基地。形成市级农业龙头企业1家，新建专业合作社3家，示范基地9个。2010年，实现农业总产值0.86亿元。

畜牧养殖业　2010年，安仁共组建培育龙头企业3家，专业合作社5家，其中重点龙头企业1

家。以绿瓯农业龙头企业为主导，发展库湾网箱养鱼业，累计养殖网箱 102 只，产值 500 万元。2008 年全镇累计发展生猪 10682 头，产值 1167 万元，其中规模养猪户 45 户，产量 5897 头，产值 530 万元，尤其是种猪良种培育，全镇能繁母猪达到 913 头，成为全市最大的仔猪生产基地。有序推进生态农业及生态养殖业，发展生态养殖场 2 个，推进养殖业向生态高效发展。

特色农业　黑木耳菌种：黑木耳菌种产业是安仁农业经济的传统产业，已有 20 多年的发展历史，安仁菌种以其品质优良、出耳率高闻名省内外，产品远销河南、四川、江西等 14 个省市，是全国最大的黑木耳菌种生产基地。首创黑木耳与稻谷轮作的“耳稻轮作”模式 133.33 公顷，间接经济利益达 2000 万元，实现“千斤粮万元田”效益。1999 年 5 月，安仁黑木耳菌种协会成立，随后又成立安仁黑木耳菌种研究所，负责黑木耳菌种产业技术研发工作；2007 年开始，聘请浙大陈再鸣教授为技术顾问，研究攻克黑木耳菌种黄水病防治等技术难题；启动黑木耳菌种科技示范区建设，建设安仁黑木耳菌种标准基地，规范黑木耳菌种生产流程，致力于打造全国最大的黑木耳种子基地和黑木耳菌种研发基地。至 2010 年，安仁镇建立黑木耳标准生产基地 4 个，其中全国黑木耳标准化生产基地 3 个，投资 740 万元建立黑木耳“耳稻轮作”科技精品园 66.67 公顷。

2008 年，安仁镇以项边村国家级新农村科技示范试点建设为契机，与浙江大学联姻，依托浙大技术，积极探索生态特色农产业，形成“龙头企业+专业合作社+基地+农户”的农业产业发展模式，在昌文、兰狮畈、大丘另建设 3 个黑木耳菌棒标准化基地。同时，积极开拓黑木耳产业发展渠道，在四川青川县、内蒙古科尔沁右翼前旗发展黑木耳生产基地。2009 年，在省外建立黑木耳标准生产基地 5 个，与内蒙古科尔沁右翼前旗政府合作建设“食用菌产业发展技术协作项目”，示范发展黑木耳 100 余万包，与海盐市合作在四川青川县发展黑木耳产业基地示范发展黑木耳 30 余万包，不仅把安仁镇的黑木耳推广到塞外草原、四川汶川地震灾区，还推向福建宁都、江西景德镇、安徽贵池等地，在国内 20 余个省市树立起品牌形象。2008 年，安仁黑木耳菌种产业全年生产黑木耳菌种 1200 万包，黑木耳菌棒 2000 万袋，实现产值 4800 万元，占全镇农业总产值的 56%。2010 年，全镇产销黑木耳菌种 1500 万包，黑木耳菌棒 2100 万包。

福源茯苓：福源茯苓市场位于安福村，距龙泉市 27 千米，53 省道在该市场门口经过，1991 年 6 月 28 日创办，1993 年 2 月 28 日举行开业典礼。该市场占地面积 3600 平方米，建筑面积 3000 平方米，其中营业用房 50 间，露天水泥场 1500 平方米，市场采取全封闭式结构，各种车辆均可入内装卸。

福源一带农民具有种植和加工茯苓的传统经验，20 世纪 80 年代末就有 2300 多位农民从事生产加工经销茯苓，并形成一批生产加工经销专业村、专业户，供销队伍近千人。由于福源茯苓质量好、价格合理，有严格的“茯苓市场场规”，深受全国各地客户的信赖。福源逐步形成闽浙边境毗邻市县茯苓的集散地，庆元、遂昌、云和、景宁及福建浦城、松溪的茯苓源源流入，销往全国 10 多个省、市、自治区，仅 1993 年就销售干茯苓 4000 余吨，产量占全省 60%以上，销售额达 2000 多万元，誉为“福源茯苓　全国闻名”。1998 年后，随着农村劳力的转移，茯苓市场改作太阳伞厂。

工业　20 世纪80 年代，安仁镇开办木制玩具厂 11 家，工人数 65 人，实现工业总产值 30.62 万元，其它企业有 12 家，67 人，产值 37.86 万元(包括烧砖瓦 5 家在内)，全年产值不到 100 万元。2008 年全镇各类企业有 463 家，其中工业企业 211 家，从业人员 2537 人，实现工业产值 21331 万元。2010 年，开始深入实施“316166”计划，工业总产值首次突破 3 亿元大关。共引进企业 13 家，协议利用外资

2.61 亿元，实际利用外资 1.01 亿元，实现新开工企业 13 家，新投产企业 5 家。2010 年实现工业总产值 3.22 亿元。同时，安仁镇不断加大招商引资力度，从 2005 年到 2010 年，累计引进企业 26 家，利用外资约 7 亿元，规上企业由 2005 年的 6 家发展到2010 年的 11 家，工业化水平明显提高。

木制玩具业：安仁镇的木制玩具产业，是安仁最具活力的工业支柱产业。全镇拥有木制玩具企业 200 多家，其中永欣玩具有限公司、忠港（龙泉）礼品家具有限公司、广翔工艺品有限公司是安仁木制玩具龙头企业。永欣玩具有限公司为中美合资企业，成立于 2000 年 10 月，投资 300 万元，占地面积 12800 平方米，主要生产木制智力玩具与积木系列，产品远销欧美、东南亚及港澳地区。忠港（龙泉）礼品家俱有限公司是一家港商独资企业，2000 年 12 月开始筹建，2001 年 8 月建成投产，厂房占地面积 17000 平方米，能容纳员工 800 余人，注册资金 100 万元港币，固定资产 206 万元人民币，流动资金 500 万元港币。2007 年，玩具工业总产值为 2828 万人民币，全部产品远销日本及欧美等国家。

安仁工业园区：安仁工业园区位于安仁东北部，总规划面积 2 平方千米，一期开发 66.67 公顷，2010 年前后完成溪西工业区 17.33 公顷、溪东工业区 22.67 公顷建设和刘坊兰狮畈、项边昌文两处共 57.33 公顷土地的征用工作。安仁镇党委、政府推出一系列招商引资优惠政策，如：入园企业享受土地贷款按揭，外资企业享受“二免三减半”税收优惠政策，税收返还部分全额用于企业的基础设施建设，工业园区实行为企业服务全程代理制度等。在工业园建设初期，成立安仁工业园区管委会，管委会内设综合科、基建科、征迁科，全面负责园区的各项工作，构建一个机构健全、上下贯通、责任明确、办事高效的工业工作格局。2008 年，引进两家阀门企业，安仁以精密泵阀为主的产业集群至此悄然兴起，为安仁未来木制玩具与泵阀两大产业齐头并进、共同发展的产业格局奠定基础。

社会发展

自 1989 年以来，集镇内道路畅通，新建或改建的有广季线、安豫线、星光路、安泰路等集镇路网；通过 7 年“康庄工程”，完善通村公路网，2010 年硬化率、通村率均为 100%，完成“双百”工程，实现村村通公路。改造信息网络，1997—1998 年，完成“沪金南穗”光缆建设；2001 年，投资 10 万元，完成集镇有线电视网络改造；2002 年，建成广安电站并开始发电；2007 年，安仁 110 千伏安输变电工程建设完成并投入使用。1998—2010 年，先后修建、改造完成项边、刘坊防洪堤、庄头水池、安仁码头、全镇自来水管网、集镇供水扩容工程、龙泉市首个镇级微动力污水处理池和其他水利水库维护等项目。丰富公共服务设施，2004 年，安仁文化中心综合楼和体育活动中心广场建成投入使用；2002 年，投资 60 万元的集镇农贸市场改造完成，并交付使用；2010 年，投资 130 万元，新建 900 平方米的社区服务综合楼。同时，“紧水滩库区异地脱贫工程”等移民工程不断推进，建成紧水滩库区异地脱贫安仁小区一期、二期（又名安泰小区、安康小区）。境内主要教育、卫生设施有安仁镇中心小学、安仁镇中学和安仁镇卫生院。

安泰小区与安康小区　安仁镇异地脱贫小区是省重点工程，是一项扶贫工程，民心工程。一期项目建设用地面积为 89974 平方米，其中占地面积为 28494 平方米，建筑面积为 91314 平方米，可安置 366 户 1684 人，2006 年一期项目完成建设，安置 364 户 1707 人。实施异地脱贫工程二期项目时，勇于创新，积极引导鼓励农民进行合作联建公寓式套房，推出八户三植（84 平方米）、八户四植（106 平方米）、八户五植（133 平方米）、八户六植（163 平方米）等四种户型的公寓式套房供农户选择，深受农民的欢迎，减轻下山脱贫农户经济负担，节约建设用地，使农村困难群众得到实惠，得到省、丽水市农办等上级部门的充分肯定。2008 年二期房屋完成，共安置农户 927 户 4265 人。2010 年投资 130 多万元新建社区服务综合楼 900 平方米，配备 5 名社区干部，建立社区“八大配套”组织。

康庄工程　2003 年以来，安仁镇通过近 7 年来的康庄工程建设，完成康庄工程路基建设 280 余千米，硬化率、通村率均提高到 100%，圆满完成“双百”工程，实现村村通公路。

丽龙高速公路安仁段　2001 年 3 月 29 日丽龙公路龙泉(安仁)段动工建设。2003 年 11 月，丽龙一级公路提升为高速公路。至 2003 年底，丽龙高速公路安仁段共计征迁农户 130 户，搬迁人口 449 人，拆迁房屋占地 17749.27 平方米，建筑面积 25342 平方米，征用耕地 19 公顷，山林 32.9 公顷。2006 年 12 月 18 日，丽龙高速公路龙泉段建成典礼在丽龙高速公路终点龙泉市城关大猫亭龙泉收费站入口处举行。安仁路段总长 23 千米，车道总宽 7 米，其中桥梁 3 座，隧道 8 座。

义务消防队　20 世纪 90 年代，安仁镇建立项边、刘坊、黄砭三支义务消防队。2007 年又在安仁安福村增加一支义务消防队，人员增至 55 人，全部配备灭火泵。建立定期演练、培训制度，并选送一批有战斗力的队员到龙泉市消防大队进行实战训练，再把经验带回队里，提高义务消防队处置各种突发事件的能力。各义务消防队时时处于高度的战备状态，做到随时准备、随时投入战斗。至 2010 年，义务消防队扑救火灾上百次(包括民房、企业、森林火灾)。

安仁镇中心小学　安仁镇中心小学前身系仁山书院，创建于明正德年间(1506—1521)，此后多次易名，1986 年改名为安仁镇中心小学。革命先烈季步高、原解放军报总编辑李逸民将军、著名教授周盛才都曾在此就读。学校办学规模不断扩大，服务范围除安仁本地外，还有来自龙南、道太两乡的部分学生及外来务工人员的子女。2002 年，镇政府投资 120 万元建设的安仁镇中心小学综合楼改造工程开始动工，2004 年竣工交付使用。至 2008 年，学校占地面积 1.51 公顷，建筑面积 6500 平方米，学校规划为生活、教学、运动三大功能区，有教职工 82 人、教学班 30 个、在校生 1300 余人。

安仁镇卫生院　安仁镇中心卫生院始建于 1955 年，担负着全镇 37 个行政村及毗邻乡镇部分人口的医疗、妇幼保健、疾病预防、计划生育指导的工作，并担负福源、天平分院的医疗、妇幼保健、疾病预防的指导工作。2003 年 9 月，镇政府和市卫生局合作投资 30 万元新建安仁镇计卫合作综合楼，2004 年竣工投入使用。至 2008 年，全院有职工 26 人(其中具有中级职称 3 人，初级职称 15 人，取得执业医师资格的 7 人，执业助理医师 5 人，检验师 2 人，主管护师 1 人，护士 1 人，西药师 2 人，其它工作人员 7 人)。设有内科、外科、全科、中医科、妇产科、肛肠科、口腔科、防保科、妇保科、儿保科、放射科、心电图室、B 超室、检验科、中、西药房、注射室等科室。拥有 200MA-X 光机、彩色 B 超、心电图机、肛肠综合治疗仪、婴儿辐射床、新生儿复苏囊、多普勒胎声仪等医疗设备。现有医疗用房及职工生活用房 4446.27 平方米，其中于 2008 年投入使用的新门诊综合大楼(建筑面积 1200 平方米)结构新颖、宽敞明亮、布局合理，为改善广大人民群众日益增长的卫生医疗需求提供更加舒适的就医环境。

文化

安仁稻草龙　安仁稻草龙已有一千余年历史，最初起源于牧童们在稻田里把稻草连接起来拔河玩耍。其中有一位为项家放牛的牧童，为报答项家之恩，在一年中秋节，组织一帮牧童，趁着农民收割时，在田间用稻草编织一条长龙，八月十五日夜晚，把稻草龙驮到村庄的街巷里，向项家大门叩拜，表示报答谢恩。从此，这样的活动就成为具有项边村特色的娱乐活动。后来，村民在庆祝丰收时，为稻草龙添上龙头、龙爪和龙尾，形成安仁中秋节迎稻草龙传统习俗。由于种种原因，稻草龙一度失传。2006 年 8 月，在安仁镇首届老年体育运动会开幕式上又重现它的独特身影。2008 年 6 月，安仁稻草龙在市体育广场精彩登场，使广大市民第一次领略民间艺术稻草龙身姿。同年 8 月，安仁镇项边村“中秋迎稻草龙习俗”入选为丽水第二批非物质文化遗产名录。

安仁鱼头火锅　安仁镇地处仙宫湖畔，盛产花白鲢鱼，此鱼鱼头肥大。有客来，农户以烧制鱼头豆腐为佳肴，风味独特，名扬浙西南。现在安仁镇、龙渊镇及丽水市设有安仁鱼头火锅馆，其风味深受美食家欢迎。

安仁板龙、西溪花灯　见“第二十九篇　文化”。菇民功夫　见“第三十二篇　体育”。

名胜古迹

季步高故居、天平山风景名胜区　见“第十六篇　旅游业”。永和桥、安福青瓷古窑址　见“第二十九篇　文化”。

第七节　锦　溪　镇

政区与人口

锦溪镇位于龙泉城西，昴山东麓，镇政府驻地下锦村，距市区 12 千米。辖下锦、中锦、上锦、吴林、乌岙、肖庄、墙夹、山坑、贵坑、半溪、岭上、岭根、百里、黄永 14 个行政村。2010 年，全镇人口 2851 户，10523 人，农民经济总收入 12445 万元，农民人均纯收入 6666 元。

自然

东邻西街街道、南连八都镇、竹垟畲族乡，西靠住龙镇，北接岩樟乡。锦溪镇地势自西北向东南倾斜，三面环山，南部为山间盆地。境内山峰林立，周围有千米以上山峰 60 余座，其中昴山（海拔 1254 米）为锦溪、桑溪分水岭。辖区总面积 162 平方千米，耕地面积 702 公顷，集中于锦旦盆地和岭根村附近的河谷盆地。气候温和，水源充足，光照好，无霜期长，宜种双季稻。林地 14000 公顷，主要分布在西北部，其中有 1333.33 公顷为国有林。南端有丰富的铅锌矿，牛（牛头岭）住（住溪）和锦（锦旦）山（山坑）公路成丁字纵横东西南北，交通较为方便。境内国有企业两家：龙泉铅锌矿、山坑林场。

建置沿革

锦溪镇清属西宁乡十一都，民国为锦川镇；1947 年为锦溪乡；1951 年分为锦溪、双岭两乡，属金龙区；1956 年两乡合并仍称锦溪乡，为县直属乡；1984 年 10 月分为锦溪、双岭两乡；1987 年 2 月，锦溪撤乡建镇；1992 年 4 月“撤区扩镇并乡”时，锦溪扩入双岭乡。

经济建设

龙泉铅锌矿 锦溪镇吴林村有一自然村，名石富，位于吴林与乌岙交界处。石富村蕴藏着丰富的铅锌矿，矿石含锌量高。1966年，浙江省地质局第六地质大队探明矿石储量为573.93万吨，并于当年8月合理开发利用，建立中小型矿山企业——龙泉铅锌矿。该企业的建立，解决村上40余人的就业并带动本村运输、饮食服务等行业的发展，促进村经济发展。2000年8月，龙泉市铅锌矿进行股份制改造，从国企转制为龙泉铅锌矿有限责任公司。

白笋无公害深加工基地 2003年，肖庄村村民周康伟和潘卫发合伙建立龙泉市肖庄食品厂，从事玉笋片、白玉笋、笋尖干、烤笋片、咸笋等竹笋深加工的技术研发及新产品的开发生产与销售。2008年，在浙江大学食品科学与营养系教授应铁进的指导下，开展“白笋无公害深加工关键技术开发”项目。2009年12月，小包装白笋产品正式投入生产。2010年产值超2000万元，销售利润达500余万元。笋产品荣获2009中国义乌国际森林产品博览会优质奖，项目获得2010年“白笋无公害深加工关键技术开发”市校合体三等奖。

通过竹林高效栽培技术培训和白笋无公害深加工关键技术开发，高效竹林面积从2008年的100公顷发展到2010年852.13公顷，经营区从一个乡镇230余户发展到2010年的5个乡镇3个街道3028人，还辐射带动福建省三明等地竹农2236户。2010年项目区竹产业人均收入达8476.2元，总收益达750.8万元。

社会发展

脱贫小区建设 岭根小区一、二期项目规划联建房79植，安置50多户，为岭根村的中心村培育工程的人口集聚提供土地空间，2010年完成新建22户30植，并新启动11户16植。实施200万袋食用菌标准化生产基地建设；共栽种红豆杉、桂花、杨柳等苗木300多株，建设花坛3个近200平方米；实施以真德秀为主题的农村廉政文化建设工程；建设农贸超市220多平方米，建设垃圾池8座，设垃圾桶45个，购置垃圾车1辆，配备保洁员2名，改厕120户，拆破10处，并安装路灯13盏。

2010年，该村有700余人在温州、上海等地创业，创办企业80余家，年产值超过10亿元，是全市有名的创业村。

特色美食、花卉、习俗

特色美食 锦溪白笋：白笋，又名烙笋，为山珍佳品。锦溪镇的贵坑、墙甲、肖庄做白笋始于明代，到20世纪50—60年代，这三个村有80%的农户都制作白笋，白笋成为当地群众的主要经济收入。每年清明节前至谷雨为采笋期，鲜笋经淘、蒸煮后压榨，到夏伏时开榨暴晒或烘干。以色泽金黄、笋衣重叠、笋质脆嫩者为上。按其质量形状，可分为：“凤尾”“羊角”“短尖”“羊片”等品级，以“凤尾”“羊角”为最佳。经蒸煮后取下的笋衣卷成筒状或平摊，用炭火烘干或阳光晒干，即成“白皮心”或“白皮”，与猪肉同煮，脆嫩爽口，是笋干中之珍品。

魔芋冻：魔芋冻又名蕈菜，以魔芋为主料，先将魔芋磨成糊状，入少量碱水搅拌，糊状体魔术般膨胀100~200倍，等到结块状以后，再放入加有碱水的热水中煮熟。通过以上制作，形成的魔芋块放在清水中浸泡1—2天，烧前先放在水中稍煮，取出切片，和猪肉、冬笋、咸菜，加上佐料炒和，食之爽脆，美味可口，是待客的佳肴。

特色花卉　昴山兰花品种很多，最具特色的是细叶寒兰，花形独特，叶片细柔光泽，香味馥郁，色彩多样，深受北京、上海、广州、杭州等大城市人的青睐。20世纪50—60年代，杭州花圃曾多次派人到锦溪镇昴山脚下的鉴心自然村大量收购寒兰，现已成为杭州兰花中的上乘佳品。昴山寒兰曾远销日本，为日本市场的冬季花皇，著名书法家姜东舒曾亲笔题书“昴山幽兰”。

特色习俗　庙会：每年逢农历三月十九、六月十九，昴山寺、鉴心寺举行庙会。每当这个时候，闽北松溪、政和、浦城一带和龙泉善男信女，便会三五成群或数十人结伴到昴山寺、鉴心寺进香礼拜，观看佛光圣景，祈求风调雨顺，五谷丰登，社稷平安。庙会非商业性质，是一种民间约定俗成的联谊活动。

正月十三庆元宵：庆元宵，一般正月十五，而锦旦，古时在正月十三日。相传，禹治水经龙泉锦溪，令村人季布、季仰兄弟二人协助察看地势，交付开河道事宜后，于正月十三日离村东去。大禹治水功行十三载，然后水患始得治平。禹登帝位后，封季布为英烈候，立庙中锦，封季仰为英济候，立庙下锦。上锦把大禹在锦旦治水的行宫改为神堂灶，因纪念大禹治水十三载，又是正月十三离开锦溪，故俗定正月十三日起庆元宵，迎灯，家家户户张灯结彩，摆出香案，恭祝英烈候、英济候两位治水英雄出游，巡视村境。

名胜古迹

昴山、昴山寺　见“第十六篇　旅游业”。

鉴心寺　鉴心寺位于上锦村南昴山岭脚，古时建设七植四横厢。内外有院墙，两重大门，规模宏大。内有花园，方砖铺地，颇为清幽，是上昴山必经之地，有“昴山初步”之称。

该寺被洪水冲流数次，于民国11年（1922）6月间被特大山洪冲流一光，至民国17年（1928）村人移基重建。

1951年土地改革时将该寺（除中堂外）分配给两户村民居住。1995年，闽、浙两省信众修复，重塑佛像。1997年农历九月奠基建造圆通宝殿，供奉观世音菩萨。四根大石柱系松溪信众捐献，并赠送钟、鼓、石香炉等，恭铸观音菩萨一尊供奉殿内。将山门“昴山初步”修建恢复原貌，山门对联曰：“千秋古寺临仙境，万丈昴峰入九霄”。全寺三殿修建整齐，观音殿两厢有二十四位神像。

青云山　位于锦溪镇的半溪村，距市区20千米，与昴山隔河相望，山有廉贞、文笔、贵人峰等景点。文化户邱金荣就住在庙下半岭间，其庭院四周遍植花卉竹木及稀有罗汉松。

白马殿　因殿内主供的神灵称“白马相公”，是以又称神殿为“白马相公庙”。“相公”是古人对丞相的尊敬称呼。“相公”是文官，因此有“相公骑白马”的说法。岭根“白马殿”供奉祭祀的这位“相公”就是南宋著名的理学家真德秀。

相严寺　昔为龙泉西乡四大佛教禅寺之一。清顺治十二年（1655）修《龙泉县志》已有记载，清光绪三年（1877）所修县志又载：“相严教院在县西四十里岭根，咸丰间（1851—1861）修。”“相”“严”皆佛教名词。“相”即一切事物外观之表象，亦即人世间的一切。“严”者，“坚中外正也”。而“相严”者，“责己严格，不惑于相也。”寺之山门旧有一榜曰：“尘世之外。”相严寺全称为“相严教院”。“教院”者，比一般禅寺高一层次，可开经筵，设讲席，为僧众讲读佛教经典。

相严寺现已消失，幸存者有二：重修于清道光二十五年（1845）之门楼一座，髹漆暗淡；古木三树，二树罗汉松，古色苍凉，一树白果（银杏），仍遒劲秀拔。白果胸径1.77米，已有八百年树龄。古人讲究先封土，后植树，据此，相严寺应始建于宋代。

宝车桥与永福禅院　清光绪三年（1877）所修的《龙泉县志》载："永福禅院——在县西二十五里，锦旦。同治间（1862—1874）僧永勤修建，造塑像""宝车桥——在西十一都，久圮。同治八年，知县顾国诏拨济川桥余款五百吊，委县丞陈翰劝捐督工，生员张云楷等重建"。

永福禅院已圮，旧县志上还留下当年龙泉诗人季汝明游永福寺五律诗一首：竹翠盈窗牌，禅房几榻清。夜深猿听讲，春至鸟催耕。留客尝新茗，呼童扫落英。一泓围槛水，洗砚记游情。

宝车桥建于清代末期，位于锦溪上，桥长 39.54 米，宽 5 07 米，桥屋 15 间，东西两端有封火山墙，廊屋单檐双坡顶，小青瓦阴阳合铺

岭根农民公园　建于 1987 年，位于岭根、百里两村交界的小山坡上。公园内有花榈木（红豆树）20 余株，其中胸径 1 米以上的有 10 余株。花榈木属国家三级保护植物，是制作宝剑鞘的最优质木材。

上锦烈士陵园　上锦烈士陵园始建于 1956 年，位于上锦村夫人殿塆，陵园内有 9 位烈士

五九基地　见"第十六篇　旅游业"。

第八节　住 龙 镇

政区与人口

住龙镇位于龙泉市西北边陲，乌溪江上游，浙闽两省龙、遂、浦三县（市）交界处，东与锦溪镇、岩樟乡接壤，南与竹垟畲族、宝溪两乡毗邻，西与福建省浦城县交界，北与遂昌县相连，距市区 35 千米。全镇总面积 269.7 平方千米，2010 年，辖住溪、龙星、周调、碧龙、白岩、建明、建平、建胜、西井、水塔，潘床 11 个行政村，人口 4498 人。辖区东西最大距离 21.6 千米，南北最大距离 24.8 千米，耕地面积 289.13 公顷，林业用地面积 25553.33 公顷，森林覆盖率 93.7%，人口密度每平方千米 23 人。其中生态公益林 9066.67 公顷，占全市生态林十分之一以上。

建置沿革

清属西宁乡十二都。中华人民共和国成立后均称住龙乡，属八都区。1952 年划归金龙区。1953 年分为住龙、住溪两乡。1956 年两乡合并复称住龙乡，属八都区。1958 年改为锦旗（大）公社住龙管理区。1961 年改称住龙公社，属锦旗区。1984 年 5 月改称住龙乡。1989 年撤乡建镇。1992 年 4 月"撤区扩镇并乡"时，辖区不变，仍称住龙镇。

经济建设

农业　耕地面积 289.13 公顷，其中水田 258 公顷。2007 年，投资 334 万元对住溪、建平等 6 村 133.33 公顷土地进行整理，新增土地 20 公顷。通过建立示范户、建基地，推广农业科技，积极引导农民进行产业结构调整和优化。

茶叶：2002 年，以镇干部投资参股的形式，进行名优茶高效示范基地建设，完成一期工程 6.67

公顷，引进“平阳特早、龙井43、迎霜”等品种。2003年，茶农叶志华成立雪芽茶叶有限责任公司，建立面积600平方米的示范茶厂，所产的住“雪芽”茶在龙泉市内外茶叶中小有名气。2004年，在建胜等村发展名优茶33.33公顷。2005年新建茶园40公顷，改造老茶园20公顷，制定400公顷茶叶发展规划。2007年10月，碧龙村从福建武夷农业生态园引进茶产业发展项目，投资200余万元，于2008年底建成乌龙茶基地20公顷，茶叶加工厂一个。2008年，茶叶产业基地166.67公顷，茶叶产业正逐步成为住龙农业的主导产业。

高山蔬菜：2005年，建胜村进行高山蔬菜订单农业尝试，试种6.67公顷高山蔬菜。2007年，投资3万余元在建胜村建成高山蔬菜交易市场，高山蔬菜种植面积达20公顷，年经济总收入突破80万元，成为农业增效，农民增收的有效途径。

食用菌：香菇、黑木耳种植源远流长，20世纪90年代初，从老式的砍花法过渡到代料种植，十余年来产量和效益呈稳步增长趋势，2007年开始灵芝生产。至2008年，食用菌生产总量达500多万袋，其中黑木耳发展较快，占食用菌总量的38%。

特色种养：1997年，住龙镇开展棘胸蛙天然放养——人工促进项目的试验，2000年，在试点溪沟进行试捕，发现石蛙产量达到往年的两倍以上，后因管理不善，该项目失败。2004年，依托浙大校市合作平台，周调村刘春发等合资40多万元，在周调村建立石蛙养殖基地，至2007年底，成功养殖种蛙2000多对，新繁育小石蛙1万多只。2003年，在周调等地建成33.33公顷中药材（天麻、浙贝母）基地。2004年，在潘床村新造厚朴林33.33公顷，全镇厚朴基地达200公顷以上；2008年，引进大鲵仿生态养殖基地，发展娃娃鱼特色养殖业。

林业　林地面积25555公顷，占土地面积的95%，人均42公顷。其中用材林16180公顷，经济林92公顷，省级生态公益林7707公顷，木材蓄积量225万立方米，其中，距住龙镇政府所在地8千米的水塔、西井生态沟为省级常绿阔叶林保护区，植物种类1500多种，是国家级树种采集基地，有许多国家级保护的珍稀动植物。

1990年以来，住龙坚持“以育为主，封、育、造相结合”的方针，建立起比较完备的林业生态体系和林业产业体系，将林业从过去单一的用材林向生态林和观光林过渡。2000年西井村被全国绿化委员会命名为“千佳绿化村”，2003年度住龙镇被评为省级“生态示范镇”创建先进单位，2002—2004年间，央视三、四、七频道、浙江卫视和省内一些电视台（如衢州、丽水等）先后来住龙的生态林重点区域水塔和西井林带采风，拍摄风光片，2006年，住龙镇被评为省级生态镇，2007年开始实行林木采伐前公示制度，积极有效推进“生态重镇、林业大镇”建设。

工业　木制品加工：立足自身优势，挖掘自身潜力，重点发展特色工业。1994—2005年，引进来自北京阳光科技文化公司，总投资600万元，在镇政府所在地合资建成龙泉大唐木业有限公司，利用住龙的杉、松、杂木生产生态家具。2005年，全镇木制品加工企业增至60家，实现工业总产值7060万元。2007年新增4家，木制品加工成为住龙镇工业经济的支柱产业。

小水电开发　依托水力资源，小水电发展迅猛，1999年5月，总投资650多万元的潘床口水电站投入运行。2002年，梨树坪电站、百步岭电站竣工验收，装机容量2060千瓦。2004年，水塔电站、谷坑电站、杨梅坑一级二级电站建成并投产，总装机2万多千瓦，总投资1.6亿元。2007年，新增产值500万元以上规模企业一家（浙江创能水电开发有限公司）；至2008年，13座小水电站投入生产，总装机容量19720千瓦，年产值1300多万元，在建小水电站4座，总装机容量9350千瓦。

社会发展

2000 年以来，住龙镇充分利用农村文化礼堂的阵地效应，创新“礼堂+”模式，大力推进以“红色旅游”为主线的全域旅游发展。2010 年，有小学 1 所：住龙小学位于住溪村，碧龙教学点 1 个。全校有教师 15 名，学生 149 名。有卫生院 1 所：住龙镇卫生院位于住龙镇龙星村，有医护人员、职工 13 人。

1998 年，西井村建成小学教学楼；碧龙村建起篮球场。2002 年，全镇农网改造全面结束，9 月份起全部实行城乡同网同价。2004 年，开始实行“爱心”营养餐工程，有效改善住龙中心小学的 100 名寄宿学生伙食。

2004 年，投资 20 万元对镇敬老院进行装修改造和设施添置，并将“三无人员”接到敬老院居住。

2004 年始，实施新型农村合作医疗保险，每年参保率都处全市领先地位，2007 年达到 99.7%。2008 年 5 月 14 日，龙泉市交通局召开 51 省道遂龙线（龙泉段）改建工程项目可行性研究报告审查会，51 省道遂龙线改建工程得到上级部门的批准。2007 年 9 月 28 日，成功举办“浙闽两省三县（市）毗邻六乡镇联谊文艺演出”。

新农村建设　1999 年，住龙镇顺利通过小康镇达标验收，成为龙泉市第一个小康镇，被授予“百家农业和农村现代化示范镇”。2000 年，住溪中心街道联建居民区落成，新住宅小区融住宅与商贸为一体，扩大集镇的面积。2002 年，镇政府投资 23 万元，按照“美化、绿化、亮化”同步建设的要求，对镇中心街道进行全面改造，集镇面貌焕然一新。2001—2003 年，全镇各村完成村内道路改造。2005 年，投资 129.49 万元（其中镇村自筹 24 万元），完成建平公路 4.77 千米建设，同一年，集镇范围的污水处理工程顺利竣工，镇中心村垃圾焚烧炉投入使用，实现集镇范围生活污水和垃圾集中处理。2006 年，镇党委政府按照“农民有意愿，政府造环境”的总要求，积极创造条件，多形式、多层次地引导高山远山农民下山脱贫，特别是对潘床村规划整村搬迁计划，创建住龙镇下山脱贫小区，共建房 117 植，安置 500 多人。

2007 年，以全国环境优美乡镇创建为契机，碧龙片建成垃圾焚烧炉；全镇建成沼气池 162 个；投资 20 多万元，重新装修、改造镇文化中心，在镇所在地住溪村建成一座面积达 1100 多平方米，设施齐全，布局合理、布展美观、功能齐全的文化娱乐综合楼；完成住溪村苏维埃政府旧址修复、室内布展及周边的环境整治，建成公共体育活动场所一个（该工程于 2005 年 5 月动工，至 2007 年 12 月结束，共投入资金 40 余万元）；建胜村集资 20 多万元建成建胜村革命纪念亭；开通水塔、建胜、西井、碧龙、周调、白岩等村的移动基站；完成水塔、西井、建胜、碧龙、周调、白岩等村的有线电视安装，率先在全市达到移动基站、有线电视村村通。

红色历史

1985 年，经省、地批准，住龙镇为土地革命战争时期革命老区乡镇。作为浙西南革命根据地的中心区域，住龙镇创造了“四个第一”，第一个县级苏维埃政府—龙浦县苏维埃政府在住溪村成立，省委第一部电台安装在住龙水塔村，中共处属第一次党员代表会议，中共处属第一、二、三次基层干部培训班均在住龙水塔村举办。

第三章 建制乡

第一节 兰巨乡

政区与人口

兰巨乡位于龙泉市区南面，国家级自然保护区凤阳山麓，东与础石、龙南两乡相连，南与屏南、查田两镇相倚，西与八都镇相靠，北与剑池、西街两街道相邻。全乡总面积155.7平方千米，乡政府驻地五梅垟村，距市区十千米。辖炉田、蜜蜂岭、梅垟、豫章、大汪、五梅垟、大巨、桐山、上湾、独田、仙仁、碗湖店、碗湖、下沙桥、河川、棕衣连、净信、石坑口、安吉、张山、大赛、上寮、朱坑、梅地、空坑头、炉岙、官田、官埔垟28个行政村，4838户，人口17159人，外出劳务人口2249人。

建置沿革

明清属剑池乡十六都、十四都、十五都地。民国时，乡域分属碧渠、兰山、桐溪、富田乡，由小梅区管辖。1940年，兰山、碧渠两乡合并，称兰渠乡。1951年，兰巨乡分为兰渠、南山两乡，属城区。剑湖乡属小梅区，1953年划城郊区管辖。1956年南山乡又并入兰巨乡，为县直属，1957年仍属城郊区。1958年为城郊(大)公社兰渠管理区、剑湖管理区，1959年从兰巨管理区分出大赛管理区。1961年改称兰渠公社、大赛公社、剑湖公社，1984年5月公社改为乡政府建制。1992年4月，“撤区扩镇并乡”时，兰巨、大赛、剑湖3个乡合并为兰巨乡。

自然

东南部以山地为主，地势较高，凤阳山主峰之黄茅尖海拔1929米，为江浙第一高峰，西南部为低山缓坡。耕地1220公顷，林地11200公顷，其中毛竹林1100公顷，森林覆盖率71.9%，主要矿藏已探明的有大理石、钾长矿等。

属中亚热带季风气候，四季分明、雨量充沛，全年平均气温17.6℃，最高气温为7月，平均27.8℃，最低气温为1月，平均气温5.5℃。年均降水量1532.7毫米，年均降水日数172天。

境内有八都溪、小梅溪、大赛溪、均溪四溪穿境而过。大赛溪系主干流，源出凤阳山主峰黄茅尖北麓，汇诸小坑水于夏边，向西北流经官埔垟，汇粗坑水，经大赛、外垟，沿途纳横坑、朱坑、张山诸水，至五梅垟汇左渠、均溪始称豫章溪，经黄山边、垟移、豫章、豫章口注入龙泉溪，流程22.8千米，多年平均流量7.73立方米/秒，天然落差527米。均溪源出天堂山北麓，向北流经横溪至双港桥，汇张砻水，经益头、下溪口汇显溪梧树垟水，至百步纳黄麻岱、塘山水，经桐山村头、桐山、五梅垟纳仙仁水，注入豫章溪，流程 25.2 千米，多年平均流量 3.72 立方米/秒，天然落差 482 米。境内有大赛一级、二级、三级电站。1962 年，官埔垟村设立雨量站，测量降水情况。地表水、地下水资源丰富，温度相对稳定，日照充足。

经济建设

农业　为龙泉市的重点产粮乡，自 1982 年秋实行家庭联产承包责任制以来，农民的种粮积极性高涨。1998 年，投资 40 万元，建立砬湖现代农业示范园区，为全乡农业向“一优两高”方向发展奠定基础。2003 年，全乡已形成烟叶、珍稀绿化苗木、鲜食杂粮、低山缓坡经济林四个块状经济，建立蜜蜂岭、大汪沿线珍稀绿化苗木基地，剑湖优质烤烟基地，大巨鲜食杂粮基地、低山缓坡经济林基地、优质米基地，梅地茭白套养彩鲤基地、土鸡养殖及大汪仔猪养殖基地。2006 年，新建茶园 100 公顷，改造低产茶园 66.67 公顷。

2010 年，全乡粮食播种面积 1247.67 公顷，茶叶面积 553.47 公顷，占全市茶园面积近三分之一其中金观音核心示范基地 90 公顷，拥有茶叶加工龙头企业 3 家，大小茶厂 13 家，茶叶专业合作社 9 家。新开发的龙泉红茶，深受市场青睐。深入实施品牌战略，打响兰巨“凤阳春”“安和”“必福”等茶叶品牌。建立钢架大棚蔬菜基地 12 公顷，完善基地内水利设施建设。培育精品水果核心示范基地 73.33 公顷。建设食用菌标准化加工厂 3 家，实现年产食用菌 982 吨。建成规模养殖场 26 家，年出栏和存栏生猪达到 3.2 万头。

工业　1989—1990 年，开办有大赛综合厂、大赛漆刷柄厂、兰巨竹木制品厂、大赛竹木工艺美术厂、官田木制品厂、天南木制品厂、上淤车木厂、剑湖五金厂。1990 年后，兴起竹木制品加工业，受茶丰五金汽配的辐射，发展五金汽配工业。2003 年，全乡有各类企业 43 家，实现工业总产值 4289 万元，比 2002 年增长 185%，完成企业技改 610 万元，引进外资 800 多万元。2003 年，新办企业 10 家，其中毛竹加工企业 3 家，木制品加工 3 家，五金汽配 2 家，建筑材料企业 2 家，利用资金 1500 万元。充分利用境内丰富的水资源，发展小水电。1999 年，投资 1800 万元的大赛一级电站开工建设，装机容量 2000 千瓦，于 2002 年 12 月投产发电。2002 年 3 月，投资 840 多万元，装机容量 1000 千瓦的大赛三级电站开工建设，已投入运行。此外，力拓工业空间。2009 年，完成兰巨炉田功能区 86.67 公顷土地政策处理工作并开工建设。2010 年，兰巨乡有各类企业 56 家，工业总产值 1.43 亿元。

旅游业　兰巨乡地处城乡交界处，地势平坦，交通便捷，是国家自然保护区“江浙之巅”凤阳山旅游必经之地。兰巨乡政府坚持项目带动，文化助推，特色发展，谋划和推动旅游产业，力促龙祥观、大赛溪漂流等一批旅游重点项目启动，推进炉岙村、官埔垟村等一批“休闲养生村落”打造，提升金观音庄园、龙门山庄等一批农家乐经营户，实施官埔垟游步道、主题公园、炉岙乡村舞台等一批旅游景观点建设，举办独田村闹元宵、首届采茶比武大赛、“枫叶红时”官埔垟摄影采风等一批乡村旅游系列节庆活动，推进龙泉山景区沿线各村落景点建设，弘扬当地特色文化，扩大兰巨影响力。

社会发展

基础设施　至2010 年，兰巨乡全面完成 54 省道改善工程兰巨段、兰巨 35 千伏变电所项目建设；完成龙庆高速公路兰巨段、安豫线通景公路政策处理。通过深入实施“135”工程，开展“三沿两线”集中整治，创建省级生态乡、生态村、优美山村、省级环境整治村，推进旧村改造及危旧房改造，实施下山脱贫小区等项目建设。全面推进交通网、自来水网、有线电视网等建设;建成康庄工程项目11个,使通村公路已硬化的行政村达到26个;24个村实施农民饮用水工程,村民用上自来水;有线电视网扩面10个村,部分村农户已经收看到数字电视;坚持抓点串线带面,继续抓好百里绿色长廊、垃圾集中处理、沼气等建设,持续强化水环境综合整治。

教育　兰巨乡教育事业历史悠久,光绪二十八年(1902),创办龙泉县南乡最早的学堂,创立者是硋湖村叶马林先生。自1984年以来,全乡适龄少年儿童入学率99%,在校学生巩固率99.8%。2006年,有小学3所,在校学生749人;有中学1所,在职教师10人,在校学生88人。2010年,有小学2所,分别为兰巨小学和剑湖小学。

卫生　1957年成立联合诊所,当时因地理环境分散,设第一诊所(地点在梅垟桥头)、第二诊所(地点在桐山村)。1971年,将第一诊所改成公社卫生院,并搬至五梅垟,开设中西医门诊、妇产科等科室,开展疾病预防知识宣传和预防注射等工作。1972年,筹建兰巨公社卫生院办公楼。2004年,乡卫生院还在剑湖、大赛各设有分院。2010年,兰巨卫生院有主治医师3人,执业医师2人,执业助理医师1人,执业护师1人,其他卫技人员3人,工技人员1人。兰巨卫生院占地面积1652.3平方米,建筑面积1163平方米,设有全科诊疗室、中医门诊、抢救室、留观室、治疗室、输液室、妇女保健科、儿童保健预防科、中医诊疗科、康复理疗科以及其他功能性科室,卫生院和科室的布局基本达到规范化要求,是一所集预防、保健、医疗、健康教育、康复以及计划生育于一体的新型综合性乡镇卫生院。

名胜古迹

豫章何氏进士村　兰巨乡豫章村自古有着"进士村"的美誉,1994版《龙泉县志》记载的进士名录达25人,浙江何氏文化研究会据清源郡《何氏宗谱》考证,进士达112人,其中最有名的当属北宋宰相何执中(1044—1118)、南宋帝师何澹(1146—1219)。

元宵灯会　每年的正月十五元宵节,硋湖店、上塆、独田等村都会举行迎灯会,庆祝元宵佳节。元宵灯种类繁多,有彩灯、龙灯、马灯等,祈求来年风调雨顺、国泰民安、四季平安。

空坑头彭兰摩崖题刻　位于兰巨乡空坑头村彭兰自然村一处叫"石拔碌"(龙泉方言,意为抽屉)的地方。摩崖北面刻有"洞天一品"四个大字,字径约40厘米×35厘米,楷书阴刻;南面刻有"腾云岩"三个字,字径53厘米×35厘米,行书阳刻,字体刚劲有力。据传为明代题刻。

何氏宗祠、官田菖蒲塘、龙泉山景区　见"第十六篇　旅游业"。

第二节　础石乡

政区与人口

位于龙泉市城东南,乡人民政府驻地季边村,海拔240米,距城区3千米。境内溪谷纵横,础石溪和林垟溪纵贯南北两条河流,群山连绵,地势南高北低,地形狭长。东与安仁镇相邻,南与龙南乡、兰巨乡相倚,西接剑池街道,北交龙渊街道、道太乡。全乡总面积109平方千米,其中,山林面积

9456.33公顷，耕地面积694.25公顷；下辖季边、上坞、南弄、瞿源、横片、陈村、炉地垟、垟畈、枣槐岭、秋丰、山后、山际口、黄土、李山头、冷水亭、山际、岱根17个行政村，2332户，8151人。

建置沿革

古代称“汰石”，因坐落在础石岭下，四面环山，山势倾斜，当地人称为“汰”，故名，后由方言谐音演化而得名。

清属龙泉乡（又名建德乡）二十都、廿三都地。民国时为福泽、福源、龙溪三乡，归安仁区管辖。1951年建置邻河乡，从福泽乡分出单独建置一个础石乡，属城区，1953年属城郊区管辖。1956年改为县直属，邻河、础石两乡合并，称础石乡，仍归城郊区，1958年属城郊（大）公社，称础石管理区。1959年从础石乡分出林垟乡。1961年9月改称础石公社和林垟公社，1984年5月恢复乡政府建制，称础石、林垟乡，属城郊区。1992年4月，“撤区扩镇并乡”时，础石、林垟两乡合并组成新的础石乡，乡址设在垟畈村；2000年2月，因省道线改道，乡址由垟畈村迁移至季边村沈边自然村。

自然

础石乡自然矿产资源丰富。全乡林地面积9456.33公顷，森林覆盖率为79.6%，林木总蓄积量51万立方米，生态公益林总面积4311.27公顷；毛竹林面积993.33公顷，毛竹量达134万株；矿产资源丰富，有南弄村仁场石灰岩矿、铅锌矿，由龙泉市海阳重钙公司开采。

经济建设

工业　础石乡依托丽龙高速公路和53省道全线贯通的交通优势和近郊区域优势，紧抓“一心五点”工业布局的政策优势，提出“合力打造工业经济第一乡”，积极向低山缓坡进行综合开发，加大招商选商力度，工业经济得到迅猛发展，全乡企业从1998年11家到2008年25家（其中：规模企业5家），工业经济从1998年的1620万元增加到2008年的25528万元，增长14倍。由“以农就农”的粗放型经济向集约型经济集聚发展。

2002年，征地6.6公顷创办础石工业区（季边畈），2003年引进浙江金龙刀剑有限公司、晨光食品有限公司、金塔竹胶板厂、通信器材厂、双翼木制玩具厂等10家企业，于2005年划入龙泉金沙新区础石功能区。截至2006年全乡共有企业23家，规模以上企业3家，工业产值9613万元。

2007年初启动，8月17日正式举行开工典礼开发建设金岗工业园一期35.67公顷，金塔区块（隧道口地块）7.07公顷，2008年3月10日，龙泉市低丘缓坡综合开发企业动工奠基仪式，金岗工业园的产业被龙泉市定位为“不锈钢·刀剑功能区”；2008年9月26日正式开工开发金岗工业园二期41公顷。至2008年底金塔工业园、金岗工业园一期招商引资工作基本结束，金岗二期工业用地已开发完成，并进行招商引资，园区新开工企业15家、新投产企业10家，园区企业全面开工投产后年产值可实现50亿元。依托市校合作平台，采用浙江大学最新的一级污水处理工艺，2008年，与浙大合作建成一个投资590万元污水处理厂，日处理废水高达2000吨，对不锈钢酸洗废水实施统一收集，深度处理，循环利用，实现工业废水的零排放，实现工业和生态的双赢。

2008年11月29日，龙泉市宝剑产业园区奠基仪式在金岗工业园区举行。

农业　1990年前，农业为单一的粮食生产。“十一五”规划后，础石乡依托近郊型优势，优化产业结构调整，大力发展优势农业主导产业和山地农业经济。以基地化、市场化、品牌化为标准，发展特色产业，由单纯的稻、林产业向果、蔬、茶、食用菌、药用菌、毛竹等多产业发展，着重于农产品品种结构的提升，实现“一村一品”，做到“村村有增收计划，户户有增收项目”，促进农业增效、农民增收。2008 年，扩大耕地复种面积 21 公顷，增加粮食 1300 吨，增长率 23%。完成毛竹低产林改造 133.33 公顷，竹林机耕路建设 5 千米，毛竹高效示范点 5 个；发展香菇 300 万袋，木耳 150 万袋；培育金观音茶叶基地 40 公顷，新种金观音茶叶 10 公顷。已产出金观音茶叶 1500 斤，价格每斤 400 元。着力抓好农民素质培训提升工程，大力加强以农业实用技术、劳动力职业技能、来料加工等培训，着重于农民整体素质的提高及农产品科技含量的提升，2008 年，进行农民转移职业技能培训 223 人，农业实用技术培训 136 人，来料加工培训 255 人。示范带动，以点带面，建成千亩金观音茶叶示范基地，南弄百亩生姜基地，横片、陈村百亩木槿花基地，垟畈灵芝标准化示范基地，秋丰盆景基地等，培育扶持农业龙头加工企业(浙江晨光食品有限公司、龙泉贵国工贸有限公司)。2008 年，新建瞿源村金观音茶叶加工厂，建立南弄村互助基金会，发放资金 24 万元，延伸农产品精深加工产业链，实现初级农产品的转化增值，推进农业产业化进程。

林业　础石山势迤逦，层峦叠嶂，林木葱茏，山林资源丰富。近年来，础石乡以“以林富农”发展战略为目标，加强林业生产及护林防火工作，依靠林区优势和高效示范带动作用，使全乡森林覆盖率从改革开放初期的 77.3%上升到 2008 年的 85.1%，其中生态公益林面积达到 4287.33 公顷，活立木总蓄量从 1984 年的 491762 立方米发展到 2008 年的 710744 立方米。2006 年完成山林延包工作，发放林权证 2205 本。随着机耕路和低产林改造工程的推进，毛竹、木材加工业和以此为依托的香菇、木耳加工业不断发展，达到林产业增产增效增值。

社会发展

集镇建设　以季边、上坞村为中心，加快乡政府所在地集镇建设，加快人口集聚，逐步实现“小乡大集镇”目标。2005 年，完成础石乡总体规划编制工作，该规划为础石调出 0.9 平方千米用地空间；2004—2005 年振兴路、水林路路面硬化建设，结束’石乡无街道的历史；2003 年 6 月，下山脱贫小区一期工程启动，至 2006 年共完成下山脱贫小区一期 30 植房屋建设，完成下山脱贫 19 户 78人，使边远山村农民实现异地发展，二期、三期正在筹建当中。础石工业小区、金塔工业区、金岗工业园的建设，促进人口集聚，加快集镇化建设步伐。

交通设施　丽龙高速公路、53 省道穿乡而过：从 2001 年起建设的丽龙一级公路(后改为丽龙高速公路)础石段，共涉及础石乡 6 个行政村(枣槐岭、垟畈、秋丰、上坞、季边、山后)，拆迁房屋 88 户，迁移人口 289 人，历时 6 个春秋，于 2006 年胜利贯通，并在础石设有互通区。2003 年，完成省道通乡公路路面改造工程、水林路扩建改造工程，使础石距城区只有 3 千米，成为龙泉城区东大门。

乡村公路网络形成：2004—2008 年，全乡除山后村康庄公路正在建设外，其余 16 个行政村实现行政村、自然村通公路、机耕路，乡域内交通网络基本形成。

电力通讯　1992 年，全乡各村均安装高压线，实现通电。2001— 2002 年，全面完成农电网改造，实现城乡同网同价，全乡建有水电站 2 个(林垟溪电站、山际口电站)，装机容量 2060 千瓦；2006 年，全乡实现村村通程控电话；2001 年，开通移动、联通移动电话接收、发射台，全乡建有通讯基站 8 个，每个村都可接通手机电话。

农村饮用水工程　1992 年，南弄村安装自来水；2001 年，炉地垟村安装自来水；2003 年，山际村安装自来水。至 2008 年底，全乡 17 个行政村除山后村外 16 个行政村除个别自然村外均用上清洁卫生的自来水。

农业生产基础设施建设　水利设施建设：1990 年，投资 6 万元新建李山头、山际至李山头渠道。1994 年，新建山际村粗坎畈渠道 1000 多米。1996 年，新建季边龙种坝至季边畈渠道；1998 年，南弄村新建 156 米长水坝；2004 年，修建水林路防洪排灌渠道 200 米、林垟金边防洪提 200 米。

土地整理：2008 年，开展农村土地整理，复垦农业用地 8 公顷（已完成 70%），启动开工秋丰陈山头 13.33 公顷的土地开发。

计划生育　2003 年础石乡为计划生育综合改革试点乡，形成“依法管理、村民自治、优质服务、政策推动”的新机制。季边村计划生育“村民自治知情选择”群众满意的做法得到国家计生委的肯定。

文教卫生　文化：以省“东海明珠”、丽水市“山花”文化工程为载体，大力繁荣农村文化，加大文化经费投入，加强文化基础设施建设，健全农村文化网络，大力开展文化活动，提高农村群众文化生活质量，繁荣农村文化，有力推进农村先进文化建设。2005 年 5 月 18 日，以“迈进小康，走向文明，构建和谐社会”为主题的龙泉市乡村文化艺术节开幕式暨础石乡“建和谐、奔小康”文艺晚会隆重举行，从而拉开龙泉市乡村文化艺术节的序幕。共有文化示范户 13 户，其中省级示范户 2 户，龙泉市级 5 户。于 2003 年 2 月、11 月顺利通过浙江省、丽水市考核组验收，被授予浙江省“东海明珠”、文化工程乡镇。广播电视村村通工程全面铺开，2008 年，投入 2 万元完成 750 多户的电视转星工作，截至 2008 年全乡 17 个行政村有 13 个行政村通有线电视，有线电视通村率达 76.5%。2006 年至 2008 年，在各村利用闲置村校等修建村级活动场所。各村新建农村党员现代远程教育基站，其中，季边基站被授为省级示范点，农村远教的建立，成为农村农业实用技术及政策法规等重要培训基地。

教育：2003 年完成校网撤并后，只有础石乡中心学校（后更名为林垟小学）、础石完小（后更名为础石乡中心学校），占地面积 9981.8 平方米。1995 年起实行九年义务教育。2003 年 9 月，乡中心学校初中段并至龙泉养真中学就读。共有学生 257 人，教师 44 人。2008 年底创建“教育强乡”并通过验收。

卫生：改革开放以来，随着政府投入加大，农村医疗体系不断完善，加大卫生硬件设施投入，医疗卫生技术力量得到加强。2005 年起实行新型农村合作医疗保险，全乡 90%以上的农民参加新型农村合作医疗保险，各农户建立健康档案，对参合农民进行两年一次健康体检，农民健康素质整体提高。2007 年被丽水市授予“卫生乡”称号。

名胜古迹

础石乡历史文化底蕴深厚，元末明初，名将胡琛即出生在础石乡南弄村，至今尚保存胡琛祖父胡伯益墓志铭碑；抗日战争时期，宁波“天一阁”藏书曾避难于础石长达 8 年之久，现遗址尚存；山后、黄土村残留抗日战争标语等。香菇文化历史悠久，在长期的社会实践和菇民特定生活环境中，产生别具特色的香菇文化，其中南弄村的香菇凳花功柔中带刚，木凳 风旋转时木凳 风骤起，具有较强的艺术欣赏性。

宁波“天一阁”藏书楼是中国现存历史最久的私家藏书楼，也是世界上现存最早的三个私家藏书楼之一，建于明嘉靖四十年至四十五年（1561—1566）间，由当时的兵部右侍郎范钦主持建造，距今有400多年的历史，于1982年被国务院公布为全国重点文物保护单位。1939年初，抗日战争爆发不久，杭州已经沦陷，宁波岌岌可危，为保存天一阁珍藏古书免遭损毁，经宁波社会人士、浙江省图书馆要求，教育部令鄞县县政府将阁书运藏龙泉，并由范氏后裔推荐一人（范召南）随书协同保管，共抢出阁书计9080册，装箱用卡车运到龙泉城镇。后为避免日军轰炸、水火灾害和流动小偷的盗窃，遂将藏书雇工肩挑、扛抬运郊区础石村（沈边村），存放在沈边新仓廊里，后因发现有白蚁而搬运到季边金家祠堂，除图书管理人员外，还派有士兵驻守保护，外人不得随意出入。1945年8月，日本投降，次年派员会同范召南将阁书原箱运还宁波归阁，先后在龙泉存放8年之久。

第三节　宝　溪　乡

政区与人口

宝溪乡位于龙泉市西陲，东邻竹垟乡和上垟镇，南连上垟镇和福建省浦城县富岭镇，西界福建省浦城县管厝乡，北接住龙镇和福建省浦城县忠信镇，区域面积148平方千米，山林面积14070公顷，耕地面积806.8公顷。下辖溪头、宝鉴、竹垟、坑里、龚岭、车盂、高山、溪源田、塘上、塘源、半岭11个行政村，户籍人口7629人，常住人口约3000余人。乡政府驻地溪头村。宝溪乡乡名，一说由宝鉴、溪头两村各取一字；一说因辖区内主河流名“宝溪”而得名。

建置沿革

宝溪原称瑶溪，宋代起改称宝溪。南宋庆元三年（1197），宝溪流域属于延庆乡六都，清代，宝溪属西宁乡六都。民国3年（1914），宝溪流域属于西远区。民国22年（1933），宝溪流域内设有5个乡，即塘上乡、宝鉴乡、溪竹乡、溪山乡、龚岙乡，归属于八都区。民国27年（1938），宝溪流域内原先5个乡合并为一个乡，称宝溪乡。下辖塘上、半岭、宝鉴、暮下、溪头、独山、溪源田、高山、龚岭、岙头、车舆11个村。1951年土地改革划小乡，宝溪乡分为宝溪、高塘两个乡。1956年3月，宝溪乡与高塘乡仍然合并为宝溪乡。1958年为八都（大）公社宝溪管理区。1961年改称宝溪公社，1984年5月改为宝溪乡。

1992年，龙泉市实行“撤区扩镇并乡”，宝溪乡保留原乡辖区不变。

自然

处于浙江省中部主干山脉仙霞岭的连绵群峰之中。仙霞岭山脉经福建省大福罗山分三支进入龙泉境内，其中有两支直接经过宝溪乡境域：一支向南延伸，经大焦山（海拔1473米）—小焦山（海拔1246.9米）—飞云山（海拔1088米）直至闽浙边的五雷蛇尖和垟坑岗背；另一支经焰山岗（海拔1522米）伸展到披云山（海拔1675米），以披云山为中心，向东南伸向棋盘山（海拔1580米），向南伸向玉华山（海拔1392.1米）。仙霞岭山脉地势高峻，中山广布，平均海拔千米左右，多为中生代侏罗系火山岩覆盖，岩性坚硬，节理发育，侵蚀后常成陡崖峭壁，山势险要。

西部的飞云山（歪头山）、东北部的披云山（天师山）、东南部的玉华山（破刀山）以及西南部的匡山（又名天山斗，海拔 1350 米，主峰在福建省浦城县境内，与宝溪乡车盂村接壤）都是有文化底蕴的仙霞岭著名山峰。尤其是披云山，山高、峰峻、石奇、泉怪、景美，万木葱茏，空气清新，有深厚文化底蕴，是独具特色的旅游景点之一。

宝溪乡有“三江之源”之称，宝溪、富溪经福建流入闽江；塘源溪经八都流入瓯江；高山溪流入住溪经住龙归入钱塘江。其中主干溪流——宝溪源出焰山岗东麓，汇三小坑水于湖住溪，向南流经溪源田纳披云山水，至坑口纳石壁源水，经象溪、溪头纳坑里、梧岭水，至宝鉴折东南转南入福建省浦城县境，是闽江的源头之一。宝溪流程 24.9 千米，流域面积 98.51 平方千米。多年平均流量为 3.9 米^3/秒。天然落差 432 米，水流湍急。

宝溪乡位于亚热带气候区，其特征是四季分明，雨量充足，冬不严寒，夏无酷暑，春早夏长，气候温和。乡政府驻地溪头村海拔 499 米，全年平均气温 15℃，极端最高气温 40.7℃，极端最低气温-20℃。全年降水量 2062.9 毫米，年无霜期 265.3 天。主要自然灾害有干旱、洪涝、冰冻、低温雪雨和冰雹。

经济建设

农业　20 世纪 80 年代初期，农业为单一的粮食生产。80 年代后期，开始产业结构调整与优化，村民开始做代料香菇、灵芝、茯苓等。1992 年，宝溪的灵芝发展达到高峰期，荣获“中华灵芝第一乡”荣誉称号。2010 年，全乡粮食播种面积 602.4 公顷，总产量 3492.2 吨；种植食用菌 400 万袋；种植高山冷水茭白 80 公顷，高山四季豆 30 公顷，高山辣椒 13.33 公顷；发展油茶高产示范基地 13.33 公顷；生猪存栏（含仔猪）1277 头，家禽存栏 6990 羽。

林业　宝溪乡森林资源丰富，盛产用途广泛的优质杉木。抗日战争前，宝溪、住龙一带的木材运销业颇兴盛，主要是通过水运，经住溪、乌溪江、衢江、兰江、富春江运抵杭州。2001 年，宝溪建立龙泉市披云山水源涵养和宝溪半岭南方红豆杉两个自然保护小区，同年开始封山育林，至 2008 年建生态公益林 4266.67 公顷。

宝溪半岭南方红豆杉自然保护小区属省级自然保护小区，位于半岭村境内，离市区 48 千米，面积 10.67 公顷，森林植被为天然常绿落叶阔叶林，亩均蓄积量 30 立方米，组成树种有南方红豆杉、银杏、樟树、三尖杉、构粟、甜槠、柳杉、桂花、化香、建楠、三角枫、米槠等，半数树木树龄在百年以上。

披云山水源自然保护区地处宝溪乡北部，土壤为黄壤，年均气温 12℃，年均降雨量 2000 毫米以上，面积 231.07 公顷，是重点水源涵养林区。该小区植被保护较好，溪水清澈，没有水土流失现象。植被以常绿阔叶林为主，立木蓄积量万余立方米，名木古树较多。该保护区对下游的生态环境起着很大的作用，具有很高的生态效益和社会效益。

2006 年，开展山林延包工作，换发新的林权证。2007 年，林权抵押贷款政策开始施行，同年创建溪头村、高山村两个绿化示范村，一个丽水兴林富民示范村龚岭村。2010 年林权抵押贷款发放 71.7 万元；新增生态公益林 1666.67 公顷，绿化造林 120 公顷，完成溪头村省级绿色示范村创建工作。

工业　宝溪乡的手工业以制瓷业最为著名。这里有得天独厚的瓷土资源，溪头、宝鉴、大岙、高山等地均有瓷土矿。已开发的有溪头村的东山庵矿、白洋矿、大矿、莲里根矿、仙掌矿及宝鉴村的枫树矿等。20 世纪 80 年代初期，小规模碗厂遍及各村，容纳劳动力 200 人，产品销至福建、江西等地。

20世纪80年代后期，青瓷产业从单一的日用瓷生产转化为仿古瓷生产。进入20世纪90年代后期，青瓷产业以仿古瓷和艺术瓷为主攻方向，产业不断发展壮大。2003年9月，竹垟村陈先明烧制哥窑102公分开片大挂盘创吉尼斯纪录；2008年宋元青瓷厂生产的口径为47厘米的斗笠冰裂纹碗打破该产品的吉尼斯纪录。

20世纪90年代，木制品加工厂数量达到10个，解决400个劳动力就业；进入21世纪后，部分加工厂迁至江西一带发展，劳务输出的人群也逐渐增大，有1000余人，占总劳动力的四分之一。

2004年，披云食品有限公司成立，专业生产销售桶装水和瓶装饮用水；2007年，与杭州小鲜果园饮品公司建立合作关系；同年，公司新建全自动三合一灌装线投产，每小时生产天然水1.2万瓶；2010年，披云食品有限公司完成产值3000万元。

旅游业　宝溪乡按照“生态立乡、旅游兴乡”的发展战略，充分发挥生态环境和革命老区优势，立足山水文化、红色文化、瓷窑文化，大力发展乡村旅游。重点围绕披云山景区，宣传发扬浙西南革命事迹，全力打造“农家乐”特色村高山村青井自然村。2007年以来，高山村成立农家乐休闲旅游协会，制定发展规划，建立管理制度，投入资金，进一步改善村容村貌，完善基础设施，创建青井丽水市级农家乐特色村，全村从事营业的农家乐民宿有10余家，从业人员30余人，设有房间30余个，铺位70余个，年接待游客约2万人次。

社会发展

教育　1990年，全乡实行九年义务教育；1997年，设有初中1所、中心小学1所、完小3所，村小3所。2003年9月，宝溪中学撤销，学生到龙泉市民族中学就读。2007年配置电脑31台，改善中心学校的硬件设施。2006年，投资108万元，新建小学教学楼，学生宿舍楼300平方米，学生餐厅300平方米，改善师生的生活和工作条件。2010年，全乡仅设1所中心小学，用地面积4950平方米，教学班9个，教师24人，学生300多人。

交通　1998年，塘上至溪头7千米简易公路竣工，全乡11个行政村实现村村通公路。2003年全乡开始实施康庄工程，投资1500多万元，开通高山8.3千米，溪源田6千米，车盂5千米，宝更1.5千米，溪头至塘上14千米，溪头至竹垟4.7千米，溪头至坑里4.7千米，溪头至龚岭9.5千米，共计50余千米的康庄公路，至2007年底，全乡实现康庄路“双百”目标。县道木焦线经过乡政府所在地溪头村，路面硬化于2005年9月份竣工并开通。木焦线至青井披云山的旅游线路面硬化工程也于2006年年底全面竣工。

电信、电视、饮用水　2002年6月，投资62万元，开通车盂村的程控电话，实现全乡村村通电话，2007年，车盂、坑里、高山移动机站建立，实现全乡手机通讯全覆盖。2001年10月，投资140余万元，有线电视网覆盖塘上、塘源、半岭、溪头、坑里5个村，2007年，10个行政村（除高山村外）通有线电视；2007—2008年，实施饮用水建设工程，对各村的饮水水源、管网布置等进行设计规划建设，并顺利通过验收。

新农村建设　根据新农村“生产发展、生活宽裕、乡风文明、村容整洁、管理民主”的要求，乡党委坚持大投入、大建设，促进大发展的工作思路，基础设施建设得到改善。完善集镇配套设施建设，新建生态公厕、农民健身场所，溪头供水站、垃圾焚烧炉等，集镇环境得到整治。集镇街道整治，街道浇筑成水泥路，铺设彩砖，是全市最早铺设彩砖的乡镇，并种上行道树。改造路面排水设施，修复路灯，实现街道亮化，加大街道卫生整治，消除卫生死角。集镇文化建设得到加强，集镇文化品位得到提高。通过整治村建设，各村的村容村貌得到极大地改善。

红色文化

红色古迹　随军银行：旧址位于溪头村，又名陈家大院，是民国时期宝溪乡乡长陈佐汉故居，省级文物保护单位。1934 年，红军北上抗日先遣队 6000 余人入驻宝溪乡溪头村，电讯总机设在吴礼绍家，随军银行设在陈佐汉杂货店，并以“红军票”与百姓兑换银元。

红军桥：位于塘上村村口，原名“彩虹桥”，本是一座古廊桥，始建于何年已无从考证，清顺治、乾隆、光绪《龙泉县志》对它均有记载。1934 年 9 月至 1944 年 5 月间，中国工农红军将士多次经过此桥，在当地留下很多事迹。后来村民为纪念红军，缅怀先烈们的英雄事迹，激发后人的爱国主义热情，遂将此桥改称为“红军桥”。

金铭大院：位于塘源村，是民国时期宝溪乡乡长金铭故居，省级文物保护单位。1936 年 6 月的一天，粟裕带领近 50 人抄小路秘密地进入宝溪乡高塘村（塘源村）的金铭大院，并在此召开挺进师师部会议。出席这次会议的是新组建的二纵队骨干、中共浙西南特委委员及下属的县、区负责人。会后，粟裕就在金铭书房后面的密室里就寝。

红色故事　红军挺进师入浙第一仗：1935 年 1 月底，根据中央电令，以抗日先遣队突围部队为基础，组成中国工农红军挺进师。3 月 25 日，红军挺进师 500 多人在师长粟裕、政委刘英率领下翻过闽浙边界的马迹岙进入龙泉西部山区，在溪头村打响挺进师入浙第一仗，拉开创建浙西南革命根据地的序幕。在溪头战斗中，挺进师分三路进攻敌人七峰山碉堡、士后岙、大堂庙等三个重点工事，打跨国民党保安队三个分队，打死敌兵 1 名，俘虏敌兵 20 余名，缴获一批枪支弹药，取得入浙第一仗的胜利。

粟裕将军四进宝溪：一进宝溪。1935 年 3 月 25 日，粟裕、刘英率领中国工农红军挺进师 500 多人翻过闽浙边界的马迹岙，进入宝溪乡湖住溪自然村。并在溪头村打响入浙第一仗。

二进宝溪。1936 年暮春，粟裕带领挺进师直属队 100 多人进入龙（泉）浦（城）边境，并会合独立师二纵队、三纵队，在宝溪乡坑里村境内的歪头山（飞云山）合歼福建省国民党保安团一个连。

三进宝溪。1936 年 6 月中旬，粟裕带领新组建的挺进师二纵队骨干、中共浙西南特委委员及下属的县、区负责人约 50 人抄小路秘密地进入宝溪乡塘源村的金铭大院，在这里开师部会议。

四进宝溪。1937 年 10 月中旬，粟裕率挺进师一部在遂昌门阵与国民党遂昌县当局达成合作抗日协议。10 月 19 日粟裕率领红军离开门阵，前往浙南平阳集中。据叶明德教授考证和调查，粟裕率领的红军部队曾经过宝溪乡高山村，并在高山村短暂停留。

青瓷文化

古龙窑　清末光绪年间，宝溪人李君义在溪头村建窑，称“李生和号”，后来“丁裕顺号”“福春祥号”也相继投产，宝溪乡的宝鉴村和坑口村也陆续建窑。在溪头村建窑的还有李志成、陈万昌、利民、同顺吉、复兴、丁洪昌、丁美隆等。在宝鉴村建窑的有龚恒义、龚荣记、陈琴记、曾裕春、曾合记，两村共有 15 家窑厂，15 座古窑。目前，宝溪境内保存基本良好的古窑共 13 座，其中溪头村 7 座为省文物保护单位（分别为：陈家窑、金品窑、五股窑、李家窑、寺后东窑、寺后西窑、黄溪岙窑）。

青瓷四大世家　宝溪孕育出李、张、陈、龚四大青瓷世家，并辐射各地，培养出一大批青瓷艺人，为龙泉青瓷的传承、发展作出贡献。李家代表人物李怀德（1915—1989），宝溪乡溪头村人，十五岁随父学艺，二十八岁接管“李生和”瓷厂，1957年任上垟国营瓷厂技师，成功研制出仿古青瓷釉色、“象形开片”哥窑等，其作品熊猫玲珑灯被作为国礼赠与美国，作品迎宾大挂盆和迎春大花瓶至今珍藏于人民大会堂。1979年，李怀德参加“全国科技人员授奖大会”，受国家领导人接见；1982年被评为“陶瓷技师”，其名载入《中外名人辞典》。张家代表人物张高礼（1896—1951）、张高岳（1916—1996）兄弟，为著名仿古能手，其后人张绍斌为中国工艺美术大师。陈家代表人物陈佐汉（1906—1951），历任民国陆军第五十五军司令部上尉军需官，宝溪乡学校校长，宝溪乡乡长，溪头村瓷业合作社社长等。潜心研究古青瓷技艺，手绘130余件古青瓷造型，取名《古龙泉窑宝物图录》，编写《古欢室青瓷研究浅说》，参与编写《哥窑与弟窑》。龚家代表人物龚庆芳（1900—1951），宝溪乡车盂村人，曾参与陈佐汉建立的“古欢室”，潜心仿古青瓷研究，参与编写《古龙泉窑宝物图录》《古欢室青瓷研究浅说》等珍贵文献，其作品曾获西湖博览会甲等奖。

民俗

祭窑　农历七月十八日为祭窑日，俗传这一天是哥窑祖师章生一“窑变瓷器”制成的日期。届时窑匠要沐浴斋戒，在祖师爷的香案上放置用面捏成的童男童女，在窑头师父榜前设祭，点香烛跪拜，祈求祖师保佑烧出优质瓷器。

窑场用膳　窑工在窑场用膳不能说话，用膳时碗筷不能碰响桌子，也不能把筷子架在碗上。

放鱼习俗　溪头人爱鱼、护鱼，每逢红白喜事、传统佳节，村民都会到溪中放养鱼苗，称之为“祈福鱼”。如今，“红白喜事放尾鱼”被写入“溪头村规”。

做白粿　每逢立夏或尊贵客人到来，溪头人将粳米用饭甑蒸熟后放入石臼中，棒打成白粿，捏成团状，或蘸酱，或炒肉，或放在鸡鸭肉汤中烫着吃，味道独特。因宝溪人每年立夏都做白粿，因此又叫立夏粿。

名胜古迹

黄巢遗迹　唐末农民起义领袖黄巢南征福建，10万大军路过高塘村，经披云山区后入闽。黄道：黄巢南征福建在瓯江源峡谷修建道路，现仍有部分古道痕迹。黄粿：黄巢在高塘时，当地村民以米粿接待，后由半岭村族长更名为“黄粿”。黄寨：黄巢军驻留高塘时留下的营寨，位于高塘村龙背山。黄墩：原名大墩，高塘村风水宝地，黄巢起义时曾为兵站，故名黄墩。黄坟：黄坟位于黄墩，据传多位黄巢将士埋葬于此，坟旁建有法林禅寺。

瓯江源峡谷　瓯江源峡谷北起披云山天师庙，南至高塘村，绵延10千米，有“披云道中道，瓯江源头源”之称。峡谷中地貌奇特，动植物资源十分丰富，号称“冰川遗老”的穗花杉有60余株。黄岙瀑布又称五折瀑，高达70米，是龙泉境内最高的瀑布。龙井，水质清冽，相传张天师每年在此开炉炼丹，有“龙井背筑丹炉，百草出披云”的传说。

披云山红色旅游区　见“第十六篇　旅游业”。

第四节　龙 南 乡

政区与人口

龙南乡位于龙泉市东南部，东邻云和县，南毗景宁畲族县、庆元县，西连兰巨乡，北接安仁镇，地处瓯江源头，与国家级自然保护区凤阳山毗邻。全乡平均海拔 800 米以上，其中，海拔 1000 米以上的行政村有 14 个。乡政府所在地蛟垟村距龙泉市城区 55 千米，距丽龙高速公路安仁入口 33 千米。龙南乡总面积 212 平方千米，辖蛟垟、上田、岭后、垟尾、黄大坑、石械、下南坑、上南坑、龙井、麻竹坑、黄万岱、横川、安和、兴源、岙头、双溪、龙案、金川、兴和、大庄、叶村、上兴、下田、底村、曲岱、北公、庵边、东坑、周山头、青庄、五星、坞坑、粗溪 33 个行政村，6298 户 21580 人，外出劳务人口约 16000 人。

龙南乡因地处龙泉市东南部，故名龙南。乡政府驻地蛟垟村，村北山峦起伏，形似蛟龙，村西南为田垟溪坑，“蛟垟”因山水得名。

建置沿革

1958 年，建立龙南（大）公社，辖龙南、建兴、义和三个管理区。1961 年改公社为区，管理区为公社，所辖区域不变。1964 年，撤销龙南区，所辖的三个公社并入安仁区，1981 年恢复龙南区。1985 年 7 月，所辖的龙南乡分出建龙乡。1992 年 4 月，龙泉市开展行政区规模调整，撤区扩镇并乡，撤销龙南区建制，将义和乡、龙南乡、建兴乡、建龙乡合并为龙南乡。

自然

龙南是高山地区，是典型的高山气候地区，气候上具有春季气温回升迟，秋季降温早，夏季短而无酷暑的特点，日平均气温较市区低 5~6℃，且昼夜温差大。西南有国家级凤阳山自然保护区，其主峰黄茅尖海拔 1929 米，为江浙第一高峰；境南有 600 余年树龄的五颗大柳杉。全乡耕地 1680 公顷，林地 19733.33 公顷，森林覆盖率 80.92%。境内有黄万岱 A 类地质灾害隐患点 1 个。

经济建设

1998 年前，农业为单一的粮食生产和食用菌产业，农民收入微薄。1999 年，开始产业结构调整与优化，提出“立足龙南抓特色，走出山门谋发展，内挖潜力强后劲，加快致富奔小康”发展思路，制定高山蔬菜、优质夏菇、高山山羊、高山水果等产业发展规划。1999 年冬，组织代料香菇种植农民到福建长汀进行覆土夏菇栽培考察并引入栽培技术，在上田村试种 5 万袋，平均每袋产值 4 元，获得经济效益和栽培技术双丰收。2000 年，立足“生态好、海拔高、气候宜”的特点，将做大做强高山夏菇产业作为提高农民收入的主要经济增长点来抓，高山夏菇种植规模不断扩大，2001 年全乡种植 300 万袋，实现产值 1000 万元。同时，按照“高起点规划、高标准建设、高科技投入、高效益示范”的要求，充分发挥农业合作社和协会的作用，不断加大“规划引领、科技支撑、示范带动、政策驱动”的力度，及时总结和推广已有的经验，抓好夏菇菌种资源保护开发，新品种引进和示范，调整品种结构等，推行标准化、规范化、无公害化生产，基本形成以上田、上兴、岭后、蛟垟4个村为中心的夏菇产业带和基地。2008年，上田、蛟垟、垟尾、黄大坑、岭后、叶村、上兴、兴源、安和、大庄、上南坑等11个行政村560多户农户从事夏菇生产，产量1000万袋，实现产值3500多万元，其中上田、蛟垟、岭后、上兴4个村规模较大。2008年，上田夏菇交易市场在交易高峰期间，日均吞吐量达到20吨鲜菇，建有鲜菇冷库12家，烘房25个，成为华东地区最大的夏菇生产基地。

2001—2003年，退耕还林93.6公顷；2002年，建设生态公益林4336.53公顷；2010年，全乡山林面积16267公顷，其中毛竹林面积2003.2公顷，森林蓄积量839975立方米。2010年，成立龙南乡森林防火指挥所和龙南乡森林消防准专业队伍，护航全乡林业经济发展。

社会发展

村镇建设　1999年始，加强农村基础设施建设，农民的生产、生活条件迅速改变，家居环境不断优化，生活质量明显提高。1997年开通程控电话，2006年有宽带上网。2001年开通移动通讯机站，2003年开通联通机站。2001年进行农村电网改造，实现城乡统一电价，2001年，投资600多万元，建成35KV变电所，解决供电困难的问题。2003年开始建设康庄公路，至2008年，全乡共建设康庄路路基工程166.7千米，路面硬化98.8千米，33个行政村中除石械村外全部通上康庄路，康庄路通村率达到97%。上田、蛟垟、上兴、岭后、黄大坑、下田等25个行政村通自来水，全乡86%以上的农民用上安全的自来水。2007年12月，上田、蛟垟、上兴、岭后、黄大坑、下田、安和、上南坑、龙井等17个行政村通市级网络有线电视和广播，12个行政村实现宽带上网。11个行政村通过整治村验收，新建或整修33个行政村的办公场所，2007—2008年，蛟垟、垟尾、上田、底村、岭后进行土地整理，改善特色农业生产条件。

教育　1997年通过教育强基验收。2007年龙南中学并入龙泉市第四中学。龙南乡共有4所小学，2003年，校网撤并为1所乡中心小学，3所完小，分别是龙南乡中心小学、建兴完小、义和完小、建龙完小。龙南乡中心小学教学楼由浙江平安保险公司赞助建造，2008年12月更名为“平安希望小学”。2008年，全乡小学在校生522人，教师65人。2003—2008年，先后有4人获得龙泉市高考理科第一名。

李招娣是龙南教育事业发展的突出代表。1951年，从乡小学读完五年级回村担任民师参与扫除文盲工作，1955年、1956年、1958年三次获浙江省扫盲奖。1960年6月，被评为全国教育系统劳动模范。1991年，李招娣被省教委评为“扫除文盲先进工作者”，1992年被评为第二届“巾帼扫盲奖”先进个人称号。

卫生　龙南乡中心卫生院是一所山区小型综合医疗卫生机构。2010年在编职工9人，其中中医师2人。1992年“撤区扩镇并乡”后，卫生院改称龙南乡中心卫生院，下设建兴、义和、建龙3所卫生分院。2006年全面实施“农民健康工程”，正式启动社区卫生服务工作，按龙泉市委托浙江大学编制的龙泉市社区卫生服务发展规划的要求，乡镇中心卫生院改建为乡镇社区卫生服务中心，龙南乡卫生院改称龙南乡社区卫生服务中心，原卫生分院改称卫生服务站。下设安和、粗溪、大庄、龙案、麻竹坑、上南坑、石械、五星、坞坑、垟尾等村卫生室。

2005年1月1日，对参加新型农村合作医疗的参保人员，每两年进行一次免费全面健康体检，并建立健康档案，建档率达 83 %，三轮共计健康体检 37912 人次。每个行政村的参保人员由责任医师分工负责，每年对 60 岁以上老年人患慢性病及困难人群进行 4 次以上的健康随访。2010 年底，龙南乡参加新农合的村民 19581 人，占应参加新农合对象的 91.08%。

文化

香菇文化　龙南乡是世界香菇文化发源地，香菇栽培历史悠久，香菇文化底蕴深厚，形成独特的语言和风俗，香菇文化遗产众多。因在中国香菇发展史上的特殊地位，龙南乡被誉为“中华香菇历史与文化第一乡”。

香菇庙会　在龙南乡下田村，有龙庆景三县菇帮协会，简称“三合堂”，办公点就设在下田五显庙的左侧厢房。“三合堂”是由龙庆景三县的菇民代表组成，共计 23 个董事，简称“廿三董”。清雍正元年（1723），龙庆景三县菇帮协会在下田五显庙商议确定，每年农历六月二十四至二十八日举行香菇庙会，后演变为今天的香菇文化节。香菇庙会至今已有 280 多年的历史。同样的庙会活动，在龙井村五显庙、麻竹坑村五显庙、凤阳山五显庙每年都如期举行，大量外出村民回乡庆祝。

菇民外出栽培与销售香菇　“枫树落叶，夫妻分别”。龙南乡菇民在明清时代大批前往外省栽培香菇，足迹遍布江西、安徽、福建、湖南等省山区，并就地开设菇行销售。民国 27 年（1938）下田叶必培等人在安徽屯溪开出“龙泉菇行”一条街，销售香菇、木耳等；民国 37 年（1948）在江西景德镇和广州等地开设“龙泉菇行”。中华人民共和国成立后，龙南菇民继承传统，吴朝根等先后在广州、温州等地开出“龙泉高山香菇”店铺，销售香菇。

木偶戏　蛟垟木偶戏剧团的木偶属于提线木偶，古称悬丝傀儡，由偶头、笼腹、四肢、提线和勾牌组成，高约 50 厘米，勾牌与关节间有长约 70 厘米的提线，一般提线有 9 条。唱法多样，有二黄、流水、西皮等，演出剧目有《粉妆楼》《五虎平西》《万花楼》《孟丽君》《李三豹》《雌雄剑》《包公斩杨义》等 10 多种。演出前台由师傅和徒弟负责，后台由 5 人构成，打鼓、打锣、月琴（琴胡）各 1 人，唢呐 2 人（一正一副）。

菇乡迎神节　迎神节是浙南龙庆景地区农村传统的民俗节日，过去也称“菇神庙会”，是菇民文化体育生活和经济活动的重要传统形式，后来演化成一个隆重的文化节日。龙南菇村每个村庄都有自己的迎神节，从五月到十月，每个村庄都会轮番上阵，举行迎神活动，时间各不相同，活动内容丰富，家家户户做黄米粿、千层糕、蒸米馒头等，还有舞蹈、唱戏（菇民花鼓戏、木偶戏、菇民山歌演唱、菇民故事讲述等）、比武表演（菇民拳、菇民扁担功夫、棍花、凳花）、舞龙舞狮放天灯等活动。

菇民功夫　见“第三十二篇　体育”。

菇乡花鼓戏　见“第二十九篇　文化”。

名胜古迹

五显庙　龙南乡境内共有五座五显庙，分别坐落于龙井村、蛟垟村（1981 年拆除）、下田村、凤阳山、麻竹坑村。龙井五显庙、下田五显庙见“第十六篇　旅游业”。

垟尾钟楼　清道光廿年（1840）建，原有寺，后改建成村校。木结构，三层，三重檐，歇山顶，翼角起翘。平面呈方形，底层边长 2.8 米，二层 2.4 米，三层 2 米，正中悬挂青铜钟一只，钟高 0.97 米，口径 0.62 米，钟身铸有捐资者姓名和捐银。

红军标语　位于麻连岱村，该村海拔1130米，是一个地势险要的高山村坊，村舍背山面水，与庆元县境毗邻。1935年，粟裕、刘英率领红军挺进师在此一带活动。1935年4月下旬，挺进师斋郎大捷后又途经麻连岱村，在五谷神庙东边山墙外侧写下"纪念五一，打倒出卖中国的国民党！"的标语，字为烟墨书，高0.95米，宽3.9米。两行，字径54厘米×47厘米。1981年7月，县人民政府公布其为县级文物保护单位。

特产

珊瑚菌　俗名老鼠脚，是龙南著名的特产。它是可食真菌之一，对环境的要求极为苛刻。生长期为每年的7—8月，分布于亚热带季风气候区海拔600米以上的林区，其色泽金黄，外体酷似珊瑚，又极像老鼠的爪，故俗名又称老鼠脚。其味虽略带涩，却极其嫩脆爽口，芳香宜人，为山珍佳品。

柳杉王　后岙村5棵大柳杉已有850年的生长历史，最大一棵高52米，围径8.69米，材积185立方米，为华东地区最大的柳杉，故称柳杉王。其余四棵胸径也在1.5米以上，蔚为壮观，前来参观的人络绎不绝。

第五节　道　太　乡

政区与人口

道太乡位于龙泉市东北仙宫湖畔。东与云和县相邻，南与安仁镇和碰石乡相连，西与龙渊街道和城北乡接壤，北与松阳县交界。总面积351平方千米，是浙江省面积最大的乡。地势西北高，东南低，自北向南倾斜。道太乡名由原道太区公所驻地在道太溪注入口龙泉溪畔的道太村而得名。辖大白岸、毛圩、乌狮、盛户、沈际、高山岭、坑口、杨梅岭、山石坑、灯山、梨垟、道太、供村、下乾、符畲、锦安、青田坑、朱山下、半坑、潘山头、外翁、新地口、何山头、荷上畈、垟头、李村、双格、夏安、乌磁下、西坑下、考坑、吴庄、源口、丁江、前赖、蛤湖、王庄、大苏、流地、黄麻垟、大畈、际头、武溪、上横、上坑45个行政村，耕地面积990.73公顷，山林面积30315公顷，有人口15000人。

建置沿革

清属龙泉乡（又名建德乡）廿一都地。民国27年（1938），道太区辖金石、黄鹤、上东、梧洋、雁川、道太、双平、龙门8个乡。1949年后，保留道太区建制。1951年，道太区辖黄鹤、盛溪、上东、雁川、雁岭、道太、宝供、双平、升平9个乡；1953年，建立城北区，黄鹤、盛溪、上东3乡从道太区划归城北区，道太区辖6个乡。1956年3月，撤销城北区，道太区辖雁川、道太、双平、福源、联盟、上东6个乡。1957年，恢复城北区，联盟乡（分为盛溪、黄鹤两乡）、上东乡划归道太区。1958年11月，实行政社合一，改区为人民公社，乡为管理区。道太公社辖雁川、道太、双平3个管理区。1959年，从双平乡分出王庄管理区。1961年，体制下放，公社改为区，管理区改为人民公社。1982年，道太公社更名为供村人民公社。1984年，改供村公社为乡，道太区辖雁川、供村、双平、王庄4个乡。1992年4月，龙泉市"撤区扩镇并乡"，将道太区辖的雁川、供村、双平、王庄4个乡合并为道太乡。乡人民政府驻地大白岸，距龙泉市区25千米。

1980年代，紧水滩电站建成，龙泉溪道太乡段成为紧水滩水库——仙宫湖。为支援国家建设，道太乡有28个行政村属移民村，外迁移民193户991人，后靠移民780户3630人，是龙泉市重点移民乡。

自然

道太乡境内属中亚热带季风区，四季分明，雨量充沛，冬不严寒，夏无酷暑，春早夏长，温暖湿润。全年平均气温17.8℃，最热月为7月，平均最高气温35.2℃，最低气温为1月，平均最低气温为3.4℃，年降雨量1650毫米，降水日数165天，全年无霜天为285天。

境内有海拔千米以上山峰30多座，崇山峻岭盘据，山峦起伏交错，峡谷溪涧纵横。境内有主干流龙泉溪，由西向东北穿境而过，经雁川、双平、王庄至武溪流入云和境，流程50多千米。白雁溪源出和尚坛东麓，向北流经上洋、西溪，折南流经高洋后、溪口汇合东书，经溪下纳陂头坑、上田水流入库武、毛圩、大白岸水库后，汇入紧水滩水库，流程34.3千米。道太溪源出大路岗南麓，向下流经下乾、符书，纳翠头坑水至马皮垄汇锦安，经岭赤，纳青田坑、半坑水，经供村，纳黄命坑水，经荷上畈、洋头、道太汇入紧水滩库区，流程25千米。大石溪源出大石岙南麓，向南流经马山下、鲤鱼丘、西坑下，经李村、吴庄、源口注入紧水滩库区，流程16.6千米。武溪源出鸦鹊尖南麓，向东南流经流地、大水坝，折南流纳仙世源水，经沈村、王庄、武溪注入紧水滩水库——仙宫湖，流程15.4千米。

经济发展

农业　道太乡是个农业乡，农民以种植粮食为主。由于生产技术落后，品种不良，粮食产量不高，长时间内粮食不能自给。1970年代末，开始种植连作晚稻，产量提高。1984年以后，由于紧水滩水库的建造，大量农田被淹没，加上农业产业结构调整，连作晚稻逐渐消失。1984年，全面实行第一轮土地家庭承包责任制，提高农民的生产积极性，加之杂交水稻的大面积推广和先进生产技术的应用，产量逐年上升，粮食自给有余。

1989年后，特别是1992年并乡之后，积极发展绿色产业生产基地，逐步优化农产品结构，确立产业重点，形成特色农业，涌现一批农业发展典范。蛤湖村自1983年以来，先后造林66.67公顷，开垦新造或改造板栗基地21.07公顷，村民人均收入逐年增长，1998年，村民人均收入2004元，成为远近闻名的富裕村。进入21世纪，道太乡立足实际，创新工作理念，突出“发展特色农业”的思路，充分发挥库区优势发展网箱养鱼；培育新的农业种植品种迎春桃；逐步扩大中药材种植规模，新增白术、天麻、元胡等药材品种；食用药菌、灵芝、吊瓜、香榧等特色产业的发展势头良好。2010年，全乡生态农业发展取得显著成效，成立仙宫湖生态林业发展有限公司和鸿鑫、欧缘两个灵芝专业合作社，在供村、大白岸、新地口、何山头、荷上畈、李村和半坑等村建立灵芝培育基地。在上海食用菌研究所专家的帮扶下，培育新灵芝品种“沪农灵芝一号”。同时，建立际头村食用菌标准化生产基地，发展吴庄村吊瓜基地，完成9个村的香榧示范点建设和1个毛竹高效示范点建设，进行规模化发展。

水果生产起步于20世纪70年代，只有蛤湖、前濑两村分别有一个大桑园，当时两个村养蚕业繁荣，并成为两村主要经济来源。水库建成后，大桑园淹没，养蚕业中止，水果种植业逐渐发展起来，起初还只是发展柑橘，后来逐渐发展起板栗、佛香柚、迎春桃、杨梅等。

林业　道太乡林业资源丰富，全乡山林面积30315公顷，木材总储蓄量146万立方米，是经济发展的又一重要资源。道太乡坚持依法治林，实行封、管、造并举的方针，认真做好护林防火、综合治理工作。20世纪60年代，建有国有枫坪洋林场，面积135.73公顷，1970年后开展植树造林运动，累计造林6933公顷。1978年，建有乡林场，总面积1133公顷。1989年后，以营林为重点，调整林业结构，在封山育林的同时，开始种植干果、蚕桑等，1992年实现年造万亩林、千亩果、百亩桑的规划指标。

2001年，道太乡以市委、市政府实施百万亩生态公益林工程为契机，实施万亩沿库两旁生态公益林建设工程。2002年，在抓好沿库5333.33公顷生态公益林的基础上，将道太溪、雁川溪两侧沿线第一道山脊线内山林列入公益林统一管理。2010年完成辖区内所有经营权(户)共5800公顷的林权勘界工作。

工业　道太乡的农、林产品加工较为粗放，主要有大白岸鱼干、玩具、竹制品、木炭等。20世纪60年代，建有大白岸一级和二级电站，还有道太溪的岭赤和大石溪的西坑下建有两座小水电站，总装机容量2800千瓦。2001年2月，外商投资500万元，新造黄砝源二级电站，总装机容量1000千瓦。2002年9月，对装机容量200千瓦的岭赤电站进行公开招投标，丽水山水电力有限公司顺利中标，电站技改后，装机容量有大幅度增容，经济效益有较大提高。全乡工业总产值1998年为2003万元；2001年为2803万元；2004年为4008万元。2006年，有电站3个，其他以木制品初加工为主，产值1932万元，2009年，产值2312万元。2010年，产值1608万元。

社会发展

教育　全乡有乡中心学校1所，完小3所。1989年，供村乡校教学楼和宿舍楼竣工，1991年，道太中学新建教学楼落成。2003年8月，乡中心学校由原道太乡独立初中和乡中心小学合并而成，为九年一贯制学校，雁川片小学生和全乡初中段学生在此就读。乡中心学校、双平完小、王庄完小三所学校均是1984年紧水滩电站建成后靠边迁移而建。2004年，乡中心学校校园占地面积25000平方米，校舍建筑面积13700平方米，80%以上学生均寄宿在学校，寄宿制成全乡学校最大的特点。2009年，投资107万元建设的供村希望小学项目通过初验，建立乡中心学校幼儿园。2007年，道太中学撤销。

卫生　乡中心卫生院始建于1953年，名为“龙泉县道太乡卫生所”。1984年，由道太区卫生所和雁川乡卫生所合并成道太乡中心卫生院，坐落于道太乡大白岸村。2004年，院内设门诊室、妇产科、防保科、B超室、心电图室、X光室、化验室。全乡有供村、双平、王庄3个卫生分院，17个村卫生室。2006年，共有卫生院4所，医务人员14人。2009年，投资118万元建成供村卫生院，方便供村管理区13个村5000多人就医。2010年，全乡参加城乡居民社会养老保险3178人，参加新型农村合作医疗保险13322人参。

交通　1978年，道太至供村乡道公路建成通车。1983—1989年，道太沿库公路龙泉至王庄全线建成通车；建成各村贯通的小马路36条，计155千米；1990年，拓宽供村至岭赤公路8.7千米。1997年，建成大堂下至毛圩公路6千米。2001年，完成山石坑至大白岸公路砂改油工程6千米。2002年11月，完成杨梅岙至山石坑砂改油续建工程5千米。2003年，垟头桥至供村砂改油工程全线竣工。2004—2006年，完成村沈线路面硬化工程70千米；垟松线(垟头桥至符畲大坝)路面砂改油工程16千米。2007年，道太乡迎来一个难得的发展机遇，经过道太乡的龙泉安福至松阳大东坝的二级公路一期工程开工建设，使道太乡成为松阳、遂昌、龙泉、丽水等地主要旅游景点的交汇点。2008年，道太乡在建康庄工程项目13个，共计68.108千米，完成衔接库区南岸4个村的坑口至梨垟康庄路前期工作。2009年，投资3663万元，新建康庄公路9条81.086千米，续建康庄公路8条41.242千米。2010年是康庄工程工作收官之年，截至年末，已完成路基57千米，路面49千米，完成下乾隧道毛洞开挖。

文化事业　1976年10月，道太区文化站建立。1980年4月，建立王庄公社文化站。1981年10月，建立供村公社文化站。1983年7月，建立双平、雁川公社文化站。1992年4月"撤区扩镇并乡"，将道太区所辖雁川、供村、双平、王庄4个文化站合并为道太乡文化站。

1975年2月，王庄公社电影队成立。1976年1月，道太区、雁川公社、双平公社电影队成立。1977年8月，供村公社电影队成立。各公社电影队成立后，开始在各行政村巡回放映。1984年移民期间，雁川、双平和王庄电影院建成，用16毫米放映机放映，各电影院有座位800余个。1983年8月，宽银幕故事片《漂泊奇遇》导演于本正，制片主任张正仁，主演王诗槐、薛淑杰、刘信义等演员，在道太区王庄乡黄金坑村凉亭下自然村的大樟树旁边，溪沿和大樟树上一户农家房、院子内、武溪等地方，共拍摄25场戏。此片拍摄结束后，在龙泉电影院举行首映式。

库区文化

民情民俗　农历七月十五日"起层糕"俗称七月半，是民间一个重要的节日。此日，龙泉有的乡村习俗是备一桌丰盛的菜肴拜祭祖公，以示子孙后裔对自己祖宗的孝敬和怀念。在双平一带，除此俗外，还有炊层糕一俗。七月半，新米正上市，农家把尝新放在拜祭祖先的这一节日。有的村落尝新是吃"新米饭"，双平农户却是吃"新米糕"，这种糕做法独特，一块糕有好几层，故曰"起层糕"。

锦安花鼓戏　锦安花鼓戏起源于明洪武初年前后，由当时来自安徽凤阳一支花鼓民间戏班传授，已有640余年历史。锦安花鼓源于当地的民间小调，又吸收全国各地精彩的俚语，具有民族音乐的典型特征。在中华人民共和国成立后，锦安花鼓戏被作为一种传统的民间艺术保留下来，并成为民间喜庆丰收、欢度节日和反映劳动人民幸福生活的一种民间歌舞表演形式。自古以来，锦安人代代以口头相传，每年春节前后必演花鼓，农历正月十五日元宵节定要烧灯（停止演出）。期间除本村外还到周边村演出。由于锦安地处高山，文化生活异常枯燥，花鼓戏班有着装演员，有音乐舞台，融吹、拉、弹、唱、舞、跳、花阵于一体，开演时唢呐锣鼓齐鸣，走家串户，非常热闹，且音乐优美，台词健康，幽默风趣，深受人民群众喜爱，这项民间活动一直持续至20世纪70年代末。

锦安迎神节　锦安村迎神文化节，是继春节元宵节之后又一盛大的节日。迎神分为请神和送神，一大早，村民将寿仙岩庙（灵山）中的五谷僧人、徐侯大王、平水禹王和石驮相公4座神像请到吴氏宗祠，然后沿着村庄巡游。

红色文化

1930年初，松阳县的陈凤生等人来到道太（原供村乡）一带秘密发展"青帮"，组织农军进行革命活动。1935年5月7日，粟裕、刘英率领红军挺进师1纵队打下源口，迅速控制丽龙公路。随后，挺进师在道太乡的锦安、下乾、新地口等村，深入发动群众，建立苏维埃政权，开展土地革命。1935年6

月，红军挺进师在松阳县小吉村召开政委会后，挺进师政委刘英亲自率领一支约30人的小分队，来到锦安村开展革命斗争。红军在村边的白马殿召开骨干会议，随后在吴氏宗祠召开村民大会，动员群众，宣传革命。

名胜古迹

仙宫湖　即紧水滩水库，面积34平方千米，位于瓯江上游龙泉溪上，是浙江省第三大人工湖。湖北靠仙霞岭山脉，南依洞宫山系，故称仙宫湖。其大半湖面在龙泉市道太乡境内，系省级森林公园。

鲤鱼寨　土名周书寨，是龙泉十八寨之一，坐落在坑口村，三面悬崖峭壁，地势险要，山顶平坦宽广，留有寨址。相传太平军攻打龙泉时，地主民团在此筑寨防守，保存力量。寨下上严儿村，周围有宋、元、明留下的龙泉青瓷古窑址16处，国宝“青瓷滴舟”就在这里出土，现存放在浙江省博物馆。

石房山　又名独山，素有龙泉屏风山之称。清代诗人徐应亨有诗曰：“峻嶒见独山，鼓楫向西湾。喷雪滩声急，留云石色斑。峰回频指点，径仄断跻攀。转意溟阳峡，徘徊积翠间。”紧水滩水库建成后，一改“喷雪滩声急”旧貌，独立如擎天之柱耸立于明净的仙宫湖之中，大有“独将霸水口”之势，有如龙泉水口屏风。

杨梅岭石刻　民国21年(1932)成立“浙江省龙云段公路修筑工程指挥部”，同年11月开始测绘、设计、施工。由于龙泉县境的杨梅岭是龙云段最难工程，悬崖峭壁，施工困难，导致工伤死亡10人。杨梅岭开拓凿平后，省公路管理局特在石壁上刻有“杨梅岭”三个大字，并在大字两旁刻有：“中华民国二十三年七月”和“浙江省公路管理局长李耀延，副局长李育，浙江省第九行政督察专员兼督路专员丘远雄”数行小字以作纪念。

龙挺山观音堂　位于考坑村半山腰，从观音堂内的“石台”“云极”“铁鼎”等物考证，该庙建造于清咸丰九至十年(1859—1860)，造型庄重典雅，古朴大方，技艺精湛。

云台山仙境　位于供村荷上畈村对面山上，距公路1.5千米。史书记载云台山上有和尚畈和道姑寺，历史上曾是宗教活动场所，和尚畈是寺庙产粮之地。云台山古墓中发掘的明代“玉壶春瓶”，珍藏在龙泉博物馆。在道姑寺旧址上建有“禹王宝殿”和“云台山观音”，高5米，气魄雄伟，形象逼真。山中景点有：仙人峰、梳妆岩、姐妹岩、兄弟岩等。

出土文物及遗址

南宋青瓷滴舟　1956年，在龙泉青瓷古窑址雁川乡坑口上严儿出土的南宋青瓷滴舟，造型模拟瓯江篷船，高9.3厘米，长16.7厘米，造型轻巧独特。经专家鉴定，系南宋时期龙泉窑出品，实为出土文物中龙泉青瓷珍宝。

明代纪年墓　1980年7月，道太乡供村一座明正德戊寅年(1518)墓葬出土有玉壶春瓶、荷叶盖罐、高足碗、花口小碗、花口贴花云盘、琮式瓶、鼎式炉1组7件，存龙泉市博物馆。

源口青瓷古窑址　见“第二十九篇　文化”。

第六节　岩 樟 乡

政区与人口

岩樟乡距市区 24 千米，位于龙泉市西北部，东与城北乡相连，南与西街街道接壤，西与锦溪镇和住龙镇毗邻，北与遂昌县交界。全乡总面积 101 平方千米，辖郑庄、柳山头、芭蕉、金源、金坑、石坑、仓坞、何坑、坑源底、绿坑、岱岭 11 个行政村，4152 人，乡政府驻郑庄村。2008 年被确定为龙泉市城区饮用水水源保护地，是国家级生态乡、国家级卫生乡。

建置沿革

清属剑池乡十八都地。民国为金石乡，属道太区。1951 年分为金石、岩樟二乡，属金龙区。1952 年划入城区。1953 年又划归金龙区。1956 年金石、岩樟两乡合并，称岩樟乡，为县直属乡。1957 年划归城郊区。1958 年划归锦旗（大）公社，称岩樟管理区。1961 年改称岩樟公社。1983 年 7 月改称岩樟乡。1992 年 4 月，龙泉市“撤区扩镇并乡”时，岩樟乡境域名称均保持不变。

自然

地势中部高，以大枫岙（海拔 1049 米）为分水岭向南北两端倾斜，东西两边均为大山所盘踞，有海拔 1000 米以上山峰 52 座。东面自北向南有大尖（海拔 1352.8 米）、白山岘（海拔 1386 米）、真武尖（海拔 1379.2 米）、小高尖（海拔 1069 米）等。岩樟溪（原名独源溪）源出大枫岙，自北向南直贯中南部。北有小溪流入遂昌县境。小溪涧纵横交错，脉布全境。山高水冷，光照不足，气温低，无霜期短，为单季晚稻地区。辖区南北长 20 千米，东西宽约 5 千米，总面积 100 .37 平方千米。耕地 291.9 公顷，仅占总面积的 2.91%，分布在沿河两岸，多为梯田。林地 8959.27 公顷，占总面积 89.26% ，其中用材林 6915.93 公顷，竹林 1200 公顷，是龙泉市重点林区乡之一。

经济建设

农业　1949 年前，农民在长期封建土地制度束缚下，无力增加农业投入，只能是维持简单的再生产，粗放经营，先进生产经验也难以推广，粮食亩产不足 150 千克，人民生活十分贫穷。1949 年后，随着土地改革，农民分得土地，并组织起来，发展生产，走集体化道路，人民生活逐步好转，特别是 1982 年实行家庭联产承包责任制后，充分调动农民生产积极性，粮食产量显著提高，温饱问题基本得到解决。2008 年，全乡农村经济总收入 4759 万元，农业总产值 2586 万元。自 2005 年乡党委、政府提出重点开拓生态农业产业的工作思路，着重发展高山蔬菜产业，岩樟乡的高山蔬菜产业从无到有，率先在柳山头发展壮大，之后辐射到全乡各行政村，通过三年的发展，不断发展壮大。2010 年，全乡发展四季豆基地 20 公顷、蟠桃园基地 11.33 公顷、茶叶基地 23.33 公顷、猕猴桃基地 8 公顷、生态稻米基地 3.33 公顷，促进农民增收 300 余万元。

林业　岩樟乡是龙泉市的主要林业乡镇之一，森林资源丰富，森林蓄积量59.5万立方米，森林覆盖率87%，每年出售商品材近1万立方米。有罗汉松、红豆杉、红楠、红枫、漆树、浙江红花油茶，木兰科等珍贵树种，其中柳山头村有目前浙江省已发现的最大的红豆杉林（系国家一级保护树种），被称为千年古树村。境内野生动物品种繁多，有黑麂、小灵猫、穿山甲、黄腹角锥、虎纹蛙等国家一、二级保护动物20余种，生存着数量繁多的猕猴种群。1983年，落实林业生产责任制，并在1990年完善林业生产责任制。落实林业生产承包制后，村民积极开展造林、育苗、封山，绿化荒山。1996年开始从铁板脑至金源村独源桥头公路沿线进行全面封山。2001年11月和2003年11月，40公顷的岩樟穗花杉（国家濒危植物）自然保护小区和333.3公顷的岩樟猕猴（国家二级保护动物）自然保护小区分别被列入省第一批和第三批重点自然保护小区。2010年，共有生态公益林面积2713公顷，是龙泉百里绿色长廊的子项目之一。

工业　20世纪80—90年代，岩樟乡工业主要以木材粗加工为主，1993年岩樟乡工业开始向精细加工发展，逐步形成以生产太阳伞为主导产品的乡镇工业，目前进入龙泉市工业小区的岩樟人开办的太阳伞企业13家，其中产值在1000万元以上的就有7家。在中国的木制太阳伞市场，龙泉占70%，而岩樟乡半岭人生产的太阳伞又占龙泉的70%。通过十年的艰苦创业，岩樟半岭太阳伞已成为龙泉外贸出口的支柱产业，半岭太阳伞企业成为全国最大的太阳伞出口基地，太阳伞的出口量占全国的三分之一。2003年，半岭太阳伞已直接打入美国、日本、韩国等国市场，并通过沃尔玛等国际公司的运作，实现总产值1.8亿元，一个以太阳伞成品为龙头，包括伞用帆布、五金、油漆等众多企业的产业链逐渐形成。2008年完成农业专业技能培训100人，农民职业技能培训44人，来料加工培训180人，来料加工实现加工费市外50万元，市内25万元，经纪人4人，加工队伍达300人。

社会发展

教育　岩樟乡原有村级小学14所，乡中心小学1所。1976年成立岩樟公社初级中学（二年制），招收初中新生一个班，1980年起停招。1988年，建筑面积440平方米的新教学楼建成并投入使用。1997年被龙泉市教育局确定为合格小学、小学生日常行为规范达标单位。

调整校网的同时，岩樟乡政府加大对乡中心小学的建设。1999—2003年，共投资46.5万元，对学校操场、道路、围墙和学生餐厅等进行拓宽、改造和维修，大大改善校园环境和办学条件，并购买原林业收购组的办公楼和仓库，进行装修和改造，改善师生的居住条件，增加学生实践劳动基地。2010年，学校占地11000平方米，建筑面积1600平方米，有6个教学班，学生137名，教职工12名，适龄儿童入学率100 %，在校学生巩固率100 %。

卫生　1956年，在乡政府所在地成立岩樟乡诊所，1960年改名为岩樟乡卫生所。1976年成立岩樟卫生院，1986年，新建400多平方米的门诊宿舍楼一幢，设中西医、中药房、妇产、注射、医疗、卫生防疫、放射等科室和病房。2003年，共投入资金23万元对卫生院进行环境改造，并建成门诊楼和放射室各一座，环境优美，设备齐全。2008年，完成农村新型合作医疗工作，参保率94.75%。

基础设施建设　1981年12月，建成龙泉至岩樟（郑庄）公路，改变山区人民"行路靠脚板，运输靠肩挑"的落后面貌。1986年建成高、低压线路，全乡通电，结束"火篾当灯草"的历史。1991年郑庄至坑口24千米公路竣工通车。1996—1998年，岩樟乡郑庄、仓坞、石坑、何坑、坑源底、金坑等行政村先后开通和安装程控电话。2000 年，岱根至半岭简易公路开通，实现全乡村村通公路；2001 年，金源、芭蕉、柳山头村程控电话开通，实现全乡三分之一农户通电话，电话装机 350 多门；2002 年 8 月，岩樟移动通信基站开通使用。2003 年，实施康庄工程，对乡政府 5 千米的过境公路和仓坞村等公路进行拓宽硬化。

名胜古迹

中共龙泉县委旧址　岩樟乡处于浙西南革命根据地的中心区域，毗邻住龙、锦溪、竹垟、宝溪、城北及遂昌县王村口、龙垟等地，坑源底村是这一带较隐蔽的村庄，早年就有革命活动，群众基础好。1938 年 2 月，中共浙西南特委决定成立龙泉县委，傅振军任县委书记，县委下设道太、八都两个区委，道太区委书记由县委委员曹景恒兼任，区委联络点设在坑源底邱元高家。1939 年 9 月，龙泉县委书记傅振军调处属特委工作，宣恩金接任龙泉县委书记，县委机关迁址到岩樟乡坑源底村，设在道太区委联络点村支书邱元高家。县委下设组织部、宣传部、青年部、妇女部等机构。1941 年 2 月后，因国民党实行“反共、剿共”的反动政策，对共产党基本地区进行“清剿”，县委机关人员有时转移至山棚居住或其它村庄。1942 年 4 月底，因形势恶化，龙泉县委领导撤离龙泉。

柳山头村　岩樟乡柳山头村坐落在龙泉遂昌边境的大尖山北麓的山坡上，海拔 800 余米。全村有 87 户，近 300 人，有山林 548.4 公顷，耕地 25 公顷，是一个典型的山乡农家村庄。柳山头村是革命老区村。1935 年，中国工农红军挺进师常在这一带活动，是浙西南革命根据地的中心区域，是龙泉最早建立苏维埃政府和游击队的村。红军挺进师在柳山头五显庙和柳氏宗祠及村中心板壁上都写有革命标语，五显庙白粉墙上的革命标语是：“消灭进攻苏区的蒋匪白军”“当红军最光荣”“不当蒋介石一日苦士兵！”等。柳山头村光照充足、冬暖夏凉、山清水秀、生态优美、古树参天，是华东地区稀有古树名木最多的村庄之一，有“华东古树第一村”之美誉。村庄的房前屋后、田边地头、祠堂旁边、小山岗上到处可见百年参天古树，不但数量多，而且名贵树种也多。据林业部门勘察，其中在五显庙后的小山岗上，有国家林业部颁布的一级保护树种——南方红豆杉 20 多株，胸径 50 厘米以上登记造册挂牌的有 13 株，树龄有 300~400 年。最大一株红豆杉，胸径 1.23 米。在柳氏宗祠旁边有一株著名的观赏树木——玉兰树，胸径 0.96 米，高 35 米，是丽水地区最高最大的玉兰古树。村前有一株稀有古树，名叫“蓝果树”，胸径 1.47 米，高 35 米，树龄约有 800 余年，相传是宋代先祖所栽。村旁有胸径 1 米以上的大柳杉 7 株，大杉树 84 株，还有大枫树、甜槠、苦槠数十株。柳山头村民自古以来都有珍惜和保护古树名木的传统风尚，至今，村民对保护这些名贵古树都有村规民约。并能自觉遵守，人人保护，代代相传，使这些参天古树名木得以保存下来，旺盛生长。

鹤门岙白云堂　位于岩樟乡东 5 千米，与城北乡黄鹤交界处。鹤门岙是古道要冲，古木参天，景色秀丽。路旁有一座古建筑——白云堂，建筑占地面积 600 多平方米，内有各种佛像 100 余尊，设有膳房和居室。

独源永安桥　位于岩樟乡金源村独源自然村，清乾隆年间建造。横跨独源溪上，东西走向，桥长 24.5 米，宽 9 米，有桥屋 8 间。分主、副桥，南侧为主桥，宽 5.5 米，抬梁式五架梁结构，明间屋顶伸起，歇山，翼角起翘。桥屋内设有神龛。桥南护桥板上为格子，圆形和格扇窗。檐柱雀替，雕刻八仙、松、竹、梅、花鸟等图案，具有较高的艺术价值。两端为封火山墙。小青瓦阴阳合铺。北侧为副桥，宽 3.5 米，略低于主桥，桥梁为悬臂式木架梁结构，木板直铺桥面，为通行道路。

何坑季氏宗祠　该祠堂位于何坑村47号宅南侧，建于清光绪十三年(1887)。平面布局由门楼、穿堂、戏台、天井两侧廊道和正厅组成。门楼为亭式，全木构作。戏台为活动式。天井条石围砌。正厅三开间，明间梁架为台梁式，次间穿斗式。硬山顶，有望板，小青瓦阴阳合铺。该宗祠整体保存较好。梁、柱、枋及牛腿、雀替等构件均雕刻有人物、花卉、动物等图案，工艺十分精湛。

邱家大屋　建于清朝同治年间。在郑庄，最早的居民为郑氏和邱氏，至今已传至50余代，后大多数郑氏迁居下樟与石马一带，邱氏成为村里的大姓氏。据《邱氏族谱》记载，屋主邱大舜是邱氏兆惠公长子支系第十九世，娶妻郑氏，生有四子。有兄弟两个，其弟叫大章，无子嗣。祖辈几代积攒的家业，到他这代，山林、田地无数，拥有四个大仓廊(粮仓)，遍及遂昌的石练、黄塔、城北的河里及郑庄四个地方，是当时岩樟、城北一带的大户，名扬两县八乡四邻。

柳氏宗祠　柳氏宗祠建造于清咸丰年间(1851—1861)。宗祠平面呈纵长方形，为三开间，有门楼、穿堂、戏台、天井、正厅、后厅，正厅后壁有祖宗牌位。大门上有"柳氏宗祠"匾额，宗祠内也有匾额"扬风扢雅"四字，宗祠柱上有清光绪二十一年(1895)写的楹联"宗必可追在追功追德，祖而惟远由远世远年""敦礼乐绳其祖武，读诗书诒厥孙谋""行其礼以奏其乐，敬所尊而爱所亲"。柳氏宗祠是柳氏祭祖的主要场所，也是柳山头村民集会、看戏等文化娱乐活动的重要场所。

民情民俗

清明时节，龙泉农村百姓家普遍都要做"蓬果"，而岩樟乡芭蕉、田青寮一带，不但家家做蓬果，还要炊蓬糕。从野外摘来嫩绿的青蓬洗净后经开水烫，再清水漂洗，然后切碎，磨成浆，加入糯米、粳米混合米粉，再将白糖加适量的食油、盐，水煎成糖油，倒入蓬浆米粉中，拌均匀，稠稀适度，然后上蒸笼蒸两到三小时。蓬糕晶莹透绿形似碧玉，香气扑鼻，香甜可口。清明时节做蓬糕，象征着春种遍地绿玉，预示着今年庄稼蓬勃向上，生长旺盛，祈求秋后五谷丰登，人民生活像蓬糕一样香甜美好。

民间文化

木偶戏　何坑村、坑源底村一带每逢过年节庆都有抽木偶戏(又称傀儡戏)的习俗，内容以古代搞笑戏为主，木偶戏形象生动、诙谐幽默，深受当地百姓的喜欢。

花鼓戏　柳山头村花鼓戏，由安徽"凤阳花鼓"演变而来，明朝时开始流传，历史悠久，源远流长。乐器以唢呐为主，配二胡、京胡、板胡和大锣、小锣、鼓板等，分生、旦、花旦、丑旦四人表演，主要曲目有《大花鼓》《梅香调》等。

特产

坑源底一带种植的细荚花生，体形比普通花生小，只有香烟般粗细。这种花生壳薄，颗粒饱满，每荚有2至3粒籽，极少有不结实的空荚。炒花生比普通花生色好味香，煮花生比其他品种的花生味更甜。旧时，坑源底一带农户仅少量种植，供自家人过春节食用或招待客人。1980年后，求购的人逐年增多，种植面积不断扩大。坑源底细荚花生现已是人们熟知的优级花生，市场供不应求，深受龙泉市民的喜爱。

第七节　城北乡

政区与人口

城北乡为龙泉北大门，东连道太，南邻龙渊，西接岩樟，北靠松阳、遂昌，227 省道穿境而过，乡政府驻地河里村，距龙泉市区 27 千米。全乡总面积 232.1 平方千米，耕地面积 9866.67 公顷，森林面积 20306.67 公顷，其中生态公益林 7333.33 公顷，毛竹林 2466.67 公顷，地域面积全市排名第三，被誉为龙泉城区的绿色北屏障。

全乡辖河里、内双溪、外双溪、鹤溪、皂口、盛山后、吴岱、麻垟、刘山头、李后、河坑塘、黄庄桥、季岱、方西、东书、西溪、上垟、大书、小书、陂川、上田、仓砝、溪下、小岩、万坑、库武、大贵溪、黄畲、鹤场、金埠、南溪、外埲、源头、村头沈、垟坞 35 个行政村。2010 年，全乡人口 1.15 万人，常住人口 2092 户 7553 余人，以汉族居多，也有畲族分布，主要居住在盛山后的锯村和河里的新庄自然村。

建置沿革

城北乡清前属龙泉乡（又名建德乡）十九都、廿一都地。中华人民共和国成立前夕属梧垟乡、黄鹤乡、上东乡，归道太区管辖。土地革命时期，是浙西南游击根据地的中心区域，挺进师曾在上田仓砝举行政委会，黄畲、鹤溪等成立过村苏维埃，开展“打土豪分田地”斗争。1953 年建立城北区，辖盛溪、黄鹤、上东、梧桐口、凤鸣五个乡。1956 年撤销城北区，将盛溪、黄鹤两乡合并，取名为联盟乡，与上东乡一起又归道太区管辖。1958 年成立城北大公社，1961 年改称城北区，辖盛溪、黄鹤、上东三个公社，1984 年改公社为乡政府，三个乡建制不变。1992 年 4 月，撤销城北区，盛溪、黄鹤、上东三个乡合并为城北乡。

自然

属中亚热带季风气候区，全年温暖湿润，四季分明，雨量充足，年平均气温 17.6℃，年平均雨量 1645.4 毫米，年平均无霜期为 262.1 天，年平均日照为 1823.8 小时。土壤以深厚、疏松、肥沃的沙壤土、风化土和腐殖土为主，境内多为海拔 380~1410 米丘陵山地地带。由于山高源深，常年多雾，一般只受台风外围风力的环流影响。

城北为丘陵山地带，田地以山垄梯田居多，以种植水稻为主，兼种玉米、番薯、豆类、蔬菜等。作为龙泉的重点林区，木本植物种类繁多，有成片的杉、松用材林，有毛竹、毛棕、油茶等经济林，有红豆杉、长叶榧、凹叶厚朴、银杏、花榈木等珍稀树种。盛产灵芝、香菇、木耳、笋干、药材、茶叶、四季豆等。野生珍贵动物有苏门羚、猕猴、白鹇、大鲵、虎纹蛙、九节狸等。境内溪流众多，共有 15 条，最长的白雁溪长 34.4 千米，沟壑纵横，地势落差大。白雁溪、大贵溪、双溪等水系为小水电开发提供丰富的水力资源。2 千米以上峻岭 30 处，其中最长的吴岱岭长 5 千米。有银坑洞，硫磺洞，煤矿洞等 25 处。龙遂公路（51 省道）沿溪而过，纵贯南北。一路山清水秀，林深谷幽，流泉飞瀑，空气清新，景色宜人。1000 米以上山峰有 15 座，海拔最低的是黄庄桥村 380 米，最高是内双溪、外双溪村后的“和尚坛”

山峰1410米。最为壮观的是位于上垟岙对面的第二高峰“头梳岘”，海拔1382米，形如半月，状若头梳。晴日登上峰顶，鸟瞰四周，峰峦起伏，绵延数十里，岘下有坛上后龙潭，形如双胞石臼，此潭有“雨越下潭水越枯，天越旱潭水越满”的神奇传说。此外，尚有石大门、石磨等奇景。与此峰相邻的是鸡冠岩峰，极其险峻，因状如鸡冠而得名。

经济建设

农业　城北人民以务农为主，特别是1982年前以“三级所有、队为基础”的人民公社集体化条件下，纯为单一的粮食生产。1983年实行以家庭为主的联产承包责任制以后，放宽经营自主权，解放劳动生产力，使农民得到从未有过的实惠。2000年，全乡土地延长承包期30年，围绕市场抓农产品的规模生产，以“基地+农户”的形式加快农业产业化进程，以灵芝生产、香菇栽培和毛竹为主产业，扶持和引导科技示范户。2003年，全乡发展灵芝1000余立方米、香菇300余万袋、笋竹两用林133.33公顷。2008年，产香菇(干品)22.5吨，黑木耳(干品)18.5吨，培育竹笋两用林1200公顷。2010年，香菇(干品)42吨，黑木耳(干品)100吨，笋干(鲜笋折合笋干)10.1吨。2010年茶园总面积94.73公顷，采摘茶叶52吨。

高山蔬菜(海拔650米以上地区反季节四季豆)，2004年，黄畲、鹤场两村90余农户订购种子560斤，在海拔650米以上的土地里播种13.33公顷，获得成功，仅此一项就为两村农民人均增加2000余元收入。2008年，全乡有19个行政村，1100户农民种植四季豆173.33公顷，山露菜33.33公顷，增加产值1600余万元。2010年，争取国家现代农业项目资金支持，在鹤场、黄畲、金埠3个村建设四季豆标准化示范基地。同年，组建“北乡”高山蔬菜专业合作社，建成城北乡四季豆收购市场，以合作经营、集中交易的方式引导种植户按照“生态、无公害”的市场需求进行标准化生产，全年全乡四季豆总产值1800万元。

2008年，全乡粮食总产量6836吨，农村经济总收入4981万元，农民人均收入4769元。2010年，全乡粮食总产量4435吨，农村经济总收入5704万元，农民人均收入6135元。全乡粮食作物种植面积保持在580公顷以上，以四季豆、茄子为主的高山蔬菜种植面积86.67公顷，发展食用菌352万余袋，改造低产毛竹林1000公顷。通过组建专业合作社，带农户、建基地、拓市场，确保良种良法配套、农机农艺结合、节本增效同步，进一步提高农林经济效益。

2009年，投入5万元，建成东书村13.33公顷高产高效猕猴桃示范基地。2010年，争取到省农机推广项目资金支持，建成东书村10.67公顷高产高效猕猴桃示范基地，并与养殖大户的污水处理结合，积极探索种养结合、生态高效的科学发展路子。在季岱村新建食药用菌基地一个。

畜牧业　2010年，全乡全年饲养生猪9378头，年存栏3511头，年出栏5867头；牛年存栏180头，年出栏49头；家禽年存栏19230羽，年出栏12550羽，鸡鸭鹅蛋产量6.6吨，禽肉19.8吨；肉类产量合计616.6吨，其中猪肉586.8吨，牛肉8.9吨，羊肉1.1吨；年末养蜂100箱，蜂蜜产量2.3吨。

林业　林业是城北的支柱产业，全乡森林覆盖率84.4%。1983年，落实林业生产责任制以来，实行“采、育、封、管、造”并举的方针，保护生态平衡发展，坚持社会效益和经济效益相结合、近期效益和远期效益相兼顾的原则，大力开展绿化造林、幼林抚育，每年安排采伐计划1万~1.5万立方米，2008年，因雪灾特殊安排采伐2.2万立方米，每年造林133.33公顷，中幼林抚育400公顷，切实加强生态公益林建设和日常管理工作。不断加强林业、林政工作，落实有关村兼职护林员9人，严格执行采伐审批制度，制止违法、违规、违例行为。层层落实森林防火工作责任制，签订森林防火责任书，建立一支有21人组成的标准森林消防队伍和两支由45人组成的业余消防队伍，落实和制订森林火情应急处置预案和有关扑火工具，真正做到防患于未然。2010年，全乡封山育林面积2632.07公顷，迹地更新面积72.67公顷，毛竹采运65万根。

工业　20世纪80年代末至90年代，随着木材市场的开放，城北经济迎来一个发展高峰，依托本地丰富的木材资源优势，一些有经济头脑的人纷纷投身于木材流通和木制品加工业，当时有上东造纸厂、上东小料加工厂、上东鞋楦厂、盛溪小料加工厂、城北电线槽板厂、黄鹤小料加工厂、城北民政福利厂等企业，引导和促进全乡工业的发展。

在龙泉新一轮发展工业的热潮中，城北乡在巩固和发展现有企业的基础上，不断促进木材精细加工业的稳步发展，形成以兴龙工艺品厂为龙头的木篱笆系列和太阳伞系列产品远销韩国、日本、上海等地。另外，大力发展太阳伞伞头、伞棍、毛竹加工、水煮笋等半成品加工，为大企业服务。

利用丰富的水力资源开发小水电。2010年，全乡有小水电站8个，装机8175千瓦，实现年产值1500余万元。其中溪下电站500千瓦，盛溪电站395千瓦，游潭电站120千瓦，锯树一级电站1500千瓦，锯树二级电站1500千瓦，南溪电站1320千瓦，北龙电站1890千瓦，河里电站950千瓦。

第三产业　在发展香菇产业的过程中，自发形成东书香菇交易市场和河里香菇交易市场，促进运输业、餐饮业、菇农服务业、小百货等行业发展。在每年春笋交易季节和毛竹交易旺季，汽车、拖拉机昼夜运输、促进地方经济的发展。全乡有1200多人的队伍常年外出务工经商，农闲时还有近50%的人口外出，在个人取得丰厚回报的同时，也为家乡发展带回资金和技术信息。2009年，全乡小型宾馆、旅馆行业总产值2亿元，纯利润约6000万元。

一方名产　香榧为城北的特产，分布在陂川、外双溪、麻垟、桥头寮、龙塘、大贵溪等村，有示范基地13.33公顷，年产量2000余千克，以个小、肉厚、香脆而闻名远近。城北灵芝以其无污染、品质好而闻名遐迩，2004年形成段木灵芝生产基地33.33公顷。

社会发展

教育　城北乡教育历史悠久，民国5年(1916)乡人曹德麟、毛业粼等创办双溪私馆。民国12年(1923)，改名为上北区育英学校。民国28年(1939)，改名保国民学校，嗣后又改为黄鹤乡中心国民学校。1949年9月改名为双溪村小。另在1911年，在上田村还有由前清秀才毛俊镛开办的上田化育小学，也即今上东完小前身。

1951年，小学改为办公。双溪村小与盛山后村小合并，改为盛溪乡中心小学，址设吴岱村。1958年8月，原设在上东乡上田村的城北区中心小学迁至吴岱，学校改为城北区中心小学，1959年迁至河里。文化大革命期间，小学下放到大队办，每村开设小学。撤区扩镇并乡后，设城北乡中心小学、上东完小、黄鹤完小及村校与教学点。1982年，全乡适龄儿童入学率99%以上，在校生巩固率99.8%，1996年通过省"两基"普及验收。2000年，全乡进行校网撤并，村级教学点减为5个。2003年，全乡三至六年级学生并入城北乡乡校、黄鹤完小、上田完小和东书完小。2010年，在校生386名，教职工46人，适龄儿童入学率100%，在校生巩固率100%。

城北中学创办于1958年，校址在盛溪乡吴岱村。1959年下半年，撤销城北初中，并入龙泉中学。1970年，小学开设初中班。1976年，盛溪公社小学、初中分开管理，定名为盛溪中学，并设高中班。

1982年，黄鹤学校初中班并入盛溪中学，并易名为城北区初级中学。1983年1月，学校校址迁至茶叶坪新址单独办学。撤区扩镇并乡后，上东学校初中班并入城北中学。学校占地面积0.77公顷，校舍建筑面积2000余平方米，有8个教学班，学生420余名，教职员30人。2004年9月，城北初中并入龙泉市私立养真中学。

卫生　1949年前，全乡仅有6所私人诊所，6名医师。中华人民共和国成立后，卫生医疗事业有长足发展，到1983年，全乡有卫生院4所，村医疗站30所，专业医疗人员28名，赤脚医生49名，病床31张。2000年以来，通过加大投入，整顿医疗市场，2010年，全乡有1个中心卫生院，2个中心卫生分院，还设立2个社区服务点，7个村级医疗点，有执业医生12人，村级卫生人员7人，病床8张，添置B超、X光、血液分析仪等医疗器械，不断提高医疗水平和服务意识，构筑乡村两级医疗服务机构，确保群众初级卫生保健的需要。

邮政通讯　20世纪50年代，城北设有邮政局，主要代办信函、报刊发行，电报、电话业务。1996年至1999年，开通程控电话，全乡75%以上行政村通电话。1998年邮政和电信分开，两处仍合并办公，并在上东、黄鹤设点办公。2001年，开通中国联通网移动电话。2002年，开通中国移动电话。2004年，开通宽带。

电视广播　20世纪50年代，开始推广有线广播，并组建广播室，配置收录机和转播扩音器等设备，20世纪80年代得以普及。1984年，当时的区机关和盛溪乡政府联合建造第一个电视差转台。2008年根据省广播电视局下达的计划，上田、溪下、万坑、陂川、内双溪、黄庄桥、鹤溪、大贵溪、外埲通广播。

1997年，库武村安装全乡第一个小循环有线电视差转台，能收看四套电视节目。2000年开始安装有线电视，至2008年，已开通内双溪、外双溪、皂口、黄庄桥、东书、西溪、上垟、溪下、上田、苍砝、陂川、万坑、大贵溪、外埲、村头沈、南溪、下场、金埠（龙塘自然村）、盛山后、季岱、麻垟、鹤溪、鹤溪、吴岱、小书、大书、库武有线电视。

供电　城北最早的电站是内双溪电站，建于1967年，装机容量仅有10千瓦，所发的电只能供村民照明。20世纪70—80年代，全乡掀起建造小水电的高潮，全乡有大小水电站21座。1985年10月，盛溪电站并入当时的龙泉县电力公司。2000年，乡农电站撤销，建立乡供电所和30千伏变电所，对全乡的农网进行改造。

供水　城北人民的生活饮用水历年来都是依靠井水、溪水，偏僻山村逢大旱年肩挑背扛十里二十里外取水。1983年，东书村建起全乡第一个自来水供水网。自十万农民饮用水工程开始实施以来，各村都陆续完成自来水工程。2010年，全部行政村安装自来水，投资150余万元的饮用水工程完成，投资26余万元的污水处理工程完成。

道路　20世纪80年代，全乡各村掀起建造小马路高潮。龙遂公路（51省道）贯穿城北，为城北的最主要通道，1998—2000年全线进行砂改柏油路面改造。2002年，黄畲小马路开通，全乡35个行政村村村通机耕路的目标实现。"康庄工程"实施以来，再次掀起道路改造高潮，至2008年，开通鹤场、南溪、大贵溪、外埲、李后、盛山后、吴岱、鹤溪、麻垟、季岱、大书、万坑、库武、西溪等14个行政村的康庄公路。2008年，投资8万元，新建小岩、河里、大书、黄畲、盛山后行政村的竹林机耕路共6.6千米。2010年，成为龙泉市康庄工程建设重点乡镇，建设8个康庄工程项目，总里程100.18千米。

名胜古迹

古阁坊影　位于上田和仓砝两村之间，外侧是精致的白墙漆柱的“文昌阁”，内侧则是禹王庙，中有几个 2.6 米高的佛雕塑像。中间原本是 12 米高的石砌节孝牌坊，精雕细凿，做工十分精细，20 世纪 60 年代“文化大革命”期间被毁，只留下柱基。

上田古民居建筑群　已有 360 多年历史的上田村有古建筑房屋 28 幢，其中，乾隆年间建造的 1 幢，为土木结构，房内雕梁画栋，整体建筑美观大方，有较高的历史研究价值和艺术研究价值。在房内还保存很多古匾额，如“贡生”“诗礼传家”等。

上田战斗纪念馆　1935 年 9 月 19 日，粟裕、刘英领导的中国工农红军挺进师袭击驻扎在上田的国民党省保安队，战斗持续到凌晨，打死打伤敌人 100 余人，俘获敌人 42 人，缴获大批武器弹药，史称“上田战斗”。为纪念这段历史，1996 年，上田建成全省第一个村级革命纪念馆——上田战斗纪念馆。1998 年，该馆被浙江省军区确定为浙江省国防教育基地。2010 年，上田村举办“上田首届文化节暨文昌阁重修竣工庆典”活动。

仓砝红军挺进师政委会会址　见“第十六篇　旅游业”。

民情民俗

立冬节　又名完冬节，因各类农作物至此日均已收获，故称完冬。届时，乡民家家酿新酒、做豆腐、杀鸡、买肉，喜庆丰收。此俗始于唐末，至今犹存。

新娘“三旦回门”　新婚第三日，俗称三旦。新婚夫妇双双回女方父母家吃一顿中饭，当日必须返回，俗称三旦回门，此俗一直沿袭，全市皆然。出嫁之女不能在娘家过第一个新年，假如要留在娘家过年，必须在除夕夜间开年前躲进附近仓房、灰寮，等候娘家开年迎新的鞭炮放后，才能进娘家屋内。此俗，仍存于个别村。

种山点包谷　为山民在长期的林业生产过程中形成的一套固定生产方式。种山人首先选好朝阳、土质好的山片，一般为杂木丛生、落叶深厚、泥土湿润的地方。第一步俗称“劈山”，帮工只带柴刀，上山清理圈定的山坡，砍去杂木，在四周留出“火路”。第二步为“烧山”，在太阳出来之前，察看好风向，逆风点火，大火后的土木灰能增强土地肥力。第三步称“搭寮”，烧山后选平岙处搭山寮，为山民劳作时避雨安身之所，俗称“苞萝寮”。第四步开种，农事很简单，旧时用一根木棍套上圆形铁锥，一手戳洞，一手放种子。此俗全市山区基本一致。

放“孔明灯”　选正月里的大雪封山，雪后初晴的日子，砍来毛竹，买来绵纸，用竹子扎成直径两米大小的球，然后把绵纸糊上，粘上各种各样的彩纸和吊带，下留圆形口。由热心的老人和年轻人到村内各家各户收“捐油”，然后将油倒入盛器中，吊挂在纸球下。几十人前呼后拥抬着“孔明灯”到村附近的田地或是平坦的山头上放飞。全村男女老少都会走出家门观看，随着灯芯的点燃，纸球渐渐鼓胀，离地升空。此刻，人们欢欣雀跃，活动达到高潮。

民间文化

东书木偶剧班　东书姜家木偶班源自康熙年间，至今已有 300 多年历史。始自庙戏，道具简单，唱腔不用丝弦管乐伴奏，只用鼓板小锣配唱高腔曲调，前台提线 1 人，后台敲鼓板小锣 1 人，帮唱若干人。后受外界剧团演出唱腔影响，又学会乱弹、婺剧曲牌，逐步形成既擅长演高腔，又会演奏乱弹、婺剧的三合班。21 世纪初，第十代提线木偶传人带领的木偶剧班，常年巡回演出于龙泉、遂昌一带，深受群众喜爱。

马灯　有近 300 年历史的马灯，仍存于陂川、内双溪、外双溪、黄畲等村。相传先民为躲避战乱而鼓励子孙习武的一种文化艺术。在 2002 年的龙泉青瓷节上崭露头角，深受好评。

第八节　竹垟畲族乡

政区与人口

位于浙江省龙泉市西南部的浙闽赣边境，仙霞岭山脉披云山东麓。东南与八都镇，南与上垟镇，西与宝溪乡，北与锦溪镇、住龙镇相接壤。以盖竹、垟赛两村各取一字组合，加上是畲族人聚居地，故名竹垟畲族乡。乡政府驻地盖竹村，海拔 311 米，距龙泉城区 21.5 千米。境域面积 101.5 平方千米，耕地 720 公顷，山林 7600 公顷。辖盖竹、金田、罗墩、际上、红坞、良溪、山溪口、五四、局下、后排岭 10 个行政村。

1984 年 10 月建立畲族乡时全乡 1603 户，7382 人，其中畲族 531 户，2000 人，占全乡总人口 27.1%。畲族主要居住在罗墩、际上、金田、红坞、良溪 5 个行政村。1990 年，全乡 1797 户，7563 人，其中畲族 2016 人。2010 年，全乡 2157 户，7875 人，其中畲族 2378 人。

建置沿革

民国时称龙泉县第十都，中华人民共和国成立后称竹垟乡。1951 年分为竹垟、山里两个乡，1954 年合并复称竹垟乡。1958 年 11 月成为八都人民公社竹垟管理区，1961 年 9 月改称竹垟人民公社，1984 年 5 月复称竹垟乡。1984 年 10 月经浙江省人民政府批准建立竹垟畲族乡。1992 年 4 月"撤区扩镇并乡时"，保留少数民族乡，竹垟畲族乡辖区不变。

自然

境内山峦连绵起伏，森林茂盛苍翠，全乡山地面积 8700 公顷，森林覆盖率 85.7%，其中毛竹林 2130 公顷，立竹量 500 万支以上。森林资源丰富，树木品种繁多，高山上有珍贵树种塔树、罗松槐树。在海拔 400 米以下的丘陵地带有樟树、枫树、苦槠等散生树木。溪边有柳树，田间屋旁有乌桕等，防护林主要是苦栗树、樟树、枫树、柳树等。油茶林则分布在罗墩、际上、金田、红坞、良溪、后排岭等村。中药材有杜仲、厚朴、肿节风、重楼、黄连等。野生动植物资源丰富。

地势西北高，东南低。横溪纵贯南北，流程 18.4 千米，水质清澈，溪鱼成群。乡西北部两条原始生态沟呈 Y 形从海拔 400 多米陡然上升到 800 多米，境内山高谷深，群峰巍峨，植被茂盛，云雾缭绕。竹垟属亚热带季风气候类型，四季分明，雨量充沛，昼夜温差大，春季回暖早。山谷盆地小，特殊地理环境形成立体形的山区气候，不同高度，不同季节温度差异大。年平均气温 17.6℃，平均降雨量 1669 毫米，平均相对湿度 79%，无霜期 263 天，日照时数 1850 小时。

乡道横溪桥至局下村公路将全乡9个行政村连在一起，为主交通网络。东部是畲族聚居村，南部是古文化区域和乡政治经济文化中心，北部森林资源聚集区，西部是披云山景观带。

经济建设

中华人民共和国成立前，际上、红坞、良溪、罗墩、金田这五个畲族聚居村，自然条件差，生产技术落后，产量低，平均亩产在200斤以下。畲民温饱不能解决，一般都缺粮几个月，多的缺粮半年以上。缺粮期靠杂粮度日，杂粮有番薯、玉米。“食，以蕃薯为正粮，玉蜀黍次之。”

1976年人均口粮217.5千克；1979年462.5千克，人均收入137元。

1983年，落实农村家庭联产承包责任制，农民的生产积极性充分地得到发挥，优良品种如杂交稻已得到大规模推广，大部分畲族乡村种植柑橘等经济作物，菌棒栽培香菇、木耳，家庭养殖业已普遍，农户开始有拖拉机等农业生产机械，提高生产效率。为国家提供商品粮132万千克，户均1978.5千克，人均收入263元，全乡存款383615元，人均57元，粮食生产稳步提高，农民温饱问题基本解决。

1985年，农业总产值839.3万元，工业总产值286.9万元。粮食总产量98503担。农民人均收入615元。

1990年，粮食总产量5716吨。农民人均收入640元。

1995年，农业总产值2331万元，工业总产值1368万元，粮食总产量4919吨，农民人均收入1640元。

2000年，耕地693.1公顷。粮食产量4869吨。香菇木耳生产开始得到大规模发展，成为各村支柱产业，是农民的主要收入来源。双益菇业有限公司在金田村创办，生产食用菌品种有香菇、白木耳、黑木耳、草菇、秀珍菇、白灵菇、蘑菇、金针菇、竹荪等，实现食用菌生产的工厂化。富裕的村民，开始讲究生活质量，美化自己的生活环境。

2005年，农业总产值4992万元，工业总产值1976万元，耕地面积610公顷。粮食总产量4756吨。当年新种茶叶51公顷，改造茶园13公顷，引进凤凰茶叶开发有限公司创办茶叶加工厂。2007年，组建披云山竹业合作社，组建朝阳食用菌合作社，组建伟铭茶业合作社，新建乌龙茶基地20公顷，完成1000平方米的廊桥茶叶加工厂建设。

2010年，农业总产值8044万元，工业总产值3221万元，牧业产值689万元。耕地面积830.5公顷。农作物播种面积1245.87公顷，粮食总产量4700吨，农民人均收入6001元。生态产业有竹、茶、菌、蔬、畜、果六大农业产业，实现林业经济多样化、茶叶生产规模化、黑木耳培育标准化、蔬果种植无公害化、禽畜养殖产业化，以天然无公害为主打的农产品品牌效益不断显现。

社会发展

教育　1900—1949年，罗墩村、际上村、金田村、红坞村、良溪村办过冬学、私塾。民国时期，有竹垟乡乡立盖竹初级小学、际上村国民学校和乡校妇女识字班，1942年，浙江省邮政管理局迁盖竹村，在盖竹开办一所邮政子女中学。民国时盖竹罗蒋氏、罗黄氏捐资助学，盖竹国民学校成立学校赞助委员会，一些热心教育人士赞助资金维持学校开支。

1950年冬，开办有冬学、农民夜校、识字班，补习文化。1956年开始扫盲工作，至1990年完成扫盲验收。

1958年，有竹垟中心小学一所，罗墩村、际上村、金田村、良溪村、五四村、山溪口村、局下村、后排岭村共八个村都先后办起初级小学。

1966年，创办竹垟公社农业中学。文化大革命期间，实行贫下中农管理学校，学校数量迅速增加，教师队伍壮大，但是教学质量却比较低，10个大队均建有学校，有的大队还办起两三所学校，在一些人口稍集中的自然村都办有学校，聘请下乡知识青年担任教师。

1974年，盖竹创办一个初中班。同年，山溪口村创办初中班，1977年设立一个高中班。1978年恢复高考制度以后，开始整顿教育，重视教学质量，撤销山溪口初中，与竹垟初中合并成立竹垟中心学校附属初中，属中心学校，统一管理。

改革开放以来，政府采取多种措施扶持和帮助民族乡村教育事业，1985—1989年免交全乡小学生学杂费。对小学升初中、初中升高中采取降低分数录取的办法，招收少数民族学生入学。

1985年9月，建成山溪口村小学教学楼，建筑面积589平方米，有教室6个，造价6万元。12月，建成罗墩村小学教学楼，建筑面积600平方米，有教室10个，造价5万元。

1986年，建成竹垟畲族乡初级中学教学楼，建筑面积946平方米，有教室12个，造价10万元。12月，建成金田村小学教学楼，建筑面积600平方米，有教室6个，造价6万元。

1987年12月，建成乡中心小学教学楼，建筑面积886平方米，有教室5个，造价9万元。

1990年8月，建成后排岭村小学教学楼，建筑面积153平方米，有教室2个，造价2.7万元。8月，建成红坞村小学教学楼，建筑面积150平方米，有教室2个，造价3.1万元。

1992年6月，建成局下村小学教学楼，建筑面积150平方米，有教室4个，造价4.37万元。全乡有小学学校数16个，小学在校学生数570人，小学普及率100%，毕业率100%，小升初升学率99.5%。乡初级中学有班级5个，学生数218人，教职工15人。

1994年8月，建成良溪村小学教学楼，建筑面积600平方米，有教室6个，造价14万元。9月，初中校网调整撤并，竹垟畲族乡初级中学并入八都中学，更名为龙泉市民族中学。

2001年起，由于各村小学在校生数越来越少，为整合教学资源，各村小学逐渐撤销，学生并入乡中心小学。

2010年，乡中心小学有普通教室9个，专用教室3个，图书室、仪器室、实验室、少先队队室各1个，教师办公室6个，会议室1个，每班配有多媒体设备，有学生和教师电脑58台。有班级6个，在校小学生数216人，小学毕业率100%，小学升初中入学率100%，有教职工20人。

广播电视　1969年，建立竹垟乡广播收音室。1976年，成立竹垟乡广播站。20世纪80年代开始，电视在农村逐步普及。1984年，浙江电视台无线电视信号覆盖全乡。1986年有9个行政村都建起广播室。2006年，有9个村实现有线电视联网，有线电视用户1042户，传输电视节目31套，广播节目4套。

卫生　1953年8月1日，成立八都区卫生工作者协会竹山小组，有8人。1956年成立竹垟乡联合诊所，租用医疗用房100平方米，山溪口村设分诊所，驻杨水楷家，只配中草药，尚无西药。1968年，引进西医。1984年10月，联合诊所改称为竹垟畲族乡卫生院。1986—2010年，先后三次建造卫生院门诊和医疗用房。卫生院占地面积约1668平方米，建筑面积约800平方米。配齐医务人员，医诊疗水平逐渐提高。乡卫生院有X光、B超、心电图、化验等医疗设备。村民参加农村合作医疗保险，享受医疗保险报销待遇。

道路交通　竹垟畲族乡境内古道有：自县城西圈门（一名奉直门）越牛头岭，由八都镇经竹垟畲族乡铜（桐）山、木岱口、塘上、石坑入福建省浦城县界。从八都镇吴公村至际上村，经罗墩村野猪窟自然村、红坞村、良溪村往锦溪镇岭根村。自横溪桥经下武、盖竹、金田、柘坑、山溪口、杨赛、局下、三叠石、披云山，往宝溪乡青井村。自八都镇大坦经桐山、后排岭、田篷、往山溪口村。分支从大坦经桐山、往铜山源至金田村。

自盖竹经罗墩村、际上村，往八都镇署网村。自金田经红坞村、良溪村，往锦溪镇岭根村。

20世纪80年代，开工建设金田经红坞、良溪、双岭乡岭根村至龙住公路联网的标准农机路；建成从金田过山溪口、赛坑、狮坑、麻地至局下村的小公路。

1982年，建成盖竹桥，长54米，宽4米，3孔，孔跨径14.8米。1983年，金田村桥建成，长48米，3孔；山溪口桥建成，长36米，2孔。1985年，金田至山溪口简易公路建成，长5.47千米。1990年，局下至岱头、局下至安坑机耕路建成。1993年，垟赛至局下机耕路建成，总投资30万元。1995年，盖竹至罗墩3千米机耕路建成。1997年，良溪南山下至石米寮机耕路建成，长1.96千米。1998年，投资19.7万元，铺浇盖竹至金田2千米油渣路。2003年始，全市开始以通乡、通村公路为重点的大规模农村公路建设，实施村村通工程。2004年，全乡10个行政村开始建设公路康庄工程，总投资844.22万元，总里程42.59米。2005年，完成金田至岭根公路、山溪口至局下公路、山溪口至里党公路、金田至山溪口公路改造工程验收。完成罗墩至际上7.6千米康庄公路路基工程。

美丽畲乡建设 畲乡发展得到各界大力支持，省财政每年给予200万元财政转移支付，省农办、省法制办、富阳市结对帮扶，厅级11个单位也在项目、资金、人才、物资等方面给予倾斜支持；丽水市国土局、民政局、卫计委、体育局四个单位也在结对走亲。在社会各界帮扶下，竹垟畲族乡面貌日新月异、农民生活愈加美好、民族风情传承发展、经济社会和谐稳定。2009年，改善居住环境，实施生态村整治，完成山溪口、际上村市级生态村建设，后排岭、局下、五四村环境整治村及罗墩村巩固提升建设和五四村绿化示范村建设。在后排岭、局下、五四等村建设农村沼气池40个。金田水库是流域下游群众的饮用水水源，实施山溪口、局下村的饮用水水源保护工作。金田村开始治理生活污水。完成危旧房改造183户，其中新批建97户。引导农民在中心村、镇建房46植，下山脱贫44户217人，整村搬迁21户94人。2010年，建成金田、山溪口、罗墩黄源、良溪下山脱贫小区，有383户1685人实现下山脱贫。盖竹、金田、罗墩、良溪旧村改造工作中农户新建房168户，危旧房改造420户，村民居住条件得到改善。洁净乡村、美化环境，竹垟畲族乡建成美丽宜居小镇。

名胜古迹

铜山源孝义夫人庙 位于金田村铜山源自然村。铜山源，古称孝义山，在县西十都距县四十里，上有孝女张夫人庙。《唐书·地理志》载：龙泉县八都孝义山铜山出铜。宋孝童庐亦居此。今废。清顺治《龙泉县志》记载：孝义山祠，在十都，距治四十里。每年农历七月初七日，乡人都要举办七夕庙会。

盖竹罗氏祠堂 位于盖竹村后街，清代古建筑。盖竹罗姓祠堂原称三家祠堂，由罗姓迁居盖竹第八世罗积宝、罗积明，第九世罗德涵三家独资买地建造，祠堂初为两进，内堂三间二灶房，外堂五间一坛坪，大门自外墙至官路，内堂后为菜园，在王姓祠堂隔壁，旧名山根园。祠堂神厨设祖先牌位。罗姓村民清明日、冬至日值祭。

坤德桥 位于盖竹村水口，为悬臂式廊桥，东西走向，桥长42.6米，宽4.1米，一墩二孔，石木结构。桥梁悬臂、简支结合建造。民国17年(1928)冬，由盖竹村民罗黄氏出银一万九千余元建造，民国19年(1930)冬造成。因罗黄氏年轻守寡，一生节衣缩食，乐施善事，济贫扶困，晚年倾其所有，建成

此桥，故名坤德桥。

罗家大屋　位于盖竹村中心，始建于清咸丰年间，罗家村民罗绩明耗时四年建成。占地面积400平方米，双层泥木结构，厅堂地面以猕猴桃藤汁、石灰和泥土三合一铺成，厅堂两边各有一个石鼓墩，青石精凿制成，门楼、窗棂、走廊墙壁雕刻各种图案。墙为生土墙，墙面平整，墙脚用石头砌成的八字磡，屋内暗沟和墙外明沟交错连通，排水通畅。

王家祠堂　古称王先生祠，位于盖竹后街，为清代古建筑，有两个并列大门，大门门面均为青石砌成，门上左右各镶一个如意砖雕，正门上砖框刻"睦族敦伦""追远报本"。大堂设王家祖先牌位。王先生即元末明初盖竹村大儒王毅，教书育人，保卫家园，曾吸引无数名人慕名求学，章溢、胡琛、季汶、徐操等均为其高足。现王家祠堂内部建筑已被更换。

盖竹大王庙　位于盖竹村中心。盖竹大王庙建于明末清初，历经修整。庙内供奉平水大王神。相传古时候盖竹地方常有虎患，袭扰百姓，平水大王为民清除虎患，百姓才得安宁，为念其功绩，建此庙供奉平水大王，每逢正月十五元宵节，庙内都要举行盛大的"迎大王闹元宵"法会，十里八乡善男女纷纷前来祈福。有罗汉松一株，逾200多年。

银坑洞　离良溪村2千米土名塬垅底石壁上有银坑洞，其中一洞深不见底，内有叉洞多个，如同迷宫。有直垂向下坑洞，深不见底，有人抛石探之，许久才听得回声。一洞可通岭根梧桐须，有提炼工具石磨一副在吉底井坵。

乡村特产

后排岭贡朴　后排岭紫油厚朴皮厚、油足，味较辛辣，厚朴皮油质紫色，也称紫油温朴。清顺治年间列为贡品，故称后排岭紫油贡朴，为名贵中药材。

竹垟杨梅　粒大肉厚，味甜可口，果形浑圆结实，1斤约为19至20颗，是杨梅中珍品。

民族历史文化与风情

民族历史　清顺治七年（1650）前后，雷赵志带领家人从遂昌石练高山迁至际上村居住，为该村雷姓畲民开基居住之始祖。清顺治十六年（1659），蓝法荷带五人从云和县三都垟头迁移到盖竹。清乾隆三十六年（1771）冬，蓝姓畲民从盖竹碓淤村移红坞村居住，后陆续分居在良溪村等村。清顺治年间，罗墩雷姓畲民从福建省松溪县迁居罗墩村，1818年前后在罗墩村立祠堂，该支系雷姓畲民现有470多人。

民族文化　畲民在竹垟畲族乡定居时间360多年，形成大分散小聚居的特点，各民族相互交融，和睦相处。畲族习俗、民间文学、传统手工艺、传统物质和家居生活构成畲族独特的民族文化。畲民的传统习俗、传统服饰、传统狩猎捕鱼方式及其工具、传统生活饮食习惯及食物等延续至今；畲民信仰以祖宗信仰、佛教信仰、道教信仰、鬼神崇拜相互融合，并在生产和生活中，形成自己的禁忌习惯；畲民还具有独特的古老歌谣传唱、火炉塘、待人接事和传统礼仪。

畲族民间流传故事《雷公岩》《舍女泉》，通过故事形式，讲述民族团结、行善积德、舍己利人的传统美德。乡域内还流传故事《章三溢的传说》《张夫人献身炼铜》《十九大夫殿》《杨叶兰的故事》《一罐金子》等，地方歌谣、谚语内容丰富、形式多样，传承真善美、忠孝义，在畲乡广为流传。

畲族山歌　见"第二十九篇　文化"。

民族风情　农历三月三是对歌的节日，畲民节庆时对歌，婚礼时对歌，丧葬时以歌代哭，以歌叙事、传承传统、交流农事。农历四月八是吃乌饭的节日。2003 年始，每年一届的竹垟“三月三”畲乡风情文化旅游节，盖竹、罗墩等 10 个行政村代表队和乡外代表队参加比赛。畲族民间体育也融入三月三活动中，并成为三月三畲族传统节日的表演项目。

红色老区

土地革命时期，竹垟是红军战斗的地方。1934 年 12 月 15 日，红军北上抗日先遣队，由黄立贵、洪家云率闽北独立师、“红三团”经新蓬、山溪口、盖竹，攻取八都。1935 年 6、7 月间，红军挺进师政治部主任黄富武同红军干部张麒麟、曹景垣等人在局下、山溪口、五四、良溪、红坞、际上、罗墩等村活动。1935 年 8 月下旬，良溪村成立苏维埃政府，开展查田插标，开展分青苗、分田地的斗争。1935 年 8 月，红军挺进师二纵队和龙浦县委经过两个多月的活动开展建党工作，发展一批中共党员，建立基层党组织。良溪、红坞村建立中共党支部，有中共党员 19 人；稍后际上、罗墩村发展中共党员 13 人，建立党支部。1935 年 8 月下旬，良溪村、红坞村成立畲民游击队，队员 80 多人，编制四个班。际上、罗墩、金田等畲族村庄也成立游击队。1935 年 9 月下旬，国民党军队大举“清剿”浙西南革命根据地，游击队员们与红军并肩作战。抗战时期，竹垟成为抗战后方，1939 年 4 月，战时“经济实验区”在际上村举办蚕桑生产合作社。1942 年 9 月，浙江省邮政管理局迁移至盖竹，这里成为战时邮路中枢。

第三十九篇

人　　物

“山川雄秀，必产英才。”龙泉自古人文昌盛，俊贤辈出。本篇设人物传略和人物名录两章，以本籍人物为主，选录部分客籍人物。1994年版《龙泉县志》人物传略录有95人，本志对其中卒年在1988年后的人物8人稍加整理，重新录入。其他无重要更正或补遗者，则不重录。人物传略坚持生不立传原则，以人物卒年为序排列。人物名录以事系人，以人物生年或获取荣誉、资格时间为序排列。寓外人物，力求多方查核，但难免会有缺漏。为补前志遗漏，人物传略章中增补若干名卒年在1989年前的人物，人物名录章中增补前志遗漏的革命烈士、省（部）级以上劳动模范和历代进士。

第一章　人物传略

第一节　本籍人物

释德韶(891—972)

俗姓陈，字惠舟。唐末高僧，法眼宗第二祖。十五岁出家，十八岁受具足戒。尝遍访明师五十四人，后为临川法眼文益之法嗣，复入天台山访智顗之遗迹，止住白沙寺。后受吴越王钱弘俶迎至杭州，尊为国师。时天台山之螺溪义寂，慨叹天台教籍之散佚，闻高丽存有天台教籍，与师共议之，师乃乞钱弘俶遣使带回。后迁天台般若寺，并兴建道场数十所。宋开宝五年(972)入寂，世寿八十二。《景德传灯录》有传。

周启明(生卒年不详)

字昭回。自幼聪敏好学，博览群书，以文才见称。宋咸平二年(999)，翰林学士杨亿任处州知州，对“郡人周启明笃学好文，深加礼待”。龙泉金沙华严塔落成，杨亿受周启明之请，撰写《金沙塔院记》。宋景德二年(1005)，真宗下诏恢复贤良方正、直言极谏科。宋大中祥符元年(1008)四月，启明以草泽隐逸之士应试，参加中书、门下两省主持的策试和殿试，分别以“词理具优，器业可观”“才识兼备，明于体用”夺魁，下吏部授官。是时，有大臣上书：“两汉设贤良方正、直言极谏科，多因兵荒马乱，以询缺政；今国家有瑞祥，不宜设此科。”启明罢归，执教乡里，不复仕进。宋天圣元年(1023)，仁宗即位，访求天下英俊，召启明入京，授试助教。迁秘书省秘书郎，再迁太常寺丞。卒于官，赐骑都尉。宋史《本传》誉其“四举进士皆第一。”“藏书数千卷，多手自传写，而能口诵之。”有古律诗、赋、启、杂文千六百多篇。

吴戭(生卒年不详)

字才叔。宋景祐元年(1034)进士。无仕进意，隐遁乡里。宋康定年间(1040—1041)，郡守孙沔向上奏以本郡教授，州学部使者亦荐于朝，宋仁宗诏赐粟帛。宋嘉祐六年(1061)，朝廷访求遗逸，孙沔再次奏荐，戭辞不就试。仁宗嘉奖其节，授以将作监主簿，未几即乞休归。逝后，门人谥曰：“冲和先生。”绘像于郡学，春秋祭祀。

管师复、管师常(生卒年不详)

兄弟皆师从学者胡安定(胡瑗)，属胡瑗学派，有盛名，世号“二管”。兄师复长于诗，隐居不仕。宋仁宗称其才，授以官，师复不受，辞归乡里，人称“卧云先生”，有《白云集》行世。弟师常初居白云岩，自号“白云翁”。宋神宗熙宁元年(1068)，诏举逸民，有司以师常荐。三年(1070)，赐进士及第，授校书郎。后调为江宁府上元知县，因对青苗法与察访使抗论，辞官回籍，途至安州(今河北安新县)卒于僧舍，年四十九。《浙江通志》《两浙名贤录》均有传。

何琬(生卒年不详)

字子温。宋皇祐五年(1053)，举进士第七名。宋熙宁初，任秘书省秘书丞，因建言称旨，深得神宗赏识，升为江南东路提点刑狱，任满召为司农寺卿。宋熙宁十年(1077)，迁江南东路转运判官。宋元丰三年(1080)，召为太常博士。宋绍圣三年(1096)，出知亳州。宋元符二年(1099)九月，召还京师，宋崇宁二年(1103)，授龙图阁直学士。神宗尝书其名于御屏，曰：“政事何琬”，官至龙图阁学士。

张端礼(1082—1132)

字南仲。少时聪颖敏达，后入太学，为文辞意过人。宋崇宁五年(1106)登进士，调陕州司户参军，未赴，改授主管兵部架阁文字。历任开封府陈留县主簿、秀州军事判官、颍昌府长社县丞，以政绩荐为朝官，授朝请郎出任襄州司刑。又任广济军、泰州录事，后调任常州武进知县。任满，调任无为军录事，赐五品服。按规以通判资历任录事，可领通判俸禄，端礼不受，言“为司录而越职得俸可乎？”清介不以一毫自污。时花石纲方兴，征民为纤夫，船夫络绎于道，且路途遥远，严重贻误农时。端礼叹道：“以末害本至此乎？”自恨位卑，无力匡救时弊，以母老辞官，授主管南京鸿庆宫。自此，放意山水，以教子为乐，了无侥幸进取之意。其间，施舍田租五十石，山场两处，作为昴山寺产，又献园地建鉴心寺。宋绍兴二年(1132)七月二十一，卒于家。年五十一。丞相李纲作《宋朝请郎主管南京鸿庆宫张公墓志铭》，称其：“果断之才，刚正之守，谨廉之操，使当刺举耳目之司，藩方牧守之任，其施设必有大过人者，惜其徒居僚佐、宰百里而不得尽其才也。”端礼乃李纲妹夫。

张著(1069—1137)

字小微。宋崇宁二年(1103)进士第，授从事郎，改宣教郎知永康县，任上多有善政。累官至京东路转运使，升开封府少尹。时蔡京专权，士大夫趋附蔡京者，多得以迁升，著刚直不阿，恬然静退。靖康难发，金人占领开封，立张邦昌为帝,国号“大楚”，封官赐爵，著不受张邦昌伪命，辞归乡里。宋绍兴初，起用为临江军，为政清明，抑强扶弱，吏不容奸，法不稍纵。同时政宽刑简，重视农业生产，几年间使临江户口增加七万余，朝廷考核官员政绩，著为第一。《江西通志·名宦》有传。后调筠州知州，不久卒。著重视教育，所至兴办学校，劝民读书治学。《浙江通志》《两浙名贤录》均有传。

吴枢(1080—1138)

字时发。松源乡大济(今属庆元县松源镇大济村)人。宋政和二年(1112)进士。宋靖康元年(1126)，金兵入侵，钦宗下诏征募使者，枢毅然请行。至金营，长揖不拜，正色不屈。金人烧油锅欲烹之，枢提起衣襟，毫无惧色。金主赞其忠勇，未加害，遣放回宋。因其不辱使命荣归，为时人所敬重。后知嘉兴县。

刘知新（约 1080—1142）

字元鼎。松源乡五都（今属庆元县松源镇）人。少颖敏，淹贯经史，游太学有声。宋大观初，廷试第一。出知绵州，有惠政。宋《方舆胜览》:“里谶云:‘沙洲到寺上，龙泉出宰相；沙洲到寺前，龙泉出状元。’后何执中拜相，刘知新释褐为首，盖符其谶云。”明成化《处州府志》载:“刘知新，释褐状元”。

鲍彪（1091—1160 后）

字文虎，号知命居士，又号潜翁。延庆乡安集里（今龙泉小梅镇黄南村鲍家庄）人。宋建炎二年（1128），举进士甲科，授文林郎秀州判官。其后相继任严、郴、潮三州教授。潜心于学，著作甚富。宋史《艺文志》有鲍彪注《战国策》十卷，收入《四库全书》。《战国策》有东晋高诱注二十卷，至宋已残缺不全。彪考《史记》诸书，重加注释，以纠高氏之讹漏，四易其稿，宋绍兴十七年（1147）成书。绍兴二十五年（1155），以左宣教郎任太常博士。是年，为龙泉集福教寺铜钟作铭，钟今犹存。绍兴三十年（1160）正月，彪引年告老，高宗下诏褒奖，“可特授左奉议郎、守尚书司封员外郎、赐绯鱼袋致仕。”

汤思退（1117—1164）

字进之，号湘水。其曾祖由龙泉西乡石笏（今龙泉八都镇安田村）徙龙泉东南届首（今属浙江云和县龙门村）。幼年在处州南明寺僧房读书，曾从师龙泉季南寿。宋绍兴十五年（1145）登进士，任建州政和县令，后中博学宏词科第一名，任秘书省正字。绍兴二十五年（1155），升任端明殿学士、签书枢密院事。绍兴二十七年（1157），升任尚书右仆射，两年后改任宰相左仆射。绍兴三十年（1160）冬，被侍中御史劾为秦桧朋党，免去相位。宋隆兴元年（1163），孝宗召思退复相。执政后，力主“金宋议和”，并奉旨割让疆土，撤除战备，极力排挤主战人士。次年金国再度发兵南侵，楚、濠、滁等州相继陷落。朝臣纷纷谴责思退撤兵议和之罪，遂被罢官，贬往永州途中，忧悸而死。孝宗赐以歧国公。

张津（生卒年不详）

字子问，张端礼之子。宋乾道五年（1169），特奏名进士第四，廷对第一。授太宁主簿，任上兴办学校，招生徒，授以经义。为官守正不阿，恬于功名，以文才称世。宋淳熙四年（1177）三月，以敷文阁直学士、中大夫知婺州。次年三月，召赴京师，不久，引疾辞官，归乡里。在县西择地构堂，日延邑之老成讲经，劝掖后进。龙泉济川桥留槎阁毁于兵燹，津捐厚资，倡而新之。著有《曲江集》《四书疑义》《公简笔录》等。《浙江通志》有传。

释崇岳（1132—1202）

俗姓吴，号松源。松源乡（今属庆元县松源镇）人。二十三岁受戒于大明寺。宋隆兴二年（1164），得度于临安西湖白莲精舍，此后遍历江浙诸老宿之门。后入闽见乾元木庵永禅师，逾年，见密庵于衢之西山，从之移蒋山、华藏、径山。密庵迁灵隐，命为首座。不久出世于平江府阳山澄照寺。后徙江阴军君山报恩之光孝寺、无为军冶父山实际寺、饶州荐福寺、明州香山智度寺、平江府虎丘山云岩寺。宋庆元三年（1197），诏住临安府景德灵隐寺，居六年，道盛行，得法者众。为南岳下十八世，密庵杰禅师法嗣。事见《松源崇岳禅师语录》及所附陆游撰《塔铭》。

胡纮(1137—1204)

字幼度。松源乡(今属庆元县松源镇)人。宋隆兴元年(1163)进士,授迪功郎。宋淳熙十四年(1187),改奉议郎,任鄱阳县令。宋庆元元年(1195),迁司农寺簿、秘书郎、监察御史。庆元二年(1196),除太常少卿,历左右史兼玉牒检讨。庆元三年(1197),任工部侍郎兼实录院修撰。时松源乡距县治龙泉甚远,殊多不便,民众请求建县,州县奏表于朝,纮亦具奏章支持。是年十一月,宁宗诏准,升龙泉松源乡及延庆乡之半设为县,并以年号赐为县名“庆元”。庆元四年(1198),历任礼部侍郎、吏部侍郎。庆元六年(1200),分任夔州、和州知府,后为广东经略使,因平乱有功,宋嘉泰元年(1201)授华文阁待制,次年,转朝请大夫。嘉泰三年(1203),以微疾告老还乡,次年病逝。

吴昱(1130—1208)

俗名吴三。东乡龙岩村(今属庆元县百山祖乡)人。务农为生,兼做道士。因常年在深山老林作业,通过观察自然界蕈菌的生长规律,创造人工栽培香菇技术的“砍花法”和“惊蕈术”。逝后被一些地方的菇民尊奉为“菇神”吴三公,立神位奉祀。2010年,入选“处州十大历史名人”。

鲍澣之(生卒年不详)

字仲祺。中刑法科,初任隆兴府靖安县(今江西省靖安县)主簿。宋开禧三年(1207),在大理评事任上,造《开禧历》三卷,次年颁布施行,为南宋使用的第七部历法。所取木星周期为4332.5828日,误差为9.0分钟,是为历代最佳值,其取木、火、土、金、水五星近日点黄经每年进动值,亦为历代最佳值。宋嘉定六年(1213),以朝奉郎知福建路汀州府(今福建省长汀县),时汉唐算经诸书,因战乱刻本久佚,濒临绝世,岌岌可危。澣之在汀州任上,刊刻“算经十书”,使其广泛流传,不致泯灭。现存《周髀算经》《九章算经》《孙子算经》《五曹算经》《张丘建算经》《数术记遗》,与上述六本算经同时流传至今的鲍刻算书还有《算学源流》,其中记载大量的数学教育资料。宋嘉定八年(1215),除刑部郎官,离任。

真德秀(1178—1235)

本姓慎,避孝宗讳改姓真。字景元,后改希元。祖籍西乡五都西山,生于福建浦城仙阳。“不忘所自,因号西山”,学者称“西山先生”。宋庆元五年(1199)登进士第,宋开禧元年(1205)中博学宏词科。开禧间,召为太学正。理宗时擢礼部侍郎。宋端平元年(1234),召为户部尚书,授与翰林学士。次年拜参知政事,加资政殿学士兼侍读。病卒,赠银青光禄大夫,谥号“文忠”。德秀立朝有直声,于时政多所建言,奏疏不下数十万字。学宗朱熹,庆元党禁后,程朱理学得以复盛,其与力为多。著有《西山甲乙集》《对越甲乙集》《经筵讲义》《大学衍义》等。其《大学衍义》为历代帝王所推崇。

叶味道(1167—1237)

初名贺孙,以字行,更字知道,号泉石。徙居永嘉。早从朱熹学于武夷山中。宋嘉定十三年(1220)

进士第，任鄂州教授。理宗即位，有志求贤，访求朱熹门生，有司荐叶味道，召为三省架阁文字，不久迁宗学谕。上疏劝理宗专心学问，学以致用。宋端平元年(1234)正月，迁太学博士兼崇政殿说书，后升秘书省著作佐郎兼工部员外郎。不久以年事已高请老，授朝奉郎致仕。卒后，家无余财，理宗拨库银治其丧，诏升一官以任其后，谥文彦。著有《四书说》《大学讲义》等。

叶士龙(约1181—约1244)

字云叟，号澹轩。宋嘉泰元年(1201)前后，奉母迁居福建建阳县唐石里，因朱熹已殁，故投入黄干门下，后为其高弟。士龙家贫而至孝，以授童为生，无功名，似终身未出仕。与陈宓、蔡渊、刘克庄、朱安有交往，因其力学持身，笃守师统，晚年声名愈隆，遂出任考亭书院堂长。有《晦庵先生语录类要》十八卷传世，其他如《黄干行状》及文集若干卷，似未刊行，今皆不传。

何处久(生卒年不详)

字伯可。以外祖父给事中王信奏补入仕。登宋嘉定十七年(1224)进士甲科。累官至监察御史，任职期间多有建树。宋绍定四年(1231)，朝廷修建太庙，大兴土木，处久奏请"合遵旧制，不必华侈。"次年，太学外舍生补考，"官员有请托贿赂之弊，考官有亲故交通之私"。处久奏请依法回避。又奏言"试卷颇多，考官颇少，日期既迫，费用不敷。"奏入，增给费用，添考官五员。任监察御史十年，被称为"名台谏"。授宝谟阁直学士出知镇江府，任满，召为太府卿。主管全国财政。继以太府卿知嘉兴府。官终江西转运副使。处久文章、书法皆冠当时。

季镛(生卒年不详)

字伯韶，号厚斋。八都溪口人，从师金华何基。以父泽补将仕郎。宋淳祐十二年(1252)知睦州，时大雨淹没农田，坏公私庐舍无数，百姓流离饥饿。镛虚己问俗，痛切民瘼，减免田租、茶税十分之六，开常平仓赈济百姓，力请朝廷减免田赋。又捐解木场木材供遭洪水之家重建房屋。未几，顿复旧观，民乐安生。任满，改任绍兴知府兼浙东提举。宋景定四年(1263)，授两浙转运使。终户部侍郎。《两浙名贤录》评："镛笃实缜密，爱国利民，交际士大夫。每举事中节，人皆以为不可及。"

陈存(生卒年不详)

字体仁，号本斋。宋淳祐七年(1247)，举进士第三名。初为地方官员，宋宝祐五年(1257)，召为史馆校勘。后历秘书省正字、著作郎兼诸王府教授等。出知循州，后召为谏官。仕至兵部尚书，以端明殿大学士知庆元府兼沿海制置使，文章政事皆有闻誉。宋亡归隐湖州，以春秋、经学教授生徒，人称"龙泉公"。其孙陈无逸曾任攸州教谕，无逸之子陈绎曾，官至国子监助教，元至正三年(1343)，任国史院编修，分撰《辽史》。

真山民(生卒年不详)

名桂芳。《真氏谱系》载为真德秀曾孙也。宋末进士，因痛值亡乱，深自湮没，浪迹江湖，所至好题咏，自呼山民，人因称之。有《真山民集》行世，多首吟及龙泉景物。

季汶(1318–1377)

字彦父。元至正中，与县人胡深、章溢追随石抹宜孙，积功授义兵万户，不受，改授县尹，又不受。处州为明守后，即附明，授安南翼总管，未赴任。处州贺仁得、李佑之二将叛变，汶参与讨伐贺、李有功，升处州翼同知元帅。青田叶贤三烧浦城、政和两县，掠妇女、牲畜南归，汶建议胡深伏兵平山岭狙击之。又出私财作盘缠遣送被掠的老少还其家。百姓感恩，画其像悬挂而祝之者甚众。明洪武元年(1368)，朱元璋召见，欲授以官，汶以疾辞。帝亦以为老，赐宴礼部，又赐袭衣、冠带、金帛。宋濂谓其举谋兴事与刘基、章溢、叶琛不甚相远，而未为显官，天下不知其名。

项垒(生卒年不详)

字彦高，号西畴。东乡安仁人。元末明初在世。博学能文，尤长于诗，然不用于世，放意林泉间。石抹宜孙、刘伯温、叶子奇皆相推重。有诗集八卷，题为《山中言志》。刘伯温作序，称："项君与予生同郡而少长，观其诗则冲淡而和平，逍遥而闲暇……以项君之文学而不得扬历台阁，辅弼太平，此人情之所以不足也。"《浙江通志》有传。

王应宣(生卒年不详)

字上卿，号葆真。明万历十三年(1585)举人。任奉化教谕，弟子多知名。后以优于学行被荐为湖广辰州推官。秩满，赐四品服升睢州、绵州知州，转南康同知。任上开河造桥，兴办学校，多著善政，又捐俸禄赈济贫寒之士，三地建祠祭祀。乞休归家，捐资膳乡，置田以赡宗族，年八旬终。著有《西游诗集》。

李存耕(1777—1842)

字耘士，号玑田。城区人。县庠生，候选知州，诰封奉直大夫。工诗善画，热心公益。尤能仰承其父李濬重建济川桥之志，清道光九年(1829)，出资白银四千一百余两，加固修建济川桥。道光十一年(1831)五月，连日大雨，济川桥第五石墩冲毁，殃及桥屋十五间，又捐银一千六百余两。另，饥年出谷千余石救济乡民，出资捐建京城处州会馆等义举，人皆德之。

李先明(1861—1893)

西乡岱源人。少时因家贫至宝溪溪头村的碗厂谋生，通过勤劳省俭，在溪头成家立业，购置一个旧瓷厂，内有龙窑一座及一应制瓷设施，开始李家的瓷业生产，初时产品为蓝花碗等日用瓷器。先明有三子：君义、君生、君赐。清光绪末年，李家三兄弟合伙在自家瓷厂边又新建龙窑一座，共同经营"李生和"瓷业。民国初，李家率先在宝溪开始试烧仿古青瓷，产品几可乱真，有"云鹤盘"等曾被作为礼品寄赠蒋介石、斯大林。

连正钊(1862—1918)

又名人端，字灼照。东乡安仁大舍人。清光绪甲午科(1894)举人，是年处州十县中举者仅正钊一人，知府拟荐其为知县，正钊坚辞，不愿为官。"讲道谈文，设馆教学，培养人才，乐而为之"。返乡任金鳌、仁山两书院山长，远近慕名而来求学者，日益增多，济济一堂，实一时之盛。清末浙省设咨议局，处属选议员七人，正钊亦当选。民国元年（1912），任龙泉县自治事务所坐办，设自治研究所，养成自治人才，开地方自治之先声。对于新政之萌芽，不为无功。晚年在龙泉私立养真小学执教两年。

蔡龄（约 1866—1925）

乳名龙宝，字希周，又作希九。城区人。生于清同治年间，增广生。民国 6 年（1917）春，在“实业救国”声中，以浙江省议员身份向省参议会提案，要求省实业厅在龙泉开办瓷厂。提案通过后，省政府决议筹办“浙江省立改良瓷业工场”，并附设传习所，以培养当地瓷业技工。工场经费由省财政如数拨给，省实业厅指派蔡龄筹备并委任其为场长。是年 7、8 月间，龄赴江西景德镇、湖南醴陵等地参观调查、学习办厂经验。民国 7 年（1918）末，工场在龙泉城西宫头投产，生产青花、粉彩、印花等精细白瓷，运往上海先施公司、永安公司及杭州商品陈列馆展销，并打进国际市场，荷兰商人争相订购。民国 13 年（1924）9 月中旬，军阀孙传芳部攻占龙泉县城，时县公署知事、警察局长、统捐局长等仓皇出逃，县政乏人，陷于混乱。地方士绅出面维持治安，共商应付军差，筹办善后等事宜，公推其为代理县知事。龄难违众望，挑起重任，“外应戎机，内抚民寝……至兼旬，因劬成疾”，次年春病故。

李镜蓉（1859—1934）

字谔臣。西乡八都人。晚清贡生，热心公益。清光绪五年（1879），捐谷万余斤，建立义仓，备荒救灾。光绪三十四年（1908），创办八都私立养正国民完全小学（即今八都镇中心小学前身），后又在城内江西会馆创办八都李氏私立崇义初级小学，倡办新校，乐育人才。民国 13 年（1924），自筹资金，义建八都横溪桥，之后桥毁于洪水，乃再次出资重建。并在八都一带兴建凉亭，修筑道路，造福桑梓。镜蓉嫉恶如仇，好鸣不平，在李本华冤案中，资助其家属且亲赴省城伸冤，历时十余年，始得昭雪。民国 12 年（1923），浙江省省长张载阳赠其“乐善好施”匾额。曾任浙江省参议员，获部级一等金章。民国 23 年（1934）7 月，病逝于八都，龙游余绍宋撰墓志铭，国民政府主席林森题“旧德遗荫”。

黄张凤（1873—1935）

女，西乡源底下高山村人。适同乡盖竹村罗献琛，故称罗黄氏。旧时重男轻女，有遗弃女婴之陋习，罗黄氏年轻守寡，积德行善，乡邻村里之遗弃女婴，被其收养者不少。一生节衣缩食，于民国 17 年（1928）冬，独资在盖竹村南面村口兴造坤德桥。桥长 40 余米，桥墩条石砌筑，上架廊屋，供行人憩息。民国 19 年（1930）冬告成，共费银一万九千元有零，“亏累尚须变产偿还”，实有倾其所有之举，委实不凡。

姜士焕（1860—1936）

又名志宽，字儒林，号熙斋。城西宫头村人。清光绪六年（1880）入县学第一名，光绪十三年（1887）补廪，光绪二十六年（1900）正贡，续奉旨恩诏升恩贡。光绪三十年（1904），赴京科试，授河北直隶州州判衔，前奉巡抚部院，钦授五品顶戴，后返乡终老。士焕对底层百姓多有善举，光绪十八年（1892）前后，任龙泉县育婴堂主事。其故居 2000 年被公布为市（县）级文物保护单位。

王仁(1895—1937)

字以存。南乡查田人,成长于基督教家庭。民国2年(1913),在台州普济医院学医四年,毕业后留院任医师两年。民国7年(1918),返回家乡,在城内三思桥下首创办璐珈医院,为龙泉第一所西医院。时因城乡及邻县乡镇普遍缺医少药,医院业务繁忙,难以满足病患需要,民国10年(1921),迁址大街,扩充院址,增办业务,添置设备。设内科、外科、妇产科、戒烟室和药房等科室,推广西医西药。

金铭(1898—1947)

又名子明,字鉴庵,号春明。宝溪乡塘源村人。民国8年(1919),考入浙江法政专门学校。民国11年(1922),任龙泉县西远区区立进化国民学校校长。民国23年(1934)至30年(1941)间,先后任八都区溪山乡和宝溪乡乡长。1934年始,闽北红军广浦独立营在此一带活动,铭利用乡长之便,暗中支持红军行动,多次掩护红军队伍和革命群众。1936年6月,中国工农红军挺进师师长粟裕带领近50人,秘密在金铭大院召开挺进师师部会议。抗日战争时期,配合中共浙西南特委开展抗日救亡活动。1941年1月,"皖南事变"后,"剿匪清乡"部队进驻宝溪乡,是年秋,铭将乡长职务交由他人代理,避走至福建省崇安县,12月,被推选担任浙江旅崇同乡会(主要为龙泉移民)会长,其间,组织移民团结一致,并辅以法律手段,维护移民在崇安开垦荒地等利益,不受欺凌侵害。1943年春,被人状告"通匪"至"闽浙赣三省边区绥靖指挥部",囚禁于福建省浦城县监狱,国民党第三战区军事法庭以"通匪"罪判处无期徒刑,褫夺政治权利终身。1947年春,病死于狱中。

叶耀廷(1890—1949)

字福生。龙南乡大庄村人。粗通文墨,自述"四代做菇",鉴于种菇技艺"上祖生传无底",民国13年(1924)春,在江西婺源的菇篷中完成《菇业备要全书》,是年,交由龙泉徐同福石印局印行,"广行同人自传,庶不致误。"该书第一部分内容为菇民急救疗伤的药方,第二部分列为十三章,前九章七言俚韵,涵盖菇民说唱的山歌、香菇的生产、管理、销售等内容,后四章为菇民日常生活应用文的写作格式。

龚庆芳(1900—1951)

宝溪乡车盂村人。会行医看病,并潜心研究仿古青瓷,其作品曾获1929年首届西湖博物展览会甲等奖。民国32年(1943),参与同乡陈佐汉组织的"古欢室"仿古青瓷研制小组。次年6月,加入龙泉县八都区瓷业改进研究会,10月,庆芳等以研究会会员的名义上书实业部,"在可能范围内,拟建设大型窑厂,准予拨款重建德式窑,烧炼哥窑青瓷,复兴中国国粹……"后因事关经费,经久未果。

柳兆元(1905—1951)

字子青。东乡安仁花庵村人。浙江法政专门学校毕业,早年任国民革命军直鲁招抚使第一路司令部秘书长,继任职江苏镇江高等法院。返乡后,先后出任浙江省保安处秘书、龙泉县修志馆副馆长、龙泉县救济院院长等职。民国35年(1946)10月,任龙泉县参议长。次年10月,遴选为浙江省参议员。民国37年(1948)2月,任青年党龙泉县党部主席。民国19年(1930)前后,创办安仁第二保(花庵)泓心小学,时为本邑最为完善之初级小学。兆元工诗赋、书法,曾为瑞士罗教师《集古瓷影片本》作序，该文录入 1994 年版《龙泉县志》文选中。

陈佐汉（1907—1952）

字六奇。宝溪乡溪头村人。浙江省立第十一师范学校毕业。民国 17 年（1928）前后入伍，任辽吉黑热民众抗日后援会指导组事务员，后提任陆军第五十五军司令部上尉军需。返乡后，曾先后任宝溪乡乡长、龙泉县第一届参议员等职。在经营父辈开设的“陈万昌瓷厂”的同时，组织宝溪乡制瓷名匠成立仿古青瓷研究小组，为便于研究，腾出自家房间，略加修整，匾其名曰“古欢室”。民国 28 年（1939），任溪头瓷业合作社社长。民国 33 年（1944），倡议并组织成立八都区瓷业改进研究会，次年，收集宝溪李家、龚家、张家及自家仿古青瓷精品七十余件（一说百件），邮寄南京中央实业部请功，获蒋介石亲笔题词。1949 年 12 月，又将“云鹤盘”等几件仿古青瓷通过外交部转交苏联，作为献给斯大林七十寿辰的礼品，后获苏联政府回复答谢。青瓷研究专著有《古欢室青瓷研究浅说》（已佚）及《龙泉青瓷汇观录》（未出版）。

吴梓培（1875—1952）

名嘉彦，以字行。西乡八都人。恩贡生，清光绪三十一年（1905），留学日本东京弘文师范学院，学成归国应聘在山东执教。民国后，曾任浙江省议会议员。吴氏一族，热心公益，造福桑梓，如以吴家三房集资修建八都“燕诒桥”等。民国 17 年（1928），被八都民众公推为长安里里长。抗日战争期间，先后任龙泉县抗日自卫委员会委员、战时节约运动委员会委员等职，全力支持时任县长唐巽泽倡导的抗日救亡运动。在内迁龙泉的国立浙江大学龙泉分校、杭州市私立树范中学的选址、筹备等事宜上，利用其人脉，极尽地主之谊，并与众多教授诗词唱和，情谊笃厚。梓培精通诸子百家，博学工诗，尤精书法，与青田刘耀东、缙云赵明止、松阳吴冠甫并誉为“括苍四皓”。民国 24 年（1935）春，参加处州十县首届书法大赛，获第一名，同年参加全省比赛，又获第二名。民国 32 年（1943）10 月，任龙泉修志馆馆长，秉性认真负责，时人盛赞其“伏案写史、笔定千古”。中华人民共和国成立之初，被八都区人民政府定为开明地主，邀请参加县第一次各界人民代表会议。有《覆瓿集》诗稿存世。

徐敬五（1906—1961）

奶名社客，字荀文。西乡源底村人。祖业丰厚，为西乡富绅。民国 24 年（1935）秋，迁居杭州，民国 26 年（1937）8 月，捐款九千二百元于抗日前线，时《东南日报》登报表彰。返乡后，于民国 27 年（1938）9 月，以“积谷备荒，信用借与，利济贫民，协助生产”为宗旨，申办义仓，获浙江省政府批准。义仓之总仓设在源底村，嗣后次第在西乡各地设立七个分仓。民国 28 年（1939）夏，吴梓培撰《徐君敬五私立义仓志》：“徐君……自奉俭约而爱国爱人，有衣被群生之宏愿，顾隐而在野，乃行其德于一乡。见岁荒，乡人缺食，恻然而引以为任，割沃畬五百石为私立义仓之田。”时还兼任私立养真小学校董会首任董事长。民国 37 年（1948）10 月，拨谷 2 万斤，捐助龙泉基教会开设八都产科施诊所。乐善好施，有“东海仁风”之誉。

吴文苑（1896—1963）

名骋缃，以字行。西乡八都人。北京中国大学专门部商科毕业。民国 11 年（1922）冬，与其他在京的处州籍学生一起，成立学术研究组织“括苍学社”。民国15年(1926)，在广州黄埔军校财政课任职。后参加北伐，随军到武汉，任湖北武昌县税务员、稽考员。民国22年(1933)春，其弟吴驰緗在“上海市民众反日救国联合会”主席职上，遭上海警备司令部秘密逮捕，音讯全无，文苑遂辞职回乡，奔走营救。民国28年(1939)，任龙泉县合作金库理事主席。民国34年(1945)，任龙泉县第一届参议会议长，次年，当选为省参议员。文苑喜好龙泉青瓷，以收藏之富、鉴赏之精著称,撰有《龙泉古瓷考略》(未发表)。

凌鹤留(1901—？)

原名霄，字虚怀。城区东升街人。历任长江通讯社社长兼主笔，杭州市丝绸研究会主任委员，尝居杭州东青巷。好研究，喜论文。县人李师颐著《改良段木种菇术》，书中关于菇树之学名译文等，得其帮助。民国26年(1937)，中国辞典馆出版《民国名人图鉴》录其简传。

王藩(1903—1987)

谱名心作，字品新，号介臣。西乡盖竹村人。自少颖悟好学，工书嗜画，十九岁起钻研岐黄，悬壶济世。虽深居僻壤却门庭若市，求医者不分贵贱，一视同仁。遇贫者就诊，非但免费开方，亦解囊相助，乡民尊称“品新先生”。1979年，经浙江省中医(药)选拔考核合格，调入龙泉县中医院，并获省卫生厅“浙江省名老中医”称号。1984年，政协龙泉县第一届委员会常务委员。1987年8月退休，是年，在盖竹村病逝，十里八乡前来吊唁者有近千人。

钟兰养(1919—1988)

又名金耀东。住溪杨家里村人。畲族。1936年，参加革命活动，是年3月，加入中国共产党。1939年6月，脱产在中共龙泉县委机关专事革命工作。1941年末，随龙泉县武装工作队活动在遂昌县白马山一带山区。1947年，任遂昌县武装工作队队长，坚持斗争直至1949年5月遂昌解放。中华人民共和国成立后，任中国人民解放军遂昌县大队大队长、营长。1951年，调衢州、金华军分区工作。1957年，调任安徽省阜阳县兵役局局长。1960年，调任金华县人民武装部部长。1976年，副师职离休。

周介眉(1922—1989)

字雪樵。12岁始,自学书法篆刻。民国31年(1942)，参加龙泉槎西印社，在金石寿、余任天、郑仁山等指导下学习金石书画。1982年，受聘于龙泉县文化馆，从事工艺美术工作。是政协龙泉县第一、二届委员、县文联书法协会理事、浙江省书法家协会会员。其治印严谨，篆书醇雅，刀法变化有致，有印作在《文汇报》刊出，遗作有《涤尘斋主印谱》。

王硋金(1910—1989)

剑湖乡硋湖村人。20世纪50年代初土地改革后，任剑湖乡“星光”合作社社长、村党支部书记，带头组织村民学习推行农业生产先进技术。1953年，出席浙江省第三届农业劳模会，并获华东区劳动模范称号。1957年，遭错误批判，以“拒交公粮”“破坏大办钢铁”等罪名在1958年底入狱。1960年，中央指示纠正大跃进中“一平二调”(平均主义、无偿调拨物资劳力)和极右政策，4月获平反，恢复职务。

李怀德(1918—1989)

宝溪乡溪头村人。少时随父在自家“李生和”碗厂学习制瓷技艺，潜心研制仿古青瓷。抗日战争期间，曾在八都区合作联合社任副主任，从事战时经济建设工作。中华人民共和国成立后，负责公私合营龙泉瓷厂溪头车间，是“青瓷生产仿古小组”成员之一。1957年，受省轻工业厅厅长翟翕武之邀，进地方国营龙泉瓷器厂担任技师，负责“青瓷实验小组”，在恢复和发展龙泉青瓷生产进程中，试制成功哥窑、弟窑青瓷产品。其设计作品多次获得省、国家轻工业部优质产品奖、国家经委“金龙奖”、全国陶瓷设计创作奖。1984年起，任龙泉县政协第一、二届委员。1987年，名列《中国名人辞典》。

郭骥(1911—1990)

字外川。八都镇人。浙江省立第十一中学毕业后，入杭州之江大学及上海光华大学政治系就读。民国20年(1931)，转入国立中央大学社会系，在校参与学生爱国运动，并当选为学生自治会常务理事。民国23年(1934)毕业，投效陈诚，任侍从秘书。民国25年(1936)，入伦敦大学政治经济学院，获硕士学位。民国28年(1939)回国，先后任三民主义青年团中央书记长办公厅秘书兼人事组长、六战区政治部少将主任秘书、社会部人事科长、湖北省人事处长。抗战胜利后，历任国防部第一厅办公室副主任兼三青团中央第一处副处长、“国大”代表。民国38年(1949)2月去台湾，先后任“警备总司令部”办公室主任、“行政院”参事，1957年，当选为台湾国民党第八届中央委员，1966—1979年，任台湾国民党中央常务委员，并任“光复大陆设计研究委员会”秘书长、副主任委员。

丁桂根(1917—1990)

八都镇人。1953年，加入中国共产党。20世纪50年代土地改革后，带头组织互助组，推广合理施肥、培育壮秧、合理密植等先进生产经验。1954—1966年，当选为第一届至第六届龙泉县人民代表、县人民委员会委员。任初级社社长、生产大队党支部书记等职。曾两次参加浙江省农业劳动模范代表大会。

范传统(1903—1991)

又名纯良，字善基。南乡孙坑村人。浙江法政专门学校毕业。民国29年(1940)，通过全国高考司法官考试，先后担任上海法租界第二特区法院书记官、丽水地方法院推事、江山地方法院推事、浙江省第八区行政督察专员兼保安司令公署军法官和台州高等法院主任推事等职。传统热心地方公益，为完成父辈未竟遗志，在江山地方法院任上，曾留职停薪两年，返乡建造孙坑双溪桥。博览群书，多才多艺，尤精诗词书法，与“浙南四支笔”之一许苞交好。公余时，精读中医经典，探求岐黄之术。晚年，参加乡联合诊所，医术名扬在外，邻近县市慕名前来求治者络绎不绝。

张子斌(1910—1991)

竹垟乡人。初为碗厂工人。1935年5月，参加中国工农红军挺进师，6月加入中国共产党。历任红军挺进师二纵队班长、宣传员、中共浙江特委交通员、中共道太区委书记。中华人民共和国成立后，历任龙泉县农民协会副主任、互助合作部副部长、民政科长、副县长等职。任内联系群众，深入基层，在“大跃进”浮夸风面前，坚持实事求是，揭露虚假现象。

李化民（1905—1992）

少时就读于龙泉私立养真小学，民国20年（1931），同济大学医学院毕业。民国18年（1929）7月，与在同济大学任教的德国学者哈•史图博深入家乡龙泉及邻县景宁等畲民地区，开展民族学考察，共同完成的《浙江景宁敕木山村畲民调查记》，经国立中央研究院院长蔡元培推荐，于民国21年（1932）出版。民国23年（1934），入德国耶拿大学学习，次年，获理学博士学位。民国25年（1936）年回国，受聘为副教授、教授，从事医疗教学工作。民国26年（1937），随同济大学由沪西迁，民国29年（1940），到达四川李庄。时川南一带流行一种痹病，病人轻者周身乏力，重者死亡，但致病原因不明，治疗亦无办法。时任同济医院院长兼内科主任的李化民通过研究，发表《痹病》一文，作出科学解释，即含钡食盐引起的氯化钡中毒。不久，预防和治疗该病的方案出台，成千上万的病人因此得救。1949年后，历任上海铁路医院副院长、上海铁路卫生学校副校长、军事医学科学院放射与辐射医学研究所一级研究员。

陈序恒（1937—1993）

龙渊镇宏山村人。曾任生产队长、大队农科队长、副村长、村经济合作社副主任，龙泉县第九届人民代表，政协龙泉市（县）第二、三、四届委员。毕生热心从事水稻新品种科学试验与高产栽培技术研究，与农业科技人员合作，1987年，研究成功水稻地膜打洞平铺育秧技术；1985—1991年，引进推广高产优质良种；1992年，带头采用旱育秧与“三高一稳”技术，创早稻亩产709.10千克纪录。1985—1990年，共向国家投售商品粮6.36万千克，为全市种粮大户之一。1985年，被评为浙江省劳动模范，1987年，被评为省粮食生产优秀专业户，1989年，被评为全国科技致富能手。1990年，晋升为高级农民技师。

刘子鹏（1912—1993）

城区人。毕业于上海法学院。出任国民政府财政部安徽、贵州、浙江、湖南等省直接税区局长。民国35年（1946），当选为制宪国民大会代表，旋又当选为国民政府立法院立法委员。并受聘经济部、农林部顾问。民国38年（1949）去台湾，任“立法院"经济委员会召集委员、程序委员，“中华文化复兴运动推行委员会”常务委员，“中国大陆灾胞救济总会”常务委员等职。民国18年（1929），加入中国青年党，曾任青年党历届中央执行委员、中央常务委员、浙江省党部主席、第十四届中执会执行长、第十五届中央党部第一副主席、主席。1990年初夏，回乡探亲，先后捐资7万余美元，在龙泉第一中学内建立“刘子鹏图书馆”“市政协联谊阁”及资助母校养真中学建设。

谢友王（1909—1994）

又名燕矶。城区东升街谢家弄人。少时就读于龙泉私立养真小学，民国19年（1930）前后，任教该校并为《养真校歌》作词。后由“龙庆基督教总会”选派，赴长沙的湖南圣经学院就读。学满，先后在华北神学院、华东神学院、湖南圣经学院工作。民国37年（1948），由湖南圣经学院奉派到美国深造，因时局变化留在香港，从事宣教和神学教育工作。1972 年，联合他人创立中文圣经新译会，参与翻译《圣经新译本》。1976 年，移民美国，在芝加哥教会工作，又在洛杉矶的塔尔博特神学院攻读神学硕士。之后在旧金山基督工人神学院教书近十年，并任该神学院行政委员会主席。1985 年，欣闻家乡龙泉将恢复养真、改办中学，致函提出具体的办学构思并捐款。著作有《两约中间史略》等。

林千（1916—1994）

又名必达。查田青坑村人。少时就读于龙泉私立养真小学，民国 23 年（1934），考入浙江省立处州初级中学。民国 27 年（1938）春，参加龙泉县战时政治工作队，8 月，奔赴延安中国人民抗日军事政治大学洛川第六分校学习，并参加八路军。1940 年初，在晋、察、冀军区第四军分区直属特务营工作，是年，加入中国共产党，至 1959 年止，一直在该军分区任职。1960 年至 1980 年，先后在中国驻苏联、捷克斯洛伐克、罗马尼亚、西德大使馆任副武官、武官。后奉调回国，在军中任职。1983 年离休。

叶主仁（1917—1994）

曾用名叶风。小梅大窑村人。成长于基督教家庭，杭州大陆测绘专科学校毕业。抗日战争时期，任龙泉县政府田粮处粮仓主任。时陈万里来大窑考察龙泉青瓷，与其父叶正生交好，住宿叶家，探讨研究心得。1950 年上半年，任龙泉私立养真小学校长。1952 年始，在华东煤田地质局测量大队工作，先后任技术员、工程师、高级工程师。1958 年，任安徽煤田地质局物探测量大队高级工程师。1985 年，退休返乡，参与筹建龙泉养真中学，任校董兼地理教师。晚年热心地方文史研究，任《龙泉文史资料》编辑，有诸多文章发表，其中《大窑与青瓷》一文，1987 年被《浙江省政协文史资料》选用。

张高礼（1909—1951）、张高岳（1916—1996）

宝溪乡溪头村人。兄弟二人在父辈“张义昌”瓷厂主烧青花土碗，兼烧仿古青瓷。高岳是 1955 年公私合营期间龙泉青瓷仿古小组五位成员之一，后受浙江省工业厅指派，到中科院上海硅酸盐研究所协助专家分析研究青瓷成分，为期半年。1979 年，又被派往浙江美术学院与邓白、高庄等专家一起，从事官窑青瓷制作与研究两年余，1981 年，返回溪头村。高礼之孙张绍斌家庭作为传承龙泉青瓷的制瓷世家，2010 年入选上海世博会浙江馆“最浙江”六户家庭之一。

王斌（1922—1996）

原名世德。查田查一村人。在龙泉私立养真小学读完高小后，以丽水十县第五名的成绩考取浙江省立处州初级中学。后报考贵州铜仁国立三中，民国 32 年（1943）高中毕业后，考取国立中央大学航空工程系，民国 36 年（1947），被推选为学生自治会主席，组织参与“五二〇”学生运动。民国 37 年（1948）7 月，大学毕业。次年 1 月，由中共上海党组织安排到东北局牡丹江市，加入空军部队，任航空发动机机械员。中华人民共和国成立后，随部队迁往北京，任人民空军司令部机械参谋。1952 年，奉调湖南株洲国营三三一厂筹建，并参与中国第一台航空发动机的制造。1964 年，主持并参与的中国第一枚空对空导弹研制。历任工艺员、主管工艺师、主任设计师、研究所所长、总工艺师等职，并兼任中国航空学会工艺专业委员会委员、湖南航空学会常务理事等职。1986 年离休。1992 年 2 月，中华人民共和国航空航天部授予“有特殊贡献专家”称号，10 月，中华人民共和国国务院颁发政府特殊津贴证书。

季中(1931—2003)

原名大本,字起元。城区人。浙江省立处州师范学校毕业。20世纪50年代初,在龙泉县人民政府文教科从事扫盲工作,后历任龙泉文管办主任、龙泉图书馆馆长、龙泉县志办公室副主任等职。在任龙泉文管办主任期间,多次到访大窑、金村、安福等窑址,将收集到的瓷器整理建档,为龙泉县博物馆成立时的馆存文物奠定基础。在任龙泉图书馆馆长期间,创办龙泉地方文献资料库,主持抢救清光绪《龙泉县志》等地方文献,并争取图书资金五万元,馆藏一套《四库全书》,时为丽水地区各图书馆中的唯一。曾参与《浙江分县简志》和《浙江土特产志》中龙泉部分的撰写。是政协龙泉县第一届和第二届委员会常务委员、1994年版《龙泉县志》副主编。2001年,获刘子鹏奖励基金会"最优秀社会科学成果奖"。

季行(1927—2007)

谱名大焕,字禾子。安仁季山头村人。民国35年(1946)夏,考入浙江省立处州中学高中部,在校期间投身学校的学生运动。1949年初,在浙南游击三支队二大队一中队任文化教员,是年4月,加入中国共产党,5月丽水县解放,先后任中共丽水县委组织部、宣传部干事、县委秘书、县人民政府文教科科长。1953年,任浙江省丽水林业学校副校长。1957年,调任河北省林业学校副校长、党总支委员。1958年9月,被错划为"右派",1964年10月,调河北杨柳青林业劳动大学,主持教务处工作。"文化大革命"期间遭迫害,1968年秋,下放至衡水地区景县农村当农民,1972年,在河北省孟村回族自治县任林业干部。1978年,任河北省林业专科学校副校长、校党委常委,后任河北林学院副院长、党委委员,工会主席。有多篇论文及调查报告在省级以上学术刊物发表。1988年离休。

邹志文(1951—2007)

原名老来。道太大苏村人。1969年,参加中国人民解放军。1971年,加入中国共产党。1975年,就读于杭州大学中文系,毕业后分配至国家农林部机关党委宣传处,1982年4月,任农业部机关团委副书记,同年当选为共青团第十一届中央委员会委员。1984年至1989年,先后任农业部机关团委书记,党委宣传处副处长,党委统战部副部长、部长。1995年2月,任中纪委、监察部驻农业部纪检组、监察局第三纪检室主任。1998年11月,任中国农业科学院直属机关党委副书记。1999年5月,兼任中国农业科学院直属机关纪委书记。2000年8月,任中国农业科学院监察与审计局局长。同时,是中国现代硬笔书法研究会副秘书长、中国硬笔书法协会常务理事。在京工作期间,心系家乡建设,热心接待龙泉赴京办事人员,多次为家乡争取到项目和资金。

郑崇斌(1953—2009)

八都吴公村人。1976年冬,响应政府号召,参加海南岛繁育杂交稻种(即南繁制种)工作,被评为南繁标兵。1977年,被聘为龙泉县瀑云公社农科员,1979年,获共青团中央"全国新长征突击手"称号。1980年始,先后任瀑云公社革委会副主任、瀑云乡乡长、八都区副区长、八都镇副镇长、八都镇人大主席、龙泉市人大常委会委员、代表工委主任等职。

季平子（1916—2010）

学名平，又名光宅，以字行。安仁季山头村人。民国28年（1939），国立清华大学历史系毕业，曾在云南昆明、四川万县等地任中学历史教师。民国31年（1942）4月至民国35年（1946）1月，执教于浙江大学龙泉分校，先后任历史助教、讲师。民国35年（1946）9月至1956年7月，在上海私立南洋中学高中部任教，1956年9月始，执教于上海师范大学历史系，并任中国近现代史专业硕士生导师，国家教委大专教材《中国近代对外关系史》编撰。参与整理盛宣怀历史档案资料并与人合编部分选辑。著有《从鸦片战争到甲午战争：1839年至1895年间的中国对外关系史》。1987年退休。

第二节　客籍人物

欧冶子（公元前514年前后）

春秋晚期越国人。善铸造兵器，《越绝书》载其奉越王之命为楚王铸剑，遍访江南名山大川，来到龙泉境内的秦溪山麓。在此“凿茨山，泄其溪，取铁英，作为铁剑三枚；一曰龙渊，二曰泰阿，三曰工布。”铸剑地因之名龙渊，唐讳高祖李渊之名，改为龙泉。今尚存欧冶将军庙、剑池古井及剑池亭供人凭临怀古。龙泉历代铸剑者均奉其为祖师。

独孤峻（生卒年不详）

河南洛阳人。唐玄宗开元（713—741）末，为四镇节度使蒙灵炼判官。唐肃宗时，官陈州刺史。唐乾元二年（759），迁越州刺史、浙江东道观察处置使，“奏请于括州龙泉乡置县，以龙泉为名，从之。”

丘括（生卒年不详）

字公度。利州（今四川广元）人。宋元祐六年（1091），任龙泉县令。时龙泉距处州溪行三百余里，“暗崖积石，相蹙成滩，舟行崎岖，动辄破碎。”括于次年主持疏浚龙泉溪，发动百姓凿石理水，历时六个月，治滩八十余处，终使河道畅通，处州各县均仿效，于是“凡昔所难，尽成安流，舟昼夜行，无复激射覆溺之虞”。任期届满，“吏民争挽留之，夜潜遁去。”

姚毂（生卒年不详）

号斋川。浙江德清人。宋政和五年（1115）进士。宋宣和六年（1124），任龙泉县令，见有“栝苍胜游绝冠”之称的九姑山最高亭废圮久矣，发起重建并作同名诗，至今流传。宋靖康元年（1126），在建造城西披云桥时，见龙泉“水利之大者”蒋溪堰岁久颓坏，“乃斥旧址，积石障溪为陡门，以时启闭之”，并分蒋溪堰之水新凿云水渠，播为北流，灌溉畈田数十顷，工程于次年仲秋告成。该堰、渠迄今仍发挥作用。

郑义生（生卒年不详）

福建永定人。铁匠出身。清乾隆十三年（1748），于龙泉城内东街天后宫边开设剑铺，招徒授艺。

运用熔化生铁灌注熟铁的“灌钢”传统古法，制作的刀剑不易生锈，剑刃锋利，始创“千字号”剑铺之基业。子怀玉、孙宝荣皆承其业。清咸丰初，曾孙三古传承与创新祖辈技艺，改用土钢锻制之剑坚硬锋利，“千字号”剑铺生意更是应接不暇。清光绪年间，义生第五代孙文轩广收学徒，传授龙泉刀剑制作技艺，万字号、永字号、禾字号等剑铺创办人均出自“千字号”门下。郑氏家族制剑技艺，薪火相传，现已传至第八代。

苏遇龙（生卒年不详）

字德水。陕西府谷人。清乾隆十七年（1752）进士，乾隆二十五年（1760）任龙泉知县。下车伊始，即督促浚通长期被民侵占而堙塞的云水渠，灌溉畈田数十倾。诸如建清心亭、修济川桥等举措，惠泽一方百姓。乾隆二十七年（1762），兴建留槎书院，公务之余，更是亲临书院，为诸生讲学。鉴于龙泉自清顺治后，百余年未曾修志，遂组织重修《龙泉县志》，并不辞辛苦遍访民间，广为收集龙泉先贤遗作，如王毅《木讷斋集》、叶子奇《草木子》都经其手校正刊行。在龙治县两年多，“案无留牍，风清盗息，民皆安堵”。离任时，士民依依不舍，夹道相送。

徐渊若（1908—1951）

江苏江阴人。日本早稻田大学政治经济科毕业。民国 22 年（1933）3 月至民国 25 年（1936）3 月，任行政院农村复兴委员会农村经济考察专员。民国 23 年（1934）7 月至民国 25 年（1936）6 月，兼任上海光华大学教授 。民国 25 年（1936） 9 月至 12 月，任浙江省建设厅技正。民国 31 年（1942）10 月始，兼任浙江大学龙泉分校教授。著有《农业金融制度论》《日本之农村合作与农业仓库》《农业仓库论》等。民国 32 年（1943）2 月，任龙泉县县长，时年 36 岁。其书法、诗词俱佳，任内对龙泉青瓷颇有研究，著有《哥窑与弟窑》一书，自序中言“所望海内贤达，能更作精深之研究，使此古代艺术，今后得发扬而光大之，则披荆之责，所勿敢辞”。民国 35 年（1946）4 月，调任江苏无锡县长。

陈万里（1892—1969）

名鹏，又名冥鸿、夷初，以字行。江苏吴县人。民国 6 年（1917），北京国立医学专门学校毕业，曾先后任浙江省卫生处处长、江苏省卫生署署长等职，颇有政声。平生多才多艺，考古、摄影、戏剧、绘画、书法等均有建树。民国 17 年（1928）5 月至民国 30 年（1941）9 月间，不远千里先后 9 次来到龙泉，对各处窑址进行考古调查，民国 30 年（1941）10 月，出版《瓷器与浙江》一书。是中国陶瓷考古界走出书斋、走向田野的第一人，被学术界誉为“中国陶瓷考古之父”。

邵荃麟（1906—1971）

原名骏远。浙江慈溪人。民国 15 年（1926），上海复旦大学毕业，同年加入中国共产党。1928 年，任中共浙江省委常委。1937 年，抗日战争爆发后，根据组织决定，参加“浙江省抗敌后援会流动剧团”工作。1938 年 1 月，与张三扬等带领“流动剧团”一部 30 余人，到龙泉从事抗日救亡宣传和组织工作。至龙泉后，即与粟裕、刘英领导的闽浙边临时省委取得联系，成立由张三扬、邵荃麟、葛琴、俞坚、舒文等五人组成“中共龙泉县特别支部”，任委员。时值国共两党二次合作期间，以县政府教育科长的公开身份，组织 “龙泉县地方青年救亡工作团”，开展战时宣传工作。尔后又相继成立龙泉县抗日运动委员会、文化人抗日协会、农民协会、儿童团、妇女队等组织。同时，还创办诸多“民众夜校”；组建“县民众剧场”和“战时政治工作队”；改组“民众教育馆”，成立“流动施教团”；组织并率领“晨呼队”，每日清晨上街高呼抗日口号；建立“歌咏队”，教唱抗日歌曲；发动社会各界爱国人士，成立诸多革命进步文化社团。协助葛琴创办《龙泉快报》《大家看》《大家唱》等地方革命进步报刊。其间，民众操练、夜校革命活动频繁。1938 年冬，根据组织安排，离开龙泉。

周仁（1892—1973）

字子竞。江苏江宁人。清宣统二年（1910），江南高等学堂毕业，同年考取清华大学留美公费生，赴美国康奈尔大学机械工程系求学，民国 4 年（1915），获硕士学位。民国 17 年（1928），在上海创建中央研究院工程研究所，任研究员兼所长。中华人民共和国成立后，历任中国科学院冶金陶瓷研究所所长、上海硅酸盐化学与工学研究所所长、中国科学院学部委员等职。并在上海冶金陶瓷研究所内成立中国古陶瓷研究小组，任组长。倡导开展国瓷研究，是中国古陶瓷科学研究工作的带头人。1959 年，深入龙泉大窑、金村等古窑址考察，与助手联合编写《龙泉历代青瓷烧制工艺的科学总结》《龙泉青瓷原料的研究》论文，通过对历代龙泉青瓷工艺、釉料进行研究，为恢复龙泉青瓷的生产提供科学数据。

郑晓沧（1892—1979）

名宗海，以字行。浙江海宁人。民国元年（1912）6 月，浙江高等学堂毕业。民国 3 年（1914）6 月，北京清华学校文科毕业，后赴美国留学，并分别获得美国威斯康辛大学教育学学士和哥伦比亚大学师范学院教育学博士。民国 18 年（1929）始，在国立浙江大学执教、任职。民国 28 年（1939）初，受校长竺可桢之聘，任浙江大学龙泉分校特约教授、教务长。次年 6 月，任龙泉分校主任，民国 32 年（1943）离开龙泉，调往浙江大学贵州总部。

路季讷（1889—1984）

名敏行。江苏宜兴人。清宣统二年（1910），公费赴美国 LEHIGH 大学留学，并获化工博士学位。民国 5 年（1916），回国后曾在南京高等师范学校、东南大学等校任教，民国 29 年（1940）8 月，在国立浙江大学龙泉分校任化学教授兼总务主任。民国 32 年（1943），任龙泉分校主任兼化工系主任。民国 34 年（1945）8 月抗战胜利，年末，奉令将分校迁归杭州。

粟裕（1907—1984）

原名多珍，曾用名志裕。湖南会同人。侗族。1927 年 6 月，加入中国共产党。1934 年 7 月，任中国工农红军北上抗日先遣队参谋长，其间，先遣队一度转战至浙西南的龙泉县境内，宣传党的抗日救国主张，播下革命火种。1935 年 2 月，任中国工农红军挺进师师长，3 月 25 日，与挺进师政治委员刘英率部 500 余人，从闽北浦城县进入龙泉县宝溪乡溪头村，歼灭国民党浙保一个基干中队，打响挺进师入浙第一枪。之后挺进师创建以龙泉住溪、遂昌王村口、松阳玉岩为支点的浙江省第一块革命根据地，即浙西南革命根据地。6 月，兼任浙西南军分区司令员。10 月 5 日，中共闽浙边临时省委和闽浙边临时省军区成立，任省军区司令员、省委组织部长。在浙西南地区坚持游击战争三年，前后

7次出入龙泉的披云山区,直至1937年9月中旬,中共闽浙边临时省委与国民党浙江当局达成合作抗日的协议。中华人民共和国成立后,历任中国人民解放军总参谋长、国防部副部长、中共中央军委常务委员、全国人大副委员长等职。1955年,被授予大将军衔。1980年1月,为龙泉县革命烈士陵园门额题名。1984年2月5日,在北京病逝;5月14日,部分骨灰撒放仪式在龙泉县革命烈士陵园举行。

周轻鼎(1896—1984)

湖南安仁人。民国11年(1922),上海美术专科学校毕业,后东渡日本留学,继而前往法国勤工俭学,先在巴黎高等美术学院雕塑系罗丹的学生让·布舍门下学习雕塑,后到里昂专门学习动物雕塑。民国34年(1945)12月回国,任杭州国立艺术专科学校雕塑系主任、教授,致力于动物雕塑的研究、创作和教学。1961年至1982年间,曾先后3次到龙泉瓷厂创作传艺,为瓷厂培育一批陶瓷美术工作者。

赵潜(1917—1985)

安徽和县人。早年参加革命,1942年,任安徽和县地区以其命名的赵潜支队队长。中华人民共和国成立后,任浙江鄞县首任人民武装部部长。1956年,转业至龙泉县人民委员会工商科,1957年,任地方国营龙泉瓷器厂首任第一副厂长(厂长空缺)。瓷厂成立伊始,百废待兴,全厂职工在其带领下,发扬艰苦创业精神,在国家指派的陶瓷专家及本地青瓷老艺人的技术支持下,贯彻周恩来总理"要恢复五大历史名窑,特别是要先恢复龙泉窑和河南汝窑"的指示,龙泉青瓷很快得以恢复和发展。1964年,任瓷厂厂长。"文化大革命"期间,曾被打入牛棚,下发车间劳动。后重新担任龙泉瓷厂领导岗位,前前后后在瓷厂工作18年。

金维坚(1902—1986)

又名鸿豪,字叔闻,号万绿庐主。浙江金华人。民国16年(1927),南京国立东南大学毕业,民国29年(1940),在国立浙江大学龙泉分校任生物学讲师,民国31年(1942),升为副教授。次年6月,兼任内迁龙泉的浙江省立西湖博物馆馆长。民国34年(1945)2月,与余任天、金石寿等在龙泉发起筹组龙渊印社,任理事长。印社成立以后,时有雅集,所选印题,大多以抗战为题,如"还我河山""抗战必胜""国家兴亡,匹夫有责"等。

陈训慈(1901—1991)

字叔谅。浙江慈溪人。民国13年(1924),国立东南大学毕业,民国21年(1932),任浙江省立图书馆馆长,民国25年(1936)8月,兼任国立浙江大学史地系教授。民国26年(1937)年,在杭州沦陷前夕,主持组织抢运浙江省立图书馆馆藏《四库全书》及古籍善本,避至富阳、龙泉。民国28年(1939)初,又组织抢运宁波天一阁9000余册藏书到龙泉城郊础石村。是年,国立浙江大学在龙泉增设浙东分校,训慈为分校第一任主任,任职至民国29年(1940)5月。

张三扬(1912—1992)

原名信达。浙江嵊县人。1932年,在天津南开中学加入中国共产主义青年团,后去北平参加革命并加入中国共产党。1937 年 8 月，任浙江省临时工作委员会组织部长。1938 年 1 月，与邵荃麟等带领“浙江省抗敌后援会流动剧团”一部 30 余人前往龙泉，开展抗日救亡工作和从事革命文化活动。至龙泉后，省工委即派其往平阳与粟裕、刘英领导的闽浙边临时省委取得联系。是月，闽浙边临时省委决定成立龙泉特别支部，三扬任特支书记。时值国共两党二次合作期间，其积极争取爱国民主人士、县长唐巽泽的信任，使龙泉特支全体成员均在县府宣传、教育、文化、政工等部门担任要职。在任县府政治训导室主任期间，领导龙泉特支成员，利用合法身份组织民众剧场、战时政治工作队，开办《龙泉快报》《大家看》《大家唱》等报刊，撰写《抗战建国》等文章在《大家看》上发表。1938 年冬，调往丽水工作。

葛琴（1908—1995）

女，笔名柯琴。江苏宜兴人。1926 年，加入中国共产党。1932 年春，开始写作，在左翼文坛崭露头角。1938 年 1 月，随“浙江省抗敌后援会流动剧团”一部 30 余人前往龙泉，开展抗日救亡工作和从事革命文化活动，是“中共龙泉特别支部”妇女委员，并任龙泉县政府编审室主任。到职不久，开办和指导十余种进步刊物在龙泉发行，是《龙泉快报》《大家看》等刊物的主编。与此同时，还指导编印大众通俗读本《农民识字课本》《妇女识字课本》，配合中国共产党在农村开展的抗日救亡工作。通过县、区政工队、民教馆、流动施教团等组织渠道，发动妇女参加抗日救国会、识字班和歌咏队，提高妇女觉悟。1938 年 12 月，根据组织安排，离开龙泉。

宣恩金（1911—1998）

别名廖东海、林忠。江西弋阳人。1930 年，在赣东北参加红十军。1935 年 2 月，编入红军挺进师二纵队，5 月，任中共王村口区委副书记兼农民游击队队长。1936 年 6 月，任中共龙浦县委书记兼大北区委书记。10 月，调任江浦县委书记。1938 年 5 月，任处属特委委员兼青年部长。1939 年 9 月至 1942 年 4 月，任中共龙泉县委书记，后任闽浙边临时委员会负责人。1949 年 5 月，丽水解放后，任中共丽水地委委员、丽水专员公署专员。1952 年后，调任上海工作。

傅振军（1915—1999）

别名胡振仁。江西宁都人。1932 年 3 月参加革命，1935 年 2 月，任红军挺进师师部警卫员、浙西南游击队供给处主任。1936 年，转为中共党员。1938 年 2 月，任中共龙泉县委书记。1939 年 7 月，出席在平阳召开的省首次党代会。是年 9 月，任处属特委民运部长。1940 年 6 月，任省委直属青（田）缙（云）丽（水）中心县委书记。1941 年 9 月至 1949 年 5 月，任处属特委书记。解放战争时期兼任中共处属游击支队政委。1949 年 8 月，任丽水地委副书记兼军分区司令员。1952 年，调任上海工作。

邓白（1906—2003）

别字曙光，号白叟。广东东莞人。早年就学于上海美术专科学校和中央大学艺术系。民国 30 年（1941），受聘任教于国立艺术专科学校。1949 年后，任浙江美术学院副教授、教授。1959 年，响应周恩来总理“要恢复龙泉窑”的指示，多次来地方国营龙泉瓷器厂，传播陶瓷美术，指导设计创作，研制的北京人民大会堂庆祝中华人民共和国成立十周年宴会用青瓷餐具，以鸾凤图案为题材成功完成数百套“国庆瓷”的生产任务，受到国家领导人的好评。其设计的龙泉青瓷“大双环牡丹瓶”获1979年轻工部部优产品奖。著述有《龙泉青瓷艺术成就》等。

王朝闻(1909—2004)

原名昭文,字俊熙。四川合江人。民国21年(1932)，考入杭州国立艺术专科学校学习雕塑。1937年，加入中国共产党。抗日战争爆发后，随“浙江省抗敌后援会流动剧团”至龙泉从事革命文化活动。先后在龙泉县民众教育馆、县政府政治训导室供职。创作大量宣传抗日救国的美术作品，其中连环画《小黑子》《刘兰亭上吊》《姆妈》等广为流传，颇具影响。常协助龙泉县民众剧场绘制舞台布景，并亲自参与业余文艺宣传演出，下乡作壁画，为《龙泉快报》《大家看》等龙泉地方出版的报刊杂志绘制插图和封面等。1938年冬，根据组织安排，离开龙泉。

毛松林(1938—2007)

湖南涟源人。1963年，景德镇陶瓷学院美术系毕业，分配至地方国营龙泉瓷器厂技术科。之后一直在龙泉工作、生活40余年。1975年，参与筹建、创办龙泉瓷厂青瓷研究所，为第一任所长。筹建初期，百废待兴，经过不断努力，至其调离时，青瓷研究所取得“薄胎青瓷”“青瓷釉下彩”“哥窑象形开片”等一系列科研成果，不仅做到了“进行传统工艺挖掘、新产品开发和胎釉配方研制”的办所目标，还培养了一批青瓷高级技术人才。1981年后，先后任龙泉瓷器总厂副厂长、龙泉艺术瓷厂副厂长等职。2004年，获中国陶瓷恢复与发展贡献奖。2006年，获浙江省第三届工艺美术大师称号。

王昭胜(1924—2008)

山东广饶人。1940年6月，加入中国共产党并参加革命工作。历任村青救会长，东北铁路滨绥线东站公安驻地所干事，广饶县二区联防队、武委会干事，七纵队三连连长，乙亭区青救会主任、区委宣传委员。中华人民共和国成立前夕，根据中共中央华东局组织山东解放区干部南下入浙的安排，历任庆元县竹口区区委书记、庆元县委组织部第二部长、县委副书记。1958年11月，庆元县并入龙泉县，是年10月始，调任至龙泉县，工作、生活长达50年。历任龙泉县委副书记、县委书记处书记、县长、县委书记等职。20世纪80年代初，面对龙泉县用电紧张的局面，积极向上争取项目，1983年，龙泉县被列入全国首批100个农村电气化试点县，走在全国农村电气化的前列。1984年12月，离职休养，享受地专局待遇。

朱伯谦(1925—2010)

浙江诸暨人。1959年供职于浙江省文物管理委员会时，应浙江省轻工业厅厅长翟翕武之邀，与10余位专家、学者来龙泉开展青瓷恢复工作。主要负责对龙泉青瓷古窑址的调查、发掘和研究，理清龙泉窑的制瓷历史发展情况，同时为科研部门和龙泉瓷厂提供实物标本。之后又数十次来龙泉进行青瓷窑址的考察，著作有《龙泉青瓷简史》《龙泉窑青瓷》等。曾任浙江省文物考古研究所副所长、浙江省考古学会副会长、中国古陶瓷学会副会长等。

第二章　人物名录

第一节　省级以上党代表、人民代表、政协委员名录

1988—2012年，龙泉市（县）有中国共产党浙江省代表大会代表18名，浙江省人民代表大会代表14名，中国人民政治协商会议浙江省委员会委员7名。徐朝兴是第八届、第九届全国人民代表大会代表。下表以召开会议时间先后为序排列。

1988—2012年龙泉市（县）省级以上党代表、人民代表、政协委员一览表

表39-2-1

时　间	党代表	人民代表	政协委员
1988—1992年	中国共产党浙江省八次代表大会代表 林华刚　王秀琴（女）　吴日照 范修其	浙江省第七届人民代表大会代表 杨隆球　周功郁　赵碧春	中国人民政治协商会议第六届浙江省委员会委员 徐朝兴　郭火养
1993—1997年	中国共产党浙江省九次代表大会代表 柯焕然　楼志新　武昌　陈金	浙江省第八届人民代表大会代表 乐法文　季良珍（女）　廖文求 第八届全国人民代表大会代表 徐朝兴	中国人民政治协商会议第七届浙江省委员会委员 毛正聪　徐光松
1998—2002年	中国共产党浙江省十次代表大会代表 施基城 陈荣高 李会光 邹明秀（女）	浙江省第九届人民代表大会代表 叶开贤　雷紫媛（女 畲族） 夏广廉 （1999年1月，夏广廉辞去代表职务，由陈荣高补选） 第九届全国人民代表大会代表 徐朝兴	中国人民政治协商会议第八届浙江省委员会委员 吴隆高
2003—2007年	中国共产党浙江省十一次代表大会代表 陈荣高　周竞夫　陈金	浙江省第十届人民代表大会代表 陈　金　蔡焕镜	中国人民政治协商会议第九届浙江省委员会委员 骆雨文
2008—2012年	中国共产党浙江省十二次代表大会代表 赵建林　吴秋华（女）　叶圣益	浙江省第十一届人民代表大会代表 陈阿金　钟　鸣（畲族）	中国人民政治协商会议第十届浙江省委员会委员 张长山

第二节 省(部)级以上劳动模范名录

1994 年版《龙泉县志》中《劳动模范名录》，录入 1953—1992 年间省（部）级以上劳动模范有 16 人，其中有 3 人在 1990—1992 年间获此称号，同时，未录入 1989 年获“全国优秀教师”荣誉称号（享受省部级劳动模范待遇）3 人，以上 6 人，本志一并录入，以命名时间先后为序排列。1989—2010 年，有省（部）级以上劳动模范 26 人（后取消荣誉 1 人）。

另外，1994 年版《龙泉县志》中《劳动模范名录》，未录入 1959—1983 年间获省（部）级以上劳动模范称号 6 人，本志列表增补。

1989—2010 年龙泉市(县)省(部)级以上劳动模范一览表

表 39-2-2

姓名	性别	民族	命名时间	荣誉称号	获得称号时所在单位及职务	备 注
季水翠	女	汉	1989 年	全国优秀教师	龙泉县水南小学教师	享受省部级劳动模范待遇
王德菊	女	汉	1989 年	全国优秀教师	龙泉县中心小学教师	享受省部级劳动模范待遇
周谊纲	男	汉	1989 年	全国优秀教师	龙泉县第一中学校长	享受省部级劳动模范待遇
刘马奶	男	汉	1990 年	省劳动模范	查田镇东皇村党支部书记	—
陈序恒	男	汉	1990 年	省劳动模范	宏山乡宏山村村民	—
张炳琴	女	汉	1992 年	省劳动模范 全国“五一”劳动奖章	龙泉市工具厂职工	—
陈永斌	男	汉	1995 年	省劳动模范	八都镇小窖村村民	—
陈继棠	男	汉	1995 年	省劳动模范	龙泉市家具刨花板厂司磅员	—
翁金龙	男	汉	1995 年	全国机械工业部劳动模范	龙泉市工具厂驾驶员	享受省部级劳动模范待遇
乐法文	男	汉	1996 年	省劳动模范 全国 “五一”劳动奖章	龙泉市水利局总工程师	—
张龙生	男	汉	1996 年 2010 年	邮电部劳动模范 全国劳动模范	龙泉市邮电局投递员	—
郑奎校	男	汉	1997 年	全国外经贸系统劳动模范	龙泉市外贸公司经理	享受省部级劳动模范待遇
曹新民	男	汉	1998 年	全国水利系统先进工作者	龙泉市水利水电局局长	享受省部级劳动模范待遇
张乃华	男	汉	1998 年	全国模范教师	查田镇茶丰小学校长	享受省部级劳动模范待遇

续表 39-2-2

姓名	性别	民族	命名时间	荣誉称号	获得称号时所在单位及职务	备 注
陈 金	男	汉	1999 年 2000 年	省劳动模范 全国劳动模范	龙渊镇村头村 党支部书记、村长	—
方松根	男	汉	1999 年 2004 年	省劳动模范 全国模范教师	龙泉市第一中学副校长	—
周光驹	男	汉	2000 年	全国卫生系统先进工作者	龙南乡卫生院院长	享受省部级劳动模范待遇
吴舟海	男	汉	2003 年	全国供销合作社系统劳动模范	龙泉市竹业产销专业合作社职工	享受省部级劳动模范待遇
蔡焕镜	男	汉	2004 年	省劳动模范	浙江国镜药业有限公司董事长	—
刘一鸣	男	汉	2004 年	全国工商管理系统先进工作者	龙泉市工商局	享受省部级劳动模范待遇
汤福泉	男	汉	2004 年 2005 年	省劳动模范 全国劳动模范	龙泉市兰巨乡林业科技实验林场场长	2009 年，中华全国总工会取消其“全国劳动模范”荣誉称号；省劳动模范荣誉称号一并取消。
陆龙水	男	汉	2006 年	全国优秀老干部工作者	龙泉市委组织部副部长、老干部局局长	享受省部级劳动模范待遇
李能福	男	汉	2007 年	省劳动模范 全国“五一”劳动奖章	浙江能福旅游用品有限公司董事长	—
吴子敬	男	汉	2007 年	全国供销合作社系统劳动模范	浙江天和食品有限公司总经理	享受省部级劳动模范待遇
叶泉香	女	汉	2009 年	省劳动模范	龙泉市教育局教研室副主任	—
周生佑	男	汉	2009 年	浙江省人民满意公务员	龙泉市民政局社救科副科长	享受省部级劳动模范待遇

1994 年版《龙泉县志》未录入龙泉县省(部)级以上劳动模范一览表

表 39-2-3

姓名	性别	民族	命名时间	荣誉称号	获得称号时所在单位及职务	备 注
洪妹儿	男	汉	1959 年	全国先进生产者	城郊林业站木排放运组组长	享受全国劳动模范待遇
李招娣	女	汉	1960 年	全国工农教育先进工作者	龙南公社安下村	享受全国劳动模范待遇
尹文英	女	汉	1960 年	全国先进儿童教育工作者	八都公社四源小学	享受全国劳动模范待遇

续表 39-2-3

姓名	性别	民族	命名时间	荣誉称号	获得称号时所在单位及职务	备 注
唐马珠	女	汉	1960 年	全国先进幼儿教育工作者	城北公社幸福幼儿园保育员	享受全国劳动模范待遇
黄先养	男	汉	1982 年	省劳动模范	城郊公社河村大队	—
叶菊如	女	汉	1983 年	全国“五讲四美”优秀教师	础石公社瞿源小学教师	享受省部级劳动模范待遇

第三节　正高级技术职称获得者名录

市内正高级技术职称获得者

1989—1994 年，龙泉市（县）内无正高级技术职称获得者。1995—2010 年，龙泉市内有正高级技术职称获得者 14 人。下表以资格取得时间先后为序排列。

1989—2010 年龙泉市（县）正高级技术职称获得者一览表

表 39-2-4

姓名	性别	籍贯	出生年月	资格取得时间	工作单位	职 称
阮建中	男	福建福州	1936.12	1995.11	龙泉市人民医院	主任医师
乐法文	男	江苏镇江	1938.8	1998.6	龙泉市水电设计所	教授级高级工程师
张伟忠	男	浙江湖州	1946.4	2000.12	龙泉市卫生防疫站	主任技师
何世明	男	浙江龙泉	1949.2	2000.12	龙泉市人民医院	主任中医师
戴子辰	男	浙江龙泉	1944.3	2001.12	龙泉市中医院	主任中医师
曾树根	男	浙江龙泉	1953.4	2002.12	龙泉市人民医院	主任医师
吴隆高	男	浙江龙泉	1944.4	2003.12	龙泉市林业技术推广中心	教授级高级工程师
方伟钧	男	浙江龙泉	1964.10	2003.12	龙泉市人民医院	主任医师
钟 琦	男	浙江绍兴	1949.11	2008.11	龙泉市博物馆	研究馆员
李少沛	男	浙江缙云	1960.12	2008.11	龙泉市人民医院	主任医师
周小玲	女	浙江龙泉	1963.11	2008.11	龙泉市人民医院	主任医师
雷樟根	男	浙江龙泉	1966.1	2008.11	龙泉市人民医院	主任医师
周永海	男	浙江龙泉	1968.9	2008.11	龙泉市人民医院	主任医师
姚小群	女	浙江庆元	1962.4	2009.12	龙泉市人民医院	主任护师

寓外正高级技术职称获得者

1994 年版《龙泉县志》中《龙泉籍在外地（含国外）工作的高级科技人员名录》，已登记为正高级技术职称的(虽有部分是在 1988 年后获得)，下表不再重录。原登记为副高级职称的人物，已确认有 11 人是在 1988 年后晋升为正高级职称的，录入下表。表中录有 1989—2010 年龙泉籍寓外正高级技术职称获得者 50 人，以出生年月先后为序排列，籍贯(出生地)以 1992 年 4 月龙泉市撤区扩镇并乡时地名录入。

1989—2010 年龙泉市(县)寓外正高级技术职称获得者一览表

表 39-2-5

姓名	性别	出生年月	籍贯(出生地)	工作单位及职务	职　称
毛　美	男	1933.1	城北乡上田村	西南科技大学高教科研所所长	教授
季作梁	男	1936.11	龙渊镇	华南农业大学园艺学院	教授
蒋建根	男	1936.11	八都镇	北京机电研究所	教授级高级工程师
季纯珍	女	1937.4	安仁镇季山头村	南京市儿童医院	主任医师
刘梦芸	女	1937.11	龙渊镇	内蒙古农牧学院	教授
钟承德	男	1938.5	龙渊镇	总参谋部第五十七研究所	教授级高级工程师
毛观养	男	1938.11	城北乡上田村	上海交通大学医学院附属同仁医院	主任医师
李圣源	男	1939.12	龙渊镇	沈阳教育仪器研究所所长	教授级高级工程师
范万军	男	1940	小梅镇孙坑村	浙江师范大学外国语学院英语系	教授
刘少康	男	1942.5	小梅镇	湖北汽车工业学院	教授
叶明德	男	1943	宝溪乡坑里村	浙江大学农业现代化与农村发展研究中心副主任	研究员
徐龙年	男	1944.1	龙渊镇	丽水学院	教授
吴自然	男	1945.5	小梅镇	航空部沈阳黎明航空发动机集团有限公司工艺研究所	教授级高级工程师
谢银莲	女	1952.5	龙渊镇	丽水市中心医院	主任医师
江丽华	女	1954.3	龙渊镇	丽水市中心医院监护室主任	主任医师
张建平	男	1954.5	龙渊镇	丽水学院党委副书记、纪委书记	教授
郑宋明	男	1955.1	龙渊镇	丽水市人民医院	主任中医师
季红真	女	1955.2	安仁镇季山头村	中国作家协会创作研究部	研究员
潘丽萍	女	1957.1	龙渊镇	丽水学院医学院院长	教授
徐向东	男	1957.1	龙渊镇	丽水市人民医院院长	主任医师
潘龙峰	男	1957.8	龙渊镇	丽水市中心医院	主任医师
毛伟敏	男	1957.12	城北乡上田村	浙江省肿瘤医院院长	主任医师
曾长佑	男	1958.5	龙渊镇芳野村	丽水市疾控中心慢病科科长	主任医师
季建成	男	1958.8	查田镇	中国计量学院体育军事部主任	教授
吴高庆	男	1959.11	屏南镇垟顺村	浙江工商大学法学院诉讼法学系主任	教授
叶龙森	男	1960.3	龙渊镇	江西财经大学国际学院院长	教授
王少荣	男	1960.12	屏南镇砇铺村	华中科技大学电气与电子工程学院电力工程系副主任	教授

续表 39-2-5

姓名	性别	出生年月	籍贯(出生地)	工作单位及职务	职　称
季小江	男	1961.8	安仁镇季山头村	河北金融学院	教授
赖朝师	男	1960.12	上垟镇源底村	浙江师范大学音乐学院副院长	教授
卢向红	女	1963.3	龙渊镇	丽水市人民医院副院长	主任医师
王向云	女	1963.3	龙渊镇	丽水市中心医院	主任医师
戴巧群	女	1963.7	龙渊镇	丽水市妇幼保健院	主任医师
季卫平	男	1964.7	兰巨乡大汪村	丽水市人民医院骨科主任	主任医师
兰家诚	男	1964.7	兰巨乡砼湖村	丽水学院数理学院院长	教授
何善明	男	1964.8	础石乡垟畈村	浙江省委党校公共管理学部主任	教授
周　武	男	1964.10	上垟镇木岱口村	中国美术学院公共艺术学院副院长	教授
方伟钧	男	1964.10	城北乡河坑塘村	丽水市中心医院危急重救治中心主任	主任医师
涂韶松	男	1964.12	龙渊镇	丽水市中心医院	主任医师
李　界	男	1965.9	龙渊镇	丽水市中心医院	主任医师
陈方红	女	1965.10	龙渊镇	丽水市中心医院	主任医师
张小如	女	1965.12	龙渊镇	丽水市人民医院	主任医师
杨晓红	女	1966.6	龙渊镇	丽水市人民医院	主任医师
叶世祥	男	1966.7	小梅镇大梅口村	温州大学副校长	教授
张海平	男	1966.7	宝溪乡溪头村	中国电力集团华东勘测设计研究院	教授级高级工程师
项　武	男	1968.12	龙渊镇	丽水市财政局地方税务局信息中心	教授级高级工程师
钟福高	男	1969.1	八都镇	丽水市人民医院	主任医师
金文伟	男	1969.7	龙渊镇	景德镇陶瓷学院陶艺教研室主任	教授
沈建伟	男	1971.6	龙渊镇张村村	宁波市医疗中心李惠利医院内镜中心主任	主任医师
邵　松	男	1976.10	龙渊镇	中国科技大学	教授

第四节　寓外副地师级以上干部名录

下表录有 1989—2010 年龙泉籍寓外副地师级以上干部 19 人，以出生年月先后为序排列，籍贯(出生地)以 1992 年 4 月龙泉市撤区扩镇并乡时地名录入。

1989—2010 年龙泉市(县)寓外副地师级以上干部一览表

表 39-2-6

姓名	性别	出生年月	籍贯(出生地)	工作单位及职务	职别、军衔
周步东	男	1931.3	道太乡朱山下村	重庆市国资委副巡视员	副厅

续表 39-2-6

姓名	性别	出生年月	籍贯(出生地)	工作单位及职务	职别、军衔
徐仁俊	男	1934.12	龙渊镇	丽水地区政协工委主任	正厅
周礼福	男	1935.12	龙渊镇	南京军区后勤部政治部副主任	副师
刘光奎	男	1936.11	龙南乡周山头村	宁波市政协副主席	正厅
郑章旺	男	1940.11	上垟镇生源村	中国民用航空浙江省管理局党委副书记、纪委书记	副厅
翁庆宗	男	1943.7	八都镇石坑村	中国五矿集团日本五金矿产株式会社社长	副厅
金　龙	男	1948.6	龙渊镇	南京军区联勤第十七分部政治委员	正师、大校
杨海源	男	1951.9	龙渊镇	杭州萧山国际机场有限公司副总经理	副厅
邹志文	男	1951.10	道太乡大苏村	中国农业科学院监察与审计局局长	副厅
甘明法	男	1954.10	龙渊镇	南京陆军指挥学院教授	正师、大校
蓝资霞	女	1955.2	八都镇高大门村	丽水市委常委、统战部长	副厅
林蕙青	女	1957.5	龙渊镇	教育部部长助理、党组成员	正厅
徐宇宁	男	1961.5	上垟镇源底村	温州市委常委、纪委书记	副厅
季盛清	男	1961.12	屏南镇塘山村	浙江省委党校副校长	副厅
张水松	男	1955.7	龙南乡龙井村	中国人民解放军 94248 部队政治委员	副师、大校
周　丹	男	1963	龙渊镇	中国人民解放军总医院保障部主任	副师、上校
吴长平	男	1963.12	安仁镇花庵村	火箭军某部政治部副主任	副师、大校
毛子荣	男	1964.10	城北乡内双溪村	丽水市委常委、市委秘书长	副厅
林　平	男	1967.2	查田镇青坑村	南京森林警察学院政治部主任	副厅

第五节　革命烈士名录

1989—2010 年，龙泉市(县)有革命烈士 2 名，其中，周林开在扑灭森林火灾中牺牲，叶金水在抗洪抢修水毁公路中牺牲。另外，1994 年版《龙泉县志》中《革命烈士名录》，未录入 1989 年前牺牲的革命烈士 3 名，本志列表增补。革命烈士以牺牲年月先后为序排列。

1989—2010 年龙泉市(县)革命烈士一览表

表 39-2-7

姓名	性别	出生年月	家庭住址	参加革命年月	牺牲年月	牺牲地点	牺牲时所在单位与职务	备注
周林开	男	1949.7	道太乡李村	—	1994.4	道太乡黄泥岗	群众	1998 年报省民政厅审批后确认
叶金水	男	1973.12	住龙镇建胜村	1993.4	1994.6	住龙镇建胜村	住龙镇建胜村村委会副主任	—

增补1994年版《龙泉县志》未录入龙泉县革命烈士一览表

表39-2-8

姓名	性别	出生年月	家庭住址	参加革命年月	牺牲年月	牺牲地点	牺牲时所在单位与职务	备注
叶长青	男	1923	宝溪乡高山村	—	1941.12	宝溪乡湖住溪村	中共闽浙边委武工队队员	—
练正环	男	1922	上垟镇中村村	1945.7	1949.10	福建漳厦战场	—	—
金吴养	男	1928	安仁镇刘坊村	1949.5	1949.11	浙江定海登步岛战场	21军184团战士	1998年报省民政厅审批后确认

第六节　历代进士补录

1994年版《龙泉县志》中《历代进士表》，录有自北宋天圣二年（1024）至明嘉靖二年（1523）间进士254名，其中，南宋嘉定十年（1217）进士吴宗大，勘正为叶宗大（详见本志《前志勘正》），下表不作补录。表中据宋《宝祐四年登科录》，明成化、清光绪《处州府志》，清顺治、乾隆《龙泉县志》补录进士12名，以登科年份先后为序排列。

增补1994年版《龙泉县志》未录入龙泉县进士一览表

表39—2—9

朝代	登科年份	姓名	补录来源
北宋	大中祥符二年（1009）	周启明	明成化《处州府志》卷十三《人物·科贡·进士》
	熙宁六年（1073）或前	鲍康济	清光绪《处州府志》卷十六《选举志·进士》："年科无考……鲍康济，龙泉人"。 清《续栝苍金石志》卷一《吴子通墓志铭》："四女，……次适同邑进士鲍康济。"（墓志铭为北宋熙宁七年（1074）吴畀所撰。）
	熙宁六年（1073）	吴翊、吴畀	清光绪《处州府志》卷十六《选举志·进士》
	大观元年（1107）	刘知新	清光绪《处州府志》卷十六《选举志·进士》
南宋	绍兴十五年（1145）	汤思退	清光绪《处州府志》卷十六《选举志·进士》作青田人。 清雍正《浙江通志》卷二百六十一《汤氏义田记》："汤氏为龙泉钜族。宋岐国公思退以文章致位宰相，族益著。"（《汤氏义田记》为元至正元年（1341）黄溍所撰。）
	绍兴二十四年（1154）	季棠	清光绪《处州府志》卷十六《选举志·进士》
	绍定二年（1229）	冯梦兰	清光绪《处州府志》卷十六《选举志·进士》作丽水人。 清顺治《龙泉县志》卷六《人物志·笃行·冯太》："其子梦兰登进士第"。
	淳祐七年（1247）	陈梓	清光绪《处州府志》卷十六《选举志·进士》
	宝祐四年（1256）	赵汝澋、赵若播	宋《宝祐四年登科录》
	宋末	真山民	清乾隆《龙泉县志》卷十《人物·隐逸·真山民》："宋末进士"。

第四十篇

艺　　文

“龙泉旧为浙水东文献之邦。”自宋以降，不乏文章大家，著述甚富。除叶适、真德秀的多部著述收录《四库全书》外，并有叶大庆《考古质疑》、鲍彪《战国策注》、叶绍翁《四朝闻见录》《靖逸小集》、何汶《竹庄诗话》、沈说《庸斋小集》、真山民《真山民集》、杨载《杨仲宏集》、叶子奇《草木子》等。更有文人墨客，客籍龙泉，结社唱和，留下大量作品。本篇以收录历代本籍人士作品为主，部分非龙泉籍人士的作品，内容与龙泉相关的，也酌情收录一二。由于时代变迁，诸多著述散佚，篇后附表《宋至民国书目辑存一览》，收录这一时段800余年本籍人士著述，龙泉文化积淀之深厚，可窥一斑。

第一章　诗词选录

第一节　诗　选

答御问

宋·管师复

周遭池馆压平川，门枕山弯水底村。
满坞白云耕不破，一潭明月钓无痕。
松筠翠合垂冬夏，猿鸟声齐奉晓昏。
最好诗余无个事，直将谈笑对清樽。

管师复，龙泉人。长于诗，隐居不仕。仁宗称其才，授以官，师复不受，辞归乡里，人称“卧云先生”。录自明正德四年(1509)《龙泉县石马岗管氏遗谱》，题为编者拟。

烟　村

宋·叶绍翁

隐隐烟村闻犬吠，欲寻寻不见人家。
只于桥断溪向处，流出碧桃三数花。

叶绍翁，龙泉人，祖籍福建浦城。属江湖派诗人，尤擅七言绝句，其《游园不值》历来为人们所传诵。

留槎阁寓感

宋·真山民

俯仰乾坤为一嗟，西风原上夕阳斜。
石麟已换延陵冢，银汉今无博望槎。
前古英雄俱寂寞，黄昏灯火自喧哗。

不惟人事年年改，近日灵洲水没沙。

真山民，龙泉人。有《真山民集》行世，多首吟及龙泉景物。

旧　剑

元·杨载

匣里雌雄剑，通神世所闻。
潜精依厚地，吐气切高云。
亦有蛟龙害，宁无星斗文。
不逢雷焕识，埋没复何云？

杨载（1271—1323），龙泉南乡琉田（今大窑村）人。翰林国史院编修，参与编纂《武宗实录》。精于诗学，有《杨仲宏集》等行世。

跋吴道士炼丹处

元·王毅

少微高士旧知名，无复前朝宠异荣。
丹井尚余龙虎气，青山犹带凤凰形。
岂无二士寻源入，终有神仙按节行。
十二楼台烟雾杳，天风吹动紫鸾笙。

王毅（1304—1355），号木讷斋。龙泉西乡盖竹人。有《木讷斋文集》行世。吴道士即吴应能，宋时龙泉人，城西凤凰山麓万寿宫住持，徽宗赐号“妙应先生”，以示恩宠。

为胡仲深咏桃花马

明·章溢

朱砂染瓣色重台，勾引春风上背来。
慎勿解鞍桥下浴，恐随流水入天台。

胡仲深乘马曰桃花，章三益有诗咏之。仲深征陈有定，遇害，其马驰归门外，悲嘶殒绝。夫人义之，葬于龙泉县大沙渡东北三里，号曰白马墓。

章溢（1314—1369），字三益，龙泉八都横溪人。明洪武元年（1368），任御史中丞兼赞善大夫。胡仲深，即胡深（1314—1365），字仲渊。龙泉础石南弄人，龙凤九年（1363），朱元璋称吴王，授胡深为王府参军，守处州。天台山在龙泉西隅二里，山下建寺名“集福”，山顶建亭名“叠嶂”，相传小涧中有桃花片流出。

留槎阁秋日怀古

明·叶子奇

留槎溪头霜叶黄，水天上下秋茫茫。
古人无复照清影，渔舟依旧歌沧浪。
非惟地当山尽处，亦自秋绝雁来乡。
千年欧冶剑何在，空有乱鸦啼夕阳。

叶子奇，龙泉人。元末明初在世。有《草木子》等行世。

灵　芝

明·李溥

甲申儿报芝生圃，乙酉先茔又产芝。
叠缘重台如甲字，三柯一本与川宜。
红黄莹夺金蟾色，祥瑞符同彩凤仪。
明岁愿生槐树也，婆娑花叶荫轩墀。

李溥(1506—1566)，龙泉人。明正德年间贡生，嘉靖初，与县人叶溥合纂《龙泉县志》。

碧潭秘迹

清·吴志健

一泓明月浸寒潭，止水禅心入定参。
夜半松涛风满壑，空山犹听响和南。

吴志健，龙泉人，清乾隆十一年(1746)贡生。旧志载：碧潭在县东四里，即圣潭。

九姑山

清·李应春

未尽登临兴，跻攀到上头。
残霞流绝巘，明月映前洲。
龙剑千年合，骊珠此夜投。
翩翩逼霄汉，高处不胜秋。

李应春，龙泉人。清乾隆《龙泉县志》收录其诗作多首。

避水吟　有序

民国·李为蛟

民国二十一年五月间，龙泉淫雨连旬，沟浍皆溢。至二十七日水大涨，全城几同泽国。予居城北，地势洼下，泛滥尤甚。萱女虑祖母与予及于溺，涉足入水指挥工人以木桶及竹筏分别扶出之，暂避月泓宫。作避水吟。

兼旬以来雨未歇，积久我知其必发。
一朝四邻声嘈嘈，俱云水已三尺高。
我女闻之奋然起，脱去罗袜亲举趾。
说声祖母呀父呀，山洪陡已及吾家。
天色沉沉云勃勃，水性似懦每易忽。
四围墙脚殊太低，水势将与墙脚齐。
泥墙入水最易倒，祖母与父避宜早。
祖母年高心怦怦，乘之以桶扶先行。
未几水势益奔突，女曰我父速登筏。
摇摇驶入月泓官，跻上戏台走楼中。
此间驻有潘区长，弟兄夫妇皆沆爽。
延我权充入幕宾，彼此同为避难人。
殷勤款待亘一日，傍晚水退与辞出。
庭宇泥泞移步难，百物如洗何时干。
剑川桥下流更激，闻有全家三人溺。
西南两溪尤汹汹，既病商兮复病农。
吁嗟乎！前此两壬年，降水曾为祸。
斯民再沉沦，何以出坎坷。
黄河去年决，灾省犹未苏。
瘠邑兮陷溺，仁援将谁呼。

李为蛟（1881—1939），龙泉南乡毛山头村人。1911年11月，任龙泉县民事长（辛亥革命胜利后，知县改称民事长）。

三月十九日敌机廿七架炸龙泉时在八都闻惊感赋

民国·吴梓培

思宗惨殉煤山日，终古民间尚记哀。
旧憾未捐亡国痛，新仇又报毁城灾。
虎狼有翼张凶炎，蝼蚁何辜入劫灰。

切齿仇仇忘不得，此回创巨过前回。

吴梓培(1875—1952)，龙泉八都人。有《覆瓿集》诗稿存世。诗中三月十九日，系1941年农历三月十九日。

风雨龙吟社首次社集

民国·郑晓沧

高士爱幽林，宁嫌云屐深？
虬松能折节，空谷有知音。
伫目山河靖，长歌天地心。
斯文风雨会，不绝听龙吟。

郑晓沧（1892—1979)，浙江海宁人。1940年，任浙江大学龙泉分校主任。1943年，辞去分校主任之职，赴贵州浙江大学总校。

卖菜老

民国·王季思

卖菜老儿老不知，
年年种菜傍大溪。
鸡皮夏午雨千点，
鹤发秋晨风几丝。
卖菜如嫁女，种菜如养儿，
幼苗难将护，老大恐失时。
自从金兰兵事起，
菜价十倍涨不止。
分教儿女理园蔬，
独自朝朝上城市。
城头哑哑叫早鸦，
鸡飞上屋牛翻车。
惊传新编九军至，
大队小队如断蛇。
夺我怀中钞，掷我篮中菜。
逼我挑军资，鞭挞不少贷。
前头沉沉五枝枪，
后头布匹压军粮；

肩膀渐重痛难忍，
家乡逾远心暗伤。
行行向午眼生花，
老儿僵卧任鞭挞；
枪声忽起四山寂，
血染白发成红纱。
月黑林深魂夜回，
守园黄犬吠声哀。
痴心儿女梦中醒，
犹道爷爷买饼来。

【作者原注】这是一九四二年在龙泉写的。当时国民党新编第九军纪律极坏，我在一九四二年九月跟浙江大学龙泉分校学生从龙泉迁往福建松溪时，亲见他们在路上枪杀一个头发花白的菜农。

王季思（1906—1996），浙江永嘉人。1942 一 1945 年，任教浙江大学龙泉分校，1944 年，其成名作《西厢五剧注》在龙泉的龙吟书屋出版。

别住溪

民国·余绍宋

鹃声一何急，怅焉别住溪。
此乡风物美，卜居诚相宜。
我来才九旬，意惬回故棲。
乡人多相得，张氏尤依依。
初闻我将行，壶榼各有携。
殷勤劝重来，真挚信所希。
临岐不忍别，隐隐挥涕洟。
避乱欣得地，患难见交期。
我岂不感念，故乡难久离。
省亲不容缓，史事犹见羁。
况当残破后，亦欲抚疮痍。
决然舍之去，此心终不移。
溪山忽暗澹，云树尤凄迷。
似欲阻我行，重雾沾征衣。
既行始开朗，村落还依稀。
强邻尚逼处，卷土未可知。
回头语山灵，驻马会有时。

【作者原注】驻马为住溪主峰，余所改名。

余绍宋（1883—1949），浙江龙游人。1942 年夏，避难龙泉住溪，时为浙江省史料征集委员会主任委员，即诗中所言“史事犹见羁”。次年任浙江通志馆馆长，主持重修《浙江通志》。

与桢弟游龙泉古剑池后同访邵斐翁一首

民国·胡行之

初春日暖柳先知，款步同游古剑池。
俯视小栏泉泼刺，仰观飞阁瓦参差。
啸吟虎气无长铗，翠拂龙鳞有老枝。
欧冶遗风今渺漠，黄龙痛饮是何时。

【作者原注】时剑池之旁，围以小栏，上有瓦阁，并无淬剑之所，仅老松一株，迎风长啸而已。

胡行之（1900—1977），浙江奉化人。民国时曾任浙江图书馆文史部主任，1942 年 4 月，避难龙泉。题中邵斐翁，即曾任国立浙江大学校长的邵裴子，时任浙江省参议会参议，亦避难在龙。

龙泉宫头夜尘随抄题画夜宿山家图

民国·余任天

融融画图悬晓烟，竹风相看亦娟娟。
人生正理俱参得，从此应顺任自然。

余任天（1908—1984），浙江诸暨人。1942 年秋，避难龙泉。1945 年 2 月，与金维坚等人在龙筹组“龙渊印社”，并任常务理事，寄居龙泉三年余。

眷　恋
——赠石坑垄

民国·徐朔方

一

如果到今天，
才想起你的好处，
在你睫毛下，
该有一颗委屈的泪珠。

二

离开你，
我去更好的地点；

送走我，
你有更淳朴的山民。
然而，
我们相对无言。

三

一切美善的地方，
都要据为己有吗？
人所能驻足的，
能比一朵野花，
超过多大？

四

铺盖箱子都已经整理，
我还有什么东西忘记？
失落在每天散步的小径，
我有太多的回忆。

徐朔方（1923—2007），浙江东阳人。1943年秋，考入浙大龙泉分校国文系，后转英国文学系。此诗写于1945年11月7日离开龙泉，步行迁回杭州出发前夕。

录自浙江古籍出版社1993年12月版《徐朔方集》（第五卷）。

七律·怀乡

李逸民

一别寒门六十年，关山风雨历奇艰。
揭竿不减终年志，逐鹿长挥祖逖鞭。
飞越大江临闹市，屏藩新鼎戍雄边。
是非成败何须问，万里归来万物鲜。

李逸民（1904—1982），原名叶书，龙泉安仁李登村人。黄埔军校第四期毕业，参加过北伐、南昌“八一”起义，1955年，被授予少将军衔，历任《解放军报》总编辑，总政治部文化部部长等职。

登凤阳山

郭学焕

龙泉凤阳山，有大小三千峰峦，为国家级自然保护区，其峰黄茅尖，海拔1929米，乃江浙最高峰。凤阳山植物资源丰富，形成了高山湖泊、草甸、云海雾松和杜鹃谷、凤阳瀑等自然奇观。可谓“走近凤阳山，自然亲近人”。2001 年 9 月 24 日，与丽水、龙泉诸君同登上黄茅尖，感慨良多，以诗记之。

峦数三千秀，晨昏现翠茏。
山尖风卷草，岭脊雾围松。
瀑布声何急，鹃花色愈浓。
悠然真自在，一醉此高峰。

郭学焕，1943 年 11 月生于浙江诸暨。2001年，时任浙江省交通厅厅长。中国书法家协会会员、西泠印社社员。

剑乡龙泉

黄亚洲

在锻打宝剑的砧石上
我的不驯服的诗，今天
叮当作响
我看见，它每一句都在
由赤变青，呈现出
吓人的锋芒

最后我发现它已经可以入鞘
睡时亦可置于枕下
每日鸡鸣之时
你可以看见
我的舞蹈
已如荆轲之状

一旦出手
即便春天，也能刺穿
流出血一般的花香
它甚至能按照经纬的
密密麻麻的提示
将地球，在某个黄昏
切成西瓜的形状

为了一个确切的目标
需要用两个方向的锋芒

更需要打开书匣
抽出绵长的装订线
编成剑柄缨络
剑光闪处，需要轰
然飞起书香

一个男人，有生之年
不能不走一趟剑乡，这样
他就有了护身之物
他的血、青春，以及所有
由赤变青的言论
都可以放在枕头底下
哪怕抽出一首小诗
也会有
七尺之长！

黄亚洲，1949年8月生于浙江杭州。此诗是2004年10月率全国作家“龙泉论剑”大型文学采风团来龙泉所作。时任中国作家协会副主席，浙江省作家协会党组书记、主席。

午夜挑灯看剑

闻欣

午夜难以入睡
取下壁上
悬挂那一把宝剑
挑灯 细细观看

在熠熠寒光里
有天上北斗七星
在剑中闪耀
再细看 又有一条
波光粼粼的瓯江
在剑中 忽隐忽现

这是秦溪山下
清冽剑池水淬过的剑
这是经过千锤百炼

铸就的民族不屈的风骨
剑行天下
试问执剑者
为谁仗义执言？

午夜挑灯看剑
看到的不仅仅是
倒在剑下的魑魅魍魉
也看到剑上流淌着
对于善良者似水般的柔情

闻欣，本名应文兴。1934年5月生于浙江缙云小仙都盖竹村。20世纪50年代始至今，在龙泉工作生活。浙江省作家协会会员。曾任龙泉市文联主席、丽水地区作家协会副主席，有多部著作出版。

青瓷巨碗

江晨

早已熟知你的存在
许多人也说起神奇
直接面对一刹那
震撼，还是激越全身

一只青瓷巨碗
盛放古今浙江，恍然间
河姆曙光，良渚筑城
西湖揽胜，天下粮仓
跨海天路，衣被天下
诗画之路，钱江潮涌
城乡同创，茶香悠远
一一呈现，呈现一一

一只青瓷巨碗
肇始三国两晋，泥与焰
舞动一千七百年瓷韵
以手工技艺，融合
千峰翠色，天地深情
淋漓人间的大美

抵达艺术的巅峰

一只青瓷巨碗
从龙泉出发，穿山越水
抵达上海世博殿堂
以浙江形象，民族经典姿态
发出中国声音，恰似黄钟大吕
惊羡世界，激荡心灵
China，中国；China，雪拉同

江晨，本名王振春。1964年2月生于龙泉屏南镇南垟村。中国诗歌学会会员、浙江省作家协会会员。龙泉市文联党组书记、主席，丽水市作家协会副主席，有多部著作出版。

龙泉之行

莫言

龙泉祖居地，山水呈瑞祥；
诗成白云岩，根系石马岗；
宝剑生紫气，青瓷吐幽光；
惭愧我来晚，千里献心香。

莫言，本名管谟业。1955年生于山东高密。据《高密管氏宗谱》记载，为龙泉管氏第三十六代子孙。2010年8月27—29日，莫言到龙泉寻根问祖。

第二节　词　选

水调歌头

宋·管鉴

龙守沈商卿三十年故交也。经过，为留五日。临行以词为别，次韵以谢。

一雨洗烦溽，天气爽如秋。江山佳处，眼明重见旧交游。去国三千余里，俯视朝宗一水，共笑此生浮。幸我扁舟具，归欲问菟裘。

叹君才，方进用，岂容休。銮坡凤沼，情知不为蜀人留。便恐升沈各异，后日相逢无处，别语易成愁。记取平安使，时访荻花洲。

管鉴（约1133—约1195），龙泉人。其词清丽和婉，属婉约派词家，有《养拙堂词》一卷传世。

鹧鸪天·灯夕雨雪

宋·何澹

好景良辰造物悭，一年灯火遽摧残。雨淋夹道星千点，雪阻游人路九盘。

停社舞，撤宾筵，谩烧银烛照金莲。不如我入香山社，一盏青灯说夜禅。

何澹（1146—1219），龙泉县南上河村人。宋庆元二年（1196），除同知枢密院事兼参知政事。著有《小山集》，收入《永乐大典》。

齐天乐

民国·徐震堮

四月一日偕伦清、贻诚、敏行同游天堂山。曾君玉如为导，望龙寺普上人设斋相款。

扑簾空翠征烟驾，鸣禽为占新霁。路入林暄，溪廻石溜，遥指琳宫岩际。登临袖底。有绿染千鬟，乱堆窗儿。广殿阴阴，午旛不动暗香递。

相逢都似旅雁，故山旗影外，羁绪难理。竹院清谈，松门缓步，暂祓天涯兵气。深杯共洗，喜匙玉抄云，甕春浮蚁。更约凉秋，夜窗篝布被。

徐震堮（1901—1986），浙江嘉善人。1939年8月，任浙江大学龙泉分校国文副教授。序中伦清、贻诚、敏行，皆为作者龙泉分校同事，即胡伦清、郭贻诚、路敏行。据以上几人在龙泉分校交往时间，此词应作于1941年4月。曾君玉如，即龙泉分校房东曾水清。天堂山，在龙泉剑池街道宏山村境内，山上望龙寺又名天堂寺。

玉楼春·龙泉初春

民国·夏承焘

老松清唱谁相知，暂听能令秋病可。墙根竹杖劝闲行，屋角山禽嘲独坐。

一笑出门天地大，如染蓝江堪放舸。不须浪作一冬愁，昨夜寒梅初破朵。

夏承焘（1900—1986），浙江温州人，1942年8月，任浙江大学龙泉分校教授兼师范学院国文系及初级部国文科主任。

过秦楼

民国·徐渊若

野色惊秋，冻云催晚，过访二章遗址。横溪水涨，古屋萝牵，一带冷扉轻闭。犹剩旧日荒基，荆棘漫山，琉璃随地。待丁宁拾取，残彝胎薄，断盂边紫。

曾见说，秘府添香，璇闺调粉，玉案耀青流翠。烧鸳灶冷，绘藻人遥，炼土选青谁继？零片摩挲自珍，冰裂纹鲜，石英光丽。正踌躇枨触，风雨潇潇又起。

徐渊若(1908—1951)，江苏江阴人。1943年2月至1946年4月间，任龙泉县县长。此词录自任内所著《哥窑与弟窑》，书中自注"余曾过大窑村，倚声成《过秦楼》一阕。"

西江月·瓯江行

叶放

千里流光溢彩，平铺似带瓯江。波神伴我月临舡，俯见游鱼惊浪。
更秉红灯唱晚，又闻翠竹吹凉。仙宫湖里奏霓裳，准拟人居天上。

叶放，原名叶春耀。1944年11月生于龙泉小梅大窑村。中国作家协会会员。曾任龙泉市政协副主席、龙泉市文联主席，丽水市作家协会副主席、戏剧家协会副主席等，有多部著作出版。

临江仙·龙泉窑抒怀

程郁缀

隆冬时节雨濛濛，群山依旧葱茏，琉华山下寻胜踪。窑前想当年，炉火映日红。
遗址揭秘奇会穷，民众原是神工。龙泉扬名名在龙，青瓷四海秀，宝剑天下雄。

程郁缀，1950年生，江苏滨海人。北京大学社会科学部部长。此词作于2007年1月参加大窑龙泉窑考古发掘专家论证会暨新闻发布会期间。

第二章　杂文选录

第一节　记、碑铭、墓志

龙渊义塾记

明·宋濂

至正十三年九月某甲子，栝苍章君溢，新建龙渊义塾成。龙渊即龙泉，避唐讳更以今名。相传其地即欧冶子铸剑处，至今有水号剑溪焉。山深而川阻，与通都大邑相去远，或二三百里，虽至近亦且半之，乡閭之子弟无所于学。章君之先世尝以为病，谋创桂山、仙岩两书院，以无恒产，未几而皆废。章君深忧之，与诸子计曰："无田是无塾也，其奚可哉？"遂樽节凡费，而用其余斥田至一百五十亩。其妻党陈京兄弟闻之，以曾大父适斋先生所遗二百三十亩有畸，来为之助。章君曰："吾事济矣！"乃卜地官山之阴，创燕居以奉先圣，而先师为之配，春与秋行舍菜之礼。旁列四斋，曰逊敏、曰知通、曰敬乐、曰博约，以居弟子员。后敞正义堂，月旦、十五日鸣鼓，集多士以申饬五伦之教。前建大门，榜之曰"龙渊义塾"，甓其修途，以达于东西。灌木嘉篁，前后蔽荫，盖郁然云。

岁聘经行修明之士，以为讲师。诸生业进者，月有赏；才颖家单不能裹粮者，资之使成；其不帅教者，罚及之。田赋之出入，主塾事者司焉。日用有籍，月考朒赢，岁二会其数，有余则他贮，益斥田以广其业。石华、象溪二所复设别塾，以教陈氏族子之幼者，俟其长，乃赴龙渊受业。此其大凡也。

江浙行省参知政事石抹公闻而嘉之，檄本郡免其科繇，俾无有所与。章君既列条教，序而刻诸石，复惧来者不能保其终也，伻来，请濂记之。

惟古者之建学也，虽其为制有大小之殊，而所以导民衷、扶世防者，则一而已。龙泉旧为浙水东文献之邦，水心叶氏正则，西山真氏希元，实后先以学鸣，声感气求，籁鸣机动，掇巍科而典雄藩者，声华相望，一时文物，固尝盛矣。距今未及百年，而继之者何其鲜也。岂俗尚不同，遽有古今之异哉？亦系乎学之兴衰，为何如尔？章君有见于斯，不效时俗封殖吝固，以为肥家之计，乃辟塾聘师，以克绍先世之徽猷，其立志甚弘，而为功甚溥。陈京兄弟乐善好义，以助其成，自非适斋涵濡之泽，亦岂能至于是哉？章君之子若孙，当夙夜以继志为事。毋丰己以自私，毋蠹蘖其间以启争端，毋狎非类而斁厥彝训，毋植朋党而互相低昂，庶几不负章君之意。脱有违于是，陈氏之中有端亮者，宜匡正之。陈氏或不我屑也，则乡尹里师岂无勇于为义者，咸得纠之。乡尹里师又不我师屑也，则县大夫之贤者，宜扶树而振发之。是则章君之塾可相传于无穷，虽然无以远虑为也。夫具人之形体者，孰无人心哉！苟读濂文，宜战兢保守之，弗暇矧敢坏。因书之以为记。是岁十月，具官宋濂记。

宋濂（1310—1381），浙江浦江人，与章溢、刘基、叶琛并称为"浙东四先生"。明洪武初主修《元史》。

录自《文宪集》卷四。《龙渊义塾记》碑原在龙泉县西七都玉峰寺内，现藏龙泉市博物馆。本记与碑文略有出入。

济川桥记

明·王应宣

吾龙据栝上游，为闽浙咽喉之冲，唐宋以还，称雄邑矣。治南大溪襟绕，波心涌沙成洲，曾应状元宰相之谶。旧有桥横亘其上，而附桥为阁，巍然杰立于洲中。苏东坡题其阁曰留槎，米元章题其桥曰清化，续太宰何公执中易名济川。元戊申火后，皆草桥。成化壬辰火，正德癸酉又火，迨嘉靖戊子春，南昌长湖朱侯来宰兹邑，乃鬻淫祠，募富民，佐以余俸，遂成伟观。抵今七十余年，其资利涉，而颂德者不衰。万历己亥之夏，鲸浪为殃，修梁杰阁与波俱颓，仅存什之一二，谁不谓斯桥无复续期矣。是秋南昌章侯来令吾龙，甫下车，毅然力任其事，爰召诸耆老，鸠工庀材，捐俸措费，以是年孟冬初旬经始，仍命东衙余君绍堂、西衙吴君学书、南衙蔡君应春轮董其役，筑垛以砥流、甃石以固址、架木以植楹、披板以护楯。层楼复阁，斗角钩心，画栋雕甍，节分拱合，诸如朱侯所立，尤为壮丽，于次年孟冬告竣，复取苏长公旧额文以丹垩。规模轩豁，望之若瀛岛然。方诸旧制，槎阁若增而高，剑水若澄而深矣。计其时日，岁甫一周；廉其所费，用白金三千有奇。乃公帑不费，人心乐从，侯何以得此于民哉？语云"佚道使民，虽劳不怨。"此之谓矣。乃昉其制者朱侯，继其美者章侯。二侯皆同乡同宦，又同成此大役，固知旷世相感其机，若有待也，岂朱侯在天之灵，为大〔之〕默相于其间耶？我龙民之邀惠于两侯者，亦既深矣。异日肖像建祠，翼然临于灵洲，上奉两侯而尸祀〔祝〕之，俾往来于斯者，知南昌二贤，后先相望，讵偶然哉。

王应宣，龙泉人，明万历十三年(1585)举人。著有《西游诗集》。

录自清乾隆二十七年(1762)《龙泉县志》。另据清光绪三年(1877)《处州府志》，将改正之字置于〔　〕内。

龙泉风土大略记

民国·吴嘉猷

(一)疆域及地势

龙泉县，古属扬州，又称剑川。位置在括苍西南二百四十里，东界云和，南接庆元，西邻闽之浦城，北连遂昌。全邑分为十区，城中分为城区，附郭区，又曰龙门区。东分为东平区，东安区。南分为南山区，南汉区。西分为西远区，西近区。北为上北区，下北区。

地介在万山中，叠嶂重巘，无十里平壤，土田硗瘠，踞东瓯上游，实为越闽之要道。水路可直达瓯江，而暗崖积石，相蹙成滩。凡舟楫往还，涸则叠出崎岖，涨则暗森剑镞，下则奔放如脱箭，上则层累若缘梯，要皆螺旋蚁拆，争厘于棱棱石罅间。稍一不慎，则立见破碎，皆滩为之患也。陆地之要隘，东有武溪，南有小梅，西有龚村，北有吴岱，天然险隘，尤为防御上最要之区焉。

(二)气候

气候温和，春秋佳日，和煦宜人，夏不甚暑，冬不甚寒，旸雨应时，颇称乐土。

(三)风俗

劲直俭朴，好讼喜斗，耕牧而外，经商居多，昔营商惮于远出，贸迁不越邻封。近则风气渐通，故有经商于数千里之外者。

农工商业，趋重阴历，习俗相沿，难以改革。每届岁暮，家家户户，帖换春联，悬柏桔柿于堂门，以兆百事清吉之义，张灯悬字画，以敬神祇。无论贫富，预备各种食物。(如米粿糕糖猪肉豆腐之类)幼年男女，制配衣履，以备新年。商家有讨帐〔账〕结帐〔账〕之烦，贫家有张罗金钱之苦。迨至腊月念三日夜，有送灶神上天之举。至岁末日(即除夕)预备三牲祭神，俗谓之辞年，是日夜间，灯光照耀，通宵达旦，择吉时，崇奉祖神，放火炮，焚纸帛，俗谓开年。元旦或二日，亲友互相拜年，颇形忙碌，其至戚或送礼节，士农工商，此时均停止职业。

佞佛像，信巫觋，积延成习，深入人心，破除非易。有病者不求药石，专事祈祷，击鼓鸣金，喧阗昼夜，妇女信嗜尤笃：如阴历正月初八日，妇人纷纷进香，必取寺名之佳者八，各处亲诣，礼毕，僧与牒文一道，名曰拜八寺，俗所谓求好八字也。盖寺字谐音，妇人附会之意云。阴历三月十八日，为东岳诞辰，携茶酒香楮，俗谓之烧香，祈佑来世降福，进香者跻跻而来。阴历七月初七日，为马氏夫人诞辰，妇女黎明盥洗，携香楮祈祷，赤舄黄繙，竞相焚化，名之曰长名系。又如昴〔昴〕山观音佛，至夏秋间，信仰男女，尝至彼瞻拜，非但本邑男妇而已。远如闽省，松溪，政和，浦城；近如温州，云和，松阳，遂昌，均不远千里而来，输资亦复不少。噫！若辈耗费光阴，掷资财于乌有，诚可叹也哉!

婚礼

议婚　议婚之初，必通之媒灼〔妁〕，决之于父母。非然者，则有荡检踰闲之讥。婚帖之中，载男女两方出生之年月日时，以此为最要之件。乾造坤造，大抵书写干支，俗名年庚帖，又曰八字。八字之吉凶，取决于星命家，俗名算命人。

定婚　俗名剪鞋样。诹日，男女家各送鞋样，庚帖，并礼物，为许婚之凭证，终身不改。生而不娶，则白首以相待，既聘而死，则誓死而靡它。其或有悔婚违约者，强者则有抢亲之举，弱者亦必为构讼之端。

行聘　俗名大定。诹日，男家送聘财及各种礼物，先择定婚期诹日，使媒氏预告女家。

亲迎　俗名娶亲。迨至吉日前，男家预备米饼家雁德禽及各种礼物，并彩舆；送至女家，女家使人以奁具，送至婿家。如帷帐箱箧被铺棹椅之属。俗虽无亲迎礼，然亲迎之前一晚，壻必先至女家行拜见礼，意似近之。至亲迎日，新妇乘舆，仪从在前，鼓乐喧扬，爆竹连声。女家四人，男家四人，各穿吉服，彼此迎送至途，三揖而别，谓之交亲。本晚女之兄弟，至男家，谓之送亲。是日亲友袖仪往贺，主家设谯宾客。新妇到门，即谒祖先，拜姑嫜，并夫妇交拜讫，而后行合卺之礼。次日晚有闹房听房，种种恶习，不堪言状。至于贫家，则先接女过门，择日完婚而已。

丧礼

殁之日，迁尸正寝，择时入棺，有碍孤虚者，虽父子必避。次设灵座，举哀吊奠，灵牌上，题曰“显讳考某某之灵位”，亦有设画像于案正中者，守丧三年。未殓日，亲友送席奠祭，殓后，复送烛帛，即回馒首。丰俭各随其分，丰者延致僧道，诵经礼忏，镶鼓喧阗，通宵达旦，曰为死者超度。俭者丧礼极简，延道士念咒而已。凡吊奠，惟香一，烛二，冥财二。

葬礼

出殡须择吉日，其仪礼以开路锣旗为前导，次丧主放纸钱，谓之买路钱。次仪仗铭旌之类，再次乐器，次灵柩，杠夫十六人，又次丧主以下，绖杖衰服，男在柩旁匐伏行，女在柩后步从，或舆从，哭不绝声，外戚亲朋，相随送丧。迨棺埋圹毕，归时，复以乐器，丧主及从者，或执火把，或持香以迎，将临门，丧主妇女亲友来迎，俗谓之迎风水。

人民风水之观念甚深，专事择地，咸抱趋吉避凶之想，每延阴阳家，又名堪舆家，俗谓之蹈风水，择地多至两三年之久。如一时不得获，往往停柩在家至四五年，坟墓或建山上，或筑田间，圹中以砖筑成，再以石灰粉之，俗名卷洞。坟之墓堂，筑造如公子帽式。墓门勒碑，书显考某某之墓，妇人则书显妣某氏之墓，若合葬则并书之，刻圹志，详记姓名职业，葬于年月日时，或葬处地方方向，及所遗子女。

祭祀

春则清明，冬则冬至。凡大家族，各有祠堂，祠堂各有祀产，每岁以次输收值祭。祭之日，先持牲醴，挂纸钱于墓，维会族于祠，男妇毕集燕饮，出嫁之女及婿与甥，皆得与焉。若侨居未久，族单无祠者，仅扫墓挂纸而已。余则生辰死忌，必设家祭，贫者用荐，谓之羹饭。富者间用僧道，谓之荐亡功德。然羹饭不过三世，而功德则止父母云云。

（四）教育

学校之多寡，人才之兴衰系焉。龙邑地面虽属辽阔，学校尚不甚发展。城中仅有剑川与养真高小两所，女高小一所。乡区近来东乡安仁有高小一所。南乡小梅有高小一所。至于西乡八都，自光宣间，创立剑西两等小学。未及两载，因经费拮据，遂至停办。未几有养正高小及贵溪高小之设立，迄今亦因费绌停止。溯自龙邑科举废，学校兴，已经三十余载。高小学校，已若晨星；国民学校，亦未遍设。以致教育设施，未能普及，莘莘学子，常抱向隅之叹也。

（五）物产

〔一〕植物

树木之属：有杉，竹，棕榈，松，樟，栢，花榈木，楮，檀，桐，柳，黄杨，茶，枫，靛青。

药材之属：有厚朴，桑寄生，桑白皮，木瓜，五陪子，山栀子，枫香，白术，茯神，连翘，扁柏，枇杷叶，茯苓，乌药，车前子，常山，枸杞，牛膝，苦参，苍术，黄连，小茴香，薄荷，芭蕉花，紫苏，桔梗，半夏，白扁豆，桔皮。

田产之属：有稻，麦，豆，粟，芝麻，玉蜀黍。

油类之属：有茶油，桐油，菜子油。

蔬菜之属：有香菇，竹笋，白菜，青菜，罗菔，菠薐，芋，冬瓜，黄瓜，苦瓜，油菜，茄，苋，辣椒，南瓜，姜，葱，蒜，刀豆，扁豆，绿豆，麦豆，豌豆。

水果之属：有梅，桃，杏，李，石榴，柿，橘，林檎，葡萄，梨，枣，柿，橙，枇杷，杨梅，栗，樱桃。

〔二〕动物

兽类：有牛，羊，猪，犬，猫，兔，鼠，狼，豺，熊，獐，虎，豹，山羊，猴，狸。

禽类：有鸡，鸭，鹅，白鹇，锦鸡，田鸡，雀，啄木，斑鸠，乌鸦，喜鹊，鹰，画眉，鸽，山鸡，翡翠，白头翁，燕。

鳞类：有鲤鱼，鲫鱼，草鱼，白鱼，鲸鱼，鲭鱼，石斑鱼，鳗，鳅，鳝，石塔鱼。

介类：有鳖，鲮鲤，蟹，蚌，青螺，虾。

虫类：有蝙蝠，蚕，萤，蚊，蝇，螳螂，蚱蜢，蟋蟀，蝉，蝴蝶，蛇，蜘蛛，蚯蚓，蜈蚣，蝼蚁，蜻蜓，水蛭，斑猫，蜂，天牛，蚜，瓢。

其最著名者，如七星剑，瓷器等，工艺精绝，名驰全国。其瓷器土质胶黏，色亦纯洁，产自西乡，以木岱之土质，尤为特色，是以西乡一带，瓷窑林立，计售于瓯鄞及邻县，岁值甚巨。近年城中，由省款设立瓷业工场，泥料均取西乡，土质纯白，制造精良，即泰西瓷器，亦不是过也。

吴嘉猷，龙泉八都人。国立北京大学法律系毕业。

录自民国15年(1926)1月《括苍》杂志第二期，除对原文异体字、通假字改动外，对标点符号不作改动，个别错别字改正后置于〔　〕内。

龙泉县重修城隍庙记

元·孔旸

从……事孔旸撰

承事郎处州……农事叶伯颜书篆额

城隍祠，通天下郡县有之。然影□□□□□□□□□□不能焉，盖亦系乎山川之气而已。龙泉县在万山中，其治面大溪，群山叠嶂，环绕若城郭，信天钟秀于是。故其人既聪明特达，膺富贵，而神之灵亦异。直治之西，为城隍庙焉。故老相传言，能为民捍患御灾，威灵烜然，不可殚举。姑即一事明之：戊寅岁，邻有寇入境，燔官舍民居。朝廷命将来征，寇既殄，议屠吾邑。将忽自疑，乃潜祈于神，击瓦以卜之。卜成，悚然曰："神佑民如此，吾其敢妄为？"遂班师，不戮一人。民欢呼更生，争先走诣神谢。自是，水旱疠疫无不祷，祷无不应，今七十余载矣。民之事神不懈，而神之莅民益勤。庙屡坏屡修，然皆济一时之急，未尽善也。至正十年夏五月，主簿唐兀公乃慨然为久远之谋，出家财倡之，士之好施者和之。命集福寺僧崇十董其役。自六月甲申朔始事，至十月望日告成。其用工弘矣，而民若罔闻知。殿堂门庑，冠冕侍御，靡不坚固完好。更数十岁，虽勿修可也。于是，县之人愧曰："此吾党事也，而公为成之，我其何以报？"乃相与买石，志公之劳，使来征予文。予读李阳冰《缙云庙记》有曰："城隍神，祀典无之，吴越有之。"然则是庙之设，自唐始矣。论者谓神之有城隍，犹吏之有守令，未知其然乎否也？噫！神歆民之享祀，犹吏食民之赋税，皆当图报而锡之福，其理一而已矣。主簿公廉静寡欲，独爱民汲汲若不及，所以致力于斯庙者，亦以其神能为民兴利而除害尔。其心非为神也，为民也。视夫饰缁庐、崇黄宅以自徼福者，相去岂不远哉！故不辞而为之记，使来着有考焉。公名九住，字伸义，唐兀其氏也。是年十二月十五日记。

龙泉县典史王克让。

处州路龙泉县尉费朵因不花。

承事郎处州路龙泉县尹兼劝农事林森立石。

胝役华天柱。

武林钱德远摸刊。

孔旸（1304—1382），温州平阳人，元至正二年（1342）进士，历任衢州路录事、处州路庆元县尹、温州路同知平阳州事。

录自清光绪十六年（1890）《两浙金石志》卷一七，部分漏字据民国15年（1926）《平阳县志》卷六四补录。《两浙金石志》注："右碑篆额九字，文正书二十二行，在龙泉县城隍庙。此主簿唐兀九住以家财倡修庙，而集福寺僧董成之，孔旸记之也。九住字伸义，唐兀其氏，官主簿，《府志》误达鲁花赤。孔旸、叶伯颜俱无考，王克让又见'府尹'下宋淳祐时，当是二人。县尹林森，《府志》又离为林士林，皆当从碑为正。"

修筑永和桥志

清·连正钊

永和桥者，内通庆景，外达松云，上入闽疆，下趋瓯郡，实为千万人往来之要冲。创自前朝成化年间，西南刘项原建，以后或坏或修，已非一次。至民国元年秋，突遇狂蛟肆虐，冲塌桥屋二十余间，石墩二座，里人病涉，咸思修筑，而苦于筹款之艰难。适值县知事杨公来莅龙渊，本区自治会即以此桥冲倒情形绘图入告，杨公遂慨然发起催督兴修，发下省拨工赈及善后费洋五百余元，并由公署发出捐簿二十余本，分给城乡诸绅，谕令劝捐，以成美举。诸董乃踊跃奉令，协力募缘，仁人君子亦争解囊以相助，遂得集款六千余元。于民国三年三月兴工修筑，越岁余，至民国四年十二月，工始告竣，此桥得以规复旧观焉。由是虹腰跨岸，雁齿横空，大川利涉，无需子产乘舆，行旅问津，不待神人鞭石，行见骚客起骑驴之咏，英雄兴题柱之思，岂不懿欤？爰为之志，又从而歌之曰：刘项族处，水隔西东；长桥一带，横亘其中。突遇蛟水，石墩被冲；诸绅会议，募款兴工。谁为提倡，唯我杨公；经营一载，告厥成功。舆梁既成，来往交通；亿万斯年，利济无穷。

连正钊灼照甫撰。

中华民国肆年十二月 日。

董事：季克让、刘遇祥、叶文魁、刘作霖、管以修、项应钧、连可裕、项财发等仝立。

连正钊(1862—1918)，龙泉安仁大舍村人，光绪甲午科(1894)举人。

碑在龙泉市安仁镇永和桥西头北侧廊屋内，碑阴为“倡捐芳名”。

重建留槎桥记

林世荣

蒋、秦二溪在城西合流成淤，俗名蒋秦淤，亦称灵洲。洲上长桥卧波，高阁凌空，花树夹岸。宋元祐间，龙泉乡宦何才翁与苏轼泛舟西湖，向苏轼渲染灵洲美景，东坡喜曰：此得无当年张骞所乘之槎搁于斯者乎？即书“留槎阁”贻赠，何携归刻匾悬于阁，遂名播遐迩。

元、明以降，洲上桥圮阁坍，至嘉庆十年(1805)，龙泉巨富李鹤堂捐银壹万肆仟两，于洲之东侧复建济川桥。翌年，秀才汤瑾出资于洲上重建留槎阁。此后百余年未闻有修葺之举，槎洲渐成荒滩。

公元一九九六年，春风浩荡，政治清明，经济发展。中共龙泉市委、龙泉市人民政府决定重建留槎大桥，美化留槎洲，并着即鸠工动土，至一九九八年十一月竣工，总投资人民币壹仟零叁拾万元。龙泉市政协为弘扬修桥铺路、建功积德之传统美德，倡举人民城市人民建之新风尚，于一九九六年四月向社会发起建桥募捐，旋得广大市民热烈响应。垂髫幼童、耄耋老者、干部百姓、机关单位，竞相解囊，共募款壹拾玖万元。今以乐助百元以上单位及个人芳名镌于碑，以扬功德也！

(捐资单位及个人名单略)

龙泉市人民政府办公室
二〇〇六年五月立

林世荣,1937 年生于龙泉道太。曾任龙泉市政协副主席,1994 年版《龙泉县志》主编。
碑立于龙泉市留槎桥南端桥头东侧。

龙泉置县一千二百五十周年碑记

王翼奇　尚佐文

龙泉为处州之古邑,林壑幽深,风光绝美。黄茅尖之峰为两浙群山之冠,披云山之水乃瓯、闽、钱塘之源。牛门岗有新石器之遗存,越绝书载古铁剑之轶事。东晋太宁元年设龙渊乡,大唐乾元二年置龙泉县。迨开天辟地,遂拓新宇于疮痍;撤县设市,更绘宏图于久远。

山川雄秀,必产英材。宋明进士联翩,九州称羡;春秋欧冶铸剑,千载推尊。北宋宰相何执中,丞弼八年,勤劳百度;南宋帝师何澹,重修通济堰,首记香蕈经。叶水心倡事功之学,真西山得朱子之传。鲍文虎注战国策,推厥功于创始;叶子奇著草木子,补元史之阙遗。白云满坞,管师复品慕孤高;红杏一枝,叶绍翁诗留绝唱。更有民间巧匠,草野奇人,如章氏二生、菇神吴昱,厥功至伟,何逊公卿。近代以来,豪英迭出。徐仰山为辛亥革命烈士,季步高作马列主义先驱。粟裕、刘英率红军挺进师,点星火于苍山,树红旗于古邑。倭寇肆虐,龙泉为抗日后方,浙大分校存国脉而播斯文。

龙泉青瓷始于三国两晋,盛于宋元,兴于当代。哥弟二窑之器,清澈如秋空,宁静似深海。龙泉宝剑源自春秋,代有惊世之作,允称剑中之魁。至若名山耸峙,聚宝藏奇:香菇木耳,实乃珍馐;灵芝佳茗,皆为上品;兰馥松奇,足资吟赏;急滩飞瀑,更蕴潜能。

夫沃土美材,虽膺天赐,厚生利世,实赖人谋。历代经营,殊方款接,遂为瓯婺八闽通衢。新纪宏开,层楼更上,高速公路通接世界,千山莫阻,万里非遥。

今之龙泉执事者,藉人文、生态、政策之优势,运工业、旅游、城建之远筹,经济腾飞,民生乐利。剑瓷节迎四海嘉宾,华严塔续一方文脉。尤以龙泉青瓷入选世界非遗,名重环球,光增华夏。更期积健为雄,日益崛起;登高望远,敢话鸿图:北融长三角,南接海西区,浙闽赣边际中心城市,盱衡四境,舍我其谁?

今值置县一千二百五十周年,龙泉廿八万人民载欣载跃,以庆以祈。爰撰兹文纪盛,书丹勒石,以告方来。

二〇〇九年岁在己丑孟冬吉日

王翼奇,1942 年生于福建厦门。浙江古籍出版社原副总编辑,浙江省作家协会会员,西泠印社社员,中华诗词学会理事,中国楹联学会学术委员会副主任。尚佐文,1968 年生于浙江丽水。浙江古籍出版社副社长,杭州市诗词楹联学会副会长。

碑记刻于龙泉市人民广场一巨石上。

媛女瘗铭

宋·叶适

媛女始生能谁认，俄病痫不省忆，四年而夭。将绝，忽左右顾，应答累累，长忾泪下，与其母诀。余多险艰，垂四十矣。初有二女，连岁皆失之，故与高氏颇自伤，又伤媛之难成也。盖媛以淳熙十四年七月二十八日死，明日瘗钱塘门外宝胜寺后。龙泉叶某记。

叶适（1150—1223），祖籍龙泉，晚年定居永嘉，为永嘉学派集大成者。

录自《水心集》卷十三。

何澹圹志

宋·何处仁

宋知枢密院兼参知政事、守观文殿学士、金紫光禄大夫、提举洞霄宫致仕，赠少师何公，讳澹，字自然。世籍处州龙泉，徙居丽水。曾祖执文，承奉郎、江淮发运司主管文字，赠太保。祖志崇，朝奉郎、尚书主客员外郎、赠太师、周国公。父偁，朝请郎、福建提举、赠太师、楚国公。妣楚国夫人石氏。

先公绍兴十六年八月二十五日丑时生于杭之於潜县治，年十八入太学，越三载，魁南宫，登乾道二年进士第。持本生父秘阁心制，制满授信州教授，未赴，除武学谕。召试，除正字兼国史院编修、实录院检讨官，升校书郎。丁楚公忧，服阕，以故官召升秘书郎，复兼国史院编修官兼权工部郎官，升秘书丞，升著作郎兼东宫小学教授。皇孙以平阳王就第，改兼王府教授，除将作少监，升监，除国子司业，升祭酒，充贺金国生辰使，除兵部侍郎兼实录院同修撰。会虏主殂，就充接送伴使。光宗践祚，除右谏议大夫兼侍讲同知。绍熙元年贡举，升左谏议大夫，除御史中丞，申心制，制满，以焕章阁学士知泉州，避嫌改明州。今上龙飞，复召为中丞兼侍读，除同知枢密院，除参知政事、同提举敕令，除知枢密院兼参知政事、监修国史，以正论忤权臣，连丐去。上谕留再三，以面陈恳切，除资政殿大学上，知太平州，请祠提举洞霄宫，诏知福州，进观文殿学上。再任求解郡组，移知隆兴府，辞不行，以观文奉洞霄祠，被召，力控免，复奉祠。圣化更新，和议甫定，流移未复，诏知建康府兼江淮制置大使。丁楚国太夫人忧，免丧，除知江陵府兼京湖制置大使，请免再四，以故职奉祠，继乞引年，累疏不俞。嘉定十二年腊月，因感寒疾，初六夜三鼓，薨于私第，享年七十四。遗奏闻，上辍视朝一日，赠少师。赙银绢五百匹两，官其后如格，以外孙王珽添差处州司户护葬事。积阶金紫光禄大夫、缙云郡开国公，食邑实封合一万一千户。

娶朱氏，左丞谔之孙女，封河南郡夫人。子四人：处仁，朝散郎、直秘阁主管成都府玉局观；处礼，朝散郎、前江东提刑司干办公事；处智，奉议郎、前浙西提举司干办公事；处信，宣教郎、新浙东安抚司主管机宜文字。女一人，先公三年卒，适朝散大夫、前知嘉定府王駒。孙男：宗房、宗裴、宗姚、宗宋，并承务郎。女孙五人。十四年闰月十二壬辰葬于丽水县凤凰山之东，距楚公茔五里，从先志也。

先公自壮岁登朝，以正直鲠亮，蒙孝宗殊遇。光宗御极，居台省以风节闻。今上眷礼旧学，延跻政地，受知三朝，忠不顾身，卒以取忌权奸，抱道退处，垂二十年，身名俱全，俯仰无愧，可谓德隆而福备矣！国史、墓偈本末具纪，处仁等泣血谨书世系、历官、卒葬岁月纳诸圹。

表弟朝奉郎、江淮等路都大提点坑冶铸钱公事郑如冈填讳。

何处仁(1177—1208)，何澹长子。

何澹圹志现藏于温州市博物馆。1959年6月初至8月中旬，为配合瓯江水库建设，由瓯江水库文物工作组发掘。墓原在丽水保定凤凰山。

处士胡君伯益墓志铭

元·梁载

高丽国三重大匡佑文君梁载撰；

奉政大夫、征东行中书省理问所官洪彬书丹；

大中大夫、监察御史崔帖木儿不花题盖。

至元五年己卯十月望，征东行中书省照磨兼管勾承发架阁库胡国宝过余，涕泣而告曰："先君没五年，家贫力薄，宅兆未卜，而先母继去。明年东来，又明年遇先生于平壤，辱过举为掾吏，授今官，凡八年而辞未能，中间，尝命子深卜地以待归葬，惧不克胜。今深来，乃言已得吉且葬毕。国宝既喜，复恨弗获躬，又惧先君之德无闻于后，先生幸赐之铭，使一日归，志诸墓。"

按状，君讳堂，字伯益，其先世为丹阳人。李后主末年，有讳栋者迁于处州龙泉之竹川。故龙泉之祖自栋始，其后十一世讳滂者，营生藏于东里，创基曰盘□，买田三百六十石，以遗子孙，至今祭扫者赖焉。高祖松，仕宋，为衢州知录。曾祖应辰，南渡后，中省试，卒，娶宋宗室。祖琫，温州监税，知乐清县，娶何氏。父见大，宋节制司干官，以宗室婿为抚州监军，后知临川县。时大军日南，弃官归老。丙丁以后，遭世多艰，君读书习儒，颇复先业。性刚果，不能与时俗低昂，尝试吏龙泉，不乐弃去。长子早世，遂决杜门，无复仕意。里有竞，或就君，必释然，乡曲多以为赖。泰定四年丙寅七月十有七日，以疾卒于家。

君生宋咸淳壬申五月十日，至是享年五十有五。娶季氏，宋温州司户讳修之女，君卒后五年，为至顺元年庚午七月二十日，亦以疾终，寿六十有二。子二人：长曰鉌，娶张，生孙洪，三岁而孤；次则国宝，娶赵，赵先姑季没，继徐。孙男五：深、洪、潭，盖君所尝教抚者，海、溥及孙女观奴，皆君没而后生。

至元四年戊寅正月壬申朔，深奉君及季氏葬于里之南巷，并母赵氏于季氏之左。君弟垌之子鉴、镛，是日亦奉垌葬于君之墓右，礼也。山庚来辛止，向丙内乾外，吉也。国宝远客兹土，而深能成父之志，俾其祖父母及其母皆归于土。东来觐告，又能从余读书属文，亦可谓能世其家矣。故为之铭。铭曰：

龙泉之先，世居丹阳。爰自栋始，来迁栝苍。世有淑人，克承天潢。既光其族，亦享□□。君为赵甥，乃服儒服。试吏於县，以卑为辱。归来杜门，治家教孙。□□□□，□□□□。惜也未用，负其所存。竹川三里，南巷□迩。环以田山，□□□□。□□□□，□□□□。燕南作诗，铭君之碑。山高水深，千载为明。

梁载，生卒年不详。处州丽水人。曾出使高丽国，通经博学，订正成书《处州路志》。

碑现存龙泉市础石乡南弄村祠堂坪。胡伯益，元末明初将领胡深祖父。

第二节 历代县志序跋选录

宋嘉定《龙泉县志》序

宋·何澹

郡国有志，始于成周。大司徒、职方氏皆掌焉，其严且详如是。今天下郡邑皆有之，往往详于郡而略于邑。邑有人民社稷，与其山川所宜、风俗所尚、人物所出，顾略焉可乎？略其小者可也，略其壮者可乎？邑之隶栝苍者七，而龙泉为壮。旧志踈略，十遗七八，漫不可考。邑宰林君应辰与邑丞潘君桧病焉，约以公余，力加会稡。潘君旁搜博取，逾年将就，秩满不得竟，以授林君。芟烦撮要，订讹补漏，且择邑之士，尽其力之所至，厘为六卷，书始告备。会林君亦迫替，属余为序，使来者有考。余谓：二君子既相与善治其邑，又能排倥偬以成其邑之志，以遗后人。且使其邑之增重，岂刀笔吏之所能办！

何澹（1146—1219），龙泉县南上河村人。南宋庆元二年（1196），除同知枢密院事兼参知政事。录自明成化《处州府志》卷一《处州府修志事由》：嘉定二年修龙泉志，时知县林应辰编，参政何澹序云。

清顺治《龙泉县志》序

清·徐可先

戊子夏四月，余奉调任剑川。正值寇燹蹂躏，郊坰赭棘，砾垣荒惨。登楼四眺，只炊烟几缕，出残云断霭中。噫！目击心伤，赋雁无文，绘图莫策。下车次即挽刍区粟，多方于戎马倥偬之中，招鸠而聚鹄焉。自兹以来，上倚圣明之仁神，暨各宪之威惠，渐次底定。虽深山巨薮，弄兵狐啸者固所时有，亦迄不能为大患。因于退思之暇，择残编败册，得剑〔川〕旧志，取而读之。昔之所谓山川灵爽者，今且荡为蘚谷烟墟矣；昔之所谓则壤成赋者，今且易为与此相同逋鼠翔鸿矣；昔之所谓钟球遥胄者，今且下为栾舆却佁矣。诗书翟如，弦歌窅如，徽猷散落而吁忏，所不变者，败郭頺山仍嵯峨郁纡而已尔。于是，饮茶薰蓼，以与什伯孑黎、二三衿老，劝其训子弟安贫苦，樵归镰而农归锄，渔归钓而士归书，不敢诮呵，不敢牵拘，一以里老铎市区、正蕞矩而饴饵之，国中始见有朝夕，阛阓始知有贸易。较昔志虽什未得一二，而与下车时之荒残不堪者，稍有间也。隳废者渐次修举，靡敢遑息。而于志之一书，尤苦其毁散不可复问，每一牍取数十金不能购。因于今之秋，置局遴劂为更新之。取明之嘉隆以降，迄于今春，隐务搜而瑜必扬，较旧志为大备，剑川风物粲如列眉焉。读是志者，取旧新以考互。俯仰曩今，低徊兴废，固知古之剑川已今非昔比，今之剑〔川〕亦非昔可比今也。所喜者民淳俗庞，无慓无悍，山川有太古风，余藉以不至陨越，幸矣。虽然，叨百里寄不能缓缉天良，兴起教化，以几于雍熙，余方抱恧滋戚，负于此志者多矣，敢自诩以为功哉！

顺治岁次乙未春日 知龙泉县事兰陵徐可先撰

徐可先(1615—1689),江苏武进人。清顺治五年(1648)至十二年,任龙泉知县。

录自清顺治《龙泉县志》,文中〔〕内之字依清乾隆《龙泉县志》增补。

清乾隆《龙泉县志》序

清·苏遇龙

事有似缓而实急、似易而实难者,修志是也。吏奉天子命,承乏一邑,其间抚字催科,一切惩慝安良之事,甚夥且急矣!若夫志,托空言畴,不谓吏之后焉者?窃谓不然。吏自异域殊方贸贸而来,苟无志以披考,则不知山川疆场之广袤也,土田之肥瘠、贡赋之等伦也。兼之民习淳浇,流俗时尚,靡不愦愦,将何以守其规而遵循之,酌其宜而调剂之?龙邑僻在郡西,重岩叠巘,无十里平壤,前代尝为榛莽薮〔泽〕。我朝圣圣相承,化洽山陬,近蒙各大宪德政覃敷、廉宪徐公维纲肃纪、郡宪保公惠怀彰瘅,积有岁年而龙俗遂浸浸日上。遇龙自庚辰冬抵任,查阅县志,乃前令徐君可先于顺治十二年纂辑,迄今百余年矣!所镂板十缺四五,其存者又模糊不可读,为之罔然。因念百余年来,令甲所颁,吏当恪守而奉行者,不可无志以备一邑绳准;节孝彝行,国家德教所成,不可无志以光一邑惩劝。苟不急图重修,将何以收前此之散逸,而为将来之考据耶?爰谋诸绅士,佥曰:"愿襄厥成。"闻之上宪,得报曰可。然而难矣:广求各志,参以群书,其补订不易;检查旧牍,确访传闻,其考核不易;芟繁就简,弃取合度,其征实不易。适门年友沈君光厚司铎是邦,雪溪名宿,擅史氏三长,慨然允肩其难。运如衡之心,挥若铁之笔,其间删者、节者、补者、续者、详者、略者、移易者、润色者,一一各就其范。而昭代之典章,事宜之因革,按图以索,瞭若掌上观。呜呼!可谓能易其所难矣,而于是乎志遂告成。夫事可缓也而以缓视之,庸有底乎?本无难也而心先畏之,则真难矣。是举也,赖沈君能易其所难,而遇龙斯不致缓其所急。众绅士连声献、林浩、季汝刚等踊跃襄赞,亦良足多焉。谨述纂修之由,飏言简端。俾后之宰斯邑者,庶有所考据,或于吏职不无小补云。

乾隆二十七年岁次壬午清和中浣 赐进士出身知龙泉县事关中苏遇龙德水敬题

苏遇龙,陕西府谷人。清乾隆二十五年(1760)至二十七年,任龙泉知县。文中增补之字置于〔〕内。

清乾隆《龙泉县志》后跋

清·陈乾燧等

穷考两汉《循吏传》,虽千载后,读者不啻身受而乐道之。盖古人虽不急自表暴,而厚泽民不能忘,意必有载笔纪之者,故历久弥光也。乾隆庚辰秋,关中苏公分校省闱,所取多名宿。及冬,莅吾邑,为民兴利除弊,戢强暴,决冤滞,每至夜分。其踏勘田山,拄杖涉岭,辛苦不辞。民人争夺山场,冬即踏勘,路险又遇大雪,步行独木桥,俯视万丈深潭,令人毛骨俱悚。晚宿茅舍无床榻,四壁寒风凄然,辛勤往返旬日,数十里间或无村舍,公几朝忍饥,惟求息讼。辛巳夏,太翁凌云先生至署观政,月余即旋。里士之歌颂德政、寿封君者以百数，而公益谦让再四却。其冬，纂修县志。凡邑中遗言往行，善善欲长，靡不登录，而公之政绩卓然，尤当纪其实，以备史官之搜采焉。

谨按公名遇龙，字德水，陕西府谷人也，以壬申进士出宰是邑。故善讼，雀角小嫌至十数年不解，公手披口决，案无留牍。又谓治狱当清其源，遇朔望，亲至万寿阁督讲圣谕，令宣讲之生以乡音敷释，听者咸动容感叹，互相传述。复虑六经高远，本师授切实工夫，取今苏抚陈大人榕门所刊《训俗遗规》等书置学宫，令绅士传抄广布，以牖愚顽。邑有云水渠，始于毛尚书，疏于宋邑侯姚公毂，溉畈田数十倾。近为民侵占，故道渐湮，附郭之田屡以旱告，议者谓疏渠必致扰民。公下车之始，出示恳切劝谕，旬日，皆自徙其基数百间，靡不乐从者。学宫自宋元以来，梁栋未易，岁久朽腐。公捐俸百金，撤而新之，又劝绅士助输，凡费千余金，而殿宇加崇。安仁乡有仁山书院，明季已湮废。公至其乡常乐寺，见堂庑宏敞，而僧侣颓放，遂分寺之半为书院，复查核寺田之隐占者，以供师生膏火。溪南笏洲书院，宋时以祀朱子者，后徙渎田村，遗迹之不可问数百年矣。公询诸里老，得其邱亩之一二，请诸上官，并改婴堂闲屋复留槎书院之举。凡士之以诗文呈者，虽匆遽中必细加披览。遇课试，面定优绌而奖励焉。更以次建清心亭，修济川桥，其有条不紊且美不胜书。而为政先其大者即数端，何让古循良乎？谨采舆论之公以述其概云。

乾隆壬午夏　生员陈乾燧等拜识

清同治补修乾隆《龙泉县志》后跋

清·祝绣绅

夫声明文物赖先哲以昭垂，删订纂修悉后人之担荷。剑川邑志向有全书，因粤匪之突来，播嬴秦之余虐簡策肆，其蹂躏枣梨并及灾殃，计此一书废板百页，倘不亟为补刻，依然任其缺残，采风问俗者既无全豹之可窥，后日修志者复觉续貂之匪易，前功尽弃，良可惜焉。予权篆此邦，讼庭多暇，阅原编之具在，嗟旧梓之不全。爰邀同志各集镌金，遂命木工重摹旧刻，此诚众擎之力，是以易藏，厥功所窃冀者。方今凯奏频闻，烽烟渐熄，卜偃武修文于指日，知著书立说之有人，后之贤者能续修之，俾懿行嘉言，无代远年湮之憾，是又予之所深望也夫。

同治二年癸亥岁夏月　升用府尽先补用同知署龙泉县事元和祝绣绅谨跋

祝绣绅，江苏苏州人。清同治元年(1862)任龙泉知县。

清光绪《龙泉县志》序

清·顾国诏

邑之有志，令邑者之准的也。夫亲民之官莫令若而。令之傫然自外来者，或千里或数千里，远至万余里，近亦必去其乡五百里。习尚既殊，言语不通，而欲不下堂阶，以周知境内与斯民更化而善俗，非于志焉是镜不为功。志之所系，顾不重欤？

余奉命令是邑，甫下车即获读前令苏公所辑邑志。见其括凡举要，经纬灿然，未尝不心向往之。虽滥竽十载，难免訾尤，而窃思疏浚滩渠，筹济民食，桥梁祠宇之兴修、书院义塾之振理，与夫催科易集，囹圄无多。阅于野而多劳苦勤俭之思，观于庠而有娴雅诗书之气，循循然，民犹是民，俗犹是俗，而未大远于昔者，敢云有所设施哉？盖亦惟奉旧志为准的，而兢兢于前事之不忘也。第苏志修于乾隆壬午，迄今百有余年，其间佚事遗闻，不知凡几，重辑之举，急不容缓。会奉檄趣修，乃与都人士悉心商摧，凡嗣起所宜增入者，仍踵旧志门类一一而撰次焉。或曰修志者必正其失，订其伪，别出意见而更定其体例，以成一家之著作。若徒事循途守辙，则亦何赖乎修。余曰："不然！夫有失宜正，有伪宜订，诚不能不从而更定之。至其体备矣，其例精矣，其事既援据而确凿矣，而乃好事纷更以逞其私臆，则余何敢？"于是，完备者因之，残缺此补之，综百余年来未经记载之事，旁搜博采有而增纂之。书成，而附名于苏公后，不敢言作也。后之令是邑者援之为镜，而以佐理烦治剧之功，收父母神明之望，则不唯苏公之良法美意流传弗替，即余之报称无能亦有望于匡其不逮也。是为序。

光绪叁年岁次丁丑仲冬月 知龙泉县事岭南顾国诏撰

顾国诏，广东新兴人。清同治七年(1868)、同治九年(1870)、同治十二年(1873)至光绪三年(1877)，三任龙泉知县。

清光绪《龙泉县志》序

清·张世堉

邑之有志，岂惟是区疆域、纪形胜，陈物产之饶、侈人材之盛云尔哉？民风于是系焉，吏治于是资焉。盛朝培养数百年，所以厚涵濡而宏感被者，亦于是验焉。志之系重矣！大矣！为司牧者以地方为事，以民命为心，俾农服先畴，士食旧德，下逮工贾，咸乐业而安居，劳之来之，匡之直之，斯诚良有司矣。而于志书之辑，或置而弗问，是犹舍本而逐末，导流而忘源也。然其事有难焉者，代远则稽考易讹，地广则访查难遍，民贫则艰于筹款，吏弛则倦于督成。余曩者出宰淳安，听政之暇，时与诸绅耆商兴此举。道谋筑室，迄用弗成，盖其时甫经兵燹，疮痍未复，而经费维艰也。耿耿予怀，不无遗憾。今春奉委署理兹邑，下车伊始，邑绅即以志成丐序请。予曰："善哉，真先得我心哉。天下事缓其所急，曷若急其所缓。修志一事，似缓而实急者也。"龙邑一僻壤耳，乃者府宪潘公倡议于始，邑令顾君奉行于继，董事诸绅尤踊跃而襄成于终。订讹补阙，踵事增华，甫经年而蒇事。俾后之问俗采风者，展卷瞭如，获资考镜。予知潘公之急于务本，而尤叹顾君与董事诸人之不惮任劳也。若夫采访之周，纂修之备，征文之富，秉笔之严，未预其事，不敢赞一辞。

时光绪四年岁次戊寅清和月上澣

署龙泉县事吴门张世堉序于官廨小剑池之南轩

张世堉，江苏吴县人。清光绪四年(1878)任龙泉知县。

《民国龙泉县新志稿》序

民国·干人俊

龙泉，章氏哥弟窑古地也。民国二十三年十月，故宫博物院选送其宋瓷精品二十余件于英伦，供国际展览，而名乃大著。西方人士见之，莫不叹观止焉。其地岩壑雄秀，士生其间，率尚风概，厉名节。宋吴戭，甘于隐遁；管师复，不受爵命；管师仁，独整边备。他如季陵及明章溢、叶子奇等，或以政绩称，或以文章著，俱足为斯地之光。民国三十年春，余客碧湖，假日曾买棹而遊之。谒农墓，而思五代之荒乱；拜真祠，而悲宋学之危殆。更登桃源之山，而歌天台之旧章，未二日而返。苍黄卒遽，常用怅然。三十六年夏，余以事赴杭，访旧好项士元于浙江通志馆。项兄以乱后重逢，促膝夜谈。至五鼓，项兄出馆长余越园避难龙泉住溪诗相示，并语余曰："战前君辑龙泉记存否？余老斯帙，颇有关龙泉掌故，君可录入之。"余曰："光绪《龙泉志》修于光绪三年，四年刻本，顾国诏主修，程炳藻、戴穗孙等纂。而余所记非续其后事，乃以专记民国来事为主，是稿适为所需，至足宝矣。"翌日辞归，遂尽出旧帙，先为之正讹补阙，次为之编次、发凡。未匝月而书成，都凡二十二卷，并易其名曰《民国龙泉新志稿》。本请通志馆余越园馆长、编纂钟郁云业师为之序，因初稿字迹模糊，不敢遽呈，用自序其巅末如此。

民国三十七年秋月 干人俊识

干人俊(1901—1982)，浙江宁海人。时任浙江通志馆特约采访。

第三节　其他文选

奏　疏

论龙泉县三处酒坊乞减额状

宋·杨亿

臣获领郡符，合求民瘼。苟自图于缄默，是上负于忧勤。倘有救于疮痍，亦无辞于鼎镬。臣窃见龙泉县松瞿、小梅、松源三处酒坊，一年共趁办额钱一千九贯八百一十九文足，并是勾当人自备曲米、本柄，酿造沽卖，收趁上件净利钱数纳官。自来州司枷项差勒人员军将，须管甘认。勾当并皆破卖家业，及身命偿官，并均摊干系人填纳。臣自到任所，深访其由，盖是往年王师讨伐江南，龙泉乃其境上，钱俶多调发卒士防遏边陲，此时榷酤，甚获其利。县民张延熙，贪婪无识，遂入状添起虚额，买扑勾当。自江南平定，钱俶进纳土疆，书轨既同，幅员无外，所遣丁卒，皆已罢归，遂致酤卖不行，课利亏失。元买扑户，并尽底破卖家产，填纳不足，只有身命偿官。州司又不敢陷失旧额，须至差勒平民，以至籍入家财，通纳身命，蠹伤和气，流患生民。百姓亦尝诣阙批陈，诏下三司相度。虽行刺问，寻便共申。所司惟聚敛是图，陆沉无报，疮痍益甚，冤痛弥深。又况龙泉县连接七闽，弥亘千里，山川险绝，闾舍稀疏。所有三处酒坊，并皆越在草莽，数间小屋，仅庇风霜。虽有榷酤之名，全无酝酿之具。盖是勾当人相承败阙，兴创不成，须至破卖田园，遭离刑辟。见今勾当人并系征欠司枷项征督，每三数日，一度就科。盖省司之益峻课程，官吏之惧于书罚，纵加决责，何以征填？挤沟壑而可期，扣阊阖而无路。臣备见此事，深究其由。自以受两朝之圣知，忝百城之忧寄，有所闻见，岂敢缄藏？虽获罪以犹言，庶期死而得请。伏望皇帝陛下念远民之涂炭，采微臣之刍荛，更询相府之訏谟，勿令计司之关决。倘谓狂瞽之有实，所侵功利以非多，旧额之中，减其大半，人乃受赐，天实听卑。苟事下于有司，必谨守于旧制。王泽既壅，民病愈滋，虽龚、黄临之，亦不能为理。臣伏见陛下践祚之始，尽放天下逋欠，寰海之内，歌舞太平，虽甚盛德，无以加此。又自守郡之后，寅奉诏书，莫不以优恤为先，未尝以课利为急。百姓既足，长府自然有余；一人向隅，满堂为之不乐。臣忝预谏列，获佩郡符，早受特达之知，敢辞进越之罪！析天俟命，伏切愚衷。干犯宸严，无任战汗兢惶，激切之至。

二年五月二十日发，九月二十三日收差命官专监，取一年收到钱为额。

杨亿(974—1020)，福建浦城人。官至翰林学士，工部侍郎，兼史馆修撰。宋咸平二年(999) 三月到任处州知州，五月上此奏疏。录自《武夷新集》卷一五。

劝农文

元·王毅

予心劝农，实难其文；农人不晓，徒尔云云。
今作此文，四字为句；浅近明白，庶可开喻。
尔农父老，敬而听之；诲尔子弟，各宜遵依。
世无井田，贫富不均；天下之苦，莫如农人。
春耕则雨，夏耘则暑；百般勤劳，不可枚举。
本业之外，闲事莫言；日勤一日，方免饥寒。
自古以来，治本于农；循理为善，敬义笃宗。
先行孝道，奉养双亲；睦乃宗亲，和彼乡邻。
劝尔农人，莫学赌博，博弈之人，家必萧索。
劝尔农人，莫去奸淫，他人之妻，莫起邪心。
劝尔农人，莫从贼侣；他人之物，一毫莫取。
劝尔农人，莫杀牛畜；耕田得力，莫食其肉。
劝尔农人，妇勤丝麻；贞洁节俭，助夫起家。
莫好酒食，莫贪装束；布衣菜粥，易于饱足。
人不读书，梦无所觉；日事于农，夜当向学。
言温气和，恭敬田主；租课早还，粮差官府。
休学无藉，莫待催取；推己及人，事无妄语。
莫强人佃，自然无事；能依此言，风移俗易。
男务耕耘，女勤纺绩；勿使斯文，徒挂墙壁。
不遵劝谕，是为愚痴；刑责及身，虽悔何追！

王毅(1304—1355),号木讷斋。龙泉西乡盖竹人。

录自《木讷斋文集》卷二。

浙东分校筹备始末

李絜非

本校于卢沟桥事变发生后四阅月,迁往建德,于杭垣沦陷时,迁往赣中,一方固凛于安定士气弦歌毋辍之重要,一方且深于依恋故土不忍卒离之情志;建德则一苇可航,浙赣更有车堪达,以是瞻对怀慕,朝夕可期,抑且修游藏息,短时即复。

去秋暴敌溯江而上,越马当,犯鄱阳,赣中振动,本校奉令迁黔,中止桂之宜山。遂有分部浙东之计划,当时以运输倥偬,乃不遑及此。今春拟定方案后,复获准于教部。遂于二月十四日,请郑教务长、陈叔谅教授赴浙接洽,郑陈两先生接洽之外,更于三月二日在浙南视察校址。同月二十五日,陈先生遄返宜山复课,郑教务长则仍留浙待命。

五月向尽,筹备成立已刻不容缓,乃一面成立浙东分校设计委员会,以事筹划之至计,一面派絜非驰赴浙省,设筹备处,以利各方之接洽,其经过俱已详见于已往之本刊。

絜非以五月二十八日离宜,沿途略有滞阻,终以六月十一日晨抵金华,次日即于《东南日报》及《正报》发布筹备成立分校消息,以慰各方喁喁之望。十三日至永康,晤郑教务长,承示在浙接洽情况甚详。十五日趋丽水访问浙教厅,十六日抵龙泉,而陆子桐先生已先两日至,为先容焉。自十六日至二十日五日内,分别访问机关,勘定校址,视察环境,探询物价,凡初步进行,已略有眉目。遂于与校舍房主曾姓订立草约后,二十日复至丽水,接洽印刷及车运事宜,二十三日回永康,向县商会借屋,遂以之成立筹备处。永康为今浙省政治之中心,交通之枢纽,且便于凡皖南、赣东、闽北消息之传递,故以之为筹备地点。基于此等优越性,其后分校新生考试地点,亦择定于斯。

分校筹备时期,既属匆促,凭籍既无,人员复少,重以去校太远,请示本校动辄经月,而浙东安定,土木工事频繁,价昂匠少,故于访洽当局,传布消息,计划招生,应对征询之外,尤以分校物质上之筹备为较不易:若房舍之改建,若校具之购置,皆非短时间内,所可经营。此得子桐先生之商酌,乃定计于审核运费相宜后,移运存放建德之校具,并及早商得龙泉政工两界人士之助力,为他日工匠材料得所以取资。

筹备成立消息露布后,各方函讯络绎,每日无虑数十起,大抵来自浙、皖、赣、闽与上海,询问招生日期地点及简则,索取本校概况与西迁纪实,以及复学转学事宜,乃至探询与本校有关人士,转递有关函件,此曾两度将本校概况、招生要点、前此出发之先受命于宜山本校者,草具简略,分送浙、闽、皖、赣与上海各报,以代应答。七月六日,陈叔谅先生抵金华,次日至永康,招生事宜,得以积极进行,当拟定同月二十七日起举行分校新生入学试验,地点则决在永康。于是登报露布,付印简章,与接洽考场,继以分发与布置,并制定试场规则,商订职事分配。自二十日起至二十四日止,办理投考新生报名事宜。一方秉承陈叔谅、朱叔麟两招生委员之指示,一方得吴稚中、金维坚、钱阐峰、姚含英、楼可成、余鹤声、魏安德诸先生分工与合作,故办理报名登记手续,编制试卷弥封与号码,皆能秩然有序。二十五日起,假陈氏总祠举行投考新生体格检查,以得浙省临时第一辅助医院成院长及诸医师之劻勷,厥竣其功。二十七日起,假距永康八里之麻车头树范中学为试场，三日竣事，颇称顺利。自三十日起，复假陈氏总祠为阅卷场所。八月五日，各科先后批阅完毕，计分与审查者两日，终以会议决定录取名额与此次被录为正式、备取之各生，凡百五十名，其详细另有报告。

廿八年度国立各院校统一招生，虽由浙教厅主其事，然仅及其先半，且本校郑教务长、陈叔谅教授同为该招生委员会之委员，会议监试，皆为参加。而后半如阅卷、计分、登录、报部，皆由分校同人任其役。以是在永康之勾留，延期旬日，直至八月十九日统招成绩自丽水用航快交邮，始克将招生事宜，告一段落。

初，絜非利用招生前之时日，于七月十二日取道金华兰溪，于十三日抵于建德，计划迁移存建校具，以应分校之需。抵建之后，除与保管员王子青先生商计有关移动之一切问题外，并视查存放地点，访晤地方当局，以存建校具，曾有若干为地方当局借用，久假弗归也，结果尚称圆满。其后校具约五百余件，乃于二十三日发自建德，于兰溪改筏运永康，三十日抵永，八月二日复自永康雇手车七十辆运丽水,七日自丽仍改水运，以船十九船溯大溪而于十六日安抵龙泉，计费时二十四日，运费近千元，乃将此约价五千元之校具，运输竣事，惟王子青先生始终其事，独任其劳。

筹备名义，于七月终即宣告结束，藉以早入新阶段，而同时本校则以聘定陈叔谅先生主持分校校务，仰承有自，履端于始矣。惟实际工作，乃结束于八月中浣，十九日分校总务主任赵季俞先生率同到永职员，由絜非陪至龙泉。二十日住入分校，次日开始办公，关于修建购置诸物质上之建设，已在积极进行，而陈叔谅先生则措筹校务大计，殚精竭虑，使分校规模得以粗具。今后进展，另创新页，而关于筹备经过，特为陈闻如上，藉当述职之资。

李絜非(1907—1983)，安徽明光人。1939 年，参与浙江大学龙泉分校的筹备工作。

录自民国 28 年(1939)9 月 29 日《国立浙江大学校刊》复刊第三九期。民国 29 年(1940)4 月 1 日始，国立浙江大学浙东分校改称国立浙江大学龙泉分校。

龙泉分校为借书事由致浙江省立图书馆公函

查本分校自创办以后，海口旋即封锁，采购图书，备极困难。兹向总校拨运，亦以关山迨递，运输维艰。而校中员生，每感参考书缺乏，山陂僻壤，欲借无从。下年度已奉令添办二年级，参考书籍，所需尤亟。夙稔贵馆自杭撤退时，图书多已运出。且有大部分即藏龙泉，爰拟请就近商借，俾资便捷。惟本分校图书馆借用，自与普通借阅有间，拟请订一特约，书籍不限数量，借还不限时间，要以一学期为度，俟每学期结束，即行清还一次，第二学期开始，再行酌借。窃以学术本无国界，况在本国，文化事业尤宜互助，不分畛域。前项特约借书之请，谅荷赞助惠诺。相应函商，即希查照核办，如荷慨允，即希主稿特定条约，见复过校，以便进行。再闻存龙之关于西洋史书籍(英文本)有运丽之说，可否仍予留龙备借本分校之用。并希卓裁为荷。此致

浙江省立图书馆馆长孙

主任　郑宗海

郑宗海，字晓沧，时任浙江大学龙泉分校主任。函中浙江省立图书馆馆长孙，即孙延钊(1893—1983)，浙江瑞安人。发函时间 1941 年 4 月 4 日。函现存浙江省档案馆，卷号 053-001-1763。

远山如梦

季红真

生过一个孩子，就好像自己也被重新生过。世界的秩序又变动了一次……

喧嚣的市声，闪烁的灯彩，疾行的车辆，拥挤的人流，都渐次远去。如在晴空朗月的夏夜，独坐原野，望见的星空，恍若隔世的烟火，不得身入其中。

越来越近的，是那一片苍翠的远山。层层叠叠，严严实实，撑起一片淡蓝的天。溪水自山中奔涌而下，像自地窍中溢出，望不见隐于茂林密草中的源头。鹅卵石沿溪筑路，曲曲弯弯，绕出山外。农舍依山傍水垒台而造，烟熏火燎，看不清最初的面目。陡而高的石阶，伸入七扭八歪的小块田畴。骤雨过后，雨丝未绝，日头却已从逐渐亮起来的云层中移出。锋芒消退，光线柔和。野唱自高处响起，声音粗哑抑扬，喊得长久，终不见人影显露。和阳斜雨之中，那山越发碧绿葱茏，寂静得愁惨动人……

这感觉也已不是第一次。时常觉得这世界本没有变，不过是我自己在变。幼小时，看见的只有朦胧的色彩，极像印象派的绘画，颜色斑斓，轮廓却是模糊的。少年时代，这世界像一首歌，一首激情涌动的无字歌。说不清的人事纠葛，道不明的喜怒哀乐，都随那急促的曲调匆匆闪过。青春年华，这世界像一首诗，一首忧郁的抒情诗，平凡的最物，寻常的人事，诸如一个沉默的老者，一个啼哭的婴儿，一个破衣烂衫的乞丐，都好像隐喻着无限的奥秘，撩人不尽的情思。再大些，被迫地或自愿地读过的一些书，都活了起来。世界被形形色色的道理，分割得如立体派的绘画，支离破碎，然而却结构清楚。如今人到中年，再也没有躺在草地上看云，或静卧床榻读书的闲暇。在莫名的怅惘中，世界变得不可言说，无以名状。时时忆起的，似乎便唯有那一片远山。

那原本极平凡，它们一座一座，连在一起，沉默着屹立了也许有亿万年，却如坚固的壁垒，护佑着世代流亡逃荒而至的难民。作为那无数漂泊者中的一员，一个幼小的女童，是在许多年后，才缘了最初的记忆，感受到它的平凡而极致的魅力。

经历了最初的吵闹与不安之后，那女童终于适应了山里沉寂的生活。两个终日劳作的老妇人，有着如周围大山一样的沉默，一群六七个只会哭闹的孩子，男男女女，经常吵作一团。这便是整个世界。

终日厮守在一起，沉寂的生活中也自然会生出乐趣。门前有老桃树，树脂溢出，胶粘可餐。房后是外婆开的菜园，各色菜蔬终年长青。园旁有棵老桂花树，两人方可合抱。开花时节，铺好布单，敲打枝叶，桂花如雨洒落，香气持续好长时间，招惹得舅妈养的蜜蜂，终日绕着树嗡嗡营营。白日里或随外婆上山砍柴，东奔西跑，为的是寻那或酸或甜的浆果。若不慎摔倒，碰破皮肉，外婆就随手采些草药，在岩石上捣烂，敷在痛处。偶然也会到附近的农舍中串门。走上高高的台阶，进得黑漆漆的灶屋，便会有一位更老的婆婆迎出来，在柴草堆中推出一把竹凳，招呼外婆坐下，捧上一盏自家晒制的新茶。两位老妇人，各自纳着手里的鞋底，间或用女童完全听不懂的土话，一问一答。多数时间里，她们总是沉默着，麻绳拉过鞋底，哧啦哧啦的声响中，便有了一种默契。

天色稍晚，舅妈便要上紧院门，并不是为了防人，只怕山里的狸猫闻进来，叼走鸡鸭。守着昏暗的煤油灯，那女童便缠着外婆问这问那。鸭可是鸡的老公？蜜可是蜂屙的尿？山里的野果是谁种下的？狸猫会不会捉老鼠？直到外婆烦不过，吹熄油灯，一起在竹床躺下。睡在印花的土布帐子里，听着远远近近鸟兽的啼叫，高一声，低一声，吓得用被蒙了头，沉沉睡去。

在日复一日的静寂中，那女童悄悄盼望的，便是姨与姨夫的到来。姨夫在十里外的镇上做事，姨在周围的山村里巡回教学。姨夫会吹拉弹唱，姨则能歌善舞。一首采茶舞曲，便是那女童记忆中最初的艺术启蒙。姨夫又是捕鱼打猎的能手。傍晚时分，在菜园的豆角架里下上夹子，在河滩里点起马灯。次日的饭桌上，除了薯丝糙米饭之外，便会有山鸡螃蟹佐餐。山鸡那红红绿绿的长翅尾，是那女童与妹妹最喜欢的饰物。

……

我自山中来，那片远山便为我贮藏下一份深情。生命的诞生虽然只有一次，精神的死而复活却会贯穿终生。尽管人世险恶，命若游丝，生之困惶永难解脱。但有了那永不崩塌的壁垒，心就不会消失在变化无常的毁誉声中。

那一片碧绿葱茏的远山，实在是我精神的永远的故园。

季红真，女，1955年生，龙泉安仁镇季山头村人。1982年，吉林大学中文系毕业，1984年，北京大学中文系毕业，文学硕士。1984—2005年，在中国作家协会创作研究部工作。1988年，加入中国作家协会，现为沈阳师范大学特聘教授。有多部著作出版。

龙泉问祖

莫　言

据《高密管氏宗谱》载，高密管氏，系浙江龙泉管师仁之后裔。师仁祖是宋熙宁六年进士，官至礼部尚书、同知枢密院事。多年来一直想找机会去龙泉看看，但一直没有成行。8月27日至29日，龙泉三日，攀白云岩，登石马岗，访后甸村管氏聚居地，终于了却了多年心愿。白云岩是师仁祖堂弟师复祖隐居读书处。师复祖淡泊名利，皇帝招他做官，他写诗婉拒。其中两句，“满坞白云耕不破，一潭明月钓无痕。”此岩极高，有崎岖山路通上。吾虽脚痛，但还是努力登攀上去。石马岗则是高密谱牒中所载管氏先祖从江苏辗转迁来时的落脚地，但据龙泉同族说，管氏先祖在石马岗居住不久，就迁到山下平川距城五里之后甸村。后甸村是一处大村落，后来因城建而搬迁。管氏大屋原有一大片房子，如今只余一间大殿，内部供奉着师仁、师复祖的塑像。据当地官员讲，此地将建“管师仁公园”。同族人邀我为师仁、师复祖供奉殿题写匾额“急公好义”，龙泉诸友多有要我写字者，我虽知字丑难登大雅之堂，但朋友们似乎都很恳切，也就一一答应。因马上要去青岛开会，昨日在饭桌上铺毡挥毫，一气写了数十幅。贴上几幅，供朋友们一笑。

2010年9月1日

【附】

宋至民国书目辑存一览表

表 40-2-1

朝 代	书 名	卷数(卷)	著者	存佚状况
宋	古律诗赋笺启杂文	—	周启明	已佚
	宋史隐逸传	—		
	卧云集	—	管师复	存佚不详
	白云翁集	—	管师常	存佚不详
	尝闻录	1	管　锐	存佚不详
	叶涛诗集	—	叶　涛	已佚
	夷白堂小集	20	鲍慎由	存佚不详
	别集	3		
	鲍慎由文集	50		
	鲍钦止集	20		
	周易解	—	何执中	存佚不详
	论语讲义	—		
	孝经解	—		
	白云先生集	10	季　陵	未刊,已佚。
	柟山老人集	8	季　相	久佚
	资深文集	—	季南寿	存佚不详
	入蜀日记	—		
	简州道院戏稿	—		
	眉阳近古堂编余杂著	—		
	战国策注	10	鲍彪	收录《四库全书》史部杂史类
	杜诗注	—		此书不见有单行本,《四库全书》集部别集类收录鲍彪等九家注释。
	书解	—		存佚不详
	永佑陵迎奉录	10	汤思退	已佚
	文稿	30	管镐	存佚不详
	宏辞类稿	10		
	左氏说	10		
	读史	10		
	杂记	10		
	览古史断	2	何侑	存佚不详
	存斋诗文	50		
	天爵铭	—		
	吏治戒	—		
	叹习	1		

续表 40-2-1

朝代	书　名	卷数(卷)	著者	存佚状况
宋	何俌奏议	—	何俌	存佚不详
宋	内外制	—	何俌	存佚不详
宋	西汉补遗	1	何俌	存佚不详
宋	中兴龟鉴	14	何俌	存佚不详
宋	孝经本说	—	何俌	存佚不详
宋	王府大学讲义	6	何俌	存佚不详
宋	玉雪堂小集	6	何偁	存佚不详
宋	何氏方	2	何偁	存佚不详
宋	外集	7	何偁	存佚不详
宋	汉隽	10	林越	收录《四库全书》史部史抄类存目
宋	少陵诗格	1	林越	收录《四库全书》集部诗文评类存目
宋	曲江集	—	张津	存佚不详
宋	四书疑义	—	张津	存佚不详
宋	公简笔录	—	张津	存佚不详
宋	小山集	8	何澹	收录《永乐大典》
宋	历代备览	2	何澹	存佚不详
宋	笑林	3	何澹	存佚不详
宋	养拙堂词	1	管鉴	收录《永乐大典》
宋	定斋类稿甲乙集	—	管湛	存佚不详
宋	习学记言	45	叶适	收录《四库全书》
宋	水心集	29	叶适	收录《四库全书》
宋	周易述解	1	叶适	存佚不详
宋	叶适文集	20	叶适	存佚不详
宋	名臣事纂	9	叶适	存佚不详
宋	退庵集	15	陈炳	存佚不详
宋	四朝闻见录	5	叶绍翁	收录《四库全书》子部杂家类
宋	靖逸小稿	1	叶绍翁	收录《宋百家诗存本》
宋	靖逸小稿补遗	1	叶绍翁	收录《知不足斋辑录宋集补遗》
宋	竹庄诗话	24	何汶	收录《四库全书》集部诗文评类
宋	开禧历	3	鲍澣之	存佚不详
宋	立成	1	鲍澣之	存佚不详
宋	考古质疑	6	叶大庆	收录《永乐大典》

续表 40-2-1

朝代	书　名	卷数(卷)	著者	存佚状况
宋	大学衍义	43	真德秀	诸书收录《四库全书》。 《西山文集》即《西山先生真文忠公文集》，清刻本 55 卷，龙泉市图书馆有存 1–3 卷。 另据《四库全书》集部四《西山文集》提要：“考《宋史》本传，德秀有《西山甲乙稿》《对越甲乙集》《经筵讲义》《端平庙议》《翰林词草》《四六献忠集》《江东救荒录》《清源杂志》《星沙集志》诸书。……他如《端平庙议》诸书，俱不编入，疑其阙佚尚多。”
	西山文集	55		
	四书集编	28		
	文章正宗	20		
	续文章正宗	20		
	读书记	40		
	心经	1		
	政经	1		
	四书说	—	叶味道	存佚不详
	仪礼解	—		
	周易会通	—		
	大学讲义	1		
	晦庵先生语录类要	18	叶士龙	明成化六年(1470)刻本，复旦大学有存。
	先儒讲义	—		未刊，已佚。
	论语详说	—		
	黄干行状	—		
	庸斋小集	1	沈说	收录《藏园群书经见录》卷十七集部六
	希古集	1	何宗姚	存佚不详
	古文集	1	章公权	存佚不详
	春秋贯串	—	季立道	存佚不详
	可斋瓿稿	20	陈垲	存佚不详
	大易体卦	50	季可	存佚不详
	文集	—		
	真山民集	1	真山民	收录《四库全书》别集类
	释氏通鉴	—	本觉	存佚不详
	金山水陆仪文	—	痴海	存佚不详
元	云萍集	—	季钟	存佚不详
	云外樵歌	—	姚桨	未刊，已佚。
	论孟直笔	—		
	山中言志	8	项垒	存佚不详
	杨仲宏集	8	杨载	收录《四库全书》集部别集类
	诗法家数	1		收录《四库全书》集部诗文评类存目
	杜律心法	—		收录《诗学指南》

续表 40-2-1

朝代	书　名	卷数(卷)	著者	存佚状况
元	文筌谱论	8	陈绎曾	存佚不详
	古今文矜式	2		
	科举文阶	—		
	春谷集	—	季仁寿	存佚不详
	易诗书春秋四书衍义	—		已佚
	四书质义	—		
	策枢通览	—		
	诗林钩玄	—		
	弓冶录	—		
	木讷斋集	5	王毅	清乾隆二十九年(1764)刻本，龙泉市图书馆有存。
	木讷斋集附录	1		
明	芸斋集	—	胡深	存佚不详
	龙渊集	—	章溢	存佚不详
	章氏家乘	—		
	诗集	4	刘明	存佚不详
	草木子	4	叶子奇	收录《四库全书》子部杂家类。清光绪四年(1878)刻本，龙泉市图书馆有存。
	太玄本旨	9		收录《四库全书》子部术数类
	本草节要	20		已佚
	范通玄理	2		存佚不详
	地理节要	—		
	诗宗选玉	—		
	静斋诗集	16	叶子奇	存佚不详
	静斋文集	20		
	乐隐集	4	季喜	存佚不详
	诗集	10		
	楱白斋集	—	季公纪	存佚不详
	龙泉景物志	—	陈孝积	存佚不详
	灵兰指要	—		
	存爱遗论	—		
	槎溪集	—	叶溥	存佚不详
	易学逢原	—	李溥	存佚不详
	心统	—		
	经纶大本	—		
	金函会要	—		

续表 40-2-1

朝代	书　名	卷数(卷)	著者	存佚状况
明	画鉴直指	—	吴金陵	已佚
	琴谱指南	—		
	笔耕纪缪	3	赵德光	未刊,已佚。
	松云樵唱	4		
	桃源旧稿	2		
	竹林百吟	—	吴敬臣	存佚不详
	撷璘馆招剑篇	—		
	此君爱助集	—		
	唾壶馀玉	—		
	识匡斋文集	10	刘康祉	未刊,已佚。
	闇斋近集	—	周光世	存佚不详
清	林园杂咏	1	熊开世	已佚
	天米记	2	周评	已佚
	伯瑜泣杖辨	—		
	禽言乐府	1		
	疟痢寒热虚实辨	—	季忠允	已佚
	易学资始	—	连声献	已佚
	燕游草	—	吴志健	已佚
	纪胜集	—		
	吹豳馀韵	—		
	世美堂印谱	—		
	读史比事	5	林抝	清光绪四年(1878)石印本3卷,龙泉市图书馆有存。
	学庸释注	—		存佚不详
	纪程小稿	—		
	寄园诗钞	—		
	西溪剩稿	—		
	龙泉典略	1		
	龙泉典略续编	1		
	栝苍典略	—		
	宁海典略	1		
	敬业轩文稿	4	范炳华	未刊,已佚。
	古今体诗	2		
	龙泉典略	1		
	摛藻集	8		

续表 40-2-1

朝代	书　名	卷数(卷)	著者	存佚状况
清	周易精义	—	季建功	存佚不详
	晴天片云录	10	王树人	存佚不详
	湘江渔笛	4		
	萼楼集	—	李方棠	存佚不详
	求是于古斋读书三种	1	周耿光	清同治五年(1866)刻本，苏州大学图书馆有存。
	忌乐指要集注	—	丁尹威	存佚不详
	济川桥题赠集	1	李忠昭	清光绪四年(1878)刻本，龙泉市图书馆有存。
	图画学理法汇参	5	汪如渊	清宣统三年(1911)石印本，苏州市吴江图书馆有存。
民国	彭维鼎画谱	—	彭维鼎	石印本，存佚不详。
	脉论	—	吴观乐	存佚不详
	治温一得	—	徐邵龄	存佚不详
	荷花诗钞集成	—	蔡世镠	已佚
	祖传伤寒提纲入门看病法	—	曾文年	存佚不详
	杂病录	—		
	汤头歌括	—		
	覆瓿集	1	吴梓培	1995年，龙泉市诗词学会编印，龙泉民间有存。
	李云腾文钞	—	李为蛟	稿存后人处，未刊行。
	李云腾丛稿	—		
	凄迟集	—		
	蔼林录	—		
	憩庐诗集	1		2003年，香港天马图书有限公司出版，龙泉市图书馆有存。
	史诗	1	李成蹊	未刊，已佚。
	菇业备要全书	1	叶耀廷	民国13年(1924)，龙泉徐同福石印局印行，龙泉市图书馆有存。
	临证验录	—	叶芝青	未刊，已佚。
	制约心得	—		
	龙泉古瓷考略	—	吴文苑	存佚不详
	改良段木种菇术	1	李师颐	民国28年(1939)，中国农业书局出版，龙泉民间有存。
	银耳、香菇繁殖律	1		民国29年(1940)，奉化小小工厂出版，龙泉民间有存。

续表 40-2-1

朝代	书　名	卷数(卷)	著者	存佚状况
民国	古欢室青瓷研究浅说	—	陈佐汉	已佚
	龙泉青瓷汇观录	—		稿存后人处，未刊行。
	浙江景宁县敕木山畲民调查记	1	李化民（与哈·史图博合著）	民国21年(1932)，国立中央研究院社会科学研究所专刊第六号（德文版）。1984年，中南民族学院民族研究所(中文版)，龙泉民间有存。
	孔雀东南飞剧本(英译本)	1	季剑	民国24年(1935)，上海竞文书局初版，民国30年(1941)再版，龙泉民间有存。
	警世钟	1	颜佐熙	民国23年(1934)，上海明善书局，龙泉民间有存。
	回春编	1		民国25年(1936)，日新印刷局，龙泉民间有存。

专　　记

龙泉撤县设市

20世纪80年代后期，改革的春风吹遍祖国大地。1986年国务院批准了民政部关于撤县设市的报告，拉开了此轮撤县设市帷幕，之后在1987年至1990年间，形成全国各地撤县设市高潮。当时，浙江省已有一批县成功撤县设市，还有一批正在待批或正在准备上报。特别是衢州市江山等县相继撤县设市的消息传来，极大地鼓舞了龙泉人民。

龙泉地理位置独特，地处浙江、福建、江西三省边境的中心地带，历为"瓯婺八闽通衢"、"驿马要道、商旅咽喉"，当时在这方圆数千平方公里的区域内尚无一个县级市。而且龙泉山川秀丽、林木茂盛，为"浙南林海"，凤阳山自然保护区是浙江省面积最大的自然保护区，海拔1929米的黄茅尖冠绝江浙沪。

龙泉历史悠久，牛门岗出土文物证明，距今约5250—4150年的新石器时代，龙泉土地上就有人类活动。但从地质演化的角度，自然地理的龙泉更为悠久，早在地球形成初期（46亿年）就已形成原始地壳，是著名的华夏陆块古老变质基底的重要组成部分。东晋太宁元年（323），在龙泉域内设置龙渊乡；唐乾元二年（759）设龙泉县，迄今已经1200多年。历史上还素有"处州十县好龙泉"美称。

龙泉文化底蕴深厚，青瓷文化、宝剑文化、香菇文化古今驰名，并誉满海内外。1700年的龙泉青瓷，集中国历代青瓷工艺发展的总成，成为中国乃至世界陶瓷史上烧制年代最长、窑址分布最广、产品质量最高、生产规模和外销范围最大的历史名窑，在海外享有"雪拉同"之誉。2500年龙泉宝剑，代有名匠，以坚韧锋利、刚柔并寓、寒光逼人、纹饰巧致四大特色而成为"中华第一剑"，是中华文化的重要符号，"剑道书香"上升为精神资源。1000多年的香菇生产，创造"砍花法"和"惊蕈术"，并在南宋首次以文字完整记叙，使龙泉无可置疑地成为世界香菇栽培发源地。

龙泉是浙西南革命老区的中心区域，方志敏领导的赣东北苏区红军、中国工农红军北上抗日先遣队，刘英、粟裕率领的中国工农红军挺进师先后在这里进行了英雄壮烈的武装斗争。历为中共龙浦县委、中共浙西南特委的驻地，也是浙江省最早建立的红色政权之一"龙浦苏维埃政府"所在地。抗日战争时，国民党省政府众多机关及浙江大学，都曾迁入龙泉，成为浙江抗战坚实的"大后方"。

尤其重要的是，当时龙泉虽然是一个边区、山区、林区、老区，但纵观浙闽赣三省十几个县，无论工业基础、市镇建设、交通与通讯、财政收入，还是文化、教育、科技、医疗、卫生、体育设施状况，龙泉均名列前茅，其经济实力和城镇建设的规模皆优于撤县设市呼声比较高的福建省浦城县和江西省广丰县，在丽水地区排名第二位（除今莲都区）。

就工商业基础而言，龙泉有全民、集体工业企业近100家，全县已形成青瓷制作、刀剑铸造、电力生产、机械制造、矿山开采、食品加工、竹木加工、建材、化工等行业为主的产业格局。龙泉商业繁荣，已成为周边十几个县区域性商品（包括劳务）的中心市场和物资重要集散地。

就县城形态与规模而言，龙泉县城借助瓯江水运及龙泉盆地的有利条件，结合传统风水理念的巧妙运用，构成“枕山、临水、面洲”的景观格局，“城—市”两种空间结构的完美融合，以及结合山形水势，营造地域特色文化空间，堪称中国传统营城思想与地域特色完美结合的典范。而且县城整体布局合理，市政建设和管理较为完善，城区面积为六平方公里，城区平展，中横一江，四座公路桥横跨江上，连接城镇为一体。城区内有新华街、中山路、剑池路、华楼街等十条主要街道，总长为 15.7 公里。城区有环城公共汽车，城郊也有四路公共汽车。县城设有环境卫生管理处、园林管理处、交警中队、交通监理中队、治安联防中队、县保安公司等管理机构。城内有通风排气采光良好的公共厕所，主要街道干净卫生，交通秩序良好。

正是在这样的背景下，考虑到龙泉所具有的优势和潜力，更着眼于龙泉的未来发展。1987 年以来，时任龙泉县委书记林华刚召集县委、县政府领导班子就龙泉撤县设市问题作了多次专题研究，并广泛征求广大干部群众的意见，认为龙泉具备撤县设市的基础和条件，应审时度势，抓住有利时机，积极申请撤县设市。

1988 年初，龙泉县委、县政府决定进一步加强工作力度，扎实推进撤县设市工作，提出“以设市为动力，促各项工作上新台阶”的目标要求，全面开展申请撤县设市工作。此后，撤县设市的有关各项工作紧张而有序地进行。

1988 年 1 月 28 日，龙泉县人民政府作出龙政(1988)12 号《关于要求将龙泉县改建为龙泉市的请示》文件，提交丽水地区行政公署。请示文件经丽水地区行政公署和民政部门审核后，1988 年 4 月 12 日，丽水地区行政公署向浙江省人民政府递交《关于要求设置龙泉市撤销龙泉县的请示》。

为进一步统一全县干部群众的思想，加快经济社会发展，增加工作力度，早日实现撤县设市的愿望，1988 年 7 月 30 日，龙泉县人民政府全体成员会议作出了《关于为早日实现撤县设市而努力的决定》。

同年秋天，浙江省委书记铁瑛到龙泉考察，在听取了龙泉县委、县政府领导关于龙泉要求撤县设市的情况汇报后，表示全力支持龙泉撤县设市工作，争取早日上报。

在浙江省委、省政府的重视下，1988 年 11 月 9 日，浙江省人民政府向国务院上报了省府(88)148 号《关于要求撤销龙泉县设立龙泉市的请示》文件。

1990 年 4 月以后，龙泉撤县设市各项创建工作步伐加快，时任龙泉县委书记赵碧春、县长柯焕然亲自推动、狠抓落实，广大干部群众热情空前高涨。根据民政部(1988)民行函第 291 号《关于加强行政区划变更审核工作的通知》的要求，1990 年 7 月 26 日，龙泉县人民政府向浙江省民政厅提交了《关于要求撤县设市的补充报告》，并通过浙江省民政厅将相关补充内容上报国家民政部。

1990 年 9 月间，民政部区划行政司司长陈继选一行专程到龙泉考察。考察组在听取龙泉县委、县政府关于撤县设市工作汇报后，还查阅了大量的资料，实地考察了县城建设及博物馆、金沙林场、青瓷厂、宝剑厂等地。陈继选一行对龙泉的撤县设市工作给予了充分肯定，并提出了建议意见。根据陈继选一行的意见，龙泉县委、县政府认真落实，并于同年 11 月，由龙泉县委主要领导携同县委办、县政府办负责同志赴京汇报，对撤县设市报告中有关内容再作详细补充说明。

1990 年 12 月 26 日，经国务院批准，国家民政部以民行批(1990)120 号《关于浙江省设立龙泉市的批复》批文给浙江省人民政府，同意撤销龙泉县，设立龙泉市(县级)，以原龙泉县的行政区域为龙泉市的行政区域。龙泉撤县设市后，不增加机构、编制。1991 年 1 月 7 日，浙江省人民政府以浙政发(1991)4 号下发《关于撤销龙泉县设立龙泉市的通知》。

同时，为确保撤县设市工作的顺利进行，龙泉专门成立了撤县设市筹备委员会，负责撤县设市的各项工作。在这一行动上，县各套班子思想高度统一，广大干部群众齐心合力。1991 年 1 月 10 日，龙泉召开撤县设市广播电视大会，向全县人民发出喜讯。1991 年 1 月 24 日，龙泉县人大常委会十届五次会议一致通过《关于撤销龙泉县设立龙泉市有关问题的决定》。

1991 年 2 月 4 日，在县人民剧院召开龙泉撤县设市庆祝大会，公布国务院文件，举行授牌授印仪式。当日晚，举行盛大的文化踩街活动和文艺晚会。中央、省、地有关部门领导，兄弟单位和各界来宾，新闻记者 400 多人以及本市机关各部门、区、镇、乡的负责人共 1000 多人参加庆祝大会。1991 年 2 月 4 日至 6 日，还举办青瓷、宝剑等地方传统产品展销会。

撤县设市，是龙泉行政管理体制的一次创新，实现了从“处州十县好龙泉”到建设“浙闽赣边界中心城市”的历史性跨越，标志着龙泉进入一个崭新的历史时期。撤县设市，为龙泉赢得区域竞争先机，使其独特优势不断发挥，经济集聚发展，一座新型的浙闽赣边境中心城市日益崛起。

龙泉“二次创业”

改革开放后，龙泉各项事业取得长足发展，综合经济实力显著提高。进入二十世纪九十年代中后期，龙泉一些深层次的矛盾和问题逐渐暴露出来，特别是“木头经济”的优势逐渐失去，连续 28 个月经济负增长，到 1998 年上半年跌入谷底。针对历史遗留的一系列问题和经济严重滑坡的状况，1998 年 10 月，时任龙泉市委书记陈荣高牵头组织开展了为期两个月的调查研究，寻求问题破解之法和经济突破之路。1998 年 12 月 30 日，龙泉市委、市政府召开“二次创业”动员大会，提出坚定不移地实施“二次创业”发展战略，总体思路是：按照浙江省党代会提出的战略方针，紧密结合龙泉实际，以经济建设为中心，市场为目标，科教为先导，稳农业、兴商贸、促工业，开发旅游业，基础设施先行，种养加并举，全面推进经济、社会及各项事业的发展。围绕这一思路，确定工作重点是：加强农业和农村工作，加快个体私营经济发展，加快城市化的进程，加快旅游业的开发，加快基础设施建设。

1999 年 7 月 30 日，中共龙泉市委十届三次全体(扩大)会议召开。会议审议通过了《关于〈龙泉市农业和农村现代化建设纲要〉的决定》，提出到 2003 年基本实现小康，到 2010 年基本实现新农村，到 2018 年基本实现农业和农业现代化的战略目标。围绕这一目标，积极调整农业结构，大力实施农业品牌战略，扶持培育农业龙头企业，扩大农业示范基地，促进农业增效、农民增收，加快农村和农业现代化步伐。

2000 年 1 月 6 日，中共龙泉市委十届四次全体(扩大)会议召开，提出了实施“12510”工程计划。“12510”工程计划：“1”是指一个战略目标，即到 2003 年基本实现小康，到 2010 年基本实现新农村，到 2018 年基本实现农业和农村现代化；“2”是指两条战略主线，即 2003 年基本实现小康和加速推进城市化进程；“5”是指五个战略重点，即加强农业和农村工作，加快个私经济发展，加快基础设施建设，加快城市化建设，加快旅游业开发；“10”是指十件大事，即每年市里都要计划办好十件大事。同时，审议通过了《加快龙泉市城市化进程的若干意见》，提出了全面推进城市化进程，建设有龙泉特色的“山水古城”。之后不断完善，科学确立龙泉城市化发展战略，城市定位：浙闽赣边际中心城市；城市特色：山水古城、精品城市、文化名城；总体目标：到2003年，城市化水平达到35%，2010年达到45%，2018年达到60%以上，构建“一个中心、三个支点、镇乡为面”的城市框架，形成以中心城市为核心，小城镇为骨干，合理布局，功能互补的城镇体系。树立“经营城市”的理念，实施“东扩南进”战略，加快产业和人口的集聚，强化城市规划和设计，注重政策和机制的创新，推进城市化进程，总投资4亿多元的城区“八路一桥”城市道路网工程全面启动，城市道路框架基本形成。

2001年2月9日，中共龙泉市委十届七次全会审议通过了《关于加快实施“二次创业”发展战略》的决议。2001年9月12日，中共龙泉市委十届八次全会讨论通过了《龙泉市建设文化名城纲要》，提出了弘扬传统优秀文化，加快文化名城建设，促进经济社会的全面协调可持续发展。

当时，面对经济持续低迷问题，举全市之力发展工业，遵循经济发展规律，调整经济结构，从经济的渊源中寻找突破口，运用经济杠杆和政策导向，促进林木资源精深加工，挖掘青瓷宝剑传统文化，扶持五金汽配等新兴产业，造就青瓷宝剑、太阳伞和木制玩具、人造板、五金汽配、制药等五大支柱产业，形成大沙经济技术开发区、青瓷宝剑园、太阳伞园、茶丰五金汽配园、安仁木制玩具园和国境药业园的工业“五区一园”框架。同时，以大交通促进大发展，提出龙泉发展蓝图，建设一个“一横二纵一连一线”的交通网络，即一横：指53省道木岱口至花桥及丽龙一级公路龙泉段（后改丽龙高速）；二纵：指遂龙线、凤阳山公路；一连：指丽龙一级公路龙泉段（后改丽龙高速）互通延伸与遂龙线接线；一线：指遂龙二级公路。发力龙泉旅游业，立足资源优势，抢抓“生态旅游”机遇，提出“以开发促保护，尽快促进凤阳山森林旅游景区项目上马，实施和联动龙泉林业的可持续发展，进而带动全市交通业、商业、旅馆餐饮业、房地产业和电力通讯等相关产业的发展及其人员就业率的提高”的发展思路，制定“三年打基础，三年大发展，三年大提高”的发展目标。

“二次创业”发展战略实施以来，龙泉相继制定了与之相配套的五大政策，出台了《推进特色工业园区建设若干意见》《深化城市住房制度改革实施细则》等系列政策措施，着力优化环境，干净干事。

针对一些职能部门服务差、手续繁、审批环节多，甚至弄虚作假、吃拿卡要等行为，建立了优化经济发展环境举报督查中心、建设工程交易中心、政府采购中心和政府办事大厅“三中心一大厅”，相继制定了行风评议活动实施意见、软环境监督员制度、建筑工程招投标办法，实行规范化、制度化管理，做到公开办事程序、公开服务内容、公开办事时限、公开收费标准、公开办事规则等“五公开”。针对干部群众提出的意见建议，成立市委、市政府督查领导小组及其办公室，开通书记、市长热线电话。创建“督办”，建立督办联席会议制度、督查领导小组例会制度、市领导轮流当班制度和责任追究制度，实行分级管理，各负其责，横向到边、纵向到底的督查网络。建立了重大事项研究制度、公开办事制度、为民办实事制度、挂钩驻村制度、帮扶特困户制度、信访工作“大督查”制度、目标责任制考核制度、干部从政廉洁制度、评选三“十佳”制度等一系列长效机制，规范办事，转变作风。

在“二次创业”的带动下，龙泉国民经济止跌回升，进入了快速健康发展的轨道。2002年国内生产总值、全社会固定资产投资、财政总收入、城镇居民可支配收入和农民人均收入，同比1998年分别增长了59.4%、540%、124.5%、113%和23.4%。一、二、三产业比重由1998年的34:30.7:35.3调整为 2002 年的 24:40.6:35.4。效益农业得到蓬勃发展，工业经济扭转了连续五年徘徊不前局面，企业全面扭亏为盈。攻克了丽龙一级公路、城市防洪工程、22 万伏输变电工程等一批重点项目，扩大了“三大需求”。通过清费减负，减轻企业和农民负担，促进良性循环。成功申报省级历史文化名城，文化科教医卫万紫千红。领导班子成员身体力行，以自己人格魅力去感召人，以科学制度去约束人，以为民办事的实干精神去激发人，形成了一个团结干事的氛围。

“二次创业”所迈出的坚实一步为龙泉市基本实现小康奔向新农村，推进现代化建设奠定了良好的基础，但与发达县(市)相比还存在着很大差距，发展中还面临许多困难和问题，如经济结构调整的任务还相当艰巨；硬环境的制约还相当严重；财政依然困难，社会事业发展与自我承受能力还存在一定距离；农民增收缓慢，特别是革命老区人民的生活还很困难。面对新形势、新任务，2003 年 10 月，龙泉市深入贯彻浙江省委、省政府把“欠发达地区作为浙江新的经济增长点”的战略决策，紧紧抓住浙江省实施“五大百亿”工程的机遇，深化“二次创业”发展战略，着手全面实施“百亿富民工程”，接轨大上海，融入长三角，奋力与全省同步提前基本实现现代化。

龙泉“三市联动”

2004 年 9 月，李一飞担任龙泉市委书记，在对工业经济发展开展了系列调研的基础上，提出“工业强市”战略，要始终确立工业经济的第一经济地位。之后，不断深入，强调加大扶优扶强力度，重点培育五金汽配、竹木制品、青瓷宝剑等三大主导产业，着力做大五大重点骨干企业；加快市级工业园区、八都竹产业特色园、安仁玩具特色园、茶丰五金空调汽配园等工业园区建设；加大技改力度，提升企业市场竞争力；解决土地、资金等要素瓶颈制约，合力打造工业第一经济。2004 年工业总产值 30.83 亿元，增长 13.4%；规模以上工业产值 15.17 亿元，增长 21.2%。

2005 年 1 月 18 日，中共龙泉市委十一届四次全体(扩大)会议召开；2006 年 1 月 13 日，中共龙泉市委十一届六次全体(扩大)会议召开。同时，通过各类专题会议、专题调研，出台举措，完善机制，狠抓落实。龙泉市委提出要按照浙江省委“八八战略”和丽水市委“生态立市、工业强市、绿色兴市”“三市并举”发展战略的要求，进一步深化“二次创业”发展战略，深入实施“百亿富民工程”，突出工业强市、旅游兴市两大战略重点，狠抓项目带动、开放推动两大战略举措，完善基础设施，统筹城乡发展，构建和谐社会，加强党的建设，全力推进龙泉经济社会的集聚发展。加快建设社会主义新农村，这是中央加强“三农”工作、解决“三农”问题的重大战略部署，全面建设小康社会的难点和关键在农村，必须按照生产发展、生活宽裕、乡风文明、村容整洁、管理民主的要求，切实加大工作推进力度和资金投入力度，也就是要大力发展高效生态农业，突出重点培育竹业、茶叶两大农业主导产业，推进农村人口内聚外迁，加快农村基础设施建设和社会事业发展。强化规划引领，以规划建设指导科学发展；推进项目带动，以项目建设推动加快发展；实施开放推动，以招商引资实现借力发展；深化改革创新，以改革为动力加快发展。强化基础设施建设，为加快城市化提供有力支撑，尤其加快以丽龙高速公路为重点的道路建设，组织开展交通攻坚，提升市区区位优势；完善城市功能，彰显城市特色，尤其优先发展市区，培育城市经济，促进产业集聚。同时搞好国土资源管理，搞好城市经营；大力支持中心镇加快发展。以旅游发展规划为指导，整合旅游资源，加快旅游项目建设，加强旅游产品培育，大力发展服务业，打造"旅游新城"，培育旅游"龙头"，提升第三产业，不断推进"旅游兴市"战略的实施。强化科教工作，优先发展教育事业，推进科技创新；发挥好文化优势，推进以文化为核心的软实力的培育，促进区域综合竞争力的提高，提升区域综合竞争力和经济软实力。坚持发展为了人民、发展依靠人民、发展成果由人民共享的理念，切实解决人民群众最关心、最直接、最现实的利益问题，提高社会保障水平，加强民主法制建设，全力打造"平安龙泉"，促进人民群众安居乐业和社会安定团结。切实加强干部队伍建设，结合先进性教育，强化学习，提高干部队伍的素质能力，改善干部作风，构建"学习型机关"、"技能型乡镇"；加强对干部的教育管理和监督，深化干部人事制度改革。同时，扎实推进经济发展软环境建设，营造高效服务环境、最优政策环境、良好治安法制环境、良好信用环境和良好人文环境。

2006 年 3 月 18 日，在龙泉市领导干部《"十一五"规划纲要》读书会上，龙泉市委主要负责人系统阐述了《"十一五"规划纲要》发展战略等相关内容，明确提出了生态立市、工业强市、旅游兴市"三市联动"的发展战略。会议指出，"三市联动"发展战略是"二次创业"发展战略在"十一五"发展新起点上的延续和完善。"生态立市"是发展战略的前提和基础。龙泉没有金山银山，但有青山绿水，这是龙泉赖以生存的最大的资源，也是最大的财富。龙泉今天的发展不能以牺牲环境为代价，"不能吃祖宗饭，也不能敲子孙碗"。"工业强市"是支柱，是重中之重，是整个工作大局的关键，也是整个经济发展的支柱。"旅游兴市"是趋势。为什么要把"旅游兴市"提到市委、市政府发展战略这样的高度？是基于对龙泉比较优势的分析，龙泉有生态的优势、地域特色文化的优势；也是基于城市化加速后、现代化水平提高后人们生活方式的转变，消费结构的提升。同时，龙泉在浙江省有自己特色、能够叫得响的，只有旅游。规划好和利用好现有的自然资源、生态环境、区域文化，龙泉的旅游可以成为浙江的一个亮点，可以在浙江整个经济版图当中占据一席之地。而且，将龙泉定位为浙江的"经济走廊、生态屏障"；明确"集聚发展、借力发展、跨越发展"三大发展理念；优化"一极三轴两翼"的空间布局，一极即市区，三轴即高速公路走廊地区，两翼即北部、南部高山、深山地区；打造"一区三基地"，一区即构建生态屏障、初步建成"人与自然和谐发展区"，三基地即特色制造业基地、长江三角洲地区重要的绿色农产品生产基地、长江三角洲地区著名的生态旅游休闲度假基地。

再创好龙泉

2006 年 11 月，丽龙高速龙泉段即将建成通车，时任龙泉市委书记赵建林在龙泉组织开展了以"接轨新高速、再创好龙泉"为主题的解放思想大讨论活动。活动围绕主题，重点就丽龙高速公路开通对龙泉市域经济社会发展的重大影响、长期阻碍龙泉经济发展的陈旧观念和突出问题和进入高速公路时代后，龙泉市域经济社会发展的新目标、新路子、新举措等三个方面的问题展开讨论，以此推动思想大解放，促进观念大更新、经济社会大发展。

2006 年 12 月，龙泉市召开第十二次党代会。会议明确提出要把龙泉建设成为浙闽赣边境最具活力的区域中心，成为生态优良、实力较强、和谐文明的美好新龙泉，为与全省同步提前基本实现现代化奠定坚实基础。会议明确了建设实力龙泉、生态龙泉、和谐龙泉的奋斗目标，针对龙泉最大优势在生态、最大差距在工业、最大潜力在旅游的现实，深入实施“生态立市、工业强市、旅游兴市”发展战略，坚持全面追赶、坚持全面开放、坚持生态领先、坚持民生优先、坚持干部率先的原则，系统阐述了再创好龙泉的工作重点、基本路径、工作举措等，开启了再创好龙泉的新征程。之后不断深化，提出“发展决定一切、民生高于一切、生态先于一切、作风保障一切”的基本思路，努力把龙泉建设成为“经济发展在浙闽赣边境名列前茅、生态环境在长三角保持一流、剑瓷文化在国内外有所影响”的美好新龙泉。

在再创好龙泉的征程中，龙泉市首先是优先发展工业，率先追赶工业。根据龙泉最大的市情就是经济欠发达，经济欠发达最突出表现在工业欠发达的市情，深入实施“以工强市”，提出科学发展、工业为先，工业发展、企业为本，企业发展、环境为上的原则，工业是第一经济、山地是第一要素、集聚是第一重点、服务是第一职能的理念，抓空间拓展，快速形成以省级工业园区为龙头，以安仁、础石、查田、八都、上垟各乡镇工业平台为支点的“一心五点”的工业布局；抓产业培育，重点是培育壮大五金汽配产业、青瓷、宝剑传统产业、竹木制品产业等，培育生态型、集聚型、开放型、文创型和边界型“五型经济”；抓工业投入、项目推进、借力发展，实施外出企业回乡创业“回归工程”等，不断扩大经济总量。工业总产值从2005年的30.5亿元提高到2010年的108.3亿元，同比增长48.3%，增幅创“十一五”以来新高，在丽水9县（市、区）排名第二。其次是以林富农，生态创业，加快小康。突出“以林富农”，以20万龙泉农民为创业主体，以25万亩耕地395万亩林地为创业车间，按照“大力发展竹产业，提升发展食用菌，特色发展茶果蔬”的思路，着力贯彻生态的理念，落实生态的措施，发展生态的产品。重中之重是实施好竹产业提升计划、优质茶翻番计划和高山蔬菜倍增计划，全力打造中国毛竹基地、浙江乌龙茶基地、浙江优质高山蔬果基地，在全市形成“满目青山，放眼竹海，遍地茶园，瓜果飘香”的生态农业新格局。创建“国家森林城市”，优化农村人居环境，实现转产转业，增加非农收入，推进林权制度改革。第三是以城带乡，建设浙闽赣边际宜居、宜业、宜学的区域性中心城市。提出从龙泉城市最鲜明的个性出发，突出山水生态特色和剑瓷文化品位，按照“西区老城改造、东区新城拓展、南区工业崛起”的布局定位搞好规划，突出“一江两岸三山”“十园十馆十名胜”建设，完善城市功能，拉开城市框架，提升城管水平，组织好省级生态市、国家及省级森林城市、省级教育强市、国家及省级文化先进市、省级平安城市、省级园林城市等创建，努力打造浙闽赣边际宜居、宜业、宜学的区域性中心城市。第四是加快基础设施建设，推进城乡一体化。提出重点推进路、水、电一体化，着力构建大交通、大电网，续建与新建康庄工程、龙庆高速、龙浦高速、新农村电网等一批重点项目，快速推进龙松、龙遂等省级公路的建设。同时争取有利于龙泉的铁路项目、省级公路网改造项目进入国家、省中长期规划。加大“十万农民引用水工程”建设，继续开展村庄整治，实施“农村环境优化”工程和有线电视“村村通”工程，推进水利西进。第五是以旅兴龙，发展生态旅游业。提出旅游业是龙泉优势最大的潜在产业，又是潜力最大的优势产业，将发展旅游业作为实施生态创业一个重要着力点。抓产业定位，按照“江浙之巅、剑瓷龙泉”的定位，突出三方面的重点：突出以龙泉山为龙头的山水生态游，突出以龙泉窑为核心的剑瓷文化游，突出以龙泉灵芝为特色的养生度假游。并且加快产品开发，创最优的环境配套旅游。

同时，龙泉市还一者是挖掘和弘扬龙泉文化，提升文化软实力。提出千百年来，龙泉先人留下了光辉灿烂的青瓷文化、宝剑文化、香菇文化，这是龙泉最有特色、最具魅力、最为自豪的精神财富。因之，要充分发挥这一优势，积极打文化牌，把这些千字号文化招牌擦亮，让其变成龙泉的金名片、摇钱树和软实力。“请进来”提升名气，持续举办龙泉青瓷宝剑节；“走出去”扩大影响，赴国内五大名窑产地和日本、韩国等地进行文化交流，让全中国、全世界的进一步了解龙泉青瓷、龙泉宝剑，龙泉青瓷成功申报“人类非遗”；不断推进文化基地化、有形化，实现经济化和产业化；注重人才培养。二者是背靠浙大，发展龙泉。从充分挖掘龙泉与浙江大学深厚的历史渊源出发，提出并实施“背靠浙大，发展龙泉”的思路，积极探索欠发达地区追赶式发展的有效捷径，与浙大签订合作共建社会主义新农村示范点协议，启动了“18515 行动计划”。挖掘“浙南林海”的优势，与浙江林学院建立全面合作关系，还与中国美术学院、景德镇陶瓷学院进行合作，借脑发展、借智生财。三者是扎实改善民生，构建和谐社会。提出要求全市广大干部必须带着深厚的感情，带着明确的责任，带着具体的办法扎扎实实地把帮扶统筹、改善民生的工作做好。从最困难的群体入手，全面加快脱贫步伐，加快生态移民，开展“一户一策一干部”帮扶行动。从群众联系最密切的问题入手，推进社会事业协调发展，优先发展教育；加强医疗基础设施建设并扩大新型农村合作医疗，巩固农村“五保”和城镇“三无”对象集中供养，加大农村危旧房改造力度，高度重视弱势群体的社会保障。从群众最关注的问题入手，全力维护社会稳定，深入开展“平安龙泉”建设，组织开展“矛盾纠纷调处年”活动，将矛盾化解在基层，促进社会稳定。并且突出实干苦干作风，加强干部队伍建设。提出建设一支想干事、能干事、干成事，实干苦干的干部队伍。开展“一户一策一干部”帮扶行动，让全市干部参与扶贫结对。开展市乡村三级联动办实事活动，让全市干部参与到办实事活动中。开展作风优化活动，不断转变干部作风。加强干部管理，坚持“以科学发展论英雄，凭公认实绩用干部”的用人导向和“八用八不用”的用人标准，创新用活干中辨才的机制，真正使想干事的有机会、能干事的有平台、干成事的有位子，还完善干部管理长效机制。

2011 年 12 月，龙泉市召开第十三次党代会，会议总结回顾了过去五年创造美好新龙泉所取得的工作成效，确定了今后五年的奋斗目标和主要任务，提出了打造“活力龙 幸福泉”的具体目标、工作理念和工作重点。

龙泉立足生态优势　推进绿色发展

自 2006 年中共龙泉市第十二次党代会以来，龙泉立足山区实际，念山字经，打生态牌，着力培育“高山型、联姻型、集约型、文化型、边界型”“五型”经济，奋力推进绿色发展，探索并逐步走出一条“生产发展、生活富裕、生态优良”的新路子，初步开创“经济追赶全面加快、生态质量保持领先”的“双赢”局面。与 2006 年比，2008 年全市生产总值增长 41.9%，工业总产值增长 818%，财政总收入增长 48.9%，地方财政收入增长 45.9%，城市居民人均可支配收入增长 27.5%，农民人均纯收入增长 31.1%。与此同时，生态环境质量状况指数达到 99.7，比 2006 年提高 0.2 个百分点，森林覆盖率达到 84.2%，比 2004 年提高 4.3 个百分点，被誉为“中国生态第一市（县级市）”。

立足山区实际，确立科学发展理念

2006 年底，随着丽龙高速开通和与浙大战略性合作启动，龙泉进入新的发展阶段，迎来新的发展机遇。2006 年 12 月，市第十二次党代会重新审视分析比较了龙泉的发展优势、发展目标和发展模式，确立了以创造“经济发展在浙闽赣边境力争一流、生态环境在长三角保持领先、剑瓷文化在国内外有所影响”的美好新龙泉为奋斗目标，以“生态立市、工业强市、旅游兴市”为发展战略，以“以工强市、以林富农、以旅兴龙、以城带乡”为战略举措。根据以上战略决策，龙泉市委、市政府强化“发展决定一切、生态先于一切、民生高于一切、作风保障一切”的工作理念和思路，并作为一个完整体系，坚决一以贯之。

坚持发展决定一切。龙泉经济总量低，综合实力弱，与发达地区差距大。2006 年人均 GDP 在全省各县（市、区）中处于后七位。再不加快追赶，建设全面小康就会拖全省后腿。龙泉把发展作为压倒一切的任务，提出新的发展阶段完成既补“追赶经济，做大总量”的课，又赶“调整结构，转型升级”的趟的根本任务，并具体化为“三步走”战略时序：“十一五”期间，经济总量在丽水九县市和浙闽赣三省边际十县市的第二方阵中确立领先位置；“十二五”时期，在“发展速度最快、综合活力最强、人均指标最高”方面追赶并接近第一方阵；“十三五”时期即到 2020 年，基本实现全面小康，基本建成三省边际区域性中心城市。

坚持生态先于一切。龙泉是全省重要的生态屏障，发展首先要避免走“边发展边破坏、重发展轻保护、先污染后治理”的旧路子。在实践“走生态路，创生态业，建生态市”的过程中，自觉强化经济发展与生态保护“两同步一底线”原则，即发展与保护同步考虑，同步推进；两者矛盾时，坚持发展让位，坚守生态底线。注重把生态优先的理念转化为具体行动，做到坚决杜绝不符合国家产业政策的项目准入，没有引进任何化工类等污染环境的项目；坚决控制小水电开发，没有上马新的小水电项目；坚决整治工业废水、规模养殖废水和城镇生活废水“三废”不达标现象。同时，坚定不移实施生态创业，推进生态经济化，经济生态化，力争率先建成全国循环经济示范区；坚定不移弘扬生态文化，扎实推进国家级生态城市、森林城市创建。龙泉市先后被命名为国家级生态示范区、省级发展循环经济先进市；建成生态公益林 163 万亩，总量居全省第四位；全年 352 天空气质量保持一级、二级水平；Ⅰ、Ⅱ类水质高达 957%，饮用水水源水质达标率 100%。

坚持民生高于一切。龙泉社会事业欠账多，特殊贫困人群比例高，民生改善任务艰巨。把民生改善作为一切工作的出发点和落脚点，摒弃“重发展轻民生、先发展后民生、只顾发展不顾民生”的旧思维，强调发展再难不忘记民生问题，任务再重不忽视群众利益，财力再弱不放松民生投入。在具体工作中，做到整合资源、握紧拳头，把有限的财力更多投向民生领域，每年都优先集中解决一批百姓最关注、最直接、最现实的问题。累计向民生领域投入 129 亿元，占财政总支出的 784%。坚持以提高幸福指数为导向，统筹推进“学劳住医有保障感、生产生活有安全感、生态环境有享受感、创业发展有成就感”的“和谐龙泉”建设，连续四年成功创建省平安市，努力让龙泉百姓感到收入虽然不高，但吃得放心、住得舒心、行得安心、乐得开心。

坚持作风保障一切。在欠发达地区工作，干部肯吃苦，才能为民谋福祉；干部多吃苦，群众就可能少吃苦。树立“以发展论英雄，凭实绩用干部”的用人导向，坚持治庸求为、治虚求真、治惰求勤、治滑求实、治贪求廉，倡导不比唱功比做功，不比职位比作为，不比奖杯比口碑。坚持开展市乡村“三级联动办实事”活动，让“人人想干事，年年办实事，齐心干大事，合力解难事”成为龙泉干部的品行和品牌。强化“服务是第一职能”理念，着力打造丽水办事环节最少、审批成本最低、服务效率最高的县市；认真践行一线工作法，注重在项目一线、招商一线、信访一线锻炼培养干部，干中辨才，干中炼才，努力打造一支想干事、能干事、干成事的干部队伍。

发挥山区优势，探索科学发展路径

龙泉市依托山区丰富自然资源，立足三省边界区位特点，积极培育具有龙泉特色"高山型、联姻型、集约型、文化型、边界型"的"五型"经济，推动错位特色发展、借智借力发展、集聚集约发展、开放融合发展，着力破解山区发展布局不够优、发展特色不够亮、发展动力不够足等问题，努力探索一条符合山区实际的绿色发展之路。

发展高山型经济。龙泉最大的特点是山地多，全市有海拔500米以上山地2116平方公里，占全市面积的69%。坚持在山言山、靠山吃山，依托山地海拔高、气候特、生态好的优势，以发展"高山型经济"为重点，把高山打造成为农民的"绿色银行"和"增收财源"。一是大力发展高山农业。提出"大力发展竹产业、提升发展食用菌、特色发展茶果蔬"的思路，推进"产业上山"，积极培育毛竹、茶叶、食用菌、高山蔬菜等生态。一方面抓基地建设，建成全省最大乌龙茶（金观音）生产基地、全省面积最大的高山夏菇生产基地和海拔最高且面积最大的高山蔬菜生产基地。另一方面，抓标准化和品牌建设，把高山生态气候转变为生态产品、生态收入。龙泉有毛竹55万亩，农民仅笋竹一产收入就从2006年的500多元提高到1200多元，大有"一根毛竹闹翻身"之势；发展生态优质茶叶基地3.5万亩，建成高山蔬菜基地10万亩；创建"龙泉金观音"茶叶和"龙泉绿"蔬菜两个公用品牌，制定了省级地方标准《金观音茶叶生产技术规程》；食用菌标准化生产率达35%，无公害食品、绿色食品和有机食品等"三品"认证率达到40%，均走在全省前列。同时，以人均1亩的耕地为创业平台，既发挥山区农民种粮的积极性，又积极拓展增收新路子，探索出粮—菇、粮—菌（种）、粮—菜等轮作模式，最大限度提高耕地利用率，实现"一亩田千斤粮万元钱"效益。2008年，全市农民收入同比增幅高出城市居民收入增幅4.2个百分点；高山远山地区农民人均纯收入达到5055元，比2006年增长49.8%，高于全市农民收入平均增幅10.2个百分点。二是提升发展生态旅游。按照"江浙之巅、剑瓷龙泉"的定位，大力培育以龙泉山为龙头的山水生态游、以龙泉灵芝为特色的养生度假游、以龙泉窑为核心的剑瓷文化游。2009年，龙泉市成为"中国生态旅游最具魅力城市"，龙泉山景区成为国家4A级旅游景区；旅游接待人次、旅游总收入分别比2006年增长130%和146%，旅游收入占GDP的比重由200年的2%提高到88%。三是率先推动林权改革。在全省率先探索出了山林托管的"林保姆"模式、"企业+林木基地"的产业化规模经营模式和"种养加一体"的农业产业化模式，推动森林资源向基地、大户、专业户规模集中，被省林业厅领导誉为龙泉经验。龙泉培育以托管山林为主业的"林保姆"281家，委托管理农户达4340户，托管面积26万亩；累计实现林地流转47万亩，林地规模经营面积达到64万亩。积极开展林权抵押贷款。全市林权抵押贷款已突破1亿元，形成了"用林木抵押贷款，所贷款又用于发展生态公益林和生态农业"的良性循环。龙泉市还被列入全国林木采伐管理改革试点。2010年，龙泉市成功承办了全国金融支持集体林权制度改革与林业发展现场会，时任国家林业局局长贾治邦、副局长祝列克和中国人民银行负责人对龙泉市林改经验均给予高度评价，认为值得在全国推广。

发展联姻型经济。自身少气薄力、科技人才薄弱一直困扰着龙泉发展。主动联姻高等院校、承接产业转移、对接上级部门，借智、借力和借政策发展，以发展"联姻型经济"为重点，扬龙泉资源和生态之长，补科技人才之短，并推进转型升级。一是联姻高校借智发展。依托与浙大深厚的历史渊源，提出并实施"背靠浙大、联姻高校、发展龙泉"战略举措，与浙大签订合作共建社会主义新农村示范点协议，并启动“18515 行动计划”，重点围绕项目、科技和人才三大方面开展合作，取得明显成效。两年来与浙大实施合作项目 128 个，成功合作申报国家级科技项目 3 个、省级科技项目 36个；龙泉市成为省级新农村建设科技示范县（市）、省级汽车空调零部件产业基地，2010 年，这个基地又被省科技厅列为高新技术特色产业基地。创建了龙泉青瓷、循环经济等科技创新平台，引进新品种、转化新科技成果达到 171 项。2008—2010 年，浙大派出的市政府经济顾问、市政府科技顾问、市长助理、科技特派员、首席专家和企业总经理助理的专家教授有 72 人，定期定向为龙泉市服务，其他的教授、校友、大学生来龙访问讲学、科技指导和参加社会实践累计达到 1050 人次；同时，浙大还为龙泉市培训各类人才 300 多人次。在浙大的带动下，龙泉市与浙江林学院等国内 19 所高等院校开展了合作。二是联姻企业借力发展。紧紧抓住成为全省首个低丘缓坡综合利用开发试点市（县）的机遇，拓展山地空间，突出产业招商，优先引进一批具有支柱作用的大产业、带动作用的大项目、领军作用的大企业、提升作用的大外商，着力破解积累不足问题。2008—2010 年，共签约引进项目 149 个，合同引资达 61.3 亿元，实际到位资金 12.3 亿元，均居丽水各县（市、区）首位。同时还与 BM、沃尔玛等世界 500 强企业达成合作意向。三是联姻部门借策发展。积极开展干部上挂外派、跑部进厅，对接“山海协作”工程，争取更多政策对路、规划对接、资金对号、部门对口的项目和补助资金为我所用。2008—2010 年，共选派了 78 名干部上挂财政部、科技部、建设部等 6 部委和 31 个省级部门，外派 11 名干部到温州、义乌等发达地区锻炼，为龙泉市共争取到包括国家级“科技富民强县”项目、国家级贫困村村级发展互助资金试点县（市）、紧水滩库区困难群众下山脱贫项目等一批重大项目，争取项目资金 6 亿多元。2010 年上半年，又争取到上级扶持项目 167 个 29 亿元。

发展集约型经济。山高路远、人口分散是造成龙泉市产业布局分散和城乡结构不合理的重要根源。从科学规划入手，划定集聚发展区、适度开发区和严格保护区，坚持该保护的严格保护，适合开发的科学开发，着力推动工业向园区集聚、农业向规模集聚、人口向城镇集聚。一是推进产业集聚。坚持以要素集聚推动产业集聚。充分利用市区、高速沿线 30 多万亩的低丘缓坡资源，通过积极争取，使龙泉市成为全省低丘缓坡综合开发利用试点单位，近两年综合开发低丘缓坡 1 万多亩，新增工业用地 7447 亩。同时，将生产要素、工业重点向这一区域集中布局，形成了以省级工业园区为中心，安仁、查田、八都、上垟、碰石为五个基本点的“一心五点”工业空间布局。“一心五点”的产业集聚布局，有利于提高土地利用率、基础设施和公共服务共享率，有利于少占耕地拓展工业空间，有利于开展环境集中整治，推进环境保护，最终达到“以集聚促节约、以集聚促保护”的效果。在产业定位上明确一园一主业。目前，五金汽配、竹木制品、青瓷宝剑、泵阀、刀剑不锈钢和农产品加工等产业集群已初具雏形。2008 年“一心五点”工业产值集聚度达 89.1%，比 2006 年提高 43.6 个百分点。同时，积极推动农业规模化、产业化，培育省市县三级农业龙头企业达 43 家，新增农民专业合作社 35 个。二是推进人口集聚。龙泉地广人稀，每平方公里 93 人，只有全省五分之一。而且 800 米以上的高海拔自然村有 375 个，20 户以下自然村有 637 个。高山远山地区生产生活条件恶劣，难以脱贫致富；大量人口分布于生态保护区内，难以保护生态；人口分散使公共设施建设成本倍增，难以实现基本公共服务均等化。坚持“治穷先治散”，以产业集聚带动人口集聚。大力实施农民异地转移工程，促进一批深山远山地区、库区、地质灾害危险区、国家级自然保护区的农民迁移到生产生活环境优、公共服务可覆盖的市区和中心镇。近两年，全市累计实现下山出库 3079 户 15421 人。2008 年，龙泉市城市化率比2006年提高4个百分点，达到45%。在实践中，还在全省率先推出了“三植八户”、“四植八户”等联建公寓套房的做法，平均为每个下山农户降低建房成本3万元以上，还可节约用地40%以上。同时，创新推出脱贫小区商业化运作模式，取得“农民受益、城市做美、政府增收”的三赢。

发展文化型经济。龙泉经济欠发达，但文化不落后。千百年来龙泉先人留下了光辉灿烂的青瓷文化、宝剑文化、香菇文化，这是龙泉最有特色、最具魅力的精神财富，更是经济发展的竞争力。着重在“化”字上下功夫，把剑瓷菇文化化为项目、化为产业、化为注意力经济，让它变成龙泉的金名片、摇钱树和软实力。一抓文化品牌化。坚持以办好节庆来创建文化品牌，以此扩大龙泉影响力。坚持年年举办龙泉青瓷•龙泉宝剑节，这一节庆被列入全省18个重点扶持的文化节庆之一。2010年3月，成功举办第八届全国食用菌会议，确立了香菇栽培发源地地位。龙泉市被中国食用菌协会授予“全国食用菌行业十大主产基地县”称号。2010年，龙泉市成为全省唯一的全国12个“国家传统知识知识产权保护试点县(市)”之一。龙泉宝剑锻制技艺和龙泉青瓷烧制技艺双双被国务院公布为首批国家级非物质文化遗产代表性项目，龙泉青瓷传统烧制技艺成为全球首个“人类非物质文化遗产”。二抓文化有形化。通过把文化变成基地、变为景区，让文化站起来、活起来。建成集生产、销售和旅游为一体的青瓷宝剑苑。2009年，青瓷宝剑苑成为国家3A级景区和全国工业旅游示范点。全面启动了龙泉青瓷文化创意基地建设，并成功列入《浙江省文化创意产业发展规划》，相继成为全省集聚发展的20个文化创意园区、20个服务业聚集区之一。三抓文化产业化。文化产业是典型的绿色经济。把发展文化产业作为优化产业结构、推动经济转型升级的重点。成立青瓷宝剑产业保护和发展局，加强对青瓷宝剑产业的指导。注重突破产业链关键环节，拉伸文化产业上下游产品链。在源头上，大力实施剑瓷产业人才培养工程，已培养国家级工艺美术大师5名，省级工艺美术大师13名，中高级工艺美术大师134名，国家级、省级非物质文化遗产传承人4名，初步形成一支具有创造力的梯级层次人才队伍。在生产环节，注重突破工艺技术和产业发展规模。开发利用了30多项新技术，开发剑瓷新产品1万多种。龙泉剑瓷生产企业达300多家，从业人员近2万人。2008年文化产业增加值占GDP的10.1%，比2006年提高5.5个百分点。在营销环节上，实施“品牌战略”和“走出去战略”。成功注册“龙泉青瓷”证明商标，蒋氏刀剑成为中国驰名商标。龙泉青瓷驰名商标、龙泉宝剑证明商标、龙泉灵芝地理标志产品保护等申报已被国家部委受理。相继在杭州、上海、北京等城市，日韩及中国澳门、台湾等国家和地区举办了青瓷宝剑精品展示会。

发展边界型经济。龙泉历史上就是“边贸重镇”，而今又是长三角与海西区的“节点”城市。强化开放协作思维，打开山门，打破省界，主动抓住机遇抢占先机，倾斜财力抢占高地，注重利用周边省份县市的低廉劳动力和丰富资源，全力以赴打造边界区域中心。一是优先推进重大交通项目。在2006年底率先贯通丽龙高速之后，积极谋划和推进一批重大交通项目，在战略上争取主动。2010年，正全力加快推进龙庆高速建设和龙浦高速等—批重大交通项目前期，全力争取规划中的宁衢快铁(福建宁德至衢州)经过龙泉，同时加快龙松、龙遂两条新的省道建设，力争早日奠定区域性交通枢纽的“节点”城市地位。二是着力培育区域性中心城市。坚持做大做特城市，增强对边际县(市)辐射带动力。一方面，积极推进“西区老城改造、东区新城拓展、南区工业城崛起”，拉开城市框架，提升城市功能，城区面积拓展到15平方公里。另一方面，积极推进物流、医疗、职教和文化四大中心建设。2010年，浙闽赣三省经营规模最大、货物容量最大、年交易量最大的食用菌交易市场已投入使用，丽水出入境检验检疫局龙泉检测中心建成并开检，还全面启动交通运输物流中心、人民医院迁建和保税仓库新建等工程；完成中等职业学校扩建工程，并面向浙闽赣边界地区招生。2010年，龙泉市吸引了广丰等周边县市来龙务工经商等“新龙泉人”近1.5万人。三是积极推进资源市场共享。积极培育总部经济，鼓励企业与周边邻省企业合作、合并和联营，在周边地区建立原材料基地，实现资源共享。将龙泉旅游、竹木加工等产业纳入到浙闽赣边界大格局之中，市旅游局与武夷山旅游集团跨区域联合，构建了“互为市场、互送客源、共同繁荣”新格局。建立了由龙泉、江山、广丰、浦城等6县市组成的浙闽赣边际县域经济协作区，正积极推动筹建“共建海西浙闽边境协作组织”，推进区域合作发展。

附　录

关于浙江省设立龙泉市的批复

民行批〔1990〕120 号

浙江省人民政府：

你省一九八八年十一月九日《关于要求撤销龙泉县设立龙泉市的请示》收悉。经国务院批准，同意撤销龙泉县，设立龙泉市（县级），以原龙泉县的行政区域为龙泉市的行攻区域，不增加机构和编制。

民政部

一九九〇年十二月二十六日

浙江省人民政府（通知）

浙政发〔1991〕4 号

关于撤销龙泉县设立龙泉市的通知

各市、县人民政府，各地区行政公署，省政府直属各单位：

经国务院批准，民政部于 1990 年 12 月 26 日以民行批〔1990〕120 号文复省政府，同意我省龙泉县撤县设市。现通知如下：

撤销龙泉县，设立龙泉市（县级），以原龙泉县的行政区域为龙泉市的行攻区域。龙泉撤县设市后，不增加机构、编制。

一九九一年一月七日

关于撤区扩镇并乡的工作意见

市委〔1992〕21号

各区、镇、乡党委、政府，市直各单位：

根据省委、省政府的部署，我市被确定为全省撤区扩镇并乡和进行县乡机构综合性改革试点县(市)之一。经市委、市政府研究决定，4月份要把撤区扩镇并乡工作作为我市的一项重要工作来抓。为确保“撤、扩、并”工作的顺利进行，特提出如下工作意见。

一、指导思想

以党的十三届八中全会精神和邓小平同志的重要谈话为指针，围绕“稳农富民，振工兴市”的经济发展战略和建设社会主义新农村的目标，下大决心，加快步伐，做细工作，确保成功。通过撤区扩镇并乡，切实把乡镇建设成为能够坚决执行党的“一个中心，两个基本点”的基本路线，密切联系群众，全心全意为人民服务，并且能够有效地领导和管理本行政区域的政治、经济、文化和各项事务的有活力、有权威、高效能的市以下一级政权。

二、基本原则

1. 有利于经济发展和社会稳定的原则。通过撤区扩镇并乡，乡镇在人力、财力、物力上形成优势，合理配置生产力，促进商品流通，市场繁荣，促进规模经济和外向型经济发展。

2. 合理布局和整撤整并的原则。参照行政区划沿革，综合考虑地域、人口、经济流向和生产内容等因素，统一规划，不破乡、村，整建制撤并。民族乡和有重要历史意义的乡一般不撤并；村一级行政区域不作调整；乡与乡合并建镇(乡)，镇(乡)址在原址中选择，不另新辟。

3. 方便管理和方便群众的原则。乡镇的设置，既要方便行政管理，又要考虑人民群众的利益和习俗，要有利于他们的生产、生活，有利于他们向党和政府反映意见和要求。

4. 与进一步发展农村小城镇建设相结合的原则。龙渊镇和一些经济实力较强、城镇设施较完善的镇可将就近的一个或几个乡并入其中，以扩镇为重点。乡镇规模的确定，主要考虑人口、地域面积和山区特点，因地制宜，不搞一刀切。

三、实施步骤

第一阶段：宣传准备(4月3日至10日)。一方面做好宣传动员工作，召开区镇乡和市直机关党政负责人会议，发表广播电视讲话，统一干部群众的思想认识；一方面建立“撤、扩、并”工作班子，做好稳定区镇乡的人、财、物，以及区划调查、干部考察等准备工作。

第二阶段：制订方案（4月11日至20日）。在深入调查、充分征求意见的基础上，研究确定乡镇设置、干部配备、财产处理方案。同时，完成区委、区公所的文书档案接收移交工作；区、镇、乡的资产清理、登记、造册、上报工作在4月15日之前完成。

第三阶段：实施方案（4月20日至25日）。按照确定的方案实现组织到位，人员到位，工作到位。完成被撤并的区、乡资产处理工作，完成扩镇并乡的文书档案接收移交工作。

第四阶段：总结完善（4月26日至30日）。在认真总结撤区扩镇并乡经验的同时，建立健全必要的工作制度，理顺关系，强化服务职能，使新乡镇的工作迅速步入正常轨道。

四、有关涉及法律和政策问题的处理

1. 按照《中华人民共和国地方各级人民代表大会和地方各级人民政府组织法》、《中华人民共和国全国人民代表大会和地方各级人民代表大会选举法》的精神，在不再重新选举人民代表的前提下，乡与镇合并建镇的，原来的乡、镇人民代表大会合并为新建镇的人民代表大会，乡与乡合并建镇（乡）的，原来各乡的人民代表大会可以合并为镇（乡）人民代表大会。乡与镇，乡与乡合并建镇（乡）以后，在适当时候应召开一次人民代表大会，向代表报告建镇（乡）的有关事项，选举镇（乡）长、副镇（乡）长。在乡镇人民代表大会召开前，为了不中断工作，由市确定临时工作班子处理日常工作。有关的具体法律问题，由市人大常委会决定。

2. 撤区扩镇并乡后，镇（乡）为科级建制。镇（乡）的机构设置不强调上下对口，左右看齐，可根据工作性质设立若干办公室。镇（乡）的机构和编制由市编制组织、人事部门重新核定，原乡镇编制总数不减，并把原配在区的行政编制全部核定到镇（乡）。原区干部原则上安排到镇（乡），不进市机关。原区镇乡干部（含聘用干部）和自聘人员的待遇暂不变。

3. 撤区后，原区机关部门的服务范围、对象暂不变。扩镇并乡后，被撤并乡范围内的邮电所、供销社、银行营业所、信用社、乡中学、中心小学、卫生院、文化站等设施，要维持原来的布局，只作领导关系变更，职级不变。

4. 原区本级物资、资金和其它财产，盘点清理后，所有权归市，文书档案移交给市档案部门。在不影响已经形成的生产力和不影响企业发展的前提下，重新明确原区办经济实体的归属，可以归属于所在乡镇，同时调整市与有关乡镇的财政包干基数；原由几个乡镇集资举办的，可作为集资乡镇的经济联合体，联合经营，利润分成。扩镇并乡后，对原乡镇隶属的所有企业，要进行一次整顿，清产核资，审计核实，办好交接手续。

5. 扩镇并乡后，农民的承包责任制不变，企业的经济合同不变，乡镇所有经济交往关系不变，乡镇今年经济工作的规划不变。

五、组织领导

撤区扩镇并乡是一件直接关系经济发展和社会稳定的大事，作为我市行政管理体制的一项重大改革，涉及面广，政策性、法律性强，难免会遇到困难。各级党委、政府务必加强领导，做到思想重视，认识统一，态度坚决，行动积极。各基层党组织和全体党员要充分发挥在改革中的战斗堡垒作用和先锋模范作用，以实际行动和良好的精神状态拥护支持做好撤区扩镇并乡工作。市委、市政府已建立撤区扩镇并乡领导小组和办公室，办公室下设宣传秘书、行政区划、组织人事、机构编制、资产清理、文书档案六个组，从有关部门抽调人员，集中时间和精力做好有关指导工作。各区和有关乡镇也应根据需要建立相应的工作班子，抓好"撤、扩、并"工作的具体落实。各地各单位要运用各种手段做好宣传舆论工作，全市上下形成改革的大气候。要高度重视对广大党员、干部和人民群众的宣传教育，顾全大局，统一步调，严格纪律。要抓紧时间，大胆探索，扎实工作，一定要保证我市撤区扩镇并乡工作取得成功，为我市的机构综合性改革创造良好的开端。

中共龙泉市委
龙泉市人民政府
一九九二年四月六日

中共龙泉市委十届八次全会
关于加快实施"二次创业"发展战略的决议

（2001年2月7日通过）

龙委〔2001〕6号

中共龙泉市委十届七次全体（扩大）会议于2001年2月6日至7日召开。大会实事求是地回顾总结了实施"二次创业"发展战略两年来的工作，梳理了今明两年的总体发展目标和工作重点，部署2001年主要任务。

大会充分肯定了中共龙泉十届市委实施"二次创业"发展战略两年来的工作。自"二次创业"动员大会以来，市委坚持以邓小平理论、十五大精神为指导，高举"三个代表"的伟大旗帜，认真贯彻落实省第十次党代会精神，进一步解放思想，大胆探索，走出了一条符合龙泉实际的经济社会发展路子。理清了思路，确立了重点，优化了环境，搞活了机制，凝聚了人心，全市上下大力弘扬"团结实干、负重拼搏、开拓创新、敢于争先"的龙泉精神，广大干部群众心齐、气顺、劲足、实干，全力以赴实施"二次创业"和"12510"工程，国民经济在止跌回升的基础上，开始恢复性增长，社会各项事业有了明显的进步。2000年，实现国内生产总值16.40亿元，财政收入10065万元，城镇居民人均可支配收入8400元、农村居民人均收入2600元，分别比1998年增长21%、36%、27.80%和8.60%。两年来，社会秩序明显好转，刑事案件逐年下降，信访工作得到加强，人民群众对党和政府的信任度大大增强，在丽水市综合指标考核中，龙泉逐年升位。在两年的实践中，市委坚持以经济建设为中心，理清发展思路，确定战略重点；以清费减负，制定优惠政策，优化经济发展软环境，规范办事制度为突破口，建立行之有效的督查机制，狠抓落实；坚持从严治党方针，加强干部队伍建设。这些反映全市人民集体智慧的成功经验，在今后的工作中，应当继续坚持和发扬。

大会认为，1998年12月份召开的“二次创业”大会以后，市委认真总结了党的十一届三中全会以来，龙泉在历届党委、政府领导下所取得的成功经验，并实事求是地分析了在深化改革过程中所出现的一系列问题和经济严重滑坡的状况，提出了实施“二次创业”的发展战略。理清了“稳农业、兴商贸、促工业、开发旅游业、基础设施先行、种养加并举”的经济发思路；确立了“加强农业和农村工作、加快个私经济发展、加快城市化进程、加快旅游业开发、加快基础设施建设”等五大战略重点；制定通过了《关于龙泉市农业和农村现化建设纲要》，提出实施“12510”工程计划，明确到2003年基本实现小康，到2010年基本实现新农村，到2018年基本实现农业和农村现代化的“三步走”发展目标；制定通过了《加快龙泉市城市化进程的若干意见》，提出全面推进城市化进程，建设有龙泉特色的“山水古城”；提出“力争项目上技改，进一步扩大内需；调整结构求效益，加速经济增长向质的提高转变；优化环境促服务，进一步完善办事制度；落实到位尽责任，探索和建立一套行之有效的督查机制”和“坚持从严治党方针，全面推进党的建设”等一系列措施，符合龙泉的实际情况，反映了全市人民的共同愿望。大会认为，今明两年是龙泉实施“二次创业”发展战略的关键时期，也是为下一届党委、政府打下良好基础的关键时期，我们只有鼓足干劲，抓住机遇，乘势而上，奋力拼搏，才能开创我市经济社会发展的新局面。市委提出了今明两年的总体发展目标和工作重点，也切合龙泉的实际。在新世纪之初，承前启后，继往开来的重要时刻，在实施“二次创业”发展战略的关键年头，全市人民必须抓住机遇，发挥优势，加快发展，迎接新世纪的挑战。

大会强调，龙泉要实现世纪腾飞，必须坚定不移地实施“二次创业”发展战略。务必用江泽民同志“三个代表”重要思想来教育武装广大党员干部，坚持以经济建设为中心，适应社会生产力发展的要求，代表先进文化前进的方向，以广大人民的根本利益为出发点，切实加强党的思想建设；积极稳妥地推进干部任用制度改革和政府机构改革，加强各级领导班子和干部队伍建设，提高办事效率；以农村开展“三个代表”重要思想学习教育活动为契机，加强农村基层党组织建设和破产企业、改制企业、非公有制企业党建工作，增强党的凝聚力、号召力和战斗力；加强精神文明建设，努力提高人们的思想道德素质和城乡文明程度；加强党风廉政建设，坚持从严治党方针，厉行法治，坚持教育与管理、德治与法治双管齐下，严肃党纪，做好纠风治乱工作，推动反腐败斗争向纵深发展。

大会号召，全市27万人民要高举“三个代表”的伟大旗帜，坚持以邓小平理论为指导，认真贯彻落实中央十五届五中全会、省第十次党代会和丽水市第一次党代会精神，坚定不移地实施“二次创业”发展战略、弘扬龙泉精神，鼓足干劲，振奋精神，抓住机遇，加快发展，为谱写新世纪龙泉的新篇章而努力奋斗！

中共龙泉市委

2001年2月8日

中共龙泉市委十届八次全会
关于《龙泉市建设文化名城纲要》的决议

（2001年8月9日中共龙泉市委十届八次全会通过）

龙委〔2001〕24号

中共龙泉市委十届八次全会审议并一致通过《龙泉市建设文化名城纲要》。

会议认为，我市历史悠久，人文荟萃，风光秀丽，物产丰富，是浙江省历史文化名城。弘扬历史文化，建设文化名城，是历史赋予的重任，是面向新世纪建设新龙泉的一项宏大系统工程。同时，也是代表先进文化前进方向，建设有中国特色社会主义文化的重大举措。必须紧紧围绕“二次创业”发展战略，以发展科技教育为基础，以提高人的素质为核心，以历史文化为依托，以文化设施建设为重点，大力推进生态环境和人文环境建设，建生态强市，创文化名城，努力把我市建设成为既富有现代气息，又能充分展现历史文化内涵的文化名城。

会议指出，《纲要》所提出的总体构思、主要任务和措施对策是符合龙泉实际的，也是切实可行的。在实施《纲要》的过程中，要注意经济发展与文化发展相协调，社会效益与经济效益相统一，现代文明与历史文化相融合，整体推进与重点突破相结合，努力建立适应社会主义市场经济发展的思想道德体系，完善与经济社会发展相适应的文化发展格局，形成符合社会主义文化发展规律的文化运行机制，构筑与人民群众日益增长的文化需求相适应的文化生产服务体系，营造有利于出人才、出成果、出效益的文化教育发展环境。

会议强调，文化名城建设，对我市经济和社会各项事业发展有着重大而深远的意义。必须统一思想，提高认识，扎扎实实开展各项工作，努力把我市建设成为历史文化与现代文明完美结合，人文景观与自然景观交相辉映，全民素质优良、社会文明进步、教育科技发达、文化事业整体水平较高的历史文化名城。

会议号召，全市各级党组织、全体共产党员和广大干部群众在市委的领导下，高举邓小平理论的伟大旗帜，以“三个代表”重要思想为指导，进一步解放思想、振奋精神、同心同德、勤奋工作，为实现文化名城建设的各项目标而努力奋斗！

中共龙泉市委

2001年8月20日

青瓷的光芒

——评《龙泉县志》

陈桥驿

我和已故的日本陶瓷学家三上次男教授是1980年结识的。那年他率领一个学术考察团来到杭州，他从东京出发以前，我的有些日本朋友告诉他，要他到杭州找"著名历史地理学家"陈桥驿，说我可以帮助他的学术考察。日本朋友对我实在估计过高。三上先生果然找我，但抱歉的是，历史地理学家绝非青瓷专家，我虽然陪了他整整三天，说老实话，他得之于我的，无非是浙江和杭州的一般历史地理知识；而我得之于他的，则是十分丰富和精湛的陶瓷知识，特别是青瓷知识，尤其是他多次强调的龙泉这个地方。使我对这个位于偏僻山区的小县份发生了肃然起敬之感。从此，这位亲手在埃及福斯塔特废墟中的六、七十万片陶瓷碎片中检出一万二千片中国瓷片的著名陶瓷学家，不仅成了我的朋友，而且成了我的夫人的陶瓷学老师。

过去，为了研究宁绍平原，曾经涉及越窑，也走访过上林湖，看过一些整器的碎片。对于诸如"雨过天青"之类的赞扬，还感到不免有点夸大。但从与三上先生作了几次长谈后，思想有了极大的转变。认识到青瓷不仅是一种商品、日用品和艺术品，而且是一种重要的文物，就是这种重要的文物，它替我们在历史上开拓了一条海上的通道，让我们的文化和声誉传遍世界。而从五代开始，龙泉就成为这方面的主角，这个山区小县，多少年来在国际上为我们赢得崇高的荣誉。

三上先生长我十六年，但他一点都没有长者的架子，我们相处得如同兄弟一样。他英语不好，我们的谈话主要是通过我夫人的翻译，在这个过程中，他与我夫人达成了一项协议，即由我夫人翻译他的著作《陶瓷之路——东西文明接触点的探索》，在中国出版，由他提供照片和解决翻译中遇到的困难。此书原由著名的岩波书店出版，他交给我夫人的是第十一版。十年之中重版十一次，说明了此书的盛誉。我夫人随即动手翻译。书内有关历史地理的问题，我当然可以帮一点忙。但是我们都不是陶瓷学家，许多陶瓷学特别是青瓷方面的专业问题，还得请教三上先生。所以在一段时间中，我们之间通信频繁。他不仅细致地解答许多专业问题，而且寄来了不少照片，有些照片是第十一版所没有的。最后，他又撰写了《中译本序》，此书终于在1983年由天津人民出版社出版。

由于从三上先生那里获得了许多青瓷知识，从此，我对青瓷特别是龙泉青瓷就留意起来。1982年我去巴西出席国际地理学会，参观了里约热内卢的旧王宫国立博物馆，在青瓷馆，整整两个大玻璃柜，都是晶莹逗人的龙泉青瓷，包括北宋到明前期的各种精品，显然是明代葡萄牙商人陆续带走的，真是远涉重洋。

同年，我访问美国，在纽约参观著名的大都会艺术博物馆，也就是三上先生书中（中译本第75页）所称的米特罗波里坦博物馆。这里，中国青瓷陈列了一个展室，而龙泉青瓷（处器）竟占展室的一半。我才恍然领悟到三上先生为什么如此看重龙泉。次年(1983),我应聘在大阪关西大学研究生院任教,同时到京都出席了国际人文科学学术讨论会。会上遇到了三上先生,我把去年在里约热内卢和纽约的所见告诉了他,他为我的这种幸遇而祝贺。但是他说,最好能去看看土耳其和伊朗的博物馆,在那里,龙泉青瓷将使你开更大的眼界。可惜我没有这样的机会,而且,我毕竟不是一个陶瓷学家,南北美洲的见闻,已经很能使我满足了。

1985年,我应聘在国立大阪大学任教,或许是为了答谢我夫人翻译了他的著作,三上先生热情地邀请我们夫妇参观他的工作基地——东京出光美术馆。一座宏伟的七层大厦,宛如一个瓷器世界,我们在此流连竟日,三上先生兴致勃勃地陪同我们一室一室地参观,并且不厌其详地解释。龙泉青瓷几乎占了一个整室,陈列的都是宋代及其以后的精品,胎薄如纸,色明如镜,在这种展品面前,连我这个外行人也感到难以遽离。对于出光美术馆能收藏这样一大批处器精品,三上先生在言谈之中引为十分骄傲,而我们夫妇同样感到兴奋,因为青瓷的光芒闪耀在异国土地上,这正是龙泉的骄傲,中国骄傲。

三上先生终于在1986年访问了他梦寐以求的龙泉,这是他与我结识以后吐露过的愿望。龙泉的访问成为三上先生毕生从事陶瓷事业中的最后一次重大经历。在他的一生中,曾经在世界多少地方鉴赏龙泉青瓷,抚摸龙泉青瓷碎片,而最后终于让他访问了世界上一切陶瓷学家所向往的青瓷圣地,我想他在九泉之下,也一定引为不胜荣幸吧。

由于三上先生的引导,使我不仅对青瓷稍入门径,而且对龙泉产生了景仰,所以在1986年《龙泉县地名志》请我作序时,我在序中就毫不迟疑地指出:“龙泉是一个历史并不很久的山区县份,但是在全省,甚至在全国,龙泉却是一个不同凡响的县份。一千多年以来,就是这个县份,以它品质优异的大量青瓷器,在世界各地为我们换回了巨额财富,赢得了莫大的荣誉,而龙泉一名,也就因此而传遍天下”。

我并且还在序中抄录了一段三上先生在《陶瓷之路》中赞美龙泉的话,因为他认为从五代至宋朝,龙泉青瓷以其精湛的品质独步于世界。他说(中译本第21页):“具体地说,一进入这个时期,生产青瓷的中心就转到浙江省的龙泉地方,这种瓷器的青色,其清澈犹如秋高气爽的天空,也如宁静的深海,这就是闻名世界的龙泉窑青瓷”。

以上是我对青瓷这种器物和对龙泉这个地方从陌生到熟悉的过程,也是我对这两者从一般观感到肃然起敬的过程。所以当我最近得到了新修《龙泉县志》这部煌煌巨构之时,我的一瞬间感觉就仿佛又看到了我在里约热内卢、在纽约、在东京欣赏的青瓷精品。而当我开卷诵读各编各章时,让我确实看到了这部青瓷圣地的新修志书,字里行间,到处展现着青瓷的形象。这是一部特色鲜明的志书,它为这个著名的古代瓷都闪耀着青瓷的光芒。

陈桥驿,1923年12月生于浙江绍兴。历史地理学家,浙江大学地球科学系终身教授,中国地理学会历史地理专业委员会主任,国际地理学会历史地理专业委员会谘询委员。

龙泉宣言

2007年金秋，在纪念周恩来总理指示恢复中华历史名窑生产50周年之际，在中国陶瓷工业协会的组织下，汝、官、哥、钧、定和磁州窑、耀州窑、景德镇、宜兴陶瓷等历史名窑代表聚首著名的青瓷之都和宝剑之邦——浙江省龙泉市，共同分享古老文化给予她的光荣和欢乐。在漫长的历史进程中，勤劳智慧的龙泉人民在这块神奇秀丽的土地上创造了名扬天下的龙泉青瓷文化和龙泉宝剑文化。龙泉窑是中华历史名窑的杰出代表之一，是我们这个瓷器之国一颗璀璨耀眼的明珠。在此，我们共同为龙泉而喝采！为所有中华历史名窑而自豪！

在龙泉举行的"纪念周恩来总理指示恢复龙泉青瓷生产五十周年"座谈会和"龙泉青瓷走向中兴"高峰论坛，为我们提供了沟通交流的机会。我们为华夏民族用水、火、土通过技术与艺术的融合而创造精美绝仑的陶瓷而骄傲，也为各大中华历史名窑在周恩来总理的关心和各地党委、政府的领导下，经过五十年的风风雨雨，而今正在复兴而欣喜。

分析当前历史名窑的现状，我们认为中华历史名窑的发展面临着许多共同的挑战与考验：

——在发掘保护继承弘扬陶瓷文化力度上亟需强化，在国内外的知名度还不够高；

——作坊式生产比率高，产业化程度低，市场竞争力弱，以现代产业水准去衡量，尚处于初级阶段；

——科技水平较低，人才缺乏。

基于当前国内外经济发展形势的分析，用更宽广的视野审视我们所从事的古老而神奇的陶瓷产业，我们同时认为中华历史名窑发展迎来了难得的中兴期：

——全球经济的发展势不可挡，人类财富在不断地扩张，人们对名窑文化、名瓷收藏的需求日益增加，陶瓷文化市场的前景更为光明；

——科技发展日新月异，正在为陶瓷文化、艺术和技术的创新与发展提供着更有力支撑；

——竞争与合作成为加快发展共同的路径，各大历史名窑携手共进的氛围正在逐步浓厚。

挑战步步紧逼，机遇迎面而来。我们要敢于迎接挑战，善于抓住机遇，为中华历史名窑新的发展而尽心竭力。"中兴中华历史名窑"，这是历史的使命，时代的课题，也是我们共同的愿望。

——把中兴中华历史名窑作为各大名窑产区最主要的文化建设来抓，竭力打造中国名窑文化基地和名瓷生产基地；

——在中国陶瓷工业协会牵头下，积极参与联合申报世界文化遗产行动。组织历史名窑名品评比活动，并联合组织获奖作品到国内外举办巡回展，不断提高中华历史名窑在国际上的知名度、美誉度和市场占有率，把历史的辉煌变成我国文化的软实力，把地方陶瓷个性变成瓷国整体形象，使陶瓷产业成为一方最亮丽的文化产业，成为名窑产区乃至国家对外开放的金名片；

——加强合作交流。努力在人力、技术、信息、资金、文化等广阔的资源领域，寻求互惠互利、共享共赢的发展机会。鼓励引导各地陶瓷企业加强合作，积极参与相互间的商贸活动、博览会、展示会和交易会；突出陶瓷文化交流，通过大师或专家报告会、讲座、现场技艺观摩和互派专家、教师、学生等形式，繁荣名窑文化，推进博采众长，形成和而不同、百花争艳的繁荣格局；

——强化科教兴瓷。通过引进先进生产设备和技术，实施窑炉改造，建立标准原料基地等途径，不断提高产品的质量；注重人才培养，创造有利于各方面人才成长和各级大师脱颖而出的良好环境；设立中兴中华名窑突出贡献奖，3—5年评比一次，以褒扬对陶瓷文化研究、名窑名瓷繁荣作出重要贡献的人士；

——注重特色兴瓷。坚持科学发展观和可持续发展理念，注重资源和环境保护。保持精品艺术瓷创作特色，保护和鼓励大师出精品名品。同时，注重中、高档日用瓷、包装瓷开发，使产品不仅具有艺术与文化性，又具有实用与经济性，以此开拓出更加广阔的市场空间。

有理由相信，在我们的共同努力下，中华历史名窑必定能够再度创造历史的辉煌，必将为人类文明的繁荣作出更大的贡献！

二〇〇七年十一月十六日
于中国龙泉

（中华历史名窑代表签名略）

《龙泉宣言》分别由中陶协、河北磁州窑、河北定窑、辽宁省古陶研究所、陕西省陶瓷研究会、景德镇陶瓷学院、河南省陶瓷协会、江苏省陶瓷协会和龙泉青瓷博物馆收藏。

1988年与2018年龙泉姓氏人口对照

据公安户籍部门不完全统计，2018年，全市263个姓氏，其中复姓4个，单姓259个。人口万人以上9个，千人以上52个，百人以上116个。因文字简化，蓝姓与兰姓、傅姓与付姓、阎姓与闫姓、潘姓与泮姓皆混淆，故人口数有出入，编时列在一起，以便查阅比对。序号按2018年人口数排列如下：

序号	姓氏	1988年	2018年	序号	姓氏	1988年	2018年	序号	姓氏	1988年	2018年
1	叶	22665	24931	8	李	9158	11420	15	项	4617	4973
2	吴	19602	21718	9	王	9252	10417	16	雷	3535	4850
3	张	14080	15940	10	毛	6405	6937	17	金	3938	4248
4	周	13451	14569	11	徐	6039	6758	18	柳	3701	4111
5	刘	11798	13432	12	杨	5753	6742	19	郑	3639	4055
6	陈	11524	12829	13	林	5833	6128	20	曾	3602	3951
7	季	11876	11768	14	方	4731	5125	21	黄	3346	3874

序号	姓氏	1988 年	2018 年	序号	姓氏	1988 年	2018 年	序号	姓氏	1988 年	2018 年
22	邱	3442	3689	53	卓	929	945	84	魏	224	335
23	蒋	3729	3668	54	孙	851	936	85	汪	253	325
24	谢	2886	3338	55	赵	728	924	86	全	258	314
25	潘	2922	3234	56	江	788	828	87	田	211	307
26	泮		410	57	邓	714	811	88	韩	257	306
27	兰	1664	3098	58	俞	691	794	89	戴	290	304
28	蓝		223	59	殷	663	712	90	尹	302	302
29	沈	2156	2956	60	傅	888	305	91	陆	223	290
30	何	2477	2841	61	付		698	92	梁	188	258
31	余	2548	2797	62	熊	600	688	93	占	228	232
32	钟	1661	2760	63	姜	520	677	94	元	222	225
33	郭	2443	2722	64	瞿	633	641	95	庄	36	223
34	廖	2263	2581	65	彭	376	620	96	姚	164	220
35	朱	2056	2547	66	严	582	618	97	骆	190	207
36	胡	2228	2491	67	曹	574	599	98	祝	198	205
37	翁	2333	2369	68	程	553	560	99	包	174	203
38	罗	2163	2324	69	丁	420	473	100	宋	155	200
39	洪	1713	1847	70	钱	439	473	101	苏	164	196
40	汤	1551	1688	71	章	447	429	102	高	106	191
41	蔡	1504	1654	72	巫	352	407	103	符	170	191
42	连	1453	1563	73	童	369	394	104	杜	156	189
43	练	1464	1541	74	唐	326	393	105	冯	147	186
44	游	1450	1533	75	黎	336	392	106	陶	138	177
45	梅	1250	1399	76	董	316	388	107	商	145	158
46	赖	1253	1352	77	袁	256	374	108	聂	157	154
47	范	1218	1274	78	柯	326	372	109	饶	136	151
48	龚	743	1253	79	卢	322	368	110	谭	87	145
49	邹	980	1172	80	华	343	367	111	石	68	136
50	许	920	1110	81	吕	323	366	112	应	152	124
51	管	939	1088	82	马	317	354	113	房	127	122
52	夏	840	1082	83	邵	336	348	114	鲍	74	119

序号	姓氏	1988 年	2018 年	序号	姓氏	1988 年	2018 年	序号	姓氏	1988 年	2018 年
115	倪	83	113	146	凌	48	46	177	祁	24	21
116	史	91	105	147	欧阳	28	46	178	艾	23	21
117	任	89	96	148	贾	31	45	179	池	27	20
118	施	90	94	149	纪	16	44	180	郎	21	20
119	温	82	93	150	樊	28	43	181	平	8	20
120	封	74	87	151	易	24	41	182	向	3	20
121	涂	75	83	152	阮	36	40	183	覃	—	19
122	阙	59	83	153	葛	38	39	184	鄢	16	19
123	供	461	81	154	裘	37	39	185	成	4	19
124	单	109	80	155	操	28	38	186	芦	21	18
125	邝	70	79	156	邢	24	38	187	边	16	18
126	邬	68	76	157	伍	32	37	188	闫	15	17
127	诸葛	33	73	158	孔	31	36	189	阎		5
128	沙	68	73	159	甘	16	35	190	焦	3	16
129	诸	49	73	160	滕	3	32	191	冷	3	16
130	崔	42	72	161	虞	27	30	192	武	4	15
131	白	47	72	162	于	22	29	193	喻	6	15
132	韦	—	67	163	孟	14	29	194	贺	9	14
133	储	52	64	164	宣	34	28	195	支	14	14
134	舒	43	64	165	薛	27	27	196	柏	7	14
135	万	36	61	166	寿	32	27	197	段	13	13
136	麻	45	58	167	缪	26	26	198	谷	19	13
137	查	45	56	168	文	1	26	199	桑	6	13
138	侯	39	55	169	莫	9	25	200	南	11	12
139	欧	4	55	170	裴	15	25	201	官	2	11
140	詹	13	52	171	常	8	25	202	桂	8	11
141	留	41	51	172	顾	102	24	203	安	4	11
142	褚	23	51	173	厉	24	24	204	宁	3	11
143	龙	12	49	174	鲁	19	24	205	柴	3	11
144	娄	78	48	175	盛	3	22	206	尤	6	10
145	楼	47	48	176	秦	15	21	207	蒲	4	10

序号	姓氏	1988 年	2018 年	序号	姓氏	1988 年	2018 年	序号	姓氏	1988 年	2018 年
208	古	3	10	238	乐	4	3	268	淤	4	0
209	丰	7	9	239	强	4	3	269	屠	3	0
210	毕	7	9	240	甄	3	3	270	斜	3	0
211	尚	7	9	241	宗	2	3	271	无	2	0
212	普	7	9	242	席	2	3	272	卡	2	0
213	凡	4	8	243	卫	1	3	273	来	2	0
214	左	2	8	244	康	1	3	274	邛	2	0
215	危	2	8	245	腾	25	2	275	五	2	0
216	简	1	8	246	费	7	2	276	都	2	0
217	历	11	7	247	巨	4	2	277	故	2	0
218	解	9	7	248	辛	3	2	278	仁	1	0
219	卜	8	7	249	公	2	2	279	秀	1	0
220	申屠	4	7	250	斯	2	2	280	良	1	0
221	冉	1	7	251	翟	2	2	281	居	1	0
222	庞	1	7	252	水	1	2	282	味	1	0
223	过	7	6	253	皮	1	2	283	河	1	0
224	潜	6	6	254	况	1	2	284	闰	1	0
225	胥	4	6	255	贡	1	2	285	哀	1	0
226	戚	3	6	256	戈	3	1	286	香	1	0
227	乔	2	6	257	壮	2	1	287	前	1	0
228	印	1	6	258	郦	2	1	288	速	1	0
229	郝	2	5	259	从	1	1	289	泰	1	0
230	仇	4	5	260	苟	1	1	290	复	1	0
231	郁	2	5	261	景	1	1	291	超	1	0
232	鞠	2	5	262	税	1	1	292	番	1	0
233	谈	1	4	263	皇甫	1	1	293	部	1	0
234	户	9	3	264	萧	137	—	294	有	1	0
235	耿	6	3	265	台	12	0	295	殿	1	0
236	苑	5	3	266	宓	4	0	296	绕	1	0
237	尧	5	3	267	由	4	0	297	候	1	0

数据来源：1988 年数据根据 1994 年版《龙泉县志》，2018 年数据龙泉市公安局户籍科提供

2011—2018年龙泉经济和社会事业发展概况

《龙泉市志》各部类的记述均止于2010年。2010年后，全市上下深入实施“生态立市、工业强市、旅游兴市”发展战略，经济和社会事业又有较大的发展。

2018年与2010年比较，实现地区生产总值133.50亿元(2015年价，下同)，累计增长98.30%，年均增长8.90%；三次产业结构从15.10:45.40:39.50调整为10.90:35.70:53.40；社会消费品零售总额61.10亿元，累计增长2.69倍，年均增长13.02%；一般公共预算收入9.10亿元，累计增长2.84倍，年均增长13.90%。城镇、农村常住居民人均可支配收入分别达到44399元、21249元。获评全国“两山”发展百强县，全省26县发展实绩考核连续三年列入二类县第一档次。

生态工业转型升级。实现工业增加值34.80亿元，年均增长9.10%。高新技术产业、装备制造业和战略性新兴产业增加值占规上工业增加值比重分别达40%、30.60%、21.10%。成功举办中汽协汽车空调委员会及标委会年会，获评中国汽车工业零部件制造先进基地和全省“两化”深度融合国家示范区域。2018年末，共有规模以上工业企业99家，亿元企业23家、上云企业885家。累计新拓展工业空间666.67公顷，盘活闲置低效用地126.67公顷，完成工业供地373.33公顷，新建成标准厂房18万平方米，获评全省“小微企业三年成长计划”工作优秀县(市、区)。成功入选“中国电商百佳县”，实现网络零售额35.62亿元。与萧山等地签订“飞地”产业园共建协议，秀洲“飞地”产业园开工建设。工业园区升格为省级经济开发区。

生态旅游融合升级。2018年，旅游总收入突破百亿大关，达到106.50亿元，年均增长43.80%。龙泉青瓷文化省级旅游度假区获批设立，龙泉山二期客运缆车、白云岩景区玻璃栈道投入运营，竹垟、宝溪入选全省旅游风情小镇，创成AAAA景区3个，AAA景区8个、AAA级景区村6个、省级休闲旅游示范村2个、工业旅游示范基地5个。全省首站启动瓯江山水诗路行主题活动。成功举办“不灭窑火”“瓯江源•中秋之夜”“相约龙泉山 奔向最高峰”名家采风等系列活动。江南之巅•天空越野赛入选全省十佳商业体育赛事。与福建武夷山市缔结友好城市，签订旅游战略合作协议，开通龙泉至武夷山城际班车。建成运营智慧旅游服务平台和全域旅游大数据中心，共有旅行社6家、3星级酒店4家。在全域旅游的带动下，商贸物流、交通运输、住宿餐饮等服务业较快发展，实现服务业增加值71.40亿元，年均增长10.80%。

生态农业提质升级。高水准承办全省现代生态循环农业绿色畜牧业暨现代农业园区建设推进会，创成省级现代生态循环农业整建制推进县和农产品质量安全放心县。兰巨省级现代农业园区获评全省百强“最美田园”，成为全国“两山”实践创新教育基地。以农业“两区一园”和生态精品农业“185”工程为载体，大力发展“竹茶菌蔬”四大主导产业，积极发展水果、中药材、石蛙等特色产业，农业标准化生产覆盖率提升到64%，实现农林牧渔业增加值14.60亿元，年均增速3.80%。建成休闲农业观光区39个，创成种植业“五园”省级示范基地5个，新增丽水市级农业龙头企业3家。耕地保有量 2.58 万公顷，落实基本农田保护面积 1.85 万公顷，新增粮食生产功能区 6000 公顷，建成高标准基本农田 1.09 万公顷，改造中低产田 3000 公顷。完成垦造耕地 1986.67 公顷、农村土地综合整治验收 62.80 公顷。成功举办两届中国灵芝大会和第十五届国际无我茶会，获评中国最美茶乡和全国重点产茶县。竹产业综合提升关键技术集成与推广获全国林业最高奖项“梁希科学技术奖”。获得中国黑木耳之乡、中国灵芝核心产区等国字号“金名片”15 张。成功培育“龙泉黑木耳”“龙泉金观音”和“龙泉绿”三大市域公用品牌。

创新实力积聚升级。研发经费支出占 GDP 比重达到 1.52%，专利申请量、授权量分别新增 6084 件、4631 件。汽车空调产业创新服务综合体被列入全省首批建设计划，汽车空调小镇入选省级特色小镇第三批培育名单。产业创新服务中心被评为全国制造业“双创”平台试点示范单位和丽水首个省级双创区域示范基地，成为国内唯一拥有 CNAS 认证资质的汽车空调检测检验机构和浙江吉利汽车研究院认可的第三方实验室。与浙江大学启动共建绿色发展综合改革创新区，深化与浙江农林大学等科研院校合作，累计实现合作院校 94 家、专家 383 人。大力培育创新主体，累计新增国家级高新技术企业 58 家、国家级科技型中小企业 31 家、省级企业研究院 7 家。获得省级以上重点研发计划项目立项 39 个，其中列入国家火炬计划项目 11 个、国家星火计划项目 11 个、国家创新基金项目 6 个。汽车空调冷凝器、蒸发器两项国家行业标准填补国内空白。

全面改革纵深推进。列入全省首批大花园典型示范建设县，两度入选全国新一轮集体林业综合改革试验区。“最多跑一次”改革考核丽水第一，1346 个事项 100%实现最多跑一次，乡镇(街道)便民服务中心 100%实现无差别综合受理，“市乡村”三级代办实现 100%全覆盖。在丽水率先推行部门间“最多跑一次”，创新实施一般企业投资项目开工前“零审批”改革，首个试点项目——中国青瓷小镇维景温泉度假酒店开工建设。实现基层治理“四平台”规范化全覆盖，全科网格建设做法成为全省典型。组建市乡村三级扶贫资金互助会 90 个，累计发放扶贫小额贷款 2.90 亿元、“三权”抵押贷款 73.60 亿元，流转林地 7.43 万公顷，被授予全国集体林权制度改革先进集体称号。省级低碳试点中期评估获评优秀。

综合交通持续优化。龙庆高速、龙浦高速建成通车，51 省道、53 省道改建工程全面完工，新客运站、交通物流中心投入使用，康庄公路实现“村村通”。城市天然气门站投入运营，敷设天然气管道 16 千米。一类通用机场选址方案基本确定，温武吉铁路初步明确为“国铁Ⅰ级、双线、时速 200 千米”，金松(遂)龙高速确定线位走向，碰石应急隧道工程开工建设，衢宁铁路龙泉段、322 国道安仁至西街段改建、322 国道八都至上垟段改建、云和至龙泉天然气管道工程等项目建设稳步推进。创成美丽经济交通走廊精品示范线 3 条，获评全省首批万里美丽经济交通走廊达标县，“四好农村路”三化模式成为全省典型。建成运营丽水首个综合交通应急指挥中心，城市智慧停车系统上线运行。

剑瓷文化更显魅力。成功创建国家文化先进县，获评中国陶瓷历史文化名城、中国陶瓷名城和中国青瓷公园，入选省文化产业重点市。中国青瓷小镇、龙泉宝剑小镇双双入选省特色小镇创建名单，上垟镇入选第一批中国特色小镇。剑瓷“八大平台”建设有序推进，青瓷产业园二期、青瓷创客园投入使用，青瓷文化园、剑瓷电商园基本建成，青瓷孵化园、创新工坊(青瓷产业园三期)开工建设，宝剑文化园土地挂牌出让，剑瓷产业带上线运行。入选全省文化产业发展专项资金扶持县(市、区)，青瓷、宝剑被评为省十大历史经典产业，青瓷宝剑文创街区成为全省文化创意街区，青瓷宝剑园区入选省首批重点文化产业园区，金宏瓷厂成为第五批国家文化产业示范基地。宝剑出口退税率从零提升至13%，出口实现恢复性增长。2018年,全市共有国家级工艺美术大师4名，中国陶瓷艺术大师8名，省级工艺美术大师23名，浙江省陶瓷艺术大师14人。丽水学院中国青瓷学院启动招生，青瓷宝剑技师学院获批筹建。剑瓷关键共性技术攻关进展顺利，青瓷窑炉温度控制、宝剑新材料运用等难题破解取得较大突破。成功举办第四届中国陶瓷电商峰会，集中开展“致匠心”碎瓷行动，试行剑瓷商标和瓷土资源保护管理办法。积极融入“一带一路”国家倡议，成为“世界陶瓷之路”联盟成员。与法国利摩日市缔结友好城市。成功举办两届中韩陶瓷文化艺术节。2018年举办首届世界青瓷大会·第十一届中国陶瓷艺术大展，龙泉青瓷首次走进联合国大厦，精彩亮相首届中国国际进口博览会，入驻钓鱼台国宾馆、人民大会堂，连续五年入选世界互联网大会礼品，成为G20峰会国宴用瓷和专属国礼。故宫龙泉青瓷回家展成功举办，102件故宫馆藏青瓷珍品回家展出。龙泉窑大窑—金村遗址成功入选“海上丝绸之路·中国史迹”世界文化遗产申报名单，大窑龙泉窑遗址创成国家考古遗址公园并入选《世界文化遗产预备名录》。“哥窑遗址在龙泉”得到考古论证。剑瓷文化研究院和故宫博物院龙泉窑研究中心成立，青瓷传统烧制技艺、宝剑传统锻制技艺双双列入首批国家传统工艺振兴目录。《不灭窑火——传统龙泉青瓷烧制》获评全省不可移动文物保护利用优秀案例。中国龙泉青瓷·龙泉宝剑节获评“优秀民族节庆”。

乡村振兴开局良好。创成全省美丽乡村示范县，“基本无违建乡镇”实现全覆盖，龙南乡、城北乡东书集镇、八都镇松渠集镇成为省级样板，获评全省小城镇环境综合整治工作优秀县（市、区）和全省“四边三化”行动优秀县（市、区）。累计创成国家级美丽宜居示范村17个、生态乡镇7个、卫生乡镇2个，入选中国传统村落49个、省级美丽乡村示范乡镇4个、历史文化村落保护利用重点村7个、特色精品村9个，获评全面小康生态示范县。中国青瓷小镇和宝溪溪头村获中国人居环境范例奖。实现农家乐民宿营业收入4.70亿元，农村电商销售额达26.20亿元，发放来料加工费2.70亿元。

城市复兴开篇有为。成功获批全省第十座、丽水首座国家历史文化名城，创成国家卫生城市，通过省级文明城市复评，获评“最美骑游城市”。西街入选首批中国历史文化街区，北河街被确定为省历史文化街区。城市建成区面积扩大到15.30平方千米，城镇化率提升至63%。新建改建城市道路41.30千米，新增园林绿地77.96公顷，新开发利用地下空间36.82万平方米。新增公交线路12条、停车泊位6000余个，公共自行车、电动汽车分时租赁项目投入运营。完成圣塔桥和披云桥重建工程，火车站场站前区块和城东综合体项目开工建设，龙渊公园主体工程顺利结顶，环城南路建成通车。迎宾大道被评为全省最美入城口和省级绿化美化示范路，九姑山公园、黄灌防洪堤景观公园获评省级优质综合公园。完成础石撤乡设街道工作。

生态质量持续领跑。深入推进“811”生态文明建设，创成国家园林城市和省环保模范城市。PM2.5平均浓度21微克/立方米，为全省最优，AQI平均优良率99.50%，两度入围“全国百佳深呼吸小城”，荣膺“中国天然氧吧”称号，生态环境状况指数持续位居全省前列。纵深推进“三改一拆”，拆违600万平方米，“三改”900万平方米，获评全省“无违建创建先进县（市、区）”。深入开展“五水共治”，在丽水率先全境剿灭劣V类水体，水环境质量达标率保持“三个百分之百”，成功夺取治水大禹鼎，农村污水治理工作成为全国典型，岩樟溪集中式饮用水水源地保护工作获生态环境部点赞。累计完成绿化造林1.35万公顷、林相改造3.71万公顷，建设省级以上重点生态公益林11.55万公顷，获评珍贵树种彩色健康森林示范县。全国绿化委员会、国家林业局授予“国家森林城市”荣誉称号，成为丽水市首个获此殊荣的城市。深入开展垃圾、厕所两大革命，静脉产业项目——垃圾资源化协同处理工程开工建设，新（改）建公厕660座，获评全省农村生活垃圾分类处理工作优胜县（市、区）。与云和县签订首个瓯江流域上下游横向生态补偿协议，生态环境损害赔偿机制开始推行。

社会保障机制更趋完善。社会保障覆盖面持续扩大，新增五大险参保3.40万人次，城乡居民基本医疗保险、基本养老保险参保率分别达98.40%和90.30%，率先在丽水开展城乡医保普通门诊支付方式省级试点改革。城乡低保标准统一提高到每人每月700元。累计新增城镇就业人员2.10万人，城镇失业人员实现再就业8168人，城镇登记失业率控制在4%以内，通过“无欠薪”市创建验收。持续抓好异地搬迁和地质灾害点综合治理，新建续建异地搬迁安置小区45个，实现异地搬迁8041户31465人，累计减少受威胁人口973户3991人。创成省级社区治理和服务创新实验区，残疾人康复托养中心、阳光老年福利特护中心和休闲养老中心投入使用，贝爱儿童康复中心成为全省首批残疾儿童定点康复机构。创成省放心农贸市场7个，食品药品安全检验检测中心通过资质认定，农产品（蔬菜）批发市场投入使用。

社会事业持续较快发展。创成全国义务教育发展基本均衡县、全省教育基本现代化县（市、区）和省体育强市。龙泉一中创成省一级普通高中特色示范学校，市中职校获全国职业教育第四届黄炎培优秀学校奖和省中职名校，龙泉浙大中学建成招生，党校迁建工程（一期）投入使用，青瓷宝剑技师学院获批筹建，实验小学、江南小学完成扩建，认定全省中小学研学实践教育基地2个。标准化学校创建率达到94.40%，集团化办学覆盖城乡。浙医二院、丽水市人民医院、龙泉市人民医院、乡镇卫生院“省市县乡”四级医疗融合体建设正式签约，浙医二院周末专家派驻制度深入实施。市人民医院完成整体搬迁，市中医院通过二乙评定，迁建工程有序推进，省规范化基层医疗机构创建率达100%。公立医院改革列入全国试点，基本药物制度延伸至村级卫生室，药品零差价销售实现全覆盖。评选“十大模范教师”和“十大好医护”，尊师重教、尊医重卫氛围更加浓厚。博物馆、图书馆、文化馆、大剧院、体育公园等公共设施相继投入使用，龙泉档案馆获评国家级数字档案馆和一级档案馆，整理出版两辑《龙泉司法档案选编》，“龙泉晚清民国司法档案”入选中国档案文献遗产名录。顺利承办省武术锦标赛。

社会治理水平有效提升。勇夺省级“平安市”13连冠，以满分成绩夺得平安金鼎，荣获“全国平安建设先进市”称号。创成省级无信访积案县（市、区），被评为第四批“全国法治县”创建活动先进单位。积极构建“352”新型社会管理模式，“五强五网”成为丽水市社会管理创新典型。获评全国地质灾害防治高标准“十有”县和农村危房治理改造绩效评价优秀县（市、区）。

勘　正

1994 年版《龙泉县志》勘正

页	行	误	正	勘正来源
（大事记）8	7	姚珏	姚瑴	明成化《处州府志》、清顺治、乾隆、光绪《龙泉县志》中为“姚瑴”。“瑴”同“瑴”，非“瑴”字。（“瑴”同“珏”，“穀”同“谷”）
455	表第10栏	姚珏	姚瑴	
656	15	姚谷	姚瑴	
732	4	姚珏	姚瑴	
723	表第2栏	吴珏	吴瑴	
724	3	吴珏	吴瑴	明成化《处州府志》中为“吴穀”。“穀”同“瑴”，又作“吴穀”。 清顺治、乾隆、光绪《龙泉县志》中为“吴瑴”。“瑴”同“瑴”，非“瑴”字。（“瑴”同“珏”）
（大事记）8	倒12	县人何澹修撰《龙泉县志》。	知县林应辰、县丞潘桧修撰《龙泉县志》，县人何澹作序。	明成化《处州府志·卷一·州府修志事由》：嘉定二年修龙泉志，时知县林应辰编，参政何澹序云。
313	15	南宋嘉定三年（1210），何澹撰《龙泉县志》载：	南宋嘉定三年（1210）《龙泉县志》载：	
694	倒3	修撰《龙泉县志》，开龙泉地方志之先河。	〔删去〕	
772	2	修纂者系县人何澹，字自然。	修纂者系知县林应辰、县丞潘桧。作序者县人何澹，字自然。	
（大事记）13	20	周老九、周老六兄弟开设“万字号”剑铺。	〔删去〕	1994 年版《龙泉县志》第 313 页倒第 2 行—第 314 页第 1 行

页	行	误	正	勘正来源
（大事记）15	14	龙泉参加巴拿马太平洋万国博览会获奖展品有：	龙泉在农商部筹备参加巴拿马太平洋万国博览会而举办的浙江展览会上获奖展品有：	1.《浙江公报》，1915年，第1266—1270册。 2.陈琪《中国参与巴拿马太平洋博览会纪实》，1917年出版，第123—197页。
（大事记）15	15—16	银牌奖；颜建昌的松菇模型获银牌奖；城西女子学校的刺绣月份牌获铜牌奖；周国彩雕制的文具盘、花榈木刀和花榈枰字板楹联获铜牌奖。	三等奖；颜建昌的松菇模型获三等奖；城西女子学校的刺绣月份牌获四等奖；周国彩雕制的文具盘、花榈木刀和花榈枰字板楹联获四等奖。	
314	10	雕刻的作品在1915年巴拿马太平洋万国博览会上获奖。	雕刻的作品在1915年农商部筹备参加巴拿马太平洋万国博览会而举办的浙江展览会上获奖。	
606	12	获巴拿马万国博览会银奖；	获农商部筹备参加巴拿马太平洋万国博览会而举办的浙江展览会三等奖；	
702	倒1	所作《牧羊小像》参加巴拿马太平洋万国	所作《牧羊小像》参加农商部筹备赴巴拿马太平洋万国	
703	1	博览会展出，	博览会而举办的浙江展览会上展出，	
703	6	在民国4年2~12月，美国加利福尼亚州举办的巴拿马太平洋万国博览会展出，	在民国4年，农商部筹备参加巴拿马太平洋万国博览会而举办的浙江展览会上展出，	
（大事记）7	倒3	元祐五年（1090）	熙宁四年（1071）至熙宁七年（1074）间	陈舜俞，北宋著名诗人，与苏东坡交往甚密，北宋熙宁九年（1076）去世。陈舜俞题诗，应是苏东坡在北宋熙宁四年（1071）至熙宁七年（1074）间，杭州通判任上，而非北宋元祐四年（1089）至元祐六年（1091）间杭州太守任上。
626	倒15	北宋元祐年间，龙泉乡宦何之奇（字才翁，何琬之父）与杭州太守	北宋熙宁年间，龙泉乡宦何之奇（字才翁，何琬之父）与杭州通判	
（大事记）15	10	杨毓奇	杨毓琦	1994年版《龙泉县志》第460页（名录）杨毓琦
241	倒2			
314	11			

页	行	误	正	勘正来源
（大事记）17	5	全部被焚。	部分被焚。	《龙泉报》，1956 年 6 月 1 日创刊号；1957 年 4 月 8 日休刊号。
（大事记）27	倒 15	5 月 5 日，《龙泉报》创刊，至1957 年 4 月 10 日停刊。	5 月 5 日，《龙泉报》试刊，6 月 1 日，正式创刊，至 1957 年 4 月 8 日停刊。	
376	17	1956 年 5 月 5 日《龙泉报》创刊	1956 年 6 月 1 日《龙泉报》创刊	
615	倒 3—2	于 1956 年 5 月 5 日创刊。	于 1956 年 5 月 5 日试刊，6 月 1 日正式创刊。	
616	2	1957 年 4 月 10 日停刊。	1957 年 4 月 8 日停刊。	
（大事记）33	2	8 月 1 日	8 月10 日	《浙江省龙泉县无产阶级文化大革命纪念册》，1969 年出版，第258—259 页。
4	3	楼凤	棲凤	清顺治、乾隆、光绪《龙泉县志》
7	倒 1	瑟琶坑	琵琶坑	—
49	倒 17	蝙蝠	〔删去，移至 49 页 13 行“哺乳动物”中〕	—
65	倒 11	壮 162	〔删去〕	1994 年版《龙泉县志》第 66 页第 14 行有“壮 2”。壮姓在龙泉少见，“壮162”有误，或为其他姓氏。
65	倒 4	候 39	侯 39	—
66	倒 17	侯1	候 1	—
160	8	蕃薯	番薯	—
199	倒 3	张竹楠《梅簃随笔》：“龙泉	张作楠《梅簃随笔》：“龙泉县	《梅簃随笔》，清嘉庆二十四年（1819）影印本。
210	4	乌狮窟	乌狮窟	—
219	4	相传始于龙泉	〔删去〕 “龙泉码价”实为始于江西省龙泉县（今遂川县）。	《江西林业科技》1992 年 05 期，简根源《对龙泉码价的再认识》
220	倒 11	龙泉大赛乡大赛村	龙泉龙南乡大赛村	叶耀廷《菇业备要全书》，民国13 年（1924）年出版。
220	倒 4	民国 30 年续出《银耳、香菇种殖律》	民国 29 年续出《银耳、香菇繁殖律》	1994 年版《龙泉县志》第 21 页（大事记）、第 226 页、第 710 页均为民国 29 年。《银耳、香菇繁殖律》，民国 29 年（1940 年），奉化小小工厂出版。
710	倒 6	《银耳、香菇种殖律》	《银耳、香菇繁殖律》	
225	倒 6	《随园食单》有闷政笋丝	《随园食单》有问政笋丝	袁枚（随园食单）
262	5	刘宝泰	刘保泰	—
267	表倒第 1 栏	下弯村	下湾村	1994 年版《龙泉县志》第 12 页（续表）下湾村
297	倒 10	民国 24 年	民国 34 年	龙泉市档案馆馆藏号 0–2–62–2 记为民国 34 年

页	行	误	正	勘正来源
297	倒 10	民国 24 年	民国 34 年	龙泉市档案馆馆藏号 0–2–62–2 记为民国 34 年
313	倒2	光绪初	光绪后期	郑文轩(1887—1956)
314	倒1	匠心独运，堪称当	匠心独居(具)，堪称百	1994 年版《龙泉县志》第 314 页插图
328	表 第 6 栏	吴蚣	吴公	1994 年版《龙泉县志》第 11 页(续表)吴公
331	表 第3 栏	叶香	叶乡	1994 年版《龙泉县志》第 12 页(续表)叶乡
345	倒 11	自后迭圮建	自后迭圮迭建	—
424	倒 16	兰玉	蓝玉	1994 年版《龙泉县志》第 722 页(名录)蓝玉
455	表 第2 栏	嘉祐　傅楫　仙游	(整栏删去) 傅楫，实为吉州龙泉(今江西省遂川县)县令	汪藻《浮溪集•卷二十六•朝清郎龙图阁待制知亳州赠少师傅公墓志铭》:“知吉州龙泉县”。
455	表 第7 栏	邱括　荆州	邱括　利州	明成化《处州府志•卷第十三》，清顺治《龙泉县志•卷之三》
458	表 第4 栏	徐可先　江西武进	徐可先　江苏武进	—
460	表 第2 栏	习艮枢	习艮枢	1996 年版《南通县志》
520	21—23	钱镠始建龙泉都兵为抵御黄巢义军，两浙节度使钱镠于唐僖宗广明元年(880)始建“八都”兵。龙泉都为“八都”之一，钱镠遣部将凌文举统率龙泉都兵。此为龙泉历史上驻兵之始。	〔整目删去〕 “八都兵”实为唐代杭州周边临安、余杭、於潜、盐官、新城(今富阳新登)、唐山(今临安昌化)、富阳、龙泉(今西湖区一带)八个县的乡兵，非处州龙泉八都。	1、《资治通鉴•卷第二百五十三•唐纪六十九•乾符五年》 2、《旧五代史•卷一百三十三•世袭列传二•钱镠》 3、《新唐书•卷一百八十六•列传第一百一十一》 4、《吴越备史•卷一》
531	11	御士	御史	—
565	表 第11 栏	1937　11　金田乡 山头村	1936　11　金田乡 周山头村	经刘光奎本人确认
584	13	百臼破三联菌苗	百白破三联菌苗	—
585	5	氟班牙	氟斑牙	—
620	倒 8	箭、镞	箭镞	—

页	行	误	正	勘正来源
622	10	元至元五年	元后至元五年	—
627	15	“熙宁丙辰正月”，断为北宋所建。	“熙宁丙辰正月日复成塔”，断为北宋重建。	温州市博物馆馆藏东大寺双塔石匣盖拓片
639	8	住溪	住龙	—
643	7	笔直	〔删去〕	1994年版《龙泉县志》第643页第6行有“笔直”重复
644	9	如“刎”、	如“弗”、	—
663	11	陈友谅	陈友定	清光绪《龙泉县志·卷之十·人物·经济·胡深》
663	12	陈友谅	陈友定	
697	倒1	陈友谅	陈友定	
692	倒8	并招为婿	是其弟王安国之婿	王安石《王平甫墓志》载：“妻曾氏，子旃掉，女婿叶涛……”王安国，字平甫，王安石弟。
696	1	如公少缓须臾死	如公更缓须臾死	《汲古阁景宋钞南宋群贤六十家小集·卷二十九·庸斋小集·靖逸小集》
696	2	悔不鸥夷理钓船	学取鸥夷理钓船	
696	11	将益、蜀诸郡灾伤上奏，以布帑（钱币）代三县输折丝帛五十余万。	奏蠲（免除）诸郡灾伤，发公帑代三县输折丝帛五十余万。	清光绪《龙泉县志·卷之十·人物·经济·陈垲》
696	倒4	布防处州两侧	布防处州西侧	—
697	8	杨奚斯	揭奚斯	—
700	7	事。	事。〔句后插入〕嘉庆二十五年七月，洪水为灾，倾倒二洞，流去桥屋八间。浚又出资三百八十余两修建。	《济川桥题赠集》，清光绪戊寅（1878）重刊。
700	8—9	道光九年（1829）两次出资白银四千四百八十余两。	道光九年（1829）出资白银四千一百余两。	
702	2	《中西画法汇参》	《图画学理法汇参》	《图画学理法汇参》，清宣统三年（1911）石印本。
707	1	9月18日傍晚，	6月19日傍晚，	赤石暴动纪念馆提供。1994年版《龙泉县志》第719页（续表）郑玉奎/牺牲年月/1942.6
708	1	曾文华	曾文年	1994年版《龙泉县志》第587页倒1行：曾文年《龙泉民国档案辑要》，2010年出版，第132页。

页	行	误	正	勘正来源
713	11	李怀德(1917~1989)	李怀德(1918~1989)	李怀德回忆录手稿
713	12	自办李生和碗厂	在自家李生和碗厂	
718	表 第9栏	操正长　男 1921.3	操正长 男 1923	龙泉市民政局
718	表 第10栏	操正昌　男　1923	操正昌 男 1921.3	
723	表 倒第5栏	李质	季质	明成化《处州府志》，清顺治、乾隆、光绪《龙泉县志》
725	表 第3栏	吴宗大	叶宗大	清光绪《处州府志·卷十六·选举志上·进士》
732	5	下瞰千岩挟四旁	下瞰千岩拱四旁	清顺治、乾隆、光绪《龙泉县志》
733	倒7	欲徒湖海其何由	欲徙湖海其何由	—
744	倒10	树帖帖，	树帖帖地上如荠，	清乾隆《四库全书·集部别集类·文宪集·卷三》
744	倒8	令人爱玩忘死，	令人爱玩忘倦，	
744	倒5	屐声锵然，合节与歌声相	屐声锵然合节，与歌声相	
744	倒1	将鄙世之胶扰而不之狎邪，抑以斯人为不足与而有取于松也。”	将鄙世之胶扰而不之狎耶，抑以斯人为不足与，而有取于松也？”	
763	17	既无薤露之迹可求，更乏沮涣之文可览。灵峙堪杯，	既无葱露之迹可求，更乏沮涣之文可览。灵峙堪坏，	徐渊若《哥窑与弟窑》，民国34年(1945)出版。
763	倒9	洁比悬黎，	洁比黎难，	
764	1	此其品质最著者也。	此其品质之最著者也。	
764	4	总少完玲。	终少完玲。	
764	8	用之今	用今之	
764	9	完缺兼收。用能广集千户之珍藏，蔚成一家之钜制，为一代艺术之秘宝，	完缺兼收。闻有一善，必携器以求；见有一长，必袖金以易。用能广集千户之珍藏，蔚成一家之钜制。夏鼎商承，不必物皆己有；秦砖汉用，何妨善与人同。为一代艺术之秘宝，	
772	11	正统年贡生。	正德年贡生。	清顺治、乾隆、光绪《龙泉县志》
772	倒14	国内至今未见原版本。	国内北京大学图书馆有刻本八册收藏。	北京大学图书馆典藏号：SB/981.7867.2346

后 记

龙泉历史悠久，于唐乾元二年(759)置县，1990 年 12 月撤县设市，至今已有 1260 多年的建县历史。龙泉生态绝美，被誉为“中国生态第一市”；龙泉人文鼎盛，龙泉宝剑、龙泉青瓷双双入选首批国家级非物质文化遗产代表性项目，龙泉青瓷更是全球首个陶瓷类人类非物质文化遗产代表作项目。龙泉修志历史较为悠久，首部《龙泉县志》编纂于南宋嘉定二年(1209)，历代先贤数修县志，留下了极为宝贵的文化遗产。1994 年，龙泉出版了中华人民共和国成立后的首部县志，叙事下限为 1988 年底。1989 年—2010 年的 22 年间，龙泉历经“撤县设市”“二次创业”“高速时代”，经济社会发展取得了全面进步。为全面回顾、总结、记载这一时期的发展历程，亟需修志以记之。

《龙泉市志》二轮编纂工作于 2008 年启动，编纂时限为 1989—2008 年，由市方志办负责组织编纂工作。2018 年，《龙泉市志(1989—2010)》编纂工作再度启动，根据丽水市方志办要求，编纂下限统一为 2010 年。2018 年 5 月开始着手编纂人员甄选、办公场所落实、办公设备添置等工作，同时成立《龙泉市志(1989—2010)》编辑部，确定了主编、副主编人选，聘请专兼职编辑人员。7 月，编辑人员就位，在参观考察了云和等兄弟县的基础上，开始着手编纂实施方案、凡例、基础纲目、行文规范等的讨论编制工作。2018 年 8 月 28 日，《实施方案、凡例、基础纲目》以中共龙泉市委办公室、龙泉市人民政府办公室文件下发。2018 年 9 月 3 日，全市史志工作会议召开。

自此以来，各单位撰稿人员不辞辛劳，搜罗资料，内外查访，其中辛苦，非亲历不能体会。编辑部人员分工明确，勇于担当，深入单位指导资料收集，文稿撰写，甚至代为捉刀。历经一年多努力，2019 年 12 月基本完成资料长编。2020 年 3 月 4 日，正处在新型冠状病毒疫情期间，丽水市党史方志办主任雷华英、办公室主任朱晓亮专程到龙泉调研指导志书编纂工作，为龙泉市志有条不紊推进明确了时间表、路线图、目标值。5 月 13 日，省方志办主任潘建军、副处长徐鹏又专程听取龙泉市志编纂情况汇报，给予精准指导。2020 年 5 月 28 至 29 日，志稿初审会举行，各位与会专家提出了许多宝贵的意见。会后，编辑部的同志根据专家意见，进行了认真的修改，形成了 40 篇 175 章 265.3 万字的复审稿。2020 年 9 月 17—18 日，志稿复审会举行，专家、学者对志稿的篇章结构微调、图照的选择、地方特色、语言的规范等提出了许多宝贵意见。根据专家审稿意见，当日召开编辑例会，制定修改方案，逐条落实，逐字修改。2020 年 12 月 17 日，龙泉市人民政府召开了志稿终审会。从初审稿到复审稿，从复审稿到终审稿，留给编纂人员的修改时间，都只有短短的二个来月时间，同时还要克服新冠疫情的影响，其中的酸甜苦辣，只有编纂人员自知。

《龙泉市志（1989—2010）》共 40 篇，王振春负责志书框架设计、图照以及总述、专记的编纂，并作全书总纂统稿，蒋世荣负责编纂第一篇政区自然、第二篇土地、第三篇人口、第四篇水利、第三十八篇街道乡镇，钟琦负责编纂第五篇交通、第六篇能源、第七篇邮政电信、第八篇城乡建设、第九篇环境保护、第十一篇食用菌茶叶、第十三篇工业、第十四篇青瓷宝剑，叶金军负责编纂第十二篇林业、第十五篇商贸业、第十六篇旅游业、第十七篇财税、第十八篇金融、第十九篇综合经济管理，洪声保负责编纂第二十篇中国共产党地方组织、第二十一篇地方人民代表大会、第二十二篇地方人民政府、第二十三篇地方人民政协、第二十四篇民主党派与群众团体、第二十五篇政法、第二十六篇军事，刘宏坪负责编撰第十篇农业、第二十七篇教育、第二十八篇科学技术、第二十九篇文化、第三十篇传媒、第三十一篇卫生、第三十二篇体育，林俊负责编纂第三十三篇人事劳动、第三十四篇社会保障与社会事务、第三十五篇居民生活、第三十六篇习俗与宗教、第三十七篇方言、第三十九篇人物、第四十篇艺文、大事记、附录、勘正，王梦薇负责绘制图表和图文校对，陈浩源负责图照初编和编务。在编纂过程中，市摄影家协会全力提供图片，林世荣、舒喜春两位老先生不顾年迈，提供了方言、民俗、前志勘正等资料，在此一并深表谢忱。

二轮修志启动以来，龙泉市委、市政府高度重视，启动督查机制，机构、经费、人员给予妥善安排，修志工作赖以保障。

市志编纂是一项繁重的系统性文化工程，涉及面广、时间跨度大，由于时间紧迫，编纂者水平经验有限，资料不全，遗漏谬误之处在所难免，敬请方家和读者指正。

编　者